Chronik der Stadt Osnabrück

Dr. h. c. Ludwig Hoffmeyer
* 27.2.1845   † 2.1.1935

Chronik der Stadt Osnabrück

von Dr. h. c. Ludwig Hoffmeyer

Bearbeitet und erweitert:

Dritte Auflage bis 1933 von Ludwig Bäte

Vierte Auflage bis 1978 von Dr. Heinrich Koch

Vierte Auflage 1982

Druck und Verlag
Meinders & Elstermann, Osnabrück

Herstellung und Verlag: Meinders & Elstermann GmbH & Co. KG, Osnabrück
Copyright 1982 by Meinders & Elstermann GmbH & Co. KG, Osnabrück
ISBN 3-88926-004-7

VORWORT

Als dem Seminar-Oberlehrer am Evgl. Lehrerseminar zu Osnabrück, gleichzeitig auch jahrelang Vorsteher der hiesigen Seminar-Präparandenanstalt, Ludwig Hoffmeyer (1845—1935) in Anerkennung des reichen Ertrages seiner eingehenden Beschäftigung mit den Quellen der Osnabrücker Heimatgeschichte, aus der als wichtigstes Ergebnis seiner rastlosen Forschung die ,,Chronik der Stadt Osnabrück" hervorging, im Jahre 1924 die Ehrendoktorwürde der Philosophischen Fakultät der Universität Göttingen verliehen wurde, lag von der 1. Auflage seiner Chronik zunächst nur der 1918 erschienene I. Band vor. Er umfaßt die geschichtliche Entwicklung unserer Stadt etwa bis zum Ende ihrer Zugehörigkeit zum Königreich Hannover 1866. Der II. Band, der 1925 herauskam, behandelt — weitgehend spartenmäßig angelegt (Kirche und Schule, Volksbildung, die werdende Großstadt, das Gewerbe der Neuzeit, die Kriegs- und Nachkriegszeit) — das heimatliche Geschehen bis zum Beginn der 20er Jahre unseres Jahrhunderts. 1935 erschien sodann, kurz nach dem Tode des Autors, die 2. Auflage; jedoch kam es nur zur Vorlage des I. Bandes bis 1866, der durch eine detaillierte Beschreibung der Innenstadt mit ihren Kirchen, Klöstern und Stiften ergänzt wurde. Der offensichtlich noch geplante II. Band, den Zeitraum von 1866 bis etwa 1930 umfassend, wurde nicht mehr veröffentlicht.

So blieb es der 3. Auflage der Chronik, Anfang der 60er Jahre von Ludwig Bäte besorgt, überlassen, die Lücke zwischen 1866 und etwa 1933 zu schließen und den Stoff in der Erzählweise des Autors, im wesentlichen auf dessen II. Band der Chronik fußend, fortzusetzen und jeweils zu ergänzen. Als diese Auflage 1964 ebenfalls im Verlage Meinders & Elstermann, Osnabrück, erschien, war gewiß nicht abzusehen, daß schon nach wenigen Jahren diese erweiterte, besonders im Bereiche des 19. und 20. Jahrhunderts umgearbeitete Ausgabe der Chronik vergriffen sein würde. Doch nach etwa zehn Jahren war es bereits so weit. Um der weiterhin regen Nachfrage Rechnung zu tragen, hat der Verlag sodann vor einigen Jahren den Unterzeichneten gebeten, die Bearbeitung einer weiteren Auflage unter Erweiterung und Ergänzung des bisherigen Stoffes in die Hand zu nehmen, jedoch ohne den Grundcharakter des Werkes, den bewährten Erzählstil als volkstümliche Darstellungsform beibehaltend, wesentlich zu verändern. Für den Verfasser war dies angesichts so namhafter Vorgänger, wie es Dr. phil. h.c. Ludwig Hoffmeyer und Ludwig Bäte als bedeutender Schriftsteller und Heimatdichter sind, kein völlig problemloses Unterfangen, zumal in einem Alter, in dem sich die meisten Menschen zur Ruhe setzen. Wenn er sich dennoch dieser verantwortungsvollen Aufgabe über eine lange Zeitspanne hin mit innerer Befriedigung unterzog, dann in dem Bewußtsein, so auch kommenden Generationen die Möglichkeit zu geben, bedeutsame Epochen der Osnabrücker Stadtgeschichte nacherleben und so an den Erfolgen, Sorgen und Nöten unserer Stadt in vergangenen Tagen teilnehmen zu können.

,,Die Heimatgeschichte", so schreibt Hoffmeyer in seinem Vorwort zur 1. Auflage der Chronik, ,,lehrt uns die Vorgänge in der deutschen und allgemeinen Geschichte verstehen. Alle großen Bewegungen der deutschen Geschichte seit der Einführung des

Christentums warfen ihre Wellen nach hier, ja spielten sich zum großen Teile hier ab."
Von diesem Gesichtspunkte aus bemühte er sich, wesentliche historische Ereignisse in der Stadtgeschichte als Widerspiegelung entscheidender Vorgänge in der allgemeinen deutschen Entwicklung darzustellen. Daß darüber hinaus Heimatgeschichte auf einer lebendigen Beziehung von Gegenwart und Vergangenheit und so auch von Heimat und Welt beruht, wird bei der Lektüre auf Schritt und Tritt spürbar, denn unsere Stadtheimat mit ihren lebendigen Zeugen ist vergegenwärtigte Vergangenheit und das in die Zukunft führende Tor zur Welt zugleich. In der Heimat reichen sich Vergangenheit und Gegenwart die Hand; durch das aus dieser Erkenntnis erwachsende Geschichtsbewußtsein wird die Gewißheit deutlich, daß auch die eigene Existenz mit ihrer Lebensumwelt an die Vergangenheit gebunden ist und von ihr bestimmt wird. So ist daher — sozialpsychologisch gesehen — die Stadtgeschichte Osnabrücks für seine Bürger in vieler Hinsicht die Grundlage ihrer Identität, die sich in der heimatlichen Vergangenheit gebildet hat, sowohl aus lokalen wie auch aus regionalen Wurzeln und Vorgängen, die wiederum weitgehend von übergreifenden nationalen und auch übernationalen Einflüssen mitgeformt wurden.

Ganz im Sinne dieser Erkenntnisse ging es auch dem Verfasser darum, durch die Aufhellung der Zusammenhänge zwischen solchen übergreifenden Einwirkungen politischer sowie auch kulturgeschichtlicher Art in früheren Zeitströmungen und dem lokalen Geschehen in der Heimat das tiefere Verständnis vergangener Epochen, die bis in unsere Gegenwart hineinragen, soweit wie nach der Stofflage möglich, zu erfassen. Durch die anschauliche Konkretisierung wesentlicher Züge solcher Epochen, insbesondere in den eigenen Beiträgen und soweit es der vorliegende Text zuließ, wird versucht, dem Leser den Blick freizumachen auf tragende Entwicklungslinien im geschichtlichen Wirkungsablauf; denn durch die Erkenntnis dieser großen Linien, nicht in der Kenntnis von tausend Einzelheiten, erfährt man die wahre Offenbarung der Geschichte.

Die in der Chronik bisher kaum berücksichtigte vor- und frühgeschichtliche Komponente unserer Stadtgeschichte wurde durch straff zusammengefaßte Ausführungen über die Grundzüge der Entwicklung bei der Entstehung der Oberflächen- und Siedlungsstruktur des Osnabrücker Raumes von den urzeitlichen Anfängen her ergänzt. Die mittelalterlichen und neuzeitlichen Ereignisse, die Hoffmeyer zusammenhängend bis 1866 behandelt hat und Bäte weiter bis 1933 erfaßte, galt es möglichst nahe an die Gegenwart heranzuführen. Als zeitgeschichtlicher Endpunkt dieser Erweiterungsarbeit wurde das Jahr 1978 gewählt, und zwar als die Datierung des Abzuges der Bezirksregierung Osnabrück bei gleichzeitigem Aufgehen des bisherigen Regierungsbezirks in den neuen Verwaltungsbezirk Weser-Ems mit Sitz des Regierungspräsidenten in Oldenburg. Dieser im Zuge der niedersächsischen Gebiets- und Verwaltungsreform erfolgende tiefe Einschnitt in die Osnabrücker Stadt- und Territorialgeschichte leitet einen neuen Abschnitt in der zukünftigen Entwicklung unserer Stadt ein.

Darüber hinaus ging es darum, die bisher vorliegende stoffliche Substanz der Chronik, soweit sie von den bisherigen Autoren er- bzw. bearbeitet worden war, möglichst im Sinne der oben erörterten Gestaltungskonzeption zu ergänzen und dabei neuere Erkenntnisse zu berücksichtigen. Der insgesamt recht umfangreiche Stoff, im ganzen nach wissenschaftlichen Gesichtspunkten erfaßt und formuliert, konnte in der Hauptsache nur mit dem langen Atem intensiver Quellenarbeit im Staatsarchiv und anderen Informationszentren bearbeitet werden. Ein umfassendes Quellen- und Literaturverzeichnis gibt Auskunft über die ausgewerteten Unterlagen. Für die mir bei der Gestaltung dieser Auflage zuteil gewordenen zahlreichen wertvollen Informationen möchte ich an dieser Stelle sowohl Rat und Verwaltung der Stadt Osnabrück als auch dem Staatsarchiv mit ihren wissenschaftlichen und technischen Kräften für alle freundliche Mühewaltung herzlich danken. Dieser Dank gilt auch den Dienststellen und Persönlichkeiten, die mir bei der Beschaffung des notwendigen Bildmaterials behilflich waren. Bei der Abfassung der im textlichen Teil der Chronik angefügten chronologischen Übersicht zur Stadtgeschichte in epochaler Gliederung erfuhr ich dankbar die Mithilfe der Teilnehmer an einem Historischen Seminar der Universität Osnabrück, die unter der wissenschaftlichen Leitung von Dr. W. van Kampen bei der Bereitstellung von Material für das umfangreiche Zahlenwerk mitgewirkt haben. Auch dem Verlag gebührt für alle wertvolle Unterstützung bei der Fertigstellung dieser Auflage der Chronik aufrichtiger Dank.

Als Ludwig Hoffmeyer im Juli 1918 im Vorwort zur 1. Auflage den Ersten Weltkrieg 1914—1918 als den ,,schrecklichsten aller Kriege'' bezeichnete, konnte er nicht ahnen, daß im weiteren Verlaufe dieses Jahrhunderts menschlicher Gesittung, abendländischem Geiste und der friedlichen Zusammenarbeit der Völker dieser Welt noch furchtbarere Wunden geschlagen werden sollten, nicht zuletzt durch die Verachtung von Menschenwürde und menschlicher Freiheit in modernen Tyranneien. Möge daher — und das gerade in der Stadt des Westfälischen Friedens von 1648 — der Dienst an der großen Sache des Friedens für diese Auflage der Chronik der höchste Auftrag sein!

Osnabrück, im Juli 1982   Heinrich Koch

INHALTSVERZEICHNIS

I. VORZEIT UND FRÜHGESCHICHTE DES OSNABRÜCKER RAUMES
   1. Aus Urzeit, Vorzeit und Vorgeschichte des Osnabrücker Landes ... 13
   2. An der Schwelle von der Vorgeschichte zur germanischen Frühgeschichte des Osnabrücker Raumes 23
   3. Der Osnabrücker Raum in der altsächsischen Zeit bis zur Gründung des Bistums Osnabrück um 800 30

II. VOM BISCHOFSSITZ ZUR STADT DER ACKERBÜRGER, HANDWERKER UND KAUFLEUTE
   1. Von der Domburg zum Marktflecken 40
   2. Der befestigte Marktflecken als erweiterte Domburg (Binnenburg) .. 45
   3. Die Entwicklung der mittelalterlichen Altstadt Osnabrücks aus der Binnenburg 48
   4. Die Gerichtsherrschaft als Grundlage wachsender bischöflicher Landeshoheit und bürgerlicher Eigenständigkeit 54
   5. Weitere Schritte zur Entwicklung Osnabrücks als ,,Vollstadt" 61
   6. Entstehung der Neustadt und ihre Verbindung mit der Altstadt 67
   7. Osnabrücks Stellung zu seinen Nachbarn 72
   8. Das Verhältnis der Bürger zur Geistlichkeit 76
   9. Kampf der Bürger gegen ihren Bischof Erich sowie gegen seine Brüder Albert und Johann von Hoya 80
   10. Das Gewerbewesen im alten Osnabrück 88
   11. Osnabrücks Handel — seine Zugehörigkeit zur Hanse 96
   12. Formen des Geldwesens 104
   13. Das Verteidigungswesen der Stadt Osnabrück 105
   14. Die Verwaltung Osnabrücks seit der Vereinigung der Altstadt mit der Neustadt 114
   15. Ertwin Ertman 120

III. OSNABRÜCK IM ZEITALTER DER REFORMATION
   1. Erhebungen der Bürger gegen die Geistlichkeit 122
   2. Der Humanismus und der erste Reformationsversuch 126
   3. Die Wiedertäufer in Münster und Osnabrück 130
   4. Die Einführung der Reformation durch Bonnus 134
   5. Vorübergehende Unterdrückung der Reformation 138
   6. Wiederherstellung der Reformation; Kriegsgefahren 142
   7. Kirchliche Wirren; Wiedereröffnung der Ratsschule 146
   8. Böse Jahre — Krieg und Pest, Hexenwahn und Brand 149
   9. Vorboten und Ausbruch des Dreißigjährigen Krieges 159
   10. Kriegsnot und Gegenreformation 162
   11. Die Schweden in Osnabrück 179
   12. Die letzten Hexenprozesse in Osnabrück 192
   13. Der Scharfrichter 202
   14. Der Westfälische Friede 203
   15. Nach dem Friedensschluß bis zum Tode Franz Wilhelms 216
   16. Das Privatleben der Bürger 212

IV. OSNABRÜCK ABWECHSELND UNTER EVANGELISCHEN UND KATHOLISCHEN BISCHÖFEN

1. Ernst August I. (1661—1698) 227
2. Karl von Lothringen (1698—1715) und Ernst August II. (1715—1728) 237
3. Bischof Klemens August (1728—1761); Der Siebenjährige Krieg ... 241
4. Bischof Friedrich (1764—1802) 248
5. Justus Möser als Schriftsteller und Privatmann 253
6. Die Stadtverwaltung, Gewerbe und Handel 260
7. Die Laischaften 266
8. Das bürgerliche Leben 271
9. Emigranten und militärische Einquartierung 282
10. Revolutionäre Erscheinungen: Gewalttätigkeit der Bauern in Gesmold, Gesellenaufstand auf der Gartlage 286
11. Die Aufhebung des Bistums Osnabrück 295

V. OSNABRÜCK ZUR ZEIT DER FREMDHERRSCHAFT

1. Die erste französische Herrschaft 300
2. Unter preußischer Herrschaft 304
3. Zum zweitenmal unter französischer Herrschaft 306
4. Die westfälische Zeit 308
5. Wohltätige Einrichtungen in Osnabrück zur westfälischen Zeit 314
6. Wieder französisch 318
7. Rückkehr der hannoverschen Verwaltung; Das Friedensfest 331
8. Die Schlacht bei Waterloo 334

VI. OSNABRÜCK UNTER HANNOVERSCHER REGIERUNG

1. Überblick über die Geschichte des Königreiches Hannover 345
2. Neuordnung der Osnabrücker Landes- und der Stadtverwaltung ... 357
3. Johann Carl Bertram Stüve 361
4. Das Jahr 1848 364
5. Die Osnabrücker Stadtverfassung von 1858 368
6. Anbruch einer neuen Zeit. — Stüve und Pagenstecher 370
7. Gewerbeverhältnisse 383
8. Die jüdische Gemeinde 401
9. Aus dem geselligen Leben 406
10. Die Polizei 409

VII. BIS ZUR REICHSGRÜNDUNG

1. Neue Wege 414
2. Industrie 421
3. Bürgerliche Zufriedenheit 423
4. Verwaltung 424
5. Schulen 426
6. Militär 428
7. Hoher Besuch 429

VIII. ÜBERGÄNGE

1. 1870/71 — Miquels zweite Amtszeit 433

IX. BIS ZUR JAHRHUNDERTWENDE
    1. Ruhiges Wachstum. — Die Wirtschaft 440
    2. Die neue Stadtverwaltung 446
    3. Soziale Fürsorge 452
    4. Einnahmen und Ausgaben 453

X. DAS GEISTIGE BILD
    1. Bis 1900 454
    2. Kahlschlag der Seele 465
    3. Von der Freiheit eines Christenmenschen 469

XI. BIS ZUM ERSTEN WELTKRIEG
    1. Verwaltung 472
    2. Wirtschaft 474
    3. Kirche 476
    4. Schule 479
    5. Das neue Theater 482
    6. Musik 484
    7. Museum 485
    8. Diözesan-Museum 486
    9. Städtische Bücher- und Lesehalle 487
   10. Wissenschaftliche Vereinigungen 488
   11. Zeitungen, Adreßbücher, Verleger 490

XII. DER ERSTE WELTKRIEG
    1. Der Aufbruch 494
    2. Wirtschaft 496
    3. Kirche 502
    4. Schule 503
    5. Allgemeines Bildungswesen 503
    6. Zusammenbruch und Novemberrevolution 1918 504
    7. Was bleibt 507
    8. Neue Nöte 511
    9. Der Oberbürgermeister geht 515

XIII. BIS 1933
    1. Oberbürgermeister Dr. Gaertner 517
    2. Frischer Wind 518
    3. Beginnende Auflösung 523
    4. Das Jahr vor dem Sturm 527

XIV. OSNABRÜCKS FRIEDENSJAHRE IM „DRITTEN REICH" 1933—1939
    1. Osnabrück auf dem Wege in die NS-Diktatur 531
    2. Machtergreifung und Machtkonzentration durch die Nationalsozialisten 534
    3. Die „endgültige" Befestigung der Machtposition der NSDAP durch Gleichschaltung auf allen Ebenen 543
    4. Die Auseinandersetzung des NS-Regimes mit den Kirchen, Versuche der „Gleichschaltung" 549
    5. Kommunales Geschehen in Osnabrück (1933—1939) 556
    6. Die Verfolgung und Entrechtung der Juden in Osnabrück 566

XV. OSNABRÜCK IM ZWEITEN WELTKRIEG 1939—1945
1. Die Stadt bei Kriegsbeginn 572
2. Herausragende kommunale Ereignisse und Vorgänge während des Kriegsgeschehens 576
3. Das Wirken der NSDAP im Zusammenhang mit dem Kriegsgeschehen 582
4. Wachsende Kriegseinwirkungen auf Osnabrück 589
5. Bombenterror, Feuersturm und Kampf ums Überleben 595
6. Die Einnahme der Stadt Osnabrück durch alliierte Truppen 603
7. Was der Krieg von unserer Stadt noch übrig ließ 608

XVI. VOM BITTEREN ENDE BIS ZUM BEGINNENDEN WIEDERAUFBAU 1945—1948
1. Nach trostlosem Ende schwerster Neuanfang 1945/46 615
2. Stadt unter der Besatzungsmacht 627
3. Die große Not 1946/47 643
4. Erwachen neuer politischer Aktivität und beginnender Wiederaufbau des Stadtbildes sowie des kulturellen Lebens in Osnabrück 653
5. 1948 — das Jahr der Währungsreform und historischer Jubiläen im wiedererstehenden Osnabrück 667

XVII. WACHSTUM UND FORTSCHRITT IM ZEICHEN DER SOZIALEN MARKTWIRTSCHAFT
1. Allseitige Belebung auf neuer wirtschaftlicher Grundlage (1949—1955) 674
2. Abschluß der Wiederaufbauphase und vielseitiger Leistungszuwachs, vor allem im Bildungswesen (1955—1960) 700
3. Osnabrück 1960/70: Wirtschaftlich und kulturell aufstrebende Stadt mit internationalen Kontakten 715

XVIII. IN VERANTWORTUNG VOR DER ZUKUNFT — OSNABRÜCK IN DEN SIEBZIGER JAHREN 1970—1978
1. Neue kommunalpolitische Grundlagen nach der Gebietsreform 1972 . 736
2. Die Bedeutung der Verkehrslage für Handel und Industrie 741
3. Das wachsende Verkehrsaufkommen und seine Bewältigung 744
4. Stadtbild und Stadtgestaltung 749
5. Stadtleben und städtische Kulturarbeit 760
6. Schule und Bildungswesen, Universität Osnabrück 771
7. Weitere Verbesserungen der Infrastruktur 778
8. Abschied vom Regierungssitz 781

ABRISS DER GESCHICHTE OSNABRÜCKS IN JAHRESZAHLEN   785

ANHANG
1. Osnabrücker Bischöfe 812
2. Oberste Landesbehörden und Beamte 813
3. Bürgermeister der Stadt Osnabrück seit 1600 813
4. Frühere Osnabrücker Münzen, Maße und Gewichte 814
5. Literaturnachweis 816
6. Bildnachweis 821
7. Sachregister 823
8. Personenregister 834

I.
VORZEIT UND FRÜHGESCHICHTE DES OSNABRÜCKER RAUMES

1. Aus Urzeit, Vorzeit und Vorgeschichte des Osnabrücker Landes

Von der Entstehung des Landschaftsbildes bis zum Seßhaftwerden von Menschen

Die Grundzüge des heutigen Landschaftsbildes des Osnabrücker Raumes entstanden im geologischen Zeitalter des *Tertiärs*. In dieser urzeitlichen Epoche der Oberflächengestaltung unserer Erde vor rund 70 Millionen Jahren herrschte hier eine lebhafte vulkanische Tätigkeit und es vollzog sich, damit verbunden, eine heftig verlaufende Hebung und Senkung der Erdkruste mit starken Aufwölbungen und Einbrüchen von wechselnden Gesteinsschichten. Es war die Zeit der Gebirgsbildung in Mitteleuropa, die Ära der Alpenfaltungen. Damals hoben sich auch durch Pressungen unter starkem seitlichen Druck, die sich über lange Zeiträume erstreckten, die beiden das Bild unserer Landschaft bestimmenden Gebirgszüge, der nördliche Jurazug (Malm) des Wiehengebirges und die südliche Kreidestufe des Teutoburger Waldes, im westlichen Teil heute auch

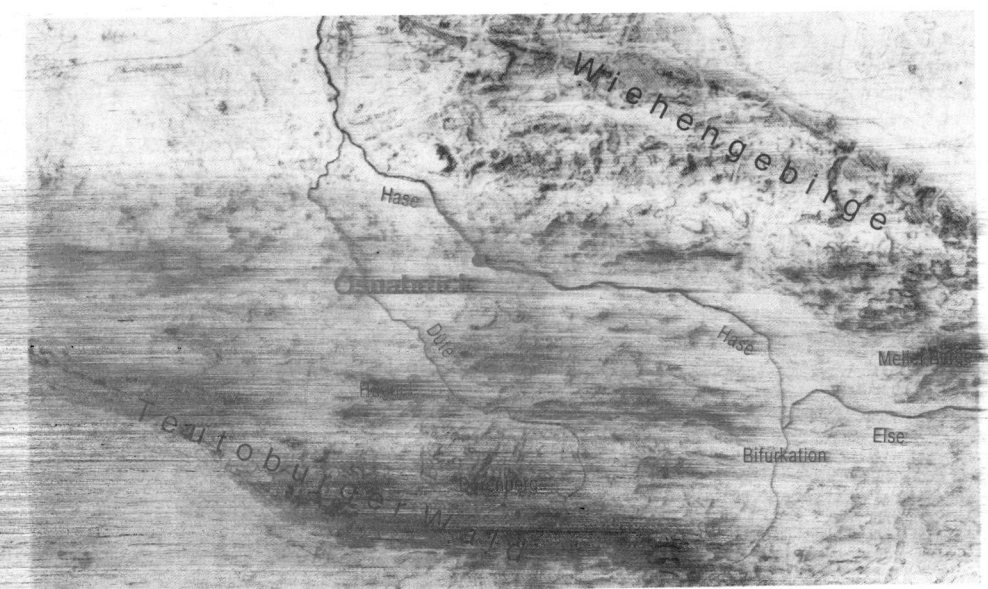

Das Osnabrücker Land — landschaftsgeographischer Überblick

Osning genannt, heraus. Zwischen beiden Auffaltungen mit ihrer herzynischen Streichrichtung (von Südost nach Nordwest) traten — durch Ein- und Abbrüche in den aufgerichteten und hochgewölbten Formationen — paläozoische Schichten aus der Karbon- oder Steinkohlenzeit und nachfolgende Schichten des geologischen Erdaltertums zutage, die in den harten kohlehaltigen Aufragungen und Aufschlüssen der Piesberg-Schafberg-Achse und den ebenso festen Erzlagerungen des Hüggelgebietes, die der Verwitterung einen starken Widerstand entgegensetzten, ihre reichen Spuren hinterlassen haben. So erklärt es sich auch, daß sowohl der Piesberg als auch der Hüggel trotz der Jahrmillionen, die über sie hinweggegangen sind, sich bis heute ihre beherrschende Stellung als horstartige Aufragungen im Landschaftsbilde um Osnabrück bewahrt haben. Ebenfalls emporgehoben wurden bei dieser Gebirgsbildung als Formationen der *Trias* (Buntsandstein, Muschelkalk, Keuper) des geologischen Erdmittelalters die dicken Bänke des unteren und oberen Muschelkalkes, aus denen die zahlreichen Kuppen und Bergrücken des Osnabrücker Hügellandes zwischen den beiden sie im Norden und Süden begrenzenden Bergketten des Wiehengebirges und des Teutoburger Waldes bestehen. In unserem Stadtgebiet bildeten sie die Höhen des Westerberges und Gertrudenberges, des Schinkelberges, des Kalkhügels, des Ziegenbrinks und des Schölerberges.

Weiteren großen Einfluß auf die vorgeschichtliche Entwicklung der heutigen Landschaftsstruktur hatte sodann die erdgeschichtliche Epoche des *Diluviums*, der Eiszeit, (Dauer rund 500000—600000 Jahre, jedoch unterbrochen von 3—4 Warmzeiten), deren Gletscher mit ihrer gewaltigen Eisdecke im Saale-Stadium (vor etwa 100000—150000 Jahren) auch unser Gebiet erreichten und weitgehende Veränderungen im Oberflächenbereich hervorriefen. So dürfte die flache Kuppe des Piesberges, auf der früher Gletscherschliffe erkennbar waren, ihre Form in dieser Zeit erhalten haben. Aber ebenso der wellige Charakter der Muschelkalkhöhen mit den ihnen vorgelagerten Schmelzwassersanden — z.B. die frühere Netter Heide, die Atterheide, Dodesheide, Lüstringer Heide u.a.m. — und den von ihnen eingeschlossenen Niederungen, in denen später Sumpfgebiete und Moore wuchsen — z.B. die Wüste, das Rubbenbruch usw. — zeugen von den Vorgängen in dieser Eiszeit. Auch die lehmigen Lößstreifen zumeist am nördlichen Rande der Gebirgszüge und ihrer Vorberge sowie die mit Sand häufig vermischten Geschiebelehme in den Talmulden und an den Hängen gehören zu diesen eiszeitlichen Ablagerungen verschiedener Art.

In der Zeit der großen Eisschmelze, dem beginnenden *Alluvium* (vor etwa 20000 — 10000 Jahren), rissen die abfließenden Gewässer, die den nördlichen Meeren zuströmten, die breiten Urstromtäler, etwa das der Urweser in der Senke zwischen Wiehengebirge und Teutoburger Wald und der Urems westlich davon. Als die Gletscher geschwunden und die Schmelzwasser verrauscht waren, suchten klein gewordene Flüsse und Bäche, wie die Hase und Else, die Nette, die Düte, und die zahlreichen Bäche im Stadtgebiet, z.B. der Poggen- oder Wüstenbach, der Wiesenbach, der Riedenbach, der Sandbach und viele mehr, ihren Lauf durch die breiten Urtäler und Senken — z.B. die Wüste, den Fledder —, die sich zwischen den Höhen des Osnabrücker Landes dehnten. Deutlich war bei ihnen allen — wie alte Karten ausweisen — die Neigung zu Schlingenbildung und Laufverlegungen sowie weiterhin zu Überschwemmungen als Folge eines äußerst geringen Gefälles der Bäche und Flüsse. Durch ihre auch dadurch bedingten Ablagerungen wurden im Laufe der Jahrtausende fruchtbare Talauen und weniger ergiebige Talsande aufgeschichtet, aber auch durch Wasserstauungen auf undurchlässigem Untergrund sumpfige Niederungen — wie die Wüste — und anmoorige Flächen — wie der Fledder — gebildet.

1. Aus Urzeit, Vorzeit und Vorgeschichte des Osnabrücker Landes

Nach dem Abklingen der Eiszeit, deren letzter Vorstoß, das Weichsel-Stadium (etwa 30000—20000 v. Chr.), schon nicht mehr die Elbe überschritt, glich diese Landschaft zunächst noch einer baumlosen, alsbald noch baumarmen *Tundra*. Klima, Bodenbedeckung und Tierleben vollzogen langsam den Übergang von der Kältesteppe zur wärmeren Steppe und schließlich zur warmen Waldlandschaft. Wir vermögen heute die Entwicklung in der Bodenbedeckung unseres Landschaftsraumes während der letzten Jahrzehntausende genauer zu übersehen. Gemessen an den Jahrmillionen der oben umrissenen Urzeit ist die nachfolgende Vorzeit, in der sich die Menschheitsentwicklung in klar erkennbaren Schritten vollzog, nur eine relativ kurze Spanne der Gesamtentwicklung. Die nach der Benutzung von Steinen als Kerngeräte und Steinwerkzeugen als Hauptmerkmal von Urkulturen des Vor- und Frühmenschen benannte *Altsteinzeit* (Paläolithikum) reichte etwa vom Beginn der Eiszeit (600000 v. Chr.) bis 10000 v. Chr.; eine stufenweise Entwicklung von der einfachsten Faustkeilbearbeitung bis zum komplizierten Stein-, Knochen-, Holz-, Horn- und Elfenbeingerät ist während dieser langen prähistorischen Epoche deutlich nachweisbar. Daneben weisen entsprechende Funde — auch bereits in Mitteleuropa — auf einen steigenden Fortschritt in der Lebenshaltung (Feuerbenutzung, Großwildjagd, Bewaffnung, Bekleidung, magische Kulte, Totenbestattung usw.) hin. Vor rund 10000 Jahren — in der *Mittelsteinzeit* (10000—3000 v. Chr.) — bereiteten sich auch in unserer weiteren und engeren Heimat die heutigen Verhältnisse vor, über deren pflanzengeographische Entwicklung wir im einzelnen durch die Erkenntnisse des nach dem letzten Kriege verstorbenen verdienstvollen Osnabrücker Botanikers und Inhabers der Mösermedaille *Karl Koch* (Die Pflanzenvereine der Osnabrücker Landschaft) unterrichtet sind.

Die mächtigen Tiere (u.a. das Mammut, das wollhaarige Nashorn) und viele kümmerliche Pflanzen der Eiszeit waren ausgestorben; dafür traten andere Tiere — wie das Ren, der Höhlenbär und der Schneehase — und Pflanzen, so Birke, Kiefer, Hasel und Weide, an ihre Stelle. Im Laufe der Zeit änderten sich wiederholt die klimatischen Verhältnisse. Die zunächst noch kalte und trockene, von kontinentalen Einflüssen geprägte Nacheiszeit wurde abgelöst von einem kühlfeuchten atlantischen Klima. Dann wurde es abermals trocken, aber auch wärmer. Die Zeit der Buchen setzte ein, und Wildpferde, Elche, Wisente und Riesenhirsche zogen durch die Wälder. Aus dem Süden wanderten zahlreiche wärmeliebende Blütenpflanzen bei uns ein, während die nördlichen Gewächse ihnen auswichen. Erst um das Jahr 1000 v. Chr. wurde es wieder feuchter und kühler. Weite Wiesenmoore entstanden, und auch die Hochmoore des Emslandes und des Osnabrücker Nordlandes begannen mächtig zu wachsen. Die Rotbuchen nahmen zu, und in den Ebenen breiteten sich Mischwälder mit Eichen und Birken aus. Sie besetzten sodann auch die Sandsteinberge im Bereiche des Teutoburger Waldes, während Stieleiche und Hainbuche sich auf den kalk- und lößreichen Böden des Hügellandes ansiedelten. Wenn heute die Waldlandschaft unserer Heimat nur noch wenig von diesen ursprünglichen Verhältnissen erkennen läßt, so war es der Mensch, der mit seinem stärkeren Auftreten seit der *Jungsteinzeit* (3000—1000 v. Chr.) das ursprüngliche Pflanzen- und Tierleben in immer größerem Umfange beeinflußte. Mit dem Aufkommen des lichten, unterholzreichen Eichenmischwaldes und der Moore war er bereits in die *Bronzezeit* (1800—800 v. Chr.) eingetreten.

Es waren die trockeneren Böden in den Tälern und an den geschützten Südhängen der Hügel, wo der Schnee schneller schmolz, die die ersten Menschen der Altsteinzeit (bis 10000 v. Chr.), als die nordwärts weichenden Gletscher das nördliche Mittelgebirge und das südliche Nordeuropa für menschliche Lebensmöglichkeit und später zur dauernden Besiedlung freigaben, anzogen und sie dort ihre flüchtigen Behausungen errichten ließen. Vermutlich stießen sie bereits als *Rentierjäger* und *Fischer* in die von der Vereisung freigegebenen und noch von zahlreichen Wasserarmen durchzogenen Täler unserer Heimat vor, rasteten auf den trockenen Hängen der Hügel und jagten neben Rentieren auch wohl Schneehasen, später sodann Höhlenbären, Wildpferde, Bisons und Riesenhirsche. Diese älteste vorgeschichtliche Epoche dauerte bis zum Ende der Eiszeit vor etwa 10000 Jahren. Aus dieser Zeit waren bis vor kurzem Oberflächenfunde, die auf eine Anwesenheit von Menschen im Raume unserer Heimat hindeuten, nur sehr spärlich bekannt. Durch Erdverlagerungen, die vielerorts mit den Schmelzwässern der ausklingenden Eiszeit zusammenhängen, gelangten die meisten Werkzeuge aus dieser Zeit (Kratzer, Stichel und Messer) in tiefere Bodenschichten. Eine relativ lange und breite Klinge aus grauem Feuerstein (12,5 cm bzw. 5,2 cm), die in einer Lößschicht an der Düte bei Kloster Oesede gefunden wurde, dürfte wohl noch der Altsteinzeit zugeschrieben werden können. Neuerdings wurden bei Achmer, Hollage und Pye mehrere Fundplätze mit reichem Werkzeuginventar aus Feuerstein, das jedoch schon einem jüngerem Abschnitt der ausgedehnten Eiszeit zugerechnet werden muß, entdeckt.

In der sich nun anschließenden Mittelsteinzeit (bis etwa 3000 v. Chr.), dem *Mesolithikum*, änderte sich in der Lebensweise der Menschen hinsichtlich der bisherigen Verhältnisse kaum etwas; sie blieben weiterhin noch vorwiegend Jäger und Fischer, auch Sammler von Beeren, Wurzeln, Samen und Wildfrüchten. 1932 wurde bei Bad Rothenfelde eine menschliche Bestattung ausgegraben, neben der Tierknochen gefunden wurden, auch ein Rundschaber aus Feuerstein. Die verschiedenen Tierknochen dürften als Überreste menschlicher Jagdbeute aus dieser Zeit anzusehen sein. Fundplätze von Schabern, Pfeilspitzen und kleinen Messern aus Feuerstein, wie sie 1955 bei Westerkappeln und 1980 bei Achmer festgestellt wurden, bezeugen auch für diese jüngere Zeit die Anwesenheit von Menschen im Osnabrücker Raum. Wahrscheinlich handelt es sich hier um Feuersteinschlagplätze, an denen von vorgeschichtlichen Handwerkern Feuersteinknollen durch Zerschlagen mit Hartsteinen zu Mikrolithen, Querschneidern, Kratzern, Bohrern und Pfeilspitzen verarbeitet wurden und wie sie auf den Anhöhen des Hümmlings noch heute in größerer Zahl zu finden sind. Damals erfand auch der Mensch die Töpferei und, bezeichnend besonders für das nördliche Europa, das geschaftete Feuersteinbeil (Flintbeil), das als Waffe und Werkzeug einen großen Fortschritt bedeutete und neben trapezförmigen Pfeilspitzen und länglichen Speerspitzen die erste Verfeinerung der Waffentechnik erkennen läßt. Als weitere Neuerungen kamen neben der Herstellung von verzierten Tongefäßen die zunehmende Verwendung geschliffener statt geschlagener Steinwerkzeuge hinzu. Am Ende dieses Zeitabschnitts, mit dem Übergang zur *Jungsteinzeit* (ab 3000 v. Chr.), stellten sich, vom vorderasiatischen Raum und dem europäischen Südosten aus vordringend, auch in diesem Bereich bereits die Anfänge des frühesten Getreideanbaus ein, und die ersten Haustiere (Rind, Schwein, Schaf und Ziege) wurden herangezogen und gehalten. Es bahnte sich so auch bei den Menschen in unserer Heimat — durch Vereinigung der produzierenden Wirtschaftsweise des Ackerbaus (seßhafte Pflanzer) mit der konsumierenden Lebensform der Jäger, Fischer und Sammler (schweifende Deckung des Lebensbedarfs) — jene entscheidende Umwälzung an, die sodann in der Jungsteinzeit (3000—1800 v. Chr.), dem *Neolithikum*, als sog. ,,neolithische Revolution", von Vorderasien ausgehend, den breiten Übergang zum seßhaften Bauerntum bewirkte.

Während wir in der vorgeschichtlichen Zeit der Jäger, Fischer und Sammler die ersten Spuren dieser umherziehenden Menschen in unserer Heimat fast ausschließlich auf den Höhen rings um Osnabrück — so in Hollage, Pye und Westerkappeln — feststellen können, mußte der als Ackerbauer seßhaft werdende Mensch wegen der organischen

1. Aus Urzeit, Vorzeit und Vorgeschichte des Osnabrücker Landes

Einheit von Wohnplatz und Nutzfläche feste Standorte aufsuchen, die in ihrer Lageabhängigkeit vom Wasser bei gleichzeitiger Schutzlage gegen Witterungseinflüsse und mögliche Feinde überwiegend in talartigen Beckenlandschaften angelegt wurden. Mit der Erfassung dieser Lagebeziehungen der Siedlungen der bäuerlichen Menschen in der Jungsteinzeit in unserer engeren Heimat und deren kulturellen Verhältnisse setzt so ein neuer Abschnitt in der Betrachtung der Vor- und Frühgeschichte des Osnabrücker Raumes ein.

Spuren von seßhaften Menschen der Vorzeit im Osnabrücker Raum

Die eigentliche Vorgeschichte unserer Heimatlandschaft beginnt mit dem Zeitraum, in dem der Mensch in ihr seßhaft wurde. Er suchte in ihr nicht nur seine Existenzmöglichkeit, sondern griff darüber hinaus in ihre natürlichen Lebensverhältnisse ein, versuchte sich die Natur untertan zu machen, um sein Dasein zu sichern. Über Familie und Sippe hinaus bildete er Gemeinschaften und verteidigte den Bereich seines Lebensraumes um Hütte und Hof gegen andringende Feinde.

Das sumpfige Bruchland des waldigen Hasetals oberhalb Osnabrücks, heute in saftige Wiesen und Weiden verwandelt, war in der Jungsteinzeit und anschließenden *Bronzezeit* (insgesamt 3000—700 v. Chr.) für eine Niederlassung von Menschen ebenso siedlungsfeindlich wie die moorigen Niederungen unterhalb der Stadt, zumal es sich auch um Überschwemmungsgebiete handelte, da der Hasefluß in jener Zeit oft über seine Ufer trat. Nur dort, wo die Muschelkalkhöhen des Gertrudenberges auf dem rechten, des Westerberges auf dem linken Ufer in ihren Ausläufern nahe an den geschwungenen Lauf der Hase herantreten und ihr Flußtal auf etwa hundert Meter einengen, trat auch der Wald zurück und konnten sich feste Ufer bilden. Hier schob sich von angrenzenden Terrassen und Landrücken aus eine höher gelegene sandige Landzunge spornartig von Süden an den Fluß heran und ermöglichte für den Menschen der Vorzeit, ihn wohl zunächst mit Einbaum oder Floß zu überqueren, im Sommer zu durchwaten und später auf befestigter Holzauflage (Knüppeldamm) gar mit Wagen zu durchfahren. Diese Furt an der wohl günstigsten Stelle am Oberlauf der Hase, von der Quelle her gesehen die erste überhaupt, war damit auch der Ort, wo vorgeschichtliche Handelsstraßen und uralte Heerwege, meist der Richtung von Gebirgszügen und Geländerücken folgend, sich sammelten und auf festem Untergrund den Fluß überschritten, um sich jenseits, auf den angrenzenden Höhen weiterverlaufend, wieder auseinanderzufädeln. Nach H. Rothert (Geschichte der Stadt Osnabrück im Mittelalter, Osnabrück 1937) liegt hier vor allem seit jeher der Knotenpunkt zweier wichtiger Straßen: einer West-Ost-Verbindung von der Rheinmündung zur Weser und durch die Weserscharte weiter zur Elbe bei Magdeburg und — noch wichtiger — mit einem süd-nördlichen Handelswege, aus Frankreich kommend, den Niederrhein bei Köln überschreitend, zum Mündungsgebiet der Weser und Elbe verlaufend. Beide Routen kreuzen sich noch heute — als Bahnstrecken und Autobahnen — in Osnabrück. Der Ort ihres Überganges über die Hase, die einstige Hasefurt, ist die Urzelle, aus der die alte Bischofs- und Hansestadt Osnabrück hervorgegangen ist. Da auch das Ufer der Furt noch von winterlichen Überschwemmungen der Hase gefährdet war, kam für den ersten Ansatz dauernder menschlicher Niederlassung in diesem Bereich zunächst das etwas höher gelegene Gelände weiter südlich im Bereiche des heutigen Domhofes und des Marktplatzes in Frage.

An dieser Stelle, auf dem trockeneren Boden zweier flacher Landrücken unweit des Haseüberganges, aber auch auf den angrenzenden wassernahen Terrassen und sanft ansteigenden Hängen der benachbarten Höhen des Westerberges und des Kalkhügels, des Ziegenbrinks und des Schölerberges können wir auch die *ersten Wohnplätze* von Menschen der Vorzeit vermuten. So finden wir in diesem Bereich schon lange vor dem Zeitpunkt, an dem der Osnabrücker Raum in der geschichtlichen Überlieferung auftaucht — dem Jahre 783 n. Chr. mit der Schlacht an der Hase und der mit diesem Siege des Frankenkönigs Karl über die Sachsen im Zusammenhang stehenden Kirchen- und späteren Bistumsgründung an der Hasefurt — durch eine Fülle von Funden, die nicht nur der Spaten der Vorgeschichtsforscher ans Licht gehoben hat, zahlreiche Spuren menschlichen Lebens in der vorgeschichtlichen Zeit unserer Heimat. Als Zeugen der Lebensbedingungen jener Tage sind es — neben den Grabstätten unserer Vorfahren, hier besonders vertreten in der Gestalt mächtiger Großsteingräber — vor allem Werkzeuge, Waffen und Tonwaren, die hierüber anschauliche Klarheit zu bringen vermögen. Hier im Mittelraum eines alten *Siedlungsbeckens* mit zentraler Verkehrslage dürfen wir eine Häufung kleinerer vor- und frühgeschichtlicher Siedlungen vermuten. Durch teilweise Umfassung dieses Beckens durch das Überschwemmungsgebiet der Hase im Osten und Norden sowie durch nacheiszeitliche Sumpf- und Moorniederungen im Süden und Westen (u.a. Fledder, Wüste, Rubbenbruch) hatte dieser Raum mit seinen leichten sandigen Erhebungen im Zentralbereich (Talsande) nahezu Inselcharakter. Wegen ihrer fast allseitigen Sicherung bot diese annähernde Insellage den besten Schutz und erhielt daher von den Siedlern der Vorzeit bei der Wahl ihrer Wohnplätze den Vorzug.

Es sind zunächst vor allem die hier geradezu zum Landschaftsbilde gehörenden zahlreichen *Großsteingräber* mit Beigaben und weitere Bodenfunde, wie sie u.a. auf der Karte der jungsteinzeitlichen Grabdenkmäler und Einzelfunde im Stadt- und früheren Landkreis Osnabrück (von *A. Bauer jun.*, Mitteilungen des Hist. Vereins Osnabrück, 64. Bd., 1950) deutlich werden. Insgesamt lassen sie erkennen, daß bereits in der Jungsteinzeit eine relativ starke Besiedlung im Osnabrücker Becken vorhanden gewesen sein muß. Auf dieser Karte sind allein im inneren Stadtgebiet Osnabrücks — neben der Markierung eines völlig verschwundenen Großsteingrabes am Domhof in der Stadtmitte — fünf wertvolle Einzelfunde (ein Feuersteinbeil, drei Steinäxte und eine Pfeilspitze) verzeichnet. Hinsichtlich des oben angeführten völlig zerstörten zentralen Großsteingrabes verweise ich auf *E. Müller* (Geschichte der Stadt Osnabrück, Berlin 1864). Er berichtet, daß auf der Domsfreiheit etwa an der Stelle, wo jetzt das Löwenpudeldenkmal steht, 1863 bei Kanalisationsarbeiten ein kleiner Tonkrug, ein sog. ,,Tränenkrüglein", gefunden wurde. Er vermutet daher auch, daß sich hier — gegenüber einem vorzeitlichen Siedlungsgehöft, aus dem der spätere altsächsische Oberhof hervorgegangen sein dürfte — ein Großsteingrab befunden hat; denn diese Art von Krügen wurde — neben größeren Aschenkrügen — häufiger unter den Decksteinen dieser Grabstätten festgestellt. Sie dienten wohl dazu, die ,,um den Dahingeschiedenen geweinten Tränen" in die Erde zu senken. Daneben weist die Karte innerhalb der heutigen Gemarkung unserer Stadt noch acht teilweise erhaltene Großsteingräber und zahlreiche Bodenfunde auf, mehrere Gräber u.a. am Fuße des Haster Berges und des Schinkelberges. Auch im Westen der Stadt, auf ,,Römers Esch" am Westerberg (südlich der Natruper Straße), fiel nach *W. Nowothnig* (Die Großsteingräber in der Umgebung Osnabrücks, Heft 7 der Osnabrück-Reihe des Verkehrsvereins) ein solches Grab der fortschreitenden Bebauung zum Opfer. Ebenfalls dürften Steinreste, die bis vor wenigen Jahren auf dem Johannisfriedhof lagen, von einem zerstörten Großsteingrab stammen. Funde, die aus einem ähnlich zerstückelten Steingrab auf dem Grundstück der Firma Stahn und Finke an der Sedanstraße geborgen wurden, weisen im Zusammenhang mit dem Fundort am ,,Römers Esch" darauf hin, daß im Gebiet der Natruper und der Sedanstraße einstmals geradezu ein Gräberfeld der Großsteingrableute vorhanden gewesen sein dürfte. Neben zahlrei-

1. Aus Urzeit, Vorzeit und Vorgeschichte des Osnabrücker Landes   19

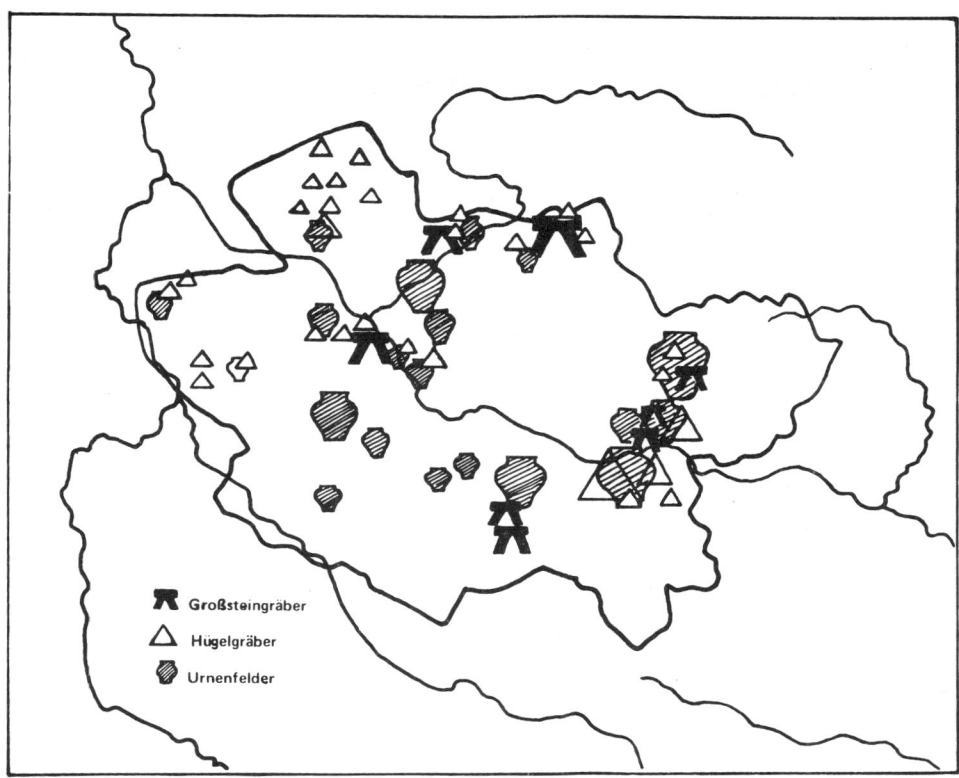

Ausschnitt aus der Karte der jungsteinzeitlichen Grabdenkmäler von Einzelfunden im Stadt- und Landkreis Osnabrück von A. Bauer jun., Mitt. Hist. V. 1950, S. 62

chen Gefäßresten fanden sich in diesem Grab Skelettreste von mehreren Erwachsenen und auch von Kindern. Nach all diesen Erkenntnissen gibt es (nach Nowothnig) kaum eine Stadt im Bereiche der Großsteingräberkultur in Mitteleuropa, die innerhalb ihrer Grenzen und in ihrer nächsten Umgebung eine so stattliche Zahl von steinernen Zeugen dieser Vorzeitepoche aufzuweisen hat wie Osnabrück. Nach *W. Schlüter* (Archäologe für die Stadt und den Landkreis Osnabrück) beläuft sich diese Zahl z.Zt. auf insgesamt 41 Stätten und Spuren von Großsteingräbern in und um Osnabrück. Dieses alles deutet darauf hin, daß unsere Stadt auf uraltem Siedlungsboden aufwuchs, und zwar im belebten Kreuzungsbereich der alten — obengenannten — vorgeschichtlichen Heerwege und Handelsstraßen, an deren Rändern die Menschen der Jungsteinzeit die Großsteingräber, die geräumigen steinernen Bestattungskammern für die Generationen umfassenden Toten ihrer Sippen, aus Findlingen zu errichten pflegten. Aus allen diesen Befunden wird weiter verdeutlicht, daß hier im zentralen Siedlungsbecken die natürliche Schutzlage weitläufiger, inselartig gelegener flacher Höhenrücken im weiten moorigen Niederungsgebiet der Hase aufgesucht wurde, sandige Höhenrücken als „Moorinseln", die, durch spornartige Bodenwellen mit den umliegenden Hügeln verbunden, bevorzugt zum Seßhaftwerden dienen konnten. Das geschah offenbar schon zu einer Zeit, als man hier noch nicht verstand, sich durch künstliche Anlagen und Bauten, z.B. Wälle und Gräben, feste Häuser und ihre geschlossene Lage, zu schützen, also bereits in sehr früher vorgeschichtlicher Zeit.

Unsere Vorstellungen von den Lebensverhältnissen des endgültig *seßhaft* gewordenen jungsteinzeitlichen Menschen in den letzten vorchristlichen Jahrtausenden werden durch die in den genannten Großsteingräbern vorgefundenen zahlreichen vorgeschichtlichen Zeugnisse aus dieser Zeit zunehmend klarer. Er trieb Ackerbau und wohnte je nach Besitz und Stand in Häusern von stattlicher Größe und Ausstattung. Er verstand auch, vorzüglich geschliffene Beile, Dolche, Speerspitzen, Sicheln und Messer aus sehr hartem Feuerstein oder Flint herzustellen. Den Verstorbenen seiner Sippe baute er — in größeren Baugruppen tätig werdend — unter viel Zeit- und Kraftaufwand die bereits näher beleuchteten Totenhäuser aus Stein und Erde als Familiengrabstätten, denen tiefstichkeramische Tongefäße in Form von Trichterbechern, Kragenflaschen, Schulternäpfen und Schalen beigegeben waren. Nach dieser Art der Keramik mit dem Trichterbecher als Leitgefäß werden die Erbauer der Großsteingräber Nordwestdeutschlands in der mittleren und späten Jungsteinzeit als Träger der *Trichterbecherkultur* bezeichnet. Die für diese „Hünengräber" (Volksmund) bewegten massigen Felsbrocken und Steinmengen, deren gangförmige Setzungen die unverbrannten Toten ganzer Sippen bargen, sind in ihrer Monumentalität immer wieder sehenswert — z.B. die Karlsteine in Hone, die Sundermannsteine in Gretesch, die Teufelssteine in Lüstringen u.a.m. —, obgleich von ihrem einstigen Aussehen nur noch Ruinen übrigblieben. Die Seitenwände der Grabkammern, so wie sie sich uns heute noch darstellen, ihre gewaltigen Decksteine und die

Teufelssteine an der Teufelsheide in Osnabrück-Lüstringen

steinerne Umfassung der Großsteingräber bestehen aus vielen, z.T. riesigen Granitfelsen, die von den Gletschern der Eiszeit aus Skandinavien nach Mitteleuropa mitgebracht worden sind und nach deren Abschmelzen hier liegenblieben. Allein schon ihre Heranschaffung aus größeren Entfernungen und Zusammenfügung zu solchen markanten Steinsetzungen bedeuten eine großartige technische Leistung, die an sich schon eine fortgeschrittene Kulturstufe erkennen läßt und wahrscheinlich — nach jüngsten Forschungen — von unternehmerischen ,,Spezialistentrupps'' durchgeführt wurden. Nicht aus solchen ,,Findlingen'' erbaut sind jedoch das ,,Karlsteine'' genannte Großsteingrab im Hone am Piesberg sowie die etwa 50 Meter weiter südöstlich liegenden Reste einer ihrer Decksteine beraubten Steinkammer. Diese Erscheinung bildet eine seltene Ausnahme. Die Steinblöcke sind aus dem gleichen Material wie die ,,Johannissteine'' auf der Höhe des Piesberges, aus hartem, verwitterungsbeständigem Kohlesandstein. Ihr Transport aus einer steinbruchartigen Aufspaltung dieses geheimnisumwitterten Felskomplexes den Berg hinab erfolgte wohl wie bei den üblichen Findlingsgräbern. Die schwierigen Zurichtungsarbeiten bei der eigentlichen Setzung der Steine hat man nach Peters-Schlüter (Die archäologischen Denkmäler und Funde im Landkreis Osnabrück, Hildesheim 1976) ,,offenbar mit der Sprengkraft von Feuer und Wasser bzw. Wasser oder Kälte gemeistert''. Aus der Lage dieser Steingräber an oder in der Nähe von durchgehenden vorzeitlichen Verkehrswegen (s.o.) darf man schließen, daß diese Wege, die z.B. im Osnabrücker Siedlungsbecken fast sternförmig auf die Hasefurt zuliefen und an vielen Stellen ,,Hünenbetten'' geradezu berührten — so im Hone, im Nettetal, in Gretesch-Lüstringen, in Nahne —, älter sind als diese Grabstätten selbst.

Karlssteine im Hone

Daneben finden sich alsbald (ab etwa 2400 v. Chr.), vermehrt aber gegen Ende dieser Zeit unter flacheren, aber durchaus markanten Erdhügeln auch *Steinkistengräber* für Einzelbestattung, die einem anderen, doch verwandten Kulturkreise entstammen. Er tauchte zum Ausgang der Jungsteinzeit auf, und zwar mit anders geformter, oft schnurartig verzierter Keramik, auch mit anderen Waffen und Geräten als Beigaben. Die Träger dieser Kultur begruben ihre Toten einzeln in Steinkisten unter zumeist flachen, runden Erdhügeln. Wegen dieser Grabsitten wird diese Kulturgruppe als Volk der *Einzelgrabkultur* — im Gegensatz zum Volk der Großsteingrabkultur (Megalithgräberkultur) — bezeichnet. Fundgut aus Gräbern dieses Volkes mit der typischen *Schnurkeramik* als Beigaben — daher auch *Schnurkeramiker* genannt — fanden sich öfters auch neben solchen der Großsteingrabkultur. Dies deutet auf einen sich über einen größeren Zeitraum vollziehenden Verschmelzungsprozeß dieser beiden Kulturen hin. Alle diese in der näheren und weiteren Umgebung Osnabrücks, u.a. recht zahlreich auf dem Giersfelde nördlich Ueffeln, noch befindlichen jungsteinzeitlichen Grabstätten — sowohl als Großsteingräber als auch unter Hügeln liegenden Steinkistengräber — bezeugen uraltes vorgeschichtliches und kultisches Leben in unserer Heimat. Sie beweisen, daß ihre Erbauer

Abbildung
eines Steinkistengrabes
auf dem Giersfeld

damals nicht nur seßhaft waren, sondern auch in größeren Gemeinschaften lebten und mit Hacke und Pflug den Boden bearbeiteten. Ackerbau und Viehzucht als produzierende Wirtschaftsweise — gegenüber der mehr aneignenden der schweifenden Jäger, Fischer und Sammler — bestimmten nun vollends die Lebensverhältnisse der Menschen. Kornabdrücke in Tongefäßen als Bestattungsbeigaben lassen erkennen, daß die damaligen Bewohner unserer Heimat auch schon Getreidearten kannten. Sie lebten, insgesamt gesehen, in einer ausgesprochenen *Bauernkultur* mit hochentwickelter Töpferei; denn die in den Grabkammern vorgefundene Keramik mit Tiefstichmustern, auch als Trichterbecher, Schulternäpfe und Kragenflaschen gestaltet, deutet ebenso auf einen fortgeschrittenen Stand der Technik hin wie die Streitäxte, Feuersteinbeile und mit horizontalen Schnureindrücken verzierten Becher der Einzelgrabkultur. Reste von Wollzeug bezeugen, daß die Menschen jener Zeit bereits weben gelernt hatten und sich mit Wollstoffen bekleideten. An ihrer Kleidung lassen diesen Fortschritt auch die zumeist aus jüngerer Zeit stammenden ,,Moorleichen'' — in Mooren versenkte gefesselte Verbrecher — erkennen. Auf eine höhere Kulturstufe deuten auch Beigaben in Form von Schmuck und bearbeitetem Bernstein mit künstlerischen Verzierungen hin.

Welchem Volk wir die Bewohner des Osnabrücker Raumes in diesem Zeitabschnitt der Jungsteinzeit zuzurechnen haben, ist noch unsicher; jedenfalls waren es noch keine Germanen. Da das Gebiet der Träger der Großsteingrabkultur mit ihren kennzeichnenden Werkzeugen und formenreichen Tonwaren der ,,Trichterbecherkeramik'' nach Beendigung der Ausbreitung — um 2000 v. Chr. — im nordwestdeutschen Raum von der Einzelgrabkultur der ,,Schnurkeramiker'' durchdrungen wurde, kam es, wie es das friedliche Nebeneinander von Großsteingräbern und Einzelgräbern unter Erdhügeln — z.B. auf dem Giersfelde (s.o.) — noch heute erkennen läßt, zur Vermischung mit der ansässigen Bevölkerung der Megalithkultur. Aus der *Verschmelzung* dieser beiden Kulturkreise dürften hier, im Ausstrahlungsbereich der bald darauf einsetzenden indogermanischen Wanderungen, die nordisch-fälischen Urgermanen hervorgegangen sein. Das Tor zur Frühgeschichte unserer germanischen Vorfahren war damit aufgetan.

2. An der Schwelle von der Vorgeschichte zur germanischen Frühgeschichte des Osnabrücker Raumes

Von den Hügelgräbern der Bronzezeit (1800 — 800 v. Chr.) zu den Urnenfriedhöfen der Eisenzeit

Die meisten Hügelgräber, die — auch in Resten und Spuren — als Zeugen der Einzelgrabkultur noch zu finden sind (nach W. Schlüter sind im Osnabrücker Raum noch 850 Grabhügel vorhanden, mindestens 1200 wurden in den letzten 200 Jahren eingeebnet), führen uns in eine Zeit, in der der Mensch gelernt hatte, statt des wichtigen Rohstoffs Stein (Flint) die *Bronze*, eine Legierung aus Kupfer und Zinn, zu gießen und für seine Zwecke zu formen. Es herrschte daher ein reger Handel mit diesen Metallen, die aus dem Harz und aus Mitteldeutschland bezogen werden konnten, auch mit bronzenen Fertigwaren im Tausch gegen Bernstein und Salz. Das gieß- und treibbare Metall brachte gegenüber der mühsamen und langwierigen Bearbeitung des Feuersteins eine wesentliche zeitliche Verkürzung und Erleichterung der Arbeit. Der Umgang mit Bronze brachte, wie die Funde aus diesem Zeitraum ausweisen, bereits Zeugnisse von besonders schön ausgestalteter Ausdruckskraft der Lebensverhältnisse jenes urgermanischen Volkes hervor, zu dem sich die beiden jungsteinzeitlichen Völker der Großsteingrab- und der Einzelgrabkultur verschmolzen hatten. In den Grabbeigaben finden sich jetzt kunstvolle Fibeln (Tuchnadeln) und Perlenketten, stellenweise auch schon Bronzebeile und -schwerter.

Als in der *jüngeren Bronzezeit* — seit etwa 1200 v. Chr. — die Totenverbrennung üblich wurde, mußten die Asche- und Knochenreste als Verbrennungsrückstände gesammelt und beigesetzt werden. Dies geschah in tönernen und z.T. kunstvoll verzierten *Urnen*, die unter abgeflachten Erdhügeln oder auch im freien Feld (Flacherdgräber) vergraben wurden. Hierbei wurden die Urnen oft auch mit der Asche des Scheiterhaufens überschüttet (Brandschüttungsgräber) oder die verbliebenen Knochen mit der Holzasche in eine Grube geschüttet. Es entstanden so — dem weiteren Anwachsen der Bevölkerung entsprechend — ganze *Urnenfriedhöfe,* von denen auch im eigentlichen Stadtgebiet von Osnabrück eine beachtliche Reihe aufgefunden worden ist. Nach dem Aufkommen des Christentums in unserer Heimat war es Karl der Große (768—814 n. Chr.), der das Verbrennen der Leichen als heidnischen Brauch bei Todesstrafe verbot. Die nun einsetzende Leichenbestattung erforderte daher neben jeder christlichen Kirche auch die Anlage einer ausgedehnten Stätte für das Begräbnis der Toten in der Erde, als Kirchhof oder Friedhof. So wurden 1978 bei Ausgrabungen auf der Großen Domsfreiheit unweit des Domes etwa 20 bis 30 westöstlich ausgerichtete, jedoch weitgehend zerfallene Bestattungen aufgefunden.

Abbildung einer Urne aus einem Hügelgrab

2. An der Schwelle von der Vorgeschichte zur germanischen Frühgeschichte des Osnabrücker Raumes

Als Ergebnisse einer intensiven Forschung nach solchen vorgeschichtlichen Bestattungsstätten, um die sich bereits *Justus Möser* (1720—1794) bemühte, wurden im Bereiche Osnabrücks größere *Urnenfelder* festgestellt, und zwar an der Natruper Straße (am ,,Römers Esch''), in Eversburg (Eversheide), an der Blumenhalle und bei Bellevue, in der Dodesheide sowie in Haste (Urlager Esch). Daß auch im Gebiet des Hasefriedhofs und des Johannisfriedhofes Urnenbestattungen aufgedeckt wurden, die bereits der Zeit um Christi Geburt angehörten, läßt eine interessante Kontinuität hinsichtlich der Wahl von Bestattungsräumen über die Zeiten hin erkennen. Das größte Hügelgräberfeld mit Urnenbestattungen, in dem einst über 400 Hügelgräber gezählt wurden, befand sich in Düstrup. Hier ist es der archäologischen Denkmalspflege gelungen, einen kleinen Teil dieser Gräber vor der Zerstörung zu bewahren und als vorgeschichtliche Denkmäler sicherzustellen. Siedlungsspuren bei Urnenfunden an der Schürenstraße (am Ziegenbrink) und auf dem Galgesch am Riedenbach, wo 1934 der Osnabrücker Museumsdirektor *Dr. Hans Gummel* (1929 — 1939) in unmittelbarer Nachbarschaft zu einem Urnenfeld eine vorchristliche Siedlung ausgegraben hat, weisen darauf hin, daß im Zusammenhang mit diesen relativ zahlreichen Urnenfunden in unserem Stadtbereich weiterhin eine entsprechend dichte Besiedlung dieses Raumes vorgelegen haben muß. Viele der hierbei ausgegrabenen Tongefäße reichen mit ihrer Datierung bereits in die ältere *Eisenzeit* (500 v. Chr. — Chr. Geb.) hinein.

Daß während der Bronzezeit auch schon Gold verarbeitet wurde, bezeugen Bodenfunde aus der weiteren Umgebung Osnabrücks. So wurde in Lorup auf dem Hümmling ein wertvoller Goldfund mit reichem Arm- und Halsschmuck in gediegener Form entdeckt sowie in Gölenkamp im Kreise Grafschaft Bentheim ein goldenes Gefäß in Gestalt eines Bechers aufgefunden. Im weiteren Fortschreiten dieses Zeitabschnitts wurden den abgeschiedenen Männern vermehrt Waffen wie Beile, Dolche, Lanzen und Schwerter aus Bronze mitgegeben, den Frauen als Schmuck Armbänder, Armringe, Spangen und Fibeln, Gegenstände, die z.T. aus Jütland und Spanien eingeführt wurden. Diese Zeugnisse eines weiträumigen und umfassenden Handels bereits in jener Zeit sind im Osnabrücker Kulturgeschichtlichen Museum (Archäologische Abteilung) ausgestellt.

Daß ein Teil der Urnenfriedhöfe des Osnabrücker Raumes bereits der *Eisenzeit* (ab 700 v. Chr.) angehört, wurde oben schon erwähnt. Mit der illyrischen Urnenfelderkultur — nach dem Gräberfeld bei Hallstatt im Salzkammergut auch *Hallstatt-Kultur* genannt — war die Technik der Eisenherstellung in einfachen Eisenschmelzöfen durch die Kelten aus dem Südosten in unsere Heimat gekommen. Damit wurde die Bronze als wesentlicher Werkstoff alsbald durch das Eisen abgelöst, zumal nun der Rohstoff für die Eisenverhüttung, insbesondere das Raseneisenerz, fast überall in naher Umgebung der Wohnsitze gefunden wurde. Im Gegensatz zur Bronze wurde man nunmehr in der Rohstoffversorgung von der Einfuhr unabhängig

So lernten auch wohl die schon um diese Zeit germanischen Bewohner des Osnabrücker Landes, vor allem dort, wo *Eisenerze* zutage traten, das Eisen kennen und schmieden. Überhaupt scheint die Gegend um Osnabrück ein uraltes Erzgebiet gewesen zu sein. In diesem Zusammenhange erklärt der Tecklenburger Heimatforscher *F.E. Hunsche* (1000 Jahre Gemarkung Lienen, Lengerich 1965) etymologisch den Urnamen für den Hase-Fluß ,,Osena'' (s.a. Osning) — wie z.B. auch bei Eisenach — als Eisenfluß. Den Ortsnamen Oesede = ,,Osithi'' deutet er als Erzheide. Wie der römische Geschichtsschreiber Tacitus berichtet, sollen die Germanen die in ihrem Lande reichlich vorhandenen Eisenerze durch Ausschmelzen in Erdlöchern unter einer Lehmdecke mit

Blasebälgen verarbeitet haben. Überreste solcher alten Eisenschmelzen (,,Brockschmieden") könnten — nach Hunsche — in Holperdorp (in der Nähe der Duvensteine) und in Leeden südlich von Osnabrück vorliegen. Eindeutig ist die kürzliche Entdeckung von Resten derartiger Eisenschmelzöfen an der beim Bau der Autobahn Osnabrück — Hannover angeschnittenen Fundstelle bei Eistrup-Uphausen.

Damit waren unsere germanischen Vorfahren in diesem Zeitabschnitt der jüngeren Eisenzeit (seit Chr. Geburt), deren Siedlungsgebiete schon seit der jüngeren Bronzezeit zunehmend durch germanische Einwanderung aus Skandinavien erweitert worden waren, auf dem Wege, sich das Leben durch Vervollkommung ihrer Werkzeuge leichter zu machen, einen großen Schritt vorangekommen. Daher hatte der Schmied nun in der *großgermanischen Zeit*, die wir etwa von 800 v. Chr. ab bis gegen 1000 n. Chr. datieren, eine sehr angesehene Stellung in der Bevölkerung, wie wir sie in vielen Sagen aus der Vergangenheit erkennen können (s. z.B. die Sagen vom ,,Schmied im Hone" oder die vom ,,Schmied im Hüggel"). Darüber hinaus weisen Pferdegerippe und Hauspfosten als Bodenfunde, Moorleichen mit Kleidern und Schuhen darauf hin, daß unsere Vorfahren sicherlich schon lange vor Christi Geburt in festen Häusern und bodenständigen Siedlungen wohnten und neben der Landwirtschaft auch die Anfänge verschiedener Handwerkstechniken, besonders auch der Schmiedekunst (s.o.), beherrschten. Im ganzen gesehen, liegen bisher hierüber jedoch relativ wenig kennzeichnende konkrete Spuren in unserer Gegend vor.

Nach dem Aufkommen des Ackerbaus und dem damit verbundenen Übergang zum seßhaften Bauerntum waren so über zwei Jahrtausende hinweg aus den ersten festen jungsteinzeitlichen Siedlungen bis zur Zeitwende um Christi Geburt markante *Einzelhöfe* oder kleinere *Hofgruppen* als Sitz von Großfamilien bzw. ganzer Sippen geworden. Die heute noch in unserem Stadtbilde auftretenden Ortsbezeichnungen wie Hege, Natrup (Northorpe = Dorf im Norden), Edinghausen u.a.m., die später in Straßennamen eingegangen sind, erinnern an diesen ausgreifenden Besiedlungsvorgang, der dann alsbald zu entsprechender Namensgebung für die so entstandenen neuen ,,Bauerschaften" (Gehöftgruppen) führte. Dem ,,Dorf im Norden" (Nordwesten) *Natrup* dürfte eine ähnliche germanische Gehöftgruppe im Süden, im heutigen Stadtteil *Nahne*, entsprochen haben. Die mittelalterliche Bezeichnung dieses Ortes mit Non bzw. None — ein Ausdruck, der noch heute im Osnabrücker Plattdeutsch die ,,Mittagszeit" d.h. den Höchststand der Sonne im Süden (s.a. englisch = noon) anspricht — deutet auf die Südlage dieser Gehöftgruppe in Beziehung auf eine frühgermanische Hauptsiedlung in der Nähe der Hasefurt, dem späteren altsächsischen Oberhof mit seinen Nebengehöften, hin. Von diesem größeren Wohnplatz in der Nähe des Haseufers als Ursiedlung aus, deren Existenz bereits in der Jungsteinzeit durch das dort in Spuren entdeckte Großsteingrab gekennzeichnet sein dürfte, wurden im Laufe der Zeit neue Ansiedlungen in der Umgebung geschaffen, deren Bewohner wohl in erster Linie von den Besitzern der ursprünglichen Hofgruppe an der Hase abstammten. Durch Viehaustrieb und Verbiß sowie durch Roden und ,,Schwenden" (Niederbrennen) war um die Ursiedlung herum im sonst weitgehend geschlossenen Waldgebiet eine offene Graslandschaft entstanden, die zu weiteren Ansiedlungen einlud. Der der Hasefurt, die um diese Zeit wohl kaum schon als Knüppeldamm befestigt gewesen sein dürfte, am nächsten gelegene Einzelhof, dessen Lage wir im weiteren Bereich des heutigen Domhofes annehmen können, wird mit dieser Furt (,,brugge") über die Hase (,,Osen" bzw. ,,Asna") in Verbindung zu bringen sein und daher wohl bereits früh den Namen Osenbrugge oder Asnabruggjo (unter anderen ähnlichen früheren Schreibweisen für Osnabrück) getragen haben.

Dieser lagegeschichtlichen Deutungsmöglichkeit des Namens der späteren Stadt Osnabrück steht eine Reihe anderer *Interpretationen* gegenüber. Der erste Teil der Bezeichnung „Asnabruggjo"hat den Sprachforscher Jacob Grimm (1785 — 1863) dazu verleitet, diesen Namen als Asen- oder Götterbrücke zu deuten, während andere, durch die Schreibweise „Ossenbrugge" veranlaßt, sogar auf „Ochsenbrück" verfallen sind. Den Namen unserer Stadt mit dem alten Handelsweg, dem „Ochsenweg" (vom skandinavischen Norden über die Unterelbe nach Süden), der im 12. Jahrhundert den Rompilgern aus Nordeuropa als kürzester Weg empfohlen wurde, in Verbindung zu bringen, dürfte ebenfalls sehr unwahrscheinlich sein. Daß Osnabrück einer Brücke bzw. einem Übergang über den Fluß, zunächst als Furt, sodann als Bohlenweg, später im Mittelalter als feste Brücke (die heutige Angersbrücke) seinen Namen verdankt, dürfte eindeutig feststehen. Was bedeuten aber die ersten beiden Silben Osen-, Asen-, Asna-, Osna-,? Mit Th. Baader (Alte Namen des Haseflusses, Osnabrück 1958) haben weitere Forscher darin die Gewässerbezeichnung „Hase" finden und damit den Namen Osnabrück als „Hasebrücke" deuten wollen, da die sprachliche Verwandtschaft mit Aha (Ache), Aa, Aue, denen die Deutung „fließendes Wasser" zugrunde liegt, nicht von der Hand zu weisen ist. Als naheliegend erscheint auch die Verbindung des Namens unserer Stadt mit der Bezeichnung „Osning", dem ursprünglichen Namen für den gesamten Bereich des Teutoburger Waldes, heute noch häufig angewandt für den Abschnitt der Gebirgskette zwischen Tecklenburg und Borgholzhausen. Hier im Osning entspringt die Hase und könnte daher ursprünglich wohl von hier aus die althochdeutsche Schreibung Ose oder Osna besessen haben. Nach A. Bach (Die deutschen Ortsnamen, Heidelberg 1954) bedeutet jedoch der Gewässername „Hase" — altsächs. hasa, von hasu = „grau, dunkel" abgeleitet — der graue, dunkle Fluß, über dem der Nebel braut, wie E. Förstemann (Altdeutsches Namensbuch, Bonn 1913) ebenfalls das altsächs. hasa als „nebelig" deutet. Als sich daraus althochdeutsch der Flußname „Osen" bzw „Osna" entwickelte, ergab sich auch die Verbindung dieser Namensgebung mit der Bezeichnung „Osning" für das langgestreckte Waldgebirge, in dem die „Osen" bzw. „Osna" entspringt. Der Quellbereich (Osning) wird durch die Endung -ing als zu einer bestimmten Sache (Osen = Hase) mit einer bestimmten Eigenschaft (grau, nebelig) zugehörig bezeichnet, wie z.B. der Säuling oder Säulingswald seinen Namen nach der hessischen Suhle, die dort entspringt, trägt. Es sieht somit so aus, als ob im jetzigen Neuhochdeutschen unser Heimatfluß statt des althochdeutschen Osen, bzw. Osna wiederum die ursprüngliche Bezeichnung „Hase" angenommen hat. Der Name Osnabrück würde damit eindeutig „Hasebrücke" bedeuten. Als (von der Quelle aus gesehen) erster Übergangsort über diesen — damals bedeutend mehr Wasser führenden — Fluß trägt nach E. Schröder (Deutsche Namenskunde, Göttingen 1938) Osnabrück auch seinen Namen. Hier schließt sich der Kreis der Interpretationsmöglichkeiten, wobei die zuletzt erörterte wohl besonderen Anspruch auf Stichhaltigkeit erheben dürfte.

Der Osnabrücker Raum in der germanischen Frühgeschichte

Die *Eisenzeit* (etwa 700 v. Chr.—700 n. Chr.) leitet von der Vorgeschichte über in die Zeit, in der die Germanen in das volle Licht der Geschichte eintraten. Bis dahin hatten sie schon eine kulturelle Entwicklung von vielen Jahrhunderten hinter sich. Vor allem die klimatisch begünstigte Bronzezeit gestattete die Entfaltung einer reichen Kultur (s.o.). Hingegen war die anschließende Eisenzeit von Kämpfen erfüllt, in denen die Germanen ihren Siedlungsraum unter Verdrängung der südlicher wohnenden Kelten und

Illyrer bis in das Mittelgebirge und in das Rhein-Donau-Gebiet vorschoben. Nach heftiger Auseinandersetzung mit den von hieraus bereits nach Norden und Osten vorstoßenden Römern schirmten schließlich Rhein, Donau und zwischen ihnen der Grenzwall des Limes das Römische Reich zunächst vor ihnen ab und führten in den ersten nachchristlichen Jahrhunderten zu einem relativ ruhigen Nebeneinander der Völkerschaften.

Inwieweit der Osnabrücker Raum von dieser Entwicklung berührt wurde, können wir — im allgemeinen gesehen — in etwa aus den Berichten römischer Geschichtsschreiber aus dieser Zeit (u.a. Tacitus, Plinius) über die Verhältnisse und Vorgänge im alten Germanien entnehmen. Wir erfahren hieraus eine Fülle von z.T. auch detaillierten Angaben, die zumeist jedoch nicht genauer zu lokalisieren sind. Obwohl die eigentliche Geschichtsschreibung, die sich auf schriftliche Überlieferungen (Quellen, Urkunden) stützen kann, für unsere Heimat erst mit der Einführung des Christentums um 800 n. Chr. beginnt, sollte im folgenden doch noch kurz auf die Bedeutung der *Römerzeit* für den Osnabrücker Raum eingegangen werden. Diese Jahrhunderte von der Zeitenwende (Christi Geburt) bis zur Zeit Karls des Großen (768—814) bezeichnen wir als die *germanische Frühgeschichte*.

Hier sind es vor allem die Berichte der bereits genannten antiken Geschichtsschreiber über Feldzüge und Reisen der Römer durch unsere waldreiche Heimat, die Licht auf Sitten und Gebräuche sowie den Charakter unserer germanischen Vorfahren werfen. Römische Händler aus dem Mittelmeerraum und dem Westen Europas zogen auf alten Heer- und Handelswegen durch Germanien und kamen sicherlich auch über die Furt an der Hase, wo sich — wie bereits erwähnt — zwei bedeutsame Handelswege kreuzten: der vom Rhein zur Elbe und der von den Niederlanden nach dem Osten. Interessant wurde den Römern gerade dieser Raum zwischen Weser und Ems, als sie in ihrem Eroberungsdrange hier zwischen Wiehengebirge und Teutoburger Wald, dem Bereich der „Weserfestung", mit unseren Vorfahren zusammenstießen und von ihrem Widerstand, ihrer Tapferkeit und Freiheitsliebe überrascht wurden. Hiervon künden etliche Namen von germanischen Völkerschaften und Stämmen, auch von hervorragenden Einzelpersönlichkeiten. Nachrichten von Kämpfen, Siegen und Niederlagen, wie sie uns von den römischen Geschichtsschreibern überliefert worden sind, ranken sich nach den Zügen des *Drusus* und *Tiberius* durch Germanien um die Zeitenwende vor allem um das Geschehen in der *Schlacht im Teutoburger Walde* (9 n. Chr.), die dem Eroberungswillen der Römer Einhalt gebot. Aus den zahlreichen Funden von römischen Münzen aus dem Zeitalter des Kaisers Augustus (33 v. — 19 n. Chr.), vor allem im Raume von Engter-Barenau nördlich des Wiehengebirges, glaubt der Historiker *Theodor Mommsen* schließen zu können, daß der römische Feldherr Varus in der entscheidenden Schlacht 9 n. Chr. hier in der Nähe von Osnabrück vom Cheruskerfürsten Armin besiegt wurde. Die Auffindung weiterer Münzen aus Augusteischer Zeit an anderen Orten dieses Raumes, insbesondere an den alten Fernstraßen, zeugt davon, daß damals mehrfach Truppenteile römischer Heere in verschiedener Richtung das Gebiet zwischen Wiehengebirge und Teutoburger Wald durchquert bzw. gestreift haben. So drang wohl auch der römische Feldherr *Germanicus* fünf Jahre nach der Varusschlacht — teilweise über die Ems — in den Osnabrücker Raum vor. Es ist daher nicht verwunderlich, daß heute noch in unserer Heimat als Spuren solcher starken Heeresbewegungen in jener Zeit Münzfunde von wechselnder Ergiebigkeit ans Licht kommen. Bei der Auffindung jedoch von römischen Münzen aus der späteren Kaiserzeit, wie die in einer Bronzebüchse verwahrten, die 1933 in Ellerbeck bei Schledehausen entdeckt wurde, dürfte es sich um andere Umstände handeln. In diesem Depotfund von 25 goldenen römischen Kaisermünzen aus dem 4. Jahrhundert n. Chr., der im Niedersächsischen Landesmuseum in Hannover aufbewahrt wird, vermutet man den angesammelten Sold eines aus römischen Diensten heimgekehrten germanischen Kriegers, dem es aus unbekannten Gründen nicht möglich war, sein sauer erworbenes und sodann verstecktes Vermögen zu bergen. So wird auch die Herkunft des Schatzes von Krietenstein bei Lintorf mit 99 Goldmünzen gedeutet.

Nicht nur zu Lande, sondern auch auf dem Wasserwege — wie Germanicus — versuchten die Römer über Ems und Weser aufwärts nach *Germanien* einzudringen. In den Stürmen der Nordsee erlebten sie manchen grausigen Schiffbruch. Gut erhaltene Reste von Bohlendämmen in den Mooren nördlich von Osnabrück — sog. ,,Moorbrücken" (pontes longi) — sind Zeugnisse dafür, daß die in die norddeutschen Flußläufe eingefahrenen Legionen in geschickter Weise auch vorgefundene alte Bohlenwege benutzten, um moorige Gebiete zu überwinden. *Armins* Kämpfe gegen Germanicus und die Rückschläge der Römer in der Nordsee sicherten schließlich die Freiheit der im weiten Osnabrücker Raume lebenden Germanenstämme, deren zeitweiligen Zusammenschluß zu einem Bunde unter der Führung der Cherusker — ähnlich wie bei den Sueben und Markomannen — angenommen werden kann.

Aber auch, als sich die römischen Legionen längst auf das linke Rheinufer zurückgezogen hatten, benutzten noch *römische Handelsleute* den Weg über die Hasefurt nach Norden und Osten. Auf der anderen Seite diente mancher junge germanische Krieger als Söldner im römischen Heere (s.o.). So beweisen Töpfer-, Glas- und Metallwaren, letztere aus Silber, Gold und Bronze, oft als Beigabe in Urnen, aber auch weitere Goldmünzen aus der späteren Kaiserzeit, wie stark die Berührung mit der Welt der Römer noch gewesen ist. Die Technik des Ziegelbrennens, auch mit den Römern ins Land gekommen, führte alsbald dazu, daß Wände und Wölbungen von Urnengräbern aus Ziegeln erstellt wurden. Solche Grabanlagen glaubt Hunsche (s.o.) auf Höfen in Bad Laer und Glane — statt zunächst vermuteter Brennöfen — feststellen zu können. Obwohl die Germanen somit aus der Berührung mit den Römern das Herstellen von Ziegelsteinen kannten, dachten sie noch nicht daran, sie für den Hausbau zu verwenden.

Um diese Zeit war das Land um Osnabrück bewohnt, wie auch Tacitus berichtet, von den *Chasuariern* (Haseanwohnern), die wohl dem Bunde der Cherusker zuzurechnen sind. Sie waren Nachbarn der germanischen Völkerschaften der Brukterer im Raum zwischen Ems und Lippe, auch benachbart den Angrivariern nördlich davon und den Marsen südlich zwischen Lippe und Ruhr. Damals bestand die weite Landschaft um die Hasefurt — das Osnabrücker Becken mit seinen Randerhebungen — zu etwa vier Fünftel aus Wald und wohl nur zu einem Fünftel aus meist gerodeter landwirtschaftlicher Fläche. Es waren — im ganzen gesehen — riesige zusammenhängende Waldungen, die von den Höhen des Teutoburger Waldes im Süden über das *Osnabrücker Hügelland* bis zum Wiehengebirge das Land bedeckten. Nur die Moorgebiete hoben sich als weite, nur wenig begrünte Flächen aus diesem Wäldermeer ab. Eingestreut in diese Wälder waren größere und kleinere Lichtungen, in denen die Chasuarier ihre Siedlungen gebaut und ihre Acker- und Weideflächen angelegt hatten, die sie im Laufe der Zeit durch Rodungen vergrößerten. Diese Gehöfte bzw. Gehöftgruppen waren die Keimzellen späterer dörflicher Gemeinschaften. Durch das waldige Hügelland floß — damals wie heute — die Hase (Osen bzw. Osna), ein damals noch viel Wasser führender Fluß, dessen sumpfige Ufer eine Durchquerung im Osnabrücker Raume nur mit Hilfe der Furt an der Talverengung zwischen Westerberg und Gertrudenberg zuließen. Dieser Knotenpunkt alter Handelswege und Heerstraßen war auch bei den Chasuariern Ansatzpunkt für eine größere Hofsiedlung mit Wirtschaftsflächen, die wohl schon in jener Zeit — in den ersten Jahrhunderten n. Chr. — nach dem Knüppeldamm, der von ihr zur Hasefurt führte und diese wahrscheinlich durchquerte, den Namen *Osenbrugge* bzw. *Asnabruggjo* (s.o.) trug. So ist der Name unserer Stadt schon sehr alt, und er lag schon lange fest, als Karl der Große an diesem Ort um 780 eine christliche Missionsstation errichtete. Auch südlich der Hasefurt dürften auf anschließenden Trockenlagen im Osnabrücker Becken weitere germanische Gehöfte, von denen der spätere Martinshof in der Neustadt als nächster Oberhof herausragte, in dörflicher Siedlung gelegen haben. So führt H. Rothert (s.o.) Vermutungen an, daß in der Nähe der heutigen Johanniskirche — um den genannten Martinshof als Oberhof herum — das ursprüngliche Dorf Osnabrück gestanden habe. Doch werden auch gewichtige Gründe gegen diese Urdorf-Theorie vorgebracht.

3. Der Osnabrücker Raum in der altsächsischen Zeit bis zur Gründung des Bistums Osnabrück um 800

Die altsächsische Zeit bis zu den Sachsenkriegen Karls des Großen

Spätestens im 3. Jahrhundert hört für den norddeutschen Raum alle schriftliche Kunde über die Beziehungen zwischen Germanen und Römern auf, um 500 auch der Handel. Danach scheinen die Handelskontakte über Jahrhunderte unterbrochen gewesen zu sein. Hier wirkte sich spürbar die Unruhe der *Völkerwanderungszeit* (375—568 n. Chr.) aus, die auch die germanischen Stämme zwischen Weser und Ems erfaßte. Während von den Römern, die ihr Reich nunmehr selbst verteidigen mußten, keine Gefahr mehr ausging, könnten Streifzüge der *Hunnen*, die im 4./5. Jahrhundert n. Chr. in zahllosen Schwärmen von ihren Wohnsitzen im Innern Asiens auf ihren ausdauernden Pferden nach Europa vorstießen, bei ihrem Einbruch in den mittel- und westeuropäischen Raum um 450 (451 Schlacht auf den Katalaunischen Feldern) auch unsere Heimat berührt haben.

Im Zusammenhange hiermit erwähnt E. Müller (s.o.), daß bei den ersten Kanalbauten in unserer Stadt in der Mitte des vorigen Jahrhunderts im Bereiche südlich des Domes — wahrscheinlich im Zuge der Straßenverbindung Krahnstraße—Nikolaiort—Herrenteichsstraße — „tief in der Erde, auf einer Bodenschicht, die einst das Bett von Sümpfen der Hase gewesen sein konnte (wohl das Bett der später kanalisierten Abzweigung des Poggenbaches, die — als mittelalterlicher Befestigungsgraben — in die Hase führte — d. Verf.), oftmals kupferne Geschirre, Geräte und Hufeisen, deren kleiner Umfang darauf schließen läßt, daß sie zum Beschlag solcher kleinen Pferde nur gedient haben können, wie sie der Beschreibung alter Schriftsteller nach die Hunnen mit aus Asien brachten", gefunden wurden. Die große Zahl dieser Hufeisen und ihre gleichmäßige Verrostung lasse darauf schließen, daß sie von an dieser Stelle getöteten Pferden zurückgeblieben sind. Für das hohe Alter zeuge die darüber lagernde dicke Schicht durch fließendes Wasser aufgeschwemmten Sandes. Da nach dem gegenwärtigen Stande der Siedlungsforschung die Anfänge der jetzigen Besiedlung des Osnabrücker Landes schon in der Völkerwanderungszeit bestanden haben und sicherlich die frühgermanischen Ansätze hierzu aufgenommen haben dürften, könnte jene kleine — aus dem *frühgermanischen Oberhof* in der Nähe der Hasefurt hervorgegangene — Hofgruppe im Bereiche der späteren Domburg umherstreifende raublustige Hunnenschwärme angelockt haben.

3. Der Osnabrücker Raum in der altsächsischen Zeit bis zur Gründung des Bistums Osnabrück

Als überschaubare Inseln offenen Landes auf trockenem Boden am Rande von Talterrassen gelegen, umgeben von ausgedehnten Waldungen im weiten Vorgelände der Höhenzüge und von den breiten Bruchniederungen des Hasetales, waren solche Höfe wohl häufiger das Ziel räuberischer Überfälle. Dennoch blieben sie zumeist — vor allem in so günstiger Lage wie hier an der Hasefurt — die Keimzellen späterer größerer menschlicher Gemeinschaften, die ihre Ackernahrung durch Rodung erweiterten.

Nach dem Abzuge der Hunnen aus West- und Mitteleuropa, als Folge der Schlacht auf den Katalaunischen Feldern 451 an der Marne in Gallien, dürften im Laufe der Folgezeit die *Sachsen* als mächtiger Stammesverband von Nordosten her im Osnabrücker Raum erschienen sein und sich in den Besitz der hier vorgefundenen Herrschafts- und Siedlungsstruktur gesetzt haben. Die in diesem Bereich vorher ansässig gewesenen Chasuarier und Brukterer waren damit — etwa vierhundert Jahre nach der Auseinandersetzung mit den Römern — aus der Geschichte verschwunden. Bereits Tacitus wies auf ihre abnehmende Widerstandskraft hin: ,,Lässig und unachtsam geworden, wurden sie durch fortwährende Machtkämpfe mit den Nachbarn und untereinander weiter geschwächt". Die wenigen archäologischen Funde im Osnabrücker Land, die nach den Umwälzungen der Völkerwanderung aus der Zeit nach 450 bis etwa 700 vorliegen, lassen hier zunächst einen weitgehend siedlungsleeren Raum vermuten, in den gegen Ende dieses Zeitabschnitts die Sachsen eindrangen. Wann die noch verbliebenen Reste der früheren germanischen Bevölkerung von den nach Süden drängenden Westfalen und Engern, die mit den Ostfalen und Nordalbingiern den großen Stammesbund der Sachsen bildeten, überwunden und aufgesogen wurden, entzieht sich unserer Kenntnis. Jedoch ist anzunehmen, daß das Osnabrücker Land nach der Völkerwanderungszeit etwa im 7. Jahrhundert in den Besitz der Sachsen kam und seitdem, im Bereiche der *Westfalen* liegend, doch nach Osten zu an der Schwelle zu den Engern, weitgehend durch westfälischen Siedlungs- und Volkstumscharakter gekennzeichnet ist.

Ursprünglich im Raume rechts der Unterelbe in Schleswig-Holstein ansässig, befuhren die Sachsen als wagemutige Seefahrer und auch Händler von hier aus die Ost- und Nordsee, erschienen überall an den Küsten und eroberten schließlich — im Verbande mit den ihnen stammverwandten Angeln — um 450 neue Siedlungsgebiete in England, die noch heute nach ihnen den Namen tragen. Schon in vorchristlicher Zeit hatten sie die Chauken aus ihren Wohnsitzen in Holstein verdrängt. Nachdem sich diese sodann im Küstenraum zwischen Elbe und Ems niedergelassen hatten, wurden sie in den letzten Jahrhunderten alsbald auch dort von den Sachsen überwandert. Mit den Chauken und anderen südlicheren Stämmen, wie den Cheruskern und Brukterern, die sie sich z.T. durch Gewalt, aber auch in Nachbarschaft und Kampfgemeinschaft zu einem bündischen Zusammenschluß angliederten, bildeten sie schließlich einen großen, aber lockeren *Stammesverband* mit Kultgemeinschaft, der sich bis fast an den Rhein und nach Süden über den Harz hinaus erstreckte. Die Ausdehnung weiter nach Süden und Westen wird durch einige Daten gekennzeichnet. Im Jahre 531 besiegten die Sachsen, damals noch im Bunde mit den Franken, die Thüringer südlich des Harzes. 695 unterwarfen sie die in den Raum südlich der Lippe ausgewichenen Teile der Brukterer. Nach seiner weiträumigen Verbreitung beherrschte nun der volkreiche Großstamm der Sachsen fast ganz Nordwestdeutschland bis in die Nähe des Rheins, etwa das Gebiet des heutigen Westfalen, Niedersachsen und Holstein. Unsere Gegend bewohnten, wie oben schon angedeutet, südwestlich von den Engern mit ihrem Mittelpunkt Enger bei Herford die Westfalen zwischen Niederrhein und Mittelweser, deren Stammesart bis heute Land und Leuten unserer engeren und weiteren Heimat das Gepräge gegeben hat.

Das so gewonnene Gebiet gliederten die Sachsen in *Gaue*, ursprünglich stark naturlandschaftlich gebundene Siedlungsbereiche, die inselartig von weiten unkultivierten Wald-, Heide- und Moorgebieten umgeben waren. Durch ihre Ausweitung in diese Grenzsäume hinein verloren sie jedoch im Laufe der Zeit ihre anfängliche Abgeschlossenheit und wuchsen zu größeren territorialen Einheiten zusammen. In unserer Heimat erhielt das für die damaligen Zeitverhältnisse ziemlich bevölkerte Siedlungsbecken im Hasetal mit seinen es umgebenden Hügeln und Hängen den Namen — wie uns aus frühmittelalterlicher Überlieferung bekannt ist — *Threcwithigau*, während sich südlich des Teutoburger Waldes der *Sudbergagau* und ostwärts in das Elsetal hinein der *Graingau* — diese Landschaft wird heute noch Grönegau genannt — erstreckten. Die Gaue, in ihrer waffenfähigen Mannschaft wiederum in Hundertschaften aufgeteilt, bildeten eine wirtschaftliche, gerichtliche und wehrhafte Einheit. Als nach der Unterwerfung der Sachsen durch Karl den Großen karolingische Grafschaften gebildet wurden, bestanden die Gaue als *Gerichtsbezirke* (Gogerichte) weiter fort. Ihre Grenzen deckten sich jedoch nicht mit den Grafschaften Karls. Als der Gau Threcwithi, dessen altsächsisches Kultzentrum bei dem sächsischen Edelingshof unweit der Hasefurt gelegen haben dürfte, trat die Landschaft um Osnabrück in die frühmittelalterliche Geschichte ein. Wahrscheinlich befand sich bei dem Gauheiligtum als Kultstätte gleichzeitig auch die Thing- und Gerichtsstätte, das Gogericht, das später als bischöfliches Vogteigericht fortbestanden hat.

Mit der Ausdehnung der Westfalen bis nahezu zum Rheine hin übernahmen die Sachsen die Gebiete, die vor ihnen der Großstamm der *Franken* besiedelt hatte. Am Rhein aber widersetzten sich die Franken einem weiteren Vordringen, wodurch an sich schon der Streitfall mit dem kraftvollen und eigenwilligen Volke der Sachsen gegeben war. Zudem verstärkte sich dieser politische Gegensatz zwischen den beiden germanischen Stammesstaaten dadurch, daß die Franken seit dem Jahre 496, als ihr König Chlodwig (481—511) zum christlichen Glauben übertrat, seit über zwei Jahrhunderten Christen waren, während die Sachsen immer noch hartnäckig an ihrem germanischen Götterglauben festhielten. Da dem jungen Frankenkönig *Karl*, der im Jahre 771 Alleinherrscher seines Reiches geworden war, die Erreichung eines universalen Frankenreiches als christlichen Gottesstaates vorschwebte, mußte er notwendigerweise auf die Sachsen als dem stärksten politischen Hindernis hierzu stoßen. Aus diesen Motiven heraus unternahm Karl ab 772 die als *Sachsenkriege* in die Geschichte eingegangenen Feldzüge gegen die Westfalen, Engern, Ostfalen und Nordalbingier, die sich — mit Unterbrechungen — über mehrere Jahrzehnte bis in das Jahr 804 hineinzogen. Es wurde der erste dreißigjährige Krieg in der deutschen Geschichte.

Die Gründung des Bistums Osnabrück im Verlaufe der schweren sächsisch-fränkischen Auseinandersetzungen (772 — 804)

Durch die tiefgreifenden kriegerischen Auseinandersetzungen zwischen Sachsen und Franken (772—804) kam es im Zentrum des Threcwithigaues an der Hase zu entscheidenden Veränderungen der bisherigen Siedlungs- und herrschaftlichen Ordnungsverhältnisse. Sie führten schließlich zur *Gründung des Bistums Osnabrück* zwischen 786 und 803 und damit letzten Endes auch zur späteren Entstehung der Stadt Osnabrück. Auch für Karl und seinen fränkischen Heerbann bot die Einengung des Haselaufes im Tale zwischen Teutoburger Wald (Osning) und Wiehengebirge an der Hasefurt zwischen Westerberg und Gertrudenberg bei Osnabrück die beste Möglichkeit, hier die sumpfige

3. Der Osnabrücker Raum in der altsächsischen Zeit bis zur Gründung des Bistums Osnabrück

und bruchige Flußniederung mit seinem großen Aufgebot an Kriegern und Troß zu überwinden. Er dürfte sie bei den wiederholten Zügen seines Heerbanns gegen die Sachsen in Richtung Norden und Osten mehrfach überschritten haben. Den vordringenden Heeren Karls folgten als Träger der Christianisierung die besonders hierfür in den Klöstern des Frankenlandes ausgebildeten Mönche. Unter ihnen waren auch, vor allem in den späteren Jahren, viele junge Sachsen, die für diesen Missionsdienst unter ihren Stammesbrüdern gern genommen wurden. Den Mönchen oblag in erster Linie die Taufe der unterworfenen Sachsen, die sich oft scharenweise hierzu bereit erklärten. Daneben sollten sie auch von festen *Missionsstationen* aus die sächsische Bevölkerung des umliegenden Landes für das Christentum gewinnen.

Der erste fränkische Vorstoß in den Osnabrücker Raum wurde früher bereits um 772 vermutet, denn in diesem Jahre soll Karl — der Sage nach — nach der Eroberung der

Karl der Große als Gründer des Bistums mit Gemahlin, Dommodell und Gründungsbericht

Eresburg an der Diemel und der Zerstörung des dortigen Heiligtums der Sachsen, der Irminsul, auf einem Zug nach Norden noch ein weiteres sächsisches Heiligtum an der Hase zerstört haben. Tatsächlich dürfte er diesen Ort erstmals 779 auf dem Zuge zur Weser von Bocholt aus, wo sein Heer ein sächsisches Aufgebot besiegt hatte, erreicht haben. Als Standort für die besagte Kultstätte käme wohl — wie schon erwähnt — jene Stelle unweit der Hasefurt in Frage, wo sich auf einem spornartig gestreckten sandigen Landrücken ein großer sächsischer Edelingshof mit Wirtschaftsgebäuden und Wohnunterkünften der Dienstleute erhob. Umgeben mit dem weiträumigen Hagen, einer dornigen festen Hecke aus Schlehdorn, Heckenrosen, Erlen und Hainbuchen, die dicht und untrennbar miteinander verwachsen waren (,,Hagedorn''), und einem breiten Wassergraben, bot dieser so befestigte *Oberhof* auch den weiter umwohnenden Bauern mit ihrem Vieh in Kriegs- und Notzeiten Sicherheit und Unterkunft. Wahrscheinlich war dies der Ort, in dessen Nähe sich ein altsächsischer *Kultplatz* von überregionaler Bedeutung befand, eben jenes zentrale Heiligtum des sächsischen Threcwithigaues, gleichzeitig auch Versammlungsstätte der wehrhaften Mannschaft dieses Gaues. Auch das von eindeutigen Bodenfunden bezeugte Vorhandengewesensein eines Großsteingrabes in diesem Bereich dürfte darauf hinweisen. Um diese Kultstätte dem Heidentum zu entziehen, ließ Karl hier, wie es häufig Brauch war bei den christlichen Glaubensboten, aber sicherlich auch unter besonderer Berücksichtigung der strategischen Lage dieses Platzes bei der Hasefurt, auf dem von ihm alsbald in einen fränkischen Stützpunkt, einen *Königshof* (regia curtis), umgewandelten sächsischen Oberhof um 780 eine christliche Taufkirche als Missionszelle errichten. Sie wurde zunächst wohl nur als kleine Kapelle oder Kirche aus Holz erbaut.

Die so entstandene fränkische *Curtis*, jenen befestigten karolingischen Königshof mit Unterkünften für Mannschaften, mit Ställen und Kornspeichern als Verpflegungsbasis für den Heerbann, wohl auch mit einer Mühle an der Hase sowie einer *Missionszelle*, die Karl hier im Mittelpunkt des Threcwithigaues errichten ließ und deren Name Osenbrugga (Osnabrück) sich unmittelbar auf den nahen Haseübergang bezog, müssen wir uns als eine annähernd rechteckige Hofanlage in einer Größe von etwa 2—3 Hektar vorstellen, mit einem Vorplatz, der ebenfalls in die dornige Umzäunung einbezogen war. Die Gesamtanlage lag, weithin umgeben von dem undurchdringlichen Hagen und einem breiten Wassergraben davor, auf der Höhe der sandig-trockenen Landzunge, im Bereiche des heutigen Domes nebst Kreuzgang und der Gr. Domsfreiheit. Die diesen Bezirk nach Süden begrenzende Straße, die Kl. Domsfreiheit, trug bezeichnenderweise vor einiger Zeit noch den Namen ,,Klapperhagen''. Mit hoher Wahrscheinlichkeit wurde diese erste karolingische Hofanlage mit ihren Gebäuden und der ersten Missionszelle alsbald während eines Aufstandes der Sachsen wieder zerstört; ihre Bewohner, darunter die ersten Missionare, flohen oder wurden getötet. Aus solchen und ähnlichen Ereignissen im eroberten Sachsenlande ist auch die strenge Gesetzgebung des Frankenkönigs zu verstehen, die Capitulatio des partibus Saxoniae, die Rückfälle ins Heidentum und Angriffe auf die christliche Kirche und die fränkische Herrschaft unter schwerste Strafe stellte. Sie wurde erlassen auf der Reichsversammlung 782 an den Lippequellen, bei der auch Grafen im Sachsenland eingesetzt wurden. Den so unter Standrecht gesetzten Sachsen brachte erst das Capitulare Saxonicum von 797 Milderungen in der Gesetzgebung und im Gerichtswesen die Mitwirkung sächsischer Volksrichter.

Nach dem Ausbruch der großen Erhebung der Sachsen als Folge des blutigen Tages von Verden 782 kam es im Jahre 783 zu zwei schweren Niederlagen durch Karl, der das Heer der Aufständischen, erstmals aus allen sächsischen Stämmen zusammengestellt, zunächst bei Theotmalli (Detmold) niederwarf und schließlich in einer — der chronikalischen Überlieferung nach dreitägigen — offenen *Feldschlacht an der Hase* mit endgültiger Entscheidung besiegte. Hinsichtlich des Schauplatzes dieser zweiten kriegerischen Begegnung zwischen Sachsen und Franken bei Osnabrück 783 — die erste dürfte 779 oder etwas später gewesen sein — wird wiederum die Hasefurt in der Nähe des fränkischen Königshofes einen Schwerpunkt der Auseinandersetzung gebildet haben; denn wer diesen Flußübergang beherrschte, gebot mehr oder weniger über den gesamten Raum zwischen Teutoburger Wald und Wiehengebirge. Die genauere Lokalisierung dieser letzten großen geschichtsträchtigen Entscheidungsschlacht zwischen Sachsen und Franken an der Hase am Hange des Schlagvorder Berges, dem heutigen Klushügel, dürfte nach H. Rothert (s.o.) auf fälschlicher sprachlicher Ausdeutung beruhen. Er nimmt dennoch an, daß die Schlacht an der Hase wirklich im Raume um Osnabrück geschlagen wurde. ,,Die Niederlage der Sachsen war so schwer, daß sie seitdem nicht mehr gewagt haben, Karl in offener Feldschlacht entgegenzutreten" (Rothert).

Nach der Wiederherstellung des wahrscheinlich schon 782 niedergebrannten karolingischen Königshofes an der Hase als Folge der für die Franken siegreichen Schlacht im Jahre 783 war dieser Ort im Herzen des Threcwithigaues, jenes umfang- und volkreichen Siedlungsgaues der Sachsen zwischen den beiden markanten Gebirgszügen des Osnabrücker Landes, für Karl weiterhin die geeignete Stelle für die Neugründung einer zentralgelegenen *Missionsstation* als Ausgangspunkt für die planmäßige Christianisierung der umwohnenden Westfalen und Engern. In dem nach den Lorscher Annalen bereits 777 auf der Reichsversammlung Karls in Paderborn, auf der gleichzeitig mit der Heeresversammlung auch eine Synode tagte, planmäßig in Missionsbezirke aufgeteilten Sachsenlande, die ,,Bischöfen, Priestern und Äbten zugewiesen wurden, daß sie dort für Predigt und Taufe sorgen sollten", dürfte wohl der Raum Osnabrück als Missionsschwerpunkt eine besondere Rolle gespielt haben. Um 780 wurden auch — wie wir es für Osnabrück schon erfahren haben — nach dem Reichstage Karls an den Lippequellen (Lippspringe) ziemlich gleichzeitig mit Osnabrück an weiteren Orten des späteren Bistums (Meppen, Visbek, Wiedenbrück) Missionsstationen gegründet. Als junge Keimzellen des christlichen Glaubens im heidnischen Sachsenlande brauchten sie Anlehnung an einen älteren kirchlichen Mittelpunkt im Frankenreich. So wurde dem *Bischof von Lüttich*, Agilfred, die besondere Betreuung der neuen Missionsstation an der Hasefurt übertragen. Bei Meppen und Visbek geschah dies wohl durch den Bischof von Utrecht. So dürften die ersten Missionare in Osnabrück Priester der Diözese Lüttich gewesen sein, unter ihnen wohl auch der Friese *Wiho*, der spätere erste Bischof von Osnabrück. Die hier auf dem fränkischen Königshofe an der Hasefurt somit sicherlich schon vor dem großen Aufstande der Sachsen errichtete Missionszelle wurde nach ihrer Erneuerung 783 (s.o.) alsbald Mittelpunkt weitausgreifender Missionsarbeit.

Die wiederhergestellte Missionszelle auf der Curtis Osnabrück blieb weiterhin dem Bischof von Lüttich unterstellt und wurde von ihm auch mit neuen Missionaren ausgestattet. Auf die frühen Beziehungen zu diesem fränkischen Bistum weist noch heute der mit der Bischofskirche in Lüttich gemeinsame Schutzpatron, der hl. Lambertus, bei einigen sehr alten Kirchen des Osnabrücker Landes, z.B. bei den Kirchen in Ostercappeln und Merzen, hin. Die Eigenständigkeit des jungen Missionsbezirks wurde sodann fest gegründet durch die feierliche *Weihe des ersten Gotteshauses in Osnabrück* und gleichzeitiger Verleihung des Apostels *Petrus* als Schutzpatron durch Bischof Agilfred von Lüttich (gest. 787) wohl im Jahre 786, und zwar — nach glaubhafter Nachricht in einer freilich verfälschten Urkunde König Ludwigs des Deutschen von 848 — am 20.

Karl der Große und der Hl. Wiho,
erster Bischof von Osnabrück,
mit dem Modell des Domes

Der erste Bischof Wiho mit Petrus,
dem Hauptpatron des Domes
(aus den 1653 gedruckten „Synodalakten")

(29.) Juni 786, dem Gedenktage der Märtyrer Petrus und Paulus, der noch heute als Domgründungstag besonders feierlich begangen wird. Dieser erste Kirchenbau in Osnabrück wurde wahrscheinlich schon am Platze der heutigen Kathedrale errichtet, also auf der sanften Kuppe einer zur Haseniederung und zum Poggenbach leicht abfallenden Talsandfläche. (Die letzten archäologischen Grabungen am Dom im Bereiche des Kreuzganges und der Gr. Domsfreiheit 1978 haben den sandigen Untergrund der Bauanlage deutlich erkennen lassen. Am äußeren westlichen Rande der Gr. Domsfreiheit entdeckte moorige Bodenschichten dürften auf die damaligen wasserführenden Schutzgräben hinweisen.) Als Gründungsgabe schenkte Frankenkönig Karl Gebeine der hl. Märtyrer *Crispin* und *Crispinian* aus Soissons, die zu den fränkischen Nationalheiligen zählten. Der Einzug dieser Reliquien aus der Kathedrale der alten fränkischen Königsstadt Soissons in die junge Osnabrücker Kirche bedeutete sicherlich für diese eine besondere Auszeichnung. Diese Auswahl und die Überführung der Reliquien durch Karl persönlich, wahrscheinlich auf seinem Zuge von Paderborn nach dem Dersigau (Raum Damme), dürften schon auf die künftige Rolle dieser Missionszentrale als eine der ersten Bischofskirchen im eroberten Sachsenlande hinweisen. (Paderborn dürfte wohl früher entstanden sein.) Den Heiligen aus Soissons wurde der erste Altar geweiht. Ihre Gebeine werden noch heute in wertvollen Reliquienschreinen des 13. Jahrhunderts im Dome aufbewahrt, die Märtyrer selbst als Nebenpatrone der Bischofskirche verehrt.

Diese künftige Bedeutung der Missionszelle an der Hasefurt wurde wahrscheinlich schon auf den Reichssynoden Karls in Paderborn und Lippspringe 777 bzw. 780 angesprochen, so daß anzunehmen ist, daß die Missionsstation Osnabrück — wie auch andere für diese Zwecke als geeignet anerkannte Orte im Sachsenlande — als Sitz eines Bischofs in Aussicht genommen wurde. Jahre später, etwa um 800, hat sodann Karl der

Große dieses Missionsstation mit der um 786 geweihten Taufkirche zum *Mittelpunkt eines Bistums* mit Brüderhof und einer Schule zur Ausbildung des priesterlichen Nachwuchses erhoben. Der fränkische Königshof mit seinen Ländereien und Unterhöfen wurde zweifellos bei der Stiftung des Bistums der Kirche als Wirtschaftshof zugeeignet, wie es ähnlich auch in Paderborn und Münster geschah. Diese Ausstattung des jungen Bischofssitzes mit Grundbesitz, aber auch mit der Immunität (d.h. Ausnahme von der weltlichen Gerichtsbarkeit), Exemtion (Befreiung von Steuerpflichten) und weiteren Sonderrechten wurde förmlich niedergelegt in einer kaiserlichen Urkunde vom 19. Dezember 803, ausgestellt in der Kaiserpfalz zu Aachen, in der Osnabrück zum ersten Male schriftlich erwähnt wird. Sie bezeugt, daß an diesem Orte eine Bischofskirche steht, die den obengenannten Märtyrern gewidmet ist, und einen festen Altar erhielt, der von Bischof Agilfred von Lüttich geweiht wurde. Das Original dieser Pergamenturkunde, deren Text 1077 teilweise von Bischof Benno II. (1068—1088) gefälscht wurde, wird im Diözesanarchiv zu Osnabrück aufbewahrt.

Als *erster Bischof* wurde der — wohl anfangs als Missionsleiter hier tätig gewesene — Friese *Wiho* eingesetzt, der dem jungen Missionssprengel, der zunächst etwa den heutigen Landkreis Osnabrück mit dem alten Kreis Tecklenburg umfaßte, bis zu seinem Tode im Jahre 804 oder 805 als Oberhirte vorgestanden hat. Von seinem Bischofssitze durchzog er mit seinen Mönchen predigend und taufend das Osnabrücker Land und gründete, in gleichmäßiger Entfernung voneinander gelegen, die ersten Urpfarren. Nach seinem Tode wurden alsbald weitere Missionssprengel in das Bistum einbezogen, so der Raum um die Missionsstationen Meppen 834, Visbeck 855 und Wiedenbrück um 860. Wiho wurde später heiliggesprochen. Die an diesem Bischofssitz — nach der Regel des Bischofs Chrodegang von Metz (gest. 766) — ein gemeinsames Leben mit ihrem Bischof

Bracchiale (Armreliquiar) des Crispianus aus dem Dom, Anfang 12. Jh.

Reliquienschrein aus der Stiftskirche St. Johann, 1499

führende Geistlichkeit wohnte in dem mit der Kirche verbundenen Brüderstift, dem Monasterium clericorum, in klösterlicher Vereinigung zusammen. Es ist anzunehmen, daß bis zur Errichtung dieses „Monasterium Osnabrugga", wie der Bischofssitz 851 in einer Urkunde genannt wurde, wohl das Hauptgebäude des früheren Königshofes für das gemeinsame Leben der Geistlichkeit zur Verfügung stand. An die erste klösterliche Baugestalt des neuen Bischofssitzes dürfte heute noch die schräge Lage des Kreuzganges am Dom zum eigentlichen Dombau mit seiner klaren West-Ost-Ausrichtung erinnern.

Nach alter kanonischer Weisung durften Bischöfe ihren Sitz nicht auf dem offenen Lande, sondern nur in Städten haben. Daher muß die Gründung an der Hasefurt zur Anlage einer „Bischofsstadt" im antiken Sinne geführt haben, d.h. zur Errichtung einer *befestigten Siedlung* als Platz des Heiligtums, der Bischofskirche mit ihren Reliquien, und als Mittelpunkt von Organisation und Verwaltung eines bestimmten Bezirkes, in diesem Falle der Diözese eines Bistums. Diese „Bischofsstadt" erstreckte sich auf dem Areal des bisherigen fränkischen Königshofes als Wehrsiedlung mit den entsprechenden Anlagen und Bauten in nahezu rechteckiger Form und in Nord-Süd-Richtung im Bereiche der heutigen Großen und Kleinen Domsfreiheit über eine Fläche von etwa 2,5 Hektar. Weiterhin ist der genannten Weisung zu entnehmen, daß der Platz eines Bischofssitzes im eroberten Sachsenlande, die „Bischofsstadt" als Domburg, eine natürliche *Schutzlage* und eine günstige *Verkehrslage* aufweisen mußten. Beides traf für die Osnabrücker Domburg zu. Sie lag auf einer sandigen leichten Erhebung im schützenden Winkel zwischen der Haseniederung im Osten und dem oberhalb der Furt in diesen Fluß mündenden Poggenbach im Norden und Westen (s. Abbildung S. 43). Diese Schutzlage wurde sodann durch einen Holz-Erde-Wall (Palisade) mit vorgelagertem Wassergraben — statt des früheren Hagens — , vor allem nach Süden zu, noch verstärkt. Der Poggenbach (auch Wüstenbach genannt), der diese Gräben mit seinem Wasser füllte, hatte seine reichen Quellen in der Wüste und floß im Bereiche der heutigen „Poggenburg" im Zuge der jetzigen Hakenstraße und eines Teiles der Krahnstraße, den Marktplatz vor seinem östlichen Ausgang überquerend, in einem weiten Bogen westlich und nördlich an der Domburg vorbei. An seiner Mündung in die Hase — etwa bei der heutigen Pernickelmühle — trieb er noch die Räder der ersten *Bischofsmühle*. Die günstige Verkehrslage dieser „Bischofsstadt" unweit des verkehrsreichen Kreuzungspunktes alter, bedeutender Handelswege und Heerstraßen an der Hasefurt ist uns aus früheren Erörterungen bereits bekannt. Da trotz der Furt zu bestimmten Jahreszeiten eine Überquerung des Flusses fast ausgeschlossen war, mußten Händler und Reisende ihre Fahrt unterbrechen, um das Sinken des Wassers abzuwarten. Dies führte zu einer besonderen Belebung des Ortes und trug wesentlich zur weiteren Entwicklung von Handel und Markt bei.

Daß Karl der Große diesen neuen Bischofssitz, der alle Vorbedingungen einer echten „Bischofsstadt" erfüllte, und dem er durch die Verleihung der Reliquien der fränkischen Nationalheiligen aus Soissons bereits sein besonderes Wohlwollen zum Ausdruck gebracht hatte, noch ein weiteres Gewicht geben wollte, wird durch die alsbaldige Gründung einer herausgehobenen *Kathedralschule*, Ursprung des heutigen Gymnasiums Carolinum, deutlich gemacht. Die Stiftung der *Schola Carolina*, einer gymnasialen Domschule mit Latein und Griechisch als Fremdsprachen, erfolgte auf der Grundlage eines Beschlusses der Aachener Synode des Jahres 789, wonach Karl unter anderen Bestimmungen auch erstmalig forderte, daß bei allen Klöstern und Domstiften Schulen sein sollten, in denen vornehmlich die heranwachsenden Geistlichen die Psalmen, die Schriftzeichen, den Kirchengesang, die Berechnung der Kirchenfeste und die Grammatik (d.h. die lateinische Sprache) zu erlernen hatten. Die Gründung einer solchen Dom- oder Kathedralschule in Osnabrück dürfte frühestens im Jahre 803 ausgesprochen worden sein, da zu der obengenannten Urkunde vom 19. Dezember 803 der Inhalt einer — ebenfalls gefälschten — Urkunde vom 19. Dezember 804 gehören könnte, in der Karl dem Bischof von Osnabrück den Forstbann verlieh, ihn von allen Kriegsdiensten befreite und dort eine *Schule für Griechisch und Latein* errichtete, ,,damit es nie an Klerikern fehle, die beider Sprachen kundig sind". Diese Bedingung wurde der künftigen Osnabrücker Domschule gestellt, damit dem Bischof als vorgesehenem Leiter einer möglichen Gesandtschaft nach Byzanz jederzeit Geistliche zur Verfügung ständen, die beide Sprachen beherrschen. Beide Urkunden in ihrer veränderten Form liegen im Osnabrücker Diözesanarchiv vor und weisen an der unteren linken Hälfte das berühmte Monogramm Karls des Großen auf. Er wird deshalb auch als ,,Gründer" der Osnabrücker Domschule bezeichnet, die daher als ,,Gymnasium Carolinum" seinen Namen trägt und an dem 19. Dezember 804 als Gründungstag festhält.

Aus dieser Domschule für die Ausbildung von Geistlichen ist später — nach der Teilung der Anstalt in eine innere und äußere Schule — aus der äußeren Form eine der ältesten deutschen Lateinschulen, eben das jetzige *Gymnasium Carolinum* in Osnabrück, hervorgegangen. ,,Gegründet von Karl dem Großen" steht noch heute über dem Eingang des nach der Kriegszerstörung neuerbauten Torgebäudes des modernen Schulkomplexes. Ein Standbild des Kaisers im Hof der Schule und ein künstlerisches Mosaikbild im Treppenhaus weisen weiterhin auf den vermutlichen Gründer dieses alten Gymnasiums hin. Mit dieser aus der Domkirche, dem Brüderstift, der Domschule und einem Wirtschaftshof bestehenden sowie von einem Palisadenwall mit Gräben geschützten Bischofsburg, der alten Domburg, beginnt somit die eigentliche Geschichte dieses Bischofssitzes und damit auch der aus ihm später hervorgegangenen Stadt Osnabrück.

Karl der Große mit den Insignien der um 800 erworbenen Kaiserwürde des Heiligen Römischen Reiches

II.
VOM BISCHOFSSITZ ZUR STADT DER ACKERBÜRGER, HANDWERKER UND KAUFLEUTE
Osnabrücks Lebensverhältnisse im Mittelalter

1. Von der Domburg zum Marktflecken

Die aus der karolingischen Hofanlage an der Hasefurt als Sitz des Bischofs von Osnabrück entstandene *Domburg* mußte alsbald — nach der Vorschrift des Aachener Konzils von 816 — ihre Befestigungen, Wälle und Gräben verstärken, um angesichts der sich immer weiter ausdehnenden Angriffe der noch heidnischen *Normannen* auf das fränkische Großreich — so die Seine aufwärts bis Paris, durch das Rhein- und Moseltal bis nach Mainz und Worms sowie nach Trier, auch Aachen blieb nicht verschont — gegen feindliche Überfälle sicherer zu sein. War das Sachsenland in diesem unruhigen 9. Jahrhundert bisher länger als andere Gegenden des karolingischen Reiches von Einfällen der Nordgermanen, auch Wikinger oder Normannen genannt, verschont geblieben, so änderte sich das, als diese seefahrenden Eroberer im Jahre 845, von der Elbmündung her vordringend, den *Erzbischofssitz Hamburg* eroberten und dort furchtbar hausten. Nach der völligen Zerstörung dieses für die nordische Mission des Christentums bedeutsamen Platzes an der Elbe wurde das Erzbistum Hamburg 864 mit dem Bistum Bremen vereinigt und der Sitz des Erzbischofs nach Bremen verlegt. Von nun an drangen die Normannen mit ihren Drachenschiffen immer tiefer in das sächsische Binnenland ein, und vielen anderen sächsischen Kirchen und Domen erging es so wie dem Hamburger Dom. So fuhren sie auch im Jahre 880 auf ihren leichten Schiffen weiter die Elbe hinauf und fielen sodann, ihre Schiffe am Ufer zurücklassend, plündernd und mordend in entfernt liegendere Gaue des christlichen Sachsenlandes ein. Da trat ihnen westlich der Elbe, etwa bei dem späteren Kloster *Ebstorf* (bei Uelzen), ein sächsisches Heer unter dem Herzog Bruno entgegen. Die kriegerisch überlegenen Normannen vernichteten dieses Aufgebot so vollständig, daß nur wenige sächsische Krieger entkamen. Unter den zahllosen Toten waren neben elf Grafen und vielen königlichen Vasallen die Bischöfe von Hildesheim und Minden. Auch der frühere vierte Bischof von Osnabrück *Gosbert*, vordem Missionsbischof in Schweden und etwa 859 vom Osnabrücker Bischofsstuhl verdrängt, soll in dieser Schlacht gefallen sein. Danach setzte eine schwere Heimsuchung des weiten Hinterlandes durch ausgreifende Raubzüge der Normannen ein. In dieser Zeit dürfte die *Wittekindsburg im Nettetal*, wahrscheinlich eine karolingische Befestigung, die zur Deckung einer neu angelegten Heerstraße von Osnabrück nach Norden dienen sollte, der Bevölkerung in dieser Gegend eine willkommene Zuflucht geboten haben.

Zwischen 880 und 884 erreichten die nordischen Eindringlinge auch Osnabrück und zerstörten die Domburg mit der Bischofskirche. Das geht — nach H. Rothert (s.o.) — aus einer *Klageschrift des Bischofs Egilmar* (885—918) um 890 an Papst Stephan V. (885—891) hervor. Infolge der Verwüstung durch die Normannen war das Osnabrücker Münsterkloster (claustra monasterii) — und wahrscheinlich mit ihm die gesamte Domburg — vernichtet, und der Bischof schrieb, daß er den begonnenen Neubau aus Armut

1. Von der Domburg zum Marktflecken

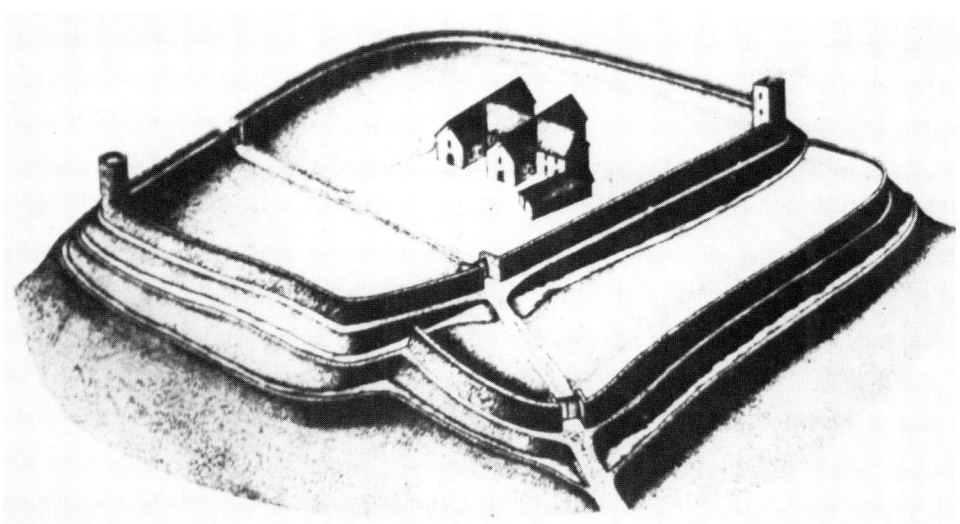

Wittekindsburg bei Rulle,
Rekonstruktionsversuch aufgrund der Grabungsbefunde (nach H.-G. Peters)

nicht fortsetzen könnte. Wir wissen nicht, welchen Erfolg dieser Hilferuf gehabt hat, müssen aber als ungemindert wahrscheinlich annehmen, daß um 900 ein neuer Dombau durchgeführt wurde, der jedoch — nach L. Niehus (Handbuch des Bistums, Osnabrück 1968) — ,,kaum über die Wiederherstellung der ursprünglichen Anlage hinausging". Wahrscheinlich dürfte auch sein, daß dem Osnabrücker Bischof in seiner Bedrängnis König *Arnulf von Kärnten* (887—899), der als einer der letzten Karolinger noch einmal das Reich Karls des Großen unter sich vereinte und 896 in Rom noch zum Kaiser gekrönt wurde, hilfreich zur Seite trat und ihm 889 das Recht verlieh, an dem Orte Osnabrück, an dem sich bereits auf Grund der günstigen Verkehrslage vor der Hasefurt ein bescheidenes wirtschaftliches Zentrum gebildet hatte, einen Markt zu halten, Zoll zu erheben und eine öffentliche Münze einzurichten.

Dieses *Marktprivileg* Arnulfs von Kärnten von 889 für den Ort Osnabrück, an das uns in der Gegenwart die markante Statue dieses karolingischen Kaisers an der Front unseres Rathauses ständig erinnert, dürfte, selbst wenn die überlieferte Urkunde hierüber wiederum als gefälscht gelten muß, dennoch praktisch wohl wirksam gewesen sein, da dem fränkischen König, der die Normannen 891 bei Löwen an der Dyle (Südflandern) entscheidend besiegte, sehr daran gelegen sein mußte, das von den räuberischen Nordgermanen furchtbar verheerte Reich wieder in geordnete Verhältnisse zu führen. Da Osnabrück dieses Marktrecht besessen haben muß, als das kleine, ihm untergeordnete Wiedenbrück es 952 erhielt, dürfte ein ähnliches Privileg von König Heinrich II. aus dem Jahre 1002, dessen Bedeutung weiter unten noch näher erläutert wird, zunächst mehr den Charakter einer Bestätigung gehabt haben. Das Marktrecht ermächtigte den Bischof, innerhalb des Raumes seiner Domburg einen ständigen Markt einzurichten und von den Marktbeschickern Abgaben zu erheben. Dafür übernahm er bzw. in seinem Namen ein weltlicher Vogt den Schutz der sich dort aufhaltenden fahrenden Händler und Kaufleute, ebenfalls ihre Sicherung gegen den Wettbewerb und Einfluß unberechtigter Märkte. Auch ist zu vermuten, daß die Bauern aus den umliegenden Dörfern bzw. Gehöftgruppen auf dem Markte der Bischofskirche, die sie zum Gottesdienst besuchten, die Erzeugnisse ihrer Landwirtschaft absetzten, zunächst wohl im Tausch gegen handwerkliche Gegenstände.

Denn die Domburg war inzwischen nicht nur Wohnstatt für die Geistlichkeit des Bischofssitzes und ihrer Dienstmannen, sondern hatte auch weitere Bewohner, die sich auf ihrem Bereiche und in ihrem Schutze mit Erlaubnis des Bischofs angesiedelt hatten. Die wirtschaftlichen Bedürfnisse des bischöflichen Hofes machten die *Anwesenheit* einer Anzahl von *Handwerkern* allmählich zur Notwendigkeit. Es waren wohl hauptsächlich aus der Umgebung zugewanderte Gewerbetreibende, die von dieser Möglichkeit der Gründung eines kleinen Hausstandes auf Kirchengrund Gebrauch machten. Als weitere Zuwanderer wegen Raummangels innerhalb der Domburg keine Unterkunft mehr finden konnten, durften sie sich vor den Toren und Wällen der Domburg ansiedeln, konnten aber in Notzeiten hinter deren Wällen Schutz suchen. Bemerkenswert für diese Entwicklung ist heute noch die zwischen der Hasestraße und dem Bischofshofe (Gr. Domsfreiheit) sich hinziehende lange, schmale Häuserreihe ohne jeden Hofraum. Sie verrät nach Rothert (s.o.) deutlich die Herkunft aus kleinen Handwerksbuden, die sich hier zwischen die große Nord-Süd-Straße und die Umfriedung der Domburg eingezwängt hatten. Über diese Randsiedlungen hinaus entwickelte sich nach Westen und Süden zu eine lockere, zunächst wohl noch *bäuerliche Streusiedlung*, die sich schnell ausgedehnt haben dürfte.

Erstmals fand dieser heranwachsende Ort *Osnabrück 851 urkundliche Erwähnung* anläßlich eines Ereignisses von besonderer Bedeutung für die christliche Bevölkerung dieses Raumes. Als nämlich in diesem Jahre die Gebeine des in Rom 116 den Märtyrertod gestorbenen Papstes Alexander I. von dort durch den Grafen Waltbert, Enkel des Sachsenherzogs Widukind, in das von ihm gestiftete Kloster in Wildeshausen i.O. übergeführt wurden, machte der feierliche Zug bei dem „Münster, das Osnabrugga heißt" (Monasterium Osnabrugga) halt. Die Reliquien wurden den Gläubigen zur Verehrung gezeigt. Viel Volk strömte herbei, um an diesem Ereignis teilzunehmen, und ein Blinder aus dem Gau Threcwithi, der ebenfalls herbeigebracht worden war, erhielt durch ein Wunder das Augenlicht zurück. Dieser Vorgang macht deutlich, daß der Bischofssitz Osnabrück mit seiner Domkirche schon in wenigen Jahrzehnten eine besondere Bedeutung erlangt haben dürfte, vor allem im Ansehen der Bevölkerung. Dies ließ angezeigt erscheinen, die Gebeine eines Heiligen hier feierlich zur Schau zu stellen. Darüber hinaus ist dieses Ereignis ein Zeichen dafür, daß der alte Handelsweg über die Pässe des Teutoburger Waldes und des Wiehengebirges, mittels der Furt bei Osnabrück die Hase überschreitend, auch für diesen Überführungszug von Rom nach Wildeshausen die gängigste Verbindung vom Süden zum Norden war. Ihn benutzten als *Große Straße* gern die fahrenden Kaufleute und fanden nunmehr in Osnabrück im Schutze der Domburg einen Rast- und Sammelplatz, an dem sie auch ihre Ware anbieten konnten.

Ein weiteres Zeugnis für die Verbreitung des Christentums in unserer Heimat im Laufe des 9. Jahrhunderts brachten *jüngste Ausgrabungen* auf Osnabrücker Grund am Westhange des Schölerbergs zutage. Hier wurde 1975 bei der Anlegung eines Parkplatzes für den Waldzoo auf dem Schölerberg ein frühmittelalterliches sächsisches Gräberfeld mit Funden von 23 Körperbestattungen entdeckt. Die hier in im anstehenden Muschelkalk eingetieften Gräbern Bestatteten waren offensichtlich schon Christen, was aus der West-Ost-Richtung der Gräber zu schließen ist. Grabbeigaben wie Waffen,

1. Von der Domburg zum Marktflecken

Schmuck, Urnen erinnern aber noch an vorchristliche Bestattungsbräuche. Die Lage des Gräberfeldes am Westhange des Schölerbergs in der Nähe der alten Bauerschaft Nahne läßt vermuten, daß die bestatteten Toten zu der hier ansässig gewesenen sächsischen Landbevölkerung gehört haben dürften.

Durch das Zusammentreffen mehrerer alter Fernstraßen an der Hasefurt, wovon die mehrfach erwähnte Nord-Süd-Straße zunächst die wichtigste war — sie verlief ursprünglich im Zuge der Großen Straße — Domhof — Hasestraße unmittelbar an der Domburg vorbei — nahm das Treiben der Handelsleute mit der *Zunahme der Bevölkerung* in und vor der Domburg alsbald einen immer größeren Umfang an. Anfangs nur ein Austausch von Waren, nahm der Handel mit dem Aufkommen des Barverkaufs eine weitere Entwicklung. Doch verkaufte jeder noch lange Zeit das, was er selber verfertigt hatte. So begannen die in und bei der Domburg ansässigen Handwerker auf Vorrat zu arbeiten, um sich mit ihren Erzeugnissen am Handel zu beteiligen. Um für diesen wachsenden Marktverkehr bessere Möglichkeiten der Entfaltung zu schaffen, sah sich der Bischof wohl gegen Ende des 10. Jahrhunderts genötigt, einen *gesonderten Marktplatz* außerhalb der Domburg anzulegen. Als geeignet für solch einen Verkaufsplatz für die Handeltreibenden erschien ihm eine leichte, trocken gelegene Erhebung westlich vor der Domburg, gebildet von einem auslaufenden Sporn des Westerberges, jenseits des *Poggenbaches*, der hier den auslaufenden Marktplatz überquerte. Noch verlief dieser Bach, aus der Wüste kommend und sicherlich die Gräben vor der Domburg mit seinem Wasser speisend, an dieser Stelle vor dem Westtor des Bischofsitzes.

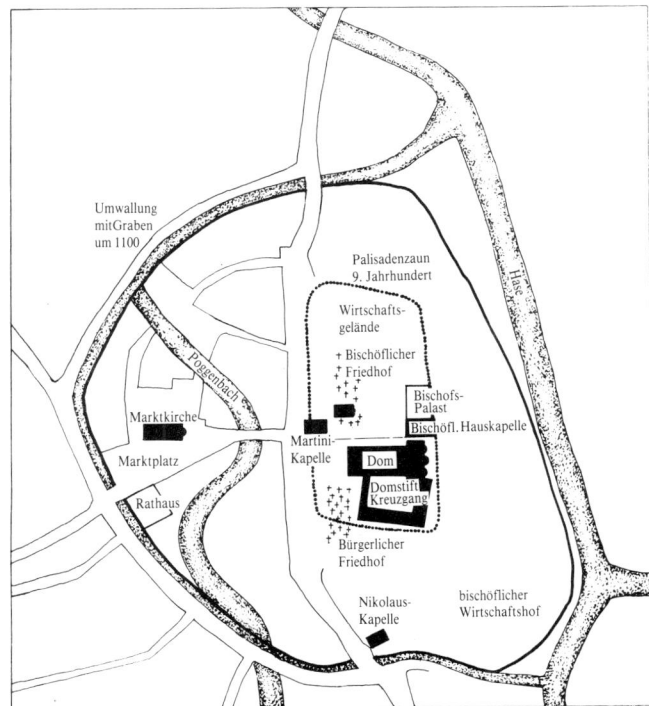

Osnabrücks Binnenburg um 1100. Außerhalb der karolingischen Domburg, dem Sitz der Bischöfe der Diözese Osnabrück, hatte sich jenseits des Poggenbaches ein neuer Siedlungskern um den Marktplatz mit der Marienkirche gebildet.

Um nunmehr diesen *neuen Marktbereich* zur vollen Auswirkung kommen zu lassen, wurden alsbald die großen Handelswege über ihn geleitet. Die alte Nord-Süd-Straße, die bisher (s.o.) unmittelbar an der Domburg entlanglief, wurde vom Nikolaiort an über die Krahnstraße zum Marktbereich geführt. Über die Heger Straße mündete sodann, von Westen kommend, der vom Niederrhein an die Elbe (bei Magdeburg) nach Osten verlaufende Handelsweg, der bisher wohl über die Gr. Gildewart — Lohstraße — Hasestraße zur Hasefurt führte, in den Markt ein, um sodann gemeinsam mit der Nord-Süd-Straße über die Hasestraße den Haseübergang zu erreichen. Es entstand so die langgezogene, breite, fast dreieckige Form des heutigen Marktplatzes, an deren Spitze wohl schon bald eine romanische Kapelle für die Besucher des hier im Freien abgehaltenen Marktes errichtet sein dürfte. Daneben erhob sich ein aus starken Quadern errichteter Wehrturm, der später, wesentlich erhöht, als Kirchturm in den eigentlichen Kirchenbau einbezogen wurde. Die Kapelle war der ursprüngliche Vorläufer der zuerst 1177 urkundlich genannten ersten Pfarrkirche Osnabrücks, der *Marienkirche*. Ihre starken Fundamente mit einem 2,30 Meter breiten, aufgehenden Mauerwerk, durch Grabungen im Kircheninneren der heutigen Marktkirche entdeckt, weisen auf eine Wehrkirche hin, die für ihre besonderen Aufgaben außerhalb des Schutzes der Domburg gerüstet war. Um diesem ersten regelrechten Markt in Osnabrück sein öffentliches Recht und damit auch den öffentlichen Schutz zu geben, darf wohl angenommen werden, daß König Heinrich II., der im Jahre 1002 dem Bischof von Osnabrück das bereits genannte Marktprivileg verlieh (s.o.), die damit ausgesprochenen Rechte nunmehr dieser neuen Marktanlage zuerkannte.

Da nur hier, im streng abgegrenzten Bereich der Marktgerechtigkeit, Handel getrieben und das Verkaufs- und Kaufgeschäft getätigt werden konnte, gab es in anderen Straßen

Marktzeichen von 1589 am Drei-Kronen-Haus, Marienstraße 5/6

auch — bis zum Dreißigjährigen Kriege — keine Läden oder sonstige Handelsmöglichkeiten. Besondere Marktzeichen, die bis in die Neuzeit hinein ihre Gültigkeit behielten, grenzten alsbald diesen für den Handel vorgesehenen Teil der neuen Siedlung vor der Domburg ab. Dafür war der Markt ständig mit ganzen Reihen von Verkaufsbuden, ,,Gademe'' genannt, bestanden. Sie dienten den örtlichen Handwerkern und Handeltreibenden als Verkaufsläden. So entstanden auch hier die Verkaufsstände und ersten Quartiere für Fernhändler. Der bischöfliche Markt wurde so zum neuen Siedlungskern, um den herum sich im Laufe der Zeit beiderseits die Fachwerkhäuser zugezogener Handeltreibender und Handwerker reihten. Aber auch an den zum Marktplatz hinführenden Straßen, der Hasestraße, der Heger Straße und der Krahnstraße, siedelten sich nach und nach weitere mit dem Marktgeschehen verbundene Anlieger an, wobei insbesondere das Gebiet zwischen Markt und Hasestraße mit eigenen Gassenzügen alsbald den Charakter eines geschlossenen Vorortsbereiches annahm. An die Stelle der bisherigen romanischen Marktkapelle trat wohl im späten 11. Jahrhundert die bereits dreischiffig angelegte zweite Marienkirche, die nunmehr, als kirchlicher Mittelpunkt dieser Marktsiedlung, im Gegensatz zum Dom des Bischofs, die Marktkirche der Kaufleute und Handwerker und damit der künftigen Bürger Osnabrücks wurde. Der Bischofssitz Osnabrück hatte, weltlich gesehen, den Charakter eines *Marktfleckens* angenommen!

2. Der befestigte Marktflecken als erweiterte Domburg (Binnenburg)

Der bisherige Kernbereich Osnabrücks mit der Domburg als Urzelle erweiterte sich alsbald fortlaufend durch die weiter anwachsende *Marktsiedlung*. Die günstige Verkehrslage Osnabrücks am Haseübergang, dem Kreuzungspunkte bedeutender Handelswege, lockte zunehmend neue Ansiedler an, die sich hier auf Kirchengrund niederlassen wollten. Für die Hergabe des Baulandes durch den Bischof an diese Zuzügler bildete sich alsbald ein besonderes Rechtsverhältnis heraus, das Wordgeld-Recht (von ,,word'' = Grundstück). Der Bischof als Grundherr gab von seinem Grundbesitz gegen eine geringe Jahresrente, zunächst aus Sachleistungen, sodann später aus Geld bestehend, Bauland an Niederlassungsinteressenten ab. So lieferte z.B. ein Schmied für seinen so erhaltenen Siedlungsplatz jährlich 200 Nägel ab. Auf einer ähnlich entstandenen Hausstätte in der Dielingerstraße ruhte — um ein weiteres Beispiel zu nennen — ein Wordgeld von 4 Pfennigen jährlich. Da es ablösbar war, wurde es eines Tages durch eine einmalige Zahlung von 4 Schilligen (1 Schilling = 12 Pfennige) aufgehoben. Damit wurde der zugezogene Neubürger rechtmäßiger Besitzer seines Grundstücks. Neben dem Bischof gab es im weiteren Verlaufe des Mittelalters noch andere geistliche Grundherren in Osnabrück — so das Domkapitel, das Johannisstift und verschiedene Klöster —, die für Wordgeld Siedlungsplätze für Zuziehende zur Verfügung stellten.

Um den Marktplatz herum bildeten sich alsbald hinter der neuen, zu einem Langhaus erweiterten romanischen Marktkirche mit engen und kurzen Straßenzügen die Gassen der *Marktlaischaft* (ndt. letskup = Gliedschaft). Die Bezeichnung ,,Laischaft'' (= Gliedschaft) kennzeichnet die ursprüngliche enge Verbindung dieses neuen Ortsteils zum Kernbereich Osnabrücks, der Domburg. Mit weiterer Zunahme der Besiedlung wuchs die Marktlaischaft, auch ,,Burg'' genannt — der Sage nach soll hier im Bereiche der Marktkirche einst eine Burg Herzog Widukinds gestanden haben, auch der ursprünglich alleinstehende querrechteckige Turm der Marienkirche weist in seiner Bauform nach R. Poppe (Die Marienkirche, Reihe des Verkehrsvereins Stadt und Land Osnabrück) auf einen altsächsischen Verteidigungsturm hin —, nahezu unmittelbar an

Die Statue Bennos II. auf dem Grabe
des Bischofs in der Klosterkirche Iburg

die Domburg heran. Es ist wohl der Initiative *Bischof Bennos II.* (1068—1088), des bedeutendsten Osnabrücker Bischofs des Mittelalters, zu verdanken, daß der Komplex aus diesen beiden Bereichen zum gemeinsamen Schutz alsbald von einer geschlossenen Befestigungsanlage umgeben wurde. Im Osten wurde er gedeckt von einem langgestreckten Mauerwerk, aus dem später die mit zwei Türmen verstärkte Hellingsmauer (s.u.) hervorgegangen ist. An diese so geschirmte unmittelbare Ostflanke der Domburg wurde — als besonders wirksamer Schutz — der begradigte Flußlauf der Hase herangezogen. Im Süden war es wiederum ein vom Wasser des Poggenbaches gespeister Wasserarm — der *Alte Graben* (im Unterschied zum späteren *Neuen Graben*) —, der von der Einmündung dieses Wüstenbaches in die Krahnstraße nach Osten abgezweigt wurde und über den Nikolaiort und die Herrenteichsstraße (durch den ,,Herrenteich'') die Hase erreichte und für Deckung sorgte. Im Westen und Norden wurde der eigentliche Lauf des wasserreichen Poggenbaches nun von der Krahnstraße ab im Zuge der Bierstraße — Lohstraße — Hasestraße der Hase zugeleitet. Somit umzogen nunmehr die breiten Wasserarme dieses starken Abflußbaches aus dem moorigen Staubecken der Wüste halbkreisförmig den Bereich der Domburg und der Marktlaischaft, während die begradigte Hase im Osten die Sehne dieses Bogens bildete. Die der Domburg und dem Markt zugekehrten Ufer dieser beiden Wasserführungen des Wüstenbaches, des ,,Alten Grabens'' im Süden und des eigentlichen, jetzt aber von der Krahnstraße ab umgeleiteten Poggenbaches im Westen und Norden, waren, wie Tiefbauarbeiten in dem heute diesen Grabenverlauf markierenden Straßenzug bis in die letzten Jahrzehnte hinein erkennen ließen, zunächst durch palisadenartige Holzpfähle, später durch hohes Mauerwerk befestigt. Im Südwesten der Domburg blieb — nach Rothert (s.o.) — diese Mauer nach der Krahnstraße hin teilweise noch bis Mitte des 19. Jahrhunderts erhalten.

2. Der befestigte Marktflecken als erweiterte Domburg (Binnenburg)

Im Verlaufe dieses westlich der Hase in einem Halbkreis die alte Domburg und die neuere Marktlaischaft umschließenden *Befestigungsringes* ermöglichten drei Tore den Eintritt in das Innere der so durch die Marktsiedlung *erweiterten Domburg*: Im Süden als Zugang unmittelbar zur Domburg am Nikolaiort, bezeichnet durch eine dort dem hl. Nikolaus geweihte Kapelle; im Norden dort, wo die Hasestraße nach der Einmündung der Lohstraße den nördlichen Arm des Poggenbaches überschritt, und im Westen an der Stelle, wo heute die Heger Straße auf den Marktplatz trifft, zwischen Rathaus und Stadtkasse. Während der südliche Zugang am Nikolaiort — als Eintritt in die bischöfliche Immunität (Große und Kleine Domsfreiheit) — gleichsam nur dem ,,Fußgängerverkehr'' diente, wurde der große Verkehr auf dem vielbefahrenen Handelswege vom Süden her hier vorbeigeleitet und — im Zuge der Krahnstraße (der Name ist wohl aus ,,Kram(er)straße'' entstanden) — südwestlich um die Domburg herumgeführt. Er fand erst Zutritt zum Marktplatz, wie oben schon erwähnt, im Westen beim heutigen Rathaus, wo durch ein breiteres Tor auch der bedeutende Handelsweg vom Niederrhein über die Heger Straße in die Marktsiedlung einmündete. Bei der Martinskapelle, als kleinere Kirche (capella) neben der Hauptkirche schon früh dem volkstümlichen Nationalheiligen der Franken Bischof Martin von Tours geweiht, dem Eingang zur eigentlichen Domburg (auf dem Platz der Bischöflichen Kanzlei), verließen beide Handelswege den Marktplatz, wendeten sich nach Norden und erreichten über die Hasestraße durch das Nordtor die Hasefurt. Diese Regelung für den Handelsverkehr im Marktflecken (oppidum) Osnabrück etwa im 11. und 12. Jahrhundert weist auf die damalige verkehrs- und handelspolitische Bedeutung des Marktplatzes hin, während der so abgeschirmte Bischofssitz, die Domburg als curia Osnabruggensis, weiterhin Mittelpunkt der Grundherrschaft blieb. Vor den Mauern Osnabrücks lagen um diese Zeit mit Sicherheit, vor allem in Anlehnung an die unseren Heimatort von mehreren Seiten erreichenden Fernwege, weitere bäuerliche Gehöfte und Dorfsiedlungen.

Von der kirchlichen Urzelle, der zur Domburg ausgestalteten christlichen Missionsstation Karls des Großen aus, hatte sich durch deren Erweiterung durch die *kaufmännische Marktsiedlung* mit der Marienkirche als Mittelpunkt im Laufe von rund 300 Jahren (etwa seit 780) so der älteste Stadtkern Osnabrücks entwickelt. Der Ende des 11. Jahrhunderts als oppidum bezeichnete Marktflecken besaß jetzt mit einer Größe von nunmehr 15 Hektar einen Flächenraum, der sich gegenüber der ursprünglichen Domsiedlung (2,5 Hektar) nahezu versechsfacht hatte. In seinem Bereich lebten jetzt wohl etwa 1500 Einwohner. Die für jene Zeitverhältnisse durchaus widerstandsfähige Befestigung gewährte ihnen innerhalb dieser ,,Burg'' (s.o.) Obhut und Sicherheit. Sie fühlten sich hier geborgen und nannten sich daher auch ,,Bürger''. Als sich im weiteren Verlaufe der Zeit außerhalb der Ummauerung die Ansiedlungen häuften und verdichteten, erhielt dieser älteste Stadtkern Osnabrücks, weil er innerhalb der Befestigung, also ,,drinnen'' (binnen) lag, die Bezeichnung *Binnenburg*, im Unterschied zur ,,draußen'' (buten) aus den neuen Ansiedlungen entstehenden *Butenburg*. Ein Bereich dieser sich zu Vorstädten entwickelnden Siedlungen nahm später diese Bezeichnung als Namen für eine neue Laischaft an. Von ihr werden wir bald noch Näheres hören. Bis auf den heutigen Tag aber hebt sich die Binnenburg durch die bogenförmigen Straßenläufe der Loh-, Bier-, Krahn- und Herrenteichsstraße und dem damit verbundenen Häuserkranz als Kern der Altstadt deutlich im Stadtplan ab.

Als wirksamer Schutz erwies sich die Befestigung des Marktfleckens im Jahre 1082, als Bischof Benno II., getreuer Gefolgsmann des damaligen deutschen Königs Heinrich IV. (1056 — 1106), in Osnabrück, von Verbündeten des Gegenkönigs Hermann von Salm, dem Markgrafen Egbert von Meißen und Bischof Udo von Hildesheim, mit einem

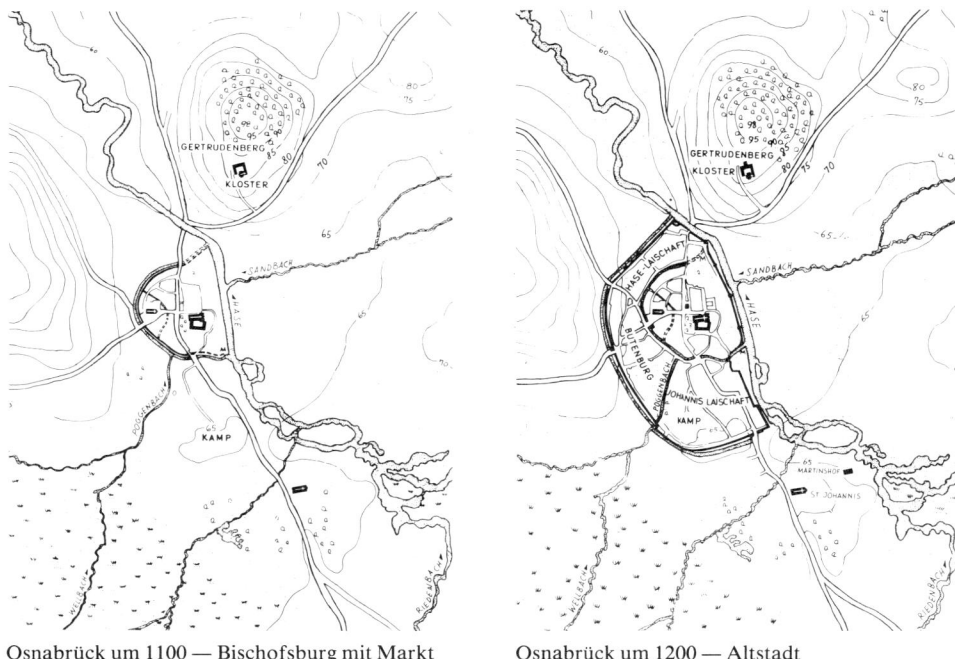

Osnabrück um 1100 — Bischofsburg mit Markt   Osnabrück um 1200 — Altstadt

großen Aufgebot belagert wurde. Es gelang Benno, der *Belagerung* zu widerstehen und sie mit einem großen Erfolge zu beenden. Hierüber schreibt J.E. Stüve (Geschichte des Hochstifts und Fürstentums Osnabrück, Osnabrück 1789): ,,Er (Benno II.) ging aber zu ihnen hinaus und brachte sie mit seiner Beredsamkeit dahin, daß sie nicht allein die Belagerung aufhoben, sondern auch die Partei Hermanns (von Salm), den man den Knoblauchs König nannte, verließen und Heinrichs (IV.) Partei ergriffen." Wahrscheinlich erhielt der innerdeutsche Bürgerkrieg durch diesen überraschenden Vorgang die entscheidende Wende, da Hermann von Salm alsbald abdankte und König Heinrich IV. so sein deutsches Königtum behauptete. In Osnabrücks Geschichte spiegelte sich aber mit diesem Vorgang — seit der Gründung des Bistums um das Jahr 800 durch Karl den Großen und dem Normannensturm um 884 mit all seinen Folgen — erstmalig wieder Reichsgeschichte im engeren Geschehen der Heimatgeschichte.

3. Die Entwicklung der mittelalterlichen Altstadt Osnabrücks aus der Binnenburg

Die Verdienste Bischof Bennos II. um Osnabrück beschränkten sich keineswegs auf die Errichtung einer ersten brauchbaren Befestigung um Domburg und Marktsiedlung (Binnenburg). Als genialer *Baumeister des Mittelalters*, dessen romanische Architekturkunst in zahlreichen sakralen und weltlichen Bauwerken in Deutschland (u.a. in Speyer, Goslar, Hildesheim, Harzburg) ihren glänzenden Niederschlag gefunden hat, hinterließ er auch im Raume Osnabrück unübersehbare Spuren seines gestalterischen Wirkens.

3. Die Entwicklung der mittelalterlichen Altstadt Osnabrücks aus der Binnenburg 49

Nach neueren Forschungen sollen auch der schlanke Nordwestturm im Westwerk des Domes, den der Kunsthistoriker Professor Wolfgang Braunfels, München (in seiner Rede zur Feier des 1200jährigen Bistums- und Stadtjubiläums am 15. Juli 1980), als den „schönsten romanischen Domturm Deutschlands" bezeichnete, und weitere Teile des Fundaments und des Mauerwerks des Domes die architektonische Handschrift Bennos II. tragen. Als ein großer Brand im Jahre 1100 diese bereits aus Stein erbaute frühromanische Domkirche heimsuchte, dürften bei dem Feuer nur einzelne Teile, vornehmlich der Mittelteil, stark gelitten haben. Dadurch würde sich auch der rasche Wiederaufbau des romanischen Domes durch Bischof Detmar (1003—1023) durchaus überzeu-

Der Dom zu Osnabrück

gend erklären lassen. Ein weiteres Bauwerk, das an Benno II. erinnert, ist auf der Höhe des Gertrudenberges über Osnabrück die der hl. Gertrud geweihte romanische Klosterkirche, die aus der Umwandlung einer hier seit altersher befindlichen Kapelle, die dem Erzengel Michael geweiht war, hervorging. Benno bemühte sich hiermit um die Gründung eines *Benediktinerinnenklosters*, in das er die Nonnen aus dem Kloster Herzbrock bei Wiedenbrück zu überführen gedachte. Er scheiterte jedoch an dem Widerstande dieser Nonnen, die in ihrem Heimatkloster bleiben wollten. Mit einer weiteren Klostergründung hatte Bischof Benno II. jedoch mehr Erfolg. Im Jahre 1080 begann er, mit zwölf Benediktinermönchen aus Mainz auf dem Iburger Burgberge die Gebäude eines Benediktinerklosters zu errichten, das alsbald in voller Blüte stand. Daneben erbaute er für sich einen schloßartigen Bischofssitz, in dem sodann — weitere Umgestaltungen vornehmend — 600 Jahre lang bis 1673 oft die Bischöfe von Osnabrück residierten. Um die Errichtung eines Benediktiner-Nonnenklosters auf dem Gertrudenberg bemühte sich ein halbes Jahrhundert später Bischof Udo von Steinfurt (1137—1141). Aber erst Udos Nachfolger, Bischof Philipp von Katzenellenbogen (s.u.), brachte die endgültige Gründung des Klosters zustande. Es kam zu der bereits von Benno II. angestrebten Verlegung des Klosters Herzbrock.

Da bei dem *Brand des Osnabrücker Domes um 1100* auch die Stätte des ,,Gemeinsamen Lebens'' (vita communis) der Domgeistlichkeit, das Brüderstift, zerstört wurde, gaben die Geistlichen am Dom, der Bischof und die Domherren, jetzt die gemeinsame Wohnung auf. Der Bereich der Domimmunität wurde zwischen dem Bischof und der übrigen Domgeistlichkeit aufgeteilt. Den nördlichen Teil, die Große Domsfreiheit nebst der dort liegenden Mühle, an die noch die heutige Pernickelmühle erinnert, wählte der Bischof und errichtete dort auch seine — neben dem Iburger Schloß — örtliche Residenz. Die Domherren, kurz die ,,Herren'' genannt, erhielten den Süden des Areals, die Kleine Domsfreiheit, und begannen mit dem Bau von eigenen Domherrenhöfen (Kurien). Die durch den großen Brand in Asche gelegten Gebäude in diesem Bereich der Domburg und darüber hinaus gaben ihnen südlich des Domes ausreichenden Raum zur weiteren Ausbreitung ihres Besitzstandes. Auch eine eigene Mühle stand ihnen am Ausfluß des ,,Alten Grabens'' aus dem Herrenteich in die Hase zur Verfügung. Als um 1300 das hier fließende Wasser des Poggenbaches zum Treiben nicht mehr genügte, wurde sie an die Hase verlegt, wo sie bis etwa 1860 gestanden hat. Die in diesem Bereich heute noch anzutreffenden Orts- und Straßennamen wie Herrenteichswall, Herrenteichsbrücke und Herrenteichsstraße erklären sich aus dieser Entwicklung. Die Herrenteichsstraße führte später zu einem weiteren Stadttor, dem Herrenteichstor, das der Verbindung Osnabrücks mit seinem Umlande im Osten diente.

Mit dem weiteren *Anwachsen der Bevölkerung* im 12. Jahrhundert wurde der Raum der bisherigen Binnenburg alsbald zu eng, um die relativ vielen Zuzügler, vorwiegend wohl Hörige aus dem Umland, die sich durch die Flucht ihren Herren entzogen hatten, um im Handels- und Gewerbeleben innerhalb des Marktfleckens eine neue Zukunft aufzubauen, aufzunehmen. Sie ließen sich als Handwerker und sonstige Gewerbetreibende außerhalb des Befestigungsringes nieder, um die Erzeugnisse ihrer Tätigkeit auf den Osnabrücker Markt zu bringen. Für sie war im Westen des Ortes das feste Haus des Osnabrücker Kirchenvogts, der spätere Tecklenburger Hof (Große Gildewart 7), ein bevorzugter Anhaltspunkt. Unter seinem Schutze entstand hier allmählich ein ausgesprochenes Handwerkerviertel, woran heute noch Straßennamen wie Lohstraße, Bierstraße, Große und Kleine Gildewart erinnern. Aber auch Bauern aus den alten Ortschaften Halle (Blumenhaller Weg), Hege und Natrup verlegten ihre Anwesen näher an den Befestigungsring heran, wobei sie ihre Ländereien innerhalb der Feldmark dieser Dörfer

3. Die Entwicklung der mittelalterlichen Altstadt Osnabrücks aus der Binnenburg

beließen. Alle diese Ansiedlungen entwickelten sich vorstadtartig im Norden, Westen und Süden vor den jeweiligen Toren der Binnenburg, und zwar hauptsächlich entlang der sie durchlaufenden großen Handelswege, der Süd-Nord-Straße und der West-Verbindungen, während das ausgedehnte Überschwemmungsgebiet der Hase im Osten und die moorigen Niederungen der Wüste im Westen vorerst keine Ausweitung der Bebauung zuließen. Aus diesen Gegebenheiten resultiert die sich längs einer Nord-Süd-Achse erstreckende nierenförmige Gestalt des Osnabrücker Stadtkerns, die auf jeder Karte bzw. jedem Plan der Stadt erkennbar ist.

So bildete sich in diesen Jahren im Norden jenseits der Lohstraße, nach Osten begrenzt durch die Hasestraße, dem alten Handelsweg über die Hasefurt, der Ansiedlungsbereich der *Haselaischaft*. Als Mittelpunkt dieses neuen Vorstadtgebildes fast unmittelbar an der Hase entstand hier im Jahre 1177 ein von einer religiösen Bruderschaft getragenes Hospital mit Kapelle, das wohl vornehmlich seine Hilfe erkrankten Pilgern und fahrenden Kaufleuten, die hier auf dem großen Fernwege vorbeikamen, leihen sollte. Die Weihe der Kapelle durch Bischof Arnold von Osnabrück (1173—1190) am Tage des hl. Vitus (15. Juni), dem Schutzheiligen des Klosters Corvey an der Weser, läßt erkennen, daß die Gründung dieser kirchlichen Stiftung von Corvey ausging. Die Vitikapelle mit ihrem Hospital wurde so das älteste geistliche Gebäude der Haselaischaft. Als die Kapelle Jahrhunderte später verfiel und das Hospital aufgegeben wurde, entstand an dieser Stelle der heutige *Vitihof*. Westlich davon, zwischen Bierstraße und Dielingerstraße, erstreckte sich das Gebiet der eigentlichen *Butenburg*, aus der die noch heute bestehende und privatrechtlich tätige *Heger Laischaft* hervorgegangen ist. Mittelpunkt dieses ausgedehnten Siedlungsbereiches war der befestigte Hof des Osnabrücker Kirchenvogts mit seinem großen Raumareal an der Großen Gildewart. Nach Süden zu entwickelte sich zwischen der Hakenstraße, dem Neuen Graben, der Hase und der Domsfreiheit, den Kamp und den Grünen Brink noch als landwirtschaftlich genutzte Flächen mit einbeziehend, das Gebiet der *Johannislaischaft*. Als einen gewissen Schwerpunkt dieses Bereiches könnte man sich die markante Gebäudegruppe des Ledenhofes mit seinem wuchtigen Steinwerk vorstellen. Da im 13. Jahrhundert der Domscholaster und mutige Streitschriftenschreiber des hohen Mittelalters *Jordanus von Osnabrück* im Nekrolog der Domgeistlichkeit als Bewohner des Ledenhofes genannt wird, bietet sich die Möglichkeit, diesen späteren Adelshof als eine ursprünglich aus der südlichen Domsfreiheit vorgeschobene Domherrenkurie zu betrachten. Überhaupt weisen die vielen Steinwerke im Raume der zu Laischaften heranwachsenden Vorstädte der Binnenburg Osnabrücks, deren ältestes 1144 als domus tota lapidea urkundlich erwähnt wurde, als feuersichere Zufluchtsgemächer bessersituierter Ackerbürgerhäuser auf die zunächst noch nicht bestehende feste Ummauerung dieses Gebietes der späteren Stadt Osnabrück hin.

In lockerer Bebauung wuchsen sodann die anfangs als *handwerklich-bäuerliche Vororte* vor den Toren der erweiterten Domburg, der Binnenburg, entstandenen Siedlungsbereiche der Butenburg mit der Hase- und Johannislaischaft, als organisch gewachsene nachbarschaftliche Gemeinwesen zunächst noch ein gewisses Sonderleben führend, zu einer umfassenden Erweiterung Osnabrücks außerhalb des alten Ortskerns zusammen. So formte sich allmählich, im ganzen gesehen, ein stadtartiges Gebilde, das 1147 erstmalig in einer Urkunde als ,,Stadt" (civitas) bezeichnet wird. Als es dem bedeutenden weltoffenen Bischof Philipp von Katzenellenbogen (1141—1173) gelang, zehn Jahre später (1157) *Kaiser Friedrich Barbarossa* als einzigen Kaiser des Mittelalters auf seinem Wege von Nimwegen nach Goslar in Osnabrück zu empfangen, wurden sicherlich die Grundlagen gelegt für die im Jahre 1171 in einem kaiserlichen Privileg urkundlich

Pergamenturkunde mit kaiserlichem Siegel
mit dem Privileg de non evocando
Kaiser Friedrichs I.
zugunsten der Osnabrücker Bürger,
gegeben zu Goslar 1171, am 23. November
(Barbarossa-Urkunde)

anerkannte *Gerichtshoheit der Stadt*. Danach durfte kein auswärtiger Richter einen Osnabrücker Bürger vor sein Gericht laden, es sei denn der Kaiser selbst (jus de non evocando). Wegen der hohen geschichtlichen Bedeutung dieses in lateinischer Sprache gehaltenen Dokuments, das sich noch heute im Besitze des Osnabrücker Stadtarchivs befindet, sei der *Originaltext* dieser Barbarossaurkunde, ins Hochdeutsche übertragen, hier angeführt: ,,Friedrich, durch Gottes Gnaden Römischer Kaiser. Durch Gottes gnädige Fügung haben wir die Leitung des Römischen Reiches zu dem Zwecke übernommen, um allen, die Unrecht und Bedrückung leiden, unseren Schutz und Schild anzubieten und ihnen in ihren Nöten Unterstützung zu gewähren. Im Hinblick auf das drückende Elend, daß auswärtige Richter sie nach fremden und für sie unverbindlichem Recht außerhalb ihrer Vaterstadt vor Gericht zu fordern pflegten, bestimmen wir in Wohlwollen und Güte, daß sich kein außerhalb Osnabrücks weilender Richter unterstehe, einen Bürger in irgend einer Gerichtssache zu zitieren, er habe denn zuvor seine Klage innerhalb der Stadt vor der Stadtobrigkeit oder vor unserem eigenen Tribunal eingeleitet und nach dem städtischen Gewohnheitsrecht sein Recht gesucht. Alle Vorladungen, die ehe zuvor von auswärtigen Richtern erlassen worden, sind wirkungslos und werden als nicht zu Recht bestehend erklärt. Damit aber dieser Erlaß allen Getreuen unseres Reiches für ewige Zeiten zur Kenntnis gelange, haben wir diese Urschrift mit unserem kaiserlichen Insiegel gesiegelt und bestimmen, daß jeder, der dawider zu handeln wagt, unserer Gnade verlustig sei und unserem Banne verfalle, bis er uns und den Bürgern Genugtuung geleistet. — Gegeben zu Goslar im Jahre der Menschwerdung des Herrn 1171, der IV. Indiktion, am 23. November, Amen." Damit wurde Osnabrück mit

3. Die Entwicklung der mittelalterlichen Altstadt Osnabrücks aus der Binnenburg

seiner Marktgerechtigkeit, dem eigenen Gerichtsbezirk und der Erlaubnis zum Mauerbau — die Urkunde hierzu ist leider verlorengegangen — durch kaiserliche Huld als Stadt im Rechtssinne bestätigt. Der Ort durfte nunmehr ein eigenes *Stadtsiegel* führen — für 1217 erstmalig überliefert — und als Sitz des immer selbständiger werdenden Rates ein Rathaus erbauen. Es entstand alsbald das erste Osnabrücker Rathaus an der Südseite des Marktes, dem heutigen Rathaus gegenüberliegend. Eine Abbildung ist nicht überliefert.

Nunmehr bauten die Bürger Osnabrücks zwischen 1170 und 1190 einen neuen und bedeutend längeren sowie stärkeren *Mauerwall* mit Türmen und Toren, der weit vor den Grenzen der Binnenburg die nun entstandenen neuen Stadtteile Haselaischaft, Butenburg und Johannislaischaft mit umschloß. An diesen das Osnabrück des 12. Jahrhunderts weit umfassenden Mauergürtel erinnern noch die Namen der heutigen Straßen Hasemauer, Bocksmauer, Rolandsmauer und Schützenwall, deren Verlauf — bis auf den Schützenwall, der durch die neuen Anlagen am Ledenhof weitgehend aufgehoben ist — den umfassenden Ring dieses Mauerwalls aus der Stauferzeit markiert. Es war wiederum der Wasserlauf des Poggenbaches (sein bisheriger Verlauf bis zur Binnenburg und um sie herum wurde teilweise kanalisiert und übermauert mit der Möglichkeit der Gewinnung neuer Straßenzüge), verstärkt durch die Zuläufe des Schwanenbaches und des Wellbaches aus der Wüste, der durch das neue Grabensystem in nördlicher Richtung der Hase zugeführt wurde und es durch Anstauung bis zum Rande füllte. An der Südseite der so entstandenen Altstadt Osnabrücks mußte vor dem Schützenwall ein „neuer Graben" angelegt werden. Er verband den Poggenbach im Bereiche der damals noch nicht erbauten Katharinenkirche mit der Hase am Neumarkt und wurde dadurch gefüllt, daß man die Hase vor der Herrenteichsmühle aufstaute. Er lief parallel zum Alten Graben vor der Binnenburg (s.o.), der nunmehr ebenfalls seine Schutzaufgabe verlor. Auf den Neuen Graben weist noch heute die nach seiner Zuschüttung im Jahre 1852 entstandene Straße „Neuer Graben" hin, in deren Richtung er verlief. Selbst an der noch unmittelbar von der alten Domburg gebildeten Ostflanke der nunmehrigen Altstadt, bisher geschützt durch Mauerwerk am Ufer der begradigten Hase, errichtete man auf dem linken Haseufer die stärkere Hellingsmauer mit ihren beiden festen Warttürmen, deren Rundmauern noch heute an diese Befestigung zwischen der Kleinen Domsfreiheit und der Pernickelmühle erinnern. (*Helling* ist eine abschüssige Ebene am Wasser, z. B. auf einer Schiffswerft, die auch selber Helling genannt wird. Vom Dome ab, dem höchsten Punkte der Domsfreiheit, senkt sich der Boden ebenfalls bis zur Hase, daher der Name.) Dieser große Mauergürtel um die Altstadt enthielt alsbald sieben Tore, „Pforten" genannt: nach Osten die Herrenteichs- und die Honpforte (beim Pernickelturm), nach Norden die Hasepforte, nach Westen die Natruper und die Heger Pforte und nach Süden die Katharinen- und die Alte Pforte (am Neumarkt).

Die in diesem im 12. Jahrhundert zu der Binnenburg mit der Domburg neu hinzugekommenen Bereich, der zusammen mit diesem alten Stadtkern von nun an bis in die Gegenwart die *Altstadt* Osnabrücks bildet, noch wohnenden Bauern wurden nun zu Ackerbürgern, die ihre landwirtschaftlichen Flächen vor den Mauern in den Feldmarken der früheren Dörfer Halle, Hege und Natrup liegen hatten. Ihr Vieh hatten sie jedoch, wenn es nicht draußen, von einem Hirten betreut, weidete, bei sich innerhalb der Stadt in der Stallung, und zwar neben der bis zu 5 m hohen Diele hinter Ständerreihen ihres bäuerlichen Wohnhauses. Hervorgegangen aus dem niedersächsischen Bauernhaus, wurde es jetzt mehr und mehr den Bedürfnissen des städtischen Lebens angepaßt. Später wurde das Vieh in gesonderten Ställen untergebracht, und das zur Straße giebelständige

Haus wurde mit einer Wohndiele (Deele) ausgestattet, in der sich der tägliche Ablauf des Familienlebens vollzog.

Die um 1200 etwa 3000 Bewohner der rund 50 Hektar großen Osnabrücker Altstadt waren teils Dienstleute der Kirche und damit unfrei und eigenbehörig, auch als Handwerker und Kaufleute, teils freie Handwerker und Kaufleute, auch bäuerliche Bewohner (*Ackerbürger*), die insgesamt die eigentlichen Bürger waren. Als Besitzer eigenen Grund und Bodens in der Feldmark unterschieden sich die Ackerbürger von den Zugezogenen, die zwar das Wordgeld (s.o.) zahlten, aber noch kein Grundeigentum besaßen. Als frühere unfreie Hintersassen auf dem Lande standen sie nunmehr über den unfreien Bauern, nach dem bekannten Grundsatz: ,,Stadtluft macht frei!" Alle Bürger hatten die Pflicht, die Befestigungswerke der Stadt zu unterhalten und zu bewachen, waren dafür aber von dem übrigen Kriegsdienst für den Bischof befreit. Als Ackerbürger beschäftigten sie sich noch weitgehend mit Ackerbau und Viehzucht, auch viele derjenigen Bürger, die ein Handwerk betrieben. Abstand davon nahmen jedoch die meisten Kaufleute und die Fernhändler. Da bei der wachsenden Zahl der Einwohner das verfügbare Ackerland vor den Toren der Stadt bald nicht mehr genügte, um neuzugezogene Ackerbürger ausreichend auszustatten, teilte der Bischof das Land der ihm gehörenden, in der Nähe der Stadt gelegenen Höfe auf und überließ es den Bürgern gegen das sog. ,,Morgenkorn" als Abgabe, d.h. die Pächter lieferten ihm vom guten Boden die dritte, vom mageren die vierte Garbe. So teilte er 1243 die beiden zu Blakendorf in der Niederung des Wiesenbaches gelegenen Höfe Windinkmölen und Galghus auf, aber auch sogar zu seinem eigenen Wirtschaftshofe, dem Oberhof innerhalb der Domsfreiheit, gehörende Grundstücke in der Feldmark.

4. Die Gerichtsherrschaft als Grundlage wachsender bischöflicher Landeshoheit und bürgerlicher Eigenständigkeit

Nach altem sächsisch-fränkischem Herkommen bildeten die Bewohner des früheren Königshofes an der Hasefurt, des jetzigen bischöflichen Wirtschaftshofes, mit den Bewohnern der umliegenden und von ihm abhängigen Unterhöfe eine Siedlungsgemeinschaft, kurz Gemeinde genannt. Zur Beratung gemeinsamer Angelegenheiten versammelten sich die Besitzer der Höfe zu einer Morgen- oder Hofsprache; der Besitzer des Oberhofes führte den Vorsitz und war ihr Richter. Auch nachdem der Ort Osnabrück sich im 12. Jahrhundert zu einer Stadt entwickelt hatte, versammelten sich die Bürger, sobald die zu diesem Zwecke bestimmte *Burglocke* vom Turm der Marienkirche erklang, zu dem *Burgericht* auf dem Marktplatz. (Diese alten Namen und der mit ihnen verknüpfte Brauch haben sich bis weit in spätere Jahrhunderte erhalten.) Der Bischof als Grundherr des Ortes und Besitzer des Oberhofes ernannte einen seiner Gefolgsmannen zum Richter, der jetzt die Bezeichnung Stadtrichter (rector civitatis) führte und 1162 erstmalig urkundlich erwähnt wurde. Die Schöffen, die seit Karl dem Großen an Stelle der ganzen Gemeinde das Urteil zu finden hatten, wurden aus den Bürgern gewählt. So wurden vor der gesamten Bürgerschaft unter freiem Himmel rechtliche und weitere städtische Angelegenheiten verhandelt und — als Grundlagen hierfür — die von jedermann zu befolgenden Satzungen, die Willküren, festgesetzt. Die Schöffen ordneten auch, meistens ohne Zuziehung des Stadtrichters, Maß und Gewicht, den Speisenverkauf und die Verwaltung des Gemeinwesens.

4. Die Gerichtsherrschaft als Grundlage wachsender bischöflicher Landeshoheit

Die höchste Gerichtsbarkeit, das *Blutgericht*, lag nicht in den Händen des Bischofs. Zwar verfügte er auf Grund seines Immunitätsprivilegs über die volle Gerichtshoheit in seinen Besitzungen und über seine Hintersassen (das Osnabrücker Diözesanarchiv bewahrt noch eine der ersten Urkunden hierüber von König Otto I. aus dem Jahre 938 auf), doch hielt man es von der ältesten Zeit des Bistums an nicht für passend, daß ein Bischof das Heer führe, ein Todesurteil fälle und vollstrecken lasse. Dafür konnte der Bischof einen weltlichen Gefolgsmann als seinen Vogt (advocatus) einsetzen, dem er den Heerbann und den Blutbann verlieh. Auch bei dem eigenen Niedergericht, dem Burgericht, setzte er den Vorsitzer aus den Reihen seiner Dienstmänner ein, vereinnahmte aber die Gebühren und die Strafgelder. Seit 1171 (s.o.) waren es nur diese heimischen Gerichte, vor denen die Osnabrücker zu erscheinen brauchten, vor keinem fremden Richter mehr. Als jedoch die mit der Stiftsvogtei beauftragten weltlichen Großen begannen, die ihnen verliehene Macht, darunter auch die Gogerichtsbarkeit (den Blutbann), für eigene Zwecke zu mißbrauchen, gerieten auch die Vorrechte der Osnabrücker Bürger wieder in Gefahr. Einer der mächtigsten Stiftsvögte war 1170—1180 Herzog Heinrich der Löwe, der auch dem Osnabrücker Gogericht, das vor dem Portal des Domes abgehalten wurde und den Namen „Gericht zum Löwen" führte (das Löwenpudeldenkmal auf der Großen Domsfreiheit erinnert noch hieran), vorstand. Als der mächtige Welfe 1180 von Kaiser Friedrich Barbarossa gestürzt wurde, ging die Vogtei des Bistums Osnabrück auf die

Das Löwenpudel-Denkmal vor dem Dom

Grafen von Tecklenburg über, und zwar löste nach der Schlacht auf dem Haler Felde bei Osnabrück 1179, von der die Stadt selbst nicht berührt wurde, Graf Simon von Tecklenburg (1157—1202), wohl der hervorragendste Vertreter dieses Geschlechts, Heinrich den Löwen in seinem Amte als Stiftsvogt des Bischofs von Osnabrück ab. Vergebens hatten die norddeutschen Parteigänger des Löwen versucht, nach dem Sieg auf dem Haler Felde über die westfälischen Verbündeten des Kaisers dem Laufe der Dinge eine Wendung zu geben. Mit der Macht des Löwen war es aber endgültig vorbei. Die Tecklenburger betrachteten jedoch die ihnen damit übertragene obere Gerichtsbarkeit über Stadt und Stift Osnabrück als erblich zustehendes Recht. Die damit verbundenen Unzuträglichkeiten zwischen Bischof und Stiftsvogt verlangten dringend nach einer entscheidenden Klärung.

Als Grundlage für eine zukunftsträchtige Entwicklung, die letztlich Osnabrück Hauptstadt eines geistlichen Fürstentums werden ließ und damit unserer Stadt in der folgenden Zeit eine Reihe wichtiger Privilegien einbrachte, erwies sich die Verleihung des Rechts an den Osnabrücker Bischof Engelbert I. durch König Heinrich (VII.) am 3.9.1225, die *Gogerichte* in Osnabrück und an sieben weiteren Orten des Umlandes mit *eigenen Gografen* zu besetzen. Diesem bedeutsamen Schritt zu einer territorialen Selbständigkeit des Bistums Osnabrück, dessen Hoheitsbereich sodann — bis auf die Gegend um Wiedenbrück — fast identisch wurde mit dem Gebiet des heutigen Stadtkreises und Landkreises Osnabrück, lief im Hochmittelalter eine entsprechende *reichsgeschichtliche Entwicklung* parallel. Hatten schon die Bürgerkriege nach der verhängnisvollen Doppelwahl Philipps von Schwaben und Ottos IV. — nach dem frühen Tode des machtvollen Staufenkaisers Heinrich VI. 1197 — den föderalistischen Tendenzen des Feudalismus in Deutschland die Zügel schießen lassen, so wurden als Ergebnis der Regierung Friedrichs II. (1215—1250) die deutschen Fürsten die tatsächlichen Beherrscher des Reiches. Diese Entwicklung beruhte im wesentlichen auf den beiden wichtigen Staatsgrundgesetzen Friedrichs II, die auch in unserem Heimatbereichs zu Meilensteinen auf dem Wege zur fürstlichen Landeshoheit wurden: Einmal die ,,Übereinkunft mit den geistlichen Fürsten'' (,,Confoederatio cum principibus ecclesiasticis'') aus dem Jahre 1220 — als Zugeständnis Friedrichs an die geistlichen Fürsten für die Wahl seines jungen Sohnes Heinrichs (VII.) zum römischen König, zum anderen die ,,Verordnung zugunsten der Fürsten'' (Statutum in favorem principum) von 1232 — als Entschädigung der weltlichen Fürsten für ihre Hilfe und Unterstützung bei den Kämpfen Friedrichs in Italien.

Durch die mit diesen Reichsgesetzen erfolgende Herausgabe der Münzhoheit und Gerichtshoheit, des Befestigungsrechtes, des Gesetzgebungsrechtes und des Rechtes zur Anlage neuer Märkte und Straßen an die weltlichen und geistlichen Fürsten wurde ihnen hiermit gleichsam die *volle Landeshoheit* verliehen. Damit brachten diese Gesetze auch für die Bischöfe die Möglichkeit, sich von den Fesseln der weltlichen Vogteigewalt, die durch die zunehmende Bedrückung der kirchlichen Hintersassen in Stadt und Land durch die Vögte immer lästiger wurden, zu befreien. Als sogar ein Tecklenburger Grafensproß, Adolf von Tecklenburg, in achtjähriger Amtszeit (1216—1224) Bischof von Osnabrück war, zeigte sich noch ein bedenkliches Anwachsen der Tecklenburger Ansprüche. Bis dahin fehlten eben die rechtlichen Handhaben zu einer energischen Vertretung bischöflicher Selbständigkeitsbestrebungen. Als jedoch Kaiser Friedrich II. die reichsgesetzliche ,,Übereinkunft mit den geistlichen Fürsten'' abschloß, die 1221 in den darauf fußenden päpstlichen Erlassen auch den Bischöfen der Kölner Erzdiözese die Inpfandnahme der Kirchenvogteien gestattete bzw. deren Wiederverleihung untersagte, ging die Entwicklung zur bischöflichen Landeshoheit im Stift Osnabrück mit schnellen

4. Die Gerichtsherrschaft als Grundlage wachsender bischöflicher Landeshoheit

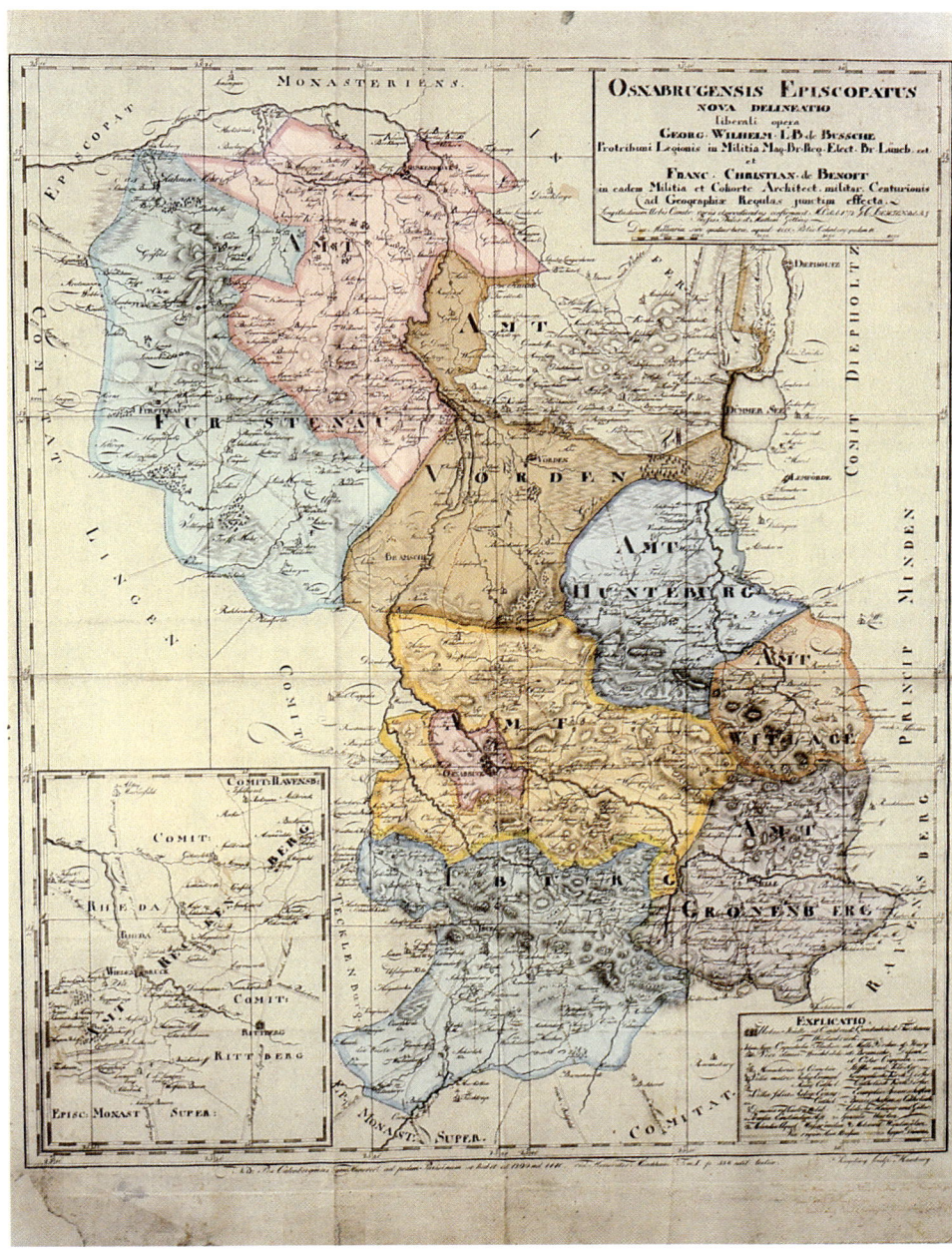

Generalkarte des Fürstbistums Osnabrück

Schritten vorwärts. Es waren drei geschichtlich sehr entscheidende Vorgänge, die in diesen Jahren den Weg zur staatlichen Selbständigkeit des Hochstiftes Osnabrück einleiteten, die jedoch getrennt voneinander betrachtet werden sollten.

Da war zunächst die — bereits erwähnte — Verleihung der Verfügungsrechte über die Gogerichte in Osnabrück und im Osnabrücker Lande an den Bischof Engelbert von Osnabrück, dem Nachfolger Bischof Adolfs von Tecklenburg, durch König Heinrich (VII.), Friedrichs II. Sohn und Statthalter in Deutschland, am 3.9.1225. Hiermit gewann der Bischof das wichtige Recht, in den Gogerichten (aus altsächsischen Volksgerichten hervorgegangene Bezirke der oberen Gerichtsbarkeit) Osnabrück, Iburg, Dissen, Melle, Bramsche, Damme, Ankum und Wiedenbrück durch seine eigenen Gografen Recht sprechen zu lassen, ,,damit er uneingeschränkt Möglichkeit habe, die Vergehen seiner Untertanen zu bessern'' (aus dem Text der Urkunde). In dieser Urkunde vom 3. September 1225 sehen Möser und Stüve geradezu die *Stiftungsurkunde des Hochstiftes Osnabrück* als fürstbischöflichen Staates, da sie die Blutgerichtsbarkeit dem Bischof unterstellte. Damit war zwar noch nicht die Tatsache der bischöflichen Landeshoheit gegeben, denn der Besitz eines Gogerichts allein gab dem Gerichtsherrn noch keine Territorialgewalt. Hinzu mußte die *Vogteihoheit* treten, aber die besaß nach wie vor der Graf von Tecklenburg. Doch bot sich bald für den Bischof, der ja seit 1221 das Recht der Eigenübernahme seiner Osnabrücker Kirchenvogtei hatte, eine günstige Gelegenheit, auch diese wichtige Grundlage seiner künftigen Landeshoheit endgültig zu erwerben.

Jedoch noch vor Eintreten dieser Situation überließ Bischof Engelbert im Jahre 1225, um von seinem Tecklenburger Vorgänger übernommene Schulden zu tilgen, die *Hälfte des Osnabrücker Burgerichts*, das heißt seiner Einnahmen (s.o.). für 150 Mark der Bürgerschaft der Stadt. Von nun an gehörten also die verhängten Bußen dieses Gerichts der niederen Gerichtsbarkeit an Strafgeldern und Bürgergeldern zur Hälfte der Stadt Osnabrück. An Bürgergeld zahlten die Bürgersöhne nur 1 Pfennig; der *Burrichter*, der in Zukunft nur mit Zustimmung der Bürger aus den Reihen der Dienstmannen des Bischofs eingesetzt werden sollte, durfte herkömmlich höchstens mit 6 Pfennigen strafen. Davon erhielt der Stadtrichter als oberste Instanz 1 Pfennig; das übrige wurde geteilt. Im folgenden Jahre bestätigte Kaiser Friedrich II. den Vertrag. So bahnte sich neben den Bestrebungen des Bischofs nach landesherrlicher Eigenständigkeit eine *zunehmende Verselbständigung der Stadt Osnabrück*, beginnend zunächst im niederen Gerichtswesen, an.

Der nächste Schritt auf dem Wege zur bischöflichen Landeshoheit ergab sich nach der Ermordung des Erzbischofs Engelbert von Köln, des Reichsverwesers und Kanzlers Friedrichs II. im Jahre 1226. Der mit Acht und Bann belegte Mörder, Graf Friedrich von Isenburg, flüchtete und fand Aufnahme beim Grafen von Tecklenburg. Nun traf auch den Burgherrn die Reichsacht und der päpstliche Bannfluch. Der mit der Vollstreckung der Acht beauftragte neue Erzbischof von Köln, in seinem Gefolge auch der Bischof von Osnabrück mit seinen Dienstmannen und den Bürgern der Stadt, versuchte in zehnjähriger Fehde vergeblich, die starke Bergfeste einzunehmen. Sie widerstand dem Ansturm so lange, bis es der Vermittlung des Bischofs von Münster gelang, beide Parteien, schließlich des langen Kampfes müde, 1236 zum *Friedensschluß von Glandorf* zu bewegen. Der Graf von Tecklenburg, der natürlich die Befreiung von Reichsacht und Bannfluch mit großen Zugeständnissen erkaufen mußte, entsagte gegen eine Abfindung in Höhe von 800 Mark Silber der Vogtei über die Osnabrücker Kirche.

Nachdem der damalige Bischof von Osnabrück, Konrad von Velber (1227—1239), bereits auf dem Reichstage von Ravenna 1232, auf dem das berühmte ,,Statutum in

4. Die Gerichtsherrschaft als Grundlage wachsender bischöflicher Landeshoheit

favorem principum" erlassen wurde, vom Kaiser die wichtige Urkunde über die Bestätigung der Vogteien über seinen kirchlichen Grundbesitz erhalten hatte, konnte er jetzt mit vollem Recht die dem Grafen von Tecklenburg abgezwungene *Kirchen- und Stiftsvogtei in eigene Verwaltung* übernehmen. Dieser Vertrag wurde auf dem Kirchhof an der Johanniskirche, die nach 1101, gegründet von Bischof Detmar (1003—1023), außerhalb der Osnabrücker Domburg und ihrer unmittelbaren Erweiterungen entstanden war, 1236 abgeschlossen und beschworen. Wir erkennen, daß damit in einem größeren Gebiet, das sich noch gegenwärtig weitgehend deckt mit dem Raum des heutigen Stadt- und Landkreises Osnabrück, jeglicher Einfluß eines fremden Herrn, auch des deutschen Königs, ausgeschaltet und so ein Territorium geschaffen wurde, in dem der Bischof von Osnabrück von nun an als oberster und alleiniger Hoheitsträger und damit als *Landesherr* auftrat. Somit war die *Schaffung des geistlichen Fürstentums Osnabrück*, das seitdem bis 1802 bestanden hat, nicht das Werk eines einzelnen Mannes, viel weniger eines einzelnen Aktes, sondern der Abschluß einer Entwicklung, die seit den Tagen Heinrichs des Löwen parallel lief mit großen geschichtlichen Vorgängen im Deutschen Reich, die aber für den Raum Osnabrück mit der Urkunde vom 3. September 1225 erstmals konkrete Gestalt annahm. Ihr verdanken wir letzten Endes die heute noch gültigen administrativen Konturen unseres Heimatraumes ,,Osnabrück und das Osnabrücker Land".

In diesen entscheidungsvollen Jahrzehnten der staufischen Kaiserzeit, die dem geistlichen Amte des Bischofs eine neue, territorialherrschaftliche Würde zukommen ließ, erfuhr auch die Osnabrücker Bischofskirche eine durchgreifende bauliche Umgestaltung (Hauptbauzeit 1218—1272). Mit der Vollendung des Hochchores um 1272 erhielt die romanische Pfeilerbasilika des Domes ihre endgültige Bauform. Von der reichen Innenausstattung in jener Zeit seien das Bronzetaufbecken des Gerardus (um 1220) und das mächtige Triumphkreuz (1225—1230) genannt, das den Chorbogen ziert, das größte sakrale Kreuz Niedersachsens (6,80 x 4,20 m).

Die Osnabrücker Bürger hatten in dem zehnjährigen Kampf mit dem Grafen von Tecklenburg große Opfer an Gut und Blut dargebracht, auch zu der Abfindungssumme beigesteuert. Aber nicht umsonst! Der Bischof mußte geloben, und der Kaiser bestätigte es, daß er den Kirchenvogt für Osnabrück in Zukunft nur aus den Osnabrücker Dienstleuten oder Bürgern erwählen wolle, daß dieser die Osnabrücker Kirchenleute, Dienstleute und Bürger nicht, wie bisher, mit dem Königsbann von 60 Schillingen, sondern höchstens mit 2 Schillingen belegen dürfe. Das *Vogteigericht* (mit der hohen Gerichtsbarkeit) wurde dem hiesigen Gografen übertragen. *Schöffen* waren die Ratsmänner der Altstadt: je zwei aus der Markt- und der Haselaischaft und je vier aus den größeren Bereichen der Butenburg und der Johannislaischaft, insgesamt also zwölf Schöffen. Der Gograf hatte den Vorsitz beim Gericht und das Urteil zu verkünden. Den Schöffen oblag es, den Klagefall zu untersuchen und das Urteil zu finden. Die Hälfte der Gebühren und Strafgelder fiel der Stadt zu. Der steinerne Richterstuhl dieses Gogerichts zum Löwen stand — seit den Tagen Heinrichs des Löwen — neben einem aufgerichteten Löwenbild (s.o.) vor dem Domportal. Der Gerichtsbezirk erstreckte sich nicht nur über die Stadt, sondern auch über die umliegenden Kirchspiele. Das Gericht selbst war auch die *Berufungsinstanz* für die übrigen Gogerichte des Landes, selbst für Tecklenburg. Somit hatten die Schöffen der Altstadt nicht nur die Verwaltung der Stadt in ihren Händen, sondern waren auch die obersten Richter des Osnabrücker Landes. Der erste Schöffe nahm sogar dem Gografen den Diensteid ab.

Am Gogericht zum Löwen wurde auch die *peinliche Rechtspflege* gehandhabt. Nachdem der Gograf sich nebst zwei Schöffen oder Ratsherren im Gericht, das später, nach weiterer Verselbständigung der Stadt, auf der Rathaustreppe gehalten wurde, gesetzt hatte, ließ der Rat den Angeklagten durch den Stadtdiener, der ein bloßes Schwert trug, vorführen. Der Gograf ließ durch den Stadtschreiber die Anklage verlesen, dann von den Schöffen das Urteil finden und ebenfalls vorlesen. Wurde auf Todesstrafe erkannt, so hielt der Gograf ein sogenanntes Schreigöding, d.i. ein außerordentliches Gericht ab, zu dem alle dingpflichtigen, d.h. in diesem Falle versammlungspflichtigen Bürger, von der Burglocke herbeigerufen, erscheinen mußten, um Galgen, Rad oder einen Scheiterhaufen herzurichten. Die Hinrichtung wurde öffentlich vollzogen.

Nach der Erwerbung der ersten Hälfte der niederen Gerichtsbarkeit in der Altstadt, also des halben Burgerichts, durch Kauf vom in Geldnot befindlichen Bischof von Osnabrück im Jahre 1225 (s.o.) übernahm die Stadt im Jahre 1409 — bis dahin noch erheblich erweitert durch die Vereinigung mit der Neustadt 1306 — *auch die zweite Hälfte des Burgerichts*, die der Bischof wiederum aus Geldschwierigkeiten gegen Zahlung einer hohen Pfandsumme an die Stadt Osnabrück verpfändete. Er behielt sich zwar das Recht der Wiedereinlösung vor, hat aber nie davon Gebrauch gemacht. Seitdem verwaltete sich die Stadt, dem Freiheitssinn der Bürger entsprechend, ganz selbständig, denn Rechtsprechung (jurisdictio) bedeutete im Mittelalter nicht nur Justiz, sondern war auch gleichbedeutend mit Verwaltung. Diese mußte mit jener im Aufbau Schritt halten. Der Bischof kam infolgedessen nur noch selten nach Osnabrück, sondern wohnte und regierte, nunmehr auch als Landesherr (dominus terrae), in Iburg. Dort hatte bereits 1085 Bischof Benno II. die bischöfliche Residenz erbaut (s.o.).

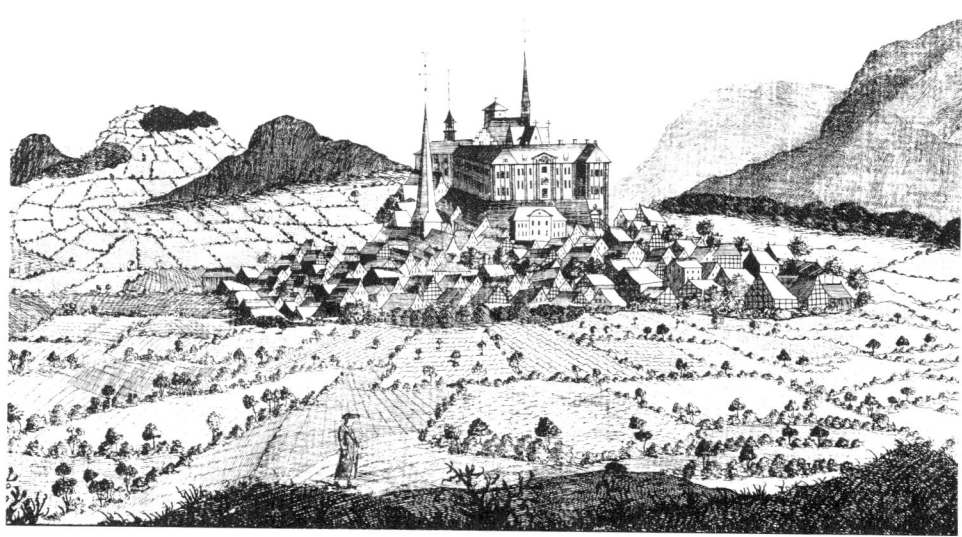

Iburg, die bischöfliche Residenz um 1650 nach Reinhold

5. Weitere Schritte zur Entwicklung Osnabrücks als „Vollstadt"

Als urkundliches Zeugnis ihrer wachsenden Selbständigkeit führte die Stadt Osnabrück — zunächst die Altstadt — als *eigenständige Rechts- und Verwaltungskörperschaft* ein eigenes *Siegel*, für dessen Bild sie vorerst das achtspeichige Rad verwandte. Die Umschrift des Großen Stadtsiegels lautete: SIGILLUM CIVITATIS OSNABRUGENSIS. In dem geschichtlichen Entwicklungsprozeß, in dessen Verlauf die Stadt ihre Eigenständigkeit immer mehr ausbaute, war es das äußere Zeichen hierfür, dessen früheste Verwendung für 1217 bezeugt ist. Später benutzte die Stadt bis weit in die Neuzeit hinein abwechselnd das sechs- oder achtspeichige Rad als Siegelzeichen. Es war ursprünglich das Wappen des Bischofs von Osnabrück, der es um 1230 auch auf Osnabrücker Pfennigen verwandte. Daß eine Stadt das Wappen ihres Stadtherrn unverändert übernahm, ist durchaus selten; es verweist auf ihre anfangs noch recht schwache Stellung gegenüber dem bischöflichen Grundherrn. Daß das Wappen zuerst vom Bischof geführt wurde, bezeugt auch die Deutung des Rades als „currus Dei", als Wagen Gottes bzw. der Kirche. Das Rad war in dieser Bedeutung im hohen Mittelalter geradezu eine Modeerscheinung. Die Amtsführung des Bischofs wurde mit dem Lenken des göttlichen Wagens oder des Wagens der Kirche gleichgestellt. Bischof Gottfried von Arnsberg (1329—1349) führte die farbige Gestaltung des Wappens ein: ein rotes sechsspeichiges Rad auf silbernem Feld. Für die Stadt Osnabrück entwickelten sich seitdem in Kontrastform die Stadtfarben schwarz-weiß, also schwarzes *sechsspeichiges Rad* im weißen (silbernen) Feld als Stadtwappen. So blieb es bis zur Gegenwart.

Das große Osnabrücker Siegel mit den Siegeln der Städte Dortmund, Soest und Münster u.a. unter dem Landfriedensbündnis der westfälischen Städte von 1372

Während nach altem, strengem Recht der Richter nur mit seinen Schöffen richten konnte, hatte sich im öffentlichen Geschehen in der Stadt im Laufe der Zeit allmählich die Gewohnheit gebildet, daß der Richter unwichtige Sachen allein oder unter Zuziehung weniger Schöffen erledigte, die Schöffen jedoch Gemeindeangelegenheiten ohne Zuziehung des Richters ordneten, wobei einer der Schöffen den Vorsitz führte. 1236 werden die Schöffen in diesem Zusammenhange erstmalig als *Schöffenkolleg* von Osnabrück bezeichnet. Aus ihm ist alsbald der *Rat mit den Ratsherren* (consules) hervorgegangen. Mit ihm besaß die Stadt ein echtes Organ der Selbstverwaltung, an dessen Spitze zunächst noch der Stadtrichter oder Burrichter als halb landesherrlicher, halb städtischer Beamter stand. Als 1275 an die Spitze des Schöffenkollegs bzw. Rates ein jährlich neu gewählter Schöffenmeister (magister scabinorum) bezeugt wird, war fortan das Oberhaupt der Stadt ein aus dem Schöffenkolleg oder Rat frei gewählter *Bürgermeister*, für den im 14. Jahrhundert die Amtsbezeichnung magister civium (Meister der Bürger) eingeführt wurde. Der erste in der langen Reihe der Männer, die dieses bis zum heutigen Tage bestehende Amt innegehabt haben, hieß — nach Rothert (s.o.) — Eberhard Petronille und stammte aus einem vornehmen Bürgergeschlecht. Im Jahre 1244 wird auch als Sitz der städtischen Selbstverwaltung das *Rathaus* (domus civium) am Markt, mittelalterlicher Vorgänger des heutigen zu Beginn der Neuzeit (um 1500) erstellten Gebäudes, erstmals urkundlich bezeugt. Es war eines der ältesten deutschen Rathäuser und stand bis etwa 1620, auch seit Errichtung des neuen Rathauses weiter im Dienste des Rates stehend, an der Südwestecke des Marktes. In ihm wurde auch seit 1297 das bedeutsame Stadtbuch aufbewahrt, in das der Rat die von ihm erlassenen Satzungen eintragen ließ und das der versammelten Bürgerschaft zur Zustimmung (vulbort) jährlich mindestens einmal vorgelesen werden mußte.

Das „alte Rathaus",
1619-22 als Akzise- und Legghaus
im Renaissancestil errichtet,
jedoch 1820 abgebrochen.
Das 1244 erstmals erwähnte erste
Rathaus stand vordem hier.

5. Weitere Schritte zur Entwicklung Osnabrücks als „Vollstadt"

Die Katharinenkirche mit dem ursprünglichen Turmhelm.
Ausschnitt aus einer Zeichnung von L. Rohbock

Kurz vor der Mitte des 13. Jahrhunderts, 1248, ist auch die *Katharinenkirche* als neue Pfarrkirche für die südliche Altstadt nachweisbar, jedoch, wie durch Ausgrabungen nach 1945 in der weitgehend zerstörten Kirche festgestellt werden konnte, in einer bedeutend kleineren Vorform der jetzigen, deren heutige Gestalt als Hallenkirche erst im 14. Jahrhundert durch Umbau und Vergrößerung entstanden sein dürfte. Der 103 m hohe Turm, fortan das Wahrzeichen Osnabrücks, wurde 1511 vollendet. Ihre erste Erbauung um 1250 weist auf eine mit dem wirtschaftlichen Gedeihen der Altstadt verbundene starke *Vermehrung der Bevölkerung* hin. Im Zusammenhang damit stand eine Ausweitung des Stadtkerns und der Befestigungsanlagen in diesem Bereich um das heutige Gotteshaus, in dem sich insbesondere Geschlechter des bischöflichen Ministerialadels angesiedelt hatten. Diese hier in größeren Höfen (Ledenhof, Rolandshof an der Rolandsmauer, Hof Ostman v. d. Leye — heute die Poggenburg — usw.) ansässige Ritterschaft fühlte sich mit dem Bau dieser Kirche ganz besonders verbunden und förderte ihn weitgehend, verehrte sie doch die hl. Katharina von Alexandrien seit der Zeit der Kreuzzüge als die Patronin des deutschen Adels. Um diese Zeit — gegen Ende des 13. Jahrhunderts — erhielt auch die *Marienkirche* am Markt mit der Erbauung der hohen gotischen Halle ihre heutige imposante Form. Seitdem beherrscht „ihre pracht-

Die Marienkirche zu Osnabrück

volle Schauseite mit den mit Maßwerk verzierten Giebeln über den 4 Langhausjochen und den schlanken, gotischen Fenstern nun den Markt. Im Westen ragt der alte Turm aus dem hohen Schiff. Er ist bekrönt von dem kühn und anmutig emporgleitenden Helm" (R. Poppe, s.o.).

Daß die Bürgerschaft sich ihrer wachsenden Macht bewußt war, zeigt sich deutlich in ihrem Verhalten der *Geistlichkeit* gegenüber. Ursprünglich hatten die Domherren ein nur gering besoldetes Amt als Prediger, Organist, Küster, auch als Lehrer an der Domschule. Je mehr aber die Zahl der christlichen Gemeinden wuchs, desto höher stiegen auch die Einnahmen der Domherren, so daß sich zu ihren Ämtern bald Adlige drängten. Sie bezogen die Einkünfte und hielten sich zur Verrichtung der ihnen obliegenden Dienstpflichten einen geringer besoldeten Geistlichen. Im Anfang des 13. Jahrhunderts wußten sie es dahin zu bringen, daß die Stadtpfarren, die bis dahin von selbständigen, gut besoldeten Geistlichen verwaltet waren, ihnen übertragen wurden. Nun bezogen sie die Einnahmen der Pfarrstellen, ließen aber die Pfarrgeschäfte von einem gering dotierten Mietling verrichten. Die üblen Folgen im kirchlichen Leben zeigten sich bald. Die Bürgerschaft war hierüber sowie über den stetig steigenden Güterzuwachs des Domkapitels längst unzufrieden. Daher verordnete der Rat 1241, daß bei der Feier eines Totenamts im Dom nur Gaben zu höchstens zwei Messen, in den übrigen Kirchen nur zu einer Messe geopfert werden dürften. Dafür belegte der Erzbischof von Köln die Stadt mit dem Kirchenbann. Der Bischof führte aber im folgenden Jahre eine Besserung herbei, indem er anordnete, daß die Pfarre im Dom nicht durch Mietlinge, sondern durch Mitglieder des Domkapitels oder Vikare versehen werden dürfe. Dasselbe bestimmte er 1248 auch für die Marien- und Katharinenkirche. Der Rat der Stadt aber verordnete, daß bürgerliche Güter nicht ohne seine Genehmigung in die „tote Hand", d.i. in die Hand der Kirche, gelangen und, wenn dieses doch geschehen, nicht ohne seine Genehmigung weiterverkauft werden durften. Um in dem häufigen Streit mit der Geistlichkeit sachverständigen Rat einholen zu können, nahm er 1284 den Magister Johannes von Letene, Pfarrer zu Westerkappeln, für jährlich 4 Mark in Eid und Pflicht.

Einen lehrreichen Einblick in die städtische Verwaltung gewähren die alten *Stadtrechnungen*. Die älteste, die auf uns gekommen ist, stammt aus dem Jahre 1285. Sie ist in lateinischer Sprache auf ein Pergamentblatt von 23 cm Höhe, 12 cm oberer und 9 cm unterer Breite geschrieben. Die zweite ist aus dem Jahre 1358. Sie ist ausführlicher und klarer, auch schon auf Papier geschrieben. In den folgenden Jahren begnügte sich der Rechnungsführer damit, nur die wichtigsten Angaben, die etwa den Bürgern mitgeteilt werden sollten, zusammenzustellen. In der Zusammenstellung für 1424 heißt es dann am Schluß ganz naiv: „Dünkt Euch fernere Offenbarung darüber nütze zu sein, so ist es wissend Hermann von Dumstorp, Albert Stoten und Hermann Dincklage; die werden Euch das wohl entrichten." Erst 1458 beginnt eine ausführliche, regelmäßige *Rechnungsführung*.

Die damals gebräuchlichen Münzen waren Mark, Schilling und Pfennig. 1 Mark = 12 Schillinge, 1 Schilling = 12 Pfennige. Mark und Schilling waren nur Rechnungsmünzen; geprägt wurden nur Pfennige (kleine Silbermünzen), halbe Pfennige (Hällinge) und Viertelpfennige (Veringe). Es ist schwer, den Wert dieser Münzen in den heutigen Geldwert umzurechnen, obwohl sich Silberpfennige erhalten haben; denn der Silberwert ist seitdem bedeutend gesunken, auch haben die Münzen alter Zeit nicht immer denselben Gehalt. Den Tauschwert jener Münzen mögen etwa folgende Angaben andeuten: 1258 wurden 26 Scheffel Roggen mit 9 Schillingen, 1 Scheffel (etwa 45 Pfund) als mit etwa 4 Pf. bezahlt. In einer Rechnung aus dem Jahre 1295 wird 1 Scheffel Hafer mit 2 Pf. berechnet. 1301 kosteten 1 Malter oder 12 Scheffel Gerste und 1 Malter Roggen je 4 Schilling

Die regelmäßig fließenden *Einnahmen* der Stadt bestanden in dem Wordgeld, das die Zugezogenen für ihr Grundstück in der Stadt zahlten, sowie in einer Miete, welche die Stadt von den auf dem Markt errichteten Hallen erhob. Dazu kam die Einnahme von dem Burgericht, die sich noch erhöhte, nachdem die Stadt auch die zweite Hälfte desselben angekauft hatte. Auch erwarb der Rat Grundbesitz, um ihn zum Vorteil der Stadt zu verwerten. So kaufte er von der Familie v. Bar 1353 den Barenteich und 1373 von einer Witwe v. Warendorf das Rupenbrock (Rubbenbruch) nebst einigen anliegenden Äckern. Die ganze Einnahme der Stadt belief sich 1285 auf nur 65 Mark, wozu noch 3½ Mark für einen verkauften Garten kamen.

Diese geringe Einnahme vermochte die *Ausgabe* nicht zu decken, so daß ein Zuschuß erforderlich wurde. Die Ratsherren empfingen keine Besoldung; auch die Bürger erhielten für die städtischen Arbeiten keine Vergütung. Bürgerpflicht war *Staken* und *Waken*, d.h. Bau der Mauern und Wälle, Reinigung der Gräben und Bewachung der Stadt. (Später konnte man sich von diesen Lasten loskaufen.) Unter den Ausgaben führt die älteste Stadtrechnung u.a. auf: Für Errichtung von Mauern und Toren 29 Mark, dem Salzsieder 4 Mark, 7 Mann zu freiem Geleit 20 Mark, für Bewirtung von Fremden 8 Mark, den Schützen 4 Mark, dem Stadtschreiber 3 Mark, eine für das vorige, zwei für dieses Jahr, dem Pfarrer zu Kappeln 2 Mark. Gerade diese beiden letzten Posten zeigen, wie beschränkt die Mittel waren. Dem Magister Johannes in Westerkappeln (s.o.) hatte der Rat jährlich 4 Mark, zahlbar in zwei Raten, versprochen. Aber gleich im ersten Jahre

Befestigungsprivileg König Rudolfs von Habsburg, gegeben zu Wien am 12. Mai 1280. Es gestattete der Stadt Osnabrück unter Berufung auf ein Privileg Kaiser Friedrichs I., sich durch Gräben gegen Feuerpfeile zu schützen.

mußte man ihm 2 Mark schuldig bleiben, ebenso wie im Vorjahre der Stadtschreiber nur ein halbes Gehalt bekommen hatte.

Dennoch erbaute die Stadt in jenen Jahren, um sich in den unsicheren Zeiten des Faustrechtes besser schützen zu können, auf Grund einer den Bürgern 1280 erteilten Erlaubnis des Königs Rudolf von Habsburg eine zweite, die auf dem Ostabhang des Westerberges noch erhaltene *Hohe Mauer,* um sich durch diesen — heute noch am Osthang des Westerberges beim Stadtkrankenhaus in Teilen sichtbaren — starken Mauerwall gegen Feuerpfeile zu schützen. In seiner Urkunde hierüber bestätigte König Rudolf erstmals die Privilegien Kaiser Friedrich Barbarossas für Osnabrück aus dem Jahre 1171 (s.o.). Auch die Errichtung der *Osnabrücker Landwehr,* die sich später in einem Umkreis von etwa 30 Kilometern in zwei bis drei Kilometer Entfernung am Rande der Feldmark um die Stadt herumzog, geht wohl auf diese Urkunde zurück. Sie bestand aus zwei, zuweilen auch drei parallel laufenden Wällen mit dichtem Verhau und daran entlanglaufenden Gräben. Einzelne Abschnitte dieser umfangreichen Anlage, die 1347 für die Altstadt und 1409 für die Neustadt hergestellt war, sind heute noch in Haste und Eversburg, im Sutthauser Wald und in der Gartlage zu erkennen. Mehr zum Schutz gegen Viehräuber als gegen Feinde gedacht, standen dort, wo Straßen diesen Befestigungskranz kreuzten, einfache Wachttürme, auf denen die ,,Törner" (Turmwarte) Ausschau hielten. Daneben bedienten sie den Schlagbaum, der die Durchfahrt durch die

Ein Teilstück der „Hohen Mauer" am Ostabhang des Westerberges (vor der Renovierung), die auf Grund eines wohl von König Rudolf von Habsburg um 1280 erteilten Privilegs gegen Feuerpfeile von Belagerern schützen sollte. Diese Pfeile setzten die Strohdächer der Häuser in Brand, die daher ab 1338 bei Neubauten verboten wurden.

Landwehr versperrte. Der letzte alte Wachtturm der Osnabrücker Landwehr mit angrenzendem „Törnerhaus" ist der *Wulfter Turm* an der Sutthauser Straße im Stadtteil Sutthausen.

6. Entstehung der Neustadt und ihre Verbindung mit der Altstadt

Der Name *Neustadt* deutet darauf hin, daß sie als Stadt jünger ist als die Altstadt. Ihr Ursprung ist ebenfalls in einzelnen Höfen oder kleinen Ortschaften zu suchen, die ebenso wie der Oberhof Osnabrück in der Nähe der Hasefurt in die vorchristliche Zeit zurückreichten. Der Bischof besaß auf der Neustadt einen zum Oberhof gehörenden Hof, den Martinshof, auf dessen Grund und Boden jetzt die Neue Mühle, die Handelsschule am Pottgraben, die Johannisfreiheit nebst der Kirche liegen. Im Westen, in der Nähe des Wüsten- oder Poggenbaches, lagen ebenfalls einzelne Höfe, die später beim Schloßbau entfernt wurden. Alle diese Höfe gehörten wohl zur Bauerschaft Nahne (in alten Urkunden „Non" genannt, d.h. „Dorf gen Mittag bzw. im Süden) oder standen doch mit dieser unter demselben Burgericht; wenigstens gehörte Nahne noch bis ins 15. Jahrhundert zum Burgericht der Neustadt. Bischof *Detmar* gründete für diese Höfe und Nachbargemeinden eine neue Kirche, deren Grundstein 1011 gelegt wurde, die *St. Johanniskirche,* „zu Ehren des Weltheilandes und zum Gedächtnis des hl. Johannes des

Johanniskirche

Täufers und des hl. Evangelisten Johannes". Obwohl an einer sehr niedrigen Stelle der Wüste gelegen, wurde die Kirche doch sehr bald der Mittelpunkt für neue Siedlungen. Hierdurch gewann die Kirche Bischof Detmars immer mehr an Bedeutung. Sie wurde daher im 13. Jahrhundert nach 36jähriger Bauzeit in eine dreischiffige gotische Hallenkirche umgestaltet, die im Herbst 1293 die kirchliche Weihe erhielt. Von diesen drei Punkten, der Kirche, dem Martinshof im Osten und den Höfen im Westen, hat sich die Neustadt allmählich gebildet. Aus dem Bedürfnis, diese drei Siedlungen untereinander und mit der Nachbarschaft zu verbinden, läßt sich auch die Entstehung der Straßen der Neustadt erklären. Früheste urkundliche Erwähnung fand der Ort etwa um 1240, als Gemeinwesen sodann bereits 1248 auftretend. 1251 ist schon von einer Befestigung die Rede, und das neu erbaute Johannistor wird genannt. 1253 erbaute der Bischof neben dem Martinshofe die Neue Mühle. Die Grenzen der vom Dom aus gegründeten neuen Pfarrgemeinde St. Johann waren bereits 1147 von Bischof Philipp von Katzenellenbogen (1141—1173) genau umschrieben worden.

Wie das Domkapitel die Aufgabe hatte, den Bischof in seinen kirchlichen und weltlichen Angelegenheiten zu unterstützen, so errichtete Bischof Detmar zu gleichem Zweck neben der Johanniskirche ein *Kollegiatstift*, das aus etwa 12 Geistlichen bestand, die — wenigstens im 11. und 12. Jahrhundert — in dem Bruderhause neben der Kirche ein gemeinsames Leben führten, dann aber, wie die Domherren, Einzelwohnungen bezogen.

Mit dem Stift wurde auch eine *Schule* verbunden, von der es in einer alten Urkunde, die sich im Stadtarchiv befindet, heißt: „Seit unvordenklichen Zeiten sei auch bei der Collegiatkirche zu St. Johann eine ziemliche (d.h. ansehnliche) Schule gewesen, die auch zu Zeiten für besser als die im Dome gehalten worden; ansehnliche (d.h. vornehme) Studiosi, darunter drei Brüder Grafen von Waldeck, haben dieselbe besucht. Es sei daselbst Deutsch und Latein, Künste und Sprachen, bald mehr, bald weniger gelehrt worden.".

Diese etwa im 13. Jahrhundert allmählich zu einer Stadt sich entwickelnden Siedlungen standen ebenfalls unter der Gerichtsbarkeit des Kirchenvogts, der die Vogtei über die Kirche und das Stift zu St. Johann als Unterlehen den Edelherren zu Holte übertrug. Sie besaßen ihre Stadtwohnung an der Holtstraße, die durch die Holtpforte — das zweite Tor in der Befestigung der Neustadt — den Ort verließ und zur Holter Burg bei Bissendorf führte. Aber die Holter Vögte mißbrauchten die ihnen übergebenen Befugnisse, besonders die ihnen zustehende richterliche Gewalt, nicht selten, um ihre Schutzbefohlenen zu ungebührlichen Diensten und Abgaben zu zwingen. Als nun 1236 der Bischof und die Altstadt die Vogtei abschüttelten, erwachte auch in der Neustadt ein lebhaftes Verlangen nach Selbständigkeit. Schon im folgenden Jahre und später wiederholt brachten die Stiftsgeistlichen von St. Johann die Vogtei als Pfand für mehrere Jahre an sich, bis es ihnen 1265 gelang, sie für 800 Mark dauernd zu erwerben. Jetzt wurden nach dem Vorbild der Altstadt auch auf der Neustadt ein Richter eingesetzt und vier Schöffen erwählt, von denen einer ebenfalls bald den Namen „Skepenmeister" (magister scabinorum) annahm. Ein eigener Markt konnte sich in der Neustadt jedoch nicht entwickeln.

Im Jahre 1287 erfuhr die Neustadt dadurch noch eine wesentliche Erweiterung, daß die Edelherren zu Holte das auf ihrem Meierhof zu Holte gegründete *Augustinerkloster* auf die Neustadt — den jetzigen Neumarkt — verlegten und für die Neuerrichtung einen Teil ihres städtischen Grundbesitzes schenkten. Nachdem so Altstadt und Neustadt ihre Selbständigkeit erlangt und auch äußerlich sich genähert hatten, gingen sie im ersten Jahrzehnt des 14. Jahrhunderts eine enge und endgültige Verbindung ein: Sie vereinigten ihre Wehrkräfte und umgaben sich mit einer gemeinsamen Mauer mit festen Türmen und breiten Gräben. Die weiträumige Umschließung der Neustadt mit diesem gemeinsamen Mauerkranze ließ hier noch lange Zeit eine ländlich offene Bauweise zu, mit bäuerlichen Eigenheiten der Bewohner, weshalb ihnen auch in einem bestimmten Rahmen besondere Verwaltungsrechte, worüber im folgenden noch Näheres zu sagen ist, verblieben.

Nach dieser äußeren Vereinigung von Altstadt und Neustadt, vertraglich abgeschlossen am 3. August 1306, wurden beide Vertragspartner, bis auf kleine Besonderheiten für die Neustadt, weitgehend der Entscheidung des Gesamtrates unterworfen. Dieser wurde jährlich am Tage nach Neujahr nach dem Rate der „Weisheit", eines Ausschusses von früheren Ratsmitgliedern, den „discreti", auch „Alter Rat" genannt, und nach dem Brauche der Altstadt von den vollberechtigten Bürgern in einem besonderen Verfahren gewählt. Hierüber erschien 1348 die Sate (Satzung), auf die noch näher eingegangen wird (s.u.). Von den Einwohnern der Altstadt wurden zwölf und von denen der Neuzeit vier Schöffen bzw. Ratsherren gewählt, die sich eidlich dazu verpflichten mußten, nur den Interessen und Belangen der Gesamtstadt zu dienen. An die Spitze des Rates traten die aus seiner Mitte gewählten Bürgermeister, zwei für die Altstadt und einer für die Neustadt. Nach diesem Zusammenschluß war nunmehr Osnabrück ein bedeutend vergrößertes Gemeinwesen, räumlich etwa 102 Hektar umfassend, mit einer Einwohnerzahl von rund 5000 Bürgern um die Mitte des 14. Jahrhunderts. In ihrer so gestärkten Einheitlichkeit nach außen hin wurde die Hasestadt alsbald sowohl politisch-militärisch

Osnabrück um 1500 — Alt- und Neustadt

als auch wirtschaftlich ein weit gewichtigerer Faktor als bisher. Auch der Bischof trug dieser neuen Situation insofern Rechnung, als er seine städtische Residenz von 1312 bis ins 15. Jahrhundert auf den Martinshof in der Neustadt verlegte, wofür hier ein neuer Wohnsitz mit einer Kapelle errichtet wurde. Diese, auch Martinskapelle genannt, wurde erst 1895 abgebrochen.

Das Steuer- und Finanzwesen der Gesamtstadt blieb ebenfalls in den Händen des gemeinsamen Rates. Wenn es dagegen um spezielle Eigenangelegenheiten der Neustadt ging, nahm die „Fraktion" der Neustadt — vier Ratsherren, darunter der Bürgermeister als Vorsitzender — die Beratung und Klärung dieser Dinge wahr. So wurden weiterhin alle Angelegenheiten des Bürgerrechts, das der Rat verlieh, und der niederen Gerichtsbarkeit (Burgericht) vom Rat der Neustadt behandelt; er hatte ebenfalls die Aufsicht über die eigene Feldmark, kümmerte sich um das Befestigungswesen, den Straßen- und Wegebau sowie um die Gilden- und Zünfte in seinem Bereiche. Zur Wahrnehmung dieser Aufgaben hatte die Neustadt auch eine eigene Vermögens- und Steuerverwaltung, jedoch nur in einem angemessenen kleineren Rahmen. Immerhin führten diese Sonderrechte im Jahre 1348, dem ersten Wahljahr für den Osnabrücker Rat auf der Grundlage der neuen Sate, dazu, daß die Neustadt auf der Johannisfreiheit gegenüber der Stiftkirche ihr *eigenes Rathaus* errichtete, dessen Gebäude (Johannisstraße 37/38, Kaufhaus Lüer) durch erhebliche Bombenschäden während des Zweiten Weltkriegs weitgehend zerstört wurde, aber in den Grundzügen und wesentlichen Teilen nach einigen Jahren wieder aufgebaut worden ist. Hier tagte das Neustädter Burgericht, und hier wurde auch ab 1377 das bis in die Neuzeit reichende Bürgerbuch geführt, das auch die Namen sämtlicher Mitglieder des Magistrats der Neustadt bis zu dessen Auflösung durch die Franzosen im Jahre 1808 enthält.

Neustädter Rathaus

7. Osnabrücks Stellung zu seinen Nachbarn

Die zweite Hälfte des 13. Jahrhunderts ist als Blütezeit des Faustrechts besonders berüchtigt. Aber auch vorher und nachher haben rauf- und raublustige Fürsten und Herren das ihnen zustehende Fehderecht oft genug benutzt, unter irgendeinem nichtigen Vorwand reisende Kaufleute zu überfallen und wehrlose Dörfer und Städte auszuplündern oder gar niederzubrennen. Osnabrück war daher von vornherein — wenn auch nur notdürftig — befestigt. Gegen Ende des 12. Jahrhunderts umgab es sich mit Mauern und schützte sich seit 1280 durch eine zweite Mauer und die Feldmark durch eine Landwehr (s.o.). Alle wehrfähigen Bürger waren bewaffnet und in den Waffen geübt. Dazu verbündeten sich die westfälischen Städte zu gegenseitigem Schutz.

Die bedeutendste Stadt Westfalens an Handelsverkehr, Reichtum und Kriegsmacht war damals *Soest*, eine der mächtigsten Städte Deutschlands. *Dortmund*, obwohl reichsunmittelbar, stand ihm nach; von noch geringerer Bedeutung waren *Münster* und *Osnabrück*. An diese Orte dachte man, wenn man von den vier Städten Westfalens redete. Zu derselben Zeit, als die deutschen Kaufleute im Ausland zu Hansen, d.h. Genossenschaften der Marktbezieher zur gegenseitigen Unterstützung, zusammentraten, schlossen auch die Osnabrücker Bürger 1246 zu Ladbergen bei Lengerich/Westf. mit denen von Münster und Minden einen Vertrag zu gegenseitigem Schutz beim Besuch von Märkten. Von noch größerer Bedeutung war das Bündnis, das 1253 Soest, Dortmund, Münster, Osnabrück und Lippstadt miteinander eingingen. Darin setzten sie u.a. fest: „Wer einen unserer Bürger gefangenhält oder beraubt, findet innerhalb unserer Mauern

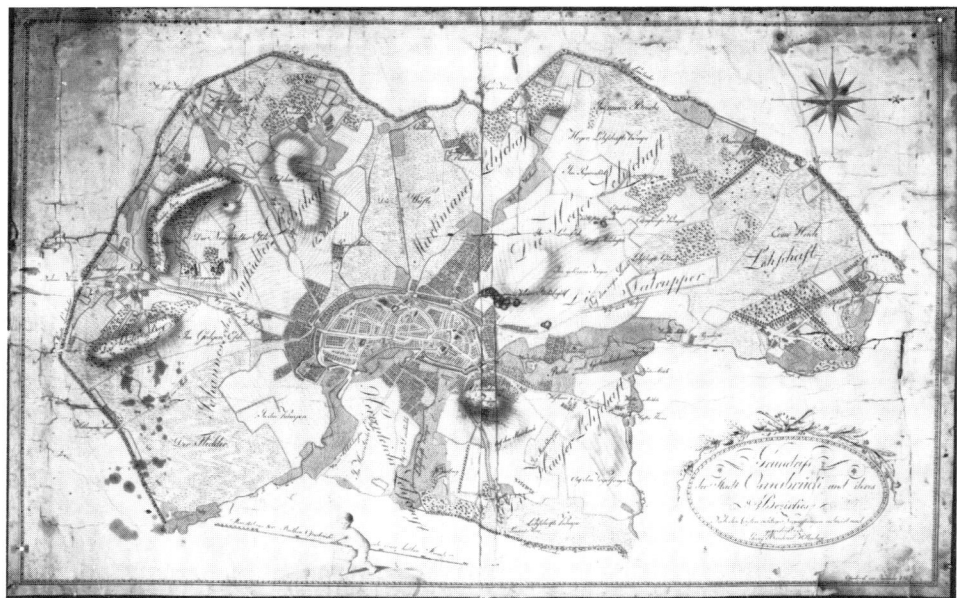

Grundriß der Stadt Osnabrück und ihres Bezirkes, gezeichnet von Georg Bernhard Hollenberg, Osnabrück, November 1807. Die Gemarkungsgrenze kennzeichnet den Verlauf der Landwehr.

keine Aufnahme; jede Stadt ist verpflichtet, den in einer der verbündeten Städte verurteilten Räuber zu bestrafen. Jede Stadt gelobt, den zu ihr kommenden Bürgern einer anderen Stadt, falls sie nicht ungefährdet zurückkehren können, freies Geleit zu geben. Kein Ritter, der sich weigert, den Bürgern gerecht zu sein, wird in die Stadt aufgenommen. Wer das den Bürgern geraubte Gut kauft oder eintauscht, wird den Räubern gleichgeachtet." Auf einer Tagesfahrt zu Münster (1268) wurde dies Bündnis inhaltlich noch erweitert. Die verbündeten Städte versprachen sich gegenseitig Schutz gegen etwaige Bedrückungen seitens des Landesherrn (Bischofs), bestimmten, wie Streitigkeiten zwischen den verbündeten Städten geschlichtet werden sollten usw. Dieser *westfälische Städtebund* wurde auch später noch wiederholt erneuert und genauer bestimmt und hat mehrere Jahrhunderte bestanden. Aus ihm erwuchs im 14. Jahrhundert — im Zusammengehen mit den Hafenstädten an der Nord- und Ostsee — der mächtige Städtebund der deutschen *Hanse,* dem Osnabrück bis zu einer Auflösung 1669 auf dem letzten Hansetag in Lübeck angehört hat (s.u.).

Auch weltliche und geistliche Fürsten schlossen solche Bündnisse und suchten ihr Land durch feste Burgen, besonders an den Grenzen, zu sichern. So verstärkte der Bischof von Osnabrück als Landesherr in seinem Hochstift die *Iburg,* erbaute die Burg *Grönenberg* bei Melle, die *Burg Wittlage,* die *Hunteburg* sowie die Burgen in *Quakenbrück* und *Fürstenau.* Es entstanden so an den strategisch bedeutsamen Orten die *Stiftsburgen* des Hochstifts bzw. des Fürstbistums Osnabrück, mit denen der Bischof seinen weltlichen Herrschaftsbereich sicherte. Ihren Schutz vertraute er mehreren in der Nähe wohnenden Burgmannen an; sie und andere ritterliche Lehnsleute des Bischofs bildeten die ihm gehorchende Kriegsmacht, waren seine Dienstleute oder Ministerialen. Für einen Krieg genügten sie aber nicht; da war der Bischof auch auf den Beistand der Ritterschaft — der auf eigenem Gut sitzenden Ritter — und der Stadt Osnabrück angewiesen. Beide aber, Ritter und Bürger, leisteten dem Bischof ihre Dienste nicht umsonst, sondern benutzten die Verlegenheit des Landesherrn, um Schritt für Schritt Einfluß auf die Landesverwaltung, auf wichtige Verträge und vor allem auf die Bischofswahl zu erlangen. Schon im 12. Jahrhundert erscheinen in weltlichen Angelegenheiten des Landes neben den Geistlichen — Bischof und Domkapitel — auch Laien, im 13. werden die Stiftsmannschaft und die Bürger ausdrücklich genannt. Fast bei jeder Bischofswahl suchten sie durch besondere Verträge ihre alten Rechte zu sichern und neue zu gewinnen. Der schwache Bischof Konrad von Rietberg (1270—1297) mußte ihnen 1296 sogar eidlich geloben, ohne ihre Erlaubnis keinen Krieg anzufangen.

Konrads Nachfolger, *Bischof Ludwig* aus dem ravensbergischen Hause (1297—1308), war ein streitbarer Herr, der — wie es die Not der Zeit erheischte — Harnisch und Schwert nicht ablegte. Zu den unruhigsten Nachbarn gehörte damals *Simon von der Lippe,* der von seiner Burg Enger aus das Stift und die Stadt Osnabrück befehdete. Als er einst (1302) wieder mit großem Raub heimzog, überfiel ihn Bischof Ludwig mit Rittern und Bürgern; sie schlugen ihn, nahmen ihn selber gefangen und sperrten ihn in den noch erhaltenen Eichenkasten im Bucksturm. Erst 1305 wurde er unter folgenden Bedingungen aus dem Turm entlassen: Er mußte die Burg Enger den Osnabrückern zur Zerstörung übergeben, die unter dem Schutz der Burg Rheda entstehende Stadt, die der zum Osnabrücker Stift gehörenden Stadt Wiedenbrück eine unbequeme Nachbarin zu werden drohte, niederreißen und 4000 Mark Schadenersatz zahlen.

Drei Jahre später (1308) sagte der Bischof von Münster, der mit vielen westfälischen Grafen und Herren im Bunde war, aus verschiedenen verwickelten Ursachen dem Bischof Ludwig von Osnabrück die Fehde an. Obwohl dieser sich auf die Treue seiner

Dienstmannen nicht sicher verlassen konnte, nahm er im Vertrauen auf die Bürger, die fest zu ihm standen, die Fehde an und bestimmte das *Haler Feld* zwischen Halen und Wersen zum Kampfplatz. Wiederum war es die sandige Heide westlich der Düte und Hase im Norden Osnabrücks, die — wie im Jahre 1179 — einem westfälischen Aufgebot zum Verhängnis werden sollte. Wie die Sage geht, waren dem Bischof Ludwig zuvor Sieg und Tod verkündet worden. Seine Kriegsmacht war der des Gegners längst nicht gewachsen; aber mit Gottes Hilfe hoffte er doch, widerstehen zu können. Er gebot seinem Heere zunächst ein Fasten, erteilte selber vielen das hl. Abendmahl und zog dann am 4. November 1308 an der Spitze seiner Dienstmannen und der Bürger zum Natruper Tor hinaus. Alle hatten als Kennzeichen über den Harnisch ein weißes Gewand gezogen. Den Osnabrückern gegenüber standen der Bischof von Münster mit seiner Stiftsmannschaft, die Grafen von Tecklenburg, von der Mark, von Jülich, Arnsberg, Rietberg, Waldeck und andere. Als der münstersche Bannerträger Wulf von Lüdinghausen die weißgekleideten Osnabrücker sah, rief er siegesgewiß:,, O wie will ich die Schafe schinden!" Den ersten Stoß hielten die Osnabrücker nicht aus, sie wichen. Aber die Kürschner, die in diesem Augenblick erst eintrafen, stellten die Schlacht wieder her. Bischof Ludwig stieß im heißen Kampf auf den Grafen von der Mark, der mit den Märkern und Tecklenburgern allein noch standhielt, verwundete ihn, warf ihn zu Boden und wollte ihn gefangennehmen. Der Überwundene aber riß ihm das weiße Gewand ab. Während die beiden noch miteinander rangen, eilte ein Diener des Bischofs seinem Herrn zu Hilfe. Da er den mit dem weißen Gewand Bedeckten für den Bischof hielt, fiel er über den anderen her und verwundete seinen eigenen Herrn zu Tode. Der Graf von der Mark und viele andere wurden gefangengenommen, viele flohen, andere fielen oder ertranken in der Hase. Unter den Gefallenen war auch der Bürgermeister von Münster, Heinrich der Reiche. Bischof Ludwig starb nach wenigen Tagen. Die Schöffen der Stadt aber stifteten zur Ehre Gottes und zum Gedächtnis aller, die in jener Schlacht für die Vaterstadt geblutet hatten oder gefallen waren, ein Fest, das am Jahrestage der Schlacht in allen Kirchen und Kapellen der Stadt mit einer Messe zu Ehren der hl. Dreieinigkeit sowie mit Vigilien und Seelenmessen für die Gefallenen gefeiert werden sollte. Dem Kürschneramt aber soll für seine Tapferkeit die Ehre verliehen worden sein, eine goldene Krone im Wappen zu führen und mit seinem Heerwagen auf den Kriegszügen unmittelbar hinter dem Rat zu fahren.

Schon im 13. Jahrhundert und später noch öfter schlossen Fürsten und Städte auf bestimmte Jahre einen *Landfrieden*. Streitigkeiten mußten friedlich geschlichtet werden; in Krieg und Frieden sollten Kirchen, Kirchhöfe, Hausleute, der Pflug mit den Pferden und Knechten auf dem Acker, der Kaufmann und der Pilger auf der Landstraße für unverletzlich gelten. Aber solche Bestimmungen wurden nicht gehalten, und wer sollte die Friedensbrecher strafen?

Mitten in dieser an Fehden und Kriegen so reichen Zeit wurde nicht nur unsere Heimat, sondern Asien und Europa von einer furchtbaren Seuche, der *Pest*, heimgesucht. Zeichen und Wunder kündigten sie nach der Meinung jener Zeit an: Kometen, Finsternisse, Erdbeben, heftige Stürme und so ungewöhnliche Wasserfluten, daß das Wasser in den Straßen Osnabrücks fußhoch stand. Um 1350 stellte sich der Würgengel, der *Schwarze Tod* genannt, bei uns ein und hauste hier so schrecklich, daß nach alter Überlieferung in der Stadt nur sieben Ehepaare ungetrennt blieben. Zum Gedächtnis dieser Pest ward in Osnabrück bis in die Zeit nach der Reformation alljährlich ein feierlicher Umzug gehalten. Noch nach Jahrhunderten soll hier manches Haus und Erbe, dessen Besitzer von der Pest dahingerafft waren, wüst gelegen haben.

Stadt und Bistum befanden sich um diese Zeit in der traurigsten Lage, um so mehr, da der Bischof Johann II. Hoet (1349—1366) ein schwacher Mann und unfähig war, das Land gegen die unruhigen Nachbarn zu schützen. Nach elfjähriger Regierung nahm er auf Drängen des Domkapitels, der Dienstmannschaft und der Stadt den Dompropst von Köln, Dietrich von der Mark, zum Verwalter der weltlichen Angelegenheiten seiner Kirche auf zwölf Jahre an. Dieser suchte die abhanden gekommenen Kirchengüter durch Lösegeld oder mit dem Schwert zurückzugewinnen, wodurch er mit dem Bischof von Minden in Streit geriet, der sich mit anderen kriegslustigen Nachbarn verbündete und den Osnabrückern die Fehde ansagte. Graf Dietrich rief die Stiftsmannschaft und die Bürger um Hilfe an und zog mit ihnen dem überlegenen Feind entgegen. Am *Holzhäuser Bach* unter dem Limberg (bei Lübbecke) trafen die Gegner aufeinander (1363). Alsbald begann der Kampf, der aber für die Osnabrücker unglücklich verlief. Der Stadthauptmann von der Recke und mehrere Bürger wurden erschlagen, der Verweser Dietrich und 62 Bürger, unter ihnen die ersten der Stadt, von denen mehrere im Rat saßen, gefangengenommen. Dietrich wurde nach Minden gebracht; als er in den bischöflichen Hof einritt, begrüßte ihn der aus dem Fenster schauende Bischof mit den höhnischen Worten: ,,Seid uns willkommen, Herr von der Mark!"

Der Bruder des Gefangenen, der regierende Graf Engelbert von der Mark, fiel sofort mit mehreren Verbündeten ins Stift Minden ein, verwüstete alles mit Feuer und Schwert und belagerte Minden, aber ohne Erfolg. Die Gefangenen mußten mit hohen Summen gelöst werden; der Rat zahlte für seine gefangenen Mitbürger 3094 Mark, für die Stadt Osnabrück mit ihren geringen Einnahmen eine fast unerschwingliche Summe. (Für 1 Mark kaufte man damals 1 Malter Roggen.)

In jenen rechtlosen Zeiten des 13. und 14. Jahrhunderts gelangten die alten Grafen- oder Freiengerichte unter dem Namen *Femgerichte* von neuem zu Ansehen und Macht. Unser Bischof besaß von den etwa 40 Freistühlen des Bistums keinen; die meisten gehörten dem Grafen von Ravensberg, andere den Herren von Cappelen. Am meisten hatten die Städte von den Femgerichten zu leiden, da jeder Schnapphahn die reisenden Bürger einer verfemten Stadt ungestraft anfallen durfte. Andererseits konnten die Inhaber eines Freistuhls die Vorladung vor das Femgericht am besten unschädlich machen, indem sie den Ankläger vor ihren eigenen Stuhl luden. Deshalb erwarb auch die Stadt Osnabrück zwei Freistühle: Den zu *Müddendorp* oder *Mündrup* bei Bissendorf von dem Ravensberger und den Stuhl zur *Süntelbecke* von den Herren von Cappelen. Auf Grund des Privilegs Kaiser Barbarossas von 1171 weigerten sich jetzt die Osnabrücker Bürger, vor einem anderen Freistuhl zu erscheinen als vor ihrem eigenen, zu dessen Schöffen sämtliche Ratsherren gehörten. Daß aber die Stadt mit Hilfe der Femgerichte ihren Gegnern großen Schaden zugefügt habe, erscheint zweifelhaft, wie folgender Vorfall andeuten mag.

Graf Otto von Tecklenburg benutzte die bedrängte Lage des Stifts Osnabrück gegen Ende des 14. Jahrhunderts zu wiederholten Einfällen, woraus sich eine so erbitterte Fehde entwickelte, daß die Osnabrücker wie die Tecklenburger die erbeuteten Gefangenen sofort erhängten. Als eines Tages Ratsherren und Bürger eben das Hasetor verlassen hatten, um wieder gegen die Tecklenburger zu Felde zu ziehen, wurden sie von dessen Leuten aus einem Hinterhalt überfallen und fortgeschleppt, worauf es zum Frieden kam. Als der Rat dann den Grafen wegen Wortbrüchigkeit vor den Freistuhl zur Süntelbecke lud, erschien er dort mit so starkem Gefolge, daß der Ankläger die Anklage gar nicht erst vorzubringen wagte. Um sich gegen den Grafen Otto von Tecklenburg besser schützen zu können, erbauten die Bürger Halen gegenüber auf dem rechten

Haseufer 1397 die *Dörenburg* — heute liegt an deren Stelle ein Gehöft gleichen Namens — und gruben 1399 von der Eversburger Landwehr durch die Pyer und Hollager Höfe eine Landwehr bis zur Dörenburg.

Mit dem zu Ende gehenden Mittelalter verloren die Femgerichte allmählich ihre Bedeutung. Der letzte städtische Freigraf, Kord Vette, starb 1617. Noch am Ausgang des 18. Jahrhunderts zeigte man im Garten des Landwirts Nölker zu Mündrup die alte Femstätte: Einen mit Eichen bestandenen Hügel. Der Freistuhl zur Süntelbecke stand auf dem sogenannten Süntelhügel vor dem Hasetor. Die steinerne Gerichtsbank ist dort erst zu Anfang des 18. Jahrhunderts entfernt worden. Noch einen dritten Freistuhl soll die Stadt besessen haben, zu Detinghausen bei Belm oder zu Tettinkhausen bei Wiedenbrück; doch läßt sich das geschichtlich nicht erweisen.

8. Das Verhältnis der Bürger zur Geistlichkeit

Der *Bischof* schätzte die Bürger als seine stärkste und getreueste Stütze; ja, er rief sie wohl gar gegen sein eigenes *Domkapitel* um Hilfe an. Dieses war gestiftet, den Bischof zu beraten und zu unterstützen, hatte aber allmählich das Recht der Bischofswahl an sich gebracht und durch die Wahlverträge dem Bischof die Hände so gebunden, daß dieser ohne Zustimmung des Kapitels kaum eine wichtige Regierungshandlung vornehmen konnte. Während der Zeit der Sedisvakanz, d.h. vom Tode eines Bischofs bis zum Regierungsantritt seines Nachfolgers, lag die Landesregierung in den Händen des Kapitels. Da die Domherren meistens aus den Adels- und Grafengeschlechtern Niedersachsens stammten, hatten sie an ihren Verwandten einen starken Rückhalt. Zwischen dem Domkapitel und der Stadt herrschte oft Zwietracht wegen der Bischofswahl; noch häufiger entstand Streit zwischen den Domherren und den Stiftsherren zu St. Johann einerseits und dem Rat der Stadt andererseits, weil die Geistlichen immer mehr städtischen Grundbesitz an sich brachten, der damit den bürgerlichen Lasten entzogen wurde.

Für ein geliehenes Kapital Zins zu nehmen, war von der Kirche verboten; man kaufte statt dessen eine *Rente*, d.h. der Gläubiger zahlte dem Besitzer eines Hauses oder Grundstückes eine gewisse Summe Geldes, wofür sich der Schuldner verpflichtete, jährlich eine bestimmte Abgabe oder Rente zu zahlen oder Dienste zu leisten. Der Rentenempfänger wurde dadurch Mitinhaber des Grundbesitzes. Die Rente war ursprünglich nicht ablösbar; erst später gestattete man dem Rentenempfänger, sie zu veräußern, dann auch dem Rentenschuldner, sie zu kündigen, so daß zwischen Rente und Zins kaum noch ein Unterschied war. Auch die Wordgelder waren Renten; solche lasteten fast auf jedem bürgerlichen Hause oder Grundstück der Stadt. Besonders zur Zeit der Pest hatten die Geistlichen ihren Besitz bedeutend vermehrt. Im Angesicht des Todes gaben die geängstigten Menschen ihre Güter der Kirche mit vollen Händen, um Hilfe für dieses oder jenes Leben zu erlangen. Die Lübecker Chronik erzählt: ,,Nemandt vermodede sick, den negsten volgenden Dag aftolewen. Derhalven lepen de Lüde Nachtes un wurpen Geldt, Sülver und Gold aver de Müren up den Kerkhof, in Hopeninge, dat se dorch Vorbede der Moneken (Mönche) uth dem Vegefüre mochten gefryet werden." Als die Pest vorüber war, gereute manchem der Überlebenden seine Tat; vor allem aber war der Rat unzufrieden, weil die Einnahmen der Stadt sich mehr und mehr verringerten.

8. Das Verhältnis der Bürger zur Geistlichkeit

Die Bürger hatten schon oft Gut und Blut für das Bistum geopfert und nicht selten ihre eigenen Angelegenheiten vernachlässigt; die Stadt war mit Schulden überladen. Daher verlangte der Rat, daß zu ihrer Tilgung alle ohne Unterschied, Weltliche und Geistliche, nach ihrem Vermögen beitragen, daß auch von den in den Händen der Geistlichen befindlichen Gütern städtische Abgaben erhoben werden, daß ferner die Geistlichen die aus bürgerlichen Gütern erworbenen Renten den Grundeigentümern gegen Rückzahlung des Kaufpreises zur Ablösung freigeben sollten. Die Geistlichen weigerten sich unter Berufung auf ihre Privilegien, die Bürger drohten ihnen mit Austreibung aus der Stadt, und der Rat verbot den Bürgern jede Zahlung von Renten an die Kirche. Endlich einigte man sich dahin, daß man ein Schiedsgericht wählte, das (1381) folgenden Ausspruch tat: ,,Die Geistlichen sollen von ihren eigenen, in der Stadt oder deren Feldmark gelegenen Gütern ebenso bürgerliche Lasten tragen wie die Bürger von den ihrigen. Die Bürger können die Renten gegen Rückzahlung des Kaufpreises einlösen. Alle Anweisungen, welche die Geistlichen mit den seit dem großen Sterben von 1350 geerbten, geschenkt erhaltenen oder gekauften, auf dem Weichbilde oder der Feldmark belegenen Gütern vorgenommen, sollen widerrufen werden. Ebenso sollen die Geistlichen von den in Zukunft noch zu erwerbenden bürgerlichen Gütern die bürgerlichen Lasten tragen und sie zur Löse stellen." Damit der Rat die Erwerbung bürgerlicher Güter durch die Geistlichkeit überwachen könne, wurde bestimmt, daß diese Güter nur vor dem Burrichter aufgelassen werden könnten.

Aber auch durch diese Entscheidung war der Friede noch nicht dauernd gesichert. Mit Gewalt mußte z.B. Bürgermeister Hermann von Tutingen die Geistlichkeit zur Erfüllung ihrer Bürgerpflichten zwingen, wodurch er den Kirchenbann des Erzbischofs von Köln auf sich lud, von dem er erst nach drei Jahren befreit wurde. Derselbe Bürgermeister zog auch große Vermächtnisse an die Kirche ein. 1407 setzte der Rat fest, daß kein Bürger von einem Geistlichen in der Stadt oder innerhalb der Landwehr ein Haus kaufen dürfe, in welchem dieser sich eine ewige Rente vorbehalten wolle, und 1412 bestimmte er, daß nie eine Rente aus städtischen Grundstücken an die Geistlichkeit, sondern nur an Bürger verkauft werden dürfe.

Noch heftiger entbrannte der Streit zwischen den Bürgern und dem Domkapitel um die *Bischofswahl*. In der Zeit der Not hatte das Kapitel das Recht der Bürger, bei der Bischofswahl mitzuwirken, anerkannt; als es seine Stellung erneut gefestigt sah, suchte es die Bürger wieder auszuschließen. Darüber kam es zu einem heftigen Streit. Als nämlich im Oktober 1424 die Nachricht nach Osnabrück kam, daß Otto von Hoya, Bischof von Münster und Verwahrer des Stifts Osnabrück, in Bevergern gestorben sei, ließ der Rat sofort die Stadttore schließen und niemanden hinausgehen, dann die Bürger — wie bisher bei jeder Bischofswahl — auf dem Domhof unters Gewehr treten und zur Verteidigung ihrer Gerechtsame auffordern. Aber das Domkapitel kam ihnen zuvor, indem es rasch den Grafen *Johann von Diepholz* wählte.

Als die Bürgermeister Hermann von Melle und Johann Tole nebst einigen anderen Ratsherren nach dem Dom eilten, um das Recht der Bürger an der Wahl zu wahren, tönte ihnen schon beim Eintritt unter dem Schall der Pauken und dem Geläut der Glocken der Ambrosianische Lobgesang der Geistlichen entgegen, die den neuen Bischof bereits aufs Hohe Chor gesetzt hatten und von Bedingungen, welche die Bürger dem Wahlvertrag beigefügt zu sehen wünschten, nichts wissen wollten. Als die Domherren behaupteten, daß ihnen allein das Recht der Wahl zustehe, rief Hermann von Melle erzürnt: ,,Hebbet Jy den Kör, so hebben wy de Slötels to dei Dör!" Darauf versperrten die Bürger die Türen des Doms und legten sich wohlbewaffnet mit Fahnen und Wurfgeschützen vor die Kirche. So waren die Domherren samt dem neuen Bischof Gefangene der Bürger. Wenn jemand am Fenster erschien, um Lebensmittel zu fordern, wurde er beschossen, die Wohnungen der Geistlichen wurden erbrochen und ausgeplündert. Dann sandte der Rat sofort Briefe an die Burgmannen zu Quakenbrück und Fürstenau sowie an die benachbarten Ritter in Barenau, Sögeln, Laer, Hunteburg, Vörden u.a. des Inhalts: ,,Wy Borgemester und Raed düsser Stad to Osenbrügge unsern früntlichen Groet und doet juw alle eschen (auffordern) und manen by juwen Eden, von stunde an mit juwen Harnischen by uns to Osenbrügge to kamen, wennt (denn) de Papheit einen Biscop gekoren hebbet, unde de hebbe wy belegt in den Dome to Osenbrügge." Die gebetenen Ritter, die ebenfalls auf die wachsende Macht des Kapitels scheel sahen, erschienen sofort, wodurch sich die Lage der Geistlichen noch verschlimmerte.

Der Vater des neuen Bischofs, Graf Konrad von Diepholz, suchte die streitenden Parteien zu versöhnen, aber vergebens. Die Geistlichen wollten von ihren Rechten nichts vergeben, das Volk aber von seinen Forderungen nicht lassen, und es wurde in seiner gereizten Stimmung nicht nur durch Mitglieder des Rats, sondern auch durch einfache Männer aus dem Volke, wie den Messerschmied Kreye und den Schuhmacher Dinklage, tagelang erhalten. Auch die alten Beschwerden über die Freiheit der Geistlichen von bürgerlichen Lasten wurden erneuert; man stellte schon Verzeichnisse der Renten, welche die Geistlichen in der Stadt besaßen, zusammen, um sie einzuziehen. Bis zum dritten Tage ertrugen die gefangenen Geistlichen Kälte, Hunger und Durst, ohne zu weichen. Schon wurde der Domherr von Schlepedorp von so großer Schwäche befallen, daß er mit Genehmigung der Bürger in sein Haus getragen werden mußte und in eine Krankheit verfiel, an der er nach drei Monaten starb. Da, am dritten Tage, gaben die Geistlichen nach, und es kam zu folgendem Vertrag zwischen der Ritterschaft, dem Rat und der Bürgerschaft der Stadt einerseits und den beiden Kapiteln sowie den vier Predigern an St. Marien andererseits:

1. Die Wahl Johanns von Diepholz wird von der Ritterschaft und der Stadt anerkannt.
2. Das Kapitel gesteht zu, daß sein Wahlverfahren vertragswidrig gewesen ist, daß vielmehr Ritterschaft und Stadt einen berechtigten Anspruch auf Teilnahme an der Bischofswahl besitzen, da sie bisher stets die größte Last getragen, Gut und Blut geopfert haben, um das Stift zu schützen.
3. Alles Vorgefallene soll vergessen sein; wem darüber vom Papst oder Kaiser Ungelegenheiten bereitet werden sollten, der soll von den andern verteidigt werden.

In dem *Wahlvertrag* bezeugte Johann von Diepholz, daß er vom Domkapitel, der Ritterschaft sowie von Bürgermeistern und Rat der Stadt Osnabrück erwählt worden sei und versprach: daß er ohne deren Genehmigung kein Stiftsgut veräußern, keine Steuern oder Dienste fordern, keine Zölle noch Festungen anlegen, keine Fehde oder Bündnis eingehen, daß er alle bei ihren hergebrachten Rechten schützen, Recht und Gerechtigkeit handhaben, daß er nur nach ihrem Rat, und zwar nur aus den Landeskindern, Amtleute, Pförtner, Wächter und Turmhüter ernennen wolle, und daß diese sowie die Burgmänner auf den Schlössern nicht nur ihm, sondern auch dem Kapitel, der Ritterschaft sowie der Stadt den Treueid schwören sollten. Dies alles wollte er nach erlangter päpstlicher Bestätigung beschwören; sein Vater verbürgte sich dafür.

Mit der Stadt schloß Johann von Diepholz noch einen besonderen Vertrag. Zunächst verzichtete er darauf, ferner *Heergewedde* und *Gerade* von den Bürgern zu nehmen. (Heergewedde war ein Teil des Nachlasses des Mannes, Gerade ein Teil des Nachlasses der Frau.) Bis 1217 hatte der Bischof das Heergewedde sogar von den Domherren genommen; bei den Bürgern waren Heergewedde und Gerade noch allgemein üblich, ja die Diener des Bischofs suchten ihre Gerechtsame noch immer weiter auszudehnen und verlangten z.B. bei unehelich geborenen und herrenlosen Leuten den gesamten Nachlaß. Bischof Johann verzichtete auf dieses Recht, und damit hatten die Bürger dieses veraltete Zeichen der Abhängigkeit getilgt. Die Bauern sind von dieser lästigen Abgabe erst durch die Ablösung der Hörigkeit auf Grund eines Gesetzes von 1831 befreit worden. Ferner versprach der Bischof, die Stadt fortan „mit *Juden* unbeladen zu lassen". Dagegen gaben ihm die Bürger den *Zoll* in der Stadt, den ihnen Bischof Dietrich von Horne (1377—1402) 1388 abgetreten hatte, wieder zurück, zahlten ihm auch noch eine Summe Geldes, behielten sich aber Zollfreiheit in der Stadt wie im ganzen Stift vor.

Die meisten Domherren verließen alsbald nach ihrer Befreiung voll Ingrimm die Stadt. Zwar klagten sie ihrem Eide gemäß nicht selber; aber sie wußten den päpstlichen Fiskal (Staatsanwalt) zu bewegen, eine Klage gegen die Osnabrücker Bürger anzustrengen. Papst Martin V. erklärte sie für Hussiten und verordnete, daß die Ketzergesetze gegen sie angewendet werden sollten. Der Erzbischof von Köln verhängte deswegen über sie den Kirchenbann. Aber der neugewählte Bischof Johann von Diepholz sowie dessen Vater verwendeten sich für die Bürger beim Papst, so daß sowohl dieser wie auch der Erzbischof von Köln den Bischof Johann III., der inzwischen die päpstliche Bestätigung erlangt hatte, beauftragten, den Bann wiederaufzuheben. Auch die Familie des nach der Dombelagerung gestorbenen Domherrn von Schlepedorp verklagte die Osnabrücker Bürger beim Papst und bei dem Konzil zu Basel, aber ohne ihnen zu schaden.

Die Bürger hatten ihren Willen durchgesetzt, vor allem ihren Anteil an der Bischofswahl und an der Landesregierung sich von neuem gesichert. Bis zum Ende des 15. Jahrhunderts nahmen sie an allen Osnabrücker Bischofswahlen insofern teil, als wenigstens ihre Zustimmung zu der vom Kapitel getroffenen Wahl eingeholt werden mußte. Zwischen Bischof Johann und den Bürgern herrschte ein freundliches Verhältnis; auch äußere Fehden ruhten, so daß die Stadt einige glückliche Jahre erlebte. Das *Stadtregiment* lag zum Teil in ritterlichen, zum Teil in bürgerlichen Händen. Schon seit alten Zeiten wohnten in der Stadt auf ihren adligen Höfen die ritterbürtigen Familien Eyflar, Bremer, Barnefur, von Leden, von Dumstorf, von Ankum, von Melle, von Lintorf, von Vinnete, von Mecklenburg, von Langen u.a., die Bürger der Stadt und zugleich die Lehnsleute des Bischofs waren, so daß sie bald für die Stadt — meistens als Anführer der Bürger —, bald für den Bischof kämpften. Als nun um jene Zeit in den Städten vielfach ein Kampf der unteren Stände gegen die oberen, der Gilden gegen die Geschlechter ausbrach — auch in Bremen wurde der Rat vertrieben und der Bürgermeister enthauptet —, da begann es auch in Osnabrück zu gären. Der Rat der Stadt Osnabrück, ursprünglich fast ausschließlich von den „ratsfähigen" patrizischen Geschlechtern gestellt, war seit Anfang des 15. Jahrhunderts durch Vertreter der Handwerkerschaft (22 Gildemeister) und Vertreter der Wehr, d.h. der nicht zu den Gilden gehörigen Bürgerschaft (16 Wehrgeschworene) erweitert worden. Von diesem Eintreten der Innungen der Handwerkerschaft und der Stadtwehr in den Stadtrat erhoffte sich die Bürgerschaft ein Zurücktreten der Vorherrschaft der Geschlechter, insbesondere eine Milderung ihrer schroffen Regierungsweise. Als sich dieses Verhalten — trotz der genannten Erweiterung des Rates — nicht spürbar veränderte, sondern weiterhin die Interessen der Geschlechter die Beschlüsse des Rates entscheidend zu beeinflussen schienen, erhob sich große Unzufriedenheit unter den Bürgern. Es kam zu einem regelrechten Aufbegehren der unteren Stände gegen die im Rat überwiegend vertretene Oberschicht.

Der Kreis der Unzufriedenen in der Bürgerschaft sammelte sich um zwei gewandte und demagogisch erfahrene Männer, den neustädtischen Richter Spranke und den Geldverleiher tom Knolle. Ihr öffentliches Ansehen nutzten sie, um sich bei der breiten Masse der Bevölkerung Anhang und Einfluß zu verschaffen. Ihr Kreis nannte sich *Rampendahlsgesellschaft* (Rampendales Selcop), offenbar nach einer Gastwirtschaft in der Neustadt, in der man sich bei Bier und Wein zu Beratungen traf. Vor diesem Hintergrunde hetzten die beiden Anführer gegen die im Rate noch stark vertretene Oberschicht der Geschlechter und erreichten schließlich, daß am 1. Januar 1430, am Tage vor der alljährlichen Ratswahl, eine große Versammlung unzufriedener und kritischer Bürger auf dem Marktplatz zusammenströmte. Sie ließ sich dazu hinreißen, eine Folge von 11 Artikeln gleichsam aus der Vollversammlung der Bürgerschaft (vulbort) heraus, die ursprünglich zu wichtigen Ratsbeschlüssen notwendig war, als neue städtische Satzung zu beschließen. Diese Artikel schlossen die patrizischen Geschlechter größtenteils vom Rate aus und mußten ihnen — von ihrem wesentlichen Inhalt her — den Aufenthalt in der Stadt geradezu verleiden. Die versammelte Bürgerschaft wurde von Spranke und tom Knolle unmittelbar eidlich auf diese Artikel verpflichtet. Darüber hinaus forderte die aufrührerische Volksversammlung, gegen deren stürmisches Begehren auch die Gildemeister und Wehrgeschworenen als Vertreter der Handwerker und sonstigen Bürger im erweiterten Rat machtlos waren, die Eintragung der 11 Artikel in das Stadtbuch, wodurch sie gleichsam Teil der Stadtverfassung wurden.

Durch geschicktes *Taktieren des Rates*, der die Artikel förmlich annahm und sie in das Stadtbuch eintragen ließ, jedoch jegliche durchgreifende personelle Veränderung bei der Ratswahl am nächsten Tage vermied, wurde die bisherige Spitze des Stadtregiments beibehalten. Den besonneren Teilen der Bürgerschaft erschien es daher rätlich, von den Aufrührern abzurücken. Alsbald nahm auch das Vertrauen der Masse zu den beiden Anführern sichtlich ab, so daß der Rat es wagen konnte, Spranke und tom Knolle festzusetzen und hinrichten zu lassen. In der Folgezeit trugen diese sozialen Unruhen wesentlich dazu bei, den Prozeß der Demokratisierung der Stadtverfassung weiter voranzubringen. Seit der 2. Hälfte des 15. Jahrhunderts trat das patrizische Element in der Bürgerschaft allmählich zurück und schied im Laufe des nächsten Säkulums ganz aus dem Rate und der Stadt aus. Damit war der innere Friede vorerst wiederhergestellt. Gewerbe und Handel blühten, die Bürger wurden wohlhabend. Osnabrück war Mitglied der damals mächtigen Hanse, seine Macht angesehen, und zwar nicht nur in Westfalen: Schon 1415 und 1422 erließ Kaiser Sigismund Einladungen ,,An Bürgermeister und Rat der Stadt Osnabrück'', auf den Reichstagen zu erscheinen.

9. Kampf der Bürger gegen ihren Bischof Erich sowie gegen seine Brüder Albert und Johann von Hoya

Bei der Wahl Johannes III. von Diepholz (1424) hatte das Kapitel nicht nur deshalb so rasch gehandelt, um die Bürger auszuschließen, sondern auch, um den Wühlereien der Grafen von Hoya zuvorzukommen. Vor Johann von Diepholz war nämlich Otto von Hoya (1410—1423) Bischof von Osnabrück, und es waren außer ihm noch zwei Glieder des Hoyaschen Hauses Geistliche, die sich Hoffnung auf die Nachfolge Ottos machten und Rache schwuren, als ihre Hoffnungen vereitelt wurden.

Bischof Wullbrand von Minden hatte *Albert von Hoya* als Gehilfen (Koadjutor) und künftigen Nachfolger angenommen und ihm zu seinem Unterhalt die Burgen Rahden und Reinenberg in der Nähe von Lübbecke überlassen. Von hier aus machte er in Verbindung mit seinem Bruder *Johann von Hoya* wiederholt räuberische Einfälle ins

9. Kampf der Bürger gegen ihren Bischof Erich sowie gegen seine Brüder

Osnabrückische, ohne die Fehde vorher anzusagen. Aber die Bürger standen ihrem Bischof getreulich bei. Sie belegten Melle mit Kriegern, errichteten im Kirchspiel Buer eine Feste, um den nahen Limberg bewachen zu können, und nahmen Reiter in Dienst. Als Albert von Hoya sich sogar mit den Herzögen von Braunschweig verband und wieder raubend in unser Stift einfiel, sandten die Osnabrücker dem Bischof Wullbrand, der dieses duldete, den Fehdebrief. Dann fielen unter Bischof Johann die Osnabrücker Ritterschaft und die Bürger ins Mindensche ein und gewannen zwischen Vlotho und Hausberge einen glänzenden Sieg. Viele Mindener wurden erschlagen und 340 gefangengenommen (25. April 1435). Darauf zogen sie nach Rahden und steckten es sowie die umliegenden Bauernhöfe in Brand. Auch bei Lübbecke im Angesichte des Reinenbergs, wo Albert und Johann von Hoya sich aufhielten, verbrannten sie die Häuser und verdarben die Feldfrüchte.

Um seinem Bruder Luft zu schaffen, fiel Graf Johann mit seinen Helfershelfern in den nördlichen Teil unseres Bistums ein. Da wappneten sich die Osnabrücker Bürger wieder und zogen unter Führung ihres Bürgermeisters Heinrich von Leden und des Stadtobersten Konrad von Möllenbeck dem Feinde bis ins Kirchspiel Osterkappeln entgegen. Aber sie wurden in der Nähe der Walburg bei Venne überwältigt. Dem Stadtobersten gelang es, sich in die Burg zu retten; viele Bürger aber wurden erschlagen, der Bürgermeister gefangengenommen und auf die Schlüsselburg an der Weser gebracht.

Seit dieser Zeit kränkelte Bischof Johann; deshalb waren Albert und Johann von Hoya mit ihrem Anhang eifrig an der Arbeit, ihren Bruder Erich, der Dompropst in Köln war, auf den Osnabrücker Bischofsstuhl zu erheben. Die Stadt trat für ihn ein, um dadurch ihren Bürgermeister aus der Gefangenschaft zu befreien; die Herren des Domkapitels wußte Erich durch allerlei Versprechungen zu gewinnen. Nachdem Bischof Johann am Stillen Freitag 1437 die Augen geschlossen hatte, erlangte Erich, ohne sein bisheriges Amt niederzulegen, die Wahl und die päpstliche Bestätigung so rasch, daß er gleich nach Ostern eingeführt werden konnte. Dem Volke erschien diese große Eile verdächtig, und so entstand das Gerücht, Bischof Johann, der nur ein Alter von 40 Jahren erreicht hatte, sei von einer der Hoyaschen Partei nahestehenden Frau mit einem Glase Bier („Grüsing") vergiftet oder durch Zauber umgebracht worden. Da Erichs Bruder Albert in demselben Jahre den bischöflichen Stuhl zu Minden bestieg, so besaß das Hoyasche Haus zwei Bistümer Niedersachsens.

Wenn übrigens die Stadt gehofft hatte, durch die Wahl Erichs von einem der unruhigen und gefährlichen Nachbarn befreit zu werden, so hatte sie sich geirrt. Bischof Erich hatte dem Lande gegenüber dieselbe Wahlkapitulation beschworen wie Johann III., der Stadt außerdem versprochen, ihren gefangenen Bürgermeister zu befreien, was er auch hielt. Den Herren des Domkapitels hatte er große Vorteile zugesichert, dem *Senior von Varendorp* auf Sutthausen z.B. die Neue Mühle, die (jetzt verschwundene) Haseteichmühle oberhalb des Fledders und den Meierhof zu Malbergen. Als er aber gewählt und bestätigt war, ließ er sich durch den Papst von seinem Eid entbinden. Der Papst erklärte die Versprechungen für Simonie, gewiß mit Recht, nur hätte Bischof Erich sich dieser nicht schuldig machen sollen. Der Domsenior Johann von Varendorp weigerte sich, die ihm überlassenen Güter herauszugeben, da er sie nicht als Belohnung für seine Wahlstimme erhalten habe, sondern als Ersatz für Geldopfer, die er im Dienste des Bischofs gebracht hatte. Er war nämlich im Kampf für den Bischof gefangengenommen worden und hatte sich auf eigene Kosten lösen müssen. Mehrere andere Domherren schlossen sich dem Senior an. Dieser lebte schon längere Zeit im Streit mit dem Domdechanten Hugo von Schagen, der sich nebst einigen anderen Domherren auf die Seite des Bischofs stellte, wodurch der schon bestehende Riß im Kapitel noch größer wurde.

Der Senior klagte den Dechanten an, er habe Kirchengut verschleudert. Als aber der Angeklagte an dem angesetzten Termin nicht erschien, um sich zu rechtfertigen, verhängten der Senior und seine Anhänger über ihn und seine Freunde den Kirchenbann. Der Dechant beschwerte sich darüber bei dem Konzil zu Basel, beachtete den Bann sonst aber nicht weiter. Nun kam der Aschermittwoch 1440, an welchem Tage sich alle Mitglieder des Kapitels im Chor der Kirche versammeln mußten. Im Vertrauen auf den Schutz des Konzils und auf ausdrücklichen Wunsch des Bischofs erschienen auch der Dechant und sein Anhang, obwohl Gebannte die Kirche nicht betreten durften. Hiermit hatte der Senior gerechnet. Wohlbewaffnet drangen er und seine Anhänger nebst ihren Knechten aufs Chor und schlugen auf die Gegner ein. Der Dechant wurde, mit Wunden bedeckt, zu Boden geschlagen und nebst drei anderen Domherren ins Gefängnis geworfen, während seine übrigen Anhänger durch die Kapelle oder die Fenster entkamen. Bischof Erich richtete an den Rat der Stadt sofort die Aufforderung, die Übeltäter zu richten; unter Drohungen forderten dasselbe des Bischofs Bruder, *Bischof Albert von Minden* und *Graf Johann von Hoya*. Der Erzbischof von Köln verhängte über den Dom, weil in ihm Blut geflossen war, das Interdikt, d.h. es durfte darin nicht eher wieder Gottesdienst gehalten werden, als bis er gereinigt und von neuem geweiht war. Der Gottesdienst wurde daher längere Zeit in der neben dem Dom stehenden St.-Pauls-Kapelle gefeiert. Die Stadt suchte parteilos zu bleiben; hatte sie doch erst vor kurzem einen unangenehmen Handel mit dem Senior geschlichtet.

Johann von *Varendorp* lebte nämlich im Streit mit dem Müller in Belm und weigerte sich, ihm gerecht zu werden. Deshalb verließ der Müller die Mühle, ging nach Osnabrück und wurde Bürger. Dann begab er sich im Vertrauen auf den Schutz der Stadt nach Sutthausen, um sein Recht zu fordern. Der Senior aber ließ ihn greifen und hielt ihn so lange fest, bis er Bürgen stellte, daß er vor Gericht erscheinen wolle. Das klagte der Müller dem Rat, der von dem Senior Rechenschaft verlangte. Der aber erklärte, was einem Bürger außerhalb des Stadtgebiets geschehe, gehe den Rat nichts an. Doch leistete er Genugtuung, nachdem der Rat ihm auf der Klus zwei Knechte hatte gefangennehmen lassen und mehrere Bürger Wamhofs Erbe in Schledehausen, das dem Senior gehörte, überfallen und ausgeplündert hatten

Da der Rat sich scheute, in den Streit der Domherren sich einzumischen, lud Bischof Erich den Senior und seine Anhänger vor sein Gericht nach Iburg. Diese aber hielten sich nicht für verpflichtet, vor des Bischofs Gericht zu erscheinen, am allerwenigsten in Iburg, wo auch die überfallenen Domherren weilten. Deshalb begannen der Bischof und die ihm anhängenden Domherren die Fehde gegen den Senior und seinen Anhang, indem sie ihnen das Vieh forttrieben. Als sie eines Tages Sutthausen überfielen und alles Vieh mitnahmen, flüchtete der Senior in die Stadt — ein gefahrbringender Gast! Er erhob sofort vor dem Rat und dem Kapitel Anklage gegen den Bischof. Der Rat war gern bereit zu vermitteln; als er aber dem Bischof den Vorwurf machte:,, So hat noch kein Herr gehandelt", erwiderte dieser: ,,So ist auch noch kein Herr beschimpft worden. Jetzt soll die Fehde dauern, bis der Senior Genugtuung leistet, damit sich's zeige, ob ich sein Herr bin oder er meiner." Der Rat wandte sich nun mit Bitten und Geschenken an den Grafen Johann; der aber hetzte seinen Bruder nur noch mehr auf. Beide machten der Stadt einen Vorwurf daraus, daß sie den Senior in ihren Mauern schütze. Auf Johanns Rat wurde den feindlichen Kapitelherren das Vieh weggetrieben und der Stadt jede Zufuhr abgeschnitten. Vergebens bemühten sich die Stadt, der Erzbischof von Köln und der Bischof von Münster, den Frieden herzustellen. Graf Johann sandte am Tage nach dem Trinitatisfest 1441 der Stadt den Fehdebrief, nachdem er sich mit seinem Bruder Albert

9. Kampf der Bürger gegen ihren Bischof Erich sowie gegen seine Brüder

von Minden sowie mit den Herzögen Friedrich und Wilhelm von Braunschweig verbündet und seinen Bruder Erich gezwungen hatte, der Stadt und dem Kapitel die Fehde anzusagen.

Beide rüsteten sich daher. Sie nahmen Reisige aus Westfalen und der Grafschaft Mark in Dienst und gewannen einen erfahrenen Kriegsmann, Friedrich von Hörde, als Rittmeister; dennoch waren sie ihren Gegnern nicht gewachsen. Viele Bauern traten auf die Seite der Stadt, um dort Schutz zu finden, und trieben ihr Vieh auf städtisches Gebiet. Aber Graf Johann, der mit 600 Reitern hinter dem Klushügel hielt, raubte alles, was er erlangen konnte; am hellen Tage trieb er vor den Augen der Bürger das Vieh vom Fledder über den Harderberg. Die Bürger verfolgten ihn zwar; da es aber zu dunkeln begann, fürchteten sie, in einen Hinterhalt zu geraten, und kehrten beim Steinigerturm wieder um. Der Erzbischof von Köln lud jetzt beide Parteien zum 15. Juli nach Warendorf ein, um dort eine gütliche Beilegung des Streites zu vermitteln; vom Sonnenaufgang am Dienstag nach Johannis bis Jakobi sollten die Waffen ruhen. Die Stadt und das Kapitel aber, die sich bis jetzt aus den Stadtmauern noch nicht hinausgewagt hatten, wünschten vorher noch einen entscheidenden Schlag zu tun und beschlossen deshalb einen Zug gegen die Burg *Fürstenau*, die — wie auch die übrigen Landesburgen — in den Händen des Bischofs war. Mit allen Wehren und Geschützen brachen sie dorthin auf; viele Bauern, die von dem Grafen Johann viel zu leiden hatten, schlossen sich ihnen an. Als sie dort aber eintrafen, erfuhren sie, daß sich Graf Johann sowie die Herzöge

Die Gefangennahme Graf Johann von Hoyas in Fürstenau 1444. Sepiazeichnung aus dem Bischofsbuch von Georg Berger 1606

von Braunschweig mit 500 Reitern im Schloß befanden; da nun die Büchsen des Schlosses schon manchen von ihnen verwundet hatten und ein Ausfall sie in große Gefahr hätte bringen können, beschlossen sie heimzukehren. Dadurch wurden aber die freiwillig mitgegangenen Bauern der Rache des Feindes preisgegeben; als nun, wie die Sage berichtet, die Frauen ihre so bald und unverrichteter Sache heimkehrenden Männer verhöhnten, beschlossen diese einen abermaligen Aufbruch nach Fürstenau. Der Dompropst Konrad von Diepholz, der Senior von Varendorp, der Propst von St. Johann, die Bürgermeister Hermann von Melle und Erdwin von Dumstorp, jeder mit drei Pferden, der ganze übrige Rat, alle Bürger nebst ihren Söldnern zogen zum zweitenmal ins Feld. Die Bürger hatten dazu 36 Pferde gestellt.

Wieder begann die Belagerung, und schon nach wenigen Tagen, in der Nacht vom 27. auf den 28. Juni, der letzten vor dem vom Erzbischof von Köln festgesetzten Waffenstillstand, erstürmten die Bürger den Flecken Fürstenau. Dem Grafen Johann war es unmöglich, rasch genug aus dem eroberten Flecken in die Burg zurückzugelangen. Da er nun die Wut des Volkes fürchtete, das ihn am meisten haßte, flüchtete er in das Backhaus des Pfarrers. Zwei Osnabrücker eilten ihm nach, vermochten aber den Flüchtling nirgends zu entdecken, bis einer von ihnen, Reiner Schele, ein Diener Friedrichs von Hörde, in den Schornstein blickte; da hing der Graf! Sie zogen ihn an den Beinen herunter und führten ihn unter lautem Jubel des Volkes zu den Pröpsten und dem Rat. Nun wurde das Schloß heftig beschossen, so daß sich die Besatzung schon nach wenigen Tagen gegen freien Abzug ergab. Die Sieger legten eine Besatzung in die Burg und zogen dann im Triumph zur Stadt zurück, viele edle Gefangene, wie den Kanzler des Bischofs Erich und Herbord Bar, mit sich führend. Den Grafen Johann sperrten sie in den Eichenkasten im Buckstum, in welchem vor 150 Jahren Graf Simon von der Lippe sechs Jahre geschmachtet hatte. Der ganze Zug hatte sieben Tage gewährt.

Bischof Albert von Minden, Herzog Friedrich von Braunschweig und viele andere Freunde der Hoyaer sandten nun der Stadt den Fehdebrief. Aber die Bürger fürchteten sich nicht. Die gemachte Beute verwandten sie dazu, noch mehr Söldner in Dienst zu nehmen, die Feldmark durch Landwehren zu schützen, auf den Mauern Wachthäuser, auf dem Westerberg und dem Knollhügel Hochwarten zu errichten. Dann begannen sie den Kampf gegen die übrigen Landesburgen, zunächst gegen *Iburg*, dessen Besatzung sich zwar tapfer verteidigte, aber bald Mangel litt. Bischof Albert von Minden suchte ihr Lebensmittel und Schießbedarf zuzuführen; aber die Osnabrücker standen auf der Wacht: Sie schlugen seine Reiter zurück und nahmen die ganze Zufuhr mit. Im November ergab sich die Burg. *Vörden* und *Wittlage* waren schon vorher gefallen; jetzt befanden sich nur noch der *Grönenberg* und die *Hunteburg* in den Händen des Bischofs oder seines Bruders.

Das Domkapitel und der Rat der Stadt konnten auf eine Versöhnung mit Bischof Erich nicht rechnen, wünschten sie auch nicht, sondern beschlossen, den Bischof von Münster, Heinrich von Mörs, zum Administrator des Bistums Osnabrück anzunehmen. Er war ein Bruder des Erzbischofs Dietrich von Köln. Sie brachten die heftigsten Klagen über Erich vor: daß er seinen Eid gebrochen, das Bistum zugrunde gerichtet habe. Diese Beschuldigungen sandten sie an die Hanse, an den Erzbischof von Köln, an Edelleute und Städte. Der Erzbischof brachte die Sache an das Konzil zu Basel. Auch Bischof Erich wandte sich dorthin mit einer Beschwerde über Kapitel und Stadt, erreichte aber seinen Zweck nicht, sondern das Konzil nahm ihm die Verwaltung des Bistums Osnabrück und übertrug sie dem *Bischof von Münster, Heinrich von Mörs*. Die Bürger und einige kräftige Männer des Kapitels hatten den Kampf siegreich durchgeführt; die Stiftsmannschaft hielt es entweder mit der Hoyaschen Partei oder sah dem Kampf teilnahms-

9. Kampf der Bürger gegen ihren Bischof Erich sowie gegen seine Brüder

los zu. Auch als Heinrich von Mörs am 24. Januar 1442 im Kapitelhause den Eid leistete, war kein Osnabrücker Dienstmann zugegen. Der neue Administrator half nun die Burg Grönenberg erobern; dann legte sich die gesamte Kriegsmacht vor die Hunteburg, die ein halbes Jahr (bis Januar 1443) widerstand. Dann beschwor auch Bischof Albert von Minden den Frieden.

Graf Johann saß unterdes im Kasten des Bucksturms. Man kann sich denken, wie schwer es dem gewalttätigen Mann geworden ist, sich von Bürgern wie ein Hund in einen Kasten sperren zu lassen. Dazu fehlte ihm jede Bequemlichkeit und Beschäftigung; die Winterkälte drohte seiner Gesundheit zu schaden; waren doch vielfach den Gefangenen, die in den noch heute dort vorhandenen Stöcken saßen, die Füße abgefroren. Am meisten Sorge bereitete ihm aber die Nachricht, daß seine vielen Gegner über sein Land hergefallen seien. Er bot daher alles auf, sich aus der Gefangenschaft zu lösen. Der Rat forderte 3000 Goldgulden; Johann versprach erst 2500, dann sogar 2700 Gulden und Urfehde für Osnabrück und dessen Bundesgenossen, aber alles ohne Erfolg.

Die Freunde Johanns durften unter Aufsicht des Wärters mit ihm sprechen, ihm auch Eßwaren bringen; ja, sie haben ihm sogar Geräte heimlich zugesteckt. Johann schrieb auch mit Vorwissen des Rats Briefe an seine Brüder, in denen er sie flehentlich um Hilfe bat. (Unser Stadtarchiv bewahrt noch fünf seiner Briefe auf, zwei im Original, drei in Abschriften; sie sind in plattdeutscher Sprache geschrieben.) In dem einen bittet er seine Brüder, sie sollten doch, um ihn zu befreien, alles aufbieten, die Wittlage dem Stift Osnabrück zurückgeben. Falls sie ihm nicht hülfen, würden sie an ihm einen schreck-

Der Johanneskasten im Bucksturm. In diesem Eichenkasten hat Graf Johann von Hoya, der „wilde Jan", sechs lange Jahre (1444—1450) als Gefangener des Rates der Stadt Osnabrück zugebracht.

lichen Jammer, eine Schmach und einen Spiegel für alle Welt erleben. Sein Bruder Erich hatte ihm mitgeteilt, er kenne in Köln einen Zauberer, der ihn, wenn er damit einverstanden sei, mit Hilfe eines Geistes aus dem Gefängnis befreien wolle. Darauf erwiderte Johann: ,,schelet (schadet's) my nycht an Lyue (Leibe) offe (oder) an sund (Gesundheit), so gat vryliken (frei, frisch) an. ok so entboet (entbot) my myn broder, he wolde wal (wohl) gud raschop (Gerätschaft) by my vogen (mit zufügen), kondyek (könnte ich) dar den mede hen komen." — ,,Wenn aber", so fährt er (ins Hochdeutsche übertragen) fort, ,,dieses nicht gewiß ist, so arbeitet daran, daß mir ein Geist Gerätschaften in den Kasten bringe; dann will ich mit Gottes Hilfe wohl wegkommen ... In wieviel Wochen ich deren eins erwarten soll, so viele lockere Käse sendet mir. Auch laßt auf alle Fälle zwei Sägen, Feilen und zwei Messer machen ... Das sollt Ihr in Friesland in zwei Käse einschließen und pressen lassen. Und die Sägen dürfen nicht breit sein, sondern schmal und vorn spitz und sollen in einem Ring zusammengelegt werden in den Käsen ... In der Rundung der Sägen sollen die Feilen und Messer liegen. Der Pfosten, den ich entzweischneiden muß, hält an der Seite eine Spanne und hat anderthalb Fuß herunterzuschneiden. Danach müßt Ihr die Sägen einrichten, daß ich schnell damit schneiden kann. Das Fenster, darin man mir den Käse gibt, ist 13 Daumbreit lang und fünftehalb weit. Danach richtet den Käse ein, macht ja die Sägen so stark, daß ich damit schneiden kann; denn bei einem halben Tag muß ich alle Dinge fertig machen. Könntet Ihr auch ein Brecheisen einfügen, das wäre wohl gut. Besonders, liebe Freunde, säumet hiermit nicht!" Diesen Brief hat Johann natürlich heimlich geschrieben; er ist aber nicht an seine Adresse, sondern durch den Wärter an den Rat gelangt. Johann mußte sechs lange Jahre im Kasten aushalten.

Bischof Albert von Minden und Bischof Erich ließen kein Mittel unversucht, ihren Bruder zu befreien; am eifrigsten war Erich. Er verklagte die Stadt beim Kaiser, indem er sie auch beschuldigte, sein Bruder sei nach Anbruch des verabredeten Waffenstillstandes gefangengenommen worden. Die Bürger fanden ihre beste Stütze an dem Bistumsverwalter, Bischof Heinrich von Münster, und an dessen Bruder, dem *Erzbischof Dietrich von Köln*, der auf dem Konzil und am kaiserlichen Hofe für die Stadt eifrig eingetreten war. Aber auch er drängte auf Freilassung Johanns und machte dem Rat Vorschläge zum Vergleich; jedoch die Bürgerschaft lehnte sie ab, so daß der Rat nicht durchzudringen wagte. Johanns Bruder Erich reiste selber an den kaiserlichen Hof. Unterwegs fing ihn aber der Graf von Hohnstein, und er konnte sich erst 1448 mit 1500 Gulden aus der Haft lösen. Das kaiserliche Kammergericht in Nürnberg entschied, Osnabrück solle den Grafen Johann innerhalb 14 Tagen freigeben; deshalb erließ Kaiser *Friedrich III.* das Gebot, Graf Johann solle dem Herzog Gerhard von Jülich und Berg ausgeliefert werden. Zugleich befahl er dem Erzbischof von Köln, nach Auslieferung des Grafen Johann die Klagen der Osnabrücker anzuhören und ihm darüber zu berichten.

Am 4. Oktober 1444 brachte ein kaiserlicher Bote den Befehl an den Rat. Bürgermeister Erdwin von Dumstorf legte sofort im Namen der Stadt Protest dagegen ein. Schon nach wenigen Tagen sandte der Rat eine Berufung gegen den kaiserlichen Befehl an das Baseler Konzil und bat den Erzbischof Dietrich von Köln, dort wie am königlichen Hofe für die Stadt einzutreten. Trotzdem ächtete der Kaiser im Januar 1445 die Stadt samt allen ihren Einwohnern über 14 Jahre. Der Rat appellierte zum zweitenmal an das Konzil und wandte sich um Hilfe an die Hanse. Doch die Gefahr wuchs. Ein offener kaiserlicher Brief forderte die Gegner Osnabrücks auf, die *Osnabrücker als Geächtete* nicht aufzunehmen, sondern sie zu fangen und mit ihnen zu verfahren, wie es Geächtete verdienten. Sofort begann an verschiedenen Orten eine Ausplünderung des Stifts. Bischof Heinrich von Münster konnte nicht helfen, da er nebst seinem Bruder in

9. Kampf der Bürger gegen ihren Bischof Erich sowie gegen seine Brüder

eine heftige Fehde mit *Soest* verwickelt war. Da winkte der Stadt wieder ein Hoffnungsstrahl: Das Konzil nahm die zweite Appellation an und verbot bei den höchsten Kirchenstrafen die Ausführung der kaiserlichen Acht! Aber das Konzil war noch ohnmächtiger als der Kaiser, der 1447 *des Reiches Oberacht über Osnabrück verhängte*.

Die *Soester Fehde* (1444—1449) zog damals viele Fürsten mit ihren Heeren nach Westfalen. Soest war beim Sturze Heinrichs des Löwen unter die Oberhoheit des Erzbischofs von Köln geraten. Als Erzbischof Dietrich die der Stadt zugesicherten Rechte und Freiheiten verletzte, entzog sie sich 1444 seiner Botmäßigkeit und stellte sich unter den Schutz des Herzogs von Kleve-Mark. Der Erzbischof bemühte sich, die wichtige Stadt zurückzugewinnen, aber vergebens. Unter den Herren, welche ihm zu Hilfe gezogen waren, befand sich auch der Herzog Wilhelm von Sachsen, den der Kaiser mit der Ausführung der Reichsacht beauftragte. Er und Erzbischof Dietrich schrieben an die Stadt Osnabrück: Der Herzog verlangte, sie solle, damit er nicht Gewalt gebrauchen müsse, Johann von Hoya frei und unbeschädigt zu ihm ins Lager vor Soest senden; erst dann solle die Sache untersucht werden. Die Stadt wäre den gefährlichen Gefangenen schon längst gern losgewesen, wenn er nur hätte Urfehde schwören und sein Bruder Erich auf das Stift hätte verzichten wollen. Jetzt wagte sie weiteren Widerstand nicht. Daher begaben sich mehrere Ratsherren unter Führung des Bürgermeisters *Heinrich von Leden* ins Kriegslager vor Soest, um zu unterhandeln. Aber sie erreichten nichts; auch Erzbischof Dietrich riet ihnen, weiteren Schaden zu verhüten. Selbst der Stadtanwalt auf dem Baseler Konzil riet zum Frieden. Die Befestigungswerke der Stadt waren viel zu schwach und die Zahl der Verteidiger zu gering, dazu fehlte es an hinreichenden Lebensmitteln, so daß man dem Exekutionsheer, das auf 80000 Mann geschätzt wurde, nicht lange hätte widerstehen können. Daher beschloß der Rat, nachzugeben. Johann von Hoya wurde also aus dem Kasten, in dem er *volle sechs Jahre gesessen* hatte, geholt, standesgemäß gekleidet und seinem Schwager, dem Grafen von Tecklenburg, übergeben, der ihn, von einigen Reisigen der Stadt geleitet, ins Lager vor Soest führte (1447).

Johann glühte natürlich vor Rachsucht. Schon im Kriegslager forderte er von Bischof Heinrich das Stift Osnabrück für seinen Bruder Erich zurück, der jetzt ebenfalls aus der Haft befreit wurde. Die drei Brüder von Hoya fanden auch bald Bundesgenossen, besonders die Herzöge von Braunschweig und den Landgrafen von Hessen. Sie verlangten Rückgabe des Bistums an Erich und Schadloshaltung für Johann. Dazu wollte der Kaiser die Reichsacht erst nach Zahlung von 800 Gulden aufheben. Die Stadt verstärkte ihre Mauern und kaufte in Lübeck Geschütze. Das offene Land vermochte sie nicht zu schützen; es wurde von neuem ausgeplündert; besonders Melle und das Kirchspiel Buer. Da wurde die Lage durch den Tod des Bischofs Heinrich von Münster und Osnabrück gänzlich geändert.

Graf Johann bemühte sich sofort, wenigstens eines der beiden erledigten Bistümer seinem Bruder Erich zu verschaffen. Er kam sogar auf das Rathaus unserer Stadt, die ihn so tief gedemütigt hatte. Der Rat fürchtete, in eine neue Fehde mit ihm verwickelt zu werden und versprach ihm, für einen seiner Brüder einzutreten. Das Kapitel lehnte beide ab. Der Rat ließ die Domherren vier Wochen lang nicht aus der Stadt, besetzte die Stiftsburgen und ließ sich huldigen. Nachdem es einigen Domherren gelungen war, nachts zu entkommen, ward auf einem Tage zu Vörden Albert von Minden zum Bischof gewählt. Aber der Papst bestätigte ihn nicht; an seiner Statt wurde *Rudolf von Diepholz*, Bischof von Utrecht, und als dieser gleich darauf starb, *Konrad III.* von Diepholz erwählt. Unter seiner fast 30jährigen Regierung (1455—1482) erfreute sich das Bistum des Friedens. Die Stadt Osnabrück von der Reichsacht zu befreien, gelang erst etwa zehn

Jahre später dem berühmten Bürgermeister *Ertwin Ertman*. Beendet waren die Fehden, die seit fünfzig Jahren immer wieder durch den Ehrgeiz und die Eifersucht der Häuser Diepholz, Hoya und Mörs erregt wurden. Die Bürger hatten sich durch Zähigkeit und Tapferkeit den beiden anderen Ständen — dem Domkapitel und der Ritterschaft — sowie dem Bischof gegenüber eine gesicherte Stellung erworben; in dem nun folgenden Jahrhundert gelangten sie durch Gewerbe und Handel auch zu großem Wohlstand.

10. Das Gewerbewesen im alten Osnabrück

Ursprünglich war jeder sein eigener Handwerker, in den Klöstern und auf den königlichen Gütern gab es aber auch Handwerker, die für andere arbeiteten; seine Blüte hatte das *Handwerk in den Städten* erreicht. Obwohl der Bischof den Einwohnern Osnabrücks mehrere Höfe aufteilte, hatten doch nur wenige genügenden Grundbesitz, der ihre ganze Arbeitskraft in Anspruch genommen und sie ernährt hätte; sie waren also auf das Handwerk angewiesen.

Am frühesten werden in Osnabrück die Metallhandwerker erwähnt, ganz natürlich. Ein Schmied, der dem Domkapitel als Wordzins jährlich 200 Nägel lieferte und „uppendike", also wohl in der Herrenteichsstraße, wohnte, ist schon erwähnt. 1217 wird ein Schildmacher Otbert genannt, 1247 ein Hermann der Schmied, 1271 der Harnischmacher Tilemann. Auch Kupferschmiede, Messerschmiede, Gürtler, Glocken-, Kannen- und Grapengießer, Helmschläger und Schwertfeger werden aufgeführt. Schneider treten zuerst 1299, Maler 1305, Schuhmacher 1326 auf. Bis 1400 werden alle bekannten Handwerke erwähnt. Von den Holzarbeitern treten die Zimmerleute ziemlich früh, die Tischler recht spät auf, ein Beweis dafür, wie geringe Ansprüche man an die Ausstattung der Wohnungen mit Möbeln machte.

Eine hervorragende Stellung unter den Gewerbetreibenden nahmen von alters her die Bäcker und Schlachter ein; jene erwarben sich besonders durch den Kornhandel, diese durch den Viehhandel Wohlstand. Sehr früh findet sich unter den Schlachtern der Name von Essen. Schon 1444 war Arnd von Essen Gildemeister; vielleicht gehörte sogar schon der Stadtrichter Gieselbert von Essen (1237—1246) der Schlachtergilde an.

Das *Brauwesen* hat sich in Osnabrück anders entwickelt als in den meisten norddeutschen Städten. Das Bier hatte früher eine ganz andere Bedeutung als heute. Es war fast das einzige Getränk, das man auch den Kindern gab, allerdings nicht das schwere, untergärige, sondern ein leichtes, obergäriges Bier. In vielen norddeutschen Städten besaßen alle Bürger oder doch die Inhaber der ältesten Bürgerstellen ein gemeinsames Brauhaus, das sie in bestimmter Reihenfolge benutzen durften. In Osnabrück aber war die Brauerei ein freies Gewerbe; jeder wohlhabende Bürger braute in seinem Hause zu eigenem Gebrauch noch bis ins 18., ja 19. Jahrhundert das erforderliche Bier. Ende des 15. Jahrhunderts befanden sich allein auf der Altstadt 63 Brauer! Doch gab es auch hier schon früh Brauer, die Bier zum Verkauf herstellten. Sie standen unter besonderer Aufsicht des Rats, der z.B. 1617 beschloß, den Brauern genau vorzuschreiben, wieviel Malz und Hopfen sie zu einem Brau nehmen sollten, wieviel sie davon brauen, und wieviel sie dafür nehmen dürften. Auch richtete der Rat vorübergehend einen Schütting, ein Bierhaus, ein. Seit alten Zeiten wurde in Osnabrück der *Grüsing*, ein Kräuterbier, gebraut. Die Grut, das Kräutergemisch, lieferte der Rat gegen Entgelt. Als der päpstliche Gesandte bei den Verhandlungen über den Westfälischen Frieden Lengericher Grüsing

10. Das Gewerbewesen im alten Osnabrück   89

trank, rief er aus: ,, Adde purum sulphuris, et erit potus infernalis (füge etwas Schwefel hinzu, und es wird ein Höllentrank sein)." Neben dem Grüsing wurde hier noch *Koit* oder Keute gebraut, ein dünnes, hopfenloses Bier. Auch fremde Biere durften verschenkt werden, nachdem dafür die Akzise gezahlt war. Beliebt waren das Hamburger, Mindener und Paderborner Bier. In einem Verzeichnis der hiesigen Gewerbetreibenden aus dem Jahre 1808 werden vier Brauer aufgeführt und 66 Bäcker, die auch Brauerei betrieben. 1813 berichtete Bürgermeister Thorbecke: ,,Es gibt hier 20 Brauereien mit 40 Arbeitern. Das Bier wird nicht ausgeführt, weil es schlecht ist." *Brennereien* hat es in Alt-Osnabrück nicht gegeben.

Wenn man bedenkt, daß Osnabrück um 1500 etwa 8000 Einwohner zählte, so fällt die verhältnismäßig große *Zahl der Handwerker* auf. In der Altstadt wohnten damals 63 Bäcker und ebenso viele Brauer. Im Jahre 1566 zählte die gesamte Gilde etwa 870 Mitglieder, und 1575, in dem Pestjahre, sollen hier etwa 150 Schuhmachermeister gewohnt haben; ja, noch nach dem Dreißigjährigen Krieg soll die Gilde 850 Mitglieder, darunter 675 wirkliche Meister, umfaßt haben. Diese große Zahl erklärt sich einmal daraus, daß die Gilde auch die Handeltreibenden, die Kramer, umschloß, daß die Handwerker vieles anfertigten, was heute in Fabriken hergestellt wird, und daß auf dem Lande nur die einfachsten Gewerbe vorhanden, die Landleute also gezwungen waren, die meisten gewerblichen Erzeugnisse aus der Stadt zu beziehen.

Daß die Zahl der Handwerker in der Stadt nicht zu groß gewesen sein wird, dürfen wir ohne weiteres annehmen, da sie, wie wir sehen werden, Einfluß besaßen und wiederholt anwendeten, ihre Zahl zu beschränken. Auch die *Arbeitslöhne* sprechen dafür. Im Jahre 1430 verdiente ein Schuhmachergeselle außer Kost und Wohnung wöchentlich

Die mittelalterliche Zunftlade der Schuhmacher-Gilde

bis zu 27 Pf., wofür man fast zwei Scheffel Roggen kaufen konnte. Ein Paar Mannesschuhe wurde mit 28 Pf. bezahlt. Der Schneiderlohn stand sehr niedrig; er betrug nur $1/12 - 1/20$ des Tuchpreises. Das *Kloster Gertrudenberg* zahlte um diese Zeit an Tagelohn dem Maurermeister 12 Pf., dem Maurergesellen 10 Pf., dem Zimmermeister 9 Pf., seinem Gesellen 8 Pf. Für den Wochenlohn des Maurermeisters konnte man 6 Scheffel, für den des Zimmergesellen 4 Scheffel Roggen kaufen. Bis 1516 sind die Zimmerleute in der Wertschätzung gestiegen. Der Maurer- wie der Zimmermeister verdienten jeder täglich bei eigener Kost 20 Pf., ihre Gesellen je 18 Pf., ein Handlanger 14 Pf. Die Kost rechnete man zu 9 Pf. Da der Scheffel Roggen damals 3 Schillinge kostete, konnte z.B. der Geselle für einen Tagelohn einen halben Scheffel Roggen kaufen. Das Baumaterial, wenigstens Mauersteine und Kalk, war teuer; 100 Mauersteine kosteten soviel, wie ein Geselle in zweieinhalb Tagen verdiente. Berücksichtigt man, daß damals alle Stände in bezug auf Wohnung, Nahrung und Kleidung viel bescheidenere Ansprüche machten als heute — trugen doch um 1400 die Brüderkinder des Domherren von dem Brinke noch Holzschuhe! —, so wird man zugeben müssen, daß die Handwerker in ganz auskömmlichen Verhältnissen lebten.

Wie die Geistlichen und die Ritter, so schlossen sich im Mittelalter auch die Gewerbetreibenden zu gegenseitiger Förderung zusammen. Solche Vereinigungen nannte man *Gilden*. Dies Wort bezeichnete ursprünglich soviel wie Opfer oder Opferschmaus, erhielt aber später die Bedeutung: Geschlossene Gesellschaft. Am ältesten sind die kaufmännischen Gilden, die anfänglich nur für kurze Zeit, etwa für eine gemeinsame Geschäftsreise, geschlossen wurden. Im 12. Jahrhundert vereinigten sich auch die Hanwerker zu Gilden oder *Zünften*. In unserer Stadt ist dies erst im 13. Jahrhundert geschehen; sie blühte erst auf, nachdem sie 1225 das halbe Burgericht erworben hatte. Wie die Gilde sich hier allmählich entwickelt hat, läßt sich nicht nachweisen, gegen 1300 ist sie da. Die Verbindung der Genossen desselben Gewerks nannte man hier *Amt*, die Vorsteher des Amts aber *Gildemeister*. Innerhalb der Gilde schlossen sich die einzelnen Ämter nach und nach zusammen; 1407 wurden zum erstenmal die *Elf Ämter*, welche man später regelmäßig zur Gilde rechnete, aufgezählt. Es sind folgende:
1. Das Schmiedeamt, dem auch die Schlosser, Büchsenmacher, Sporer, Kupferschmiede, Zinn- und Gelbgießer, Schwertfeger und Uhrmacher angehörten; 2. die Schuhmacher, erst 1360 schlossen sich die bis dahin getrennt gewesenen Korduaner und Rinderer zu *einem* Amt zusammen; 3. das Krameramt, die Kaufleute; 4. das Backamt; 5. das Lohgerberamt; 6. das Schneideramt; 7. das Riemenschneideramt; 8. das Weißgerber- oder Erkeramt; 9. das Kürschner- oder Pelzamt; 10. das Schlacht- oder Knochenhaueramt; 11. das Schilderamt, das die Maler, Glaser und Sattler umfaßte.
Zu den 11 Ämtern gehörten z.B. nicht die zahlreichen Leineweber, die Holzarbeiter (Zimmerleute, Tischler) und Maurer; doch schlossen auch sie sich zu einzelnen Gilden zusammen, die Wüllner 1471, die Goldschmiede 1483, die Wanderschneider (Tuchhändler) 1576, die Faßbinder 1619. Die Barbiere erhielten 1648 durch Fürsprache der fremden Gesandten, die Perückenmacher 1720, die Buchbinder 1722 und die Hutmacher 1798 einen Gildebrief. Diese Gewerbetreibenden standen unter der Aufsicht des Rats. Die Gilde dagegen erfreute sich einer größeren Selbständigkeit. Sie bildete den ersten Stand der Bürger; alle übrigen gehörten zum zweiten Stande, zur *Wehr*. Zwar setzte der Rat den Bäckern seit alter Zeit eine Taxe, er trat auch für die Schlachter ein, als der Bischof ihnen die Zollfreiheit für das eingeführte Schlachtvieh nehmen wollte. Aber die *Gildemeister* handhabten die Gewerbepolizei und die Gewerbegerichtsbarkeit selbständig; sie übten fast vollständig die niedere Gerichtsbarkeit über ihre Amtsgenossen aus, erhoben von ihnen Abgaben und waren im Kriege ihre Anführer. Den Gildemeistern lag es ob,

10. Das Gewerbewesen im alten Osnabrück

Die Wappen der Osnabrücker Zünfte im Mittelalter

dafür zu sorgen, daß das Gewerbe zunftgemäß betrieben, keine schlechte Ware gefertigt, die gebräuchlichen Ordnungen des Amts aufrechterhalten wurden, die Amtsgenossen ein ehrsames Leben führten und das Vermögen des Amts sowie die Anstalten und Stiftungen gewissenhaft verwaltet wurden. Streitigkeiten zwischen einzelnen Ämtern schlichteten die *Elf-Ämter-Freunde*, eine auch vom Rat anerkannte Behörde, die aus lauter Gildemeistern (Ratsherren, Alterleuten) bestand.

Vor allem suchten die ehrbaren Meister das Amt vor Unehre zu bewahren; unehelich Geborene, Hörige oder übelberüchtigte Leute wurden ins Amt nicht aufgenommen. Wiederholt beschlossen die Gilde oder einzelne Ämter: Nimmt jemand eine übel beleumdete Person unwissentlich zur Ehe, so hat sie an dem Amte kein Recht; zu den Gesellschaften des Amts darf sie nicht geladen werden; ihre Kinder gelten als fremde, ihr Mann darf nicht zum Gildemeister gewählt werden. Die Witwe eines Meisters, die sich wegen ihres schlechten Rufes nicht rechtfertigen kann, verliert alle Ansprüche an das Amt.

Der *Lehrling* mußte vor seiner Annahme nachweisen, daß er ehelich und frei, also nicht von Hörigen geboren sei, auch wohl zwei Bürgen stellen, die für ihn hafteten und für den von ihm etwa angerichteten Schaden aufzukommen hatten. Dem Schuhmacherlehrling wurde zur Pflicht gemacht: „Du sollst Gott fürchten, die Sonn- und Festtage feiern, fleißig zur Arbeit gehen und Gottes Wort hören nach Anordnung eines ehrbaren

Rates. Du sollst keinen Meineid schwören, sonst bist du deines Amtes quitt. Du sollst deine Kleider nicht verspielen, sonst bist du deines Amtes quitt." Die Schlosser mußten noch besonders versprechen, daß sie keine Nachschlüssel anfertigen wollten. Die *Lehrzeit* währte in alter Zeit gewöhnlich zwei Jahre, wurde aber später verlängert, unter Umständen auf fünf Jahre. War die Lehrzeit beendet, so mußte der Lehrling ein *Gesellenstück* anfertigen; genügte es, so war er *Geselle*. Als solcher mußte er mindestens zwei Jahre arbeiten und dann ebensolange wandern. Die meisten Gesellen oder ,,Knechte", wie sie sich nannten, arbeiteten nur im Winter, um die ,,freie Wanderzeit" ausnutzen zu können. Lehrlinge und Gesellen wohnten beim Meister, gehörten zur Familie; die Gesellen machten aber dem Meister oft das Leben sauer, indem sie abends nicht rechtzeitig nach Hause kamen, ohne Kündigung davongingen usw. Nach vierzehntägiger Kündigung konnte der Geselle die Arbeit niederlegen; er durfte dann aber frühestens nach drei Monaten an demselben Orte sich nach Arbeit wieder umsehen. Kein Meister mietete dem anderen einen Gesellen ab. Kam ein fremder Geselle in eine Stadt, um Arbeit zu suchen, so führte ihn ein Geselle seines Gewerks zu den dort wohnenden Meistern. Nachdem er den für jedes Handwerk streng vorgeschriebenen Gruß gesprochen und den Gegengruß empfangen hatte, wurde ihm wohl eine Erquickung gereicht; dann mußte er das ,,Handwerk beweisen", d.h. nachweisen, wo er gelernt und gearbeitet hatte. Hatte der Meister für ihn keine Arbeit, so gab er ihm den Rüme-(Räume-)Groschen.

Wer *Meister* werden wollte, mußte vor den Gildemeistern sein *Meisterstück* machen, ,,seine Hand sehen lassen". Das wurde den Söhnen und Schwiegersöhnen der Meister möglichst erleichtert, Fremden erschwert. Der junge Meister mußte dem Amt auch seinen Dienst erweisen, d.h. eine Mahlzeit geben, gewöhnlich Potthast, Schinken, Rauchfleisch, Zugemüse, Brot und Bier. Der Fremde hatte außerdem ein Einkaufsgeld zu zahlen. Die Lohgerber verlangten um 1400 4 Mark, d.i. der Preis für 6 Malter Roggen, die Kramer 1457 sogar 24 Goldgulden, den Preis für 12—15 Malter Roggen. Auch der junge Meister mußte unter Eid ein Gelübde ablegen, daß er ehrbarlich wandeln und das Beste des Amtes wie der Gildebrüder erstreben wolle. So heißt es u.a. in dem Amtsbuche der Schuhmacher aus dem 16. Jahrhundert: 4. Du schalt dinen Gildemeistern gehorsam sien wor de dy bidden vnd verdagen (laden) laten willig vnde gerne folgen. 7. Du schalt dinen Gildebroder oder Gildesüster nicht schelden oder Röpen oder Slan. 8. Du schalt dinen Gildebroder oder Gildesüster nicht vth sine behusinge winnen. 11. Du schalt ock wenn, welkes Godt in Genaden verhöden wolle, eine führesbrunst entstahn würde, dinen Gildebroder den de Gefahr am Negesten ist, So trüwlich helpen Retten Alse wenn ett din Eigen wehre.

Die höchste Ehre eines Meisters bestand darin, zum *Gildemeister* erwählt zu werden. Jedes Amt wählte zwei oder drei Gildemeister, die ihr Amt lebenslänglich behielten. Zwei von ihnen führten die Verwaltung des Amts; einer trat alljährlich zurück, dafür trat ein anderer ein. Die Gildemeister wählten wieder unter sich zwei ältere Gildemeister, später *Alterleute* genannt, welche die Gesamtgilde (Großgilde) zu vertreten hatten. Die Wahl zum Gildemeister war frei, wurde aber nicht von allen Amtsgenossen ausgeübt, sondern von einem Ausschuß, dem ,,Kür". Zwei Gildemeister ernannten zwei unbescholtene, brave Gildebrüder, diese ernannten vier andere, und diese wählten dann die neuen Gildemeister, nachdem sie zuvor eidlich gelobt hatten, daß sie nach bester Einsicht, ohne Rücksicht auf Lieb und Leid wählen wollten. Der erwählte Glückliche mußte natürlich einen *Gildemeisterschmaus* geben. Nach Ordnung der 11 Ämter von 1566 gehörten dazu im Schuhmacheramte: ,,4 schinken vnnd fer backharste (Potthast), 2 tunne bers, botter vnnd Keise vnnd broit." Ähnlich in den andern Ämtern. Die

Schmäuse wurden immer üppiger. Das Krameramt trank auch Wein. 1702 verließ ein zum Gildemeister erwählter Weißgerber die Stadt, um die mit der Übernahme dieses Ehrenamtes verbundenen Kosten zu sparen. Und doch hatten der Rat und die Gildemeister sämtlicher Ämter schon 1531 beschlossen, die üppigen Mahlzeiten zu beschränken und das dadurch ersparte Geld als Sparpfennig für den Notfall anzulegen. Der Gildeschmaus hatte doch zu großen Reiz. Manche Zünfte hatten ihr eigenes Gildehaus, in dem sie ihre Festlichkeiten und Versammlungen abhielten, wo sie sich abends trafen; die Gildeschmäuse aber wurden meistens in dem großen Saal auf dem alten Rathause abgehalten. In feierlichem Aufzuge bewegten sich die Amtsbrüder dorthin; die Wache vor dem Rathause trat vor ihnen unter das Gewehr. Als sie dies einmal beim Aufzuge des Krameramts unterließ, beschwerte dieses sich beim Rat.

Die Gildemeister führten strenge *Aufsicht* über den Wandel und die Arbeit der Zunftgenossen und machten nötigenfalls von dem ihnen zustehenden Strafrecht Gebrauch. Schlechte Ware wurde eingezogen und ihrem Verfertiger wohl gar noch eine Geldstrafe auferlegt. Sehr oft hatten die Gildemeister Streit zu schlichten: unter den Gesellen, unter den Meistern oder zwischen Meistern und Gesellen. Um Streit zwischen verschiedenen Ämtern beizulegen, traten die Elf-Ämter-Freunde zusammen. Gegen ihr Urteil konnte man Berufung beim Rat einlegen. Die Angelegenheiten eines einzelnen Amtes wurden von den betreffenden Gildemeistern in der Regel auf der *Morgensprache* geordnet. Sie wurde zweimal im Jahre, und zwar, damit alles nüchtern zuging, vormittags abgehalten. ,,Vor offener Lade" wurden aus den alten Amtsordnungen oder Gildebriefen die altherkömmlichen Satzungen und Bräuche in Erinnerung gerbacht, neue Ordnungen beschlossen oder bekanntgemacht, Streitigkeiten geschlichtet, Strafgelder erhoben. Alle erschienen in dem herkömmlichen Anzuge; jeder hatte seinen bestimmten Platz; niemand durfte ungefragt reden, keiner etwas von den Verhandlungen ausplaudern. Vergehen vor offener Lade wurden doppelt gebüßt. Ungehorsame konnten sogar mit dem Verluste des Amtes bestraft werden. Die Gesellen hatten noch einen besonderen Vorstand, der sie beaufsichtigte und vertrat, die Altgesellen, Alterleute und Schaffer. Um die Gesellen besser überwachen zu können, wurde wohl bestimmt, daß sie außer ihrer Herberge kein Wirtshaus besuchen sollten; aber wie ließ sich das durchführen!

Die Handwerker Osnabrücks standen gegen Ende des Mittelalters sowohl nach ihrem Vermögen als auch hinsichtlich ihrer *Bildung* den übrigen Bürgern nicht nach. Die Bürger konnten mit seltenen Ausnahmen lesen und schreiben. Die beiden *höheren Schulen*, das Carolinum und die Schule zu St. Johann, dienten zwar zunächst der Vorbildung der Geistlichen, standen aber auch den Bürgersöhnen offen, welche sich für einen weltlichen Ruf vorbereiten wollten. Für eine tüchtige Bildung vieler Handwerksmeister zeugen außer den Urkunden die geschickte Verwaltung der Gilde und die öffentliche Wirksamkeit so mancher Gildemeister als Ratsherren. Daher machte auch die ältere Zeit kaum einen Unterschied zwischen den Handwerkern und den übrigen Bürgern. Während z.B. die Hochzeitsverordnungen des 17. Jahrhunderts genau bestimmen, wieviel Schüsseln ein Ratsherr, wieviel ein Doktor, wieviel ein Kaufmann und wieviel ein Handwerker bei seinen Familienfesten aufsetzen darf, setzt die Ordnung von 1341 die Zahl der Hochzeitsschüsseln nur nach dem Brautschatz fest: Wer seiner Tochter 100 Mark mitgibt, darf 100 Schüsseln (jede für zwei Hochzeitsgäste) aufsetzen, einerlei, ob er Ratsherr oder Handwerker ist.

Schon früh begannen die einzelnen Ämter, sich wie eine Familie zusammenzuschließen. Dies zeigte sich besonders auch bei *Todesfällen*. Alle Zünfte legten es ihren Mitgliedern als selbstverständliche Pflicht auf, dem verstorbenen Amtsgenossen die letzte

Ehre zu erweisen. Jedes Amt besaß Leuchter und Sargdecken zu gemeinsamer Benutzung. Im Krameramt folgten dem Sarge die Amtsbrüder nebst ihren Frauen, im Schilderamt auch die Kinder, Knechte und Mägde. Die jüngsten Zunftgenossen trugen die Leiche. Einige Tage nach dem Begräbnis fand eine besondere kirchliche Feier für den Entschlafenen statt; Männer und Frauen mußten erscheinen; jeder brachte ein Opfer dar, teils für den die Seelenmesse lesenden Priester, teils für die Armen. Wer am Erscheinen verhindert war, sandte seine Gabe; versäumte er dies, wurde er zu den Gesellschaften des Amts nicht eher wieder zugelassen, als bis er seine Übertretung gesühnt hatte. Alljährlich ward in jedem Amt eine Memorie (Gedächtnisfeier) für alle Verstorbenen gehalten, der sich eine Festmahlzeit für Männer und Frauen anschloß.

Wenn auch seit der Reformation die Seelenmessen und Memorien als Einrichtung der Gilde wegfielen, so hielt man doch an Gebet und Opfer in der Kirche unmittelbar nach der Beerdigung fest. ,,Dieses Begräbniswesen der Zünfte bildete, solange die alte Verfassung bestand, eine der äußerlich bedeutendsten Erscheinungen des bürgerlichen Lebens. Die langen Züge der Zunftgenossen, sämtlich, bis auf die Leidtragenden, in den braunen Mantel gekleidet, den der Bürger bei feierlichen Gelegenheiten trug — nur das Krameramt suchte eine Auszeichnung durch Besatz des Kragens mit einer schmalen Goldtresse —, ließen die Zunft in ihrer vollen Bedeutung erscheinen. Eine Elf-Ämter-Leiche, bei welcher sämtliche Amtsgenossen der ganzen Stadt erschienen, um irgendeinen Mann von besonderer Bedeutung die letzte Ehre zu erweisen, führte fast die ganze Bürgerschaft in einer Organisation, Ordnung und Haltung vor das Auge, davon die heutige Zeit keinen Begriff mehr hat." (Hist. Mitt. Bd. 7.)

Für die *Armen* sorgten die Handwerker nicht nur durch die gespendeten Opfer bei den Seelenmessen und Memorien, sondern auch durch besondere *Stiftungen*. So schenkte das Mitglied des Krameramtes Kurt von Cölne 1429 den Armen seinen großen Kamp zwischen der Stadt und der hohen Mauer. Schuhmacher Wessel aus Rulle vermachte den Armen seiner Zunft 1392 ein Haus in der Heger Straße und einen halben Morgen Land bei Edinghausen, 12 Betten und allen Hausrat für arme Pilgrime; 1406 schenkte er dann noch seine drei neben jenem Hause gelegenen Gademe zur Wohnung für arme Leute. Schuhmacher, besonders Witwen, sollten den Vorzug haben. Der wohlhabende Schmiedemeister Hermann Langsmed und seine Frau Lücke, welche die um die Mitte des vorigen Jahrhunderts entfernten Steinbilder vor dem Rathaus anfertigen ließen, vermachten ihr auf dem Kamp Nr. 66—68 gelegenes Wohnhaus dem Schmiedeamt; den oberen Teil sollte das Amt benutzen, im unteren arme Leute wohnen. Ebenso besaßen Armenhäuser: Die Schneider Grüner Brink 3—5, die Wand- und Tuchmacher Holtstraße 8a und b, Petersburger Wall 21 und 22 sowie Neue Straße 3—9, die Bäcker Mühlenstraße 3—7. Die Lohgerber und Riemenschneider hatten Anteil an der Brockmannschen Armenstiftung. Auch kauften die Ämter wohl in teuren Zeiten Korn ein, das sie zum Besten ihrer Genossen veräußerten. Gleichfalls ließen sich einige Ämter in gemeinsame gewerbliche Unternehmungen ein; so legten die Wandmacher Walkmühlen und die Lohgerber wie die Schuhmacher Lohmühlen an.

Wie die Gilde sich dem Rat gegenüber eine gewisse Selbständigkeit gewahrt hatte, so übernahm sie auch bestimmte *Pflichten*. Bei *Feuersgefahr* hatten die Handwerker nicht nur wie jeder andere Bürger Hilfe zu leisten, sondern auch die erforderlichen Löschgeräte selber zu beschaffen. Deshalb bestimmte das Backamt schon 1584 — nach ihm auch andere Ämter —, daß jeder Neueintretende dem Amt einen neuen Ledereimer schenken solle, und das Krameramt beschloß 1699, auf eigene Kosten eine Feuerspritze zu beschaffen. Der Handwerker war aber durch die Vorschrift seines Amtes verpflichtet, zunächst seinem Gildebruder zu helfen.

Größere Opfer legte die *Verteidigung der Stadt* der Gilde auf. Die Arbeiten an Mauern und Wällen mußten meistens von den Ämtern verrichtet werden, weshalb auch die Pelzer für die Aufnahme in ihr Amt bestimmten: ,,Es soll ein jeder haben Hacke, Schaufel und Spaden zu behuf des Rathes zu Osnabrück und unseres Amtes." Ja, 1540 mußten die Schmiede-, Schuh-, Bäcker- und Lohgerberknechte sogar das Wasser am Piesberge ableiten. Als Ernst August II. 1718 den Neuen Graben auf seine Kosten aufmauern ließ, mußten die Schmiede, Schuhmacher, Kramer, Bäcker und Lohgerber den Graben reinigen. Daß die Gilde einen wesentlichen Teil der *Kriegsmacht* der Stadt, ja des Stifts stellte, ist schon wiederholt gezeigt worden. Schon der Gewerbebetrieb, besonders das Beziehen fremder Märkte verlangte in jener unruhigen und unsicheren Zeit, daß die Gewerbetreibenden gerüstet und in den Waffen geübt waren. Das Krameramt forderte 1457, daß jedes Mitglied seinen Harnisch habe, wie es im Amt Sitte ist, nämlich Krebs, Brust, Handschuhe, Schild und Eisenhut. Ähnliche Bestimmungen hatten die anderen Ämter. Später wurde auch noch ein Gewehr verlangt. Um Unheil zu verhüten, bestimmte man 1656, daß in Gesellschaften der Degen abzulegen sei; den Gesellen wurde das Degentragen 1689 überhaupt untersagt.

Der familienartige Zusammenschluß der einzelnen Ämter führte schon früh dazu, daß sie *Fremde* fernzuhalten suchten. Die Annahme eines Lehrjungen, dessen Eltern dem Amte nicht angehörten, wurde möglichst erschwert; er hatte meistens auch länger zu lernen und zu wandern als der Sohn eines Amtsmeisters. Noch schwieriger war es für ihn, die Meisterwürde zu erlangen, wenn er nicht die Tochter oder die Witwe eines Meisters heiratete. Wuchs die Zahl der Mitglieder zu sehr, so wandte man allerlei Mittel an, um sie zu beschränken. Man beschloß u.a., daß jeder Meister zur Zeit nur einen Lehrling halten dürfe; 1593 bestimmten die Pelzer sogar, daß jeder Meister nur alle acht Jahre einen Lehrling annehmen solle. Um die Zahl der Meister zu beschränken, ordnete man für einige Zeit Gildeschluß an, d.h. es durften so lange keine Meister ernannt werden, bis die Zahl der Amtsmeister wieder auf eine bestimmte Höhe herabgesunken war.

Noch weit häufiger wurden Maßregeln ergriffen, um die *Konkurrenz des umliegenden Landes und der verwandten Ämter* fernzuhalten. Einen Lehrling vom Lande nahm man nur ganz ausnahmsweise an; dann mußte er aber geloben, daß er sich demnächst nicht in der Nähe der Stadt, sondern mindestens zwei, ja sogar fünf Meilen davon entfernt niederlassen wolle. Wer aber auf dem Lande gelernt hatte, wurde nicht ins Amt aufgenommen. Schon im 15. Jahrhundert bat die Gilde den Rat um Verwendung beim Bischof, damit auf den Dörfern kein Amt geduldet, kein Malz bereitet werden, Wirtshäuser nur in den Kirchdörfern und an den ,,Helwegen" gestattet sein sollten. Der Rat erfüllte diese Bitte auch, aber ohne Erfolg. Am eifrigsten waren die Schneider in der Verteidigung ihrer Rechte. Sie straften 1641 die Braut des Bürgermeisters Schulte auf der Neustadt sowie den schwedischen Statthalter, die sich von einem Schneider in Wersen hatten Zeug anfertigen lassen, und pfändeten wegen desselben Vergehens 1595 den Dompropst von Ledebur auf der Eversburg, bis er Sühne leistete. Ebenso streng hielten die Ämter darauf, daß auf den Freiheiten beim Dome und bei St. Johann kein Gewerbe getrieben wurde; denn die Bewohner der Freiheiten, nicht nur die Geistlichen, waren von den städtischen Abgaben und Lasten frei. Doch durften sich die Domherren auf der Freiheit (Kleine Domsfreiheit 5) einen Bäcker, den ,,Herrenbäcker", halten; er durfte aber nur für die Geistlichen, nicht für Laien backen und mußte zum Bäckeramt gehören. Ebenso wurde dem Gertrudenberger Kloster gestattet, gegen eine an das Schuhmacheramt zu entrichtende Entschädigung sich einen Schuhmacher zu halten, der aber nur für die Bewohner des Klosters das erforderliche Schuhwerk anfertigen durfte.

Weit schwieriger war es, die Grenze zwischen den verwandten Ämtern festzusetzen und innezuhalten. Wer hatte z.B. das Recht, Pelzstiefel anzufertigen, der Schuhmacher oder der Pelzer? Wer gefütterte Lederhandschuhe oder einen Eisenschild, der auf der Innenseite mit Leder überzogen war? Ursprünglich schieden sich sogar die Schuhmacher noch in Korduaner und Rinderer, bis sie sich 1360 zu einer Zunft vereinigten. Sie lagen dann oft mit den Lohgerbern im Streit, die ihnen das Recht der Lederbereitung bestritten. Auch die Pelzer und Riemenschneider vereinigten sich nach längerem Streit zu einem Amt. Am häufigsten führten die Handwerker Streit mit dem Krameramt, weil es Waren feilbot, die nicht am Orte verfertigt waren. Darüber im nächsten Abschnitt!

11. Osnabrücks Handel — seine Zugehörigkeit zur Hanse

Anfänglich war *jeder Handel ein Austausch von Waren*. Es tauschte der Landbewohner mit seinem Nachbarn, der Städter mit dem Städter; in größerem Umfange geschah dieses zwischen den Landbewohnern und den Städtern. Der Bauer brachte die Erzeugnisse seines Ackerbaus oder seiner Viehzucht in die Stadt und nahm dafür Erzeugnisse des städtischen Gewerbefleißes wieder mit. Auch heute nimmt wohl eine Bauernfrau für Eier und Butter, die sie in die Stadt trägt, von dem Abnehmer ihrer Ware Kaffee, Reis usw. wieder mit, aber der Wert der Waren wird in Geld umgerechnet und der etwaige Preisunterschied bar ausbezahlt. Das geschah früher nicht.

Am lebhaftesten entwickelte sich der Handel im Anschluß an den Gottesdienst, der die Landleute in größerer Zahl in die Stadt zog. Er spielte sich unmittelbar neben der Kirche, ja in Osnabrück zum Teil in dem Portikus (der Vorhalle) des Domes ab. Daher erklärt es sich auch, warum sich der Name *Messe*, der doch eine feierliche kirchliche Handlung bezeichnet, auf den Markt übertragen konnte. Der Name *Gildewart* hat zu der Annahme geführt, daß die Gilde ursprünglich dort unter dem Schutz des Kirchenvogts ihre Verkaufsstände gehabt habe, wie denn ja auch die Sage „Der Stadtschreiber von Osnabrück" erzählt, daß die Schlachter ihren Scharren nicht eher öffnen durften, als bis der verwachsene Bote des Grafen von Tecklenburg auf seinem grauen Esel angekommen war, und die Sinnbilder des Schlachteramts noch heute an der Rückseite der alten Jugendherberge (heute zum Haus der Jugend gehörig) beim Bucksturm zu sehen sind. Doch ist der Name allein wohl kein vollgültiger Beweis, nachdem man ihn auch als Bezeichnung von Ackerstücken, z.B. vor Iburg und bei dem Kloster Bersenbrück, nachgewiesen hat. Jedenfalls konnte der Kirchenvogt nach 1236, in welchem Jahre der Bischof die Vogtei der Grafen von Tecklenburg abschüttelte, den Handwerkern unserer Stadt keinen Schutz mehr gewähren. Der Hauptverkehr hat sich hier seit etwa 1300 auf dem Markt neben der Marienkirche entwickelt. Doch war der Marktplatz in alter Zeit größer als jetzt: Das jetzige Rathaus fehlte, die alte Marienkirche war weit kleiner als die heutige, und der Platz war an der Süd- wie an der Nordseite noch nicht von Häusern begrenzt. Außerdem durfte auch in den benachbarten Straßen gehandelt werden: In der Heger Straße bis zur Einmündung der Rolandsmauer, in der Krahnstraße bis zum Nikolaiort, in der Bierstraße bis zur Lohstraße, in der Hasestraße bis zur Mühlenstraße. Die *Marktgrenze* ist noch heute am Hause Marienstraße 5 durch das Osnabrücker Rad kenntlich gemacht (s.o.). Außerhalb dieser Grenze durfte nicht gehandelt werden, „Vorkauf" war nicht gestattet. Wer innerhalb der Marktgrenze handelte, erfreute sich des obrigkeitlichen Schutzes. Der Marktherr, ursprünglich der Bischof, später die Stadt, erhob dafür den Marktzoll.

11. Osnabrücks Handel — seine Zugehörigkeit zur Hanse

Schon um 1300 befand sich der Fleischerscharren unten im alten Rathause an der Ecke der Krahnstraße und des Marktes. Daneben stand am Markt das Brothaus, und an dieses schlossen sich, die ganze Südseite des Marktes begrenzend, die Gademe der Höker, die mit Lebensmitteln handelten. Auch an der Stelle des jetzigen Rathauses standen wahrscheinlich Gademe, die vermutlich den Schuhmachern gehörten. Schon im 14. Jahrhundert waren die Gademe der Südseite bewohnt und mit kleinen Gärten versehen. In der Folge gerieten sie in fremde Hände, und an ihrer Stelle entstanden dann im 15. oder 16. Jahrhundert die noch vorhandenen Häuser mit den hohen Treppengiebeln. Die Schlachter konnten im Rathause solche Berechtigung nicht erwerben. Jeder Schlachter der Altstadt hatte im Scharren seinen bestimmten Platz; doch mußten sie oft wechseln, damit niemand durch einen schlechten Stand geschädigt werde. Die Krämer und die Schmiede hatten auf dem Markte keinen Stand.

Ähnliche Einrichtungen wie in der Altstadt bestanden auch in der *Neustadt*. Der Marktplatz lag neben dem Rathause und reichte bis zur Goldstraße. An der Holtstraße lag der *Salzmarkt* der Neustadt, für die Bürger der Altstadt unbequem, desto gelegener aber für die Salzfahrer, die von Salzuflen kamen und in das Johannistor einfuhren.

Auf den Märkten wickelte sich fast der gesamte Handel der Bürger ab, sei es an den *täglichen* oder *Wochenmärkten*, sei es an den *Jahrmärkten*. Das hing zunächst mit der *Aufsicht* zusammen, die für Ordnung und Redlichkeit im Verkehr sorgte. Auf dem Markte befand sich die *Stadtwaage*, auf der alles in den Handel gebrachte Metall, ferner Wolle, Butter, Käse, Wachs, Flachs usw. gewogen werden mußte. Erst 1477 gestattete man den Verkäufern etwas größere Freiheit: Die Krämer durften bis zu 10 Pfund, Schmiede, Kupferschmiede und Kannengießer bis zu 20 Pfund „gewrogten" (amtlich geprüften) Pfunden, die Höker nur zerschnittenen Käse wägen. Die Waage der Neustadt durfte keine Fettwaren, andere Waren nur bis zu 70 Pfund wägen. Auch die *Stadtelle* mit der das Tuch und die Leinwand gemessen werden mußte, befand sich auf dem Markt, vielleicht an der alten Marienkirche; auch an der Fassade der Johanniskirche sollen zwei noch vorhandene Nagelköpfe die Länge der alten Osnabrücker Elle bezeichnen. Das zum Verkauf angebotene Zeug wurde hier aber nicht nur gemessen, sondern auch geprüft. Seit der Mitte des 14. Jahrhunderts geschah dies wohl in dem *Wandhause*, das in dem alten Fleischhause auf der Gildewart eingerichtet war. Später wurde hierfür die städtische *Legge* im alten Rathause am Markt eingerichtet. Das Wägen, Messen und Prüfen der Waren mußte aber bezahlt werden; so bildete also der Markt eine Einnahmequelle der Stadtverwaltung. Auch ein *Kaufhaus* hatte der Rat in der Heger Straße erworben. Hinter dem Turm (in der Turmstraße) lag das *Gruthaus*, in dem der Rat die Grut zur Bereitung des Grüsingbieres verkaufte.

Auf dem Markte lag auch spätestens seit 1350 die *Münze*. Ob sie früher sich auf der „Alten Münze" befunden hat, läßt sich nicht mehr nachweisen. Die heutigen Münzanstalten prägen nur Münzen, die alten wechselten auch Geld, wie heute die Banken. Heute kann man mit derselben Münze quer durch Deutschland reisen; damals aber ließ eine Stadt kaum die Münzen der Nachbarstadt im Verkehr zu. Und wie viele verschiedene Münzen gab es damals! Wie oft änderte dasselbe Land, dieselbe Stadt ihr Gepräge! Da mußten also die Geschäftsleute bei der Münze oder den Goldschmieden beständig wechseln.

Ob der *Markt* täglich oder nur einige Tage der Woche abgehalten wurde, wissen wir nicht. Verkäufer waren nur hiesige Handwerker; ein Verkauf von Fremden an Fremde war nicht gestattet. Aber auch mit den Krämern, den eigentlichen Kaufleuten, lagen die übrigen Ämter oft im Streit, weil jene Waren verkauften, die hier nicht verfertigt waren.

So schlichteten die Bürgermeister Dethard von Dumstorf und Arnd Dunker 1360 einen Streit zwischen den Krämern und den Riemenschneidern über den Handel mit Lederwaren. Jenen wurde gestattet, gepreßte Gürtel mit Seide genäht, Kölnische Handschuhe, Beutel mit rotem Leder gefüttert und Taschen mit seidenen Quasten zu führen, dafür sollten die Riemenschneider ebenso wie die Krämer auch Alaun verkaufen dürfen. Als man im 16. Jahrhundert verschiedene Stahlwaren fabrikmäßig herzustellen begann, führten die Krämer hier Messer ein. Die Schmiede beschwerten sich, und die 11 Ämter gaben ihnen recht. Dagegen führten die Krämer hier Klage beim Rat, der nach langen Verhandlungen so entschied: Die Krämer dürfen von auswärts bezogene kleine Messer führen, aber nur an Jahrmärkten und den gewöhnlichen Wochenmärkten ins Fenster legen, nicht in den Marktbuden verkaufen. Dagegen dürfen sie Messer aller Art, welche hiesige Schmiede verfertigt und ihnen verkauft haben, stets in den Fenstern auslegen. Noch 1706 wurde ein Krämer bestraft, weil er am Dienstag fremde Messer ins Fenster gelegt hatte. Obwohl hier kein Gildebruder Sensen schmiedete, erlaubte die Gilde zwei Personen den Handel mit Sensen nur unter der Bedingung, daß sie 120 Taler zahlten, und auch nur so lange, bis etwa ein hiesiger Schmied Sensen anfertigte. Ebenso wollten die Schmiede den Krämern nicht den Verkauf von Schlössern und Blechwaren gestatten.

Auf den *Jahrmärkten* fielen alle diese Beschränkungen fort. Die beiden noch heute hier gefeierten Jahrmärkte oder Stadtmärkte verdanken ihre Entstehung kirchlichen Einrichtungen. Am Tage der Schutzheiligen des Doms, Krispin und Krispinian, am 25. Oktober, mußten von den Hörigen die Zehntpachten und Sackzehnten entrichtet werden; daher kamen an diesem Tage dieserhalb und wegen der besonderen kirchlichen Feier viele Menschen in die Stadt. Dasselbe geschah durch den Jahressend, ein geistliches Gericht, das der Archidiakon für sein Kirchspiel um Mittfasten abhielt, und das alle Pfarrer und Priester seiner Diözese und viele Laien in die Stadt führte. Aus Veranlassung dieser beiden Tage entstanden unsere beiden großen Jahrmärkte: Die „Herrenmisse" im Oktober und der Stadtmarkt in den Fasten. Später richtete man noch andere Märkte ein, auf Kreuzeserhöhung und an den Kirchweihtagen einzelner Kirchen und Kapellen; aber sie haben sich nicht gehalten. An den beiden großen Jahrmärkten währte der Kleinhandel drei Tage; am vierten durften die fremden Händler noch Reste oder ganze Stücke in den Häusern verkaufen. Was den Jahrmarkt jener Zeit von dem heutigen unterscheidet, war vor allem der *Tuchhandel*, der jetzt ja fast ganz fehlt. Woll- und bald danach auch Leinenweberei waren in der Stadt und im Bistum das wichtigste Gewerbe im späten Mittelalter und in den ersten Jahrhunderten der Neuzeit. Während der Wollverarbeitung ursprünglich größere Bedeutung zukam als der Flachsverwertung, änderte sich dieses Verhältnis spätestens im 16. Jahrhundert zugunsten des Osnabrücker Leinenhandels (s.u.). Schon die große Zahl der Gademe der Wandmacher oder Wüllner deutete auf das anfängliche Übergewicht dieses Amtes hin. Während der übrige Handel sich teils auf dem Marktplatz, teils im Portikus des Domes abspielte, standen die fremden Wandhändler in dem erwähnten Wandhause, die hiesigen sowie die Schneider im alten Rathause. Das Messen und Stempeln der Tuche und Leinwand geschah durch einen Angestellten des Rats, dem Leggemeister; sonst führten die Gildemeister strenge Aufsicht über feilgebotene Waren, vor allem die Krämer. Waren, die nicht als „Kaufmannsgut" anerkannt wurden, mußten entfernt werden.

Die Gildebrüder besuchten auch *auswärtige Märkte*. Ein einzelner Handwerker wäre in der Fremde wehr- und schutzlos gewesen, wie überhaupt im Mittelalter der einzelne sein Recht schwer erlangen konnte. Deshalb schlossen sich nicht nur die einzelnen Ämter einer Stadt, sondern auch die Marktbezieher mehrerer Nachbarstädte zu gegenseitigem Schutz gegen Gewalt und Unrecht zu Genossenschaften, sog. „Hansen", zusammen.

11. Osnabrücks Handel — seine Zugehörigkeit zur Hanse

Den ersten derartigen *Marktvertrag* schlossen 1246 die Städte Osnabrück, Münster, Minden und Herford zu *Ladbergen* (s.o.). ,,Der Vertrag von Ladbergen wurde für die Entwicklung der westfälischen Städtebündnisse das Vorbild und war eine der Grundlagen, auf der die Hanse aufbaute'' (Rothert). Damit aber der Bund seinen Gliedern Schutz gewähren konnte, setzte er genau fest, welche Märkte sie beziehen durften. Doch beschränkte man sich nicht auf Westfalen, sondern die Osnabrücker besuchten auch die Märkte in Oldenburg und Ostfriesland und knüpften von Nordhorn aus Verbindung mit den niederländischen Städten an. Kurz vor einem Markt, der bezogen werden durfte, pflegte der Gildemeister das Amt auf das Rathaus zu laden. Dort mußte jeder Amtsbruder angeben, welche und wie viele Waren er mitnehmen wolle, worauf der Gildemeister die erforderlichen Wagen bestellte. Die Hin- und die Heimreise legten sie gemeinsam zurück; Meister und Gesellen waren bewaffnet, ein Gildemeister hatte die Leitung. Wer zum erstenmal den Markt bezog, mußte den übrigen ,,die Hansa (Genossenschaftsbeitrag) zahlen''. Unterwegs wie in der Herberge mußten die herkömmlichen Formen streng befolgt werden. In einer Marktordnung des Pelzeramtes von 1574 heißt es: ,,Wenn die Pelzer zur Herberge kommen, so setzt man sich nach des Amtes Gerechtigkeit. Das steht fein und ehrlich; die Gildebrüder nach dem Alter im Amt, dann die Frauen, dann die Gesellen, dann die Jungen, endlich die Mägde.'' Alle Marktbezieher aus den verbündeten Städten bildeten eine zu gegenseitiger Verteidigung verpflichtete Gemeinschaft; eine gewisse Führung hatte die Stadt, in deren Diözese der Marktort lag. Die Gildebrüder derselben Stadt erhielten einen gemeinsamen Stand, auf dem die Gildemeister jedem ihrer Amtsgenossen seinen Platz anwiesen. Jeder Meister durfte nur *ein* Rick aufschlagen, an dem er seine Ware aushängte. Alle hängten gleichzeitig auf. Dann gingen vier von dem Gildemeister oder dem ältesten anwesenden Amtsmeister ernannte Meister umher, um die Waren zu besehen. Schlechte Waren wurden weggenommen oder gestraft, was denn oft zu Streitigkeiten oder gar zu Schlägereien führte. Auf dem Markte in Vechta hatte ein Osnabrücker Schuhmacher 1669 zwei Paar aus altem Leder verfertigte Schuhe aufgehängt. Die Gildemeister nahmen sie fort und straften den Verkäufer; der aber riß sie mit Gewalt wieder an sich und hängte sie abermals auf, deshalb mußte er daheim seinem Amte zur Strafe ³/₄ Tonnen Bier liefern. Die Eintritts- und Strafgelder wurden meistens vertrunken. Auf dem Gesmolder Markt wollten die Herforder Schuhmacher 1642 sich nicht nach der Gewohnheit und den Weisungen der Osnabrücker richten, in deren Diözese doch der Marktort lag, sondern hängten ihre Schuhe schon morgens bei Sonnenaufgang auf. Die Osnabrücker nahmen sie dreimal ab und pfändeten schließlich zwei Paar Schuhe, was dann zur Schlägerei und Klage führte.

Ganz abgesehen von diesem lästigen Marktbeziehen war der Handel auch sonst mit weit größeren *Schwierigkeiten* verknüpft als heute; zunächst der Warentransport. Posten gab es bis zum Anfang des 16. Jahrhunderts überhaupt nicht, von den Eisenbahnen ganz zu schweigen. Auch Speditionsgeschäfte fehlten, so daß der Geschäftsmann meistens selber die Warensendung begleiten mußte. Die für die Niederlande bestimmte Ware wurde meistens auf großen, mit einem Planlaken überspannten und von vier Pferden gezogenen Wagen bis Nordhorn gebracht, von dort auf der schiffbaren Vechte weiterbefördert. Die Wege waren oft grundlos — man denke an die alte Frankfurter Straße neben dem Nahner Turm! —; die erste Chaussee unseres Bistums (Osnabrück-Iburg) wurde 1714, die erste Brandenburgs (Berlin-Potsdam) 1792, die erste Ostfrieslands (Aurich-Leer) erst 1834—1840 erbaut. Oft genug war der lästige Transport auch noch mit Lebensgefahr verbunden. Dazu kam die Schwierigkeit der Zahlung. Während man früher Tauschhandel getrieben hatte, brach sich allmählich auch bei uns die Geldwirtschaft Bahn; aber es mußte alles bar bezahlt werden, falls nicht der Käufer einen annehmbaren Bürgen stellen konnte. Zahlung mittels Wechsel oder gar die von Banken vermittelte Buchzahlung durch Ab- und Zuschreiben kannte man noch nicht. Zu Anfang des 16. Jahrhunderts konnte man von Osnabrück aus mit Amsterdam schon schriftlich Geschäfte abschließen; meistens aber begleitete der Geschäftsmann selber seine Waren, um den gelösten Betrag gleich wieder anzulegen, wie folgendes Beispiel aus dem ersten Viertel des 16. Jahrhunderts zeigt. Ein Osnabrücker Krämer sandte Leinen und Tücher nach Amsterdam, kaufte dort für den Erlös Leydener Tücher, Wein und Heringe, sandte Wein und Heringe nach Stade, verkaufte beides dort nach Jütland, erwarb dafür in Stade und Hamburg Fische und setzte sie in Buxtehude gegen Wolle um, die er nach Osnabrück sandte.

Trotz dieses umständlichen Geschäftsbetriebes nahmen Osnabrücker Kaufleute seit dem 12./13. Jahrhundert an dem Handel mit den entfernten Ostseeländern teil, wie auch der westfälische Adel sich bei der Eroberung des heidnischen Preußenlandes betätigte. Nachdem 1158 Bremer Schiffe die Dünamündung aufgefunden hatten, entwickelte sich ein lebhafter Verkehr über die Düna und Newa mit Rußland, der teils die Bekehrung und Eroberung des Landes, teils Handelsgewinn bezweckte. Scharen von deutschen Kriegern zogen nach dem fernen Ostland, ihnen folgten Kaufleute, Pilger und Bauern. Auch die Westfalen nahmen daran bald teil. Schon 1199, also bevor der Deutsche Orden die Eroberung Preußens begann, führte Hartmann von Iburg, ein Dienstmann unseres Bischofs, den ersten Kreuzzug an die Düna. Der Osnabrücker Adel findet sich unter den nach dem Osten ziehenden Kriegern und Pilgern häufig; ohne Zweifel haben sich Kaufleute unserer Stadt ihnen angeschlossen, da auch sonst Ritter, Kaufleute und Bauern bei der Rückeroberung des Slawenlandes zusammenarbeiteten. Sicher wissen wir von Dethard Vlaminck, einem Osnabrücker Fernhandelskaufmann, daß er sich beim Handel mit jenen Ostseeländern so bereichert hatte, daß er dem Hospital zum Heiligen Geist den väterlichen Meierhof zu Hüningen schenken konnte. Das Heilig-Geist-Spital in Wisby auf Gotland erhielt von ihm eine ständige Rente. Auch finden sich bekannte Osnabrücker Bürgernamen mehrfach in den Ostseestädten wieder; vor allem in Danzig, das bis zur Zerstörung der Stadt im letzten Kriege noch zahlreiche Nachkommen von eingewanderten Osnabrückern aufwies. Das Geschlecht derer von Osenbrügge, das zuerst 1298 in Riga und dann bis 1359 zahlreicher in Reval im Rate vertreten war und aus dem ein Hermann Osenbrügge 1340 Bischof von Oesel war, stammte aller Wahrscheinlichkeit nach aus Osnabrück. Mit *Bremen* standen Osnabrücker Handelsherren schon seit 1293, mit *Hamburg* seit 1304 in Verbindung, und von hier aus schlossen sie Geschäfte mit den nordischen Städten, z.B. mit *Bergen*, ab. Der Handel mit Friesland und den Niederlanden blühte schon um 1300. Osnabrücker Kaufleute besuchten auch fleißig den Stalhof (von mhd. steal = Muster) der deutschen Kaufmannhanse in *London*.

Noch wichtiger wurde die Verbindung Osnabrücks zu *Lübeck*. Unter der Führung Lübecks hatten sich 1283 zu Rostock erstmals bedeutende Seestädte an der Ostsee zu einem Bunde mit den angrenzenden Fürsten zusammengeschlossen, um sich gegen neue Angriffe Dänemarks zu sichern. Aus diesem Zusammenschluß erwuchs die *Hanse* als Bund aller namhaften Hafen- und Handelsstädte an der Nord- und Ostseeküste (Städtehanse), dem sich im Laufe des 14. Jahrhunderts zahlreiche nord- und westdeutsche Binnenstädte anschlossen, darunter auch Osnabrück. *Lübeck* wurde sodann von allen Hansestädten als Vorort und Oberhof anerkannt und zum Haupt der Hanse erkoren. Diese hatte sich während des 14. Jahrhunderts im Bereiche der nord- und mitteleuropäischen Warenströme, in deren Geflecht auch Osnabrück zu einem Faktor von beträchtlichem Ansehen heranwuchs (s.o.), zur Bedeutung einer handelspolitischen Großmacht entwickelt. Osnabrücker Kaufleute haben dabei das berühmte Kontor der Hanse in *Nowgorod* am Ilmensee (südlich von Leningrad) gründen geholfen. Die so über einen sehr weiten Raum verstreuten Handelsplätze wurden schließlich in vier Quartiere eingeteilt, in deren Bereich Osnabrück, inzwischen zu einem wichtigen Umschlagplatz für flandrische Erzeugnisse und die Produkte Nord- und Osteuropas geworden, als *Hauptort* (Prinzipalstadt) zum westfälischen Quartier der Hanse mit Köln als Vorort gehörte. Nunmehr nahm unsere Stadt seit 1412 an den Hansetagen in Lübeck und auch in Köln (für das westfälische Quartier) teil. Als unsere Stadt mehrere Jahre die Hansetage ohne Entschuldigung nicht beschickte, wurde sie 1450 auf zehn Jahre ,,verhanset", d.h. die Osnabrücker Geschäftsleute konnten an Mitglieder der Hanse keine Waren verkaufen, noch von ihnen kaufen, eine schwere Strafe, da die Hanse fast den ganzen Handel in Händen hatte. Als die Stadt sich aber durch das Verhandlungsgeschick (des späteren Bürgermeisters) Ertwin Ertman genügend entschuldigen ließ, wurde sie schon 1452 ,,in des Kaufmanns Recht und Freiheit" wieder aufgenommen. Die Verhansung war eine empfindlichere Strafe als die Reichsacht, die die Stadt gleichzeitig noch immer gleichmütig bis 1470 ertrug. Aber mit dem allmählichen Erstarken des englischen Handels und infolge des Unabhängigkeitskampfes der Holländer nahm der Handel der Hanse nach England und Holland nach und nach ab. Da fanden die Osnabrücker ein neues Absatzgebiet für ihre Tuche in Oberdeutschland; von Nürnberg aus ging die Osnabrücker Leinwand nach Italien und über Venedig in den Mittelmeerraum, bis der Dreißigjährige Krieg auch diesen Handel — wenn auch nicht sofort — lähmte.

Der letzte und vielleicht bedeutendste Syndikus der Hanse war der aus Osnabrück stammende *Dr. Johannes Domann*, der vor dem Beginn des Dreißigjährigen Krieges noch einmal verzweifelt versuchte, der immer stärker werdenden Schwierigkeiten Herr zu werden. Er verhandelte persönlich mit dem großen niederländischen Staatsmann Oldenbarneveldt, mit Heinrich IV. von Frankreich und Philipp von Spanien. Er half auch, ein tüchtiger Jurist und geschickter Verhandler, die vielen binnenländischen Streitigkeiten zu schlichten und starb auf einer Reise in den Niederlanden nach einer unglücklichen Ehe mit einem nichtssagenden beschränkten Mädchen aus der Studentenzeit. Zu seinem in Osnabrück lebenden Bruder unterhielt er dagegen enge Beziehungen. Domanns vielstrophiges *plattdeutsches Lied* auf die Hanse, sein ,,Schön neu Lied von der alten teutschen Hanse im Ton des Rolandes, 1618" (102 Strophen), fand als wichtigstes Zeit- und Sprachdokument in der beginnenden Germanistik bis zur Gegenwart hin besondere Beachtung und wurde vielfach gedruckt. Es konnte aber den Niedergang nicht aufhalten. Als 1669 Lübeck als Vorort den letzten Hansetag einberief, war auch Osnabrück unter den neun Städten, die diese ,,Tagfahrt" beschickten, vertreten, und zwar durch den Lübecker Dr. Schomerus als Bevollmächtigten. Noch einmal wurden seine alten Privilegien, ,,des Kaufmanns Recht und Freiheit", anerkannt. Doch unter den schweren Folgen des unglücklichen Dreißigjährigen Krieges ist seitdem der große Städtebund in dieser Form nicht mehr in Erscheinung getreten.

Wie heute die Eisenbahn, so führte in alter Zeit eine *Haupthandelsstraße* über Osnabrück, die Bremen und Hamburg mit dem Rhein und Holland verband. Eine andere kam aus Flandern über Köln und führte über Braunschweig und Magdeburg in den deutschen Osten. Von beiden Seiten wurden unserer Stadt die *Waren zugeführt*, die unser Land nicht erzeugte, vor allem Gewürze, Öle, Fische, feinere Lederarbeiten, Handschuhe, niederländische und englische Tücher, bessere Eisen- und Stahlwaren, Armbrüste, später Feuergewehre. Als gute Patrioten tranken die Vorfahren keine französischen, sondern fast nur Rheinweine; nur ausnahmsweise bezog der Rat auch ,,romanische Weine", und seit dem Dreißigjährigen Kriege kommt auch der französische Wein in Aufnahme. Aus Trauben hergestellter Branntwein kommt hier zuerst 1536 vor.

Ausgeführt wurden Schweine, Rinder, Schafe. Die städtischen Händler hielten sich zum Verkauf zahlreiche Schweine und Rinder, der Wandschneider und Bürgermeister Heinrich *Stork* einmal 400 Mutterschafe mit Lämmern, die sie auf dem Lande durchfüttern ließen. Auch Roggen und Holz wurden ausgeführt; den wichtigsten Ausfuhrartikel bildeten die Gewebe, Wollaken und *Leinwand.* Seit alten Zeiten wurde in Westfalen viel gesponnen und gewebt. Das hängt wohl damit zusammen, daß hier viele Schafe gehalten wurden, daß der Flachs in der ,,roten Erde" gut gedieh und das Spinnen ein geeignetes Mittel ist, überschüssige Zeit passend zu verwerten. Früher wurde nicht nur auf dem Lande, sondern auch in der Stadt gesponnen, von Frauen, Töchtern, Mägden und Knechten. Auf den Dörfern mußten noch um 1850 während des Winters Knechte und Mägde morgens von 4 bis 6 Uhr spinnen, die Knechte ein halbes Stück (16 Bind) flächsen Garn, die Mägde ein halbes Stück (12 Bind) Heedengarn. Ursprünglich wurde hier viel Wolle gewebt, daher nannten die Weber sich auch *Wüllner*. Schon 1457 erwarben sie die Gretescher Mühle und richteten sie zu einer Walkmühle ein, und 1600 erbauten sie an der Hase eben unterhalb der Nettemündung eine neue Walkmühle, die jetzige Papiermühle. Damals zählte das Wüllner- oder Wandmacheramt über 300 Meister, unter ihnen Männer von solcher Bedeutung, daß man ihnen das Bürgermeisteramt übertragen konnte.

Noch bedeutender wurde die Ausfuhr der *Leinwand*, plattdeutsch *Löwend* (Lenwand, Lewand). Die Leinweberei war seit alten Zeiten in der Stadt und auf dem Lande heimisch. Die Stadt hatte ja schon seit der ältesten Zeit davon eine Einnahme, daß das auf dem Markte verkaufte Leinen mit der Stadtelle gemessen werden mußte; sie suchte aber ihre Berechtigung immer weiter auszudehnen und erlangte um 1404 vom Bischof das wichtige Vorrecht, daß alle im Stift gewebte Leinwand an den Rat abgeliefert werden mußte. Der stellte einen Leggemeister an, der das Leinen messen, auf seine Güte untersuchen und mit dem Osnabrücker Siegel stempeln und vorschriftsmäßig legen (leggen,

Der Osnabrücker Leggestempel mit Abdruck

daher der Ausdruck *Legge*) oder packen mußte. Die Aufkäufer konnten das Leinen nur auf der Legge kaufen. Auch sie mußten, ebenso wie die Verkäufer, an die Legge eine Gebühr zahlen. Bei hoher Strafe war das Kaufen und Verkaufen von Leinen mit Umgehung der Legge verboten. So hatte die Stadt den Leinenhandel des ganzen Stifts in ihrer Hand und bezog davon eine beträchtliche Einnahme; sie ließ sich deshalb wiederholt (1522, 1580, 1595, 1622, 1634) dies wichtige Vorrecht vom Bischof und 1650 sogar vom Kaiser bestätigen. Da strenge Aufsicht geübt und die Gewebe nach ihrer Güte mit verschiedenen Stempeln versehen wurden, so gaben sich die Wandmacher besondere Mühe; das *Osnabrücker Siegel* galt als die beste Empfehlung. Selbst aus der Nachbarschaft des Stifts, aus Herford und Lemgo, brachte man das Leinen auf die Osnabrücker Legge. Andere suchten betrügerischerweise das Osnabrücker Leggezeichen — das Wappen der Stadt — nachzumachen.

Die Stadt Osnabrück wurde so für fast ein halbes Jahrtausend der Haupthandelsplatz für Hausleinwand in Nordwestdeutschland. Bereits vor der Errichtung der Osnabrücker Legge als städtische Leinenschauanstalt um 1404 gab es 1347 eine Bruderschaft der vereinten Leineweber, die zwar wegen ihrer sozialen und wirtschaftlichen Stellung nicht zu den 11 Ämtern der Osnabrücker Gilde gehörte, aber durch ihr Bestehen erkennen läßt, daß die Leineweberei auch schon im 14. Jahrhundert sogar in der Stadt betrieben wurde, jedoch erst der im 15. Jahrhundert ständig wachsende Zugang von im „armen Spinnerländchen" des Hochstifts durch stetigen Hausfleiß erstellten Leinens, dessen Zubereitung im Bistum Osnabrück mit besonderer Sorgfalt betrieben wurde, machten ab etwa 1400 die Osnabrücker Legge mit ihrer festen Schauordnung und damit auch den Leggezwang notwendig. Sie sorgte so nicht nur für eine Verbesserung und Vermehrung der Produktion, sondern regulierte auch in angemessener Weise den Preis des Leinens. Der Osnabrücker Leggestempel war daher bald im Ausland so geachtet, daß Leinwand mit diesem Gütezeichen zwanzig Prozent höher im Preis stand als andere Leinwandsorten aus Nord- und Westdeutschland. Ihre Qualität wurde schließlich so maßgebend, daß die Leinwandsorten im Welthandel nach der Osnabrücker Einteilung benannt wurden. Sogar der Hochmeister des Deutschen Ordens im fernen Preußenland bevorzugte als Leibwäsche — wie Rothert berichtet — das Osnabrücker „Löwendlinnen".

Noch während des 15. Jahrhunderts wandte sich der Handel mit der Osnabrücker Leinwand dem süddeutschen Raume zu. Sie fand ihren Weg nach Frankfurt und Nürnberg, von wo sie durch dortige Handelsgesellschaften in großen Mengen nach Venedig ausgeführt wurde, um im weiten Bereich des Mittelmeerraumes auf den Markt gebracht zu werden. Fast gleichzeitig dehnte sich während der Blütezeit der Hanse ihr Absatz nach den Niederlanden und nach England sowie weit in die Ostseeländer aus. Nach der Entdeckung Amerikas 1492 ging alsbald der größte Teil der Ausfuhr des Osnabrücker Leinens über die westeuropäischen Seemächte und nun auch Spanien, wo hiesige Kaufleute Handelskontore in Cadiz und Malaga unterhielten, nach Nord-, Mittel- und Südamerika, wo es unter dem Namen „true born Osnabrughs" („ehrlich erstelltes osnabrückisches Leinen") auf den Markt kam. In den tropischen Gebieten Mittel- und Südamerikas sowie Niederländisch-Indiens wurden die Leinensorten mit dem Wappen Osnabrücks, das leider auch häufig von der Konkurrenz mißbraucht wurde, wegen seiner kühlenden Wirkung auf dem Körper ein beliebtes Bekleidungsmittel für die gesamte Bevölkerung. Große Mengen Leinwand niederer Qualität, hauptsächlich graue und braune Ware, wurden in Amerika zur Einkleidung der Sklaven verwandt, denn der Stoff war haltbar und billig.

Nach dem Niedergang der Hanse im 17. Jahrhundert und dem Abflauen des holländischen Überseehandels im 18. Jahrhundert wurde *Bremen* für die Osnabrücker Legge, die inzwischen den Charakter einer großen Leinwandbörse angenommen hatte, der Hauptausfuhrort. Die ,,Würde des Zeichens", so wurde vom Osnabrücker Rad gesprochen, für den Gütegrad des gehandelten Leinens blieb so noch lange erhalten. Nach einem vorübergehenden Rückgange des Osnabrücker Leinenexports, weitgehend bedingt durch die Folgen des Dreißigjährigen Krieges (1618—1648), hat im 18. Jahrhundert der Osnabrücker Staatsmann Justus Möser ab 1770 durch eine Erneuerung des städtischen Leggewesens und die erstmalige Einrichtung von weiteren Zwangsleggen in zentralgelegenen Orten des Osnabrücker Landes wie Bramsche, Dissen, Iburg und Melle noch einmal für eine nachhaltige Belebung der Leinwandproduktion und -ausfuhr Sorge getragen. Erst nach der starken Einfuhr der billigen Baumwollgewebe aus dem anglo-amerikanischen Auslande im 19. Jahrhundert bei fast gleichzeitigem Aufkommen der mechanischen Webereien in Europa mußte das Leggewesen, das inzwischen verstaatlicht wurde, den Rückzug antreten. Damit ging auch das ländliche Hausgewerbe der Flachsspinnerei und -weberei im bäuerlichen Bereich immer weiter zurück, bis es schließlich nur noch für den Eigenbedarf eine Rolle spielte. Den Schlußstein für die ruhmvolle Epoche des ,,westfälischen Hausfleißes" mit dem Osnabrücker Rad als dem maßgebenden Gütezeichen bildete die Aufhebung der Osnabrücker Stadtlegge am 1. April 1902.

Durch seinen umfangreichen Leinen- und Wollhandel mit der damit verbundenen Weberei — zeitweilig weideten über 30000 Schafe in der Feldmark (Rothert) — entwickelte sich Osnabrück im 15. und 16. Jahrhundert zu einem bedeutenden *Handels- und Gewerbeplatz* im nordwestlichen Deutschland. Um 1425 hatte es rund 4800 Einwohner. Damit waren die starken Verluste durch die Seuchen um die Mitte des 14. Jahrhunderts, als die Stadt bereits an die 5000 Seelen umfaßte, schon wieder weitgehend wettgemacht. Im 15. Jahrhundert stieg die *Einwohnerzahl* rasch auf 8000 (1487) an und weiter auf rund 10000 im Jahre 1520. Sie erreichte damit den *höchsten Stand*, den sie sodann — mit gewissen Schwankungen (u.a. im und nach dem Dreißigjährigen Kriege) — fast vier Jahrhunderte beibehielt, ebenfalls ihren sodann durch Wall und Graben begrenzten Umfang. Im Zeitraum des späten Mittelalters und der beginnenden Neuzeit besaß Osnabrück damit den Rang einer weithin angesehenen Handelsstadt mittlerer Größe.

12. Formen des Geldwesens

Es wurde fast nur gegen Barzahlung verkauft, das Wechseln besorgten die Münze und die Goldschmiede; die Vermittlung des Kredits, das Hauptgeschäft unserer Banken, war im Mittelalter nicht in den Händen der christlichen und deutschen Wechsler. Seit den Kreuzzügen besorgten dieses Geschäft *Italiener*. Sie sind auf dem Gebiete des Handels unsere Lehrmeister gewesen, woran noch heute die Ausdrücke brutto, netto, Discont usw. erinnern. Man nannte sie *Lombarden*, nach jenen Longobarden, die als Anhänger der Hohenstaufen zu Anfang des 13. Jahrhunderts nach Frankreich flüchten mußten und dort Leihhäuser einrichteten. Noch heute bezeichnen wir das Geldleihen gegen Pfand (Wertpapiere usw.) als Lombardgeschäft. Bischof Konrad II. (1270—1297) bat 1283 den Rat der Stadt um Aufnahme von sechs Lombarden aus der Stadt Asti auf zehn Jahre und gewährte ihnen die Erlaubnis, hier ein Geldgeschäft einzurichten. Aber schon nach acht Jahren mußte der Bischof dem Rat schwören, daß er die Fremdlinge nach Ablauf der gesetzlichen Frist entlassen und andere nie wieder zulassen wolle.

An die Stelle der Lombarden traten die *Juden*. Sie werden in unserer Stadt zum erstenmal 1309 erwähnt: Bischof Engelbert II. (1309—1320) bat den Rat um Schutz für dreizehn jüdische Familien und verpflichtete sich, diese Bitte jährlich zu wiederholen; zugleich setzte er schwere Strafen fest für Übergriffe und Schimpfereien, die jene sich etwa erlauben würden. Als sie die Erlaubnis, *Zins* zu nehmen, in wucherischer Weise ausnutzten, bestimmte der Bischof 1312, daß sie von der Mark wöchentlich höchstens 1 Pfennig Zins nehmen dürften. Die Stadt bestimmte diese Erlaubnis 1319 dahin noch genauer, daß sie bei Pfändung des Viehes nicht durch übertriebene Schätzung der Fütterungskosten den Zinsfuß noch erhöhten. 1327 wohnten hier 15 jüdische Familien; wo, das wissen wir nicht. Eine besondere Judengasse, wie etwa in Frankfurt a.M., die zum Schutze ihrer Bewohner abends verschlossen wurde, hat es bei der geringen Zahl jüdischer Familien hier wohl nicht gegeben. Die ,,Judenschule'' oder Synagoge lag in der Schweine-, jetzt Marienstraße. 1386 überließ der Rat den Juden ein an der Bergstiege, auf dem heutigen Bismarckplatz, gelegenes Grundstück zur Einrichtung einer Begräbnisstätte.

Bald wurden die Juden den Bürgern dadurch auffällig, daß sie außer dem Pfandgeschäft auch Schlächterei betrieben. Um ihnen dies Geschäft zu erschweren, bestimmte der Rat 1336, daß sie ihren Stand im Fleischerscharren durch ein großes, weithin erkennbares Judenbild bezeichnen mußten. Beim Ausbruch der Pest (1350) wandte sich, wie fast überall, die Wut des Volkes gegen die Juden wie auch gegen die Hexen: Sie sollten die Pest verschuldet, die Brunnen vergiftet haben. Mehrere von ihnen wurden ermordet, und der Bischof zog ihren Nachlaß ein. Seitdem lebten hier nur noch acht jüdische Familien, die nicht nur — wie bisher — dem Bischof, sondern auch der Stadt einen Zins zahlen mußten. Nach und nach verringerte sich ihre Zahl; 1413 waren hier noch fünf, 1417 vier, 1423 nur noch zwei jüdische Familien, Leffmann und Isaak. In dem schon erwähnten Vertrage des Bischofs Johann von Diepholz (1424—1437) mit der Stadt versprach jener, fortan ,,die Stadt mit Juden unbeladen'' zu lassen. Von 1424 bis gegen Ende des 18. Jahrhunderts haben in Osnabrück keine Juden gewohnt.

13. Das Verteidigungswesen der Stadt Osnabrück

Die *Altstadt Osnabrück* war von Anfang an eine *Festung*, wenn auch einfachster Art. Der älteste Teil der Stadt — Domhof, Markt und Marktlaischaft — war im Osten durch die Hase, an den übrigen Seiten durch die beiden Arme des Wüsten- oder Poggenbachs geschützt, dessen dem Dom zugewandte Ufer anfänglich wohl durch Pfahlwerk, später durch Mauern befestigt waren. Nachdem sich außerhalb dieser *Binnenburg* die *Haselaischaft* und die *Butenburg*, die sich südlich der Vitischanze bis etwa zur Katharinenkirche erstreckte, sowie die *Johannislaischaft*, d.i. die Große Straße mit ihren Nebenstraßen, entwickelt hatten, umgab man im 13. Jahrhundert die ganze Altstadt mit einer gemeinsamen *Mauer*, wozu die Stadt 1171 von Kaiser Barbarossa die Erlaubnis erhalten hatte. Um diese Zeit errichtete man auch, wenn nicht schon früher, die Hellingsmauer mit ihren beiden Türmen, die man noch heute vom Herrenteichswall aus auf der linken Seite der Hase erblickt. In alter Zeit führte die Hellingstraße an der Mauer entlang von der Herrenteichs- zur Bischofsmühle. Den weiteren Lauf der Mauer bezeichnen die jetzt noch vorhandenen Straßen Hase-, Bocks- und Rolandsmauer, die an der Stadtseite die

Der Bucksturm

Mauern begleiteten. Um 1250 war dieser Mauerring fertig; ihm gehört auch der *Bucksturm* an, falls er nicht sogar noch älter ist. Er stand mit seiner nach außen gerichteten, abgerundeten Seite frei, mit der der Stadt zugekehrten flachen und früher wahrscheinlich offenen Seite auf der Stadtmauer. Nur von hier aus war er zugängig, wie die beiden Türen noch heute erkennen lassen, so daß die wachehabenden Wallgänger, die nachts auf der Mauer umherwanderten, den Turm durchschreiten konnten. Der untere Teil des Turmes, in den man nur durch eine Luke gelangen konnte, war sehr stark, der Teil oberhalb der Mauer leichter gebaut. Die ganze Höhe von der Mauer ab betrug 23,4 Meter. Die starke Bauart, die bedeutende Höhe und die Lage des Turms an dem höchsten Punkte der Altstadt lassen erkennen, daß er als Wehrturm zum Schutze der Stadt gedient hat. Aber auch als Gefängnis und als Folterkammer wurde er genutzt. Vielleicht war er der Bergfried des daneben liegenden *Tecklenburger Hofes* und älter als die Mauer, die man ja nach ihm benannt hat. Seinen Namen hat er wahrscheinlich von einem Stein mit einem Bockskopf erhalten, der früher an der Stadtseite des obersten, 1805 abgenommenen Stockwerkes angebracht war. Durch Abtragung wurde der Bucksturm etwa 10 m niedriger.

Die Tore verstärkte man durch Türme; dann grub man rings um die Westseite der Stadt außerhalb der Mauer einen tiefen *Graben*, den man mit Hasewasser vom Fledder her und mit dem Wasser des Wüstenbaches (Poggenbaches) füllte, das man mittels einer Stauvorrichtung in den Stadtgraben oder durch den Altermannsgraben zur Hakenstraße leiten konnte. Die Südseite der Altstadt schützte man ebenfalls durch einen breiten

Graben, den *„Neuen" Graben*, zur Unterscheidung vom „Alten" Graben, der die Südseite der Binnenburg schützte (s.o.). Er führte vom Poggenbache durch die später angelegte Straße Neuer Graben über den Neumarkt zur Hase und war auf der Nordseite durch Wall (den Schützenwall) und Mauer geschützt. Man füllte ihn, indem man die Hase bei der Herrenteichsmühle aufstaute; sein Wasser diente dazu, den Poggenbach in der Hakenstraße zu verstärken. Das Aufstauen der Hase zwang dazu, auch beim Herrenteichstor eine Brücke zu bauen; bis zum Beginn des 13. Jahrhunderts hatte man dort, wie sich beim Kanalbau um 1860 zeigte, die Hase mittels einer Furt überschritten. Die durch den Poggenbach ermöglichte Befestigung der Binnenburg an der Loh-, Bier-, Krahn- und Herrenteichsstraße lag jetzt innerhalb der Stadt, war also bedeutungslos; daher durfte man auch einen Teil des Wassers aus dem Wüstenbach zur Speisung des äußeren Stadtgrabens verwenden, der am Natruper Tor so viel Gefälle erhielt, daß er dort eine Schleifmühle trieb. Die Herrenteichsmühle mußte jetzt allerdings auf die Hase verlegt werden. Der Herrenteich zwischen der Schweden- und der Herrenteichsstraße wurde nach und nach zugeschüttet und bebaut. Auch der Poggenbach wurde immer mehr eingeengt und schließlich überbaut. Die Poggenburg, die Häuser an der Ostseite der Hakenstraße sowie die an der dem Dom zugekehrten Seite der Loh-, Bier-, Krahn- und Herrenteichsstraße standen über dem Bache, bis man diesen um 1860 in den neu angelegten Kanal der damals erstmalig angelegten Stadtentwässerung leitete. — Als man die Herrenteichsmühle an den Fluß verlegte, hatte die Hase schon ihren jetzigen Lauf; ursprünglich aber floß sie von der Neuen Mühle ab in der Richtung auf die Schillerstraße (Ecke Georgstraße) zu, breitete sich östlich vom Herrenteichswall seeartig aus und trat oberhalb der Bischofsmühle wieder in ihr jetziges Flußbett. Der Sicherheit halber verlegten dann die Bürger wahrscheinlich schon im 11. Jahrhundert das Flußbett, wie heute noch im Bereiche des Herrenteichswalles deutlich zu erkennen, nahe an die Stadtmauer. Noch bis zum Ende des 19. Jahrhunderts war die Gegend vor dem Herrenteichstor sehr wasserreich.

Die Bürger benutzten vielfach, wie man noch heute am Heger Tor sehen kann, die Stadtmauer als Rückwand ihrer Häuser. Dann mußten sie es sich aber gefallen lassen, daß die Wach- und Verteidigungsmannschaften durch ihre Häuser gingen. Später bestimmte der Rat, daß sie die Stadtmauer auf ihrem Grundstück selber unterhalten mußten. Da die Häuser fast alle mit Stroh gedeckt waren, konnten sie von außen leicht in Brand geschossen werden. Daher baute die Stadt, wahrscheinlich auf Grund einer 1280 von Rudolf von Habsburg erteilten Erlaubnis, im Norden und Westen eine zweite Befestigungslinie. Von der Hase bis zum Natruper Tor stellten die Bürger den tiefen *Weibergraben* her; an diesen schloß sich die *Hohe Mauer*, die sich über den Ostabhang des Westerberges bis zur Lotter Straße zog und auf dem Grundstück des Städtischen Krankenhauses beim Rißmüllerplatz noch heute zum Teil vorhanden ist. Von der Lotter Straße bis zur Wüste wurde neben dem jetzt noch zum Teil vorhandenen, aber verschlossenen Hasenpatt ebenfalls ein tiefer Graben angelegt. Außerdem wurden 1338 die *Strohdächer* bei Neubauten *verboten*. Besondere Sorgfalt wandten die Bürger der *Befestigung der Tore* zu. Die Binnenburg besaß drei Tore, von denen bei der Vergrößerung der Stadt nur das Hasetor erhalten blieb. An der Stelle des zweiten steht jetzt das Rathaus, das dritte stand am Nikolaiort. Das *Hasetor* und die Brücke waren schon in älterer Zeit durch einen achteckigen Turm verteidigt, der neben dem Eingange in die Stadt stand. Außen vor der Brücke lag ein vierseitiges Außenwerk. Ebenso waren auch das *Natruper* wie das *Heger Tor* mit einem vierseitigen Turm überbaut und durch ein Außenwerk verteidigt. Das *Herrenteichstor* besaß kein Außenwerk, erschien aber wohl genügend geschützt durch die beiden Hasearme, den Mühlenstrom und die 1542 gegrabene Umflut, ferner durch den Kuhturm und durch den Krumpers- oder Hexenturm, dessen unterer Teil noch jetzt im Garten des Hauses Rohlfing (Große Straße 24/25) zu sehen ist. Von diesem Turm aus wurden in der Zeit der Hexenverfolgungen diese bedauernswerten Frauen der sog. ,,Wasserprobe'' in der Hase unterworfen. Zwischen dem Herrenteichs- und Hasetor lag die *Honpforte*, wahrscheinlich nur ein Mühlentor, das aber durch den gegenüberliegenden *Pernickelturm* und ein vor demselben angelegtes vierseitiges Außenwerk befestigt war. Dieser Wehrturm diente mit der ihn umgebenden Bastion dem östlichen Flankenschutz für das Hasetor. In einer Urkunde von 1341 heißt er ,,Turm am Parnekel'' nach seiner Lage gegenüber einem Parnekel genannten Wiesengelände am Ostufer der Hase; aus diesem Worte hat wohl der Volksmund ,,Pernickel'' gemacht. 1455 wird er ,,Petersilienturm'' genannt, was man als ,,Peters hilligen (heiligen) Turm'' hat deuten wollen. Zwei Tore vermittelten die Verbindung der Altstadt mit der Neustadt. Wo jetzt die Große Straße auf den Neumarkt mündet, stand das *Alte Tor* und am Nordende der Hans-Böckler-Straße die enge *Katharinenpforte*.

Die *Neustadt* war durch ihre Umgebung weit besser geschützt als die Altstadt. Im Osten machten das Große und das Kleine Bruch sowie das Wilde Wasser, im Südwesten und Westen die *Wüste* einen feindlichen Angriff fast unmöglich. Dennoch war auch die Neustadt schon im 13. Jahrhundert befestigt, anfänglich nur durch tiefe Wassergräben, später auch durch Mauern, Türme und feste Tore. Bei der Katharinenpforte schloß sich die Mauer an die Befestigung der Altstadt an, führte zunächst zu der 1305 schon vorhandenen *Martinspforte*, die in der Verlängerung der Seminarstraße lag, lief dann an dem jetzigen Schloßwall hinunter bis zu der 1312 erbauten *Schlagpforte*, die etwa an der Stelle der späteren Neustädter Volksschule (heute: Arbeitsamt) stand. Die Johannismauer schützte die Stadt von der Schlagpforte bis zur Johannisstraße, die durch das schon 1252 erwähnte *Johannistor* geschlossen werden konnte. Weiter folgte die Mauer

Das Johannistor um 1840, Richtung stadtauswärts. Das schon 1252 erwähnte, bereits 1348 Stenporte (Steintor) genannte Johannistor war weniger befestigt als die Tore der Altstadt. Es wurde 1843 abgebrochen.

dem Petersburger Wall; wo sie von der Holtstraße durchbrochen wurde, stand die *Holtpforte*, ein eigenes Tor der edlen Herren von Holte, von dem aus die Straße zur Holter Burg führte (die heutige Meller Straße). Das Geschlecht dieser Edelherren besaß für lange Zeit die Vogteirechte über St. Johann. Die Mauer lief dann neben dem Pottgraben bis zur Neuen Mühle; dort führte eine Brücke über die Hase, die durch das *Mühlentor* geschlossen werden konnte. Die Tore der Neustadt waren natürlich weniger befestigt als z.B. das Hase-, Natruper- oder Heger Tor; doch wird das Johannistor schon 1348 Stenporte genannt. Auch waren die Festungswerke der Neustadt vielfach durch Türme verstärkt, von denen noch zwei erhalten sind. Auf dem Schloßwall steht der *Plümersturm*, nach einem früheren Bewohner so genannt, an der Johannismauer der früher als Spritzenhaus dienende sog. *Hochsperrige Turm*. Wo die Kommenderiestraße die Johannismauer durchbrach, lag der *Schweineturm*. Auch an der Ostseite der Neustadt, am Kollegienwall, befanden sich noch mehrere Türme.

So bildeten Alt- und Neustadt Osnabrück, seit 1306 *eine* politische Gemeinde, auch *eine* Festung. Die Bürger ruhten nicht, die Werke immer mehr zu verstärken. Am meisten war wegen der Nähe des Gertruden- und des Westerberges die Nordseite der Stadt gefährdet; daher schufen sie auch an dieser Seite die stärksten Werke. Das Heger und das Natruper Tor konnten durch den Bucksturm geschützt werden; dem Hasetor fehlte noch ein solcher Schutz. Daher baute man 1471 auf dem linken Haseufer den noch wohlerhaltenen *Barenturm*, so genannt, weil er neben dem am Vitihofe gelegenen Hofe der Familie von Bar errichtet worden war. Außerdem baute man 1490 und 1491 das Hasetor gänzlich um: Statt des kleinen, neben dem Eingange in die Stadt stehenden achtseitigen Turmes errichtete man über der Einfahrt einen großen vierseitigen Turm mit zwei Giebeln, der mittels eines Fallgitters geschlossen werden konnte. Schon um 1350 hatten die wichtigen Stadttore auch Außentore.

Aber was nutzten Mauern gegenüber den inzwischen allgemein in Gebrauch gekommenen *Feuerwaffen!* Daher begannen die Bürger seit dem Beginn des 16. Jahrhunderts, ihre Mauern durch *Wälle* zu verstärken. 1517—1518 erbauten sie neben dem Dominikanerkloster einen starken Turm, der dem Natruper Tor zum Schutz, aber auch oftmals dazu diente, widerspenstige Bürger zum Gehorsam zu bringen. Er heißt deswegen heute noch *Bürgergehorsam*. (Diesen Zweck erfüllte in der Neustadt der Plümersturm.) Besonders eifrig arbeitete man an den Festungswerken seit den Wiedertäuferunruhen in Münster und der Belagerung dieser Stadt (1534). Man errichtete außerhalb der alten Stadtmauer, 5—8 Meter von ihr entfernt und mit ihr parallel laufend, eine zweite Mauer und füllte den Raum zwischen beiden aus. Der Wall vom Natruper Tor bis zur Hase enthielt, wie sich später beim Abbruch zeigte, zahlreiche zerbrochene Krüge, Töpfe, Ziegel, Ofenkacheln, halb verkohlte Holzstücke und dergl., so daß es nicht unwahrscheinlich ist, daß die Bürger den Schutt aus dem großen Brande von 1530 zu dem Wallbau verwendet haben. Die äußere Mauer wurde etwas höher aufgeführt, damit sie den Verteidigern eine Brustwehr bot. Von 1533 bis 1547 sind die meisten der uns bekannten, zum Teil noch erhaltenen Wälle erbaut worden. Beim *Herrenteichswall* ist besonders zu beachten, daß er jenseits der Hase liegt. Im Süden schloß er sich an das Herrenteichstor; sein Nordende wurde durch eine starke Bastion abgeschlossen, die bei der Anlage der Eisenbahn 1855 entfernt werden mußte. Von dem Herrenteichstor bis zu dem Hexenturm erstreckte sich der kurze *Domherrenwall*. Von diesem Turme bis zum Beginn des Neuen Grabens zog sich an dem Ufer des Flusses nur eine Mauer hin, von der neben dem Rohlfingschen Garten ebenfalls noch ein Stück zu sehen ist. Doch war diese Mauer hinter dem Hause Große Straße 16 durch einen kräftigen, vorspringenden Turm verstärkt. Die Tore und sonstige bedrohte Punkte befestigte man durch Anlegung von kasemattierten Rondellen oder Bastionen. 1537 wurde das Natruper Tor verstärkt. Die auf dem Möserplatz gelegenen Bastionen des Herrenteichstores wurden 1543 zu bauen begonnen. Schon 1542 grub man zur Verstärkung dieses Tores die Umflut; in demselben Jahre erhöhte man den Bürgergehorsam und legte im folgenden Jahre vor demselben ein Rondell an.

Mitten in dieser Arbeit wurden die Bürger durch den Ausbruch des Schmalkaldischen Krieges gestört. 1553 belagerte der Herzog *Philipp Magnus* von Braunschweig unsere Stadt; er mußte aber unverrichteter Sache wieder abziehen. Die Bürger Osnabrücks brannten zur besseren Verteidigung der eigentlichen Stadt die Ansiedlungen (Vorstädte) vor den Mauern ab (z.B. am Westerberg und auf dem Klushügel). Jeder Wiederaufbau wurde durch den Rat verboten. Das Verbot blieb gültig bis 1843. Erst durch seine Aufhebung — nach fast 300 Jahren — konnte sich das Stadtgebiet ausdehnen und Osnabrück in seine neuzeitliche Entwicklung eintreten. Die Festungswerke hatten sich damals bewährt; um so eifriger setzte man ihren Bau fort. Da die vielen Tore die Verteidigung erschwert hatten, schloß man das Martinitor, die Schlagpforte und die Holtpforte und befestigte die anderen weiter durch Außenwerke, durch Bastionen, die von tiefen Gräben umschlossen waren. 1553 verstärkte man das Heger Tor; wie stark das damals geschaffene Mauerwerk gewesen ist, zeigte sich bei dem Kanalbau. 1573 errichtete man das mittlere Johannistor; im folgenden Jahre erhielt das Hasetor die es zu beiden Seiten schützenden Bastionen, deren westliche noch vorhanden ist — an der der Hase zugekehrten Seite erkennt man noch, unter Efeu versteckt, zwei Öffnungen —, während die östliche bei der Anlage der Eisenbahn entfernt werden mußte. 1576 erbaute man den Zwinger am Natruper Tor und 1582 das äußerste Johannistor. 1594—1596 verstärkte man den Schweineturm durch ein Rondell. Die Tore wurden mit Zugbrücken versehen, die Straßen konnte man mittels Ketten sperren.

Nachdem man im 14. Jahrhundert den tiefen Stadtgraben auch vom Heger bis zum Natruper Tor durch den harten Stein am Ostabhange des Westerberges gebrochen hatte, konnte man das Wasser der aufgestauten Hase durch den Neuen Graben sowie das Wasser des Wüstenbaches in den Stadtgraben leiten, so daß es beim Barenturm in die Hase trat. Wegen des starken Gefälles mußte man Wehren oder Schützen anbringen. Solche befanden sich am Martini-, Heger-, Natruper Tor und vor der Mündung des Grabens in die Hase. In jeder dieser drei Strecken zeigte der Wasserstand verschiedene Höhe. Um den neben dem Stadtkrankenhause tief eingeschnittenen Stadtgraben gegen etwa nachrutschendes Geröll zu schützen, errichtete man dort die noch jetzt vorhandene Futtermauer. Damit war die Befestigung der Stadt vorläufig abgeschlossen. Während des Dreißigjährigen Krieges errichtete man 1635 die *Vitischanze* und 1654 das noch zum Teil vorhandene Außenwerk vor dem Natruper Tor. 1628 begann Bischof Franz Wilhelm den Bau der *Petersburg*, die aber nicht fertig wurde, aber der Wall gegenüber dieser Zwingfeste wurde niedergelegt, damit die Kanonen auf ihren Bastionen besseres Schußfeld auf die Stadt hatten.

Um einem unvermuteten Überfall möglichst vorzubeugen und der Stadtfeldmark eine gewisse Sicherheit zu verschaffen, verstärkten die Bürger — meistens auf der Grenze des Stadtgebiets — die *Landwehr*: mit dichtem Dorngestrüpp bewachsene Wälle, die von tiefen Gräben, in den Niederungen mit Wasser gefüllt, begleitet wurden. Wo ein Verkehrsweg die Landwehr durchbrach, waren Schlagbäume errichtet und daneben ein Turm für den Baumschließer oder Törner, der die Landwehr bewachen und im Notfall die Bürger von dem Herannahen des Feindes rechtzeitig benachrichtigen mußte. Solche Türme waren der Haster Turm, der Schneiderturm an der Natruper Straße, der Haun-

Die alte Landwehr bei Barenteich. Dieser Ausschnitt aus der im 14. Jahrhundert um Osnabrück herum entstandenen Landwehr zeigt deutlich die Wälle, damals mit dichtem Dorngestrüpp bewachsen, und die sie begleitenden tiefen, in den Niederungen mit Wasser gefüllten Gräben.

horster oder Heger Turm bei Bellevue, der Wulfter, Nahner und Hettlicher Turm sowie das Baumhaus auf der Dodesheide.

Die gesamten Kosten für den Bau und die Erhaltung der Festungswerke trug allein die Stadt. Die größten Ausgaben fielen in jene Jahre, die J. C. B. Stüve als die *Blütezeit* Alt-Osnabrücks bezeichnet, die Jahre 1531—1620. Wiederholt wendete man jährlich für *Wallbauten* 1100 Mark an, für jene Zeit eine bedeutende Summe; kostete doch die gesamte Stadtverwaltung einschließlich des Weins, der mit den Grafen und Herren, ihren Räten und Amtleuten reichlich getrunken werden mußte, nebst dem Ochsen und dem Wein, der bei der Ratswahl erforderlich war, um 1540 nur etwa 600—700 Mark. In den Jahren 1542 und 1543 gab man für die Anlage von Rondellen sogar 7000 Mark aus. Außerdem mußten die Handwerker die Arbeiten bei den Festungsbauten unentgeltlich verrichten; das gehörte zu den Stadtdrachten (Arbeitspflichten für die Stadt). Zwei besondere Wallmeister leiteten die Arbeiten. Da der bisher benutzte Kalkofen, den man mit Holz heizen mußte, nicht genügend Kalk zu liefern vermochte, erbaute man auf dem Piesberg einen neuen Kalkofen, den man mit dort gewonnenen Kohlen heizte. Um aus der Kohlengrube das Wasser ableiten zu können, mußten die Schmiede-, Schuhmacher-, Bäcker- und Lohgerbergesellen einen Abfluß hauen.

Weil die Bürger mit den neuen *Feuergewehren* noch nicht umzugehen wußten, nahm der Rat einen Bogenschützen und Kanonier in Dienst, die auch das Salpetersieden, die

Herstellung des Pulvers und das Gießen der Geschütze zu überwachen hatten. In manchen Jahren goß man sechs Geschütze; außerdem wurden wiederholt Kanonen, Musketen, Spieße, Hellebarden, Morgensterne usw. gekauft. 1620 legte man eine eigene Rüstkammer im St.-Jürgens-Hause (jetzt Große Straße 67/68) an. Als Pulverhaus diente einer der Hellingstürme.

Die Stadt Osnabrück stellte auch das zur Verteidigung ihrer Festungswerke erforderliche *Kriegsheer* auf eigene Kosten; es bestand aus den eigenen Bürgern. *Alle wehrfähigen Bürger*, soweit sie nicht durch ihr Amt befreit waren, wie etwa die Geistlichen, waren *dienstpflichtig und berechtigt, Waffen zu tragen*. Wie der ritterbürtige Jüngling durch den Ritterschlag, so wurde der Handwerksgeselle, sobald er die Lehrzeit beendet und die Prüfung bestanden hatte, durch Umgürtung mit dem Schwerte wehrhaft gemacht. Die einzelnen Ämter kämpften unter ihren Gildemeistern; Waffen mußte sich jeder selber beschaffen. Den Oberbefehl führte ein Ratsherr oder der Bürgermeister selber. In der Fehde gegen die Brüder Albert und Johann von Hoya standen die Bürgermeister Heinrich von Leden, Hermann von Melle und Erdwin von Dumstorp an der Spitze des Bürgerheeres; doch hatten sie einen kriegserfahrenen Stadtobersten zur Seite.

Zu den militärischen Pflichten der Bürger gehörte auch der *Wachtdienst*, der wegen seiner regelmäßigen und häufigen Wiederkehr besonders lästig war. Jedes Tor wurde von einem Kommando besetzt; nachts mußten einzelne Wächter die Stadtmauern begehen, andere durch die Straßen wandern. Wohlhabende Bürger suchten sich von diesem unangenehmen Dienst bald durch Zahlung einer Ablösungssumme zu befreien. Deshalb hob der Rat den Wachtdienst als Bürgerpflicht 1479 auf; er zog fortan von jedem Bürgerhause jährlich 2 Pf., von jedem Gadem (Verkaufshütte) 1 Pf. ein und nahm dafür Lohnwächter an. Später ging er darin noch weiter; 1517 erkauften mehrere Bürger Befreiung von den Arbeiten an Wällen, Mauern und Gräben, von der Verteidigungspflicht sowie vom Wachtdienst, indem jeder zwei Taler zahlte.

Die bewaffneten 11 Ämter standen dem Rat nicht immer unbedingt zur Verfügung; mehr und mehr beschränkten sie sich auf die Verteidigung der Stadt. Deshalb hielt der Rat sich seit dem 15. Jahrhundert eine Schar von etwa 100 *Schützen*, die ihn bei der Aufrechterhaltung der Ordnung und der Unterdrückung von Unruhen unterstützten, in solchem Falle wohl gar gegen die Gilden kämpfen mußten. Außerdem wurden sie in auswärtigen Händeln verwendet, oder sie gaben im Auftrage des Rates einem vornehmen Gast oder dem Bischof das Geleit. Sie waren aus der gesamten Bürgerschaft ausgewählt, meistens junge Leute, und mußten alljährlich dem Rat und ihren Führern den Treueid schwören. Die Waffen, Armbrust, Schild, Schwert und Eisenhut, wurden ihnen von der Stadt geliefert; später trugen sie als Kopfbedeckung den aus Tuch verfertigten Kogel. Sobald sie von der Stadt beschäftigt wurden, erhielten sie auch Sold, sonst nicht.

An die Schützen erinnert uns auch das *Schützenfest*. Zwar ist es wahrscheinlich früher eingerichtet als unsere Schützenschar, in alter Zeit hieß es auch nicht Schützenfest, sondern Vogelschießen; aber die älteste beglaubigte Nachricht über die Feier desselben in unserer Stadt hängt mit den Schützen zusammen. Das Vogelschießen diente ursprünglich nicht oder doch nicht überwiegend wie heute dem Vergnügen, sondern der Waffenübung, der Verteidigung der Heimat. Wie die Ritter auf dem Turnier, so hatten die Schützen beim Vogelschießen ihre Geschicklichkeit in der Waffenführung zu zeigen. Sie schossen mit der Armbrust, später mit dem Feuergewehr nach einem aus zähem Holz verfertigten großen Vogel, der oben an einer 20—30 Meter hohen Stange hing. Die besten Schüsse wurden belohnt; wer das letzte Stück des Vogels herunterschoß, war der Schützenkönig. Der Rat unserer Stadt ordnete das Vogelschießen der Schützen nicht nur an, sondern er bestritt auch die Kosten für den Baum, für Pulver und Blei und stiftete Preise für die besten Schützen. Das erste Schützenfest, von dem wir urkundlich wissen, aber sicher nicht das erste überhaupt, wurde hier 1441 gefeiert. Das älteste Schild an unserer Schützenkette trägt die Jahreszahl 1580. Der Schützenvogel war meistens recht grell bemalt, damit er desto besser zu sehen war; er ähnelte einem Papageien, der seit den Kreuzzügen im Abendlande bekannt geworden war. Daher nannte man das Vogelschießen auch wohl Papageienschießen. Auch an unserer Schützenkette hängt ein kleiner silberner Papagei (lat. psittacus). An der Kette sitzt ein Metallbändchen mit der Inschrift: Wille geit vor Golt; unter dem Schwanz des Vogels steht das lateinische Distichon:

>   Psittace, te cupio mihi symbolum esse triumphi.
>   Vince sagittando, sic coryphaeus eris.   anno 1582.

Ins Deutsche übertragen etwa:

>   Vogel, ich wünsche, du mögest als Bild des Triumphes mir gelten!
>   Siege durch dein Geschoß, König wirst du dann sein.

Die Osnabrücker feierten das Vogelschießen 1589 und 1590 auf Barenteich, meistens aber wohl vor dem Johannistore. Der beliebteste Festplatz war der *Rosengarten* zwischen der Sutthauser und der Iburger Straße, an den noch der Rosenplatz erinnert. Zwischen der Iburger und der Meller Straße lag der Turnierplatz und noch weiter dem Fledder zu der Schützenplatz, der nach der Behauptung des Bürgermeisters J. C. B. Stüve noch 1860 unter dem Namen „Papageienplatz" bekannt war.

Damit die *Wehrverfassung* der Stadt hier zum Abschluß gebracht werden kann, sei es gestattet, etwas in die Neuzeit vorzugreifen.

Je mehr das Kriegshandwerk sich zur Kriegskunst entwickelte, desto deutlicher erkannte man, daß die bisherige, auf der Einteilung nach Gilden beruhende Wehrverfassung nicht mehr genügte. Hatte man doch schon erfahrene Kriegsobersten, Bogenschützen, Kanoniere, Wallmeister und im Notfall auch Söldner in Dienst genommen. Als nun gegen Ende des 16. Jahrhunderts infolge des Unabhängigkeitskampfes der Niederländer unsere Stadt fast unablässig von Kriegsgefahr bedroht wurde, beschloß der Rat unter Zustimmung der Bürger, eine neue, beweglichere militärische Einrichtung zu schaffen. Um das Jahr 1580 teilte man die Bürger in Fahnen und Rotten ein: Je 13 bis 18 Mann bildeten eine Rotte, 4—6 Rotten eine Fahne (Kompanie). Jeder Rotte war ein bestimmter Teil des Walles zur Verteidigung überwiesen. Später (1605) bildete man 12 Kompanien, jede erhielt ihre Mannschaft aus bestimmten Straßen. Die Mitglieder der Gilde und die Nichtbürger stellten auf der Altstadt 6, auf der Neustadt 3 Fahnen, die Mitglieder der Wehr auf der Altstadt 2, auf der Neustadt 1 Fahne. Die ganze Bürgerwehr betrug also etwa 1000—1200 Mann. Jede Fahne hatte einen Kapitän (Hauptmann), einen Leutnant und Unteroffiziere. Kapitäne der Gildefahnen waren Ratsherren; der älteste Kapitän der altstädtischen Gildefahnen führte als Stadtmajor den Oberbefehl. Die Kapitäne erwählten ihre Offiziere und Unteroffiziere selber; die Kapitäne der Wehr- oder Schützenfahnen ernannte der Rat.

Auf der Wehrordnung beruhte auch die *Brandordnung*. Brandgefahr wurde als Kriegsgefahr behandelt; oft genug hatte ja auch ein vor den Mauern lauernder Feind das Feuer entzündet, um während der dadurch entstehenden Verwirrung in die Stadt einzudringen. Sobald die Brandglocken ertönten, eilten die einzelnen Fahnen und Rotten auf die ihnen ein für allemal angewiesenen Plätze des Walles, während die Schützen sich auf dem Markt versammelten. Die Bewohner der vom Brande heimgesuchten Straßen blieben daheim, um mit Unterstützung des ihnen zu Hilfe eilenden Volkes und einer zur Aufrechterhaltung der Ordnung kommandierten Abteilung von 50 bis 60 Schützen den Brand zu löschen. Mädchen mit Hoiken — von Männern und Frauen getragene faltige Überwürfe, in denen man nicht arbeiten konnte — wurden nicht zugelassen. An Löschgeräten benutzte man nur Leitern, Haken und Eimer; die erste Feuerspritze schaffte man erst nach 1620 an.

Auch für sonstige Zwecke der Stadtverwaltung suchte der Rat das Bürgerfahnenwesen auszunutzen. Wollte er vor Beginn irgendeines wichtigen Unternehmens die Stimmung der Bürgerschaft kennenlernen, so wandte er sich an die Fahnen. Außerordentliche Steuern wurden auf die Fahnen verteilt, die sie zugleich mit den für ihre eigenen Zwecke zu erhebenden Beiträgen einzogen. Die Armenpflege war im Mittelalter fast ausschließlich Sache der Kirche; doch fehlte es daneben auch nicht an weltlichen Spenden. Als die Bettelei überhand nahm, griffen die weltlichen Behörden ein; da es dem Rat noch an einer Ordnung der Armenpflege fehlte, beauftragte er zunächst in den einzelnen Laischaften Männer, solche Personen aufzuzeichnen, denen man das Almosensammeln gestatten könne. Als aber diese Einrichtung den Erwartungen nicht entsprach, wandte er sich an die Bürgerfahnen. Jede Fahne stellte ein genaues Armenverzeichnis für ihren Bezirk auf; dann wurde eine öffentliche Sammlung für die Armen angeordnet. Aber der große Brand von 1613 sowie der bald nachher ausbrechende Dreißigjährige Krieg erstickten die Neuordnung im Entstehen.

Die neue Wehrordnung selber erfüllte ebenfalls nicht die auf sie gesetzten Hoffnungen. Zu Anfang des Dreißigjährigen Krieges sah sich der Rat ebenso wie bei der älteren Wehrverfassung genötigt, kriegserfahrene Söldner in Dienst zu nehmen. Trotzdem mußte die Stadt 1628 den Truppen der Liga und 1633 den Schweden die Tore öffnen. Später wagte sie überhaupt keinen Widerstand mehr; während des Siebenjährigen Krieges ließ sie sich sogar von einem französischen Streifkorps von nur 400 Mann ausplündern!

14. Die Verwaltung Osnabrücks seit der Vereinigung der Altstadt mit der Neustadt

Durch die Vereinigung der beiden Schwesterstädte im Jahre 1306 verlor die Neustadt nicht ihre volle Selbständigkeit; sie behielt vielmehr ihren eigenen Rat, ihr Gericht und ihre eigene Vermögensverwaltung (s.o.). *Geeinigt aber waren beide in Gilde und Wehr;* Gildemeister und Wehrgeschworene bildeten die erste völlig einheitliche Behörde und wurden so die Beschützer der Einheit der Doppelstadt. Die Ratswahl wurde gemeinsam auf dem Rathause der Altstadt vorgenommen. Die Förmlichkeiten, die sich hierbei in den nächsten 40 Jahren ausbildeten, faßte man 1348 in der nachfolgenden *Sate* zusammen. Sie ist bis zum Verlust der Selbständigkeit unserer Stadt in Kraft geblieben und bildet ein interessantes Denkmal unserer mittelalterlichen niederdeutschen Sprache. Sie lautet nach *Lodtmann,* Monumenta Osnabrugensia:

14. Die Verwaltung Osnabrücks seit der Vereinigung der Altstadt mit der Neustadt

Die Sate.
Ordnung und Sate des Koers und Wall eines erbarn Rades, welcke anno 1348 von unßen godtseligen leven Vorolderen up Handgifften-Dag, welcker is de negeste Dag na Nyan Jar, geordenet. Godt geve dat idt tor ewigen Sate up unse Nakömelinge moge ervet werden. Amen.

Umme Frede / um Ehre/ umme Gerüchte / umme Nütte unde umme Bederff unser Stadt to Osenbrügge syn wy Scheppen de in dem Jare / do men schreff na Godes Gebort Dusend dre hundert Jare / in dem acht unde vertigsten Jare / den Raed dersülven Stad Osenbrügge beseten / des to Raede worden un heben gesatet in ewiger sate / mit Rade der Wysheit un mit vulborde unser Meenheit / dat ein jeder unser Börger / de eegen Roeck heft binnen Osenbrügge / ohne·dejennen de in dem Raede geseten hebben / schollen alle Jar / des negesten Dages na Nyen Jar/ gahn up das Huß / dar men de Scheppen kesen schall / wannehr men de Klocken lüth; we des nich en dede — den schall men panden vor dre schillinge Osenbrüggisch; alse des Stades olde Recht gewesen heft.

Unde so schollen de sestein Scheppen / de dat Jar den Raed beseten hebben / gahn up dat Huß vor de Meenheit / un dobbelen dar mit dre steenen eenes Worpes / un de geliken in dem werpen / schollen sick lyken also lange / dat et kome up eenen den Meesten unde eenen den Minsten in dem Worpe.

De twee schollen dan sweren to Godt unde synem hilligen Worde / dat se kesen / na eeren besten Wahn / sestein Mann / als veer van der Nyenstad / veer uth S. Johanns Leeschup / veer buten Borg / twee binnen Borg un twee in der Hase Leeschup: un de Eed schall aldus wesen: dat se kesen ane Vorsate / sunder Vorsprake / un dat se nich doen noch laten umme Leef / umme Leid / noch umme jenigerley Ding / dat de Gerechtigkeit hindern moge / se en kesen denjennen de se weten by eren besten Wahn de to dem Koer un der

Ins Neuhochdeutsche Übertragen:
Ordnung und Sate (Festsetzung) des Körs und der Wahl eines ehrbaren Rates, welche im Jahre 1348 von unsern gottseligen lieben Voreltern am Handgiftentage, welches ist der nächste Tag nach Neujahr, geordnet. Gott gebe, daß es zur ewigen Sate auf unsere Nachkommen möge vererbet werden. Amen.

Um Frieden, Ehre, guten Namen und zum Bedarf unserer Stadt Osnabrück haben wir Schöffen, die in dem Jahre, da man schrieb nach Gottes Geburt tausenddreihundert, in dem achtundvierzigsten Jahr, den Rat derselben Stadt bildeten, das beschlossen und haben als ewige Satzung und festgesetzt mit Rat der Weisheit und mit Vullbord (Zustimmung) der Gemeinheit, daß ein jeder unserer Bürger, der eigenen Rauch hat innerhalb Osnabrücks, ohne diejenigen, die in dem Rat gesessen haben, sollen alle Jahre am Tage nach Neujahr auf das Rathaus gehen, wo man die Schöffen (Ratsherren) wählen soll, sobald die Glocke läutet; wer das nicht tut, den soll man mit drei Schillingen Osnabrückischer Münze bestrafen, wie es der Stadt altes Recht ist.

Und so sollen die sechzehn Schöffen, die das Jahr den Rat gebildet haben, vor der (versammelten) Gemeinde auf das Rathaus gehen und dort mit drei Steinen einmal würfeln; die gleich viel Augen werfen, sollen so lange würfeln, bis einer die meisten und einer die wenigsten hat.

Die zwei sollen dann zu Gott und seinem heiligen Worte schwören, daß sie nach ihrer besten Überzeugung sechzehn Mann wählen wollen, nämlich vier von der Neustadt, vier aus der Johannislaischaft, vier aus der Butenburg, zwei aus der Binnenburg und zwei aus der Haselaischaft; und der Eid soll also lauten: Daß sie wählen ohne Bevormundung, ohne Verabredung, und daß sie nichts tun oder lassen wollen aus Liebe oder Leid, noch aus irgend anderem Grunde, was der Gerechtigkeit hinderlich sein würde, daß sie die wählen wollen, die nach ihrer besten Über-

Stad nütte sind. De sestein / de te twee gekoren hebsen / de schollen sweren to Gode un synen hilligen Worde / dat se willen kesen veer up der Nyenstad / veer in S. Johanns Leeschup / veer buten Borg / twee binnen Borg un twee in der Hase Leeschup / de de Scheppen vort kesen; un de Eed schall aldus staen: dat se de kesen ane Vorsate / sunder Vorsprake / und dat se dat nich doen edder nich laten umme Leef umme Leid / edder umme jennigerley Ding / dat de Gerechtigkeit hindern moge / se kesen dann dejennen de se weten by eren besten Wahn de to dem Koer un deser Stad nütte. Als se den Eed geschworen hebben / so schollen se gaen alle sestein in den eene Leeschup vor in de andere na / un kesen daruth als hyr vorgeschreven steit; were et / dat se des Koers nich eindrächtig werden en konden / so schall men den mehreren Hope folgen.

De sestein / de darto gekoren werden / dat se de Scheppen kesen schollen / de schollen schweren to Gode un synen hillig Worde / dat se kesen sestein Scheppen / veer van der Nyenstad / veer in S. Johanns Leeschup / veer buten Borg / twee binnen Borg / un twee in der Hase Leeschup; un de Eed schall wesen in der Wyse / alse de sestein voer gesworen hebben; were et / dat se de Koers nich eindrächdig werden en konden / so schall men den mehreren Hope folgen.

Ock schall man neene berüchtede Lüde / edder neenen Man / de sülven in syner Person wahnbordlich sy / ock neenen Man / de sick sülven fry gekofft heft / in den Raed des Stades to Osenbrügge kesen; were et / dat solke Lüde / alse hyr jetzunder uthgesproken syn / witlick edder unwitlick in den Raed gekoren worden / jennich Man / so wannehr dat geeischet un befunden worde / so schollen dejenen / de de Scheppen gekoren hebben / wedder to Gaden gaen / un kesen andere Scheppen in ere stedde; dan schollen de / de se tovoren gekoren hebben / uth den Raede gahn.

zeugung für die Wahl und die Stadt nützlich sind.

Die sechzehn, die von den beiden erwählt worden sind, sollen zu Gott und seinem heiligen Worte schwören, daß sie wählen wollen vier auf der Neustadt, vier in St.-Johanns-Laischaft, vier in der Butenburg, zwei in der Binnenburg und zwei in der Haselaischaft, die die Schöffen sofort wählen; und der Eid soll also lauten: Daß sie die wählen wollen ohne Bevormundung, ohne Verabredung, und daß sie nichts tun oder lassen wollen aus Lieb oder Leid oder um irgend etwas, das der Gerechtigkeit hinderlich sein möchte, sondern daß sie nach ihrer festen Überzeugung den wählen wollen, der für die Wahl und die Stadt der geeignetste ist. Sobald sie den Eid geschworen haben, sollen alle sechzehn in die eine Laischaft nach der andern gehen und daraus wählen, wie es hier vorgeschrieben steht. Sollten sie über die Wahl sich nicht einigen können, so soll man dem größeren Haufen folgen. Die sechzehn, die dazu erwählt werden, daß sie die Schöffen wählen sollen, die sollen einen Eid zu Gott und seinem heiligen Worte schwören, daß sie sechzehn Schöffen wählen wollen, vier von der Neustadt, vier aus der Butenburg, zwei aus der Binnenburg und zwei aus der Haselaischaft; und der Eid soll ebenso lauten, wie ihn die sechzehn vorher geschworen haben. Sollten sie sich über die Wahl nicht einigen können, so soll man der Mehrheit folgen.

Auch soll man keine (übel) berüchtigten Leute, auch keinen Mann, der unehelich geboren, auch keinen Mann, der sich selber freigekauft hat, in den Rat der Stadt Osnabrück wählen. Sollte es geschehen, daß solche Leute, wie soeben beschrieben ist, wissentlich oder unwissentlich in den Rat gewählt werden, so sollen, sobald dies festgestellt ist, diejenigen, welche die Schöffen gewählt haben, wieder zum Rathaus gehen und an deren Statt andere Schöffen wählen. Dann sollen diejenigen, die sie vorher gewählt hatten, aus dem Rate scheiden.

14. Die Verwaltung Osnabrücks seit der Vereinigung der Altstadt mit der Neustadt

Ock schall nemand so in den Raed gekoren / edder namals wedder to gekoren werd / binnen den tween Jaren daruth gesettet werden.

Desse Sate un dessen Willkoer hebben wy funde umme Eindrächdigkeit un umme Bederff unser Stad / mit Rade der Wysheit unde Vulbord der Meenheit / alse hyr vorgeschreewen steit. Were et / dat jemand van den unsen befunden worde mit der Warheit / de hyr wedder dede edder wedder sprecke / den schall men verderven an Lyve un an Gude.

Auch soll niemand, der in den Rat gewählt oder zugewählt ist, innerhalb zweier Jahre daraus entfernt werden. Diese Sate und diese Willkür haben wir festgesetzt der Eintracht wegen und zum Besten unserer Stadt mit Rat der Weisheit und Vullbord der Gemeinheit, wie oben geschrieben steht. Sollte jemand von den Unseren in Wahrheit befunden werden, daß er hiergegen handelte oder spräche, den soll man an Leib und Gut verderben.

Es sollten also — das ist der kurze Inhalt der Sate — die 16 Schöffen des vorigen Jahres mit drei Steinen würfeln. Die beiden, denen der höchste und der niedrigste Wurf zugefallen, mußten nach abgelegtem Eide in der vorgeschriebenen Weise 16 Bürger ernennen, diese 16 wieder andere 16, und diese sollten endlich die neuen Schöffen wählen. Die Vereinigung und diese Sate beschlossen die Schöffen und Bürger beider Städte ganz selbständig, der Bischof wird nicht einmal erwähnt; dennoch ist ihre Gültigkeit nie angezweifelt worden. Die Sate wurde alljährlich am Handgiftentage vom Stadtschreiber vor versammelter Gemeinde verlesen. Daß die Wahl vollzogen sei, verkündete die auf dem Turm von St. Marien hängende alte Burglocke, die auf ihrem Rande die Inschrift trug:

> Wenn ick sla an einen Bord,
> Is dar Upror, Brand eder Mord;
> Wenn ick sla an beide Banden,
> Sind dar nye Heren vorhanden.

Die altehrwürdige Glocke ist im Laufe der Jahrhunderte gesprungen und dann leider eingeschmolzen worden.

Die gewählten 16 *Schöffen* oder *Ratsherren* ernannten aus ihrer Mitte die *Bürgermeister* für die Altstadt und die Neustadt. Die zwölf Schöffen der Altstadt waren zugleich die Richter für das Burgericht der Altstadt und für das Vogteigericht. Zu den gewählten Schöffen traten später, etwa um 1400, noch vier *Alterleute,* zwei Gildemeister und zwei Wehrgeschworene, die Vertreter von Gilde und Wehr. Zur Erledigung der laufenden Geschäfte wurde nicht immer der ganze Rat herangezogen, sondern nur ein Teil desselben, der engere Rat, wie ja auch nicht immer die ganze Bürgerschaft um ihre Zustimmung gefragt wurde, sondern an ihrer Statt einige Vertreter, die *Weisheit,* vor allem die Groß-Gildemeister. Die wichtigsten Beschlüsse wurden in das 1297 angelegte Stadtbuch eingetragen.

Schon früh sah sich der Rat genötigt, noch Hilfskräfte heranzuziehen. Ein *Stadtschreiber* wird schon in der Stadtrechnung des Jahres 1280 erwähnt; im 15. Jahrhundert bekleidete er vorübergehend auch das Amt des Stadtrichters. Bürgermeister und Stadtschreiber wurden bald die einzigen Beamten, die allein die gesamte Stadtverwaltung übersahen. In den Jahren 1344 und 1345 wird zuerst ein *Kemerer* (Kämmerer) erwähnt; er mußte die gerichtlichen Strafgelder einziehen, die Akzise erheben und die städtischen Bauten beaufsichtigen. In der Stadtrechnung von 1413 steht auch der Lohn für einen *Scharfrichter* verzeichnet; es war also der jüngste Ratsherr von der ihm herkömmlich zustehenden traurigen Pflicht, den Henker zu spielen, befreit. Gegen Ende des 15. Jahrhunderts hielt der Rat auch bewaffnete *Reitende Diener*, die zu Diensten außerhalb der Stadt, besonders zur Begleitung reisender Ratsherren, verwandt wurden. Stadtschreiber, Kemerer und Scharfrichter erhielten von der Stadt Besoldung, die Diener außerdem auch Kleidung. *Ärzte* und *Apotheker* werden schon im 13. Jahrhundert erwähnt; Osnabrück stellte bereits 1281 einen *Stadtarzt* an.

Die *Ratsherren* selber erhielten kein *Gehalt*, sondern waren auf Gebühren und — Geschenke angewiesen. Doch genossen sie Freiheit von manchen städtischen Lasten und Abgaben; ferner lieferte ihnen die Stadt Wein zu den Sitzungen (!), zu den Gastereien und Festlichkeiten, die den fremden Herren, welche unsere Stadt besuchten, auf dem Rathause gegeben werden mußten. Auch am Handgiftentage gab die Stadt ein großes Mahl, zu dem sogar ein Ochse geschlachtet wurde. Ebenso feierten die Ratsherren Fastnacht durch eine Festmahlzeit, und im Frühling aßen sie ihr Maihuhn, alles auf Kosten der Stadt. Auch zu manchen Vergnügungen, wie zu Schauspielen, lieferte die Stadtkasse die Mittel.

Die *Stellung der Stadt* war immer selbständiger geworden; sie war von dem Bischof durchaus unabhängig. Er hatte auf das Bur- und das Vogteigericht keinen Einfluß mehr. Auf sein Recht, von den in der Stadt lebenden Juden Schutzzoll zu erheben, sowie auf die Heergewedde und Gerade hatte er verzichten müssen. Das Marktrecht war ganz in den Händen der Stadt, das Münzrecht teilte der Bischof mit ihr; die Wordzinsen, die früher dem Bischof von Bürgerhäusern zustanden, waren abgelöst. Seit etwa 1400 huldigte der Rat dem Bischof nicht mehr. Die Bürger waren frei von Zoll-, Markt-, Wege- und Stättegeld. Ängstlich wachte der Rat darüber, daß Bürgergut nicht in die tote Hand geriet. Die Heerespflicht leisteten die Bürger aus eigenem Interesse; doch haben sie auch dem Bischof oft getreulich beigestanden. Denken wir nur an den langwierigen Kampf mit Tecklenburg, an die Schlacht auf dem Haler Felde! Die 800 Mark, die der Bischof dem Grafen von Tecklenburg für den Verzicht auf die Vogtei zahlen mußte, streckten ihm die Bürger vor, und als Bischof Erich von Braunschweig-Grubenhagen (1508—1532) 1511 der Reichsacht verfiel, weil er die Reichssteuer nicht gezahlt hatte, löste ihn die Stadt durch Zahlung der verlangten Summe. Aber Steuer hat sie dem Landesherrn bis zum Ende des 17. Jahrhunderts nicht gezahlt.

Ihre *Privilegien* ließ sich die Stadt wiederholt von den Kaisern bestätigen. Welches Ansehens die Stadt sich am Kaiserlichen Hofe erfreute, sieht man daran, daß sie wiederholt zu den Reichstagen eingeladen wurde. Den Konstanzer und den Wormser Reichstag, vor dem Luther sich verantwortete, beschickte sie ebenfalls. Unter die Zahl der freien Reichsstädte wurde sie zwar nicht aufgenommen, doch war sie Mitglied der mächtigen Hanse.

Die Stadt Osnabrück ordnete nicht nur ihre eigenen Angelegenheiten, sie hatte nicht allein das oberste Gericht des Landes mit ihren Ratsherren besetzt, sondern sie übte auch auf die Verwaltung des Bistums Einfluß aus: Sie nahm teil an der Bischofswahl und hatte die Führung in dem dritten der *Osnabrücker Landstände*. Diese bestanden aus dem Domkapitel, der Ritterschaft und den Städten: In der Städtekurie gestaltete sich die Sache allmählich derart, daß Wiedenbrück und Quakenbrück je 2, Fürstenau 1, Osnabrück aber 7 Stimmen abzugeben hatte.

Welche *Geldmittel* standen der Stadt zur Erreichung und Behauptung dieser Stellung zur Verfügung?

Die Vermögenslage Osnabrücks hat sich im Laufe der drei Jahrhunderte, die wir hier vor Augen haben — 1306 bis etwa 1620 — bedeutend geändert. Die *Ausgaben* für die Stadtverwaltung waren gering; sie betrugen jährlich 600—700 Mark. Die erwähnten

Diener kosteten etwa 250 Mark. Die größten, immer wiederkehrenden Aufwendungen wurden durch die *Bauten*, besonders durch die *Festungsbauten* verursacht. Dazu kamen die Ausgaben für die Schützen, für Geschütze, Pulver und Blei. Die Kriegskosten erhöhten sich wesentlich, wenn Söldner angeworben, ein Feldzug unternommen und gar Lösegelder gezahlt werden mußten. Um 1450 baute die Stadt das Wandhaus, um 1490 das Weinhaus, 1496 das Gruthaus, 1487—1512 *das jetzige Rathaus*, an dem aber nachher weitergearbeitet wurde. Im 16. Jahrhundert wurde dann mehr als je an den Wällen und Toren gebaut und 1595 das Ratsgymnasium eingerichtet.

Auch die mancherlei *Prozesse*, in welche die Stadt verwickelt wurde (besonders die beim Reichsgericht in Speyer), und die von Universitäten eingeholten Rechtsgutachten kosteten viel Geld. 1597 verursachte der vom Domkapitel angestrengte Schulprozeß (wegen des Ratsgymnasiums) der Stadt 677 Taler Unkosten, doppelt soviel, wie die Lehrer zusammen an Gehalt bezogen. Dazu kamen die vielen *Geschenke* an Wein, Gold- und Silbersachen, Gastereien und Feste, die den fürstlichen Gästen, hohen Offizieren usw., wenn sie Osnabrück besuchten oder auch nur in die Nähe kamen, gegeben werden mußten. Allein für Gastereien gab man in manchen Jahren 500 Taler aus. Dagegen fehlen in den alten Stadtrechnungen fast gänzlich Ausgabeposten, welche unseren heutigen Stadthaushalt so schwer belasten, die Ausgaben für Straßen und Kanäle, für Schulen sowie für *Arme* und *Kranke*. Die Fürsorge für Arme und Kranke war ursprünglich Aufgabe der Kirche. Da ihre Mittel aber bald nicht mehr reichten, nahmen sich auch Vereine sowie einzelne Personen, Geistliche und Laien, der Verlassenen an. Jedes Handwerksamt unterstützte im Notfall seine Gildebrüder; fast alle Ämter besaßen Armenhäuser. Die wirksamste Unterstützung gewährten den Kranken und Armen die vom Rat mit Beihilfe einzelner Personen ins Leben gerufenen und von ihm verwalteten drei *Hofhäuser*: Zur Süntelbecke, Zum Heiligen Geist, Zur Twente. Der Rat verteilte alljährlich die Zinsen einiger von ihm verwalteter Stiftungen, weitere Unterstützungen gewährte er den Armen nicht; doch gestattete er ihnen, zu bestimmten Tagesstunden Almosen zu sammeln.

Die *Einnahmen* waren sehr schwankend. Seit alten Zeiten wurden erhoben die Wordzinsen von einzelnen Bürgerhäusern, die Abgaben, welche manche Ämter für die ihnen überlassenen Gademe auf dem Markte zu zahlen hatten, der Erlös aus der Grut, die Gebühren für Benutzung der Legge und der Stadtwaage und das Bürgergeld. Die wichtigste Einnahmequelle bildeten die Gewerbe, besonders diejenigen, auf denen der Hauptwohlstand der Stadt beruhte, die Tuchmacherei und die Leinenweberei. Die Legge brachte 1524 etwa 100 Mark, um 1600 aber etwa 1000 Taler ein. Die einzelnen Ämter mußten jede ihnen vom Rat gewährte Vergünstigung, etwa neu aufgekommene Waren herzustellen, teuer bezahlen, Geschütze schenken usw. Auch die Waageordnung enthielt eine große Belästigung für die Geschäftsleute; nur ganz geringe Mengen durften sie auf ihrer eigenen Waage wiegen. Die Stadttore wurden abends und an Sonn- und Festtagen auch während der Kirchzeit geschlossen und streng bewacht. Wer mit Waren ins Tor kam, wurde gleich zur Waage gewiesen. Außerhalb der schon erwähnten Marktzeichen durfte er nichts verkaufen; auf dem Markt konnte er leichter überwacht werden. Von der Waage, der Legge und dem Schauhause wurden die Verkäufer zum Akzisehaus gewiesen; denn von fast allen Waren wurde Akzise erhoben, nicht nur von Wein, Bier und Branntwein. Von Vieh, Wolle, fremden Tuchen wurden Eingangs- und Ausgangsabgaben gefordert. Das Vieh durfte nur an bestimmten Tagen und nur auf der Großen Domsfreiheit verkauft werden, wobei ein besonderer Marktvogt mit Säbel und Hellebarde die Ordnung aufrechterhielt. Die Mühlenzise wurde *in* der Mühle erhoben: Der Müller durfte das Korn erst mahlen, nachdem davon die Akzise entrichtet worden war.

Selbst die vom Gerichte verhängten *Strafen* bildeten eine Einnahmequelle der Stadt. Ein Bramscher, der den Pförtner am Hasetor geschlagen hatte, zahlte 40 Taler, ein Bürger, der des Nachbars Frau gescholten, 12 Taler, ein Bürger, der des Nachbars Frau geschlagen, 100 Taler. Am schwersten wurde Unkeuschheit und Ehebruch bestraft. Ein Ehebrecher mußte 300 Taler, ein anderer 331 Taler zahlen. Ein Leinwandhändler, der die Legge umgangen, ward mit 500 Taler, ein Bäcker, der zu leicht gebacken, mit 50 Taler, ein Höker, der ohne Erlaubnis des Rats den Butterpreis erhöht hatte, mit 65 Mark bestraft. Ebenso scharf ging aber der Rat gegen seine eigenen Beamten vor. Ein Lakenmesser, der seine Schuldigkeit nicht getan, wurde abgesetzt und noch mit 50 Taler Geldstrafe belegt. Ertwin Dykmann und Frau hatten über den Pastor Dithmar an St. Katharinen und seine Ehefrau Verleumdungen verbreitet und mußten dies mit 297 Taler büßen.

Der Rat suchte die Einnahmen der Stadt auch dadurch zu erhöhen, daß er *gewerbliche Unternehmungen* für Rechnung der Stadt betrieb. So legte er vor dem Johannistor und später auf dem Piesberg einen Kalkofen, am Wester- und am Gertrudenberg Steinbrüche an, pachtete Steinbrüche am Hüggel von dem Grafen von Tecklenburg und am Dompropstsundern vom Domkapitel und ließ aus den dort gebrochenen Steinen Mühlsteine zum Verkauf herstellen. Auch betrieb er Ziegeleien und richtete einen städtischen Weinkeller ein. Doch brachten diese Unternehmungen wenig ein, so daß man schließlich nur noch den Kalkofenbetrieb aufrechterhielt. Ein anderes Unternehmen, das auch wohl von anderen Körperschaften, z.B. den Laischaften, nachgeahmt wurde, hat mehr einen sozialen Charakter. Die frühere Zeit litt oft unter ungewöhnlichen Teuerungen. Dann kauften die vom Rat ernannten Roggenherren Korn im großen ein und überließen es den Bäckern wieder mit mäßigem Gewinn.

Die *Gesamteinnahme* betrug 1424 nur 1230 Mark, 1503 stieg sie über 3000 Mark, erreichte um 1530 mehr als 4000 Mark, stieg 1585 auf 11000 Mark und 1602 — mit diesem Jahre beginnt die Rechnung nach Talern — auf 6000 Taler. (1911 betrug die Gemeinde-Einkommensteuer, die Gewerbe-, Grund- und Gebäudesteuer zusammen 1827848 Mark!) Mit diesen geringen Einnahmen sollten alle die erwähnten Ausgaben, vor allem auch die Kosten der Verteidigung bestritten werden; das war auf die Dauer unmöglich.

Daß die Stadt Osnabrück mit so geringen Mitteln eine so einflußreiche Stellung zu erlangen vermochte, verdankt sie der Tüchtigkeit ihrer Bürger, vor allem ihrer Bürgermeister, von denen wir schon zwei kennengelernt haben. Hermann von Melle und Erdwin Dumstorp, als Führer der Bürger im Kampfe gegen das Domkapitel und Johann von Hoya. Der berühmteste Bürgermeister jener Zeit war Ertwin Ertman.

15. Ertwin Ertman

Sein Vater war ein unbemittelter Brauer in der Neustadt, seine Mutter trieb wahrscheinlich einen kleinen Handel. Dennoch ließen die Eltern den begabten Knaben in Erfurt (seit 1443) die Rechtswissenschaft studieren. Schon früh wurde er in den Rat gewählt, und er leistete der Stadt auch gleich anfangs einen wichtigen Dienst. In dem Streit mit Johann von Hoya und dessen Brüdern hatte der Kaiser die *Reichsacht* über Osnabrück verhängt; daher wagte der Rat nicht, 1450 den Hansetag in Köln zu beschicken, und wurde deshalb verhanset. Da sandte der Rat den jungen Ertman 1452 nach Köln, und ihm gelang es dank seiner großen Beredsamkeit, die Stadt genügend zu entschuldigen, so daß sie wieder aufgenommen wurde. An der Reichsacht scheint die Stadt weniger schwer getragen zu haben; erst 1468 schickte sie Ertman abermals nach

Köln, damit er dort mit kaiserlichen Räten darüber verhandele. Gegen Zahlung einer Geldstrafe wurde alsbald auch die Acht aufgehoben.

Ertman besaß eine ungewöhnliche Schlauheit und seltene Kenntnis des Römischen Rechts, das damals schon an den kaiserlichen und kölnischen Gerichten galt; auf den Hansetagen, auf denen er Osnabrück wiederholt vertreten hat, war seine Beredsamkeit von vielen gefürchtet. Daher wurde er bald der Ratgeber aller westfälischen Fürsten und Herren; auch die Bischöfe von Osnabrück, Konrad III. und Konrad IV., zogen ihn in ihren Dienst. Konrad III. von Diepholz (1454—1482) hat sich um unser Stift ein großes Verdienst erworben; er bemühte sich mit gutem Erfolge, dem durch lange Fehden zerrütteten Lande den Frieden wiederzugeben und die verweltlichten Klöster des Stifts zu einem strengen, frommen Leben zurückzuführen. Bei beiden Aufgaben war Ertman sein bester Gehilfe. Gleichzeitig war er aber auch Ratsherr und von 1477 bis fast an sein Lebensende sogar erster *Bürgermeister der Altstadt*. Zusammen mit seinem zweiten Bürgermeister Heinrich von Leden, dem Erbauer des Ledenhofes in seiner derzeitigen Gestalt, betrieb er erfolgreich die Errichtung des historischen *neuen Osnabrücker Rathauses* (Bauzeit etwa von 1478—1512). Auch gehört er mit seiner ,,Osnabrücker Bischofschronik" (in lateinischer Sprache) zu den ersten großen Chronisten unserer Stadt. Möser hat später gleichzeitig drei Herren gedient und alle drei befriedigt; in demselben Maße ist das Ertman nicht gelungen. Er war ein treuer Sohn der Kirche und ein sehr ergebener Diener des Bischofs. Stüve urteilt in der Geschichte der Stadt Osnabrück über ihn: ,,Seiner Tätigkeit verdankte die Stadt die Befreiung von der Reichsacht, seinen Talenten großen Einfluß auf den Hansetagen, seinen Kenntnissen die einzige, aus sicheren Quellen geschöpfte Nachricht über die frühere Geschichte des Stifts; und wiewohl nach der Art seiner Zeit blinder Anhänger des fremden Rechts, arbeitete er doch mit Eifer an der Verbesserung der Verfassung der Stadt, wie die Menge der Statuten aus seiner Zeit beweist. Leider bleibt ihm der Vorwurf, durch Begünstigung der Geistlichkeit den Anteil der Stadt an der Regierung des Stifts und der Wahl des Bischofs gemindert und so zu manchem Unheil Anlaß gegeben zu haben." Die Bürger machten ihn auch dafür verantwortlich, daß die Stadt Bischof Konrad IV. von Rietberg (1482—1508) im Kriege gegen Braunschweig unterstützt hatte, der erfolglos verlief, sie aber 500 Goldgulden kostete.

Ertman erwarb 23 osnabrückische Lehnhöfe. Bischof Konrad III. bestätigte ihm das Recht zur Führung eines Wappens und verlieh seinem Wohnhause, der *Poggenburg*, Hakenstraße 9, die volle Immunität, d.h. Befreiung von bürgerlichen Lasten und Abgaben sowie von der weltlichen Gerichtsbarkeit. Seine kirchliche Gesinnung bezeugte Ertman durch mehrere Vermächtnisse. In St. Johann sowie in der Kirche zu Warendorf stiftete er Memorien; dem *Barfüßerkloster* vermachte er für die Erlaubnis, dort beerdigt zu werden, eine ewige Rente von jährlich einem Malter Roggen; dem Gertrudenberger Kloster, in dem seine Tochter Gertrud als Nonne lebte, überwies er das Erbe Ravenhus zu Eistrup. Zwei seiner Söhne wurden Stiftsherren zu St. Johann; zwei andere blieben Laien, der älteste wurde später Bürgermeister der Altstadt. Die Tochter Christine heiratete den späteren Landdrosten Lüdeke de Bar.

Ertman starb 1505. Sein Grabstein in der Kapelle des Barfüßerklosters, dessen Inschrift mit dem Worte begann: ,,Osnabrück, deine Zierde birgst du hier unter dem Stein", ist verschwunden. Ertmans Familie vermochte sich auf der Höhe, zu der sie so rasch emporgestiegen war, nicht zu halten; ihr Mannesstamm erlosch schon rasch gegen Ende des 17. Jahrhunderts. Sein ehemaliger Wohnsitz ist das heutige Städtische Konservatorium.

III.
OSNABRÜCK IM ZEITALTER DER REFORMATION

1. Erhebungen der Bürger gegen die Geistlichkeit

Die Osnabrücker Bürger haben, wie wir gesehen, mit der Geistlichkeit — dem Bischof und dem Domkapitel — wiederholt im Streit gelegen. Die lange und friedfertige Regierung Bischof Konrads III. von Diepholz (1454—1482) hatte allen Streit ferngehalten; doch schon unter seinem Nachfolger Konrad IV. von Rietberg (1482—1508) brach der alte Unfriede wieder aus. Der Bischof begann 1485 eine Fehde gegen den Herzog Wilhelm von Braunschweig, um seinen Bruder aus der Gefangenschaft zu befreien. Durch Ertmans Einfluß ließ die Stadt sich bereit finden, ihn zu unterstützen. Sie stellte 100 Schützen, die mit Röcken und Kogeln gekleidet, mit Schild, Eisenhut, Schwert und Armbrust bewaffnet waren, und von denen jeder außer der Zehrung täglich 12 Pfennig Sold erhielt. Außerdem schenkte die Stadt dem Bischof noch 100 Goldgulden. Der ganze Feldzug mißlang, kostete die Stadt aber 500 Goldgulden. Der Ärger der Bürger richtete sich zunächst gegen den Bürgermeister Ertman, dann aber auch gegen die Geistlichen. Man warf ihnen Üppigkeit und Unsittlichkeit vor, deren sich aber auch Laien der vornehmsten Bürgerkreise schuldig machten. Die Bürger waren darüber erbittert, daß die Geistlichen ihren umfangreichen Grundbesitz einfriedigten, so daß der gemeinsame Hirt ihn im Herbst nicht beweiden konnte. Viele kleine Bürger grollten wegen des ,,schweigenden Bannes'', der denjenigen traf, der die schuldigen Renten den Geistlichen nicht rechtzeitig zahlte, der zwar nicht veröffentlicht wurde, aber doch den davon Betroffenen von der Kirche und dem Sakrament ausschloß. Diese Unzufriedenheit wurde von Gliedern der alten, angesehenen Osnabrücker Bürgerfamilien, wie Johann von Dumstorp, Heinrich von Leden und Lüdeke von Horsten, dazu benutzt, die Bürger gegen den Bürgermeister Ertman zu hetzen, dem sie seine hohe Stellung mißgönnten. Zum Führer der Unzufriedenen warf sich der *Schneidermeister Lenethun* auf. Er lebte schon seit Jahren im Bann und war daher gegen die Geistlichkeit verbittert; seine Familie war verarmt. Im geheimen wurde das Volk aufgewiegelt. Einer schlug vor, man wolle vom Rat die Entfernung der Einfriedigung des geistlichen Grundbesitzes verlangen. Ein Haufen aufgeregter Bürger ging aufs Rathaus und trug ungestüm sein Anliegen vor. Dann verlangte er, das Stadtbuch solle öffentlich verlesen werden. Der eingeschüchterte Rat gab nach. Ertman ließ vorlesen, was er für gut hielt; niemand wußte ja, was im Buche stand, und nur wenige hätten es lesen können. Das Volk hörte wohl mancherlei von angedrohten Strafen für Ungehorsam und Gewalttätigkeit, aber nichts von Weidefreiheit. Unzufrieden zog es sich auf die Domsfreiheit zurück und drohte mit Gewalt. Ertman mahnte, noch acht Tage zu warten, dann wolle der Rat verkündigen lassen, daß man die Kämpe öffne. Aber man hörte nicht auf ihn. Der Wortführer rief: ,,Die Kebsweiber sollen keine Hoiken tragen und durch Streifen am Kleide kenntlich gemacht werden, damit man sie von ehrlichen Frauen unterscheiden kann!'' Spottend erwiderte Ertmann: ,,Das wäre doch zu gefährlich; da möchte auch manche von euren eigenen Frauen und Töchtern gezeichnet werden.''

Darüber wurde das Volk erbost. Der Rat mußte sich zurückziehen, um sich gegen Gewalttat zu schützen. Plötzlich ertönte die Burglocke. Die Bürger eilten bewaffnet herbei; die Schützen besetzten den Markt, machten aber, statt die Ordnung aufrechtzuerhalten, mit den aufrührerischen Bürgern gemeinsame Sache. Mit Waffen, Äxten

1. Erhebungen der Bürger gegen die Geistlichkeit

und Schaufeln stürmten alle zum Hasetor hinaus. Das Kloster Gertrudenberg war den Bürgern von alters her ein Dorn im Auge; sie hatten es schon einmal niedergebrannt, aber wieder aufbauen müssen. Jetzt fielen sie über die Fischteiche des Klosters bei der Nürenburg her, durchstachen die Deiche und raubten die Fische. Dann verwüsteten sie die Kämpe der Geistlichen, zerschlugen und verbrannten die Zäune (28. August 1488). Am folgenden Tage verübten sie dieselbe Gewalttat vor dem Johannistor, dann vor dem Heger und zuletzt vor dem Natruper Tor. Die Obrigkeit war machtlos.

Danach versammelte sich das Volk unter der Linde auf dem Marienkirchhof und stellte allerlei Forderungen an den Rat. Auf den Dörfern sollten weder Handwerker noch Krämer geduldet, vor allem Tuch nie wieder gewebt noch verkauft, Kaufleute mit fahrender Habe und Korn dort nicht geduldet, noch Vorkauf geübt werden. Auf den Bauerschaften sollten Wirtschaften außerhalb der Kirchhöfe nur an den Hellwegen (Handelsstraßen) vorhanden sein. Bürgermeister Ertman versprach mehr, als er halten konnte und wollte.

Während er hierüber mit dem Bischof verhandelte, verging einige Zeit; das Volk beruhigte sich, und die wohldenkenden Bürger zogen sich mehr und mehr von den Rädelsführern zurück. Der Handgiftentag verlief ungestört; der neue Rat nebst Vertretern von Gilde und Wehr gelobten einander, die Ruhe wiederherzustellen. Lenethun erkannte die Gefahr, in der er schwebte. Vergebens versuchte er auf dem St.-Johannis-Kirchhof von neuem einen Aufstand zu erregen. Als er in die Kirche eilte, um Sturm zu läuten, wurde ihm dies dadurch unmöglich gemacht, daß er sich ein Bein beschädigte. Als der Rat dies erfuhr, beschloß er zuzugreifen. Lenethun war mit seinen wenigen

Hinrichtung des Schneidermeisters Lenethun
auf dem Marktplatz von Osnabrück 1488.
Sepiazeichnung aus dem Bischofsbuch
von Georg Berger 1606

Anhängern in den Rosengarten gezogen. Der Rat ging an das Johannistor und sandte seine Diener dorthin, ihn zu fangen. Ohne großen Widerstand zu finden, vermochten sie den Auftrag auszuführen. Sie übergaben ihn dem Rat, der ihn in den Bucksturm sperren und noch an demselben Tage (15. Juni 1489) auf dem Markte enthaupten ließ. Damit war die Ruhe wiederhergestellt. Der Rat setzte aber nun den Bau des jetzigen Rathauses um so eifriger fort, ,,im Stile altwestfälischer Burgen und fähig, den Rat gegen den Andrang des tumultierenden Haufens zu schützen, ein Bedürfnis, das die letzten Jahre genug gezeigt hatten." (Stüve.)

Das Verhältnis der Bürger zur Geistlichkeit gestaltete sich in den nächsten Jahren wieder freundlicher; gerade um 1500 errichteten viele Bürger aus den ersten Familien und aus dem Handwerkerstande Stiftungen für Klöster und Kirchen. Der Streit wurde von neuem entfacht durch die *Bischofswahl*. Bischof Konrad IV. starb 1508. Das Domkapitel beanspruchte für die Zeit bis zum Regierungsantritt des Nachfolgers allein die Regierung; die weltlichen Stände aber verlangten nach altem Herkommen Anteil daran, die Stadt wollte gemeinsam mit dem Kapitel Stiftsburgen besetzen. Sie ernannte rasch ihre Befehlshaber, aber die des Kapitels kamen diesen noch zuvor. Das Volk war darüber so empört, daß es die vom Kapitel erwählten Befehlshaber, die nach Wittlage und Iburg ritten, verhöhnte und mit Kot und Steinen bewarf. Der Unfriede wuchs noch bei der Wahl. Die Bürger wünschten den Neffen des verstorbenen Bischofs, den Grafen Johann von Rietberg, der hier Dompropst war, zum Bischof zu haben; das Kapitel aber wählte, ohne Stadt und Ritterschaft zur Wahl zuzulassen, Herzog *Erich II.* von Grubenhagen, einen Welfen. Als die Wahl bekanntgegeben wurde, tobte das Volk und schrie: ,, Wir wollen den Grafen Johann von Rietberg zum Bischof haben", bewarf den Dechanten, als er in seine Wohnung zurückging, mit Steinen und sang Spottlieder auf den Bischof.

Bischof Erich wurde bald darauf auch zum Bischof in Paderborn erwählt und in beiden Ämtern vom Papst bestätigt. Er war längere Zeit in Rom gewesen, hatte viel am päpstlichen Hofe verkehrt und die dort herrschenden Grundsätze in Hinsicht der geistlichen Macht sich angeeignet; um so mehr war er gegen das Volk erbittert, das sogar selber einen Bischof wählen wollte und ihn verspottet hatte, weil er mit nur sechs mageren Gäulen nach Osnabrück gekommen sei. Um so auffälliger war es, daß sein Einzug in Osnabrück mit nie gesehener Pracht erfolgte, und daß die Bürger sich dabei beteiligten. Die Ratsherren empfingen den neuen Landesherrn an der Landwehr in Nahne (28. August 1509). Von 1500 Reitern in voller Waffenrüstung begleitet, ritt er in das Johannistor. Mit ihm kamen viele Grafen und Herren und Äbte: die Herzöge von Lüneburg und Grubenhagen, die Grafen von Waldeck, Diepholz, Schaumburg, Tecklenburg, Mansfeld und von der Lippe. Die Bürger standen zu beiden Seiten der Straße unter den Waffen. Die Domherren führten den Zug über die Große Straße, Krahnstraße, den Markt in die Wohnung des Domscholasters Rudolf von Langen. Die Bürger folgten dem Zuge je vier Mann nebeneinander mit großem Geschrei, mit Pfeifen und Trommeln. Auch viele Fremde waren herbeigeeilt. Von der Wohnung des Domherrn bewegte sich der feierliche Zug in den Dom. Dort setzte sich der Bischof auf den hohen Altar, und der Chor sang unter Orgelbegleitung das Te Deum.

Zu der Festmahlzeit hatte die Stadt zwei fette Ochsen und Wein geschenkt. Im Hofe des Barfüßerklosters, wo der Bischof wohnte, hatte man ein Haus gezimmert, in dem die Herren bei Banketten, Tanz und Spiel mit den Gräfinnen und edlen Frauen sich ergötzten. Die Bürger blieben bis zur Beendigung der kirchlichen Feier unter den Waffen. Der Sicherheit wegen waren die Straßen durch Ketten gesperrt; während der ganzen

1. Erhebungen der Bürger gegen die Geistlichkeit

Nacht brannten in allen Straßen die Heerpfannen. Schon wochenlang vor dem Einzuge hatte man die Domsfreiheit umgepflügt und mit Hafer besäet. In dem frischen Grün hielten die Herren tagelang Turniere ab, in denen die Herzöge stets Sieger blieben, da ihre Gegner aus Gefälligkeit sich absichtlich aus dem Sattel heben ließen.

Der Bischof sah bald ein, daß es in seinem Vorteil liege, die Freundschaft der Stadt sich zu erhalten. Als 1510 ein Reichskrieg gegen den Papst und die Venetianer beschlossen wurde, weigerte er sich als Freund des Papstes, dem Kaiser die schuldige Hilfe zu leisten, und wurde dafür mit Reichsacht belegt; er vermochte sich nur dadurch zu lösen, daß die Stadt 500 Gulden von der Reichslast übernahm. Jahrelang herrschte Ruhe und Friede in der Stadt, bis im Jahre 1525 ein neuer, heftiger *Aufstand der Bürger* ausbrach. Veranlassung dazu gaben zum Teil dieselben Klagen und Forderungen, die einst Lenethun erhoben hatte. Die Bewegung ging von den Ämtern aus; aber hinter ihnen standen Treiber in höheren Stellungen. Die Gildemeister setzten eine Beschwerdeschrift auf, die in *zwanzig Artikeln* etwa folgendes verlangte: Die Geistlichen sollen die Laien nicht wegen Forderungen mit Bann und Interdikt beschweren und dadurch vom Gottesdienst ausschließen, ihre Äcker nicht selber bewirtschaften, sondern den Bürgern gegen Weinkauf überlassen, die Einfriedigung ihrer Felder entfernen und auf der Freiheit keine Handwerker halten. Kranke und Sterbende dürfen nicht überredet werden, ihr Gut der Kirche zu vermachen. Die Zahl der Feiertage möge vermindert werden. Die Kebsweiber sollen sich nicht so üppig kleiden, damit ehrsame Frauen und Mädchen nicht verführt werden. Die Prediger der vier Kirchspielkirchen sollen „nach Ausweis der päpstlichen und kaiserlichen Mandate" das klare Evangelium predigen und sich anderer Fabeln und Träume enthalten. Außerdem klagte man noch über Gewalttätigkeiten einiger Domherren. Der Rat versprach Abhilfe, soweit ihm dies möglich sei; aber bevor er etwas erreichen konnte, brach der Aufstand aus.

Der gefährlichste Führer des Volks war *Johann von Oberg*. Er hatte als Diener des Bischofs von Hildesheim in der Hildesheimer Stiftsfehde schon manchen Strauß ausgefochten, war dann nach Osnabrück gekommen und hatte Jakoba von Schewinctorp, deren Familie die Gartlage besaß und die Herrenteichsmühle in Erbpacht hatte, gegen den Willen ihrer Mutter geheiratet und diese dann aus der Pachtung wie aus dem Besitz der Güter verdrängt. Schon mehrfach hatte der Rat ihn und seine Leute bestrafen müssen. Der zweite war *Johann Ertman*, ein Sohn Ertwin Ertmans, ebenfalls ein zuchtloser Geselle, der die ererbten Güter durchgebracht hatte und mit seiner Familie zerfallen war. Weil er einen Bürger blau und blutig geschlagen, hatte er Strafe erlitten und deshalb die Stadt verlassen, bis ihn durch einen von dem Kapitel und dem Bischof vermittelten Vertrag die Rückkehr gestattet wurde. Beide dienten den Geistlichen, die sich ihrer angenommen hatten, schlecht, indem sie sich an die Spitze der Empörer stellten.

Am Mittwoch vor Pfingsten (29. Mai 1525) versammelten die Gildemeister die Ämter auf dem Rathause, wo es wild herging. Der Rat beschied deshalb die Schützen zu seiner Sicherheit auf das neue Rathaus. Johann von Dissen suchte durch Versprechungen und Drohungen die Schützen zu den Ämtern herüberzuziehen; aber sie blieben standhaft und retteten dadurch den Rat. Am folgenden Tage brachten die Ämter ihre Klagepunkte zu Papier und überreichten sie dem Domkapitel. Gleichzeitig begannen aber auch schon die Gewalttaten. Der Offizial, d.i. der oberste geistliche Richter, sowie der Kirchherr zu St. Johann mußten alle Pfänder, Schuldscheine und Quittungen herausgeben. Ein Vikar, der vom Altar im Dom kam, wurde niedergeworfen. Die Trommeln wurden gerührt, und „das Volk war so wild wie rasende Hunde". Oberg und Ertman begannen zu plündern. Ein Pöbelhaufe stürmte zum Gertrudenberger Kloster hinauf, verlangte zu essen und fischte die Teiche des Klosters aus. Die Geistlichen flohen; die Notare, die Verfasser der Bannbriefe, wurden mit Steinen aus dem Gerichtshause vertrieben. Ihre Wohnungen wurden erbrochen und ausgeplündert. Der Rat war machtlos.

Vierzehn Tage vor diesem Aufstande waren Thomas Münzer und die Bauern bei Frankenhausen (1525) besiegt worden; auch in Münster und Minden waren um dieselbe Zeit ähnliche Unruhen wie in Osnabrück ausgebrochen; Bischof Erich sah daher die Sache für sehr ernst an. Seiner Sicherheit wegen verließ er die Stadt und ging in das Kloster Gertrudenberg. Dann berief er sofort den Landtag, der ihm 2000 Taler zu dem Bauernkriege bewilligte. Der Stadt machte er die heftigsten Vorwürfe und befahl ihr, die Ordnung wiederherzustellen und die Übeltäter zu bestrafen. Der Rat gelobte dies; als er aber in die Stadt zurückkehrte, bestürmten ihn die Ämter auf neue; sie wollten jetzt sogar alle Klöster aufheben. Der Rat hatte genug zu tun, das Volk zu beschwichtigen; an Bestrafung der Rädelsführer konnte er gar nicht denken.

Der Bischof war darüber aufs höchste empört. Er zog nach Hessen, kaufte grobes Geschütz, warb Söldner und brach nach Osnabrück auf. Da verloren die Aufrührer den Mut. Oberg war längst entwichen. Der Rat bat nun einige Freunde des Bischofs, z. B. den Abt von Iburg, für die Stadt mit Erich zu unterhandeln. Sie beschlossen am 4. August mit den Bevollmächtigten des Bischofs in Bielefeld folgenden Vertrag: Die Stadt zahlt 6000 Gulden Buße. Der Bischof will Oberg, der in der Stadt nicht wohnen darf, am Gut, nicht am Leben, die anderen soll der Rat strafen. Der Gograf Spiker, der im Verdacht der Mitschuld stand, soll vom Rat und dem Bischof gemeinsam bestraft werden, wenn er als schuldig befunden wird. An den Rechten der Stadt wurde nichts gemindert. Die Geistlichen kehrten zurück. Johann Ertman wurde in den Bucksturm gesperrt und mußte 500 Gulden zahlen; die übrigen Mitbeteiligten erhielten geringere Strafen. Gograf Spiker wußte sich zu rechtfertigen. Oberg erschien auf die Vorladung des Fürsten nicht; daher wurden seine Güter eingezogen. Dann gelang es seinen Erben, denen von Mandelsloh, mit dem Domkapitel einen Vertrag zu schließen, nach welchem sie für die Herrenteichsmühle eine Entschädigung von 1200 Joachimstalern erhielten und die außerhalb der Stadt gelegenen Güter Obergs, also auch die Gartlage, in Besitz nehmen durften. Die Stadt aber hatte an den 6000 Gulden schwer zu tragen.

2. Der Humanismus und der erste Reformationsversuch

Bis ins 15. Jahrhundert stand die Wissenschaft unter dem fast ausschließlichen Einfluß der Kirche; ihre Ergebnisse durften der Kirchenlehre nicht widersprechen. Schon seit dem 14. Jahrhundert aber wandte man sich mehr und mehr — zuerst in Italien — dem Studium der alten lateinischen und griechischen Schriftsteller zu und suchte sich von der Bevormundung der Kirche zu befreien. Da die alten heidnischen Schriften nicht der Kirche, sondern einer allgemein menschlichen Bildung dienten, so nannte man die neue wissenschaftliche Richtung *Humanismus* (humanus = menschlich) und seine Vertreter *Humanisten*. Das neubelebte Studium der hebräischen und griechischen Sprache ermöglichte es auch, die Bibel in der Ursprache zu lesen, während man sich bis dahin meistens mit einer fehlerhaften lateinischen Übersetzung, der Vulgata, begnügt hatte.

2. Der Humanismus und der erste Reformationsversuch

Von Italien verbreitete sich der Humanismus bald nach den Nachbarländern. Hier im Norden haben ihm die *Brüder vom gemeinsamen Leben* die Wege geebnet, eine von Gerhard Groot in Deventer gestiftete Vereinigung von Geistlichen und Laien, die ohne Ordensgelübde ein streng erbauliches Leben führten, ein Handwerk trieben, Bücher abschrieben, studierten, unterrichteten und predigten. Ihre Bruderhäuser und Schulen verbreiteten sich über ganz Norddeutschland. Auch in unserer Nachbarstadt *Münster* wirkten berühmte Schüler des Mutterhauses zu Deventer, vor allem Rudolf von Langen aus Everswinkel, später Dompropst in Münster, ferner Timann aus Werne, der Rektor, und Murmelius aus Geldern, ein hervorragender Lehrer der dortigen Domschule. Der Domschule zu Münster verdankten unser Reformator Bonnus und unser erster Stadtsuperintendent Pollius sowie mehrere Lehrer der hiesigen Domschule ihre klassische Bildung. Auch in Osnabrück wollten die Brüder vom gemeinsamen Leben, wie es scheint, eine Niederlassung gründen. Sie hatten 1418 an der Martinspforte schon ein Haus erworben; aber der Rat zwang sie aus Argwohn gegen geistliche Niederlassungen, es wieder zu verkaufen. Bald darauf schenkte ihnen ein Osnabrücker Bürger ein Haus und trat selber in die Gemeinschaft ein; allein der Rat zwang ihn durch Gefängnisstrafe, der Brüderschaft zu entsagen, und verbot jedem Einwohner, an dem Hause zu arbeiten. Die Brüderschaft mußte es verkaufen und dem Rat geloben, nie wieder Besitzungen in der Stadt zu erwerben.

Luthers Kampf gegen den Mißbrauch des Ablasses, über dessen Verkauf in unserer Stadt uns nichts überliefert worden ist, sowie sein Auftreten auf dem Reichstage zu Worms, den die Stadt auf Einladung des Kaisers durch Johann von dem Brinke beschickte, hatten in Osnabrück scheinbar geringen Eindruck gemacht. Nur der hiesige Augustinermönch *D. Hecker,* ein auch in der Laienwelt hochangesehener Mann, begann 1521 in seiner Klosterkirche am Neumarkt in Luthers Sinne zu predigen. Er war in Erfurt Luthers Lehrer gewesen und stand noch mit seinem Schüler, der ihn hochschätzte, in Briefwechsel. Durch Hecker wurde *Osnabrück* diejenige Stadt Westfalens, in der die *evangelische Lehre zuerst gepredigt* wurde. Das kirchliche Leben der Stadt wurde davon aber nicht berührt. So feierten 1522 die Schuhmacher das Fest ihrer Heiligen Krispin und Krispinian wie üblich und zahlten denen, welche in der Prozession am Freitag vor Pfingsten in Harnischen neben den Kerzen gingen, 21 Schillinge.

Bald war Hecker aber nicht der einzige evangelische Prediger Osnabrücks. Im Dominikanerkloster predigte Lukas von Horsten in evangelischem Sinne, bis er von seinen am alten Glauben festhaltenden Ordensbrüdern verdrängt wurde. Auch der Dompastor Missing und sein Kaplan Pollius neigten sich der neuen Lehre zu. Der Obergsche Aufstand war von der reformatorischen Bewegung weder veranlaßt, noch hatte er sie gehemmt. Jenes sieht man schon daran, daß er sich auch gegen den evangelisch gesinnten Dompastor richtete, und daß die eine Forderung der Gildemeister lautete, das Evangelium solle streng nach Ausweis der kaiserlichen und päpstlichen Mandate verkündigt werden. Die evangelischen Prediger ließen sich auch nicht irremachen, so daß Kaiser Karl V. (1519—1556) 1528 an Kapitel, Ritterschaft, Geistlichkeit und die Stadt ein Schreiben mit der Mahnung sandte, der alten Glaubenslehre treu zu bleiben und seine Reformen abzuwarten.

Noch in demselben Jahre erhielt die evangelische Lehre in unserer Stadt einen neuen Verkündiger in *Adolf Clarenbach.* Er stammte von einem Bauernhofe bei Lennep, hatte die Domschule in Münster sowie die Universität Köln besucht, war dann Lehrer in Münster und Wesel gewesen, hier aber wegen seines evangelischen Glaubens vertrieben worden und kam nun im Sommer 1526 mit einigen Glaubensgenossen nach Osnabrück.

Er fand Unterkunft bei einer Witwe Warendorp am Markt und begann bald darauf Vorträge über die Heilige Schrift, besonders über das Johannisevangelium, zu halten. Unter seinen Zuhörern befanden sich die gelehrtesten Männer, auch der Rektor der Domschule, Johann Sander von Meppen, der es gestattete, daß Clarenbach sogar in der Domschule Vorträge hielt. Als aber der Rektor im Dom zweimal im evangelischen Sinne predigte, griff das Kapitel ein; es entließ den Kaplan Pollius, der dem Rektor die Kanzel eingeräumt hatte, und gedachte diesen ebenfalls aus seinem Amte zu entfernen, als der Tod ihn abrief. Weil sich das Kapitel dann über Clarenbach beim Rat beschwerte, verwies dieser ihn aus der Stadt. Er fand bei einem befreundeten Prediger in Westfalen Aufnahme. Als dieser wegen seines evangelischen Glaubens zur Untersuchung nach Köln vorgeladen wurde, begleitete Clarenbach ihn und verteidigte ihn dort so freimütig, daß man auch ihn gefangensetzte und anklagte. Nachdem er dort 1½ Jahre im Kerker gelegen hatte, wurde er 1529 zum Tode verurteilt und öffentlich verbrannt. Man beschuldigte ihn und andere, daß der ,,Englische Schweiß'', eine Art Pest, die damals Europa heimsuchte, eine Folge ihres Abfalls vom wahren Glauben sei.

Johannes Pollius stammte aus Bielefeld. Er besuchte ebenfalls die berühmte Schule in Münster, wurde dort Lehrer, dann Rektor der Domschule in Minden und 1521 Kaplan am Dom zu Osnabrück und zugleich Lehrer am Carolinum. Er war ein tüchtiger Humanist, Theologe und Dichter. Als er Osnabrück verlassen mußte, rief ihn der Graf Konrad von Tecklenburg an seinen Hof in Rheda. Pollius wirkte hier eifrig für die Durchführung der Reformation in der Grafschaft Tecklenburg; außerdem diente er seinem Herrn auch in politischen Geschäften. Ein Jahr weilte er in Soest, um dort auf Bitten des Rats die kirchlichen Verhältnisse zu ordnen; dann kehrte er zum Grafen Konrad zurück. Der Dompastor Missing trat, gewarnt durch das Schicksal von Clarenbach und Pollius, von der reformatorischen Bewegung zurück. Dagegen predigte Hecker im Augustinerkloster unbeirrt weiter. Auch eine Disputation mit dem gelehrten Dr. Beckmann, der zu Wittenberg Professor gewesen, aber vom evangelischen Glauben zurückgetreten war, vermochte ihn nicht ins Wanken zu bringen. An St. Katharinen wirkten in gleichem Sinne der Kaplan Hüdepohl und sein Gehilfe Heinrich Suecamp, an St. Marien Kaplan Lüdger von Schapen, der aber 1529 ein Opfer des Englischen Schweißes wurde. Die evangelische Lehre begann unter den Bürgern mehr und mehr festen Fuß zu fassen.

Die Jahre 1529 und 1530 brachten Osnabrück eine schwere Heimsuchung. Der *Englische Schweiß*, dem in ganz Deutschland Tausende zum Opfer fielen, raffte auch in unserer Stadt viele Menschen dahin. Dazu brach am Donnerstag nach Ostern (21. April) in Joh. Redelichs Hause in der Hakenstraße *Feuer* aus, das den Bürgern rasch über den Kopf wuchs, sich nach dem Kamp und der Alten Münze hin ausbreitete und innerhalb sechs Stunden den ganzen Süden der Altstadt in Asche legte. 1000 Feuerstellen sollen dem Brande zum Opfer gefallen sein. Nach 30 Jahren war die Georgskapelle (Große Straße 67/68) noch nicht wieder aufgebaut. An der Hamkenstraße und dem Grünen Brink lagen nach C. Stüves Angabe noch bis ins 19. Jahrhundert von jenem Brande her Hausplätze wüst. Zu dieser Not kam noch ein drittes Unglück. Mehrere Häuser, die das Feuer verschont hatte, wurden im Juli desselben Jahres von einem ungewöhnlich heftigen *Sturm* zerstört, der Tausende von Obstbäumen, Eichen und Buchen mit der Wurzel aus der Erde riß. Dazu mißriet die Kornernte, so daß der Preis für 1 Scheffel Roggen von 3½ auf 9 Schillinge emporschnellte. Der Rat mußte den erst vor wenigen Jahren begonnenen und so notwendigen Bau der Wälle unterbrechen. Die Elf Ämter beschlossen 1531, die Gildeschmäuse einzuschränken und das dadurch ersparte Geld zum ge-

2. Der Humanismus und der erste Reformationsversuch   129

Der Stadtbrand von 1530.
Sepiazeichnung von Georg Berger 1606 im Bergerschen Bischofsbuch.

meinsamen Besten, besonders zum Ankauf von Roggen, zu verwenden. Auch diese Not sahen manche als Strafe Gottes für den Abfall vom Glauben der Väter oder, wie die Evangelischen behaupteten, für das Festhalten an längst erkannten Irrtümern an.

Unter diesen Umständen kam 1532 der Prediger *Dietrich Buithmann* aus Geldern nach Osnabrück. Nachdem er sich durch seine gewandten Reden voll schwärmerischer Begeisterung einen Anhang verschafft hatte, schlug er 44 Thesen gegen die Irrlehren der Römischen Kirche an, die er auf dem Rathause öffentlich verteidigen wollte. Als Gegner stellte sich ihm nur Magister Bernhard Lintlage, Vikar zu St. Johann, der ihm aber geistig nicht gewachsen war, so daß er von dem Volke verlacht wurde. Durch diesen leichten Sieg sowie durch seine Art, dem Pöbel und den Frauen zu schmeicheln, vermehrte Buithmann die Zahl seiner Anhänger bald so sehr, daß er zum Prediger an St. Marien erwählt wurde. Damit noch nicht zufrieden, suchte er den Pöbel zum Aufstand zu reizen, um dadurch an alle Kirchen der Stadt evangelische Priester zu bringen. Er erreichte es auch, daß an St. Katharinen, nachdem 1532 Hüdepohl gestorben war, Wilhelm Sandfurt und an St. Johann ebenfalls zwei evangelische Prediger angestellt wurden. Da änderte sich plötzlich die Lage.

Bischof Erich II. hatte 1531 auch das Bistum Münster erlangt, so daß er drei westfälische Bistümer besaß. Aber er sollte sich dieser einflußreichen Stellung nicht lange erfreuen: Schon im folgenden Jahre starb er zu Fürstenau infolge unmäßigen Trinkens (9. Mai 1532). Kapitel, Ritterschaft und Städte hatten unter seiner eigenmächtigen, gewalttätigen Regierung oft gelitten; daher vereinigten sie sich sofort, um sich gegenseitig ihre Rechte zu verbürgen. Unter Vermittlung der Ritterschaft einigte sich zunächst das Domkapitel mit der Stadt. Um die Spannung zu mildern, die seit Obergs Aufstand zwischen der Geistlichkeit und den Bürgern bestand, übernahm jene, von ihrem Privatgute bürgerliche Lasten zu tragen, versprach, ihre Äcker und Wiesen den Bürgern gegen billigen Pachtzins zu überlassen und keinerlei bürgerliche Gewerbe zu treiben. Auch erkannte das Kapitel die hergebrachten Rechte des Rats auf die Bischofswahl und die Regierung des Stifts abermals an. Dagegen verbot der Rat bis zur gesetzlichen Regelung der kirchlichen Verhältnisse das Singen deutscher Kirchenlieder.

Zum Bischof von Osnabrück und von Münster wurde Franz II. von Waldeck (1532—1553) gewählt, der durch sein leutseliges Wesen und seine schöne Gestalt bald die Neigung der Bürger gewann. Eine ruhigere Stimmung machte sich allmählich bemerkbar; viele Bürger waren mit dem Wiederaufbau ihrer Häuser beschäftigt. Dennoch gelang es Buithmann, der durch sein ausschweifendes Leben längst die Achtung der wohlgesinnten Bürger verloren hatte, den Pöbel aufzuwiegeln. Allerlei verdächtiges Volk ließ sich hier sehen. Auch *Johann von Leyden* hielt sich im Sommer 1553 hier zweimal auf und trieb wiedertäuferisches Wesen. Als dann die Schwärmerei in Münster überhandnahm, wurde man auch in Osnabrück bedenklich. Bischof und Rat vereinigten sich, verboten Buithmann und seinen Gesinnungsgenossen das Predigen und trieben die Fremden aus der Stadt. Auch Buithmann entfloh jetzt. Sandfurt war weiter Hauslehrer des Lohnherrn Martin von Horsten und anderer evangelischer Bürger. Suecamp durfte ebenfalls bleiben, mußte aber sehr vorsichtig predigen. Hecker blieb zwar unbehelligt, predigte aber seines Alters wegen nur selten. Als er 1536 starb, kehrten seine Ordensbrüder zum alten Glauben zurück; ja, sie warfen sogar den schriftlichen Nachlaß des ehrwürdigen Mannes, darunter mehrere Briefe Luthers, in die Hase. Nachdem im folgenden Jahre auch Suecamp gestorben war, verstummte die evangelische Predigt in Osnabrück. Die Reformationsbewegung kam damit zeitweilig zum Stillstand. Einer der Prediger, die das Volk unter Buithmanns Einfluß eigenmächtig an St. Johann eingesetzt hatte, Dietrich von Moers, ging nach Münster und kämpfte hier eine Zeitlang gegen die Wiedertäufer; als er vor ihnen die Stadt verlassen mußte, fiel er in die Hände des Bischofs, der ihn in Bevergern hinrichten ließ, weil er sich vom aufrührerischen Volke zum Prediger an St. Johann habe bestellen lassen. Buithmann verschwand.

So endete der erste Versuch, in Osnabrück die Reformation einzuführen, in kläglicher Weise, hauptsächlich durch die Schuld eines unwürdigen Priesters; aber der gute Same, den edlere Männer wie Clarenbach, Hecker und Sandfurt ausgestreut hatten, sollte nicht verlorengehen. ,,Die regellosen Bestrebungen eines nicht von reinem Eifer für die Wahrheit, sondern von bloßer Leidenschaft getriebenen Volkes scheinen nur darum unterdrückt zu sein, um einer von verständigen, kundigen Männern festgestellten Ordnung Raum zu geben.'' (Stüve.)

3. Die Wiedertäufer in Münster und Osnabrück

Noch mehr als die Umtriebe Buithmanns schadete das Auftreten der Wiedertäufer in Münster und Osnabrück der Einführung der Reformation. Der Vater dieser Sekte war der evangelische Prediger *Thomas Münzer* aus Zwickau, Geistlicher an der dortigen Katharinenkirche. Er behauptete, Gott offenbare sich, wie früher den Erzvätern, Propheten und Aposteln, noch heute den Gläubigen durch unmittelbare Eingebung, daher bedürften wir der gelehrten Prediger, ja der Wissenschaft überhaupt nicht. Ferner wollte er die Reformation nicht wie Luther durch die Predigt, sondern durchs Schwert ausbreiten und alle, die sich dem widersetzen würden, selbst Fürsten und Obrigkeiten, aus dem Wege räumen. Da man von den Kindern nicht im voraus wissen könne, ob sie gut oder böse würden, Gott sich aber nur den Gläubigen offenbare, so wollte er die Kinder noch nicht in die Gemeinde aufnehmen, verwarf daher die *Kindertaufe*. Nachdem man Münzer aus Zwickau verdrängt hatte, ging er nach Thüringen und schloß sich den aufrührerischen Bauern an; er wurde in der Schlacht bei Frankenhausen (1525) gefangengenommen und darauf in der qualvollsten Weise hingerichtet. Seine Anhänger zerstreuten sich. Einige kamen auch nach Wittenberg; aber Luther trat ihnen so entschieden entgegen, daß sie das Feld räumten. Die meisten gingen nach den Niederlanden; doch hatte ihre Lehre im geheimen auch an anderen Orten Anhänger gewonnen. Ihnen gelang es, die Stadt *Münster* ganz in ihre Gewalt zu bringen. An St. Mauritz vor Münster predigte der Kaplan *Rothmann*, der in Wittenberg die lutherische und in Straßburg die reformierte Kirche kennengelernt hatte, mit großem Eifer und seltener Begabung, so daß auch viele aus der Stadt seine Predigt besuchten. Als er sich mehr und mehr dem lutherischen Bekenntnis zuneigte, wurde er in St. Mauritz entlassen, in der Stadt aber mit offenen Armen aufgenommen. Die Zahl der Evangelischen wuchs derartig, daß der Rat, vom Volke gedrängt, 1532 die sechs Stadtkirchen mit Ausnahme des Domes eigenmächtig den Lutheranern übergab und Rothmann zum Stadtsuperintendenten ernannte.

Bischof Franz von Waldeck hatte bei seiner Wahl gelobt, den alten Glauben zu schützen; das Domkapitel drängte, der Kaiser mahnte zum Einschreiten; aber er vermochte beim Rat in Münster weder mit Gutem noch mit Gewalt etwas zu erreichen. Deshalb berief er die Stände zu Weihnachten nach *Telgte*. Die Verhandlungen mit Münster schienen günstig verlaufen zu wollen. Da erschienen plötzlich am zweiten Weihnachtstage, während der Bischof in Iburg weilte, bewaffnete Bürger aus Münster in Telgte und nahmen das ganze bischöfliche Gefolge gefangen. Durch Vermittlung des Landgrafen Philipp von Hessen kam es dann zu einem Vertrage: Münster wurde 1533 eine evangelische Stadt. Nun strömten von allen Seiten Evangelische, besonders entlassene evangelische Pfarrer, dorthin, auch Wiedertäufer, die in schwärmerischer Weise zu predigen begannen, die Kindertaufe verweigerten und sogar den Stadtsuperintendenten zu sich herüberzogen. Da wies der Rat die fremden Prediger aus; aber Rothmann blieb und predigte in ihrem Geiste weiter. Als dann der Rat ihm das Predigen verbot, ja ihn sogar aus der Stadt verwies, traten die Zünfte für ihren Prediger ein. Nicht nur er blieb, sondern auch die fremden Prediger kehrten zurück. Auf Veranlassung des aus Bramsche gebürtigen Geheimschreibers des Herzogs Ernst des Bekenners in Celle, mit Namen Wichmann, verfaßte der bekannte Hofprediger des Herzogs, Urbanus Rhegius, eine Schrift über die Irrtümer der Wiedertäufer; auch Melanchthon sandte ein warnendes Schreiben an Rothmann; alles vergeblich!

Der ganze Stadtrat wurde 1534 aus Wiedertäufern gebildet; *Knipperdolling,* ein angesehener Kaufmann, wurde Bürgermeister. Jetzt kamen auch die Häupter der Täufer: *Johann von Leyden,* Schneider, dann Gastwirt, und *Jan Mathys,* ein Bäcker aus Haarlem. Sie rissen bald das Stadtregiment an sich, vertrieben ihre Widersacher und führten Gütergemeinschaft ein. Zu den Vertriebenen gehörten auch die Prediger Dietrich von Moers und Johann von der Wyck. Beide hatten tapfer gegen die Schwärmer, für die lutherische Lehre gekämpft, aber der Übermacht weichen müssen. Jener wurde, wie schon erzählt, in Bevergen enthauptet; von der Wyck wollte sich nach Bremen begeben, wurde aber in Vörden ergriffen und in Fürstenau gefangengesetzt. Der dortige Drost behandelte ihn freundlich, der Rat von Münster sowie Herzog Ernst der Bekenner baten für ihn; trotzdem trat schon nach einigen Tagen, als von der Wyck mit dem Drosten beim Schachspiel saß, der Scharfrichter ins Zimmer, und der Prediger wurde sofort enthauptet. Später hat der Bischof es oft bedauert, daß er beide Prediger den münsterschen Domherren geopfert habe.

Infolge der Ausschreitungen in Münster rüstete Bischof Franz ein Heer, um die Stadt zu erobern, und er fand bei katholischen und evangelischen Fürsten Unterstützung; dennoch waren seine Mittel anfänglich unzureichend. Als er im März 1534 die Stadt einzuschließen begann, lieferte der Rat zu Osnabrück das Pulver; Geschütze goß man aus Glocken der Landkirchen. Andere Geschütze liehen die Stadt Osnabrück oder der Adel. Die Bauern — auch aus unserem Stift — mußten Wälle aufwerfen; da die Vechter Bauern sich weigerten, wurden sie mit Gewalt dazu gezwungen. Einige ungenügend vorbereitete Stürme wurden von den Belagerten leicht abgeschlagen. Als indes Mathys infolge einer angeblich empfangenen Offenbarung mit nur wenigen hinauseilte, um die Stadt zu entsetzen, wurde er niedergehauen.

Jetzt trat Johann von Leyden an die Spitze des Stadtregiments. Er löste den Rat auf und ernannte zu seinem Beistande zwölf aus den größten Schwärmern gewählte Älteste. Dann führte er die Vielweiberei ein; er selber nahm sich noch sechzehn Frauen. Aufgrund göttlicher Eingebung nannte er sich bald nachher ,,Von Gottes Gnaden König des neuen Israel''. Er trug eine zweifache goldene Krone, auf der Brust eine an goldener Kette hängende Weltkugel und behauptete, daß der Erdkreis sich ihm unterwerfen werde. Zu den von ihm ernannten Herzögen gehörten auch *Krechting*, früher Pastor in Gildehaus, und ein Heinrich Kock aus Osnabrück, dem der ,,König'' das ganze Bistum Trier schenkte. Wer irgendwie gefährlich erschien, wurde enthauptet. Eines Tages enthauptete der König selber öffentlich eine seiner Frauen. ,,So führte er ein fanatisch-tyrannisches Regiment, in dem geistlicher Hochmut und fleischliche Sinneslust, fromme Hingebung und Selbstaufopferung mit blutdürstiger Roheit und niedriger Genußsucht aufs widerlichste gepaart waren.''

Lange widerstanden die Täufer allen Angriffen der Belagerer; aber auf die Dauer war dies unmöglich. Bischof Franz wurde von dem Erzbischof von Köln, dem Landgrafen Philipp von Hessen und zuletzt auch von einem Reichsheer unterstützt. Als der Wall um die Stadt vollendet war, wurde ihr jede Zufuhr abgeschnitten; es stellte sich der schlimmste Feind, die Hungersnot, ein. Der Zuzug aus den Niederlanden, auf den man gehofft hatte, blieb aus; deshalb beschlossen die Führer, Sendboten nach Warendorf, Coesfeld, Lippstadt, Soest und *Osnabrück* zu senden, die dort ihre Lehre ausbreiten und Hilfe beschaffen sollten. Am Gallustage (16. Oktober) trafen sechs dieser Boten hier ein; einer von ihnen hatte nur einen Arm. Schon hierdurch sowie durch ihre seltsame Kleidung und ihre aufgeregten Gebärden fielen sie auf, so daß schon ein Haufe Volks sie begleitete, als sie sich vom Heger Tor nach der Wohnung des Gografen Spiker an der Hasestraße begaben, bei dem sie Entgegenkommen zu finden hofften. Sie eröffneten ihm ihren Auftrag und boten ihm einige der von ihnen mitgebrachten Goldmünzen an. Er aber erwiderte: ,,Ich habe mit euerm Handel nichts zu schaffen. Sehet euch aber wohl vor; denn ich fürchte, es wird euch allen übel bekommen!'' Auch der Bürgermeister Ertman d. J., an den sie sich jetzt wandten, wies sie kurz ab. Dann stürmten sie hinaus auf die Straßen und auf den Viehmarkt, der namentlich von jungen Leuten gut besucht war. Ihr Anhang mehrte sich mit jedem Schritt. Nun begannen sie zu predigen. Sie forderten die Leute auf, ihnen zu folgen, und warfen auch einige Goldmünzen aus. Bald waren sie von einem großen Volkshaufen umgeben.

Der Rat trat auf dem Rathause eiligst zusammen. Was sollte er anfangen? Die Bürger hielten zum Teil zu den Schwärmern; am wenigsten konnte er sich auf die Schützen — meist junge Leute — verlassen. Aber jede Zögerung konnte Unheil bringen! Da gelang es ihm, eine Anzahl williger und bewaffneter Bürger zusammenzuraffen; mit ihnen vereinigte er die geschworenen Diener und die Ausreiter, ließ ,,Mund und Hand'' bei Leibesstrafe verbieten, und wirklich gelang es ihm, die Täufer gefangenzunehmen und

3. Die Wiedertäufer in Münster und Osnabrück

in den Bucksturm zu sperren. Aber ein großer Haufe Volks begleitete sie, blieb bei dem Turm stehen und sang bis in die Nacht hinein abwechselnd mit den Gefangenen deutsche Psalmen. Die Gärung wuchs; immer größer wurde die Gefahr eines Angriffs auf den Turm. Laut verlangte das Volk die Befreiung der Gefangenen. Einer der Täufer, mit Namen Graes, ließ den Bürgermeister um eine Unterredung bitten, die ihm auch gewährt wurde. Seine Genossen meinten, er wolle einen Bekehrungsversuch machen und flehten: ,,Herr, nun sende deinen Geist!'' Aber Graes hatte ganz etwas anderes im Sinn. Er sprach zum Bürgermeister: ,,Laßt mich mit Ketten an den Füßen nach Münster zurückkehren. Dort will ich erzählen, ein Engel habe mich aus dem Gefängnis befreit, will alles genau erkunden und dem Bischof berichten.''

Der Rat hatte inzwischen einen reitenden Boten nach Iburg gesandt und dem Bischof mitgeteilt, daß er bereit sei, ihm die Gefangenen nach Ausstellung eines Reverses auszuliefern. Bischof Franz sandte sofort den Amtmann von Iburg mit Reitern und Fußknechten ab, die sich ungesehen dem Buckstum gegenüber in der Nähe des Steinbruchs aufstellten. Die Nacht war kalt, der Morgen nahte; deshalb hatte sich das Volk zum Teil nach Hause begeben. Als der Rat nun aussprengen ließ, die Gefangenen sollten den bischöflichen Reitern am Johannistor ausgeliefert werden, eilten die übrigen dorthin, so daß der Rat die Täufer unbehindert einen nach dem anderen über die Mauer bringen und dem bischöflichen Amtmann übergeben lassen konnte. Doch mußte dieser zuvor einen Revers ausstellen, ,,dat vergemelten Borgermestern und Rade und unser Stadt Osenbrügge in eren olden herkommen, privilegien, rechtigheden, Zenden (Sitten) und Gewohnheiden doch upgemelte loßgeving angetagener Predicanten und unser openbaren Vianden nu und in tokumpstigen Tyden nyen Verfanck, Tadel, Hinder, Gebreck eder Affbroke geschen scholde''. Nachdem der Rat noch einige der schlimmsten Aufwiegler bestraft hatte, kehrte die Ruhe in die Stadt zurück. Die sechs Täufer wurden sicher nach Iburg gebracht und eingesperrt. Graes wurde freigegeben und hielt sein Versprechen; einer starb im Gefängnis, die übrigen vier wurden auf dem Stallbrink, dem Iburger Gerichtsplatz, enthauptet.

Am Johannistage 1535 fiel Münster. Noch in den Straßen kämpften die Wiedertäufer wie verzweifelt, wobei viele, auch Rothmann, ihren Tod fanden. Johann von Leyden, Knipperdolling und Krechting wurden gefangengenommen und in Iburg in das bekannte dunkle Verlies gelegt. Nachdem ein mit ihnen angestellter Bekehrungsversuch erfolglos geblieben war, sandte der Bischof sie nach Münster zurück. Dort wurden sie eine Stunde lang mit glühenden Zangen gekniffen, dann mit glühenden Dolchen erstochen. Die Leichname legte man in eiserne Käfige und hängte sie, den des ,,Königs'' in der Mitte, am Lambertiturm in Münster. Die Stadt Münster verlor ihre Freiheiten und wurde wieder katholisch.

Die drei Käfige haben als Wahrzeichen der Stadt bis 1881 ununterbrochen am Lambertiturm gehangen. Als dann der Turm erneuert werden mußte, ließ man die Käfige — zufällig durch einen Arbeiter namens Krechting — herunterholen. Nach der Vollendung des Neubaues wurden die Käfige ohne die Gebeine am Turm wieder aufgehängt. In *Osnabrück* erinnern an jene Sendboten der Wiedertäufer noch drei Münzen, die damals von den Täufern unter das Volk geworfen wurden und jetzt im Kulturgeschichtlichen Museum aufbewahrt werden. Früher meinte man, sie seien von Leder und nur mit dünnem Goldblech überzogen; sie sind aber massiv golden. Auf der einen Seite steht: *Ein Koninck uprecht ove al int Rike Godes. Ein Godt, ein gelove, ein Doepe. 1534 tho Munster.* Auf der anderen: *We nicht gebore is uth de Wate un Geiste, mach nicht ingaen. Dat Wort is Fleisch geworden un wanet in uns.*

4. Die Einführung der Reformation durch Bonnus

Die Sekte der *Wiedertäufer* war keineswegs vernichtet; die meisten wohnten in den Niederlanden, einzelne auch noch in Westfalen. Als sie 1538 in Bocholt eine Versammlung abhielten, fanden ihre Sendboten auch in Osnabrück noch Anhang, so daß der Rat deshalb mehrere Bürger mit Gefängnis bestrafen mußte. Mancher trat, durch den Unfug der Wiedertäufer abgeschreckt, von der reformatorischen Bewegung zurück; doch wurde sie dadurch nur kurze Zeit aufgehalten. Obwohl der reformationsfreundliche Rat noch bis 1542 nach herkömmlicher Weise in der Fronleichnamsprozession die für diesen Zweck gestifteten Kerzen trug, ließ er schon 1538 die Reliquien aus den Stadtkirchen (Marienkirche und Katharinenkirche) entfernen und verbot das Umhertragen der Heiligenbilder. Die evangelische Predigt hatte hier nicht ganz aufgehört; das hl. Abendmahl wurde unter beiderlei Gestalt heimlich gefeiert. Je mehr nun die Jugend heranwuchs, die in den Jahren 1521—1532 in der evangelischen Lehre unterwiesen worden war, desto mehr wuchs auch das Verlangen nach evangelischen Predigern. Das Dominikanerkloster hielt noch streng an seiner Regel fest; im Augustinerkloster waren nur noch fünf, im Barfüßerkloster (1542) noch vier Brüder. An St. Johann waren mehrere Geistliche der Reformation nicht abgeneigt, wurde doch der frühere evangelische Prediger an St. Katharinen, Wilhelm Sandfurt, zum Rektor der Stiftsschule berufen!

Obwohl *Bischof Franz von Waldeck* bei seiner Wahl gelobt hatte, ,,den vorgifftigen Lutherschen Handel" zu unterdrücken, war er ihm nicht abgeneigt, wenn man auch bei seinem schwankenden Charakter von einer festen Überzeugung kaum reden darf. Er bedauerte oft seine Härte, die er bei der Unterdrückung des Wiedertäuferunwesens angewandt hatte; vor allem waren es aber politische Erwägungen, die auf die evangelische Seite hinüberzogen. Die evangelische Lehre gewann in Norddeutschland allmählich die Oberhand; das Bistum Minden, das er ebenfalls verwaltete, war bereits evangelisch; auch der Erzbischof Hermann von Köln war entschlossen, zu reformieren. Den Ausschlag gab die Stellung des Bischofs Franz zu dem Herzog Heinrich dem Jüngeren von Braunschweig. Dieser hatte sich gleichzeitig mit jenem um das Bistum Minden beworben, und zwar für seinen damals dreijährigen Sohn Philipp (Magnus). Er hatte auch rasch das Bistum besetzt, so daß Franz es nach seiner Wahl nur gegen hohe Summen zurückerhalten konnte. Als nun 1542 der Schmalkaldische Bund sich gegen den Herzog, einen heftigen Gegner der Reformation, rüstete, schloß sich auch unser Bischof an, um den noch immer unversöhnten Gegner vernichten zu helfen. Diesen günstigen Augenblick beschloß der Rat zu benutzen; er bat den aus machtpolitischen Gründen einseitig festgelegten Bischof um Genehmigung zur Einführung der Reformation. Durch den Regensburger Reichstagsabschied von 1541 hatten die Landesherren das Recht der Reformation in ihren Gebieten erhalten; so gewährte denn Bischof Franz die Bitte der Bürger, trotz seines Gelübdes, obwohl Domkapitel und Geistlichkeit widersprachen. Er überließ der Stadt das Augustiner- und das Barfüßer-, einige Wochen später auch das Dominikanerkloster, damit aus ihren Einkünften eine neue evangelische Schule sowie ein oder zwei Prediger unterhalten werden könnten, die in den Klöstern oder in den Stadtkirchen das Evangelium lauter und rein verkündigten. Dem Fürsten zahlte die Stadt 300 Gulden, die Mönche erhielten eine lebenslängliche Rente. Das Augustiner- und das Barfüßerkloster standen bald leer. Dann versammelte der Rat die Bürger, ,,Gilde und Wehr", die beschlossen, daß zwei angesehene Bürger, Hans Hönemann und Kord Vette, nach Lübeck reisen und den dortigen Rat um zeitweilige Überlassung des dortigen *Stadtsuperintendenten Hermann Bonnus* bitten sollten. Luther, an den man sich gewandt hatte, stimmte der Einführung der Reformation in einer besonderen Schrift zu.

4. Die Einführung der Reformation durch Bonnus

Dr. Hermann Bonnus, Superintendent in Lübeck und Kirchen-Reformator in Osnabrück

Osnabrück stand mit Lübeck in regen Handelsbeziehungen; zudem hatte der aus Osnabrück gebürtige Lübecker Prediger Barth den Superintendenten Bonnus empfohlen. Die Bürger wählten ihn um so lieber, da er aus dem hiesigen Stift stammte. Er war nämlich in Quakenbrück geboren, hatte die berühmte Schule in Münster besucht, in Wittenberg studiert, wo er Melanchthons Freundschaft gewonnen, und war seit 1531 Superintendent der Stadt Lübeck. (Seinen eigentlichen Name van Bunne hatte er nach der Sitte mancher Gelehrten jener Zeit ins Lateinische übertragen.) Zu der Zeit, als die Wiedertäufer in Münster herrschten, brach auch in Lübeck eine Revolution aus. *Jürgen Wullenwever* suchte nämlich mit Hilfe des niederen Volkes an die Stelle des aristokratischen Regiments das demokratische zu setzen. Bonnus ergriff die Partei des vertriebenen Rats; dafür verbot Wullenwever ihm das Predigen. Doch nach einem Jahre ward der alte Rat zurückberufen, Wullenwever aber 1537 enthauptet. Bonnus' Eintreten für das alte Recht und seine Standhaftigkeit empfahlen ihn dem Bischof und dem Rat noch besonders. Er hatte auch, zusammen mit Bugenhagen, an der Übertragung von Luthers hochdeutscher Bibelübersetzung, vorab des Neuen Testamentes, ins Plattdeutsche mitgearbeitet, das ja auch hier gesprochen wurde.

Der Lübecker Rat gewährte die Bitte der Osnabrücker Bürger gern, machte aber die Bedingung, daß Bischof Franz ihrem Superintendenten sicheres Geleit gewähre. Das geschah, Bonnus selber scheint anfänglich unschlüssig gewesen zu sein, wenigstens wandte er sich mit einem Brief an Luther, um dessen und Bugenhagens Meinung einzuholen. Da die Antwort sich aber verzögerte, reiste er mit seiner Frau und zwei Kindern ab und traf am 25. Januar 1543 in Osnabrück ein. Der Rat und viele evangelische Bürger empfingen ihn mit großer Freude und geleiteten ihn in die Wehme (das Predigerhaus) zu St. Marien, wo er Wohnung nahm. Die Antwort Luthers erhielt er erst viel später.

Am Tage Mariä Reinigung oder Lichtmeß, Freitag, dem 2. Februar, seitdem der Tag des *Osnabrücker Reformationsfestes,* hielt Bonnus in der Marienkirche unter großem Zulauf des Volkes *seine erste evangelische Predigt in unserer Stadt* und am nächsten Sonntag in St. Katharinen, dann auch in der Augustinerkirche und in der Johanniskirche. Als seine wichtigste Aufgabe sah er es an, eine neue *Kirchenordnung* (in niederdeutscher Sprache) zu verfassen, wobei er die Lübecker zum Vorbild nahm. Nachdem der Rat sie genehmigt hatte, wurde sie auch dem Bischof vorgelegt, der sie am Freitag nach Exaudi ebenfalls bestätigte. Daneben hielt Bonnus auch im Barfüßerkloster *öffentliche Vorträge* in lateinischer Sprache über den Römerbrief. Zu seinen Zuhörern gehörten Geistliche und gebildete Laien, auch die beiden Domherren Dietrich von Eickel und Hermann Brawe sowie der Dompastor Konrad *Eckendorp.* Er war früher Pfarrer in Lage im Lippischen gewesen, hatte aber sein Amt aufgegeben, weil die Reformation dort eindrang, und war am hiesigen Dom Missings Nachfolger geworden. Bonnus' Vorträge machten auf ihn einen tiefen Eindruck. Endlich bat er Bonnus um eine Unterredung, die dieser ihm gern gewährte. Alle seine Bedenken brachte er vor, Bonnus widerlegte sie ihm aus der Hl. Schrift. Tagelang kämpfte Eckendorp noch mit sich selber, dann war er entschlossen: Er wurde evangelisch.

Der Rat stellte nun an St. Marien und an St. Katharinen ohne Rücksicht auf die Domherren, denen ja die Pastorate zustanden, je zwei evangelische Pfarrer an. Erster Prediger an St. Marien wurde *Eckendorp,* zweiter Prediger der frühere Augustinermönch Werneking. Zum ersten Prediger an St. Katharinen und zugleich zum Stadtsuperintendenten wurde *Pollius,* als zweiter Prediger Johann Abeking (Abeken?) berufen. Da das Kapitel zu St. Johann die evangelische Weise der Feier des hl. Abendmahls nicht annehmen wollte, ward für die Evangelischen der Neustadt in der Augustinerkirche Gottesdienst gehalten. Die neue Kirchenordnung enthielt genaue Vorschriften über das Amt der Prediger, über Taufe, Beichte, Abendmahl, Beerdigung, Armenpflege, Festtage und Ehewesen. Der Superintendent sollte die Aufsicht über das gesamte evangelische Kirchenwesen der Stadt führen, predigen und für die Geistlichen und Gelehrten lateinische Vorträge über die Hl. Schrift halten. Täglich, mit Ausnahme des Sonnabends, wurde wenigstens ein Gottesdienst abgehalten. Am Sonntag wurde schon morgens von 5 bis 6 Uhr den Dienstboten in St. Marien und St. Katharinen der Katechismus erklärt und das Evangelium kurz ausgelegt. Vormittags wurde in den beiden Kirchspielen und in der Augustinerkirche über das Evangelium gepredigt, der Katechismus kurz vorgelesen und das hl. Abendmahl gefeiert. Nachmittags wurde von 12 bis 13 Uhr in der Katharinen-, von 14 bis 15 Uhr in der Marienkirche die Epistel erklärt. Am Montag wurde von 7 bis 8 Uhr morgens in St. Katharinen über das Evangelium Matthäi gepredigt, am Dienstag in St. Marien über Lukas (Evangelium oder Apostelgeschichte), am Mittwoch in der Augustinerkirche über Markus, am Donnerstag in St. Marien über die Briefe Pauli, Petri oder Johannis und endlich am Freitag in St. Katharinen über das Evangelium St. Johannis oder über die Briefe Petri und Johannis oder den Katechismus. — Die Messe wurde abgeschafft, an ihre Stelle trat die deutsche Predigt. Alles, was der

4. Die Einführung der Reformation durch Bonnus

Prediger bei der Taufe und dem Abendmahl zu sagen hatte, sagte er in deutscher Sprache; die Gemeinde sang deutsche Psalmen. Die bisherige Priesterkleidung sowie die Ohrenbeichte behielt man vorläufig noch bei. Von den *Feiertagen* schaffte man die Marientage und das Johannisfest ab. Die Aposteltage sollten nur durch *einen* Gottesdienst gefeiert, mit dem Michaelisfest das Erntedankfest verbunden werden. Der Besuch des katholischen Gottesdienstes wurde bei 5 Mark Strafe verboten. Ehesachen, für die bisher ein geistliches Gericht zuständig gewesen war, sollten fortan vor den Stadtrichter gebracht werden.

In Osnabrück gab es außer dem *Carolinum* und der *Stiftsschule zu St. Johann* bei jeder Kirche eine *Pfarr- oder Kirchspielschule,* außerdem viele *Winkel-* oder *Klipp-,* d.i. Privatschulen. Den Reformatoren, die sich stets auf die Bibel beriefen, lag an einer guten Schule viel. Schon 1524 hatte Luther in einem Sendschreiben die Städte zur Errichtung von Schulen aufgefordert; die Kirchenordnungen enthielten meistens auch eine *Schulordnung;* auch die des Bonnus enthält einen Abschnitt: ,,Van den Scholen und Scholmesteress." Über eine einzurichtende höhere Schule (Lateinschule) heißt es: ,,Im Barvöter Closter schal eine gemeine Schole geholden werden, darinne de junge Jogent düsser Stadt, vnd dar van buten inkumpt, mag geleert vnnd upgetagen werden in Gades Fruchten vnd guten Künsten, Idt schal dem Rectori gegeven werden, vnd darto frigge Wohninghe in demsülven Closter, op dat sei eren mögelken Flith doen by den Kindern vnd by den Armen sowohl als by den Ricken." Die Hauptunterrichtsfächer dieser Ratsschule waren Religion, Kirchengesang und Latein. Die Schule hatte drei Klassen. Zum Rektor berief man den Rektor der Johannisschule, *Wilhelm Sandfurt,* zu seinen Gehilfen Burinus (Büren) und Suecamp (Schnekamp). Unter diesen tüchtigen Lehrern blühte die Schule bald auf. Aber schon nach zwei Jahren wurde Sandfurt von Bischof Franz zum Hofprediger ernannt, Burinus als Pastor ins Oldenburgische und Suecamp als Rektor nach Bielefeld berufen. Sandfurts Nachfolger als Rektor wurde jetzt *Christian Sleibing* aus Freckenhorst. Er hatte ebenfalls die Schule in Münster besucht, war Lehrer an der Johannisschule, dann Rektor der Domschule geworden und hatte dann noch in Wittenberg wieder studiert. Hierauf war er Rektor, dann Prediger in Hannover, 1544 Rektor im Barfüßerkloster und 1547 Prediger an St. Marien. Sein Nachfolger als (letzter) Rektor der Schule wurde *Sibe,* nach seinem Geburtsorte Olphen im Münsterschen *Olphenius* genannt.

Auch die Pfarrschulen suchte Bonnus zu bessern, in dem er in seinem Aufrufe ,,*Van den düdeschen Scholen*" schrieb: ,,Idt behouen de düdesche Schole ock wol einen Vpsehent dat de Jungen vnd de Medeken in Gades Früchten vnnd in Tucht werden upgetagen, vnd dewile groth Gebreck vnnd Feil iß by den düdeschen Scholen in disser Statt. So iß wol van nöden, dat dar welcke tho verordenet werden, de ock ein Vpsehent darup hebben, vnd dewile ein yder sick vndersteith in düsser Stadt Kinder to leren, so iß van nöden, dat in enen yderen Kerspel eine düdesche Schole werde geholden vth bevele des Rades, vnd wer wol guth, dat man geschickede fromme Frowes Personen hedde, de de Medekens mögen leren, oder so se in de gemene düdeschen Schole gaen scholden, dat se von den Jungen abgesundert werden, vnd damit de düdesche Scholmesters desto flitiger mögten syn by den Kindern, so mögte em wol frigge Waninge van dem Rade gegeven werden. Idt mosten ock de düdesche Scholmesters de Kinder dar tho holden, dat se in der Kercken de düdesche Psalme mede singen vmme deß gemenen Volkes willen, vp dat datsülve ock de Psalme recht möge leren." Der Rat kam dieser Aufforderung insofern nach, als er die Pfarrschulen an St. Katharinen und St. Marien besser stellte; zur dauernden Errichtung einer besonderen Mädchenschule kam es aber nicht. Auch die evangelische Ratsschule im Barfüßerkloster sollte nicht lange bestehen.

Der Lübecker Rat hatte Bonnus nur bis Palmarum beurlaubt; da aber der Bischof Franz ihn Ostern in Iburg zu hören wünschte und ihn dann beauftragte, auch auf dem Lande die Reformation einzuführen, so erbat und erhielt Bonnus noch weiteren Urlaub. Der Bischof wie der Rat der Stadt entließen ihn darauf reich beschenkt nach Lübeck, wo er schon am 12. Februar 1548 starb. Sein plattdeutscher Katechismus ist abgedruckt in der 1875 dem Superintendenten Georg Christian Gruner bei der Feier seiner fünfzigjährigen Wirksamkeit an St. Katharinen von seinen Amtsbrüdern Spiegel, Bischoff, Bartels und Regula überreichten Festschrift sowie in der 2. Auflage der von Pastor D. Spiegel verfaßten Bonnus-Biographie. Man predigte plattdeutsch; Luthers Hochdeutsch setzte sich erst langsam durch, noch zu Mösers jüngeren Jahren wurde das Evangelium plattdeutsch verlesen, doch hochdeutsch gepredigt.

5. Vorübergehende Unterdrückung der Reformation

Schon im Todesjahre des Hermann Bonnus drohte seinem Werke in Osnabrück völlige Vernichtung. So vorsichtig man auch bei der Einführung der Reformation zu Werke gegangen war — die Kirchenordnung war der früheren möglichst angepaßt, die Prediger trugen noch die bisherige Kleidung, und die Ohrenbeichte wurde nicht nur gestattet, sondern sogar empfohlen —, so fühlten sich doch selbst manche evangelisch Gesinnte durch die Neuerungen verletzt. Manche entbehrten ungern die liebgewordenen Zeremonien; am meisten tadelte man aber die Behandlung der Klöster. Um die Prediger möglichst unabhängig zu stellen, hatte man, da die bisherigen Pfarrgehälter für eine Predigerfamilie nicht ausreichten, Klostergut angegriffen; vor allem tadelte man es, daß man das Vermögen der Dominikaner rücksichtslos eingezogen und die Mönche wider ihren Willen mit einer kärglichen Rente abgefunden habe. Die Familien, welche den Klöstern Stiftungen vermacht hatten, klagten über Verletzung ihrer Rechte. Das Domkapitel wartete nur auf eine günstige Gelegenheit, die katholische Lehre im ganzen Stift wiederherzustellen. Diese Gelegenheit bot sich scheinbar recht bald.

Bischof Franz hatte schon bei der Vertreibung des katholischen Herzogs Heinrich d. J. von Braunschweig den Schmalkadischen Bund unterstützt. 1544 ließ er sich förmlich in diesen Bund aufnehmen. Der vertriebene Herzog sammelte aber ein Heer und fiel 1545 damit in Braunschweig ein, um es zurückzuerobern., wobei ihn mehrere westfälische Adlige, auch Osnabrücker Domherren und Bürger, unterstützten. Der Herzog wurde jedoch geschlagen und gefangengenommen. Landgraf Philipp, das Haupt des Bundes, nahm jetzt an den Verbündeten des Herzogs Rache. Er belagerte zunächst das Schloß des Grafen Rietberg bei Wiedenbrück, und auf seinen Wunsch sandten die Osnabrücker Bürger dem Belagerungsheer Lebensmittel. Außerdem verlangte der Landgraf von dem Bischof und der Stadt Bestrafung derer, welche gegen ihn gekämpft hatten. Da dies nicht sofort geschah, wollte Philipp, nachdem er Rietberg erobert hatte, die Bestrafung selber vornehmen, worauf sich Bischof und Stadt bereit erklärten, die Sühne zu vollziehen.

In denselben Tagen (im Dezember 1545) wurde das *Tridentiner Konzil* eröffnet; weil aber die Evangelischen sich einer Entscheidung nicht unterwerfen wollten, beschloß Kaiser Karl V., Gewalt zu gebrauchen. Die Folgen dieses Entschlusses zeigten sich bald auch in Osnabrück. Ostern 1546 machten die Domherren dem Bischof die heftigsten

5. Vorübergehende Unterdrückung der Reformation

Vorwürfe: Er habe das bei seiner Wahl gegebene Versprechen, die Reformation zu unterdrücken, nicht gehalten; bei der Neuordnung der kirchlichen Verhältnisse habe man sie übergangen, ihre Gerichtsbarkeit beschränkt, die ihren Vikaren an St. Marien und St. Katharinen zustehenden Renten eingezogen und eigenmächtig andere Prediger eingesetzt; mit Gewalt habe man Leute zum Übertritt gezwungen, geistliches Gut, besonders das der Klöster, in weltliche Hände gebracht; durch die neue Ratsschule wurde die Domschule zugrunde gerichtet. Indem sie mit einer Klage beim Erzbischof, Papst und Kaiser drohten, verlangten sie Abstellung der kirchlichen Neuerungen und vor allem Rückgabe der Kirchen- und Klostergüter. Der Bischof forderte in dieser Verlegenheit vom Rat wiederholt Rückgabe der Klöster, aber vergebens.

Der Schmalkaldische Bund richtete infolge seiner Unentschlossenheit in Oberdeutschland nichts aus. Als nun das Kapitel den Bischof beim Papst, Bischof und Stadt beim Kaiser hart verklagte, erteilte Karl V. seinem General Croningen den Befehl, von Geldern aus in Westfalen einzufallen, den Grafen Konrad von Tecklenburg — ebenfalls Mitglied des Schmalkaldischen Bundes — zu züchtigen, Rietberg zurückzuerobern und allenfalls Osnabrück zu strafen. Das Heer zog über Hilter. Dahin sandte das Domkapitel Abgeordnete, welche die Stadt verklagten; diese aber erlangte durch Zahlung von 14000 Goldgulden die Zusage, daß die kirchlichen Verhältnisse bis auf weitere Anordnung des Kaisers unverändert bleiben sollten. Bischof Franz blieb vorläufig ungestraft, da zwei sehr geschickte Sachwalter ihn verteidigten: Jost Hoitfilter, später Bischof von Lübeck, beim Papst und der Osnabrücker Weihbischof von Dei beim Kaiser. Aber die Lage des Schmalkaldischen Bundes verschlechterte sich von Tag zu Tag. Am 27. April 1547 wurde der Kurfürst Johann Friedrich von Sachsen bei *Mühlberg* geschlagen und gefangengenommen und am 18. Juni Landgraf Philipp von Hessen durch List in die Gefangenschaft gelockt. Der Landgraf mußte nun den gefangenen Herzog von Braunschweig freigeben. Sofort eilte dieser in die Heimat zurück, wo sein Sohn bereits ein Heer gesammelt hatte, und forderte von dem Bischof und der Stadt Osnabrück Ersatz für den Schaden, den sie ihm zugefügt hätten.

Auch das Kapitel drängte. Bischof Franz war zu allem bereit und konnte auch in bezug auf die Landgemeinden die Forderung des Kapitels erfüllen; aber die Stadt wollte weder die Reformation rückgängig machen, noch die Schule aufheben, noch auch die Klostergüter herausgeben. Dabei berief sich der Rat auf die in Hilter für teures Geld erkaufte Zusage; das Kapitel aber erwiderte, die Sache gehöre nicht vor den Kaiser, sondern vor das Konzil und den Papst. Es sandte daher im September 1547 eine neue Beschwerde über den Bischof an den Papst. Bischof Franz fand aber dort nicht nur in Hoitfilter einen Verteidiger, sondern auch in dem Domkapitel zu Münster, das besonders des Bischofs Verdienste um die Unterdrückung der Wiedertäufer und die Wiederherstellung des katholischen Glaubens in Münster hervorhob. Um das Osnabrücker Kapitel milder zu stimmen und sich vor dem Schicksal des soeben abgesetzten Erzbischofs von Köln, Hermann von Wied, zu bewahren, erließ Bischof Franz an die Landpfarrer eine öffentliche Bekanntmachung, in der er erklärte, daß ihm die evangelische Lehre zuwider sei, und befahl, zu dem alten Glauben zurückzukehren. Aber er erreichte damit bei dem Kapitel nichts; es sandte vielmehr, als die Antwort des Papstes auf die eingereichte Beschwerde auf sich warten ließ, seinen Syndikus van Nuys an den Kaiser, der in Augsburg einen Reichstag abhielt. Auch der Bischof und die Stadt schickten ihre Vertreter dorthin.

Der Kaiser war bereit, *Osnabrück,* das 1544 auch Mitglied des Schmalkaldischen Bundes geworden war, *zu besetzen.* Das erschien aber auch dem Kapitel bedenklich;

seine Gesandten legten daher in Verbindung mit den Vertretern des Bischofs beim Kaiser Fürbitte für die Stadt ein, die durch kostbare Geschenke jene Bitten unterstützte, so daß der Kaiser dem Bischof und der Stadt verzieh. Aber das Kapitel war noch nicht ganz versöhnt, weil die Stadt nicht nachgeben wollte. Deshalb bat Bischof Franz seinen Vetter, den Grafen Reinhard von Solms, der mit den Hessen verfeindet, daher beim Kaiser gelitten war, um Vermittlung mit der Stadt. Inzwischen setzte der Kaiser auf dem Reichstag in Augsburg nach längerer Beratung von Geistlichen beider Konfessionen im Mai 1548 eine vorläufige Glaubensvorschrift, das *Interim,* fest, das für beide Konfessionen bis zur endgültigen Regelung verbindlich sein sollte, aber beiden mißfiel, vom Papst verworfen wurde und im evangelischen Deutschland den heftigsten Widerspruch erregte, weil es kaum mehr gewährte als Priesterehe und Laienkelch. Die Stadt Osnabrück hatte sich zu oft auf die im Vertrage zu Hilter in Aussicht gestellte kaiserliche Ordnung berufen, als daß sie sich jetzt hätte dem Interim widersetzen dürfen. Überdies standen kaiserliche Truppen in der Nähe, mächtig genug, Gehorsam zu erzwingen.

Doch bevor es zu einem Vertrage kam, erfuhr Bischof Franz die tiefste Demütigung seines Lebens. Das Kapitel hatte sich vom Papst die Ermächtigung erwirkt, einen neuen Bischof zu wählen, falls der bisherige nicht zum katholischen Glauben zurückkehren wolle. Es schrieb daher ohne Vorwissen des Bischofs einen *Landtag unter der Hohen Linde* beim Kloster Oesede aus und forderte den Bischof auf, dort zu erscheinen, um die Entschließungen des Papstes und des Kaisers zu erfahren. Franz erschien nicht. Da lud ihn das Kapitel zum zweitenmal ein und fügte die Verwarnung hinzu, daß es ihn, wenn er nicht erscheine, absetzen werde. Jetzt kam er (12. Mai 1548), und aus Besorgnis, seine drei Bistümer zu verlieren, gelobte Bischof Franz, der noch vor kurzem einer der mächtigsten geistlichen Fürsten Deutschlands gewesen war, daß er sich dem Kapitel unterwerfen, zur katholischen Kirche zurückkehren, die Reformation unterdrücken und das soeben entworfene Interim annehmen wolle. Durch dies sein Verhalten in kirchlichen Dingen verlor er bei beiden Konfessionen noch den letzten Rest von Achtung, den ihm sein Zusammenleben mit Anna Pohlmanns noch gelassen hatte. Kummer und Schamgefühl warfen ihn auf dem Heimwege in Wittlage auf ein schweres Krankenlager.

Am 11. Juli kam im Barfüßerkloster endlich folgender Vertrag zwischen dem Grafen Solms und der Stadt zustande. Die Stadt verpflichtete sich, das Interim zu befolgen. Die jetzigen Prediger an St. Katharinen und St. Marien müssen spätestens Michaelis die Pfarrhäuser räumen, bis dahin dürfen sie mietweise wohnen bleiben. Spätestens bis Michaelis wird die Ratsschule geschlossen. Der Rat gelobt, dem Kapitel seiner Schule halber keinen Eintrag mehr zu tun; dagegen verspricht das Kapitel, hinsichtlich der Schule allem nachzukommen, was sich gebührt. Die Brüder des Dominikanerklosters am Natruper Tor dürfen wieder öffentlich singen und den Gottesdienst mit allen Zeremonien ungestört abhalten; ihre Güter, Kleinodien, Briefe und Siegel erhalten sie zurück. Das Vermögen des Augustiner- und des Barfüßerklosters gibt der Rat dem Bischof zurück, der dafür die Zahlung der von der Stadt den Mönchen versprochenen Renten übernimmt. (Das Kapitel erwirkte aber beim Papste die Überlassung dieser Klostergüter an die Domschule.) Ferner gelobte der Rat, keine Verspottung der alten Religion und Zeremonien zu dulden und besonders in St. Johann jedes Ungestüm nach beendigter Predigt sofort zu unterdrücken. Die geistliche Gerichtsbarkeit des Kapitels wurde wiederhergestellt, die bischöfliche Urkunde über die beiden geschenkten, nun aber zurückgegebenen Klöster dem Grafen Solms zur Vernichtung ausgeliefert.

Der Bischof sandte dem Rat das Interim zur Einführung, aber dieser zögerte. Sandfurt wurde von St. Marien schon vor Michaelis vertrieben; Sleibing ging Michaelis

5. Vorübergehende Unterdrückung der Reformation

zugleich mit der Aufhebung der Schule; Pollius kehrte zu seinem Freunde, dem Grafen von Tecklenburg, nach Rheda zurück. Aber die Wiederbesetzung der Stellen verursachte die größten Schwierigkeiten, da man keinen rechtgläubigen Weltgeistlichen zu finden vermochte, der zu predigen imstande gewesen wäre. Andere weigerten sich, den Pfarrdienst anzutreten, aus Furcht vor dem Volke. Die entlassenen evangelischen Prediger blieben in der Stadt, predigten in Bürgerhäusern, tauften und teilten das hl. Abendmahl aus. Ein an St. Marien angestellter Dominikaner hatte kaum zehn Zuhörer. Nach ihm wurde der Iburger Mönch Theodor Lilie angestellt, der sich große Mühe gab, Gottes Wort rein zu lehren und den Frieden herzustellen. Die Prediger in St. Katharinen, St. Johann und selbst im Dom bemühten sich, halblutherische Predigten aus Postillen zusammenzustellen; sobald sie aber mit der Schrift nicht übereinstimmten, mußten sie sich von dem Volke Widerspruch, ja Spott gefallen lassen. Die Zeremonien wieder einzuführen, durften sie nicht wagen. Schließlich mußten sie sich — selbst im Dome — dazu bequemen, beim Abendmahl auch den Kelch zu reichen, was ja nach dem Interim statthaft war. Nach Pollius' Fortgange stand die Katharinenkirche längere Zeit leer. Dann wurde Heinrich von Horstmar angestellt, aber bald nach St. Johann versetzt; sein Nachfolger ging nach Dissen, und über ein Jahr blieb die Katharinenkirche nun ohne Pfarrer.

Haus Willmann, Krahnstraße, erbaut 1586

Gasthof „Walhalla", Bierstraße, erbaut 1690

6. Wiederherstellung der Reformation; Kriegsgefahren

Bischof Rembert von Kerssenbrock zu Paderborn, dem die Pfarre zu *St. Marien* übertragen worden war, hatte endlich einen Weltgeistlichen, Otto Wille aus Wiedenbrück gefunden, der predigen konnte; er wurde 1551 zum Prediger an *St. Marien* berufen. Röling nennt ihn einen Schüler Luthers; jedenfalls war er evangelisch gesinnt. Predigten, die mit der evangelischen Lehre nicht übereinstimmten, hätte er ohne Widerspruch des Volkes überhaupt nicht halten können, die Sakramente durfte er nach evangelischem Gebrauch spenden; daher richtete er den Gottesdienst bald ganz wieder nach lutherischer Weise ein. Zweiter Prediger (Sazellan oder Diakon) wurde Johannes Olthoff. In der *Katharinenkirche* hatte Oliverius Merschius, der vor der Einführung des Interims dort zweiter Prediger gewesen war, 1551 den Gottesdienst wieder begonnen. Da er ihn aber wegen Kränklichkeit schon nach kurzer Zeit wieder einstellen mußte, wandte sich der Rat an den Bischof mit der Bitte um Genehmigung, den greisen *Pollius* zurückzurufen. Der Bischof gewährte die Bitte, und Pollius kam zum drittenmal nach Osnabrück, das ihn zweimal vertrieben hatte, übernahm die Pfarrstelle an St. Katharinen und wurde auch wieder zum Stadtsuperintendenten ernannt, wozu er wegen seiner Gelehrsamkeit, seiner reichen Erfahrung und seines friedfertigen Charakters besonders geeignet war. So war an beiden Stadtkirchen *die Reformation wiederhergestellt*.

Gleich darauf nahmen auch die politischen Verhältnisse eine den Evangelischen günstigere Wendung. Kurfürst Moritz von Sachsen, der bisher als Verbündeter des Kaisers gegen seine evangelischen Glaubensbrüder gekämpft hatte, fiel vom Kaiser ab, verbündete sich mit Frankreich, den Söhnen des gefangenen Landgrafen Philipp von Hessen, dem Söldnerführer Albrecht Alcibiades von Brandenburg-Kulmbach u.a. und zwang den Kaiser 1552 zu dem *Passauer Vertrage*, der den Evangelischen vorläufig freie Religionsübung gewährte. Leider hatten Moritz und seine Verbündeten sich damit einverstanden erklärt, daß Frankreich die Bistümer *Metz, Toul* und *Verdun* besetzte, die dadurch dem Reiche verlorengingen.

Kaiser Karl suchte wenigstens die wichtige Festung *Metz* zurückzugewinnen. Er warb Truppen, auch Herzog Adolf von Holstein zog ihm zu Hilfe. Er kam über Bramsche und verlangte vom Rat, daß er ihm die Stadt Osnabrück als Musterplatz einräume. Der Rat geriet in große Verlegenheit. War der angegebene Grund vielleicht nur ein Vorwand? Wollte der Kaiser etwa die Gelegenheit benutzen, die evangelische Lehre hier zu unterdrücken? Man wandte sich an den Bischof; aber der wußte weder Rat noch Hilfe. Sich dem Herzog und damit dem Kaiser zu widersetzen, wagte die Stadt nicht; so blieb nichts anderes übrig, als die Tore zu öffnen.

Am 20. Juli 1552 erschien der Herzog mit seiner Reiterschar vor der Stadt; eine nicht geringe Zahl von Junkern und Reitern aus dem Stift Minden stieß zu ihm. Der Rat hatte nur das Hasetor geöffnet, alle Tore, Wege und Brücken wohl besetzt, um einen Überfall zu verhüten. Die Bürger hielten jede Nacht Wache; alle Straßen waren mit Ketten gesperrt, und die Heerpfannen brannten, damit niemand im Schutze der Finsternis Untaten verübe. Sobald die Reiter auf der Netter Heide zur Musterung zusammentraten, wurden alle Tore geschlossen; alle Bürger mußten in der Stadt bleiben und in Waffen so lange bereitstehen, bis die Truppen sich wieder aufgelöst und in ihre Herberge begeben hatten. So verhüteten die Bürger sechs Tage lang durch Wachsamkeit Gewalttätigkeiten und Aufruhr. Aber sie atmeten erleichtert auf, als die lästigen Gäste endlich nach Rheine abzogen. Wider Erwarten erhielten die Bürger die Einquartierung sogar bezahlt:

für eine Mahlzeit 16 Pfennig, für 1 Quart Bier 3 Pfennig, für 1 Scheffel Hafer 3 Schilling 9 Pfennig.

Auch Markgraf Albrecht hatte im Solde des Kaisers gegen die Franzosen gefochten; nachdem aber der Kaiser die erfolglose Belagerung von Metz aufgehoben hatte, setzte Albrecht den Krieg auf eigene Rechnung fort. Er bekriegte oder plünderte die deutschen Bistümer! Deshalb verbündete sich Moritz von Sachsen mit des Kaisers Bruder Ferdinand, mit Herzog Heinrich d. J. von Braunschweig und den bedrohten geistlichen Fürsten gegen den Friedensstörer. Bevor es aber zum Kampf kam, gedachte Heinrich von Braunschweig, sein Heer zu einem längst beabsichtigten Rachezug gegen Bischof Franz von Waldeck zu benutzen, der ihn zweimal aus dem Lande hatte verjagen helfen. Herzog *Philipp Magnus,* Herzog Heinrichs Sohn, näherte sich über Springe mit einem starken Heere dem Stift Minden und verlangte von Bischof Franz als Brandschatz für seine drei Bistümer 80000 Taler. Der Bischof erklärte die Summe für unerschwinglich. Dann zog der Herzog über Melle nach Osnabrück. Am 14. April 1553 lagerte er mit seinem Heere vor der Landwehr beim Hettlicher Turm, während ein anderer Haufe unter Christoph Wrisberg, Johann von Münchhausen und Dietrich von Quitzow Iburg überfiel. Bischof Franz, den sie zu fangen hofften, war rechtzeitig nach Münster entkommen; auch Drost und Rentmeister waren geflüchtet. Der rohe Söldnerhaufe plünderte nun die bischöfliche Wohnung vollständig aus; Keller, Rüstkammer und Bücherei, alles wurde geleert, das Kloster erbrochen und geplündert und dem kranken Abt ein Brandschatz von 4000 fl. abgepreßt. Auch der Flecken Iburg, das Kloster Oesede und die umliegenden Bauerschaften wurden ausgeplündert.

In der *Stadt Osnabrück* herrschte die größte Aufregung; alles rüstete sich zur Verteidigung. Die Frauen machten Pechkränze, Volkshaufen brannten die Häuser vor den Toren ab, damit der Feind sich nicht in ihnen festsetze: die Hospitäler und Kapellen ,,Zu den 11000 Jungfrauen'' auf dem Klushügel, ,,Zur Twente'' auf dem Westerberge und das ,,Zum Hl. Geist'' vor dem Hasetore. Sie brachen auch in das Gertrudenberger Kloster ein, dessen Nonnen in die Stadt geflüchtet waren, und zerstörten vieles. Am Montag (16. Juli) rückte der Herzog in die Landwehr, besetzte den Gertrudenberg, und seine Truppen raubten dem Kloster, was der Volkshaufe hatte liegen lassen. Die Nachbardörfer, auch Rulle, wurden heimgesucht wie Iburg. Bald nach dem Herzog traf auch Wrisberg vor der Stadt ein; er legte sich vor die andere Seite der Stadt. Aber die Bürger verloren nicht den Mut; sie hatten die Hase aufgestaut und die ganze Umgebung der Neustadt in einen See verwandelt.

Als Philipp Magnus die Stadt, insbesondere die Geistlichkeit und die zahlreich dorthin geflüchteten Edelleute, zur Übergabe auffordern ließ, antwortete Bürgermeister Heinrich Stork: ,,Rat und Bürgerschaft der Stadt Osnabrück haben dem Herzog oder dessen Vater nichts zuwider getan, wüßten die Stadt auch nicht zu übergeben. Wollten aber Seine Fürstliche Gnaden mit ihnen zu tun haben, so würden sie sich mit Mannheit, auch Kraut und Lot (Pulver und Blei) nach aller Möglichkeit wehren.'' Einen Angriff auf das Hasetor schlugen die Bürger glänzend ab. Noch weniger vermochte Wrisberg im Süden und Südwesten der Stadt auszurichten. Aber das platte Land litt schwer von dem rohen Kriegsvolk; daher begaben sich Abgesandte des Domkapitels, der Ritterschaft und der Stadt zu dem Herzog Heinrich nach Bissendorf und schlossen mit ihm einen Vertrag: Sie verpflichteten sich, 29000 Gulden zu zahlen, dafür versprach der Herzog abzuziehen, Siegel, Urkunden, die Gefangenen und das geraubte Vieh zurückzugeben. Die Stadt trug zu dieser Brandschatzung nichts bei: Ihr verdankten es die Stände, daß sie so billig davonkamen. Die Bürger hatten aus eigener Kraft den Angriff abgeschlagen, ohne den

Landesherrn, der geflohen war, und ohne die Hilfe der Ritter, die bei ihnen Schutz suchten. Das Stift Münster mußte ganz anders bluten, 120000 Gulden zahlen; außerdem wurde Bischof Franz gezwungen, das Bistum Minden an Herzog Heinrichs jüngeren Sohn, Herzog Julius, abzutreten. Dazu erklärten die Osnabrücker Stände dem ohnehin so tief gebeugten Fürsten, er habe durch sein Verhalten den Feind ins Land gezogen; sie könnten ihn als ihren Landesherrn erst wieder annehmen, wenn er die von ihnen gezahlte Schatzung ersetze. Vor Kummer brach ihm das Herz (15. Juli 1553). Im Dom zu Münster fand er seine letzte Ruhestätte, ,,ein gütiger Fürst, der persönlich niemand zu nahe trat, und den nach seinem Tode auch die beklagten, die seine Regierung mit Grund getadelt hatten''. (Stüve.)

Die neuen Festungswerke der Stadt hatten sich bewährt; um so eifriger waren die Bürger nach dem Abzuge der Feinde bemüht, sie zu verstärken. Noch in demselben Jahre schützte man das Heger Tor mit einem großen Zwinger und doppelter Bastei, die mit drei tiefen Gräben umgeben waren. Da die vielen Tore die Verteidigung erschwert hatten, vermauerte man die Mühlenpforte neben der Pernickelmühle, die Martins-, Schlag- und Holtpforte und schützte die beiden ersten noch durch starke Basteien. Das Hospital ,,Zur Twente'' verblieb fortan in der Stadt, ebenso das Hospital ,,Zum Hl. Geist'' (Hasemauer 10). Das Gertrudenberger Kloster war erhalten geblieben und wurde wieder bezogen, ebenso das Hofhaus zur Süntelbecke, sonst aber durften in der Nähe der Stadt keine Gebäude errichtet werden. Dies Verbot wurde erst 1843 aufgehoben.

Zum Nachfolger des Bischofs Franz von Waldeck wählte das Domkapitel ohne Mitwirkung der Ritterschaft und der Stadt *Johann IV. von Hoya* (1553—1574), einen gelehrten, streng katholischen Mann. In der Schlacht bei Sievershausen, in der Markgraf Albrecht besiegt wurde und Philipp Magnus fiel, hatte auch Kurfürst Moritz die Todeswunde erhalten, der er schon nach wenigen Tagen erlag. Dadurch war der Kaiser von einem gefährlichen Gegner befreit worden, und die Evangelischen hatten alle Ursache, mit Sorgen in die Zukunft zu blicken. Im Sommer 1554 rückte ein kaiserlicher Heerhaufe mordend und plündernd von der Weser gegen Osnabrück heran und verlangte, daß ihm die Stadt als Musterplatz überlassen werde. Durch Geschenke erlangten Bischof und Rat von dem Heerführer das Versprechen, daß er von Melle über Hilter nach Lengerich ziehen, also die Stadt nicht berühren wolle. Dennoch wandte sich der Haufe plötzlich der Stadt zu. Aber die Tore blieben geschlossen, die Bürger standen bewaffnet auf den Wällen und sandten den wilden Horden, als sie an der Stadt vorbei nach Bramsche marschierten, noch einige Schüsse nach. Den einzigen Verlust erlitten die Wüllner: 50 Stück Tuch, die aus der Gretescher Walkmühle geraubt waren. Die Bürger waren stolz auf ihre Stadt, die sich noch nie einem Gegner ergeben hatte, und verstärkten jetzt auch noch das Johannistor mit Bastionen. Die Einsichtigeren aber erkannten wohl, daß weder die Festung noch die Bürgerwehr der neueren Kriegskunst auf die Dauer standhalten würden, daß vielmehr Bürgermeister Dr. Jost Roland recht behalten werde mit dem Worte, das er 1556 kurz vor seinem Tode sprach: ,,Ich fürchte — Gott gebe, daß ich daran unwahr sage, aber denkt an mich —, Osnabrück ist auf dem höchsten Preise schon gewesen!''

6. Wiederherstellung der Reformation; Kriegsgefahren

Der Kaiserpokal, das kostbarste Stück des Osnabrücker Ratsschatzes, dessen Herkunft unbekannt ist. 1580 wird er erstmals für Osnabrück bezeugt.

Das Haus des Kanzlers von Fürstenberg von 1611, früher Johannisstraße 70, an der Ecke der Seminarstraße, der bedeutendste Wohnbau der Spätrenaissance in Osnabrück, wurde beim letzten Luftangriff des II. Weltkriegs (25.3.1945) völlig zerstört.

7. Kirchliche Wirren; Wiedereröffnung der Ratsschule

Der 1555 geschlossene Augsburger Religionsfriede gewährte den Evangelischen freie Religionsübung; *Pollius* konnte daher seine beiden Ämter als Stadtsuperintendent und Pastor an St. Katharinen bis zu seinem Tode ungestört verwalten. Er starb 1562 und wurde im Chor der St.-Katharinen-Kirche beigesetzt. Als aber der streng katholische Bischof Franz Wilhelm 1628—1633 die Stadt in seiner Gewalt hatte, wurden alle Namen und Wappen an den Grabsteinen der evangelischen Prediger der Stadt abgehauen, damit das Gedächtnis dieser Prediger ausgetilgt werde. Bei der Erneuerung der Kirche (1871) hat man Pollius' Grabstätte gesucht, aber nicht gefunden. Zum Nachfolger des Pollius berief man Christian *Sleibing*, damals Rektor der Domschule. Da ihm aber das Predigen zu schwer fiel, behielt er nur das Amt des Superintendenten; das des Predigers übertrug man Wilhelm *Voß*, der als Kaplan am Dom heimlich schon längere Zeit evangelisch gepredigt, dann eine Nonne geheiratet hatte und deshalb entlassen worden war. Zweiter Prediger wurde Andreas Kronenberg.

7. Kirchliche Wirren; Wiedereröffnung der Ratsschule

Bald nach Luthers Tode zeigten sich in der lutherischen Kirche zwei Richtungen; die eine hielt sich streng an Luther und den Buchstaben seiner Lehre und verhielt sich den Reformierten gegenüber ablehnend, während die andere sich der reformierten Lehre näherte und eine Vereinigung der beiden evangelischen Kirchen erstrebte. Zu dieser gehörte auch Voß. Sleibing stellte ihn deswegen zur Rede; er aber leugnete jede Abweichung von Luthers Lehre. Als trotzdem neue Klagen gegen ihn laut wurden, beauftragte Bürgermeister Ludolf von Horsten den Superintendenten, ein echt lutherisches Bekenntnis aufzusetzen, das dann die übrigen Prediger unterzeichneten. Voß weigerte sich anfangs, weil es gegen die Augsburgische Konfession verstoße; als man ihm aber versicherte, daß er über die Augsburgische Konfession hinaus nicht verpflichtet werden solle, unterschrieb auch er. Aber den strengen Lutheranern genügte das noch nicht; sie verlangten mehr, daß die Prediger sich auf Melanchthons Apologie, auf die Schmalkaldener Artikel und andere symbolische Schriften verpflichten sollten. Die übrigen Prediger waren dazu sofort bereit; Voß aber erklärte offen, daß er mit gutem Gewissen nicht unterschreiben könne, worauf der Rat ihn absetzte und ihm gebot, innerhalb dreier Tage die Stadt zu verlassen.

Voß war ein vorzüglicher Kanzelredner und hatte einen großen Anhang in der Stadt. Bestürzt eilten die Bürger zu dem beliebten Prediger und suchten ihn durch reiche Geschenke zu trösten. Die Unruhe in der Stadt wurde so groß, daß der Rat zu seiner Sicherheit die Schützen zusammenrief. Die Bürger versammelten sich in der Katharinenkirche und sandten nach eingehender Beratung eine Abordnung an den Rat, der dann dem Prediger noch eine viertägige Bedenkzeit gewährte. Bitten der Gemeinde unterzeichnete nun Voß; aber Ruhe erlangte er trotzdem nicht, da seine Amtsbrüder, besonders Kronenberg, in ihren Predigten ihn wiederholt angriffen. In einer Gemeindeversammlung beklagte sich Voß bitter darüber und erklärte, er könne nicht mit Kronenberg an einer Kirche dienen, lieber wolle er mit Weib und Kind ins Elend gehen. Dies Wort griffen seine Gegner auf; sie berichteten dem Bischof, Voß habe sein Amt freiwillig niedergelegt, worauf der Bischof dem Rat auftrug, Voß die Kanzel zu verbieten. Vergebens erbot dieser sich, seine Lehre zu verteidigen, vergebens baten auch seine Anhänger für ihn: Voß wurde nicht wieder zugelassen und zog deshalb nach Wittenberg (1567). Sleibing starb 1570; sein Nachfolger wurde Andreas Dithmar.

Die *Schule* im Barfüßerkloster hatte der Rat nicht wieder ins Leben rufen können, weil es ihm an Mitteln fehlte; doch hatte das Domkapitel ja versprochen, daß es bei der Einrichtung seiner Schule auf die Evangelischen Rücksicht nehmen wolle. Es berief 1552 den früheren Rektor der aufgehobenen Ratsschule *Christian Sleibing*. Dieser hatte bei der Einführung des Interims seine Stellung an der Marienkirche aufgegeben und das Rektorat der Schule in Herford übernommen; jetzt kehrte er an die Domschule zurück, die er vor *fünfzehn* Jahren verlassen hatte. In seiner Bestallung stellte das Kapitel es ihm frei, ob er an dem Gottesdienst im Dom teilnehmen wolle oder nicht; wenn nicht, so solle er einen Unterlehrer bestimmen, der die Knaben dorthin begleite und sie beaufsichtige, damit sie sich angemessen verhielten und fleißig sängen. Welche Kirche die Knaben besuchen wollten, wurde ihnen freigestellt. Sleibing wurde gestattet, im Religionsunterricht frei und ungehindert alles zu lehren, was er vor Gott und der christlichen Gemeinde verantworten könne. Doch sollten Luthers Schriften nicht gelesen werden. Er wurde als Rektor auch ermächtigt, die übrigen Lehrer nach eigenem Ermessen zu berufen und zu entlassen. Trotzdem ging er 1555 nach Bremen, verließ diese Stadt aber bald wieder, weil sie sich der reformierten Lehre zuwandte, und wurde Weihnachten 1558 unter den früheren Bedingungen abermals an die Domschule berufen; doch wurde er schon, wie oben berichtet, 1562 Nachfolger von Pollius.

Zwar gab es außer Sleibing auch noch andere evangelische Lehrer an der Domschule; aber nach seinem Abgange war das Kapitel doch bestrebt, katholische Rektoren zu berufen. Der bedeutendste unter ihnen war Hermann von Kerssenbroich, ein entschiedener Katholik, dem wir eine Geschichte der Wiedertäufer in Münster verdanken. Die evangelischen Bürger beobachteten diesen Wandel in der Leitung der Schule mit Sorgen; hatten doch die *Jesuiten* in der Nachbarschaft schon eine lebhafte Gegenreformation begonnen. Seit 1557 verwalteten sie das Gymnasium in Köln, 1564 predigte der gelehrte und geistesgewandte Jesuit Canisius unter großem Zulauf des Volkes im hiesigen Dom; 1558 hatten die Jesuiten die Schule in Münster übernommen. Der Rat mußte daher fürchten, daß auch in der hiesigen Domschule für evangelische Knaben bald kein Platz mehr sein werde. Schon 1570 hatte er die Absicht, wieder ein evangelisches Gymnasium ins Leben zu rufen, führte sie aber nicht aus; doch baute er 1583 die Kirchspielschule zu St. Marien so weit aus, daß sie nötigenfalls das Gymnasium aufnehmen konnte. Sie war der Nordseite der Kirche angebaut.

Ostern 1595 kündigte das Kapitel dem Konrektor Kirchhof und drei anderen evangelischen Lehrern den Dienst und berief von Münster den streng katholischen Rektor Timpe, der dann noch drei andere katholische Lehrer anstellte. Luthers Katechismus wurde abgeschafft und der des Jesuiten Canisius eingeführt. Mit Unwillen hörten die evangelischen Eltern auch, daß die Lehrer behauptet hätten, nur die kämen in den Himmel, die den Gottesdienst im Dom und in St. Johann besuchten, und mußten sehen, wie es ihren Kindern unmöglich gemacht wurde, die Katechismuspredigten in St. Marien und St. Katharinen zu besuchen. Nachdem der Rat vergebens versucht hatte, den früheren Zustand der Schule wiederherzustellen, tat er einen entscheidenden Schritt, indem er dem entlassenen Konrektor Kirchhof am 16. Oktober 1595 die Leitung der neuen, in der Kirchspielschule zu St. Marien eröffneten Ratsschule übertrug. *Das war der Anfang unseres Ratsgymnasiums.*

Der damalige Bischof *Philipp Sigismund* von Wolfenbüttel (1591—1623) war evangelisch gesinnt und freute sich über die Einrichtung der Schule, schenkte sogar noch 100 Taler dazu; das Domkapitel aber protestierte gegen ihre Einrichtung, indem es sich auf ein von Karl dem Großen ihm gewährtes Privilegium vom 19. Dezember 804 berief, das ihm allein das Recht verlieh, in Osnabrück eine höhere Schule zu gründen, während der Rat behauptete, der Kaiser habe dem Kapitel nicht ein Vorrecht gewähren, sondern eine Pflicht auferlegen wollen. Seit einigen Jahrzehnten wissen wir, daß obige Urkunde, mit der das Kapitel seinen Anspruch begründete, gefälscht ist; damals aber bereitete sie der Stadt nicht geringe Verlegenheit. Das Kapitel verlangte vom Bischof, er solle, wie es seine Pflicht sei, die Ratsschule unterdrücken. Der Fürst gab sich alle Mühe, die streitenden Parteien zu vereinigen, aber ohne Erfolg. Dann beauftragte er seine Räte, die Sache zu untersuchen; es wurden 78 Zeugen verhört, die mehr zugunsten des Rats als des Kapitels aussagten. Beide Parteien holten Rechtsgutachten von Universitäten ein; aber eine Einigung oder Entscheidung wurde nicht erzielt. 1603 wendete sich das Kapitel an den Reichshofrat, d.i. an den Kaiser selbst; aber auch dieser schaffte den Streit nicht etwa kurzerhand durch ein Machtwort aus der Welt, sondern forderte den Rat auf, einen Anwalt an den kaiserlichen Hof zu senden, und nun begann ein zeitraubendes Hinundherschreiben. 1603 wurde durch Vermittlung des Bischofs Philipp Sigismund und der um Hilfe angerufenen Stände nach dem Urteile rechtskundiger Männer dahin entschieden, daß der Rat im Besitz der gestifteten Schule bleiben solle. Noch 1620 wurde in dieser Sache verhandelt; aber eine Entscheidung hat der Reichshofrat nie gefällt. Der ,,Schulprozeß'' kostete aber die Stadt 2002 Taler 16 Schilling 9 Pfennig.

Die Anstalt hatte unter diesem Streit nicht gelitten, sondern sich aufs beste entwickelt. Schon 1597 hatte sie 200 Schüler und sechs Lehrer. Je heftiger sie angegriffen wurde, desto lieber wurde sie den evangelischen Bürgern. Die Geschenke und Vermächtnisse für die Ratsschule mehrten sich derart und wuchsen auch noch in den späteren Jahrhunderten so beträchtlich an, daß sie ohne Zuschuß aus der Stadtkasse bestehen konnte.

Noch eines Mannes jener Zeit müssen wir hier gedenken, dessen Vermächtnis noch lange viele Familien in Osnabrück, Bramsche usw. erfreute. Die Unterschrift unter seinem Bilde, das lange Zeit in unserm Rathaus hing, lautet (ins Deutsche übertragen): *„Jakobus Gresel* (Gresselius) aus Bramsche, Schüler, dann Lehrer des Carolinums, Dr. theol., Kanonikus und Scholastikus zu Rese (im Klevischen), schließlich als Professor der Theologie an die Universität Köln berufen. Nachdem er zuvor einige Unterstützungen für Studierende und andere Vermächtnisse sowohl in seiner Heimat als auch anderwärts ausgesetzt hatte, starb er am 13. Januar 1552." Bis zur Inflation infolge des Weltkrieges erhielt die Schule zu Bramsche aus dieser Stiftung jährlich 60 Mark, dafür beanspruchten die Nachkommen der Familie Gresel das Recht, den Lehrer für die erste Stelle — wenn möglich aus ihrer Familie — zu präsentieren. Jede Braut aus der Familie Gresel, die ehrenwert in die Ehe kam, erhielt ein Geschenk, die Schüler bekamen Unterstützungen usw. Die Aufsicht über das Vermögen der Gresel-Stiftung, das durch die Inflation verlorengegangen ist, führte der Magistrat der Stadt Osnabrück.

8. Böse Jahre
Krieg und Pest, Hexenwahn und Brand

Noch bevor der Dreißigjährige Krieg die Blüte unserer Stadt knickte, hatte sie schwere Jahre zu durchleben, zunächst infolge der *Grothausfehde*. Johann Grothaus zu Kronenburg im Tecklenburgischen war zu Anfang des 16. Jahrhunderts wie viele andere westfälische Adlige nach Livland gezogen, um dort Ehre und Gut zu gewinnen. Er besaß vom Osnabrücker Bischof ein Burglehen zur Wittlage; da er nun sehr lange fortblieb, ohne ein Lebenszeichen von sich zu geben, und dem Bischof gesagt wurde, Grothaus sei tot, übertrug er das Lehen einem andern. Als Grothaus nun endlich zurückkehrte, war ihm sein angestammtes Lehen verloren; weder er noch sein Sohn Otto erlangte es wieder, obwohl dieser das Lehngericht und das Reichskammergericht um Hilfe anrief. Noch mehr wurde Otto Grothaus durch ein neues Unrecht erbittert, das ihm — wie er meinte — zugefügt wurde.

Er besaß als tecklenburgisches Lehen den Meierhof zu Heringen nebst einer Mühle auf der Düte, die aber in den Kriegsunruhen zerstört worden war. Als er sie 1549 wieder aufzubauen begann, beschwerten sich darüber Everd von Varendorf zu Sutthausen und Bürgermeister Jost Hettlage zu Osnabrück als Besitzer der Hettlager Mühle in Atter beim Bischof, der vorläufig bis zur Entscheidung des Streites den Weiterbau untersagte. Eine gütliche Einigung war nicht zu erreichen. Da Grothaus trotz des Verbots weiterbaute, ließ der Bischof durch seine Diener ihn daran hindern und das Aufgebaute zerstören. Grothaus beschwerte sich nun beim Rat über den Bürgermeister Hettlage, bei Kapitel und Ritterschaft über den Bischof; sie erwiderten ihm aber: Da der Bischof ein ordnungsmäßiges Gericht zur Schlichtung der Sache einsetzen und Hettlage sich diesem Gericht stellen wolle, so könnten sie beide nicht verlassen. Da verschaffte sich Grothaus durch unzutreffende Angaben vom Reichskammergericht ein Schutzgebot und begann den Weiterbau aufs neue; der Bischof, der darin eine Verletzung seiner landesherrlichen Rechte sah, ließ das Werk abermals zerstören. So zog sich die Sache jahrelang hin. Hettlage starb; seine Witwe war bereit, Grothaus den ihm zugefügten Schaden nach richterlichem Urteil zu ersetzen. Von einem Rechtsspruch aber erwartete Grothaus wohl keinen Vorteil, der Versuch einer gütlichen Einigung schlug abermals fehl; da griff Grothaus 1557 zu dem alten Mittel, sich selber mit dem Schwerte Recht zu verschaffen, *obwohl das Fehderecht schon 1495 von Kaiser und Reich aufgehoben war.* Er überfiel einige Osnabrücker Bürger im Tecklenburgischen, dann kündete er allen Bewohnern der Stadt, geistlichen und weltlichen, die Fehde an.

Nach einem abermaligen vergeblichen Versuch zu gütlicher Einigung in Bramsche begann Grothaus zu brennen und zu rauben. Im September 1557 plünderte er die Höfe von Witte und von Barlage zu Hollage und erpreßte von den Bewohnern ein Lösegeld von 120 Talern. Dann brandschatzte er Kolkmeyer zu Hellern; der Nachbar Pohlkotte flüchtete rechtzeitig, dafür wurde sein Haus niedergebrannt. Doch gelang es auch, einige der Mordbrenner zu fangen, die dann verbrannt („geschmauchet") wurden. Als man in Münster ihrer fünf verbrannt hatte, bluteten dem einen noch nach acht Tagen beide große Zehen zum Zeichen seiner Unschuld, wie der Chronist meint; er war nämlich erst seit einigen Tagen bei Grothaus und hatte von dem Raube nur 18 Pfennig erhalten. Am liebsten überfiel Grothaus natürlich Eigenbehörige des Domkapitels oder der Stadt; in Dissen verbrannte er Kolmeier, den Eigenbehörigen eines Domherrn, samt seinem Hause. Ferner zerstörte er Häuser in Bramsche, Engter, Vinte, Hettlagens Ölmühle zu Atter usw. Dem Hospital zur Twente in der Marienstraße stahl er 24 Schweine aus der Fettweide (1558). Als seine Leute im Juli ein Haus in Wackum niederbrannten, bemerkte man in Osnabrück die Flamme. Die Schützen eilten dorthin und überfielen die Mordbrenner. Zwei Schützen wurden dabei erschossen; aber mehrere der Räuber führte man gefangen nach Osnabrück, wo sie verbrannt wurden.

Grothaus hatte seinen Sitz nach Spyk a.d. Ems im Lingenschen verlegt, das damals zu Spanien gehörte. Der Bischof von Osnabrück beschlagnahmte Grothaus' Güter in unserm Stift und wandte sich nebst dem Kapitel und dem Rat mit einer Klage gegen ihn an das Reichskammergericht, das den Landfriedensbrecher ächtete. Aber der Drost von Lingen weigerte sich als spanischer Beamter, das Urteil zu vollstrecken. Da verbrannten die Bürger Grothaus' Wohnung in Spyk und schleppten seine Frau ins Gefängnis. Bei der Aufhebung des Fehderechtes war Deutschland in Kreise geteilt und in jedem Kreise ein Fürst als Kreishauptmann eingesetzt worden, der für die Aufrechterhaltung der Ruhe sorgen sollte. *Osnabrück gehörte zum niederrheinisch-westfälischen Kreise.* Bischof, Kapitel und Stadt wandten sich nun an den 1559 abgehaltenen Kreistag; ebenso beschwerte sich Grothaus. Auf einem Tage zu Münster kam darauf 1559 folgender Vergleich zustande: Die Fehde ruht; beide Parteien verzichten auf ihre vermeintlichen Ansprüche auf Schadenersatz; der Herzog von Jülich, der Bischof von Paderborn und der Graf zur Lippe sollen ein Rechtsurteil finden; Grothaus' Frau wird gegen Urfehde aus dem Gefängnis entlassen; den Streit zwischen Grothaus und Hettlage soll der Bischof entscheiden. Zu diesem Zwecke lud der Bischof beide Parteien nach Iburg vor; als aber die Hettlagen merkten, daß das Urteil für sie ungünstig ausfallen werde, entfernten sie sich, ohne es abzuwarten. So blieb dieser Streit ungeschieden; doch nahm Otto Grothaus, der inzwischen ein hochbejahrter Mann geworden war, ihn nicht mehr auf. Die umstrittene Mühle erbaute er wieder; aber nach seinem Tode wurde sie während der Minderjährigkeit seiner Kinder abermals zerstört, was dann nach dreißig Jahren Veranlassung zu noch größerem Unheil gab.

8. Böse Jahre — Krieg und Pest, Hexenwahn und Brand

Um diese Zeit begannen die *Niederländer* ihren heldenmütigen Kampf für ihre bürgerliche Freiheit und ihre reformierte Lehre gegen Philipp II. von Spanien und seinen blutbefleckten General Herzog Alba. Auch viele Evangelische aus der Stadt und dem Stift Osnabrück unterstützten ihre niederländischen Glaubensgenossen. Bei Jemgum in Ostfriesland erlitten diese 1568 eine schwere Niederlage; dort fiel auch Bernd Vennemann aus Quakenbrück mit seinen drei Söhnen. Doch neigte sich der Sieg mehr und mehr auf die Seite der Niederländer; Holland erkämpfte seine Unabhängigkeit. Die gewerbetreibenden Bürger unserer Stadt litten aber schwer unter dem Niederländischen Kriege, da der Absatz sich verminderte und die Wege wieder so unsicher wurden wie einst in den unruhigsten Zeiten des Mittelalters. In der Stadt selbst waren die Bürger vor dem Raubgesindel sicher; um sich aber auch gegen ein geordnetes Heer verteidigen zu können, arbeiteten sie unablässig an der *Befestigung* ihrer Stadt weiter. 1573 errichteten sie das mittlere Johannistor, im folgenden Jahre das Hasetor mit den beiden es von den Seiten schützenden Bastionen, deren eine noch erhalten ist, und 1582 brachten sie mit dem Bau des äußersten St.-Johannis-Tores das Befestigungswerk zum Abschluß.

Aber gegen *einen* Feind schützen weder Wälle, noch Kanonen, noch Wachposten: *Das war die Pest*. Die Städte wurden bis ins 19. Jahrhundert oft von Seuchen heimgesucht. Ihre Bauart und Unsauberkeit, insbesondere des Trinkwassers, der Mangel an sanitären Schutzmaßregeln, die Unkenntnis und die geringe Zahl der Ärzte sowie endlich der Aberglaube und das oft berechtigte Mißtrauen gegen die Anordnungen der Ärzte oder der Chirurgen ohne jede medizinische Bildung machten die ansteckenden Krankheiten geradezu verheerend. Die Osnabrücker Bürger trieben fast ohne Ausnahme Ackerbau; Dünger und Unrat lagerten vor den Häusern auf der Straße oder, als dies nicht mehr gestattet wurde, auf den engen, oft von hohen Gebäuden umgebenen Höfen, nicht selten in der Nähe des Brunnens. Mit dem Regenwasser trieb der flüssige Unrat auf die Straße. So fehlte es der Stadt, besonders der Neustadt, an gesundem Trinkwasser.

Um 1350 durchzog der *Schwarze Tod* wie ein Würgengel Asien und Europa; in Osnabrück sollen damals nur sechs ungetrennte Ehepaare übriggeblieben sein. Fast 200 Jahre hindurch ward zum Gedächtnis dieser furchtbaren Pest alljährlich ein Umzug gehalten. Während des niederländischen Unabhängigkeitskampfes war unsere Gegend schon wiederholt von pestartigen Krankheiten heimgesucht worden; in ihrer fürchterlichsten Gestalt brach die Seuche in unserer Stadt Ostern 1575 aus. Rittmeister Rudolf von Knehem zu Sögeln bei Bramsche hatte die Krankheit aus dem Felde mitgebracht und die Seinen angesteckt. Durch Kleider Verstorbener kam die Pest in die Stadt und wütete hier zwei und ein halbes Jahr. Manche wurden in wenigen Stunden dahingerafft; die meisten litten zwei bis drei Tage an heftigen Durchfällen, Raserei und Schlafsucht, ehe der Tod sie erlöste; diejenigen, welche die Krankheit überstanden, erlangten erst nach mehrwöchigem Krankenlager ihre frühere Kraft wieder. Heftige Regengüsse schwemmten im Frühjahr den Unrat aus offenen Latrinen und Düngerstätten auf die durch Schweinekoben und Düngerhaufen vor den Häusern noch mehr beengten und verpesteten Straßen. Im Sommer trat dann große Dürre ein, wodurch die Seuche an Ausbreitung und Heftigkeit noch zunahm. Die angewendeten Schutzmaßregeln waren unzureichend, daher nutzlos. Im Winter ließ die Krankheit etwas nach; aber im folgenden Sommer trat sie umso heftiger wieder auf. In diesem Sommer starben an manchen Tagen 30—50 Menschen. Wurde erst ein Haus von der Pest ergriffen, so blieb auch selten ein Mitglied desselben verschont. Im ganzen Vitihof soll nur eine Mannesperson am Leben geblieben sein. Auch die Haustiere wurden von der Seuche ergriffen. Das Domkapitel verließ die Stadt und verlegte die Domschule nach Wiedenbrück. Von den Geistlichen starben Pastor Olthoff an St. Marien und Pastor Andreas Kronenberg an St. Katharinen. Nach

Röling, Pastor an St. Katharinen, sollen in der Stadt 7000, nach der vom Rat angeordneten Zählung 4436 Menschen durch die Pest hingerafft worden sein. Eine der Tafeln hinter dem Altar der Marienkirche berichtet über diese schreckliche Seuche; die Schlußverse lauten:

> *Idt gieng ock aver de Dener der Kercken,*
> *Alss twe Prediger in guden Zeden* (Sitten),
> *Und twe Kösters, de störven alle mede,*
> *De todtgräfer worden vergeten nicht,*
> *Etliche störven und twe hingericht.*

(Sie hatten, wie Röling erzählt, Mord begangen.)

Bischof Johann IV. von Hoya war 1574 gestorben; zu seinem Nachfolger wurde der evangelisch gesinnte Erzbischof von Bremen, Heinrich von Sachsen-Lauenburg, erwählt. Er nahm mit großem Aufwand von dem Lande Besitz; aus Furcht vor der Seuche aber wagte er die Stadt nicht zu besuchen. — Die Gräfin Anna von Tecklenburg, seit 1560 im Stadthaus der Tecklenburger auf der Gr. Gildewart wohnend, starb 1582 ebenfalls an der Pest. Auf sehr einfache Weise wurde Tecklenburg, wie der Chronist treuherzig erzählt, von dem Würgengel befreit. Eines Tages bemerkte nämlich ein Tecklenburger, wie die Pest durch den Ort schlich. Er sofort hinter ihr her! In ihrer Bedrängnis schlüpfte die Verfolgte in ein „Pinneloch" einer Wand; er verstopfte dies schnell, und Tecklenburg war frei!

Kaum hatte in Osnabrück die Pest nachgelassen, so wüteten hier die *Blattern*. Dazu drohte der Krieg noch immer in der Nähe. Die Ernte des Jahres 1579 schlug vollständig fehl, so daß die Kornpreise eine unerschwingliche Höhe erreichten und eine *Hungersnot* ausbrach. 1580 kostete ein Scheffel Roggen 15—18 Schilling (1516 nur 3 Schilling). Viele Leute starben vor Hunger, andere töteten sich in der Verzweiflung, noch andere fristeten ihr Leben mit den ekelhaftesten Speisen. Das Korn war so schwer zu erlangen, daß manche 7—10 Meilen danach fahren mußten. Das Geld war so knapp, daß man für 25 Taler 2—3 Taler, ja für 1 Taler täglich 1 Pfennig, d. i. jährlich etwa 150 Prozent, Zinsen zahlen mußte.

Panoramaansicht Osnabrücks vom Klushügel aus 1572
von Georg Braun und Franz Hogenberg in Civitaes orbis terrarum I (Köln 1572)

8. Böse Jahre — Krieg und Pest, Hexenwahn und Brand

Mit Krieg, Pest und Hungersnot ging auch eine *Verrohung der Sitten* Hand in Hand. Nicht nur, daß einige sich einer sinnlosen Ausschweifung hingaben, um vor dem vielleicht schon so bald eintretenden Ende doch noch möglichst viel zu genießen, sondern es nahmen auch Raub, Totschlag und Mord selbst unter den nächsten Blutsverwandten überhand. Sogar innerhalb der Stadt wußte man Ruhe und Ordnung nicht aufrechtzuerhalten. Eines Tages lief ein Abenteurer mit bloßem Schwert in der Hand auf der Straße vor dem Herrenteichstore umher und fiel die Leute an, bis ihn einer davonjagte. Hierdurch gereizt, drohte er, den ersten, der ihm entgegenkommen werde, niederzustoßen. Zufällig kam ein Domherr gerade vom Spaziergange heim. Der Unhold durchstach ihn, eilte davon und — blieb ungestraft, da die Obrigkeit ihn nicht zu erreichen vermochte.

Wie so oft, entstand auch jetzt, noch bevor die Pest ganz erloschen war und während der Krieg in der Nachbarschaft fortwährend drohte, in unserer Stadt eine *Hexenverfolgung*. In der niederdeutschen Sprache nannte man die Hexe „Toversche", d. i. Zauberin, auch wohl Molkentoversche, weil man sie beschuldigte, daß sie die Milch der Kühe behexe. Leicht kamen Frauen durch eigentümliches Äußeres, z. B. rote Augenränder oder ein eingezogenes Leben in den Verdacht, Hexen zu sein. Das Volk beschuldigte sie, Gott verleugnet und sich dem Teufel ergeben zu haben, dem sie, auf einem dreibeinigen Bock oder auf einem Besenstiel reitend, nachts zu dem wüsten Hexensabbat auf dem Blocksberge folgten, oder der sie in leibhaftiger Gestalt mit einem Pferdefuß oder als schmucker Jüngling oder als Bock, Kater, Mücke usw. besuche und ihr die Macht verleihe, das Wetter zu machen, Mißwachs über den Acker, Krankheit über Menschen und Vieh zu verhängen. Da die Hexe sich an Gott und Menschen versündigte, hielt sich auch die kirchliche wie die weltliche Obrigkeit verpflichtet, gegen sie einzuschreiten. Dies geschah wohl infolge eines verdächtigen Zeichens oder eines Gerüchtes, meistens aber infolge einer Anklage; wiederholt haben auch die Geistlichen in ihren Predigten zum Einschreiten gegen das Hexenunwesen aufgefordert.

Schon im 14. Jahrhundert hatte der Hexenwahn in unserer Stadt seine Opfer gefordert; 1394 sollen hier, nachdem kurz vorher eine Feuersbrunst den nordwestlichen Teil der Altstadt zerstört hatte, 103 *Hexen verbrannt* worden sein. 1561 verbrannte man 16

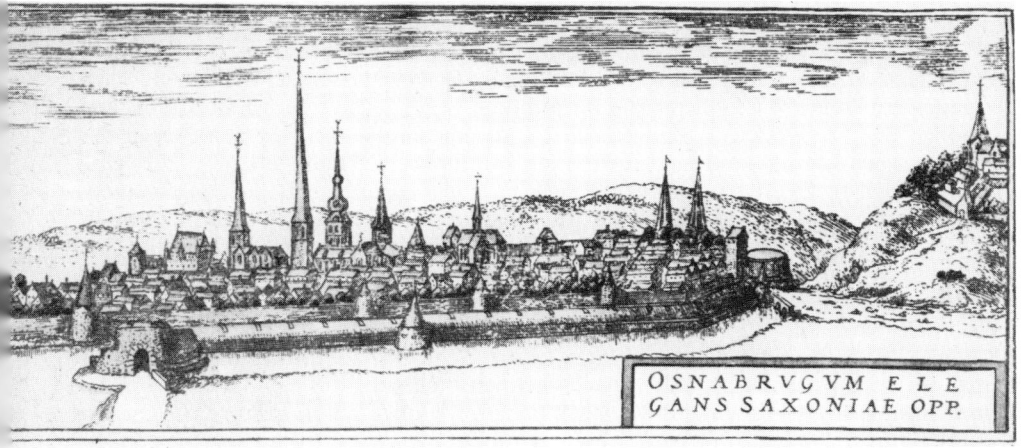

Im Vordergrund die Hase und die Befestigungsmauern mit den Stadttoren. Rechts außerhalb der Mauern der Gertrudenberg mit der Klosterkirche.

Weiber; vor allen Toren, auf dem Rupenbrocke und der Eversheide rauchten die Scheiterhaufen. Auch die Schwestern des Bischofs Hoitfilter von Lübeck wurden in Untersuchung gezogen, hielten aber alle Qualen standhaft aus, ohne sich für schuldig zu bekennen; dennoch gelang es ihrem Bruder kaum, sie vor weiterer Verfolgung zu bewahren. Selbst die Leiche einer Frau, die eines natürlichen Todes gestorben war, vernichtete man auf dem Scheiterhaufen, weil man blaue Flecke an ihr entdeckte: natürlich die Spuren des Teufels, der ihr das Genick umgedreht hatte.

Bürgermeister und Rat hatten gewiß oft Bedenken, ob sie auch recht handelten, ob sie nicht Unschuldige quälten oder gar töteten und Schuldige freiließen. Als sie daher hörten, daß ein Scharfrichter in Hannover durch das Eingeben eines Getränkes ohne große Pein des Angeklagten Schuld oder Unschuld feststellen könne, wendeten sie sich 1561 in einem plattdeutsch geschriebenen Briefe an den Rat der Stadt Hannover mit der Bitte, ihnen den Scharfrichter, falls er obige Kunst wirklich besitze, auf Kosten Osnabrücks gegen entsprechende Belohnung auf kurze Zeit zu leihen. Der Brief scheint keinen Erfolg gehabt zu haben; doch ruhten die Hexenprozesse einige Jahre. 1575 kam die Pest; ihr folgten die Blattern, Mißwachs, Teuerung und Hungersnot und unmittelbar darauf eine umfangreiche Hexenverfolgung unter Leitung des *Bürgermeisters Rudolf Hammacher*. Er hatte die Universitäten Erfurt und Wittenberg besucht, war Lehrer in Herford geworden, hatte dann aber die Witwe des hiesigen wohlhabenden Kaufmanns von Lengerke geheiratet und ihr Geschäft, eine Leinwandhandlung, übernommen. Von 1565 bis 1588 war er Bürgermeister. Er hatte sich gleich in den ersten Jahren seiner Amtsführung durch die Vertreibung des als Kalvinisten verdächtigen Pastors Voß in den Augen vieler Bürger, besonders der übrigen Prediger, ein großes Verdienst erworben; noch höher stieg sein Ansehen dadurch, daß er die Stadt von Hexen gründlich befreite.

Im Sommer 1582 starb hier ein Bürger unter verdächtigen Erscheinungen, so daß sofort das Gerede entstand, er sei vergiftet worden. Der Rat forschte nach, fand auch allerlei seltsame Anzeichen, zog die Verdächtigen ein und sperrte sie in den Hexenturm am Herrenteichstor, dessen unterer Teil noch erhalten ist. Da sie ihre Unschuld beteuerten, wurden sie zunächst *gebadet*. Man band ihren rechten Daumen mit der linken großen Zehe zusammen und ebenso den linken Daumen mit der rechten großen Zehe, legte einen Strick, dessen Ende der Henker in der Hand behielt, um den Leib der Angeklagten und warf sie in die Hase: schwammen sie, so waren sie schuldig, da selbst das Wasser die Verworfene ausstieß; gingen sie unter, so waren sie unschuldig. Doch hatte der Henker es in der Hand, durch Anziehen oder Nachlassen des Strickes das eine oder andere zu erzielen. Leugneten die für schuldig Befundenen ihre Schuld, so begann gewöhnlich die *Territion* (das Bangemachen), indem der Henker vor den Augen der Angeklagten alle Marterwerkzeuge ausbreitete und ihre Anwendung erklärte. Erreichte er damit nichts, so folgte die *peinliche Frage*, d. i. die Tortur mit Bein- und Daumenschrauben usw. Geradezu schamlos war die *Nadelprobe*. Die Angeklagte mußte sich völlig entkleiden. Der Büttel untersuchte zunächst, ob sie auch Zaubermittel bei sich trage; dann sengte er ihr jedes Härchen am Körper ab, um nachzusehen, ob nicht irgendwo ein besonderes Zeichen, eine Warze oder ein Leberfleck etwa in Gestalt eines Hundes oder einer Kröte, zu finden sei. Fand er eins, so stach er mit der Nadel hinein; floß kein Blut oder fühlte die Angeklagte keinen Schmerz, so galt sie als Hexe. Wer dreimal die Tortur bestand, wurde freigelassen, aber meistens aus der Stadt verwiesen. Mehrere Osnabrücker Frauen und Mädchen haben, wie oben schon gezeigt, alle Qualen heldenmütig überstanden, ohne sich schuldig zu bekennen; die meisten aber bekannten alles, was der Henker wissen wollte. Die Verurteilten wurden verbrannt oder im Falle der Begnadigung mit dem Schwert hingerichtet.

8. Böse Jahre — Krieg und Pest, Hexenwahn und Brand

,,Das Haaser Tor & die Haaser Brücke zu Osnabrück''; im Hintergrunde der Pernickelturm mit der Bischofsmühle.

Je länger man untersuchte, desto größer wurde die Zahl der Angeschuldigten. Wie mancher gab da wohl in böser Absicht einen Unschuldigen an! Allein in der Stadt verbrannte man 1583 in drei Monaten 121 Hexen; mehrere andere wurden verbannt. Angesehene, bejahrte Frauen wurden wie gemeine Verbrecher behandelt, in den Turm gesperrt und in Ketten gelegt. Einige der verfolgten Frauen flüchteten auf den Mühlenhof am Hasetor (die Pernickelmühle), der ,,exemt'' war, d. h. dem städtischen Gericht nicht unterstand, und wurden dort von dem Müller Klövekorn geschützt. Andere Familien riefen das Reichskammergericht um Schutz an; aber der Rat bestritt diesem höchsten Gerichtshof die Zuständigkeit in dieser Sache. Schon 1585 ließ er wieder 9 Molkentoversche ergreifen und teils vor dem Herrenteichstor, teils auf der Netter Heide verbrennen, unter ihnen die Frau des Lohn-, also Ratsherrn Greve. 1589 verbrannte man abermals an *einem* Tage vier Molkentoversche aus dem Fledder und im folgenden Jahre zehn andere Zauberinnen. Im ganzen sollen hier in einem Jahrzehnt 163 Frauen als Hexen verbrannt worden sein, ,,die'', wie die Chronik meldet, ,,unzählig viel Böses getan hatten, so daß, wenn man alle die Bosheit beschreiben wollte, niemand solches ohne Wehmut des Herzens lesen könnte''. Daher gereichte ihre Vertilgung dem Bürgermeister Hammacher zu hohem Ruhme. Als er 1594 starb, rief ihm der Prediger das Wort in das Grab nach: ,,Selig sind die Toten, die in dem Herrn sterben; denn ihre Werke folgen ihnen nach'', und auf einer an der Rückseite des Altars in der St.-Marien-Kirche angebrachten großen Gedenktafel mit Hammachers Bildnis rühmt eine von Pastor Dithmar an St. Katharinen verfaßte, sehr langatmige Grabschrift unter den Verdiensten des Verstorbenen auch seine strenge Gerechtigkeit. Und wie viele *unschuldige Frauen* sind doch wohl dem finsteren Hexenwahn zum Opfer gefallen!

Der Bischof hatte auf die Verurteilung keinen Einfluß. Bischof Heinrich, zugleich Erzbischof von Bremen, war auch selten hier. Er hatte in Osnabrück keine ausreichende Wohnung, die Schlösser unseres Landes sagten ihm nicht zu, gewährten auch in den unruhigen Zeiten kaum genügende Sicherheit; daher beschloß er, sich innerhalb unserer Stadt eine neue bischöfliche Burg zu errichten. Er überließ dem Kapitel seinen an der Gr. Domsfreiheit gelegenen Hof und erhielt dafür das Augustinerkloster. Aber kaum hatte er dies abzubrechen begonnen, so beendete in Bremervörde ein Sturz mit dem Pferd sein Leben (1585). Sein Nachfolger, *Wilhelm Schenking*, hatte von seiner Würde nichts als einen prächtigen Leichenzug, da er fünf Tage nach seiner Wahl starb. An seiner Statt wurde *Bernhard von Waldeck* gewählt, ein schwacher Mann, der in so unruhigen Zeiten dem Lande den Frieden nicht zu sichern vermochte.

Durch den noch immer nicht beendeten *Niederländischen Krieg* wurde Westfalen oft in Mitleidenschaft gezogen, auch unser Bistum, seitdem die Spanier Lingen besetzt hatten. Den spanischen Statthalter Verdugo baten Otto Grothaus' Söhne, Kort und Otto, als spanische Untertanen um Hilfe *gegen die Stadt Osnabrück*. Sie verlangten von den Hettlagen einen Schadenersatz von 100000 Talern. Verdugo wandte sich an den Bischof, dann an die Stadt, die sich bereit erklärte, dem Spruch des Reichskammergerichts sich zu unterwerfen. Doch die Grothaus zogen es vor, sich selber Recht zu schaffen. Kort fiel in Gemeinschaft mit Bernd Seissing (Seissenbernd), einem in spanischen Diensten stehenden, verwegenen Bauernburschen aus dem Münsterlande, plötzlich (1590) in Bramsche ein. Sie erschossen, wer sich ihnen widersetzte, plünderten Kirche und Bürgerhäuser und führten den Raub — etwa 200 Kühe, 12 Pferde und 40 Schweine — von dannen. Höhnend erklärte Grothaus, das sei für die Heringer Mühle; Osnabrück habe zu starke Mauern, daher halte er sich an das offene Land. Im folgenden Jahre rückte die ,,Blaue Fahne'' von Lengerich durch das Gebiet unserer Stadt über Eversburg nach Bramsche und überfiel im Gehn 800 Bauern, von denen 300 erschlagen wurden.

Bischof Bernhard war inzwischen vor Kummer gestorben; sein Nachfolger wurde der evangelisch gesinnte Bischof von Verden, *Philipp Sigismund* von Wolfenbüttel, der sich lange Jahre vergebens bemühte, dem Bistum Frieden zu geben. Das offene Land hatte kaum ein Jahr Ruhe, in dem es nicht ausgeplündert wurde. Die Stadt war zwar durch ihre Mauern geschützt, aber Handel und Gewerbe stockten immer mehr; reisende Bürger fielen oft den Schnapphähnen in die Hände und mußten sich gegen hohe Summen lösen. Dazu herrschte wiederholt die *Pest* in der Stadt. 1597—1599 sollen ihr über 4000 Menschen zum Opfer gefallen sein; 1605 starben daran an einem Tage 40 Gymnasiasten. 1609 schlossen die Niederländer mit den Spaniern einen Frieden auf 12 Jahre; aber die Spanier hielten Lingen besetzt und machten von dort aus wiederholt Einfälle in unser Stift. Die Stadt Osnabrück aber wurde noch schwerer heimgesucht durch den *Großen Brand* von 1613, einem Ereignis, das nach Ricarda Huchs Wort in vielen deutschen Städten das Grauen des bevorstehenden Dreißigjährigen Krieges anzukündigen schien.

Feuersbrünste waren den alten Städten weit gefährlicher als den jetzigen. Die Häuser waren meistens aus Fachwerk, mit Stroh oder Holzschindeln gedeckt und standen sehr gedrängt. Die Löschwerkzeuge waren ganz ungenügend, Blitzableiter und feuersichere Schornsteine fehlten, auch Reibhölzer; daher mußte das Feuer nachts auf dem Herde erhalten oder, wenn es erloschen war, vom Nachbarhause geholt werden. Osnabrück ist wiederholt von schweren Bränden heimgesucht worden. Um 1000 brannte der Dom nebst den in seiner Nähe gelegenen Wohnungen der Geistlichen ab. Im Winter 1253/54 wurden Kirche und Umgebung abermals von einem schrecklichen Brande heimgesucht, so daß der Papst sowie die Bischöfe von Minden und Verden einen Ablaß für alle

8. Böse Jahre — Krieg und Pest, Hexenwahn und Brand

Gläubigen ausschrieben, welche etwas zum Wiederaufbau des Osnabrücker Domes beitragen würden. 1331 brannte das Augustinerkloster nebst den anliegenden Gebäuden ab. 1530 wurde, wie erzählt, ein Teil der Johannislaischaft eingeäschert; aber am lebhaftesten hat sich unseren Bürgern das Andenken an jenen großen Brand eingeprägt, der am 11. März 1613 im Hofhaus zur Twente kurz vor Mittag ausbrach und durch einen lebhaften Südwestwind rasch verbreitet wurde. Der westliche Teil der Schweine-, jetzt Marienstraße, die Nordseite der Heger Straße, die Große und Kleine Gildewart, die Bierstraße und der ganze Stadtteil zwischen dieser und der Hase wurden bis nachmittags um 4 Uhr fast ganz vernichtet. Etwa 170 Bürgerhäuser, die Scheunen und Ställe nicht mitgerechnet, wurden in fünf Stunden vom Feuer verzehrt. Von den öffentlichen Gebäuden wurden eingeäschert: das Dominikanerkloster an der Bierstraße, das Domschwesternkloster (Turmstraße 9), das Hasetor, die Bischofsmühle, die Stadtwaage, die Stadtschreiberei mit vielen wichtigen Akten und fast allen Ratsprotokollen, das Pfarrhaus zu St. Marien und selbst die Marienkirche nebst Turm bis auf das Gewölbe und das Mauerwerk. Zuerst wurde der erst 1590 erbaute ansehnliche Turm ergriffen. Nachdem das Holz verbrannt, das Blei und die Glocken ineinandergeschmolzen waren, stürzte die Turmspitze auf das Kirchendach, das alsbald in Flammen stand. Die Ratsschule blieb erhalten, obwohl sie an die brennende Kirche gebaut war und von dem herabstürzenden glühenden Turmkreuz getroffen wurde. Auch das Haus, in dem der entlassene Prediger Aumann wohnte, blieb vom Feuer verschont: Beide Häuser hatten ,,pladiesete", d. i. mit Kalk unterstrichene Ziegeldächer. Das Volk aber sagte, dieses Haus sei erhalten geblieben, weil sein Bewohner — ein alter Mann — während des ganzen furchtbaren Brandes gebetet habe. Eine damals in Köln erschienene Schrift erzählte, einige Domherren, Geistliche und fromme Laien seien mit dem hl. Sakrament vom Dom aus in Prozession dem Feuer entgegengezogen und hätten ihm dadurch vor einem großen geistlichen Gebäude Halt geboten.

Eine der Tafeln an der Rückseite des Altars der St.-Marien-Kirche meldet: ,,Ao. 1613 d. 11. Mart Sindt in dieser Stad durch verhangniß Gottes 942 Häuser sampt dieser Kirch und Thurm verbrandt. Amos 7, v. 5. Ach Herr, Herr, laß abe, will Jacob ferner auffhelffen, den er ist ja geringe."

Das Feuer hatte den gewerbereichsten Teil der Stadt zerstört; da Feuerversicherungen noch nicht bekannt waren, so war ein Teil der Bürger an den Bettelstab gebracht. Wenn auch die Heimgesuchten bei ihren Mitbürgern die werktätigste Unterstützung fanden, waren doch im Juni die Straßen noch nicht vom Schutt befreit. Man kaufte gemeinsam ganze Holzbestände und ließ Ziegel selbst aus Friesland kommen. Der Rat sandte angesehene Bürger durch ganz Deutschland, die in den befreundeten Städten von Holland bis Ostpreußen reiche Gaben sammelten; die Stände bewilligten 6000 Taler, Münster, Minden und Braunschweig je 1000 Taler. Auch Bischof Sigismund und der Adel des Stifts sandten hohe Beisteuern, besonders die wohlhabenden Familien von dem Bussche zu Ippenburg und Hünnefeld sowie die Familie Ledebur in Königsbrück. Viele Häuser wurden noch in dem Brandjahre oder in den beiden folgenden Jahren wiederaufgebaut, wie man noch später an den Inschriften dieser Häuser ersehen konnte. Der Aufbau der städtischen Gebäude erhöhte die ohnehin schon bedeutende Schuld der Stadt noch mehr. Da das Gewölbe der Marienkirche standgehalten hatte, konnte man sie schon nach wenigen Wochen erneut zum Gottesdienst benutzen. Zur Wiederherstellung des Daches schenkten die Herzöge von Braunschweig, die Verwandten unseres Bischofs, Blei; aber trotz dieser und mancher anderen Gabe mußte noch ein großer Teil der Kirche mit Ziegeln gedeckt werden. Erst 1617 vermochte man den Turm wieder mit einer neuen,

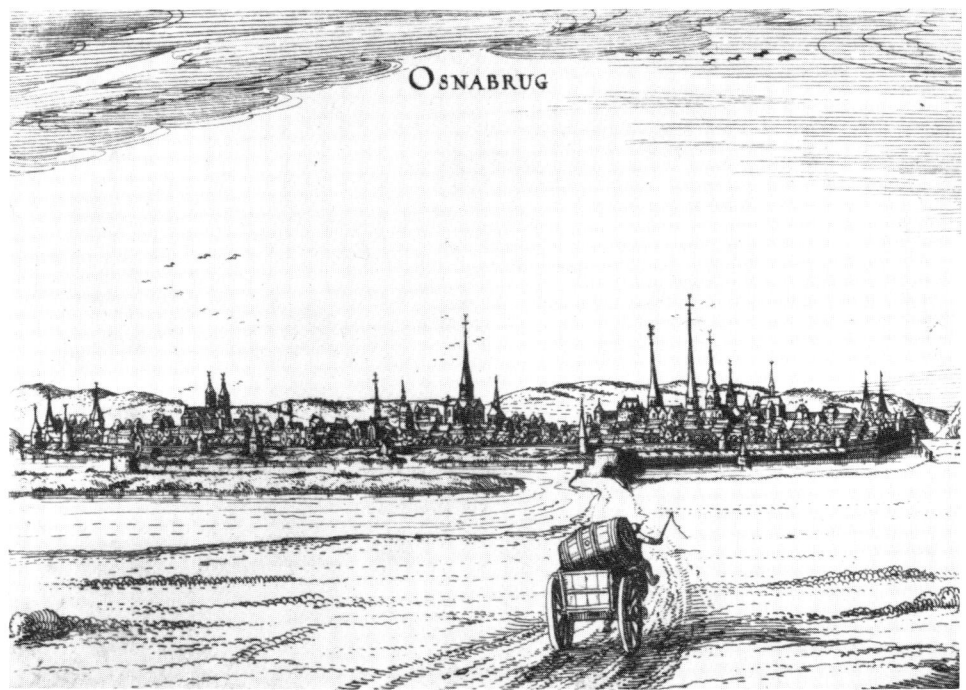

Panoramaansicht der Stadt von Osten nach der Vorlage von Braun-Hogenberg, gefertigt von Petrus Bertius 1616. Der nördlich außerhalb liegende Gertrudenberg wurde weggelassen. Im Vordergrund fährt ein mit einem Weinfaß beladener Karren auf das Herrenteichstor zu.

der abgebrannten ähnlichen Spitze zu krönen. Herr von dem Bussche-Hünnefeld schenkte die erste Glocke.

Die Bürger hatten nicht nur durch den Brand viel verloren, sondern es lagen auch infolge der unaufhörlichen Kriege Handel und Gewerbe danieder. Das sieht man auch den meisten nach dem Brande errichteten Gebäuden an. Nur wenige, wie die früheren Häuser Bierstraße 14 und 15 und Große Gildewart 12, zeigten ähnlichen Schmuck wie das schöne Renaissancegebäude Bierstraße 17; die meisten machten nur einen nüchternen, einige sogar einen ärmlichen Eindruck. Fast alle brannten im letzten Kriege ab.

Bis zum Ende des 19. Jahrhunderts feierte die Stadt alljährlich am 11. März einen *Brandbußtag*, an dem das Lied 513 des Osnabrücker Gesangbuches gesungen wurde:

Das war ein fürchterlicher Tag! O säh' ihn niemand wieder!
Ein Feuer, das vom Herrn ausbrach, schlug alles plötzlich nieder.
Wie mancher mußte, abgebrannt, vor andrer Leute Türen
Mit trübem Blick und leerer Hand jetzt seine Kinder führen
Und flehen Brot für sich und sie und winseln um Erbarmen!
O welche Not! So groß war nie die Menge wahrer Armen.

Noch lange erinnerten an jenes Brandunglück so manche Inschriften vor den Häusern, wie: „Erbaut nach dem großen Brande von 1613", oder fromme Sprüche, wie

Hiob 1,21 (Lohstraße 66), Psl. 69,3 (Große Gildewart 12). Das Haus Große Gildewart 9 — nach der Überlieferung das Küsterhaus für die früher daneben unter Nr. 10 belegene Armen- oder Garnisonkirche — trug die Inschrift:

> O Herr du getrüver Godt Du hefst vns leider heimgesocht. Wir bidden Dich o höcster Godt und Her Wollest vns in solchen fern nicht straffen mer, Sunder sta uns bi mit diener Hülpe vnd genad, Erfrewe de wedder so Du betrovet hast.

Da die Zahl der Armen auch infolge dieses Brandes bedeutend zugenommen hatte, stellte der Rat einen *Armenvogt* an, der die nicht berechtigten hiesigen Bettler zurücktreiben, die auswärtigen aus der Stadt jagen mußte. Als infolge des bald nachher ausbrechenden Dreißigjährigen Krieges die Zuchtlosigkeit unter der städtischen Jugend bedenklich zunahm, kaufte er 1619 den *Tecklenburger Hof* (Gr. Gildewart 7) und richtete dort 1634 ein Werkhaus für Arme und ein *Waisenhaus* ein. Die 30 bis 50 Waisenkinder erhielten dort Wohnung, Kost, Kleidung und in der 1641 eingerichteten Waisenschule auch Unterricht. Außerdem empfingen dort auch noch einige alte Männer und Frauen Wohnung und Pflege.

9. Vorboten und Ausbruch des Dreißigjährigen Krieges

Zu all den schweren Heimsuchungen der Stadt — Krieg, Pest, Brand und Hexenwahn — lebte der alte *Streit mit dem Domkapitel,* dem die evangelische Lehre und die Selbständigkeit der Stadt ein Dorn im Auge waren, immer wieder auf, nicht selten aus geringfügigem Anlaß. Im Herbst 1589 hatten einige Osnabrücker Bürger von Eichbäumen auf der Eversheide, die dem auf der Eversburg wohnenden Dompropst von Ledebur gehörten, Eicheln abgeschlagen. Als der Propst dies erfuhr, ritt er nebst einigen Knechten der Stadt zu. Sie trafen den Ratsvogt und dessen Sohn, die zum Fischen wollten, schlugen sie, nahmen ihnen die Netze fort und führten sie als Gefangene nach der Eversburg. Auch andere Bürger wurden geschlagen und gestochen und der Hirt der Natruper Laischaft gezwungen, seine Kühe, etwa 30, nach der Eversburg zu treiben, wo sie aufgeschüttet wurden. Zwar wurden der Vogt und sein Sohn wieder entlassen, aber die Bürger waren trotzdem so erbittert, daß der Rat es für gut befand, die Tore zu schließen, um einen unbesonnenen Angriff auf die Eversburg zu verhüten. Die Kühe wurden wohl wieder herausgegeben, aber eine Versöhnung nicht erzielt.

Den evangelisch gesinnten Bischof *Philipp Sigismund* (1591—1623) nahmen die Bürger, als er am 28. August 1591 von Iburg aus seinen Einzug in die Stadt hielt, freundlich und ehrenvoll auf. Vom Johannistor bis zur Domsfreiheit standen sie zu beiden Seiten der Straße unter Waffen, die meisten sogar im Panzer. Der neue Bischof, ein friedliebender Mann, gab sich viel Mühe, Stadt und Kapitel zu versöhnen, aber ohne Erfolg; ja, er selber geriet bald in einen Gegensatz zu seiner Domgeistlichkeit. Auf Veranlassung des päpstlichen Gesandten in Köln forderten Jesuiten aus Münster ihn auf, sich — wenn auch nur heimlich — zur katholischen Kirche zu bekennen, um die päpstliche Bestätigung zu erhalten, und als der Bischof aus eigener Überzeugung und gestärkt durch die Ermahnung seiner Mutter sowie durch die Bitten der weltlichen Stände darauf nicht einging, ermahnte der Nuntius das Kapitel, ja den katholischen Glauben zu schützen und den Bischof, falls ihm die Bestätigung versagt werden sollte, zum Verzicht zu drängen. Auch dieses Ziel erreichten sie nicht. Der Streit um die Schule verschärfte dann noch die Lage.

Und doch hätten beide Parteien Ursache gehabt, in jenen kriegsdrohenden Zeiten zusammenzuhalten. Die Bürger suchten der Kriegsgefahr zu begegnen, indem sie noch 200 Söldner annahmen. Die zahlreiche Geistlichkeit der Stadt ließ sich den durch die

Bürger und die städtischen Festungswerke ihr gewährten Schutz gern gefallen, trug aber die militärischen Lasten nicht mit. Als der Rat die beiden Kapitel am Dom und zu St. Johann aufforderte, einen Teil des Soldes zu übernehmen, lehnten sie es ab, verstanden sich aber schließlich dazu, einen einmaligen Zuschuß von 150 Talern zu zahlen. Osnabrück versuchte dann, einen Bund der norddeutschen Städte zu gegenseitigem Schutz zustande zu bringen; aber nur Minden war bereit. Bremen hielt sich ganz fern. Unsere Stadt hatte nur den Wunsch, das Erworbene zu bewahren. Weil das Domkapitel geäußert hatte, da Osnabrück keine freie Reichsstadt sei, habe es auch kein Recht, sich auf den Augsburger Religionsfrieden zu berufen, ließ sich die Stadt ihr lutherisches Bekenntnis als zu Recht bestehend von dem Bischof ausdrücklich bestätigen.

Selbst das furchtbare Brandunglück hinderte den Wiederausbruch von Feindseligkeiten zwischen Kapitel und Stadt nicht. In der fieberhaften Eile, mit der die Bürger ihre eingeäscherten Häuser wiederherzustellen suchten, hatten sie, wie das auch schon früher geschehen war, den Domhof als Bauplatz und Lagerstätte benutzt, auch wohl unabsichtlich den Geistlichen den Weg zum Dom versperrt. Die Protestanten hatten auch, da der nahe Winter drängte, einige katholische Festtage nicht beachtet. Darüber beschwerte sich das Kapitel beim Bischof, der sich gezwungen sah, einen Strafbefehl auszustellen. Doch führte man ihn auf Gegenvorstellung des Rats nicht aus. Während den abgebrannten Bürgern selbst aus weiter Ferne Gaben zuflossen, konnte das Kapitel nicht dazu bewogen werden, der Stadt aus der Landeskasse, die von ihm verwaltet wurde, einen Zuschuß zu gewähren; doch steuerte es selber zu der neuen Spitze des Marienturmes 50 Taler bei, allerdings mit dem Zusatze: ,,Nur zur Zierde der Stadt und aus keinem anderen Grunde." Selbst darüber erhob sich ein Streit, daß der Rat einigen Bürgern gestattet hatte, Enten zu halten, während doch das Kapitel die Fischerei in der Hase als sein alleiniges Recht beanspruchte.

Neue Streitigkeiten über die städtische Gerichtsbarkeit kamen hinzu; dieserhalb wäre die Stadt fast sogar mit dem Bischof in heftigen Streit geraten. Dazu ängstigten drohende Himmelserscheinungen die Gemüter. ,,Nach vielen kleinen vorhergegangenen Cometen ging A. 1618 der große schreckliche Comet auf, dessen glühender Schwanz oder Besen sich über 600 Meilweges in die Luft erstrecket, wie die Astronomi schreiben, und ließ sich auch in Osnabrück mit großer Bestürzung der Einwohner dreißig Nächte zur Bedeutung eines Dreißigjährigen Religionskrieges in Deutschland erschrecklich sehen." (Röling). Gleich darauf brach der verhängnisvolle *Dreißigjährige Krieg* aus, der unser Vaterland an des Grabes Rand bringen sollte. Der zwischen den Spaniern und den Niederländern geschlossene zwölfjährige Waffenstillstand hatte nicht zum Frieden geführt; es war also auch der Wiederbeginn dieses Krieges zu erwarten, und von beiden Seiten wurde geworben, von beiden unser Stift mit Truppen belegt und geplündert. Dazu warb der Osnabrücker Adel für die Böhmischen Stände. Die katholische Macht war in Westfalen der evangelischen überlegen; als nun Ende 1620 hier die Nachricht von dem für die Evangelischen so ungünstigen Ausgange des böhmischen Krieges eintraf (Niederlage des protestantischen ,,Winterkönigs" Friedrich von der Pfalz in der Schlacht auf dem Weißen Berge bei Prag am 8.11.1620), sank den Evangelischen der Mut noch mehr, während der Gegenpartei der Kamm schwoll. Als am Weihnachtsfeste mehrere Evangelische in den Dom gingen, um dort ein Kunstwerk zu sehen, fielen pöbelhafte Fanatiker über sie her, schlugen sie mit Knütteln und riefen: ,,Man muß nur einige Hundert Spanier von Lingen kommen lassen, dann wird sich die Sache hier schon ändern." Da die Täter meistens Knechte der Domherren waren, konnte der Rat sie nicht einmal zur Rechenschaft ziehen. Er hatte jetzt auch Wichtigeres zu tun; es galt, die Selbständigkeit der Stadt und das lutherische Bekenntnis zu schützen. Wie früher vom Kaiser Matthias, so ließ sich jetzt die Stadt auch vom Kaiser Ferdinand ihre Privilegien bestätigen und die Erhaltung der Augsburgischen Konfession zusichern.

Die ganze Stadt war mit Werbern angefüllt. Um sich nicht von ihnen die mannbare Jugend weglocken zu lassen, nahm der Rat sie 1620 in Eid und Pflicht und errichtete aus ihr eine Freifahne, die im wirklichen Dienst Sold, sonst aber nur Wartegeld erhielt. Als 1622 Christian von Braunschweig Lippstadt besetzte, die Soester Börde sowie das Herzogtum Westfalen und Münster plünderte, blieb unser Bistum dank der Verwandtschaft des Herzogs mit unserm Bischof zwar verschont; dennoch hielt es der Rat für nötig, die Festungswerke noch mehr zu verstärken. Die Brustwehren wurden erhöht, die Tore mit Schutzgattern versehen; außerdem stellte er die Freifahne in Dienst, warb zur Erleichterung der Bürger 50 Söldner und stellte Johann von Dumstorf als Stadthauptmann an. Aber obwohl die Geistlichkeit den Schutz der Festungswerke mitgenoß und selbst der Landadel mit seinen Wertsachen in die Stadt flüchtete, weigerten sich doch beide, zu den Kriegskosten etwas beizutragen, so daß der Rat den Bürgern eine außerordentliche Steuer auferlegen mußte. Als die Gefahr von seiten der Spanier wuchs, erhöhte der Rat die Zahl der Söldner von 50 auf 100, richtete Torwachen ein, ließ die Ketten aufziehen und die Bürger sich bereit halten, um jedes Angriffs gewärtig zu sein. Selbst das Kapitel erlaubte es, die Straßen der Freiheit mit Ketten zu sperren. Man legte Pulvermühlen an, kaufte Blei und bereitete alles zum Kriege vor.

Im Herbst drohte Graf Mansfeld, doch er zog bald darauf nach Ostfriesland. Dann kam Graf Anholt mit Truppen der Liga. Zwar gewährte er der Stadt einen Schutzbrief, aber nur unter der Bedingung, daß sie ihm die erforderlichen Lebensmittel für Menschen und Tiere liefere, was der Stadt dadurch sehr erschwert wurde, daß der Graf von Tecklenburg, dessen schlechte Münze man hier zurückwies, ihr die Zufuhr abschnitt. Im folgenden Winter kam die Stadt in die größte Gefahr: Starker Frost machte sie vom Süden her zugängig. Schon sammelten sich bedeutende Haufen innerhalb der Landwehr, und Graf Anholt musterte ganz in der Nähe 6000 Mann. Wäre nicht plötzlich Tauwetter und Regen eingetreten, so wäre die Stadt wohl verloren gewesen; denn die Absicht der Soldaten erkannte man aus ihrer drohenden Rede: ,,Wir wollen und müssen das Rattennest doch noch haben!" Die Bürger nahmen daher noch zwei neue Kompagnien Soldaten in Dienst und stellten noch einen zweiten Hauptmann an. Am Johannistor erbauten sie in der Eile zwei Schanzen; unterhalb der Stadt sperrten sie die Hase durch einen Damm, um das Eindringen der Feinde durch die Flußrinne zu erschweren. Zur Verstärkung der Bastionen wurden sogar Leichensteine verwendet. Pulver, Granaten und Pechkränze hielten sie bereit, jeden Augenblick eines feindlichen Angriffs gewärtig, der von seiten der Spanier unmittelbar bevorzustehen schien.

Da kam plötzlich die Nachricht, daß Bischof Philipp Sigismund in Verden, wohin er sich aus dem unsicheren Iburg geflüchtet hatte, in der Nacht vom 20./21. März 1623 gestorben sei. Er war von trefflichem Gemüte. Was er für Recht erkannt hatte, davon ging er nicht ab; Unrecht konnte ihn aufs heftigste erzürnen. Nie wurde er müde in Versuchen, Streitigkeiten zu schlichten. Die Iburger Mönche rühmten, daß er ihnen gegenüber stets freundlich und freigebig gewesen sei. Besondere Freude hatte er an der Gartenarbeit. Das im Angesicht der schönen Iburg am Waldesrande lieblich gelegene *Forsthaus Freudental* hat er erbaut. Ihn beseelte ein solcher Tätigkeitstrieb, daß er, selbst wenn er z. B. den Iburger Abt besuchte, Strümpfe und Handschuhe strickte. Durch den frühen Tod wurde ihm der Kummer erspart, den völligen Ruin seines Landes zu sehen.

10. Kriegsnot und Gegenreformation

Kaum war der Tod Philipp Sigismunds bekanntgeworden, so liefen beim Domkapitel auch schon die Wahlschreiben ein. Graf Anholt sandte eine Aufforderung an das Kapitel, keinen anderen als einen burgundischen Prinzen — seinen Verwandten — zu wählen und an die Stadt, Besatzung aufzunehmen. Die Botschaft war sowohl dem Kapitel wie der Stadt unangenehm; deshalb erwiderte man ihm, die Stadt könne und werde das Kapitel genugsam schützen; bei der Wahl wollten beide zusammengehen; Bischofsstädte zu besetzen sei widerrechtlich; eine Besatzung werde der Wahl nur hinderlich sein. Zu größerer Sicherheit nahm die Stadt noch eine dritte und vierte Kompagnie in Dienst, verstärkte das Heger und das Natruper Tor mit Schanzen und kaufte noch Geschütze und Lebensmittel. Obwohl also Bürgermeister Dr. Schrader alles aufbot, was in seiner Macht stand, die Selbständigkeit der Stadt zu schützen, lief unter den Bürgern doch ein Gerücht um, er habe vom Grafen Anholt eine sechs Ellen lange goldene Kette erhalten, wofür er die Stadt verraten wolle. Von dem Schieferdecker Sander Aumann und Johann Bödecker aufgereizt, verlangte ein wilder Haufen vom Bürgermeister die Schlüssel zur Stadt. Zwar wurde mit Hilfe besonnener Bürger die Ruhe wiederhergestellt, aber das Mißtrauen war damit nicht ganz verschwunden. Beide Aufrührer wurden zu Staupenschlag und zum Tode mit dem Schwert verurteilt. Sie wurden zwar begnadigt, mußten aber nach alter Sitte mit dem bloßen Schwerte am Halse kniefällig den Rat um Gnade anflehen. Auf die Besetzung verzichtete Graf Anholt, nachdem er von der Stadt ein Geschenk von 1800 Talern erhalten hatte.

Bei der Bischofswahl ging das Kapitel im Vertrauen auf die nahe Hilfe der Liga ganz selbständig vor. Am 19. April 1623 ertönte unerwartet die große Glocke des Domes, und als einige in das Gotteshaus eilten — es sollen nur Kinder gewesen sein —, verkündeten ihnen die Domherren, daß sie am Tage zuvor den *Kardinal Eitel Friedrich* von Hohenzollern zum Bischof erwählt hätten. Wie kam das Kapitel auf diesen hier ganz unbekannten, aus Süddeutschland stammenden Fürstensohn, während man doch bisher den Bischofsstuhl meistens mit Gliedern der norddeutschen Fürsten- und Grafengeschlechter besetzt hatte?

Bischof *Eitel Friedrich* (1623—1625) stammte aus dem katholisch gebliebenen Zweige des Hohenzollernstammes, und zwar aus der Linie Sigmaringen. Noch nicht 13 Jahre alt, hatte er schon die kirchlichen Weihen empfangen, wurde mit 17 Jahren Domherr in Köln, mit 18 päpstlicher Geheimkämmerer, dann Domherr in Straßburg, Mainz, Salzburg und Dompropst zu Magdeburg und Köln. Auf wiederholten Wunsch Kaiser Ferdinands II. ernannte ihn Papst Paul V. 1621 zum Kardinal. Jedenfalls war er ein tüchtiger, zuverlässiger Mann und ein strenger Katholik. Als nun das Osnabrücker Domkapitel schon zu Lebzeiten Philipp Sigismunds dem Papst den Wunsch aussprechen ließ, daß es ihm bei der nächsten Bischofswahl gelingen möge, einen Mann zu finden, der imstande sei, vermöge seiner Frömmigkeit und seines Hirteneifers mit göttlicher Hilfe der Osnabrücker Kirche den alten Glanz des katholischen Glaubens wiederzugeben, lobte der Papst diesen Wunsch des Kapitels und empfahl ihm schon im November 1612, also über zehn Jahre vor dem Tode Philipp Sigismunds, Eitel Friedrich. Dieser wurde vom Kapitel allein gewählt zur Befriedigung weiter katholischer Kreise. Die beiden weltlichen Stände mußten unter dem Druck der Verhältnisse wohl schweigen. Das Ratsprotokoll über diese Wahl schließt mit den Worten: „Gott sei unsere Hilfe, daß wir nach so vielen Kriegseinfällen einen wahren Friedensreichen (eitel Frieden) erlangt haben und mit ruhigem Gewissen den Frieden genießen mögen!"

Ritterschaft und Stadt suchten in der Ständeversammlung das Kapitel zu bewegen, in der mit dem Erwählten abzuschließenden Wahlkapitulation auch die alten Rechte der beiden nachsitzenden Stände zu sichern; insbesondere solle der neue Bischof den Evangelischen geloben, daß er ihr Bekenntnis nicht antasten wolle, wie Philipp Sigismund solches den Katholiken gegenüber versprochen habe; aber das Kapitel lehnte dies Ansinnen ab. Deshalb gelobten Ritterschaft und Stadt einander, zum Schutze ihres evangelischen Glaubens fest zusammenzuhalten. Die Bürger waren gegen die Geistlichkeit so erbittert, daß sie vom Walle aus den Turm der Dominikanerkirche zerschossen.

Um sich gegen die äußeren Feinde möglichst zu schützen, kaufte sich die Stadt für 40 Goldgulden und 75 Taler von Kaiser Ferdinand II. einen Schutzbrief, der aber weder von den evangelischen noch von den katholischen Feldherren beachtet wurde. Von Ostfriesland zog Mansfeld wieder herbei, und Christian von Braunschweig setzte bei Rinteln über die Weser, um sich mit ihm zu vereinigen. Osnabrück lag beiden auf dem Wege. Graf Anholt suchte die Gelegenheit auszunutzen, indem er der Stadt zum Schutze 800 Mann anbot (18. Juli). Aber schon am folgenden Tage war Christian in Iburg und verlangte von der Stadt 20000 Pfund Brot, 400 Faß Bier, 50 Fuder Hafer und Schlachtvieh. Die Stadt lieferte alles, aber, um ihre Neutralität zu wahren, unter Widerstand. Die Gegend von Iburg wurde vollständig ausgeplündert; eine Reiterschar schweifte bis vor die Tore der Stadt und raubte das Gertrudenberger Kloster aus.

Da Christian seine Vereinigung mit Mansfeld nicht so rasch zustande bringen konnte, weil Tilly, der bei Höxter ebenfalls die Weser überschritten hatte, in Verbindung mit Anholt ihn verfolgte, suchte er eiligst die Niederlande zu erreichen, wurde aber von Tilly nahe der holländischen Grenze ereilt und bei *Stadtlohn* (6. August) besiegt, was Annette von Droste-Hülshoff später in ihrem Versepos ,,Die Schlacht im Loener Bruch" dichterisch darstellte. Mansfeld zog sich infolgedessen wieder zurück. Tilly war jetzt Herr in Westfalen. Er wandte sich nun gegen Mansfeld. Auf dem Marsch forderte er von Rheine aus von Osnabrück 1000 Malter Korn und 60 Wagen voll Brot. Das Land lieferte das Korn, die Stadt das Brot, beides wieder unter Protest. Bald nachher kehrte das Heer Tillys zurück, weil es die Stellung Mansfelds unangreifbar gefunden hatte, und legte sich rund um die Stadt in Quartier; in Bramsche allein lagen 4500 Mann. Da erschien Graf Anholt mit einem beglaubigten Schreiben Tillys in Osnabrück und verlangte, daß die Stadt Truppen in Winterquartiere nehmen solle. Der Rat wandte sich um Fürsprache an die Stände, besonders an das Kapitel, und stellte dem Grafen vor, wie sehr die Stadt durch den Niederländischen Krieg und den großen Brand gelitten habe; aber Anholts Antwort lautete stets: ,,Einquartierung müßt ihr nehmen, mit Lieb oder Leid!" Die Bürger erklärten: ,,Lieber sterben, als Einquartierung nehmen!" Eine Abordnung erlangte endlich durch Bitten und durch Überreichung eines Pokals im Gewicht von 105 Lot an Anholt und einer Kette von 55 Lot an die Gräfin Anholt einen mehrtägigen Aufschub. Eine Gesandtschaft an Tilly in Oldenburg erwirkte nichts. Schon war die der Stadt zugedachte Besatzung in Belm eingetroffen; Anholt wohnte in Sandfort und drohte der Stadt, sie mit Gewalt zu nehmen. Die Stadt wandte sich an zwei seiner Beamten und bot jedem 400 Taler, wenn sie Hilfe schafften. Dann boten die Stände Anholt, wenn er auf die Besatzung verzichtete, 24000 Taler; er forderte 46000; man einigte sich schließlich auf 39000 Taler, in vier gleichen Raten zu zahlen. Obwohl die Stände gemeinsam diesen Vertrag geschlossen hatten, ließen Kapitel und Ritterschaft die Stadt im Stich, die die geforderte Summe nur mit großer Härte zusammenzubringen vermochte. Jeder Bürger mußte von seinem eidlich anzugebenden Vermögen $1/50$ (2 Prozent) als einmalige Kriegssteuer zahlen. Am 1. Oktober brachte man mit Mühe und Not die erste Rate zusammen. Dann beschränkte man die Ausgaben aufs äußerste, entließ sogar das Kriegsvolk bis auf 120 Mann; trotzdem vermochte man Weihnachten nur 7000 Taler zusammenzubringen. *Auch eine Beschwerde beim Kaiser über Verletzung seines Schutzbriefes hatte nichts genützt.* Jetzt bat man Tilly um Gewährung längerer Fristen — ohne Erfolg. Als man zum zweitenmal zu ihm nach Lübbecke sandte, erwiderte er: ,,Die unbescheidenen Buben und Lecker in Osnabrück, die der Obrigkeit widerstreben, haben mir böses Gerücht und Schimpf bereitet, das werde ich ihnen nie vergessen." Ostern mußte man eine Zwangsanleihe aufnehmen und Ware mit in Zahlung geben, im Sommer trug man dann den Rest ab.

So blieb die Stadt zwar von einer Besatzung verschont, ringsumher war aber das Land belegt; selbst die Landwehr war mit Raubgesindel angefüllt. Während dieser Zeit weilte der neue Bischof noch immer in Rom, obwohl seit seiner Wahl schon mehr als ein Jahr verstrichen war. Auch an ihn wandte man sich um Hilfe; er legte auch beim Kaiser und beim Kurfürsten Maximilian von Bayern, dem Haupte der Liga, Fürbitte für sein Bistum ein. Seinem Einfluß war es auch zuzuschreiben, daß Tilly im Herbst 1624 von der beabsichtigten Besetzung der Stadt abstand. Andererseits sollte die Stadt in ihrer Hoffnung auf den neuen Landesherrn bald bitter enttäuscht werden. Osnabrück hatte seit Jahrhunderten die Stellung einer freien Reichsstadt behauptet, auch waren ihr seit Jahren die vom Kaiserlichen Hofe gesandten Briefe unter der Anschrift: ,,Dem Rat der *freien Reichsstadt Osnabrück*" zugegangen. Da der Rat nun meinte, die Stadt vor ähnlichen Lasten wie den soeben geleisteten besser bewahren zu können, wenn ihre Reichsfreiheit anerkannt würde, wandte er sich mit einer dahingehenden Bitte an den Kaiser. Aber es lag Ferdinand II., dem man das Wort in den Mund legte: ,,Lieber eine Wüste, als ein Land voller Ketzer", durchaus fern, eine protestantische Stadt gegen ihren streng katholischen Bischof zu unterstützen, der auf seinen Wunsch den Kardinalshut erhalten hatte. Er forderte den Bericht des Bischofs Eitel Friedrich ein, und damit war das Gesuch abgelehnt.

Am 20. Oktober 1624 traf der neue Landesherr in Iburg ein. Eine seiner ersten Handlungen war die *Einführung des neuen Kalenders*, den Papst Gregor XIII. 1582 herausgegeben hatte, den aber die evangelischen Länder, obwohl er richtiger war als der Julianische, ablehnten, weil er vom Papst kam. Der Rat hätte gegen die Einführung nichts zu erinnern gehabt, aber er wollte dem Bischof nicht das Recht zugestehen, daß er allein, ohne Zustimmung der Stände, eine solche wichtige Maßregel vornehmen könne. Auch waren die Bürger und einige Prediger gegen den neuen Kalender, den sie als ein Werk des Teufels und der Jesuiten verschrien, und nur mit Mühe gelang es dem Superintendenten Helvicus und dem Magister Nethmann, sie davon zu überzeugen, daß der alte Kalender nicht von Jesus, sondern von dem Heiden Julius Cäsar herrühre. Zu seinem Kanzler ernannte der Bischof den bisherigen Syndikus, den Jesuiten *Henseler*, der sich durch eine Quellensammlung um die osnabrückische Geschichte verdient gemacht hat, ferner den Jesuiten *Luccenius* zum Generalvikar und beauftragte ihn, den Zustand der Landpfarren zu untersuchen. Luccenius lieferte über die *Visitation*, die er in der Zeit vom November 1624 bis zum Mai 1625 ausführte, einen eingehenden, noch erhaltenen Bericht, der die traurigen Verhältnisse der Landpfarren grell beleuchtet. Viele kirchliche Gebäude waren ganz zerfallen, anderen fehlten die heiligen Geräte. Die Prediger waren vielfach ungebildet, manche von ihnen wußten kaum den Unterschied zwischen katholischer und evangelischer Lehre. Der Bischof konnte sie vorläufig nicht durch bessere ersetzen; doch wurden einige aus dem Amte entfernt, so Pastor Kramer in Bramsche, weil er erklärte, lutherisch bleiben zu wollen.

Ritterschaft und Stadt fühlten sich durch dieses Vorgehen verletzt und beschwerten sich beim Kapitel, aber ohne Erfolg. Das Kapitel war entschlossen, den beiden anderen

10. Kriegsnot und Gegenreformation

Ständen nur zu gewähren, wozu es rechtlich gezwungen werden konnte. Selbst wegen der Förmlichkeiten beim Einzuge des Bischofs in die Stadt erhoben sich Streitigkeiten. Berief sich der Rat auf Gewohnheiten und den Bericht der Chroniken, so verlangten das Kapitel und die bischöfliche Regierung Urkunden; doch gelang es der Stadt endlich, in dem Jahre 1624, das später als Entscheidungsjahr so wichtig werden sollte, eine Bestätigung ihrer Privilegien zu erlangen, mußte aber die Einführung des neuen Kalenders versprechen. So konnte der Bischof am 5. Dezember 1624 (am 15. nach dem neuen Kalender) seinen *Einzug in Osnabrück* halten. Es war Sonntag. Die Ritterschaft ritt ihm mit 100 Pferden bis Oesede entgegen. Beim Überschreiten der Landwehr schlossen sich ihm das städtische Fußvolk und die Diener des Rats an. Bei Nahne empfingen ihn Bürgermeister Dr. Schrader nebst anderen Ratsherren und 40 berittenen Bürgern. Die Domherren begleiteten ihn im Wagen. Der Bischof saß zwischen den Grafen von Anholt und von Partio. Nach alter Sitte gelobte er, die Rechte der Stadt zu handhaben, zu schützen und zu verteidigen, auch keinen mitzubringen, der in Stadt oder Landwehr einen Totschlag begangen oder friedlos sei. Dann nahm er von beiden Bürgermeistern das durch Handschlag abgelegte Gelübde entgegen, stieg im Kardinalsgewande zu Pferde und ritt durch die Johannis-, Große und Krahnstraße über den Markt zum Dom, während die Bürger in Waffen zu beiden Seiten Spalier bildeten. Die Stadt schenkte dem neuen Landesherrn zum Willkommen einen 293 Lot schweren, von Meister Delbrügge verfertigten silbernen Becher und drei Ohm Wein.

Das nächste Weihnachtsfest feierte das Land nach dem neuen, die Stadt nach dem alten Kalender, also zehn Tage später, woraus manche Unbequemlichkeit und Unordnung entstand. Der Rat beschloß daher gleich nach Weihnachten, daß vom 6. Januar 1625 ab der neue Kalender auch in der Stadt in Gebrauch genommen werden solle. Der Bischof verbot den katholischen Geistlichen jede Anzüglichkeit auf den Kanzeln und ersuchte den Rat, ein gleiches Verbot für die evangelischen Stadtgeistlichen zu erlassen. Die hierdurch bei den Evangelischen erweckte Hoffnung schwand aber bald wieder. Vom Domkapitel ließ sich nämlich der Bischof die an der Nordseite des Domes gelegene Pauluskapelle nebst dem daranstoßenden Pfarrhofe und einem daneben gelegenen verfallenen Hause übertragen und richtete diese zu einer Wohnung für die *Jesuiten* ein. Dann entließ er die Lehrer der Domschule, indem er den Rektor und Konrektor anderweitig versorgte, und übergab die Schule im März 1625 den Jesuiten, die das Schulgeld sofort aufhoben. Der Rat vermehrte dagegen die Lehrer seiner Schule und bat sie, durch doppelten Fleiß jenen Vorzug der katholischen Schwesteranstalt auszugleichen; gleichzeitig verbot er den Bürgern, Jesuitenschüler zu beherbergen. Als die Jesuiten zu Ostern zum erstenmal im Dom und im Dominikanerkloster öffentlich predigten, drang das Volk lärmend in beide Kirchen, um die ihm verhaßten Feinde des protestantischen Glaubens zu vertreiben.

Die Siege Tillys über die Vorkämpfer der evangelischen Sache hatten die evangelischen Fürsten Norddeutschlands aufgerüttelt. Sie wählten den König *Christian IV.* von Dänemark zum Führer in einem Kriege gegen den Kaiser und schlossen ein Bündnis mit England und Holland. Tilly stand im Ravensbergischen. Er wollte jedenfalls Osnabrück nicht in die Hände der Dänen fallen lassen, die schon im Stift Minden standen. Als er daher mit Bischof Eitel Friedrich in unserer Stadt eine Zusammenkunft hatte, wurde das Volk argwöhnisch gegen den eigenen Landesherrn und bereitete alles auf eine ernste Gegenwehr vor. Dazu brach in der Stadt die *Pest* aus, die am gefährlichsten in der Gegend des Heger Tores auftrat. Das erbaute Pesthaus vermochte die Zahl der Kranken bald nicht mehr zu fassen; deshalb mußte mancher in seinem Hause bleiben, das man dann durch einen Strohwisch kenntlich machte. Da blieben Kranke ohne jede Hilfe; ja, es mußte sogar eine Gesellschaft ehrbarer Männer zusammentreten, die für die Beerdigung der Leichen sorgte, denen sonst niemand die letzte Ehre erwiesen hätte. Dazu drohte großer Mangel an Lebensmitteln, da die Niederländer jede Ausfuhr verboten. Die Stände waren eben zusammengetreten, um hierüber zu beraten, da kam die Nachricht, daß Bischof Eitel Friedrich nach längerer Krankheit am 19. September 1625 in Iburg gestorben sei. Er wurde im Dom beigesetzt, wo ihm auch ein Epitaphium (Grabmal) errichtet ist. Sein Bild hängt im Rathaus; der letzte deutsche Kaiser, Wilhelm II., nahm den alten Hohenzollernnamen für einen seiner Söhne wieder auf.

König Christian IV. von Dänemark hatte bei seinem Eingreifen in die deutschen Verhältnisse auch die Absicht, seinem Sohn Friedrich eines der norddeutschen Bistümer zu verschaffen. Es gelang ihm auch, ihn zum Koadjutor (Gehilfen und demnächstigen Nachfolger) des Erzbischofs von Bremen ernennen zu lassen, und Philipp Sigismund war nicht abgeneigt, dem Prinzen dieselbe Stellung in Osnabrück zu gewähren, auch Ritterschaft und Stadt waren dazu willig; aber das Kapitel verhinderte es. Nach dem Tode Philipp Sigismunds machte es das Kapitel durch die rasche Wahl Eitel Friedrichs dem Könige unmöglich, seinen Plan zu verwirklichen; jetzt, nach dem Tode Eitel Friedrichs, erneuerte er die Bewerbung und war entschlossen, sie mit den Waffen zu unterstützen. Das Kapitel aber beschloß, den Mann zu erwählen, den ihm der sterbende Bischof empfohlen hatte, den Grafen *Franz Wilhelm von Wartenberg*, einen Sohn des Herzogs Ferdinand von Bayern aus einer ungleichen Ehe mit einer Bürgerlichen. Er war auch in Köln als oberster Leiter der Regierung des Erzbischofs Ferdinand Eitel Friedrichs Nachfolger geworden. Kaiser Ferdinand ließ seinen Sohn, Erzherzog Leopold Wilhelm, empfehlen, auch Tilly und Graf Anholt schickten Wahlschreiben. Den in der Wahlangelegenheit nach Iburg gesandten Abgeordneten der Stadt, Dr. Schneider, wies das Kapitel zurück.

Die Kriegslage wurde für die Stadt immer drohender. Christian von Braunschweig und Mansfeld zogen über Greven, Westerkappeln und Bramsche nach Diepholz und plünderten von dort aus, wie auch schon auf dem Marsche, das Stift bis vor die Stadttore. Das dänische Heer schnitt der Stadt jede Verbindung mit Bremen ab; erst nachdem Bürgermeister Dr. Walfeld wiederholt König Christian gebeten und ihm vorgehalten hatte, wie er den Protestanten, denen er doch Hilfe bringen wolle, schade, erhielt er Freipässe für die Osnabrücker Bürger. Darüber zürnte Graf Gallas, Feldherr der Liga, der zwar Mansfeld zurückdrängte, aber nun ebenfalls hohe Forderungen an die Stadt stellte. Am 26. Oktober 1625 wurde *Franz Wilhelm* vom Domkapitel gewählt. Darüber empört, beschloß König Christian, Gewalt zu gebrauchen. Während man noch mit Gallas unterhandelte, fiel zu Anfang Februar 1626 der dänische Oberst Oeynhausen in den Norden des Stifts ein, und Graf Stirum setzte von Holland aus über die Ems. Die Osnabrücker Stände beschlossen deshalb, Dr. Walfeld nach Nienburg an den dänischen Feldherrn, Herzog Johann Ernst von Weimar, zu senden, nur das Kapitel unter Führung des Dompropstes Sixt von Liaukema und des Dechanten Morrien lehnte im Vertrauen auf Gallas jede Mitwirkung ab. Da Dr. Walfeld mit leeren Händen kam, richtete er nichts aus. Wieder traten die Stände zusammen; die beiden weltlichen Stände beschlossen, 3000—4000 Taler zu opfern, und mit dieser Summe machte sich Walfeld abermals auf den Weg. Er traf das dänische Heer schon bei Barnstorf. Dem Obersten Limbach versprach er 400 Taler, dem Obersten von Knyphausen zahlte er 200 und dem Sekretär des Herzogs 100 Taler für ihre Fürsprache. Als er aber mit seiner geringen Summe zu dem Herzog kam, lachte der ihn aus und sprach: „Hat die Stadt allein dem Grafen Anholt 40000 Taler gezahlt, so ist es dem Stift eine Kleinigkeit, mir 50000 Taler zu geben. Entweder unterwerfe man sich oder gebe nach Kriegsrecht mir dasselbe, was der

10. Kriegsnot und Gegenreformation

Gegner erhalten hat." Nur gegen das Versprechen, weitergehende Vollmachten zu holen, erlangte Walfeld seine Freiheit.

Am 6. März traf er in Osnabrück wieder ein, am folgenden Tage stand das Heer schon zu Bramsche. Man sandte andere Abgeordnete an den Herzog, der ihnen die Bedingungen stellte: Quartier in der Stadt und 50000 Taler. Die erste Forderung lehnte man ab, war aber bereit, 40 Taler unter der Bedingung zu zahlen, daß die Stadt freigegeben und ihre Neutralität gewährleistet werde. Schon war der Herzog auf dem Gute Astrup eingetroffen, während sein Heer die Stadt eingeschlossen hatte. Einer neuen Abordnung, die ihm obigen Beschluß mitteilte, antwortete er nichts; am folgenden Tage aber schrieb er: „Die erbetene Neutralität will ich anerkennen und auf die Besetzung der Stadt verzichten, auch die Zufuhr von Bremen freigeben. Da ich aber vernehme, daß einige Glieder des Kapitels die Absichten des Königs in boshafter Weise mißdeuten, so muß ich darauf bestehen, daß sie sich entweder vor dem Könige selber entschuldigen oder die 40000 Taler allein zahlen." Aber die Stände erklärten, obwohl Ritter und Stadt gegen das Kapitel erbittert waren: „Zwischen uns besteht ein uralter Vertrag; demgemäß gedenken wir alle für *einen* Mann zu stehen." Bei diesem Beschluß blieben auch ihre Abgeordneten, obwohl der Herzog sich bemühte, die Stände zu spalten und die von den Domherren zu zahlende Summe auf 25000 Taler ermäßigte.

Da versuchte der Herzog durch eine andere List, sein Ziel zu erreichen. Als die Stände am folgenden Morgen wieder versammelt waren, meldete sich der dänische Rittmeister Hollich, der die Domherren zu sprechen wünschte. Man schloß die Sitzung. Beim Hinausgehen redete Bürgermeister Dr. Schrader den Rittmeister an, erhielt aber die Antwort, die Sache gehe nur die Prälaten an, und als der Bürgermeister darauf besorgt fragte, ob den hohen Herren auch nichts Ungebührliches zugedacht sei, erwiderte jener: „Dazu wäre ich viel zu schwach!" Schrader ging fort; Hollich blieb mit den Prälaten allein. Inzwischen hatten sich im Portikus des Domes viele Reiter gesammelt, die einzeln zu Fuß in die Stadt gekommen waren, um hier etwas zu kaufen. Mit ihnen waren auch viele Neugierige gekommen. Die Prälaten sahen sich bald von Reitern umringt, von denen sie sogar in ihre Wohnungen begleitet wurden. Das Volk bemerkte nun, wie der Rittmeister die beiden Domherren, den Propst Liaukema und den Dechanten Morrien, scheinbar mit der größten Höflichkeit zum Wagen geleitete. Als sie aber mit Hollich und dem Syndikus des Kapitels einstiegen, ahnte das Volk Verrat. Die zur Beobachtung ausgesandten Ratsdiener eilten davon und teilten dies dem noch versammelten Rat mit, der sofort befahl, die Straßen mit Ketten zu sperren und die Tore zu schließen. Leider war es zu spät. Als die Bürgerwache eben das Hasetor schließen wollte, sprengten 42 Reiter, die den Wagen in ihre Mitte genommen hatten und der Wache die gespannten Pistolen entgegenhielten, hinein und eilten mit ihrer Beute davon (1626). Der Oberst Limbach zog aus dem Tecklenburgischen herbei und besetzte den Gertrudenberg, nachdem es den Nonnen noch eben gelungen war, in die Stadt zu flüchten, wo sie bis 1651 den Pfarrhof des Domes bewohnten.

Alsbald eilten einige Mitglieder der Stände nach Astrup, um Aufklärung zu fordern und zugleich den jüngsten Beschluß der Stände mitzuteilen. Aber der Herzog lachte nur, daß die Domherren sich so leicht hatten fangen lassen und erklärte, zuvor müsse er darüber dem König berichten, er werde sie aber auf jeden Fall nur gegen Auslieferung von Osnabrück oder Fürstenau freigeben. Am folgenden Tage rückte die ganze Armee vor die Stadt. Der Herzog ließ einen Ausschuß von Bürgern zu sich auf den Gertrudenberg laden, vor ihren Augen die Kanonen auffahren und Feuerkugeln bereiten; dann ermahnte er sie mit den milden Worten: „Nicht des Geldes wegen bin ich gekommen, sondern um den evangelischen Glauben und die deutsche Freiheit zu schützen; unterstützt mich doch in dieser edlen Absicht!" Als dies nicht half, drohte er, die Stadt wolle und müsse er haben, sei es auch mit äußerster Gewalt. Der Bürgerausschuß kehrte in die Stadt zurück und berief die Mitbürger; aber die gesamte Bürgerschaft erklärte: „Wir wollen keine Soldaten aufnehmen, von welcher Partei sie auch sein mögen." Diesen Entschluß teilte man dem Herzog mit, schloß die am meisten gefährdeten Tore und bereitete sich auf den Angriff vor. Nachdem der Herzog am folgenden Tage vergebens eine andere Erklärung von der Stadt verlangt hatte, eröffnete er das Feuer. Ein auf dem Wall stehender Bürger wurde verwundet, die Belagerten aber verwundeten zwei Soldaten, töteten ein Pferd und hätten beinahe den Obersten Limbach erschossen. Der Rat untersagte noch das Schießen; als aber der Herzog zwei Kanonenschüsse über die Stadt hinfeuern ließ, allerdings ohne Schaden anzurichten, hätten sich die Bürger wohl nicht länger davon zurückhalten lassen, mit ihrem überlegenen Geschütz den Gegner zum Schweigen zu bringen, wenn dieser nicht die beiden gefangenen Prälaten zwischen die Kanonen gestellt hätte. Der Herzog konnte die Stadt mit Gewalt nicht nehmen, daher suchte er die Bürger einzuschüchtern. Als dies mißlungen war, verlangte er, mit 200—300 Bürgern am Gatter des Tores zu sprechen, was aber der Rat nicht gestattete. Da beschränkte der Herzog seine Forderung dahin, daß ein dänischer Prinz zum Koadjutor gewählt und Fürstenau ihm zur Sicherstellung ausgeliefert würde. Am 14. März wurde die auf dem Gertrudenberge versammelte Ritterschaft in die Stadt gelassen, die in Gemeinschaft mit den sechs in der Stadt gebliebenen Prälaten und dem Rat den Vorschlag des Herzogs berieten. Am ersten Tage konnte man sich noch nicht entschließen. Am folgenden aber brachten es der Herzog, der sein ganzes Heer ins Feld rücken ließ, und die gefangenen Prälaten dahin, daß in einer Zusammenkunft folgender Vertrag geschlossen wurde: Fürstenau wird dem Herzog übergeben; außer den im Nordlande bereits erpreßten 4000 Talern erhält er noch 36000 Taler; der dänische Prinz Friedrich wird zum Koadjutor erwählt. Die Stadt verpflichtet sich, eine Besatzung von mindestens 200 Mann zu stellen. Hierauf gab der Herzog die gefangengehaltenen Prälaten frei und zog ab.

Entgegen dem Vertrage, daß nach Zahlung der festgesetzten Summe und nach der Übergabe von Fürstenau das übrige Stift frei bleiben solle, besetzte Johann Ernst auch Wittlage und Vörden und bemächtigte sich Wiedenbrücks. Damit hatte er den Vertrag gebrochen; Domkapitel und Bischof erklärten die Wahl des dänischen Prinzen für ungesetzmäßig. Franz Wilhelm wandte sich dieserhalb auch mit einer Beschwerde an den Kaiser, der die Koadjutorwahl ebenfalls für ungültig erklärte. Den Rat beschuldigten die Prälaten, er habe ihre Wegführung veranlaßt. Nun rückten auch die Heere der Liga heran, zum Teil auf Veranlassung des neuen Bischofs. Sie verlangten Befreiung der von den Dänen besetzten Orte oder Zahlung von 140000 Talern. Der König von Dänemark erklärte einer an ihn beorderten Gesandtschaft, er wolle das Stift samt den Festungen räumen, wenn die Feinde sich verpflichteten, es nicht zu besetzen, was diese ablehnten. Je näher die Gefahr kam, desto erbitterter wurde das Volk über die Domherren. Im Mai war eines Tages der Dechant Morrien plötzlich entwichen; nach einigen Tagen (15. Mai) folgte ihm auch der Propst, der von einer Schutzmannschaft beim Wulfter Turm erwartet und nach Münster geleitet wurde. Die Bürger waren hierüber auf das heftigste erschrocken, da sie die Rache der Prälaten fürchteten. Von Münster aus verbreiteten diese die übertriebensten Gerüchte über ihre Gefangennahme. Durch Fahrlässigkeit und Verrat der Bürger seien über 700 Dänen in die Stadt gekommen, welche die Prälaten mit Gewalt fortgeschleppt und ihnen die unerhörtesten Versprechungen abgedrungen hätten. Zugleich protestierten sie wider alles, was sie in der Gefangenschaft gelobt hätten und was während ihrer Abwesenheit in Osnabrück beschlossen würde. Dazu kam die

Nachricht, daß Bischof Franz Wilhelm auf der Reise nach Osnabrück begriffen und bereits in Bonn eingetroffen sei.

Um dieser drohenden Gefahr zu begegnen, sandte der Rat am 1. Juni den Kanzler Henseler und den Sekretär Slaph ab, denen sich von der Ritterschaft noch Adam von Eickel anschloß, die den Bischof beruhigen und vor allem die Prälaten bewegen sollten, nach Osnabrück zurückzukehren. Diese aber erhoben die schwersten Beschuldigungen gegen die Stadt: Osnabrück ist an allem Unglück schuld, das jetzt Westfalen betrifft; denn durch seine Schuld hat der Feind sich hier festgesetzt. Man hat es dort ärger getrieben als die Rebellen in Prag, wo man doch nur die Diener des Kaisers mißhandelt, während man in Osnabrück die Regenten selber, die Häupter des Kapitels, den Feinden ausgeliefert hat. Zugleich beredete man den Kanzler, sich der übernommenen Aufgabe zu entziehen. Die beiden anderen aber hatten nicht den Mut, die Reise nach Bonn allein fortzusetzen, so daß dem Rat nichts weiter übrigblieb, als durch eine öffentliche Druckschrift wahrheitsgetreu darzustellen, ,,was in Martio dieses 1626. Jahres bei Einzug der Königlich Dännenmaerkschen Armee im Stifft Oßnabrück vorgelaufen". Gleichzeitig wurde von der Stadt wieder eine dritte Kompagnie Soldaten angeworben, die Bürgerwache verstärkt und ein Kriegsrat mit unumschränkter Gewalt ernannt. An einem besonderen Buß- und Bettage erflehten die Bürger Gottes Beistand in dem ihnen bevorstehenden schweren Kampfe.

Ein ligistisches Heer unter dem Grafen Anholt belagerte Wiedenbrück; aber dänische Heerhaufen zogen heran, um den wichtigen Platz zu entsetzen und wenn möglich Osnabrück mit besserem Erfolge als das erstemal anzugreifen. Die vom Kapitel zur Heimkehr aufgeforderten Prälaten erwiderten ablehnend, indem sie andeuteten, daß nach Wiedenbrücks Fall Osnabrück an die Reihe kommen werde. Der Rat sandte deshalb Vertreter an die Heerführer vor Wiedenbrück; seine Abgeordneten erlangten aber keinen bestimmten Bescheid, sondern wurden von einem Feldherrn an den andern verwiesen; doch erfuhren sie, daß die beutegierigen Söldner auf die Eroberung Osnabrücks vertröstet wurden. Dr. Walfeld reiste dann zum Bischof Franz Wilhelm in Bonn, um von ihm Gewißheit zu erlangen und ihn zu besänftigen.

In dieser bedrohlichen Lage bot der dänische General Norpracht auf dem Marsche nach Wiedenbrück der Stadt eine Besatzung an. Der Rat war in der größten Verlegenheit. Eine dänische Besatzung war ihm lieber als eine ligistische; erlitten aber die Dänen eine Niederlage, so hatte die Stadt die Rache der Liga und des Bischofs zu fürchten. Niemand wußte Rat; kaum wagte jemand, seine Meinung zu äußern. In dieser peinlichen Lage starb auch noch der Bürgermeister der Neustadt, Dr. Cothmann, während der Sitzung, vom Schlage getroffen. Der Rat wagte keinen Entschluß zu fassen, sondern erklärte, um Zeit zu gewinnen, man wollte nicht einseitig handeln, sondern nur in Verbindung mit den beiden anderen Ständen vorgehen. Glücklicherweise kehrte am folgenden Tage Dr. Walfeld mit der Nachricht heim, Franz Wilhelm gedenke wohl, einzelne Bürger zur Rechenschaft zu ziehen, aber nicht gegen die Stadt selber vorzugehen. Infolgedessen lehnte man Norprachts Antrag als der Neutralität zuwider ab. Da Norpracht gleich darauf die Nachricht von dem Falle Wiedenbrücks erhielt, wagte er nicht weiter vorzurücken; er wollte aber seinen Zug nicht umsonst gemacht haben und erklärte daher, er werde das Stift nicht eher verlassen, als bis von dem Rest der dem Herzog von Weimar versprochenen Schatzung wenigstens 10000 Taler gezahlt seien oder Osnabrück dänische Einquartierung aufgenommen habe. Diese zweite Forderung lehnte man sofort ab; wegen der Geldforderung einigte man sich schließlich dahin, daß die Stadt überhaupt nur noch 8000 Taler zahlen solle; nachdem Norpracht 2000 Taler, die man gegen Bürgschaft der Brüder von dem Bussche und Dr. Schraders lieh, erhalten hatten, zog er ab. Von fremden Kriegsheeren blieb die Stadt nun zwar eine Zeitlang verschont; aber die Räubereien selbst in unmittelbarer Nähe der Stadt nahmen überhand. Abhilfe war weder bei den Dänen noch bei der Liga zu erlangen. Als Urheber dieses Kriegselends betrachtete der Rat den Dechanten Morrien; deshalb reichte er in denselben Tagen, als Bischof Franz Wilhelm in das eroberte Wiedenbrück einzog, eine Klage wegen Verleumdung gegen den Dechanten beim Reichsgericht ein.

Ende August erlebte Osnabrück eine nur allzu kurze Friedenszeit, als hier die Nachricht eintraf, daß Tilly von König Christian besiegt worden sei. Eine Beschreibung des Sieges wurde rasch gedruckt und überall verbreitet und der siegreiche König vom Volke hoch gefeiert, bis man den wahren Sachverhalt erfuhr: Tilly hatte die Dänen am 17. August 1626 bei *Lutter am Barenberge* vollständig geschlagen und dadurch ihre Macht gebrochen. Hierdurch hatte sich die Lage der Stadt verschlechtert. Der Bischof stellte sich immer entschiedener auf die Seite der Liga und forderte vom Rat Rechenschaft wegen seiner Werbungen, die dieser damit zu entschuldigen versuchte, daß er die kampffähigen jungen Leute davon habe zurückhalten wollen, beim Gegner Dienste zu nehmen. Immer dreister griff Franz Wilhelm in die Rechte und Freiheiten der Stadt ein; dem neuen Gografen, Weimar von Gülich, verbot er, dem Rate den herkömmlichen Eid zu leisten. Immer dringender verlangte er — nur von Ritterschaft und Stadt — die Befreiung Fürstenaus von der dänischen Besatzung; das Kapitel entzog sich den landständischen Pflichten völlig, machte aber die beiden anderen Stände allein für all das Kriegselend verantwortlich, das unser Stift heimsuchte. Da der Wohlstand der Bürger immer mehr zurückging, war es dem Rat unmöglich, aus den laufenden Einnahmen auch noch die Zinsen für die Kriegsschuld zu zahlen; er mußte vielmehr abermals eine besondere Kriegssteuer (1 Prozent vom Vermögen) erheben. Dazu drängten die Dänen, die wohl fühlten, daß ihre Macht in Westfalen zu Ende ging, auf Zahlung der noch rückständigen 6000 Taler, und Tilly erhob neue Forderungen.

Um hierüber mit Tilly zu verhandeln, ging der Erblanddrost von Bar im Auftrage der Ritterschaft und der Stadt zu Tilly. Aber dieser empfing ihn in roher Weise. „Die Ritterschaft allein", so schalt er, „hat die Schuld, daß Fürstenau verlorengegangen ist. Ich weiß wohl, daß unter euch nur vier oder fünf Verräter sind; aber die Getreuen hätten diese von Land und Gütern jagen oder ihnen die Pistole hinters Ohr setzen und sie so aus dem Wege räumen sollen." Der Bischof forderte die Ritterschaft auf, mit Söldnern und einem Aufgebot von Bauern das Land von Feinden zu säubern, während der Kommandant von Fürstenau des Erblanddrosten Sohn aufheben ließ und als Geisel für die noch rückständigen 6000 Taler gefangensetzte. Die Lage der Stadt verschlimmerte sich auch noch durch die Unbesonnenheit einiger Bürger. Im Februar 1627 kam der kaiserliche Oberst von Asseburg in die Stadt und wurde vom Rat in herkömmlicher Weise mit Ehrentrunk und Geschenken empfangen. Am Abend trank er in seiner Herberge — er wohnte im Morrian oder Mohren in der Bierstraße — zu viel des geschenkten Weines, ging dann auf die Straße und geriet mit vorübergehenden Bürgern in Streit. Die Bürgerwache auf der nahen Stadtschreiberei neben dem Rathause hörte den Lärm und eilte nebst einigen Soldaten herbei. Der Oberst hatte sich inzwischen bewaffnet und trat soeben mit seinem eine Fackel tragenden Diener aus der Haustür. Als er die Wache auf sich zukommen sah, hielt er ihr seine Pistole entgegen; sofort schlug die Wache mit Partisanen auf ihn ein, verfolgte ihn bis in den Stall und richtete ihn arg zu. Der Rat geriet dadurch in eine üble Lage. Er begann zwar sofort die Untersuchung und zog die Übeltäter zur Rechenschaft; aber Asseburg war damit nicht zufrieden. Zunächst verlangte er blutige Genugtuung und drohte, er werde den Ort nicht eher verlassen, als bis

10. Kriegsnot und Gegenreformation

diese ihm geleistet worden sei oder er sie sich durch die ihm zu Gebote stehenden Mittel selber verschafft habe. Allmählich aber milderte sich sein Ehrgefühl; er mochte wohl einsehen, daß eine andere Lösung für ihn vorteilhafter sei, und erklärte sich aus besonderer Nachsicht mit einer Abfindung von 10000 Talern zufrieden. Endlich einigte man sich auf 8000 Taler, deren Zahlung aber die Stadt verbürgen mußte. Die erste Hälfte ward auch gezahlt; als aber die zweite Hälfte fällig war, die Täter aber nicht zahlen konnten, ihre Bürgen nicht zahlen wollten, erwuchs daraus dem Rat die größte Unannehmlichkeit, Streit mit den eigenen Bürgern.

Auch das Verhältnis zum Domkapitel und zum Bischof wurde immer unhaltbarer. Die fürstlichen Diener weigerten sich schon längere Zeit, die bürgerlichen Lasten wie bisher zu tragen, wodurch der Druck der hohen Abgaben den Bürgern um so empfindlicher wurde. Während einer Sommernacht kamen drei junge Bürger, Mitglieder der Freifahne, von einem Gelage bei ihrem Leutnant vergnügt und in lebhaftem Gespräch vom Herrenteichstor über die Domsfreiheit. Mit dem Domherrn von Nehem, der im offenen Fenster seiner Wohnung lehnte, gerieten sie in Wortwechsel; einem anderen Domherrn, der ihnen begegnete, sollen sie den Hut aufgekrempt haben, um zu sehen, wer er sei. Von Nehem eilte ihnen nach; um sie aufzuhalten, redete er mit dem einen, den er kannte, scheinbar freundlich, schlug ihn dann aber plötzlich ins Gesicht und lief davon, indem er um Hilfe rief. Auf dieses Zeichen stürzten aus den nahen Domhöfen neun bewaffnete Männer, Domherren und Knechte, hervor, warfen sich auf die Bürger und schlugen zwei von ihnen, den einen mit dreizehn, den anderen mit elf Wunden zu Boden, während der dritte sich mannhaft verteidigte und unverwundet entkam. Der Rat untersuchte zwar die Sache, konnte aber die Geistlichen nicht strafen. Die Bürger waren über diese Mißhandlung empört. Jede Nacht versammelten sich Volkshaufen vor den Höfen der Domherren, tobten, schimpften, warfen mit Steinen und hätten die Geistlichen sicher mißhandelt, wenn diese sich nicht durch feste Mauern und Tore geschützt hätten. Sie beschwerten sich über solche Behandlung beim Bischof. Als der Rat ihnen vorhielt, daß sie die gemeinsame Sache veranlaßt hätten, drohten sie: Was die Bürger sich ihnen gegenüber erlaubt hätten, werde der Stadt teuer zu stehen kommen.

Die Dänen wurden mehr und mehr von der Weser abgedrängt; doch hielten Rittmeister Damitz noch Fürstenau und Oberst Limbach Nienburg besetzt. Da traf im Spätherbst die Nachricht ein, daß Limbach kapituliert und zugleich die Räumung Fürstenaus versprochen habe. Damitz aber verweigerte die Übergabe Fürstenaus; daher stand zu befürchten, daß das Belagerungsheer sich von Nienburg gegen Fürstenau und Osnabrück wenden werde. Dazu hatte Bischof Franz Wilhelm das Regiment des Grafen Werner Tilly, eines Neffen des berühmten Oberfeldherrn Grafen Johann Tserklaes Tilly, in Dienst genommen. Damitz machte sich daher auf eine Belagerung Fürstenaus gefaßt und kam nach Osnabrück, um Bier und Brot einzukaufen, benutzte aber auch die Gelegenheit, mit mehreren Mitgliedern der Ritterschaft im Hause des Syndikus Dr. Gildemeister zu verhandeln. Sowie der Bischof dies erfuhr, befahl er der Stadt, Damitz gefangenzunehmen. Der Rat geriet dadurch in eine peinliche Lage; er hatte sich stets auf die Neutralität der Stadt berufen und sollte sie jetzt selber verletzen, dazu noch auf Befehl des Bischofs! Aber schließlich siegte doch die Furcht vor Franz Wilhelm: Der Rat gehorchte. Werner Tilly stand bereit, die Belagerung Fürstenaus zu beginnen; auf Entsatz konnte die Festung nicht rechnen, dazu saß ihr Kommandant gefangen. Daher kapitulierte sie, wahrscheinlich unter Damitz' Zustimmung. Damit hatten die Dänen ihren letzten Stützpunkt auf dem linken Weserufer verloren; ihren Gegnern fehlte westlich von der Elbe nur noch der Besitz der Städte Bremen, Braunschweig, Magdeburg und

Osnabrück; unsere Vaterstadt aber war die schwächste und hatte am wenigsten auf Hilfe zu rechnen.

Da traf in den Tagen vor Weihnachten ein Schreiben des Kaisers mit der Nachricht ein, daß er wegen der von den Dänen drohenden Gefahr trotz seines Schutzbriefes beschlossen habe, die Stadt mit einer Besatzung zu belegen. Das Kapitel nahm die Nachricht kaltblütig auf, während es 1623 in ähnlicher Lage entschieden für die Stadt eingetreten war. Der Rat beschloß, sich um Freilassung der Stadt an den Kaiser, den Bischof und an Tilly zu wenden; Ritterschaft und Stadt baten das Kapitel um seine Fürsprache beim Bischof. Das Kapitel erklärte sich dazu bereit, fügte aber gleich hinzu, an dem Beschluß des Kaisers werde sich nichts ändern lassen. Da brachte auch schon ein Rittmeister Tillys die Nachricht, daß das Heer gegen die Stadt bereits im Anmarsch sei, und gleich nach dem Weihnachtsfest zogen sich die Truppen wie zu einer Belagerung um die Stadt zusammen. Adam von Eickel und Dr. Walfeld reisten zum Bischof nach Bonn, aber ohne etwas auszurichten. Der Rat und die weiterblickenden Bürger hatten bereits alle Hoffnung auf Rettung aufgegeben, die große Masse der Bürger war jedoch zur Verteidigung entschlossen. Schon am dritten Weihnachtstage wäre es dieserhalb fast zu einem Aufstande gekommen, als der Kanzler das Tor öffnen ließ, um einen Boten nach Bissendorf zu senden, das Volk dies aber zu verhindern suchte, weil es Verrat witterte.

Jetzt erschien auch der *Bischof* im Stift; am 5. Januar 1628 zog er in *Iburg* ein. Dorthin sandte die Stadt den neugewählten Bürgermeister Dr. Modemann, den Arzt Dr. Freitag und den Sekretär Christoph Slaph; aber der Bischof verlangte unbedingte Unterwerfung. Davon wollte aber das Volk nichts wissen; auch die Prediger, die auf die Bürger einwirken sollten, richteten nichts aus. Noch einmal ging eine Abordnung von 20 Bürgern nach Iburg und bat vor großer Versammlung im Rittersaal fußfällig um Gnade. Der Bischof blieb ungerührt; er fragte nur, ob sie Vollmacht zur Unterwerfung hätten, dann wolle er sich der Stadt als Vater erweisen. Schon in den nächsten Tagen forderte Tilly die Auslieferung eines Bürgers, der einen Brief vom König Christian mitgebracht haben sollte. Die Abgeordneten kehrten vollständig entmutigt aus Iburg zurück, auch der Rat war ganz eingeschüchtert; die Bürger aber erklärten: ,,Wir wollen lieber Leib und Blut opfern, als Einquartierung aufnehmen." Man begann mit den Bürgern einzeln zu verhandeln. Manche versprachen Gehorsam, die meisten wollten aber lieber auswandern. Die für den folgenden Tag Vorgeladenen ließen durch die Prediger Haslage und von Gülich dem Rate sagen, eher wollten sie Frauen und Töchter totschlagen, als sie den rohen Soldaten ausliefern. Zur Verhandlung erschien niemand mehr; überall hörte man unter den Bürgern lautes Murren, so daß der Rat den Ausbruch eines Aufstandes fürchtete. Da er längeren Widerstand gegen die Übermacht der Liga für unmöglich hielt, begann er, ohne die Bürger davon in Kenntnis zu setzen, mit dem Bischof über die Aufnahme einer Besatzung zu verhandeln. Der Befehlshaber des Werner Tillyschen Regiments, das der Bischof in Dienst genommen hatte, der Oberstleutnant Stephan Albrecht, verlangte Aufnahme des ganzen Regiments; der Rat aber wollte nur so viele Mannschaften aufnehmen, als mit wöchentlich 1000 Talern unterhalten werden könnten. Deshalb sandte er abermals eine Abordnung an den Bischof nach Iburg, die beiden Bürgermeister Modemann und Meier, die Doktoren Hallerford und Brüning sowie die Ratsherren Manto Dalde, Ringelmann und Everd Grave, und diese schlossen am 18. Januar den Vertrag, daß die Stadt sechs Kompagnien Fußvolk einnehmen und unterhalten solle. Der Rat sollte die Schlüssel der Stadt behalten, selber die Truppen einquartieren und die Kontribution erheben; die Bürger durften die Wache mit versehen; den Rechten, Freiheiten und der Religion der Stadt durfte durch diese Einquartierung kein Abbruch geschehen. Für diese ,,milde" Behandlung mußte die Stadt dem Bischof 6000, Stephan Albrecht 1000 Taler, anderen geringere Beträge zahlen. In dumpfer Stille zogen die Truppen ein. Man hatte die Kompagnie auf etwa 100 Mann gerechnet; aber wie erschark man, als nicht 600, sondern 1600 Mann einzogen!

Nun hatte der Bischof das Schwert in der Hand, und er war entschlossen, es auch zu gebrauchen. Die zur Unterhaltung der Truppen wöchentlich aufzubringende Schatzung belief sich auf 3000 Taler. Als der Rat die Doktoren Schrader, Modemann und Hallerford, den Sekretär Slaph, Albrecht von dem Bussche, vormals im Dienste Philipp Sigismunds, sowie Dr. Freitag nach Iburg sandte, um vom Bischof Milderung zu erwirken, wurden alle dort zurückgehalten. Nach drei Tagen kehrten Modemann, Hallerford und Freitag mit der Nachricht zurück, daß die übrigen Abgeordneten verhaftet seien, und mit dem Auftrage für den Rat, daß er die Papiere der Gefangenen sowie des Syndikus der Ritterschaft Dr. Gildemeister versiegeln solle. Nun begann eine Untersuchung über Dinge, an welche die Beschuldigten nie gedacht hatten. Erst nach einem Vierteljahr erhielten die Verhafteten ihre Freiheit wieder, ohne daß man ihnen ein Vergehen hatte nachweisen können. Schon damals verließen mehrere Bürger ihre Vaterstadt.

Bischof Franz Wilhelm sah es als seine Lebensaufgabe an, in seinem Bistum die katholische Kirche in alter Herrlichkeit wiederherzustellen. Um die *Gegenreformation* besser durchführen zu können, beschloß er auch, seinen Einzug in die abtrünnige Hauptstadt zu halten. Das Domkapitel, das früher oft genug die Rechte der Stände, also auch der Stadt, verteidigt hatte, sah sich als Gehilfen des Bischofs bei der Vergewaltigung der Landeskinder an. Die Ritterschaft — der zweite Stand — war durch das Lehnsverhältnis vielfach vom Bischof abhängig und vermochte daher wenig; so war die Stadt, wenn nicht unerwartet auswärtige Hilfe erschien, auf sich allein angewiesen.

Schon vor dem Eintritt ließ der Bischof dem Domkapitel mitteilen, daß er auf Grund kaiserlichen Gutachtens den Franziskanern die (Barfüßer-) Kirche wieder einräumen wolle. Bald darauf legte er ihm die Urkunden über die Gründung eines *Jesuitenkollegs* und des neuen *Franziskanerklosters* vor. Der Eintritt war auf den 12. März 1628 festgesetzt. Am Morgen des Tages ließ der Fürst zu Iburg vor Zeugen einen Protest aufsetzen, daß er den Eid nur nach einer von ihm selber festgesetzten Formel abzulegen gedenke, deren einzelne Punkte seiner eigenen Erklärung unterliegen müßten. Kapitel und Ritterschaft empfingen den Bischof auf dem Harderberg, der Rat an der Landwehr (beim Nahner Turm vor der alten Frankfurter Straße). Dann bewegte sich der Zug auf dem üblichen Wege zum Dom, wo der Bischof den Eid in der von ihm gewählten Form ablegte. Am folgenden Tage wurde der Landtag abgehalten. Nachdem die Bürger ihre beim Einzuge geführten Waffen auf dem Rathause, wie befohlen, abgeliefert hatten, mußten Ritterschaft und Stände, also nicht das Domkapitel, den Huldigungseid leisten, ohne dafür eine bestimmte Zusicherung ihrer Religionsfreiheit erlangen zu können.

Als die weltlichen Angelegenheiten geordnet waren, wandte sich der Bischof den *geistlichen* zu. Zunächst verlangte er von den Bürgern einen besonderen Eid hinsichtlich der Religion. Einer Abordnung, die dieserhalb an ihn nach Iburg gesandt wurde, erklärte er: ,,Mit großem Schmerze habe ich vernommen, daß die Kirchen zu St. Marien und zu St. Katharinen, über die dem Domkapitel Patronatsrechte zustehen, und deren Rückgabe schon Karl V. befohlen hat, wüst und leer stehen. Von Amts wegen sehe ich mich daher genötigt, sie zurückzufordern." Der Rat berief sich auf langjährigen Besitz, auf den Religionsfrieden von 1555 sowie auf den Schutzbrief Kaiser Ferdinands II. von 1621, der die Übung der Augsburger Konfession verbürgte. Der Bischof wies alle Ansprüche zurück: Den Besitz der Kirchen habe die Stadt gewaltsam, also mit Unrecht erworben, der Religionsfriede sichere nur selbständigen Städten Religionsfreiheit zu, den Schutzbrief habe die Stadt erschlichen. Vor allem sollten die evangelischen Prediger entfernt werden. Da der Rat nicht gehorchte, wandte der Bischof Gewalt an.

Am 25. März, dem Feste der Verkündigung Mariä, besetzten während des Gottesdienstes Soldaten den Domhof. Dann bewegte sich aus dem Dom ein langer Zug von Geistlichen, Mönchen und Nonnen, die Dominikaner an der Spitze, nach der *Marienkirche*, wo eben das hl. Abendmahl gefeiert wurde, drang auf das Chor und vertrieb die Prediger samt den Abendmahlsgästen, die mit den Abendmahlsgeräten in das Pfarrhaus flüchteten und dort die heilige Feier vollendeten. Am folgenden Tage, einem Sonntage, geschah dasselbe in St. Katharinen. Die Prediger Gerhard Grave und Joachim Nettmann an St. Marien sowie Superintendent Wolfgang Helvich, der zweite Prediger Konrad Haslage und der dritte Prediger Gerhard von Gülich an St. Katharinen mußten die Stadt verlassen; von ihnen sind später nur Grave und von Gülich zurückgekehrt. Zum Prediger an St. Katharinen wurde Bernhard Mann, ein des Predigens ganz unfähiger Geistlicher, berufen, dem einige Mönche als Gehilfen beigegeben wurden. An St. Marien wurde Kaspar Münster als Prediger angestellt, ein blinder Eiferer, dazu ein Mann von üblem Rufe, dem später in den Hexenprozessen sehr unsaubere Sachen nachgewiesen wurden, über den der Bischof eine Untersuchung wegen Ehebruchs verhängen mußte.

Kanzeln und Altäre der beiden evangelischen Kirchen wurden mit Ruten gegeißelt und aufs neue geweiht. Den entlassenen evangelischen Predigern ließ man kaum Zeit, ihre Sachen zu ordnen; wer nicht rechtzeitig die Stadt verließ, wurde auf einem Marketenderwagen hinausbefördert. Selbst die evangelischen Küster und Organisten wurden verjagt und die Grabinschriften der verstorbenen evangelischen Prediger ausgetilgt. *Die Ratsschule wurde geschlossen*; Unterricht durfte nur erteilen, wer vom Bischof ausdrückliche Erlaubnis dazu hatte. Ein armer, lahmer Mann, der ohne Erlaubnis kleine Kinder lesen und kleine Gebete lehrte, wurde in den Natruper Zwinger gesperrt, aber noch an demselben Tage durch einen das Gewölbe spaltenden Blitz zur großen Befriedigung der evangelischen Bürger wieder befreit. Das Lesen evangelischer Bücher war streng verboten; die Bücherzensur wurde dem Pater Kaspar Münster übertragen. Den Bürgern wurde befohlen, die katholischen Predigten zu besuchen und ihre Kinder von den katholischen Geistlichen taufen zu lassen.

Aber der Erfolg dieser Maßregeln befriedigte den Bischof nicht. Schon nach einem Monat klagte er, daß kein Kind zur Taufe gebracht werde, kein Bürger in der Kirche erscheine, die Jesuitenschüler weder aufgenommen noch unterstützt würden, die Bürger anfingen auszuwandern; er wolle zwar niemand zwingen, noch die Gewissen beschweren, werde aber dergleichen nicht dulden. Zu dem geistigen Druck kam die ungeheure Last der Einquartierung. Zwar brauchte der Bürger den Soldaten nicht die volle Beköstigung, sondern nur Servis, d. i. Salz, Essig, Pfeffer, Feuer und Licht, zu liefern; aber dazu kam die hohe Kontribution, die immer drückender wurde, je mehr Handel und Gewerbe stockten und das bare Geld verschwand. Der Rat half sich anfänglich mit Anleihen; aber bald verlor die Stadt, deren Elend reichskundig war, jeden Kredit. Sie hatte schon gleich nach den Ereignissen des März den Notar Wüstmann an den kaiserlichen Hof in Prag gesandt, damit er Erleichterung der Einquartierungslast und Religionsfreiheit erwirke; aber obwohl er Empfehlungsschreiben von Sachsen, Darmstadt und Lüneburg vorwies, obgleich er vor dem einflußreichsten Minister im Kote der Landstraße und vor dem Kaiser sogar mit entblößten Knien niederfiel, erreichte er nicht einmal die Erlaubnis des Privatgottesdienstes, sondern nur, daß der Reichshofrat ein Schreiben an den Kurfürsten von Bayern — das Haupt der Liga — wegen Erleichterung

10. Kriegsnot und Gegenreformation

der Einquartierungslast richtete. Auch ein Schreiben des Landgrafen von Hessen-Darmstadt an Franz Wilhelm brachte der Stadt keine Erleichterung.

Schon im Februar hatte sich die Stadt um Schutz an den Hansetag in Lübeck gewandt, und als im Sommer die Not immer größer wurde, richtete sie noch einmal ihre Hilferufe dorthin: beide Male ohne Erfolg. Als Ende Juli der Rat die fällige Kontribution nicht zahlen konnte, begannen die Soldaten zu plündern. Der Bischof kannte kein Erbarmen; der Druck sollte eben die Bürger zwingen, zur katholischen Kirche zurückzukehren, sich zu ,,akkomodieren". Kurfürst Maximilian von Bayern aber befahl Tilly, die Stadt nicht übermäßig zu beschweren, weil sonst die Bürger sich noch mehr vom Katholizismus abwenden würden. Auch Tilly war zur Milde geneigt, da er von der von den Soldaten verübten Plünderung eine Lockerung der Kriegszucht fürchtete. Er kam selber in die Stadt, überzeugte sich von der Not der Bürger und verlegte zwei Kompagnien aus der Stadt aufs Land. Franz Wilhelm hatte sich dieser Maßregel aufs äußerste, wenn auch vergeblich, widersetzt; um trotzdem sein Ziel zu erreichen, befreite er jetzt die katholischen Bürger von der Einquartierung und der Kontribution, so daß die evangelischen Bürger desto mehr belastet wurden.

Im nächsten Winter begann der Bischof den Bau der *Festung Petersburg*, durch die er die Stadt im Zaume halten wollte, während man die Bürger glauben zu machen suchte, sie habe nur den Zweck, ihnen die Einquartierung abzunehmen. Vorbild war die Zitadelle von Antwerpen, die damals als maßgeblich galt. Die Stadt mußte zu dem Bau wöchentlich 100 Taler zahlen, das Land, selbst das Amt Fürstenau, Frondienste verrichten, Handwerker und Fuhrwerke stellen, Holz, Kalk und Steine liefern. Am schwersten

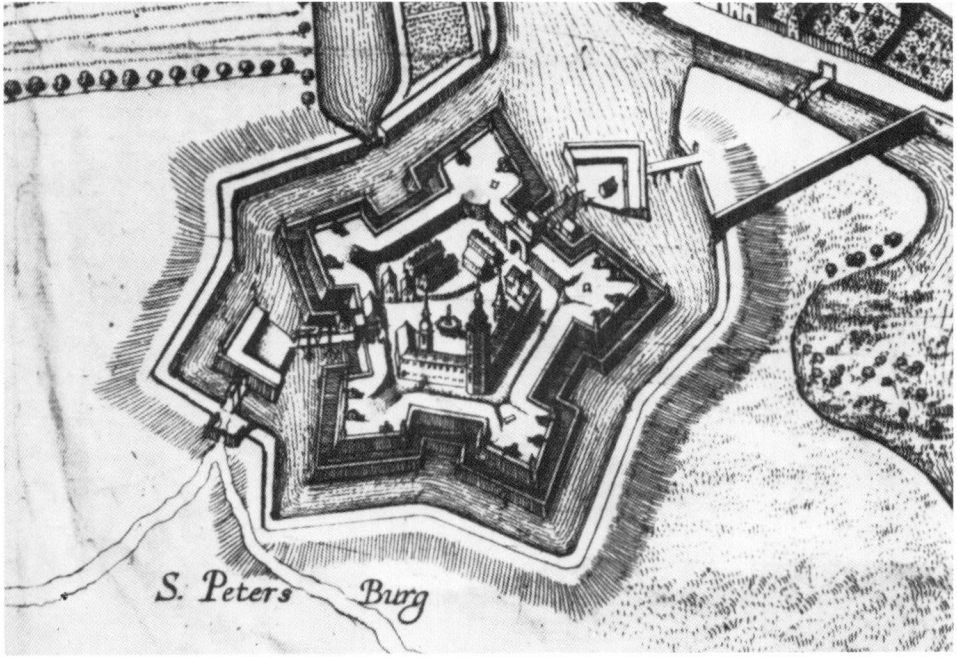

Die Petersburg (Wenzel Hollar)

litt aber die Stadt. Die Bürger sollten zwar nur den Servis liefern, wurden aber nach und nach dazu gezwungen, die Soldaten vollständig zu beköstigen. Dazu mußten sie sich von ihnen noch allerlei Grobheiten, Diebereien, nächtliche Einbrüche, Zerstörung von Feld- und Gartenfrüchten usw. gefallen lassen. In den ersten 50 Wochen zahlte die Stadt für die Einquartierung über 180000 Taler. Die Gelder wurden in der Weise aufgebracht, daß der Rat von jedem evangelischen Bürger der Stadt — die 240 Katholiken waren frei — von je 1000 Taler Vermögen wöchentlich 3 Taler, im Jahre also 156 Taler, d. i. $^1/_6$ des Vermögens, erhob. Was für Riesensummen würde das heute ergeben! Damals zahlten die wohlhabenden Bürger wöchentlich bis zu 21 Talern. Anfänglich ergab die wöchentliche Hebung 2248, nach einem Jahre nur noch 433 Taler.

Dennoch befriedigte der Erfolg den Bischof nicht; er begann daher, Schule und Kirche noch mehr als bisher seinem Zweck dienstbar zu machen und die ihm widerstrebenden einflußreichen Personen zu entfernen. Die evangelischen Prediger und Lehrer waren vertrieben. Die Dominikaner und die zurückgekehrten Franziskaner (Barfüßer) hielten wieder uneingeschränkt ihre Prozessionen ab. Die Dominikaner führten bei ihren Mummereien auch Luther auf, der vom Teufel geschlagen und verhöhnt wurde; die Franziskaner aber hatten vor ihrem Kloster ein großes hölzernes Kreuz mit Marterwerkzeugen aufgerichtet, auf dessen Spitze ein kupferner Hahn stand, und höhnten: ,,Wenn dieser Hahn kräht, darf in Osnabrück wieder lutherisch gepredigt werden." Das Pfarrhaus An der Katharinenkirche 4 wurde zu einem Nonnenkloster für Klarissinnen eingerichtet. Als seine besten Gehilfen betrachtete Franz Wilhelm die *Jesuiten*; war er doch selber in Ingolstadt und im Collegium Germanicum zu Rom ihr Schüler gewesen. Einzelne Jesuiten waren schon seit den Tagen Eitel Friedrichs hier; festen Fuß faßten sie hier aber erst durch Franz Wilhelm. Er übergab ihnen das verlassene Augustinerkloster, an dessen Stelle jetzt das Justizgebäude steht, nebst einem dort errichteten bischöflichen Gebäude. Die Kirche hatten seit der Aufhebung des Klosters die Evangelischen der Neustadt benutzt; jetzt sollte sie den Mittelpunkt eines *Jesuitenkollegs* bilden, das Franz Wilhelm auf Grund eines Privilegs Karls des Großen dort gründete, in dem zunächst die Söhne des Osnabrücker Adels erzogen werden sollten. Papst Urban VIII. bestätigte 1629 die

Das Wappen
der ersten Universität
in Osnabrück
1630—1633

10. Kriegsnot und Gegenreformation

Einzug der Universität in Osnabrück.
Prunkvolle Apotheose auf die Eröffnungsfeier der Universität Osnabrück am 25. Oktober 1632.

von Bischof Franz Wilhelm 1625 beantragte Gründung der Osnabrücker Karls-Universität; am 20.2.1630 folgte die Stiftungsurkunde Kaiser Ferdinands II. Bei der feierlichen, prunkhaften Eröffnung 1632 feierte man in lateinischen Festspielen den Bischof als König Salomo. So war *Osnabrück* nun erstmalig *Universitätsstadt*. Den Lehrkörper bildeten die bereits dort lebenden Jesuiten. Die Schüler wohnten vorläufig am Neumarkt in den beiden Eckhäusern des Neuen Grabens; als Unterrichtsräume benutzte man die Martinskapelle und die Nikolaikapelle; aber auf dem Neumarkt erhob sich schon das drei Stockwerke hohe Kollegium, das vom Alten Tore bis zur Augustinerkirche reichte. Das Tor, das die Große Straße schloß, sollte sogar abgebrochen und verbaut werden, so daß eine Verbindung der Altstadt mit der Neustadt nur durch die enge Katharinenpforte möglich gewesen wäre.

Aber obwohl der Bischof durch den Pater Kaspar Münster unaufhörlich nach evangelischen Privatlehren und verbotenen Büchern forschen ließ, auch die Versäumnis einer Predigt mit einem Goldgulden bestrafte und z. B. von dem Kaufmann Karl von Gülich 32 Goldgulden für ebenso viele versäumte Predigten eintreiben ließ, machte die Gegenreformation doch nur geringe Fortschritte; er hoffte mehr zu erreichen, wenn der evangelische Rat sowie andere einflußreiche evangelische Männer entfernt wären. Am 7. Dezember gebot er den Ratsherren, die er von Januar bis Juni in Iburg gefangengehalten hatte, sich innerhalb dreier Monate zu ,,akkomodieren'' oder die Stadt zu verlassen. Der Kaufmann und Brauer Dietrich Stüve, Ratsherr der Neustadt und Ahnherr der noch jetzt blühenden Familie Stüve, der auf Befehl des Rats Pulver verkauft hatte, erhielt dafür so viel Einquartierung, daß er auswanderte und fünf Jahre lang eine Verwalterstelle auf dem Gute Vortlage bei Lengerich bekleidete. Der Ratsherr Meuschen erhielt dieselbe Strafe, weil er es gewagt hatte, das Vorgehen des Bischofs zu tadeln.

Bei den *Ratswahlen* pflegte man selten Veränderungen vorzunehmen; besonders wählte man die Bürgermeister wieder, wenn sie nicht selber zurückzutreten wünschten. 1628 hatte man nach Dr. Schraders Rücktritt Dr. Modemann zum ersten, Konrad Grave zum zweiten Bürgermeister gewählt. Am Handgiftentage 1629 wollten die Kürgenossen den alten Rat wiederernennen; aber die fürstlichen Räte verlangten, daß Katholiken gewählt werden sollten. Als trotzdem der erste Kür nur einen Katholiken wählte, befahl der Bischof, daß sie bei Strafe von 1000 Talern eine andere Wahl vornehmen sollten. Erst am 19. Januar kam ein dem Bischof genehmer Rat zustande, der sich aus zehn Katholiken und sechs Protestanten zusammensetzte. Wolf *Böselager* zu Honeburg und Gograf Weimar von *Gülich* wurden Bürgermeister der Altstadt, Dietrich *Korff* zu Sutthausen Bürgermeister der Neustadt. Den alten Ratsherren wurden Schildwachen vor die Häuser gestellt. Auf Bitten des neuen Rats wurden etwas über 100 Soldaten von Osnabrück nach Fürstenau verlegt. Als die den Ratsherren Schrader, Modemann, Meuschen, Schneider und dem Sekretär Slaph gesetzte Frist zur Bekehrung verstrichen war, erklärte Modemann, er könne die Augsburger Konfession, in der er wie sein Vater und Großvater selig zu werden hoffe, nicht verlassen. Ähnlich die übrigen, weshalb sie alle die Stadt verlassen mußten. Viele zogen, so Slaph, nach Hamburg und in das seit alters nahe befreundete Lübeck, auch nach Oldenburg.

Das Amt eines Ratsherrn oder gar Bürgermeisters war übrigens durchaus nicht begehrenswert, besonders weil der Geldmangel stetig wuchs; allein im Januar 1629 hatte die Stadt 187993 Taler an Kriegssteuer aufbringen müssen. Mehrere hatten das Amt des Bürgermeisters widerwillig übernommen, 1630 lehnten Bürgermeister Weimar von Gülich und vier Ratsherren ab, so daß es erst nach Monaten gelang, den Rat voll zu besetzen. Die frühere, unabhängige Stellung war längst dahin. Wer als Bürger aufgenommen werden wollte, mußte ein genügendes Zeugnis vom Geistlichen beibringen; zur Erhebung städtischer Steuern war die Genehmigung des Bischofs erforderlich; der Einfluß auf die Kirche war dem Rat gänzlich entzogen; der Petersburg gegenüber hatte Franz Wilhelm die *Stadtmauern nebst den Türmen niederlegen lassen*, so daß die neue Festung die Stadt beherrschte. Die Einnahmen der Stadt genügten nicht einmal, die einjährigen Zinsen der städtischen Schulden zu zahlen! Im November 1630 mußte der Rat auf Befehl des Bischofs sämtliche Bürger fahnenweise vorfordern, ihnen vorstellen, daß sie auf auswärtige Hilfe nicht rechnen könnten, und sie ermahnen, zum katholischen Glauben zurückzukehren. Auch dieser Versuch blieb ohne Erfolg. Die Bürger antworteten, hierin müsse jeder nach seinem Gewissen handeln. Andere meinten, die Einquartierung lasse ihnen gar nicht Zeit, sich über den Glauben zu unterrichten; die möge man zuvor abschaffen. Infolgedessen verbot der Bischof denjenigen Ämtern, denen katholische Mitglieder fehlten, die sie zu Gildemeistern hätten wählen können, für den bevorstehenden Jahreswechsel die Wahl und schloß die evangelischen Mitglieder des alten Rats von der Versammlung aus. In Bezug auf den neugewählten Rat beanspruchte er das Bestätigungsrecht und verlangte von ihm einen besonderen Treueid, den aber die Bürger verweigerten.

Die Bürger hatten wieder Mut gewonnen durch eine den Evangelischen günstige Wendung des Krieges. König *Gustav Adolf* von Schweden war schon im Sommer 1630 an der pommerschen Küste gelandet und hatte im September 1631 Tilly bei Breitenfeld geschlagen. Die Osnabrücker Bürger scheuten sich nicht mehr, den Soldaten offen entgegenzutreten, und Evangelische hörte man sagen: ,,Schelme und Diebe machen jetzt viel

Neues; aber bald wird einer kommen, der ihnen den Weg zeigen soll!" Man prägte auch bald Gedenkmünzen auf den „Löwen aus Mitternacht". Franz Wilhelm wurde besorgt. Er gestattete den Katholiken, sich zu bewaffnen und ließ um so eifriger an dem Bau der Petersburg arbeiten; von dieser Fronarbeit wurden auch die Katholiken nicht befreit. Als die Baracken fertig waren, wurden sie mit Soldaten belegt; doch mußte die Stadt dazu noch 50 Betten liefern. Die Spannung zwischen dem Bischof und den Evangelischen wurde immer größer. Um so aufmerksamer verfolgte man, die einen in banger Sorge, die andern in froher Hoffnung, den Siegeszug Gustav Adolfs den Main abwärts nach Mainz. Wie hoffnungsfroh schauten die Evangelischen in die Zukunft, als der nordische Held in die Hauptstadt Maximilians, des Führers der Liga, in München einzog! Da erhielten sie die niederschmetternde Nachricht, daß der König bei Lützen am 16. November 1632 gefallen sei. Was sollte nun werden? Niemand vermochte ihn zu ersetzen.

11. Die Schweden in Osnabrück

Der schwedische Reichsrat übertrug die Leitung der politischen und militärischen schwedischen Angelegenheiten in Deutschland dem tatkräftigen *Kanzler Axel Oxenstierna*. In einem Kriegsrat wurde beschlossen, das schwedische Heer zu teilen. Den größten Teil befehligte *Georg von Braunschweig-Lüneburg*, der in Verbindung mit dem Landgrafen Wilhelm von Hessen und *Dodo von Knyphausen* aus Ostfriesland den Kampf in Norddeutschland übernehmen und dem kaiserlichen General Gronsfeld an der Weser entgegentreten sollte. Der Landgraf von Hessen rückte alsbald von Süden, Herzog Georg und Knyphausen drang von Norden, über Bremen, in Westfalen ein. Bischof Franz Wilhelm bemühte sich vor allem, die Petersburg in Verteidigungszustand zu setzen, gestattete auch, daß die Bürger sich wieder bewaffneten. Herzog Georg besetzte schon im Februar 1633 Fürstenau und befestigte es. Dann zog er vor Osnabrück; er

Osnabrück zur Zeit der schwedischen Besatzung (1633—1643)

nahm sein Hauptquartier auf dem Gute Astrup, seine Reiter wagten sich im Nebel bis an die Stadtmauern und besetzten den Gertrudenberg. Es wurden zwar einige Schüsse gewechselt, zu einer Belagerung kam es aber wegen der ungünstigen Jahreszeit und des feuchten Bodens noch nicht. Doch bereitete sich die Stadt auf eine Belagerung vor. Die Fremden wurden entfernt und Maßregeln gegen etwaige Feuersbrünste getroffen; das Domkapitel beschloß, das Silberzeug des Stifts einzuschmelzen, um die Besatzung besolden zu können. Die Bürger aber verlangten jetzt, daß Einquartierung und Schatzung von den Katholiken mitgetragen werden sollten.

Der Bischof war über Lübbecke nach Minden entwichen, um mit Gronsfeld zu beraten. Herzog Georg hatte Osnabrück wieder verlassen, Herford, Bielefeld, Lemgo, Vlotho, Lübbecke und Rinteln besetzt und begann die Belagerung Hamelns. Franz Wilhelm kehrte nach Osnabrück zurück, eilte dann aber nach Köln und verlangte von den rheinischen Mitgliedern der Liga ein kleines Hilfsheer sowie Geschütze von der Stadt Köln, die er zum Teil zum Entsatz von Hameln verwandte. Auch Gronsfeld bot alles auf, diese wichtige Weserfestung zu halten. Doch Herzog Georg drang den zum Entsatz heranrückenden Truppen entgegen, schlug eine Abteilung bei Wellingholzhausen und besetzte Iburg. Die Schweden in Iburg verlangten unter schweren Drohungen Wein, Bier, Brot und Hafer, besetzten auch die Eversburg und brannten deren Wirtschaftsgebäude nieder. Das Land war so ausgesogen, daß der Stadt jede Zufuhr ausblieb. Als um Pfingsten in der Stadt und auf dem Gertrudenberge etwa 4000 Mann waren und in der Gegend von Belm ein ebenso großes schwedisches Heer lag, stieg der Mangel fast bis zur Hungersnot.

Da näherte sich am Johannistage der kaiserliche General Graf Merode; viele Bürger aus Münster begleiteten ihn, um die sichere Niederlage der Schweden mit anzusehen. Auch dieses Heer mußten die Bürger verpflegen und löhnen. In Wittlage stieß Gronsfeld zu Merode, worauf beide Heere sich gegen Hameln in Bewegung setzten. Aber am 28. Juni wurden sie bei *Hessisch-Oldendorf* von Herzog Georg und Knyphausen vollständig geschlagen. In ganz Norddeutschland feierten die Evangelischen diesen Sieg, dem sie es zu danken hatten, daß Niedersachsen mit der Weserlinie bis zum Frieden in den Händen der Evangelischen blieb. Osnabrück hatte von dem Durchzuge der Geschlagenen, die in unordentlichen Haufen dem Rhein zueilten, viel zu leiden. Bald nach der Schlacht kapitulierte Hameln, nun zog Knyphausen in unser Stift. Um sein geschlagenes Heer wieder zu sammeln und zu kräftigen, verlangte Gronsfeld von der Stadt die Aufnahme von 1500 Reitern; zugleich drang Herzog Georg auf Zahlung der ihm versprochenen 2000 Taler. Gronsfeld drohte, die Bürger als Rebellen zu behandeln, wenn sie die Aufnahme der Truppen verweigerten; er sandte auch ein Korps von 1000 Reitern, das den Gertrudenberg besetzte. Noch 600 Mann sollte die Stadt aufnehmen. Aber Rat und Bürgerschaft waren zum Widerstande fest entschlossen. Sie wollten wohl die Einquartierung abkaufen; wenn dieses nicht möglich sei, wollten sie lieber auswandern. Trotz der Aufforderung des Bischofs und des Obersten öffneten sie die Tore nicht. Da ließ der Bischof die Truppen in die Petersburg ein. Von hier drangen sie in den Raum zwischen der Burg und der Stadt vor, wo später die Rosenbleiche angelegt wurde. Darauf suchten sie den Eintritt in die Stadt selber zu erzwingen. Die Bürgermeister Lohausen und Vorheiden gingen in die Petersburg, um mit dem Obersten zu verhandeln. Der drohte ihnen mit Hängenlassen, und als sie aus der Burg zurückkehrten, sausten ihnen die Kugeln um den Kopf. Nachmittags drang ein Teil der Soldaten wirklich in die Stadt ein und vertrieb die Wache vom Mühlentore; aber die Altstadt wagten sie nicht anzugreifen; denn die Tore waren verschlossen, die Straßen gesperrt, die Bürger standen bereit und wurden nur mit Mühe vom Kampfe zurückgehalten. Am dritten Tage (27. Juli) erklärte der Oberst, wenn die Stadt ihm nicht sofort geöffnet würde, werde er stürmen lassen;

2000 Reiter und 1000 Musketiere ständen zum Angriff bereit. Noch waren Rat und Bürgerschaft zum Kampf entschlossen; als aber der Befehlshaber der städtischen Besatzung auf Befragen erklärte, er dürfe bei diesem Kampfe nicht müßig zuschauen, sondern sei bei Verlust seines Kopfes verpflichtet, seine Waffen gegen die Bürger zu kehren, gab der Rat nach, öffnete, wenn auch unter Protest, die Tore, und die Soldaten zogen in die Stadt.

Inzwischen hatten die Schweden den Süden unseres Stifts besetzt; am 1. August lagen im Amt Grönenberg (Melle) 53 Kompagnien schwedischer Reiter, täglich konnte man sie vor den Toren unserer Stadt erwarten. Sie wurden daher nach Kräften mit Lebensmitteln und Schießbedarf versehen; am 3. August befahl der Kommandant, alle Gartenzäune vor den Toren wegzuräumen. Der Bischof verließ die Stadt. Am 13. August erschien ein schwedisches Heer, besetzte die Landwehr und lagerte sich hinter dem Gertrudenberge und in den Goldenen Trögen, wo ihre Lager — dort durch den Gertrudenberg, hier durch den Westerberg — gedeckt waren. Gleich in den nächsten Tagen kam es zu Plänkeleien zwischen den beiderseitigen Reitern, wobei die Schweden in der Übermacht blieben, weil ihre Dragoner mit Schießwaffen ausgerüstet waren, die Kaiserlichen aber nicht. Der Stadtkommandant berief die einflußreichsten Bürger auf das Rathaus, ermahnte sie zur Treue gegen den Kaiser sowie zu tapferem Widerstande gegen den Feind, der, wenn ihm die Eroberung gelänge, ihnen nur noch größeres Unheil bringen würde. Die Bürger waren dem Kaiser und ihrem Landesherrn wahrlich nicht zur Dankbarkeit verpflichtet, und die Evangelischen hätten lieber die Schweden als die Kaiserlichen unterstützt; dennoch erklärten sie sich zur Verteidigung ihrer Vaterstadt

Der Gertraudenberg bei Osnabrück — Stahlstich nach L. Rohbock 1843

bereit, nur verlangten sie: ,,Beim Sturm wollen wir nicht an die Spitze gestellt werden; wenn Brand entsteht, soll man uns zum Löschen entlassen; vor allem aber muß jetzt die Kriegssteuer aufhören, und die Soldaten sollen uns nicht ferner, wie bisher, ungestraft Ketzer und Rebellen schelten." Der Befehlshaber mußte wohl auf alle Bedingungen eingehen. Um Geld zu schaffen, lieferten das Domkapitel und die Räte des Bischofs alles Silbergeschirr aus; aber wo sollte man es jetzt ausmünzen lassen?

Die Stadt war durch ihre natürliche Lage sowie durch ihre künstliche Befestigung geschützt. Die Ostseite wurde durch die Hase gedeckt, die sich unterhalb der Neuen Mühle in zwei Arme teilte und durch die Herrenteichsmühle (Kl. Domsfreiheit 9) aufgestaut werden konnte. Die moorige, wasserreiche Wüste machte einen Angriff auf die Westseite der Stadt unmöglich. Die gefährlichsten Nachbarn waren die überragenden Höhen der Gertrudenberges und des Westerberges, daher war die Stadt nach dieser Seite auch am stärksten befestigt. Doch war die zum Teil noch erhaltene Hohe Mauer am Ostabhang des Westerberges nicht weiter ausgebaut und der Stadt nicht angeschlossen, so daß sie sogar eine Gefahr für die Stadt wurde. Auch die Landwehr nützte dem Feind mehr als der Stadt. Die kaiserliche Besatzung betrug höchstens 1000 Mann, war also zu einer erfolgreichen Verteidigung viel zu schwach. Die Zahl der kampffähigen Bürger mag etwa 1500 betragen haben, das Belagerungsheer war etwa doppelt so stark. Dodo von Knyphausen ließ die Stadt am 15. August zur Übergabe auffordern; der Kommandant lehnte ab, da er von Gronsfeld den Befehl erhalten hatte, die Stadt vier Wochen zu halten, wenn bis dahin kein Ersatz eingetroffen sei, die Petersburg zu verproviantieren, die Stadt durch Vertrag zu übergeben und sich in die Petersburg zurückzuziehen. Knyphausen mußte also zu einer förmlichen Belagerung schreiten.

Da die Schweden nicht die ganze Stadt einschließen konnten, errichteten sie, um die Tore und die aus ihnen führenden Straßen überwachen zu können, kleinere Lager hinter dem Klushügel, an der Landwehr zu Nahne und wahrscheinlich auch bei Bellevue; die beiden Hauptlager — hinter dem Gertrudenberg und in den Goldenen Trögen — standen durch den Weg über der Netter Heide und die Walk-, jetzt Papiermühle, also durch den erst jüngst so genannten Walkmühlenweg in Verbindung. Da die städtischen Geschütze auf der Vitischanze den Angreifern auf dem Gertrudenberg überlegen waren, erfolgte der Hauptangriff vom Westerberg aus, wo die großen Steinbrüche vortreffliche Deckung boten und die Annäherung an die Stadtmauer bis auf 200—300 Schritt ermöglichten. Eine bei der Muesenburg aufgestellte Batterie zerstörte das äußere Natruper Tor vollständig und fügte auch dem Heger Tor großen Schaden zu. Unter dem Schutz dieser Batterie begannen die Schweden den Bau von Laufgräben, die sie zunächst bis zu der Hohen Mauer und von dort bis zum äußersten Stadtgraben, dem ,,Weibergraben", zwischen der Natruper Straße und der Hase, fortführten.

Die Batterie auf dem Westerberg vermochte sich dort dem heftigen Feuer der Vitischanze gegenüber nicht zu halten. Dort bediente ein Jesuit eine Feldschlange mit dem Namen ,,Beata", die Glückliche, die ihrem Namen auch insofern Ehre machte, als sie die Schweden zwang, ihre Batterie vom Berge in die ,,Teufelsbleiche" bei der Bornaue zu verlegen. Von hier aus fügten sie besonders der Vitischanze, dem Barenturm und der sich anschließenden Brücke bedeutenden Schaden zu. Auch die Neue Mühle und andere Gebäude der Neustadt wurden von den naheliegenden Hügeln aus beschossen, doch suchten die Schweden die Wohnhäuser möglichst zu schonen, um die Bürger für sich zu gewinnen. Mit den Laufgräben waren sie schon an verschiedenen Stellen nahe an die Stadtmauer gekommen, nun versuchten sie auch noch, die Hase trockenzulegen. Sie stauten sie in der Gegend des Schützenhofes auf, führten eine tiefen Graben von dort zur Gartlage und suchten so das Hasewasser unter Benutzung des Landwehrbaches in die Nette zu leiten. Es gelang! Schon war die Hase so seicht, daß die Mühlen stillstanden. Jeden Augenblick mußten die Bürger fürchten, daß die Schweden durch das trockene Hasebett eindringen würden. Da brach plötzlich der Damm, das Hasewasser nahm wieder seinen gewohnten Lauf und füllte auch wieder die Stadtgräben.

Die Belagerten machten wiederholt Ausfälle, brachten auch ab und zu Gefangene mit, im ganzen richteten sie aber wenig aus. Ja, bei einem Ausfall, an einem Sonntage, von dem man sich viel versprach, waren die Schweden den Kaiserlichen auf dem Rückzuge so nahe auf den Fersen, daß sich in der Stadt das Gerücht verbreitete, sie seien mit eingedrungen. Das Kriegsvolk verließ daher schleunigst die Wälle und flüchtete so eilig nach der Petersburg, daß von ihnen im Alten Tor ein Kind erdrückt wurde. Unter den Soldaten, besonders unter den Flüchtlingen aus der Oldendorfer Niederlage, befand sich manches Gesindel; der Stadtkommandant selber klagte, daß er zur Aufrechterhaltung der Zucht zwei Soldaten mit dem Degen habe angreifen, ja zwei andere habe niederstechen müssen. Die Bürger hielten sich tapfer, mußten aber auch ihrer eigenen Besatzung gegenüber auf der Hut sein; sie stellten Wachtposten auf, um bei einem Versuch der Plünderung sich zu widersetzen. Zur Verproviantierung der Petersburg gaben sie nichts her, denn sie wollten nicht, daß diese sich länger hielt als die Stadt, weil sonst die Neustadt, deren Mauern der Burg gegenüber niedergelegt waren, von den Geschützen der Petersburg schwer zu leiden gehabt hätte.

Die Besatzung wurde immer mutloser. Schon nach 14tägiger Belagerung meinten Soldaten: ,,Vater, ich bin schon mehr in Belagerung gewesen, aber diese steht mir nicht an, das wird nicht lange währen." Vom Wall aus konnte man sehen, wie die Schweden hinter der Hohen Mauer alles zum Sturm vorbereiteten. Wenn nur einige Schüsse fielen, lief die Besatzung von den Wällen; die Kraft der Verteidigung beruhte bei den Bürgern, die wohl wußten, was ihnen bei einer Erstürmung der Stadt bevorstand. Am 8., 9. und 10. September sandte Knyphausen einen Trompeter in die Stadt und ließ sie zur Ergebung auffordern. Anfänglich wollte der Kommandant davon nichts hören, aber ernste Vorstellungen der hier weilenden Mitglieder des Kapitels sowie Bürgermeister und Rat bewogen ihn, sich in Verhandlungen einzulassen, die am 12. September 1633 zu folgendem ,,Akkord" führten: Die Garnison soll bis mittags 1 Uhr die Stadt verlassen, aber ohne zu plündern; sie darf sich in die Petersburg zurückziehen. Die Reiter dürfen mit allen kriegerischen Ehren und mit sicherem Geleit bis zu ihren Regimentern abziehen. Den Geistlichen ist gestattet, sie zu begleiten. Die Gefangenen sollen gegenseitig ausgewechselt oder ausgelöst werden. Dann verhandelte Knyphausen durch Vermittlung mit der Ritterschaft mit Kapitel und Rat. Das Kapitel wollte zuvor die Genehmigung des Bischofs, den man in Münster vermutete, einholen; er war aber eben nach Köln abgereist, und dahin wollte Knyphausen einer Gesandschaft keine Geleitbriefe ausstellen. So schlossen Kapitel und Stadt ohne den Fürsten ab. Kapitel und Geistlichkeit behielten alle Privilegien und ihre Religion wie unter Philipp Sigismund. Auch der Stadt wurden alle Rechte und Freiheiten, die sie unter Philipp Sigismund besessen, zugesichert. Doch mußte sie eine schwedische Besatzung von 600 Mann aufnehmen und verpflegen. Für ihre Teilnahme am Verteidigungskampfe erhielten die Bürger Generalpardon. Für die Bewilligung dieses Akkords sowie für die Verhütung von Raub und Plünderung sollten Kapitel und Stadt 60000 Taler zahlen. Während der Verhandlungen war Herzog Georg von Lüneburg eingetroffen, er und Knyphausen unterschrieben den Vertrag. Noch an demselben Tage zogen die kaiserlichen Reiter nach Warendorf, das Fußvolk in die Petersburg, und sofort zogen Herzog Georg und Knyphausen in Osnabrück ein. Die Petersburg wurde ausgehungert und kapitulierte am 5. Oktober. Die Besatzung erhielt ebenfalls freien Abzug mit kriegerischen Ehren. Die Schweden aber haben Osnabrück zehn Jahre, bis zum Beginn der Friedensverhandlungen, festgehalten.

Die Bürger konnten sich der veränderten Lage kaum freuen, obwohl ihnen Schutz ihrer alten Privilegien versprochen worden war. Die über und über verschuldete Stadt sollte eine Besatzung von 600 Mann unterhalten; noch drückender wurde die Aufbringung der verlangten *Brandschatzung*. Der Rat war bei dem Abschluß des Akkords davon ausgegangen, daß die 60000 Taler von den drei Ständen zu gleichen Teilen getragen werden sollten; aber Knyphausen bestimmte, daß das Land ganz frei bleibe, das Kapitel 20000, die Stadt 40000 Taler zahlen solle. Die Ritterschaft war damit gern einverstanden. Zwar konnten ihre Mitglieder, die den Verhandlungen beigewohnt hatten, nicht leugnen, daß sie gemeinsame Tragung der Lasten verabredet hatten, aber jetzt waren sie dazu nicht mehr bereit, sondern beriefen sich auf Knyphausens Befehl. Der schwedische Bevollmächtigte Anderson verlangte, daß die Stadt sofort 15000 Taler zahle. Mit der größten Mühe brachte sie 8000 zusammen; aber Anderson wollte nichts nachlassen und ließ den Rat, der nichts mehr zu beschaffen vermochte, auf dem Rathause mehrere Tage einsperren. Als am 27. September mittags in der Holtstraße Feuer ausbrach, das die Kanonen der Petersburg entzündet hatten, wurde Bürgermeister Lohausen zwar freigelassen, aber am folgenden Tage wieder eingezogen. Endlich kamen die verlangten 14000 Taler zusammen. Nun forderte Anderson, daß von neuem 15000 Taler aufgebracht würden. Da wandte sich der Rat an Knyphausen mit der Bitte, er möge dem Kapitel noch 10000 Taler auflegen, so daß Kapitel und Stadt die Schatzung zu gleichen Teilen trügen; der aber wollte sein Wort nicht brechen, sondern riet der Stadt, sie möge sich an die Ritterschaft halten, der doch viel daran gelegen sein müsse, daß die Schatzung bald abgetragen werde, da er, solange dies nicht geschehen, die Truppen nicht aus dem Stift abführen könne. Das Kapitel berief zu diesem Zwecke einen Landtag, aber kein Glied der Ritterschaft erschien.

Die *Evangelischen* hatten doch bei allem Druck die Freude, daß ihnen Religions- und Gewissensfreiheit zurückgegeben war. Gleich am Tage des Einzuges hielt zu ihrer Freude der Hofprediger des Herzogs Georg, Heinrich Tilmann, öffentlich auf dem Markt eine evangelische Predigt; am folgenden Tage wurden ihnen die Marien- und die Katharinenkirche wieder geöffnet. Die 1628 vertriebenen Prediger wurden durch besondere Boten eingeladen, zurückzukehren; aber nur Grave kehrte nach St. Marien, von Gülich nach St. Katharinen zurück. Haslage nahm zwar in Osnabrück wieder seinen Wohnsitz, wollte aber das Predigtamt nicht wieder übernehmen. Hellwich war in Ärzen bereits gestorben, und Nethmann mochte seine gute Pfarrstelle in Ostfriesland nicht verlassen. Grave wurde erster Prediger an St. Marien und Superintendent; zum zweiten Prediger wählte man Peter Pechlin, einen Rostocker, damals Rektor in Minden. An St. Katharinen wurde von Gülich erster, Johann Ludovici, Konrektor in Minden, zweiter Prediger. Viele Bürger, die unter dem Druck katholisch geworden waren, kehrten jetzt zum evangelischen Glauben zurück. Törichterweise führte man auch den alten Kalender wieder ein.

Auch die vertriebenen *Ratsherren* wurden zurückgerufen. Der katholische Rat führte die Stadtverwaltung nur noch bis Ende September; am 1./11. Oktober trat er zurück. Bürgermeister Lohausen empfahl noch alle, die in der schweren Zeit Vorschuß geleistet hatten, dem Wohlwollen des neuen Rats und protestierte, um die alten Rechte und Gewohnheiten der Stadt zu schützen, gegen die zur Unzeit vorgenommene Wahl. Lohausen war kein geborener Osnabrücker; man hatte ihn 1629 von Siegburg zum Syndikus berufen. Er war dann Bürgermeister geworden und hatte jahrelang in schwerer

11. Die Schweden in Osnabrück

Zeit die Geschäfte zum Besten der Stadt geführt, erntete aber wenig Dank. Man nahm es ihm besonders übel, daß er im November 1630 Franz Wilhelm in der Absicht bestärkt hatte, von den Bürgern einen besonderen Eid der Treue zu verlangen und für sich das Recht, die Ratswahlen zu bestätigen.

Am 2. Oktober 1633 wurde ein *neuer Rat* gewählt, dem die schwere Aufgabe zufiel, die vollständig zerrütteten Verhältnisse der Stadt neu zu ordnen. Der 70jährige Dr. Walfeld lehnte die Würde des ersten Bürgermeisters ab, deshalb wählte man Dr. Modemann. Seine nächste Aufgabe war, die Geldforderung der Schweden zu befriedigen. Durch Anwendung aller möglichen Mittel, selbst militärischer Zwangsmittel, brachte man abermals 20000, im ganzen also 35000 Taler zusammen, so daß noch 5000 Taler fehlten. Zur Sicherstellung dieses Restes forderte Anderson zehn Geiseln. Außer dieser Brandschatzung sollte die Stadt noch monatlich an Beitrag zur Unterhaltung der Truppen 1000 Taler, an Servis das Dreifache aufbringen! Und doch war die *Zahl der Bürger seit 1628 um ein Drittel vermindert*, das Vermögen der Zurückgebliebenen verzehrt worden. Während der Belagerung war fast die ganze Ernte des Jahres vernichtet, den Einfriedigungen der Gärten und Äcker entsetzlicher Schaden zugefügt worden. Mitte Oktober gelang es endlich, die Brandschatzung vollständig abzutragen. Da inzwischen auch die Petersburg sich ergeben hatte, zog das schwedische Heer, das bisher Stadt und Land bedrückt hatte, ab; doch blieb die Besatzung der Stadt zurück.

Auch jetzt erlangte die Stadt ihre alte Freiheit und Selbständigkeit nicht wieder. Schon nach kurzer Zeit wurde das ganze Stift der Verwaltung der Niedersächsischen Kreisräte unterstellt, die von dem Stift monatlich 6000 Taler verlangten, von denen die Stadt 1000 übernehmen sollte. Der schwedische Reichsrat, der für *Christine*, die minderjährige Tochter Gustav Adolfs, die Regierung führte, verlieh das Bistum Osnabrück dem natürlichen Sohne Gustav Adolfs, *Gustav Gustavson*, Grafen von Wasaburg. Er führte ein Reiterregiment und hatte bei Oldendorf an Knyphausens Seite tapfer gefochten. Die Schweden liebten ihn, weil sie in ihm das Bild des Vaters sahen; die Osnabrücker hatten keinen Grund, ihm dankbar zu sein. Zu Anfang des Jahres 1634 traf er mit dem Drosten Werpup und dem Dr. Deichmann hier ein, um sich huldigen zu lassen. Zu diesem Zwecke wurden die Stände zum 29. Januar auf das Rathaus beschieden. Nachdem die Evangelischen in der Marienkirche eine Predigt über den 20. Psalm gehört hatten, begannen die Verhandlungen. Aber die Stände scheuten sich, den Franz Wilhelm geleisteten Eid zu brechen und durch einen neuen Eid sich noch weiter zu verpflichten. Erst nachdem der Graf versichert hatte, daß er kein Erbrecht am Stift erstrebe, sondern es nur im Namen der Krone Schwedens und der verbündeten evangelischen deutschen Städte regieren wolle, bequemte sich der Rat zu einer Huldigung mittels Handschlags. Darauf trat Dr. Deichmann ans Fenster und teilte den auf dem Markt unter den Waffen stehenden Bürgern den Beschluß der verbündeten evangelischen Fürsten mit. Hierauf huldigten die Bürger dem Grafen unter Eide, wogegen dieser gelobte: Stände und Bürgerschaft bei ihren Rechten und Privilegien zu schützen, gegen unbillige Gewalt sie zu verteidigen, gleiches Recht zu handhaben und den evangelischen Glauben zu erhalten. Am folgenden Tage sollten die beiden anderen Stände des Landes huldigen. Aber von den Rittern waren nur wenige, von den Domherren nur einer erschienen, der laut erklärte, er sei nur deshalb gekommen, ,,damit der Steinhaufe (der Dom) in etwas konserviert werde". Gustav Gustavson richtete hier eine Regierung ein, der auch der greise Dr. Walfeld angehörte; er verlangte aber außer der Huldigung ein Geschenk von 2000 Talern. Das Domkapitel erklärte sich bereit, auf drei Monate einen Beitrag zur Unterhaltung der Besatzung zu zahlen, auch die Stadt demnächst, wenn der liebe Gott bessere

Zeiten verleihen würde, zu unterstützen, damit die Ritterschaft ihr die 20000 Taler Brandschatzung erstatte.

Die von dem Kapitel erhofften besseren Zeiten schienen schon recht bald anbrechen zu wollen. Am 11. August 1634 wurde das in Süddeutschland unter Bernhard von Weimar kämpfende schwedische Heer in der *Schlacht bei Nördlingen* fast ganz vernichtet. Infolgedessen schlossen 1635 Sachsen und Brandenburg mit dem Kaiser einen Sonderfrieden zu Prag, dem bald mehrere kleinere evangelische Fürsten beitraten, auch Herzog Georg, was sich in unserer Gegend bald fühlbar machte. Die Schweden hatten zwar unsere Stadt besetzt, aber die kaiserliche Besatzung in Warendorf und Münster drang bis nahe an unsere Tore, so daß die Bürger ihr bedeutende Summen zahlen mußten, damit ihnen nur das Vieh auf den Weiden innerhalb der Landwehr erhalten blieb. Die Warendorfer Besatzung verlangte sogar eine monatliche Schatzung von 6000 Talern. Die Lasten waren so drückend, daß der Rat sie gar nicht mehr zu verteilen wagte, sondern wünschte, daß die Bürger nach der von ihnen eidlich anzugebenden Höhe ihres Vermögens steuerten. Aber den Bürgern war dies unangenehm, und die Prediger, besonders Grave und von Gülich, predigten dagegen und stellten den geforderten Eid als Gewissensdruck hin, so daß der Rat auch diese Maßregel nicht durchführen konnte.

Knyphausen hatte von der Königin von Schweden das Amt Meppen erhalten und sich dort zur Ruhe gesetzt. Als aber Herzog Georg die schwedische Sache verließ, übernahm Knyphausen den Oberbefehl über die schwedischen Truppen in Westfalen. Er suchte die Truppen Herzog Georgs an sich zu ziehen; aber am 1. Januar 1636 fiel er in einem Kampfe mit den kaiserlichen Truppen bei Haselünne. Jetzt mußten die Schweden das Stift, nicht die Stadt Osnabrück räumen; die Kaiserlichen besetzten das platte Land und schnitten dadurch der Stadt jede Zufuhr ab. 600 Mann legten sich auch vor die Stadt. Vor einer eigentlichen Belagerung blieb sie zwar durch die feuchte Jahreszeit bewahrt; aber die Not war auch ohne diese groß genug. Schon nach wenigen Tagen war die Stadt ohne Geld, so daß der Rat — wie schon oft — zur Ausprägung von Kupfermünzen greifen mußte. Am meisten hatte die Stadt von Franz Wilhelms Bruder, dem Grafen von Wartenberg, zu fürchten, der mit einem Heere in der Nähe stand.

Bei der Ratswahl am Handgiftentag 1636 lehnte Modemann eine Wiederwahl ab. Er war des Streits sowie der Mißhandlungen der rohen Soldaten müde, die wegen Verminderung des Servises schon einmal sein Haus geplündert hatten, und trat in den ruhigen Dienst des Landesherrn. An seiner Stelle wurde *Dr. Wilhelm Pelzer* erwählt. Er hatte, wie viele andere, seines Glaubens wegen 1630 seine Vaterstadt verlassen und sich in der Fremde Ruhm erworben, aber alle vorteilhaften Anerbietungen des Herzogs von Lauenburg abgelehnt und war 1633 in die Heimat zurückgekehrt. Seit 1634 war er Syndikus, jetzt mußte er das undankbare Amt eines Ersten Bürgermeisters annehmen. ,,Er war rasch und kräftig, voll Eifers für die Stadt, ein Freund strenger Gerechtigkeit, die, im Sinne der Zeit geübt, ihn endlich zugrunde richtete. Völlig unbescholtenen Wandels, war er vor allem eifriger Anhänger seines Glaubens, der selbst im höchsten Drange der Geschäfte keine Predigt noch Betstunde mit seinem ganzen Hause zu besuchen versäumte. Aber von Beginn seiner Verwaltung drang Last um Last auf ihn ein. Die Nachricht von Knyphausens Tode, verdächtige Zusammenkünfte auf der Freiheit und im Natruper Kloster, dann Forderungen der Besatzung, der die Bedürfnisse vom Lande ausblieben, füllten die ersten Tage des Jahres. Doch gelang es ihm, überall Ordnung zu erhalten, die Bürger gegen Militäreingriffe zu schützen, der katholischen Partei seine Wachsamkeit zu zeigen und doch den innern Zwist, den die Prediger durch unbesonnenes Schelten stets erregten, zu dämpfen. In die Ratsversammlungen ward stets strenge

Ordnung gebracht, der starken Besatzung durch den tüchtigen Manto Dalde ohne Druck der Bürger drei Monate hindurch das Nötige geschafft und durch die neuernannten Stadtmajore das Wachtwesen der Bürger, Wälle und Geschütz in Ordnung erhalten." (Stüve.)

Aber die Gefahr rückte immer näher. Die schwedische Reiterei, die bisher bei den Bauern in den Stadtkirchspielen gelegen hatte, mußte sich in die Stadt zurückziehen, das übrige schwedische Heer über die Weser zurückweichen. Graf Ferdinand von Wartenberg drohte: ,,Keine Stadt im ganzen Römischen Reiche hat soviel Rebellion wider den Kaiser und die katholische Liga gemacht wie Osnabrück. Sobald ich hineinkomme, sei es mit Gewalt oder durch Vertrag, werde ich die Bürger vierteilen, henken und köpfen lassen. Die Bauern sollen der Stadt alle Zugänge vergraben!" Dagegen beschloß der Rat, ,,im Namen der Heiligen Dreifaltigkeit für Stadt, Vaterland und Religion bis zu einem erwünschten Frieden Leib und Gut zu wagen und nicht zu weichen. Fast- und Bettage wurden abgehalten; von den Kanzeln erschallten nur Klagen über die Sündlichkeit der Zeit, die vermehrt durch jene sechsjährige katholische Herrschaft den Herrn zu diesen Strafgerichten gezwungen. Vor allem aber wurde die Sünde der Zauberei scharf gerügt. Dieser schrieb man den Zorn des Höchsten am meisten zu, und bald geschah nicht das mindeste Übel, kein Kind, kein Stück Vieh erkrankte, wo nicht die Bürger Hexerei gesehen oder geargwöhnt hätten". (Stüve.)

Die Kaiserlichen lagen noch immer vor der Stadt; ihr Hauptquartier war das Gertrudenberger Kloster, das die Nonnen ja verlassen hatten. Wiederholt fanden Gefechte unmittelbar vor den Stadtmauern statt; man erzählte auch von heimlichem Verkehr zwischen Bürgern und dem feindlichen Lager. Aber Ostern (17. April 1636) gaben die Kaiserlichen die Einschließung der Stadt auf. Kaum waren sie in der Nacht abgezogen, so stand das Gertrudenberger Kloster am Morgen des zweiten Ostertages in hellen Flammen. Wer hatte das Feuer angelegt? Die abziehenden Soldaten, die Bürger? Diese hatten das Kloster, das wegen seiner Lage auf der nahen Höhe eine Gefahr für die Stadt war, schon einmal niedergebrannt. Niemand wehrte dem Feuer. Erst spät, als keine Gefahr vom abgezogenen Feinde mehr zu befürchten war, wagten sich einzelne Bürger hinauf; aber das Feuer war nicht mehr zu löschen. Einige noch unversehrte Sachen nahmen sie mit. In den Trümmern des Altars fand man Briefe von der Hand des Klosterschreibers an den Grafen Wartenberg, in denen der Stadt die größten Frevel vorgeworfen und blutige Rache verlangt wurde. Die Äbtissin gestand endlich, die Briefe diktiert zu haben. So gab der Klosterbrand neue Veranlassung, daß Evangelische und Katholische sich gegenseitig mit Anschuldigungen überhäuften. Dazu brach in demselben Jahre eine der schlimmsten Hexenverfolgungen aus, die Osnabrück je erlebt hat. Davon später!

Trotz der lästigen und kostspieligen Besatzung war das Eigentum der Bürger nicht einmal unmittelbar vor den Toren sicher. Am 5. Juni 1636 wurde ihnen das Vieh von der Wüste geraubt; als sich dies am 5. August wiederholte, eilten sie, von Soldaten unterstützt, den Räubern nach. Aber feindliche Reiter fielen aus einem Hinterhalt über sie her. Die Soldaten flohen; die Bürger hielten zwar stand, wurden aber bald überwältigt. Auf *einem* Acker lagen ihrer 70 erschlagen, andere wurden davongeschleppt. Unter dem ständigen Druck und dem täglichen Verkehr mit den rohen Soldaten verrohten auch die Bürger. Sie begannen in der Umgegend zu plündern und zu brandschatzen. Einige wurden 1637 angeklagt, daß sie einem ergriffenen Schweinehirten gedroht hätten, sie wollten ihm den Hahn des Gewehres auf den Daumen schrauben, wenn er ihnen nicht sagen wollte, wo er seine Schweine versteckt habe. Die Einquartierung war um so lästiger, da sie vorwiegend aus Reitern bestand. Obwohl der Rat nur dem Zwange

Osnabrück in Westphalen 1638. Kupfer von Matthäus Merian. Abdruck bei Paul Fürst, Nürnberg. „Merkur fleugt in der Lufft, und auch der (ersehnte) Friede ..." — erste Friedenshoffnung bei noch dunklem Gewölk.

gehorchte und oft genug noch aus seinem eigenen Vermögen zuschießen mußte, um nur die Besatzung zu befriedigen, wandte sich trotzdem die Erbitterung der Bürger in heftigen Ausbrüchen gegen ihn. Pelzer und der Lohnherr Manto Dalde wurden öffentlich als Bürgerverderber gescholten. Daher weigerte sich Pelzer am Handgiftentage 1638, das Bürgermeisteramt wieder zu übernehmen; trotzdem zwang man ihn, abermals an die Spitze der Verwaltung zu treten.

Der Krieg schien ins Stocken zu geraten. Die großen Heere kämpften im Süden und im Osten, Westfalen war den kleineren Scharen überlassen. Im Oktober wurde Osnabrück noch einmal für einige Tage von feindlichen Truppen rings umschlossen. Aber man hatte die Festungswerke sorgfältig ausgebessert, die Wälle mit neuen Geschützen besetzt, und abends sperrte man die Straßen mit Ketten. Zu einer Belagerung kam es nicht. Der Feind zog ab; aber die Stadt war mit schwedischen Truppen überfüllt. Am Ende des Jahres lagen hier sieben Regimenter. In der Not griff der Rat abermals zu dem äußersten Mittel: Die Bürger sollten unter Eid die Größe ihres Vermögens angeben und danach zahlen. Aber wieder erhoben sich die Prediger dagegen, so daß der Rat nicht durchzudringen wagte. Besonders in der Wahlpredigt am Handgiftentage 1639 ließ Superintendent Grave seinen Haß gegen Pelzer aus. „Ärger als Pachtbauern, geschweige denn als Bürger", so wetterte er, „behandelt die Obrigkeit ihre Untertanen. Nicht die Köpfe im Wams sind vor ihrer Raubsucht sicher." Auch in anderer Weise erschwerte er somit dem Rat seine ohnehin so dornenvolle Aufgabe. Als man im Frühjahr die kampffähigen Bürger mustern wollte, wies Grave scheltend auf König David hin, der auch in seinem Übermut das Volk habe zählen lassen, dafür aber mit Pestilenz bestraft worden sei.

11. Die Schweden in Osnabrück

Im Herbst wurde die Kriegslast noch größer. Die schwedische Besatzung, welche Bielefeld hatte räumen müssen, zog sich größtenteils auf Osnabrück zurück. Dazu nahm auch *Graf Gustav Gustavson* hier Aufenthalt, ein vorehelicher, von ihm sorgfältig erzogener Sohn des toten Königs, den er zur Fortführung des in Uppsala begonnenen Studiums mit nach Wittenberg genommen hatte, wo man ihn sogleich zum Rektor der Universität ernannte, um den Herrscher damit zu ehren. Auch er verlangte Geld zur Anwerbung neuer Truppen, und mit ihm mochte es der Rat am allerwenigsten verderben. Wie energisch er war, zeigte besonders die nächste *Ratswahl* am Handgiftentage 1640. Als die Kürgenossen auf dem alten Rathause zur Wahl versammelt waren, sandte ihnen der Graf den Befehl, die Bürgermeister Pelzer und Voß ,,zu vergessen", weil er gegen beide wegen grober Ausschreitungen peinlich vorgehen wolle. Bestürzt über diese Zumutung, die ihrem auf die Sate geleisteten Eide stracks zuwiderlief, sandten sie den Befehl dem auf dem neuen Rathause versammelten Rat. Da weder dieser noch die Kürgenossen das Rathaus verlassen durften, schickten sie den Sekretär Ortmann und den Kämmerer Abeken an den auf der Freiheit wohnenden Grafen, damit sie ihm die Vorschriften des alten Stadtrechts vorstellen und um dessen Erhaltung bitten sollten. Aber kaum hatten diese ihre Rede begonnen, so fuhr der Graf sie an: ,,Der Auftrag kommt von Pelzer, daher will ich ihn nicht hören. Voß ist ein Ehrendieb, der mir die Ehre stehlen will; dafür gedenke ich ihm sofort den Kopf zwischen die Füße legen zu lassen. Mit Pelzer habe ich wegen anderer Sachen zu reden. Den Kürgenossen wünsche ich ein glückliches Jahr; aber ich befehle, die beiden Kerle zu vergessen. Wenn man sie nicht hinauswählt, werde ich sie mit den Haaren herausreißen. Die Privilegien der Stadt will ich zwar nicht verletzen; aber die Stadt ist mir untertan, und ich weiß wohl, wie Franz Wilhelm mit der Ratswahl umgesprungen ist." Als die Abgesandten bescheiden erwiderten, die gewaltsamen Maßnahmen Franz Wilhelms seien eine Folge der Gegenreformation gewesen, fuhr er zornig fort: ,,Ich habe noch vor kurzem der Stadt die Einquartierung erleichtert. Wenn man mir jetzt entgegenkommt, werde ich der Stadt in Schweden eine Akzise auswirken, mit der sie sich aus aller Geldverlegenheit ziehen kann; wenn nicht, werde ich sie in den Grund verderben. Was ist denn die Stadt? Ein Stand des Stifts? Davon hat sie sich selber losgesagt. Eine Festung? Da ist ihr die Petersburg eine gefährliche Brille. Aber selbst diese will ich der Stadt opfern, wenn man mir meinen Willen tut." Damit handelte er den Befehlen des Vaters zuwider, der streng verlangt hatte, den eroberten Städten ,,mit Süßigkeit" entgegenzukommen.

Diese harte Antwort sandten die Kürgenossen an den Rat. Der beschloß, auf dem alten Recht, der Verfassung und ihrer unschätzbaren Wahlfreiheit zu beharren und sandte die beiden Vermittler abermals an Gustavson, der ihnen aber den Zutritt verweigerte und verlangte, daß vier Kürgenossen zu ihm kommen sollten. Da diese aber das Wahlzimmer nicht verlassen durften, bewogen sie den Sekretär Ortmann, zum drittenmal sich in die Nähe des Zornigen zu wagen. Dr. Hast, der erste Rat des Grafen, führte ihn zu seinem Herrn. Aber wütend fuhr dieser den Sekretär an: ,,Wie durftet Ihr es wagen, meine Rede Pelzer zu hinterbringen!" Als er erwiderte, er habe nur im Auftrage der Kürgenossen gehandelt, fuhr er polternd fort: ,,Das ist keine Entschuldigung. Ich werde dir für diese Untat den Kopf abschlagen lassen. Holt Ketten, verschließt das Zimmer, laßt Garden heraufkommen! Glauben die Kürgenossen, daß ich die ganze Nacht auf ihren Ausspruch warten will? Eher will ich mein Haupt nicht niederlegen, als bis die Wahl entschieden ist." Mit den drohenden Worten: ,,Euch werde ich zu finden wissen!" entließ er die beiden.

Auch diese Botschaft vermochte die Kürgenossen nicht zum Wanken zu bringen; vergebens sandte ihnen der Graf auch noch seine Räte. Am folgenden Morgen begann die Beratung von neuem. Dr. Brüning und der schwedische Oberst Lumsdain bemühten sich, den Grafen von seinem Vorhaben abzubringen, aber ohne Erfolg. Gegen Abend sandte er den Befehl an die Kürgenossen, bis zehn Uhr sollten sie den Ausspruch tun, oder er wolle sie an Leib und Leben verderben. Aber auch am zweiten Abend gingen die Kürgenossen auseinander, ohne gewählt zu haben. Auch der Rat, selbst Pelzer, der sein Amt nur gezwungen übernommen hatte, wollte der Gewalt nicht weichen. Er berief am dritten Morgen einen Ausschuß der Bürger und stellte ihm vor: ,,Wollen wir unsere teuer erworbene Freiheit schützen, so gibt es dazu nur zwei Wege: Entweder rufen wir Kapitel und Ritterschaft um Hilfe an, oder wir entbinden die Kürgenossen ihres Eides, damit sie ohne Gewissenszwang dem Befehle gehorchen können, die Privilegien aber durch die Ungültigkeit ihrer Wahl geschützt werden." Aber die Bürger waren ebenso unschlüssig wie die Kürgenossen, die um Entbindung von ihrem Eide baten; Pelzer und Voß weigerten sich, freiwillig zurückzutreten. Der Graf drängte zur Entscheidung; der Rat wollte den Stadtkommandanten um Schutz anrufen, aber den Bürgern fehlte der Mut zu fernerem Widerstande. Als Gustav Gustavson nun die Heilighaltung der Privilegien der Stadt gelobte und die Zerstörung der Petersburg in Aussicht stellte, wurde endlich die Wahl vollzogen und statt Pelzer und Voß Johann Meier und Dr. Brüning gewählt. Dieser war ein tüchtiger Mann und schon seit Jahren Mitglied des Rats, verließ aber schon im folgenden Jahre unsere Stadt, um das ruhigere Amt eines Domsyndikus in Bremen zu übernehmen. Meier war gelähmt, auch nicht willenskräftig genug, um unberechtigten Eingriffen in die Freiheit der Bürger entgegenzutreten.

Gustav Gustavson dachte an seine Versprechungen nicht weiter. Durch seinen Erfolg gestärkt, stellte er bald weitere Forderungen an den Rat. Der Altermann Fischer, der Gottes Wort und die Prediger verachtete, sowie der Sekretär, den Pelzer angestellt hatte, mußten aus dem Rat entfernt werden; trotz alledem verlangte und erhielt der Graf vom Rat eine Bescheinigung, daß er die Ratswahl nicht gestört habe. Es darf aber nicht vergessen werden, wie oft Gustav Gustavson auch zu helfen versuchte, wobei die Katholiken keineswegs ausgenommen waren. Vieles, was nicht gefallen mochte, erklärt sich aus seiner naturgemäß schwierigen Stellung zur Königin Christine, seiner Halbschwester. Bei den Soldaten wie in Schweden war er sehr beliebt; auch der Kanzler Oxenstierna, dem Gustav Adolf die Sorge für ihn anvertraut hatte, trat immer für ihn ein und nahm das gewohnte Poltern nicht ernst. Auf Grund dieses Zeugnisses wollte er alle

Kupferstich von Matthäus Merian 1647. Osnabrugum. Ossenbrück. Panoramaansicht vom Klushügel mit der Befestigung und der Hase im Vordergrund. Links die Petersburg, rechts außerhalb der Mauern die Klosteranlage Gertrudenberg. Im Himmel das Stadtwappen.

diejenigen verfolgen, welche in Hamburg an der Börse sein Auftreten in Osnabrück wahrheitsgemäß erzählt hatten. Alle, so drohte er, welche über sein Gesinde etwas Nachteiliges erzählten, wolle er mit den Ohren an den Pranger nageln lassen. In schwächlichem Gehorsam gegen den Grafen traf der Rat schon Anstalten, seine bisherigen Bürgermeister gefangenzusetzen; die aber entwichen rechtzeitig und gingen nach Schweden, um dort bei der Königin Recht zu suchen.

Die *Zuchtlosigkeit* der Einwohner wuchs um so mehr, je mehr das Ansehen des Rates sank. In früherer Zeit, als noch der Rat die unbeschränkte Gewalt über Leben und Tod seiner Untergebenen besaß, wagte niemand, außer in Zeiten des Aufruhrs, sich wider ihn aufzulehnen; aber schon seit zwölf Jahren war er erst von den Militärbehörden, jetzt auch von Gustav Gustavson abhängig, der sich im Barfüßerkloster eine eigene Kanzlei eingerichtet hatte. Der von ihm eingesetzte Rat war ohne alles Ansehen. Saufgelage, nächtlicher Unfug, Sittenlosigkeit, selbst Mord und Totschlag waren an der Tagesordnung. Sogar die Gymnasiasten gefielen sich in soldatischer Roheit, in Schlägereien mit Soldaten, Bürgern und untereinander, wobei einige sogar das Leben einbüßten.

Dazu wurde die *Geldnot* unerträglich. In der Verlegenheit hatte der Rat seit 1624 oft Kupfermünzen prägen lassen, die nun in solchem Übermaß vorhanden waren — 1640 allein in der Stadt über 27000 Taler —, daß niemand sie annehmen wollte. Schon 1637 berechnete ein nicht reicher Bürger, Lüdeke Schröder, seine jährliche Kriegslast auf 250 Taler. Auf Verdienst konnten die Geschäftsleute kaum noch rechnen. Viele Waren der Osnabrücker wurden schon in Köln, Bremen usw., wo die Osnabrücker vielfach verschuldet waren, mit Beschlag belegt. Von den Waren, die unterwegs einem Heerhaufen in die Hände fielen, mußten, falls sie nicht weggenommen wurden, hohe Lizenzen gezahlt werden. Daher wanderten so viele aus. Als die Bürger dies dem Grafen Gustavson vorstellten, rief er: ,,Ärger als Sodom und Gomorrha soll es der Stadt ergehen. Fünf Tore stehen offen; aus denen mögen die Bürger laufen, soviel sie wollen, meinetwegen zum Teufel!'' Die Stadt hatte damals schon eine Schuldenlast von über 100000 Talern, die nur zu $1/5$ von hiesigen Bürgern, das übrige von Junkern aus dem Osnabrückischen, Tecklenburgischen, Ravensbergischen und dem Münsterlande, von Kaufleuten in Köln, Bremen, Hamburg und Lingen geliehen war.

Endlich kam nach Osnabrück die freudige Botschaft, daß *Osnabrück* zum *Kongreßorte* bestimmt worden sei und daher keine Besatzung haben dürfe, die Schweden also abziehen müßten. Welche Freude! Aber eine Sorge lastete noch auf den Herzen der Bürger: Die Schweden hatten noch Forderungen an die Stadt und wollten nicht eher abziehen, als bis diese befriedigt seien. Bis zum 11. Juli 1643, dem vorgesehenen Anfangstage der Unterhandlungen, mußten die Schweden abgezogen, bis dahin mußte aber auch die Schuld getilgt sein. Rat und Bürger boten alles auf, das Geld zusammenzubringen; aber es war ihnen unmöglich. Der Graf aber meinte, es fehle nur am guten Willen und drohte, er wolle dem Rat 200 frische Kerle, die gut fressen und saufen könnten, ins Quartier legen. ,,Der Rat ist ein Haufen leichtfertiger Schelme. Der Friede ist noch nicht so gewiß! Tilly sagte zu Magdeburg, dem Kaiser sei mit einem gehorsamen Steinhaufen mehr gedient, als mit einer ungehorsamen Stadt. So mag auch Osnabrück, davon Schweden doch nichts hat, in Feuer aufgehen!'' Der Prediger Pechlin, der für die Stadt bitten wollte, wurde zweimal abgewiesen; als er den Grafen dann im Hofe traf und seine Bitte vorbrachte, warf jener ihm das Glas Wein, das er gerade in der Hand trug, vor die Fuße, schwang sich aufs Pferd und ritt, ohne ihn eines Wortes zu würdigen, davon.

Endlich war bis zum 8. Juli, an welchem Tage die Schweden abziehen wollten, die Schuld bis auf 1800 Taler abgetragen. Gewalt mochten die Schweden doch wohl nicht anwenden, da der Kaiserliche Gesandte Dr. Crane hier bereits eingetroffen war, um die Neutralität der Stadt zu verkünden. Er wohnte in der alten Ratsapotheke am Markt; der Rat gab ihm ein recht aufwendiges Essen, dessen Speisefolge erhalten ist. Wohl selten haben Rat und Bürgerschaft so erleichtert aufgeatmet wie an diesem 8. Juli 1643. Nach 15 schweren Jahren war die Stadt wieder ohne fremde Besatzung, und das alte, freie Stadtregiment trat wieder in Kraft. Uns aber klingt es wie ein Märchen, daß einst Schweden hier solche Rolle spielen konnten.

12. Die letzten Hexenprozesse in Osnabrück

Wie so oft eine große Feuersbrunst, Pest oder Kriegsnot eine Hexenverfolgung nach sich zogen, so auch jetzt. Man sah eben ein derartiges Unglück wie die von den Schweden auferlegte Kriegsnot als eine Heimsuchung Gottes für die Sünden der Menschen an. Für die schlimmste Sünde aber galt die Zauberei; um so mehr hielten es die weltliche und die geistliche Obrigkeit für ihre Pflicht, solche heidnische Greuel zu verfolgen. Der Glaube an Hexen war noch allgemein verbreitet; in den Verdacht aber, eine Hexe zu sein, konnte jeder, konnte besonders jede Frau leicht geraten. Als 1634 eine schwermütige Person, Anna Hellmichs, auf dem Armenhofe in den Brunnen fiel, aber unversehrt wieder herausgezogen wurde, hielt der Rat diesen Fall für so bedenklich, daß er darüber mit den Predigern verhandelte. Als aber im folgenden Jahre derselbe Fall sich auf der Neustadt ereignete, zog der Rat die Verdächtige in Untersuchung. Sie bekannte sich auch freiwillig mannigfacher Zauberei schuldig; aber bevor man die Strafe an ihr vollziehen konnte, fand man sie eines Morgens tot im Gefängnis — der Teufel hatte ihr das Genick gebrochen!

Durch dieses Ereignis war das Volk schon sehr erregt worden, so daß der Rat keinen irgendwie verdächtigen Fall ohne Untersuchung hingehen lassen durfte. Ein solcher Fall sollte sich bald finden. In dem Hause des Dr. Pelzer, der an der Hakenstraße wohnte, diente die übelberüchtigte Soldatenwitwe Bödiker, die beschuldigt wurde, einer ebenfalls in Pelzers Hause lebenden Witwe eine beträchtliche Summe Geldes entwendet zu haben. Hierüber von Pelzer zur Rede gestellt, sagte sie, das Geld sei behext gewesen, daher verschwunden. Sie war den Hausbewohnern dadurch schon oft verdächtig geworden, daß sich häufig eine schwarze Katze im Hause zeigte, eine Fledermaus dort herumflog und daß sie schon mehrmals ein seltsames Geräusch vernommen hatten. Als man die Verdächtige zur Herausgabe des Geldes aufforderte, bat sie unter allerlei geheimnisvollen Andeutungen um eine Frist von noch einer Nacht. Sie wurde ihr gewährt. In der folgenden Nacht hörte man plötzlich im Hofe lautes Katzengeschrei. Zwei Mägde eilten hinaus, um das Hoftor zu schließen, fanden es aber schon geschlossen. Auf dem Rückwege stieß die eine im Hofe an einen dort liegenden Beutel; sie hob ihn auf, und man fand darin den größten Teil des gestohlenen Geldes.

Gleich am folgenden Tage wurde die Verdächtige verhaftet und des Diebstahls angeklagt. Da sie sich auf Hexerei berief und alle Schuld dem Teufel zuschob, klagte man sie auch der Hexerei an. Nun forderte das Volk ungestüm, daß man auch Anna Hellmichs zur Rechenschaft ziehe. Den Brunnen auf dem Armenhofe hatte man seit jenem Vorfall gemieden. Jetzt baten auch die Armenvorsteher und die Prediger, daß man jene Frau den Augen der Welt entziehe. Durch eine Unterredung mit der Hellmichs wurden die Prediger in ihrer Überzeugung noch bestärkt; daher drängten sie den Rat, die dringend Verdächtige vom Armenhofe zu entfernen und sie dem Wasserbade sowie der ,,peinlichen Frage'' zu unterwerfen.

Die Bödiker bekannte ohne Bad und Tortur; da sie aber die Zauberei auf ihren Kriegsfahrten in der Ferne gelernt haben wollte, wußte sie unter hiesigen Frauen keine Schuldige anzugeben, desto mehr die Hellmichs. Beim Baden trieb sie oben; dann bekannte sie ihre Schuld und nannte mehrere, die mit ihr gemeinsam Zauberei getrieben hätten. Man verfolgte die Spuren und fand immer mehr Verdächtige. Die meisten gaben den *Weihbischof Pater Kaspar*, den eifrigen Zerstörer der evangelischen Gemeinden, als Zauberer und Verführer an. So groß war nach ihren Angaben die Zahl der Hexen, daß sie in Rotten von 10 oder 12 mit einem Teufel an der Spitze eingeteilt gewesen waren. Bei ihren unzüchtigen Gelagen wollten sie nach einer mit einem Fuchsschwanze geschlagenen Trommel getanzt haben. Auch gestanden sie, daß sie Menschen und Vieh mit einem ihnen vom Teufel geschenkten Gift getötet hätten. Im ganzen wurden jetzt 34 meist bejahrte Frauen und vier Männer, fast alle aus niederem Stande, eingezogen und verhört; die meisten bekannten sich gleich nach, viele schon vor dem Bade schuldig. Ein Mann und eine Frau starben im Gefängnis; die übrigen wurden — wenn man ihnen Gnade gewährte — nur enthauptet, sonst auch noch verbrannt.

Von allen unglücklichen Opfern jener wahnsinnigen Verfolgung sind wohl *Frau Ameldung* und *Frau Modemann* am bekanntesten geworden.

Ein hiesiger Vetter des Ratsapothekers Heinrich *Ameldung*, Rutger Vortkamp, hatte sich längere Zeit bei Verwandten auf der Schaumburg aufgehalten. In lustiger Gesellschaft beim Glase Wein erzählte man ihm einst, um ihn zu necken: ,,Kürzlich wurden hier einige Hexen verbrannt, die bekannten, daß sie mit Frauen aus Minden, Münster und Osnabrück in der Nähe von Essen nächtliche Gelage gefeiert hätten. Die aus Münster hätten den Wein, die aus Minden die Zukost, die aus Osnabrück aber Konfekt in einer Apothekerbüchse mitgebracht, die H. A. gezeichnet war." Der einfältige und leichtgläubige Vetter erzählte sein Geheimnis schon auf dem Rückwege in Lübbecke, breitete es auch in Osnabrück selber mit Fleiß aus. Bald war die Erzählung Stadtgespräch, und mancher meinte, die Büchse werde wohl nicht ohne Zutun der Frau Ameldung dorthin gekommen sein. Der Apotheker stellte den schwatzhaften Vetter zur Rede, der ihm erwiderte, er möge doch selber nach der Schaumburg schreiben. ,,Nein", erwiderte Ameldung, ,,ich führe kein Konfekt, vermisse auch keine Büchse im Laden. Wenn man aber auf der Schaumburg doch eine aus meinem Laden verwahrt, so bringe sie nächstens mit. Bis dahin aber halte deinen Mund."

Als der Vetter nun im nächsten Sommer wieder auf der Schaumburg war, erzählte er dies. Da beschlossen die dortigen Verwandten, den Scherz noch weiter zu treiben. Sie füllten einen alten Krug mit Kuhdreck, wickelten ihn ein, umschnürten und versiegelten ihn mit einem alten Schaumburger Siegel. Bei der Abreise des Vetters steckten sie ihm den Krug in seinen Tornister, und zwei Frauen verfaßten dazu folgendes Begleitschreiben: ,,Herrn Heinrich Ameldung, Apotheker in Osnabrück, Ratsverwandten, großgünstig zu Händen." Der Inhalt aber lautete: ,,Wilen Rotger Vortkamp nicht swigen kann, ist em wis gemaket, dat dem Apoteker eine Busse ut der Apoteken von den Hexen genommen, und kan em van den Konfekt de Mund vul gewen werden. Ick twivele nicht, he werd gut drankgeld bekamen."

Gleich nach seiner Heimkehr eilt Vortkamp siegesgewiß zur Ratsapotheke. Ameldung liest das Schreiben und fordert dann den Vetter auf, den Krug zu öffnen. Als dieser aber Papier und Deckel entfernt hat, dringt ihm ein unausstehlicher Geruch entgegen. Ameldung aber ergreift einen Rohrstock, um ihn das ,,gut drankgeld" auf den Rücken zu zahlen; doch seine Frau bittet ihn, den armen Menschen, der ja genug genarrt sei, nicht auch noch zu schlagen. Ärgerlich, mit Tränen in den Augen, läuft der Vetter davon.

Aber der Frau Ameldung sollte gerade ihre Fürbitte zum Verderben gereichen. Sie stammte aus Minden, war eine geborene Anna von der Hude und mit ihrem ersten Gemahl, einem Leibarzt Franz Wilhelms, nach Osnabrück gekommen und hatte nach dessen frühem Tode den Apotheker Ameldung geheiratet. Sie hatte stets fromm und ohne Tadel ein häusliches Leben geführt als liebevolle Mutter und Gattin sowie als sorgende Hausfrau. Die Ameldungs waren, wie wir gesehen, eine alte Osnabrücker Familie. Aber dies alles schützte die Frau jetzt ebensowenig wie ihre Schönheit, die doch sonst nicht als besondere Eigenschaft der Hexen galt. Die verhängnisvolle Büchse sollte doch aus der Apotheke stammen! Die Frau sollte sie selber mitgenommen haben. Warum legte sie für den Vetter Fürbitte ein? War sie nicht auch kürzlich von der Treppe gefallen, ohne Schaden zu nehmen? Das alles war verdächtig.

Das Unglück wollte es, daß auch eine im Dienst der Frau Ameldung stehende Amme in die oben erzählte Untersuchung verwickelt wurde. Die ihr vom Untersuchungsrichter gestellten Fragen legten ihr die Antwort in den Mund, z. B. ob die Apothekerin nicht auch ihre Tochter zum Hexentanz mitgebracht habe? Wie es zugehe, daß ihre Frau und die Frau Modemann fast täglich in Ohnmacht gefallen und wohl eine Stunde ohne Verstand gewesen seien? Ob sie nicht die Meiersche, Ottingsche, Pagenstechersche und Gravesche auch dort gesehen? Ob nicht ihre Frau ihren Buhlen oft in Gestalt einer schwarzen Katze und wohl gar in der Kirche auf dem Schoß gehabt habe? Durch den Hinweis auf die Folter erlangte der Richter leicht alle Antworten, auf die er durch diese Fragen hinwies. *Ameldung* hatte dem von Franz Wilhelm eingesetzten katholischen Rate angehört und mochte 1636 in dem Rate wohl wenig Freunde haben. Ähnlich erging es *Modemann*, dessen 82jährige Mutter, Witwe eines Ratsherrn, ebenfalls der Hexerei beschuldigt wurde. Er hatte ebenso wie Dr. Pelzer unter Franz Wilhelm die Stadt verlassen, um dem evangelischen Glauben getreu zu bleiben; beide waren unter schwedischer Herrschaft zurückgekehrt und Modemann zum Ersten Bürgermeister gewählt, der dann veranlaßte, daß Pelzer das Amt eines Syndikus übertragen wurde. Am Handgiftentage 1636 aber war Modemann „vergessen" und *Pelzer* an seiner Statt zum Ersten Bürgermeister erwählt worden. Zwischen dem abgetretenen und dem regierenden Bürgermeister herrschte also eine begreifliche Spannung, die durch das Vorgehen gegen Modemanns Mutter sich zum Haß steigerte.

Beide, Frau Ameldung und Frau Modemann, wurden auf den 1. August 1636 zur Untersuchung auf den Armenhof (Gr. Gildewart 7) vorgeladen. Pelzer selber führte die Untersuchung. Modemann verlangte als Vorsitzender des alten Rats Mitteilung der Verdachtsgründe an den Verteidiger seiner Mutter und Zulassung der Verteidigung vor der Folter; aber Pelzer gab ihm keine Antwort. Modemann hatte schon immer die Meinung vertreten, daß die Anwendung des Bades in Hexenprozessen nicht zulässig sei und hatte dabei bedeutende Juristen, Theologen und Mediziner auf seiner Seite; auch der Rat war in dieser Frage geteilter Ansicht. Um so mehr durften Modemann und Ameldung hoffen, diese Schmach von ihren Familien fernzuhalten. Sie baten um Mitteilung der Verdachtsgründe; das sei nicht üblich, war die Antwort. Ameldung trug im Rat die Sache wegen der Konfektbüchse ausführlich vor; es half nichts. „Warum hat denn Eure Frau", fragte man, „im Gefängnis die silbernen Haken von ihrem Schnürleibchen genommen und nach Hause geschickt?" — „Nicht im Bewußtsein ihrer Schuld", erwiderte er, „sondern weil ihr die Haken beim Schlafen auf den harten Steinen ohne Bett und Kissen beschwerlich geworden wären. Wohl auch aus Besorgnis wegen des Nachrichters und seiner Gesellen; hat ihr doch auch der Ratsdiener ihre goldenen Ringe und Ketten abgenommen. Oh! es schneidet durch Mark und Bein, wenn

12. Die letzten Hexenprozesse in Osnabrück

eine Frau, aus angesehenem Geschlecht entsprossen, die ihr Leben als tugendsame Hausfrau verbracht, ihrem Ehemanne und ihren lieben Kindern entrissen und in ein schimpfliches Gefängnis geworfen wird; sie, eine ehrenhafte Frau, als gemeines Weib in den Bucksturm; wenn sie, der allgemeinen Verachtung preisgegeben, zum Schauspiel der ganzen Welt der teuflischen Wasserprobe unterworfen wird. Sollte wohl ein ehrliches Weib daran denken, nach solch ausgestandener Schmach, auch wenn sie für unschuldig erkannt wird, zu ihrem Ehemanne, ihren Kindern und Freunden zurückzukehren und nicht lieber den Tod wählen, als ihr Leben in solcher Schmach hinbringen?" — Alles vergebens! — Im Verhör beteuerten beide Frauen ihre Unschuld. Als sie den Frauen, die sie angeklagt hatten, gegenübergestellt wurde, rief die derbe Frau Modemann der einen zu: ,,Du bist schon des Teufels, du Lügensack! Und wer dir glaubt, ist ebenfalls des Teufels. Ich gehöre zu keinem Hexengeschlecht. Laßt mich nach Haus gehen, mein Sohn mag für mich eintreten!" Die eine der Frauen aber entgegnete: ,,Ich will auf die Wahrheit meiner Worte leben und sterben. Auch ich bin so stolz gewesen; die Herren mögen Euch aber nur aufs Wasser werfen lassen wie mich, dann werdet ihr schon demütig werden!" Auch Frau Ameldung hatte ihrer Angeberin ins Gesicht gesagt: ,,Ihr lügt!", aber die Antwort erhalten: ,,Apothekersche, seid nicht so frech! Ich war auch so keck wie Ihr; aber laßt Euch nur erst baden, das Wasser wird Euch schon so geschmeidig machen, wie ich es jezt bin."

Modemann hatte dem Rat auch auswärtige Rechtsgutachten übergeben; als auch die nicht beachtet wurden, drang er eines Tages unangemeldet in die Ratsversammlung und machte Pelzer die bittersten Vorwürfe, die dieser im gleichen Ton zurückgab. Modemanns Augen sprühten vor Zorn und Haß; beim Hinausgehen strich er mit der Hand

,,Fußstücke" als Folterwerkzeug im Bucksturm, der als Stadtgefängnis diente

über seinen Hals, um die Enthauptung anzudeuten und rief: ,,Ich hoffe den Tag noch zu erleben, an dem Pelzer solches widerfahren wird!" Auch der Verteidiger der Frau Ameldung warnte die rechtsgelehrten Glieder des Rats mit den Worten: ,,Die einfachen Handwerker können diese Sache nicht entscheiden; die Schuld bleibt schließlich doch auf den Rechtsgelehrten hängen. Das Amt des Bürgermeisters", so wandte er sich an Pelzer, ,,währt nur ein Jahr, und die Volksgunst ist so veränderlich!" — Auch Pelzer schwankte; er erklärte: ,,Diesen Stein zu heben, fällt mir schwer; die Stände müssen dabei helfen!"

Modemann und Ameldung wandten sich nun um Schutz an die *landesfürstliche Regierung*, die sofort durch ihren Sekretär mündlich die Einstellung des Verfahrens verfügte, bis das Urteil einer Universität eingeholt sei. Damit hatte der Prozeß für den Rat eine ganz neue Bedeutung gewonnen; es handelte sich für ihn jetzt nicht mehr um Schuld oder Unschuld der beiden Frauen, sondern vielmehr um die Privilegien der Stadt, die der Rat stets ängstlich zu schützen und zu erweitern gesucht hatte. Er berief sich daher auch jetzt auf die der Stadt durch Friedrich Barbarossa verliehene Vergünstigung, daß ihre Bürger vor kein anderes Gericht gezogen werden können, als vor ihr eigenes oder das des Kaisers. Daher hatte der Rat den durch den Sekretär überbrachten Befehl nicht beachtet. Als die Kanzlei nun auch noch den schriftlichen Befehl sandte, das Verfahren einzustellen, bis der Verdacht gegen die Frauen, die sich auf ihre Unschuld beriefen, gründlich erörtert sei, wandte sich der Rat an den Statthalter des abwesenden Grafen Gustavson, der nicht rechtsgelehrt und der Meinung des Volkes zugetan war, so daß er den Befehl der Kanzlei aufhob. In Schweden war die Verfolgung der Hexen nicht mehr üblich, Gustav Adolf ihr geschworener Gegner, was auch für seinen Sohn galt. Die Kanzlei wollte sich aber ihr vermeintliches Recht nicht nehmen lassen und sandte daher abermals ein Strafmandat wider Bürgermeister und Rat, in dem sie unter Androhung einer Strafe von 3000 Gulden und der höchsten landesfürstlichen Ungnade befahl, den Angeklagten die Verteidigung zu gestatten und auf Verlangen der Verteidiger die Akten an unparteiische Rechtsgelehrte zur Beurteilung zu senden.

Nun stand also der Rat vor der Frage, ob er sich unterwerfen oder den Kampf für die Privilegien der Stadt gegen Gustav Gustavson aufnehmen wolle. Er blieb fest, indem er beschloß, den Befehl der Kanzlei nicht zu beachten, sondern zu dem peinlichen Verfahren überzugehen, ohne ein Rechtsgutachten von einer Universität einzuholen. Die einberufenen Stadtstände — der alte Rat sowie die Alterleute der Gilde und Wehr — stimmten dem Beschluß mit der ausdrücklichen Begründung zu, daß man gegen Reiche und Arme dasselbe Recht anwenden müsse. Dennoch führte man den Beschluß nicht sofort aus, sondern ließ die beiden Frauen noch acht Wochen im Gefängnis sitzen, ohne die Wasserprobe anzustellen. Schon wurde das Volk unruhig, das darin eine Begünstigung der Reichen sah, und Drost Werpup, Mitglied der landesfürstlichen Kanzlei, fragte höhnisch, warum man die Frauen so lange sitzen lasse, ob ein ehrbarer Rat sie in Sauer zu setzen gedenke. So gedrängt, führte der Rat endlich seinen Beschluß aus. Beide Frauen schwammen dreimal oben auf und wurden deshalb wieder in den Buchsturm gebracht, um sie durch die Tortur zum Geständnis zu bringen.

Als man Frau Ameldung den Oberkörper nur etwas entblößt hatte und der Büttel mit der Rute in der Hand näher trat, um sie zu geißeln, bekannte die geängstigte Frau die unglaublichsten Sachen: ,,Der Weihbischof hat mich in seinem Hause auf dem Saale im Hexen unterwiesen. Ich habe mehrfach mit ihm zu tun gehabt. Auf sein Zureden habe ich Gott entsagt. Pater Kaspar teilte mir dann einen Buben mit Klumpfüßen und Klauenhänden zu. Der schenkte mir einen goldenen Pfennig; den legte ich in den Schrank, aber nach kurzer Zeit war er in Pferdedreck verwandelt." Dazwischen rief die Arme wiederholt: „O meine Kinder, meine Kinder!" Ähnliches bekannte Frau Modemann.

Nun mußte das Urteil gefällt werden. Da Pelzer von Modemann persönlich beleidigt worden war, enthielt er sich seiner Stimme, ermahnte aber, nur zu beschließen, was den Privilegien der Stadt gemäß und vor Gott und der Welt zu verantworten sei. Zu der Verhandlung wurden auch die Prediger zugezogen. Die beiden Frauen wiederholten das in der Tortur abgelegte Geständnis. Frau Ameldung bat schließlich noch, es möge ihrer Freundschaft, ihrem Manne und ihren Kindern kein weiterer Schimpf widerfahren; sie wolle gern sterben. Da ihr Mann an jeder Hilfe verzweifelte, bat er, man möge ihm und seinen Kindern die Schande der öffentlichen Hinrichtung ersparen, daher das Urteil heimlich vollstrecken. Die Bitte wurde ihm gewährt; doch mußte er sich schriftlich verpflichten, daß er durch Stiftungen für Arme und das gemeine Wesen sich dem Rat für seine Freundlichkeit dankbar erweisen und auf jeden Prozeß verzichten wolle.

Auch Modemann wurde diese „Gnade" unter denselben Bedingungen angeboten. Er lehnte sie ab. Hatte er doch seiner Mutter zugeredet, sich lieber ein Glied nach dem andern abhacken zu lassen, als durch ihr Zugeständnis ihrer Schuld ihre Kinder zu schänden. Er wollte nicht auf die Rache an Pelzer verzichten. Obwohl seine Mutter ihn bat, er möge ihr die Schande der öffentlichen Hinrichtung ersparen, blieb er unbeweglich. Das Urteil des Rates lautete daher für Frau Ameldung auf heimliche, für Frau Modemann auf öffentliche Hinrichtung. War noch Rettung möglich, so mußte sie von dem Landesherrn kommen. An ihn hatten sich Modemann und Ameldung gewandt, und Gustav Gustavson hatte unterm 1. Oktober im Feldlager zu Kyritz im Brandenburgischen Bürgermeister und Rat unter Androhung der höchsten Strafen geboten, seiner Regierung zu gehorchen und ein Urteil gegen die beiden Frauen nicht eher zu fällen und zu vollstrecken, als bis alles von unparteiischen Rechtsgelehrten gründlich untersucht sei, bis dahin aber die Gefangenen in anständiger Haft zu bewahren oder gegen Bürgschaft zu entlassen. Leider kam dieser Befehl in Osnabrück zu spät an; denn schon am 8. Oktober 1636 fielen die Häupter der beiden Frauen.

Am Tage vor der Hinrichtung ließ Frau Modemann ihren Sohn und Magister Grave zu sich ins Gefängnis bitten, weil sie beichten und das hl. Abendmahl empfangen möchte. Als Superintendent Grave sie ermahnte, doch zu bekennen, wenn sie schuldig sei, erwiderte sie heftig: „Ich bin keine Hexe; lieber wollte ich als eine Schlange auf die Welt gekommen sein. Widerfährt mir Gewalt, so wird der Richter dort oben darüber zu Gericht sitzen. Auch meinem Sohn möchte ich solches empfohlen haben." Auch Frau Ameldung klagte laut über ihr hartes Los; als sie aber zu Tode geführt wurde, rief sie aus: „O du rotbärtiger Schelm, wie hast du an mir gehandelt!" Frau Modemann wurde öffentlich enthauptet und ihr Leichnam auf dem Kirchhof des Hofhauses für Aussätzige verscharrt.

Modemann dürstete nach Rache. Öffentlich drohte er Pelzer und machte dem Rat die bittersten Vorwürfe; dieser aber wagte den einflußreichen Mann kaum anzugreifen, der überdies in landesfürstliche Dienste getreten und damit der städtischen Gerichtsbarkeit entzogen war. Auch Ameldung konnte sich noch nicht beruhigen, wurde aber durch den Hinweis auf seinen Revers zum Schweigen gebracht. Vorläufig ruhte zwar die Verfolgung der Hexen; aber die Untersuchungskommission stand fortwährend auf der Lauer. Die Verurteilten waren so genau befragt worden und hatten so viele Verdächtige angegeben, daß niemand sicher war. Auch die Frau des früheren Bürgermeisters *Ludolf Grothe* war genannt worden. Als der Mann voll Besorgnis als Mitglied des alten Rats zur Mäßigung in der Verfolgung der Frauen riet, erwiderte Pelzer: „Zu Hammachers Zeiten hat man in wenigen Monaten 120 Hexen verbrannt, wir im ganzen Jahre nur 40; ist das nicht Mäßigung genug?" Da nun Grothe seine Frau bedroht glaubte, wandte er sich an die fürstliche Kanzlei, unbekümmert darum, daß man ihm Verrat an den städtischen Privilegien vorwarf, und erwirkte für seine Frau einen Schutzbefehl an den Rat bei 5000 Talern Strafe. Andere wandten sich sogar an die schwedische Regierung; aber die allgemein gehaltene Antwort des Reichskanzlers, daß der Rat so „prozedieren" möge, wie er es „allerseits vor Gott und der Justiz zu verantworten sich getrauen dürfe", ließ dem Rat freie Hand.

Gleich zu Anfang des Jahres 1637 begann denn auch die Bestrafung der Hexen von neuem. Eine der verfolgten Frauen, Grete Stalmann, die im Vorjahre nach Tecklenburg geflüchtet war, kehrte zurück, wurde verhaftet, gefoltert und bekannte, ähnlich wie Frau Ameldung, die unsinnigsten Verbrechen. Sie empfing die verdiente (?) Strafe, doch hatte dieser Fall keine weiteren Untersuchungen im Gefolge; erst unter der Einwirkung der Hundstagshitze begannen die Verfolgungen von neuem. Eine als Hexe verschriene 70 Jahre alte Frau begann in der Katharinenkirche, wohl durch andere gereizt, Schlägerei; Magister (Prediger) von Gülich bemerkte dies, verfluchte sie sofort und nannte sie eine Teufelin. Diese an heiliger Stätte ausgesprochene Beschuldigung durfte der Rat nicht unbeachtet lassen. Die Frau wurde ergriffen und gestand, daß sie schon in ihrem fünften Jahre von ihrer Mutter in der Teufelskunst unterwiesen worden sei. Da meinte doch der Rat, er müsse nach dem Beispiel der Vorfahren alljährlich einige Hexen hinrichten, um abzuschrecken und das Übel nicht wuchern zu lassen, und beschloß deshalb, für das laufende Jahr drei verdächtige Frauen, zwei von der Altstadt, eine von der Neustadt, in Haft zu bringen.

Unter diesen Frauen befand sich auch die Gattin des Dr. *von Bar*, eine geborene *von Fürstenberg*. Ihr Vater hatte unter dem Bischof Philipp Sigismund als Kanzler lange Jahre hindurch das Bistum segensreich verwaltet († 1617). Ihr Gemahl gehörte zwar der ritterschaftlichen Familie des Erblandrosten von Bar auf Barenau nicht an, war aber als Rat des Fürsten samt seiner Gemahlin exempt, d. h. der städtischen Gerichtsbarkeit nicht unterstellt. Trotzdem wurde die Frau eingezogen. Sie bekannte ohne Tortur. Alle drei wurden zum Tode verurteilt; aber in Rücksicht darauf, daß sie „hohen Standes" waren und ohne Tortur bekannt hatten, gewährte man ihnen gegen Erlegung von je 500—600 Talern die Gnade der heimlichen Hinrichtung. Dann zog man drei andere Frauen ein; die eine wurde während der Tortur ohnmächtig, starb am folgenden Tage und wurde an schimpflichem Platze verscharrt; die beiden anderen wurden enthauptet. Damit begnügte man sich für 1637.

Die fürstliche Kanzlei, verletzt durch die Übergriffe des Rats, beschwerte sich bei ihrem Herrn, und Graf Gustavson gebot unter Androhung von 10000 Talern Strafe, nicht anders als nach den beschriebenen Rechten zu verfahren und Verteidigung vor der Tortur zu gestatten. Aus diesem Grunde und wegen des drohenden Krieges ruhten 1638 die Hexenprozesse, obwohl es an Verdacht und Beschuldigungen nicht fehlte. Im Herbst aber ließ sich ein festes Zugreifen nicht länger vermeiden. Dem schwedischen Befehlshaber *Grafen Königsmark* waren unterwegs auffällig viele Pferde gestorben, ohne daß er die Ursache entdecken konnte. Endlich fand er sie: Eine mitziehende Soldatenfrau hatte die Tiere behext! Sie wurde ergriffen, dem Rat zur Bestrafung übergeben und auf Befehl des schwedischen Regimentsschulzen mit unerhörter Grausamkeit gefoltert. Viermal überstand sie tapfer die Tortur, und gleich darauf schenkte sie auf dem Armenhofe einem Kinde das Leben!

12. Die letzten Hexenprozesse in Osnabrück

Nun glaubte aber der Rat, auch die Einheimischen nicht länger schonen zu dürfen; so begann denn im Sommer 1639, *dem letzten Hexenjahre Osnabrücks*, die Verfolgung aufs neue. Der Rat beschloß, nach dem Willen der Stadtstände, wie in anderen Städten und von kriegerischer Obrigkeit geschehen, das Verfahren wieder eintreten zu lassen. *Dr. Pelzer*, der schon so viele böse Nachrede erlitten, weigerte sich anfangs, daran teilzunehmen; erst auf Beschluß des vollen Rats gab er Befehl, die Verdächtigen einzuziehen. Zunächst wurde der 80jährige Armenvogt Markus gefangengesetzt, dann drei alte Frauen, unter ihnen die 75 Jahre alte Frau des angesehenen Kaufmanns Lüdeke Schröder, die aber schon am sechsten Tage ihrer Haft im Bucksturm starb. Auf Pelzers Rat beschlossen Rat und Stadtstände, den Leichnam in ein Faß zu stecken, aus der Stadt zu fahren und zu verbrennen; doch wurde den Verwandten auf ihre Bitte gegen Zahlung von 10000 Talern gestattet, die Leiche auf dem Begräbnisplatz des Siechenhauses zur Süntelbecke zu verscharren.

Die Erneuerung der Prozesse rief in der Stadt allmählich eine gewaltige Aufregung hervor; am meisten richtete sich der Groll gegen Pelzer. Die *evanglischen Prediger* waren verschiedener Ansicht; während von Gülich an St. Katharinen von der Kanzel und in Betstunden den Rat zur Unterdrückung der Hexerei aufforderte, wandten sich Grave — ein Verwandter der hingerichteten Frau Modemann — und Pechlin, beide an St. Marien, gegen das Hexenbaden und gegen Pelzer. Während sie früher zur Unterdrückung der Hexerei aufgefordert hatten, eiferten sie jetzt: Das Baden sei schlimmer als die ärgste Hexerei. Die Stadtstände und die niederen Volksklassen dagegen verlangten: ,,Hat man bei geringen Leuten Gerechtigkeit geübt, so muß man auch strafen, wenn es an die eigene Verwandtschaft und an Leute aus höheren Ständen geht." So von zwei Seiten gedrängt, beschlossen Rat und Stände der Stadt am 29. Juli 1639 folgendes *Hexenstatut*: ,,Es soll bei der herkömmlichen Art des Hexenprozesses verbleiben, an arm und reich gleiche Gerechtigkeit geübt werden. Alle, welche wegen Bestrafung der Hexerei verfolgt werden, sollen aus dem Stadtvermögen schadlos gehalten, alle dadurch berührten Familien darüber belehrt werden, daß das Wohl des Vaterlandes das höchste Gesetz sei. Wenn die Prediger gegen diesen Vergleich vorgehen sollten, so wollen wir uns nicht trennen, sondern einer des andern Ehre, alle aber der Stadt Wohlfahrt retten und verteidigen. Die Beratungen und Beschlüsse wollen wir streng geheimhalten. Wer verdächtig wird, das Schweigen gebrochen zu haben, soll verpflichtet sein, sich mit einem Eide zu reinigen und, wenn nötig, bestraft werden."

Aber die beiden Prediger ließen sich dadurch nicht einschüchtern. ,,Das Hexenbad", so predigten sie, ,,ist eine Gotteslästerung, eine Sünde wider das erste Gebot." (Weil man damit dem unvernünftigen Element, dem Wasser, ein Gottesurteil zutraute.) In Rinteln wurden Schmähschriften gegen den Bürgermeister Pelzer gedruckt. Dadurch verletzt, beschloß der Rat, gegen die Prediger streng vorzugehen; nur wollte man sich zuvor der Billigung des schwedischen Kommandanten versichern. Am 10. August versammelten sich in aller Frühe der Rat und die Stände. Nach kurzer Beratung wurden die drei Bürgermeister und die beiden worthaltenden Alterleute zum Kommandanten geschickt. In der Nähe der Kanzlei kamen ihnen die beiden Prediger entgegen, die schon vor ihnen da gewesen waren; ohne Gruß gingen sie aneinander vorüber. Der Kommandant riet, die Prediger durch Sperrung der Kirche mundtot zu machen und mit den Hexenprozessen ruhig fortzufahren; er wolle den Rat unterstützen.

Hierauf beschloß der Rat, die Marienkirche zu schließen. Ein Zettel an der verschlossenen Kirchentür forderte die Andächtigen auf, die Katharinenkirche zu besuchen. Den Predigern aber verbot der Rat bei Strafe, die Obrigkeit zu verletzen und das Volk aufzuwiegeln. Sofort protestierten die Prediger hiergegen durch öffentlichen Anschlag an der Kirchentür. Grave erklärte: ,,Ich bin weder Dieb, noch Mörder, noch Hexenpatron; alle, die mich dessen beschuldigen, erkläre ich für Schelme und Ehrendiebe, sie mögen heißen, wie sie wollen. 18 Jahre bin ich hier Prediger; zur Zeit der Verfolgung und der Pest habe ich unter steter Gefahr für Leib und Leben getreu gedient. Mein Vater ist hier 22 Jahre Bürgermeister gewesen, meine Voreltern haben 238 Jahre in dieser Stadt gewohnt; mit Ehren will ich abscheiden und abwarten, wohin der liebe Gott mich berufen wird." Auch die beiden Kirchräte Modemann — sein Verwandter — und Grothe, beide früher Bürgermeister, traten auf seine Seite. Andere Gemeindemitglieder baten den Rat schriftlich um Wiederöffnung der Kirche, die ihnen erst unter Franz Wilhelm sechs Jahre verschlossen gewesen sei. Der Prediger Ludovici an St. Katharinen sprang seinem bedrängten Amtsbruder bei, indem er seiner im Kirchengebet gedachte und die Gemeinde derartig rührte, daß man vor Schluchzen die Gebetsworte nicht hören konnte.

Aber der Rat blieb fest. Am meisten war er gegen den Prediger Pechlin erbittert, der schon lange weder Bürgermeister noch Ratsherren grüßte, über schlechte Kupermünzen und Verfälschung des Weins im Ratskeller gescholten, den Rat auf der Kanzel eine tyrannische und blutdürstige Obrigkeit genannt hatte, und von dem man erzählte, er habe außerhalb der Stadt heimliche Zusammenkünfte mit anderen Gegnern der Hexenprozesse, selbst mit katholischen, abgehalten. Als der Rat ihn aber zur Verantwortung vorlud, verweigerte er den Gehorsam. Man drohte ihm mit Absetzung, aber ohne Erfolg. Da sandte der Rat Mittelspersonen zu den beiden Predigern; diese aber antworteten: ,,Das Hexenbad ist wider das erste Gebot, und das Wort Gottes müssen wir doch predigen. Unser Amt gebietet uns, Gott mehr zu gehorchen als den Menschen." Da berief der Rat die Stadtstände sowie einen Bürgerausschuß der Mariengemeinde, las ihnen die Kirchenordnung vor, stellte ihnen das Verhalten der Prediger dar und forderte sie auf, sich zu erklären, auf wessen Seite sie sich stellen wollten. Die Bürger erklärten, die Prediger sollten für den Rat beten, aber nicht über ihn stichlen und stacheln. Da der Streit von den Hexenprozessen herrühre, so möge der Rat ruhig fortfahren, sie wollten ihm mit Gut und Blut zur Seite stehen.

Hierdurch sowie durch das Wort des Kommandanten gestärkt, ließ der Rat sofort wieder zwei Frauen einziehen. Die eine war die Frau des Kaufmanns *Baumeister*, die Schwester des Magisters von Gülich an St. Katharinen, der den Rat stets zur Unterdrückung des Hexenunwesens aufgefordert hatte. Er selber hielt seine Schwester, die mehrfach von anderen Frauen der Hexerei beschuldigt worden war, für eine Hexe. Vier Tage nach ihrer Verhaftung wurde auch ihre Schwägerin eingezogen, Frau Katharine Russel, die Gemahlin eines Ratsverwandten und Enkeltochter des berühmten Hexenrichters und Bürgermeisters Hammacher, ,,nicht allein wegen ihrer Schuld, *sondern auch, um die Privilegien der Stadt Osnabrück zu konservieren"*. Auch noch andere Frauen wurden gefangengesetzt. Einer Frau Witthaus vermochten weder Rutenhiebe noch scharfe Martern ein Geständnis der Hexerei abzupressen. Sie wurde nicht gerichtet, mußte aber noch lange im Gefängnis sitzen. Die anderen Frauen wurden Tag und Nacht verhört; durch Anwendung von Territion und Tortur suchte man ein Geständnis zu erpressen. Frau Sara Baumeister und ihre Schwägerin bekannten beide die ungereimtesten Dinge. Der Rat aber scheute sich, die beiden Frauen im Hinblick auf ihre einflußreichen Verwandten selber zu richten; er sandte vielmehr ihr Geständnis an zwei Rechtsgelehrte in Herford mit der Bitte, das Urteil zu fällen; es lautete auf Hinrichtung mit dem Schwerte und Verbrennung der Leichen. Auf Verwendung der Verwandten aber und gegen Zahlung eines Ablaßgeldes wurde beiden Frauen die Gnade der heimlichen

12. Die letzten Hexenprozesse in Osnabrück

Hinrichtung gewährt. Beide beteuerten den Predigern gegenüber wiederholt ihre Unschuld. Frau Sara Baumeister schrieb ihrem Manne noch einen ergreifenden plattdeutschen Brief, in dem sie ihre Unschuld immer wieder beteuerte. Im letzten Augenblick ergriff sie die Hand des Rechtsbeistandes ihres Mannes und sprach: ,,Ich sterbe unschuldig. Am jüngsten Tage will ich Rechenschaft darüber geben. Unschuldig werde ich hingerichtet! Das sagt meinem Manne, das sagt meinem Sohne!" Am 10. September 1639 fielen die Häupter beider Frauen vor Tagesgrauen auf dem Wall neben dem Bucksturm.

Während man so die Hexen verfolgte, unterhandelte man auch mit den Predigern, die unangenehm überrascht waren, daß mehrere Bürger auf seiten des Rats standen. Pechlin rief sogar entrüstet aus: ,,Ich mag in dieser aufrührerischen Hexenstadt nicht länger sein", wodurch er allgemein Anstoß erregte. Der Rat faßte die Worte als freiwillige Abdankung auf und ermahnte die Gemeinde, sofort einen anderen Prediger zu wählen. Als man auch damit nicht weiterkam, bat er den alten Prediger Konrad Haslage, der, durch Franz Wilhelm von St. Katharinen vertrieben, 1633 zurückgekehrt war, aber keinen Dienst wieder übernommen hatte. Auch Grave sehnte sich nach Frieden und erklärte, die Hexenprozesse müsse er strafen; im übrigen wolle er dem Rat Gehorsam leisten und sich dem Schiedsspruch des greisen Amtsbruders unterwerfen. Mit Pechlin wollte der Rat nicht unterhandeln lassen, weil der abgedankt habe; aber Grave wollte sich nicht von ihm trennen. Schon gedachte der Rat alle Unterhandlungen abzubrechen; da gelang es doch noch dem greisen Haslage, den Frieden herzustellen. Pechlin blieb; aber die Gemeinde machte die Bedingung, daß von nun an beide Prediger das Schelten ganz unterlassen und das lautere Gotteswort predigen sollten. Damit war der Friede äußerlich wiederhergestellt, und beide Prediger begleiteten Frau Baumeister und Frau Russel auf ihrem letzten, schweren Gange. Aber der Haß gegen Pelzer war damit nicht geschwunden. Was Grave durch seine Wahlpredigten am Handgiftentage nicht erreicht hatte, das bewirkte er bald nachher durch Gustav Gustavson: Pelzer mußte — wie wir gesehen haben — am Handgiftentage 1640 ,,vergessen" werden und war damit der Rache seiner Feinde preisgegeben.

Die sechs Opfer, welche der Hexenwahn im Jahre 1639 erfordert hatte, waren die letzten in unserer Stadt. Seit dieser Zeit konnten, wie der Chronist meint, die Frauen auch in Osnabrück ungestört alt werden und in Frieden sterben. Der Glaube an Hexen war damit aber noch nicht verschwunden. Noch 1656 wurden den Geistlichen auf der Synode des Bistums genaue Verhaltensmaßregeln gegeben, wie sie solche Unglückliche, die einen Vertrag mit dem Teufel geschlossen, zu behandeln hätten. Aber nicht mehr nur hier herrschte diese Verwirrung, sondern sie durchzog wie eine Seuche ganz Europa. Schon zur Reformationszeit traten aufgeklärte Männer dagegen auf. Der erste war der Leibarzt des Herzogs Wilhelm von Kleve, *Joseph Weyer (Wier)*, ein geborener Niederländer, der in einem 1562 erschienenen Buche sich gegen den Hexenwahn wandte. Im Winter 1587/88 besuchte er die gräfliche Familie zu Tecklenburg, starb dort und wurde in der Schloßkirche beigesetzt. Seinem Andenken ist der auf dem Schloßberge zu Tecklenburg errichtete Aussichtsturm gewidmet. Auch der Jesuit *Graf Spee* (1631) und vor allem Professor *Thomasius* in Halle (1707) wirkten durch ihre Schriften aufklärend, so daß man sich endlich der Hexenprozesse schämte. Friedrich Wilhelm I. von Preußen verbot sie, Friedrich der Große untersagte auch die Anwendung der Folter.

Der Sohn der hingerichteten Frau Sara Baumeister, Dr. *Gerhard Baumeister*, bekleidete bis zum Ende des 17. Jahrhunderts das Amt des Obergografen, dessen richterlicher Einfluß sich über das ganze Bistum erstreckte, der auch bei dem hochnotpeinlichen Halsgericht in der Stadt Osnabrück den Vorsitz führte. Wie oft mag da das Andenken an seine unschuldig gerichtete Mutter ihn zur Vorsicht gemahnt, sein Herz zur Milde bewegt haben! Seine Ehefrau war die Tochter der ebenfalls als Hexe hingerichteten Frau Ameldung. Mit welcher Wehmut mußten die beiden Ehegatten ihrer Jugendzeit gedenken, die ihnen durch den Tod ihrer Mütter zu einer Zeit des Schreckens geworden war!

13. Der Scharfrichter

Durch das Aufhören der Hexenprozesse war aber die traurige Arbeit des hiesigen Scharfrichters noch nicht entbehrlich geworden. Schon 1646 berichtete *Meister Matthias* — so nannte das Volk die Scharfrichter —: ,,Im vergangenen Jahre habe ich 62 hingerichtet'', und nach einer Verordnung des Rats von 1718 durfte er folgende Gebühren erheben: ,,Einen an den Pranger zu schließen 1 Taler, für eine Tortur 3 Taler, für eine Enthauptung 5 Taler, für eine Auspeitschung 3 Taler, für eine Aufhenkung 5 Taler, vors Rädern 5 Taler, den Kopf des Enthaupteten an eine aufgerichtete Stange zu nageln 2 Taler.'' Sollte ein Schächer gerädert werden, so wurde er liegend festgebunden. Dann zerstieß ihm der Büttel mit einem handlichen, oben mit zwei Griffen versehenen Rade, an dessen Unterseite ein großes, rundes Messer befestigt war, erst die Füße, dann die Beine usw. Aus besonderer Gnade durfte der Henker mit dem Zerstoßen des Kopfes beginnen.

Seit der Zeit der Aufklärung während der zweiten Hälfte des 18. Jahrhunderts hatte der Scharfrichter selten Gelegenheit, sein grausiges Gewerbe auszuüben. Um leben zu können, mußte er deshalb auch die Arbeit eines Abdeckers (Fillers, Schinders) verrichten, das innerhalb der Stadt verreckte Vieh nach den vor den Toren liegenden Schindangern oder Fillerkuhlen schaffen. Vor dem Heger Tore lag der Schindanger an der jetzigen Arndtstraße, die deshalb auch Fillergang hieß. Auch war der Scharfrichter verpflichtet, ,,unflätige Oerter'' zu reinigen, wie die Gefängnisse, den Bucksturm, Bürgergehorsam, den Henker- oder Kumpersturm, in denen Gefangene oft wochenlang saßen, ohne einen Abort benutzen zu können. Auch den Bürgern mußte Meister Matthias diese Hilfe leisten. Der von der Wüste kommende Poggenbach floß unter den an der Ostseite der Hakenstraße liegenden Häusern durch; in den meisten Häusern lag aber ,,das Privet uff der Becke''. In trockenen Sommern oder bei starkem Frost fehlte aber dem Bächlein die Kraft, den Kot wegzuspülen: Da mußte Meister Matthias helfen. Im 18. Jahrhundert trieben die Scharfrichter auch Kurpfuscherei.

Als Henker und als Abdecker gehörte der Scharfrichter, der sonst nach den Reichsgesetzen ausdrücklich für ,,ehrlich'' galt, zu den ehrlosen Leuten. Sie bildeten eine Art Klasse, konnten nur unter sich heiraten, da alle anderen Familien und Berufe ihnen verschlossen waren. Ihr Amt ging meistens vom Vater auf den Sohn oder einen anderen nahen Verwandten über. Doch wurde der neue Scharfrichter jedesmal vom Rat ernannt, auch in Eid und Pflicht genommen, da die Stadt Osnabrück bis zur Franzosenzeit (1806—1813) die höchste Gerichtsbarkeit besaß, wovon sie zur Zeit der Hexenverfolgungen einen überreichlichen Gebrauch machte. Als sie seit 1814 nur noch über die niedere Gerichtsbarkeit verfügte, beschloß der Magistrat, die Scharfrichterei zu verkaufen. Das Haus des letzten Scharfrichters am Grünen Brink 20 und seines Knechtes im Nebenhause Grüner Brink 19 wurde 1840 öffentlich versteigert. Damit war ein Stück von Alt-Osnabrück verschwunden, dem man nicht nachzuweinen braucht.

Zwar wurden in Osnabrück auch später noch Verbrecher öffentlich enthauptet. 1856 Margarete de Groot aus Ostfriesland und 1857 zwei Männer, alle drei auf dem Schinkelberge, aber nicht durch hiesige Scharfrichter.

14. Der Westfälische Friede

Zu Anfang des Jahres 1642 erhielten die Bürger Osnabrücks als willkommenes Neujahrsgeschenk von dem ehemaligen Stadtsekretär Slaph, der in Hamburg eine ehrenvolle Anstellung gefunden hatte, die Nachricht, daß dem Kriege nun ernstlich ein Ende gemacht werden solle und *Osnabrück* neben *Münster* als neutraler Ort für die *Friedensverhandlungen* ausersehen sei. Obwohl große und bedeutende deutsche Städte wie Lübeck, Hamburg, Frankfurt oder Nürnberg als Orte für Friedensverhandlungen im Gespräch waren, gelang es doch der schwedischen Königin Christine, die Reichsstände (die weltlichen und die geistlichen Fürsten sowie die Freien Städte des Reiches) zu bewegen, mit Münster und Osnabrück ,,zufrieden zu sein''. Bald darauf forderte ein Bevollmächtigter Schwedens den Rat der Stadt Osnabrück auf, vier nebeneinanderliegende Höfe zu Wohnungen zu beschaffen, drei für die schwedischen Gesandten, einen für den dänischen. Der Rat beschloß deshalb, eine Geldsammlung bei den Bürgern anzustellen, um die Wohnungen einrichten sowie Wein, Hafer, Heu und Holz als Geschenk für die Gesandten kaufen zu können. So eilig hatten es die Gesandten allerdings nicht: Während des ganzen Jahres ließ sich hier keiner sehen. Dennoch hielt es der Rat für nötig, bei der in Aussicht stehenden Vermehrung seiner Geschäfte wieder einen Syndikus anzustellen, und berief zu dem Ende *Dr. Böger* hierher. Der nächste Winter verlief in ziemlicher Ruhe — der erste seit langer Zeit. Mit doppelter Freude begingen daher die Evangelischen die *Hundertjahrfeier der Einführung der Reformation* am 2. und 3. Februar. Die Prediger wollten der Feier nur einen Tag widmen, weil die Predigten sich zu sehr häuften; aber der Rat bestand auf zwei Tage mit Gottesdienst in beiden Kirchen. Rat und Stadtstände begaben sich in feierlichem Zuge vom Rathaus ab dorthin.

Am 11. Juli 1643 sollten die Friedensunterhandlungen bestimmt beginnen. Am 3. Juni traf als erster der dänische Gesandte ein, am folgenden Tage der kaiserliche Gesandte *Dr. Crane*, der gleich darauf in feierlicher Versammlung des Rats, der Stände und eines Bürgerausschusses die Stadt von ihrem, dem Kaiser und dem Bischof Franz Wilhelm geleisteten Eide entband und sie damit unabhängig machte. Am 8. Juli verließ Gustav Gustavson samt der schwedischen Besatzung die Stadt. Ihre Neutralität war von allen kriegführenden Mächten anerkannt worden; dennoch hielt der Rat es für nötig, die Tore und Wälle sorgfältig zu besetzen. Aber die Bürger waren der früheren straffen Zucht ganz entwöhnt und hätten lieber Söldner gemietet; doch fehlte es dazu an Mitteln. Als Michaelis 1644 der Wachtmeister die Ablösung nach dem Heger Tor führte, waren alle sechs Mann der alten Wache verschwunden. Sie wurden zur Strafe in den Bürgergehorsam gesperrt. Der Rat vermochte nicht einmal die notwendigen Mittel zu den üblichen Geschenken für die Gesandten zusammenzubringen. Auch noch andere Sorgen drückten ihn. Der *Postverkehr* hatte gänzlich aufgehört; daher bemühte sich der Rat, durch Vermittlung der dänischen Gesandten, die dazu am geschicktesten erschienen, eine wöchentlich einmalige Postverbindung zu erlangen. Auch gab's in Osnabrück keine *Druckerei* mehr. Martin Mann hatte zwar 1617 hier eine eingerichtet; sie war aber unter den Kriegsstürmen 1635 wieder eingegangen, und vergebens bemühte sich der Rat, von Rinteln einen Drucker hierherzuziehen.

Am 23. Juli traf der kaiserliche Gesandte *Graf Auersberg* hier ein. Er wurde von einer Abordnung des Rates am Tor empfangen und dann nach Abfeuerung einer Gewehrsalve und unter dem Donner der Kanonen auf den Wällen von einer Abteilung der Freifahne in seine Wohnung geleitet. Er ging aber bald nachher nach Münster. Am 28. August trafen die übrigen dänischen Gesandten ein. Die schwedischen Gesandten waren schon seit dem 22. in Minden; aber sie wollten, um ihrer Ehre nichts zu vergeben, nicht vor den französischen eintreffen. Auch wollten sie nicht durch eine frühzeitige Ankunft den Glauben erwecken, daß sie so sehr nach dem Frieden verlangten. Endlich am 13. Dezember traf der französische Gesandte *Baron von Rorté* hier ein. Der Hauptgesandte, Graf d' Avaux, vertrat Frankreich in Münster; Rorté konnte also nicht dieselben Ehren beanspruchen wie etwa Graf Auersberg. Der Rat war daher in nicht geringer Verlegenheit, wie er ihn empfangen sollte; er beschloß dann, ihm die Hälfte der Geschenke überreichen zu lassen, die ein erster Gesandter bekam, nämlich einen Ohm Wein und ein halbes Fuder Hafer. Vier Tage später kam nun auch der zweite schwedische Gesandte, Dr. *Salvius*. Auf den Beistand der schwedischen Gesandten gründete die Stadt vor allem ihre Hoffnung; ihre Ankunft wurde daher besonders freudig begrüßt. Der Rat empfing Salvius mit einer Ansprache vor den Toren und geleitete ihn unter dem Donner von drei Geschützen in seine Wohnung, wo man ihm Wein, Hafer und Fische überreichen ließ. Das Jahr verging, und noch war der schwedische Hauptgesandte nicht eingetroffen. Nachdem aber die französische Gesandtschaft am 17. März 1644 in Münster eingezogen war, machte sich auch *Johann Oxenstierna*, ein Sohn des berühmten schwedischen Reichskanzlers Axel Oxenstierna, auf den Weg. 60 Mitglieder der Osnabrücker Ritterschaft ritten ihm auf der Straße nach Minden entgegen und empfingen ihn an der Landesgrenze. Die in der Stadt bereits anwesenden Gesandten hatten zum Empfang ihre Kutschen geschickt. Der Rat begrüßte ihn am Herrenteichstor; 500 Bürger, die vom Tor bis zur Wohnung des Gesandten an der Freiheit in zwei Reihen aufgestellt waren, ehrten ihn durch mehrfache Gewehrsalven. Auch er erhielt die üblichen Geschenke. Die Fürsprache des Dr. Salvius suchte der Rat sich noch durch ein besonderes Geschenk zu

Vertreter Osnabrücks beim
Westfälischen Friedenskongreß:
Franz Wilhelm von Wartenberg,
Bischof von Osnabrück

Hauptgesandter beim
Westfälischen Friedenskongreß:
Graf Maximilian von Trautmansdorff,
kaiserl. Hauptbevollmächtigter

14. Der Westfälische Friede

erwirken, indem er ihm einen silbernen Becher, 103 Lot schwer, nebst 100 Talern überreichen ließ.

Die *Wohnungen* der Gesandten sind uns nur zu einem geringen Teile bekannt. Oxenstierna bewohnte denselben Hof, den auch Graf Gustavson innegehabt hatte, und der wahrscheinlich an der Kleinen Domsfreiheit lag, und zwar in der dort einmündenden Schwedenstraße. An Wohnungen war hier kein Mangel: Wie viele Häuser standen leer, weil die Eigentümer fortgezogen waren! Der Rat ernannte eine besondere Kommission, die für gute und billige Unterbringung der Gesandten sorgen sollte; aber selbst die auf Kosten der Stadt in Ordnung gebrachten Wohnungen boten wenige und unbequeme Räume, wie man noch heute an den aus jener Zeit erhaltenen Häusern sehen kann. Den größten Teil nahm der Hausflur ein; daneben lagen einige schmale Zimmer und im Hintergrunde über dem Keller ein düsteres Steinwerk. Die meisten Gesandten suchten und fanden daher in den Höfen der Geistlichen und des Adels Unterkunft. Die Dänen wohnten in Hermelings Hof am Neuen Graben, der brandenburgische Gesandte, Graf Witgenstein, in Ledeburs Hofe, ebenfalls am Neuen Graben neben dem Alten Tor (Bavaria, Johannisstraße 64). Der viel später eintreffende kaiserliche Gesandte, *Graf Trautmannsdorf*, bewohnte Schraders Hof an der Hakenstraße, an dessen Stelle später Möser sich ein geräumiges Haus erbaute und heute die Mösermittelschule steht. Mancher Gesandte mußte sich gewiß recht behelfen, weshalb auch die Ausländer spotteten: ,,Alle Schweinekoben Westfalens, die nicht gebraucht werden, liegen voller Gesandte." Am besten hatte sich der spanische Gesandte Don Diego de Saavedra y Fajardo, ein Vetter des berühmten Dichters Miguel de Cervantes (1547—1616), zu helfen gewußt. Er

Hauptgesandter beim
Westfälischen Friedenskongreß:
Graf Claude du Mesme d'Avaux,
franz. Bevollmächtigter

Hauptgesandter beim
Westfälischen Friedenskongreß:
Fabio Chigi,
päpstl. Nuntius und Vermittler

bewohnte nach der Überlieferung das Stricker-Meiersche Haus, Ecke der Krahn- und Marienstraße (das jetzige Haus Läer an der Krahnstraße), und ließ den großen Hausflur durch Bretter, die mit Tapeten beklebt wurden, in eine Reihe von Zimmern umwandeln. Neben diesen spanischen Literaten war in Osnabrück auch der berühmte deutsche Rechtsgelehrte und Physiker Otto von Guericke anwesend.

In der alten Ratsapotheke am Markt, der Löwen-Apotheke, war der kaiserliche Gesandte Reichshofrat Dr. Johann von Crane abgestiegen und hatte dort für die Dauer des Friedenskongresses sein Quartier bezogen (s.o.). Das führte zu einem lebhaften Verkehr von Gesandten anderer Verhandlungsparteien in diesem Hause. Da in jenen Zeiten die Apotheker den besten Schnaps brannten, probierten die hier eintretenden hohen Herren beiläufig auch den selbsthergestellten Aquavit des Apothekergehilfen Johann Friedrich *Etschenreuther* aus Kolmar, taten sich aber auch an seinem süffigen Elsässer Wein oder gar feurigen Malvasier gütlich. Im Hinblick auf das große historische Geschehen in unserer Stadt pflegte der junge Provisor seine trinklustigen Gäste sodann zu bitten, sich mit einer launigen Bemerkung in sein Stammbuch einzutragen. Viele würdige Herren, darunter auch der große Schwede Oxenstierna, machten gern davon Gebrauch. Es entstand so ein wertvolles Dokument des Osnabrücker Kongreßlebens, das uns überliefert ist. Es befindet sich heute im Besitz der Stadt Münster.

Den größten Aufwand entfaltete *Oxenstierna*. Pauken und Trompeten verkündeten den Nachbarn täglich die Stunde, wann er sich morgens erhob, zu Tisch ging und abends zur Ruhe begab. Bei seinen Besuchen fuhr er in einem Wagen der Königin. Neben dem Wagen schritten an jeder Seite sechs Hellebardiere; vorauf ging eine große Anzahl

Hauptgesandter beim Westfälischen Friedenskongreß: Graf Johan von Oxenstierna, schwed. Bevollmächtigter

junger Edelleute, und eine gleiche Zahl folgte dem Wagen, alle prächtig gekleidet. Die übrigen Gesandten aber lebten meistens recht einfach, so daß manche Bürger in der Hoffnung auf reichen Gewinn sich betrogen sahen. Die Fremden, welche gleich nach den ersten Gesandten sich hier eingefunden hatten, zogen bald weiter. Auch eine englische *Schauspielergesellschaft*, die hier eine Zeitlang Vorstellungen gab, ohne dabei Rechnung zu finden, verließ unsere Stadt bald wieder. Ebensowenig sahen die Bürger, *Hausbesitzer* wie *Gewerbetreibende*, ihre Erwartungen erfüllt. Die von den Gesandten gezahlten Mieten kamen fast nur dem Adel und der Geistlichkeit zugute. Die größeren Gesandten hatten unter ihren Dienern Schumacher und Schneider, so daß die hiesigen Handwerker nur wenige Aufträge erhielten. Bei geringer Ursache beschwerten sich die Gesandten über hohe Preise, falsche Maße und Gewichte. So klagte Salvius dem Syndikus Dr. Böger: ,,Unsere Königin hat es hauptsächlich bewirkt, daß die Friedensverhandlungen nach Osnabrück verlegt worden sind; aber die Bürger danken es uns schlecht. Ein jeder steigert seine Forderungen nach Belieben. So müssen wir eine Tonne Heringe, die in Bremen 6 Taler kostet, hier mit 14 Talern bezahlen. Die Bürger müssen sich nicht wundern, wenn die Verhandlungen aus diesem Grunde in eine andere Stadt verlegt werden." Der Rat berief die Gildemeister und ermahnte sie allen Ernstes, in ihrem eigenen Interesse streng auf Redlichkeit zu halten. Die Maße und Gewichte mußten aufs Rathaus gebracht und dort geeicht werden. Die Preise für die einzelnen Waren wurden festgesetzt, die Fleischerpreise auf besonderen im Fleischscharren aufgestellten Tafeln verzeichnet.

Dem Rat wurden durch die fremden Gesandten, noch mehr durch ihre Diener, aber auch durch die Bürger selber viele Verdrießlichkeiten bereitet. Die Aufrechterhaltung der Zucht wurde ihm noch dadurch erschwert, daß die Gesandten und ihre Diener der städtischen Gerichtsbarkeit nicht unterstellt waren. Der Schneider und der Sekretär Dr. Cranes schlugen dem Pastor von Gülich nachts die Fenster ein und belästigten den Pastor von Essen in seiner Wohnung. Der Rat verhörte sie zwar, ließ sie aber ,,aus Achtung für ihren Herrn" frei und bedrohte sie nur für den Fall der Wiederholung. Dann wieder beklagte sich Graf Witgenstein, daß der Bote des Schmiedeamts in seinen Hof eingedrungen sei und einen Händler, der dort Schlösser feilgeboten, gepfändet habe. Prügeleien, Messerstechen, Saufgelage und Unzucht nahmen überhand. Dietrich Donnerberg wurde in seinem eigenen Hause mit dem bloßen Degen überfallen. Die Schüler beider Gymnasien hielten beim Beginn der Ferien große Trinkgelage ab, obgleich der Rat dies streng verboten hatte. Als 1647 die Gemahlin des Grafen Oxenstierna hier starb, wurde die Leiche mit großem Pomp nach Schweden gebracht. Die Ritterschaft geleitete sie aus der Marienkirche, wo sie aufgebahrt war, bis ans Tor. Abgeordnete des Rats und der Stände trugen sie von da bis zum Klushügel. Die jungen Burschen aber, die dabei unter dem Gewehr gestanden hatten, verübten nachher wohl infolge des Zechgelages auf dem Rathause großen Unfug und bedrohten ihre eigenen Offiziere, die Ruhe und Ordnung herstellen wollten, mit dem Tode.

Eine durchaus berechtigte Beschwerde erhoben die Gesandten über die *unsauberen und unordentlichen Straßen*. Die meisten Bürger trieben Ackerbau und hielten Vieh. Abends und morgens wurden die Kuhherden durch die Straßen getrieben, Schweine liefen frei umher; gereinigt wurden aber die Straßen nicht. Nur das Regenwasser, das von den Dächern frei, nicht durch Abfallrohre, auf die Straße strömte, schwemmte den Dreck in die in der Mitte der Straße befindliche Gosse, die stellenweise große Pfützen bildete. Vor manchen Häusern lagen Düngerhaufen, vor anderen hatten Tischler, Wagenbauer und Böttcher ihren Holzvorrat gelagert. Die Straßen waren zwar schon auf

Kosten der Stadt gepflastert; aber das Pflaster bestand zum Teil nur aus nebeneinandergelegten Platten oder aus spitzen Steinen. Zwei Bürgern befahl der Rat infolge einer Beschwerde ihrer Nachbarn, ihre Schweineställe und ,,ßonsten im Hoeffe gemachte unflätige Oerter" bei 4 Mark Strafe abzuschaffen. Ebenso beschloß er, ,,daß man auf einen sonderlichen Karren- und Dreckführer bedacht sein und denselben dazu bestellen wolle, daß er alle Sonnabend die Gaßen reinigen, den Mist und Dreck wegführen, undt welcher seinen Mist oder Dreck nicht wegführen laßen würde, denselben mit einer halben Marck, als 6 Sch., bestraffen, und der Mist caduc gemacht, auch die Schweinestelle gentzlich für den Heusern wegk- und abgeschaffet werden sollen".

Solche Übel ließen sich abstellen; aber machtlos war der Rat gegen eine andere Plage, gegen die *unaufhörliche Geldnot*. Die gesamte Jahreseinnahme der Stadt betrug damals rund 6000 Taler. Infolge des daniederliegenden Handels ging die Einnahme aus der Akzise von Jahr zu Jahr zurück. Die Einnahme aus der Legge betrug nur ein Drittel von der des Jahres 1626. Die Lohnkasse hatte von den Gesandten keine Einnahme, wohl aber für sie allerlei Ausgaben zu bestreiten für Gastmähler, Geschenke und Einrichtung ihrer Wohnungen. Allein den auswärtigen Gläubigern schuldete die Stadt 60000 Taler, die zehnfache Jahreseinnahme! Und wieviel hatten die Bürger, besonders die Ratsherren, vorgeschossen! Die Zinsen hätten mehr als die Hälfte der Jahreseinnahme verschlungen; aber die zahlte man schon seit Jahren nicht mehr. Da nun die auswärtigen Gläubiger meinten, die Stadt habe von den vielen fremden Gesandten reiche Einnahmen, verlangten sie Zinszahlung; als die Stadt aber nicht zahlte, hielten sie das für bösen Willen und wandten Zwangsmaßregeln an. Die Gläubiger in Lingen pfändeten Waren der Osnabrücker Geschäftsleute, und Heinrich von Essen wurde dort sogar 9 Wochen in Haft gehalten. Wie beschränkt die Mittel des Rates waren, zeigen folgende Beispiele. Der durch die Hakenstraße fließende Poggenbach hatte sich vor dem Wohnhause des Grafen Trautmannsdorf erweitert, daß dieser nicht trockenen Fußes hinübergelangen konnte und deshalb den Rat um Herstellung einer kleinen Brücke bat. Dem Rat war es längere Zeit nicht möglich, diesen Wunsch zu erfüllen, da die Lohnkasse leer war und die Lohnherren schon 300 Taler vorgeschossen hatten. Trotz dieser beschränkten Mittel mußten z. B. 1645 für Geschenke gegen 700 Taler aufgewandt werden. Die eigenen Bedürfnisse mußten darunter leiden. Das Dach des neuen Rathauses war ganz undicht; endlich entschloß man sich, um größeren Schaden zu verhüten, 150 Taler dafür zu bewilligen, die man in zwei Terminen zahlen wollte. Die Ausbesserung kostete aber das Sechsfache. Die Lehrer des Ratsgymnasiums hatten 1645 wiederholt ihr Gehalt nicht bekommen und erklärten deshalb Michaelis, sie würden nach den Ferien den Unterricht nicht wieder aufnehmen, wenn ihnen bis dahin nicht die rückständigen 700 Taler gezahlt worden seien. Unter diesen schwierigen pekuniären Verhältnissen hatte der Rat noch den *Kampf um die alten Privilegien* der Stadt zu führen.

Die Friedensverhandlungen gestalteten sich nicht etwa so, daß alle Gesandten sich täglich oder doch regelmäßig im Friedenssaale versammelten, sondern die wichtigsten Verhandlungen fanden zwischen einzelnen Gesandten in ihren Wohnungen statt. Wiederholt trafen sich mehrere Gesandte in der Dechanei zu St. Johann, gegenüber dem jetzigen Marienhospital, oft auch alle im Rathause; so wurde vom 2. bis 25. April 1646 auf dem Rathause täglich eifrig verhandelt. (Daß aber die Büchse in unserem Friedenssaale dazu gedient habe, die Strafgelder der Gesandten für ihre Verspätungen aufzunehmen, ist Sage.) Als die Verhandlungen erst besser in Gang gekommen waren, fand auch ein lebhafter Gedankenaustausch zwischen Münster und Osnabrück statt. Graf Trautmannsdorf wohnte bald in Münster, bald in Osnabrück; ebenso war Oxenstierna wiederholt vorübergehend in Münster, wie der französische Hauptgesandte, Graf d' Avaux,

14. Der Westfälische Friede

in Osnabrück. Daß die Gesandten sich auch öfter in der Kirche zu Lengerich getroffen haben, ist eine alte Überlieferung, aber nicht beglaubigt. Immerhin ist es möglich, da der Große Kurfürst, der wie alle Souveräne die Friedensstädte nicht betreten durfte, bei seinen Reisen in die durch die Heirat mit Luise Henriette von Oranien verwandten Niederlande seine Gesandten manchmal nach dort beschied.

Die Stadt setzte ihre größte Hoffnung auf die schwedischen Gesandten. Nachdem der Graf Trautmannsdorf im Herbst 1645 hier eingetroffen war, begannen allmählich die Verhandlungen, während man bis dahin sich damit begnügt hatte, sich gegenseitig seine Vorschläge zu überreichen. Im November reichte auch Osnabrück eine Vorstellung ein. Es erbat: 1. freie Ausübung der Augsburger Konfession; 2. Ausweisung eingedrungener Mönchsorden; 3. Niederlegung der Petersburg; 4. Erhaltung sämtlicher Privilegien, Freiheiten und Rechte sowohl in bezug auf die innere Verwaltung als auch auf die Regierung des Landes. Der furchtbarste Gegner der Stadt war Bischof *Franz Wilhelm*. Er war als Gesandter des Kurfürstenkollegiums mit großer Pracht, von 70 Osnabrücker Edelleuten begleitet, in Münster eingezogen; seine Wohnung war mit den sieben kurfürstlichen Wappen geschmückt. Außer den 17 Stimmen, die er selber abzugeben hatte, standen ihm infolge seiner hohen Verwandtschaft und seiner geistlichen Bedeutung noch ebenso viele andere Stimmen zur Verfügung. Er verlangte vor allem Rückgabe der Stifte Osnabrück und Minden. Das Osnabrücker Domkapitel stand auf seiner Seite; aber die zweite und die dritte Kurie, Ritterschaft und Stadt, hielten nicht zusammen, da die Stadt von den Rittern noch immer die Rückzahlung der 1633 von ihr vorgestreckten 20000 Taler Kriegsschatzung verlangte.

Zunächst setzte Oxenstierna 1646 bei seiner Anwesenheit in Münster es durch, daß das Jahr 1624 als *Normaljahr* angenommen wurde, d. h. die Rechte und geistlichen Güter, welche die Katholiken und die Protestanten in diesem Jahr besessen hatten, sollten sie — vorläufig auf 100 Jahre — behalten. Die Protestanten hätten lieber das Jahr 1618 oder doch wenigstens 1621, die Katholiken das Jahr 1630 — ein Jahr nach dem Restitutionsedikt — gewählt. Für das Stift Osnabrück war das Jahr 1624 insofern nicht günstig, als in diesem Jahre hier der streng katholische Bischof Eitel Friedrich regierte, für die Stadt aber insofern günstig, als die Marien- sowie die Katharinenkirche damals evangelisch waren und die Petersburg erst nach 1624 erbaut wurde. Die katholischen Gesandten verlangten daher das Stift Osnabrück zurück.

Es war ein Glück für unsere Stadt, daß sie in diesen schweren Tagen einen ausgezeichneten Mann an ihre Spitze stellen konnte: Dr. *Gerhard Schepeler*. Er war 1615 zu Nienburg an der Weser geboren, hatte Rechtswissenschaft studiert und sich mit Anna Grave, der Tochter unseres früheren Bürgermeisters Grave, vermählt, der 1628 wegen der Bedrückung der Bürger durch Franz Wilhelm nach Hamburg gezogen war. Im Auftrage seines Schwiegervaters kam Schepeler 1645 nach Osnabrück, um die Kriegsschatzung, die noch von den hiesigen Gütern der Schwiegereltern gefordert wurden, zu ordnen. Er hatte dieserhalb mit dem Rate harte Kämpfe zu bestehen und wurde wiederholt wegen seines Auftretens mit Gefängnis bedroht, einmal auch bestraft. Aber sein entschiedenes, gerades Wesen hatte ihm unter den Bürgern viele Freunde erworben, so daß sie ihn am Handgiftentage 1647 in den Rat der Stadt wählten. Als Bürgermeister Schuckmann bald darauf wegen Krankheit sein Amt niederlegen mußte, wurde Schepeler erster Bürgermeister.

Hauptsächlich den Bemühungen des Grafen Trautmannsdorf — er war zweifellos der bedeutendste Mann der Verhandlungen — war es zu danken, daß endlich die am schwierigsten zu befriedigenden Staaten, Frankreich, Schweden und Brandenburg, mit den ihnen angebotenen Entschädigungen sich einverstanden erklärten. Brandenburg sollte auch das Bistum Minden haben; das wollte aber Franz Wilhelm nicht fahren lassen, und er fand hierin auch die Unterstützung des Grafen d' Avaux. Als jedoch der schwedische Gesandte Salvius drohend erwiderte: ,,Wir sind bereit, es auf Frankreichs Absonderung ankommen zu lassen", gab d' Avaux nach. Trautmannsdorf war verstimmt abgereist und hatte die Verhandlungen dem gemäßigteren Dr. Isaak *Volmar* überlassen. Infolge dieser Wendung wurde in Osnabrück der lang gehegte Wunsch wieder rege, für die Stadt die *Reichsunmittelbarkeit* zu erstreben. Der Antrag wurde Oxenstierna und dem braunschweig-lüneburgischen Gesandten Dr. *Lampadius* übergeben. Dieser aber hatte bald ganz entgegengesetzte Interessen zu vertreten.

Der vierte Sohn des Herzogs Georg von Braunschweig-Lüneburg (Hannover), *Ernst August*, hatte die Hoffnung auf Nachfolge in den Stiftern Bremen, Magdeburg und Halberstadt, die jetzt aber Schweden oder Brandenburg zugesagt waren; Hannover wollte sich daher an Osnabrück schadlos halten. Die Erhaltung des evangelischen Bekenntnisses wurde dadurch der Stadt erleichtert, die Erwerbung der Reichsunmittelbarkeit aber erschwert. Franz Wilhelm bot alles auf, um sich den Besitz des Stiftes zu sichern; Osnabrück erhielt aus Münster Warnungen, besonders wachsam zu sein, da der Bischof beabsichtige, durch Besetzung der Petersburg seine Anrechte zu vermehren. Obwohl Oxenstierna versicherte, Franz Wilhelm werde sicher wieder in den Besitz des Bistums gelangen, die Stadt werde also keinesfalls eine freie Reichsstadt werden, und obwohl es so gut wie beschlossen war, daß Hannover den Stuhl zu Osnabrück abwechselnd mit einem katholischen Bischof, mit einem Prinzen seines Hauses besetzen solle, beschloß dennoch die Stadt, das hohe Ziel der Reichsunmittelbarkeit zu verfolgen. Als

Vertreter Osnabrücks beim
Westfälischen Friedenskongreß:
Gerhard Schepeler,
Bürgermeister von Osnabrück

daher im Mai 1647 Oxenstierna wieder nach Münster reiste, sandte die Stadt auch den Bürgermeister Schepeler und den Lohnherrn Lohmann dorthin; Syndikus Dr. Böger war dort schon als ständiger Vertreter der Stadt.

Schepeler erkannte bald, daß er eine unlösbare Aufgabe übernommen habe, daß von den Gesandten mit Geld alles, ohne dies nichts zu erreichen sei. Auch fürchtete er, daß sich die Stadt mit der Reichsunmittelbarkeit eine unerträgliche Last aufbürden würde. Er schrieb daher an den Rat am 4./14. Juni: ,,Zwar, wan wir ein Tausend Thaler oder sechs itzo zu spendiren hetten, wolte ich mir schier einbilden, die immediatät zu erlangen; aber weil wir das Gelt nur auf der Zungen, nicht in der Hand füren, müßte es eine sonderliche Schickung Gottes sein, wan wirs erhielten . . . Es wollen aber bei dieser Sache meine großgunstigen Herren und Freunde reifflich erwegen und sich wol bedencken, ob wir lieber eine Reichs-Stadt (Freie Reichsstadt) mit großen Unkosten werden, oder ohne große Unkosten alle und jede, von Kaisern und Bischöfen erlangte privilegia confirmirt, überkommen und keine Beschwer haben, nur den Titul und Nahmen nachgeben, und unter dem krummen Stabe, wie unsere gottseligen Vorfahren, als ein Stifts-Standt sein und verpleiben.'' Der Rat wollte das edle Kleinod der Reichsunmittelbarkeit doch nicht so bald aufgeben, obwohl er Geld nicht zu beschaffen wußte. Schepeler reiste daher nach Osnabrück und brachte den Rat zu dem Beschluß, die Reichsunmittelbarkeit nicht weiter zu erstreben, aber die alten Privilegien der Stadt desto eifriger zu verteidigen sowie die Erlaubnis zur Zerstörung der Petersburg und zur Erbauung einer Windmühle (!) nachzusuchen. Dann reiste er wieder nach Münster und überreichte der Versammlung die Anträge der Stadt, fand aber geringes Entgegenkommen. Franz Wilhelm und das Domkapitel arbeiteten nach Kräften gegen die Stadt; die braunschweigischen Gesandten wollten ihr allenfalls ihre alten Rechte bestätigen, aber weiter nichts gewähren. ,,Am wenigsten'', so meinten sie, ,,können wir es zugeben, daß eine Stadt, in der Handwerker regieren, das Recht besitzt, Todesurteile zu fällen und zu vollstrecken. Was daraus entsteht, liegt auf der Hand; man braucht nur die Mitbürger zu fragen.'' So schadeten die unglücklichen Hexenprozesse der Stadt auch hier. Da Schepeler stets mit leeren Händen kam, erreichte er nichts. Oxenstierna spottete unter Anspielung auf das Verlangen der Stadt nach einer Windmühle: Osnabrücks Versprechungen seien Windmühlen.

Nur in einer Hinsicht erlangte Schepeler etwas: Die Schweden versprachen ihm, daß die *Petersburg* zerstört werden solle. Er teilte dies sofort dem Rat mit und forderte dringend dazu auf, das Zerstörungserk zu beginnen, und als dies ohne Erfolg blieb, eilte er selber nach Osnabrück und drängte. Aber der Rat scheute vor diesem bedenklichen Schritt zurück. Und doch wuchs die Gefahr. Während der Verhandlungen stand der Krieg nicht still. Um diese Zeit gewann der schwedische General Graf Königsmark Vechta, Fürstenau und Wiedenbrück, so daß Franz Wilhelm von dem Stift nichts mehr besaß; um so größer war sein Verlangen, mit Unterstützung der Spanier die Petersburg zu besetzen. Schon schlichen sich fremde Soldaten in die Stadt; da entschloß sich der Rat, das Werk der Zerstörung zu beginnen (im Juli 1647). Die Petersburg bildete eine Wasserburg mit fünf spitzen Bollwerken, deren Gräben von der Hase gespeist wurden. Im Osten wurde sie außerdem durch den Fluß selber, im Norden durch das sogenannte Wilde Wasser, im Südwesten und gegen die Stadt durch zwei Außenwerke geschützt. Man begann die Zerstörung mit Abtragung des gegen die Stadt gerichteten Außenwerkes. Täglich arbeitete eine Fahne und des Rats eigener Marstall mit Sturzkarren. Nachdem Oxenstierna bald nachher aus Münster hierher zurückgekehrt war, förderte er das Zerstörungswerk durch Hilfsfuhren vom Lande. Die Nachricht hiervon brachte Franz Wilhelm und seine Freunde in die höchste Aufregung. Ein Schreiben aus des Bischofs

Friedenssaal im Rathaus, 1735

Kanzlei, das auch der kaiserliche Gesandte unterschrieben hatte, gebot dem Rat unter Androhung der höchsten Strafe Einhalt. Die Braunschweiger Gesandten aber erklärten, die Petersburg, ein Schlupfwinkel der Tyrannei und des Unrechts, müsse herunter, und selbst der kaiserliche Gesandte von Volmar meinte, sie sei im Normaljahr 1624 nicht vorhanden gewesen. Im September zog sich der Krieg wieder in die Nähe der Stadt, so daß man die Arbeiten an der Petersburg einstellen mußte.

Die *Friedensverhandlungen* waren bis nahe vor den Abschluß gediehen, konnten aber nur dadurch zu Ende geführt werden, daß die wichtigsten Staaten noch etwas nachgeben mußten. Aber keiner wollte damit den Anfang machen, so daß die Verhandlungen ins

14. Der Westfälische Friede

Stocken gerieten und erst im März 1648 sich wieder belebten. Sie schienen für die Stadt eine ungünstige Wendung nehmen zu wollen, da im Widerspruch mit dem Herkommen beantragt wurde, die Bürger sollten dem zukünftigen Landesherrn den Huldigungseid leisten. Der Rat und die Prediger wandten sich mit der Bitte um Fürsprache an die schwedischen und braunschweigischen Gesandten und erwirkten den Beschluß: Beide, der Landesherr und die Stadt, sollen Reverse ausstellen, jener, daß er die Rechte der Stadt nicht schmälern, diese, daß sie die Rechte des Landesherrn anerkennen wolle. Damit erklärte sich der Rat einverstanden. Inzwischen waren sämtliche Gesandte nach Osnabrück gekommen, um zunächst mit Schweden endgültig abzuschließen; dies geschah am 6. August neuen Stils im schwedischen Gesandtenquartier an der späteren Schwedenstraße. Hier wurde der Osnabrücker Friedensvertrag zwischen dem Kaiser, den Reichsständen und dem Königreich Schweden verlesen, beschworen und durch Handschlag der Gesandten bekräftigt. Die Sitzanordnung bei der feierlichen Schlußfassung des Vertrages im Residenzhofe Oxenstiernas ist uns überliefert. Sie umfaßt die Namen von 26 Spitzenvertretern der hieran beteiligten Kongreßparteien. Die Verhandlungen mit Schweden waren damit endgültig abgeschlossen. Dann reisten alle Gesandten Anfang September nach Münster, wo noch eifrig mit dem Kaiser und den Franzosen verhandelt wurde. Unterdes arbeiteten die Osnabrücker Bürger wieder eifrig an der Zerstörung der Petersburg. Zunächst stellte man die von Franz Wilhelm niedergerissene Stadtmauer der Festung gegenüber wieder her; dann griff man diese selber an, und Bürgermeister Schardemann und Syndikus Böger, die Osnabrück bei den Schlußverhandlungen in Münster vertraten, erhielten von Dr. Salvius schriftlichen Befehl an die Landleute, daß sie bei der Arbeit helfen sollten. Mitten in der besten Arbeit verlangte der launische Oxenstierna plötzlich, sie solle eingestellt werden. Er fühlte sich verletzt, weil die Schneider im Hause seines Sekretärs trotz des schwedischen Wappens einen ,,Bönhasen gejagt", d. i. einem unzünftigen Schneider das Handwerk gelegt hatten. Doch hatte dieser Einspruch des Grafen keine weiteren Folgen.

Am verhältnismäßig raschen Abschluß des Friedens hatte Graf Trautmannsdorf, des Kaisers Vertrauter, das meiste Verdienst. Ihm gelang es auch 1647, Osnabrück zur Stadt eines *Gesamtkongresses* zu machen, da er hier eine größere Verhandlungsbereitschaft fand und auch nicht wie in Münster laufender Bespitzelung unterlag, über die er sich in Wien beschwerte. ,,Das ganze Reich war in Bewegung, und Osnabrück war der Mittelpunkt aller Unruhe, Widerlegungen, Beschwerden, Drohungen, dieses alles war im Schwange, sogar bis auf die Schmähungen" (Bougeant). Die Stadt war ohnehin von vornherein zum Verständigungsort über die religiösen Gegensätze bestimmt worden, bei deren Lösung sich Schweden, Braunschweig-Lüneburg, Hessen und das reformierte Brandenburg alle Mühe gaben.

Am *6. August 1648* (27. Juli alten Stils) fand im schwedischen Hauptquartier in der späteren Schwedenstraße die *Unterzeichnung* des Vertrages mit dieser Macht statt (s. o.) unter ausdrücklicher Bestimmung, daß nichts mehr geändert werden solle: Der *Abschluß mit dem Kaiser* erfolgte am 4. September im Rathaus der Stadt Osnabrück; der Herrscher stimmte bereits den beiden Abschlüssen am 27. September zu.

Damit war das mühselige Werk beendet. Die Verträge hatte man dem Vertreter des Kurkanzlers in Mainz, Dr. Mehl, übergeben, der sie einsiegeln ließ. Da sich Münster dabei zurückgesetzt fühlte, was durchaus zu verstehen war, wurde die Öffnung verlangt, um etwa noch fehlende oder nicht vollgültige Unterschriften dort zu vollziehen, was am 24. Oktober trotz des scharfen Widerstandes von Johann Oxenstierna geschah, der ausdrücklich in seinen Vertrag hineinsetzen ließ, daß die Fakten in Osnabrück geschehen seien.

Am 25. Oktober, an einem Sonntage, fuhr unser Bürgermeister Schardemann, der von Münster kam, morgens um 6 Uhr ins Heger Tor und rief links und rechts den Bürgern zu, daß der Friede am Abend zuvor in Münster unterzeichnet und verkündet worden sei. Aber die Bürger machten ein ungläubiges Gesicht. Wie konnten sie nach so vielen Enttäuschungen glauben, daß ihre sehnlichste Hoffnung endlich in Erfüllung gegangen sei! Als daher die Gemeinde nach beendigtem Hauptgottesdienst aus der Marienkirche kam, trat Syndikus Dr. Böger auf die mit rotem Tuch bedeckte Rathaustreppe und verkündete laut allem Volke, daß der Friede wirklich geschlossen sei. Die Spielleute bliesen vom Marienturm soeben das Lied: ,,Nun lob, mein Seel, den Herrn''; das ganze Volk stimmte ein, aber in sehr verschiedenen Gefühlen: Die einen weinten vor Freude, andere sahen mit Besorgnis in die Zukunft. Auch in den Straßen verkündete Dr. Böger unter Trommelschlag die frohe Botschaft. Am Schluß der Nachmittagspredigt wurde das Tedeum gesungen und abends durch eine dreifache Salve des Geschützes auf den Wällen und der dort aufgestellten Freifahne das erste Osnabrücker Friedensfest beschlossen.

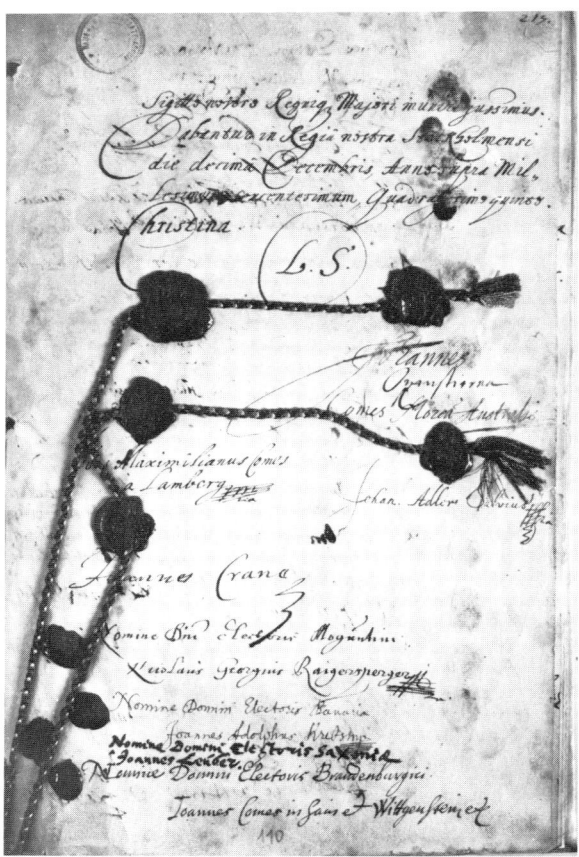

Instrumentum pacis Osnabrugense, das Osnabrücker Friedensinstrument von 1648, Ausschnitt mit den Siegeln führender Gesandten des Kongresses

14. Der Westfälische Friede   215

Die Verkündigung des Westfälischen Friedens von der Freitreppe des Rathauses zu Osnabrück am 25.10.1648. Wandgemälde von Prof. Leonhard Gay, Dresden, in der Aula das Realgymnasiums an der Lotter Straße (im II. Weltkrieg zerstört).

Nach der Besiegung Frankreichs im letzten Weltkriege beabsichtigte *Hitler*, den Abschluß 1648 mit dem alten Gegner dadurch ungeschehen zu machen, daß er in Münster mit ihm einen siegreichen Frieden abschloß. Westfälische Parteikreise hatten dafür beträchtliche Summen zur Verfügung gestellt und sich durch den dortigen Stadtarchivar eine angeblich geschichtliche Darstellung anfertigen lassen, in der Osnabrück ebensowenig wie in einem umfangreichen Film über dieses Ereignis auch nur erwähnt wurde. Die Vorbereitungen blieben geheim. Dennoch gelang es dem Oberbürgermeister Dr. Gaertner, von dem Vorhaben Kenntnis zu erlangen. Er bat Ludwig Bäte, der sich seit langem mit der Geschichte dieser Zeit beschäftigt hatte, eine genaue Abgrenzung des Anteils der beiden Friedensorte vorzunehmen, die nach einem Vortrag Bätes im Historischen Seminar der Universität Berlin auch voll anerkannt wurde. Die in Korrekturbogen vorliegende Schrift Münsters wurde mit dem Film eingehend geändert; die Schlußszenen des umfangreichen Filmwerks mußten nun unter Leitung des Schweizers Rupli in Osnabrück und Iburg gedreht werden. Die Stadt selbst brachte über alle Vorgänge eine Schrift Bätes heraus, die Hitler vorgelegt und von ihm in allen Punkten anerkannt wurde. Auf Veranlassung Dr. Gaertners geschah auch die Einrichtung einer ausgebreiteten Bibliothek über die Geschichte des Friedens und einer graphischen Sammlung; die sog. Kleine Ratskammer wurde ein vielbesuchtes Museum über diese Geschehnisse. Alles wurde später sorgfältig durch Bäte ausgelagert, durch Eingriff von anderer Stelle her aber nahezu ganz zerstört (s.u.).

15. Nach dem Friedensschluß bis zum Tode Franz Wilhelms

Das deutsche Volk freute sich, daß endlich der Friede da war; über den Inhalt des Friedens sich zu freuen, hatte es wahrlich keine Ursache. Was konnte es auch von einem Frieden erwarten, dessen Bestimmungen wesentlich von Ausländern getroffen waren! Die schönsten Grenzländer — das Elsaß, die Bistümer Bremen und Verden sowie Vorpommern — und sämtliche deutsche Flußmündungen waren in den Händen der Fremden. Die Unabhängigkeit der Schweiz und der Niederlande wurde besiegelt. Über das *Stift Osnabrück* bestimmte die Osnabrücker Friedensurkunde: Im Stift Osnabrück sollen katholische Bischöfe mit Bischöfen Augsburgischer Konfession aus der Familie der Herzöge von Braunschweig und Lüneburg abwechseln. Gustav Gustavson erhält eine Entschädigung von 80000 Talern. Das Bistum wird dem Bischof Franz Wilhelm zu ungestörtem Besitz zurückgegeben. Die kirchlichen Verhältnisse der Gemeinden sollen auf den Stand von 1624, dem sog. ,,Normaljahr'', zurückgeführt werden. — Die weitere Ausführung dieser Bestimmungen wurde einem 1650 nach Nürnberg zu berufenden Kongreß, dem sog. *Nürnberger Exekutions-Kongreß*, übertragen.

Die Stadt Osnabrück konnte der Zukunft nicht hoffnungsfreudig entgegengehen. Schon ein Blick auf ihre wirtschaftliche Lage mußte niederdrückend wirken; der Rat und die evangelischen Bürger sahen auch mit Sorgen der Rückkehr Franz Wilhelms entgegen. Als ihre nächste Aufgabe betrachteten sie es, die *Petersburg* so gründlich zu zerstören, daß ihm die Lust, sie wieder zu erbauen, vergehen würde. Gleich am nächsten Morgen nach dem Eintreffen der Friedensbotschaft (26. Oktober) versammelten sich die Ratsherren und beschlossen, zur Deckung der Kosten für den Abbruch der Petersburg eine doppelte Steuer zu erheben; dann beriefen sie mehrere hundert Menschen mit Wagen und zogen gemeinsam zur Petersburg. Dort dankte der Rat unter freiem Himmel Gott dafür, daß er so weit geholfen habe, und gab Anweisung für die Abbrucharbeiten. Noch desselben Tages zog die gesamte Bürgerschaft unter Trommelschlag zu dem Zerstörungswerk hinaus. Mit dem größten Eifer wurden die Gebäude dem Erdboden gleichgemacht, das Holz verbrannt. 1500—1600 Bauern kamen den Bürgern mit Pferd und Wagen zu Hilfe. Nach fünf Tagen waren alle Gebäude und drei Bastionen abgebrochen; Ende November war das Werk vollendet, so daß nur noch eine mäßige Menschenzahl arbeitete, mehr zur Befestigung der Stadt als zur Zerstörung der Burg.

Franz Wilhelm setzte alles in Bewegung, um die geliebte Burg zu erhalten. Er selber, das Domkapitel und selbst Volmar bestürmten die schwedischen und braunschweigischen Gesandten, daß sie dem Zerstörungswerk Einhalt gebieten sollten. Oxenstierna meinte auch, man sei zu weit gegangen; Salvius aber blieb fest. Ein heftiges, abmahnendes Schreiben Volmars lief beim Rat ein; deshalb reiste Schepeler wieder nach Münster. Oxenstierna hatte ebenfalls gerade ein drohendes Schreiben für Osnabrück anfertigen lassen, änderte es aber auf Schepelers Vorstellung so weit, daß es fast inhaltslos wurde. Auch von Volmar erklärte, als Schepeler ihm mitteilte, daß von der Burg fast nichts mehr vorhanden sei: ,,Ich hab's immer gesagt, daß es so kommen werde, und habe das jüngste Abmahnungsschreiben nur auf Franz Wilhelms Drängen erlassen.'' Um Franz Wilhelm sich gefällig zu erweisen, regte von Volmar an, man möge den von Oxenstierna bewohnten Hof oder die Eversburg zu einer Residenz ausbauen oder für ihn ein neues Schloß auf dem Gertrudenberge errichten; aber Schepeler wußte so viele Gegengründe anzuführen, daß von Volmar auch diesen Plan fallen ließ.

Die wiederholten Verhandlungen Schepelers mit den braunschweigischen Gesandten über die Fassung der Kapitulation führten zu keinem Ergebnis. Franz Wilhelm wollte mit ihm überhaupt nicht unmittelbar, sondern nur durch Vermittlung der kaiserlichen

15. Nach dem Friedensschluß bis zum Tode Franz Wilhelms

Gesandten verhandeln und hatte dem Domkapitel sogar untersagt, mit Schepeler zu reden. So mußte die Verhandlung über das Verhältnis der Stadt zum Landesherrn sowie über den Religionsstand der einzelnen Kirchengemeinden dem Nürnberger Exekutions-Kongreß überlassen bleiben, der überhaupt die Bestimmungen des Westfälischen Friedens im einzelnen näher festsetzen sollte. Die Stadt sandte als ihren Vertreter Dr. Brüning dorthin. Die Verhältnisse unseres Stifts wurden aber durch die am 28. Juli 1650 errichtete *Immerwährende Kapitulation* geordnet. Dem Normaljahr 1624 entsprechend, wurde beiden Konfessionen freie Religionsübung gewährt. Zur Beaufsichtigung der lutherischen Kirchen und Volksschulen außerhalb der Stadt Osnabrück wurde ein geistliches Konsistorium Augsburger Konfession neu errichtet. In dem Domkapitel und in dem Stift zu St. Johann sollten so viele katholische bzw. evangelische Mitglieder vorhanden sein, wie am 1. Januar 1624 darin vorhanden gewesen; infolgedessen enthielt seitdem jenes 22 Katholiken und drei Evangelische, dieses 11 Katholiken und einen Evangelischen. Ferner heißt es: ,,Die sämtlichen Stiftsstände und Untertanen sollen bei ihren Freiheiten und Gerechtsamen, in deren Besitz sie den 1. Januar 1624 gewesen, gehandhabt, ihnen oder auch jemand anders dem zuwider keine neue Privilegia erteilet werden. Die Stadt Osnabrück soll im Geist- und Weltlichen in den Zustand, worin sie den 1. Januar 1624 gewesen, wieder gesetzt werden. — Das Domkapitel behält die Fischerei zwischen der Mühlenpforte und der Herrenteichsmühle bis an den steinernen Peterskopf an der Mauer (eben unterhalb des unteren Hellingturms). Dem Domkapitel zu Ehren soll der neue Kalender eingeführt, den Augsburgischen Konfessionsverwandten aber keine anderen Feiertage, als die sie im Jahre 1624 gehalten, zu feiern angemutet werden." Mit den Privilegien war auch das Leggerecht Osnabrücks ausdrücklich bestätigt worden. Für das eigenmächtige Niederreißen der Petersburg gewährte Franz Wilhelm Verzeihung.

Franz Wilhelm
Graf von Wartenberg
als Kardinal 1660
Bischof von Osnabrück
1625—1661,
Bischof von Minden 1629,
Bischof von Verden 1630,
Bischof von Regensburg 1649

Durch nichts ist Osnabrück so bekannt geworden, wie durch den Abschluß des Westfälischen Friedens. Noch jetzt lernen alljährlich Tausende von Schulkindern, und zwar nicht nur in Deutschland, daß jener denkwürdige Friede in ,,Münster und Osnabrück" geschlossen ist. Noch heute stehen gewiß Privatgebäude, die einst die Friedensgesandten beherbergt haben; das wichtigste Denkmal jener Tage ist unser *Rathaus* mit dem *Friedenssaal*. Von den etwa 150 Friedensgesandten, die hier gewohnt oder vorübergehend geweilt, haben 38 ihr Bildnis hier zurückgelassen, unter ihnen Oxenstierna, Trautmannsdorf, Crane, Volmar, Lampadius, Salvius und d' Avaux.

Die *Stadt Osnabrück* gewährte damals keinen erfreulichen Anblick; viele Häuser standen leer und waren zum Teil verfallen. Vor den Häusern lagen wieder die Schweineställe. Das Jesuitenkolleg im Augustinerkloster, das Barfüßerkloster, der Deutsch-Herrenhof auf der Neustadt und manche andere geistliche Gebäude lagen in Trümmern. Von den 1786 Haushaltungen, die man 1623 in der Stadt zählte, waren nur noch 830 vorhanden. Die Bürger waren der ruhigen Arbeit entwöhnt, zum großen Teil verarmt und verroht. Handel und Gewerbe lagen danieder; Minden und Tecklenburg hatten eine Legge angelegt. Die Osnabrücker Geschäftsleute durften sich auswärts kaum sehen lassen, ohne von Gläubigern der Stadt ihrer Waren beraubt oder selber gefangengesetzt zu werden. 1650 betrugen die *Schulden* der Stadt *154411 Taler*, deren Verzinsung also bei fünf oder sechs Prozent über 8000 Taler erforderte; die ganze Einnahme der Lohnkasse betrug 1650 aber nur 4846 Taler. Nur 20000 Taler hatte die Stadt von Bürgern leihen können; das übrige schuldete sie Adligen des Stifts oder der Nachbarländer, Kaufleuten in Köln, Amsterdam, Hamburg, Bremen und Lingen. Viele Gläubiger mußten auf ihre Zinsen ganz oder teilweise verzichten, obwohl die Stadt alles aufbot, was in ihren Kräften stand. Sie verkaufte günstig gelegene Grundstücke auf Erbzins, dem Krameramt ein Branntweinmonopol, einigen Bürgern das Recht, ihre Kühe mit in der Ratswiese zu weiden, und als dies alles noch nicht hinreichte, griff sie sogar die Armengüter an; sie war ja selber arm geworden! 1652 gab der Rat von den Ländereien der drei Hofhäuser für 6800 Taler in Erbpacht, allerdings mit dem Recht der Wiederlöse; aber das meiste ist nicht wieder eingelöst worden. In demselben Jahre verkaufte er von städtischem Besitz sechs Kämpe im Rubbenbruch für 2000 Taler an die Heger Laischaft. In solcher bedrängten Lage befanden sich auch die übrigen Städte, Flecken und Dörfer unseres Landes. Wie viele Höfe lagen wüst! Und dieses ausgestorbene Land mußte noch eine hohe *Kriegssteuer* zahlen. Nach dem Westfälischen Frieden erhielt Schweden außer den Bistümern Bremen (ohne die Stadt Bremen) und Verden sowie Vorpommern 5 Millionen Taler, Hessen 600000 Taler, Gustav Gustavson dafür, daß er das ihm von der Königin von Schweden geschenkte Fürstentum Osnabrück an Franz Wilhelm wieder abtrat, 80000 Taler, die in vier jährlichen Terminen gezahlt werden sollten. Bis zur völligen Abzahlung dieser Entschädigung durften die Schweden unser Land besetzt halten; vorher konnte also Franz Wilhelm die Regierung nicht wieder übernehmen. Ihm lag daher viel daran, daß die Schweden sobald wie möglich das Land räumten. Die Osnabrücker Regierung erbot sich daher, Gustav Gustavson die 80000 Taler sofort und noch 5000 Taler überher zu zahlen, wenn er sofort abzöge. Er ging darauf ein. Aber woher sollte das Geld kommen! Die Osnabrücker mußten zunächst zu den 5 Millionen 17405 Taler, als Beitrag zu den 60000 Talern für Hessen 2305 Taler und außerdem die 85000 Taler, im ganzen also 104710 Taler zahlen, zu einer Zeit, da ein Bäckergeselle einen ganzen Monat für 7 Schilling ($^1/_3$ Taler) und die Kost arbeiten mußte. Es war selbstverständlich, daß diese Last nicht allein den Bürgern und Bauern aufgeladen werden konnte, sondern daß die sonst abgabenfreien Geistlichen und Adligen tragen helfen mußten.

15. Nach dem Friedensschluß bis zum Tode Franz Wilhelms

Obwohl Franz Wilhelm noch nicht in sein Bistum zurückgekehrt war, schrieb er für den 7. Oktober 1649 einen Landtag unter der Hohen Linde beim Kloster Oesede aus. Er selber kam dorthin vom Gute Harkotten, wo er damals wohnte. Der Landtag beschloß, von jeder über zwölf Jahre alten Person des Fürstentums einen doppelten Kopfschatz zu erheben. Der Dompropst, Domdechant, Propst des Stifts St. Johann und der Komtur von Lage zahlten je 21 $1/3$ Taler, der Abt von Iburg 15, die Äbtissinnen der Nonnenklöster je 8 Taler, die Mönche 4 Taler, die Nonnen 3 Taler, die evangelischen und katholischen Pfarrer je 4 Taler, Lehrer der höheren Schulen 1 Taler, die Volksschullehrer $1/2$ Taler, die adligen Ritter $2/3$ Taler, die Rechtsgelehrten 8 Taler, die Ärzte 4 Taler, ein Vollerbe $2 2/3$ Taler, ein Markkötter $1/3$ Taler. Die Frauen zahlten die Hälfte von dem Beitrage des Mannes. Selbst die Hüsselten, arme, obdachlose Menschen, die nachts in Scheunen und Ställen ein kümmerliches Unterkommen fanden, wurden nicht verschont. Der Mann zahlte 4, die Frau 2, das Kind 1 Schilling. Diese Steuer wurde einmal, der verdoppelte Rauch- und Viehschatz aber noch oft erhoben. Wiederholt zahlten die Vollerben monatlich 4 Taler.

Nachdem Gustav Gustavson seine Abfindung erhalten hatte, verließen die Schweden am 30. November 1650 unser Bistum; schon drei Tage vorher war Franz Wilhelm in Iburg eingetroffen. Am 18. Dezember kam er nach Osnabrück, dessen Rat, um ihn günstig zu stimmen, zuvor den neuen Kalender eingeführt hatte. Gleich am folgenden Tage erließ der Bischof zur Beruhigung der Bürger eine Bekanntmachung, in der er versprach, ,,die Privilegien, Rechte und Gerechtigkeiten'' der Stadt und des Stifts zu achten und die Bestimmungen des Friedensschlusses wie der Immerwährenden Kapitulation aufrechtzuerhalten, obwohl er gegen beide Einsprache erhoben. Hatte er doch Minden an Brandenburg, Verden an Schweden abtreten müssen; als Entschädigung erhielt er 1649 das Bistum Regensburg. Dort residierte er von 1652 bis 1655 und von 1659 bis zu seinem Tode. In seinen beiden Bistümern hat er sich um die katholische Kirche hoch verdient gemacht, in unserem Bistum auch für die wirtschaftliche Hebung des Landes gesorgt. ,,Des Landes bürgerliche Rechte hielt Franz Wilhelm heilig. Ohne Rat und Willen der Stände wurde keine Verordnung entworfen, den Gemeinden sorgsam aufgeholfen, der Steuerfuß berichtigt, und mindere Lasten als je nachher reichten, da der Bischof keine Subsidien forderte, selbst den bedeutenden Iburger Bau mit geringer Beihilfe vollendete, hin, die aufgeschwollenen Zinsen der Schuld abzutragen und den Kredit herzustellen.'' (Stüve.) Zur Sicherheit des Landes hielt der Bischof 500 Fußsoldaten und 60 Reiter. Ebenso verordnete er 1658, daß das in Vergessenheit geratene Vogelschießen oder Schützenfest wieder alljährlich gefeiert werden solle, ,,damit sich die Mannschaft im Schießen übe, auch auf den erforderlichen Fall zu ihrer selbst und des ganzen Stifts Verteidigung mit dem Gewehr desto besser umgehen und ersprießliche Dienste leisten möge.''

Um die inneren Verhältnisse der katholischen Kirche zu bessern, hielt er wiederholt Synoden ab, besuchte häufig selber die Kirchen und Klöster und sorgte für eine bessere Bildung der Geistlichkeit. Zu dem Ende hätte er am liebsten die Carolina, das *Jesuitenkollegium*, wieder ins Leben gerufen; aber der Rat wandte sich sofort an die hannoversche Regierung, die der Einrichtung widersprach, indem sie sich auf das Normaljahr berief. Franz Wilhelm glaubte auf die Universität ein gewisses Anrecht zu haben als Gegengabe für das von ihm gewährte lutherische Landkonsistorium; er wollte auch den Nichtkatholiken den Besuch der Hochschule gestatten; endlich meinte er, das Normaljahr komme hier nicht in Frage, da die Carolina nur ein Ausbau des Carolinums sei, das schon Karl der Große gegründet habe: Alles vergeblich. Seit 1648 wohnten hier schon zwei Jesuiten im Pfarrhofe neben der Paulskapelle. In dasselbe Gebäude verlegte man auch das während des Krieges eingegangene Carolinum und stellte es unter die Aufsicht der Jesuiten. Der Rat beschwerte sich darüber bei der hannoverschen Regierung, die aber nicht eingriff. Anfangs lebten die Jesuiten noch weltlich; 1657 aber begleiteten sie im Ordenskleide mit ihrer Schule eine Leiche. Sie haben die Leitung der Schule bis zur Aufhebung ihres Ordens im Jahre 1772 behalten.

Das Verhältnis des Bischofs zur *Stadt* blieb stets gespannt, keines ihrer Rechte unbestritten. Ihre Akzise, ihr freies Besteuerungsrecht, ihre oberste Gerichts- und vor allem ihre Kirchengewalt wurden als Hoheitsrechte des Landesherrn in Anspruch genommen. Als ihm der Rat eine vom Syndikus Dr. Böger beglaubigte Abschrift des berühmten Privilegs Barbarossas überreichte, erwiderte der Bischof: ,,Zeigt mir das Original, dann werde ich seinen Inhalt prüfen. Der Beglaubigung des Syndikus traue ich nicht; denn er ist als verlogener Mensch bekannt." Aber der Rat verteidigte seine Rechte mit zäher Ausdauer, und Gewalt mochte der Bischof nicht anwenden, wenn auch die Bürger es wiederholt fürchteten. So behielt der Rat auch die bisher von ihm verwalteten Armenmittel, u. a. die der drei Hofhäuser. Bis 1656 stand Schepeler an der Spitze der Stadt. Schon 1650 ernannte Franz Wilhelm ihn, seinen schärfsten Gegner bei den Friedensverhandlungen, den eigentlichen Zerstörer der Petersburg, zum fürstlichen Landrat — gleich ehrenvoll für beide. 1660 erhielt Schepeler die Würde eines Kaiserlichen Pfalzgrafen, und Bischof Ernst August I. ernannte ihn bei seinem Regierungsantritt 1661 zum fürstlichen Kanzlei- und Regierungsrat. In dieser Eigenschaft hat er an dem Reichstage zu Regensburg sowie an verschiedenen Kreistagen teilgenommen. Er starb 1674 in Osnabrück und wurde in der Marienkirche beigesetzt. Seine Grabschrift ist noch wohlerhalten; sein Bildnis hängt im Rathause. An seinem Wohnhause, Große Straße 53, befand sich noch das Schepelersche und das Gravesche Wappen; ein noch größeres Wappen saß bis vor kurzem an dem Pfeiler des Westeinganges der Wachsbleiche. Das Wohnhaus ist 1927 abgebrochen. *Franz Wilhelm* verbrachte die letzten Lebensjahre in Regensburg; dort starb er 1661 und wurde in dem dortigen Dom beigesetzt. 1905 haben ihm seine hiesigen Glaubensgenossen in einer an der Südseite des Hochaltars im hiesigen Dom angebrachten Steintafel ein ehrenvolles Gedächtnis gestiftet.

Acht Jahre nach Franz Wilhelm fand auch *Dr. Pelzer* ein trauriges Ende. Er hatte 1640 die Stadt heimlich verlassen, um in Stockholm sich über Gustav Gustavson zu beschweren, wurde aber von Salvius bewogen, in Hamburg zu bleiben. Für kurze Zeit fand er Anstellung als Rat an der schwedischen Kanzlei in Halberstadt. Der Rat von Osnabrück beschloß 1641, ihn als Syndikus anzustellen; Pelzer wagte aber erst heimzukehren, nachdem Gustav Gustavson 1643 die Stadt verlassen hatte. Er hatte in der Fremde seine Mutter und drei Kinder verloren, dazu sein Vermögen aufgezehrt; noch größeres Unglück traf ihn jetzt in der Heimat. Die Anstellung als Syndikus erhielt er nicht; seine früheren Freunde mieden ihn. Er war schon 1640 zum Kirchenrat von St. Katharinen erwählt worden, wurde aber zu den Sitzungen des Kirchenrats nicht zugezogen, sondern nach seiner eigenen Aussage nur dazu verwandt, vierteljährlich die Sammlungen für den Organisten vorzunehmen. Er war weder im Hause noch auf der Straße sicher. Eines Tages wurde er von einem Verwandten der in der Tortur gestorbenen Frau Lüdeke Schröder auf offener Straße überfallen und mißhandelt; der Rat zog den Täter zwar ein, ließ ihn aber wieder entwischen.

Modemann, damals Gograf in Iburg, Ameldung, Lüdeke Schröder, Johann Baumeister und Russel verklagten Pelzer beim Rat wegen seines Verhaltens im Hexenprozeß. Auf Grund des 1639 beschlossenen Hexenstatuts erklärte aber der Rat, selber für Pelzer eintreten zu wollen. So war er Angeklagter und Richter in einer Person und zog die

Klage in die Länge. Darüber beschwerten sich endlich die Kläger, und es wurde die Überweisung der Klage an die fürstliche Kanzlei angeordnet. Pelzer wurde zur Verantwortung innerhalb sechs Wochen vorgeladen; er wußte aber die Frist so in die Länge zu ziehen, daß daraus sechs Jahre wurden. Sobald aber Franz Wilhelm die Regierung wieder übernommen hatte, befahl er seinem Vogt, Pelzer gefangenzunehmen, sowie er seiner außerhalb des Stadtgebietes habhaft werden könne, und nach Iburg zu bringen. Als Pelzer 1651 von einer Beerdigung auf Haus Mark bei Tecklenburg zurückkehrte, wurde er außerhalb des Stadtgebietes ergriffen und in Iburg gefangengesetzt.

Vergebens bat Pelzer um Freilassung, damit er auswandern könne; vergebens protestierte er gegen seine Verhaftung, die zu Unrecht erfolgt sei, da er noch in schwedischen Diensten stehe. Auch Bürgermeister Meuschen und Syndikus Vette erhoben Einsprache beim Bischof gegen die Verletzung der städtischen Gerichtsbarkeit, ebenfalls ohne Erfolg. Von einer Verteidigung wollte Pelzer nichts wissen, weil er dadurch nach seiner Meinung die Zuständigkeit des bischöflichen Gerichts anerkannt und die städtischen Privilegien verletzt hätte. Als Franz Wilhelm den Regensburger Reichstag besuchen wollte, ließ er Pelzer vorher nach Fürstenau bringen und dem Drosten Tambach zur Bewachung übergeben, dem er als seinem bayerischen Landsmann besonderes Vertrauen schenkte. Der Prozeß ging seinen schleppenden Gang weiter. Unterdes saß Pelzer in seinem stillen Gefängnis von einem Jahr zum anderen. In den ersten Jahren hörte man ihn wohl laut Psalmen singen und Gebete sprechen; dann verstummte er. Geist und Gemüt verfinsterten sich allmählich; bald verfiel er in Schwermut, bald in Raserei, versperrte dem Wärter den Eintritt in seine Zelle, zertrümmerte den Ofen, riß den Fußboden auf. Sein Sohn Albrecht, der schon als Schüler des Ratsgymnasiums von seinen Mitschülern Modemann u. a. viel zu leiden gehabt hatte, studierte die Rechte, um seinen Vater zu retten. Sobald es ihm sein jugendliches Alter gestattete, eilte er nach Speyer und erwirkte 1658 einen Befehl des Reichskammergerichts an den Bischof, den Gefangenen zu entlassen. Aber so schnell ging das nicht. Da befahl das Reichskammergericht 1659, daß Pelzer dem Stadtrat gegen Bürgschaft ausgeliefert werden solle. Der junge Pelzer eilte nach Fürstenau, um von seinem Vater die verlangte Bürgschaft unterschreiben zu lassen. In Begleitung des Drosten Tambach betrat er die Zelle. Wirren Blickes, mit zerzaustem Haar, in schlechter, am Ofen versengter Kleidung trat der Vater ihm entgegen. Die ihm dargebotene Schrift wollte er nicht annehmen, deren Vorlesung nicht anhören. Tränenden Auges trat der Sohn ihm näher, bot ihm die Hand und wollte ihn küssen. Mit harten Worten aber wies ihn der Vater zurück: „Pack dich hinweg! Ich kenne dich nicht! Mir hat man vor neun Jahren zu Iburg meinen Sohn durch Diener hinweggenommen und kommt jetzt mit einem jung erdichteten Teufel an." Erst nach einem Jahre, im März 1661, wurde der Gefangene nach neunjähriger Haft dem Rat der Stadt Osnabrück übergeben. Dem Sohne brach der Schmerz über seinen armen Vater das Herz: Er starb im Oktober 1663 in Speyer. Sein Vater und seine geisteskranke Mutter mußten, da sie ganz mittellos waren, auf Kosten der Stadt unterhalten werden. Beide brachten, voneinander getrennt, im Wahnsinn ihr trostloses Leben hin. Pelzer starb 1669 und wurde auf Kosten der Stadt beerdigt, aber nicht, weil er ihr Bürgermeister gewesen, sondern weil er verarmt war.

Ob dieser Ausgang die Kläger Modemann, Ameldung usw. befriedigt hat? Die Klage setzten sie auch nach Pelzers Tode noch fort; sie wollten erreichen, daß das Verfahren gegen ihre Mütter und Frauen ungerecht, die als Hexen Verurteilten für ehrlich und nachträglich in geweihter Erde beigesetzt würden. Der Prozeß hat über 20 Jahre gewährt, ist aber nie zu Ende gekommen. Pelzer ist auch ohne die erstrebte Verurteilung schwer genug bestraft worden. ,,Und worin bestand sein Verbrechen? Als Kind seiner Zeit teilte er mit seinen Zeitgenossen den Aberglauben. Als Teilhaber und Lenker der obrigkeitlichen und richterlichen Gewalt war er berufen, Verdächtige zu verfolgen und nach den Gesetzen seiner Zeit zu strafen . . . Der Eifer für die städtischen Privilegien ließ Pelzer irren, starres Festhalten am Hergebrachten ließ ihn fehlen, Rechthaberei und Parteisucht mochten ihn verblenden und schon zur Zeit seiner Herrschaft seinen Verstand trüben. Ein Handeln wider besseres Wissen und wider seine Überzeugung ist aber dem Unglücklichen nicht zur Last zu legen. Der Irrlehre und dem Wahne seiner Zeit fielen die Gerichteten zum Opfer, und ihr Blut wurde an dem irrenden Richter selbst schwer gerächt." (Fr. Lodtmann.)

16. Das Privatleben der Bürger

Nachdem wir den Bürger jener Tage schon als Mitglied von Gilde und Wehr, als Kriegsmann, Steuerzahler und als Wähler am Handgiftentage kennengelernt haben, wollen wir ihn jetzt auch noch in seine Wohnung begleiten und einen Blick auf sein Familienleben werfen.

Die *Wohnung* können wir noch heute an einigen aus jener Zeit erhaltenen Gebäuden kennenlernen. Bei den meisten führte eine große Einfahrtstür auf die geräumige Diele, die als Werkstatt oder Warenlager und im Herbst zeitweise als Dreschtenne diente. Im Herbst kamen so viele Bauern vom Lande zum Dreschen in die Stadt, daß der Rat im letzten Kriegsjahre, als man einen Überfall der Stadt durch Franz Wilhelm fürchtete, die Torwärter streng anwies, genau darauf zu achten, daß mit den Bauern sich nicht fremdes Kriegsvolk einschliche. Die Laischaften hatten eigene Dreschhäuser vor den Toren; das

Altes Ackerbürgerhaus
in der Heger Straße

16. Das Privatleben der Bürger

der Martinianer stand noch bis vor wenigen Jahren Rückertstraße Nr. 70. Im Hintergrunde der Diele lag der offene Herd, der gewöhnliche Aufenthaltsort der Familie. Unter der Decke, dem Wiem, hingen Speck und Würste; denn die Familie schlachtete selber ein. An beiden Seiten der Diele lagen die Viehställe. Später, als der Ackerbau eingeschränkt wurde, oder als man die Viehställe auf dem Hofe unterbrachte, legte man an den Seiten schmale Zimmer an, von denen aber nur das vordere Licht und Luft von außen empfing. Die *Ausstattung* der Wohnräume war höchst einfach, aber dauerhaft. Ein schwerer Tisch, daneben eine Truhe, deren Deckel zugleich als Sitz diente, einige Stühle, alles aus festem Eichenholz; daraus bestand meistens die ganze Einrichtung. Die Wände waren getüncht, der Fußboden meistens aus Lehm gestampft. Das frühere Hillebrandsche Haus, Heger Straße 15, das sich noch weitergehender Unversehrtheit erfreut nach den schweren Bombenangriffen des letzten Weltkrieges, besitzt noch jetzt neben der Haustür zwei steinerne Sitzbänke, auf denen Vater und Mutter abends ausruhten, um mit den Nachbarn ein Stündchen zu plaudern. Man ging früh zu Bett und stand früh wieder auf; das trübe Kerzenlicht reizte nicht zum langen Aufsitzen. Um 11 Uhr wurde allgemein zu Mittag gegessen. Nach der Kirchenordnung des Hermann Bonnus aus dem Jahre 1543 begann um 12 Uhr die Nachmittagsschule. Das *Essen* war einfach, aber kräftig. Die Kartoffel kannte man hier noch nicht; statt des Kaffees genoß man Milch, Mehlsuppe oder leichtes Bier, das viele Bürger sich selber bereiteten.

Der *Rat* führte ein unumschränktes Regiment; nur die Prediger wagten, ihm entgegenzutreten. Geld-, Gefängnis- und Todesstrafe standen ihm zur Verfügung. Als Gefängnis dienten auf der Altstadt der Bürgergehorsam und der Buckstorm, auf der Neustadt der Plümersturm. Am Herrenteichstor befand sich eine Wippe, d. i. ein Kasten aus Latten. In den stellte man Felddiebe und zänkische Frauen und ließ sie zur Abkühlung bis zum Halse in die Hase hinab. Andere, wie z. B. Ehebrecherinnen, band man an den Kaak (Kauk), eine Säule auf dem Gehäuse des Marktbrunnens neben dem Chorende der Marienkirche; manche wurden dort auch noch öffentlich gepeitscht. Ein Mädchen, die Tochter eines Arbeiters, hatte auf der Pernickelmühle gearbeitet; als sie zum Abendessen Pfannkuchen und Milch erhielt, warf sie beides in die Hecke. Zur Strafe wurde sie an den Kaak gebunden und neben sie, aber von ihr nicht erreichbar, Pfannkuchen und Milch gestellt. Um diese Unart des Mädchens würde sich die heutige Polizei nicht kümmern. Früher hielt die Obrigkeit das aber für ihre Pflicht. In der ,,Ordnung eines Ehrbaren Raths der Stadt Oßnabrück usw., von diesem publicirt und in Druck gegeben im Jahre 1618. Jtzo aber von newem revidirt im Jahre 1648'' heißt es: ,,Demnach jeder Obrigkeit aus Gött-, Natürlichen und den beschriebenen Rechten obliget, nicht allein das Gemeine, sondern auch eines jeden Privat-Beste, durch heilsame Ordnung in guter Acht zu haben, daß niemand seine von Gott verliehenen Güter zu anderer Leute Ergernuß und seinem selbst Schaden durch üppige Verschwendung mißbrauche.'' In vielen deutschen Städten haben sich derartige Luxusverordnungen, wie wir sie in der genannten besitzen, erhalten. Auffallend ist es, daß der Rat eine Neuausgabe jener Verordnung im Januar 1648, also noch vor dem Friedensschluß, für nötig hielt, da doch so viele Bürger und die Stadt selber verarmt waren. Aber der Rat sagt ausdrücklich: ,,. . . daß Bürger und Einwohner nicht allein bey den gewöhnlichen Ehren Tagen oder Verlöbnuß usw., sondern auch in Kleydung allerhand Unordnung üben, also daß man täglich je mehr und mehr die überflüssige Verschwendung der Gaben Gottes gespüret.'' — Und doch war die von den ,,Gottseligen, lieben Vorfahren vorlengst angesetzte'' Verordnung alljährlich am ,,andern Sontag nach Epiphaniae von den Cantzeln publicirt worden.''.

Die *Eheordnung* erhebt zunächst die alte und immer wieder neue Klage über Unzucht und Ehebruch, fordert die ältern Personen auf, den jüngeren ein gutes Beispiel zu geben, warnt diese vor leichtfertiger Verlobung und ordnet dann u. a. an: Wer die Verlobung ohne genügende, vom Rat gebilligte Ursache löst, soll aus der Stadt verwiesen werden. Innerhalb sechs Monate nach der Verlobung muß Hochzeit gehalten werden. Ehebrecher, Mann oder Frau, sollen, bevor sie gebüßt haben, sich in der Stadt nicht sehen lassen. Die gefallene Frau soll nicht wie ehrliche Frauen hier zur Kirche gehen, noch eingesegnet werden, auch nicht zwei Mützen tragen. Wer zum drittenmal sich Ehebruch zuschulden kommen läßt, soll ,,entweder am Lebende gestrafft oder zum wenigsten nach gelegenheit der Sache am Pranger gestrichen und diese unsere Stadt und Gebiete ewig zu verschweren außgewiesen werden''.

Während die Eheordnung keinen Unterschied macht zwischen arm und reich, hoch und niedrig, gestatten die Luxusordnungen den Reichen und Hohen einen Vorzug vor dem niederen Volke. Daher teilt die Ordnung die Bürgerschaft in vier Stände:

,,Der erste, der Herren Bürgermeistern, Doctoren, Licentiaten, und der Herren des Raths, denen beygefügt die Herrn Prediger, Secretarii und Alterleute.

Der andere, der von Gilde und Wehr, welchen beygefügt, fürnehme, habselige Bürgere, und deren Kinder, wie auch unsere des Raths Richtere, Churgenossen, Kammere und Schul Collegen (Gymnasiallehrer).

Der dritte, der gemeine Bürger in Emtern und unter den Schützen, und der etwa an die fünfhundert Thaler begütert.

Der vierdte, der Taglöhner, Knechte und Mägde.''

Große Gastereien bei der ,,*Verlöbnuß* oder Zuthetung'' werden verboten, dagegen jedermann ermahnt, ,,daß zu Abwendung künftiger Irrsahlen die Abreden in die Feder genommen und schriftliche Ehepacta darüber errichtet werden''. Die Vorschriften über die Feier der Familienfeste wenden sich immer gegen die Schlemmerei und die übergroße Zahl der Gäste. Man feierte nämlich schon damals wie heute noch Geldhochzeiten: Die Gäste sandten dem Hochzeitsgeber nicht nur Fleisch, Eier, Butter und Milch, sondern zahlten auch noch bares Geld. Die großen Hochzeiten wurden meistens in dem Saal des alten Rathauses — Ecke Krahnstraße und Markt — gefeiert, in dem auch die Gildemeisterschmäuse abgehalten wurden. Damit der Rat überwachen konnte, ob seine Vorschriften hinsichtlich der Speisen und der Zahl der Gäste auch beachtet seien, verordnete er, daß die Hochzeitgeber der drei ersten Stände zum Einladen sich des ,,Raths beeideten Bitters'' bedienen mußten. Solche Bitter hatte der Altstädter Rat vier, der Neustädter zwei angestellt. Sie besorgten auch die Aufwartung bei Tische. Ebenso durfte bei den Hochzeiten nur ein vom Rat beeidigter Koch angenommen werden. Was die Bitter und Köche von den einzelnen Ständen zu fordern hatten, war genau festgestellt. Unter den Bittern hatte der Hochzeitgeber die freie Wahl; er durfte aber nur einen annehmen. Am Donnerstag mußten Bitter und Köche bei dem Stadtrichter erscheinen und auf ihren Eid aussagen, ob bei den Familienfesten die Vorschriften des Rats auch beachtet worden. Für jede zu viel oder nicht durch den beeidigten Bitter eingeladene Person mußten 2 Taler Strafe gezahlt werden.

Hochzeiten durften nicht am Sonntag und nicht in den sog. beschlossenen Zeiten gefeiert werden, d. h. nicht in der Zeit vom 1. Advent bis zum ersten Sonntag nach Hl. drei Könige, ebenso nicht vom Sonntage Invokavit einschließlich bis zum Montag nach Quasimodogeniti. Nur die nächsten Verwandten durften die Brautleute beschenken; diese durften aber von Predigern und Lehrern nichts annehmen. Bei Strafe war verboten, Ochsenfüße, Speck und Würste hinzusenden, ebenso Indianische Hühner, gemeine Hühner, Lämmer, Schafe, Gänse, Enten, Schinken, dürres oder frisches Fleisch, Kälber, Butter, Käse. Ausgenommen waren Wildbret und Fische. Die Brautleute sollten von der Hochzeitstafel keine Brautsuppen verschicken, ausgenommen an Verwandte, Kranke und Freunde. Auch sollten sie nicht Hemden, Kragen, Taschentücher, Pantoffel, Schuhe, Leibstücke, Strümpfe oder Hüte verschenken. Ferner:

Die Hochzeitsleute haben sich um 10 Uhr zur Trauung in der Kirche einzufinden. Der Küster darf die Uhr um diese Zeit aber nicht stellen. Auch hat er die Kirche bis dahin verschlossen zu halten, damit kein Gesindel mit eindringt, das die Trauhandlung durch Tumult und Schreien stört. Die Prediger haben die Trauhandlung derart zu beschleunigen, daß die Hochzeitsleute $10^1/_2$ Uhr wieder zu Hause sind und um 11 Uhr das Essen beginnen kann. Küster und Stadtdiener haben ,,fleißig zu observieren'', ob die Braut auch berechtigt war, den Kranz zu tragen. Braut und Bräutigam haben ,,ein oder zwey düchtige Personen zu erwählen, welche die Gäste ordentlich nach ihrem Stande und Würden disponieren und setzen''. Die Mahlzeit währt am ersten Tage von 11 bis 2, am zweiten von 12 bis 3 Uhr; über 9 Uhr abends darf die Feier nicht ausgedehnt werden. Am dritten Tage dürfen nur die nächsten Verwandten sich im Hochzeitshause wieder einfinden.

Brautleute des ersten Standes durften 20 Familien einladen und, falls sie eine Weinhochzeit gaben, vier, bei einer Bierhochzeit drei Gerichte auftragen, außerdem Butter und Käse. Auch durften sie das ganze hier übliche Spielwerk gebrauchen.

Die des zweiten Standes durften in 15 Häusern laden, das ganze Spielwerk mit Ausnahme der Trommel gebrauchen und außer Butter und Käse zwei beliebige Gerichte auftragen, jedoch Braunpfeffer und andere ,,thewrbare'' Gerichte ausgeschlossen.

Brautleute des dritten Standes durften in zehn Bürgerhäusern bitten, nur heimlich Spielwerk, als etwa ein paar Violinen oder ein Instrument, gebrauchen und drei Gerichte aufsetzen.

Den Brautleuten des vierten Standes sollte es freistehen, denen, die sie zur Kirche begleiteten, Branntwein zu bieten und weiter nicht, oder ihnen *eine* Mahlzeit mit zwei Gerichten, aber ohne Braten, anzubieten. Sie durften nur einen Tag feiern, kein Spielwerk benutzen, brauchten auch nicht den vereidigten Koch zu nehmen. Auch Handwerkern des dritten Standes war gestattet, nach den Vorschriften des vierten zu feiern.

Die Musik stellte der beeidigte, von der Stadt besoldete Ratsspielmann. Auf Wunsch spielte der Organist oder sangen die Schüler unter Leitung des Kantors eine Brautmesse. Die Gebühren für alle diese Dienste waren genau bestimmt. Spielleuten, Köchen, Bratenwendern, Wäscherinnen, Dienern und Jungen war streng verboten, noch besondere Geschenke zu fordern oder etwas von der Mahlzeit zu verschleppen. Übertretungen wurden streng geahndet. So wurde der Lohnherr Meuschen bestraft, weil er trotz der schweren Kriegsjahre die Verlobung seiner Stieftochter drei Tage gefeiert hatte.

Hinsichtlich der *Kindtaufen* bestimmt die Verordnung: Kinder sollen in der Regel nicht länger als acht Tage ungetauft liegen. Da eine laute Feier in Rücksicht auf die Mutter ausgeschlossen war, durfte die Wöchnerin zu ihrem ersten Kirchgange einige Frauen laden und bewirten, aber nur einen Tag.

Die *Beerdigungen* erfolgten meistens mit großer Feierlichkeit und Teilnahme. Die Mitglieder der Elf Ämter und der zahlreichen Bruderschaften hatten die gegenseitige Pflicht des Trauergeleits. Ausschreitungen kamen vor bei der Totenwache und der Nachfeier. Daher schreibt die Verordnung vor: Die Totenwache hat wegen der christlichen Ermahnungen, so dabei zu geschehen pflegen, gewiß ihr Gutes; weil aber aus dem nächtlichen Beisammensein leicht allerlei Unrath entstehen und bei der Bewachung von

Toten, die einer ansteckenden Krankheit zum Opfer gefallen sind, die Wächter selber angesteckt werden können, so sollen solche Totenwachen hiermit gänzlich abgeschafft werden. Das Leichenbesingen war, wie noch heute auf dem Lande, allgemein üblich. Der deutsche Schulmeister (d.h. der Lehrer in der jeweiligen Kirchspielschule) erhielt für das „Versingen" eines Toten ¼ Taler; wer dazu die lateinische Schule begehrte, zahlte für die halbe Schule 1, für die ganze 2 Taler. „Letztlich sollen die eingerissenen Begegnnüssen und Gastereien nach gehaltener Begräbniß, auch unter den nächsten Freunden und Nachbarn, gäntzlich abgeschafft und hiemit verboten sein."

Alle Bürger werden ermahnt, bei ihren Versammlungen und Gastereien mäßig zu sein. Die Gildemeister sollen lieber das bisher für Gildeschmäuse ausgegebene Geld nützlich anlegen. Die Fastnachts- und Guten-Montags-Zechen (am ersten Montag nach dem Trinitatisfest) werden verboten. Während des Gottesdienstes und nach dem Läuten der Abendglocken soll niemand im Wirtshaus betroffen werden, andernfalls werden Gast und Wirt bestraft.

Die *Kleidertracht* des 17. Jahrhunderts stand ganz unter dem Einfluß Frankreichs. Zwar blieb der einfache Mann bei der hergebrachten Tracht; aber die Männer und noch mehr die Frauen von Stande glaubten die Mode mitmachen zu müssen. Das enge Wams, das wir auf den Bildern von Rubens erblicken, weicht dem Rock; die Hose reicht nur noch bis zum Knie. Statt der Schuhe trägt man Stiefel, deren Stulpen bis auf die Knöchel zurückgeschlagen werden. Als Kopfbedeckung tragen die Männer nicht mehr die Mütze oder das Barett, sondern den breitkrempigen, mit Federn geschmückten Hut, statt des natürlichen Haares die Perücke, die um die Mitte des 17. Jahrhunderts allgemein verbreitet war. Die Gelehrten — Prediger, Rechtsgelehrte und Ärzte — trugen Mäntel. Selbst außerhalb der Stadt durften Ratsherren und Prediger sich nicht ohne Mantel sehen lassen. Die *Frauentracht* wechselte, wie auch heute, sehr oft. Bemerkenswerte Neuerungen waren der Ausschnitt an den Kleidern und die Löckchen. Durch ein schmales und hohes Spitzenhäubchen, die Fontagne, suchten die Frauen ihre Größe zu erhöhen und schlank zu erscheinen. Später zeigte sich das gegenteilige Bestreben: Durch Reifröcke sowie durch Wülste, die man um die Hüften legte, suchte man die natürliche Fülle noch zu vergrößern. Eins hat sich aber seitdem nicht geändert: Es gab damals wie heute einfach gekleidete Frauen und Modenärrinnen. Auch die Klage hörte man damals schon, daß die niederen Stände es den höheren in der Kleidung gleichzutun suchten. So mahnt auch unsere Verordnung von 1648: „Es sollen alle unsere Bürger und Einwohner hiermit ernstlich ermahnet seyn, in ihrer Kleidung, sie seien Manns- oder Frauen-Personen, in allem der Ehrbarkeit und Demuth sich zu befleißigen, und zwar sol denen vom ersten Stande zu mehrer authorität ihres Standes, und nach Einhalt des heiligen Römischen Reiches, vor diesem uff verschiedenen Reichstagen errichteter Polizey-Ordnung, ihre Kleidung zu gebrauchen, zwar erlaubt, aber hingegen dieselben hiemit ernstlich ermahnet seyn, sich also hierbei zu verhalten, daß nicht allein höheren Standes Personen ein gebührlicher Vorzug gegönnet, sondern auch den Geringern kein ärgernuß gemacht werde. — Als man aber vor diesem und biß hierzu an den gemeinen Dienst Mägden dißfals großen Mißbrauch und exorbitantien mit Verdruß ersehen und verspüret, so sol denenselbigen hinfüro durchaus kein Seidengewath, keine Perlen, keinen Sammet auf mit güldenen oder silbernen Haarschnüren eingewundene Haar, außgeschneyete (geschnittene) und gestickte Schuhe und Pantoffeln, ungleichen gestochene und geheftete Kragen, rote Strümpfe, Flore umb der Halß und was dergleichen ärgerliches mehr ist, am Leibe zu tragen zugelassen, sondern bey ernstlicher, exemplarischer Bestraffung, und zwar öffentlicher Abnahme uff den Gassen, hiemit gentzlich verbotten seyn."

IV.
OSNABRÜCK ABWECHSELND UNTER EVANGELISCHEN UND KATHOLISCHEN BISCHÖFEN

1. Ernst August I. (1661—1698)

Nach den Bestimmungen des Westfälischen Friedens folgte dem Bischof Franz Wilhelm ohne vorhergegangene Wahl durch das Domkapitel *Ernst August*, der schon vor zehn Jahren die Huldigung empfangen hatte, als erster evangelischer Bischof des Fürstbistums. Er war der jüngste (vierte) Sohn des Herzogs Georg von Braunschweig-Lüneburg, der 1633 unsere Stadt eroberte. Seine Gemahlin war *Sophie*, eine Tochter des Kurfürsten Friedrich V. von der Pfalz, des Winterkönigs; ihre Mutter war eine Tochter Jakobs I. von England. Daraus erklärt sich, daß 1714 Sophiens ältester Sohn als Georg I. den englischen Thron bestieg.

Sobald Ernst August die Nachricht von dem Ableben Franz Wilhelms erhalten hatte, sandte er drei Bevollmächtigte, unter ihnen den Hofmarschall Georg Christoph von Hammerstein, die für ihn das Bistum in Besitz nehmen und die für den Einzug erfor-

Ernst August I. (1629—1698)
Herzog von Braunschweig und Lüneburg
Fürstbischof von Osnabrück,
Kurfürst von Hannover

derlichen Anstalten treffen sollten. Die Evangelischen hofften, unter einem evangelischen Bischof mit Eingriffen in die kirchlichen Angelegenheiten verschont zu bleiben und gegen die Jesuiten geschützt zu werden. Doch erregte es bei den Bürgern Argwohn, daß der neue Landesherr sein Wappen am Rathause befestigen ließ, von Rat die Auslieferung eines Bürgerverzeichnisses erzwang und die Absicht kundgab, die Stadt mit einer Besatzung zu belegen. Sein Vetter und Pate, August von Wolfenbüttel, schenkte ihm nämlich drei Kompagnien, die den Stamm eines in Osnabrück zu bildenden Regiments abgeben sollten. Beim Einzuge Franz Wilhelms hatte man es sehr bedenklich gefunden, daß einige Bauern unter Trommelschlag mit einzogen; jetzt mußte man Ernst August gestatten, 1500 Reiter mitzubringen. Kapitel, Ritterschaft und Städte verehrten ihm als Willkommen 20000 Taler und der „Frau Bischöfin" 7000 Taler. Die Stadt schenkte der ersten Landesmutter eine Wasserkanne und ein Becken, ihren Kindern einen großen Topf und zwei Tassen, alles in Silber.

Am Tage der Ankunft des neuen *Landesherrn* ritten ihm 66 Mitglieder der Ritterschaft auf dem Wege nach Lemförde bis zur Landesgrenze entgegen, begrüßten ihn und schlossen sich seinem Gefolge an. Vor Bohmte empfingen ihn mehr als 2000 bewehrte Mannschaften mit drei Salven. Darauf bewegte sich der Zug über die Essener Berge nach Schledehausen. Im dortigen Meierhofe kehrte der Bischof ein und nahm nebst der Ritterschaft und dem Dompropst, der ihm bis hierher entgegengekommen war, das Mittagsmahl ein. Darauf entließ er die Ritter und traf noch an demselben Abend in Iburg ein. Zwei Tage später, am 30. September 1662, hielt er seinen *Einzug in die Stadt*

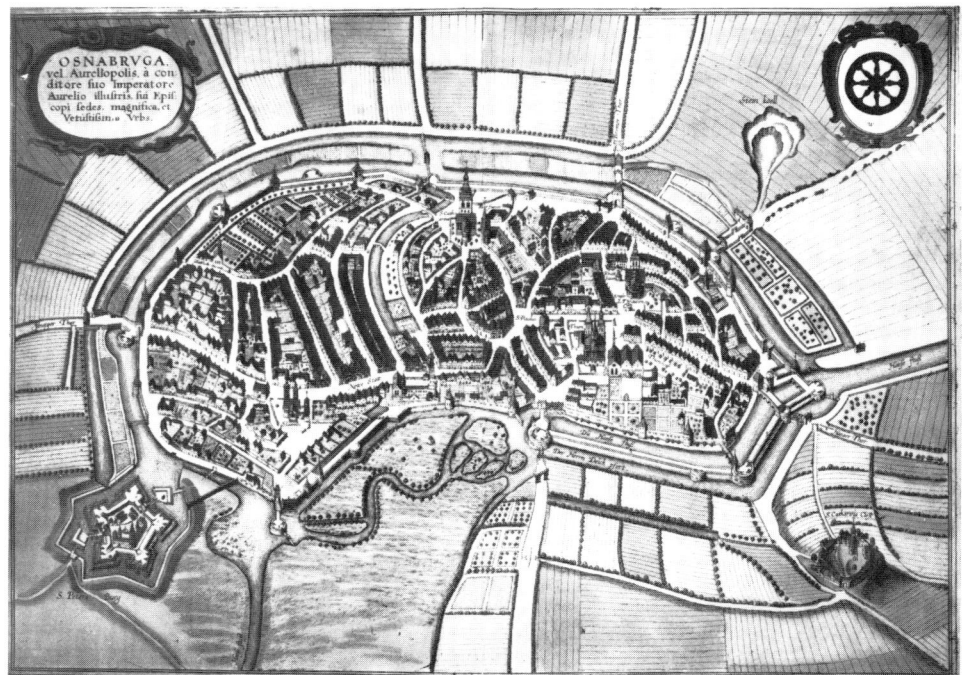

Osnabruga vel. Aureliopolis 1657. Wenzel Hollar, Ansicht aus der Vogelschau

Osnabrück. Die Ritterschaft ritt ihm bis auf den Harderberg entgegen, ließ den bald nachher von Iburg ankommenden Bischof durch eine Ansprache des Syndikus begrüßen und übergab ihm als Geschenk einen prächtig aufgeschirrten Schimmel. Nachdem sich der Zug wieder in Bewegung gesetzt hatte, traf man das Domkapitel. Der Bischof verließ seinen Wagen; die Prälaten begrüßten ihn mit Handkuß und der Syndikus mit einer Ansprache. Beim Nahner Landwehrturm — an der Stadtgrenze — erwartete der Rat den Zug. Auch ließ er durch seinen Syndikus den Fürsten begrüßen, der dabei aber im Wagen sitzenblieb.

Kurz vor der Stadt bestieg Ernst August das ihm geschenkte Pferd. Dann bewegte sich der Festzug, von 1500 Reitern begleitet, durch das Johannistor über die Johannisstraße, während die Bürger zu beiden Seiten unter Waffen standen. Vor dem Alten Tore (am Neumarkt) hatte man einen Triumphbogen errichtet, in dessen Mitte das Brustbild des Fürsten hing; davor stand die Stadtschule, die den Bischof mit Gesang begrüßte. Nach gewohnter Weise bewegte sich der Zug über die Große Straße, den Nikolaiort, die Krahnstraße und den Markt zu einem der Domhöfe. Von dort geleitete das Kapitel den Bischof unter einem Traghimmel, der von vier Hofjunkern getragen wurde, in das Kapitelhaus, wo er von den Vertretern der Stände nach einem vorher festgesetzten Revers den Amtseid schwur, worauf die Stände ihm mittels Handschlages huldigten. An dem folgenden Tage, einem Sonntage, begleitete die Ritterschaft den Landesherrn von seiner Wohnung zur Marienkirche, wo sie eine Predigt des ersten Predigers Ludovici hörten; nach der Kirche ließ der Fürst die Stiftsstände, die ihn begleitenden jungen Grafen von Tecklenburg und von Ostfriesland sowie alle fremden Ritter in dem großen Saale des alten Rathauses „pompös und magnific tractiren". Abends ließ Ihre Hochfürstliche Durchlaucht ein Bankett anrichten und die adligen Frauenzimmer einladen und traktieren, auch außerhalb des Herrenteichstores in den Wiesen an der Hase ein köstliches Feuerwerk anrichten. Am Montag begann der Landtag. Die Mittagstafel wurde wieder auf dem alten Rathause gehalten, „da abermals die Stücke, Trompeter und Heerpauker als vorigen Tags nicht feiern durften. Währender Zeit sich I.(hre) H.(ochfürstliche) D.(urchlaucht) zur Tafel setzten, ließen sich die Stadtmusici auf Befehl E(ines) E(hrwürdigen) Rats auf St.-Marien-Thurm mit einer Musik hören. Wie nun von I. H. D. die drey Stiftsstände abermals sehr kostbar traktirt worden, präsentirte des Abends J. H. D. E. E. Rat ihre Feuerwerke, dabey die adligen Frauenzimmer abermals tractirt und mit einer guten Musik aufgewartet wurden. Dienstages ließen S. H. D. einige von Thumb-Capittul, die Eltesten von der Ritterschaft, wie auch hochgemelte Bürgermeister der Stadt Osnabrück abermals zur Mahlzeit einladen und begaben sich nach Landtags-Schluß noch selbigen Tages wiederumb nach der Residenz Iburg. In Summa, es war ein Einzug, desgleichen, so lange Osnabrück gestanden, daselbst nicht gesehen oder gehalten worden."

Aber Feste kosten Geld, und Seine Hochfürstliche Durchlaucht „war an Geld und Bedienten so entblösset, daß er seine regierenden Brüder um eine milde Gabe zum fürstlichen Aufzuge angesprochen". Sie hatten ihm dann 20000 Taler geschenkt und zwölf ihrer adligen Vasallen zur Aufwartung überlassen. Die Ausgaben des Bischofs wuchsen mit der Vergrößerung der Familie und des Hofhaltes, durch Verwicklung in Kriege und infolge des Schloßbaues. Daher nahmen die Geldforderungen des Fürsten auch kein Ende. Die Stadt hatte dem Landesherren früher nie gesteuert und war nun dazu am allerwenigsten imstande. Die Handwerke waren auch nach dem Kriege noch immer weiter zurückgegangen. Noch 1656 verfertigten 189 Tuchmachermeister 3156 Stück Tuch, 1674 waren nur noch 130 Meister vorhanden, die 2270 Stück lieferten, 1679 stellten 104 Meister 1280 Stück her, 1680 nur 60 Meister 868 Stück, 1693 50 Meister 544

Stück, im folgenden Jahr 50 Meister nur 22 Stück. Dazu die gewaltige Schuldenlast der Stadt! Der Rat suchte zunächst die auswärtigen Gläubiger zu befriedigen, damit sie nicht, um sich schadlos zu halten, Osnabrücker Kaufmannsgut mit Beschlag belegten. Er verpfändete und verkaufte Grundstücke und griff sogar die Armenfonds an; so gelang es ihm, die Schuld bis 1675 auf etwa 195000 Mark herabzudrücken. Da legte Ernst August der Stadt neue Lasten auf. Als die Stadt sein Verlangen, ihm die Akzise abzutreten, entschieden zurückwies, forderte er „*freiwillige Geschenke*". Nachdem man erst einmal nachgegeben, wiederholte sich die Forderung fast alle Jahre, und den Bürgern fehlte die Zähigkeit und das mannhafte Eintreten für ihre Privilegien, die ihre Vorfahren so oft bewiesen hatten. Klagten die Bürger über schwere Zeiten, so meinte der Fürst, davon merke man bei ihren üppigen Gelagen und ihrer Kleiderpracht nichts. Als der Rat einst wieder bei einer neuen Forderung über Geldnot klagte, erwiderte der Kanzleidirektor Derenthal: „Mit langen Predigten ist dem Herrn nichts geholfen!" und als der Rat dann fragte, woher er das Geld denn nehmen solle, hieß es kurz: „Da seht ihr zu!" — Wiederholt mußten die Ratsherren selber das Geforderte zusammenlegen. 1691 begnügte sich der Bischof mit 4500 Mark, 1682 mit 5300 Mark; aber 1676, 1677 und 1683 mußte die Stadt jährlich 15000 Mark, im ganzen von 1675 bis 1691 die Summe von 77300 Mark zahlen. Die Schulden der Stadt, die 1670 auf 40000 Taler herabgedrückt waren, erreichten noch während der Regierung Ernst Augusts infolge der den Bürgern aufgezwungenen Besatzung und der von ihnen erpreßten „freiwilligen Geschenke" die Höhe von 76000 Talern.

Als 1665 im braunschweigisch-lüneburgischen Hause ein Erbstreit ausbrach und Ernst August als Bundesgenosse der Niederlande mit dem Bischof von Münster zerfiel, verlegte seine Gemahlin Sophie ihren Wohnsitz von dem gefährdeten Iburg nach Osnabrück, und der Bischof bewog die Stadt, vorübergehend eine Besatzung von 450 Mann aufzunehmen. Ihr mußte die Bewachung der äußeren Tore überlassen werden, während den Bürgern die inneren Wachen verblieben. Immer wieder wurde der Rat gedrängt, die Festungswerke der Stadt zu verstärken; die Besatzung wurde bald auf 700 Mann erhöht. Die Bürger erhielten für die Einquartierung allerdings eine Vergütung; aber bei den beschränkten Wohnungen und dem oft rohen Betragen der Soldaten war sie ihnen doch sehr lästig. Die Handwerker beklagten sich über die Eingriffe der Soldaten in die Zunftrechte. Auch als die Kriegsgefahr verschwunden war, wurde die Besatzung — entgegen dem Vertrage — nicht zurückgezogen.

Als 1674 gegen Ludwig XIV. wegen seiner Räubereien am Rhein der Reichskrieg erklärt wurde, zog auch Ernst August gegen ihn. Während die Deutschen das von den Franzosen besetzte Trier belagerten, rückte der französische Marschall Crequi zum Entsatz heran. Auf den Rat Ernst Augusts zogen die Belagerer ihm entgegen und schlugen ihn am 11. August 1675 an der *Conzer Brücke*. Ernst August schrieb seiner Gemahlin: „Alle meine Leute haben Wunder getan. Dein Benjamin (der spätere König Georg I.) hat mich keinen Schritt verlassen. Niemals ist ein Sieg vollständiger gewesen . . . Das ist recht rühmlich, und ich bin sicher, daß man in Zukunft die Truppen von Osnabrück ein wenig achten wird." Erfreut schrieb Sophie ihrem Bruder, dem Kurfürsten von der Pfalz: „Sieg, Sieg, Sieg! Bist Du nun zufrieden mit den tapferen Nachkommen des Arminius? . . . Am Sonntag habe ich hier arm und reich, Laien und Geistliche bewirtet, habe Wein und Bier im Hofe fließen lassen beim Scheine der Freudenfeuer. Die Bürgermeister ließen solche Feuer auf allen Wällen anzünden; alle Türme der Stadt waren voll Licht und Musik; die ganze Besatzung und die Bürgerwehr gaben Salven ab, und man schoß mit den Kanonen unter dem Geläute aller Glocken."

1. Ernst August I. (1661—1698)

Die Hoffnung der Bürger auf die Unterstützung des Fürsten gegen das Eindringen der *Jesuiten* erfüllte sich nicht. Er hatte weit über das Bistum hinausgehende Pläne, zu deren Verwirklichung er der Hilfe des Kaisers bedurfte; daher stellte er sich freundlich zu dem Domkapitel wie zu den Jesuiten, die mit dem Hofmarschall von Hammerstein und selbst mit dem fürstlichen Paar vertrauten Umgang unterhielten. So erlebten die Bürger unter einer protestantischen Regierung, was man unter einer katholischen mühsam verhindert hatte, daß die Jesuiten ein eigenes Kollegium einrichteten. Ja, im Mai 1666 stellte Hammerstein den Antrag, der Rat möge die Jesuiten förmlich aufnehmen. Das wurde nun zwar abgelehnt, aber die Bemühungen der Jesuiten ruhten nicht; die Erbitterung zwischen den beiden Konfessionen wuchs und machte sich oft genug auf den Kanzeln, in Spottschriften, ja sogar in Schlägereien Luft. Während des zweiten Raubkrieges Ludwigs XIV. — gegen die Niederlande — scheuten sich die Jesuiten nicht, an die Paulskapelle öffentlich ein päpstliches Mandat anzuschlagen, das allen katholischen Christen gebot, den Segen Gottes für die katholischen Waffen zur Ausrottung der Ketzer in Holland zu erflehen. Zehn Jahre später (1681) erbauten sie sich ein eigenes Heim (Große Domsfreiheit 1).

Doch erfüllte Ernst August den Bürgern einen schon lange gehegten Wunsch. Die Wassermühlen der Stadt gehörten alle drei der Geistlichkeit; sie ließen bei lang anhaltender Dürre die Bürger wohl oft im Stich. Deshalb beantragte der Rat schon bei den Friedensverhandlungen 1645—1648 für sich die Erlaubnis zur Erbauung einer *Windmühle*, erlangte sie aber nicht, weil Bischof Franz Wilhelm und selbst die braunschweigisch-lüneburgischen Gesandten dagegen waren. Als Ernst August I. seinen Wohnsitz hierherverlegt hatte, erbat der Rat von ihm die Erlaubnis, die er ihm auch 1669 gewährte. Als der Rat Baumaterialien nach dem großen Rondell östlich vom Hasetor fahren ließ, wo er die Mühle errichten wollte, erhob das Domkapitel dagegen beim Bischof Einspruch, weil durch die Windmühle die bischöflichen Mühlen wie die des Kapitels geschädigt würden. Ernst August legte die Sache der juristischen Fakultät der Universität Rinteln vor, die erklärte, der Einspruch sei nicht berechtigt. Das Kapitel protestierte gegen diese Entscheidung. Da untersagte der Bischof bis zum Austrag der Sache den Weiterbau und beauftragte die Kanzlei, eine gütliche Einigung zwischen den beiden Gegnern herbeizuführen. Aber das Kapitel wollte sich auf nichts einlassen. Da stellte der Rat dem Bischof vor, daß die Stadt schon das erforderliche Baumaterial zusammengebracht und sich so viele Unkosten bereitet habe, und bat um Aufhebung des Bauverbots, indem er sich für den Fall, daß das Kapitel den Prozeß fortsetzen sollte, verpflichtete, dem dann zu fällenden Urteil sich zu unterwerfen. Der Bischof erfüllte diese Bitte; das Kapitel protestierte zwar noch einmal gegen den Bau, schwieg dann aber. Der Rat hatte mit dieser Anlage kein Glück. Er verpachtete die Windmühle für jährlich 40 Taler; aber schon nach einem halben Jahr kündigte der Pächter, da seine Einnahmen aus der Mühle die Ausgaben — ganz abgesehen von der Miete — längst nicht deckten. Der Rat meinte, daran sei die ungünstige Lage am Fuße des Gertrudenberges schuld, und verlegte sie deshalb 1685 mit Erlaubnis der Regierung an die Wüste auf das Martinsrondell, nahm sie auch in eigene Verwaltung, indem er einen Müller für wöchentlich 1 Taler anstellte. Aber auch dieser machte schlechte Geschäfte, und der Rat mußte ständig zulegen. Deshalb ließ er die Mühle um 1700 abbrechen.

In unserer Stadt erinnert an den ersten weltlichen Bischof noch heute das frühere *Königliche Schloß*. Iburg gefiel der Gemahlin Ernst Augusts anfänglich gut. Sie schrieb an ihren Bruder: ,,Vor drei Tagen bin ich hier eingetroffen und befinde mich in einem sehr hübschen Hause, das mich bei meiner Ankunft recht erfreut hat; alles, was daran in die Augen fällt, erscheint prächtig." Aber sie fährt dann fort: ,,In dem ganzen

Flecken, der dabei liegt, gibt es keine Wohnung für Leute von Stande, und unsere Höflinge schätzen sich glücklich, wenn sie einen Kuhstall finden können, um ihr Lager auf dem Stroh zu bereiten." Wenn dies auch übertrieben ist, so genügten die Räume des Schlosses für einen fürstlichen Hofhalt gewiß nicht. Dazu bot der Ort in den unruhigen Kriegszeiten nicht genügend Sicherheit, auch wenig Zerstreuung. ,,Wir spielen Kegel", schreibt Sophie, ,,ziehen Enten, halten Ringelrennen, spielen Trictrac." Auch fehlte es an einem evangelischen Pfarrer und einer evangelischen Kirche. Der Fürstbischof richtete zwar im Schloß eine kleine, noch heute von der evangelischen Gemeinde Iburgs benutzte Kirche ein und berief einen Kandidaten zum Prediger, der aber nach Sophiens Berichten den Erwartungen nicht entsprach. So entschloß sich der Bischof, seinen Hofhalt nach *Osnabrück* zu verlegen.

Der von den früheren Bischöfen bewohnte Martinshof bei der Neuen Mühle war verfallen und auch wohl zu klein; daher entschied sich Ernst August für einen Neubau. Schon sein Vorgänger Bischof Heinrich von Sachsen (1574—1585) hatte dieselbe Absicht und erwarb als Bauplatz das verfallene Augustinerkloster am jetzigen Neumarkt. Er starb aber vor der Ausführung seines Planes (1585). Franz Wilhelm errichtete dann an derselben Stelle das Jesuitenkollegium, das aber später wieder verschwand, so daß nur noch die alte Augustinerkirche übrigblieb, die 1650 den Jesuiten übergeben wurde. Ernst August wünschte den Grund des Augustingerklosters als Bauplatz zu erwerben, mußte aber davon absehen, weil das Domkapitel als Eigentümer nur unter der Bedingung verkaufen wollte, daß die Jesuiten in Osnabrück förmlich zugelassen würden, was der Rat entschieden ablehnte. Ernst August erwarb dann das jetzige Schloßgrundstück, auf dem damals mehrere Höfe lagen, die der Gegend ein fast ländliches Gepräge verliehen. Sie lagen teils am Neuen Graben, teils an der Kamp- (jetzt Seminar-) straße, die vor der Erbauung des Schlosses ohne Unterbrechung zwischen der früheren Dienstwohnung des Regierungspräsidenten und dem Großen Klub durch bis zum Martinstor lief, teils an der Porsenword, der früheren Klubstraße, und teils an der Ritterstraße, die von der Kommenderiestraße durch den Gemüsegarten des Schloßgärtners bis zu dem Wege führte, dessen noch erhaltener Teil das Schloß von dem früheren Seminar scheidet. Das Hauptgebäude des Schlosses steht wahrscheinlich auf dem Grund und Boden eines Hofes der Familie von Schwietering und eines Teiles des von Glaneschen Hofes. 1678 wurden die Flügel angebaut und gleichzeitig ein Hof des O. Gildemeister angekauft. Um den Park und Gemüsegarten anlegen zu können, erwarb man 1722—1734 den Glaneschen und Kayserschen Hof an der Ritterstraße, ferner die Häuser des Gärtners Sigmund u.a.. Auch die nahe gelegenen Voß-Armenhäuser wurden angekauft und 1777 nach der Hasemauer an die Stelle des abgebrochenen Bersenbrücker Klosterhofes verlegt. Nachdem alle an der Ritterstraße gelegenen Grundstücke zum Schloßgarten gezogen waren, ging die Straße ein.

Dem Fürsten hatte bei seinem öfteren Aufenthalt in Paris das Palais du Luxembourg besonders gefallen, daher sollte die Osnabrücker Residenz ein wenn auch verkleinertes Abbild desselben werden. Die Leitung des Baues übertrug er zuerst den beiden deutschen Architekten Mengershausen und Meuschen; die Maurer- und Zimmermeister, Bildhauer und Maler aber waren Italiener, für die der Fürst während seines wiederholten, oft monatelangen Aufenthaltes in Italien eine besondere Vorliebe gewonnen hatte. Der Bau begann wahrscheinlich 1667. Der Bruder des Bischofs, Herzog Johann Friedrich in Hannover, schenkte dazu Harzer Tannen, die aber durch den umständlichen Transport zu teuer wurden. Man flößte sie zunächst die Leine abwärts bis etwa Alfeld, fuhr sie über Land zur Weser, flößte sie bis Minden und beförderte sie dann auf der Achse nach

1. Ernst August I. (1661—1698)

Das fürstbischöfliche Schloß in Osnabrück vom Schloßgarten aus

Osnabrück. 1670 übertrug der Fürst die Leitung des Baues an Stelle der beiden Sachverständigen einem Hofmann, dem italienischen Grafen Montalbano, dem jede Sachkenntnis fehlte.

Das Hauptgebäude war 1673 bewohnbar; es diente dem fürstlichen Paar, seinen etwaigen Gästen, dem Hofhalt samt der Dienerschaft als Wohnung. Etwa 1680 waren die beiden Seitenflügel fertig. Der östliche enthielt die Küche, Silberkammer und andere Haushaltsräume sowie eine Kapelle. Im westlichen Flügel befand sich der Marstall oder das Reithaus, und in seinem nördlichen Teil am Neuen Graben hatte man das Regierungszimmer des Geheimen Rats angelegt. An dieses schloß sich, schon in dem am Neuen Graben sich hinziehenden Uhrflügel gelegen, das Geschäftszimmer des Landkonsistoriums, während in demselben Flügel neben dem Portal die Wache Unterkunft gefunden hatte. — Das Schloß war nicht aus Landesmitteln erbaut worden, war daher Privateigentum des braunschweigisch-hannoverschen Hauses; aber auch die späteren katholischen Bischöfe haben es mietweise benutzt, wenn auch nur vorübergehend bewohnt. *Karl von Lothringen* ließ dem Westflügel das lange noch vorhandene, bis zur früheren Klubstraße reichende Nebengebäude für Pferde, Wagen usw. anbauen. Bischof *Ernst August II.*, Ernst Augusts I. Sohn, legte die südlichen Räume nebst dem darunterliegenden Weinkeller an.

Schon früh erforderte das Schloß infolge der unsoliden Bauart bedeutende Reparaturen, so daß Ernst August 1694 erklärte, er wolle für das Schloß nichts mehr aufwenden. Die gründlichste Ausbesserung, ja selbst einen teilweisen Umbau erfuhr es durch König Georg III. von England. Sein 1763 geborener zweiter Sohn, Herzog *Friedrich von York*, war 1764 zum Bischof von Osnabrück erwählt worden und sollte nach erlangter

Volljährigkeit hier residieren. Deshalb ließ der Vater das Schloß schon 1773 von zwei Sachverständigen untersuchen und nach ihren Angaben ausbessern. Dann kaufte er 1776 die neben der Kleinen Rosenstraße gelegenen Brockmannschen Armenhäuser an und zog ihren Grundbesitz zum Schloßgarten. Als der junge Bischof 1782 hier zum Besuch weilte, zeigten sich im Schloß noch viele Mängel, so daß der König abermals Ausbesserungsarbeiten anordnete. Bei dieser Gelegenheit erhielt das Schloß auch die große, schöne Vorhalle. Die früher dort ruhenden beiden Löwen waren die Schöpfung des jungen Osnabrücker Bildhauers *Rosenthal* († 1866 im Alter von 28 Jahren). Sie haben als Modell für zwei vor dem Welfenschloß in Hannover ruhende, aus Erz gegossene Löwen gedient, sind aber leider vernichtet worden.

Um die Anlage des *Schloßgartens* hat die *Herzogin Sophie* sich verdient gemacht, wie aus ihren Briefen mehrfach hervorgeht. Während seines ersten Aufenthaltes in Osnabrück — im Winter 1665/66 — mußte sich das Fürstenpaar mit einer Privatwohnung begnügen, das Gefolge wohnte zum Teil in einem anderen Hause, nach der Überlieferung in dem Hause Johannisstraße 58/59 (Hülsmann). Nachdem die Fürstin das Schloß bezogen hatte, nahm sie an den Bauarbeiten, besonders an der Gartenanlage, lebhaften Anteil. ,,Ich stehe alle Morgen um sechs Uhr auf'', schreibt sie, ,,dann beobachte ich die Arbeit der Soldaten, die unsern Garten vergrößern und ihn mit einem Kanal umgeben. Ich gedenke meine Tage in diesem Palaste zu beschließen. Ich würde nirgends sonst einen bequemeren haben. Ich trete aus Ernst Augusts Zimmer in den Garten; er ist noch nicht sehr schön, aber es macht mir Freude, sein Heranwachsen zu beobachten.'' Besonders ihrer Kinder wegen freute sie sich des großen Gartens. Auch Preußens erste Königin, Sophie Charlotte — neben sechs Söhnen die einzige Tochter des bischöflichen Paares —, hat von ihrem 5. bis zu ihrem 12. Jahre in unserem Schlosse gewohnt.

Ernst August erbte 1679 durch den Tod seines Bruders Johann Friedrich Calenberg-Göttingen-Grubenhagen und verlegte deshalb 1680 seinen Wohnsitz nach Hannover. Aber das große, kalte Leineschloß ohne Garten konnte Sophie unsern Schloßgarten nicht ersetzen. Klagend schrieb sie: ,,Ich werde mein Leben lang den Garten und das Schloß in Osnabrück vermissen. Mein Garten, meine Blumen, mein Haus, meine Möbel! Ich finde mich dieser Freuden auf einmal beraubt.'' Unser Schloß hat seitdem fast immer leer gestanden; nur Ernst August II. hat hier dauernd residiert. Der von Ernst August I. von Iburg nach Osnabrück verlegte Geheime Rat blieb hier, auch seitdem der Landesherr in Hannover wohnte. Die Stadt verlor durch seinen Fortgang aufs neue. Obwohl Ernst August als Herzog von Hannover größere Einnahmen bezog, mußte die Stadt Osnabrück doch, wie oben gezeigt, nach wie vor ,,freiwillige Geschenke'' zahlen; denn er unterstützte den Kaiser jahrelang im Türkenkriege. Der Wohlstand der Stadt nahm nach der Verlegung des Hofes auch rascher ab als vorher. Der Handel zog sich auf das Land und wurde dort von der Regierung begünstigt; die Zünfte schmolzen mehr und mehr zusammen. Zwar kamen neue Gewerbe auf — der Kattundruck und das Branntweinbrennen —, aber es fehlte an Unternehmungslust.

Ernst August erwarb 1692 die *Kurwürde* und starb 1698. Kurfürstin Sophie war als Enkelin Jakobs I. vom englischen Parlament zur Nachfolgerin der kinderlosen Königin Anna ernannt worden, starb aber 53 Tage vor dieser (1714). Deshalb bestieg ihr ältester Sohn am 31. Oktober 1714 als *Georg I.* den englischen Thron. Sein Bild hängt in der Halle unseres Rathauses.

Das Schloß am Neuen Graben war bis zum Ende des hannoverschen Königreiches 1866 vollständig eingerichtet; auch der letzte Herrscher Georg V. kehrte hier wiederholt ein und ließ sich einmal vom Chor des Evangelischen Lehrerseminars einige Lieder

1. Ernst August I. (1661—1698)

Über dem Hauptportal des Osnabrücker Schlosses das Wappen des Welfenhauses Braunschweig-Lüneburg

vortragen. Ebenso wohnte hier König Wilhelm I. von Preußen mit Bismarck im Juni 1869. Die Möbel wurden später ausgeräumt, und das Schloß begann ein wenig zu verfallen; doch benutzte der jeweilige Regimentskommandeur der 78er den linken unteren Flügel mit dem schönen Papageienzimmer als Dienstwohnung. Nach dem Ersten Weltkriege erfolgte, soweit es denn möglich war, eine durchgreifende, sehr schön gelungene Zurückführung in den ehemaligen Zustand, nachdem die umständlichen Rechtsverhältnisse geklärt worden waren, die sich nach 1918, doch teilweise schon vorher hinsichtlich des eigentlichen Hausherrn ergeben hatten. Der damalige Regierungspräsident Dr. Sonnenschein und der Oberbürgermeister Dr. Gaertner erwarben sich mit dem neugegründeten Schloßverein unter Dr. Bernard Wieman und dem Fabrikanten Schoeller in Gretesch besondere Verdienste. Der Festsaal diente jetzt künstlerischen Veranstaltungen; links wurden Gesellschaftsräume, ebenfalls im Stil der Erbauungszeit, eingefügt, rechts die Stüve-Galerie und das Möser-Gedächtnis-Zimmer, von Dr. Werner Pleister eingerichtet, untergebracht, während die übrigen Räume für das Stadtschulamt, die Städtische Lichtbildstelle, die Städtische Bücher- und Lesehalle und auch für eine Dienstwohnung benutzt wurden.

Das Schloß ist im letzten Kriege überwiegend zerstört worden. Die neue Niedersächsische Landesregierung baute es dann zur Pädagogischen Hochschule um. Dabei gab man den Flügelbauten das ursprüngliche Gesicht der ersten großen Schloßanlage in Deutschland nach dem Dreißigjährigen Kriege wieder. Die Dächer wurden mit roten Ziegeln bekleidet; das des Hauptgebäudes war bis zum Brande mit Schiefer gedeckt. Jetzt erhielt auch der große Hof breite Rasenflächen, wobei das älteste Pflaster der Stadt verschwand. Im Innern gemahnt nichts mehr an die vergangene Zeit. Der durch die Nissenhütten der Engländer verwahrloste Schloßgarten erfuhr nach der Forträumung dieser Reste aus der Besatzungszeit eine völlige, durch die Erweiterung des Parkgeländes besonders glücklich gelungene Umgestaltung, die dem jetzigen Rat zu danken ist.

Die fortgeführten Kammermusikabende wahrten die gewohnte künstlerische Höhe, bei der das Haus Schoeller mancherlei Opfer brachte. Die Stadt besitzt jetzt in ihrer Mitte eine Stätte pädagogischer Wissenschaft, die 1973 in die neue Universität einbezogen wurde; der nach 1945 neuangelegte Schloßgarten wurde zu einem weiträumigen Ort der Erholung. Das Ganze ist ein Werk tätigen Bürgergeistes an der Stelle ehemaliger fürstbischöflicher Herrschaft, so wenig sie, von dem absolutistischen Bischof Ernst August I. abgesehen, Osnabrück bedrängte.

Blick auf das Schloß in seiner heutigen Gestalt

2. Karl von Lothringen (1698—1715) und Ernst August II. (1715—1728)

Zum Nachfolger Ernst Augusts I. wählte das Domkapitel *Karl von Lothringen*, einen Sohn des berühmten Feldherrn Herzog Karl Leopold von Lothringen und Neffen Kaiser Leopolds I. Er war bereits Bischof von Olmütz und richtete einen üppigeren Hofhalt ein als seine geistlichen Vorgänger; daher genügte auch ihm das Schloß zu Iburg nicht, sondern er erbat und erhielt vom braunschweig-lüneburgischen Hause die Erlaubnis, das Schloß zu Osnabrück zu bewohnen und baute dem Westflügel — nach der früheren Klubstraße zu — zwei Flügel an: eine Wagenremise und einen Pferdestall. Auch sonst wandte er den hiesigen Handwerkern durch seine Bauten, den Geschäftsleuten durch seinen Hofhalt manchen Verdienst zu. Als Freund der Jesuiten erbaute er den vorderen Flügel des schon 1681 errichteten Jesuitenkollegs. Die *Petersburg* lag seit 1648 noch immer wüst; nur mittels eines an der Stadtmauer befestigten Kahnes konnte man sie erreichen. Bischof Karl faßte den Plan, sich dort einen Garten anzulegen, und ließ die Steine abräumen; die Stadt gestattete ihm gegen einen Revers einen Zugang durch den Petersburger Wall. Als er aber auch einen Ausgang nach dem Felde hin anlegen und die Wehr gegen den Stadtgraben wegräumen wollte, gab die Stadt dies nicht zu. Die Liebe des Landvolkes erwarb sich der Bischof durch manche wohltätige Einrichtungen; u. a. verbot er den Grundherren, von dem Nachlaß der Eigenbehörigen Heergewedde und Gerade zu nehmen, und sorgte für eine bessere Instandhaltung der durchweg sehr schlechten Wege des Bistums. Ein bleibendes Denkmal hat er sich selber gesetzt durch den Bau einer neuen *Straße nach Iburg*, der ersten Kunststraße unseres Bistums. Nicht ohne große Bedenken gestattete der Rat den Durchbruch der Landwehr, und Bischof Karl legte 1714 die uns bekannte, an Spiegelburgs Hofe vorbeiführende Landstraße über Oesede und Herrenrest an, für jene Zeit gewiß eine achtungswerte Leistung. (Die erste Chaussee im Brandenburgischen, Berlin-Potsdam, wurde erst 1792 gebaut.)

Obwohl der Bischof allbeliebt war, geriet doch der Rat wegen der Privilegien der Stadt mit ihm in Streit. Die fürstlichen Räte trachteten die Zuständigkeit der landesherrlichen Gerichte immer weiter auszudehnen, auch auf die Stadt, die sich auf die von Friedrich Barbarossa 1171 verliehene Gerichtshoheit berief. Dieser Streit wurde 1701 zur Zufriedenheit der Stadt beigelegt; dagegen mußte sie in der Frage der *Besatzung* nachgeben. Wie früher Ernst August, begehrte auch Bischof Karl, daß die Stadt von ihm eine geringe Besatzung aufnehme. Aber die Bürger scheuten die Einquartierungslast, fürchteten auch, daß der Bischof die ihm gewährte Erlaubnis immer weiter ausdehnen werde, und lehnten deshalb seinen Antrag ab. Als dann der Bischof 1699 seinen Einzug hielt, ließ die Stadt für die Zeit seiner Anwesenheit eine geringe Besatzung zu. Nach seiner Abreise blieb diese aber, wie es hieß, nur für kürzere Zeit. Bei seiner Rückkehr verlangte er Verstärkung der Besatzung; der Rat lehnte ab, gab aber schließlich eine Verstärkung um 30 Mann zu. Als naher Verwandter des Kaisers Leopold, der seinem zweiten Sohn Karl die durch das Aussterben der spanischen Habsburger freigewordene spanische Krone verschaffen wollte, beteiligte auch Bischof Karl sich an dem Spanischen Erbfolgekriege. Er erklärte selbst dem Gegner des Kaisers, dem König von Frankreich, den Krieg, ordnete Bettage an und sammelte ein Heer. Der Rat öffnete diesem sogar die Tore, in der Hoffnung, dafür beim Bischof in der Verhandlung über die städtische Gerichtsbarkeit Entgegenkommen zu finden. Als aber die Truppen in der Stadt waren, beantragte das Domkapitel, daß der Rat, um dem Bischof eine Freude zu bereiten, den Truppen gestatten möge, am letzten Abend vor ihrem Ausmarsch die Tore zu besetzten.

Der Rat lehnte ab; da rückten die Soldaten an, als wollten sie sich mit Gewalt der Tore bemächtigen, zogen aber doch ohne Angriff wieder ab, so daß die Bürger mit dem Schrecken davonkamen. Als nach dem Utrechter Frieden (1713) die Truppen heimkehrten, mußte die Stadt wieder Besatzung aufnehmen. Die Soldaten trieben zum Teil nebenbei auch Gewerbe; als aber die Schneider in der gewohnten Weise durch Pfändung sich Genugtuung verschaffen wollten, ließ der Oberst von Moltke die Vorsteher der Neustädter Schneider auf dem Kirchwege aufgreifen und auf der Wache durchprügeln. Der Rat vermochte sie nicht zu schützen. Er mußte den bischöflichen Truppen auch die Torwache überlassen und die Schlüssel der Stadt ausliefern.

Bischof Karl erlangte 1711 auch noch die Würde eines Erzbischofs von Trier. Während des Krieges wagte er aber nicht, in der gefährlichen Nähe der Franzosen zu residieren, sondern wohnte in Osnabrück oder Wien. Sobald aber der Friede geschlossen war, kam er nach Osnabrück, um die Übersiedlung nach Koblenz zu bewerkstelligen; da hier aber die Kinderblattern ausbrachen, verließ er unsere Stadt alsbald wieder. Doch er nahm den Keim des Todes mit; in Wien wurde er ebenfalls von den Blattern befallen und starb dort Weihnachten 1715, erst 36 Jahre alt. Sein unerwarteter, früher Tod war für das Domkapitel, die Jesuiten und alle, die von dem jungen Fürsten eine wesentliche Stärkung des katholischen Einflusses im Stift Osnabrück erwartet hatten, ein harter Schlag.

Das Domkapitel stand jetzt zum erstenmal vor der Aufgabe, einen weltlichen Bischof, und zwar aus dem Hause Braunschweig-Lüneburg, zu wählen. Das Haupt des Kurhauses, König Georg I. von England, wünschte seinen jüngsten Bruder, Ernst August,

Karl Joseph Herzog von Lothringen (1680—1715) Bischof von Olmütz, Fürstbischof von Osnabrück, Kurfürst und Erzbischof von Trier

2. Karl von Lothringen (1698—1715) und Ernst August II. (1715—1728)

gewählt zu sehen. Zwei seiner Brüder waren während der Türkenkriege im Dienste des Kaisers ums Leben gekommen; ein vierter, Maximilian, in kaiserlichen und venetianischen Diensten zu hohen Ehren gelangt, war katholisch geworden. Viele Stimmen erhoben sich für die Wahl dieses Prinzen, der auch bereit war, zur evangelischen Kirche zurückzukehren. Doch trotz all seiner Bemühungen beim Papst und beim Kaiser hielt sich das Domkapitel an die gesetzlichen Bestimmungen und wählte *Ernst August*, wofür es mit dem kleinen Bann belegt wurde. Von seinem königlichen Bruder erhielt der Prinz den Titel eines Herzogs von York und Albanien und damit den Rang einer Königlichen Hoheit.

Das Domkapitel hatte unter Bischof Karl, der gern und häufig in Wien weilte, bedeutend an Einfluß gewonnen. Ernst August, der als evangelischer Fürst dem Kapitel ohnehin unwillkommen war, wohnte fast ununterbrochen im hiesigen Schloß und beschäftigte sich ganz eingehend mit den Regierungsgeschäften, wodurch der Geschäftskreis des Domkapitels stark beschränkt wurde. Daher war fast die ganze Regierungszeit Ernst Augusts durch Streitigkeiten mit dem Domkapitel ausgefüllt, so daß manche von ihm beabsichtigte wohltätige Regierungshandlungen nicht zur Ausführung gelangten, z. B. die schon von Ernst August I. erstrebte Einrichtung, daß die Richter nicht auf Sporteln angewiesen sein, sondern ein festes Gehalt aus der Landeskasse beziehen sollten, ferner die Vermessung und Abschätzung der Grundstücke zum Zweck einer gerechteren Besteuerung. Das Kapitel stand unter dem Einfluß der *Jesuiten*. Als sich der Streit immer mehr erhitzte, befahl der Bischof den Jesuiten, die im Normaljahr 1624 in der Stadt nicht vorhanden gewesen waren, das Land zu verlassen oder das Recht zu ihrem Aufenthalte nachzuweisen. Nur eine achttägige Frist wurde ihnen gewährt. Der Orden

Ernst August II. (1674—1728),
Herzog von Braunschweig
und Lüneburg.
Duke von York and Albany,
Fürstbischof von Osnabrück

wandte sich sofort mit der Bitte um Schutz an den Reichshofrat und den Kaiser, der alsbald den Bischof ermahnte, den von seinem Vater den Jesuiten gewährten Schutz ihnen nicht zu entziehen; nicht auf das Normaljahr komme es hier an, sondern darauf, daß die Jesuiten bereits 60 Jahre mit Vorwissen des Landesherrn im Lande gewohnt, sich eine Kirche gebaut und mit großem Kostenaufwande ein neues Gymnasium errichtet hätten. Der Bischof mußte wohl nachgeben.

Um die *Stadt Osnabrück* hat sich Ernst August manches Verdienst erworben. Der Neue Graben war damals noch ein gewöhnlicher, nicht scharf begrenzter Wassergraben. Ernst August ließ ihn 1718 auf seine Kosten begradigen und aufmauern und den vor dem Schlosse liegenden Teil überwölben. Da die der Regierung und dem Konsistorium überwiesenen Räume in dem am Neuen Graben sich hinziehenden Teile des Schlosses, in dem sog. Uhrflügel, nicht genügten, verlängerte er diesen Flügel nach Westen und schuf dadurch Räume des späteren Katasteramtes nebst einem darunterliegenden großen Weinkeller.

Handel und Gewerbe der Stadt hatten sich noch immer nicht wieder gehoben. Ernst August II. gab sich deswegen viele Mühe. Da es den Bürgern an Unternehmungslust fehlte, suchte er durch eigene Fabrikanlagen den Arbeitslosen wenigstens Beschäftigung und Verdienst zu verschaffen. Er trug damit weitgehend der wirtschaftspolitischen Zeitströmung des Merkantilismus Rechnung, einem im Zeitalter des europäischen Absolutismus entstandenen Wirtschaftssystems mit dem Ziel, durch Förderung von Gewerbe und Industrie den Wohlstand des Landes zu heben. So legte er 1718 auf dem jetzigen Marktplatz ,,Am Ledenhof" in einem von dem dort gelegenen Kloster gemieteten Hause eine *Münze* und 1719 auf dem von Schepelers Erben der Stadt 1711 verkauften Grundstück ,,Schepelers Teich" eine *Wachsbleiche* an, die aber nicht gedeihen wollte. Ebenso erwarb er auf dem Bröckerberge Biermanns Holz, das jetzige Armenholz, um dort eine *Maulbeerpflanzung* anzulegen. Diese kam aber nicht zustande; das Gehölz wurde später an die Stadt verkauft. Am Südabhange des Westerberges, neben der Bergstraße, kaufte der Bischof viele Gärten, um dort eine *Porzellanmanufaktur* einzurichten. Die Bürger betrachteten das Unternehmen mit scheelen Augen, weil sie von der Fabrik eine Verteuerung der Holzpreise befürchteten! Sie kam aber doch zustande, wenn auch nicht in jenen Gärten, sondern auf dem Hofe der Familie Langen zu Stockum, dem jetzigen Gewerkschaftshaus. Auch dies Unternehmen fiel gleich nach dem Tode des Bischofs zusammen. Größeren Erfolg hatte ein anderes Werk des Bischofs. Als man 1723 die salzhaltige Quelle in *Rothenfelde* entdeckte, kaufte er das Grundstück mit der Quelle auf eigene Kosten und rief dort eine Saline ins Leben; bis dahin erhielt unser Ländchen das Salz aus Lüneburg, Salzuflen oder Salzhemmendorf.

Gegen Ende seines Lebens (1727) begann Ernst August noch den Bau eines Gartenschlosses, das den Namen *Augustenburg* tragen sollte, aber unvollendet blieb. Aus Besorgnis, daß dort sich jemand festsetzen könnte, der der Stadt gefährlich werden möchte, kaufte der Rat nach dem Tode des Bischof den halbfertigen Bau und ließ ihn abbrechen. Der Grund, auf dem das Bauwerk lag, diente später bis 1760 als Exerzierplatz; noch heute erinnern daran die Namen Augustenburger Straße und Platz, heute der Gustav-Heinemann-Platz.

Bischof Ernst August erlebte den Schmerz, daß sein Bruder, König Georg I. von England, auf einer Besuchsreise bei ihm im hiesigen Schlosse starb. Der König erlitt in Delden in Holland nachts einen kolikartigen Anfall; dennoch fuhr er am anderen Morgen weiter, erlitt aber im Wagen einen Schlaganfall. Da seine Begleiter in der Universitätsstadt Lingen keine ärztliche Hilfe finden konnten, weil beide Ärzte verreist waren,

fuhren sie weiter bis Osnabrück, wo sie am 20. Juni 1727, abends 10 Uhr, eintrafen. Der Leibarzt des Bischofs, Dr. Wöbeking, gab sich alle erdenkliche Mühe, den schon völlig bewußtlosen König am Leben zu erhalten, aber ohne Erfolg. Der König starb am 22. Juni gegen 1 Uhr morgens. Mehrere Wochen lang erklang dann mittags von 12 bis 1 Uhr von allen Kirchen des Fürstbistums Trauergeläute. Die Leiche wurde zunächst in ein Gewölbe unter dem hiesigen Schlosse gebracht und erst im September in der Schloßkirche zu Hannover beigesetzt. Schon am 14. August des folgenden Jahres entschlief auch Bischof Ernst August. Seine Leiche wurde ebenfalls nach Hannover gebracht und neben der seines Bruders bestattet. Schon bei seinen Lebzeiten hatte er den Armen jährlich große Summen gespendet; trotzdem betrug sein Nachlaß 2 Millionen Taler, von denen die Armen 100000 Taler erhielten. ,,Nicht leicht hat ein Fürst seine Regierung mit einem größeren Eifer, seine Untertanen glücklich zu machen, angefangen. Die reinste Frömmigkeit beseelte seine Handlungen."
(J. Möser.)

3. Bischof Klemens August (1728—1761)
Der Siebenjährige Krieg

Nach dem Tode Ernst Augusts II. wählte das Domkapitel *Klemens August* zum Nachfolger. Er war ein Sohn des bayrischen Kurfürsten Maximilian Emanuel. Auf Anraten seines Oheims, des Erzbischofs von Köln, ging er schon mit 14 Jahren nach Rom, um sich unter Aufsicht und Leitung des Papstes auf den geistlichen Stand vorzubereiten. Erst 19 Jahre alt, wurde er 1719 Bischof von Paderborn und Münster, dann 1722 Koadjutor seines Oheims und im folgenden Jahre dessen Nachfolger als Kurfürst von Köln. 1724 erwählte ihn das Domkapitel von Hildesheim ebenfalls zum Bischof und das Kapitel zu Lüttich zum Dompropst. Trotz dieses vierfachen Amtes sandte Klemens August bald nach dem Tode Ernst Augusts seinen Bevollmächtigten, den Freiherrn von Plettenberg, nach Osnabrück, und er wurde auch hier (1728) zum Bischof gewählt. Der Unterhändler war über seinen Erfolg so erfreut, daß er aus einem Springbrunnen roten, aus einem anderen weißen Wein für das Volk springen ließ, während die Bürger abends die Stadt erleuchteten. Seitdem führte er in vertrauten Kreisen den Beinamen ,,Monsieur des cinq églises" (,,Herr von fünf Bischofskirchen"). Als 1732 der Kurfürst von Mainz starb, bewarb sich Klemens August auch um dessen Nachfolge, und nicht ohne Erfolg; er erlangte zwar die Kurwürde nicht, wohl aber wurde er auch noch ,,Administrator des Hochmeistertums in Preußen und Meister des deutschen Ordens in deutschen und welschen Landen". Noch niemals hatte ein deutscher geistlicher Fürst so viele Ämter in *einer* Hand vereinigt.

Klemens August mietete zwar vom Hause Hannover das hiesige Königliche Schloß, aber fast nur wegen der Geschäftsräume für die Landesbehörden; denn er selber residierte in Bonn und weilte in Osnabrück nur ab und an einige Tage. In Brühl bei Bonn ließ er als Lust- und Jagdschloß — unter Mitwirkung des Münsteraners Schlaun — den gediegenen Rokokobau des Schlosses Augustenburg errichten, der heute der Bundesregierung als Repräsentations- und Empfangsgebäude dient. Als Regierungsbehörde setzte er hier in Osnabrück ein Geheimes Ratskollegium ein, dessen Präsident *Dompropst von Kerssenbrock* wurde. Während der Regierung eines evangelischen Bischofs wohnte in Osnabrück ein vom Erzbischof in Köln ernannter Vikar, der die katholischen Interessen vertreten sollte. Deshalb richtete Ernst August II. an seinen Bruder Georg I. die Anfrage, ob er nicht auch einen Bevollmächtigten ernennen wolle, der während der Regierung eines katholischen Bischofs das evangelische Religionswesen überwache, zu dem die Protestanten ihre Zuflucht nehmen könnten. Der König billigte diesen Vorschlag, und gleich nach dem Tode Ernst August II. ernannte Georg II. den Kanzleidirektor von Schele zu seinem Kommissar. Auch Klemens August zwang die Stadt, eine Besatzung von 400 Mann aufzunehmen. Am 7. November 1730 hielt er seinen Einritt in Osnabrück. Die Bürger standen vom Johannistor bis zum Schloß unterm Gewehr; abends war die Stadt erleuchtet. Am Morgen nach dem Einzug ließ ihm die Stadt durch den Syndikus Dr. von Gülich den üblichen Willkommen überreichen: einen silbernen vierseitigen Tisch, dem das kurfürstliche Wappen eingraviert war, eine silberne Krone und ein Stückfaß Rheinwein. Der Fürst besuchte auch Iburg. Als er am 2. Dezember wieder abreiste, standen die Bürger schon morgens 5 Uhr unterm Gewehr, und von allen Wällen donnerten die Geschütze.

So sparsam Ernst August II. gewesen, so üppig lebte sein Nachfolger. Jener hatte bei geringer Einnahme Millionen hinterlassen; dieser war trotz seiner reichen Einnahmen — außer den Einkünften aus seinen vielen Ämtern hat er von Frankreich, Österreich und den Niederlanden etwa 12 Millionen Mark an Hilfsgeldern bezogen — wiederholt in der größten Geldverlegenheit. Das meiste Geld verschlangen seine Bauten. In unserm Bezirk ließ er als Bischof von Münster, ebenfalls durch Schlaun, das Schloß *Klemenswerth* im Hümmling in Gestalt eines Kegelspiels errichten, in unserer Stadt die ganz verfallene *Neue Mühle* wiederaufbauen, woran noch sein an der Mühle angebrachtes Wappen erinnert.

Clemens August (1700—1761)
Herzog von Bayern,
Kurfürst und Erzbischof von Köln,
Fürstbischof von Münster,
Paderborn, Hildesheim
und Osnabrück,
Hochmeister des Deutschen Ordens

3. Bischof Klemens August (1728—1761); Der Siebenjährige Krieg

Das schloßartige Hauptgebäude der Eversburg zur Zeit Bischof Klemens Augusts

Dompropst von Kerssenbrock wohnte auf der *Eversburg*, die unter ihm ihre Glanzzeit erlebte. Damals lagen dort auf dem Eversfelde außer der verfallenen, von den Schweden 1633 verbrannten Burg nur einige Hirtenhütten, und dort, wo die nach Atter führende Landstraße die Landwehr schneidet, der Schneider- oder Landwehrturm. Kerssenbrock erbaute auf der Eversburg ein stattliches Wohngebäude nebst einer Kapelle, legte einen wohlgepflegten Garten mit Springbrunnen und Orangerie sowie die Petrusallee mit dem Petrusdenkmal an, das die Jahreszahl 1737 trägt, und unterhielt eine Art Hofstaat.

Die Stadt Osnabrück rechnet die Regierungszeit Klemens Augusts nicht zu den glücklichen Zeiten. Kerssenbrock trat dem Rat gegenüber hochfahrend auf und suchte die Befreiung der Geistlichen und ihrer Diener von städtischen Lasten immer weiter auszudehnen. Der Wohlstand hatte sich trotz der Bemühungen Ernst Augusts II. nicht gehoben, war vielmehr noch im Sinken. Leerstehende und verfallene Häuser waren zahlreich vorhanden, so daß man im Winter 1741/42 die hier einquartierten französischen Truppen in diesen Häusern unterbringen konnte. Aber trotz der bedrängten Lage feierte die evangelische Bevölkerung 1730 die vor 200 Jahren erfolgte Übergabe des Augsburger Bekenntnisses, was man 1630 unter Franz Wilhelm nicht gewagt hatte, 1743 am 2. und 3. Februar ein Dank- und Jubelfest wegen der Einführung der Reformation und 1748 am 25. Oktober ,,das erste Jubelfest des Westfälischen Friedens". Am Tage vorher wurde von beiden evangelischen Kirchen durch Beiern (eintöniges Schlagen einer Glocke, Bimmeln) vom Mittag bis zum Abend (!) und durch Geläute von 6 bis 7 Uhr den Einwohnern der Stadt der Festtag angekündigt. Nachts und am folgenden Tage hörte man in allen Straßen und Gassen Freudenschüsse aus Flinten, Pistolen und kleinen Gestücken, ,,so daß die ganze Stadt einem beständigen Heckenfeuer gleichete". In beiden Kirchen wurde dreimal Gottesdienst gehalten. Sobald es dunkelte, erglänzten das

Rathaus und die meisten Bürgerhäuser, die mit Grün, Sinnbildern und Sprüchen prächtig geschmückt waren, von Tausenden von Lichtern. Wegen des auf den folgenden Tag fallenden Stadtmarktes waren alle Straßen mit Menschen dicht gefüllt.

Da Klemens August einer der mächtigsten deutschen Fürsten war, wurde er von den Großmächten, besonders von Frankreich, viel umworben und infolgedessen sowie durch seine Verwandtschaft in mehrere *Kriege* verwickelt, unter denen auch die Stadt Osnabrück zu leiden hatte. Als Kaiser Karl VI. 1740 starb, wurde seiner Tochter Maria Theresia von dem Kurfürsten Karl Albert von Bayern, einem Bruder unseres Bischofs, das Erbrecht bestritten. Frankreich unterstützte ihn. Den zur Hilfe gesandten französischen Truppen gewährte Klemens August Quartier; daher mußte auch unsere Stadt im November 1741 vier Bataillone aufnehmen, die erst im Juni 1742 wieder abzogen. Als Karl Albert im Januar 1742 als Karl VII. sogar die Kaiserwürde erlangte, wurde dies auf Veranlassung der französischen Einquartierung den Bürgern unter Pauken und Trompeten bekanntgemacht. Am folgenden Sonntag wurde in allen katholischen und evangelischen Kirchen der Stadt ein Dankfest gefeiert und das Tedeum gesungen. Von den Wällen donnerten die großen Geschütze; ein auf dem Domhof aufgestelltes Bataillon gab eine Salve ab, die von den auf den Wällen aufgestellten Bürgern erwidert wurde. Im Schloßgarten wurde ein Feuerwerk abgebrannt; daran schlossen sich Festessen und Ball — alles mußte die Stadt bezahlen! In demselben Monat noch hatte Klemens August die Freude, daß er seinen Bruder im Dom zu Frankfurt krönen konnte; doch starb dieser schon 1745.

Obwohl Friedrich der Große die Bayern im Kampfe mit Maria Theresia unterstützt hatte, stellten sich doch beim Ausbruch des *Siebenjährigen Krieges* der Kurfürst von Bayern und unser Bischof auf die österreichische Seite, ebenso Frankreich, wohingegen Georg II. von England mit Friedrich ein Bündnis schloß. Außer England und Hannover standen auch Hessen-Kassel und Braunschweig auf Friedrichs Seite. Die Franzosen ließen 1757 eine starke Armee über Kleve in Westfalen einrücken. Friedrich hatte seinen Verbündeten unter dem Oberbefehl des Herzogs von Cumberland, des zweiten Sohnes Georgs II., die Aufgabe gestellt, die Rheingrenze gegen die Franzosen zu verteidigen; aber der unfähige Herzog wich vor den Franzosen über die Weser zurück und ließ ihnen bei Hastenbeck einen unverdienten Sieg. Nach dem Vertrage zu Zeven sollte seine Armee sogar die Waffen strecken; doch der König von England verwarf diesen Vertrag, rief seinen Sohn ab und stellte in Übereinstimmung mit Friedrich dem Großen *Ferdinand von Braunschweig* an die Spitze des verbündeten Heeres. Inzwischen war von den aus der Schlacht bei Roßbach entflohenen französischen Regimentern ein Reiterregiment in Osnabrück eingerückt und hatte hier Winterquartiere genommen; als es abzog, rückten drei Bataillone Infanterie ein. Herzog Ferdinand überfiel die Franzosen in ihren weit zerstreut liegenden Winterquartieren und drängte sie über die Weser. Der französische General Germain, der Bremen besetzt hielt, räumte diese Stadt und zog sich ins Stift Osnabrück zurück. Unsere Stadt war so überfüllt, daß auf je zwei Einwohner drei Mann Einquartierung kamen. Schon nach vierzehn Tagen war in der Stadt weder Brot noch Fleisch, noch Bier zu haben. Als die Franzosen erfuhren, daß Ferdinand von Braunschweig in Minden eingerückt sei, zogen sie ab, dem Rhein zu.

Nun besetzten die *Verbündeten* unser Bistum. Die Bewohner hielten es im Gegensatz zu ihrem Bischof mit Friedrich dem Großen und empfingen daher seine Verbündeten mit Freuden. Wenn sie aber gehofft hatten, daß die Kriegsnot jetzt ein Ende haben werde, so hatten sie sich bitter getäuscht. Die Alliierten behandelten unser Bistum wegen der politischen Stellung seines Landesherrn, der sogar wegen des Sieges der Franzosen bei

Hastenbeck in Bonn ein Tedeum hatte singen lassen, als feindliches Land. Da Osnabrück beim Tode des damaligen Bischofs einem englischen Prinzen zufallen mußte, glaubten die Osnabrücker besonders von seiten des englischen Heeres eine milde Behandlung erwarten zu dürfen; aber auch diese Hoffnung schlug fehl. Das Stift mußte 132978 Taler zahlen, außerdem 1166675 Mundportionen, dazu Hafer, Heu und Stroh liefern. Die Truppen verließen dann zwar die Stadt, um die Franzosen zu verfolgen, die im Juli hinter den Rhein zurückwichen; aber der Herbst und besonders der Winter brachten neue Einquartierung. Die Hospitäler, Gymnasien, das von Klemens August an der Stelle des Augustinerklosters erbaute Zuchthaus, das evangelische Waisenhaus und viele Privathäuser wurden belegt; andere Häuser waren mit Korn angefüllt; am Gertrudenberge, unweit des Hofhauses, waren große Heu- und Strohmagazine angelegt.

Im Frühjahr 1759 rückte Ferdinand von Braunschweig glücklicherweise schon frühzeitig ins Feld, um einem von Frankfurt a.M. her drohenden Einfall der Franzosen unter Broglie zu wehren. Er wurde aber bei Bergen unweit Frankfurts geschlagen und wich, als ob er allen Mut verloren hätte, durch Hessen und Westfalen bis Osnabrück zurück. Am 8. Juli stand sein rechter Flügel bei Osnabrück, der linke bei Belm; das Hauptquartier lag in der Stadt. Nach drei Tagen brach die Armee nach Bohmte auf. Die Feldfrüchte waren weit und breit aufgefüttert oder zertreten. Kaum waren die Verbündeten abgezogen, als französische Marodeure in Husarenuniform in die Stadt einfielen und die Bürger ausplünderten. Glücklicherweise traf bald eine Abteilung regulärer französischer Truppen ein, deren Befehlshaber die Marodeure ergreifen und auf dem Rosenplatz aufhängen ließ. Die Bürger selber hatten also nicht den Mut gehabt, sich diesen Strolchen zu widersetzen. Den fremden Heeren die Tore zu verschließen, wagte angesichts der völligen Vernachlässigung der einstmals vorbildlichen Verteidigungsanlagen niemand mehr. Die städtischen Konstabler verstanden kaum noch, eine Kanone zu laden und abzufeuern. An Munition besaß die Stadt nur steinerne Kugeln, während die Vorfahren schon vor 100 Jahren mit eisernen geschossen hatten.

An demselben Tage, an dem obiges Strafgericht vollzogen wurde, rückten abends die sogenannten Freiwilligen von Clermont unter dem Befehl des Grafen Commeyras hier ein und ließen sich's gut sein. Am 27. Juli gab der Befehlshaber seinen Offizieren einen Ball; sorglos und vergnügt tanzten sie bis in den Morgen. Inzwischen hatte der hannoversche General Dreves von der verbündeten Armee den Befehl erhalten, Osnabrück zu nehmen. Er zog am Morgen des 28. Juli vom Norden heran. Auf der Eversburg teilte er sein Korps. Er selber rückte über die Haster Mühle gegen das Hasetor vor, während Hauptmann Schlieffen das Natruper Tor angreifen sollte. Dreves warf einen französischen Wachtposten auf der Haster Mühle zurück, drang auch durch das äußere Hasetor ein, vermochte aber das innere nicht zu nehmen, sondern wich zurück. Unterdes hatte aber Schlieffen das Natruper Tor erstürmt. Bald hatten die Hannoveraner die Stadt in ihrer Gewalt. Sie nahmen drei französische Offiziere und 200 Mann gefangen und erbeuteten 2 Geschütze. Außerdem verloren die Franzosen an Toten und Verwundeten 70 Mann. Die übrigen Franzosen waren eiligst, die meisten ohne Gepäck, aus dem Johannistor entflohen. Von den Deutschen fielen 2 Offiziere und 6 Mann; 70 Mann wurden verwundet.

Ferdinand von Braunschweig war unterdes bis Minden zurückgewichen, so daß die Franzosen die Weserlinie besetzten und ihm die Verbindung mit Hannover abzuschneiden drohten. Daher erwartete man allgemein, daß er die Franzosen angreifen werde. In Osnabrück verkündete ein Bauer, am nächsten Sonntag (5. August) werde in den Straßen unserer Stadt das Blut „enkeltief" stehen. An demselben Tage traf hier aber die

Nachricht ein, daß Ferdinand die Franzosen bereits am 1. August bei *Minden* glänzend besiegt habe. So wurde die Weissagung zuschanden, die Angst in Freude verwandelt. Der Chronist meint aber im Hinblick auf die Weissagung: ,,Wir hatten nämlich an jenem Tage das Evangelium vom falschen Propheten." Da die Franzosen sich infolge ihrer Niederlage nach Hessen zurückzogen, beherrschten die Verbündeten ganz Westfalen; auch unser Stift mußte unaufhörlich Lebensmittel und Futter liefern; das ganze englische Korps nahm hier Winterquartier, so daß auch die Stadt Osnabrück wieder überfüllt war.

Im Frühjahr 1760 schrieben die Verbündeten wieder hohe Lieferungen an Geld, Lebensmittel und Futter aus. Ferner nahmen die Engländer aus dem städtischen Zeughause die Kanonen fort und hoben 500 Rekruten aus, und als sie im Mai abzogen, entführten sie auch noch die Kanonen von den Wällen. Die Stadt war gänzlich ausgesogen; dennoch kehrten die Engländer im Herbst zurück und legten sich abermals bei den Bürgern ins Quartier. Wieder wurden im Frühjahr die Lieferungen ausgeschrieben. Man hatte auch schon einen Teil derselben abgeliefert, als hier die Nachricht eintraf, daß der Bischof am 6. Februar 1761 gestorben sei. Sofort stellten die Engländer ihre Forderungen ein, da jetzt ja ein Sohn oder naher Verwandter ihres Königs den bischöflichen Stuhl zu Osnabrück besteigen mußte. Alle Lieferungen wollten sie von jetzt an bezahlen. Die Bürger hofften nun auf glücklichere Zeiten.

Aber leider hatten die Verbündeten, seitdem sie sich zum Bistum Osnabrück freundlich stellten, in unserer Gegend nicht mehr die Oberhand. Im Spätsommer 1761 drang der französische General Soubise in Westfalen ein und sandte seine Streifscharen aus. Unser Stift betrachteten sie nun als feindliches Land; es wurde alsbald von einem aus Franzosen, Niederländern und Deutschen bestehenden Freikorps unter dem Parteiführer *Conflans* heimgesucht, der in der Eile soviel wie möglich zusammenzuraffen suchte. Von der Stadt Osnabrück forderte er 100000 Taler. Da man die lästigen Gäste gern loswerden wollte, bemühte man sich, das Geld sobald als möglich zusammenzubringen. Aber obwohl man dreimal ausklingeln ließ, wer Geld habe, möge es dem Domkapitel einliefern, brachte man am ersten Tage nur die Hälfte der geforderten Summe nebst einem Geschenk für Conflans und seine Offiziere zusammen. Am folgenden Tage aber vermochte man die Summe auszuzahlen. Den Franzosen gefiel es indes in Osnabrück so vortrefflich, daß sie erst am vierten Tage nach Empfang der Brandschatzung abzogen (31. August).

Die Bürger hofften, damit für dieses Jahr die Franzosen abgekauft zu haben; aber schon am 24. September rückte ein neues französisches Korps unter General *Wurmser* ein, der eine neue Brandschatzung von 400000 Talern forderte. Vergebens stellte der Rat ihm vor, daß die Bürger gänzlich ausgesogen seien und eine solche Summe unmöglich zahlen könnten; endlich ließ Wurmser sich zu der Genehmigung herab, daß die Bürger die Summe in vier gleichen, wöchentlichen Terminen abtragen könnten. Mit aller Mühe vermochte man aber nicht mehr als 50000 Taler zusammenzubringen; für die zweite Hälfte der ersten Rate brachten die Bürger allerlei Waren, besonders Tücher und Leinen. Fünf Tage ließen sich die Franzosen wieder von den Bürgern aufs beste verpflegen; in manchen Häusern lagen zehn Mann. Die Lebensmittel waren kaum für gutes Geld zu haben. 1 Pfund Brot kostete 4$\frac{1}{2}$ Mariengroschen, 1 Scheffel Roggen 3$\frac{1}{2}$, 1 Scheffel Weizen 5 Taler. Am schlimmsten waren die Bürger daran, in deren Häusern die von General Dreves vertriebenen Franzosen etwas zurückgelassen hatten; sie mußten dafür einen von den Soldaten willkürlich festgesetzten hohen Preis zahlen. Am 25. September zündeten die Franzosen die den Engländern gehörenden großen Heu- und Strohlager am

Gertrudenberg an; am 29. zogen sie ab, schleppten aber zwei Bürger als Geiseln mit nach Tecklenburg und hielten sie so lange fest, bis die ganze Schatzung von 400000 Talern gezahlt war.

Im Herbst erlangten die Verbündeten in Westfalen wieder die Oberhand; daher nahmen bald nach dem Abzuge der Franzosen die Engländer erneut in unserem Bistum Winterquartier. In der Stadt lag die englische Garde nebst dem Stabe. Unter den englischen Truppen war viel Gesindel; vor ihren Geiersgriffen war trotz barbarischer Zucht nichts sicher. Einmal legten sie sogar Hand an ihre eigenen Offiziere. Die Bürger wurden von ihnen auf offener Straße angefallen, so daß abends niemand ohne Laterne auszugehen wagte. Erst im Juni 1762 wurde die Stadt von dieser Plage befreit; sie hatte nun auch vier Monate Ruhe. Aber am Abend des 30. Oktober überfiel plötzlich der französische Parteigänger *Cambefort* mit 300 Mann Osnabrück. Er ließ die angesehensten Personen der Stadt, u. a. den Domdechanten von Spies, den General von Grothaus, den Drosten von Mönster, die Bürgermeister Berghoff und von Blechen, aufs Rathaus führen und die Tore besetzen. Berghoff hatte einst mit Goethes Vater zusammen in Gießen studiert. Beide Männer blieben in einiger Verbindung, so daß dem jungen Johann Wolfgang Goethe der Name Osnabrück schon früh bekannt gewesen sein dürfte. Cambefort forderte 400000 Taler, die innerhalb einer Stunde gezahlt werden sollten; andernfalls drohte er, die Herren als Geiseln mitnehmen, auch sonst der Stadt allen möglichen Schaden zufügen zu wollen. Seine Soldaten hatten bereits mit der Plünderung begonnen. Während der Domdechant eiligst die Stände versammelte, ließ Cambefort den Dompropst Freiherrn von Asseburg durch Reiter von der Eversburg in die Stadt holen.

Feldschlange vor der Vitischanze

Bürgermeister Berghoff ging, von einer Wache begleitet, durch die Straßen und forderte die wohlhabenden Bürger auf, der Stadt Vorschuß zu leisten. Da trotz aller Mühe die geforderte Summe in einer Stunde nicht beschafft werden konnte, ließ Cambefort das zusammengebrachte Geld auf einen Wagen legen und erklärte den genannten Herren, daß sie ihn zu Wagen oder zu Fuß als Geiseln begleiten müßten. Nur dem bereits bejahrten Bürgermeister Berghoff wurde gestattet, sich durch seinen Sohn, den Dr. Berghoff, vertreten zu lassen. (Er war später ebenfalls Bürgermeister der Stadt und hat diesen Überfall ausführlich erzählt.) Die Geiseln wurden bis Wesel mitgeschleppt. Als dort die Nachricht eintraf, daß am 3. November zwischen Frankreich und England in Fontainebleau ein vorläufiger Friede geschlossen worden sei, wurden sie freigelassen. Am 15. Februar 1763 wurde durch den Frieden zu Hubertusberg der Siebenjährige Krieg beendet.

Das deutsche Volk atmete wieder auf, auch die Bürger Osnabrücks; aber in welcher traurigen Lage befand sich die Stadt! Nach den schweren Wechselfällen des Siebenjährigen Krieges erlebte Osnabrück mit nur 5923 Einwohnern 1771 einen Tiefstand seiner Bevölkerungszahl. (Vor zwei Jahrhunderten hatte es schon über 10000 Einwohner gehabt.) Die alte Kriegstüchtigkeit seiner Bürger war dahin, die Festungswerke hatten keine Bedeutung mehr, Handel und Gewerbe waren noch weiter gesunken, viele Bürger verarmt, die Stadt überschuldet. Die Brandschatzungen wurden meistens durch eine außerordentliche Besteuerung von den Bürgern sofort erhoben; aber auch die Stadtkasse hat während des Siebenjährigen Krieges 50754 Mark an Kriegsgeldern gezahlt. Die Schuld der Stadt war auf fast 200000 Mark gestiegen.

4. Bischof Friedrich (1764—1802)

Justus Möser als Beamter

Nach dem Tode des Bischofs Klemens August war der Selbständigkeit des Bistums und der Stadt Osnabrück nur noch eine Dauer von 40 Jahren beschieden. Wie die Sonne wohl kurz vor ihrem Untergange den Himmel noch lieblich rötet, so erlebten auch Bistum und Stadt kurz vor dem Verlust ihrer Selbständigkeit noch eine kurze Blütezeit, die man nicht ohne Grund mit *Justus Möser* in Verbindung bringt. Dieser Mann verdient daher eine eingehende Würdigung, auch in einer Geschichte der Stadt Osnabrück, obwohl er nie in ihren Diensten gestanden hat.

Mösers Großvater wurde aus Hamburg zum Prediger an St. Marien berufen. Mösers Vater war Jurist, ließ sich als Advokat in Osnabrück nieder, vermählte sich mit der Tochter des Bürgermeisters Elverfeld und wurde 1723 zum Gografen in Iburg befördert, behielt aber seinen Wohnsitz in Osnabrück. 1735 wurde er Rat bei der Land- und Justizkanzlei sowie beim Landkonsistorium und 1756 Direktor der Land- und Justizkanzlei. Diese Behörde hatte — wie der Name andeutet — eine doppelte Aufgabe: Sie war Verwaltungs- und Gerichtsbehörde, ähnlich so, als wenn heute die Regierung und das Landgericht vereinigt würden.

Justus Möser wurde am 14. Dezember 1720 in einem Hause neben der Marienkirche geboren. Seine Schulbildung erhielt er auf dem Ratsgymnasium. Über seine Leistungen urteilt er selber: „Mein Fleiß verdient keinen besonderen Ruhm; doch lernte ich vieles leichter als andere, und das wenige, was ich wußte, verstand ich geschickter anzubringen. Ich war der Liebling der Mutter und ihr guter Junge in der Haushaltung. In der

Obsternte saß ich lieber auf einem Baume, als hinter einem Buche." Er selber berichtet auch über einen dummen Streich, den er begangen, und der hier manchem zum Trost mitgeteilt werden möge, weil er die alte Wahrheit erhärtet, daß man nicht gleich das Kind mit dem Bade ausschütten soll. ,,Als ich kaum das fünfzehnte Jahr erreicht gehabt", so erzählte Möser seinem Freunde Nicolai, ,,entwandte ich meinem Vater aus dem Geldschranke zwölf Groschen. Da mein Informator solches gemerkt und meinem Vater hinterbrachte, ergriff ich die Flucht und gelangte in Gesellschaft einiger preußischer Ausreißer, auf die ich unterwegs stieß, nach Münster. Da ich kein Geld bei mir hatte, ging ich, vom Hunger gepeinigt, den ganzen Tag die Straßen auf und ab. Hundertmal wandte ich mich gegen eine Tür, um ein Almosen zu erbitten, aber wenn ich den Mund öffnete, erstickte mir die Stimme. Endlich gelang es mir, die Bitte auszusprechen, und erhielt sechs Pfennige. Sofort eilte ich zum Bäcker, kaufte mir Brot und ging zu demselben Tore wieder hinaus, durch das ich gekommen war. Dort setzte ich mich auf einen Stein und verzehrte mein Brot, ohne zu wissen, was ich anfangen sollte." Der gütige Geber war ein Domherr gewesen; er hatte an dem Tressenhut, den der Knabe trug, erkannt, daß er vornehmer Leute Kind war, und ihm zugeredet, doch wieder zu seinen Eltern zurückzukehren. Nachdem der Knabe längere Zeit ratlos auf dem Stein gesessen hatte, entschloß er sich, nach Iburg zu gehen, wo seine Eltern ein Haus besaßen, um sich dort für die Reise über Amsterdam nach Indien auszurüsten. Aber die alte Magd des Hauses gab den Eltern sofort Nachricht. Die Mutter holte ihn ab, ging mit ihm zunächst in die Kirche und dann erst nach Haus, damit niemand die wahren Umstände merken sollte.

Als Zwanzigjähriger ging Möser auf die Universität Jena, um Jura zu studieren. Schon nach einem Jahre wählte ihn die Ritterschaft zu ihrem Sekretär; sie stellte ihm aber frei, wann er den Dienst antreten wolle. Möser studierte darauf noch ein Jahr in Jena und ein weiteres Jahr in Göttingen und übernahm dann (1744) sein neues Amt. Zugleich bewarb er sich um Aufnahme in die Zahl der Advokaten. Heute müssen die jungen Juristen nach Beendigung ihres Studiums sich einer Abschlußprüfung unterziehen, dann einen mehrjährigen Vorbereitungsdienst durchmachen und darauf ein zweites Examen ablegen. Damals verließen sie nach zwei bis drei Jahren die Universität, legten bei der hiesigen Kanzlei eine nicht allzu schwere Prüfung ab, die den Herren mit dem Doktortitel auch wohl geschenkt wurde, und ließen sich als Rechtsanwälte nieder, um auf Anstellung im Dienste des Landes oder der Stadt zu warten. Zuzeiten gab es in Osnabrück mit etwa 6000 Einwohnern 50 Advokaten, so daß Ernst August II. den Beruf sperrte, bis ihre Zahl auf 24 gesunken sei. Außer diesen gab es hier auch noch 20 bis 30 Prokuratoren. Sie brauchten nicht Rechtsgelehrte zu sein, hatten auch auf die Führung des Prozesses keinen Einfluß, sondern sie vermittelten den Verkehr zwischen den Gerichten und ihren Parteien oder den Rechtsanwälten, reichten für sie Schriftstücke ein und nahmen in den Terminen die Bescheide entgegen. Bei der damaligen schlechten Verbindung zwischen den ländlichen Gerichten und der Stadt waren sie kaum entbehrlich; sie verschwanden erst bei der Neuordnung der hannoverschen Gerichte 1852.

Die jungen Advokaten mußten manchmal lange auf eine lohnende Praxis warten, nicht so der junge Möser, der infolge der Stellung seines Vaters an der Kanzlei sowie durch seine Anstellung bei der Ritterschaft rasch vorteilhafte Verbindungen anknüpfte. Auch schon seine 1746 erfolgte Vermählung mit einer Tochter der wohlhabenden Familie Brouning, die wieder mit den Familien von Lengerke und von Gülich verwandt war, hätte ihn vor der Not des Advokatenelends jener Tage bewahrt. Schon im folgenden Jahr erhielt er überdies die Stelle eines *Advocatus patriae,* der die Prozesse der Regierung etwa in Steuersachen oder Grenzhändeln zu führen hatte. In demselbem

Jahre, als Mösers Vater Direktor der Kanzlei wurde (1756), konnte der Sohn die Stelle eines Sekretärs mit der eines Syndikus der Ritterschaft vertauschen. Als solcher hatte er neben der Rechnungsführung das Archiv der Ritterschaft zu verwalten, was ihn unmittelbar zu geschichtlichen Nachforschungen anregen mußte. Eine Gelegenheit, seinen Blick zu erweitern, bot sich Möser, als ihn die Stände beauftragten, in ihrem Namen mit dem Heere der Verbündeten, das unserm Bistum Lieferungen über Lieferungen auferlegte, zu verhandeln. Er mußte deshalb den Heeren oft weit nachreisen und sich monatelang in den Winterquartieren aufhalten. Aber allgemein wurde es anerkannt, daß er durch sein geschicktes Benehmen dem Lande Tausende von Talern und viele Unannehmlichkeiten erspart habe.

Nach dem Tode des Bischofs Klemens August hätte nach dem geltenden Recht das Domkapitel die Landesregierung übernehmen müssen. Aber Georg III. zeigte als Haupt des Welfenhauses, dem der nächste Bischof zu entnehmen war, dem Kapitel an, daß er sich entschlossen habe, das Bistum unter seine eigene Verwaltung zu stellen. Auch ließ er sich von dem Kapitel einen Revers ausstellen, daß es ohne seine Genehmigung nicht zu einer Neuwahl schreiten wolle. Um seinen Worten Nachdruck zu verleihen, verlegte er ein hannoversches Regiment nach Osnabrück, so daß sich hier 1762 eine *Garnisongemeinde* bildete. Der König wünschte deshalb, es werde ihm zu dem bis dahin einzigen Sohne, der doch König von England und Kurfürst von Hannover werden sollte, noch ein zweiter Sohn geboren werden, dem er dann das Bistum Osnabrück zuwenden wollte. Nach der Immerwährenden Kapitulation von 1650 mußte das Domkapitel nach dem Tode eines Bischofs innerhalb dreier Monate einen neuen wählen; als es aber den König um Rückgabe jenes Reverses bat, um wählen zu können, erwiderte die hannoversche Regierung: Das Land sei ganz erschöpft und mit Schulden überladen; bevor das Kapitel nachgewiesen habe, wovon der Bischof standesgemäß leben solle, könne an eine Neuwahl nicht gedacht werden. Als aber auch der Kaiser zur Wahl drängte, setzte das Kapitel den Wahltag fest und zeigte dies dem Könige an; der ließ jedoch heftig dagegen protestieren und die Besatzung Osnabrücks noch durch einige Kompagnien verstärken.

Da wurde dem Könige am 16. August 1763 ein zweiter Sohn geboren, der den Namen *Friedrich* erhielt. Auf Veranlassung des hiesigen hannoverschen Residenten von Schele gratulierte das Domkapitel zu der Geburt des Prinzen und bat zugleich um die Erlaubnis, ihn zu wählen. Der König war darüber natürlich sehr erfreut, und am 27. Februar 1764 wählte das Kapitel den halbjährigen Prinzen zum Bischof von Osnabrück. Am Wahltage wurden die Domherren und der sonstige Adel nebst dem kaiserlichen Gesandten auf Kosten des Königs im Schlosse bewirtet. Die bürgerlichen Herren, Beamte, Ratsherren und vornehme Bürger, wurden für den folgenden Tag geladen. Am 29. wurden dem Adel in dem Schlosse Ball und Abendessen gegeben. Möser war in dieser Zeit in London, wohin ihn die Stände gesandt hatten, damit er wegen der Lieferungen mit der englischen Regierung abrechne. Dem König war es sehr angenehm, in dem Streit mit dem Domkapitel einen so erfahrenen Kenner der Osnabrücker Verhältnisse zu Rate ziehen zu können. Auch für Möser war der Aufenthalt in London, der sich auf acht Monate ausdehnte, in mehr als einer Beziehung von großem Segen. Eine ganz neue Welt ging ihm auf. Er lernte die Verfassung des Landes kennen, die blühende Industrie, den weitverzweigten Handel, die Wohlfahrtseinrichtungen, das Theater, die Volksbelustigungen, die Landwirtschaft, selbst das Leben der Bettler; nichts entging seinem scharf beobachtenden Auge. Dazu machte er die Bekanntschaft der einflußreichen Personen am englischen Hofe, und der König lernte ihn schätzen. Einsichtnahme des Bearbeiters in die Gästelisten von St. James jenes Jahres — im Office for Public Affairs (Staats-

4. Bischof Friedrich (1764—1802)

archiv) in London — ergab jedoch keine urkundlichen Angaben über Mösers Anwesenheit am Hofe des englischen Königs.

Bald nach der Wahl erhob sich ein neuer Streit über die Vertretung des minderjährigen Bischofs. Rechtmäßig stand sie dem Domkapitel zu; der König hatte nur das Recht, der Regierung eine oder zwei Personen beizugeben. Er erklärte aber, daß er als Vater des Bischofs selber die Regierung führen wolle und damit das Domkapitel sowie die beiden Herren von Lenthe und von dem Bussche beauftrage. Das Kapitel fühlte sich durch die zweimalige Verletzung seiner Rechte so beleidigt, daß es sich weigerte, die ihm gesetzlich zustehende Regierung im Auftrage des Königs zu führen. Somit übertrug sie der König den beiden genannten Herren allein. Doch wünschte er, daß ihnen Möser als Berater beigegeben werde. Möser ging unter der Bedingung darauf ein, daß er seine bisherigen Ämter beibehalten könne. 1768 erhielt er das Amt eines Referendars bei der Regierung; er mußte alle an die Regierung gelangenden Staats- und Rechtssachen vortragen. Da die beiden Räte, besonders aber ihre Nachfolger, über Osnabrücker Verhältnisse nicht unterrichtet waren, mußten sie sich bei ihren Entschlüssen fast immer auf Möser stützen. Ja, sie einigten sich schließlich mit Genehmigung des Königs dahin, daß, wenn sie beide sich über eine Sache nicht einigen könnten, Möser entscheiden solle. Trotz dieses großen Einflusses und trotz der Gunst des Königs konnte Möser eine der beiden Regierungsratsstellen nicht erlangen, weil er — nicht adlig war.

Möser hatte ein sehr gewinnendes Auftreten, das nicht wenig zu seinen Erfolgen beitrug. Einer seiner Zeitgenossen, Winold Stühle aus Melle, der 1798 ein Buch ,,Über Möser und dessen Verdienste ums Vaterland'' schrieb, urteilt: ,,Sein mündlicher Vor-

Justus Möser.
Gemälde von Ernst Gottlob 1777.
Essen, Privatbesitz.
Kopie im Osnabrücker Rathaus

trag war einnehmend, nie mit gesuchten Worten geschmückt: Aber Sanftmut, Bescheidenheit, Präzision und eine gewisse gefällige Laune gaben ihm die Kraft, wodurch alles, was Möser vortrug, eine gewisse Art von Originalität erhielt. Er suchte nie zu gefallen, sich nie auszuzeichnen, und gefiel eben deswegen immer.'' Hauptsächlich sein Verdienst war auch die Schlichtung eines langjährigen Streites zwischen der Regierung und der Stadt wegen Anlage eines Gefängnisses. Es wurden nämlich die Verbrechen und schweren Vergehen im Bereiche des Fürstbistums (außerhalb der Stadt Osnabrück) von der Justizkanzlei des Fürstbischofs abgeurteilt; da sie aber in der Stadt kein Gefängnis besaß, konnte sie die Untersuchung nicht führen, sondern mußte diese den Gogerichten und Ämtern überlassen, in deren Gefängnis der Angeklagte saß. Die Gerichtsakten mußten hin- und hergeschickt werden, wodurch viel Zeit verlorenging. Daher beschlossen 1753 Domkapitel und Ritterschaft noch während der Regierungszeit Bischof Klemens Augusts, in der Stadt ein Zuchthaus zu errichten (s.o.) und hier einen Untersuchungsrichter sowie einen Aktuar anzustellen. Die Stadt aber protestierte gegen die Errichtung eines Zuchthauses innerhalb ihrer Mauern, da sie hier die alleinige Gerichtshoheit besaß, und rief die Hilfe des Reichsgerichts an. Doch die Gegenpartei erlangte die Erlaubnis zum Bau. Sie kaufte von den Jesuiten die alte Augustinerkirche, brach sie 1759 ab und begann an ihrer Stelle ein Zuchthaus zu errichten. Während des Krieges geriet der Bau ins Stocken; das bereits mit einem Dach versehene Gebäude diente jedoch schon wiederholt als Vorrats- oder Krankenhaus. 1762 wurde Möser zum Untersuchungsrichter ernannt, gewiß keine angenehme Aufgabe, da damals noch die Folter angewandt wurde. Zugleich erhielt er von der Regierung den Auftrag, in ihrem Namen mit der Stadt über einen Ausgleich zu verhandeln. Es gelang ihm auch, den Streit in einer beide Teile befriedigenden Weise zu schlichten. Das Zuchthaus wurde nach einem Entwurf von Konrad Schlaun in Münster gebaut, wodurch der Strafprozeß eine wesentliche Beschleunigung erfuhr. Erst 1875 wurde es abgebrochen, um dem jetzigen Gerichtsgebäude Platz zu machen.

Da der junge Bischof bei seinen Eltern weilte, also keinen Hofhalt unterhielt, ließ sich der König für seinen Sohn im Durchschnitt nur etwa 55000 Taler zahlen; so wurde es den Ständen möglich, während der Minderjährigkeit des Bischofs die ganze, etwa 600000 Taler betragende Schuldsumme aus dem letzten Kriege abzutragen, ohne daß dazu eine besondere Steuer zu erheben nötig gewesen wäre. Auch der Bau der jetzigen *Bischöflichen Kanzlei* wurde während der Minderjährigkeit des Bischofs begonnen. Auch ließ der König, damit sein Sohn hier eine würdige Residenz vorfände, das Schloß gründlich ausbessern und seine Umgebung verschönern. So ließ er Voß' Armenhaus, das in dem späteren Botanischen Garten lag, 1777 abbrechen und an die Hasemauer verlegen (s.o.).

Als Bischof Friedrich die Volljährigkeit erreicht hatte, richtete er in Osnabrück als Landesregierung einen Geheimen Rat ein, zu dessen Mitgliedern er auf Mösers Empfehlung den Landrat von dem Bussche sowie den Dompropst von Weichs und den Domdechanten von Hake ernannte. Da diese beiden aber auf ihren Wunsch von der eigentlichen Arbeit von vornherein entbunden waren, lag die Regierung in *einer* Hand; die Seele der Regierung aber war und blieb Möser, dem der Bischof jetzt den Titel Geheimer Justizrat verlieh. Höher konnte er als Bürgerlicher nicht steigen; in dieser Stellung ist er aber auch bis an seinen Tod verblieben. Er diente dem Geheimen Rat als Geheimer Justizrat, der Justizkanzlei als Untersuchungsrichter und der Ritterschaft als Syndikus. Nicht selten mußte er für die Ritterschaft eine Beschwerde abfassen, über die er im Geheimen Rat zu entscheiden hatte. Da er aber stets streng sachlich verfuhr, erfreute er sich fortdauernd der vollen Zufriedenheit beider Parteien. Unter großer Beteiligung konnte Möser nach fünfzig Dienstjahren 1792 sein Amtsjubiläum feiern. Er schrieb darüber an seinen Freund Friedrich Nicolai in Berlin: ,,Ich kann mit Wahrheit sagen, daß mich in den fünfzig Jahren vieles erfreut, weniges betrübt und nichts gekränkt hat, ungeachtet ich in sehr besonderen Verhältnissen stehe, indem ich Herren und Ständen zugleich diene, für diese die Beschwerden und für jene die darauf zu erteilenden Resolutionen angebe, und umgekehrt. Aber was kann man nicht, wenn man ein langjähriges Vertrauen für sich hat." Der einzige Vorwurf, den man Möser als Beamten wohl gemacht hat, besteht darin, daß er bei der Anstellung von Beamten unter dem Einfluß seiner Gemahlin, einer klugen, feingebildeten Frau, die Söhne der Verwandten und Freunde zu sehr berücksichtigt habe. Doch traf dieser damals noch allgemein übliche Nepotismus keinen Unwürdigen.

5. Justus Möser als Schriftsteller und Privatmann

Trotz seiner vielseitigen Beschäftigung in den mannigfachen Ämtern fand Möser noch Zeit, nicht nur die Bestrebungen auf dem Gebiet der Wissenschaft und Kunst zu verfolgen, sondern er beteiligte sich auch daran durch eigene Arbeiten. Vor allem aber stellte er seine Feder in den Dienst der Heimat. Schon im Alter von 26 Jahren gab er ein ,,Hannoversches Wochenblatt" heraus, stellte diese Arbeit aber bald ein, weil ihn die Zensur zu sehr beschränkte. Sein Blick erweiterte sich dann noch mehr durch die vielseitige Berufsarbeit und durch den achtmonatigen Aufenthalt in London. Während des Siebenjährigen Krieges schrieb er, zum Teil unterwegs im Wagen und ohne wissenschaftliche Hilfsmittel, den Anfang seiner *,,Osnabrückischen Geschichte"*. Die Vollendung

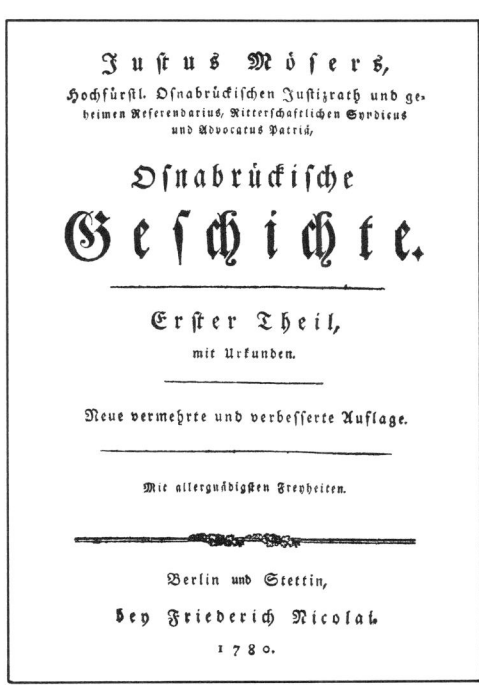

Titelblatt der ,,Osnabrückischen Geschichte" von Justus Möser

des Werkes lag ihm deswegen so sehr am Herzen, damit der junge Bischof mit der Zeit über die Verfassung des Landes, das er regieren sollte, unterrichtet werden könne. Er ließ es seit 1765 bogenweise drucken, 1768 die bis dahin gedruckten Bogen in Buchform unter dem Titel: ,,Einleitung in die Osnabrückische Geschichte'' erscheinen und fügte dann 1780 der zweiten Auflage einen zweiten Titel hinzu. Den dritten, noch unvollendeten Teil übergab Möser seinem Freunde, dem Landdrosten Freiherrn von Bar, der den späteren Bürgermeister und Minister Dr. Stüve mit der Herausgabe dieses kostbaren Nachlasses betraute (1823). Das berühmte Werk schließt mit 1250; eine unvollendete Arbeit über Bischof Johann II. († 1369) ist angehängt. Stüve fügte 1843 noch eine Urkundensammlung hinzu.

Das Mösersche Geschichtswerk bezeichnet einen Markstein in der Geschichtsschreibung. Während bis dahin die Geschichtsbücher fast nur von den Regenten und ihren Kriegen erzählten, zeigt Möser, daß auch *das Volk* eine Geschichte hat. Zu einem vollständigen Geschichtsbild gehören nach seiner Ansicht auch Gesetze und Gewohnheiten, Handel, Geld, Städte usw.; die Geschichte der Religion, der Rechtsgelehrsamkeit, der Philosophie, der schönen Künste und Wissenschaften ist von der Staatsgeschichte unzertrennlich. Von solchen Grundsätzen ausgehend, lieferte Möser *die erste deutsche Sozial- und Verfassungsgeschichte.*

Noch bedeutsamer für die Gegenwart als diese Geschichte sind *Mösers ,,Patriotische Phantasien'',* in denen er die Arbeit fortsetzte, die er schon 1746 begonnen hatte. Auf Mösers Veranlassung gab die Landesregierung *,,Osnabrückische Intelligenzblätter''* heraus, das erste Osnabrücker Nachrichtenblatt, wöchentlich eine Nummer; die erste erschien am 4. Oktober 1766. Das anfänglich vier kleine Seiten umfassende Blättchen kostete vierteljährlich 12 Mgr. und brachte außer Anzeigen der Behörden wie der Privatleute belehrende Aufsätze, in denen Möser — er leitete das Blatt und schrieb die meisten Aufsätze — den Einwohnern des Bistums von den Landtagsverhandlungen, den Gesetzen und der Verfassung des Landes Nachricht geben, zugleich verkannten Wahrheiten unter einer angenehmen Hülle Eingang verschaffen wollte. Den Stoff zu diesen kleinen Abhandlungen nahm er aus dem praktischen Leben; gleich in der ersten behandelte er den ,,Verfall des Osnabrückischen Linnenhandels und die Mittel, solchem wieder aufzuhelfen''. Ähnliche Ratschläge wie hier erteilt er in den Aufsätzen: ,,Man sorge für guten Leinsamen, wenn der Linnenhandel sich bessern soll'', ,,Von dem Verfall des Handwerks in kleinen Städten'' u.a.. Zum Fleiß und zur Sparsamkeit ermahnt er in den Abhandlungen: ,,Der Wirt muß vorauf'', ,,Klagen eines Meiers über den Putz seiner Frau'', ,,Johann konnte nicht leben'', ,,Wozu der Putz diene''. Besonders häufig beschäftigte er sich mit Erziehungsfragen, deren Erörterung damals, von Locke, Rousseau und den deutschen Philanthropen angeregt, an der Tagesordnung war. So schreibt er: ,,Die Erziehung mag wohl sklavisch sein'', ,,Über die Erziehung der Kinder auf dem Lande'', ,,Sie tanzte gut und kochte schlecht''. Über das Impfen der Kinder, über Todesstrafen, die Verlegung der Kirchhöfe aus der Stadt, die Lage der Hörigen, das Faustrecht, den Kerbstock, den Aberglauben, das Bauernhaus, über Brauereien, Bettler und Hausierer — über alles sucht er aufzuklären. ,,Man müßte eben alles, war in der bürgerlichen und sittlichen Welt vorgeht, rubrizieren, wenn man die Gegenstände erschöpfen wollte, die er behandelt. Und diese Behandlung ist bewundernswürdig. Ein vollkommener Geschäftsmann spricht zum Volke in Wochenblättern, um dasjenige, was eine einsichtige, wohlwollende Regierung sich vornimmt oder ausführt, einem jeden von der rechten Seite faßlich zu machen; keineswegs aber lehrhaft, sondern in den mannigfaltigsten Formen, die man poetisch nennen könnte und die gewiß in dem besten Sinne für rhetorisch gelten müssen. Immer ist er über seinen Gegenstand erhaben und weiß uns eine heitere Ansicht des Ernstesten zu geben, bald hinter jener Maske halb versteckt, bald in eigener Person sprechend, immer vollständig und erschöpfend, dabei immer froh, mehr oder weniger ironisch, durchaus tüchtig, rechtschaffen, wohlmeinend, ja manchmal derb und heftig; und dies alles so abgemessen, daß man zugleich den Geist, den Verstand, die Leichtigkeit, Gewandtheit, den Geschmack und Charakter des Schriftstellers bewundern muß." (Goethe.) Die Art der Möserschen Darstellung möge folgender kurzer Auszug zeigen. Um das Impfen zu *empfehlen*, läßt er eine junge Matrone ihrer Nichte etwa folgendes schreiben: ,,Laß Deinem Dutzend Kinderchen je eher je lieber die Blattern geben; aber siehe auch hernach zu, wie Du Deine acht Mädchen an den Mann bringst. Denn das will ich Dir wohl im voraus sagen, daß kein einziges davon sterben wird. Vordem dankte eine gute Mutter dem lieben Gott, wenn er redlich mit ihr teilte und auch wohl ein Schäfchen mehr nahm; man erkannte es als ein Naturgesetz an, daß die Hälfte der Kinder unter dem zehnten Jahre dahinsterben müßte... Ich halte es mit den natürlichen Blattern, die so fein aufräumen und auf jedem Hofe gerade ein Pärchen übriglassen, was sich fein satt essen und dem lieben Gott recht viele Engel liefern kann."

Der junge Goethe hatte einige der in den Intelligenzblättern abgedruckten Aufsätze durch Herder kennengelernt, der besonders für volkstümliche Schriften ein feines Gefühl besaß. Da Goethe nun erfuhr, daß Mösers Tochter, *Frau von Voigts,* mit der Sammlung der zerstreuten Blätter beschäftigt war, schrieb er an sie, um ihr zu versichern, daß er und seine Freunde das Erscheinen der Sammlung kaum abwarten könnten. Möser meinte bedenklich: ,,Du kannst es versuchen; ich fürchte aber, daß dasjenige, was auf einem Provinzialtheater erträglich erschienen, auf der großen Bühne Deutschlands nicht gefallen werde. Vieles ist zu lokal und bezieht sich auf einheimische Verbesserungen. *Daher wird vieles auswärts einen Erdgeschmack haben."* Der erste Band der Sammlung erschien 1774. Frau von Voigts hatte ihr den Namen ,,*Patriotische Phantasien*" gegeben, weil, wie Goethe meinte, Mösers ,,Vorschläge, sein Rat, nichts aus der

Jenny von Voigts, Tochter Justus Mösers.
Scherenschnitt aus der Familie
des Abts Jerusalem in Braunschweig

Justus Möser (Scherenschnitt).
Aus dem Nachlaß des
Abts Jerusalem zu Braunschweig

Luft gegriffen und doch so oft nicht ausführbar ist, obgleich dies alles sich darin an das Wirkliche und Mögliche hält." Als der jugendliche Herzog Karl August von Weimar auf der Durchreise durch Frankfurt Goethe zu sich bitten ließ, sah dieser auf dem Tisch des Fürsten Mösers ,,Patriotische Phantasien" liegen, frisch geheftet und unaufgeschnitten. Da Goethe sie bereits kannte, erweckte er im Gespräch bei dem Herzog ein sehr günstiges Urteil über sich. Auch noch im Alter vertiefte sich Goethe gern in Mösers ,,Patriotische Phantasien"; die Abhandlung über das Faustrecht hat ihn mit zu der Dichtung des ,,Götz" veranlaßt. Die ,,Phantasien" haben in der sozialen Bewegung des 19. Jahrhunderts erhöhte Bedeutung gewonnen. ,,Für uns", sagt Riehl in seinem Buche ,,Land und Leute", ,,ist der prophetische Patriot von Osnabrück wieder von den Toten erstanden. Er steht mitten in den sozialpolitischen Kämpfen der Gegenwart."

Im Jahre 1768 löste Möser die Aufsätze aus der Verbindung mit den Intelligenzblättern und ließ sie unter dem Titel: *,,Nützliche Beilagen zum Osnabrückischen Intelligenzblatt"*, seit 1773 unter dem Namen: *,,Westphälische Beiträge zum Nutzen und Vergnügen"* erscheinen. Seit 1782 zog er sich mehr und mehr von der Schriftstellerei zurück. Von den vielen anderen Schriften, mit denen Möser sich an den literarischen Bestrebungen seiner Zeit beteiligte, sei nur eine erwähnt. *Friedrich der Große* hatte 1780 in einer Schrift über die deutsche Literatur auch den Goetheschen ,,Götz" als eine abscheuliche Nachahmung der schlechten englischen Stücke (Shakespeare) verurteilt. Goethe erwiderte nichts; Möser aber schrieb eine Widerlegung der Ansichten Friedrichs, in der er den ,,Götz" ein ,,edles und schönes Produkt unseres Bodens" nannte. Die von Mösers Tochter begonnene Sammlung und Herausgabe der Werke ihres Vaters hat der Buchhändler *Nicolai* in Berlin beendet und mit einer Biographie Mösers ausgestattet. Nachdem einzelne Teile wiederholt neugedruckt waren, veranstaltete B.R. Abeken, Direktor des Ratsgymnasiums, 1840—1843 eine Neuausgabe der Möserschen Werke, der später die langsam fortgeführte Historisch-kritische Gesamtausgabe folgte; Band I erschien 1944, die Bände II—XIV,1 bis zum Jahre 1976. Doch sind die ,,Phantasien", wenn auch nur in einer Auswahl, seitdem wiederholt gedruckt worden. Die erste zusammenfassende Möser-Biographie brachte Ludwig Bäte 1962 heraus, der auch, ebenfalls als erster, 1926 eine Schrift über Mösers bedeutende Tochter Jenny von Voigts veröffentlichte, die in Melle verheiratet war. Der Vater ernannte ihren Gatten zum Lotteriedirektor und Forstkommissar; er starb früh und wurde in der evangelischen Kirche zu Melle begraben.

Justus Möser war von hoher, stattlicher Gestalt, aber nicht sehr fester Gesundheit. Seine Gemahlin wurde von allen ihren Bekannten als vornehme, geistreiche Frau verehrt, die dem Möserschen Hause, in dem doch so viele bedeutende Männer verkehrten, vortrefflich vorstand; doch kränkelte auch sie oft. 1749 beschenkte sie ihren Gemahl mit einer Tochter, 1753 mit einem Sohne. Mösers Haus bildete bald den Mittelpunkt für die zahlreiche Verwandtschaft. Die eine Schwester Mösers war mit dem hiesigen Großkaufmann Kaspar Franz von Gülich, die andere mit dem Regierungsrat Friderici in Blankenburg vermählt. Sein Bruder Zacharias hatte ebenfalls Jura studiert, war aber etwas entgleist und nach vielen vergeblichen alchimistischen Versuchen nach Tripolis ausgewandert. Nach seiner Rückkehr verschaffte ihm der Vater die Stelle eines Aktuars an demselben Gerichte, an dem sein Bruder Richter war. Mösers Sohn fiel leider 1773 als Student in Göttingen im Duell. Mösers Nichte aus Blankenburg heiratete den Regierungsrat Buch in Bentheim und die jüngere den *Dr. Lodtmann,* der später Mösers Nachfolger in mehreren Ämtern wurde. Auch seinem Neffen Friderici verschaffte Möser eine Anstellung als Kanzleisekretär in Osnabrück.

Möser wohnte an der Ostseite der Hasestraße. Da sein Bruder schon 1767 starb, übernahm sein Schwager Friderici beim Tode des Vaters 1768 das elterliche Haus neben

Das prächtige Haus Gruner, erbaut 1780, ,,die Perle der Hakenstraße'' (Jänecke), ein gediegener Barockbau mit stilvoller zweiläufiger Rokokofreitreppe, wurde — wie so viele andere wertvolle Baudenkmäler Osnabrücks — ein Opfer der Bomben des II. Weltkriegs.

der Marienkirche. Als sein Schwiegersohn von Voigts von dem Bürgermeister Meier den Hof Hakenstraße 10/11 erbte, ließ Möser dort ein großes, stattliches Wohnhaus errichten, das er, nachdem er sein Haus an der Hasestraße 1776 verkauft hatte, bis zu seinem Tod bewohnte. Von seiner 1770 verstorbenen Schwester, der Witwe von Gülich, erbte er den Garten Natruper Straße 1, in dem der Rat 1654 ein zum Teil noch erhaltenes Außenwerk des Natruper Tores angelegt hatte. Das Grundstück hat noch lange nachher ,,Mösers Wallgarten'' geheißen. Möser gehörte zu den wenigen Beamten, die sich ein Gespann hielten; doch verkehrte er fast nur in bürgerlichen Kreisen. Adel und Bürger wurden gesellschaftlich streng geschieden; es kam vor, daß z.B. zu einer Hofgesellschaft der adlige Assessor geladen wurde, nicht aber der bürgerliche Präsident. Am meisten und liebsten verkehrte Möser mit dem *Kanzleidirektor Gruner,* der etwa 20 Jahre jünger war als Möser, von einer nie zu trübenden Heiterkeit. Er erbaute sich der Möserschen Wohnung gegenüber 1780 im Rokokostil das im letzten Kriege völlig zerstörte prächtige Haus Hakenstraße 8 A, in dem dann ein Knabenkonvikt des Carolinums eingerichtet wurde. Auch der Dompropst von Weichs, die Advokaten Dr. Graff und Dr. Dürfeld, vor allem aber Dr. Lodtmann verkehrten viel in Mösers Hause. In Weinhäusern sah man Möser selten, obwohl er in Ermangelung einer würdigen Unterhaltung gern Karten spielte.

Zum Ersatz für eine ihm zusagende mündliche Unterhaltung pflegte er einen lebhaften Briefwechsel. Den Verkehr mit Goethe unterhielt ja Mösers Tochter, aber sicher nicht ohne lebhafte Beteiligung des Vaters. Sie bat den Dichter um seinen Schattenriß, er aber sandte ihr seine Büste, ein Werk des Weimarer Hofbildhauers Klauer, und im folgenden Jahre (1782) auch ihm das Manuskript des ,,Egmont'' mit der Bitte um Mösers Urteil. Kaiser Joseph II. erbat sich selber von Möser Aufklärung über einige in den ,,Phantasien'' behandelte Punkte. Auch an *Besuch* auswärtiger Freunde fehlte es nicht. ,,Ich habe meine Einrichtung so getroffen'', schreibt Möser, ,,daß meine Freunde bei mir so wie im Wirtshause sind und sie Besuche geben oder annehmen oder überhaupt tun können, was sie wollen, ohne daß ich schuldig bin, die Honneurs zu machen.'' Zu diesen Gästen gehörte auch der Philosoph *Thomas Abbt,* Hof-, Regierungs- und Konsistorialrat in Bückeburg. Von ihm sagt Möser: ,,Er hatte sein eigenes Zimmer in meinem Hause und ward von den Meinigen als ein Sohn und Bruder aufgenommen, wenn er zu uns kam, und dieses tat er so oft, als er nur entwischen konnte.'' Als Abbt 1766 starb, zeigte der regierende Graf Wilhelm von Bückeburg dies Möser in einem eigenhändigen Schreiben an.

Mit keinem auswärtigen Freunde hat Möser brieflich und persönlich so viel verkehrt wie mit dem *Buchhändler F. Nicolai* in Berlin, dem Freunde Lessings und Moses Mendelssohns. Er hat sich in der Literaturgeschichte einen, wenn auch nicht immer rühmlichen Namen erworben. Er wirkte in der von ihm herausgegebenen ,,Allgemeinen deutschen Bibliothek'' eifrig für die Aufklärung. Als er zu den ,,Leiden des jungen Werther'' die Parodie ,,Freuden des jungen Werther'' schrieb, wusch ihm Goethe gehörig den Kopf. Nachdem Möser und Nicolai schon seit 1764 brieflich miteinander verkehrt hatten, trafen sie sich seit 1781 regelmäßig im Sommer in Pyrmont, wo Möser gern alljährlich einige Wochen weilte, um sich in der Unterhaltung mit geistreichen Männern für die mageren Wochen in Osnabrück zu entschädigen, ohne die Brunnen oder die Bäder zu benutzen. Wie Augenzeugen berichten, waren auf der Kurpromenade bald aller Blicke auf den stattlichen Mann mit dem heiteren und würdigen Gesichtsausdruck gerichtet. Hier lernte Möser auch Lessing persönlich kennen, ebenso die werdende Mutter Arthur Schopenhauers, die ihn dann mit ihrem Gatten in Osnabrück besuchte. Beide hatten ihre Badereise nach Pyrmont zu einer der üblichen Bildungstouren nach Frankreich und England erweitert.

Nachdem Möser 1787 seine Gemahlin und seinen Freund Gruner verloren hatte, suchte seine Tochter in rührender Liebe ihm den Verlust zu ersetzen. Auch der spätere Landdrost von Bar sowie Mösers Nichten verkehrten wie Kinder im Hause. Als die Französische Revolution ausbrach, griff Möser noch einmal zur Feder, um seine Landsleute zu belehren und zu warnen. Die Überfüllung der Stadt mit Emigranten war ihm lästig. Weihnachten 1792 schloß er einen Brief an Nicolai mit den Worten: ,,Was quälen uns die Emigranten! Die armen, unglücklichen Leute!'' Zu Anfang des Jahres 1794 litt er — wie öfter — unter einem leichten Katarrh. Als die Schmerzen zunahmen, hielt er dies nach seiner, den Freunden gegenüber oft verteidigten Ansicht, daß die Natur ein Übel durch das andere austreibe, für den Anfang zur Besserung. Doch bald merkte er, daß der eintretende Schweiß kein wohltuender, sondern der Todesschweiß war, und er sagte im Hinblick auf obige Ansicht ganz ruhig: ,,Ich habe den Prozeß verloren!'' Dann dankte er den Anwesenden für die ihm bewiesene Liebe und Freundschaft und schloß mit den Worten: ,,Ich bin müde und möchte schlafen.'' So entschlief er, ruhig, wie er gelebt hatte, am 8. Januar 1794.

Dem Gefühle, das alle Bekannten Mösers bei der Nachricht von seinem Tode bewegte, gab u.a. der Osnabrücker Dichter *Broxtermann* in einem tiefempfundenen Gedichte Ausdruck, das mit den Worten beginnt:

> Möser tot! Der unermüdlich wirkte,
> Wie die Götter wirken, ging er zur Ruh!

Sein Grab hatte Möser sich an der Marienkirche neben dem seiner Gemahlin bestimmt. Seine Beerdigung war äußerst feierlich, besonders wegen des ungewöhnlich großen Trauergefolges. Aus allen Ständen, auch vom Lande, waren die Trauernden ohne Einladung erschienen, um dem allgemein geachteten Manne die letzte Ehre zu erweisen. Die von dem Entschlafenen bestimmte Grabschrift lautet: Patri — filia unica — cum marito suo posuit.

Nachdem Namen und Titel, Geburts- und Sterbetag eingefügt sind, lautet die Inschrift in deutscher Übersetzung: ,,Ihrem Vater Justus Möser, Rat des Durchlauchtigsten Fürstbischofs von Osnabrück, geb. 14. Dezember 1720, gest. 8. Januar 1794, hat die einzige Tochter Joh. Wilh. Jul. Möser, verehelichte von Voigts, nebst ihrem Gemahl dies Denkmal errichtet.'' Als man 1820 in der Marienkirche die sogenannte neue Prieche baute und darunter ein neues Gestühl anlegte, hob man die Särge Mösers und seiner Frau, damit sie nicht von dem neuen Gestühl verdeckt würden, nachts in Gegenwart vieler angesehener Personen aus der Gruft, öffnete Mösers Sarg und fand die Leiche noch unversehrt, aber schneeweiß. Als man 1902 bei der Anlage einer Zentralheizung auch neue Flurplatten legte, beschloß der Kirchenvorstand, die an der Erde liegenden

Das Denkmal Justus Mösers zu Osnabrück — ursprüngliche Anlage

Grabsteine aufzunehmen und aus der Kirche zu entfernen oder innen an den Seitenmauern aufzustellen; doch sollte Mösers Leichenstein an seiner bisherigen Stelle liegenbleiben. Trotzdem ließ es sich bei der Wegnahme der übrigen Leichensteine und den tiefen Erdarbeiten nicht umgehen, auch Mösers Grab zu öffnen: Man fand nur noch seinen Schädel. Zur allgemeinen Verwunderung entdeckte man aber bei dieser Gelegenheit, daß die Unterseite der Grabplatte Mösers mit einer Inschrift für den 1691 verstorbenen Geheimrat von Derenthal bedeckt war. Wahrscheinlich hat man also 1820 bei der Grabverlegung im Choreingange für die Leiche Mösers keinen Raum mehr gehabt und sie deshalb in von Derenthals Grab gelegt. Vielleicht auch paßte Mösers Grabplatte nicht auf das neue Grab, oder sie war schon abgetreten, so daß man Derenthals Platte umkehrte und mit neuer Inschrift versah.

Im Jahre 1836 setzten die Osnabrücker ihrem berühmten Landsmann auf dem Domhof ein von dem Bildhauer Drake geschaffenes Denkmal. Bei seiner Einweihung am 12. September hielt der Geheimrat von Bar eine Rede, die Mösers Verdienste würdigte und mit den Worten schloß: ,,Es leben nur noch wenige von denen, die es selbst gesehen und erfahren haben, wie sehr Möser von allen, die ihm nahestanden, geliebt und verehrt wurde. Ich kann die vielen Abendstunden, in welchen ich während der letzten fünf Jahre seines Lebens an seiner Seite saß und ihm zuhörte, nicht vergessen und schätze mich glücklich, da mir vergönnt ist, meine unauslöschliche Dankbarkeit für die von ihm erhaltenen Belehrungen öffentlich auszusprechen.''

6. Die Stadtverwaltung, Gewerbe und Handel

Im Westfälischen Frieden waren der Stadt ihre alten Rechte und Privilegien bestätigt worden; die späteren Landesherren hatten diese zwar oft bedroht, z.B. die Akzise begehrt, aber nicht angetastet. Nur das *Besatzungsrecht* war verschwunden, war allerdings auch wertlos geworden; denn die Festung hatte im Siebenjährigen Kriege vollständig versagt. Die Engländer hatten die Kanonen entführt; der Rat beschaffte auch keine neuen, sondern ließ die Wälle verfallen und bepflanzte sie nach und nach mit Bäumen. Schon 1784 ließ Bischof Friedrich dem Rat den Wunsch aussprechen, er möge den Martinswall abtragen lassen und dadurch einen Reit- und Fahrweg vom Schloß bis zum Heger Tor herstellen. Bürgermeister und Rat lehnten dies Begehren allerdings ab; aber am Ende des Jahrhunderts beschlossen sie, die Stadttore zu entfestigen, und begannen 1800 mit dem Herrenteichstor. Die alte Wehrordnung bestand zwar noch bis zur westfälischen Zeit, aber von einem Kriegsdienst war nicht mehr die Rede. Die äußeren Tore wurden von fürstlichen Soldaten bewacht, die inneren bis 1802 von Bürgern, seitdem aber von invaliden Stadtsoldaten. Sie trugen zwar Uniform, einen großen Dreimaster auf dem Haupte und einen Säbel an der Seite, führten aber ein sehr friedliches, fast spitzwegsches Dasein. Bei warmem Wetter saßen sie unter einer der großen Linden, die vor allen Toren standen, neben dem Wachthäuschen auf Stühlen und strickten, schnitten für die Schuhmacher ,,Plugen'' (Zwecken) oder legten die Hände in den Schoß, bis etwa ein Handwerksbursch, ein Betrunkener oder Unruhestifter ihnen Gelegenheit gab, ihre amtliche Würde zu zeigen.

Die *Gerichtshoheit* der Stadt war noch unversehrt. In Strafsachen entschied der Rat endgültig; im bürgerlichen Rechtsstreit war gegen seine Entscheidung Berufung bei der Land- und Justizkanzlei zulässig. Dem Landesherrn zahlte die Stadt keine *Steuern;* sie

6. Die Stadtverwaltung, Gewerbe und Handel

besaß die *volle Polizeigewalt* sowie die unbeschränkte Verwaltung der lutherischen *Kirchen und Schulen* der Stadt. Auf die Erhaltung dieser Rechte waren die Bürger sehr eifersüchtig; niemand erwarb ihr Vertrauen, wenn nicht die Rechte und Privilegien der Stadt Anfang und Ende seiner Rede waren. Die alte Sate von 1348 war noch immer in Kraft. An der Spitze der Stadt stand der *Rat,* aus 16 Bürgern bestehend, die alljährlich neu gewählt wurden, und zwar vier aus jedem Stadtviertel. Wiederwahl war statthaft, und viele Ratsherren, besonders die Bürgermeister, haben viele Jahre ununterbrochen ihr Amt bekleidet. Seit 1568 war es Brauch, daß kein Ratsherr schon nach einem Jahre ,,vergessen", d. h. nicht wiedergewählt wurde. Zu den 16 Ratsherren traten noch vier *Alterleute.* Zwei wählten die Gildemeister aus ihrer Mitte, ohne Einwirkung des Rats. Bei der Wahl der beiden anderen Alterleute, die aus der Wehr genommen werden mußten, wirkte der Rat mit. Er schrieb auf eine Schiefertafel 16 Namen von Wehrherren und schickte sie den zur Wahl versammelten Gildemeistern. Diese wischten die Namen der ihnen unwillkommenen Wehrherren aus. Ließen sie zwei stehen, so war die Wahl vollzogen; wischten sie alle oder bis auf einen Namen aus, so mußte der Rat neue Namen aufschreiben, bis sie sich einigten. Ein Altermann der Gilde und einer der Wehr waren die vorsitzenden Altermänner. Die Alterleute wohnten allen Beratungen bei; durch ihren Einspruch konnten sie jeden unwillkommenen Beschluß verhindern; an sie wandten sich die Bürger mit ihren Beschwerden über den Rat. Damit ihr Einfluß aber nicht zu sehr wachse, durfte ein Altermann nur zwei Jahre hintereinander im Amte bleiben; jedes dritte Jahr war er nicht wählbar. Die Alterleute konnten während ihrer Amtsdauer kein Geschäft treiben; doch war es den juristisch gebildeten Ratsherren, sogar den Bürgermeistern, gestattet, nebenbei die Anwaltspraxis auszuüben. Außer den genannten 20 Personen gehörten zum Rat auch noch der *Syndikus* und der *Stadtsekretär*, die vom Rat auf Lebenszeit ernannt wurden.

Bei wichtigen Beschlüssen, z. B. bei dem Erlaß, der Abänderung oder Aufhebung wichtiger Verordnungen, bei der Ausschreibung von Steuern, war der Rat an die Zustimmung der *Stände* gebunden. Sie setzten sich zusammen: 1. aus dem alten Rat, also aus den Ratsherren, welche nicht wiedergewählt worden waren, 2. aus 20 Gildemeistern und 3. aus 16 Wehrherren. Ihre Sitzungen fanden nur statt, wenn der Rat sie berief; der Syndikus teilte ihnen den Antrag des Rats mit und leitete ihre Verhandlungen. Der gesamte Rat versammelte sich nicht regelmäßig. Die laufenden Geschäfte, die Vorbereitung und Ausführung der Beschlüsse lagen in den Händen des *engeren Rats*. Er bestand aus den Bürgermeistern, dem Senior (Ältesten) des Rats, dem ersten Lohnherrn (Kämmerer), den beiden vorsitzenden Alterleuten, dem Syndikus und dem Sekretär. Er trat oft, aber immer nachmittags zusammen.

Die festen *Einnahmen* der Ratspersonen waren gering, höher waren die Nebeneinnahmen. Dazu kamen der freie Wein, der zu den Sitzungen und Festen von der Stadtkasse geliefert wurde, sowie die Befreiung von manchen städtischen Lasten. Bei der Rechnungsablage durfte auch der herkömmliche Imbiß nicht fehlen, jährlich einmal Bücklinge, ohne Tischtuch und Messer, statt der Servietten altes Papier zum Abwischen der Hände. Auch in den Sitzungen des engeren Rates trank man Wein; der Sekretär verrichtete das Schenkamt. Doch spotteten die Bürger wohl, daß Bürgermeister Gerding den engeren Rat nur deswegen so häufig einriefe, um vor seiner geizigen Frau in Ruhe ein Glas Wein trinken zu können. Versammelte sich der Rat zu den Sitzungen, so trat die Bürgerwache vor dem Rathause unter das Gewehr, zum mindesten, wenn die Bürgermeister erschienen. Die Gelehrten unter den Ratsherren gingen in scharlachroten Mänteln mit Beffchen, die übrigen Ratsherren in schwarzen, die Stände in braunen Mänteln.

Noch zu Anfang des 18. Jahrhunderts gestattete man den Ratsherren kaum, sich außerhalb der Stadt ohne Mantel zu zeigen.

Der Höhepunkt des bürgerlichen Lebens war die Ratswahl, gewöhnlich *Handgiften* genannt. Bis 1689 hatte man sie stets am 2. Januar vorgenommen. Da in diesem Jahre der Wahltag auf einen Sonntag fiel, versammelte sich so viel Volks auf dem alten Rathause, daß der Fußboden einbrach, wodurch viele Personen schwer verletzt wurden. Daher bestimmte man, daß hinfort die Wahl, wenn der 2. Januar auf einen Sonntag falle, erst am 3. vorzunehmen sei. Wie die Wahl gegen Ende des 18. Jahrhunderts sich gestaltete, hat C. Stüve in der trefflichen Biographie seines Vaters Heinrich David Stüve in folgender Weise geschildert: ,,Nachdem am Ende des Jahres die verschiedenen Rechnungen des Rats und am Neujahrsmorgen die Lohnrechnung bei süßem Wein und Gewürz vor den Ständen verlesen worden, war das Amt des Rates beendigt. Am 2. Januar frühmorgens versammelte man sich wieder am Rathaus. Die Tore blieben geschlossen, kein Bürger durfte die Stadt verlassen, die Schützen waren auf dem Rathause unter den Waffen. — Auf dem Saale des neuen Rathauses trat nun der Rat unter der Krone zusammen und verweilte daselbst bis zur Kirchzeit; was hier geschah, war ein Geheimnis, das die Bürger mit großer Ehrfurcht betrachteten und keiner je verraten hat. — Dann ging unter dem eigentümlichen Geläut der Sturmglocke (alt Burklocke) der Rat im Zuge in die Marienkirche zwischen den Reihen der Schützen durch. Nach der Wahlpredigt, die von alters her nicht selten die Fehler des Rats streng gerügt hatte, zog man in gleicher Anzahl auf das alte Rathaus, wo das Volk sich versammelte, mit großem Ergötzen am Vorlesen der alten plattdeutschen Sate. — Der Rat trat nun an einen runden Tisch am unteren Ende des Saals über der Legge. Nachdem mit feierlicher Anrede der erste Bürgermeister das Geschäft eröffnete, las der Sekretär aus dem Stadtbuche die Sate von 1348 vor. — Dann nahm der erste Bürgermeister die drei Würfel, die jetzt im Museum ruhen, vom Tisch und warf zuerst einen Wurf; der Sekretär zählte die Augen, plattdeutsch und laut (twee un ver un sesse sind twölve) und schrieb die Zahl vor den Werfenden auf den Tisch. Der höchst und niedrigst Werfende traten ab auf die alte Küche und sprachen dann den ersten Kür aus, 16 Bürger, vier aus jeder Laischaft, unter ihnen, um den Vorsitz zu führen, die nachsitzenden Alterleute. Um 11 Uhr etwa versammelte sich dieser Kür, und nachdem der Eid geschworen war, ging der Rat aufs neue Rathaus, das er den Tag über nicht verlassen durfte, der Kür aber auf die Küche, wo die aus jeder Laischaft vier andere zum zweiten Kür den übrigen, ohne deren Zustimmung die Ernennung nicht stattfand, vorschlugen. War das Geschäft beendigt und der Wein reichlich getrunken, so wurden durch die bedienenden Kamerarien der Syndikus und Sekretär herüberbeschieden, diesen der zweite Kür eröffnet und derselbe von ihnen einberufen und beeidigt. — Erst gegen Abend pflegte dies zu geschehen, und so lange blieb der erste Kür auf der Küche. War aber die Beeidigung geschehen, so traten jene heraus, diese hinein, einzeln und gleichzeitig, so daß der Heraustretende dem Hereintretenden jedesmal unter der Tür die Hand reichte. Davon hieß die ganze Wahl Handgiften. Auch dieser zweite Kür, zu dem die vorsitzenden Alterleute mitgewählt wurden, beriet auf dieselbe Weise die Wahl des Rats, nicht zu schnell; man trank den Wein gern ruhig und gefiel sich wohl auch darin, den Rat in Ungewißheit zu lassen. Dieser wieder ließ auf dem neuen Rathause sich's wohl sein bei einem stattlichen Gastmahl. Herkömmlich lag oben ein Ohm Wein zum Gebrauch der aufwartenden Kamerarien, Ratsdiener, ihrer Freunde und Verwandten. Kinder der Herren, welche das Rathaus besuchten, wurden mit Kuchen und Süßigkeiten bepackt und nicht weniges von der Dienerschaft verschleppt. — Sparsamkeit war nicht angebracht. Der Markt aber war voll Volks, das den Tag über wartete, wer zum zweiten Kür gelange, wie lange sie säßen usw.

Abends brannte die Heerpfanne, ein eiserner Kasten mit Werg und Teer auf hoher Stange vor dem Rathause zur Erleuchtung des Marktes. Jubel und Unfug erreichten den höchsten Grad, Buben nähten die Röcke der Weiber zusammen; es war kein Regiment in der Stadt, mithin alles erlaubt. Endlich gegen 10 Uhr etwa war der Kür fertig. Der Syndikus und Sekretär kamen wieder herüber, der Kür trat auf den Saal, und unter neuem Geläut der Glocke verkündeten die Alterleute die Wahl, die in neuerer Zeit stets dieselben traf. Am folgenden Morgen versammelte der Rat sich wieder in der Krone; auch die Neugewählten wurden geladen und nach geleistetem Versprechen, die aufgetragenen Geschäfte zu vollführen und den Anordnungen des Bürgermeisters zu gehorchen, eingeführt, mit dem Ratseide belegt und in das Geheimnis eingeweiht, das in neuerer Zeit bloß darin bestand, daß man keines habe."

Nachdem auch die Alterleute erwählt waren, versammelten sich im Friedenssaale Rat, Alterleute, Stände und sämtliche Beamte der Stadt. Der Rat bestätigte zunächst sich selber, dann beeidigte er die Stände und Beamten; eine landesherrliche Bestätigung kannte man nicht. Zunächst mußten nun die *Bürgermeister* bestimmt werden. Bis 1797 wählten die beiden jüngsten Ratsherren, seitdem aber sämtliche Ratsherren der Altstadt durch Stimmenmehrheit die beiden Bürgermeister. Die vier Ratsherren der Neustadt wählten ihren Bürgermeister sowie einen *Lohnherrn*, da die Neustadt bis 1814 eigene Vermögensverwaltung besaß. Dann bestimmte man zwei Lohnherren für die Altstadt, vier *Schatzrezeptoren* (Steuererheber), für jedes Stadtviertel einen, zwei *Zensoren* oder Gerichtsherren, einen Juristen und einen Ungelehrten, einen *Scholarchen*, der in Verbindung mit dem ersten Bürgermeister und dem Stadtsuperintendenten die Aufsicht über das Ratsgymnasium führte, zwei *Leggeinspektoren* und bildete besondere Kommissionen für das Armen-, Quartier-, Polizei-, Vormundschaftswesen usw.

Wer zum erstenmal in den Rat gewählt wurde, mußte seinen Amtsbrüdern eine ,,Verehrung", ein ,,Konvivium", geben und, wenn er zum erstenmal zur Sitzung kam, den berühmten *Kaiserpokal* so weit leeren, daß dem Bilde der Kaiserin im Becher kein Tropfen im Schoße blieb und der Wein nicht unter die Knie kam. Traf er es nicht, so mußte er den Becher ganz austrinken. Unter den Alterleuten, deren Einfluß nicht selten dem der Bürgermeister die Waage hielt, ragt ein schlichter Handwerker hervor, der Weißgerber Joh. Heinrich *Schledehaus*. Er war von 1784—1807 mit Ausnahme je des dritten Jahres Altermann, 1776—1810 Buchhalter der Natruper Laischaft und wurde 1798 Kirchrat von St. Marien. Stüve nennt ihn einen ,,der edelsten Bürger, welche Osnabrück gegen Ende seiner alten Verfassung besaß". Wir werden ihm noch einmal begegnen. † 1812.

Hier möge noch eines andern edlen Bürgers gedacht werden, des Senators Gerhard Friedrich *Wagner*, geb. 1768, gest. 1846. ,,Er war ein Sohn des Rektors des Ratsgymnasiums, betrieb Krahnstraße 30 ein Tuchgeschäft und war wegen seines Wohlwollens, seiner tätigen Nächstenliebe und seiner gemeinnützigen Bestrebungen hoch geachtet. Er hat zuerst die Wege und Felder außerhalb des Herrenteichstores mit Obstbäumen bepflanzt, die kahle Höhe der Klus mit Bäumen und Buschwerk besetzt, die wüste Domkuhle in ein für jedermann offenes Gärtchen, aus dem die jetzige *Tentenburg* geworden ist, umgeschaffen. Ihm verdanken wir die Umwandlung der verwilderten alten Steingruben an der Westseite des Gertrudenberges in freundliche Anlagen. Die Errichtung der Zeichenschule, aus der die Gewerbeschule hervorgegangen, ist hauptsächlich sein Werk; dadurch sollte dem Handwerk aufgeholfen werden. Freilich, manches von dem, was er unternahm, erschien den Spießbürgern als ,,Wagnersche Tente", und dieser kleinlichen Anschauung ist auch der Name ,Tentenburg' entsprungen, der bei seinen Lebzeiten nur

Die kahlen Flächen östlich der Stadt außerhalb des Herrenteichstores wurden nach 1815 durch Bepflanzung mit Obst- und Laubbäumen an Wegen und Feldern, veranlaßt durch den Osnabrücker Senator Gerhard Friedrich Wagner (1768—1846), in einen ansehnlicheren Zustand versetzt. (Lithographie am Kopfe eines Geschäftspapieres)

Dieser Blick vom Gertrudenberg läßt erkennen, daß die Wagnerschen Anpflanzungen den Ostrand von Osnabrück um 1850 mit einem breiten Grüngürtel versehen haben. Senator Wagner ist es auch gewesen, der in den 30er Jahren des 19. Jahrhunderts den Bürgerpark anlegen ließ.

verstohlen gebraucht, nach seinem Ableben offiziell geworden ist." (Prorektor Hartmann.) Er hat in seinem 75. Jahre seine Erinnerungen niedergeschrieben, die unter dem Titel: ,,Osnabrück vor hundert Jahren" im Druck erschienen sind. An ihn erinnert das Denkmal neben dem Spielplatz auf dem Klushügel, das die Herrenteichslaischaft dem Stifter ihrer Obstbaumpflanzung aus Dankbarkeit errichtet hat. Ihm verdanken wir auch wichtige Nachrichten über Osnabrücks Gewerbe und Handel in den letzten 30 Jahren des 18. Jahrhunderts.

Die *Vermögenslage* der Stadt hatte sich seit dem Siebenjährigen Kriege gebessert. 1780 belief sich die Ausgabe auf 33000 Mark, die Einnahme auf 50500 Mark. Doch waren die Schulden noch längst nicht abgetragen. Wertvolle verpfändete Grundstücke, wie die Ratswiesen, konnten erst im 19. Jahrhundert wieder eingelöst werden. Die Einnahme an Akzise stieg von 13000 Mark im Jahre 1700 auf 21000 Mark im Jahre 1800, doch immerhin ein Zeichen, daß die wirtschaftliche Lage sich gebessert hatte. Wie wir gesehen haben, bemühte sich Möser, durch Ratschläge Gewerbe und Handel zu heben; er bediente sich dazu aber auch der Gesetzgebung. Nach sorgfältiger Berechnung gingen um 1760 jährlich 230000 Taler für Hüte, Mützen, Strümpfe und Brusttücher aus unserm Bistum. Denn die heimischen Gewerbeerzeugnisse waren minderwertig, in den Gilden herrschte Unordnung, das Hausgewerbe war verkümmert, die Armen wollten lieber betteln als arbeiten. Möser bemühte sich vor allem um die Hebung der einst so blühenden *Leinenindustrie*. ,,Nicht der Wettbewerb", sagte er, ,,schadet euch, sondern eure schlechte Ware!" Daher ermahnte er die Bauern, guten Leinsamen zu wählen, die Spinner, tadelloses Garn, die Weber, fehlerfreies Gewebe zu liefern, und die Regierung

6. Die Stadtverwaltung, Gewerbe und Handel

erließ Verordnungen, z. B. über die Breite des Leinens und die Länge der Weberkämme. Da die Leute die Osnabrücker Legge sehr viel umgingen, entschloß sich die Regierung, um den Leinenhandel überwachen zu können, *Zwangsleggen* einzurichten, und zwar nicht nur in Osnabrück, sondern in den meisten größeren Orten des Landes, in Iburg, Melle, Ostercappeln, Essen, Bramsche, Neuenkirchem, Vörden. Die Stadt beklagte sich zwar über die Verletzung ihres alten, selbst vom Kaiser bestätigten Privilegs; aber die Regierung konnte im allgemeinen Interesse von ihrem Vorhaben nicht absehen, und die Stadt schwieg; hatte doch auch sie Vorteil von der Fürsorge der Regierung. An Anlagekapital fehlte es vielen Bürgern nicht. Wie Wagner erzählt, hatten manche Familien während des Siebenjährigen Krieges ihr Schäfchen geschoren und saßen nun tatenlos neben ihrem gefüllten Geldkasten. Durch die Regierung aufgemuntert, begannen tüchtige Bürger, den Leinenhandel in umfassender Weise zu treiben. Der nordamerikanische Freiheitskampf (1776—1783) förderte den Absatz. Bestellungen über Bestellungen von Leinen und Tuch gingen ein; die Bezahlung kam gleich dabei, vor der Ausführung. Osnabrück wurde wieder für kurze Zeit der Mittelpunkt dieses Handels. In dem einen Jahre 1782/83 wurden auf den Osnabrücker Leggen 30992 Stück Leinen gezeichnet, ein Stück = 80—100 Ellen. Dagegen hatte das Tuchmacheramt geringen Erfolg; es fehlte seinen Mitgliedern an Betriebskapital und an Geschicklichkeit, so daß der Rat sogar meinte, das einzige Mittel, dem Amt aufzuhelfen, bestehe darin, daß man Bramscher Weber hierherziehe. Vor dieser Demütigung ist aber unsere Stadt bewahrt geblieben.

Die Bramscher Weber und Tuchmacher aber förderte Möser, der viel von ihrer Tüchtigkeit hielt, auf jede Weise, auch durch ein gut angelegtes Darlehen aus eigenen Mitteln. Doch auch ein ganz neuer Gewerbebetrieb hatte inzwischen in Osnabrück Wurzel gefaßt: die *Tabakfabrikation*. Schon um 1660 eröffnete der Kaufmann *Thor Becke* aus Borgholzhausen in Verbindung mit seinem Sohne in Zwolle ein Speditionsgeschäft in Osnabrück. Er sandte nach Holland besonders Leinen und erhielt Kolonialwaren, Fische, Fette und hauptsächlich Karottentabak, d. s. in Karotten- oder Rübenform zusammengebundene gegorene Tabakblätter, die er zu Schnupf- oder Rauchtabak verarbeiten oder vom Tabaksspinner in 5 Zentimeter starke und meterlange Tabakstaue zusammenwickeln ließ. So wurde nach und nach aus dem Tabakshändler ein Tabaksfabrikant. Seit 1786 waren die Geschäftsinhaber der Hofagent Daniel Franz Thorbecke und sein ältester Sohn Christian Franz Thorbecke, 1813—1830 Osnabrücks Bürgermeister. Ernst Friedrich *Tenge*, der sich 1808 vergeblich bemühte, hier eine Tabakspflanzung ins Leben zu berufen, behauptete in dem betr. Gesuch: Meine Eltern haben in Osnabrück die erste Tabaksfabrik gegründet und dadurch anderen ein Bild zur Nachahmung gegeben, so daß heute 400 Menschen mit der Verarbeitung von Tabaksblättern beschäftigt sind.

Die Jahre 1770—1800 waren nach Wagner in pekuniärer Hinsicht der Höhepunkt der Osnabrücker Geschichte; die Geldsäcke öffneten sie zum Wohle der Mitbürger. Es war dies Osnabrücks sog. ,,Goldenes Zeitalter". Es war gekennzeichnet durch einen erheblichen Aufschwung der Leinenindustrie, der Tabakfabrikation, des Handels und der Bautätigkeit sowie auch des geistigen Lebens. ,,Freilich verschwand die alte Spärlichkeit aus den Sitten; aber wer mochte es dem Bürger verdenken, wenn er die Frucht seines Fleißes auch genießen wollte. Die Verfassung beengte nirgends die freie Tätigkeit der Bürger; auch der geringste erkannte deutlich, daß es allein seiner Tüchtigkeit überlassen sei, sich einen Einfluß zu erwerben; und das Streben nach solchem Einfluß, einem über den Beschäftigungen des Tages liegenden Ziele, weckte die Kräfte und stützte die Sitten. — So verflossen für Osnabrück 30 Jahre der Ruhe und des steigenden Wohlstandes, wie man sie in seiner ganzen Geschichte vergebens sucht." (Stüve.)

7. Die Laischaften

Die ersten Einwohner des Ortes Osnabrück waren Landwirte. Auch als der Ort sich zur Stadt entwickelte und seine Bewohner sich dem Gewerbe zuwandten, trieben sie nebenbei Ackerbau; als Fremde zuzogen, die keinen Grundbesitz hatten, teilte der Bischof mehrere seiner in der Nähe der Stadt gelegenen Höfe unter sie gegen Morgenkorn. Ackerbau war aber in alter Zeit ohne *Weide* nicht denkbar. Den Weidegrund bildete die *Mark,* d. i. der gemeinsame Besitz an Grasflächen, Heide, Bruch und Moor. Jeder beweidete den Grund und Boden, der ihm am bequemsten lag. Das Hüten des Viehes war vielfach Sache der Kinder. Aber schon früh werden sich Nachbarn vereinigt haben, ihr Vieh gemeinsam von *einem* Hirten weiden zu lassen. Im Frühjahr und während der ersten Hälfte des Sommers trieb man das Vieh auf die *Garweide*, d. i. Land, das nur der Weide, nicht auch dem Ackerbau diente. Erst wenn die Kühe eine Fläche abgeweidet hatten, durften Schweine und Gänse aufgetrieben werden. Sobald Ende Juli das Korn eingeerntet war — Kartoffelfelder kannte man hier ja noch nicht —, trieb man das Vieh auf die *Stoppelweide*. Vor Mariä Himmelfahrt (15. August, nach dem heutigen Kalender würde es der 25. August sein) durfte die Herbstbestellung der Felder nicht beginnen; inzwischen hatte die Garweide sich erholt und bot dem Vieh wieder für einige Wochen genügende Nahrung. Die wichtigsten Weidegründe waren die Wüste, das Eversfeld, das Rubbenbruch und ein Teil des Fledders; aber die Bürger trieben ihr Vieh auch über die Grenze des Stadtgebiets hinaus in die Nahner, Schinkeler und Haster Feldmark, z. B. auf die Dodesheide.

Die *Aufsicht* über die Mark stand ursprünglich dem Bischof zu, ging aber, wie ja auch die Rechtspflege, allmählich auf den Rat über. Er kaufte u.a. 1370 und 1371 zu gemeinem Nutzen das Rubbenbruch an; er zahlte noch 1442 den Hirtenlohn, er säte im Rubbenbruch Hafer für den städtischen Marstall, und er schlichtete auch vorkommende Streitigkeiten. Die Hauptsorge der Bürger war die, daß die Weide nicht ausreiche. Der Rat gestattete wohl den reicheren Bürgern, Klöstern, Stiftern und Domherren, einen größeren, zusammenhängenden Grundbesitz einzufriedigen, also von dem offenen *Esch* auszuschließen und in einen *Kamp* zu verwandeln, in dem sie das Vieh ohne Hirten weiden konnten. Doch machte er die Bedingung, daß während der Stoppelweide auch die Kämpe geöffnet werden müßten. Trotzdem geschah dies nicht immer; manche bepflanzten auch einen Teil ihres Bodens mit Holz und beschränkten dadurch den Weidegrund. Das gab wiederholt Veranlassung zu Aufständen, so 1430 zu dem Rampendahlschen Aufruhr. Als 1481 der Eigenbehörige Edinghaus sein Grundstück mit einem Graben umzog, ließ der Rat diesen wieder zuwerfen. In dem schon erzählten Lenethunschen Aufstand (1489) richtete sich der Zorn der Bürger zunächst gegen das Kloster Gertrudenberg; wahrscheinlich hatte dieses große Flächen eingefriedigt. Dann wurden aber vor allen Toren die Zäune niedergerissen und verbrannt. Während 1525 in Süd- und Mitteldeutschland der Bauernkrieg tobte, wandten sich in Osnabrück die Elf Ämter mit einer in 20 Artikeln abgefaßten Beschwerde über die Geistlichkeit an den Rat; im 6. Artikel forderten sie „dat de toschlegge de van den geistliken binnen der Stadt und buten in der veltmarke geschein mogen wedder entopnet und updaen werden".

Diese Stellung des Rats zu der Mark währt bis in die Mitte des 16. Jahrhunderts; dann tritt er mehr und mehr zurück. Die Bürger, deren Grundstücke vor demselben Tore lagen, die also auch in demselben Stadtviertel wohnten, haben sich zu *Laischaften* zusammengeschlossen. Dies Wort haben wir schon als Bezeichnung eines Stadtteils kennengelernt, während es hier also eine wirtschaftliche Vereinigung von Flurgenossen bezeichnet. Es enthält aber keinesfalls einen Gegensatz zur Geistlichkeit; denn zu den

Laischaften gehörten auch der Bischof sowie die Domherren und die Prediger. Die Laischaften nannten sich nach dem Tore, durch das sie ihr Vieh trieben, Heger, Natruper, Hase-, Herrenteichs-, Martinianer Laischaft und Neustädter Gemeinheit. Am weitesten, bis ins Jahr 1560, reichen die Nachrichten der Heger Laischaft zurück, die 1564 ein Protokollbuch anlegte, das zugleich über Einnahme (upbörung) und Ausgabe (uthgiffte) berichtet. Die Martinianer Laischaft wird zuerst 1579, die Haselaischaft 1587, die Natruper 1595 und die Herrenteichslaischaft erst 1618 erwähnt. Doch tritt selbst die Heger Laischaft, über die wir die frühesten und eingehendsten Nachrichten besitzen, nicht sofort als ganz selbständige, wohleingerichtete Genossenschaft auf. Die Verwaltung liegt in den Händen der Bruch- und Wegeherren. Die ehrende Bezeichnung „Herren" ist für gewöhnliche Bürger in jener Zeit ungebräuchlich und läßt vermuten, daß die Genannten zugleich Mitglieder des Rats und seine Vertreter in der Laischaft waren. Der Rechnungsführer der Haselaischaft mußte in alter Zeit die Rechnung in Gegenwart eines Abgeordneten des Rats, gewöhnlich des Lohnherren, ablegen. Obwohl diese Laischaft schon seit 1574 eigene Rechnung führte, bezahlte sie einen Boten, durch den der Rat dem „meier tho Osterringe" (Oestringen) verbot, auf der Dodesheide Zuschläge anzulegen. Die Heger Laischaft versammelte sich 1569 „uth befell und verwillunge der oldesten und fornemsten der Heger Leschup vorwandten in sunderheit des Rhades und olden Rhades, och mit fullborth Rudolff Hamakers, borgemeisters ..." Auch später suchte der Rat die Oberaufsicht über die Laischaften sich noch immer zu wahren; ebenso war er der gegebene Richter bei Streitigkeiten zwischen den einzelnen Laischaften. Doch wenn auch später noch die Laischaften bei wichtigen Beschlüssen Mitglieder des Rats zuzogen, wurde ihre Verwaltung doch mehr und mehr selbständig.

Auch die *Besitzverhältnisse* änderten sich. Während früher die Mark Eigentum der Samtgemeinde war, gingen die einzelnen Teile nach und nach in den Besitz der betreffenden Laischaft über, die sie seit Jahrhunderten benutzt hatte. Daß jede Laischaft die in ihrem Gebiet liegenden *Wege* und Gräben unterhielt, war selbstverständlich. Die Unterhaltung der großen Heerstraßen und Königswege war Sache des Rats, doch konnte er dazu die Bürger heranziehen. Da die Laischaften nun auch an dem guten Zustande dieser Wege, soweit sie nach ihren Grundstücken führten, ein besonderes Interesse hatten, übernahmen sie auch deren Unterhaltung und erhielten dafür das Zollholz. Es mußte nämlich von dem in die Tore eingeführten und nicht in der Feldmark gewachsenen Holz ein Zoll, wohl meistens einige Scheite, gegeben werden. Noch 1511 bestritt der Rat die Kosten der Einfriedigung eines Kampes auf der Eversheide mit der Einnahme aus dem Zollholz, das an drei Toren erhoben war; 1563 aber verrechnet die Heger Laischaft als Einnahme aus dem Zollholze über 50 Taler, die sie wieder zur Herstellung eines Steinweges — wohl der Lotter Straße — verwandte. Die Gemeinde Schinkel gestattete ihr gegen eine Vergütung 1 Taler (!), am Schinkelberge 60 Fuder Steine brechen zu lassen; der Steinbrecher erhielt für das Brechen eines Fuders 5 Pfennig, der Fuhrmann an Fuhrlohn für 10 Fuder 1 Taler und 2 Schilling. — Auch die Haselaischaft bekam das an ihrem Tore fällige Zollholz.

Die Erwerbung eines rechtlichen Anspruchs auf die Mark hatte die genauere Festsetzung der *Grenzen* zwischen den einzelnen Laischaften zur Folge. Am schwierigsten war dies zwischen der Martinianer Laischaft und der Neustädter Gemeinheit; gehörten doch mehrere Mitglieder der Martinianer Laischaft und ihr Tor selber der Neustadt an. Am frühesten machten die Laischaften ihr Eigentumsrecht an den fruchtbaren Teilen der Laischaft geltend; am spätesten einigten sie sich über ihre Ansprüche an die *Wüste*. Erst im 17. Jahrhundert gelang es den Martinianern, die Kühe der übrigen Laischaften von der Weide auf die Wüste auszuschließen, deren Pferde, Schweine und Gänse mußten sie aber noch ferner dulden; ja selbst fremde Fuhrleute, die in Osnabrück nächteten, hatten das Recht, gegen eine Entschädigung ihre Pferde auf die Weide der Wüste zu treiben. So lautete noch 1632 ein Einnahmeposten der Martinianer: ,,von wegen aller pferde der vorlude entfangen 1 Taler, 6 Schillinge." Eine endgültige Festsetzung der Grenze auf der Wüste gelang erst im 19. Jahrhundert.

Mit der Grenzregulierung hing wieder die genaue Festsetzung zusammen, wer zur Weide *berechtigt* war. Man suchte ihre Zahl möglichst zu beschränken. Deshalb kaufte die Heger Laischaft Edinghaus' Erbe die Berechtigung, seine Kühe auf Laischaftsgrund zu weiden, gegen eine Geldentschädigung ab. Die Natruper Laischaft kaufte 1595 vom Rat die sämtlichen Grundstücke des Baumschließers zur Neuen Pforte (Schneiderturm: wo die Landwehrstraße die Landstraße nach Wersen trifft), und die Haselaischaft erlangte 1596 vom Rat die Abstellung der Viehtrift des Baumschließers an der Landwehr auf der Dodesheide. Am meisten fühlte sich die Haselaischaft durch das Gertrudenberger Kloster beengt, das 50—60 Kühe unter eigenem Hirten austrieb und wegen der Weideberechtigung mit der Laischaft oft im Streite lag. Traf die Laischaft fremdes Vieh auf ihrer Weide, so hatte sie das Recht, es zu schütten, d. h. in ihren Schüttstall zu treiben und es so lange zu behalten, bis der Eigentümer es gegen Zahlung der Strafe und der Futterkosten einlöste. Wiederholt haben die Martinianer Brinkmeyers Kühe oder Schweine geschüttet. Mit Befriedigung berichteten sie dagegen: ,,Anno 1593 den 8. und 10. September hebben de Niensters (Neustädter) unse koige (Kühe) schütt von den lüttiken moir, welkere sie hebben uns ahne entgeltnusse wedderumb gewen moeten."

Aber nicht nur der Berechtigung, sondern auch der *Pflichten* wegen war es nötig, jedes Mitgliedes Anteil an der Laischaft genau festzusetzen. Die Laischaften hatten jetzt selber den Hirtenlohn zu zahlen, Bullen und Eber zu halten, Wege zu bessern, Gräben zu reinigen usw. (Die Haselaischaft berechnet 1574: ,,ein half boeck papieres 12 Pfennig"; für dasselbe Geld konnte man damals zweieinhalb Fuder Steine brechen lassen!). Um einen möglichst gerechten Beitragsfuß zu gewinnen, bestimmte man nach der Größe der Häuser oder Höfe eines jeden, wie viele Kühe er auf die Weide treiben durfte, und berechnete dann nach der Zahl der Kühe oder Triften, wie man es nannte, die Beiträge. Wurde ein Hof geteilt, so erhielten die neuen Besitzer zusammen die bisherige Anzahl der Triften; daher entstanden sogar halbe Triften. So besaßen z. B. Ledeburs Hof (frühere Wohnung des Regierungspräsidenten) und der Hof des Abts zu Iburg (später Struckmanns Hof) in der Martinianer Laischaft die höchste Zahl, 8, Dr. Schraders Hof (jetzt Mösermittelschule in der Hakenstraße) 4 Triften. Zwar 1566 rechnete man noch nicht so genau, sondern erhob von jedem zur Trift berechtigten Hause 6 Schillinge, wenn der Besitzer Vieh mitgetrieben hatte, sonst nur 3. Geringe Einnahme erzielte die Laischaft wohl für die ihren Mitgliedern erteilte Erlaubnis, auf dem Besitz der Laischaft Torf zu stechen oder Plaggen zu mähen.

Das Geld wurde zum Teil werbend angelegt. Wie schon gezeigt, erwarb man neuen Grundbesitz, kaufte lästige Berechtigungen ab, pflanzte Holzungen an usw. Die Haselaischaft kaufte 1574 in Venne ein ,,vasellrinth" und nahm es in ihre Weide, doch wohl, um es zur Zucht zu benutzen oder später mit Vorteil zu verkaufen. Auch gaben die Laischaften einige Flächen, nachdem diese längere Zeit beweidet und durch den Dünger der Tiere ,,begeilt" waren, auf einige Jahre ,,in Winn", wodurch man wiederholt 400 Taler und mehr gewann. Auch das Brenn- oder Bauholz aus dem eigenen Bestande wurde, ebenso wie der Torf und die Plaggen, den Mitgliedern nicht unentgeltlich, sondern höchstens zu einem Vorzugspreise überlassen und das Geld wieder im Interesse der Laischaft verwandt. Seit etwa 1600 bestand — wenigstens in den älteren Laischaften —

eine geordnete Buchführung und eine rationelle Wirtschaft. Der Rat führte immer noch eine gewisse Aufsicht; er bestimmte z. B. alljährlich, wann die Stoppelweide in den Eschen beginnen durfte; er entsandte wohl eines seiner Mitglieder zu der Rechnungslegung oder ernannte den Buchhalter, d. i. den Vorsteher und Rechnungsführer. Auch wurde er von den Laischaften wiederholt um Rat oder Beistand angegangen. Nicht selten waren Ratsherren Buchhalter einer Laischaft. Der Altermann Schledehaus z. B. war von 1776 bis 1810 Buchhalter der Natruper Laischaft. Alljährlich versammelten sich die Mitglieder jeder einzelnen Laischaft unter dem Vorsitz ihres Buchhalters, bei gutem Wetter unter der vor jedem Tore stehenden alten Linde, sonst auf dem Rathause oder in der Kirche: im Portikus des Domes, die Natruper im Dominikanerkloster, die Heger hinter dem Altar der Marienkirche, die Martinianer unten im Turm von St. Katharinen. Die alte Linde, unter der einst die Haselaischaft tagte, sollte wegen Verbreiterung und Erhöhung des Eisenbahndammes entfernt werden, brach aber, bevor es dazu kam, in den Tagen vor Weihnachten 1913 zusammen. Die *Buchhalter* (wordtholder, vorwarer) erhielten in alter Zeit kein Gehalt, doch hatten sie das Recht, sich im Herbst Eicheln zur Schweinemast abschlagen zu lassen; auch durfte es ihnen auf ihren Gängen durch die Laischaft, beim Einsammeln der Beiträge oder in den Versammlungen an einem guten Trunke nicht fehlen, ähnlich wie bei den Ratsherren.

Die Laischaften waren stets eifrig darauf bedacht, ihren Besitz zu vergrößern. Die ersten Grundstücke kaufte die Heger Laischaft von dem bei den ersten Hexenverfolgungen erwähnten Bürgermeister Hammacher († 1594). Solche Ankäufe hat sie bis in die neueste Zeit fortgesetzt. Ähnlich die übrigen Laischaften. Sie richteten ihr Bestreben aber nicht nur auf Erwerb von Geld und Gut, sondern haben sehr oft in uneigennütziger Weise dem allgemeinen Wohl gedient. Bei einer Teuerung in den Jahren 1698 und 1701 kaufte die Heger Laischaft Korn und gab es zu niedrigem Preise wieder an ihre Mitglieder ab, wodurch sie 164 Taler verlor. Als 1693 sich der Rat an die Laischaften mit der Bitte um Beisteuer zu einer Spritze wandte, schenkte die Heger Laischaft 50, die Martinianer 25 Taler. 1722 schaffte dann die Heger Laischaft eine von einem Osnabrücker Handwerker verfertigte Schlangenspritze an. 1726 folgte die Martinianer Laischaft diesem Beispiel. 1801 richteten die Hase- und die Natruper Laischaft auf ihre Kosten die erste Straßenbeleuchtung in Osnabrück ein; im folgenden Jahre schaffte die Heger Laischaft 99 Straßenlaternen an und gab für Straßenbeleuchtung bis zu deren Übernahme auf die Stadtkasse 1870 Taler aus. Als aber der Rat auf Vorschlag des Bischofs Ernst August II. den Laischaften zumutete, sie sollten Dreckwagen anschaffen, weigerten sie sich entschieden. Auch für kirchliche Zwecke haben sie manches Opfer gebracht. Zur Anschaffung einer neuen Orgel in St. Marien gaben 1785 die Natruper Laischaft 400, die Heger 300, die Martinianer 100 und die Haselaischaft 150 Taler. Ebenso trugen dieselben Laischaften 1723 zur Ausbesserung einer geborstenen Glocke in St. Marien bei. Zur Beschaffung einer dritten Glocke in St. Katharinen schenkte die Martinianer Laischaft nach dem Brande von 1868 548 Taler. Ebenso gab dieselbe Laischaft für das Städtische Krankenhaus 4400 Mark.

Auf der Neustadt gab es in alter Zeit keine Laischaft, sondern eine sog. *Gemeinheit*, der alle dortigen Bürger angehörten, und die von ihrem Rat verwaltet wurde. Erst nach der vollständigen Vereinigung der Neustadt mit der Altstadt (1808) wurde 1838 die Gemeinheit in eine Laischaft verwandelt. Aber die Zeit der Laischaften war vorüber. Die wirtschaftliche Entwicklung, vor allem das Verlangen nach Gärten und Bauplätzen, führte allmählich zur *Auflösung* der Laischaften. In alter Zeit lagen die Gärten innerhalb der Wälle und nahe vor den Toren. Bei der Zunahme der Bevölkerung fehlte aber vielen, besonders den Zugezogenen, der Garten, den sie um so schmerzlicher entbehrten, seitdem der Kartoffelbau in Aufnahme gekommen war. Dazu hatten auch manche Mitglieder der Laischaft das Vieh abgeschafft; sie hatten also von der Weide keinen Nutzen mehr und drängten deshalb auf eine Teilung des gemeinsamen Besitzes, wie es auf den umliegenden Dörfern vielfach geschah. Als seit dem Beginn des 19. Jahrhunderts die Stadttore nach und nach entfernt und besonders durch Abbruch des Martinitors die nahe der Stadt gelegenen Grundstücke leichter zugängig wurden und die Aufhebung des sog. Festungsgebots (1843) das Bauen außerhalb der Wälle gestattete, erlangten die bisherigen Gärten als Bauplätze einen bedeutend höheren Wert. Die Laischaften kamen dem wachsenden Bedürfnis entgegen, indem sie ihre Grundstücke in der Nähe der Stadt verkauften und neue Gärten in größerer Entfernung von der Stadt anlegten. Nachdem es der Martinianer Laischaft endlich gelungen war, die Ansprüche der übrigen Laischaften an die Wüste zu befriedigen, begann sie, ihre Grundstücke zu teilen, und löste sich 1908 auf. Die Herrenteichs- und die Natruper Laischaft haben nur noch geringen Besitz und sind in der Auflösung begriffen; die Hase- und die Neustädter Laischaft haben sich bereits aufgelöst. Nur die Heger Laischaft steht noch kräftig da. Die gemeinsame Viehweide hat sie allerdings auch schon 1872 aufgegeben und das Hirtenhaus in den Lehmkuhlen (jetzt an der Wilhelmstraße) verkauft; aber sie besitzt noch außer Ländereien, Wegen und Gräben das etwa 67 Hektar große Heger Holz und vergrößert noch ihren Grundbesitz durch Ankäufe. — Sie feiert auch noch alle sieben Jahre ihr altgewohntes *Schnatgangsfest*.

Schnat, richtiger snat, heißt Grenze; sprachlich verwandt ist dieses niederdeutsche Wort „snat" mit dem hochdeutschen „schneiden", d.h. Schnat bedeutet die Linie, die durch frische Einschnitte in die Baumrinde mit einem Beil oder einer Axt einen Grenzverlauf markiert. Die Grenze zu begehen und genau festzustellen wurde durch die häufigen Grenzstreitigkeiten erforderlich. Urkundlich nachweisbar hat die Haselaischaft 1587, die Herrenteichslaischaft 1608, die Martinianer 1635, die Heger Laischaft 1636 ihren ersten Schnatgang gehalten, später in gewissen Zeiten alljährlich, manchmal sogar unter Zuziehung der Bürgermeister, ihre Grenze begangen, um sich ihren Besitz zu sichern. Nachdem die Grenzen festgelegt waren, reichte der Besitz der Herrenteichslaischaft von der Hase oberhalb der Stadt bis an die Knollstraße, der Haselaischaft bis an die Hase unterhalb der Stadt, der Natruper bis an den Grünen Weg, die jetzige Gutenbergstraße, der Heger bis an die Lotter Straße, der Martinianer bis an den Pappelgraben, den 1781 von Magister Christian Ludolph Reinhold angelegten Entwässerungskanal der Wüste, der Neustädter bis an die Hase. Dieser Entwässerungskanal in der Wüste, zugleich *Grenzgraben* zwischen der Feldmark der Altstadt und der Neustadt in diesem sumpfigen Bereich, der 1829 den Namen Pappelgraben erhielt, hat eine lange Geschichte. Auf Grund vielfacher Streitigkeiten wegen der Weideberechtigung in der Wüste zwischen der Altstadt und der Neustadt regte Bürgermeister Schepeler 1671 an, eine gerade Grenzlinie quer durch die Wüste zu ziehen vom Beginn des Nordhaus-Stegs bis zum Katharinenkirchturm. Als dennoch weiterhin Unstimmigkeiten auftraten, beschloß der Rat 1699, an dieser Grenzlinie, genau ausgerichtet auf die Westkante des Katharinenkirchturms, Grenzsteine zu setzen, von denen der erste (und z. Zt. noch letzte) noch heute am Beginn des Pappelgrabens steht (nach Umsetzung wegen Straßenbauarbeiten befindet er sich — durch Beschädigung verkürzt — im Garten des Grundstücks Quellwiese 25). Als die Wüste etwa ein Jahrhundert später gründlich entwässert werden sollte, wurde auf dieser Grenzlinie 1781 der noch heute bestehende Entwässerungskanal angelegt, mit kleineren Querkanälen nach beiden Seiten (seit 1960 wesentlich vertieft und verbreitert). Nach seiner Bepflanzung auf der Nordseite mit Pappeln im Jahre 1829 führt er die Bezeichnung *Pappelgraben*.

Der Schnatgang hat im Laufe der Zeit seine ursprüngliche Bedeutung verloren und wurde allmählich zu einem Volksfest. Die Martinianer feierten es zum letztenmal am 7. und 11. August 1907. Seit alter Zeit wurde Wert darauf gelegt, daß auch die Knaben, besonders die demnächstigen Erben der Laischaftsmitglieder, die Grenze begingen und sie sich genau merkten. An besonders wichtigen Stellen pflegte der Vater dann wohl seinem Sohne durch eine Maulschelle einen Denkzettel zu geben. Nach alter Sitte hielt die Heger Laischaft unter Teilnahme von Mitgliedern der Regierung und des Magistrats sowie geladener Gäste alle sieben Jahre einen Festakt im Friedenssaal ab. Dann zog die Jugend nebst der Musikkapelle quer durchs Rathaus, weil es auf der Grenze der Heger und der Natruper Laischaft liegt; darauf bewegte sich der ganze Festzug durch die festlich geschmückten Straßen. In dem Zuge befand sich der Hirt mit dem uralten Hirtenhorn, die 1650 angeschaffte Wolfstrommel sowie die alte Fahne. Vorauf gingen zwei langbärtige Sappeurs (Schanzarbeiter) mit Äxten, ihnen folgten drei Arbeiter mit Schaufeln, der Laischaftsschütter, der Vorstand usw. Der Zug bewegte sich nach Barenteich, wo sich auch die Frauen, Kinder, Freunde und Bekannte einfanden. Jedes Mitglied der Laischaft erhielt die Zehrkosten aus der Kasse; die Kinder wurden nach altem Herkommen mit Kringeln gespeist. — Jedenfalls ist das noch verbliebene Schnatgangsfest der Heger Laischaft ein wertvolles Erbteil der Väter, das verdient, erhalten zu werden. Haben die Laischaften selber auch ihre Aufgaben zum Teil erfüllt und einige sich bereits aufgelöst, so sind sie doch immer für jeden Geschichtsfreund ein lebendiges Stück geschichtlicher Entwicklung, indem auch sie zeigen, was freies Bürgertum vermag.

8. Das bürgerliche Leben

Das Stadtbild Osnabrücks hatte sich seit dem Westfälischen Frieden wenig geändert. Die *Straßen* gewährten meistens einen unfreundlichen Anblick. Das Pflaster bestand vielfach aus kleinen runden Steinen, wie man es später noch auf dem Schloßhof fand, war aber nicht vor allen Häusern gleich hoch. Seitenwege, sogenannte Bürgersteige, fehlten; durch die Mitte der Straße lief eine Gosse. Mehrfach hatten Nachbarhäuser — auch heute noch — eine gemeinsame Seitenmauer, auf der die meistens hölzerne Dachrinne lag, die das Wasser von zwei Dachflächen aufnahm und, da sie etwa einen Meter über die Vorderseite des Hauses hervorragte, im Bogen, ohne Abfallrohr, in die Gosse strömen ließ. ,,Es war wirklich ein imposanter Anblick", sagte Wagner, ,,bei Gewitter oder starkem Regen die Wassermasse hinunterströmen zu sehen. Welches Getöse entstand dadurch, und wie unangenehm war es für den Fußgänger, wenn er von solchem Guß getroffen wurde, dem er, besonders bei starkem Wind, selten ausweichen konnte. Regenschirme waren damals noch nicht gebräuchlich, auch würden sie in diesem Falle nichts genützt haben. Noch schlimmer ging es den Fuhren; wehe dem Erntewagen, der vom Gewitter übereilt wurde und unter solchen Wasserausguß geriet; an Ausweichen war nicht zu denken." Die Strohdächer waren allmählich verschwunden, seitdem man sie 1338 verboten hatte; man griff nun vielfach zu Holzziegeln, deren Verwendung 1819 untersagt wurde. Andere nahmen Steinziegel, dichteten sie aber mit Strohpuppen, die sich noch heute auf manchen alten Häusern finden und fast ebenso feuergefährlich sind wie ein Strohdach.

Straßenpolizei gab's nicht. Die während der Verhandlungen des Westfälischen Friedens erlassene Verordnung wegen der *Reinhaltung der Straßen* war längst vergessen. Tischler, Böttcher und Zimmerleute lagerten nicht nur ihre Holzvorräte vor den Häusern, sondern zersägten sie dort auch und ließen die Sägeböcke mit den Balken nachts auf den Straßen ohne warnendes Licht stehen. Der aus den Häusern geschaffte Unflat blieb nachts zum Abtrocknen auf den Straßen liegen; wer hineinfiel, wurde ausgelacht. Manchmal suchte aber auch der Hausvater am Morgen das Fuder Dünger oder Holz vor seinem Hause vergeblich; in einer fernen Straße oder gar auf einer Bastion vor den Toren fand er es wieder.

Eine andere große Unannehmlichkeit waren die *Fensterböcke*. Der Markthandel — nicht die beiden Jahrmärkte — war während des Dreißigjährigen Krieges eingegangen, und alle Versuche, ihn wieder zu beleben, waren mißglückt. Der Handel war also in die Häuser verlegt, die dazu aber nicht eingerichtet waren. Vor allem konnte man die Waren nicht, wie sonst auf dem Markte, zur Schau auslegen, da es an Schaufenstern fehlte. Die Geschäftsleute legten daher die Waren auf Tische, die sie mit Hilfe der Fensterladen herstellten. Während nämlich gewöhnlich die Fensterladen an der Fensterseite mit Haspen versehen sind und von der Seite vor die Fenster geklappt werden, hatten jene Laden an dem unteren Ende Haspen, so daß man sie abends von unten vor die Fenster legte und morgens sie wieder herunterklappte, so daß sie mit dem oberen Ende auf einem Bock lagen, der in der Erde befestigt war. Nicht nur Ellen-, Holz- und Eisenwaren wurden so feilgeboten, sondern in hölzernen und irdenen Näpfchen auch allerlei Proben von Eßwaren, Gewürzen usw. Um diese vor Regen und Sonne zu schützen, hatten manche Geschäftsleute kleine Dächer hergerichtet, die auf zierlichen Säulen ruhten. Andererseits wurde, wie Wagner erzählt und was uns heute unglaublich erscheint, unter den Fensterladen „gewöhnlich, besonders wenn im Innern ein geeigneter Platz fehlte, Kehricht und Ziegenmist (!) aufbewahrt; man fand dies selbst in den engeren Straßen, wie Heger und Herrenteichsstraße." Welch häßlicher Anblick, welch widerlicher Geruch! Und wie beengten die Böcke die Straße! Einander begegnende Wagen kamen oft in die größte Verlegenheit; auch die Gosse in der Mitte war lästig, und manches Pferd hat sich darin ein Bein gebrochen.

Der Rat hatte sich schon wiederholt bemüht, die Böcke zu beseitigen, aber vergebens. 1788 verbot er, die vorstehenden Dachrinnen sowie die Erker, Böcke, Schlagfenster, falls sie schadhaft würden, auszubessern oder zu erneuern. Aber viele Bürger wollten von ihrem alten Recht nicht lassen, während andere sie gern entfernt hätten. Alle ärgerten sich über den Bock vor dem Hause des Messerschmiedes Krüger, in dem die Thurn- und-Taxissche Post sich seit 1648 eingemietet hatte. Den ganzen Briefverkehr vermittelte sie durch ein kleines Fenster (!), aber gerade davor stand der verwünschte Bock. Wohl infolge der Französischen Revolution regte sich auch hier ein etwas unbändiger Geist. Junge Burschen rissen 1792 nachts den Bock aus und brachten ihn einem nahe wohnenden Knopfmacher, der ihn zur Feuerung benutzte. Es gab zwar Nachtwächter; aber die sahen nichts oder bliesen doch so laut auf ihrem Horn und klapperten mit ihren Morgensternen auf dem Pflaster so stark, daß die Bürger deswegen öfters über Ruhestörung klagten und sich jeder vor dem Auge des Gesetzes in acht nehmen konnte. Es bildete sich eine förmliche Gesellschaft zu dem Zweck, alle Böcke zu entfernen. Sie hat ihr Ziel erreicht, obwohl einige Bürger ihre Böcke mit Ketten befestigen ließen. Der arme Knopfmacher hatte für den ganzen Winter Brennholz.

Die *Häuser*, selbst die der Wohlhabenden, waren wenig durchgebaut; den größten Raum nahm die große Dresch- und Arbeitsdiele ein. Daher wohnte durchweg in jedem Hause auch nur eine Familie; besonders fand man niemals zwei Gewerbetreibende unter demselben Dache. 1767 zählte man in der ganzen Stadt 1130 Wohnungen, darin hausten 1772 nur 5923 Menschen, also in jedem Gebäude durchschnittlich etwas mehr als fünf Menschen. Es gab damals aber mehr kleine Häuser als heute. Altermann Schledehaus kaufte 1770 sein Nachbarhaus in der Lohstraße für 50 Taler. Ein anderes Haus in derselben Straße, das in der Laischaft zu zwei Triften berechtigt war, wurde nebst einem Garten für 175 Taler verkauft. Erst als sich der Wohlstand der Bürger seit dem Siebenjährigen Kriege wieder zu heben begann, erwachte auch die Baulust, und zwar entstanden jetzt auch größere Häuser. An der Stelle der Meyerschen Apotheke standen früher drei kleine Häuser. Zunächst wurden die hervorragenden Bauten im Barockstil mit Rokokoverzierungen aufgeführt. Außer dem früher schon erwähnten Gebäude Hakenstraße 8 a seien hier noch genannt: Das 1768 erbaute Finkenstaedtsche Haus (Große Straße 43) und die nachmalige Wohnung des Regierungspräsidenten, der Barenhof am Schloßgarten.

Ein Ereignis für die Stadt war die Erbauung der *Bischöflichen Kanzlei* im Jahre 1785. An ihrer Stelle standen früher die alte, weit kleinere Kanzlei und die Martinskapelle. Da man einem hiesigen Baumeister die Anfertigung eines Risses nicht zutraute, wandte sich Möser an seinen Freund Nicolai, der den Bauinspektor Manger in Potsdam damit beauftragte. Der von ihm eingereichte Plan wurde dann hier noch umgestaltet, vereinfacht. Für die Ausführung schlug Möser einen Maurermeister aus Münster vor, da man hiesigen Handwerkern einen solchen Plan nicht übertragen könne. Maurermeister Maug führte ihn aus. Die Vorrichtungen zeigten aber nach Wagners Ansicht, daß man hier noch sehr zurück war. Mit Schiebkarren und Steinwagen fuhr man hinauf. Die Folge davon war, daß beim Legen eines großen Gesimssteines das Gerüst brach, wobei 25 Personen herunterfielen, von denen 13 verletzt oder getötet wurden. Der Stil des Neubaues, der sich den klassischen Formen des griechischen Altertums nähert, fand in

Die bischöfliche Kanzlei; Westansicht

Hirschapotheke am Nikolaiort

Osnabrück bald Nachahmung, u. a. bei der 1797 von dem Architekten Hollenberg erbauten Meyerschen Apotheke, der Hirschapotheke an der Großen Straße, Ecke Nikolaiort. Die vielen Bauten im klassizistischen Baustil in den nächsten Jahren gaben den Handwerkern nicht nur Verdienst, sondern auch Gelegenheit, unter Leitung tüchtiger Architekten, wie Hollenberg, sich zu vervollkommnen. Wagner rühmt vor allem die Tischler, die besonders schöne Türen, Wandbekleidungen, Schränke, Uhrengehäuse usw. anfertigten, wie sie sich noch in alten Osnabrücker Familien finden.

Die *Einfachheit* unserer Vorfahren, die wir in bezug auf die Wohnung kennengelernt haben, zeigt sich auch in ihrem Essen und Trinken. Man stand früh auf. Wagner hörte schon morgens um 4 Uhr seinen Nachbarn, einen Schneider, seinem Dompfaffen ein Liedchen vorflöten. Punkt 12 Uhr aß man zu Mittag, und abends um 9 Uhr legte man sich zur Ruhe. Die Mahlzeiten waren einfach, aber kräftig, die etwa um 1740 hier eingeführten Kartoffeln waren allgemein in Aufnahme gekommen. Viele tranken schon Kaffee; die Alten wollten aber noch nicht von ihrer Mehlsuppe (,,Süppken'') lassen. Wer es irgend vermochte, schlachtete ein Schwein und wurstete selber; in besser gestellten Familien erforderte es die Hausehre, daß sie im Herbst auf dem beim Hofhause abgehaltenen Viehmarkte ein fettes friesisches Rind zum Schlachten kauften. In den meisten Bürgerhäusern aßen auch die Eltern mit dem Gesinde, die Meister mit Lehrlingen und Gesellen an demselben Tisch — geschieht auch jetzt noch, wenn auch nicht mehr so häufig wie früher —; vor und nach dem Essen wurde das Tischgebet gesprochen, auch wohl ein Abschnitt aus der Hauspostille vorgelesen. Die Kinder nannten ihre Eltern ,,Sie'', plattdeutsch ,,Ji''; Knechte, Lehrlinge und Gesellen wurden mit ,,Er'', plattdeutsch ,,He'', angeredet.

8. Das bürgerliche Leben

Es herrschte damals noch eine größere *Kirchlichkeit* als heute; die *Prediger* genossen höheres Ansehen. Die Ohrenbeichte war nach Wagners Zeugnis noch im Gebrauch; noch auf den Winnzetteln aus den dreißiger Jahren des 19. Jahrhunderts wird die Lage von Kirchenstühlen in der Katharinenkirche wohl bezeichnet: Bei dem Beichtstuhl des ersten Predigers. Auf der Straße ließen sich die Prediger nur im vollen Ornat, mit dem schweren Barett und der warmen, bis über die Schulter herabwallenden Wolkenperücke auf dem Haupte, sehen. Wollten sie einen Gang ins Freie unternehmen, so ließen sie sich einen bürgerlichen, aber nur schwarzen Anzug zum Torwärter bringen und kleideten sich dort um. Pastor Krochmann, der 1779 an St. Katharinen angestellt wurde, legte die Perücke ab, nachdem sie ihm an einem heißen Sommertage eine Ohnmacht zugezogen hatte, und seine Amtsbrüder folgten ihm darin bald nach. Pastor Gruner, 1795—1825 an St. Katharinen, soll unter den hiesigen Predigern zuerst in bürgerlicher Kleidung über die Straße gegangen sein; jedenfalls hat er es nach Prorektor Hartmanns Bericht zuerst gewagt, einen grauen Rock mit schwarzbesponnenen Knöpfen zu tragen, eine Kühnheit, die seinen Zeitgenossen noch lange im Gedächtnis blieb. Andererseits übernahmen die damaligen Prediger Aufgaben, die uns nicht recht passend erscheinen. Goethe läßt in ,,Hermann und Dorothea" den Apotheker erzählen:

> Hatten die Eltern die Braut für ihren Sohn sich ersehen,
> Ward zuvörderst ein Freund vom Hause vertraulich gerufen;
> Diesen sandte man dann als Freiersmann zu den Eltern
> Der erkorenen Braut, der dann in stattlichem Putze
> Sonntags etwa nach Tische den würdigen Bürger besuchte.

Diese Aufgabe, ,,ins Haus zu hören", übernahmen vielfach die Prediger. Als der Sohn des Bäckers und Mühlenpächters Heilmann Verlangen trug nach Schledehausens ältester Tochter, erschien zuerst Magister Ringelmann; erst als dieser eine zusagende Antwort heimgebracht hatte, kam der Bräutigam selber. Die Verlobung geschah ganz förmlich: In einem großen Kreise geladener Verwandten ,,tat" Pastor Klußmann das Brautpaar zusammen. Daher nannte man die Verlobungsfeier in alter Zeit ,,Zuthetigung". Seltsam klingt uns auch die Nachricht, daß die Prediger Anzeigen über Verkäufe, über verlorene oder gefundene Sachen von der Kanzel abkündigten. Eines Sonntags trieb der junge Müller Lodtmann in der Pernickelmühle, um Futter zu sparen, die Pferde an den Wall. Als die Tiere nachher verschwunden waren, ließ die Mutter die Prediger am Dom und an St. Marien bitten, diesen Verlust der Gemeinde am Schluß des Nachmittagsgottesdienstes anzuzeigen.

Regelmäßiger *Kirchenbesuch* galt als Pflicht. In den weiten Kreisen des Bürgertums herrschte noch der schlichte *Bibelglaube*; davon zeugen auch die Erinnerungen des Altermanns Schledehaus, deren Ausdrucksweise lebhaft an die Bibelsprache erinnert. Direktor Abeken, er wurde 1780 in Osnabrück geboren, sagt in seinem Buche ,,Goethe in meinem Leben" in Erinnerung an jene Zeit: ,,Was haben mir die Forschungen über die Glaubwürdigkeit der Schriften des Alten Testaments, über die Evangelisten, über die Person des Heilandes und der Apostel gegeben, das ich mit dem Gefühl und Genuß vergleichen könnte, der mir durch die Szenen der Patriarchenwelt, durch die Bergpredigt, durch die Passionsgeschichte geboten ward, mit der Wirkung, die diese erzeugten? So wie ich damals, kann heute kein Kind, kein Knabe die Bibel lesen. In dem väterlichen Hause atmete ein Geist natürlicher, herzlicher Frömmigkeit. Gellerts geistliche Lieder, Klopstocks Messias gaben einen Ton an, der durch das Haus klang. Die Aufklärung hatte in Osnabrück erst geringe Fortschritte gemacht. Die Predigten hielten sich in dem Mittelraume zwischen der Orthodoxie und der Aufklärung. Toleranz war damals die

Losung. Ein katholischer Dechant war wegen seiner Freundlichkeit, seiner Liberalität und seiner Kanzelgaben auch bei den Protestanten sehr beliebt, und seine Predigten wurden von diesen häufig besucht. Alle Patres, besonders die Dominikaner, waren gutmütige, zu den Bürgern sich in ein freundliches Verhältnis stellende Menschen. Am Neujahrstage gingen die letzteren von Haus zu Haus, um zu gratulieren, und die Protestanten spendeten, mein' ich, ihnen ebenso reichlich wie die Katholiken." Bei den Dominikanern, die den Wein unverzollt einführen durften, trank der Bürger gern in der Dämmerung ein Gläschen. Da sie keine Bezahlung forderten, schob der Gast beim Fortgehen ein entsprechendes Geldstück unter das Glas.

Hinsichtlich der *geistigen* Genüsse waren unsere Väter weit bescheidener als wir. Die meisten Erwachsenen lesen heute täglich mindestens eine *Zeitung* und daneben noch Bücher aus der Stadtbücherei oder eine Mappe mit einer Reihe von Wochenschriften und Monatsheften. In jenen Tagen aber erschienen nur sonnabends die ,,Intelligenzblätter" mit ihren meist trockenen Anzeigen, amtlichen Bekanntmachungen und Vorladungen, und selbst die beigefügten ,,Westphälischen Beiträge zum Nutzen und Vergnügen" würden heute wohl wenigen Lesern Vergnügen bereiten. Wie viele würden wohl Abhandlungen zu Ende lesen über ,,Das Interesse der Freundschaft", den ,,Nutzen der theoretischen Kenntnisse", ,,Über die Sparsamkeit" und ähnliches? Den gesamten Buchhandel der Stadt besorgte in *einem* mittelgroßen Zimmer ein alter Mann als Kommissionär einer Buchhandlung in Hannover. Daneben druckte er auch Etiketten für Tabakspakete usw., und dazu war er noch Wachtmeister der Bürgermilizen, die man spottweise Knüppelschütten nannte. Die erste Buchhandlung, die von Rackhorst, wurde hier 1828 eröffnet.

An *Konzerten* scheint auch damals schon kein Mangel gewesen zu sein. Häufig hören wir von musikalischen Aufführungen in geschlossenen Kreisen; aber auch auswärtige Künstler gaben hier regelmäßig öffentliche Konzerte, entweder bei Knille neben dem St.-Jürgens-Hause (Große Straße 67) oder bei Jäger (Bierstraße 24). 1772 sang eine herzoglich-braunschweigische Operngesellschaft bei Knille. Während eines Winters gab eine andere Gesellschaft wöchentlich einmal abends von 5 bis 8 Uhr Konzerte für 3 Taler. Die Herren Abonnenten konnten ihre Damen frei einführen. Größere Konzerte und Bälle fanden in dem großen Saale des alten Rathauses statt. Dort wurden auch die Gildemeisterschmäuse abgehalten, das schönste Fest der Handwerker. Die höheren Stände gründeten 1793 den Großen Klub, der alsbald den Mittelpunkt ihres gesellschaftlichen Lebens bildete. Die Jugend, die Dienstboten und das Landvolk entschädigten sich auf den beiden Stadtmärkten, die aber jedesmal acht Tage währten.

Selten hatten unsere Väter Gelegenheit, ein gutes *Schauspiel* zu sehen; für gewöhnlich begnügte man sich mit den Aufführungen der Gymnasiasten. So spielten die Schüler des Ratsgymnasiums 1773 am 4.—9. Oktober, 1775 am 10.—13. und am 17. Januar, und zwar im Saale des alten Rathauses. Die katholischen Gymnasiasten führten im Jesuitenkolleg biblische Stücke auf. Im Winter wohnte der Landadel wochen-, ja monatelang hier in seinen Höfen, um an den Landtagsverhandlungen teilzunehmen und sich durch gesellschaftlichen Verkehr, durch den Besuch von Konzerten, Schauspielen und Bällen für die Einförmigkeit des Landlebens zu entschädigen. Dann pflegten sich auch fremde Schauspielertruppen hier einige Zeit aufzuhalten. Bald nach dem Siebenjährigen Kriege spielte hier wiederholt die Seylersche Truppe, von der Wagner rühmt: ,,Man wußte nicht genug von ihr zu erzählen." 1771 gab die Kgl. Großbritannische Hof-Schauspielgesellschaft hier sechs Wochen Vorstellungen. Später spielten hier nacheinander die Direktoren Wäser, Abt, Großmann und Dietrich mit ihren Truppen, und zwar bis 1780 im

8. Das bürgerliche Leben 277

Rathaussaal. In diesem Jahre richtete man den großen Stall im Waisenhof, der 80 Pferde fassen konnte, zum Theater ein. Doch mußten sich die Zuschauer in den ersten zwölf Jahren ohne Fußboden behelfen, den dann Großmann, Freund Goethes und seiner Mutter, großzügig schenkte. Als dann zehn Jahre später die Franzosen hier einrückten, verwandelten sie das Theater wieder in einen Pferdestall, und bis 1807 mußte Osnabrück auf den Besuch des Schauspiels verzichten.

Der Dämmerschoppen war auch damals schon üblich, aber nur bei den Männern; in vornehmen Kreisen trank man jedoch selten Bier, meistens Wein. Beliebte Weinstuben waren die von Christian Jäger, Bierstraße 24, Markt 18/19 und Große Straße 65. Aber um 7 Uhr wurde allgemein zu Abend gegessen. Frauen und Töchter, auch der vornehmen Stände, füllten ihre müßigen Stunden mit Spinnen aus oder gingen im Sommer mit den Mägden zum Garten; dort mußten auch die Töchter pflanzen, reinigen und ernten helfen. Für den einfachen Bürger gab es sonntags während der Sommerzeit kein anderes Vergnügen, als nach beendigtem Nachmittagsgottesdienst mit Frau und Kindern nach dem vor dem Tore gelegenen Garten zu wandern. Die Jugend besuchte das Hofhaus, dessen Wirt ein kräftiges Bier braute, und die Blumenhallen. Auf der Petersburg, wo der Bischof eine Gärtnerei hatte einrichten lassen, trank man Milch, später auch Kaffee. Besuchte auswärtige Kaffeehäuser waren auch die Kolonate von Grothaus und von Goldkamp im Nettetal. Das besuchteste Gasthaus vor der Stadt, in dem hohe Beamte, Geistliche, Offiziere und vornehme Bürger ihren Wein tranken, war die Haster Mühle. Der Mühlenpächter hatte für seine angesehenen Gäste ein besonderes Häuschen erbaut.

Man mußte sein Vergnügen schon innerhalb oder in der Nähe der Stadt suchen; denn *Fahrgelegenheit* fehlte, und die Wege waren schlecht. Nur einige Domherren und hohe Beamte wie Möser hielten sich Gespanne. Der Rat besaß eine große Kutsche; die Bespannung mußten Hörige oder der Pächter des Hofhauses liefern. Der erste Wirt, der sich einen Kutschwagen zulegte, war Endris im Gasthof „Zum römischen Kaiser" (Markt 9 und 10). Ihm folgte Mehrhoff, der Große Straße 40/41 ein Gasthaus besaß, das später nach Domhof 9 (Dütting) verlegt wurde, und Böhmer, der Besitzer des Gasthofs „Zum krummen Ellenbogen" (Kamp 3/4). Frauen im Ballstaat ließen sich in einer Sänfte (porte chaise) zum Festsaal tragen. Das *Reisen* war sehr teuer und unbequem. Die Kaufleute machten ihre Geschäftsreisen zu Pferde. In den öffentlichen Anzeigen werden häufig Gesellschafter zu einer Reise nach Hannover, Bremen usw. gesucht, die sich gemeinsam einen Wagen mieteten. Noch um 1830 kaufte sich ein Lehrer in Bardowiek Wagen und Pferd, um mit seiner Familie Verwandte in Aurich zu besuchen; nach der Heimkehr verkaufte er beides wieder. „Der erste Wagen, den sich einige Kaufleute gemeinsam anschafften, war ein Korbwagen, auf dem 12 Personen Platz hatten. Seit 1648 fuhr die Thurn- und Taxische Post zwischen Hamburg und Köln über Osnabrück. 1682 wurde Osnabrück an das hannoversche Postnetz angeschlossen. Der hannoversche Postwagen war von der Art wie heutzutage die Sand- und Schuttwagen; damit fuhr man bis nach Braunschweig. Auch die verdeckten Wagen, welche die hiesige Post für den Verkehr nach Holland und Münster hielt, waren so unbequem, daß man sich scheuen mußte, sie zu besteigen, besonders, da man dabei häufig durch die großen Geldsendungen von Amsterdam nach Hamburg belästigt war und die Stöße sich dadurch verdoppelten" (Wagner). Abeken erzählt über eine Reise, die er mit Vater und Bruder im Juni 1790 nach Münster machte: „Einige Wochen vor dem Antritt der Reise mußte der Wagen bestellt werden; denn es gab nur einen zu solchem Zwecke in Osnabrück. Bedungen war, daß, um nach Münster in einem Tage zu kommen, frühmorgens ausgefahren wurde; denn in Iburg schon mußten die Pferde rasten und ein Frühstück eingenommen werden. In Glandorf ward Mittag gemacht, zwei Stunden Rast; so gegen Abend in

Telgte die Vesper gefeiert, und am späten Abend befand man sich wirklich in Münster." Heute fährt der Intercity-Zug von Osnabrück nach Münster 25 Minuten. Zur Reise nach Jena gebrauchte der Student Abeken neun Tage. ,,Weil wir unser vier waren", so erzählt er, ,,nahmen wir Extrapost, d. h. ein paar elende Pferde vor einem unbedeckten Wagen mit rohen, hölzernen Sitzen. Diese brachten uns in dreieinhalb Tagen wohldurchnäßt nach Braunschweig. Dort mußte gewartet werden, bis die Gelbe Kutsche abging, die schon Gellert verwünschte, und wir konnten nicht anders, als in diese Verwünschung einstimmen; denn wir mußten froh sein, daß uns auf dem holprigen Wege in stockfinsterer Nacht über Stolberg, da Koffer und anderes Reisegepäck durcheinander den Passagieren auf den Leib fuhren, nicht Arme und Beine gebrochen wurden."

Die *Kleidung* der ehrbaren Bürger war ebenso wie die der Beamten und Geistlichen wenig veränderlich. Bei allen öffentlichen Gelegenheiten erschien der Bürger, wenn es sich nicht um eine kriegerische Feier in Wehr und Waffen handelte, im Mantel, und zwar gewöhnlich im hellbraunen Mantel, dessen Kragen die Mitglieder des Krameramtes mit einer schmalen Goldtresse verzierten. Bei kirchlichen Feiern, namentlich beim Abendmahl, sowie in tiefer Trauer trugen die Bürger einen schwarzen Mantel. Auch die Gymnasiasten mußten zum Unterricht stets im Mantel erscheinen. Um 1808 hörte diese Sitte auf; am Carolinum aber hielt sie sich noch bis etwa 1830. Während der einfache Bürger in seiner *Kleidung* wenig änderte, hatte in den vornehmen Kreisen die französische Mode Aufnahme gefunden. Die lange, über die Schultern herabhängende Allongeperücke, wie wir sie noch auf den Bildern unserer alten Prediger in der Marien- und der Katharinenkirche sehen, war verschwunden und an ihre Stelle ein Zopf getreten. Als Kopfbedeckung trugen angesehene Herren einen niedrigen grauen Zylinder. Rock und Weste waren meistens von lebhafter roter, ja sogar papageigrüner Farbe, mit goldenen oder silbernen Knöpfen besetzt und mit goldener oder silberner Litze verziert. Die Weste hatte Ärmel und reichte fast bis zum Knie. Die kurze Hose endete eben unter dem Knie und war hier mit einem Band oder mit einer goldenen oder silbernen Schnalle zusammengezogen. Die niedrigen Schuhe waren ebenfalls mit goldenen oder silbernen Schnallen versehen; am feinsten waren weiße seidene Strümpfe. Knaben trugen wohl schon vom 6. Jahre ab den Zopf. Junge Herren wechselten die Tracht öfters, je nach der Mode, noch mehr die Frauen. Die Reifröcke, die wir um das Jahr 1850 noch einmal erlebt haben, waren von solcher Ausdehnung, daß an den Seiten der Reifen Scharniere angebracht waren, die beim Durchschreiten einer engen Tür geschickt aufgeklappt wurden. Die verschiedenen Formen der Frisuren, Hauben, Hüte usw. zu verfolgen, lohnt sich nicht; die Frauen waren damals ebenso Sklavinnen der veränderungssüchtigen Mode wie heute.

Ein *Sterbefall* verursachte einer Familie wegen der Beschaffung der Trauerkleidung und wegen der Beerdigungsfeier große Kosten. Nicht nur die Hausgenossen, sondern sogar die Geschwister, welche das Haus längst verlassen hatten, erhielten Trauergewand, und zwar für volle wie für Halbtrauer. Das Leichenbesingen war noch allgemein üblich. Sollte eine Leiche mit der ,,großen Schule" beerdigt werden, so versammelten sich Lehrer und Schüler bei der Kirche und zogen geschlossen zum Trauerhause. Dort, unterwegs und am Grabe wurde gesungen. Die Elf Ämter gingen, wenn sie teilnahmen, geschlossen; wer fehlte, zahlte Strafe. Nach der Beerdigung ging das ganze Trauergefolge in die Kirche. Auch hier wurde gesungen, worauf einer der im Trauergefolge befindlichen Prediger eine kurze Leichenrede hielt. Leichen der Standespersonen wurden wohl abends mit Laternen und Fackeln beerdigt, aber nur so lange, als die Kirchhöfe sich noch in der Stadt befanden.

8. Das bürgerliche Leben 279

Eine große Belästigung der Bürger war die *Bettelei*. Es gab damals noch keine geordnete städtische Armenpflege, sondern diese war wesentlich Sache der Kirche. Heute wird der ertappte Bettler bestraft; damals aber durfte er seinem einträglichen Gewerbe ungestört nachgehen, ja, nach der Anschauung der alten Zeit wohl gar noch auf Dank rechnen, weil er dem Geber Gelegenheit gab, durch Almosengeben ein gutes Werk zu verrichten. Es bettelten nicht nur die wirklichen Armen, sondern auch die Tagediebe. Mittwoch und Sonnabend waren geradezu Betteltage. Scharenweise zogen nichtsnutzige Männer, Frauen und Kinder durch die Straßen und drangen in die Häuser ein. Wer es gewagt hätte, sie abzuweisen, dem wäre es übel ergangen. Besonders wurden die Gewerbetreibenden, die ein stets offenes Haus hatten, von den Bettlern schwer heimgesucht. Fremdes Gesindel mischte sich mit dem einheimischen; was sie ungesehen erlangen konnten, nahmen sie mit. Bettelkinder auf der Straße riefen den Vorübergehenden zu: ,,O Herre, eenen Pennink!" Trotz der vielen Armenhäuser sammelten die Kirchenvorsteher für die Stadtarmen. Die Knaben des Evangelischen Waisenhofes sammelten Geld, Brot usw. Sonntags nach der Predigt zogen die Schüler der deutschen Schule singend durch die Straßen ihres Kirchspiels; die jüngeren riefen in die Häuser hinein: ,,De Schölers gieben." Sie empfingen Pfennige, auch wohl Brot. Am Neujahrstage zu gratulieren, um ein Geschenk zu erhalten, war allgemein. Außer verschiedenen Handwerkern — Maurern, Dachdeckern, Schornsteinfegern — erschien der Stadtmusikus mit seiner Kapelle, spielte in den Häusern der Reichen und erhielt dafür Wein und Geld. Die Stadttamboure hatten seit alter Zeit das Recht und die Pflicht, das alte Jahr aus den Häusern zu trommeln. Am Dreikönigstage gingen die hl. drei Könige und Herodes durch die Straßen, sangen und sammelten Gaben in einen Kasten.

Der Rat verbot endlich 1772 die Bettelei und setzte Armenvögte mit folgender Dienstanweisung ein: ,,Die Armenvögte sollen des Tages und des Abends auf allen Gassen der Stadt wider die Bettler ein wachsames Auge haben, sie fortjagen und ihnen das gesammelte Geld nehmen. Diejenigen, die sich nicht warnen lassen, sollen auf die Bürgerwache gebracht werden. Die Wirtshäuser sollen visitiert und daselbst betroffene Bettler dem Rat angezeigt werden." Wie Wagner erzählt, gerieten die Armenvögte mit den Bettlern oft in Handgemenge, wobei es gehörige Prügel setzte und die Beamten wohl gar zur Freude der lieben Straßenjugend den kürzeren zogen. Ja, einige Bürger scheinen es sogar mit dem Gesindel gehalten zu haben. Wenigstens mußte der Rat diejenigen mit hoher Strafe bedrohen, die die Armenvögte bei der Ausübung ihres Dienstes beschimpften oder gar hinderten.

Wie *Möser* sich in den ,,Klagen eines Meiers über den Putz seiner Frau" gegen den Kleiderteufel wendet, so geht er auch der überhandnehmenden Bettelei zu Leibe. In dem ,,Glück der Bettler" schildert er zunächst, wie ein Handwerker und seine Frau, die er schon morgens um 4 Uhr bei der Arbeit trifft, sich abquälen, um ihre acht Kinder ehrlich zu ernähren, und erzählt dann, wie er während seines Aufenthaltes in London in Begleitung eines englischen Schauspielers einen Speisekeller besucht habe. ,,Die Magd, welche uns empfing, setzte geschwind die Leiter an, worauf wir hinunterstiegen, und zog solche sogleich wieder herauf, damit wir ohne Bezahlung nicht entlaufen möchten. Im Keller fanden wir zehn saubere Tische, woran Messer und Gabeln an langen Ketten hingen. Man setzte uns eine gute Rindfleischsuppe, Rindfleisch mit Senf, einen Erbsenpudding mit Speck, zwei Stück gutes Brot und zwei Glas Bier vor, und vor der Mahlzeit forderte die Wäscherin unser Hemd, um es während der Mahlzeit zu waschen und zu trocknen, alles für 16 Pfennig. In diesem Keller fanden wir uns in Gesellschaft der Gassenbettler. Allein wie sehr erstaunten wir nicht, als wir die angenehme und unbekümmerte Lebensart dieser Bettler erblickten! Erstlich zählte ein jeder seinen Gewinst vom Tage. Es war keiner unter ihnen, der nicht doppelt und dreimal soviel erbettelt hatte, als der fleißigste Handwerker an einem Tage verdienen kann. Nachdem das Finanzwesen in Ordnung gebracht und die Mahlzeit vorüber war, ließ sich ein jeder nach Gewohnheit einen Humpen mit starkem Porterbier geben, welcher auf die Gesundheit aller wohltätigen Seelen geleert wurde. Hierauf spielten die Blinden zum Tanz, und es war ein Vergnügen zu sehen, wie geschickt Bettler und Bettlerinnen, auch sogar einige, die des Tages über lahm gewesen waren, miteinander tanzten ... Wenn ich solchergestalt den ehrlichen, fleißigen Arbeiter mit dem Bettler vergleiche, so muß ich gestehen, daß es eine überaus starke Versuchung sei, lieber zu betteln als zu arbeiten." Natürlich schränkte Möser mit dieser schon 1767 geschriebenen Schilderung die Bettelei nicht ein; es wurde erst besser, nachdem die Stadt 1810 eine Armenanstalt eingerichtet und eine schärfere Polizei eingeführt hatte, die das Betteln verbot und bestrafte, die ,,heiligen drei Könige" samt ,,Herodes" einsteckte.

Im Jahre 1772 herrschte eine allgemeine Teuerung. Die Regierung kaufte Korn, das sie zu niedrigem Preis wieder abgab, an Arme auch verschenkte, verteilte auch bares Geld. Im ganzen wandte sie hierfür 55000 Taler auf, löste aus dem verkauften Korn aber nur 40000 Taler. In dieser bedrängten Zeit feierten die Katholiken in Stift und Stadt Osnabrück 1772 das tausendjährige Bestehen des Bistums in Verbindung mit dem Kirchweihfest des Domes. Die Staatsbehörden, der Adel des Landes sowie Bürgermeister und Rat nahmen an dem Gottesdienst im Dom teil. Auch die evangelischen Kirchen des Landes beteiligten sich an der Feier; in der Marien- und der Katharinenkirchen wurde das Tedeum gesungen. Die ältesten Bürger hatten noch nie so viele Menschen in der Stadt gesehen wie an jenem Tage.

Gerade in dieser Zeit weilte in Osnabrück ein berühmter Gast: der als Satiriker und Gelehrte bekannte Professor *Lichtenberg* aus Göttingen. Auf einem alten Festungsturm bei der Neuen Mühle bestimmte er die Polhöhe Osnabrücks. Er führte eine spitze Feder und machte sich über die hiesigen Verhältnisse oft lustig; so urteilte er: ,,Die Osnabrücker sind gute Leute, aber sie gebrauchen drei Tage, um einen Windofen zu setzen." Die Westfälinger, behauptete er, beteten täglich: ,,Unsern Pumpernickel gib uns heute." Er selber aber konnte ihn nicht vertragen und meinte, es sei einer der durchschlagendsten Beweise für die Allmacht Gottes, daß er diese Sägespäne (das Schwarzbrot) in so zartes Mädchenfleisch umwandeln könne.

Eine andere angenehme Unterbrechung der ermüdenden Alltäglichkeit gewährten die *Besuche des jungen Bischofs*, des Herzogs Friedrich von York. Zum erstenmal erschien er hier auf der Durchreise nach der Universität Göttingen in Begleitung seiner Erzieher im Januar 1781. Er reiste unter dem angenommenen Namen eines Grafen von Hoya; daher hatte die Regierung gebeten, jeden feierlichen Empfang zu unterlassen. Er verweilte hier drei Tage und wohnte im Schloß. Wagner erzählt: ,,Der Prinz speiste bei offener Tür. Ich mußte mit den Frauenzimmern, die ihn sehen wollten, dorthin und erwartete, an einem Königssohn Wunder zu finden, sah auch einen bildschönen Jüngling, aber weiter keinen Unterschied, als daß er beide Hände beim Essen gebrauchte. Die Bürger ließen es sich aber doch nicht nehmen, abends ihre Häuser zu erleuchten. Der Prinz besuchte u. a. den Dom und das Rathaus; als er dann nach Hannover weiterreiste, standen die Bürger vom Schloß bis zum Herrenteichstor unter den Waffen, und von den Wällen rief eine dreimalige Salve aus allen Kanonen dem jungen Landesherrn den Abschiedsgruß nach.

Am 28. August des nächsten Jahres verweilte der Prinz in unserer Stadt acht Tage. Täglich machte er Ausflüge in die Ämter, um das Land kennenzulernen. Wie die Bürger

8. Das bürgerliche Leben

Friedrich von York als Knabe

ihn bei seiner Ankunft mit den üblichen Ehrenbezeugungen empfangen hatten, so gaben sie ihm auch das Ehrengeleit bei seiner Abreise nach Hannover am 5. September. Am 16. August 1783 erreichte der junge Fürst das in der Wahlkapitulation für die *Großjährigkeit* vorgeschriebene Alter von zwanzig Jahren. An diesem Tage legte der König die bisher geführte stellvertretende Regierung nieder, und Bischof Friedrich übernahm sie. Sein bevollmächtigter Stellvertreter, der Geheime Rat von dem Bussche, beschwor im Namen des Bischofs die Kapitulation in Gegenwart der gesamten Landstände und nahm von ihnen die Huldigungen entgegen. Am 25. September erschien der Bischof selber. Schon wochenlang hatte man sich auf den Empfang gerüstet; die jungen Kaufleute bildeten eine berittene Ehrengarde; Tanzmeister Endris, der bei den Husaren gedient, hatte sie auf einem brachliegenden Acker beim Hofhause im Reiten geübt. Am Morgen des Einzugs ritten sie, alle geschmackvoll in Blau und Weiß gekleidet, dem Fürsten entgegen. An der Landwehr — bei Ludwigslust — begrüßten ihn die Stände und die Stadt. Dem Wagen vorauf ritt hannoversche Kavallerie, ihm folgte eine Ehrengarde. Vom Johannistor bis zum Schloß standen die Bürger unterm Gewehr; die Johanniskirche war großartig bekränzt. Am folgenden Tage ließ sich der Bischof huldigen. Abends fand auf dem alten Rathaus ein großer Ball statt, zu dem der Bischof zwar geladen war, aber nicht erschien. Die Bürger ließen sich aber dadurch die Freude nicht stören, sondern tanzten die Nacht durch, so daß am anderen Morgen nur wenige die Abreise des Bischofs bemerkten.

Zum Leidwesen der Osnabrücker wählte der junge Bischof nicht Osnabrück zu seiner Residenz, sondern kehrte nach England zurück. Doch hofften sie noch immer auf seine Wiederkehr. Der Geheime Rat legte auf der Petersburg, wo sich schon ein Gemüsegarten befand, eine Meierei mit acht Milchkühen an, damit der Hof stets mit frischer Butter und Milch versorgt werden könne. Die Hoffnung der Bürger wuchs, als Bischof Friedrich sich 1791 mit einer *deutschen* Prinzessin, mit einer Schwester des späteren Königs Friedrich Wilhelm III. von Preußen, vermählte. Aber ihre Hoffnung wurde abermals getäuscht. Doch wurde Osnabrück dadurch etwas entschädigt, daß der Bischof hier einen *Hofstaat* einrichtete, den nach dem Stiftskalender von 1785 folgende Personen bildeten:

Oberstallmeister Freiherr von Vincke, Oberjägermeister Freiherr von Böselager, Hofmarschall Freiherr von Münster-Langelage, die Kammerherren Freiherren von Hammerstein-Equord, von Schele, von Morsey und von dem Bussche, die Kammerjunker Freiherren von Freytag, von Korf, von Dinklage, von und zu Steinfurt, Hofsekretär Buch, Hofmedikus Jütting, Hofchirurg Sergel, Hofapotheker Ehmbsen (Mohrenapotheke), Hofagent Thorbecke, Bankiers Rudolf und Erich Schwartze; ferner 24 Diener in allerlei Ämtern, drei Altfrauen und eine Küchenfrau. Unter den Dienern befanden sich auch zwei ,,Feuerbeuter'' und zwei Läufer.

Unsere Vorfahren glaubten einer glücklichen Zeit entgegenzugehen. Johann Eberhard Stüve schließt seine 1789 erschienene ,,Beschreibung und Geschichte des Hochstifts und Fürstentums Osnabrück'' mit dem Wunsch: ,,Der Höchste wolle die Regierung des Bischofs bis zu den spätesten Zeiten mit Glück, Heil und Segen bekrönen!'' Er ahnte nicht, daß in demselben Jahre in Paris die Revolution ausbrechen sollte, unter deren Folgen das Bistum Osnabrück zusammenbrach und die Stadt ihre Selbständigkeit verlor.

9. Emigranten und militärische Einquartierung

Aus Besorgnis, daß die Revolution auch nach Deutschland übergreifen möge, verbündeten sich 1792 Österreich und Preußen gegen Frankreich. Aber sie richteten nichts aus. Da vereinigte sich 1793 fast ganz Europa außer Rußland zum Kampf gegen die inzwischen ins Leben getretene französische Republik. England sammelte in den Niederlanden eine Armee, zu deren Oberfeldherrn der Herzog von York, unser Bischof, ernannt wurde. Auf der Reise nach den Niederlanden kam er auch durch Osnabrück. Als die hannoversche schwere und leichte Kavallerie durch unsere Stadt ritt, meinten die Bürger: ,,Die werden es den Franzosen schon zeigen!'' Aber wie bitter wurden sie enttäuscht! Die Franzosen drangen immer weiter gegen den Rhein vor, so daß die Tausende von *Emigranten*, welche dort Zuflucht gefunden hatten, sich nicht mehr sicher fühlten, sondern weiter nach dem Osten flüchteten. 1794 wurde unsere Stadt von Emigranten förmlich überschwemmt; dazu kam noch, wenn auch nur vorübergehend, die Einquartierung von Soldaten, so daß kein Haus verschont blieb und auch die Mitglieder des Rates sich der Einquartierungslast nicht entzogen.

Die meisten Flüchtlinge hatten von ihrem Vermögen wenig mitnehmen können; sie waren daher auf die Mildtätigkeit der Bürger angewiesen. ,,Es zeigte sich'', erzählt Wagner, ,,daß auch die Osnabrücker für solche Not Mitgefühl empfanden. Trotz des französischen Freiheitsschwindels, der sich der Jugend bemächtigt hatte, erhielten die Emigranten enorme Unterstützungen. Die Frauen, alle sehr geschickt im Handarbeiten, suchten sich mit Stickereien zu beschäftigen; die Männer machten Papparbeiten, mit Stroh ausgelegt, und Fingerringe, mit Goldfäden bewickelt. Betteln wollten sie nicht; aber für ihre Arbeiten erhielten sie den hundertfachen Wert. Es gab auch reiche Familien unter ihnen; aber diese lebten sparsam, da sie sahen, welches Los sie erwartete. Bei allem Elend bewahrten sie ihre Größe. So sah ich die Familie Maubourg-Tentignac (von der

9. Emigranten und militärische Einquartierung

zwei Personen sich mit einer kleinen Kammer in meiner Mutter Hause für geringen Preis begnügten), gewiß eine der ältesten in Frankreich, mittags zusammen mit dem Abbé (Geistlichen), der sie nicht verlassen wollte, auf dem großen Zimmer in der Nachbarschaft speisen; alle legten sich aus einer großen irdenen Schüssel durchaus einfache, in *einem* Topf zusammengekochte Speisen vor und wurden von alten, ihnen treu gebliebenen Dienern, die in Holzschuhen gingen, bedient ... Spaßhafte Auftritte gab es, wenn eine Französin und eine alte Deutsche sich gegenseitig etwas beschreiben wollten. Einst wünschte Frau von Tentignac Eier. Von *des oeufs* hatte meine Mutter keine Idee. ‚Ich verstehe es nicht', antwortete sie kopfschüttelnd. Da setzte sich Frau von Tentignac nieder, gackerte wie ein Huhn, und siehe da! man verstand sich gleich und wollte sich totlachen."

Im Sommer 1794 rückten die Franzosen in Belgien ein; daher flohen viele Einwohner — Brabanter nennt sie Wagner — mit hochbepackten Wagen nach Deutschland, mehrere Familien auch nach Osnabrück. Sie brachten viel Geld mit; daher mußten die Franzosen ihnen den Platz räumen. Der Winter 1794/95 war sehr streng. Die an solche Kälte nicht gewöhnten Franzosen hatten darunter sehr zu leiden; die hier verdrängten zogen nach Braunschweig. Die Holländer glaubten sich in ihrem von Kanälen durchschnittenen Lande sicher; aber bald waren diese alle mit festem Eis überzogen, so daß die Franzosen am 18. Januar 1795 in das reiche Amsterdam einrückten. Unser Bischof hatte schon vorher den Oberbefehl niedergelegt und war nach England zurückgekehrt; General Graf von Wallmoden führte das englisch-hannoversche Heer an die Ems zurück, ein Teil des Heeres machte sich auf den Weg nach dem Stift Osnabrück. Schon im Januar traf zum großen Mißfallen der Bürger der Graf von Artois, der nachmalige französische König Karl X., mit zahlreichem Gefolge und 90 Pferden hier ein.

Die heranziehenden englischen und hannoverschen Truppen bereiteten dem Rat große Sorgen, weil er nicht wußte, wo er sie unterbringen sollte. Die Einquartierung der Truppen war zunächst Aufgabe der Billettkommission unter Aufsicht des Stadtsyndikus. Dies Amt bekleidete damals der schon als Verfasser einer Osnabrücker Geschichte genannte Dr. Johann Eberhard Stüve; da er aber schwerhörig war, ruhte die Hauptarbeit auf seinem Sohne *Heinrich David Stüve*. Er war seit 1792 Ratsherr, wurde 1797 zweiter, 1804 erster Bürgermeister. Da die Einquartierung auch das Land betraf und auch die exemten Bewohner der Stadt nicht verschont bleiben konnten, so traten beim Nahen des englischen Heeres Mitglieder der Kanzlei und der Stände (des Domkapitels, der Ritterschaft und der Stadt) zu einer *Ständischen Kommission* zusammen, um gemeinsam die Einquartierung und Verpflegung der Truppen zu ordnen. Zehn Tage lang sollten täglich 6000 Weizenbrote geliefert werden; zu 4000 verpflichteten sich die Bäcker der Stadt, 180 übernahm der Herrenbäcker (Kl. Domsfreiheit 5), das übrige sollten die Landbäcker liefern. 500 Fuder Holz mußten beschafft werden, außerdem Steinkohlen. Die großen Ställe der Stadt wurden in Anspruch genommen und mit Krippen und Raufen versehen. Theaterdirektor Großmann mußte mit seiner Truppe den Musentempel im Waisenhofe, der erst vor drei Jahren einen Fußboden erhalten hatte, wieder räumen, und man richtete ihn für 80 Pferde ein. Die Kommenderiekirche und die Armenkirche (Gr. Gildewart 10) wurden als Magazine benutzt. Da man am 2. Februar erfuhr, daß noch viel mehr Truppen eintreffen sollten, als man erwartet hatte, richtete man auch noch das Dominikanerkloster am Natruper Tor, in dem kaum 20 Mönche wohnten, und das Zuchthaus am Neumarkt zu Kasernen und einen großen Stall (Hasestraße 9) zum Hospital ein, obwohl er nicht heizbar war. Graf Artois mußte seine Pferde aus der Stadt fortschaffen; er brachte sie in Nahne unter. Um einer etwaigen Feuersgefahr rasch begegnen zu können, schaffte man für jede Kaserne 12 Handspritzen an und bestellte Wächter, die nachts von 10 bis 4 Uhr auf den Straßen umhergehen mußten.

Zuerst trafen die englischen Kriegskommissare, dann das englische Hauptquartier, hierauf das hannoversche Hauptquartier unter Wallmoden hier ein, bei dem sich auch Scharnhorst befand, der sich schon damals durch Festigkeit und Milde vor allen auszeichnete. Das Heer selber war in völliger Auflösung; nicht in geschlossenen Korps, sondern in kleinen, aus allen Waffengattungen gebildeten Haufen rückte es ein, mit Emigranten vermischt, die nicht selten dem Gegner als Spione dienten. Es schien nicht im Rückzuge, sondern auf der Flucht zu sein. Zwei Regimenter englischer Fußgarde, allein 300 Offiziere, wurden einquartiert; alle Häuser waren überfüllt, da viele Engländer ihre Frauen mit sich führten. 230 Pferde waren unterzubringen. Die Geschäftsleute waren mit der Einquartierung schon zufrieden; denn die Engländer brachten viel Geld mit und waren an hohe Preise gewöhnt. Wagner erzählt: ,,Forderte man für seine Waren die sonst hier üblichen Preise, so war ihnen alles zu schlecht; als man dies einsah und das Doppelte nahm, war alles very good." Sie blieben aber nur vierzehn Tage.

In diesen unruhigen Tagen erlebte Osnabrück noch eine große *Überschwemmung*. Die Hasestraße stand so hoch unter Wasser, daß man mittels eines Kahnes von der Brücke bis fast an die Turmstraße gelangen konnte. Damals hatte die Wallbrücke neben der Vitischanze nur eine Öffnung; diese erweiterte man jetzt, und zu beiden Seiten brach man noch einen neuen Durchlaß; so ist die Brücke noch heute.

Die englischen Regimenter wurden von hannoverschen abgelöst. Inzwischen hatten aber die Franzosen von Holland aus die deutsche Grenze überschritten und belagerten das Schloß Bentheim, das von deutschen Truppen besetzt war. Am 13. März 1795 wurde es genommen, mit Schrecken erwartete man hier das französische Heer. Die Regierung hatte schon das Silber und das Leinenzeug aus dem Schlosse zum Teil nach Hannover, zum Teil nach England geschickt, ebenso ihre Akten fortgeschafft; die Bürger packten und versteckten ihre Wertsachen: Da erschienen am 16. März auf dem Rathause zwei preußische Majore mit der Nachricht, daß Preußen mit Frankreich einen Vertrag geschlossen habe und ein preußisches Heer heranrücke. Zehn Tage später zogen die hannoverschen und englischen Truppen ab, und der preußische General Möllendorf mit dem preußischen Hauptquartier rückte ein. Der von Preußen mit Frankreich geschlossene Vertrag, der dann 1795 durch den Frieden zu Basel bestätigt wurde, bestimmte: Preußen zieht sich vom Kriege gegen Frankreich zurück, dafür wird Norddeutschland für neutral erklärt. Auch unser Bistum gehörte zu diesem neutralen Gebiete, General Möllendorf hatte die Aufgabe, die neutrale Grenzlinie zu bewachen. Bald nach ihm trafen das 1. und 2. preußische Garde-Bataillon ein, die bei den Bürgern einquartiert wurden.

Die lästigen Emigranten mußten nun fort, auch Graf Artois. Die großen, stattlichen preußischen Gardisten waren bei den Bürgern wohlgelitten. Sie erhielten aus dem Magazin in Magdeburg die Lebensmittel nachgesandt, und zwar so reichlich, daß viele kleine Leute davon mitessen oder Waren, wie z. B. Reis, billig kaufen konnten. Die Armeelieferanten verdienten viel Geld, ließen aber auch, wie Wagner erzählt, viel draufgehen. ,,Sie wohnten im Böhmerschen Hause (Zum krummen Ellenbogen). Die Musiker des 2. Garde-Regiments spielten dort mittags und abends, und ich bin Zeuge gewesen, daß sie bisweilen 100 Taler an einem Tage einnahmen. Die Tür vor dem Speisezimmer, die zwei Glasfenster hatte, wurde mit vollen Weinflaschen beworfen. Böhmer ließ sie zweimal renovieren, sah aber dann, daß sie in zerbrochenem Zustande bleiben mußten. Er erzählte mir einst, ihm sei am Abend vorher der Kronleuchter und

9. Emigranten und militärische Einquartierung

der Spiegel samt allem, was sich auf dem Zimmer befand, zerschlagen worden, er habe aber tags darauf seine Rechnung über das Zerstörte richtig bezahlt erhalten." Offiziere spielten unter sich und mit Bürgern oft so hoch, daß an einem Abend Hunderte von Talern verloren oder gewonnen wurden. Ein hiesiger Bürger soll in dieser Zeit durch Spielen und Würfeln 6000 Taler erworben haben. Auch ein sog. Höllenspiel, ,,Grabhaus" genannt, war damals hier im Schwange; es wurde besonders nachmittags auf dem Kaffeehause Petersburg gespielt und forderte manches Opfer. Es war in jener Zeit hier so viel Geld, daß man im Böhmerschen Hause, wenn ein preußischer Taler zur Erde fiel, sich nicht danach bückte, sondern ihn für den Kellner liegen ließ.

Im Sommer zogen die preußischen Truppen bis auf ein Bataillon ab. Um dieselbe Zeit beschloß England, hier ein neues Heer gegen Frankreich zu bilden, und bestimmte Osnabrück als Laufplatz. Offiziere und Soldaten begannen, sich hier zu sammeln, besonders viele aus Holland. Regierung, Domkapitel und Stadt erklärten den Offizieren, daß sie die Truppen nicht aufnehmen könnten, ohne die Neutralität zu verletzen. Der König von England und Bischof Friedrich aber verlangten, daß sie ebenso einquartiert würden wie die übrigen Truppen. Die Konferenz der Stände beschloß, dagegen Verwahrung einzulegen. Ehe sie aber Antwort aus London erhielt, half der preußische Befehlshaber. Er ließ in allen Straßen kleine Abteilungen seiner Soldaten sich aufstellen, die Trommel rühren und den Holländern befehlen, binnen zwei Stunden die Stadt zu verlassen. Als dies geschehen, ließ er die Tore besetzen und den später Ankommenden den Eintritt in die Stadt verweigern. Die preußischen Truppen blieben hier, bald in größerer, bald in geringerer Zahl, bis 1801 der Friede von Lunéville geschlossen war, der ganz

Friedrich,
Herzog von York und Albany,
2. Sohn Georg III. v. England,
Fürstbischof von Osnabrück.
1764—1802

Deutschland den Frieden wiedergab. Nach dieser Zeit lag hier nur noch ein hannoversches Bataillon.

Einer so starken Belegung der Stadt mit Militär genügten die *Straßen* Osnabrücks nicht, zunächst weil sie abends und nachts nicht beleuchtet wurden; nur die Anwohner des Marktes und der Haselaischaft hatten für ihren Bezirk schon 1795 Straßenbeleuchtung eingeführt. Deshalb beschloß die Ständische Kommission, alle Straßen der Stadt zu beleuchten. Erst nach zehn Jahren war dieser Beschluß durchgeführt. Ferner verordnete sie, die Straßennamen anzubringen und die Häuser mit Nummern zu versehen. Zwar hatte Magister Reinhold, Lehrer am Ratsgymnasium, 1790 alle Häuser der Stadt mit Ausnahme der Kirchen, Klöster sowie der Gebäude auf beiden Freiheiten gezählt und ihre Besitzer oder Bewohner aufgeschrieben, diese auch nach Straßen, selbst nach Straßenseiten geschieden; aber den Häusern fehlten noch die Nummern. Er hatte deshalb die mehr als 1400 Gebäude in *einer* Reihe aufgeführt. Der Rat ließ jetzt wohl die Straßenschilder anbringen; dabei blieb es vorläufig. Endlich beschloß die Kommission, die Rinnen in der Mitte der Straße auszufüllen, die Straßen neu zu pflastern und bei dieser Gelegenheit, wenn möglich an beiden Seiten, jedenfalls aber an *einer*, einen Fußweg oder Bürgersteig anzulegen. Diese Arbeit wurde sofort in Angriff genommen und ununterbrochen durchgeführt.

10. Revolutionäre Erscheinungen: Gewalttätigkeit der Bauern in Gesmold, Gesellenaufstand auf der Gartlage

Die lästigen Emigranten und die häufigen militärischen Einquartierungen waren nicht die einzige unangenehme Einwirkung der Französischen Revolution auf unsere Stadt; es zeigte sich auch unter der hiesigen Bevölkerung vielfach ein Geist der Zuchtlosigkeit und Gewalttätigkeit. So erzählt Stüve von einem Advokaten Dr. Busch, der durch seine revolutionären Reden in Schenken bekannt war. Als man ihn wegen seiner beleidigenden Schreibart verhaften wollte, verrammelte er seine Wohnung und drohte jeden zu erschlagen, der einzudringen versuchen sollte. Nur mit Lebensgefahr gelang es, ihn zu überwältigen und in Haft zu bringen.

Die *Bauern* aus den Kirchspielen Holte, Bissendorf und Gesmold überfielen in einer Stärke von mehr als 1000 Mann Anfang Oktober 1794 den Herrn *von Hammerstein auf Gesmold*, der nach ihrer Meinung einen Müller ungerechterweise in den Turm gesperrt hatte, befreiten den Gefangenen, zerstörten den Turm und zwangen den Eigentümer sogar noch, ihnen die Arbeit zu bezahlen. Als die Obrigkeit aber die Rädelsführer zur Verantwortung vor die Justizkanzlei lud, erschienen auch die übrigen Bauern ,,mit einem schlechten Rock und einem guten Stock'' — so hatten sie sich aufgeboten —, umlagerten die Justizkanzlei und erklärten, sie wollten Auskunft über eine Sache geben, bei der auch sie beteiligt gewesen seien. Sie entfernten sich erst, nachdem sie sich überzeugt hatten, daß die Vorgeladenen nicht festgehalten wurden. Erst nachdem die Regierung Unterstützung durch ein Kommando hannoverscher Dragoner erhalten hatte, wagte sie es, die Schuldigen zu bestrafen. Auch die Stadt Osnabrück erlebte in jenen Tagen einen Aufstand, wie sie ihn sonst nie gesehen hat, weder früher noch später. Das war der *Gesellenaufstand auf der Gartlage*.

10. Revolutionäre Erscheinungen

Nach alter Sitte mußten die Schuhmachergesellen bei ihren Versammlungen in der Herberge vor offener Lade in ehrbarem, zugeknöpftem Rock erscheinen; wer dagegen verstieß, verfiel in eine Geldstrafe. Damals hatte man aber in Frankreich so manchen alten Zopf abgeschnitten, sogar Gewerbefreiheit eingeführt, und der Freiheitsruf war auch in unser Ländchen gedrungen. Hatten doch die Bauern beim Niederreißen des Gesmolder Turmes gerufen: ,,Der Bastillenturm muß herunter!'' Als nun die Schuhmachergesellen am Johannistage 1801 wieder Versammlung vor der Lade abhielten, meinte der ,,Magdeburger'', es sei töricht, noch immer dem veralteten Brauch zu folgen, die Gesellen der anderen Ämter erschienen auch nicht im zugeknöpften Rock. Die meisten Gesellen stimmten ihm zu; der ,,Waldecker'' aber meinte: ,,So ganz ohne Förmlichkeit vor die Lade zu treten, schickt sich doch nicht; wir wollen doch keine Bauernjungen sein.'' Diesen Vergleich nahmen die anderen übel. ,,Was'', riefen sie, ,,willst du uns mit Bauernjungen vergleichen? Dafür mußt du Strafe zahlen.'' Als er sich dessen weigerte, drangen sie auf ihn ein, so daß er in eine andere Stube flüchtete, wo gerade mehrere Meister versammelt waren, denen er den Vorfall erzählte. Als einige Gesellen, die ihm nachgelaufen waren, dies hörten, verboten sie ihm den Mund, weil er gegen die gute Handwerkssitte verstieß; denn in Streitigkeiten unter den Gesellen hatten sich die Meister nicht zu mischen. Von Worten kam es zu Tätlichkeiten, die bald in eine allgemeine Prügelei ausarteten, bis die Meister und einige Gesellen die Ruhe wieder herstellten. Ein solches Vergehen — Prügelei in den geweihten Räumen der Herberge — durfte aber nicht ungestraft bleiben. Die Gildemeister schritten daher sofort ein und belegten alle, die nach ihrer Meinung dabei beteiligt waren, mit einer Geldstrafe. In ihrem Eifer verurteilten sie aber auch zwei Gesellen, die in Wahrheit unschuldig waren, den ,,Wiedenbrücker'' und den ,,Lübbecker''. Als dieser sich weigerte, die Geldstrafe zu zahlen, untersagten ihm die Meister das Handwerk in der Stadt. Der Gesell rief seine Mitgesellen um Hilfe an; diese ließen auch durch Abgesandte bei den Gildemeistern anfragen, ob er wieder arbeiten dürfe, da man ihn doch erst nach vierzehntägiger Kündigung entlassen könne. Als die Gildemeister erwiderten, sobald er seine Strafe gezahlt habe, könne er seine gepfändeten Sachen zurückerhalten und die Arbeit wieder aufnehmen, sonst nicht, legten die Schuhmachergesellen am Sonnabend (4. Juli) die Arbeit nieder und begaben sich auf ihre Herberge, wo sie auf Kosten ihres Amtes zu zechen begannen.

Die Gildemeister riefen nun die Hilfe des Rats an, der den Gesellen das Zechen auf Kosten des Amts verbieten und ihnen befehlen ließ, ihre Zeche selber zu bezahlen und am Montag die Arbeit wiederaufzunehmen. Ebenso wurde dem Herbergsvater erklärt, daß das Schuhmacheramt die Zechkosten der Gesellen nicht übernehmen würde. Die Gildemeister, die ihren Irrtum wohl eingesehen hatten, erließen dem ,,Lübbecker'' die Strafe und gestatteten ihm die Arbeit wieder. Am Sonntag (5. Juli) ermahnte der in der ganzen Stadt angesehene Altermann Schledehaus, selber ein Handwerker, die Gesellen und forderte sie auf, am Montag wieder an die Arbeit zu gehen und ihre etwaigen Klagen bei den zuständigen Personen anzubringen. Alles vergeblich! Am Montagmorgen zogen die Gesellen paarweise durch die Straßen, dann zechten sie auf der Herberge weiter.

Nun wandten sich die Gildemeister abermals an den Rat, der eine besondere Kommission zur Schlichtung des Streites berief, zu der auch einige Gesellen gehörten. Sie erreichte aber nichts, so daß der Rat selber entscheiden mußte. Das Urteil fiel für die Gesellen sehr günstig aus: Die Gildemeister, die den ,,Wiedenbrücker'' und den ,,Lübbecker'' unschuldig verurteilt hatten, wurden mit je 5 Talern Geldstrafe belegt. Streitigkeiten unter den Gesellen sollten hinfort nur von Gesellen geschlichtet werden, und erst, wenn eine Einigung nicht erzielt werden könne, sollten sie den Meistern vorgetragen werden. Ob die Gesellen im offenen oder zugeknöpften Rock vor der Lade erscheinen wollten, solle ihnen überlassen bleiben. Die Zeche auf der Herberge sollten sie aber selber bezahlen. Diese Entscheidung erfolgte am Freitag. Die letzte Bestimmung gefiel den Gesellen natürlich nicht. Am folgenden Tage, Sonnabend, dem 11. Juli, versammelten sie sich morgens wieder auf der Herberge und zogen dann paarweise in Begleitung der Tischler-, Schmiede- und Schneidergesellen zur *Gartlage*. Dort befanden sie sich außerhalb der Landwehr, also nicht mehr unter der Gerichtsbarkeit des Rates. Zogen sie davon und erklärten in der Fremde das Handwerk in Osnabrück in Verruf, so kamen keine Gesellen mehr nach Osnabrück, und die Arbeit mußte fast ganz eingestellt werden. Der Rat verbot daher sofort den Herbergsvätern, den ausständigen Gesellen Kredit zu gewähren, den Meistern aber, ihnen ihre Sachen auszuliefern. Dann bat er die landesherrliche Regierung, sie möge den Wirten in der Nähe der Stadt untersagen, die Gesellen aufzunehmen. Aber der Wirt auf der Gartlage besaß gar nicht die Macht, die Gesellen aus seinem Hause fernzuhalten; denn ihrer waren, nachdem sich auch noch die Uhrmacher- und Leinewebergesellen ihnen angeschlossen hatten, etwa 100. Dazu hielt es das niedere Volk in der Stadt mit den Gesellen. Daher wandte sich der Rat an den Stadtkommandanten Generalleutnant von Issendorff mit der Bitte um militärische Hilfe. Er ließ die Wache verstärken; die Tore wurden geschlossen; kein Geselle sollte hereingelassen werden. Es bat aber auch keiner um Einlaß.

Noch am Abend ließ der Kanzleidirektor Lodtmann den ersten Regierungsbeamten, Geheimrat von dem Bussche, und den Bürgermeister Stüve — der erste Bürgermeister von Gülich war krank — auf den andern Morgen zu sich bitten. Stüve erfuhr dort, daß der Stadtkommandant von Issendorff bereits beauftragt sei, die Gesellen mit Gewalt von der Gartlage zu vertreiben, auch wenn es dabei zum Äußersten kommen sollte; nur war man zweifelhaft, ob dies sofort geschehen oder ob man den Gesellen noch einen Tag zur Besinnung und Umkehr gewähren solle. Auf Vorschlag des Geheimrats von dem Bussche entschied man sich für das letztere. Diese Langmut brachte die Gesellen aber nicht zur Besinnung, bestärkte sie vielmehr in ihrem Widerstande ebenso, wie der Zuspruch so mancher unheimlichen Burschen, die nachmittags mit den Gesellen zechten. Als daher der Obervogt Dr. Rhode im Auftrage der Regierung zu ihnen kam, um sie durch Güte zur Rückkehr zu bewegen, erklärten sie, sie könnten mit der letzten Entscheidung des Magistrats nicht zufrieden sein, wollten es aber noch einmal überlegen und ihm morgen schriftliche Antwort geben. Bitter beklagten sie sich über das herrische Auftreten des Schuhmachermeisters Fürbrock. An demselben Tage erklärten auch die Schneidergesellen ihrem Gildemeister Gäke schriftlich, daß sie mit den Schuhmachergesellen gemeinsame Sache gemacht hätten und nötigenfalls mit ihnen auswandern würden. Als die Gesellen am Sonntagabend nicht zurückkehrten und am anderen Morgen auch nicht die versprochene schriftliche Erklärung sandten, beschloß die Regierung, jetzt Gewalt zu gebrauchen.

Schon um 9 Uhr am Montagmorgen (13. Juli) rückte Hauptmann Langrehr mit seinem Kommando und einer Kanone ab. Das Hase- sowie das Herrenteichstor waren geschlossen und militärisch besetzt. Vor dem Hasetor war ein starkes Gedränge von Neugierigen, die sich mit dem Militär hinausdrängen wollten. Vergebens bemühte sich der Hauptmann, das Volk in Güte zu bewegen, den Platz zu räumen. Doch gelang es dem Militär, aus dem Tor zu kommen und es sofort wieder zu schließen. Trotzdem kamen viele aus der Stadt, sie kletterten über die Mauer und wateten durch das Wasser oder setzten mit einem Kahne über. Am Gertrudenberge schlossen sich dem Militärkommando die Abgeordneten des Rats an, der Gerichtsherr Stork und Altermann Schledehaus. Kurz vor der Gartlage ließ der Hauptmann halten und die Gewehre sowie die Kanone laden. Dann ermahnte er seine Leute, sich nicht etwa durch die Gesellen zu voreiligem Gebrauch der Waffen verleiten zu lassen, sondern nur seinem Befehle zu folgen. Der freie Platz vor der Gartlager Wirtschaft war mit Neugierigen dicht besetzt; unter ihnen war der Pöbel stark vertreten. Die Soldaten umzingelten die Wirtschaft, besetzten die Türen und richteten die Kanone gegen das Haus.

Die Zuschauer hatten inzwischen den Hauptmann und die Ratsherren so eng umschlossen, daß diese sich kaum bewegen konnten. Als der Hauptmann sie aber aufforderte zurückzugehen, erhielt er verletzende Antworten. Besonders taten sich hierbei einige Maurergesellen hervor, die entschlossen waren, bei einem etwaigen Angriff den Schuhmachergesellen beizustehen. ,,Wir sind unser 170; wir wollen die Kerls zusammenhauen, daß man ihre Knochen im Sack wegtragen soll." Auch halbwüchsige Burschen und selbst Bürger hetzten die Gesellen immer mehr auf; dabei sprachen sie dem Branntwein fleißig zu. Selbst die Soldaten suchten sie zum Trinken zu verleiten, und als dies nicht gelang, rief man ihnen verletzende Worte zu, wie: ,,Die Rotröcke könnten wir leicht bezwingen, wenn wir nur einig wären. Schießen dürfen sie nicht, sonst würde es ihnen übel ergehen; denn sie haben nur Kleie geladen." Als ein Korporal ihnen eine scharfe Patrone zeigte, riefen sie: ,,Die dürft ihr nicht gebrauchen, sonst würdet ihr totgeschlagen wie tolle Hunde." Einige Burschen suchten geradezu Händel mit den Soldaten anzufangen, indem sie sie stießen, ihnen in die Patronentasche griffen usw. Daher ließ der Hauptmann die Soldaten einen Kreis schließen, in den gleich darauf auch die Gesellen eintraten, von dem lauten Zuruf der Menge begrüßt: ,,Steht fest, wir helfen euch!" Wieder begannen die Abgeordneten des Rats, die Gesellen zu ermahnen; sie erhielten aber wieder die Antwort: ,,Wir weichen nicht von der Stelle, bevor man uns unsere Forderungen bewilligt hat", worauf die Menge lauten Beifall brüllte. Einige suchten sogar den Kreis zu durchbrechen, um zu den Gesellen zu gelangen; andere warfen mit Steinen nach den Soldaten. Der Brauer Heyelmann schlug und stieß einen Soldaten von hinten dermaßen, daß dieser vorwärts fiel; ein anderer Soldat wurde mit einem Kegel zu Boden geschlagen. Selbst der Leutnant Steigleder mußte sich gegen tätliche Angriffe wehren.

Der Hauptmann und die beiden Ratsdeputierten begaben sich darauf in das Haus zu den Gesellen. Gerichtsherr Stork stellte ihnen in aller Güte vor, in welche Gefahr sie sich begeben würden, falls sie sich dem Befehl der Regierung widersetzten, und ermahnte sie nochmals zur Rückkehr. Der Hauptmann erklärte, er wünsche nichts sehnlicher, als daß sie der Mahnung des Gerichtsherren folgten; das Kommando sei nicht hier, um sie nur bange zu machen, sondern habe gemessene Befehle, Gewalt anzuwenden. Dann sprach Altermann Schledehaus: ,,Bedenkt wohl, was ihr tut. Ihr seid zum großen Teil aus der Fremde und habt Eltern; ich will an euch tun, was ein Vater an seinen Kindern tun kann, damit von dem, was vorgefallen ist, nichts geahndet werde. Ich will mich auch dafür verwenden, daß euer Verlangen in betreff der Zeche auf der Herberge erfüllt werde." Die Altgesellen gingen hierauf zu den übrigen Gesellen, um mit ihnen die Lage noch einmal zu besprechen, kehrten aber alsbald mit der Erklärung zurück, sie könnten auf die Vorschläge nur gegen die bestimmte Zusicherung eingehen, daß ihnen die zurückbehaltenen Sachen herausgegeben und ihre Zeche auf der Herberge bezahlt werden sollten. Noch einmal warnten die Abgesandten des Rats, und sie wurden dabei von einigen anwesenden Meistern unterstützt; auch erklärte Hauptmann Langrehr den Gesellen, sie könnten ungehindert, ohne militärische Bedeckung zur Stadt zurückkehren. Die Altgesellen schienen geneigt zu sein; man ersuchte sie daher, die übrigen Gesellen herbeizuholen, damit man mit ihnen unmittelbar verhandeln könne.

Nunmehr erklärten die Ratsherren dem Hauptmann, ihre Bemühungen seien vergeblich gewesen, ihre Geduld erschöpft; er möge jetzt seinen Auftrag ausführen. Hauptmann Langrehr wandte sich noch einmal in Güte an die Aufständischen, und wieder unterstützten ihn einige Meister, aber ohne Erfolg. Da erklärte der Hauptmann: ,,Ich werde jetzt zu strengeren Maßregeln übergehen und fordere jeden, der nicht zu den Gesellen gehört, auf, sich zu entfernen." Nachdem er dann den Kreis um die Gesellen hatte enger schließen lassen, gab er den Befehl zum Abmarsch. Die Gesellen gingen nicht; er wiederholte den Befehl; aber sie rührten sich nicht, sondern erklärten: ,,Wir wollen lieber hier untergehen, als von der Stelle weichen!" Um sie zu schrecken, befahl er einer Abteilung, das Bajonett zu fällen. Die Soldaten hatten bisher alle Beschimpfungen, selbst Stöße und Schläge geduldig ertragen; aber es kochte in ihnen vor Wut. Als sie nun die gefährliche Waffe in der Hand hatten, stürzten sie, ohne einen weiteren Befehl abzuwarten, auf die Menge los. Vergebens bemühten sich der Hauptmann und der Leutnant, die Wütenden zurückzuhalten, die Bajonette in die Höhe zu schlagen; mehrere wurden verwundet. Nun brach die erregte Menge los. ,,Rache! Rache!" schrie sie. Steine und Knittel wurden auf die Soldaten geschleudert; einer warf mit einem Kegel nach dem Hauptmann; ein anderer traf ihn mit einem Stein an den Hut; ein dritter schlug mit dem Stock nach ihm. Ja, ein Maurergesell drang auf ihn ein, um ihn beim Koppel zu ergreifen.

Neben der Kegelbahn waren inzwischen die Soldaten mit der Menge schon in Kampf geraten. Ein Maurergesell riß ein Brett von der Kegelbahn los und warf damit nach dem Hauptmann, traf aber einen Unteroffizier; als zwei Soldaten den Gesellen zu ergreifen suchten, wurden sie zu Boden geschlagen und tödlich verwundet. Da fiel ein Schuß! Ohne weiteren Befehl abzuwarten, feuerte ein Teil der Soldaten das Gewehr ab, die anderen folgten; nur wenige leisteten einen Augenblick Widerstand, dann war der Platz leer. Einige Rädelsführer versuchten die Menge noch einmal zum Widerstand zu sammeln. ,,Kommt doch", riefen sie, ,,die Soldaten sind überwunden, sie schießen ja nur mit Kleiepatronen!" Doch die Flüchtigen hatten die Kugeln gar zu deutlich gehört oder wohl gar am eigenen Leibe verspürt.

Aber welches Unheil hatte der kurze Kampf angerichtet! Der schöne Platz unter den mächtigen Eichen in der Gartlage, auf dem später an warmen Sommertagen zahlreiche Gäste ihren Kaffee tranken und die Kinder sich fröhlich tummelten, war in ein blutiges Schlachtfeld verwandelt. Auf beiden Seiten gab es Tote und Schwerverwundete. Aus dem Volke waren sechs erschossen, zwanzig verwundet; auch sechs Soldaten waren zum Teil erheblich verletzt. Die meisten waren ja geflüchtet; einige der Zurückgebliebenen oder Zurückgekehrten drohten: ,,Es ist nicht erlaubt, daß die Obrigkeit auf Bürger schießen läßt. Das Blut der Getöteten schreit nach Rache. Es soll nicht länger beim alten bleiben, sondern wir wollen es jetzt auch so machen wie in Paris."

Auf unerklärliche Weise entstand sofort das falsche Gerücht, Altermann Schledehaus habe den Befehl zum Feuern gegeben. Dem Zimmermeister Meyer war sein zehnjähriger Sohn an seiner Seite erschossen worden. Von Schmerz überwältigt, hielt er Schledehaus die Leiche des Kindes entgegen, indem er sprach: ,,Da, Herr Altermann, können Sie sehen, was Sie gemacht haben. Das geht zu weit; da ist unschuldig Blut vergossen." Schledehaus erwiderte: ,,Das tut mir sehr leid; aber an dem Blute sind wir unschuldig. Kinder hätten wenigstens zu Hause gelassen werden sollen." Von anderer Seite mußten die Ratsherren hören: ,,Die Kerle sind ihres Amtes unwürdig. Spitzbuben sind es, die man mit Füßen treten sollte!" Auf dem Rückwege zur Stadt riefen ihnen einige nach: ,,Haltet die Kerls, wir wollen sie an den Baum hängen!" Das Hasetor war dicht von Menschen umlagert. Als die beiden daher den Wall entlang nach dem Herrenteichstor gingen, rief man ihnen nach: ,,Da gehen die Spitzbuben, die die Leute totschießen lassen!"

Flüchtlinge hatten die Nachricht von dem Unglück auf der Gartlage sehr rasch in die Stadt getragen. Alles geriet in Aufregung. Viele eilten an das noch verschlossene Hasetor, um von den Zurückkehrenden Näheres zu erfahren. Wie gewöhnlich übertrieben die einen noch mehr als die anderen. Fünfzig Menschen sollten getötet oder schwer verwundet sein; die Gesellen seien auf dem Wege zur Stadt, um blutige Rache zu nehmen, die Soldaten sollten in Stücke gehauen werden. ,,Rebellion!" schrie der eine, ,,Feuer!" der andere. Einige verlangten, die Sturmglocke solle geläutet werden, andere, die Elf Ämter sollten sich versammeln. Nur wenige behielten kühles Blut, unter ihnen der Organist Veltmann an St. Marien, der in die Marienkirche schlich und die Glockenseile hochzog, damit nicht Sturm geläutet werden könne. Auch in der Stadt verbreitete sich rasch die schwere Anschuldigung gegen Schledehaus. ,,Ist das auch ein Altermann?" rief der Schmied Hasberg, ,,der Teufel mag er sein. Er soll der Bürger Freund sein und ist der Bürger Feind!" Der Rat war schon seit 10 Uhr morgens auf dem Rathause versammelt und wartete gespannt auf den Ausgang der Verhandlungen auf der Gartlage. Sowie er von dem geschehenen Unglück und der Aufregung der Bürger erfuhr, ließ er General von Issendorff bitten, das Militär zurückzurufen, und bot einen Teil der Bürgerfahne und der Schützen-Kompanie zu seinem eigenen Schutze auf.

Da trafen die ersten Wagen mit Verwundeten vor dem Hasetor ein. Auf dem ersten Wagen lag neben einigen Leichtverwundeten der schwer getroffene Lohgerber Terborg, der den Wunsch äußerte, in dem unmittelbar am Tor stehenden Hause des Kaufmanns Holstein niedergelegt zu werden. Während aber Holstein ins Haus eilte, um einen bequemen Stuhl zu holen, auf dem man den Sterbenden hineintragen könne, umringte die Menge den Wagen. Plötzlich schrie einer: ,,In die Lohstraße, zum Hause des Altermanns Schledehaus!" Sofort setzte sich der Zug in Bewegung. Holstein eilte mit dem Stuhle hinter ihm her. Als er den Wagen erreicht hatte, setzte man Terborg in den Sessel und trug ihn fort; aber die Menge zwang die Träger, in die Lohstraße einzubiegen. Vor Schledehaus' Wohnung setzten die Träger den Stuhl nieder. Die Tür war verschlossen. Man verlangte Einlaß, schlug gegen die Tür und drohte sie zu sprengen. In ihrer Angst öffnete die neunzehnjährige Tochter des Altermanns, die mit dem Dienstmädchen allein zu Hause war. Die Träger setzten den Stuhl auf den Flur; bald war das ganze Haus von der Menge erfüllt. Das geängstigte junge Mädchen mußte die heftigsten Vorwürfe, Verwünschungen und Drohungen gegen seinen Vater hören: ,,Da haben Sie ihn, das Opfer, was Ihr Vater hat haben wollen!" — ,,Das ist unschuldig Blut, wo ist nun der Bluthund?" Das Mädchen weinte. Kammacher Detering suchte sie zu trösten: Sie möge sich nur beruhigen, es werde ihr niemand etwas zuleide tun. Sie aber bat ihn, er möge im Hause bleiben und nach dem Rechten sehen, sie selber wolle zu ihrem Vater auf das Rathaus. Dort aber war man ebenso rat- und hilflos wie sie selber. Sie eilte daher wieder nach Hause und fand in ihrer Stube ein Strohlager, auf dem der Sterbende ruhte. Die Menschenmenge hatte sich inzwischen noch vergrößert. Wieder mußte sie die drohendsten Reden hören, z. B.: ,,Das verdient Rache und soll auch gerächt werden!" Oder: ,,Da liegt er, die Blutvergießer! Schändlich ist es!" Als das Mädchen schüchtern fragte: ,,Wissen Sie denn, daß mein Vater daran schuld ist?" schrie man ihr entgegen: ,,Jawohl ist er das! Wollen Sie auch noch was sagen?" — Zu Tätlichkeiten kam es aber nicht. Als dann Dr. Droop erschien, den Verwundeten zu verbinden, verlief sich die Menge allmählich. Terborg starb bald darauf, und seine Leiche wurde noch denselben Abend fortgeschafft.

Der Rat hatte auf dem alten Rathause sowie auf dem Waisenhofe Vorrichtungen zur Aufnahme Verwundeter treffen lassen. Als die Wagen auf dem Markte angekommen waren, verlangten einige Aufwiegler, daß man die Verwundeten auf das neue Rathaus bringe und dem Rat vor die Füße lege; nur mit Mühe vermochten die Besonneneren, sie davon zurückzuhalten. Einige der fremden Schmiedegesellen wollten lieber auf ihre Herberge als auf das alte Rathaus gebracht werden; der Rat gab unter Aufhebung seines erst vor wenigen Tages erlassenen Verbotes dazu seine Einwilligung und verpflichtete sich sogar, für die Bestreitung der Pflegekosten zu sorgen. Als man schon vor der Tür der Herberge angekommen war, riefen einige aus der Menge: ,,Die Schmiedegesellen haben hier keine Herberge mehr, sie müssen nach dem Rathause gefahren werden." Der Vorschlag fand sofort Zustimmung; man drehte den Wagen wieder um und setzte sich unter beständigem Rufen: ,,Nach dem Rathause!" in Bewegung. Erst auf dem Markte gelang es dem Bäckermeister Jung, die Wagenlenker zur Umkehr zu bewegen, so daß die gequälten Verwundeten endlich Ruhe und Pflege fanden.

Nachmittags um 5 Uhr kamen einige junge Leute mit der Leiche des erschossenen Schmiedeamtsboten Iburg, die sie in Ermangelung eines Fuhrwerks auf einer Leiter trugen. Vor dem Hasetor setzten sie die Bahre nieder, um auf Nachricht zu warten, wohin sie die Leiche bringen sollten. Der auf dem Vitihof wohnende Schwager verweigerte ihre Aufnahme. Die Träger setzten sich wieder in Bewegung, von einer großen Volksmenge begleitet, aus der immer wieder der Ruf erscholl: ,,Nach dem Rathause! Nach dem Rathause!" Sie mußten gehorchen. Auf der Rathaustreppe standen die beiden Bürgermeister von Gülich und Stüve nebst dem Stadtsekretär Struckmann, die das Volk zu beruhigen suchten. Die Führer des Volkes verlangten Aufnahme der Leiche ins Rathaus; als ihnen dies verweigert wurde, erklärte einer von ihnen: ,,Sie kommt doch hinein!" Die Bürgermeister zogen sich vor der wachsenden Volkswut ins Rathaus zurück und schlossen die Tür hinter sich. Hierdurch noch mehr gereizt, erhob die Menge ein wüstes Geschrei. Man schleppte die Leiche die Treppe hinauf, legte sie vor die Tür und pochte stürmisch um Einlaß. Da eilte Sekretär Struckmann herbei, der unten gestanden hatte. Er bemühte sich, die Witwe Iburg zu einem Protest gegen die Behandlung zu bewegen, die man der Leiche ihres Mannes angedeihen ließ, und als das nicht gelang, wandte er sich an die umstehenden ehrsamen Bürger, besonders an den Gastwirt Meyer aus der Krahnstraße, der sich schließlich bereit erklärte, die Leiche in sein Haus zu nehmen. Struckmann selber faßte die Leiter mit an, auch andere griffen zu, und man trug die Leiche fort. Aber vor dem Hause Meyers trat dessen Sohn ihnen so entschieden entgegen, daß die Träger zum Rathaus zurückkehrten. Noch heftiger denn zuvor verlangte jetzt die Menge Einlaß. Einige halbwüchsige Burschen drückten mit dem Rücken gegen die Tür, hauten mit dem Absatz dagegen und riefen nach einem Beil. Da öffnete der Ratsdiener von innen, und mit lautem Hurra drang der Pöbel ins Rathaus und legte die Leiche dort nieder.

Der Rat war machtlos. Von der aufgebotenen Bürgerwache, selbst von den Schützen waren nur wenige erschienen. Die meisten fürchteten sich und brachten allerlei grundlose Entschuldigungen vor; einige verweigerten auch ganz offen den Gehorsam. Das Militärkommando war noch immer von der Gartlage nicht zurück; einige der in der Stadt zurückgebliebenen Soldaten kamen dem Rat zu Hilfe. Auch eine Anzahl angesehener Bürger fand sich auf dem Markt ein und bemühte sich, Ordnung und Ruhe wiederherzustellen. Genannt werden die Herren Schröder, Hofbankier Schwartze, Kaufmann Kemper, Apotheker Meyer, Pastor Friedrich Andreas Gruner an St. Katharinen, Kaufmann Henrici u. a. Sie gingen in der Menge umher, richteten an diesen und jenen besänftigende Worte, verwiesen auch wohl einem Schreihals sein ungebührliches Benehmen, mußten aber auch manche grobe und ungezogene Rede hinnehmen. Selbst Bürger erwiderten ihnen: ,,Nein, das ist ein Feuer, das kann nicht gelöscht werden!"

Nach und nach legte sich die Aufregung aber doch etwas; da traf abends gegen 8 Uhr ein Wagen mit fünf Toten ein, der wieder von einer großen Volksmenge begleitet war. ,,Zum Rathause, zum Rathause!" schrien viele. ,,Legt sie den Bluthunden doch vor die Füße!" Sobald der Zug vor dem Rathaus angekommen war, hob man sofort eine Leiche vom Wagen und trug sie die Treppe hinauf. Aber es traten ihnen die vorhin genannten Bürger und Bürgermeister Stüve entgegen, die durch eine Militärwache unterstützt wurden. Sie ließen die Leiche nicht ins Rathaus, sondern setzten es durch, daß sie aufs alte Rathaus gebracht wurde. Allmählich gelang es den wohldenkenden Bürgern, die schlimmsten, meist betrunkenen Schreihälse zu entfernen; andere fühlten sich infolge der körperlichen Anstrengung oder des Branntweingenusses ermüdet, noch andere von dem fortwährenden Lärmen und Toben angeekelt; so wurde der Marktplatz allmählich leer. Aber erst gegen 2 Uhr nachts wagten die Ratsherren, ihre Wohnungen aufzusuchen.

Schon um 10 Uhr des nächsten Morgens versammelte sich der Rat wieder. Er hatte zwar schon gleich am Tage des Unglücksfalles Ärzte und Wundärzte beauftragt, sich der Verwundeten anzunehmen; aber die vorläufig auf dem alten Rathaus niedergelegten Verwundeten sollten entfernt, in ihre Wohnungen oder Herbergen gebracht, die Leichen mußten beerdigt werden. Dazu waren die Gesellen noch immer auf der Gartlage. Die meisten Toten wurden von Verwandten abgeholt; die noch auf dem alten Rathaus zurückgebliebenen wurden in der folgenden Nacht unter Begleitung der Bürgerwache nach dem Katharinenkirchhof gebracht und dort in aller Stille beigesetzt. Die meisten aber wurden am hellen Tage unter teilweise reger Beteiligung beerdigt, ohne daß irgendwelche Unruhen vorgefallen wären. (Der Rat ließ allerdings jedes dieser Leichenbegängnisse durch eine Wachtmannschaft begleiten.) Den Bedürftigen gewährte die Stadt einen Zuschuß zu den Beerdigungskosten.

Am Tage nach dem Aufstande ließ der Rat im Einverständnis mit der Regierung eine gedruckte Ansprache an die Bürger verteilen, in der er das Unglück aufs lebhafte bedauerte, eine gewissenhafte Untersuchung und eine strenge Bestrafung der Schuldigen in Aussicht stellte. ,,Die Obrigkeit", so hieß es, ,,wird und muß die gröbliche Mißhandlung ahnden, die ihr selbst an dem geheiligten Orte der Handhabung der Rechte widerfahren sei, eine Mißhandlung, die ihresgleichen in der Geschichte unserer geliebten Vaterstadt nicht hat." Eine ähnliche Bekanntmachung erließ die Regierung im Namen des Landesherrn, die von sämtlichen Kanzeln verlesen sowie in den Herbergen der Stadt öffentlich angeschlagen wurde. Sie forderte darin die Bürger auf, bei der bevorstehenden Untersuchung sich ruhig zu verhalten und mitzuhelfen, die Rädelsführer ans Licht zu ziehen, damit sie nach Gebühr bestraft werden könnten. Aber trotz dieser Ansprachen hielt die Aufregung des Volkes noch mehrere Tage an. Schledehaus wagte es nicht, sich auf der Straße sehen zu lassen. Schon am Abend des Unglückstages ging das Gerücht, sein Haus und das des Gildemeisters Fürbrock sollten nachts gestürmt und niedergerissen werden. Mehrere Bürger sandten Schledehaus die ihnen gelieferte Feuerwehruniform zurück und ließen ihm sagen, sie wollten unter ihm nicht mehr bei der Laischaftsspritze dienen. Noch viele Nächte hindurch blieben die Bürger unter den Waffen; Fürbrocks Haus in der Süsterstraße wurde durch eine Schildwache geschützt. Trotzdem mußte Stüve noch nach mehreren Tagen einen Volkshaufen beruhigen, der das Haus stürmen wollte. Die Erbitterung hatte nicht nur die unteren Volkskreise ergriffen; selbst ein Prediger gab seinen Unwillen bei der Beerdigung des Iburg dadurch kund, daß er das Passionslied Nr. 106 des früheren Osnabrücker Stadtgesangbuches singen ließ, in dem die Worte vorkommen: ,,O blinde Wut, o Durst nach Blut, als nie erhöret worden" und ,,Frech, ruchlos, blind Unmenschen sind".

Die Stimmung der Gesellen auf der Gartlage war inzwischen vollständig umgeschlagen. Bei eingetretener Nüchternheit und im Hinblick auf das geschehene Unglück gingen sie in sich und wären gern in die Stadt zurückgekehrt, waren aber zweifelhaft über die ihnen bevorstehende Aufnahme. Der Rat und die Regierung, die diese Stimmung der Gesellen nicht kannten, waren unschlüssig über ihr weiteres Vorgehen. Hauptmann Langrehr hatte zwar den Befehl erhalten, sein Kommando nach der Stadt zurückzuführen und zugleich die Gesellen mitzubringen; er war aber ohne diese zurückgekehrt, so daß die Gesellen sich nach dem Abzuge des Militärs wieder auf der Gartlage sammelten. Wieder sandte die Regierung den Obervogt Dr. Rhode an sie ab. Er schilderte das geschehene Unglück, forderte sie auf, zurückzukehren und kündigte ihnen an, daß die Regierung nötigenfalls noch schärfere Maßregeln als bisher gegen sie anwenden würde. Diesmal fanden seine Worte willige Ohren. Die Gesellen wären am liebsten sofort zurückgekehrt, nur fürchteten sie Schwierigkeiten von seiten der Obrigkeit. An demselben Tage kamen mehrere Handwerksmeister zu Bürgermeister Stüve, um ihn zu fragen, ob es den Gesellen, falls es gelänge, sie zur Umkehr zu bewegen, gestattet sein würde, noch an demselbem Abend in die Stadt zurückzukehren; sie seien im Begriff, zu ihnen hinauszugehen. Dem Rat war dies Anerbieten sehr willkommen; er antwortete daher: ,,Bürgermeister und Rat müssen sich natürlich eine Untersuchung des Aufstandes vorbehalten, tragen aber keine Bedenken, den Gesellen die Rückkehr in die Stadt zu genehmigen; doch müssen sie in aller Ordnung, still, ohne Musik einziehen und noch an demselbem Abend zu ihren Meistern zurückkehren.'' Die Meister verpflichteten sich, für die Erfüllung dieser Bedingungen zu sorgen. Über den Einzug der Gesellen erzählt Stüve nach den Mitteilungen seines Vaters: ,,Wie im Triumphzuge, die Altgesellen vor jedem Gewerbe reitend, unter dem Liede: ,,Ein freies Leben führen wir!'' und begleitet vom Pöbel, zogen sie am Abend gegen 9 Uhr in die Stadt, durch die Straßen auf den Markt vor Rhodes Haus, wo einer der Altgesellen in einer Rede für seine Bemühungen im Ernst, dem Altermann Schledehaus und Stork aber für das Blutbad höhnend dankte; dann brachten sie jenem ein Lebehoch''. Hierauf zogen sie ruhig zu ihren Herbergen und kehrten dann, ohne daß irgendwelche Unordnungen vorgefallen wären, zu ihren Meistern zurück.

Zur Vorsicht ließ von Issendorff das Militärkommando noch zwei Tage auf dem Markte stehen; der Rat zog einen Teil der Bürgerwache ein, die jetzt pünktlich gehorchte, so daß er stets 100 Mann zur Verfügung hatte. Gemeinsam durchzogen Bürger und Soldaten nachts die Straßen. Um aber für alle Fälle sicher zu sein und die etwa bei der gerichtlichen Untersuchung des Aufstandes entstehenden neuen Unruhen im Keime ersticken zu können, verstärkte die Regierung das Militärkommando auf 300 Mann, allerdings gegen den Wunsch des Rats, der darin eine Gefährdung der städtischen Rechte sah. Bevor die Untersuchung beginnen konnte, mußte man zuvor entscheiden, welche Behörde sie leiten sollte. Die Vergehen der Gesellen und des Pöbels waren zum Teil in der Stadt, zum Teil auf der Gartlage geschehen; hier war die Justizkanzlei, dort der Rat zuständig. Da beide sich nicht einigen konnten, entschied der Geheime Rat, d. i. die Landesregierung, die Justizkanzlei solle die Untersuchung leiten und die Hilfe des Rats nach Bedarf in Anspruch nehmen. Der Rat mußte sich fügen, sandte aber eine Verwahrung an den Geheimen Rat, daß durch diesen Fall die Rechte der Stadt nicht geschmälert werden möchten.

Der Gesellenaufstand hatte zehn Einwohnern unserer Stadt das Leben gekostet, mehr als zwanzig waren verwundet, einige sogar zu Krüppeln geschossen. Im August begannen die gerichtlichen Vernehmungen, die im November abgeschlossen waren; aber erst im Juli 1802 wurde das Urteil veröffentlicht. Nun liefen zahlreiche Begnadigungsgesuche ein, über deren Erledigung Jahre vergingen, so daß das Urteil 1806 noch nicht vollstreckt war. Die Strafgelder sollten zur Unterstützung der infolge des Aufstandes Geschädigten verwandt werden; aber diese mußten jahrelang warten.

Im ganzen wurden 32 Personen bestraft, am schwersten drei Maurergesellen mit bekannten Osnabrücker Namen, der eine zu fünf, der andere zu vier Jahren, der dritte zu einem Jahr Gefängnis. Ein Lehrling erhielt zweimal scharfe körperliche Züchtigung und vier Wochen Gefängnis, andere Schuldige wurden mit Freiheitsstrafen bis zu sechs Monaten oder mit Geldstrafen bis zu 150 Talern belegt. Dazu kamen noch die Gerichtskosten sowie Ersatz des angerichteten Schadens. Der Wirt auf der Gartlage, Kolon Dierker, wurde für seinen Ungehorsam mit 50 Talern bestraft.

Und was war die Ursache dieses Schadens und Unglücks? Der Streit der Schuhmachergesellen, ob sie mit offenem oder zugeknöpftem Rock vor der Lade erscheinen sollten! (Vgl. Histor. Mitt. Bd. 26.)

11. Die Aufhebung des Bistums Osnabrück

Nach und nach legte sich die Erregung infolge des verhängnisvollen 13. Juli; am leichtesten überwand man die durch den Gesellenaufstand verursachten, immerhin nicht unbedeutenden Kosten. Denn das Vermögen der Stadt befand sich in einer so günstigen Lage, daß man die Gehälter der Ratsherren, die man infolge der durch den Dreißigjährigen Krieg veranlaßten Geldnot Ende des 17. Jahrhunderts auf die Hälfte hatte herabsetzen müssen, wieder auf den alten Satz erhöhen konnte. In demselbem Jahre (1801) erlebte unsere Stadt noch eine Heimsuchung, wenn auch ganz anderer Art. Wagner erzählt: ,,Am 10 November wurden wir von einem *Sturm* heimgesucht, der alle Beschreibung hinter sich läßt. Nachmittags 4 Uhr fing er erst leise an, und um 5 Uhr war er schon so stark, daß die kräftigsten jungen Leute sich nur mit großer Anstrengung auf ihren Pferden halten konnten. Gegen 6 Uhr wirbelte er die stärksten Eichen aus der Erde und sperrte dadurch manche Straßen. Man hörte die Pfannen von den Dächern herabstürzen, und wer noch hinaus mußte, nahm, um nicht beschädigt zu werden, einen hölzernen Stuhl als Schutzwehr. An der Eversburg wurden 300 Stück der schönsten Rottannen umgeweht; sie waren schon so dick, daß sie zu Sparren benutzt werden konnten. Der Dom wurde vom Sturm gräßlich mitgenommen, die nördliche Seite größtenteils des Daches beraubt; das Blei der Bedeckung rollte wie Papier herunter. Der Posthof, das Allysche Haus gegenüber der Johanniskirche, hatten beinahe keine Dachpfanne mehr aufzuweisen, andere Dächer waren zur Hälfte entblößt. Im Schloßgarten hatte der Sturm unter den hohen Weymouthskiefern stark gewütet, mehrere waren rein abgebrochen. Am anderen Tage hörte man, daß manche Häuser ganz umgeweht, von anderen die Strohdächer durch die Luft hinweggeführt worden waren.''

Auch der durch den Sturm angerichtete Schaden war bald ausgebessert, und unsere Väter verlebten noch ein ruhiges, glückliches Jahr, obwohl da draußen der Krieg tobte. Da das veraltete *Wachtwesen* sich am 13. Juli durchaus nicht bewährt hatte, und man nicht daran denken konnte, den Bürgern selber den Wachtdienst wieder aufzuerlegen, nahm man besondere Stadtsoldaten an, die mit einem Dreimaster geschmückt und mit einem kleinen Säbel bewaffnet waren, aber — wie Hartmann erzählt — sich meistens mit der friedlichen Arbeit des Strickens beschäftigten. Infolge des zunehmenden Fremdenzuflusses während der neunziger Jahre hatte man schon die *Straßen* mit Namen versehen; eine Straßenbeleuchtung kannte aber Osnabrück vor 1795 nicht. Bei Feuersbrünsten und Truppendurchzügen während der Dunkelheit mußten die Einwohner die Straßen mit Pechfackeln oder Heerpfannen erhellen oder ein Licht vors Fenster stellen. Wer abends ausging — was übrigens selten geschah —, nahm eine Laterne mit. Um 9 Uhr ging man allgemein zu Bett; wer sich später noch ohne Laterne auf der Straße antreffen ließ, wurde als verdächtig angehalten. Im Jahre 1802 führten die Heger und die Natruper, 1808 auch Martinianer Laischaft in ihren Bezirken die *Straßenbeleuchtung* ein. In demselben Jahr übernahm die Stadt die Straßenbeleuchtung. Als Brennmittel benutzte man anfänglich Tran oder Hanföl, womit man allerdings kaum mehr erreichte, als die Finsternis recht deutlich zu machen. Seit 1835 bediente man sich der Petroleumlampen. An manchen alten Häusern sieht man noch heute die Vorrichtung, die einst der Befestigung der Laternen diente.

Eine wesentliche Verbesserung erfuhr das *Straßenpflaster*. Die Stadt konnte in dieser Beziehung nicht selbständig vorgehen, sondern war in bezug auf die Freiheiten von der Geistlichkeit abhängig. Da bot die 1795 ins Leben getretene Ständische Kommission, die sich zunächst eine gerechte Verteilung der Einquartierung zur Aufgabe gemacht hatte, und in der auch das Domkapitel vertreten war, eine Möglichkeit, gemeinsam die Verbesserung der Straßen in die Hand zu nehmen. Die Fensterböcke, die sonst ein Haupthindernis gebildet hatten, waren ja gewaltsam entfernt worden; so beschloß denn die Kommission, alle Straßen einheitlich zu pflastern, an den Seiten Bürgersteige anzulegen, die Gosse in der Mitte zu entfernen und Schweine, Düngerhaufen und Holzlager auf den Straßen nicht mehr zu dulden. Und so geschah es.

Während so unsere Väter sich in beschränkten Verhältnissen abmühten, vollzogen sich auf dem großen Welttheater *Umwälzungen*, in deren Folgen unser Bistum seine Selbständigkeit verlieren sollte. Der französische General Napoleon Bonaparte hatte den deutschen Kaiser zum zweitenmal zu einem demütigenden Frieden gezwungen. Wie 1797 in dem Frieden zu Campo Formio, so mußte Kaiser Franz nach den schweren Niederlagen bei Marengo (1800) und bei Hohenlinden (1801) in den Frieden zu Lunéville (1801) darin einwilligen, daß alles deutsche Land auf dem linken Rheinufer an Frankreich abgetreten wurde. Die weltlichen Fürsten, die dadurch Verluste erlitten, sollten auf dem rechten Ufer hauptsächlich durch geistliches Gebiet entschädigt werden. Bevor der Deutsche Reichstag in Regensburg die sogenannte Reichsdeputation einsetzte, die diese Entschädigung ordnen sollte, unterhandelten deutsche Fürsten schon mit der französischen Regierung, und dem Reichstage blieb weiter nichts übrig, als durch den Reichsdeputationshauptschluß das anzuerkennen, was man in Paris beschlossen hatte. Ja, die deutschen Fürsten warteten mit der Besetzung der ihnen zugewiesenen Länder nicht einmal so lange, bis dieser Hauptschluß (25. Februar 1803) zustande kam.

Im Herbst 1802 drang das Gerücht hierher, daß das Fürstbistum *Osnabrück* dem *Kurfüstentum Hannover* zugefallen sei. Die Bestätigung dieser Nachricht folgte sehr bald. Unterm 29. Oktober 1802 trat Bischof Friedrich das Bistum durch eine öffentliche Bekanntmachung an seinen Vater ab, in der er zugleich seine bisherige Regierung, den Geheimen Rat, anwies, die hannoversche Regierung bei der Übernahme der Verwaltung in jeder Weise zu unterstützen. Die hannoversche Regierung ernannte zu ihrem Bevollmächtigten bei der Übernahme des Bistums den Minister von Arnswaldt, der 1780—1783 der hiesigen vormundschaftlichen Regierung angehört hatte. Einer seiner Gehilfen war der Geheimsekretär Rehberg. Er gehörte zu den Freunden des Freiherrn vom Stein,

11. Die Aufhebung des Bistums Osnabrück

hatte eine Weile unter Möser gearbeitet und stand auch Goethe nahe. Beiden waren also die Osnabrücker Verhältnisse nicht fremd.

Am 8. November 1802 rückte hannoversches Militär in unsere Stadt ein, am folgenden Tage kamen Arnswaldt und seine Gehilfen, die sogenannte *Organisationskommission,* an. Der Rat hatte sich, von der bewaffneten Bürgerschaft umgeben, vor dem Tore aufgestellt. Der Bürgermeister von Gülich überreichte dem Minister die Schlüssel der Stadt mit den Worten: ,,Der Magistrat und die Bürgerschaft der Stadt statten Eurer Exzellenz zu Dero Ankunft ihren untertänigsten Glückwunsch ab. Zugleich empfehlen sie sich zur höchsten Huld und Gnade Seiner Königlichen Majestät von Großbritannien, und zum Beweise ihrer treu devoten Gesinnung gegen diesen Monarchen, in allerhöchst desselben Person wir nunmehr unsern gnädigsten Landesherrn verehren werden, nehmen sie sich die Ehre, die Schlüssel der Stadt hiermit in tiefster Untertänigkeit Ew. Exzellenz zu überreichen.'' Arnswaldt nahm die Schlüssel als Zeichen der Unterwerfung in Empfang, versprach der Stadt die königliche Huld und Gnade und gab die Schlüssel mit den Worten zurück: ,,Sie sind ja in guten Händen.'' — ,,Diese Rückgabe der Schlüssel'', bemerkt von Arnswaldt in seinem Bericht an den König, ,,erregte unter den Bürgern eine fast ausschweifende Freude. Alles, was von der Bürgerschaft waffenfähig war — und selbst sehr angesehene und reiche Bürger hatten sich nicht ausgeschlossen —, war mit Fahnen und Feldmusik auf beiden Seiten der Straße in zwei Reihen aufgestellt, durch welche der Zug nach dem Schlosse ging, wo der feierlichste Empfang den ersten Akt der Besitznahme schloß.''

Von Arnswaldt bat die bisherige Landesregierung, den vom Bischof bereits entlassenen Geheimen Rat, die Regierung vorläufig in bisheriger Weise fortzuführen; dann ließ er eine Bekanntmachung über die *Besitzergreifung von seiten des Königs* sowie eine Erklärung des Herzogs von York über seine Verzichtleistung öffentlich anschlagen und von den Kanzeln verlesen. Am 12. November wurden vor den Toren der Stadt die hannoverschen Hoheitszeichen aufgerichtet. Auf unseren Toren stand seit alten Zeiten die Inschrift: Libertatem, quam peperere majores, tueri, grata discat posteritas, d. i. ,,Die Freiheit, welche die Vorfahren erworben haben, mögen die dankbaren Nachkommen schützen!'' *Jetzt war die Selbständigkeit der Stadt dahin!* In den einzelnen Ämtern ließ von Arnswaldt die Besitzergreifung durch seine Kommissare vollziehen. Den geistlichen Stiftern und Klöstern wurde angekündigt, daß mit dem 1. Dezember ihr Bestehen aufhören werde. Die Säkularisation der geistlichen Stiftungen war die schwierigste und dornenvollste Aufgabe der Kommission.

Vorläufig blieben die bisherigen Landesbehörden, wenn auch zum Teil unter anderen Namen, bestehen; selbst das vollständig überflüssig gewordene Hofmarschallamt führte seine Geschäfte weiter, bis im April 1803 die Hofbeamten aus dem bischöflichen Dienst entlassen wurden, der König sich aber bereit erklärte, ihnen einen anderen Dienst anzuweisen oder Ruhegehalt zu zahlen. Der Stadt eröffnete von Arnswaldt, daß er ihre alten Rechte nach Möglichkeit schonen werde; um sie genauer kennenzulernen, forderte er eingehenden Bericht über ihre Verfassung, ihre Rechte, Ansprüche und Einrichtungen. Bürgermeister Stüve übernahm die Ausarbeitung dieses umfangreichen Berichts, der noch heute eine wertvolle Quelle für die Geschichte unserer Stadt bildet. Daß die Stadt ihre bisherige Ausnahmestellung verloren habe, zeigte sich deutlich auf dem im nächsten Frühjahr berufenen *Landtag.* In der von der Regierung gemachten Vorlage hieß es: Da die Stadt in bezug auf die Landesverteidigung jetzt mit den übrigen Teilen des Fürstbistums in gleichem Verhältnis zum König stehe, so müsse sie auch einen Beitrag zum Kriegswesen leisten, der dann nach längerer Unterhandlung auf jährlich

3500 Taler festgesetzt wurde. Ebenso nahm die neue Regierung für sich das Recht in Anspruch, die Ratswahlen zu bestätigen. Auf von Arnswaldts Anregung wurden 1803 die Häuser der Stadt mit Nummern versehen.

Die bedeutendste geistliche Stiftung unseres Landes war das Domkapitel; außerdem befanden sich in unserer Stadt noch das Kollegiatstift St. Johann, das Dominikanerkloster Natrup und das Augustinerkloster Marienstätte. Vor den Toren auf dem Gertrudenberge lag das Benediktinerinnenkloster; ebenso bestanden noch das Benediktinermannskloster in Iburg, die Benediktinerinnenklöster in Oesede und Malgarten und das Zisterzienserfrauenkloster in Rulle. Sie alle besaßen außer den Gebäuden Ländereien, Kapitalien, Zehnten und Gefälle. Am 1. Dezember wurde an allen diesen Stifts- und Klostergebäuden das Königliche Wappen befestigt und *das gesamte geistliche Gut für Staatseigentum erklärt*. Die katholischen Einwohner unseres Ländchens fühlten sich natürlich durch dieses Vorgehen der Regierung verletzt, die Mitglieder der Stifter und Klöster sowie manche Familien, die sich durch Stiftungen Vorrechte in den Klöstern erworben hatten, wurden geschädigt. Es bedurfte also der größten Vorsicht der Kommission, wenn sie die schwierige Aufgabe der Einziehung der Klostergüter ohne Erregung der Bevölkerung lösen wollte. Wagner erzählt: ,,Über die Aufhebung der Klöster wurden so viele Lügen verbreitet, daß die Beamten zu bedauern waren; bald sollten sie eine Abtissin, bald sollten sie eine Nonne beleidigt haben." Doch auch Stüve redet von einer ,,Härte, mit der man das ungerecht geraubte Kirchengut einzog, zur Erbitterung des katholischen Teils und zur Mißbilligung des evangelischen." Das Kapitel führte beim Papst Beschwerde, weil es von aller weltlichen Macht verlassen war.

Dem ,,*hochwürdigen Domkapitel*" gehörten nach dem Stiftskalender von 1800 folgende 23 Herren an: Dompropst von Weichs, Domdechant von Hacke, Kaspar von Stael zu Suthausen, Domküster von Haxthausen, Matthias von Landsberg, Domkantor von Böselager, von Weichs zu Bilderlage, von Wrede, von Kettler, von Weichs zu Roesberg, Graf von Heberstein, Freiherr von Hacke, von Schorlemmer, von Korf, genannt Schmiesing, von Böselager, von Hörde zum Schwarzenraben, Spiegel zum Diesenberg, von Elverfeld, von Schele zu Schelenburg (evangelisch), von Bothmer, von dem Bussche (ev.), von Vittinghof, von Hammerstein-Equord (ev.) und von Droste-Hülshoff. Die meisten gehörten nicht dem Osnabrücker Adel an. In noch höherem Maße, als dies beim Domkapitel der Fall war, kamen die Einkünfte der adligen Frauenklöster Ausländerinnen zugute; unter den 39 Klosterfrauen der Klöster Gertrudenberg, Malgarten, Oesede und Rulle finden sich nach dem genannten Stiftskalender nur drei Namen des Osnabrücker Adels.

Die Mitglieder der beiden Osnabrücker Stifter — das zu St. Johann zählte 14 Mitglieder — durften ihre Kurien (Wohnungen, Höfe) auch ferner benutzen; dazu erhielten sie ein lebenslängliches Ruhegehalt, das neun Zehntel ihrer bisherigen Einnahme — 500 bis über 2000 Taler — betrug. Sie blieben aber nur dann zeitlebens im Genuß dieser Pension, wenn sie nicht eine Handlung begingen, die auch vor der Aufhebung des Stifts nach kirchlichem Recht den Verlust ihrer Pfründen nach sich gezogen hätte. Durch Verheiratung z. B. verloren sie, auch die evangelischen, jeden Anspruch auf ihr Ruhegehalt. Starb einer der Stiftsherren, so rückten die nachfolgenden in die besser besoldeten Stellen auf. Einige der jüngeren katholischen Domherren traten in das Heer ein, die drei evangelischen verheirateten sich später.

Das Dominikanerkloster zählte damals 18, das Iburger Kloster 24 Mönche, das Kloster Marienstätte 7 Nonnen. Sie mußten ihre Wohnungen räumen, erhielten aber lebenslänglich ein Ruhegehalt. Der Abt von Iburg empfing jährlich 1000 Taler, der Prior 400, jeder Mönch 250, nach zurückgelegtem 50. Lebensjahre 300 Taler, die Gertrudenberger Äbtissin 400, jede der 10 Klosterfrauen 230, jede der sechs Laienschwestern 100 Taler. Ähnlich wurden die übrigen Klosterfrauen abgefunden. Dem vormaligen Bischof, Herzog Friedrich von York, mußte unser Land bis zu seinem 1827 erfolgten Tod jährlich über 100000 Taler zahlen!

Die *Verwaltung* der eingezogenen geistlichen Güter wurde einer besonderen Behörde, der ,,General-Interims-Administrations-Kommission der säkularisierten geistlichen Güter'' übertragen. Diese hatten einen Wert von rund 112000 Talern. Ihr Reinertrag war dreimal so hoch als die Einnahme aus den landesherrlichen Osnabrücker Domänen und steigerte sich bald durch bessere Bewirtschaftung von Jahr zu Jahr. Im Jahre 1818 wurde die Verwaltung der sämtlichen geistlichen Güter des Königreichs Hannover *einer* Behörde, der *Klosterkammer* in Hannover, unterstellt. Die von ihr verwalteten Güter stammen zum Teil schon aus der Reformationszeit von den aufgehobenen Klöstern Wennigsen, Baringhausen, Mariensee, Northeim usw. Dazu kamen 1803 die Güter der Bistümer Hildesheim und Osnabrück, 1824 die Bentheimer Klostergüter, 1848 die Güter der Mannssitfter zu Bardowiek, Einbeck, Hameln, Ramersloh und Wunstorf und endlich 1850 das Vermögen des bereits 1655 aufgehobenen Michaelisklosters zu Lüneburg, dessen Vermögen bis dahin zur Unterhaltung einer Ritterakademie des Lüneburger Adels verwandt worden war.

Die Erträge des von der Klosterkammer verwalteten bedeutenden Vermögens kommen nur dem Lande Hannover zugute. Zweck des Allgemeinen Hannoverschen Klosterfonds ist, ,,Zuschüsse für die Landesuniversität, für Kirchen und Schulen, auch milde Stiftungen aller Art'' zu leisten. Besonders werden Zuschüsse gezahlt zur Unterhaltung der Kirchen und Pfarrwohnungen in den früheren Klosterorten, zu den Besoldungen der Prediger, Organisten und Küster beider Konfessionen. Auch in und um Osnabrück gehören der Klosterkammer wertvolle Besitzungen; daher hat sie hier auch eine Verwaltung, ein Rentamt und eine Oberförsterei, eingerichtet.

Osnabrück vom Musenberg aus — um die Mitte des 19. Jahrhunderts

V.
OSNABRÜCK
ZUR ZEIT DER FREMDHERRSCHAFT

1. Die erste französische Herrschaft

Durch einen neuen Krieg wurde die Organisationskommission an der vollständigen Lösung ihrer Aufgabe gehindert. England schloß zwar 1802 mit Frankreich Frieden; aber gleich nach dem Abschluß desselben drohte ein neuer Krieg. Napoleon Bonaparte ließ schon im voraus in Berlin erklären: Da er England nicht erreichen könne, werde er beim Wiederausbruch des Krieges das dem englischen König gehörende Hannover besetzen. England konnte und wollte zum Schutze Hannovers nichts tun; aber auch der König und die hannoversche Regierung trafen keine Verteidigungsmaßregeln. Das Heerwesen war verwahrlost. Trotz des Pferdereichtums unserer Provinz fehlte es der Reiterei an Pferden. Die beiden Festungen Hameln und Nienburg waren verfallen.

Am 16. Mai 1803 erklärte England an Frankreich den *Krieg*. An demselben Tage erließ auch die hannoversche Regierung einen Aufruf an alle kampffähigen Jünglinge und Männer vom 15. bis 50. Lebensjahre zur Verteidigung des Vaterlandes. Viel zu spät! Schon am 26. rückten die Franzosen, 16000 Mann stark, von Coevorden aus ohne Zelte, fast ohne Geschütze und ohne Fürsorge für Magazine zu treffen, ins Bentheimische ein, zwangen das Schloß Bentheim zur Ergebung und besetzten die Grafschaft sowie Meppen. Das hannoversche Heer betrug 12000—13000 Mann; es hätte also dem französischen mit Erfolg entgegentreten können, und Napoleon fürchtete auch eine Niederlage; aber der hannoversche Oberfeldherr Graf Wallmoden-Gimborn hatte kaum 8000 Mann beisammen. Das französische Heer marschierte geradewegs auf Hannover zu. Schon in Vechta traf bei ihm eine Abordnung der hannoverschen Regierung ein, die nach einigen vergeblichen Versuchen, einen günstigeren Frieden zu erlangen, am 3. Juni den schmachvollen *Vertrag zu Sulingen* schloß. Die hannoversche Armee durfte zwar ihre Fahnen, Gewehre, Säbel usw. behalten, mußte aber das grobe Geschütz sowie die Vorräte an Waffen und Munition abliefern, hinter die Elbe auf Lauenburger Gebiet, das damals zu Hannover gehörte, zurückgehen und sich verpflichten, in diesem Kriege nicht gegen Frankreich oder seine Verbündeten zu kämpfen. Dieser Vertrag war von der Genehmigung des ersten Konsuls Napoleon Bonaparte abhängig gemacht worden; dieser aber verlangte Kriegsgefangenschaft. Das hannoversche Heer wollte kämpfen; aber es hatte die beiden hannoverschen Festungen bereits geräumt und das Geschütz sowie die Pferde abgeliefert; auch besaß Graf Wallmoden nicht mehr das Vertrauen seiner Truppen. Er beschloß daher am 5. Juli auf der Elbe bei Artlenburg die sogenannte *Elbkonvention*. Das hannoversche Heer mußte die Waffen abliefern und wurde aufgelöst; die Offiziere behielten ihre Waffen, durften aber das Festland nicht verlassen. Von der Verwaltung des Landes war nichts gesagt; die Franzosen konnten es also nach Willkür aussaugen. Damit hatten sie auch schon überall begonnen.

In *Osnabrück* erregte das Anrücken der Franzosen fast mehr Hoffnung als Furcht. „Die hannoversche Regierung war durch Kleinlichkeit und Habsucht, zumal beim Aufheben der Klöster, den Protestanten verächtlich, den Katholiken verhaßt geworden. Diese hofften jetzt auf rechtgläubige Herrschaft, fast alle auf Rückkehr des Alten. Hannover hatte nie Vorliebe gehabt; jetzt aber war die Entfremdung der Gemüter größer als je; man hoffte mit Sicherheit, von ihm wieder getrennt zu werden, und das genügte." (Stüve.) Sowie die Franzosen ins Bentheimische eingerückt waren, verließ die hannoversche Kommission unsere Stadt, von niemand bedauert; das Militär folgte ihr. Am 9. Juni rückten von Bramsche her 1600 Franzosen in unsere Stadt ein. Die katholischen Einwohner feierten auf dem Domhof gerade das Fronleichnamsfest und erwarteten, daß die fremden Glaubensgenossen sich ihnen anschließen würden. Aber die Franzosen durchbrachen den Festzug unter Trommelschlag, marschierten auf die Freiheit und verteilten sich dann in die Quartiere.

Kaum hatten sich die Bürger mit der Einquartierung notdürftig eingerichtet — auch die Exemten blieben nicht verschont —, so traf schon am 13. Juni noch ein Regiment reitender Jäger, 550 Mann stark, in der Stadt ein, gefährliche Gäste, zu Eigenmächtigkeiten und Erpressungen nur zu geneigt. Auch hier wollten sie sofort mit der Plünderung beginnen, die aber durch das entschiedene Auftreten des Stadtkommandanten Marechal verhindert wurde. Die Hoffnungen aber, die unsere Väter auf die Ankunft der Franzosen gebaut hatten, waren rasch verflogen. In den Nebengebäuden des Paulinums (beim Dom) wurde eine große Schlachterei eingerichtet, das Dominikanerkloster und die Kommenderiekirche in Magazine, das Theater an der Großen Gildewart in einen Pferdestall umgewandelt. Die Viehzüchter waren verpflichtet, Schlachtvieh gegen Entschädigung herzugeben, durften aber bei Strafe von 30 Talern für das Stück nichts ausführen. Die Truppen, auch die Offiziere, erhielten auf Kosten der Bürger aus den Magazinen Fleisch, Brot, Branntwein und Holz geliefert; was sie nötig hatten, mußten die Quartierwirte unentgeltlich liefern, nur für Bier und Gemüse wurden für den Mann täglich vier Pfennig vergütet. Der Stadtkasse fielen die Ausgaben für die höheren Offiziere zur Last; am drückendsten waren die erzwungenen Geschenke.

General *Drouet* erhielt nach einem mit ihm abgeschlossenen Vertrage für seine Tafel täglich 90 Mark, die ihm wöchentlich im voraus gezahlt werden mußten. Für die Bekleidung seiner Diener forderte und erhielt er noch 30 Louisdor (fast 500 Mark). Als Drouet Ende Juni mit seinen Truppen weiterzog, mußte man ihm einen Rüstwagen mit 4 Pferden schenken, wodurch der Stadt eine Ausgabe von 2520 Mark erwuchs. Dem Organisten Ellerbrock schuldete er 60 Mark, dem Sattler Wendt 153 Mark; er verwies einfach beide an die Stadtkasse, die auch Zahlung leistete. Nach Stüves Angabe kostete der dreiwöchige Besuch Drouets unsere Stadt 125000 Franken. Wenn diese Angaben nach den von der Ständischen Konferenz geführten Protokollen auch zu hoch gegriffen ist, so zeigen doch auch diese, wie vorzüglich die Franzosen es verstanden, unser Volk auszusaugen. Die reitenden Jäger wurden bald aufs Land verlegt. Zum Abschied wünschte sich ihr Oberst ebenfalls einen Kutschwagen mit Pferden, mußte sich aber mit einem Reitpferd begnügen. Seine Leute hatte er in der Stadt nur mit Mühe im Zaume zu halten vermocht; auf dem Lande ließen sie sich so viele Gewalttätigkeiten und Unehrlichkeiten zuschulden kommen, daß die Bauern sich widersetzten und der Oberst ihnen recht gab. An jene Selbsthilfe der Bauern erinnert noch heute der Spruch:

> Wer will syn ungeslagen,
> De blyve van Venne un van Hagen.

Anfang Juli rückte General Dessolles mit drei Regimentern Infanterie und einem Reiterregiment ins Fürstbistum ein; in der Stadt Osnabrück nahmen drei Bataillone, jedes zu sechs Kompagnien, eine Schwadron, der Generalstab und die Militärbeamten

Quartier. Der General und drei Adjutanten wohnten im Schloß. Zur Errichtung des Haushalts mußte die Stadt Hausgerät, Leinen und Betten ankaufen; das erforderliche Silberzeug beschaffte sie mietweise von dem Goldschmied Körner. An Tafelgeldern erhielt der General täglich 225 Mark. Außerdem mußte ihm die Stadt eine Freimaurerloge einrichten. Die Landstände schenkten ihm vier Wagenpferde und acht Reitpferde. Ein Oberst erhielt monatlich 500 Franken Tafelgelder; mit seiner Beförderung erhöhte sich dieser Betrag. Dem Stadtkommandanten Marechal zahlte die Stadt für seine besonderen Bemühungen eine Vergütung von täglich 18 Mark. Dazu führte die Hauptetappenstraße von Hamburg und von Hannover zum Rhein über Osnabrück. Häufig mußten durchmarschierende Truppen hier für kurze Zeit einquartiert, den Offizieren mußten Pferd und Wagen, für die Kriegsfuhren Vorspannpferde gestellt werden, und oft genug gefielen Pferde und Wagen den Franzosen so gut, daß sie beides mitnahmen. Vom Juni 1803 bis zum Februar 1804 hat unser Fürstentum den Franzosen 99308 Vorspannpferde stellen müssen! Die durchreisenden Offiziere, welche hier übernachteten oder sich einige Tage ausruhten, mußten von der Stadt in den Gasthöfen freigehalten werden. Eine der vom Wirt „Zum Römischen Kaiser" eingereichten Rechnungen belief sich auf 441 Taler. Durch unsere Stadt kamen auch die vielen Kanonen, Gewehre und Pferde der aufgelösten hannoverschen Armee sowie die geraubten Schätze aus dem Privateigentum des Königs. Allein 500 hannoversche Kanonen sollen hier durchgekommen sein. Der Prunkwagen, mit dem Napoleon im folgenden Jahre zur Krönung fuhr, war mit hannoverschen Isabellen bespannt.

Den Bürgern war die ständige Einquartierung natürlich sehr lästig. Bei den beschränkten Wohnungen störten die Fremdlinge das Familienleben, und welche Kosten verursachten sie! Für täglich 4 Pfennig sollten die Quartiergeber Gemüse und Bier liefern; die Franzosen verlangten aber auch Kaffee, Brot, Butter, Branntwein, Reis, ja sogar Tabak, Wichse und Puder. Dazu verkauften viele der Gäste, selbst Offiziere, das ihnen aus den Magazinen Gelieferte auf Kosten ihrer Wirte. Manche Offiziere, Unteroffiziere und Gemeine ließen Frau und Kinder nachkommen und nahmen sie mit ins Quartier. Die Damen waren besonders anspruchsvoll; am wenigsten gefielen ihnen die beschränkten Wohnungen. Bei dem Kanonikus Lipper zu St. Johann (Johannisfreiheit 8) wohnte ein Offizier mit Frau und vier Kindern, bei Pastor Krochmann an St. Katharinen ein Hauptmann mit Frau, Kind und Schwägerin. Die Offiziere hatten wiederholt Gäste bei sich, alles auf Kosten ihrer Wirte. Im November 1804 waren hier 23 Offiziersfrauen mit 21 Kindern und ebenso vielen Dienstmädchen, 40 Soldatenfrauen mit Kindern.

Welche Last einzelne Familien zu tragen hatten, zeigt die Beschwerde eines Prokurators, der ein kleines eigenes Haus und etwas Kapitalvermögen besaß, aber wegen hohen Alters auf Einnahmen aus seinem Beruf fast ganz verzichten mußte. Er schreibt: „Ich habe 14mal ordinäre Einquartierung gehabt, und zwar am Tage der Ankunft der Franzosen vier, nachher allemal zwei Unteroffiziere und zuletzt seit fast fünf Vierteljahren ohne Unterbrechung zwei Gendarmen. Diese bringen fast nie Fleisch und Brot zum Quartier und sind ohnehin im Essen und Trinken vorzüglich kostbar zu unterhalten; auch wollen sie nicht zusammen in einem Bett schlafen. Außerdem habe ich bei Durchmärschen 35mal außerordentliche Einquartierung einnehmen müssen, meistens zwei Mann, einmal vier Mann, ein andermal einen Wachtmeister mit Frau und zwei Kindern. Diese blieben meistens nur einen oder zwei, manchmal aber auch vier, sechs oder acht Tage." Damit die Stadtkasse die vielen Ausgaben für Geschenke usw. bestreiten konnte, erhob der Rat von den Hauseigentümern eine Quartierssteuer, von den Mietern eine Inquilinensteuer. Selbst von Packhäusern wurde die Steuer erhoben. Ein Arzt, der bei den Eltern wohnte, mußte wöchentlich eineinhalb Taler Inquilinensteuer zahlen. Dabei hatte ein Beamter oder Geschäftsmann damals kaum mehr als 600 Taler Jahreseinnahme. Der juristisch gebildete Regierungssekretär erhielt etwa 300 Taler. Ein Maurer verdiente an den langen Sommertagen neun Mariengroschen (75 Pfennig). Handel und Gewerbe gingen zurück. Bares Geld war schwer zu haben. Um den kleinen Mann vor der Ausbeutung durch Wucherer zu bewahren, eröffnete der Rat am 1. April 1805 das *Leihhaus.*

Und doch war der schädliche Einfluß der Franzosen auf Zucht und Sitte weit größer als der wirtschaftliche Druck. So mußte der *erste Bürgermeister Heinrich David Stüve* das laute Tischgebet, das er oder ein erwachsener Sohn zu sprechen gewohnt war, vor den frivolen Tischgenossen aufgeben; und sein Sohn, der Bürgermeister J. C. B. Stüve, sagt auf Grund der Mitteilungen seines Vaters: ,,Das soll hier nicht verhehlt werden, daß wohl in keiner Stadt von Deutschland man so sorglos, ohne Rücksicht auf eigene Ehre dem Feinde sich hingegeben, wie dies die höheren Stände in Osnabrück taten. Hier war von einem Vaterlande nicht mehr die Rede, seit man von Deutschland kaum wußte, daß es das eigentliche Vaterland sei, und man doch ohne Recht einem fremden Herrscher zugeworfen worden. Dazu schmeichelte den Weibern die anmutige Beweglichkeit dieser leichten Fremdlinge mehr als die Schwerfälligkeit der Mitbürger, über deren Roheit man sich mit innerem Wohlbehagen beklagte, weil man jenes Wegwerfen an die Franzosen dadurch zu verteidigen meinte. Denn keine Familie war, wo sie nicht sich eingedrängt, der sie nicht oft mit Hohn die zu freundliche Aufnahme vergolten hätten. — Der Besiegte wird dem Sieger erst dann verächtlich, wenn er sich nicht schämt, besiegt zu sein.''

Im März 1804 wurde Mortier, der Oberbefehlshaber in Hannover, abberufen und einstweilen durch Dessoles, den hiesigen Befehlshaber, vertreten. Sein Nachfolger in Osnabrück wurde Barbou. Zum Willkommen mußte man ihm drei Reitpferde schenken, ebenso jedem seiner drei Adjutanten und dem neuen Stadtkommandanten ein Reitpferd. An Tafelgeldern erhielt der General monatlich 200, der état major 25, der Kriegskommissar 75 Pistolen (1 Pistole etwa 16 Mark). Bald darauf wurde der Reichsmarschall *Bernadotte* zum Oberbefehlshaber in Hannover ernannt. In der Nacht zum 16. Juni traf er in Osnabrück ein und verweilte hier einen Tag. Die Ständische Konferenz bot ihm drei Reitpferde an. Er bestimmte Größe, Alter und Farbe der Tiere. Die hiernach ausgesuchten Pferde wurden von dem Pferdehändler nach Hannover gebracht, aber dort verworfen, und der Vertreter Bernadottes bestellte einfach auf Kosten der Stadt bei einem anderen Händler drei andere Pferde.

Im Herbst 1804 wurde im Kurfürstentum Hannover eine ,,Deutsch-französische Legion'' gebildet, die für Spanien bestimmt war; das Osnabrücker Land mußte dazu 55 Pferde liefern. Unter den Leuten befanden sich wenige Hannoveraner, aber viel Gesindel; auf dem Marsch nach Frankreich nahmen sie, was sie nur erreichen konnten. Im Herbst 1805, als Napoleon den Krieg gegen Österreich und Rußland begann, verließ Bernadotte mit den französischen Truppen das Kurfürstentum Hannover und marschierte nach dem Süden. Am 1. Oktober räumten die letzten Kranken das hiesige Lazarett, das der Altermann Schledehaus in den leeren Räumen des Klosters Gertrudenberg eingerichtet hatte. Die Kranken sollten nach Nienburg a. d. Weser gebracht werden; deshalb gab ihnen ein Sergeant mit vier Mann des Stadtmilitärs bis Diepholz das Geleit. Es war das letztemal, daß die Stadt Osnabrück ihre ,,Bewaffneten ins Ausland'' gehen ließ. Doch ein böses Andenken ließen die Franzosen hier zurück: Wie später 1870, so haben sie auch 1803—1805 die Blattern und die Geschlechtskrankheit hier eingeschleppt.

2. Unter preußischer Herrschaft
vom Februar bis zum Oktober 1806

Sobald die französischen Truppen im Oktober 1805 das Kurfürstentum verlassen hatten — nur die Festung Hameln blieb noch besetzt —, trat die frühere *hannoversche Regierung* wieder in Kraft. Osnabrück war vier Monate lang ohne fremde Besatzung und die Stadtverwaltung frei von äußerem Druck. *Heinrich David Stüve* war nach v. Gülichs Tode seit Januar 1804 erster Bürgermeister, und es gelang ihm, mit Unterstützung Klodts, eines einfachen Bürgers von seltener Tüchtigkeit, der seit 1804 erster Lohnherr war, die seit einiger Zeit verworrene Stadtrechnung wieder in Ordnung zu bringen und trotz der schweren Zeiten sogar einen Teil der städtischen Schulden abzutragen. Daß die alten Freiheiten der Stadt unrettbar verloren waren, wußten die einsichtigen Bürger längst; daher kämpfte Stüve auch nicht mehr um die frühere Selbständigkeit, sondern nur dafür, daß die Kriegslasten gleichmäßig, auch von den bisher Befreiten, den Exemten, getragen würden. Auf einen langen Frieden rechnete wohl niemand.

Bernadotte war mit seinen Truppen auf dem Zuge nach dem Süden durch das seit 1792 zu Preußen gehörende Ansbach gezogen. König Friedrich Wilhelm III. war über diese Verletzung seiner Neutralität aufs höchste erbittert und sandte seinen Minister Haugwitz an Napoleon, um Genugtuung zu verlangen; doch band er ihm dadurch die Hände, daß er ihm gebot, auf jeden Fall den Frieden zu erhalten. Napoleon wußte Haugwitz hinzuhalten, bis er in der *Dreikaiserschlacht bei Austerlitz* am 2. Dezember 1805 Österreich und Rußland besiegt hatte; dann schrieb er einfach vor, und Preußen mußte gehorchen. Es mußte Ansbach an Bayern, Neuenburg sowie das rechtsrheinische Kleve an Frankreich abtreten und dafür, damit es sich mit England verfeindete, Hannover annehmen. Friedrich Wilhelm wollte Hannover nur im Einverständnis mit dem König von England besetzen; aber Napoleon zwang ihn, es seinem Staate einzuverleiben. Ende Januar kündigte der König dem hannoverschen Ministerium und gleichzeitig dem hannoverschen Volk die bevorstehende Besetzung des Landes an. Mitte Februar rückten *die preußischen Truppen in Hannover* ein, auch unsere Stadt erhielt wieder eine Besatzung. Ende März zog die französische Besatzung Hamelns ebenfalls ab, und am 1. April erließ der König von Preußen ein Patent, in dem er erklärte, das Kurfürstentum sei in seinen Besitz übergegangen und werde fortan in seinem Namen verwaltet werden. Er hatte wohl nicht die Absicht, Hannover dauernd zu behalten; wenigstens schrieb er an den Kaiser von Rußland: „Hannover ist für die Verteidigung Preußens unentbehrlich. Solange der Krieg zwischen England und Frankreich dauert, muß ich es ungestört im Besitz behalten; danach will ich mich gerne mit England freundschaftlich auseinandersetzen." Aber das hannoversche Volk war wegen dieses Überfalls, den Preußen im Auftrage Napoleons ausführte, aufs höchste erbittert und hat ihn so bald nicht vergessen. Die hannoversche Regierung protestierte zwar gegen die Besetzung des Landes, forderte aber das Volk auf, sich dem neuen Landesherrn nicht zu wiedersetzen.

Das hannoversche Ministerium wurde aufgelöst; an die Spitze der neuen Provinz stellte der König eine „Königliche Administrations- und Organisationskommission". Die übrigen Behörden blieben bestehen, mußten aber dem König von Preußen den Treueid schwören. Auch von der *Stadt Osnabrück* verlangte die neue Regierung den *Huldigungseid*. Erst nach langer Beratung und mit schwerem Bedenken entschloß sich der Rat dazu; hatte doch die Stadt seit 1648 keinem Herrn gehuldigt! Er erklärte, daß „man nur den höheren Rücksichten weichend und im Vertrauen, der Gnade des Königs sich desto würdiger zu machen, einwillige". Stüve selber mußte den Beamten des Rates den Eid abnehmen. „Mir scheint das Los beschieden zu sein", so klagte er bitter, „stets

2. Unter preußischer Herrschaft

der Verkünder großer Veränderungen zu sein. Von Jugend auf in den Geschäften der Stadt erzogen, immer warm für ihre Interessen eingenommen und jetzt berufen, mit Fleiß für dasselbe zu sorgen, kann ich nicht kalt eine Veränderung der politischen Verhältnisse ankündigen, da ich noch nicht einmal absehe, ob sie die letzte sein wird, die ich bekanntzumachen habe, aber schon diese große Folgen haben wird. Ich halte mich lediglich an die Überzeugung, daß ohne die leitende Hand der Vorsehung nichts geschehen und der Mensch sich dankbar in sein Schicksal ergeben müsse."

Weder die *preußische Verwaltung* noch die preußischen Soldaten wußten sich bei der Bevölkerung beliebt zu machen. Die hannoversche Regierung hatte sich doch auch noch bemüht, die Rechte und Gewohnheiten der Stadt und des Landes kennenzulernen; die preußische aber erkundigte sich nur nach den wirtschaftlichen Verhältnissen. Neu und unbequem war auch unseren Vätern, was heute von jeder Gemeinde verlangt wird, daß sie einen Etat, einen Haushaltsplan, aufstellen sollten, der die vermutlichen Einnahmen und Ausgaben des bevorstehenden Jahres nachwies. Um sicher zu sein, daß die Behörden das Land auch im Sinne Preußens verwalteten, sandte die Regierung den Kriegsrat Delius hierher, der nach Stüve „herrisch und durchgreifend nach preußischer Beamtenart" war. Er hatte die Befugnis, den Sitzungen der Behörden beizuwohnen; diese mußten ihm auf Verlangen über alle Auskunft erteilen und ihre Entwürfe vor der Ausführung ihm zur Genehmigung vorlegen. Über das *preußische Heerwesen* und die Verfassung urteilt Stüve: „Das Militär (war) roh, die Offiziere als Knaben oder ablebende Greise verächtlich und Desertion die Tagesordnung. Es war das lebendige Bild einer früh gealterten, nicht auf Bürgersinn, sondern Administration und Materialismus beruhenden Verfassung, der man nur unterworfen wurde, um in ihren Verfall mit verwickelt zu werden."

Wagner wußte sich mit der französischen und später mit der westfälischen Einquartierung gut zu stellen; aber über die damalige preußische Armee, die ja zum großen Teil aus nicht preußischen Söldnern bestand, fällt auch er ein ungünstiges Urteil: „Ich muß sagen, wer Preußen und Franzosen beobachtet hatte, konnte bald einsehen, daß ein Armeekorps mit grauen, gealterten Subalternen gegen eines mit kräftigen jungen Offizieren nicht standhalten würde. Wir hatten hier einen preußischen Kapitän, den wir ‚Den Tod in Stiefeln' nannten. Ja, hätte das höllische Fluchen der preußischen Offiziere den Staat retten können! Mit den Soldaten ging man knauserig um. So erhielt ein Regiment preußischer Füsiliere hier neue grüne Montur; aber um das Linnen der Weste zu ersparen, wurde das Tuch an den Rock genäht! Auch war alles so eng, daß es platzen mußte!"

Im Sommer 1806 gründete Napoleon den unter seinem Protektorat stehenden *Rheinbund*, eine Vereinigung von 16 deutschen Staaten, wie Bayern und Württemberg, die dann ihren Austritt aus dem Deutschen Reich erklärten. Infolgedessen legte Kaiser Franz II. am 6. August 1806 die deutsche Kaiserkrone nieder. *Damit war das alte Deutsche Reich verschwunden.* Jetzt drängte Napoleon Preußen zum Kriege. Friedrich Wilhelm III. suchte ihn so lange als irgend möglich zu vermeiden; als aber Napoleon England Hannover wieder anbot, ohne Preußen zu fragen, da griff auch dieses zum Schwerte. Die preußische Kriegserklärung war allen Osnabrückern willkommen; denn unsere Väter glaubten, das Schwerste erduldet zu haben und erhofften von dem ausbrechenden Krieg eine Besserung ihrer Lage. Stüve las die Erklärung den um ihn versammelten Hausgenossen vor, „und alle vereinigten sich, den *preußischen Waffen Sieg zu erflehen; denn es galt hier nicht Preußen, dem keiner hold war, es galt Deutschland*".

Doch die Hoffnung des preußischen, des deutschen Volkes sollte abermals getäuscht werden. In der *Doppelschlacht bei Jena und Auerstädt* erlitt das preußische Heer am 14.

Oktober 1806 eine vernichtende Niederlage, deren verderbliche Folgen durch die kopflose Flucht des Heeres und die feige Übergabe so vieler Festungen noch vermehrt wurden. Am 18. Oktober rief die preußische Verwaltung in Hannover die zürnenden Einwohner zur Selbstverteidigung auf; aber schon am 20. traten die hannoverschen Minister wieder an die Spitze der Regierung. An demselben Tage traf in Osnabrück das flüchtende Lecoqsche Korps ein. Da es die verfolgenden Franzosen unmittelbar auf seinen Fersen wähnte, mußte es in aller Eile auf den Straßen gespeist werden. Nach kaum zwei Stunden Rast riefen die Trommeln und Hörner die abgehetzten Truppen zum Weitermarsch. Mit ihnen verschwand auch die preußische Regierung, und *diese* Folge der Schlacht bei Jena begrüßte das osnabrückische Volk mit Genugtuung. Und doch muß der gewissenhafte Geschichtsschreiber bekennen: ,,Die preußische Verwaltung war in uneigennütziger Weise darauf berechnet, die Wunden zu heilen, die dem Lande durch die französische Besatzung geschlagen waren, namentlich die zerrütteten Finanzen wieder in Ordnung zu bringen. *Preußen hat von der Besetzung Hannovers keinen pekuniären Vorteil gehabt.*''

3. Zum zweitenmal unter französischer Herrschaft

Die hannoverschen Minister hatten die preußischen Hoheitszeichen entfernt und an den Grenzen Tafeln mit der Inschrift ,,Pays de Hannover'' errichten lassen, um anzudeuten, daß das Land *neutral* sei. Aber die Franzosen ließen sich dadurch in ihrem Vormarsch nicht aufhalten. Schon am 26. Oktober besetzte General Grandjean Osnabrück. Am 9. November rückte Mortier von Kassel her in Hannover ein, am 12. ergriff er von dem Lande Besitz, gleich darauf ergaben sich Hameln und Nienburg. *Osnabrück wurde von dem übrigen Hannover getrennt und mit Münster, Tecklenburg, Mark und Lingen zu dem ,,Premier gouvernement des pays conquis'' vereinigt* und dem französischen General Loison als Generalgouverneur unterstellt. Ein Administrationskollegium in Münster, dem für Osnabrück der Kanzleirat von Bar angehörte, leitete die Verwaltung. Die bisherigen Behörden blieben bestehen. Im Dezember kam Loison auf acht Tage von Münster zum Besuch nach Osnabrück. Seine Bewirtung kostete 1800 Taler. Das Tafelsilber hatten drei Familien hergeliehen; als sie es zurückerhielten, fehlte der einen ein Messer, der anderen eine Gabel, der dritten ein Löffel. Loison erließ eine Bekanntmachung an die ,,Einwohner Westfalens'', in der er ein väterliches Regiment versprach. Die ihm unterstellten Gebiete sollten nie wieder an Preußen fallen; die preußischen Wappen sollten entfernt, die Magazine beschlagnahmt, alle Waffen abgeliefert werden. In allen Städten sollte eine Wache aus wohldenkenden Bürgern zur Aufrechterhaltung der Ruhe ins Leben treten. Seine Hauptaufgabe war natürlich, das Land gehörig auszusaugen. In Münster wurden zu dem Ende eine besondere ,,Kontributionskasse'' sowie eine ,,Kontributionskommission'' gebildet, der als Vertreter unseres Fürstentums Herr von Bar und Domdechant von Spiegel angehörten. Zur Unterhaltung des Heeres mußte Geld gezahlt, mußten Pferde geliefert und die hier stehenden französischen Truppen neu gekleidet werden.

Bei der Ratsbestätigung 1807 sprach Bürgermeister H. D. Stüve zu dem Rat: ,,In den gegenwärtigen Zeiten, wo ganz Deutschland eine noch immer fortwirkende Erschütterung seiner Grundfesten erlitten hat, wo von der uralten Verfassung so mancher Reiche und Städte so weniges noch übrig ist und Könige und Fürsten, von Land und Leuten getrennt, verlassen umherirren, ist es beinahe mehr einem Wunder ähnlich, daß wir bis jetzt noch in der Lage uns befinden, in welcher wir uns sehen, als daß wir irgend etwas, das dem vorigen Verhalten nicht ganz angemessen erscheint, seltsam finden dürften. — Unsere Stadtverfassung ist noch immer die nämliche, und je ruhiger wir bis dahin unsere Zeiten verlebt haben, wo so viele unserer deutschen Bürger in Angst und Not und dem drückendsten Elend ihre Tage hinbringen, um desto dankbarer mögen wir die Vorsehung verehren. — Lassen Sie uns, meine Herren, also heute, wo wir aufs neue unsere Verpflichtungen übernehmen, um so mehr den Entschluß fassen, denselben treu und mit möglichster Anstrengung ein Genüge zu tun. Lassen Sie uns Mut fassen, von dem den Beistand ferner zu erwarten, der uns bisher nicht versäumte, der unsere zum Wohle der Stadt abzweckenden Bemühungen noch immer mit Erfolg krönte. — Denn treten wir, mit diesem Vorsatz ausgerüstet, den Schwierigkeiten entgegen, die sich noch finden und ferner ereignen können, so dürfen wir immer des großen Trostes uns freuen, daß wir vor Gott und unserem Gewissen gerechtfertigt erscheinen, wenn auch nicht jederzeit unsere Wünsche erreicht werden oder das Ziel der Erfüllung sich vollzieht." Stüves Bemühungen gelang es, die beabsichtigte Errichtung einer französischen Nationalgarde aus Bürgersöhnen zu verhindern; aber vor den drückenden Kriegssteuern vermochte er die Bürger nicht zu schützen.

Man wandte sich durch den Generalgouverneur Daru an Napoleon selber und ließ um Ermäßigung der Steuern bitten, da das Land vollständig erschöpft sei, aber ohne Erfolg. Schon damals wurden eine Haussteuer, Einkommensteuer, Gewerbe-, Renten- und Hundesteuer eingeführt. Aber ihr Ertrag genügte längst nicht, die geforderte Kriegssteuer zu beschaffen. Die französische Regierung drohte mit Gewaltmaßnahmen; und v. Bar mahnte, es ja nicht zum Äußersten kommen zu lassen. Da wandten sich die Osnabrücker Stände (Ritterschaft und Städte) an die wohlhabenden Kaufleute unserer Stadt, die bereitwillig Wechsel über 50000 Taler auf Bremen ausstellten, wodurch zwar die Schuld nicht abgetragen, aber weitere Frist gewonnen wurde. Von neuem belebte sich die Hoffnung unserer Väter auf Abschüttelung des französischen Jochs, als Rußland sich mit Preußen gegen Napoleon verbündete; aber die Schlachten bei Preußisch Eylau (7. und 8. Februar 1807) und bei Friedland (14. Juni) zerstörten sehr bald diese Hoffnung, und der *Friede zu Tilsit* (9. Juli) zertrümmerte den preußischen Staat und errichtete im Herzen Deutschlands das *Königreich Westfalen* unter Napoleons Bruder

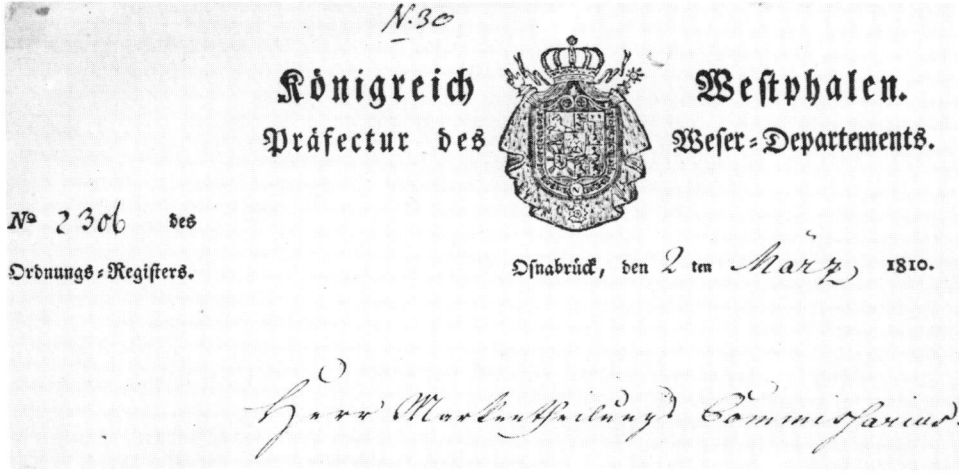

Briefkopf der Präfektur des Weser-Departements mit Sitz in Osnabrück im Königreich Westfalen

Jerome. Auch das Fürstentum Osnabrück wurde zu diesem neuen Königreich geschlagen. Schon im August traf hier der Befehl ein, dieserhalb eine Deputation nach Paris zu senden. Die Stadt wählte dazu Bürgermeister Stüve und Stadtsekretär Struckmann, die Ritterschaft von Böselager und von Schele; als Vertreter der Beamten schloß sich Kanzleirat v. Bar an. In Paris wurden sie von dem neuen Landesherrn freundlich empfangen, auch dem Kaiser vorgestellt. Dann ward ihnen die neue Verfassung, die Napoleon für das Königreich Westfalen bestimmt hatte, vorgelegt. Die Abgesandten aus anderen Landesteilen wagten es noch, Einwendungen zu erheben; die Osnabrücker ersparten sich diese völlig vergebliche Mühe, erkannten aber, daß alles Bestehende zerstört werden sollte. Wer konnte das verhindern? Stüve schrieb an seine Frau: ,,Wenn ganz Deutschland in *eine* Form kommen soll und muß, wie können wir dann ein anderes fordern? Die Vorsehung will es."

Bevor dies Administrationskollegium in Münster unser bis aufs Blut ausgesogenes Land der westfälischen Regierung zu weiterer Ausplünderung überließ, erzwang es noch kurz vor seinem Abzug eine Schatzung von 87000 Talern. Wieder wandte sich die Kontributionskommission an die Osnabrücker Bürger, die das in sie gesetzte Vertrauen in edelster Weise rechtfertigten. Die Kaufleute schossen durch Wechsel 320000 Franken auf drei Monate vor; somit konnten auch noch rückständige Kriegssteuern abgetragen werden. Um aber den Kaufleuten ihr Darlehen zurückzahlen zu können, bat die Kontributionskommission, jeder vermögende Bürger solle selber seinen Beitrag zur Tilgung der Schuld bestimmen; doch solle niemand unter 75 Mark geben; wer 5000 Taler Vermögen habe, solle mindestens 100 Taler zahlen. Das half! Die Gelder flossen so reichlich, daß nicht nur die Anleihe gedeckt werden konnte, sondern auch noch etwas übrigblieb. Am 20. Oktober war alles abgetragen. Während dieser zweiten französischen Herrschaft, die doch kaum ein Jahr dauerte, hat unser Fürstentum an Kriegssteuern eine Million Franken nach Münster senden müssen.

Am 23. Oktober versammelte Bürgermeister *H. D. Stüve* zum letztenmal die Stadtstände und ermahnte sie, den Rat und die Stände mit der gesamten Bürgerschaft treu zusammenzuhalten, weil sie dann um so leichter die ihnen etwa bevorstehenden Widerwärtigkeiten überwinden könnten. Er schloß seine Ermahnung mit den Worten: ,,Osnabrück war bisher glücklich unter dem Krummstabe oder dem Zepter, glücklich vor vielen anderen Städten und glücklich durch sich selbst. Seine Einwohner waren treue Untertanen ihrer Landesherrschaft; sie werden, sie müssen jetzt auch treue Untertanen des Königreiches Westfalen sein. Ihr Biedersinn, ihr Fleiß und ihre Ordnungsliebe wird ihnen die Huld ihres neuen Landesherrn erwerben. Wir dürfen also nichts fürchten. Osnabrück wird so lange glücklich bleiben, als seine Einwohner es verdienen, glücklich zu sein, solange sie den ihnen angeborenen Sinn für das Gute und Edle bewahren. *Osnabrück wird so lange glücklich sein, als seine Bürger Osnabrücker, des ruhmvollen Namens ihrer Voreltern wert sind.*"

4. Die westfälische Zeit
Von September 1807 bis Ende Februar 1811

Das neugeschaffene *Königreich Westfalen* umfaßte Kurhessen, Braunschweig, den südlichen Teil von Hannover, die meisten der westlich von der Elbe gelegenen früheren preußischen Besitzungen, den hessischen Teil von Schaumburg (Rinteln) und das Fürstentum Osnabrück; es gliederte sich in die acht, nach Flüssen oder Gebirgen benannten Departements: Elbe, Fulda, Harz, Leine, Ocker, Saale, Werra und Weser. Osnabrück gehörte dem *Weserdepartement* an, das sich wieder in die vier Distrikte Osnabrück,

4. Die westfälische Zeit

Minden, Bielefeld und Rinteln teilte. Ein Departement wurde von einem Präfekten, ein Distrikt von einem Unterpräfekten verwaltet. Der Distrikt Osnabrück zerfiel in 20 Kantons, jedem stand ein Maire vor.

Bürgermeister H. D. Stüve war erst am 3. Oktober 1807 von Paris zurückgekehrt; bald darauf wurde eine große Anzahl von Abgeordneten nach Kassel beschieden, damit sie dem König Jerome huldigten. Stüve reiste Ende November dorthin ab. In Kassel drängten sich schon viele deutsche Adelige an den neuen Königshof, um ihr Glück zu machen; Beamte suchten Stellen zu erlangen, Stüve wünschte vor allem zweierlei zu erreichen: Er wollte bewirken, daß Osnabrück zum Sitze des Präfekten, also zur Departementshauptstadt, ernannt wurde; außerdem wollte er an der Spitze der Stadtverwaltung bleiben, um sie möglichst ungeändert erhalten zu können. Der Maire, der nicht nur Bürgermeister, sondern auch Staatsbeamter war, wurde nicht von den Bürgern gewählt, sondern von der Regierung ernannt. Aber Stüve wollte nicht darum bitten. Er meinte: ,,Es ist mir unmöglich, mit krummem Rücken zu bitten, daß man die Güte und Gnade haben wolle, mich sein zu lassen, was ich bin. Ich würde mir selbst verachtungswürdig scheinen, wenn ich nicht froh und mutig sagen könnte: Seht auf meinen Wandel und meine Werke!''

Der Erfüllung seines ersten Wunsches arbeiteten die vormals preußischen Beamten entgegen, die nicht Osnabrück, sondern Minden zur Hauptstadt ernannt zu sehen wünschten. Am 22. Dezember ließ sich König Jerome die adeligen, am folgenden Tage die bürgerlichen Abgeordneten vorstellen, und bei dieser Gelegenheit erhielt Stüve, als er die Osnabrücker Abgeordneten, die ihn zum Führer gewählt hatten, dem König vorstellte, von Jerome die angenehme Mitteilung, daß *Osnabrück* zum *Hauptort des Departements* ernannt worden sei. Durch Stafetten sandte er die erfreuliche Botschaft sofort nach Osnabrück; sie kam hier am ersten Weihnachtstage an und erregte nicht geringe Freude. Auf die *Ernennung zum Maire* mußte Stüve noch bis zum Juni 1808 warten. Nachdem am 1. Januar die Huldigung in Kassel stattgefunden hatte, kehrte er heim. Am 1. März mußten auch die Bürger dem neuen Landesherrn huldigen. Der ganze Marktplatz war mit Menschen gefüllt, da es gerade Fastnacht war; alle schrien aus Leibeskräften.

Die alte Verfassung der Stadt blieb noch bis Johannis 1808 (24. Juni) bestehen. Danach erhielt Osnabrück die französische Mairie-Verfassung: Der ganze Magistrat, Älterleute usw. wurden abgeschafft und der bisherige erste Bürgermeister Heinrich David Stüve zum Maire ernannt. Ihm wurden — nach der Vereinigung der Alt- und Neustadt unter *einem* Maire — der bisherige Bürgermeister der Neustadt Chr. Moll und der Lohnherr der Stadt Chr. Thorbecke als Adjutanten (Adjoints) beigegeben. Für die freiwillige Gerichtsbarkeit wurden Friedensrichter bestellt, während die Geschäfte des Stadtgerichts auf das Tribunal der ehemaligen Kanzlei übergingen. Kriminalsachen wurden vor den Assisen (Schwurgericht) in Herford verhandelt. Als Rechtsquelle galt der *Code Napoléon*. — Nach der Beseitigung der französischen Herrschaft trat ab 31. Oktober 1814 wieder die alte Verfassung Osnabrücks in vereinfachter Form ins Leben, jedoch die Trennung in Alt- und Neustadt wurde nicht wiederhergestellt.

Die *Einrichtungen des Königreiches Westfalen* hatten scheinbar etwas Bestechendes: Es war ein Verfassungsstaat; durch die Einführung des neuen französischen Gesetzbuches, des Code Napoléon, waren alle Standesvorzüge, auch die Leibeigenschaft sowie der Zunftzwang aufgehoben; dem Volk wurde eine Teilnahme an der Rechtspflege gewährt, das gerichtliche Verfahren wurde beschleunigt, die Verhandlungen waren mündlich und öffentlich. Aber die Reichsstände konnten mit unserem heutigen Staat nicht verglichen werden. Sie bestanden aus nur 100 Personen, die aber nicht vom Volk gewählt wurden, sondern in jedem Departement bestand ein aus mindestens 200 Personen gebildetes Departementskollegium, dessen Mitglieder der König ernannte, und diese hatten die Abgeordneten zu wählen sowie auch geeignete Personen für die Ämter der Richter und höheren Verwaltungsbeamten vorzuschlagen. Viele Osnabrücker Eigenbehörige wähnten, mit der Aufhebung der Leibeigenschaft — die Hörigkeit war im Gesetz nicht erwähnt — seien auch alle Dienste, Zinsen, Geld- und Naturalabgaben fortgefallen, bis die Regierung bestimmte, daß aufgehoben sein sollten: Alle ungemessenen (von der Willkür des Grundherrn abhängigen) Dienste, der Gesindezwang, die Abhängigkeit der Eigenbehörigen bei Eingehung einer Ehe oder eines Rechtshandels, der Einfluß der Gutsherren auf die Erziehung der Kinder ihrer Eigenbehörigen; dagegen sollten diese ihre bisherigen Abgaben und Dienste, die als Pachtzins anzusehen seien, auch ferner leisten.

Der Jude Jacobson, Herzoglich Braunschweigischer Kammeragent und Begründer der nach ihm benannten Schule in Seesen a. H., gewann die Gunst des stets in Geldnot befindlichen Königs dadurch, daß er ihm ein Darlehen von zwei Millionen Franken vermittelte, und benutzte diese Gunst, den *Juden Gleichberechtigung* im Königreich Westfalen zu verschaffen.

Unter allen Neuerungen war unseren Vätern der völlig ungewohnte *Zwang zum Militärdienst* am verhaßtesten. Westfalen sollte für Napoleon ein Heer von 25000 Mann stellen. Gleich zu Anfang mußten alle Militärpflichtigen vom 20. bis 25. Lebensjahr das Los ziehen. 1809 wurde eine westfälische Legion von 8000 Mann nach Spanien, eine andere gegen Österreich geschickt. Werbungen für Geld waren untersagt. Napoleons Kriege erforderten ungewöhnliche Menschenopfer; wer ausgehoben wurde, galt als verloren. Groß war daher die Zahl der Fahnenflüchtigen, herzzerreißend der Jammer der Mütter bei der Aushebung ihrer Söhne, den man durch Geigen und Trommeln zu übertönen suchte.

Von Anfang an war das neue Königreich mit *Schulden* überladen. Napoleon verlangte sofort von ihm eine Kriegssteuer von 49 Millionen Franken und beschnitt ihm noch dazu die wichtigste Einnahme, indem er die Hälfte aller Domänen für sich behielt, um damit seine Generale zu beschenken. Die Steuerschraube mußte daher gehörig angezogen werden; alle Steuerbefreiungen wurden aufgehoben. Zu den bisherigen Steuern kamen Personen-, Grund- und Gewerbesteuer. Aber sie reichten nicht hin, die Ausgaben zu decken; über die Hälfte der Einnahmen verschlang das Militär. Die Besoldungen der Beamten sowie die Zinsen konnten nicht gezahlt werden. Wer wollte aber diesem künstlichen, auf so schwachen Füßen stehenden Staatsgebilde Geld leihen! Schon 1808 erhob die westfälische Regierung eine Zwangsanleihe von 20 Millionen Franken. Jeder mußte sich selber einschätzen; wer 5000—10000 Franken Vermögen besaß, mußte mindestens 100 Franken leihen. Aber 1810 standen die 6prozentigen Staatspapiere unter 80. 1810 wurde eine zweite, 1812 eine dritte Zwangsanleihe erpreßt. Als auch diese der Geldnot nicht abzuhelfen vermochten, wurde die Staatsschuld auf ein Drittel herabgesetzt, wodurch viele Gemeinden und Privatpersonen verarmten.

Im April 1808 wurden hier die *Wahlen des Departements* vorgenommen, und zwar ,,mit höchst unbedeutendem Erfolg" (Stüve); von den 300 Wahlmännern fehlten 100, weil sie keine Tagesgelder erhielten. Wagner aber rühmt: ,,Acht Tage herrschte in der Stadt eine bis dahin unbekannte Lebhaftigkeit. Die Wirte mußten die an ihre Häuser angrenzenden Wohnungen in Pacht nehmen, und eine recht artige Summe Geldes blieb in der Stadt." Die Stadtkasse erlitt durch die neuen Verhältnisse nicht unbeträchtlichen Schaden. Sie verlor dadurch, daß die Bürger das Bürgerrecht nicht mehr zu erwerben brauchten, jährlich 500 bis 800 Taler, durch den Ausfall des Durchgangszolls 7000 bis 8000 Taler.

Die Geschäftsleute erlebten einige gewinnreiche Jahre. Napoleon hatte zwar die Festlandssperre eingeführt; aber selbst die Königlichen Behörden, ja sogar der König begünstigten den *Schmuggel* aus Ostfriesland und dem Oldenburgischen. Napoleon erfuhr dies und befahl, daß eine Kette von Douanen (Grenzaufsehern) oberhalb Ankums die oldenburgische Grenze entlang gezogen würde. ,,Das hinderte aber nicht, daß Karawanen von 20, 30 bis 50 Wagen, von herzhaften Leuten begleitet, englische Waren wie Rohrzucker und Indigo, die für Frankfurter und Leipziger Häuser bestimmt waren, hierher brachten. An dieser neuen Art der Spedition wurde viel Geld verdient. Alle Packhäuser lagen voll der feinsten Waren. Zucker war meist ,,roher Sand", der in Braunschweig auf offenen Wagen in der Art des gewöhnlichen Sandes hineingeschmuggelt wurde. Die Kaufleute von Emden, Leer und den kleinen am Meer gelegenen Plätzen wollten sich natürlich lieber mit den hiesigen als mit weit entfernten abgeben; sie konnten auch als Spediteure sich der Sachen schneller entledigen; daher boten sie den hiesigen Kaufleuten ganze Häuser voll auf Kredit an, und die unsrigen verdienten daran 100 Prozent, wenn sie die Waren nur erst in Frankfurt wußten." (Wagner.) ,,Die Waren selbst wurden kaum geachtet; Kaffee lag überall auf den Straßen, selbst Indigo und kostbarere Waren dienten den Kindern zum Spielwerk." (Stüve.)

Am 12. September 1808 erschien *König Jerome in Osnabrück* zum Besuch, der unserer Stadt teuer zu stehen kam. Auf Wunsch des Präfekten von Pestel bildete sich aus den Bürgern eine aus zwei Kompagnien bestehende Ehrengarde, eine zu Pferde, die andere zu Fuß. Die alten und jungen Burschen übten wenigstens das Präsentieren des Gewehrs. Die Ehrenpforte stand vor dem Johannistore. Um 9 Uhr stellten sich die Behörden und die Ehrenwache zu Fuß dort auf; die zu Pferde ritten dem Könige bis zum Hettlicher Turm entgegen. Sie trug eine weiße, mit hellblau besetzte Uniform. Bald darauf trat der König, von einer Kompagnie Chevaux-legers begleitet, am Tore ein. Maire Stüve, von den städtischen Beamten umgeben, begrüßte ihn mit einer Ansprache und überreichte ihm die Schlüssel der Stadt. Unter dem Geläute der Glocken und dem Donner der Geschütze zog Jerome durch die an beiden Seiten von den Bürgern besetzten Straßen nach dem Schlosse, wo weißgekleidete Jungfrauen ihn empfingen. Dort ließ er sich die hervorragendsten Personen des Fürstentums vorstellen und lud viele, auch die Befehlshaber der Ehrengarde, Dr. Gruner und Lohnherrn Lansberg, zur Tafel. Nach Tisch machte er einen Ausflug nach dem Gertrudenberge, um den dort begonnenen Kasernenbau zu besichtigen. Den Abend und den größten Teil der Nacht widmete er seiner Gewohnheit gemäß der Schwelgerei. Als er am anderen Morgen nach Herford weiterreiste, gab ihm die Ehrengarde noch eine Stunde Weges das Geleit. Den Armen unserer Stadt schenkte er beim Abschied 500 Taler; dafür erzwang er aber die Auslieferung von 80000 Talern, die von der französischen Behörde hier 1807 zur Deckung rückständiger Landesausgaben gerichtlich hinterlegt waren.

Senator Wagner schreibt: ,,Mit der westfälischen Regierung trat hier viel Verkehr ein. Wer ein Patent löste, konnte treiben, was er wollte. Auch an *Festlichkeiten* fehlte es hier nicht; besonders der Herr Präfekt von Pestel ließ es sich sehr angelegen sein, die Osnabrücker zu erheitern. Er ließ alle Behörden und einen großen Teil der Bürgerschaft, soviel nur der große Klubsaal fassen konnte, zu einer Maskerade einladen. Es wurde wirklich etwas daran gewandt, um alles prachtvoll erscheinen zu lassen. Das 151. französische Regiment lag hier als Besatzung und wurde mit den Einwohnern sehr bekannt, was in mancher Rücksicht sehr angenehm, aber auch kostspielig war. Die Artigkeit der Franzosen bewirkte, daß dem ganzen Offizierskorps und allem, was dazu gehörte, von den Bürgern ein großer Ball gegeben wurde, den jene mit ungeheuchelter Freude annahmen . . . Die Franzosen waren so entzückt davon, daß sie keine vierzehn Tage verstreichen ließen, um sich zu revanchieren. Der vortrefflichste Wein mußte herhalten . . . Man kann daraus schließen, daß wirklich freundschaftliche Verhältnisse vorhanden waren."

Leider! Die Besorgnis, daß man sich im Königreich Westfalen mit der Fremdherrschaft aussöhnen könnte, veranlaßte den Freiherrn vom Stein dazu, den bekannten Brief an den Fürsten Wittgenstein zu schreiben, in dem er ihm riet, die Erbitterung gegen die Franzosen zu nähren. Der Brief fiel durch Verrat der französischen Regierung in die Hände; Stein wurde geächtet und flüchtete nach Rußland. Aber auch in Osnabrück dachten nicht alle wie Wagner, der das Tuch zu den Uniformen der französischen Offiziere lieferte, die Elle nicht unter 5 Talern! Maire Stüve war ganz verbittert. Er war nicht mehr das Haupt einer freien Stadt, sondern nur zu oft der Vollstrecker gehässiger, despotischer Maßregeln, deren Druck die Bürger ihm um so eher zur Last legten, als sie sonst bei ihm Trost und Erleichterung gefunden hatten. Besonders viele Klagen und Verdrießlichkeiten bereiteten ihm die häufigen Einquartierungen der hier sich bildenden Korps. Seine Arbeit wurde immer mechanischer; an manchen Tagen hatte er Tausende von Unterschriften zu leisten.

Einen prächtigen Gegensatz zu dem leichtfertigen, windigen Franzosentum, wie es uns in Wagners Schilderungen entgegentritt, bilden folgende Aufzeichnungen eines westfälischen Offiziers, die in den ,,Mitteilungen des Vereins für hessische Geschichte und Landeskunde" erschienen sind, und aus denen uns wenn auch rohes, so doch urwüchsiges Verhalten entgegenlacht.

,,Im Sommer von 1808 wurde mir nach außerordentlichen Anstrengungen im Dienste durch ein Kommando nach Osnabrück eine Erholung zuteil. Da der König kurze Zeit daselbst zu verweilen beabsichtigte, wurde eine Escadron Garde du Korps unter dem Befehle des Rittmeisters von Heßberg und zwei Kompagnien Grenadiergarde nach Osnabrück kommandiert. Daselbst wurde das 1. Chevauxleger-Regiment unter *Oberst von Hammerstein* gebildet, das nach Spanien bestimmt war. Die Offiziere suchten ihre Gefühle durch rauschende Gelage zu betäuben, wozu sie um so mehr aufgefordert wurden, als ihr Kommandeur den Vorsitz dabei führte. Oberst von Hammerstein (-Equord), etwa 37 Jahre alt, hatte nicht allein die kräftige Gestalt eines Herkules, er war auch schön gebaut wie der Kriegsgott selber, zugleich ein geistreicher Mann, der aber immer leidenschaftlich und im Gefühle seiner Kraft, unbekümmert, ob die Wogen ihn verschlingen würden, hinstürmte nach einem in Nebel gehüllten Ziele. Die Orgien des Offizierskorps erregten das größte Mißfallen bei den nichts weniger als französisch gesinnten Einwohnern Osnabrücks; doch machten sie gute Miene zum bösen Spiel, weil viel Geld in Umlauf kam. Die Geistlichkeit aber war mit Recht über die wiederholt skandalösen Szenen vor dem Dome erzürnt, wo gespielt, gezecht und gesungen und schließlich eine geleerte Punschbowle unter Absingen toller Lieder vor dem Eingange des Domes begraben wurde. Sie hatte bei dem Könige Beschwerde geführt, und Jerome sandte einen französischen General nach Osnabrück mit dem Befehle, den Orgien Einhalt zu tun, das Regiment zu inspizieren und nach Befinden den Obersten von Hammerstein seiner Stellung zu entheben und nach Kassel zu bescheiden.

Der General traf im Gasthofe ein, als die Offiziere des Chevauxleger-Regiments den Gardeoffizieren ein Gastmahl gaben, und die glühenden Gesichter, die schwindelnden

Köpfe und die zerbrochenen Champagnerflaschen Zeugnis davon ablegten, daß die Tugenden der Ritter von Artus' Tafelrunde hier nicht geübt wurden. Hammerstein, der von dem Auftrage des Generals keine Kenntnis hatte, eilte ihm entgegen und nötigte den Widerstrebenden, an den Freuden der Tafel teilzunehmen. Als aber schon nach einer Viertelstunde der kluge und gewandte Mann dem General die Ursache seiner Anwesenheit abgelockt hatte, rief er plötzlich mit Donnerstimme: ,,Adjutant, Trompeter, Alarm!" Der General mochte noch so sehr protestieren, es half nichts, die Offiziere stürzten fort, und Hammerstein schrie immer: ,,Der Teufel hole ein Regiment, das zu einer Inspektion der Vorbereitung bedarf!" Bald schmetterten die Trompeten, und wie im wilden Kriegsgetümmel flogen die Reiter aus allen Gassen im Rosseslauf herbei, daß die Funken stoben, nach dem Alarmplatze. Der höchst verdrießliche General mußte ein Pferd besteigen und ward im Galopp nach dem Alarmplatze geführt. Der Oberst setzte sich sofort an die Spitze des noch nicht formierten Regiments und führte es im Trabe zum Tore hinaus. Auf dem nächsten Felde, welches jeder Kavallerieoffizier, der eine Inspektion zu bestehen hatte, gewiß auf das sorgfältigste vermieden haben würde, zumal eine sehr geeignete Heide ganz in der Nähe war, hieß es: ,,Im Galopp aufmarschiert!" sofort: ,,Attacke, Frontveränderung rechts, Attacke, Frontveränderung links, Attacke!" — Über Gräben und Hecken ging es fort, wenn auch ganze Züge in die Gräben stürzten oder auf den Hecken hängenblieben, es beirrte den Obersten nicht, vielmehr hielt er das Regiment in schneller Bewegung, und jeder mußte sich selber helfen, so gut er konnte. Das Feld war besät mit gestürzten Pferden, abgeworfenen Reitern und Effekten aller Art; die Pferde waren schaumbedeckt. Der General war erstaunt über solche Kavallerie und erteilte ihr das größte Lob, empfahl nur etwas mehr Ruhe. Alle Beschwerden der Geistlichkeit wurden durch den Abmarsch des Regiments nach Spanien, wo es sich auszeichnete, niedergeschlagen. Der hier genannte Oberst führte den Namen ,,Der tolle Hammerstein". Er brachte es bis zum Divisionsgeneral. † 1841.

Der Präfekt *von Pestel* war bei den Bürgern im ganzen beliebt; als er 1809 in den Staatsrat nach Kassel berufen wurde, folgte ihm als Präfekt *Delius*, bis dahin Unterpräfekt in Bielefeld. Er war den Osnabrückern schon aus der Zeit der preußischen Besatzung im Jahre 1806 bekannt. Nachdem die Trauerbotschaft von dem Unglück bei Jena hier eingetroffen war, verließen die preußischen Beamten alsbald unser Land. Als Stüve den sehr eilig Abschied nehmenden Delius fragte, wohin er zu gehen gedenke, rief dieser ihm zu: ,,Zum Könige, um mich mit ihm unter den Trümmern der Monarchie begraben zu lassen." Er hatte sich aber sehr bald anders besonnen. Jetzt kehrte er als westfälischer Beamter zurück; er wußte sich aber jetzt ebensowenig beliebt zu machen wie 1806. So ließ er die bischöflichen Wappen, die von Pestel verschont hatte, überall von den öffentlichen Gebäuden entfernen. Selbst von den Brücken der Landstraßen mußte das F, das Zeichen des Bischofs Friedrich, verschwinden. Stüve, der als Maire ihm unterstellt war, hatte von seinem Übelwollen viel zu leiden.

Die *Geldnot* des Königreichs Westfalen stieg von Jahr zu Jahr, trotz aller Steuern und Zwangsanleihen, und obwohl man die Staatsschuld eigenmächtig auf ein Drittel herabsetzte. Schon 1809 schrieb Jerome an seinen Bruder Napoleon: ,,Die Not im ganzen Königreich ist, da niemand bezahlt werden kann, auf einen solchen Punkt gestiegen, daß, wenn Ew. Majestät nicht zu Hilfe kommen, es nicht zwei Monate mehr so fortgehen kann. Trotz aller Sorgfalt, die ich meiner Verwaltung zuwende, glaube ich nicht, daß es möglich ist, sie noch längere Zeit aufrechtzuerhalten. Ich bitte Ew. Majestät, mir zu gestatten, daß ich mich nach Frankreich zurückziehe." Die Militärlasten wuchsen stetig. Außer den 25000 Mann, die Westfalen für Napoleon stellen und unterhalten mußte, lagen stets auch noch französische Truppen im Lande. Die Stimmung des Volkes war daher auch nicht so goldig, wie Wagner sie schildert. Die Franzosen fühlten sich hier nie sicher; daher sah die Polizei ihre Hauptaufgabe im Spionieren. Im eigenen Hause waren die Leute vor den Horchern nicht sicher; die Verletzung des Briefgeheimnisses war allgemein.

Als daher 1809 Österreich wieder das Schwert gegen Napoleon zog, belebte sich auch in unserer Stadt die Hoffnung auf Befreiung. Die Regierung hielt jede zuverlässige Nachricht fern; um so unglaublichere Gerüchte wurden verbreitet. Der Aufstand Dörnbergs in Hessen, die Züge Schills und des Herzogs von Braunschweig fanden hier begeisterte Teilnahme. ,,Eines Abends hieß es, des Herzogs von Braunschweig Korps rückte an und stehe schon bei Vörden. Plötzlich geriet alles in Aufruhr, das Hasetor wurde mit der Präfekturgarde besetzt; diese jammerte, daß man sie zuerst dem sicheren Tode opfere. Das Militärkommando kampierte zur Flucht mit den Gendarmen in Nahne. Die Kassen wurden weggeschafft, die Bürger versahen sich mit Lebensmitteln für die nicht unwillkommenen Gäste; alles war in Bewegung in der herrlichen Nacht und ergötzte sich an der tollen Angst der Franzosen." (Stüve.) Am nächsten Morgen erfuhr man die Ursache der Aufregung: Zwei Deserteure, die sich in Vegesack vor der Einschiffung von dem Korps des Herzogs getrennt hatten und in ihre Heimat wanderten — der eine war aus Dissen —, waren hier durchgekommen. — In jenen Tagen kam auch das holländische Regiment, das bei der Überwältigung des braven Schill in Stralsund behilflich gewesen war und den abgeschnittenen Kopf des Helden mit sich führte, durch unsere Stadt.

Da Napoleon trotz aller Strenge die englischen Waren vom Festlande nicht fernzuhalten vermochte, das Volk andererseits die englischen Kolonialwaren nicht entbehren konnte, so gestattete er 1810 die Einfuhr englischer Kolonialwaren, belegte sie aber mit einem Eingangszoll von 50 Prozent und gebot die Vernichtung aller eingeführten englischen Manufakturwaren. Der Schmuggel hörte auch jetzt nicht auf; die hohen Zölle aber wurden für Napoleon eine sehr ergiebige Geldquelle. — Unter den Deutschen, welche in Jeromes Dienst traten, war auch ein Osnabrücker: *Freiherr Georg von Schele*, geboren 1771 in Osnabrück, gestorben 1844 auf der Schelenburg. Er bildete mit von Bar, von Böselager, Stüve und Struckmann die im Herbst 1807 nach Paris entsandte Huldigungsdeputation, gewann die Gunst Jeromes, wurde Staatsrat und erster Kämmerer, seine Gemahlin Ehrenpalastdame der Königin, einer württembergischen Prinzessin. 1808 erhielt er den Gesandtschaftsposten in München. Nachdem er 1810 zurückgekehrt war, suchte er Jerome für ein Bündnis aller deutschen Staaten zu gewinnen, damit sie sich der Übermacht Frankreichs erwehren könnten. Dafür wurde er entlassen und auf vier Wochen als Staatsgefangener nach Wesel geschickt, dann zu einem zweimonatigen Aufenthalt in Paris genötigt, wo er sich zwar frei bewegen konnte, aber von der Polizei scharf beobachtet wurde. Er hat später in Hannover unter König Ernst August noch eine bedeutsame Rolle gespielt.

5. Wohltätige Einrichtungen in Osnabrück zur westfälischen Zeit

Die *Straßenbeleuchtung* war inzwischen ganz durchgeführt; die Stadt gab dafür z. B. im Jahre 1810 schon 3150 Mark aus. Auch die *Straßenpflasterung* unter Beseitigung der Gosse in der Mitte und Herstellung von Bürgersteigen war beendet. Um beide Verbesserungen hat sich die westfälische Regierung kein Verdienst erworben; die folgenden hat sie zwar nicht angeregt, aber durchgeführt.

5. Wohltätige Einrichtungen in Osnabrück zur westfälischen Zeit

Die *Kirchhöfe* lagen damals noch innerhalb der Stadt. Bei jeder der vier Hauptkirchen, bei der Kommenderiekirche sowie neben den Kirchen im Natruper, Gertrudenberger und Marienstätter Kloster lag ein Kirchhof. Besonders der Marien- und Katharinenkirchhof hinderten den Verkehr; der Marienkirchhof versperrte den Eingang in die Sackstraße. Über mehrere Kirchhöfe führten daher Fußwege. Eine Friedhofskunst pflegte man damals noch nicht; die Kirchhöfe waren meistens schlecht unterhalten. ,,Der Domhof diente, wie alle Kirchhöfe, als Begräbnisplatz für beide Konfessionen. Er lag 3 Fuß höher als die enge Straße, war mit großen Leichensteinen und Kopfsteinen bedeckt und, weil viele Gräber eingesunken waren, sehr uneben. Ungestört weideten die Ziegen der Nachbarschaft zwischen den Gräbern. Man nahm auch keinen Anstoß daran, daß die Jugend dort ihre Spielplätze hatte und namentlich ein von alten Leuten als sehr gefährlich geschildertes Spiel, das ,,Steenken", trieb. Die Knaben suchten nämlich in möglichst weitem Sprung von einem Kopfstein zu einem anderen zu gelangen und benutzten die Kopfsteine auch zum ,,Bockspringen" (Hartmann). Auch der Katharinenkirchhof war erhöht und beengte besonders den Weg an der Süd- und Westseite. Von dem hochgelegenen Johanniskirchhof trieb bei Regenwetter das Wasser in die Kirche.

Schon lange hatten sich Behörden und Bürger bemüht, die Friedhöfe aus der Stadt zu verlegen, schon Möser nennt es 1779 einen allgemeinen Wunsch; aber viele wollten auf ihr wohlerworbenes Recht — ihr Erbbegräbnis — nicht verzichten; einige fürchteten, das Trauergefolge werde bei der großen Entfernung der Kirchhöfe vor den Toren nicht mehr so zahlreich, die Leichenfeier nicht mehr so feierlich und ergreifend sein wie bisher in der Kirche, daher auch das für Arme oder die Kirche gespendete Opfer kärglich ausfallen. Möser schlägt daher vor, die Trauerfeier nach wie vor in der Kirche abzuhalten und hebt die Vorzüge eines völlig eingefriedeten, vor den Toren gelegenen Friedhofes hervor: Er ist viel ruhiger als der Kirchhof in der Stadt, man kann dort auf den Gräbern sogar Rosen pflanzen, und er kann niemandem durch ein eingesunkenes Grab, wie es auf dem Stadtkirchhofe oft geschieht(!), gefährlich werden. Aber trotz Möser, der sogar eine Behandlung dieser Frage in den Ständen veranlaßte, blieb es noch 30 Jahre beim alten.

Im Jahre 1803 regte der Magistrat die Sache wieder an. Er klagte: Die Totengräber wissen bei der vermehrten Einwohnerzahl — sie betrug etwa 9000 — die Leichen nicht mehr unterzubringen; die Gräber werden vom Vieh unterwühlt; die Buben spielen mit den Resten der Verstorbenen. Da dem Könige nun durch die Einziehung der geistlichen Güter so viele Ländereien in der Nähe der Stadt zugefallen waren, hoffte der Rat auf unentgeltliche Überlassung einiger Grundstücke und richtete deshalb unterm 14. April 1803 ein Gesuch an den Vorsitzenden der Organisationskommission, Minister von Arnswaldt, er möge den König bewegen, der Stadt geeignete Grundstücke zur Anlage von Kirchhöfen zu überlassen. Man gedachte, drei Friedhöfe einzurichten: Für die Neustadt vor dem Johannistore, für die Domgemeinde vor dem Herrenteichstore, für St. Katharinen, St. Marien und das Dominikanerkloster vor dem Natruper Tore. Dann brauchten die eingepfarrten Dörfer ihre Leichen nicht mehr durch die Stadt zu fahren. Aber bevor die Kommission dieser Frage näher treten konnte, mußte sie vor den anrückenden Franzosen flüchten.

Nachdem wir preußisch geworden waren, forderte der preußische Kriegs- und Domänenrat *Delius* den Magistrat am 12. August 1806 auf, die Verlegung der Kirchhöfe vor die Tore, die in sämtlichen preußischen Städten vorgeschrieben sei, zu beschleunigen. Aber schon nach zwei Monaten zog auch er wieder davon, die Franzosen kehrten zurück, und wir wurden westfälisch.

Sobald die westfälische Regierung hier eingerichtet war, wandte sich der Rat im November 1807 an sie, legte ihr den Notstand in betreff der Armen und der Kirchhöfe dar und bat um unentgeltliche Überlassung eines leerstehenden Domherrenhofes oder Klosters, in dem er ein Krankenhaus für kranke und ein Arbeitshaus für gesunde Arme einrichten könne, sowie dreier Grundstücke zur Anlage von Friedhöfen. Der Generalintendant Fririon versprach, das Gesuch gelegentlich dem König Jerome vorzulegen. Als aber die Antwort ausblieb, richtete der Rat am 18. Februar 1808 ein Gesuch unter Beifügung einer Abschrift der obigen beiden Gesuche an den Präfekten von Pestel mit der Bitte um Fürsprache. Aber bevor dieses Gesuch abgeschickt war, lief am 19. Februar beim Rat ein Schreiben des Präfekten des Inhalts ein: ,,Mit Erstaunen habe ich mich davon überzeugen müssen, daß nicht allein die Leichen der Stadt, sondern auch die vom Lande innerhalb der Stadt beerdigt werden. Das darf hinfort nicht mehr geschehen, und ich ersuche Sie, Vorkehrungen zu treffen, daß vom 1. April ab die Leichen außerhalb der Stadt begraben werden.''

In der Sache selber stimmte der Rat mit dem Präfekten vollständig überein; aber er wünschte das Land zu den neuen Friedhöfen geschenkt zu erhalten, und das war bis zum 1. April nicht zu erreichen. Er stellte daher unterm 21. Februar von Pestel vor: ,,Die für die Friedhöfe in Aussicht genommenen Grundstücke sind noch vermietet und bebaut; sie müßten doch auch erst eingefriedigt werden, was bei diesem Winterwetter kaum möglich ist. Auch möchten wir erst Erbbegräbnisse ausmessen und vergeben.'' Der Präfekt erklärte aber entschieden: Vom 1. April ab wird innerhalb der Stadtmauern nicht mehr beerdigt. Doch war er bereit, dem Rat sofort geeignete Grundstücke unter der Bedingung zu überlassen, daß dieser sich verpflichtete, sie eintretendenfalls zu bezahlen. Er beauftragte die Kommission für die Verwaltung der eingezogenen Kirchengüter, gemeinsam mit Vertretern der Stadt — Stadtsekretär Struckmann und Lohnherr Thorbecke — passende Grundstücke auszuwählen. Bevor die Sache abgeschlossen war, noch vor dem 1. April, begannen die Beerdigungen auf den neuen Friedhöfen.

Als erste wurde die Leiche eines Kindes vor dem Johannistore beigesetzt, darauf am 21. März auf dem für den neuen Friedhof vor dem Hasetore in Aussicht genommenen Grundstücke der Direktor der Land- und Justizkanzlei, Dr. Justus Friedrich August *Lodtmann*, beerdigt. Um Raum für das Grab zu schaffen, mußte man zuvor den jungen Roggen abmähen. (Das Lodtmannsche Erbbegräbnis findet sich in der Südwestecke des Hasefriedhofes.) Wegen der Neuheit der Beerdigung vor den Toren, und weil Lodtmann einer der höchsten Beamten der Stadt war, folgten seiner Leiche bei dem herrlichen Frühlingswetter eine Unmenge von Menschen. Wohl alle freuten sich, daß endlich die Kirchhöfe innerhalb der Stadt geschlossen waren.

Die zweite segensreiche Einrichtung in unserer Stadt während der westfälischen Zeit war die *Errichtung des Evangelischen Lehrerseminars*. Die Schulpflicht bestand in unserm Bistum schon seit 1693; aber es fehlte an ausgebildeten Volksschullehrern. Die der größeren Orte hatten meistens einige Jahre das Gymnasium besucht und sich darauf von einem älteren Lehrer in die Kunst des Unterrichtens einführen lassen. Andere waren nach Beendigung der Volksschule bei ihrem bisherigen Lehrer erst als Schüler, dann als Gehilfen geblieben, bis sich ihnen eine selbständige Stellung bot. Nur wenige hatten das 1751 gegründete Seminar in Hannover oder das näher gelegene Petershagen bei Minden besucht. Das größte Verdienst um die Einrichtung eines evangelischen Seminars in Osnabrück gebührt dem *Pastor Lasius*. Er kam 1785 von Burgdorf bei Hannover als Prediger an die hier seit 1762 bestehende Garnisongemeinde und wurde 1791 auch Hofprediger. 1789 erließ das hiesige Landkonsistorium an sämtliche Pfarrer seines Bezirks ein Rundschreiben betr. Errichtung eines Instituts zur besseren Ausbildung angehender Lehrer, besonders derer auf dem Lande. Um dafür die Mittel zu beschaffen, hatte die Behörde den Abdruck der Ertmanschen Chronik nebst ihrer Fortsetzung in Aussicht genommen und wies alle Pfarrer an, von den Kanzeln eine dem Rundschreiben beigefügte Anordnung zu verlesen und zur Subskription auf das Werk, das 1 Taler kosten sollte, aufzufordern. Den Bestellern wurde der erste Teil 1792, der zweite 1795 eingehändigt. Der Krieg verhinderte die Fortsetzung. Die von Möser ins Leben gerufenen ,,Westfälischen Beiträge" klagten 1791: ,,Ein Lehrerseminar zu errichten, ist nicht möglich, weil es an einem Fonds fehlt, und weil wenige imstande sind, selber die Kosten anzuwenden." Und 1800 klagte dieselbe Zeitschrift: ,,Bei uns sind die Lehrer Schäfer, Tagelöhner, Hochzeitsspieler, im Winter Schulmeister, im Sommer Hollandgänger."

Pastor Lasius besaß ein reges Interesse für die Schule und wandte sich daher unterm 26. April 1803 an die Organisationskommission mit der Bitte, der König möge ihm eins der leerstehenden geistlichen Gebäude zur Errichtung eines Seminars überlassen und ihm außerdem jährlich 400 Taler gewähren. Sechs Wochen später besetzten die Franzosen unsere Stadt, damit wurde auch Lasius' Hoffnung zerstört. Unter der französischen und der darauf folgenden preußischen Regierung ruhte die Sache; die westfälische Regierung nahm sich der Lehrerbildung eifrig an; sie wollte u. a. in Göttingen und Heiligenstadt Seminare errichten und drängte 1810 auch das hiesige Landkonsistorium, dessen Mitglied Lasius seit 1809 war, zur Ausführung des lang gehegten Planes. Infolgedessen erließ das Konsistorium ein Rundschreiben an sämtliche Prediger des Distrikts mit der Aufforderung, geeignete ,,Subjekte" anzumelden. Am 2. Juli 1810 konnte Lasius das Seminar mit fünf Seminaristen eröffnen. Die Schüler nahmen in den ersten 14 Jahren an dem Unterricht des Ratsgymnasiums teil und wurden außerdem von dem Lehrer Stratemeyer in der Pädagogik und Musik unterwiesen, wahrscheinlich in dessen Wohnung.

Im Jahre 1810 trat auch unsere jetzige *Armenanstalt* ins Leben. Die schon erwähnten strengen Maßregeln des Rats, auch die Einsetzung der Armenvögte (1772), hatten die Bettelei nicht zu unterdrücken vermocht. Wagner behauptete, man habe gesunde Kinder absichtlich verkrüppeln lassen, um mit ihnen desto wirkungsvoller betteln zu können. Schon 1801 trat eine ,,Patriotische Gesellschaft" zusammen, die sich vor allem die Aufgabe stellte, das Armenwesen zu bessern, eine Armenversorgungsanstalt ins Leben zu rufen. Die bald darauf erfolgte Aufhebung des Bistums und die dann beginnende Fremdherrschaft verzögerten die Ausführung des bereits ausgearbeiteten Planes. Erst unter der westfälischen Regierung wurde die Arbeit wiederaufgenommen. Unterm 18. Juni 1808 setzte der Präfekt von Pestel eine neue Kommission zur Ordnung der städtischen Armenpflege ein, deren tätigste Mitglieder Maire Stüve, der Maire adjoint Kaufmann Thorbecke und Konsistorialrat Friedrich Andreas Gruner, Pastor an St. Katharinen, waren. Ihre Arbeit wurde dadurch erschwert, daß die katholischen Mitbürger ihre Armenfonds für die zu gründende gemeinsame Armenstiftung nicht ausliefern wollten und auch nicht konnten, da manche Stiftungen nicht nur für die Stadt, sondern auch für das Land bestimmt waren. Da verordnete die westfälische Regierung durch Erlaß vom 24. März 1809, daß die Stadt zur Unterstützung der Armen, die wenigstens ein Jahr hier gewohnt hätten, *verpflichtet* sei. Eine geordnete städtische Armenpflege war also unerläßlich. Endlich gelang es dann auch der Kommission im November 1809, ihre Arbeit zum Abschluß zu bringen. Man beschloß, eine *gemeinsame städtische Armenverwaltung* einzurichten und ihr vorläufig folgende Armenstiftungen zu überweisen:

1. Die Stiftung des *Engelbert von Langen* zu Stockum.
2. Die *St.-Viti-Stiftung*.
3. *Meyers-* und *Jakobistiftung*, Lohstraße 31 und 32.
4. *Die Stiftung der Ämter*.
5. *Brockmanns Armenstiftung*, 1569 von dem Gildemeister Brockmann für Verwandte und Mitglieder des Gewerbeamtes errichtet. Die Häuser lagen an der Kl. Rosenstraße gegenüber der Kommenderiestraße, wurden aber 1776 für 1000 Taler Gold an die Schloßverwaltung verkauft.
6. *Die vereinigten kleinen Armenstiftungen*. Zu der vom Ratsherrn Nitze 1522 errichteten Stiftung gehörten die Häuser Kommenderiestraße 15 und 16, zu der St.-Annen-Stiftung die Häuser 31—35 an derselben Straße. Die Greselstiftung besaß nur noch bares Geld; der Kurrenstiftung 1505 von Adolf Kurre errichtet, gehörten die Häuser Goldstraße 8 bis 10, der vom Rat der Neustadt 1600 gegründeten Elendestiftung die Häuser Johannismauer 20 und 21. Die von Petershage 1520 geschaffene Stiftung besaß die Häuser Goldstraße 17 und 18, die 1550 von der Familie vom Dumstop gegründete Stiftung die Häuser Seminarstraße 21 und 22.

Fast alle diese Stiftungen besaßen außer der Wohnung auch eigenes Vermögen zur Unterhaltung der Armen: Ländereien, Kapitalien, Renten usw. Die Kosten der neuen Einrichtung berechnete man auf 36000 Mark, die verwendbaren Mittel obiger Stiftungen betrugen 19650 Mark. Um das Fehlende zu beschaffen, wandte sich die Kommission an die Wohltätigkeit der Bürger und wurde in ihrer Erwartung nicht getäuscht; denn statt der fehlenden 16350 Mark ergab die Sammlung 18960 Mark. Am 7. Mai 1810 trat die neue *Armenversorgungsanstalt* ins Leben. Zu ihrer Unterhaltung zahlten die katholischen Mitbürger jährlich 5400 Mark. Dafür behielten sie ihre Armenfonds für sich. Eine noch wichtigere Einnahmequelle als jener Beitrag bildeten die freiwilligen jährlichen Gaben. Die Stadt wurde in Sammelbezirke geteilt, und jeder trug in die Sammelliste ein, wieviel er geben wollte. Im Jahre 1811 ergab die Sammlung 18000 Mark. Seit dieser Zeit besitzt unsere Stadt eine geordnete Armenpflege; die Bettelei wurde von der Regierung bei Gefängnisstrafe verboten und verschwand allmählich.

6. Wieder französisch

Napoleons Brüder, König Jerome von Westfalen und König Ludwig von Holland, waren nur willenlose Werkzeuge ihres kaiserlichen Verwandten. Unter der Festlandsperre litt Holland besonders schwer. Als König Ludwig aber die Not seines Volkes seinem Bruder vorstellte und um Milderung der Handelssperre bat, erwiderte Napoleon ihm: ,,Ew. Majestät wollen bedenken, daß Ihre erste Pflicht die gegen Mich, die zweite die gegen Frankreich ist", und als König Ludwig dann die Übertreter des Sperrgesetzes nur milde bestrafte, ließ Napoleon die holländische Küste durch eine bewaffnete Seemacht scharf bewachen. Infolgedessen dankte König Ludwig zugunsten seines Sohnes ab. Napoleon aber kehrte sich um diese Bedingung nicht, sondern zog ganz Holland, das nach seiner Ansicht ja von französischen Flüssen, dem Rhein und der Maas, angeschwemmt ist, zu Frankreich. Um auch die Sperrung der deutschen Küste strenger durchführen zu können, vereinigte er Lübeck, Holstein und die deutsche Nordseeküste bis zu einer Linie, die südlich von Lüneburg, Soltau, Nienburg, Minden, Osnabrück und Münster bis Wesel lief, mit Frankreich und nannte dies Gebiet *Hanseatische Departements*. Es waren ihrer drei: Das Departement der Elbmündung mit dem Hauptorte

6. Wieder französisch

Hamburg, das der Wesermündung mit dem Hauptorte Bremen und das *Departement der Oberems*. Oberster Beamter war der Reichsmarschall Davoust in Hamburg, ein rücksichtsloser Mann, der alle deutschen Einrichtungen abgeschmackt und lächerlich fand und behauptete, die Franzosen müßten die Deutschen erst aus der Barbarei emporziehen.

Das westfälische Militär zog kurz vor dem 1. Januar 1811 fort; wie früher die französische, so nahm jetzt auch die westfälische Regierung den nicht ihr, sondern dem Lande gehörenden Inhalt der Kassen mit. Französische Truppen rückten ein; die westfälischen Verwaltungsbehörden blieben noch zwei Monate. Für die beiden anderen Departements waren die Hauptstädte — Hamburg und Bremen — ja gegeben; im *Oberemsdepartement* aber konnte außer Osnabrück auch Minden wieder in Frage kommen, das auf die Fürsprache der früheren preußischen Beamten, vor allem des Präfekten Delius, rechnen konnte. Daher fuhr Stüve gegen den Willen des Präfekten nach Hamburg, um dort den Huldigungseid zu leisten und zugleich für seine Vaterstadt einzutreten. *Osnabrück wurde wieder zum Sitze des Präfekten ernannt*. Das Departement Oberems wurde in die vier Arrondissements Osnabrück, Minden, Quakenbrück und Lingen geteilt. Zum Präfekten wurde Herr von Keverberg, ein Niederländer, ernannt, der bis dahin Unterpräfekt in Kleve gewesen war, nach Stüve ein unbedeutender, eitler Mann. Er veranlaßte Goethe von Osnabrück aus und durch eine gemeinsame französische Bekannte, die tapfere Johanna Sebus, deren Rettungswerk bei Kleve er miterlebt hatte, in einem Gedicht festzuhalten, was dann auch in der bekannten, von Zelter vertonten Ballade geschah. Von dem Gedicht erhielt auch Keverberg einen von Goethe veranlaßten Sonderdruck.

Stüve war noch Syndikus und Bürgermeister der selbständigen Stadt Osnabrück gewesen, um so bitterer empfand er seine jetzige abhängige Stellung. Er hatte sich daher um eine Richterstelle beworben, aber ohne Erfolg. Unter der französischen Herrschaft erhielt er als Maire kein Gehalt, sondern nur Bürokosten. Hätte er den Präfekten zum Freunde gehabt und bei der Aufstellung des städtischen Etats dafür gesorgt, daß für ihn etwas abgefallen wäre, so hätte er auch sich selber bedenken können. Beides wurde ihm wiederholt nahegelegt, aber dafür war er nicht zu haben; infolgedessen wurde er viel schikaniert. Die städtischen Finanzen wurden unter französischer Herrschaft ganz zerrüttet, so daß weder die Zinsen von der städtischen Schuld, noch den Lehrern des Ratsgymnasiums die Gehälter rechtzeitig gezahlt werden konnten. Im Oktober 1811 erklärte Stüve in den Öffentlichen Anzeigen: Die städtischen Fonds gestatten es nicht, die Straßen während der ganzen Nacht zu erleuchten. Um aber den Dieben ihr Handwerk möglichst zu erschweren, sollen alle Wirte und Kaufleute, die ihr Geschäft abends geöffnet haben, während der Dunkelheit eine brennende Laterne vor ihr Haus hängen. Dem Platzkommandanten, dem Kriegskommissar, dem Polizeikommissar und dem Maire soll auf Kosten der Stadt eine brennende Laterne vors Haus gehängt werden.

Die *Steuern* waren unerschwinglich hoch. Die Mietsteuer betrug 1 Prozent der Miete, die Grundsteuer das Vierfache der früheren, die Kopfsteuer, von der die Ehefrauen und Dienstboten sowie alle Personen unter 21 Jahren frei waren, den dreitägigen Arbeitslohn; an Tür- und Fenstersteuer wurden allein in unserem Departement jährlich 172000 Franken erhoben. Die Gewerbesteuer, die z. B. ein einfacher Böttcher (Buirmann) zahlte, betrug jährlich 4 Franken 20 Centimen. Zu allen amtlichen Scheinen, Zeitungen sowie zu Gesuchen an die Behörden mußte Stempelpapier benutzt werden. Indirekte Steuern wurden von Wein, Bier, Branntwein, Tabak, Salz, Spielkarten und Kutschwagen erhoben. Zu den regelmäßigen kamen noch die außerordentlichen Steuern, z. B. Kriegssteuern oder ein Beitrag zur Erbauung eines Lazaretts. Ferner die unaufhörliche

Einquartierung. Das 129. Infanterieregiment lag dauernd hier; aber auch die vielen durchziehenden Truppen mußten vorübergehend einquartiert werden.

Diese Last hätten die Bürger ertragen können, wenn die Regierung ihnen neue, ergiebige Einnahmequellen erschlossen hätte; aber das Gegenteil geschah. Die *Festlandssperre* wurde streng durchgeführt; infolgedessen stiegen die Preise der Kolonialwaren zu ungewöhnlicher Höhe. So kostete 1 Pfund Zucker hier 3 Mark, im Innern Deutschlands sogar 7 Mark. Und zwar war die Grenze nicht nur gegen das Ausland gesperrt, sondern auch gegen Frankreich und Holland durch höhere Zölle fast ganz ausgeschlossen, obwohl beide Länder nebst Osnabrück zum Kaiserreich Frankreich gehörten. Die Tuchweber klagten schon 1807, daß sie bei den hohen Wollpreisen nur mit Schaden arbeiten könnten; die Papier-, Tabak- und Seifenfabriken sowie die Gerbereien stellten eine nach der anderen den Betrieb ein. Auch die *Leinenweberei* und der *Leinenhandel*, um die sich Möser so verdient gemacht hatte, wurden fast bedeutungslos und haben sich nie wieder erholt. Präfekt von Keverberg schrieb darüber an seine vorgesetzte Behörde: Es ist unmöglich, den Zoll von 61 Franken für den Meterzentner zu entrichten. Im Oberemsdepartement fabriziert man eine grobe Art Leinen, Löwend genannt; 1 Stück von 100 Ellen Länge und 1 $^{1}/_{16}$ Ellen Breite wiegt 25—27 Kilogramm und kostet 70—90 Franken. Der Eingangszoll erhöht also den Preis um 20 Prozent, was den Absatz in dem Hauptabsatzgebiete, in Holland, gänzlich unterbinden muß. Die Leinenindustrie ist die einzige industrielle Hilfsquelle des Departements, liegt jetzt aber ganz danieder. Sie lieferte bisher 50000 Menschen Lebensunterhalt; der Wert des hergestellten Linnens, das infolge der heilsamen Einwirkung der Legge in ganz Europa, ja selbst in Indien Ruf besaß, belief sich auf jährlich 2 $^{1}/_{2}$ Millionen Franken. — Seine Vorstellung blieb fruchtlos.

Von der Bearbeitung des *Tabaks* ernährten sich damals in der Stadt Osnabrück über 400 Menschen; sie lieferten jährlich 350000 Kilogramm Tabak im Werte von 750000 Franken. Sie alle verloren dadurch ihr Brot, daß Napoleon das Tabaksmonopol einführte. Nur die konzessionierten Tabakpflanzer durften Tabak bauen, mußten aber die ganze Ernte an die Kaiserliche Tabaksmanufaktur in Bremen abliefern. Wer ohne Erlaubnis Tabak pflanzte und Tabaksblätter im Hause aufbewahrte, konnte mit Ketten, ja mit dem Tode bestraft werden. — Daß der *Zucker* so unerschwinglich teuer war, empfanden viele recht schmerzlich; daher gab sich die Regierung alle Mühe, Ersatz zu schaffen. Der Apotheker Marggraf in Berlin hatte schon 1747 gezeigt, daß man aus Rüben Zucker herstellen könne; daher zwangen die französischen Behörden die Landwirte, eine bestimmte Fläche Landes mit Zuckerrüben zu bepflanzen, und wiederholt empfahl der Präfekt in den öffentlichen Anzeigen ein neues Verfahren, Sirup herzustellen; ja, ein Placke aus Magdeburg rühmte sich, aus Rüben feinen Zucker, selbst Kandis fabrizieren zu können, und erbot sich, in *einem* Monat die Kunst auch andere zu lehren; er verlangte aber ein Lehrgeld von 2080 Franken.

Die Stimmung der Bevölkerung war sehr gedrückt. Davon sah der Präfekt allerdings wenig; wenn er durchs Land reiste, wußten willige Diener ihm alles in rosigem Lichte zu malen. Als er im Mai 1811 von einer solchen Reise heimkehrte, schrieb er: „Meine Reise durch das Departement glich einem Triumphzuge; alle drängten sich herzu, mich zu begrüßen, ihre Anhänglichkeit zu bezeugen. Mancher ehrenwerte Greis, Pfarrer mit Tränen in den Augen riefen: Ist es wahr, daß wir mit Frankreich vereinigt sind? Wir lieben, bewundern den Kaiser!" Allerdings konnten die Kriecherei und Lobhudelei so mancher Beamten an den zu Ehren der Kaiserlichen Familie gefeierten Festen ihn wohl zu solcher Ansicht verleiten. Napoleons Geburtstag am 15. August sowie sein Krönungstag, der 2. Dezember, mußten im ganzen Reiche mit Predigt und Tedeum gefeiert werden; alle Beamten hatten zu erscheinen.

Noch weit großartiger wurde der *Tauftag des „Königs von Rom"* gefeiert. Napoleon hatte seine erste, kinderlose Ehe getrennt und sich mit der Erzherzogin Marie Luise, der Tochter des Kaisers von Österreich, vermählt. Als diese ihn am 20. März 1811 mit einem Sohn beschenkte, der gleich nach seiner Geburt den Namen „König von Rom" erhielt, da schien vielen das Glück des Kaisers und Frankreichs vollkommen zu sein. Die Papenburger feierten dies „glücklichste Ereignis der Welt" schon am 31. März; der Friedensrichter Büeren dichtete dazu eine „Ode" voller Überschwenglichkeit und Schmeichelei. Als Tauftag wurde der 9. Juni bestimmt. Der Generalgouverneur Prinz Eckmühl forderte die Präfekten auf, daür zu sorgen, daß der Tag, „an welchem der Allmächtige, indem er Napoleon einen Sohn, einen Erben seines Ruhmes und seines Namens, gab, die einzige Wolke, welche die Zukunft Frankreichs verdunkeln konnte, zerstreut und seine Glückseligkeit gesichert" habe, würdig begangen werde. Auch in unserm Departement fand der Präfekt nur allzu willige Hände. Die Ortschaften wurden bekränzt; Lingen hatte 71 Ehrenbogen errichtet. Alle Glocken läuteten, Böllerschüsse dröhnten durch die Luft. Nach dem Gottesdienste wurden die Armen gespeist, wobei der Wein nicht fehlen durfte; dann hielten die Wohlhabenden ihre Festmahlzeit. Unbescholtene, aber arme Mädchen, die entschlossen waren, einen entlassenen Krieger zu heiraten, wurden von den Gemeinden ausgesteuert, Waisen adoptiert. Der Nachmittag und die Nacht waren der allgemeinen Volksbelustigung — Vogelschießen, Tanz usw. — gewidmet.

Maireadjunkt Thorbecke hatte auf die Anfrage des Präfekten, wie das Fest in Osnabrück am passendsten gefeiert werden könne, geantwortet: „Ich wüßte nichts Besseres, als daß man den Armen ihre im Leihhaus verpfändeten Sachen wieder einlöste." So geschah es auch. Napoleon schenkte den Armen unserer Stadt 3000 Franken; die Stadt und wohlhabende Bürger legten das Fehlende hinzu. So konnten nicht nur die Pfänder eingelöst werden, sondern auch die Armen eine Festmahlzeit mit Wein erhalten, bei der die Armenvorsteher selber bedienten. Zum ewigen Gedächtnis an diesen Freudentag sollte auf dem rechten Haseufer zwischen dem Herrenteichstor und der Wittekindstraße ein *Boulevard du roi de Rome* geschaffen werden. Aber an jenem Festtage wurde die Gesellschaft von einem heftigen Regen zerstreut, und später blieb die Sache liegen.

Die Feste verrauschten, aber der Druck blieb. Selbst zwei Neuerungen, die dem Volke hätten zum Segen werden können, erregten Ärgernis: Der *Landstraßenbau* und die *Befreiung der Eigenbehörigen*.

Für militärische Zwecke schuf Napoleon eine Landstraße von Wesel bis Hamburg, die über Münster, Osnabrück, Bohmte, Diepholz und Bremen führte und noch heute an den hohen Pappeln stellenweise aus weiter Ferne erkennbar ist. Die Gemeinden mußten die Spanndienste unentgeltlich leisten, während die eigentlichen Arbeiter bezahlt wurden, wenigstens in den beiden ersten Jahren. 1811 besah der Präfekt den Straßenbau. Auf der Strecke zwischen Telgte und Twistringen traf er 3000 Arbeiter; alle waren nach seinem Berichte vom besten Geiste beseelt, stolz auf das große Werk, zu dessen Ausführung sie berufen waren. Aber schon damals fürchteten sie, daß sie umsonst arbeiten müßten; daher ordnete der Präfekt an, daß alle vierzehn Tage gezahlt werden solle. Schließlich wurden die Arbeiter doch betrogen; allein denen im Oberemsdepartement blieb Napoleon 248000 Franken schuldig, weshalb die Arbeit zuletzt ganz eingestellt wurde. Später wurde die Straße von der hannoverschen Regierung vollendet. — Zwar hatte schon die westfälische Regierung die *Eigenbehörigen* darüber aufgeklärt, daß durch das napoleonische bürgerliche Gesetzbuch mit der Leibeigenschaft die persönliche Unfreiheit sowie die ungemessenen Dienste, jedoch nicht die Abgaben und Dienstleistungen, die als Pacht gelten könnten, aufgehoben seien; aber viele Eigenbehörige wollten sich nicht belehren lassen, verweigerten obige Abgaben und Dienste und wurden dafür gerichtlich bestraft. Schließlich sandten sie zwei Abgeordnete, den Kantor Dallmeyer aus Hoyel und den Kolonen Sonnefeld aus Westerkappeln, nach Paris, die sich über die falsche Auslegung des Gesetzes durch die hiesigen Richter beschweren sollten. Sie wurden in Paris von einem zum anderen geschickt, opferten große Summen, erreichten aber nichts.

Die Franzosen erzwangen auch die Einrichtung eines *Wochenmarktes* in unserer Stadt. Wie wir gesehen haben, spielte sich früher fast der gesamte Handel auf dem täglich abgehaltenen Markte ab. Dieser war aber während des Dreißigjährigen Krieges eingegangen; der Handel hatte sich in die Häuser der Geschäftsleute zurückgezogen. Vergebens versuchten Ernst August I. 1673 und Ernst August II. 1717, einen am Mittwoch und Sonnabend abzuhaltenden Wochenmarkt einzuführen; beide Einrichtungen waren nicht von Dauer. Als während der Besetzung unserer Stadt durch die Franzosen (1805) Bernadotte anordnete, daß die Offiziere sich selber verpflegen sollten, forderte der General Barbou von dem Rate die Einrichtung eines Wochenmarktes, aber ohne Erfolg. Dann regte der Präfekt Delius 1809 die Sache wieder an. Stüve riet unter Hinweis auf die einfachen, fast ländlichen Verhältnisse unserer Stadt sowie auf die früher bereits gemachten Versuche entschieden ab. Thorbecke fürchtete, daß die Dienstmädchen durch den Marktbesuch zur Unehrlichkeit verleitet werden möchten. Damit ließ sich Delius beruhigen. Der Präfekt Keverberg aber verwies den Maire Stüve einfach auf die gesetzliche Bestimmung, daß jede Garnisonstadt einen Wochenmarkt haben müsse, und forderte ihn auf, Vorschläge zu machen. Nachdem diese vorgelegt und gebilligt waren, veröffentlichte Stüve unterm 28. Oktober 1811 folgendes: Um den Gesetzen zu genügen

Der Marktplatz mit dem Rathaus & ein Theil der Marienkirche in Osnabrück
— erste Hälfte des 19. Jahrhunderts

und den Ein- und Verkauf zu erleichtern, sollen hier an jedem Dienstag, Donnerstag und Sonnabend Wochenmärkte abgehalten werden. Zwei Polizeidiener sollen den Markt überwachen. Als Marktplätze dienen:
1. Der Katharinenkirchhof für Butter, Eier, Fleisch, Früchte, Gemüse usw.
2. Die Südseite der Straße bei Marienstätte (Am Ledenhof) für Holz, Torf, Stroh usw.
3. Die Straße zwischen dem Reitstall und dem Klubhause (die spätere Klubstraße) für Pferde, Kühe, Schweine usw.

Der Markt beginnt im Winter um 8, im Sommer um 7 Uhr und währt bis 12 Uhr. Der erste Markt wird am 3. Dezember 1811 abgehalten. (Er hielt sich nur *ein* Jahr!)

Nachdem die französische Regierung die dem Kaiserreiche einverleibten deutschen Gebiete in bezug auf Verwaltung, Rechtspflege, Militär- und Steuerwesen äußerlich französisch eingerichtet hatte, begann sie die schwierige Arbeit, das Volk selber für Frankreich und französisches Wesen zu gewinnen; dazu sollten vor allem *Kirche, Schule* und *Presse* dienen.

Die verwaiste *katholische Kirche* des Fürstentums Osnabrück wurde von dem Weihbischof *v. Gruben* verwaltet, der hier schon seit 1793 Generalvikar war. Als Napoleon 1811 die Katholiken der alten Bistümer Hamburg, Bremen und Osnabrück zu *einem* Bistum mit dem Sitz in Hamburg vereinigen, darauf das Bistum Osnabrück mit dem Bistum Münster verschmelzen wollte, erhob v. Gruben gegen beide Pläne ernste Bedenken, so daß Napoleon sie fallen ließ und beschloß, das Bistum Osnabrück wieder einzurichten. Er ernannte 1813 v. Gruben zum Bischof von Osnabrück, ohne aber dieserhalb mit dem Papst zu verhandeln, der die Ernennung nicht bestätigte. Von Gruben regte dann beim Grafen Münster, dem Vertreter Hannovers auf dem Wiener Kongreß, die Wiedereinrichtung der Bistümer Hildesheim und Osnabrück an, doch ohne Erfolg. Alle Vorteile oder Nachteile, die sich auf die kirchliche Stellung gründeten, fielen fort; die *Geistlichen* verloren ihre Befreiung von weltlichen Abgaben und Lasten, die *Juden* erfreuten sich derselben bürgerlichen Freiheiten wie die Christen. Die Stolgebühren (Abgaben für Taufen, Beerdigungen usw.) wurden aufgehoben. Die Kirchenbücher wurden nicht mehr von den Geistlichen, sondern von der Mairie geführt. Der Zivilstandsbeamte der Gemeinde Osnabrück war der Maireadjunkt Thorbecke; jede Urkunde ist von ihm und zwei Zeugen unterschrieben. Das Buch mit den Sterbeurkunden von 1812 enthält 80 Bogen, jeder ist mit 75 Centimen (60 Pfennig) gestempelt.

Bevor die Regierung in die *Schulverhältnisse* eingriff, suchte sich der Präfekt darüber eingehend zu unterrichten, indem er umfangreiche Fragebogen ausfüllen ließ. Zwei kaiserliche Räte, Cuvier und Nöel, bereisten die Schulen. Vorläufig wurde die Anstellung der Volksschullehrer dem Unterpräfekten übertragen, der sich aber mit dem Maire darüber verständigen sollte; beabsichtigt war, die gesamte Schulverwaltung in den hanseatischen Departements der in Bremen zu errichtenden Akademie zu übertragen. Dazu ist es glücklicherweise nicht gekommen; was das aber zu bedeuten hatte, zeigt das Beispiel des Gymnasiums in Aurich, das der Akademie in Groningen unterstellt war: Das gesamte Vermögen der Schule an Gebäuden, Grundstücken, Lehrmitteln usw. gehörte der Akademie; jeder Lehrer mußte sich die Berechtigung zum Unterrichten durch ein für schweres Geld zu lösendes Diplom erwerben und außerdem von seinem jährlichen Gehalt einen bestimmten Teil an die Akademie abführen. In der französischen Sprache sollte natürlich in allen Schulen unterrichtet werden; auch dazu ist es hier nicht gekommen.

Besonders schmerzlich empfanden es alle, die noch wissenschaftliches Interesse besaßen, daß der *literarische Verkehr mit dem übrigen Deutschland* fast ganz abgeschnitten war. In Hamburg wohnte ein Generalinspektor des Buchhandels und der Buchdruckerei, Louason, ohne dessen Genehmigung kein Buch in die hanseatischen Departements eingeführt werden durfte; man konnte hier also nur lesen, was die Regierung billigte. Übertretungen wurden schwer bestraft. Zur Warnung ließ Louason auch in den hiesigen Öffentlichen Anzeigen mitteilen, daß der Minister des Innern eine Druckerei in Hagenau habe schließen lassen, weil ihr Besitzer heimlich mehrere Schriften strafbarerweise habe *deutsch* drucken lassen. Um die einzige hier damals erscheinende Zeitschrift ganz in der Hand zu haben, schloß Präfekt Keverberg Ende 1811 mit dem Verleger einen Vertrag. Während des Jahres 1812 sind nicht nur die amtlichen Bekanntmachungen, sondern auch sämtliche Anzeigen von Privatleuten französisch und deutsch gedruckt worden. Auch einen doppelten Titel trug das Blatt; der französische lautete: Feuille d'Affiches. Annonces et Avis divers de la ville d'Osnabrück, der deutsche: Öffentliche Kundmachung und Anzeigen der Stadt Osnabrück. Das Blatt erschien am Mittwoch und am Sonnabend. — Der Präfektursekretär v. Lochhausen ließ auch das große *Welfenwappen über dem Schloßportal bis auf die beiden Löwen entfernen.* Erst unter König Ernst August wurde es durch den Bildhauer Wessell wiederhergestellt. — Zahllose geheime Polizisten schlichen umher; vor ihnen war man kaum im eigenen Hause bei geschlossenen Türen und Fensterladen sicher.

Die Not der Bewohner unserer Stadt stieg aufs höchste, als Napoleon sich zum Kriege gegen Rußland entschlossen hatte und nun im Winter 1811/12 die *Durchmärsche der Truppen* begannen. Ihre Einquartierung verursachte dem Maire viel Arbeit; weit lästiger war ihm die Aufstellung des Stadthaushaltes, weil der Präfekt aus dem uns bekannten Grunde eine schwierige Arbeit nach der anderen wegen angeblicher Vernachlässigung immer neuer Förmlichkeiten zurückgab. Schon mehrmals hatte *Stüve* um seine Entlassung gebeten. Jetzt reichte er folgendes Entlassungsgesuch ein: ,,Seit 24 Jahren diene ich meiner Vaterstadt, und seit 20 Jahren stehe ich in den ersten obrigkeitlichen Ämtern. Ich widmete dem Dienst derselben alle meine Kräfte zu einer Zeit, wo ich reichlich dafür bezahlt ward, zu einer Zeit, wo ich ein geringes Einkommen hatte, und zu einer Zeit, wo ich nicht bloß ohne alle Entgeltung arbeitete, sondern auch noch von meinem Vermögen zusetzte. Bei jeder Veränderung meiner Lage blieb mein Eifer, für das Beste der Stadt zu sorgen, derselbe. Jetzt stehe ich aber auf dem Punkte, wo ich es erkenne, derselbe ferner nicht mehr sein zu können. Meine Kräfte reichen nicht hin, mich die Lasten meines Amtes länger ertragen zu lassen. Meine Familie würde darunter leiden, wenn selbst ohne Erwerb ich auch noch mein Vermögen länger zusetzte, um meinen Mitbürgern zu dienen. Ich bin demnach gezwungen, meine Entlassung zu suchen, und ich erbitte sie mir hierdurch in dem Vertrauen, mit Ehren einen Posten verlassen zu können, dem ich mit Ehren vorstand.'' Der Präfekt hätte Stüve gewiß gern entlassen. Er hatte ihm schon früher vorgeworfen, ,,daß er seine Handlungsweise durch politische Betrachtungen bestimmen lasse, die außerhalb seines Wirkungskreises lägen'', und wollte ihn nach Hamburg versetzen; aber Stüve ließ sich ärztlich bescheinigen, daß sein Körper das Hamburger Klima nicht vertragen würde, und blieb. Statt der erbetenen Entlassung erhielt Stüve ganz unerwartet seine Ernennung zum Mitglied des Gesetzgebenden Körpers (Reichstages) in Paris, eine Stellung, die mit einem sehr auskömmlichen Gehalt verbunden war und wenig Arbeit verursachte. Die Ernennung war ohne Mitwirkung des Präfekten erfolgt.

Zu der großen Armee, welche gegen *Rußland* marschieren sollte, hatte das Oberemsdepartement 1811 im Jahre 1791 geborene Rekruten zu stellen, die Stadt Osnabrück nur

18. Stellvertretung war zulässig; außerdem durfte ein für den aktiven Dienst Ausgehobener mit einem Reservisten tauschen. Wer sich aber nicht freiwillig zur Eintragung in die Aushebungsliste meldete, ging dieser Vergünstigung verlustig und mußte mit als einer der ersten abmarschieren. Geistliche und Künstler, Zöglinge der Polytechnischen und der Kunstschulen waren frei. Auch zwei Studenten der Theologie wurden zurückgestellt; dagegen mußten zwei Zöglinge des hiesigen Lehrerseminars ins Heer eintreten. Da die Ausgehobenen durchweg als verloren galten, so suchten sich viele durch die Flucht der Militärpflicht zu entziehen oder durch Verstümmelung sich unbrauchbar zu machen. Die Verstümmelten wurden aber nicht freigegeben, sondern bei den Schanzarbeiten verwendet. Ein Kolon, der einen Deserteur aufgenommen hatte, wurde zu einem Jahr Gefängnis, 100 Franken Geldstrafe und Tragung der Gerichtskosten verurteilt. Fast jede Nummer der Öffentlichen Anzeigen war angefüllt mit Namen der Flüchtlinge, 10, ja 25 von einem Regiment; wer einen derselben antraf, war bei schwerer Strafe verpflichtet, ihn zu verhaften oder doch anzuzeigen. Die Eltern der Geflüchteten wurden meistens schwer bestraft, durch Pfändung oder Einquartierung; aber sie ertrugen diese Strafe lieber, als daß sie ihre Söhne hingaben, und wenn sie diese in den Öffentlichen Anzeigen auch flehentlich um Rückkehr baten, so wußten die Kinder doch recht wohl, wie es gemeint war.

Stüve wurde im Frühjahr 1812 zu den Sitzungen des Reichstages nach Paris gerufen und bald nach seiner Ankunft auch dem Kaiser vorgestellt, der am 9. Mai zur Armee reiste. Die Abgeordneten durften sich freimütig äußern. Sie brachten auch ihre Klagen vor über die drückende Grenzsperre, die argwöhnische Polizei und die Unmöglichkeit eines literarischen Verkehrs; aber geändert wurde nichts. Nach seiner Rückkehr im Herbst sollte Stüve nach dem Wunsche der Behörden das Amt eines Maire wieder übernehmen; er weigerte sich aber entschieden, so daß sein Adjunkt *Thorbecke* für ihn eintreten mußte.

Von der großen *französichen Armee* in Rußland gelangten während des Sommers hierher nur Siegesnachrichten, die der Maire durch öffentlichen Anschlag bekanntmachen mußte; fremde Zeitungen durften hier nicht gelesen werden, irgendwie verdächtige Briefe wurden geöffnet und nötigenfalls unterschlagen. Auch noch im Herbst, als doch allerlei Gerüchte von Unglücksfällen der Armee nach Deutschland kamen, berichtete das französische Regierungsblatt „Der Moniteur" nur von Siegen, bis endlich das 29. Bulletin (v. 3. Dezember 1812) das ganze große Unglück eingestand. Es schloß aber mit den Worten: „Die Gesundheit Sr. Majestät ist nie besser gewesen." Dann erfuhr man, daß Napoleon seine Armee verlassen habe und wie ein Flüchtling nach Frankreich geeilt sei. Trotzdem konnte der Präfekt noch am 31. Dezember nach Paris berichten: „Hier ist alles ruhig; nur fürchtet man die neuen großen Opfer, besonders, daß der Landwirtschaft zu viele Pferde entzogen werden."

In Frankreich erweckte das Unglück der Armee, die nicht dem Schwert der Feinde, sondern einer Naturgewalt erlegen war, vielseitige Begeisterung. Wohlhabende Leute rüsteten auf eigene Kosten Reiter aus, und der Kriegsminister wünschte, daß dies Beispiel im ganzen Reiche Nachahmung finden möge. Der gesetzgebende Körper wurde zum 1. Februar nach Paris berufen; aber Stüve hatte den Eindruck, es sei hauptsächlich deshalb geschehen, damit die Abgeordneten ebenfalls 200 Pferde mit Ausrüstung schenkten. Im hiesigen Departement war die Begeisterung für solche „freiwillige" Geschenke nicht groß; deshalb suchte v. Keverberg etwas nachzuhelfen. Die Pferde sollten in natura geliefert, die Ausrüstung mit Geld bezahlt werden. Dabei sprach er die Überzeugung aus, daß er bei dem guten Geiste der hiesigen Bevölkerung auf 150 Pferde hoffen dürfe. Ja, selbst Louason, der doch wahrlich nicht auf Dankbarkeit rechnen konnte, wandte sich an die Buchhändler und Buchdrucker mit dem Vorschlag: ,,Wir wollen dem Kaiser unsere Dankbarkeit dadurch bezeugen, daß wir ihm ein Pferd mit Ausrüstung anbieten." Wahrscheinlich gingen aber die Beiträge nur spärlich ein; denn er machte 14 Tage später bekannt, daß er die Namen der Geber veröffentlichen werde.

Sofort nach seiner Rückkehr hatte Napoleon mit der Bildung einer *neuen Armee* begonnen. Der Generaldirektor der Konskribierten in Paris machte bekannt: ,,Wenn sich nicht genug Diensttaugliche finden, darf man auch die früher Zurückgestellten einziehen, wenn sie mindestens fünf Fuß groß und nicht über 35 Jahre alt sind." Alles wurde jetzt genommen, um so mehr wuchs die Zahl der Deserteure trotz aller Warnungen und Zwangsmaßregeln. Die Fahnenflucht wurde noch vergrößert durch das Kriegselend, daß die Militärpflichtigen in unserer Stadt wochenlang vor Augen hatten. ,,Den ganzen Februar und einen großen Teil des Märzes hindurch kamen Kranke von der großen Armee an in schrecklichem Zustand. Fast ohne Kleidung oder in Lumpen, die sie gegen die russische Kälte geschützt, mit erfrorenen Gliedern, halb verhungert, von Ungeziefer bedeckt und meist behaftet mit dem furchtbarsten *Typhus*, wankten diese schrecklichen Gestalten an Stöcken daher oder lagen auf Wagen, zehn bis zwölf auf jedem, oft Leichen unter den Lebenden, und es gab viele Tage, wo über hundert solcher Wagen gezählt wurden. Von den französischen Behörden geschah nichts für ihre Verpflegung. Anfangs legte man sie mit Gewalt in Quartiere, oft lagen sie auf den Straßen, unfähig, sich fortzuschleppen. Durch Subskription der wohlhabenden Bürger wurde dann das alte Rathaus zum Lazarett für sie eingerichtet und wenigstens für Nahrung derer gesorgt, die noch Nahrung bedurften; denn in jedem Nachtquartier starb ihrer unfehlbar eine große Anzahl. Das menschliche Elend zeigte sich hier in seiner gräßlichsten Gestalt, und bei den Bürgern überwog Menschlichkeit den bittern Haß. Im einzelnen wie im ganzen geschah sehr vieles für diese Elenden." (Stüve.)

Am 26. Februar erließ *Lauriston*, der Oberbefehlshaber des Observationskorps der Elbe, folgenden Tagesbefehl: ,,Die Truppen haben sich bisher gut gehalten; der Kaiser und Frankreich zählen auf euch. Ein barbarischer Feind, der den Angriff der französischen Armee nie aushalten konnte, hat die Strenge des Klimas und den freiwilligen Rückzug des Kaisers benutzt, um vorübergehende Vorteile über eine Armee zu erlangen, vor der er zu fliehen gewohnt war. Ihr habt für die Ruhe zu sorgen; die wird auch nicht gestört werden durch die unsinnigen Schriften, welche Übelgesinnte verbreiten, um gegen die Regierung aufzuwiegeln. England und Rußland streuen nur lügenhafte Gerüchte aus, um Deutschland unter einem Haufen von Trümmern zu begraben. Können diejenigen wohl Frieden und Schutz versprechen, die nur mit der Fackel in der Hand zu fechten wußten? Werden die das Eigentum anderer respektieren!"

Im hiesigen Departement begann die *Aushebung* am 20. Februar. Der betreffenden Mitteilung an die Maires fügte der Präfekt die Ermunterung hinzu: ,,Ich zweifle nicht, meine Herren, daß Sie bei dieser Gelegenheit aufs neue auszeichnende Proben Ihres Diensteifers und Ihrer Anhänglichkeit an Sr. Majestät den Kaiser ablegen werden, unter dessen glorreicher Regierung wir das Glück haben, angestellt zu sein." Unsere Stadt, die damals 9297 Einwohner zählte, sollte 13 Mann stellen. Die Militärpflichtigen wurden aufs neue verwarnt: ,,Wer eine Krankheit heuchelt, wird zum Zuerstmarschieren verurteilt. Die mit Beinschäden Behafteten werden, wenn ihre Nummer sie ruft, ohne Ausnahme in das Hamburger Hospital, die Verstümmelten in der Regel in das Depot der Widerspenstigen nach Wesel geschickt." Anfänglich verlief das Aushebungsgeschäft auch ziemlich ruhig; aber schon am 4. März berichtete der Präfekt nach Paris: ,,Die

Bewohner dieses Departements werden unruhig infolge so mancher Gerüchte. Die Steuern werden noch gezahlt, die Rekruten stellen sich, und die Pferdelieferungen gehen besser vonstatten, als ich erwartete; aber wenn die Russen die Grenze des Oberemsdepartements überschreiten sollten, wird es geraten sein, die Kassen und Akten in Sicherheit zu bringen." Da trafen die französischen Beamten, besonders Zollwächter, die vor den heranrückenden Russen am 12. März Hamburg verlassen hatten, mit Weibern und Kindern hier so zahlreich ein, daß viele die Nacht auf der Straße zubringen mußten. Am 17. März rückten die Kosaken in Hamburg ein, und die glänzende Erleuchtung der Stadt am selben Abend trug die Freudenbotschaft auch auf das linkselbische Ufer. An der Unterweser kam es zu Aufständen, der Unterpräfekt in Oldenburg flüchtete. Unterm 11. März erließ v. Keverberg gedruckte Aufforderungen an hervorragende Männer und Jünglinge der Stadt, in eine Ehrenwache für den Kaiser einzutreten, der unsere Stadt besuchen wolle. Am 18. wandte er sich an die Unterpräfekten und Maires mit der Aufforderung, Treue, Mut und Vertrauen zu beweisen; ein Held, dessen Siegeszug durch die Härte der Elemente einen Augenblick aufgehalten worden sei, werde bald zurückkehren und Ruhe und Glück bringen. In einem Bericht nach Paris vom folgenden Tage aber klagte er über den schlechten Eindruck, den die Räumung Hamburgs auf die Bevölkerung gemacht habe, und bat, ihm zur Aufrechterhaltung der Ruhe ein Bataillon Infanterie zu überlassen; in Osnabrück selber hoffe er die Ordnung mit Hilfe einer Bürgergarde aus den angesehensten Bürgern aufrechterhalten zu können. Am 20. März bat er auch den Kommandanten des Departements um ein Bataillon. Nicht ohne Grund war der Präfekt besorgt. Zwischen Minden und Uchte wurden zwei Gendarmen, welche Gefangene nach Osnabrück bringen sollten, überfallen und die Gefangenen befreit. In Diepenau drang eine bewaffnete Schar in die Gendarmeriekaserne ein und zerschlug alles. Als nach *Quakenbrück* die Nachricht von der Räumung Hamburgs kam und sich das Gerücht verbreitete, die Engländer seien in Varel gelandet, versammelte sich das Volk und verlangte, es solle kein Geld mehr fortgeschickt werden. Die Bürgergarde stellte zwar die Ruhe wieder her; aber die französischen Beamten außer den Gendarmen und Richtern zogen doch davon. In Westeroldendorf und Venne verspottete man öffentlich die französischen Adler. Am schlimmsten stand die Sache in *Papenburg*. Am 18. März plünderten die Aufständischen das Zollbüro. Mit drei kleinen Kanonen und 50 Flinten ausgerüstet, überfielen sie einen Schiffstransport, überwältigten die 40 Zollbeamten und teilten die Waren unter sich. Sobald der Präfekt die erbetene Kompagnie erhalten hatte, legte er sie nach Papenburg. Die Bürger mußten für Wohnung und Verpflegung ohne Entgeld sorgen.

Unter solchen Umständen wandte sich der Präfekt wieder mit einem Rundschreiben an die Maires, in dem er ihnen androhte, daß auch über das Oberemsdepartement der *Belagerungszustand*, der auf dem Elb- und dem Weserdepartment schon laste, verhängt werden würde, wenn sie ihm nicht die Rädelsführer auslieferte, und zugleich auf die Torheit solcher Aufstände hinwies. „Wie konnten die Aufständischen vergessen", schrieb er, „daß er (Napoleon) auch im gegenwärtigen Kriege alle Stellungen der Russen genommen und sie gezwungen hat, ihre Hauptstadt anzuzünden!" Aber was nützte solche Prahlerei? Die Bevölkerung wurde immer schwieriger, die Zahl der Deserteure nahm erschreckend zu. Von den für das 9. Chevaux-Legers-Regiment ausgehobenen Mannschaften desertierte die Hälfte. Die in Osnabrück als verdächtig eingesperrten Konskribierten suchten sich mit Gewalt zu befreien. Der Präfekt schrieb deshalb an den Vorsitzenden der Aushebungskommission in Paris: „Die Räumung Hamburgs hat das Volk erregt, die Zahl der Deserteure mehrt sich, die jungen Militärpflichtigen verbinden sich mit ihnen; daher bitte ich, die Aushebungen so lange auszusetzen, bis die Ruhe wiederhergestellt ist." — "In Osnabrück herrschte die größte Spannung. Ohne Zwang wurde aus keiner Kasse gezahlt, und es hieß, man denke die heillos gesparten Gelder wegzuschicken; dem aber wollte das Volk durchaus sich widersetzen. Da wurden eines Abends spät viele angesehene Bürger mit Waffen in das Haus des die Mairie versehenden Adjunkten Thorbecke entboten; jetzt glaubte das Volk, der Augenblick sei gekommen; alles strömte an das Johannistor, und als die Gemahlin des Präfekten eben die Stadt verließ, fehlte wenig, daß man nicht den Wagen nach Geld durchsuchte; indes jene Aufgebotenen eilten bald aus dem nahen Hause herbei, und so blieb's bei Steinwürfen." (Stüve.) Die Bürger verpflichteten sich zu dauernden Patrouillen; als man aber die aus Freiwilligen gebildete Präfekturgarde ins Heer stecken wollte, entwich in einer Nacht die ganze Mannschaft. — Zu dieser Aufregung kam noch der entsetzliche, stetig wachsende *Typhus*, den die aus Mitleid aufgenommenen französischen Flüchtlinge in die Stadt getragen hatten, und der so bösartig war, daß der bloße Dunst in der Nähe des Hospitals zur Ansteckung genügte, die Angesteckten aber meistens unrettbar verloren waren. Dieser Krankheit erlag auch der allgemein geachtete Polizeikommissar Hoffmann. Stüve wurde noch durch die Sitzungen des Gesetzgebenden Körpers in Paris zurückgehalten; am 2. April traf er bei den Seinen wieder ein.

Napoleon wußte die strategische Bedeutung des Gebietes zwischen Elbe und Weser wohl zu schätzen; daher ernannte er zu dessen Verteidigung oder Rückeroberung zwei seiner tüchtigsten und rücksichtslosesten Offiziere, *Davoust* und *Vandamme*. Sie verhängten am 30. März über unser Departement den *Belagerungszustand*, obwohl der Präfekt sich entschieden dagegen erklärte, weil die überwiegende Mehrheit der Bevölkerung solches Mißtrauen nicht verdient habe. Alle Vergehen wurden jetzt nach der Strenge der Militärgesetze bestraft; in Wesel, Münster, Osnabrück und Bremen traten Militärkommissionen ins Leben, wahre Blutgerichte. Die ihnen zugrunde liegende Verordnung lautete: ,,Jede gegen Franzosen begangene Beleidigung oder Aufwiegelung, jede Aufwiegelung oder Angriffe wider die Administration oder gegen die Behörde, jede Aufrichtung von Zusammenrottungszeichen, jeder Frevel, welcher die öffentliche Ruhe stören könnte, und jeder Anlaß zur Empörung sollen mit dem Tode durch das Urteil einer Militärkommission bestraft und binnen vierundzwanzig Stunden vollzogen werden." Wer war da noch seines Lebens sicher? — Am 21. April verlangte der Präfekt, daß sämtliche Waffen und aller Schießbedarf an die Regierung abgeliefert werde; Übertretungen dieses Gebotes wurden mit dem Tode bedroht. Dann erschien ein Gesetz, daß die Söhne vornehmer, einflußreicher Eltern zu einer National- und Ehrengarde vereinigt werden sollten; dadurch suchte Napoleon nicht nur die Söhne, sondern auch ihre Eltern in seine Gewalt zu bringen. Da die *Aufständischen an der Unterweser* ohne Hilfe blieben, wurden 150 Bauern niedergesäbelt, etwa 80 erschossen. Das Dorf Lilienthal ging in Flammen auf, weil dort angeblich auf einen französischen Posten geschossen worden war. In Blexen hatten die eingeborenen Soldaten ihre französischen Offiziere vertrieben; dafür wurde das Dorf geplündert, die angesehenen Einwohner wurden als Geiseln fortgeschleppt und 19 derselben erschossen. Als der Unterpräfekt in Oldenburg davonlief und niemand sich der Regierung annahm, traten fünf angesehene Männer zu einer vorläufigen Regierungskommission zusammen, um für Ruhe und Ordnung zu sorgen und die öffentlichen Kassen zu schützen. Dafür wurden sie von den zurückkehrenden Franzosen zur Rechenschaft gezogen und zwei von ihnen, von Finkh und von Berger, in Bremen erschossen.

Am 15. April hatte sich Napoleon, wie unsere ,,Öffentlichen Anzeigen" verkündigten, zu seiner Armee nach Deutschland begeben, und bald kam eine Siegesnachricht über die andere, die von dem Maire durch Anschlag an den Toren bekanntgemacht werden mußten. Am 7. Mai mußten unsere Kirchenglocken den Sieg Napoleons bei Lützen am 2. Mai verkünden. In derselben Stunde lag *Stüve* im Sterben. Die Aufregungen der letzten Jahre hatten seinen sonst so zähen Körper geknickt. Der Typhus machte seinem Leben in der Nacht vom 7. zum 8. Mai 1813 ein Ende. Er wäre vor vielen anderen würdig gewesen, den Tag der Freiheit zu schauen.

In demselben Monat erlebte auch Osnabrück die Vollstreckung eines Todesurteils. Der *Advokat Kamps* in Damme wurde beschuldigt, bei der Verteidigung des Landwirts Gers aus Barlage, der einen Rekrutierungssergeanten beleidigt und mißhandelt haben sollte, ,,die Gendarmerie in ihrem Dienste und den Sekretär der Mairie Damme beleidigt und den Aufforderungen der Gendarmerie im Namen des Gesetzes kein Gehör gegeben zu haben''. Beide wurden vor eine Spezialmilitärkommission gestellt, die aus sieben nichtdeutschen Offizieren und einem Gerichtssekretär bestand und sich am 29. Mai auf unserm Rathause versammelte. Gers, der den Gendarm, der ihn vor der Gerichtssitzung verhörte, bestochen haben soll, wurde freigesprochen, Kamps aber zum Tode verurteilt. Nach dem Gesetz mußte dies Urteil binnen 24 Stunden vollstreckt werden. Deshalb hatte die Militärkommission bereits von dem Divisionsgeneral Baron Carra St. Cyr unterzeichnete Todesurteile zur Hand, in die nur der Name des Verurteilten und die Art seines Verbrechens einzutragen waren. Der Verurteilte wurde am Morgen des 30. Mai 1813 unter militärischer Bewachung und von vielen Zuschauern begleitet, aus dem Heger Tor durch den ,,ersten Fillergang'' (die jetzige Arndtstraße) zur Wüste geführt, um dort erschossen zu werden. Er soll den ganzen Aufzug nicht ernst genommen, sondern gelächelt haben, da er es nicht für möglich hielt, daß das Todesurteil schon bestätigt sei. Man wollte ihn auch begnadigen, wenn er seine angeblichen Beleidigungen gegen die französische Regierung zurücknehmen wollte; aber davon wollte er trotz der Bitten seiner Frau und Kinder, die er unversorgt zurückließ, nichts wissen. Die *Hinrichtung* fand auf dem Grundstück Arndtstraße 15 statt. Die zu der Exekution kommandierten Soldaten waren junge italienische Rekruten. Ihr erster Schuß ging fehl. ,,Kerls, ich bin noch nicht tot!'' rief der Unglückliche. Da hielt ihm der Unteroffizier die Mündung seines Gewehrs ins Ohr und jagte ihm eine Kugel durch den Kopf. Der Offizier, der die Hinrichtung hatte ausführen lassen müssen, war über dieses unmilitärische Verfahren so ungehalten, daß er auf dem Rückwege vor der Ameldungschen Apotheke sich die Epauletten von der Schulter riß und sie mit Füßen trat. — Kamps war geborener Osnabrücker. Sein Bruder war Kanonikus bei St. Johann und bewohnte das von seiner Familie der Kirche geschenkte Haus Johannisstraße 41. Das Kampssche Wappen mit der Jahreszahl 1790, das an diesem Hause angebracht war, ruht jetzt im Keller des Museums.

Trotz aller Gewalttaten fühlten die Franzosen den Boden unter ihren Füßen wanken. Immer neue Lieferungen wurden ausgeschrieben, an deren Aufbringung der Präfekt verzweifelte. Berechnete er doch selber, daß allein der *Belagerungszustand sein Departement mindestens 11 Millionen Franken* gekostet habe; das macht auf den Kopf der Bevölkerung 26 Franken! Mit Recht konnte er daher im September berichten, daß in allen Kreisen der Bevölkerung große Unzufriedenheit herrsche. Der Präfekt trat daher, wenn auch ohne Erfolg, für Steuerermäßigung ein, zog überhaupt die Zügel der Regierung nicht mehr so straff an, was man sogar an der Form der Öffentlichen Anzeigen sehen kann. Nr. 1—12 des Jahrganges 1813 tragen noch den französischen und den deutschen Titel; doch lautet dieser in Nr. 1—5: ,,Öffentliche Affichen und Anzeigen'', von Nr. 6 an: ,,Öffentliche Anzeigen und Bekanntmachungen der Stadt Osnabrück.'' Nr. 1—12 sind zweisprachig; in Nr. 13 macht die Schriftleitung bekannt, daß es hinfort einer französischen Übersetzung der für dieses Blatt bestimmten Artikel nicht mehr bedürfe.

Bis zum Waffenstillstand (4. Juni) hatte Napoleon im ganzen glücklich gekämpft; nachdem aber Österreich sich den Verbündeten angeschlossen hatte, verschlechterte sich Napoleons Lage von Tag zu Tag. Die *Siege der Verbündeten* bei Großbeeren, bei Hagelberg, an der Katzbach und bei Dennewitz belebten die Hoffnung des deutschen Volkes auf baldige Erlösung. Am 30. September flüchtete Jerome aus Kassel, wohin er später allerdings noch einmal zurückkehrte. Weltliche und geistliche Behörden mahnten zur Ruhe; auch Weihbischof von Gruben forderte die ihm unterstellte Geistlichkeit am 5. Oktober auf, mit allem Eifer bei öffentlichen Versammlungen sowie bei Privatbesuchen ihre Pfarrgenossen und Beichtkinder zu einem ruhigen, stillen und friedlichen Verhalten zu ermahnen. Wie der Präfekt schon seine Frau in Sicherheit gebracht hatte, so begaben sich auch Beamte, wie Louason, nach Münster, um nötigenfalls leichter entkommen zu können. Präfekt Keverberg sandte die wichtigsten Akten nach Wesel und bereitete seine Abreise vor.

Am 17. Oktober schrieb er dem Präfekten in Münster: ,,Soeben erhalte ich die amtliche Nachricht, daß Bremen kapituliert hat; die französische Besatzung wird heute abend, von Feinden begleitet, in Diepholz eintreffen. Wir haben hier etwas Kavallerie, aber uns fehlen Sättel und Zügel; bitte, uns einige zu senden, einerlei von welcher Form." Am folgenden Tage wandte er sich an den Kaiserlichen Postmeister hier mit der Bitte, er möge den Offizieren, welche abreisen wollten, keine Pferde geben. Am 20. berichtete er wieder an den Präfekten in Münster: ,,Die Garnison von Bremen ist soeben mit Waffen und Gepäck hier eingetroffen, um sich nach Wesel zu begeben." Man hatte gefürchtet, daß sie hier beim Durchzug plündern möchte und sich deshalb zur Gegenwehr gerüstet, was sich aber als unnötig erwies. Am 28. Oktober erhielt man hier genauere Nachrichten über die *Schlacht bei Leipzig* am 18. Oktober, in der zwar auch Osnabrücker mitgekämpft haben, aber auf seiten der Franzosen. Am 29. berichtete von Keverberg: ,,Der Feind steht bei Bohmte; ich werde die Papiere fortschaffen lassen." An demselben Tage teilte er dem Minister des Innern in Paris mit: ,,Die Situation ist eminent kritisch im Departement. Meine Abreise steht nahe bevor. Der Feind ist in Lemförde; da wir keine Artillerie haben, können wir uns nicht halten." Am 2. November meldete er sich bei dem Präfekten in Münster mit den Worten an: ,,Der Prinz von Eckmühl hält es für angezeigt, daß die Verwaltung abreist; ich komme mit meinem Generalsekretär zu Ihnen." Seine letzte Verfügung (vom 28. Oktober, über das Branntweinbrennen) wurde hier am Tage seiner Abreise (3. November) veröffentlicht.

Durch folgendes Schreiben, das an den Stadttoren befestigt wurde, verabschiedete er sich von den Osnabrückern: ,,Begebenheiten, die Ihnen bekannt sind, entfernen mich auf einige Zeit von Ihnen. Ich bin weit entfernt, ruhige Bürger gegen den Feind bewaffnen zu wollen, wenn er in diese Gegend vordringen möchte. Es ist Sache der Souverains und ihrer Armeen, Krieg zu führen. Diese Wahrheit existierte zu allen Zeiten und paßt auch auf Ihre jetzige Lage. Allein, wenn es recht ist, der Gewalt auf eine biedere Weise zu weichen, so würde es dagegen ein Verbrechen gegen Gott und gegen die Gesetze des Staates sein, dieses weiter als auf einen leidenden Gehorsam auszudehnen. Versäumen Sie also nichts, um die Guten zu beleben und die Übelgesinnten, deren Sie indessen, ich sage es mit Stolz, nur sehr wenige zählen, im Zaum zu halten. Rechnen Sie auf jene Gerechtigkeit, welche die Guten gern belohnt und die Bösen, obgleich mit Leidwesen, bestraft, und seien Sie bis zum Augenblick meiner Rückkehr, wo ich das Vergnügen haben werde, Ihre Treue bekanntzumachen, davon überzeugt, daß ich Sie und das gute Volk, dessen Wohl mir anvertraut ist, in meinem Herzen tragen werde." — Keverberg hat Osnabrück nicht wiedergesehen.

Osnabrück von der Nordseite

7. Rückkehr der hannoverschen Verwaltung; das Friedensfest

Dem flüchtigen Präfekten folgte an demselben Tage die *französische Besatzung*. Direktor Fortlage hat in dem Jahrgang 1813 der Öffentlichen Anzeigen vermerkt: ,,Den 3. November zogen die letzten Franzosen, etwa 1000 Mann stark, bestehend vorzüglich aus Kavallerie ohne Pferde, unter dem Kommando der Generale Carra St. Cyr, Lamberdiére und Ameil (aus Schlettstadt) hier ab. Den 5. November zeigten sich abends 9 Uhr die ersten *Kosaken*, den 7. November rückte ein Piquet donischer Kosaken hier ein." Als ein Sohn des Barons von Korff auf Sutthausen den ersten Kosaken auf der Bissendorfer Straße mit *Bon jour, Monsieur* begrüßte, schlug dieser ihn in der Meinung, einen Franzosen vor sich zu haben, mit seinem Kantschu auf den Kopf, daß der Knabe zu Boden fiel.

Schon am 4. November erließen die hannoverschen Geheimräte *von der Decken* und *von Bremer* eine am 17. veröffentlichte Bekanntmachung folgenden Inhalts: ,,Die siegreichen Waffen der Verbündeten haben die Befreiung des Vaterlandes von mehr als zehnjährigem Leiden so gut als beendet. Schon nähert sich die tapfere Armee von Norddeutschland, angeführt von dem Kronprinzen von Schweden. Unseres Königs zu dieser Armee gehörige Truppen haben die Hauptstadt und einen großen Teil des Landes bereits besetzt. Bei diesem frohen Wechsel der Verhältnisse haben wir keinen Anstand finden können, die Regierung der kurfürstlichen Staaten namens der rechtmäßigen Landesherrschaft wieder zu übernehmen." Auf Befehl des Königs wurde der von den französischen Behörden erzwungene Huldigungseid für null und nichtig erklärt, die fremden Titel aufgehoben. Zu Regierungskommissaren für das ,,Fürstentum Osnabrück" wurden der Oberappellationsrat *von Strahlenheim* in Celle, der Kammerherr *Ostman von der Leye* und der Stadtsekretär *Struckmann* ernannt. Maire Thorbecke, Stüves Nachfolger, unterzeichnete sich als Bürgermeister, und die Öffentlichen Anzeigen erschienen von Nr. 92 ab mit hannoverschem Wappen. Die in der herrenlosen Zeit erschienene Nr. 91 bestand nur aus einem Blatt; die Beilage brachte folgenden Aufruf:

,,Der Königlich Preußische Rittmeister *Graf von Wedell* ist mit dem Auftrage seines hohen Souverains versehen, in den hiesigen Provinzen diejenigen unter den deutschen Fahnen zu sammeln, welche nach dem Beispiel ihrer deutschen Mitbürger für die Freiheit des Vaterlandes zu fechten und sich dazu aus eigenen Mitteln zu equipiren Lust haben. Er hat zu dem Ende seine Bureaux in Lingen für den Cavallerie- und zu Ibbenbüren für den Infanterie-Dienst etablirt und erwartet dort die patriotischen Anerbietungen seiner braven Landsleute.''

Unter dem 6. Dezember erklärten der vormalige Oberleutnant *Justus Lodtmann* und der Gutsbesitzer *von Gülich*: ,,Wir haben den ehrenvollen Auftrag erhalten, alle aufzufordern, welche den bevorstehenden Feldzug gegen den räuberischen Unterdrücker des Vaterlandes zu Pferde mitmachen wollen und sich selbst beritten machen können, in das von Sr. Königl. Hoheit dem Herzog von Cumberland zu errichtende freiwillige Husarenregiment einzutreten. Jeder Eintretende muß sich selbst ein Pferd halten, Kleidung, Waffen, Pferdezeug und Futter werden geliefert.'' Am 11. Dezember wurde dann die Königliche Verordnung vom 27. November über die *Errichtung der Landwehr* veröffentlicht. Es sollten in Hannover 30 Bataillone zu je vier Kompagnien errichtet werden. Dienstpflichtig waren die Unteroffiziere und Mannschaften der ehemaligen hannoverschen Armee, die noch nicht in die Linienregimenter eingetreten waren, sowie alle dienstfähigen Mannschaften vom 18. bis 30. Jahre. Das Osnabrück Bataillon umfaßte etwa 680 Mann. Die meisten traten freiwillig ein; andere wurden zum Eintritt durch das Versprechen der Regierung veranlaßt, daß sie ihnen nach erlangtem Frieden eine Anstellung gewähren oder sie bei der Besetzung von Bauernstellen bevorzugen wolle. Die Landwehr mußte erst ausgerüstet und ausgebildet werden und konnte deshalb an den Kämpfen, welche die Verbündeten Napoleon während der Monate Januar, Februar und März 1814 in Frankreich lieferten, nicht teilnehmen. Napoleon dankte Anfang April ab und wurde nach Elba gebracht. Nach abgeschlossenem Frieden (30. Mai) kehrten die deutschen Truppen heim; die verbündeten Fürsten nebst ihren Feldherren und Staatsmännern folgten einer Einladung des Prinzregenten, späteren Königs Georg IV., der für seinen geisteskranken Vater die Regierung führte, zu einem Besuch Englands. Die hannoversche Landwehr blieb unter Waffen. — Als die preußischen Truppen im Januar 1814 Wesel wieder besetzten, fanden sie in dem dortigen Gefängnis den Posthalter *Bierwirth* aus Osnabrück, den die Franzosen auf ihrem Abzuge dorthin mitgeschleppt hatten. Der Marschall Prinz Eckmühl hatte selber ihn einsperren lassen, weil — wie Bierwirth meinte — seine Gemahlin etwas lange auf die Postpferde hatte warten müssen.

Außer dem von dem Herzog von Cumberland bereits gebildeten Regiment freiwilliger Husaren beschloß die Regierung, noch drei Regimenter freiwilliger Kavallerie zu errichten; das dritte Regiment sollten das Fürstentum Osnabrück, die Grafschaften Hoya-Diepholz und Bentheim stellen. Und die Regierung muß sich in ihren Erwartungen wohl nicht getäuscht haben; denn zwei Monate später (27. Februar 1814) machte von Strahlenheim bekannt, daß in der Stadt Osnabrück unter dem Hofjunker Grafen Münster auch noch eine Kompagnie des freiwilligen Husarenregiments gebildet werden solle, und hoffte, daß die durch Patriotismus rühmlichst ausgezeichneten Osnabrücker auch bei dieser Gelegenheit ihre Vaterlandsliebe beweisen würden.

7. Rückkehr der hannoverschen Verwaltung; Das Friedensfest

In der Landesverwaltung wurden allmählich die früheren Verhältnisse zurückgeführt, auch solche, die sich überlebt hatten. Die Laien wurden von der Rechtspflege wieder ausgeschlossen, die Eigenbehörigen verloren ihre persönliche Freiheit wieder, selbst ein altes Zensuredikt von 1705 wurde ausgegraben. Es sollte im Lande nicht das Geringste gedruckt werden, ,,es sey denn zuvor zur Censur gehörigen Ortes eingeschicket und daselbst approbiret worden"; ,,Leich-Predigten, Carmina und dergleichen" durften nur mit Genehmigung des Konsistoriums gedruckt werden. Nur den vormals im hiesigen Fürstentum erhobenen *Judenleibzoll* führte man nicht wieder ein. So sehr unsere Stadt auch unter der Fremdherrschaft gelitten hatte, sah sich doch die neue Landesbehörde genötigt, eine *Kriegssteuer* zu erheben. Sie betrug für Großkaufleute, Lieferanten usw. bis 100 Taler, für andere Kaufleute, Wirte usw. bis 40, für Ärzte, Advokaten und Prokuratoren bis 30 Taler; Fabrikarbeiter und Gesellen sollten bis 4, Knechte 1, Mägde ½ Taler zahlen.

Aber trotz dieser Steuer flossen die freiwilligen Gaben für Orte, die noch schwerer gelitten hatten als Osnabrück, hier reichlich. Den ersten Anstoß gab hierzu der Hofprediger *Lasius* mit folgender, am 19. Februar veröffentlichten Aufforderung:

> Wer freut sich nicht, wenn öffentliche Blätter melden,
> Was für die Kranken, die Verwundeten, für jene Helden,
> Die unsern übermüt'gen Feind bezwungen
> Und uns Befreiung von der Sklaverei errungen,
> In Städten und auf Dörfern überall geschieht?
> Wer wäre bei der Nachricht wohl fühllos geblieben,
> Daß von den Tausenden, die man aus Hamburg fortgetrieben,
> So mancher schon durch edle Menschenfreunde sich gerettet sieht?
> Wenn Leidende um Unterstützung fleh'n, hielt unser gutes Osnabrück
> Bisher noch nie die Hilfe karg zurück.
> Willst du, mein Leser! zu den schönen Zwecken auch dein Scherflein geben?
> Der Unterzeichnete wird selbst die kleinste Gabe gern erheben

Acht Tage später erließen die Frauen *von Ostman*, geb. Böselager, *von Dincklage*, geb. von dem Bussche, Hofsekretärin *Wedekind*, geb. Schwartze, Postmeister in *Corsica*, geb. Schwartze, und Sophie *von Reichmeister* einen Aufruf zur Unterstützung derjenigen Orte, die durch Truppenmärsche besonders gelitten, oder der Landwehrleute mit Geld, Hemden, Strümpfen usw. An demselben Tage veröffentlichten G. F. von Gülich u. Comp. einen Aufruf von zehn Herren aus Leipzig zu milden Gaben für die Einwohner der durch die Völkerschlacht so schwer heimgesuchten Orte um Leipzig. Alle drei Einnahmestellen konnten wiederholt für reiche Gaben danken. Lasius, den die Landlehrer beim Sammeln unterstützten, hat 5214 Mark nach dem jetzt so reichen Hamburg gesandt, darunter gewiß manchen Pfennig von Arbeiterkindern. Der Frauenverein hat außer Hemden, Strümpfen usw. 14515 Mark verteilt. L. Graf von *Münster* sammelte Beiträge zur Anschaffung von Montierungsstücken für die freiwilligen Husaren sowie für die Musikkasse des Osnabrücker Landwehrbataillons. Für diesen Zweck schenkte die Stadt Osnabrück 100 Taler, Bissendorf und Holte 25, Schledehausen 20 Taler, Organist Veltmann ein Fagott.

Nachdem der erste Pariser Friede geschlossen war, räumten die Franzosen die von ihnen besetzten deutschen Festungen. Am 31. Mai 1814 verließ Davoust Hamburg; die Besatzung kehrte über Osnabrück nach Frankreich zurück. Bürgermeister Thorbecke hielt es für geraten, ,,die wackeren Osnabrücker Bürger" aufzufordern, auch den leisesten Anlaß zu Streitigkeiten zu meiden.

Nach wiedererlangtem Frieden ordnete der Prinzregent für ganz Hannover ein Friedensfest an, das am 7. Sonntage nach Trinitatis, d. i. am 24. Juli, gefeiert werden sollte, wobei die Gemeinden zum Dank gegen Gott, zur Anhänglichkeit an König und Vaterland, zu Gemeinsinn sowie zur Wohltätigkeit gegen ihre durch den Krieg verarmten Mitbürger aufgefordert werden sollten. Am Tage nach dem Friedensfeste sollten in allen Gemeinden die Prediger und einige angesehene Gemeindeglieder von Haus zu Haus gehen, um milde Gaben einzusammeln.

Schon am 16. Juli ließ Bürgermeister Thorbecke das folgende gedruckte Programm des *Friedensfestes* an den besuchtesten Plätzen der Stadt anschlagen: ,,Es ist ein heiliges Fest. Jede Unordnung, wie sie Namen haben möge, würde eine Entweihung desselben sein. Wir bringen dem Gott der Heerscharen unsern Dank! Er hat uns von der Tyranney errettet und uns unsere Nation wiedergegeben; wir erfreuen uns durch Seine Hülfe wiederum unserer rechtmäßigen Regierung. Ruhe und Wohlstand werden zurückkehren, die Drangsale der vorigen Zeit vergessen werden. Der Herr hat große Dinge an uns getan, des sind wir fröhlich! Aber würdig und darin wahr äußere sich unsere Freude. Wie könnten Gesetz und Ordnung an einem Tage aufhören, wo wir von Dank erfüllt dem huldigen, dessen erstes Gesetz ist: Liebet euch untereinander! Und alle Gesetze und Ordnungen beruhen einzig auf dieser Liebe."

,,Das Fest sei also im eigentlichen Sinne des Wortes ein religiöses Fest. Den 23. Juli verkündigen mittags und abends feierliches Geläute und Danklieder vom St.-Marien-Turme die Annäherung des Festes. Ebenso den 24. des Morgens 4 Uhr erschallen die Glocken, von Kanonenschüssen auf der Großen und Johannisfreiheit begleitet. Das Fest beginnt. Von jedem Turm werden Lob- und Danklieder gehört. Die Kirchen füllen sich zu den gewöhnlichen Zeiten. Keine große Gastmähler, noch Bälle usw. haben heute statt. Nur dem Wunsche: Durch eine allgemeine freiwillige Illumination die Freude anzudeuten, welche alle beseelt, wird gern nachgegeben, und ich zweifle nicht, daß hierbei in den Inschriften und sonst nur Dank und Schicklichkeit sich aussprechen werden. Danklieder vom St.-Marien-Turm, abermaliges Glockengeläute und Kanonendonner auf den benannten Plätzen von 9 bis 10 Uhr abends deuten auf den Ausgang des Festes. Gelobt, gelobt sei Gott!"

Magister J. H. B. Fortlage bezeugt, daß diese Verordnung, die sich ja wie der Erlaß einer Kirchenbehörde liest, wie aus dem Herzen der Bürger gekommen sei. ,,Das greift ans Herz, das macht einem die Augen naß!" hörte man vielfach sagen. Die Feier verlief denn auch in würdigster Weise. Die Kirchen waren überfüllt, die ganze Stadt mit Grün und Blumen geschmückt; die Hauptstraßen waren zu beiden Seiten mit Tannen und Birken bepflanzt. Abends blieb kein Häuschen dunkel. Besonders reichen Lichterglanz zeigten der Dom, St. Johann, die Tore und das Rathaus, über dessen Tür eine große Friedenssonne erstrahlte. Der folgende Tag war der weltlichen Freude gewidmet. Die Armen wurden im Rathaus öffentlich gespeist und von ihren Vorstehern bedient. — Die Regierungskommission sprach dem Bürgermeister ihre Anerkennung für den würdigen Verlauf des Festes aus.

8. Die Schlacht bei Waterloo

Unsere Väter sollten bald einsehen, daß sie das Friedensfest zu früh gefeiert hatten. Im Herbst 1814 versammelten sich die europäischen Fürsten nebst ihren Staatsmännern in Wien, um die Verhältnisse Europas neu zu ordnen; Hannover war dort durch den *Grafen Münster* aufs beste vertreten. Im November ließ der König von England folgen-

8. Die Schlacht bei Waterloo

Ernst Graf von Münster-Ledenburg

des veröffentlichen: „Da ein deutscher Kaiser nicht wiedergewählt werden soll, hat der Titel Kurfürst keine Bedeutung mehr. Da ferner die übrigen weltlichen Kurfürsten bereits den Königstitel angenommen haben, so haben auch Wir Uns entschlossen, Unsere Deutschen Staaten zu einem Königreich zu erheben und für dieselben den Titel eines *Königs von Hannover* anzunehmen."

Napoleon erfuhr auf Elba gar bald, daß die Verbündeten auf dem Wiener Kongreß miteinander in Streit geraten waren, der in einen Krieg auszuarten drohte. Auch war ihm bekannt, daß viele Franzosen mit ihrem neuen König Ludwig XVIII. unzufrieden waren, daß besonders das Heer die Rückkehr des verbannten Kaisers wünschte. Da erhielten die Fürsten in Wien Anfang März plötzlich die aufregende Nachricht: Napoleon ist in Frankreich gelandet, das Heer zu ihm übergegangen, der König geflüchtet. Vergebens beteuerte Napoleon den europäischen Fürsten seine Friedensliebe; sie erklärten ihn für einen Feind und Störer des Weltfriedens und setzten ihre Heere gegen ihn in Bewegung. Die Österreicher überschritten den Oberrhein, die Russen marschierten auf den Mittelrhein zu, während sich in Belgien die Preußen unter Blücher und die Engländer unter Wellington sammelten. Unter seinem Oberbefehl standen auch die *hannoverschen Truppen*, die Landwehr und die *Deutsche Legion*.

Als infolge der Elbkonvention 1803 die hannoversche Armee sich auflöste, forderte der Oberstleutnant v. d. Decken seine bisherigen Kriegskameraden zum Eintritt in die englische Armee auf, und viele folgten seinem Ruf. Sie mußten sich auf fünf Jahre verpflichten. Anfänglich gedachte der König, nur ein Infanterieregiment zu bilden; da die Zahl der Freiwilligen aber stetig wuchs, beschloß er, ein aus Infanterie, Kavallerie und Artillerie bestehendes besonderes Korps zu errichten, dem er den Namen „*Die*

Königlich Deutsche Legion" beilegte, und das er am 19. Dezember 1803 unter den Oberbefehl des Herzogs von Cambridge stellte. Das Korps erreichte bald die Stärke von 8000 Mann und wuchs 1812/13 sogar zu 15900 Mann an. Die meisten waren Hannoveraner, unter ihnen auch Osnabrücker; aber auch andere Deutsche, selbst Polen gehörten dem Korps an. Es hat in Verbindung mit den englischen Truppen auf den verschiedensten Kriegsschauplätzen gefochten; den höchsten Ruhm erwarb es sich aber in dem Peninsula-Krieg, d. i. in dem spanisch-portugiesischen Befreiungskampf (1808—1813) unter dem Oberbefehl des späteren Herzogs von Wellington. In seinen Berichten an den König sagte Wellington u. a.: ,,Es ist nicht möglich, bessere Soldaten zu haben, als die eingeborenen Hannoveraner sind. Ich habe nie einen kühneren Kavallerieangriff gesehen als den, welchen die schwere Brigade der Königlich Deutschen Legion unter dem Generalmajor von Bock ausführte." Nach fünfjährigem Ringen verließen die Franzosen die Pyrenäische Halbinsel; im Oktober 1813 rückte die englisch-hannoversche Armee über die Pyrenäen, um den Kampf in Südfrankreich fortzusetzen. Sobald aber die Nachricht eintraf, daß Napoleon abgedankt habe, kehrte Wellington mit dem größten Teil seiner Truppen nach England zurück. Die Dienstzeit der Legion war abgelaufen; als aber die Kunde von der *Rückkehr Napoleons* nach England kam, nahmen die Legionäre aufs neue Dienst und eilten, abermals unter Wellingtons Oberbefehl, nach Belgien. Unter dem 24. Mai 1815 erließ Adolf Friedrich, Herzog von Cambridge, auch in unserm Fürstentum einen öffentlichen Aufruf zur Bildung eines freiwilligen Jägerkorps, und unter dem 10. Juni erschien eine Verordnung des Prinzregenten über eine allgemeine Bewaffnung durch Errichtung eines Landsturms, in den alle diensttauglichen Jünglinge und Männer vom 17. bis 50. Lebensjahre eintreten sollten, welche noch nicht der Linie oder der Landwehr angehörten. Man bereitete sich also auf einen großen, allgemeinen Kampf vor.

Die süddeutschen Truppen standen noch im Südwesten Frankreichs, die Russen hatten kaum den Mittelrhein überschritten; Napoleon beschloß daher, zunächst das preußische und englische Heer unschädlich zu machen und sich dann gegen jene zu wenden. Wellingtons Heer lagerte um Brüssel, seine Vorposten standen in Quatrebas, Südlich von ihnen stand Blücher. Beide Heere waren noch zu weit voneinander entfernt, um vereint kämpfen zu können. Dem englischen Heere hatte sich auch *Herzog Friedrich Wilhelm von Braunschweig* angeschlossen. Er war ein Sohn des preußischen Oberfeldherrn, der bei Jena 1806 schwer verwundet wurde und auf der Flucht starb. Napoleon schlug Braunschweig zu Westfalen. Der junge Herzog kämpfte 1809 an der Seite Österreichs vergebens um sein väterliches Erbe, schlug sich aber dann mit seinen Getreuen, die in Schwarz gekleidet waren und den Totenkopf vor der Kopfbekleidung trugen, auf einem kühnen, abenteuerreichen Zuge von Franken bis zu Unterweser durch und bestieg in Varel englische Schiffe. Erst nach der Völkerschlacht bei Leipzig kehrte er in die Heimat zurück. Am 18. Dezember 1813 kam er durch Osnabrück. Die bewaffneten Bürger waren ihm bis Hakenhof entgegenmarschiert und geleiteten ihn unter Ehrensalven in die Stadt. Auf allen Türmen läuteten die Glocken, und auf den Wällen donnerten die Geschütze. Nach einstündigem Aufenthalt wurde der Herzog mit gleichen Ehrenbezeugungen aus der Stadt geleitet. Im Frühjahr 1815 eilte er mit 6000 Mann nach den Niederlanden und stand jetzt zum Kampfe bereit.

Napoleon überschritt am 14. Juni die belgische Grenze mit einem Heere von 120000 Mann, meistens altgedienten Soldaten. Er sandte den kleineren Teil seiner Truppen unter Ney gegen Wellington, um diesen zu hindern, dem preußischen Heere Hilfe zubringen; er selber griff am 16. Juni Blücher bei Ligny an. Dieser nahm die Schlacht in der bestimmten Erwartung an, daß Wellington ihm Hilfe leisten werde; da diese aber ausblieb, wurde er geschlagen. Ney traf die Engländer bei Quatrebras, und es entwickelte sich alsbald ein hitziger Kampf; nur mit Mühe gelang es Wellington, die Franzosen zurückzuweisen. In diesem Kampf fiel auch der tapfere Herzog Friedrich Wilhelm von Braunschweig in dem Augenblick, als er versuchte, seine zurückweichende Infanterie wieder gegen den Feind zu führen.

Napoleon hielt das preußische Heer für vernichtet und ließ es deshalb nur lässig auf der Straße nach dem Osten, nach Namur, verfolgen, ohne zu ahnen, daß es nach Norden abgebogen war, um in Wellingtons Nähe zu bleiben, der sich am 17. ebenfalls nach Norden, nach der Höhe von Mont Saint Jean, zurückzog. Napoleon vereinigte das Neysche Korps wieder mit der Hauptarmee, folgte dem englischen Heere und lagerte sich ihm gegenüber auf der Höhe Belle Alliance, voll Verlangen, seine Rache an den Engländern endlich befriedigen zu können. Von dem unaufhörlichen Regen waren die meisten Soldaten bis auf die Haut durchnäßt. Wellington hatte sein Hauptquartier in *Waterloo*; dort erhielt er nachts auf seine Anfrage von Blücher die Zusage, daß dieser ihm am folgenden Tage mit zwei Korps zu Hilfe kommen wolle. Er beschloß daher, die Schlacht zu wagen.

Wellingtons Heer bestand noch aus 68000 Mann, unter denen sich 24000 Engländer, 14000 Niederländer und 30000 Deutsche befanden. Außer 6000 Mann der Deutschen Legion waren auch zwölf Bataillone der Hannoverschen Landwehr zugegen, die nach beendigter Ausbildung im Herbst 1814 nach den Niederlanden marschiert waren. Die dritte Brigade, die sich aus den Bataillonen Osnabrück, Quakenbrück, Bremervörde und Salzgitter zusammensetzte, befehligte der Oberst von *Halkett*, ein geborener Schotte, der aus der englischen Armee zur Deutschen Legion und 1814 in die Hannoversche Armee übergetreten war. Das Osnabrücker Bataillon unterstand dem Major Graf Münster. Von den Offizieren sind noch bekannt die Hauptleute Quentin, Gotthard und von Schele, die Adjutanten Doetz und Schmedes, die Leutnants Uffel, Winkler, Richers und Breusing, die Fähnriche Lyra, Berghoff, Niehenke und Meyer.

Am Abend vor der Schlacht begann es wieder heftig zu regnen; dabei lagen die meisten Truppen unter freiem Himmel, zum Schutz besaß jeder nur eine wollene Decke. Gegen Morgen klärte sich der Himmel auf. Es war Sonntag. Offiziere und Soldaten erhoben sich von der bloßen Erde, zum Teil aus breiigem Lehm, zündeten Feuer an, um ihr Zeug zu trocknen, und brachten ihre Gewehre in Ordnung. Sich eine warme Suppe zu bereiten, daran dachten sie kaum. Zwar wurde Schiffszwieback herbeigeschafft; da es aber an Zeit zum Austeilen fehlte, schüttete man ihn auf den nassen Boden, und wer wollte, packte sich etwas in den Brotbeutel. Dann rückten die Truppen in ihre Stellungen. Sie standen nicht nach Nationen gesondert, sondern das Zentrum wie die beiden Flügel bestanden aus Engländern, Deutschen und Niederländern. Wellingtons Schlachtreihe war etwa eine deutsche Meile lang. Unmittelbar vor ihr lagen drei von ihm stark besetzte Häusergruppen: Vor dem rechten Flügel das Schloß Hougemont, vor dem Zentrum der Pachthof La Haye Sainte, vor dem linken Flügel der Hof Papelotte. Wellingtons Plan war, den Angriff abzuwarten und sich so lange zu halten, bis entweder Blücher einträfe oder die Nacht dem Kampf ein Ende machte. „Preußen oder die Nacht!"

Napoleon war trotz einer Erkrankung schon früh zu Pferde. Er ritt zu seinen Vorposten und beobachtete das englische Heer, das nur durch ein breites, flaches Tal von dem seinigen getrennt war. Da der Regen den Boden sehr erweicht hatte, beschloß er, den Angriff um einige Stunden zu verschieben. Als dann die Truppen in Schlachtordnung aufgestellt waren, hielt Napoleon noch einmal eine Musterung — die letzte! —

über sie ab. Überall wurde er mit großer Begeisterung empfangen. Er verfügte noch über etwa 74000 der besten Truppen. ,,Die Erde war stolz, so viele Tapfere zu tragen!'' berichtete ein Augenzeuge.

Etwa um $1/2$ 12 Uhr gab Napoleon das Zeichen zum Angriff. Er wollte die Gegner werfen, bevor Blücher, dessen Vorhut er schon auf einer entfernten Höhe gewahrte, eintreffen konnte. Mit einem Angriff auf das Schloß Hougemont suchte er Wellington zu täuschen; denn sein Hauptangriff galt dem feindlichen Zentrum. Er ließ ihm gegenüber 80 Kanonen auffahren, die ein furchtbares Schnellfeuer eröffneten. Plötzlich schwiegen sie, und nun stürmte die französische Infanterie mit dem Rufe *Vive l'empereur* kampfbegierig ins Tal hinab. Ein Teil der niederländischen Truppen wurde in die Flucht geschlagen; auch das hannoversche Husarenregiment Cumberland unter dem Obersten Hake machte kehrt und jagte spornstreichs davon. Aber die englische und deutsche Infanterie hielt tapfer stand. Das *Osnabrücker Bataillon* mußte einmal eine Viertelstunde platt auf der Erde liegen, um vor dem heftigen Feuer der Franzosen Schutz zu finden, und mehrmals ein Karree bilden, um die französische Kavallerie abzuwehren.

Den Schlüsselpunkt der englischen Stellung bildete der Hof La Haye Sainte, dessen Verteidigung Wellington dem aus nur 376 Mann bestehenden zweiten leichten Bataillon der *Deutschen Legion* unter Major Baring anvertraut hatte. Der erste Angriff um 2 Uhr wurde abgeschlagen. Nach kurzer Pause richtete Napoleon ein zweites gewaltiges Schnellfeuer gegen das Zentrum der Verbündeten, und diesem folgten wieder Infanterie- und Kavallerieangriffe. So wogte der Kampf hin und her, ohne eine Entscheidung zu bringen. Napoleon hatte am Morgen die bevorstehende Schlacht ,,nur ein Frühstück'' genannt; nun hatte er schon fünf Stunden lang all seine Kräfte, sein letztes Heer aufgeboten, aber der zähe Gegner wich nicht, und in der nächsten Stunde schon konnte Blücher in den Kampf mit eingreifen. Vor allem mußte sofort der Schlüssel der englischen Stellung, La Haye Sainte, genommen werden. Drei Divisionen wurden dazu aufgeboten. Der Pachthof war von einer Mauer eingeschlossen; aber das Tor der einen Einfahrt war bereits verbrannt. Die Öffnung hatte man nach Möglichkeit versperrt, sie bot aber den Franzosen immer noch den günstigsten Angriffspunkt. Immer heftiger stürmten sie gegen die Mauer an, wurden aber überall mit dem Bajonett zurückgeworfen. Da die Angreifer mit Gewalt nichts ausrichten konnten, zündeten sie die Scheune an. Schon stiegen dicke Rauchwolken aus dem Dach empor; aber die tapferen Verteidiger verzagten auch jetzt noch nicht. Sie füllten ihre Feldkessel rasch mit Wasser, und es gelang ihnen, damit das Feuer zu löschen. Immer erbitterter wurde der Kampf. Am Fuße der Mauer häuften sich die Leichen der Franzosen; aber die Nachstürmenden stiegen auf die Leichenhügel, um die Mauer zu erklettern, und ergriffen die aus den Schießscharten hervorragenden Gewehre der Deutschen, um sie ihnen zu entreißen. Die braven Verteidiger wichen nicht; aber ihr Feuer wurde schwächer und schwächer, weil die Munition zu Ende ging und der Munitionswagen trotz aller Bemühungen des Majors nicht aufzufinden war. Die Franzosen merkten dies und verdoppelten ihren Eifer. Endlich gelang es ihnen, durch das Tor einzudringen. Die Verteidiger hatten keinen Schuß mehr, daher gab Baring seinen Leuten, wenn auch mit schwerem Herzen, den Befehl, sich durch das Wohnhaus zurückzuziehen. Vier Stunden, bis $6^1/2$ Uhr, hatte die kleine Heldenschar den Pachthof gehalten. Aber welche Opfer hatte der Kampf gekostet! Major Baring blieb wunderbarerweise unverwundet, obwohl ihm drei Pferde unterm Leib erschossen wurden.

Wellingtons Lage wurde immer bedenklicher. Mit La Haye Sainte hatte er einen wichtigen Stützpunkt verloren; seine Infanterie und Kavallerie waren stark zusammengeschmolzen, seine ganze Reserve bereits ins Gefecht gezogen; mit Besorgnis sah er einem abermaligen Angriff Napoleons entgegen, der noch frische Truppen, vor allem seine wohlverschonte Garde, zur Verfügung hatte. Auf seine Uhr blickend, rief Wellington: „Blücher oder die Nacht!" Dieser greise Held war trotz der Quetschungen, die er bei Ligny beim Sturz mit dem Pferde erlitten hatte, schon am frühen Morgen mit drei Korps aufgebrochen und trotz des Regens und der aufgeweichten Wege ununterbrochen marschiert. Um 4 Uhr konnte Bülow, der an der Spitze marschierte, mit einem Teil seines Korps gegen die rechte Flanke der Franzosen vorgehen. Napoleon sandte ihm ein Armeekorps entgegen, das ihn stundenlang festhielt, und versuchte um 7 Uhr einen letzten Angriff, indem er seine Garde ins Gefecht führte. Da traf auch Ziethen mit seinem Korps ein und rückte in die Lücke zwischen Bülow und Wellingtons linkem Flügel. Die Preußen erstürmten Planchenoit, so daß die Rückzugslinie der Franzosen bedrängt wurde. Diese kämpften wie verzweifelt, sämtliche Offiziere vor der Front. Als dem Marschall Ney das fünfte Pferd unter dem Leib erschossen wurde, stürmte er den Seinen mit gezogenem Säbel zu Fuß vorauf, mitten in das Kampfgewühl hinein; aber er fand den heiß ersehnten ehrenvollen Soldatentod nicht. (Er wurde später standrechtlich erschossen.)

Der französische Angriff erlahmte, die Garde ging zurück. Wellington sprengte auf eine Höhe vor der Front seiner Truppen und schwenkte begeistert seinen Hut. Seine Soldaten verstanden ihn. Ohne die Ordnung des Heeres wiederherzustellen, stürmten Bataillone, Schwadronen und Batterien, 40000 Mann, in wilder Begeisterung unter dem Wirbel der Trommeln und dem Klang der Hörner den Abhang hinab. Vom Schreck gepackt, wandten sich die Franzosen zur Flucht. Als Napoleon sah, daß alles verloren war, ließ er die drei letzten Gardebataillone, die ihm noch verblieben waren, Karrees bilden, an denen jeder Angriff abprallte. Unter ihrem Schutz gelang es ihm, sich in Sicherheit zu bringen.

An diesem letzten Angriff Wellingtons hatte auch das *Osnabrücker Landwehrbataillon* hervorragenden Anteil. Oberst Halkett hatte von seiner Brigade nur das Bataillon Osnabrück bei sich. Um die andern drei zu sammeln, sandte er seinen Adjutanten ab; doch dieser wurde unterwegs erschossen, bevor er den Befehl ausrichten konnte. Über den Angriff der Osnabrücker erzählt *Leutnant Richers* folgendes: „Das Bataillon durchschritt eine ziemlich weite Niederung, wie das wellenförmige Terrain des Schlachtfeldes sie mehrfach bildete. Schweigend ging es vorwärts; denn wir wurden in diesen Augenblicken durch eine große Anzahl feindlicher und diesseitiger Kanonenkugeln, welche ununterbrochen über unseren Köpfen hinweggingen, in Spannung gehalten. Als die Niederung durchschritten war und wir die jenseitige Höhe erstiegen hatten, stand auf drei- bis vierhundert Schritt eine feindliche Kolonne vor uns. Es war ein Bataillon der alten Garde. ‚Schützen vor!' rief der Oberst Halkett. Ich war der dritte Offizier bei der zweiten Kompagnie, kommandierte keine Division und bat daher, mit den Schützen vorgehen zu dürfen. Oberst Halkett wie auch Graf Münster gaben gern ihre Genehmigung dazu. Ich war also von jetzt an vorn, konnte beobachten, und hat sich das Nachstehende meinem Gedächtnis lebhaft eingeprägt. Wir avancierten, der Feind blieb auf der Stelle, wo er war. Wir kamen näher, eine Salve aus den vordersten Reihen der Kolonne empfing uns. Ich glaube, wir stutzten und standen alle. Da kam ein kurzer Ruf des Obersten Halkett in unser Ohr; aber er reichte hin, unseren Gemütern die Entscheidung zu geben. Hurra, brave Osnabrücker! Das war das kurze Wort unseres Führers. Das Bajonett flog in die Faust, und im Laufschritt stürzten wir vorwärts. Unsere Gegner kamen uns nicht zum Bajonettkampf entgegen; noch einen Augenblick standen sie, dann machten sie in offenbar wankender Haltung kehrt und gingen rückwärts, eine kurze Strecke noch in geschlossener Ordnung, dann in Auflösung und weiter in ungeregelter Flucht. So ging es in wilder Jagd immer vorwärts auf den Gegner ein. Geschossen wurde auf beiden Seiten nur so viel, als das Laufen es zuließ. Die Offiziere des Feindes bemühten sich in einem fort, ihre Leute wieder zum Stehen zu bringen, schwenkten die Degen und riefen ein *en avant!* nach dem andern, allein wir ließen sie zu nichts kommen, und kaum stand ein Trupp mit einigen Offizieren geschlossen da, so stob er auch wieder bei unseren Anläufen auseinander.

Ein höherer Offizier, von zwei anderen berittenen Offizieren begleitet, war in den Bestrebungen, die alte Garde wieder zum Stehen zu bringen, besonders tätig, und wiederholt war unseren Leuten schon gesagt, besonders auf diesen Reiter zu schießen. Endlich stürzte das Pferd des höheren Offiziers, von einer Kugel getroffen. Der Reiter lag unter dem Pferd und konnte sich nicht sogleich freimachen. Dem Obersten Halkett, der in den vordersten Reihen zwischen uns ritt, riefen wir jetzt zu, daß jener Offizier, den auch er schon lange im Auge hatte, gestürzt sei. Sobald der Oberst es ersah, zog er den Säbel, gab seinem Pferde die Sporen und jagte im Galopp auf den gestürzten Reiter zu, rechts und links einzelne Flüchtlinge hinter sich lassend, und somit eigentlich mitten in den Feind. Als der Oberst an den gestürzten Reiter herankam, hatte sich dieser eben von seinem Pferde wiederlosgemacht und stand in aufrechter Stellung. Ich glaubte zu sehen, daß der Oberst einen Hieb nach ihm tat. Alle Schützen aus der Reihe und ich selber stürzten jetzt zu dieser Szene zu, denn der Oberst befand sich offenbar in größter Gefahr; er konnte von allen Seiten durch einen Schuß oder Bajonettstich getötet werden. Allein kein Franzose hatte mehr Zeit, seinen General zu retten, und das *sauve qui peut* (Rette sich, wer kann!) machte sich hier in seiner vollsten Bedeutung geltend; denn auch die beiden berittenen Begleiter des Generals waren davongesprengt. Der General war in diesem Augenblick der Gefangene des Obersten geworden; der Oberst hatte ihn am Kragen gefaßt und zog ihn neben seinem Pferde uns entgegen. Ich war mit drei oder vier Schützen der erste, der herzukam. Als wir zur Stelle waren, hielt der Oberst mit seinem Gefangenen an, ließ ihn los und fragte, wer er sei. Der General blutete stark aus einer Kopfwunde; das Blut floß ihm über das ganze Gesicht, und sich mit den Händen das Blut aus dem Munde wischend, antwortete er: *„Je suis le général Cambronne.'* Nur einen Augenblick hielten wir bei dem Gefangenen an, dann stürzte alles auf Antrieb des Obersten wieder vorwärts. Spät am Abend, als das Bataillon haltgemacht hatte, hörte ich, daß Sergeant Führing und drei Mann den General Cambronne nach Brüssel eskortiert hätten."

Daß die Osnabrücker in der Schlacht bei Waterloo Ungewöhnliches geleistet haben, bezeugt auch der folgende Bericht, den ihr Kommandeur, Oberst Halkett, dem Oberbefehlshaber der hannoverschen Truppen, General von Alten, erstattete. ,,Das Osnabrücker Bataillon, welches ich das Glück hatte, zu führen, unterstützt vom Major Grafen Münster, war die Bewunderung eines jeden, der Zeuge seines ehrenvollen Vorgehens war ... Wenn ich erwäge, daß die Osnabrücker den alten Garden Bonapartes gegenübergestellt waren, muß die Erinnerung, sie geschlagen zu haben, ein Gefühl stolzer Befriedigung in ihnen zurücklassen." Aber schwere Verluste hat das Bataillon auch erlitten. Von den Offizieren waren gefallen: Kapitän Quentin, Leutnant Berghoff und Leutnant Uffel, schwer verwundet: Kapitän Gotthard und Fähnrich Niehenke, leicht verwundet: Major Graf Münster, Leutnant Winkler, Leutnant Richers und Fähnrich Meyer. Diese Verwundeten genasen sämtlich wieder. Von den Unteroffizieren und Soldaten des Bataillons fielen: die Unteroffiziere Müller aus Harderberg, Röpker aus Kassel, Thörner aus Belm, Kriege aus Hagen, Enkhaus aus Rulle, Brinkmann und Papenbrock aus Glandorf und Bürke aus Schledehausen. Ihren Wunden erlagen im

Hospital zu Antwerpen die Soldaten Osterholt und Schaunhorst aus Osnabrück, Münstermann aus Voxtrup und Brüggemann aus Glandorf. Von dem Quakenbrücker Bataillon fiel Soldat Brandt aus Ankum, während Soldat Koopmann aus Bippen im Lazarett verstarb. Auch der Führer dieses Bataillons, Major von dem Bussche-Hünnefeld, starb später an den in der Schlacht empfangenen Wunde.

Bei anderen Regimentern verloren ihr Leben: Korporal Beckenbröde aus Quakenbrück, die Soldaten Harkenmüller und Schipps aus Osnabrück, Wiebusch aus Eiken, Goecker aus Rulle und Wehner aus Neuenkirchen bei Melle. Bei der *Deutschen Legion* fielen von unseren Landsleuten Negengerdt, Todt, Ernst Meyer, Friedrich Meyer, Deckers, Becker, Creutzmann, Haberkamp und Wehrmann aus Osnabrück und Wenter aus Bad Essen, während Fahrenholz aus Osnabrück, Wittkop aus Wittlage und Gerecke aus Bissendorf verwundet wurden. Eine stattliche Anzahl!

Der diesmalige Zug der verbündeten und siegreichen Heere nach Paris glich mehr einem Triumph- als einem Kriegszuge; schon am 8. Juli traf Wellington mit seinen Truppen im Boulogner Gehölz ein, wo sie in Hütten lagerten. Napoleon hatte schon am 22. Juni abgedankt und war auf ein englisches Kriegsschiff geflüchtet. Er wurde dort sofort als Kriegsgefangener behandelt und nach der einsamen Insel St. Helena gebracht, wo er am 5. Mai 1821 gestorben ist. Der alte Blücher stand schon 11 Tage nach der Schlacht bei Waterloo in Paris, das er besetzte. Die Osnabrücker erhielten beim Eintritt der kälteren Jahreszeit (am 12. Oktober) Quartiere in der Nähe von Versailles. Nachdem am 20. November der zweite *Pariser Friede* geschlossen war und Ludwig XVIII. wieder den französischen Thron bestiegen hatte, schickten sich die verbündeten Truppen zum Rückmarsch an. Das Osnabrücker Bataillon trat am 12. Dezember 1815 den Marsch in die Heimat an, wo man sich schon längst auf seinen Empfang rüstete. An demselben Tage wurde hier bekanntgemacht, daß vom 18. Dezember ab Werbungen für die Deutsche Legion nicht mehr statthaft seien.

Unter dem 5. Dezember erließen Gerhard Friedrich *Wagner*, Franz Joseph *Brück*, Heinrich Wilhelm *Westerkamp* und Gerhard *Lange* einen Aufruf an ihre Mitbürger, freiwillige Gaben zu spenden, damit sie die heimkehrenden Krieger würdig empfangen und ihnen eine neue Fahne überreichen könnten. Sechs Wochen währte der Rückmarsch von Paris; am 22. Januar 1816 zogen die Osnabrücker Krieger durch das Johannistor ein. (Nicht durch das jetzige Heger Tor, das erst 1817 fertig wurde.) Die Häuser waren bekränzt und alles auf den Beinen, die neue Fahne aber noch nicht fertig. Mit einem von Karl Thorbecke verfaßten poetischen Gruß wurden sie empfangen. Bei dem Festessen wurden besonders für diesen Zweck gedichtete Lieder gesungen, das eine ,,von den dankbaren Bürgern", das andere von ,,patriotischen Frauen, Jungfrauen und Männern", das dritte ,,von den Mitgliedern des freiwilligen Jäger- und Cavallerie-Corps des Landsturmes".

Wie ganz anders war die Heimkehr jener bedauernswerten Krieger, die der fremde Eroberer mit nach *Rußland* geschleppt hatte! Die meisten blieben in der Fremde; von 20 kehrte nur einer zurück. Im Oktober 1815 erließ die Hannoversche Regierung eine Aufforderung, alle Personen aus dem Königreich Hannover anzumelden, welche 1812 mit nach Rußland gezogen und nicht zurückgekehrt seien. Sie sandte dann den Leutnant Heinrich Meyer vom Landwehrbataillon Hannover mit dem Auftrage nach Rußland, die Rückkehr der dort etwa in Gefangenschaft zurückgebliebenen Hannoveraner zu bewirken, auch selbst die Gegenden zu durchsuchen, die 1812/13 Schauplatz des Krieges gewesen oder in denen die Lazarette sich befunden oder die Gefangenen in Haft gewesen waren. Die russische Regierung gab hierzu nicht nur ihre Erlaubnis, sondern unterstützte

Leutnant Meyer auf jede Weise, so daß dieser im Juni, September und Oktober 1817 seiner Regierung je ein Verzeichnis von insgesamt 2383 Kriegern aus dem Königreich Hannover einsenden konnte, welche die Russen auf den Schlachtfeldern aufgelesen oder auf dem Rückzuge gefangengenommen hatten. Aber nur 50 konnte er in die Heimat zurückschicken, von denen nur 36 ankamen. 208 waren in das russische Heer eingetreten, 68 waren in Rußland bereits ansässig geworden; alle übrigen — 2057! — waren gestorben. Und wie viele waren von den Russen gleich auf den Schlachtfeldern verscharrt oder von den Wölfen gefressen worden!

Der Kommandant des Husarenregiments Cumberland, *Oberst Hake*, der mit seinem Regiment das Schlachtfeld von Waterloo verlassen hatte, wurde vom Kriegsgericht zur Ausstoßung aus der Armee verurteilt und dies Urteil 1816 in Osnabrück vollstreckt.

Unterm 1. Juni verordnete der Prinzregent, ,,daß an dem nächst bevorstehenden 18. Junius ein mit allen an hohen Festen gebräuchlichen kirchlichen Feierlichkeiten verbundener vormittägiger Gottesdienst in allen Kirchen unseres Königreichs Hannover gehalten und solcher mit Absingung eines feierlichen Te Deum unter anzuordnendem Glockengeläute nach geendigter Predigt beschlossen werden''. An diesem Tage versammelte sich das Landwehrbataillon noch einmal auf dem Markte und empfing die ihm von den Bürgern gestiftete neue Fahne. Sie zeigte auf der einen Seite das hannoversche Roß, auf der anderen den hl. Petrus, den Schutzpatron unserer Stadt. Das Landwehrbataillon löste sich auf. Einige Offiziere, wie Leutnant Richers, traten zum stehenden Heere über, andere kehrten in ihre bürgerliche Stellung zurück. Sergeant Führing, der den General Cambronne nach Brüssel begleitet hatte, wurde später Pedell des hiesigen katholischen Konsistoriums. Fähnrich *Lyra* hatte, wie ihm Oberst Halkett bezeugte, in der Schlacht bei Waterloo mit Auszeichnung gefochten und, da die älteren Offiziere auf dem Schlachtfelde geblieben waren, die Kompagnie nicht nur bis zum Ende der Schlacht zur Befriedigung seiner Vorgesetzten kommandiert und in bester Ordnung gehalten, sondern auch noch mehrere Tage geführt; dennoch verließ er die militärische Laufbahn, da er fürchtete, zu lange auf Beförderung warten zu müssen, weil auch so viele Offiziere der Deutschen Legion in der hannoverschen Armee untergebracht wurden. Er wurde 1817 als Registrator bei der Steuerdirektion und 1820 in gleicher Eigenschaft bei der Justizkanzlei angestellt. Seine Frau war eine geborene Tenge aus einer alten Osnabrücker Familie. Lyra beschäftigte sich gern mit der plattdeutschen Mundart; 1845 erschienen von ihm ,,Plattdeutsche Briefe, Erzählungen, Gedichte'' usw. Er starb 1848.

Die außerhalb Englands wohnenden Veteranen der Deutschen Legion erhielten vierteljährlich eine Pension ausgezahlt; zu dem Ende wurde in Hannover ein besonderes Zahlamt errichtet. Die Veteranen der hannoverschen Regimenter waren auf die Mildtätigkeit ihrer Mitmenschen angewiesen. Es bildete sich in Hannover eine ,,Militair-Witwen- und Waisen-Unterstützungs-Gesellschaft'', der auch Einwohner Osnabrücks angehörten. In den ersten anderthalb Jahren betrug die Einnahme der Gesellschaft 68300 Taler, die Zahl der unterstützten Personen mehr als 500.

Schon im Juni 1816, als der Tag von Waterloo zum erstenmal wiederkehrte, erschien ein öffentlicher Aufruf zu freiwilligen Gaben, mit denen man den tapferen Waterlookämpfern des ganzen Königreichs in der Landeshauptstadt ein Ehrenmal errichten wollte; aber erst in den Jahren 1826—1832 wurde das Waterloodenkmal fertig: Eine 47 Meter hohe Säule, die eine Viktoria trägt. In der Nähe des Waterlooplatzes steht seit 1849 das Standbild des Generals Grafen Alten. Zu Ehren aller Sieger von Waterloo errichtete man auf einem Hügel bei Mont St. Jean ein 60 Meter hohes Denkmal in Gestalt eines Hünengrabes, auf dem eine 19 Meter hohe Säule steht, auf deren Spitze der

8. Die Schlacht bei Waterloo

Das Waterloothor zu Osnabrück

niederländische Löwe ruht. Osnabrück erhielt sein eigenes Waterloodenkmal durch die Hochherzigkeit eines einzigen Bürgers. Nachdem man den oberen Teil des Turmes über dem Heger Tor wegen Baufälligkeit schon entfernt hatte, beschloß man Ende 1814, auch den Zwinger nebst den Ravelins und der großen Bastei abzubrechen. Die Arbeit wurde 1815 und 1816 ausgeführt und 1817 an der Stelle des früheren Torgewölbes das jetzige *Waterlootor* erbaut, über dessen Zweck und Stifter folgende Inschrift Auskunft gibt:

,,DEN OSNABRÜCKISCHEN KRIEGERN, DIE BEI WATERLOO
DEN 18. JUNI 1815 DEUTSCHEN MUT BEWIESEN,
WIDMET DIESES DENKMAL G. F. v. GUELICH. D. R. Dr.
(Der Rechte Doktor.)

Die *Familie von Gülich* gehörte wie so manche andere alte Osnabrücker Patrizierfamilie dem Gewerbestande an, bis sich Ende des 16. Jahrhunderts einige Glieder dem Gelehrtenstande zuwendeten. Um 1600 war Franz von Gülich Ratsherr. Sein Sohn Gerhard wurde Prediger an St. Katharinen. Er mußte 1628 vor Franz Wilhelm die Stadt verlassen, kehrte aber 1633 zurück und verwaltete das Predigtamt noch 18 Jahre. Sein Bruder Kord wurde Kaufmann; er hatte 6 Frauen, die ihn mit 29 Kindern beglückten. Stüve sagte von ihm: ,,Vor allem verdient der Name des Kaufmanns Kord von Gülich aufbewahrt zu werden, der durch energische Verwaltung des Armenhofs und eigene Stiftungen, welche von ungewöhnlicher Geistesrichtung und Tätigkeit zeugen, in jener Zeit höchst ehrenwert hervortritt.'' Kord von Gülich war Ratssenior und zugleich Provisor und Buchhalter der Armen; 1646 kaufte er das Haus Große Gildewart 10, das er zu einer Kirche zum Hl. Geist für die Armen des Waisenhofes ausbaute. Die Schwester dieser beiden Brüder war Frau Sara Baumeister, die 1639 als Hexe gerichtet wurde. Johann Kaspar von Gülich heiratete Mösers Schwester. 1629 bis 1632 war Weimar von

Gülich zweiter Bürgermeister, Philipp Anton von Gülich 1782—1793 zweiter, 1794—1803 erster Bürgermeister; der Spender des Waterlootores, Gerhard Friedrich von Gülich, war hier Advokat.

Unser Bürgermeister J. C. B. Stüve schloß die von seinem älteren Bruder Ernst und Mösers Neffen Friderici begonnene ,,Geschichte der Stadt Osnabrück", die er nach dem allzu frühen Tode beider Verfasser beendete, mit den Worten: ,,Was Osnabrück geworden, was es noch ist, das hat es seinen Bürgern zu verdanken. Kein glänzender, verschwenderischer Hof hat den Gewerbefleiß gehoben, keine kunstreiche Kolonisten sind ihm zugeführt, keine wohltätige Bemühungen eines trefflichen Fürsten haben dauernde Früchte getragen. Aber da zu der alten *Nüchternheit* und *Redlichkeit* sich eigene *Tätigkeit* gesellte, da gelang das Werk; und solange diese drei erhalten werden, kann Osnabrück getrost der Zunkunft entgegengehen."

Seine bisherige Selbständigkeit aber war für immer dahin!

VI.
OSNABRÜCK
UNTER HANNOVERSCHER REGIERUNG

1. Überblick über die Geschichte des Königreiches Hannover

König Georg III. von England (1760—1820) erhob sein Stammland Hannover 1814 zum Königreich. Das Fürstentum Osnabrück gehörte schon seit 1802 dazu; auf dem Wiener Kongreß erwarb Hannover noch das Fürstentum Ostfriesland, das aufgehobene Bistum Hildesheim, das sog. Hannoversche Eichsfeld, das Herzogtum Arenberg-Meppen, die Niedergrafschaft Lingen und die Stadt Goslar. 1823 wurde auch die Grafschaft Bentheim, die schon seit 1753 dem Könige von England verpfändet war, mit Hannover vereinigt. Da König Georg III. seit 1810 geisteskrank war, führte sein Sohn, der spätere König Georg IV. (1820—1830), als Prinzregent für ihn die Regierung. Er ernannte seinen Bruder Adolf Friedrich — nach ihm ist unsere Adolfstraße benannt —, Herzog von Cambridge, zum Generalstatthalter von Hannover. Nachdem eine besondere Organisationskommission die neuerworbenen Landesteile dem Königreich Hannover eingegliedert hatte, wurden in den Provinzen *Regierungen* eingerichtet, die 1823 durch die *Landdrosteien* Hannover, Hildesheim, Lüneburg, Stade, Aurich, Osnabrück und die Berghauptmannschaft Clausthal ersetzt wurden. Das Land war zwar von den Franzosen befreit; aber alle daran geknüpften Hoffnungen blieben unerfüllt. Die Fürsten und ihre Staatsmänner begannen den Geist der Freiheit, der sich im Kampfe gegen den fremden Unterdrücker so herrlich bewährt hatte, zu fürchten und zu unterdrücken. Der Mann, der in diesem Sinne auf das Königreich Hannover am meisten eingewirkt hat, ist der Graf Münster, ein Gesinnungsgenosse Metternichs.

Ernst Friedrich Herbert Graf von Münster wurde am 1. März 1766 als Sohn des fürstbischöflichen Hofmarschalls von Mönster in Osnabrück im Ledenhof geboren. Seine Mutter war eine Tochter des Generals Grothaus und brachte dem Gemahl das Gut Ledenburg zu. Den zwölfjährigen, in Osnabrück geborenen Knaben sandten die Eltern in das von Basedow in Dessau errichtete Philantrophin, dessen Vorzüge sein Begründer in etwas marktschreierischer Weise anpries. Wie so viele Eltern, wurde auch von Mönster enttäuscht; er nahm seinen Sohn deshalb fort und sandte ihn in die Ritterakademie zu Lüneburg. Als Student lernte der junge Mönster bei der Jubelfeier des 50jährigen Bestehens der Universität Göttingen (1787) die drei jüngsten Söhne des Königs Georg III. von England kennen, was für sein Leben entscheidend wurde. Denn nach kurzer Beschäftigung im Justizdienste in Hannover war er jahrelang Begleiter des jüngsten dieser Prinzen und erwarb sich während eines fünfjährigen Aufenthalts in Italien eine gute klassische Bildung und ein nicht geringes Kunstverständnis. Auf sein Ansuchen erhob ihn der kurpfälzische Reichsvikar Karl Theodor 1792 zum Reichsgrafen; zugleich wurde bei dieser Gelegenheit sein bisheriger Name ,,von Mönster" in ,,von Münster" umgeändert. Nachdem der junge Graf 1801 einen Auftrag am Petersburger Hofe zur Zufriedenheit des englischen Königs ausgerichtet hatte, ernannte dieser ihn zum hannoverschen *Minister bei der Person des Königs*. Er wohnte seitdem in London; der gesamte schriftliche Verkehr zwischen dem Könige und dem Ministerium ging durch seine Hand. Als der Prinzregent 1814 in Hannover eine Ständeversammlung einrichtete, ernannte er den Grafen Münster zu ihrem Erbmarschall. In demselben Jahre sandte ihn der König

Reisepaß der hannoverschen Landdrostei Osnabrück 1825

als seinen Bevollmächtigten auf den *Wiener Kongreß*, wo er Hannover in vorzüglicher Weise vertrat. Im Jahre 1814 vermählte er sich mit einer Prinzessin von Schaumburg-Lippe. Im folgenden Jahre schenkte ihm der Prinzregent das 1803 aufgehobene Zisterzienserkloster *Derneburg* bei Hildesheim, das einen Grundbesitz von 969 Hektar umfaßt.

Graf Münster huldigte wie Metternich der *Reaktion*, d. h. er suchte die während der Fremdherrschaft eingeführten Neuerungen, selbst wenn sie von der Mehrzahl des Volkes für Verbesserungen gehalten wurden, zu beseitigen und alles wieder in den früheren Zustand zu versetzen. Die Gewerbefreiheit wurde abgeschafft; statt der französischen Gerichte, die auch den Laien eine Teilnahme an der Rechtspflege gestatteten, die frühere Rechtspflege wieder eingeführt. Vor allem bemühte er sich, die zum Teil nicht mehr zeitgemäßen Vorrechte des Adels zu erhalten. Obgleich der *Adel* im Vergleich mit den Bürgern und Bauern an Kopfzahl verschwindend klein war und sein Grundbesitz nur 6—7 Prozent des gesamten Landes darstellte, bestand die Allgemeine Ständeversammlung zur Hälfte aus Adligen. Alle hohen Staats- und Hofämter standen nur ihnen offen; von den 228 Stellen zur Versorgung hilfsbedürftiger Töchter in den aufgehobenen Klöstern waren zeitweise 176 an Adlige verliehen. Die Adligen hatten auch ihren besonderen

Gerichtsstand, d. h. sie brauchten nicht, wie Bürger und Bauern, vor dem niederen Gerichte, dem jetzigen Amtsgerichte, zu erscheinen; dazu waren sie von manchen Steuern und Lasten befreit. Die *Bürger* klagten über die Hemmung des Handels durch die vielen Zollschranken und die schlechten Verkehrswege. Die preußischen Städte hatten 1808 eine den neueren Verhältnissen angepaßte Städteordnung erhalten; die hannoverschen standen nach wie vor unter der Vormundschaft der Regierung, was man besonders in Osnabrück bitter empfand, das so viel verloren hatte. Die preußischen *Bauern* waren schon seit 1807, die Oldenburger seit 1808 von der Hörigkeit frei, und 1820 wurde diese Wohltat auch den Bewohnern der neuen preußischen Provinzen, auch unseren Nachbarn in der Provinz Westfalen, zuteil; die Osnabrücker Bauern wurden aber wieder zur Hörigkeit gezwungen. Der Staat bedurfte großer Mittel, um die Kriegswunden zu heilen und das unbrauchbar gewordene Kriegsmaterial zu erneuern; die Steuern drückten aber um so mehr, als der Adel von der Grundsteuer frei, die wirtschaftliche Lage des Landes wenig günstig war und besonders die Landwirtschaft in den zwanziger Jahren ganz daniederlag. Dazu kam auch, daß 1825 eine ungewöhnlich hohe Sturmflut unsere Nordseeküste verheerte. Allgemein klagte man über zu hohe Gerichtsgebühren sowie über den schleppenden Gang der Rechtspflege wie der Verwaltung. Es war allgemein bekannt, selbst Graf Münster klagte darüber, daß die adligen Minister die Arbeit ihren bürgerlichen Räten überließen. Unter diesen war *Rehberg* der bedeutendste.

Im Jahre 1819 erreichte die Reaktion ihren Höhepunkt. Rehberg wurde von den Adligen als liberal verdächtigt und mußte abgehen. Dann schlug die Regierung der Ständeversammlung die Bildung einer neuen Volksvertretung mit zwei Kammern vor. In der bisherigen aus *einer* Kammer bestehenden Versammlung besaß der Adel nur die Hälfte der Stimmen; die neue Erste Kammer aber sollte überwiegend aus Adligen gebildet werden, so daß hinfort ohne ihre Zustimmung kein Beschluß der Stände gefaßt werden konnte. Deshalb erhob die Ständeversammlung Bedenken gegen diesen Vorschlag. Trotzdem erließ die Regierung 1819 ein neues Verfassungsgesetz, nach welchem eine neue Ständeversammlung aus zwei Kammern gebildet wurde; die Erste bestand vorwiegend aus Rittern, die Zweite aus Vertretern der Städte und aus Abgeordneten der freien Grundbesitzer. Auch Osnabrück konnte in die Zweite Kammer einen Abgeordneten entsenden. Nur Christen durften gewählt werden. Die Ständeversammlung hatte in Steuersachen das Bewilligungsrecht, in allen anderen, z. B. bei dem Erlaß neuer Gesetze, nur eine beratende Stimme. Ihre Verhandlungen waren nicht öffentlich, niemand durfte zuhören. Die bäuerlichen Abgeordneten wurden in den nächsten Jahren zu der Ständeversammlung überhaupt nicht eingeladen. Doch wurde von dieser Ständeversammlung das Steuerwesen neu geordnet, nach hartem Kampfe auch die nicht mehr zeitgemäße Befreiung des Adels von der Grundsteuer aufgehoben.

Bevor durch Einführung einer Verfassung die Rechte des Königs sowie die Pflichten und Rechte des Volkes festgesetzt waren, machte man noch keinen Unterschied zwischen den Einnahmen des Landes und denen des Königs. In Hannover hatte man noch zwei Kassen eingerichtet: Die *Kronkasse* und die *Generalsteuerkasse*. In jene flossen die Einnahmen aus den Königlichen Domänen, die 4 Prozent des gesamten Acker-, Garten- und Wiesenlandes und 54 Prozent der Forsten des Königsreichs umfaßten. Aus ihr wurden die Kosten des Hofhaltes bestritten; was übrig blieb, floß in die Generalsteuerkasse, die aber nötigenfalls zu den Kosten des Hofhaltes noch zuschießen mußte. Die Stände hatten auf die Verwaltung der Domänen und Forsten keinen Einfluß und von der Lage der Kronkasse keine Kenntnis. Sie verlangten daher, daß die Königliche Kasse mit der Landeskasse vereinigt und über ihre Verwaltung Rechenschaft abgelegt werde. Darauf wollte aber die Regierung nicht eingehen.

So gab es viel Unzufriedenheit im Lande; aber sie wurde nicht laut. Die Residenzstadt erhielt erst 1832 in der Hannoverschen Zeitung die *erste politische Zeitung*; ihre Vorgängerin, die Hannoverschen Nachrichten, hielten sich die Politik ebenso fern wie die Osnabrücker Anzeigen. Eine Kritik der öffentlichen Zustände gestattete die Regierung auch nicht; sie übte vielmehr eine strenge *Zensur*. Selbst der berühmte Staatsrechtslehrer Professor Schlözer in Göttingen wurde unter Zensur gestellt, d. h. er durfte nichts ohne Billigung der Behörde drucken lassen, weil er es gewagt hatte, einige Mängel der Postverwaltung zu rügen. Der Statthalter Herzog Adolf Friedrich von Cambridge war zwar sehr leutselig und freundlich, bei dem Volke sehr beliebt; aber er hatte auf die Regierung zu geringen Einfluß, war auch über die wirklichen Verhältnisse des Landes und die wahre Stimmung des Volkes nicht genügend unterrichtet. Er führte bei den Beratungen der Minister wohl den Vorsitz, hatte aber kein Stimmrecht, und die Landdrosteien sandten ihre Berichte für den König mit Umgehung des Ministeriums unmittelbar an den Grafen Münster. — Während öffentlich Ruhe herrschte, wuchs die Unzufriedenheit im Verborgenen, bis sie in öffentlichen Aufständen zum Ausbruch kam.

Auf die weitere Entwicklung der Geschichte des Königreichs Hannover hat niemand einen größeren Einfluß ausgeübt als *Johann Carl Bertram Stüve*, seit 1824 Vertreter seiner Vaterstadt Osnabrück in der Zweiten Kammer der Hannoverschen Ständeversammlung. Mit dem Amt eines Schatzrats, für das er 1830 gewählt wurde, wurde er ihr lebenslängliches Mitglied. In dem Kampfe gegen die Vorrechte des Adels, die ein gesundes Gemeindeleben nicht aufkommen ließen, stellte er sich entschieden auf die Seite der Bürger und Bauern, weil nach seiner Meinung ein Staat sich nur auf Grund eines gesunden Gemeindelebens vorteilhaft entwickeln kann. Ein dreifaches Ziel hatte er sich gesteckt: *Befreiung des Grundeigentums durch Aufhebung der Hörigkeit, Ordnung des Gemeindewesens und Herstellung eines einheitlichen Staatshaushalts unter Vereinigung der Hof- und Landeskasse*. Im Februar 1829 beantragte Stüve: Befreiung des Grundeigentums durch Ablösung von Zehnten, Diensten, gutsherrlichen und Meiergefällen durch Aufhebung der aus dem Leibeigentum herrührenden willkürlichen Rechte. Die Zweite Kammer nahm den Antrag mit großer Mehrheit an, die Erste aber lehnte ihn hochfahrend ab. Stüve ließ sich dadurch nicht abschrecken, sondern verfaßte ein *Buch*: „Über die Lasten des Grundeigentums und Verminderung derselben in Rücksicht auf das Königreich Hannover", das 1830 erschien und bedeutende Wirkung erzielte. Selbst unter dem Adel wurden beifällige Stimmen laut. Die politische Entwicklung unterstützte ihn. Die 1830 in Paris ausgebrochene *Julirevolution* erregte auch das deutsche Volk. Die *Braunschweiger* verjagten ihren Herzog Karl, der eine reine Willkürherrschaft geführt und sich auf Kosten des Landes zu bereichern gesucht hatte. Auch im Königreich *Hannover* machte sich der Unwille über das Regiment Münster in einzelnen Aufständen Luft. In *Osterode* brachen Unruhen aus, so daß Militär dorthin gesandt werden mußte; am bedrohlichsten war der *Aufstand in Göttingen* im Januar 1831. Die Studenten machten mit den Bürgern gemeinsame Sache. Sie richteten eine Nationalgarde ein; ihre Forderungen lauteten: Eine aus freien Wahlen des Volkes hervorgegangene Ständeversammlung und eine *freie Verfassung*. Eine anonyme Schmähschrift: „Anklage des Ministeriums Münster vor der öffentlichen Meinung" hetzte das Volk noch mehr auf. Die Vorlesungen an der Universität wurden sofort bis Ostern geschlossen, Militär besetzte die Stadt, die Studenten wurden fortgeschickt. So wurde die Ruhe allmählich wiederhergestellt.

Der Generalgouverneur Adolf Friedrich war über die wahre Stimmung des Volkes nicht unterrichtet; von den abgesandten Beschwerdeschriften war weder an ihn noch an den König eine gelangt. Jetzt gingen ihm die Augen auf. Er empfing eine Abordnung der Bürger der Stadt Münden, die ihm offen ihre Not klagte. Dann begab er sich nach Göttingen, wo er die Universitätsbehörde wie auch die Bürger anhörte. In Münden durften ihm nicht nur Magistrat und einzelne Bürger ihre Wünsche vortragen, sondern er ließ auch die Bauermeister des dortigen Amtes zu sich kommen, die ihm ihr Herz ausschütteten. Als ein Bauer die Frondienste an den Gemeindewegen und den Druck der gutsherrlichen Gefälle in kräftiger Sprache schilderte und die danebenstehenden Beamten die Wahrheit der Aussagen nur bestätigen konnten, wurde der Herzog bis zu Tränen gerührt und sprach: ,,Ich sage Ihnen, es soll besser werden!" Er ließ sofort eine eingehende Denkschrift für den König ausarbeiten, die sowohl die Beschwerden und Wünsche der Untertanen als auch die von der Regierung gemachten Vorschläge zur Besserung enthielt. Zugleich sandte er ein persönliches Schreiben an den König, der darauf den *Grafen Münster* sofort zum Rücktritt aufforderte (14. Februar 1831), ihn jedoch am 22. Februar 1831 noch mit dem Großkreuz des Bathordens auszeichnete. Münster starb am 20. Mai 1839. *König Wilhelm IV.,* der seinen Bruder *Georg IV.* 1830 auf dem Throne gefolgt war, ernannte seinen Bruder Adolf Friedrich zum *Vizekönig von Hannover.* Damit war der Schwerpunkt der Regierung zum Segen des Landes von London nach Hannover verlegt.

Als im März die Stände wieder zusammentraten, herrschte bei der Regierung eine ganz andere Stimmung. Sie legte den Entwurf eines Ablösungsgesetzes vor, der von Stüve vollständig umgearbeitet und in dieser veränderten Fassung am 10. November 1831 Gesetz wurde. Es gestattete den Hörigen, durch einmalige Zahlung des 25fachen Wertes ihrer jährlichen Abgaben und Lasten frei und Eigentümer ihrer Höfe zu werden. Der Antrag Stüves, durch Gründung einer Kreditkasse den Bauern die Beschaffung der erforderlichen Kapitalien zu erleichtern, ging noch nicht durch; aber 1842 trat die *Landeskreditkasse* ins Leben. Auch den Entwurf eines *Staatsgrundgesetzes* legte die Regierung vor, der aber noch einer längeren Überarbeitung und Beratung bedurfte, an der Stüve in hervorragendem Maße beteiligt war.

Der Vizekönig überzeugte sich durch Reisen in den einzelnen Provinzen von der Stimmung des Volkes und zeigte sich ihm entgegenkommend. Auf Stüves Veranlassung arbeitete eine von der Regierung ernannte Kommission in Verbindung mit einer Kommission der Stände den Entwurf eines Staatsgrundgesetzes aus. Die Vereinigung der Kassen gestand der Vizekönig jetzt um so lieber, als die Hofkasse sich in bedrängter Lage befand. Die Beratung des Entwurfs eines Staatsgrundgesetzes zog sich bis in das Jahr 1833 hin. Nachdem auch der König ihn unter unwesentlichen Änderungen angenommen hatte, konnte das Gesetz Michaelis 1833 veröffentlicht werden. Damit war Hannover in die Reihe der konstitutionellen Staaten eingetreten. Das *Staatsgrundgesetz* gewährte allen Untertanen gleiches Recht, völlige Glaubens- und Gewissensfreiheit. Die Allgemeine Ständeversammlung sollte aus zwei Kammern bestehen, die erste nach wie vor hauptsächlich aus der Ritterschaft gebildet werden, in der zweiten außer einigen Vertretern der Stifter und 37 Abgeordneten der Städte und Flecken auch 38 Vertreter des Grundbesitzes in den Landgemeinden sitzen, darunter drei aus dem Osnabrückschen. Ohne Zustimmung der Stände sollte kein Landgesetz erlassen, keine Steuer ausgeschrieben, keine Anleihe erhoben werden. Die beiden Kassen wurden vereinigt.

Die nächsten Jahre brachten unserm Lande Ruhe und gedeihliche Entwicklung. Da starb am 20. Juni 1837 König Wilhelm IV. In England folgte ihm *Viktoria,* die Tochter seines nächstältesten Bruders Eduard von Kent, als Königin; in Hannover aber galt die weibliche Erbfolge nicht; hier bestieg daher der folgende Bruder, der Herzog von Cumberland, als *König Ernst August* (1837—1851) den Thron. Somit war Hannover von der

Personalunion mit England, die 1714 begonnen hatte, zur Freude seiner Bewohner wieder gelöst. Aber diese Freude sollte nicht lange ungetrübt bleiben.

Ernst August, Herzog von Cumberland, war ein unerschrockener, willenskräftiger, aber eigenwilliger, gewalttätiger Mann, beim englischen Volke unbeliebt. Daher wurde 1813 nicht er, sondern sein jüngerer Brüder *Adolf Friedrich* zum Generalgouverneur und später zum Vizekönig ernannt. 1815 vermählte sich Ernst August mit der Schwester der 1810 gestorbenen Königin Luise von Preußen, mit *Friederike,* die schon zweimal verheiratet gewesen war, auch sonst, ebenso wie Ernst August, eine bewegte Vergangenheit hinter sich hatte. Dadurch entfremdete er sich auch dem englischen Hofe und nahm infolgedessen für einige Jahre seinen Wohnsitz in Berlin; sein Schwager, König Friedrich Wilhelm III., ernannte ihn zum Chef der Zieten-Husaren in Rathenow. Am 27. Mai 1819 wurde ihm ein Sohn, der spätere *König Georg V.* von Hannover, geboren, der somit ein Vetter Kaiser Wilhelms I. war.

Ernst August hatte das Staatsgrundgesetz von 1833 nicht gebilligt, aber auch nicht öffentlich Protest dagegen erhoben; jedenfalls hielt er sich nicht verpflichtet, es zu halten, da er meinte, ein Gesetz, das so wichtige Rechte des Landesherrn preisgebe, hätte nicht ohne ausdrückliche Zustimmung des Thronfolgers erlassen werden dürfen. Auf der Reise von England nach Hannover kam er auch durch *Osnabrück*. Gleich am Tage nach seiner Ankunft in der Hauptstadt vertagte er die Ständeversammlung; dann erklärte er in einer Ansprache an das Land, daß er die Rechtsgültigkeit des Staatsgrundgesetzes bezweifle, es aber noch einmal prüfen wolle. Nachdem er dann die Zusicherung von Österreich und Preußen erhalten hatte, daß sie in die inneren Verhältnisse Hannovers nicht eingreifen würden, *hob er durch Patent vom 1. November 1837 die Verfassung auf,* entband auch sämtliche Beamte des Eides, den sie auf die Verfassung geleistet hatten. Sieben Göttinger Professoren, die erklärten, daß sie sich trotzdem noch an ihren, auf das Staatsgrundgesetz geleisteten Eid gebunden fühlten, wurden ihres Amtes entsetzt; die geborenen Hannoveraner Albrecht, Ewald und Weber durften im Lande bleiben, Dahlmann, Gervinus sowie die Gebrüder Jakob und Wilhelm Grimm wurden ausgewiesen. Damit begann ein neuer *Kampf um die Verfassung,* der drei Jahre lang die besten Kräfte des Landes in Anspruch nahm und die weitesten Kreise des Volkes aufs heftigste erregte.

Stüve schrieb eine Verteidigung des Staatsgrundgesetzes. Der Magistrat von Osnabrück erklärte ebenfalls, daß er sich des auf die Verfassung geleisteten Eides nicht entbunden fühle, und beschloß, den verlangten Huldigungsrevers nur unter diesem Vorbehalt zu vollziehen. Als die Regierung das für untunlich hielt, unterzeichneten die Mitglieder zwar den geforderten Revers, nahmen den Vorbehalt aber in einen an den König gleichzeitig abgesandten notariellen Protest auf. Dann wandten sich Magistrat und Alterleute mit einer Beschwerde an den *Bundestag* in Frankfurt am Main. Der König hatte *Georg von Schele* zum Kabinettsminister ernannt und berief nun im Februar 1838 die Stände von 1819 zur Beratung einer neuen Verfassung ein. Osnabrück und mehrere andere Körperschaften lehnten die Wahl zur Ständeversammlung als ungesetzlich ab. Am 26. Juni traf der König, von Bremen kommend, in *Osnabrück* ein. Bürgermeister Stüve überreichte ihm die Schlüssel der Stadt, erinnerte daran, daß schon zwei Fürsten aus dem Welfenhause mit dem Namen Ernst August zum Segen des Landes hier regiert hätten, und beteuerte, daß die Stadt sich durch Treue und Ergebenheit gegen den König von keiner anderen übertreffen lasse. Der König erwiderte, die Bürger seien ehrlich und treu, müßten sich aber nicht durch Redensarten täuschen lassen, er meine es gut mit ihnen. Die Alterleute überreichten ihm eine Bittschrift um Aufrechterhaltung des Staatsgrundgesetzes. Die silbernen Schlüssel wurden der Stadt erst nach des Königs Tode zurückgesandt.

Auf ihre an den Bundestag gesandte Beschwerde erhielten die Osnabrücker die Antwort, die Aufhebung der Verfassung sei dadurch von der Bevölkerung anerkannt, daß sie zu der neuen Ständeversammlung gewählt, und daß diese ihr Arbeiten begonnen habe; im übrigen seien die städtischen Behörden gar nicht berechtigt, derartige Beschwerden einzureichen. Die Freunde der aufgehobenen Verfassung suchten dadurch der Regierung Schwierigkeiten zu bereiten, daß sie — besonders die Städte — an den Wahlen zur Ständeversammlung oder an den Beratungen sich nicht beteiligten. Die Zweite Kammer erklärte sich für nicht zuständig, deshalb vertagte die Regierung die Ständeversammlung, löste sie auf und ordnete Neuwahlen an. Viele Bürger, auch in Osnabrück, weigerten sich, Steuern zu zahlen, da sie nicht gesetzmäßig bewilligt seien, und wurden gepfändet. Endlich brachte die Regierung unter allerlei Zwangsmaßregeln — die in Hannover wohnenden Abgeordneten wurden mit Gewalt, ,,durch Schub", zu den Sitzungen gebracht — eine beschlußfähige Ständeversammlung aus ihren Anhängern zustande, die 1840 eine *neue Verfassung* annahm. Wie vor 1833 waren die Minister nur noch dem Könige verantwortlich; der Landtag hatte auf die Gesetzgebung fast gar keinen Einfluß; die Vorrechte des Adels wurden geschützt, die beiden Kassen wieder getrennt. Das hannoversche Volk war vergewaltigt worden; der *Deutsche Bund* schützte es nicht, wenn auch mehrere deutsche Fürsten und juristische Fakultäten anerkannten, daß das Volk im Recht sei.

Doch über Willkürherrschaft Ernst Augusts konnte man nicht klagen; er hielt sich vielmehr streng an die 1840 eingeführte Verfassung. Das Land verdankt den nächsten Jahren auch manche Wohltat; 1842 erschien das Gesetz über die Gemeinheitsteilung, 1845 das über das christliche Volksschulwesen. 1843 erhielt das Königreich Hannover seine *erste Eisenbahn* in der Strecke Hannover—Lehrte—Peine, die im folgenden Jahre bis Braunschweig weitergebaut wurde, 1845 wurde die Bahn Hannover—Celle, 1847 Celle—Harburg, Hannover—Minden und Hannover—Bremen fertiggestellt. Allein so segensreich diese Maßregeln auch waren, so vermochten sie doch die Mißstimmung, die im Lande überall verbreitet war, nicht zu verscheuchen, wenn auch die Polizei die öffentliche Meinung nicht laut werden ließ und die Veröffentlichung eines freien Wortes über die Staatsverhältnisse nicht gestattete. Dazu entstand infolge einer Mißernte des Jahres 1846 eine beispiellose Teuerung. Als daher Ende 1847 Neuwahlen für die Ständeversammlung abgehalten wurden, erlangten die Gegner der Regierung die Oberhand. In Osnabrück wurde Stüve gewählt; aber die Regierung hielt die Genehmigung seiner Wahl zurück.

Da brach im Februar 1848 in Paris die Revolution aus: Die Franzosen verjagten ihren *König Louis Philipp* und führten die Republik ein. Diese *Februarrevolution* verbreitete sich in fliegender Eile auch durch Deutschland. In Süddeutschland kam es zu Bauernaufständen; am 13. März zwang ein Volksaufstand in *Wien* den Kaiser *Ferdinand I.* (seit 1835), *Metternich* zu entlassen, der nach England flüchtete; er selber dankte zugunsten seines Neffen *Franz Joseph* ab. Am 18. März tobte der Straßenkampf in *Berlin,* durch den 187 Bürger der Stadt das Leben verloren. Auch die hannoversche Regierung wurde mit Petitionen bestürmt. Am 15. erhielt Stüve endlich die Erlaubnis zur Teilnahme an der Ständeversammlung, die auf den 28. einberufen war. Der Landdrost *von Lütcken* teilte ihm dies sofort durch ein eigenhändiges Schreiben mit, in dem es u. a. hieß: ,,Ich erlaube mir, Ihnen mitzuteilen, daß meinem aufrichtig gehegten Wunsche, der weit älter ist als Ihre Wahl, entsprochen und Ihnen der Urlaub zum Eintritt in die

Ständeversammlung erteilt ist." In Hannover sandte man zunächst eine Adresse an den König, in der man um größere Volksfreiheit bat. Am 16. und 17. März wurden im Ballhofsaal in Hannover große Volksversammlungen abgehalten; am zweiten Tage begab sich eine Abordnung der Versammlung zum Könige, begleitet von einem großen Haufen Männer und Burschen, die — bis dahin ganz unerhört — auf offener Straße Zigarren rauchten. Die Abgesandten erbaten vom Könige Pressefreiheit, Vereinigungs- und Versammlungsrecht, Schwurgerichte, Volksbewaffnung mit der Ermächtigung, sich selber die Führer zu wählen, ferner Vertretung des Volkes beim Bundestag, Öffentlichkeit der Ständeverhandlungen, Trennung der Verwaltung von der Rechtspflege, mündliches Gerichtsverfahren, freie Religionsübung und Beschränkung der Polizeigewalt.

Mit einer zusagenden Antwort kehrte die Deputation zurück. Noch war alles ruhig; aber abends kam es zu Ausschreitungen. Dem Minister von Falcke wurden die Fenster eingeworfen, andere bedroht; doch stellte die Polizei mit Hilfe friedliebender Bürger die Ruhe wieder her. Die Bürger bildeten eine Bürgerwehr, die Polytechniker ein bewaffnetes Korps. Am 18. März wurde die Zensur aufgehoben, am folgenden Tage trat das Ministerium zurück und empfahl dem Könige, den beliebten und allgemein geachteten Schatzrat Grafen *Bennigsen-Banteln* mit der Bildung eines neuen zu beauftragen. Dieser wandte sich an seinen Kollegen, den Schatzrat *Lehzen,* einen Sohn des Konsistorialdirektors Lehzen in Osnabrück. Schatzrat Lehzen sandte sofort einen Eilboten an Stüve, der am 21. nach Hannover eilte. Schon am 22. konnte das aus gleichgesinnten Männern bestehende *Märzministerium* sein Regierungsprogramm veröffentlichen. Bennigsen übernahm den Vorsitz und das Äußere, Stüve das Innere, Lehzen die Finanzen, Braun das Kirchen- und Schulwesen, von Düring die Rechtspflege und Prott das Heerwesen.

Abgeordnete aus allen deutschen Gauen traten zu einem *Deutschen Parlament* zu Frankfurt am Main zusammen, dessen Hauptaufgabe darin bestand, dem deutschen Volke eine neue Reichsverfassung und ein Oberhaupt zu geben. Diese zweite Aufgabe verschob man, um eine Spaltung so lange als möglich zu vermeiden, und wählte gleichsam als Stellvertreter des zukünftigen Kaisers einen Reichsverweser, den *Erzherzog Johann* von Österreich. Zur Feier dieses Ereignisses wurde ein Nationalfest am 6. August anberaumt. Aber man hatte zu früh gejubelt. Der Reichsverweser war machtlos, obwohl die Bundesfürsten ihn anerkannt hatten; weder Preußen noch Österreich waren bereit, ihre Truppen unter seinen Oberbefehl zu stellen. Das Militär hatte in Preußen und in Hannover an dem Huldigungsfest für den Reichsverweser daher nicht teilgenommen, obgleich der Reichskriegsminister dies angeordnet hatte. Die Fürsten wollten sich keinesfalls der Herrschaft des Frankfurter Parlaments unterwerfen. König Ernst August drohte mit Abdankung, falls die Reichsregierung derartig eingerichtet würde, daß die Fürsten lediglich als Untergebene eines anderen Monarchen erschienen, was er weder mit seiner Würde noch mit dem Wohle seines Volkes vereinigen könne. Diese Erklärungen erregten im Frankfurter Parlament wie bei allen Liberalen einen Sturm der Entrüstung. Man warf Stüve Partikularismus und Verrat an der deutschen Sache vor. Noch ein zweiter Grund zur Unzufriedenheit kam hinzu. Das Frankfurter Parlament hatte, bevor es die Gesamtverfassung des Reiches beriet und besonders die Frage des Oberhauptes entschied, die *Grundrechte* zusammengestellt, d. i. eine Anzahl von Bestimmungen über Heimatrecht, Gewerbewesen, Trennung von Kirche und Schule, Unentgeltlichkeit des Schulunterrichts, Abschaffung aller Standesvorrechte, Befreiung des Grundeigentums von allen Feudallasten usw. Sie wurden veröffentlicht, waren aber nur ein Schlag ins Wasser, da sie den Einzelstaaten gegenüber keine Gesetzeskraft besaßen.

Das am 5. September 1848 veröffentlichte neue hannoversche *Verfassungsgesetz* befriedigte alle billigen Wünsche und trug vieles zur Beruhigung des Volkes bei. Das

Frankfurter Parlament beschloß, Friedrich Wilhelm IV. von Preußen die *Kaiserkrone* anzubieten; er aber wollte sie nur mit Zustimmung der deutschen Fürsten annehmen, worauf nicht zu hoffen war. Das Parlament löste sich nun allmählich auf. Preußen versuchte, auf dem Wege der Unterhandlung eine Einigung Deutschlands zu erreichen und schloß zunächst mit Hannover und Sachsen den *Dreikönigsbund;* da es ihm aber nicht gelang, Österreichs Zustimmung sowie den Beitritt Bayerns und Württembergs zu erlangen, so traten auch Hannover und Sachsen ihrem Vorbehalte entsprechend zurück. Der Versuch Preußens, mit den kleineren norddeutschen Staaten eine *Union* zu bilden, scheiterte an dem Widerspruch Österreichs, das nach dem Rücktritt des Reichsverwesers im Herbst 1850 den Bundestag zusammenberief.

Zu der im April 1849 aufgelösten Zweiten Kammer gehörte auch *Ludwig Windthorst*. Er war am 17. Januar 1812 auf dem Droste-Vischeringschen Gute Kaldenhof bei Ostercappeln als Sohn eines Advokaten und Rentmeisters geboren, besuchte das Carolinum zu Osnabrück und ließ sich nach beendetem Studium hier als Advokat nieder. Schon im Alter von 30 Jahren wurde er Vorsitzender Rat des hiesigen katholischen Konsistoriums und 1848 Oberappellationsgerichtsrat in Celle. Als Vertreter Iburgs in der Zweiten Kammer schloß er sich der Regierungspartei an. Auch der an Stelle der aufgelösten Zweiten Kammer wiedergewählten gehörte Windthorst an; in ihr hatten die Freunde des Ministeriums die Mehrheit, so daß seine Gegner sogar in der deutschen Frage überstimmt wurden. Zur allgemeinen Befriedigung öffneten sich im April 1850 zum erstenmal wieder die Schwurgerichtssäle zu den feierlichen Verhandlungen, die manchen noch aus der Zeit der französischen Fremdherrschaft bekannt waren.

Ludwig Windthorst

Je mehr die Gefahren der Revolution schwanden und das Staatsschiff in ruhiges Fahrwasser einlenkte, desto mehr verschlechterte sich die Stellung der Märzminister zu dem Könige. Der Hof warf ihnen vor, sie hätten der Krone Gewalt angetan; der Adel beklagte sich bitter, daß ihm durch Umgestaltung der Ersten Kammer sein Einfluß entzogen sei. An die Stelle des Märzministeriums ein reaktionäres, aus Freunden des Adels zu bildendes Ministerium zu setzten, wagte man noch nicht; man versuchte daher, einige Minister zurückzubehalten, aber sie erklärten, geschlossen zurücktreten zu wollen. Dies geschah am 27. Oktober 1850.

Das von Münchhausen neugebildete Ministerium konnte noch manche der von den Ständen bereits genehmigten Gesetze veröffentlichen; das wichtigste war die neue *Gerichtsverfassung,* die am 1. Oktober 1852 ins Leben trat. Sie hob alle städtische und Patrimonialgerichtsbarkeit (der Edelleute über die Hörigen) auf; die Rechtspflege wurde von der Verwaltung getrennt, Öffentlichkeit und Mündlichkeit des Verfahrens eingeführt. Die bisherigen Ämter blieben als reine Verwaltungsbehörden bestehen, für die Rechtspflege wurden Amtsgerichte eingeführt; über ihnen standen die Obergerichte; das höchste Gericht des Königreichs war das Oberappellationsgericht in Celle. Eine neue *Städteordnung,* von Stüve ausgearbeitet, wurde am 1. Mai 1851 ebenfalls veröffentlicht; dagegen weigerte sich der König, das Gesetz über eine weitere Teilnahme des Volkes an der Verwaltung zu unterschreiben. Das Gesetz über die Provinziallandschaften wurde zwar veröffentlicht, konnte aber wegen des Widerspruchs der Ritterschaft nicht durchgeführt werden. Sie beklagte sich darüber, daß durch die Neuordnung ihre althergebrachten Rechte verletzt würden und wandte sich an den wiedererstandenen Bundestag in Frankfurt am Main mit einer Beschwerde, in der sie zugleich um Wiederherstellung ihrer bevorzugten Stellung in der Ersten Kammer bat. Da starb Ernst August am 18. November 1851.

Der einzige Sohn des Königs Ernst August, Kronprinz Georg, geboren am 27. Mai 1819, erblindete schon früh auf dem linken Auge; im Alter von 14 Jahren verlor er durch eine Verletzung auch die Sehkraft des rechten Auges; *er war und blieb blind.* Da aber das von Ernst August 1840 erlassene Landesverfassungsgesetz bestimmte, daß die Regierungsunfähigkeit des Thronerben nur bei Geistesstörung eintrete, so bestieg der blinde Kronprinz 1851 als *König Georg V.* den hannoverschen Thron. Er war nicht nur ein sehr stattlicher Mann, sondern auch ein sehr edler Charakter, aber wegen seiner Blindheit zu seinem großen Schmerze und zum Unsegen des Landes ganz auf das Urteil anderer angewiesen.

Zu seinem ersten Minister berief der König den Freiherrn *Eduard von Schele,* den Sohn des Freiherrn Georg von Schele, der unter König Jerome westfälischer Staatsrat und 1837 unter Ernst August hannoverscher Minister gewesen war. Außer von Schele gehörten dem Ministerium an: von Brandis (Krieg), Bacmeister (Kultus), von Borries (Inneres), Windthorst (Justiz) und von der Decken (Finanzen). Der Adel hatte, wie erzählt, die Hilfe des Bundestages angerufen, um vor allen die Alleinherrschaft in der Ersten Kammer wiederzuerlangen. Borries und von der Decken standen auf seiner Seite; von Schele und Windthorst aber wußten den König, der von seiner Stellung eine sehr hohe Auffassung besaß, zu überzeugen, daß ein Eingriff des Bundestages seine Souveränität schmälern werde. Deshalb wurden jene beiden Minister entlassen; für von Borries trat Stüves Freund *von Hammerstein* ein, dem es gelang, die von Stüve entworfenen Gesetze über die Gemeindeverwaltung zustande zu bringen. Um die Ritterschaft zu beruhigen, berief der König einige ihrer Vertreter und stellte ihnen eine Änderung der Verfassung in Aussicht; sie aber erklärten sich damit nicht befriedigt. Ein Versuch des

Ministeriums, den Landtag für eine Revision der Verfassung zu gewinnen, scheiterte an dem entschiedenen Widerspruch der Zweiten Kammer. Mehr und mehr gewannen die Ritter das Ohr des Königs. Im Herbst 1853 wurde das Ministerium Schele entlassen und der Landdrost *von Lütcken* mit der Bildung eines neuen beauftragt. Als nun der Bundestag die hannoversche Regierung zu einer Erklärung über die Beschwerde des Adels aufforderte, erklärte sie, die Beschwerde sei begründet, die Verfassung von 1848 sei nicht auf gesetzmäßige Weise zustande gekommen, daher nicht rechtskräftig.

Hannover schloß sich 1854 dem von Preußen 1834 gegründeten *Zollverein* an; die Waren konnten also jetzt von hier unverzollt in das preußische Gebiet verschickt werden, was zum Aufblühen von Handel und Gewerbe wesentlich beitrug. Der König machte von dem ihm durch den Bundesrat zugesprochenen Rechte nicht sofort Gebrauch, sondern berief noch einmal im Juni 1855 die bisherigen Stände, ließ ihnen aber nur den Staatshaushalt und einen Entwurf über eine den Wünschen der Ritter entsprechende Umänderung der Ersten Kammer vorlegen; über die sonst noch beabsichtigten Verfassungsänderungen erfuhren sie nichts. Da die Stände nicht bereit waren, diese Vorschläge zu beraten, wurden sie vertagt. Dann entließ der König das Ministerium Lütcken und berief an dessen Stelle Vertreter der Ritterschaft: Graf Platen, Graf Kielmannsegg, von Bothmer, von der Decken und — von *Borries*. Der erste Schritt des neuen Ministeriums war der Beschluß, nicht noch einmal mit den Ständen zu verhandeln, sondern eigenmächtig dem Lande eine neue Verfassung zu geben: Der König hob die Verfassung von 1848 auf und stellte die von 1840 mit der Adelskammer im wesentlichen wieder her. Das Volk war machtlos, an bewaffneten Widerstand dachte damals wohl niemand mehr; der Bundestag stand hinter dem Könige. Viele wohlgesinnte, königstreue Männer bedauerten diesen Schritt. ,,Dieser Fall'', so hörte man sie klagen, ,,ist ärger als der Verfassungsbruch von 1837''; denn Ernst August hatte die Verfassung von 1833 nie anerkannt, sondern sofort bei ihrem Erscheinen — wenn auch nicht öffentlich — dagegen protestiert, Georg V. aber hatte dem Lande zweimal, 1848 und 1851, freiwillig Schutz seiner Verfassung zugesichert. Wenn auch die Verständigen die Hauptschuld dem Bundestage und dem Ministerium zuschoben, so wurde doch die Kluft zwischen König und Volk, die in den letzten Jahren Ernst Augusts mehr und mehr geschwunden war, durch diesen zweiten Verfassungsbruch wieder vertieft.

Durch die weiteren Maßregeln des Ministeriums Borries wurde dies Mißverhältnis immer ärger. Das Schatzkollegium wandte sich mit einer Beschwerde an den Bundestag, erhielt aber die Antwort, die hannoversche Regierung habe nur seine Beschlüsse ausgeführt; es verblieb also den Gegnern der Regierung nur der Kampf in der Zweiten Kammer. Aber die Regierung scheute sich nicht, auch diese lahmzulegen. Nach der Verfassung von 1840 bedurften die unmittelbaren und auch die mittelbaren Staatsdiener, welche zu Abgeordneten gewählt waren, der Erlaubnis der Regierung zum Eintritt in die Kammer. Die Osnabrücker wählten wieder ihren Bürgermeister zu ihrem Vertreter; aber die Regierung gewährte Stüve die erbetene Erlaubnis nicht. Als dann Stüves Freunde, die kein Amt innehatten, die Führung der Opposition übernahmen, wurde obiges Gesetz auch auf pensionierte Beamte ausgedehnt. So wurden viele der fähigsten Gegner aus der Kammer ferngehalten. Da die Gerichte bei Beschwerden gemaßregelter Beamten vielfach der Regierung unrecht geben mußten, entzog diese ihnen das Urteil über die Gültigkeit der Königlichen Verordnungen und setzte einen besonderen Staatsgerichtshof zur Beurteilung politischer Vergehen ein. Die Pressefreiheit wurde wesentlich beschränkt; den Widerstand der Staatsdiener brach man, indem man die fügsamen belohnte, die widerstrebenden durch Strafversetzung oder Außerdienststellung einschüchterte.

(,,Zuckerbrot und Peitsche.") Die Führung der Gegner des Ministeriums in der Kammer übernahmen die früheren Minister Graf Bennigsen, von Münchhausen und Windthorst.

Ein heftiger Streit zwischen der Regierung und der Kammer entbrannte um die Geldfrage. Die Regierung wünschte die Zivilliste (Jahreseinnahme) des Königs zu erhöhen und wollte dies dadurch erreichen, daß dem Könige die Einnahmen aus den Domänen überlassen würden. Man suchte dies auch geschichtlich zu begründen, indem man die Meinung vertrat, daß die Domänen ursprünglich Familiengüter der Billunger, Brunonen, Northeimer, Supplingenburger und der Welfen gewesen seien, was doch höchstens bei den althannoverschen zutraf. Auch viele Gegner der Regierung waren mit der Erhöhung der Zivilliste und selbst mit der Ausscheidung der Domänen einverstanden; nur widersprachen sie der Art der Einschätzung der Domänen, die so niedrig war, daß die Staatskasse dadurch jährlich um reichlich 200000 Taler geschädigt wurde. Da die Regierung die Zustimmung der Kammer nicht erreichen konnte, stellte sie eigenmächtig die frühere Kassentrennung wieder her. Dann wandte sie alle ihre zu Gebote stehenden Mittel an, um eine gefügige Kammer zu erhalten. Dem früheren Minister von Münchhausen, der sich ebenfalls über die zu niedrige Einschätzung der Domänenerträge beschwert hatte, ließ der König sagen, er wolle weder ihn noch seine Frau bei Hofe sehen. Auch Graf Bennigsen und Windthorst wurden als pensionierte Minister von der Kammer ausgeschlossen. In der Tat gelang es von Borries, 1857 eine ihm günstige Kammermehrheit zu erhalten, die gefügig genug war, die seit 1848 erschienenen Gesetze im reaktionären Sinne zu revidieren. Die Kassen wurden zwar nicht wieder getrennt, aber die Zivilliste des Königs wesentlich erhöht und zur Aufbringung der dazu erforderlichen Mittel eine Anzahl Domänen ausgeschieden, deren Nutzungswert aber so niedrig angenommen wurde, daß die wirklichen Erträge die Schätzungswerte bei weiten übersteigen mußten. Gerade diese Domänenausscheidung war der Hauptgrund, die Mißstimmung im Lande zu mehren.

Auch spätere Maßregeln des Ministeriums Borries trugen viel zur Veränderung bei. Die Staatsbeamten wurden Königliche Diener, der Staatsanwalt hieß Kronanwalt; selbst Richter wurden gemaßregelt, sobald sie sich mißliebig machten. *Planck,* in der Kammer von 1853 Osnabrücks Abgeordneter, wurde unter Polizeiaufsicht gestellt. Wenn er auf Spiekeroog badete — Helgoland zu besuchen war ihm nicht gestattet worden —, ging ein Gendarm am Meeresufer auf und ab. 1859 wurde er auf Wartegeld gesetzt; er durfte weder Abgeordneter, noch Advokat, noch Privatdozent werden; jede öffentliche Tätigkeit war ihm untersagt. Auch *Windthorst,* der als Mitglied des Ministeriums Schele dem Ministerium Lütcken den Platz hatte räumen müssen, wurde unter Polizeiaufsicht gestellt. *Rudolf von Bennigsen* war von Aurich als zweiter Kronanwalt nach Hannover und dann als Amtsrichter nach Göttingen versetzt; hier traf er seinen gemaßregelten Freund Planck wieder. Ihm hatte er schon 1849 in Osnabrück erklärt, daß er demnächst aus dem Staatsdienst auszutreten gedenke, um sich ganz der politischen Laufbahn zu widmen; jetzt wurde er vor die Entscheidung gestellt. Aurich hatte ihn zum Abgeordneten für die Zweite Kammer gewählt; die Regierung, die in ihm mit Recht einen Gegner sah, verweigerte ihm den Urlaub. Da war Bennigsen rasch entschlossen: Er trat aus dem Staatsdienste, übernahm das väterliche Gut Bennigsen am Fuße des Deisters und widmete sich der Landwirtschaft.

In Göttingen fand von Bennigsen einen neuen Freund: *Johannes Miquel.* Er wurde 1828 in Neuenhaus (Kreis Grafschaft Bentheim) als Sohn eines Arztes geboren, ließ sich nach beendigtem Rechtsstudium in Göttingen als Advokat nieder und erlangte durch seine bedeutende juristische Begabung großes Ansehen. Auch politisch trat er bald hervor, indem er zwei kritische Broschüren veröffentlichte, ,,Das neue hannoversche Finanzgesetz von 1857" und ,,Die Ausscheidung des hannoverschen Domanialgutes", die durch ihre große Schärfe und ihre zwingende Beweisführung Aufsehen erregten, so daß er in drei Wahlkreisen in die Zweite Kammer gewählt wurde. In der Kammer traf er wieder mit Bennigsen zusammen, der im Gegensatz zu der Regierung und zu seinen eigenen Standesgenossen für Volksfreiheit und ein einiges, großes Deutschland kämpfte. Aus dem Freundschaftsbunde, den Bennigsen, Planck und Miquel in Göttingen geschlossen hatten, ging der *Nationalverein* hervor, den jene drei 1859 mit gleichgesinnten Freunden schlossen, und der eine Einigung des deutschen Volkes unter preußischer Führung erstrebte. Dadurch waren die drei Freunde der hannoverschen Regierung noch unleidlicher geworden. Planck wurde angeboten, unter vorteilhaften Bedingungen in den Justizdienst zurückzukehren, wenn er aus dem Nationalverein austreten wolle; er lehnte ab. Bennigsen, jetzt vollständig unabhängig, setzte den Kampf gegen Borries in der Kammer fort. Hatte er anfangs auch nur wenige Anhänger, ihre Zahl wuchs von Jahr zu Jahr. Auch die Mißstimmung im Volke nahm zu und kam endlich 1862 in dem *Katechismussturm* zum Ausbruch, der dann auch das Ende des ganz unhaltbar gewordenen Borriesschen Regiments herbeiführte.

Im Königreich Hannover gab es noch keine *Landeskirche*. Die Konsistorialbezirke Hannover, Stade, Aurich, Osnabrück, Otterndorf und Hohnstein standen fast wie selbständige Kirchen nebeneinander. Erst durch das Staatsgrundgesetz von 1833 wurden die Lutherische und die Reformierte Kirche des Königreichs zu einer *Evangelischen Kirche* zusammengefaßt. Das Verfassungsgesetz von 1848 bestimmte, daß der König Änderungen der Kirchenverfassung nur unter Zustimmung einer von ihm zu berufenden kirchlichen Versammlung vornehmen dürfe. Wie die Regierung schon 1845 ein *Volksschulgesetz* erlassen hatte, so erschien 1848 ein *Gesetz über Kirchen- und Schulvorstände*. Als aber eine Königliche Verordnung 1862 den in rationalistischem Geiste verfaßten Landeskatechismus von 1790 durch einen *neuen Katechismus* orthodoxen Inhalts zu verdrängen suchte, widersetzten sich die liberalen Teile der Bevölkerung. Der König mußte obige Verordnung zurücknehmen. Die neue *Kirchenvorstands-* und *Synodalordnung* von 1864 gewährte dann den Laien größere Teilnahme an der Kirchenverwaltung. Als einheitliche Verwaltungsbehörde, dem die Konsistorien unterstellt waren, wurde 1866 das *Landeskonsistorium* errichtet.

2. Neuordnung der Osnabrücker Landes- und der Stadtverwaltung

Den *Osnabrücker Landständen* fehlte der erste Stand, das Domkapitel; sie wurden aber doch wieder eingerichtet, obwohl sie auf die Landesverwaltung, Steuerbewilligung usw. keinen Einfluß mehr besaßen. Den ersten Stand bildete seitdem die Ritterschaft, den zweiten die Städte — statt des an Preußen abgetretenen Wiedenbrück wurde Melle aufgenommen —, den dritten 18 von freien Grundbesitzern gewählte Abgeordnete. Die frühere Osnabrücker *Landes- und Justizkanzlei* trat wieder ins Leben, wurde aber auf die Rechtspflege beschränkt; die Verwaltungsgeschäfte wurden der Provinzialregierung übertragen. Das Land war früher in Ämter geteilt. Das *Amt Iburg* umfaßte die Gogerichte in Osnabrück und in Iburg. Zu dem Osnabrücker (Ober-) Gogericht gehörten die Vogteien Osnabrück für die hier eingepfarrten Dörfer sowie für die Kirchspiele Wallenhorst, Belm, Schledehausen und Bissendorf. Der Gograf war der Richter, die Verwaltung lag in den Händen des Drosten und Rentmeisters; in Alt-Hannover dagegen waren in der untersten Instanz Verwaltung und Rechtspflege nicht getrennt. Der althannoversche Amtmann war — um mich des heutigen Sprachgebrauchs zu bedienen — Landrat und Amtsrichter in einer Person. Der Gleichmäßigkeit halber führte man die hannoversche Ämterverfassung auch hier ein, für unser Ländchen ein Rückschritt. Bei dieser Gelegenheit wurde von dem Amt Iburg ein neues *Amt Osnabrück* und von dem Amt Fürstenau das Amt Bersenbrück abgezweigt, so daß unser Fürstentum sieben Ämter zählte: Osnabrück, Iburg, Grönenberg (Melle), Wittlage-Hunteburg, Vörden, Bersenbrück und Fürstenau. Zum Osnabrücker Amtshaus erwählte man die frühere, damals leerstehende Domdechanei, Domhof 5. 1863 kaufte der Staat das frühere, im letzten Kriege zerstörte Landratsamt, Hakenstraße 7, und richtete es zum Amtshause ein. Herbord Sigmund Ludwig *von Bar,* der Freund Mösers, wurde 1814 unser erster Regierungspräsident und 1823 unser erster Landdrost.

Auch die *Stadt Osnabrück* erhielt eine neue Verfassung vom 31. Oktober 1814. Die Stadt wurde der hiesigen Provinzialregierung unterstellt. Damit verlor sie endgültig ihre frühere selbständige Stellung, ihr Hoheitsrecht in bezug auf Militär- und Steuerwesen; auch ihre Gerichtsbarkeit wurde wesentlich beschnitten. Die Trennung der Alt- und Neustadt — 1808 durch die französische Mairie-Verfassung beseitigt — blieb aufgehoben, für beide wurde nur *ein* Magistrat gewählt, der das Stadtvermögen verwalten, die Aufsicht über die protestantischen geistlichen Güter, die evangelischen Kirchen und Schulen führen sowie die Polizeiangelegenheiten und die Rechtspflege in bestimmten Grenzen besorgen sollte. Der *Magistrat* bestand fortan aus zwölf Personen: Aus zwei Bürgermeistern, einem Syndikus, zwei Richtern, einem Lohnherrn oder Stadtkämmerer, vier Senatoren und zwei Sekretären. Alle sollten in Übereinstimmung mit der alten Verfassung evangelisch sein. Zur Vertretung der Bürger wurden am Handgiftentage vier Alterleute, die alle zwei Jahre wechselten, in folgender Weise gewählt: Der Magistrat ernannte in jedem der vier Stadtviertel je vier ansässige, unbescholtene Bürger; diese 16 wählten unter der Leitung des Syndikus alle zwei Jahre die vier Alterleute. Sie konnten, ebenso wie der Polizeikommissar und die Unterbedienten, ohne Rücksicht auf ihre Konfession ernannt werden. Die erste Ernennung der Magistratsmitglieder behielt sich der Minister vor; später geschah sie in folgender Weise: Die beiden vorsitzenden Alterleute und ein vom Magistrat aus seiner Mitte erwähltes Mitglied ernannten in jedem der vier Stadtviertel drei, im ganzen zwölf Bürger, die mindestens 25 Jahre alt waren und ein eigenes Haus besaßen. Diese zwölf und der erste vorsitzende Altermann wählten für jede zu besetzende Stelle drei ,,Subjekte'', von denen der Magistrat der Regierung eines vorschlug. So wurden die ersten zehn Mitglieder des Magistrats bestimmt, und zwar auf Lebenszeit. Die beiden Sekretäre und den Polizeikommissar ernannte der Magistrat, ebenfalls auf Lebenszeit; doch bedurfte die Wahl der Bestätigung der Regierung. So war das Wahlrecht der Bürgerschaft so gut wie ausgeschaltet. Es war nur einem Bruchteil vorbehalten und auf Wahlmänner und Vorschlagslisten beschränkt.

Das Magistratskolleg teilte sich in die *gerichtliche* und die *administrierende* (Verwaltungs-) *Kammer.* Die gerichtliche Kammer bestand aus dem Ersten oder Justizbürgermeister, dem Syndikus, den beiden Richtern und dem Gerichtssekretär, die administrierende Kammer aus dem gesamten Magistrat; einen engeren Ausschuß bildeten der Zweite oder administrierende Bürgermeister, der Syndikus, der Lohnherr, die vier Senatoren, die Alterleute und der Stadtsekretär. Die Mitglieder der juristischen Kammer und die beiden Stadtsekretäre mußten juristisch gebildet sein. Jedes stimmberechtigte Mitglied des Magistrats mußte in der Stadt ein eigenes Haus besitzen. Nahe Verwandte (Brüder, Schwäger) eines Magistratsmitgliedes durften nicht gewählt werden. Bei den Sitzungen führte der Justizbürgermeister den Vorsitz, der Stadtsekretär das Protokoll.

Die Stadt besaß nicht mehr die selbständige Verwaltung der *Polizei*. Ein Mitglied des Magistrats wurde von der Regierung zum Polizeidirektor ernannt und von ihr besoldet und stand unmittelbar unter ihrem Befehl. Der Kommissar und die Polizeiunterbeamten wurden von der Stadt ernannt und besoldet. Die allgemeinen Polizeiverfügungen bedurften der Genehmigung der Regierung.

Die juristische Kammer des Magistrats besaß — ähnlich wie heute das Amtsgericht — die *Gerichtsbarkeit* erster Instanz über alle Einwohner der Stadt und Feldmark Osnabrück; ausgenommen waren der kanzleisässige Adel, alle in königlichen oder landständischen, geistlichen oder weltlichen Diensten stehenden Beamten, ihre Frauen, Kinder und Dienstboten, das königliche Schloß nebst der dazu gehörigen Umgebung samt allen Bewohnern. Sie alle konnten nur von der Justizkanzlei gerichtet werden. Allgemeine Verfügungen des Magistrats sowie die Ausschreibungen städtischer Steuern bedurften der Genehmigung der Regierung, die auch die Aufsicht über den städtischen Haushalt führte. Die Rechnung mußte alljährlich vorgelegt werden. Der Magistrat besaß die Befugnis, die von den evangelischen Gemeinden gewählten und vom Stadtkonsistorium geprüften und für tüchtig befundenen Prediger zu berufen und zu vereidigen, auch die Lehrer der evangelischen Kirchspielschulen anzustellen und zu verpflichten.

Das *Stadtkonsistorium* wurde provisorisch in seinen vormaligen Verhältnissen bestätigt. Es bestand aber nur aus dem Stadtsyndikus als Vorsitzendem, den beiden ältesten Predigern an St. Marien und St. Katharinen und dem Stadtsekretär, also aus sechs Personen. Vor sein Gericht gehörten die Ehesachen der protestantischen Bürger sowie die Disziplinarverhandlungen gegen evangelische Geistliche, Schullehrer, Organisten und Küster, deren Frauen und Kinder.

Die Bestimmung, daß *Katholiken* vom Magistratskollegium ausgeschlossen seien, die von vornherein nicht zu Recht bestand, da sie der Wiener Bundesakte von 1815 widersprach, wurde 1833 aufgehoben. Nur an der Oberaufsicht des Magistrats über das evangelische Kirchen- und Schulwesen sollten katholische Magistratsmitglieder nicht mitwirken.

Die von der westfälischen Regierung eingeführte *Gewerbefreiheit* wurde wieder aufgehoben; am 1. Juli 1817 traten die Gilden wieder ins Leben, aber nicht unverändert. Die von den Zunftgenossen zu ihrer Vertretung gewählten Gildemeister übten nicht mehr die Gewerbepolizei aus, besaßen kein Strafrecht, sondern sie waren unter die Aufsicht eines Senators gestellt, der den Titel Obmann führte. Ohne seine Einwilligung durfte keine Gildeversammlung abgehalten, kein wichtiger Beschluß gefaßt, kein Meisterstück abgenommen werden. Die Gesellen bildeten keine Körperschaft mehr, sondern waren den Meistern gegenüber nur einzelne Arbeiter. Jeder Meister konnte so viele Gesellen halten, wie er wollte. Bis dahin hatte auf der Neustadt ein besonderes Back-, Schlacht- und Schneideramt bestanden; sie wurden jetzt aufgehoben und mit denen der Altstadt verbunden. Unter der alten Gildeverfassung mußten sich die Chirurgen in die Barbiergilde, die Kunstmaler, Tapezierer und Polsterer in das Glaseramt, die Uhrmacher in das Schmiedeamt aufnehmen lassen; dieser Zwang fiel jetzt fort. Dagegen blieben die alten Vorschriften über Lehrlings- und Gesellenzeit, über Gesellen- und Meisterstück bestehen.

Aber nicht nur die frühere selbständige Stellung der Gilde, auch die alte Blüte des Handwerks war auf lange Jahre dahin. Ganz Deutschland lag wirtschaftlich danieder. Wie lange war jeder Verkehr mit den Nachbarvölkern unmöglich gewesen! Die Unsicherheit der Kriegsjahre schreckte jeden von neuen gewerblichen Unternehmungen ab.

Als nun die Festlandsperre aufgehoben wurde, überfluteten die englischen Waren, die während der Sperre in riesigen Massen nach Helgoland gebracht waren, unser Vaterland. In Osnabrück war von größeren Gewerbebetrieben kaum die Rede; die meisten Arbeiter waren wohl im Tabakgewerbe beschäftigt. Man versuchte 1818, die Legge wieder zu heben, aber ohne Erfolg. Der Zuzug von Fremden war daher sehr gering. Osnabrück zählte 1816 etwa 9000 Einwohner, nach der Zählung von 1823 nur 10915, und am 1. Juli 1848 war die Einwohnerzahl erst auf 12146 Personen gestiegen.

Die Stadt hatte ja die von den Laischaften eingerichtete *Straßenbeleuchtung* übernommen; wie sparsam man aber dabei verfuhr, zeigt z. B. der ,,Laternen-Calender zur nächtlichen Gassen-Erleuchtung der Stadt Osnabrück für den Monat Dezember 1815". Vor 5 Uhr wurden die Laternen niemals angezündet, und spätestens um 3 Uhr morgens wurden sie gelöscht. Bei Mondenschein wurden sie später angezündet oder früher gelöscht. Nur vom 25. bis 31. brannten sie von 5 bis 3 Uhr, vom 14. bis 17. überhaupt nicht, am 18. von 5 bis 7½ Uhr; am 12. wurden sie um 12½ Uhr, am 13. um 1½ Uhr angezündet. Die ganze Straßenbeleuchtung kostete in den Jahren 1820—1840 jährlich weniger als 4000 Mark.

Unterm 15. Februar 1817 erließ der Magistrat ein *Straßenreglement,* in dem es unter anderem heißt: ,,§ 13. Die Dachrinnen sollen bis auf die Erde reichen. § 25. Das Tabakrauchen auf den Straßen und Promenaden, ohne geschlossenen, festen Deckel, ist bei 12 Mariengroschen (1 Mark) Strafe verboten. Zur Zeit der Ernte und an Orten, wo feuerfangende Sachen sich befinden, als vor und bei den Erntewagen, in den Ställen, auf und neben den Dröschen, ist solches aber auch selbst aus bedeckten Pfeifen bei 1 Thaler und nöthigenfalls bei Leibes-Strafe verboten. Ebensowenig soll bei öffentlichen Versammlungen an Festen, es sei auf Marktplätzen oder Promenaden, bei 12 Mariengroschen Strafe und Verlust der Pfeife geraucht werden." Zigarren waren hier damals wohl noch nicht üblich. Zwar hatte Schlottmann in Hamburg schon 1788 die erste Zigarrenfabrik Deutschlands errichtet; aber es fehlten ihm jahrelang die Abnehmer, und er mußte große Mengen verschenken, um das Vorurteil der Menge zu überwinden. Als der Neger des Großen Kurfürsten auf der Jagd einem Bauern eine Art Zigarre anbot, erwiderte dieser abwehrend: ,,Nee, nee, gnädiger Herr Düvel, ick fräte keen Füer!" ,,§ 32. Nach 11 Uhr abends darf niemand ohne brennende Leuchte auf der Straße gehen bei 24 Mariengroschen (2 Mark) Strafe." Ein schlechtes Zeugnis für die städtische Straßenbeleuchtung. Erst 1819 wurde verboten, die Häuser mit Holzschindeln zu decken; es sollten mit Kalk verstrichene Ziegel, aber keine Strohdocken verwandt werden. Und doch finden diese sich noch heute auf alten Häusern.

Die *Verkehrsmittel* hatten sich insofern etwas gebessert, als die Postwagen gepolstert waren. Von Mitte Oktober 1816 an fuhr ein solcher Wagen mit neun Sitzen am Montag und Freitag morgens 6 Uhr nach Kassel, wo er am anderen Mittag eintraf. Am Dienstag und Sonnabend fuhr ein anderer Wagen nach Leer; beide kehrten auch wöchentlich zweimal nach Osnabrück zurück. Ein Reisender ohne Gepäck mußte für die Meile 7, mit Gepäck 8 Gutegroschen (1 Mark) zahlen, außerdem an Trinkgeld an den Wagenmeister und den Postillion z. B. auf der Reise nach Kassel 29 Gutegroschen (3,60 Mark). Für solchen Preis konnten zwei oder gar vier Reisende sich auch einen eigenen Wagen nehmen. In den Öffentlichen Anzeigen finden sich daher auch immer noch Anfragen wie: Wer reist mit nach Minden, Hannover, Elberfeld usw.? Oder: Eine Chaise fährt leer nach Hannover zurück. Wer fährt mit?

3. Johann Carl Bertram Stüve

Der Mann, der sich um das Zustandekommen des Ablösungsgesetzes und der neuen hannoverschen Verfassung das größte Verdienst erworben hat, war — ebenso wie Graf Münster — ein Osnabrücker: Johann *Carl* Bertram *Stüve*. Er wurde am 4. März 1798 als Sohn des Bürgermeisters Heinrich David Stüve geboren, der unsere Stadt in den schweren Tagen der Franzosenzeit leitete und als Opfer seines Berufs im Mai 1813 vom Typhus hingerafft wurde. Als Schüler des Ratsgymnasiums gewann J. C. B. Stüve durch den Einfluß des Direktors *Fortlage* und des 1815 zum Konrektor berufenen späteren Direktors *Rudolf Abeken* große Vorliebe für die altklassischen Sprachen und die Geschichte. Am letzten Napoleonstage, den die Osnabrücker zu feiern hatten — am 15. August 1813 —, mußte auch Carl Stüve mit den übrigen Ratsgymnasiasten in Kniehosen und niedrigen Schuhen an dem Festzuge teilnehmen. Da er ein geweckter Knabe und mit einem guten Gedächtnis begabt war, vermochte er später so manches aus dem alten Osnabrück und aus der Franzosenzeit vortrefflich zu schildern. Ostern 1817 verließ er das Gymnasium mit einem vorzüglichen Zeugnis und bezog die Universität Berlin, wo er mit Friedrich Johannes *Frommann* aus Jena Freundschaft schloß, die erst der Tod löste. Stüve studierte Rechtswissenschaft, beschäftigte sich aber auch mit der Philologie und besuchte selbst die Vorlesungen des Theologen Schleiermacher, der durch seine edle Persönlichkeit einen tiefen Eindruck auf ihn machte. Den Abschluß seines Studiums machte er auf der heimatlichen Universität Göttingen, wo seine Vorliebe für deutsche Sprache und Geschichte lebhaft erwachte. Am liebsten wäre er Universitätslehrer geworden; aber die Rücksicht auf die alte, geliebte Mutter bewog ihn, nach Osnabrück

Johann Carl Bertram Stüve
(1798—1872),
Bürgermeister von Osnabrück
(1833—1848 u. 1852—1864),
hannoverscher Landtagsabgeordneter
und 1848/49 Innenminister

zurückzukehren und sich als Advokat niederzulassen. Auch in Göttingen gewann er einen Freund fürs Leben, seinen Landsmann und Hausgenossen *Staffhorst,* der sich in Iburg als Advokat niederließ, in dessen glücklichem Familienkreise hat Stüve manche frohe Stunde verlebt. Den Weg dorthin legte er als guter Fußwanderer wiederholt in 1³/₄ Stunden zurück; ebenso machte er die erste Reise zur Universität Göttingen in Gesellschaft einiger Osnabrücker in vier Tagen ganz zu Fuß.

Neben der Advokatur, die ihn anfänglich noch nicht stark in Anspruch nahm, beschäftigte sich Stüve auch noch fortgesetzt mit wissenschaftlichen Arbeiten, vornehmlich auch auf dem Gebiete der Osnabrücker Geschichte. Der Magistrat — Stüves Oheim war Justizbürgermeister — übertrug ihm die Ordnung des städtischen Archivs; ebenso ordnete er das Archiv des Domes und einiger aufgehobener Klöster und gewann bei dieser Arbeit einen tiefen Einblick in die Geschichte unseres Landes. Möser hatte die fast vollendete Handschrift für den dritten Teil seiner Osnabrückischen Geschichte seinem Freunde, dem späteren ersten Landdrosten Osnabrücks, Ludwig von Bar, übergeben, der Stüve beauftragte, sie druckfertig zu machen. Stüve entledigte sich nicht nur dieser Aufgabe, sondern fügte dem Werke eine umfassende Quellensammlung hinzu. Schon damals faßte er den Entschluß, das Mösersche Werk, das ja nur bis 1250 reicht, dereinst fortzusetzen. Auch vollendete er die von seinem älteren Bruder Ernst und Mösers Neffen Friderici begonnene „Geschichte der Stadt Osnabrück" (1826) und veröffentlichte in kindlicher Verehrung und Dankbarkeit eine für seine Familie bestimmte Lebensbeschreibung seines Vaters, die zugleich einen höchst lesenswerten Beitrag zur Geschichte jener Tage bildet.

Die Verhandlungen der Ständeversammlung, die nicht öffentlich waren und nur in dürftigen Auszügen bekannt wurden, fanden im Lande geringe Beachtung. Da die Abgeordneten von den Wählern entschädigt werden mußten, sahen selbst die Städte das Recht, sich bei den Verhandlungen vertreten zu lassen, als eine Last an und wählten mit Vorliebe in Hannover wohnende Beamte, die für geringe Entschädigung das Amt übernehmen konnten. Als der damalige Vertreter Osnabrücks, Hofrat Buch, 1823 die fernere Vertretung ablehnte, bot die Stadt dem Advokaten Stüve das Mandat an, der sich schon durch eine Arbeit um die Stadt verdient gemacht hatte. Als nämlich die Schulden der einzelnen Landesteile des Königsreichs zu *einer* Landesschuld vereinigt wurden, um eine einheitliche Besteuerung zu ermöglichen, bat die Stadt Osnabrück, daß auch ihr die älteren Schulden, die sie in ihrer früheren selbständigen Stellung wesentlich im Interesse des Landes gemacht hatte, abgenommen würden. Die Regierung lehnte das ab, weil Osnabrück nie eine reichsfreie Stadt gewesen war, wenn sie auch in Wahrheit einen Staat im Staate gebildet hatte. Stüve hatte nun im Interesse seiner Vaterstadt die Feder geführt; daher waren seine Mitbürger auf den Gedanken gekommen, ihn als Abgeordneten nach Hannover zu senden. Er hatte noch nicht einmal völlig das erforderliche Alter von 25 Jahren erreicht und lehnte deshalb das ehrenvolle Angebot ab, dessen er sich noch nicht für würdig hielt. Als der Magistrat aber 1824 den Antrag erneuerte, nahm er ihn an. Den Bürgern lag vor allem an der Abwälzung der erwähnten Schulden. Stüve verfaßte daher eine eingehende Denkschrift, die er allen Abgeordneten einhändigen ließ, und setzte es durch, daß der Staat einen Teil der Schuld übernahm.

Ende 1826 verlor Stüve seine Mutter, mit der er die letzten sieben Jahre zusammengewohnt hatte. Da er unverheiratet war und blieb, konnte er von dem ihm jetzt zugefallenen elterlichen Hause (Krahnstraße 25) nur wenige Räume gebrauchen; daher zog Ostern 1827 sein Bruder August Stüve, Lehrer und seit 1861 Direktor des Ratsgymnasiums, mit seiner Familie zu ihm. Der Tod des Stadtrichters Ehmbsen eröffnete Stüve die Aussicht, einen schon lagen gehegten Wunsch, im Dienste seiner Vaterstadt eine gesicherte Stellung zu finden, in Erfüllung gehen zu sehen, um so eher, als er sich um sie schon verdient gemacht hatte. Aber sein zwei Jahre jüngerer Mitbewerber, *Dr. Pagenstecher,* wurde gewählt, vielleicht weil Stüves Oheim Bürgermeister war. Stüve war darüber sehr verdrießlich; er konnte nicht ahnen, daß er in dem Gewählten später einen Mitarbeiter und Freund finden würde, der ihn im Dienste der Vaterstadt lange Jahre hindurch auf das treueste und aufopferndste unterstützt und vertreten hat.

Daß gerade Stüve sich so eifrig um die Aufhebung der Eigenbehörigkeit bemühte, erklärt sich leicht. In keinem anderen Teil des Königreichs Hannover drückte sie so hart wie in der Landdrostei Osnabrück, während sie in unsern Nachbarländern längst aufgehoben war, in Oldenburg 1808, in Tecklenburg, Ravensberg und Minden 1820. Schon 1830 überreichten ihm Bauern aus Bippen und Menslage eine von ihnen selber verfaßte und von sämtlichen Eigenbehörigen der Kirchspiele Menslage, Bippen und Berge unterzeichnete Schrift, in der sie ihn baten, für ihre Befreiung weiterzukämpfen, und nachdem das Ablösungsgesetz erschienen war, erhielt Stüve einen silbernen Becher, der die Inschrift trug: ,,Dem mutigen Kämpfer für persönliche Freiheit, Herrn Schatzrat Stüve in Osnabrück, die dankbaren pflichtigen Hofbesitzer im Fürstentum Osnabrück."

Stüve war durch seine Abgeordnetenpflicht so vollständig in Anspruch genommen, daß er es unterließ, sich um das Amt eines Verwaltungsbürgermeisters zu bewerben, das durch den am 30. Januar 1830 eingetretenen Tod Thorbeckes erledigt wurde. Begehrenswerter erschien ihm ein anderes Amt, das bei guter Besoldung geringe Anforderungen stellte, ihm also die Möglichkeit gewährte, sein Abgeordnetenmandat beizubehalten. In Hannover bestand damals ein Schatzkollegium, eine ständische Behörde, zu der jede Provinziallandschaft ein Mitglied wählte. Stüve bewarb sich und erhielt die Stelle gegen die Stimmen der Adligen. Damit war er zugleich lebenslängliches Mitglied der Ständeversammlung und führte jetzt den Titel Schatzrat. Die Unruhen im Lande und die Entlassung des Grafen Münster erleichterten ihm die Durchbringung seiner Anträge; andererseits wurde seine Stellung dadurch erschwert, daß die Liberalen, die in ihm ihren Vertreter sahen, oft ins Ziellose gehende Forderungen stellten.

Als Stüve im Februar 1832 in seine Vaterstadt zurückkehrte, bereiteten ihm seine Mitbürger einen großartigen Empfang. Abends brachte man ihm ein Ständchen. Am anderen Morgen überreichte ihm eine Abordnung der Bürger aus allen Ständen einen silbernen Pokal mit einer von vielen unterzeichneten Zuschrift, in der sie ihm für seine bisherigen Verdienste dankten und ihn baten, auf dem betretenen Wege fortzuschreiten. Das Geld für den Becher war in der Weise zusammengebracht worden, daß man in einem Privathause eine Einzeichnungsliste ausgelegt, aber nur Beiträge bis zu 50 Pfennig angenommen hatte. An einem ihm zu Ehren gegebenen Festessen nahmen 150 Bürger aus allen Ständen und Beamte, aber — wie Stüve ausdrücklich bemerkt — kein Adliger teil. Besonders freute er sich auch über die sachliche Behandlung städtischer Angelegenheiten im Bürgerverein, der ihn eingeladen hatte. ,,Unter 50 Menschen", schreibt er, ,,kein Gedanke an Verwirrung, Unruhe, Geschwätz, aber Aufmerksamkeit, Interesse in hohem Grade. Das sind unsere Leute; *ich will wahrlich ganz Deutschland aufbieten, bessere Bürger zu stellen.*"

Nach dem neuen Staatsgrundgesetz von 1833 wurde das Schatzratskollegium aufgehoben. Stüve verlor damit seine Stellung als Schatzrat. Da er nun auch das Ziel, das er sich als Abgeordneter gesteckt, erreicht hatte, so daß das Abgeordnetenmandat an ihn nicht mehr so hohe Anforderungen stellen konnte, so erwachte in ihm wieder der Wunsch, in die Stadtverwaltung einzutreten. Am Schluß des Jahres 1832 war der Verwaltungsbürgermeister *Wiethoff* nach zweijähriger Dienstzeit ausgeschieden. Thorbecke und Wiethoff waren die beiden letzten nicht juristisch gebildeten Bürgermeister Osnabrücks. Als im September 1833 auch Stüves Oheim, der Justizbürgermeister Dr. August Eberhard Stüve, starb, erwachte in der Bürgerschaft allgemein der Wunsch, ihr verdienter Vertreter des Bürger- und Bauernstandes möge an die Spitze der Stadtverwaltung treten. Und so geschah es: Ohne Zutun wurde Stüve einstimmig gewählt. (7. November 1833.) In den beiden letzten Jahren hatte er als Schatzrat an der Ständeversammlung teilgenommen; mit der Stellung eines Schatzrates verlor er auch den Sitz in der Ständeversammlung. Da trat Breusing, der bisherige Vertreter der Stadt in der Ständeversammlung, zurück, und die Bürger wählten an seiner Statt Stüve.

4. Das Jahr 1848

In *Osnabrück* herrschte am 18. März bei der Verkündigung der Pressefreiheit und der Nachricht über die Entlassung Metternichs allgemeine Freude; abends wurde die Stadt illuminiert. Alles verlief in Ruhe und Ordnung, was der Osnabrücker Landdrost von Lütcken am folgenden Tage ausdrücklich lobend anerkannte. Am 20. wurden die Bürger durch Ausruf auf den Straßen zu einer Volksversammlung auf dem Schützenhof eingeladen. Der große Saal war bald gefüllt. Zuerst redete *Noelle,* der Begründer und Leiter der Handelsschule, über die Schmach der verflossenen 30 Jahre, den herrlichen Sieg des Volkes, die Sünden des Bundestages und brachte ein Hoch auf das freie Deutschland aus. Advokat *Detering* pries die erlangten Rechte: Presse-, Rede- und Versammlungsfreiheit. Dann bewegte sich die Versammlung in einem langen Zuge zum Rathause. Bürgermeister Stüve, der am folgenden Morgen seine Berufung als Innenminister nach Hannover erhielt, ermahnte von der Rathaustreppe aus zu Ruhe und Ordnung.

Am 22. erschien die erste Nummer der demokratischen Zeitung ,,Tageblatt von und für jedermann". Druck von J. F. L. Lüdecke. Redigiert und herausgegeben von L. F. Fredewest. (Er war Domchoral, Antiquar und Verlagsbuchhändler.) Die Zeitung sammelte auch für die gefallenen Berliner Barrikadenkämpfer; die Gaben wurden an den Bankier W. von Gülich abgeliefert, der sie an Karl Gruner in Berlin sandte. Die Volksversammlungen drängten einander. Die in einer Bittschrift an den Magistrat ausgesprochenen Volkswünsche deckten sich im wesentlichen mit denen der hannoverschen Volksversammlung; in einigen Punkten gingen sie aber noch weiter. Sie verlangten z. B. das Recht auf Arbeit, d. h. der Staat sollte — wie es heute geschieht — den Arbeitslosen Arbeit verschaffen oder doch Tagelohn zahlen; Unterricht und Unterrichtsmittel sollten vom Staate geliefert, die Lehrer aus der Staatskasse besoldet werden. Überall sah man Kokarden und Schleifen in den Nationalfarben Schwarz-Rot-Gold; ohne diese sich öffentlich zu zeigen, war gewagt. Vom Lande kamen bedenkliche Nachrichten. Am 23. zeigte sich auf preußischem Gebiet bei Spenge eine Bande von etwa 200 Mann, die raubte und plünderte und auch in das Amt Grönenberg einfiel, Dissen und Iburg bedrohte. Bei Klein-Aschen überfielen die Bauern diesen räuberischen Haufen, wobei ein Mann getötet und mehrere schwer verwundet wurden. Von Herford kam ihnen Militär zu Hilfe, auch von Osnabrück wurden Truppen nach Hoyel, Dissen und Wittlage gesandt. Selbst die Osnabrücker Seminaristen baten das Konsistorium, sich bewaffnen und mitziehen zu dürfen, was ihnen aber nicht gestattet wurde. Die Besitzer der Güter Ippenburg, Hünnefeld, Schelenburg, Sutthausen und des Meierhofes in Bad Essen verzichteten auf ihre Standesvorrechte und verpflichteten sich, die Gemeindelasten mit zu tragen. Der Gutsbesitzer Hohmann in Bohmte sowie die Kolonen in Schinkel verzichteten auf die ungewissen Dienste ihrer Heuerleute. In den Städten bildete sich eine *Bürgerwehr,* in jedem der vier Stadtviertel sechs Kompagnien.

Im Gegensatz zu dem demokratischen Osnabrücker Tageblatt erschien seit dem 1. April das *,,Volksblatt'',* redigiert von Gymnasiallehrer W. Tiemann, Verlag der Kislingschen Buchdruckerei. Es vertrat die Anschauung Stüves und seiner Freunde und mußte sich gegen manchen Angriff der Gegenpartei verteidigen. Die Leitung des Tageblatts übernahm bald Advokat Detering; einer der fleißigsten Mitarbeiter war der Lehrer *Rosenthal.* Ihm und seinen Freunden gefiel weder die Entwicklung der hannoverschen Verfassungssache noch die Stellung Hannovers zu der deutschen Frage. In der von Stüve entworfenen Thronrede, mit der die Ständeversammlung am 28. März eröffnet wurde, war die Erfüllung der meisten Wünsche des Volkes versprochen und damit die nächste Gefahr beschwichtigt worden. Die Demokraten waren damit nicht zufrieden, und manche von ihnen suchten das Volk aufzuwiegeln, um dadurch einen Druck auf die Regierung auszuüben. Aber diese blieb fest; ein Aufstand in Hildesheim wurde durch Militär rasch unterdrückt, wodurch ähnliche Versuche im Keime erstickt wurden. Die Ständeversammlung konnte daher ihre Aufgabe in Ruhe erledigen. Das neue Verfassungsgesetz änderte unter Vermeidung demokratischer Auswüchse die Verfassung von 1840 im Sinne des Verfassungsgesetzes von 1833 ab. Die Erste Kammer bestand fortan nicht nur aus Adligen, sondern neben Grundbesitzern — adligen wie bürgerlichen und bäuerlichen — waren auch Kirche, Schule, Rechtsgelehrte und das Gewerbe vertreten. Die Volksschullehrer durften zwei Vertreter in die Erste Kammer schicken.

Sehr lebhaft erwachte im deutschen Volke die Sehnsucht nach einem einigen *Deutschen Reiche.* Als der Deutsche Bund die Schleswig-Holsteiner in ihrem Freiheitskampf unterstützte, blockierten die Dänen die deutschen Flußmündungen. Auch die Emsschiffahrt lag ganz danieder, mehrere Papenburger Schiffe wurden von den Dänen gekapert. Das deutsche Volk war wehrlos. Da erhob sich überall der Ruf nach einer deutschen Flotte. Der Vaterländische Verein richtete eine Bittschrift betreffend die Wehrbarmachung unserer Flotte und Sicherung unserer Küsten an das Gesamtministerium in Hannover. Andere sammelten Gaben, Domorganist Klein gab Konzerte zum Besten der Flotte. Bei der Wahl von Abgeordneten zum Frankfurter Parlament unterlagen die Demokraten; in Osnabrück wurde Breusing gewählt, im Nordlande Advokat Buddenberg in Bersenbrück, beide Stüves Freunde. Am 12. Mai fand die erste öffentliche Sitzung des Magistrats im Friedenssaal statt. Von der Freiheit der Vereinsbildung machten zuerst die Turner Gebrauch: Am 17. April trat der erste Osnabrücker *Turnverein* (OTV) ins Leben. Mit dem Nationalfest verband die Osnabrücker Bürgerwehr ihre Fahnenweihe. Die ganze Stadt prangte im Schmuck der Fahnen und Kränze. Am Vorabend kündigte das Geläute sämtlicher Glocken das Fest an. Frühmorgens am 6. wurden die Bürger durch Kanonendonner geweckt. Dem auf dem Kasernenplatz versammelten Militär wurde mitgeteilt, daß der Reichsverweser jetzt an der Spitze sämtlicher deutscher Truppen stehe. Dann wurde in allen Kirchen der Stadt Gottesdienst abgehalten, mittags 1 Uhr Generalmarsch geschlagen. Die einzelnen Kompagnien der Bürgerwehr versammelten sich vor den Wohnungen ihrer Hauptleute und zogen dann geschlossen zum Domhof, wo eine mit Blumengewinden und Fähnlein geschmückte Tribüne errichtet war. Von hier marschierte eine Ehrenwache zum Rathaus, um einige Magistratsmitglieder und die dort versammelten Frauen und Jungfrauen sowie Pastor Bischoff abzuholen. Weihbischof Lüpke nebst einigen Geistlichen befand sich schon auf der Tribüne.

Dort übergaben die Frauen die von ihnen gestickten Fahnen, die dann von dem Weihbischof und Pastor Bischoff geweiht wurden. Nach Beendigung dieser Feier zog die Bürgerwehr mit klingendem Spiel durch die geschmückten Straßen zur Netter Heide, wo zahlreiche Buden errichtet und sonst allerlei Vorkehrungen für Volksbelustigungen getroffen waren. Um 6 Uhr führte die Bürgerwehr ein Manöver aus, dann hielt der Oberst, Lotteriedirektor Lodtmann, eine Ansprache und schloß mit einem Hoch auf den Reichsverweser, in das alle einstimmten. Abends war die Stadt prächtig erleuchtet.

Aber auch Osnabrück sollte noch einen *Aufstand* erleben. Zwei Unteroffiziere des Osnabrücker Bataillons hatten in einer Bittschrift an das Oberkommando, in der sie um Verbesserung der Lager der Unteroffiziere baten, sich ungebührlicher Ausdrücke bedient, den Wortlaut der Bittschrift veröffentlicht und die übrigen Unteroffiziere zum Anschluß aufgefordert. Als sie dieserhalb in Untersuchungshaft genommen wurden, zog am 26. November abends eine erregte größere Gruppe aus der Bevölkerung vor die Hauptwache am Neumarkt, wo die beiden Unteroffiziere gefangensaßen, lärmte und tobte. Ein Soldat der Wache wurde von einem Knittel so stark am Knie getroffen, daß er stürzte. Auch nach dem Justizbürgermeister Stüve, der sich nebst anderen obrigkeitlichen Personen und wohldenkenden Bürgern bemühte, die Ruhe wiederherzustellen, wurde mit Steinen geworfen. Für den folgenden Abend erhielten zwei Kompagnien der Bürgerwehr den Befehl, ohne Waffen durch die Straßen zu gehen und überall, wo etwa Unruhen auszubrechen drohten, dies durch Güte zu verhüten. Schon um 9 Uhr begann die vor der Hauptwache versammelte Menge, das Militär mit Steinen zu bewerfen; daher schritt die bewaffnete Bürgerwehr ein und säuberte in Verbindung mit einer Abteilung Landgendarmen die Straßen. Unterdes hatte sich ein Volkshaufen zu der Wohnung des Regimentskommandeurs begeben und ihm die Fenster eingeworfen; später wurden auch die Fenster des Bürgermeisters Stüve zertrümmert. Erst gegen 11 Uhr war die Ruhe wiederhergestellt. — Die Unteroffiziere der hannoverschen Garnison erklärten auf Befragen ihren Vorgesetzten, daß sie sich dem Gesuch ihrer Osnabrücker Kameraden anschlössen. Bald darauf wurde durch eine Generalorder befohlen, daß alle Soldaten mit ,,Sie'' angeredet werden sollten; die Prügelstrafe war schon vorher abgeschafft worden.

Infolge des Aufstandes erließ der Magistrat unserer Stadt eine ernste Verwarnung unter Androhung der schärfsten Strafen; eine Wiederholung solcher Unruhen hat Osnabrück denn auch nicht erlebt. — Die linksstehenden Abgeordneten des Frankfurter Parlaments hatten, um ihre Anschauungen zu verbreiten und durchzusetzen, den *Märzverein* gebildet und zur Errichtung von Zweigvereinen in allen größeren Orten aufgefordert. In Osnabrück war sofort ein solcher ins Leben getreten; sein Organ war das ,,Tageblatt''. Im Gegensatz dazu bildete sich in Osnabrück nach dem Vorbild Hannovers ein *Vaterländischer Verein,* der sich verpflichtete, allen anarchischen und reaktionären Bestrebungen entgegenzutreten, den gesunden Fortschritt im Sinne der Konstitutionellen Monarchie zu fördern. Den Vorsitz übernahm Altermann Breusing. Die katholischen Mitbürger schlossen sich zu einem *Piusverein* zusammen. Succentor Meurer, Domkaplan Schade, Domprediger Schmeisser und Gymnasialoberlehrer Dr. Wilken ließen seit 1848 bei Fredewest ,,Beiträge zur Belehrung und Erholung'' erscheinen, die auch politische Nachrichten enthielten.

Bei den Politischen Wahlen einigten sich der Vaterländische Verein und der Piusverein meistens, auch bei der zu Anfang des Jahres 1849 vorgenommenen Wahl von Abgeordneten für die nächste Ständeversammlung, die erste, die auf Grund der neuen Verfassung vom 5. September 1848 gebildet wurde; Minister Stüve wurde gewählt. Die auf den

Osnabrücker Tageblatt
von und für Jedermann.

Nr. 224. Sonntag, den 10. December. **1848.**

Das „Osnabrücker Tageblatt" erscheint, außer Montags, täglich. Der Preis beträgt für Einheimische 20 Sgr. für das Vierteljahr; für Auswärtige im Königreiche, welche das Blatt durch die Post beziehen, 22 Sgr. — Anzeigen aller Art werden pr. Zeile mit 6 Pf. berechnet, und müssen, um in nächster Nummer Aufnahme zu finden, bis 5 Uhr Nachmittags eingesandt werden. — Beiträge und Briefe ersuchen wir an die „Expedition des Osnabr. Tageblattes," alte Münze Nr. 38, zu adressiren.

Stiftung eines März-Vereins zu Osnabrück.

K. Es bestand bisher hieselbst neben dem Vaterländischen Vereine, dessen Thätigkeit trotz der bedeutendsten politischen Ereignisse längst ganz aufgehört hat, ein Volksverein, welcher wöchentlich eine Versammlung hielt. Seine Tendenz ging dahin, durch Besprechung politischer Angelegenheiten das Interesse für solche zu wecken und zu erhalten, und auf gegenseitige Belehrung hinzuwirken. Man folgte in den Versammlungen den Zeitereignissen, und gab, wo es nöthig oder zweckmäßig erschien, seine Ansicht in Petitionen und Adressen zu erkennen.

In einer am 21. November abgehaltenen Versammlung wurde alsdann der Vorschlag zur Stiftung eines demokratischen Vereins gemacht, und fand unter etwa 250 Anwesenden fast einstimmige Billigung. Allgemein glaubte man, daß nach dem Gange der neuesten Ereignisse, nach den Vorfällen in Wien und Berlin und im Hinblick auf die täglich wachsende Reaction es nothwendig sei, mit einer entschiedeneren Farbe hervorzutreten.

Als der Volksverein gestiftet wurde, wollte man keine bestimmte demokratische Richtung in die Statuten aufnehmen. Man wollte den Versuch machen, ob nicht bei der Unthätigkeit des vaterländischen Vereins es möglich sei viele Personen von allen verschiedenen politischen Ansichten in einen Verein zusammen zu bringen. Es schwebte dabei die Einrichtung so vieler auswärtigen Vereine vor, in denen man eine Rechte, eine Linke und ein Centrum findet. Es geschahen öffentliche Aufforderungen zur Theilnahme, es geschahen mündliche Einladungen an Einzelne, es wurde das geräumige Local der Realschule gewählt — aber, wenn auch der Besuch zahlreich war, und zumal in der letzten Zeit immer bedeutender wurde, so mußte man doch sehen, daß so Viele, von denen man eine Thätigkeit im Vereine hätte erwarten können, sich ausschlossen. Diejenige Partei, welche sich zu der sogenannten Rechten bekennt oder doch sich dahin neigt und in unserer alten guten Stadt so bedeutend vertreten ist, nahm gar keinen Antheil.

Der Volksverein wuchs indeß ohne diese Leute und die Mitglieder desselben waren zum größten Theile Personen derselben politischen Ansicht. Was Wunder also, wenn eben diese Mitglieder, unbekümmert um diejenigen, welche sich ihnen doch nicht anschließen wollten, getrieben durch den Gang der politischen Ereignisse jetzt geradezu sagten, daß sie wirklich Democraten seien und daß sie einen democratischen Verein stiften wollten! Diejenigen, welche es für erschrecklich hielten, und furchtbar darüber heulten, daß sich ein democratischer Verein in der guten alten Stadt gebildet habe, bedachten nicht, daß es vielleicht in ihrer Hand gelegen, ein so fürchterliches Unglück durch ihre Theilnahme am Volksvereine von Osnabrück abzuwenden!

So war also der democratische Verein entstanden. Wie aber bildete sich nunmehr der März-Verein?

Schon seit langer Zeit wurden diejenigen Anträge, welche von der linken Seite des Parlaments zu Frankfurt ausgingen und die vielfach, zumal in Wien und Berlin gefährdete Freiheit schützen sollten, von der Majorität verworfen. Die Abstimmungen dieser volksfeindlichen Majorität haben allenthalben im deutschen Vaterlande die größte Mißbilligung und Entrüstung hervorgerufen, vielfache Mißtrauensvota veranlaßt. Was aber war gegen eine solche Majorität zu thun, deren Beschlüsse von den Regierungen mit Freude begrüßt wurden? deren Beschlüsse im Widerspruche mit der Majorität der preußischen Nationalversammlung und des preußischen Volkes die Handlungen „dieses Hohenzollern" unterstützten? gegen eine Majorität, welche das österreichische Volk nicht gegen eine Camarilla in Schutz nehmen wollte? Was half das Protestiren, wenn in Folge solcher Beschlüsse das Volk von der Reaction ruhig hingeschlachtet werden durfte?

Die linke Seite des Parlaments sah ein, daß man auf Mittel sinnen müsse, dieser volksfeindlichen Majorität entgegenzutreten, und sich selbst die Mehrheit zu sichern. Man suchte dieses Mittel in der Vereinigung der verschiedenen Fractionen der Linken. Man bildete den März-Verein, worin das linke Centrum freundschaftlich mit der äußersten Linken zusammen sitzt, worin die verschiedenen Fractionen die entschiedensten Tendenzen einstweilen bei Seite gesetzt haben, um in anderen Beziehungen einiger zusammenzuhalten und zu wirken, worin diejenigen,

Das „Osnabrücker Tageblatt" von 1848, das Organ des demokratischen „Märzvereins"

1. Februar einberufenen Kammern zeigten ein ganz anderes Bild als die früheren. Aus der Ersten Kammer waren die Adligen bis auf wenige verschwunden. Von den Grundbesitzern gehörten zwei Drittel dem Bauernstande an; die Volksschullehrer hatten als ihre Vertreter die Lehrer Steinvorth (Lüneburg) und Rosenthal (Osnabrück) gewählt. Inzwischen waren die *Grundrechte* veröffentlicht. Das Ministerium wollte wohl über ihre Einführung mit dem Landtag verhandeln, aber sie nicht unverändert einführen; als die Zweite Kammer trotzdem verlangte, bat das Ministerium den König um seine Entlassung. Ernst August gewährte diese aber nicht, sondern vertagte zunächst den Landtag und löste später die Zweite Kammer auf. Der Haß der Demokraten richtete sich hauptsächlich gegen Stüve. Das ,,Tageblatt'' nannte sich jetzt ,,Organ der Demokraten''. Der geistige Leiter und Hauptmitarbeiter war nach der Ansicht der Bürger noch immer Rosenthal. Insbesondere hielt man ihn für den Verfasser der Betrachtungen über das Sonntagsevangelium, die ab und zu in der Sonnabendnummer erschienen, in denen er seine Gegner z. B. der Heuchelei und des geistlichen Hochmuts beschuldigte. Das ,,Tageblatt'' nannte die Freunde des Volksblattes ,,Heuler'', die städtischen Behörden ,,Rökerverein'', weil nur Hausbesitzer (de eegen Roeck heft) bei den Bürgervorstandswahlen wählen und gewählt werden konnten. Aber trotz aller Angriffe erhielt Stüve bei der nächsten Wahl zur Ständeversammlung von 48 Stimmen 40. Im November 1849 lud eine Kommission zu der ersten Versammlung des *Arbeiter-Bildungsvereins* am 11. d. M. in Lenz' Saal (Kamp 49—51) ein; dieser Tag darf daher wohl als Stiftungstag des Vereins angesehen werden. Zum Präsidenten wurde F. Heinrich Schucht gewählt. Hauptzweck des Vereins war neben der Vertretung der Arbeiterinteressen eine zeitgemäße Bildung seiner Mitglieder.

Stüve hatte nach der Auflösung des Märzministeriums am 27. Oktober 1850 jede Anstellung im Staatsdienst abgelehnt und sofort nach seiner Rückkehr nach Osnabrück seine wissenschaftlichen Arbeiten wiederaufgenommen. Seine Ansichten über die Selbstverwaltung hatte er als Minister nur zum Teil in die Praxis übersetzen, eine Neuordnung des Landgemeindewesens als Minister aber nicht mehr durchführen können; er veröffentlichte daher seine Gedanken über diese schwierige Aufgabe in einer besonderen Schrift. Seine Arbeit in der Armenkommission sowie als Kirchenrat von St. Katharinen nahm er sofort wieder auf. Zu Neujahr 1851 wurde er zum Bürgervorsteher gewählt, wodurch er wieder eine feste Stellung in der Stadtverwaltung gewann. Im Magistrat war seine Stelle nicht wieder besetzt worden; die Arbeiten des Verwaltungsbürgermeisters wurden zum Teil von dem Justizbürgermeister Stüve, zum Teil von dem Syndikus Dr. Pagenstecher erledigt. Als nun am 1. Oktober 1852 die städtische Gerichtsbarkeit aufgehoben wurde, trat der Justizbürgermeister Stüve in den Ruhestand; die Vertretung der Bürger wählte dann den Minister Stüve wieder zum *Bürgermeister,* und er nahm die Wahl an. Die hochgehenden politischen Wogen legten sich allmählich; aber so manches Gute, das ,,das tolle Jahr 1848'' gebracht hatte, ließ sich das Volk nicht wieder entreißen.

5. Die Osnabrücker Stadtverfassung von 1858

Die Stadtverfassung vom 31. Oktober 1814 gewährte den Bürgern fast gar keinen Einfluß auf die Stadtverwaltung. Als daher 1848 die freiheitliche Bewegung einsetzte, legte der hiesige Magistrat, sobald Stüve Minister geworden war, dem Ministerium den Entwurf einer neuen Stadtverfassung vor, der genehmigt wurde und am 1. März 1849 ins Leben trat. Durch das Gerichtsverfassungsgesetz vom 8. November 1850 wurde die städtische Gerichtsbarkeit aufgehoben. Am 1. Mai 1851 wurde die noch von Stüve

5. Die Osnabrücker Stadtverfassung von 1858

ausgearbeitete Hannoversche Städteordnung veröffentlicht, die auch für Osnabrück Gültigkeit hatte, später etwas geändert wurde und am 24. Juni 1858 als *Revidierte Städteordnung* erschien. Besondere, nur auf unsere Stadt bezügliche Bestimmungen, z. B. über die Zahl der Mitglieder des Magistrats und der Bürgervorsteher, wurden durch das *Ortsstatut* von 1853 bzw. 1858 getroffen. Die neue Verfassung hatte folgenden Inhalt:

Der *Magistrat* bestand aus dem Bürgermeister, dem Syndikus, zwei rechtskundigen, besoldeten und fünf ehrenamtlichen Senatoren. Der Syndikus war zugleich Polizeidirektor und ständiger Vertreter des Bürgermeisters. Die Magistratsmitglieder wurden von den vorhandenen Magistratspersonen durch absolute Stimmenmehrheit auf Lebenszeit gewählt. Der Magistrat war Verwalter der Gemeindeangelegenheiten und zugleich Organ der Staatsgewalt. Er war der Regierung unterstellt. Gemeinsam mit dem Bürgervorsteherkollegium vertrat er die Stadtgemeinde, zu der auch die Bewohner der Stadtfeldmark gehörten.

Die *Bürgervorsteher* vertraten die Stadtgemeinde dem Magistrat gegenüber. Ihr Amt war ein Ehrenamt. In jedem der vier Stadtviertel wurden auf je vier Jahre fünf Bürgervorsteher gewählt. Wahlberechtigt waren die im Stadtgebiet wohnenden Bürger; nur diese waren auch wählbar. Jedes Mitglied der Stadtgemeinde war verpflichtet, zu den städtischen Lasten beizutragen. Geistliche und Elementarlehrer sowie die im Dienst befindlichen, in der Stadt wohnenden Militärpersonen zahlten von ihrem Diensteinkommen keine Gemeindeabgaben. Die Stadt erhob eine Einkommensteuer, Realsteuer (Grund-, Gebäude-, Gewerbe- und Betriebssteuer) sowie eine Hundesteuer.

Das *Bürgerrecht* wurde nur durch Verleihung erworben. Verpflichtet, es zu erwerben, waren die Mitglieder des Magistrats, die übrigen städtischen Angestellten und die Besitzer eines Wohnhauses innerhalb des Stadtgebietes. Berechtigt zum Erwerb des Bürgerrechts waren alle unbescholtenen wohnberechtigten Einwohner der Stadt. Für die Gewinnung des Bürgerrechts war eine Gebühr von 15 Mark zu zahlen. Unentgeltlich erwarben es Magistratsmitglieder, städtische Angestellte, Kinder von Bürgern, Geistliche sowie unmittelbare und mittelbare Staatsbeamte. Alle Bürger hatten den Bürgereid zu leisten. Magistrat und Bürgervorsteherkollegium waren berechtigt, gemeinsam das Ehrenbürgerrecht zu verleihen.

Die Bürgervorsteher erwählten beim Antritt neuer Bürgervorsteher aus ihrer Mitte einen Vorsitzenden (Worthalter), einen Schriftführer und einen Stellvertreter für jeden derselben. Die Namen der Gewählten wurden dem Magistrat angezeigt und von diesem bekanntgemacht. Die Bürgervorsteher versammelten sich auf Einladung des Magistrats oder aus eigenem Antrieb. Auch stand ihnen frei, die Angelegenheiten, bei denen sie vom Magistrat zugezogen wurden, in Versammlungen unter sich vorläufig zu beraten. Der Magistrat war befugt und auf den Antrag der Bürgervorsteher verpflichtet, durch seine Abordnung eines oder einiger seiner Mitglieder in der Versammlung Erläuterungen seiner Vorschläge zu geben.

Die Beratung in den Versammlungen des Magistrats und der Bürgervorsteher erfolgte gemeinsam, konnte aber auch auf Anordnung des Vorsitzers oder auf Antrag des Worthalters oder auf einen von zwei Bürgervorstehern unterstützten Antrag eines Bürgervorstehers gesondert stattfinden. Die Abstimmung erfolgte gesondert, zuerst die des Bürgervorsteherkollegs, darauf die des Magistrats. Zu den Versammlungen des Magistrats und der Bürgervorsteher sowie der Bürgervorsteher unter sich konnten *Zuhörer* zugelassen werden. Störten diese, und wurde nicht auf Erinnerung des Vorsitzenden die Ordnung sofort wiederhergestellt, so war er verpflichtet, die Entfernung der Zuhörer zu verfügen und, bis dies geschehen, die Sitzung zu schließen.

Die *Öffentlichkeit* konnte vor oder während der Verhandlung auf Antrag eines Mitglieds ausgeschlossen werden. Über einen solchen Antrag wurde nach Entfernung der Zuhörer abgestimmt. Die Öffentlichkeit blieb ausgeschlossen, wenn dies von dem Magistrat oder dem Bürgervorsteherkollegium beschlossen wurde. Ebenso durften zu einer Sonderberatung der Bürgervorsteher Zuhörer nicht zugelassen werden, wenn der Gegenstand vom Magistrat als vertraulich bezeichnet wurde.

Der Magistrat war verpflichtet, den Bürgervorstehern (d. i. dem Kollegium) auf ihr Ansuchen die Einsicht der Akten und Berichte, deren sie zu ihren Beratungen bedurften, mit Ausnahme der der Geheimhaltung bedürftigen Aktenstücke, zu gestatten und sonstige Auskunft über die Beratungsgegenstände zu erteilen. Dagegen waren die Bürgervorsteher nicht befugt, ohne Vorwissen des Magistrats Angestellte der Stadt zu vernehmen.

Die Einkünfte des *Stadtvermögens* waren zur Bestreitung der städtischen Ausgaben bestimmt. Reichten sie hierzu nicht aus, so waren die Gemeindeglieder zur Zahlung von Abgaben verpflichtet. Im letzten Viertel eines jeden Rechnungsjahres entwarf der Magistrat einen *Haushaltsplan* für das nächste Jahr, der nach vorgängiger Beratung mit den Bürgervorstehern dem Landdrosten (Regierungspräsidenten) einzusenden war. Später beschlossene Abweichungen von dem Plan bedurften ebenfalls der Genehmigung des Regierungspräsidenten. Die vorgängige Genehmigung war erforderlich bei freiwilliger Veräußerung von Gerechtigkeiten und Grundstücken (aber nicht zum Ankauf von Grundstücken), bei Aufnahme von Geldanleihen, wodurch der Schuldenbestand vergrößert wurde, bei Einführung neuer oder Veränderung bestehender Gemeindeabgaben.

Die *Rechnungs-* und *Kassenführung* über das Stadtvermögen wurde unter Leitung des Magistrats von dem Kämmerer besorgt, der angemessene Sicherheit zu leisten hatte. Die Leitung der Rechnungs- und Kassenführung lag zunächst dem Bürgermeister ob. Über die gesamte Gemeindeverwaltung erstattete der Magistrat alljährlich einen gedruckten Verwaltungsbericht. Die Königliche Regierung konnte Einsicht in die vollständige Rechnung verlangen.

Das Vermögen der *Stiftungen* und Anstalten zu frommen Zwecken blieb vom Stadtvermögen gesondert und wurde von den evangelischen Mitgliedern des Magistrats und der Bürgervorsteher unter Aufsicht des Regierungspräsidenten verwaltet. Das *Stadtkonsistorium* behielt seinen bisherigen Einfluß auf die evangelischen Kirchen und Schulen der Stadt.

6. Anbruch einer neuen Zeit. — Stüve und Pagenstecher

Sobald die Regierungen die Zügel wieder fest in der Hand hielten und in den meisten deutschen Staaten sogar die Reaktion einsetzte, mußten die Bürgerwehren verschwinden. Auch die Osnabrücker löste sich auf. Als Dr. Graffs Adjutant seinen bisherigen Kommandanten eines Tages militärisch grüßte, erwiderte dieser lächelnd: ,,Die Faxen haben ein Ende!" Ein ehrsamer Schmiedemeister wußte sich bald in die rauhe Wirklichkeit zurückzufinden: Er verkürzte seinen Hauptmannsfrack und trug ihn bei der Esse. Zwar hatten sich die an die Errichtung der Bürgerwehren geknüpften Hoffnungen, daß sich daraus ein Bürgerheer entwickeln möge, nicht erfüllt — gottlob! sagen wir —, aber sie zeigen uns, wie hoffnungsvoll unsere Väter die aufgehende Sonne der Freiheit begrüßten; auch hat die Bürgerwehr, der in unserer Stadt die edelsten Männer angehörten, gewiß manches Unglück verhütet. Heute erinnern noch die Bataillonsfahne und drei kleine Kompagniefahnen im Osnabrücker Zimmer unseres Museums, einst von Osnabrücks Frauen gestiftet und von Geistlichen feierlich geweiht, an jene bewegte Zeit. Gewiß findet sich auch in mancher alten Osnabrücker Familie noch eine Bürgerwehrmütze usw., die als willkommene Bereicherung des Museums dienen könnte.

Das *Tageblatt* hörte Ende 1851 zu erscheinen auf, nachdem sein Verleger und verantwortlicher Leiter Lüdeke wegen Beleidigung des hiesigen Militärs noch eine Gefängnisstrafe von drei Wochen abgebüßt hatte. Das *Volksblatt* erschien unter Konrektor Tiemanns Leitung und, von Stüve mit wertvollen Beiträgen unterstützt, auch noch 1852.

Osnabrück hatte nicht nur eine neue Verfassung erhalten, die dem Bürger eine ausgiebigere Vertretung als bisher sicherte, sondern es ging auch auf wirtschaftlichem Gebiet einer neuen Zeit entgegen. Unsere Stadt bekam den Anschluß an die Eisenbahn (s. u.), eine *Gasanstalt, Kanalisation* und zwei neue *Krankenhäuser, das Marienhospital und das Städtische Krankenhaus (s. u.)*. Auf kirchlichem Gebiet war das bedeutsamste Ereignis die Wiedereinrichtung des *Bistums Osnabrück*. Am 7. Februar 1857 wurde das 1802 säkularisierte *Bistum Osnabrück* wiederhergestellt. Da der Weihbischof Karl Klemens Reichsfreiherr *von Gruben* auch nach der Säkularisation sein geistliches Amt weiter versehen hatte, war eine gewisse Stetigkeit gewahrt geblieben. Besonders verdient gemacht hatte er sich um den Abschluß des Konkordats von 1824, wonach das gemäß der Bulle ,,Impensa Romanorum Pontificum'' Papst Leos XII. wiederherzustellende Bistum Osnabrück den Teil des Königreichs Hannover links der Weser, das Bistum Hildesheim den rechts dieses Flusses umfassen sollte. Seit 1857 haben die Osnabrücker Bischöfe wieder einen bedeutenden Einfluß ausgeübt, wodurch sich auch der Charakter Osnabrücks als Bischofsstadt im Stadtbild wieder ausprägte. Der erste Oberhirte in der neuen Bischofsreihe, *Dr. Paulus Melchers* (1857—1866), ,,ein Erwecker religiösen Lebens in Klerus und Volk'' (Schirmeyer), förderte insbesondere das katholische Schulwesen. Er wurde nach seiner Osnabrücker Zeit Erzbischof von Köln. Seine Nachfolger *Dr. Johannes Heinrich Beckmann* (1866—1878) und *Dr. Bernhard Höting* (1878—1898) führten die Diözese ,,mit kluger Besonnenheit durch die Schwierigkeiten der Kulturkampfzeit verhältnismäßig günstig hindurch''. Letzterer wurde vor allem ,,der unermüdliche Bauherr für all die neuen Bedürfnisse des gesteigerten kirchlichen Lebens in der Stadt Osnabrück und allenthalben im Lande. Als solcher brachte er die Renovierung des Domes im wesentlichen zum Abschluß und gab seiner Umgebung ein völlig neues Gepräge durch Neubauten, denen wir heute freilich eine andere Formgebung wünschten'' (Schirmeyer). Bereits als Vorgänger *Bischofs Dr. Wilhelm Berning* (1914—1955) machte sich sodann Bischof *Dr. Hubertus Voß* (1899—1914) besonders um die Entfaltung des karitativen Lebens und Wirkens in seiner Diözese verdient. Den größten Einfluß auf die politischen Geschicke unserer Stadt übten in jener Zeit des Überganges *Stüve* und *Pagenstecher* aus.

Albrecht Pagenstecher war am 17. November 1800 in Osnabrück geboren, ließ sich hier als Advokat nieder und wurde 1827 bei der Bewerbung um die Stelle eines Stadtrichters dem zwei Jahre älteren Stüve vorgezogen. Als dieser dann 1833 Bürgermeister wurde, lernten beide Männer einander schätzen und schlossen einen Freundschaftsbund, den erst der Tod gelöst hat. Schon in den dreißiger Jahren, als Stüve regelmäßig an den Ständeversammlungen teilnahm und sich auch sonst viel mit der Politik beschäftigte, hat Pagenstecher ihn oft vertreten. Als dieser ihn 1839 bat, Patenstelle bei seinem Sohn zu übernehmen, war Stüve darüber sehr erfreut, da er hoffte, ,,daß ein solches Bindemittel unser Verhältnis zwar nicht verändern, aber doch immer noch näher und fester machen wird, und darauf beruht für mich so viel, *daß ich mir manchmal ein Gewissen darüber mache, ob ich nicht eigentlich auf Ihre Kosten lebe."*.

Als Stüve 1848 Minister wurde, blieb die Stelle des Verwaltungsbürgermeisters vier Jahre unbesetzt. Die Vertretung lag hauptsächlich auf Pagenstechers Schultern; er berichtete Stüve täglich über die städtischen Angelegenheiten und erhielt auch fast täglich Antwort. Diese noch erhaltenen Briefe Pagenstechers bilden eine wichtige Quelle für die Geschichte unserer Stadt in den Jahren 1848—1850.

Landdrost Lütcken machte der städtischen Verwaltung und besonders Stüve das Leben sauer. Dazu war infolge der Reaktion die demokratische Partei noch gewachsen, so daß sie bei der nächsten Bürgervorsteherwahl siegte und einen ihrer Führer, den Advokaten *Detering,* in die Stelle eines besoldeten Senators brachte, allerdings das beste Mittel, ihn seiner bisherigen Anschauung mehr und mehr zu entfremden. Als Stüve 1855 versuchte, direkte Gemeindesteuern einzuführen, um den städtischen Haushalt ins Gleichgewicht zu bringen, lehnten dies das Bürgervorsteherkollegium und dann auch die Landdrostei ab. Die Einnahmen aus dem Piesberg genügten, meinte man.

Die traurige *Straßenbeleuchtung* unserer Stadt hatte in den dreißiger Jahren dadurch eine Verbesserung erfahren, daß man sog. Rewerber eingeführt hatte, das sind Lampen mit glänzenden Metallflächen, die das Licht zurückwerfen, und daß man dem Tran gereinigtes Rüböl beimischte. Dieser Brennstoff wurde dann durch das Petroleum verdrängt. Die Petroleumlampen leuchteten zwar heller, erforderten aber eine sehr sorgfältige Behandlung. — In London wurden die Straßen schon seit 1814, in Hannover seit 1826 mit *Gaslicht* beleuchtet; aber Osnabrück behalf sich noch 1854 mit einer Beleuchtung der Straßen durch Tranlampen. Da baten Stadtbaumeister *Richard* und der hier bei dem Bau der Hannoverschen Westbahn beschäftigte Bauinspektor Buresch im Januar 1854 den hiesigen Magistrat um Genehmigung zur Errichtung einer Gasanstalt auf Aktien, von denen die Stadt zwei Fünftel übernehmen sollte. Gleichzeitig erboten sich die Bankiers Fortlage und Blumenfeld, auf eigene Gefahr eine Gasanstalt zu errichten, in der sie geruch- und staubfreies Patentgas herstellen wollten. Nachdem der Magistrat ein Gutachten des Direktors Karmarsch und des Professors Heeren, beide an der Polytechnischen Hochschule in Hannover, eingeholt hatten, entschied er sich für die Herstellung des gewöhnlichen Gases aus Steinkohlen und wählte zur Verwirklichung dieser Absicht eine aus vier Magistratsmitgliedern und vier Bürgervorstehern gebildete Kommission, die zunächst mit Richard und Buresch verhandelte, schließlich aber die Frage aufwarf, ob die Stadt nicht selber den Bau und die Verwaltung übernehmen solle. Dagegen sprach die nicht günstige Finanzlage der Stadt, ferner, daß der Magistrat sich eine umfangreiche und lästige Verwaltung fernhielt; auch stand zu befürchten, daß die Stadt die Verwaltung nicht so billig würde führen können wie ein Privatmann. Die Magistratsmitglieder waren daher gegen die eigene Verwaltung der Gasanstalt, die Bürgervorsteher dafür; als diesen sich auch Bürgermeister Stüve anschloß, war die Frage zugunsten der Selbstverwaltung entschieden, zum Vorteil der Stadt.

Stadtbaumeister Richard ging auf Reisen, um sich andere Gaswerke anzusehen; der Magistrat erwarb das jetzige Grundstück der Stadtwerke, und im Februar 1857 beschlossen die Städtischen Kollegien, das Gaswerk nach dem von Richard ausgearbeiteten Plan auf Rechnung der Stadt zu erbauen und in eigene Verwaltung zu nehmen, aber über den Betrieb eine gesonderte Rechnung zu führen. Die Gaspreise sollten so festgesetzt werden, daß das Werk sich selber unterhalten und die Bauschuld allmählich tilgen könne. Als der Bau, vom Stadtbaumeister Richard ausgeführt, fast beendet war, richtete der Magistrat eine Aufforderung an die Bürger, sich nun auch des Gases zu bedienen, ließ auch in den Häusern Berechnungen verteilen, die beweisen sollten, daß die Gasbeleuchtung nicht teurer komme als das Tranlicht, und die Bürgervorsteher gingen sogar von Haus zu Haus, um Abnehmer für die neue Anlage zu werben. Nachdem dann der Bau vollendet, die Rohre gelegt und die Straßenlaternen gesetzt waren, erstrahlten am 10. Januar 1858 die Straßen Osnabrücks zum erstenmal in Gasbeleuchtung. Im ersten Jahr arbeitete die Anstalt mit Verlust; aber nach und nach verringerten sich die Herstellungskosten, und die Zahl der Abnehmer wuchs. Es währte nicht lange, so wollte auch der einfache Mann die Gaslampe und den Gasherd nicht mehr entbehren.

Eine andere wesentliche Verbesserung erfuhr unsere Stadt durch den Bau von *Krankenhäusern*. In alter Zeit hatte Osnabrück die drei Hofhäuser, die Kranke und Arme aufnahmen. Außerdem besaßen die einzelnen Gilden ihre Armenhäuser. Ferner richtete der Rat in dem angekauften Tecklenburger Hof (Große Gildewart 6/7) im Jahre 1620 eine Armen- und 1634 eine Waisenanstalt ein. Als er aber 1810 das Armenwesen neu ordnete, baute er den Tecklenburger Hof zu einem *Krankenhaus* aus. Dort lagen 1813 auch die aus Rußland heimkehrenden typhuskranken Franzosen. Ferner wurden kranke Handwerksgesellen, Dienstboten und Arme hier verpflegt; stand doch das Krankenhaus auch noch immer unter der Armenverwaltung. Vater und Sohn Dr. Droop, Stadtphysikusse, waren Armen- und Gesellenärzte, zugleich auch Krankenhausärzte. Erst 1833 bildete der Magistrat eine besondere Krankenhauskommission, die aus dem Stadtrichter *Dr. Pagenstecher,* Senator *Dr. Wieman* und dem Arzt *Dr. Droop* d. J. bestand.

Das Vorurteil gegen das Krankenhaus im Tecklenburger Hof, als ob es nur für Arme sei, begann sich allmählich zu verlieren. Während es z. B. 1817 nur 15 Kranke aufnahm, stieg die Zahl 1833 auf 179, 1849 auf 510, 1927 auf 4473. Aber es war in dem Krankenhaus noch vieles verbesserungsbedürftig. Zunächst waren die *Räume* ungeeignet, vielfach zu klein und nicht zusammenhängend. Die *Beköstigung* der Kranken hatte man dem Wärter und Hausvater Brandt in Verding gegeben; erst 1859, als dieser in den Ruhestand trat, richtete das Krankenhaus einen eigenen Haushalt unter dem Hausvater Ulbricht ein, der zugleich Krankenwärter war. Daran litten die Kranken wohl am meisten, daß es an ausgebildeten Pflegern und Pflegerinnen fehlte. Dr. Vezin veröffentlichte daher 1852, ohne seinen Namen zu nennen, eine Schrift: „Über Krankenhäuser und Krankenpflege", in der er die Mängel des Krankenhauses, besonders aber der Krankenpflege rügte und die Berufung von Krankenschwestern verlangte. Nachdem er dann nachgewiesen, daß von Pastor Fliedner, der 1836 in Kaiserswerth die erste deutsche Diakonissenanstalt gegründet hatte, keine Schwestern zu haben seien, forderte er: „So wollen wir uns zur Genossenschaft der barmherzigen Schwestern wenden!" Als der Magistrat es ablehnte, in das Stadtkrankenhaus katholische Schwestern aufzunehmen, legte Dr. Vezin die Leitung desselben nieder.

Inzwischen hatte sich der Piusverein der Sache angenommen und eine Hospitalkommission gebildet, die Dr. Vezin zu ihrem Vorsitzenden wählte und von dem Weihbischof Lüpke unterstützt wurde. Sie beschloß, zunächst zwei Borromäusschwestern zu berufen, die im Waisenhause, das von diesen Schwestern geleitet wurde, wohnen sollten. Auf die Beschaffung eines Krankenhauses mußte man vorläufig verzichten. Weihbischof Lüpke starb 1855; da hatten endlich die vielen an König Georg V. gerichteten Bittschriften und die Bemühungen einflußreicher Katholiken, namentlich Windthorsts, Erfolg: *Das Bistum Osnabrück* erhielt am 20. April 1858 in *Paulus Melchers* einen tatkräftigen Bischof, der sich sofort mit Eifer der Krankenhaussache annahm. Die Angelegenheit wurde beschleunigt zunächst durch die *Blatternkrankheit,* die 1858 unsere Stadt heimsuchte, und noch mehr durch die *Cholera,* die 1859 plötzlich in der Bier- und in der Lohstraße

Grabstein des Pfarrkaplans Seling
auf dem Johannisfriedhof

auftrat, sich dann aber rasch über die ganze Stadt verbreitete. Es erkrankten daran 295 Personen, von denen aber im Stadtkrankenhaus nur 75 untergebracht werden konnten. Deshalb wandte sich Bürgermeister Stüve an seinen Mitarbeiter in der Mäßigkeitsbewegung, Pfarrkaplan *Seling* an St. Johann, mit der Anfrage, ob auf der Neustadt ein Gebäude zu haben sei, das der Magistrat zur Aufnahme von Kranken einrichten lassen könne. Kaplan Seling sandte den Brief an den Bischof, der dem Bürgermeister barmherzige Schwestern für das Stadtkrankenhaus anbot. Als Stüve diese ablehnte und inzwischen die Seuche auch auf die Neustadt übergegriffen hatte, ließ der Bischof die Dechanei räumen und zur Aufnahme von Kranken einrichten, wobei ihn der Magistrat durch Hergabe von Betten usw. unterstützte. Der Vikar, der bis dahin die Dechanei bewohnt hatte, bezog die an der Nordseite der Kirche gelegene Kurie, die der Hospitalverein von dem Waisenhaus erworben hatte. Sie wurde in der Folge die Dechanei zu St. Johann und ist später im Stil der Kirche neugebaut worden; die frühere Dechanei aber ist Krankenhaus geblieben und noch bedeutend erweitert worden. Außer dem Magistrat halfen auch mehrere selbst einfache Bürger bei der Einrichtung des Hospitals, das am 20. August 1859 seinen ersten Kranken aufnehmen konnte. Dr. Vezin war der erste Oberarzt.

Bischof Paulus wandte sich darauf an den König Georg V. sowie an die Königin Marie mit der Bitte, dem neuen Krankenhause nach der Landesmutter den Namen *Marienhospital* beilegen zu dürfen, und mit der weiteren Bitte, die Königin möge das Protektorat über die junge Anstalt übernehmen. Dabei erklärte er: ,,Den Kranken aller Konfessionen ist gleiche liebevolle Aufnahme gesichert, und es ist dafür gesorgt, daß jedem Kranken von dem Geistlichen seiner Konfession der gewünschte geistliche Zuspruch zuteil wird." Die Königin gewährte die zweifache Bitte und überwies gleichzeitig eine Beisteuer von 20 Louisdor (330 Mark); denselben Betrag sandte sie alljährlich, zuletzt

1867. Die preußische Regierung stellte 1893 die Zahlung ein, weil das Marienhospital keines Zuschusses mehr bedürfe.

Das jetzige *Stadtkrankenhaus* war noch immer ohne ausgebildete Pfleger in ungenügenden Räumen. Schon 1821 hatten die Eheleute Dr. Semmelmann der Armenversorgungsanstalt ein Kapital vermacht, das 1833 dem Krankenhaus mit 8791 Talern überwiesen wurde; andere Schenkungen kamen hinzu, so daß 1854 für den Neubau eines Krankenhauses 31150 Taler vorhanden waren. Durch ein „Promemoria, ein hieselbst zu erbauendes Krankenhaus betreffend", das von dem Landdrosten Lütcken unterschrieben, aber wahrscheinlich von Dr. Vezin verfaßt war, wurde im Juli 1850 angeregt, ein gemeinsames Krankenhaus für den Raum Osnabrück zu bauen, das außer dem Stadtkrankenhaus das Garnisonlazarett und die Hebammenlehranstalt umfassen sollte. Im September desselben Jahres erließen die Herren *v. Schele, Engelen* als Jagdberechtigter für Oedinberger, *Graf zu Münster* und *von dem Bussche-Hünnefeld* im „Volksblatt" einen Aufruf des Inhalts: „In Osnabrück soll anstatt des jetzigen ungenügenden ein neues Krankenhaus für die ganze Provinz und alle Bekenntnisse erbaut werden. Wenn auch die Stadt Osnabrück und die Regierung namhafte Zuschüsse leisten werde, so fehlen doch noch große Summen. Die bisherigen 234 Jagdberechtigten der Provinz haben nach dem Jagdablösungsgesetz vom 29. Juli d. J. eine Entschädigung von vier bis 24 Pfennig für den Morgen zu beanspruchen. Das ist eine ungenügende Entschädigung für den schmerzlichen Verlust des Jagdrechts; sie bedeutet auch für den einzelnen wenig, die Gesamtsumme aber würde des Baufonds des Krankenhauses bedeutend verstärken. Daher haben wir uns entschlossen, auf unsere Entschädigung zugunsten des Krankenhauses zu verzichten, und fordern unsere Leidensgenossen auf: Schließt Euch uns an!"

Der Aufruf trug gute Früchte; am meisten hielten sich die bäuerlichen Jagdberechtigten zurück. Aber Syndikus Dr. Pagenstecher, der Vorsitzende der Krankenhauskommission, scheute keine Mühe, die Lauen für die gute Sache zu erwärmen; er schrieb Hunderte von Briefen, legte aus eigenen Mitteln 500 Taler hinzu, so daß die ganze Summe 6800 Taler betrug. Auch das Marienhospital erhielt von den Jagdablösungsgeldern 818 Taler. Die Cholerazeit stellte die ungenügenden Verhältnisse des Stadtkrankenhauses noch einmal in grelles Licht, die Einrichtung des Marienhospitals reizte den Wetteifer; so erließen 32 Bürger unserer Stadt 1861 infolge einer Einladung des *Senators Gosling* im Januar 1861 einen dringlichen, von zahlreichen Bürgern unterschriebenen *Aufruf an alle ihre Mitbürger,* ob arm oder reich, der kurz folgendes enthielt: Die Einrichtung des Marienhospitals macht ein *städtisches* Krankenhaus nicht entbehrlich. Das jetzige würde selbst nach einem Umbau nicht genügen. Der Magistrat hat für den Bau eines neuen Krankenhauses bereits einige Gärten vor dem Heger Tor angekauft; allein es fehlt das erforderliche Baukapital. Daher helft! Jede Gabe, sei sie auch noch so klein, ist willkommen, mag sie in einem einmaligen Geschenk oder in jährlich sich wiederholenden Beiträgen bestehen. Unsere Vorfahren haben Größeres und Schwereres mit gemeinsamen Kräften geschaffen; mögen auch wir, die wir täglich die Denkmale ihrer christlichen Liebe und ihres lebendigen Bürgersinns vor Augen haben, zeigen, daß das Interesse für unsere Vaterstadt mit ihrem Aufblühen gleichen Schritt hält.

Der Aufruf fiel auf fruchtbaren Boden. Die Beiträge deckten die Hälfte der Bausumme; einige Bürger zahlten einen Beitrag alljährlich bis 1870. Mit dem Bau wurde Stadtbaumeister Richard beauftragt. Am 9. August 1862 wurde der Grundstein gelegt, im April 1865 konnte er bezogen werden. Die Decke der Vorhalle war mit dem Osnabrücker Wappen geschmückt, dessen Umschrift lautete: „Gestiftet von den Bürgern Osnabrücks." Die Wände waren mit passenden Bibelsprüchen versehen. Das Relief des betenden Engels im Schlußstein der Vorhalle war vom Bildhauer Dankberg in Berlin geschenkt. Das Fenster der Kapelle über dem Portal enthielt ein von *Kreling* entworfenes und von dem Glasmaler Klaus in Nürnberg ausgeführtes Bild, das die Auferstehung Christi darstellt. Beide Krankenhäuser haben nun fast 120 Jahre in edlem Wetteifer gearbeitet und unermeßlichen Segen über Stadt und Land verbreitet.

Im Jahre 1867 begann die Diakonisse Irmgard *von Stoltzenberg* aus dem Stift Bethlehem in Ludwigslust in Gemeinschaft mit einer Freundin in Bad Rothenfelde Kranke, besonders skrofulöse Kinder, zu baden. Dabei überzeugte sie sich bald, daß nur bei richtiger Pflege der Kinder vor und nach der Badekur wesentliche Erfolge zu erreichen sind. Sie wandte sich daher um Hilfe an den Bürgermeister a. D. *Dr. Stüve* und den Sanitätsrat *Dr. Droop,* die den Magistrat veranlaßten, aus den Mitteln des evangelischen Rumpschen Fonds 1870 das Haus Ziegelstraße 22 anzukaufen und darin ein *Kinderhospital* einzurichten. Zunächst diente das Gebäude während des Krieges als Lazarett für Offiziere; aber nach Beendigung der Kurzeit in Rothenfelde im Jahre 1871 bezog eine Diakonisse aus dem Stift Bethlehem mit kranken Kindern das Haus. Die erforderlichen Zuschüsse wurden von der Stadt geleistet; aber bald kamen doch dem Magistrat Bedenken, ober er berechtigt sei, die jährlichen, nicht unerheblichen Mindereinnahmen aus dem Rumpschen Fonds zu decken. Er erklärte daher Ende 1875, das Hospital als städtische Anstalt nicht mehr fortführen zu können. Daher übernahmen Irmgard von Stoltzenberg und ihre Freundin am 1. Januar 1876 das Hospital. Aus einem Vermächtnis der Eheleute Stadtsyndikus *Pagenstecher* wurde das Inventar der Anstalt angekauft und das Haus gemietet. Durch freiwillige Gaben konnte der Betrieb in unveränderter Weise fortgesetzt werden.

Es stellte sich aber bald heraus, daß dies Haus für ein *Kinderhospital* ungeeignet war; dehalb sah man sich nach einem passenden Grundstück für einen *Neubau* um, und 1877 wurde das nach Lage und Größe besonders geeignete, der Klosterkammer in Hannover gehörende Grundstück am Neuen Graben (später Klubstraße 8) für 10380 Mark angekauft. Noch in demselben Jahr konnte der von Stadtbaumeister *Hackländer* ausgeführte Bau begonnen und am 4. Oktober 1878 mit 10 Kindern bezogen werden. Bei seiner Einrichtung hatte man die neuesten Erfahrungen benutzt, sie haben sich auch trefflich bewährt. Der Bau kostete 39181 Mark, mit Grundstück also 49561 Mark. Von dieser Schuld konnten aus einem Vermächtnis des Stadtsyndikus Dr. Pagenstecher, ferner aus einem Vermächtnis der Schwestern Sickmann im Betrage von 9000 Mark sowie aus Sammlungen und kleineren Geschenken 16930 Mark gedeckt werden.

Bei Gelegenheit der goldenen Hochzeit des Kaiserpaares am 11. Juni 1879 bildete sich unter Vorsitz des Landdrosten *Gehrmann* eine Gesellschaft, die Gaben für das Kinderhospital im Betrage von 2250 Mark sammelte, aus denen man einen „*Wilhelm-und-Augusta-Freibettfonds*" zur unentgeltlichen Verpflegung armer kranker Kinder gründete. Die Eheleute Regierungsrat *Reinecke* und Frau, geborene Pagenstecher, schenkten 1880 zweimal 1500 Mark zur Verpflegung der Kinder verschämter Arme.

In einer Versammlung der Freunde des Hospitals am 12. Mai 1879 wurde ein *Kinderhospitalverein* gegründet, der bestimmte Grundsätze für die Verwaltung festlegte und im Oktober d. J. die Rechte einer juristischen Person erhielt. Den Vorstand bildeten Senator *Westerkamp,* Sanitätsrat *Dr. Droop,* Pastor *Bartels,* Frau Apotheker *Meyer,* Frau Regierungsrat *Reinecke,* Fräulein *Springmann* und der Anstaltsarzt.

Im Jahre 1884 wurde ein Isolierhaus erbaut; 1887 mußten die Diakonissen aus dem Stift Bethlehem die Arbeit im hiesigen Kinderhospital einstellen, weil das Mutterhaus kaum den Bedarf an Diakonissen für das eigene Land decken konnte. Seit dem 1. April

1887 besorgen Diakonissen aus dem *Henriettenstift* in Hannover die Pflege. Das Kinderhospital ist der Liebling unserer Bürger geworden. Die ersten Vorstandsmitglieder sind ihm treu geblieben bis zu ihrem Tode, so daß der Verein in Oberbürgermeister Dr. Rißmüller erst seinen zweiten Vorsitzenden erhalten hat. Frau Apotheker Klementine Meyer und Frau Geheimrat Reinecke haben bis 1909, also fast 40 Jahre, dem Vorstand angehört, Geheimrat Isermeyer als Anstaltsarzt über 30 Jahre. Wohl keine Anstalt unserer Stadt hat in so kurzer Zeit so viele Geschenke erhalten wie das Kinderhospital, das am 1. Januar 1913 ein Vermögen von 242786,68 Mark besaß. Allein der Freibettfonds betrug etwa 140000 Mark, darunter Gaben von 3000, 6000, 8000, ja 20000 Mark. Er wurde in Kriegsanleihen angelegt und ist fast ganz verlorengegangen. Aber die Osnabrücker Bürger werden ihr Kinderhospital, in dem jetzt schon über 12000 Kinder liebevolle Pflege gefunden haben, nicht verlassen. Als am 4. Oktober 1928 die Anstalt ihr 50jähriges Bestehen feierte, schenkten ihr zwei Kinder des Kaufmanns *Pagenstecher* in New York, der unserer Stadt so viele Wohltaten erwiesen hat, 1000 Mark, und der verstorbene Fabrikant *Adolf Künsemüller* vermachte ihr 5000 Mark.

Die Heil- und Pflegeanstalt, die Hebammenlehranstalt und die *Taubstummenanstalt* sind Eigentum der Provinzialverwaltung. *Die Heil- und Pflegeanstalt* ist noch von Hannover begründet, wurde aber erst am 1. April 1868 eröffnet. Sie hat die Aufgabe, Geisteskranke jeder Art aus der Provinz Hannover zu behandeln und zu pflegen. Die Kranken werden, soweit irgend möglich, in zahlreichen Werkstätten, in Garten und Landwirtschaft beschäftigt. Die *Hebammenlehranstalt* wurde 1824 als Hebammenschule und öffentliche Entbindungsanstalt in dem Hause Johannisstraße 41 eröffnet, wo sie sich 1855 noch befand. Dann wurde sie in das Gebäude Knollstraße 7, 1904 nach Knollstraße 16 und Ende 1925 in das neue, große und mit allen neuzeitlichen Einrichtungen versehene Gebäude am Lieneschweg verlegt. Mit der Hebammenausbildung ist auch eine geburtshilfliche Station verbunden; außerdem dient die Anstalt als Krankenhaus. Aus ihr ist die jetzige Städtische Frauenklinik hervorgegangen.

Aber viel wichtiger, als Kranke zu pflegen und zu heilen, ist die Aufgabe, *Krankheiten zu verhüten;* in dieser Hinsicht mußte auch in Osnabrück vieles geschehen. Schon vor der Heimsuchung durch die Cholera griffen die Stadtväter eine schwierige Aufgabe an, die unsere Stadt mehr Geld gekostet hat als irgendeine städtische Anlage: *Die Kanalisation.* Der Neue Graben war zugeschüttet; der Wüstenbach, der durch die Hakenstraße und von der Krahnstraße ab in zwei Armen zur Hase floß, war größtenteils überbaut, wodurch die Reinigung erschwert wurde; die meisten Straßen hatten überhaupt keine genügende Abwässerung. Baurat Hackländer schreibt:

„Alle Abwässer der Stadt, welche nicht in den meist engen Höfen versickerten und verdunsteten, gelangten entweder durch die engen, größtenteils ungepflasterten Zwischengossen zwischen den Häusern in die Rinnsteine der Straßen oder auch in sog. Stadtgräben, die auf größere Strecken die innere Stadt durchschneidend, hier offen, dort überdeckt dem Laufe der Straße folgend, unter den Häusern, Höfen und Ställen sich hinzogen, bis sie endlich den Haseflußerreichten. Diese Gräben erhielten zwar eine geringe Spülung durch Bachwasser, das ihnen aus der Umgebung der Stadt zugeleitet wurde; feste und halbflüssige Abgänge überwogen aber derart, daß der größte Teil des Inhalts aus einer breiigen, oft mehrere Fuß dicken stagnierenden Masse von vorwiegend organischen Stoffen bestand. Über denselben bewegte sich das aus Hunderten von Haushaltungen abgesonderte Schmutzwasser langsam abwärts, bis anhaltender Regen eine stärkere Strömung herbeiführte, die dann einen Teil der gärenden Schmutzmassen zum Flusse beförderte.

Das durch die Zwischengossen auf die Straße geleitete Schmutzwasser wurde in den holperigen Rinnsteinen, deren schlammhaltiger Inhalt noch durch den Straßenschmutz vermehrt wurde, oft mehrere hundert Meter weit in den Straßen entlang geleitet, bis eine jener größeren Gossen erreicht war, die zwischen den Häusern und Gärten hindurch bis zur Hase geführt waren. Diese Art der Abwässerung bot die günstigsten Verhältnisse dar, um die in den Flüssigkeitsmassen enthaltenen organischen Körper in faule Gärung zu bringen. Die ungehinderte Einwirkung der Sonne bzw. Wärme, Mangel an Luftbewegung, namentlich in den engen Straßen der dicht bebauten Quartiere, die in jeder Weise geförderte Vermengung der flüssigen Abgänge mit den festen brachten Zustände hervor, in denen man jetzt nicht einen Tag leben möchte. Aber einer der schlimmsten Zustände ist damit noch nicht berührt. Die Stadtgräben, welche das angesammelte Schmutzwasser von den Höfen und den Straßengossen der Hase zugeführt hatten, dienten innerhalb der Häuser und Höfe auch zur Aufnahme der gesamten Auswurfstoffe der Bewohner. Zahlreiche Aborte waren über den Gräben errichtet, und die schmutzige Jauche der Gossen, vermischt mit den aufgelösten Exkrementen, nahm dann noch unter manchen Wohn- und Schlafzimmern her, meist nur durch Dielen von denselben getrennt, ihren Weg nach dem Flusse.''

Eine genügende Abwässerung war nur durch den Bau von Kanälen zu erreichen; dringend erwünscht war es, daß man diese mit Hasewasser spülen konnte. Das durfte man aber nicht ohne Erlaubnis des Besitzers der *Neuen Mühle* und der *Herrenteichsmühle,* die seit der Aufhebung des Bistums dem Staate gehörten. Als nun 1848 Stüve Minister des Innern und sein Freund Lehzen, ebenfalls Osnabrücker, Finanzminister wurden, bot sich der Stadt eine günstige Gelegenheit, beide Mühlen zu erwerben. Senator C. Gosling, der 1849 als Abgeordneter in Hannover weilte, erhielt den Auftrag, bei der Regierung anzufragen, ob das Gerede, daß sie die Mühlen verkaufen wolle, auf Wahrheit beruhe. Die Domänenkammer war dazu bereit und beauftragte den Oberamtmann Gerdes hier, dieserhalb mit der Stadt zu verhandeln; auch den *Martinshof* am Pottgraben wollte sie verkaufen. Während der Verhandlungen machte auch der Bäcker J. G. H. Westerkamp (Johannisstraße 14) ein Angebot, zunächst für die Neue Mühle, dann für beide Mühlen und den Martinshof.

Besonders freuten sich die Neustädter über das Vorhaben des Magistrats. Das Wasser des Mühlenteichs der Neuen Mühle war nämlich, um ein möglichst hohes Gefälle zu erzielen, ungewöhnlich hoch aufgestaut, so daß nicht nur die benachbarten Grundstücke sehr häufig unter Wasser standen, sondern auch die nahegelegenen Häuser infolge des hohen Grundwasserstandes feucht und ungesund waren und bei heftigem Regen die Hase wohl über ihre Ufer trat. Im Jahre 1845 war ein Teil der Neustadt überschwemmt. Im Evangelischen Seminar (Johannisfreiheit 8) mußte man die Kuh auf den Boden bringen, und als das Wasser sich wieder verlaufen hatte, brach im Seminar Typhus aus, dem der Seminarinspektor Kerksieg und zwei Seminaristen erlagen. Als die Bürger nun erfuhren, daß Westerkamp 32500, die Stadt aber nur 28000 Taler geboten hatte, richteten sie eine von etwa 200 Personen unterschriebene Bittschrift des Inhalts an den Magistrat, er möge auf alle Fälle verhüten, daß die Neue Mühle in Privathände gelange. Der Magistrat wandte sich noch einmal an die beiden Minster Stüve und Lehzen und erhielt den Zuschlag für den Kaufpreis von 29144 Talern; am 1. Mai 1850 trat er den Besitz an.

Die Herrenteichsmühle hatte nur viereinhalb Fuß Gefälle; da nun der Wasserstand der Neuen Mühle um zwei Fuß erniedrigt und ein Teil ihres Wassers zur Kanalspülung benutzt werden sollte, so beschloß der Magistrat, die ohnehin wenig leistungsfähige Herrenteichsmühle eingehen zu lassen. Bis 1860 war sie aber noch an den hiesigen

Kaufmann Henrici und an den Müller Junge aus Hamburg verpachtet. Die Stadt baute nun zunächst einen Kanal, der eben oberhalb der Neuen Mühle auf dem linken Haseufer begann, neben dem Kollegienwall her am Zuchthaus vorbei durch den Neuen Graben zur Hakenstraße lief, dann dem Wüstenbach folgte. Der Neue Graben und der Wüstenbach innerhalb der Stadt waren jetzt überflüssig; sie wurden daher 1851 zugeschüttet. Am Neuen Graben entstand seitdem die an der Nordseite gelegene Häuserreihe. Die Pächter der Herrenteichsmühle klagten bald über Wassermangel. Als ihre Pachtzeit abgelaufen war, ließ die Stadt ihnen die Mühle noch zwei Jahre; Ende 1862 stellte sie den Betrieb ein.

Für Stüve wurde der *Kanalbau* eine willkommene Quelle zur Erforschung des ältesten Zustandes der Altstadt. In der Loh- und Krahnstraße fand man etwa 2 Meter unter dem jetzigen Pflaster auf einer früheren Straße hölzerne Gossen, die das Wasser von der Westseite nach dem an der Ostseite fließenden Bache geleitet hatte. Die ursprüngliche Herrenteichs- und Hasestraße lagen in der Nähe der Hase kaum höher als das Flußbett. Am Herrenteichstor fand man auf dieser früheren Straße eine Münze aus der Zeit um 1200, so daß man annehmen muß, daß man noch um diese Zeit den Fluß mittels einer Furt überschritten habe. Der Kanal vom Herrenteichstor bis zum Bahnhof, also durch die Herrenteichstorstraße, die jetzige Schillerstraße, führte durch eine niedrige Sumpfgegend, wohl das alte Hasebett. Man fand stellenweise eine aus aufgeschütteten Steinen gebildete Schicht bis zu 1 Meter Stärke. An anderen Stellen hatte man abgesägte Baumstämme von etwa 1 Meter Länge entweder mit dem Wurzelende auf den Sumpfboden gestellt oder die Stämme etwas eingegraben, wahrscheinlich, um dadurch einen Bohlendamm herzustellen.

In der wissenschaftlichen Beschäftigung, vor allem in der Erforschung der Osnabrücker Geschichte fand Stüve die beste Erholung nach den vielen Verdrießlichkeiten, die ihm seine öffentliche Stellung bereitet hatte. *Lütcken* war nach der Entlassung seines Ministeriums wieder Landdrost in Osnabrück geworden; das Verhältnis zwischen ihm und Stüve hatte sich aber nicht gebessert. Die Regierung versuchte sogar, wenn auch ohne Erfolg, der Stadt ihr altes Anrecht an dem Piesberg streitig zu machen. Stüve hätte am liebsten das Bürgermeisteramt niedergelegt; aber die Regierung hätte einen unabhängigen Charakter, den die Bürger doch gewählt hätten, nicht bestätigt, sondern nur ein gefügiges Werkzeug der Borriesschen Politik, und das Leid mochte Stüve seiner Vaterstadt nicht antun. König Georg V. war wiederholt auf seiner Reise nach Norderney auf der Hannoverschen Westbahn an Osnabrück vorbeigefahren, ohne die Stadt eines Besuchs zu würdigen. Nachdem nun Borries 1862 entlassen war, luden die Zünfte den König zum Besuch unserer Stadt ein, und obwohl die Stadtverwaltung der Einladung ganz fernstand, nahm der König die Einladung sofort an.

Am 7. September 1862 traf die Königliche Familie hier ein und nahm im Schloß Wohnung. Manche Verärgerte hätten dem König gern einen unangenehmen Empfang bereitet, andere überboten einander in übertriebenen Huldigungen; der Magistrat hielt sich von beiden fern. An der Spitze des Magistrats begrüßte Stüve den König beim Eintritt in die Stadt mit einer Ansprache ohne jede Schmeichelei. Der König und die Königin behandelten ihn sehr huldvoll; er wurde dreimal zur Tafel befohlen und mußte der Königlichen Familie das Rathaus zeigen, so daß manche schon meinten, der König wolle ihn wieder zum Minister ernennen. Auch Windthorst hatte Gelegenheit, sich dem König wieder zu nähern.

Bald darauf berief der König zum Nachfolger des Grafen Borries den Herrn *von Hammerstein,* einen Freund Stüves, und *Windthorst* zum Justizminister; der Magistrat durfte jetzt auf eine wohlwollende Behandlung von seiten der hiesigen Landdrostei rechnen. Das Anrecht auf den Piesberg wurde der Stadt jetzt zugestanden. Da wurde Stüve seine Stellung auf andere Weise verleidet. Zunächst verlor er seinen Freund und besten Mitarbeiter, den Stadtsyndikus *Pagenstecher*. Er hatte sich zuviel zugemutet und trotz seines starken Körpers seine Kräfte zu früh aufgerieben. Neben seinem Hauptamte bemühte er sich aufs eifrigste um das Krankenhaus, die Sparkasse, den Piesberg und das Ratsgymnasium; er führte jahrelang unentgeltlich die Rechnung dieser Schule. Während der Cholerazeit war er von morgens 5 Uhr unterwegs, um die Kranken zu besuchen und ihnen zu helfen. Dabei zog er sich ein Lungenleiden zu, dem er am 17. Juni 1863 erlag.

Am 15. August 1863 legte Stüves Neffe, der spätere Regierungspräsident *Gustav Stüve,* die Stelle des Stadtsekretärs nieder, um in den Staatsdienst zu treten; sein Nachfolger wurde der Advokat *Möllmann*. Zum Syndikus wählten die Städtischen Kollegien *Planck,* der noch immer stellenlos war. Das Ministerium versagte dieser Wahl die Bestätigung, stellte jetzt aber Planck im Justizdienst wieder an. *Detering* erhielt nun die Stelle des Syndikus, und zum Senator wurde *Dr. André* gewählt. Ende des Jahres 1864 legte Stüve sein Amt als Bürgermeister nieder, zog sich auch von der Politik zurück und lebte fast ganz seinen wissenschaftlichen Arbeiten. Doch blieb er Mitglied der Armenkommission sowie Kirchrat von St. Katharinen und nahm 1869 sogar die Wahl zum Bürgervorsteher an. Der alte Ratsdiener Landmeyer erbat und erhielt die Erlaubnis, auch in Zukunft täglich seinen alten Bürgermeister zu besuchen und dessen Aufträge zu holen. Auch die ratsuchenden Bürger kamen nach wie vor zu ihm.

Schon 1847 hatte Stüve den noch heute bestehenden *„Verein für Geschichte und Landeskunde von Osnabrück"* ins Leben gerufen, dessen Vorsitzender er wurde und bis zu seinem Tode verblieb; er hat auch zu den alljährlich erscheinenden Mitteilungen dieses historischen Vereins die wertvollsten Beiträge geliefert, namentlich über die Geschichte unserer Stadt, die niemand vor und nach ihm so gut gekannt hat wie er. Sein größtes Geschichtswerk ist die „Geschichte des Hochstifts". Der erste Teil erschien 1853; während des Druckes des zweiten Teiles starb der Verfasser; der dritte Teil, der bis zum Jahre 1647 reicht, wurde aus seinem Nachlaß herausgegeben. Neben diesen großen Geschichtswerken schrieb Stüve zahlreiche kleinere Abhandlungen, um das Volk zu belehren und zu ermahnen, die er meistens im Kalender veröffentlichte.

Auch das *evangelische Volksschulwesen* wurde damals neu geordnet. Die Aufsicht über die evangelischen Volksschulen führte die Kirche im Auftrage des Rats, der 1641 auf dem Tecklenburger oder Waisenhofe auch noch eine *Waisenhofschule* einrichtete. Während des Siebenjährigen Krieges erhielt Osnabrück eine Garnisongemeinde. Ihre Kinder besuchten anfangs eine Privatschule; 1792 aber gründete die Militärverwaltung für sie eine besondere *Garnisonschule*. Nach der neuen Stadtverfassung vom 31. Oktober 1814 übernahm der Magistrat die Verwaltung des evangelischen Volksschulwesens. Obwohl die Katharinengemeinde 1797 eine zweite Kirchspielschule eröffnet hatte und die Waisenhofschule nicht nur Waisenkinder aufnahm, sondern als zweite Kirchspielschule der Mariengemeinde diente, enthielten 1815 die vier Kirchspielschulen 911 Kinder. Der Magistrat eröffnete deshalb für beide Kirchspiele Dielingerstraße 9 eine fünfte Kirchspielschule, mit der auch die Garnisonschule vereinigt wurde. 1829 erweiterte er diese Schule sowie die zweite Kirchspielschule der Katharinengemeinde an der Ecke der Großen und der Kleinen Rosenstraße zu zweiklassigen Schulen. Aber auch dies war nur ein Notbehelf. Deshalb ernannte der Magistrat eine Kommission, der außer dem Justizbürgermeister Stüve die beiden dritten Prediger, Schwietering an Marien, Weibezahn an Katharinen, sowie Senator Schwartze angehörten, die Vorschläge zu gründlicher Abhilfe machen sollte. Nach ihrem Beschluß wurde am Schützenwall eine vierklassige Hauptschule erbaut und in jedem Kirchspiel eine zweiklassige Vorschule eingerichtet, die fünfte Kirchspielschule wieder aufgehoben und die Garnisonschule zur Übungsschule des 1810 gegründeten *Lehrerseminars* ernannt. Am 1. Mai 1833 wurde die neue Hauptschule feierlich eröffnet; zum Inspektor des evangelischen Volksschulwesens berief der Magistrat in demselben Jahre den Lehrer Heinrich *Schüren* aus Lippstadt. Er wurde 1850 auf Stüves Empfehlung, der damals in Hannover Minister war, zum Seminar- und Oberschulinspektor berufen und hat in beiden Ämtern für unseren Bezirk segensreich gewirkt. Die Hauptschule wurde 1867 in eine gehobene *Bürgerschule* mit fremdsprachlichem Unterricht erhoben; sie war damit eine Vorstufe der späteren Mittelschulen. Daneben wurden mehrklassige Volksschulen eingerichtet.

Um das Jahr 1840 kam von Amerika und England die *Mäßigkeitsbewegung* nach Deutschland. Stüve begann den Kampf gegen die Völlerei 1846. Durch die Bewegung von 1848 und seine Berufung nach Hannover wurde die Arbeit unterbrochen; aber bald nach seiner Rückkehr nahm er den Kampf wieder auf, unterstützt von dem Kaplan Seling, von Pagenstecher und anderen Freunden. *Matthias Seling,* 1792 in Gesmold geboren und 1860 als Kaplan an St. Johann gestorben, hatte schon 1840 in Osnabrück einen Mäßigkeitsverein gegründet und wirkte auch sonst mit gutem Erfolg durch Wort und Schrift gegen den unmäßigen Branntweingenuß. Sobald Stüve von Hannover zurückgekehrt war, vereinigte er sich mit Seling, hielt Vorträge im Mäßigkeitsverein und gab von 1852 bis zu seinem Tode allmonatlich die *,,Osnabrücker Blätter gegen Branntwein und Berauschung"* heraus. Pagenstecher unterstützte ihn getreulich, aber im ganzen hielten sich die höheren Stände zurück. Den Handwerkerstand suchte er durch Neubelebung des nicht mehr zeitgemäßen Zunftwesens zu heben; auch gründete er mit Hilfe anderer wohlwollender Männer einen ,,Verein zur Unterstützung redlicher Kapitalschuldner". Wie seine Mitbürger über ihn dachten, das sprachen sie in einer Adresse aus, die sie ihm 1858 an dem Tage überreichten, als er vor 25 Jahren das Bürgermeisteramt übernommen hatte: ,,Ist doch kaum ein Mitbürger, der in bedrängter Lage bei Ihnen nicht Rat und Beistand gesucht und gefunden; der Armut Feind, haben Sie als Berater und Vater der Armen zahllose Tränen getrocknet. Wo es galt, Vaterlandsliebe, Uneigennützigkeit, Aufopferung, Selbstverleugnung, Zucht und Sitte, echten Bürgersinn zu betätigen und in weiten Kreisen zu fördern, da waren Sie stets der Meister Ihrer Bürger, da zeigten Sie zuerst und zumeist jene werktätige Liebe, die nicht das Ihre sucht."

Stüve erlebte noch die politischen Umwälzungen der Jahre 1864, 1866 und 1870/71, ohne sich derselben noch recht freuen zu können. Im Sommer 1871 verlor er seinen Bruder August, seit 1861 Direktor des Ratsgymnasiums, mit dem er seit dem Tode der Mutter 1826 stets zusammengewohnt hatte. Er selber starb am 16. Februar 1872, bis zu seinem Tode seiner Heimatstadt noch als Bürgervorsteher dienend. Seit dem 16. September 1882 stand vor dem Rathaus sein vom Bildhauer Pohlmann in Iburg geschaffenes Denkmal. Die Rechte ist leicht erhoben, als hielte Stüve eine Rede an das Volk; die Linke hält ein Buch — ein Hinweis auf seine schriftstellerische Tätigkeit — und stützt sich damit auf einen kräftigen, Sprossen treibenden Eichenstumpf, auf dem zwei Schriftstücke liegen. Das eine trägt die Jahreszahl 1831, das andere die Zahl 1833; jenes soll an das *Ablösungsgesetz,* dieses an das *Staatsgrundgesetz* erinnern, die beide hauptsächlich durch Stüves Verdienst zustande gekommen sind. In den Sockel sind vier Bronzetafeln eingelassen. Auf der vorderen stehen Stüves Name, Geburts- und Todestag; die eine Seitentafel zeigt Stüve als Lehrer und Freund der Bauern, die andere, dem Rathaus

Das Stüve-Denkmal auf dem Marktplatz wurde 1882 eingeweiht

zugekehrte Seite stellt den Bürgermeister Stüve dar, hinter ihm den Rathausdiener Landmeyer mit dem Aktenkasten. Die Rückseite trägt die einem älteren Bildnis Stüves entnommenen Worte aus der ,,Entgegnung" Goethes auf die Glückwünsche zu seinem 70. Geburtstage:

> Frei gesinnt, sich selbst beschränkend,
> Immerfort das Nächste denkend,
> Nicht vom Weg, dem graden weichend
> Und zuletzt das Ziel erreichend.

Das Denkmal wurde unter den Nationalsozialisten auf dem damaligen Kaiserwall neu errichtet; nach dem Zweiten Weltkrieg steht es vor dem Stadtkrankenhaus, während man die Reliefs am Eingang zum Steinwerk in der Dielingerstraße anbrachte — keine glückliche Lösung!

Wie Stüve und Pagenstecher gemeinsam für das Wohl der Stadt gearbeitet haben, so hat der Magistrat auch eine Straße vor dem Hasetor *Stüvestraße,* in ihrer Fortsetzung *Pagenstecherstraße* genannt. An Stüves Vornamen erinnert der Name *Karlstraße,* an die Familie Stüve der Flurname *Stüvenbrede* auf dem Fledder.

Am 4. März 1898, als Stüves Geburtstag zum 100. Male wiederkehrte, hielten die Städtischen Kollegien eine Festsitzung ab und beschlossen, an Stüves Geburts-, Wohn- und Sterbehaus (Krahnstraße 25) eine Gedenktafel anbringen zu lassen. Als das Haus nach einigen Jahren abgebrochen wurde, brachte man die Gedenktafel in das Museum.

7. Gewerbeverhältnisse
Das Handwerk

Die Handwerksämter waren zwar am 1. Juli 1817 wieder ins Leben getreten, die *Färber* schlossen sich noch 1822, die *Klempner* 1824 zu einer *Gilde* zusammen; aber sie erhielten nicht die frühere Verfassung. Sie besaßen nicht mehr die Gewerbepolizei und vermochten nicht mehr den übergroßen Zudrang zu beschränken. Das einzige Mittel, diesen oder jenen fernzuhalten, bot ihnen die Meisterprüfung. Zwar hatte der Sohn des Meisters noch immer den Vorzug, daß er das Amt ,,eeschen'', d. h. für eine geringe Gebühr fordern konnte; aber auch jeder andere, der die vorgeschriebenen Zeugnisse beibrachte, der 3 oder 4 Jahre gelernt, als Geselle 5 Jahre, und zwar 2 Jahre in der Fremde, gearbeitet hatte, mußte zur Prüfung zugelassen werden. Ob er sie bestanden habe, das konnten nur die Schaumeister beurteilen. Noch in den fünfziger Jahren ließen die Schlachter einen fremden Gesellen dreimal durchfallen. Das wurde nicht so streng gehalten, wenn der ,,Stückmeister'' (Prüfling) ein Meistersohn war. So nahmen die Bäcker einen als Gildebruder auf, der weder als Bäcker gelernt noch sein Meisterstück gemacht hatte. Für die Aufnahme ins *Krameramt* war eine Prüfung überhaupt nicht erforderlich. Diesem war seit der Aufhebung der alten Ämter auch sonst eine viel freiere Bewegung gestattet. Während früher die Handwerker den Grundsatz durchzuführen suchten, daß das Krameramt von auswärts nur solche Waren kommen lassen solle, die hier nicht angefertigt wurden, war jetzt jeder Einwohner Osnabrücks berechtigt, sich auch Waren, welche hier hergestellt wurden, von auswärtigen Fabrikanten oder Geschäften kommen zu lassen.

Bei der Wiedereinrichtung der Ämter war diesen auch ihr früheres, von der westfälischen Regierung eingezogenes Vermögen, ausgenommen die Beträge, die der Armenanstalt zugefallen waren, zurückgegeben worden. Nach der Bestimmung der hannoverschen Regierung vom 12. Mai 1817 mußten diejenigen Meister, welche zur Zeit der Fremdherrschaft sich besetzt hatten, ohne eine Prüfung abzulegen, nachträglich ihre Fähigkeit nachweisen und sich in das Amt einkaufen. Das Einkaufsgeld war verschieden; bei den Schlachtern betrug es 100, bei den Bäckern 200 Taler Gold; die jährlichen Überschüsse wurden am Ende des Jahres als Opfer verteilt. Wer das Amt zu eeschen berechtigt war, konnte sein Geld gar nicht besser anlegen, als indem er Gildebruder wurde. ,,Ein Gildebrudersohn, seines Zeichens Gymnasiallehrer, eeschte das Krameramt im Anfange des Dezember 1841 für 16 Taler. Er empfing schon zu Weihnacht an Opfergeld 1 Louisdor (16,50 Mark), im folgenden Jahr ebensoviel, dann zwei Jahre je 5 Taler. Er nahm dann ferner an den weit geringer werdenden Opfergeldern teil und empfing schließlich bei der Auflösung des Amtes und der Verteilung des Vermögens 1873 wie jedes Mitglied seinen Anteil mit fast 44 Talern ausbezahlt. Das letzte Verzeichnis des Krameramtes führt ausschließlich der Witwen 211 Mitglieder auf, unter ihnen 3 Räte, 1 Prediger, 3 Ärzte, 3 Gymnasiallehrer, 2 Amtsrichter, 2 Rechtsanwälte, 2 Militärmusiker a. D. und 1 Friseur.'' (Hartmann.)

Die *Kramer* wurden Händler. Das eigentliche Handwerk lohnte nicht mehr; wohlhabende Eltern brachten ihre Söhne in andere Berufe. Die alten Zeiten waren unwiederbringlich dahin; auf Unterstützung der Behörden durch besondere Gesetze zum Schutz der Handwerker war nicht zu rechnen; diese mußten sich selber helfen. Als bestes Mittel hierzu erkannten die Einsichtigen neben der Tüchtigkeit im Beruf *eine bessere allgemeine Bildung*. Schon die erwähnten Bestimmungen vom 12. Mai 1817 schrieben vor, daß die Lehrlinge bei ihrer Annahme geprüft werden sollten, ob sie lesen, schreiben und rechnen könnten; für ihre Weiterbildung war aber nicht gesorgt. Am klarsten trat das Bedürfnis zutage, die Bauhandwerker im Zeichnen fortzubilden. Da nun die Staatsregierung sich zu Zuschüssen bereit erklärte, beschloß der hiesige Magistrat auf Antrag des Altermanns Wiethoff 1822, eine *Zeichenschule* für Lehrlinge und Gesellen der zum Baufach gehörenden Handwerker einzurichten. Das Schulgeld betrug 2 Mark, Unbemittelte waren frei; Papier und sonstiges Zeichenmaterial wurden unentgeltlich geliefert. Den Unterricht erteilte Landbauinspektor Doeltz am Sonntag. Wie alles Neue, so fand auch diese Einrichtung Anklang; schon im nächsten Jahre zählte man 114 Schüler, so daß man eine zweite Lehrkraft berufen mußte. Aber allmählich erlahmte der Eifer, und man besaß kein Mittel, die Schüler zum Besuch des Unterrichts zu zwingen.

Eine Förderung erfuhr diese Einrichtung, als die hannoversche Regierung sich entschloß, in der Stadt Hannover eine höhere Gewerbeschule zu eröffnen und die größeren Städte des Landes aufforderte, Gewerbeschulen zu errichten, die auf jene forbereiteten. Diese Schulen nannte man *Realschulen;* sie sollten nicht nur im Zeichnen, sondern auch in der Mathematik und in den Naturwissenschaften unterrichten. Die Regierung erklärte sich bereit, zur ersten Einrichtung 100 Taler und für die ersten fünf Jahre jährlich 200 Taler beizusteuern, während die Stadt sich verpflichtete, für die erforderlichen Unterrichtsräume, für Feuerung, Licht, Reinigung, Inventar und Unterrichtsmittel zu sorgen. 1830 trat die hiesige Schule ins Leben. Es wurde Unterricht erteilt in Zeichnen, Schreiben, Rechnen, Aufsatz, Geometrie und Technologie, 1833 kam Karmarsch, der Direktor der Höheren Gewerbeschule, der jetzigen Technischen Hochschule in Hannover, zur Revision; er war mit den Leistungen sehr wohl zufrieden und lobte besonders den Zeichenunterricht. Aber schon 1832 klagte die Schulkommission über häufiges Fehlen

Osnabrück noch in der ersten Hälfte des 19. Jahrhunderts. Blick von Osten auf die Türme der Stadt. Hinter den mit Bäumen bestandenen Stadtwällen ist noch kein Fabrikschornstein zu sehen. (Lithographie von Niederniehaus)

Osnabrück zu Beginn der zweiten Hälfte des 19. Jahrhunderts. Blick von Osten auf die Türme der Stadt. Hinter dem Herrenteichswall und anderen Stellen der Stadt erheben sich bereits qualmende Fabrikschornsteine (Lithogr. Anstalt Hermann Paal)

7. Gewerbeverhältnisse

der Schüler, besonders am Sonntag von 15 bis 17 Uhr. Man verlegte daher den Unterricht ganz auf den Morgen, indem man im Sommer um 7, im Winter um 8 Uhr begann. Auch wurden die Meister von der Landdrostei für den Fall mit Strafe bedroht, daß sie ihre Lehrlinge vom Unterricht zurückhielten. Später nahm man auch die Wochentage zu Hilfe. So unterrichtete man im Sommer 1852, als der Posamentier und Senator *Esche* die Schule leitete, am Sonntag von 7 bis 9 Uhr im Zeichnen, von $10^1/_2$ bis $12^1/_2$ Uhr im Schreiben und ferner abends von $8^1/_2$ bis 10 Uhr am Montag in deutscher Sprache, Donnerstag in Geographie, Freitag in Buchführung, Ein- und Verkauf.

Auch für die Fortbildung der erwachsenen Gewerbetreibenden suchte die Regierung zu sorgen, indem sie 1834 einen „Gewerbeverein für das Königreich Hannover" ins Leben rief, der wieder Zweigvereine in den einzelnen Landdrosteien gründen sollte, um die Gewerbetreibenden zu belehren und zu unterstützen. Stüve meinte, den Handwerkern sei mehr mit Selbsthilfe gedient. Infolge seiner Anregung traten im Winter 1837/38 einige Handwerksmeister und der Leiter der (Lehrlings-) Realschule wiederholt zu einer Besprechung zusammen und bildeten am 8. Januar 1838 einen *Handwerkerverein*. Die Leitung übernahmen der Vorsteher der Lehrlings-Realschule, Gymnasiallehrer *Feldhoff,* Posamentier *Esche,* Uhrmacher *Heyl,* Schornsteinfeger *Rasch,* Bäckermeister *Dreinhöfer,* Klempnermeister *Prenzler* u. a. Kaufleute durften nicht aufgenommen werden; denn das Kramerant galt als der größte Feind des Handwerks, weil es fremde Waren verkaufte. Der Verein sollte zunächst die wirtschaftlichen Interessen des Handwerks vertreten; er trug daher dem Magistrat in einer Denkschrift seine Wünsche vor: Die Einführung fremder Waren sollte möglichst erschwert, die Niederlassung von Handwerkern in der Nähe der Stadt (innerhalb der Bannmeile) verhindert, die Annahme von „Verbundten", d. i. solcher Lehrlinge, die auf dem Lande gelernt hatten und sich dann durch ein- oder zweijähriges Arbeiten bei einem städtischen Meister vervollkommnen wollten, sollte verboten werden — Forderungen, die der Magistrat überhaupt nicht erfüllen konnte. Um die Bildung seiner Mitglieder zu fördern, hielt der Verein fachmännische Zeitschriften und ließ in den Versammlungen Vorträge über gewerbliche und technische Fragen halten. Damit die Bürger sähen, was das Osnabrücker Handwerk zu leisten vermöge, und damit die Meister zum Wetteifer angeregt würden, veranstaltete der Verein für den November und Dezember 1838 eine Ausstellung, die einen Reingewinn von 100 Talern abwarf. Die Mitgliederzahl des Vereins stieg im zweiten Jahre auf 125; die Landdrostei förderte seine Bestrebungen. Auf Anregung des Vereins schaffte die Tischlerinnung sich einen Apparat zur Auslaugung des Holzes an; die Schmiede und Schlosser richteten 1839, die Tischler 1840 gemeinsam Magazine ein, die aber den erwarteten Gewinn nicht brachten.

Doch die Einigkeit des Vereins sollte nicht lange währen. Die einen wollten nur von Zunftsachen, aber nicht naturkundliche oder technische Vorträge hören, während die anderen nach höherer Bildung verlangten. Deshalb bildete sich zunächst im April 1840 innerhalb des Vereins eine technische Abteilung, die sich aber infolge von Reibereien mit dem Hauptverein von diesem trennte und 1843 als *Technischer Verein* selbständig machte. Er zählte unter seinen Mitgliedern auch Prediger, Lehrer, Ärzte, Juristen und Kaufleute und entwickelte bald ein sehr reges Leben. Mit ihm wetteiferte der Handwerkerverein. Er veranstaltete 1841 abermals eine Ausstellung, richtete einen Gesellen-Leseverein ein, in dem der Lehrer *Rosenthal* Gesangübungen vornahm, Zeitungen vorlas und erklärte und volkstümliche Vorträge über die neueste Geschichte hielt. Der Handwerkerverein selber unter der Leitung des Schornsteinfegermeisters Rasch und des Buchbindermeisters Meyer beschloß, den bisher unaufhörlich fortgesponnenen Zunftfaden endlich abzuschneiden, dafür in den regelmäßigen Wochenversammlungen während der ersten Stunden gewerbliche Fragen zu besprechen, in der zweiten aber belehrende Vorträge halten zu lassen. Die Änderung fand solchen Beifall, daß die Zahl der Mitglieder des Vereins auf 149 stieg.

Aber die hiesige reaktionäre Regierung sah in diesen fortschrittlichen Bestrebungen revolutionäre Absichten. Hatte doch der als Demokrat bekannte Lehrer Rosenthal den Gesellen die neueste Geschichte erzählt, Zeitungen vorgelesen und erklärt und wer weiß was für Lieder mit ihnen gesungen, sogar volkstümliche! Der Verein wurde unter Polizeiaufsicht gestellt; die Schriften, welche er lesen, die Vorträge, die er halten lassen, die Lieder, die er singen wollte, mußten der Behörde vorher namhaft gemacht werden. Alle Nichthandwerker mußten aus dem Verein ausscheiden. Der Gesellenverein wurde aufgelöst, dagegen der Technische Verein von der Landdrostei unterstützt.

So schwer dieser Schlag auch war, er vernichtete den Handwerkerverein nicht. Schon 1843 einigten sich 36 Gildemeister über Grundsätze zur Bildung und sittlichen Hebung der Lehrlinge, auch setzte der Verein seine Fürsorge für die Gesellen fort. Das Jahr 1848 rief ihn dann zu neuem Leben. Sobald Pressefreiheit verkündet war, richtete Schornsteinfegermeister *Rasch* im ,,Tageblatt'' einen Aufruf an die Bürger zum Eintritt in den Verein; viele traten auch sofort ein; Lehrer Rosenthal wurde Sekretär. Dann versandte der Vorstand des Handwerkervereins (Rasch und Rosenthal) einen ,,Aufruf an sämtliche Handwerker im Königreich Hannover'', der sie aufforderte, ihre Wünsche der Ständeversammlung vorzutragen. Der Handwerkerverein und die Ämter und Gilden der Stadt Osnabrück luden zu einer Handwerkerversammlung in Hannover am 13. Juni 1848 ein, um die Interessen des Handwerks zu beraten und gegen die neue Gewerbeordnung von 1847, die am 1. Juli 1848 in Kraft treten sollte, Stellung zu nehmen, weil sie die Kaufleute den Handwerkern gegenüber begünstige und diese den Beamten ausliefere. Ebenso richteten sie an das Gesamtministerium die Bitte, daß die erwähnte Gewerbeordnung nicht in Kraft treten, sondern unter Zuziehung sachkundiger Männer des Handwerkerstandes eine neue beraten werden möge, und daß der Handwerkerstand in der Ständeversammlung durch selbstgewählte Abgeordnete vertreten werde. Sie erreichten auch, daß die Gewerbeordnung noch vor ihrem Inkrafttreten in vielen Punkten abgeändert wurde, und daß die Handwerker Mitglieder in die Erste Kammer senden durften.

Der Handwerkerverein war aber mehr und mehr ins demokratische Fahrwasser geraten; deshalb wünschten die Behörden, der Technische Verein möge sich wieder mit ihm vereinigen. Nach längeren Verhandlungen gelang dies 1848. Der neue Verein erhielt den Namen *Industrieverein;* er enthielt Mitglieder aus allen Ständen. Die Leitung übernahmen Schulinspektor *Schüren,* Posamentier *Esche,* Handelsschuldirektor *Noelle* u. a. Der Verein entfaltete ein reges Leben. Alle 14 Tage wurde ein Vortrag gehalten; Landdrostei und Magistrat unterstützten ihn, die Mitgliederzahl stieg auf etwa 250, die Vereinsbibliothek zählte schon 1855 über 1000 Bände. Auch der öffentlichen Interessen nahm sich der Verein an. 1857 rief er mit Unterstützung des Magistrats den *Friedensverein* ins Leben, der sich die Aufgabe gestellt hatte, Rechtsstreitigkeiten durch gütlichen Vergleich zu schlichten, und der bei seiner Gründung etwa 600, 1858 über 900 Mitglieder zählte. Ebenso gründete der Verein einen *Vorschußverein,* der manchem braven, in Bedrängnis geratenen Bürger seine rettende Hand gereicht hat. Auch hat er die Anregung gegeben zur Errichtung eines Schlachthauses, einer Wasserleitung und eines städtischen Untersuchungsamtes. Durch Vorträge sowie durch den Besuch gewerblicher Anlagen suchte er seine Mitglieder zu fördern. Im *Gesellenverein* wurde Unterricht in Lesen, Schreiben, Rechnen, Zeichnen und Gesang erteilt; trotzdem wollte er nicht recht gedeihen, weil viele Gesellen in den *Arbeiter-Bildungsverein* eintraten. Solange der Magistrat den Gesellenverein unterstützte, hielt er sich; sobald er die Unterstützung zurückzog, ging der Verein 1865 ein. Desto besser gedieh die *Realschule* unter der energischen Leitung des Senators Esche, der selber sowohl den Lehrlingen als auch den älteren Handwerkern Unterricht in der Buchführung erteilte.

Bis zum Herbst 1856, also 18 Jahre lang, hatte der Industrieverein seine Versammlungen in der Lehrlingsschule abgehalten, die vom Magistrat unentgeltlich überlassen, geheizt und erleuchtet wurde. Es fehlte dort jede Bequemlichkeit, manchem auch das Glas Bier, an das er sich seit 1848 gewöhnt hatte; daher verlegte der Verein 1857 seine Versammlungen ins Wirtshaus. Seit 1867 nahm das gewerbliche Leben in Osnabrück einen neuen Aufschwung, auch das Vereinsleben; der Industrieverein zählte 1870/71 fast 300 Mitglieder. Seine Vorträge waren gut besucht; er gab 1873 auch die erste Anregung zur Errichtung eines städtischen *Museums*. Wohl kein Verein hat jemals einen solchen Einfluß in unserer Stadt gewonnen wie der Industrieverein. Mit Befriedigung konnte er 1888 bei der Feier seines 50jährigen Bestehens auf seine Tätigkeit zurückblicken. Seit dieser Zeit verlor er aber mehr und mehr an Bedeutung. Die Aufgaben, die er sich gestellt hatte, werden jetzt von anderen Vereinen, von der Gewerbeschule und der Handwerkskammer gelöst.

Schon vor der Gründung des Handwerkervereins suchte Stüve die Handwerker durch gemeinverständliche Abhandlungen, die er meistens im Kalender veröffentlichte, zu belehren und zu ermahnen. So schrieb er: „Handwerk hat einen goldenen Boden", „Vom Zunftwesen", „Aufpassen und Arbeiten"; in allen dringt er auf Tüchtigkeit, Fleiß, Nüchternheit. An tüchtigen Handwerksmeistern hat es in unserer Stadt auch nie gefehlt; einige, wie Schornsteinfegermeister Rasch, Backamtsmeister Dreinhöfer und Senator Esche, haben großen Einfluß auf das öffentliche Leben gewonnen. Mehrere von ihnen haben als Gesellen nicht nur Deutschland durchwandert, sondern sogar das Ausland besucht. Aber die wirtschaftliche Entwicklung vermochten sie nicht aufzuhalten, im Kampf gegen die neuen Kraft- und Arbeitsmaschinen mußten sie unterliegen. Am meisten litten darunter die Eisenarbeiter — Schmiede und Schlosser — und die Weber. Die Baumwolle verdrängte mehr und mehr die Wolle und den Flachs, der Spinnstuhl das Spinnrad. Vergebens eilte *Matthias Seling* dem Spinnrade zu Hilfe. Sein Vater war Drechsler und verfertigte besonders Spinnräder; diese Kunst lernte auch der Sohn, auch wurde er ein sehr geschickter Spinner. Stüve erzählt über den aussichtslosen Kampf seines Freundes und Mitarbeiters in der Mäßigkeitsbewegung folgendes: „In den dreißiger Jahren wurde auf die Spinnerei noch großes Gewicht gelegt, und man gab sich große Mühe, *Spinnschulen* einzurichten. Das ergriff auch Seling mit der ganzen Lebhaftigkeit seines Wesens. Er selbst, seiner alten Fertigkeit sich bewußt, war der eigentliche Spinnlehrer; aber er organisierte die Sache auf die merkwürdigste Weise. Die Kinder sollten sich selber belehren und regieren. Meister und Meisterinnen wurden aus den besten Spinnern gewählt und nach einem Wettspinnen von Zeit zu Zeit König und Königin ernannt. Dabei ließ er es an Munterkeit und Spiel nicht fehlen. Es war eine Schaukel für die Kinder in der Nähe, von Zeit zu Zeit wurden Feste angestellt, das Weihnachtsfest im Winter, ein Auszug mit Fahnen und Musik im Sommer. Auch sonst ließ er einen blinden jungen Menschen seiner Gemeinde den Kindern wohl aufspielen, er dichtete für die Kinder eine Menge Spinnlieder, die sie dann bei der Arbeit singen lernten. So sollten Arbeit und Lust vereinigt und dadurch Roheit und Müßiggang bekämpft werden. Mehrere Jahre gelang das auch. Indes mit dem Sinken des Leinengewerbes nahm auch die Neigung für das Spinnen ab. Er mußte endlich dieses Lieblingswerk aufgeben." Seling starb 1860. Er liegt auf dem Johannisfriedhof an der Mauer, an der früher die nach ihm benannte Selingstraße vorbeiführte, in unmittelbarer Nähe der Weberei F. H. Hammersen. 1855 gab es in Osnabrück noch 15 Tuchmacher und 10 Leineweber. Jetzt sind beide Gewerbe längst verschwunden.

Als blühendes Gewerbe wird das der Rade- und Stellmacher genannt. Die Vorstände der Ämter und Gilden behaupteten 1866: ,,Wir können die Versicherung geben, daß Osnabrück seit vielen Jahren ein sehr blühendes Geschäft im *Wagenbau* betrieben hat und noch betreibt. Seine Wagen rollen in Elberfeld, Unna, Hamm, Münster, Ostfriesland, Oldenburg, Lüneburg, Holland usw.'' Auch die Mitglieder des Back- und Knochenhaueramtes werden als durchweg wohlhabend bezeichnet. Mehrere Bäcker betrieben zugleich Schenkwirtschaft und einige auch Brauerei. 1837 gab es in Osnabrück wohl sieben Zimmermeister, aber nur einen Architekten, den Landbauinspektor Doeltz; 1839 kam als zweiter der Stadtbaumeister *Richard* hinzu und erst Ende der fünfziger Jahre als dritter Architekt Schultze.

Durch den zum Teil veralteten Zunftzwang fühlten sich die Gewerbetreibenden vielfach beengt, am meisten das Krameramt, das bald von diesem, bald von jenem Amt verklagt wurde, weil es Waren vertrieben habe, die nach Ansicht der Handwerker hier nur von ihnen angefertigt und verkauft werden durften. Auch die Bäcker mußten sich durch die *Brottaxe* manche Belästigung gefallen lassen. Der *Rat* der Stadt hatte wiederholt, zum letztenmal 1837, durch ein unter obrigkeitlicher Aufsicht vorgenommenes Probebacken festgestellt, wieviel Pfund Brot aus einem Malter Weizen oder Roggen hergestellt werden konnten, und bestimmte nun allmonatlich nach den Kornpreisen, wie schwer das Brot sein mußte. Brotwäger sahen und wogen in den Bäckerläden nach und zeigten nötigenfalls die Bäcker an. Auf Antrag der Alterleute beschloß der Magistrat, die Brottaxe vom 1. Januar 1851 an aufzuheben. Fortan sollten die Bäcker nur noch Gewicht und Preis ihres Brotes im Laden aushängen. Auch von dieser Pflicht wurden die Bäcker 1868 entbunden. Die Bürger sahen in der Brottaxe ein Schutzmittel gegen Übervorteilung; noch 1884 erbat eine von 1200 Personen unterschriebene Petition ihre Wiedereinführung, was aber gesetzlich unmöglich war.

Die Ansichten über *Gewerbefreiheit* und *Freizügigkeit* waren unter den Handwerkern sehr geteilt. Noch 1866 veröffentlichten die Vorstände der Ämter und Gilden einen ,,Beitrag zur Gewerbefrage unseres Landes'', in dem sie entschieden für die alte Zunftverfassung eintraten. Der Handwerker soll, so führten sie aus, die vorgeschriebene Lehrlings- und Gesellenzeit gewissenhaft aushalten, die Gesellen- und die Meisterprüfung ablegen. Der Vorwurf, daß nach dem jetzigen Zunftzwang ein Meister nur Gesellen seines Gewerbes halten dürfte, also z. B. einen Wagen nicht fertig herstellen könne, ist hinfällig: Zünftige Meister verschiedenen Handwerks übernehmen die Lieferung gemeinsam. Trotz des Zunftzwanges haben hiesige Bäcker Dampfmühlen und Brotfabriken angelegt. Aber solche Geschäftsvergrößerungen sind nicht einmal wünschenswert; denn der glücklichste Handwerker ist immer der kleine bescheidene, aber selbständige Meister, der ein solides und reelles Geschäft mit Ehren betreibt und sich eine gute Kundschaft zu bewahren sucht. Auch die Freizügigkeit wird uns nichts Gutes bringen. Hannover erfreut sich eines behäbigen Wohlstandes, wir haben weder Habenichtse noch Hungerleider. Das wird sich bei der Freizügigkeit bald ins Gegenteil verkehren. Die Landarbeiter werden in die Städte strömen, wo ihnen höhere Löhne, größere Bequemlichkeiten und mehr Vergnügungen winken.

So berechtigt diese Befürchtungen auch sein mochten, die geschichtliche Entwicklung ließ sich nicht aufhalten. 1866 wurde Hannover mit Preußen vereinigt, das mit den deutschen Staaten nördlich vom Main den Norddeutschen Bund gründete. Die Verfas-

7. Gewerbeverhältnisse

sung dieses Bundes gewährte die Freizügigkeit, und die Gewerbeordnung vom 21. Juni 1869 brachte auch den Landesteilen zum 1. Oktober 1869 die *Gewerbefreiheit,* in denen sie bis dahin noch nicht eingeführt war. ,,Nun kommt die preußische Gewerbefreiheit'', schrieb ein Osnabrücker Backamtsmeister in das Amtsbuch. ,,Gott gebe uns Gnade!'' Damit hatten die alten Ämter ihre Existenzberechtigung verloren. Sie brachten daher ihre Vermögensverhältnisse in Ordnung, verteilten mit Erlaubnis des Magistrats und der Landdrostei ihr Vermögen und lösten sich auf. Das Krameramt verehrte bei seiner Auflösung dem Magistrat einen silbernen Pokal. Geldunterstützungen hat es oft gewährt, so der jungen Handelsschule fünfmal einen Jahresbeitrag von 30 Talern, der Katharinenkirche einmal 100 Taler, 1868 zum Turmbau 1000 Taler, der Marienkirche $122^{1}/_{2}$ und 150 Taler; zum Bau des Stadtkrankenhauses steuerte es 2000 Taler bei. Auch andere Ämter haben jedes nach seinem Vermögen wohltätige Einrichtungen, namentlich die Kirche, mit der sie in alter Zeit so eng verknüpft waren, wiederholt unterstützt. Im Geburtsjahr des neuen Deutschen Reiches lösten sich die Ämter und Gilden auf, aber schon nach wenigen Jahren entstanden sie wieder in verjüngter Gestalt.

Das Fabrikwesen

Zu den ältesten fabrikartigen Betrieben in unserer Stadt gehören neben der Tuch- und Leinenweberei die *Tabak-* und die *Papierfabrikation.* Die Bearbeitung des Tabaks hat sich in den letzten hundert Jahren sehr geändert. 1808 war hier noch kein Zigarrenmacher, wohl aber zwei Tabakfabriken — die von Tenge und Thorbecke — und fünf Tabakspinner mit drei Gehilfen. Tabakspinner werden im Adreßbuch von 1837 nicht mehr genannt, aber *48 Tabakfabriken,* die diesen Namen im heutigen Sinne gewiß nicht alle verdienten, denn mancher arbeitete allein oder mit einem Gehilfen, wobei das Zigarrendrehen in Handarbeit, gleichsam als Handwerk, noch stark im Vordergrunde stand. 1853 waren es noch 21 Tabakfabriken, die auch Zigarren herstellten. Damals befanden sich hier auch schon eine Zucker- und eine Tuchfabrik, vier Farbenfabriken, elf Brauereien und neun Brennereien.

Während sich die Tabakfabriken auf ihrer früheren Höhe kaum zu halten vermochten, hat die *Papiermacherei* in jüngster Zeit hier eine früher nie gekannte Blüte erreicht. Eingeführt ist sie hier durch den Papiermacher Hermann *Schmidt* aus Vlotho, der im Jahre 1600 den Bischof Philipp Sigismund von Osnabrück um die Genehmigung bat, an den *Sieben Quellen* bei Oesede eine Papiermühle anzulegen. Er erhielt nicht nur die Erlaubnis, sondern außer dem Bauplatz für Wohnhaus und Mühle auch noch ein Stück Land zur Anlage eines Gartens. Er starb vor seiner Frau, die sich dann mit dem Papiermacher *Heide* vermählte.

Die Familie Heide hat die Mühle bis 1792 in Erbpacht gehabt. In diesem Jahre überließ das kinderlose Ehepaar sie dem Kaufmann Georg Wilhelm *Quirll* in Osnabrück, der seit einem Jahre schon eine andere Papiermühle besaß.

Quirll bat nämlich 1789 den Rat und die Regierung in Osnabrück um die Erlaubnis, bei der Blakendorfer Quelle am südlichen Rande der Wüste eine Papiermühle mit Windbetrieb anzulegen. Beide Behörden erteilten die Genehmigung. Der Grund und Boden, auf dem er bauen wollte, gehörte dem Evangelischen Waisenhof. Der Rat trat ihm davon $12^{1}/_{2}$ Scheffelsaat ab. Quirll zahlte dafür an das Waisenhaus 100 Taler Gold und eine jährliche Erbpacht von $3^{1}/_{2}$ Malter schierem Roggen und alle 12 Jahre als Winngebühr 12 Malter schieren Roggens. Dafür erhielt er auch die Vergünstigung, daß nur er im Stadtgebiet Lumpen sammeln lassen durfte. Er ließ holländische Maschinen, sog.

Holländer, und acht holländische Papiermacher mit Familie kommen, die er neben der Mühle ansiedelte. So entstand die kleine Kolonie, die nach Napoleons verunglücktem Feldzug nach Rußland den Namen *Moskau* erhielt.

Der Wind ließ die Papiermühle oft im Stich. Deshalb bat Quirll 1806 die Regierung um die Erlaubnis zur Benutzung von Dampfkraft. Die Regierung war wegen der großen Kohlenknappheit im Stift bedenklich. Quirll erklärte: ,,Ich selber will sie bei Borgloh schürfen; ich gebrauche die Dampfmaschine jährlich nur etwa 100 Tage, also 40 bis 50 Fuder Kohlen." Die Regierung lehnte ab. Daher kaufte er 1809 die unbenutzt stehende Walkmühle an der Hase, unterhalb Osnabrücks.

Damals verstand man noch nicht, aus Stroh und Holz Papier herzustellen, man benutzte dazu nur *Lumpen*. Daher gestattete die Regierung nur ihrem Papiermüller, im Bistum die Lumpen sammeln zu lassen, und verbot wiederholt die Ausfuhr von Lumpen. Ernst August II. befahl sogar, daß die im Hochstift ohne Sammelschein angetroffenen ausländischen Lumpensammler verhaftet, die von ihnen gesammelten Lumpen aber dem Papiermüller in Oesede abgeliefert werden sollten. Während der Fremdherrschaft (1807—1813) war das Privilegium aufgehoben; wer sich ein Patent löste, durfte Lumpen sammeln. Da in dieser Zeit auch Gruner eine Papiermühle in Gretesch eingerichtet hatte, bat er 1814, ihm und Quirll gemeinsam das Vorrecht des Lumpensammelns zu verleihen. Vergebens berief sich Quirll auf sein verbrieftes Recht. Die Organisationskommission verlieh es auch Quirll, Gruner und Dettmar in Fürstenau.

Das Quirllsche Papier erfreute sich eines guten Rufes und ging vielfach ins Ausland. Quirll lieferte auch das Papier zu den hannoverschen Briefmarken. 1812 beschäftigte er in Oesede 43, in Osnabrück 70 Arbeitskräfte. Er verfertigte in Osnabrück jährlich 10000 Ries feines, in Oesede 10000 Ries gewöhnliches Papier und verbrauchte jährlich 250000 Pfund Lumpen. Den geringen Betrieb auf Moskau stellte er ein. Sein Enkel verkaufte auch die Hasepapiermühle an Westerkamp und Eggemann, gab auch die Papiermühle an den Sieben Quellen auf und richtete dort eine Forellenzucht ein.

Landrat *Gruner* hatte die von ihm 1808 erworbene Walkmühle in Gretesch in eine Papiermühle mit Wasser- und Windbetrieb umgeändert. 1812—1814 erbaute er die Windmühle, deren Turm noch heute als Wahrzeichen der Burg Gretesch weit in die Lande schaut.

Um 1850 bestanden hier die beiden *Tapetenfabriken* von Gebrüder Brück (Hasestraße 32) und Mönnich (Hasestraße 37). Auf der Haster Mühle betrieben der Bankier Wilhelm von Gülich seit 1825, Böhmer und Hilger seit etwa 1850 eine *Tuchfabrik*. Sie arbeiteten mit zwei oberschlächtigen Rädern, einer Dampfmaschine von 14 Pferdekräften und mit 28 Webstühlen und beschäftigten etwa 100 Arbeiter. Sie verfertigten hauptsächlich Militärtuch, aber auch feinere Tuche. Bei dem von Gülichschen Konkurs (1864) ging die Fabrik ein. *Baumwoll*- und *Leinenwebereien* gab es hier 1841 noch nicht. Zuerst entstand die von Berlach und Reinhard (Große Straße 77); nach 1845 traten die von Dütting und Müller (Domhof 3 b), Enners (Herrenteichsstraße 1 b) und F. und C. H. Hammersen (Johannisstraße 24) ins Leben; sie arbeiteten mit insgesamt 320 Stühlen.

Folgende *Brauereien* bestanden hier 1837: Witwe Dreinhöfer (Bierstraße 14, auch Gastwirt), G. F. v. d. Halle (Bierstraße 32, auch Bäcker), H. J. v. d. Halle (zwischen den Johannistoren 2 a, auch Bäcker), Joh. Gerh. Heilmann (Herrenteichsstraße 18), Jos. Christ. Heilmann (Johannisstraße 112), Joh. Heinr. Hildebrand (Große Gildewart 19), J. H. Hugo (Hasestraße 52, auch Gastwirt), Loxen (Große Hamkenstraße 6), Kl. Ad. Schröder (Herrenteichsstraße 15, auch Gastwirt), J. B. Westerkamp (Lohstraße 48), Joh. G. Westerkamp (Johannisstraße 14, auch Bäcker). 1855 waren von den genannten

7. Gewerbeverhältnisse 391

Brauereien nur noch die beiden von Heilmann und die beiden von Westerkamp in Betrieb; hinzugekommen waren die von Berckemeyer und Schultze (Markt 26/27) und die von Richter (Kampstraße 6). Gebraut wurden hier schon 1840 einfaches und Doppelbier, bayerisches und leichtes bayerisches sowie Felsenbier. Dieses führte zuerst G. Heilmann, der 1832 den südwestlichen Teil der Gertrudenberger Höhle mietete und als Bierkeller benutzte. 1853 mieteten Berckemeyer und Schultze den nördlichen und Richter den östlichen Teil der Höhle.

Branntwein wurde hier 1536 eingeführt, jährlich etwa 50 Ohm; seit 1624 aber wuchs sein Verbrauch erheblich. Man stellte ihn, wie sein Name andeutet, aus Wein her und bezog ihn hauptsächlich vom Rhein. Als gegen Ende des 17. Jahrhunderts der Kornbranntwein aufkam, erwarb das Krameramt gegen Nachzahlung von 200 Talern die Erlaubnis, ,,das bishero verboten gewesene gebrandte Kornwasser und sog. Kornbranntwein zu verkaufen''. Auch hier mehrten sich bald die Kornbrennereien. In Jahren mit schlechter Kornernte wurden sie geschlossen, so 1671, 1688 und 1692, meistens aber nur auf ein Jahr. 1696 wurden in den Ämtern Iburg vier, Grönenberg drei, Wittlage zwei, Hunteburg zwei, Vörden drei Brennereien zugelassen. Von jedem Brennkessel erhielt der Bischof jährlich 2 Taler. Ihre Zahl wuchs im 18. Jahrhundert bedeutend. So gab es 1780 in Ostercappeln 14, im Amt Vörden 39 Brennereien, in der Stadt Osnabrück keine. Als unter westfälischer Regierung der Präfekt 1808 einen Bericht über die in der Stadt Osnabrück vorhandenen Gewerbebetriebe einforderte, schrieb Maire Stüve: Brennereien hat man in der Stadt nicht zulassen wollen, weil man sie für gefährlich hielt. Der Präfekt befahl hierauf, ihre Anlage zu gestatten. 1819 bat dann Bäcker und Wirt Penning in der Bierstraße am Natruper Tor um die Erlaubnis zur Einrichtung einer Brennerei und erhielt sie. Dieselbe Genehmigung erhielt 1821 der Kaufmann *Bernhard Gosling*. Er kaufte zu dem Zweck das Haus Große Straße 54/55 an und richtete dort die Brennerei ein, die Ende des Jahres in Betrieb gesetzt wurde. In den 1840er Jahren legte *Roth* Hakenstraße 4 a eine Brennerei an. Er kaufte dann den Lager Hof (Hasestraße 56) und verlegte dorthin seine Kornbranntweinbrennerei, mit der er eine Preßhefefabrik verband. Mit seinem Tode (1866) ging das Geschäft auf seinen Neffen *Adolf de Reuter* über.

Carl Gosling, der Sohn Bernhards, erwarb den von Scheleschen Hof am Neuen Graben, brach diesen ab und verlegte dorthin die Brennerei von der Großen Straße. 1845 erhielt er auch die Erlaubnis, mit der Brennerei eine Dampfmühle zu verbinden, um mit ihr das für die Brennerei erforderliche Korn zu mahlen. Im folgenden Jahre wurde ihm auch gestattet, die Dampfkraft zum Treiben eines Weizenganges zu benutzen, aber nur für seinen eigenen Mehlhandel. Da bei der Zunahme der Bevölkerung die Hasemühlen in trockenen Sommern nicht hinreichend Mehl beschaffen konnten, beschlossen die Bäcker, eine eigene Dampfmühle anzulegen. Die Müller aber wehrten sich gegen die drohende Konkurrenz; das Gesuch der Bäcker wurde nicht genehmigt. Aber Gosling erhielt die Erlaubnis, noch einen Roggengang, zwei Weizengänge und einen Graupengang anzulegen und für den Handel zu mahlen. Er kaufte auch die Rennersche Brennerei (Seminarstraße 6).

Den größten Gewerbebetrieb entfaltete die Stadt Osnabrück selber als Besitzerin der Ziegelei Hellern und des *Piesbergs*. Bis Ende des 17. Jahrhunderts benutzte man die Steinkohlen des Piesberges nur in den Kalköfen, während man auf dem Herd, im Kamin oder Stubenofen nur Holz oder Torf brannte. Im 16. Jahrhundert besaß außer der Stadt Osnabrück auch das Domkapitel noch Kalköfen am Piesberg; nachdem dies aber 1568 auf sein Anrecht am Piesberg verzichtet und dem Rat der Stadt das Recht zugestanden hatte, dort allein „de Steinkolle breken to laten", entwickelte sich allmählich aus diesem Nutzungsrecht ein Eigentumsrecht an dem Piesberg. Der Rat ließ nur so viele Kohlen brechen, als für den Kalkofenbetrieb erforderlich waren. Fast 100 Jahre lang (von 1647 bis 1730) verpachtete der Rat den Kalkofen nebst dem „Kohlberge", und zwar fast ausnahmslos an die Familie Pagenstecher; der Pächter lieferte als Pacht während der Brennzeit wöchentlich einige Karren Kalk.

Die Kohle gewann man durch Schächte von geringer Tiefe oder am „Ausgehenden" der Flöze; 1727 aber begann der Rat auf Grund eines fachmännischen Gutachtens den Bau eines an der Nordseite des Piesberges gelegenen Stollens, den man nach den dabei beschäftigten Lütticher (plattdeutsch: Lücker) Bergleuten Lückerstollen nannte. Die Arbeit wurde aber mit so geringem Nachdruck und so vielen Unterbrechungen betrieben, daß der Stollen erst 1794 das Flöz erreichte. Darauf setzte die Stadt eine besondere Bergwerkskommission ein, der auch der Bürgermeister Stüve und der Stadtsekretär Struckmann angehörten, und die sich dem Bergwerksbetrieb mit großem Eifer widmete. Der Absatz der Kohle war schon ohnehin gewachsen, seitdem der Apotheker Ameldung 1768 gezeigt hatte, daß man sie mit Vorteil auch zum Heizen der Stubenöfen verwenden könne. Um 1780 kamen hier gemauerte Feuerherde mit Rosten in Gebrauch, auf denen man auch Piesberger Kohlen brennen konnte. 1809 wurde die Leitung des Bergbaues dem Bergmeister Herold übertragen, und gleich vom folgenden Jahre ab lieferte der Bergbau einen Überfluß von jährlich 4000—7000 Talern, während er früher niemals über 1000, nicht selten unter 500 Taler eingebracht hatte.

Bei der Anlage der Hannoverschen Westbahn kam die Regierung der Stadt Osnabrück weit entgegen, indem sie die Bahn auf einem Umweg möglichst nahe an der Westseite des Piesberges vorüberführte. Da die bis dahin eingetriebenen Stollen sich an der Ostseite des Berges öffneten, so legte die Stadt an der Westseite einen neuen Stollen, den Hasestollen, an, dessen Mundloch dem Bahnhof der 1857 eröffneten Zweigbahn Eversburg—Piesberg gegenüber liegt. Seitdem stiegen Förderung und Absatz von Jahr zu Jahr.

Die bedeutendsten Osnabrücker Fabriken wurden erst nach 1870 gegründet oder gelangten doch damals erst zu größerer Bedeutung.

Hotel Kaiserhof mit Hasepartie

Handel und Verkehr

Während in alter Zeit die Handwerker selber ihre Erzeugnisse auf dem Markt, dann im eigenen Hause feilboten, ja selbst auswärtige Märkte bezogen, geriet der *Handel* mehr und mehr in die Hände des *Krameramts*; die Zahl der Handwerker nahm ab, die der Kaufleute wuchs. Das Krameramt umfaßte über 150 Mitglieder, zum größten Teil aus den wohlhabenden Bürgerfamilien. Die Kramergilde trennte sich von den elf Ämtern; 1843 bildeten die Kaufleute einen *Handelsverein*. Die Hannoversche Gewerbeordnung von 1847 gestattete ihnen, Waren von auswärts zu beziehen und feilzubieten, selbst wenn ihre Herstellung in hiesiger Stadt das Vorrecht eines Handwerks war. Ebenso erlaubte sie den Handwerkern, Waren zu verkaufen, welche sie nicht selber gearbeitet hatten. Wie die Tabakfabriken, so litt der Handel darunter, daß Hannover dem Zollverein nicht beitrat. Althannover und Ostfriesland hatten den unmittelbaren Zugang zum Meer; die Landdrostei Osnabrück aber war zum großen Teil vom Zollvereinsgebiet umschlossen. 1853 schloß sich auch Hannover dem *Deutschen Zollverein* an. Die wichtigsten Ausfuhrartikel waren Tabak, Leinen, Farben, Tapeten, Papier, Schinken, Speck und Getreide. Der Leinenhandel ging allerdings immer weiter zurück. Die Osnabrücker Kaufleute wurden von den Bremern fast ganz vom Seeverkehr verdrängt. 1839 wurden auf der Osnabrücker Legge noch 10844 Stück zur Schau gebracht, 1860 waren es nicht mehr 5000, 1891 noch 699, 1901 nur noch 79 Stück. Deshalb wurde die *Stadtlegge* am 1. April 1902 aufgehoben.

Das *Verkehrswesen,* von dem der Handel ja wesentlich abhängt, begann in dieser Zeit sich vollständig umzugestalten, zunächst das *Postwesen.* Seit dem Westfälischen Frieden fuhr die Thurn-und-Taxissche Post, die den Verkehr zwischen Hamburg und Köln vermittelte, auch regelmäßig über Osnabrück. 1682 richtete Bischof Ernst August I., der seit 1679 auch Herzog von Hannover war, in Verbindung mit seinem Bruder Georg Wilhelm in Celle eine Post für das Gesamthaus Hannover ein. Graf Platen, der mit dieser Post belehnt war, ernannte den Apotheker Heinrich Ameldung zum Postmeister. Dessen zweiter Sohn Johann Gabriel wurde 1714 sein Nachfolger. Er starb 1753 und im folgenden Jahre seine einzige Tochter, die mit den Konsistorialsekretär Pagenstecher verlobt gewesen war. Die Witwe behielt die Postverwaltung, nach ihrem Tode aber wurde Pagenstecher Postmeister. Nach seinem Tode (1786) behielt seine Witwe, eine geborene Ehmbsen, den Postdienst, bis er ihrem ältesten Sohn, Heinrich Rudolf, übertragen wurde. Er starb 1804; seine Witwe, eine geborene Schwartze, vermählte sich wieder mit Ludwig Corsica und trat nach dessen Tode (1822) ihre Ansprüche an die Postverwaltung gegen eine lebenslängliche Rente für sich und ihre Kinder an die hannoversche Regierung ab, die seit 1828 das gesamte Postwesen unserer Stadt in ihrer Hand vereinigte.

Die Post befand sich in dem Hause der verwitweten Frau Pagenstecher, Hakenstraße 4 a. Nachdem sie königlich geworden war, verlegte die Regierung sie am 15. Mai 1827 in den Münsterschen Hof, Seminarstraße 20, am 18. Oktober 1839 in das Haus Hakenstraße 10 und 1855 in das neuerbaute Bahnhofsgebäude. Die Postschalter waren täglich von 8 (im Winter von 9) bis 1 und von 3 bis 7 Uhr geöffnet. Die Briefe mußten alle am Schalter abgegeben und gewogen werden. Der einfache Brief durfte bis ¾ Lot (etwa 16 Gramm) wiegen und kostete 1845 mindestens 1 Gutengroschen (12 Pfennig), nach entfernten, abgelegenen Orten mehr, z. B. nach Bremen 25 Pfennig, nach Hamburg 44 Pfennig, nach Dannenberg, Hitzacker, Neuhaus a. d. E. je 50 Pfennig. Ein Brief von 1—1½ Lot kostete das Zweifache, von 2—2½ Lot das Dreifache, nach Dannenberg also 1,50 Mark. Ein 10-Pfund-Paket kostete das vierfache Briefporto, nach Hitzacker also

2 Mark. Schon aus diesem Grunde wurde nicht soviel geschrieben wie heute. Bis etwa 1850 vermochten zwei Briefträger die gesamte Briefbestellung in unserer Stadt zu bewältigen; erst das Adreßbuch von 1853 führte ihrer vier auf. Die Einführung der *Briefmarke* — in England 1840, in Preußen, Österreich und Hannover 1850 — und der Briefkästen sowie die Eröffnung der Eisenbahn hoben den Briefverkehr ganz bedeutend. 1859 hatte man hier zehn Briefträger angestellt, darunter auch einen Briefkastenboten. — Geldsendungen bis zu 25 Talern kosteten das zweifache, bis zu 50 das drei-, bis zu 100 Talern das vierfache Briefporto. Also 300 Mark z. B. nach Dannenberg zu senden kostete 2 Mark. — Die Personentaxe betrug für 1 Person und 1 Meile in dem Personenwagen, der keine Pakete beförderte, also schneller fuhr, 7, in der Postkutsche 6 Gutegroschen; außerdem kostete das Einschreiben 2 Gutegroschen. Hiernach zahlte man z.B. für eine Fahrt nach Bremen 12,50 Mark bzw. 10,75 Mark, für eine Fahrt nach Berlin 32,83 Mark bzw. 28 Mark. Außer der Post fuhr auch regelmäßig der Omnibus nach Lingen wöchentlich dreimal, nach Münster täglich, nach Bremen und Minden zweimal und ebensooft zurück.

Die erste *Eisenbahn* wurde 1830 in England, die erste deutsche Strecke, Nürnberg—Fürth, 1835 eröffnet. Hannover baute seine erste Eisenbahn, Hannover—Lehrte, 1843, die 1845 bis Celle, 1847 bis Hamburg weitergeführt wurde. In diesem Jahre wurden auch die Strecken Hannover—Bremen und Hannover—Minden fertiggestellt. Auch in Osnabrück setzte eine lebhafte Bewegung für den Anschluß an die Eisenbahn ein. Während der unruhigen Jahre 1848 bis 1850 trat das Interesse für die Bahn etwas zurück, dann aber erwachte es um so lebhafter wieder. Die Regierung entschloß sich, die hannoversche Westbahn von Löhne über Osnabrück nach Emden zu bauen. Den Osnabrückern lag natürlich viel daran, daß die Bahn möglichst nahe am Piesberg vorbeigeführt werde. Da es der Bodenschwierigkeit wegen nicht möglich war, die Bahn der Ostseite des Berges zu nähern, wo die beiden wichtigsten Stollen mündeten, so faßte man von vornherein den jetzigen Lauf der Bahn ins Auge, der dann auch bei den ersten Vermessungen als selbstverständlich zugrunde gelegt wurde. Da durchlief 1853 die Nachricht unsere Stadt, die Landdrostei, vor allem der Landdrost Lütcken, sei wieder entschieden für eine westliche Richtung der Bahn eingetreten. Der Bahnhof sollte am Johannistor liegen und die Bahn über die Wüste durch den Rubbenbruch laufen. Heute möchten wir wünschen, dieser Plan wäre ausgeführt worden: Unserer Stadt wäre dann wenigstens die Einschnürung an der Ostseite erspart geblieben; aber der Magistrat und wohl die meisten Bürger sahen diesen Vorschlag als eine Folge der gespannten Verhältnisse an, das zwischen dem Landdrosten und dem Bürgermeister bestand.

Da richtete Stüve folgende Vorstellung an das Ministerium: Die westliche Richtung der Bahn mit dem Bahnhof vor dem Johannistor würde die Stadt Osnabrück schädigen. Seit Jahren galt die östliche Richtung als selbstverständlich; die Stadt hat unter dieser Voraussetzung schon mehrere Straßen- und Kanalbauten im Preise von 30000 Talern ausgeführt. Schon 1851 tauchte der Plan einer westlichen Umgehung der Stadt auf; damals erklärte aber der Herr Minister einer von der Stadt Osnabrück nach Hannover gesandten Kommission, der Bahnhof solle an die Ostseite der Stadt gelegt werden. Der Minister entschied: Die westliche Linie hat vor der östlichen große Vorzüge; aber in Rücksicht auf die Stadt wollen wir an der östlichen unter folgenden Bedingungen festhalten: 1. Die Stadt baut eine neue Straße vom Hannoverschen Bahnhof zum Zuchthaus (die heutige Wittekindstraße), um eine bessere Verbindung des Bahnhofs mit der Neustadt zu schaffen; 2. sie baut die Verbindungsbahn zwischen der Hauptbahn und dem Piesberg auf ihre Kosten und gibt 3. den für den Bau der Staatsbahn und des Bahnhofs erforderlichen Grund und Boden, soweit er ihr Eigentum ist, unentgeltlich her.

7. Gewerbeverhältnisse

Bremer Bahnhof (Bahnsteig)

Die Stadt mußte wohl darauf eingehen. Sie ließ den bis dahin recht unordentlichen Kollegienplatz vor dem Zuchthaus, den späteren Neumarkt, ebnen und pflastern, baute die Neumarktsbrücke und legte die Bahnhofstraße an; 1853 wurde der Bau der hannoverschen Westbahn zum Anschluß an die Strecke Minden—Hannover begonnen. Am *5. Mai 1855* früh fuhr der erste mit 37 Fahrgästen besetzte Zug nach *Löhne;* am *20. Juni 1856* morgens begann die erste festliche Fahrt nach *Emden.* Erst nach der Einverleibung Hannovers in Preußen 1866 konnte am *1. September 1871* die Strecke *Osnabrück— Münster* in Betrieb genommen werden. Es folgte am *15. August 1873 der Abschnitt Osnabrück—Bremen* der ursprünglich von einer privaten Gesellschaft gebauten, dann verstaatlichten Linie Köln—Hamburg. Da schon seit 1868 geführte Verhandlungen wegen eines Osnabrücker Zentralbahnhofs bislang vergeblich geblieben waren, erforderte diese Strecke einen Notbahnhof an der Buerschen Straße. Erst diese Verbindung brachte Osnabrück unmittelbar an die Hauptstrecke des Weltverkehrs. 1876 kam die Bahnlinie Osnabrück—Oldenburg hinzu; schließlich brachte 1886 die Verbindung Osnabrück— Brackwede (der „Haller Wilhelm") den Anschluß an Bielefeld. Mit dieser landschaftlich reizvollen Strecke wurde den meisten Osnabrückern durch neu entdeckte Wanderziele die Schönheit ihrer Heimat erst eigentlich erschlossen. Im ganzen gesehen wurde mit diesem ausgebauten Eisenbahnnetz Osnabrück der zweite Eisenbahnstern Niedersachsens.

Die Piesberger Bahn wurde noch von der hannoverschen Regierung gebaut, aber auf Kosten der Stadt. Diese legte 1853 bis 1856 mit einem Kostenaufwand von 3 Millionen Mark den Hasestollen an, der an der Westseite des Berges mündet; unmittelbar vor

Osnabrück aus der Vogelperspektive (1870) zeigt den Kreuzungspunkt der beiden Eisenbahnlinien

seiner Öffnung erbaute man den Bahnhof. 1857 wurde die Bahn in Betrieb gesetzt. Das gab den Anlaß zur *Entstehung des Vororts Eversburg*. Da die Kalksteinbrüche an der Ostseite des Piesberges lagen, auch die Kohlenförderung bisher nur dort stattgefunden hatte, wohnten auch die Bergleute dort. 1855 lebten auf der Eversheide außer dem Kolonen Kampmeyer beim Schneiderturm nur wenige erste Ansiedler auf den Überresten der alten Eversburg, deren Herrenhaus 1840 abgebrochen war, oder in den zur Burg gehörenden Kotten. Mit der Bahn kamen zugleich einige Wärterhäuser. 1857 erfolgte ein Zuzug von Harzer Bergleuten, für die Fachwerkhäuser errichtet wurden. 1861 trat die katholische, 1865 die evangelische Schule mit je einem Lehrer ins Leben. Heute hat der Vorort eine katholische und eine evangelische Kirche.

Der Wochenmarkt

Der tägliche Markthandel alter Zeit war während des Dreißigjährigen Krieges eingegangen; nur die Schlachter boten nach wie vor bis 1820 ihr Fleisch im Scharren feil. (Ecke Markt und Krahnstraße und beim Neustädter Rathaus). Die übrigen Waren wurden seitdem im Hause verkauft, Gemüse baute jeder Bürger selber. Bischof *Ernst August I.* brachte Militär mit, verheiratete Offiziere und Unteroffiziere, die alle Lebensmittel kaufen mußten; daher richtete er 1673 einen *Wochenmarkt* am Mittwoch und Sonnabend von 7 (8) bis 12 Uhr ein. Der Verkauf von Lebensmitteln sollte auf dem Markt neben der Marienkirche und bei St. Johann, von lebenden Fischen vor dem

7. Gewerbeverhältnisse

Herrenteichstor stattfinden. Heu-, Stroh-, Holz- und Torfwagen sollten am Nikolaiort, auf der Hase-, Bier-, Johannis- und Goldstraße halten. Fleisch war nur in den Scharren zu haben. Nachdem Ernst August Herzog von Hannover geworden und 1680 nach Hannover gezogen war, verfiel der Wochenmarkt wieder. Sein Sohn, *Ernst August II.,* rief 1717 den Wochenmarkt in der früheren Weise wieder ins Leben; er verbot aber ausdrücklich den Verkauf von geschlachtetem Vieh, Wein, Bier, Branntwein, Reis und Brot. Nach seinem Tod (1728) schlief der Wochenmarkt wieder ein. Die Bürger empfanden nicht das Bedürfnis eines Wochenmarktes.

Auf Verlangen des Präfekten Keverberg richtete der Rat 1811 in der Nähe der Katharinenkirche einen Wochenmarkt ein, der aber schon nach einem Jahr wieder aufhörte. Nach dem Abzug der Franzosen kehrte die hannoversche Regierung zurück; unsere Stadt erhielt eine hannoversche Besatzung. Da bat im März 1816 die hannoversche Regierung auf Veranlassung des Generalmajors von Alten den Rat, in Rücksicht auf das Militär und zugleich im Interesse der Bürger, den *Wochenmarkt* wiederherzustellen. Bürgermeister Thorbecke hielt die Einrichtung für überflüssig und erfolglos; er behauptete, mindestens ⁷/₈ der Bürger seien dieser Ansicht. Aber man durfte den ausgesprochenen Wunsch nicht unberücksichtigt lassen. Thorbecke wollte durchaus keinen Zwang angewandt sehen, allein auch der ließ sich nicht vermeiden. Man erneuerte also einfach die Marktordnung von 1811. Der Markt wurde am Dienstag und Sonnabend von 7 (8) bis 12 Uhr in der Nähe der Katharinenkirche abgehalten. Das Feilbieten der Waren vor den Türen (Hausieren) war überhaupt verboten. Selbst an den marktfreien Tagen durften die Wochenmarktwaren nur auf dem Marktplatz feilgeboten werden. Wiederverkäufer durften die auf den Wochenmarkt gebrachten Waren erst nach 12 Uhr kaufen. Bürgern aber war es gestattet, nach Einlösung eines polizeilichen Erlaubnisscheines auswärts gekaufte oder bestellte Ware sich ins Haus bringen zu lassen.

Seitdem hat sich der Wochenmarkt gehalten, wenn dort auch in den ersten 30 Jahren kaum mehr zu haben war als Butter, Eier und Geflügel. Als 1841 der Magistrat von der Landdrostei zum Bericht aufgefordert wurde, wie man den Wochenmarkt heben könne, schrieb Stüve, nachdem er einen kurzen Rückblick auf die Entwicklung des Wochenmarkts gegeben hatte: ,,Es fehlt in Osnabrück das Bedürfnis eines Wochenmarktes; die Bürger bauen ihr Gemüse selber und kaufen Vorräte im großen ein; nur kleine Leute sind gewohnt, für ein paar Tage einzukaufen. Ferner ist der Marktplatz ungelegen; man wird wohl bald zwei Marktplätze einrichten müssen, einen beim Dom, einen anderen bei St. Johann. Endlich ist auch der Dienstag ein ungeeigneter Tag; Mittwoch und Sonnabend sind die Botentage und die Hauptleggetage, daher auch für den Wochenmarkt am geeignetsten." Die Landdrostei veranlaßte dann den Magistrat, eine neue Wochenmarktordnung vorzulegen. Die Verhandlungen zogen sich hin, bis die neue Ordnung am 10. Dezember 1847 erschien. Vom 1. Januar 1848 an wurde der Wochenmarkt am Mittwoch und Sonnabend abgehalten. Die neue Ordnung sowie die Zunahme der Bevölkerung brachten dem Wochenmarkt allmählich mehr Leben. Im November 1896 baten die Bewohner der Neustadt den Magistrat, er möge einen der beiden Wochenmärkte auf den *Neumarkt* verlegen. Die Stadtväter hielten diesen Wunsch für berechtigt und beschlossen, den Wochenmarkt am Dienstag und Sonnabend an den bisherigen Orten der Altstadt, am Mittwoch auf dem Neumarkt abhalten zu lassen. Seit 1870 wird auf dem Wochenmarkt auch frisches Fleisch verkauft. Die Ordnung vom 15. August 1877 gestattete, daß auf dem Wochenmarkt auch Töpferwaren gehandelt wurden; Eier sollten nach Gewicht verkauft werden, doch hat sich diese Anordnung nicht durchsetzen lassen. Am Montag (nicht mehr Dienstag) und Sonnabend sollte der Markt auf dem *Domhof* und der Großen Freiheit, am Mittwoch auf dem *Neumarkt* abgehalten werden.

Die Marktzeit währte seitdem von 7 (8) bis 1 Uhr. — Durch die Ordnung von 1892 wurde der Wochenmarkt auf Mittwoch und Sonnabend beschränkt und bestimmt: ,,Auf dem Wochenmarkt gekaufte Gegenstände dürfen an demselben Tage weder ausgeboten noch verkauft werden." Leider mußte diese gegen das Aufkäuferunwesen gerichtete Bestimmung wieder aufgehoben werden. Auch die Wochenmarktordnung vom 2. März 1910 sieht nur zwei Wochenmärkte vor: Am Sonnabend auf dem Domhof und der Großen Freiheit, am Mittwoch auf dem Neumarkt. Der Verkauf von Heu, Stroh, Holz und Torf auf Wagen findet am Sonnabend auf dem Neumarkt, am Mittwoch beim Dom statt. Zu den Wochenmarktwaren gehören jetzt, mit Ausnahme der Spirituosen und Kunstbutter, alle möglichen Lebensmittel, Töpferwaren, Blumen, Gemüse- und Blumenpflanzen. Die zum Verkauf ausliegenden Back- und Fleischwaren sowie die Genußmittel, welche zum Verzehren fertiggestellt sind, dürfen von den Käufern nicht betastet, aus der Butter nicht mit unsauberen Gegenständen Proben entnommen, die Nahrungs- und Genußmittel nicht auf die Erde gelegt, Hunde auf den Markt mitgenommen werden. ,,Das Ausstellen, Feilbieten, Kaufen oder Verkaufen von Gegenständen des Wochenmarktverkehrs von anderen als den angewiesenen Verkaufsstellen aus ist verboten." Ebenso ist an Markttagen das Feilbieten, das Kaufen und Verkaufen von Wochenmarktsgegenständen im Umhertragen bis zum Schluß der Marktzeit nicht gestattet.

Schon nach der Anlage der Straßenbahn war die Abhaltung des Wochenmarktes auf dem Neumarkt nicht ohne Gefahr; trotzdem beließ man ihn dort noch 5 Jahre. Nachdem aber der Güterbahnhof auf dem Fledder 1912 eröffnet war, führte eine Hauptzufuhrstraße über den Neumarkt und den Kollegienwall; deshalb mußte man den Neumarkt als Marktplatz aufgeben. Die Stadtverwaltung richtete daher den sog. Artillerieplatz am *Ledenhof* — so genannt, weil das hier einst gelegene Kloster Marienstätte eine Zeitlang als Artilleriekaserne diente — zum Marktplatz ein, der 1913 in Benutzung genommen und 1914 asphaltiert wurde. Es lagen nun wieder beide Marktplätze in der Altstadt; daher wünschten die Neustädter die Anlage eines dritten, ihnen bequemer gelegenen Marktplatzes. Deshalb wurde seit 1924 am Dienstag auch auf dem *Rosenplatz* ein Wochenmarkt abgehalten, der nach dem Zweiten Weltkriege zum *Riedenbach* (bei der Josefskirche) verlegt wurde.

Der Ledenhof als alter Adelshof in seiner ursprünglichen Gestalt inmitten einer ummauerten Gartenanlage. Im Vordergrund: Artillerie-Kaserne mit Exerzierplatz.

Die Stadtsparkasse

Zur Unterstützung des Gewerbes sollte auch die *Sparkasse* dienen. Wenn früher der sparsame Bürger sich ein Sümmchen zurücklegte, so verwahrte er es möglichst sicher, um es gelegentlich zu vermehren oder im Notfall zu gebrauchen; nicht selten gab er es aber für entbehrliche Sachen aus, oder es wurde ihm wohl gar gestohlen. Kam er dann in Geldverlegenheit und fand nicht einen gefälligen Freund, der ihm aushalf, so fiel er den Wucherern in die Hände und mußte vielleicht notwendige Sachen versetzen. Deshalb richtete die hiesige Stadtverwaltung zu der schweren Zeit der Fremdherrschaft (1805) das *Leihhaus* ein. Die erste *Sparkasse* in der heutigen Provinz Hannover trat 1801 in Göttingen ins Leben; bis 1824 kamen nur zwei hinzu. Im Mai des folgenden Jahres beschloß, besonders auf Betreiben des Bürgermeisters Thorbecke, auch der hiesige Magistrat, eine Sparkasse einzurichten, und die Landdrostei gab gern ihre Genehmigung dazu. Am 1. Juni 1825 wurde sie eröffnet. Sie sollte unbemittelten Personen, vorzüglich den Handwerkern, Tagelöhnern und Dienstboten, Gelegenheit bieten, ihre Ersparnisse sicher und nutzbar anzulegen. Sie nahm daher auch nur Beträge bis zu 75 Talern an; die Rückzahlung erfolgte nur in den ersten acht Tagen jedes Monats, und zwar nach vorhergegangener Kündigungsfrist von mindestens 14 Tagen. Die Direktion bestand aus zwei Mitgliedern des Magistrats, die Rechnungsführung übernahm der Leihhausverwalter Lorenz Endris; die Kasse befand sich deshalb auch in seinem Hause (Herrenteichsstraße 22) und war nur montags und donnerstags von 9 bis 12 Uhr morgens geöffnet. Für die Sicherheit bürgte die Stadt mit ihrem gesamten Vermögen und ihren Einkünften.

In den ersten Jahren entsprach der Erfolg den Erwartungen des Magistrats nicht; im ersten vollen Rechnungsjahr (1826) betrugen die Einlagen noch nicht 5000 Mark in 42 Sparkassenbüchern. Bürgermeister Thorbecke wandte sich daher im März 1827 mit einer öffentlichen Ermahnung zur Benutzung der Bank an die Bewohner der Stadt und Feldmark, aber ohne wesentlichen Erfolg. Trauten die Bürger der Sache nicht recht, oder scheuten sie sich, ihre Ersparnisse öffentlich zu zeigen? Ganz allmählich wuchs zwar die Zahl der Sparbücher; aber noch 1836 war sie unter 1000. Am Schluß des folgenden Jahres betrugen die Einlagen jedoch über 100000 Mark.

Im Jahre 1836 übernahm der Leihhausverwalter Arnold Wilhelm Flohr die Sparkasse; sie wurde deswegen in sein Haus (Heger Straße 4) verlegt und war noch immer nur am Montag und Donnerstag von 9 bis 12 Uhr geöffnet. Flohr betrieb als Rendant und Leihhausverwalter auch noch ein Kolonialwarengeschäft, war dazu Struktuar (Rechnungsführer) von St. Marien und 1832—1839 Buchhalter der Heger Laischaft. 1851 wurde die Sparkasse dem Tuchhändler Joh. Friedrich Möllmann übertragen und in sein Haus (Krahnstraße 36) verlegt, wo sie bis Ende 1866 verblieb. In diesem Jahr hatten die neuen Einlagen 1910000 Mark betragen; es waren also mehr Beamte erforderlich, so daß die Kasse in Möllmanns Haus nicht mehr genügenden Raum fand und deshalb in das jetzige Rathaus verlegt wurde. Nur 12 Jahre hat die Sparkasse dort Platz gefunden; 1878 verlegte man sie in größere Räume am Markt (Nr. 2/3). Sie wurde noch immer von dem Kaufmann Möllmann nebenamtlich verwaltet; 1881 aber übernahm sie sein Sohn August Möllmann als Rendant im Hauptamt. Vom 1. Juli dieses Jahres ab war sie auch täglich geöffnet. Am 1. Januar 1893 wurde der Sparkassenbuchhalter Stackelbeck Rendant; 1906 wurde er zum Direktor ernannt.

Die Sparkasse hat aber eine weit größere *soziale Aufgabe* gelöst, als ihre Gründer beabsichtigten. Da sie früher Einlagen unter 3 Mark nicht annahm, gab sie seit 1882, um auch den Kindern das Sparen zu ermöglichen, *Sparmarken* aus. Jede lautete über 10 Pfennig. Wer eine Sparkarte, die von der Sparkasse unentgeltlich ausgegeben wurde, mit zehn Sparmarken beklebt, einlieferte, dem wurde der Betrag von 1 Mark ins Sparkassenbuch eingetragen und verzinst. 1883 führte die Sparkasse *gesperrte Sparkassenbücher* ein, aus denen vor einem, vom Einleger zu bestimmenden, in das Buch einzutragenden Tage nicht entnommen werden darf. Wer seinem Kinde, einem Verwandten oder seinem Patenkinde z. B. für den Tag der Konfirmation, für die Lehrlingszeit oder als Beitrag zur Aussteuer ein Kapital sichern möchte, der lege möglichst früh einen Betrag in ein gesperrtes Sparkassenbuch. Bis zur Verheiratung kann sich die Einlage verdoppeln; man darf auch jederzeit noch etwas hinzulegen.

Als sehr wirksames Mittel, die Kinder zum Sparen zu gewöhnen, hat sich der 1887 ins Leben gerufene *Osnabrücker Sparverein für Kinder* erwiesen. Er bezweckt, die Eltern, Vormünder, Verwandten und sonstigen Kinderfreunde zum regelmäßigen wöchentlichen Sparen für bestimmte Kinder zu verpflichten und sie dadurch in den Stand zu setzen, ihre Kinder für die Konfirmation oder Kommunion angemessen auszustatten. Über das Guthaben eines jeden Sparers wird ein Sparkassenbuch ausgefertigt und bis zu Ostern desjenigen Jahres gesperrt, in welchem das betreffende Kind aus der Schule entlassen wird. Die Kasse schreibt in jedem dieser Bücher außer den Zinsen jährlich 60 Pfennig der Einlage zu. Früher klebte der Sammler für die ihm von den Kindern eingelieferten Beträge Sparmarken ein, jetzt liefert er die Einlagen an die Sparkasse ab. Da diese auch schon Beträge von 1 Mark annimmt, so haben die Sparmarken ihre Bedeutung verloren; seit 1898 sind keine mehr verlangt worden.

Da bei der Vergrößerung der Stadt *eine* Geschäftsstelle dem wachsenden Geldverkehr nicht mehr genügte, richtete der Magistrat 1902 eine Annahmestelle an der Iburger Straße ein, die 1910 in eine *Zweigstelle* umgewandelt und in das neue Polizeigebäude (Meller Straße 2) verlegt wurde. Mit der Eingemeindung des Schinkels am 1. April 1914 wurde eine zweite Zweigstelle (Buersche Straße 62) eröffnet. Während die Sparkasse früher nur für volle Monate die Zinsen berechnete, verzinst sie seit dem 1. Januar 1912 vom Tage der Einlage an. Seit 1884 gehört sie zu den Sparkassen, welche unter sich den *Übertragungsverkehr* eingeführt haben. Den Abziehenden übermittelt sie kostenfrei und ohne Zinsverlust ihr Guthaben bei der hiesigen Sparkasse der Sparkasse des neuen Wohnortes, falls diese Kasse dem Übertragungsverkehr sich angeschlossen hat; gleichfalls besorgt sie für Zuziehende unter denselben Bedingungen die Übertragung ihrer Einlagen bei auswärtigen Sparkassen auf die hiesige. Wie gewaltig die Arbeit der Sparkasse gewachsen ist, mögen folgende Zahlen beweisen. Am Ende des Jahres 1913 betrug die Zahl der Sparkassenbücher 45751, die Summe der Einlagen 51669614,98 Mark! Mehr als ein Drittel aller Bücher lautete über Einlagen von weniger als 60 Mark, allerdings 636 über mehr als 10000 Mark. Für Kinder sammelten 1913 außer einem Beamten 168 Lehrer und Lehrerinnen; die Zahl der Kindersparkassenbücher betrug 6116, ihre Gesamteinlage des *einen* Jahres 90455,20 Mark. Eine einzige obere Mädchenklasse einer hiesigen Volksschule sammelte in dem einen Jahr fast 1000 Mark.

Der Reingewinn der Sparkasse dient zunächst zur Sicherstellung der Sparer; das übrige fließt in die Kämmereikasse, kommt also den Bürgern zugute. Ihr Vermögen verleiht die Sparkasse größtenteils auf Gebäude und Grundstücke der Bürger. Schwieriger als die sichere erste Hypothek ist die zweite zu erlangen. Um den Bürgern auch hierin entgegenzukommen, hat die Stadtverwaltung der Sparkasse 1911 eine *Hypothekenkasse* angegliedert und ihr eine Summe von 1 Million Mark übergeben, damit sie auf Grundstücke im Stadtgebiet unmittelbar hinter einer für die Sparkasse eingetragenen Hypothek ein weiteres Darlehen gewähren kann. Dadurch hat sie bis jetzt schon vielen Bürgern einen Dienst erwiesen. Da es manchem Bürger schwerfällt, die ihm als Haus-

oder Grundbesitzer auferlegten Abgaben für Straßen- und Kanalbau zu bestreiten, so wurde der Sparkasse 1914 eine *Hilfskasse* angeschlossen, die diesen Bürgern die erforderlichen Summen unter billigen Bedingungen vorschießt.

Bei dem so bedeutend erweiterten Geschäftsbetrieb fand die Sparkasse auch in den 1878 bezogenen Räumen (Markt 2/3) bald nicht mehr Bewegungsfreiheit genug; daher kauften die Städtischen Kollegien im Oktober 1902 zur Erweiterung der Geschäftsräume das benachbarte Gösmannsche Haus (Markt 4) an. 1912 führte die Sparkasse statt der monatlichen die tägliche Verzinsung ein, wodurch die Arbeit wesentlich vermehrt wurde. Aber auch ohne dies genügten die 1902 vergrößerten Geschäftsräume schon längst nicht mehr; an *einem* Schalter mußten alle Besucher der Sparkasse, ob sie Geld einlegen, Zinsen zahlen wollten usw., abgefertigt werden, was den Geschäftsgang wesentlich erschwerte; daher beschlossen die Städtischen Kollegien 1914, für die Sparkasse ein eigenes, neues Gebäude am jetzigen Neumarkt zu errichten, das im März 1916 bezogen werden konnte. Um die Altstadt zu entschädigen, eröffnete der Magistrat 1922 Krahnstraße 57 eine neue Zweigstelle. Mehrere andere folgten.

Der unheilvolle *Erste Weltkrieg* stellte an die Sparkasse außerordentliche Anforderungen. Die Kaiserliche Regierung lieh das zur Kriegsführung erforderliche Kapital bei dem eigenen Volke. Zu diesen *Kriegsanleihen* hat die Sparkasse aus eigenen Mitteln 51 250 000 Mark, im ganzen 70 877 600 Mark gezahlt. Auch richtete sie in ihrem neuen Gebäude einen feuer- und diebessicheren Keller mit Schrankfächern ein, in denen ihre Kunden gegen geringe Vergütung ihre Wertpapiere aufbewahren können. Ebenso übernahm sie den An- und Verkauf von Wertpapieren. Trotz der starken Beteiligung der Einwohner unserer Stadt an der Zeichnung von Kriegsanleihen betrugen die Spareinlagen Ende 1918 über 83 Millionen Mark. Mit dem Jahre 1917 führte die Sparkasse auch den Scheck- und Giroverkehr ein.

Durch die *Inflation* — den Verfall unserer Währung 1922/23 — ging das Vermögen der Sparer wie der Sparkasse fast ganz verloren; die Sparkasse war in ihrem Bestand bedroht. Um ihr höhere Einnahmen zu verschaffen, beschlossen die Städtischen Kollegien, daß sie fortan auch Bankgeschäfte betreiben solle. Direktor Stackelbeck war 1920 gestorben; nachdem Sparkassenrendant Bahlmann die Kasse vertretungsweise zwei Jahre verwaltet hatte, berief der Magistrat 1922 *Richard Renner* zum Sparkassendirektor. 1924 wurde die Sparkasse durch Vertrag mit der Girozentrale Osnabrück vereinigt, die im Sparkassengebäude am Neumarkt mit untergebracht ist und bankmäßige Geschäfte betreibt, während die Sparkasse sich weiter auf ihre ursprüngliche Aufgabe beschränkt.

8. Die jüdische Gemeinde

In dem Vertrag von 1431 versprach Bischof Johann von Diepholz (1424—1437) der Stadt: ,,Ock zele Wy vnde vnze nakomelinge de Stadt to Osenbr. mit den Joden unbeladen laten, also binen der Stadt vnd Veltmarcke to Osenbr. van vnzer Macht offte Gebedes wegen nümmermehr Joden zolen komen ro wonende." Dieser Vertrag ist bis zur Aufhebung des Bistums streng befolgt worden. Von 1431 bis etwa 1800 wohnten in Osnabrück keine Juden, nachdem bereits seit 1267 (erstmalige Erwähnung) fast ununterbrochen jüdische Familien hier anwesend waren. Doch stand es ihnen frei, die Vieh- und Pferdemärkte zu besuchen; auch war ihnen die Durchreise durch Stadt und Land gestattet. Bei ihrer Ankunft mußten sie sich am Tor melden und für die Erlaubnis, hier zu übernachten, eine kleine Abgabe entrichten. Der Kurkölnische Agent und Hofjuwelier Elias von Metz, dem die Stadt für jede Nacht und Person einen halben Gulden abverlangte, meinte zwar, als kurfürstlicher Bedienter von derartigen Abgaben frei zu sein; der Rat aber berief sich auf sein altes Recht und ließ der Tochter in Abwesenheit des Vaters eine Perlenkette im Werte von 150 Talern abpfänden. Als 1736 der Schutzjude Simon Levi aus Amsterdam mit einem Schutzbrief des Amtes Peine hier durchkam, aber ergriffen wurde, weil er unangemeldet in ein Bürgerhaus gegangen war, beschloß der Rat, daß er scharf zu strafen sei; weil er aber noch nicht Böses ausgeübt, solle man ihn zweimal 24 Stunden bei Wasser und Brot im Judenloch sitzen lassen, dann ihn für den Wiederholungsfall scharf bedrohen und ihn aus dem Tor und der Stadt Botmäßigkeit führen. 1776 bat Ruben Moses aus Ellrich im Hohensteinschen um die Erlaubnis, gegen eine jährlich zu zahlende Abgabe hier alte Kleider aufzukaufen; der Rat aber entschied: ,,Supplicant hat sich sofort von hier zu begeben und sich alles Handels dahier zu enthalten." Eine abschlägige Antwort erhielten auch Löb Michael Breslau aus Warendorf, der sich hier öfters aufhalten wollte, um Geldgeschäfte zu treiben, sowie ein Jude aus Hamburg, der mit Galanteriewaren den hiesigen Markt besuchen wollte. Dagegen wurde Levi Baruch aus Westerkappeln der Aufenthalt in der Stadt wiederholt gestattet.

Infolge der *Revolutionskriege* um 1800 vermochte die Stadt die aus dem Vertrag von 1431 ihr zustehende Berechtigung in bezug auf die Juden nicht mehr geltend zu machen. 1795 kam hier mit dem preußischen Heer auch ein Jude an, der die Erlaubnis besaß, für das Hauptquartier Lebensmittel anzukaufen, aber die Gelegenheit benutzte, bei den Bürgern Tücher, Strümpfe usw. abzusetzen. Der Rat ließ ihn deshalb pfänden, mußte ihm aber auf Verwendung des Generalfeldmarschalls von Möllendorf die Pfandstücke wieder herausgeben. Drei andere Juden mußte man hier zulassen, die Hafer, Gerste und Heu aufkaufen wollten. Nachdem der Friede zu Lunéville 1801 unserem Lande Ruhe gebracht hatte, erließen Bürgermeister und Rat 1802 folgende strenge Ordnung: Jeder ankommende Jude soll von der Wache sofort nach dem Rathaus gebracht und dort befragt werden. Hat er keine genügende Ursache zum Aufenthalt anzugeben, so soll er von derselben Wache sofort wieder aus der Stadt geführt werden. Will er sich hier einige Stunden aufhalten, so soll man ihm einen Zettel geben, auf dem genau bestimmt ist, wann und wo er sich am Tore zu melden hat. Er darf hier nichts verkaufen, allenfalls kaufen. Ohne obrigkeitliche Erlaubnis soll kein Wirt bei 5 Taler Strafe einen Juden über Nacht beherbergen. Wenn ein Jude die ihm gesetzte Frist überschreitet, soll er mit 5 Talern oder achttägigem Gefängnis bei Wasser und Brot gestraft werden. Als dann Anfang November 1802 hannoversches Militär und die Organisationskommission hier eintrafen, um das Bistum für Hannover in Besitz zu nehmen, richteten die Gildemeister und Vorsteher des Krameramtes in der Besorgnis, daß bei der Regierungsveränderung in der Stadt den Juden Schutz gewährt werden könnte, eine Bittschrift an den Rat, in der sie die von den Juden drohende Gefahr in den schwärzesten Farben malten und den Rat ersuchten, die Stadt auch in Zukunft von Juden reinzuhalten.

Im folgenden Jahr rückten die Franzosen hier ein; dann wurde Osnabrück westfälisch und darauf wieder französisch. Die französischen Gesetze aber gewährten den Juden *Gleichstellung mit den Christen.* Als die Westfälische Regierung 1808 den Magistrat um Aufklärung über die Zahl und Stellung der Juden Osnabrücks ersuchte, schrieb dieser nach einem geschichtlichen Rückblick: ,,Die Stadt konnte es während der Usurpation nicht verhüten, daß mehrere Juden hier ihren Aufenthalt nahmen, Häuser kauften und mieteten. Wir wollen sie auch vorläufig, solange sie keinen Anlaß dazu geben, nicht vertreiben; es erscheint aber billig, daß sie bis zu einer endgültigen Regelung der Verhältnisse der Juden ein Bestimmtes an die Kämmereikasse zahlen. Denn wenn ein Christ Handel und Gewerbe treiben will, so muß er die Mitgliedschaft der Gilde oder Zunft durch Erlegung bedeutender Summen erkaufen, kann dann aber nur *ein* bestimmtes Gewerbe treiben. Die Juden können ja in die Gilde nicht aufgenommen werden, haben also gar keine Abgaben zu zahlen, handeln auch mit allem Möglichen. Wir bitten, daß die, welche mit Tuch handeln, jährlich 30 Taler, die Schlachter, Trödler usw. jährlich 5 Taler zahlen." Ebenso wandte sich der Rat entschieden dagegen, daß den Juden gestattet werde, ihre Waren als Packenträger den Leuten in den Häusern anzubieten. Ferner sollten sie einen dauernden Familiennamen annehmen, vor ihrer Niederlassung ein Sittenzeugnis beibringen und einen sicheren Bürgen dafür stellen, daß sie und ihre Familien in den nächsten 10 Jahren der hiesigen Armenkasse nicht zur Last fallen würden. Der Präfekt erklärte sich damit einverstanden. Wohl als erster meldete sich zur Ableistung des Bürgereides Nathan Beer aus dem Würzburgischen. Er hatte schon drei Jahre in Lengerich, dann drei Jahre in Osnabrück Lieferungs- und Wechselgeschäfte betrieben. Als seinen Bürgen schlug er den Schneidermeister Huxoll vor. Er wurde zum Eid zugelassen, nannte sich *Blumenfeld* und erwarb sich 1810 mit Zustimmung des Rats das Haus Hasestraße 36. Mehrere andere Juden, die kein genügendes Sittenzeugnis oder keinen annehmbaren Bürgen beibringen konnten, wurden abgewiesen. Simon Norden hinterlegte, statt einen Bürgen zu stellen, 100 Stück Pistolen und wurde zugelassen. Zur französischen Zeit wohnten hier acht jüdische Familien mit zusammen 25 Personen.

Als nach der Vertreibung der Franzosen die hannoverschen Behörden nach Osnabrück zurückkehrten, schafften sie fast alle Neuerungen wieder ab, auch die Juden wurden wieder in ihre frühere Ausnahmestellung zurückgedrängt; nur den Leibzoll hob Hannover 1814 auf. Im Januar 1816 forderte die hannoversche Regierungskommission den Magistrat zu einem eingehenden Bericht über Zahl, Namen, Beschäftigung, Vermögens- und Kultusverhältnisse der hier lebenden Juden auf. Der Rat hob bei der Einsendung des Berichts noch einmal das Vorrecht der Stadt in betreff der Juden hervor, worauf die Regierung sich mit der während der Fremdherrschaft eingeführten Abgabe von 30 bzw. 5 Talern einverstanden erklärte. Die Verfügung vom 12. Mai 1817, durch welche die Ämter und Gilden wieder ins Leben gerufen wurden, bestimmte: ,,In Ansehung der Einwohner jüdischer Religion hat es bei denselben erteilten einstweiligen Konzessionen auf Handel und Gewerbetreibung vorerst sein Bewenden." Die Juden waren demnach auch jetzt noch von den Gilden ausgeschlossen. Trotzdem beschwerte sich 1821 das Krameramt: ,,Die Christen müssen, um in die Gilde zu kommen, 400 Taler opfern und dürfen nur Waren *einer* Gilde führen; die Juden aber handeln mit Waren der Tuchhändler und des Krameramts; da wäre es nicht mehr als billig, daß sie etwa 4 Prozent, also 16 Taler, in die Kasse des Krameramts zahlten." Der Rat lehnte das ab; die bisher gezahlte Abgabe floß auch ferner in die Kämmereikasse.

Im Jahre 1823 forderte Landdrost von Bar den Magistrat abermals zum Bericht über die Verhältnisse der hiesigen Juden auf und fragte: Ist im Landdrosteibezirk ein Rabbiner vorhanden? Wenn nicht, wohin halten sich die Juden? Könnten sie nicht einem der vorhandenen Rabbiner des Königreichs unterstellt werden? Der Magistrat erwiderte: ,,Es leben hier fünf Familien und der Lehrer. Alle haben hier nur einen ,precären' (geduldeten) Aufenthalt. Ihren Gottesdienst halten sie in einem gemieteten Hinterzimmer des Tuchtfeldschen Hauses (Hakenstraße 16) ab. Alle kirchlichen Handlungen, auch das Schächten, verrichtet der Lehrer, der auch den Religionsunterricht erteilt, während die Kinder den übrigen Unterricht in den christlichen Schulen empfangen. In weltlichen Händeln wenden sich die Juden an den Magistrat, ihre vorgesetzte Obrigkeit. Es erscheint auch nicht nötig, daß sie noch einem besonderen Rabbiner unterstellt werden; wir fürchten sogar, daß die Juden den christlichen Einwohnern schädlicher werden, wenn sie nicht der christlichen Obrigkeit unterstellt sind, um so mehr, da sie eigentlich kein Recht haben, hier zu bleiben." Die Landdrostei beruhigte sich dabei.

Das Krameramt sah in den jüdischen Händlern immer seine gefährlichsten Konkurrenten. 1826 bat es, die Juden vom Tuchhandel auszuschließen. Die Bitte war hauptsächlich gegen Blumenfeld gerichtet, der ein großes Tuchlager besitzen sollte. Der Magistrat unterstützte das Gesuch, worauf die Landdrostei entschied, daß die Juden — ebenso wie die Christen — nur Waren *eines* Amtes führen sollten; dafür wurde die jährliche Abgabe an die Kämmereikasse von 30 auf 20 Taler ermäßigt. 1828 ordnete das Ministerium an, daß die Juden, welche im Königreich Hannover dauernd bleiben wollten, unveränderliche Namen annehmen sollten; die hiesigen erklärten, daß sie ihre bisherigen behalten wollten, was ihnen gestattet wurde. In demselben Jahre erklärte das Ministerium, daß die Zahl der jüdischen Advokaten sich bedenklich vergrößert habe. Als der Magistrat dies den hiesigen Juden mitteilte, fügte er hinzu: Die Stadt braucht die Juden hier nicht rechtlich zu dulden; wir wollen sie nicht verteiben, aber auch nicht gestatten, daß sie hier Grundbesitz erwerben.

Wohl infolge jener ministeriellen Ausnahmebestimmung in betreff der Advokatur richteten die Vorsteher der jüdischen Gemeinde in Hannover im Namen aller Juden des Königreichs an das Ministerium die Bitte, es möge ihnen dieselben bürgerlichen Rechte wie den Christen verleihen. Der hiesige Magistrat, der dieserhalb ebenfalls um seine Ansicht gefragt wurde, sprach sich entschieden dagegen aus, indem er behauptete: Die Juden sind hier nur geduldet. Nach diesem Grundsatz handelte er auch. Als der Tabakfabrikant André den 19jährigen Sohn Blumenfelds, Theodor, als Teilhaber aufnahm, untersagte ihm dies der Magistrat bei 100 Talern Strafe. Blumenfeld und André beschwerten sich bei der Landdrostei, und diese trat für sie ein, indem sie Magistrat und Bürgervorstehern anheimgab, noch einmal zu überlegen, ob hier nicht um so mehr eine Ausnahme zu machen sei, da die Andrésche Fabrik, ein für die Stadt nicht unwichtiges Unternehmen, in Frage stehe. Aber die Stadtverwaltung blieb fest. Die Landdrostei legte die Sache dem Minister vor, auch Blumenfeld und André wandten sich mit einer Beschwerde an ihn; aber der Minister entschied: Da der Vater nicht voller Bürger ist, kann auch der Sohn nicht die Rechte der Bürgersöhne beanspruchen.

Blumenfelds älterer Sohn Bernhard hatte sich mit einem Fräulein Rosenstein aus Einbeck vermählt und bat nun um die Erlaubnis, hier zu wohnen. Die Alterleute August Moll, G. Friedrich Meyer, Carl Gosling und Ch. Krone waren entschieden gegen die Erteilung dieser Genehmigung, damit ,,die hier hängengebliebenen Juden" ausstürben; der Magistrat gewährte zwar die Erlaubnis, aber unter den Bedingungen, daß Blumenfeld nicht selbständig werde, aus dieser Erlaubnis kein Recht herleite, sich nie etwas zuschulden kommen lasse, und daß diese Erlaubnis den alten Rechten der Stadt nicht schade. Als der junge Blumenfeld 1838 die Genehmigung zur Übernahme des väterlichen Geschäfts nachsuchte, wurde er abschlägig beschieden. Blumenfeld wandte sich mit einer Beschwerde an die Landdrostei. Die Vorsteher der Ämter und Gilden baten in einem ausführlichen Schreiben den Magistrat und die Landdrostei um Zurückweisung der Beschwerde. Die Landdrostei entschied denn auch in diesem Sinne, auch der Minister, an den Blumenfeld sich noch gewandt hatte.

In *Preußen* besaßen die Juden schon seit 1812 das volle *Bürgerrecht,* auch in Hannover beriet man seit Jahren über eine gesetzliche Regelung der Verhältnisse der Israeliten, bis endlich am 30. September 1842 das längst erwartete Gesetz erschien, das aber den Juden keineswegs die erhoffte Gleichstellung mit den Christen brachte. Es bestimmte z. B.: Die Juden sind von der Ausübung politischer Rechte in Staat und Gemeinde sowie von Staats- und Gemeindeämtern ausgeschlossen. Kein Jude darf ohne Genehmigung, der Hausierer nicht vor vollendetem 30. Lebensjahre heiraten. Das Schutzverhältnis wird aufgehoben. Bestimmungen, welche für einzelne Gemeinden gegen die Ansiedlung der Juden bestehen, fallen fort. Jeder Jude muß einer Synagogengemeinde angehören. Jüdische Kinder sind ebenso schulpflichtig wie die christlichen, sie dürfen von christlichen Schulen nicht zurückgewiesen werden.

Auf Grund dieser Bestimmungen begann nun die Landdrostei abermals, die Synagogen- und Schulverhältnisse der hiesigen Israeliten zu ordnen. Auf ihre erneute Anfrage berichtete der Magistrat, daß hier nur noch vier jüdische Familien wohnten, weder Vorbeter noch Lehrer und nur zwei jüdische Schulkinder, ein Knabe von sechs und ein Mädchen von 13 Jahren, vorhanden seien. An die Errichtung einer Schulgemeinde war also vorläufig nicht zu denken; doch wurden alle Juden des hiesigen Fürstentums — 117 an der Zahl — zu einem Armenverbande zusammengeschlossen. Da ihrer für einen Rabbinatsbezirk zu wenig waren, so wurden sie dem Landrabbiner in Emden unterstellt. Zu der hiesigen Synagogengemeinde gehörten auch die in Ostercappeln wohnenden Juden. 1869 schlossen sich ihr auch die Juden Iburgs an.

Das Gesetz von 1842 hatte zwar das Schutzverhältnis der Juden aufgehoben, die aus diesem Verhältnis entstandenen Abgaben aber einstweilen bestehen lassen. *Das alte Vorrecht der Stadt, die Juden abzuweisen, war durch obiges Gesetz gefallen, auch das Schutzverhältnis aufgehoben.* Als nun Blumenfeld sich weigerte, jährlich 20 Taler „Schutz- und Gewerbesteuer" zu zahlen und die Stadt ihn deshalb pfänden ließ, beschwerte er sich und behielt recht. Auch in einem anderen Falle unterlag der Magistrat. Kaufmann Cahen wollte von Rawitz das Haus Große Straße 9 kaufen; aber die Stadt verweigerte ihm die Genehmigung dazu. Auf erhobene Beschwerde erteilte der Minister zwar die Erlaubnis, jedoch nur unter der Bedingung, daß der Käufer es ohne Erlaubnis nicht an einen anderen Juden verkaufe. Der erste Jude, der durch Ablegung des Bürgereides 1845 Vollbürger der Stadt wurde, war Blumenfeld. Bald folgten andere nach. 1843 ließ sich hier der jüdische Arzt Dr. Blumenfeld nieder. Ein neues Gesetz vom 15. April 1847 besserte die Lage der Juden durch die Bestimmungen: Die aus dem Schutzverhältnis der Juden entstandenen Leistungen fallen fort. Jeder Jude erhält das Recht, ein Haus und einen Acker bis zu 1¼ Morgen zu erwerben. Das Zeugnis eines Juden sowie die Geschäftsbücher der jüdischen Kaufleute haben dieselbe Beweiskraft wie die der Christen. Das *Landesverfassungsgesetz vom 5. September 1848* erklärte dann: *Die Ausübung der bürgerlichen und politischen Rechte ist von dem Religionsbekenntnis unabhängig.* Nach der Volkszählung von 1925 wohnten in Osnabrück 454 Juden.

Nachdem die Juden 1431 aus Osnabrück vertrieben waren, lag ihr uneingefriedigter *Kirchhof* auf dem heutigen Bismarckplatz verlassen da. Die aus der Franzosenzeit hier zurückgebliebenen Juden benutzten ihn wieder mit Genehmigung des Magistrats. 1820 wollten sie ihn ebnen und einfriedigen, wenn die Stadtverwaltung ihnen denselben dauernd überlassen wollte. Der Magistrat gestattete die weitere Benutzung, da er ja wie die christlichen Friedhöfe ebenfalls vor den Toren lag, verlangte aber eine jährlich zu zahlende Anerkennungsgebühr; anfangs eine Mark, später drei Mark. Als aber der Westerberg mehr und mehr bebaut wurde, untersagte er die Weiterbenutzung des Kirchhofs. Die jüdische Gemeinde sträubte sich zwar dagegen, mußte aber gehorchen; am 1. April 1876 wurde er geschlossen. Der Magistrat bot den Juden die Mitbenutzung der beiden Stadtkirchhöfe an. Da ihnen aber ihr Wunsch, auf dem allgemeinen einen nur für sie bestimmten, besonders eingehegten Friedhof zu besitzen, nicht erfüllt werden konnte, legten sie sich einen gesonderten Totenhof vor dem Johannistor an, der 1876 in Gebrauch genommen wurde. Als die Stadt 1892 die Edinghäuser und die Bergstraße zu verbreitern und dazu an zwei Seiten von dem geschlossenen Kirchhof einen Streifen abzuschneiden wünschte, einigte sich der Magistrat nach längeren Verhandlungen mit der jüdischen Gemeinde dahin, daß er auf seine Kosten und unter Beobachtung der rituellen Vorschriften die Leichen aus den zu beseitigenden Gräbern des alten Friedhofes aushob, jede in einen besonderen Sarg legte und sie nach dem neuen Friedhof überführte, wo er für die Wiederbeisetzung die erforderlichen Grabstellen gekauft hatte. 1894 wurden auch die noch auf dem geschlossenen Friedhof ruhenden Leichen übergeführt und der ganze Friedhof eingezogen.

9. Aus dem geselligen Leben

Während der ersten zwanzig Jahre nach den Freiheitskriegen lebte das deutsche Volk in dürftigen wirtschaftlichen Verhältnissen. Erst nach dem Wiederaufblühen von Gewerbe und Handel infolge der Gründung des Deutschen Zollvereins 1834 und der Fabriken wurde es allmählich wieder wohlhabend. Hannover kannte keine Freizügigkeit, die Reisegelegenheiten waren noch mangelhaft. Daher wurden die Menschen noch nicht so durcheinandergewürfelt wie heute, und unsere Väter lebten in gewohnter Weise für sich. Die höheren Beamten, Offiziere und vornehmsten Bürger unserer Stadt fanden im *Großen Klub* Gelegenheit zu geselligen Vergnügungen. 1807 stifteten Dr. jur. Hartmann, Dr. med. Droop und Dr. jur. Meyer sowie die Kaufleute Schwenger, Schöningh, Reinholt und Wagner den *Klub der Harmonie,* der ebenfalls Vertreter aller Stände zu seinen Mitgliedern zählte, aber sich doch stets einen mehr bürgerlichen Charakter bewahrt hat. Zehn Jahre behalf er sich in beschränkten Räumen in der Krahnstraße; 1817 bezog er sein neues Heim, den adligen Hof der Familie Morsey, den er 1838 kaufte und 1840 übernahm. Der Harmonieklub hat sich stets einer großen Beliebtheit unter den Bürgern erfreut. Seine Säle haben nicht nur seinen Mitgliedern, sondern auch anderen Familien und Vereinen bei festlichen Gelegenheiten, zu Konzerten, Ausstellungen und Vorträgen gedient. Andere Gelegenheiten zu geselligen Vereinigungen und fröhlichen Feiern boten der Arbeiterbildungsverein, der Industrieverein, die Liedertafel. Unter den Gastwirtschaften waren besonders die von Dütting (Berg Ätna), von Schaumburg und von Rewwer (später Bayrischer Hof) beliebt; auch die Weinstube von Lange (Markt 18) wurde viel besucht. Bier trank man in den Brauereien von Loxen (Heilmann), Hölscher u. a.. Ein Café gab es bis 1860 in Osnabrück nicht; die ersten Bierschenken unterhielten um 1845 Bäcker C. L. Dreinhöfer und Drechsler Meese (Hasestraße 60). Vor den Toren lagen die zum großen Teil noch heute bestehenden Kaffeehäuser; der Wirt zur Petersburg veranstaltete sogar Wasserfeuerwerke. Schumla besaß eine sehr beliebte Kegelbahn, die meistens von alten Beamten und Offizieren belegt war.

Das unruhige Jahr 1848 förderte auch den Wirtshausbesuch und hinderte die Arbeit der Mäßigkeitsvereine. Besonders lebhaft ging es bei C. L. Dreinhöfer (Große Straße 36) her, wo die Demokraten sich zu versammeln pflegten; dort lagen die fremden Zeitungen aus, die abends wohl von Rosenthal u. a. vorgelesen wurden. Die *Eisenbahn* brachte dann häufig Fremde und damit auch fremde Einflüsse. Fremde Biere konnten jetzt leichter hierher befördert werden. Neue Gasthöfe entstanden in der Nähe des Bahnhofs. Schaumburg verlegte seinen altberühmten Gasthof „Zum krummen Ellenbogen" an die Herrenteichstorstraße und richtete unter demselben einen Bierkeller ein, für Osnabrück ganz etwas Neues. Wie die Osnabrücker 1848 ein großes *patriotisches Fest,* die Weihe der Bürgerfahnen und die Huldigung des Reichsverwesers, feierten, ist erzählt worden, auch wie die Hoffnung des deutschen Volkes auf die Wiederaufrichtung des deutschen

Reiches damals ebenso zuschanden wurde wie 1815. Daß aber trotzdem unser Volk die Hoffnung auf Barbarossas Erwachen nie verloren hat, das beweisen auch die Gedächtnisfeiern der Tage von *Leipzig* 1813 und von *Waterloo* 1815, an denen auch Osnabrück sich beteiligt hat.

Am 17. Oktober 1863 wurden in den Schulen unserer Stadt Gedenkfeiern abgehalten. Nachmittags versammelten sich die Kinder abermals in ihren Schulen, zogen zum Markte, wo sie gemeinsam das Lied: ,,Ich hab' mich ergeben'' sangen; dann zogen alle, von einem Musikkorps geführt, durchs Heger Tor zum Westerberg, wo sie neben den Steinbrüchen einen Holzstoß auftürmten. Abends von 18 bis 19 Uhr läuteten die Glocken von allen Türmen; danach fand ein militärischer Zapfenstreich statt. Am 18. weckten Kanonenschüsse die Bewohner der Stadt in aller Frühe; vom Marienturm ertönte ein Choral. In sämtlichen Kirchen wurde Gottesdienst abgehalten; danach wurden auf dem Domhof von den vereinigten Gesangvereinen unter Orchesterbegleitung geeignete Lieder vorgetragen, und hierauf wurde auf dem Schloßhof unter großer Beteiligung der Bürger ein Militärgottesdienst abgehalten.

Nachmittags um drei Uhr versammelten sich die Beamten, Schulen, Gilden, Laischaften, Gesang- und Turnvereine vor dem Bahnhof (jetzt Wittekindplatz) und marschierten mit klingendem Spiel und wehenden Fahnen über die Große Straße und den Domhof zum Marktplatz, stellten sich in einem großen Halbkreis, die Gesangvereine in der Mitte, vor dem Rathaus auf und sangen alle gemeinsam: ,,Nun danket alle Gott!'', worauf die Gesangvereine die von *Lehrer Rosenthal* gedichtete Festhymne vortrugen, in der den Freiheitskämpfern das Verdienst zuerkannt wird:

> *Sie säten die Saat — der künftigen Tat*
> *Und riefen wach — den goldenen Tag.*

Nach Beendigung der Festrede sangen alle Teilnehmer: ,,Was ist des Deutschen Vaterland?'' Dann bewegte sich der Festzug durchs Waterloo-Tor zum Westerberg, wo bei brennendem Holzstoß ,,Flamme empor!'' gesungen wurde. Mit einem Hoch auf die Helden von Leipzig endete die Feier auf der Großen Domsfreiheit.

Zur *Waterloo-Feier* wurden 1865 die Veteranen der Freiheitskriege nach Hannover geladen und dort festlich bewirtet. Ich sehe noch deutlich *König Georg,* von der Königin geführt und von seinen Kindern begleitet, inmitten der alten Krieger auf Bellavista, wie er diesen anredete, dem die Hand reichte. Wer dachte damals an Attentate? Wer ahnte damals aber auch den so nahen Fall Hannovers? Osnabrück verband die Waterloo-Feier mit dem *Schützenfest*. Die Stadt war in Grün gekleidet. Die beiden Rathäuser wurden durch einen Ehrenbogen verbunden, an dem die Namen Waterloo, Hougemont und La Haye Sainte prangten. Die gesamte Bürgerschaft, die Vereine und Gewerke veranstalteten einen Umzug durch die Stadt zum Rathaus, wo *Bürgermeister Miquel* eine begeisternde Rede hielt. Den Veteranen gab der Magistrat ein stark besuchtes Konzert, zu dem die Veteranen ebenfalls eingeladen waren. An diese Feier schloß sich die Feier des Schützenfestes auf dem Schützenhof.

Wie wir gesehen haben, war das *Schützenfest* trotz aller Bemühungen Bischof Franz Wilhelms von Wartenberg eingegangen und von Ernst August I. förmlich aufgehoben. Im 19. Jahrhundert wurde es, wenn auch in ganz anderer Gestalt, wieder ins Leben gerufen. Nachdem das deutsche Volk durch den Wiener Kongreß (1815) in seiner Hoffnung auf ein einiges deutsches Kaiserreich getäuscht worden war, schloß sich die deutsche Jugend vielfach in Vereinen zusammen, um sich durch Turnen, Schießen usw. für den erwarteten und erhofften Einigungskampf tüchtig zu machen. Dazu erwachte im Volk der Wunsch, durch eine jährliche vaterländische Feier die Begeisterung der Freiheitskriege lebendig zu erhalten. Aus diesen beiden Wurzeln sind die Schützenfeste wieder erwachsen.

Auch in Osnabrück bildete sich 1828 eine Schützengesellschaft, die sich regelmäßig im Schießen übte und, angeregt durch das Vorbild der Schützengesellschaft Bielefelds, 1831 beschloß, jährlich oder zweijährlich ebenfalls ein Schützenfest zu feiern. Das erste wurde 1832 neben der Eversburg abgehalten, auch das zweite 1833. In diesem Jahre wurde Stüve Bürgermeister. Als nun im nächsten Jahre der Wirt des Kaffeehauses Moskau, wo das Schützenfest gefeiert werden sollte, um die obrigkeitliche Erlaubnis nachsuchte, wurde sie ihm verweigert. Eine mehrtägige Feier mit Musik, Tanz und so vielen Trinkgelegenheiten widerstrebte dem bedürfnislosen Mäßigkeitsprediger Stüve. Aber schließlich mußte er doch nachgeben. Hunderte von Bürgern aus allen Kreisen traten in den neugebildeten Schützenverein, dessen Vorsitzer zehn Jahre lang der Konsistorialdirektor *Lehzen* war. Der Verein rief sogar das Ministerium um Hilfe an. Das Fest wurde dann regelmäßig alljährlich drei Tage gefeiert. Die uniformierten Schützen marschierten durch die mit Grün geschmückten Straßen, die abends illuminiert wurden, zum Schützenplatz. Auch die Frauen, die das alte Schützenfest nicht kannten, feierten mit. Eine Königin und Ehrendamen wurden erwählt. Der Magistrat überließ dem Schützenverein leihweise auch die alte, historische Schützenkette, die bis zum Jahre 1871 25 neue Schilder erhielt. Von 1839 ab feierte man das Schützenfest auf dem Schützenhof, auch 1869 das *6. Westfälische Bundesschießen,* das etwa 260 fremde Schützen in unsere Stadt führte. Um das Andenken an die herrlichen Siege der deutschen Heere während des deutsch-französischen Krieges 1870/71 im Volk lebendig zu erhalten, feierte es nach diesem Kriege etwa 30 Jahre lang ein *Sedan-Fest* und in den ersten Jahren kein Schützenfest. Erst in den 1880er Jahren bildeten sich wieder der *Osnabrücker Schützenverein,* eine *Schützengesellschaft der Neustadt,* der *Altstädter Schützenverein* und ein *Schützenverein Lustgarten.* Die Zahl der Schützenvereine wuchs noch. Während des furchtbaren Ersten Weltkrieges fielen die Schützenfeste natürlich aus. Ende 1925 schlossen endlich acht Osnabrücker Schützenvereine einen *Schützenbund,* der als Festplatz den vor dem Johannistor gelegenen Ziegenbrink erwarb, ihn unter großen Opfern an Arbeit und Geld zu einem würdigen Schützenplatz umschuf und ihm den Namen *Schützenburg* beilegte. Seit dem 1. Mai 1934 sind alle Schützenbrüder Osnabrücks in der *Osnabrücker Schützengilde* zusammengeschlossen.

Eine glückliche Lösung hat in unseren Tagen auch die *Theaterfrage* gefunden. Bischof Klemens August († 1761) hatte den Marstallflügel des Schlosses zu einem Theater einrichten lassen. Zur Zeit der Fremdherrschaft spielte dort 1807, 1808 und 1810 das „*Nationaltheater des ersten Gouvernements",* ferner 1810—1813 die „Deutsche Schauspielgesellschaft" sowie die „Ober-Ems- und Lippe-Departements-Schauspieler-Gesellschaft". Auch im Januar und Februar 1818 diente dieser Schloßflügel noch einmal als Schloßtheater, dann richtete ihn die hannoversche Regierung wieder zum Reitstall für das hier liegende Husarenregiment ein. Die Osnabrücker waren ohne Theater und richteten ihren Blick wieder auf den großen Stall im Waisenhofe an der Großen Gildewart, zum früheren Tecklenburger Hof gehörig, der seit dem Abzug der Franzosen leerstand. Der Magistrat war gern bereit, ihn zu vermieten, aber nicht, ihn einzurichten. Deshalb nahmen Theaterfreunde die Sache in die Hand. Sie sammelten ein von seiten der Gläubiger unkündbares Kapital von 5000 Talern, das sie mit drei Prozent zu verzinsen versprachen, mieteten den genannten Raum im Waisenhof für jährlich 50 Taler und ließen ihn zu einem Theater notdürftig einrichten. Der Raum wurde durch eiserne Öfen erwärmt, durch Öl-, später Petroleumlampen erleuchtet. Das Dach war anfänglich so schlecht, daß die Schauspieler sich wohl naßregnen lassen mußten, während die Zuschauer sich durch aufgespannte Regenschirme schützten. Die Eintrittspreise waren gering. Der umfangreiche Richter Ehmbsen, der 420 Pfund wog, füllte einen besonders für ihn eingerichteten Doppelsitz ganz allein aus.

Am 13. April 1819 wurde das Theater an der Großen Gildewart mit Prolog und Festvorstellung eröffnet. Die Schauspielertruppe unter der Leitung von *August Pichler d. Ä.* spielte auch in Detmold, wo die Theaterverhältnisse damals ebenso im argen lagen wie in Osnabrück, bis Fürst Paul Alexander Leopold ein neues Theater erbauen ließ und Pichler einen jährlichen Zuschuß zahlte. Vom Januar bis April mußte das ,,Hoftheater'' in Detmold spielen, im Frühjahr und Herbst kam es nach Osnabrück. Die Jahre 1826 bis 1848 bezeichnen eine Glanzzeit des alten Osnabrücker Theaters. War auch das Äußere des Theatergebäudes abstoßend und die innere Einrichtung ärmlich, die Leistungen der Truppe waren durchweg gut. Ja, auf den Brettern des alten Theaters haben europäische Berühmtheiten, wie *Frau Schröder-Devrient,* ihre Kunst entfaltet. In den Jahren 1827 bis 1833 kam auch *Lortzing* als Mitglied des Detmolder Hoftheaters alljährlich auf einige Monate nach Osnabrück. Aber 1848 strich die Lippische Landesvertretung den Theaterzuschuß aus Landesmitteln, und das Hoftheater als solches wurde aufgehoben. Zwar zahlte der Fürst aus eigenen Mitteln noch einen geringen Beitrag, aber mit seinem Tode hörte auch das auf. Nun begannen auch für unser Theater schwere Jahre.

10. Die Polizei

Als die Osnabrücker Bürger die Verteidigung ihrer Stadt allein übernahmen, sorgten sie auch für Ruhe und Ordnung innerhalb ihrer Mauern. Die Hauptwache stand am Marienturm am Markt. Von hier aus besetzten sie die Stadttore. Wenn während des Krieges die Stadt mit feindlichen Truppen belegt war, so besetzten diese auch die Wachen. Ernst August I. war der erste Bischof, der eine Garnison mitbrachte; wenn auch ungern, gestatteten ihm die Bürger, die äußeren Tore zu besetzen, während die inneren den Bürgerwachen überlassen wurden. Von dem Wachtdienst hatten sich die meisten Bürger zurückgezogen. Seitdem es gestattet war, einen Vertreter zu stellen, bestand die Wache aus ärmlichen, meistens arbeitsunfähigen Leuten. Selbst während der unruhigen Zeit der Revolutionskriege fand ein zugewanderter Jude, der sich, wie vorgeschrieben, am Heger Tor melden wollte, von der ganzen Wache nur einen Mann, und der schlief. Auch bei dem Gesellenaufstand 1801 versagte die Bürgerwehr vollständig.

Dazu schuf der Rat 1802 eine eigentliche *Polizei,* ein militärisch gekleidetes und geübtes Korps, das aus zwei Unteroffizieren (Polizeisergeanten) und 36 (seit 1810 nur 26) Mann bestand, die alle 24 Stunden abwechselnd zur Hälfte Dienst taten. Prorektor Hartmann urteilt über diese neue Einrichtung aus eigener Anschauung: ,,Die schöne Jahreszeit verbrachten diese ganz grau gekleideten, mit einem mächtigen Dreimaster und einem kleinen Säbel bewehrten Veteranen auf Stühlen vor ihrem Häuschen, der friedlichen Arbeit des Strickens oder Schneidens von ‚Pluggen' (Schuhzwecken) oder auch des Nichtstuns hingegeben, wenn nicht etwa ein wandernder Handwerksbursche, ein Betrunkener oder Unfugstifter ihr Stilleben unterbrach.'' Und doch hat diese Einrichtung bis 1842 bestanden.

Nach der Wiederherstellung des Friedens erließ die provisorische hannoversche Regierung 1815 eine ,,Instruktion für die Königliche Polizeidirektion in der Stadt Osnabrück'' und ernannte 1816 den *Bürgermeister Thorbecke* zum Landesherrlichen *Polizeidirektor* mit einem aus der Domänenkasse zu zahlenden Jahresgehalt von 700 Talern.

Thorbecke nahm sich dieses neuen Amtes mit Eifer und Geschick an, um der ihm in der umfangreichen Instruktion gestellten Aufgabe gerecht zu werden. Davon zeugten die von Polizeiinspektor Lemke veröffentlichen Verordnungen.

Während der langen Kriegsjahre waren weite Kreise der Bevölkerung verroht, von der Arbeit entwöhnt. Entlassene Soldaten zogen bettelnd und gelegentlich stehlend im Lande umher. Man konnte nur bewaffnet reisen. Die Postwagen fuhren unter bewaffneter Bedeckung. Auch in unserer Stadt hielt sich manch dunkler Ehrenmann in den Vagabunden- und Bettlerherbergen versteckt. Daher kam es zunächst darauf an, festzustellen, wer hier wohnberechtigt sei. Deshalb veranlaßte Thorbecke 1817, daß die beiden Gerichtsdiener, die dem Justizbürgermeister unterstellt waren, von Haus zu Haus gingen, nachfragten und alle aufschrieben, die noch nicht Bürger waren und keinen Bürgen gestellt hatten. Die Wirte mußten ein Fremdenbuch führen und es der Polizei anfänglich jeden Tag vorlegen. Wer einen Bettler einlieferte, erhielt eine Belohnung. Um lichtscheue Elemente aus der Stadt fernzuhalten, wurden die Polizeisergeanten immer wieder ermahnt, die Ankommenden scharf zu beobachten, zu befragen und nötigenfalls zu untersuchen, auch darüber zu wachen, daß nicht gestohlenes Holz oder Laub und keine unversteuerte Ware in die Stadt gebracht werde. Ein Polizist wurde bestraft, weil er ein Fuder Klee nicht untersucht hatte. Lästige Fremde wurden dahin geschickt, wo sie heimatberechtigt waren, was heute der Freizügigkeit wegen nicht mehr möglich ist. *Magister Reinhold* vom Ratsgymnasium, dem wir einen Grundriß der Stadt verdanken, hat 1790 auch eine Liste mit allen Wohnhäusern und den Namen ihrer Bewohner angefertigt. Aber wie bald war die veraltet! Indem die Polizei die Wohnberechtigten wieder feststellen ließ, erhielt sie ein zuverlässiges *Wohnregister,* so daß der Polizeischreiber *Billenkamp* 1837 das *erste Adreßbuch der Stadt Osnabrück* herausgeben konnte.

In den für die Bürger bestimmten *Verordnungen* merkt man dem Polizeidirektor häufig genug den Stadtvater an. Sie enthalten väterliche Ermahnungen und moralische Betrachtungen, die an die Lehrer gerichteten sogar Betrachtungen über Aufgabe und Methode des Unterrichts. Seine Redseligkeit entschuldigt er 1826 selber mit seinem Alter († 1830). Wie heute, machte auch schon damals die liebe Jugend der Polizei viel Sorge und Mühe. Jungen trieben zwischen den Gärten vor den Toren Unfug mit geladenen Gewehren; andere belästigten die Spaziergänger auf offener Straße durch Steinwerfen oder Schießen mit Flitzbogen; noch andere tobten pietätlos auf den Kirchhöfen umher, wobei sie nicht selten die Kirchenfenster zertrümmerten. Die Bauern beklagten sich, daß ihnen die Rangen das Obst auf dem Markte von den Wagen holten. *Aber die Polizei fackelte nicht!* Ein Knabe, der ein Vogelnest zerstört hatte, wurde mit zwei Talern bestraft; zwei Knaben, die zwei Tage die Schule geschwänzt hatten, wurden 48 Stunden eingesteckt. Knaben und Mädchen kauften sich bei den Bäckern allerlei Leckereien und erhielten als Zugabe wohl gar Wein und andere geistige Getränke. Noch 1825 bestand hier das sog. Martinisingen, eine uralte Sitte, die sich auf manchen Dörfern bis heute gehalten hat. Thorbecke schreibt: ,,Wie oft ist das nicht schon verboten! Dennoch währt es von Jahr zu Jahr fort. Viele nehmen den größten Anstoß daran, mancher Kranke wird dadurch gequält, mancher Geschäftsmann gestört. Und ist es nicht eine grobe und unanständige Betteley? Gibt es nicht zu Raufereien, zu blutigen Köpfen, zum Neid usw. Anlaß? Ist es nicht im eigentlichen Sinne pöbelhaft?'' Heute suchen wir unter Fernhaltung von Ungehörigkeiten solche alten Sitten zu erhalten und nennen das Heimatschutz. Die uralte Sitte des Martinisingens geht übrigens ebenso wie das Essen der Martinsgans nicht auf Luther, sondern auf den Bischof Martin von Tours zurück, der um 400 starb. Auch über eine andere Sache denken wir heute anders als 1826 Thorbecke. Er wies einen Schnelläufer, der hier seine Künste zeigen wollte, u. a. auch deswegen ab, weil die

Jungen zum Schaden ihrer Gesundheit das Schnellaufen nachahmen würden. Man denke nur an unsere heutigen sportlichen Wettkämpfe!

Um die körperliche und sittliche *Gesundheit* von alt und jung war auch früher schon die Polizei eifrig bemüht. 1820 gelang es, eine *öffentliche Badestelle* einzurichten. Thorbecke schreibt: ,,In dem Hasefluß findet sich jetzt eine solche Badestelle zwischen der Rathswiese und einer der Natruper Laischaft gehörigen Wiese eingerichtet. Die Tiefe ist untersucht, und sicher wird fleißig nachgesehen werden. Beide Ufer sind dicht mit Erlen bepflanzt, um, sobald diese belaubt sein werden, die Badelustigen den Augen der Umgebung zu entziehen; Die Gränzen sind zu beiden Seiten durch eine quer über den Fluß hingehende Vorrichtung bestimmt, und eine etwas tiefere Stelle durch einen Pfahl bezeichnet, auch soll womöglich (!) ein Aufseher angeordnet werden . . .'' Die Benutzung war unentgeltlich. Doch durften Wohlhabende dem Aufseher, dem Polizeisoldaten Osterbrink, sich erkenntlich erweisen. Fabrikant Quirll ward angewiesen, den Wasserspiegel bei seiner Papiermühle bis abends 10 Uhr nur in mäßiger Höhe zu halten. Trotz aller Verbote mußten immer noch Bürger bestraft werden, weil sie oberhalb oder unterhalb der Stadt in der Hase Flachs rötteten. Da die Polizei bei der Rettung der im Wasser, in Sandgruben usw. Verunglückten bis dahin geringen Erfolg gehabt hatte, selbst lebendig Gerettete ihr unter den Händen gestorben waren, so schafften sie 1824 einen ,,Elektrizitätsapparat'' mit einer galvanischen Batterie zum Gebrauch bei Wiederbelebungsversuchen an.

Den *Branntwein* hielt auch Thorbecke schon für den Totengräber unseres Volkes. ,,Die Menschen'', so schreibt er, ,,können nicht zu Kräften kommen und verarmen. Weiber und Kinder leiden Not, die Kinderzucht wird erschwert, und die Moralität verdirbt von Tag zu Tage mehr.'' Aber auch die Weinschenken sollten streng beaufsichtigt werden, obwohl er wußte, daß er damit in ein Wespennest griff. Betrunkene erhielten durchweg 48 Stunden Arrest; als der Polizeidirektor aber auf der Johannisstraße einen wegen Völlerei wiederholt Bestraften wieder betrunken sah, ordnete er ,,eine mehr *fühlbare* und *durchgreifende Züchtigung*'' an. Ein Wirt, der nach 9 Uhr abends noch Branntwein geschenkt hatte, wurde mit fünf Talern bestraft. Spirituöse Getränke durften von den Wirten nur bis zum Sonnenuntergang verabreicht werden. Auch der *Schundliteratur* ging Thorbecke energisch zu Leibe. Die Inhaber der Leihbibliotheken mußten ihm ein genaues Verzeichnis aller ihrer Bücher vorlegen, diejenigen Werke, welche nur für das reifere Alter bestimmt waren, durch einen roten Strich kenntlich machen und durften diese Bücher nicht an die Jugend ausleihen. Von allen Büchern, welche sie noch anschafften, mußten sie der Polizei die Titel einsenden.

Die *Straßenpolizei* hatte viel erreicht: Die Fensterböcke, Holzlager, Schweineställe und Düngerhaufen waren längst verschwunden, ebenso die Gosse in der Mitte der meisten Straßen; an den Seiten befanden sich Bürgersteige, die Dachrinnen ergossen ihr Wasser in Abfallrohre. Aber noch 1821 mußte doch ein Bürger mit 24 Mariengroschen bestraft werden, weil er seine Schweine hatte frei auf der Straße umherlaufen lassen. Die Enge der Straßen machte auch damals schon viel zu schaffen, besonders die der verkehrsreichen Herrenteichsstraße; auch die Wagen, die von der Bohmter und selbst von der Buerschen Straße nach der Neustadt wollten, mußten durchs Herrenteichstor und nach einer Polizeiverordnung von 1820 über den Klapperhagen und den Domhof fahren. Manche Mark floß in die ,,Brüchtenkasse'' der Polizei wegen Tabakrauchens aus unbedeckter Pfeife; jede einzelne Übertretung kostete 12 Mariengroschen. Auch darauf hat unsere Polizei nicht mehr zu achten, ob die Handwerksgesellen arbeiten oder nicht. Thorbecke bestrafte einen Gesellen, der ohne Erlaubnis seines Meisters drei Tage spazierenging, mit drei Talern und ließ ihn dann aus der Stadt weisen.

Schwierig war es oft, der Verbrecher habhaft zu werden. Steckbriefe benutzte man schon, aber meistens ohne Erfolg. Als *Gefängnis* dienten zur vorläufigen Unterbringung das an einer Stelle offene Steinkampsloch unten im Rathaus und ein Behältnis unter der Akzisebude. Auch ein besonderes Judenloch wird erwähnt, ferner der Bürgergehorsam und der Plümersturm. Auch schloß die Stadt mit der Regierung einen Vertrag, der ihr gestattete, das Gerichtsgefängnis — im Pottschapp (in der Kleinen Domsfreiheit am Domkreuzgang) und später in dem Gerichtsgebäude am Neumarkt — zu benutzen.

Eine Aufgabe der Polizei war früher weit schwieriger zu lösen als heute: Die Einwohner vor *Feuersbrünsten* zu bewahren. Die Häuser waren weniger feuersicher, die Löschvorrichtungen unvollkommener, die Löschmannschaften weniger geübt und die Benachrichtigung der Polizei bei einem Brandausbruch weit umständlicher. Thorbecke scheint diese Aufgabe vortrefflich gelöst zu haben; wenigstens gibt ihm der Oberbürgermeister von Münster 1826 das Zeugnis, daß die hiesige Feuerordnung sich musterhaft bewährt habe, und erkundigt sich nach ihrer Einrichtung. Aus der Antwort und einigen Verordnungen gewinnen wir folgendes Bild: Vor allem wurde zu seiner Zeit schon mehr als in alter Zeit auf eine feuersichere Bauweise gehalten. Die Stadt besaß 13 Schlangenspritzen, jede mit zwei Aufsehern, zwei bis drei Rohrführern und 14—16 Mann Bedienung. Der Schornsteinfeger sowie einige Maurer- und Zimmermeister hatten den Auftrag, bei ausbrechendem Feuer sich sofort nach der Brandstätte zu begeben, um, wenn nötig, Zugang zu dem Feuer zu eröffnen. Jeder Bürger mußte mindestens einen Brandeimer besitzen und alsbald zur Brandstätte schaffen. Da stets nur die Hälfte der Polizeisoldaten Dienst tat, seit 1810 also 13 Mann, so kamen auf jede Torwache nur zwei, auf die Hauptwache drei Mann, von denen einer auf dem Marienturm Wache hielt. Nachts sollten die Wächter nicht nur die Tore bewachen, sondern auch die benachbarten Straßen begehen; deshalb wurden ihnen für die nächtlichen Rundgänge Lohnwächter beigegeben. Ein Wächter, der 1825 die Stunde falsch abgeblasen hatte, wurde mit 12stündigem Arrest bestraft.

Nach Thorbeckes Tode übernahm 1830 Bürgermeister *Wiethoff* und 1833 Bürgermeister *Dr. Stüve* die Polizei, deren bisherige Einrichtung man vorläufig bestehen ließ. Aber in einem Gutachten von 1841 meinte Stüve: Die Zeiten sind so friedlich, die Menschen so gesittet, daß wir so vieler Polizeisoldaten nicht bedürfen; ein tüchtiger Polizeidirektor, ein Polizeisergeant und vier Polizeidiener würden genügen, den Nacht- und Feuerdienst könnten einfache Wächter übernehmen, die erst abends in Dienst treten. Senator *Dr. Wieman* übernahm die Leitung der Polizei; unter ihm standen ein Polizeiwachtmeister und sechs Polizeidiener für den Tagesdienst, außerdem 30 Nachtwächter. Jene hatten nur am Tage Dienst von morgens um 6 (im Winter um 7) Uhr bis abends 10 Uhr. Die Tore waren am Tage von Pförtnern, nachts von den Wächtern besetzt, und zwar in den Monaten Mai bis August von 10 bis 4 Uhr, im April und September von 9 bis 5, in den übrigen Monaten von 8 bis 6 Uhr. Auf der Hauptwache und am Johannistor waren je drei Mann, an den übrigen vier Toren je zwei Mann und einer auf dem Marienturm. Sie waren mit einem Horn, einer Signalpfeife und einem kleinen Säbel ausgerüstet. Die Wächter mußten zur vorgeschriebenen Zeit bestimmte Runden machen und an den vorgeschriebenen Stellen um 10, 11 usw. die betreffenden Stunden blasen und abrufen. Ursprünglich bliesen sie um 10 zehnmal, um 12 zwölfmal; 1860 wurde dies dahin geändert, daß sie um 10 nur einmal, um 11 nur zweimal, um 12 dreimal bliesen, um 1 Uhr wieder einmal usw. Darauf riefen sie laut: ,,Die Glocke hat 10 (11, 12 usw.) geschlagen!" Bei ausbrechendem Feuer bliesen sie längere Zeit ununterbrochen. Mit der Signalpfeife gaben sie einander Zeichen. Auf jeder Torwache mußte stests einer der Wächter zurückbleiben. — Während der Unruhen des Jahres 1848 traf Senator Wieman eines

Abends auf dem Schloßhof einen Haufen Volks, der die Fenster des Schlosses einwarf. Der gestrenge Herr Polizeidirektor kommandierte: ,,Halt! — So Kinner, nu smieten wi noch einmal, un dann gah wi na Hus!'' — Und so geschah es.

Der *Turmwächter* hatte im Winter einen sehr schweren Dienst. Er mußte auch bei der größten Kälte die ganze Nacht oben bleiben, jede halbe Stunde einen Rundgang machen und an jeder der vier Ecken des Turmes die betreffende Stundenzahl blasen. Zum Schutze gegen die Kälte erhielt er einen dicken Schafpelz geliefert; ein wärmendes Feuer durfte er dort oben nicht unterhalten, ja er durfte nicht einmal rauchen. Ein großes Sprachrohr ermöglichte es ihm, sich mit der Hauptwache unten am Turm zu verständigen. Glaubte er bestimmt, ein Schadenfeuer wahrzunehmen, so hängte er eine brennende Laterne nach der Seite am Turm aus, wo er es bemerkte. Aus dem Horn einen weithin vernehmbaren Ton hervorzubringen, das war nicht leicht; aber der alte Remme, der konnte es. Eines Tages ließen die Wallenhorster ihn bitten, doch etwas weniger Kraft aufzuwenden, da sie vor seinem gewaltigen Blasen nicht in den Schlaf kommen könnten.

Im Jahre 1859 tat *Borries,* die Spitze des damaligen reaktionären hannoverschen Ministeriums, einen Schritt, die Freiheit der Bürger zu beschränken: Er nahm den Städten die Polizeiverwaltung. Stüve brachte die Sache sogar an die Ständeversammlung, erreichte aber wenig; die Stadt behielt nur den mechanischen Dienst, die gleichgültigen, untergeordneten Aufgaben der Polizei. Ihr Leiter war nicht mehr der Bürgermeister oder ein Senator, sondern der vom Minister ernannte Amtmann *Vorhauer;* Polizeikontrolleur wurde der spätere Kreissekretär *Rudeloff.* Die Einrichtung gab zu vielen Reibereien zwischen dem Polizeidirektor und dem Magistrat Veranlassung, und Stüve verteidigte zähe auch das unbedeutendste Recht der Stadt. Streitigkeiten zwischen beiden Behörden schlichtete die Landdrostei; Landdrost von Lütcken und Stüve waren aber gar nicht befreundet. Die Bürger stellten sich stets auf die Seite ihres Magistrats, wodurch der Polizei ihre Aufgabe noch mehr erschwert wurde, und das war besonders gleich zu Anfang um so lebhafter zu bedauern, als — ein böses Vorzeichen! — an demselben Tage, an welchem die Königliche Polizei ihren Dienst antrat, am 20. Juli 1859, auch die Cholera ausbrach, der die mit den hiesigen Verhältnissen vertrauten Leiter der früheren Polizei wirksamer hätten entgegentreten können als diese Fremdlinge. Unter Hannover hat die Stadt die Polizei nicht wiedererhalten; zum 1. Januar 1868 aber gab ihr der preußische Minister des Innern die volle Polizeiverwaltung zurück.

Auch der Dienst der *Nachtwächter* hat sich in den letzten 50 Jahren wesentlich geändert. Das Blasen hatte doch nicht den Zweck, die Diebe zu warnen oder die Bürger einzuschläfern oder gar im Schlafe zu stören, sondern um die Wächter überwachen zu können; nachdem daher der Magistrat in den Jahren 1868—1870 Kontrolluhren angeschafft hatte, an denen man genau ablesen konnte, wann der Wächter an dem Standort der Uhr gewesen war, hörte das Blasen, auch das Abrufen der Stunden, auf. 1912 hat die Polizei auch die Kontrolluhren wieder abgeschafft; die 54 Wächter wurden durch einen besonderen Beamten kontrolliert. Ihre Aufgabe bestand weniger darin, einen etwa ausbrechenden Brand zu melden, als vielmehr, für Ruhe und Sicherheit während der Nacht zu sorgen, also die Polizeisergeanten zu unterstützen. Daher hießen sie *Hilfspolizeisergeanten.* Die über die ganze Stadt verteilten Feuermeldestellen zeigen der Stadtfeuerwache am Markt den Ausbruch eines Feuers viel rascher an als die Nachtwächter. Seit dem 1. Oktober 1913 gibt es in Osnabrück auch keinen Turmwächter mehr.

In dem Bruderkrieg zwischen Österreich und Preußen im Jahre 1866 schloß sich Hannover der Donaumonarchie an. Infolge ihrer Niederlage wurde *das Königreich Hannover nach kaum 50jährigem Bestehen eine preußische Provinz.*

VII.
BIS ZUR REICHSGRÜNDUNG

1. Neue Wege

Stüve war 1864 wegen Differenzen mit dem Bürgervorsteherkollegium von seinem Amt als Bürgermeister zurückgetreten und hatte für die letzten wenigen Jahre, die ihm das Leben noch ließ, sich weitgehend den geschichtlichen Forschungen zugewandt; dennoch ließ er sich 1869 wiederum als Mitglied des Bürgervorsteherkollegiums wählen. Nicht jedem war seine zunehmend konservative Haltung recht gewesen, so daß das frühere allgemeine Vertrauen in den kleinen, festen Mann, der seine mancherlei auswärtigen Freunde in den gefürchteten Fußmärschen — bis Iburg knappe zwei Stunden — weiterhin zu besuchen pflegte, in der letzten Zeit starke Einbußen erlitten hatte.

Der *Zusammenbruch Hannovers 1866* war von ihm bei der unfähigen Regierung des Landes mit dem eigensinnigen blinden *König Georg V.* an der Spitze erwartet worden. So traf ihn das Ende des welfischen Königreiches nicht sonderlich schwer, da er eigentlich niemals so recht Hannoveraner gewesen, sondern im Grunde immer Osnabrücker geblieben war, Sohn einer schon früh als reichsfrei angesehenen uralten westfälischen Stadt. Sie selbst ertrug den trotz allem tragischen Schluß ebenfalls überwiegend in Geduld, zumal die Schlacht bei *Langensalza* unter dem hannoverschen ABCD (Arentschild, von Brandis, Cordemann, Dammers) zunächst noch einmal den alten Waffenruhm der Welfen bewiesen hatte, der dann freilich ins Gegenteil umgeschlagen war.

So recht warm war man unter dem Wappen mit dem springenden Roß nie gewesen. Gewiß hatte man seit der *Immerwährenden Kapitulation* von 1650 abwechselnd mit einem katholischen Bischof einen evangelisch-welfischen Landesherrn besessen und war 1815 im Wiener Kongreß ganz zu Hannover gekommen. Doch der betont absolutistische *Ernst August I.* war bald, recht zur Freude der verärgerten Osnabrücker, in die Leineresidenz gezogen. Und der letzte regierende Herr, der *Herzog Friedrich von York,* hatte als britischer Prinz in dem wohlhäbigen Stift nur eine bequeme Pfründe gesehen, anders als *Ernst August II.,* der immer hier geblieben war und mancherlei Gutes hinterlassen hatte, ein freundlicher und sparsamer Mann. Und was im Königreich von 1815 geschehen war, trug doch allzusehr die Spuren des Rückschritts, den zum mindesten das heranwachsende Geschlecht nicht mehr sehen wollte. Mochten denn auch viele mit dem kantigen *Preußen* nicht einverstanden sein, so schien es doch eine sichere Gewähr für die erhoffte Einigung Deutschlands zu bieten. Man hatte auch nicht ganz vergessen, wie taktvoll und gerecht sich die schwarz-weißen Eroberer bei der von Napoleon erzwungenen Besetzung des Bistums und Hannovers verhalten hatten.

Im ganzen vollzog sich der Übergang ohne sonderliche Schmerzen; man versprach sich auch wirtschaftlich einiges davon. Die Stadt wuchs rasch an. Hatte sie noch 1867 19279 Einwohner gezählt, so waren es 1871 schon 23308, 1875 29860, d. h., sie hatte sich innerhalb von acht Jahren um die Hälfte ihrer Einwohnerzahl vergrößert und war damit der *zweitgrößte Ort* der neuen preußischen Provinz geworden. Sie lag sogar über der benachbarten westfälischen Landeshauptstadt *Münster,* was man mit besonderem Stolz vermerkte. Eigentümlich blieb nur, daß jetzt, wo beide Orte sich doch durch den gemeinsamen Herrn besonders hätten verbunden fühlen müssen, das sonst so enge Verhältnis rasch nachzulassen begann.

1. Neue Wege

Stüves Nachfolger *Johannes Miquel,* am 19. Februar 1828 in Neuenhaus in der Grafschaft Bentheim geboren, mochte ein aufgeschlossenes Feld für seine außerordentliche Begabung finden, die sich hier 1865—1869 zuerst erprobte. Er war vom Urgroßvater her, der aus dem südfranzösischen Ort *Cahors* (im heutigen Departement Lot et Garonne) eingewandert war, Nachkomme einer tapferen Emigranten-, doch nicht Hugenottenfamilie, wie manchmal behauptet wurde. Miquels *Vater*, Landarzt und Hofmedikus, vererbte seinen acht Kindern, fünf Jungen und drei Mädchen, die strenge Rechtlichkeit seiner Art. Er blieb wie die Vorfahren liberaler Katholik, während die anmutige, munter-aufgeschlossene Frau die Kinder in ihrem evangelisch-reformierten Glauben erzog. Der körperlich zarte Johannes besuchte das aus der *Lingener* Liliputuniversität — sicher die seltsamste des untergegangenen Reiches — mit Hannovers Hilfe errichtete Gymnasium. Er war ein vortrefflicher Schüler, nur nicht im Deutschen, obwohl ihn selbst *Bismarck* nachmals als einen der besten Redner seiner Generation bezeichnete. Dann kamen die juristischen Studienjahre in Heidelberg und Göttingen; er war auch nicht ohne dessen Verwunderung, die *Friedrich Engels* teilte, *Karl Marx* spürsam nahegetreten, was ihm nachmals einigen Kummer machen sollte. Gute Freunde hatten ihn jedoch bald wieder gesicherteren Wegen zugeführt. Immerhin rechneten noch Marx und Engels eine ganze Weile mit ihm; Miquel sprach, wie sein Biograph *Hans Herzfeld* erzählt, sogar im Jahre seines Osnabrücker Amtsbeginns von ,,unserer Partei". Die Regierung in Hannover mochte das wissen, bestätigte jedoch die Wahl. Vielleicht halfen die alten Freunde *Rudolf von Bennigsen* und *Gottlieb Planck* wegen ihrer weniger gefährlichen politischen Belastung als damalige ,,Staatsfeinde" ein wenig mit.

Wie beide, sah auch Miquel in Bismarcks politischer Arbeit die einzige Möglichkeit einer Einigung. In seiner Wahlrede vom 30. Dezember 1866 bekannte er offen: ,,Die Zeit der Ideale ist vorbei. Die deutsche Einheit ist aus der Traumwelt in die prosaische Welt der Wirklichkeit hinuntergestiegen." Hier deckt sich Miquels Auffassung mit der *Friedjungs,* daß in der Zeit von 1848 bis 1871 die nationalen Ideen ebenso vorwiegen wie vorher die demokratischen und nachher die imperialistischen Tendenzen. Die Revolution von 1848 war Evolution geworden, die sich durchaus mit den Zielen der Machthaber vertrug. Preußen, einst gehaßt, wuchs immer mehr in die Rolle Piemonts hinein, das die italienische Einigung vorbereitete.

Miquel gewann rasch das Herz seiner neuen Mitbürger, obwohl er doch eigentlich dem in Osnabrück nicht viel geltenden ,,tolopen Volk" angehörte. Der Friedensbürgermeister von 1648, *Dr. Gerhard Schepeler*, war bislang fast der einzige dieser Halb-Osnabrücker gewesen, hatte aber wenigstens seine Frau aus der Stadt geholt. Doch lag, was Miquel anbetraf, seine eigene Heimat nicht allzu weit entfernt; außerdem kannte man die Freunde Bennigsen und Planck als zuverlässig. So fand denn der kernige schmale Mann mit den großen dunklen Augen bald Anklang. Er war liebenswürdig, fröhlich und durch seine Heirat wirtschaftlich unabhängig, so daß man vor erhöhten Gehaltsansprüchen sicher sein konnte. Daneben gefiel die ruhige und abwägende Art, die sehr viel später der ,,Temps" treffend als ,,realistischen Skeptizismus" bezeichnete. Der Junggeselle *Stüve* hatte außerdem ganz für sich im Heim des verheirateten Bruders an der Krahnstraße sein fast mönchisches Leben geführt, Miquel und seine ihn tief verstehende junge Frau, der er auch um diese Zeit, wie Herzfeld berichtet, seine schon aufschlußreiche Lebensskizze diktierte, aber machten ein Haus, wie man das so nannte. Er *ritt* sogar, gewiß als erstes Stadtoberhaupt. Das war neu, kennzeichnete jedoch ebenso den Anbruch einer anderen und keineswegs unwillkommenen Zeit. Er machte auch keine sozialen Unterschiede. Vielleicht war der kluge Ratsbäckermeister *Carl Lammers* am Markt sein fähigster ehrenamtlicher Mitarbeiter und bis zum Lebensende hin einer der treuesten Freunde. In Osnabrück wurden (1866 und 1869) Miquel auch die beiden ersten Söhne *Paul* und *Walther* geboren; der erste wählte später den Offiziersberuf, der andere mußte 1918 nach dem verlorenen Kriege sein Amt als Regierungspräsident in Oppeln aufgeben. Als der Vater 1876 zum zweitenmal nach Osnabrück gewählt wurde, ritt er mit den beiden Jungen zusammen, gewöhnlich in den nahen Teutoburger Wald, er auf dem Schimmel voran.

1869 ernannte ihn König Wilhelm I. von Preußen anläßlich seines Besuches in Osnabrück am 19. und 20. Juni dieses Jahres zum ersten *Oberbürgermeister* in der Geschichte der Stadt, sichtlich beeindruckt von der ,,engen Bindung ihres Bürgermeisters an Monarch und Regierung Preußens'' (Lembcke). Es war das Jahr seines vorläufigen Abschieds, kurz vor dem Beginn des Einigungskrieges.

Miquel hat von 1865 an bis dahin Vorbildliches geleistet und die Entwicklung Osnabrücks sicher vorangetrieben. Wesentliche Schwerpunkte seines vielfältigen kommunalen Wirkens werden in den folgenden Abschnitten näher angesprochen. Die *Stadtverfassung* von 1868, auf dem hannoverschen Gesetz von 1851 beruhend, erwies sich mit Magistrat und Bürgervorsteherkollegium als günstig, da die Kräfteverteilung durchaus dem demokratischen Fühlen der Bürger entsprach. Auch daß die *Ortspolizei* 1868 wieder dem Magistrat übertragen wurde, empfand man als angenehm, wie denn das immer als ein wenig reaktionär geltende Preußen mehr liberale Gesinnung zeigte, als man eigentlich erwartet hatte. Daß man den *neuen Provinzen* besonderes Wohlwollen erwies, war freilich selbstverständlich; angenehm berührte es, daß Bismarck, der das Osnabrücker Gebiet mit dem Emsland am liebsten mit Westfalen verbunden hätte, sogleich nachgab, als er den Widerstand spürte.

Der *Kohlenbergbau* am Piesberg blieb in städtischer Hand und wurde vorsichtig erweitert. Bis 1866 war es möglich gewesen, aus den beträchtlichen Einnahmen alle

Reste der Förderanlagen des Stüveschachtes am Piesberg im Jahre 1925

1. Neue Wege

direkten Kommunalsteuern zu begleichen, wie denn Stüves sparsame Finanzpolitik, soweit es angängig war, eingehalten wurde. Manche neue Anlagen im Bergwerk verzinsten sich erst später; doch mit so unsicheren Einnahmen ließ sich ein geordneter Stadthaushalt auf die Dauer nicht führen. Daher entschlossen sich die Städtischen Kollegien auf Miquels Anregung, vom 1. Januar 1868 ab auch in Osnabrück eine *direkte Gemeindesteuer* nach Prozenten der Staatssteuer zu erheben. So wuchsen die Einnahmen der Stadt zwischen 1873 und 1875 stark an, was Stüve nicht mehr erlebte, der wie einst Goethe bei den Ilmenauer Versuchen nebenbei noch ein Stückchen Bergwerksgeologe geworden war.

1843 wurde das „Festungsgebot" aufgehoben, das Bebauungsverbot außerhalb der Wälle der Stadt von 1553, was längst nötig war, da die Wälle der früheren Festung keinem Angriff mehr widerstanden. Doch man hatte das so hingenommen und sie als Spazierwege, die Kinder als Spielplatz benutzt. Manche Anwohner hatten auch ihre Häuser unmittelbar an den Wall gebaut und so die Rückwand gespart. Als infolge des Eisenbahnbaues zu Beginn der 50er Jahre eine *neue Weiterentwicklung der Stadt* einsetzte und mehr Raum benötigt wurde, wurden — nach Beseitigung der Stadttore und der ihnen vorgelagerten Bastionen in der ersten Hälfte des 19. Jahrhunderts — etwa ab 1853 mit dem *Bau der Eisenbahn Löhne—Rheine* die ersten Abtragungen am Herrenteichswall neben dem Pernickelturm vorgenommen. 1871 erhielt der Magistrat eine von vielen Bürgern unterschriebene Bittschrift, in der sie um Abtragung der übrigen Wälle baten. 1872 begann sodann die Einebnung zunächst des Martiniwalls von der Neustadt bis zum Heger Tor und danach 1876/77 des noch verbliebenen Wallkörpers bis zur Vitischanze, wobei die markanten Befestigungstürme bestehen blieben. Auf Wunsch der Bürgerschaft wurde an die Stelle der Wälle eine ringförmige Straßenanlage mit Baumpflanzungen und gepflegten Blumenbeeten angelegt. Die allmähliche Abtragung der alten Stadtbefestigung beanspruchte somit viele Jahre und reichte noch in die zweite

Abbruch der Wallanlagen beim Bürgergehorsam und an der Hasemauer um 1872/73

Stadtplan Osnabrücks von 1868 mit der hannoverschen Westbahn, dem Hannoverschen Bahnhof und der neuen Bahnhofstraße (heute Wittekindstraße), die zum Neumarkt führt.

Amtszeit Miquels (1876—1880) hinein. Wesentlich war daran der aus Herrenmühle im Bezirk Hildesheim stammende, 1848 geborene Städtische Bauführer *Wilhelm Propfe* beteiligt, der 1878 das Wolfsche Baugeschäft übernahm und dann das Museum, das Regierungsgebäude, die Bergkirche und zahlreiche Privatbauten errichten half.

Nicht jeder war mit der Niederlegung der Wälle einverstanden. Man wies auf Nürnberg hin, wo fast alle Befestigungen eindrucksvoll gepflegt wurden und dazu beitrugen, ein herrliches mittelalterliches Stadtbild zu erhalten. Doch war dort die Stadt weniger eng und gedrückt als Osnabrück, wo die Einwohner geradezu nach Licht und Luft seufzten. Im übrigen geschah die Abtragung weit rücksichtsvoller, als das in den meisten Orten üblich war. Der *Herrenteichswall* blieb in seinem restlichen Teil ganz und nur ein wenig gesenkt erhalten. Ebenso beeindruckt weiterhin die schwere Wucht der alten *Befestigungstürme*. Die Gräben schüttete man zu und begann bald mit einem z. T. doppelten *Straßenring*, der leider nicht ganz um die Stadt gelegt werden konnte, weil das die Eisenbahn verhinderte. Jedenfalls konnten jetzt die Nachfolger Faustens ihren Osterspaziergang, weniger von dem „Druck der Giebel und Dächer" und der „Straßen quetschender Enge" bedrängt, durchführen, da man auch im Stadtinnern nach Kräften Luft zu schaffen versuchte.

Die Einwohner waren zufrieden; sie begrüßten ebenso die *Bauordnung* von 1868, die eine gute Planung vorsah. So war es möglich, nachdem ein Jahr vorher schon die *Bergstraße* angelegt worden war, nun die *Humboldtstraße* einzurichten, die nachmals durch eine lange Fußgängerbrücke fortgeführt wurde. 1868 wurden auch die Straßenanordnungen zwischen dem *Gertrudenberg* und der *Bramscher Straße* ausgebaut, außerdem der dringend notwendige Ausbau der Kanalisation weiterentwickelt. Hinsichtlich des *Bürgerparks* auf dem Gertrudenberg ließ Miquel, aufbauend auf die wesentlichen Anfänge, die *Senator Wagner* seit 1832 in die Hand genommen hatte, indem er die alten verwilderten Steingruben an der Westseite des Berges in freundliche Anlagen umwandeln ließ, auch diese wertvolle Initiative nicht in Vergessenheit geraten. Sie wurde nach Abtragung der Stadtwälle in den 70er Jahren zielstrebig fortgesetzt.

Auf dem Gelände der von Ernst August II. begründeten, jedoch nicht vollendeten und dann abgebrochenen *Augustenburg* begann er mit einem für heutige Verhältnisse recht aufwendigen Kleinwohnungsbau vor breiten Grünflächen. Die Baustellen wurden sehr billig mit 15 M für die Hannoversche Quadratrute abgegeben, daneben Darlehen aus der Städtischen Sparkasse gewährt. 1868 fing man am Piesberg mit einer *Bergarbeitersiedlung* an. Auf der Eversheide errichtete man 131 Häuser zu je ein bis zwei Familien; hinzu trat nicht nur eine gehörige Fläche Garten-, sondern auch Ackerland. Es dürfte schwer sein, eine ähnliche Arbeiterfürsorge in der damaligen Zeit nachzuweisen, die man dann sehr viel später im Saarland nachbildete. Man soll dabei nicht vergessen, daß man jeden Tag mit einem neuen Kriege rechnen konnte. Bereits 1866 hatte Bismarck Heinrich Abeken von der Beerdigung des Oheims Bernhard Rudolf telegrafisch aus Osnabrück nach Berlin zurückgerufen, da der Kampf mit Österreich unmittelbar vor der Tür stand. Ähnliche Dinge mochten sich jeden Tag wiederholen. Doch wohin man sah, blühte es unter Miquels Händen auf, ohne daß dabei ein Treibhausklima erzeugt wurde. Das französische Temperament wurde stets durch die ebenfalls ererbte Ratio des Herkunftslandes gekühlt. Miquel hatte es niemals ganz aufgegeben und war 1854 nach der zweiten Staatsprüfung eine Weile nach Paris gegangen, wo ihn die Cholera vertrieb, deren Spuren ihn noch lange quälten.

Als im Sommer 1866 in der Stadt Osnabrück erneut eine Choleraepidemie ausbrach, die von Holland her eingeschleppt worden war — die letzte hatte man erst 1859 überstanden —, wurde das für ihn verstärkt ein Ansporn, sich besonders für die Verbesserung der hygienischen Verhältnisse in der Hasestadt einzusetzen. Es galt, wenn auch nur langsam fortschreitend, endlich die allmählich unerträglich gewordenen Zustände im Abwässerungswesen zu beseitigen. Bereits 1850 war der erste unterirdische Kanal vom Nikolaiort zur Hase an der Herrenteichsmühle fertig geworden.

Den Osnabrückern gefiel der neue Herr überall, der mit frischem Besen manchen angesammelten Staub kehrte. Er war auch immer mitten unter ihnen und machte ihre mancherlei Feste munter mit. Er trank ihr Bier und noch lieber ein Glas Wein. Stüve dagegen blieb bis zum Lebensende der unbedingte Feind des Alkohols, freilich weniger des einheimischen Dünnbiers, gegen das auch sein Mitkämpfer *Kaplan Seling* an St. Johann nichts einzuwenden hatte. Dabei vertrugen sich der damalige und der jetzige Stadtregent im allgemeinen leidlich gut, wenngleich ihre Auffassungen hinsichtlich der Prioritäten bei der Verwaltung der Stadt weit auseinandergingen. Der Altbürgermeister, den noch Goethe empfangen hatte, und den bis in den letzten Erdentag enge Freundschaft mit dem Studiengenossen und Inhaber des Jenaer Verlages Frommann verband, dem auch der Dichter seit Jahrzehnten nahestand, wußte um des Weisen väterlichen Rat:

> Es wäre töricht zu verlangen,
> komm, ältle du mit mir!

Die Zeit wandelte sich rasch. 1870 besaß Preußen etwa 1000 km Eisenbahnen; Ende 1872 waren bereits 5000 km im Bau, wobei viele Arbeiter Beschäftigung fanden, die bei der zunehmenden Bevölkerung Mühe hatten, um nur einigermaßen unterzukommen. Die gleichfalls steil aufschießende *Industrie* wußte das und drückte die an und für sich schon schmalen Löhne. Die *Handarbeit* wurde langsam durch die Maschine ersetzt, die dem Werk das Persönliche nahm und das Individuum ins Kollektiv zwang. Die unzufriedenen Menschen, gesellschaftlich schon vor Jahrzehnten aus dem ehrenhaften, altangesehenen Zunftverband in die ungeordnete, wenig geltende Masse hinabgestoßen, lösten sich verzweifelt aus dem bisherigen Liberalismus, der nichts Rechtes mit der Umwandlung anzufangen wußte, und wandten sich zu einem Teile Lassalles 1863 begründeten ,,Allgemeinen deutschen Arbeiterverein'' zu, der jedoch auch nur ein Anfang blieb, hinter dem schon Marx und Engels mit lockenderen Zielen warteten. Verständige Männer spürten die Not, nahmen sie aber vielfach bequem als ,,Naturgesetz der Wirtschaft'' oder noch gleichgültiger als die bekannten ,,gottgewollten Abhängigkeiten'' hin. Wie fast immer sahen die Dichter das Elend zuerst. Nicht nur Heinrich Heine, Georg Herwegh und Ferdinand Freiligrath, sondern auch die mehr bürgerlich eingestellten beiden Norddeutschen Friedrich Hebbel und Fritz Reuter treten hier nach vorn. Hebbels ,,Mutter und Kind'' und Reuters ,,Kein Hüsung'' entstanden im gleichen Jahr (1857).

Lassalle starb schon 1864. Zu seiner Beerdigung schrieb Jakob Audorf die ,,Arbeitermarseillaise'', die mit den Schlußzeilen

> Der kühnen Bahn nun folgen wir,
> die uns geführt Lassalle

auch in den Osnabrücker Arbeiterkreisen heimlich gesungen wurde.

Besser erging es den *Bauern*, denen *Albrecht Thaers* und *Justus von Liebigs* Forschungen und Feststellungen zugute kamen. Mit Fruchtwechsel, Stallfütterung, künstlichem Dünger und einem vermehrten Anbau der Zuckerrübe sowie mit der besonders in Hannover durchgeführten Verkoppelung war guter Gewinn zu erreichen, und der Bauer stieg eher sozial an, als daß er wie der ehemalige Handwerker zum Arbeiter herabsank.

2. Industrie

1865 errichtete *Georg Kromschröder*, bald von den Brüdern Fritz, Ernst und Otto unterstützt, an der Nordseite der Katharinenkirche neben dem ehemaligen Barfüßerkloster eine Fabrik für Gasmesser, die nachmals an den Jahnplatz verlegt wurde. Mit ihren Zweigniederlassungen in Barcelona, Zwolle, Breslau, Gablonz, Danzig, München, Köln, Mannheim, Berlin, Saarlouis, Elbing, Düsseldorf und Kassel entwickelte sich daraus in zäher Arbeit ein Weltunternehmen. *Otto Kromschröder*, wie die Brüder geborener Osnabrücker, war auch im Kriegervereinswesen führend tätig. Er half ebenso später bei der Einrichtung des dritten deutschen Kriegervereinshauses im Osten der Stadt und unterstützte die Anlage des Kaiser-Wilhelm-Denkmals, einer Wiederholung des noch erhaltenen Karlsruher Bronzemonuments. Die Osnabrücker Kopie wurde bereits

Einweihung des Kaiser-Wilhelm-Denkmals am 16. Juli 1899 im Beisein des Prinzen Heinrich von Preußen auf dem jetzigen Stresemannplatz.

im Ersten Weltkriege eingeschmolzen. Ebenso schenkte er der Stadt das 1944 in einem der vielen Bombenangriffe zerstörte schöne Holzrenaissancehaus an der Bierstraße. Kromschröders wilhelminisch-üppiges Wohngebäude an der Bergstraße (heute befindet sich auf diesem Platz die Heywinkel-Stiftung) blieb mit dem großen Park und der benachbarten Besitzung des Bruders Fritz ebenfalls nicht erhalten. Er wandelte 1916 als letzter Erbe die Firma in eine Aktiengesellschaft um, die 1924 an der Parkstraße einen Aluminiumbetrieb für Haus- und Küchengeräte anschloß. Das Unternehmen verlegte in den 70er Jahren dieses Jahrhunderts seinen Betrieb in das benachbarte Land Nordrhein-Westfalen, und zwar in den zur Großgemeinde Lotte gehörigen Ortsteil Büren der früheren Gemeinde Wersen.

1865 wurde in Osnabrück die erste *Spinnerei mit Dampfbetrieb* gemeinsam mit Kaufleuten aus Bramsche eröffnet, die alterprobte Erfahrungen mitbrachten. Vier Jahre darauf entstand aus der 1833 errichteten *Blaudruckerei* und *Baumwollweberei* die *Firma F. H. Hammersen*, die sich nachmals mit ihren Zweigbetrieben in Rheydt, Bocholt und Mülheim a. d. Ruhr und einer Baumwollspinnerei in Gröben bei Riesau beträchtlich erweiterte. *Christoph Hammersen* erbaute außerdem 1858 eine mechanische Weberei an der Holtstraße, die 1870 an das Haseufer bis hin zur Möserstraße verlegt wurde. Das uralte Osnabrücker Leinen- und Tuchmacherhandwerk paßte sich geschickt den neuen Gegebenheiten an. Die bereits 1836 geschaffene *Eisengießerei* und *Maschinenfabrik* von *Carl Weymann* wurde erweitert. Manche Osnabrücker, zumal die im südlichen Stadtbezirk der Neustadt, fanden auch in dem 1858 eröffneten Betrieb der nahen *Georgsmarienhütte* ihre Beschäftigung. Im Februar 1866 verband man die Hütte mit dem erzhaltigen Roten Berge im Hüggel-Bereich bei Hasbergen durch eine werkseigene Eisenbahn, der man in jenen sparsamen Tagen einen offenen Personenwagen anhängte. Regnete es, so zog man die Jacke über den Kopf; einen Mantel zu besitzen, war nur wenigen vorbehalten. Natürlich machten die aus Osnabrück stammenden Arbeiter den langen Weg morgens und abends zu Fuß; heute würde das unmöglich erscheinen. Die auf der Hütte ansässigen Leute stammten vielfach aus dem Harz und lebten wie zu Hause in den schieferbeschlagenen Werkswohnungen um vieles bequemer.

Die Georgsmarienhütte, so nach dem letzten hannoverschen Königspaar genannt, blieb weiter dem wirtschaftlichen Leben der Stadt verbunden. Sie entwickelte sich rasch und wurde Krupps entscheidender Roheisenlieferant, dessen ,,Gußstahl'' in Wirklichkeit das von dem Engländer *Bessemer* in Sheffield erfundene, nach ihm genannte Produkt war. Die Hütte erhielt für ihr Roheisen 1867 auf der bekannten Pariser Weltausstellung die silberne Medaille und ein Anerkennungszeugnis Bessemers. Nach 1871 wurde das 1867 in Osnabrück gegründete *Stahlwerk* zuerst als eigene Aktiengesellschaft arbeitsmäßig angeschlossen. Es ergänzte die Tätigkeit der Hütte und bezog die Stadt zum erstenmal in die deutsche *Schwerindustrie* ein. 1885 vereinigte man auch kaufmännisch beide Betriebe, hatte aber schon seit etwa 1871 damit angefangen, das Osnabrücker Unternehmen im wesentlichen mit einem Schienenwalzwerk auf den *Eisenbahnoberbau* umzustellen, wobei, aus der Leitung der Hattinger Henrichhütte kommend, der neue Generaldirektor *August Haarmann,* geboren in Blankenstein an der Ruhr und dort zunächst als Bäckerlehrling angefangen, führend wurde. Mit der Begründung des Stahlwerks hörte auch die Wanderung der Osnabrücker Arbeiter zur Hütte überwiegend auf, da es hier reichlich zu tun gab. Im *Schinkel* erwuchs dabei — damals noch eine selbständige Gemeinde — eine eigene Industriesiedlung.

1866 brachte auch Hannover sehr spät das Gesetz über die Einrichtung von *Handelskammern* heraus, das Preußen mit seiner schon viel früher einsetzenden Industrie bereits

1848 besaß. Der hiesige *Handelsverein* übernahm es stillschweigend 1863 und gliederte es dann den hannoverschen Bestimmungen an.

1861 besaß Osnabrück bereits 139 größere und kleinere Fabrikbetriebe. Die *Eisenbahnverbindungen* entwickelten sich mit der 1872 insgesamt fertiggestellten Strecke von *Köln* nach *Hamburg* weiterhin glücklich, nicht weniger der schon immer lebendige *Handel*, mit dem man das Erbe der Hanse fortführte. Während das alte Königreich überwiegend von Landwirtschaft und Handwerk lebte, lehnte sich der Westen betont dem westfälischen Industriebezirk an, was ganz von selbst die Hinneigung zu Preußen förderte.

3. Bürgerliche Zufriedenheit

Indessen die Stadt wirtschaftlich nach vorn drängte, ging das Leben in den breiten Schichten der Bürger geruhsam weiter. Man saß auch in den Hauptstraßen abends vor der Haustür und unterhielt sich über die Tagesneuigkeiten. Manche Familie hatte noch ihr Schwein im Stall stehen; Stopsel und Wurstebrot wurden nach dem winterlichen Hochfest des Schlachtens ausgetauscht. Erst *1858* brannten, sparsam vermehrt, die *Gaslaternen*; in den Häusern behalf man sich jedoch noch lange mit Kerzen und Öl. ,,Als größter Fortschritt'', erzählt Senator *M. Wilkiens*, ,,wurde die sogenannte Moderateurlampe gepriesen, welche es ermöglichte, an einer aufrecht stehenden Stange die lichtspendende Kuppellampe auf- und abzuschieben und sie damit in größere Nähe der zu bestrahlenden Fläche zu bringen. Die Küchen- und andere Lampen zeigten noch die gleiche Form wie die der Römer. Ein offener Docht ragte aus einer schnabelähnlichen Spitze hervor und verbreitete sein trübes Licht.''

Die *Sauberkeit* in den Straßen ließ noch viel zu wünschen übrig. ,,Beim Bürgergehorsam war ein Verbindungsweg angebracht zur nahen Infanteriekaserne (jetzt Dominikanerkloster genannt), von der aus die Soldaten zur Verrichtung notwendiger Bedürfnisse die in der Nähe des Turmes angebrachten, über dem darunter fließenden Stadtgraben schwebenden Latrinen aufsuchen mußten. Der dort stark fließende Stadtgraben entführte das ihm anvertraute Gut in die Hase, in welche er bei der Vitischanze mündete. An der in der Nähe liegenden Bleiche und der vor dem Natruper Tor sich befindlichen Badeanstalt Badendrenke ergab sich manchmal noch die Gelegenheit, den Zufluß aus dem Stadtgraben mit Auge und Nase wahrzunehmen. Man sieht: ,,Nicht alles, was alt ist, ist ehrwürdig und gut.''

,,Im Südwesten dehnten sich die endlosen Flächen der *Wüste*, ein Sumpf- und Moorgebiet, das, von Gräben durchzogen, in einigen Teilen aus Weideland und in anderen aus trügerischen Moorflächen bestand, in welchen Mensch und Vieh versinken konnten. Im Winter standen große Flächen unter Wasser und bildeten bei Frost schöne Eisflächen, die von der Jugend gern zum Eislauf benutzt wurden.''

Morgens gegen sieben Uhr trieb der Hirt die Kühe aus den Ställen der Bürger auf die Weiden vor der Stadt. Die Auslagen der Geschäfte waren recht bescheiden, Spiegelscheiben kaum bekannt. Man kaufte gewöhnlich im Hausflur, wozu bis zehn Uhr am Abend Gelegenheit war; ein Ladenschluß war nicht vorgesehen. ,,Nach dem Abendessen saß die ganze Familie und das ganze Personal beim Tütenkleben; denn fabrikmäßig durch Maschinen hergestellte Tüten gab es derzeit noch nicht.'' Da jeder Hausbesitzer auch Viehhalter war, mußten die Gruben natürlich geleert werden; es bedeutete einen Fortschritt, daß das jetzt nachts oder am frühen Morgen geschah.

Die Industrie begann jedoch schon die friedliche Idylle zu stören: ,,Die Eisenindustrie war vertreten durch die Eisengießerei von Weymann. Indes beeinflußte die benachbarte

Georgsmarienhütte das Erwerbsleben der Stadt in erheblichem Maße. Die Hütte mußte nämlich ihre Kohlen, da die Bahn Köln—Osnabrück—Bremen erst in den siebziger Jahren erbaut wurde, über Löhne aus dem westfälischen Kohlenrevier beziehen und durch Fuhrwerk vom Güterbahnhof Osnabrück zur Verbrauchsstätte befördern. Infolgedessen waren täglich an die hundert Fuhrwerke mit Kohlen unterwegs vom Güterbahnhof an der Karlstraße durch den Breiten Gang, Bahnhof- (jetzt Wittekind-), Johannis- und Sutthauser Straße zur Hütte. Durch den beständig, zumal bei trockenem Wetter aufwirbelnden Kohlenstaub wurden natürlich nicht nur die Fassaden der Häuser an diesen Straßen arg beschmutzt, sondern auch die an der Straße gelegenen Zimmer so verstaubt, daß die Hausbesitzer kaum wagen durften, die Fenster zu öffnen. Der Verkehr auf den von diesen Fuhrwerken heimgesuchten Straßen war für andere Fuhrwerke und Fußgänger nichts weniger als angenehm, da die Kohlenfuhrleute sich nicht gerade durch Entgegenkommen und Liebenswürdigkeit auszeichneten. Gestellt wurde das Fuhrwerk durch einige Fuhrunternehmer in der Stadt, die zu diesem Zweck je 50—60 Pferde hielten. Mit dem Bau der Bahn Köln—Osnabrück hörte dieser Betrieb auf. Die Hütte holte von da an die Kohlen durch ihre Zweigbahn nach Hasbergen ab, und erst von diesem Zeitpunkt an begann auch die an landschaftlichen Reizen reiche Georgsmarienhütte ein beliebter Ausflugsort der Osnabrücker zu werden."

Wenn Osnabrück auch nach einem witzigen Wort an der Wasserscheide von Weiß- und Rotwein liegt, so trank der einfache Bürger das gewohnte *Bier*. 1859 hatte der Zimmermeister *Johann Carl Immeyer* die Erlaubnis erhalten, ein früheres Gartenhaus am Westerberg als Wohngebäude mit Brauereibetrieb einzurichten. Der Sohn war Brauer, hatte in München die Lehre durchgemacht und sollte das Ganze erben. Der gestrenge Stüve aber lehnte die Konzession und sogar die Heiratserlaubnis für den Sohn ab, da er noch nicht fünfundzwanzig Jahre alt sei. Die Landdrostei verwarf jedoch den Einspruch und gestattete auch die Anlage eines Biergartens, der Jahrzehnte hindurch die Stadt erfreute. Da Immeyers Gelder nicht ausreichten, er auch allerhand Konkurrenz besaß, verkaufte er und wanderte nach Amerika aus. Miquel nahm sich dann der Sache an, und 1870, kurz nach seinem Abgang, konnte eine *Aktiengesellschaft* begründet werden, deren Erzeugnisse nach der Anzahl der Aktionäre ,,Apostelbier" genannt wurden. Im übrigen hatte Stüve nichts gegen ein ,,gesundes, nahrhaftes und billiges Bier", wie es sein Mäßigkeitsverein schon 1847 vorgeschlagen hatte. Er fürchtete nur, daß das harmlose örtliche Getränk sich in das schwere und teure Exportbier verwandeln könne. Miquel war auch darin nachgiebiger.

4. Verwaltung

Die *Steuereinnahmen* waren bislang aus der *Akzise* und den Überschüssen des *Kohlenbergwerks* am Piesberg geflossen. Sie wurden ein wenig vermehrt durch die Kosten für den Erwerb des *Bürgerrechts* mit vielleicht 3000 Mark im Jahr und durch die 1854 eingerichtete *Hundesteuer*, die durchschnittlich 1000 Mark jährlich einbrachte. Das alles aber waren doch vielfach unsichere Summen, mit denen sich, zumal bei den steigenden Anforderungen, kein ordentlicher Haushalt aufbauen ließ. So beschloß man denn, seit ungefähr zwei Jahren preußisch geworden, vom 1. Januar 1868 eine direkte *Gemeindesteuer* nach Prozenten der *Staatssteuer* zu erheben. Damit kam man aus, da die Verwaltung billig arbeitete und die Bürgervorsteher bei oft recht angestrengter Tätigkeit und dem Verlust im eigenen Beruf keinerlei Entschädigung erhielten, oft aber nach ihrem Abgang noch Stiftungen für die Stadt hinterließen. Als Miquel als nachmaliger preußischer Finanzminister 1893 mit dem preußischen *Kommunalabgabengesetz* die Reform

4. Verwaltung

der Steuergesetzgebung durchsetzte, die auch für die deutsche Finanzordnung zum Vorbild wurde, konnte er weitgehend auf die in Osnabrück gesammelten Erfahrungen zurückgreifen. Sein *Abgabenstatut*, das hier noch nach dem Ersten Weltkriege galt, brachte 60000 Mark im Jahr und sollte nach seinem Wunsch kontingentiert werden, damit nicht jedesmal die Zustimmung der Städtischen Kollegien eingeholt werden mußte, was er aber nicht durchsetzen konnte. 1927 wurden 829200 Mark direkte Gemeindeabgaben erhoben — auch das kennzeichnet den Wandel der Zeit, der im Wachstum der Stadt wie in den größeren Ansprüchen begründet liegt. Damals aber reichte die bewilligte Summe aus, und das gelegentliche Murren der Bürger hörte auf, als man sah, was mit dem Gelde geleistet wurde.

Doch Miquel war nicht nur Bürgermeister von Osnabrück, sondern auch ein vielbeschäftigter wie vielangegriffener Parlamentarier in Hannover und Berlin. So ist es denn verständlich, daß sich die Opposition seiner bürgermeisterlichen Finanzpolitik mit breitem Behagen annahm. Im „Kulturkämpfer" meinte später Glogau: „Unter Miquels Vorgänger Stüve ging alles den patriarchalischen, einfachen Gang. Aber die Stadt befand sich wohl dabei und hatte — keine Schulden. Jetzt folgte die Periode des ‚Aufschwungs'. Palastähnliche Schulgebäude, kostspielige Turnhallen, ziemlich verfehlte Kanalbauten wurden angelegt. Die Osnabrücker waren glücklich, an der Spitze des Fortschritts einherzuschreiten; aber die Verwaltung machte Schulden über Schulden. Osnabrück kannte unter Stüve keine Kommunalschulden, seine Bürger keine Kommunalsteuern. Der mit schwerer Anthrazitkohle gesegnete Piesberg warf reiche Überschüsse ab. Diese Geldquelle versiegte. Unter Miquel steigerten sich die Steuern fast jährlich, so daß sie 1880 mit Einschluß der Kirchen- und Schulabgaben sich auf 250 % der Staatssteuern beliefen." Miquel blieb auch fernerhin solchen Attacken ausgesetzt. Als er nach elfjähriger Arbeit als preußischer Finanzminister sein Amt aufgab, „begrüßte man an der Berliner Börse am 3. Mai 1901 seinen Abgang mit donnerndem Hurra". In Osnabrück war man traurig, da man wußte, was mit den durchaus zumutbaren produktiven Schulden geleistet worden war.

Das Osnabrücker Rathaus um 1865. Die Rathausfront zierte bereits seit 1846 — statt der bisher hölzernen Stiege — eine steinerne Freitreppe.

5. Schulen

Mit der Eingliederung in den preußischen Staat wurde der *einjährig-freiwillige Militärdienst* eingeführt, was der tüchtige, ebenfalls politisch tätige Lehrer *Noelle* benutzte, um seine Privatschule in eine Handelsschule mit dem Recht der Einjährigenprüfung zu erweitern. Sie entwickelte sich nach und nach zu einer angesehenen Handelsreal- und einer höheren Handelsschule, die bald auch von Ausländern, vor allem von Spaniern, besucht wurde. Ebenso wuchs die 1857 unter Stüve gegründete *Taubstummenanstalt* an, für deren Direktor 1865 ein neues Dienstgebäude errichtet wurde. Das *Evangelische Lehrerseminar*, von *Johann Heinrich Schüren* seit 1850 hervorragend geleitet, brannte 1868 durch Funkenflug vom brennenden Katharinenturm ab; erst 1871 wurde das neue Gebäude, um ein Stockwerk vermehrt, aus staatlichen Mitteln fertiggestellt. Bis dahin hatte man sich mit Ersatzräumen beholfen, staunte aber nicht wenig über die Großzügigkeit der jetzigen Anlage, mit der der preußische Staat Miquels städtischen Schulbauten zur Seite trat.

Für das *Turnen*, das sich hier bis heute hin stets besonderer Liebe erfreute, wurde 1865 der Schul- und Vereinsturnlehrer *Schurig* aus Emden berufen, ein ungemein willenskräftiger, nicht leicht zugänglicher Mann („Schurig ist knurrig"), der aus dem Männerturn- und dem Osnabrücker Turnverein zusätzlich noch eine *Freiwillige Feuerwehr* schuf.

Miquel wandte sich mit Tatkraft insbesondere einer neuen *Organisation des Osnabrücker Schulwesens* zu, und zwar zunächst im Hinblick auf die bisherigen evgl. Kirchspielschulen. St. Marien (für die Altstadt) und St. Katharinen (für die Neustadt) besaßen jeweils eine jahrhundertealte Elementarschule dieser Art in je zwei Standorten, an denen sich eine von *einem* Lehrer betreute große, heillos überfüllte Klasse, alle Altersstufen umfassend, befand. Sie wurden 1867 zu *einer* fünfstufigen Volksschule umgestaltet und nach Jahrgangsklassen gegliedert. In der obersten Klasse dieser sodann 450 Kinder umfassenden Schule wurden die Geschlechter getrennt. Daneben entstanden etwa um die gleiche Zeit in *Eversburg* eine ev. und eine kath. einklassige Schule, während die übrigen kath. Kirchspielschulen erst 1891 eine entsprechende Umgliederung erfuhren. Außerdem gehörte zum ev. Lehrerseminar eine Übungsschule, die aus der seit 1762 bestehenden Garnisonschule hervorging und 1869 auch vierstufig wurde.

Während für die räumliche Unterbringung dieser neuen zentralisierten ev. Volksschule noch das bisherige Raumangebot benutzt werden mußte, erhielt die 1867 ebenfalls durch Miquel ins Leben gerufene und nach preußischem Muster aufgebaute simultane *Realschule* durch alsbaldige Errichtung eines repräsentativen Schulgebäudes an der Lotter Straße, das nach den Plänen des Stadtbaumeisters *Richard* im neuromanischen Stil erbaut wurde, eine würdige Unterkunft. Bis dahin hatte sich die neue Anstalt mit einer provisorischen Unterbringung in den engen Räumen des früheren Stadthauses der Familie von Dinklage-Schulenburg an der Ecke Seminarstraße/Rosenstraße (heute Kolpinghaus) beholfen. Die mit dem Einzug in dieses neue Schulhaus 1870 bereits zur städtischen Realschule 1. Ordnung (mit Latein als Pflichtfach) deklarierte Anstalt wurde 1882 zum Realgymnasium erhoben. Mit der seit 1872 als *Mittelschule* anerkannten bisherigen Bürgerschule, der neuorganisierten Volksschule und den drei höheren Schulen verfügte Osnabrück nunmehr über ein übersichtlich gegliedertes allgemeinbildendes Schulwesen. Die drei Gymnasien unterstanden weiterhin der Oberaufsicht des Oberschulkollegiums in Hannover. Für die Beaufsichtigung und fachliche Förderung der ev. Volksschule und der Mittelschule in der Stadt war seit 1867 der Schulinspektor *Johannes Backhaus* aus Lüneburg berufen worden, der sich bald ebenso bewährte wie Stüves Freund Schüren.

5. Schulen

Das 1868/69 von Stadtbaumeister Richard im neoromanischen Stil an der Lotter Straße errichtete Gebäude der neuen Realschule in Osnabrück. Es wurde am 2. Mai 1870 feierlich eingeweiht. Die alsbald als Realgymnasium bezeichnete Anstalt erhielt 1913/14 einen Erweiterungsbau an der Arndtstraße.

Sogar mit der Anlage einer Art von *öffentlicher Volksbücherei* wurde dadurch begonnen, daß man von der Stadt aus die von dem ehemaligen hannoverschen Rittmeister Friedrichs gesammelte Bibliothek von zweihundert Bänden — damals mehr als in den ersten Jahren nach dem letzten Krieg — unterstützte. Die Buchhandlung *Rackhorst*, die sich weiterhin auch beachtlich verlegerisch betätigte, blieb die erste der Stadt. Miquels besondere Liebe galt einer breiteren Volksbildung. Auch darin war er der betont Liberale, während der stark kirchlich gerichtete Stüve hier etwas zurückhielt.

Viel Kummer bereitete seinem Nachfolger die von ihm vorgeschlagene und bald auch von beiden Kollegien bewilligte *Realschule* an der Lotter Straße. Er wollte damit den humanistischen Anstalten des Carolinums und des Ratsgymnasiums eine den Erfordernissen der Industrie und der Wirtschaft angeglichene weiterführende Schule hinzufügen

Es hat dabei einen eigenen Reiz, daß ein Osnabrücker, Justus Mösers ,,Vetter'' *Jerusalem*, ausgerechnet ein bedeutender Theologe des 18. Jahrhunderts, mit der Begründung der Braunschweiger *Carolina* die erste Anstalt dieser Art in Deutschland schuf, aus der sich dann später die noch bestehende Technische Hochschule entwickelte, der die in Karlsruhe folgte.

Weite Kreise der Bürgerschaft in der bis heute hin ungemein schulfreudigen Stadt Osnabrück begrüßten Miquels Plan durchaus, während sich die katholische Kirche mit aller Schärfe gegen die als paritätisch gedachte Gründung wandte. Es half nichts, daß Miquel auf das ebenso zusammengesetzte Gymnasium in Lingen hinwies, das er selbst besucht hatte — der nachmalige Osnabrücker Erzbischof Dr. Wilhelm Berning war dort

Schüler und Lehrer —, es fruchtete auch nichts, daß ihm die Stadt tapfer die Stange hielt und der preußische Kultusminister die Einrichtung wie die gewählten Lehrer bestätigte. *Bischof Beckmann* blieb unversöhnlich, mußte aber schließlich doch nachgeben. Man fing mit 216 Schülern an, deren Zahl sehr rasch anstieg, so daß man bereits 1870 das neue Schulgebäude an der Lotter Straße eröffnen konnte, in dem denn auch drei Jahre darauf katholischer Religionsunterricht erteilt werden durfte.

Es wäre ein Stück Dankbarkeit gewesen, die heute noch weit umfangreichere Anstalt nach Miquel zu benennen, anstatt ihr den Namen nach Ernst Moritz Arndt zu geben, der zu der Stadt keinerlei Beziehungen besaß. Denn auch Miquel gehört der deutschen Geschichte an.

Man freute sich allgemein, daß er sich durchgesetzt hatte. Ihm selbst lagen kirchliche Zwistigkeiten durchaus fern. Er hat auch als Minister alles getan, den Wünschen seiner ehemaligen katholischen Mitbürger zu entsprechen, wo es nur eben ging. Er lehnte ebenfalls den von Bismarck heraufbeschworenen Kulturkampf ab, was ihm der Kanzler lange nicht vergaß. Miquel, von konfessionell verschiedenen Eltern erzogen, sah weit über die Schranken des Bekenntnisses hinweg und bildete auch die eigenen Kinder so, wie das mit ihm geschehen war.

6. Militär

Manche Mühe verlangte weiter die Lösung der für Osnabrück durch die Eingliederung in Preußen entstandenen *militärischen Verhältnisse*. Das Bistum hatte bis über Mösers Zeit hin, was dieser besonders rühmte, kaum Soldaten besessen. Das hatte erst die hannoversche Regierung durchgesetzt, milde und erträglich. In Preußen wurde das jedoch anders. Ludwig Hoffmeyer erzählt darüber: „Als nach den Freiheitskriegen Osnabrück zur *Garnisonstadt* ernannt wurde, wandte sich der Magistrat 1818 mit der Bitte an das Ministerium in Hannover, es möge der Stadt eins der leerstehenden Klöster zur Einrichtung einer Kaserne überlassen. Am geeignetsten erscheine das Kloster *Marienstätte* (am Ledenhof); falls das nicht zu haben sei, möge die Regierung ihm das *Dominikanerkloster* am Natruper Tor abtreten.

Das Kloster Marienstätte überließ der König dem Husarenregiment, das 1834 von dem Regiment Königin-Dragoner abgelöst wurde ... Die Osnabrücker Garnison wechselte in der Folge öfter. Die Königin-Dragoner wurden 1838 von den Königin-Husaren und diese 1849 von den Kronprinz-Dragonern abgelöst. Dem Infanterieregiment des Herzogs von York folgte 1834 das 8. Linienbataillon, diesem 1838 das 6. Infanterieregiment, das 1848 nach Nienburg a. d. Weser verlegt wurde, worauf bei uns das 1. Bataillon des 7. Infanterieregiments einzog. In der unruhigsten Zeit des stürmischen Jahres 1848 wurde am 12. November die Infanteriekaserne zum Teil vom Feuer zerstört (man vermutete wohl nicht ohne Grund Brandstiftung). Landdrost Lütcken wollte das Bataillon nach Lingen verlegen; der Magistrat war dagegen und erreichte, daß die Truppen in Bürgerquartiere gelegt wurden. Den Wiederaufbau des Gebäudes übernahm die Militärverwaltung; doch lieh ihr die Stadt gegen Verzinsung das erforderliche Baukapital von 18000 Talern.

Nachdem Hannover 1866 eine *preußische Provinz* geworden war, wurde die Garnison unserer Stadt noch vergrößert. Im Herbst 1866 wurden vier Schwadronen (500 Mann) des 1. Hannoverschen Dragonerregiments Nr. 9 hierher verlegt; aber nur zwei fanden in der Kaserne am Ledenhof Raum, die übrigen lagen bei den Bürgern; die Pferde fanden zum Teil Unterkunft in den Stallungen neben dem Schloß. Auch das hier eingezogene 1. Bataillon des 16. Infanterieregiments fand in der Kaserne an der Bierstraße nicht genügend Platz, so daß etwa 400 Mann dauernd bei den Bürgern einquartiert werden mußten. Der Staat zahlte für den Mann jährlich 9 Taler, die Stadt legte noch 15 Taler zu, trotzdem wollte niemand gern Soldaten einnehmen.

Die Intendantur des 10. Armeekorps in Hannover regte daher schon Ende 1866 die Erbauung einer Kavalleriekaserne an. Die Baukosten ohne die Ausgaben für Grund und Boden wurden auf 133000 Taler veranschlagt. Darauf mochte der Magistrat nicht eingehen. Im März 1868 schlug die Militärverwaltung dem Magistrat die Einrichtung von Einquartierhäusern vor. Der Magistrat brachte zunächst 96 Mann Gr. Gildewart 6 (im Waisenhof) unter und baute, um die Infanterie vollständig in der Kaserne unterbringen zu können, die der Klosterkammer überlassene Dominikanerkirche an der Bierstraße zur Kaserne aus und überließ der Klosterkammer unentgeltlich den Boden im alten Rathaus zum Lagern des Zinskorns. Er war auch bereit, eine Kaserne für drei Schwadronen zu bauen, während er die vierte in dem alten Krankenhaus (Gr. Gildewart 10) unterbringen wollte. Aber auch diesmal kam der Vertrag nicht zustande, weil man sich nicht über den Pferdedünger und das Servis einigen konnte. (Die Militärverwaltung bot das halbe Servis, die Stadt forderte zwei Drittel, da Osnabrück einer der teuersten Garnisonorte unserer Provinz sei.) Der Magistrat richtete noch ein Einquartierungshaus in dem angekauften Hause Hakenstraße 11 für 116 Mann ein; doch konnte es vor dem Kriege nicht mehr belegt werden. Kein Regiment ist mit der Stadt so innig verwachsen wie das *Infanterieregiment 78*. Es wurde am 3. November 1866 in Brandenburg aus je drei Kompagnien der Regimenter 20, 24, 60 und 64 gebildet. Der Regimentsstab, das 1. und 2. Bataillon erhielten Emden, das 3., damals noch Füsilierbataillon genannt, Aurich als Garnisonort angewiesen. Das Regiment hieß daher mit Recht ,,Ostfriesisches Infanterie-Regiment Nr. 78".

Es erhielt seine Feuertaufe bei *Vionville* am 16. August 1870. Das 2. Bataillon kam drei Jahre darauf nach Osnabrück, das 1. folgte, nachdem schon vorher der Stab und die Regimentsmusik nach hier verlegt worden waren. Wilhelm II. gab dem Regiment dann den Namen ,,Herzog Friedrich Wilhelm v. Braunschweig (Ostfriesisches) Nr. 78". 1899 wurde die *Caprivikaserne* am Westerberg fertiggestellt; das 2. Bataillon war in der Klosterkaserne und in zwei Einquartierungshäusern an der Natruper Straße untergebracht. Das Offizierskasino am Neuen Graben aus der alten hannoverschen Zeit wurde von 1866 bis nach dem letzten Krieg genutzt. Das 3. Bataillon blieb in Aurich.

7. Hoher Besuch

Am 19. und 20. Juni 1869 besuchte *König Wilhelm I.* mit dem Bundeskanzler *Bismarck* und großem Gefolge Osnabrück. *Heinrich Abeken,* des Kanzlers Vertrauter und auch bei dem Herrscher immer wohlgelitten, fehlte in der Vaterstadt, in der er wie keiner Führer hätte sein können. Vielleicht hatte Bismarck das verhindert, um nicht unnötig aufgehalten zu werden, da er fortgesetzt mit Besprechungen beschäftigt war. Er kannte *Miquel* lange, und dessen geschicktes Auftreten mochte auch den schon über siebzig Jahre alten menschenklugen König auf ihn aufmerksam gemacht haben, wie das später bei seinem Enkel Wilhelm II. geschah, als ihn Miquel als Oberbürgermeister von Frankfurt empfing. Er verband in seinen Ansprachen die reiche Vergangenheit der Stadt mit den sich aus der neuen politischen Lage ergebenden Erfordernissen, ohne in die Pathetik zu geraten, wie sie nachmals auch amtlich üblich wurde.

Hannoverscher Bahnhof (Vorderansicht)

Die Bürgerschaft, die nach *Friedrich Barbarossa* und zwei freilich weniger bedeutenden *hannoverschen Herrschern* zum erstenmal wieder das Oberhaupt eines großen Staates bei sich begrüßte, tat das mit spürsamer Freude. Selbstverständlich waren, was ihnen kaum einer übelnahm, die betonten Welfen unzufrieden. Und Bismarck befolgte liebenswürdig nahezu alle Ratschläge, die ihm eine Deputation der Bürger und Bauern unter der Führung von Stüves Freund *Ledebur* in Wetter (bei Melle) nahelegte. Er schien sogar Verständnis für die manchmal recht deutliche Art des Vortrags aufzubringen. Denn man wußte in Berlin genau, ein wie auch menschlich wertvolles Gebiet mit Hannover gewonnen worden war, und tat das Mögliche, um die Härten zu entschärfen.

Der König war auf dem sog. Hannoverschen Bahnhof eingetroffen, wo ihn Miquel begrüßte, offen auf die drei Jahre vorher erfolgte Annexion anspielend, was Wilhelm I. durchaus in seiner Antwort würdigte. Dann bewunderte man den lange vorher errichteten Ehrenbogen, den der Stadtbaumeister Richard mit züngelnden Gasflammen versehen hatte. Zwei Jahre später schmückte der Osnabrücker Maler *Knille* die Umgebung des Brandenburger Tores in Berlin mit einem mächtigen Perspektivbild zum Einzug der am 16. Juni 1871 aus Frankreich heimkehrenden Truppen aus. Doch man verstand sich auch an der Hase auf solche Dinge, da man ja schließlich lange genug Residenz gewesen war.

Der hohe Besuch wohnte im alten *Welfenschloß* am Neuen Graben, wo abends auch ein Essen nach der Parade auf der Netter Heide stattfand, die der König zu Pferde abnahm. Die Bürger erwarteten darauf den Herrscher und seinen Kanzler noch am späten Abend auf dem *Schützenhof* im Schinkel. Man sang sogar „Heil dir im Sieger-

Der Friedenssaal
in seiner Ausstattung nach
der Renovierung um 1890

kranz". Junge Damen boten Tee an, während Bismarck sich ungestört mit Miquel unterhielt. Am nächsten Morgen war Gottesdienst in *St. Marien;* eine Fahrt durch die Stadt und ein Mittagsmahl im *Friedenssaal* folgten, bei dem der Bürgermeister noch einmal seine ganze rednerische Kunst spielen ließ. Der bekannte Hamburger Kunsterzieher und Leiter der Kunsthalle *Alfred Lichtwark* schrieb am 12. Juli 1895 über das Fest in einem seiner Briefe an die ,,Kommission für die Verwaltung der Kunsthalle": ,,Das hätte gemalt werden müssen!" Ihn packte der Raum mit dem herrlichen schmiedeeisernen Radleuchter tief an, natürlich auch das Gemälde des Hamburger Gesandten *Meurer,* während nachmals *Alfred Kerr* weniger überlieferungsbefangen das ,,dumme Volk" bewunderte, ,,das die Führer nicht niederschlug". Und damit auch recht behielt.

Der König, der sich in den beiden Tagen einiges zugemutet hatte, trat nach dem Festessen auf die Freitreppe und winkte der jubelnden Menge zu. Vielleicht erinnerte er sich des Aufenthalts im gegenüberliegenden ,,Römischen Kaiser", in dem er 1848 unter verdecktem Namen auf der Flucht nach London vor den Berliner Revolutionären gewohnt hatte. Welch ein Umschwung! Das Hochrufen begleitete ihn und Bismarck bis zur Abfahrt des Zuges. Der Kanzler wurde später *Ehrenbürger* der Stadt; die Urkunde legte man in einen Schrein, der aus dem alten Eichenholz des Friedenssaalgestühls angefertigt worden war.

Bei der feierlichen Parade auf der Netter Heide hatte sich der nicht sonderlich militärisch eingestellte Gastgeber Miquel verstohlen zurückgezogen und ins Gras gelegt, den Zylinder neben sich. Dabei erwischte ihn Bismarck, der die gleiche Absicht zu haben schien — man denke sich Ähnliches heute!

Preußen hatte in Osnabrück gesiegt. Man vergaß das auch Miquel nicht, einem der Führer der nationalliberalen Reichsgründungspartei. Vielleicht hing das mit seiner Berufung in die Leitung der sehr maßgeblichen *Berliner Discontogesellschaft* zusammen, die bald darauf erfolgte. Gefürchtet hatten die Osnabrücker den Abgang ihres gerade eben erst neuernannten ersten Oberbürgermeisters (s.o.) schon lange. Man verstand ihn auch, da ihm die Stadt nicht entfernt die Einnahmen gewähren konnte, die ihn dort bald zum reichen Manne machten. Sie ermöglichten ihm ebenfalls, sich in *Lindenberg am Harz* ein Sommerhaus bauen zu lassen, das *Theodor Fontane* in der zwischen 1882 und 1886 entstandenen Erzählung ,,Cecile'' liebevoll erwähnte, und das Miquel Jahrzehnte hindurch eine grüne Heimstatt blieb.

Man übersah aber auch nicht, daß er alle Arbeit für Osnabrück neben seiner parlamentarischen Tätigkeit zuerst in Hannover, dann im Parlament des *Norddeutschen Bundes* (seit 1867) und anschließend des *Deutschen Reichstags* bis 1877 sowie seit 1867—1882 ununterbrochen als Mitglied des *Preußischen Abgeordnetenhauses* und später noch im preußischen *Herrenhaus* (seit 1882) geleistet hatte und leistete, was auch der Stadt zugute kam.

Miquel ging nicht gern und hielt Osnabrück für das Leben die Treue, vorab bei seiner Rückkehr, doch auch bis zum Ende. So klang es bereits 1869 aus der Abschiedsadresse anläßlich seines Wechsels nach Berlin als Direktionsmitglied der Discontogesellschaft: ,,So schwer es mir wird, von einer Stadt zu scheiden, in welcher ich soviel Freundschaft und soviel Wohlwollen gefunden und die befriedigendste Tätigkeit in meinem Leben entwickeln konnte, tröste ich mich doch mit der Hoffnung, daß auch in Zukunft die Kollegien und die Vertreter der Bürgerschaft mir ein freundliches Andenken bewahren wollen, wie ich nie aufhören werde, mit tiefer Dankbarkeit an alles dort Erlebte zu denken *und Osnabrück als meine Heimat zu betrachten.*'' So weihte er auch, nunmehr Oberbürgermeister von Frankfurt/M., am 17. September 1882 das Denkmal für den verstorbenen Vorgänger Stüve vor dem Rathaus ein. Es ist ein Werk des 1839 in Iburg geborenen und in Berlin lebenden Bildhauers *Professor Heinrich Pohlmann*. Miquel feierte die Stadt in seiner Rede als ,,urbs praeclarissima Westphaliae'' und Stüve als Osnabrücks größten Bürger neben Justus Möser, ,,den besessen zu haben, ihr Ruhm und höchster Stolz ist''.

Sein Nachfolger wurde der bisherige Syndikus *Detering*, unbeirrbarer Demokrat von 1848, in Miquels sachlicher Nähe allerdings wesentlich gewandelt. Noch vor Bismarck ernannte man Miquel zum ersten *Ehrenbürger* der Stadt; der Reichskanzler erhielt den von Miquels zweitem Amtsnachfolger Oberbürgermeister *Brüning* und dem Kronanwalt a. D. *Wolter* nach Friedrichsruh überbrachten Ehrenbrief zum 70. Geburtstag (1885). Die Urkunde für Miquel sagt: ,,Veraltendes beseitigend, zu Erhaltendes stützend, Neues schaffend, das Wohl der Stadt und ihre Anstalten in aller Weise fördernd.'' Die schlichte, sprachlich schöne Würdigung ehrt die, die sie aussprachen und den, dem sie galt, in gleicher Weise.

Keiner konnte ahnen, daß der Abschied nur ein Urlaub sein würde. Der ,,persönlich haftende Gesellschafter der Discontogesellschaft'' — so sein Titel — fühlte sich von Anfang an nicht recht wohl dort. Das hohe Einkommen entschied bei ihm nicht, eher der Ärger, den ihm die Börse unter *Fürstenbergs* Führung bereitete. Man sah in ihm überwiegend einen Beamten ohne den rechten Wagemut, mit dem es bald darauf die Kriegsanleihe und ein wenig später den Milliardensegen der französischen Kriegsentschädigung anzupacken galt.

VIII.
ÜBERGÄNGE

1. 1870/71 — Miquels zweite Amtszeit

Den Krieg von *1870/71* erlebte die Stadt mit der gleichen Inbrunst wie das übrige Deutschland auch. Der Telegraph brachte die unaufhörlichen Siegesmeldungen rasch; man versammelte sich dann vor dem Rathaus, wo sich auch Altbürgermeister *Stüve* manchmal einfand und das Wort ergriff. Abends wurden die Häuser illuminiert, und das preußische Schwarzweiß verband sich, doch jetzt beherrschend, mit dem hannoverschen Gelbweiß einer abwelkenden Zeit. Der Stolz auf das große Erlebnis blieb, und der nachmalige Städtische Bauführer *Wilhelm Propfe* wurde noch fast dreißig Jahre darauf von uns Kindern ehrfürchtig angestaunt, wenn er uns seinen abgegriffenen Militärpaß zeigte, in dem neben dem ,,guten Beispiel, das er jederzeit seinen Kameraden und Untergebenen gewesen'', die Teilnahme an ,,vierzehn Schlachten und Gefechten'' verzeichnet stand. Die Achtung wuchs bei unserem eigenen Onkel, dem Drechslermeister *August Thiesing* in Bramsche, der als ,,Trommler von Metz'', wie ihn die Regimentsgeschichte nannte, dort gefangengenommen worden war, aber in dem Erdloch, in das ihn die Franzosen geworfen hatten, unentwegt weitertrommelte, bis ihn die Kameraden befreiten. Wenn er bei uns am Sedantage mit seinen vielen Orden erschien, feierte der Schnatgang stillschweigend mit, sogar ein Nachbar, der als sozialdemokratisch verdächtig galt — damals ein schlimmer Vorwurf!

Doch Osnabrück besaß sogar einen wichtigen Vertreter an höchster Stelle. Das war *Heinrich Abeken*, auch im Felde Bismarcks rechte Hand und zugleich Verbindungsmann zum Hauptquartier Wilhelms I. Seine Frau wohnte freilich in Berlin, und der berühmte Onkel *Bernhard Rudolf* in Osnabrück, ehemals Direktor des Ratsgymnasiums und Neuherausgeber von Mösers Werken, an der er in Liebe hing, war bereits 1866 gestorben. Aber es kam doch manchmal eine Nachricht an die hiesigen Verwandten, die sie weitergaben. Es war bei seinem mit Arbeit und Ärger überhäuften Chef nicht immer leicht, mit ihm auszukommen. Doch er trug es mit Geduld. Und ,,das Ende vom Lied ist immer die Freude an der mächtigen Organisation eines solchen Mannes, den Gott sicher so recht zum Werkzeug gebildet''.

Abeken erlebte alle Vorbereitungen zur Gründung des neuen Reiches mit; er ließ sogar dem König seinen Stern zum Roten Adlerorden, mit dem Wilhelm I. den Präsidenten *Simson* dekorieren wollte, der dem Herrscher zusammen mit den Vertretern des Norddeutschen Bundes die Kaiserkrönung nahelegte. Der König schickte ihm auch, gewiß ein Zeichen besonderen Vertrauens, einen ihm zugegangenen Zettel mit der Anfrage, ob es wohl ratsam sei, den ,,Ministerpräsidenten bei seiner Nervosität mit der Einlage zu belästigen''. Für mancherlei Unbill durch den Vorgesetzten entschädigte jedoch die Teilnahme an der auch von Abeken so heiß erhofften *Kaiserkrönung* am 18. Januar 1871. Sein Bericht darüber an die Frau, am gleichen Tage geschrieben, gehört zu dem Schönsten, was diese Zeit an Dokumenten hinterließ: ,,Der 18. Januar 1701 hat sich als ein guter Tag erwiesen, mehr, als man damals hoffen durfte. Es war ja soviel kleinliche Eitelkeit dabei, soviel schwacher, kindischer Ehrgeiz bei diesem Buhlen und Betteln um eine Königskrone; und doch, wieviel Segen und Wohltat für Preußen, für Deutschland hat sich in den verflossenen 170 Jahren an diese preußische Königskrone geknüpft!

Wenn das heut inaugurierte deutsche Kaisertum dahinter nicht zurückbleibt, so ist es viel und übergenug! ... Es war heut ein großer Moment und alle tief bewegt, am tiefsten vielleicht der König selbst, und wenn die Anwesenden alle voll Jubel waren, so war sein Herz es nicht — denn es ist ihm sehr schwer geworden! Aber heut abend nach der Tafel sagte er mir doch: ,,Nun, es ist ja heut morgen alles sehr gut gewesen, einfach und würdig, aber freilich ganz militärisch!'' Wer voll Jubel war, das war der Kronprinz, und so mag es ja der Jugend geziemen. Er rief mich heut abend an oder lief mir vielmehr förmlich nach, als ich bei ihm vorbeigegangen war: ,,Was! Sie wollen mir heut nicht einmal guten Abend sagen? Nun, gottlob, so weit wären wir!'' Der Augenblick, wie er sich heut morgen vor dem Vater aufs Knie niederließ und ihm die Hand küßte, war sehr ergreifend.

Wir versammelten uns in der langen Galerie des Glaces, die die ganze Mittelfront des Schlosses einnimmt — an der einen Seite Fenster nach dem Park, an der anderen Spiegel —, vielleicht nicht ganz so lang, aber breiter als die Bildergalerie auf unserem Schlosse. In der Mitte der Galerie war der Altar errichtet, welchem gegenüber der König während des Gottesdienstes Platz nahm; am Ende der Galerie eine Estrade, auf welcher die Fahnen standen, altpreußische, bayerische, sächsische, württembergische, zerschossene; es war ein stolzer Anblick. Unmittelbar an dieser Estrade war uns wenigen Zivilisten der Platz angewiesen, und zu dieser Estrade kam der König nach dem Gottesdienst, stellte sich da inmitten der Fürsten auf und las erst seine Ansprache an die Fürsten, dann auf seine Aufforderung der Reichskanzler die Proklamation an das deutsche Volk, die sehr schön ist. Ich darf das sagen, denn ich habe keine Hand im Spiel gehabt bei der Redaktion. Das Beste daran hat Bismarck selbst getan, und sie ist wirklich vortrefflich. Dann begrüßte der König die Fürsten, und der Großherzog von Baden (der einer der besten Menschen ist, die es gibt, und der sehr viel Gutes hier bewirkt hat) brachte das Hoch aus auf seine Kaiserliche und Königliche Majestät unseren Kaiser Wilhelm! Wahrscheinlich werde ich nie wieder ein solches Hoch hören, wie es da ertönte! Es war überwältigend, wie ich nie etwas Ähnliches gehört.

Der Himmel war leider trübe, klärte sich aber doch ein wenig auf, wenn auch kein eigentlicher Sonnenblick kam, aber hell und etwas blauer Himmel gerade während der Proklamation.

,,Nun danket Gott'' war prächtig mit Posaunenbegleitung gesungen, Kanonen aber durften nicht gelöst werden, weil der Westwind den Schall nach Paris getragen haben würde; dort hätte man sehr wohl unterscheiden können, daß er nicht von den Belagerungsbatterien, sondern von Versailles kam, und die Pariser hätten sich ohne Zweifel eingebildet, General Chanzy wäre da, hätte uns überfallen, und wir ständen im Kampf gegen ihn bei Versailles, was denn ihren unvernünftigen Widerstand nur ermutigt hätte. Es gab natürlich mancherlei zu tun zwischen der Feier und dem Diner, welches um 5 Uhr nicht auf dem Schloß, sondern in der Wohnung des Königs im Präfekturgebäude war. Ich hatte einen guten Platz bei und gegenüber von interessanten Generalen. Aber schade war, daß gegen die sonstige Regel des Ordensfestes gar kein Toast war, weder vom König noch auf den König — ich werde mich noch lange nicht gewöhnen können, Kaiser zu sagen.''

Man hat den *Sedantag*, der den Krieg ja wesentlich entschied, auch in Osnabrück bis 1914 festlich begangen. Es gab am 2. September schulfrei, und am Abend brannte der hohe Holzstoß auf dem Westerberge, nachdem der Kgl. Musikdirektor der 78er, Herr *Schröder*, der noch selbst dabei gewesen war, im Biergarten das Sarosche Schlachtenpotpourri dirigiert hatte, von knatternden Gewehrschüssen aus Platzpatronen unter-

1. 1870/71 — Miquels zweite Amtszeit

Kriegerdenkmal auf dem Neumarkt

malt. Den Gefallenen wurde auf dem Neumarkt ein Denkmal errichtet, das Stadtbaumeister *Hackländer* entworfen hatte. Er war der Schwiegersohn *Ernst von Bandels*, dessen Lebenswerk in seinem Hermannsdenkmal bei Detmold beschlossen liegt. Als er einmal die Osnabrücker Verwandten besuchte, brachte ihm die Stadt einen Fackelzug. Hackländers Arbeit wurde aus den bekannten Verkehrsgründen zum Straßburger Platz versetzt; die Bronzeplastik der stehenden Germania fiel mit dem Relief des Kaisers einem späteren Krieg zum Opfer. Das Denkmal, keineswegs ein Meisterwerk, ist betont historisierend; die Zeit, die doch selbst Geschichte schrieb, wußte noch lange keinen künstlerischen Ausdruck dafür zu finden, der, von einigen Gedichten Freiligraths abgesehen, erst in Detlev von Liliencrons ,,Kriegsnovellen" gelang. Das war zwei Jahrzehnte nachher. Aber er hatte selbst noch an den Kämpfen teilgenommen. Nach 1900 las er an einem unvergeßlichen Abend auch in Osnabrück.

Die *Gründerjahre* schütteten einiges Wasser in den brausenden Wein der Siege. Das wirtschaftliche Leben wurde mit der für die damaligen Verhältnisse ungeheuerlichen Kriegsentschädigung von 4 Milliarden ungesund hochgetrieben und brach dann zusammen. ,,Der schwarze Freitag" (9. Mai 1873) traf mit seinem Börsenkrach auch hier viele. Die *Bautätigkeit* erlahmte für Jahre. Und das *Vatikanische Konzil* (1870), an dem auch der Osnabrücker *Bischof Beckmann* teilnahm, brachte mit dem Unfehlbarkeitsdogma des Papstes selbst für überzeugte Katholiken manchen Unwillen. Es gab ebenfalls Sorge um die endgültige *Ausdehnung des Bistums*, da u. a. nach 1866 neue Gebiete einzugliedern waren, die früher außerhalb des Königreichs Hannover gelegen hatten. Im gleichen Jahre wurde — wie bereits berichtet — der 1858 zum Bischof ernannte *Paulus Melchers* aus Münster zum Erzbischof von Köln gewählt; sein hiesiger Nachfolger war der schon genannte *Dr. Johann Heinrich Beckmann* aus Ostercappeln, *Windthorsts* nächster

Kreuzgang im Dom Osnabrück

Landsmann und Freund. Als er 1878 starb, übernahm *Dr. Bernhard Höting*, der aber wegen des Kulturkampfes erst vier Jahre später inthronisiert wurde, das uralte karolingische Bistum. Im Rahmen seiner umfangreichen Bautätigkeit im Dombereich ließ er auch den *Kreuzgang* ausbessern; seine drei Flügel erhielten ein oberes Stockwerk, die sich anschließenden Räume wurden um- und neugebaut. 1892 verschwand auch das allen alten Osnabrückern unter dem Scherznamen ,,*Pottschapp*'' wohlbekannte uralte Gebäude, die weitläufige Kurie des Domküsters, in der später Gefangenenzellen eingerichtet waren. Seinen Namen erhielt es wohl nach dem letzten Gefängniswärter Pott. Gegen Ende des 19. Jahrhunderts wurden die schönen und soliden Dienstwohnungen an der Südseite des Domes erbaut und der Platz unmittelbar vor dem Dome in einen würdigen Zustand versetzt. ,,Seltsames Land, in dem alles ewig zu sein scheint'', meinte der in Clemenswerth im Hümmling geborene *Levin Schücking*, der Schüler des Carolinums in Osnabrück war, das alter Überlieferung nach von Karl dem Großen gestiftet wurde.

Die sehr umfangreiche *Diözese* zählte 1886 erst 165711 Seelen; sie war ein ausgesprochenes Diasporagebiet.

1876 war *Bürgermeister Detering* plötzlich gestorben. Weite Kreise der Stadt sehnten sich in den so unerquicklich gewordenen Zeiten nach dem sicheren Steuermann *Miquel*. Keiner glaubte so recht, daß er sein Amt bei der Discontogesellschaft in Berlin aufgeben würde, manche lächelten über das Angebot, das wie ein schlechter Scherz erscheinen mochte. Doch war nicht auch der Minister *Stüve* wieder Bürgermeister geworden?

Das Unerwartete geschah. Miquel nahm an, nachdem der Magistrat darauf verzichtet hatte, die Stelle wie üblich auszuschreiben und man mit einer nahezu sicheren einstimmigen Wahl rechnen konnte. Er mochte sich auch nach dem Lärm Berlins, das langsam

1. 1870/71 — Miquels zweite Amtszeit

anfing, die einstige bescheidene Hauptstadt Preußens in den Mittelpunkt eines großen Reiches umzuwandeln, nach der Stille Osnabrücks zurücksehnen. Außerdem schien seinem immer wachen Geist die Möglichkeit geboten, weiterführende Gedankengänge an einer Art von Modell zu erproben, wozu die Stadt mit ihrer Aufgeschlossenheit trotz aller niedersächsischen Zähe immer noch genügend Möglichkeit bot. Dennoch brachte die neue Amtszeit nicht entfernt die Ernte der ersten ein, was wesentlich in dem allgemeinen Gequirl nach 1871 begründet lag. Vorab aber erleichterte man seine Arbeit, indem man ihm — neben dem eifrigen Syndikus *Möllmann*, der bereits 1874 gewählt worden war — in dem tüchtigen Rechtsanwalt *C. Westerkamp* einen juristischen Mitarbeiter zur Seite stellte, der später (1888) Syndikus wurde. Miquel erhielt die Hälfte seines Anfangsgehalts bei der Discontogesellschaft, 6000 Mark, alle drei Jahre 300 Mark Zulage bis 7200 Mark Endeinkommen und 300 Mark Repräsentationskosten. Das war nicht gerade viel, immerhin lagen die Preise hier auch niedriger als in der teuren Hauptstadt. Und das Arbeitsklima, wie man später sagte, war von vornherein ausgesprochen gut, da man ihm überall mit dem alten Vertrauen entgegenkam.

Miquel blieb — wie schon erwähnt — von 1871 bis 1877 *Reichstagsmitglied*, obwohl ihm der Osnabrücker Wahlkreis bei aller persönlichen Beliebtheit schon 1871 verlorenging. Daneben gehörte er weiter, auch nach dem Ausscheiden aus dem Reichstag, bis 1882 dem *Preußischen Landtag* an. Da Möllmann ihn während der Osnabrücker Jahre im Amt vertrat, ergab das hier keine besonderen Schwierigkeiten.

In Osnabrück legte Miquel jetzt nach vielerlei Kämpfen die Grundlage für seine *Mittelstandspolitik*, die er dann als Minister ausbaute. Osnabrück wurde sein Prüffeld.

Die Arbeit war nicht so leicht, da der überkommene *Zunftgedanke* noch recht lebendig weiterlebte. Zunächst wurde ein *Innungsnormalstatut* durchgeführt, das neben den Standesinteressen auch die *Förderung des Nachwuchses* vorsah. Es war dringend nötig, da die aufkommende Maschinenarbeit den alten Qualitätsbegriff des Handwerks vielfach herabgesetzt hatte. Eine *Fortbildungsschule* und *jährliche Lehrlingsausstellungen* änderten bald das Bild. Und die sehr liberale *Handwerksordnung*, der fast alle dreizehn Innungen zustimmten, drang als *Normalstatut* sogar bis Siebenbürgen durch; die Innungen waren dabei als *öffentlich-rechtliche Körperschaften* anerkannt worden. *Carl Lammers* wurde zum Vorsitzenden des Ausschusses ernannt. Ein *Normallehrvertrag* und der Vorschlag für ein *gewerbliches Schiedsgericht* schlossen sich an. Die von vornherein als freie Innungen angesehenen Vereinigungen hatten auch weitgehende gesetzliche Rechte erhalten, ohne daß eine immerhin mögliche gefährliche Grenze überschritten worden wäre. *Hans Herzfeld* hat die ganze mühevolle Arbeit, die später sowohl im Reich als auch in Preußen maßgeblich wurde, in allen Stadien dargestellt. Hans Sachsens Schuhmacher aber gewannen den Ruhm, daß ihr Normalstatut in Berlin als beispielgebend angesehen werden konnte. Da Miquel am Schluß kein Reichstagsmandat mehr besaß, mußte seine Partei hier helfen, was sie nach einigem Bedenken auch tat. Die Regierung stimmte zu, und so hatte denn die „*Osnabrücker Bewegung*" gesiegt und zugleich das schon um seine Geltung kämpfende Bürgertum einen neuen Auftrieb erhalten. Die hiesigen Handwerker haben Miquel niemals vergessen, was er zunächst für sie erreicht hatte, und die schon in Osnabrück leicht spürbare Anbahnung nach ganz links schien für längere Zeit aufgefangen.

Die *Katholiken*, die sich ihm gegenüber bislang zurückhaltend eingestellt hatten, zumal die Wunden aus der Einrichtung der Realschule im Jahre 1867 (1882 zum Realgymnasium erhoben) noch nicht ganz vernarbt waren, gewann er mit seinem Widerstand gegen Bismarcks Kulturkampf, ebenso mit seinem guten Verhältnis zu Windthorst.

Manche Erleichterungen konnten dabei für Osnabrück durchgesetzt werden, so für die *geistlichen Lehrerinnen* der katholischen Mädchenschule wie für das *Waisenhaus an St. Johann.* Daß der Bürgermeister manchmal bei seinen Parteifreunden anstieß, war begreiflich, änderte aber sein Vorgehen nicht. Nur Bismarcks anfängliche Zuneigung für ihn ging auf lange Zeit verloren, obwohl Miquel weiterhin zu den entscheidenden Punkten seiner Politik stand.

Nur mit dem *Piesberg* hatte er kein Glück. Man mußte zum Tiefbau übergehen, der viel Geld kostete; das Wasser bedrängte. Statt der Einnahmen wurden Zuschüsse nötig, und die Bohrungen am *Dörenberg* blieben erfolglos. Schließlich überlegte er sogar, dem Magistrat den Verkauf des kostbaren Kleinods der Stadt, des berühmten *Kaiserpokals,* für 50000 Mark vorzuschlagen, wobei dem so geschichtlich feinfühlenden Manne das Herz geblutet haben dürfte. Es geschah jedoch weder jetzt noch später, und wo es nachmals versucht wurde, verbot die Regierung die Veräußerung, obwohl das Fünffache geboten wurde. Immerhin konnte Miquel in seinem letzten Rechenschaftsbericht, den er wie üblich am Handgiftentage gab, mitteilen, daß im vergangenen Jahre (1879) kein Defizit entstanden sei. ,,Sparsam sein in schwerer Zeit ist leicht; weit schwieriger ist, sparsam zu bleiben, wenn die Verhältnisse sich günstiger gestalten.'' So hieß es in der Rede.

Aber auch auf breiterem *kulturellen Gebiet* konnte einiges geleistet werden, wobei des Oberbürgermeisters Muse *Klio,* die Göttin der Geschichtsschreibung, blieb. 1879 wurde der *Museumsverein* unter seinem und dem des Landdrosten *Gehrmann* Vorsitz gegründet. Man fing in der *Dechanei* am Domhof mit einer kleinen Sammlung an, die sich bald vergrößerte; vieles wurde geschenkt. Gehrmanns Nachfolger Regierungspräsident *Dr. Stüve* vermachte nachmals testamentarisch die schöne Galerie niederländischer und italienischer Meister aus dem Besitz der Familie an das Museum, das 1890 ein *eigenes Gebäude* am Heger Tor erhielt. Bereits 1871 aber hatte man auf Anregung von J. Lodtmann eine Pflegschaft für das *Germanische Museum* in Nürnberg übernommen, die fortgeführt wurde.

Das *Actien-Theater* an der Großen Gildewart bestand weiter; die vielfach noch jungen Schauspieler und Sänger fanden in dem klugen und warmherzigen Redakteur von ,,Kislings Osnabrückischem Anzeiger'', *Dr. F. Volckmann,* einem wirklichen Kenner, verständnisvolle Förderung. Im *Schützenhof* gab es *symphonische Abonnementskonzerte,* im *Harmonieklub Kammermusikabende.* Die *geistliche Musik* betreute der Organist *C. Klein.* Im *Ratsgymnasium* fanden *populär-wissenschaftliche Vorträge* statt, während auf dem *Domhof* ein Zirkus seine Künste zeigte oder man sich Folterwerkzeuge aus der spanischen Inquisition vorführen lassen konnte. Sogar eine eiserne Jungfrau wurde gezeigt.

Daß man den wiedergewonnenen Oberbürgermeister auch diesmal nicht lange behalten würde, schien ausgemacht. Dafür waren die Erfolge auch außerhalb Osnabrücks doch zu groß. Sogar die *Kaiserin Augusta* hatte ihn auf dem Hofball in Berlin ausgezeichnet, was gewiß manches vaterländische Herz rührte. Die *Partei* hätte ihn gern als Oberbürgermeister in *Breslau* gesehen, wo er jedoch mit einer Stimme unterlag. Aber den Ruf nach *Frankfurt a. M.* nahm er an. Nicht ohne inneren Kampf, da ihn die Bitte der ganzen Stadt, wenigstens noch einige Jahre auszuhalten, tief rührte. Man verabschiedete ihn aber (1880) mit allen Ehren. Später wurde eine *Straße* nach ihm genannt, und *Franz Hecker* (1871—1944) malte ihn lebensgroß für das Rathaus und den Großen Klub. Damals war Miquel schon Minister, und es mag für die Zeit kennzeichnend sein, daß Hecker die Sitzungen, die der vielbeschäftigte Staatsmann in seinen Dienstsitz legte, im Frack durchführen mußte. Wahrscheinlich hat *Franz Lenbach,* der ihn um die gleiche

1. 1870/71 — Miquels zweite Amtszeit

Johannes von Miquel
Gemälde von Franz Hecker

Zeit malte, das nicht getan; bei seinen Besuchen in Friedrichsruh, wo er oftmals *Bismarcks* Gast war, war das jedenfalls nicht nötig. Aber Lenbach half sich mit vielen photographischen Aufnahmen und hatte es deswegen leichter.

Schattete der Abschied von Osnabrück nicht sogar bis nach *Frankreich*? Wenige Tage darauf brachte der Pariser ,,Figaro'' einen Aufsatz, der den Wunsch *Gambettas,* des Präsidenten der französischen Deputiertenkammer ausdrückte, in der *,,Nähe von Osnabrück''* ein großes Sumpfgebiet zu pachten, um immer frische Kiebitzeier erhalten zu können. So bekannt war also schon Miquels Stadt geworden! Die *Bürgerschaft*, die ihm im *Harmonieklub* ein Abschiedsmahl gegeben hatte, fand jedenfalls die gleiche Freude daran wie der *Nationalliberale Verein*, der bei Rewwer ein Essen für ihn veranstaltete. Sicher auch der *Innungsausschuß*, der eine kostbar geschriebene Adresse überreichte.

Miquel war *Deterings* Nachfolger geworden; jetzt folgten *Brüning* (1880—1888) — bis dahin Bürgermeister in Minden, leicht reizbar und aufbrausend — und *Möllmann* (1888—1897), vorher Syndikus der Stadt, im ganzen jedoch ruhige und verständige Männer, doch ohne die vorausschauende Weite des Mannes, der *Stüves* Erbe geschickt in die neuen Erfordernisse einzubauen verstanden hatte. Seine doppelte Bürgermeistertätigkeit hatte nur ganze acht Jahre umfaßt. Dennoch begrüßte die Stadt den Minister, der in Osnabrück seinen ersten Dienstbesuch machte, fast wie einen Vater. Was er an menschlichen Werten hier aufgab, hat er weder in Frankfurt noch in Berlin wiedergefunden. Er wußte das wohl und empfing nachher jeden Osnabrücker, bei aller beruflichen Strenge ein weichherziger Mann, fast wie die zu den Barbaren verbannte klassische Iphigenie einen der ihren. Carl Lammers blieb auch jetzt sein Freund. Ein Staatsminister und ein Bäckermeister — das schien dazumal unglaublich. Aber sie einte die Erhaltung des gewerblichen Mittelstandes, die keiner tatkräftiger vertreten hat als Miquel.

IX.
BIS ZUR JAHRHUNDERTWENDE

1. Ruhiges Wachstum. — Die Wirtschaft

Durchblättert man die Zeitungen von Miquels Abschied bis etwa zur Jahrhundertwende, so ergibt sich das Bild behäbiger Gelassenheit. Die Erregungen der Jahrzehnte — parlamentarische Kämpfe, weitreichende wissenschaftliche Ergebnisse, vor allem auf naturwissenschaftlichem Gebiet, Entdeckungen, Erfindungen, der heraufkommende Naturalismus — klingen nur leise an. Allenfalls beginnt man, sich mit der Frage nach der Notwendigkeit von Kolonien zu beschäftigen. Man feiert jetzt sogar schon die bislang fremden Maskenbälle, hört Vorträge, besucht Konzerte, und wenn ,,Die Butterwiese hält!'', läuft man Schlittschuh oder schenkt den Kindern zu Weihnachten ein zwei- oder dreirädriges Velociped, ein Bicycle oder Tricycle, bei weniger gefülltem Portemonnaie den ebenfalls neumodischen Füllfederhalter.

Hermann Löns hat in seinem reizvollen Aufsatz über Osnabrück, der nach dem Zeitungsabdruck auch in einem Nachlaßbande erschien, von den Hasestädtern behauptet, daß sie nur langsam und wenig arbeiteten und desto mehr beim Frühstück und Dämmerschoppen kannegießerten oder sich im Gärtchen vor der Stadt an ihren zehn Kohlköpfen erfreuten. ,,Kamen dann die Laischafts- und Schützenfeste, oder winkte ein Jahrmarkt in der Nachbarschaft, so war das dem Bürger dieselbe große Abwechslung in der gemütlichen Enge des Daseins wie dem städtischen Adel die Badereise nach Pyrmont, von wo man die vor drei Jahren in Paris neugewesene Mode und die dort schon längst vergessenen Bonmots mitbrachte und einen Winter damit bei den gemessen gemütlichen Soiréen daheim glänzte.''

Diese Tage gingen nun doch langsam im Atem der Industrie zu Ende. Es gab 1892 schon *elf Millionäre* in der Stadt, die ihr Geld gewiß nicht mit einem betrachtsamen Gang über die Wälle verdient hatten. Man stand im allgemeinen treu zum Reich und las die täglichen Hofberichte des lärmenden jungen Kaisers, verzeichnete gewissenhaft den an jedem 18. Januar herabrauschenden Ordenssegen, schien aber doch unzufrieden zu sein, daß der Oberbürgermeister *Möllmann* der Feuerwehrkapelle die jährliche Unterstützung von 200 M entziehen wollte, wenn sie weiterhin bei dem sozialdemokratischen *Gewerkschaftsfest* spiele. Hier regte sich die alte liberale Gesinnung. Auch darin, daß man mit dem entlassenen *Bismarck*, dem Ehrenbürger der Stadt, sehr offen sympathisierte. Das ,,Osnabrücker Tageblatt'', das schon drei Jahre nach seinem Erscheinen im Jahre 1884 5320 Bezieher zählte, ging da voran. Nach der Zielsetzung seines Verlages *Meinders & Elstermann* wollte es kein politisches Parteiblatt sein, ebenso alles ausschließen, was die religiösen Anschauungen und Gefühle der Leser verletzen könne. Als unabhängiges Organ diente es so dem Ausgleich der parteipolitischen und konfessionellen Gegensätze. Zugleich wollte die Zeitung vor allem der aktuellen Information dienen und damit auch den Ansprüchen gerecht werden, die in bezug auf die Darstellung der Weltereignisse an eine Tageszeitung gestellt werden können. Sie gewann damit alsbald eine hohe Leserzahl und kostete daher vierteljährlich nur 1 M.

Die *Einwohnerzahl* wuchs unterdessen im Reich jährlich um eine Million, in Osnabrück um tausend Menschen im Jahresdurchschnitt. Als Miquel die Stätte seiner ersten

1. Ruhiges Wachstum. — Die Wirtschaft 441

Ansicht der Stadt Osnabrück vom Südwesthang des Klushügels 1873.
Im Vordergrund die Buersche Straße.

bedeutsamen Tätigkeit verließ, zählte Osnabrück etwa 30000 Einwohner, mußte also in etwa siebzig Jahren Großstadt sein, was denn auch zutraf, wobei die Eingemeindung vom Schinkel, die 10000 neue Mitbürger brachte, die Verluste des Ersten Weltkrieges ausglich.

Die *Bautätigkeit*, die in den Krisenjahren nach 1871 bedenklich nachgelassen hatte, nahm jetzt erfreulich zu. Die *Hase*, damals noch ein fischreicher, sauberer Fluß, wurde am sog. *Kollegienplatz* überbrückt und damit ein neuer Zugang zum Bahnhof geschaffen, wodurch der heutige *Neumarkt* entstand, an dem noch zu Miquels Tagen das *Landgerichtsgebäude* fertiggestellt wurde, das dem Platz ein geschlossenes, architektonisch freundliches Gesicht gab. Außerdem wurden *Wittekindstraße und Kollegienwall* angelegt. Erst 1913 konnte der Wall durch die *Detmarstraße* mit der *Johannisfreiheit* verbunden werden.

In den Jahren 1886/87 war der *Schlachthof* erbaut worden; die Zuwegung ergab die *Liebigstraße,* die Einrichtung des bereits 1858 dem Betrieb übergebenen *Gaswerks* die *Sandbachstraße*. Den Kaiserwall verknüpfte man 1890 durch die *Hasebrücke* mit der Bramscher und der Karlstraße, wobei man die alte Bastion zum Schmuckplatz umgestaltete. 1896 richtete man die Haltestelle Hasetor ein wenig behelfsmäßig im Fachwerkbau ein, um die von auswärts kommende Bevölkerung, die jetzt durch die Anlage des *Hauptbahnhofs* (1895) stärker in den Süden der Stadt gelangte, mehr in die ehemalige Geschäftsmitte zu bringen und vor allem die wirtschaftstot gewordene Hasestraße neu zu beleben.

Vor dem *Heger, Herrenteichs-* und *Johannistor* erwuchsen weitere Stadtbezirke; *Katharinen-* und *Martinistraße* öffneten den Zugang zum Westen. Die bislang unbebaute *Wüste* wurde erschlossen; an der Ostgrenze waren bereits die *Turnhalle* am Schloßwall und dann die *Neustädter Volksschule* erbaut worden. Der *Westerberg* entwickelte sich zu einem Villenviertel, dessen Straßen man vielfach die Namen der Schlachten im letzten Kriege gab. Der 1894 gegründete „Gemeinnützige Bauverein" begann seine so verdienstvolle Arbeit im Osten der Stadt. 1887 überquerte man die Hase durch die vorab für

Die Hase im Jahre 1880 mit der eisernen Georgsbrücke im Hintergrunde

Fußgänger eingerichtete eiserne, später zur Straße erweiterte steinerne *Georgsbrücke*. 1881 war das *Hauptpostamt* an der Ecke Möser- und Wittekindstraße eröffnet worden, dem sich dann im neuen Jahrhundert (1905) an der *Wittekindstraße* ein umfangreiches Gebäude für Telegraphie, Telephonie und das Paketgeschäft anschloß. *Schinkel* und *Eversburg* bekamen eigene Postagenturen, ebenso (1894 und 1901) *Heger* und *Johannistor*. Das alles ging, so wie die Zeit war, in Ruhe und Geduld vor sich, ohne die Hast in den meisten anderen, ebenso schnell anwachsenden Städten.

Besondere, noch heute nicht überwundene Sorge bereitete der *neue Hauptbahnhof*, der den zu klein gewordenen Hannoverschen Bahnhof entlasten, aber auch erweitern sollte. Die frühere Regierung hatte bereits 1855/56 beabsichtigt, den Bahnhof vor das *Johannistor* zu bringen und von dort aus die Strecke durch die *Wüste* über *Lotte* nach *Rheine* zu führen, ein durchaus vernünftiger und einleuchtender Plan. Die Stadt aber legte Wert darauf, möglichst nahe an den *Piesberg* zu kommen, um die dort gewonnene Kohle leichter zu verfrachten, was auch verständlich erschien, jedoch durch die spätere Stillegung der Zeche überholt wurde. Die Regierung in Hannover gab nach. 1868 aber ordnete das preußische Eisenbahnministerium an, daß beide Hauptstrecken (Hamburg—Köln und Hannover—Rheine) an ihrer Kreuzung einen *gemeinsamen Hauptbahnhof* erhalten sollten; die 1876 angelegte Strecke Osnabrück—Quakenbrück und die von Osnabrück nach Brackwede („Haller Wilhelm" 1886) liefen in diese Kreuzung ohne besonderen Bahnhof ein (s. o.).

Es wäre aus jetziger, doch schon damals von freilich wenigen vertretener Sicht richtiger gewesen, den neuen Bahnhof, der als Kreuzungspunkt ein Etagen- bzw. Turmbahnhof werden mußte, aus dem alten Hannoverschen zu entwickeln, was jedoch von den meisten Bürgervorstehern nicht für stichhaltig angesehen wurde. So übernahm denn die Stadt die Kosten für den Bodenerwerb des weiter südlich zu errichtenden Gebäudes, das

1. Ruhiges Wachstum. — Die Wirtschaft 443

Der neue Hauptbahnhof

der Staat baute, während Osnabrück die Zufahrtsstraße anlegte. Der neue *Hauptbahnhof* wurde 1895 fertig und übernahm zwischen dem 24. April und dem 1. Mai dieses Jahres den Personenverkehr des Hannoverschen und des Bremer Bahnhofs. Die Fama behauptete, daß einige Bürgervorsteher bei dem Verkauf der benötigten Grundstücke, die ihnen gehörten, nicht leer ausgegangen seien.

Nun aber zerschnitt die neue Anlage eine Reihe von wichtigen Straßenzügen. Man half sich notdürftig mit *Überbrückungen* und *Unterführungen.* Die damalige Stadtverwaltung, der ein überragender Kopf wie Miquel fehlte, tat alles Erdenkliche, die Schwierigkeiten zu vergrößern, wobei eine Stelle der andern die Schuld zuschob. Erst nach 1900 gelang es dem Oberbürgermeister *Dr. Rißmüller,* der Nöte Herr zu werden, soweit es überhaupt noch möglich war.

1892 bildete sich unter *Brüning* ein Ausschuß, der einen *Mittellandkanal* vorbereiten sollte. Hier war ausnahmsweise einmal weitausschauend gedacht und die Stunde richtig gewählt, da Preußen seine bewährte Überlieferung im Kanalbau wieder aufnehmen wollte, was auch Wilhelm II. befürwortete. Ein Jahr vorher fing die hiesige Regierung mit den Vorarbeiten an, doch entschied die Kgl. Kanalbau-Kommission in Münster, daß der beabsichtigte Wasserweg nicht, wie ursprünglich vorgesehen, von Ibbenbüren über Osnabrück und Melle nach Minden gehen könne, sondern nur ein *Stichkanal* von der weiter nordwärts zu laufenden Linie nach Eversburg geplant sei, ,,der durch Eisenbahngleise mit der Stadt zu verbinden sein würde". Das großzügige Unternehmen, das nach und nach bis zur Elbe durchgeführt werden sollte, scheiterte am Widerspruch der ostdeutschen Agrarier, die für ihr Getreide Absatzschwierigkeiten befürchteten. Es trug wesentlich dazu bei, daß Miquel, der entschiedene Verfechter des Plans, als Minister entlassen wurde. Eigentümliches Geschick, daß dabei sein so geliebtes Osnabrück ungewollt am Rande mithalf!

Blick aus der alten Ratswaage zum Markt um die Jahrhundertwende

Böse Sorgen bereitete Jahrzehnte hindurch die *Wasserversorgung*, die aus den Brunnen in der Stadt geschehen mußte, wobei der Südteil wegen des moorigen Bodens überwiegend ausfiel. Natürlich konnten sich nur wohlhabende Leute einen eigenen Brunnen leisten, da die Anlage kostspielig war. Der sog. kleine Mann aber lief von Pilatus zu Herodes, um an den Urstoff alles Lebens zu kommen. Auf dem *Markt* standen freilich *zwei Ratsbrunnen* zu jedermanns kostenloser Benutzung; sie reichten aber schon längst nicht mehr aus. Außerdem waren fast alle Brunnen durch die benachbarten Düngerhaufen und die fehlende Kanalisation gefährdet.

Als 1859 die bereits erwähnte schwere Choleraepidemie ausbrach, die wohl von Hamburg her eingeschleppt worden war, baute man, um eine Wiederholung zu verhindern, zwei *Krankenhäuser* und fing mit der *Kanalisation* an. 1874 überlegte man, nachdem man sechs Jahre früher durch die Einführung der Gemeindesteuern geldlich beweglicher geworden war, die Anlage einer *Wasserleitung*, wobei man auf die *Hase* als Quellfluß fast vorahnend verzichtete, was jedoch nicht alle Bürger einsahen. 1880 begann ein aus Gotha erbetener Fachmann, die Quellen in der Umgebung der Stadt zu untersuchen, was später der von Miquel empfohlene Baurat *Schmiek* in Frankfurt a. M. fortsetzte. Wichtig blieb dabei, ein natürliches Gefälle zu finden, das die Anlagekosten verminderte. Man arbeitete acht Jahre ohne sonderlichen Erfolg. Die meisten Quellen waren unergiebig, und das Sandforter Wasser erschien reichlich hart. Baurat *Salbach* aus Dresden nahm Schmieks vergebliche Mühe auf, und endlich fand man am *Hettlicher Turm* und bei der *Huxmühle* genügend Wasser, so daß man 1889 mit dem Bau einer Leitung anfangen konnte, die schon ein Jahr darauf leidlich, bald aber zufriedenstellend versorgte; kostspieliges Ergebnis von siebzehn Jahren. Die Stadt hatte dafür 1266000 Mark aufgebracht; das betrug für jeden der rund 40000 Bürger eine auf den damaligen Geldwert bezogen recht stattliche Summe.

Doch die Quellen genügten für den sehr rasch wachsenden Ort auf die Dauer doch nicht, zumal auch die vielen neuentstandenen Fabriken und die jetzt eingeführte *Straßenbesprengung* eine Menge Wasser verlangten. So bohrte man denn unverdrossen weiter, bis man 1906 mit dem Erwerb des *Sandforter Quellbezirks* vorläufig der Sorgen enthoben war, die auch heute wieder vordringlich sind. Schon 1914 war das Rohrnetz, was Hoffmeyer feststellte, mit 230 km länger als die Strecke von Osnabrück nach Köln.

Fast ebensoviel Umstand bereitete die Anlage eines schon lange nötig werdenden *Elektrizitätswerks*.

1889 kaufte die Stadt die *Pernickelmühle*, von der aber im Winter 1890/91 durch schweren Eisgang das obere Wehr und die Fußgängerbrücke abgerissen wurden. Man überlegte, ob sich die Kraft des dort angestauten Wassers nicht zur Erzeugung von Elektrizität verwenden ließe, was jedoch bei dem zu geringen Druck ausgeschlossen war. Zehn Jahre darauf bot sich das *Stahlwerk* für die Lieferung an; man beschloß aber 1900, doch lieber einen eigenen Betrieb zu eröffnen, der von der Berliner AEG für zwanzig Jahre bewirtschaftet werden sollte. Sie schlug auch die Ausrüstung und das Leitungsnetz auf ihre Kosten herzurichten vor. 1905 wurde der Betrieb rein städtisch.

1884 hatte das immer erfindungsreiche Stahlwerk ebenfalls eine *Straßenbahn* mit rauchloser Lokomotive den Städtischen Kollegien nahegelegt. Sie sollte vom Neumarkt zu dem damals vielbesuchten Schützenhof fahren; für die übrigen Strecken wurde Pferdebetrieb erwogen. Die Stadt war einverstanden, doch verhinderte die Eisenbahnbehörde durch ihr Bedenken wegen der Überschneidung des Bahnkörpers an der Buerschen Straße den schon fertigen Vertrag. So blieb denn die Durchführung dem neuen Jahrhundert vorbehalten. Man behalf sich unterdessen mit den erprobten *Lohnkutschern*, die manchmal stundenlang auf ihre Gäste warteten, und einem 1888 eröffneten *privaten Omnibusverkehr* zwischen dem Johannistor und dem Hofhause (an der Bramscher Straße), dem ein Vierteljahr später eine zweite Linie vom Rathause nach den Bahnhöfen folgte. Da er sich nicht lohnte, besaß er aber nur ein kurzes Leben.

Das *Kanalnetz* wurde dabei stetig erweitert, die *Straßenreinigung* verbessert. 1898 wurde sie von der Stadt zusammen mit der *Müllabfuhr* übernommen. 1883 hatte man die Aktiengesellschaft ,,Osnabrücker Badehaus'' neben der Neuen Mühle eingerichtet, die sich gut durchsetzte, später jedoch ebenfalls städtisch wurde. Sie sorgte auch für eine zeitgenössische Umformung des allmählich recht patriachalisch gewordenen *Feuerlöschwesens,* das anfangs wie fast überall eine reine Angelegenheit der Bürger gewesen war.

1669 schaffte das reiche Krameramt eine *Feuerspritze* auf seine Kosten an; der Rat fügte jedoch drei Jahrzehnte darauf eine holländische *Handdruckspritze* hinzu, wozu die Heger Laischaft 50 Taler beisteuerte, zur Sicherheit aber auch noch ein eigenes Gerät erwarb. Die übrigen Laischaften und die Elf Ämter folgten; in der Neustadt, die keine eigentliche Laischaft besaß, traten die Kaufleute ein.

1729 wurde der erste ,,Kaminputzer'' im Hochstift Osnabrück ernannt. Er hieß *Anton Cioja*; der Name deutet auf italienische Abkunft, wie denn auch in Holland die Schornsteinfeger noch heute allgemein Italiaander heißen. Die Söhne Johann Heinrich und Andreas erbten das sowohl schmutzige wie einträgliche Handwerk.

Das Löschen wurde später allgemeine *Bürgerpflicht*. Noch im letzten Jahrzehnt des vorigen Jahrhunderts standen die ledernen Brandeimer zur jährlichen Überwachung vor der Haustür, bis zum Rande mit Wasser angefüllt, damit man etwaige lecke Stellen feststellen konnte. Auch das Evangelische Lehrerseminar bewahrte sie bis zum ersten Weltkriege in ansehnlicher Zahl auf und besaß außerdem einen besonderen Löschzug, der allerdings weder probte noch sich ernsthaft betätigte.

Sieben *Spritzenkorps,* fünf in der Alt-, zwei in der Neustadt, standen stets zur Verfügung. Alles geschah bis in die Gegenwart hin ehrenamtlich; nur die *Spritzenzehr,* das alljährliche Fest, bezahlte die Stadt. 1864 war schon die *Turnerfeuerwehr* hinzugetreten. Man übte am *Turm auf Struckmanns Hof* und marschierte dann mit eigener Kapelle in die nach dem wässrigen Werk notwendig werdenden Gastwirtschaften. Das Ganze aber blieb ein Stück guten, sich der allgemeinen Sicherheit verpflichtet fühlenden Bürgergeistes. Er verlangte bei den damals noch häufigen Bränden manches Opfer. Viele Feuerwehrleute haben ihr Leben dabei gelassen oder schwere Schäden davongetragen.

2. Die neue Stadtverwaltung

Die großzügige *Selbstverwaltung* des neuen Reiches stellte vielerlei Rechte der Stadt wieder her, die sie einst besessen hatte, wenn natürlich auch die mittelalterliche Freiheit nicht gewahrt werden konnte. 1885 wurde Osnabrück ein eigener *Stadtkreis;* schon sechs Jahre vorher hatte es, vielleicht durch Miquels Einfluß, Sitz und Stimme im *Herrenhaus* erhalten, was sonst nur bei den großen Gemeinden üblich war.

Die *Städtischen Kollegien* bekamen bei dem Wachstum der Stadt eine Menge zu tun. Der *Magistrat,* die heutige Exekutive, war mit dem Oberbürgermeister, dem Stadtsyndikus (2. Bürgermeister), dem Stadtsekretär und dem sog. rechtskundigen Senator selbstverständlich besoldet; alle mußten Juristen sein. Die *ehrenamtlichen Senatoren,* die jedem Beruf angehören konnten, erhielten auch jetzt keinerlei Entschädigung, vermachten im Gegenteil der Stadt aber mancherlei Stiftungen, so der Bankier *Heinrich Fortlage* (Freibettfonds des Stadtkrankenhauses, Geld zur Verschönerung des Bürgerparks und für die Katharinenkirche zur Hebung des Kirchengesanges), weiterhin u. a. Senator *Gosling*, der die *Halle für den Handfertigkeitsunterricht* am Schloßwall erbauen ließ, mit der Osnabrück wohl als erste Stadt in Deutschland die später Werkunterricht genannte Erziehung nach dänischem Vorbild begann. Hier am Schloßwall hatte bereits der Magistrat — als Ersatz für die zu klein gewordene 1861/62 erbaute Turnhalle an der Turnerstraße — in den 70er Jahren die doppelhallige *Städtische Turnanstalt* errichtet, deren feierliche Übergabe und Einweihung am 27. Oktober 1873 stattfand. Die nördliche dieser beiden Hallen leistet heute noch — im Innern renoviert — voll ihren Dienst. Senator Dr. h. c. *August Haarmann*, der Leiter des Stahlwerks und einer der entscheidenden Fachleute für den Eisenbahnschienenbau in Europa, widmete den auch künstlerisch erfreulichen *Bergmannsbrunnen* am Eingang zum Herrenteichswall, der nun nicht mehr abgetragen werden konnte, was immer wieder vorgeschlagen wurde, um dort ein neues Geschäftsviertel zu errichten.

Das ein wenig an den belgischen Künstler *Meunier* erinnernde Werk ist eine Arbeit des Fürstenauer Bildhauers *Dr. Gräf*, eines nahen Verwandten von Professor *Dr. Hans-Gerhard Gräf* in *Weimar*, der als Goethe-Wissenschaftler noch heute einen bedeutenden Namen besitzt. Er hatte auch die Überleitung der reichen Briefsammlung *Bernhard Rudolf Abekens* aus dem Besitz seines Großneffen *Dr. Heuermann* in Osnabrück ins Weimarer Goethe- und Schiller-Archiv veranlaßt. Ludwig Bäte erinnerte sich noch, wie der Oberbürgermeister, bereits *Dr. Rißmüller*, die Anlage einweihte. Mit Professor Gräf

2. Die neue Stadtverwaltung

Der Bergmannsbrunnen am Beginn des Herrenteichswalls. Er erinnert — wohl als erstes deutsches Arbeiterdenkmal — an den großen Wassereinbruch im Stüveschacht am Piesberg am 7. 9. 1893, bei dem neun Bergleute ums Leben kamen.

verband ihn nachmals langjährige Freundschaft; er sprach auch in Osnabrück. Haarmann schenkte ebenfalls das kostbare *Gästebuch* der Stadt wie das dazugehörige holzgeschnitzte Pult; das aquarellierte Eingangsblatt hatte einer der Malerfreunde des letzten Kaisers, Professor *Doepler* in Berlin, entworfen. Die Stiftungen haben seitdem trotz gestiegenen Wohlstandes erheblich nachgelassen.

Mit den Jahren genügten natürlich die bisherigen *Verwaltungsräume* nicht mehr. Zu Stüves Tagen war man unbeschwert mit dem Rathaus ausgekommen wie die Vorfahren auch. Jetzt erweiterte man das *Kassengebäude Markt 2/3* und brachte darin *Spar- und Kämmereikasse* mit *Bauamt, Steuer- und Militärbüro* unter, was aber auch nur ein Übergang blieb. Deswegen erbaute man bei den wachsenden Ansprüchen ein neues *Sparkassen-* und zugleich *Stadtbauamtsgebäude* am Markt (früher Gösmann) und vorher (1898/99) ein dreistöckiges *Polizeigebäude* an der Bierstraße; ein eigenes *Polizeigefängnis* war 1897 an der Turnerstraße fertiggestellt worden.

Die Kaiserbilder am Rathaus. Die als Schmuck für die Vorderseite des Rathauses gedachten und beiderseits des Standbildes Karls des Großen angebrachten acht Kaiserbilder wurden 1885 bei

Das *Rathaus* wurde an der Schauseite überholt; Bildhauer *Seling* schuf 1880 über dem Eingang ein neues Standbild *Karls des Großen,* das an das nun im Museum aufbewahrte Ursprungsstück erinnert. Leider wurden die antikisierenden *Symbolfiguren* rechts und links der unter Stüve 1846 angelegten neuen Sandsteintreppe nach *Gut Ostenwalde* bei Melle verkauft. Der kunstfrohe Besitzer erwarb ebenfalls die herrliche holzgeschnitzte Tür von der Rückseite des Stüveschen Hauses an der Krahnstraße, was heute unmöglich wäre.

Links und rechts von der Karlsplastik brachte man im Winter 1889/90 ein wenig tiefer die Steingestalten der *deutschen Kaiser* an, denen Osnabrück wichtige Rechte verdankte. Es sind (von links) *Sigismund,* der die bisherigen Rechte anerkannte und die Stadt zu Reichstagen einlud, *Friedrich II.,* der sich mit dem Verkauf des halben Burgerichts durch den Bischof an die Stadt einverstanden erklärte, *Rudolf von Habsburg,* der den zweiten Befestigungsring gestattete, *Wilhelm I.,* der Begründer des neuen Reichs, *Friedrich Barbarossa,* der das Befestigungsrecht und das jus non evocando aussprach, nach dem die Bürger nur vor ihrem eigenen Gericht und dem des Kaisers zu erscheinen brauchten, der Karolinger *Arnulf von Kärnten,* der 889 — vielleicht — dem Bischof erstmals die Rechte an Markt, Münze und Zoll übertrug, *Maximillian I.,* unter dem das Rathaus entstand, *Ludwig der Bayer,* der alle Rechte nochmals gewährte.

Die Plastiken schenkte der *preußische Staat* unter dem Kultusminister *Goßler* auf die Bitte des Oberbürgermeisters *Brüning.* Fünf Künstler, *Kokolsky* in Berlin, Professor *Küsthard* in Hildesheim, Professor *Franz* in Gemeinschaft mit dem Bildhauer *Tondeur* und der Bildhauer *Ernst Waegener,* die drei letzten ebenfalls in Berlin, erhielten die Aufträge, während die Baldachine und Tragsteine von Osnabrücker Steinmetzen ausgeführt wurden. Der Bau hatte dadurch gewonnen und die übermäßige Höhe des schiefergedeckten Daches ein auflockerndes Gegengewicht erhalten. Die *Barockecktürme* wurden beseitigt und damit das ganze Bild im Stil vereinheitlicht, da man die neuen Türmchen der Ursprungszeit (16. Jahrhundert) anpaßte.

Weniger glücklich war man mit der Neugestaltung des *Friedenssaales* (1889/90), der nach den Entwürfen der Düsseldorfer Maler Professor *Schill* und *Ignaz Wagner* ein

2. Die neue Stadtverwaltung

namhaften auswärtigen Bildhauern in Auftrag gegeben und während des Winters 1889/90 aufgestellt. Das Standbild Karls des Großen fertigte bereits 1880 der Osnabrücker Bildhauer Seling an.

gotisierendes Gewand bekam, wobei man den verdienten Ratsbäckermeister und Vorsteher der Heger Laischaft *Carl Lammers* in mittelalterlichem Kostüm in einer Fensternische erstehen ließ. Beide Maler waren tüchtige Künstler; Professor Schill, aus der Familie des Freiheitskämpfers stammend und Johannes Brahms befreundet, bewies auch später bei dem Entwurf des von den deutschen Städten gestifteten Silbers zur Hochzeit des letzten Kronprinzen sein Können. Aber das Ganze war doch eine historisierende, der Zeit entsprechende Spielerei, die dem weltbedeutenden Raume seine schlichte Größe nahm, zumal man auch noch eine spiegelblanke geschnitzte Decke darunterklebte. 1933 stellte man das ursprüngliche Bild leidlich wieder her, das dann in den Bombenbränden verschwand. Zur dreihundertjährigen *Wiederkehr* des Friedens (1948) erfolgte nochmals eine Erneuerung, leider mit der Hinzufügung eines Parkettfußbodens, von dem die damals völlig verarmte Stadt gewiß nichts wußte. Sie hatte sogar die schadhaft gewordene Decke durch Papierornamente ersetzen müssen.

Da der Saal bis in unsere Tage sehr oft für die vielen Sitzungen, oft auch privater Art gebraucht wurde, verschwand durch Staub und Tabakrauch manches von der verwegenen Trompeter-von-Säckingen-Romantik. Das mochte nur gut sein. Doch litten auch die alten, im Winter auf 1649 gemalten Bilder der Gesandten und einiger Fürstlichkeiten darunter, wobei die wiederholten Renovierungen noch mehr verdarben. Heute dürfte nur noch die ursprüngliche Untermalung vorhanden sein, was trotz des mäßigen Kunstwertes der Gemälde bedauerlich bleibt. Die Stadt hatte damals die erlauchten Gäste durch Handwerker nach dem Kupferstichwerk des Niederländers *Anselm van Hulle* darstellen lassen und damit ein Stück Wirklichkeit erhalten, das die Nachwelt kurz vor 1900 in guter Absicht, doch unzureichend und poetisierend wachzurufen versuchte. Immerhin rührte der Sinn für das verpflichtende Erbe, auch bei der nachmaligen Umgestaltung der *Halle* mit der viel zu großen geschnitzten Treppe und dem mächtigen eisengeschmiedeten Leuchter, dem schlechten Gegenstück zu dem mittelalterlichen Wunderwerk im Friedenssaal, dem in *Münster* an gleicher Stelle verwandt. Die heutige Gestaltung der Halle ist ausgezeichnet und läßt keinen Wunsch offen.

Der Friedenssaal im Osnabrücker Rathaus

Um den *Westfälischen Frieden* und vor allem um die entscheidende Verhandlungsstadt Osnabrück legt sich ein voller Kranz von Malerei und Dichtung. Professor *Gay* stellte 1879/80 die Verkündigung in einem wandgroßen, ebenfalls durch Bomben zerstörten Gemälde in der Aula des Realgymnasiums an der Lotter Straße dar; dasselbe tat der hiesige frühverstorbene Künstler *Bernhard Spahn* in einer Radierung. Ludwig Bäte hat die Entwicklung des dichterischen Bildes in einer Schrift ,,Amore pacis" (1948) und in einem Roman ,,Der Friede" (1934), in einer Erzählung ,,Der Friedensreiter" (1948 und 1955) wie in mehreren kleinen Geschichten seines Buches ,,Novellen um Osnabrück" (1930) und in einem Hörspiel (1933) festzuhalten versucht. Dazwischen liegen die wissenschaftlichen Veröffentlichungen ,,Osnabrück und der Westfälische Friede" (1940) und ,,Der Friede in Osnabrück 1648" (1948).

Zwei ausdrucksvolle *Gedichte* knüpfen u. a. an das Osnabrücker Werk an. Das eine (Alter Obrister) stammt von *Börries von Münchhausen* (1874—1945), das andere (Der Friede zu Osnabrück) von dem Thüringer, später in Weimar lebenden Lyriker *Ernst Ludwig Schellenberg* (geb. 1883).

2. Die neue Stadtverwaltung

Alter Obrister

Ich weiß, einmal: Ich reit ins öde Land,
ein müder Mann, der Frieden nie gekannt.

Ein deutscher Wolkenhimmel, trüb und feucht,
hängt über Osnabrück und schiebt sich träge
vom Osning her entlang dem alten Wege,
durch dessen Sand mein müder Schecken keucht,
der Weser zu. Ein Regenschauer schlägt
mir an den Ledersack, der Briefe trägt.

Durch wieviel Dörfer auch der Weg mich führte,
es stand nur noch der schmutzige Krug,
in loser Asche hundert Güter rührte
der nasse Westwind, und ich spürte
nur Rauch und Aasgeruch, den übers Land
der Wind mit Widerwillen trug.

Auf viele Fahnen legt' ich meine Hand
eidleistend in dem bitterbösen Kriege,
und vieles Leben hat dieselbe Hand
in heißem Hiebkampf unters Gras gestritten,
und Tag und Nacht, zu Flucht und Siege
hab' ich manch braunes Sattelblatt verritten, —

ich hab' es wie die andern nur gemacht
und niemals sonderlich daran gedacht,
daß mir ein Gutshof träumte wo im Stillen,
und daß wir kämpften um des Friedens willen, —
bis heut auf diesen Tag und diesen Ritt,
da einsam ich durch Deutschland heimwärts trabte,
ein alter Reiter, der sich wohl gehabte,
wenn er vor seinen Fahnen stritt!

Was soll, der aus der Sattelheimat glitt,
darin er dreißig Jahr gelebt das Leben,
was soll der hinterm Pflug —
kein Feld umher, das noch im Halmebeben
das gelbe Bauerngold der Ähren trug,
kein Scheunendach, drauf nicht der rote Hahn
in Flammenknistern mit den Flügeln schlug, —
ach Gott, was hast du mir und uns getan!

Des Regentages Wasser goß ich still
aus meines Helmes Rinne in die Gleise
des sandigen Weges, und ich summte leise
ein Söldnerlied, das klang so falsch und schrill.

So ritt ich hin im öden Abenddüstern,
das auf der Ebne lag,
ein greiser Obrist ohne Regiment!
Reif hing an meines Schecken Nüstern,
Reif, den kein Sonnenschein mehr lösen mag,
hing unterm Helmdach vor.

Und ich trug übers Land das Instrument,
durch das ich meinen Reiterdienst verlor
und wieder Landmann wurde wie zuvor,
ich trug ins Land vereinsamt und verdrossen
den Frieden, den zu Osnabrück sie schlossen.

Der Friede zu Osnabrück

Auf einmal wurde Friede überm Land.
Ein Federzug in einer fremden Stadt
von fremder Hand —
ganz unerwartet und noch unbekannt.
Und war ein Flüstern erst, das nur das Blatt
des Dokuments umhauchte — wuchs hinan
in taube Fernen wie der rote Hahn,
den längst die Auges als Gewohntes sahn.
Versprengtes Kriegsvolk trug das niegehörte,
ungläubig eingefangene Wort
auf schiefen Wegen, die sich selbst vergaßen,
zwischen verkohltem Schutt und schwarzem Rasen,
in einen hingeduckten, armen Ort.
Ein paar Verstörte
glotzten kopfschüttelnd, und der eine sprach
die Botschaft lallend wie Gedrucktes nach
aus einem Bibelbuch, das längst verkohlte.
Ein anderer holte
die weggestreuten Silben, riß sie auf
in seiner Faust und brach in jähem Lauf,
gescheucht aus siechen, schwelenden Gedanken,
durch Hof und Torweg, denn die Erde schien,
die sichere, gefreundete, zu wanken.
Da — plötzlich schrammte ein zersprungner Klang!
Im Turmgestühl, mit eingebrochnen Knien
rannte ein Greis, ein irrgewordner, sprang
an einem Seil, zerrte die rostzerfreßne,
zerborstne Glocke, der Beseßne,
rang mit der längst Verstummten, bis sie schrie —
Gewißheit schrie!...
              Da wankten sie.
    Verstanden.
Und ihre ausgedörrten Augen brannten
von ungeweinten Tränen.

Binnenhof
Ecke Bier- und
Lohstraße

3. Soziale Fürsorge

Auch bei der Neuordnung des Armenwesens sprach die ehrenhafte *Überlieferung* mit. Stüve hatte schon damit angefangen; jetzt teilte man die Stadt in acht Bezirke mit je einem ehrenamtlichen Vorsteher und drei ebenfalls unentgeltlich arbeitenden Pflegern ein. Man unterschied weiter *offene* und *geschlossene Armenpflege* und unterstützte durch Naturalien verschiedenster Art wie durch Geld und Arbeitsvermittlung. Zwei Armenärzte sorgten für die Betreuung in Krankheitsfällen, während die geschlossene Armenpflege die Armenarbeitsanstalt, das Pflegehaus, später auch das Säuglingsheim und die Wanderarbeitsstätte umfaßte. Hier schattet schon früh die Arbeit *Friedrich von Bodelschwinghs* in Bethel bei Bielefeld, der sich, auf der Wasserburg Haus Mark bei Tecklenburg geboren, hier schon früh besonderen Ansehens erfreute. Daneben aber setzten beide *Kirchen* ihr uraltes Liebeswerk fort, auch das *Rote Kreuz,* der *Vaterländische Frauenverein* und manche im stillen wirkende Hand. Was Jahrzehnte, ja Jahrhunderte hier an Zuwendung von Mitteln, an beratender Hilfe wie an vornehmem Takt geleistet haben, soll, ja darf nur angedeutet werden. *Wilhelm Rothert,* der Oheim des münsterschen Historikers und früheren Bersenbrücker Landrats Professor Dr. *Hermann Rothert,* der unserer Stadt auch eine zweiteilige Geschichte ihrer mittelalterlichen Vergangenheit schenkte, hat schon recht, wenn er in seiner ,,Allgemeinen hannoverschen Biographie'' von den Osnabrückern als von ,,einer geheimen Patriotenliga, wenn auch ohne Abzeichen und Eid'' spricht, ,,alle erfüllt von gemeinnützigem, patriotischem, opfer- und tatbereitem Sinn''.

4. Einnahmen und Ausgaben

Bis etwa 1850 kam man mit den Erträgen von *Akzise* und denen des *Piesbergs* aus. Beide aber waren später unsicher, zumal die hannoversche Regierung selbst die *indirekten Steuern* (Akzise) beanspruchte und eine doppelte Besteuerung nicht zuließ. Nach der Einführung der *direkten Gemeindesteuer* auf der Grundlage der *Staatssteuer* (1868) wuchsen die Einnahmen an, die Miquels preußische Steuerreform von 1891—1893 neu ordnete; die Akzise war auch nach 1868 zu einem Teil erhalten geblieben. Hinzu traten die *Kirchen-* und bis 1907 die *Schulsteuern,* die dann fielen. Die mancherlei Bauten, Kanalisationen u. dgl. machten jedoch *Anleihen* nötig, die frühere Zeiten nicht gekannt hatten, und die man, wogegen nichts einzuwenden war, mit erhöhten Zinsen langsam abtrug. Erst 1835 führte man einen *Stadthaushaltsplan* ein, der als Voranschlag die Einnahmen und Ausgaben des kommendes Jahres festlegte. Hier war später Miquel ein besonderer Fachmann. Doch auch sein erster Nachfolger — nach 1880 — *Brüning* besaß finanztechnische Begabung; man fürchtete deswegen, daß er nach Köln berufen werden könnte. Er trat jedoch am 1. Februar 1888 in die Direktion der Feuerversicherungsbank für Deutschland in Gotha ein. Er starb 84jährig im Jahre 1920.

Stüve hatte mit Pfennigen gerechnet; Miquel dachte schon in Mark und mußte etwas wagen, da der Piesberg allmählich im Etat ausfiel. 1859 war bereits eine getrennte Rechnungsführung für Kämmerei, Berg- und Gaswerk durchgesetzt worden. Jede Sparte mußte ihre eigene Schuld verzinsen und abtragen; zur Sicherheit hatte man noch einen *Hilfsfonds* aus den Erträgen von Spar- und Kämmereikasse gegründet. Die Piesberglasten wurden 1889 durch den bedauerlichen Verkauf der Zeche gedeckt; die übrigen Schulden aber wuchsen an, was jedoch zu ertragen war, da ja auch die Steuern mit dem allgemein sich vergrößernden Wohlstand stiegen.

Im ganzen bot sich *um die Jahrhundertwende ein durchaus gesundes finanzielles Bild,* und es machte nichts aus, als bald darauf die Stadt zehn Millionen anlieh. Die Bürgerschaft sah das allerdings als ungeheuerlich an, beruhigte sich aber, als die Aufsichtsbehörde, also die Regierung, mit leichter Kürzung zustimmte. Immerhin war eine so große Anleihe damals noch eine res publica, eine öffentliche, weite Bezirke bewegende Angelegenheit. Heute würde auch eine viel größere Summe keinen mehr stören, allenfalls die Bürgervereine oder die Presse zu einigen Fragen veranlassen. Damals jedoch war auch die Finanzgebarung noch zu durchschauen, was heutzutage nur Fachleuten möglich ist. Je komplizierter aber eine Angelegenheit wird, desto mehr sinkt die allgemeine Teilnahme und dadurch auch die Verantwortungsfreude — weder Stadt noch Staat gewinnen dabei. Im Rechtswesen gilt das gleiche Bedenken, und eine Vereinfachung wäre hier wie dort nötig.

X.
DAS GEISTIGE BILD

1. Bis 1900

Das Osnabrücker Land ist seit alters her die Erde bedeutender Politiker; es genügt, an die Namen *Gerhard Schepeler, Justus Möser, Johann Carl Bertram Stüve, Johannes Miquel, Ludwig Windthorst, Heinrich Abeken* zu erinnern, ebenso an *Tonio Bödiker,* den Durchgestalter der Bismarckschen Sozialreform. Dem tätigpraktischen Sinn der Bevölkerung lag das auch am meisten. Ich erinnere mich noch eines Gesprächs mit einem hohen, seiner ererbten Welt treugebliebenen Beamten im Berliner Innenministerium am Ende der Hitlerzeit, der mir gegenüber meinte: ,,Jetzt fehlen Ihre Landsleute Stüve, Windthorst und Miquel." Neben den *Politikern* steht seit jeher eine Fülle von angesehenen *Gelehrten*, deren Name nicht dadurch leidet, daß sie die immer so vernachlässigte Geistesgeschichte der Stadt kaum kennt. Da ist vorab zu nennen der zu den Tagen Rudolfs von Habsburg lebende Magister und Scholaster (Mitglied des Domkapitels und Leiter der Osnabrücker Domschule) *Jordanus von Osnabrück,* dessen Streitschrift ,,De praerogativa Romani imperii", — ,,Vom Vorrang des Römischen Reiches", die noch heute in etwa siebzig Handschriften in Deutschland, Frankreich und Italien vorliegt, G. Waitz 1868 sorgsam kommentiert veröffentlichte. Jordanus mag in Paris studiert haben; Kardinal Jakob von Colonna übersandte das Werk dem Papst, vermutlich Martin IV. (1281 bis 1285). Es behandelt, kühn die Sage mit der geschichtlich ebenso unsicheren Überlieferung verbindend, die Entstehung des von Christus und Petrus anerkannten und geachteten Römischen Reiches und seine spätere Übertragung an die Deutschen, die wie die Römer von den Trojanern abstammen. Wo der Verfasser in seine Gegenwart vordringt, gewinnt die lateinische, in elf Kapiteln geschriebene Arbeit auch einigen wissenschaftlich zuverlässigen Wert, wobei die Mahnung zu Einigkeit und Frieden auch für unsere Tage hervorhebenswert sein mag. Entscheidend aber bleibt, daß das Werk einen tiefen Einblick in das Fühlen und Denken der Welt um die Mitte des 13. Jahrhunderts gewährt, in der Hirn und Herz, Denken und Phantasie noch sehr nahe beieinander lagen. Neuere Forscher (u. a. Herbert *Grundmann,* Münster) sind der Ansicht, nur das erste Kapitel dieser Schrift stamme von Jordanus, das übrige von dem Stiftsherrn an St. Maria auf dem Kapitol in Köln *Alexander von Roes*. Nach Grundmanns Urteil aber war die hierin von dem Osnabrücker Magister vorgenommene Aneinanderreihung von biblischen Schriftstellen ,,noch nie so planvoll geordnet, so vollständig und übersichtlich zusammengestellt worden. Dadurch wirkt die kleine Schrift so überzeugend geschlossen, zugleich abschließend und grundlegend wie ein Arsenal biblischer Argumente für Kaisertum und Reich."

Ein anderer großer Kleriker, *Dietrich Kolde,* schließt sich in der Reformationszeit da an, ,,ein Riese des Wortes, der physischen Kraft, der Seelenstärke wie Berthold von Regensburg". So nennt ihn Josef Nadler, während Wolfgang Stammler 1920 den ,,gewaltigen Volksredner und eifrigen Seelenhirten, einen energischen Reformator seines Ordens" betont. Stammler gibt Osnabrück als Geburtsort an; gelegentlich wird auch Münster genannt. Sicher ist, daß der Vater von hier stammt.

Kolde lebte etwa zwischen 1435 und 1515; sein ,,Christenspiegel", der erste deutsche Katechismus, erschien 1480 und wurde, plattdeutsch geschrieben und vielfach übersetzt, ein Buch von geistlichem Weltrang. Der Verfasser, ursprünglich Augustinereremit, ging nachmals zu den Franziskanerobservanten nach den Niederlanden. 1489 erschien er zu Pferde in dem von der Pest gequälten Brüssel, das Sakrament in der Hand, predigend, lehrend und betend. ,,32000 Sterbende soll er getröstet haben."

Sein Freund *Rolevinck* aus Laer zwischen Osnabrück und Münster war Karthäuser und starb gegen 1502 den gleichen Tod. Er schrieb lateinisch.

Etwa derselben Zeit gehört auch *Hermann Hamelmann* an, 1526 zu Osnabrück geboren. Sein Vater Eberhard war Notar im kirchlichen Dienst an St. Johann. Der Sohn Hermann trat 1553 als Pfarrer in Kamen zur Reformation über und schrieb viele gelehrte Bücher, darunter auch eine z. T. erst 1711 in Lemgo, der alten Hexen- und Druckerstadt, veröffentlichte genealogisch-historische Darstellung Westfalens ,,et Saxonia Inferiori". In der gleichen Ausgabe liegt auch eine 1564 von ihm verfaßte Geschichte der Reformation in Osnabrück vor (Historia ecclesiastica renati evangelii, in civitate Westfaliae Osnaburga et perditionem Osnaburgensem). Er kannte Koldes ,,Christenspiegel", mit dem er aber nichts anzufangen wußte, da der Verfasser ,,sehr ungebildet und ungelehrt" gewesen sei. Das Urteil mag konfessionell bedingt sein. Hamelmann kam später (etwa um 1569) nach Gandersheim am Harz, wo er zu den bekannten ersten Superintendenten der neuen Lehre gehörte; neben ihm der Kirchenlieddichter Nikolaus Selnecker und der nachmalige Helmstedter Professor Timotheus Kirchner. Da Herzog Julius von Braunschweig beabsichtigte, in Gandersheim eine Universität einzurichten, lag ihm an der Gewinnung angesehener Namen. Hamelmann starb 1595.

Im 17. Jahrhundert klingen zwei Namen an: *Hermann von der Hardt,* der als Sohn des Osnabrücker Münzmeisters in Melle geboren wurde und die erste wissenschaftliche Beschreibung des Tridentiner Konzils herausgab, und der arme *Rudolf von Bellinckhaus,* der nur noch aus Lichtenbergs Aufsatz in Boies ,,Deutschem Museum" (1779) bekannt ist, in seines Rezensenten Hand natürlich eine komische Figur. Der boshafte Göttinger überspitzte wie gewöhnlich.

Rudolf von Bellinckhaus, Kramer und Krameramtsbote, dem wir ein Jahrbuch der Stadt Osnabrück von 1628 bis 1637 verdanken, soll einem altadligen, doch verarmten Geschlecht im Tecklenburgischen entstammen und 1645 im achtundsiebzigsten Jahr in Osnabrück gestorben sein. ,,Neben seinem Umgang mit den Musen versah er auch noch den Botendienst bei den Eilfen Aemtern" und besaß ,,das Talent, Verse ohne Poesie zu machen, in einem höheren Grade als irgendein neuerer Lieblingsdichter unserer Jugend". Lichtenberg bespricht darauf eingehend die 27. Komödie ,,Donatus", in der ,,alles Liebe und Syntax atmet". Sie wurde 1615 veröffentlicht.

Es ist nicht viel echte Dichtung in dem umfangreichen Werk. Aber der Kritiker tat nicht recht, wenn er Bellinckhaus ,,einen Osnabrücker Hans Sachs" nennt, der ein wirklicher Könner war, und den Lichtenberg höchstens vom Hörensagen gekannt haben dürfte. Was immer liebenswert bleiben wird, ist einmal die Fülle der wenn auch oft skurrilen Erfindung und außerdem die beachtliche sprachliche Bildung, die sich der ungelehrte Sohn eines Schuhmachers angeeignet hatte, und die gewiß für die damals noch recht ansehnliche geistige Höhe des Handwerkerstandes spricht.

Justus Möser, Abt Johann Friedrich Wilhelm Jerusalem (1709—1789), Abt des Klosters Riddagshausen und Vizepräsident des Konsistoriums in Wolfenbüttel, und der beiden verwandte Theologe *Johann Friedrich Kleuker* setzen im Jahrhundert des Rationalismus, ihn vielfach überwindend, die Reihe fort. Kleukers überragende Bedeutung als einer der ersten Begründer der modernen Religionswissenschaft wie als einer der frühen

Erforscher der persischen Religion hat Lic. Dr. Werner Schütz 1927 in einem schönen Buche dargestellt. Kleuker, wie Goethe und Mösers Tochter Jenny von Voigts 1749 geboren als Sohn eines Kamelottwebers und Vorstehers des Weberamts in Osterode am Harz, wurde durch Herders freundschaftliche Vermittlung Prorektor am Gymnasium in Lemgo, drei Jahre darauf Leiter des Ratsgymnasiums zu Osnabrück, wo er eine junge Verwandte Mösers, Auguste von Lengerken, heiratete. 1798 übernahm er eine theologische Professur in Kiel; er starb dort 1827. Goethe schätzte den sorgfältigen und liebenswürdigen Philologen, dessen ,,Zendavesta im Kleinen'' nach der großen Ausgabe bei Kants und Herders Verleger Hartknoch zu Riga in Osnabrück erschien. Er stand auch den beiden Jacobis nahe. Herder schrieb in seinen ,,Persepolitanischen Briefen'', sich liebevoll rückerinnernd: ,,Wo sind die Zeiten, da Sie aus meinem Exemplar des Zendavesta mit jugendlichem Eifer übersetzten, wo sind sie? Seitdem haben Sie den Zendavesta gelehrt und verteidigt.''

Theologisch blieb Kleuker der milden Gesinnung Jerusalems nahe, dessen Predigten und Betrachtungen oft übersetzt wurden, und dessen Name als Werthers Vater erhalten ist. Kleuker begründete eine Studienstiftung für seine Familie, die auch dem letzten gelehrten Namensträger, Professor *Carl Kleuker* in Hildesheim, der erst vor einigen Jahren starb und Osnabrück eng verbunden war, zugute kam.

Bernhard Rudolf Abeken und sein ursprünglich theologischer Neffe Heinrich, ,,Bismarck's pen'', nehmen, bereits genannt, die Überlieferung der alten Humanistenstadt auf. Abt *Uhlhorn* ist gleichfalls Theologe, aber auch Kirchenhistoriker, Praktiker seines Amtes und Abt des evangelischen Klosters zu Loccum unweit des Steinhuder Meeres.

Ludwig Bäte kannte noch das klitzekleine Haus an der Großen Straße, dessen Dach fast mit der Hand zu erreichen war, in dem am 17. Februar 1826 der auch später so körperlich unansehnliche Gerhard als Sohn eines Schuhmacher- und Gildemeisters geboren wurde. Der war so gesund wie der gelehrte Nachkomme und verstand noch mit achtzig Jahren, ,,an einem Morgen 400 Kohlpflanzen zu setzen''. Sonst hatte er vieles zu tragen; er war dreimal verheiratet, und von den achtzehn Kindern starben zwölf zu seinen Lebzeiten. Da mochte denn das gute Wort von König Georg V. bei einem Besuch in Osnabrück wenig trösten: ,,Ihr Sohn ist eine Perle in meiner Krone.''

Schüren und Bernhard Rudolf Abeken waren in Osnabrück seine Lehrer. Dann studierte er in Göttingen Theologie, wurde Repetent, Privatdozent, Hilfsprediger, Prediger, Oberkonsistorialrat und starb, mit Ehren überhäuft, am 15. Dezember 1901 als Abt des Klosters Loccum. Sein wohl bedeutendstes wissenschaftliches Werk ist ,,Die Geschichte der christlichen Liebestätigkeit'' in drei Bänden, außerdem gab er umfangreiche Arbeiten über ,,Die Homilien und Rekognistionen des Clemens Romanus'' und über Urbanus Rhegius neben Vorschlägen zu einem neuen Katechismus, einem einheitlichen Gesangbuch und der Agende heraus. Hinzu treten die Evangelien- und Epistelpredigten, die Bücher ,,Der Kampf des Christentums mit dem Heidentum'' und die Fortsetzung ,,Kämpfe und Siege des Christentums in der germanischen Welt''. Fast unübersehbar bleiben die kirchenpolitische Tätigkeit und die sorgsame Förderung des theologischen Nachwuchses.

,,Wir haben einen Abt gehabt. Gott schenke uns wieder einen Abt. Abbas aber heißt Vater.'' So hatte einst, wie Wilhelm Rothert berichtet, Steinmetz bei der Beerdigung des Abtes Rupstein gesprochen. Die Worte gelten gewiß auch dem stillen, gütig-strengen wie niedersächsisch-sachlichen Manne, der sich in pausenloser Arbeit von der Arbeit zu erholen schien.

Sein Amtsgenosse *Eduard Niemann* (1804—1884), aus dem Osnabrück benachbarten *Neuenkirchen* im Kreise Melle kommend und der Regierungshauptstadt vielfach verbunden, wurde ebenfalls Oberkonsistorialrat. Seine Predigten wurden besonders beachtet. Es war wie Uhlhorn ein ausgesprochener Lutheraner altwelfischer Prägung und wie er dem Liberalismus durchaus abgeneigt. Beide traten deswegen der freisinnigen Richtung ihres engeren Heimatlandes scharf gegenüber, Uhlhorn auch mit amtlichen Mitteln, ohne dabei sonderlich zu gewinnen.

Das ,,Weltkind in der Mitten" blieb trotz seines geistlichen Gewandes der Senior an der Marktkirche zu Hannover *Hermann Wilhelm Bödeker* (1799—1875), ein Volksprediger ohnegleichen und zugleich ein genialer protestantischer Bettelmönch.

Er war der Sohn eines Osnabrücker Succentors, wie man die ersten Volksschullehrer nannte, besuchte das Ratsgymnasium und studierte in Göttingen. Später wurde er Pfarrer an der Marktkirche zu Hannover, neben der man ihm ein heute arg zusammengestrichenes neugotisches Brunnendenkmal setzte.

Er war kein Gelehrter wie Uhlhorn, doch auch ein hinreißender Prediger und ein Geldsammler für Kirchen, Krankenhäuser, Rettungsanstalten, Krippen, Warteschulen, Schwesternheime und solche für alleinstehende Männer. Er brachte, oft in die eigene Tasche greifend, in 50jähriger Dienstzeit über 100000 Taler zusammen, was heute mehr als eine Million bedeutet.

Man mag heute über diese Betriebsamkeit lächeln. Damals aber fehlte noch jede geordnete staatliche Hilfe, die heute selbstverständlich ist, und die der Stolz und auch nicht ohne Selbstbewußtsein, die auch der Tatsache galten, daß schon um 1836 seine Gottesdienste oft von 6000 bis 7000 Menschen besucht wurden, wobei denn das Herzogspaar von Cambridge ebensowenig fehlte wie das sonst in seinem Kasino stärker beheimatete Offizierskorps. Das hielt lange an. Noch zwanzig Jahre danach schrieb er in sein Tagebuch: ,,Stets volle Kirchen und gute, lustig geschaffene und gehaltene Predigten", die er gründlich vorbereitete.

Die Osnabrücker Landsleute Uhlhorn und Niemann waren ausgeprägte konservative Naturen; Bödeker ging mit der Zeit und begrüßte 1866 das siegende Preußen. Manche, die genau wußten, was er dem welfischen Königshaus verdankte, nahmen ihm das übel. Doch war nicht auch Uhlhorn, wie das ,,Osnabrücker Tageblatt" später nicht ohne Ironie bemerkte, ,,persona gratissima am Hofe Wilhelms II.?" Dort ging später ebenfalls Adolf von Harnack aus und ein und stellte sich doch tapfer vor den lange geschmähten Reichspräsidenten Friedrich Ebert. Der weltheilige Bettler Bödeker vergab sich nichts, wenn er die Zeit erkannte, die endlich sozial zu denken anfing. Und wenn er oft von dem ausgetretenen Wege christlicher Wohltätigkeit abwich, so taten Friedrich von Bodelschwingh und Albert Schweitzer das gleiche.

Uhlhorn, Niemann und Bödeker kamen schon aus der unteren und mittleren Schicht des Volkes — auch hier kündet sich etwas Neues an.

Die *künstlerische Palette* unseres Landes blieb dabei nicht weniger farbenreich; sie ist stärker, als es bislang dargestellt wurde.

Wir wissen freilich wenig von den Meistern unserer vier alten *Hauptkirchen,* dem *Dom, St. Johann,* der ersten westfälischen Bürgerkirche von *St. Marien,* wenig auch von den Männern, die *St. Katharinen* mit dem mächtigen, oft umgeformten Turm schufen. Wir kennen auch die nicht, welche die Klöster der *Augustiner, Franziskaner, Dominikaner* und der *Benediktinerinnen* errichteten, und die das *Rathaus* und die *Ratswaage* hinterließen. Das gilt nicht weniger für den Künstler des *Domlettners,* während der um

Madonna aus der Werkstatt des „Meisters von Osnabrück" aus dem 16. Jahrh., Chor der Marienkirche

Der hl. Christophorus aus Gut Gartlage, ein Kunstwerk des „Meisters von Osnabrück", Sandstein, Anfang 16. Jahrh.

1530 wirkende *Meister von Osnabrück* langsam aus fernem Nebel aufzutauchen scheint, ein Mann, der nach den erhaltenen Arbeiten an den Zeitgenossen Tilmann Riemenschneider heranreicht. Er wird seit Jahren von der entdeckungsfrohen Kunstgeschichte mit den üblichen Fanfaren begrüßt, die jedoch kaum verhallen dürften. Wir besitzen im Dom, im Diözesan- wie im Städtischen Museum, in Oesede Arbeiten aus seiner Hand. Wir sind auch froh, daß von dem einst so beherrschenden Werk der Goldschmiedemeister *Dalhoff* und *Engelbert Hofsleger* manches erhalten blieb. Wir freuen uns über das kostbare *Graduale* der Gisela von Kerssenbrock (sog. Codex Gisle, um 1300), dem 1926 Christian Dolfens Arbeit galt, und über den vergoldeten *Kaiserpokal* aus dem 13. oder 14. Jahrhundert im Ratssilberschatz, dem „Kleinod des Osnabrücker Ratssilbers" (Witte). Vielleicht dürfen wir sogar den *Weihnachtsaltar*, der einst die Kirche der Dominikaner zierte, jetzt aber halbvergessen in dem kleinen katholischen Gotteshaus in Schledehausen steht, dem großen *Meister Franke* zurechnen. Bekannt ist auch der *Orgelprospekt* in der katholischen Kirche zu Melle, der früher gleichfalls den Osnabrücker Dominikanern gehörte. Vieles ist nach auswärts gekommen, wie der kostbare Passionsaltar aus Osnabrück eines unbekannten westfälischen Meisters, der aus dem Besitz des Freiherrn Werner von Haxthausen, der ihn 1826 in Osnabrück erwarb, nach dessen Tode 1842 in das Eigentum des Wallraf-Richartz-Museum in Köln überging. Noch heute gereicht er zur strahlenden Zierde dieses Hauses, und Christian Riepe bringt ihm 1975 in einer großartigen dichterischen Ausmalung eine zu Herzen gehende Huldigung dar (Christian Riepe, Westfälischer Meister des Passionsaltars aus Osnabrück, Osnabrück 1975). Leider ist unbekannt, ob er ursprünglich für eine Osnabrücker Kirche bestimmt war. Noch mehr ist in Kriegszeiten eingeschmolzen worden oder verlorengegangen, manches nur gottesdienstlichem Gebrauch (St. Johann, St. Katharinen) zugänglich.

Heller wird das Licht bei den *Architekten* der klassizistischen Zeit, vor allem bei dem hervorragenden, von Möser wie von dem Göttinger Lichtenberg freundlich geförderten *Georg Heinrich Hollenberg* (1751—1831). Er baute außer dem eigenen Wohnhaus an der Großen Straße die Hirschapotheke, das Haus Wessell, den neuen Saal im Großen Klub (1793) und das neue Torhaus am Johannistor (1806), schrieb theoretische, sogar schon volkskundliche Bücher und fand in dem Bildhauer *Georg Gerhart Wessell* (1744—1811) einen plastischen Mitarbeiter voll Eleganz und Geschmack. Nachfolger fehlten; das 19. Jahrhundert blieb hier tot. Auch das so feinfühlig-anschmiegsame Biedermeier findet keinen Meister mehr, in der Plastik vielleicht noch den Rauch-Schüler *Adolf Rosenthal* (1838—1866), der den bronzenen Löwen vor dem neuen Residenzschloß in Hannover (jetzt Technische Hochschule) formte (Abgüsse früher im Osnabrücker Schloß). Er lebte seine wenigen Jahre überwiegend in der damaligen Landeshauptstadt, starb jedoch in Osnabrück.

Besser steht es mit der Malerei, *Philipp Anton Schilgen* (1793—1857) war Schüler von Peter Cornelius, mit dem er 1825 von Düsseldorf nach München zog, wo er in der Residenz, in den Hofarkaden und in der Neuen Pinakothek manchmal nach Entwürfen von Cornelius und Schwanthaler, doch auch aus eigener Erfindung seine heiteren Mythologien schuf. Unter Wilhelm von Kaulbachs Leitung arbeitete er bei den Wand- und Deckengemälden im Königsbau mit. Zwei Jahre lang (1830—1832) hatte er in Rom gelebt, was damals noch dazu gehörte. Ihm verdankte der große Osnabrücker August von Kreling viel im Rahmen seiner künstlerischen Ausbildung in München (s. u.). Schilgen kehrte nach Osnabrück zurück und liegt auf dem ersten Hasefriedhof begraben.

Sein höher begabter Landsmann *August Franz Schelver* (1805—1844), Schüler des älteren Neelmeyer, blieb in der bayerischen Hauptstadt wohnen, wo er vor allem als Schlachtenmaler, auch als Illustrator eines umfangreichen Uniformwerkes (Das deutsche Bundesheer) Ansehen gewann. Einige Gemälde gingen nach Rußland, sogar an den Zarenhof.

Wie er, lebte auch der Osnabrücker Kunstmaler, vor allem Historienmaler *Otto Knille* (1832—1898) aus der Geschichte. Karl von Piloty (1826—1886) mit seinen großen Gemälden auf diesem Gebiet blieb nicht ohne Einfluß auf ihn. Er malte die Marienburg bei Hannover auf Wunsch der letzten Königin Marie, einer geborenen Altenburger Prinzessin, mit Wandbildern aus und benutzte dazu Vorwürfe aus der Geschichte ihrer thüringischen Heimat. Später übernahm er eine Meisterklasse an der Berliner Kunsthochschule. 1871 hatte er den Auftrag erhalten, zusammen mit Anton von Werner und August Heyden eine der sog. Velarien zum Einzug der siegreichen Truppen über die Siegesallee durch das Brandenburger Tor in Berlin zu gestalten; er wählte den ,,Aufruf zum Kampf" (Germania ruft das Volk zu den Waffen). Sein Monumentalgemälde in der Nationalgalerie ,,Tannhäuser und Venus" wurde 1873 eine der Hauptsehenswürdigkeiten der Weltausstellung in Wien. Wegen seiner stilvollen Komposition, Tiefe der Empfindung und Pracht des Kolorits stellten es viele noch über Makart, was dazumal einiges besagen wollte. Ein anderes Bild seiner Hand schenkte man dem alten Kaiser, der es aber an den Staat weitergab.

Vielleicht war der bedeutendste Osnabrücker Maler vor 1900 *August* (von) *Kreling* (1819—1876). Er blieb wie Schelver in Bayern, wanderte aber während seiner Lehrjahre nicht nach Italien, was er ausdrücklich betonte. Erst 1873 machte er mit seinem Schwiegersohn Custodis aus Köln eine Italienreise. Stüve hatte die Begabung des Bäckerjungen im väterlichen Geschäft an der Großen Straße entdeckt und ihn zur künstlerischen Ausbildung in der Höheren Gewerbeschule in Hannover empfohlen; doch wurde die Münchner Akademie der bildenden Künste seine eigentliche Heimat. Hier lernte er auch *Wilhelm von Kaulbach* kennen, dessen Tochter er später heiratete. 1853 rief ihn Nürnberg als Direktor an seine alte Kunstgewerbeschule, die er, auch ein hervorragender Lehrer, völlig umgestaltete und bis zu seinem frühen Tode leitete. ,,Nach Modellen zeichnen und nach Zeichnungen modellieren'', hieß sein pädagogischer Grundsatz. Die Anstalt war eine Gründung des Malers und Kunstschriftstellers *Joachim von Sandrart* (1606—1688), dessen zwischen 1675 und 1679 erschienene ,,Deutsche Academie der edlen Bau-, Bild- und Malereykünste'' noch später oft aufgelegt wurde.

Krelings Werk ist kaum zu überschauen. Er malte Geschichtsbilder und Bildnisse, stattete (im Auftrage des bayerischen Königs) die Nürnberger Burg mit neuem Mobiliar im gotischen Stil aus, schuf Denkmäler und Brunnenanlagen in Deutschland und Amerika, entwarf Tischgeschirr mancherlei Art und am Schluß des Lebens die bis in unsere Tage immer wieder gedruckten Illustrationen zu Goethes ,,Faust''. Sein Schwiegervater hielt ihn in einem Gemälde im Germanischen Museum zu Nürnberg fest; Großherzog Carl Alexander von Sachsen-Weimar versuchte, die beiden für die Ausschmückung der Wartburg zu gewinnen. Man kam jedoch über zwei in heiterer Weinlaune nach dem Abendessen beim Großherzog auf der Burg geschaffene Skizzen nicht hinaus, die noch im Sängersaal des Palas unter dem Stoffbehang erhalten sind. Einmal hatte Kaulbach die Ausmalung der Donnerschen Villa in Neumühlen an der Elbe übernommen. Da jedoch seine Zeit nicht ausreichte, übergab er die Skizzen Kreling, der sie durchführte. Da es sich um Szenen aus dem Leben Karls des Großen handelte, der die ersten Anfänge zur Entstehung seiner Vaterstadt geschaffen hatte, mochte er dazu besonders berufen sein. Leider war es ihm nicht möglich, die Urheberschaft für diese hervorragenden Bilder bis zum Ende seiner Lebenszeit (1876) geltend zu machen.

Für Osnabrück entwarf er eine schlichte Renaissancefassade des Elternhauses und 1864 ein Fenster für die Kapelle des unter Stüve erbauten Stadtkrankenhauses. Beide Arbeiten sind im letzten Kriege zerstört worden, während der große neugotische Altar, den er noch kurz vor dem Tode für St. Katharinen skizziert hatte, 1945 durch Fliegerbomben so stark gelitten hat, daß nur wenige Reststücke vor der Zerstörung bewahrt blieben: die Seitenflügel mit St. Peter und St. Paul sowie die Einzelfiguren von Moses und Johannes dem Täufer. Sie werden in der Sakristei der Kirche aufbewahrt. Das Städtische Museum besitzt einige Gemälde, darunter auch ein schönes Selbstbildnis aus jüngeren Jahren.

Kreling wurde wie sein Schwiegervater persönlich geadelt, Professor und Ehrendoktor. Nürnberg und Osnabrück nannten Straßen nach dem rastlosen Mann, der die Neugotik wesentlich fortführte und doch ein eigenes Gesicht dabei behielt. Seine Erfindungskraft scheint unerschöpflich; aber er bleibt wärmer als der witzigironische Kaulbach. Krelings Denkmal, das er für Kepler in dessen Geburtsort Weill der Stadt (Württemberg) schuf, wurde neuerdings umgestaltet, wobei es nur gewann. Vielleicht wäre das auch bei dem Osnabrücker Altar in St. Katharinen möglich gewesen!

Sein 1866 geborener Sohn *Wilhelm* brachte es zu einem tüchtigen Architekturmaler, der die besondere Gunst des nachmaligen Prinzregenten Luitpold besaß.

1. Bis 1900

1869 wurde auf dem Familiengut Haus Kappel im Waldeckschen der ebenfalls mit Osnabrück verbundene *Hugo Ungewitter* geboren. Er lebte später in Berlin, wo er auch starb. Als Bildnis- und Tiermaler war er bekannt. Der liebenswürdige Mann, früh zum Professor ernannt, studierte in Düsseldorf hauptsächlich bei Peter Janssen, der ihm bald ein eigenes Atelier als Meisterschüler übertrug. Es ist viel Leidenschaft in Ungewitters Bildern — der Name mag sinnbildlich sein — vor allem in der Darstellung der Pferde, denen sein Herz galt. Sein erstes großes Werk war die Kavallerie-Attacke bei Mars la Tour; dann folgte gemeinsam mit dem Landschafter Gustav Wendling das für die Düsseldorfer Ausstellung geschaffene Rundgemälde „Blüchers Rheinübergang bei Caub". Der bekannte Maler Oswald Achenbach war von dem Werk so ergriffen, daß, wie er sagte, ihm die Worte fehlten und das Auge feucht wurde. Anschließend ging er wieder auf Reisen, vor allem in die weiten russischen Steppenlandschaften und nach Abessinien, wo ihm sogar Kaiser Menelik einen Auftrag erteilte. Oft kehrte er zwischendurch im Elternhause am ehemaligen Kaiserwall ein, wo Bäte manchmal mit ihm sprach. Den Weltwanderer zog es immer wieder in die Vaterstadt zurück, und was besonders an dem temperamentvollen, dabei so menschlich mitfühlenden Manne rührte, war, daß er den mit seiner Mutter ausgestorbenen Familiennamen Hugo als Vornamen weiterführte und damit auch den eines der ergrauten Geschlechter der Stadt.

Ein Jahr nach ihm (1870) wurde in Bersenbrück *Franz Hecker* geboren, der in Osnabrück das Carolinum besuchte und, von den Studienjahren in Düsseldorf, München und Paris abgesehen, bis zu seinem tragischen Tode bei einem Bombenangriff (1944) in der Umgebung der Stadt wohnte. Er wurde mit seinen Landschaften, Bildnissen und Bauernbildern, ein Meister des Pinsels wie der Radiernadel, der eigentliche Künstler des Osnabrücker Landes, im Grunde ein später Romantiker wie Schilgen, Schelver, Knille und Kreling. Nur daß ihn die Geschichte wenig lockte, wohl aber die Kultur der letzten bürgerlichen Zeit im Biedermeier.

Alle Maler verbindet ein Doppeltes: die Liebe zur Vergangenheit und bei Ungewitter und Hecker zur reinen Landschaft. Es sind Anlagen, die für den Osnabrücker kennzeichnend sein mögen. Das Bildnis geht dabei mit, am ausgeprägtesten bei Kreling und Hecker. Und daß sich die Zeitgenossen untereinander nicht kannten, mag vielleicht auch osnabrückisch sein. Kreling und Knille sind weiter die ersten, die in ihrer Ausbildungszeit ohne Italien auskommen. Hecker freilich kannte Rom. Es reizte ihn aber künstlerisch nicht.

Schillers verwegenes Wort, daß der, der „den Besten seiner Zeit genug getan" habe, „für alle Zeiten lebe" (Prolog zum „Wallenstein"), trifft gewiß nur bedingt zu. Alle Genannten haben ausnahmslos die Zustimmung der Maßgeblichen ihrer Generation gefunden — ob sie deswegen weiterleben, mag dahingestellt sein. Alle Kunst, die der Großen ausgenommen, ist zeitbedingt. Doch aus der Mitte allein werden die Gipfel sichtbar, die dennoch wechselnder Beurteilung unterliegen. Selbst ein Jakob Burckhardt stellte Rubens über Rembrandt.

Niederdeutschland ist kein Land der *Musiker*. Wir besitzen nur wenige Volkslieder und in dem Hamburger *Johannes Brahms* den einzigen überragenden Komponisten. So geht denn auch die musikalische Kunst in Osnabrück über den guten Durchschnitt nicht hinaus. Wir hören von *Christoph Kölling* und seinen vier Gesellen, die an dem gesegneten 25. Oktober 1648 den Westfälischen Frieden vom Turm der Marienkirche einbliesen. Wir kennen weiterhin eine Reihe tüchtiger Komponisten aus Mösers Tagen, die auch über ihre Stadt hinausragen, ohne sie deswegen gerade unvergeßlich zu machen.

Von *August Henrich Michaelis* sind sehr schöne Sonaten bekannt; *C. W. Westerhoff* wurde Mitglied der von Johann Sebastian Bachs Sohn Friedrich geleiteten Bückeburger Hofkapelle. Er schrieb Concerti für Viola und Orchester und vertonte ebenfalls die von *Herder* geschriebene Trauerkantate auf die Gattin des großen Grafen Wilhelm, Scharnhorsts Lehrer. Eine Weile war er auch in dem Orchester der Grafen von Bentheim-Steinfurt tätig, das noch nach 1800 angesehen war. Graf Ludwig rühmte seine kompositorische Leichtigkeit; ,,als wenn er so ein concert aus dem Aermel schütteln könne", heißt es in einer Tagebuchaufzeichnung aus dem Haag, wo Westerhoff öfters spielte.

Henrich Laag, der dritte der Osnabrücker Rokokokomponisten, war Organist an St. Marien, wurde aber wegen ,,Irrlehre" abgesetzt. Doch gelang es Möser, dessen Tochter Jenny er unterrichtete, ihn an seiner Pfarrkirche von St. Katharinen wieder unterzubringen. Laag hat etwa fünfzig Lieder für Sopran und Klavier, die meisten auf Texte von Lavater, neben seiner schönen Lebensdarstellung hinterlassen. Alle drei Meister wurden auch in unseren Tagen aufgeführt, zum großen Teil aus den von Ludwig Bäte aufgefundenen Partituren.

Justus Wilhelm Lyra wurde erwähnt; es bleibt bedauerlich, daß seine scharf rechtsstehende theologische Ansicht, die selbst Beethoven nur noch soeben anerkannte und Richard Wagner aus moralischen Gründen völlig verurteilte, seine ursprünglich reiche Anlage schwächte. Langes seelisches Leiden, das ihn für Jahre in die Anstalt führte, mag dazu beigetragen haben; erst später konnte ihm eine Pfarre zugewiesen werden. Geblieben ist eine Reihe volkstümlicher Lieder — wie ,,Der Mai ist gekommen..." — aus einer noch unbeschwerten Studentenzeit; er selbst suchte nachmals die Verfasserschaft zu unterdrücken. Geachtet werden weiterhin in Fachkreisen seine Arbeiten zu liturgischen Fragen. Als Pfarrer in Bevensen bei Lüneburg und in dem Hannover benachbarten Gehrden, wo er 1886 mit fünfundsechzig Jahren starb, blieb er lange unvergessen, da er sich sehr um seine Gemeinden mühte. Sein Vater war *Friedrich Wilhelm Lyra* (1794—1848), der als junger Mann und Angehöriger des Osnabrücker Freiwilligenbataillons die Schlacht bei Waterloo mitmachte und dann als Schriftsteller bekannt wurde. Wolfgang Stammler schreibt in seiner ,,Geschichte der niederdeutschen Literatur von den ältesten Zeiten bis auf die Gegenwart" (1920): ,,Lyra wollte nicht nur Erfundenes wiedergeben, er wollte vielmehr Selbstgeschautes in der heimatlichen Mundart poetisch verarbeiten. Mit seinen kleinen Erzählungen, Kabinettstücken von feiner Beobachtungsgabe, beginnt die realistische Prosa der neuen niederdeutschen Literatur."

In Osnabrück fing *Albert Lortzing* mit seinem kompositorischen Schaffen an. Zunächst mit einer *Bearbeitung* von Hillers ,,Jagd", der einige Singspielchen folgten. Auch das im Großen Klub zuerst aufgeführte *Oratorium* ,,Die Himmelfahrt Jesu Christi" auf den Text des Osnabrücker Lehrers *Rosenthal* fällt in jene Jahre. ,,Die Jagd" inszenierte in unseren Tagen der Intendant des Osnabrücker Stadttheaters *Dr. Fritz Berend* in der Ausstattung der Lortzingzeit, das Oratorium gab Kirchenmusikdirektor *Rudolf Prenzler* in St. Katharinen wieder, der auch eine Reihe von Vertonungen auffand, die Lortzing als Mitglied der hiesigen *Freimaurerloge* ,,Zum Goldenen Rade" für deren Zwecke geschrieben hatte.

1827 wurde *Wilhelm Westmeyer* in Iburg geboren und anfangs für den geistlichen Stand vorgesehen. Er studierte jedoch nach dem Besuch des Carolinums Musik in Leipzig. Seine Oper ,,Amanda" oder ,,Gräfin und Bäuerin" wurde dort uraufgeführt; eine andere ,,Der Wald bei Hermannstadt" u. a. in Dresden und Berlin gespielt. Er schrieb auch Symphonien und Quartette.

Sein und Lyras Altersgenosse *H. Thorbecke* übersiedelte 1841 nach Philadelphia als Pianist und Komponist und ertrank 1858 auf dem verbrannten und untergegangenen Schiff „Austria".

Eine breitere Schicht von Dilettanten im alten guten Sinne des Wortes griff gelegentlich nicht ohne Erfolg zur Notenfeder, so Professor Dr. *Fritz Ziller*, als nachgestaltender Musiker lange unvergessen. Doch auch eine eigene Arbeit, so die hier aufgeführte „Serenade für Streichorchester" verdient durchaus hervorgehoben zu werden. Musik und Theater hatten es hier selten schwer, während die bildenden Künstler in ihrer Vaterstadt im allgemeinen weniger Widerhall fanden, weswegen sie wie Schelver, Kreling, Knille, Ungewitter, in unseren Tagen die beiden Vordemberge beizeiten nach auswärts gingen.

Das 1819 eröffnete *Theater*, aber füllte sich Abend für Abend, obwohl einiges dazu gehörte, es in dem engen Raum, eingerichtet im früheren großen Stalle des Waisenhofes an der Gr. Gildewart, auszuhalten. „Scheunentheater oder Theaterscheune" nannte ihn *Max Grube* in seinen „Erinnerungen eines Glückskindes"; er begann hier nach dem vergeblichen Anlauf in Meiningen seinen Weg. Lortzings Tage waren freilich vergangen; aber was nachher kam, konnte sich ebenfalls auf dem Nudelbrett der Bühne sehen

Das frühere Stadttheater (der alte Tecklenburger Hof) an der Großen Gildewart 6/7 (seit 1780 — mit Unterbrechungen — bis 1909)

lassen, die aus Sicherheitsgründen nicht geheizt werden durfte, indessen das Publikum sich wohlig an den Piesberger Kohlen der dicken Kanonenöfen wärmte, mochte es denn nun in der Loge, im ,,Amphibien"-Theater (Amphi) oder für fünfzig Pfennig auf der ,,Halunkenloge" (Galerie) seinen Platz gefunden haben. Da das Orchester in gleicher Höhe mit den Besuchern saß, genoß man das Einsatzzeichen des Dirigenten wie die Bogenstriche aus nächster Nähe, unempfindlich gegen das gelegentlich verstärkte Forte der Bläser. Die Wohlhabenden kamen natürlich im Wagen vorgefahren; man hatte für sie sogar schon eine Art von Verkehrsordnung geschaffen, gewiß die erste in Osnabrück. In den Pausen konnte man sich an Glühwein und Berliner Pfannkuchen delektieren, wenn man es nicht vorzog, im nahe gelegenen ,,Altstädter Hof", der mit dem Theater durch eine oberirdische Klingelleitung verbunden war, ein Glas Bier zu trinken.

1899 hatte *Krupp* zum Bau des Stadttheaters in Kiel 100000 Mark gestiftet; in Osnabrück hieß es:

    Ach, gäbe Krupp, der Geschütze Vater,
    das Geld auch uns für ein Theater.
    Dann würde man nicht lange spaßen
    und das Theater ,,schießen" lassen.

Man wartete aber noch ein volles Jahrzehnt.

Die künstlerische Leistung litt nicht unter den Mißhelligkeiten. Man führte neben den Klassikern des Wortes *Mozart, Weber, Lortzing, Flotow,* auch schon *Verdi* (Rigoletto) auf. 1890 trat der Naturalismus mit *Sudermanns* ,,Ehre" seinen umkämpften Weg an; ein Jahr darauf kam *Wildenbruch* mit dem ,,Mennoniten" und dem ,,Neuen Herrn", dann folgte Richard Wagner mit ,,Tannhäuser", ,,Lohengrin" und dem ,,Fliegenden Holländer".

1881 wurde das Haus unter der Einwirkung des Wiener Ringtheaterbrandes vorläufig wegen ungenügender Feuersicherung geschlossen, zugleich aber ein eiserner Vorhang eingebaut. 1905 legte man elektrisches Licht an, außerdem baute man an der Straße zwei eiserne Nottüren übereinander, die man durch Treppengerüste verband. Schön sah das nicht aus. Dafür zog man sie an spielfreien Tagen hoch. 1894 hatte der tüchtige Kritiker und Besitzer des ,,Osnabrücker Sonntagsboten", *Justus Liesecke*, ,,unter Protection des Osnabrücker Wagner-Vereins" die ,,Walküre" mit vollem Erfolg inszeniert; dem musizierenden Orchester des hiesigen *78. Infanterieregiments* fiel dabei die ,,ehrenvolle Aufgabe" zu, als ,,erste deutsche Militärkapelle die ,Walküre' zu interpretieren". Gäste aus Hannover und Bremen wirkten mit. Zwischen dem ersten und zweiten Akt schaltete man vorsichtig je dreißig Minuten Pause ein, und die Damen hatten diesmal die Hüte im Theater abzulegen. Doch das Werk trug die Kosten nicht; denn bei den Wiederholungen blieben viele Plätze leer.

Intendant *Berthold* in Detmold leitete damals die Bühne; seine Lipper Hofschauspieler verstanden ihre Kunst. Daneben aber gab es auch noch ein *,,Osnabrücker Hof-Theater",* so genannt, weil es im ,,Osnabrücker Hof" spielte. Es führte u. a. *Sudermann, Halbe, Ibsen, Paul Lindau* und den Spanier *Echegaray* auf. Im *,,Hotel National"* wurden ebenfalls Gastspiele veranstaltet, doch blieb das Gildewart-Theater bestimmend, schon wegen seiner hervorragenden Gastvorstellungen, in denen *Matkowsky, Rosa Poppe, Franceschina Prevosti* von der Mailänder ,,Scala" glänzten, neben *Wolzogens* berühmtem Berliner Kabarett ,,Schall und Rauch", einem japanischen Schauspielensemble und einer echten hawaiischen Prinzessin. Manchmal saß der Geheime Intendanzrat Berthold sogar morgens selbst an der Kasse und wehrte die Jungen ab, wenn sie eine Karte für ein nach seiner Meinung noch nicht geeignetes Stück kaufen wollten. Damals war das Theater wie früher im Sinne Schillers eine moralische Anstalt, und man nahm wegen der guten Leistung die äußeren Unbequemlichkeiten in Kauf. Viel besser war es damals in Weimar auch nicht gewesen, und Bertholds Kollege Goethe hatte nicht weniger Mühe gehabt.

Die ungewöhnlich zahlreichen *Konzerte* fanden ebenso ihren Kreis. Die des *Musikvereins* leitete *Robert Wiemann,* später Generalmusikdirektor in Stettin. Die Kammermusikabende *Oeser, Wünsch* und *Bieler* fanden mit denen des Streichquartetts *Sahla, Beyer, von Fossarth* und *Smith* ihre Hörer, auch die Karfreitagskonzerte *Paul Oesers* in St. Marien. Wissenschaftliche Vortragsreihen gingen durch den ganzen Winter; der bekannte Bremer Theaterkritiker Professor *Dr. Heinrich Bulthaupt,* Verfasser einer vierbändigen Geschichte des Dramas, wurde besonders beachtet. Das *,,Kaiserpanorama"* bei Rewwer am Neumarkt wandte sich an das Auge; noch fehlte der Film.

Nur das *Theater* blieb als Bau eine stete Sorge. Ein neues Haus wurde bereits 1890 erwogen; zwei Jahre darauf schlug man dafür den Verkauf des Kaiserpokals vor, was jedoch die Bürgerschaft überwiegend ablehnte, um ,,nicht das nachweislich wertvollste nichtkirchliche Kunstwerk Deutschlands" zu verlieren, wie es mit einiger Übertreibung in der Presse hieß. Im Magistrat gab es zeitweise sogar eine ,,pokalfreundliche" und ,,-feindliche Fraktion". Die eine war für, die andere gegen den Verkauf. Er geschah nicht. Wir freuen uns darüber, achten aber auch die sparsame Haushaltsführung der Stadt, die bei jeder Ausgabe für die volle Deckung sorgte. Da damals mit Landes- und Staatszuschüssen nicht gerechnet werden konnte, blieben die Kosten allein der Bürgerschaft vorbehalten, die ohnehin mit den Fragen der Wirtschaft und des aufkommenden Verkehrs genügend zu tun hatte.

Das Theater bekam von der Stadt aus keinerlei Zuwendungen, nur der Raum und die Heizungskosten wurden übernommen. Aber man spielte, ohne lange darüber zu reden, vier schwere Opern von Richard Wagner.

2. Kahlschlag der Seele

Deutschland, das mit dem Siege von 1870/71 führend in der Welt geworden war und in Politik und Wirtschaft Hervorragendes leistete, begann im rein Kulturellen immer mehr zu verarmen. Das *Bürgertum* als tragende Schicht schien seinen Kopf verloren zu haben; vielleicht hatte sich die Umstellung vom Agrar- zum Industriestaat zu schnell vollzogen, wahrscheinlich waren nach den jahrzehntelangen politischen Kämpfen verständliche Ermüdungserscheinungen eingetreten, sicher hatte der Goldrausch der französischen Kriegsentschädigung nur ungünstig gewirkt.

Die *Verflachung* ergriff nicht die stetig fortschreitende *Wissenschaft*, wohl aber alle Künste, die *Architektur* voran. Sie hatte nach Jakob Burckhardts bitterem Wort die Aufgabe, in einem Jahrhundert die gesamte Stilentwicklung der Erde nachbildend zu wiederholen. Man baute klassisch, romanisch und gotisch, arbeitete in Renaissance und Barock und versuchte, den neuen Baustoff des *Eisens* in überlieferten Formen architektonisch auszuwerten. Die *Dichtung* schien eine geistige Rache der Franzosen für das verlorene Sedan zu sein, wie man spöttelte. Jedenfalls regierte das französische *Sittenstück* noch lange die Bühne, der Pariser *Roman* den Bücherschrank, während die wirklich bedeutenden Deutschen der Zeit, Storm, Fontane, Louise von François, Anzengruber, Marie von Ebner-Eschenbach, Keller, C. F. Meyer, sich nur langsam durchsetzten, wobei zu bemerken ist, daß Österreich und die Schweiz mehr als heute zu einem geistigen deutschen Raum gerechnet wurden. Eine ,,nulle und nichtige Epoche", von der einst Goethe sprach, mochte wiedergekommen sein. Auch die vielgerühmte Welt der *Meininger* war bei aller ehrlicher Absicht doch nur ein neuer Makartstil voll Rausch und Pathos; selbst *Wagner* schien da hineinzupassen. Erst der Naturalismus am Ende der achtziger Jahre änderte das dichterische, doch nicht das übrige Erscheinungsbild, wenn er auch dort vorbereiten half.

Damit ging eine *Ehrfurchtlosigkeit* sondergleichen den alten *Stadtpersönlichkeiten* gegenüber insbesondere auch hinsichtlich ihrer früheren Wohnstätten, Hand in Hand. Man riß die herrlichsten alten *Bauten* und *Straßenzüge* ein; in Osnabrück fielen das *Akzise-* und das *Leggehaus* am Markt wie *Mösers Wohnsitz* an der Hakenstraße; das *Dominikanerkloster* an der Bierstraße war schon durch üble Einbauten Kaserne geworden. *Wessells* schönes Haus an der Großen Straße wurde wie *Berghoffs* edles Rokokogebäude nicht weit davon entfernt durch ungeschickte Ladeneinschübe zerrissen; viele häßliche *Neubauten* verdarben den Rhythmus der Straßenzüge; hohe *Fabrikschornsteine* (Gosling, Roth, Christoph Hammersen) qualmten mitten in der Stadt. Und hätte man allenfalls noch das Viertel um den *Hannoverschen Bahnhof* gutheißen können, so zeigten *Wittekind-* und *Möserstraße* wie die *Villen* an den Wällen mit ihren roten oder gelben Verblendschauseiten und ihren eisengeschmiedeten Gittern und Türen in nachgemachter Renaissance eine unbehagliche neue Zeit an. Hinzu traten die vielen *Reklamen*, die bei dem Fehlen eines Denkmalschutzgesetzes alles versuchten, das Erhaltene zu schänden, von den schlimmen *Fabrikanlagen* und den trostlosen *Arbeiterwohnungen* abgesehen. Gewiß erhob sich hin und wieder eine abwehrende Stimme wie im April 1900 bei dem Abbruch des *Bergmannschen Fachwerkhauses* mit dem großen Steinwerk am Nikolaiort/Ecke Kamp. Aber sie sprach in der auswärtigen Zeitschrift ,,Denkmalspflege" und besagte nichts, selbst wenn man den Aufsatz in der ,,Osnabrücker Zeitung" beschwörend abdruckte. Denn als ein Jahr darauf der Kronfideikommißfonds das *Schloß* mit dem Park den bekannten ,,Interessenten zum Kauf zur Verfügung" stellen wollte, stimmte diesmal die ,,Osnabrücker Zeitung", gewiß im Einverständnis mit ihren Lesern zu, ,,da es bisher eine sehr störende und unangreifbare Insel gebildet" habe. Die Angelegenheit zerschlug sich, sonst wäre das Schloß abgerissen und der Park für Wohn- und Geschäftshäuser aufgeteilt worden. Die Krone hatte nur zur Bedingung gemacht, daß das im Uhrflügel untergebrachte Staatsarchiv irgendwie zu erhalten sei.

Doch man *restaurierte* auch tapfer, immer ein Zeichen künstlerisch flacher, alexandrinischer Perioden. Der *Dom* wurde seiner barocken Inneneinrichtung beraubt, die *Anbauten* im Süden, das Priesterseminar und das Bischofshaus mußten neuromanisch angeglichen werden, während *St. Katharinen* im Innern in Neugotik glänzte und man radikal aber auch alles Alte bis auf die Reformatoren- und Fürstenbilder entfernte. *St. Johann* und vorläufig auch *St. Marien* konnten sich mühsam in ihrer überlieferten Würde behaupten, vielleicht weil die Mittel fehlten. Für die *evangelischen Kirchen* waren das Eisenacher Regulativ und die Beschlüsse von 1861 und 1891 maßgeblich, die genau vorschrieben, daß die Kirchen im mittelalterlichen, vorwiegend im gotischen Stil zu erbauen seien, da er ,,die heroische Epoche unseres Glaubens sei"; für die katholischen Gotteshäuser empfahl Köln die Romanik. Man nahm es dabei nicht allzu genau, denn als die ,,heroische Epoche" des Protestantismus begann, war die gotische Zeit bereits fast vergangen.

Einen vorsichtigen neuen Versuch machte die Reformierte Gemeinde mit dem Bau ihrer *Bergkirche* (1893), die, von *March* in Charlottenburg entworfen, allerdings noch

2. Kahlschlag der Seele

Hochaltar und Chor
des Domes,
im Vordergrund
der Lettner —
Ansicht aus dem
19. Jahrhundert

romanisierend eine gute Ecklösung in Verbindung mit dem angebauten Pfarrhaus erreichte. Die *Lutherkirche* (1909) an der Iburger Straße ging schon weiter im eigenen Ausdruck, auch in der großflächigen Verwendung der ungeputzten heimischen Bruchsteine.

Alfred Lichtwark war auch von der baulichen Weiterentwicklung Osnabrücks erschüttert. Vom *Dom* meinte er: ,,Ein mächtiges Bauwerk, aber leider der Barbarei und dem Unverstand restaurierender Architekten und Kirchenmaler überantwortet. Die ganze Phrasenmeute, die dem Historiker zu Gebote steht, wird gegen die Barockdekorationen losgelassen, und schließlich bläst der Jäger sein Halali über die am Boden liegende Beute. ,,Wo sind die Altäre geblieben?" fragte ich den Küster. ,,Entzweigeschlagen", sagte er. Bei der beabsichtigten Erneuerung der Marienkirche konnte er wenigstens plädieren, daß der Magistratssitz erhalten blieb. Die Orgel sollte fallen, weil sie dem 18. Jahrhundert angehörte, was jedoch nicht geschah. ,,Die Raumwirkung der frühgotischen Kirche ist nobel; aber der Kirchenmaler wird wohl damit fertig werden." Der Altar sollte ebenfalls verschwinden, wurde jedoch, wie Lichtwark glaubte, von einem Pastor gerettet. ,,Das war ein großer Naturfreund", sagte der Küster. Was den Hamburger Gelehrten jedoch unmittelbar ergriff, war das unverändert erhaltene Gotteshaus von St. Johann.

Bierstraße vor dem II. Weltkrieg

Wir verstehen heute die im Grunde so tüchtige und ehrenhafte Zeit nicht mehr, die sich willenlos der Hybris eines Fortschrittsglaubens ergab, der in Wirklichkeit ein tiefer Rückschritt war. Doch der Mensch um 1900 wollte aus seiner vermeintlichen Enge heraus, in der gewiß die Wurzeln seiner Welt lagen. Warnende Stimmen wie die Wilhelm Raabes, Lagardes oder des Rembrandtdeutschen Langbehn wurden überhört, und Wilhelms II. ,,Mit Volldampf voraus!" schien auch für Osnabrück zu gelten, das trotz seiner beharrenden Art einer unbegreiflichen kulturellen Verödung erlag, die erst das neue Jahrhundert dämmte, soweit das noch möglich war. Vorab aber freute man sich der ,,Verkaufspaläste", der ,,feenhaften elektrischen Beleuchtung" in ihnen und hatte nichts dagegen, daß man drei alte Häuser an der Großen Straße mit insgesamt sechzehn stattlichen Reklameschildern verschmierte. Doch anderswo war es nicht besser.

Gewiß sollte jede Zeit ihren Ausdruck suchen. Er muß aber recht und ungekünstelt sein und neben das erhaltenswert Vergangene das eigengeprägte Neue setzen. In den Bauwerken spiegelt sich die jeweilige Welt am deutlichsten. Die von damals war besser als ihr architektonisches Gesicht.

Portalbogen über der Brautpforte von St. Marien

3. Von der Freiheit eines Christenmenschen

So hatte einst Luther eine seiner bekanntesten Schriften genannt, die seine Kirche begründen halfen. In Osnabrück war beides früh aufgenommen worden. Jetzt aber, am Ende des so weitdenkenden, vom Humanismus der Klassik wie von der Naturwissenschaft geprägten 19. Jahrhunderts, schien diese Freiheit ernsthaft bedroht.

St. Marien galt als vorwiegend kirchlich liberal; *Pastor Dr. theol. Sulze* hatte von 1860 bis 1863 nach einem Verhör im Konsistorium zu Hannover täglich mit seiner Entlassung gerechnet, wie er selbst bekannte; aber man ließ es bei einer Verwarnung wegen einiger nicht genehmen freisinnigen Äußerungen bewenden. Über tausend Menschen empfingen den Heimgekehrten auf dem Osnabrücker Hauptbahnhof. Sulze ging später als Pfarrer nach Sachsen und starb in Dresden. Sein Nachfolger *Pastor Dr. Regula* aus gleicher theologischer Richtung kam auch mit einem Tadel der Behörde davon; das Stadtkonsistorium in Osnabrück erhielt jedoch die sonst übliche Zustimmung nicht. Dem ebenfalls liberalen Superintendenten *Dr. theol. Spiegel* wurden auf ähnliche Weise Titel und Bestätigung verweigert, während man sie dem rechtsstehenden ersten Geistlichen *Bartels* zusprach und beides wiederholte, als er schon ein Jahr darauf (1896) zum Superintendenten ernannt wurde. So war es denn für den jungen Pfarrer *Weingart* aus Eischleben nicht ganz leicht, als ihn die Gemeinde zum dritten Pastor wählte. Denn auch er galt als nicht ganz zuverlässig, weswegen man der kirchlichen Ortsbehörde das gewohnte Anstellungskolloquium — das „Osnabrücker Glaubensgericht" — sogleich untersagte. Weingart erregte bald das erwartete Ärgernis, da er in einem Vortrag zur Agende einige Bedenken äußerte. Es kam zu einem vorläufigen Disziplinarverfahren, bei dem er sich auf seine Predigten berief, von denen er dann einen halben Jahrgang einreichen mußte. Aus zwei glaubte man feststellen zu können, daß er die leibliche Auferstehung Christi wie die Himmelfahrt leugne.

Das evangelische Osnabrück war empört, daß „der in erst anderthalbjähriger Tätigkeit zum Lieblingsprediger" der Stadt angestiegene Mann so behandelt wurde; auch breite rechtsstehende Kreise waren nicht einverstanden. Jetzt wurde in Hannover das förmliche Disziplinarverfahren eröffnet, obwohl die Stadt um Einstellung bat. In den vier evangelischen Buchhandlungen und in vielen Geschäften wurden Unterschriftslisten ausgelegt, die man aber auch in die Familien brachte. Von 13 000 Großjährigen stimmten 95 Prozent für Weingart, in einem Stadtviertel allein 2300 Männer und Frauen. Dennoch erhielt er am 17. Juni 1899 einen „ernsten Verweis". Osnabrück erregte sich weiter wie vielleicht seit dem Interim oder den Verfolgungen unter Bischof Franz Wilhelm nicht mehr. Der Zorn wuchs, als man feststellte, daß *Abt Uhlhorn*, ein Sohn der Stadt, der eigentliche Veranlasser war. Als der Verurteilte von einer kurzen Erholung in Bad Neuenahr zurückkehrte, hatten Frauen sein Arbeitszimmer mit Blumen geschmückt und außer einer Büste und zwei Bildern einen Silberschrank geschenkt. Weingart legte Beschwerde ein; in der Hauptverhandlung am 9. November sprach man jedoch die Amtsenthebung mit dem bei seiner Jugend recht bescheidenen Ruhegehalt aus. Am Abend vorher hatte noch eine außerordentlich stark besuchte Protestversammlung unter Leitung von *Carl Lammers* im Festsaal stattgefunden, nach der das Konsistorium nochmals und diesmal telegrafisch um Einstellung des Verfahrens gebeten wurde. Zwei weitere Protestversammlungen folgten; dann wandte man sich mit 11 000 Unterschriften unmittelbar an den *Kaiser*. Die Empörung griff auf das ganze Reich über; in zahlreichen Städten fanden Protestversammlungen statt. Die in Berlin leitete Weingarts ehemaliger Lehrer Professor *Pfleiderer*, ein namhafter Wissenschaftler. Die dortige „Nationalzeitung" schrieb anschließend: „Das evangelische Deutschland ist am Ende des Jahrhunderts vor eine wichtige Entscheidung gestellt." Einst hatte Preußen den in Jena wegen des sogenannten Atheismusstreites entlassenen Philosophen *Fichte* ehrenvoll aufgenommen; jetzt soll der Kaiser sprechen! Wilhelm II. leitete jedoch das Immediatgesuch seinem Konsistorium zur weiteren Behandlung zu, ohne sich selbst zu äußern.

Inzwischen war bei *Rackhorst* in Osnabrück Weingarts angegriffene Osterpredigt vom 10. April 1898 in vier starken Auflagen in zwei Wochen verkauft worden; von Berlin, Hamburg, Bremen, Darmstadt, Hildesheim, Hannover, Göttingen, aus dem Elsaß liefen die Berichte über neue Kundgebungen ein. Man feierte Weingart in Gedichten und Aufsätzen; am 10. März 1900 verteidigte ihn der berühmte Arzt Professor *Virchow* im Preußischen Abgeordnetenhaus; in Hannover tat das der bekannte Göttinger Theologe Professor *Bousset*.

Es half aber alles nichts; der *Preußische Kultusminister* bezeichnete den ihm nahegelegten Gnadenweg als völlig aussichtslos. Natürlich behandelte die *Hannoversche Landessynode* den Fall ebenso ausführlich. Für Weingart trat hier der Göttinger Theologieprofessor *Schultz* ein, gab jedoch nach, wohl um seine Stellung als Konsistorialrat und

3. Von der Freiheit eines Christenmenschen 471

Abt nicht zu gefährden, als der Präsident *Voigts*, dem sich *Uhlhorn* anschloß, ausführte, daß es sich bei Weingart um die Verletzung einer „fundamentalen Heilstatsache" handle, die er als Geistlicher nicht „auf das schwankende Urteil der theologischen Wissenschaft stützen könne". Ihr Vertreter Professor Schultz schwieg vorsichtig.

Weingart erklärte bei einer erneuten Versammlung für ihn im Osnabrücker Festsaal: „Die Stadt braucht jetzt Frieden, ich auch." Aber die Zustimmungserklärungen hörten keineswegs auf; so schickte das kleine *Menslage* eine Adresse mit 300, *Badbergen* eine mit 700 Unterschriften. Der Berliner Oberbürgermeister *Dr. Kirschner* lud ihn zu einer Gastpredigt ein, Brandenburg wählte ihn einstimmig zum Pfarrer, Hamburg bat vorläufig um eine Vertretung, die achtzigjährige Herzogin von Koburg-Gotha schickte das Bild ihres lange verstorbenen Gatten Herzog Ernst, Gustav Freytags Freund, mit einem herzlichen Schreiben. Weingart aber lehnte bescheiden alle Berufungen ab, hielt jedoch in Osnabrück wie der später ebenfalls entlassene Pfarrer *Jatho* in Köln überaus stark besuchte Erbauungsstunden im Festsaal ab, in dem nachmals auch Jatho sprach.

Hannover blieb unerbittlich und versetzte den blutjungen Hilfsgeistlichen *Dr. Pfannkuche* in Herrenhausen zur Strafe nach dem Dorfe Bulten bei Peine, weil er in einer Versammlung einige unrichtige Äußerungen über Weingart klargestellt hatte; eine Disziplinaruntersuchung war vorangegangen. Als Antwort darauf wählte ihn Osnabrück mit ergreifender Mehrheit zu Weingarts Nachfolger. Diesmal stimmte das doch wohl ängstlich gewordene Konsistorium sogleich zu, während es bei der Ernennung des rechtsstehenden Pastors *Goudefroy* gezögert hatte. Der Entlassene nahm, in Osnabrück bis zum Lebensende unvergessen, eine kleine Landstelle im Bremer Staatsgebiet an; ein Fackelzug mit den Chören der Gesangsvereine ehrte im Oktober 1900 den Scheidenden.

Der Präsident des Konsistoriums *Voigts*, Weingarts wie Pfannkuches schärfster Gegner, wurde anschließend in den Oberkirchenrat nach Berlin berufen, wo er 1911 auch die Entlassung von Pfarrer *Jatho* durchsetzte; sein Verteidiger Pfarrer *Traub* folgte. Der kaiserliche Oberhofprediger *Ernst (von) Dryander* rühmt bei Voigts in den „Erinnerungen aus meinem Leben" (1922) dessen „juristischen Scharfblick", den ihm gewiß keiner abgesprochen hatte. Dryander selbst dachte jedoch wohl freier und riet allerdings erst unmittelbar vor der Revolution 1918 in dem vom Kaiser erbetenen Thronbericht, den „gewaltigen, durch die Naturwissenschaft und die mit ihr arbeitende Philosophie hervorgerufenen Gärungsprozeß nicht durch Menschen, welche die Freiheit wissenschaftlicher Forschung begrenzen, aufzuhalten". Allerdings hatte er schon 1903 die Ergebnisse der Wissenschaft auch für die Kirche verteidigt, selbst „wenn fromme Laien" ihre Ansicht „als unveräußerlichen Besitzstand ihres Glaubens betrachten".

Das sonst so rege kirchliche Leben in Osnabrück hatte einen schweren Schlag erlitten, den selbst Männer wie Dr. Pfannkuche und Lic. theol. Rolffs nicht wieder ausgleichen konnten. Auch weite Kreise der in Hannover so verhaßten Liberalen hielten sich jetzt betont zurück. In der Stadt aber sang man:
> Werd fromm und brav, und noch als Abt
> wie Uhlhorn kannst du enden.

Daß er seine Überzeugung vertrat, war sein gutes Recht, wenn man ihm auch einige ungenaue Äußerungen, wenn nicht Entstellungen übelnehmen konnte. Die Härte des Urteils auf den schroffen Widerstand gegenüber den Ergebnissen der neueren theologischen Wissenschaft vergaß man ihm nicht. Das formale Recht hatte vielleicht gesiegt, die tiefere Gerechtigkeit jedoch verloren. „Die streng orthodoxe Richtung hat hier in der Tat keinerlei Aussichten mehr", schrieb die „Osnabrücker Zeitung" in ihren fast täglichen Berichten zum „Fall Weingart".

XI.
BIS ZUM ERSTEN WELTKRIEG

1. Verwaltung

Oberbürgermeister *Westerkamp*, der nur drei Jahre (1898—1901) amtierte und am 19. Mai seines letzten Dienstjahres in Bad Ems, wo er Genesung suchte, verstarb, sah schon eine lebhafte Industriestadt; die Volkszählungen von 1900 hatten eine Einwohnerzahl von 51487 ergeben, darin war das Militär einbegriffen. Dabei waren erst elf Jahre vergangen, seit der Magistrat versucht hatte, das uralte *Jagdrecht* für alle Bürger innerhalb der Landwehr wiederherzustellen; ursprünglich hatte es sogar für die Stadtfeldmark gegolten. Das Oberverwaltungsgericht lehnte natürlich ab; immerhin war der Stolz auf die ererbten Rechte nicht ausgestorben, wenn ihre Verteidigung auch an Komik grenzte.

Das neue und so unglückliche *Jahrhundert* begann mit dem Flaggenschmuck aller öffentlichen und vieler privater Gebäude, mit Glockengeläut und militärischem Wecken. Es schneite leicht. Zugleich wurde an diesem Tage das *Bürgerliche Gesetzbuch* eingeführt, des blinden *Gottlieb Planck* (1824—1910) Meisterwerk, der 1848 in Osnabrück mit *Rudolf von Bennigsen* Freundschaft fürs Leben geschlossen hatte und dann von hier nach Hannover strafversetzt worden war. *Miquel* war später dem Bunde beigetreten; alle drei schufen dann in Schillers vom ganzen Volke gefeierten Jubiläumsjahr 1859 den *Nationalverein*, der das neue Reich vorbereiten half; Planck hatte ihm das einheitliche Recht gegeben.

Dr. Julius Rißmüller aus Hann.-Münden (1863—1933) leitete vom folgenden Jahr ab bis 1927 die Geschicke der Stadt. Er war Senator in Göttingen gewesen und wurde 1898 *Syndikus* des Osnabrücker Magistrats. Im April 1901 wählte ihn *Rheydt* zum Oberbürgermeister; er verzichtete jedoch nach Westerkamps plötzlichem Tode in Bad Ems, als ihm Osnabrück das verwaiste Amt antrug. Rißmüller wurde einstimmig gewählt; er hatte schon als Syndikus viel Vertrauen gewonnen, das er jetzt gedoppelt rechtfertigte. Kaum hat Osnabrück nach Stüves und Miquels Abschied ein so hervorragendes Stadtoberhaupt besessen, klug, zugreifend und verhandlungsgeschickt. Dabei mußte er die entscheidende Arbeit in den knappen dreizehn Jahren bis zum Kriegsausbruch tun; die übrigen dreizehn Jahre füllten Krieg, Zusammenbruch, Inflation und zum Schluß lange Krankheit aus. *Franz Hecker* hat den kräftigen Mann lebensnah für das Rathaus gemalt; in der Geschichte Osnabrücks wie in der des Preußischen Herrenhauses und in der des Hannoverschen Landtags steht sein Name fest. Der Kaiser verlieh ihm schon früh das Recht zum Tragen der *Goldenen Amtskette,* die dann die Stadt anzufertigen hatte. Dennoch besuchte *Wilhelm II.* Osnabrück als wohl einzigen gleichgroßen Ort des Reiches nicht. Der allem Getue abholde, immer ein wenig ironische Rißmüller machte sich nicht viel daraus; er schätzte den letzten Kaiser nicht sonderlich, und der Titel Bürgermeister sagte ihm mehr zu als das davorgesetzte Ober; ,,Ich bin kein Ober, und Bürgermeister genügt.''

Er besaß aus seiner parlamentarischen Tätigkeit, die ihm wegen des Verhandlungsgeschicks den Namen ,,Kompromißmüller'' eintrug, mancherlei auch für die Stadt vor-

1. Verwaltung 473

Blick von der Rathaustreppe auf den Marktplatz (vor dem II. Weltkrieg)

teilhafte Verbindungen, die er wie einst Miquel auszunutzen verstand. Er fand ebenfalls tüchtige Mitarbeiter. Senator *Reimerdes*, der so tragisch im letzten Weltkriege in seinem Hause an der Lürmannstraße verbrannte, wurde Syndikus, der aus Merseburg kommende Stadtrat *Jahrmann* rechtskundiger Senator. *Dr. Schücking* wurde zum weiteren Senator mit gleicher Berufsvorbildung ernannt. Er stammte aus der bekannten westfälischen Gelehrtenfamilie, der auch Levin Schücking angehörte. Die Amtszeit währte freilich nur ein Jahr, da ihn Theodor Storms Husum nach dort als Bürgermeister holte. Er hatte durch seine Veröffentlichungen zur preußischen Verwaltungsreform von der Behörde einiges auszustehen, ging aber seinen Weg weiter. *Dr. Sempell* aus Mönchengladbach trat an seine Stelle; ihm folgte Dr. Mueller aus Dresden, der nach kurzer Amtstätigkeit in Magdeburg Oberbürgermeister von Weimar wurde, wo er viel Gutes für die klassische Ilmstadt erreichte. Ihn ersetzte *Dr. Bunnemann*. Viele Verdienste erwarb sich der seit 1896 tätige Stadtbaurat *Lehmann*. Er hat bis in die Hitlerzeit, die ihn entließ, als unermüdlicher Arbeiter, vor allem als tüchtiger Planer gewirkt und als solcher eine Grundlage für die kommende Großstadt geschaffen. Ein sehr beträchtliches Kapital, das er zur Ausschmückung Osnabrücks hinterließ, sichert dem bis in sein hohes Alter lebendigen und oft verkannten Manne ein besonderes Andenken. 1901 hatte man auch endlich einen fachmännischen Leiter der umfangreichen Garten- und Parkanlagen gewonnen, der bald Erfreuliches leistete. Er hieß, wie sein entfernter Verwandter, *Freytag*.

Hatte man schon drei Jahre vorher den *Treppenaufgang* zum Bürgerpark angelegt, so folgte jetzt die *Umgestaltung* von Senator Wagners schöner Gründung und nach Erwerb eines benachbarten Grundstücks die Erweiterung des *Rosengartens* und die Einrichtung eines *Kinderspielplatzes*, auch die einer eigenen *Stadtgärtnerei*.

Neben den besoldeten Beamten fand Rißmüller im unbesoldeten *Bürgervorsteherkollegium* mancherlei verständnisvolle Hilfe. Die Senatoren *Wolff, Bruch* und *Enners* starben freilich bald; doch wirkte der vorbildliche Mäzen der Stadt, *Dr. Haarmann*, bis 1913 ungebrochen weiter.

2. Wirtschaft

Dr. Rißmüllers vordringliche Sorge galt zunächst der Aufgabe, den eisernen Ring der *Eisenbahnumklammerung* aufzusprengen. Die Züge auf der Strecke Berlin—Amsterdam und Hamburg—Paris, aber auch die nach Kassel, Bielefeld und Oldenburg fuhren in gleicher Höhe mitten über die Straße, so daß, vermehrt durch das Rangieren, Menschen und Wagen oft halbstundenlang vor den geschlossenen Schranken zu warten hatten. Freilich waren am Hauptbahnhof die *Humboldt-* und am *Hasetor* eine weitere Brücke für Fußgänger angelegt worden, deren Steile nicht jedem zusagte.

1904 begründete man den *Güterbahnhof* auf dem Fledder; damit wurden *Unterführungen* an der Strecke Osnabrück-Köln nötig, an deren Kosten sich die Stadt beteiligte. Ebenso griff man nach langen Verhandlungen zu, um zwischen Schiller- und Bramscher Straße Ordnung zu schaffen, auch bei der Beseitigung der vielen Schwierigkeiten, die sich eisenbahntechnisch aus der Anlage des *Stichkanals* von Bramsche nach Osnabrück ergaben. Der Güterbahnhof, mit dem die Reste der alten Petersburg verschwanden, mußte in einem Zuge mit dem entstehenden *Hafen* verbunden werden, da beide voneinander abhingen. Die Bahn um den *Gertrudenberg* herumzulegen und sie etwa bei der Gartlage in die Bremer Strecke einmünden zu lassen, gelang nicht. Wir bedauern das heute aus landschaftlichen Gründen kaum, zumal sich auch die nach dem Zweiten Weltkrieg begründete anmutige *Dodeshaus-Siedlung* nicht hätte entfalten können.

Zwischen 1909 und 1913 wurde am *Güter-* und am *Rangierbahnhof* ununterbrochen gearbeitet, im letzten Jahre auch die Sprengung am *Klushügel* beendet, um eine bessere Verbindung mit dem Schinkel zu erreichen. Erst im zweiten Kriegsjahr war die Unterführung an der Bramscher, im dritten die an der Liebigstraße fertig; die an der Schiller- und an der Wittekindstraße folgten 1918 und 1919. Daneben wurde ebenfalls im Ersten Weltkrieg (1916 und 1917) damit begonnen, den sogenannten *Aufstellbahnhof* nach Hörne anzulegen; anschließend entstanden die neue *Schalterhalle* im Hauptbahnhof und ein *Pumpwerk* in Hagen, von dem aus die beiden *Bahnwassertürme* am Hauptbahnhof gespeist werden konnten. Im ganzen haben alle Arbeiten über eineinhalb Jahrzehnte Bauzeit erfordert, wobei es als Glück zu bezeichnen war, daß im Kriege keine Stockung eintrat, da man sich mit Flüchtlingen aus Ostpreußen und Gefangenen helfen konnte. Was da alles an Geld, Verhandlungsgeschick mit dem Eisenbahnministerium und den zu enteignenden Bürgern, an Abwehr gegenteiliger Meinungen im Rathaus, in der Presse und in den Bürgervereinen bedeutete, wissen die, die diese unruhigen Jahre, die Osnabrück in eine einzige Baustelle umwandelten, erlebten, am besten. Daß der Krieg die an und für sich schon erheblich vermehrte Arbeit noch erhöhte, läßt in ihrer Bewältigung Rißmüllers Leistung besonders hoch erscheinen.

2. Wirtschaft

Der umfangreiche *Hafen* ist mit den Nebenanlagen ebenfalls sein Werk. Er hat sich so bewährt, daß vor zwei Jahrzehnten mit einer erheblichen Vergrößerung begonnen wurde, wobei der Kanal auf nahezu doppelte Breite gebracht werden sollte. Die *Hauptstrecke* geht bei Bramsche vorüber; der *Zweigkanal* nach Osnabrück erhielt am Piesberg eine Schleuse. Die *Hase* wurde zu einem Teil umgelegt, die *Nette* vor ihrer Mündung in sie unter dem Kanalbett hergeleitet. Neben dem Hauptbecken des Stadthafens entstanden ein *Schiffswendebecken* und ein geräumiges *Industriegelände*. Der *Stichkanal* war 1915, also im Kriege, beendet; Osnabrück zählte damals 81000 Einwohner, für die in Geduld und Geschick neue Arbeitsplätze geschaffen worden waren. Alles gab der Stadt nicht nur ein anderes Gesicht, sondern auch einen breiteren Atemzug, der sich sowohl im geschäftlichen wie auch im kulturellen Leben ausprägte. Die behagliche, immer noch leicht ländliche *Mittelstadt* war verschwunden. Was damit verlorenging, wurde durch das Neugeschaffene vielfältig aufgewogen.

Die angestrengte Wirtschaft verlangte natürlich auch einen verstärkten *gesundheitlichen Schutz*. 1925 wurde die der Provinz unterstellte *Hebammenlehranstalt* an der Knollstraße an den Lieneschweg verlegt und später von der Stadt als *Frauenklinik* übernommen. Der schon lange (seit 1840) bestehenden *Kleinkinderbewahranstalt* an der Alten Münze, im Garten des früheren Blumenklosters (Alte Münze 6) errichtet, konnten zwei neue Gründungen hinzugefügt werden (Turner- und Miquelstraße); die Darstellung greift hier des Zusammenhangs wegen gelegentlich in die spätere Amtszeit Rißmüllers hinein. Die Einrichtungen standen selbstverständlich allen Bekentnissen zur Verfügung. Die beiden *Wasserwerke* wurden erweitert, und das *Städtische Elektrizitätswerk* erhielt 1911 eine Anlage für Gleich- und Drehstrom.

Am letzten Tage des Jahres 1906 eröffnete man die *elektrische Straßenbahn* mit vorläufig zwei Strecken (Hauptbahnhof—Lotter Straße und Hasetor—Johannistor) und dem Depot an der Lotter Straße. 1910 und 1914 wurden die Fahrstrecken bis zum Schölerberg, zum Martinitor und zur Bramscher Straße erweitert. Die Fahrgäste warfen ohne Überwachung ihren Groschen in den Zahlkasten. So sparte man einen Schaffner. Der Fahrer konnte durch einen Spiegel eine freilich bei starkem Besuch unmögliche Kontrolle ausüben. Doch man war ehrlich, und eine etwaige „Wut über den verlorenen Groschen" machte nicht viel aus.

1906 traten der *Städtische Fuhrpark* an der verlängerten Jahnstraße, ein Jahr darauf der vergrößerte *Schlachthof* zu den genannten Anlagen; fünf Jahre später schloß sich ein *Viehhof*, 1924 eine *Viehgroßhalle* an. Mit dem Schlachthof wurde das von einem Chemiker geleitete *Öffentliche Untersuchungsamt* verbunden, das nicht nur der Stadt, sondern ebenso den umliegenden Kreisen diente, doch auch außerhalb des Regierungsbezirks wie von den Gerichten viel benutzt wurde.

1902 war die zweite Abteilung des *Ostfriesischen Artillerieregiments 62* von Verden nach Osnabrück verlegt worden. Sie wurde vom Oberbürgermeister vor dem Rathaus begrüßt; die Offiziere erhielten weiße Rosen. Die Stadt hatte gegen eine Vergütung den Bau der *Kasernen* am Nordabhang des Westerberges übernommen; die Kosten für die beiden *neuen Kasernen* am Schwarzen Platz an der Natruper Straße (Maschinengewehrkompagnie und Infanterie) trug die Militärverwaltung allein; die Bauten ergaben sich aus der allgemeinen Heeresvergrößerung. Die vielen Soldaten und die Offiziere mit ihren Familien erhöhten im Wirtschaftsleben der Stadt die mancherlei Verdienstmöglichkeiten.

Die *Feuerwehr* wurde von 1909 an durchgreifend umgestaltet und eine *Berufsfeuerwehr* mit allen technischen Einrichtungen angegliedert.

3. Kirche

In der *evangelischen Kirche* bestimmte die liberale Richtung mit *Weidner, Dr. Pfannkuche, Lic. Rolffs, Bodensieck, Gruß endorf* u. a. weiter. Der entlassene *Weingart* fand stets ein volles Haus, wenn er im *Protestantenverein* sprach, wo aber auch andere Männer von wissenschaftlichem Rang ihre Vorträge hielten. Der *Evangelische Bund* und der *Gustav-Adolf-Verein* setzten ebenfalls ihre Arbeit fort. Der Harnack-Schüler *Ernst Rolffs*, eine tief- und reichgebildete Persönlichkeit, durch philosophische und kirchengeschichtliche Arbeiten wie durch die Leitung der Modernen Predigtbibliothek bekannt, förderte außerdem das Werk des *Internationalen Guttempler-Ordens* durch die Begründung einer Reihe von Logen, die viele Mitglieder zählten und Stüves wie Selings Arbeit in strengerem Sinne neu erstehen ließen. *Dr. August Pfannkuche*, politisch ein Schüler Friedrich Naumanns, trat auch schriftstellerisch für die soziale Frage ein und blieb theologisch nach wie vor in Hannover unbeliebt. Er entfaltete im Schinkel, der damals noch zu seinem Pfarrbezirk gehörte, ein starkes kirchliches Leben. Später wurde eine eigene Gemeinde mit zwei Pfarrstellen errichtet und 1928 die *Pauluskirche* eingeweiht.

Die evangelische *Eversburger Gemeinde*, die 1909 ihr Gotteshaus erhielt, gehörte nach wie vor zu St. Marien. Hier wurde Pastor *Friedrich Gruß endorf*, wie Rolffs überzeugter Guttempler und während des Burenkrieges in Südafrika tätig, eine geradezu volkstümliche Gestalt, die später in der Hitlerzeit zusammen mit dem Freunde Hans Bodensieck mit unerhörtem Mut ihre Welt verteidigte, Gruß endorf auch in den in immer neuen Auflagen erschienenen „Kräftigen Irrtümern". Bodensieck erwarb sich nebenher als tüchtiger Kunstgeschichtler viele Freunde.

Die *Reformierte Gemeinde* errichtete 1907 an der Klöntrupstraße ein zweites Pfarrhaus als Mittelpunkt einer neuen Gemeinde, die in der 1925 erbauten *Friedenskirche* ihr Gotteshaus besaß.

Die *katholische Kirche* gewann in dem erst vierunddreißig Jahre alten Lingener Oberlehrer Dr. *Wilhelm Berning* einen neuen Führer, der, später als Erzbischof, die große Diözese mit fester Hand leitete, doch auch in der Betreuung der deutschen Auslandskatholiken sich bedeutende Verdienste erwarb. In der langen Reihe der Osnabrücker Bischöfe ist sein Episkopat das längste gewesen. Gewiß auch eines der tragischsten, da viele seiner Gründungen im Zweiten Weltkrieg zerstört wurden, vor allem die in den Großstädten Hamburg und Bremen. Wie sein Vorgänger Voss in beiden Bekenntnissen beliebt, trug er manches dazu bei, gelegentliche Spannungen zu mildern.

Am Hasetor war schon vorher das baulich ausgewogene *Kloster zur ewigen Anbetung* entstanden; die neugotische *Herz-Jesu-Kirche* am Herrenteichswall sorgte für den Osten der Stadt. Später tat das auch die von Professor *Dominikus Böhm* in Köln entworfene *Kreuzkirche* in Schinkel, mit der sich die neue Baugesinnung wirkungsvoll durchsetzte, während die romanisierende *Josephskirche* im Süden in der Überlieferung beharrte. Sie wurde von dem Kirchenmaler *Riepe,* dem Bruder des plattdeutschen Dichters *Heinrich Riepe*, ausgemalt. Das kirchliche *Vereinsleben* nahm zu; der Name des Zentrumsführers *Ludwig Windthorst* blieb in Ehren. Das Haus an der Seminarstraße, das er in der Osnabrücker Zeit bewohnt hatte, wurde umgestaltet das Heim der großen *Kolpingsfamilie*. Der *Caritasverband* vereinigte die schon vorhandenen sozialen Einrichtungen. Die künstlerische Überlieferung der Stadt, vor allem nach der kirchlichen Seite hin, fand in dem Domarchivar *Dr. Christian Dolfen* einen hervorragenden Kenner und Interpreten.

Die *Jüdische Gemeinde* erbaute bald nach der Jahrhundertwende an der Rolandstraße ihre ausdrucksstarke Synagoge in leicht romanisierender Gestaltung. Am 13. September

3. Kirche

Alte Synagoge, Rolandstraße,
zerstört 9. November 1938

1906 wurde das würdige und geräumige Gotteshaus in feierlicher Weise unter Teilnahme des Stadtoberhauptes und der Städtischen Kollegien (Magistrat und Bürgervorsteherkollegium) von dem Landrabbiner für Ostfriesland und Osnabrück, Dr. Löb, Emden, eingeweiht und seiner Bestimmung übergeben. Die musikalische Leitung für die Feier der Einweihung, die unter großer Anteilnahme der Bevölkerung erfolgte, hatte der Organist an St. Katharinen, Rudolf Prenzler, übernommen. Der hohe grünglasige Kuppelbau mit dem goldenen Davidstern als Spitze enthielt über 400 Sitze und bildete eine Zierde unserer Stadt.

Die Gemeinde hatte sich langsam, doch stetig seit etwa 1800 vergrößert und genoß allgemeine Anerkennung, nicht zum wenigsten wegen ihrer in aller Stille ohne Rücksicht der Bekenntnisse ausgeübte Wohltätigkeit. Eine Schule war dem Bau angeschlossen; als Kultusbeamte wirkten *Oberschützky,* Rabbiner *Dr. Krakauer* und zuletzt der als einer der ersten 1914 mit dem Eisernen Kreuz ausgezeichnete und schwerverwundete *Trepp,* der mit seiner Familie bis auf einen jetzt in Israel lebenden Sohn umkam; zahlreiche andere Gemeindeglieder gingen voran.

Jüdischer Herkunft war auch der Leiter des Stadtkrankenhauses, Geheimrat *Dr. Siegfried Pelz,* ein angesehener Chirurg, der manche ehrenvolle Berufung abgelehnt hatte, um seine Anstalt nicht zu verlassen. Er war 1848 in Rogasen (Posen) geboren und nahm bereits 1870/71 als Feldarzt am Kriege teil. Als das Hochhaus eingeweiht wurde, stellte

Neue Synagoge

man seine Bronzebüste in die Halle. Nachdem das sehr schöne Werk durch die Nationalsozialisten zerstört wurde, wählte man eine Gedenktafel. Der Schwiegersohn des verehrten Mannes war der bekannte Maler und Direktor der Kasseler Kunsthochschule, Professor *Curt Witte*.

Nach seiner sinnlosen Zerstörung durch die Nationalsozialisten in der Nacht vom 8. zum 9. November 1938 (sog. ,,Reichskristallnacht'' s.u.) erinnern heute nur noch der Straßenname Alte-Synagogen-Straße und drei Bronzetafeln an dem ehemals benachbarten Gebäude der Bezirksregierung an das große Gotteshaus der Jüdischen Gemeinde Osnabrücks in der Rolandstraße. Von der alten synagogalen Anlage war zunächst noch das Nebengebäude mit einem kleinen Kultraum und einigen Wohnungen erhalten, die jedoch nach der Errichtung eines neuen Jüdischen Kulturzentrums mit Synagoge 1968/69 an der Straße In der Barlage, das am 1. Juni 1969 feierlich eingeweiht wurde, aufgegeben wurden. Die drei Gedenktafeln am Regierungsgebäude — z.T. mit hebräischer Inschrift — wurden im November 1978 anläßlich der 40. Wiederkehr des Tages der Zerstörung der großen Synagoge während des NS-Regimes der Öffentlichkeit übergeben; ebenso erhielt am 9.11.1978 — in einem würdigen Umbenennungsakt durch Oberbürgermeister Weber — die bisherige Rolandstraße bis zur Einmündung in die Arndtstraße den Namen Alte-Synagogen-Straße. Alle diese bedeutsamen Vorgänge haben ihren tragischen Hintergrund und dienen zugleich der Mahnung an die vielen unschuldig Ermordeten aus den Reihen der jüdischen Mitbürger in Osnabrück. Aber es bleibt eine Ehre der Stadt, daß sich die eingesessenen Bürger kaum und dann wohl nur aus Angst an den Ausschreitungen beteiligten. Die allgemeine Teilnahme bei der Beerdigung des bis in die letzten Tage von den Parteistellen verfolgten, fast neunzigjährigen Geheimrats Pelz war ein erschütternder Beweis, wie dankbar man ihm geblieben war. Der evangelische Geistliche Pastor Bodensieck sprach an seinem Sarge, und in St. Katharinen rühmte am Sonntag darauf der inzwischen zum Stadtsuperintendenten ernannte Lic. Rolffs den Barmherzigen Samariter Osnabrücks.

4. Schule

Die älteste höhere Schule der Stadt, das *Gymnasium Carolinum*, beging 1904 ihr elfhundertjähriges Bestehen; fünf Jahre vorher hatte man hinter das noch aus der hannoverschen Zeit stammende bescheidene Gebäude an der Hase einen Anbau gesetzt, den eine Plastik Karls des Großen zierte; heute regiert sie nach einiger Irrfahrt den Spielhof. Der nach dem letzten Kriege errichtete, lange notwendig gewordene Bau ordnet sich einheitlich in das vom nahen Dom bestimmte Bild ein, was früher nicht der Fall war.

Die Anstalt, jetzt städtisch, hat viele bedeutende Schüler herangebildet, so den Dichter *Theodor Wilhelm Broxtermann*, den Politiker *Ludwig Windthorst*, der hier als einer der ersten das von Hannover recht spät (1830) eingeführte Maturum bestand, den Schriftsteller *Levin Schücking*, den späteren Bischof und Erzbischof in Schweden, *Dr. Albert Bitter*, sowie den plattdeutschen westfälischen Dichter und Pfarrer *Augustin Wibbelt*, der auch über seine Schulerlebnisse schrieb. Ebenso gehörte der Maler *Franz Hecker* dahin. Als Lehrer trat der Oberstudienrat Professor *Dr. Ludwig Schirmeyer* besonders hervor, der jahrelang den Historischen Verein leitete und neben mancherlei eigenen Veröffentlichungen die Jahresbände herausgab, einer der besten Kenner der Geschichte Osnabrücks und des umliegenden Landes. Er war der Familie des Generalsekretärs *Stumpf* vom Stahlwerk verwandt, der die vielbesuchten Volksunterhaltungsabende im Vereinshaus am Kollegienwall (später Stadthalle) errichtete; das oft recht aufwendige Programm, das zugleich als Eintritt diente, kostete 10 Pfennig. Neben Schirmeyers auch künstlerisch feinfühliger, immer hilfsbereiter Persönlichkeit stand sein Amtsgenosse am gleichen Gymnasium, *Dr. Karl Kennepohl*, ein tüchtiger Numismatiker, der auch eine umfangreiche Münzgeschichte der Stadt Osnabrück herausbrachte.

Die von Hermann Bonnus 1543 begründete Ratsschule, später das *Ratsgymnasium*, wurde im Interim geschlossen, 1595 jedoch von neuem eröffnet. Sie lag anfangs, ein kümmerlicher Bau, hinter der Marienkirche; Justus Möser hat diesen „lateinischen Notstall", wie er ihn nannte, noch besucht. 1817 wurde die Böselagersche Kurie am Domhof (seit 1909 steht dort das Stadttheater) Schule. Die hannoversche Regierung hatte sie erworben und entsprechend eingerichtet; *Bernhard Rudolf Abeken*, soeben zum Konrektor ernannt, schrieb zur Einweihung einen Prolog in der Nachfolge seines Meisters Goethe.

Fast alle entscheidenden Namen der Stadt sind aus dem Ratsgymnasium hervorgegangen, neben *Möser* der *Abt Jerusalem*, die *Stüves*, *Bernhard Rudolf* und *Heinrich Abeken*, *Abt Uhlhorn*, Vater und Sohn *Lyra* bis hin zum Präsidenten des Kirchlichen Außenamtes, *Dr. theol. Wischmann*, und einem der Begründer des deutschen Fernsehens, *Dr. Werner Pleister*. Auch der Dichter von „Alt-Heidelberg", der 1862 in Hannover geborene und früh erblindete *Wilhelm Meyer-Förster*, war von 1876 bis 1877 Schüler des Ratsgymnasiums. An Lehrern gewannen *Kleuker*, *Bernhard Rudolf Abeken* und in unseren Tagen die Professoren *Dr. Knoke*, *Dr. Ranisch*, *Dr. Ziller* und *Dr. Brunk* auch als Wissenschaftler über die Stadt hinausgehendes Ansehen.

1906 wurde das neue, längst nötige Gebäude am Schloßwall errichtet; für den Mitteltrakt benutzte man glücklich Motive früherer Osnabrücker Bauten. Für lange Zeit blieb das große Haus die schönste Lehranstalt der Stadt, die sich ihrer alten Stiftsschule stets mit besonderer Liebe annahm.

Das *Realgymnasium* an der Lotter Straße, später *Ernst-Moritz-Arndt-Gymnasium*, zunächst staatliche Anstalt, heute in der Trägerschaft der Stadt, erhielt 1913/14 einen

Planungszeichnung des Ratsgymnasiums

Anbau und die Turnhalle, die vom Schulträger mit einigem Widerstand finanziert wurde. Die frühere *Städtische Töchterschule* am Wall wurde 1908 völlig im Sinne der neuen Ministerialverordnung in ein Mädchengymnasium umgestaltet, daneben eine *Studienanstalt* eingerichtet, eine *Frauenschule* geplant und dem ursprünglichen *Lehrerinnenseminar* eine *Übungs-* als *Mädchenmittelschule* angeschlossen. 1907 wurde der *Neubau* am Wall und an der Katharinenstraße eröffnet und für die Übungsschule ein nun umgebautes Haus an der Martinistraße angekauft. Von 1883—1910 war *Dr. Adolf Heuermann* Leiter der verschiedenen Anstalten; des vornehmen, auch musikalischen Mannes erinnert sich später noch manche ,,höhere Tochter'' in Dankbarkeit, die gewiß dem Oberstudienrat *Dr. Friedrich Dieckmann* nicht weniger gilt, der neben seinem Wahlberuf als nationalliberaler Politiker, als regelmäßiger Mitarbeiter an Justus Liesekes vielgelesenem ,,Sonntagsboten'' und als einer der Mitbegründer des Osnabrücker Verkehrs- und Wandervereins weithin der Öffentlichkeit diente. Er war noch Schüler Treitschkes gewesen, dessen glühende, wenn auch nicht immer pathetikfreie Art der vaterländischen Rede auf ihn überging.

Die *Bischöfliche höhere Mädchenschule*, anfänglich am Kamp, dann am Neuen Graben und zuletzt an der Kleinen Domsfreiheit gelegen, wurde von *Bischof Dr. Paulus*

4. Schule

Melchers von 1865 an den *Ursulinen* übertragen, deren auswärtige Schülerinnen auch das von ihnen mitgeleitete Pensionat benutzen konnten. Ein *Lehrerinnenseminar* entwickelte sich nebenher aus den ursprünglichen Fortbildungskursen; später erfolgte die Einrichtung eines *Lyzeums*, eines *Oberlyzeums* und einer *Frauenschule*, die man kurz vor dem Ersten Weltkriege im Ursulinenkloster *St. Angela* in Haste ins Leben rief. Sie erweiterte sich rasch zu einer der umfangreichsten Anstalten der damaligen Provinz Hannover; ihre geistlichen Lehrerinnen erwiesen aber auch den vielen evangelischen Mädchen liebevolle Förderung, da eine Frauenschule ihres Bekenntnisses immer noch fehlte. An der Domsfreiheit wirkte lange der aus Nordhorn stammende theologisch und sprachlich hochgebildete Pastor und Oberlehrer Dr. theol. *Theodor Philips*, der nachmals an das Gymnasium in Rheine ging und als Pfarrer in Oesede starb, auch breiteren Bezirken durch Wissen und menschliche Wärme unvergessen. Er gehörte mit Ludwig Bäte zu dem engeren Freundschaftskreis um den Erzbischof *Dr. Albert Bitter* in Melle (1848—1926), der ihn nicht minder schätzte. Dr. Philips leitete daneben Jahre hindurch den Dante-Zirkel im Hause des Kaufmanns *Röver* an der Herrenteichsstraße und in dem schönen Landsitz der Frau *Hedwig Quirll* in Siebenquellen bei Oesede, eine der mancherlei stillen Bildungsstätten unseres Landes. Er schrieb ebenso ein zweibändiges Buch über Augustinus.

Das 1810 begründete *Kgl. Ev. Lehrerseminar* beging sein Hundertjahrfest im Harmonieklub, während am Limberg bei Hankenberge eines der neuen Zeppelinluftschiffe zerbrach, auf das man besondere Hoffnung gesetzt hatte. Lic. Rolffs sprach für die evangelischen Gemeinden der Stadt und forderte unter dem Beifall der vielen früheren und jetzigen Schüler die Aufhebung der *geistlichen Schulaufsicht*. *Ludwig Hoffmeyer* hatte für das Jubiläum mit gewohntem Fleiß eine sorgsame Geschichte der alten, ehrenreichen Anstalt geschrieben.

Das *katholische Lehrerseminar* wurde erst 1838 als bischöfliche Einrichtung eröffnet und 1907 staatlich. Zehn Jahre darauf schuf man an der Brinkstraße ein neues Gebäude, mit einer Präparandenanstalt verbunden, während die 1903 errichtete evangelische Seminar-Präparandenanstalt in den von der Stadt hinter der Katharinenkirche überlassenen Räumen arbeitete, die nachmals der *Hilfsschule* dienten. Der bedeutendste Schüler des katholischen Seminars wurde *Erich Maria Remarque*, damals Erich Remark. Der 1898 geborene Weltkriegsteilnehmer, Lehrer, Schriftleiter von Scherls ,,Sport im Bild'' (Berlin) und Schriftsteller gewann mit seinem ersten, noch heute immer wieder aufgelegten Roman ,,Im Westen nichts Neues'' einen Welterfolg, den auch seine späteren Werke vollauf behaupteten. Vieles ist nicht ohne leise Wehmut, die überall durchschimmert, in Osnabrück beheimatet. Remarque, von den Nationalsozialisten gehaßt, die seine Schwester ermordeten, emigrierte über Frankreich nach Amerika, wo er Ehrenbürger von New York wurde. Er lebte in den letzten Jahren nach dem Kriege bis zu seinem Tode 1971 — wenn er nicht auf Reisen war — in seinem bereits 1931 erworbenen und seit 1947 ständig bewohnten Landhaus zu Porto Ronco bei Ascona in der Südschweiz. Sein Vater, Buchbindermeister bei Prelle an der Krahnstraße, wohnte später in Rothenfelde; an seiner Beerdigung nach dem Zweiten Weltkrieg nahm der Sohn, der seit der Emigration nicht wieder nach Deutschland zurückgekehrt war, für wenige Stunden teil.

Mag denn auch Walter von Molos Wort über Remarques ersten Roman als ,,unser Denkmal des unbekannten Soldaten'' vielleicht zuviel sagen, so steht doch fest, daß er als Zeugnis der jungen Kriegsgeneration dokumentarischen Wert besitzt. Daß Remarque der bekannteste Osnabrücker wurde, bleibt gleichfalls unbestritten. Wir werden auf ihn in weiteren Abschnitten der Chronik noch mehrfach zurückkommen.

Die *Volks- und Mittelschulen* glichen sich wie alle anderen Anstalten den Erfordernissen der Zeit an. 1902 wurde die neue *evangelische Mittelschule* an der Hakenstraße, 1907 die *Teutoburger Volksschule* erbaut. 1900 hatten Lehrer und Schüler die *Volksschule* am Rosenplatz, 1910 die *katholische Overbergschule* bezogen. Die zunächst *katholische Wittekind-Mittelschule* folgte 1908 neben der Herz-Jesu-Kirche; dann kamen 1915 die *(evangelische) Backhaus-Mittelschule* im Osten der Stadt und 1918 eine *(katholische) Mädchenmittelschule* am Herrenteichswall. 1904 und 1911 entstanden die *Haushaltungsschulen*, zu denen sich die schon früher eingerichtete *Gewerbliche Fortbildungsschule* gesellte. 1919 begründete man eine *Volkshochschule* mit recht wechselndem Besuch, der sich jedoch nach dem Zweiten Weltkrieg festigte.

Osnabrück ist von jeher eine angesehene *Schulstadt*; die Fülle der Anstalten war zunächst auch konfessionell bedingt, was aber nur Vorzüge hatte, da jedes Bekenntnis Wert darauf legte, die beste Schule zu besitzen. Das galt gleichfalls für die Krankenhäuser. Immerhin ist bis in unsere Tage ganz Erhebliches für die Bildung getan worden. Ludwig Bäte erinnerte sich noch der *Provinzial-Lehrerversammlung* vom Herbst 1913 in Osnabrück, wo einer der Redner unter lautem Beifall der zahlreichen Teilnehmer feststellte, daß unsere Stadt und Wiesbaden die höchsten *Zuschüsse* für die Volksschulen in Preußen leisteten. Daß man unter Dr. Rißmüllers kluger Leitung in fast jeder Schule eine *Brauseeinrichtung* einbaute, die nach dem Unterricht auch allen Erwachsenen freistand, daß man schon zeitig die *Zahnpflege* und die Liebe zu den *Blumen* durch Überweisung von Topfpflanzen durch die Stadtgärtnerei an die Kinder einführte, daß man mit am frühesten in Deutschland, worauf schon hingewiesen wurde, die *Mittelschulen* und den *Handfertigkeitsunterricht*, später Werkunterricht genannt, vertrat — das alles soll wie das immer vorbildliche *Turn- und Sportwesen* nicht vergessen sein. Heute ist die Jugendbildung der Stadt, stetig und ruhig in ausgezeichneten Gebäuden fortgeführt, die am meisten durchgegliederte des Landes Niedersachsen geworden.

5. Das neue Theater

Dr. Rißmüller war die erste Hälfte seiner Amtszeit, wie er Ludwig Bäte einmal erzählte, ein unablässiger Anreger im Bauen: ,,Nachts sehe ich Kalkgruben, Steinhaufen, Eisenbahndämme, Unterführungen, Hafenanlagen, Schulen, Kasernen und — überschrittene Voranschläge." Das neue Theater, sein schönstes Werk, machte ihm keine Sorgen, da hier die gesamte Bürgerschaft half. Mit der Errichtung verschwand auch die Böselagersche Kurie am Dom, was keiner bedauerte; man hatte den Vorschlag fallenlassen, das Haus an der Bocksmauer zu errichten, aus heutiger Verkehrssicht erfreulich.

Jahrzehnte hindurch war um ein würdiges Gebäude gestritten und gezankt worden; jetzt griff die ganze Stadt zu und brachte aus einer Sammlung 175000 Mark auf. Die Städtischen Kollegien bewilligten 450000 Mark und beauftragten den anerkannten Fachmann Professor *Martin Dülfer* in Dresden, der schon viele Theater gebaut hatte, mit einem Entwurf und einem Kostenplan, der jedoch reichlich hoch ausfiel. So übernahm denn das Städtische Bauamt unter Leitung von Baurat *Lehmann* die Aufgabe, deren Lösung allgemeine Zustimmung fand, wenn auch Dülfer einige Verwandtschaft mit seinem Plan zu entdecken glaubte. Die Gliederung des Baukörpers war gut, ein wenig störte die zu kurz geratene Außentreppe, was im Platzverhältnis begründet schien. Der Jugendstil bestimmte, heute gilt er wieder als anerkennenswert, gewiß als mutiger Ver-

5. Das neue Theater

such, aus den ewigen Stilwiederholungen des vorhergehenden Jahrhunderts herauszukommen. Man stellt jetzt sogar schon die entscheidenden Bauten unter Denkmalschutz und hätte ruhig nach dem Brande vom 25. März 1945 auch das Bühnenhaus in der ursprünglichen Gestalt wiederherrichten sollen. Im Innern gelang das besser; doch fügte man leider die Logen wieder ein, womit eine Verbreiterung des Bühnenportals unmöglich wurde.

Der endgültige Kostenplan, der nicht wesentlich überschritten wurde, belief sich auf 690000 Mark; die Durchführung gelang rasch. Am 29. September 1909 fand die *Einweihung* statt. Der neue 1. Theaterkapellmeister *Heinrich Cassimir* leitete sie mit dem Meistersinger-Vorspiel ein; dann folgte ein Prolog des Schriftleiters der ,,Osnabrücker Zeitung" *Ludwig Heilbronn*, der sich viel Mühe bei der Geldsammlung gemacht hatte, und eine hervorragende Wiedergabe von Shakespeares ,,Julius Cäsar" in der Einrichtung des neuen Direktors, späteren Intendanten *Carl Ulrichs*, der bis dahin dem Großherzoglichen Hoftheater in Oldenburg vorgestanden hatte.

Der mittelgroße, tatkräftige und jedem Widerstand gewachsene Mann, durch und durch Künstler, führte die alte Theaterüberlieferung Osnabrücks geschickt und mit unerhörtem Eifer fort. Von 1777 an sind alle Spielpläne durch *Louis Bohnes* Fürsicht erhalten; leider fehlt der Band über die napoleonische Zeit, der unbedachtsam vom Archiv nach Berlin ausgeliehen wurde und nicht mehr zurückkehrte. Was vorübergehend im Reitstall des Schlosses und dann an der Gildewart im eigenen Gebäude geleistet wurde, ist ein achtungswertes Kapitel der allgemeinen deutschen Theatergeschichte; es mag ausreichen, darauf hinzuweisen, daß *Lessings* ,,Emilia Galotti" wie *Goethes* ,,Clavigo" schon zu Lebzeiten der Dichter gespielt wurden, daß *Ekhof* wie Goethes Freund *Großmann* hier auftraten, daß man *Shakespeare* bereits zu Mösers Tagen mit erheblichem Erfolg aufführte und *Albert Lortzing* hier seine ersten Singspiele auf den weltbedeutenden Brettern erstehen sah, Komponist, Dirigent, Sänger und Schauspieler wie Freund der ganzen Stadt zugleich.

Doch schon lange vorher gab es im *Dom*, vom Rat unterstützt, Tragödien und sogar Komödien, ebenso Schauspiele der Gymnasiasten im Alten Rathaus am Markt. Und das im Benediktinerinnenkloster auf dem Gertrudenberg 1929 aufgefundene *Osnabrücker Osterspiel* von etwa 1543, *Dr. Dolfens* glückliche Entdeckung, zeigte wie das 1919 von *Dr. Konrad Dürre* im Ratsgymnasium wieder zutage gebrachte Osterspiel (Passionsspiel), daß es ebensowenig wie nachmals bei Möser und Broxtermann an örtlichen dramatischen Begabungen fehlte. Das Osterspiel Dr. Dürres wurde nach dem Ersten Weltkriege zuerst von einer Laienspielgruppe des später so bekannt gewordenen Rundfunk- und Fernsehfachmanns *Dr. Werner Pleister*, von Ludwig Bäte bearbeitet und ergänzt, in Osnabrück und Melle aufgeführt und, von Bäte inszeniert, am ersten Ostertag 1933 im Deutschlandsender zu Berlin weiteren Schichten zugänglich gemacht. *Karl Kühling* brachte 1959 eine treffliche Gesamtgeschichte des Theaters bis zur Gegenwart hin heraus, vorangegangen waren Ludwig Bätes drei Schriften vom Beginn bis zur Eröffnung der neuen Bühne.

Ulrichs hat in den nur sechzehn Jahren seiner hiesigen Tätigkeit insgesamt 502 Werke, darunter 309 als Osnabrücker Erstaufführungen, vorgestellt, neben den zeitgenössischen Schöpfungen fast die ganze internationale Klassik, alle Opern Richard Wagners bis auf den schon vorbereiteten ,,Parsifal", die meisten Opern von Richard Strauss und das erprobte Repertoire, sämtlich mit eigenem Personal. *Festwochen* von hohem Rang und zahlreiche *Gastspiele* belebten das an und für sich schon reizvolle Bild; er wagte es sogar, am Ende der Spielzeit, da die Schulen bereits geschlossen hatten, in denen er sich ein verständnisvolles Publikum erzog, *Johannes Schlaf* zum sechzigsten Geburtstag (1922) mit einer einmaligen Aufführung seines ,,Meister Oelze" zu ehren, ja *Klopstocks* zweihundertsten Geburtstag (1924) mit Rede, Rezitation und Orchester *(Dr. Hans Glenewinkel)* im Juli zu feiern.

Die Kriegszeit nahm ihm das ursprüngliche Orchester, die Kapelle des 78. Infanterieregiments, aber auch viele zum Militärdienst einberufene Künstler. Er hielt jedoch mit Schau- und Singspielen neben einigen Operetten tapfer durch und bestand ebenso die Konkurrenz, die ihm gleich nach dem Kriege in den Freilichtspielen von *Dr. Hermann Schiff* auf der Schützenburg und dem Kammertheater im Harmonieklub entstand. Hier zeigte auch der 1963 so früh verstorbene spätere Leiter der Geschwister-Scholl-Kunstschule in Ulm, Professor *Friedel Vordemberge-Gildewart*, als Bühnenbildner sein junges Können. Ulrichs hatte die Freude, daß nach dem Ersten Weltkrieg ein eigenes *Städtisches Orchester* begründet wurde.

Seine im Überlieferten ruhende Art, die bei dem alternden, oft kränklichen und abgearbeiteten Manne verständlich blieb, konnte dem aufsteigenden Expressionismus in Dichtung, Wiedergabe und Bühnenbild wenig Zuneigung entgegenbringen. Er paßte sich halben Herzens an, schied aber bald, zum Ehrenmitglied seiner Bühne ernannt, mit einer Aufführung von Klabunds ,,Kreidekreis" aus dem so tätig verwalteten Amt. Sein Sohn, der Graphiker *Hans-Friedrich Ulrichs*, dem manches schöne Bühnenbild zu verdanken war, hatte das ganze Haus festlich ausgestaltet, und der Vater stand gerührt in einem Treibhaus von Blumen. Trotz vieler tüchtiger Nachfolger hat kaum einer die Frische des Spielplans und die Fülle geschickter Verpflichtungen für alle drei Sparten erreicht, gewiß nicht die einmütige Liebe der Stadt wie des angrenzenden Landes. Dabei hatte er sein Theater bis auf das Haus zumeist in eigener Pachtung geführt und ebenso den beträchtlichen Fundus, den dann die Stadt übernahm, aus seinen Mitteln angeschafft. Da Ulrichs nach seiner künstlerischen Abstammung von den Meiningern viel gebrauchte, und das auch noch tunlich materialecht sein mußte, ergab das eine ansehnliche Summe. Er übersiedelte mit seinem Sohn nach Bremen, wo beide starben.

6. Musik

Auf *Robert Wiemann* war *Karl Hasse* als Leiter der Musikvereinskonzerte gefolgt; nach ihm kamen *Max Anton* und *Otto Volkmann*, ein als Dirigent wie als Kammermusiker gleich ausgezeichneter Mann. Er leitete auch den *Lehrergesangverein* und war daneben eine Weile als *Organist* an St. Marien tätig. Hasses Kompositionen wurden vielfach aufgeführt, so von den Berlinern Philharmonikern unter Furtwängler. Die Herkunft von seinem Lehrer *Max Reger* blieb unverkennbar, vor allem in seinen auch hier wiedergegebenen Variationen über das Volkslied ,,Prinz Eugen, der edle Ritter" zu Beginn des Ersten Weltkrieges. Als Dirigent überragte ihn Volkmann bei weitem (s.u.). Anton wurde Generalmusikdirektor in Bonn; Hasse ging als Professor nach Tübingen und später nach Köln. Man musizierte weiter in dem jetzt *Stadthalle* genannten Vereinshaus, dessen architektonisches Grauen die immer sehr zahlreichen Hörer jedoch kaum zu stören schien.

Max Reger hatte hier mit vielen anderen Maßgeblichen dirigiert; sein ,,Römischer Triumphgesang" nach dem Text von Hermann Lingg war im Oktober 1913 von Hasse als einem der ersten in der Stadthalle wiedergegeben worden; Reger selbst hatte im Harmonieklub aus seinem ,,Musikalischen Tagebuch" gespielt, wie denn sein Werk überwiegend von der Provinz aus und keineswegs von den Großstädten durchgesetzt wurde.

In St. Marien regierte weiter *Paul Oeser*, in der Katharinenkirche *Rudolf Prenzler*. Im Dom erzog *Konrad Bäumer* seinen Chor zu einem der angesehensten in Deutschland auf kirchlichem Gebiet; die Düsteren Metten der Karwoche wurden später regelmäßig vom Rundfunk übernommen. Ein ortsansässiger Komponist fehlte wie fast immer vorher, doch blieb die *Hausmusik* ungemein rege. Kaum eine Stadt von gleicher Größe besaß so viele private Streichquartette; ein Berliner Blatt meinte sogar, daß, während man an sommerlichen Abenden überall die gängigen Schlager höre, man in Osnabrück bestimmt Bach musiziere.

7. Museum

Als das Museum 1890, vordem 1879—1890 im früheren Amtsgerichtsgebäude am Domhof, der heutigen Bischöflichen Kanzlei, untergebracht, ein eigenes Gebäude erhielt, übernahm es — neben den verschiedenen kulturgeschichtlichen Sammlungen seines Trägers, des 1879 gegründeten *Museumsvereins* — auch umfangreiche naturwissenschaftliche Bestände. Diese waren von dem 1870 entstandenen *Naturwissenschaftlichen Verein zu Osnabrück* aufgebaut und bis dahin ebenfalls in angemieteten Räumen des früheren Amtsgerichtsgebäudes am Domhof aufgestellt worden. Hier war auch der Standort der naturwissenschaftlichen Fachbibliothek dieses Vereins. Durch diese zusätzlichen Einlagerungen war das Haus am Heger Tor, dem einst Lichtwark spottend geraten hatte, erst einmal Anschaffungen zu machen, damit der viele Platz einigermaßen

Städtisches Museum

ausgefüllt sei, langsam eine rechte Rumpelkammer geworden. Die Stadtverwaltung konnte wenig dabei ausrichten, da die Sammlungen fast ganz dem Museumsverein und dem Naturwissenschaftlichen Verein, beides private Einrichtungen, gehörten. Immerhin sorgte der *Dürerbund* verdienstvoll für immer neue Ausstellungen, wobei er sich auch der heimischen Künstler annahm, vor allem *Kurt Wittes* und *Franz Heckers*, von dem er u. a. eine der Fassungen des großen Wallenhorster Kirchenbildes ankaufte. Eine Zeitlang gehörte *Siegfried Jaffé* auf Gut Sandfort dem Vorstande an, der Hecker für zehn Jahre einen von reicher Landschaft und edler Musik umklungenen Aufenthalt auf seinem Besitz im Osten Osnabrücks gewährte, leider aber zu früh starb. Er regte den Freund zum Radieren an, womit Hecker sich am nachhaltigsten durchsetzte. Daß die Stadt auch, tief in einem Schranke des Ratsgymnasiums versteckt, eine der wertvollsten Sammlungen antiker Goldmünzen besaß, erfuhr man erst, als Stadtschulrat Senator *Dr. Hans Preuß* sich nach 1918 auch dieser Sache annahm und dabei als angesehener Naturforscher das Museum wenigstens nach dieser Seite hin umzugestalten anfing. Mit der Übernahme durch die Stadt (1929) wurde das Haus langsam einer der kulturellen Punkte Osnabrücks trotz Rißmüllers Zweifel, dessen frischer Art alles zu sehr nach Moder roch. Im Zweiten Weltkrieg ging durch ungenügende *Auslagerung* sehr viel verloren, vor allem aus den 1858 der Stadt vermachten Sammlungen des Arztes *Dr. Christian Schledehaus* in Alexandrien (Keramik, Plastiken, Gläser, Münzen aus Ägypten, Kleinasien und Griechenland); es konnte jedoch manches neu angeschafft werden.

8. Diözesan-Museum

Die katholische Kirche besaß nicht nur in ihren Gotteshäusern viele Schätze; manches fand sich halb oder ganz verborgen in den ehemaligen Klöstern, in Pfarrhäusern oder in privaten Händen. Jedenfalls war es der öffentlichen Besichtigung kaum oder gar nur schwer zugänglich.

Daß es geschah, verdanken wir dem Domarchivar *Dr. Dolfen* mit immerwährender Unterstützung durch *Bischof Dr. Berning*. Dolfens Spürsinn und wissenschaftliche Kenntnis richteten nach und nach im oberen Kreuzgang des Domes ein ansehnliches kirchliches Museum ein, das 1918 eröffnet werden konnte. Man war betroffen über die Fülle wie über die sichere, wenn auch ein wenig raumbedrängte Anordnung. Jahrhunderte stiegen in Plastik und kirchlichem Gerät auf. In der Mitte standen die Arbeiten des „Meisters von Osnabrück" und die herrlichen Paramenten, mit der byzantinischen Kasel des Bischofs *Benno II.* (um 1080) beginnend und fortgeführt bis zu den Stücken zu Anfang des 19. Jahrhunderts.

Zwei Besuche des Museums blieben *Ludwig Bäte* unvergessen. Der erste war mit dem flämischen Dichter *Felix Timmermans*, der andere mit dem eigentlichen Begründer des deutschen Naturalismus *Johannes Schlaf*. Beide waren sehr von den Sammlungen eingenommen, doch auch von dem Dom. In seinem Buche „Ein Wildgatter schlag' ich hinter mir zu. Vaterländisches aus Dingsda" (1922) hielt Schlaf die Gestalt des Bruders Reiner fest, dessen Reste am Eingang in einer vergoldeten Truhe aufbewahrt werden. Es heißt darin: „Er war vordem wohl, ein Raubvogel im Wappen, solch eine rauhe Herrennatur gewesen, wehrhaft gerüstet und gewappnet, nach Jerusalem zum Heiligen Grab gezogen. Wer weiß, durch welch Erleben dann sein Wandel und Wesen sich änderten oder sich also aus seiner eigenen Tiefe hervor entfaltet, welchen Ruf er aus ihr hervor vernahm, sich in eine Höhe zu erheben, die höher ist als je die, welche ein Adler oder ein Habicht durchmißt. Ja, ich glaube, weiß, daß er die Wunder getan, die man von ihm

Diözesanmuseum, Raum mit spätgotischen Skulpturen

berichtet. Und ich glaube, weiß, daß 22 Jahre in solcher Zelle zubringen, bei solcher Nahrung, solche eisernen Ringe um die Zehen, solche eiserne und härene Gewandung, solcher Knotenstrick, mit dem man sich den Rücken blutig geißelt, ein solcher Stein im Mund wahrhaft die Pforte sind, die in jene Innen- und Eindimension letzten, schweigend einigen und umfassenden Gottseins erhebt."

9. Städtische Bücher- und Lesehalle

Sie wurde 1902 in einem ehemaligen Adelssitz an der Hakenstraße eröffnet; den Grundstock legten die Nachkommen des früheren Stadtsyndikus *Dr. Pagenstecher*; mancherlei Schenkungen traten hinzu. 1909 vereinigte man mit den für die Erwachsenen bestimmten Bänden eine Jugendbibliothek; ein geräumiger Lesesaal mit vielen Zeitschriften und einigen Nachschlagewerken war von Anfang an im oberen Stockwerk vorhanden. Die behaglichen, von jedem Lärm ungestörten Räume mit den grün gestrichenen, damals modernen Jugendstilmöbeln werden noch manchem in guter Erinnerung sein. Für die Neuanschaffungen hatte man eine besondere Kommission eingesetzt, der u. a. der Erste Staatsarchivrat *Dr. Erich Fink* und *Pastor Dr. Pfannkuche* angehörten. Leiterin der Bücherei war Fräulein *Ida Maès*, die unermüdlich für sie tätig blieb und jeden Leser mit seiner Geschmacksrichtung persönlich kannte. Später brachte man die Bibliothek ins Schloß, was sich wegen der ein wenig abseitigen Lage nicht als sonderlich günstig erwies; manchen Benutzer störte auch die abendliche Dunkelheit des großen Innenhofes. Fräulein Maès wirkte bis zu ihrer Pensionierung und kam nach dem Zweiten Weltkriege durch einen Unfall in Hörne um, von vielen betrauert.

Die Zusammenführung aller Büchereien der Stadt zu einer *Gesamtbibliothek* gelang nicht; doch legte man für die wissenschaftlichen Werke wenigstens einen *Zentralkatalog* an. Die *Ausleihe* war ursprünglich unentgeltlich; jedoch führte man 1912 eine kleine *Lesegebühr* für die naturgemäß am stärksten beanspruchte Unterhaltungsliteratur ein, nach dem Ersten Weltkriege auch eine *Jahreskarte*. Eine *Fernleihe* war angeschlossen und wurde viel benutzt. Im ganzen wog der Charakter einer *Volksbücherei* vor. Es fehlte im allgemeinen trotz aller Anschaffungen, bei denen nichts gespart wurde, an den großen wissenschaftlichen Nachschlagewerken und Zeitschriften, ein Fehler, der heute in der neuen *Stadtbücherei* am Markt behoben ist, die als *Freihandbibliothek* auf breitester Grundlage mit sehr bequemen Auswahl- und Arbeitsräumen eingerichtet wurde. Hierdurch erfuhr der Osnabrücker Marktplatz, der zu den schönsten städtebaulichen Dokumenten mittelalterlicher deutscher Stadtarchitektur gehört, eine wesentliche Belebung und damit aufwertende Aktualisierung in der gegenwärtigen kulturellen Situation.

10. Wissenschaftliche Vereinigungen

Der 1847 begründete *Historische Verein* (Verein für Geschichte und Landeskunde von Osnabrück), Stüves Werk, veranstaltete weiterhin seine Vorträge und brachte in den Jahresbänden wertvolle Veröffentlichungen heraus. Leiter war nach Stüve und seinem Neffen lange Jahre hindurch der durch seine Forschungen nach dem Ort der Hermannsschlacht und den Kriegszügen des Germanicus bekannte Geheimrat Professor *Dr. Knoke*, ein grundgelehrter und recht eigenwilliger Mann, der in seinem engeren Arbeitsgebiet keinerlei gegenteilige Meinung aufkommen ließ, was die dazumal noch vielbesuchten Vortragsabende naturgemäß besonders lebendig machte. Professor *Dr. Schirmeyer*, ein späterer erster Vorsitzender, war weitherziger und umfassender, konnte es jedoch nicht verhindern, daß die Beschäftigung mit der Geschichte der Stadt und des Landes immer mehr nachließ, so daß die Vortragsabende überwiegend mit allgemeinen historischen Themen auswärtiger Wissenschaftler ausgefüllt werden mußten. Das ist nicht überall so; im benachbarten Westfalen, im Rheinland, in Baden-Württemberg wie in Bayern bestimmt die örtliche als Grundlage der allgemeinen Forschung weit mehr als hier.

Der *Naturwissenschaftliche Verein* war darin lebendiger. Aus ihm ging der 1875 geborene Botaniker unseres Landes Mittelschulkonrektor *Karl Koch* hervor, dessen mehrfach aufgelegte Pflanzenkunde unseres Bezirkes als eines der besten Pflanzenbestimmungsbücher Deutschlands gilt. Koch, von 1947—1956 Vorsitzender dieses Vereins, hat sich auch als Leiter des Naturschutzes im Regierungsbezirk viele Verdienste erworben, ebenso sein Nachfolger *Carl Altehage*, während sich der aus Osnabrück stammende *Dr. Friedrich Jonas*, seit langem in Papenburg ansässig, erfolgreich um die Moorbiologie bemühte. Als Geologe trat *Dr. Friedrich Imeyer* hervor. Alle entstammen mit dem früh verstorbenen Botaniker *Dr. Hans Preuß*, dem Zoologen *Seemann*, dem Rektor *Lienenklaus*, dem Botaniker *Buschbaum* u. a., auf geschichtlichem Felde *Dr. Hoffmeyer* und *Westerfeld*, dem alten Volksschullehrerstand.

Ein *Theologischer Verein*, aus den Kämpfen um Weingart entstanden, arbeitete nur kurze Zeit. Das war auch das Schicksal der von Lic. D. Ernst Rolffs und Amtsgerichtsrat Dr. Bernhard Wieman gegründeten *Philosophischen Gesellschaft*, während sich der *Dürerbund* mit Siegfried Jaffé, Dr. Schirmeyer, Bernard Wieman, Pastor Hans Bodensieck und dem „Vater der deutschen Antiquare" Jean Barmé länger behaupten konnte.

10. Wissenschaftliche Vereinigungen

Das Lyradenkmal am Herrenteichswall

Doch auch geistige Vereinigungen sind immer Fragen einsatzbereiter und aufgeschlossener Persönlichkeiten, die unsere Gegenwart auf wirtschaftlichem Gebiet durchaus herausstellt, während sie sonst selten geworden sind.

An die Tätigkeit des Dürerbundes erinnern noch heute mancherlei *Ankäufe* für das Museum, dessen Museumsverein nach dem Zweiten Weltkriege neu begründet wurde, der *Haarmannsbrunnen* am Herrenteichswall, der *Schäferbrunnen* am Johannistor, das *Lyradenkmal* (früher an der Vitischanze), das Dr. Rißmüller in Gegenwart der Witwe einweihte, und wohl auch die herrliche *Brunnenplastik* des noch im Schwarzwald lebenden greisen Bildhauers Professor *Richard Engelmann* im Garten des Fabrikanten Gosling an der Großen Straße. Die Werke wurden freilich überwiegend von der Stadt oder den Besitzern finanziert; die Anregung aber kam meistens aus den Kreisen des Dürerbundes, der sich dafür einsetzte, daß unsere so denkmalsarme Stadt mehr plastischen Schmuck erhielt. Engelmanns „Liegende Frau" wurde angeblich durch Bomben zerstört; man weigerte sich, sie auszulagern. Engelmann war jüdischer Herkunft; Teile der Schöpfung fanden sich in der Wüste wieder.

In diese Jahre fällt auch die entscheidende Arbeit des Photographen *Rudolf Lichtenberg* an der Möserstraße, der mit Nicola Perscheid, Dührkoop und Louis Held zu den bekanntesten Künstlern seines Faches in Deutschland gehörte. Der *Vater* hatte sich bereits als Maler und Lichtbildner ausgezeichnet, der Sohn, durch zahlreiche internationale Preise geehrt, war der Photograph vieler bekannter Persönlichkeiten, der Architektur der Stadt und ihrer alten Kunstwerke, doch ebenso unserer Landschaft. Mit Franz Hecker eng befreundet, ergab das einen Zusammenklang besonderer Art. Lichtenberg war auch einer der ersten, die vom Ballon und später vom Zeppelinluftschiff aus Aufnahmen machten; kaum tiefer eingefangen als von ihm. Die Zerstörung seines schönen Hauses und des Ausstellungsgebäudes erlebte er nicht mehr.

11. Zeitungen, Adreßbücher, Verleger

Am Anfang des neuzeitlichen Pressewesens steht *Justus Möser*, der als erster Journalist im heutigen Sinne sein *Amtsblatt „Osnabrückische Intelligenzblätter"* zu einem Organ machte, das zu allen Fragen des täglichen Lebens heiter und nachdenklich, überlegen und mit den kleinsten Dingen des Alltags vertraut, Stellung nahm. Die Druckerei *Kisling* sorgte mit der Regierung, den Kirchen und Amtsleuten für eine recht ansehnliche Verbreitung, die beträchtlich über den Osnabrücker Raum hinausging. *Herder* und *Thomas Abbt*, der Berliner Verleger *Nicolai* und manch anderer Name von Rang wußten darum, und als *Goethe* die daraus zusammengefaßten Betrachtungen, Geschichten, Erzählungen, Anekdoten und Aphorismen, als „Patriotische Phantasien" in Buchform bei Nicolai erschienen, mit staunender Bewunderung las und sie später in seiner Lebensgeschichte (Dichtung und Wahrheit, 13. Buch) rühmend hervorhob, war damit das äußerlich so bescheidene Wochenblättchen in die Literatur eingegangen, die es nicht mehr entließ.

Doch Möser hatte einige leidlich verwandte Vorgänger. *Rudolf von Bellinckhaus* (s.o.) veröffentlichte 1619, ein Jahr nach dem Beginn des Dreißigjährigen Krieges, eine „Osnabrüggische Chronika", zwei Jahre darauf „Nucleus historiarum et miraculorum". In Göttingen kam 1775 das „Osnabrückische Journal, aus der Feder einiger Freunde", heraus, 1770 erschienen „von den Gebrüdern Lodtmann" die „Osnabrückischen Unterhaltungen", alles nicht sonderlich geschickte journalistische Eintagsfliegen.

1820 brachte *Bernhard Rudolf Abeken* ein volkstümlich gehaltenes Wochenblatt „Beiträge zum Nutzen und Vergnügen" heraus, das sich jedoch nur ein Jahr hielt; zwei Jahre darauf versuchte das „Osnabrücker Bürgerblatt" (1822 bis 1831) sich durchzusetzen, dem die „Neuen Beiträge zum Nutzen und Vergnügen" und die „Osnabrücker Unterhaltungsblätter" wie der „Osnabrücker Hausfreund" (1844—1848) folgten. Im Revolutionsjahr 1848 machten das „Osnabrücker Tageblatt" und das „Osnabrücker Volksblatt" von sich reden; das „Tageblatt" nannte sich unter *Rosenthals* temperamentvoller Leitung „Organ der Demokratie" und griff das liberal-gemäßigte „Volksblatt", das *Stüves* Politik vertrat, nicht ungeschickt an, wie denn in Rosenthal eine beachtliche journalistische Begabung steckte. Mösers Blatt lief weiter nebenher, fand aber kaum noch Leser, da sein frischer Geist längst verdampft und verdumpft war. Auch *Alexander Lieseckes* „Osnabrücker Zeitung" schaffte es nicht. Sie ging 1866 ein, lebte jedoch als „Osnabrücker Sonntagsblatt" weiter. Erst die 1876 als „Osnabrücker Zeitung" bei Kisling als Fortsetzung von Mösers „Osnabrückischen Anzeigen" verlegte Tageszeitung hielt bis in die Gegenwart durch; die „Anzeigen" als Amtsblatt der Regierung behaupteten sich bis 1885. Ein Jahr darauf versuchte der vielgewandte Liesecke, sich mit seiner „Osnabrücker Morgenzeitung" ein Verdienst wie einen Verdienst zu erwerben. Das Blatt ging 1887, also nach sehr kurzer Zeit, in den „Osnabrücker Sonntagsboten" über, der, nach dem Ersten Weltkrieg im Format erweitert, sich noch eine Weile unter *Dr. Albrecht Lieseckes* Leitung zu erhalten versuchte und dann verschwand. Seine beste Zeit besaß er unter *Justus Liesecke* und seiner Schwester *Agnes*, die beide ein wöchentliches Bild der vornehmlich kulturellen Geschehnisse der Stadt filterten, klug, oft witzig und ohne die allgemeine Langeweile der mancherlei vorangegangenen Neugründungen, Möser und Rosenthal dabei ausgenommen.

Inzwischen hatte *A. Fromm* in Hildesheim hier mit den vorab für die katholischen Leser bestimmten „Neuen Volksblättern" seine Arbeit begonnen. Diese Zeitung wurde zuerst in Hildesheim hergestellt, bis sie dann von 1874 an in der neugegründeten hiesigen Druckerei als „Osnabrücker Volkszeitung" täglich herauskam. Da sie um ein Drittel

11. Zeitungen, Adreßbücher, Verleger

Der Neumarkt um 1925 — vom Neuen Graben her gesehen. Im Mittelpunkt das Gebäude der Osnabrücker Zeitung

billiger als Kislings „Osnabrücker Zeitung" war, wurde sie auch in anderen Kreisen gern gelesen, zumal sie das Verbindende mehr als das Trennende betonte. Sie stellte nach dem Zweiten Weltkrieg, in dessen letzten Jahren sie das einzige Osnabrücker Blatt war, ihr Erscheinen ein. Fromms Zeitung gingen von 1848 an die gleichfalls katholisch geleiteten „Beiträge zur Belehrung und Erbauung" voraus, die etwa mit den heutigen kirchlichen Gemeindeblättern verglichen werden können und die Politik im allgemeinen zurückstellten.

Geblieben ist bis in die 60er Jahre unseres Jahrhunderts (mit Unterbrechungen während des Zweiten Weltkrieges und durch dessen Folgen) allein das 1884 vom *Verlag Meinders & Elstermann* eingerichtete „Osnabrücker Tageblatt", das sich überparteilich und mit einem Bezugspreis von einer Mark im Vierteljahr Haus um Haus eroberte und nach 1918 die „Osnabrücker Zeitung" mit übernahm, wobei sich das jüngste Blatt der Stadt mit der Gründung Mösers vereinigte. Ebenso gab Verleger *Gustav Elstermann* von 1873 bis 1923 das *Osnabrücker Adreßbuch* im Eigenverlag heraus und beendete damit das Durcheinander der vielen früheren Versuche (Billenkamp 1837 und 1841, Fredewest 1845, Kisling 1855, 1859, 1862 und 1868, A. Liesecke 1870—1873.

1912 erschien als Kopfblatt des „Volkswillens" in Hannover die sozialdemokratische „Osnabrücker Abendpost", im Ersten Weltkrieg die „Freie Presse". So hieß sie auch nach dem Zweiten Weltkrieg wieder, mit der gleichnamigen großen Zeitung in Bielefeld verbunden. Nach dem Zweiten Weltkrieg, vor dem die „Freie Presse" schon 1933 verboten wurde, vertrat zunächst die „Nordwestdeutsche Rundschau" die SPD; für die CDU entstand das „Neue Tageblatt", das dann, nachdem das im letzten Kriege ebenfalls verbotene „Osnabrücker Tageblatt" 1949 wieder mit dem Erscheinen begonnen hatte, „Neue Tagespost" genannt und bei A. Fromm gedruckt wurde. Am 1. Oktober 1967 fusionierten diese beiden Zeitungen aus wirtschaftlichen Erwägungen; die Verlagshäuser A. Fromm und Meinders & Elstermann gründeten gemeinsam den Verlag ,,Neue Osnabrücker Zeitung''. Das Verbreitungsgebiet dieser unparteiischen und konfessionell nicht gebundenen ,,Neuen Osnabrücker Zeitung'' und ihrer Nebenausgaben erstreckt sich über den nordwestdeutschen Raum bis zur Nordseeküste.

Die vielverschlungenen Wege der Osnabrücker Presse drücken die bewegte Zeit vom Siebenjährigen Kriege bis zur Gegenwart lebensvoll aus. Möser wußte noch nichts von politischen Parteien, die erst um 1848 einsetzten, während die Blätter oder Blättchen in den Jahrzehnten vorher wesentlich dem Unterhaltungsbedürfnis mit stark erzieherischer Absicht dienten, die ja auch Mösers ,,Intelligenzblätter'' bei allerdings erheblicherer Höhe bestimmten. Es ist die Zeit des *Biedermeiers*, äußerlich notgedrungen ruhig, im Innern aber bewegt. Vorbereitung eines Kommenden, das 1848 jäh aufbricht und dann vor der Reaktion zurückgestaut wird. Mit dem Nationalverein der Bennigsen, Planck und Miquel kommt auch hier das liberale Denken nach vorn; die konfessionelle Akzentuierung, die sich mit Bismarcks Kulturkampf schärfer ausprägt, tritt in Fromms Veröffentlichungen hervor, während sich das politisch und kirchlich unabhängige ,,Osnabrücker Tageblatt'' an alle Kreise wendet, nicht die ,,Osnabrücker Zeitung'', die eine nationalliberale und nach 1918 volksparteiliche Politik vertritt. Liesekes ,,Sonntagsbote'' ist freilich auch bürgerlich eingestellt, läßt aber im Feuilleton, dem wertvolleren Teil, jedem seine eigene Meinung.

Ausstattung und *Auflagenhöhe* wechseln fortgesetzt; heute erscheint es unverständlich, mit wie wenig Papier man z. B. in der doch wirklich erregenden Zeit des Ersten Weltkriegs auskam. Das *Bild* in der Zeitung setzte sich damals erst vorsichtig durch, während es heute wesentlich mitspricht wie die Schnelle des Nachrichtendienstes und die Fülle und Dichte des allgemeinen Teiles und der Anzeigen. Die *politische Anteilnahme* erscheint jedoch bis 1933 nachhaltiger als heute; selbst vor 1914 wird an jedem Tage eingehend über die Sitzungen der damaligen Parlamente berichtet, während das kommunale Geschehen, anders als jetzt, weniger vordringlich erscheint und in die Bürgervereine oder an die Stammtische verlegt wird. Daß man vor 1914 sogar den Rücktritt eines Ministers im Extrablatt verbreitete, wäre heute kaum denkbar; die gegenwärtige Bundesrepublik hat noch längst nicht die politische Anteilnahme wachzurufen verstanden, die damals, doch auch nach 1918, ganz selbstverständlich war.

Das Jahr *1933* legte das blühende Leben der deutschen Presse völlig still. So galt es denn, nachdem die Besatzungsmächte einige publizistische Freiheiten gewährt hatten, an die reiche Überlieferung aufs neue anzuknüpfen, wobei man die heranwachsende Jugend einbezog. Die Presse wahrt heute ihre gesetzlich verbürgte Freiheit und erobert sich damit auch das Feld zurück, das durch die straff einheitlich gelenkte und geleitete publizistische Tätigkeit des *Nationalsozialismus* verlorenging. Sie ist mit *Rundfunk* und *Fernsehen* wie in allen demokratisch regierten Ländern die stärkste Kraft der öffentlichen Meinungsbildung, eine wahrhafte Großmacht, wie schon Görres ahnte. Daß die *Besatzungsmächte* den Übergang erleichterten, soll ihnen gedankt bleiben. Sie handelten auch klüger als die *Franzosen* zu Napoleons Tagen, die hier eine eigene Zeitung als ,,Öffentliche Anzeigen des Weserdepartments'' (ab 1810) herausbrachten, keinem zur Freude, doch vielen zur Last. Bis dahin hatte man im allgemeinen Mösers Blatt benutzt, das jedoch scharf zensiert wurde. Man las die Zeitung der Ankündigungen wegen, die jeden betrafen, und dachte sich über den verbleibenden reichlichen Rest seinen Teil.

Daß Osnabrück aber so ungewöhnlich *viele Zeitungen* besaß, liegt keineswegs in seiner kirchlichen Zusammensetzung begründet, die bis zu Bismarck hin kaum hervorgehoben wurde, sondern weit mehr im rein Politischen wie in der Aufgeschlossenheit der

Bevölkerung für die Dinge des Alltags. Selbstverständlich lasen die Gebildeten auch eine oder sogar mehrere *auswärtige Blätter*, die wegen des hohen Preises gewöhnlich von Hand zu Hand gingen. Einige Städte hatten bereits eigene *Lesekabinette* eingerichtet, in denen man sich abends kannegießernd versammelte. Hier scheinen sie zu fehlen. So suchte man dafür die *Gasthöfe* auf, die auf größere Blätter abonniert waren. Bevorzugt wurden die ,,Norddeutsche Bierhalle" an der Krahn- und das Kaffeehaus Schumla an der Iburger Straße. Das geschah besonders in politisch erregten Tagen (Krimkrieg, 1864, 1866, 1870/71). Da die Zeitungen damals noch wenig kommentierten, blieb jedem das Urteil überlassen, vielleicht kein Schaden. Gewiegten Lesern gelang es in der Reaktionszeit sogar, die Stellen auszumachen, an denen die scharfe Schere der Zensur geschnitten hatte, was denn allmählich aufhörte, um in Hitlers Tagen um so verbissener mit veränderter Technik erneut zu beginnen.

Was aber die *Adreßbücher* anbetrifft, so ist der Unterschied von damals zur Gegenwart nicht weniger beträchtlich. Früher genügte die Angabe der Häuser mit ihren Insassen; heute sind die Behörden, die kirchlichen und sozialen Einrichtungen, die Vereine, Geschäfte, Ärzte, Anwälte usw. hinzugekommen, so daß, mit geschichtlichen Bemerkungen und Bildern untermischt, ein modernes Adreßbuch das Gesicht einer Stadt nach allen Seiten hin aufschlußreich spiegelt. Es war der geniale *August Scherl*, der 1895 mit der ,,Berliner Adreßbuchgesellschaft mit beschränkter Haftung" das Eis brach, wobei auch auf das Standesprinzip kein Wert mehr gelegt wurde und von A bis Z alphabetisch die Einwohner, darauf die Geschäfts- und Gewerbebetriebe und dann noch einmal nach Branchen geordnet erschienen, denen ein Anzeigenteil folgte. Scherl erweiterte sein Unternehmen in vielen deutschen Großstädten. In Osnabrück handelte man jedoch selbständig, ohne die Erfolge des Berliner Fachmannes zu übersehen, der auch in seinen Pressegründungen der Zeit weit voranging. Hatte er hier die schwerfällige Maschinerie der achtziger Jahre in Gang gebracht, die jedoch nach dem Zweiten Weltkrieg plötzlich stillstand, so hielt sich seine ,,August Scherl Deutsche Adreßbuch GmbH" lange, heute im ,,Verband deutscher Adreßbuchverleger e. V." ideell fortgesetzt.

Der Polizeischreiber *A. Billenkamp* hatte 1837, fünf Jahre nach Goethes Tod, die 11730 Bewohner der Stadt zu registrieren versucht, wobei er mit wenigen Seiten auskam. Das heutige Osnabrücker Adreßbuch wurde seit 1924 von dem Sohn des schon genannten Gustav Elstermann, dem Verleger Hermann Elstermann, fortlaufend weitergeführt und hat inzwischen bei jährlichem Erscheinen seine 64. Ausgabe erreicht. Es umfaßt bei rund 160000 Einwohnern über 800 Seiten. Ein Werk gleicher Anlage für den Landkreis Osnabrück erscheint nebenher.

Ein weithin ausgreifender *Buchverlag* fehlte lange in Osnabrück. Heute versuchen A. Fromm und Meinders & Elstermann das nachzuholen; Anfänge finden sich in den Buchhandlungen Rackhorst, Schöningh, Pillmeyer und Wenner mit heimatlich bestimmtem Schrifttum. Immerhin sind die Nachbarstädte Münster, Bielefeld, Bremen, Oldenburg und Minden da weiter vorgedrungen (Aschendorff, Velhagen u. Klasing, Schünemann, Stalling, Köhler). Bemerkt sei, saß schon zu Mösers Tagen sich ein gewisses verlegerisches Leben in Osnabrück regte, das freilich nicht lange vorhielt. Und wenn Möser oder Kleuker hier einige Arbeiten herausbrachten, dürfte das auf eigene Kosten geschehen sein. Stüve verlegte bei seinem Jenaer Freund Frommann, dessen Unternehmen heute wie das Böhlaus in Weimar in beiden Teilen Deutschlands weiterbesteht. Ein Verlag aber gibt der Stadt nach außen hin erst ein geistiges Gesicht. So ist beispielsweise das kleine, abgelegene Gotha allein durch Perthes ein Weltbegriff geworden. Seine Karten, Atlanten und geographischen Werke gehen seit eineinhalb Jahrhunderten über die Erde.

XII.
DER ERSTE WELTKRIEG

1. Aufbruch

Der *Juli 1914* sah viele Osnabrücker in den Erholungsorten oder auf Reisen. Das Wetter war warm und sonnig; eine ungewöhnlich gute Ernte stand zu erwarten. Da traf die Nachricht von der Ermordung des österreichischen Thronfolgerpaares in *Serajewo* ein. Der *Kaiser* kehrte gegen den Willen seiner Berater von der Nordlandfahrt zurück; am 30. Juli fanden sich das 1. und 2. Bataillon des *78. Infanterieregiments*, vom Truppenübungsplatz Lockstedt heimkehrend, vor der Zeit in der alten Garnison ein. Die Soldaten trugen schon *feldgraue Uniformen*, die bislang auf den Kammern gelegen hatten. Die Zeitungen machten jedoch bekannt, daß kein Grund zur Besorgnis vorliege. Immerhin wurden der Brieftelegrammverkehr und das Telegraphieren zum Wochenende eingestellt, während die Zeitungen sich jetzt für die in rascher Folge gedruckten, bislang kostenlosen *Extrablätter* 5 Pf. bezahlen ließen, was den Absatz nicht minderte. Pastor Dr. Pfannkuche predigte am 1. August in St. Marien über *Kriegsfurcht und Friedenshoffnung* vor Tausenden von Hörern; am gleichen Tage erfolgte die *Kriegserklärung*,

Eine Abteilung
des Osnabrücker
Feld-Artillerie-Regiments
Nr. 62 beim
Ausmarsch
ins Feld 1916.
Die Spitze der Truppe
passiert den Nikolaiort.

1. Der Aufbruch

die durch Trommelschlag und Verlesung auf verschiedenen Plätzen der Stadt wie in der Presse bekanntgemacht wurde. Alle Restaurants durften nur bis 22 Uhr geöffnet bleiben; die Zahl der Ortsbriefträger wurde verringert, eine Einquartierungskommission unter Senator *Reimerdes* eingesetzt. Die straffe Lenkung des öffentlichen Lebens durch Staat und Militär begann.

Viele hatten bei der nervösen Politik des Kaisers und seiner Mitarbeiter das Unglück lange kommen sehen; seit der *Marokko-Krise* 1911 waren die Sturmbälle deutlich erkennbar hochgezogen. Gewiß wollte keiner den Krieg; vielleicht hätte er aus heutiger Schau verhindert werden können, wenn man dem schon seit Jahrzehnten zerfallenden Österreich gegenüber weniger nachgiebig gewesen wäre. Unsere Nibelungentreue war eine, gewiß nicht die einzige Ursache des Grauens, das jetzt über Europa hereinbrach, und das vor allem die vorahnenden Künstler schon Jahre vorher gespürt hatten; die Gründung der so bedeutenden Dresdener Künstlervereinigung ,,Die Brücke" gehört dahin.

Geschickt in seinen Formulierungen und von jetzt ab wohltuend ruhig in seinen oft so unglückseligen Äußerungen hatte der Kaiser am 31. Juli bekannt: ,,Ich kenne keine Parteien; ich kenne nur Deutsche." Jeder spürte mit ihm, wie ernst die Lage war, der *Alfred Kerr* im ,,Tag" vielleicht den klarsten Ausdruck gab: ,,Deutschland kämpft um sein Leben, es wird nicht untergehn."

So stand denn das Volk in einmütigem Willen zum Zusammenhalten und in einer Begeisterung auf, wie sie unser Volk seit den Freiheitskriegen nicht mehr gesehen hatte. Sie hielt noch lange an, zumal sie eine Fülle von Siegen mittrug. Die ergreifenden Juli- und Augusttage liegen nun ein halbes Jahrhundert zurück; wer sie erlebte, dem kommen noch heute die Tränen über das niemals wiedergekehrte Wunder, das alle Schichten, alle Parteien bis in den Grund hinein in einem Gedanken aufwühlte:

> Deutschland soll leben,
> und wenn wir sterben müssen!

Die *Schulen* wurden vorab geschlossen; die älteren Schüler meldeten sich fast alle *freiwillig*, so daß das 78. Infanterieregiment in seinem Ersatzbataillon bekanntmachen mußte, daß keine Kriegsfreiwilligen mehr angenommen werden könnten, was sie dann auswärts versuchten. Allerdings mußte man auch schon der *Preistreiberei* wie dem *Goldhamstern* entgegentreten, und der *Detaillistenverein* bat öffentlich, die rückständigen Forderungen zu begleichen. ,,Kauft nur bei deutschen Firmen!" — ,,Trinkt kein Apollinariswasser mehr!" — ,,Schenkt keinen undeutschen Koh-i-noor!" — ,,Meidet die Fremdwörter!" — ,,Wahrt Abstand zu den Kriegsgefangenen!" waren andere Parolen.

Am 29. September war *Bischof Dr. Wilhelm Berning* im Dom inthronisiert worden; sein Amtsbeginn fiel in eine schwere Zeit und stellte ihn vor aus den Zeitläuften heraus ungewöhnliche und schwere Aufgaben, denen er sich, damals der jüngste deutsche Bischof, gewachsen zeigte.

Die Listen der *Gefallenen* stiegen an. Einer der ersten, die unter den über die Stadt hinaus bekannten Männern draußen blieben, war der Leiter des Städtischen Hochbauamtes *Dr. Walter Drönewolf*, den man kurz vorher noch mit der Planung der Deutschen Städtebauausstellung betraut hatte. Sein schönes ehemaliges Sparkassengebäude am Neumarkt, inzwischen abgerissen und durch ein modernes Kaufhaus ersetzt, erinnerte noch lange an ihn.

Das *Theater* half sich zunächst mit Unterhaltungsabenden, führte jedoch bald wieder einen geregelten Spielplan ohne Oper durch (Minna von Barnhelm, Prinz Friedrich von

Homburg, Kolberg, Der Mennonit, Jettchen Gebert, Schneider Wibbel u. a.). Der 1849 in Luxemburg geborene Professor *Dr. Ziller*, langjähriger Leiter des Dürerbundes wie des Museumsvereins, trat in den Ruhestand, ohne seine ehrenamtliche Tätigkeit einzustellen.

Die *Siegesstimmung* hielt unverändert an; selbst ernst zu nehmende Kreise behaupteten, daß schon ein Krieg von einjähriger Dauer Frankreich ruinieren würde. Die schwere Niederlage an der *Marne*, welche die Westfront zum Stellungskrieg verurteilte, drang kaum durch oder wurde nicht recht geglaubt. Eher beunruhigte die Verfügung des Bundesrats im November, daß nur noch 25 *Prozent Zucker* für den freien Verkehr zugelassen seien, was den Haushalt wie die Konditoreien bedrückte.

2. Wirtschaft

Die *Stadtverwaltung* trug von Anfang an eine böse Last. Zunächst mußte die *Mobilmachung* durchgeführt werden. Aufgestellt wurden u. a. das ganze Infanterieregiment 78, das hier vorher mit 2 Bataillonen gelegen hatte, die 2. Abteilung unseres Feldartillerieregiments 62, das 2. Ersatzbataillon des Reserve-Infanterieregiments 92, die Rekrutendepots, ein Landsturmbataillon, eine Etappenhilfskompanie, später auch die Feldartillerieabteilung 290. Viele wurden in Massen- oder Einzelquartieren untergebracht, was jedoch keinerlei Schwierigkeiten bereitete, da es noch nicht an Lebensmitteln mangelte.

Die *Hilfstätigkeit* begann sogleich mit dem Roten Kreuz, dem Vaterländischen Frauenverein, den Sanitätskolonnen, mit Sammlungen und Stiftungen, mit Kaffeestuben für die Soldaten und Paketsendungen an die Front, doch auch mit der Einrichtung von acht Kriegslazaretten und der Bewirtung der durchfahrenden Truppen. Die *Kirchen* waren Monate hindurch stark besucht, was dann nachließ. *Kriegstrauungen* konnten ohne Standesamt durchgeführt werden. Mehrere Geistliche gingen als *Feldprediger* nach draußen; die daheim geblieben waren, sprachen den Kranken und Sterbenden zu und übernahmen die schwere Aufgabe, den Tod eines Angehörigen im Felde den Verwandten mitzuteilen. Manche halfen auch nebenher ehrenamtlich in der Stadtverwaltung.

Langsam aber machten sich jetzt *Einschränkungen* in der Lebensmittelwirtschaft notwendig. Das Kuchenbacken mit Weizenmehl wurde verboten, das *Kriegsbrot* mit Kartoffelmehl vermischt. Noch bestand freilich die Möglichkeit, aus den Niederlanden zu erheblich heraufgesetzten Preisen einzuführen, was nicht für jeden galt. Die *freie Wirtschaft* war fast ganz stillgelegt worden, wodurch das *Hamstern* beträchtlich stieg, wie denn die Lichtseiten des allgemeinen Helfenwollens bald von den dunklen Schlagschatten der Gier oder doch der Sorge um den nächsten Tag überdeckt wurden, vor allem, als im Frühjahr 1915 die karg zugeteilte *Brotkarte* den Riemen sehr eng schnallen ließ. Aber man nahm das hin, da sich im Osten eine Wende vorzubereiten schien. Polen wurde eingenommen; Bulgarien ging zu den Siegern über; Serbien blieb bis zum Ende in der Hand der Verbündeten. Doch auch der Westen stand unbesiegt. Vielleicht wäre es damals möglich gewesen, mit den Russen zu einem Abkommen zu gelangen; sehr viele dort hatten den Krieg gegen Deutschland verurteilt, und die revolutionäre Unterströmung wuchs an. Aber die *Außenpolitik*, die Bethmann-Hollweg vertrat, blieb eine Art von Geheimwissenschaft, die kaum bis in den Reichstag und schon gar nicht ins Volk vorstieß, ganz im Gegensatz zu den Feinden, wo sie in aller Öffentlichkeit behandelt wurde. Der *Kaiser* selbst schwieg; damit fehlte die Kraft des Symbols, die jetzt auf die Heerführer, *Hindenburg* voran, überging. Mit dem Heer allein war jedoch der Krieg nicht zu gewinnen. Man versuchte aber, den sog. *Burgfrieden* zu halten und überall auszugleichen, auch die täglich knapper werdenden Lebensmittel gerecht zu verteilen. Dabei mußte natürlich das *Land* kräftiger als bisher angegriffen werden; man übersah dabei, was sich heute auch im abgetrennten Osten unseres Vaterlandes zeigt, daß von allen Ständen der Bauer am wenigsten Druck verträgt. Die *Abgabeziffern* wuchsen von Monat zu Monat an, ohne daß die städtische Bevölkerung eine Besserung spürte. So fluteten denn die Bittenden und Bettelnden in die Dörfer und abgelegenen Höfe; manche gaben sogar ihre Eheringe und Uhrketten für Speck und Butter hin; viele waren schon froh, mit ein paar Pfund *Kartoffeln* heimkehren zu können.

Daran haperte es besonders, vor allem in dem schlimmen Jahr 1916, in dem man militärisch trotz schwerster Belastung (Verdun, Somme, Brussilow-Offensive) noch leidlich durchgekommen war. An und für sich lieferte das umliegende Land Kartoffeln genug; doch mußten auch die großen Städte und die Front versorgt werden. Die Forderung der Industrie nach dem belgisch-französischen Erzbecken, die der östlichen *Großgrundbesitzer* nach bleibenden Eroberungen im Baltikum, die Wünsche der *Linken*, dem „Siegfrieden" den ohne Annexionen entgegenzusetzen, spalteten das Volk auf, das aus dem Rausch der militärischen Erfolge zu erwachen begann. Als *die Vereinigten Staaten von Amerika* in den Krieg eingetreten waren, konnte man schwerlich noch an eine Überwindung der Alliierten denken, deren militärische wie wirtschaftliche Kraft jetzt beträchtlich gestärkt wurde.

Als die Kartoffeln nicht mehr reichten, mußten die *Steckrüben* herhalten; es fanden sich sogar bislang angesehene Wissenschaftler, welche die immer bedrohlicher werdende Lebensmittelversorgung als gesundheitlich zuträglich, ja lebenssteigernd in Vorträgen und Schriften priesen. Die Zuhörer, zumeist abgeordnete Beamte, gingen kopfschüttelnd nach Hause. Die *Preise* wuchsen an und überwucherten rasch die *Lohnerhöhungen*; der *Viehbestand* wurde eingeschränkt, da es an Futtermitteln mangelte. Der Magistrat hatte überall geschickt und vorsorglich geplant; es war sehr viel eingekauft worden. Im Herbst 1915 besaß man allein 91000 Pfund Speck; was halfs, wenn die Behörden und das Generalkommando anders verfügten! Die *Reichsfleischkarte* folgte am 2. Oktober 1916; im allgemeinen erhielten die Einwohner ein halbes Pfund, meistens jedoch nur 200 g in der Woche. Die *Fischzuteilung* veranlaßte den witzigen Bürgermeister von Melle, Hans Meyer zum Gottesberge, die wöchentliche Kreisblattankündigung der zu verteilenden Lebensmittel mit einem Fisch und dem Hinweis zu versehen: „Sollen bis zur Errichtung der Reichsfischstellen in den Flüssen und Seen gelebt und so ausgesehen haben." Man erhielt sie am sichersten, wenn man sie selber fing.

Der *Schleichhandel* blühte; einen Schinken kaufte man, da man dem Geld nicht mehr sonderlich traute und ja auch nicht viel damit anfangen konnte, für ein Klavier oder rechtzeitig von den Geldinstituten abgehobene Goldmünzen. Der Urzustand des *Tauschhandels* hatte erneut begonnen. Sogar das *Pferdefleisch* wurde beschlagnahmt; anfangs war es markenfrei gewesen. Ebenso wurde das noch lange vom Staat geschonte Geflügel in die Mühle der Zwangswirtschaft geworfen. Nur die *Presse* durfte, selbstverständlich überwacht, unbeschränkt ihre vorgeschriebenen Aufrüttlungsaufsätze drucken. *Bücher* erschienen mit Zensurvermerk auf Kriegspapier. Trotz allem war die amtliche Überwachung milde; viele meinten, sogar zu nachgiebig. Auch die vielen *Kriegsgefangenen*, die bei den Bauern oder in den Betrieben arbeiteten, wurden überwiegend mit Takt behandelt und gehörten in manchen Haushaltungen fast schon zur Familie. Die Zeit dachte noch human und sah den Krieg als Unglück auch für den Gegner an. Weniger geschah das bei den *Engländern*, deren Hungerblockade sich ja zuerst gegen die nichtkämpfenden Kinder und Frauen richtete. Sie leisteten in den Fabriken, im Schlangestehen und in den allgemeinen, da notwendig gewordenen Bittfahrten auf das Land Unsägliches, Höheres noch in der quälenden Sorge um die da draußen kämpfenden Nächsten.

Der *Winter auf 1917* war besonders hart, da sich jetzt auch der *Kohlenmangel* verstärkte. An und für sich lagen die Zeche Ibbenbüren und das kohlereiche Westfalen vor der Tür; doch die Kraftwagen und Eisenbahnzüge mußten zunächst der Truppe und der Lebensmittelversorgung dienen; es mangelte ebenso an helfenden Händen. Anfang 1917 schloß man die *Theater,* die *Lichtspiel-* und *Versammlungssäle,* die *Kaffeehäuser* und *Kegelbahnen.* Das war wohl notwendig und gewiß gut gemeint; doch man stopfte damit auch die letzte Quelle der seelischen oder rein unterhaltenden Stärkung zu, zumal das häusliche Lesen von Büchern, Zeitungen und Zeitschriften durch die *Gas- und Stromsperrstunden* gedrosselt wurde. Aber man ging dafür früher zu Bett und gewann durch vermehrten Schlaf wenigstens etwas an Kraft. Einige wagemutige Städte, so Melle, versuchten, die alten, längst aufgegebenen *Kohlengruben* bei Borgloh wieder anzubohren; manche Bauern eröffneten sogar auf eigenem Grund und Boden ihren *Pütt;* es kam aber bei allem in jedem Sinne nicht viel heraus. Für ein Fuder *Torf,* seit Urvätertagen das gewohnte Anheizmittel, bezahlte man seufzend 60 Mark; *Koks* war noch leidlich zu kaufen; man durfte auch die *Zentralheizungen* schon deswegen nicht stillegen, um das Einrosten zu vermeiden. Die *Straßenlaternen* brannten nur hier und da als Richtungsweiser, womit die *Diebstähle* zunahmen; der *Straßenbahnverkehr* wurde vermindert; das *Petroleum,* damals noch ein wichtiges Beleuchtungsmittel, war längst Mangelware geworden. Wer noch davon besaß oder es einhandeln konnte, gebrauchte es auf dem Lande zum Tausch gegen Lebensmittel, da dort die elektrische Beleuchtung vielfach erst nach dem Kriege allgemein wurde.

Jeder schlug sich auf seine Weise so durch und lebte schließlich von *Kartoffeln, Brot* und *Heldenfett* (Kriegsmarmelade), *gehamsterter Milch* und *erschlichenen Eiern.* Aus *Zucker,* an dem es an und für sich nicht fehlte, machte man Sprengstoff oder fütterte die hungernden Pferde damit; als Ersatz — das Wort ging als l'ersatz in die französische Sprache ein — benutzte man den nicht immer ungefährlichen *Süßstoff.* Die *Krankheiten* wuchsen natürlich quälend an; viele ältere Leute starben. Es bleibt aber ein Verdienst der deutschen Ärzte, daß *kaum Seuchen* aus den fast überall offenen riesigen Grenzen eingeschleppt wurden.

Beim *Heer* fehlte es nicht weniger, wenn die Versorgung, was man selbstverständlich begriff und würdigte, auch wesentlich besser blieb. Man gebrauchte in unbegrenzten Mengen *Kupfer, Zinn* und *Nickel* für die Granaten. So riß man denn die *Metalldächer* von den Häusern und Kirchen ab und nahm schließlich sogar die *bronzenen Glocken,* während die aus Stahl erhalten blieben (Berg- und Herz-Jesu-Kirche). Nicht alle bronzenen Glocken wurden entfernt; die kleineren ließ man gewöhnlich hängen, auch die, welche geschichtlichen Wert besaßen. Die meisten *Kriegerdenkmäler* verloren — künstlerisch durchaus begrüßenswert — ihren metallenen Schmuck, doch gab es bei den *Hohenzollernmalen* monarchische Widerstände, obwohl der von Ferdinand Avenarius hervorragend geleitete ,,*Kunstwart*'' an Hand vieler Aufnahmen nachwies, daß sie im steinernen Unterbau ohne das pathetische Bronzegetöse darüber eigentlich doch viel schöner seien. In Berlin sprach man schon lange vom Kaiserpaar als dem ,,Denkmalswilly'' und der ,,Kirchenjuste.''

Die mit allen Künsten und Kniffen mühsam gehaltene *Stimmung* sank beträchtlich, als man sogar die Kirchen, die bislang notdürftig geheizt wurden, nicht mehr mit Kohlen oder Koks versorgte. *Kupfer-* und *Nickelmünzen* wurden eingezogen; man behalf sich dafür mit *Aluminium, Eisen* oder *Notgeldscheinen.* Die *Schulen* sammelten Brennesseln, Bucheckern, Lumpen, alte Kleider, Wollreste und Papier; für genügende Beute gab es einen freien Tag, auch für eine entsprechende Zeichnung der *Kriegsanleihen,* die man leider auf das Inland begrenzt hatte. Selbst den Soldaten an der Front wurde dafür Urlaub zugesagt, was ebenso geschah, wenn sie bei der Hergabe des noch überall versteckten *Goldes* halfen. *Aufrufe* unterstützten, was aber nicht mehr recht fruchtete, da sich die militärische und die politische Lage von Monat zu Monat verschlechterte.

Im März 1917 war freilich die *russische Revolution* ausgebrochen; aber die Kämpfe gingen bis zum Frieden von *Brest-Litowsk* im März 1918 weiter. Den gefangenen russischen Offizieren wurde jetzt der Besuch der deutschen Theater erlaubt, soweit sie noch spielten. Man hatte — ein politischer Geniestreich ohnegleichen — *Lenin* aus seiner Züricher Verbannung in deutschen plombierten Wagen nach Rußland reisen lassen, um die dortige Revolution zu fördern, was er denn auch trefflich zu unserem Schaden besorgte. Viel war also mit dem Kriegsende dort nicht gewonnen, und der *Friedensentschluß des Reichstages* vom Juli vorher erwies sich als gleicher Fehlschlag. *Bethmann-Hollweg* wurde durch *Michaelis* und dieser durch den *Grafen Hertling* ersetzt; doch regierte in Wirklichkeit *Ludendorffs* diktatorische Gewalt weiter, die nur verbitterte. Die *Frühjahrsoffensive* vom März 1918 brach mit dem späteren *Angriff bei Reims* zusammen; jetzt zeigten die *Amerikaner* ihre frische Kraft. Die *Bulgaren* und *Türken* hielten nicht mehr durch, und *Wien* stellte nach einem ebenfalls vergeblichen Friedensschritt den Kampf ein. Das *Ende* rückte trotz allen Heldenmuts an der Front und aller stumm ertragenen Nöte der Heimat näher. Es war Unendliches geleistet worden, wohin man nur sah. Die *Sammlungen* erbrachten nach wie vor hohe Summen und das Letzte, was man im Haus an Lebensmitteln, an Kleidern und Gerät entbehren konnte. Die *Volks- und Kriegsküchen,* anfangs vom „Verein gegen den Mißbrauch geistiger Getränke" geschaffen, vom Sommer 1917 an vom Lebensmittelamt bewirtschaftet, gaben für die Minderbemittelten ein Essen von ³/₄ l für 10 Pf., für Wohlhabendere für 30 Pf. aus. Die *Preise* schraubten sich höher, blieben jedoch erträglich. Die *erholungsbedürftigen Kinder* wurden unentgeltlich aufs Land geschickt. Auch die benachbarten *Niederlande* halfen, vor allem aber die *Quäker,* deren Zufuhr von Amerika her jedoch durch dessen Eintritt in den Krieg gedrosselt wurde. Die meisten der tapferen *Handwerkerfrauen* versuchten, das Geschäft des Mannes fortzusetzen; manche Betriebe wurden durch die *Kriegsvorschriften* bettelarm, andere mit *Heereslieferungen* reich. 1916 war bereits das *Gesetz über den vaterländischen Hilfsdienst* veröffentlicht worden, nach dem jeder männliche Deutsche vom 17. bis 60. Jahre eingezogen wurde, falls er nicht dem Heere zur Verfügung stand, das jetzt den „Heldenklau" bis zum letzten Mann durchführte. Zu gleicher Zeit hörte auch alles *Bauen* auf; einer unserer wenigen Freunde im Ausland, der Tibetforscher *Sven Hedin,* nachmals im Friedenssaal des Rathauses ehrenvoll empfangen, konnte nun wirklich von einem „Volk in Waffen" sprechen; Defreggers bekanntes Bild vom „Letzten Aufgebot" der Napoleonzeit traf auch auf Österreich und Deutschland im Kriege zu. Was an *seelischem Leid* um die Millionen von Gefallenen und Vermißten dahinter lag, drang nicht in die Öffentlichkeit und war gewiß noch größer, da es jeder mit sich selbst ausmachen mußte.

Wie aber half der Staat den Familien der *Eingezogenen?* Eine Kriegsfürsorgekommission ermittelte überwiegend ehrenamtlich die Unterlagen für gesetzlich festgelegte *Unterstützung,* die von der Stadt ansehnlich erhöht wurde. Was bewilligt war, zahlte die Stadthauptkasse im voraus, die erste Hälfte zu Anfang, die zweite in der Mitte des Monats. Die Summe wurde den *Preiserhöhungen* angeglichen; sie betrug bei einer sog. vollbedürftigen Kriegerfrau mit fünf Kindern, was damals noch nicht so sehr selten war, gegen Ende der Kampfhandlungen etwa 200 Mark. Die Leistungen erhöhten sich durch die völlig *kostenlose Behandlung* und *Verpflegung* in den Krankenhäusern und nach 1916 auch durch die *freie Arztbehandlung* bei den nicht Versicherten, ebenfalls durch die fast ganz beitragsfreie *zahnärztliche Versorgung*. ,,Sicher haben Osnabrücks Frauen zu keiner anderen Zeit so viel Zahnersatz erhalten wie in jenen Tagen'', meint Ludwig Hoffmeyer. Man wußte das, nahm es jedoch ebenso hin; es war auch das einzige noch gut angelegte Kapital. Man half nicht weniger bei den *Beerdigungen, Umzügen* und bei dem Eintritt der jungen Leute in die *Lehre* und gab großzügig *Zuschüsse* für Kartoffeln, Kohlen und Koks. Was die Beschaffung der vielerlei *Unterlagen* für Mühe machte, ist einzusehen; Hoffmeyer nennt als besonders tätig den Bankier *Alfred Westerkamp d. Ä.*, ,,der diese Arbeit täglich sechs Jahre gewissenhaft verrichtet hat. Auch bei Sturm, Schnee und Regen sah man ihn fast täglich mit seiner Mappe durch die Straßen eilen.'' Hoffmeyer gehörte trotz seiner schon recht vorgerückten Jahre gleichfalls zu den Helfern; er war wegen seiner verständnisvollen und warmherzigen Art überall besonders willkommen und gewann nebenher manche Unterlagen für die Darstellung dieser schweren Jahre. Daß es oft auch unrichtige Angaben zu verbessern galt, häufig die Wege wiederholt werden mußten, viel unausgesprochene Not leise zu erfragen war, erhöht die Achtung vor den zumeist längst aus dem Berufsleben Ausgeschiedenen, die auch hier vaterländische Arbeit in Geduld und Güte leisteten.

Natürlich wurden die *Kriegsbeschädigten* dabei keineswegs vergessen. Ein *Hilfsausschuß* war schon im Dezember 1914 errichtet worden, der ebenfalls unentgeltlich arbeitete. Ein *Berufsberater* erteilte Anweisungen für die *Weiterbildung*, und die *Lehrer* übernahmen den Unterricht, der sich auf alle gewünschten Fächer erstreckte und viel mitfühlende Kraft verlangte.

Schlimm traf die kleinen *Rentner* die Not der Zeit. Die Preise konnten trotz aller Verordnungen nicht gehalten werden, und was zusätzlich gekauft werden mußte, um nicht zu verhungern, war teuer. Man half, so gut es denn ging, nahm jedoch viel heimliche Bedrängnis und manche stille Bitterkeit nicht weg, da gerade hier die Zurückhaltung zur Erziehung gehörte.

Dagegen hatten die *Schieber* gute Tage. Da fehlte es an nichts, weder an schwarzgeschlachtetem Fleisch noch an Wein, Zigarren, an Kleidung und Kohlen. Das staatliche Eingreifen war nicht sonderlich wirksam, so breitete sich denn der sogenannte *moralische Verfall* weiter aus, nicht zum wenigsten bei der Jugend, der in den meisten Fällen der Vater, vielfach auch die doch irgendwie beschäftigte Mutter fehlte. Dazu kam der Mangel an Lehrern und der damit verbundene Ausfall an Schulstunden, kam weiter der von dem ungenügenden Essen geschwächte Körper der Schüler. Wie manche Mutter ging abends hungrig zu Bett, um ihrem Kinde am Morgen ein Stück Brot mehr in den Ranzen stecken zu können, falls er nicht inzwischen zum Schuheflicken oder zum Besatz der Holzpantinen verwendet worden war, mit denen am Kriegsende jung und alt über das noch selten asphaltierte Pflaster klapperte. Aber man nahm auch das mit erprobtem Galgenhumor auf sich; die da draußen hatten wohl mehr auszustehen.

Die *Zeitungen* ließen jetzt manches Unangenehme wenigstens durchklingen; die Fülle *vaterländischer Lyrik* war ohnehin längst verstummt. Am Anfang des Krieges hatten sogar die *Geistlichen* kräftig in die Saiten gegriffen, und ein Gedicht *Weingarts* in Borgfeld bei Bremen ging als Osnabrücker Feldpostkarte in Mengen an die Front, ein Zeichen unvergessener Zuneigung. Es berief sich auf des Kaisers Wort im August 1914: ,,Nun wollen wir sie dreschen!'' Das taten jetzt andere mit uns. Es soll aber hervorgehoben werden, daß die drei künstlerisch wertvollsten Gedichte der Jahre von *Juden* geschrieben wurden. Alfred Kerrs ,,Deutschland kämpft um sein Leben'', des Österreichers Hugo Zuckermann ,,Drüben am Wiesenrand'' und trotz allem Ernst Lissauers ,,Haßgesang gegen England''.

Die *Stadtverwaltung* arbeitete trotz aller Erschwernisse vorbildlich weiter, und Oberbürgermeister Dr. Rißmüller durfte für sich und die vielen Helfer den amtlichen Dank empfangen, daß in der Kriegswohlfahrt Osnabrück ,,nach statistischem Material einen Platz einnehme, der die Stadt damit in die erste Reihe aller Gemeinwesen unseres Staates stellt''.

Das besagt viel, da man dazumal die *Übertreibungen* einer späteren Zeit nicht liebte, auch nicht in den *Kriegsberichten*, die unter dem zuerst verantwortlichen Generalquartiermeister *Stein* oft eine klassisch schöne, in ihrer sachlichen Schlichtheit doppelt wirksame Ausprägung fanden. Gewiß mußten sie sich politischen Erfordernissen angleichen, auch verschweigen, wo es nötig erschien; sie blieben jedoch wahr.

Die *Verluste* waren erschreckend, auch die durch Hunger und Krankheit, die natürlich schwerer festzustellen waren. Das *Evangelische Lehrerseminar* mit der angeschlossenen Präparandenanstalt, insgesamt höchstens 180 Schüler umfassend, verlor den vierten Teil seines Bestandes, die verwandte *katholische Anstalt* mit ihren Lehrern die Hälfte. Ähnliche Zahlen weisen die übrigen Schulen auf

Am *Ende* der viereinhalb Jahre standen ein bis zum Schluß ausharrendes Heer und eine bis zum Verhungern sich verblutende Heimat. Von der *Schuld* eines Zusammenbruches zu sprechen ist leicht. Doch der Krieg konnte bei dem Übergewicht der Feinde an Menschen, Waffen und Lebensmitteln, gewiß auch an besserer politischer Führung, nicht gewonnen werden. Eine Welt hatte sich gegen Deutschland erhoben. Daß es daran zerbrach, war keine Schande. Gegen 24 Staaten mit 1345 Millionen Einwohnern anzukämpfen, wird immer vergeblich sein. Und daß wir den Krieg, ebenso wie die meisten anderen, nicht gewollt haben, steht heute lange fest. Deswegen waren auch die Qualen unberechtigt, die der Sieger uns nachher bereitete. Im Grunde hatte auch er nichts gewonnen, da das einst in Politik und Wirtschaft so wohlausgeglichene Europa am Boden lag, indessen sich *Amerika* anschickte, seine alten Lehrer zu überflügeln. Unseres Erdteils Weltgeltung ging damit verloren, und das geschlagene *Rußland* baute sich rascher zur zweiten Weltmacht und damit zum Gegenspieler Amerikas aus, wozu zwei Deutsche, *Marx* und *Engels*, die geistigen Grundlagen legten. Daß der Osnabrücker Oberbürgermeister Dr. Johannes *Miquel* sich ihnen jahrelang verwandt fühlte, ist nicht ohne Ironie.

Doch die *Städte* lagen unzerstört da, anders als nach dem Zweiten Weltkrieg, der Hände wartend, die sie von neuem mit Leben anfüllen sollten. Aber der Weg war weit. Und es rächte sich, daß man versäumt hatte, auch aus den *Arbeitern*, die doch den weitaus größten Teil des Volkes darstellten, eine Schicht von Regierenden heranzubilden, um sie an der Leitung des Staates zu beteiligen. Das *Dreiklassenwahlrecht* bestand ungerührt weiter. Eine Änderung war vorgesehen, sogar durch den Kaiser. Hätte man sie im Kriege durchgeführt, wäre manche Verbitterung unterblieben. Osnabrück war im Grunde eine ruhige Stadt und gegen seine Verwaltung nichts einzuwenden. Doch es gärte auch hier, in der Hütte, im Stahlwerk, auf dem Piesberg, in den Kasernen, selbst in der weiterdenkenden Bürgerschaft. Außerdem lag *Wilhelmshaven* nahe, einer der Hauptsitze der kommenden Unruhen. Es hatte seine Gründe, daß ,,des Kaisers Kulis'' zuerst losbrachen und die benachbarten Städte mit ergriffen.

3. Kirche

Der *Besuch* ließ vor allem in den evangelischen Gemeinden zusehends nach. Es war auch schwer, auf die anstürmenden Fragen zu antworten. Die *Verluste* nahmen noch einmal 1918 ungewöhnlich zu. Die Frauen sorgten sich um die Männer im Felde und hatten alle Hände voll zu tun, um die Angehörigen halbwegs satt zu bekommen. Für 1918 waren wöchentlich acht Pfund Kartoffeln für jedes Familienglied zugesagt worden, aber nur sieben wurden verteilt. Man sammelte Knochen und Altmaterial und rief die Frauen zu Kursen zusammen, in denen man aus alten Flicken Tuchschuhe herstellte. Da die geschenkten Windeln verbraucht waren, versuchte man, sich mit *Flaggentuch* zu helfen, so daß ein Säugling schwarz, der andere weiß, der dritte rot erschien. Man verkaufte einmal auch für die Bedürftigen 2000 Paar Kriegsstiefel für 11,50 Mark; 10 Prozent wurden dabei gestrichen, zwei Mark gab die Stadt noch dazu. Wo blieb da Zeit für den Gottesdienst! Die Männer fehlten ohnehin, von den alten ganz abgesehen. Die *Zeitungen* kamen jetzt täglich mit ganzen vier Seiten heraus; am Sonnabend traten manchmal zwei weitere Seiten hinzu. Die allzu dick aufgetragene *Propaganda* (Revolution in England durch Hungersnot) überzeugte ebensowenig wie ein Vortrag des einst so angesehenen Pastors *Weingart* über ,,Deutsche Wiedergeburt" oder eine Rede des ehemaligen Sozialdemokraten *Dr. Max Maurenbrecher* über ,,Keine Preisgabe deutscher Zukunft". Es machte auch keinen Eindruck mehr, wenn Prof. *Dr. Kutscher*, der ,,Theaterkutscher", damals Oberleutnant in einem Osnabrücker Reserveregiment, ,,Unser Soldatenlied im Felde" zur Gitarre sang. Man wollte nur noch Ruhe für die erschöpften Nerven haben und schlief sich sonntags aus, wobei man das Frühstück einsparte.

Die evangelischen und katholischen Christen setzten jedoch ihre *Kriegsbetstunden* fort; die Kirchen übernahmen auch weiterhin kriegswichtige Aufgaben; die *Caritas* arbeitete mit letzter Kraft. Im Schinkel veranstaltete man, von Dr. Pfannkuche angeregt, *überkonfessionelle Gemeindeabende*; 1917 hatte man in *Eversburg* zusammen mit einer Pfarrstelle eine katholische Kirche errichtet; auch das *Kloster der Franziskaner* in Ohrbeck wurde fertiggestellt. Die evangelischen Mitbürger hatten dagegen während des ganzen Krieges auf jedes Bauen verzichtet; nur das *Kinderheim* konnte am 1. Oktober 1918 dem Gebrauch zugeführt werden. Evangelisationen, Missionsfeste und Orgelkonzerte vereinigten viele Gemeindemitglieder. Daß der Besuch nachließ, heißt kaum, daß das innere religiöse Leben schwächer geworden wäre; das Gebet, das die verborgenen Kammern der Seele und nicht die Öffentlichkeit sucht, war vielleicht noch inniger geworden. Wann hatte man Gott nötiger gehabt als jetzt!

Zwei lange vorbereitete Tage vereinigten die Angehörigen aller evangelischen Kirchen. Der eine war 1918 das 75jährige Bestehen des noch unter Stüve in Bramsche gegründeten *Gustav-Adolf-Vereins*, der andere die 400. Wiederkehr von *Luthers Thesenanschlag* (31. Oktober 1917). Sechs Sonntage vorher wurde in allen Gotteshäusern über ein einheitlich festgelegtes Thema gepredigt; die Konfirmanden, ein Teil der Schüler und alle erreichbaren Soldaten erhielten Schriften über Luther und sein Bild als Feldpostkarte. Am Abend des 30. Oktober fanden eine öffentliche Feier auf dem Marktplatz und Gottesdienste statt; am Festtage selbst sprachen Oberbürgermeister Dr. Rißmüller und Prof. Dr. theol. Smend aus Münster in St. Marien, Pastor Bodensieck und Pastor Ites in der Bergkirche. Das *Stadttheater*, das wieder zu spielen begonnen hatte, führte wiederholt mit notgedrungen starker Laienbesetzung ein *Luther-Stück* auf. Auch im *kaiserlichen Hauptquartier* gedachte man des Tages, was hier bald bekannt wurde. Es war das letzte Mal, daß Wilhelm II. als summus episcopus der Preußischen Landeskirche auftrat, schon ein müder Mann, der die alte Lust am Unechten zu spät eingesehen hatte. ,,Für meine Deutschen bin ich geboren; ihnen will ich leben." So war es einstmals gläubig aus Luthers tapferem Herzen aufgeklungen. Wilhelm II. hatte einen anderen Weg gesucht, so gut er es denn gemeint hatte.

4. Schule

Viele schon im Ruhestand lebende Lehrer und Lehrerinnen suchten die durch *Einziehung* entstandenen Lücken auszufüllen; Mittelpunkt des Unterrichts blieb selbstverständlich das Kriegsgeschehen, das an den *Frontkarten* mit aufgesteckten Fähnchen und aus der *Presse* verfolgt wurde. Zahlreiche Klassenräume waren vom *Militär* beschlagnahmt worden; die größeren Schüler wurden nach und nach eingezogen, sofern sie nicht schon unter den Waffen standen. Man las *Kriegsbücher* und schickte sie an die Front, wo freilich andere Literatur willkommener war, die aber auch versandt wurde. Man versorgte die *Lazarette* mit Büchern, Zeitschriften und Blumen, veranstaltete Theater- und Choraufführungen wie Besichtigungen der Stadt und Fahrten in die Umgebung. Daß die *Schuldisziplin* gelegentlich litt, war nur natürlich, doch kam es kaum zu besonderen Störungen. Und die *Dichtungen* unserer Großen, vor allem die Schillers und der Sänger der Freiheitskriege, in den humanistischen Anstalten auch die Tragiker und Redner der Antike gewannen jetzt unmittelbare Gewalt, wobei man die *jungen Meister* der Gegenwart nicht vergaß. Zum erstenmal sprach man hier jetzt über die *Arbeiterdichter*, die bislang eigentlich nur in ihren Kreisen bekannt gewesen waren, *Heinrich Lersch*, *Karl Bröger* und *Gerrit Engelke*. In Niedersachsen traten der vor Reims gefallene *Hermann Löns*, bei den verbündeten Österreichern *Georg Trakl* und *Hugo Zuckermann* hinzu, beides ebenfalls frühe Opfer. In der Plastik packten *Ernst Barlachs* leidenschaftlich verhaltene Werke die reifere Jugend an wie in der Graphik die Blätter der Berlinerin *Käthe Kollwitz*. Die schon lange begonnene Skepsis der Älteren störte die Jugend im allgemeinen noch nicht. Das kam erst in den letzten Monaten.

5. Allgemeines Bildungswesen

Das *Stadttheater* hatte sich langsam vom ersten Schreck erholt und führte, freilich weiterhin ohne Oper, einen annehmbaren Spielplan mit mancherlei leichteren Stücken durch, die nun zur Aufmunterung nötig waren (L'Aronge, Fulda, Frehsee). Es brachte aber auch gelegentlich Lessing, Schiller, Kleist, Raimund, Halbe, Hauptmann u.a. Hofschauspieler *Friedrich Holthaus*, geborener Osnabrücker, glänzte als Gast in Lessings „Emilia Galotti" und in Brachvogels fingerdick verstaubtem „Narziß". Intendant *Ulrichs* holte sogar die noch bestehende *Bremer Oper* zu Szenen aus Richard Wagners „Walküre" (der 1. Akt wurde vollständig gesungen) hierher, versuchte außerdem in gewohntem Wagemut, noch 1918 eine *Sommerspielzeit* durchzusetzen. Der Magistrat stimmte zu, falls sich die Unkosten nicht erhöhten; man war aber auch hier verärgert, daß der Berliner Generalmuseumsdirektor *Wilhelm von Bode* eine „Ruhende Venus" Tizians für eine Million angekauft hatte. Heute freuen wir uns des Gewinns.

Die *Chorkonzerte* litten unter dem Mangel an Männerstimmen; dafür traten die *Frauenchöre* (Bürger und Zapp) ein; man führte sogar die lange eingebürgerten *Volksunterhaltungsabende* weiter. Der *Berliner Domchor* sang öfters, die *Bremer Philharmoniker* musizierten, die *Kammermusikabende Oeser-Wünsch-Bieler* erfreuten wie sonst, jetzt auch durch die pianistische Mitwirkung des jungen, so früh verstorbenen Oeser.

Hin und wieder sah man auch noch ein paar Kunstwerke; zwei hochbegabte Osnabrücker Maler, *Heinrich Assmann* und *Heinrich Redeker*, waren gefallen. *Franz Hecker* stellte sein für Gellenbeck bei Hagen (Osnabrück) bestimmtes großes Kirchenbild mit betenden Soldaten zugunsten des Roten Kreuzes in seinem Landhaus am Schölerberg aus — es wurde nichts versäumt, die Laren und Penaten alter guter Zeit an ihren Herdstätten zu erhalten. Die vielen Verwundeten verlangten nach Ausspannung wie die überarbeiteten und überreizten Zivilisten. Ulrichs richtete sogar besondere Veranstaltungen für Rüstungsarbeiter ein. Man darf dabei nicht vergessen, daß die Menschen noch durch die guten, sicheren und unabhängigen Bildungsbesitz verbürgenden Schulen der damaligen Zeit gegangen waren, was sich von denen des späteren Dritten Reiches schwerlich behaupten ließ.

6. Zusammenbruch und Novemberrevolution 1918

Am 29. September 1918 hatte die *Heeresleitung*, die bislang eigentlich nur vom Sieg gesprochen und die schweren Niederlagen der letzten Monate vergessen zu haben schien, die umgehende Einleitung von *Waffenstillstandsverhandlungen* verlangt; am 1. Oktober übernahm *Prinz Max von Baden* die Reichsregierung. Er hielt das gewünschte, wenn nicht befohlene Angebot aus innerpolitischem Bedenken hin, bis Hindenburg schriftlich die Notwendigkeit zu sofortigem Handeln aussprach. Also nicht die Regierung, sondern das Heer, ,,Im Felde unbesiegt'', drängte auf den Schluß der Tragödie. *Ludendorff* rief jedoch zum letzten Einsatz auf, der völlig zwecklos war; er nahm dann seinen Abschied. Schweren Herzens entschloß sich nun Max von Baden, der auf alle Weise Zeit gewinnen wollte und das Waffenstillstandsangebot der militärischen Führung als politisch denkbar ungeschickt scharf verurteilte, den Staatssekretär *Erzberger* zur Entgegennahme der feindlichen Bedingungen abzuordnen (8. November). Am Tage vorher wurden die *Wittelsbacher* in München abgesetzt; in *Berlin* brachen ebenfalls Unruhen aus. Der *Kaiser* ging über die Grenze nach den Niederlanden. Das Ende war da.

Eine *Revolution* in der Folge des militärischen Zusammenbruchs des Deutschen Reiches brachte das *Ende der Monarchie* im Reich und in den Ländern. Als sodann der Kaiser abdankte und damit die Monarchie kampflos das Feld räumte, als das Reich mit dem Kriegsende in den Strudeln von Anarchie und Auflösung zu versinken drohte, trat Prinz Max von Baden als letzter Reichskanzler des Kaiserreiches an die führenden Sozialdemokraten Ebert, Scheidemann und Otto Braun sowie Vertreter der Gewerkschaften heran, ob sie bereit wären, als *Volksbeauftragte* die Reichsgeschäfte weiterzuführen. Sie versagten sich nicht, und so ging mit diesem revolutionären Akt, der völlig außerhalb der Reichsverfassung lag, die Macht im Reich auf den Rat der Volksbeauftragten über. Am 9. November 1918 rief Scheidemann von einem Fenster des Reichstags in Berlin die *Republik* aus. Durch sein rasches Handeln war er damit den Anhängern einer sozialistischen Räterepublik nach russischem Muster um wenige Stunden zuvorgekommen.

Doch damit war durchaus nicht endgültig über die weitere Staatsform Deutschlands entschieden, denn die Verfechter dieser Entwicklung, die Spartakisten, kämpften nunmehr offen für eine sozialistische Räterepublik. Überall bildeten sich im Revolutionsmonat November 1918 nach dem Vorbilde des russischen Rätestaates *Arbeiter- und Soldatenräte*. Auf einem Kongreß dieser revolutionären Gruppen in Berlin im Dezember 1918 trennten sich die Bewegungen endgültig. Die SPD-Anhänger in den Räten unterstützten weiterhin die Volksbeauftragten und drängten auf die rasche Einberufung einer

6. Zusammenbruch und Novemberrevolution 1918

verfassunggebenden Versammlung durch allgemeine Wahlen. Die Vertreter des „Spartakusbundes" gründeten am 31. Dezember 1918 die „Kommunistische Partei Deutschlands" (KPD). Damit waren die Fronten unversöhnlich geworden: hier Rätesystem, dort parlamentarische Republik.

Bis dahin hatte der *Rat der Volksbeauftragten* in Berlin bereits alte Forderungen der Sozialdemokratie in *Gesetzen* verwirklicht. Diese kamen zwar als Revolutionsentscheidungen zustande, blieben aber auch nach Gründung der Weimarer Republik in Geltung: Achtstundentag, Arbeitslosenunterstützung, Frauenstimmrecht, Verhältniswahlrecht, Anerkennung der Gewerkschaften, Tarifverträge, Herabsetzung des Wahlalters von 25 auf 20 Jahre. Diese neuen sozialen Gesetze fanden alsbald auch in unserer Heimat entsprechende Beachtung.

Bereits am 8. November 1918 erreichte Osnabrück die Nachricht, daß besonders in den Seestädten Kiel, Lübeck, Hamburg, Bremen und Wilhelmshaven nach russischem Vorbild mit Hilfe der revoltierenden Marine revolutionäre Arbeiter- und Soldatenräte eingerichtet seien, die die Regierung in die Hand genommen hätten. An demselben Tage geriet auch unsere Stadt nachmittags in die Gewalt eines Arbeiter- und Soldatenrats, der hauptsächlich aus angereisten Marinesoldaten gebildet wurde. Schon seit Tagen hatten sich hier, wie nachträglich zu erfahren war, fremde Soldaten aus auswärtigen Standorten, namentlich Marineangehörige, aufgehalten und durch intensive Propaganda die in Osnabrück in Garnison liegenden Truppen für sich gewonnen. Als nun am 8. November weitere Verstärkung dieser revolutionären Gruppen aus dem Raume Wilhelmshaven—Bremen mit der Bahn von Oldenburg hier eintraf, wurde zunächst der Hauptbahnhof besetzt. Man begab sich dann in die Stadt, verteilte an die Soldaten rote Armbinden und forderte sie auf, die Kokarden abzunehmen. Die hiesige Garnison war in den Kasernen zusammengezogen, auch mit Maschinengewehren ausgerüstet. Als aber die Matrosen im Verein mit revoltierenden Soldaten der Bahnhofswache mit aufgepflanztem Bajonett 8 und Handgranaten im Koppel anrückten, gingen die Truppen — die Unteroffiziere zum Teil gezwungen — zu den Aufrührern über; die Offiziere blieben allein zurück und wurden aufgefordert, ihren Degen abzugeben. Auch auf der Straße wurde mehrfach älteren, höheren Offizieren von jungen Burschen in roher Weise der Degen entrissen. Die Militärgefängnisse wurden geöffnet, Rathaus und Polizeigebäude besetzt. Der Oberbürgermeister erschien in der Sitzung der Städtischen Kollegien unter der Aufsicht eines bewaffneten Musketiers.

Inzwischen hatte sich auch offiziell in Osnabrück ein *Arbeiter- und Soldatenrat* konstituiert, der mit der Regierung und dem Magistrat über Aufrechterhaltung von Ruhe und Ordnung verhandelte. Soldaten und Bürger wurden noch auf einer abendlichen Kundgebung vor dem Rathaus bei Fackelschein ermahnt, nach Hause oder in die Kasernen zu gehen, sich jeder Unordnung oder gar Plünderung zu enthalten und am nächsten Tag die Arbeit bzw. den Dienst wieder aufzunehmen. Am 9. November, als in Berlin die Republik ausgerufen worden war, erließ der Arbeiter- und Soldatenrat einen Aufruf an alle Arbeiter, Soldaten und Bürger, in dem er seine Stellung darlegte. Alle Behörden sollten wie bisher weiterarbeiten, die Offiziere Achselstücke und Degen behalten. Der außerdienstliche militärische Gruß wurde aufgehoben, alle Militärpersonen sollten täglich bis 12 Uhr nachts Urlaub haben; den Anordnungen des Arbeiter- und Soldatenrats hatten alle Militär- und Zivilpersonen Folge zu leisten. Am Morgen des 9. November fand auf dem Marktplatz vor dem Rathause eine große Versammlung der Soldaten statt, in der ein Mitglied des Soldatenrats sie ermahnte, sich dienstlich genauso wie bisher zu verhalten. Er schloß mit dem Rufe: *„Es lebe die Republik!"* Nachmittags sprach in einer Volksversammlung auf dem Ledenhof der Arbeitersekretär *Otto Vesper*, Bürgervorsteher und mit mehreren führenden Sozialdemokraten Osnabrücks (u.a. Groos, Kaldenbach, Sörensen) Mitglied des Arbeiterrats über die Bedeutung der Revolution sowie über die Forderungen der Arbeiter. Vesper war 1915 zum ersten Bürgervorsteher der SPD in das Bürgervorsteher-Kollegium unserer Stadt gewählt worden, nachdem er bereits 1912 in Osnabrück für den Reichstag kandidiert hatte. Auch er forderte alle auf: ,,Tue ein jeder seine Pflicht! Ruhe und Besonnenheit ist die erste Pflicht." Zur Aufrechterhaltung von Ruhe und Ordnung richtete der Soldatenrat eine aus 400 Mann bestehende Sicherheitskompanie ein, die zunächst wohl ihn selber schützen, dann aber auch als Stütze der Polizei dienen sollte. — Die Bürger ließen alles widerstandslos über sich ergehen! So verlief die Umwälzung in Osnabrück ohne Blutvergießen.

Es wäre somit verkehrt, in Osnabrück von einer wirklichen Revolution zu sprechen. Die hat es auch in Deutschland weder im Bauernkrieg 1525 noch 1848 gegeben. Was 1918 so aussah, war einfach Verzweiflung, Hunger und Not und die tiefe Enttäuschung über die Heeresleitung, die nicht die Wahrheit gesagt hatte, war Empörung, daß der Kaiser sein Volk verließ. Die hier und da oft heftig aufflammenden Zusammenrottungen oder Kämpfe hätten leicht beseitigt werden können, wenn die Soldaten nicht ebenso mutlos gewesen wären. Doch was hätte es genützt? Der Krieg war verloren, und was nun kam, war noch viel schlimmer, als man gedacht hatte. Dabei war im Spätherbst sogar noch angeordnet worden, die *Fenster-* und *Türgriffe* abzugeben, soweit sie nicht als Verschluß dienten; man bat aber auch um *getragene Anzüge* und ebenso darum, die *Särge* jetzt verdeckt durch die Straßen zu fahren, um die Nerven nicht noch mehr anzuspannen. Weiter ging es wirklich nicht. Dennoch wurde am 6. November, als überall schon die Unruhen schwelten, amtlich zur Zeichnung der *9. Kriegsanleihe* aufgefordert. Auch hier.

Den bedächtigen Osnabrückern lag eine Revolution etwa im Sinne der darin erfahrenen Franzosen durchaus nicht; wann hätte es denn so etwas hier jemals gegeben? Die *Stadtverwaltung* hatte wirklich alles getan, die vielfachen Nöte dieser grauenvollen Jahre zu mildern. Das wurde allgemein anerkannt. Man ließ auch die Handvoll *Mariner*, die am 8. November hier einen *Arbeiter- und Soldatenrat* errichten wollten, unwillig gewähren, da man das für nicht ganz ernst hielt. Die vielen in Osnabrück liegenden *Truppen* unternahmen *auch* nichts, was leicht möglich gewesen wäre; einige *Offiziere* gaben sogar ihren Degen ab. Und bei der Versammlung aller Soldaten auf dem *Marktplatz* am 9. November, als die Nachricht nach Osnabrück gelangt war, daß Wilhelm II. als Kaiser und König abgedankt, sein Heer verlassen habe und nach Holland geflüchtet sei, wurde dennoch ausdrücklich verlangt, daß sich jeder seinen bisherigen Vorgesetzten unbedingt unterzuordnen habe. Es wurde ebenso nirgendwo *geschossen*, dagegen sogleich eine *Sicherheitspolizei* eingerichtet, die weder die Behörden noch die bisherige Polizei oder die vom Rathaus wie sonst gelenkte Lebensmittelversorgung störte. Man half gleichfalls, das von der Front in bester Ordnung und in aller Eile herbeigeschaffte *Heeresgut* sachgemäß unterzubringen, empfing die heimkehrenden oder durchziehenden *Regimenter* mit allen Ehren vor dem mit Tannengrün geschmückten Rathaus und gab ihnen sogar trotz aller Bedrängnis noch *Weihnachtspakete* mit auf den Weg. Gewiß kamen durch die revolutionäre Bewegung unter den Soldaten *Überschreitungen und Übergriffe* vor, die besonders dem gänzlich unschuldigen Oberbürgermeister *Dr. Rißmüller* galten, den man auf die Treppe des Rathauses zerrte, wofür man sich nachher entschuldigte. Dasselbe geschah mit dem Schriftleiter der ,,Osnabrücker Zeitung", *Ludwig Heilbronn*, der in seinen Redaktionsräumen bedrängt wurde, den aber einige der Angreifer sogleich wieder befreiten, als sie sahen, daß die, deren Ansicht die nationalliberale Zeitung Jahre hindurch vertreten hatte, keine Hand für ihn rührten. Im März 1933 ging es böser her, obwohl damals kein Krieg verloren war. Der *Soldatenrat*, der sich hauptsächlich im Reden und im Plakatankleben betätigte, wurde auch schon gleich nach Weihnachten aufgelöst, der *Arbeiterrat*, der unter der Leitung eines Reserveoffiziers stand, durch unabhängige *Wahlen* neu gebildet; es lag also in der Hand der Arbeiter und Angestellten, wie er aussehen sollte. Mit Rücksicht auf die Fortdauer der *Hungerblockade* (erst am 12. Juli 1919 aufgehoben) und die erschreckend zunehmende Sterblichkeit infolge von Unterernährung sahen diese revolutionären Institutionen vor allem auch ihre Aufgabe darin, eine geregelte *Versorgung der Bevölkerung* aufrechtzuerhalten. Neben einer entsprechenden Kontrolle der Verwaltung, die den Umbruch unversehrt überdauerte, traten sie insbesondere für die Erhaltung der öffentlichen Sicherheit und Ordnung ein. Wie ruhig daher die sogenannte Revolution, später auch Revolte genannt, hier ablief, mag beweisen, daß, während der Arbeiter- und Soldatenrat seine ersten Sitzungen abhielt, *Professor Pembaur* aus Leipzig einen vielbesuchten Klavierabend veranstaltete und *Cäsar Flaischlen* aus seinen doch wirklich recht friedfertigen Werken las, nachdem kurz vorher der *Zirkus Corty-Althoff* gastiert hatte. Als eine Art von Stirnrunzeln der beginnenden Unzufriedenheit aber kann gelten, daß die Ludendorff-Spende einen „äußerst geringen Gesamtbetrag" aufwies.

7. Was bleibt

Waren die ungeheuren Opfer unseres Volkes nicht sinnlos gewesen?

Sie waren es nicht! Denn zunächst war es dem Feinde nicht gelungen, von dem kurzen Einbruch im *Osten* zu Anfang des Krieges abgesehen, deutschen Boden zu besetzen. Die Kämpfe hatten sich ganz im *feindlichen Lande* abgespielt. Zum anderen war das in Schichten und Klassen aufgespaltene Reich endlich wieder *Volk*, der Arbeiter Staatsbürger geworden. Was den langjährigen Streit von den Freiheitskriegen 1813/15 und dem Ringen 1870/71 jedoch deutlich unterschied, war der Mangel eines einheitlichen *politischen Zieles*. 1813 war es um die *Freiheit* Deutschlands, 1870 um die *Formung* eines gemeinsamen deutschen Staates gegangen. 1914 war beides da und brauchte nur verteidigt zu werden. Ein Ziel wäre die Umgestaltung Deutschlands zu einer *modernen Demokratie* mit stärker eingeschränkter Gewalt der Fürsten, vor allem des Kaisers gewesen. Das geschah erst, als die Dynastien abgetreten waren, gegen deren damalige Vertreter menschlich nichts eingewendet werden konnte. Daß nachher keinerlei ernsthafter Wunsch entstand, die Monarchie wiedereinzurichten, beweist, wie überlebt sie war, und daß der Deutsche doch mehr *Demokrat* ist, als das Ausland wahrhaben wollte. Waren denn nicht auch die drei Freien Reichs- und Hansestädte bis zur Gegenwart hin Republiken gewesen? Selbstverständlich schließt eine Monarchie die Demokratie nicht im geringsten aus, was England durch Jahrhunderte bewiesen hat. Bei uns aber war das doch wohl anders.

Der Krieg wurde *ohne Haß* geführt. Nimmt man die reiche Kriegsdichtung als Spiegel, so bestimmt im letzten kein verstiegener Nationalismus, sondern ein schlichtes, schönes Liebesgefühl. Ernst Lissauers künstlerisch hervorragender „*Haßgesang gegen England*" wurde überwiegend als undeutsch abgelehnt. Zorn ja, Haß nicht. Am stärksten wehrte sich die *Marine* gegen die „Lissauerei", obwohl doch der Dichter ihr vorab seine Strophen zugeschrieben hatte. Hier sprach das Vereinigende der *seefahrenden Völker* mit, das selbst in diesen Jahren nicht ganz erloschen schien.

Auch für *Osnabrück* bleibt der zähe Kampf seiner Regimenter unvergessen; ein Gedicht, dessen in einem Meller Lazarett verwundet liegender Verfasser nicht genannt sein wollte, hält die Erinnerung an die 78er in Liliencronschen Wortbildern fest:

> Bin — mühsam — wieder gegangen im Heimatwald.
> Einsam; vom Trutzwerk der Brüder so weit. Zu bald!
>
> Wie rauscht durch die stolze Stille das deutsche Jahr!
> Es wallt nun im Wolkenwestflug die tote Schar...
>
> Ich hatt' einen Kameraden so jungfrischrot;
> wir teilten mit Bruderherzschlag treu Not und Brot.
>
> Bei Guise. Windgrausiger Abend! O herber Biß:
> als ihn die schwarze Granate zu Staub zerriß!
>
> Zu jach im Tage der Freude — längst mir nicht genug! —
> Die singende Kugel neidisch das Knie durchschlug.
>
> Glüht, Narbenröslein! In Nächten, von Träumen schwer;
> mir blieb nur das wilde Heimweh nach Wall und Wehr.
>
> Wann kehrst du wieder, du deutscher, du Tag der Tat?
> — Die Marne, hei! — springende Pulse — todstreuende Saat —
>
> fliegt lanzenjubelnd der graue Husar schon heran:
> ,,Befehl: . . . Regiment Achtundsiebzig greift an! —''

Ein anderes Gedicht — es stammt von dem frühverstorbenen Osnabrücker *Ernst Diefenthal*, dem Sekretär Friedrich Naumanns — beschwor den Tag von Langemarck, der durch den Kampf der jungen Freiwilligen, die zu einem Teil Osnabrücker Gymnasiasten, Seminaristen und Präparanden waren, zu antiker Größe anstieg. Es beginnt so:

> Es harft ein Wind von Flandern her, von Flandern,
> der Wind ist so tränenschwer,
> viel Tausende gaben ihr Herzblut her, in Flandern.

Die alte Schulstadt Osnabrück besaß selbstverständlich auch einen ,,*Wandervogel*'', der hier 1907, sieben Jahre nach der Gründung in Berlin, entstanden war. Die erste Gruppe kam am Realgymnasium zustande; dann folgten Ratsgymnasium und Evangelisches Lehrerseminar, während die beiden katholischen Anstalten, Carolinum und Lehrerseminar, sich zurückhalten mußten. Beim Kriegsausbruch 1914 stellten sich alle Mitglieder freiwillig; *Hanns-Gerd Rabe*, einer der ersten Angehörigen, erzählt für dieses Buch mit ergreifender Innerlichkeit das Schicksal der tapferen Menschen, in denen das beste Erbteil der damaligen Jugend weiterlebte:

,,Zu dem Phänomen von 1914 gehörte der elementare Aufstand der Kriegsfreiwilligen, die freiwillige Meldung der jungen Männer, die unaufgefordert zu den Fahnen strömten, ohne Befehl, ohne Anweisung, ohne amtliche Beeinflussung. Die militärische Maschinerie stand diesem plötzlichen Einbruch einer ihr gänzlich fremden Welt mit ihrer Befehls- und Gehorsamsathmosphäre zunächst fassungs- und ratlos gegenüber, so daß beim Versagen der Organisation ein großer Teil der Freiwilligen weder sofort eingekleidet noch angenommen werden konnte. Im Mobilmachungsplan befand sich dafür keine Anweisung.

Daß sich alle Osnabrücker Wandervögel spontan, soweit sie das 17. Lebensjahr vollendet hatten und gesund waren, zum Eintritt beim Infanterieregiment 78 meldeten, geschah mit einer Natürlichkeit, die keinen Rausch, keine wilde Begeisterung kannte.

Daß diese Meldung, da die gesamte Führerschaft zum Heer ging, in der Wandervogel-Ortsgruppe eine schwer überwindbare Situation hinterließ und einen Stilbruch in der Entwicklung herbeiführte, war den Wandervögeln damals noch nicht bewußt. Aber die Soldaten spürten diese Schwierigkeiten sofort, als sie verwundet in die Heimat zurückkehrten oder später Fronturlaub erhielten. Daß diese harte Zäsur, die die natürliche Entwicklung des Wandervogels plötzlich unterbrach und kein Ausreifen möglich machte, der Beginn seines Endes war, konnte noch nicht gesehen werden und wurde zum mindesten während der Dauer des Krieges auch nicht ganz erkannt. Diese Erkenntnis kam, als die wenigen Soldaten-Wandervögel, die lebend aus den ,,Stahlgewittern der Fronten'' zurückkamen, den Versuch machten, den Geist von 1913 wiederzuerwecken. Der Versuch mißlang.

Fast alle Osnabrücker traten also beim Infanterieregiment 78 ein, einige technisch Begabte meldeten sich bei der Kaiserlichen Marine. Erst später gab es Differenzierungen, als Freiwillige für die Luftwaffe gesucht wurden oder die heranwachsenden Wandervögel, die eingezogen wurden, zu den Pionieren, zur Artillerie oder zu den Nachrichtenverbänden kamen.

Wir marschierten geschlossen, Benno Reitz mit der Klampfe voran, singend zur Untersuchung, die in einem Wagenschuppen des Hotels Schaumburg am Schillerplatz stattfand. Es war der 2. August 1914. Der Arzt sah nur unseren braungebrannten Oberkörper; fast alle waren wir gerade von einer großen Fahrt zurückgekehrt: ,,Ausgezeichnet! KV!'' und klatschte uns wohlwollend auf die Schulter. Wir waren Soldaten mit dem Titel ,,Kriegsfreiwilliger''. Weniger wohlwollend besah uns dann der Feldwebel, auf sein Schwert gestützt, auf dem Exerzierplatz der Caprivikaserne, wo wir einen mühsam geordneten Haufen bildeten: ,,Übertrieben langer Haarwuchs! Herunter damit! Dann wieder melden!'' Gemeinsam überfluteten wir einige Friseurläden, wo wir dem Krieg unser erstes Opfer brachten: Die braunen Locken von Zeus-Meyer fielen, Benno Reitz' lange Künstlermähne, der widerborstige Schopf vom langen Rudel Tiemann, unser aller Haar . . . betrübt standen wir vor den Spiegeln; wir kannten uns kaum wieder: Was war mit uns geschehen? Hinter uns lagen unsere Fahrten in die Wälder der Heimat, in die Einsamkeit des ,,Großen Moores'' bei Barenaue, die Wanderungen ins Unbekannte. Morgen würde das Kasernentor sich hinter uns schließen. Was bedeutete das alles? Waren wir dem Leben näher, weil wir der Schule oder der Universität entrückt waren, weil diese unbekannte Drohung Krieg vor uns lag?

Leider gelang es nicht allen Wandervögeln Osnabrücks, nach einer kurzen Ausbildungszeit geschlossen in eine Fronteinheit zu kommen, als der ,,Marsch nach vorn'' begann. Der größere Teil unter Führung des Ortsgruppenleiters *Julius Kraus*, der damals als aktiv gedienter Soldat bereits Unteroffizier und schon einmal verwundet war, kam Anfang Oktover 1914 zum Infanterieregiment 78 an die Front an den Marnekanal vor Reims, während der andere Teil Ende Oktober 1914 zum neugebildeten Reserve-Infanterieregiment 216 versetzt wurde, das zur 46. Reserve-Division, einer der Kriegsfreiwilligen-Divisionen, gehörte.

Über den Ausmarsch zur Front erzählt ein Bericht im Novemberheft 1914 des ,,Westfälischen Wandervogel-Gaublattes'': Der Platz vor der Klosterkaserne wogte von Menschen, und zwischen den aufgeregten Massen standen mit vor Freude und Erwartung geröteten Gesichtern die freiwilligen 78er, die jetzt ausrücken sollten . . . Unter ihnen waren unsere Wandervögel. Die silberne Nadel mit dem Greif auf blauem Grund begleitete sie, wie wenn es auf Fahrt ginge. Unser ,,Kräusli'' (Julius Kraus) sprach in scherzenden Worten bald zu seinen Leuten, bald zu den vielen Wandervögeln und Freunden, die von ihm Abschied nahmen. Man merkte es ihm an, daß der Ausmarsch für ihn nichts Neues bedeutete, daß er schon einmal „losgewesen" war.

„Vierte Kompanie! Marsch!" rief eine scharfe Stimme über den Platz, und mit schmetternder Musik brach der bunte Zug auf, begleitet von den Eltern, Verwandten und Freunden. Erst ging es durch die engen Gassen der Altstadt. Unter den begleitenden Menschenmassen war ein Drängen und Stoßen, wie es Osnabrück seit dem letzten Schnatgangsfest nicht mehr erlebt hatte, bei jeder Straßenbiegung kamen neue Massen hinzu. Alle wollten sie den ausziehenden Kriegern noch einmal die Hand schütteln: Viele schenkten ihnen Zigarren, Blumen und Schokolade, und aus den Fenstern regnete es förmlich Sträuße und Blumen. Frische Kehlen sangen vaterländische Lieder. Dann aber erklang es trotz der frohen Begeisterung wehmütig: „Heimat, o Heimat, ich muß dich nun verlassen . . ." Mischte sich unter die stürmische Freude und Begeisterung vielleicht der leise Gedanke: „Wann werden wir dich wiedersehen, du mein liebes Osnabrück, mit deinen altersgrauen Giebeldächern?"

Immer größer wurde die Menschenmenge, und als die Kapelle mit klingendem Spiel durch das Gittertor auf den Bahnsteig marschiert war, da bedrängten und bestürmten die Osnabrücker ihre scheidenden Kriegsfreiwilligen derart, daß sich die Reihen auflösten und jeder einzelne sich zum Tore durcharbeiten mußte. Man hörte stöhnend hervorgebrachte Scherzworte: „Seid doch vernünftig! Ihr macht uns ja jetzt schon lazarettfähig!"

Dann fuhr der Zug ab; die Zurückbleibenden wurden allmählich stiller, manche Wange wurde bleicher, die Augen trüber, und in manches Auge schlich sich eine heimliche Träne. Die Soldaten drängten sich an den Fenstern oder standen auf den Trittbrettern. Der Platz vor dem Bahnhof wurde immer leerer. Singend und jubelnd waren die meisten gekommen, still und mit bitterem Weh im Herzen machten sie sich auf den Heimweg.

Während die Osnabrücker Wandervögel des Reserve-Infanterieregiments 216 Ende Oktober unmittelbar vom Lockstedter Lager in die Kämpfe um Langemarck in Flandern geworfen wurden und dort, soweit sie nicht schon gefallen oder verwundet waren, an dem berühmten Sturm am 11. November 1914 teilnahmen, erlebten die Kriegsfreiwilligen des Infanterieregiments 78 vier Wochen Stellungskämpfe am Marnekanal, am Fort Brimont und in Courcy vor Reims, bis sie dann im Rahmen eines großen Angriffs auf Ypern am 17. November 1914 unmittelbar vor dieser heißumstrittenen Stadt zum Sturmangriff angesetzt wurden, um die englische Front zu durchbrechen, was nicht gelang. Dieser Sturm wurde der Tag, der vom Regiment 78 die meisten Blutopfer während des Krieges forderte.

Viele von den Wandervögeln, die damals auf dem Hohen Meißner 1913 die bekannten Worte der Meißner-Formel mitschworen, vernahmen schon ein Jahr später die berühmte Meldung des Heeresberichtes nicht mehr, der am 11. November 1914 bekanntgab: „Bei Langemarck brachen junge Regimenter unter dem Gesang ‚Deutschland über alles' gegen die feindlichen Stellungen vor und nahmen sie."

Der weitere Verlauf des Krieges riß die kriegsfreiwilligen Wandervögel immer weiter auseinander; Feldpostbriefe gingen hin und her zu den Freunden auf den Kreuzern in der Nordsee, zu den Frontkämpfern in der Champagne, in Italien, in Flandern, in Rußland, vor Verdun, auf dem Balkan, ja nach Palästina. Manche schmerzliche Begegnung fand statt im wirren Strudel der Kämpfe in einem zerstörten Dorf oder in den kargen Urlaubstagen . . . wie schmerzlich war es, wenn eine Freundeshand dem gefallenen Gefährten das Grab bereiten konnte: Heiner Hesse begrub in Wolhynien den

Leutnant Fritz Koch, Karl Hottewitsch den Fahnenjunker Benno Reitz, Hannes Rabe vor Arras Wilhelm Brumberg, Robby Plieth den Leutnant Karl Hottewitsch in der Champagne.

Nahezu alle Wandervogelführer waren bereits Anfang 1916 Offiziere: Kompanieführer, Flieger, Adjutanten, Ordonnanzoffiziere. Das beweist ihre Qualitäten, Führer von Männern zu sein, die meistens älter waren als sie. So sehr der Krieg insgesamt für alle das gleiche Schicksal bereithielt, so waren die Erlebnisse des einzelnen doch verschieden; daraus resultierten die späteren verschiedenen Entwicklungen moralischer, ethischer, soziologischer und politischer Einsichten und Forderungen der Überlebenden. Die innere Haltung der Soldaten-Wandervögel, die an allen Fronten standen, bis sie 1919 in kleiner Schar zurückkehrten, gegenüber dem Krieg als Problem und Fragestellung damals findet wohl in dem Wort des Leutnants Otto Neumann, des 1917 gefallenen hervorragendsten Osnabrücker Wandervogels, seinen stärksten und zugleich ergreifendsten Ausdruck: ,,Es gilt, unentwegt stark und ernst zu handeln. Müßig ist, wer sich dem Grauen hingibt, und schlecht handelt, wer den Ernst der Stunde durch Klagen entweiht. Es ist immer noch an uns, zu tun, wie die edleren Römer handelten, als ‚Hannibal ante portas!' die Erbärmlichen riefen. Gelassenheit ist die Forderung der Stunde."

Als Sinnbild einer *Opferbereitschaft* ohnegleichen ging dieser Krieg auch für unsere Stadt in die Geschichte ein, die im letzten Sinne Symbol der Menschheit ist. Denn alles Rechtgewollte wird mit der Zeit Geist und damit entwirklicht; das ,,Vergängliche ist nur ein Gleichnis". Der Kampf von 1914/18 war noch nicht ganz der Streit der *Maschinen* gewesen, wie er es heute sein würde und zum Teil schon während des letzten Krieges war. Daß sich aber auch aus dem damaligen Ringen die Notwendigkeit eines umfassenden Begreifens unter den Völkern ergab, daß sich daraus der *Völkerbund* und verwandte Einrichtungen entwickelten, läßt ihn als nicht sinnlos erscheinen, so schmerzlich denn auch die Opfer blieben. Trotz allem gelang es nicht, den Menschen auf der ,,Insel der Vernunft" zu behaupten, wie einst Kant gehofft hatte. Das scheint nicht einmal nach dem letzten, noch viel grauenhafteren Kampfe möglich zu sein.

8. Neue Nöte

Trotz allen guten Willens hielten die *Nöte* 1919 und noch lange danach an. Es fehlte an *Lebensmitteln*, an Kohlen, Kartoffeln, Leder und Kleidungsstoffen. Wegen der mangelhaften Lebensmittelzuteilung an die Bevölkerung brachen erhebliche *Unruhen* aus. Demonstrierende Massen zogen am 19. Februar 1919 vor das Rathaus und veranlaßten sogar den vorübergehenden Rücktritt des Oberbürgermeisters. Am 2. März brachte die *erste Nachkriegswahl* zum Osnabrücker Bürgervorsteherkollegium der SPD 17 Sitze. Ihr stand jedoch eine große bürgerliche Mehrheit gegenüber. Zwei SPD-Senatoren traten in den Magistrat ein, Otto Vesper und Johann Kaldenbach. Vesper wurde bereits am 19. Januar im Wahlkreis Aurich-Osnabrück-Oldenburg neben einem weiteren Vertreter der SPD in die Nationalversammlung gewählt. In diese in Weimar zusammentretende deutsche Volksvertretung, die insbesondere die Verfassung der jungen Republik zu beschließen hatte, wurde für das Zentrum der Arbeitersekretär Hagemann aus Osnabrück entsandt. Mit der Aufnahme führender Mitglieder des Arbeiterrates in die SPD-Fraktion begann die Auflösung des Arbeiter- und Soldatenrates. Gerade in dieser schweren Zeit rief der Magistrat im Oktober 1919 eine *Volkshochschule* als städtische Anstalt ins Leben. Ihr Zweck sollte sein, das in weiten Kreisen der Bevölkerung herrschende Bildungsbedürfnis zu befriedigen, Männern und Frauen aller Kreise Gelegenheit zu geben,

In diesem Aufruf an die
„Bürgerschaft von Osnabrück"
setzt sich die 17 Mitglieder
umfassende Bürgervorsteher-
fraktion der SPD
bei den Lebensmittelunruhen
in der Stadt im Juni 1919
für Ruhe und Ordnung ein.

ihr Wissen zu vermehren, und sie zu befähigen, in gemeinsamer Arbeit mit anderen Mitbürgern bewußt und fördernd am Kulturleben der Gegenwart teilzunehmen. Im Winter 1919/20 nahmen 1397 Hörer an den Veranstaltungen dieser neuen Einrichtung teil. Auch das *Stadttheater*, das während der Kriegszeit über sehr schwachen Besuch zu klagen hatte, das *Museum* sowie die städtische *Lesehalle und Bücherei* wurden unter erheblichen Schwierigkeiten weitergeführt. Darüber hinaus wurde in dieser unmittelbaren Nachkriegszeit in Osnabrück auch das *Städtische Orchester* gegründet. „Was das bedeutet, wie stolz es hierauf sein darf, kann nur der ganz ermessen, der weiß, wie furchtbar oft die materielle Not war" (Hoffmeyer).

Die *heimkehrenden Truppen* gewöhnten sich nur schwer an die neuen Verhältnisse, nicht alle an die ungewohnt gewordene Arbeit. Und daß die *Dienstmädchen* jetzt Hausangestellte hießen, schien vielen ebenso unglaublich wie die veränderte Berufsbezeichnung der ehemaligen *Hausknechte*. Ja, manchem machte es sogar Mühe, sich an den ersten *Urlaub* seines Lebens zu gewöhnen. Man hatte doch alle Tage arbeiten müssen, die drei großen Feste, Karfreitag und Himmelfahrt neben den Sonntagen ausgenommen. Der Verfasser kannte einen alten Werktischler an der Jahnstraße, der von seinen vierzehn Tagen freier Zeit vier abstrich, um wieder zur Fabrik zu gehen; so seltsam erschien ihm das.

8. Neue Nöte

Der *Magistrat* brachte zunächst einmal 1500 Soldaten unter, keine einfache Aufgabe. Die *Brotzuteilung* konnte erhöht werden, es gab auch mehr *Fleisch* und *Zucker*. *Fische* durfte man im freien Handel kaufen, natürlich wie im Kriege andere kleine Dinge. *Streiks* wie im übrigen Reich kamen kaum vor; die Handels- und Handwerkskammern versuchten sogar, die *Aufhebung der Zwangswirtschaft* zu erreichen, was jedoch noch nicht gelang. Hingegen gab das Reich die *Kartoffelbewirtschaftung* frei, womit schon viel gewonnen war.

Im Februar 1920 durcheilte die Bevölkerung Osnabrücks das Gerücht, daß eine „*Rote Armee*" vom Ruhrgebiet aus über Münster im Anmarsch auf die Stadt sei. Aus Furcht vor möglichen kommunistischen Umtrieben in der Stadt wurde daraufhin für Osnabrück der *Ausnahmezustand* erklärt. Als am 13. März in Berlin rechtsradikale Kreise unter Führung von Wolfgang Kapp gegen die Reichsregierung putschten und diese nach Stuttgart floh, schlugen die Gewerkschaften den Umsturzversuch durch einen *Generalstreik*, an dem sich auch die Osnabrücker Arbeiterschaft beteiligte, nieder. Am 19. März wurde in Osnabrück ebenfalls durch Androhung eines erneuten Generalstreiks verhindert, daß das hier aufgestellte „*Freikorps Lichtschlag*" (Bataillonsstärke) gegen die obenerwähnte „Rote Armee" im Ruhrgebiet ausrücken konnte. Als der Verband dennoch später in diesem Raume zum Einsatz kam, mußte er ernste Verluste in Kauf nehmen. Um endgültig *Ruhe* zu schaffen, wurde mit Zustimmung der preußischen Regierung und des neuen Reichswehrministeriums wie des Soldatenrates eine *Einwohnerwehr* errichtet, die dreitausend Mann umfassen sollte, aber schon 1920 auf Befehl der ängstlichen Feinde verboten wurde. Doch noch am 22. Juni 1920 widersetzte sich die Stadt dieser alliierten Anordnung und ließ die Einwohnerwehr (als Ortsschutz) gegen *erneute Hungerunruhen*, die sogar zu vereinzelten Plünderungen führten, einschreiten. Es gelang auf diese Weise, die öffentliche Ruhe und Ordnung in kurzer Zeit wiederherzustellen. Es bildete sich dann ein Jahr darauf die von ihnen genehmigte *Sicherheitspolizei* zur Verstärkung der weiterbestehenden städtischen Polizei. Viele gute, ja vortreffliche Überlegungen, Vorschläge und Erwägungen der Reichsregierung unter dem klugen und klarsichtigen *Friedrich Ebert* scheiterten am Widerstand der Gegner. Eine neue Zeit war angebrochen, die schwer genug um ihr Leben rang. Neues stieß sich am Alten. Allmählich jedoch verschwanden auch die Porzellanschilder mit dem „Eingang nur für Herrschaften"; man redete die Arbeiter bereits mit „Herr", die Hausangestellten mit „Sie" und sogar „Fräulein" an; der Beamte wurde auch nicht mehr strafversetzt, wenn er „links" wählte oder den „Vorwärts" las. Nur der um die Festigung des Reiches als Republik so verdiente Friedrich Ebert war weiterhin das bequeme Ziel der Angriffe. Er war ja nur ein Sattler gewesen, der im nahen *Quakenbrück* auf der Wanderschaft gearbeitet hatte, was die Stadt jedoch nicht hinderte, ihn auf ihren *Notgeldscheinen* zu feiern. „Der Sattler hat uns gerettet", so hieß es bald darauf in Gerhart Hauptmanns *Eulenspiegel-Epos*, dem Thomas Manns *Rede von deutscher Republik* mit einer Würdigung ihres ersten Präsidenten folgte.

Im Juli 1921 hatte die Stadt Osnabrück, um den Mangel an umlaufenden Bargeld in einem noch vertretbaren Rahmen zu beheben, Notgeld drucken lassen. Die kleinen buntfarbigen Scheine des *Osnabrücker Notgeldes* besitzen heute wegen der auf ihnen in glücklicher Auswahl dargestellten Stadtmotive aus der Vorkriegszeit und den trefflichen plattdeutschen Versen dazu hohen Liebhaberwert. So präsentiert z. B. der bunte *50-Pfennig-Schein* mit dem Bucksturm in humorvoller selbstkritischer Anspielung folgenden Vers:

„Hexen un Räuber hebbet hier inne siäten.
Wekke düt Geld nau maket, sült auk de Müse friäten."

Am Neujahrstag 1919 waren die Reste der 78er zurückgekehrt, 56 Mann und vier Offiziere, an der Spitze der letzte Kommandeur, Oberstleutnant ,,Papa" Kienitz. Ludwig Bäte erinnert sich noch, wie Hindenburg dem bekannten Dichter *Hermann Anders Krüger*, einstmals Professor für Literaturgeschichte an der Technischen Hochschule in Hannover, später Mitglied der Weimarer Nationalversammlung und dann Thüringer Innenminister, im Hauptquartier wegen besonderer Tapferkeit empfing und ihm sagte: ,,Ja, meine alten Oldenburger und die in Osnabrück und Aurich!" Das waren die beiden Garnisonen des Regiments Herzog Friedrich Wilhelm von Braunschweig Nr. 78. Nun wurde Osnabrück sogar für eine Weile Sitz des 8. Armeekorps, nicht zum Schaden der Stadt.

Neue Beschwernisse erwuchsen aus den *fehlenden Wohnungen*. Es war während des ganzen Krieges kaum gebaut worden. Man bot in den Zeitungen 300 Mark und mehr für die Vermittlung einer bescheidenen Unterkunft. Nun bekam die Stadt fast ein Viertel ihrer Einwohnerzahl durch die abrüstenden Truppen und das genannte Korps dazu; es strömten auch viele Familien aus den *abgetretenen Gebieten* ein: Elsaß-Lothringen, Oberschlesien, Posen, Westpreußen und Danzig. Erhöhte das den Umsatz, so vergrößerte es auch die Unruhe. Man vermied jedoch die hinreichend verhaßte *Zwangswirtschaft* und behalf sich mit Schulräumen und Baracken und fing ebenso allmählich mit dem Hausbau wieder an, wobei sich der Gemeinnützige Bauverein weitere Verdienste erwarb. Es wurde Zeit, da bereits 1919 über tausend Wohnungen fehlten. Als alles noch nichts half, griff man doch zu einer gelinden Bewirtschaftung, baute selbst und gab Zuschüsse für den Ausbau von Dachwohnungen, wobei freilich die fortschreitende *Geldentwertung* quälte, die dann — nach einer heute unvorstellbaren Inflation (Wert des US-Dollars: November 1923 = 1260 Milliarden Mark) — mit der Einführung der *Festmark* (20. Nov. 1923) beseitigt wurde. Durch den wirtschaftlichen Niedergang in der *Inflationszeit* geriet die Stadt 1923/24 in große finanzielle Bedrängnis. Die *Zahl der Arbeitslosen* stieg im Januar 1924 auf über 2500 Personen. Der Magistrat bemühte sich, möglichst viele Arbeitslose bei Notstandsarbeiten zu beschäftigen. Im Vollzuge solcher Arbeiten entstand ein neuer Zentralfriedhof in Osnabrück, der *Heger Friedhof*. Er wurde im November 1925 eingeweiht. Damit aber waren wieder Ungezählte arm geworden.

Manche hatten allerdings ihr Geld in *Sachwerten* angelegt und vermehrten dadurch die trotz allem nicht kleine Schicht der sogenannten *Neureichen*. Selbstverständlich trug auch hier wieder die Regierung die Schuld, obwohl man im Ausland den raschen Wiederanstieg Deutschlands verwundert betrachtete. Es gelang sogar, die schlimme *Arbeitslosigkeit* einzudämmen; ein *Arbeitsamt* war bereits 1919 aus dem Arbeitsnachweis der kaiserlichen Regierung gegründet worden. Jetzt wurde zum erstenmal in der deutschen Geschichte gesetzlich festgelegt, daß jeder Anspruch auf Arbeit und — bei Arbeitslosigkeit — notfalls Unterstützung habe, von deren Kosten das Reich die Hälfte, der Staat ein Drittel und die Gemeinde ein Sechstel trug. Das half leidlich, da auch die *Industrie* langsam wieder größere Aufträge erhielt und man Deutschland wohl oder übel auf dem Weltmarkt gelten ließ. Damit wuchs auch das Ansehen des Staates, dessen geduldige Politik ihre Früchte trug. Als *Rathenau* im Juni 1922 ermordet wurde, zog eine nicht befohlene Schar von Tausenden empört durch die Stadt. Und in der alten Landesuniversität Göttingen sprach der bekannte Historiker Professor *Karl Brandi*, der in unserer Stadt seine Jugend verlebt hatte, vor den Studenten: ,,Rathenaus Staat ist unser Staat, seine Ehre unsere Ehre." Die Republik hatte sich wenigstens bei den Denkenden durchgesetzt. Auch *Gustav Stresemann* trug dazu bei, der im hiesigen Wahlkreis trotz mancher Gegnerschaft in den eigenen Reihen zum Mitglied der Nationalversammlung gewählt worden war und auch später noch oft bei uns einkehrte, ein Redner wie wenige. Seine erste politische Rede, die von der ,,Osnabrücker Zeitung" fast ganz wiedergegeben wurde, hielt er hier am 20. Dezember 1918, unmittelbar vor Weihnachten, dem ersten im Frieden.

Dennoch blieb der *Verfassungstag* vom 11. August ein Fest der Behörden, Schulen und Arbeiter und die neue Flagge des Reiches, 1848 jubelnd sogar an St. Marien hochgezogen, nicht mehr als eine Dekoration der amtlichen Gebäude. Es gehörte Mut dazu, sich zu ihr zu bekennen.

9. Der Oberbürgermeister geht

Dr. Rißmüller war durch die fast übermenschliche Anstrengung in Kriegs- und Nachkriegszeit verbraucht und bat 1924 um seine *Entlassung*. Es wurde überall bedauert, auch im neuen, gänzlich umgestalteten Stadtregiment, mit dem er im allgemeinen gut ausgekommen war. Es zählte jetzt außer dem besoldeten Magistrat sieben unbesoldete Senatoren und 47 Bürgervorsteher, die von den politischen Parteien bestimmt wurden. Man bat ihn in einer Adresse mit vielen hundert Unterschriften, doch zu bleiben, was er bis zum 1. Oktober 1924 zusagte, dann aber die Amtszeit nach längerer Erholung freiwillig bis 1927 verlängerte. Er führte noch mancherlei Gutes durch, so mehrere Messen und die Anlage des herrlichen *Heger Friedhofes;* er richtete auch ein *Städtisches Verkehrsamt* ein. Der *Bahnhofsvorplatz* wurde umgestaltet, der Durchbruch am *Jürgensort* beendet, vom Osnabrücker *Flughafen Netterheide* eine *Luftlinie* von Osnabrück nach Essen und Mülheim eröffnet. 1926 wurde auch das städtische *Freibad ,,Moskau"* in der Neustadt in Betrieb genommen. Im Fledder wurde die reformierte *Friedenskirche* eingeweiht. 1927 fand in Osnabrück eine (erste) *Verkehrszählung* statt: 55,4 % Kraftfahrzeuge, 44,6 % pferdebespannte Fuhrwerke. Viel Sorge bereitete wie gewöhnlich die Fortführung des *Theaters*; es kam sogar zu einer öffentlichen Aussprache im Theater.

Doch fehlte trotz allem die alte unternehmende Frische. Rißmüller hatte die Sechzig überschritten und hätte ein Recht gehabt, von einem Lebenswerk für die Stadt zu sprechen, was seine Bescheidenheit verbot. Er war bis zu seinem Ende ein schlichter Mann geblieben trotz aller Erfolge im Beruf wie in seinen vielerlei anderen Ämtern.

Osnabrück bezeichnete einen Platz nach ihm; er wurde Ehrenbürger, man widmete ihm das schöne, von Christian Dolfen bearbeitete Bildwerk über den Kaiserpokal und nannte die zu seinen Ehren geschaffene Studienstiftung für befähigte Osnabrücker nach ihm. Er übernahm noch eine Reihe freiwilliger Aufgaben, so den Vorsitz im neugegründeten *Theaterverein*, den Ludwig Bäte mit ihm teilte. Die Arbeit galt der Erhaltung der Bühne, was auch gelang; Osnabrück besaß nach wie vor die absolut *höchste Abonnentenzahl* in Deutschland und ein beträchtliches Ansehen der künstlerischen Darbietungen. Als Bäte Dr. Rißmüller auf seinen Wunsch nach einer Sitzung im Jahre 1932 zu seinem Hause an der Bramscher Straße begleitete, sagte er zum Abschied: ,,Behalten Sie mich in gutem Andenken! Ich mag nun nicht mehr." Das Reich Hitlers stand vor der Tür; sie wußten beide, was das bedeutete. Die Worte stießen Bäte seltsam an; genau das gleiche hatte Stüve bei seinem letzten Gang geäußert, was Rißmüller kaum wußte. Im folgenden Jahre starb er; er hatte gerade die biblischen Siebzig erreicht.

Seine Witwe überlebte ihn fast um drei Jahrzehnte, zuletzt erblindet. Manchmal ließ sie sich noch von ihrer Pflegerin, Paul Oesers Tochter, zu dem schönen Bilde ihres toten Gatten aus Franz Heckers Hand im Rathaus führen, leise darüber hinstreichelnd. Die Stadt hatte einen bedeutenden Oberbürgermeister verloren, klug und tätig und immer voll heiterer Überlegenheit. Als schönstes Erlebnis seiner langen Tätigkeit erzählte er Bäte einmal: ,,Ich war kaum im Amt, da stürzte eines Morgens ein Handwerksmeister in blauer Schürze in mein Zimmer, ohne anzuklopfen oder sich anmelden zu lassen. Er hatte sich irgendwie über mich geärgert und fragte zornbebend: ,Wann wollen Sie denn endlich gehen?' Das war noch ein richtiger Bürger. Nachher wurden wir beide die besten Freunde."

Rißmüller verstand seine Stadt, die ihm das nicht vergaß. Er war so volkstümlich geworden, daß, als Bäte einmal einen kleinen Jungen fragte, wem denn wohl die Straßenbahn gehöre, er wie ganz selbstverständlich antwortete: ,,Onkel Rißmüller!" Und als Bäte sich weiter erkundigte, was denn der Straßenbahnführer dort mache, entgegnete er: ,,Er rißmüllert!"

Anekdoten sind lebende Geschichte.

Dr. Julius Rißmüller
Oberbürgermeister 1901—1927

XIII.
BIS 1933
1. Oberbürgermeister Dr. Gaertner

Im Mai 1927 gab die Osnabrücker Presse bekannt, daß sich 90 Bewerber für die Nachfolge Dr. Rißmüllers gemeldet hätten. Neun wurden in die engere Wahl gestellt; der Osnabrücker Senator Herrmann war auch darunter, ebenso der erste katholische Senator der Stadt, Dr. Petermann. Die Wahl fiel, wobei zuletzt noch wegen Stimmengleichheit das Los entschied, auf den Beigeordneten von Gelsenkirchen, *Dr. Erich Gaertner*.

Er war am 19. März 1882 in Neckarbischofsheim als Sohn eines Rechtsanwalts und Notars geboren, hatte Jura studiert, promoviert und den ganzen ersten Weltkrieg an der Front mitgemacht, wobei er zum Offizier befördert und mit beiden Eisernen Kreuzen wie mit dem Zähringer Landesorden ausgezeichnet worden war. In Gelsenkirchen galt er als *Finanzexperte*, doch auch als Mann, der etwas von kulturellen Dingen verstand. Seine finanzpolitischen Ansichten hatte er 1927 in der ,,Kommunalen Rundschau'' ausführlich dargelegt; später folgte mit Dr. Jansen ein Buch über ,,Die Realsteuern''. Mit fünfundvierzig Jahren stand er auf der Höhe des Lebens. Daß er und seine Gattin musizierten und regelmäßig das Theater und die Konzerte besuchten, erfuhr man bald auch; beides nahm gewiß das Odium des tolopen Volks ein wenig weg, das hier ohne Zweifel bestand; denn Gaertner hatte seine Jugend in Freiburg i. Br. verlebt, das hier

Dr. Erich Gaertner
Oberbürgermeister 1927—1945

allenfalls einer Handvoll Studenten und als Durchgangsort für Reisende in die Schweiz bekannt war. Immerhin stammte seine Mutter aus Bremen. Außerdem war er schon im benachbarten Westfalen tätig gewesen, sogar in einer Stadt, die mit 208000 Einwohnern mehr als doppelt so groß wie Osnabrück war, allerdings geschichtlich und kulturell weniger bedeutete, was denn der neue Stadtregent geschickt bei seiner Einführung am 5. September betonte, als er von dem ,,alteingesessenen Bürgerstand und Bürgersinn'' der Osnabrücker sprach.

Er übernahm sogleich, was bei der Ausschreibung gewünscht worden war, das *Finanzdezernat* und versprach, sich für die Erhaltung von Theater und Orchester einzusetzen. Ein *Kulturverband* wurde gegründet, der *Schloßverein* folgte und bezweckte, das alte Welfenschloß am Neuen Graben geistigen Aufgaben zu erschließen.

Die Zeit kam Dr. Gaertner entgegen, da sich die Weimarer Republik auf Grund von 4 Milliarden Goldmark Auslandsanleihen, die in den Jahren 1924 bis 1929 nach Deutschland flossen, in einem steten politischen und wirtschaftlichen Erholungsprozeß befand. Sicherstes Kennzeichen war die sprunghaft zunehmende Bautätigkeit, die auch die noch bestehende Arbeitslosigkeit zurückzudrängen half. Er hatte dabei das Glück, daß er in der fortbestehenden alten Magistratsverfassung, wenn auch primus inter pares, jegliche Bewegungsfreiheit besaß; die Zusammenarbeit mit dem Bürgervorsteherkollegium ging fast reibungslos vor sich. In erster Linie verdankte er das den so verständigen und großzügigen Worthaltern *Schweigmann* und *Dr. Schwetje*, mit denen er sich bestens verstand. Dr. Schwetje, Direktor der Staatlichen Aufbauschule, hatte besonderes Verständnis für kulturelle Fragen, vor allem für das Theater, über das er jahrelang in der ,,Osnabrücker Volkszeitung'' seine klugen Besprechungen schrieb. Eine wertvolle Kraft hatte die Stadt allerdings im Juni in Senator *Schweers*, dem Leiter der Technischen Betriebe, verloren. Daß trotzdem der neue Oberbürgermeister nicht hexen konnte, bewies seine erste *Finanzvorlage* im Dezember 1927.

Mit dem Amtsvorgänger *Dr. Rißmüller* hielt er gute Freundschaft, der er gewiß manchen Rat verdankte; Rißmüller hatte wohl die längste Zeit unter den Osnabrücker Bürgermeistern im Dienst gestanden und wie Stüve und Miquel über eine Fülle weitausgreifender Verbindungen verfügt.

2. Frischer Wind

Dr. Gaertners erstes Jahr begann mit gutem Erfolg. Der Verkehr im *Hafen* hatte beträchtlich zugenommen, der *Fremdenzustrom* sich verdoppelt. Daneben waren 910 *neue Wohnungen* gebaut worden; ebenso wurde der *Durchbruch* von der Süsterstraße zum Schloßwall ausgeführt. Man fing auch an, sich an der Erschließung des *Emslandes* zu beteiligen, die von dem Regierungspräsidenten *Dr. Sonnenschein* tatkräftig vorbereitet worden war. Am 6.Juni 1928 konnte man zum erstenmal telefonisch mit *New York* sprechen. Im gleichen Jahre wurde Dipl.-Ing. *Wilhelm Wendhut* aus Göttingen zum Leiter der Städtischen Betriebe ernannt; die Stadt hatte mit ihm eine tüchtige Kraft gewonnen, die sich nach dem Zusammenbruch von 1945 noch einmal voll bewährte.

Der ewige Streit um die *Weiterführung des Theaters*, damals in ganz Deutschland ein viel beredetes Thema, schien mit der Bewilligung von jährlich 200000 Reichsmark wenigstens vorläufig zur Ruhe gekommen zu sein, auch mancherlei persönliche Angriffe gegen den Intendanten *Dr. Liebscher*. Daß er 27 Werke in einer Spielzeit brachte, war immerhin eine Leistung, mochte denn auch Molnars ,,Spiel im Schloß'' manchen Übersittlichen ärgern, andere Richard Dehmels „Menschenfreunde" für überflüssig halten. Jedenfalls zählte das Theater jetzt 3000 feste Abonnenten, ein schönes Bekenntnis der Stadt zu seiner Bühne. Wirtschaftlich bestand also vorläufig keine Gefahr mehr, und so konnte man denn auch die Musikvereinskonzerte (6 Haupt- und 4 volkstümliche Abende) ungefährdet vom Rathaus aus übernehmen.

In dem Leiter des Verkehrs- und Presseamtes, *Dr. Richard Hugle* aus Furtwangen (Baden), Gaertners Landsmann, fand besonders das Flugwesen Förderung. Es war ein gar nicht so unbedeutendes Erbe, das man übernahm. 1912 hatte *Gustav Tweer*, erster deutscher Sturzflieger, seine Veranstaltungen mit dem kümmerlichen Grade-Eindecker veranstaltet; er war 1916 als Einflieger bei Hannover abgestürzt und liegt auf dem Johannisfriedhof begraben. 1913 folgte ihm der Osnabrücker *Theo Schauenburg* mit großem Erfolg; er wurde 1917 abgeschossen; 27 andere Söhne unserer Stadt fielen ebenfalls im Luftkampf des Ersten Weltkrieges. 1924 setzte die Tätigkeit der ehemaligen Kriegsflieger wieder ein; hier waren vor allem *Hanns-Gerd Rabe* und *Hanns Heeren*, der „Leutnant mit dem Lautenband", mit frischem Mut führend. Zwei Jahre darauf begründete man die *Luftverkehrs AG* und die *Fliegersport GmbH*; Leiter der beiden Gesellschaften wurde *Reinhold Tiling*. Auf der Netter Heide konnte man auch mit der Lufthansa die *Bäderlinie Frankfurt—Dortmund—Nordseeinseln* benutzen, und als 1928/29 die beiden Gesellschaften eingingen, wurde eine *Vereinsfliegerschule* geschaffen, die mit zuletzt sechs Maschinen Flugzeugführer ausbildete und sich an Wettbewerben erfolgreich beteiligte. Reinhold Tiling, ein Flieger höchsten Könnens, fand 1933 mit zwei Mitarbeitern auf Gut Arenshorst bei Experimenten den Tod; er hatte sich inzwischen als Raketenforscher einen Namen gemacht. Seine Absicht war, wie er Ludwig Bäte manchmal erzählte, mit seinen Raketen Post, Medikamente und Lebensmittel in durch Eisgang oder Flut gefährdete Gebiete, so auf die Nordseeinseln, zu befördern; an kriegswichtige Absichten dachte er wohl kaum, wie denn auch nicht feststeht, ob man seine Arbeiten als Vorbereitung der späteren Raketentechnik ansehen kann. Die Stadt richtete nun in *Achmer* einen Flugplatz ein, der aber wie die Netter Heide von den Nationalsozialisten beschlagnahmt wurde, womit ein hoffnungsvolles Kapitel eigener Fliegerei beendet wurde, die in Tweer und Tiling zwei Männer von überörtlicher Bedeutung herausgestellt hatte. Beide waren ungemein beliebt; für Tweer stiftete man sogar in einer Sammlung ein neues Flugzeug. An seinem Elternhause an der Johannisstraße ließ die Stadt eine *Gedenktafel* anbringen, die mit dem Gebäude durch Kriegseinwirkung zerstört wurde.

Am 29. Juli 1928 wurde an der Karlstraße vor dem Herrenteichswall das *Ebert-Erzberger-Rathenau-Denkmal* eingeweiht, dessen Sockel bereits während der Bauzeit von politischen Gegnern beschädigt und beschmutzt worden war. Von der SPD und den Gewerkschaften angeregt, wurde dieses in abstrakter Form gestaltete Denkmal, dessen Erbauer der Osnabrücker Architekt Justus Haarmann war, nach seiner Enthüllung dem Reichsbanner Schwarz-Rot-Gold, das in großer Zahl mit auswärtigen Abordnungen an dieser Feier teilnahm, zum Schutz und zur weiteren Betreuung übergeben. Die Weiherede hielt der Reichstagsabgeordnete und Generalsekretär der SPD Hans Vogel aus Berlin. Er würdigte die Verdienste der hiermit geehrten verstorbenen bzw. ermordeten Männer der ersten Jahre der Weimarer Republik. Regierungsvizepräsident Dr. Schmieder legte im Namen des Oberpräsidenten und des Regierungspräsidenten einen Kranz mit schwarz-rot-goldener Schleife am Denkmal nieder. Schon im Frühjahr 1933 wurde die sorgsam gepflegte Gedenkstätte von den nunmehr an die Macht gekommenen Nationalsozialisten brutal zerstört und spurlos abgerissen.

Das am 29.7.1928 am Herrenteichswall eingeweihte Ebert-Erzberger-Rathenau-Denkmal, das unter den Schutz des Reichsbanners Schwarz-Rot-Gold gestellt wurde.

Nach Anweisung des 1933 neugewählten Stadtrates wurde das Ebert-Erzberger-Rathenau-Denkmal unter Mithilfe von SA-Männern abgebrochen.

Ein starker Impuls im kirchlichen Leben der Stadt war im September die Fertigstellung des *Lutherhauses* der Katharinengemeinde an der Jahn- und Arndtstraße. Es wurde mit einer feierlichen Einweihung in Gegenwart des Generalsuperintendenten Schomerus seiner Bestimmung übergeben. Getragen von der Aktivität der Evangelischen Frauenhilfe von St. Katharinen und der Opferfreudigkeit der großen Gemeinde war hier ein stattlicher Bau entstanden, der nach seinen Ausmaßen über die Gemeinde hinaus für die gesamte evangelisch-lutherische Bevölkerung Osnabrücks ein Mittelpunkt kirchlichen Wirkens sein kann. Initiator und unermüdlicher Förderer des Werkes war Pastor Karl Schmelzkopf, der mit dieser ,,Tat des Glaubens'', wie er bei der Einweihung sagte, ,,der Ehre Gottes dienen wollte''. Im Oktober 1928 war sodann, mit seinem Privatflugzeug auf dem Fluge von Dublin nach Berlin zur ,,Internationalen Luftfahrtausstellung'' begriffen, der irische Ozeanüberquerer Oberst Fitzmaurice mit seinem Begleiter MacDunphy Forster überraschend auf der Netterheide zwischengelandet. Noch eingedenk der großartigen Leistung, die Fitzmaurice mit den beiden deutschen Fliegern Köhl und v. Hünefeld durch den ersten Ost-West-Flug über den Atlantik nach Nordamerika vollbracht hatten, bereitete die Stadt Osnabrück und mit ihr die flugbegeisterten Kreise der Bevölkerung den beiden irischen Fliegern einen herzlichen Empfang, was die alte Freude am Fliegen noch stärkte. Es ist merkwürdig, wie eine so seßhafte Bevölkerung immer wieder versuchte, in den Himmel zu klettern. Denn auch die *Rundflüge* wurden lebhaft gefragt, wie sich lange vorher schon die Reisen im *Luftballon* großer Anteilnahme erfreuten.

Spielte dabei der alte Wagemut des seefahrenden niederdeutschen Volkes mit, das die Gefahren liebte? Oder war es ein Stück Ikarussehnsucht, einmal ganz mit Wolken und Winden allein zu sein? Mut gehörte schon dazu, sich diesen gebrechlichen Dingen von damals aus Rohr und Bespannstoff anzuvertrauen, in denen man buchstäblich zwischen Himmel und Erde hing. Ein Stückchen Fernweh sprach sicher mit; *Franz Hecker*, wenn auch seßhafterer Art, hat die großen, einsam über der Weite ziehenden Wolken, in die der Flieger eindrang, oft gemalt, und die sie hier zuerst bezwangen, waren alle von „dem Geist, der Träume bildet", Tweer sowohl wie Tiling und Rabe, der wunderschöne Geschichten schrieb, und Heeren, dessen Lieder zur Laute über Deutschland gingen, von seiner bekannten Graphiksammlung zu schweigen. Oder war es die einfachere *Aufstieg- und Landemöglichkeit* der Ebene, wobei allerdings zu erwähnen bleibt, daß der nahe *Teutoburger Wald* zu der Zeit, noch wegen seiner besonderen Windverhältnisse als schwieriges Gebiet galt? Immerhin: Der erste deutsche Motorflieger *Jatho* hatte rechtzeitig das bergige Kassel verlassen, um in dem ebenen Lande bei Hannover seine Versuche durchzuführen.

Lobenswert war gewiß auch die *farbige Gestaltung* der Innenstadt, vor allem des Marktes; im nahen *Melle* hatten der Bürgermeister *Hans Meyer zum Gottesberge* und Ludwig Bäte für unsere Bezirke damit begonnen, nur daß hier der ganze kleine Ort darin einbezogen wurde, während man sich in Osnabrück im wesentlichen auf eine Stelle beschränkte. Leider ließ die so gesunde Bewegung in den großen Städten bald nach, da die Niederschläge der Industrie die Farben verwischten.

Die Gefahr, den so tätigen und ideenreichen neuen Oberbürgermeister nach *Heidelberg* zu verlieren, ging zur Freude der Bürger vorüber.

Die 1933 hereinbrechende dunkle Welt warf bereits ihre Schatten voraus. Im April 1929 wurde eine Anklage wegen der Verbreitung eines *national-sozialistischen Hetzblattes* gegen die Juden erhoben; der Veranlasser der Schmiererei kam mit ganzen 50 Mark Geldstrafe davon; die Missetäter gingen straflos aus. Zu gleicher Zeit wurde im Bürgervorsteherkolleg ein Antrag der *Deutschnationalen* eingebracht, die *Friedrich-Ebert-Allee* nahe der Pauluskirche umzubenennen, da der erste Reichspräsident „gottlos" und „irreligiös" gewesen sei. Hier aber wehrten sich alle anderen Parteien, so daß der Antrag nicht durchging. Die einst so freigesinnte Stadt schien langsam unguten Geistern zu verfallen; zwei der besten Vertreter einer größeren Gesinnung, Superintendent *Weidner* und Pastor *Dr. Pfannkuche*, starben rasch nacheinander, dieser, erst 59 Jahre alt, in Mengershausen bei Göttingen, wohin er sich wegen eines Halsleidens hatte versetzen lassen. Aber es schien wohl nur so, denn *Remarques* Roman „Im Westen nichts Neues", der im Sommer herauskam, riß viele, sehr viele sogar, zu betonter Anerkennung hin, wobei es natürlich auch an Widerständen nicht mangelte. Doch das Buch begann rasch ein Welterfolg zu werden, und der Verfasser war ein Sohn Osnabrücks; so ließ man den Unwillen gedämpfter aufklingen. Die *Jugend* stand ohnehin auf Remarques Seite und hatte eine besondere Freude, als sie diesen und jenen nicht übermäßig beliebten Osnabrücker in dichterischer Umformung wiedererkannten, was bei dem zweiten Buch „Der Weg zurück" noch einmal der Fall war.

Die Stadt lebte jedenfalls mehr als vorher; Münster bemühte sich weiter um eine *Theaterunion*; in Berlin sprach man sogar von einem *Städtebundtheater* Osnabrück, Münster und Bielefeld, dem sich Herford, Minden und andere Orte unter der Gesamtleitung der Hasestadt anschließen sollten. *Dr. Liebscher* wurde dabei zum Generalintendanten vorgeschlagen; er ging aber leider am 1. September, nach vier Spielzeiten, in die Hansestadt Lübeck. Liebscher hatte gute Arbeit geleistet, einen farbigen Spielplan aufgebaut, geschickt verpflichtet und eine erneut hohe Anzahl von Abonnenten herangezogen. ,,Meistersinger", ,,Penthesilea", ,,Mona Lisa" (Max von Schillings), ,,Don Carlos" (Verdi), Goethes ,,Stella", ,,Die Bürger von Calais" (Georg Kaiser), Emil Götts ,,Edelwild", Gerhart Hauptmanns ,,Schluck und Jau", ja sogar die deutsche Uraufführung der 1715 zuerst in London gegebenen Händel-Oper ,,Amadis", von *Dr. Fritz Berend* dirigiert — das alles konnte sich sehen lassen und ließ die von Münster aus Prestigegründen abgebrochenen Verhandlungen kaum bedauern. Der Intendant hatte auch *Heinrich von Kleist* in Osnabrück heimisch gemacht, der bislang nur mit ,,Prinz von Homburg", ,,Hermannsschlacht" und ,,Zerbrochenem Krug" gespielt worden war.

Die *Städtischen Konzerte* unter *Otto Volkmann* wahrten gleichfalls die alte Höhe. Das *Museum* war inzwischen städtisch geworden und erhielt in dem Vorgeschichtsforscher *Dr. Hans Gummel*, vorher in Hannover, seinen ersten, allerdings nur in seinem Fachgebiet ausgezeichneten Direktor, während die übrigen Sparten weiterhin überwiegend ehrenamtlich betreut wurden.

Im Juli 1929 war der *Nuntius Pacelli* zu längerem Aufenthalt in der Osnabrücker Diözese eingekehrt; am 17. September überflog *Zeppelin DLZ 127*, der Ozeanbezwinger, die Stadt. Kurz nacheinander starben *Gustav Stresemann* und Reichskanzler *Fürst Bülow*. Für Stresemann fand eine Gedächtnisfeier im Lutherhaus statt, bei der Syndikus *Dr. Sperling* sprach. Beide Politiker verkörperten noch bestes liberales Erbe, gegen das sich jetzt in Osnabrück die *Stadtwächterpartei* mit ihrem Begründer und Leiter *Dr. Schierbaum* mit aller Kraft wehrte. Schierbaum, von Haus aus ein tüchtiger, auch um Möser verdienter Philologe bäuerlicher Herkunft, hatte sich bereits in volksmedizinischen Irrgängen verlaufen, bevor er wie sein späterer Meister Adolf Hitler ,,beschloß, Politiker zu werden". Er begründete ein Wochenklatschblatt ,,Der Stadtwächter", das die darin nicht Angegriffenen manchmal erfreute, und zog schließlich mit fünf Abgeordneten, von denen bereits drei den *Offenbarungseid* geleistet hatten, zum Herbst 1929 laut randalierend ins Rathaus ein, für das diesmal 15 Parteien aufgestellt worden waren; auf 850 Stimmen entfiel ein Mandat; der Volkstribun aus dem östlichen Vorort erhielt 5000 Stimmen.

Dabei lag kein Grund zur Klage vor; die Verwaltung arbeitete mustergültig und hatte allein im letzten Jahre aus öffentlchen Mitteln *271 Häuser* mit *971 Wohnungen* gebaut, das *Stadtbild* verschönert, *städtische Omnibusse* angeschafft und in dem 1890 in Elberfeld geborenen, in Berlin wie als Leiter der ,,Grünen Bühne" in Thale am Harz vielfach bewährten Intendanten *Erich Pabst* einen hervorragenden Nachfolger für Dr. Liebscher gefunden. Er begann seine Arbeit zum *20jährigen Bestehen* des neuen Theaters trotz kurzer Probezeit und ohne jeden Sonderzuschuß mit einer *Festwoche*, die Gutes verhieß. ,,Der letzte Gentleman des deutschen Theaters" verstand auch, die Abonnentenzahl noch zu steigern, obwohl sein Spielplan keineswegs nach Luthers Rezept ,,dem gemeinen Mann aufs Maul schaute". Doch auch er wurde in die Stadtwächtertiraden einbezogen, die im Frühjahr sogar die Mainzer Karnevalsgesellschaft zur Aufstellung eines höchst drolligen Schierbaumwagens veranlaßt hatten. Schließlich beseitigten die *Anklagen* des Magistrats und vieler Privater beim hiesigen Landgericht und in den Berufungsverfahren in Celle wie in Leipzig den üblen Spuk, in dem schon eine kommende Zeit vorahnend gärte. Dr. Schierbaum und seine Adepten wurden vielfach verurteilt; das Skandalblatt ging ein, und die Partei folgte. Immerhin war einiges Porzellan zerschlagen worden, das nicht ganz wieder gekittet werden konnte, wenn man auch Schierbaum, der ein ehrlicher, freilich psychopathischer Fanatiker war, eine gewisse menschliche Achtung nicht versagen konnte. Anders als bei dem Manne, der vier Jahre später eine Welt zu zertrümmern begann. Der Voxtruper politische Messias starb früh und ist lange vergessen, obwohl er der Stadt eine Weile den Ruf Schöppenstedts oder Schildas eingetragen hatte.

Etwas mochte das vielleicht die anderthalbstündige erste *Rundfunksendung* aufheben, die unter Leitung Ludwig Bätes am 24. September im Friedenssaal des Rathauses stattfand. Der *Oberbürgermeister* leitete die Veranstaltung ein, in der versucht wurde, die ganz reiche Geschichte Osnabrücks bis zur Gegenwart aufklingen zu lassen. *Otto Volkmann* dirigierte ein Kammerorchester, man sang in Osnabrück entstandene Lieder *Albert Lortzings*, Domarchivar *Dr. Dolfen* führte den Kaiserpokal vor, und *Georg Greiner* spielte seine Variationen zu ,,Tonio Kröger" Thomas Manns, die auch den Dichter hoch entzückten. Dann ging man in das neu erbaute ,,Capitol" an der Großen Straße, das bald als Filmaufführungstheater von sich reden machte.

3. Beginnende Auflösung

Doch das alles verdeckte die Gefahr nicht, die immer schwerer den Horizont zu verfinstern begann. *Dr. Heinrich Brüning* aus dem benachbarten Münster war nach dem Rücktritt des Kabinetts Hermann Müller dessen Nachfolger als Reichskanzler geworden, ein ernster, kluger und bescheidener Mann, der nach dem Ende der *Großen Koalition* unter einem sozialdemokratischen Kanzler im Frühjahr 1930 das Wagnis einging, ein neues Kabinett ohne regierungsfähige Mehrheit im Reichstag zu bilden und zu leiten. Mit dieser Minderheitsregierung, die sich nicht auf das Parlament, sondern auf das Vertrauen des Reichspräsidenten und auf die Sympathien der Reichswehr stützte, begann die Krise des Parteienstaates. Brüning versuchte, gestützt auf Artikel 48 der Weimarer Verfassung, mit harten, tief einschneidenden *Notverordnungen* den Folgen der Wirtschaftskrise zu begegnen, die 1929 über die westliche Welt hereinbrach, und die Amerika ebenso betraf wie die europäischen Länder auch. Die Zahl der *Arbeitslosen* wuchs, die *Bauern* verwünschten die ungenügenden Preise, die *Industriellen* beklagten den nachlassenden Absatz, die *Handwerker* die fehlenden Aufträge, die *Beamten* die Gehaltskürzungen und die Entlassungen. Dennoch brachte ihm das Frühjahr 1931 einen erheblichen Erfolg, die *Zollunion mit Österreich*, welche die schon in der Weimarer Verfassung vorgesehene Vereinigung beider Länder einleiten sollte. Vergebens! Das Haager Schiedsgericht hob auf den Antrag Frankreichs die Vereinbarung auf, und der Vorschlag des amerikanischen Präsidenten *Herbert Hoover*, die Bezahlung aller politischen Schulden für ein Jahr auszusetzen, wobei angedeutet wurde, daß sie damit beseitigt seien, verhinderte keineswegs die wenige Monate später zustande gekommene *Harzburger Front*, die Nationalsozialisten und Deutschnationale im Kampf gegen die Republik vereinigte und *Papen* zum Nachfolger Brünings machte. Der uralte Reichspräsident *von Hindenburg*, überwiegend von der Linken noch einmal im Amt bestätigt, haßte Hitler wie Hugenberg, trieb jedoch hin und her, wie seine Ratgeber das wollten, vor allem Schleicher und der fahrige Papen, der in nationalen Phrasen besonders groß war, die dem greisen Generalfeldmarschall an der Wilhelmstraße aber zusagten.

Die Geschichte der Stadt spiegelt die Unruhe der Jahre getreulich wider, die mit Stresemanns Tod 1929, dem Zusammenbruch der Großen Koalition, der Wirtschaftskrise und dem damit hochgekommenen oder hochgespielten Anwachsen der Rechtsradikalen, doch auch der ebenso unbelehrbaren Kommunisten aufgestanden war. Es hätte noch gutgehen können, da die Wirtschaft schon langsam wieder anstieg und das breite Volk, wie die Präsidentenneuwahl bewies, keineswegs den wilden Parolen der Nationalsozialisten zu folgen gewillt war, denen es dennoch langsam erlag, müde, ergeben oder von dem Lärm hingerissen, wenn nicht überzeugt. Das *Ausland*, das dem ehrlichen und unbeirrbaren Brüning jeden Erfolg versagt hatte, bezahlte bald Hitler freiwillig, was Brüning und das übrige Europa vielleicht gerettet hätte. Bereits *Gustav Stresemann*, der das Unheil frühzeitig kommen sah, hatte über die Unnachgiebigkeit geklagt. Die deutsche Schuld war auch die des Auslandes.

Schon 1930 war gegenüber dem städtischen *Bauprogramm* vom vorherigen Jahr ein *Ausfall* von 367 Wohnungen festzustellen, da die Mittel nicht mehr ausreichten. Immerhin wurden die *Siedlungsbauten* des Gemeinnützigen Bauvereins am Sonnenhügel und das sogenannte Ostpreußenviertel an der Natruper Straße fertig, denen der Staat das *Reichsdienstgebäude* an der Süsterstraße hinzufügte; auch der Bau des *Arbeitsamtes* war zu gleicher Zeit vollendet. Doch bereiteten die *Lohnsenkungen* und *Kündigungen* bei den Klöcknerwerken manche Sorgen, wobei die um das *Theater* natürlich nicht fehlten. Die Abonnentenzahl war jetzt auf 4595 gestiegen, d. h., daß fünf Prozent der gesamten Bevölkerung einen festen Platz im Theater besaßen, was in der deutschen Bühnengeschichte gewiß einmalig war. Das Haus am Domhof aber verdiente die Zuneigung durchaus. Wiedergaben der ,,Beiden Veroneser'' (Shakespeare), des ,,Rosenkavaliers'' mit Moje Forbach von der Berliner Staatsoper, der ,,Sündflut'' (Ernst Barlach), von ,,Cardillac'' (Hindemith) lagen weit über der Provinzhöhe; die *Uraufführungen*, so Friedrich Bethges ,,Reims'' oder Hermann Wunschs Oper ,,Irreland'', hielten sich eine ganze Weile im deutschen Spielplan. Mit ,,Reims'' und der ,,Brücke'' Erwin Guido Kolbenheyers klang schon eine kommende Welt auf, gegen die sich die ,,Affäre Dreyfus'' von Hans José Rehfisch und Wilhelm Herzog freilich noch anzustemmen vermochten. Auch der *Tonfilm* zog damals zum erstenmal ein.

Im Juli 1930 hatte eine *Massenversammlung* der NSDAP in der Stadthalle stattgefunden, die aus dem *Stadtwächterprozeß*, der sich über zwei Jahre erstreckte, billig Kapital schlug; weitere Veranstaltungen folgten als Vorbereitung für die *Reichstagswahl* am 14. September 1930, die dieser mit allen Mitteln arbeitenden Partei in Osnabrück 15000 Stimmen einbrachte. Doch erreichte es der Vorsitzende, Zahnarzt *Dr. Marxer*, nicht, daß das Bürgervorsteherkollegium aufgelöst wurde. Das *Rheinland* wurde vor der Zeit geräumt, was jedoch als nebensächlich galt; mehr Gewinn versprach die sich stetig verschlechternde wirtschaftliche Lage. Die *Bautätigkeit* ließ erheblich nach, die Zuschüsse für das *Wohlfahrtsamt* stiegen dagegen an; schließlich wurde jeder neunte Osnabrücker irgendwie amtlich unterstützt. Man half sich leidlich mit der Erhöhung der Bürger-, der Gemeindegetränke- und der Biersteuer, die jedoch von der Aufsichtsbehörde angefochten wurde, und begründete eine *Notgemeinschaft*. Dem *Städtischen Orchester* wurde vorsorglich zum 1. April 1931 gekündigt, was aber in einer Klage leicht abgewiesen werden konnte. Rührend bleibt, wie das *kulturelle Leben* in aller Bedrängnis sich behauptete. Das Theater brachte des Spaniers Unamuno ,,Ein ganzer Mann'' und des Franzosen Jean Giraudoux ,,Die Grenze'' als *deutsche Uraufführungen* heraus; man überlegte den *Ausbau des Schlosses*; der *Niedersachsentag* am 3. und 4. Oktober war stark besucht, die *Arbeitslosen* erhielten kostenlos Karten für 10 Aufführungen im Theater.

Im Westen der Stadt wurde in einem Gebäude der Firma Schwinges die *Elisabethkapelle* als katholische Notkirche eingerichtet, *Lic. Leo*, Sohn des bedeutenden Göttinger Altphilologen, und Pastor *Hans Bornschein* aus Saalfeld konnten auf evangelischer Seite in ihr Amt eingeführt werden. 1928 waren die *Pauluskirche* und das *Lutherhaus* fertiggestellt, *St. Katharinen* im Innern umgestaltet, der Neubau des *Marienhospitals* beendet worden, dem der des *Carolinums* gefolgt war. Bei der Katharinenkirche gelang es, die gotisierende Innenausstattung der siebziger Jahre durch geschickte farbige Bemalung zu überdecken und die eisernen Pfeiler mit Holz zu umkleiden. Desgleichen wurde die ehrwürdige große Kreuzigungsgruppe, die als Leihgabe in das Museum geraten war, über dem östlichen Blindfenster in zeit- und stilgenauer Polychromierung angebracht.

Es fehlte überall nur an einem: an *Geduld*, um über die unleugbare Krise hinwegzukommen, die sich vor allem bei den außenpolitischen Erfolgen als Erbe der Politik Stresemanns hätte lösen lassen, wie das in den Nachbarländern auch geschah. So aber liefen immer mehr den Phrasen der Gasse oder Gosse nach, selbst in der doch sonst so ruhigen und verständigen Stadt, in der aber auch das Letzte versucht wurde, dem Übel zu begegnen. Es schien dabei kaum Eindruck zu machen, daß, wie die Gerichtsverhandlungen ergaben, der ,,Stadtwächter'' gegen Aufgabe hochbezahlter Anzeigen bereit gewesen war, die jüdischen Firmen nicht anzugreifen, gegen die bislang keiner etwas einzuwenden gehabt hatte. Gewiß wurde in den sogenannten Weimarer Parteien, im Reichsbanner Schwarz-Rot-Gold, im Republikanischen Lehrerbund manch kräftiges Wort des Widerspruchs gesagt, wobei der tapfere, 1933 sofort entlassene Direktor der Taubstummenanstalt *Adamczyk* besonders hervorzuheben ist. Aber die dumpfe Schwüle vor einem bevorstehenden Gewitter blieb. Und die Versammlungen der Nationalsozialisten wurden weiterhin so zahlreich besucht, daß trotz der Parallelveranstaltungen die Polizei die Säle sperren mußte.

Manches seit langem liebgewordene Gesicht begann zu fehlen. Im Januar 1931 starb *Paul Oeser*, der über 40 Jahre an der Orgel von St. Marien und als Kammermusiker und Chorleiter tätig gewesen war. Im April folgte ihm der Kgl. Musikdirektor — Oeser führte den gleichen Titel — *Albert Schellbach*, der sich, früher Leiter der Regimentskapelle, um die Einrichtung des Städtischen Orchesters verdient gemacht hatte. *Intendant Pabst* wurde in Augsburg gewählt und verabschiedete sich mit einer Inszenierung des ,,Sommernachtstraums''; der bisherige 1. Kapellmeister *Dr. Fritz Berend* übernahm sein Amt. Es gelang auch, die Fortführung des Theaters durchzusetzen; der Magistrat war dafür, das Bürgervorsteherkollegium dagegen; der Differenzbeschluß konnte jedoch ausgeglichen werden. Man bewilligte 130000 Reichsmark für die nächste Spielzeit und gab auch einen Zuschuß für die Benutzung der nach einem Innenbrand wiederhergerichteten *Stadthalle*, die Architekt *Burlage* durchführte und *Theo Maria Landmann* farbig gestaltete, ohne daß trotz aller Mühe die üble Akustik beseitigt werden konnte.

Am 17. Mai wurde das in den Innenräumen umgestaltete *Schloß* festlich eingeweiht; eine *dreitägige Mozart-Veranstaltung* mit dem Wendling-Quartett schloß sich an. Das *Welfenhaus* hatte für die Gesellschaftsräume eine Reihe sehr wertvoller alter Gemälde hergeliehen; die übrigen Säle beherbergten die *Gemäldegalerie* der Stadt und das von *Dr. Werner Pleister* eingerichtete Möser-Gedächtniszimmer.

Der Neubau des *Stadtkrankenhauses* (Hochhaus) und der des *Evangelischen Männerheimes* waren im März beendet; das Verwaltungsgebäude der *Ortskrankenkasse* folgte. Im Museum wurde die *Tierkundliche Abteilung* eröffnet; die Landesuniversität Göttingen verlieh Frau *Agnes Schoeller* die Würde eines Ehrendoktors (Dr. h.c.) der Medizinischen Fakultät. Hiermit wurden ihre großen Verdienste auf dem Gebiete der Wohlfahrtspflege und der Gesundheitsfürsorge, ,,vor allem auch durch weitherzige Ermöglichung und Förderung kunstgerechter ärztlicher Betreuung hilfsbedürftiger Mitmenschen aller Volksschichten'' (Verleihungsurkunde), rühmlich anerkannt. Die *,,Kogge''*, die unter Leitung von Wilhelm Scharrelmann im Herbst 1924 in Bremen als Vereinigung niederdeutscher Dichter geschaffen worden war, hielt auf Einladung ihres Mitglieds und Mitbegründers Ludwig Bäte ihre Jahrestagung ab.

Auch das mochte noch nach guten Tagen aussehen; dahinter aber lag eine *ungedeckte Schuldenlast* von 193657 Reichsmark, was damals weit mehr als heute bedeutete. Und das *Roggenbrot* war um fünf Pfennig teurer geworden. Man sparte, wo es nur eben ging, es war nur nicht leicht, da sich eine breitere Schicht wieder an einigen Wohlstand gewöhnt und vergessen hatte, daß der Krieg freilich lange vorbei, doch seine Folgen noch längst nicht überwunden waren. Die Republik, die ein böses Erbe übernahm und gute Arbeit leistete, verstand nicht, sich durchzusetzen und zögerte, ihre Machtmittel zu gebrauchen. Im Grunde blieb sie trotz allem eine Fortsetzung des wilhelminischen Reiches, aus dem ihre leitenden Männer — Ebert, Braun, Severing, Stresemann, Brüning u. a. — hervorgegangen waren. Doch ebenso auch die außerordentliche Fülle und Dichte der geistigen Persönlichkeiten, in der *Dichtung* Gerhart Hauptmann, Thomas Mann, Stefan George, Rainer Maria Rilke, Arnold Zweig, Alfred Mombert, Ricarda Huch, in der *Musik* Richard Strauß und Hans Pfitzner, unter den *bildenden Künstlern* Max Liebermann, Max Slevogt, Käthe Kollwitz, Ernst Barlach, in der *Wissenschaft* Albert Einstein, Adolf von Harnack, Friedrich Gundolf, Willy Helpach, Graf Keyserling, Oswald Spengler, Wilhelm Pinder — welche Zeit hatte jemals so viel Geist gesehen! Das alles verfing jedoch im „Volk der Dichter und Denker" nicht mehr. Als damals ein großes Pariser Blatt nach den Namen der führenden Franzosen fragte, wurden nur Männer und Frauen aus der Geisteswelt erwähnt; eine Berliner Zeitung, die dasselbe versuchte, erstaunte mit manchem ihrer Leser über das Ergebnis: Hindenburg, Ludendorff, der Kronprinz; aber noch nicht Hitler.

Inzwischen stieg die Not weiter an. Man errichtete hier eine Organisation für die *Winterhilfe*, senkte die *Eintrittspreise* für die Städtischen Konzerte, bezahlte die bisherigen *Monatsgehälter* am Ersten und Zehnten in zwei Raten, strich im *Theateretat* 24 Mitwirkende und stellte das *Bauen* fast ganz ein. Die Regierung entließ 33 Lehrer, die alle evangelisch waren, während die Stadt mit 7:5 *paritätisch* vorging. Im Dezember kamen in Niedersachsen auf 1000 Einwohner 70 *Arbeitslose*; in Osnabrück fiel auf acht bis neun ein Nichtbeschäftigter. Die große *Handwerkerkundgebung* im Oktober stellte fest, daß von den rund 2000 Betrieben in der Stadt schon mehrere hundert stillgelegt worden seien. Sie wandte sich gegen die Notverordnungen und verlangte u. a. einen Aufgaben- und Ausgabenabbau der öffentlichen Hand, die Anpassung der Löhne und Gehälter in der Privatwirtschaft an die gegebenen Wettbewerbsverhältnisse, eine Senkung der Tarife bei der Reichsbahn und Reichspost wie die Beseitigung aller Reste der Zwangswirtschaft. Was half es! Man hatte im Etat der *Stadt* 814566 Reichsmark eingespart, dagegen an Steuern und Überweisungen von Reich und Land 1,1 Millionen verloren, so daß im Haushalt Ende des Jahres 900000 Reichsmark fehlten. Die staatliche *Schutz-* und städtische *Polizei* gaben täglich 50 Kindern ein warmes Mittagessen; Am Heiligen Abend bescherte die Stadtpolizei 25 Kinder; viele Familien und Vereine schlossen sich an. Fast schien der Krieg wiedergekehrt. Hätte damals das ganze Volk zusammengehalten, wäre manches leichter zu ertragen gewesen. Statt dessen bekämpften sich Rechts und Links bis in den Tod, wuchsen die Selbstzerfleischung und der politische Mord, übertrieb man die Nöte, anstatt sie in gemeinsamer Arbeit zu mildern. Die vielen ausländischen Vertreter, die an der 76. Hauptversammlung des *Gustav-Adolf-Vereins* im September teilnahmen, schüttelten die Köpfe, während man bei der 25. Wiederkehr des Bestehens der *Synagoge* im gleichen Monat ahnte, was unmittelbar bevorstand. Die fünf oder sechs in der Stadt, die noch die Flagge des Staates zu zeigen wagten, wurden von den nationalsozialistischen Spitzeln notiert, die Häuser fotografisch festgehalten, beschmiert oder mit entsprechenden Plakaten versehen. Die Polizei sah machtlos zu.

Das Jahr klang trübe aus. Im *Theater*, das manchem noch Freude und Ausspannung bot, hatte man sogar die abgabepflichtigen Werke, wie Pfitzners „Herz", vom Spielplan abgesetzt und sich mit freien, d. h. alten Stücken beholfen. In *Münster* verfuhr man ebenso. Abbau überall!

4. Das Jahr vor dem Sturm

Der *Neujahrstag* 1932 sah diesmal kaum überfeierte Gesichter; fast alle Vereine hatten wegen des Ernstes der Lage ihre hergebrachten Silvesterveranstaltungen abgesagt. Die *Stadt* verringerte ihre *Werktarife*; die *Post* ermäßigte den Fernbrief auf 12 und die Postkarte auf 6 Pfennig und führte das Kurztelegramm zu 50 Pfennig ein; die Reichsbank ging von sieben Prozent im Diskont auf sechs, im Lombard von acht auf sieben hinunter.

Am 17. Januar begann die von Ludwig Bäte eingerichtete Ausstellung „Der Westfälische Friede" im Rathaus mit auf den Rundfunk übertragenen Ansprachen des Oberbürgermeisters und des Veranstalters. Die sehr umfangreiche Schau im Friedenssaal, der durch Rupfenwände abgekleidet worden war, zeigte erstmalig als Höhepunkte das für Kaiser Ferdinand III. angefertigte originale Instrument des sogenannten Osnabrücker Friedens, das Wien mit anderen Kostbarkeiten hergeliehen hatte, daneben eine Goldene Bulle des gleichen Herrschers und zahlreiche künstlerische und kunstgewerbliche Gegenstände. Der *Besuch* war so stark, daß die Schau mehrmals verlängert werden mußte. Eine ebenfalls von Bäte im Museum eingerichtete Ausstellung „Zweihundert Jahre Theater in Osnabrück" schien weniger anzusprechen, obwohl auch hier viele wertvolle Stücke — so die meisten Opernpartituren Albert Lortzings — im Original gezeigt werden konnten.

Am 26. Februar tagten die Städtischen Kollegien zum erstenmal im *Schloß*, um den Friedenssaal langsam dem öffentlichen Gebrauch zu entziehen; die wirtschaftliche Lage Osnabrücks war, an Münster gemessen, wo drei Millionen im Etat fehlten, noch einigermaßen erträglich; man schloß in der Nachbarschaft deswegen das Theater sogar als Pachtbetrieb und setzte die Zahl der Orchestermitglieder auf 36 herab. Unsere Stadt führte dagegen ihre Bühne in eigener Regie weiter, wobei die Bürgerschaft mit einer erneuten sehr hohen Abonnementszeichnung half.

Sie stand auch bei den vielen politischen Entscheidungen des Jahres ihren Mann. Die erste unentschiedene *Hindenburgwahl* am 13. März brachte bei 61 119 Wahlberechtigten 34 581 Stimmen für den bisherigen Reichspräsidenten, für Hitler 17 711, während Duesterberg (deutschnational) 3028 und Thälmann (kommunistisch) 3164 erhielten; Hindenburg gewann also fast doppelt soviel Stimmen wie Hitler, wobei jedoch das Verhältnis im Reich 18:11 betrug. Bei dem *zweiten Wahlgang* am 10. April, der im Reich das Verhältnis 19:13 herausstellte, war es in Osnabrück fast das gleiche (34:19) geblieben; auch bei den Wahlen zum *Preußischen Landtag* behaupteten die Weimarer Parteien durchaus das Feld. Nach der ersten Hindenburgwahl wurde das *Parteihaus* der NSDAP (Villa Schlikker am Kanzlerwall) wegen unliebsamer Störungen für drei Wochen geschlossen; doch gab der Inhaber des Uhrenwarengeschäftes *Erwin Kolkmeyer* an der Georgstraße bekannt, daß er nicht an Schlägereien, die das Verbot ausgelöst hatten, beteiligt gewesen sei. Die eingesessene Bevölkerung hielt sich, von einigen Unbesonnenen abgesehen, weiterhin von nationalsozialistischen Einnebelungen betont zurück, während im angrenzenden *Oldenburg* schon im Juni eine von ihnen allein gesteuerte Landesregierung gebildet worden war. In *Hessen* hatte die Sozialdemokratie ganz beträchtlich zugenommen; es fehlte ebensowenig in anderen Teilen Deutschlands an ähnlich ermutigenden Ergebnissen. Die beiden maßgeblichen Zeitungen in Osnabrück, das ,,Osnabrücker Tageblatt" und die ,,Osnabrücker Volkszeitung", ließen nicht die geringste Zuneigung erkennen und registrierten kühl die Vorgänge, während das sozialdemokratische Blatt unentwegt angriff. Nur die ,,Osnabrücker Zeitung" hatte ihre volksparteiliche Einstellung aufgegeben und versuchte sich weitgehend den neuen Gewalten anzupassen, denen das wachsende Elend immer mehr Anhänger zutrieb. Sie hatte dabei wenig Erfolg; die Bezieherzahl sank so stark, daß man das Blatt, von den Ortsnachrichten abgesehen, aus billigsten Matern herstellen mußte.

Im Juni kamen auf 95395 Einwohner 23883 *öffentlich Unterstützte*, d. h., daß jeder vierte Einwohner staatlich oder städtisch mitunterhalten werden mußte. Bei der *Reichstagswahl* am 31. Juli gewannen die Sozialdemokraten 1800, die Kommunisten 1100 und das Zentrum 500 Stimmen, während sich die Nationalsozialisten mit 300 begnügen mußten. Das bleibt um so bemerkenswerter, als eine Woche vorher *Adolf Hitler* hier selbst im eigenen Flugzeug erschienen war und auf dem Klushügel sprach, von dem späteren Gauleiter *Carl Röver* mit einer wilden Rede gegen die Juden begrüßt. Auch bei der *Reichstagswahl* am 31. Oktober verloren seine Anhänger, allerdings auch die Sozialdemokraten und das Zentrum, indessen die Kommunisten zunahmen. Bei der Verkündigung der Wahlergebnisse rechnete der Reichswahldienst Osnabrück zu Westfalen, was hier kaum einem gefiel, doch wohl darauf zurückzuführen war, daß inzwischen mit Laufzeit vom 1. September an auf Bitten Münsters die *Theaterunion* unter Leitung des Osnabrücker Intendanten Dr. Fritz Berend vorab für ein Jahr zustande gekommen war, von dem dortigen Oberbürgermeister *Dr. Zuhorn* sorgsam mit vorbereitet, aber auch ein Beweis für die ruhig abwartende Taktik des hiesigen Stadtoberhauptes, um das sich damals, ohne viel Worte zu machen, die Gutwilligen sammelten. Nicht nur, weil er überlegen den Stadthaushalt trotz aller Schwierigkeiten wie kaum einer im Westen zu meistern verstand, sondern auch, weil er das kulturelle Bild zu erhalten wußte. Es war in diesem *Goethejahr* nicht weniger deutlich als vorher. Alles packte mit an, und der neugegründete *Verein der Freunde des Osnabrücker Stadttheaters* unter der Leitung von *Dr. Rißmüller*, Taubstummenoberlehrer *Alfred Brix* und *Ludwig Bäte* konnte im Herbst sogar eine Lotterie mit 200000 Losen, das Stück zu 50 Pfennig, durchführen. Der Bezirk Osnabrück, der Kreis Diepholz und das angrenzende Westfalen waren dafür freigegeben und verhalfen der Bühne zu einem ansehnlichen Zuschuß.

Ab 1. September war auch der Preis des Dreieinhalb-Pfund-Brotes (Roggen- und Mischbrot) von 50 auf 47 Pfennig gesenkt worden. Da Dr. Gaertner als betont liberal galt, also die ,,Oberbürgermeisterpartei" der Vorkriegszeit weiterführte, trug ihm das auch darin viel Anerkennung ein. Wie mancher pflegte, vom Theater oder einer anderen Veranstaltung heimkommend, beim Gang über den Markt, an dem dann gewöhnlich noch das Licht im Regentenzimmer des Rathauses brannte, zu sagen: ,,Welch ein Glück, daß dort oben dieser klare, sichere Mann sitzt!" Der erste Süddeutsche, der die Stadt leitete, hatte ihr Herz gewonnen und behielt es in den zwölf bösen Jahren, die vor ihm lagen, aber auch darüber hinaus. *Rißmüller* hatte in dem guten Vierteljahrhundert seiner Amtsführung wenigstens ein Drittel in Ruhe arbeiten können; seinem Nachfolger blieben in 18 Jahren fast nur Sorgen und Nöte und zum Schluß eine zerstrümmerte Stadt. Sein Bild hängt heute neben dem des Bürgermeisters *Nitze*, unter dem 1613 die Altstadt abbrannte — seltsame Verwandtschaft über die Jahrhunderte hinweg!

Draußen marschierten die fünf ,,Stürme" der SA; im Juli hatten bereits 4000 Mann der Stadt gedroht, was ihr bevorstand, und was die Partei auch pünktlich ausführte, wie denn kein Punkt in Hitlers Programm vergessen wurde. Keine politische Gründung in der deutschen Geschichte ist jemals so genau in der Durchführung ihrer Ziele gewesen, bestimmt nicht so gewissenlos. Aber sie besaß zweierlei, was ihr den Sieg verhieß: Phantasie und Rücksichtslosigkeit.

Der *Winter* vergrößerte die Not. Das Weihnachtsfest sah diesmal viele leere Tische und noch mehr finstere Gesichter. Die einen warteten immer auf das verheißene Wunder des 1000jährigen Reiches, das noch nicht anbrechen wollte, so gut auch die Vorbereitungen anliefen, die anderen murrten über das politische Durcheinander in Berlin. Die einen sangen die alten Weihnachtslieder, die anderen hatten den Tannenbaum mit Hakenkreuzen aus Honigteig dekoriert und standen stramm vor dem Bild ihres Führers an der Wand. Doch das tiefere 1000jährige Erbe leuchtete weiter in die Nacht, wenn es auch einige verirrte Geistliche als sogenannte *Deutsche Christen* zu preisen versuchten und ihre Gottesdienste damit belasteten. Wie in den vergangenen Jahrhunderten stand jedoch die *Marienkirche* im Mittelpunkt derer, für die fromm frei hieß und umgekehrt.

Der würgenden Not suchten unter anderem verschiedene *Molkereien* der Stadt und der Umgebung zu steuern, um ab Mitte Januar 1933 täglich 400 Liter Milch für die Kinder der Volksschulen auszuteilen. Man mußte jedoch den Beginn hinausschieben, da alle Anstalten wegen *Grippegefahr* geschlossen wurden. Inzwischen war die *Lichtbildstelle* der Stadt, jetzt unter Leitung Karl Kochs, mit ihren 26000 Diapositiven die größte der Provinz Hannover, ins Schloß übergesiedelt. Am 28. Januar starb, 83 Jahre alt, der immer noch für alles Schöne begeisterungsfähige Professor *Dr. Fritz Ziller*.

Am Ende dieses Monats öffnete sich für die Nationalsozialisten der Weg zur Ergreifung der Macht über Deutschland durch die Übertragung des Reichskanzleramtes auf Hitler am 30. Januar 1933. Hindenburg hatte nach durch v. Papen vermittelte neue Verhandlungen mit der NS-Führung, in denen sich der 85-jährige Reichspräsident ausdrücklich die fernere Beteiligung der Deutschnationalen und des „Stahlhelms" an einem „Kabinett des nationalen Zusammenschlusses" ausbedungen hatte, schließlich der Ernennung Hitlers zum Reichskanzler zugestimmt. Sein zäher Widerwille gegen den „böhmischen Gefreiten" war durch inständiges Zureden v. Papens sowie durch die Ratschläge aus der eigenen Umgebung überwunden worden. Die Fundamente für die unheilvolle Entwicklung in den nachfolgenden Jahren für das deutsche Volk waren nunmehr gelegt. Damit stand auch Osnabrück vor dem Beginn des unglücklichsten Zeitabschnitts seiner bisherigen Geschichte.

Gespenstisch hatte noch vor der totalen Machtergreifung Ludwig Bätes Hörspiel „1648", das erste aus Osnabrück, von über hundert Mitwirkenden im Friedenssaal aufgeführt — den Gesangteil hatte der sozialdemokratische Volkschor unter Leitung von *Dr. Hans Glenewinkel* übernommen —, das Elend von damals dem der Gegenwart gegenüberzustellen versucht. Es war dasselbe Volk, politisch unerfahren und immer bereit, aus Idolen Ideale und aus Rattenfängern Erretter zu machen. Dann kam im Deutschlandsender zu Berlin das von Bäte szenisch eingerichtete alte *Osnabrücker Osterspiel* unter seiner Leitung, das von allen Rundfunkanstalten übernommen wurde. Damals war die Hauptstadt des Reiches noch frei und ungeteilt. Daß sie es nicht mehr ist, bleibt die Schuld der Männer um Hitler und wohl auch derer, die Goebbels nicht ohne Witz die „Märzgefallenen oder Märzgestolperten nannte. Das Wort von dem „Männerstolz vor Königsthronen" (Schiller) hatte anderthalb Jahrhunderte früher ein Größerer gesprochen und ein Großer komponiert. Nun führten die unwürdigen Nachkommen Beethovens Neunte zu ihren Festen auf.

„Silete! Das heißt schweiget!" So wurde das Osnabrücker Osterspiel feierlich im Sender angekündigt. Die es hörten, konnten das auch wohl anders verstehen.

XIV.
OSNABRÜCKS FRIEDENSJAHRE IM „DRITTEN REICH"
1933 — 1939

1. Osnabrück auf dem Wege in die NS-Diktatur

Im Mai 1924 (4. 5. 1924) trat bei den Wahlen zum Osnabrücker Bürgervorsteherkollegium erstmalig eine rechtsradikale Partei, der *Völkisch-Soziale* Block, in Erscheinung. Hitler saß zu dieser Zeit noch in Festungshaft im Gefängnis von Landsberg am Lech. Seine führungslose Partei mußte sich, um überhaupt an Wahlen teilnehmen zu können, mit anderen rechtsradikalen Gruppierungen zusammentun. In Osnabrück geschah dies im Rahmen des Völkisch-Sozialen Blocks. Er wurde geführt von dem Zahnarzt Dr. Marxer, der auch, nach Erringung eines Sitzes für diese Partei, in das Bürgervorsteherkollegium einrückte. Bis 1926 entwickelte sich aus diesen Anfängen die erste Ortsgruppe der NSDAP; in diesem Jahr nahm auch Hitler — schon nach neun Monaten Haft aus der Festung Landsberg „mit Bewährungsfrist" entlassen — in Osnabrück, ohne dabei öffentlich aufzutreten, an einer Zusammenkunft eines engeren Kreises der örtlichen Angehörigen seiner Partei teil.

Bis 1928 blieb es in Osnabrück bei einer relativ kleinen Ortsgruppe der NSDAP. In diesen Jahren schien Deutschland, der Verlierer des Ersten Weltkriegs, rehabilitiert — es wurde am 8. September 1926 zum Völkerbund zugelassen. Stabilisierte Währung, industrielle Konzentration und betriebliche Rationalisierung führten zu einer Ära der Prosperität, die sich deutlich von der düsteren Nachkriegszeit und den Wirren der Inflationszeit abhob. Es waren helle Jahre für Weimar, aber dunkle für Hitler, dessen Stimmenzahl in den Reichstagswahlen von 1924 (6,6 %) und 1928 (knapp 2,6 %) ständig geringer wurde. Diese kritische Stagnation der NSDAP in diesen Jahren spiegelte sich klar in den stabilen Verhältnissen der Osnabrücker Kommunalpolitik wider. Doch bildete sich in dieser Krisenzeit eine Führungsmannschaft heraus, deren Aktivität in den nächsten Jahren die Richtung bestimmte. Es handelte sich um die „alten Kämpfer" Dr. Marxer, Gronewald und Wagner. Während Dr. Marxer alsbald die Führung der SA übernahm, widmete sich Gronewald mehr der allgemeinen Aufbauarbeit in der Partei und rückte später zum Gauinspekteur auf. Wagner wurde erster Kreisleiter der NSDAP in Osnabrück.

Im Frühjahr 1929 erschien in Osnabrück erstmalig als Wochenblatt die Zeitung *„Der Stadtwächter"*. Sie sah sich selbst als ein Organ des Mittelstandes, betrieb darüber hinaus aber eine radikale zeitkritische Polemik gegenüber allen hierzu geeigneten Tageserscheinungen in dieser spannungsgeladenen Epoche am Ende der *„Goldenen Zwanziger"*. Ihre aggressive Einstellung zum Zeitgeschehen führte zur Bildung einer radikalen Anhängerschaft, die der Herausgeber des Wochenblattes, der Heilpraktiker Dr. phil. Heinrich Schierbaum, alsbald zu einer lokalen Partei zu formieren verstand. Bei den Wahlen zum Stadtparlament am 17. 11. 1929 errang die „Stadtwächter-Partei" auf Anhieb mit 14,9 % der Stimmen die drittgrößte Zahl von Sitzen (7); sie hatte jedoch nicht so viele Kandidaten aufgestellt und konnte daher nur fünf Bürgervorsteher in den

Nach dieser Ausgabe bestand der „Stadt-Wächter" noch etwa ein Jahr, dann stellte er am 28.4.1931 nach einem allgemeinen Zusammenbruch der „Bewegung" der Stadtwächterpartei, die noch am 17.11.1929 mit 7 Sitzen in das Stadtparlament eingezogen war, sein Erscheinen ein.

Rat entsenden. Die statt des Völkisch-Sozialen Blocks nun zum ersten Male kandidierende NSDAP konnte jedoch trotz intensiver Propaganda mit 2,1 % der Wählerstimmen wiederum nur einen Sitz erringen, der weiterhin von Dr. Marxer eingenommen wurde.

Der quärulative Charakter der „*Stadtwächter-Bewegung*", durchsetzt von chauvinistischen und antisemitischen Tendenzen, führte sodann zu gerichtlichen Klagen und langwierigen Prozessen, die, als der Begründer der Partei, Dr. Schierbaum, unterlag, rasch den Zerfall dieser „Bewegung" einleiteten. Nutznießer dieser Entwicklung war alsdann die NSDAP, der es in diesem Jahre 1929 bereits gelang, den ersten Einbruch in die Kreise des Mittelstandes zu erreichen. Nach einer großen Mittelstandskundgebung in der Stadthalle mit dem Thema „Untergang des gewerblichen Mittelstandes" wurden die hierbei herausgestellten Forderungen von der NSDAP übernommen und zu einem wesentlichen Propagandafaktor im Bereiche der Stadt ausgeweitet. Nach außen trat diese Entwicklung in Erscheinung durch den Anschluß von zwei Bürgervorstehern der sich auflösenden „*Stadtwächter-Partei*" an den einzigen Vertreter der NSDAP, Dr. Marxer. Neben den starken Fraktionen der SPD (12), des Zentrums (10 + 2 Vertreter des Mieterschutzvereins) und einer Bürgerlichen Arbeitsgemeinschaft (17) spielte diese Splittergruppe ebenso wie die übrigen „Stadtwächter" und die KPD (1) im neugewählten Bürgervorsteherkollegium keine maßgebende Rolle. Im Bereiche der NSDAP zeichnete sich so bereits, wie es auch im Wahlkampf deutlich wurde, ein Zusammengehen zwischen dem Lager rechtsradikaler Propaganda und den Interessen weiter Kreise des mehr und mehr um seine wirtschaftliche Existenz ringenden Mittelstandes ab.

Im Verlaufe des Wahlkampfes für die nächste Reichstagswahl (14. 9. 1930) trat die NSDAP auf dieser Basis immer stärker in den Vordergrund. Erstmalig kam es hierbei auch zu ernsteren Zusammenstößen zwischen den stärker werdenden Nationalsozialisten und anderen Gruppierungen. Die mit allen Mitteln der Agitation und Propaganda arbeitende Hitlerpartei konnte nunmehr — ohne die Konkurrenz der „Stadtwächter" — als Folge eines sehr radikal und militant geführten Propagandafeldzuges im Wahlkreis Osnabrück-Stadt mit 27,6 % der Stimmen das stärkste Ergebnis vor der SPD (26,2 %) und dem Zentrum (19,9 %) einbringen. Die unmittelbare Auswirkung dieses neuen Stimmenverhältnisses zwischen den führenden Parteien war, daß der einzige Vertreter der NSDAP im Bürgervorsteherkollegium der Stadt, Dr. Marxer, im Herbst 1930 den Antrag stellte, die Stadtvertretung aufzulösen, da sie nach dem Wahlergebnis vom 14. 9. 1930 nicht mehr dem politischen Willen der Bevölkerung entspreche. Der Antrag wurde jedoch mit großer Mehrheit von den maßgebenden Fraktionen abgelehnt. Vor dem Hintergrund der sich ständig verschärfenden Wirtschaftskrise der ersten dreißiger Jahre mit den lawinenartig ansteigenden Zahlen der Arbeitslosen — in Osnabrück von 3869 (1929) auf 14000 (1932) — vollzog sich eine zunehmende Radikalisierung der Massen zu den extremen Flügelparteien hin. Am stärksten profitierten davon die Nationalsozialisten, deren Wahlergebnisse bei den beiden Reichstagswahlen des Jahres 1932 — am 31. 7. und 6. 11. 1932 — in Osnabrück auf 35,8 % bzw. 32,9 % der Wählerstimmen anstiegen, im gesamten Reich gar auf 37,4 % als Höchstergebnis. Mit 230 Abgeordneten wurden sie zur stärksten Fraktion des Reichstags. Aber auch die Kommunisten verzeichneten eine erhebliche Zunahme, so daß sich bereits Ende Juli 1932 aus den insgesamt 359 Mandaten der antidemokratischen Parteien (KPD, NSDAP und DNVP) gegenüber 608 zu vergebenden Sitzen im Reichstag ein starkes negatives Übergewicht den staatstragenden Parteien gegenüber ergab. Die Weimarer Demokratie hatte im höchsten deutschen Parlament keine Stütze mehr; der Reichstag vermochte so keine arbeitsfähige Regierung mehr zu bilden. Reichskanzler *Brüning* und seine Nachfolger

1. Osnabrück auf dem Wege in die NS-Diktatur

(nach dessen Entlassung durch *Hindenburg* als Staatsoberhaupt) konnten sich nur durch Notverordnungen des Reichspräsidenten und Tolerierung der Parteien halten. Die parlamentarische Republik wandelte sich auf diese Weise zum autoritären Präsidialstaat, in dem die NSDAP zur stärksten Partei des Reichstags aufgestiegen war.

Es war der NSDAP gelungen, mit allen Mitteln moderner Propaganda, geschickter Demagogie und hemmungsloser Agitation ein neues, breites Potential bisheriger Nichtwähler zu erschließen, denn die vornehmlich in der SPD organisierten Arbeiter und die vom Zentrum erfaßten katholischen Bevölkerungskreise erwiesen sich weiterhin wenig anfällig für eine demagogische Beeinflussung, wie die fast bis zur letzten ,,freien'' Wahl 1933 konstant bleibenden Prozentzahlen dieser Wählerschichten erkennen lassen (SPD durchweg um 25 %, das Zentrum um 20 % der Wählerstimmen). Als verführbarer erwiesen sich Studenten und andere Jungwähler sowie die in wirtschaftlichen Schwierigkeiten, Verschuldung und Bankrott geratenen Kreise des Mittelstandes und des Kleinbürgertums. Während sich die Erwerbslosen in der Mehrzahl der KPD zuwandten, verließ der verarmte Mittelstand die bürgerlichen Rechtsparteien und wurde rechtsradikal. Diese Massen wurden — als Wechselwähler — insbesondere gewonnen unter Berufung auf die große nationale Vergangenheit unseres Volkes, gleichzeitig durch ein Parteiprogramm, das die widerstrebendsten Inhalte in sich verschmolz, und durch eine emotional mitreißende Anhängerwerbung, die den Glauben an den eigenen Sieg einhämmerte und jedes kritische Denken hinwegschwemmte. Heiß ersehnte man den ,,starken Mann'', der wirtschaftliche Stabilität, politische Macht und Einigkeit unter der Bevölkerung wiederherstellen würde. So wurde es möglich, daß die Nationalsozialisten in Osnabrück, in der Technik der Massenbeeinflussung geschult und mit spektakulären Aufmärschen und Kundgebungen immer stärker in Erscheinung tretend, dabei von der sich ständig verschärfenden Wirtschaftskrise profitierend, die Zahl ihrer Wähler von einigen Hundert (1924) bis auf mehr als 25000 (1933) steigern konnten. Diese Entwicklung trat in Osnabrück optisch wohl am stärksten in Erscheinung, als es der NSDAP am 24. Juli 1932 gelang, zu einer Massenkundgebung mit Hitler als Hauptredner auf dem Sportplatz Klushügel — sein einziges öffentliches Auftreten in Osnabrück, zu dem er mit eigenem Flugzeug auf der Netter Heide landete — etwa 25000 Teilnehmer (nach amtlichen Angaben) zusammenzuführen. Die inzwischen faktisch zum Parteiorgan gewordene ,,*Osnabrücker Zeitung*'' sprach sogar von 40000.

Als verhängnisvoll stellte sich immer mehr heraus, daß das zahlenmäßige Anwachsen der NSDAP parallel lief mit dem wirtschaftlichen Zusammenbruch des Weimarer Staates und von dessen Agonie immer weiteren Auftrieb erhielt. Als im Laufe des Jahres 1932 im Reich die Zahl von 6 Millionen Arbeitslosen (daneben noch etwa 3 Millionen Kurzarbeiter) überschritten wurde — das war zu diesem Zeitpunkt der prozentual höchste Stand der Arbeitslosigkeit in der westlichen Welt —, kamen in Osnabrück im Monat Juni d. J. auf die damalige Einwohnerzahl von 95395 Personen fast 23900 öffentlich Unterstützte, d. h. fast jeder 4. Einwohner der Stadt mußte staatliche oder städtische Unterstützungsmittel in Anspruch nehmen. Bei den rheinisch-westfälischen Klöckner-Werken mit ihren Zweigbetrieben in Osnabrück und Georgsmarienhütte sank die Zahl der Beschäftigten insgesamt von 28840 im Jahre 1928 um fast 50 % auf 14622 in den Jahren 1931/32, und auch diese waren keineswegs alle vollbeschäftigt, sondern weitgehend auf Kurzarbeiterunterstützung angewiesen. Massenarbeitslosigkeit, Konkurse, Preiszerfall und Bankzusammenbrüche ließen die Konjunkturkurve in Deutschland immer tiefer sinken. Erzeugung und Verkaufserlöse gingen so stark zurück, daß es selbständigen Unternehmern unmöglich wurde, ohne allerschärfste Eingriffe in die Substanz die Kosten der rückgängigen Entwicklung abzufangen. Dennoch versuchte die Regierung Brüning konsequent, durch Zwangsmaßnahmen — u. a. Notverordnungen, öffentlichen Arbeitsbeschaffungsmethoden — der gewaltigen Steigerung der sozialen Ausgaben Herr zu werden und damit dem niederrollenden Rad des Wirtschaftslebens in die Speichen zu greifen. Auf dieser Grundlage bahnte sich tatsächlich gegen Ende des Jahres 1932 eine erste wirtschaftliche Beruhigung an. Auch verlor die in sich zerstrittene NSDAP (Strasser-Flügel, Hitler-Göring-Gruppe) bei den Reichstagswahlen im November 1932 erheblich an Stimmen — in Osnabrück waren es über 2000 Wähler. Aber die nunmehr führenden Kreise in Politik und Wirtschaft mit Einfluß auf den greisen Reichspräsidenten, die ein starkes staatliches Regime ohne parlamentarische Kontrolle wünschten, hatten sich bereits geeinigt und erzwangen in den letzten hektischen Monaten vor dem 30. Januar 1933 im Zusammen- und Gegeneinanderspiel das Ende der Republik.

Der Abwehrkampf der demokratischen Linken, die sich Ende 1931 in der *„Eisernen Front"*, bestehend aus SPD, Gewerkschaftsbund, Reichsbanner und Arbeitersport-Organisationen, gegen die faschistische Gefahr zusammengeschlossen hatte, konnte sich gegen das mächtige Bündnis des Rechtsradikalismus mit der Hochfinanz, der Großindustrie und den ostelbischen Baronen nicht mehr durchsetzen. Dennoch hat es auch in Osnabrück nicht an starken Versuchen gefehlt, von dieser Seite aus durch Demonstrationszüge und Kundgebungen den Erhalt der parlamentarisch-demokratischen Grundordnung zu stützen, aber gegen eine bisher nie gekannte Agitation und Propaganda, für die von dem rechten Bündnis her fast unerschöpfliche Summen zur Verfügung standen, war schwerlich aufzukommen. Diese krisengeschüttelte Zeit bot einen zu günstigen Nährboden für radikale und machtlüsterne Strömungen. Jeder schob die Schuld an den bestehenden Zuständen den anderen zu, vor allem den Begründern und Trägern der Weimarer Republik, des „Systems". Es fehlten republikanisches Bewußtsein und politische Erfahrung, um die allgemeine Staatsverdrossenheit zu überwinden. Damit war, ,,100 Meter vor dem Ziel", was das Abflauen der Weltwirtschaftskrise, auch Brünings außenpolitische Erfolge (Ende der Reparationen, Anerkennung der deutschen Rüstungsgleichberechtigung) anbetrifft, — auch für Osnabrück — das Schicksal der Republik von Weimar besiegelt. Mit Hitlers Durchbruch zur Macht, durch eine Kette persönlicher Intrigen und Täuschungsmanöver möglich geworden, kam es nun zu einem autoritären Herrschafts-,,System", dessen Regierungs-, Unterdrückungs- und Terrormethoden in geschichtlich kurzer Zeit das Deutsche Reich zu einem furchtbaren Ende führen sollten.

2. Machtergreifung und Machtkonzentration durch die Nationalsozialisten

Die Regierungsgewalt, die *Hitler* durch seine Ernennung zum *Reichskanzler* übertragen worden war, wurde mit der Zusage an den Reichspräsidenten verbunden, sein Kabinett nicht umzubilden. Es war eine Koalitionsregierung mit *von Papen* als Vizekanzler und nur zwei Nationalsozialisten außer Hitler. „Legal", dem Buchstaben der Verfassung nach, war es wiederum ein Präsidialkabinett, das bereits am 13. 3. 1933 — entgegen der Zusage des NS-Parteiführers gegenüber dem Reichspräsidenten — durch die Berufung von *Goebbels* zum Reichsminister für Aufklärung und Propaganda in seiner Struktur verändert wurde. Darüber hinaus lag in der Ernennung Hitlers — der tieferen Bedeutung nach — bereits der stärkste Bruch der Verfassung, denn der neue Kanzler war von vornherein gewillt, die Macht, die man ihm nun einmal anvertraut hatte, nie mehr aus den Händen zu geben. Hierzu hatte Hitler sich schon früher geäußert, als er bereits am 17. 10. 1932 in Königsberg ausrief: „Wenn wir einmal die Macht bekommen, dann werden wir sie, so wahr uns Gott helfe, behalten. Wegnehmen lassen wir sie uns dann nicht mehr!" Erst ein neuer Weltkrieg mit Millionen von Opfern und der Untergang des Deutschen Reiches vermochten Hitler und sein System wieder zu beseitigen.

Diese Maske der formalen Legalität und ein Kabinett mit nur wenigen NS-Ministern, eingerahmt jedoch von bürgerlichen Kollegen, die machtpolitisch nichts hinter sich hatten und dennoch voller Illusionen waren, die braune Sturmflut *„kanalisieren"* zu können, ließen nach außen hin zunächst die Verfassungskontinuität gewahrt erscheinen. So schienen die Berliner Ereignisse des 30. 1. 1933 für Osnabrück nur im rechtsextremen Bereich konkrete Bedeutung zu haben, insofern als am Abend dieses Tages sich auch hier ein Fackelzug der NS-Verbände durch die Stadt bewegte. Von den Vorgängen in der Reichshauptstadt berichteten die Osnabrücker Tageszeitungen auf der ersten Seite, im Lokalteil verblieb es — abgesehen von der *„Osnabrücker Zeitung"* — bei einem Spektrum regional interessanter Stellungnahmen. In Berlin indessen handelte man schnell und zielstrebig. Schon am 1. Februar wurden — als unmittelbar innenpolitische Maßnahme — der Reichstag, bald darauf auch der preußische Landtag aufgelöst und Neuwahlen zum 5. März 1933 angeordnet. Es folgte sodann am 4. Februar — als Notverordnung — die *„Verordnung zum Schutze des deutschen Volkes"*, die durch das Verbot von linksgerichteten, insbesondere kommunistischen Versammlungen, Umzügen und mißliebigen Zeitungen aller Art einen loyalen Wahlkampf lähmte. So wurde das Zentralorgan der SPD, der *„Vorwärts"*, bereits am 5. Februar verboten; das gleiche Schicksal erfuhr die Osnabrücker *„Freie Presse"* am 23. Februar. Mit dieser Wahl erhoffte Hitler für seine Partei im Reichstage eine solche Mehrheit zu erringen, die es ihm ermöglichte, auf „legale" Weise in Deutschland die Alleinherrschaft anzutreten. Dazu erstrebte man die Ausschaltung aller Parteien, auch die der Koalitionspartner. Die „Wahlen" sollten der offenen nationalsozialistischen Diktatur vor dem In- und Auslande einen legitimen Charakter verleihen.

Das, was die Nationalsozialisten wirklich wollten, machte den Bürgern Osnabrücks der Programmtheoretiker der NSDAP, Gottfried Feder, auf einer Versammlung am 22. Februar im *„Festsaal"* klar, als er erklärte: „Mag die Wahl (am 5. März 1933) ausfallen, wie sie will, niemals wird Adolf Hitler die Macht freiwillig aus den Händen geben!" Der Präsident des Preußischen Landtags, der NS-Abgeordnete Kerrl, umriß etwa gleichzeitig in Münster diesen Gedanken noch präziser: „Nach dem 5. März wird nicht mehr (auf parlamentarisch-demokratischer Grundlage) gewählt werden. Adolf Hitler hat jetzt die Macht, und niemand in der Welt kann ihn wieder davon abbringen." Daß dies die ganze Macht meinte, zeigte alsbald eine Verordnung Görings als komm. preußischer Innenminister zur Auflösung der *Kommunalparlamente*. Das betraf auch das Bürgervorsteherkollegium in Osnabrück, das durch diese Maßnahme, ebenso wie der Magistrat, sehr überrascht wurde, zumal nach dem Zeitpunkt der letzten Kommunalwahl (17. 11. 1929) im Herbst 1933 ohnehin Neuwahlen anstanden. Es gab Stimmen, die diese abrupte Auflösung für illegal hielten, aber solange der zuständige Staatsgerichtshof diese Maßnahme nicht für rechtsungültig erklärte — und das geschah nicht —, blieb sie in Kraft. Die Neuwahl wurde auf den 12. März 1933 festgesetzt. Seitens der neuen Machthaber erhoffte man sich von ihr in Osnabrück, wie auch bei den vorhergehenden Reichstags- und Landtagswahlen, möglichst die absolute Mehrheit der Vertreter der NSDAP. Die bis dahin eintretende Arbeits- und Beschlußunfähigkeit des amtierenden Bürgervorsteherkollegiums, die insbesondere die Vorbereitung und Annahme des neuen Stadthaushalts völlig lähmte, mußte zwangsläufig hingenommen werden. Zwischenzeitlich übernahm ein Magistratsausschuß, auch Stadtausschuß genannt, die Belange der Legislative in Osnabrück.

Der Wahlkampf um die Stimmen bei den Neuwahlen, bei dem die Linksparteien von vornherein durch Einschränkung der Presse- und Versammlungsfreiheit gemäß Notverordnung sowie durch Aktionen einer auf Grund eines Göring-Erlasses schnell aufgestellten Hilfspolizei von SA- und SS-Leuten sowie Stahlhelmern unter Druck gesetzt wurden, während gleichzeitig eine breite Verhaftungswelle gegen führende Funktionäre dieser Parteien im Gange war, wurde von den Nationalsozialisten mit allen Mitteln der Propaganda und der Massenbeeinflussung geführt. Während in vielen Städten des Reiches Straßenkämpfe und Saalschlachten an der Tagesordnung waren, kam es in Osnabrück — bis auf wenige Zusammenstöße im Stadtrandgebiet (Bramscher Straße, Sonnenhügel, Schinkel) — kaum zu größeren Ausschreitungen. Auch Görings *„Schießbefehl"* vom 24. 2. 1933, in dem dazu aufgefordert wurde, im *„Kampf gegen den Marxismus"* rücksichtslos gegen *„Rote"* und *„Systemverbrecher"* von der Schußwaffe Gebrauch zu machen, kam in keinem Falle zur effektiven Auswirkung. Dennoch nahm der Wahlkampf gegen Ende Februar vorher nie gekannte Ausmaße an. Mit Aufmärschen, Platzkonzerten, Fackelzügen und spektakulären Kundgebungen wurde versucht, alle chauvinistischen Instinkte in der Bevölkerung wachzurufen. Eine Flut von Wahlmaterialien mit großen Versprechungen für jedermann ergoß sich über die Bürgerschaft. Jeder, der es wagte, sich dieser *„öffentlichen Meinungsbildung"* entgegenzustellen, weil er noch an das demokratische Recht der freien Meinungsäußerung glaubte, konnte mit schwerwiegenden Folgen rechnen.

Doch war es alsbald auch mit diesem Grundrecht des freien Staatsbürgers vorbei. Als in der Nacht zum 28. Februar in Berlin der Reichstag niederbrannte und dies, bisher kaum restlos aufgeklärt, von Hitler als Fanal für den roten Umsturz gewertet wurde, wurden noch in der gleichen Nacht — nach längst vorbereiteten Listen — Tausende von kommunistischen und anderen gegnerischen Funktionären verhaftet. Von dieser Verhaftungswelle wurde auch in Osnabrück nach Haussuchungen und Waffenfunden nahezu die gesamte Parteiführung der KPD, soweit noch verblieben, betroffen. Doch wurden erstmals auch sozialdemokratische Funktionäre wie Grewe und Gustav Haas in „Schutzhaft" genommen. Darüber hinaus unterschrieb Hindenburg zwei weitere Notverordnungen („Verordnungen zum Schutze von Volk und Staat" und „Verordnung gegen Verrat am deutschen Volk und hochverräterische Umtriebe"), die praktisch den *Ausnahmezustand* bedeuteten, weil damit die wesentlichen demokratischen Grundrechte — das Recht auf persönliche Freiheit, das Recht der freien Meinungsäußerung, die Pressefreiheit, das Vereins- und Versammlungsrecht und das Brief- und Postgeheimnis — aufgehoben wurden. Diese Notverordnungen boten damit die Grundlage für die alle demokratischen Rechte und Freiheiten zerstörende Diktatur; sie blieben bis zum Ende des *„Dritten Reiches"* gültig. Selbst die Todesurteile gegen die Widerstandskämpfer wurden noch 1944/45 mit der Scheinlegalität der Reichstagsbrand-Verordnungen begründet. Der Rechtsstaat der Weimarer Republik war damit zum Unrechtsstaat des „Dritten Reiches" geworden.

Die auf diese Weise *„zweckmäßig"* eingeleitete Reichstagswahl — mit gleichzeitiger Landtagswahl in Preußen — am 5. März 1933 brachte der NSDAP nicht den erwarteten Erfolg; sie kam im Reichsdurchschnitt auf 43,9 % der abgegebenen Stimmen. In Osnabrück sah das Ergebnis noch magerer aus. 41,5 % der Stimmen waren für die NSDAP abgegeben worden, bei einer Wahlbeteiligung von 92 %. Doch war dies immerhin eine Steigerung von fast 9 % gegenüber dem Ergebnis vom November 1932 (32,9 %). Minimal waren demgegenüber die Verluste des Zentrums; es war von 20,5 % (November 1932) auf 19,5 % zurückgegangen. In absoluten Zahlen hatte es sogar um 550 Stimmen zugenommen; die NSDAP hatte sich dagegen von 18292 auf 25485 Stimmen gesteigert.

2. Machtergreifung und Machtkonzentration durch die Nationalsozialisten

Im Landkreis Osnabrück sowie im Bereich des Regierungsbezirks wies sich jedoch die Zentrumspartei mit einem Vorsprung von Tausenden von Stimmen — im Landkreis Osnabrück mit etwa 18000 Stimmen vor 12000 der NSDAP — als die bei weitem stärkste Partei aus. Die SPD hatte mit 13135 Stimmen (21,5 %) gegenüber 13156 (23,7 %) im November 1932 ihren Stimmenanteil fast konstant erhalten. So stammte der Gewinn der NSDAP offenbar im wesentlichen aus der starken Mobilisierung bisheriger Neuwähler; 5653 Osnabrücker mehr waren gegenüber der Wahl vom November 1932 zur Wahlurne gegangen.

Die Nationalsozialisten feierten ihren Erfolg in Osnabrück auf besondere Art. Eine öffentliche Fahnenverbrennung auf dem Neumarkt — an der Stelle, wo während der Novembertage 1918 Fahnen des Kaiserreiches den Flammen übergeben worden waren, wurden die Symbole der demokratischen Linken der Weimarer Republik, vom Sonnenhügel und aus dem Schinkel herbeigebracht, auf einem Scheiterhaufen verbrannt — beschloß am Abend den Wahltag in der Stadt. Gleichsam um nunmehr ihren Anspruch auf Beherrschung des öffentlichen Lebens in der Stadt zu dokumentieren, erschienen in den nächsten Tagen SA- und SS-Leute, aber auch der „*Stahlhelm*" beteiligte sich hierbei, in Marschformation vor staatlichen und kommunalen Dienstgebäuden, u. a. vor dem Rathaus und dem Regierungsgebäude, und hißten in einem offiziellen Akt die Hakenkreuzfahne und auch die schwarz-weiß-rote Flagge. Während in der Nachbarstadt Münster diese Aktion zu einem erbitterten Flaggenstreit führte, denn in der gesetzlichen Regelung der Farben der Reichsflagge war noch keine Änderung eingetreten und der dortige Magistrat wich erst der Drohung mit Gewalt — fast die gesamte deutsche

Besetzung des Osnabrücker Gewerkschaftshauses am 2.5.1933

Presse berichtete darüber —, ging dieser Vorgang in Osnabrück widerstandslos über die Bühne. Ebenso ruhig blieb es in der Stadt, wo am 8. März ,,angesichts der geschichtlichen Wende, die der überwältigende Wahlsieg der Nationalen Front für Deutschland bedeutet" (so der preußische Kultusminister), in sämtlichen Schulen unterrichtsfrei war — bis zum letzten Tag vor der Wahl! An diesem 11. März 1933 besetzte eine Abteilung SS das Osnabrücker Gewerkschaftshaus. Beim Eindringen in das Gebäude fielen auch Schüsse. Die dort gerade anwesenden Gewerkschafter wurden ,,entfernt", wie es in einem Zeitungsbericht am nächsten Tage verlautbart wurde. Eine Tafel ,,SS-Heim" wurde am Eingang angebracht. Kurz darauf wurde das Gebäude am Kollegienwall der Polizei übergeben. Einige Tage später wurde das Haus erneut von der SS besetzt, nachdem Sozialdemokraten die auf dem Dach gehißte Hakenkreuzfahne heruntergeholt, zerrissen und in die Hase geworfen hatten. Die Polizei war offenbar ihrer Überwachungsaufgabe nicht gerecht geworden. Im Zusammenhang mit diesem Zwischenfall wurde *Senator Herrmann* als Leiter der Ortspolizeibehörde in Osnabrück vom Regierungspräsidenten beurlaubt und mit seiner Vertretung der Polizeidirektor Siegmeier, Osnabrück, beauftragt.

Der Ausgang der Kommunalwahl am 12. März 1933 schien von diesen Vorgängen nicht ganz unberührt geblieben zu sein. Die Wahlbeteiligung sank erheblich gegenüber der Reichstagswahl eine Woche vorher, und zwar von 92,8 % auf 78,9 %. Während der Stimmenanteil der SPD mit 21,5 % der gleiche blieb wie am Vorsonntag, erreichte sie mit 11195 Wählern die höchste Stimmenzahl bei bisherigen Kommunalwahlen. Die NSDAP verlor dagegen gegenüber dem Vorsonntag 5658 Wähler und erlitt damit eine Einbuße um 3,5 % im Stimmenanteil. Dennoch erreichte sie mit 19827 Stimmen zwar das stärkste Ergebnis und konnte damit 19 Sitze im Stadtparlament beanspruchen. Doch auch mit 2 Sitzen der Deutschnationalen hatte damit die ,,*Nationale Front*" nicht die absolute Mehrheit im Bürgervorsteherkollegium, denn ihr standen 26 Vertreter anderer Parteien bzw. Gruppierungen gegenüber (11 Sozialdemokraten, 9 Zentrumsvertreter, 3 Haus- und Grundbesitzer, 2 Kommunisten und 1 Volksparteiler). Im Landkreis Osnabrück, wo das Zentrum mit 11 Sitzen im Kreistag dominierte — gegenüber 7 der NSDAP —, war die Situation der ,,*Nationalen Front*" bei 8 Sitzen gegenüber 18 Vertretern anderer Parteien noch negativer. Wenn dennoch in den folgenden Wochen, insbesondere auch im Osnabrücker Stadtparlament, die Macht völlig in nationalsozialistische Hände überging, so geschah dies durch rigorose Übertragung innenpolitischer Maßnahmen im Reich (Ausschaltung der Kommunisten, provozierte Abwanderung amtsmüde werdender Vertreter der Weimarer Koalitionsparteien usw.) durch die Funktionäre der Hitlerpartei ebenfalls auf die kommunale Ebene. Auch hier war Diskussion nicht mehr erwünscht, sondern gefordert wurde nun bedingungslose Unterwerfung unter die Willensbildung der herrschenden Partei. Wie die Berufung Hitlers zum Reichskanzler durch Hindenburg von der NSDAP und ihrem Führer im Sinne einer rücksichtslosen Machtergreifung gehandhabt wurde, der vom Reichspräsidenten kein Widerstand entgegengesetzt wurde, so wirkte sich nun auch der Einzug der unteren Parteiorgane in die Kommunalparlamente aus. Karl Kühling, der diese Zeit in seinem Buch ,,Osnabrück 1933—1945 — Stadt im Dritten Reich" eingehend beleuchtet hat, bemerkt zu dieser Situation: ,,Es mußte selbst den Indifferentesten klar werden, daß die Demokratie und die Verfassung nur noch Makulaturwert hatten."

Ein weiterer, entscheidender Schritt zur innenpolitischen *Alleinherrschaft* der NS-Partei, geradezu ein Fanal dafür, war — zunächst auf der Reichsebene vollzogen, doch von hier aus sodann mit entsprechender Auswirkung auf die darunter liegenden Ebenen — die Annahme des *Ermächtigungsgesetzes* (,,Gesetz zur Behebung der Not von Volk und

2. Machtergreifung und Machtkonzentration durch die Nationalsozialisten 539

Staat") durch den neu eröffneten Reichstag am 23. März 1933. Als Auftakt für diese erste Sitzung des Parlaments in der Kroll-Oper wurde der 21. März, der „Tag von Potsdam" (Festakt in der Potsdamer Garnisonkirche zur Reichstagseröffnung), drei Tage vorher für das ganze Reich zum Nationalfeiertag erklärt. Auch Osnabrück war voll beflaggt. Es gab Platzkonzerte, Gemeinschaftsempfänge vor dem Festakt, einen Aufmarsch der Reichswehr, der Polizei und aller NS-Gliederungen auf dem Ledenhof mit Feldgottesdienst und öffentlicher Feierstunde. Natürlich war der Tag auch schulfrei, doch fanden in den Schulen Feiern statt, in deren Rahmen die Ansprachen Hindenburgs und Hitlers aus der Garnisonkirche gehört werden mußten. Der preußische NS-Kultusminister verfügte schlicht, Schulen ohne Rundfunkgerät hätten die Möglichkeit der Rundfunkübertragung für diese beiden Reden bis zu diesem Tag zu schaffen. Vor diesem Hintergrund wurde deutlich, daß Hitler am 23. März mehr wollte als nur eine Mehrheit im Parlament. Seine Absicht war, vom Reichstag volle Handlungsfreiheit ohne Rücksicht auf die Verfassung zu verlangen. Vier Jahre lang wollte er Gesetze ohne Teilnahme des Reichstages erlassen können. Für ein solches den Rahmen der Verfassung überschreitendes Gesetz war jedoch eine Zweidrittel-Mehrheit im Reichstag erforderlich. 444 der 538 anwesenden Abgeordneten stimmten zu. 81 Mandate der KPD waren von vornherein durch Annullierung ausgeschaltet. Nur die Fraktion der Sozialdemokraten (94 Abgeordnete, 9 weitere waren inhaftiert) lehnte es ab. Seitdem hat der Reichstag, der von nun an bis 1939 nur noch sechzehnmal zusammentrat, weder ein Gesetz gemacht oder auch nur angeregt, sondern nur 9 Gesetzen seine Zustimmung gegeben; denn über die etwa 4500 Gesetze, die die Reichsregierung im gleichen Zeitraum erließ, entschied Hitler von nun an als oberster Gesetzgeber allein, und zwar auch über Gesetze, die von der Verfassung abwichen. So war mit der Annahme des Ermächtigungsgesetzes das parlamentarische System in Deutschland für lange Zeit beendet. Die Abgeordneten des Reichstages hatten — mit Ausnahme der SPD — ihre eigene Abdankung und damit das Ende der Demokratie bestätigt.

Inzwischen hatte die Welle der Beurlaubungen und Zwangspensionierungen von höheren Beamten der Weimarer Republik auch Osnabrück erreicht. Am 25. März 1933 wurde Regierungspräsident Dr. Sonnenschein, Osnabrück, der seit dem 1. Oktober 1922 als Leiter der Bezirksregierung in unserer Stadt tätig war und sich große Verdienste um die weitere Erschließung des Emslandes erworben hatte, in den einstweiligen Ruhestand versetzt, weil er dem Zentrum angehörte. Ihres Dienstes enthoben und beurlaubt wurden als Dezernenten dieser Behörde die Regierungsräte Grewe (SPD), Hagemann (Zentrum) und Oberregierungs- und Gewerbeschulrat Ohlms (SPD). Auch der Polizeidezernent Dr. Klinger wurde beurlaubt und bald darauf unter Versetzung in eine auswärtige Dienststelle anderweitig verwendet. Nachfolger Dr. Sonnenscheins als Regierungspräsident in Osnabrück wurde — aus den Reihen der NSDAP hervorgehend — Regierungsrat Eggers, bisher Leiter des Finanzamtes Bremen-Blumenthal. Es war ihm nur vergönnt, gut vier Jahre an der Spitze des Regierungsbezirks zu wirken. Er starb im Alter von 55 Jahren am 27. Oktober 1937. Nach Übernahme seines hiesigen Amtes am 27. März 1933 berief er die Osnabrücker Nationalsozialisten SA-Führer Dr. Marxer und Gauinspektor Gronewald als Kommissare z.b.V. in den Regierungsdienst, wobei zunächst Dr. Marxer als neuer Polizeidezernent ein fest umrissenes Arbeitsgebiet erhielt. Kommissar Gronewald sollte sich vornehmlich sozialen Aufgaben widmen.

Daß die innenpolitische Entwicklung nach Annahme des Ermächtigungsgesetzes im Berliner Reichstag auch maßgebend werden würde für die kommunalen Parlamente, zeichnete sich bereits bei der konstituierenden Sitzung des neugewählten Osnabrücker *Bürgervorsteherkollegiums* am 30. März 1933 im Friedensaal des Rathauses ab. Von den 47 Bürgervertretern in der neuen Zusammensetzung der Stadtverordnetenversammlung (19 NSDAP, 11 SPD, 9 Zentrum, 3 Haus- und Grundbesitzer, 2 Kampffront Schwarz-weiß-rot, 2 KPD und 1 DVP) waren die beiden Kommunisten von vornherein nicht eingeladen worden. Im äußerlich gewohnten Rahmen des historischen Versammlungsraumes fehlte die verfassungsmäßige schwarzrotgoldene Fahne; dafür waren neben der Fahne mit dem Stadtwappen die Hakenkreuzflagge und die Fahne des Kaiserreiches angebracht. Neu war auch der unter SA-Begleitung erfolgende geschlossene Einmarsch der Nationalsozialisten in Parteiuniform. Die Sitzung eröffnete Oberbürgermeister Dr. Gaertner, der in seiner Ansprache auf die gute Tradition der verantwortungsbewußten städtischen Selbstverwaltung hinwies, die es, trotz verständlicher Einschränkungen durch zentrale Anordnungen, zu erhalten gelte. Sodann nahm der Oberbürgermeister die Verpflichtung der neuen Bürgervorsteher durch Handschlag vor. Parlamentarischem Brauch entsprechend, wählte die Versammlung einen Vertreter der stärksten Fraktion zum Bürgervorsteherworthalter, den Rechtsanwalt Dr. Heisler (NSDAP). Stellvertreter wurde der Bürgervorsteher Söhnchen (NSDAP). Hiermit war man schon eiskalt über die Anwartschaft der zweitstärksten Fraktion, gebildet von den Sozialdemokraten, für dieses Amt hinweggegangen. Bei der Wahl des 1. Schriftführers schlug das Zentrum als drittstärkste Fraktion den Bürgervorsteher Bredow vor. Auf Gegenvorschlag der NSDAP wurde jedoch mit dem Hinweis, daß sich die Zeiten geändert hätten, der Bürgervorsteher Röper (Kampffront Schwarzweißrot) mit Mehrheit gewählt. Die Nichtbeachtung des Zentrums widersprach ebenfalls eindeutig dem bisherigen Brauch, daß das Amt des 1. Schriftführers der drittstärksten Fraktion zukomme. Als 2. Schriftführer wurde Bürgervorsteher Dr. Sperling (DVP) gewählt. SPD und das Zentrum waren damit schon bei der Wahl der herausgehobenen Bürgervorsteher zwangsläufig ausgeschaltet worden. Auch im Kommunalparlament wurde somit nicht einmal mehr der Schein einer Demokratie gewahrt.

Bei der Wahl der sieben Senatoren setzte sich diese Entwicklung fort. Der *Magistrat*, die damalige ,,Regierung der Stadt'', bestand aus Beamten (Senatoren), die von der Stadtverordnetenversammlung auf zwölf Jahre gewählt wurden, und aus unbesoldeten Magistratsmitgliedern (auch Senatoren genannt), die aus den Reihen der Bürgervorsteher, für die jeweilige Legislaturperiode gewählt, hervorgingen. Zu unbesoldeten Senatoren wurden vier NSDAP-, zwei SPD- und ein Zentrumsvertreter gewählt. Darauf erklärte der Bürgervorsteher Gronewald (NSDAP), daß der Regierungspräsident — als Aufsichtsbehörde — die beiden mit den Stimmen der SPD und des Zentrums gewählten sozialdemokratischen Senatoren Kaldenbach und Hegmeyer nicht bestätigen werde, so daß eine Neuwahl dieser Senatoren anzusetzen sei. So kam es auch, und in einer der nächsten Sitzungen des Bürgervorsteherkollegiums rückten zwei Leute der *,,Front der nationalen Erhebung''* (1 NSDAP und 1 Kampffront) in diese Stellen ein. Als sodann auch Senator Bartscher (Zentrum) sein Amt niederlegte und resignierte — er wurde sogar wegen sog. ,,unreeller Geschäfte mit der Stadt'' vorübergehend verhaftet —, waren sämtliche Senatorenposten mehr oder weniger in der Hand der NSDAP. Die ,,*Kommissionen*'', vergleichbar mit den heutigen Ausschüssen, wurde ebenso überwiegend mit Nationalsozialisten besetzt. Die Nichtberücksichtigung der SPD beim Vorsitz einzelner Kommissionen widersprach eindeutig bisherigen Gepflogenheiten, ebenso wie die Ablehnung bestimmter Mitglieder der Zentrumsfraktion durch die NSDAP. Damit wurde öffentlich bestätigt, daß nicht mehr die gemäß der noch geltenden Verfassung vorgeschriebenen parlamentarisch-demokratischen Handlungsweisen, sondern die nackte Vorherrschaft der NSDAP die weiteren Sitzungen dieses Gremiums bestimmen würde.

2. Machtergreifung und Machtkonzentration durch die Nationalsozialisten

Diese Erkenntnis führte alsbald dazu, daß ordentlich gewählte Bürgervorsteher von Minderheitsfraktionen, die sich nicht länger politisch unterordnen und entmündigen lassen wollten, kurzerhand ihre Mandate niederlegten. Zwar rückten Ersatzleute nach, die aber ebenso ohne Einfluß blieben. Die SPD-Fraktion wurde sodann dadurch ausgeschaltet, daß man ihre Mitglieder durch die „Verordnung zur Sicherung der Staatsführung", wie Kühling schreibt, „außerhalb der verfassungsmäßigen Staatsbürgerrechte stellte und zu Bürgern zweiter Klasse stempelte". Sie wurden nun nicht mehr — wie vorher schon die Kommunisten — zu den Sitzungen eingeladen. Darüber hinaus wurde das SPD-Vermögen in Osnabrück beschlagnahmt, worunter auch der Druckereibetrieb der früheren sozialdemokratischen *„Freien Presse"* fiel. Im Zusammenhag mit dieser Aktion wurde auch das Heim des Touristenvereins „Die Naturfreunde", Ortsgruppe Osnabrück, bei Vehrte am Hange des Wiehengebirges am 18./19. Mai 1933 von SA-Leuten besetzt und nebst Inventar beschlagnahmt. Es wurde zunächst NS-Schulungsheim für alle Gliederungen der NSDAP, später vom Arbeitsdienst, Landjahr und Militär benutzt. Erst 1951 erhielten die *„Naturfreunde"* ihr Eigentum zurück. Mit dem endgültigen Verbot der SPD am 22. Juni 1933, der damit jede legale Betätigung unmöglich gemacht wurde, und der sodann Ende Juni bis Anfang Juli 1933 folgenden Selbstauflösung aller übrigen noch bestehenden Weimarer Parteien wurde — durch die Mandatsniederlegung ihrer letzten Vertreter — die totale Machtergreifung der Nationalsozialisten in den städtischen Körperschaften vollendet. Auf der Grundlage des Ermächtigungsgesetzes verkündete Hitler am 14. Juli 1933 nunmehr: In Deutschland besteht fortan als einzige politische Partei die NSDAP! Der organisatorische Zusammenhalt einer anderen politischen Partei oder die Neubildung einer anderen Partei wurde unter hohe Strafen gestellt. Nach dem Parteienverbot durch das *„Gesetz gegen die Neubildung von Parteien"* vom 14. Juli 1933 waren die wenigen Wahlen während des *„Dritten Reichs"* (1933, 1934, 1936, 1938) nur noch praktisch bedeutungslose Farcen, die propagandistisch jedoch wirkungsvoll ausgenutzt wurden.

Im Vordergrund der Aktivitäten des von der NSDAP immer mehr dominierten Osnabrücker Bürgervorsteherkollegiums stand zunächst die Durchsetzung einer Reihe von „Dringlichkeitsanträgen". Noch auf der ersten Arbeitssitzung des neuen Rates am 30. März 1933 wurden auf dieser Grundlage eine Reihe von Straßen und Plätzen umbenannt — so z. B. der Neumarkt in Adolf-Hitler-Platz, der Platz der Republik wieder in Schillerplatz, die Walther-Rathenau-Straße in Schlageterstraße, der Kanzlerwall in Braunauer Wall u.a.m. Auf ein Kuriosum sei in diesem Zusammenhang hingewiesen: Auch die Jerusalemstraße, die von der Meller Straße in den Fledder führte und an den aus Danzig stammenden Superintendenten und früheren Prediger an St. Marien Theodor Wilhelm von Jerusalem (1699—1726 in Osnabrück) erinnerte, wurde 1933 — offenbar in Verkennung der Herkunft ihres Namens — von den neuen Machthabern umbenannt in Bückeburger Straße. Diese Straße ist heute nach Veränderungen im Straßennetz in diesem Bereich nicht mehr vorhanden. — Folgende bedeutsamen Beschlüsse wurden u. a. gefaßt: „Städtische Lieferungen, Arbeiten oder sonstige Leistungen dürfen nicht mehr an Bürgervorsteher vergeben werden". Weiterhin: „Die Aufwandsentschädigungen für Bürgervorsteher und Senatoren sind zu kürzen". Die jüdische Abstammung des Intendanten der Theater-Union Osnabrück-Münster, Dr. Fritz *Berend,* wurde in diesem aufsichtsführenden Gremium zum Anlaß genommen, ihn dieser Tätigkeit zu entheben. Das gleiche Schicksal erfuhr Kapellmeister *Dahm*. Wie die Presse hierzu mitteilte, sollte Intendant Dr. Berend jedoch die Geschäfte des Intendanten vorläufig weiterführen, ebenso Kapellmeister Dahm diejenigen als Chordirektor. Zum Kommissar für das Theater wurde der Oberspielleiter der Oper, Dr. Walter *Storz,* ernannt. „Das Schicksal des

Intendanten war damit trotz des Wörtchens „*vorläufig*" entschieden. Auch ihm half seine Bewährung als mit Tapferkeitsauszeichnungen dekorierter Frontoffizier nicht" (Kühling).

Ein weiterer Beschluß auf einer späteren Sitzung führte zur Entfernung sämtlicher Bücher mit marxistischen und pazifistischen Tendenzen aus den öffentlichen Bibliotheken. Mit der so eingeleiteten Verfemung mißliebiger Literatur — es handelte sich um eine im ganzen Reich von der NSDAP organisierte Aktion gegen *„undeutsche und volksvergiftende Strömungen"* — verschwanden alsbald auch die Werke von Heinrich Heine, Thomas und Heinrich Mann. Bertolt Brecht, Stefan und Arnold Zweig, Leonhard Frank, Franz Werfel und vieler anderer deutscher Dichter, Schriftsteller und Wissenschaftler aus den Auslagen der Buchläden. Im Zuge dieser *„Bereinigung"* der deutschen Literatur, die am 10. Mai 1933 an vielen Orten in einer öffentlichen Verbrennung einer großen Anzahl dieser verfemten Bücher gipfelte, in Osnabrück als offizielle Aussonderung mit den Werken von *Erich Maria Remarque* an der Spitze, strich schließlich auch die Philosophische Fakultät der Bonner Universität den Nobelpreisträger Thomas Mann aus der Liste ihrer Ehrendoktoren. Aus dem Theaterprogramm der Osnabrücker Bühnen wurden einige der zugkräftigsten Operetten entfernt, weil die Komponisten oder Librettisten keine Arier waren. Bei dieser antijüdischen Kampagne handelte es sich um eine von der Reichsleitung der NSDAP planmäßig inszenierte und vom neugeschaffenen Propagandaministerium unter Goebbels popularisierte Aktion, die sich zunächst mit einem am 28. 3. 1933 ausgerufenen Boykott gegen Geschäfte und Unternehmen jüdischer Inhaber richtete. Begründet wurde dieser im deutschen Wirtschaftsleben erstmalige Vorgang mit der angeblich vom *„internationalen Judentum"* organisierten Hetze des Auslandes gegen Hitler-Deutschland. Am 1. 4. 1933 zogen überall SA-Posten auf, so vor entsprechenden Warenhäusern und Geschäften, wo Käufer zurückgewiesen wurden, desgleichen vor Gerichtsgebäuden jüdische Rechtsanwälte und Richter am Betreten der Diensträume gehindert sowie Patienten vom Besuch jüdischer Ärzte abgehalten wurden. In Osnabrück brauchte man nicht auf das schlagartige Einsetzen der von der Reichsleitung der NSDAP angeordneten Boykottierung zu warten; dann praktisch setzte diese Aktion schon ein bis zwei Tage vorher ein, um sich bis zum 1. 4. 1933 zu einem ziemlich vollkommenen Boykott aller Geschäfte und sonstigen Unternehmungen mit jüdischen Besitzern, Rechtsanwälten usw. oder jüdischem Kapital zu steigern. Größere Betriebe beeilten sich, Mitarbeiter jüdischen Glaubens aus der Geschäftsleitung zu entfernen. Insgesamt wurden in Osnabrück allein 42 Geschäfte von diesem Boykott betroffen. Hierbei wurden auch jüdische Firmeninhaber in Schutzhaft genommen und der politischen Polizei übergeben. Das gleiche Schicksal traf auch den nichtjüdischen Rechtsanwalt Rahardt, der im Gerichtsgebäude verhaftet wurde, sowie den Redakteur der Osnabrücker *„Freien Presse"*, Burgdorf, der aus seiner Redaktion abgeführt wurde. Eine große Menschenmenge folgte auf den Straßen der Innenstadt den beiden von der SA eskortierten Häftlingen, die in das Polizeigefängnis an der Turnerstraße eingeliefert wurden. Da ihnen nichts Ungesetzliches nachgewiesen werden konnte, wurden sie nach zwei Tagen wieder aus dem Polizeigewahrsam entlassen, ohne daß eine Erklärung zu dem unerhörten Vorgange abgegeben wurde. Den Rechtsanwälten Rahardt und Dr. Batschinski in Osnabrück wurde jedoch alsbald vom preußischen Justizministerium die Vertretungsbefugnis vor den ordentlichen Gerichten entzogen.

Ein weiterer *„Dringlichkeitsantrag"* forderte den Abbruch des Ebert-Erzberger-Rathenau-Denkmals am Herrenteichswall, und zwar möglichst von den Erbauern selbst. Als in den nächsten Wochen nichts in dieser Richtung erfolgte, führten städtische Arbeiter, unter Mithilfe von SA-Männern, den Vollzug dieses Beschlusses durch. Weitere

Beschlüsse befaßten sich mit der Sperrung der Benutzung städtischer Grundstücke durch sog. ,,*marxistische*" Vereine, z. B. Arbeitersportvereine, Jugendorganisationen, Gesangvereine usw. Im weiteren Vollzug solcher NSDAP-Beschlüsse kam auch Osnabrück zu drei neuen Ehrenbürgern, und zwar aufgrund des am 44. Geburtstage Hitlers (20. 4. 1933) gestellten Antrages, dem Reichspräsidenten v. Hindenburg, dem Reichskanzler Hitler und dem Regierungskommissar z.b.V. Gronewald die Ehrenbürgerschaft der Stadt Osnabrück anzutragen. Kühling bemerkt hierzu in seinen Ausführungen: ,,Zwar bat Bürgervorsteher Gronewald, von der Ehrung für ihn abzusehen, aber da Bürgervorsteher Münzer für Gronewald als einen der ältesten Kämpfer für Adolf Hitler besonders eintrat, auch darauf hinweisen konnte, daß der Magistrat bereits zugestimmt habe, beschloß das Bürgervorsteherkolleg entsprechend." Die nach Berlin entsandten Huldigungstelegramme wurden alsbald dankend bestätigt.

Am 1. 1. 1934 wurden auch in Osnabrück durch das Preußische Gemeindeverfassungsgesetz — in Anlehnung an die für Reich und Staat getroffenen Maßnahmen — die gemeindlichen Vertretungskörperschaften beseitigt und die Verwaltung der Stadt neu geordnet. Es gab fortan keinen Magistrat mehr, seine Befugnisse gingen auf den Oberbürgermeister über. Am 1. 1. 1934 endete somit jegliche parlamentarisch-demokratische Selbstverwaltung. Durch das neue Gemeindeverfassungsgesetz wurde damit auch auf die Städte das ,,*Führerprinzip*" übertragen. Hinfort wurde der Leiter der Stadtverwaltung vom Staat eingesetzt. Er führte die Verwaltung und entschied alleinverantwortlich. Zu seiner ständigen Beratung und zur Herbeiführung einer dauernden Verbindung mit der Bürgerschaft wurden als Gemeinderäte (Ratsherren) ,,um Volk, Staat oder Gemeinde verdiente oder erfahrene Männer", wie es im Gesetz hieß, berufen, ebenfalls die Beigeordneten, die bisherigen ehrenamtlichen Magistratsmitglieder. Damit war auch auf der lokalen Ebene die Demokratie in Deutschland der NS-Diktatur erlegen, der ,,Kombination von Ideologie und sozialer Dynamik auf einer Grundlage von Charisma und Terror" (Schoenbaum).

3. Die ,,endgültige" Befestigung der Machtposition der NSDAP durch Gleichschaltung auf allen Ebenen

Wie schon bei der ,,*Machtergreifung*" deutlich wurde, vollzog sich die Errichtung der Herrschaft des Hitler-Regimes seit dem 30. Januar 1933 von Berlin aus in immer weiter ausgreifenden Wellen bis in die kleinste Stadt und das fernste Dorf hinein. Nahezu in der gleichen Weise, wie Hitler an der Spitze des Reiches unter Einsatz von Notverordnungen die Rechtsordnung der Weimarer Verfassung scheinbar ,,*legal*" außer Kraft setzte und schließlich auf der Grundlage des Ermächtigungsgesetzes seine Diktatur vollendete, setzte sich auch im Bereich der Städte, Kreise und Landgemeinden über die nach brutalem Wahlterror und maßlos übersteigerter Wahlpropaganda ,,*eroberten*" Vertretungskörperschaften das NS-System letzten Endes durch, wie auch die Vorgänge in der Stadt Osnabrück deutlich herausstellen. Diese fast nahtlose Übereinstimmung der oberen mit der unteren Ebene, gleichsam als Widerspiegelung des gesamtdeutschen Geschehens in der Situation in der engeren Heimat, war gerade auch in der Stadt Osnabrück mit all den äußeren Vorkommnissen selten so unmittelbar zutreffend und eindeutig wie in der NS-Zeit. Das erkannte auch Kühling, wenn er in seinem Buch über diese Epoche schreibt: ,,Zu keiner Zeit ihrer tausendjährigen Geschichte war die Stadt Osnabrück so unmittelbar an das Reichsschicksal geknüpft wie in den 12 Jahren des Hitler-Regimes".

So war es auch mit der Welle der nach der Machtergreifung einsetzenden *„Gleichschaltung der Nation"*, die als zweite Stufe der nationalsozialistischen *„Revolution"*, wiederum von Berlin ausgehend, jene starke Zentralgewalt des Reiches hervorbrachte, wie sie Hitler bereits in seinem Parteiprogramm gefordert hatte. Nach der Zerschlagung aller mehr oder weniger gegnerischen Parteien, über die bereits berichtet wurde, auch am 27. Juni 1933 der Deutschnationalen Volkspartei, der auch die Umbenennung in *„Deutschnationale Front"* durch *Hugenberg* am 3. Mai 1933 nicht mehr helfen konnte, und damit die Errichtung der Einparteienherrschaft der NSDAP galt es nun, den nationalsozialistischen Einheitsstaat voll zu verwirklichen.

Es begann wieder oben an der Spitze, als Hitler mit dem Erlaß des „Gesetzes zur Gleichschaltung der Länder mit dem Reich" vom 31. März 1933 die bisherigen legalen Volksvertretungen der Länder (außer Preußen) auflöste und diese Parlamente nach dem Stimmenverhältnis der Reichstagswahl vom 5. 3. 1933 umbilden ließ, wobei die KPD nicht mehr berücksichtigt wurde. Am 7. April 1933 folgte das Gesetz über die Reichsstatthalter, das — vor allem nach seiner Erweiterung am 5. Mai — den Gauleitern, die im Auftrage der Berliner Zentrale als Reichsstatthalter vor allem der deutschen Länder zu leiten hatten, die noch keine eindeutige *„nationale"* Regierung besaßen, nahezu unumschränkte Herrschaftsrechte übertrug. Damit entmachtete Hitler zugleich auch die neuen Länderparlamente und unterband so den Einfluß seiner Koalitionspartner auf den Staatsapparat. Die Länderparlamente verschwanden endgültig am 30. Januar 1934, bald darauf auch der Reichsrat. Der Weg zu einer zentralistisch gestalteten und entsprechend regierten Diktatur war frei. Auf diese Weise verlor auch Vizekanzler v. Papen als Reichskommissar in Preußen auf dem Wege der *„Gleichschaltung"* alle Machtbefug-

Vorbeimarsch von NS-Formationen an einer Ehrentribüne am Neumarkt

3. Die „endgültige" Befestigung der Machtposition der NSDAP

nisse im größten Staate des Reiches. Das Statthaltergesetz vereinigte die Funktion des Reichskanzlers mit der des Reichsstatthalters in Preußen. Hitler setzte sodann Göring als preußischen Ministerpräsidenten ein (20. 4. 1933). Der für die Osnabrücker Parteiszene zuständige Gauleiter Röver, Oldenburg, wurde zum Reichsstatthalter von Oldenburg und Bremen ernannt. Sein bisheriges Staatsamt als oldenburgischer Ministerpräsident übernahm der Landtagspräsident Joel in Oldenburg. In Osnabrück nahm er als stellvertretender Gauleiter um diese Zeit einen Vorbeimarsch der NS-Formationen auf dem damals in Adolf-Hitler-Platz umbenannten Neumarkt ab.

Unter dem Stichwort *„Gleichschaltung"* liefen alsbald auch alle weiteren Kündigungen und Umbesetzungen in den Behörden und öffentlichen Ämtern Osnabrücks. Wie bei der Bezirksregierung bereits nach Dienstantritt des neuen Regierungspräsidenten Eggers eine Anzahl bewährter Fachdezernenten beurlaubt bzw. unter anderweitiger Verwendung versetzt wurde — wir hörten schon davon —, so wirkte diese „Gleichschaltungsaktion", die weitgehend durch das „Gesetz zur Wiederherstellung des Berufsbeamtentums" vom 7. April 1933 gefördert wurde, nunmehr in alle weiteren administrativen Bereiche hinein. So wurde z. B. der Kommandeur der staatlichen Schutzpolizei in Osnabrück, Polizeimajor Bier, beurlaubt und durch Hauptmann v. Schrader ersetzt. Auch in der Leitung von Schulen, vor allem höherer Schulen und Fachschulen, erfolgten entsprechende Veränderungen. So trat der Direktor der Provinzialtaubstummenanstalt in Osnabrück, Adamczyk, der der Staatspartei angehörte, unter Druck zurück und wurde zunächst durch einen genehmeren Taubstummenoberlehrer aus seinem Kollegium ersetzt. Der Rektor der Eversburgschule, Schneider, mußte als guter Demokrat seine Stelle räumen und als einfacher Lehrer weiterwirken. Nach dem Kriege rehabilitiert, wurde er Schulrat in der Stadt Osnabrück. In ähnlicher Weise vollzog sich dieser Vorgang in vielen Dienststellen der Stadt Osnabrück. Beurlaubt wurde zunächst im Magistrat Senator Schulte, alsbald aber für dauernd in Pension geschickt. Seine Pensionierung erhielt ebenfalls, kurz vordatiert, der verdienstvolle Senator Stadtbaurat Lehmann. Der ehrenamtliche Senator Kaufmann Bartscher schied alsbald — wir berichteten bereits darüber — durch Verhaftung aus. Mit der Begründung, daß zur Zeit keine Verdunkelungsgefahr vorliege, wurde er bald wieder auf freien Fuß gesetzt. Jedoch erst nach 1945, dem Ende des Hitler-Regimes, kam es zu seiner vollen Rehabilitierung. Entlassen wurde z. B. auch der Leiter des Osnabrücker Verkehrs- und Presseamtes, Dr. Hugle. Jedoch gelang es ihm als persona grata bald darauf, bei der Regierung in Osnabrück — unter Übernahme als Oberregierungsrat — eine neue Verwendung zu finden. So verschlungen war damals die Behandlung der Personalverhältnisse bei der Verwaltung. Als bei der Regierungspartei mißliebig erwies sich auch der Landrat des Landkreises Osnabrück, v. Detten, der mit weiteren Beamten der Kreisverwaltung den Schreibtisch räumen mußte. Zum Rücktritt gezwungen wurde der Generalsekretär des Landwirtschaftlichen Hauptvereins, Dr. Drees; er war Reichstagsabgeordneter des Zentrums. Nachfolger des zurückgetretenen Landrats v. Detten wurde Regierungsrat Westerkamp vom preußischen Staatsministerium in Berlin, ein geborener Osnabrücker.

Als eine Art *„emotionaler Gleichschaltung"*, Höhepunkt aller bisherigen Umzüge und Feiern, erwies sich der *„Tag der nationalen Arbeit"*, der 1. Mai 1933, der fortan zum gesetzlichen Feiertag bestimmt wurde. Nach der propagandistischen Zielsetzung für diesen Tag, „ein geeinigtes Volk" zu zeigen, „das spontan sein Bekenntnis zur neuen Regierung und zum erwachenden Deutschland" ablegte, wurde ein großer Teil der Bevölkerung Osnabrücks — die Presse schrieb vom „Marsch der 34000" — nach präziser organisatorischer Vorbereitung durch einen Aufmarschstab der NSDAP zu einem riesigen Umzug durch die Stadt mobilisiert. Angeführt von den örtlichen Spitzen der Partei und der Regierung, denen sich die Vertreter der Exekutive (Stadtverwaltung, Justiz, Polizei, Feuerwehr usw.) anschlossen, folgte zunächst die große Marschgruppe der NS-Betriebszellenorganisation mit den Belegschaften aller Osnabrücker Betriebe, an deren Spitze z. T. die Betriebsinhaber selbst marschierten. Unterbrochen von zahlreichen Musikkapellen, überragt von Transparenten, flatternden Fahnen und Bannern, bewegten sich sodann in langen Marschkolonnen die Berufsorganisationen der Beamten, Angestellten und des Mittelstandes, zogen die Schulen und Jugendverbände, die Schützenvereine, Turn- und Sportvereine, Gesangvereine, der Freiwillige Arbeitsdienst. Den Schluß bildeten die Ortsgruppen der Partei mit den angeschlossenen Gliederungen und Verbänden. So bewegte sich in einer mehrstündigen Aktion ein fast 15 Kilometer langer Zug vom Klushügel, dem Sammelplatz der einzelnen Marschblöcke, durch die Innenstadt zur Schützenburg an der oberen Iburger Straße, vorbei an den vielfach geschmückten und beflaggten Häuserzeilen der durchzogenen Straßen. Die Teilnahme von Organisationen der SPD und des Gewerkschaftsbundes, die bis dahin als einzige den 1. Mai gefeiert hatten, war jedoch verboten. Nach dem Aufmarsch der Massen auf der Schützenburg beschlossen Feldgottesdienste und Ansprachen die eigentliche Maikundgebung. Mit einer Schlußfeier in der Stadthalle und einer abendlichen Festvorstellung im Stadttheater (*„Schlageter"* von Hanns Johst) klang der Tag aus. Für den Beteiligten und den Zuschauer bildete die so demonstrierte *„Volksgemeinschaft"* gewiß ein besonderes Erlebnis, von dem durchaus eine *„zwanghafte Emotionalisierung"* weiter Kreise der Bevölkerung ausgegangen sein dürfte. Für die bisherigen Träger der Maifeier, die seit 1890 ein internationaler Feiertag der in der SPD und ihren europäischen Schwesterparteien organisierten Arbeiterschaft war, hat die nunmehr praktizierte Wendung dieses Geschehens gewiß schmerzliche Gefühle hervorgebracht. Immerhin ist der 1. Mai seitdem für uns gesetzlicher Feiertag geblieben.

Die am 1. Mai 1933 von den Losungen „Achtet den Arbeiter!" und „Ehret die Arbeit!" getragene allgemeine Feierstimmung führte jedoch am nächsten Morgen zu einem jähen Erwachen. Am 2. Mai, unmittelbar nach dem Tage, an dem „der Traum von der Volksgemeinschaft Wirklichkeit wurde", schlug man erneut zu. In einer für das ganze Reich koordinierten Blitzaktion besetzten SA-Kolonnen die Gewerkschaftshäuser, verlangten — unter Beschlagnahme des Vermögens des Allgemeinen Deutschen Gewerkschaftsbundes (ADGB), der größten Arbeiterorganisation dieser Zeit — die Aushändigung der Kassen und brachten eine Reihe führender Funktionäre zeitweilig in Konzentrationslager. In der Osnabrücker Presse hieß es hierüber unter dem 3. Mai 1933: „Im Zuge der gestern im ganzen Reich durchgeführten Gleichschaltung der Freien Gewerkschaften wurden auch in Osnabrück schon in den frühen Morgenstunden zahlreiche Haussuchungen bei den hiesigen Gewerkschaftsfunktionären vorgenommen, wobei das vorgefundene Eigentum der Gewerkschaften sichergestellt und zum Gewerkschaftshaus geschafft wurde. Eine Reihe von Gewerkschaftsführern wurde bei dieser unter der Leitung des Regierungskommissars Dr. Marxer erfolgten Aktion in Schutzhaft genommen. Nachdem sie zunächst in den Hof des Gewerkschaftshauses gebracht worden waren, wurden sie am Nachmittag von einer Abteilung SA in Begleitung von Kriminalbeamten in Polizeigewahrsam eingeliefert." Unter den Personen, die so in sog. „Schutzhaft" genommen, also schlicht verhaftet wurden, waren die Gewerkschaftssekretäre Beckmann, Bolwin, Haas, Szalinski u. a., darunter auch die langjährige SPD-Bürgervorsteherin Alwine Wellmann. Nach der vorübergehenden Haft sahen sie sich aus ihren Ämtern gejagt und verloren damit ihren Beruf. In dem zitierten Zeitungsartikel heißt es dann weiter: „Wie im ganzen Reich, so ist auch in Osnabrück die Leitung der Gewerk-

3. Die „endgültige" Befestigung der Machtposition der NSDAP

schaften nach der Gleichschaltung von der NSBO übernommen, die die Geschäfte der Gewerkschaften sofort weiterführen wird, so daß für die Mitglieder kein Schaden entsteht." Am 10. Mai erfolgte auf der Grundlage der seit 1928 bestehenden NSBO (Nationalsozialistische Betriebszellenorganisation) die Gründung der Deutschen Arbeitsfront (DAF). Die „Gleichschaltung" der Gewerkschaften, die zunächst noch kommissarische Leiter erhalten hatten, war damit — unter Beseitigung aller demokratischen Rechte der Mitgliedschaft — (z. B. des Streikrechts) — vollzogen. In den Betrieben führte diese Umorganisation im Rahmen der DAF zur Einbeziehung der Arbeitgeber (Werk- oder Betriebsleiter) als „Gefolgschaftsführer", während die Arbeitnehmer und Angestellten die „Gefolgschaft" bildeten. Das Handwerk und die gewerbliche Wirtschaft wurden — unter diesen Gesichtspunkten — ebenfalls der Deutschen Arbeitsfront angegliedert. Im Gegensatz zu den Gewerkschaften übernahm die DAF nicht deren Funktion als Interessenvertretung der Arbeitnehmer; so wurden z. B. Lohntarifverträge von jetzt an seitens des Staates festgesetzt. Hier ging es nunmehr vor allem um politische „Schulungsarbeit" und Verbreitung einer Gemeinschaftsideologie.

Die dem Gewerkschaftsbunde nahestehende Osnabrücker Ortskrankenkasse war alsbald das Ziel einer weiteren Gewaltaktion, diesmal jedoch von der Geheimen Staatspolizei ausgehend. Aus durchsichtigen Gründen, die mangels Vorliegen echter Tatbestände als Anlaß zu dienen hatten, wurden die leitenden Angestellten dieser Dienststelle am 24. Juni 1933 verhaftet, „obwohl", wie Kühling herausstellt, „man ihnen tatsächlich nichts anderes vorwerfen konnte, als daß sie nicht das richtige Parteibuch hatten". Im Grunde ging es der NSDAP nur darum, die wichtigsten Positionen bei der Ortskrankenkasse mit eigenen Leuten zu besetzen, diese Dienststelle ebenfalls „gleichzuschalten". Die Angestellten wurden nach wenigen Tagen wieder entlassen, konnten aber nicht in ihre bisherigen Stellungen zurückkehren. Zur Begründung des Vorgehens wurde in der Presse verlautbart, „daß es sich um eine politische Maßnahme gehandelt habe, nicht aber etwa geschäftliche Verfehlungen die Ursache gewesen seien". Verhaftet wurde auch in den ersten Maitagen 1933 Regierungsrat a. D. Grewe, der bereits Ende März kurz nach Dienstantritt des neuen Regierungspräsidenten zusammen mit anderen höheren Regierungsbeamten beurlaubt worden war, wie es hieß, nunmehr im Zusammenhange mit seiner Tätigkeit im Osnabrücker Heimstättenverein, dessen Vorsitzender er war. Wochen später verlautbarte die gleiche Presse: „Die gerüchteweise gegen den verhafteten Grewe erhobenen Vorwürfe schlechter Geschäftsführung (im Heimstättenverein) sind völlig aus der Luft gegriffen." Dem so leichtfertig, auch noch in einer anderen Angelegenheit, Angeschuldigten blieb nichts anderes übrig, als diese Widrigkeiten nach seiner Entlassung aus der Untersuchungshaft am 1. 6. 1933 schweigend hinzunehmen.

Die Welle der „Gleichschaltung" erfaßte nunmehr auch den „Stahlhelm, Bund der Frontsoldaten". Die NSDAP bekämpfte nicht nur ihre „weltanschaulichen Gegner" — sie suchte auch die Verbündeten des 30. Januar 1933 auszuschalten bzw. sich unterzuordnen. Dazu gehörte auch der „Stahlhelm". In Osnabrück wurde er zunächst umformiert zum NS-Frontkämpferbund (Stahlhelm), sodann alsbald im Rahmen eines gemeinsamen Aufmarsches mit der SA von dieser NS-Gliederung als SA-Reserve übernommen. Dennoch wurde in der Parteipresse weiter gegen diesen ehemaligen Regierungspartner, dessen Bundesführer Franz Seldte seit dem 30. Januar als Minister ohne Einfluß in Hitlers Kabinett amtierte, gehetzt und er „als Unterschlupf für Kommunisten, Marxisten, Zentrumsleute usw." (Kühling) bezeichnet. In Osnabrück konnte man, wie Kühling hierzu weiter schreibt, „von verschiedenen Stahlhelmmitgliedern das Urteil hören, Seldte habe Duesterberg (den 2. Stahlhelmführer, der seines Amtes enthoben wurde) und den Stahlhelm ganz einfach verraten". Am 13. November 1935 kam es schließlich auf Geheiß Hitlers zur völligen Auflösung des *„Stahlhelms"*. Seldte aber verblieb weiterhin, scheinbar unbeeindruckt, auf seinem Ministersessel als Reichsarbeitsminister. Anders erging es seinem Kabinettskollegen Hugenberg, dessen Rücktritt im Juni 1933 geradezu erzwungen wurde.

Während bei den bündischen und konfessionell orientierten Jugendverbänden die Eingliederung in die Hitler-Jugend behutsamer ablief und sich vor allem über einen größeren Zeitraum erstreckte — man wollte der Jugend gegenüber mit weniger Druck vorgehen —, wurde bei den großen Berufsorganisationen der Industrie und des Handels, des Handwerks und der Landwirtschaft die Gleichschaltung auf das Führerprinzip in relativ kurzer Zeit durchgeführt. Bei der Besetzung des Präsidiums der Industrie- und Handelskammer (IHK) in Osnabrück wurde immerhin noch gewählt. Kühling schreibt hierzu: „. . es gab sogar noch zwei Listen, eine von der NSDAP aufgestellte und eine, die ohne Bindung an die Partei zustande gekommen war. Als aber die Liste der Nichtparteigebundenen, obwohl man sie als Sabotageaktion gekennzeichnet hatte, nur drei oder vier Stimmen weniger erhielt als die Parteiliste, wurde interpretiert, daß damit die gesamte Parteiliste als gewählt betrachtet werden müsse." Dementsprechend wurde sodann das Präsidium neubesetzt. Beim Osnabrücker Handwerk, dessen Vertretungskörperschaft die Handwerkskammer darstellt, wurde anders verfahren. Unter Wiedererweckung des alten Brauchtums der Handwerkerzünfte wurde ein neues Grundgesetz des Handwerks aufgestellt und auf einer festlichen Kundgebung am 19. Oktober 1933 feierlich verlesen und genehmigt. Vor den hierbei anwesenden führenden Vertretern der einzelnen Sparten des Handwerks, den Spitzen der NSDAP, der Regierungs- und Stadtbehörden sowie der Wirtschaftsorganisationen wurde den neuernannten Obermeistern der fünfzehn Innungen des Osnabrücker Handwerks die kunstvoll gearbeitete Amtskette in würdiger Form überreicht. Sie sollte die Führungseigenschaften des jeweiligen Obermeisters herausstellen und ihm selbst gleichzeitig die Verantwortung seines Amtes vor Augen stellen. Neben dem in diesem Rahmen ebenfalls aus der Mitte der neuen Obermeister eingesetzten neuen Präsidenten der Handwerkskammer wurde der bei dieser Veranstaltung anwesende Gauinspekteur Gronewald zum Ehrenobermeister ernannt. Auch die Landwirtschaftskammer ging mehr oder weniger begeistert den Weg der Gleichschaltung. Daß durch diese Umstellung der genannten Gremien auf das *„Führerprinzip"* der NSDAP manche äußerst sachkundige und menschlich hochstehende Persönlichkeit in den einzelnen Berufszweigen ihrer verantwortlichen Stellung, in der sie sich teils über Jahrzehnte bewährt hatte, enthoben wurde, versteht sich leider von selbst.

Da es galt, die *„Gleichschaltung"* voll bis auf die unterste Ebene durchzusetzen, mußte das *„Führerprinzip"* auch in den kleinsten Vereinen und Verbänden verwirklicht werden. In der Regel machte dies keine Schwierigkeiten, da die innere Vereins- und Verbandsarbeit, wie sie sich im Lauf der Zeit auf Grund gewonnener Erfahrungen bewährt hatte, die bisherige Arbeitsmethode beibehielt. Nur die äußeren Formen wurden gelegentlich *„aufpoliert"*, indem man die formalen Ordnungsprinzipien schlicht übernahm, die bei allen Behörden- und Verwaltungsstellen bereits eingeführt waren. So verfuhren die traditionsbewußten Turn- und Sportvereine, Fußballklubs, Kriegervereine, Gesangvereine; aber auch Züchtervereinigungen, Brieftaubenvereine, Aquarienklubs, caritative Verbände usw. schlossen sich sinngemäß dieser Entwicklung an. Mißliebige Sportvereine, wie z. B. der „Verein für Jugend- und Körperpflege Eversburg" (Mitglied des Arbeiter-Turn- und Sportbundes), wurden kurzerhand — wie hier im Zusammenhang mit dem Verbot der SPD — aufgelöst. Die von diesem Verein betriebene Kanalbadeanstalt Eversburg wurde eines Tages von der NSDAP-Ortsgruppe —

unter Beschlagnahme der Geschäftsunterlagen durch die SA — übernommen. Auf dem Gelände der Badeanstalt wurde die Hakenkreuzfahne gehißt. Ähnlichen Möglichkeiten gingen andere Turn- und Sportvereine, die überwiegend deutschnational eingestellt waren und daher unerwünscht erschienen, dadurch aus dem Wege, daß ihre männlichen Mitglieder der SA bzw. der SA-Reserve beitraten. Im großen und ganzen aber verlief diese Gleichschaltungsaktion auf der Ebene der überkonfessionellen Vereine und Verbände ohne nennenswerte Vorkommnisse. Anders verhielt es sich auf dem konfessionellen Sektor.

4. Die Auseinandersetzung des NS-Regimes mit den Kirchen
Versuche der ,,Gleichschaltung''

Im Zusammenhang mit der weiteren Machtbefestigung seines Regimes und ganz im Sinne seines Totalitätsanspruches versuchte Hitler auch, die christlichen Kirchen in Deutschland für seine Zwecke einzuspannen. Insgeheim dem Christentum ablehnend gegenüberstehend, obwohl selbst katholischer Christ, orientierte sich seine *,,Religiosität''* an den Opern Wagners, wie sein Ausspruch: ,,Nur im Heldengewand kann man Gott dienen'' erkennen läßt. In diesem Sinne trat er, wie in Richard Wagners ,,Parsifal'' zu erleben, für *,,Gottesdienst''*, zwar in feierlicher Form, aber ,,ohne theologisches Parteigezänk, ohne Demutstheater und Formelgeklapper'' ein. Dennoch schien er 1933 die christliche Mitarbeit an seinen Bestrebungen geradezu zu suchen. Aus propagandistischen Gründen gab er sich, besonders auch in seinen Reden in den ersten Monaten nach der Machtergreifung, betont christlich, bewunderte er doch die straffe Organisation der *katholischen* Kirche, in der er aufgewachsen war. Darüber hinaus vertrat er in seinem Parteiprogramm (Punkt 24) den ,,Standpunkt eines positiven Christentums''. Unter dem Schlagwort ,,Entkonfessionalisierung des öffentlichen Lebens'' kam es Hitler, seinem Programm entsprechend, zunächst darauf an, zwei bedeutsame Ziele zu erreichen: einerseits die Ausschaltung des politischen Katholizismus durch eine angemessene Übereinkunft mit dem Vatikan und zum anderen die Errichtung einer evangelischen Reichskirche durch Zusammenfassung der 28 evangelischen Landeskirchen in einer straffen zentralistischen Form.

Gegenüber dem Katholizismus erreichte Hitler das erste Ziel scheinbar recht bald. Das deutsche Episkopat hatte zwar aus religiösen und kirchenpolitischen Gründen bisher scharf gegen den Nationalsozialismus Stellung genommen und starke weltanschauliche und allgemeinpolitische Bedenken gegen das Maß an Radikalismus und Brutalität geäußert, mit dem diese politische Strömung ihre Ziele verfolgte. Nach der breiten ,,legalen'' Etablierung des NS-Staates 1933 bejahten die deutschen Bischöfe jedoch alsbald die von der Regierung der *,,nationalen Erhebung''* proklamierte *,,Neugestaltung des Deutschen Reiches''* und erbrachten sodann für das neue Regime eine Reihe überraschender Vertrauenskundgebungen. Am 28. März 1933 hob bereits die Fuldaer Bischofskonferenz mit matten Erklärungen jene Verbote und Warnungen auf, die den gläubigen Katholiken die Zugehörigkeit zu NS-Organisationen versagten. Als weiterhin die Konferenz der Diözesanvertreter in Berlin am 25. und 26 April 1933 unter der Leitung des Osnabrücker Bischofs Dr. Berning in positiver Stellungnahme ,,nach einem Weg des Friedens suchte'' (Kühling), war Hitler — nach weiteren Gesprächen Bischof Bernings mit Exponenten des neuen Staates (v. Papen, Rust, Göring) und auch Hitler selbst im Laufe des April — alsbald bereit, sich mit der katholischen Kirche zu arrangieren. Er beauftragte deshalb Vizekanzler v. Papen als prononcierten Vertreter des Katholizismus, in Rom mit dem Vatikan über den Abschluß eines neuen Konkordats zu verhandeln. Die römische Kurie knüpfte an den Abschluß des Vertrags mit der Hitlerregierung keine übertriebenen Hoffnungen, suchte aber der katholischen Kirche in Deutschland eine rechtliche Grundlage für die Abwehr zu erwartender Angriffe zu schaffen. Dem Vizekanzler gelang es, am 8. Juli 1933 mit dem Heiligen Stuhl entsprechende Vereinbarungen zu treffen. Das in Rom ausgehandelte Reichskonkordat wurde am 20. Juli 1933 durch v. Papen und den Apostolischen Nuntius in Deutschland, Kardinal Pacelli, den späteren Papst Pius XII., in Berlin unterzeichnet. Im Auftrage Hitlers erklärte dabei der Vizekanzler dessen Bereitschaft, nach Abschluß des Konkordats unter vergangene politische Entwicklungen einen endgültigen Strich zu ziehen und die katholische Kirche in ihrer Freiheit nicht anzutasten.

Das Konkordat regelte verpflichtend nach fest umrissenen Gesichtspunkten ein loyales Verhalten der nationalsozialistischen Staatsführung gegenüber der katholischen Kirche in Deutschland, befreite ihre Gemeindeglieder und Priester von Gewissensnot und schützte sie vor Gewaltmaßnahmen. Dafür gab die Kirche — unter Wahrung ihres Bekenntnisses — den deutschen Katholiken den Weg frei in den nationalsozialistischen Staat. Ein nachfolgender Erlaß Hitlers, der — wie Kühling schreibt — ,,in Osnabrück viel beachtet und von vielen dem Wirken des Bischofs (Dr. Berning) zugeschrieben wurde", schien die Hoffnung auf Besserung der Verhältnisse zu bestätigen. Unter Würdigung der Ergebnisse, daß durch den Abschluß des Konkordats genügend Gewähr dafür gegeben sei, daß sich die Reichsangehörigen des römisch-katholischen Bekenntnisses von jetzt ab rückhaltlos in den Dienst des nationalsozialistischen Staates stellten, bestimmte Hitler, daß alle bisherigen Maßnahmen gegen katholische Organisationen bzw. gegen deren geistliche und andere Führer, soweit diese durch den vorliegenden Vertrag anerkannt sind, sofort aufzuheben seien. Er versprach weiterhin: ,,Eine Wiederholung solcher Maßnahmen ist für die Zukunft unzulässig und wird nach Maßgabe der bestehenden Gesetze bestraft". Die katholische Bevölkerung Osnabrücks verstand es als eine Dokumentierung des guten Willens seitens des Hitler-Regimes, daß der Bischof von Osnabrück, Dr. Wilhelm Berning, offenbar in Anerkennung seiner hervorragenden Mitarbeit an den kirchenrechtlichen Grundlagen des Vertragswerkes, kurz vor dem Abschluß des Konkordats in den preußischen Staatsrat berufen wurde und somit an dessen feierlichen Eröffnung am 16. September 1933 teilnahm. In seiner Rede zum abzulegenden Treueeid gab der Bischof — im Namen aller deutschen Bischöfe — nochmals einen Beweis seines guten Glaubens an die Rechtlichkeit der neuen deutschen Staatsführung.

Da Hitler somit in dem Konkordat der katholischen Kirche weitergehende Zugeständnisse machte, als sie sie je von einer demokratischen deutschen Regierung hätte erlangen können, glaubte der Vatikan irrtümlich, das NS-Regime werde sich nunmehr fest an die Bestimmungen dieses völkerrechtlichen Vertrages halten. Das im Konkordat hergestellte Einvernehmen bewog u. a. auch den Osnabrücker Bischof, weiterhin mit viel gutem Willen um einen Ausgleich bemüht zu sein. ,,Nach zeitgenössischem Urteil sehr autoritär veranlagt, stark im National-Volkhaften wurzelnd und sichtlich durch die Erinnerung an die Monarchie geprägt, hatte ihn die Dauerkrise Weimars zu sehr getroffen, als daß er nicht von kraftvoll ordnender staatlicher Autorität eine Besserung der Lage erhofft hätte." (U. von Hehl in seiner Schrift ,,Bischof Berning und das Bistum Osnabrück im Dritten Reich", Osnabrück 1981). Das Konkordat untersagte zwar auch Geistlichen und Ordensleuten die Mitgliedschaft in politischen Gruppierungen, lähmte jedoch gleichzeitig antinationalsozialistische Katholiken, aus passiver oder partieller Gegnerschaft zu aktivem Widerstand überzugehen. So lag der unmittelbare Gewinn auf Hitlers

Seite, der von vornherein wohl entschlossen war, sich durch den Vertrag nicht endgültig binden zu lassen: Der Abschluß des Konkordats als Vertrag zwischen dem Reich und der Kurie stellte ihn vor der Welt als verhandlungswürdig hin und befestigte so sein Ansehen gegenüber den deutschen Katholiken und dem Ausland. Sein Einfluß auf weitere kirchliche Kreise in Deutschland und im Ausland wurde dadurch erheblich gestärkt.

Auch erhoffte man sich von der so vermeintlich gewonnenen Loyalität auf katholischer Seite eine positive Auswirkung auf die sog. *„Reichstagswahl"* am 12. November 1933, mit der gleichzeitig eine Volksabstimmung verbunden war. Um ein besonders glänzendes Resultat zu erreichen, wünschte sich die Parteiführung vom Episkopat eine aufmunternde Kundgebung zur Wahl. Doch der konnte sich auch der Osnabrücker Bischof nicht ohne Vorbehalt unterziehen. Die Wahl verlief daher in der Stadt Osnabrück für die neuen Machthaber nicht voll zufriedenstellend. Immerhin ergaben sich bei der Volksabstimmung — Wahlbeteiligung 96,44 % — 9995 Nein- bzw. ungültige Stimmen; bei der Reichstagswahl — Wahlbeteiligung 94,48 % — waren es 7917 entsprechende Gegenstimmen. Das bedeutete bei der Volksabstimmung eine Verweigerung des Ja bei 14,9 % der Wahlbeteiligten, bei der Reichstagswahl von etwa 12,5 % der Stimmabgeber.

Dieses wenig befriedigende Ergebnis des gesamten Wahlvorgangs, das sich auch im Reichsdurchschnitt widerspiegelte, ließ die freundliche Konkordatsstimmung gegenüber der katholischen Bevölkerung schnell verfliegen. Nach dem Motto: Wer die Jugend hat, der hat die Zukunft! — ging es Hitler nun darum, die katholische Jugend und ihre Verbände so schnell wie möglich zu erfassen, d. h. entweder ihre Verbände aufzulösen oder sie so weitgehend wie möglich in die Hitler-Jugend einzugliedern. Während Reichsjugendführer Baldur von Schirach überall die Zerschlagung der katholischen Jugendorganisationen forderte, bemühten sich — wie auch in Osnabrück — örtliche H.J.-Stellen mit Appellen wie „Der letzte Appell der Hitler-Jugend: Durchbrecht die konfessionellen Schranken! — Alles in die Jugend Adolf Hitlers!" — darum, die katholische Jugend unmittelbar in ihre Reihen aufzunehmen. Hierdurch kam es vermehrt auch zu geschlossenen Übertritten von Jugendgruppen zur Hitler-Jugend. Um dieser Entwicklung weiteren Nachdruck zu verleihen, verbot der damalige Regierungspräsident in Osnabrück in seiner Verfügung vom 12. April 1934 den katholischen Jugendverbänden „jedes Auftreten in der Öffentlichkeit, jedes Tragen von Bundestracht oder Abzeichen, das Mitführen von Wimpeln oder Fahnen, das Vertreiben von Druckschriften und schließlich auch jede sportliche oder volkssportliche Betätigung" (Kühling). Der Bund katholischer Schüler an höheren Lehranstalten *„Neudeutschland"* (Gau Wittekind) wurde schließlich — regional im Osnabrücker Bereich — durch die Geheime Staatspolizei aufgelöst. Daß sich die kirchlichen Oberhirten nicht mit dieser Entwicklung abfinden konnten, bekundeten die Hirtenbriefe des Erzbischofs von München, Kardinal Faulhaber, des Erzbischofs von Köln, Kardinal Schulte, sowie anderer Bischöfe, nicht zuletzt des „Löwen von Münster", Bischof Clemens August, Graf von Galen, die in Osnabrück von Hand zu Hand gingen. Das bis dahin scheinbar noch ungebrochene Vertrauen des Osnabrücker Bischofs zu den Versprechungen Hitlers geriet jedoch nach solch überzeugenden Kundgebungen wie der Karfreitagspredigt des Bischofs von Berlin, Graf von Preysing, und der Osterbotschaft 1934 des Bischofs von Galen, Münster, sichtlich ins Wanken, was alsbald in der Ansprache Bischof Bernings vor der Hamburger katholischen Jugend sichtlich zutage trat. Diese bittere Enttäuschung bewog den Osnabrücker Bischof in der Folgezeit auch, sich in zahlreichen Fällen entscheidend für die Rettung von Angehörigen der jüdischen Bevölkerung, insbesondere auch in Osnabrück, sowie weiterer politisch Verfolgter vor der Gewalt des Naziregimes einzusetzen.

Ein vorübergehendes Abflauen erfuhr die Spannung zwischen katholischer Kirche und Hitler-Staat — nach der mörderischen *„Niederschlagung"* des sog. Röhmputsches am 30. Juni 1934 — im Hinblick auf die neuerliche Volksbefragung am 19. August 1934, die Vereinigung des Amtes des Reichspräsidenten (Hindenburg war inzwischen am 2. August 1934 verstorben) mit dem des Reichskanzlers betreffend. Trotz überwältigender Propaganda erbrachte die Abstimmung am 19. August in der Stadt Osnabrück ein Gegenvotum (Nein- und ungültige Stimmen) von 18,4 % der Wahlbeteiligten, an dem die Katholiken Osnabrücks sicherlich stark beteiligt waren. Im Reichsdurchschnitt gab es über 10 % Nein-Stimmen. Auch das positive Mitwirken der deutschen Bischöfe bei der erfolgreichen Saarabstimmung (Januar 1935) konnte nicht verhindern, daß die Gegensätze sich alsbald durch eine scharfe Propagandakampagne der NS-Führung über angebliche Devisenvergehen und sonstige Verfehlungen im kirchlichen Bereich weiter vertieften.

Als 1936/37 zahlreiche Prozesse gegen katholische Geistliche und Ordensleute wegen solcher Vergehen und angeblicher sittlicher Verfehlungen begannen, brandmarkte Papst Pius XI. in seiner Enzyklika „Mit brennender Sorge" vom 14. März 1937 das immer deutlicher werdende kirchenfeindliche Verhalten des NS-Regimes. In seiner Enzyklika wies der Papst zahlreiche Verletzungen des Konkordats nach. Des weiteren verurteilte er scharf die Vergötterung von Rasse, Volk und Staat als unchristlich und forderte die deutsche Jugend auf, über der Treue zum Vaterland nicht Gott und seiner Kirche untreu zu werden. Um so ärger behinderten Hitler und die NSDAP nunmehr die katholische Kirche auf allen ihr vertraglich überlassenen Tätigkeitsbereichen. So kam es schließlich zum *offenen Kampf* zwischen beiden Seiten. Auf diese Kampfansage antwortete das NS-Regime mit haßerfüllter Verleumdung und Verfolgung. Das katholische Schul- und Ordenswesen wurde eingeschränkt, so auch die katholische Bekenntnisschule in Osnabrück bis 1939 endgültig beseitigt — was sich jedoch nur vorübergehend auswirkte, da sie nach Ende des Zweiten Weltkrieges 1945 wieder erstehen konnte. Klöster, Klosterschulen und theologische Hochschulen wurden in großer Zahl geschlossen. Auch in Osnabrück wurden die Frauenklöster offiziell geschlossen, ihre Insassen einer anderen, zumeist wehrwirtschaftlichen Verwendung zugeführt. So wurde das Ursulinenkloster St. Angela in Haste 1941 Militärlazarett und die dort verbleibenden Ordensschwestern als Pflegerinnen eingesetzt. Die Klosterschulen der Ursulinen (private Oberschulen für Mädchen, teils auch Frauenoberschule) wurden aufgelöst. Im Gebäude der Ursulinenschule an der Kleinen Domsfreiheit wurde 1940 die 2. Oberschule für Mädchen der Stadt Osnabrück eingerichtet. Beide Mädchenoberschulen der Ursulinen konnten nach 1945 ihre Tätigkeit wieder aufnehmen. Die katholische Studentenbewegung wurde schikaniert und schließlich verboten, desgleichen auch die Arbeiterbewegung (KAB). Die Prozesse gegen die Geistlichen wurden immer mehr zu Schauprozessen mit dem Ziel, das Ansehen der Kirche herabzusetzen. Hunderte von Geistlichen und engagierten Laien kamen in die Konzentrationslager. Im Bistum Osnabrück wurde bis 1945 70 Priestern und 57 Laien wegen kirchlicher Aktivitäten der Prozeß gemacht. Erst als Hitler den Zweiten Weltkrieg entfesselt hatte, mäßigte sich der Kampf. Dennoch wurden noch während des Krieges sieben Geistliche des Bistums entweder hingerichtet oder Opfer ihrer qualvollen KZ-Haft. Vier weitere Priester überlebten die schweren Leiden der Verfolgung. „Bezeichnend für die dennoch ungebrochene Haltung der katholischen Bevölkerung in Osnabrück ist etwa, daß der „Kirchenbote" seine Auflage von 10000 (1933) auf 60000 im Verbotsjahr 1941 steigern konnte" (U. von Hehl). Auch der Besuch des Gottesdienstes blieb bemerkenswert hoch.

4. Die Auseinandersetzung des NS-Regimes mit den Kirchen

Um der inneren Geschlossenheit der Nation willen wurde im weiteren Verlauf des Krieges schließlich die antichristliche Kampagne abgebaut. An dem Fernziel wurde aber unverrückbar festgehalten: der gänzlichen Ausrottung des Christentums in Deutschland! Sagte doch Hitlers Gehilfe Bormann noch 1942: ,,Nationalsozialismus und christliche Auffassungen sind unvereinbar'', oder Hitler selbst: ,,Man ist entweder Christ oder Deutscher!'' Das Reichskirchenministerium (gegründet 1935, bis 1941 unter Kerrl) bemühte sich vergebens, die schlimmsten Auswüchse des Kirchenkampfes zu verhindern; immerhin gelang es, die Grundlagen des staatskirchenrechtlichen Systems (Staatsleistungen, Kirchensteuer) bis zum Kriegsende aufrechtzuerhalten.

Anders als die katholische Kirche mit ihrem klar umrissenen Dogma und ihrer festgefügten Organisation bestand die *evangelische* Kirche infolge der vom landesherrlichen Territorialismus überkommenen Zersplitterung des deutschen Protestantismus aus 28 Landeskirchen. Sie besaßen die volle Selbständigkeit *,,in Bekenntnis, Verfassung und Verwaltung''* und waren nur in einer Dachorganisation, der Deutschen Evangelischen Kirche (DEK), zusammengefaßt. Seit langem war sie von inneren Auseinandersetzungen ergriffen, an die — nach 1933 — der Kampf der Nationalsozialisten gegen die evangelische Kirche anknüpfen konnte. Auf der anderen Seite bestand die Hoffnung, nach der Machtergreifung Hitlers die vorliegende Zersplitterung durch *,,Führerprinzip''* in einer alle Landeskirchen umfassenden *,,Reichskirche''* zu überwinden. Besonders aufgeschlossen einer derartigen Entwicklung gegenüber stand die 1932 gegründete *,,Glaubensbewegung Deutsche Christen''*, der vor allem nationalsozialistisch gesinnte Pfarrer angehörten. 1933 schlossen sich etwa 3000 der insgesamt 17000 protestantischen Pfarrer dieser von dem nationalsozialistischen Pfarrer Hossenfelder in Berlin ins Leben gerufenen Bewegung eines *,,positiven''* Christentums an. Als Minderheit suchte sie völkisch-rassische Ideen in die Kirche einzuführen, bekannte sich zu einer *,,arteigenen''* Ausübung des Christentums und verlangte den Kampf gegen Marxismus und Judentum, Weltbürgertum und Freimaurerei.

Als Hitler zur Macht gekommen war, faßten die Deutschen Christen den Plan, auch die Kirche gleichzuschalten und von den *,,alten reaktionären Kirchenbehörden''* zu befreien: Erst die ,,innere Gleichschaltung von Staat und Kirche'' bringe die ,,unerhörte Kraftsteigerung'' hervor, das Kirchenbekenntnis mit dem Staatsbekenntnis zu vereinigen; die ,,Nationale Erhebung'' werde nur von Dauer sein, ,,wenn sie in den tiefstinnerlichen Kräften unseres Christentums wurzelt''. Als diese Gedanken auch breitere Kreise des Kirchenvolkes erfaßte, wurden weite Teile der evangelischen Kirche zunächst von einer starken inneren Bewegung ergriffen, die die Parteiführung für ihre Zwecke einzufangen versuchte. Nunmehr waren im Frühjahr und Sommer 1933 auch in Osnabrück evangelische Feldgottesdienste, Gottesdienstbesuche von geschlossenen Abteilungen von Gliederungen der NSDAP, kirchliche Trauungen in Parteiuniform usw. an der Tagesordnung. Man erkannte aber, daß Hitlers kirchenpolitisches Programm, sein Eintreten für ein *,,positives Christentum''*, nur Taktik war und daß dahinter keine religiöse Überzeugung stand. Dennoch erbrachte sein Eingreifen in die Kirchenwahlen am 23. Juli 1933 zugunsten der Deutschen Christen — die Mitglieder der NSDAP wurden parteiamtlich aufgefordert, entsprechend zu wählen — für die *,,Glaubensbewegung''* zunächst durchschnittliche Mehrheiten von 70 %. Mit sog. *,,Einheitslisten''* — wie auch in Osnabrück — wurde eine fast völlige Umgestaltung der bisherigen Kirchenvorstände erreicht.

So gelang den Deutschen Christen in den Sommermonaten des Jahres 1933 eine Art kirchlicher Machtergreifung, die die Beherrschung der kirchlichen Körperschaften, das Einrücken in die Kirchenbürokratie und die Übernahme zahlreicher Führungsämter ermöglichte. Auf der Nationalsynode in Wittenberg am 27. September 1933 wählte nun die Mehrheit der Deutschen Christen einen von Hitler zum Vertrauensmann berufenen Geistlichen, den Königsberger Wehrkreispfarrer Ludwig Müller, zum Reichsbischof. Eine Wahlinitiative der Gegenseite durch den *„Pfarrernotbund"* und die sich ausformende Bekennende Kirche konnte sich bis dahin nicht entfalten, zumal bisher die Massen des Kirchenvolkes und viele Pfarrer, theologisch Konservative, vor allem pietistischer Herkunft, der *„Glaubensbewegung"* zugeströmt waren. Als jedoch Vertreter der radikalen Richtung der Deutschen Christen mit der Forderung nach dem Arierparagraphen für Kirche und Pfarrerschaft die Rassenfrage anschnitten und schließlich sogar für die Abschaffung des Alten Testamentes eintraten, kam, wie Kühling bemerkt, „in der Stadt Osnabrück die Glaubensbewegung Deutsche Christen in die Verteidigungsposition". Bald darauf trennten sich die meisten in dieser Richtung bisher führenden evangelischen Theologen in Osnabrück und Umgebung in einer scharfen öffentlichen Erklärung von der deutschchristlichen Bewegung und bildeten gemeinsam mit Vertretern der Bekennenden Kirche den *„Osnabrücker Kreis"*. In dieser Gruppe Osnabrücker Pastoren, die damit auch entschieden gegen den Nationalsozialismus Stellung bezog und daher von der Gestapo lange bespitzelt wurde, war Pastor *Karwehl* in führender Weise tätig. Als sich diese Entwicklung ausweitete, stellte der Reichsbischof daraufhin zur Beschwichtigung der kirchlichen Opposition im In- und Ausland derartige Forderungen zunächst einmal zurück. Dennoch gerieten die Deutschen Christen alsbald in einen solchen Gegensatz zu den überkommenen Grundlagen des evangelischen Christentums, daß sich die bisher zersplitterten Widerstandskräfte unter Führung des von dem Dahlemer Pfarrer Martin Niemöller gegründeten „Pfarrernotbundes" immer enger, mitgetragen auch von bekenntnistreuen Laien, zur Bekennenden Kirche zusammenschlossen. In der Verteidigung des evangelischen Bekenntnisses gegen Politisierung, Zwang und Antisemitismus wurde sie nun zum unerbittlichen Gegner des deutschchristlichen Kirchenregimes. Sie sagte jeder Verfälschung des Evangeliums den Kampf an, proklamierte das kirchliche Notrecht, bildete gegen den Reichsbischof eine förmliche Gegenregierung. Sie richtete sogar für die jungen Theologen eigene Predigerseminare und Prüfungsämter ein.

Da Hitler hieraus erkennen mußte, daß die Eroberung der evangelischen Kirche von innen her nicht mehr möglich war, erstrebte er im Sinne der Parteidisziplin von nun an wieder die ursprüngliche eigene Linie in religiösen Fragen. So verfügte der Stellvertreter Hitlers, Rudolf Heß, angesichts dieser Entwicklung am 13. Oktober 1933 die *„Neutralität der NSDAP in konfessionellen Dingen"*. Da hiernach die Deutschen Christen parteiamtlich nicht mehr länger für staatspolitisch nützlich gehalten wurden, fielen damit die Opportunitätsmotive fort, die anfänglich viele zu Anhängern dieser Bewegung gemacht hatten. Der *„Glaubensbewegung"* drohte nunmehr der Zerfall, der Plan einer gleichgeschalteten *„Nationalkirche"* trat immer stärker in den Hintergrund. Der radikale Flügel der Deutschen Christen brachte seine Unzufriedenheit mit dieser Entwicklung unumwunden zum Ausdruck. Um die Abwanderung vieler bisheriger Anhänger zu den nunmehr immer stärker in den Vordergrund tretenden antichristlichen sog. *„deutschgläubigen"* Gruppierungen abzufangen und der Bewegung die ursprüngliche Dynamik zurückzugeben, wurde eine große Sportpalastkundgebung am 13. November 1933 in Berlin anberaumt, und zwar unter dem Motto: „Ein Volk — ein Reich — ein Glaube!" Hierbei gebärdete man sich in der theologischen Grundhaltung so extrem — neben Abschaffung des Alten Testaments auch *„Säuberung"* des Neuen Testamens —, daß Hitler die Bewegung, die auf diese Weise das *„artgemäße Christentum"* erzwingen wollte, um der religiösen Grundhaltung des Volkes willen fallen lassen mußte. Dadurch verlor die deutschchristliche Bewegung weiterhin rasch an Boden. Als noch dazu das staatliche Bemühen, mit Hilfe einer Oberen Kirchenbehörde (später Reichskirchenministerium) den Kirchenstreit innerhalb dieser Kirche von „oben" beizulegen, scheiterte, begann nun die äußere Verfolgung der Bekennenden Kirche durch den staatlichen Machtapparat. Bevor es auch in Osnabrück zu ernsteren Schritten kam, besuchte Reichsbischof Müller am 16. März 1935 die Stadt und hielt in der Katharinenkirche, deren Pastoren Bell und Schmelzkopf ihn noch unterstützten, eine Predigt. Sie war, wie Kühling bemerkt, „milde und fast unpolitisch. Vielleicht war ihm schon die Erkenntnis gekommen, daß sein Auftrag scheitern müsse und daß er sich einem System verschrieben habe, das mit dem Christentum im Grunde nichts zu tun haben wollte und dessen Methodik so unchristlich wir nur möglich war." Noch im gleichen Jahr trat er zurück, wohl im Zusammenhang mit der ersten Verhaftungswelle gegen evangelische Pfarrer, für die er nicht die Verantwortung übernehmen wollte. „Er verschwand mit seinem Rücktritt in der Versenkung der unbrauchbar Gewordenen, um schließlich einen tragischen Ausgang durch Freitod zu nehmen" (Kühling).

Im Zuge weiterer Gegenmaßnahmen des NS-Staates kam es auch im kirchlichen Bereich zur Unterdrückung der freien Meinungsäußerung, zur polizeilichen Überwachung von Gottesdiensten, Entziehung des Kirchengeldes, zu einer massiven Kirchenaustrittspropaganda und zunehmenden Verhaftung von Geistlichen. So wurde Pastor Grußendorf in Eversburg für mehrere Tage gefangengesetzt, sodann aber gegen Stellung einer Kaution wieder entlassen. Die Pastoren Bodensiek und Saalbach wurden mehrfach verhört, Pastor Herrich von der Lutherkirche wurde — nach Verhören — wiederholt von der Gestapo verwarnt und schließlich mit einer hohen Geldbuße belegt. Schweren Verfolgungen wurde auch Pastor Lic. Leo, der einer Mischehe entstammte und als Nichtarier galt, ausgesetzt. Nach Verlust seines staatlichen Angestelltenverhältnisses 1934 als Seelsorger im Gefängnis, in der Heil- und Pflegeanstalt und in der Prov. Hebammenlehranstalt konnte er zunächst noch einige Jahre als Hilfspfarrer an der Marienkirche wirken, mußte sodann aber auf Druck der Partei- und Staatsstellen 1938 vorzeitig in den Ruhestand treten. Im Zuge der Gewaltakte der NSDAP nach der „Reichskristallnacht" im November d. Js. wurde er in das Konzentrationslager Buchenwald überführt. „Der Einsatz seiner Osnabrücker Amtsbrüder erreichte schließlich seine Entlassung aus dem KZ, konnte aber die unter Zwang erfolgende Emigration nicht verhindern" (Kühling). Der Terror ging so weit, daß es in einer Kirche im Süden Osnabrücks zu Polizeiübergriffen während des Gottesdienstes kam. Pastoren wurden unter Überwachung gestellt, sogar für einige Zeit in Untersuchungshaft genommen. Einer der Gründe war, daß man einem Juden seine Teilnahme ausgedrückt hatte. Ziel all dieser Gewaltmaßnahmen war es, die Bekennende Kirche zu lähmen und zu zerschlagen. Diese beschränkte sich infolgedessen nicht mehr auf die Abwehr der neuheidnischen Angriffe. In einer für Hitler bestimmten Denkschrift vom Mai 1936 protestierte sie nicht nur gegen die Verfolgung des Christentums, sondern auch gegen den politischen Antisemitismus, gegen die Zerstörung des Rechtsstaates durch KZ und Gestapo, gegen die Knebelung der Presse und der Meinungsfreiheit. Den Höhepunkt des Kirchenkampfes brachte das Jahr 1937. Die Zahl der Kirchenaustritte stieg auf über 320000. Die Hitler-Regierung schloß die Hochschulen der Bekennenden Kirche und verhaftete zahlreiche Geistliche, darunter auch Pfarrer Martin Niemöller. Er wurde, wie mancher seiner Amtsbrüder aus der Bekennenden Kirche, vor Gericht gestellt und anschließend in ein KZ verbracht, das er bis 1945 nicht wieder verlassen sollte.

Während des Zweiten Weltkrieges, als Hitler um der inneren Geschlossenheit der Nation willen die antichristliche Kampagne weitgehend abbaute (s. o.), nahm der evangelische Kirchenkampf mehr die Form innergemeindlicher Auseinandersetzungen an. Insgesamt bedeutete er für die evangelische Kirche die ernsteste Gefährdung seit ihrer Entstehung; er führte aber auch zu einer grundlegenden theologisch-kirchenrechtlichen Neubesinnung. Diese wurde vor allem durch zahlreiche Persönlichkeiten des Widerstandes getragen, die trotz der Pressionen durch antikirchliche Maßnahmen ihrer theologischen Grundauffassung die Treue hielten.

5. Kommunales Geschehen in Osnabrück (1933—1939)

Noch außerhalb des Einflusses der NSDAP vollzogen sich im Jahre 1933 in Osnabrück mehrere bedeutsame Ereignisse, die die Bürger der Stadt zutiefst beeindruckten. Da war zunächst der plötzliche und unerwartete Tod des Oberbürgermeisters a. D. *Dr. Julius Rißmüller* am 1. Juli 1933. Er verstarb im 70. Lebensjahr während eines Erholungsaufenthalts in Hahnenklee (im Oberharz) infolge eines Herzschlags. Seit 1898, zunächst als Stadtsyndikus im Dienste der Stadt Osnabrück, wurde er 1901 — an Stelle des verstorbenen Oberbürgermeister *Westerkamp* — zum Bürgermeister gewählt. Im Jahre 1904 erhielt Dr. Rißmüller den Titel Oberbürgermeister. Bis zum 1. Juli 1927, dem Tage seines Übertritts in den Ruhestand, leitete er die Geschicke der Stadt Osnabrück.

Osnabrück — Neumarkt, Große Straße

5. Kommunales Geschehen in Osnabrück (1933—1939)

In seine dreißigjährige Amtszeit fiel nach der Jahrhundertwende der rasche Aufstieg Osnabrücks von einer mittleren Stadt mit rund 45000 Einwohnern zum maßgebenden Wirtschafts- und Kulturzentrum Westhannovers mit rund 90000 Einwohnern im Jahre 1927. Weit vorausschauend, hatte Rißmüller durch ungewöhnliche Maßnahmen und eine planvolle Ausgestaltung des urbanen Charakters der aufstrebenden Stadt unter tiefgreifender Verbesserung ihrer Infrastruktur die notwendigen kommunalen Voraussetzungen zur erfolgreichen Bewältigung dieser beachtlichen Verdoppelung der Einwohnerzahl geschaffen. Im technisch-wirtschaftlichen Bereich (Elektrizitätswerk, Straßenbahn, Stichkanal, Stadthafen, Viehhallen, Siedlungswesen) sowie im kulturellen Sektor (Bücher- und Lesehalle, Neubau des Stadttheaters) hat er bedeutende Akzente gesetzt. Vor allem im Schulwesen hat er mit dessen großartigem Ausbau (Neubau des Ratsgymnasiums, Erweiterungsbau des Städt. Mädchengymnasiums, Bau der Realschulen an der Hakenstraße, am Herrenteichswall und der Backhausrealschule, Errichtung mehrerer Volksschulen u. a. m.) Osnabrück den Charakter einer weithin anerkannten ,,*Stadt der Schulen*" verliehen. Für seine hervorragenden Verdienste um Osnabrück wurde ihm 1927 die höchste Ehrung der Stadt zuteil, die Verleihung des Ehrenbürgerbriefes. In dessen textlicher Fassung heißt es zum Schluß: ,,Ein widerspruchsloses Anerkenntnis stellt ihn neben seine großen Vorgänger Stüve und Miquel. Wer die Geschichte unserer Vaterstadt kennt, kennt diese Namen, wer Julius Rißmüller in seiner Wirksamkeit gekannt hat, weiß, daß ihm diese Nachbarschaft gebührt." Der am Natruper Tor gelegene Platz wurde ihm zu Ehren in ,,Rißmüllerplatz" umbenannt.

Wenige Wochen nach dem Ableben Rißmüllers schied ein Mann aus dem Musikschaffen Osnabrücks, dessen hervorragendes Wirken bis heute unvergessen geblieben ist: Städt. Musikdirektor *Otto Volkmann*. 1924 unter der Ägide des gerade verstorbenen früheren Oberbürgermeisters als erster von der Stadt angestellter Musikdirektor nach Osnabrück berufen, ging er jetzt nach Ablauf des August 1933 als Generalmusikdirektor nach Duisburg-Hamborn, um das dortige Musikleben zu leiten. Nach dem Zweiten Weltkriege wurde er als Generalmusikdirektor in Bonn der maßgebende Faktor für die Gestaltung der Musikkultur in der Bundeshauptstadt. Mit ihm verließ Osnabrück ein feinsinniger Musiker, dessen Selbstsicherheit und vornehme Art allen Osnabrückern, die ihm näher begegnet sind, in bester Erinnerung bleiben. Während seiner neunjährigen Tätigkeit in den verschiedenen Bereichen des Osnabrücker Musiklebens hat er sich um dessen Förderung sehr verdient gemacht. Volkmann, der als Dirigent des Städt. Orchesters die großen Symphoniekonzerte leitete und den Aufbau des Städt. Konservatoriums zielstrebig fortsetzte, war daneben noch langjähriger Leiter des Musikvereins sowie auch des Lehrer-Gesangvereins und der Neuen Liedertafel, aber auch vorzüglicher Organist in St. Marien. Mit dieser rastlosen, leidenschaftlich der Musik verschriebenen Tätigkeit hat er dem Osnabrücker Musikleben weithin ein hohes Ansehen geschaffen, dessen damaliger Glanz für immer mit seinem Namen verbunden bleiben wird. Besonders auch den Osnabrücker Lehrer-Gesangverein mit dem kongenialen Karl Luhmann an der Spitze erzog er zu bester musikalischer Kultur. Durch diesen suggestiv führenden Dirigenten reifte dieser Chor zu einem allgemein anerkannten Klangorganismus von hohen Graden. Volkmanns Weggang von Osnabrück bedeutete — besonders in der nunmehr anbrechenden Zeit — einen schweren Verlust für das Kulturleben der Stadt. Sein Nachfolger in der Leitung des Städt. Konservatoriums und weiterer Bereiche des Musiklebens wurde der Führer der SA-Standarten-Kapelle 78 Dr. Maxton.

Das Jahr 1933 brachte für das öffentliche Leben in Osnabrück noch einmal einen jähen Einschnitt. Der hier beheimatete Flieger *Reinhold Tiling*, ehemaliger Kriegsflieger, späterer Kunst- und Verkehrsflieger, der in den letzten zwanziger Jahren den Flugbetrieb auf dem Flugplatz Netter Heide stark gefördert hatte, wurde am 10. Oktober 1933 tragisches Opfer seiner schon seit 1930 intensiv vorangetriebenen Raketenforschung. Es ging ihm letztlich um die Konstruktion eines leistungsfähigen Flugkörpers, dessen Auftriebsschub durch den Rückstoß von Feststoffraketen mit pulverförmigen Treibstoff bewirkt werden sollte. Für diese Forschungsarbeiten, deren Fortschritt durch erfolgreiche Raktenstarts im weiten Moor- und Bruchgelände in der Nähe des Dümmersees gekennzeichnet war, stand Reinhold Tiling und seinen Mitarbeitern ein Laboratorium zur Verfügung, das auf dem Gute Arenshorst des Freiherrn von Ledebur eingerichtet werden konnte. Hier ereignete sich an dem besagten 10. Oktober bei der Ladung neuer Raketensätze aus bisher noch nicht voll aufgeklärter Ursache eine starke Explosion, die Tiling und seinen beiden Mitarbeitern, der Laborantin Angela Buddenböhmer und dem Monteur Kuhr, schwerste Verbrennungen zufügte und zugleich das Laboratorium völlig zerstörte. Die drei Raketenforscher, die sofort in das Stadtkrankenhaus Osnabrück überführt wurden, erlagen hier alsbald ihren schweren Verletzungen. Nach einer erhebenden Trauerfeier in der Flugzeughalle des Flugplatzes Netter Heide, die unter starker Anteilnahme weiter Kreise der Öffentlichkeit stattfand, wurden die drei toten Pioniere des Raketenfluges auf den Friedhöfen ihrer Heimat bestattet. Ihre Versuchsergebnisse und niedergelegten Erfahrungen dürften wesentlich zur Weiterentwicklung der deutschen Raketentechnik beigetragen haben.

In den Jahren 1934 und 1935 mußte Osnabrück noch das Ableben zweier für die kulturelle Entwicklung der Stadt bedeutsamer Persönlichkeiten betrauern. Am 30. Mai 1934 verschied der frühere langjährige Theaterintendant *Carl Ulrichs*, der 1909 die Leitung des neuerrichteten Stadttheaters am Domhof übernahm und es 16 Jahre lang erfolgreich führte. Sein Wirken in und für Osnabrück blieb unvergessen. Das *„Osnabrücker Tageblatt"* schrieb hierzu unter dem 1. 6. 1934: „Ulrichs war ein gewiegter Theaterfachmann, der, künstlerisch und organisatorisch gleich begabt, die Osnabrücker Bühne 16 Jahre lang mit großem Geschick führte. In den glücklichen Jahren vor dem Kriege, während des Krieges und der schweren Nachkriegszeit hat er es verstanden, dem Osnabrücker Theater Namen und Ruf zu verschaffen." Als am 1. Oktober 1933 diesem Theater in Anerkennung seiner Bedeutung als Grenzlandtheater den Niederlanden gegenüber von der Reichskulturkammer der Titel „Deutsches Nationaltheater Osnabrück" verliehen wurde, hat sicherlich das von Carl Ulrichs erarbeitete hohe Niveau, um dessen Erhalt sich nunmehr der neue Intendant Dr. Storz — eingesetzter Nachfolger des nach England emigrierten bisherigen Intendanten Dr. Berend — bemühte, wohl noch eine Rolle gespielt. — Kurz vor Vollendung seines 90. Lebensjahres verstarb am 3. Januar 1935 der Seminar-Oberlehrer a. D. *Dr. h. c. Ludwig Hoffmeyer*, der „Stadtschreiber von Osnabrück", dem die Stadt neben vielen weiteren — größeren und kleineren — Arbeiten aus dem Bereiche der Stadtgeschichte, aber auch des Kirchen- und Schulwesens der Heimat, vor allem als umfangreiches und bereits mehrfach wiederaufgelegtes Werk die „Chronik der Stadt Osnabrück", erstmals erschienen 1918, zu verdanken hat. Wohl selten hat ein jahrzehntelanges Forschen und Schürfen im Mutterboden der Osnabrücker Heimatgeschichte einen — auch in den vielen Details — so reichen Ertrag gebracht wie die geistige Lebensarbeit Ludwig Hoffmeyers. Zur Erinnerung an sein großes Schaffen für Osnabrück erhielt bald nach seinem Tode der — nicht fern von seiner Wohnung in der Rehmstraße gelegene — Anlagenplatz im Schnittpunkt der Rehmstraße mit der Parkstraße den Namen „Hoffmeyerplatz". Nach seiner Umbenennung erhielt nunmehr auch dieser Platz ein würdiges Aussehen.

Weit mehr noch trug zur Verschönerung des Stadtbildes bei, daß alsbald auch das Gelände zwischen Heinrich-, Schloß-, Laischaftsstraße und Schloßwall nach Entfernung

5. Kommunales Geschehen in Osnabrück (1933—1939)

Das Stüvedenkmal stand von 1935 bis zur Demontierung im Zweiten Weltkrieg auf dem Kaiserwall, dem heutigen Hasetorwall

der ungepflegten Pachtländereien die Möglichkeit zur Schaffung einer schmucken Parkanlage gab, die nunmehr den Namen ,,Platz des 20. Juli" trägt. Ein bisher als sehr unschön empfundener dunkler Punkt, ein Rest der *,,Wüste"* innerhalb des bebauten Stadtbereiches, wurde dadurch beseitigt. Die gleiche Entwicklung nahm das bisher recht lieblos behandelte Gelände vor dem Hauptbahnhof, wo nunmehr seitens der Stadt durch Schaffung gepflegter Anlagen mit einer Promenade an der Hase dem neuankommenden Reisenden eine saubere Visitenkarte ,,ohne zu erröten", überreicht werden konnte. Weitere derartige Schmuckanlagen, u. a. am Beginn des Lieneschweges (Saarplatz) und am damaligen Augustenburger Platz (heute: Gustav-Heinemann-Platz), erfüllten nun seit Jahren von der Öffentlichkeit geäußerte Wünsche. Es hieß, daß Oberbürgermeister Dr. Gaertner der Arbeit der Stadtgärtnerei und damit auch dieser verschönernden Gestaltung des äußeren Stadtbildes seine besondere Aufmerksamkeit widmete. Wem kommt da nicht der Gedanke: ,,Nomen est omen"? Schwerpunkt seines Wirkens blieb jedoch in enger Zusammenarbeit mit der Stadtvertretung die Durchführung einer sorgfältigen, gesunden Finanzpolitik. Diese Zusammenarbeit gewann jedoch unter dem NS-Regime durch das neue Gemeindeverfassungsgesetz vom 15. 12. 1933 im Rahmen des hier angewandten ,,Führerprinzips" bisher ungeahnte Züge.

Als Oberbürgermeister Dr. Gaertner am 21. Dezember 1934, also fast genau ein Jahr nach Eintreten der neuen gesetzlichen Grundlage für das Wirken der nunmehrigen Stadtvertretung, die nicht mehr demokratisch gewählten, sondern vom Regierungspräsidenten am 30. November 1934 auf 12 Jahre berufenen fünf ehrenamtlichen Beigeordneten und zwanzig Gemeinderäte (Ratsherren) nach dem Einmarsch der Fahnen unter den Klängen des Badenweiler Marsches im Friedenssaal des Rathauses verpflichtete und in ihr Amt einführte, trug er zum ersten Male in seiner Amtszeit die Goldene Amtskette. Und die feierlich Vereidigten trugen sich in das Goldene Buch der Stadt ein. In seiner Ansprache vor den zumeist Uniformierten wies der Oberbürgermeister schwerpunktmäßig auf die Bedeutung des Arbeitsbeschaffungsprogramms der Reichsregierung hin, das vielen bisher Erwerbslosen schon wieder Arbeit und Verdienst gebracht habe. Obwohl es sich nur im Rahmen der bisher verfügbaren Möglichkeiten entfalten konnte, habe es doch bereits im Stadtbild auf Schritt und Tritt sichtbare Fortschritte im Straßen- und Kanalbau, bei Anlagen (s.o.) und Siedlungen gebracht. Nach der letzten Volkszählung (16. 6. 1933) zählte Osnabrück zu dieser Zeit — bei einer Einwohnergesamtzahl von 93 644 — immerhin noch 8030 Arbeitslose —, davon männlich 6719, weiblich 1811, und zwar in der weitaus größeren Mehrzahl im Alter von 20—40 Jahren —, eine relativ hohe Zahl, auf deren baldigen Abbau nunmehr alle Kräfte konzentriert werden müßten. Zwar hätte durch den Aufbau und die weitere Ausgestaltung von vorstädtischen Kleinsiedlungsstellen bereits eine größere Zahl hier noch brachliegender Arbeitskräfte in das Erwerbsleben eingegliedert werden können. Darüber hinaus ginge es aber nunmehr um die Überführung stärkerer Gruppen Arbeitswilliger aufs Land zwecks Durchführung umfangreicher *Notstandsarbeiten* in Heide und Moor, und zwar bei Unterbringung in sog. Kameradschaftslagern. Soweit der Oberbürgermeister. In seinen Ausführungen wurde damit deutlich, daß über bisherige größere Bauvorhaben am Stadtrande und in der Nähe der Stadt noch weiter außerhalb gelegene umfangreiche Meliorationsarbeiten usw. notwendig waren, um die noch vorliegende hohe Zahl von Arbeitslosen drastisch zu senken.

Durch die 1933 angelaufene Errichtung von über 100 Kleinsiedlungen am Fürstenauer Weg in Haste, Am Tannenkamp und im Fledder wurde bereits ein planmäßiger Ausbau von *Stadtrandsiedlungen* eingeleitet. Im Jahre 1934 folgten weitere 46 Kleinsiedlungen im Bereiche der Straße In den Heidekämpen, denen sich 1936/37 — unter Mitarbeit von vielen freiwilligen Hilfskräften — die große Siedlung am Hunteburger Weg mit 102 Häusern anschloß. Darüber hinaus entstand 1937 an der Elsa-Brandström-Straße eine weitere Siedlung für ehemalige Kriegsgefangene und Kriegsteilnehmer. Mit weiteren Neu- und Umbauten im Rahmen des stadteigenen Hochbaues, u. a. einem Neubau von drei Klassenräumen bei der Kreuzschule im Schinkel sowie mit der Vergrößerung der Eversburgschule durch Aufstockung zwecks Gewinnung weiterer Klassenräume, wurde versucht, den vorliegenden finanziellen Rahmen an Baumitteln soweit wie möglich zweckdienlich auszuschöpfen. Im Tiefbau war es vor allem die Erweiterung der Abwasserkanalisation an den Ausfallstraßen (Lengericher, Sutthauser und Mindener Straße) sowie auch in Neubaugebieten, die zusätzliche Arbeit brachten. Im Bereiche des Arbeitsbeschaffungsprogramms der öffentlichen Hand konnten vor allem auch umfangreiche Straßenbauarbeiten 1933/34 anlaufen. Auf der Grundlage dieser umfangreichen Baumaßnahmen konnte bereits eine große Zahl bisher erwerbsloser Männer in den Arbeitsprozeß eingegliedert werden. Ein Barometer für die durch diese massive Arbeitsbeschaffungsaktion eingeleitete wirtschaftliche Entwicklung waren die Zahlen des Güterumschlags im Osnabrücker Hafen im Rahmen des Wasserstraßen- und Eisenbahnverkehrs, die von 176 776 t in 1932 auf 213 593 t in 1933 und 276 467 t in 1934 stiegen. Diese Zahlen deuten erkennbar auf eine Aufwärtsentwicklung im Bereiche des Wirtschaftslebens hin, eine Entwicklung, die aber weiterhin ihre Wurzeln in dem beginnenden Aufschwung während der unmittelbaren Vor-Hitler-Zeit gehabt haben dürfte.

Im Zuge der am 21. März 1934 auf Befehl Hitlers im ganzen Reich einsetzenden *„Arbeitsschlacht"* gelang es der Stadt Osnabrück, die Zahl der anerkannten

5. Kommunales Geschehen in Osnabrück (1933—1939)

Wohlfahrtserwerbslosen, die bisher am längsten beschäftigungslos waren, in der Zeit vom Frühjahr 1934 bis Ende April 1935 von 846 auf 155 herabzusetzen. Die beachtliche Verringerung erfolgte durch Ausdehnung der bisherigen Notstandsarbeiten in Gut Wulften (NS-Siedlung) und auf dem Brinkhof in Osnabrück, in Grafeld und Ohrte, Kreis Bersenbrück, mit zunächst nur insgesamt 90 Notstandsarbeitern auf — wie bereits angekündigt — große Vorhaben im Venner Moor (Moorentwässerung und Wegebau), Ueffeln-Hesepe (Steinbrucharbeiten), Kultivierungsarbeiten im Campemoor und Straßenbau in den Kreisen Bersenbrück und Wittlage. Die Beförderung der Arbeiter aus Osnabrück, soweit sie nicht in Kameradschaftslagern untergebracht waren, erfolgte täglich mit Kraftwagen. Diese Beschäftigung der Osnabrücker Arbeitslosen außerhalb der Stadt war anerkanntermaßen eine dringende Notwendigkeit, wenn man rasche Erfolge in der *„Arbeitsschlacht"* erzielen wollte. Die neue Wasserringleitung in Osnabrück und der Bau des Flugplatzes in Achmer 1934/35 waren alsdann weitere Vorhaben, bei denen neben den notwendigen Facharbeitern auch eine größere Zahl von Wohlfahrtserwerbslosen eingesetzt werden konnte. Auch bei der Anlegung des Flugplatzes Vechta wurden Hilfskräfte aus Osnabrück verwendet. Einer entsprechenden Beschäftigung von weiblichen Erwerbslosen dienten die Wohlfahrtswerkstätten in der Buerschen Straße 2, wo sog. Pflichtarbeiterinnen in einer großen Nähstube für die Herrichtung von Kleidung und Wäsche für Hilfsbedürftige eingesetzt wurden. Bei dieser Art Arbeitsbeschaffung um jeden Preis zwecks schneller Beseitigung der Arbeitslosigkeit konnte sich das neue Regime — wie Kühling herausstellt — auf zwei Dinge stützen: „Die Vorarbeit, die in den letzten Jahren des *„Weimarer Systems"* in Osnabrück mit großer Engergie aufgenommen war, mehr aber noch auf die absolute Verfügungsgewalt, die man (nunmehr) über Menschen und Mittel hatte."

Das Gemeindeverfassungsgesetz vom 15. 12. 1933 wurde alsbald durch die von Hitler am 30. Januar 1935 erlassene Deutsche Gemeindeordnung abgelöst. Sie trat am 1. 4. 1935 in Kraft. In ihr wurde das *„Führerprinzip"* bis ins Extrem durchgesetzt. Die volle Verantwortung für die geordnete Verwaltung trug danach allein der Oberbürgermeister. Bestimmte Mitwirkungsrechte hatte jedoch — und das war das entscheidend Neue — der Beauftragte der NSDAP, vor allem bei der Berufung bzw. auch Abberufung des Leiters der Verwaltung, der Beigeordneten sowie auch der Gemeinderäte (Ratsherren). Dieser *„Hoheitsträger"* — es handelte sich in Osnabrück um den NSDAP-Kreisleiter Münzer — bestimmte somit, wer von den Bürgern der Stadt als mehr oder weniger bewährter Exponent des NS-Regimes das Oberhaupt der Stadt als ehrenamtlicher Beigeordneter bzw. Ratsherr für die nächsten 6 Jahre (geänderte Legislaturperiode) beraten sollte. Aufgrund des § 5 der nach dieser neuen gesetzlichen Regelung erstellten *Hauptsatzung* für die Stadt Osnabrück wurde — neben den berufenen Beratern des Oberbürgermeisters — noch eine größere Anzahl von Beiräten zur beratenden Mitarbeit in den verschiedenen Arbeitsgebieten des Stadtrates bestellt. Der in dieser Form zusammengetretene neue Rat blieb jedoch, da nach Ablauf dieser Legislaturperiode bereits mehrere Jahre der Zweite Weltkrieg tobte und kein neuer Rat berufen wurde, der einzige, der nach den Bestimmungen der *„Reichsgemeindeordnung"* seine Tätigkeit aufnahm. Die durch das Vertrauen der NSDAP in diese verantwortliche Stellung berufenen nunmehr dreißig Ratsherren und weiterhin fünf ehrenamtliche Beigeordnete wurden am 18. Oktober 1935 in feierlicher Sitzung im neuausgestalteten Friedenssaal (s. u.) durch Überreichung der Anstellungsurkunde in ihr Amt eingeführt. Der im Schlußwort dieser Feierstunde den neuen Ratsherren vom Oberbürgermeister vorgetragene Wunsch: „Möge Ihr Wirken in den nächsten Jahren friedlicher und ungestörter Aufbauarbeit eine neue Blütezeit unserer Stadt heraufführen . . ." sollte schon in wenigen Jahren ins Gegenteil verkehrt werden. Die formalen Rechte dieser Gemeinderäte waren verhältnismäßig gering; ihre vornehmste Aufgabe sollte darin liegen, die Verbindung der Gemeindeverwaltung mit der Partei und der Bürgerschaft aufrechtzuerhalten. ,,Helfen Sie dem Oberbürgermeister kameradschaftlich als Nationalsozialisten", rief ihnen der Kreisleiter in seiner Ansprache zu. ,,Das Ziel muß aber sein, die Vollkommenheit zu erreichen. Wir haben alle dafür zu sorgen, daß wir auf keinen Fall zurückschreiten auf diesem Wege." Nach weiterer Verbreitung über Gemeinplätze dieser Art erfolgte die Vereidigung auf das Staatsoberhaupt.

Da das Rechnungsjahr 1934 bereits mit einem Überschuß abgeschlossen hatte, der es gestattete, die Fehlbeträge der Vorjahre bis auf 244000 RM abzudecken, hoffte man, das Jahr 1936 erstmalig ohne jede Vorbelastung beginnen zu können. Diese positive Haushaltsbilanz war vor allem der weiteren *Belebung des Arbeitsmarktes* zu verdanken, die insbesondere vom Wiederaufbau der Wehrmacht und den damit zusammenhängenden Baumaßnahmen ausging. Diese Entwicklung führte in Osnabrück bereits am 10. Oktober 1935 zur Einweihung der neuen Großkaserne auf der Netter Heide, der ,,*Winkelhausen-Kaserne*". An der Sedanstraße kam es in diesem Zusammenhange wenig später zur Errichtung des großen Komplexes der neuen Artilleriekasernen. Durch derartige Großbauten von Reichsbehörden und die eigene Arbeitsbeschaffung der Stadt war es gelungen, die noch verbliebene Zahl der Erwerbslosen seit dem 1. Januar 1935 von 3078 auf 1652 zu senken, also um rund 47 %ᅠzu verringern. Das Ziel, die völlige Beseitigung der Arbeitslosigkeit, hoffte man seitens der Stadt durch eine Reihe weiterer dringender Bauvorhaben, u. a. die Einsegnungshalle mit Krematorium am Heger Friedhof, Umbau der Zweigstelle Altstadt der Sparkasse, Erweiterungsbau des Städt. Fuhrparks, Bau einer neuen Feuerwache, Umbau des bisherigen Logenhauses an der Rolandstraße, dessen Eigentümer, die Freimaurerloge ,,Zum Goldenen Rade", im Zuge der allgemeinen Auflösung der Logen durch das NS-Regime das Gebäude an die Stadt abgetreten hatte, zum Konservatorium, Ausbau der Möserstraße mit Bahnhofsvorplatz u. a. m. zu erreichen. Doch sollte nichts gebaut und weitergestaltet werden, was nicht vorfinanzierbar und nicht für die städtische Entwicklung zwingend notwendig war. Es gelang auf diese Weise, bis zum 1. April 1938 die Gesamtarbeitslosigkeit in der Stadt auf 380 Erwerbslose zu verringern (seit dem 16. 6. 1933 Abnahme um etwa 95 %); gegenüber dem Vorjahre bedeutete das noch einen Rückgang um rund 65 %. Damit wurde das Wohlfahrtsamt der Sorge um die Wohlfahrtserwerbslosen weitgehend enthoben und konnte sich nunmehr verstärkt seinen eigentlichen Aufgaben, der vorbeugenden Fürsorge und Betreuung von nichtarbeitsfähigen Bürgern, im größeren Umfange widmen.

Als ein kleineres, aber auch in seiner stadtgeschichtlichen Bedeutung durchaus wesentliches Bauvorhaben erwies sich im Frühjahr 1934 die ausstattungsmäßige Rückverwandlung des *Osnabrücker Friedenssaales* im Rathaus in seinen Zustand um 1648. In langwieriger und mühevoller Arbeit, die unter der Leitung des Provinzialkonservators Professor Siebern (Hannover), des Geheimrats Dr. Hieke (Berlin), des Oberregierungs- und Baurats Stausebach (Regierung Osnabrück) und des Stadtbauamtes stand, wurde der Friedenssaal in Anlehnung an einen alten Stich von 1735, der ihn in seinem Zustande am Ende des 17. Jahrhunderts darstellt, vollzogen. Das *,,Osnabrücker Tageblatt"* vom 22. Juni 1934 schreibt in seiner Schilderung des Vorgangs: ,,Die Wände erhielten einen schlichten, lichten Farbton, wie er der Architektur des Raumes entspricht, und wurde an zwei Doppelflächen mit den alten Gemälden eines Teiles jener Gesandten und Legaten geschmückt, die an den Friedensverhandlungen teilnahmen. Es sind 44 Portraits vorhanden, das ist etwa die Hälfte der Gesandten. Die Wandschränke und auch der große, von der Decke herabhängende kunstvolle Kronleuchter erhielten ihren Glanz zurück. An der Stirnseite des Saales hat eine schöne Kopie des alten Osnabrückischen Richtertisches, bei der alte Täfelungen Verwendung fanden, Aufstellung gefunden, geschmückt mit Kruzifix und Leuchtern. Alles im Friedenssaal erhielt von neuem das Antlitz des großen Einst, und jedes Ding kehrte an seine historische Stätte zurück." Die Übergabe an die Öffentlichkeit fand am Abend des 23. Juni 1934 in einer schlichten Feierstunde statt. Sie wurde vom Rundfunk übertragen. Dem Festakt wohnte als Ehrengast der Stadt Prinz August Wilhelm von Hohenzollern — in der Uniform eines SA-Gruppenführers — bei.

Im *Schulwesen* der Stadt verblieb es — abgesehen von den bereits genannten kleineren Erweiterungsbauten in Eversburg und an der Kreuzschule im Schinkel (s. o.) — bei der Errichtung einer Volksschulbaracke mit zwei Klassenräumen als „Schlichtbau" am Lieneschweg, die am 12. Mai 1937 als erste Gemeinschaftsschule in Osnabrück mit 79 Grundschulkindern ihrer Bestimmung übergeben wurde. Hiermit wurde im Volksschulwesen der Stadt, deren gesamtes Schul- und Bildungswesen seit dem 1. 11. 1935 unter der Leitung des Stadtschulrats Dr. Oberbeckmann stand, eine Entwicklung eingeleitet, die bis zum Ende des Schuljahres 1937/38 bereits eine grundlegende weltanschauliche Umgestaltung erkennen ließ. Durch die forsche Initiative und beharrliche Werbungsarbeit der NSDAP bekannte sich zu diesem Zeitpunkt schon der größte Teil der nichtkatholischen Elternschaft der Volksschüler(innen) zur simultanen Gemeinschaftsschule. Von den insgesamt 15 Volksschulen (8 evangelische und 7 katholische) des Schulverbandes Osnabrück-Stadt blieben zu Beginn des neuen Schuljahres 1938/39 noch drei als Konfessionsschulen bestehen. Nach Ablauf dieses Schuljahres hatte auch der restliche Teil dieser Schulen — unter starkem Druck — den Charakter von Gemeinschaftsschulen angenommen. Diese Aktion bildete einen Teil des Kirchenkampfes des Hitler-Regimes, das auch in diesem Bereich des öffentlichen Lebens zu einem Erfolge kommen wollte. Im Schulbericht der Stadt Osnabrück 1938 hieß es darüber: „Osnabrück steht mit der Verwirklichung des nationalsozialistischen Schulideals in vorderster Linie." Über die Errichtung der zweiklassigen Grundschulbaracke am Lieneschweg hinaus ist es in der gesamten NS-Zeit Osnabrücks 1933—1945 zu keinem konstruktiven Schulneubau gekommen, obwohl die Bevölkerungszahl der Stadt — und damit auch entsprechend die Zahl der schulpflichtigen Kinder — insbesondere durch die Eingemeindung des Vorortes Haste und von Teilen des Vorortes Nahne 1940 um rund 10000 Einwohner gestiegen war. Es blieb 1938/39 lediglich bei der Planung der Errichtung einer 16klassigen Volksschule im Norden der Stadt.

Dennoch erbrachten die NS-Jahre — neben diesem in der Hitlerzeit arg vernachlässigten Osnabrücker Schulwesen — für die Jugend der Stadt, aber auch für die Freizeit der Erwachsenen, eine wertvolle Einrichtung, die sich aus jener Zeit bis in die Gegenwart erhalten hat und, vor allem in den letzten Jahrzehnten, zu einer stetigen Weiterentwicklung voranschritt, nämlich den *„Heimattiergarten"*, den heutigen Osnabrücker Waldzoo auf dem Schölerberg. Osnabrücker Schulkinder waren es auch, die bereits im Jahre 1936, kurz nach der Eröffnung des Heimattiergartens am 26. Juli 1936 auf dem Schölerberg, durch eine spontane Geldsammlung den Kauf eines kleinen Braunbären namens Teddy ermöglichten. So gehörte die Unterkunft der Bären, das Bärenfreigehege, zu den ersten Bauten dieses Unternehmens und war zunächst nur für diese kleinere Tierart vorgesehen. Erst vor kurzem, im Jahre 1979, ist eine weiträumige Bärenanlage — mit Teilangrenzung zu einer Eisbärenunterkunft — an die Stelle des ersten Geheges getreten.

Der lange Weg, der zur Entstehung des heutigen großen Waldzoos führte, begann am Ende des Jahres 1934 mit der Gründung einer *„Arbeitsgemeinschaft Heimattiergarten* *e.V. "*, die Hans von Törne, Oberpräparator am Städt. Museum (Abteilung Naturwissenschaften), ins Leben gerufen hatte. Durch die eine Ausstellung von lebenden kleineren Tieren (ein Dachs, ein Igel, ein Eichhörnchen, verschiedene Vögel usw.) in einem Geschäftshause in der Großen Straße, in der man im Januar/Februar 1935 für einige Wochen natürliches Tierleben zeigte sowie Geräte und Literatur über Tierhaltung und -wartung vorstellte, wurde das öffentliche Interesse nachhaltig angeregt. Etwa 9000 Besucher nahmen die Ausstellung in Augenschein, die damit überraschend zu einem großen Erfolg wurde. Daraufhin beschäftigte sich auch der Stadtrat mit diesem Anliegen und stellte in seiner Sitzung am 19. Februar 1935 der ,,Arbeitsgemeinschaft Heimattiergarten" ein für ihre Zwecke geeignetes Gelände am Schölerberg unentgeltlich zur Verfügung. Hans von Törne und seine Mitarbeiter brachten nun durch weitere Ausstellungen und umfangreiche Sammlungen soviel Geld zusammen, daß am 22. Juni 1935 auf dem Schölerberg mit den Arbeiten am Heimattiergarten begonnen werden konnte. Kühling bemerkt hierzu: ,,Die Stadt unterstützte sie durch die Stellung von 10 Wohlfahrtsempfängern, denen die Arbeitsgemeinschaft nur die Differenz zwischen dem Satz der Wohlfahrtsunterstützung und dem gesetzlichen Arbeitslohn zu zahlen hatte. Die Arbeiterzahl wurde später auf 20, dann auf 25 erhöht." Nach Abschluß dieser Vorarbeiten wurde am 19. September 1935 in einer Feierstunde auf dem Gelände des Heimattiergartens Schölerberg mit Ansprachen der Spitzen der Stadt und des NS-Regimes der Grundstein gelegt. Die Bedeutung der Anlage für die Zurückführung der Jugend zur Natur und zum Tier wurde einmütig unterstrichen. Mit dem Fortgang der Arbeiten und der alsbald gegebenen Belegungsfähigkeit der Baulichkeiten kamen auch die ersten Tiere, insbesondere zunächst jene, die in den Ausstellungen gezeigt worden waren. Als im Sommer 1936 der Heimattiergarten unter größter Beteiligung der Bevölkerung sowie der ,,eifrigen Förderer" von Partei und Staat endgültig eröffnet wurde, bevölkerten bereits 16 Säugetiere — darunter heimische Hirsche, Rehe, Füchse, Iltisse — und 32 Vogelarten die Gatter, Gehege und Volieren; daneben fanden sich Schlangen, Lurche und Amphibien in entsprechenden Terrarien sowie auch Fische in einem Großaquarium. — ,,Schon am 10. Januar 1937 schied der Vorkämpfer der Idee, Hans von Törne, aus dem Amt. Seine Nachfolger wurden von der Partei bestimmt, wobei guter Wille die Fachkenntnisse ersetzen mußte. Da der Heimattiergarten aber ein Stück des Prestiges für das damalige Stadtregime darstellte, ließ man ihn nicht aus dem Auge und förderte ihn weiterhin" (Kühling).

Nach dem Zweiten Weltkriege wurde aus dem *,,Heimattiergarten"*, der von dem Bombenterror nicht unberührt blieb, der *,,Osnabrücker Waldzoo"*, der heute rund 1200 Tiere und etwa 250 Tierarten umfaßt. Tatkräftige Bürgeriniativen und städtische Helfer entrissen ihn nach dem Kriege dem Verfall. Gefördert und getragen von der Osnabrücker Zoogesellschaft, erlebte er durch großzügige Erweiterungen und immer neue Akzente des Zoogeschehens eine Aufwärtsentwicklung, die ihn weit über Niedersachsen hinaus bekanntmachte. Der Strom von mehr als einer halben Million Besucher im Jahr läßt erkennen, welcher Beliebtheit sich der Waldzoo, insbesondere auch bei Familien mit Kindern, heute erfreut.

An der Spitze des Stadtregimes jener Jahre, das sich insbesondere die Förderung des Heimattiergartens angelegen sein ließ, stand als Oberbürgermeister ein Mann, der es seit dem 4. 10. 1927 — als Nachfolger Dr. Rißmüllers — verstanden hatte, das ihm anvertraute Gemeinwesen über den tiefen Einschnitt von 1933, zwar in loyaler Haltung gegenüber der NS-Herrschaft, die es auch an Ergebenheitsgesten nicht fehlen ließ, dennoch stets in hoher Verantwortung seiner kommunalen Aufgabe gegenüber, weiterzuführen. Als sich am 4. Oktober 1937 zum 10. Male der Amtsantritt *Dr. Gaertners* als

5. Kommunales Geschehen in Osnabrück (1933—1939)

Als erstes Großwild wurde dieser Elefant nach dem Kriege in den Tiergarten gebracht.

Oberbürgermeister in Osnabrück jährte, gedachte auch die Presse dieses Tages. So schrieb das *„Osnabrücker Tageblatt"* am 5. 10. 1937: „Trotz der außerordentlichen Spannungen im Innenleben des Volkes und trotz der ungeheuren Schwierigkeiten, die zeitweise den deutschen Stadtgemeinden erwuchsen — man denke vor allem an die Zeit der Wirtschaftskrise und der zu beängstigender Höhe ansteigenden Arbeitslosigkeit —, waren es 10 Jahre, die durch eine starke Aktivität innerhalb des kommunalen Lebens gekennzeichnet waren, eine Aktivität, die auch in Krisenjahren den Optimismus und die Tatkraft fand, nicht nur für den Tag, sondern für eine weitere Zukunft zu schaffen." In diesem Sinne bemühte sich Dr. Gaertner vor allem um eine sorgfältige, gesunde Finanzpolitik als Grundlage aller kommunalen Tätigkeit, die sich, wie die Zeitung weiter schreibt, „bei lebensbejahendem Wagemut von ungesunden Experimenten fernhielt und damit die Gemeindefinanzen auch in schwerster Zeit in Ordnung zu halten verstand." Kühling weist in seinem bekannten Buche über *„Osnabrück 1933—1945"* in diesem Zusammenhange auf einen Artikel des Oberbürgermeisters Dr. Gaertner in der Presse hin, in dem er die Neuordnung in der kommunalen Verwaltung erläutert und interpretiert. Wörtlich schreibt der genannte Autor dazu: „Es war das mutige Bekenntnis eines

Mannes, der stets der Selbstverwaltung das Wort geredet hatte und auch unter gewandelten Verhältnissen seine innere Einstellung nicht aufzugeben gewillt war. Die Freiheit der Selbstverwaltung sollte, so meinte Dr. Gaertner, im echten Geiste ihres Schöpfers, des Freiherrn vom Stein, wieder ihren wahren Inhalt erhalten: Gebundenheit, Verpflichtung, Opfersinn, Gemeinsinn. Wenn sich unter solchen Grundsätzen Freiheit, Autorität und Verantwortung verbänden, müsse dem Zusammenwirken der neuen Körperschaften Erfolg beschieden sein." Wir werden später noch erfahren, wie sich diese Eigenschaften des Oberbürgermeisters — opferbereite Aktivität für das Gemeinwohl und Mut zur Selbstverantwortung — während der höchsten Not der Bevölkerung Osnabrücks unter den Schlägen des Bombenterrors im Zweiten Weltkrieg durch Steigerung zu konzentriertesten Anstrengungen bei der Schaffung einer ausreichenden Anzahl von bombensicheren Luftschutzstollen im hügeligen Bereiche der Stadt bewährten und so vielen Einwohnern Osnabrücks das Leben gerettet werden konnte.

Als am 31. März 1938 die Wahlzeit des 1. Beigeordneten der Stadt Osnabrück, Bürgermeister *Dr. Petermann*, abgelaufen war, wurde dieser aufrechte, fachlich bewährte und in jeder Hinsicht integre Beamte, der als Katholik der NSDAP gegenüber gefeit und unantastbar blieb, im Alter von 52 Jahren aus dem Dienst der Stadt entlassen, um einem Parteimann Platz zu machen. Vor diesem Hintergrunde erschien er am Ende des Zweiten Weltkrieges 1945 der britischen Besatzungsmacht in Osnabrück als der geeignete Mann, die Verwaltung der zerstörten Stadt wieder in die Hand zu nehmen. Ganz im Sinne der Erklärung, die der Beauftragte der NSDAP für die Stadt Osnabrück, Kreisleiter Münzer, bei der Verabschiedung Dr. Petermanns abgab: ,,Um die Ideale des Nationalsozialismus überall und total zu verankern, ist es notwendig, die Träger und Künder der Idee in Machtpositionen einzubauen . . .", wurde bald darauf Dr. Hanns Windgassen aus Düsseldorf von Oberpräsident Lutze, Hannover, zum Bürgermeister in Osnabrück berufen. Nach wenigen Jahren des Wirkens in dieser Position wurde er während des Zweiten Weltkrieges zu einem Einsatz im Verwaltungsbereich der besetzten Ostgebiete einberufen. Nach dem Kriege kehrte er in seine westdeutsche Heimat zurück.

6. Die Verfolgung und Entrechtung der Juden in Osnabrück

Schon vor 1933 war auch in Osnabrück die nationalsozialistische Propaganda unermüdlich tätig, das Judentum als die ,,Verkörperung des Bösen schlechthin" zu verketzern. Einer der Wegbereiter für diese unglückliche Entwicklung war — wie schon erwähnt — die Wochenzeitung *,,Der Stadtwächter"*, die 1929 sogar zur Entstehung einer *,,Stadtwächter-Partei"* mit Rathausfraktion führte, deren antisemitische Einstellung den Nationalsozialisten sehr zustatten kam, wie sie überhaupt aus dieser sich bald auflösenden *,,Bewegung"* einen deutlichen Mitgliederzuwachs gewinnen konnten. Nach der Machtergreifung verstärkte sich die antisemitische Agitation und bekam durch öffentliche Anschläge, Reden der Parteiführer und eine entsprechend hetzerische Broschürenliteratur einen geradezu parteiamtlichen Charakter. Daneben setzte nach dem 30. Januar 1933 ein gezielter individueller Terror gegen jüdische Mitbürger in voller Härte ein. Die Zugehörigkeit zur christlichen Religion war dabei bedeutungslos. Verdienste im Ersten Weltkrieg wurden anfangs noch formell berücksichtigt, später aber brutal übergangen.

Der Terror erreichte — wie zu Beginn dieses Kapitels kurz angeführt — seinen ersten Höhepunkt, als die Parteileitung der NSDAP für den 1. April 1933 — angeblich als Antwort auf *,,antideutsche Greuelhetze"* im Ausland und den Boykott deutscher Waren

— auch für die Stadt Osnabrück einen Boykott jüdischer Geschäfte, Ärzte und Rechtsanwälte, soweit vorhanden, organisierte. Pünktlich morgens um 10 Uhr erschienen vor etwa 40 jüdischen Geschäften sowie vor den Praxen jüdischer Rechtsanwälte SA- und SS-Posten mit Plakaten, die mehr oder weniger drastisch auf das Nichtbetreten der so boykottierten Geschäftsräume hinwiesen. Ein Teil der Läden schloß sofort, bei anderen ging der Geschäftsbetrieb weiter, aber jeder Kunde, der wagte, ein solches Geschäft zu betreten, wurde beim Verlassen des Ladens fotografiert. Sein Bild wurde später in einem Aushängekasten in der Georgstraße öffentlich ausgestellt. ,,Trotzdem ließen sich", wie Karin Brenner in einer Dokumentation zum 40. Jahrestag der *,,Reichskristallnacht"* vom 9. November 1938 schreibt, ,,viele Osnabrücker nicht einschüchtern. Einige kauften aus Protest gegen die Maßnahmen trotzdem und weiterhin bei Juden ein und nahmen in Kauf, als *,,Verräter"* oder *,,Judenknecht"* angeprangert zu werden." Das *,,Osnabrücker Tageblatt"* vom 2. 4. 1933 bemerkte zu dem weiteren Verlauf der Aktion: ,,Zu Zwischenfällen oder Störungen irgendwelcher Art ist es nicht gekommen, nach Geschäftsschluß wurden die Posten vor den Geschäften und Büros zurückgezogen, und in den ersten Abendstunden zeigten die Straßen bereits wieder das gewohnte ruhige Bild." Aus außenpolitischen Gründen, denn im Auslande zeichneten sich heftige Reaktionen gegen das Hitler-Regime ab, wurde der Boykott nicht wiederholt. Dennoch hatten diese antijüdischen Maßnahmen der NSDAP zur Folge, daß ein größerer Teil der Geschäfte und Unternehmungen jüdischer Mitbürger in *,,arischen"* Besitz gelangte. Auch entschlossen sich jetzt schon einige jüdische Familien, da sie die Zeichen der Zeit richtig deuteten, zur Auswanderung.

Nach diesem ersten Höhepunkt ebbte der Terror zunächst wieder ab. Somit gestalteten sich im Jahre 1934 die Lebensverhältnisse für die Juden in Osnabrück noch einigermaßen erträglich, obwohl das Geschäftsleben durch die fortdauernde Boykottpropaganda (,,Deutsche! Kauft nicht bei Juden!") ständig weiter behindert wurde, besonders auch durch das in Abständen immer wieder durchgeführte Fotografieren von Käufern beim Verlassen der jüdischen Geschäfte. Nach der Statistik über die Religionsgliederung der Osnabrücker Bevölkerung vom 22. 11. 1934 lebten zu diesem Zeitpunkt noch 403 Israeliten in Osnabrück. Mit den jüdischen Mitbürgern christlicher Religionszugehörigkeit dürfte die Gesamtzahl noch erheblich größer gewesen sein und sich etwa der Fünfhunderter-Grenze genähert haben. Die Zahl der Auswanderer des Jahres 1933 belief sich höchstens auf 15 Seelen. Viele jüdische Mitbürger, die Deutschland als ihre Heimat ansahen und sich u. a. als ehemalige Frontkämpfer mit Tapferkeitsauszeichnungen als gute Deutsche fühlten, konnten an das herannahende Verhängnis nicht glauben. Sie zögerten daher, ihre Emigration einzuleiten.

Im Sommer 1935 lief eine neue Welle der *Haßpropaganda,* wiederum zentral gesteuert von der Parteiorganisation, gegen die deutschen Juden an. Sie wurde um so hemmungsloser, je näher der Zeitpunkt des Reichsparteitages in Nürnberg heranrückte. Nach Kühling vollzog sich in Osnabrück die Entwicklung in folgender Weise: ,,In Osnabrück begann man etwas zu ahnen, als am 8. Mai die Reichsfrauenführerin Scholtz-Klink anläßlich einer Schulungstagung des Deutschen Roten Kreuzes hier sprach und die Notwendigkeit verkündete, daß auch die Liebestätigkeit des DRK nur von arischen Menschen ausgeübt werden könne. Ständig schärfer werdende Zeitungsartikel folgten, und im August 1935 brach der Sturm los." Nach mehreren scharfen antisemitischen Kundgebungen an größeren Orten in der Umgebung Osnabrücks, denen stets Propagandamärsche unter der Losung: ,,Kampf gegen die Judengefahr!" vorausgegangen waren, marschierten am 20. August 1935 in einer groß angelegten Aktion sämtliche Ortsgruppen und Gliederungen der NSDAP Osnabrücks auf dem Ledenhof auf, wo der Kreisleiter vor ihnen und weiteren Tausenden von Zuhörern in langen Ausführungen über das Thema ,,Osnabrück und das Judentum'' sprach.

Sich im allgemeinen in den üblichen Hetzparolen ergehend, wandte er sich im besonderen vor allem an jene Bürger Osnabrücks — er nannte sie ,,*weiße Juden*'' —, die, wie schon berichtet, immer noch in jüdischen Geschäften kauften: ,,Ich weiß selbst, wie viele Hundert von Osnabrücks Bürgern fotografiert worden sind.'' Mit solchen und anderen üblen Hinweisen wurden ehrenwerte Einwohner der Stadt, z. T. persönlich, angegriffen und der Aggressivität der Menge preisgegeben. Vor diesem Hintergrunde kam es in den nächsten Tagen und Wochen zur Wiederholung des ,,*Abwehrboykotts*'' vom 1. April 1933. Hierzu führt Kühling weiter aus: ,,An den noch übrig gebliebenen jüdischen Geschäften — eine Anzahl Osnabrücker Bürger jüdischen Glaubens und jüdischer Rasse war bereits emigriert — wurden die Käufer wieder fotografiert und die Bilder an der Georgsbrücke öffentlich ausgestellt. Warnschilder, die zum Boykott der jüdischen Geschäfte aufforderten, wurden durch die Straßen getragen und vor jüdischen Geschäften aufgestellt.'' Diese radikalen Maßnahmen gestalteten das öffentliche Klima, unter dem alsbald die völlige *Entrechtung der jüdischen Mitbürger* eingeleitet werden sollte, nämlich durch die ,,*Nürnberger Gesetze*'' im September 1935. Das ,,*Reichsbürgergesetz*'' nahm den deutschen Juden das Vollrecht als Bürger. Sie wurden als bloße ,,*Staatsangehörige*'' Menschen minderen Rechts. Das ,,*Blutschutzgesetz*'' verbot bei schweren Strafen Ehen und außereheliche Verbindungen mit Nichtjuden. Daraufhin wurden einige der etwa 50 ,,*Mischehen*'' in Osnabrück geschieden.

Darüber hinaus erfolgte jetzt auch die *Ausschaltung der jüdischen Bürger* als allen öffentlichen Arbeitsverhältnissen, insbesondere auch als Beamte, soweit sie nicht schon

Schaufenster des Geschäftes Samson u. David, Osnabrück nach der Ausplünderung am 9.11.1938

Felix Nußbaum
Selbstbildnis mit Judenpaß

nach dem Gesetz *„zur Wiederherstellung des Berufsbeamtentums"* (vom 7. 4. 1933) entlassen worden waren. Die damals verschonten Frontkämpfer aus dem Weltkrieg 1914—1918 verloren nunmehr ihre Stellung. Die Arbeitsmöglichkeiten für Juden wurden auf ganz wenige Berufszweige eingeengt. Nach dieser Deklassierung in den politischen Rechten und den diskriminierenden Berufsbeschränkungen durch das Hitler-Regime stieg die Zahl der jüdischen Auswanderer aus Osnabrück in den nächsten Jahren — bis 1938 — auf über 300. Ziele dieser Emigrationsbewegung waren vornehmlich England, USA, Holland und Palästina. Vorher kam es zum Verkauf der Geschäfte und sonstigen Unternehmungen an *„Arier"*, und zwar zunächst noch auf privater und freiwilliger Ebene; d. h. dem verkaufenden Juden war es noch möglich, die *„Arisierung"* seines Betriebes mit dem Käufer selbständig durchzuführen. Auf diese Weise gingen um diese Zeit eine Reihe bekannter jüdischer Geschäfte an der Großen Straße und anderen Straßen der Innenstadt, wie z. B. die Kaufhäuser Alsberg, Wertheim und Alexander, die Textilgeschäfte Lomnitz, Mosbach, Max Blank & Co., Samson & David u. a. m. in *„arische"* Hände über. Großhandlungen der Metallbranche, wie z. B. Gossels & Nußbaum, oder der Tuchbranche, wie z. B. Katzmann, Fröhlich & Co., schlossen über Nacht. Ihre Besitzer bemühten sich um baldigste Auswanderung. So auch aus der Familie Nußbaum der junge Maler und Graphiker Felix Nußbaum, der nach Brüssel emigrierte und von dort 1943 in das Konzentrationslager Auschwitz verschleppt wurde, wo sich 1944 jede Spur von ihm verloren hat. Das Kulturgeschichtliche Museum in Osnabrück hält durch Ausstellungen und eine größere Sammlung seiner Kunstwerke die Erinnerung an diesen hochbegabten Künstler und Sohn unserer Stadt, der sicherlich auf furchtbare Weise ermordet wurde, lebendig. Viele der genannten Geschäfte mußten einfach schließen, weil es ihnen verboten war, nichtjüdische Angestellte und Arbeiter zu

Betroffene Osnabrücker
vor der ausgebrannten
Synagoge am 9.11.1938

entlassen, obwohl das Verkaufsgeschäft stark zurückgegangen war. In den nächsten Jahren wurden die noch verbliebenen jüdischen Geschäftsinhaber (ohne gesetzliche Grundlage) gezwungen, ihre Unternehmen erheblich unter dem wahren Wert zu verkaufen. Sie erhielten zumeist höchstens 20% des realen Wertes, später sogar — nach dem Judenprogrom 1938 — nur noch 10% ausgezahlt. Das galt auch für Schmuck und Kunstgegenstände, zu deren Abgabe sie alsdann gezwungen wurden.

Hatte sich bis dahin noch die Entrechtung und Verfolgung der deutschen Juden in bestimmten Grenzen gehalten, so wurden sie im Jahre 1938 offen und brutal. Es begann im April mit der Verordnung über die Anmeldung allen jüdischen Vermögens über 5000 Reichsmark. Man errechnete sich auf diese Weise einen Gesamtbetrag an ,,*greifbaren*" Werten auf Reichsebene in der Höhe von über 7 Milliarden RM. Alle jüdischen Gewerbebetriebe wurden entsprechend amtlich registriert und damit für die Übernahme in andere Hände vorbereitet. Eine große Verhaftungsaktion im Juni von sog. ,,*vorbestraften*" Juden sollte die bis dahin zögernde jüdische Auswanderung beschleunigen. Zum organisierten Zuschlagen kam es aber erst im November dieses Jahres, als die Ermordung eines Angehörigen der deutschen Botschaft in Paris durch einen jungen Juden, dessen Eltern vom nationalsozialistischen Terror getroffen worden waren, einen geeigneten Vorwand hierzu hergab. Im Rahmen einer in ganz Deutschland schlagartig einsetzenden Aktion kam es auch in Osnabrück in der Nacht vom 9./10. November 1938 zu einem großen *Judenprogrom*. Wie überall im Reich, so zündeten auch hier SA-Leute und Parteimitglieder in Zivil die 1906 in der Rolandstraße erbaute Synagoge an und ließen das geschändete Gotteshaus bis auf den Grund niederbrennen, als Fanal der unbarmherzigen Verfolgung, der Osnabrücks jüdische Bürger von nun an ausgesetzt waren. Gleichzeitig demolierten *„Rollkommandos"* die noch bestehenden jüdischen Geschäfte in der Innenstadt, überfielen die Inhaber in ihren Wohnungen, verwüsteten die Räume und nahmen alle jüdischen Männer bis zu 55 Jahren in *„Schutzhaft"*, d. h. verschleppten sie für 4—5 Monate in das KZ Buchenwald. Nach diesen barbarischen Ausschreitungen in der *„Reichskristallnacht"* in Osnabrück flüchteten 65 jüdische Mitbürger bei Nacht und Nebel aus der Stadt und gingen über die Grenzen. Auf die Gewalttaten folgte die systematische Ausplünderung der noch verbliebenen Juden von Staats wegen. Als „Sühneleistung für den Pariser Meuchelmord" wurde ihnen am 12. November 1938 die Zahlung einer Kontribution von 1 Milliarde RM auferlegt. Außerdem mußten sie selbst für die Beseitigung aller entstandenen Schäden aufkommen. Versicherungsansprüche wurden zwar an sie ausgezahlt, jedoch vom Staat sofort wieder beschlagnahmt.

Dem Progrom, an dem sich die Bevölkerung nicht beteiligte, dem sie aber auch in allen Kreisen tatenlos zusah, folgten alsbald *weitere Entrechtungen*. Durch die *„Zwangsarisierung"* wurden die letzten jüdischen Betriebe aufgelöst und durch Verkauf zu Schleuderpreisen geradezu enteignet. Hinsichtlich des Standes dieser *„Abwicklung"* jüdischer Betriebe in Osnabrück geht aus einem Bericht der Stadtverwaltung hervor, daß am 23. 12. 1938 von den 18 Betrieben, die noch am 2. 11. 1938 im *„Verzeichnis der jüdischen Gewerbebetriebe"* in Osnabrück nachgewiesen waren, bereits 15 aufgelöst waren. Seit Anfang 1939 gab es sodann keine jüdischen Geschäfte mehr im damaligen Osnabrück. Die so verarmten Juden fanden auch keine anderweitige Arbeit. Nach dieser Ausschaltung aus dem Wirtschaftsleben wurden sie auch aus dem gesellschaftlichen Leben mehr und mehr verdrängt. Es wurde ihnen untersagt, Theater, Kinos, Konzerte und weitere kulturelle Veranstaltungen zu besuchen. Das Betreten von Parkanlagen und des „deutschen Waldes" wurde verschiedentlich weithin in dieses Verbot einbezogen. Mit allen möglichen Verordnungen, auch hinsichtlich der Benutzung öffentlicher Verkehrsmittel, wurde ihnen in der Folgezeit das Leben weiter erschwert. Das ging so weit, daß die wenigen jüdischen Bürger Osnabrücks, die nach dem Novemberpogrom 1938 in der Stadt zurückgeblieben waren, Anfang 1941 in einigen Häusern in der Kommenderiestraße, in der Heger Straße und in der Rolandstraße zusammengepfercht wurden. Durch diese unerträgliche Einengung der Lebensbedingungen der nicht emigrierten Juden in Osnabrück wurde auch hier das Zusammenleben von Deutschen und Juden praktisch aufgehoben. Damit wurde nicht nur die sich in Jahrhunderten deutscher Geschichte vollzogene Judenemanzipation für die weitere NS-Zeit zurückgenommen, sondern in makabrer Weise auch das in Osnabrück seit langem gelebte Miteinander und Füreinander von Deutschen und ihren jüdischen Mitbürgern brutal aufgekündigt. Am 2. März 1939 wurde das Ruinengrundstück des jüdischen Gotteshauses in der Rolandstraße — 1978 wurde diese Straße zur Erinnerung an das erschütternde Geschehen in der Novembernacht 1938 in *„Alte-Synagogen-Straße"* umbenannt — zwangsversteigert. In diesem Jahre ging auch mit dem Beginn des Zweiten Weltkrieges die nationalsozialistische Judenpolitik ganz in die Hände der SS über. Die bereits mehrfach angekündigte *„Endlösung"*, die nur der Massenmord sein konnte, rückte in greifbare Nähe.

XV.
OSNABRÜCK
IM ZWEITEN WELTKRIEG
1939—1945

1. Die Stadt bei Kriegsbeginn

In den Augustwochen 1939 spitzte sich die *internationale Lage in Europa* immer mehr zu einer schweren politischen Krise zu, die auch den Bürgern Osnabrücks nicht verborgen blieb. Der schon lange schwelende Konflikt zwischen dem von den Westmächten gestützten Polen einerseits und Hitler-Deutschland andererseits kam in der entscheidungsschweren Woche vom 20.—26. August zum offenen Ausbruch. Die fast unglaubliche Meldung vom Nichtangriffspakt zwischen Berlin und Moskau am 23. August 1939 erschien in Riesenlettern in den Schlagzeilen der Weltpresse und fand auch in den heimatlichen Zeitungen ihren gebührenden Niederschlag. Während Hitler jedoch glaubte, durch den mit Stalin geschlossenen Pakt und das Geheimabkommen zur Aufteilung Polens mit der Abgrenzung beiderseitiger Interessenssphären in Osteuropa die entscheidenden Voraussetzungen für seine militärischen Planungen geschaffen zu haben, war er in Wirklichkeit bereits zum Gefangenen des Kremls geworden. Stalins Politik stellte darauf ab, das Reich in einen Krieg mit den Westmächten zu verwickeln und die ,,*Rote Armee*'' dann eingreifen zu lassen, wenn sich die ,,*Kapitalisten*'' zerfleischt haben würden. Die Endphase des Zweiten Weltkrieges stellte diese Überlegung weitgehend unter Beweis.

Seit der geglückten Eingliederung Österreichs, der Einverleibung des Sudetenlandes und der Besetzung der Tschechei unter Umwandlung in ein deutsches Protektorat ging Hitler in Fortsetzung seiner militanten Expansionspläne mit brutaler Energie auf sein Ziel los, auch die Länder östlich der deutschen Volksgrenzen in den *Machtbereich des ,,Großdeutschen Reiches''* einzubeziehen. Die ,,*blutende Grenze*'' im Osten, das Selbstbestimmungsrecht der Volksdeutschen, das Anschlußrecht für Danzig waren die Argumente für ultimative Forderungen an Warschau; propagandistische Begleitmusik bildeten aufgebauschte Zwischenfälle und gestellte ,,*Provokationen*'', wie zuletzt ein von Himmler inszenierter ,,*Überfall*'' auf den Sender Gleiwitz in Oberschlesien. Diese maßlose Politik, die auch notfalls vor dem Schwerte nicht zurückschreckte, mußte zwangsläufig zur Entfesselung eines bewaffneten Konflikts führen, von dem Hitler aber glaubte, daß daraus kein großer Krieg entstehen würde. Im Vertrauen auf seine gewaltig vorangetriebene Waffenrüstung sah er einem begrenzten Kriege mit Polen gelassen entgegen, sich darauf verlassend, daß Großbritannien und Frankreich wiederum ruhig den Überfall auf ihren gemeinsamen Schützling hinnehmen würden. Hitler war politisch offenbar zu blind, um zu erkennen, daß die Briten und Franzosen ihre den Polen gegenüber eingegangenen Verpflichtungen erfüllen mußten, wenn sie sich selbst treu bleiben und ihre Zuverlässigkeit als Bundesgenossen nicht aufs Spiel setzen wollten. Als sodann am 1. September 1939 *Hitler-Deutschland Polen den Krieg erklärte*, ließen die Westmächte, die inzwischen (seit dem Münchner Abkommen 1938) eine erhebliche Rückendeckung durch die USA (Präsident Roosevelt) erfahren hatten, am 3. September 1939 — nach einem kaum annehmbaren Ultimatum — dem ,,tyrannischen, meineidigen

1. Die Stadt bei Kriegsbeginn

Regime" Hitlers (Premierminister Chamberlain) gegenüber den Kriegszustand eintreten — von dem freilich die Sowjetunion ausgenommen wurde, als sie ihrerseits am 17. September 1939 in Ostpolen einmarschierte und das gleiche praktizierte, was dem Deutschen Reich die *Kriegserklärungen Londons und Paris'* eintrug. Der Zweite Weltkrieg und sein grauenvoller Ausgang waren somit im Grunde von Anfang an vorprogrammiert.

Als in der Frühe des 1. September 1939 der Krieg mit Polen *mit dem vorgetäuschten Überfall „polnischer Soldaten" auf den Sender Gleiwitz ausbrach, hatte sich bereits ein umfassender Aufmarsch deutscher Truppen vollzogen und waren auch große Teile der Reserve und der Landwehr innerhalb der deutschen Wehrmacht einberufen und unter Waffen* — wie es hieß, „zu einer mehrwöchigen Übung" —, *darunter auch der Verfasser, der nicht ahnte, daß diese „Übung"* sich für ihn über eine Dauer von fast sechs Jahren erstrecken würde. Weil sich die Bevölkerung nur noch zu gut an die Nöte und Leiden des Ersten Weltkrieges erinnerte, vermochte sich auch in Osnabrück keine spontane Begeisterung wie beim Kriegsausbruch 1914 einzustellen. Eher äußerten sich alsbald manche Zeichen der Sorge und Niedergeschlagenheit, vor allem angesichts der Gefahr eines neuen allgemeinen Weltbrandes, der zu befürchten stand, als in den nächsten Tagen die Kriegserklärungen Englands und Frankreichs eintrafen. Wo hier und da, vor allem parteiamtlich, auch Stimmen der Zuversicht laut wurden, dann dank der im Vergleich zu 1914 doch scheinbar weitaus anders gestalteten Weltlage.

Zur großen Überraschung auch der Einwohner Osnabrücks trat bereits am 27. August 1939 die *Zwangsbewirtschaftung* der wichtigsten Verbrauchsgüter in Form von Ein-

Ausmarsch des Inf.-Regt. Nr. 37 an die Front am 27.8.1939

Lebensmittelknappheit im II. Weltkrieg. Osnabrücker Hausfrauen stehen in langen Schlangen an zum Empfang von Kartoffeln auf dem Wochenmarkt am Domhof am 22.8.1942.

schränkungen und Rationierungen von Lebensmitteln sowie Seife und Kohle u.a.m. auf der Grundlage von Bezugsscheinen in Kraft. Diese seit langem vorbereitete Umstellung der Bevölkerung auf Lebensmittelkarten und andere Bezugsausweise war in zwei Tagen vollzogen. Mit hohen Strafen mußte derjenige rechnen, der bezugsscheinpflichtige Verbrauchsgüter ohne gültigen Bezugsschein abgab oder bezog. Die von nun an die Versorgung mit Lebensmitteln regelnden Brot- und Fleischkarten usw. hatten Gültigkeit für das ganze Reichsgebiet; sie wurden in regelmäßigen Zeitabständen ausgegeben, und zwar im Bereiche Osnabrücks in 12 Ausgabestellen. Niemand hätte sich damals vorstellen können, daß diese Zwangsbewirtschaftung, die sich alsbald auch auf andere Wirtschaftsbereiche ausdehnte, noch rund zehn Jahre danach ihre Gültigkeit besitzen würde. Die in das alltägliche Leben jedes einzelnen stark einschneidende Aktion zeichnete sich für den Kundigen bereits dadurch ab, daß während der letzten Wochen und Monate — auf höheren Befehl — auch in Osnabrück in 14 Turnhallen von Schulen und sonstigen Sälen gewaltige Mengen Getreides eingeschüttet worden waren, offenbar als Reserve für den Kriegsfall. Auch ist nachträglich bekannt geworden, daß solche Mitbürger, die sich bester Beziehungen nach „oben" hin erfreuten, sich rechtzeitig mit Lebensmitteln, Stoffen usw. eingedeckt hatten. Vom 1. November 1939 an galt die Reichskleiderkarte mit 100 Punkten pro Kopf und Jahr. Auf der Grundlage der hierauf verzeichneten Punkte konnten — nach jeweiligem Aufruf — für eine bestimmte Punktzahl Wäsche- und Bekleidungsstücke erworben werden, z.B. für 30 Punkte ein Schlafanzug für Männer oder für 40 Punkte ein Wollkleid für Frauen.

1. Die Stadt bei Kriegsbeginn

Die schon vor dem 1. September 1939 ausrückenden *Osnabrücker Regimenter*, das Infanterieregiment Nr. 37 (am 28. 8.) und das Artillerieregiment Nr. 6 (am 29. 8.), zogen in langen Kolonnen, hinter schmetternder Marschmusik, durch die Stadt. Eine große Menge begrüßte die blumengeschmückten Soldaten vom Straßenrand her, dennoch wollte, im schneidenden Gegensatz zu dem bunten Leuchten der Herbstblumen an den Waffenröcken, seitens der Soldaten keine besondere Freude aufkommen. Eher waren es Ernst und ungewisse Erwartung, die aus den Mienen der dahinziehenden feldgrauen Infanteristen und Artilleristen zu lesen waren. *Karl Kühling*, der ebenfalls unter den Tausenden war, die am 28. August mit dem kleinen Koffer durch das Kasernentor zogen, schreibt hierzu in seinem Buch *,,Osnabrück 1939—1945 — Stadt im Dritten Reich"*: ,,Der Unterschied gegenüber dem Volksaufbruch von 1914 war erschütternd. Während damals ein ganzes Volk in der Überzeugung aufstand, Heimat und Vaterland verteidigen zu müssen, war diesmal die Stimmung der reifen Männer alles andere als begeistert; die politischen Abenteuer der letzten Jahre hatten die Glaubensbereitschaft unterhöhlt." Und als weiterer Augenzeuge jener Tage in Osnabrück äußerte sich der Stadtchronist *Dr. Glenewinkel*: ,,Es wäre ein Irrtum anzunehmen, daß der Eintritt Deutschlands in den Krieg bei irgendeinem Osnabrücker Begeisterung oder freudigen Stolz ausgelöst hätte. Im Gegenteil, selbst in den Augen der nazistischen Machthaber stand die ernste Sorge um das Gelingen des kriegerischen Würfelspiels geschrieben." In Osnabrück blieb eine Reihe von Ersatztruppenteilen zurück. Kommandeur des Wehrbezirkskommandos (WBK) war weiterhin (bis 1942) Generalmajor Rabsilber.

Wohl hüllte sich ganz Osnabrück bei der Nachricht von der Wiedervereinigung Danzigs mit dem Deutschen Reich in ein wehendes Meer von Fahnen, doch dämpfte bereits am 2. September das *Gebot völliger Verdunkelung*, erlassen für das ganze Reichsgebiet, den freudigen Eindruck dieses Tages. Die Straßenbeleuchtung wurde abgestellt, kein Lichtschein durfte ins Freie dringen. Gleichzeitig wurde der städtische *Luftschutz* aufgeboten und die Bevölkerung auf die Beachtung des Fliegeralarms zwecks schnellsten Aufsuchens der Luftschutzräume hingewiesen. Die Verdunkelungsanordnung, durch Übungen bereits vorbereitet, wurde bis auf weiteres für absolut verbindlich erklärt. Ebenfalls wurde das Abhören ausländischer Sender unter rigorose Strafe gestellt. Dieses Bemühen des NS-Staates, die freie Meinungsbildung zu unterbinden, stieß von Anfang an auf vielfachen Widerstand. Besonders als der Krieg begann, eine ungünstige Wendung zu nehmen, erhob sich das Bedürfnis, auch das Urteil der anderen Seite zu hören, täglich stärker. Ältere, nicht mehr frontverwendungsfähige Männer wurden, mit einfachen Uniformen versehen, zum Sicherheits- und Hilfsdienst (SHD) einberufen, in feste Gliederungen zusammengefaßt und vor allem für Luftschutzaufgaben eingesetzt. Für die Kraftfahrer wurden stark einschränkende Bestimmungen erlassen. Der Verbrauch von Kraftstoff wurde nur noch für lebensnotwendige Fälle gestattet. Auch der Schulunterricht fiel zunächst aus, da Lehrer und ältere Schüler für andere Aufgaben behelfsmäßig eingesetzt wurden. Als die Postsperre für die Soldaten wieder aufgehoben wurde und Sendungen mittels Feldpost zugelassen waren, wurde deutlich, daß große Teile der deutschen Wehrmacht, darunter auch das heimische Infanterieregiment Nr. 37, in das Gelände des Westwalls zwischen Eifel und der Schweizer Grenze verlegt worden waren. Von den gegen Polen eingesetzten Einheiten erschienen im September 1939 die ersten *Todesanzeigen* von gefallenen Söhnen unserer Stadt. Es waren die ersten Opfer von einem Leidensweg, der eben erst begonnen hatte, an dessen Ende jedoch ein Chaos, gezeichnet von Blut, Trauer, Trümmern und Tod stehen sollte. Keiner konnte damals ahnen, in welch furchtbarer Weise gerade auch unser schönes Osnabrück das Kriegsende erleben sollte.

Dieser *Blutzoll*, der sich im September/Oktober 1939 auf insgesamt 24 tote Söhne unserer Heimat belief, erhöhte sich nach den Feldzügen gegen Dänemark-Norwegen und Holland-Belgien-Frankreich im April/Mai 1940 auf insgesamt 197 Gefallene, deren Todesanzeigen in Osnabrücker Zeitungen erschienen waren. Wie ein ,,Kriegstagebuch des Todes'' (Kühling) begleiteten fortan diese schmerzlichen Hinweise auf den ehrenvollen Soldatentod so manchen jungen Osnabrückers das weitere Geschehen in unserer Heimat. Als in den schweren Monaten und Jahren des Rußlandfeldzuges nach 1941 an einem Tage bis zu 30 Anzeigen und mehr in einer Zeitung erschienen, schnellten diese Zahlen in ungeahnte Höhen, und vielen Eltern und Ehefrauen gefallener Söhne unserer Stadt blieb nur die traurige Pflicht, in einer ehrenden Formulierung des fern der Heimat dahingegangenen und dort ruhenden Angehörigen zu gedenken. Insgesamt betrauert Osnabrück den herben Verlust von über 5000 Mitbürgern unseres Gemeinwesens, die entweder gefallen sind oder vermißt blieben. Ihrer wird Jahr für Jahr am Volkstrauertag — wie auch der Gefallenen des Ersten Weltkrieges und der Opfer der NS-Gewaltherrschaft — durch Kranzniederlegungen am Ehrenmal, in feierlichen Gedenkstunden und in den Gottesdiensten ehrend gedacht.

2. Herausragende kommunale Ereignisse und Vorgänge während des Kriegsgeschehens

Im kommunalen Leben der Stadt, das weiterhin von Oberbürgermeister *Dr. Gaertner* geleitet wurde — mit Zustimmung der NSDAP (Kreisleiter Münzer) war seine Amtsperiode auf weitere zwölf Jahre verlängert worden — vollzog sich bald nach Kriegsbeginn eine bedeutsame formale Veränderung im Charakter der Stadt. Nachdem eine Erweiterung der Gemarkungsgrenzen durch *Eingemeindung* des Vorortes Haste sowie von Teilen von Hellern und Nahne bereits seit längerem eingeleitet war und am letzten Tage des Jahres 1939 der 100000. Einwohner geboren wurde — Horst Dieter Wulf, Sohn des Sattlers Bernhard Wulf —, konnte wenige Monate später die *Großstadtwerdung Osnabrücks* feierlich verkündet werden. Am 2. April 1940 gab der Oberbürgermeister in der Ratssitzung bekannt: ,,Durch Beschluß des preußischen Staatsministers über die Änderung der Grenzen des Stadtkreises und des Landkreises Osnabrück vom 15. März 1940 und durch die Entscheidung des Oberpräsidenten in Hannover als Reichsstatthalter vom 30. März 1940 mit Wirkung vom 1. April 1940 ist die gesamte Landgemeinde Haste, Landkreis Osnabrück, in die Stadtgemeinde Osnabrück eingegliedert. Aus den Gemeinden Nahne und Hellern des Landkreises Osnabrück sind bestimmte Teile ebenfalls in die Stadtgemeinde Osnabrück eingegliedert. Mit dem heutigen Tage . . . wird die Verwaltung der Gemeinde Haste von dem Oberbürgermeister der Stadt Osnabrück übernommen. Dadurch vergrößert sich die Einwohnerzahl der Stadt Osnabrück nach dem Stande vom 1. März 1940 mit 100226 um 5016 Einwohner der Gemeinde Haste auf 105242. Dazu kommt die zur Zeit noch nicht festgestellte Einwohnerzahl der eingegliederten Teile von Nahne und Hellern. Zu der bisherigen Flächengröße der Stadt Osnabrück von 4396,33 ha tritt die Gemeinde Haste mit 1108 ha, treten die Teile von Hellern und Nahne mit 129,81 ha. Das Gesamtgebiet der Stadt Osnabrück umfaßt damit nach dem 1. April 1940 5634,14 ha. Die Überleitung der eingegliederten Gebiete ist in die Wege geleitet.''

Der hiermit vollzogene *Aufstieg Osnabrücks zur Großstadt* fand jedoch, hervorgerufen durch die einschränkenden Auswirkungen des Kriegszustandes, kaum Niederschlag

2. Herausragende kommunale Ereignisse und Vorgänge während des Kriegsgeschehens 577

in baulichen und verkehrsmäßigen Entwicklungen im Stadtbild. An der Spitze der wenigen konstruktiven baulichen Maßnahmen in städtischer Planung und Durchführung stand die Errichtung von mehreren *Jugendheimen im Stadtrandgebiet*, die der Hitler-Jugend unterstellt wurden und ausschließlich deren Zwecken dienten. Für die Verwendung zu Landheim-Aufenthalten von Klassen Osnabrücker Volksschulen wurde ein älteres Fachwerk-Bauernhaus am Wellinger Berg zwischen Jeggen und Schledehausen zu einem Schullandheim ausgebaut. Eingeweiht wurde es am 2. Juli 1940 im Rahmen eines Festaktes durch Stadtschulrat Dr. Oberbeckmann, der als besonderer Förderer des Schullandheimgedankens die Zweckbestimmung dieses Hauses so umriß: ,,Dieses Niedersachsenhaus soll eine Stätte fröhlicher Kameradschaft und ernster Selbstzucht sein, an der die Osnabrücker Jugend an Leib und Seele erstarken kann. Das Schullandheim soll mithelfen, daß unsere Erziehungsstätten mehr noch als bisher Charakterschulen werden." Heute steht das Schullandheim Jeggen den Osnabrücker Grund- und Hauptschulen nicht mehr zur Verfügung. Wegen der besonderen pädagogischen Bedeutung dieser schulischen Einrichtung wurde die Zahl der Osnabrücker Schullandheime nach dem Kriege jedoch zunächst durch entsprechende Häuser am Ossenbrock (bei Schledehausen) und in Hagen-Mentrup auf drei erhöht. Im Sommer 1940 wurden schließlich noch der Vorplatz zum Heger Friedhof zu einem Parkplatz umgestaltet und unter Betonung des mittelalterlichen Baugesichts der Stadt die Bastion an der Vitischanze ausgebaut. Um das von wiederaufgedeckten und restaurierten Wehrgängen umgebene Rondell stärker in das Leben der Stadt einzubeziehen, erhielt es zugleich einen Aufgang vom Wall aus.

Auch die *Schuljugend* hatte unter den eingetretenen Kriegsvorgängen zu leiden. Die Räume mehrerer Schulen wurden dem eigentlichen Schulbetrieb entzogen, z. B. in der Teutoburger Schule, der Marienschule, der Wittekind-Mittelschule, der Handelslehranstalt; in den Gebäuden wurden teilweise *Lazarette* eingerichtet. Die Schüler dieser Anstalten wurden in anderen Schulhäusern untergebracht. Die Unterrichtszeit wurde durch Einführung des Vor- und Nachmittagsunterrichts erweitert, doch aus Raummangel kam für viele Klassen nur ein gekürzter Unterricht in Frage. Grundsatz war, daß jede Klasse einmal am Tage — vor- oder nachmittags — ihren Unterricht hatte, möglichst mehrere Stunden hintereinander. Die notwendig gewordenen Ausfälle sollten durch stärkere Inanspruchnahme des häuslichen Fleißes ausgeglichen werden. Durch die Verlegung der *Höheren Landbauschule Quakenbrück* im Dezember 1941 nach Osnabrück — sie lag dort nicht zentral genug, da der Einzugsbereich der Schülerschaft sowohl den Raum der Landesbauernschaft Weser-Ems als auch den der Landesbauernschaft Westfalen umfaßte — wurde die Zahl der Berufsfachschulen in der Stadt um eine vermehrt. Sie wurde zunächst im Gebäude des Großen Klubs am Neuen Graben (heute Standort des Gewerkschaftshauses) untergebracht. In der ehemaligen Bachschmidt-Schule an der Petersburg hatte sich eine Landwirtschaftsschule einfacherer Art niedergelassen. Die dazugehörige Mädchenabteilung, die sich bis dahin in Iburg befand, war zu Anfang November 1941 in den Struckmannshof an der Katharinenkirche übergesiedelt und nahm dort am 10. 12. 1941 den Unterricht auf. Beide Lehranstalten unterstanden nicht dem Stadtschulamt, sondern wurden von der Landesbauernschaft Weser-Ems getragen.

Im Jahre 1942 wurde in mehreren Räumen des Schlosses die *Städt. Schule für Werkschaffen und bildnerisches Gestalten* eingerichtet. Ihre Aufgabe sollte es sein, der Förderung des Kunstschaffens und der manuellen Geschicklichkeit während des Krieges zu dienen, wobei insbesondere auch an eine sinnvolle Freizeitgestaltung für Soldaten gedacht war. Nach der teilweisen Zerstörung des Schlosses am 6. November 1942 wurden der Schule schließlich die Zeichensäle der Mädchenoberschule und der Wittekindmittelschule zur Verfügung gestellt. Die Leitung lag in den Händen des Werklehrers *Julius Müller* und des Kunsterziehers *Walter Hobein*. — Im Gegensatz zu diesem positiven Ansatz im Bereich des Kunstschaffens wurden fast gleichzeitig — in der Zeit vom Februar bis Juni 1942 — mehrere alte *Glocken der Osnabrücker Kirchen* beschlagnahmt, darunter künstlerisch recht wertvolle Glocken aus der Zeit des Spätmittelalters und der nachfolgenden Jahrhunderte. In tagelangen schwierigen Arbeiten wurden sie an den jeweiligen Glockentürmen heruntergeseilt und sodann zum Osnabrücker Kupfer- und Drahtwerk geschafft, um nach Einschmelzen als Rohmaterial für die Rüstungsindustrie zur Verfügung zu stehen. Erst 1937 hatte der Dom am Tage Allerheiligen ein neues Geläut erhalten. Nunmehr verblieb den Gotteshäusern als Kirchengeläut jeweils eine Glocke, wobei gezielt versucht wurde, das wertvollste Stück zu erhalten. Aber auch diese Glocke fiel später zumeist dem Bombenregen der feindlichen Luftangriffe zum Opfer.

Nach anfänglichen Unterbrechungen in den ersten Kriegswochen lief das Osnabrücker *Theater- und Musikleben* gegen Ende September 1939 wieder planmäßig an, um — wie es in der Presse hieß — ,,das deutsche Volk in dem ihm aufgezwungenen Kampfe auch geistig zu stärken". Unter der Leitung von Intendant *Nuernberger* wurden im ,,*Deutschen Nationaltheater*" alsbald wieder Schauspiel und Operette angeboten. Nach Rückkehr des Städtischen Orchesters aus Bad Oeynhausen, wo es während der Sommermonate gastierte, kamen auch wieder Opern zur Aufführung. Das Konzertleben kam ebenfalls wieder in Gang. Für Sinfonie-Konzerte und große Chor-Darbietungen standen

Das Deutsche Nationaltheater Osnabrück in festlicher Gestalt während der Zeit von 1933 bis 1944

Bühne und Zuschauerraum des Theaters zur Verfügung. Für Luftschutzmaßnahmen war ,,in ausreichender Weise" (Presse) im Theater selbst und in seiner nächsten Nähe Vorsorge getroffen worden. Verstärkter Polizeistreifendienst für die Zeit des Theaterschlusses sollte die Scheu vor der Dunkelheit nehmen. Unter besonderer Wahrnehmung dieser Aufgaben ging das Deutsche Nationaltheater Osnabrück in die Spielzeiten der ersten Kriegsjahre.

Während dieser Zeit besuchte das Theaterensemble mehrfach Osnabrücker Truppenteile im rückwärtigen Kriegsgebiet und bot den stets sehr erfreuten Soldaten heitere Unterhaltung durch Wort und Spiel. Als nach dem Einmarsch in Rußland der Krieg härtere Konturen annahm, entfielen diese Reisen; an ihre Stelle trat eine Reihe von Gastspielen im benachbarten Holland. Auch diese Fahrten mußten eingestellt werden, als sich die Front 1944 den Niederlanden näherte. Inzwischen hatte auch der Bombenkrieg seinen ersten Tribut vom Osnabrücker Theater gefordert. Bereits beim ersten Großangriff der britischen Luftwaffe auf Osnabrück in der Nacht zum 20. Juni 1942 wurde das Theatergebäude von Brandbomben schwer getroffen, so daß erhebliche Brände im Bühnenhaus, Zuschauerraum und anderen Teilen des Theaters ausbrachen. ,,Nach erstaunlich schneller Reparatur konnte am 11. Oktober 1942 wieder am Domhof gespielt werden, nachdem man im September im Festsaal des Schlosses zur Spielzeit 1942/43 gestartet war. Erst als der von Goebbels verkündete *,,totale Krieg"* alles andere zurückstellte, mußte auch das Theater (am 31. August 1944) seine Pforten schließen. Noch versuchte man, den Raum wenigstens für Filmvorführungen zu nutzen, da die Lichtspielhäuser der Altstadt bereits dem Luftkrieg zum Opfer gefallen waren. Aber der Todeskampf des Dritten Reiches und die fortschreitende Zerstörung der Stadt ließen keine Zeit mehr für kulturelle Veranstaltungen, und schließlich fiel auch das Theater (am 25. März 1945) erneut den Bomben zum Opfer." (Kühling).

Wie das Theater, so waren auch die *Filmtheater Osnabrücks* in den Kriegsjahren stets ausverkauft. Es war, als ob die Menschen dem grauen Alltag und dem Leid des Krieges wenigstens für ein paar Stunden entrinnen wollten. Und so erscheint es denn auch recht verständlich, daß nach Angaben der damaligen Filmtheaterbesitzer die Bevölkerung Filme mit kriegerischer und politischer Tendenz ablehnte, während sie unbeschwerte, heitere Filme mit leichtbeschwingten Tanzeinlagen, deren Handlung in vergangenen Zeiten spielte, besonders bevorzugte. Das galt vor allem für den ersten deutschen Farbfilm ,,Frauen sind doch bessere Diplomaten" (mit der springlebendigen Marika Rökk), der im Sommer 1942 wochenlang vor ausverkauftem Haus lief, obwohl die Farben zu wünschen übrig ließen.

Ein von der Öffentlichkeit stark beachtetes historisches Bemühen ging im Sommer 1940 — nach Beendigung der Kriegshandlungen in Frankreich durch den Waffenstillstand von Compiègne — von der Stadt Osnabrück selbst aus. Es war der Gedanke, für den — wie man meinte — bevorstehenden Friedensschluß mit Frankreich und weiteren Gegnern dieses Krieges als Verhandlungsort Osnabrück als die Stadt eines vor dreihundert Jahren die ganze abendländische Welt berührenden Vertragswerkes zu empfehlen. Als Vorbereitung hierauf war unter der Betreuung durch *Ludwig Bäte*, der mit seinem Presseartikel ,,Wo wurde der Westfälische Friede geschlossen?" zum Wegbereiter dieser Idee wurde, im Nebenraum des Friedenssaales, der jetzten Kleinen Ratskammer, eine *Ausstellung ,,Westfälischer Friede"* geschaffen worden, die ab 5. 10. 1940 der Öffentlichkeit zugänglich gemacht wurde. In monatelanger Arbeit von Ludwig Bäte zusammengetragen, wurden hier zahlreiche historische Dokumente und wertvolle Stiche aus der Zeit um 1648 ausgelegt; sie stammten im wesentlichen aus dem Wiener Reichsarchiv, aber auch von anderen Fundstätten im Auslande. Der festlich mit Fahnen geschmückte

Raum enthielt außer weiteren Altertümern, z. B. die Wolfstrommel der Heger Laischaft, als besondere Zierde ein großes von dem Kunstmaler Franz Hecker geschaffenes Bild mit der Stadtansicht zur Zeit des Dreißigjährigen Krieges, nach einem Stich von Merian. Die eigentliche Anregung zu diesem Projekt, einen neuen „Westfälischen Frieden" in den Städten Münster und Osnabrück proklamieren zu lassen, ging von *Dr. Gaertner* aus. Um Osnabrück, bei der regen Vorbereitungstätigkeit Münsters, nicht in den Hintergrund treten zu lassen, unternahm der Oberbürgermeister in Begleitung Ludwig Bätes eine Reise zu den Berliner Regierungsstellen. Die Sache kam aber nicht voran, und je mehr in der Folgezeit die Hoffnung schwand, über Frankreich hinaus auch England in die Knie zu zwingen, desto weniger wollte Berlin auf diese großspurigen Pläne eingehen, bis ein Machtwort von Goebbels den neuen „Westfälischen Frieden" für immer begrub.

Eine weitere bedeutsame kulturelle Initiative der Stadt während des Krieges wurde wirksam in der *Stiftung der Möser-Medaille* im Rahmen der Feierlichkeiten anläßlich des Gedenkens an den 150. Todestag Justus Mösers am 8. und 9. Januar 1944. Die Feiern begannen mit einer von musikalischen Darbietungen bereicherten Gedächtnisstunde am Grabe Mösers in der Marienkirche. In einer Leben und Werk des großen Toten würdigenden Ansprache hob Ludwig Bäte vor allem die engen Bindungen Mösers an seine Vaterstadt hervor. Die eigentliche Gedenkfeier fand am Vormittag des Tages darauf — Sonntag, dem 9. 1. 1944 — vor geladenen Gästen und unter Teilnahme der Bevölkerung im Nationaltheater statt. Im Mittelpunkt stand — vor der mit der Büste Justus Mösers geschmückten Bühne gehalten — der Festvortrag des Göttinger Historikers *Professor Dr. Karl Brandi* über das Thema „Möser und wir". Nach dieser fesselnden akademischen Vorlesung betrat Oberbürgermeister Dr. Gaertner das Podium und gab im Namen des Rates der Stadt feierlich bekannt, daß die Stadt Osnabrück zu Ehren ihres großen Sohnes an dessen 150. Todestag die Möser-Medaille gestiftet habe, die an Persönlichkeiten verliehen werden solle, die sich in besonderer Weise um Osnabrück verdient gemacht haben, und zwar solle dies in Zukunft immer am Handgiftentage geschehen. An diesem Tage aber überreichte der Oberbürgermeister zum ersten Male diese neugeschaffene Auszeichnung an vier Persönlichkeiten, die dieser Ehrung am würdigsten erschienen:

1. an Professor Dr. Karl *Brandi* — in Anerkennung seiner Möser-Forschungen,
2. an den Kunstmaler Franz *Hecker* — dem weit bekannten und geschätzten Darsteller der engeren Heimat und ihrer Bewohner,
3. an den Oberstudienrat Professor Dr. Ludwig *Schirmeyer* — als heimatgebundenen Geschichtsforscher und Neuherausgeber der Werke Justus Mösers,
4. an den Pädagogen und Schriftsteller Ludwig *Bäte* — den Heimatdichter, dem gleichzeitig auch manche neuen Kenntnisse über Möser und seine Familie zu verdanken sind.

Die würdige Feier, die — insbesondere angesichts der Verheerungen in der Stadt im fünften Kriegsjahr — ein bedeutsames Ereignis in Osnabrücks Kulturgeschichte darstellt, wurde durch eindrucksvolle Vorträge des Städtischen Orchesters umrahmt. Das äußere Bild der Möser-Medaille zeigt auf umrahmenden blauem Samt eine aus weißem Metall gefertigte Reliefdarstellung mit dem Bildnis des bedeutsamen Mannes.

Auch der *Historische Verein* in Osnabrück widmete dem großen Sohne der Stadt eine inhaltlich anspruchsvolle Gedenkstunde am Nachmittag des darauffolgenden Sonntags. In der Aula des Ratsgymnasiums sprach Professor Dr. Schirmeyer über „Neues von Justus Möser in der Neuausgabe seiner Werke". Die nunmehr eingeleitete Herausgabe von Mösers Gesamtwerk, das in 14 Bänden vorgelegt werden sollte, kam leider in der schweren Nachkriegszeit nicht zügig voran, hat jedoch heute — bis auf die Bände 3 und 11 — die vorgesehene Zahl von Bänden erreicht.

Um die unersetzlichen *Kunstschätze Osnabrücks*, die sich im Rathaus (u. a. der Kaiserpokal) sowie in den Kirchen und Museen der Stadt, aber auch im Schloß, befanden, vor der Zerstörung zu bewahren, wurden umfangreiche Maßnahmen getroffen, um sie in bombensicheren Räumen, z. T. weit außerhalb, unterzubringen, wo ein Verlust der wertvollen Kunstaltertümer nicht zu befürchten stand. Das galt auch für historisch bedeutsame alte Urkunden und Schriften aus dem Staatsarchiv und, wenn es rechtzeitig gelang, auch aus den Bibliotheken der alten Gymnasien der Stadt. Das lange Zeit von Zerstörungen verschonte Städt. *Museum* am Heger-Tor-Wall stand während der Kriegszeit allen Besuchern, wenn auch im beschränkten Maße, zur Verfügung. Die hier und auch im *Schloß* vom Kulturamt der Stadt veranstalteten Kunstausstellungen fanden regen Zuspruch, so zählte z. B. die Ausstellung am 26. 6. 1940 mit Gemälden schlesischer Künstler etwa 3000 Besucher, trotz des schönen Sommerwetters, das den ganzen Monat Juni 1940 auszeichnete. Wohl die letzte Kunstausstellung im Museum, da das Schloß mit seinem Museumsteil mit entsprechenden Möglichkeiten bereits wegen starker Bombenschäden am 6. Oktober 1942 ausgefallen war, fand im Oktober 1943 statt. Sie enthielt eine sehenswerte Schau deutscher Graphik aus der Zeit zwischen 1500 und 1800. Die Kunstwerke entstammten einer Sammlung des Osnabrücker Regierungsdirektors *Arthur Bodenstedt*. Für das Zustandekommen dieser Ausstellung hatte sich insbesondere Ludwig Bäte verdient gemacht. Im Jahre 1944 fiel auch das Museum am Wall weitgehend durch Bombenschäden für kulturelle Zwecke aus. Der endgültige Untergang des Schlosses vollzog sich am 25. März 1945 durch den letzten Großangriff der alliierten Luftwaffe.

Als mit dem *Anlaufen der Großangriffe* der alliierten Luftmacht auf Osnabrück im Jahre 1942 — mit einer fast einjährigen Unterbrechung im Jahre 1943 — infolge der nun auch einsetzenden Verwendung von Luftminen und schweren Sprengbomben sowie von Zehntausenden von Brandbomben gewaltige Zerstörungen an der Bausubstanz der Stadt in einem bis dahin ungeahnten Ausmaß eintraten, versuchte die Stadt zunächst den unmittelbaren Wiederaufbau der so verursachten Kriegsschäden in die Hand zu nehmen. Hierzu wurde vom Stadtbauamt eine organisationsmäßig schon vorbereitete *Gebäudeschädenstelle* eingerichtet, die sich mit dem Wiederaufbau der mehr oder weniger stark zerstörten Gebäude und der Beseitigung weiterer baulicher Kriegsschäden zu befassen hatte. Ihr oblag auch, den nach Bombenangriffen jeweils notwendig werdenden Einsatz der ihr zur Verfügung stehenden dienstverpflichteten Hilfskräfte oder frei aus den Niederlanden angeworbenen holländischen Handwerker und Arbeiter zu leiten sowie die zugewiesenen Baustoffe zu bewirtschaften. Dem Zentralbüro dieser städtischen Dienststelle waren eine Baustoffabteilung sowie 5—7 weitere Bezirksbüros unterstellt. Ein Hauptbaustofflager an der Elbestraße, ferner Ausweichlager im Stadtrandbereich sowie kleinere Dachziegellager für die Selbsthilfe, betreut von den einzelnen NS-Ortsgruppenleitern, stellten das notwendige Material für die Wiederaufbauarbeit bereit.

Nach einem feindlichen Luftbombardement und dem Ablöschen der hinterlassenen Feuersbrünste wurde zunächst die Beseitigung der umfangreichen Dachschäden an den Häusern der Stadt in Angriff genommen. Kleinere Schäden wurden durch Selbsthilfemaßnahmen der betroffenen Bewohner in den Griff genommen; bei den häufigen und vielen Großschäden im Dachbereich der Häuser mußten die nun einsetzenden Reparaturarbeiten der örtlichen und auswärtigen Dachdeckerfirmen durch zugeteilte Kräfte der städtischen Gebäudeschädenstelle, aber auch durch Teile der Belegschaften der Baugeschäfte verstärkt werden. Die eigentlichen *Wiederaufbauarbeiten* an den Häusern — unter Einsatz von Maurern, Tischlern, Malern, Glasern usw. — wurden von örtlichen, aber auch auswärtigen Firmen, sogar von Unternehmen aus dem Ausland durchgeführt, wobei z. B. 1943 — zur Beseitigung der enormen Gebäudeschäden aus den Luftangriffen des Jahres 1942 — über 4000 einheimische und auswärtige bzw. ausländische Bauhandwerker sowie große Gruppen von Kriegsgefangenen (z. T. in geschlossenen Kompanien) tätig wurden. Die massierten Angriffe der feindlichen Bombengeschwader im Herbst 1944 vernichteten jedoch wieder dieses von der Stadtverwaltung so sorgfältig vorbereitete und zielstrebig durchgeführte Wiederaufbauwerk zum größten Teil. Ab Winter 1944/45 waren nur noch behelfsmäßige Ausbesserungsarbeiten möglich. Der Schwerpunkt der kriegsbedingten Bauarbeiten in der Stadt verschob sich ab 1944 notwendigerweise auf den Luftschutzbau (s. u.). In den letzten Kriegsmonaten gelang es kaum noch, die wichtigsten Straßen von dem anfallenden Trümmerschutt zu befreien; von irgendwelchen Reparaturarbeiten an beschädigten Wohnhäusern und öffentlichen Gebäuden war keine Rede mehr. Unter Aufbietung aller Kräfte gelang es jedoch fast immer wieder, die nach Luftangriffen mehrfach völlig zusammengebrochene Versorgung der Bevölkerung mit Wasser, Strom und Gas sowie die Kanalisation — wenn auch hier und dort nur teilweise — alsbald wieder in Gang zu setzen. So entging Osnabrück — in Hitlers totalem Krieg — wenigstens der totalen Agonie. Die Hinterlassenschaft war aber die gespenstische Landschaft einer weitgehend zerstörten und ausgebrannten Stadt mit vielen Toten und Verletzten. Wie war es dazu gekommen?

3. Das Wirken der NSDAP im Zusammenhang mit dem Kriegsgeschehen

Mit Beginn der Feindseligkeiten am 1. 9. 1939 trat die NSDAP als solche zunächst kaum stärker an die Öffentlichkeit, wohl um den Unmut der Bevölkerung nicht unnötigerweise zu wecken. In diesem Sinne sah sich auch der Generalbevollmächtigte für die Reichsverwaltung, Frick, genötigt, alle Behördenleiter in einem geheimen Runderlaß aufzufordern, besondere Sorgfalt bei der *,,Betreuung der Bevölkerung im Behördenverkehr"* walten zu lassen. Auf der anderen Seite wurde jedoch alles, was nur im entferntesten geeignet erschien, den Siegeswillen des deutschen Volkes zu untergraben, in einer Art *NS-Sonderjustiz* mit schwersten Strafen bedroht. Hierzu gehörte, um die freie Meinungsbildung zu verhindern, ,,Verbrechen gegen die Verordnung über außerordentliche Rundfunkmaßnahmen vom 1. September 1939", wie das Hören von Sendern außerhalb des Reichsgebietes bezeichnet wurde, aber auch das rigorose Vorgehen gegen *,,Verdunkelungsverbrecher"* und andere *,,Parasiten und Volksschädlinge"*, die wegen unvorsichtiger Äußerungen als ,,unbelehrbare Schwätzer" von der Gestapo in Haft genommen und, um die ,,innere Front" nicht zu gefährden, wegen Vergehens gegen das *,,Heimtückegesetz"* unter Überschreitung des normalen Strafrahmens mit außerordentlich hohen Strafen belegt wurden. Mit drakonischen Strafen mußte auch derjenige rechnen, der bezugsscheinpflichtige Verbrauchsgüter ohne gültigen Bezugsschein abgab oder bezog. In diesen überzogenen Maßnahmen zeigte sich bereits deutlich der — mit der Dauer des Krieges sich weiter verschärfende — menschenfeindliche Charakter des nationalsozialistischen Gewaltsystems, das gegen Ende des Krieges alle Schranken möglicher Menschlichkeit beiseite schob.

3. Das Wirken der NSDAP im Zusammenhang mit dem Kriegsgeschehen

Nach der Niederwerfung Polens im Herbst 1939 zeigte sich auch die NSDAP mit ihrem breitgegliederten Apparat wieder stärker im Alltagsleben der Bevölkerung. Das geschah nicht nur in öffentlichen Kundgebungen und Siegesfeiern, sondern auch in der Organisation von Gemeinschaftsempfängen von Führerreden, in der Durchführung von Sammlungen aller Art und von Wunschkonzerten, deren Ertrag insbesondere auch, wie Kühling schreibt, ,,der finanziellen Unterstützung der Parteitätigkeit diente". Die Aktivitäten der Parteiorganisation zielten nunmehr weitgehend darauf ab, größeren Einfluß auf das öffentliche Leben zu nehmen, auch im Bereiche der städtischen Verwaltung durch Übernahme von Aufgaben, die nach außen hin die kriegswirtschaftliche Bedeutung der Bevölkerung fördern und straffen sollte, aber gleichzeitig auch im Sinne der *zentralistischen Machtposition der Partei* eine deutliche Kontrolle des *,,Innenlebens"* der Bürger Osnabrücks ermöglichte. So übernahmen die Ortsgruppen alsbald die Ausgabe der Lebensmittelkarten sowie auch der Bezugsscheine für Spinnstoffe, Schuhzeug oder Fahrradbereifung. Die Ortsgruppen nahmen nicht nur die Anträge auf Gewährung eines entsprechenden Bezugsscheines entgegen, sondern begutachteten sie auch und konnten somit entscheidend bei der Bewilligung des Beantragten mitwirken. Geradezu hilfspolizeilichen Charakter nahmen diese Eingriffe der Parteiführung später an, wenn nach Luftangriffen Ortsgruppenleiter in ihren Bereichen über die Räumung von Häusern, Unterbringung von Obdachlosen und Beseitigung von Dachschäden entscheiden und das Ausmaß dieser Aktionen durch Wohnungszuweisung, Zuweisung von Fahrgelegenheiten bzw. von Bedachungsmaterial steuern konnten.

Daß dieses dominierende Mitwirken der Parteiorganisation gerade in den Katastrophenfällen des Luftkrieges auch Züge von menschlicher Hilfsbereitschaft haben konnte,

Trauerfeier für Luftkriegsopfer 1944 auf dem Schloßhof

bezeugte ihr Verhalten in der *Obdachlosenbetreuung* nach schweren Bombenangriffen. Wenn danach Tausende ihr Heim und sämtliches Hab und Gut verloren hatten, waren u. a. besonders die NS-Frauenschaft und der BDM aufs eifrigste bemüht, durch Reichung von warmen Getränken und Butterbroten über den ersten Mangel hinwegzuhelfen. Die eigentliche Fürsorge hinsichtlich weiterer Unterbringung wurde von den Ortsgruppen eingeleitet und sodann vom Städt. Wohnungsamt bestätigt. Die Hilfsmaßnahmen erstreckten sich auf die Umquartierung und die Beschaffung der hierzu notwendigen Fahr- und Transportmöglichkeiten für die aus den Trümmern noch geborgenen Möbel und Haushaltsgegenstände bis zur Fürsorge für das leibliche Wohl, die zumeist von der NSV übernommen wurde. Mehrere Tage lang konnten die Obdachlosen in dafür zur Verfügung stehenden Lokalen auf diese Weise unentgeltlich warmes Essen erhalten. Mehrfach blieb aber nach solchen Angriffen ein Rest von Ausgebombten übrig, der noch Tage nach der Katastrophe nicht wußte, wo er eine zumutbare Bleibe finden sollte. Diesen Ausgebombten konnte es dann auch begegnen, wie die Osnabrücker Kriegschronik ausweist, daß, wenn sie sich deswegen an ihre Ortsgruppe wandten, deren Beauftragter sie mit der kaltschnäuzigen Antwort abspeiste: ,,Schlafen Sie doch im Bunker!" Doch blieben solche Entgleisungen wohl die Ausnahme, da sich über die regionalen Einwirkungsmöglichkeiten von Parteidienststellen das sachliche Verantwortungsbewußtsein der Verwaltungsbehörden der Stadt durchzusetzen verstand. Doch darf hierbei nicht übersehen werden, daß in Grundsatzfragen das Gewicht der Partei stets die Oberhand behielt, denn — wie Kühling es treffend formuliert: ,,Man darf nicht vergessen, daß die Macht bei der Partei und nur bei der Partei lag, und daß diese Position bis zum letzten Tage des Krieges in Osnabrück unantastbar war."

Nach der Berufung des Kreisleiters Münzer im Juli 1940 als Provinzkommissar im Verwaltungsbereich des Reichskommissars der besetzten niederländischen Gebiete, Dr. Seiß-Inquart, nach Middelburg in Holland wurde der Gauinspekteur *Wehmeier* als kommissarischer Kreisleiter für Osnabrück-Stadt eingesetzt. Gleichzeitig übernahm er die Dienstgeschäfte eines Beauftragten der NSDAP für die Stadtgemeinde Osnabrück. Er wurde somit — neben dem Oberbürgermeister, jedoch in der Parteihierarchie über ihm stehend — die oberste Leitungsinstanz in der Stadt. Als sein Vertreter wurde der Ortsgruppenleiter Stadtrat Arnoldi bestellt. Als Dezernent für Polizei- und Personalangelegenheiten hatte er eine der wichtigsten Positionen im Verwaltungsapparat der Stadt inne. Dennoch blieb, worauf Kühling auf Grund von Tatsachen, die Beweiskraft besitzen, hinweist, die Verwaltungsspitze der Stadt grundsätzlich bemüht, ,,die Eignung zur Anstellung, Beschäftigung und Berufung von Beamten nicht an der Parteizugehörigkeit, sondern an den fachlichen Kenntnissen und der charakterlichen Haltung zu bemessen. So konnte die Beförderung einiger höherer Polizeidienstgrade durchgesetzt werden, obwohl die Betreffenden nicht Mitglieder der NSDAP, sondern gläubige Söhne der katholischen Kirche waren. Die obersten Vertreter der Verwaltung in Osnabrück stellten sich selbst vor diejenigen Beamten, denen aus parteipolitischen Gründen etwas angehängt werden sollte, und traten dafür ein, daß strafbare Handlungen, auch wenn sie von Parteivertretern oder Parteidienststellen begangen waren, nach dem Gesetz geahndet wurden. Sogar der Selbstherrlichkeit der Geheimen Staatspolizei wagte man entgegenzutreten, um eigene Würde und Verantwortung zu wahren. Der Leiter der Osnabrücker Gestapo mußte es sich gefallen lassen, aus einer vertraulichen Sitzung der Verwaltung, zu der er sich Eintritt verschafft hatte, vom Kommandeur der Osnabrücker Schutzpolizei, Oberstleutnant Jung, wieder entfernt zu werden".

Der machtpolitisch ungeteilte Führungsanspruch der NSDAP im Gau-Bereiche Weser-Ems über die verschiedenen staatlichen Instanzen angehörenden Verwaltungsregio-

3. Das Wirken der NSDAP im Zusammenhang mit dem Kriegsgeschehen

nen (Land Oldenburg selbständig, die Regierungsbezirke Aurich und Osnabrück dem Oberpräsidenten der preußischen Provinz Hannover unterstellt) erreichte seine „Vollendung" in der ab 1. Juli 1944 durch Führererlaß ausgesprochenen „Staatlichen Einheit im Gau Weser-Ems". Dies führte zu einer grundlegenden *Neuordnung der staatlichen Verhältnisse in der Verwaltung* der beiden bis dahin preußischen Landesteile der Regierungsbezirke Osnabrück und Aurich. Diese beiden Bezirke, und damit auch die Stadt Osnabrück, wurden nunmehr der staatlichen Hoheit des Gauleiters und Reichsverteidigungskommissars in Oldenburg und Bremen unterstellt. Damit gingen die Aufgaben und Befugnisse des Oberpräsidenten in Hannover in beiden Bezirken auf den Reichsstatthalter in Oldenburg und Bremen über, wobei Bremen weiterhin den Charakter einer Freien Hansestadt behielt. Innerhalb des Gaues Weser-Ems wurde so die vollkommene staatliche Einheit herbeigeführt und damit auch die totale Hoheitsgewalt des Gauleiters in Weser-Ems auf den Bereich des Regierungsbezirks Osnabrück ausgedehnt, da er — wie es hieß — raumpolitisch organisch zum seewärts gerichteten oldenburgisch-bremischen Gaugebiete gehöre. Auch beseitige diese Anordnung unnötige Überschneidungen in der Verwaltung innerhalb der Mittelinstanz und diene somit der Vereinfachung des Geschäftsganges aller beteiligten Behörden. Allgemeiner Vertreter des neuen Oberpräsidenten als Verwaltungsspitze (Gauleiter und Reichsstatthalter Paul Wegener) im Bereich der staatlichen Verwaltung wurde — unter Beibehaltung seiner bisherigen Dienststellung als Stellvertreter des Reichsverteidigungskommissars mit dem Sitz in Bremen — der neue Regierungspräsident Dr. Fischer in Osnabrück, der ab 1. Juli 1944 den bisherigen Regierungspräsidenten *Rodenberg* in der Regierung und Verwaltung dieses Bezirks ablöste.

Mit dieser nunmehr auch im staatlichen Bereich ungeteilten Dominanz im Gau Weser-Ems war die NS-Gauleitung in Oldenburg am Ziele ihrer regionalen Integrationsbestrebungen, über deren Ergebnis sie sich jedoch nicht einmal mehr ein Jahr erfreuen sollte. Kühling beschreibt den Weg der Entwicklung hierzu, wie er von der Parteileitung verwaltungstechnisch in mehreren Schritten systematisch vorbereitet wurde, wie folgt: „Bereits 1939 war ein Landesernährungsamt Weser-Ems ohne Rücksicht auf die preußische, oldenburgische oder bremische Landeszugehörigkeit der erfaßten Gebiete (in Oldenburg) geschaffen. 1940 folgte die Schaffung eines Landeswirtschaftsamtes Weser-Ems als Mittelstufe des Reichswirtschaftsministers, 1941 eines Wohnungs- und Siedlungsamtes unter dem gleichen Vorzeichen. 1942 wurde die Angleichung der Verwaltungsbezirke an die Grenzziehung der Parteigaue weitergetrieben, in dem die Gauleiter zu Reichsverteidigungskommissaren gemacht wurden, die mit umfassenden Rechten bei allen Angelegenheiten der Kriegsverwaltung ausgestattet waren." Mit der feierlichen Einführung des neuen Regierungspräsidenten in Osnabrück *Dr. Fischer* — gleichzeitig stellvertretender Reichsverteidigungskommissar Weser-Ems mit Sitz in Bremen — in sein Osnabrücker Amt am 7. Juli 1944 durch den Staatssekretär Dr. Stuckart im Reichsinnenministerium im Sitzungssaal des Regierungsgebäudes am heutigen Heger-Tor-Wall fand diese tiefgreifende staats- und machtpolitische Neuordnung im nordwestdeutschen Raume ihren Abschluß; die damit etablierte *„weser-emsische"* Geschichtsetappe des alten Hochstifts und Fürstbistums Osnabrück währte jedoch nur knapp 10 Monate, denn bald nach der *„Stunde Null"* im April 1945 kehrte der Regierungsbezirk Osnabrück als Träger der ursprünglichen Geschichtstradition reumütig zurück unter die Fittiche des Oberpräsidenten von Hannover. Wenn dennoch 1978 die weser-emsische Anbindung unserer Raumes *„fröhliche Urständ"* feierte, dann immerhin noch im größeren Verbande des Landes Niedersachsen. (Über diese jüngste Entwicklung folgen nähere Ausführungen im Abschnitt über die Jahre 1970—1978 gegen Ende der Chronik).

Diese bedeutsame Änderung in der regionalen staatlichen Zugehörigkeit Osnabrücks und des Osnabrücker Landes, die gleichsam ein Vorgriff war auf die *„Gebietsreform"* von 1978, entging unter den täglichen Sorgen der Bevölkerung, die sich mit Luftalarmen und Bombenangriffen herumschlagen mußte, weitgehend der Aufmerksamkeit der Öffentlichkeit. So wurde sie kaum bewußt wahrgenommen. Um so mehr bewirkte im gleichen Monat das mißglückte Bombenattentat auf Hitler in seinem Hauptquartier *„Wolfsschanze"* bei Rastenburg (Ostpreußen) am 20. Juli 1944 eine gewaltige Erschütterung der Einwohner Osnabrücks. ,,Doch war hiervon auch nach außen hin nicht viel zu spüren, teils weil sich bei der schon gewohnten Knebelung der öffentlichen Meinung ein freies Wort von selbst verbot, teils weil ein jeder sich sagte, daß alles beim alten geblieben war. Jedenfalls konnte ein Beobachter bei dem Alarm, der kurze Zeit nach der Führeransprache die Mehrzahl der Osnabrücker in Bunkern und Stollen zusammenführte, zu seiner Verwunderung feststellen, daß weitaus die meisten es vorzogen, über die alles überragenden Ereignisse des heutigen Tages zu schweigen" (Dr. Glenewinkel in der Osnabrücker Kriegschronik am 20. 7. 1944). Nachdem die Gefahr einer politischen Umwälzung für Hitler und die Träger seiner Gewaltherrschaft glücklich vorbeigegangen war, sannen führende Kreise der Partei auf Mittel und Wege, wie sich ihre Machtstellung noch fester untermauern ließe. Görings Befehl, Offiziere und Soldaten, ebenso Zivilpersonen, die für die *„Verbrecher"* einträten, sofort festzunehmen und zu erschießen, war ebenso eine heftige Reaktion auf das Attentat wie die Anordnung für alle Wehrmachtsangehörigen, ab 22. 7. 1944 — angeblich auf Wunsch aller Wehrmachtsteile — im Dienst den ,,deutschen Gruß" zu verwenden — statt der seit Jahrhunderten üblichen Ehrenbezeigung. Gleichzeitig setzte eine *blutige Verfolgungswelle der Gestapo* ein und erfaßte auch als *„politisch Verdächtige"* Tausende von potentiellen Regimegegnern, insbesondere ehemalige Mitglieder und Funktionäre der deutschen Sozialdemokratie und der Gewerkschaftsbewegung, aber auch der kommunistischen Partei und schließlich auch des Zentrums. In Osnabrück traf dieser Schlag, der im gesamten Gebiet des Deutschen Reiches etwa 5000—6000 Verhaftungen auslöste, am 22./23. August 1944 u. a. die Sozialdemokraten *Mentrup*, *Szalinski* als früheren Gewerkschaftssekretär und Regierungsrat a. D. *Groos* als früheren Leiter des Arbeitsamtes sowie den ehemaligen Parteisekretär *Niedergesäß*, der 1941 aus dem KZ Buchenwald wieder entlassen worden war. Die Häftlinge, zu denen noch das ehemalige Mitglied der KP *Wille* stieß, wurden zunächst im Arbeitszuchtlager Ohrbeck interniert; sodann kamen sie in das Konzentrationslager Neuengamme, wo Heinrich Groos und Fritz Szalinski in wenigen Monaten den Quälereien erlagen, während Heinrich Niedergesäß und Wilhelm Mentrup bald danach mit einer größeren Zahl von KZ-Häftlingen auf einem Seeschiff umkamen, das durch Bomben in der Lübecker Bucht versenkt wurde. Auch Wille zählte zu den so ermordeten Opfern, doch liegen über seinen Tod keine Einzelheiten vor. Zu den insgesamt etwa 70—80 Opfern der Inhaftierung in Osnabrück gehörte auch das ehemalige sozialdemokratische Mitglied des Preußischen Landtages, zeitweise auch des Reichstages, und bis 1932 Landrat in Emden, *Walter Bubert*. ,,Dem Schicksal der (oben angeführten) Mitinhaftierten entging er nur dadurch, daß ein Herzanfall und der Einsatz des ihn behandelnden Arztes ihn dem weiteren Zugriff der Gestapo entzog." (Ulrich Breuker in *,,100 Jahre SPD in Osnabrück".*) Das Gedenken an Fritz Szalinski, Wilhelm Mentrup und Heinrich Groos halten nach ihnen benannte Straßen unserer Stadt fest; an den SDP-Parteisekretär Heinrich Niedergesäß erinnert eine Bronzetafel an seinem Hause in der Hasestraße. Hart geprüfte Häftlinge waren auch der bekannte Osnabrücker Arzt *Dr. Busse* und der angesehene Verlags- und Buchdruckereibesitzer *Dr. Liesecke*. Kritische Meinungsäußerungen, durch feige Denunziation der Geheimen

Staatspolizei überbracht, führten sie ins Polizeigewahrsam und später ins Zuchthaus. Unter solch maßlos niederträchtigen Umständen traf der tödliche Zugriff des Volksgerichtshofes unter dem berüchtigten Freisler auch die am 23. März 1903 in Osnabrück geborene Schwester des damals in der freien Welt bereits weithin anerkannten und geachteten, aber im Machtbereich Hitlers mit Haß verfolgten Osnabrücker Schriftstellers *Erich Maria Remarque*, die nach Dresden verheiratete Frau Elfriede *Scholz*, geborene *Remark*. Sie wurde nach ihrer Verurteilung zum Tode am 23. Dezember 1943 in Berlin-Plötzensee dem Fallbeil des Henkers übergeben. Die Stadt Osnabrück gedenkt ihrer weiterhin durch die Benennung einer Straße am Westerberg mit ihrem Namen. Auch Dr. Busse kehrte nicht wieder, während Dr. Liesecke, dem bis zum Schluß das todbringende Verfahren vor dem Volksgerichtshof drohte, von den einrückenden britischen Truppen befreit wurde. Unter den von der Gestapo in Osnabrück gefangengesetzten Bürgern befanden sich auch ehemals führende Mitglieder der Zentrumspartei, die jedoch nur einige Tage festgehalten wurden. Ein unbedachtes kritisches Wort, in schnöder Weise kolportiert, konnte in jenen Tagen mehr denn je genügen, auch in Osnabrück schnelle, oft auch schicksalhafte Bekanntschaft mit dem berüchtigten Gestapo-Keller, seit September 1943 im Westflügel des Osnabrücker Schlosses untergebracht, zu machen.

Was sich hier, insbesondere in diesen Sommermonaten 1944, seitens des NS-Systems an willkürlichen Haßausbrüchen über der deutschen Bevölkerung entlud, hatten die jüdischen Bürger Deutschlands schon seit Jahren auszuhalten. *Die israelitische Gemeinde Osnabrücks,* die nach den Feststellungen der Nachkriegszeit (s. Kühling) vor der Hitlerzeit, mit weiteren Mitbürgern jüdischer Abstammung, annähernd 500 Angehörige zählte, war durch Abtransport bis Mitte Februar 1941 bereits auf 69 jüdische Einwohner in unserer Stadt zusammengeschrumpft. Über 300 Angehörige der jüdischen Gemeinde konnten sich vorher durch rechtzeitige Auswanderung nach Übersee oder ins europäische Ausland unter schweren Existenzsorgen der von Hitler während des Krieges angestrebten „*Endlösung*" in der Judenfrage glücklich entziehen. Die in Osnabrück verbliebenen Bürger jüdischen Glaubens führten, weitgehend ihrer zivilen Lebensgrundlage beraubt, notgedrungen ein zurückgezogenes Dasein. Sie standen abseits einer Öffentlichkeit, die ihnen gegenüber auf Grund der gesetzlichen Rassenverfolgung durch das NS-Regime kaum Mitleid bekundete und sie damit mehr oder weniger aus der mitbürgerlichen Gemeinschaft ausschloß. Auf Grund eines Reichsgesetzes vom September 1941 mußten sie in der Öffentlichkeit den gelben Judenstern tragen. Es handelte sich um ein in Brusthöhe auf dem Kleidungsstück befindliches Abzeichen, das in schwarzen Buchstaben das schon von weitem erkennbare Wort „Jude" enthielt. Damit wurde den jüdischen Bürgern in der Heimat in infernalischer Weise die Möglichkeit genommen, sich als normale Menschen zu bewegen und jene Bestimmungen zu durchbrechen, die einen Kontakt mit deutschen Mitbürgern verhindern sollten. Diese diskriminierende Aktion erwies sich drei Monate später als Auftakt zum weiteren Abtransport von restlichen Juden in Osnabrück, und zwar in eines der östlichen Konzentrationslager der nationalsozialistischen Gewaltherrschaft, deren furchtbare Bedeutung für das Judentum in vielen Ländern Europas am erschütterndsten mit Namen wie Auschwitz, Maidanek oder Treblinka verbunden ist. Im weiteren Vollzuge dieses Völkermordes war das Ziel dieses Transportes die Hafenstadt Riga an der Ostsee, wo Anfang Dezember 1941 die ersten Judentransporte aus dem Reich einem Blutbad zum Opfer fielen (2700 Opfer). Nur diejenigen Angehörigen der Osnabrücker Judenschaft, die älter als 60 Jahre oder mit einer arischen Person verheiratet waren, ebenso die Kranken, durften in der Stadt zurückbleiben. Aber auch diese Letzten der Osnabrücker Juden schützten schließlich weder ihr hohes Alter noch ihre körperliche Gebrechlichkeit (nur vier ihrer Glaubensgenossen, die in Mischehen lebten, wurden nicht erfaßt). Auch sie mußten später noch unsere Stadt verlassen, und zwar, wie es hieß, weil ihre Wohnungen für die Unterbringung Bombengeschädigter benötigt wurden. Die für den letzten Transport Erfaßten hatten nicht nur ihr Hab und Gut zurückzulassen, sondern durften nicht einmal Handgepäck mitnehmen. Die unter diesen unmenschlichen Umständen angetretene Fahrt endete im Konzentrationslager Theresienstadt in Böhmen. Mindestens 102 der so insgesamt aus Osnabrück abtransportierten Bürger jüdischer Abstammung wurden ein Opfer der unter dem NS-Begriff *„Endlösung der Judenfrage"* erfolgenden schändlichen Massenvernichtung jüdischer Mitmenschen. „Auch in die Geschichte der Stadt Osnabrück wirft die Judenverfolgung Schatten, die nicht weniger düster sind als die der Hexenverfolgungszeiten" (Kühling).

Die letzte umfassende Aktion der NSDAP, auch in Osnabrück, war die *Errichtung des deutschen Volkssturms*, den Hitler mit Erlaß vom 25. September 1944 als letztes Aufgebot ins Leben gerufen hatte. Alle waffenfähigen Männer im Alter von 16 bis 60 Jahren wurden aufgerufen, gegen die an den Grenzen Deutschlands erschienenen feindlichen Heere unter Führung des jeweiligen Gauleiters anzutreten und, erfaßt von den örtlichen Organisationen der Partei, ausgebildet, bewaffnet und ausgerüstet unter der Verantwortung des Befehlshabers des Ersatzheeres Himmler „überall dort, wo der Feind den Heimatboden betritt, ihn fanatisch anzupacken, ihn festzuhalten und womöglich aufzureiben". In diesem Aufrufe Himmlers heißt es dann weiter: „Auch in dem Gebiet, das sie glauben erobert zu haben, wird immer wieder der deutsche Widerstandswille auflodern, und wie die Werwölfe werden todesmutige Freiwillige dem Feinde schaden und seine Lebensfäden abschneiden." Ganz abgesehen davon, daß es sich hier um eine unverblümte Aufforderung zum Partisanenkrieg handelte, den Hitler bei der Gegenseite auf schärfste gebrandmarkt hatte, bedurfte es bei jeglichem Einsatze des Volkssturms einer entsprechenden Bewaffnung, Ausbildung und Kampffähigkeit, wofür auch beim Osnabrücker Volkssturm, der ortsgruppenweise aufgestellt wurde, fast alle Voraussetzungen fehlten, insbesondere auch hinsichtlich seiner Uniformierung, die weitgehend durch eine Armbinde ersetzt wurde. Es war ein geradezu unmögliches, wenn nicht gar verbrecherisches Unterfangen, diese kaum ausgebildeten, nicht entsprechend eingekleideten sowie fast unbewaffneten HJ-Jungen und älteren Männer, höchstens mit einer geschulterten Panzerfaust den hochmodern ausgerüsteten Truppen der vordringenden Alliierten entgegenzuwerfen. In den ersten Wochen des Jahres 1945 waren es hauptsächlich Schanzarbeiten, u. a. an der *„Friesenstellung"* im Emsland oder an Panzersperren rund um Osnabrück, zu denen die Männer des Volkssturms herangezogen wurden. Als jedoch gegen Ende März 1945 der Feind näherrückte und, über jeden Widerstand hinweg unaufhaltsam vordringend, am 3. April den westlichen Stadtrand Osnabrücks erreichte, konnte auch dieses letzte Aufgebot, das inzwischen auf mehrere tausend Mann angewachsen war, bis auf einigen hinhaltenden Widerstand an Panzersperren nichts Entscheidendes mehr dagegen unternehmen. Damit er im aussichtslosen Kampfe um Osnabrück, das von regulären deutschen Truppen fast entblößt war und daher kaum noch verteidigt werden konnte, nicht sinnlos aufgeopfert wurde bzw. in Gefangenschaft geriet, wurde der Volkssturm noch vor dem Eindringen der Alliierten in die Stadt am 4. April 1945 aufgelöst und nach Hause geschickt. Mit dem gleichzeitigen Zusammenbruch des NS-Apparates in unserer Stadt verflüchtigte sich auch der letzte absolut unsinnige Versuch einer landsturmartigen Gegenwehr. Für Osnabrück, jetzt nur noch ein weitgehend in Trümmern liegender und ausgebrannter Schatten seiner selbst, war damit das *„Dritte Reich"* zu Ende.

4. Wachsende Kriegseinwirkungen auf Osnabrück

Als am 4. September 1939 für Osnabrück erstmalig *Fliegeralarm* gegeben wurde, spürten die Bewohner der Hasestadt, daß dieser neue Krieg — im Unterschied zum Ersten Weltkrieg — wohl viel hautnäher erlebbar werden könnte, als dies vor 25 Jahren der Fall war. Diese erste unmittelbare Kriegseinwirkung auf Osnabrück, gekennzeichnet durch das schauerlich ansteigende Heulen der Sirenen, erfolgte 41 Minuten nach Mitternacht, das war 12 Stunden nach der englischen Kriegserklärung. Die aus dem Schlaf aufgeschreckte Bevölkerung ging, wie es Vorschrift war, in die Keller, die erst teilweise für den Luftschutz ausgerüstet worden waren. Ausgelöst wurde dieser Alarm durch das Erscheinen einzelner in sehr großer Höhe fliegender britischer Flugzeuge, die den Raum Osnabrück überflogen und Flugblätter abwarfen. Nach der Entwarnung um 2.49 Uhr konnte die Bevölkerung die Luftschutzräume wieder verlassen. Mit dem letzten Alarm am 1. April 1945 schloß sich dieser Kreis schriller akustischer Kriegseinwirkung, aber dieses Mal vor der grauenvollen Kulisse einer weitgehend in Trümmern liegenden Stadt, deren Bewohner Leid und Schrecken des Krieges in einem Ausmaß kennen gelernt hatten, das im Herbst 1939 unvorstellbar gewesen war und alle Erwartungsmöglichkeiten übertraf. Dazwischen lagen in den Kriegsjahren 2396 Alarme, deren Dauer und Dramatik mit dem Fortschreiten des Krieges in steigendem Maße zunahm und schließlich geradezu in einem Höhlenbewohnerdasein vieler angst- und notgepeinigter Mitbewohner unserer Stadt endigte.

Stollengänge in einem Osnabrücker Luftschutzbunker

Während dieser Zeit mußten es die Osnabrücker — worauf diese hohe Zahl der Alarme hinweist — in dramatischer Weise büßen, daß der direkte Luftweg von London für Einflüge nach Berlin und Mitteldeutschland über unsere Stadt führte und auch der Rückflug der eingeflogenen Verbände wiederum häufig über das Osnabrücker Gebiet erfolgte und die entsprechenden Alarme auslöste. Sie mußten daher — weit mehr als Bürger anderer Städte — in vielen Nächten wegen der sich auf diese Weise ergebenden Störungen der Nachtstunden auf ihre — in dieser Zeit um so dringender benötigten — Schlafenszeit verzichten und statt dessen ziemlich langwierige *Bunkersitzungen* über sich ergehen lassen. Wenn auch öfters in diesen Alarmzeiten nichts Besonderes vorfiel, so verstärkte sich doch die allgemeine Unruhe unter den Menschen um ein beträchtliches. In einer in einem der folgenden Abschnitte zusammengestellten Statistik über die Anzahl und Dauer der Luftalarme während des Krieges in Osnabrück wird in der Summe dargestellt, welche Gesamtzeit die Bürger Osnabrücks in Luftschutzbunkern und -stollen zubringen mußten. Es waren dies alles in allem 2741 Stunden und 52 Minuten, insgesamt also 114 Tage und Nächte oder fast 4 Monate.

Da die Bevölkerung im Hochgefühl der Siegesmeldungen von den verschiedenen Kriegsschauplätzen — 1939 Polen, 1940 Dänemark, Norwegen sowie die Niederlande, Belgien und Frankreich — das *erstmalige Erscheinen einzelner britischer Flugzeuge* über dem Raum Osnabrück kaum beachtete, wurde sie auch durch die — im Zusammenhang mit den Kämpfen an der Kanalküste — gesteigerte Tätigkeit feindlicher Luftstreitkräfte im deutschen Binnenlande in der Zeit vom 3.—23. Juni 1940 über dem Osnabrücker Raum wenig beeindruckt. Zur Erhellung des Umstandes, warum Osnabrück bis dahin, trotz seiner kriegswichtigen Industrie- und Verkehrslage, von feindlichen Angriffen verschont blieb, wurden zwei Tatsachen geltend gemacht: einmal die starken Flakverbände auf den Höhen rings um die Stadt, zum anderen das häufige Vorhandensein einer ziemlich starken Dunstschicht über der Stadt, die sich nachts, hervorgerufen durch die Kessellage der Stadt zwischen den sie umschließenden Waldbergen, bildete und den Fliegern die Orientierung erschwerte. Von den benachbarten Städten erfreute sich Bielefeld etwa des gleichen Vorzugs und blieb deshalb ebenso vorläufig den Luftangriffen entzogen, während das offen gelegene Münster weit mehr zu leiden hatte. Um die Sicherheit zu erhöhen, ging man in Osnabrück zusätzlich dazu über, die wichtigsten Industriebetriebe des Nachts einzunebeln.

Am 23. Juni 1940 erfolgte der *erste Bombenabwurf* auf Osnabrück überhaupt. Um 7.30 Uhr abends überraschte die Einwohnerschaft das Getöse von schweren Detonationen, dem alsbald das aufbellende Geknatter der Flak-Geschütze vom Westerberg und erst danach das wohlbekannte Sirenengeheul der Alarmanlagen folgten. Jeder wußte, daß nunmehr der Feind ernst gemacht hatte. Allgemeine Bestürzung verbreitete sich, alles eilte in die Luftschutzkeller hinab. Schon um 19.40 Uhr kam das Entwarnungszeichen, aber noch mußten feindliche Flieger in der Nähe sein, denn es wurde abermals Alarm gegeben, der von 20.02 Uhr bis 20.43 Uhr dauerte. Ziel des Angriffs war das Stahlwerk. Während des etwa eine Viertelstunde dauernden Angriffs warf ein feindliches Flugzeug vom Typ Bristol-Blenheim drei mittlere und neun leichte Sprengbomben ab. Als Opfer waren zwei Tote und zwölf Verletzte zu beklagen, außerdem wurden zehn Wohnhäuser zerstört und mehrere benachbarte Gebäude beschädigt. Der Sachschaden belief sich auf 1,3 Mill. RM. Allein das Stahlwerk erhielt sieben Bombentreffer.

Diese Angaben, dem Tagebuch der Polizei entnommen, dessen Zahlen von Polizeibeamten auf das sorgfältigste geprüft wurden, wichen von dem offiziellen bagatellisierenden Bericht der hiermit befaßten zentralen Parteidienststelle, die bis zum letzten

Angriff am 25. März 1945 alle derartigen Berichte formulierte, erheblich ab: ,,Am Sonnabend-Abend wurde Osnabrück von feindlichen Flugzeugen angegriffen. Bei mehreren Anflügen wurden Sprengbomben geworfen. Fünf Wohnhäuser wurden leicht, eines schwer beschädigt. Eine Person wurde getötet, drei verletzt. Durch sofortige energische Flak-Abwehr wurden weitere Schäden verhindert."

Angesichts der allgemeinen Siegesstimmung in der Bevölkerung nach dem Waffenstillstand mit Frankreich im Juni 1940 wurde dieser erste Angriff nicht besonders ernst genommen. Auch die Steigerung im Juli 1940, die zweimal stärkere Bombenabwürfe auf die Stadt und eine rege nächtliche Aktivität im Vorfeld Osnabrücks brachte, wobei es gelang, geplante Angriffe auf die Stadt durch starkes Flakfeuer abzuwehren, wurde nicht groß gewertet. Dann flaute die *erste Phase* ab, denn mit Beginn der Luftschlacht um England mußte die Royal Air Force ihre Einflüge nach Deutschland zunächst drastisch einschränken. Doch die britische Flugzeugproduktion und die Zufuhr amerikanischer Maschinen bewirkten, daß die britische Luftwaffe im Spätherbst 1940 stärker war als zu Beginn der Schlacht über England. Hitler mußte daher den Plan einer Invasion der Britischen Inseln zunächst verschieben, schließlich ganz aufgeben. Die erste große Niederlage Deutschlands im Zweiten Weltkrieg war damit eingetreten.

So brachte das Jahr 1940 nach den ersten drei Angriffen auf Osnabrück im Juni/Juli im Spätherbst noch weitere vier Angriffe, in deren Verlauf insgesamt 43 Sprengbomben auf die Stadt abgeworfen wurden. Im Zusammenhange mit der Ausweitung des Krieges auf Südosteuropa und das Mittelmeergebiet seit April 1941 ging in diesem Jahr die Zahl der Angriffe auf die Hasestadt auf drei zurück, bei denen jedoch neben 12 Sprengbomben erstmalig auch 484 Brandbomben verwendet wurden. Damit begann der *Einsatz des Feuers als Vernichtungswaffe,* insbesondere gegen Wohnviertel und damit gegen die wehrlose Bevölkerung. Mit dem Jahre 1942 setzte dann der gnadenlose rigorose Luftkrieg gegen Osnabrück ein, als nach der Kriegserklärung gegen die USA am 11.12.1941 die größte Wirtschaftsmacht der Welt zum Gegner Deutschlands gemacht wurde. In diesem Jahre, nach dem Einfall Hitlers 1941 in Rußland, als die Alliierten versuchten, die Sowjetunion von Westen her aus der Luft zu entlasten, erfolgten 7 Angriffe, von denen aber 4 bereits als ausgesprochene *Großangriffe* gewertet werden mußten, nämlich die Angriffe am 20.6., 10.8., 18.8. und 6.10.1942. An diesen Tagen kam die Masse der insgesamt zum Abwurf gekommenen Kampfmittel — 30 Luftminen, 769 Spreng- und 55950 Brandbomben — zum Einsatz. Bereits der erste Großangriff am 20. Juni 1942

Nach einem Tagesangriff: Brandwolken über der Altstadt

nahm in seinen zerstörerischen Folgen Ausmaße an, wie sie Osnabrück seit dem großen Brande von 1613 noch nicht wieder erlebt hatte. Für die Bevölkerung Osnabrücks war aber vor allem der Monat August eine Zeit der Furcht und des Schreckens. Zwei folgenschwere nächtliche Großangriffe schlugen in diesem Monat ihre tiefen Wunden, die sobald nicht vernarben konnten. Handel und Wirtschaft erlitten einen furchtbaren Schlag. Osnabrück stand nun bereits mit seinen Toten, Verletzten, zerbombten Häusern und Industriebetrieben in vorderster Linie der Städte, die von den britischen Luftangriffen am schwersten getroffen wurden, zusammen mit Köln, Düsseldorf, Duisburg, Emden, Bremen und Rostock. So mutig und unverzagt sich ein großer Teil der Bevölkerung in der Stunde der Gefahr gezeigt hatte, so blieb doch eine allgemeine lähmende Angst das vorherrschende Gefühl, namentlich bei den Frauen, verbunden mit der Vorahnung kommender, noch schlimmerer Ereignisse. Die Stadt hatte im Monat August allein 28 Flieger-Alarme erlebt, die höchste Zahl seit Beginn des Krieges. Als am 6. Oktober 1942 der 4. Großangriff auf Osnabrück herniederging, begann — wie es in den Stadtaufzeichnungen heißt — ,,in allen Berufskreisen sich eine tiefe Niedergeschlagenheit ob der Schrecken des Krieges auszubreiten, und zwar in einem Grade, der von Verzweiflung nicht weit entfernt war".

Seit dem 6. Oktober 1942 bis zum 22. Dezember 1943 — also länger als ein Jahr — blieb Osnabrück sodann von Luftangriffen unbehelligt. Jeder wunderte sich, daß bei den zahllosen durchfliegenden feindlichen Bomberströmen nicht eine einzige Bombe herabfiel, obwohl Osnabrück als Sitz einer nicht unerheblichen Rüstungsindustrie wie auch als Knotenpunkt wichtiger Bahnlinien es wohl verdient hätte, gleich Münster, Bremen, Hannover, Wilhelmshaven, Emden und anderen nordwestdeutschen Städten eine besondere Rolle in den Vernichtungsplänen der Gegner zu spielen. In dieser Zeit wirkte sich wohl auch noch aus, daß durch den Krieg in Nordafrika und die Landung der Alliierten in Marokko das Gros der englischen Luftwaffe durch diese Operationen gebunden war; inzwischen war aber die *8. US-Luftflotte in England* eingetroffen und begann sich zunehmend an den Luftangriffen gegen Ziele in Deutschland zu beteiligen, und zwar hauptsächlich in Form von Tagesangriffen, während die Royal Air Force weiterhin Nachtangriffe bevorzugte. Mit dem ersten Tagesangriff von etwa 30 US-Bombenflugzeugen am 22. Dezember 1943 brach eine *neue Phase des Luftkrieges für Osnabrück* an. Nach kurzem, flüchtigem Kreisen über dem Bereich des Schinkels im Norden der Stadt in etwa 7000 m Höhe warfen die Bomber — unter gleichzeitigem starken Flak-Beschuß — 121 Sprengbomben, 210 Stabbrandbomben und erstmalig auch Flüssigkeitsbrandbomben (Phosphor-Kanister) ab. Die Dauer des Angriffs betrug ungefähr 2 Minuten. Nach Beendigung des Bombenabwurfs entfernten sich die Flugzeuge in westlicher Richtung, ohne daß die Flakabwehr ihnen in dieser Höhe etwas anhaben konnte. Mit diesem Angriff wurde gleichzeitig für Osnabrück die *Schlußphase des Krieges* eröffnet, in welcher die Luftangriffe in kurzen Zeitabständen aufeinander folgten, die, an Heftigkeit immer mehr zunehmend, den größten Teil unseres Gemeinwesens in Schutt und Asche verwandeln sollten.

Als bereits am 11.1.1944 der zweite Tagesangriff amerikanischer Bomber auf Osnabrück erfolgte und wiederum erhebliche Schäden und Verluste unter der Bevölkerung verursachte, wurde die Stadt auf Anordnung des Reichsverteidigungskommissars ab Januar 1944 zum *Luftnotstandsgebiet* erklärt. Die Maßnahme hatte u.a. die geschlossene Verlegung von Schulen aus den gefährdeten Gebieten zur Folge. Betroffen hiervon wurden in erster Linie sämtliche im Stadtzentrum gelegenen Schulen, z.B. die Ledenhof-, Niedersachsen-, Johannis-, Rosenplatz-, Altstädter und die Domschule. Die Eltern

4. Wachsende Kriegseinwirkungen auf Osnabrück

wurden veranlaßt, ihre schulpflichtigen Kinder bei Verwandten oder Bekannten außerhalb Osnabrücks unterzubringen. Wo dieser Weg nicht gefunden wurde, sollten die restlichen Kinder nach auswärts verschickt werden. Die Kinder der Grundschulklassen 1—4 kamen in Familienpflegestellen, die älteren (nach Möglichkeit) in geschlossene KLV- (Kinder-Landverschickungs-) Lager. Die Lehrkräfte für den auswärts zu erteilenden Unterricht stellte die Stadt Osnabrück. Solche KLV-Lager entstanden zunächst vornehmlich in Holland, wurden aber ab Ostern 1944 auf Grund der wachsenden militärischen Gefährdung dieses westlichen Nachbarlandes nach Österreich in das Land Salzburg verlegt. Nunmehr nahmen auch ganze Klassen-Verbände aus den Mittel- und Oberschulen der Stadt mit ihren Lehrkräften an dieser Verschickung teil.

Im Jahre 1944 steigerte sich die Zahl der Anflüge von alliierten Luftverbänden auf Osnabrück auf 36 Angriffe, von denen 9 ausgesprochene Großangriffe waren. Einer der verheerendsten dieser Angriffe war der vom 13. September 1944, der in den frühen Abendstunden erfolgte und von etwa 6000—8000 m Flughöhe unternommen wurde. Ein *Orkan von Feuer und Eisen* ging hernieder, in einem Ausmaß, das alles bisher Erlebte in den Schatten stellte. In mehreren Wellen vorgetragen, wobei einer Sprengbomben-Phase mit der nächsten Welle auf den gleichen Zielbereich der Abwurf unzähliger Brandbomben folgte, bewirkte der Angriff ein loderndes Feuermeer, das vor allem im Stadtkern wütete und die Zerstörung des größten Teiles der Altstadt und des Bahnhofsviertels herbeiführte. Er bedeutete — bis auf geringe Reste — das Ende Alt-Osnabrücks. Auch die Domkirche wurde schwer getroffen. Die Türme und Dächer brannten ab. Der Baukörper selbst blieb zwar erhalten, zeigte aber vielfache Schäden. In den Tagebuchaufzeichnungen der Stadtverwaltung vom September 1944 heißt es hierüber: ,,Dieser

Die brennenden Domtürme

und die folgenden Angriffe stellten an Schwere alles bis dahin Erlebte in den Schatten; mit ihm begann die planmäßige Vernichtung unserer Vaterstadt." Karl Kühling kommentiert hierzu: ,,Am 13. September 1944 erlosch in Osnabrück bei der Masse der Bevölkerung mit dem letzten Vertrauen zur Staatsführung auch das letzte Interesse an den politischen Vorgängen." Während dieses grauenvollen Jahres fielen 73 Minen, 12137 Spreng-, 376394 Stabbrandbomben und 6471 mit flüssigem Phosphor gefüllte Brandkanister auf Osnabrück. Aber auch der Beschuß mit Bordwaffen verstärkte sich, denn die Langstreckenjäger und Jagdbomber der Anglo-Amerikaner nahmen nunmehr, nachdem sie bereits das flache Land weitgehend beherrschten, auch Ziele in der Stadt selbst unter Beschuß und riefen damit ebenfalls bedeutende Schäden und Verluste unter der Bevölkerung hervor. Das Jahr 1945 brachte schon allein in der Zeit vom 1. Januar bis zum 25. März 1945, dem Tage des letzten Großangriffes amerikanischer Bomberverbände vor der Einnahme Osnabrücks durch alliierte Truppen am 3./4. April 1945, 23 Angriffe der gegnerischen Luftwaffe. Hiervon waren 5 wiederum ausgesprochene Großangriffe, während eine ganze Reihe lediglich mit Bordwaffen von Jagdbombern und Langstreckenjägern ausgeführt wurden. Die Stadt befand sich seit Mitte März bereits *im Vorfeld der herannahenden Front,* worauf die Zunahme dieser Jagdfliegerangriffe — insgesamt waren es 6 — eindeutig hinweist. Mit den beiden Großangriffen am 23.3. und 25.3.1945 (Palmsonntag), von denen der letzte zugleich der folgenschwerste war, — er bewirkte die nahezu vollständige Vernichtung einiger Stadtteile, insbesondere der Neustadt und des Wüstenviertels — sollte wohl Osnabrück sturmreif gebombt werden. Neben dem Angriff am 13. September 1944, durch den der größte Teil der Altstadt mit der Mehrzahl ihrer historischen Bauten in Schutt und Asche sank, gewann dieser

Das ausgebrannte Schloß mit der schwer beschädigten Katharinenkirche im Hintergrund, vom Schloßgarten her gesehen

letzte Großangriff auf unsere Stadt, bei dem sich eine wahre Sintflut feindlicher Zerstörungsmittel, abgeworfen von etwa 300 Liberator-Bombern, über den Stadtkern und einige noch weitgehend bewohnte Außenbezirke ergoß, für die Geschichte Osnabrücks eine besonders traurige Bedeutung. Zu beklagen war die Höchstzahl an Menschenopfern — 175 Tote und 241 Verletzte bzw. Schwerverletzte, von denen sicherlich alsbald noch eine Anzahl verstorben sein dürfte. Schätzungsweise 15000 Menschen sahen sich als obdachlose und besitzlose Bettler auf die Straße gesetzt, am 13. September 1944 waren es sogar 22000. Doch alles in allem erreichte die feindliche Kriegseinwirkung auf Osnabrück mit diesem Angriff, bei dem Massierung und Perfektion der Zerstörungskraft alles bisher Erlebte überboten, seine stärkste Entfaltung. Neben der gesteigerten Wirkung der gefürchteten Minen-Bomben gaben vor allem die ungeheure Menge des ausgegossenen Phosphors und die daraus entstandenen *Flächenbrände*, namentlich im Süden und Südwesten der Stadt, dem Angriff sein makabres Gepräge. Die strategische Absicht des Gegners, die Stadt vollends in ein Ruinenfeld zu verwandeln, um den Widerstandswillen der Verteidiger und auch der Bevölkerung entscheidend zu brechen, um so bei etwaigen Straßenkämpfen leichtere Hand zu haben, wurde voll erreicht.

Mit diesem schweren Opfergang unserer zermarterten Stadt brach das letzte Kapitel seiner Kriegsgeschichte an, die Einnahme Osnabrücks am 3./4. April 1945 durch alliierte Streitkräfte.

5. Bombenterror, Feuersturm und Kampf ums Überleben

Da die zeitliche Überschau über das Kriegsgeschehen in und um Osnabrück nur wenig von dem Leidensweg der Bevölkerung erkennen läßt, soll im folgenden über die Vorgänge bei einem Luftangriff und die damit zusammenhängenden Maßnahmen nach seiner Beendigung noch zusammenfassend berichtet werden.

Jedesmal, wenn die dunkle Stunde heraufzog, die wiederum einen der gefürchteten *Katastrophenangriffe* auf Osnabrück brachte, unterzogen sich zumeist vereinzelte Aufklärer in großer Höhe einige Stunden vorher der Aufgabe, hinsichtlich der jeweils ins Auge gefaßten Ziele noch einzelne wichtige Feststellungen zu treffen. In unser Warngebiet entsandt, konnte es bereits — je nach der allgemeinen — Luftlage — durch ihr Erscheinen zur öffentlichen Luftwarnung kommen. Hin und wieder setzte der Vollalarm auch ohne Vorwarnung ein. Doch konnten auch dann noch Stunden ereignislos verrinnen, bis ziemlich kurzfristig die angekündigten feindlichen Bomberverbände erschienen, um nach Markierung der Ziele, zumeist durch besondere Lichtsignale (von der Bevölkerung *Tannenbäume* genannt), ihre zerstörerische Bombenlast zum Abwurf zu bringen. Wenn dann das wütende Schießen der Flak begann, eilte wohl die gesamte Bevölkerung in die Schutzräume, die letzten — in der Dunkelheit — jedenfalls aber dann, wenn die Leuchtbomben der Angreifer die Nacht zum Tage machten.

Die Annäherung feindlicher Fliegerverbände an unser Warngebiet wurde durch ständige Durchsagen des Osnabrücker Drahtfunks bekanntgegeben. Als diese Meldungen im Laufe der Zeit immer mehr als unzulänglich empfunden wurden, verfolgten viele Einwohner Osnabrücks angstvoll die Angaben des von der Flak bedienten sogenannten *Primadonna-Senders*, der auf einer Langwelle Standort und Richtung der einfliegenden Feindverbände in fast unaufhörlich aufeinanderfolgenden verschlüsselten Durchsagen ziemlich genau ansprach. Als dieser Sender im Frühjahr 1945 die Einstellung seiner Tätigkeit bekanntgeben mußte, konnte noch eine kurze Zeit der *Rheinsalm-Sender* einer entsprechenden Orientierung dienen.

Begleitet wurde der unmittelbare Anflug der feindlichen Geschwader durch die Meldungen der Osnabrücker *Turmbeobachter*, die ihre Wahrnehmungen von den verschiedenen Standorten auf den Kirchtürmen der Stadt telefonisch an die Luftschutz-Befehlsstelle im Rathause, später — nach der Zerstörung dieses Gebäudes — zum Redlinger Bunker weitergaben. Das unerschrockene Wirken dieser mutigen Männer und ihrer meist jugendlichen Helfer, die nach Unterbrechung der Telefonleitungen durch Feindeinwirkung die Meldungen persönlich überbrachten, verdient volle Anerkennung. Aber auch der erbitterte Abwehrkampf der Flak-Batterien auf den Höhen rings um Osnabrück, die oft genug dem gezielten Abwurf feindlicher Bomben auf sie und den Angriffen begleitender Jäger ausgesetzt waren, kann hinsichtlich des dabei offenbar gewordenen Opfermutes nicht hoch genug gewürdigt werden. So manches Mitglied der Bedienungsmannschaften dieser Batterien, darunter ältere Schüler und schließlich seit Juni 1944 auch junge Frauen als Flak-Helfer bzw. -Helferinnen, hat bei seinem Einsatz für die Luftverteidigung Osnabrücks sein Leben oder die Gesundheit geopfert.

Wenn die sich zumeist von Nordwesten nähernden alliierten Bomberverbände — oft begleitet von vorausfliegenden Langstreckenjägern — in den Osnabrücker Luftraum eindrangen, wurden sie sofort von den Flak-Batterien an der Gartlage, auf dem Sonnenhügel und dem Kalkhügel, kurz darauf auch vom Westerberg aus unter heftiges Feuer genommen. Die in großer Höhe (z.T. 8000—9000 Meter) fliegenden Formationen der Angreifer ließen sich dadurch kaum irre machen, steckten mit ihren Rauch- bzw. Leuchtbomben die Zielgebiete ab und suchten, zuweilen noch weit ausholend, die günstigste Angriffsposition. Alsbald setzten die ersten Bombenabwürfe ein, die sich — je nach Stärke des Angriffs — zeitlich, z.T. in mehreren Wellen, über 3—20 Minuten erstrecken konnten. Die in den Luftschutzräumen, in den letzten Kriegsjahren zumeist nur noch in Bunkern und Stollen eingepferchten Bewohner der Stadt konnten zwischen dem unaufhörlichen Detonieren der Flak-Granaten deutlich das zischende Pfeifen niedergehender sowie das dumpfe Krachen der aufschlagenden und zerberstenden Bomben vernehmen. Je nach Nähe dieser Einschläge zum gewählten Luftschutzraum ging auch ein spürbares Zittern und Beben durch die Bunker- und Stollenwände. Insbesondere der Luftdruck in der Nähe explodierender Sprengbomben konnte diese Bauten geradezu zum Schwanken bringen.

Ein *Augenzeuge*, der die Vorgänge bei einem Tagesangriff von einem erhöhten Punkt am Westrande der Wüste aus ungefährdet beobachten konnte, faßt seine Eindrücke in folgender Schilderung zusammen: ,,Von Nordwesten kommend, nahmen die Flugzeuge Richtung auf das Bahnhofsgebiet. In Höhe der Blumenhalle lösten sie die Bomben aus. Sehr bald wurde über der Stadtmitte ein glühender Funkenregen in der Luft sichtbar, der sich strahlenförmig nach allen Seiten verteilte; gleich zu Anfang, nach dem ersten Bombenwurf, erhob sich ein ungeheurer Rauchpilz, so hoch wie der Katharinenturm, zum Himmel empor. Die Flugzeuge beschrieben eine Schleife nach Südosten und kehrten dann in einer neuen Schleife an ihren Ausgangspunkt zurück. Darauf verschwanden sie, und neue Geschwader, je 15—20 Flugzeuge stark, traten an ihre Stelle und entledigten sich ihrer Bombenlast; dieser Angriff wurde so in mindestens sieben Wellen vorgetragen.''

In den Stadtaufzeichnungen (Kriegschronik Dr. Glenewinkel) heißt es weiter: ,,Der überwiegende Teil der Bevölkerung saß währenddessen in den Schutzräumen. Da eine Menge Blindgänger oder Langzeitzünder in der Nähe von Bunkern und Stollen niederfielen, war es in manchen Fällen den Insassen nicht möglich, sogleich nach der Entwarnung das Freie zu gewinnen. Beispielsweise wurden im Stollen des Natruper Steinbruchs die Menschen, die dicht gedrängt den Ausgängen zustrebten, mehrmals durch die Polizei zurückgetrieben, weil das Gelände nach der Natruper Straße zu durch Blindgänger, die Gegend bei der Gutenbergstraße aber durch massenweise niedergegangene Phosphorbomben gefährdet war. Als die Massen nach langem Warten endlich das freie Licht des Himmels wiedersahen, bot sich ihnen, von der Höhe des Westerberges aus, der Anblick einer riesenhaften Feuersbrunst. Es brannte überall, in der Nähe wie in weiter Ferne. Die ganze Stadt schien in eine hochragende, dichte Rauchwolke gehüllt, die, in der Färbung zwischen grau, braun und schwarz variierend, keinerlei Einzelheiten erkennen ließ, auch nicht die sonst von hier aus gut sichtbaren Kirchtürme. Jeder fühlte in banger Ahnung, daß sich hinter diesem Vorhang ein unbeschreibliches Schauspiel der Vernichtung abspielte."

Jeder Großangriff dieser Art endete *in riesigen Feuersbrünsten*, die teilweise geradezu als Feuermeer in Teilen des Stadtkerns oder im Schinkel bzw. in der Neustadt wüteten. Die von hier ausgehende Gluthitze machte jeweils auf eine lange Zeit eine Annäherung an die betroffenen Stadtbereiche unmöglich. Einwohner, deren Wohnstätte innerhalb eines solchen Feuerherdes lag, bemühten sich vergebens, von einem der Bunker oder Stollen aus ihr Quartier zu erreichen und ihr Hab und Gut zu bergen. Auch auf den verschiedensten Umwegen stießen sie immer wieder auf glühende Brände, Flammen, Funkenregen und herabfallende Gebäudetrümmer, die das Vorwärtskommen verhinderten. Die so erzwungene Abwesenheit der allermeisten Einwohner von ihrer Wohnung war auch der Grund, daß manches Haus zugrundeging, das bei rechtzeitigem Löschen wohl noch erhalten geblieben wäre. So konnte in den von solchen Bränden ergriffenen Stadtteilen oft so gut wie nichts vom Hausrat gerettet werden.

Bei der jeweils wechselnden, in einzelnen Fällen geradezu ungeheuren Ausdehnung der Brände konnten zumeist die *einheimischen Löschmannschaften* auch nicht annähernd genügen, um Großbrände wirksam zu bekämpfen. Darum mußten in solchen Fällen sämtliche Feuerwehren der 15-Kilometer-Zone um Osnabrück zur Unterstützung angefordert werden. Nach besonders schweren Großangriffen kamen nicht nur die *Wehren* aus dem Landkreis angerückt, sondern auch *aus weiterer Entfernung*, z.B. aus Südoldenburg, Bielefeld, Münster und Bremen. Umgekehrt halfen auch in ähnlichen Fällen die Osnabrücker Wehren in diesen Orten aus. An den Hauptgefahrenpunkten eingesetzt, versuchten sämtliche Löschzüge das Menschenmögliche, um zu retten, was zu retten war, und neu sich entfachende Brände im Keime zu ersticken. Wenn sie dabei auch manch schönen Erfolg errangen, so waren doch ihre Anstrengungen, der zahllosen Feuersbrünste Herr zu werden, leider zu oft zum Scheitern verurteilt. Auch die Wehrmacht entsandte Hilfsmannschaften, die zumeist zur Rettung besonders wertvoller Einrichtungen, z.B. Fernsprechzentralen, oder für den Abtransport von bettlägerigen Insassen von Krankenhäusern und Lazaretten eingesetzt wurden. Daß es auch hierbei häufiger um Leben und Tod ging, zeigt die Schilderung einer gefahrvollen Episode aus dem *Feuerwehreinsatz* nach dem furchtbaren Großangriff am 13. September 1944. Während fast alle Häuser rund um den Osnabrücker Marktplatz in Brand standen, hielten sich im Erdbunker (Deckungsgraben) auf dem Grunde des alten Marienfriedhofes hinter der Marienkirche u.a. 60 alte Leute auf. „Ihr Leben schien aufs höchste gefährdet, als der lichterloh brennende Kirchturm einzustürzen drohte. Die auf dem Marktplatz haltenden Feuerwehrmänner, inmitten eines Feuerorkans, dessen Rauch, Funkenregen und unerträgliche Hitze sie fast erstickte, unterbrachen in diesem Augenblick die zwecklos gewordene Löscharbeit und schafften die gebrechlichen Alten aus dem Bunker heraus, trugen sie um die Kirche herum bis zur Bierstraße, dort standen

Wagen, auf welchen die Greise dann durch die Heger- und Marienstraße glücklich ins Freie gelangten. Auf dem gleichen Wege retteten sich, mit kameradschaftlicher Hilfe eines sich von dort ihnen entgegenarbeitenden Löschzuges aus Bielefeld, unsere braven Feuerwehrmänner, die, auf dem Marktplatz aufs höchste bedrängt, schon mit dem Leben abgeschlossen hatten" (Kriegschronik Dr. Glenewinkel).

In diesen Stadtaufzeichnungen heißt es an einer anderen Stelle (nach dem letzten Großangriff am 25. März 1945): „Ein ungeheurer Brand durchraste die Straße an der Johannismauer, kaum ein halbes Dutzend Häuser blieben in bewohnbarem Zustand zurück. Mit gesteigerter Wut entfesselte sich der Feuerorkan in dem Straßenzug zwischen Johannis- und Kommenderiestraße; hier brachten die gewaltige Hitze, Rauch und Qualm die zahlreichen Insassen des zu einem Bunker ausgebauten alten Festungsturmes (Hochsperriger Turm) in Lebensgefahr, zumal die Flammen schon hoch oben aus dem Kegeldach herausschlugen. Wie die anderen alten Wehrtürme, so überstand indessen auch dieses Bauwerk die Gefahr, doch war es lange Zeit nicht möglich, sich auf die brennende Straße zu wagen. Als die Rauchentwicklung im Inneren sich schon zum Unerträglichen steigerte, kurz vor 1 Uhr mittags, gelang es, einen Hilferuf an das Polizeirevier zu entsenden; bald darauf erschien die Feuerwehr und bahnte sich mühsam durch Bildung einer „Wassergasse" einen Weg bis zum Turm. So vermochten die Eingeschlossenen ins Freie zu gelangen, das Gesicht zum Schutz gegen Flammen und Qualm dicht verhüllend. Viele suchten dann den nahen Deckungsgraben an der Ecke Kommenderiestraße auf, wo hilfsbereite Handwerksmeister aus der Nachbarschaft die Bedrängten (es handelte sich in der Mehrzahl um russische Fremdarbeiter und -arbeiterinnen) mit Brotlaibern und Würsten labten." Beide Vorkommnisse künden von der überaus mutigen und selbstlosen *Einsatzbereitschaft der Osnabrücker Feuerwehr* (Feuerlöschpolizei), die nicht nur viele Brände mit Erfolg bekämpfte, sondern auch einer großen Zahl von in Feuersnot geratenen Mitmenschen das Leben rettete. Daß es hierbei in den Reihen der Löschmannschaften nicht ohne ernste Verluste an Gesundheit und Leben abging, muß zu Ehren dieser mutigen Nothelfer gesagt werden.

Den größten Anteil am Schutze des Lebens der Bevölkerung angesichts der sich im Laufe der Kriegsjahre ständig steigernden Gefahren durch den immer größere Ausmaße annehmenden feindlichen Bombenterror hatte der *Luftschutzbau* in Osnabrück. Neben den durch stabile Betondecken, eiserne Stützpfeiler und weitere geeignete Maßnahmen (u.a. Fensterschutz) gesicherten privaten Luftschutzräumen, hauptsächlich in neuerbauten Wohnhäusern — im August 1944 gab es im ganzen noch 1546 solcher Luftschutzkeller —, wurden durch das Stadtbauamt für Straßenpassanten, aber auch Anwohner in bereits vorhandenen Gebäuden (meist öffentlichen Charakters) *öffentliche Luftschutzräume* eingerichtet. Es handelte sich im wesentlichen um solide gebaute Kellerräume, die entsprechend verstärkt wurden, doch auch die von dicken Mauern umgebenen unter-, aber auch oberirdischen Gelasse in den mittelalterlichen Wehrtürmen und Steinwerken wurden dazu je nach Möglichkeit hergerichtet. In Osnabrück gab es schließlich in der Gesamtzahl 57 solcher öffentlichen Luftschutzräume. Beide Einrichtungen — private Luftschutzkeller und öffentliche Luftschutzräume — boten in den ersten Kriegsjahren, vor allem auch gegen die zunächst noch leichteren Sprengbomben, hinreichend Schutz und wurden gern aufgesucht. Nach der Verschärfung des Bombenkrieges, insbesondere durch größere Kaliber und Brisanz der Sprengbomben mit entsprechender Durchschlagskraft, stellten sich hier nur noch wenige Schutzsuchende ein, weil diese Räume nicht mehr als sicher genug galten. Die Benutzer der privaten Luftschutzkeller verließen schließlich ihre Häuser ganz, um sich in die Obhut besserer Schutzbauten zu begeben, waren doch schon mehrfach sämtliche Insassen eines derartigen Schutz-

5. Bombenterror, Feuersturm und Kampf ums Überleben

Auswirkungen eines schweren Bombentreffers auf ein Wohn- und Geschäftshaus

raumes durch den Einschlag einer Sprengbombe getötet und dabei ganze Familien ausgerottet worden. Auch die Gefahr der Verschüttung durch die Trümmer eines zusammenstürzenden mehrgeschossigen Wohnhauses war zu groß.

Für diejenigen Bewohner, die sich bei Alarmbeginn weitab von ihrem Haus befanden, weiterhin für Fremde, Reisende usw. mußten besondere Schutzräume geschaffen werden. So ging man schon im September 1939 daran, auf der Grünfläche vor dem Hauptbahnhof Laufgräben auszuwerfen sowie Deckungsgräben auf der ehemals als Bleiche benutzten Wiese zwischen Pottgraben und Bischofstraße. Diese Arbeiten wurden zunächst von der Technischen Nothilfe durchgeführt. Im Laufe der ersten Kriegsjahre wurde die Zahl der Deckungsgräben stark vermehrt, insbesondere durch Verwendung von Fertig-Betonteilen, wodurch die Herstellung dieser Bauwerke recht beschleunigt werden konnte. Ihre Platzwahl wurde so getroffen, daß sie gleichermaßen als Ausweichschutzräume bei Brand- und Einsturzgefahr dienten; doch wegen ihrer geringeren Widerstandsfähigkeit konnten sie die vorhandenen ordnungsgemäß ausgebauten Luftschutzräume nicht ersetzen. Errichtet wurden sie daher vor allem zur Sicherung der Schulkinder in unmittelbarer Nähe von Volksschulen, aber auch zum Schutz vorübergehender Straßenpassanten bzw. auch in der Nähe von Haltestellen der öffentlichen

Verkehrsmittel. Ihre Widerstandsfähigkeit wurde späterhin erhöht durch Wände aus Mauerwerk und Decken aus Stahlbeton, beides einen halben Meter stark. Zu diesen Arbeiten wurden nunmehr in größerer Zahl auch Soldaten herangezogen. Es entstand so schließlich als Gesamtzahl aller *Deckungsgräben* verschiedenster Art die stattliche Summe von etwa 115 Sicherungsanlagen dieser Gattung. Außer diesen unter der Regie des Stadtbauamts gebauten Gräben griffen aber im weiteren Verlauf des Krieges auch manche Einwohner von sich aus zu dem Mittel, in der Nähe ihrer Wohnung mit eigener Hände Arbeit einen derartigen Splitterschutzgraben anzulegen, und zwar geschah das hauptsächlich in solchen Stadtgegenden, wo der Anmarschweg zum nächsten bombensicheren Bunker oder Stollen reichlich weit erschien.

Bei den zahlreichen Bombenangriffen, denen Osnabrück ausgesetzt war, vertrauten zunächst relativ viele Bürger ihr Leben diesen Schutzeinrichtungen an, da die Treffer und Opfer im Vergleich mit den obengenannten übrigen Schutzräumen nicht viel höher lagen. Als jedoch während des Großangriffs am 13. Mai 1944 der 1943 angelegte Deckungsgraben am Brunnenweg (in der Nähe der Belmer Straße) durch mehrere Treffer völlig zerstört wurde, wobei allein 101 Menschen, darunter etwa 30 Kinder, teils von Bomben, teils von nachrutschenden Stein- und Erdmassen erschlagen wurden, wagte es seitdem niemand mehr, einen Deckungsgraben als weitgehend sichere Schutzeinrichtung aufzusuchen. Da in den letzten Kriegsjahren auch die abgestützten Luftschutzkeller in den Wohnhäusern nach zahllosen traurigen Erfahrungen nicht mehr als sicher galten, vor allem durch die — infolge stärkerer Spreng- und Durchschlagskraft der Bomben — ständig wachsende Verschüttungsgefahr, so blieben nur die betongepanzerten *Hochbunker* und vor allem — seit Anfang 1943 — die weit in den Berg getriebenen *Luftschutzstollen* als einigermaßen zuverlässige Schutzorte übrig.

In den planerischen Erwägungen, wie ein möglichst großer Teil der Bevölkerung vollkommen bombensicher untergebracht werden könnte, spielten zunächst die geräumigen, von starken Betonmauern umgebenen Hochbunker eine bedeutsame Rolle. Der in den ersten drei Kriegsjahren besonders stark in Mitleidenschaft gezogene Stadtteil Schinkel erhielt daher auf dem Stahlwerksplatz und an der Oststraße die ersten Bunker dieser Art. Es folgten 1942 für die Bevölkerung der Altstadt der Lohbunker (an der Lohstraße) und erst später — im Juni 1944 — der Redlinger Bunker (an der Redlinger Straße), in dem zur Not 6000 Menschen Platz finden konnten. Dieser Schutzbau nahm auch nach der Zerstörung des Rathauses am 13. September 1944 die Befehlsstelle des Kommandeurs der Polizei (Oberstleutnant Jung) und die Osnabrücker Luftschutzleitung (oberster Luftschutzleiter Oberbürgermeister Dr. Gaertner) auf. Zu diesen vier von der Stadt erbauten Hochbunkern kam als fünfter der von der Reichsbahn erstellte geräumige Hochbunker auf dem felsigen Plateau des Klushügels, in unmittelbarer Nähe des Hauptbahnhofs. Er hatte ein Fassungsvermögen für rund 1500 Personen. Zeitlich vor der Errichtung dieser Hochbunker entstand bereits 1940 — als einmalige Erscheinung — am westlichen Ende der Grünanlage des Rosenplatzes ein *Tiefbunker*, der 300 Personen aufnehmen konnte. Er war ebenfalls mit Belüftungs-, Heizungs-, Licht- und Wasseranlagen ausgerüstet. Vom Bau weiterer Bunker dieser Art wurde Abstand genommen, da sie ein zu geringes Fassungsvermögen hatten. Schließlich stand der Bevölkerung im letzten Kriegsjahr noch der Befehlsbunker der Luftwaffe (Fluko-Bunker) an der Rudolfstraße zur Verfügung, der nach Abzug dieser Befehlsstelle sofort von den Einwohnern dieses Wohngebietes in Anspruch genommen wurde. Neben diesen geräumigen *Großbunkern*, die mit ihrer hygienischen Einrichtung auch einen längeren Aufenthalt gewährleisten konnten, wurden noch zwei Hochbunker im Kleinformat als absolut bombensichere Schutzbauten errichtet, nämlich der sog. *Germania*-Bunker hinter

5. Bombenterror, Feuersturm und Kampf ums Überleben

dem zerstörten Hotel Germania und der Bunker am Hoffmeyerplatz. Diese dreigeschossigen Spitz- oder Rundbunker wurden ebenfalls mit Lichtanlage und Wasser versehen und konnten bis 220 Personen fassen. Der Bau mehrerer Bunker dieser Art wurde noch begonnen, kam aber nicht mehr zum Abschluß. Noch heute finden wir als Überbleibsel dieser *Bau-Periode* einige dieser Betonungetüme im Stadtbild, die durch Teilsprengungen seitens der Besatzungsmacht *entmilitarisiert* wurden, aber dennoch als traurige Denkmale aus dieser schweren Zeit unverkennbar weiterexistieren, so u.a. der ehemalige Hochbunker an der Redlingerstraße oder der nach seiner Sprengung in sich zusammengesunkene *Spitzbunker* am Hoffmeyerplatz.

Da Osnabrück in den ersten Kriegsjahren, etwa bis Mitte 1942, von besonders schweren Luftangriffen — im Unterschied zu den Nachbarstädten Bielefeld und Münster — nahezu unberührt blieb, reichten die bis dahin erstellten und z.T. noch im Bau befindlichen Luftschutzanlagen, wie sie im vorhergehenden angesprochen worden sind, aus, um der Bevölkerung hinreichend Schutz zu bieten. Als jedoch, mit dem 20. Juni 1942 beginnend, die Serien der schweren Großangriffe einsetzten — wobei das Jahr 1943 noch einmal eine Atempause brachte — und mit der Verwendung von Minen und schweren Sprengbomben sowie Zehntausenden von Brandbomben gewaltige Schäden und stärkere Menschenverluste eintraten, wurde überzeugend deutlich, daß die bisherige Ausstattung mit Schutzanlagen nicht genügte, um der Bevölkerung die notwendigen Voraussetzungen für ein möglichst sicheres Überleben der schweren Luftgefahren zu geben. Wegen der günstigeren Verhältnisse bis etwa Mitte 1942 hatte die Reichsluftschutzbehörde Osnabrück als weniger luftgefährdet eingestuft; dies hatte zur Folge, daß die Zuteilungen an Stahl und Eisengeflecht für Luftschutzbauten an das Stadtbauamt bedeutend herabgesetzt wurden. Der Bau weiterer Hochbunker wurde damit, auch als nach 1943 die massierten Angriffe der feindlichen Luftwaffe ihr planmäßiges Vernichtungswerk begannen, durch die Verständnislosigkeit der vorgesetzten Stellen endgültig blockiert. In den Stadtaufzeichnungen (Dr. Glenewinkel) heißt es zu dieser damaligen Situation: ,,In dieser Not richteten sich die Blicke auf die felsigen Hügel, welche die Stadt von fast allen Seiten umgeben, und die Stadtverwaltung, an ihrer Spitze Oberbürgermeister Dr. Gaertner (als örtlicher Luftschutzleiter), rang sich durch zu dem Entschluß, im Inneren dieser felsigen Anhöhen *bombensichere Stollen* anzulegen." Es wurden — für die notwendigen Bohrarbeiten — Kompressoren beschafft (insgesamt etwa 30), Sprengmeister ausgebildet, weitere Fachkräfte durch Umschulung bereitgestellt und auch die Bevölkerung in ausgedehntem Maße zur Mitarbeit eingesetzt. Obwohl die oberste Luftschutzbehörde die Anlage von Stollen im Fels und im Grundwasser verboten hatte und somit die erforderliche Genehmigung der übergeordneten Stellen nicht erreicht werden konnte, begann man im Februar 1943 *auf eigene Verantwortung* mit dem Bau von zunächst vier größeren Stollen.

Im Auftrage der Stadt wurde nunmehr auch der größte Teil der Osnabrücker Hoch- und Tiefbaufirmen im Stollenbau eingesetzt. Da es keine Beispiele und behördliche Bestimmungen hinsichtlich der technischen Anlage von Stollen gab, war die Luftschutzbau-Abteilung des Stadtbauamtes weitgehend auf eigene Initiative angewiesen. Die einzige Stadt in Deutschland, die damals Stollenbau in größerem Maße, jedoch unter anderen Voraussetzungen betrieb, war Saarbrücken. Erst als sich in Osnabrück die praktischen Erfolge — Sicherung großer Menschenmassen bei schweren Luftangriffen — zeigten, gab das Luftbau-Kommando Hamburg die Genehmigung zum Bau weiterer Stollen. Bis dahin waren schon rund 1 Million RM verbaut und wesentliche Erfahrungen im Verbundsystem von Längs- und Querstollen sowie hinsichtlich des Einbaues von sanitären Einrichtungen und Erleichterungen für längere Aufenthalte (u.a. ausreichende

Sitzgelegenheiten) gewonnen worden. Damit war schon ein tüchtiges Stück Arbeit geleistet und vielen Einwohnern der Stadt entscheidend geholfen worden. Schwierigkeiten erwuchsen dem in Tag- und Nachtarbeit vorangetriebenen Stollenbau — insbesondere gegen Schluß des Krieges — durch den Mangel an Treibstoffen für die Kompressoren, Bohr- und Mischmaschinen sowie für den Transport des Abraums, aber auch an Stahl- und Eisenmaterial für die Ausführung der geplanten bombensicheren Eingangsbauten. Zur Ausführung solcher geschützten Stolleneingänge ist es daher nur zum geringen Teil gekommen; gemeinhin half man sich damit, überall mindestens zwei Ein- bzw. Ausgänge anzulegen. Doch konnten solche Behelfslösungen, u.a. auch schwere Eisentüren, einzelne katastrophenartige Unglücksfälle nicht verhindern.

Beim Luftangriff am 21. November 1944 wurde der von einer Eisentür geschützte Eingang des *Stollens am Schölerberg* hinter dem evgl. Kinderheim von einer schweren Sprengbombe getroffen. Die Tür sprang auf, und die giftigen Explosionsgase drangen in den Stollen ein und töteten eine große Zahl der Schutzsuchenden. 96 Tote waren zu beklagen, darunter 37 Insassen, zumeist Kinder, des in unmittelbarer Nähe liegenden Kinderheims. Unter den Gefallenen befand sich auch der bekannte Kunstmaler Franz Hecker, dem erst im Januar d. Js. für seine Verdienste um das heimatliche Kunstschaffen die Möser-Medaille verliehen worden war. Eine entsetzliche Katastrophe trat auch ein, als beim letzten Großangriff auf Osnabrück am 25. März 1945 (Palmsonntag) ein unglücklicher Luftminentreffer den bereits weitgehend geschützten Eingang des *Stollens an der Brinkstraße* zerschmetterte und in ähnlicher Weise wie am Schölerberg — jedoch noch verstärkt durch eine ausbrechende Panik unter den zahlreichen Insassen — allein hier der größere Teil der 175 Gefallenen dieses Luftangriffs ums Leben kam. Jedoch in diesem Falle konnte auch eine fachlich und luftschutzmäßig einwandfreie Anlage des Bunkereingangs die eingetretene hohe Opferzahl nicht verhüten, wenn die Dicke der Schutzmauern, gegenseitig wegen des Luftdrucks versetzt, nicht ausreichte, um die Wirkung einer unmittelbar vor dem Eingang explodierenden schweren Luftmine aufzufangen. Abgesehen von dieser wesentlichen Schwachstelle im Stollenbau, die glücklicherweise auch nur in wenigen, aber sehr harten Schicksalsschlägen in Erscheinung trat, haben die Luftschutzstollen in der Zeit der massierten Großangriffe auf Osnabrück in den Jahren 1944 und 1945 Tausenden von Einwohnern der Stadt das Leben gerettet.

Durch das schnelle Tempo, in dem in dieser Zeitspanne in Osnabrück die Umstellung des Luftschutzbaues auf bombensichere Stollen erfolgte, wurde erreicht, daß am Ende des Krieges *jeder Stadtbewohner* in einem Stollen oder Bunker — bei dichtester Belegung — *einen bombensicheren Platz* finden konnte. In der Statistik der Stadtaufzeichnungen (Kriegschronik) findet sich unter dem 1.4.1944 die Zahl von 38475 Menschen, die bereits zu diesem Zeitpunkt, als die schließlich insgesamt 30 Stollen (Frühjahr 1945) noch bei weitem nicht fertig waren, auf diese Weise in den bombensicheren Schutzbauten Unterschlupf finden konnten. Bis zum April 1945 steigerte sich diese Zahl auf insgesamt 67800 Personen, die in Osnabrück eine auf diese Weise nahezu sichere Überlebenschance hatten. Nur ein ganz geringer Teil der Bevölkerung zog es weiterhin vor, bei Luftgefahr die Stadt auf Fahrrädern oder zu Fuß zu verlassen. Der starken Initiative der Osnabrücker Luftschutzbehörde, insbesondere ihrer Bauabteilung, ist es somit letzthin zu verdanken, daß trotz der Unerbittlichkeit der Großangriffe der alliierten Luftwaffe, deren Zahl sich 1942 zunächst auf 7 belief, sich aber 1944/45 auf 59 Angriffe steigerte, darunter 18 schwerster Art, sich die Anzahl der Opfer unter der Stadtbevölkerung mit 1314 Toten — im Vergleich zu anderen deutschen Städten etwa der gleichen Größenordnung — in relativ niedrigen Grenzen hielt. Nicht auszudenken wäre diese Zahl, wenn dieser Ausweg aus der Not nicht gefunden worden wäre!

Beim Bergen eines schwerkalibrigen Blindgängers

Zum letzten Mal trat dieses umfangreiche Schutzsystem in Funktion, als die alliierten Streitkräfte sich am 3. April 1945 bis an den südlichen und westlichen Stadtrand Osnabrücks vorgekämpft hatten. Man erwartete in der Bevölkerung für die nächste Nacht, mehr noch für den kommenden Tag, den 4. April 1945, starken Artilleriebeschuß auf das Stadtinnere und rechnete mit der Wahrscheinlichkeit nachfolgender Straßenkämpfe. Daher füllten sich bereits im Laufe des 3. April wiederum die Bunker und Stollen mit verängstigten Menschen, die sich zumeist mit Decken und Kissen sowie mit einigem Proviant an gewohnter Stelle einfanden, um dort evtl. für längere Zeit ausharren zu können. Doch trat zum Glück die mit Bangen erwartete Situation nicht ein. Die dieser für alle Schutzsuchenden endgültig letzten Nacht im Bunker bzw. Stollen am nächsten Tage folgenden Einnahme Osnabrücks durch die alliierten Streitkräfte vollzog sich überraschenderweise weitaus anders, als man es sich gedacht hatte.

6. Die Einnahme der Stadt Osnabrück durch alliierte Truppen

Osnabrück verlebte in den *Märzwochen 1945* wohl die härteste und entbehrungsreichste Zeit seiner langen Geschichte. Der ständige Luftterror, hervorgerufen durch die unbegrenzte Beherrschung des Luftraums über der Stadt durch die alliierte Luftwaffe, in dem sich laufend Schwärme feindlicher Jäger und Jagdbomber tummelten, geballt auftretend sodann in zehn Angriffen von Bombengeschwadern, darunter den schwersten, die Osnabrück je ertragen mußte, ließ das Lebensgefühl jedes einzelnen bis in tiefste Depressionen absinken. Dazu kam die 93malige Aufschreckung durch wildes

Sirenen-Geheul, das die Einwohner zu jeder Tag- und Nachtzeit in die Bunker und Stollen jagte und sie dort — die unter Alarm dahinfließende Zeit belief sich auf mehr als 232 Stunden — fast ein Drittel der gesamten Zeitlänge des Monats zum Aufenthalt zwang, wenn man jeden Alarm (Voralarm und Vollalarm) genau nahm. Allein der Vollalarm, der den unmittelbaren Angriff des Feindes ankündigte und der außerhalb der Schutzanlagen kaum überstanden werden konnte und damit auch den Mutigsten und Unerschrockensten den nächsten sicheren Unterschlupf aufsuchen ließ, füllte 103 Stunden aus. Diese Konzentrierung der *übermächtigen feindlichen Luftstrategie* auf den Osnabrücker Raum ließ jeden Einsichtigen erkennen, daß dies im Hinblick auf bevorstehende Bodenoperationen von Truppenverbänden geschah.

Als die Amerikaner am 6. März 1945 bei Remagen den Mittelrhein auf einer Brücke überschreiten konnten, deren Sprengung durch die deutsche Wehrmacht fahrlässig versäumt worden war, und auf dem Ostufer des Stromes weiter vordringen konnten, war zu erwarten, daß bald auch am Niederrhein, der von den Engländern und Amerikanern in breiter Front erreicht worden war, der Übergang erzwungen werden würde. Am 23. März war es dann soweit. Nach intensivster Vorbereitung durch stärkstes Artilleriefeuer, unterstützt durch massierte Luftangriffe feindlicher Bomberformationen auf die deutschen Stellungen am jenseitigen Rheinufer, insbesondere auch in Form von breiten Teppichwürfen, überquerten die Anglo-Amerikaner unter dem Schutze gewaltiger Massen künstlichen Nebels zwischen Wesel und Emmerich den Niederrhein. Der Verfasser befand sich in jenen Tagen mit seiner Batterie am rechten Flügel der deutschen Abwehrfront, der hier unter der Wucht der Überlegenheit des feindlichen Materials gezwungen wurde, nach Norden auszuweichen. Als auch im Rücken der deutschen Truppen am Niederrhein östlich von Wesel und zwischen unterer Lippe und Ruhr starke feindliche Luftlandeverbände angesetzt wurden, verlagerte sich das Hauptkampffeld immer weiter in den westfälischen Raum hinein. Die ersten gepanzerten *Angriffskeile* erreichten alsbald die Ems bei Rheine und vereinigten sich mit den englischen Fallschirmtruppen bei Brochterbeck am Teutoburger Wald, um hier die Straßenübergänge über die Gebirgskette in Besitz zu nehmen. Der Feind gewann so den Bereitstellungsraum für den Angriff auf Osnabrück, dessen Einnahme ihm den Zugang zur norddeutschen Tiefebene öffnen sollte.

Parallel zu dieser Situation im weiten Operationsgebiet des südlichen Emslandes, wo auch *Panzerspitzen* bereits in der Nähe von Münster gesichtet wurden, ließen auch — nach dem furchtbaren letzten Großangriff feindlicher Bomberverbände auf Osnabrück am 25. März, der letztlich der Vorbereitung der Landoperationen dienen sollte — die wachsende Beunruhigung der Luftlage durch tieffliegende Jäger und der immer deutlicher werdende ferne Geschützdonner die Bevölkerung Osnabrücks erkennen, daß in kürzester Frist entscheidende Ereignisse eintreten würden. Die allgemeine Beunruhigung nahm daher gewaltig zu, zumal als auch die Hoffnung, daß die Stadt dem Feinde kampflos übergeben werden würde, durch die alle Bevölkerungskreise durcheilende Nachricht zunichte gemacht wurde, daß Osnabrück zur ,,Festung'' erklärt worden sei. Hierzu hatte die Stadt inzwischen in der Person des Major *Reck* einen Kampfkommandanten erhalten, dessen Auftrag lautete, Osnabrück bis zum äußersten zu verteidigen. Er hatte seinen Gefechtsstand in der Winkelhausen-Kaserne auf der Netter Heide.

Aber welche Kräfte standen ihm dazu zur Verfügung? Nachdem am 9. März 1945 die gesamte Garnison aus Osnabrück abgezogen worden war, um irgendwo im Frontbereich eingesetzt zu werden, wo sie nötiger war als hier — was die allgemeine Beunruhigung innerhalb der Bevölkerung in hohem Maße verstärkte —, verblieb für die Verteidigung der Stadt, nachdem die schwachen deutschen Verbände südlich und westlich vor Osnabrück der Übermacht weichen mußten, nur eine Kampfgruppe der Wehrmacht in Stärke von einigen hundert Mann. Des weiteren befanden sich in der Stadt zwei Kampfbereitschaften der örtlichen Polizei unter der Führung von Oberstleutnant *Jung* zu je hundert Mann, die noch durch 170 Männer der Luftschutzpolizei, durchweg ältere Jahrgänge und nur mit einigen Dutzend italienischer Gewehre ausgerüstet, verstärkt wurden. Das *Gros* bildeten einige tausend Volkssturmmänner, jedoch so gut wie unbewaffnet und kaum mit Uniformen versehen, in Eile aber im Umgang mit der Panzerfaust vertraut gemacht. Sie standen unter dem Befehl des SA-Oberführers *Schönberg*. Partei, Volkssturm und Polizei hatten ihre zentrale Befehlsstelle im Hochbunker an der Redlingerstraße. Was sollte eine so völlig ungenügende Streitmacht gegen die massierte Feuerkraft der heranrollenden feindlichen Panzer und die sie begleitende, mit den modernsten Waffen ausgerüstete motorisierte Infanterie ausrichten können? Immerhin waren da auch noch Reste der Flak-Batterien, die Osnabrück seit Jahren für die Abwehr feindlicher Luftangriffe zugeteilt waren. Aber auch hier herrschten Munitions- und teilweise auch schon Personalmangel. Der Volkssturm hatte schon vor einigen Wochen begonnen, an den strategisch wichtigen Verkehrspunkten vor dem Stadtgebiet Panzersperren anzulegen, und zwar in einem weiten Bogen zwischen Harderberg und Piesberg, wo u.a. an verminten Straßenbrücken in Gaste und Atter mit Panzerfäusten versehene Gruppen dieses letzten Aufgebots postiert wurden, um den sich annähernden Feind aufzuhalten.

Dieser hatte inzwischen bei Lengerich, Tecklenburg und Ibbenbüren die Bergketten des Teutoburger Waldes überschritten, auch bereits die westlichen Ausläufer des Wiehengebirges umgangen und sich damit nördlich von Osnabrück den Zutritt zur norddeutschen Tiefebene verschafft. Er schickte sich an, am Rande der nördlichen Gebirgskette entlang nach Osten vorstoßend, in die Tiefe des Raumes hinein seine schnellen Panzerverbände zur vollen Entfaltung zu bringen. Der Feind hatte damit, ohne auf nennenswerten Widerstand zu stoßen, Osnabrück im weiten Bogen nördlich umfaßt. Aber auch von Westen und Südwesten her näherte sich die Front der Stadt. Dies wurde am Tage spürbar durch das Anschwellen des Geschützlärms, das Näherkommen von Panzergeräuschen und erstes Aufflackern von Feuerstößen aus Gewehren und Maschinengewehren. Nachts waren es die gleißenden Bogen der Leuchtkugeln, vor allem aber die Lichtbündel der Scheinwerfer, die sich teils als Richtzeichen wie helle Säulen am dunklen Himmel emporreckten, teils wie suchende Lichtfinger durch die Nacht huschten. So erlebten die an den *Panzersperren* des sog. *inneren und äußeren Verteidigungsringes* um Osnabrück wachenden Volkssturmmänner in den Tagen und Nächten des 2. und 3. April 1945 das Herannahen des Feindes. In der Dunkelheit vorsichtig mit seinen Panzern vorfühlend, dabei mit Leuchtspurmunition aus den Bordkanonen und Maschinengewehren der Raupenfahrzeuge fast ständig nach vermeintlichen Zielen im Dunkeln tastend, hatte dieser an mehreren Punkten die Panzersperren erreicht und sie alsbald, zumeist durch Umgehung, auch überwunden, wobei jedoch auch an verschiedenen Stellen feindliche Panzerwagen durch detonierende Panzerfäuste des Volkssturms ausgeschaltet wurden. Dennoch rückten die *alliierten Truppen*, im Verbande von britischen Divisionen auch kanadische Einheiten, unaufhaltsam vor und erreichten in den frühen Morgenstunden des 4. April 1945 an mehreren Stellen den Stadtrand.

Für diese Nacht hatte die NS-Kreisleitung in Osnabrück noch angeordnet, daß alle Frauen und Kinder wegen der aus militärischem Starrsinn geplanten *Rundumverteidigung* aus der Stadt *evakuiert*, d.h. nach auswärts in Sicherheit gebracht werden sollten. Kurz nach Mitternacht des 3./4. April verließen die Transporte — offene Lastwagen, die keine Bequemlichkeit oder Schutz gegen Witterungsunbilden besaßen (dabei regnete es in Strömen) — die Stadt, um fernen Dörfern als Zielpunkten zuzustreben. Es waren jedoch nur kleine Trupps, die sich an den Abfahrtsstellen einfanden, denn die meisten Frauen hatten es vorgezogen, bei den Ihrigen zu bleiben und Schutz, wie es alle taten, in den Bunkern und Stollen zu suchen, und zwar unter Mitnahme von Kissen, Decken und Lebensmitteln für einen längeren Aufenthalt. Nachdem schon am Tage vorher viele Leute mit ihren Handwagen zum Hafengebiet gezogen waren, um dort — wie es hieß: auf Anregung der Stadtverwaltung — Kartoffeln und Kohlen, Mehl und Zucker aus den Beständen der vor der Aufgabe stehenden *Magazine des Heeresverpflegungsamtes* zu empfangen, wurde diese bis dahin noch in geregelten Bahnen verlaufende Aktion am nächsten Tage zu einer wilden Plünderung, als die die dortigen Kasernen räumenden deutschen Truppen auf Grund eines unsinnigen Befehls die riesigen Silogebäude am Westrande des Areals der Winkelhausen-Kaserne, die mit Nahrungs- und Genußmitteln vollgepfropft waren, in Brand zu setzen begannen, um diese Bestände dem Zugriffe des Feindes zu entziehen. Kaum hatten die Truppen das Kasernengelände verlassen, setzte der große Sturm der ausgehungerten Bevölkerung auf die Magazine ein, die zwar z.T. in den Dachgeschossen brannten, dennoch dessen ungeachtet von einer lawinenartig anwachsenden Masse von Menschen erbrochen und nach allem Brauchbaren durchsucht wurden. Unter dem Schutze einer riesengroßen weißen Fahne, die aus einem Silofenster flatterte, fuhr man mit Karren und Handwagen das so Erworbene ab. Der wilde Betrieb setzte sich in den Abendstunden fort und ließ sich auch nicht durch die Geräusche des Kampfes um Osnabrück irgendwie stören. Er hielt die ganze Nacht hindurch an, setzte sich in den Morgenstunden des 4. April fort und wurde eigentlich erst durch die Besetzung der Stadt durch die Engländer und Kanadier nach Verhängung einer Ausgangssperre für die Bevölkerung beendet.

Die Alliierten hatten mittlerweile mit ihren Angriffsspitzen den Stadtrand von Süden (Iburg — Lengerich) am Schölerberg, Südwesten (Gaste — Hellern) bei Bellevue — Heger Friedhof und Westen-Nordwesten (Lotte — Wersen — Piesberg) bei Eversburg und Haste erreicht und stießen auf den Ausfallstraßen in diesen Bereichen — Panzer voran, motorisierte Infanterie hinterdrein — in Richtung auf das Stadtinnere vor. Sobald der hier und da aufflackernde Widerstand gebrochen erschien, übernahmen die von ihren Fahrzeugen abgesessenen Infanteristen und Fallschirmjäger die Säuberung und Besetzung der menschenleeren Straßen und Plätze. Da die Stadt auf telefonische Anfrage der feindlichen Truppenführung bei deutschen Kommandostellen (u.a. Polizeioberstleutnant Jung) für eine kampflose Besetzung nicht freigegeben wurde, kam es nunmehr noch an Straßenkreuzungen und auf Plätzen zu vereinzelten Schußwechseln. Die hierbei auf beiden Seiten eintretenden Verluste hielten sich in niedrigen Grenzen, zumal inzwischen der Volkssturm, der die Masse der Verteidiger stellen sollte, aufgelöst und nach Hause geschickt worden war. Die restlichen regulären Truppen und Polizeikräfte setzten sich angesichts der immer stärker in Erscheinung tretenden personellen und waffentechnischen Übermacht des Feindes in Richtung Schinkel und Lüstringen ab. Sie wurden, soweit sie sich nicht mit Erfolg nach Osten durchschlagen konnten, alsbald von den nördlich Osnabrück operierenden motorisierten Verbänden des Feindes aufgebracht und entwaffnet.

Nach dieser zügigen, von kurzen Artillerieeinsätzen unterstützten *Einnahme Osnabrücks am 4. April 1945* vollzog sich alsbald der Ein- und Durchmarsch des Gros der alliierten Truppen — unendliches Panzermaterial, nicht abzusehende Kolonnen von Motorfahrzeugen, für die es Treibstoffmangel und Knappheit an Ersatzteilen nicht gab.

Der Übergang der städtischen Zivilverwaltung an die britische Militärbehörde erfolgte sehr rasch. Bürgermeister Dr. *Petermann*, der bereits seit dem Vortage — als Chef der Restverwaltung, die nach Verlassen der Stadt durch den Oberbürgermeister zu bilden war — die zentrale Befehlsstelle im Redlinger Bunker leitete, wurde durch eine britische Ordonnanz aufgefordert, Verbindung mit dem britischen Kampfgruppen-Kommandant auf dem Westerberg (Brauerei-Gebäude) aufzunehmen, der ihm sodann aufgab, mit deutscher Polizei, als Ordnungskräfte kenntlich gemacht durch weiße Armbinden mit dem Siegel der Stadt, die Straßen Osnabrücks von Zivilisten freizumachen, damit nicht etwaige weitere Kampfhandlungen durch sie behindert würden. Unter der Führung eines Polizeimeisters übernahm diese erste Osnabrücker Polizeigruppe der anbrechenden Nachkriegszeit ihre Aufgabe. Der bisherige Kommandeur, Oberstleutnant *Jung*, war bereits verhaftet und in ein Lager bei Lengerich gebracht worden. Am Nachmittag wurden sämtliche in leitender Stellung befindliche Angehörige der Stadtverwaltung zum Rathaus befohlen, wo ihnen durch den Kommandeur mitgeteilt wurde, daß die Stadt jetzt unter Kriegsrecht stände und sämtlichen Befehlen und Anordnungen der Militärregierung sofort Folge zu leisten sei. Am bisherigen Hitler-Haus am damaligen Braunauer Wall wehte alsbald eine große britische Flagge, ebenfalls an mehreren Häusern am Westerberg, die (angeblich) schon lange als Hauptsitze der britischen Militärregierung auserkoren waren. Die Bevölkerung erhielt Ausgehverbot von 17 Uhr bis 8 Uhr morgens. Osnabrück war aus dem Verbande des *„Dritten Reiches"* ausgeschieden.

Der Regierungspräsident und die Gestapo-Leute hatten schon einige Tage vorher die Stadt verlassen. Der eigentlichen Führungsspitze unter den Machthabern des Hitler-Regimes wurde zum Verhängnis, daß die Stadt bereits vor dem Angriff der Engländer nördlich vom Feind umgangen war. Der Kraftwagen mit dem amtierenden Kreisleiter Gauinspekteur Wehmeier, dessen Adjutanten und dem früheren Kreisleiter Münzer, gefolgt von dem Wagen des Oberbürgermeisters Dr. Gaertner, geriet vor Ostercappeln in das Maschinengewehrfeuer britischer Panzer. Während das Fahrzeug des Oberbürgermeisters noch rechtzeitig wenden und sich nach Osnabrück in vorläufige Sicherheit bringen konnte, fielen die Insassen des vorausfahrenden Wagens — bis auf Münzer — den feindlichen Kugeln zum Opfer. Weitere führende Amtsträger der *Partei* in Osnabrück hatten sich bereits anderweitig abgesetzt. Hierzu schreibt Karl Kühling in seinem Buch *„Osnabrück 1933 — 1945 — Stadt im Dritten Reich"*: „Der Abgang der NSDAP-Führung von der politischen Bühne war ohne Würde. Nach den vielen hallenden Worten hatten die Bürger der Stadt erwartet, daß diejenigen, die zwölf Jahre lang unter der Devise einer absoluten Opferbereitschaft für Führer und Vaterland die Stadtgeschichte bestimmt hatten, in der Stunde der Not sich wie Winkelriede der Phalanx des Gegners entgegenwerfen würden. Nichts Derartiges geschah; die lautesten Rufer setzten sich am leisesten ab. Das „Dritte Reich" verschwand wie ein Schemen und hinterließ eine zerstörte Stadt, Tausende von Opfern und die bittere Enttäuschung mißbrauchten Glaubens." Dr. Gaertner versuchte sein Glück noch einmal, diesmal mit dem Fahrrad. Auf der Straße nach Melle verletzte er sich bei einem Sturz und begab sich in das dortige Krankenhaus. Einigermaßen wiederhergestellt, kehrte er in sein Osnabrücker Heim zurück, wo er alsbald von britischer Militärpolizei verhaftet und nach außerhalb in ein Lager eingeliefert wurde.

Der 4. April 1945 wurde somit zu einem schicksalhaften Markstein in der langen Geschichte der Stadt Osnabrück. Die Besetzung durch britische und kanadische Truppen setzte den unmittelbaren kriegerischen Ereignissen ein definitives Ende; gleichzeitig aber erlosch auch die Selbständigkeit der Stadtverwaltung und die Oberaufsicht und

Befehlsgewalt der ihr vorgesetzten Provinzial-, Staats- und Reichsbehörden und damit auch die alle öffentlichen Angelegenheiten beherrschende Beeinflussung durch die Macht der NS-Partei. Damit waren alle früheren Bindungen gefallen, aber man war gleichzeitig auch vom unmittelbaren Druck des Krieges mit all seinen Belastungen erlöst und ebenfalls vom verhaßten Terror der braunen Machthaber befreit. Maßgebend blieb allein der Wille der feindlichen Besatzungsmacht, unter deren Kontrolle die deutschen Behörden ihre Arbeit fortsetzen durften. Auch das private Leben nahm seinen Fortgang, doch nur unter den primitivsten Verhältnissen. Man saß zu Hause, eingepfercht in die in den Ruinenfeldern noch verbliebenen Wohnmöglichkeiten, ohne Rundfunk, ohne Zeitung, zunächst auch ohne elektrisches Licht, ohne Gas, mit kaum funktionierender Versorgung aus der Wasserleitung und Entsorgung durch die Kanalisation. Die großen Betriebe standen still, es ruhte jeglicher Post- und Bahnverkehr, jede Verbindung mit der Außenwelt war völlig abgerissen. Als willenloses Objekt einer Fremdherrschaft lebte man auf einem engen, von der ganzen übrigen Welt abgeschnittenen Raume in dumpfer Betäubung dahin. Doch auch an die positiven Seiten der gänzlich veränderten Lage gewöhnte man sich schnell. Vorbei war es mit dem schrillen Sirenengeheul, mit dem angstvollen Hasten zu den Bunkern und Stollen, mit der ständigen Todesfurcht unter dem niedergehenden Bombenhagel. Man konnte sich wieder auf das Bett freuen, auf ungestörtes Schlafen in Nächten ohne Flakfeuer, Fliegergebrumm und Bombenalarm. Schüchtern meldete sich die Hoffnung auf eine bessere Zukunft, vielleicht sogar auf die Möglichkeit eines Wiederaufbaus des zerstörten Osnabrück. Die *„Stunde Null"* war angebrochen.

7. Was der Krieg von unserer Stadt noch übrig ließ

„Das häufig zitierte Wort des *„Führers"* Adolf Hitler: *Gebt mir zehn Jahre Zeit und ihr werdet Deutschland nicht wiedererkennen* trifft, allerdings in grausam ironischer Bedeutung, nur für wenige Städte unseres Vaterlandes in einem solch umfassenden Maße zu wie für Osnabrück." Mit diesem Satz leitet der damalige Stadtchronist Dr. Hans Glenewinkel seine Schrift *Wie sah Osnabrück nach dem Krieg aus?*, die er nach Beendigung der Kampfhandlungen um Osnabrück im April 1945 verfaßte, ein. In einer amtlichen Zusammenstellung für die gesamte britische Zone, die auf Veranlassung der britischen Militärregierung Monate später herausgebracht wurde, steht Osnabrück, wenn man die Vernichtung an Wohnraum durch Kriegsfolgen berücksichtigt, in der entsprechenden Städteliste der Zone an 4., jedoch innerhalb der damaligen Provinz Hannover an 1. Stelle. Ebenfalls schwer getroffene niedersächsische Städte wie Hannover, Hildesheim und Emden waren demnach nicht so zerstört wie Osnabrück. Seine starke industrielle Entwicklung, die besonders weitgehend den Rüstungssektor anbetraf, aber auch seine strategisch bedeutsame Lage als westlich vorgeschobener Schlüssel für den Zugang zur norddeutschen Tiefebene von der Mittelgebirgsschwelle aus — eine Position, die bereits die Römer und auch Karl der Große erkannt hatten, als sie diesen Knotenpunkt wichtiger Heerwege im Hasetal zwischen Süntel und Osning (die ursprünglichen Bezeichnungen für das Wiehengebirge und den Teutoburger Wald) bevorzugt in ihre Heeresbewegungen einbezogen — vermögen wohl am besten zu erklären, warum Osnabrück, nunmehr zu einem hervorragenden Kreuzungspunkt wichtiger Verkehrslinien im nordwestdeutschen Raum geworden, ein Brennpunkt des feindlichen Luftkrieges wurde.

7. Was der Krieg von unserer Stadt noch übrig ließ

Die gänzlich ausgebrannte Südfront des Marktes

So sind die weitreichenden Zerstörungen des Osnabrücker Stadtbildes fast ausschließlich den alliierten Luftangriffen zuzuschreiben, denn die feindlichen Operationen, die zur Einnahme Osnabrücks am 3./4. April 1945 führten, glichen, wie Glenewinkel in seinen Ausführungen weiter schreibt, „mehr einem operettenhaften Theatergefecht als einem blutigen Schauspiel", höchstens einige Einsätze der britischen Artillerie in Richtung Gertrudenberg (Wittkopstraße) und Schinkel haben leichtere Schäden an Wohngebäuden verursacht. So gehen das ungeheure Ausmaß der Zerstörungen in unserer Stadt und die damit verbundenen Opfer an Gut und Blut eindeutig zu Lasten der alliierten Luftwaffe, die innerhalb der gesamten Kriegszeit von fast sechs Jahren nahezu fünf Jahre hindurch mit an Furchtbarkeit und Zerstörungsgrad sich ständig steigernden Einsätzen sich gegen Osnabrück wandte und mit einer überwältigenden Massierung von Zerstörungsmitteln den schon oben angesprochenen Umfang an Vernichtungswirkung erzielte. Dieses Ergebnis resultierte aus insgesamt 78 feindlichen Luftangriffen auf Osnabrück, von denen 18 als härteste Großangriffe und 14 als Angriffe mittlerer Stärke zu bezeichnen sind.

An dieser Stelle seien einige Zahlen aus der amtlichen Abschlußstatistik der Osnabrücker Polizei, die im Jahre 1945 aufgestellt wurde, mitgeteilt, die über den gewaltigen Aufwand der abgeworfenen Zerstörungsmittel und deren unmittelbare Folgen orientieren:

I. *Abwurfmittel* der feindlichen Luftwaffe:
  181 *Luft-Minen*, etwa im Gewichte von 1000—2000 kg
24904 *Sprengbomben,* leichteren (50—250 kg)
                                mittleren (250—500 kg)
                                und schweren (500—1000 kg) Kalibers,
      darunter 1212 Blindgänger.
652156 *Stabbrandbomben*: 633271 zu 1,7 kg,
                                  18305 zu 14 kg,
                                      580 zu 114 kg.
 11754 *USA-Flüssigkeits* (Phosphor)-*Brandbomben*

,,Diese gewaltige Masse von Eisen und Feuer, die furchtbare Vernichtungskraft von Dynamit und Phosphor hatte genügt, fast zwei Drittel des einst so blühenden Gemeinwesens von Osnabrück in ein Ruinenfeld zu verwandeln'' (Glenewinkel). Das ungeheure Ausmaß der Zerstörungen, das im Zahlenspiegel der Stadt Osnabrück von 1978 seinem Grade nach mit 68,5% angegeben wird, wird daran deutlich, daß die Trümmermassen der eingestürzten und verbrannten Gebäude, die teils auf Grundstücken, teils auf den Straßenrändern herumlagen, auf etwa 900000 Kubikmeter geschätzt wurden.

II. *Personen-Verluste*: 1314 Tote, 1691 Verletzte
davon kamen auf die Stadtbevölkerung etwa 1000 Tote, über 300 auf ausländische Gefangene und Hilfsarbeiter.

Daß die Zahlen nicht höher waren — ggf. hätten sie (relativ gesehen) die Ausmaße von Köln, Hamburg oder Bremen erreichen können —, verdankte die Bevölkerung Osnabrücks, wie oben schon näher ausgeführt, der umfassenden Luftschutz-Fürsorge seitens der verantwortlichen Stellen der Stadtverwaltung, insbesondere auch des Oberbürgermeisters Dr. Gaertner, sowie des behördlichen Luftschutzes, die rechtzeitig erkannten, daß die geographische Lage Osnabrücks mit den bis weit in die Stadt hineinreichenden felsigen Muschelkalkhöhen die Möglichkeit der Erstellung bombensicherer Luftschutz-Stollen bot. Auf diese Weise wurde es möglich, fast die gesamte Einwohnerschaft der Stadt — abgesehen von den noch nahezu ländlichen Randbereichen — bei Vollalarm geschützt unterzubringen. So blieb denn auch die Gesamtzahl der Personen-Verluste Osnabrücks um ein Mehrfaches hinter der der Stadt Hannover zurück, in der — trotz geringeren Zerstörungsgrades — 4769 Menschen durch Fliegerbomben getötet wurden.

III. *Brände*: 757 Groß-, 1397 Mittel-, 2232 Kleinbrände
An dieser Stelle ist der unzähligen Einsätze der Osnabrücker Feuerwehren, aber auch der vielen auswärtigen Wehren, die z.T. von weither (aus Bielefeld, Münster, Rheine u.a.m.), besonders aber auch aus den umliegenden Landgemeinden heranrückten, zu gedenken, die mit ihrem umsichtigen, dabei aber allen Gefahren trotzenden Zupacken manches der heute noch stehenden Häuser gerettet haben, aber auch viele Menschenleben dem Flammentode abringen konnten.

IV. *Gebäude-Schäden*:
a) total zerstört: 5994 Wohnhäuser, 32 öffentliche Gebäude, 7 Kirchen, 13 Schulen, 1 Krankenhaus;
b) schwer beschädigt: 5692 Wohnhäuser, 29 öffentliche Gebäude, 7 Kirchen, 11 Schulen, 5 Krankenhäuser;
c) mittlere Schäden: bei Wohnhäusern in 8145 Fällen, bei öffentlichen Gebäuden in 14 Fällen, bei Kirchen 5, Schulen 22, Krankenhäusern 5 Fälle;

7. Was der Krieg von unserer Stadt noch übrig ließ

d) leichtere Schäden: wurden ermittelt bei Wohnhäusern in 31390 Fällen, bei öffentlichen Gebäuden in 37 Fällen, Kirchen 16, Schulen 20 und Krankenhäusern 7 Fällen.

Die einzelnen Zahlen wurden festgestellt nach den vorliegenden Befunden unmittelbar nach den jeweiligen einzelnen Angriffen. Es ist damit eindeutig klar, daß sie sich in vielen Fällen auf im Laufe des Krieges mehrmals getroffene Gebäude beziehen. Von einem absoluten Wert dieser Ziffern kann daher nicht die Rede sein. Noch weit mehr gilt dies von den mittleren und geringeren Gebäudeschäden. Wenn somit die Zahlen der Schadenskategorien nur mittelbaren Wert haben, so gibt doch das gesamte Zahlenbild einen differenzierten Eindruck von der gewaltigen Fülle der Zerstörungswirkungen, die im Verlaufe der Kriegsjahre über unsere Stadt hereingebrochen ist.

Von den 18544 Gebäuden, die bei Kriegsausbruch 1939 in Osnabrück vorhanden waren, blieben 7418 unzerstört (wobei untergeordnete Schäden, z.B. an Dächern, Fenstern, Mauerputz, die auch als leichte Schäden bezeichnet werden könnten, vermutlich nicht berücksichtigt worden sind). Diese verschont gebliebenen Häuser machen genau 40% der Gesamtsumme aus, so daß allein in diesem Bereich bereits ein Gesamtzerstörungsgrad von 60% erreicht worden ist. Wenn man hierzu das Gesamtareal der schwer getroffenen Osnabrücker Industrie- und Gewerbebetriebe mit ihren verschiedensten Einrichtungen und Baulichkeiten (s. Abschnitt V) hinzurechnet, so dürfte der oben angeführte Zerstörungsgrad von 68,5% keinesfalls zu hoch gegriffen sein.

Zerbombte Straße in Osnabrücks Altstadt

V. *Betriebe*:
1) Werkluftschutz-Betriebe:
   17 total zerstört, 67 schwer-, 26 mittel-, 44 geringer beschädigt;
2) Betriebe mit erweitertem Selbstschutz:
   39 total zerstört, 32 schwer-, 25 mittel-, 45 geringer beschädigt.

Natürlich sind auch hier die Ziffern der nur beschädigten Betriebe als relativ — im obigen Sinne — aufzufassen. Aber auch von den zerstörten Betrieben dürften eine Reihe mehrfach erfaßt worden sein, denn in den ersten Kriegsjahren wurden auch so gut wie total zerstörte Unternehmen, vor allem wenn sie rüstungspolitisch von Bedeutung waren, unter großen Anstrengungen wieder instand gesetzt.

VI. *Obdachlose*: insgesamt 86915

Auch hier ist zu bedenken, daß — wenn auch nicht häufig — manche Einwohner Osnabrücks mehrere Male ausgebombt wurden und damit mehrfach von der Polizei als obdachlos bezeichnet werden konnten.

VII. *Alarme*: Voll-Alarme — 1251
    Luft-Warnungen — 1 145, zuletzt ,,Klein-Alarme" benannt,
    insgesamt also 2396 Alarme.

Die hiermit verbrachte Zeit betrug, wie bereits schon erwähnt, nach Aufstellungen der Luftschutz-Polizei bei Voll-Alarmen 1924 Stunden, 16 Minuten, bei den Luftwarnungen 817 Stunden, 36 Minuten, insgesamt also 2741 Stunden und 52 Minuten: Das gleicht ungefähr der Dauer von 114 Tagen und Nächten, die die Bevölkerung in Bunkern und Luftschutzstollen zubringen mußte.

Der *Grad der Zerstörung in Osnabrück* war somit sehr unterschiedlich, sowohl hinsichtlich der punktuellen Auswirkung an den einzelnen Schadensstellen als auch im Vergleich der verschiedenen Stadtteile. Während der durchschnittliche Zerstörungsgrad für die gesamte Stadt etwa bei 68,5 % lag, so erreichte er doch im Stadtkern, wo sich die Masse der ungeheuren Zerstörungsmittel voll auswirken konnte, nahezu die 85 %-Grenze. Zerbröckelte Mauern und Wände mit riesigen Trümmermassen dort, wo Sprengbomben einschlugen und das Mauerwerk zerschmetterten; wo nur Feuersglut die Häuser ausbrannte, standen noch die Umfassungsmauern, wenn sie aus massivem Material erstellt waren, doch im Inneren waren meistens alle Decken eingestürzt. Aus solchen Ruinenfassaden mit gähnenden Fensterhöhlen bestanden ganze Straßenzeilen, insbesondere dort, wo sich gewaltige Flächenbrände ausgebreitet hatten. Dort, wo trotz allem noch menschliches Leben möglich war, erblickte man kein heiles Fenster mehr, statt dessen Bretterverschläge oder Holzrahmen mit Rollglas, die noch etwas Tageslicht hereinließen und Möglichkeit gaben für eine runde Öffnung, aus der ein Ofenrohr als provisorischer Schornstein herausragte. Auf den Gehsteigen, wenn sie nicht von Bombentrichtern zerrissen waren, die oft auch tief in die Fahrdammdecke hineinragten, erstreckten sich lang gezogene, meterhohe Schuttwälle, so daß ganze Straßenzüge für Fußgänger, natürlich erst recht auch für Fahrzeuge, unpassierbar geworden waren. Oft war es längere Zeit nicht möglich, den von Bomben zerwühlten Fahrdamm notdürftig zu flicken, so daß gähnende Trichter blieben, aus denen die auseinandergerissenen Rohre und Leitungen der Gas- und Wasserversorgung herausragten. Daß es unter diesen Umständen nicht mehr möglich war, hier Reinlichkeit und Ordnung aufrechtzuerhalten, versteht sich von selbst. Ganze Straßenzüge entfielen somit für die Verkehrsführung, andere blieben durch Trümmermassen blockiert. Osnabrücks Straßen mit ihren stilvollen Häuserfronten boten so gegen Kriegsende ein trostloses Bild, vor allem in den Vierteln des Stadtinneren, die am stärksten unter dem Bombenkrieg zu leiden hatten. Sie

7. Was der Krieg von unserer Stadt noch übrig ließ

Luftaufnahme vom Güterbahnhof und Stahlwerk. Die dunklen Punkte sind Bombeneinschläge.

waren in rauchenden Trümmern untergegangen, die verbrannten Holzbalken erkaltend verkohlt, und alles schließlich überwuchert von Kraut und Gestrüpp.

Das *Zentrum der Vernichtung* lag im Herzen der Stadt. Hierauf wiesen schon von weitem die zermarterten Turmstümpfe des Domes und von St. Marien in der Altstadt und das zerglühte Stahlgerippe des Katharinenturmes am Rande der Neustadt hin. Die hier liegenden Geschäftsviertel der Stadt, aber auch das Gebiet um den Hauptbahnhof mit seinen Gleisanlagen und des Güterbahnhofs im Fledder mit dem beiderseits anschließenden Werksgelände des Stahlwerks sowie weiterer Industriebetriebe im Fledder und im Schinkel mit dem westlich davon sich erstreckenden Kupfer- und Drahtwerk waren bevorzugte Ziele der angreifenden Bomberverbände. Daß auch das Stadtgebiet zwischen Hauptbahnhof und Stadtzentrum schwer darunter zu leiden hatte, versteht sich von selbst. Hierzu traten die weiten Wohngebiete der Neustadt mit ihren Ausstrahlungen nach Osten (Meller Straße), nach Süden (Iburger Straße bis etwa zum Betriebsbereich der Hammersen-AG.) und bis in die Wüste hinein, wo insbesondere große Flächenbrände wüteten. Von den in diesen Stadtvierteln vorhandenen Gebäuden wurden in der Neustadt 93%, in der Bahnhofsvorstadt 90% und in der Altstadt 79% zerstört. Von diesem Kerngebiet her verringerte sich die Schadensdichte nach der Stadtgrenze zu immer deutlicher, so daß die Vororte Haste und Eversburg schließlich nur noch etwa 4%

aufzuweisen hatten. Hier blieben ganze Häuserzeilen, auch Straßenzüge vom Kriege unberührt, während mehr im Stadtinnern kaum ein Haus anzutreffen war, das nicht irgendwelche kleineren Schäden aufzuweisen hatte bzw. heute noch aufweisen kann.

In starke Mitleidenschaft gezogen waren auch die Bereiche der *Grünanlagen* im Schloßgarten, auf den Wällen und auf dem Gertrudenberg (Bürgerpark), insbesondere im Hinblick auf ihren Baumbestand. Am wenigsten betroffen war wohl der Schölerberg mit dem Gelände des Heimattiergartens. Stark mitgenommen wurden auch die Denkmäler der Stadt, von denen eigentlich nur das Möserdenkmal auf der Großen Domsfreiheit unter dem Schutze seiner Holzverkleidung die Kriegseinwirkungen — bzw. auch Kriegsmaßnahmen, wenn es um das Einschmelzen ging — überdauert hat.

In einigen Straßen der Altstadt, besonders aber auch im historischen Kerngebiet der Neustadt (beiderseits der Johannisstraße) waren die *Verwüstungen* so vollständig, daß sich dort überhaupt keine Lebensmöglichkeit mehr bot. In weiteren Straßen, so auch in zentralen Geschäftsstraßen, blieben nur wenige bewohnbare Häuser übrig, die sich als kleine Inseln aus dem Trümmermeer erhoben. Noch heute weisen weiträumige Kahlflächen im Stadtinnern — zumeist derzeitig noch als Parkplätze benutzt — auf damalige Schwerpunkte der Totalzerstörung hin. Nur das Heger-Tor-Viertel, mit seinem fast unversehrt gebliebenen eindrucksvollen Zugang durch das Waterloo-Tor, dem ältesten Kriegerdenkmal dieser Art auf westdeutschem Boden (Rothert), wies noch eine verhältnismäßig beachtliche Zahl an wertvollen alten Bürgerhäusern auf. Ihre Pflege und glückliche Ergänzung durch eine kleinere Anzahl aus *modernen Veränderungen* von Stadtbereichen geborgenen stilvollen Fachwerkhäusern — u.a. die *Alte Fuhrhalterei* an der Kleinen Gildewart — hat in der Gegenwart zu einer städtebaulichen Lösung geführt, die weithin Anerkennung findet.

Es würde zu weit führen, alle die unwiederbringlichen Werte aus historischen Bauepochen und auch von allgemeiner kultureller Bedeutung hier aufzuführen, die in den Bombenstürmen des Zweiten Weltkrieges dahingegangen sind. Tatsache ist und bleibt, wie der Tagebuchschreiber hierzu anführt, ,,daß der anheimelnde Zauber des althistorischen Osnabrück für alle Zeit erloschen ist, fast alle stolzen Bauten kirchlicher und profaner Architektur (in ihrer bisherigen Gestalt) dahin sind, das Gewirr reizvoller mittelalterlicher Gäßchen niemals mehr das Auge entzücken wird". Um so überraschender ist es, wenn man diesem trostlosen Inferno das Ergebnis eines liebevollen Wiederaufbaus, der sich über Jahrzehnte hinzog, gegenüberstellt. Es dürfte gelungen sein, das gerettete wertvolle Alte in würdiger Verbindung mit dem daneben entstandenen schmucken Neuen zu einem harmonischen Zusammenklang zu gestalten, der den Besucher und auch kritischen Beschauer Osnabrücks in unseren Tagen mit Freude erfüllt und voll zufriedenstellt.

Im Gesamtbereich der — nach dem heutigen Währungsstand — damals entstandenen Milliardenschäden und der unermeßlichen Opfer an Gut und Blut, die der Zweite Weltkrieg über Osnabrück gebracht hat, bedeutet dieses schwere Menschenleid nur einen winzigen Mosaikstein angesichts der ungeheuren Folgen, die die menschenverachtende, machtpolitische Hybris des Nationalsozialismus über Europa und die Welt brachte bis zum grauenvollen Tode von mehr als 50 Millionen Menschen. Mit der Teilung Europas, Deutschlands und Berlins sowie mit der Ausweitung und Stärkung des sowjetischen Machtbereichs von der Elbe bis zum Chinesischen Meer führte sie zur gegenwärtigen politischen Landkarte in Europa. Darüber hinaus schuf die Ungeheuerlichkeit der NS-Verbrechen unermeßliches Leid für die Opfer und deren Angehörigen, dessen Sühne und Wiedergutmachung alle menschlichen Möglichkeiten übersteigt.

XVI.
VOM BITTEREN ENDE BIS ZUM BEGINNENDEN WIEDERAUFBAU 1945—1948

1. Nach trostlosem Ende schwerster Neuanfang 1945/46

Äußeres Geschehen: Nach lähmendem Entsetzen erste Regungen eines zaghaften Wiederbeginns

Am 8. Mai 1945 war auch für Osnabrück der Zweite Weltkrieg zu Ende. An diesem schicksalhaften Tage der Unterzeichnung der *bedingungslosen Kapitulation* der gesamten deutschen Wehrmacht in *Reims* trat der Waffenstillstand in Kraft, der die letzten Kampfhandlungen der dezimierten deutschen Streitkräfte in den noch umkämpften Bereichen des Kriegsgebietes (Nordwest- und Norddeutschland, Holland sowie im Raume der ,,Alpenfestung") beendete. Die am 3./4. April 1945 erfolgte kriegsmäßige Besetzung Osnabrücks durch britische und kanadische Truppen wurde nunmehr durch die Errichtung einer *britischen Militärregierung* abgelöst, an deren Spitze, für den gesamten Regierungsbezirk zuständig, Oberst *Kingsford-Lethbridge* stand. Die Aufgaben eines Militärgouverneurs im Stabe der HQ 902 Mil.Gov.Det. (CCG) in Osnabrück übernahm Major Day. Er residierte in der unzerstört gebliebenen Villa Schoeller am Westerberg in der Edinghäuser Straße. Die militärische Stadtkommandantur verblieb im früheren, nunmehr von einem britischen Stabe besetzten ,,Hitlerhaus" (vormals Villa Schlikker) am Heger-Tor-Wall (damals noch Braunauer Wall). Später diente dieses Gebäude als Heim für das Naturwissenschaftliche Museum der Stadt.

Im äußeren Bilde unserer damals von zahllosen Bombenwürfen zermarterten Stadt mit ihren hohlen Giebelgerippen und zerschmetterten Kirchturmstümpfen in weiten, öden Ruinen- und Trümmerfeldern trat zunächst kaum eine Änderung ein. Ganze Straßenzüge der Innenstadt mit den schönsten alten Giebelhäuserzeilen in Fachwerk und Stein, auch viele wertvolle Einzelhäuser aus früheren Bauepochen und im besten Erhaltungszustande, insgesamt alles Erscheinungsformen, die dem bisherigen Stadtbilde sein eigentümliches Gepräge gegeben hatten, waren für immer verschwunden und ließen eine grauenvolle Trümmerwüste zurück.

Verängstigte Menschen in ungepflegter Kleidung irrten einzeln oder in kleinen Gruppen durch die zerbombten und kaum noch begehbaren Straßen, als erwarteten sie noch jeden Augenblick das nervenzerfetzende Aufheulen der Alarmsirenen. Die von Bombentrichtern zerwühlten und von Schuttmassen blockierten Bürgersteige und Fahrdämme gaben ihnen kaum die Möglichkeit des Vorwärtskommens. Doch arbeiteten alsbald bereits Bautrupps des Stadtbauamtes, um die Bombentrichter zuzuschütten, das Pflaster, wenigstens provisorisch, in Ordnung zu bringen und so die Straßen notdürftig befahrbar zu machen. Die vorwiegend vom Fahrzeugverkehr des englischen Militärs für den Truppentransport und Nachschub benötigten Durchgangs- und Ausfallstraßen (Rheiner Landstraße, Lotter Straße, Martinistraße, die Wälle, Johannis- und Iburger Straße, Bohmter- und Bremer Straße, Buersche- und Mindener Straße, Bramscher

Straße usw.) wurden bevorzugt und beschleunigt instand gesetzt, wobei auch britische Räumbagger und Geländeschieber mit tätig waren. Zeitweilig wurden diese Straßenzüge für den deutschen Personenverkehr vollständig gesperrt.

Bei den Ausbesserungsarbeiten an diesen Straßen wurden schon bald nach der militärischen Besetzung der Stadt, unter Aufsicht englischer Soldaten, neben städtischen Arbeitskräften des Bauamts auch bestimmte Angehörige gehobener Berufe (Beamte, Lehrkräfte, Ingenieure u.a.), die angeblich verdächtig waren, dem Naziregime Vorschub geleistet zu haben, mit Vorliebe als Hilfskräfte eingesetzt. Ebenfalls wurden in allen Behörden in der Stadt die Leiter neu ernannt und viele bislang aktive Parteiangehörige der NSDAP ihres Amtes enthoben oder gar in ein Lager gebracht. An die Spitze der durch die so bedingten zahlreichen Entlassungen personell stark gelichteten Stadtverwaltung trat als von der britischen Militärregierung eingesetzter amtierender Oberbürgermeister der bisherige parteilose *Bürgermeister Dr. Petermann*. Ihm zur Seite stand seit Anfang Mai 1945 als städtischer Dezernent der als überzeugter Demokrat bekannte Rechtsanwalt Dr. Rosebrock. Er wurde der Nachfolger des bisherigen Stadtrats Herr-

Das am 13.9.1944 gänzlich zerstörte Rathaus Osnabrücks kurz vor dem Wiederaufbau

mann, der ebenfalls von seinem Amt entbunden wurde. Von dem früheren Oberbürgermeister *Dr. Gaertner* wurde verlautbart, daß er sich im Mai/Juni 1945 als Häftling in einem Lager bei Brüssel befände.

Als erste Maßnahme einer gewissen Belebung der völlig erstarrten Verhältnisse in der nur taumelnd erwachenden verängstigten Bevölkerung, aber auch aus eigenem Interesse unternahm es z. T. schon vor Eintreten des Waffenstillstandes die britische Militärregierung, den Personen- und Güterverkehr auf der Reichsbahn langsam wieder in Gang zu bringen. Förderlich für diese Aufgabe war sicherlich, daß die Reichsbahndirektion Münster inzwischen — wenn auch nur vorübergehend — nach Osnabrück verlegt wurde. Als Dienstgebäude stand ihr das bisherige Versorgungsamt in der Süsterstraße zur Verfügung, dessen Bedienstete im gleichen Zuge in das halbzerstörte Schulhaus des Realgymnasiums an der Lotter Straße übersiedelten. Am 10. September 1946 wurde sie wieder nach Münster verlegt.

Zunächst galt es, eine Unzahl im Verlaufe der Kriegshandlungen zerstörter bzw. gesprengter *Verkehrsbauten* wieder brauchbar zu machen. Für diese Wiederaufbauarbeiten wurde das gesamte Osnabrücker Eisenbahnpersonal — soweit noch verfügbar — herangezogen. Vor allem mußten — unter Mithilfe britischer Pioniere — die arg mitgenommenen bzw. eingestürzten Eisenbahnbrücken über den Dortmund-Ems-Kanal und den Mittellandkanal als erstes wieder instand gesetzt werden. Sie wurden dringend benötigt, um zunächst den Fernverkehr der englischen Militärzüge in die Wege zu leiten. So konnte bereits am 1. Mai 1945 die regelmäßige Verbindung zwischen Antwerpen (Calais) — Rheine — Osnabrück — Diepholz bis nach Kirchweyhe (kurz vor der zerstörten Weserbrücke) in Betrieb genommen werden. Im Nahbereich, wo als erste Strecke alsbald die Verbindung Osnabrück — Belm — Bohmte befahren wurde, war seit dem 9. Mai das Mitfahren vorerst nur solchen Personen gestattet, die einen amtlichen Fahrausweis besaßen. Als bedeutsame Versorgungsstrecke für den regional wichtigen Kohlentransport war bereits mit dem 5. Mai die Verbindung zwischen dem Ibbenbürener Kohlenrevier und Kirchlengern in Gang gebracht worden. Im weiteren Verlauf dieser Entwicklung verkehrte ab Mitte Mai auch ein Personenzugpaar nach Bünde. Die Benutzung war nur Inhabern von Arbeiter-Wochenkarten gestattet. Alsbald gelang es auch, den Verkehr ab Osnabrück nach Hamburg über Bünde — Löhne — Hannover — Uelzen aufzunehmen. Die Verbindung nach Münster und dem Ruhrgebiet kam erst um Mitte Juni zustande, als die gesprengte Kanalbrücke bei Sudmühle wieder befahrbar wurde. Ähnlich war es mit der Bahnverbindung nach Oldenburg bzw. Delmenhorst, die — nach der völligen Zerstörung der Kanalbrücke bei Achmer — erst vier Wochen später nach Erstellung eines Erddammes durch das Kanalbett behelfsmäßig in Betrieb genommen werden konnte.

Soweit die ersten Anfänge im Bahnverkehr. Die Bedingungen für die *Personenbeförderung* waren zunächst denkbar schlecht und primitiv: Personenwagen — wenn sie überhaupt zur Verfügung standen — oft ohne Fensterscheiben und Heizung, mit zerbrochenen Innentüren, andernfalls offene und ungereinigte Güterwagen. Dennoch wurde mit ihnen alsbald, als die Bewegungsbeschränkungen für die Zivilbevölkerung allmählich immer weiter aufgehoben wurden, innerhalb der Grenzen der britischen Besatzungszone weit gereist, weil die Fahrpreise vorerst noch sehr niedrig blieben. Das führte mehr und mehr zu einer sehr starken Überbeanspruchung der Bahn und damit zu einer kaum beschreibbaren Überfüllung der Züge. Ein Mitfahren auf den Trittbrettern, in den Bremserhäuschen oder gar auf den Dächern war an der Tagesordnung. Erst mit der Einsetzung einer in diesen Fällen streng durchgreifenden *Bahnpolizei* wurden allmählich wieder geordnete Verhältnisse geschaffen. Es dauerte noch Monate, bis neben dem Personenzugverkehr — oft auf Güterwagen — auch die Benutzung von D-Zügen, die zunächst nur dem englischen Militärpersonal vorbehalten blieb, für deutsche Zivilpersonen erlaubt wurde, und das einstweilen nur mit besonderen Berechtigungsscheinen.

Die wenige Wochen nach der Verkündung des Waffenstillstandes durch Erlaß des britischen Militärgouverneurs gestattete Auflockerung der persönlichen Bewegungsfreiheit der Bevölkerung, zunächst innerhalb eines Durchmessers von 30 Kilometern, sodann innerhalb der britischen Zone, kam nicht nur der Belebung des Bahnverkehrs zugute. Auch die Begegnung der Menschen zwischen Stadt und Land im Osnabrücker Raum kam wieder in Fluß, ein wichtiger Fortschritt im Hinblick auf die sich immer mehr verschärfende Ernährungslage. Dennoch bestand noch weiterhin die seit der Besetzung der Stadt verhängte *Ausgangsperre* von 9 Uhr abends. Nur Ärzte durften mit Rote-Kreuz-Binde ihre Wohnungen während der Nacht verlassen. Allgemein begrüßt wurde schließlich die ab 20. Mai ausgesprochene Aufhebung der Verdunkelungspflicht, die allerdings in den letzten Wochen schon recht nachlässig gehandhabt worden war. ,,Trotzdem war es uns'', so heißt es in einer Tagebuchaufzeichnung aus jener Zeit, ,,eine innere Genugtuung, die schweren Papierrollen nun endlich von den Fenstern herunterreißen zu können, nachdem wir uns fünfeinhalb Jahre lang damit weidlich geplagt hatten.''

Innere Nöte und schutzlose Bedrängnis

Seit dem Einmarsch der Engländer und der Niederlassung einer Reihe von britischen Dienststellen in der Stadt wurde für die *Unterbringung* des Personals eine große Anzahl von noch unzerstört gebliebenen Wohnhäusern — insbesondere im Bereiche des Westerberges — von der Besatzungsmacht beschlagnahmt. Die Inhaber dieser Wohnungen, oftmals ausgebombte Familien, mußten ihre Räume z. T. innerhalb weniger Stunden, unter Zurücklassung der gesamten Einrichtung und Möbel, verlassen und notdürftig anderswo ein Unterkommen suchen. Diese *Zusammendrängung der Bevölkerung* — beim Einwohnermeldeamt waren damals (Mitte Mai 1945) rd. 63 800 Personen registriert — setzte sich fort durch z. T. gewaltsame Ausquartierung von Einwohnern zugunsten von ehemaligen Ostarbeitern, die von ihren behelfsmäßigen Lagern am Rande der Stadt aus sich in benachbarten Häusern und Wohnvierteln niederließen. Daß es

Bahnlinie nach Münster. Osnabrück 1945, Blick von Wörthstraße 27.

1. Nach trostlosem Ende schwerster Neuanfang 1945/46

hierbei nicht ohne Plünderungen und Gewalttaten zuging, versteht sich von selbst. Englische Polizeistreifen versuchten, derartige Ausschreitungen der Ausländer, wozu insbesondere zahlreiche Fahrradraube und -diebstähle gehörten, so weit wie möglich einzudämmen. Große Schwierigkeiten hatten sie mit den marodierenden ehemaligen russischen Kriegsgefangenen, die zwar in einem abgegrenzten umfangreichen Sammellager in der bisherigen Winkelhausen-Kaserne in Haste zusammengeführt waren, von dort aus aber die nähere und weitere Umgebung dieses Bereiches in zunehmendem Maße unsicher machten.

Der Osnabrücker Heimatdichter *Ludwig Bäte,* der in dieser Zeit als Dolmetscher in einer englischen Dienststelle in diesem Kasernenbereich tätig war, schreibt hierüber: ,,Auf meinem Wege zur Dienststelle auf der Netter Heide erlebe ich häufig, wie Russen, Polen, seltener Jugoslawen in die benachbarten Häuser eindringen und mitnehmen, was sie für angebracht halten. Auch Körperverletzungen und Todesfälle kommen vor." Besonders unter derartigen Raubzügen und Überfällen zu leiden hatte der Ortsteil Haste, dessen Einwohner in mehrfachen Eingaben an den amtierenden Oberbürgermeister Dr. Petermann und an die britische Militärregierung — zunächst vergeblich — versuchten, diesen brutalen Übergriffen Einhalt zu gebieten. Es entwickelte sich hieraus für die wehrlose Bevölkerung ein ausgesprochener *Notstand,* dessen Umfang sich insbesondere aus folgenden Zahlen einer Polizeistatistik ergibt: Für den Zeitraum vom 29.4. bis 15.6.1945 wurden in der Stadt Osnabrück insgesamt 117 Plünderungen, 621 Raubüberfälle und 107 schwere Einbrüche registriert. Hinzu kamen vier von Russen verübte Morde. Ähnliche Bluttaten ereigneten sich auf Bauernhöfen in der näheren Umgebung, so auf dem Hüggelhof bei Hagen a.T.W. und auf dem Hofe Kleine-Nordhaus in Hörne. Hier waren es vor allem schwer bewaffnete polnische Banditen, die Plünderungszüge unternahmen. Diese Raubüberfälle mit allen schrecklichen Begleiterscheinungen blieben im Osnabrücker Raum noch bis in die nächsten Jahre an der Tagesordnung.

In diesen unhaltbaren Zuständen, die zahllose Opfer unter der Einwohnerschaft forderten, trat innerhalb der Stadtgemarkung erst eine gewisse Milderung ein, als gegen Ende Juni 1945 der Abtransport der *Russen* in ihre Heimat begann. Dennoch dauerte es noch Wochen, bis alle ehemaligen sowjetischen Kriegsgefangenen und Zwangsarbeiter Osnabrück verlassen hatten. Teilweise hielten sie sich noch längere Zeit in Unterständen und Wäldern des Piesberg-Gebietes verborgen und führten von dort aus Raubüberfälle aus. Kurz bevor das Gros der auf der Netter Heide kasernierten Russen seine

Unterkünfte verließ, erlaubte man sich noch einen ,,Geniestreich''. Zu ihrer ,,Freizeitgestaltung'' hatten die dort Untergebrachten von der britischen Militärverwaltung allerlei requiriertes Angelgerät erhalten, um dort im Wasser des angrenzenden Kanals zu fischen. Als sich diese Tätigkeit als nicht besonders erfolgreich anließ, öffneten sie kurzerhand die Haster Schleusen. Das Kanalwasser lief ab, und zurück blieb ein schmales Rinnsal, aus dem sie die dort zappelnden Fische mit den Händen greifen konnten. Das ausgelaufene Kanalbett — auch das gesamte Hafenbecken war davon betroffen — trocknete daraufhin teilweise bis auf den Grund aus und bot lange Zeit einen trostlosen Anblick. Es dauerte fast ein Jahr, bis die hauptsächlichen Schäden beseitigt waren und im Frühjahr 1946 die Schiffahrt auf dem Stichkanal und auch auf dem Mittelland-Kanal langsam wieder aufgenommen werden konnte. Damit hatte auch der Hafen wieder normalen Wasserstand. Als auf den Gleisen zum Hafengelände — nach Beseitigung der Bombenschäden — wieder die ersten Güterwagen rollen konnten, kam auch der allgemeine Massengüterumschlag wieder langsam in Gang. Mit der gleichzeitig vorangetriebenen Wiederherstellung der gesprengten Kanalbrücke bei der Papierfabrik Kämmerer waren sodann die äußeren Voraussetzungen für Osnabrücks Anschluß an das Wasserstraßennetz wieder gegeben.

Die nach Abzug der Russen freigewordene Winkelhausen-Kaserne wurde nunmehr für Unterbringung von *polnischen Fremdarbeitern* eingesetzt. Auch von ihnen ging eine große Verunsicherung der umwohnenden Bevölkerung aus. Raubüberfälle blieben an der Tagesordnung. Wie hoch der Anteil der Angehörigen anderer Nationen an der Einwohnerschaft Osnabrücks in diesen Tagen war, erhellt aus einer Statistik von Mitte Mai 1945, in der sich die Zahl der Lebensmittelkarten-Empfänger in der Stadt Osnabrück auf 77 569 Köpfe belief, von denen jedoch 15 487 Personen zu den sog. DP's (displaced persons) zählten. Noch Ende April betrug diese Zahl, die Ausländer mitgerechnet, 61 399 Personen. Hieraus geht bereits der gewaltige Zulauf hervor, dem die Stadt nach Beendigung der Kampfhandlungen und auch späterhin ausgesetzt war. Hinzu trat die durchaus nicht an Zahl geringe britische Garnison, die sich nach wie vor selbst beköstigte.

Zur Versorgung der großen Zahl von ehemaligen Gefangenen und Fremdarbeitern mit Kleidung, Wäsche, Haushalts- und Tischgerät wurde auf Initiative der Militärregierung mehrfach zu umfangreichen *Sammlungen* aufgerufen. In groß angelegten Flugblattaktionen wurde die Bevölkerung entsprechend zur Unterstützung der DP's aufgefordert und gebeten, bestimmte größere Mengen von Textilien und Gebrauchsgegenständen zu vorgeschriebenen Terminen auf den zuständigen Polizeirevieren gegen Quittung abzuliefern. Sollte diesen strikten Aufforderungen der britischen Militärregierung nicht entsprochen werden, wurde mit ernsten Zwangsmaßnahmen gedroht. Aufgrund dieser Ankündigungen bemühte sich die verängstigte Bevölkerung Osnabrücks, den Wünschen der Besatzungsbehörde weitestgehend nachzukommen. Als noch mehrere solcher Sammlungen folgten, kam es wiederholt zu die Anforderungen der Behörden übersteigenden Ergebnissen. Die umfangreichen Restbestände in sämtlichen erbetenen Artikeln wurden vom Wirtschaftsamt der Stadt für spätere Verwendungsmöglichkeiten zurückbehalten. Als im Herbst 1945 — nach intensiver Vorbereitung — nochmals eine große Kleider- und Wäschesammlung, diesmal bereits vom neuen Oberpräsidenten der Provinz Hannover angeordnet, durchgeführt wurde, kamen die wiederum mengenmäßig beachtlichen Ergebnisse auch den deutschen Flüchtlingen aus dem Osten und entlassenen Wehrmachtsangehörigen zugute. In erster Linie wurden jedoch weiterhin die Verschleppten und unterstützungsbedürftigen Opfer der Konzentrationslager berücksichtigt.

Die bedrückende Lage der Bevölkerung

Die allgemeine Ernährungslage der Einwohner Osnabrücks, die sich in den ersten Wochen nach der Besetzung und der Kapitulation am 8.5.1945 aufgrund der weitgehenden *Eigenversorgung* mit den im Hafen und in verlassenen Wehrmachtsdepots aufgespeicherten Lebensmitteln zunächst nicht ungünstig angelassen hatte, verschlechterte sich im Laufe der Zeit immer mehr. Zwar wurden nach den Lebensmittelkarten die vorgesehenen Zuteilungsmengen unverändert beibehalten, doch fielen immer häufiger wichtige Nahrungsmittel, wie z. B. Fette, Fleisch und Milch, aus den verschiedensten Gründen aus. Auch die Versorgung mit Gemüse und Kartoffeln stockte bald vollkommen, zumal die englische Garnison nach einiger Zeit dazu überging, die für die eigene Truppe notwendigen Mengen einfach zu beschlagnahmen.

Die *Lebensmittelkarte* z. B. für die 77. Zuteilungsperiode (25.6. bis 22.7.1945) wies für den Normalverbraucher aus: 6800 g Brot, 200 g Fleisch, 125 g Quark, 62,5 g Käse, 500 g Fett, 125 g Marmelade, 125 g Kartoffelstärke-Erzeugnisse, 62,5 g Sauermilchkäse und 1 Stück Einheitsseife. Obst und Gemüse konnten, wenn vorhanden, auf Bezugsausweise gekauft werden. Auch gab es eine Fischkarte. Rein organisatorisch war damit die Ernährung mit etwa 1 500 Kalorien (auf dem Papier) noch knapp gewährleistet, wenn auch, abgesehen von dem Feingemüse, Frischfleisch und Eier gänzlich auf der Tafel fehlten. Das ärztlich vorgeschriebene Mindestmaß von 2 400 Kalorien wurde bei weitem nicht mehr erreicht. Doch der Kampf ums nackte Überleben sollte erst noch kommen, als Monate später die Kalorienzahl auf 800 bis 900 Kalorien sank. Lebensmittelkarten

Neumarkt am Eingang zur Großen Straße

sollte nur erhalten, wer beim Arbeitsamt gemeldet war und dort eine *weiße Karte* erhalten hatte. Hierzu mußten sich seit dem 9.6.1945 alle Männer bis zum 65. Lebensjahr beim Arbeitsamt einfinden. Nichtbesitzern solcher Ausweise konnten die Lebensmittelkarten entzogen werden. Ab Mitte Juli 1945 wurde dieses Gebot auch auf alle Frauen bis zu 50 Jahren ausgedehnt.

Die britische Militärregierung wollte auf diese Weise alle beschäftigungslosen männlichen und weiblichen Einwohner als *Zivilarbeiter für Wiederaufbauarbeiten* aller Art erfassen. So wurden z. B. Männer verpflichtet, in Kasernen der englischen Garnison niedere Dienste zu verrichten, u. a. Stuben zu reinigen, Kartoffeln zu schälen, Gemüse zu putzen u. a. m.. Dies galt insbesondere weiterhin für Angehörige des öffentlichen Dienstes, deren politische Vergangenheit umstritten war. Darüber hinaus wurden viele Lehrkräfte, für die wegen der noch nicht absehbaren Wiedereröffnung der Schulen schon lange kein richtiges Arbeitsfeld mehr bestand, von der Stadtverwaltung zu Büroarbeiten in geeigneten Ämtern (z. B. Jugendamt, Einwohnermeldeamt usw.) herangezogen. Andere wurden zu Aufräumtrupps zusammengefaßt, die damit begannen, das Inventar der nicht völlig zerstörten Schulgebäude zu sichten, um es für die spätere Wiederaufnahme des Unterrichts bereitzustellen.

Die Masse der Bevölkerung in der Stadt lebte eng zusammengepfercht in den wenigen heilen oder wenigstens nicht gänzlich zerstörten Häusern. Hier fehlte die eine oder andere Versorgungsleitung, dort der Wasseranschluß oder der Anschluß an die Kanalisation. Aus den mit Brettern oder Drahtglas verschlossenen Fenstern qualmten die Ofenrohre urväterlicher Kanonenöfen. Den meisten dienten alte Bretter, oft auch feuchtes, gesammeltes oder frisch geschlagenes Holz, das nicht brennen wollte, zum Kochen oder als Heizmaterial. An Kohle war in den ersten Wochen überhaupt nicht zu denken. Auch später blieb sie, wenn nicht *„geklaut"*, für viele eine fast unerreichbare Kostbarkeit. Oft genug wurde auch der Strom abgeschaltet. Bei Trümmerbewohnern machten sich bald auch zwangsläufig Ungeziefer und Ratten breit. Dabei erwiesen sich Trümmerwohnungen oft noch als ein Segen, weil alsbald die Besatzungsmacht unbeschädigte Wohnhäuser rücksichtslos für ihre eigenen Zwecke räumen ließ.

Erste Regungen eines wiedererwachenden kulturellen Lebens

Wenn so das Schulwesen noch weithin schwer daniederlag und sich ein Wiederbeginn des Unterrichts für die nächste Zeit nicht abzeichnete, so wurden wenigstens im kulturellen Leben erste zaghafte Anfänge lebendig. Es war vor allem der bisherige Stadtarchivar und bekannte Schriftsteller *Ludwig Bäte*, der seine Verbindungen zur Besatzungsmacht, bei der er zunächst als Dolmetscher tätig war, dazu nutzte, um die militärbehördlichen Voraussetzungen dafür zu schaffen. In seinen Aufzeichnungen aus jener Zeit schreibt er darüber: „Der Gouverneur Day ist mißtrauisch, mir gegenüber aber nicht unfreundlich. Da nach wie vor ein Kulturverbot besteht, versuche ich mit *Gottesdienstlichen Abendmusiken* in der Lutherkirche überhaupt etwas Leben in die sonst tote Stadt zu bringen. Diese Veranstaltungen werden durch eine Ansprache eines Geistlichen eingeleitet; sie dauert immer nur 5 Minuten, der Superintendent hat begonnen. Der Andrang ist außerordentlich stark" (Übergangschronik L. Bäte, Juli 1945). Im Mittelpunkt dieser ersten Konzertveranstaltungen nach dem Kriege standen Orgelmusiken des Seniors der Osnabrücker Organisten *Rudolf Prenzler* und Konzertvorträge des sich wieder neu bildenden früheren Städtischen Orchesters, das in dem Kapellmeister *Ernst Waigand* (früherer Operettenkapellmeister des Nationaltheaters) einen fachkundigen Dirigenten gefunden hatte. Eingeleitet und abgeschlossen wurden die jeweiligen Veranstaltungen weiterhin — um Einwänden der Militärregierung zu begegnen — durch geistliche Worte eines Predigers. Ein zahlreicher Besuch und viele freiwillige Spenden kennzeichneten die starke Resonanz dieser Feierstunden in der Bevölkerung.

Ein denkwürdiges Ereignis war sodann — nach Aufhebung des bisher bestehenden Verbotes kultureller Betätigung Anfang Juli 1945 — das erste öffentliche Konzert dieses Orchesters am Sonntag, dem 15. Juli 1945, im Saale der *Blumenhalle*. Bekannte Mitglieder des ehemaligen Nationaltheaters boten dabei, begleitet von diesem Orchester, beliebte Gesangsnummern aus Opern und Operetten dar. Vor dem völlig ausverkauften Saale, war es doch das erste Konzert dieser Art nach einer erzwungenen Ruhepause von nahezu elf Monaten, wurde diese Veranstaltung zu einem rauschenden Erfolg. Sie mußte mehrfach wiederholt werden. Auch im wiedereröffneten *Heimattiergarten* im Schölerberg, der ebenfalls durch Bombentreffer stark beschädigt und daher im Tierbestand wesentlich zusammengeschmolzen war, gab dieses Orchester nunmehr häufiger Proben seines Könnens. Die große Anteilnahme der Bevölkerung hieran — es wurden mehrfach Tausende von Besuchern gezählt — kam auf Grund der Eintrittspreise sowohl der Förderung des Orchesters als auch dem Tiergarten zugute. Es konnten zwei neue Tierpfleger eingestellt, die Lichtanlagen erweitert und verbesserte Unterbringungen für die neuzubeschaffenden Tiere geschaffen werden. Hierdurch wurde es möglich, den Bestand bis 1947 bereits auf insgesamt 156 Tiere zu erhöhen. Die Besucherzahlen stiegen von zunächst 35 000 im Jahre 1945 angesichts dieser Entwicklung auf 145 000 im Jahre 1946 an.

Die *Gottesdienste* der verschiedenen Konfessionen konnten — wegen totaler Zerstörung einiger Hauptkirchen (St. Marien, St. Katharinen und weitgehende Beschädigung des Domes) — zunächst nur notdürftig in den verbliebenen Gotteshäusern durchgeführt werden. Sie waren stets stark besucht. Der durch zahlreiche Bombentreffer, besonders in den Nebengebäuden, stark beschädigte Dom — er verlor die beiden Turmhelme, und der Chorumgang brannte völlig aus — konnte wie auch die weniger stark getroffene Johanniskirche, nach vorläufiger Bedachung alsbald wieder für gottesdienstliche Zwecke eingesetzt werden. Als es bald darauf gelang, für das Hauptschiff umfangreiche Eindeckungsarbeiten zu ermöglichen, konnte in der Kathedrale auch bald wieder die Pflege geistlicher Musik aufgenommen werden. Für die nahezu völlig zerstörte Herz-Jesu-Kirche entfiel für lange Jahre jegliche Benutzungsmöglichkeit. Der Gottesdienst der Gemeinde mußte in verschiedenen Kapellen in der Stadt durchgeführt werden. Erst der Umbau des ebenfalls stark beschädigten Pfarrhauses dieser Kirche zu einer Kapelle gab seit 1949 die Möglichkeit, die gottesdienstlichen Verrichtungen an diesem Orte regelmäßig vorzunehmen. Von den evangelischen Kirchen waren nur die Lutherkirche und die Bergkirche unversehrt verwendbar. St. Marien und St. Katharinen brannten völlig aus, wobei unersetzliche Kunstwerke vernichtet wurden. Um weitere Verwitterungsschäden an dem noch stehenden Mauerwerk abzuwehren, wurde das Schiff der Marienkirche alsbald mit einem Schutzdach versehen. Als Versammlungsraum für die Mariengemeinde wurde nach einigen Ausbesserungsarbeiten bis auf weiteres der Museumssaal am Heger Tor für gottesdienstliche Zwecke hergerichtet. Hier verblieb die Gemeinde bis zum Frühjahr 1948. Zu diesem Zeitpunkt stellte das Gymnasium an der Lotter Straße seine Aula für das Gemeindeleben zur Verfügung. In der Marienkirche war bis dahin nur die Betonabdeckung im Turm fertiggestellt; von einer Erneuerung der übrigen Teile der Kirche war man noch weit entfernt. Das Lutherhaus in der Jahnstraße, die jetzt dringend benötigte Versammlungsstätte der Katharinengemeinde, hatte ebenfalls starke Bombenschäden davongetragen, doch konnte durch eine von großer Opferbereitschaft und starkem Gemeinsinn getragene mühsame Aufbauaktion wenigstens der schwer mitgenommene Gemeindesaal in relativ kurzer Zeit wieder benutzbar gemacht werden. Hier fand alsbald eine Gemeinde von 400 Seelen gute Möglichkeit, den Gottesdienst zu pflegen, zumal auch eine Orgel, hervorgegangen aus dem halbzerstörten Orgelwerk des Ratsgymnasiums, hier aufgestellt werden konnte.

Eine erste *bauhistorische Bestandsaufnahme* hinsichtlich des Umfanges der Kriegsschäden an den beiden Kirchen des Dom- und Marktviertels durch Konservatorin *Dr. Roswitha Poppe*, Osnabrück, führte zu folgendem Ergebnis: ,,Die Marienkirche blieb wie der Dom in ihrem Baubestande mit allen Gewölben erhalten und ist nach dem Kriege durchaus wiederherzustellen'' (Bericht über ,,Schäden an den alten Kirchen''). Das ebenfalls stark beschädigte Museum konnte alsbald wieder soweit instand gesetzt werden, daß die Rückführung ausgelagerter Bestände dieses Hauses eingeleitet wurde. Im gleichen Zuge wurde auch das Gestühl des Friedenssaales mit den wertvollen Gesandtenbildern, das seit 1942 in den Gütern Langelage und Schwegerhoff den Krieg unversehrt überstanden hatte, nach Osnabrück zurückgebracht und für den Wiederaufbau des zerstörten Rathauses bereitgestellt. Stark beschädigt war nur — von plündernden Polen — der kunstvolle Kronleuchter des Friedenssaales; er erwies sich jedoch als durchaus ergänzungsfähig. Untergebracht wurden zunächst alle diese kostbaren historischen Wertgegenstände in hierfür vorbereiteten Räumen des Museums.

Kennzeichnend für den nunmehr allmählich beginnenden *kulturellen Wiederaufbau* in der Hasestadt war auch folgender Vorgang: Das *Möserdenkmal* auf dem Domhof, das jahrelang zum Schutz gegen Bombenschäden fest eingeschalt war und so erfolgreich allen Luftangriffen widerstanden hatte, wurde jetzt wieder von seiner plumpen Hülle befreit. Ein starker Verlust für Osnabrücks Kultur- und Sozialleben war dagegen in diesen Tage der Tod von *Frau Dr. h.c. Agnes Schoeller*, der einzigen Ehrenbürgerin dieser Stadt. Für ihr unermüdliches Wirken auf dem Gebiete der sozialen Hilfstätigkeit war ihr das Ehrendoktorat von der Universität Göttingen verliehen worden. Ihr schönes Heim am Westerberg war schon seit Monaten von einer britischen Kommandostelle besetzt. Die Trauerfeier für Agnes Schoeller fand am 18. Juli 1945 auf dem Heger Friedhof statt.

Als erste *jugendkulturelle Maßnahme* seitens der britischen Militärregierung wurde im Juli 1945 zur Linderung des Kinderelends und der Jugendnot die Wiedereröffnung von Kinderheimen und Kindergärten genehmigt. Da in der Stadt fast sämtliche Einrichtungen dieser Art zerstört waren, wurden die am dringlichsten zu betreuenden Kinder in Heimen in der nächsten Umgebung Osnabrücks untergebracht. Darüber hinaus wurde erlaubt, in benutzbaren Schulräumen konfessionsgebundenen Religionsunterricht für Schüler und Schülerinnen der Gymnasien und Mittelschulen zu erteilen.

Industrie, Handel und Gewerbe

In den Trümmerbergen und Schutthalden der im Norden und Osten Osnabrücks — zwischen Gertrudenberg, Schinkelberg, Fledder und Schölerberg — öfters von Bombenangriffen schwer heimgesuchten *Industriebetriebe* (insbesondere *Kupfer- und Drahtwerk, Stahlwerk und Karmann*) begannen alsbald die stark verkleinerten Belegschaften — nunmehr auch ohne ausländische Arbeiter — mit den ersten schwierigen Räum- und Instandsetzungsarbeiten. Wenn noch Fabrikgebäude stehengeblieben waren, dann hatten sie weder Fenster noch Türen, ganz abgesehen von den Schäden an den Dächern. So galt es auch, Massen von Ziegel- und Glasscherben zu beseitigen. Ähnlich erging es dem Textilwerk *F.H. Hammersen* an der Iburger Straße, das ebenfalls — bis auf geringe

Reste — fast völlig zerstört worden war. Dennoch gingen in einem Nebengebäude des stark zertrümmerten Werkes im Juli 1945 Spinner und Weber mit 24 aus den Trümmern geborgenen Webstühlen wieder an die Arbeit, denn der Betrieb hatte von der Militärregierung die Genehmigung erhalten, die Fabrikation von Stoffen und Spezialartikeln wieder aufzunehmen. Das galt auch für weitere kleinere Betriebe der Textilbranche in der Stadt. Die Produktion erfolgte für die Besatzungsmacht, die jedoch von Zeit zu Zeit auch den freien Verkauf von Erzeugnissen — nur gegen Bezugsscheine — gestattete. Als einziger Großbetrieb war noch die Firma *Kromschröder AG* im Westen der Stadt — bis auf einige mittlere Bombenschäden — einigermaßen intakt. Von einer Arbeitsaufnahme im Rahmen des früheren Produktionsprogramms konnte natürlich auch hier keine Rede sein. Die noch verbliebenen Arbeitskräfte wurden zunächst — soweit entsprechendes Rohmaterial noch zur Verfügung stand — mit Reparaturen sowie der Herstellung von einfachen Gebrauchsgegenständen beschäftigt. Insgesamt gesehen lag die Osnabrücker Industrie nach der ,,Stunde Null'' völlig am Boden.

Dem *Handel*, insbesondere dem Großhandel, ging es kaum besser. Mit seinen Niederlassungen hauptsächlich in den Straßen des Bahnhofsviertels angesiedelt, war die Betriebsfähigkeit des Großhandels durch die erheblichen Verwüstungen gerade in diesem Stadtteil nahezu auf den Nullpunkt herabgesunken. Nur einige Firmen, die ihre Lagerbestände nach außerhalb verlegt hatten, konnten diese, soweit sie nicht ausgeplündert worden waren, in die Stadt zurückbringen und in zumeist behelfsmäßigen Unterkünften (Baracken usw.) zum Verkauf anbieten. Nach Absetzung dieser Restbestände lief auch dieses Geschäft aus und blieb aus Mangel an neuer Ware damit ein einmaliger und für lange Zeit letzter Vorgang.

Das *Handwerk*, soweit es überhaupt noch funktionsfähig war, litt außerordentlich unter dem Fehlen von Rohstoffen und Material. Dieser Mangel trat noch stärker als in den vorausgegangenen Kriegszeiten in Erscheinung, weil die unzulänglichen Verkehrsverhältnisse eine Wiederbeschaffung nahezu unmöglich machten. Die Neueröffnung eines Geschäftes war zunächst nur zurückkehrenden Juden und anderen früheren KZ-Insassen erlaubt.

Überhaupt spürte man die drosselnde Hand der Besatzungsmacht auf allen diesen Gebieten. Es festigte sich der Eindruck, daß der Aufbau der Wirtschaft zunächst nur so weit zugelassen wurde, wie es den besonderen Zwecken der Militärbehörden wünschenswert erschien: Lieferungen für das Militär, Heranschaffen der notwendigen Nahrungsmittel, Sicherstellung der Hygiene.

Nachrichtenwesen und allgemeine Verkehrsentwicklung

Als Anfang Juli 1945 der *Postverkehr* wieder eröffnet wurde, endete eine dreimonatige fast völlige Absperrung der Bevölkerung vom nachrichtlichen Kontakt mit der Umwelt. Das große Bedürfnis hierfür kennzeichneten riesige Menschenschlangen vor den Schaltern des provisorischen *Postamtes am Jürgensort*. Es durften zunächst nur Postkarten geschrieben werden; die Absendung von Briefen blieb vorerst nur den Behörden sowie dem Geschäftsverkehr der Wirtschaft vorbehalten. Darüber hinaus wurde es gestattet, an deutsche Kriegsgefangene, die sich in britischen Lagern befanden, Briefe aufzugeben. Doch wurden alle durch die Post versandten Mitteilungen der britischen Zensur unterworfen; auch durften nur Orte in bestimmten Leitgebieten angeschrieben werden. Es gab neue Freimarken, deren ,,häßliche Zeichnungen und grelle Farben'', wie ein Chronist jener Tage schreibt, ,,gut zu den Zeitverhältnissen passen''.

Im *Zeitungswesen* war das erste zaghafte Lebenszeichen im Juni 1945 zwar nur ein auswärtiges Blatt, die in Oelde gedruckte *Neue Westfälische Zeitung*, die — mit Lizenz der Militärregierung — im wöchentlichen Turnus auch in Osnabrück erschien. Sie brachte eine *Osnabrücker Ausgabe*, deren Inhalt in der Hauptsache aus öffentlichen Bekanntmachungen und Nachrichten allgemeiner politischer Natur bestand. Von Zeit zu Zeit erschienen jedoch auch Artikel, die sich mit speziellen Osnabrücker Angelegenheiten befaßten. Privatanzeigen fehlten noch ganz. Das Blatt wurde zunächst durch Straßenhändler verkauft und fand reißenden Absatz. Später übernahm der bekannte frühere Verleger des *Osnabrücker Tageblatts Hermann Elstermann* den Vertrieb. Da alle größeren Druckereien am Ort völlig zerstört waren, war das Erscheinen einer örtlichen Zeitung vorerst nicht möglich. Nach einigen Wochen wurde dieses erste Nachrichtenorgan durch die *Neue Oldenburger Presse* abgelöst, die ebenfalls nur wöchentlich erschien und keine Informationen aus der engeren Heimat brachte. Das Herausbringen einer besonderen Ausgabe für den Regierungsbezirk Osnabrück wurde jedoch in Aussicht genommen.

Erfreulicher als im Nachrichtenwesen war die Entwicklung bei den *öffentlichen Verkehrsmitteln* in der Stadt. Seit Mitte Juli 1945 befuhr wieder, nachdem die zerstörten Geleise und Oberleitungen in monatelanger Arbeit in Ordnung gebracht worden waren, zur großen Freude der überraschten Bevölkerung die *Osnabrücker Straßenbahn* einen Teil ihres früheren Liniennetzes. Es war bis dahin gelungen, das durch die Bombenangriffe weitgehend zerstörte Kabelnetz der Stromversorgung — aber auch das Rohrnetz der Wasserversorgung und Kanalisation — soweit wieder funktionsfähig zu machen, daß die Haushalte und nunmehr auch der Verkehr entsprechend bedient werden konnten. Zwar mußten die Hausfrauen noch mit manchen Sperrstunden vorlieb nehmen, und jeder Haushalt durfte bei Strafe nur eine bestimmte Menge Energie verbrauchen; das galt auch für die Straßenbahn, die zunächst nur zu bestimmten Zeiten fuhr. Ausgespart werden mußten dazu jene Abschnitte, deren Fahrdamm noch durch riesige Bombentrichter aufgerissen war, z. B. die Möserstraße vom Hauptpostamt bis zum Hauptbahnhof oder der Straßenzug Große Straße—Johannisstraße, der ebenfalls noch durch Trümmerberge weitgehend blockiert wurde. Auch die Linie Martiniplatz—Schinkel konnte noch nicht durchgehend befahren werden. Als im Sommer 1946 nach Einebnung der letzten Bombentrichter auf der Möserstraße wenigstens der Bahnhofsvorplatz erreicht wurde, war es mit der Wiederaufnahme der Verbindung bis zur Endstation Schinkel noch lange nicht so weit. Während zunächst ein Wagen des zweiteiligen Straßenbahnzuges den alliierten Soldaten vorbehalten blieb (Schild: „For Allied Troops only") und daher meistens unbesetzt fuhr, wurde dieses Reservat nach kurzer Zeit aufgehoben und den Engländern anheimgestellt, sich zwischen die Deutschen zu setzen.

Auch im *Zugverkehr* gab es spürbare Fortschritte. Die Benutzung der Eisenbahn wurde ab 11. Juli 1945 wieder für jedermann freigegeben, allerdings nur bis zur Grenze von 100 Kilometern. Den Hauptbahnhof Osnabrück, der für die Personenabfertigung notdürftig wiederhergerichtet war, berührten zu diesem Zeitpunkt bereits 22 Züge, die jedoch vorerst noch zumeist aus offenen oder geschlossenen Güterwagen zusammengestellt waren; doch gab es auch schon etliche Personenwagen, die aber noch weiterhin in einem sehr dürftigen Zustande waren. Die Züge verkehrten in allen Richtungen, in der Regel täglich zweimal und auch nur werktags. Sie waren stets außerordentlich stark besetzt, obwohl ihre Fahrtdauer bedeutend länger war als früher — wegen des schlechten Zustandes der Gleisbettungen und der häufig nur provisorisch ausgebesserten Brücken. Ein Jahr später — im August 1946 — rollten schon wieder 48 Zugpaare täglich durch Osnabrücks Hauptbahnhof — heute sind es durchschnittlich 150.

Diesen gegenüber den Anfangsschwierigkeiten nunmehr bedeutend verbesserten Verkehrsmöglichkeiten für die Bevölkerung entsprach auch ab 29. Juli 1945 eine Verkürzung des nächtlichen *Ausgehverbotes* auf die Zeit von 22.30 Uhr bis 5.00 Uhr morgens. Die Milderung des Ausgehverbotes durch die Militärregierung erfolgte, weil sich während der vergangenen 3 Monate in der britischen Zone kein einziger Fall von Sabotage ereignet hatte. Erst nach mehr als einem weiteren halben Jahr wurde diese nächtliche Sperrstunde — am 14. April 1946 — um weitere eineinhalb Stunden eingeschränkt. Ganz aufgehoben wurde sie ab 6. Oktober 1946 mit der einzigen Ausnahme, daß Motorfahrzeuge während der Nachtzeit die Straßen nur mit Ausweisen benutzen durften. ,,Der größte Teil der Bevölkerung betrachtet diese neu erreichten Freiheiten allerdings nicht ohne Sorgen und Bangen, weil damit die Sicherheit der Wohnungen und der bestellten Felder und Gärten stark bedroht erscheint'' (Dr. Glenewinkel).

2. Stadt unter der Besatzungsmacht

Äußere Maßnahmen

Mit dem Abschluß der Potsdamer Konferenz der *,,Großen Drei''* (Truman, Atlee und Stalin) am 2. August 1945 war die Staatsgewalt in Deutschland an den Obersten Alliierten Kontrollrat in Berlin übergegangen. Das bedeutete auch für die von den Engländern besetzten Teile Nordwestdeutschlands die feste Etablierung der *britischen Besatzungszone* mit der Übernahme der eigentlichen Regierungsgewalt durch britische Militärbehörden. Das kam auch äußerlich dadurch zum Ausdruck, daß der Oberstkommandierende der britischen Armee in Deutschland, Feldmarschall Lord Montgomery, gleichzeitig die Spitze der britischen Militärverwaltung in dieser Besatzungszone war. Da er als seine Residenz das Schloß Ostenwalde bei Melle in der Nähe Osnabrücks gewählt hatte — sein Dienstsitz war Bad Oeynhausen —, wurden seine Initiativen sehr schnell in unserer Stadt verlautbart und durchgeführt. Die hier bereits vorhandenen militärischen Verwaltungsstellen — seit dem 4. April 1945 von Militärgouverneur Day und seinem kleinen Stab getragen — wurden jetzt erweitert und im Hinblick auf die Schwerpunkte des öffentlichen Lebens nach bestimmten Sachgebieten gegliedert. So gab es alsbald britische Dienststellen für kommunale Angelegenheiten, für Presse- und Nachrichtenwesen, für Schul- und Bildungsfragen, für Industrie, Handel und Gewerbe, Flüchtlings- und Vertriebenenangelegenheiten usw.

Um vor diesem Hintergrund eine örtliche deutsche Verwaltung nach demokratischen Grundsätzen schrittweise wiederaufzubauen, wurde Anfang August 1945 auf Wunsch der Militärregierung aus politisch unbelasteten Bürgern ein sog. *Stadtausschuß* gebildet, im Volksmunde das ,,kleine Bürgervorsteherkollegium'' genannt. Ihm gehörten zehn bekannte Persönlichkeiten an, deren politische Vergangenheit wegen ihrer früheren Zugehörigkeit zu den von Hitler aufgelösten bzw. verbotenen Weimarer Parteien (Kommunisten, Sozialdemokraten, Demokraten und Zentrum) ihren starken Gegensatz zur NS-Herrschaft erkennen ließ. In diesem Gremium waren u. a. tätig der spätere Leiter der AOK Friedel Rabe, Redakteur Karl Kühling und Buchhändler Bruno Hanckel. Dieser ernannte Ausschuß wurde zu seiner ersten Sitzung am 17. 8. 1945 einberufen und tagte sodann in wechselnden Zeitabständen. Er erörterte sowohl mit der Militärregierung als auch mit der Verwaltung der Stadt die jeweils anstehenden kommunalen Probleme. Aus ihm wurde auch ein *Städtischer Kulturausschuß* gebildet, dessen Vorsitz

Dr. Rosebrock als zuständiger Dezernent übernahm. Hier ging es vor allem um die Wiederbelebung des Osnabrücker Kulturlebens, so insbesondere um die Unterhaltung eines Städtischen Orchesters und den Aufbau eines leistungsfähigen Musik- und Theaterschaffens.

An die Stelle dieses kleinen Bürgerausschusses trat nach etwa einem halben Jahr eine ebenfalls von der Militärregierung ernannte größere *Stadtvertretung,* in die nach sorgfältiger Auswahl dreißig öffentlich bekannte und angesehene Bürger der Stadt einberufen wurden, darunter auch vier Frauen. Am 9. Januar 1946 setzte Gouverneur Day in einem feierlichen Akt im Namen der Alliierten Militärregierung diesen ersten Rat der Stadt nach dem Zweiten Weltkrieg ein. Wiederum waren alle politischen Richtungen und Schichten der Bevölkerung mit den Hauptberufsarten in ihm vertreten. Im wesentlichen wurde das Gremium der bisherigen Bürgervertreter um eine Anzahl stadtbekannter Persönlichkeiten erweitert, u. a. durch Syndikus Dr. Otto, Fabrikant Gerhard Schoeller, Buchhändler Wenner, Schriftleiter Burgdorf. Auch Willi Kelch, Osnabrücks späterer langjähriger Oberbürgermeister und Ehrenbürger, gehörte zu diesen 1946 berufenen Bürgervertretern.

Parallel zu diesen ersten behutsamen Schritten in Richtung einer demokratischen Mitbestimmung der Bürgerschaft im Verwaltungswesen verlief ein rigoroser *Personalabbau* bei den verschiedenen Staats- und Kommunalbehörden. Er erfolgte nach den Richtlinien der Militärregierung und betraf unmittelbar alle Beamten, Angestellten, Aushilfsangestellten und Arbeiter im öffentlichen Dienst sowie anderen Sparten des Kultur- und Wirtschaftslebens, bei denen stärkere Bindungen an die Hitlerpartei nachweisbar waren. Diese als *Entnazifizierung* bezeichnete Maßnahme verlief nach bestimmten Anweisungen der Militärregierung. Sie wurde auf der Grundlage von genormten umfangreichen Fragebogen durchgeführt, die jeder Angehörige der genannten Dienst- und Arbeitsbereiche auszufüllen hatte und die in einer Dienststelle des Regierungspräsidenten — unter Mitwirkung der Militärbehörde — überprüft wurden. Im Rahmen dieser Aktion wurden im Laufe der Zeit — es handelte sich um die Jahre 1946 bis 1952 — rund 42000 Osnabrücker erfaßt. Diese Überprüfung erfolgte ab Oktober 1946 nach besonderen Grundsätzen. Die meisten der entsprechend Entnazifizierten und Kategorisierten kamen nach der Bearbeitung ihrer Angelegenheit durch den Öffentlichen Kläger und der Entscheidung der Entnazifizierungskammer in die Gruppe V der Entlasteten bzw. Unbelasteten. Sie konnten ihre bisherige berufliche Tätigkeit wieder aufnehmen oder weiter ausüben. In diese Kategorie wurden grundsätzlich auch alle seit dem 1. Januar 1919 geborenen Jugendlichen eingereiht. In der Gruppe IV wurden die sog. nominellen Parteimitglieder, auch „Mitläufer" genannt, zusammengefaßt. Auch sie, bei denen man eine echte Gesinnungsänderung voraussetzte, wurden nicht aus der Gemeinschaft vollberechtigter Staatsbürger ausgeschlossen. Von denen, die in die Gruppe III als sog. „*Minderbelastete*" eingestuft wurden, mußten viele zum Teil erhebliche Nachteile in Kauf nehmen, z. B. Sperrung von Konten, Herabsetzung der Pensionen oder beruflichen Ausschluß von allen organisatorischen und kontrollierenden Maßnahmen. In einer größeren Zahl von Fällen wurde die Entscheidung der Entnazifizierungskammer, des sog. Entnazifizierungs-Hauptausschusses, angefochten und in einem Berufungsverfahren revidiert. Die hierfür zuständige Berufungsinstanz bildete eine seit November 1946 beim Entnazifizierungs-Hauptausschuß eingerichtete besondere Spruchkammer. Aufenthalte in Internierungslagern und Gerichtsverfahren hatten die Angehörigen der Gruppen II und I zu gewärtigen. Hier kam es in einigen Fällen zu empfindlichen Strafen. Nach statistischen Aufzeichnungen im damaligen Tagebuch der Stadtverwaltung wurden im Zuge einer ersten Säuberung bis Mitte August 1945 — d. h. bereits

2. Stadt unter der Besatzungsmacht

Baracken der Besatzungstruppen im Schloßgarten

vor den eigentlichen Entnazifizierungsverfahren — allein aus der Stadtverwaltung entfernt: 51 Beamte, 19 Angestellte, 24 Aushilfsangestellte und 29 Arbeiter. Darüber hinaus führten die Engländer zu dieser Zeit zahlreiche Verhaftungen durch von Personen, die während der NS-Herrschaft einen höher dotierten Rang in der Parteiorganisation und ihren Gliederungen sowie in diesem Zusammenhange im öffentlichen Dienst hatten. Viele der Verhafteten wurden bis zur Abwicklung ihrer Verfahren in Internierungslager eingeliefert.

Gleichzeitig nahmen im August 1945 die Gerichte wieder ihre Tätigkeit auf. Auf Anordnung der Militärregierung wurde bereits bald nach Ausrufung des Waffenstillstandes die provisorische Wiederherstellung des Gerichtsgebäudes am Neumarkt und des angeschlossenen Untersuchungsgefängnisses durch Bauhandwerker in Angriff genommen. Nach Abschluß dieser Arbeiten — es handelte sich um das erste planmäßig durchgeführte Wiederaufbauobjekt in der gesamten, etwa zu 70 % zerstörten Stadt, das auch nur zunächst bis zum 1. Stockwerk hochgezogen wurde — wurden das Amts- und Landgericht in Osnabrück am 9. August 1945 feierlich durch einen Vertreter der britischen Militärregierung wieder eröffnet. Neuer Präsident des Land- und Amtsgerichts wurde Dr. Hasemann.

Für die Stadtverwaltung, die bis dahin (nach Zerstörung des historischen Rathauses und der angeschlossenen Gebäude 1944) im Hochhaus des Städt. Krankenhauses am Natruper-Tor-Wall untergebracht war — die verschiedenen Krankenstationen waren 1943/44 nach außerhalb verlagert worden —, war nunmehr ebenfalls der Zeitpunkt gekommen, in ein anderes Gebäude umzuziehen, damit das Krankenhaus alsbald wieder (nach Vorliegen aller Voraussetzungen) in seine früheren Gebäude und Räume zurückkehren konnte. Ausersehen hierfür war die bisherige Kasernenanlage eines Heeres-Sanitätsparks an der Natruper Straße am „Schwarzen Platz", die nunmehr in wochenlangen Umbau- und Ausbesserungsarbeiten für Verwaltungszwecke hergerichtet wurde. Da das Hauptgebäude kaum größere Bombenschäden aufwies, konnten bereits im Laufe des Monats August 1945 wichtige Abteilungen der Stadtverwaltung, u. a. Einwohnermeldeamt, Wohnungsamt, Wirtschaftsamt, Wohlfahrtsamt u. a. m. nach hier umziehen. Auch der Oberbürgermeister und die einzelnen Dezernenten erhielten hier ihre Dienstzimmer. In diesem Gebäude, in dem sich heute mit seinen angeschlossenen modernen Erweiterungsbauten das Berufsschulzentrum mit den Berufsbildenden Schulen der Stadt befindet, und mehreren dazu errichteten Baracken verblieb die Stadtverwaltung bis zur vier Jahre späteren Heimkehr ins wiedererrichtete historische Rathaus 1949 und in die — je nach den späterhin geschaffenen Möglichkeiten — noch heute bestehenden Behördenstellen im Stadtzentrum.

Als am 20. Oktober 1945 der bisherige amtierende Oberbürgermeister Dr. Petermann, der durch seine loyale und korrekte Amtsführung, aber auch durch aufrechtes Eintreten für die Belange der Bevölkerung allgemein Ansehen und Achtung, auch bei der Besatzungsmacht, erworben hatte, von der Militärregierung in das Amt des Regierungspräsidenten in Osnabrück berufen wurde, betraute man seinen Stellvertreter, den Dezernenten Dr. Rosebrock, mit der vorläufigen Wahrnehmung dieser Aufgabe. Zu diesem Amtswechsel bemerkte der Chronist der Stadtverwaltung: „Der Abschied des geschickten und vertrauenswürdigen Lenkers der Stadtverwaltung in schwerer Zeit erweckt bei der Bürgerschaft allgemeines Bedauern." Seiner Initiative war es noch zu verdanken, daß als weiterer Dezernent für das Wohlfahrts- und Fürsorgewesen — als echter Akt der Wiedergutmachung — der bis 1933 tätig gewesene Senator Schulte eingesetzt wurde. Am 30. November 1945 übernahm sodann auf Geheiß der Militärregierung Dr. Vollbrecht, bisheriger Landrat des Kreises Northeim und früherer Stadtdirektor in Berlin-Schöneberg, der 1933 wegen seiner Zugehörigkeit zur SPD entlassen wurde und in den Folgejahren vielfachen Beschränkungen und Verfolgungen ausgesetzt war, das Amt des Oberbürgermeisters. In dieser Stellung verblieb der neue Amtsträger nur bis zum 13. Dezember 1945, denn an diesem Tage trat auf Anordnung des britischen Militärgouverneurs auch in Osnabrück das englische Verwaltungssystem nach den Grundsätzen einer strengen Trennung von Rat (Legislative) und Verwaltung (Exekutive) in Kraft. Der Personalwechsel an der Spitze der Stadtverwaltung bot der Militärregierung offensichtlich einen willkommenen Anlaß, die geplante neue Gemeindeordnung nach britischem Muster in der Stadt Osnabrück einzuführen. Das geschah somit bereits Monate vor dem 1. April 1946, als die Deutsche Gemeindeordnung vom 30. Januar 1935 aus der Zeit des Nationalsozialismus allgemein für das britische Kontrollgebiet außer Kraft gesetzt wurde. Nunmehr mußte die Spitze der Verwaltungsbehörde einer Großstadt ein auf Zeit fest angestellter Berufsbeamter sein; er erhielt den Titel „Oberstadtdirektor". Die Vertreter der Bürgerschaft im Stadtrat wählten aus ihrer Mitte den Vorsitzenden des Rates und seinen Stellvertreter, die von nun an die Amtsbezeichnung „Oberbürgermeister" bzw. „Bürgermeister" führten. Dieses zweigleisige englische Selbstverwaltungssystem, das damals in Osnabrück eingeführt wurde, hat seitdem festen Fuß gefaßt und sich bis in die Gegenwart gehalten.

Vom 13. Dezember 1945 ab erhielt der bisherige Oberbürgermeister Dr. Vollbrecht somit bereits die Amtsbezeichnung „Oberstadtdirektor". Ihm zur Seite trat als nunmehr ehrenamtlicher Oberbürgermeister nach Berufung durch die Militärregierung der Rechtsanwalt und Notar Dr. Kreft, der seit 1920 als Anwalt in Osnabrück tätig war und

2. Stadt unter der Besatzungsmacht

als freidenkender Demokrat und Politiker galt. Mit dieser Doppelbesetzung der Spitze der Stadt Osnabrück trat von nun an — zunächst in diesem Rahmen — eine neue Stadtverwaltung in Kraft. Die rechtlichen Grundlagen für das dieser neuen Gemeindeordnung angepaßte gemeindliche Leben wurden in einer neuen Hauptsatzung der Stadt Osnabrück in zehn Paragraphen niedergelegt. Sie stellte die Rechte des Rates der Stadt fest und bestimmte, daß er sich zur Durchführung seiner Beschlüsse der folgenden Stadtbeamten bedient: des Oberstadtdirektors, des Stadtkämmerers und vier weiterer Stadtbeamten, von denen einer die Befähigung zum Richteramt besitzen mußte. Diese Hauptsatzung wurde am 4. Juni 1946 in öffentlicher Stadtratssitzung unter starker Anteilnahme der Bürgerschaft beraten und einstimmig angenommen. Sie wurde sodann der Militärregierung zur Genehmigung vorgelegt.

Um der gewünschten Demokratisierung des öffentlichen Lebens in Deutschland weiter zum Durchbruch zu verhelfen, gab die Besatzungsmacht bereits im September 1945 durch öffentliche Anschläge bekannt, daß es künftig erlaubt sei, mit Billigung der Militärregierung politische Vereinigungen zu bilden sowie politische und sonstige öffentliche Versammlungen abzuhalten. Nichtpolitische Zusammenkünfte, z. B. im Rahmen des Vereinslebens, bedurften ebenfalls keiner besonderen Genehmigung mehr, wohl aber noch die Gründung bzw. Wiedererrichtung von Vereinen. Von dieser nunmehr wieder beginnenden Auflockerung des öffentlichen Lebens nach zwölf Jahren der Unfreiheit machten als erste Körperschaften die während der NS-Zeit verbotenen Gewerkschaften regen Gebrauch. Die einzelnen Gewerkschaften konstituierten sich neu und warben in einer Reihe von Versammlungen, zu deren Besuch jeder Werktätige aufgefordert wurde, um zahlreiche Mitgliedschaften. Es konnte — nach dem damaligen Tagebuch der Stadtverwaltung — jeder aufgenommen werden, der nicht zu den *„alten Kämpfern"* für das NS-Regime gehört hatte.

Es folgten bald auch Wiederbegründungsbemühungen der früheren Parteien, zunächst im Rahmen des sog. Antifaschistischen Demokratischen Freiheitsblocks (DFB), der von der Militärregierung in Osnabrück und anderen Orten gefördert wurde, handelte es sich doch in ihren Augen um eine absolut neue Organisation. Hier ergaben sich jedoch Möglichkeiten für offizielle und öffentliche Betätigung von SPD- und KPD-Vertretern. Die erste öffentliche Kundgebung in diesem Rahmen fand am 25. November 1945 in der *„Lichtburg"* am Klushügel statt. In dieser stark besuchten Versammlung sprachen für die SPD Konrad Beckmann und für die KPD Ludwig Landwehr. Für beide Politiker der ersten Stunde und ihren Anhängern stand jedoch schon damals außer Frage, daß es zum Aufbau einer eigenen Parteiorganisation kommen mußte. Der Aktivität Landwehrs gelang es dann auch, daß die KDP am 19. Dezember 1945 als erste Partei im Stadtkreis Osnabrück zugelassen wurde. Die entsprechende Genehmigung der Militärregierung für eine Neugründung der SPD zog sich noch bis zum 1. Februar 1946 hin.

Unterstützt von der Militärregierung wurde auch das Bestreben der kleinen jüdischen Gemeinde in Osnabrück, in einem stehengebliebenen Nebenhause des im November 1938 mutwillig von NS-Funktionären, SA- und SS-Männern niedergebrannte Synagogengebäudes an der Rolandstraße (heute Alte-Synagogen-Straße) einen Raum für die Ausübung ihres Gottesdienstes zu erhalten. Bei der Einweihung dieser neuen Versammlungsstätte am 19. August 1945 im Hause der früheren Judenschule wurde deutlich, welche ungeheuren Opfer auch die jüdische Gemeinde in Osnabrück durch die verbrecherische Verfolgung unter dem Hitler-Regime erlitten hatte. Von ihren ehemals rund 500 Mitgliedern, von denen eine große Zahl rechtzeitig ausgewandert war, waren bis dahin etwa 10 Menschen nach hier zurückgekehrt, einige wenige hatten auch in Osnabrück überlebt. An dieser Feierstunde nahmen neben Dr. Rosebrock von der Stadtverwaltung auch jüdische Angehörige der britischen Besatzungstruppe teil.

Von der Besatzungsmacht herausgebracht wurde am 1. März 1946 auch das erste nach dem Kriege in Osnabrück gedruckte Nachrichtenorgan für den gesamten Regierungsbezirk, die *„Osnabrücker Rundschau"*. Es erschien zunächst nur zweimal in der Woche. Über Druck und Verlag wachte die *„5. Presse-Sub-Section"*, die ihr Quartier im Hause Elstermann, Möserstr. 6, aufgeschlagen hatte. Neben dem kleinen Anzeigenteil (eine halbe Seite), der in der Hauptsache den amtlichen Bekanntmachungen zur Verfügung stehen mußte, war auch der Nachrichtenstoff auf einen geringen Umfang beschränkt. Immerhin war Osnabrück informationsmäßig nunmehr nicht mehr auf die von Oldenburg übersandten *„Nordwest-Nachrichten"* und das *„Neue Oldenburger Tageblatt"* angewiesen.

Am 15. September 1946 trat in dieser Situation eine bemerkenswerte Änderung ein: Die Redaktion und Verwaltung der bisherigen *„Osnabrücker Rundschau"* wurde von der Militärbehörde in die Hände eines deutschen Lizenzträgers übertragen. Verantwortlicher Herausgeber war von nun an der Verleger A. Markowski, und das Blatt erhielt nunmehr den Namen *„Neues Tageblatt"*. Bei der feierlichen Übergabe an den Lizenzträger wies der bisherige britische Herausgeber, Oberst Kingsford-Lethbridge, darauf hin, daß die Zeitung unparteiisch über die Tätigkeit der verschiedenen politischen Parteien berichten und keine bedeutenden Meinungsäußerungen unterdrücken solle. In ihrer ganzen Aufmachung den gewohnten Zuschnitt fortführend, dennoch auf neuer und breiterer Basis arbeitend, wurde die Zeitung in ihrer parteilich unabhängigen Informationsübermittlung als ein begrüßenswerter Fortschritt empfunden.

Auswirkungen auf die inneren Verhältnisse in der Stadt

Die *Wohnungssituation* der Osnabrücker Bevölkerung, schon äußerst stark beengt — abgesehen von der weitgehenden Zerstörung der Stadt — durch zahlreiche Haus- und Wohnungsbeschlagnahmungen seitens der Besatzungsmacht, wurde alsbald noch weiter eingeschränkt durch die Ankunft von Familien derjenigen britischen Offiziere und Unteroffiziere, die auf längere Sicht in Osnabrück bleiben sollten. Es handelte sich um etwa 140 Wohnungen, die noch zusätzlich freigemacht werden mußten. Dadurch wurde das Wohnungselend der z. T. schon zu mehreren Parteien in einer Wohnung zusammengedrängt lebenden Menschen erschreckend vermehrt.

In den Raum Osnabrück strömten zudem bald nach Inkrafttreten der Beschlüsse der Potsdamer Konferenz ab August 1945 in wachsendem Maße *Flüchtlinge* und *Vertriebene* aus den deutschen Ostgebieten. Sie waren die unglücklichen Opfer der von den „Großen Drei" in Potsdam beschlossenen *„Transferierung"* der deutschen Bewohner aus den an Polen und die UDSSR überlassenen preußischen Ostprovinzen in den Westen Deutschlands. Sie mußten sehr bald nach den Potsdamer Beschlüssen unter den schwersten, oft auch brutalsten Umständen ihre Heimat verlassen. Wenn auch wegen der äußerst schweren Wohn- und Ernährungsverhältnisse in der Stadt Osnabrück der Großteil dieser Ostvertriebenen in den angrenzenden Landkreisen untergebracht wurde, so fand doch eine größere Anzahl von ihnen — zumeist aus Gründen verwandtschaftlicher Beziehungen — in der Stadt eine bescheidene, recht oft auch mehr als primitive Unterkunft. Gleichzeitig mit diesen unseren Landsleuten aus Ost- und Westpreußen, Danzig, Schlesien, Pommern und der Neumark strömten in wachsender Zahl auch Heimkehrer aus der Wehrmacht und aus den Kriegsgefangenenlagern in Ost und West zu ihren Familien zurück. Durch diese laufenden Zugänge wuchs die Einwohnerzahl in der unter den Kriegsfolgen schwer leidenden Stadt bedrohlich an, zumal auch aus den Reihen der in den letzten Kriegsjahren wegen der zunehmenden Luftgefahr evakuierten Familien — trotz behördlichen Verbots — immer mehr frühere Ortsansässige in ihren angestammten Wohnsitz einsickerten. So steigerte sich die amtliche Einwohnerzahl in der Stadt Osnabrück — ohne die sich allmählich vermindernde Zahl der verschleppten Ausländer (DP's) — gegen Ende September 1945 bereits auf 76175. Noch Anfang Mai 1945 belief sich diese Zahl auf rund 62000 Personen.

Nachdem nach der Kapitulation monatelang zunächst nur grobe Aufräumungs- und erste Ausbesserungsarbeiten an den von Trümmern übersäten Straßen und den vielen leicht beschädigten Häusern erfolgt waren, kam im Spätherbst 1945 unter Führung des Stadtbauamtes die erste planmäßige *Stadträum- und Hausinstandsetzungsaktion* in Gang. Hierzu wurde das Stadtgebiet in bestimmte Enttrümmerungszonen eingeteilt. So wurde für den zügigen Abtransport der auch in der Neustadt liegenden Schuttmassen von einer dazu eingesetzten Baufirma eine Feldbahnstrecke angelegt, die von der Rehmstraße aus, später auch den Schloßwall, die Klubstraße und weitere Nebenstraßen erfassend, in die Wüste geleitet wurde. Sie führte zu den nicht mehr benutzten Tongruben in Hellern, die mit dem auf langen Kipploren-Zügen, gezogen von kleinen Benzol-Lokomotiven, herangefahrenen unbrauchbaren Schutt aus der Neustadt nach und nach aufgefüllt wurden. In anderen Stadtgebieten, deren Enttrümmerung weiteren Baufirmen übertragen worden war, wurde in ähnlicher Weise, u. a. auch im LKW-Transport, verfahren. Von den für diese Enttrümmerungsaktion eingesetzen zahlreichen Arbeitskräften — auch die verschiedenen Großbetriebe hatten Teile ihrer Belegschaft hierzu abgestellt — wurden so in monatelangen umfassenden Einsätzen Straße für Straße

Enttrümmerungsarbeiten in der Nähe der Johanniskirche

gesäubert und Ruine für Ruine freigelegt. Insgesamt wurden von dieser ersten systematischen Enttrümmerung bis Mai 1947 etwa 180000 Kubikmeter Schuttmassen abgefahren. Rund 450 Brandruinen, deren Außenwände erhalten blieben, wurden ausgeräumt und 180 total zerstörte Gebäude gänzlich abgetragen. Noch brauchbare Ziegelsteine wurden abgeklopft und sonstige verwendbare Materialien, besonders auch Dachziegel, bereitgestellt.

Bei entsprechender Initiative der betroffenen Hausbesitzer und Mieter konnte mit den so gewonnenen Baustoffen alsbald eine größere Anzahl von leichtbeschädigten Häusern und Wohnungen — insgesamt umfaßte diese Kategorie etwa 520 Wohnungseinheiten mit rund 1360 Räumen — wiederhergestellt werden. Auf diese Weise wurde auch der private *Wiederaufbau* allmählich wieder in Gang gebracht. Über diese ersten Wohnhausbauten hinaus entstand — in ähnlicher Weise aufgeführt — in den Trümmerstraßen der Altstadt zunehmend eine größere Zahl kleinerer einstöckiger Neubauten, die als Läden benutzt werden sollten. Angesichts der starken Zugänge bei der Einwohnerschaft Osnabrücks — in dieser Zeit meldeten sich beim Einwohnermeldeamt im Durchschnitt 200—250 Personen täglich — war diese Entwicklung auch bitter notwendig, um die immer stärkere wohnungsmäßige Zusammendrängung der Bewohner der Stadt langsam abzubauen und ihre Versorgung mit lebensnotwendigen Gütern sicherzustellen. Abgesehen von den inzwischen wiederhergestellten leichtbeschädigten Häusern lebten viele Menschen noch in Gebäuden, die bis zu 50—80 Prozent unbewohnbar geworden waren, teilweise sogar in den Kellern von total zerstörten Häusern. Wegen der damit verbundenen gesundheitlichen Gefahren und hygienischen Schwierigkeiten wurde auf Gebot der Militärregierung der Zuzug nach Osnabrück nunmehr auf ein Mindestmaß herabgedrückt. Wessen Anwesenheit in der Stadt aus beruflichen und familiären Gründen

Erste Anfänge geschäftlichen Lebens in der Trümmerwüste

nicht unbedingt erforderlich war, erhielt keine Zuzugsgenehmigung und damit auch keine Lebensmittelkarten.

In der Stadt sollte nur wohnen, wer auch arbeitsfähig war. Daher wurde mit der 80. Lebensmittelkartenausgabe (Ende September 1945) eine allgemeine *Registrierung der gesamten arbeitsfähigen Bevölkerung* durchgeführt. Jede männliche und weibliche Person zwischen 14 und 65 Jahren mußte dazu einen Fragebogen ausfüllen, nach dessen Abgabe und Überprüfung eine Bescheinigung überreicht wurde, die bei der Lebensmittelkartenstelle vorgezeigt werden mußte. Wer keine Arbeitsstelle bzw. Einsatzfähigkeit zu einer erwünschten Arbeit nachweisen konnte, mußte auf Anordnung der Militärregierung mit dem Verlust des Anspruches auf eine Lebensmittelkarte rechnen und seinen Wohnsitz außerhalb der Stadt nehmen. Da inzwischen nur wenige Zweige der Industrie ihre Produktion in größerem Umfange wieder aufnehmen konnten, ergab sich bereits eine beachtliche Zahl von *Arbeitslosen*. Sie belief sich im September 1945 schon auf 1738 Arbeitssuchende, in der Hauptsache Arbeitnehmer in der Metallindustrie. Dieser Personenkreis wurde jedoch nicht von dem Gebot der Besatzungsmacht erfaßt.

Von den heimkehrenden deutschen Kriegsgefangenen, insbesondere aus den Lagern der sowjetischen Kriegsgefangenschaft, mußten sich viele noch einer längeren Lazarett- bzw. Krankenhausbehandlung unterziehen. Hierfür stand im Raum der Stadt Osnabrück als einziges hier seit 1942 bestehendes Wehrmachts-Lazarett das Lazarett im St.-Angela-Kloster in Osnabrück-Haste zur Verfügung. Das Haus war mit vier Operationssälen mit modernster Einrichtung ausgestattet und besaß in den für die Krankenpflege ausgebildeten Ursulinen-Schwestern ein vorzügliches Stammpersonal. Mit dem 1. Oktober 1946 wurde das Haster Lazarett in die *„Krankenanstalt Osnabrück-Haste"* umgewandelt und betreute seitdem nicht nur ehemalige Soldaten, sondern stand auch der Zivilbevölkerung offen. Da das seit 1942 wegen der ständigen Luftgefahr geräumte Stadtkrankenhaus am Westerberg mit seinen verschiedenen Abteilungen immer noch ausgelagert war, bestand in der Haster Krankenanstalt die zunächst einzige Möglichkeit für Osnabrücker, sich chirurgisch behandeln zu lassen. Mancher, der nunmehr in Haste ärztlich betreut wurde, hätte einen Transport nach Ostercappeln, Bad Rothenfelde oder Glandorf, wohin die bisherigen Osnabrücker Krankenhäuser ausgelagert waren, nicht lebend überstanden.

Das *Marienhospital,* das weitgehend zerstört und teilweise in die Marienschule in Schinkel bzw. in größerem Maße in das Dorfkrankenhaus Glandorf übergesiedelt war, an dessen baldiger Wiederherstellung jedoch seit Herbst 1945 mit großem Eifer gearbeitet wurde, konnte am 2. April 1946 zunächst nur mit der Inneren Abteilung seinen Dienst aufnehmen. Mit besonderen Anstrengungen, wobei sich auch die britische Besatzungsmacht förderlich einschaltete, gelang es sodann, daß mit dem 1. Januar 1947 auch wieder eine chirurgische Station in Betrieb genommen werden konnte. Sie blieb zunächst weiterhin — neben der Krankenanstalt Osnabrück-Haste — die einzige Möglichkeit der stationären Versorgung für chirurgische Patienten im Kernbereich der Stadt. Nach Räumung des Hochhauses des *Stadtkrankenhauses,* in dem bis zum Spätherbst 1945 Dienststellen der Stadtverwaltung untergebracht waren, konnte nach Abschluß der dringendsten Wiederherstellungsarbeiten im Februar/März 1947 ebenfalls zunächst die Innere Abteilung an ihre frühere Wirkungsstätte zurückkehren. Der Umzug der übrigen Abteilungen sollte nach Möglichkeit bald danach erfolgen. Die Rückverlegung der in Bad Essen befindlichen Frauenklinik mußte indessen noch einige Monate aufgeschoben werden, da das Gebäude der Frauenklinik am Lieneschweg nicht dachsicher war. Die Rückkehr der Chirurgischen Abteilung aus Ostercappeln erfolgte erst 1948, da zuvor noch umfangreiche Bauarbeiten durchgeführt werden mußten.

Folgen für das Leben der Bevölkerung

Wenn auch einige Monate nach Kriegsende die unbedingt lebensnotwendigen Kalorien auf den Lebensmittelkarten statistisch allmählich aufgestockt wurden, so wurde dennoch die allgemeine *Versorgung der Bevölkerung* mit Nahrungsmitteln nicht besser, da die in den einzelnen Sparten vorgesehenen Zuteilungen oft nicht bzw. nicht voll zur Ausgabe gelangten. Das galt insbesondere für die Einkaufsmöglichkeit von Frischgemüse und Obst, vitaminreiche Nahrungsmittel, die weiterhin fast vollständig für die Besatzungstruppe beschlagnahmt wurden. Ebensowenig reichte im Herbst 1945 die für jede Familie vorgesehene Einkellerung von 2 Zentnern Kartoffeln aus, um den notwendigen Bedarf zu decken, ganz abgesehen davon, daß auch diese Menge Einkellerungskartoffeln in vielen Fällen nicht zu haben war. Als zwingende Folge ergab sich, daß viele Einwohner, vor allem Frauen und größere Kinder, begannen, auf Fahrrädern oder mit der Eisenbahn — manchmal wurden auch Lastwagentransporte organisiert — aufs Land zu fahren, um gegen erhöhte Preise, mehr noch im Tauschhandel, von den Bauern Kartoffeln zu „hamstern", zuweilen aber auch Speck und Wurst sowie andere „Fettigkeiten" zu ergattern. Diesen „Landfahrern" aus Osnabrück gesellten sich in steigendem Maße, von Monat zu Monat mehr, Schwärme von abgehärmten Menschen aus dem Ruhrgebiet zu, die den weiten Weg aus dem Industrierevier in übervollen Zügen nicht scheuten, um nach z. T. tagelangem Umhersuchen und Anklopfen auf Bauernhöfen einen Rucksack voll Kartoffeln und andere Landerzeugnisse heimzubringen. Es konnte dabei auch passieren, daß die auf diese Weise mühsam erworbenen Lebensmittel von der Polizei, aber auch von räuberischen Ausländern wieder abgenommen wurden, auch von letzteren manchmal unter dem Vorwand einer sog. „Beschlagnahme".

Parallel zu diesem wachsenden Bemühen weiter Kreise der Bevölkerung, sich angesichts der allgemeinen Not zusätzlich Lebensmittel zu besorgen, entwickelte sich im Hinblick vor allem auf die Beschaffung von seltenen und auf Karten nicht erwerbbaren Genußmitteln wie Kaffee, Kakao und Schokolade sowie Tabakwaren aller Art, insbesondere von den hiermit relativ gut versorgten ehemaligen Fremdarbeitern bzw. früheren Kriegsgefangenen (vor allem Serben, aber auch Italiener, Tschechen, Polen) ein regelrechter *Schwarzhandel* mit stark überhöhten Preisen. Dieser illegale Schleichhandel, ursprünglich in der Nähe der Ausländerlager vorsichtig beginnend, zog sich immer mehr in die Stadt hinein und fand schließlich auf dem Augustenburger Platz an der Katharinenstraße (heute: Gustav-Heinemann-Platz) ein rege besuchtes Zentrum. Das ungesetzliche Verhalten der dort immer wieder zahlreich versammelten Schwarzhändler forderte die Ordnungsmächte jener Tage, die deutsche Polizei und die britische Militärpolizei, wiederholt zu umfangreichen Razzien heraus, die manche Ausländer und auch deutsche „Kunden" des Marktes vorübergehend hinter Schloß und Riegel brachten. Dennoch gelang es nicht, diesem dunklen Treiben, das sich alsbald auch auf größere Artikel wie Rundfunkgeräte, Autoreifen, Anzugstoffe, Glühbirnen usw. ausdehnte, ein Ende zu bereiten, zumal sich die „großen" Schleichhandelsgeschäfte nun auch auf Landstraße und Eisenbahn ausdehnten. Hier beschlagnahmte z. B. die Osnabrücker Bahnpolizei im Laufe eines Monats nicht weniger als 1500 Eier, 2 Zentner Speck, 85 Pfund Rindfleisch und 53 Pfund Butter. Die Schleichhändler wählten manchmal seltsame Wege, um Beschlagnahmen zu verhüten. So stellte man z. B. eines Tages gelegentlich einer Straßenkontrolle fest, daß das Innere eines Leichenwagens, statt des vermuteten Sarges, 23 Ferkel und ein Läuferschwein beherbergte! Eine endgültige Bereinigung dieses trüben Kapitels der Nachkriegsgeschichte schaffte schließlich erst die Währungsreform 1948, die den gewaltigen Überhang an wertloser Reichsmark beseitigte und Handel und Wandel auf eine solidere Basis stellte.

Nicht nur angesichts dieser stark beengten Lebensmittelverhältnisse, sondern vor allem hinsichtlich der Versorgung der Bevölkerung mit dem notwendigsten *Brenn- und Heizmaterial* im Hinblick auf den kommenden Winter sah sich die Militärregierung veranlaßt, möglichst rechtzeitig eine ernste Warnung auszusprechen. Wörtlich hieß es darin: ,,Das Volk muß der Tatsache ins Auge sehen, daß für häusliche Zwecke für den größten Teil dieses Winters keine Kohle vorhanden sein wird. Die geförderte Kohle wird an die Industrie gehen, an die Bahnen und die Lebensmittelfabriken. Es ist daher äußerst wichtig, daß jedermann für seinen eigenen Vorrat an Brennmaterial sorgt. Torf und Holz kann gesammelt und aufgehoben werden." Diese beunruhigende Mitteilung hatte die Wirkung, daß sich alsbald eine recht pessimistische Stimmung in der Einwohnerschaft Osnabrücks ausbreitete unter der Devise: ,,Hungern ist schlimm, aber hungern und frieren — dabei hört die Gemütlichkeit auf!"

Viele Leute hatten inzwischen schon angefangen, mit ihren Handwagen aus den zerbombten Häusern das Trümmerholz zu bergen, um sich auf diese billige, aber sehr mühsame Weise ihren Wintervorrat an Brennmaterial anzusammeln. Da sie gewärtigen mußten, von den Hauseigentümern fortgewiesen zu werden, benutzten sie hierzu am liebsten die frühen Morgenstunden. Als das auf den Trümmerstätten herumliegende Brennholz auf diese Weise recht bald restlos abgesucht war, begann man, die am Straßenrande und darüber hinaus liegenden Wälder nach Dürr- und Abfallholz zu durchkämmen. Darüber hinaus gab es pro Monat für jeden Haushalt einen Zentner Grus (Feinkohle), der jedoch schon für das tägliche Kochen verbraucht wurde. An Ruhrkohle für den Hausbrand war überhaupt nicht zu denken.

Als es im Herbst 1945 in den Stuben gegen Abend immer kühler und damit ungemütlicher wurde und viele Hausfrauen nicht mehr wußten, womit sie den Ofen oder Küchenherd heizen sollten, ergab es sich wie von selbst, daß man auf den Abstellgleisen des Bahnkörpers bei Hörne und im Fledder, wo die aus dem Ruhrgebiet eintreffenden Kohlenzüge oft stundenlang halten mußten, bis für sie die Durchfahrt durch das Osnabrücker Bahnhofsgebiet frei war, nach von den Waggons herabgefallener Kohle Ausschau hielt. Wenn die Kohle nicht ,,freiwillig" herunterkam — oft passierte es bei ruckhaftem Rangieren —, dann wurde mit kühnen Griffen nachgeholfen. Auf mitgebrachten Handwagen oder Schlitten bei Schneelage bereitgelegte Säcke wurden unter dem Schutze der Dämmerung rasch gefüllt und die zentnerschwere Last schnell nach Hause abtransportiert. Das Treiben der Plünderer blieb natürlich nicht unbemerkt. Bewaffnete englische Militärpatrouillen und auch deutsche Polizeistreifen versuchten in vielen Einsätzen, das Ableeren der Kohlenzüge, die oft in drei Gleisen nebeneinander standen, zu verhindern. Dabei kam es hin und wieder zu Schießereien, vor allem wenn es galt, fliehende Plünderer zu stellen und die von ihnen gemachte Beute nebst Säcken und Handwagen bzw. Schlitten zu beschlagnahmen. Manche Kugeln trafen, auch mal tödlich. Eine Anzahl der ertappten Kohlendiebe wurde vor das britische Militärgericht gestellt und mit empfindlichen Strafen belegt. Nicht immer hatten diese Begegnungen mit der Besatzungsmacht solch ernste Folgen. Gelegentlich kam es auch vor, daß die Anwesenheit von Engländern auf den Bahngeleisen das *,,Geschäft"* nicht störte, wenn nicht sogar — aus Mitleid — ihm unmittelbar förderlich war.

Diese *,,Kohlenklau"-Aktionen* zogen sich in dieser Form durch die Herbst- und Wintermonate der nächsten Jahre hin. Wenn diese Art der Beschaffung von Heizmaterial auch bei vielen Beteiligten zu schweren Gewissensbissen führte, so trug sie doch in weiten Kreisen der Bevölkerung zur glücklichen Abwendung ernster gesundheitlicher Gefahren durch eisige Winterkälte bei. Eine weitere, aber harmlose Quelle der Beschaffung von Heizmaterial war das *Torfstechen* bei Torfbauern der umliegenden Moore. Man verdingte sich zum Helfen über einen bestimmten Zeitraum hin. Als Lohn dafür konnte man einen ansehnlichen Vorrat des begehrten Brenntorfes mit nach Hause nehmen. Doch auch die Stadtverwaltung gab in Abständen den Kauf eines halben Zentners dieses Heizmaterials je Haushalt frei.

Um angesichts der allgemeinen Brennstoffnot in der strengen Kälte des ersten Nachkriegswinters der Bevölkerung Osnabrücks in einem größeren Rahmen helfen zu können, pachtete die Stadt für eine längere Zeit die Zeche ,,Anneliese'' auf dem Schafberg bei Ibbenbüren. Dieses bereits stillgelegte Bergwerk förderte jedoch nur noch Kohle bzw. Kohlengrus von recht geringer Heizkraft. Man half sich in den Haushaltungen, die nach einem bestimmten Verteilungsschlüssel auch mit diesem minderwertigen Brennstoff nur recht spärlich beliefert wurden, so gut es nur ging durch Vermischung dieser Restkohle mit anderen noch brennbaren Materialien (z.B. nicht voll ausgeglühte Asche, Teer u.a.m.). Eine seitens der Stadt gemietete Brikettpresse produzierte auf diese Weise aus der ,,Anneliese'' Kohle, vermischt mit Teer, in größerem Umfange sogar gut brennbares brikettartiges Heizmaterial. Als gegen Ende des Winters 1945/46 das Osnabrücker Stadttheater sowie auch das Konzertwesen unter äußerst schwierigen Bedingungen im kaum geheizten Saale des Restaurants ,,Blumenhalle'' den Betrieb wiederaufnahm (s.u.), wurden die Zuschauer bzw. Zuhörer gebeten, jeweils ein ,,Brikett'' dieser Art pro Vorstellung für die Beheizung des Theatersaales mitzubringen. So half ,,Anneliese'' in jenen Tagen, das Osnabrücker Kulturleben wieder ,,anzuheizen''.

Daß die Besatzungsmacht über ihre Ordnungsfunktionen hinaus — nach *Aufhebung des Umgangsverbotes* mit der deutschen Bevölkerung durch eine Botschaft Marschall Montgomerys von Ende September 1945 — nunmehr auch gewillt war, den zwischenmenschlichen Kontakt mit den Bürgern Osnabrücks enger zu pflegen, erhellt aus der alsbaldigen Veranstaltung eines Kinderfestes mit rund 2000 Jungen und Mädchen des ersten Schuljahrgangs der inzwischen wiedereröffneten Osnabrücker Grundschulen. Mit ihnen trieben britische Soldaten und ihre Offiziere — in Anwesenheit des Gouverneurs und des Oberbürgermeisters — allerlei Spiele, Scherz und Kurzweil. Dabei spendeten sie freigebig belegte Brote, Milch und sogar Eiscreme. Diese gerade den jüngsten Schulkindern gegenüber freundlich hilfreiche Einstellung setzte sich fort in der Ankündigung der britischen Militärbehörde, der gesamten Schuljugend während der Unterrichtszeit in den Pausen gewärmte Milch zur Verfügung zu stellen. Für diese Aktion ließen sich rund 4000—5000 Kinder einschreiben. Sie sollten in den kommenden Wintermonaten aus zu den einzelnen Schulen gebrachten Wärmebehältern durchgekochte Milch erhalten.

Bezeichnend für diese positive Entwicklung im Verhältnis zwischen Einwohnerschaft und Besatzungsmacht war auch, daß in den ersten Herbsttagen der öffentliche *Sportbetrieb* wieder eröffnet werden konnte, und zwar mit einem von vielen Zuschauern besuchten Fußballspiel zwischen einer Elf der British Army und einer ausgewählten Stadtmannschaft. Das Spiel wurde ausgetragen auf dem früheren OTV-Platz an der Jahnstraße (heute: Sportzentrum der Universität Osnabrück) und endete 4:5 zugunsten der einheimischen Mannschaft. Diese allmähliche Auflockerung in der Lage der Bevölkerung trat auch äußerlich in Erscheinung in der Form, daß Ende Oktober 1945 — zum ersten Mal seit dem 1. September 1939 — wieder die *Straßenbeleuchtung* eingeschaltet werden konnte, wenn auch nur an wenigen verkehrswichtigen Punkten (wie am Heger Tor, Rißmüllerplatz, Neumarkt usw.). Während in der Zeit vor dem Kriege in Osnabrück nur Gaslaternen brannten, erstrahlten jetzt elektrische Ampeln, die in großer Höhe angebracht wurden.

Dafür konnte etwa zur gleichen Zeit (am 21. September 1945) — zur Freude der Hausfrauen — die allgemeine *Gaszufuhr* für die angeschlossenen Haushalte wiederaufgenommen werden, wenn auch zunächst auf bestimmte Tageszeiten beschränkt. Die *Stromversorgung* dagegen war nur kurz unterbrochen. Bereits am 9. April 1945, fünf Tage nach Besetzung der Stadt durch die Engländer, brannte schon wieder das elektrische Licht, doch waren Haushalte und Betriebe in der folgenden Zeit häufigen Stromdrosselungen und Stromsperren ausgesetzt. Gründe hierfür waren das alsbaldige starke Anwachsen des Stromverbrauchs und die Knappheit der Kohle. In der *Wasserversorgung* machte es sich bis Ende 1945 recht unangenehm bemerkbar, daß durch noch nicht behobene Zerstörungen in den Leitungen bis zu 60 Prozent Wasserverlust zu registrieren waren. Auch noch 1946 betrug diese Verlustquote rund 50 Prozent. Erst durch die im Jahre 1947 weit fortgeschrittenen Reparaturen am Leitungsnetz konnte der Wasserverlust auf 28 Prozent zurückgeschraubt werden. Heute messen die Stadtwerke lediglich 3 Prozent Verlust.

Langsames Wiedererwachen des Kulturlebens

Nach der anfänglichen Drosselung aller Regungen im Bereiche des kulturellen Lebens war es zunächst der überaus starke *Kirchenbesuch,* der der verängstigten Bevölkerung die Möglichkeit gab, im Gottesdienst Trost und Hilfe zu suchen. In diesem Rahmen waren es sodann geistliche Konzerte, als Abendmusiken oder Bach-Feiern gestaltet, die, von einem sich neu bildenden Städtischen Orchester getragen, erste künstlerische Eindrücke verlebendigten. Nach einigen Monaten, abgesehen von den kirchlichen Bemühungen, fast völliger Sterilität auf diesem Gebiet begann die Militärregierung auch hier die starre Unterdrückung aufzugeben. Dies wurde auch deutlich durch die Genehmigung gegenüber der Stadt, einen größeren Zuschuß aus den Haushaltsmitteln (bis zu 70000 RM) für kulturelle Zwecke ausgeben zu dürfen. Alsbald befaßte sich der inzwischen eingesetzte Bürgerausschuß mit einer entsprechenden Verwendung dieses Betrages. Er diente zunächst zur weiteren Förderung des von Kapellmeister Ernst Waigand aufgebauten Osnabrücker Orchesters, das später unter Oberstadtdirektor Dr. Vollbrecht wieder in städtische Regie genommen wurde. Getragen vom neuerweckten Musikverein, führte dieses Orchester seit Anfang 1947 unter Bruno Hegmann als Dirigenten auch wieder Symphoniekonzerte durch. Hegmann, der zuletzt am Kieler Stadttheater tätig war, wurde nach der Ausschreibung der Stelle eines Städt. Musikdirektors nach einem Probedirigieren aus einer größeren Anzahl von Bewerbern ausgewählt. Der Musikverein beschloß daraufhin, ihm die Leitung seiner Chorkonzerte und die Direktion der städtischen Symphoniekonzerte zu übertragen. Aus dieser Position heraus wurde er später zum Städt. Musikdirektor ernannt.

Darüber hinaus wurde von der Bürgervertretung beschlossen, mit diesem Betrag vor allem auch das *Theaterwesen* zu fördern, da es im Gegensatz zum durch Konzerte aller Art (Konzerte im Tiergarten, im Hochhaus, Konzerte für die Jugend und Veranstaltungen des neubegründeten Kammerorchesters) besonders gepflegten Musikbedürfnis der Osnabrücker noch völlig daniederlag. Die sog. Vorspielzeit des Theaters sollte am 1. Oktober 1945 beginnen, und so galt es vor allem, für den eigentlichen Spielbetrieb die räumlichen und personellen Voraussetzungen zu schaffen. Eine baldige Wiederherstellung des im Hauptbereich völlig zerstörten Theatergebäudes am Domhof erschien zunächst absolut ausgeschlossen. Nach Auffindung eines anderen im ganzen brauchbaren Spielraumes sollte — nach den Plänen des Städt. Kulturamts — als organisatorischer Träger eine Theater-GmbH gebildet werden, innerhalb der die Stadt und ein noch zu gründender Theaterverein etwa zu gleichen Teilen zusammenwirken sollten. Auf Grund dieser Anregung erfolgte am 18. September 1945 ein Zusammenschluß kunstsinniger Bürger zu einer Vereinigung zwecks ideeller und materieller Trägerschaft einer künftigen Osnabrücker Bühne. Damit war der Osnabrücker Theaterverein ins Leben gerufen; zwei Wochen später entstand die Theater-GmbH. Der Theaterverein hatte bereits nach kurzer Zeit über 3000 Mitglieder, ein glänzendes Zeugnis der Theaterfreudigkeit des Osnabrücker Publikums. Es gelang auch bald, in *Dr. Hanspeter Rieschel,* bisher Dramaturg und Regisseur am Bielefelder Stadttheater, eine geeignete Persönlichkeit für den Aufbau des Theaterbetriebes und den Posten des künftigen Intendanten zu gewinnen. Als Geschäftsführer der Osnabrücker Theater-GmbH erhielt er Anfang 1946 von der britischen Militärbehörde die Lizenz, Theaterstücke, Operetten, Opern und Konzerte zur Aufführung zu bringen.

Da die für die Wiedereröffnung des Theaters entscheidende *Raumfrage* bei allen zunächst erörterten Lösungsmöglichkeiten — Karmann-Halle, Stein-Kaserne, Turnhalle an der Jahnstraße usw. — immer wieder auf größte Schwierigkeiten stieß, einigte man sich schließlich — um wenigstens zu einem behelfsmäßigen Anfang zu gelangen — darauf, das stehengebliebene Foyer des Theaters am Domhof mit etwa 150 Zuschauerplätzen zu einer Kleinbühne umzugestalten. Hier sollte die erste Theatersaison nach dem Kriege mit dem *,,Apostelspiel''* von Max Mell eröffnet werden. Nach Fertigstellung des Bühnenraumes — unter fachkundiger Leitung des bereits vor Kriegsende an diesem Theater tätig gewesenen Bühnenbildners Philipp Blessing — wurde unter der Regie von Dr. Rieschel und getragen von einem leistungsfähigen Ensemble dieses bekannte Stück als Auftakt zur Spielzeit 1945/46 zur Aufführung gebracht. Die Premiere erfolgte am 1. Dezember 1945 und wurde für die Zuschauer — vor dem düsteren Hintergrunde der ringsum in Trümmern liegenden Innenstadt — zu einem erschütternden Kunsterlebnis. Anläßlich dieses ersten großen kulturellen Ereignisses in Osnabrück im Nachkriegswinter 1945/46 notierte der Stadtchronist: ,,Das gewählte Stück, Mells ,,Apostelspiel'', eignet sich als ein reines Bekenntnis zur Menschen- und Gottesliebe zum sinnbildhaften Beginn einer neuen Theaterepoche unserer Stadt. Erschütternder und zeitnäher war niemals eine Aufführung — weder im alten noch im neuen Osnabrücker Theater — als diese zwischen Trümmern und Schutt.''

Zwei Monate später gelang es nach Überwindung großer technischer Schwierigkeiten, die Bühne im Saale des Restaurants ,,Blumenhalle'', die bereits der britischen Truppenbetreuung gedient hatte, für die Aufführung einer Oper herzurichten. Ein Ensemble von Opernkräften, durchweg aus früheren bewährten Mitgliedern des Stadttheaters bestehend, führte Ende Januar 1946 unter der Regie des Opernsängers Josef Horn im Zusammenwirken mit dem neuerstandenen Städtischen Orchester unter der Leitung von Ernst Waigand die komische Oper *,,Der Barbier von Sevilla''* von Rossini auf. Der notdürftig mit Holz- und Gartenstühlen ausgestattete Saal geriet durch die überaus große Zahl der Zuschauer in ,,drangvoll fürchterliche Enge''. Die Theaterfreudigkeit des Osnabrücker Publikums und damit auch die Lebensfähigkeit des neuen Unternehmens konnten kaum eindrucksvoller unter Beweis gestellt werden. Es folgten daher noch weitere fünf Vorstellungen, stets voll ausverkauft. Die Eintrittspreise lagen bei 6, 4 und 3 RM. Im Verlaufe des Sommers wurde die *,,Blumenhalle''* auf städtische Kosten weitgehend umgebaut und völlig für Theaterzwecke eingerichtet. Als *,,Neues Stadttheater''* wurde sie von der Theater-GmbH, die alsbald bereits 120 Angestellte sowie dazu 36 Musiker umfaßte, in Betrieb genommen. Das so zunächst auf privater Grundlage errichtete Theater wurde sodann auf Beschluß des Rates mit Beginn der Spielzeit 1947/48 wieder von der Stadt übernommen.

2. Stadt unter der Besatzungsmacht

Anfang Februar 1946 regten sich auch in Osnabrück — wie nach dem Ersten Weltkrieg 1919/20 — wieder die Bestrebungen, eine *Volkshochschule* als Stätte der Erwachsenenbildung ins Leben zu rufen. Es gelang den Bemühungen des neuen Stadtschulrats, des früheren Mittelschulrektors Kohlbrecher, die Grundlagen zu schaffen für ein *„Städtisches Volkshochschulwerk"*, das sich in folgende Abteilungen gliedern sollte: Allgemeine Wissenskunde, Musik, volkstümliches Werkschaffen und bildnerisches Gestalten, Verwaltungskunde, Handels- und Wirtschaftskunde. Nach Genehmigung durch den Oberpräsidenten in Hannover, Hauptabteilung Kultus, nahm die Volkshochschule am 1. Mai 1946 — zunächst in einem kleineren Rahmen — ihre Arbeit auf. Zum Leiter wurde der Oberschullehrer am Ratsgymnasium Julius Zwingmann bestellt. Die einzelnen Veranstaltungen innerhalb des reichhaltigen Lehrplans — er belief sich auf wöchentlich rund fünfzig Vorlesungen — fanden nachmittags und abends im Gebäude des Ratsgymnasiums bzw. in den angegliederten Baracken statt. Im Rahmen dieser ersten bescheidenen Ansätze erreichte die Volkshochschule — nach einem Besuchergipfel von etwa 1000 Hörern 1946 — im Sommersemester 1947 immerhin noch eine Hörerzahl von etwa 700 Männern und Frauen. Die Dozenten entstammten zum größten Teil der Osnabrücker Lehrerschaft; die Wahl des Unterrichtsstoffes und der Methode war ihrem eigenen Ermessen überlassen. Die Abteilung Musik wurde 1947 umgewandelt in eine *„Städt. Schule für Musik"*, deren Leitung dem Musiklehrer Kurt Felgner, bislang Leiter der Städt. Musikschule in Leoben (Steiermark), übertragen wurde. Es gelang diesem erfahrenen Musikpädagogen, diese unter schwierigen Raum- und Personalbedingungen anlaufende Neugründung alsbald zu einer leistungsfähigen Einrichtung zu entwickeln.

Außerhalb dieser Institutionen belebten schon bald auch *literarische Veranstaltungen* wie Dichterlesungen, Rezitationsabende sowie wissenschaftliche Vorträge von bekannten Vertretern entsprechender Disziplinen aus den benachbarten Universitäten Münster und Göttingen das kulturelle Angebot innerhalb der Stadt. Auch die nach dem Zusammenbruch erstmalige Durchführung einer Kunstausstellung — die Buchhandlung Wenner zeigte in ihren Räumen Gemälde des bekannten Bühnenmalers Heinrich Bohn — bereicherte erfreulich dieses bunte Spektrum. Ihr folgte bald darauf in einstweilig behelfsmäßig hergerichteten Teilen des stark beschädigten Museums eine Ausstellung junger Osnabrücker Künstler. Die Zahl der Kunstausstellungen, betreut vom Kulturamt der Stadt Osnabrück, nahm in der Folgezeit erheblich zu. Bis zum Frühjahr 1947 wurden etwa zwei Dutzend Ausstellungen dieser Art veranstaltet. Hauptgegenstand waren Kunstwerke der Malerei und der Plastik. Es gab Ausstellungen, die über zehntausend Besucher aufwiesen. Auch der Osnabrücker Kaiserpokal — heute in der Ratsschatzkammer im Rathaus zu besichtigen — kehrte aus seiner sicheren Verlagerung während der Kriegsjahre am 11. 3. 1946 nach Osnabrück zurück.

Ein weiterer wertvoller Faktor in diesem Bereich der *Erwachsenenbildung* war die Wiedereröffnung der Leih-Ausgabe der Stadtbücherei, die zunächst mit ihrem Lesesaal ebenfalls im Museum untergebracht war, in den ersten Herbsttagen 1945. Zwar waren von den früheren 30000 Bänden der Bücherei nur noch 800 vorhanden; sie waren durch die Aufbewahrung im Keller des Schlosses dem Feuertode entgangen. Um die Bestände langsam wieder aufzufüllen, wurde jeder neu eintretende Entleiher gebeten, ein Buch als Geschenk mitzubringen. Als kulturelle Einrichtung bedurfte auch die Stadtbücherei als wiedereröffnetes Institut des Kulturamts der Stadt der vorherigen Einholung der Konzession der Militärregierung. Das galt ebenfalls für die nunmehr grundsätzlich gestatteten Bühnenaufführungen, Konzerte, literarischen Veranstaltungen und kulturellen Darbietungen aller Art. Seit dem 15. September 1946 konnte mit dem Erscheinen des

,,*Neuen Tageblatts*" in deutscher Lizenzträgerschaft — wir berichteten schon darüber — die jeweilige Durchführung einer derartigen Veranstaltung auch ihren Niederschlag in der örtlichen Presse finden. Darüber hinaus war es von diesem Zeitpunkt wieder erlaubt, mit Genehmigung der Besatzungsmacht ebenfalls Zeitschriften herauszugeben sowie Broschüren, Bücher und Musikalien drucken zu lassen.

Das Wiedererwachen des Kulturlebens in der Stadt spiegelte sich auch in der Wiederzulassung von Sportvereinen und Gesangvereinen durch die Militärregierung wider, wenn die entsprechenden Voraussetzungen erfüllt waren — der Vereinsvorstand mußte mit politisch einwandfreien Persönlichkeiten besetzt sein. So konnten bereits im Herbst 1945 die führenden *Sportvereine,* soweit sie über brauchbare Turnanlagen verfügten, ihren Sportbetrieb wiederaufnehmen. Die einzige in der Innenstadt noch brauchbare Halle war die des OTV an der Jahnstraße. Sie war während des Krieges durch freiwillige Brandwachen des Vereins sorgsam behütet worden. Hier und auf der angrenzenden weiträumigen Platzanlage konzentrierte sich für die nächste Zeit die Turn- und Sportarbeit mehrerer Vereine. Das nicht weit davon gelegene Freibad ,,Moskau" öffnete am 4. 6. 1946 seine Pforten (Eintritt: 20 Pfennig pro Person). Im Spätsommer des Jahres fand hier bereits ein ,,*Tag der deutschen Meister*" statt. Nachdem auf dem Spielfelde des Stadions an der Bremer Brücke 18 kleinere und größere Bombentrichter beseitigt worden waren, konnte dort am 26. 7. 1946 das erste Fußballspiel nach dem Kriege durchgeführt werden. Einige Männergesangvereine, darunter auch der angesehene Lehrergesangverein, nahmen mit dem Winter 1945/46 ihre Übungsstunden wieder auf. Letzterer gestaltete bereits nach entsprechender Vorbereitungszeit — im Zusammenwirken mit einem Frauenchor, Solisten und Orchester — eine Aufführung der ,,*Matthäuspassion*". Die Gesangvereine, zusammengefaßt im Osnabrücker Sängerbund, veranstalteten am 1. Mai 1946 (genauer: in der Nacht zum 1. Mai) das erste Maisingen nach dem Kriege — allerdings auf der Vitischanze, denn dort befand sich damals noch der Lyra-Gedenkstein. Wegen seiner stadtgeschichtlichen Bedeutung trat ebenfalls der *Historische Verein* nach langjähriger Pause wieder in Erscheinung. In seiner ersten Sitzung nach Kriegsende am 18. Oktober 1945 ernannte er den Ministerialrat Dr. Hermann Rothert, dem auf Grund seiner Verdienste um die Geschichte der Stadt Osnabrück (u. a. Autor der ,,*Geschichte der Stadt Osnabrück im Mittelalter*") die Möser-Medaille verliehen worden war, zum Ehrenmitglied. Am 30. 8. 1946 wurde auch der *Museumsverein* wieder neugegründet.

Alle kulturellen Veranstaltungen erfuhren eine sinnvolle und wohldosierte Koordinierung durch das Kulturamt der Stadt Osnabrück. Dieses gerade in den Herbst- und Wintermonaten 1945/46 relativ reichhaltig erwachte kulturelle Leben offenbarte in der starken Anteilnahme aller Kreise der Bevölkerung einen hochgradigen Hunger nach geistiger Nahrung, nach freier kultureller Betätigung, der nach den langen Jahren der Unterdrückung und Sterilität wie ein eruptives Naturereignis zum Durchbruch kam. Diese breite Vielfalt in der Darbietung künstlerischen und literarischen Schaffens konnte jedoch nicht darüber hinwegtäuschen, daß sich unter dieser schillernden Decke musischer und wissenschaftlicher Veranstaltungen für die Masse der Bevölkerung ein sehr kärgliches und entbehrungsreiches Leben in vielerlei Not und Elend vollzog. Das galt insbesondere für die Jugend, die — bis auf die Anfangsjahrgänge in der Grundschule — bis dahin noch jegliche schulische Betreuung entbehrte, auf die jedoch äußerst mangelhafte und beschränkte räumliche und unterrichtliche Bedingungen warteten, die umso drückender wurden, als sie mit der allgemeinen großen Not der Bevölkerung in den Wintermonaten der Jahre 1946/47 und 1947/48 zusammenfielen.

3. Die große Not 1946/1947
Die verzweifelte Versorgungslage der Bevölkerung

Seitdem in vielen Familien die reichlichen Vorräte, die sich mutige Einwohner aus den in den letzten Kriegstagen von der Wehrmacht aufgegebenen Proviantmagazinen im Hafengebiet und an der Netter Heide besorgt hatten, aufgebraucht waren, bot sich in der weithin zerstörten Stadt alsbald das düstere *Bild eines zunehmenden Mangels* auf allen Gebieten. Mit den wenigen Nahrungsmitteln auszukommen, die auf den weiter ausgegebenen Lebensmittelkarten erhältlich waren, wurde immer schwieriger, zumal häufig ganze Sparten, wie z.B. Gemüse, durch die Beschlagnahme seitens der Besatzungsmacht ausfielen. Die Bevölkerung wurde deshalb auf die Deckung des Eigenbedarfs durch Gartenarbeit hingewiesen; wer aber keinen Garten sein eigen nannte — und das waren die meisten —, ging daher fast immer leer aus. Ähnlich schwierig war es mit dem Angebot von Fleisch. Fische wurden in so geringer Menge angeliefert, daß sie auf den entsprechenden Kartennummern nur etwa alle vier Wochen erhältlich waren. Auch die Versorgung mit Kartoffeln, ständig durch neue Engpässe (Witterung, Erntezeit, Eigenbedarf der Besatzungsmacht) belastet, fiel zeitweilig ganz aus, da auch das bäuerliche Umland für eine zusätzliche Bedarfsdeckung durch die vielen Hamsterer aus dem Ruhrgebiet fast völlig ausfiel. Wenn erreichbar, waren zum Einkellern als Winterkartoffeln nur zwei Zentner pro Kopf des Verbrauchers vorgesehen; damit sollte er ab Herbst 1945 bis zum 21. Juli 1946 auskommen. Diese Bekanntmachung des *Landesernährungsamtes Weser-Ems* verbreitete allgemeines Entsetzen. Da auch die Kohlelieferung, beschränkt auf einen Zentner Grus im Monat pro Haushalt, mehr als unzureichend war und die Beschaffung von zusätzlicher Holzfeuerung oder Torf immer schwieriger wurde, ging die Bevölkerung „in zähneklappernder Erwartung ungeheizter Räume" (Tagebuch der Stadtverwaltung), da zudem weite Kreise sich nicht an einer illegalen Beschaffung von Kohle beteiligen konnten oder wollten, einem katastrophalen Winter entgegen. Das bezog sich auch auf die Versorgung mit wärmenden Textilien und Schuhwaren, die auf dem trostlosen Niveau der letzten Kriegsjahre verharrte, d.h. so gut wie völlig ausfiel.

Kein Wunder, daß sich Feldmarschall *Montgomery* als Oberbefehlshaber in der britischen Zone bei einer Rede in Belfast Mitte September 1945 in düsteren Prophezeihungen über die Nöte, die der kommende Winter über viele europäische Länder bringen würde, erging. Schwere Beklemmungen lösten hier vor allem folgende Sätze aus: „Die Deutschen werden für ihre Missetaten voll bezahlen müssen. Ernährung und Behausung sind die am schwierigsten zu lösenden Probleme. In Deutschland wird keine Kohle für Hausbrandzwecke zur Verfügung stehen. Die Lage ist um so schwieriger, als nur 40 Prozent aller Häuser in Deutschland unbeschädigt sind."

Bereits in einer früheren Bekanntmachung der Militärregierung für das britisch besetzte Gebiet war mit der Schlagzeile: „Das Gespenst der Hungersnot steht an Eurer Schwelle" auf eine mögliche Entwicklung in dieser Richtung hingewiesen worden. Es folgte die Aufforderung, jeden Quadratmeter anbaufähigen Bodens zu bebauen, womöglich mit Wintergemüse. Gewarnt wurde auch vor dem Krebsschaden des deutschen Ernährungssystems: ungenügende Lebensmittelabgabe der Bauern — verbunden mit dem Schleichhandel der Städter. Auf die auf diesem Gebiete auch in Osnabrück eingetretenen Mißstände wurde bereits oben hingewiesen. Es ist verständlich, daß sie mit Zunahme der allgemeinen Schwierigkeiten noch größere Ausmaße annahmen. Eine spürbare Folge dieser trüben Machenschaften der Schwarzhändler war, daß der Wert der deutschen Reichsmark beständig am Sinken war. Anfang Juli 1946 zahlten Holländer für eine Reichsmark nur noch 7 holländische Cents. Grundlage für diese dunklen

Geschäfte wurde schließlich die *englische Zigarettenwährung*. Aber auch die Preise im legalen Handel von Lebensmitteln (z.B. bei Butter oder Zucker) und Tabakwaren, wenn überhaupt beziehbar, zogen beträchtlich an.

Ein großer Mangel an Mehl zeigte sich schon im Winter 1945/46, als die Hausfrauen für die Zubereitung von Weihnachtsgebäck statt Weizenmehl nur grobes Graumehl zur Verfügung hatten. Auch mit der Kartoffelversorgung sah es sehr trübe aus. Wer nicht eingekellert hatte, und das war in vielen Fällen mangels Angebot und Räumlichkeit nicht möglich, erhielt im Monat nur 8 Pfund Kartoffeln. Es blieben also Kartoffelmarken frei. Hierfür konnte man sich zur Not allerdings Brot kaufen. Steckrüben und in geringen Mengen noch Grünkohl und Wurzeln waren das einzige Gemüse, das für lange Zeit, wenn überhaupt, noch aufzutreiben war. Weitere Kürzungen der Fleischration, auch Herabsetzung der Brotration auf 10000 g (85. Zuteilungsperiode 4.2.—3.3.1946) kennzeichneten die sich weiterhin verschlechternde Ernährungslage. In der 86. Zuteilungsperiode verminderte sich die Brotration auf nur noch 5000 g je Periode, jedoch Jugendliche und ältere Kinder (10—18 Jahre) erhielten noch 8000 g, 6—10jährige 5500 g, Klein- und Kleinstkinder 3500—2500 g. Auch die Nährmittel wurden auf die Hälfte herabgesetzt (von 2000 g auf 1000 g). Kartoffeln gab es schließlich nur noch für Bergarbeiter. Zum Ausgleich erhielt die übrige Bevölkerung 1000 g Brot, immerhin zu einem Preis von 32 Pfennigen. Der tägliche Kalorienwert sank damit auf 1014 Kalorien, verglichen mit dem Wert von rd. 3000 Kalorien als mindeste Ernährungsgrundlage für einen erwachsenen Normalverbraucher — eine katastrophale Entwicklung! Damit war die unterste Grenze der Existenzmöglichkeit für die Stadtbevölkerung erreicht. Der Tagebuchschreiber der Stadtverwaltung kommentierte hierzu: ,,Die jetzige Lebensmittellage ist gleichbedeutend mit einer permanenten Hungersnot. Kein Wunder, daß überall dumpfe Verzweiflung zu bemerken ist." Und die *Osnabrücker Rundschau* schrieb am 12. März 1946: ,,Nach den Ergebnissen der Wissenschaft wird ein täglicher Kalorienwert von 1014 Kalorien den langsamen, aber sicheren Tod für die meisten Verbraucher bedeuten."

In einer Stellungnahme der Bezirksstelle Osnabrück der niedersächsischen Ärztekammer hieß es noch im August 1946 hierzu: ,,Mit einer Tagesration des Normalverbrauchers von 7 g Fett, 16 g Fleisch, 35^1/$_2$ g Nährmittel, 10 g Zucker, 4,6 g Kaffee-Ersatz, ^{1}/$_{10}$ Liter Milch, 285 g Kartoffeln und 250 g Brot steht das deutsche Volk zu Beginn des achten Jahres der Lebensmittelrationierung vor dem einfachen Verhungern. Das hat eine derartige Schwächung des Organismus zur Folge, daß die Arbeitskraft nicht ausreichen wird, um einen produktiven Wiederaufbau durchzuführen." Noch im April 1947 drohte die allgemeine Ernährungsnot den Charakter einer absoluten Hungerkatastrophe anzunehmen. Die Bestände an legalen Lebensmitteln waren so zusammengeschmolzen, daß statt der vorgesehenen Brotmenge von 2500 g der Normalverbraucher nicht mehr als 500 g erhielt. Statt der normalerweise zugestandenen 62,5 g Fett gab es — als Ersatz — 125 g Zucker. Der hiermit deutlich werdende Zusammenbruch der örtlichen Brot- und Fettreserven wurde damit begründet, daß auswärtige Hamsterer — hauptsächlich aus dem Ruhrgebiet — diese Lebensmittel massenweise aufkauften und auf dem *Schwarzmarkt* zu Überpreisen weiter verschacherten (z.B. 70 RM für ein Dreipfundbrot). Ein Chronist jener Tage schrieb zu diesen unhaltbaren Zuständen: ,,Es bleibt da ein unlösbares Rätsel, womit die Hausfrau überhaupt noch kochen soll — es sei denn, daß sie die Möglichkeit hat, für teures Geld sich *schwarze* Butter zu beschaffen." Dieser die Not der Menschen kaltblütig ausnutzende Schwarzhandel machte Gerissene und Geschäftstüchtige reich und erlaubte ihnen neben dem Hunger und der Armut der Massen ein Protzerleben.

3. Die große Not 1946/47

Dieses *absolute Tief in der Nahrungsmittelversorgung* der Bevölkerung blieb noch längere Zeit — über das Frühjahr 1947 hinaus bis zum Sommer dieses Jahres — mit gewissen Schwankungen nach oben und unten bestehen, bis es mit Hilfe von Einfuhren aus dem Ausland (u.a. kanadisches Weizenmehl oder gemahlener Mais), aber auch durch zusätzliche karge Rationen von Pferdefleisch, Steckrüben und getrockneten Stoppelrüben gelang, den Anschluß an die nächste Ernte zu erreichen. Am unerträglichsten war der Mangel an Brot; hier halfen in manchen Fällen noch gewisse Mehlvorräte, die aus der Zeit des Zusammenbruchs 1945 hinübergerettet worden waren, den schlimmsten Hunger abzuwenden, denn sie konnten in kleineren Mengen gegen Brot eingetauscht werden. Ansonsten mußte man zumeist mit 1250 g pro Woche und weniger auskommen, so schwer es dem Einzelnen auch fiel. Was die bis dahin geringsten Portionen an Fett und Fleisch anbetraf, so hatten sich viele Familien daran gewöhnt, diese kargen Rationen gleichsam mit der Briefwaage aufzuteilen, wobei oft genug tapfere Frauen noch von ihrem Teil an Mann und Kinder abgaben und dadurch Gefahr liefen, sich gänzlich für die Familie aufzuopfern.

Daß diese schwere Notzeit ohne größere Opfer an Leben und Gesundheit überstanden werden konnte, dazu hat die Gemeinschaftsküchen-Organisation des *Städt. Wohlfahrtsamtes* viel beigetragen. In Großküchenanlagen im OKD (Osnabrücker Kupfer- und Drahtwerk), in den Stadtwerken und später in der Jugendherberge an der Großen Gildewart gekochtes Essen, das in Essenträgern (Thermophoren) zu bestimmten Lokalen der Stadt gebracht wurde, konnte dort zu einem billigen Preis (1 Liter Eintopf 50 Pfg., für Minderbemittelte 20 Pfg.) eingenommen werden. Im Laufe des Nachmittags wurde auch noch ein wärmendes Getränk — Malzkaffee — ausgegeben. Nach den seit dem 1. Oktober 1945 wieder erfolgten Unterrichtsaufnahmen in den Grundschulen der Stadt — hierüber wird noch berichtet — sorgte ebenfalls eine regelmäßige *Schulkinderspeisung* — getragen von der Ernährungsabteilung der Alliierten Kontrollkommission — für eine bessere Ernährung der unterernährten deutschen Kinder. Die aus britischen Wehrmachtsbeständen hergestellten dicken Keksuppen und Haferflockengerichte wurden gegen ein geringes Entgelt ohne Markenabgabe täglich in der großen Unterrichtspause verabreicht, für Bedürftige unentgeltlich. Rund 8000 Schulkinder erhielten so täglich ihre Schulspeisung. Diese ab 1. Februar 1946 durchgeführte Schulspeisungsaktion wurde von der Bevölkerung in dankbarer Genugtuung begrüßt.

Obwohl die stark verschlechterte Ernährung im Verlaufe der vielen Monate bereits zu einem beachtlichen Absinken der Arbeitskraft mit deutlichen Ermattungserscheinungen geführt hatte, so daß eine alsbaldige Herabsetzung der öffentlichen Arbeitszeit erwogen wurde, traten trotz der erschwerten und hygienisch oft sehr unzulänglichen Wohnungsverhältnisse hinsichtlich des allgemeinen Gesundheitszustandes die schlimmsten Befürchtungen im wesentlichen nicht ein. Zwar waren in den noch ausgelagerten Städt. Krankenanstalten rd. 150 Betten mit Tuberkulosekranken belegt — in Friedenszeiten waren dafür etwa 20 Betten vorgesehen —, doch gelang es im ganzen, dieses bedenkliche Anwachsen der Schwindsucht in Grenzen zu halten. Der gut fortentwickelte Aufbau der staatlichen Gesundheitspflege und eine genügende Versorgung mit Ärzten trugen zunächst dazu bei. Doch mit dem weiteren Anhalten der Hungersnot auch über den Winter 1946/47 hinaus breiteten sich als zwingende Folgeerscheinungen *Hungerödeme* und andere pathologische Mangelerscheinungen immer mehr aus. So nahm auch infolge der schlechten Ernährungslage die *spinale Kinderlähmung* (Poliomyelitis) einen immer größeren Umfang an. Erschwert wurde die medikamentöse Bekämpfung dieser Krankheiten durch die Zerstörung von neun der ursprünglich vorhandenen elf Apotheken; dadurch wurde die schnelle Beschaffung von Arzneimitteln sehr beeinträchtigt. Darüber hinaus waren die Krankenhäuser in der Stadt alle schwer beschädigt, und die Wiederherstellung lief erst teilweise wieder an. Doch standen — neben der aus einem Lazarett hervorgegangenen Krankenanstalt Osnabrück-Haste — in der Umgebung der Stadt — z.B. in Bad Rothenfelde, Ostercappeln, Glandorf — entsprechende Unterkunfts- und Behandlungsmöglichkeiten zunehmend zur Verfügung, da ein Teil der bisherigen Lazarette zu Krankenhäusern umgewandelt wurde. Durch den zügigen Wiederaufbau des *Marienhospitals* in der Stadt war bereits Anfang April 1946 die Innere Station mit rd. 80 Betten wieder in der Lage, ihre Arbeit voll aufzunehmen. Als mit dem 1. Januar 1947 auch die Chirurgische Station in den Dienst gestellt werden konnte — wir berichteten bereits darüber —, waren wenigstens am Orte weitere Möglichkeiten geschaffen, um in schweren Notfällen medizinische Hilfe zu leisten. Beim *Stadtkrankenhaus* waren inzwischen die notwendigen Innenarbeiten für eine Wiederverwendung der bis dahin zweckentfremdeten Gebäude, soweit sie ihrer Bestimmung nach noch brauchbar waren, angelaufen.

Im Kampf gegen die Winterkälte

Mit dem Näherrücken des Winters 1946/47 wurde auch die Frage der *Hausbrandversorgung* immer akuter. Sie konnte für diesen Winter nur sehr unvollkommen gelöst werden. Zwar stieg die im Ruhrrevier geförderte Steinkohlenmenge langsam an, doch reichte sie, da sie für die langsam wieder anlaufende Industrie verwendet wurde, bei weitem nicht aus, um die privaten Haushalte auch nur annähernd ausreichend zu beliefern. Das galt auch für die geringe Menge Kohlengrus — ein Zentner im Monat pro Haushalt —, der aus der Ibbenbürener Zeche *Anneliese* bezogen wurde. Da in den Waldungen über die großen Kahlschläge für die Besatzungsmacht hinaus kaum noch Holz eingeschlagen werden konnte, mußte auch auf dieses Heizmaterial weitgehend verzichtet werden. Das sog. Trümmerholz, das sich in den Ruinen und Schuttbergen der niedergebombten Häuser finden ließ, war in den Sommer- und Herbstmonaten 1945 bereits völlig aufgebraucht worden. Als einziger Brennstoff, auf den noch in größerer Menge zurückgegriffen werden konnte, kam nur *Torf* in Frage. So sah man in den Herbstmonaten in den Straßen der Stadt zahlreiche mit Torf beladene Pferde- und Lastwagenfuhren, die das jetzt so kostbare Gut aus den Mooren nördlich Osnabrücks heranbeförderten. Aber auch dieses Heizmaterial reichte für den Bedarf nicht annähernd aus. Daher gehörten noch immer — für manche als einziger Ausweg aus der chronischen Not — die Kohlendiebstähle auf dem Reichsbahngelände zu den alltäglichen Erscheinungen. Hinzu kamen die weitgehenden Einschränkungen in der Belieferung mit elektrischem Strom für die Haushalte im Stadtgebiet, da es täglich stundenlange Stromsperren gab. So trat auch zwangsläufig dieser hilfreiche Faktor für vorübergehende Wärmeerzeugung stark in den Hintergrund. Letztlich blieb in manchen Fällen nur noch Schlackenkohle, mühsam aus Fußwegen herausgekratzt, übrig, die, wenn sie überhaupt noch zum Glühen gebracht werden konnte, ein wenig Wärme spendete.

Der zweite Nachkriegswinter 1946/47 wurde unter diesen Umständen dann der härteste und entbehrungsreichste, den das deutsche Volk und damit auch die Bevölkerung von Osnabrück durchmachte. Der ehemalige amerikanische Präsident *Hoover,* der damals Europa bereiste, äußerte sich wie folgt zu dieser Notlage: ,,Was die Lebensmittel, die Heizung und Unterkunft angeht, so ist das deutsche Volk auf den niedrigsten Stand gesunken, der seit 100 Jahren aus der Geschichte des Westens bekannt ist.'' Große Hilfe in dieser Not leisteten freiwillige Spenden aus dem Ausland, die auch in größerer Menge, insbesondere in Form von sog. *Care-Paketen* aus den USA, eintrafen. Hinzu kamen die Lebensmittelimporte der westlichen Besatzungsmächte, die jedoch mit den Erzeugnissen aus der noch verbliebenen Industrie bezahlt werden mußten. Diese reichten jedoch infolge von Demontagen und Abtransporten von Fabrikausrüstungen nicht aus, um die notwendigen Mengen einzuführen. Eine weitere wertvolle Hilfsmaßnahme blieb die von der britischen Militärregierung seit dem Frühjahr 1946 für die Schuljugend durchgeführte Schulspeisung, von der schon oben die Rede war. Sie bescherte wenigstens auch in diesem Winter den schulpflichtigen Jungen und Mädchen täglich im Schulhause eine gewärmte nahrhafte Mahlzeit.

Die wirtschaftliche Not

Im Gegensatz zur anlaufenden kulturellen und kommunalpolitischen Belebung, wovon oben (XVI 2.) schon die Rede war, zeigte ein Sektor, ähnlich wie die allgemeine Ernährungslage und die Situation im Schulwesen, ebenfalls große Noterscheinungen, das war *Osnabrücks Industrie,* vor allem die Metallindustrie. Nach der groben Aufräumung der Trümmer der verschiedenen Werksanlagen — an eine regelrechte Enttrümmerung war zunächst gar nicht zu denken — und der ersten Bestandsaufnahme hinsichtlich der noch gebrauchsfähigen Maschinen gingen einzelne Werke daran, nach Genehmigung durch die Militärregierung mit einem Bruchteil der früheren Belegschaft eine die schwere Notlage überbrückende Ersatzproduktion aufzubauen. So fertigte das Stahlwerk zunächst Milchkannen, das Kupfer- und Drahtwerk erledigte — mit 250 Mann — Reparaturarbeiten, die Firma Kromschröder AG, ebenfalls durch starke Beschädigungen an ihrem Fabrikgebäude am Jahnplatz hart mitgenommen, reparierte Generatoren für landwirtschaftliche Zwecke, durfte aber alsbald auch die Instandsetzung von Gasmessern wieder aufnehmen. Die Firma Karmann erhielt die Erlaubnis, Handwagen und Haushaltsgegenstände aus Aluminium (u.a. Bestecke) zu fabrizieren. Mit der Produktion von Handwagen blieb dieser Betrieb immerhin in der *Fahrzeugbranche* tätig. Vollbeschäftigt waren natürlich die Brotfabriken und Bäckereien, soweit sie noch betriebsfähig waren; auch die Seifenindustrie (Frömbling) konnte in einem ziemlichen Umfange wieder produzieren. Recht schwer hatte es ebenfalls die Textilindustrie, die jedoch aus den schwierigsten Anfängen heraus wenigstens eine branchengerechte Produktion aufnehmen konnte, wie z.B. die Firma F.H. Hammersen AG, die nach einem der letzten Luftangriffe im Februar 1945 fast ausgelöscht schien, jedoch bereits im Juli d.Js. mit 24 aus dem Trümmerschutt geborgenen Webstühlen die Erzeugung von Textilien wieder anlaufen ließ. Der große Nachholbedarf im Bereich von Kleidung und Wäsche führte alsbald zur Wiederbelebung bzw. Neugründung von weiteren Textilunternehmen, die jedoch alle einen schweren Anfang hatten. So ließ sich in einem geräumigen Werksgebäude im Fledder ein größeres Unternehmen nieder, die *Osnabrücker Berufs- und Wäschekleiderfabrik*. Der neue Betrieb beschäftigte alsbald über 500 Arbeitskräfte.

Die notvolle Lage der Industrie wurde weitgehend erhöht durch starke *Behinderungen in der Strom-, Gas- und Wasserversorgung,* denn das Versorgungsnetz der Stadtwerke war bis in das Jahr 1946 hinein noch nicht wieder hundertprozentig geschlossen und damit nur bedingt leistungsfähig. Unter diesen widrigen Umständen bot sich für große Teile der jeweiligen Werksbelegschaft die Möglichkeit an, über die firmeneigene Enttrümmerung hinaus bei den allgemeinen öffentlichen Aufräumungs- und Wiederaufbauarbeiten mitzuwirken. Die hierfür von den einzelnen Firmen abgestellten Werksangehörigen konnten später in ihre Betriebe zurückkehren. Bis zur Aufnahme einer der Werkstradition entsprechenden Fertigung im früheren Umfange war noch ein weiter, dornenvoller Weg. Einzelne Unternehmen haben sich von diesem schicksalhaften Zusammenbruch bis in die Gegenwart hinein nicht mehr voll erholen können. Dennoch war in vielen Betrieben ein reger Aufbauwille zu erkennen.

Ebenso schwer, wenn nicht noch stärker in den wirtschaftlichen Auswirkungen, war durch die Zerstörungen des Krieges der Osnabrücker *Großhandel* getroffen worden. Mit seinen Niederlassungen hauptsächlich in den Straßen des Bahnhofsviertels angesiedelt, war seine Betriebsfähigkeit durch die erheblichen Verwüstungen gerade in diesem Stadtteil nahezu auf den Nullpunkt herabgesunken. Da für den Wiederaufbau der Geschäftshäuser und vor allem auch der Lagerräume bedeutend mehr Baumaterialien, Transportraum und Treibstoffe benötigt wurden, als bisher gemeinhin von der Militärregierung genehmigt zu werden pflegte, setzte sich der Rat der Stadt mit einer eindeutigen Entschließung für eine besondere Unterstützung dieses Wirtschaftszweiges ein.

Notvolle Anfänge im schwer daniederliegenden Schulwesen der Stadt Osnabrück

Als Ende August 1945 Feldmarschall Montgomery in einer *persönlichen Botschaft* an die Bevölkerung der britischen Zone die Richtlinien für den Wiederaufbau des deutschen Erziehungswesens bekanntgab, befanden sich allgemein die räumlichen, sächlichen und personellen Voraussetzungen hierfür noch in denkbar schlechter Verfassung. Das galt besonders für die Verhältnisse in der weitgehend zerstörten Stadt Osnabrück. Kaum ein Schulgebäude hatte die Kriegseinwirkungen ohne Schaden überstanden; eine größere Anzahl war entweder gänzlich zerbombt oder total niedergebrannt. Von den insgesamt 27 städtischen Schulen, die 1939 bestanden, wurden 7 völlig zerstört, 10 weitgehend zertrümmert, 5 mittelmäßig und 5 leicht beschädigt. Der Zerstörungsgrad der Schulen betrug damit im ganzen etwa 75 Prozent. In den noch teilweise benutzbaren Schulgebäuden, wie z.B. in der Teutoburger Schule und in der Domschule, die in den ersten Monaten nach Kriegsende z.T. als Sammellager für Verschleppte oder Notunterkünfte für Behörden bzw. Ausweichräume für Firmen und Betriebe verwendet wurden, war das frühere Inventar entweder verschwunden oder in Kellerräumen notdürftig untergebracht.

Im Hinblick auf die in absehbarer Zeit notwendig werdende Wiederaufnahme des Unterrichts in den halbwegs noch benutzbaren Schulgebäuden hatten schon früh sog. *„Rollkommandos"* der Lehrerschaft, unter der Beteiligung auch von älteren Schülern, damit begonnen, aus den Trümmern und halbverschütteten Kellern und Räumen zerstörter Schulen das noch brauchbare Inventar zu bergen und nach sorgfältiger Säuberung und Aufbereitung in die Gebäude zu transportieren, die für eine alsbaldige Unterrichtsaufnahme in Frage kamen. Es wurde so möglich, die hierfür auch äußerlich notdürftig hergerichteten Schulhäuser — durch Wiedereindeckung der zerstörten Dächer mit aus den Trümmern geborgenen Dachziegeln, provisorische Schließung der Fensteröffnungen, Einbau von Türen usw. — wenigstens mit Sitz- und Schreibgelegenheiten für die Schuljugend auszustatten. Ein hervorragendes Beispiel für diese Wiederherstellungsarbeit mit starker Selbsthilfe der Lehrerschaft — unter Mitwirkung der Kirchengemeinde und Elternschaft des betroffenen Schulbezirks — war die alte *Johannisschule*. Hier gelang es, in intensiver gemeinsamer Arbeit bis zum November 1945 insgesamt sechs Klassenräume zu schaffen, nachdem zunächst nur zwei notdürftig hergerichtete Klassenzimmer zur Verfügung standen. Alle diese Räume im nicht ausgebombten Vorderbau des bisherigen Schulgebäudes hätten schon früher gebraucht werden können, wenn nicht sämtliche Türen, Fenster und Fußböden aus ihnen gestohlen worden wären.

Dennoch blieb die anfängliche Unterbringung der Schulkinder, als am 4. September 1945 endlich die Genehmigung der Militärregierung für die *Unterrrichtsaufnahme an den Osnabrücker Volksschulen,* und zwar zunächst nur für die vier Grundschulklassen

3. Die große Not 1946/47

Neustädter Volksschule — die Ruine während einer Abbruchsprengung

an Gemeinschaftsschulen, gegeben wurde, äußerst schlecht, stellenweise grauenhaft. Ein Augenzeuge jener widrigen Umstände schreibt hierüber: ,,Manche Klassen gleichen innen einem Rohbau; Dielen fehlen, da sie gestohlen oder verheizt wurden. Die Fensterscheiben sind durch Bretter, Pappe oder Rollglas ersetzt. Türklinken und Schlösser fehlen; die Türen und Fenster werden oft mit Draht oder Bindfaden geschlossen gehalten. Ebenso fehlen Klassenschränke, oft auch ein Stuhl für den Lehrer. Weil die noch brauchbaren Räume an allen Wochentagen stark beansprucht werden, werden sie nur einmal wöchentlich gereinigt. Aber die Hausmeister haben meist weder Besen noch Aufnehmer." Unterrichtet werden durfte zunächst nur in den Fächern Religion, Deutsch und Rechnen. Für die Unterrichtserteilung wurden nur solche Lehrkräfte zugelassen, deren Fragebogen von der Militärregierung nicht beanstandet worden waren. Diese Lehrer und Lehrerinnen wurden am 23.8.1945 durch den englischen Schuloffizier Mac Dowle auf ihre neue Aufgabe verpflichtet. Für die Unterrichtsarbeit verfügten sie kaum über brauchbare Lehr- und Lernbücher, da alle nach 1933 erschienenen Ausgaben von der Besatzungsmacht verboten waren. So kam es, daß sich in einzelnen Schulen in den Anfängerklassen bis zu 16 Kinder mit *einer* uralten Fibel begnügen mußten. Als Schreibmaterial für die Schüler waren Hefte und Schiefertafeln ebenfalls kaum vorhanden. Um wenigstens einige Hefte für die Kinder zu erhalten, mußte von der Schule aus Altpapier gesammelt werden. Die Mehrzahl der Kinder mußte sich zunächst mit Bleistift und irgendeinem Stück Papier begnügen.

Zu dieser *äußeren Schulnot* trat nach wenigen Wochen des Schulbesuchs auch noch der Umstand, daß der allgemeine Gesundheitszustand der durchweg unterernährten Schulkinder immer schlechter wurde, denn jetzt traten erst die gesundheitlichen Auswirkungen des Krieges auf die Jugend deutlicher in das Blickfeld der Öffentlichkeit. Wegen des Mangels an Fett, Eiweiß und Zucker befand sie sich durchweg in einem *ungenügenden Ernährungszustand;* vor allem die jüngeren Jahrgänge, besonders die Schulanfänger, neigten zu Erkältungs- und Harnblasenkrankheiten, die zudem noch durch mangelhafte Unterkleidung und fehlerhaftes, abgetragenes Schuhzeug gefördert wurden. Sie litten daher unter Konzentrationsschwäche und ermüdeten leicht im Unterricht. Ihr schulischer Leistungsstand war daher auch weitgehend unbefriedigend, zumal auch durch die in vielen Fällen noch andauernde Kriegsgefangenschaft der Väter und der Arbeitseinsatz mancher Mutter der Rückhalt des Elternhauses häufig fehlte.

Im halbwegs noch brauchbaren Gebäude der *Mösermittelschule* an der Hakenstraße wurde — neben zwei Volksschulen — auch die Pestalozzischule (Sonderschule für lernbehinderte Kinder) untergebracht. Eine ihrer Klassen wurde wegen starker Schwierigkeiten im Zubringerverkehr in die Eversburg-Schule verlagert, wie überhaupt die Schulen in den Stadtrandbereichen, so auch in Haste und teilweise in Schinkel, am wenigsten unter Kriegsschäden gelitten hatten. Von den vorwiegend im inneren Stadtgebiet gelegenen Gebäuden der *Gymnasien* hatten das Ratsgymnasium und die Mädchenoberschule am Wall die geringeren Schäden aufzuweisen, während die Staatliche Oberschule an der Lotter Straße (später in Ernst-Moritz-Arndt-Gymnasium umbenannt) und vor allem das Carolinum völlig daniederlagen. Bis zur Wiedereröffnung des Unterrichts an den Höheren Schulen wurden im Gebäude der Mädchen-Oberschule bereits Kurse zur Erlernung der englischen Sprache durchgeführt. Auch bestand seit einigen Wochen in mehreren Schulgebäuden — auf Weisung der Militärregierung — für die Jugend Gelegenheit, freiwillig an einem evangelischen bzw. katholischen Religionsunterricht teilzunehmen. Unter den Bombenstürmen am stärksten gelitten hatte von allen Schulzweigen das *Berufsschulwesen*. Hier stand kein einziger Raum mehr zur Verfügung. Um überhaupt Voraussetzungen für einen künftigen Lehrbetrieb zu schaffen, wurden die Trümmergrundstücke dieser Schulen geräumt und zunächst Baracken errichtet. Die in mühseliger Arbeit von Lehrern und Schülern aus den Schutthalden und Ruinen geborgenen noch brauchbaren Backsteine wurden für den späteren Wiederaufbau bereitgestellt.

Ab 15. Oktober 1945 begann auch der Unterricht in den unteren Klassen (Klassen 5—8) sämtlicher Höheren Schulen. Für die Knaben stand als einziges Gebäude das des *Ratsgymnasiums,* in dem vieles heil geblieben war, zur Verfügung. Ein Flügel der Anstalt war dennoch ausgebrannt, und alles andere sah entsprechend traurig und häßlich aus. Mit der Leitung dieses Gymnasiums betraut — und damit auch Hausherr des gesamten Schulhauses — wurde ab Mitte Dezember 1945 Studienrat Dr. *Kugler.* Mit in diesem Gebäude untergebracht waren zunächst auch Klassen des Carolinums und der Staatlichen Oberschule für Jungen. Einige Klassen des Carolinums mußten sogar in die Volksschule Nahne hinaus verlagert werden. Bei dieser ,,drangvoll fürchterlichen Enge'' im Ratsgymnasium konnte nur durch einen ausgiebigen Schichtunterricht — vormittags und nachmittags — eine brauchbare Schulorganisation erreicht werden. Die *Mädchen-Oberschule am Wall,* bisher in sprachlicher Form und Hauswirtschaftsform geführt, wurde nun auf Beschluß der Stadtvertretung wieder zu einer einzigen Anstalt vereinigt. ,,In allen diesen Schulen durften zunächst Lehrbücher nicht benutzt werden. Nur ganz wenige Lehrkräfte standen zur Verfügung. Noch niemals hatten die Schulen so viele Voll- und Halbwaisen zu verzeichnen'' (Chronist). Fast gleichzeitig begann auch der

Schulunterricht in den Oberklassen der *Volksschulen* und den ersten drei Klassenstufen der *Mittelschule.* Wiederaufgenommen wurde auch die Unterrichtsarbeit an der Städt. Fachschule für Kindergärtnerinnen und der Schule für Kinderpflege und Haushaltsgehilfinnen; im Gebäude der Teutoburger Schule nahm bald darauf auch die Höhere Handelsschule mit ihrer Abteilung *Zweijährige Handelsschule* ihren Lehrbetrieb wieder auf.

Nun standen nur noch die älteren Schüler und Schülerinnen der Höheren Schulen und Mittelschulen wartend vor der Schultür. Sie waren in den letzten Kriegsjahren klassenweise mit ihren Lehrkräften ins *Salzburger Land* verlegt worden, um ungestört vom häufigen Bombenterror in Lagerschulen unterrichtlich weiter betreut zu werden. Nach Kriegsende bestanden zunächst große Schwierigkeiten, die Jugendlichen aus ihren Lagern am Fuße des Hochkönigs, in Abtenau, Fuschl, Kuchl usw. in die Heimat zurückzuführen. Da ein geschlossener Eisenbahntransport — es handelte sich mit den Lehrkräften und z.T. deren Angehörigen um mehrere hundert Personen — nicht genehmigt wurde, konnte nur eine schubweise Rückführung im Kraftwagen-Konvoi durchgeführt werden. Die Stadtverwaltung und auch die Besatzungsmacht stellten hierfür Kraftwagen und Benzin zur Verfügung. Diese Bemühungen zogen sich jedoch den ganzen Sommer 1945 über hin, und erst im Spätherbst gelangten die letzten Nachzügler im Packwagen der Eisenbahn nach Osnabrück zurück. Daneben liefen jedoch auch selbständige Aktionen einzelner Gruppen, die sich z.T. per Anhalter, auf dem Fahrrad oder gar zu Fuß unter unsäglichen Mühsalen in ihre niedersächsische Heimat durchschlugen.

Von Januar 1946 an erhielten sämtliche Schüler und Schülerinnen der *Oberschulen* wieder geregelten Unterricht. Zwar erstreckte sich dieser zunächst nur auf drei bis vier Tage in der Woche und wurde in sog. *Kernstunden* zu 40 Minuten erteilt. Zum Leiter der Staatl. Oberschule für Jungen wurde Oberstudiendirektor Dr. *Horn,* bislang am Ratsgymnasium, berufen. Da sein Anstaltsgebäude noch nicht wieder benutzungsfähig war, verblieb das Geschäftszimmer der Schule mit einigen Klassenräumen bis auf weiteres im Gebäude des Ratsgymnasiums. Nicht viel besser hatte es die Städt. Mädchen-Oberschule unter Leitung des ebenfalls seit Anfang Januar 1946 dort eingesetzten Oberstudiendirektors *Kiehn.* Wegen Raummangels — das Schulhaus war auch teilweise schwer beschädigt — mußte der Unterricht anfangs an sieben verschiedenen Stellen erteilt werden. Die privaten katholischen Mädchen-Oberschulen *St. Angela* und *St. Ursula* nahmen ebenfalls ihren Dienst wieder auf, wenn auch teilweise unter sehr widrigen Umständen. Im Gebäude der Angelaschula in Haste verblieb noch viele Monate ein Reserve-Lazarett, während St. Ursula im Stadtzentrum mit einer weitgehend zertrümmerten Unterkunft fertig werden mußte. Die jeweiligen Lehrkörper waren noch sehr dezimiert, z.T. durch längere Gefangenschaft einzelner Lehrkräfte, aber auch durch Untersagung weiterer Betätigung bei anderen als Folge der Entnazifizierung.

Vom Gebäude des *Gymnasiums Carolinum* war, abgesehen von einigen Mauerresten, nur eine riesige Trümmerwüste übriggeblieben. Bald nach Kriegsende gelang es zunächst Lehrern und Schülern, in freiwilligem Einsatz etwas Ordnung in das Trümmerchaos zu bringen. Der seit Anfang Oktober 1945 zum Leiter des Gymnasiums ernannte Oberstudiendirektor Dr. *Schwetje* — ihm hatte bis 1936 die hiesige Staatliche Aufbauschule (an der Brinkstraße) unterstanden, anschließend war er unter dem Nazi-Regime als Oberstudienrat zwangsweise nach Stade versetzt worden — erreichte bei der Militärregierung, daß (statt der völligen Aufgabe des Grundstücks) die Genehmigung erteilt wurde, zunächst einen Teil des alten Gebäudes wieder instandzusetzen. Unter der starken Initiative des neuen Schulleiters gingen die Erneuerungsarbeiten alsbald zielstrebig voran. Bereits nach kurzer Zeit waren zwei Klassenräume fertiggestellt, so daß jede Schulklasse

Der ausgebrannte Dombereich, vom Herrenteichswall aus gesehen

der Unterstufe zunächst an drei Tagen schichtweise Unterricht erhalten konnte. Bald darauf gelang es, weitere drei Räume notdürftig für Unterrichtszwecke herzurichten. Nunmehr konnte auch der Unterricht in Nahne und im Ratsgymnasium wieder aufgegeben werden. Das Carolinum arbeitete wieder — wenn auch schichtweise und in noch eingeschränkter Form — an der alten historischen und traditionsreichen Stätte, jedoch längere Zeit in einer sehr behelfsmäßigen Situation — nicht wetterfeste Decken, teilweise noch vernagelte Fenster, stark räuchernde Öfen.

Nachdem es Schülern und Lehrern der *Gewerblichen Berufsschule* in fleißiger Arbeit gelungen war, auf dem Trümmergrundstück an der Seminarstraße — wie schon erwähnt — die ersten gebrauchsfähigen Baracken zu errichten, konnte endlich zu Beginn des neuen Schuljahres 1946/47 (1.4.) eine regelmäßige Unterrichtsarbeit an dieser Schule anlaufen. Bedeutend schwerer hatte es die *Kaufmännische Berufsschule,* die zwar auch zu Ostern 1946 ihren Betrieb wiederaufnahm, aber wegen Raummangels über neun z.T. weit voneinander liegende Gebäude verteilt war. Zudem verfügte sie zunächst über relativ wenige Lehrkräfte. Nach dem Anlaufen auch dieser tragenden Schulen des Berufsschulwesens war immerhin zu Beginn des Schuljahres 1946/47 das gesamte öffentliche Schulwesen in der Stadt Osnabrück nach dem völligen Zusammenbruch im April 1945 wieder in Gang gekommen, wenn auch unter starken äußeren und inneren Beschwernissen und Nöten.

Um die schweren Unzuträglichkeiten, die der durch diese allgemeine Schulraumnot bedingte Schichtunterricht mit sich brachte — es mußte teilweise in drei Schichten vom frühen Morgen bis in den späten Nachmittag hinein unterrichtet werden —, abzubauen, wurden seitens des Stadtbauamtes alsbald in verstärktem Maße bei den einzelnen teilzerstörten Schulen neue behelfsmäßige Unterrichtsräume errichtet. So gelang es unter starken Anstrengungen, bis zum Herbst 1946 insgesamt 45 weitere provisorische Unterrichtsräume bereitzustellen und damit einen ersten spürbaren Schritt in Richtung einer allmählichen Behebung des katastrophalen Schulraummangels zu tun.

4. Erwachen neuer politischer Aktivität und beginnender Wiederaufbau des Stadtbildes sowie des kulturellen Lebens in Osnabrück

Erwachendes politisches Leben und erste Wahlen nach 1945

Nach den ersten propagandistischen und organisatorischen Neuanfängen der Sozialdemokraten und Kommunisten, über die schon berichtet wurde, versammelten sich die Anhänger beider Parteien am 25.11.1945 im Saale der neueröffneten *Lichtburg* an der Bohmter Straße zu einer ersten größeren gemeinsamen Kundgebung, zu der auch die Bevölkerung eingeladen wurde (s. o.). Der anwesende damalige Oberbürgermeister Dr. Rosebrock gedachte in seiner Begrüßungsansprache mit ehrenden Worten der Osnabrücker Opfer des Naziregimes, die in Zuchthäusern gestorben oder in KZ-Lagern umgekommen waren. Als Hauptredner sprachen der Kommunist Ludwig Landwehr und als Sozialdemokrat Konrad Beckmann. Nach diesem ersten gemeinsamen Auftakt mit Vertretern der beiden Linksparteien versuchten als erste die Kommunisten — die britische Militärregierung hatte bereits Anfang Januar 1946 die Bildung ihrer Parteiorganisation genehmigt —, in weiteren Versammlungen ihre Parteiarbeit unter Bekanntgabe ihrer Grundsätze weiter auszubauen. Sie traten vor allem für einen schnellen Wiederaufbau des Arbeits- und Erwerbslebens in einem zentral geleiteten Reichsgebiet ein. Die feierliche Neugründung der Sozialdemokratischen Partei in Osnabrück fand am 7.4.1946 statt. Sie vollzog sich in einem festlichen Rahmen — es spielte das Städtische Orchester, es folgten Gesangsvorträge des Volkschores — in der großen Halle der Stein-Kaserne am Westerberg. Vor über tausend Mitgliedern und Gästen sprach als Hauptredner Oberkreisdirektor *Bubert* über die Zielsetzungen der Partei in Vergangenheit und Gegenwart.

Neben diesen beiden bereits konsolidierten Parteien des Antifaschistischen Blocks begannen sich auch die ehemaligen Zentrumsanhänger neu zu formieren. Ein großer Teil folgte der Sammlungsbewegung des früheren Zentrumspolitikers Dr. Konrad *Adenauer* aus Köln, der hierzu die Christlich-demokratische Union (CDU) gründete. Er sprach bald darauf auch auf einer großen öffentlichen Kundgebung auf dem Domhof vor seinen Anhängern. Anfang August 1946 bildete auch die Freie Demokratische Partei (FDP) in Osnabrück einen Ortsverband. Im Hinblick auf die bevorstehenden ersten Nachkriegswahlen warb sie alsbald in einer gut besuchten öffentlichen Versammlung auf der *Friedenshöhe* am Bürgerpark um Anhänger. Von den früheren Zentrumsmitgliedern wollte sich offenbar ein Teil nicht der CDU anschließen, sondern begann im Rahmen eines vorbereitenden Ausschusses für eine neue Zentrumspartei eine eigene politische Linie zu entwickeln. Als der erste Wahltermin näherrückte, trat auch der Spitzenmann der deutschen Sozialdemokratie, Dr. Kurt *Schumacher,* in einer öffentlichen Großkundgebung der SPD vor die Bürger Osnabrücks. Seiner mitreißenden Ansprache folgten über 16000 Zuhörer auf dem Eintracht-Sportplatz bei der Firma Hammersen.

Die neue Stadtvertretung, die seit Anfang 1946 an die Stelle des bisherigen kleineren Bürgerausschusses getreten war und von der bereits oben berichtet wurde, spiegelte in ihren dreißig sorgfältig ausgewählten Persönlichkeiten diese verschiedenen politischen Richtungen wider. Außerdem waren die Hauptberufsarten unter ihnen vertreten. Aus diesem Gremium wurde bald darauf der Syndikus Dr. *Otto* (CDU) in den inzwischen gegründeten Zonenbeirat berufen. Nach Annahme der vorläufigen Verfassung für diese Stadtvertretung wurde — nach anfänglicher Fehlwahl — das Mitglied Heinrich *Herlitzius* (SPD) zum Stellvertreter des neuen Oberbürgermeisters Dr. *Kreft* gewählt. Mit

Ablauf des April 1946 trat sodann Rechtsanwalt Dr. Rosebrock, der 1945 als Dezernent in die Stadtverwaltung berufen wurde und später einige Monate als amtierender Oberbürgermeister tätig gewesen war, in das Privatleben zurück. Innerhalb der neuen Stadtvertretung wurden ein Hauptausschuß und sieben weitere Ausschüsse für die einzelnen Verwaltungsgebiete gebildet. Als Mitte Februar 1946 die Zahl der von der Militärregierung berufenen Stadträte von 30 auf 34 erhöht wurde, schlossen sich innerhalb dieser Körperschaft die 14 Mitglieder des Zentrums, der SPD und der KPD zu einer Fraktionsgemeinschaft zusammen. Diese Gruppe trat aufgrund einer gemeinsamen Erklärung verstärkt für folgende Ziele ein: Entnazifizierung der Stadtverwaltung, Sauberkeit in der Verwaltung, Wiederherstellung des Ansehens einer unbestechlichen Beamtenschaft, Reformierung des Steuerwesens und gerechte Wohnraumverteilung. Im Mittelpunkt des Bemühens des gesamten Gremiums stand zunächst vor allem die Fortsetzung der Enttrümmerung der Stadt nach bestimmten Schwerpunkten, worüber an anderer Stelle noch eingehender berichtet werden wird. In diesem Rahmen ging es auch um die Umbenennung vieler Straßen bzw. Wiederherstellung der früheren Namen, vor allem bei jenen Straßen und Plätzen, deren Bezeichnung eindeutig aus der Zeit des Naziregimes stammten, so z.B. Adolf-Hitler-Platz wieder in Neumarkt, Straße der SA in Neuer Graben, Braunauer Wall in Heger-Tor-Wall. Als auch geschichtsträchtige Straßenbezeichnungen aus der letzten Kaiserzeit, wie Bismarck-, Moltke-, Sedanstraße usw., in diese Aktion einbezogen werden sollten, stimmte die Mehrheit des Gremiums dagegen.

Ein wesentlicher Arbeitsschwerpunkt war schließlich die Vorbereitung der kommenden ersten *Kommunalwahl*. Hierzu hatte die Militärregierung die Bildung von neuen Wahlkreisen und Wahlbezirken angeordnet. Die Gemeindewahlen wurden auf den 15. September, die Kreiswahlen auf den 13. Oktober 1946 festgelegt. Der letztere Termin galt auch für den Stadtkreis Osnabrück, den der Wahlausschuß in neun Wahlbezirke aufteilte. Am Tage vor der Wahl traten die bisher bestehenden *ernannten*, d.h. von der Militärregierung eingesetzten Vertreter der Bürgerschaft zurück. Wahlberechtigt waren nach den Weisungen der Besatzungsmacht alle Personen über 21 Jahre, mit Ausnahme der ehemaligen Mitglieder bestimmter Organisationen der Nazihierarchie sowie des Generalstabs. Gewählt werden konnten Personen, die das 23. Lebensjahr vollendet hatten, mit Ausnahme ehemaliger aktiver Wehrmachtsangehöriger und Mitglieder von NS-Organisationen. Jeder Kandidat wurde von der Militärregierung auf seine Eignung überprüft. Gewählt werden sollte nach einem modifizierten Mehrheitswahlsystem. Der Wähler hatte seine Stimme für einzelne Kandidaten abzugeben, nicht für Kandidatenlisten einer zugelassenen Partei. Acht anerkannte politische Parteien in der britischen Zone hatten das Recht, Kandidaten aufzustellen; es waren jedoch auch unabhängige Kandidaten zugelassen.

Eine der letzten Entscheidungen der *vorläufigen* Stadtvertretung war der Beschluß, den bis auf die starken Umfassungsmauern zerstörten Monumentalbau des historischen Rathauses bis zum Jahre 1948, dem Gedächtnisjahr des Westfälischen Friedens von 1648, wiederaufzubauen. Weitere historisch wertvolle Ruinen dieser Art, wie z.B. das Schloß und die Marienkirche, mußten jedoch bis auf weiteres unberücksichtigt bleiben. Die nach den Plänen des Stadtbauamtes vorgesehene Wiederherstellung sollte insgesamt 370000 RM erfordern. Von dieser Summe wurden als erste Rate 100000 RM sofort bewilligt zu dem Zwecke, das Gebäude und auch die angrenzende Stadtwaage vor dem weiteren Zerfall zu bewahren. Die für dieses Vorhaben notwendigen Baustoffe, deren Kosten über den Rahmen des für den Wohnraumbau monatlich vorgesehenen Betrages von 46000 RM wesentlich hinausgingen, stellte die Militärregierung aus ihren Kontingenten bereit.

Je näher der erste Wahltermin heranrückte, desto stärker regte sich die Propaganda der sechs Parteien, die sich bis dahin in der britischen Zone gebildet hatten. Das kam vor allem in den verschiedenen Wahlaufrufen in der *Osnabrücker Rundschau*, die ab Mitte September durch das *Neue Tageblatt* abgelöst wurde, zum Ausdruck. Hierzu schrieb ein Chronist jener Tage: ,,Wenn man sie durchliest, ist man beinahe überzeugt, daß eine jede von ihnen das wahre Rezept zur Heilung all unserer Gebrechen und Schäden besitzt." Darüber hinaus äußerte sich die Werbearbeit in einer steigenden Flut von Plakaten, die auf die Parteien und ihre jeweiligen Kandidaten für diese ersten freien parlamentarisch-demokratischen Stadtratswahlen seit 1933 aufmerksam machen sollten. Der Wahlkampf hierfür vollzog sich durchweg in einer ruhigen und sachlichen Haltung. Für die vorgesehenen 36 Ratssitze kandidierten in direkter Wahl 144 Bewerber. Da die Stadt in neun Wahlbezirke eingeteilt war, entfielen auf jeden Bezirk etwa 15 Namen, unter Berücksichtigung von Reservelisten bis zu 18 Namen.

Auch spätere Landtagswahlen warfen bereits ihre Schatten voraus. Aus der bisherigen preußischen Provinz Hannover war nach Abschaffung des Landes Preußen mit Wirkung vom 1. September 1946 durch entsprechende Entscheidung der Besatzungsmacht ein *Land Hannover* geworden. Als höchster Beamter (Ministerpräsident) dieses Landes fungierte weiterhin der bisherige Oberpräsident der Provinz Hannover Hinrich Wilhelm *Kopf* (SPD). Im Gebiet des neuen Landes Hannover waren jedoch die Länder Braunschweig und Oldenburg noch nicht eingeschlossen. Die Ära des *Landes Hannover* währte nur bis zum 31. Dezember 1946. Vom 1. Januar 1947 an wurde nach einer Erklärung des britischen Militärgouverneurs das *Land Niedersachsen* gebildet, und zwar aus dem bisherigen Lande Hannover und den Gebieten Oldenburg, Braunschweig und Schaumburg-Lippe. Bei dieser Regelung ist es bis heute geblieben.

Während die Gemeindewahlen in den Landkreisen des Regierungsbezirks Osnabrück bereits am 15.9.1946 stattfanden, erfolgte am Sonntag, dem 13.10.1946 die *Stadtratswahl* in Osnabrück. Dieses Datum war und bleibt ein bedeutsamer Tag in der Stadtgeschichte Osnabrücks, brachte er doch die erste freie Gemeindewahl seit dem Beginn der Hitlerdiktatur 1933. Bei einer Wahlbeteiligung von etwa 70 % der Wahlberechtigten, die bei der vorliegenden Regelung insgesamt 118490 gültige Stimmen ergab, verteilten sich die abgegebenen Stimmen folgendermaßen: SPD = 41821, CDU = 34464, Zentrum = 18445, NLP = 16605, KPD = 5581 und FDP = 1514. Nach dem von der britischen Militärregierung eingeführten Wahlrecht (modifiziertes Mehrheitswahlsystem) erhielten die Sozialdemokraten von den 36 zur Verfügung stehenden Ratssitzen mit 22 Sitzen die absolute Mehrheit. Nach dem damals geltenden Wahlrecht reichten hierzu 35,3 Prozent der Stimmen aus. Auf die CDU entfielen 8 Sitze, auf das Zentrum 4 und die NLP 2. KPD und FDP gingen leer aus. Da bei diesem Wahlsystem viele Stimmen nicht zur politischen Auswirkung kamen, entstand ein offenbares Mißverhältnis zwischen dem Willen der Einwohnerschaft und der neuen Zusammensetzung des Rates. Während der Jubel auf der einen Seite groß war, war die Enttäuschung auf der anderen Seite um so schmerzlicher. Aufgrund der Reservelisten traten u. a. in das neue Ratskollegium ein: Friedel Rabe und Lange von der SPD, Dr. Kreft, Frau Brandenburg und Dr. Rasch von der CDU, Jaax und Gilhaus vom Zentrum sowie Buddenberg und Kühling von der NLP.

Die Wahl selbst verlief ohne jeden Zwischenfall. Von Zeit zu Zeit kontrollierten englische Offiziere die Innehaltung des Wahlreglements. Doch auch die einzelnen Parteien durften Vertreter in die Abstimmungsräume schicken, um das Verfahren bei der Abstimmung zu überwachen. Es war aber keinerlei mündliche Agitation zugelassen, selbst das Anbringen von Wahlplakaten war untersagt. Die am gleichen Tage durchgeführte Wahl für den Kreistag im Landkreis Osnabrück brachte folgendes Ergebnis: die SPD erhielt 15, das Zentrum 14, CDU 12 und die NLP 1 Sitz. Damit zeigte sich hier ein vollkommen anderes parlamentarisches Bild als in der Stadt.

Die aufgrund des Wahlausganges notwendig gewordenen Änderungen in der Zusammensetzung des Ratsherrenkollegiums, die der Sozialdemokratie die weitaus absolute Mehrheit gebracht hatten (22 zu 14), führten bei der alsbaldigen Oberbürgermeisterwahl mit überwältigender Mehrheit (nur zwei Enthaltungen) zur Einsetzung des Ratsherrn Heinrich *Herlitzius* (SPD) in dieses hohe Amt. Mit ihm, der im Berufsleben als Buchdrucker tätig war und sich bereits im vorläufigen Stadtrat durch eine ruhige, abgeklärte Haltung bewährt hatte, übernahm nun das erste Mal in Osnabrücks Vergangenheit ein Vertreter der Arbeiterschaft das ehrenvolle Amt des Oberbürgermeisters. Als Zeichen seiner Würde wurde er mit der goldenen Amtskette geschmückt. Zum stellvertretenden Oberbürgermeister wurde sodann Dr. Kreft (CDU) mit dem gleichen Stimmenverhältnis gewählt. An der Spitze des Verwaltungsapparates verblieb der bisherige Oberstadtdirektor Dr. Vollbrecht (SPD). Damit wurde die neue Stadtverfassung, die die britische Militärregierung bereits im Herbst 1945 kraft ihres Besatzungsrechtes eingeführt hatte, auf eine ordentliche parlamentarisch-demokratische Grundlage gestellt. Dennoch wohnte der Vertreter der Besatzungsmacht, Gouverneur Major Day, weiterhin jeder Sitzung des Stadtrates bei.

Gut ein halbes Jahr später ging die wahlberechtigte Bevölkerung Osnabrücks wiederum zu den Urnen. Diesmal handelte es sich um die erste Landtagswahl für die Volksvertretung im neuen Lande Niedersachsen, die am 20. April 1947 durchgeführt wurde. Gegenüber dem Wahlsystem bei der letzten Gemeindewahl, das stark vom englischen Mehrheitswahlrecht geprägt war, wurde jetzt auf der Grundlage einer Verbindung von Mehrheits- und Verhältniswahlsystem gewählt. Neben den örtlich aufgestellten Wahlkreiskandidaten bestand noch eine Landesliste, durch die ebenfalls eine beträchtliche Anzahl von Sitzen gewonnen werden konnte. Hierdurch erhielten vor allem die mittleren und kleinen Parteien, die in den einzelnen Wahlkreisen wenig Aussichten für ein direktes Mandat hatten, einen entsprechenden Ausgleich. Bei einer Wahlbeteiligung von nur 62 % erbrachte das Ergebnis für Osnabrück-Stadt einen Landtagssitz für den CDU-Kandidaten Dr. *Rasch,* der durch ein Wahlbündnis der CDU mit der NLP 10036 Stimmen auf sich vereinigen konnte. Im Wahlkreis Osnabrück-Oesede, der auch — als Wahlkreis Nr. 85 — drei Wahlbezirke im südlichen Bereich der Stadt umfaßte und heute noch besteht, erhielt der Vertreter der SPD, Friedel *Hetling,* den höchsten Anteil der Stimmen. Neben diesen Direktkandidaten konnten noch einige Bewerber über die Landesliste der jeweiligen Partei als Mandatsträger in den Landtag einrücken, u.a. auch der Osnabrücker Oberbürgermeister Heinrich Herlitzius (SPD). Der hiermit erstmalig gewählte Niedersächsische Landtag wies nach dem Gesamtergebnis folgende Mandatsverteilung aus: SPD 65 Sitze, CDU 30, NLP 27, FDP 13, KPD 8 und Zentrum 6.

Diese Wahlen erfolgten vor dem Hintergrunde eines ständigen Anwachsens der Einwohnerzahl Osnabrücks. Durch eine Zunahme um 3662 Personen im Jahre 1946 hatte sie Anfang 1947 schon wieder die Gesamtzahl von 97565 Köpfen erreicht. 1939 belief sich diese Zahl auf 107081 Einwohner, davon 50026 männlichen und 57055 weiblichen Geschlechts. Dieses Verhältnis zeigte jetzt die Werte von 44192 : 53373. Durch die Auswirkungen des Krieges hatte sich der Anteil der Personen weiblichen Geschlechts gegenüber 1939 noch um rd. 2000 erhöht. Auch die Zahl der selbständigen Haushaltungen war von rd. 31000 im Jahre 1939 auf rd. 35000 im Jahre 1947 angewachsen. Sie

4. Erwachen neuer politischer Aktivität und beginnender Wiederaufbau 657

befanden sich in etwa 32000 behelfsmäßigen Wohnungen. Das waren zwar nur noch etwa 1000 weniger als vor dem Kriege, doch verbarg sich hinter diesen Zahlen — zumal von den 33000 Vorkriegswohnungen nur 12305 nach dem Kriege erhalten blieben — angesichts von insgesamt seit 1945 wiederaufgenommenen 16742 Rückkehrern (Evakuierten, Soldaten) und Ostflüchtlingen (bis dahin 1919 Personen) ein Wohnungselend schlimmsten Ausmaßes, das dringend der Abhilfe bedurfte.

Fortsetzung der Enttrümmerung durch öffentliche Stadträumung

Mit den Fragen der weiteren *Enttrümmerung* und eines geplanten *Wiederaufbaues* des zerstörten Osnabrück befaßte sich bereits die vorläufige Stadtvertretung im April 1946. Eine statistische Übersicht über die damals vorliegenden baulichen Verhältnisse im stark zerstörten Stadtgebiet erbrachte folgendes Ergebnis: Von den etwas über 200000 Wohnräumen, über die die Stadt Osnabrück im Jahre 1939 bei rd. 12000 Wohngebäuden mit etwa 33000 Wohnungen verfügte, waren nach einer Zählung im November 1945 nur noch rund 70000 Wohnräume einigermaßen brauchbar. Somit ließ sich die Zerstörung an Wohnraum in Osnabrück durch die vielen und z.T. sehr schweren Luftangriffe während des Krieges auf unsere Stadt auf etwa 65% beziffern. Dieser amtlich festgestellte Prozentsatz stellte im Vergleich zu anderen deutschen Städten einen sehr hohen Grad der baulichen Zerstörung dar, im Lande Niedersachsen den höchsten. Die in Osnabrück eingetretenen Kriegsschäden insgesamt — unter Zusammenfassung der Sach-, Nutzungs- und Gebäudeschäden — beliefen sich in einer amtlichen Statistik der Stadtverwaltung vom 29.7.1946 auf eine Höhe von 662 674 900 RM. Für die Überwin-

Gleise der Trümmerbahn in der Rehmstraße 1945/46

dung dieser ungeheuren Schäden, insbesondere zunächst im Bausektor, hatte die britische Militärregierung vorläufig nur einen Monatsbetrag von 46000 RM freigegeben. Dieser Betrag errechnete sich von einem Satz von nur 50 Pfg. auf den Kopf der Bevölkerung in der ganzen britischen Zone und galt auch für völlig unzerstört gebliebene Orte. So erhielt das nahezu ganz von Bombenangriffen verschont gebliebene Oldenburg relativ die gleiche Summe wie das schwer mitgenommene Osnabrück. Dennoch wurde zunächst auf dieser Grundlage vom Stadtbauamt ein städtischer Wiederaufbauplan aufgestellt, für dessen Überprüfung und weiteren Ausgestaltung ein besonderer Ausschuß des Stadtrates eingesetzt wurde. Die grundlegende Voraussetzung für den konstruktiven Ansatz zu einem planmäßigen Wiederaufbau Osnabrücks blieb jedoch zu allererst eine umfassende Enttrümmerung der Stadt.

Durch die bereits im Sommer 1945 vom Stadtbauamt her einsetzende und aus Gründen eines möglichst reibungslosen Militärverkehrs auch von der Besatzungsmacht geförderte Trümmerbeseitigung, über deren planmäßigen Verlauf schon in einem vorhergehenden Abschnitt berichtet worden ist, waren von den geschätzten 800000—900000 Kubikmetern Trümmermassen, die die zahlreichen Bombenangriffe in Osnabrück hinterlassen hatten, etwa 150000 Kubikmeter entfernt und nach brauchbaren Baustoffen untersucht worden. Von den hierbei geborgenen noch verwendbaren Materialien konnten bis August 1947 immerhin 2520 Wohnräume wiederhergestellt werden. Die große Masse von 700000—750000 Kubikmetern zermalmten und pulverisierten Häuserschutts mußte jedoch noch beiseite geräumt werden. Hierzu wurde, nach inzwischen eingetretener Zersetzung der Trümmerberge durch die Witterungseinflüsse, der Einsatz von mechanischen Räumbaggern vorgesehen, wodurch es — im Unterschied zum bisherigen Verfahren — zu einer großflächigeren Abräumung der Schuttmassen kommen konnte. Dieses Verfahren müßte vor allem dann zum Zuge kommen, so plante der Ausschuß, sobald die Bauindustrie wieder genügend Baumaterialien anliefern könnte. Inzwischen sollte die bis dahin angelaufene lineare, d.h. straßenweise Enttrümmerungsaktion in verstärktem Maße weitergeführt werden und sich vor allem auf die Wälle und die weiteren Ausfallstraßen der Stadt konzentrieren. Als Arbeitskräfte hierfür waren — über die seit längerem tätigen Betriebsgruppen und Firmenangehörigen hinaus — vor allem Arbeitslose und durch die Entnazifizierung frei gewordene Personen eingesetzt gewesen.

Insgesamt wurden so bis dahin etwa 500 Arbeitskräfte laufend mit der Enttrümmerung beschäftigt. Um nun endlich mit dieser als Voraussetzung für den planmäßigen Wiederaufbau notwendigen Maßnahme schneller voranzukommen und möglichst bald abschließend damit fertig zu werden, beschloß der am 13.10.1946 neugewählte Rat der Stadt im April 1947 eine *Großaktion* unter der Devise: ,,Bürgerhilfe im Baujahr 1947 zum Wiederaufbau''. Unter beispielhaftem Vorangehen des Personals der Stadtverwaltung, des Arbeitsamtes und von sonstigen Amtsstuben sowie unter großer Beteiligung sich hierfür freiwillig zur Verfügung stellenden Bürgern der Stadt wurden die noch anstehenden Schutträumungsarbeiten umfassend in Angriff genommen. Dieses *Schippen* im Rahmen einer größeren Gemeinschaft der Bürger brachte die Enttrümmerung der Stadt zügig voran. Ein Chronist jener Tage schrieb dazu: ,,Die jüngste Aktion des Rates bewährt sich als eine heilsame Maßregel. Es ist nicht zu übersehen, daß die Aufräumungs— und Aufbauarbeiten wieder langsam in Schuß kommen.'' Seitens des Städt. Informationsamtes wurde zu dieser Aktion des Jahres 1947 bemerkt: ,,Die Enttrümmerung der Stadt schreitet nunmehr rasch fort; ein Viertel ist bereits abgeräumt, man hofft in drei Jahren endgültig fertig zu sein. 5% der arbeitenden Bevölkerung sind ständig eingesetzt und erhalten Schwerarbeiterzulage. In diesem Jahre wurden 800 Zimmer (Wohnräume) hergestellt.'' Haupteinsatzgebiet für diese Aktion des Jahres 1947

4. Erwachen neuer politischer Aktivität und beginnender Wiederaufbau

waren zunächst die Stadtbereiche nördlich und östlich der großen Bahnlinien (Bohmter Straße, Buersche Straße, Schinkel, Fledder). Im Frühjahr 1948 wurde schließlich für die endgültige Trümmerbeseitigung der Bereich der Innenstadt (der Raum zwischen Neumarkt, Große Straße, Krahnstraße und den Wällen) in Angriff genommen. Die Schuttabfahrbahn wurde daher nunmehr in dieses Gebiet verlegt und nahm zügig ihre Arbeit auf.

Erste Ergebnisse des beginnenden Wiederaufbaus der Stadt

Ein großer Teil der bis August 1947 — nach der ersten Enttrümmerungsaktion und teilweise von dem dabei gewonnenen Baumaterial — erbauten 2520 Wohnungen wurde im Zuge eines großzügigen Aufbauprogramms, des sog. Osnabrücker *Blockbauprogramm,* erstellt. Danach plante man zunächst einen blockweisen Wiederaufbau der Stadt, bei dem schwerpunktmäßig viel Wohnraum in einem möglichst geschlossenen Bereich, einem sog. Block, der nicht stärker als 40% beschädigt war, wiederhergestellt werden sollte. Begonnen wurde dieses Programm mit einem Einsatz von 300 Bauarbeitern im Ortsteil Schinkel. Als zweiter Aufbaubereich wurde der Block Heinrichstraße — Rehmstraße — Hoffmeyerplatz in Angriff genommen. Gemessen an der Tatsache, daß 1946 bis Ende des Jahres schon 903 Wohnräume wieder fertiggestellt waren, jedoch bis August 1947 bereits die obengenannten 2520 Wohnräume insgesamt wieder bezogen werden konnten, ist festzustellen, daß durch dieses Blockbauprogramm ein schnelleres Fortschreiten des Wiederaufbaus gewährleistet wurde und damit erstmalig eine deutliche Entspannung auf dem Wohnungsmarkt eintreten konnte.

Ein neues Wohnhaus
zwischen Trümmerwänden

Um für den im Zusammenhang hiermit anzuplanenden Gesamtwiederaufbau Osnabrücks für die Stadt günstigere Verkehrsverhältnisse zu schaffen, hatte die Planungsabteilung des Stadtbauamtes von vornherein die Anlage z.T. neuer und breiterer Straßen in Aussicht genommen. Hierdurch sollten im Hinblick auf ein bereits vorauszusehendes starkes Anwachsen des Autoverkehrs vor allem die Durchgangsstraßen durch Osnabrück, z.B. im Zuge der bisherigen Wallanlagen die Nord-Süd-Durchfahrt als Innerer Ring zu einer Breite von 30 — z.T. 40 Metern oder die Ost-West-Durchfahrt (Wittekindstraße — Neumarkt — Neuer Graben — Martinistraße) auf 24 Meter erweitert werden. Auch die übrigen Hauptverkehrsstraßen nach außerhalb und in der Innenstadt sollten durch Verlegung der Fluchtlinien mindestens eine durchschnittliche Breite von 15 Metern erhalten, um hier so auch einen zweigleisigen Straßenbahnverkehr zu ermöglichen. Das geschah in der Lotter Straße z.B. so, daß auf der Südseite die Vorgärten fortgenommen wurden, während auf der Nordseite der Bürgersteig etwas schmaler gestaltet wurde, wodurch die Straßenbahnführung näher an diesen Gehsteig gelegt werden konnte. Für die Kreuzungspunkte, z.B. Neumarkt und Nikolaiort, war durch den Abbruch fast völlig zerstörter Gebäude ebenfalls eine entsprechende Vergrößerung vorgesehen. Starke Hindernisse für diese großzügige Planung waren jedoch die damit verbundenen Vorgänge rechtlicher Art und deren hohe Kosten, nämlich die zahlreichen Grundstücksabtretungen, die hierfür erfolgen mußten. Vorsorglich wurden jedoch jetzt schon die anzustrebenden Fluchtlinien für die neuen Straßenzüge festgelegt. Zwecks Förderung des Einvernehmens aller Beteiligten wurden die einzelnen Projekte jeweils einem aus allen Bevölkerungsschichten zusammengesetzten *Planungsausschuß* zur Stellungnahme vorgelegt.

Wo sich im Rahmen dieser Aufbauplanung des Stadtbauamts bereits Möglichkeiten zur Erstellung neuer Wohnhäuser ergaben und das entsprechende Baumaterial vorhanden war, konnten nunmehr, wenn auch in einem sehr langsamen Tempo, die ersten regelrechten Neubauten in Angriff genommen werden. Das war hauptsächlich im östlichen Stadtteil an mehreren Stellen der Fall. Noch stand weiterhin das von der britischen Militärregierung dekretierte Baumaximum im Rahmen von nur 46000 RM monatlich einer weiteren Ausdehnung der Bautätigkeit entgegen. Es bestanden strenge Anweisungen für eine scharfe Überwachung aller Bauten. Über festgestellte *Schwarzbauten* mußte umgehend berichtet werden.

Ausgenommen von diesen einschränkenden Bestimmungen war der Wiederaufbau von Gebäuden von öffentlichem Interesse, wie Krankenhäusern, Kirchen und Schulen. Hierzu gehörte auch die *Ruine des historischen Rathauses* am Marktplatz, das für die Feiern zur 300. Wiederkehr des Westfälischen Friedens im Herbst 1948 wiederhergestellt sein sollte. Mitte Mai 1947 begannen hierzu die Vorarbeiten mit der Errichtung eines umfassenden Bauzaunes und der notwendigen Baubuden auf dem Marktplatz. Der nächste Schritt war die Einziehung von Betondecken in das auf seine Stabilität untersuchte Mauerwerk der stehengebliebenen Außenwände. Sodann wurde mit der Herstellung eines neuen Dachstuhles begonnen. Gleichzeitig wurde bereits der *Ratskeller* notdürftig wieder eingerichtet und seine Bewirtschaftung durch Frau Buller übernommen. Im März 1948 war alsbald das Betondach fertiggestellt und seine Bedeckung mit Schieferplatten konnte beginnen. Nunmehr wurden die Innenarbeiten an Osnabrücker Handwerker vergeben. Als der obere Teil des Rathausdaches für die Beschieferung freigegeben war, wurde am 28. April 1948 feierlich das Richtfest begangen. Über dem First wurde die Krone errichtet, ein zünftiger Zimmererspruch erklang, und der Oberbürgermeister sprach allen beteiligten Handwerkern seinen Dank aus. Im Rohbau des Friedens-

4. Erwachen neuer politischer Aktivität und beginnender Wiederaufbau

Das Osnabrücker Rathaus während der Wiederaufbauarbeiten

saales, der mit grünen Birken ausgeschmückt war, fand eine kleine Bewirtung für die Teilnehmer statt.

Es war geplant, den *Wiederaufbau des Rathauses* bis Ende August 1948 endgültig zu beendigen. Hierzu wurden bald nach dem Richtfest die Außenwände des Gebäudes mit Sandstrahl gereinigt. Auch die Kaiserfiguren vor der Front des Gebäudes wurden dieser Prozedur unterworfen. Der Friedenssaal erhielt sodann eine Eichenkassettendecke, Parkettfußboden und wurde wieder mit dem gediegenen Schnitzwerk der Wandbekleidung und dem alten Gestühl, dem großen schmiedeeisernen, mit Hirschgeweihen geschmückten Radleuchter und den historischen Portraits der Gesandten versehen. Es handelt sich um die alte wertvolle Ausstattung des Friedenssaales, die durch rechtzeitige Auslagerung vor der Zerstörung durch Kriegseinwirkungen gerettet werden konnte. Die kleine Ratskammer daneben zierte eine Stuckdecke mit zwei messinggetriebenen Leuchtern in flämischer Form. Der Beratungssaal im Obergeschoß wurde erheblich größer als der Friedenssaal, da er für die Sitzungen des Rates unter Teilnahme der Öffentlichkeit vorgesehen war. Die Rathaushalle mit der Treppe zum Obergeschoß wurde in eine neue Form gebracht. Als Decke erhielt sie eine Eichenverbretterung mit handgeschmiedeten Nägeln.

Sich verstärkende kulturelle Aktivität

Der Wiederaufbau des historischen Rathauses 1947/48 belebte auch in Anbetracht der im Herbst 1948 bevorstehenden 300. Wiederkehr des Friedensschlusses in Osnabrück und Münster, der den unglückseligen Dreißigjährigen Krieg in Deutschland beendete, und im Zusammenhang mit den weiteren Vorbereitungen für die hierzu geplanten Feierlichkeiten das allgemeine kulturelle Leben der Stadt. Für die Regelung des äußeren Ablaufes dieser *300-Jahr-Feier* des Westfälischen Friedens bildete der Rat der Stadt einen Sonderausschuß. Das von ihm erarbeitete Programm, das der Oberbürgermeister dem Plenum des Rates vorlegte, sah jedoch angesichts der gegenwärtigen Notlage in der weithin zerstörten Stadt keine Reihe von Festen vor, sondern nur wenige eindrucksvolle Veranstaltungen, in denen das bedeutendste Ereignis in der Geschichte der Stadt gewürdigt werden sollte. Die inhaltliche Gestaltung der anläßlich dieses denkwürdigen Jubiläums vorgesehenen Veranstaltungen und deren Durchführung wurde in die Hände des Leiters des neubegründeten Stadtarchivs *Ludwig Bäte* gelegt. Er führte bereits ab Sommer 1947 eine Reihe von Vorbesprechungen mit fachkompetenten auswärtigen Persönlichkeiten in dieser Angelegenheit, u.a. auch mit der Universität Göttingen. Weiterhin wurde von ihm ein *Archiv zur Geschichte des Westfälischen Friedens* angelegt, das vorläufig im Ratsgymnasium untergebracht wurde. Geplant wurde auch eine Ausstellung in diesem Zusammenhange *"Osnabrück — wie es war, und wie es ist"*.

Da auch das kirchliche Leben in diesem Jubiläumsjahr nicht abseits stehen konnte, wandte sich das öffentliche Interesse auch den Instandsetzungsarbeiten an den zerstörten bzw. schwer beschädigten Gotteshäusern Osnabrücks zu. Von den völlig zerstörten Kirchen der Stadt wurde als erste die *Katharinenkirche,* die dem letzten feindlichen Großangriff am 25.3.1945 zum Opfer fiel, von den ringsum sich auftürmenden Trümmern befreit. Über das freigeräumte Langhaus wurde, um die Reste des Inneren vor den

Die ausgebrannte Katharinenkirche mit ihrem markanten Turmspitzenskelett inmitten des Ruinenfeldes um diese Kirche

Unbilden der Witterung zu schützen, ein hölzernes Schutzdach errichtet. Dadurch, daß die Orgelbühne im Turmhaus abbrannte, erschien nunmehr das Langhaus wesentlich vergrößert, so daß das frühere Mißverhältnis zwischen Lang- und Querhaus einigermaßen aufgehoben wurde. Die eigentlichen Dacharbeiten mit der Eindeckung der Gesamtoberfläche durch Kupferplatten konnten erst im Herbst 1948 nach der Währungsreform durchgeführt werden. Weiterhin ragte das leergebrannte Gerippe des Katharinenkirchturms, des *„Grünen Riesen"*, damals mit 103 m Höhe das Wahrzeichen Osnabrücks, in den Himmel. Bis zum Wiederaufbau dieses Turmes und zur Herrichtung des gesamten Gotteshauses in alter Würde sollten noch etliche Jahre dahingehen.

Im *Dom* war nur noch der Chorumgang gesperrt; somit war die Kathedrale für gottesdienstliche Zwecke weitgehend verwendbar. Die beiden Türme des wuchtigen Westwerks, die ihre kuppelförmigen Hauben ebenfalls durch den Bombenkrieg einbüßten, erhielten inzwischen eine schlichte Neubedachung, deren Holzverschalung mit Kupfer bedeckt wurde. Der der *Marienkirche* seit 1945 als Ausweichraum für die Gemeindearbeit dienende Kirchensaal im Museum wurde durch einen neuen Anstrich verschönert. Der Wiederaufbau der Kirche selbst ging langsam weiter. Das Kirchenschiff sollte zunächst so fertiggestellt werden, daß in ihm alsbald Gottesdienst abgehalten werden konnte. Hierzu erhielten die hohen gotischen Fenster eine neue Verglasung und wurde das Innere mit einem Anstrich in lichtem Weiß versehen. Danach konnten die neuen Bänke eingebaut werden. Die inzwischen angefertigten neuen Kirchentüren standen ebenfalls bereit, alsbald ihren Platz einzunehmen. Im Juli 1947 stattete der neue Landesbischof der Evangelisch-lutherischen Kirche Hannover, D.Dr. Hanns Lilje, der Stadt Osnabrück einen Besuch ab und informierte sich über die Neugestaltung des kirchlichen Lebens in der Stadt. Ein Höhepunkt der allgemein positiven Entwicklung war die 400-Jahr-Feier des Todestages des Osnabrücker Reformators Hermann Bonnus am 12. Februar 1948. Dieser Gedenktag wurde von den evangelischen Gemeinden Osnabrücks feierlich im wiederhergestellten *Lutherhause* begangen.

Zu den Gebäuden von öffentlichem Interesse gehörte auch der Neubau der *Zentral-Lichtspiele* auf dem Gelände des zerstörten Hotels *Germania*. Dieses neue Filmtheater Osnabrücks, mit 800 Besucherplätzen das zunächst größte und modernste der Nachkriegszeit, wurde am 4. Juni 1947 mit Ansprachen des Oberbürgermeisters Herlitzius und des Stadtarchivars Ludwig Bäte — umrahmt von Orchestervorträgen — feierlich eröffnet. Es folgte die Aufführung des Films *„Operette"* mit Willi Forst. Bisher waren die *Lichtburg* an der Bohmter Straße und das *Ritz-Theater* an der verlängerten Adolfstraße, das später an die Lotter Straße verlegt wurde und dort im Januar 1950 seine Pforten öffnete, am Rande des Stadtzentrums die einzigen Kino-Theater, die der Bevölkerung Osnabrücks nach Kriegsende wieder zur Verfügung standen. Daneben hatten im Vorortbereich das *Thalia-Theater* in Haste, die *Scala-Lichtspiele* im Tivoli an der Iburger Straße und im Stadtteil Eversburg das Filmtheater im Saale der Gastwirtschaft Klatte ihren Betrieb aufgenommen. Damit hatte das Unterhaltungsangebot auf dem Gebiete des Films bereits in den ersten drei Nachkriegsjahren eine ziemliche Breite angenommen. Hinzu trat seit Mai 1946 unter dem Namen *Osnabrücker Kammerspiele* ein weiteres Theater in unserer Stadt. Es stand unter der Leitung des Schauspielers Alfred *Tressin* (vom früheren Nationaltheater) und benutzte für seine Aufführungen Bühne und Saal des Gasthauses *Friedenshöhe* am Bürgerpark. Zur Eröffnung ging Schnitzlers Schauspiel *„Liebelei"* in Szene. Wegen der bald deutlich werdenden baulichen Abgängigkeit dieser altehrwürdigen Osnabrücker Gaststätte und auch aus Personalmangel mußte dieses Etablissement nach relativ kurzer Zeit wieder seine Pforten schließen. Immerhin breitete sich so im Laufe der ersten Nachkriegsjahre — unter besonderer Berücksichtigung der bereits mehrfach erwähnten künstlerisch wertvollen Darbietungen des Städtischen Orchesters, der Oper und des Schauspiels im *Neuen Stadttheater* in der *Blumenhalle* — ein recht vielseitiges kulturelles Angebot für die Bevölkerung aus, von dem auch zunächst wegen der noch vorhandenen lockeren Geldmittel reichlich Gebrauch gemacht wurde.

Um die Bevölkerung Osnabrücks und der weiteren Umgebung besser an den kulturellen und informatorischen Darbietungen des *Nordwestdeutschen Rundfunks,* der in der Stadt und dem angrenzenden Raume schlecht empfangen werden konnte, teilnehmen zu lassen, wurde 1948 auf der Berningshöhe ein Zwischensender dieser Rundfunkanstalt mit verstärkter Sendeenergie errichtet. Der weithin sichtbare Sendeturm erreichte eine Höhe von 100 Metern und mußte daher mit rotem Warnlicht für tieffliegende Flugzeuge ausgestattet werden. In unmittelbarer Nachbarschaft zu dieser neuen technischen Einrichtung entstand bald danach die amtliche *Wetterwarte* Osnabrück, die — heute noch (der Sendeturm ist inzwischen wieder abgebaut worden) — nicht nur im Rahmen des öffentlichen Wetterdienstes tätig ist, sondern mit ihren Voraussagedaten auch der örtlichen Industrie und dem Krankenhauswesen in dienlicher Weise zur Verfügung steht.

Fortschritte im Wiederaufbau des Schulwesens

Auch die Schulverhältnisse Osnabrücks hatten sich bis 1947 gegenüber der Zeit nach Kriegsende spürbar verbessert. Bereits im zweiten Halbjahr 1946 wurden durch Austausch und Wiederfreigabe von anderweitig benutzten Schulgebäuden 146 weitere Schulräume gewonnen. Hinzu kamen zwei Turnhallen und drei Werkunterrichtsräume. Im Herbst 1946 erfuhr das Osnabrücker *Volksschulwesen* insofern in kulturpolitischer Sehweise hin eine Neuregelung, als von jetzt an in dieser Schulgattung drei Systeme nebeneinander bestanden: Gemeinschaftsschulen, evangelische Bekenntnisschulen und katholische Bekenntnisschulen. Auf Grund einer Abstimmung unter der Elternschaft der Osnabrücker Volksschüler entschieden sich von 8911 Elternpaaren annähernd 6000 für die konfessionelle Bekenntnisschule. Daraufhin wurde die in der NS-Zeit allgemein eingeführte Gemeinschaftsschule zwar nicht abgeschafft, aber dem Stimmverhältnis entsprechend stark eingeschränkt. In neuer Organisationsform bestanden fortan neben fünf evangelischen Bekenntnisschulen sechs katholische Bekenntnisschulen. Daneben blieben vier Gemeinschaftsschulen bestehen. Neben dem Austausch entsprechend unterzubringender Schüler ergaben sich für den Übergang zunächst große Schwierigkeiten in der Verteilung der Lehrkräfte und der Gestaltung des Stundenplans. Das größte Hemmnis für einen geordneten Schulbetrieb bildeten die weiterhin völlig unzureichenden Raumverhältnisse. Entschieden wurde inzwischen vom Rate der Stadt, daß von den nahezu total zerstörten Schulgebäuden die Neustädter Schule (am Johannistorwall) und die Ledenhofschule (am Ledenhof, jetzt Industrie- und Handelskammer) nicht wieder aufgebaut werden sollten. Dafür wurden die schwer beschädigten Schulhäuser zügig wiederhergestellt und dadurch 49 weitere Klassenräume gewonnen. Darüber hinaus sollten die folgenden, so gut wie völlig zerstörten Volksschulen, die Altstädter Schule, die Domschule, die Niedersachsenschule und die Rosenplatzschule, wieder aufgebaut werden bzw. in ihrem Einzugsbereich neue Gebäude erhalten.

Von den *weiterführenden Schulen* wurden im Bereiche der Mittelschulen die Mösermittelschule (im Jungen- und Mädchentrakt insgesamt 34 Räume) und die Wittekindmittelschule am Herrenteichswall mit 19 Unterrichtsräumen weitgehend fertiggestellt. Ab Ostern 1947 war auch die Backhaus-Mittelschule mit 18 Klassenräumen wieder beziehbar. Neue Klassenräume gewannen auch das Ratsgymnasium und die Mädchenoberschule am Heger-Tor-Wall — hier wurden jedoch noch vorübergehend 13 Räume

4. Erwachen neuer politischer Aktivität und beginnender Wiederaufbau

durch das dort eingerichtete vorläufige Hauptpostamt belegt. Der Wiederaufbau des Gymnasiums Carolinum war inzwischen ebenfalls weiter gediehen. Das aus einer wahren Trümmerwüste emporgewachsene Hauptgebäude der Schule bot bereits einen erfreulichen Anblick, so daß die Anstalt der künftigen Feier ihres 1150jährigen Bestehens an dieser Stelle im Jahre 1954 mit Zuversicht entgegensehen konnte. Angesichts der allgemeinen Knappheit an Baumaterial war hiermit im Bereiche des Wiederaufbaues der Schulen schon sehr viel geleistet worden. Über die starken Bemühungen des Stadtbauamtes hinaus hatten auch Lehrer und Schüler in ihrem Rahmen in vorbildlicher Zusammenarbeit an diesem Aufbau mitgewirkt. Auch die Elternschaft, insbesondere der Kinder in den Volksschulen, beteiligte sich rege an allen Förderungsbestrebungen. Sie schloß sich zu einer *Notgemeinschaft der Osnabrücker Volksschulen* zusammen und versuchte fortgesetzt, weitere Impulse zu geben.

Der diese Aufbauarbeit mit Nachdruck begleitende Stadtschulrat Franz *Kohlbrecher* trat am 1. Oktober 1947 in den Ruhestand. Er starb im Februar 1951. Kurz vor seiner Pensionierung war es ihm noch möglich, bei der Entscheidung über die Errichtung einer *Höheren Gartenbauschule* in Osnabrück mitzuwirken. Sie sollte im Stadtteil Haste auf einem Gelände, das vom Gut Honeburg (Freiherr Ostman von der Leye) erworben werden konnte, erbaut werden. Nach 4 Semestern wurden im Sommer 1951 35 Schülern die ersten Abgangszeugnisse ausgehändigt — ein schöner Erfolg für Lehrkörper und Studentenschaft.

Nachfolger des in den Ruhestand getretenen Stadtschulrats Kohlbrecher wurde Schulrat Heinrich *Schneider,* bis 1933 Rektor der Eversburgschule, ein Amt, das ihm sodann während der Hitlerdiktatur entzogen wurde. Unter seiner Betreuung nahm vor allem die fachliche Förderung der Osnabrücker Lehrerschaft, insbesondere der Junglehrer, eine günstige Entwicklung. Dazu gehörte auch — im weitesten Sinne — die Förderung des Werkunterrichts in den Volks- und Mittelschulen, der in Osnabrück seit etwa der Jahrhundertwende — teils als Handfertigkeitsunterricht (hierfür war noch vor dem Ersten Weltkriege ein eigens für diese Zwecke eingerichtetes Schulungshaus am Schloßwall errichtet worden, das später dem Bombenkrieg zum Opfer fiel), teils als schöpferisches Werkschaffen — nicht nur besonders gepflegt wurde, sondern dank des Einsatzes des unvergeßlichen Städt. Oberwerklehrers *Julius Müller* geradezu eine pädagogische Heimat hatte. Im Sinne dieser Tradition hatte die Stadt Osnabrück 1938 eine *Bildnerische Werkschule* begründet, deren drei Klassen im Schloß untergebracht waren. Damals bestanden für die etwa 50 Schüler eine Mal- und Graphik- sowie auch eine Plastikklasse. Durch den Krieg waren sowohl die Räume als auch deren Einrichtungsgegenstände völlig vernichtet worden. Als nach dem Kriege im Sommer 1945 zunächst privat durch den Maler *Fischer-Uwe* versucht wurde, diese Bildungsstätte in einem Raume der früheren Jugendherberge wieder ins Leben zu rufen, konnte sie sich in dieser Form jedoch nicht halten und wurde daher 1947 wieder in städtische Regie übernommen. Die Werkschule wurde, da die städtische Jugendherberge an der Gr. Gildewart wieder ihre jugendpflegerische Aufgabe übernehmen sollte (sie wurde am 19. Juni 1949 feierlich ihrer Bestimmung übergeben), in Räume der Eversburgschule verlegt und weiterhin durch den Graphiker und Kunsterzieher Walter *Hobein* und die Malerin Thea *Hucke* betreut. Nach der Währungsreform 1948 erhielt diese Kunstschule keine städtischen Zuschüsse mehr, sondern mußte durch Honorare der Schüler unterhalten werden. 1949 wurde sie immerhin noch von 65 Schülern beiderlei Geschlechts besucht. Mit der Übernahme dieser künstlerischen Bildungsaufgabe durch die inzwischen gegründete Volkshochschule lief diese kulturelle Institution osnabrückischer Prägung nach einer Lebenszeit von etwa einem halben Jahrhundert endgültig aus.

Die Lage in der Wirtschaft

Als im Mai 1946 im Siemens-Martin-Werk der Georgsmarienhütte — nach mehr als einjähriger Unterbrechung — der erste Hochofen wieder angeblasen wurde, erhielten auch die Klöckner-Betriebe in Osnabrück von der Militärregierung die Erlaubnis, die Produktion in einem gewissen Umfange wieder aufzunehmen. Während in den Piesberger Steinbrüchen bereits kurz nach der Besetzung wieder gearbeitet wurde — Teile der Belegschaft von der *Hütte* und vom Stahlwerk wurden hier zunächst mit eingesetzt —, konnten jetzt im Osnabrücker *Stahlwerk* außer Schienen und Weichen für die Eisenbahn Radsätze und deren Einzelteile gefertigt werden. Dann brach ein strenger Winter herein. Wegen Kohlenmangels mußte das Werk mit kleinen Unterbrechungen von Januar bis März 1947 stillgelegt werden. Alsdann wirkte sich bald die von der Militärregierung verfügte *Entflechtung* des Betriebes aus dem Klöckner-Konzern auf die Weiterentwicklung negativ aus. Im November 1947 entstand die Stahlwerk-Osnabrück-AG mit dem Sitz in Osnabrück. Daneben bereitete die Demontageliste der Alliierten viel Unruhe, weil zunächst ganze Werksanlagen hiervon erfaßt werden sollten. Hierüber wird später noch eingehender die Rede sein. Immerhin belief sich die Belegschaft in diesen ersten Nachkriegsjahren schon wieder auf einige Hundert Werktätige. Dagegen beschäftigte das *Kupfer- und Drahtwerk* im Sommer 1946, als nach langwierigen Aufräum- und Instandsetzungsarbeiten in fast allen Abteilungen die Produktion wieder in Gang gekommen war, schon rund 1500 Arbeiter und Angestellte. Unter relativ normalen Verhältnissen konnte alsbald die Firma *Karmann* weiterarbeiten, da ihre Erzeugnisse zu einem großen Teil den britischen Streitkräften zugeführt wurden. Kleinere Unternehmen der Metallindustrie, wie z.B. das Eisenwerk *Rawie,* konnten ihren Betrieb vorläufig nur zu 20—30 Prozent der früheren Kapazität aufnehmen. Gar nicht abzusehen war bis dahin der Termin der Arbeitsaufnahme in der Papierindustrie. Der durch den Kriegsausgang bedingte allgemeine Schrumpfungsprozeß in der bodenständigen Industrie, aber auch im Handel und Handwerk, hatte im ganzen bewirkt, daß bis Ende 1946 die größeren Betriebe kaum die Hälfte ihrer derzeitigen Kapazität, die durch die Zerstörungen des Bombenkrieges an sich schon stark eingeschränkt war, ausnutzen konnten. Stärkere Aktivität entfaltete sich dagegen im Bereiche von neu niedergelassenen Kleinindustrien, deren Betriebe insbesondere auf den Gebieten des Baustoffs-, Holzstoffs-, Bekleidungs- und Nahrungsmittelgewerbes tätig wurden — immerhin ein erstes Zeichen beginnender wirtschaftlicher Belebung.

Gegenüber dieser teilweise auch positiven Entwicklung wirkten sich in der Folgezeit Bestrebungen der Alliierten, Werke der Eisen- und Stahlindustrie in Westdeutschland, darunter auch das Osnabrücker Stahlwerk angeblich wegen der andauernden Kohlenknappheit, vollends stillzulegen, als sehr bedrückend aus. Im Sinne des *Potsdamer Abkommens* von 1945 verfolgten die vier Besatzungsmächte das Ziel, durch Demontage (Abbau) und Abtransport von etwa 1800 Fabrikausrüstungen das deutsche Wirtschaftsniveau auf die Hälfte des Standes von 1938 zu senken. Die verbleibende Erzeugung hätte sodann jedoch nicht ausgereicht, auch nur die Lebensmittelimporte zu bezahlen, auf welche die deutsche Bevölkerung nunmehr so dringend angewiesen war. In Osnabrück war es zunächst das Stahlwerk, das auf der Liste der Demontagen stand. Aus der Sorge um ihre Existenz herrschte alsbald unter der Belegschaft des Werkes, die inzwischen auf etwa tausend Betriebsangehörige angewachsen war, große Unruhe und Erregung. Da es sich um das damals einzige große Werk der Montanindustrie in Nordwestdeutschland handelte, trat auch der Niedersächsische Landtag in Hannover im Zusammenwirken mit dem Wirtschaftsminister nachdrücklich für das Verbleiben des Unternehmens in Osnabrück ein. Es gelang dann auch, nach zähen Kämpfen und Verhandlungen die Erhaltung des Werkes durchzusetzen. Gewiß war der akute Kohlenmangel, zeitweise noch verstärkt durch länger andauernde Stromsperren, ein das Wirtschaftsleben stark hemmender Faktor, vor allem im harten Winter 1946/47. Besonders betroffen war davon auch die Firma *Hammersen* AG, deren Kohlenvorräte im Dezember 1946 für die Aufrechterhaltung von Ernährungsbetrieben beschlagnahmt wurde. Das große Textilwerk mit seinen einst Tausenden von Webstühlen hatte, wie schon berichtet, im Juli 1945 mit 24 aus dem Trümmerschutt geborgenen Webstühlen den Betrieb wieder aufgenommen und es immerhin jetzt auf 100 intakte Webstühle gebracht. Nun stand es in Gefahr, wegen der fehlenden Kohle wieder völlig zum Erliegen zu kommen und evtl. endgültig schließen zu müssen. Durch eine sofortige Ladesperre der Reichsbahn für alle Güter außer Kohle, Lebensmittel und Treibstoffe konnte die gefährliche Lage, in der sich darüber hinaus die gesamte Osnabrücker Industrie befand, alsbald überwunden werden.

Gegenüber diesen hemmenden Einflüssen seitens der vier Besatzungsmächte erkannten die Amerikaner als erste, daß die Lähmung des deutschen Wirtschaftslebens nur behoben werden konnte, wenn über die vier Besatzungszonen hinaus die Einheit Deutschlands wiederhergestellt und eine deutsche Zentralverwaltung geschaffen würde. Sie schlugen daher vor, die Besatzungszonen wirtschaftlich zu vereinigen und einen föderativen (bundesstaatlichen) Staatsaufbau vorzubereiten. Da es darüber mit Frankreich und der Sowjetunion zu keiner Einigung kam, vereinbarten zuerst die Briten und Amerikaner, ab Jahresbeginn 1947 ihre beiden Zonen zur Doppelzone (Bizone) zusammenzuschließen. Für eine gemeinsame Verwaltung der Wirtschaft, der Ernährung und Landwirtschaft, des Verkehrs, der Finanzen sowie des Post- und Fernmeldewesens wurden fünf Hauptbehörden in Frankfurt/Main errichtet. Direktor der Verwaltung für Wirtschaft in der Bizone wurde Professor Ludwig *Erhard*.

5. 1948 — das Jahr der Währungsreform und historischer Jubiläen im wiedererstehenden Osnabrück

Die Währungsreform

Im Frühjahr 1948 hatte sich die allgemeine *Ernährungssituation* der Osnabrücker Bevölkerung insoweit schon etwas erholt, als für die Zuteilungsperiode des Monats Juni 500 g Fett und 8500 g Brot für den Normalverbraucher zur Verfügung standen. Noch vor einem Jahr — 1947 — waren es im etwa gleichen Zeitraum 62,5 g Fett und 2500 g Brot gewesen, die zeitweise noch nicht einmal abrufbar waren. In solch einer Lage konnte in vielen Fällen nur noch der *Schwarze Markt* helfen, dessen Produkte jedoch nur mit erheblichen Überpreisen besorgt werden konnten. Diese Geldanlagen um jeden Preis brachten in breiten Kreisen der Einwohnerschaft den allgemeinen Geldüberhang zum Auslaufen, so daß sogar der Andrang bei den öffentlichen Verkehrsmitteln (Straßenbahn, Eisenbahn) und zu den Kulturveranstaltungen in der Stadt bereits deutlich nachzulassen begann. Die wenigen Abende des Städt. Kulturamts wurden dagegen noch relativ gut besucht, da die Eintrittspreise niedriger lagen. Tagesgespräch war somit seit Monaten eine bevorstehende Abwertung der Reichsmark, über deren Form und Verfahren die unmöglichsten Gerüchte umgingen.

Die nach 1933 vom Hitlerregime durchgeführte militärische Aufrüstung und der bald darauf folgende Zweite Weltkrieg mit seinen katastrophalen Folgen hatten die Wirtschaft im Nachkriegsdeutschland völlig aus dem Gleichgewicht gebracht. Da die Finanzierung der wachsenden Kriegsausgaben über die Notenpresse erfolgt war, nahm der Geldumlauf schließlich einen riesigen Umfang an. Er betrug 1938 bereits 60 Mrd. Reichsmark, steigerte sich bis 1945 auf 300 Mrd. Reichsmark, und lag schließlich 1948 bei über 400 Mrd. Reichsmark. Demgegenüber ergab sich, bedingt durch die gewaltigen Kriegszerstörungen, ein völlig unzureichendes Warenangebot. Diese Diskrepanz setzte praktisch die Funktion des Geldes außer Kraft und ließ den Kaufwert der Reichsmark ins Bodenlose sinken. Das führte letztlich zum Rückfall in den Tauschhandel primitiver Zeiten, denn auf dem *Schwarzen Markt* konnten Waren schließlich in der Regel nur gegen Waren *erworben* werden, vereinzelt auch noch durch enorm hohe Geldbeträge. Wer aber weder über große Summen oder Sachwerte verfügte, die er zum Tausch hätte anbieten können, litt letzten Endes bittere Not.

Die erste Voraussetzung für eine Neuordnung und damit auch normalisierende Wiederbelebung der Wirtschaft im Deutschland der Nachkriegszeit war daher eine *Währungsreform*. Hierbei handelten die einzelnen Besatzungsmächte bei gewisser Zusammenarbeit vornehmlich in eigener Verantwortung. Stichtag für den Vollzug des *Währungsschnitts* in den drei westlichen Besatzungszonen war der 20. Juni 1948, in der sowjetischen Besatzungszone jedoch der 23. Juni 1948, wo mit der Einführung der *Deutschen Mark der Deutschen Notenbank* ein entscheidender Schritt in Richtung auf die Teilung Deutschlands getan wurde. Jeder Bewohner der westlichen Besatzungszonen erhielt an diesem Tage ein *Kopfgeld* von zunächst 40 *Deutschen Mark* (DM), einige Tage später nochmals 20 DM in Form von kaufkräftigen Banknoten. Sparguthaben wurden im Verhältnis von 100 RM alter Währung zu 6,50 DM umgestellt. Diese Regelung war insofern ungerecht, als sie einseitig zu Lasten der Geldbesitzer bzw. Sparer ging. Doch beseitigte sie schnell den *Schwarzen Markt* und beendete das wirtschaftliche Chaos der Nachkriegszeit.

In der Stadt Osnabrück wurde die neue Währung an 29 Stellen ausgegeben. Die Verteilung begann morgens um 8 Uhr und ging ohne Pause bis 18 Uhr vor sich. Der Andrang an den Ausgabestellen war teilweise sehr stark. Die Abwicklung erfolgte unter polizeilicher Aufsicht; sie ging jedoch leicht und ruhig vonstatten. An den Tagen vor der Währungsumstellung war der Publikumsverkehr bei den verschiedenen Geldinstituten ganz außerordentlich stark; jeder versuchte, seine Schulden noch rasch abzutragen.

Bereits wenige Tage nach der Ausgabe des neuen Geldes füllten sich die Schaufenster mit den zurückgehaltenen Waren. Es waren zunächst die bis dahin kaum noch erwerbbaren Lebensmittel, auf die sich die ausgehungerte Bevölkerung in erster Linie warf. Eier, Butter usw. waren nunmehr im freien Handel zu erhalten, wenn auch z.T. schon wieder mit starken Preissteigerungen. Für Hersteller und Händler im Bereiche des Einzelhandels ergaben sich ebenfalls sofort unmittelbare Einnahmemöglichkeiten in *harter* Währung. Sie wurden zudem in die Lage versetzt, Produktion und Angebot zu steigern und zu verbreitern. Gebrauchsgegenstände, die jahrelang, wenn überhaupt, mit erheblichen Kosten und Risiken im Tauschverkehr auf dem *Schwarzen Markt* erhältlich gewesen waren, gab es jetzt wie selbstverständlich — als sei es immer schon so gewesen — wieder zu kaufen. Besonders erfreulich wurde von vielen Bürgern empfunden, daß die kleinen Dinge des Alltags wieder da waren, nach denen man *vor der Währungsreform* wochen- und monatelang suchen mußte: Nähnadeln, Rasierklingen, Glühbirnen usw.. Doch stand diesem in den langen Jahren der Not und Entbehrungen angestauten ungeheuren Bedarf an Gütern aller Art bald eine wegen der allgemeinen Geldknappheit sehr stark eingeschränkte Möglichkeit der Bedürfnisbefriedigung gegenüber. ,,Dennoch läßt sich", so bemerkt der Tagebuchschreiber der Stadtverwaltung jener Tage, ,,im ganzen eine wohltuende Entspannung und so etwas wie neue Hoffnung feststellen. Die Sparer überlegen auch schon wieder Einzahlungen."

Kommunale Höhepunkte im Friedensgedächtnisjahr 1948

Am Beginn dieses Gedenkjahres an bedeutsame Vorgänge in der Stadtgeschichte Osnabrücks stand die *Stüve*-Woche vom 3. — 10. März 1948 anläßlich des 150. Geburtstages dieses großen Osnabrückers. Der Rat beschloß aus diesem Anlaß, das Stüvedenkmal, dessen Bronze-Plastik 1944 durch geschicktes Verbergen im Kokskeller des Museums vor dem Einschmelzen gerettet worden war, in diesem Rahmen wieder aufzustellen. Der ursprüngliche Platz des Denkmals vor dem Rathaus wurde, wegen gewisser Bedenken des Landeskonservators, aufgegeben und als neue Stelle der Platz in den Grünanlagen vor dem Heger Tor am heutigen Stüve-Haus gewählt. Diese Lage vor dem ehemaligen Krankenhausgebäude erschien auch deshalb geeignet, als es Stüve war, der 1863 hier am Beginn der Lotter Straße das Städtische Krankenhaus begründete.

Das Gedenken der Stadt Osnabrück an die 150. Wiederkehr des Geburtstages von Johann Carl Bertram Stüve am 4. März 1948 erfuhr seinen Höhepunkt in einer von

Nach dem Kriege wurde das Stüvedenkmal vor dem Heger Tor aufgestellt.

Musikvorträgen umrahmten feierlichen Gedächtnisstunde am 8. März im Lutherhaus, die Oberbürgermeister *Herlitzius* mit einer ehrenvollen Würdigung der Verdienste Stüves um Osnabrück einleitete. Die Festansprache hielt Ministerialrat Professor Dr. Hermann *Rothert,* Universität Münster. In besonderer Weise gedachte der Historische Verein Osnabrück seines Gründers mit einem Vortrag von Staatsarchivrat Dr. Vogel über ,,Macht und Recht in der Politik Johann Carl Bertram Stüves", gehalten im großen Sitzungssaal der Regierung. Vorträge des Stadtarchivars Ludwig Bäte in Umlandgemeinden, Veröffentlichungen in den Tageszeitungen und in Buchform sowie Bildschöpfungen des Graphikers Walter Hobein gaben der Gedenkwoche weiteres Gepräge.

Die Wiederaufstellung des Stüvedenkmals am Heger Tor erfolgte am 18. März, dem Hundertjahrstage der März-Revolution 1848. Abends fand eine Gedenkfeier zu diesem Ereignis im Stadttheater (Blumenhalle) statt. Die Festrede hielt Senator Friedel *Rabe,* Leiter des Städtischen Kulturamts. Das Städtische Orchester und Sprecher aus dem Schauspielensemble bereicherten das Programm mit einer würdigen Vortragsfolge.

Seinen eigentlichen Auftakt erlebte das Friedensgedächtnisjahr 1948 zum Gedenken an den Abschluß des Westfälischen Friedens 1648 in Osnabrück und Münster sodann in Form einer *Gedächtnisveranstaltung für den 18. Mai 1848,* dem Tage, an dem die deutsche Nationalversammlung in der Frankfurter Paulskirche zusammentrat. Der Rat der Stadt hatte aus diesem Anlaß zu einer Feierstunde im Stadttheater (Blumenhalle) eingeladen. Im Mittelpunkt stand, von Kammermusik umrahmt, ein Festvortrag von Professor Dr. Kurt *von Raumer,* Universität Münster, über das Thema ,,Die Bedeutung der Frankfurter Paulskirche in der deutschen Geschichte". Abends folgte als Festaufführung die Oper von Monteverdi ,,Orpheus" in der Bearbeitung von Carl Orff und dessen einaktige Oper ,,Die Kluge". Der Besuch beider Veranstaltungen war sehr stark. Bei der Einladung der Gäste waren gezielt alle Kreise der Bevölkerung berücksichtigt worden, vor allem auch Arbeiter und untere Angestellte, um so einen echten Durchschnitt der Einwohnerschaft der Stadt zu erfassen.

Nach vierzehnjähriger Pause — der letzte Schnatgang war 1934 — hatte die Heger Laischaft in diesem Jahre auch ihr nächstes *Schnatgangsfest* vorgesehen. Für die Durchführung des üblicherweise alle sieben Jahre stattfindenden ,,Snauts" wurden die Tage am 24. und 25. August festgesetzt. Die Vorbereitungen für die feierliche Ausgestaltung des Schnatganges liefen bereits in der zweiten Julihälfte an. Für die Ausschmückung der etwa zwanzig Straßen im Laischaftsbereich wurden 1500 Maibäume (Birken) in die Stadt gebracht, 2500 Meter Kränze wurden gebunden und, mangels Bindfaden, mit aufgelöstem Klavierdraht über die Straßen gezogen. Die eigentlichen Veranstaltungen begannen mit einem Zapfenstreich am Abend des 24. August, der sich in einem stattlichen Zuge durch die mit frischem Grün, scherzhaften Inschriften, und Figuren versehenen Straßen der Altstadt und das liebevoll ausgeschmückte Heger Tor zum Marktplatz bewegte, wo vor dem ebenfalls geschmückten Rathause der feierliche Abschluß stattfand. Eine gesellige Zusammenkunft der männlichen Mitglieder der Laischaft im Gasthaus *Walhalla* beschloß den Abend.

Der 25. August begann mit einem zünftigen Wecken. Um 11 Uhr folgte eine Feierstunde im Friedenssaal des Rathauses. Im Mittelpunkt standen die Rede des *Buchhalters Gläscher* und die Stellungnahme der *Interessenten,* vorgetragen von Schriftleiter Karl *Kühling*. Anschließend bewegte sich ein großer Festzug mit Fahnen, Musikkapellen und historischen Figuren aus der Altstadt zum Heger Holz, an dessen östlichem Rande in der letzten Zeit ein neues Schütterhaus als dienstlicher Wohnsitz für den Forstaufseher errichtet worden war. Im Gasthof Barenteich begann dann das eigentliche Fest im

5. 1948 — das Jahr der Währungsreform und historischen Jubiläen

Auszug des Schnatgangs aus dem Heger Tor

altgewohnten Rahmen. Die Anteilnahme der Bevölkerung Osnabrücks an dieser ersten Laischaftsveranstaltung nach Kriegsende war außerordentlich groß.

Der eigentliche Höhepunkt des Jahres 1948 war die anläßlich der 300. Wiederkehr des Westfälischen Friedens (1648—1948) durch eine Reihe von Veranstaltungen musikalischer und wissenschaftlicher Art seit Mitte September eingeleitete *Friedensgedächtniswoche der Stadt Osnabrück* vom 16. — 24. Oktober 1948, die mit den entprechenden Feiern in der Stadt Münster abgesprochen war. Münster, dessen Rathaus mit dem dortigen Friedenssaal noch eine Ruine war, begann seine Feierlichkeiten eine Woche nach Osnabrück, also am 24. Oktober und schloß sie am 31. Oktober ab. Bindeglied zwischen den beiden Veranstaltungskreisen war ein Staffettenlauf zwischen den beiden Städten, der *Friedenslauf der Turner* von Osnabrück nach Münster und zurück, durch den Urkunden zwischen den beiden Oberbürgermeistern ausgetauscht wurden. Am Morgen des 24. Oktober, einem Sonntag, um 7 Uhr, startete der Läufer mit der Urkunde des Osnabrücker Oberbürgermeisters vom Rathaus, dessen feierliche Wiedereröffnung an diesem Tage als Stätte des historischen Friedensschlusses vor dreihundert Jahren im Mittelpunkt der Friedensgedächtniswoche stand. Nach einem feierlichen Gottesdienst in der weitgehend enttrümmerten Marienkirche mit der Predigt des neuen Stadtsuperindendenten Lic. *Grimm* erfolgte die Wiedereröffnung des 1487—1512 erbauten altehrwürdigen Rathauses in der Form einer außerordentlichen Ratssitzung am Vormittag um

Im Friedensjahr 1948 war das historische Rathaus in alter Form wieder aufgebaut.

10 Uhr dieses denkwürdigen Tages im Friedenssaal. Schwerpunkt war eine festliche Gedenkrede des Oberbürgermeisters *Herlitzius,* an die sich kurze Ansprachen der Vertreter der Fraktionen des Rates anschlossen. Würdig umrahmt wurde die Feierstunde durch barocke Chormusik des Kammerchors des Städtischen Musikschulwerkes. Die eigentliche Gedächtnisrede hielt der Hamburger Universitätsprofessor Dr. Rudolf *Laun* über das Thema ,,Deutschland und der Westfälische Friede". Während des Festaktes, dem zahlreiche Ehrengäste, u.a. das niedersächsische Landeskabinett mit seinem Ministerpräsidenten Hinrich Wilhelm *Kopf* an der Spitze, der Erbprinz *Ernst August* von Braunschweig-Lüneburg, als Vertreter der schwedischen Regierung der Direktor der Königlichen Leibrüstkammer in Stockholm, Dr. Torsten *Lenk,* und die Vertreter vieler Städte und Kreise beiwohnten, versammelten sich auf dem Marktplatz die Osnabrücker Bürger zu einer großen Volkskundgebung. Um 12 Uhr eröffneten die Sänger aller Vereinschöre der Stadt, begleitet von den Bläsern des Städtischen Orchesters, mit einem Massenchor ,,Die Himmel rühmen" von Beethoven die Veranstaltung. Von der Freitreppe des Rathauses, auf die der Rat mit den Gästen herausgetreten war, sprach zunächst der Oberbürgermeister zu den versammelten Osnabrückern (etwa 15000). Anschließend ergriff Ministerpräsident Hinrich Wilhelm Kopf das Wort zu einer längern Rede, in der er die Bedeutung dieses Tages für die Geschichte der Stadt und im Hinblick

auf die Gegenwart würdigte. Ein weiteres Chorlied und der Osnabrücker Friedenschoral von 1648 ,,Gottlob, nun ist erschollen ...'', geblasen von ehemaligen Schülern des Ratsgymnasiums, beendeten die eindrucksvolle Kundgebung.

Zu den städtischen Veranstaltungen anläßlich dieses bedeutsamen Geschehens gehörten noch am Vortage drei Gedächtnisstunden für die Osnabrücker Schulen, veranstaltet in der *Blumenhalle* vom Stadtarchiv, sowie die Eröffnung einer ebenfalls vom Stadtarchiv eingerichteten Ausstellung *Der Westfälische Friede in Osnabrück*, die über zwei Wochen lief, und zwar in der Halle des Rathauses, und viele Besucher brachte. Hier in der Eingangshalle bildete auch am späten Nachmittag des 24.10.1948 ein feierlicher Tanz als künstlerische Vorführung den besinnlichen Ausklang des großen Tages. Ein Kranz von bemerkenswerten Veröffentlichungen rankte sich um die Friedensfeier. Von Ludwig *Bäte,* dem als damaligen Stadtarchivar ein wesentlicher Anteil an der Vorbereitung und Durchführung der einzelnen Veranstaltungen oblag, erschienen ,,Der Friede in Osnabrück'' und die Erzählung ,,Der Friedensreiter'' (beide bei Stalling, Oldenburg), daneben ,,Amor pacis'' — Dichtung um den Westfälischen Frieden (bei Schnell, Warendorf). Museumsdirektor *Dr. Borchers* verfaßte eine kleine Schrift ,,Das Rathaus zu Osnabrück'', und der Historische Verein widmete in seinem neuen Jahresband eine Reihe von Veröffentlichungen dem Westfälischen Frieden. Eine *Evangelische Woche* aller Gemeinden der Stadt, die mit einer Predigt und einem Vortrage des Landesbischofs D. Dr. Hanns *Lilje* ausklang, stand ebenfalls ganz im Zeichen des Friedensjubiläums.

Sonderausgaben der Osnabrücker Zeitungen, Rundfunkreportagen, eine einwöchige Verkaufsmesse *Zwischen Emsland und Westfalen* auf beiden Domsfreiheiten, die insgesamt etwa 160000 Besucher hatte, die Errichtung der vom Vorstand des Tiergartenvereins anläßlich der Dreihundertjahrfeier gestifteten Steinplastik eines Eisbären des Bielefelder Bildhauers *Altenbernd* im Tiergarten Schölerberg, keramische und eiserne Plaketten Osnabrücker Künstler u.a.m. unterstrichen die vielseitige Ausstrahlungskraft des großen historischen Ereignisses.

Kommunalwahl 1948

Das ereignisreiche Jahr 1948 klang aus mit den zweiten Kommunal- und Kreiswahlen der Nachkriegszeit. Wahltag war Sonntag, der 28.11.1948. In den Wochen vorher veranstalteten alle Parteien zum Teil stark besuchte Versammlungen und anderweitige Werbeaktionen. Dennoch war die Wahlbeteiligung am 28.11. allgemein schwach. In Osnabrück betrug sie 61,1%, in Niedersachsen im Durchschnitt etwa 60%. Wie überall, verlief auch in unserer Stadt der Wahltag ruhig und ohne Zwischenfälle. Die in den Osnabrück betreffenden Wahlbezirken abgegebenen insgesamt 116371 gültigen Stimmen erbrachten als Wahlergebnis folgende Stimmverteilung: SPD = 43256, CDU/DP = 50897, Zentrum = 18676, KPD = 3542. Nach dem nunmehr gültigen Verhältniswahlrecht erhielten die SPD jetzt 14 Sitze, die ihre Fraktionsgemeinschaft fortsetzende CDU/DP 16, das Zentrum 6 und die KPD 1 Sitz. Die neue Ratsversammlung war damit für eine neue Legislaturperiode von vier Jahren gewählt. Die Oberbürgermeisterwahl erfolgte in der ersten Sitzung des neuen Rates Ende Dezember 1948. Da das Zentrum zur Unterstützung der CDU/DP-Fraktion bereit war, ergab sich eine tragfähige Mehrheit für den Kandidaten der CDU Dr. Adolf *Kreft,* der nunmehr das bisherige Stadtoberhaupt Heinrich Herlitzius (SPD) ablöste. Von der Wahl eines Vertreters wurde zunächst abgesehen. In später nachgezogener Wahl wurde der Ratsherr Philipp *Jaax* (Zentrum) zum Stellvertreter des Oberbürgermeisters gewählt. In der turnusmäßigen Neuwahl des Stadtoberhauptes ein Jahr darauf wurde überraschend Ratsherr *Herlitzius* (SPD) wiederum zum Oberbürgermeister gewählt (20.12.1949), diesmal mit den Stimmen des Zentrums. Sein Stellvertreter wurde ebenfalls Ratsherr Jaax (Zentrum).

XVII.
WACHSTUM UND FORTSCHRITT IM ZEICHEN DER SOZIALEN MARKTWIRTSCHAFT

1. Allseitige Belebung auf neuer wirtschaftlicher Grundlage (1949—1955)

Der neue wirtschaftliche Aufschwung

Die Währungsreform 1948 hatte der Direktor des Wirtschaftsrates der Bizone, Prof. Ludwig *Erhard,* Frankfurt, behutsam mit einer Wirtschaftsreform verbunden. Durch weitgehende Aufhebung der bisher gültigen zwangswirtschaftlichen Bestimmungen des — noch vor Kriegsbeginn 1939 — in Deutschland eingeführten Markensystems setzte sie die aufgestaute private Unternehmerinitiative frei. An die Stelle der Planwirtschaft trat die *soziale Marktwirtschaft.* Die Lenkung der Wirtschaftsvorgänge erfolgte seitdem durch bewegliche, auf dem *Markt* gebildete Preise. Der Staat suchte die Stabilität des Geldwertes und damit der Währung im Rahmen eines Höchstmaßes an Wettbewerb durch echte Produktionsleistungen zu sichern. Dazu sorgte er für Gerechtigkeit in den Startbedingungen, für Abbau von Anpassungsschwierigkeiten und stützte die wirtschaftlich Schwachen.

Mit der Entstehung der *Bundesrepublik Deutschland* am 23. Mai 1949 durch das Inkrafttreten des Grundgesetzes erhielten alle diese neuen wirtschaftlichen Bestrebungen ein klares Fundament und einen festen staatlichen Rahmen. Bevor sie jedoch auch in Osnabrück spürbar greifen konnten, galt es hier zunächst noch in erster Linie, die schweren Kriegsfolgen weiter abzubauen: die letzten Trümmer zu beseitigen, auf dieser Grundlage den allgemeinen Wiederaufbau weiter durchzuführen und vor allem die Flüchtlinge in den Wirtschaftsprozeß einzugliedern. Erleichtert wurde auch hier der Start in wesentlichen Fällen durch die von 1947 bis 1952 von den USA durchgeführte *Marshallplan*-Hilfe. Dieses European-Recovery-Programm (ERP) in Form von finanziellen Zuschüssen an notleidende europäische Staaten — es erreichte insgesamt die Höhe von 17,4 Milliarden Dollar (damals rd. 70 Milliarden DM) — beschleunigte die allgemeine wirtschaftliche Gesundung in der jungen Bundesrepublik. Es ermöglichte auch für den Wiederaufbau Osnabrücker Unternehmungen umfassende ERP-Hilfe. Darüber hinaus steigerte der allgemeine Mangel an Bedarfsgütern die Nachfrage und diente weitgehend zur Ankurbelung der Produktion. Hinzu trat — mit hervorgerufen durch den Koreakrieg (1950/52) — ein erhöhter Bedarf auch auf dem Weltmarkt. Die bundesdeutsche Wirtschaft nutzte diese Chancen mit Unternehmungsgeist, Fleiß und Beharrlichkeit und konnte so bis 1955 ihr wirtschaftliches Vorkriegsniveau um fast 80% überschreiten.

Diese günstige Wirtschafts- und Weltlage, deren Auswirkungen auf die Bundesrepublik geradezu ans Wunderbare grenzten — man sprach alsbald von dem Phänomen des deutschen *Wirtschaftswunders* —, kam auch den Osnabrücker Unternehmungen weitgehend zugute. In den verschiedenen Industrie- und Wirtschaftszweigen konnten so

1. Allseitige Belebung auf neuer wirtschaftlicher Grundlage (1949—1955)

Auf dem Neumarkt

zunächst in vielen Fällen die Kriegsschäden beseitigt, in anderen Fällen wenigstens gemildert und durch Notlösungen immerhin der Fortbestand ermöglicht werden. Daneben trat mit den Auswirkungen der Währungsreform auch ihr Aufbauwille immer stärker in Erscheinung und brachte ihre Produktion alsbald auf volle Touren. Diese wachsende Wiederbelebung der *Osnabrücker Wirtschaft* wurde bereits 1951 in folgenden Zahlen deutlich: Hatte 1947 die Stadt Osnabrück 209 Industrieunternehmen, 470 Großhandelsbetriebe und 406 Einzelhandelsgeschäfte, die zwar noch unter den schwierigsten Bedingungen ihr Dasein fristeten, so beliefen sich bereits 1951 unter weitaus günstigeren Umständen diese Ziffern auf 260 Industriebetriebe, 576 Großhandels- und noch 406 Einzelhandelsgeschäfte. Auch das einheimische Handwerk, in dem man 1939 nur 2317 Handwerksbetriebe mit 4714 Beschäftigten zählte, hatte sich bereits 1950 auf 2760 Betriebe mit 7198 Beschäftigten erweitert. Gerade auf diesem Sektor wurde deutlich der Qualifikationszuwachs durch die Eingliederung der Ostvertriebenen sichtbar. Faßt man (über die Industrie hinaus) die gesamte gewerbliche Wirtschaft Osnabrücks zusammen, und zwar die Unternehmen, die mehr als 10 Personen beschäftigten — insgesamt 163 Wirtschaftsbetriebe —, so verzeichneten diese im April 1951 zusammen etwa 16500 Beschäftigte. 1952 wurden in diesem Bereich bereits etwa 23000 Kräfte beschäftigt; das waren schon fast 5000 mehr als im Vorkriegsjahr 1939.

Wenn diese Zahlen schon einen starken Aufwärtstrend erkennen lassen, so spiegeln sie vor allem die Entwicklung bei den kleineren Unternehmen wider. Bei den größeren Industriewerken Osnabrücks, bisher weitgehend konzerngebunden mit der Montanindustrie Nordrhein-Westfalens, lief der Wiederaufbau zunächst bedeutend langsamer an. So stagnierte — um einzelne Beispiele zu nennen — die Entwicklung beim *Stahlwerk,* weil die Vergabe von Reichsbahnaufträgen auf der Grundlage des Marshallplans durch die britische Militärregierung an ausländische Waggonfabriken erfolgte. Darüber hinaus wirkte sich die ebenfalls von dieser Seite angeordnete Entflechtung des ehemaligen Klöckner-Konzerns recht ungünstig auf die wirtschaftliche Lage des Unternehmens aus, bei dem in einzelnen Bereichen die Produktion auf ein Viertel der früheren Kapazität zurückgegangen war. Wegen dieser Absatzschwierigkeiten, über die auch das *Kupfer- und Drahtwerk* (OKD) — z.Zt. 2700 Arbeiter — klagte, kam es alsbald zu neuen Bestrebungen, das Stahlwerk (rund 3000 Beschäftigte) mit der GM-Hütte (rd. 4000) und den Steinbruchwerken am Piesberg (rd. 1000) wieder zu einem sog. *Verbund-System* zusammenzuschließen. Dieser Zusammenschluß zu einer Firma erfolgte im Herbst 1951, und zwar unter der Bezeichnung *Georgsmarienhütte AG Osnabrück*. Nachdem fast alle Werkshallen wieder instandgesetzt und die Rohstoffschwierigkeiten der ersten Nachkriegsjahre (Kohle und Erze) überwunden waren, auch kontingentmäßige Beschränkungen bei der Ausfuhr kaum noch in Erscheinung traten, konnte, begünstigt durch den Stahlhunger, der in diesen Jahren die ganze Welt beherrschte, das Exportgeschäft schließlich wieder einen erfreulichen Aufschwung nehmen. Die so anlaufende Hochkonjunktur in der deutschen Eisen- und Stahlindustrie ließ auch die Belegschaft des Stahlwerks in Osnabrück 1952 auf über 3200 ansteigen. Das galt auch für das OKD, das jetzt mit wachsendem Erfolge wieder an seine früher weltumspannenden Beziehungen anknüpfen konnte.

Diese positive Entwicklung vollzog sich 1949/50 noch unter dem Damoklesschwert der *Demontagen* von Industrieeinrichtungen durch die Militärregierung. Es ging hierbei um den Abtransport ausgesuchter wertvoller Maschinenanlagen bzw. ganzer Werkseinrichtungen. Das galt vor allem für das *Stahlwerk* mit seinen Spezialanlagen für Stahlverarbeitung. Als hier schließlich die endgültige Demontageliste vorlag, war das Stahlwerk nur mit einem Elektroofen und einigen Maschinen beteiligt. Doch andere größere Unternehmen, die auf der Demontageliste standen, wurden von harten Eingriffen nicht verschont. So wurde z.B. auf Anweisung der Militärregierung im Mai 1949 damit begonnen, die maschinellen Einrichtungen der *Dampfkesselfabrik Julius Meyer* an der Sutthauser Straße abzutransportieren. Durch den Abbau von etwa 95% der Werksanlagen wurde nahezu hundert Arbeitern und Angestellten der Arbeitsplatz entzogen. Durch energische Proteste von Abgeordneten im Landtag und beim niedersächsischen Wirtschaftsminister in Hannover wurde versucht, die Demontage zu verhindern, zumal allein 37 Maschinen angeblich als Reparationsleistungen für Sowjetrußland bestimmt sein sollten. Doch alles Bemühen blieb vergeblich; der Betrieb wurde restlos stillgelegt. Auch Werkseinrichtungen des OKD standen auf der Demontageliste, wurden aber — bis auf wenige Ausnahmen — alsbald endgültig gestrichen. Die Gefahr derartiger Eingriffe der Besatzungsmächte in das Wirtschaftsleben, die z.T. zu empfindlichen Kapazitätsverlusten in der Industrie führten, endete schließlich mit der von Bundeskanzler *Adenauer* durchgesetzten Revision des Besatzungsstatuts im März 1951, das mit der Beendigung des Kriegszustandes mit den Westalliierten auch die Demontagen und Industrieverbote aufhob.

Neben diesen anfänglichen Beschränkungen in der Schwerindustrie ging in anderen Bereichen der Osnabrücker Industrie der Wiederaufbau reibungsloser vor sich. Das galt insbesondere für die *Textilindustrie,* die sich nach schweren Kriegszerstörungen schnell wieder erholte und in mehreren Betrieben, z.T. bereits in Neubauten im Fledder (Osnabrücker Berufskleidungs- und Wäschefabrik Lenz, die leider alsbald ihre Tore wieder schließen mußte), ihre Produktion aufnahm. Bei der weitgehend zerbombten Firma *F.H. Hammersen AG* wurden eine große neue Färbereihalle sowie eine ebenso umfangreiche Kettspulerei errichtet. Auch das Spinnerei-Hochhaus wurde wieder instandgesetzt, ebenso werkseigene Wohnungen. Von den 1939 vorhandenen 225000 Spindeln drehten sich immerhin schon wieder 70000. Auch im Karosseriebau der Firma *Karmann* war durch große Aufträge für neue Volkswagen-Modelle eine starke Belebung eingetreten. Es wurde daher dringend notwendig, die im Kriege total zerstörten Betriebsanlagen im Fledder wiederaufzubauen und durch neue Werkshallen zu erweitern. Mit dem im modernsten Stil bereits errichteten Preßwerk beschäftigte das Unternehmen 1951 insgesamt etwa 1400 Arbeitskräfte. Das Gasmesserwerk *Kromschröder* AG (800 Beschäftigte) war inzwischen auch voll zu seiner früheren Produktion zurückgekehrt und konnte sich auch im Ausland dank seiner Qualitätsleistungen allmählich durchsetzen. Das gleiche kann auch von der Papierfabrik *Schoeller* in Gretesch und der Zelluloidfabrik *Hagedorn* berichtet werden. Beide Unternehmen hatten ihren Export ins Ausland wieder aufgenommen. So begann sich neben dem Großhandel, der mit seinen nahezu 600 Betrieben fast wieder das Vorkriegsvolumen erreicht hatte, auch die Osnabrücker Industrie wieder erfolgreich durchzusetzen. Während Osnabrück — insgesamt gesehen — im Jahr 1937 über 1286 Arbeitsstätten verfügte, in denen 22673 Werktätige beschäftigt waren, hatte sich die Zahl der Arbeitsstätten im Zuge dieses allgemeinen Wirtschaftsaufschwungs bis 1954 auf 3799 Betriebe erhöht. Damit war im personellen Bereich von Handel, Gewerbe und Industrie das Vorkriegsniveau im ganzen rund um das Doppelte überschritten. (Sonderbeilage des *Osnabrücker Tageblattes* vom 25.3.1955).

Wiederaufbau der Stadt

Die wachsende Wiederbelebung der Wirtschaft Osnabrücks, verbunden mit einem beachtlichen Anwachsen der Bevölkerung — seit dem Tiefstand 1945 mit 72756 Einwohnern war sie bis Ende 1954 (125226 Einwohner) um über 50000 gewachsen — spiegelte sich auch im zunehmenden Wiederaufbau des Stadtbildes wider. Durch Konzentrierung der *Trümmerschuttbeseitigung* auf die als vorübergehende Ablagerungsräume benutzten öffentlichen Plätze mit ihren Anlagen gelang es alsbald, die einzelnen Straßenzüge weitgehend freizulegen und damit nunmehr die Arbeit an den jeweiligen Hausruinen zu ermöglichen. Daneben machte aber auch das Städt. Gartenamt große Anstrengungen, diese Trümmerplätze nach und nach aus Wüsten in landschaftlich schöne Anlagen zu verwandeln, wobei es dem Rosenplatz vorbehalten blieb, sich als letzter dieser öffentlichen Plätze noch längere Zeit als ein von Disteln *geschmückter* Trümmerhaufen zu zeigen. Mit dieser planmäßigen Bereitstellung von Baumöglichkeiten stieg nunmehr die Zahl der bei der Stadtverwaltung beantragten Baugenehmigungen für Wohnbauten ständig weiter an. Dieser Auftrieb, vor allem auch im privaten Wohnungsbau, dessen Finanzierung durch öffentliche Mittel gefördert wurde, war dringend notwendig, um das noch weithin herrschende Wohnungselend, charakterisiert besonders durch die geradezu unmenschlichen ,,Nissenhütten'', weiter abzubauen. Die Zahl der sich 1949 noch auf über 400 primitive Unterkünfte belaufenden Elendsquartiere, vor allem Nissenhütten, konnte bis 1951 auf etwa 300 gesenkt werden. Immerhin lagen beim Städt. Wohnungsamt am 31.7.1951 noch 14717 unerledigte Anträge bezüglich besserer Wohnungen vor. 14440 Wohnungen hätten mehr vorhanden sein müssen, um jeder Osnabrücker Familie ein ungestörtes Leben hinter eigener Wohnungstür zu sichern. Ein durchaus gewichtiger Faktor im Bereiche dieser allgemeinen Wohnungsnot war die Beschlagnahme vieler Wohnungen durch die britische Besatzungsmacht, und zwar vornehmlich im Raume des Westerberges. Während es 1950 noch 374 Wohnungen waren, die auf diese Weise ,,Besatzungsgeschädigten'' entzogen wurden, betrug diese Zahl auch 1952 immer noch 170 Wohnungen in 107 Wohnhäusern, von denen etwa 60 — dem größeren Luxusbedürfnis entsprechend — als Einfamilienhäuser benutzt wurden. Daß mehrere Familien sich unter diesen Umständen zwei oder gar einen Raum als Unterkunft teilen mußten, kam bis dahin immer noch vor. Manche neuankommenden Wohnungssuchenden sahen sich zunächst sogar genötigt, ihr Leben in ehemaligen Luftschutzbunkern und Flakstellungen des letzten Weltkrieges zu fristen.

Um insbesondere zur *Beseitigung der Elendsquartiere* beizutragen, wurde es durch Verhandlungen des Städt. Liegenschaftsamtes mit privaten Grundstückseigentümern ermöglicht, zunächst innerhalb der engeren Peripherie der Stadt (bis zu 2500 Meter vom Neumarkt entfernt) Platz für 108 Baustellen bereitzustellen, außerhalb dieser Linie für weitere 150 Baugrundstücke. Im Bedarfsfalle hätte auf den ausgebombten ,,Kahlschlag"-Flächen innerhalb des Stadtkerns Platz für insgesamt 360 weitere Baustellen bereitgestellt werden können. Darüber hinaus wurde in den Randgebieten der Stadt — für Kleinsiedlungen usw. — noch die Möglichkeit für die Errichtung von weiteren 808 Häusern errechnet. Die Ausführung all dieser Pläne ließ die Beseitigung des jetzigen Wohnungselends in absehbarer Zeit als möglich erscheinen. Damit war der Planungsrahmen für das weitere Vorgehen im Wohnungsbau zunächst einmal umfassend abgesteckt. Gemeinnützige Wohnungsbauunternehmungen, Siedlungswerke u.a. begannen alsbald, den riesigen Nachholbedarf — neben privaten Bauherren — mit in Angriff zu nehmen. Zwar waren im gemeinsamen Schaffen dieser Bauträger seit Kriegsende bis zum 31.10.1949 im Stadtbereich insgesamt 8724 Wohnräume — das waren etwa 2500 im Jahr — neu erstellt worden, doch machte dieser bisherige Wohnungsbau nur 8 Prozent des kriegszerstörten Wohnraumvolumens aus — wahrlich nur ein Tropfen auf dem heißen Stein. Hinzu kam noch in dem besagten Zeitraum die Wiedererrichtung von 1300 gewerblichen Räumen, 27 öffentlichen Gebäuden und 44 landwirtschaftlich genutzten Bauten. Unter Berücksichtigung der widrigen Umstände in der Bauwirtschaft der ersten Nachkriegsjahre war das immerhin eine Leistung, mit der ein bescheidener Anfang gesetzt werden konnte. Durch die Gründung einer ,,Aufbaugemeinschaft Osnabrück" Anfang 1952 wurde versucht, im Rahmen einer zielstrebigen Förderung des seit langem erwünschten Wiederaufbaues des zerstörten Stadtkerns vor allem den sozialen Wohnungsbau in diesem Bereich voranzubringen. Unter der Betreuung dieser Institution, deren Vorstand von den Leitern der Handels- und der Handwerkskammer, der Stadtsparkasse und des Hausbesitzervereins gebildet wurde, schlossen sich die Besitzer zusammenhängender Trümmergrundstücke zu Blockgemeinschaften zusammen, um in gemeinsamer Initiative die Herstellung von jeweils rd. 50 Wohnungen zu betreiben. Die so in Angriff genommenen Bauvorhaben verteilten sich alsbald über das ganze Stadtgebiet und trugen wesentlich dazu bei, die allgemeine Wohnungsnot im Bereiche wirtschaftlich minderbemittelter Familien zu lindern. Auch die Lage der Besatzungsgeschädigten wurde durch Großbauvorhaben im Bereich der britischen Garnison seit 1951 schrittweise gemildert. In diesem Jahre wurden für englische Familien am Heger Holz im Raume der Händelstraße 104 und auf dem Sonnenhügel 36 Wohnhäuser fertiggestellt. 1952 kamen 125 Häuser in der Dodesheide hinzu. Diese sog. ,,Union-Häuser" enthielten vor allem Offiziers- und Unteroffizierswohnungen, wobei für die Offiziere bevorzugt die schöne Wohnlage am Heger Holz in Anspruch genommen wurde.

Der nach der Währungsreform angelaufene wirtschaftliche Wiederaufschwung wurde besonders im zunehmenden *Wiederaufbau von Osnabrücker Geschäftsbauten* deutlich. Am auffälligsten bemerkbar wurden diese baulichen Veränderungen — im Unterschiede zu den Wohnvierteln, aber auch mancher Altstadtgassen — im eigentlichen Geschäftsbereich der Altstadt. Eine nur hier und da unterbrochene Flucht von neuen bzw. wieder instandgesetzten Häusern und Läden säumte die Bürgersteige. So wies die in 85 Hausgrundstücke eingeteilte Große Straße jetzt nur noch 21 Baulücken auf. Das galt auch mehr oder minder von den übrigen Hauptgeschäftsadern der Stadt. Wenn es sich dabei um historisch und stilmäßig wertvolle Häuser handelte, wurde viel Liebe aufgewandt, um den früheren Formen Rechnung zu tragen. Als Beispiele seien genannt das Haus am Markt Nr. 13 (Firma Kötter und Siefker), der letzte noch vorhandene Gesandtensitz aus der Zeit des Westfälischen Friedens (Quartier des spanischen Gesandten) an der Krahnstraße (Konditorei Läer) sowie das Haus Ludwig Willmann mit seinem reich geschnitzten Giebel, ebenfalls an der Krahnstraße. Bei diesen und weiteren wertvollen Bauten konnte der ursprüngliche Stilcharakter formschön wiederhergestellt werden. Am historischen Marktplatz waren dagegen außer Rathaus und Marienkirche (bis 1953 noch ohne Turm) nur drei Privatgebäude wieder instandgesetzt. Hier gebührte vor allem der Wiederherstellung des gediegenen Treppengiebelbaues der Stadtwaage der Vortritt, ganz abgesehen von dem dort dringend benötigten Raum für das Standesamt und Trauungen. In den Geschäftsstraßen der Innenstadt bewegte sich auch schon ein starker motorisierter Fahrverkehr, der bereits — im Vergleich zu Vorkriegsverhältnissen — eine bis dahin nicht gekannte Dichte angenommen hatte. Im Zusammenhang mit den Wiederaufbauplanungen und -vorgängen im Wohnungs- und Geschäftswesen standen die Fluchtlinien für die Straßenführung im Hauptverkehrsbereich der Stadt noch immer im Vordergrund des öffentlichen Interesses. Um für die Durchfahrten (Ost-West-Durchfahrt direkt, Nord-Süd-Durchfahrt über den Inneren Ring) die erforderliche Breite von 22—24 Metern zu erreichen, mußten wesentliche Frontverschiebungen in Kauf genommen werden. Das gleiche galt für die Geschäftsstraßen der Innenstadt im Hinblick auf den verstärkten motorisierten Verkehr. Durch Erweiterung des Neumarktes bis zum Kamp erfuhr dieser Zentralpunkt des Verkehrs eine beachtliche Vergrößerung und Aufwertung, insbesondere durch die damit gegebene Möglichkeit für die Anlegung eines Bus-Bahnhofs. Diese Entwicklung erforderte ebenfalls eine bedeutende Verbreiterung der Brücke über die Hase, der sog. „Friedensbrücke", die umgebaut und mit ihren Fahrbahnen auf die neue Verkehrssituation eingestellt werden mußte. In ähnlich verkehrsfördernder Weise wurden die Große Straße auf der Kurvenlinie zwischen der einmündenden Georgstraße und der damaligen Bäckerei Dreinhöfer begradigt und in gleicher Tendenz der Schillerplatz, der Wittekindplatz (heute: Berliner Platz) sowie der Rißmüllerplatz mitsamt der Einmündung in die Bierstraße umgestaltet.

Daneben ging der Wiederaufbau *öffentlicher Gebäude* zügig weiter. Das historische *Rathaus* nahm nunmehr auch die Dienstzimmer des Oberbürgermeisters und des Oberstadtdirektors auf. Der Rat der Stadt hatte (lt. Ratsprotokoll) bereits seit dem 8.2.1949 seine Sitzungen in das wiedererstandene Rathaus verlegt. Der neue, ziemlich geräumige Sitzungssaal im ersten Stockwerk enthielt neben den Tischreihen für die Bürgerschaftsvertreter Bänke für etwa 40—50 Zuhörer aus der Bevölkerung. Im Dachgeschoß, das früher nur Aktenboden gewesen war, entstanden weitere Dienstzimmer der Stadtverwaltung. Die übrigen Dienststellen verblieben im Stadthaus (Natruper Straße), in der früheren Klosterkaserne (Dominikanerkloster) und mehreren weiteren Gebäuden. Im *Stadtkrankenhaus* konzentrierte sich die Arbeit auf die seit längerem geplante Einrichtung der Chirurgischen Klinik an der Lürmannstraße, ein bedeutendes und kostspieliges Unternehmen. Im Herbst 1950 war der Neubau so weit gefördert, daß diese Abteilung des Stadtkrankenhauses, nach achtjährigem Aufenthalt in Ostercappeln, gegen Ende Oktober endgültig wieder nach Osnabrück zurückkehren konnte. Bis zum Sommer 1952 wurden auch die Arbeiten an der Wiedererrichtung des *Marienhospitals* mit der Erstellung einer eigenen Wohnabteilung für die etwa 30 Schwestern — als Klausur über der Kapelle — im ganzen abgeschlossen. Äußerlich gesehen wirkte dieses Krankenhaus wieder als ein geschlossener Komplex. Beim *Stadtbad am Pottgraben,* das grundsätzlich wieder in seinen früheren Zustand gebracht werden sollte, waren erst 1949 die Aufräumungsarbeiten beendet. Nach einem zügigen Wiederaufbau wurde die wiederhergestellte Schwimmhalle am 1. Juni 1951 wieder offiziell ihrer Bestimmung übergeben. Die Wannen- und Brausebäder konnten dagegen erst im Winter 1954/55 — nach einer Pause von mehr als 10 Jahren — der Öffentlichkeit zugänglich gemacht werden. Immerhin wurde auch bereits 1951 das *Eversburger Kanalbad* wieder in Betrieb genommen. Kräftig vorangetrieben wurden auch die innere Erneuerung der Marienkirche und die Wiederherstellung der im klassizistischen Stil errichteten Bischöflichen Kanzlei sowie des Gerichtsgebäudes am Neumarkt, an dem bereits seit 1946 gebaut wurde.

Auch an den Wiederaufbau des völlig zerstörten *Schlosses* ging man nun heran. Ein Osnabrücker Unternehmen wurde 1949 zunächst mit der Enttrümmerung und den notwendigen Abbrucharbeiten beauftragt. Der danach allmählich anlaufende Wiederaufbau erhielt durch den Beschluß der niedersächsischen Landesregierung, diesen großen Gebäudekomplex für die Aufnahme einer *Pädagogischen Hochschule* auszugestalten und auf deren Bedürfnisse einzustellen, eine sinnvolle und würdige Zielsetzung. Den eigentlichen Wiederaufbau übernahm daher auch das Land Niedersachsen. Der Landtag bewilligte dafür 1,5 Mill. DM. Doch dauerte es noch bis zum Herbst 1953, bis der große dominierende Zentralbau mit den ihn flankierenden Nebengebäuden, insgesamt mit viel architektonischem Einfühlungsvermögen hinsichtlich der historischen Grundkonzeption wiederhergerichtet, mit der Übersiedlung der Pädagogischen Hochschule Celle nach Osnabrück einem wertvollen Zwecke zugeführt werden konnte. Auch die völlig zerbombte und unter Denkmalschutz stehende *Poggenburg* gegenüber der Katharinenkirche wurde seit Sommer 1950 wiederaufgebaut und in ihrer früheren Gestalt (ehemaliger Adelshof der Familie Ostman von der Leye) wiederhergestellt. Das renovierte und im Innern entsprechend ausgestaltete Gebäude wurde 1951 als neues Heim für die Städt. Musikschule in den Dienst gestellt. Es ist heute noch Sitz des Städt. *Konservatoriums*. Als ebenfalls historisch bedeutsames Gebäude wurde um diese Zeit auch die völlig vernichtete *Neue Mühle* an der Hase, an der Einmündung des Pottgrabens gelegen, als stattlicher dreigeschossiger Neubau wiedererrichtet. Eine Gedenktafel erinnert an die weitgespannte geschichtliche Vergangenheit dieses vormals für die Stadt lebenswichtigen Bauwerkes.

Mit der Wiederherstellung des *Hauptbahnhofs* ging es nur sehr langsam vorwärts. Nur die ,,Turmstube'', aus privaten Mitteln wieder benutzungsfähig gemacht, bot den Reisenden eine annehmbare Gastlichkeit. Durch Einbau von Verkaufsständen aller Art gewann auch die Empfangshalle allmählich wieder ein freundlicheres Aussehen. Das Gelände vor dem Hauptbahnhof erfuhr alsbald eine beachtliche Bereicherung und Modernisierung durch die Errichtung des neuen *Hauptpostamtes* an der Stelle der bisherigen Postbaracken im Anschluß an den Ostflügel des Bahnhofgebäudes. Die Erbauung auf seinem früheren Platz an der Wittekindstraße ließ sich aus technischen Gründen nicht mehr verwirklichen. Ein ähnliches Schicksal hatte das bisherige Arbeitsamt. Um dem zerstörten *Arbeitsamt* (früher an der Alten Poststraße) die Möglichkeit eines zentraler gelegenen Wiederaufbaues zu geben, wurde die Ruine der zerstörten Neustädter Volksschule am Johannistorwall abgerissen und ein moderner Neubau durchgeführt. Immerhin hatte diese Behörde zu diesem Zeitpunkt (Ende Juni 1949) im Arbeitsamtbezirk Osnabrück — der auch die damaligen Landkreise Melle, Wittlage und Bersenbrück in sich schloß — rund 9000 Arbeitslose zu betreuen, darunter 1754 weiblichen Geschlechts, in der Stadt Osnabrück waren es 2392 Personen, davon 343 weibliche. Der großzügige Neubau des Arbeitsamtes wurde am 13.12.1951 seiner Bestimmung übergeben. An weiteren öffentlichen Gebäuden folgten 1952 die Errichtung des *Verwaltungs-*

gebäudes für den Landkreis Osnabrück (Kreishaus) mit Fronten zum Neuen Graben und zum Ledenhof und einem neuen Wohngebäude für den Oberkreisdirektor gegenüber der Katharinenkirche. Auf der gegenüberliegenden Seite des Neuen Grabens erhob sich alsbald — an der Stätte des ehemaligen Großen Klubs — der Neubau des *Gewerkschaftshauses* (vor 1933 am Kollegienwall gelegen), das 1953 seiner Bestimmung zugeführt wurde. Auf dem Grundstück des ehemaligen Harmonieklubs an der Hakenstraße entstand 1953/54 ein neues Behördenhaus der Landesregierung, in dem neben Dienststellen des Regierungspräsidenten u.a. das Staatshochbauamt und das Verwaltungsgericht Aufnahme fanden. Die Arbeiten für den Wiederaufbau und die Erweiterung des Städtischen Schlachthofes begannen im Herbst 1953. Sie führten über zwei Bauabschnitte im Frühjahr 1955 zu einem alle notwendigen Zwecke (Pferdeschlachthof, Schweine-Schlachthalle, Kühlhaus, neuer Schornstein usw.) umfassenden Abschluß. Fast gleichzeitig entstand neben dem Schlachthofgelände der Neubau einer großen Mehrzweckhalle, der *„Halle Gartlage"*. Neben seiner Aufgabe als Versteigerungshalle — als Nachfolgerin des früheren Magerviehhofes — kann dieses auch eine große Ausstellungshalle umfassende Gebäude (Gesamtlänge: 130 Meter) ebenfalls für Musik- und Sportveranstaltungen sowie für Ausstellungen aller Art benutzt werden. Es wurde im September 1954 feierlich seiner Bestimmung übergeben. Diese somit auch der Freizeitgestaltung aller Teile der Bevölkerung dienende Großanlage — auf ein angrenzendes weiträumiges Freigelände in Richtung Bremer Brücke wurde später auch der Osnabrücker Stadtmarkt verlagert — erhielt ebenfalls im Herbst 1954 im ersten Bauabschnitt des *„Hauses der Jugend"* an der Gr. Gildewart als Wirkungsstätte für Jugendgruppen mit Möglichkeiten der musischen Gestaltung der Freizeit für interessierte Jugendliche aller Sparten des Kunstschaffens sein entsprechendes Gegenstück für die junge Generation Osnabrücks.

Von den *Kirchen* kam 1949 auch die weitgehend zerstörte evangelisch-reformierte Friedenskirche wieder unter Dach und wurde somit für den Gottesdienst benutzbar. Im Sommer 1952 begannen — nach Wiederherstellung der Stadtwaage — die Wiederaufbauarbeiten am Marienturm. Zur Sicherung der weiteren Bausubstanz des zerstörten historischen *Marktplatzes* wurde 1952/53 die große „Marktplatz-Lotterie" durchgeführt. Als bisher größte Gemeinschaftsaufgabe unserer alten Stadt erbrachte ihr günstiger Verlauf mit einer Einnahme von rd. 100000 DM (Reingewinn: 67700 DM) einen bedeutsamen Erfolg. Nunmehr hoffte der Rat, mit einer Gesamtsumme von 540000 DM — unter Mitwirkung des Bundes, des Landes Niedersachsen und der Klosterkammer — die Stadtwaage weiter auszubauen und die gegenüberliegenden städtischen Giebelhäuser sichern zu können. Im Sommer 1952 erfolgte ebenfalls die Wiederherstellung des aus der romanischen Bauepoche stammenden wuchtigen Kreuzganges am *Dom*. In einer andachtsvollen Feierstunde wurde im Januar 1953 die in mehreren Etappen von der Firma Rohlfing, Osnabrück erbaute neue Orgel in der Domkirche durch Erzbischof Dr. *Berning* eingeweiht. Nahezu zwei Jahre später, am 29.8.1954, erhielt die Kathedrale, die vor 12 Jahren (1942) ihre großen Glocken dem Kriege zum Opfer bringen mußte, mit insgesamt sechs neuen Glocken ein würdiges Geläute zurück. Die feierliche Weihe erfolgte vor dem Hauptportal des Domes durch den Osnabrücker Oberhirten. Dort hatte er auch bereits die bisherigen Glocken nach dem ersten Weltkriege eingeweiht.

Auf dem Gebiete des *Unterhaltungswesens* vollzog sich 1952/53 fast gleichzeitig der Aufbau zweier großer Lichtspieltheater. Es war einmal die Errichtung des „Astoria-Theaters" als Großkino an der Möserstraße. Sie ging mit Hilfe modernster Baumaschinen in rasantem Tempo innerhalb weniger Wochen vor sich und bot mit seinem Parkett und hochgezogenen Rang Raum für etwa 1000 Personen. Am letzten Septembertage

1953 nahmen auch die „Rosenhof-Lichtspiele" am Rosenplatz mit einem Innenraum in moderner und bequemer Ausstattung für 760 Personen ihren Betrieb auf. Mit diesen beiden ansehnlichen und hoch technisierten Lichtspieltheatern war nunmehr der Bedarf im Bereiche des modernen Kinokonsums für Osnabrück für lange Zeit voll gedeckt.

Wichtige Stadtereignisse

Der weiteren *Bewältigung der NS-Vergangenheit* in Osnabrück diente gegen Ende des Jahres 1949 der große Synagogenbrand-Prozeß, dessen Verhandlungen aus räumlichen Gründen in die Halle des Städtischen Fuhrparks verlegt worden waren. Die sich über 19 Tage erstreckenden Verhöre der Angeklagten und Vernehmungen der vielen Zeugen brachten trotz des beachtlichen Zeitaufwandes und ernstlicher Bemühungen des Gerichts keine volle Klarheit über die Vorgänge bei der Brandstiftung und die Beteiligung der Hauptangeklagten an diesem Verbrechen. Weniger ungeklärt blieben die Nebenerscheinungen jener berüchtigten „Reichskristallnacht" am 8./9. November 1938, in deren Verlauf mehrere bekannte jüdische Kaufleute in brutaler Weise verhaftet und alle über 55jährigen jüdischen Glaubensgenossen aus ihren Wohnungen geholt und nach dem KZ-Lager Buchenwald abtransportiert wurden, wo sie 4—5 Monate in Haft blieben. Bei einem Freispruch wegen Mangels an Beweisen wurden sämtliche weiteren acht Angeklagten wegen Vergehens gegen die Menschlichkeit, Landfriedensbruch, Freiheitsberaubung oder Mißhandlung zu mehrmonatigen Gefängnisstrafen verurteilt. Diese Urteile, die nach dem Kontrollratsgesetz der alliierten Besatzungsmächte wegen Verbrechens gegen die Menschlichkeit gefällt worden waren, wurden später — im Dezember 1952 — in einer Berufungsverhandlung nach Maßgabe des deutschen Strafrechts bestätigt. Wegen ähnlicher schwerer Mißhandlungen von Verhafteten, und zwar im Gestapo-Keller des Schlosses, wurde zwei ehemaligen Gestapobeamten als Sühne für ihr unmenschliches Verhalten eine Zuchthausstrafe von je 1 Jahr und 3 Monaten zudiktiert. Wegen Beihilfe erhielt ein weiterer Angeklagter ein Jahr Gefängnis.

Im Frühjahr 1952 ging die Periode der Entnazifizierungsprozesse zu Ende. Rund 42000 Entnazifizierungsverfahren hatten die Öffentlichen Kläger in Osnabrück zu bearbeiten. Die meisten Verfahren endeten mit der Einstufung nach Gruppe 4 oder 5, nur eine kleine Zahl „Minderbelasteter" kam in die Gruppe 3. Die Akten über diese Verfahren wanderten in das Staatsarchiv.

Die unter der NS-Herrschaft verbotene, jedoch nach 1945 alsbald wieder ins Leben gerufene Freimaurerloge „Zum goldenen Rade" setzte seitdem ihre kulturpflegerische Tradition in verstärktem Maße fort. Besondere Beachtung fand ihre Gedenkfeier anläßlich des zweihundertsten Geburtstages Goethes im Jahre 1949.

Im gleichen Jahr wurde dem damaligen Bischof von Osnabrück Dr. Wilhelm *Berning* vom Papst der persönliche Titel Erzbischof (Titular-Erzbischof) verliehen. Als solcher konnte er am 10.3.1950 sein goldenes Priesterjubiläum begehen. Ihm wurde bald darauf ein Weihbischof zugeteilt, und zwar der Domkapitular Johannes von *Rudloff*, der am 24.6.1950 feierlich zum Weihbischof von Osnabrück geweiht wurde. Am 26.3.1952 konnte Erzbischof Dr. Berning die Feier seines 75. Geburtstages begehen. Anläßlich dieses bedeutsamen Ereignisses wurde ihm in Würdigung seines langjährigen Wirkens in und für Osnabrück und seine Bevölkerung der Ehrenbürgerbrief der Stadt Osnabrück überreicht. Der Geehrte ebenso wie Weihbischof Dr. von Rudloff trugen sich in das Goldene Buch der Stadt Osnabrück ein. Zwei Jahre später, am 26.9.1954, feierte Dr. Berning sein 40jähriges Bischofsjubiläum, ein seltenes Ereignis, an dem nicht nur die Katholiken Osnabrücks und seines Bistums lebhaften Anteil nahmen.

Am 31.3.1951 trat Regierungspräsident Dr. *Petermann* in den Ruhestand. In Osnabrücks schwärzester Stunde, im April 1945, wurde er, der bisherige Bürgermeister der Stadt, als politisch Unbelasteter an die Spitze der ,,Restverwaltung'' der Stadt berufen und alsbald von dem englischen Gouverneur als ,,Amtierender Oberbürgermeister'' bestätigt. Auf Grund seines erfolgreichen Wirkens angesichts der grassierenden Not in der kriegszerstörten Hasestadt wurde er im November 1945 mit dem Amt des Regierungspräsidenten in Osnabrück bekleidet. Sein Nachfolger wurde Ministerialrat Dr. Egon *Friemann* aus Hannover (gebürtig aus Witten/Ruhr), der am 1.11.1951 durch den niedersächsischen Innenminister Borowski feierlich in sein Amt als Regierungspräsident in Osnabrück eingeführt wurde. Sein erstes offizielles Auftreten war die Eröffnung der neubegründeten Verwaltungs- und Wirtschaftsakademie im Ratsgymnasium.

Durch den Eintritt des bisherigen Oberstadtdirektors Dr. *Vollbrecht* in den gesetzlichen Ruhestand am 31.8.1952 wurde es notwendig, die Stelle des obersten Wahlbeamten der Stadt Osnabrück wieder neu zu besetzen. Der Rat der Stadt entschied sich im Frühjahr 1953 unter den verschiedenen Kandidaten mehrheitlich für den bisherigen Oberstadtdirektor in Wolfsburg Dr. Dr. *Wegner,* der für 12 Jahre in dieses Amt berufen wurde. Diese Wahl leitete Oberbürgermeister *Buddenberg* (Bürgerblock-DP), der beim letzten Ratswahltermin (9.11.1952) den seit Dezember 1951 amtierenden Oberbürgermeister *Janßen* (CDU/DP) abgelöst hatte und noch über drei weitere Legislaturperioden dieses hohe Amt versah. Die ihn tragende bürgerliche Mehrheit, die bei dieser Wahl in der ersten Legislaturperioe Buddenbergs auch den Bürgermeister in der Person des Ratsherrn *Dr. Franke* (Zentrum) stellte, hatte sich Ende 1951 ergeben, als sich der bisherige langjährige Oberbürgermeister Herlitzius veranlaßt sah, aus privaten Gründen sein Amt niederzulegen. Diese Mehrheitsentwicklung lief parallel mit den Ergebnissen der beiden Bundestagswahlen von 1949 (14.8.) und 1953 (6.9.) in Osnabrück, in denen die CDU mit jeweils 36,9% bzw. 47,5% der Stimmen einen deutlichen Vorsprung gegenüber der SPD und den anderen Parteien erhielt. Direkt gewählter Bundestagsabgeordneter für Osnabrück wurde beide Male Anton *Storch,* Arbeitsminister im Kabinett Adenauer. In der Landtagswahl 1951 (6.5.) erhielt jedoch Oberbürgermeister *Herlitzius* (SPD) das Mandat des Wahlkreises Osnabrück-Stadt. Aber auch in diesem Bereich setzte sich der Trend für eine CDU-Mehrheit in den nächsten Wahlen bis 1959 durch.

In der *Ernährung* der Bevölkerung trat, obwohl 1949 immer noch durch Lebensmittelmarken rationiert, eine fühlbare Verbesserung ein. Die Fettration stieg auf 2000 g, davon Butteranteil 375 g. Die Käseration betrug 250 g, und jeder Jugendliche bis zu 16 Jahren erhielt täglich 1/4 Liter Vollmilch. Darüber hinaus konnten die Hausfrauen nunmehr bereits Obst und Gemüse, aber auch alle Genußmittel auf dem freien Markt einkaufen, jedoch noch zu überhöhten Preisen, deren Tendenz zunächst weiterhin steigend war. Auch in den Gaststätten war nun jeglicher Markenzwang fortgefallen. Demgegenüber hatte der ,,Schwarze Markt'' alsbald weitgehend an Bedeutung verloren, wenngleich Schwarzhandel mit noch rationierten Produkten, u.a. mit Benzin, immer noch vorkam. Am 1. Mai 1950 wurde auch die Lebensmittelrationierung aufgehoben. Diese Ausdehnung der ,,sozialen Marktwirtschaft'' auf den Ernährungssektor erwies sich ebenfalls als ein großer Erfolg. In Großbritannien wurden nach wie vor Lebensmittelkarten ausgegeben.

Beim Wochenmarkt auf dem Domhof grüßte die Hausfrauen seit 1949 wieder an seinem früheren Platz das durch Bombenwurf stark beschädigte Steinbild des *,,Löwenpudels''.* Ein Steinmetzmeister hatte es wieder ausgebessert und auch einen schöneren und höheren Sockel für dieses alte Wahrzeichen Osnabrücks geschaffen. Ebenso konnte

Möserdenkmal mit Bischöflichem Palais

fast zum gleichen Zeitpunkt die Figur des Bergmanns auf dem Sockel des *Haarmannsbrunnen* wieder aufgestellt werden. Die überlebensgroße Bronzeplastik, die 1944 während des Krieges zum Einschmelzen entfernt worden war, wurde zufällig in einer Schrottfabrik in einem Dörfchen des Sauerlandes (in Bredelaer bei Brilon) wieder aufgefunden. Damit ist ein für Osnabrück charakteristisches Brunnendenkmal, das mit seiner Arbeitergestalt sicherlich für seine Entstehungszeit 1909 ein Novum darstellte, glücklich erhalten geblieben. Ebenso wurde am 8.1.1954, dem Todestage Justus Mösers, nach Beseitigung der ihm anhaftenden Kriegsschäden das *Möserdenkmal* an seiner alten Stelle auf der Gr. Domsfreiheit wiederaufgestellt. Es geschah dies im Rahmen einer öffentlichen Feierstunde, bei der Prof. Dr. *Schirmeyer,* als berufener Möser-Kenner, die Festansprache hielt.

Die Einwohnerzahlen der Stadt Osnabrück stiegen in dieser Zeit von 113388 Personen (1.1.1951), darunter 13656 Evakuierte und Flüchtlinge sowie 1138 Ausländer, auf 123226 Köpfe am 31.12.1954. In der Kriegsgefangenschaft befanden sich am 1.4.1951 noch immer 2029 Bürger Osnabrücks. An sämtliche Kriegsgefangene, die aus Osnabrück stammten und deren genaue Anschriften bekannt waren, versandte das Städt. Wohlfahrtsamt Weihnachtspakete mit nützlichem Inhalt (Strümpfe, Taschen- und Handtücher, Schokolade, Tabakwaren usw.). Es bestanden leider jedoch nur 60 Adressen von sicheren Empfängern, die das Rote Kreuz übermittelt hatte. Durch das starke Ansteigen der *Einwohnerzahlen* Osnabrücks durch den Zugang von zahlreichen Ostvertriebenen und Evakuierten in der ersten Hälfte des 6. Jahrzehnts dieses Jahrhunderts stieg die Bevölkerungsdichte in Osnabrück-Stadt von 2044/km² 1951 auf 2176/km²

1954. Die Bevölkerungsdichte, d.h. das Verhältnis der Bewohnerzahl zur besiedelten Fläche, ist damit seit dem Jahr 1821 — bis 1954 — fast um das Zehnfache angestiegen. Während damals in Osnabrück im Durchschnitt auf einen Quadratkilometer nur 262 Einwohner kamen, lebten 1954 auf dieser Fläche 2176 Menschen, und dies nach einer namhaften Vergrößerung des Stadtgebietes durch die Eingemeindungen in den Jahren 1914 (Schinkel) und 1940 (Haste und Teile von Hellern und Nahne). Im Jahre 1939 belief sich die Bevölkerungsdichte noch auf 1912 E./km², und das in einer völlig heilen Stadt, während 1954 noch weite Teile unbewohnbar waren. Hinsichtlich der Konfessionszugehörigkeit der Osnabrücker Bevölkerung ergab sich im Herbst 1951 folgendes Verhältnis: 61 634 Evangelische (= 56,2%), 43 697 Katholische (= 39,9%), 4207 Sonstige (3,9%).

Kulturelle Belebung, vor allem im Theater- und Musikwesen

Die nach dem Weggang des bisherigen Intendanten Dr. Hans Peter *Rieschel* nach Hamburg schwebende Theaterfrage beschäftigte seit vielen Monaten den Rat der Stadt. Das von Rieschel und seinen Mitarbeitern zunächst als Theater-GmbH eingerichtete und sodann in ein Regie-Theater des Kulturdezernats der Stadt überführte *Neue Stadttheater* in der Blumenhalle entsprach in seiner bühnentechnischen Ausstattung und der unbehaglichen räumlichen Unterbringung für das Publikum seit langem nicht mehr den Erwartungen der Öffentlichkeit. So ging denn auch der Besuch immer mehr zurück, insbesondere nach der Währungsreform 1948. Nach diesem tiefen Einschnitt in das noch von den Kriegsfolgen bestimmte Wirtschaftsleben erforderte der weitere Betrieb des Theaters bis zum Ablauf des Jahres 1949 einen Gesamtzuschuß von über 300 000 DM, unter Einbeziehung des Orchesters gar von über 700 000 DM, einen für die Zeitverhältnisse außerordentlich hohen Betrag, den die Mehrheit des Rates zu tragen nicht gewillt war. Dieses Theater sollte daher auf Beschluß des Rates vom 24. Mai 1949 mit Ende der Sommerspielzeit 1949 geschlossen und dafür das kriegszerstörte Theatergebäude am Domhof sofort wiederaufgebaut werden. Hierzu erwartete man eine namhafte Beihilfe des Niedersächsischen Kultusministeriums. Aber auch die Bürger Osnabrücks beteiligten sich im Rahmen einer Wiederaufbaulotterie sowie mit weiteren Sammlungen und Spenden an der Ermöglichung des Fortbestandes „ihres Theaters". In einem Aufruf in den Tageszeitungen wandten sie sich auch an die Städte und Dörfer des Osnabrücker Landes, durch Geldspenden das Theater am Domhof zu retten. Zwischenzeitlich bemühte sich der für den Übergang als Intendant eingesetzte Schauspieler *Buchmann* um die Weiterführung des Theaterlebens im Foyer und im Rohbau überdachten Bühnenhause des Theaters. Hier brachte er am 10. Mai 1949 vor dem mit Gestühl versehenen Parkettraum Thornton Wilders „Wir sind noch einmal davongekommen" zur Aufführung. Ein denkwürdiger Tag, der auch musikalisch umrahmt wurde, denn zum erstenmal seit der Totalzerstörung des Bühnenhauses im September 1944 öffneten sich wieder die Pforten des Theaters, wenn auch nur zwei kleine seitliche Eingangstüren. Mit der glanzvollen Aufführung von Carl Zuckmeyers Werk „Der Hauptmann von Köpenick", in der Einrichtung von Axel *Kreuzinger,* endete in der Blumenhalle die letzte Spielzeit des „Neuen Stadttheaters" unter städtischer Regie. Dieses Stadttheater wirkte auch mit bei mehreren Gedenkveranstaltungen im Goethe-Jahr 1949, u.a. mit einer Aufführung des „Egmont". Einige wenige, aber stark gehaltvolle Abende mit Sprechern des Theaters, auch mit auswärtigen Künstlern wie die in Osnabrück bereits früher stürmisch gefeierte *Gefion Helmke* und den gebürtigen Osnabrücker *Mathias Wiemann,* umrahmt von Darbietungen des Städt. Orchesters unter der Leitung von Bruno *Hegmann,* auch von Gesangs- und Chorvorträgen, dienten dem Gedanken des großen deutschen Dichters, vor allem auch vor der Jugend.

Dennoch ging die *Theaterkrise* weiter. Ensemble und Orchester wurden zum 31.7.1949 gekündigt. Hieraus erwuchsen für die Theaterleute schwerwiegende Konsequenzen, denn es wurde ihnen doch so ziemlich kurzfristig ihre Existenzgrundlage in Frage gestellt. Es kam zu unerfreulichen gerichtlichen Auseinandersetzungen zwischen der Stadt und den Künstlern. Man bemühte sich dennoch, bis zur Eröffnung des Stadttheaters am Domhof irgendwie eine Brücke zu schlagen. Hier hatte im Juli 1949 bereits der Wiederaufbau der zerstörten Teile des Hauses begonnen. Der neue Bauplan sah an Stelle der ehedem drei nur zwei ,,Ränge'' und ein Parkett vor sowie überall Polstersitze als Gestühl. Insgesamt waren für den Neubau 938 Sitzplätze vorgesehen. Bis zur Fertigstellung dieses Hauses gelang es jedoch dem rührigen Leiter der Theatergruppe, Axel Kreuzinger, wiederum in der Blumenhalle unter der Bezeichnung ,,Lortzing- Theater'' noch ein öffentliches Bühnen-Unternehmen zu starten. Grundlage hierzu war die Herbeiführung einer loyalen Spielgemeinschaft mit dem früheren Städt. Orchester, das im Zusammenwirken mit dem Musikverein, der in diesem Jahre auf eine fünfzigjährige Wirksamkeit zurückblicken konnte, in gewohnter Weise unter der Stabführung von Bruno Hegmann auch die Symphoniekonzerte durchführte. Aus den Solisten und Musikern dieses Orchesters wurde am 1.9.1950 das *Osnabrücker Symphonieorchester* begründet, das sich unter der sorgfältigen Schulung durch Musikdirektor Hegmann zu einem recht leistungsfähigen und gut disziplinierten Tonkörper entwickelte. Seine wesentliche Aufgabe blieb weiterhin die Durchführung von Konzerten des Musikvereins und Mitwirkung bei Theateraufführungen. Das Unternehmen ,,Lortzing-Theater'' fand weitgehende Unterstützung durch Industrie, Handel und Handwerk, aber auch durch die Stadt und Besucherorganisation wie die ,,Volksbühne'' und die ,,Jugendbühne''. Die Spielzeit 1949/50 war somit gerettet. Im Hinblick auf die vorgesehene Eröffnung des wiederhergestellten *Theaters am Domhof* im Herbst 1950 konnte sich jedoch das ,,Lortzing-Theater'' nicht mehr länger halten. Wegen völliger Unrentabilität mußte das Unternehmen im Sommer 1950 seine Tore schließen.

Die Wiederaufbauarbeiten am Stadttheater erforderten nach der Planung insgesamt eine Summe von etwa 300000 DM, unter Einbeziehung eines gesammelten Betrages von 34000 DM und des schon früher im Haushaltsplan der Stadt vorgesehenen Betrages von 50000 DM. Da dem Rat die Planungssumme als zu hoch erschien, bewilligte er zunächst für die ,,Spielfertigmachung'' des Hauses den Betrag von 194000 DM als Mindestsumme, in deren Rahmen der Wiederaufbau durchgeführt werden sollte. Als Träger des Theaters wurde eine neue Theater-GmbH gegründet, deren Vorstand sich aus den Spitzen des Theatervereins, des Musikvereins und der ,,Volksbühne'' zusammensetzte.

Mit der Eröffnung des wiederhergestellten *Theaters am Domhof* am 9. September 1950 unter städtischer Regie begann ein neuer Abschnitt in der Geschichte des Osnabrücker Theaters. Eine als Drehbühne allen technischen Anforderungen gewachsene Bühne, glückliche architektonische Gliederung und Ausstattung des Innenraums, in dem alle Plätze bequeme Polstersessel erhielten, machten es zu einem der schönsten Häuser Westdeutschlands. Mit einem Schauspiel aus dem Welttheater Calderons ,,Über allem Zauber Liebe'' in der Inszenierung durch den neuen, alten Intendanten Erich *Pabst,* der bereits in einer ersten Intendanzepoche 1929—1931 die Osnabrücker Bühne in zielbewußter Weise zu einem gutprofilierten Theater gestaltete, trat das neuerstellte Theater, im Rahmen eines würdigen Festprogramms, vor das Osnabrücker Publikum. Rauschender Beifall bekundete die große Freude, mit der das Haus unter neuer Leitung und einem Ensemble, das zu größten künstlerischen Erwartungen berechtigte, entgegengenommen wurde. Auch die zweite fruchtbare Intendanzära Erich Pabsts erzielte breite Anerkennung. Das neue Theater hatte in seiner ersten Spielzeit bei 343 Vorstellungen 220000

1. Allseitige Belebung auf neuer wirtschaftlicher Grundlage (1949—1955)

Das wiederhergestellte Stadttheater mit dem Anbau aus den 70er Jahren

Besucher zu verzeichnen, davon 33000 von außerhalb, ein Rekord, der in den letzten 20 Jahren nie erreicht worden ist. Unter den auswärtigen Gästen befanden sich auch etwa 1000 Holländer. Der unerwartete Tod dieses Intendanten endigte leider allzu früh den neuen Aufschwung. Sein 1956 neugewählter Nachfolger, Intendant Günter *Meincke,* trachtete, traditionsverhaftet und zugleich Neuland beschreitend, diese Entwicklung in bester Weise fortzusetzen.

Eine Erweiterung seiner schauspielerischen Produktionsmöglichkeit erfuhr das Osnabrücker Theater durch die Einrichtung einer *Studiobühne* in der Aula des Ratsgymnasiums, und zwar seit Herbst 1951. Zur Eröffnung dieser Interimsbühne wurde hier Anfang Oktober Thornton Wilders Schauspiel „Eine kleine Stadt" aufgeführt. Bereits nach Ablauf der zweiten Spielzeit 1951/52 seit Wiedereröffnung des Theaters am Domhof zeigte sich vor allem in der Güte der Darbietungen ein ganz unzweifelhafter Fortschritt gegenüber früher. Es gelang bereits Intendant Pabst in zunehmendem Maße, Schauspielaufführungen mit hohen künstlerischen Ansprüchen ein besonderes Format zu geben. Neben einigen ausgezeichneten Darstellern (wie Baumgarten, Eick, Falkenberg) war ein guter Teil des Aufstiegs auch trefflichen Regisseuren zu verdanken (wie Radke für das Schauspiel und Kurt Pscherer für die Operette). Den Erfolg der Spielzeit bestätigte die Zahl von nunmehr bereits 251000 Besuchern — womit ein in der Theatergeschichte Osnabrücks noch nie dagewesenes Maximum erreicht wurde.

Die Poggenburg

Im *Musikleben* der Stadt nahm das seit 1951 in der *Poggenburg* ansässige Städt. Konservatorium einen hervorragenden Platz ein. Bis zum 31.3.1954 wurde es von Kurt *Felgner,* dem Begründer des weithin anerkannten *Osnabrücker Kammerchors* geleitet. Nachfolger wurde Karl *Schäfer,* bisher Musiklehrer am Ratsgymnasium, der das Konservatorium schon während der Jahre 1938—1942 geleitet hatte. Den von Kurt Felgner aufgebauten *Osnabrücker Kammerchor* übernahm nach dessen Weggang der Musiklehrer des Konservatoriums Franz *Clausing.* Auch unter seiner Leitung legte der Kammerchor noch häufiger Proben seines hervorragenden Könnens ab.

Seit dem Jahre 1950 wurde das kulturelle Geschehen in der Stadt Osnabrück auch nachhaltig geprägt durch die vom Städt. Kulturamt veranstalteten *Hochschulwochen,* die jährlich jeweils abwechselnd in Verbindung mit Universitäten Nord- und Westdeutschlands sowie der Niederlande durchgeführt wurden. Mit diesen wertvollen Unternehmen, die auf ein sehr interessiertes Echo bei der Bevölkerung stießen, schloß die Stadt Osnabrück an ihre erste Hochschulwoche an, die sie kurz nach dem Ersten Weltkriege zusammen mit Professor Dr. Karl *Brandi,* Universität Göttingen, organisierte. Nach längerer Pause regte 1950 der Kulturelle Arbeitskreis in Osnabrück durch seinen Vorstand, Staatsarchivdirektor Dr. *Wrede* und Rechtsanwalt *Calmeyer,* an, in jedem Jahr wieder eine Hochschulwoche durchzuführen. Es gelang den Veranstaltern, zu der ,,Göttinger Woche'' 1950, deren Programm in der Aula der Staatl. Oberschule, Lotter Straße, abgewickelt wurde, so hervorragende Wissenschaftler wie Nohl, Wittram und Heimpel zu gewinnen. Eine große Anziehungskraft für weite Kreise der Bevölkerung vermittelte auch die Teilnahme des hannoverschen Landesbischofs D. Dr. *Lilje,* der im Rahmen dieser Woche über das Thema ,,Die Zukunft der abendländischen Universitäten in christlicher Sicht'' sprach. Jede Vorlesung dieser vorzüglichen Interpreten deutschen Geisteslebens zog etwa 500 Zuhörer an, eine Besucherzahl, die bei den späteren Hochschulwochen nur noch selten erreicht wurde. *,,Und jedem Anfang wohnt ein Zau-*

1. Allseitige Belebung auf neuer wirtschaftlicher Grundlage (1949—1955)

ber inne ...'' — dieses Wort von Hermann Hesse konnte sichtlich von der ,,Göttinger Woche'' 1950 gelten. Es galt auch weiterhin zumindest für die Eröffnung der nachfolgenden jährlichen Hochschulwochen, die jeweils in Form einer würdigen, von Musikvorträgen umrahmten Feierstunde gestaltet wurde.

Zu einer Art akademischer Feierstunde wurde im Berichtszeitraum (1949—1955) mehrfach die im Rathaus durch den Oberbürgermeister erfolgende Verleihung der 1944 gestifteten *Möser-Medaille* an verdienstvolle Bürger der Stadt und des Osnabrücker Landes. So erhielt 1952 Domarchivar Dr. theol. Christian *Dolfen,* anläßlich seines 75. Geburtstages, als Anerkennung dafür, daß er in Wort und Schrift die Kunstdenkmäler der Stadt, vor allem den der Stadt gehörenden Kaiserpokal, in weiten Kreisen bekannt gemacht hat, diese hohe Auszeichnung. 1954 wurde sie an den gebürtigen Osnabrücker Friedrich *Vordemberge-Gildewart,* den bedeutenden Kunstmaler und Lehrer an der Hochschule für Bildende Künste in Köln, und an den Mittelschulrektor Wilhelm *Fredemann* in Neuenkirchen (bei Melle), der als gediegener Heimatschriftsteller und Förderer des Plattdeutschen bekanntgeworden ist, vergeben.

Das in umfassender Weise wieder hergerichtete *Städtische Museum* am Heger-Tor-Wall, das inzwischen seine verschiedenen Abteilungen neu geordnet hatte, erfreute sich zusehends eines immer stärkeren Besuches. Besondere Anziehungskraft übten die dort mit wechselnden Themen durchgeführten Kunstausstellungen aus, u.a. auch Ausstellungen Osnabrücker Maler, wie z.B. die der Arbeiten Friedrich Vordemberge-Gildewarts und Willi Hohmanns.

Seit Juni 1953 hatte endlich auch die *Stadtbücherei* im Hause des ehemaligen Offizierskasinos gegenüber dem Schloß, und zwar im Obergeschoß der dort befindlichen *Brücke* eine einigermaßen ausreichende Unterkunft gefunden. Ihr Bestand an Büchern, der vor der Ausbombung aus dem Schloß 1942 und nochmals 1945 aus dem *Großen Klub* bei über 30000 Bänden gelegen hatte, war immerhin schon wieder auf 16000 Bände in der Ausleihe an Erwachsene, 2800 Bände in der Jugendbücherei, auf 65 Zeitungen und Zeitschriften und 800 Bände Handbücherei im Lesesaal angewachsen. Im Wege ihres Wiederaufbaus, der von einem Zimmer im Museum über eine Baracke am Rißmüllerplatz und einigen Räumen in der Großen Straße (seit 1952) nunmehr in diesem Hause gegenüber dem Schloß vorerst zu einer festen Bleibe geführt hatte, konnte sie unter Betreuung ihres jetzigen Leiters, Dr. *Bethke,* nunmehr auch wieder, neben der Aufgabe als Volksbücherei, den Charakter einer wissenschaftlichen Studienbücherei annehmen.

Als die Stadtbücherei Anfang 1955 ihre endgültige Wirkungsstätte in einem der gediegenen Giebelhäuser am historischen Marktplatz einnehmen konnte, wurde am 1. Februar 1955 in ihren bisherigen Räumen als deutsch-amerikanisches Kulturzentrum die *Brücke der Nationen* eröffnet, und zwar als Nachfolgeeinrichtung des bereits hier seit 1950 von britischer Seite begründeten Instituts ,,Die Brücke'', deren bedeutsame Rolle im kulturellen Leben der Stadt durch jährlich weit über hunderttausend Besucher unterstrichen wurde. Die neue, unter Mithilfe des US-Generalkonsulats Bremen eingerichtete Institution der Stadt Osnabrück, wurde — als breit angelegtes Informationszentrum — in dieser Hinsicht bestens ausgestattet. Sie enthielt eine reichhaltige fremdsprachliche Bibliothek von etwa 7200 Bänden sowie entsprechende Zeitschriften und Tageszeitungen. Sie wollte allen interessierten Osnabrücker Bürgern Gelegenheit bieten, sich über kulturelle, wirtschaftliche und soziale Entwicklungen der westlichen Welt zu unterrichten. Hauptaufgabe der *Brücke der Nationen* sollte sein, zur internationalen Völkerverständigung beizutragen und so einen dauerhaften Weltfrieden sichern zu helfen.

Die Marienkirche — umrahmt von den wiedererstandenen Giebelhäusern

Die schon seit längerer Zeit andauernden Arbeiten zur Erneuerung der *Marienkirche,* über die bereits berichtet wurde, zogen sich noch bis in den September 1949 hinein. Gegenüber dem früheren altvertrauten Zustand hatte sich das Bild des Inneren stark verändert. Die Entfernung mancher Ausstattungsstücke aus den letzten Jahrhunderten hatte bewirkt, daß der mittelalterliche Hallencharakter dieses Gotteshauses nunmehr bedeutend stärker hervortrat als ehedem. Die feierliche Weihe der erneuerten Kirche erfolgte — nach Aufstellung der neuen Orgel an der Westseite — unter größter Anteilnahme der Gemeinde am Sonntag, dem 11.9.1949, im Rahmen eines Festgottesdienstes, in dem Landesbischof D. Dr. Lilje die Predigt hielt. Doch erst seit dem Palmsonntag 1953 erklang wieder Glockengeläut vom nunmehr endlich neu errichteten Marienturm. Dieses besondere Ereignis wurde in einer würdigen gottesdienstlichen Feier begangen. — Als letztes der vom Zweiten Weltkriege schwer angeschlagenen mittelalterlichen Gotteshäuser Osnabrücks wurde die *Katharinenkirche* in mehrjähriger Arbeit soweit wieder instand gesetzt, daß dort Mitte Dezember 1950 nunmehr der erste Gottesdienst begangen werden konnte. Nur das entblößte Stahlgerippe des hohen Turmes zeugte noch von dem Tage der Zerstörung, dem 25. März 1945, als die Kirche wie eine einzige riesige Fackel ausbrannte. Die festliche Einweihung des neuerstandenen Gotteshauses, bei dem durch die Einbeziehung des Turmteils in den Kirchenraum eine betontere Längsachse geschaffen wurde, erfolgte am 17.12.1950 ebenfalls durch Landesbischof D. Dr. Lilje. Im Herbst 1951 begannen im hohen Eisengerüst des Katharinenturmes die Arbeiten zur Entrostung der eisernen Streben. Um das alsbald wieder in Stand gesetzte eiserne Turmgerippe mit Kupferplatten zu bekleiden, erging seitens des Kirchenvorstandes ein Aufruf

1. Allseitige Belebung auf neuer wirtschaftlicher Grundlage (1949—1955)

an die gesamte Bürgerschaft — ohne Unterschied des Bekenntnisses —, die baldige Wiederherstellung dieses jahrhundertealten Wahrzeichens der Stadt Osnabrück durch großherzige Geldspenden zu ermöglichen. — 1952/53 wurde an der Rückertstraße auch der Neubau der durch Bomben völlig zerstörten *Elisabethkirche* hergestellt und feierlich dem Gottesdienst geweiht und 1954 die durch Umbau beträchtlich vergrößerte *Michaeliskirche* im Stadtteil Eversburg in den Dienst genommen. Die im Kriege fast völlig zerbombte *Herz-Jesu-Kirche* am Herrenteichswall wurde ebenfalls 1953/54 wieder aufgebaut. Die Türme erhielten — ähnlich wie beim Dom — eine flachere Gestaltung in Form eines aus Balken gefügten kleinen Spitzdaches. So wurden zunächst die gröbsten Schäden an den bisherigen Kirchen Osnabrücks beseitigt, bevor in wenigen Jahren mit dem Neubau weiterer Gotteshäuser begonnen werden konnte. Die *Heilig-Geist-Kirche* an der Kreuzung Lerchenstraße — Reinhold-Tiling-Weg erfuhr bereits im Juni 1954 die Grundsteinlegung. Die Fertigstellung des neuen Gotteshauses, das etwa 400 Plätze im Schiff umfassen sollte, erfolgte noch im gleichen Jahre.

Mit dem Hinscheiden des Heimatdichters und Ratsherrn Hermann *Grupe* (1881—1949) am 17. September 1949, verlor Osnabrück einen seiner angesehensten Bürger der letzten Jahrzehnte. Schon vor dem Ersten Weltkrieg als Mittelschullehrer in die Hasestadt berufen, führte ihn sein lebhaftes Interesse für politische Fragen bereits vor der Hitlerzeit in den Rat der Stadt. 1933 wurde seiner Stadtverordnetenarbeit ein unfreiwilliges Ende gesetzt. Nach dem Kriege nahm er sie 1947 wieder auf, doch seine Popularität verdankte er stärker noch seiner heimatgebundenen plattdeutschen Schriftstellerei, durch die er als *Grupen Hiärm* weit im Osnabrücker Lande bekannt wurde. Als stadtbekannte Persönlichkeit verstarb auch im gleichen Jahre der 74jährige Kunstmaler Theodor Friedrich *Koch,* der sich neben seinem Hauptberuf als Kunsterzieher am Ratsgymnasium auch als freischaffender Künstler betätigte. Mit besonderer Vorliebe hielt er die malerischen Winkel in der Osnabrücker Altstadt mit seinem Pinsel fest.

Der ,,Niedersachsentag'' des Niedersächsischen *Heimatbundes* in Osnabrück am 28.—30.9.1951, an dem auch dieser beiden verdienten Heimatfreunde gedacht wurde, unterstrich mit einer Fülle von gutbesuchten Veranstaltungen die Verbundenheit der Bürger Osnabrücks mit ihrer niedersächsischen Heimat. Neben der Jahreshauptversammlung des Heimatbundes stand eine musikalische umrahmte Festsitzung im Stadttheater mit den Spitzen der geistlichen und weltlichen Behörden sowie Körperschaften im Mittelpunkt der Veranstaltungen. Die Begrüßungsansprache des Stadtoberhauptes hielt Oberbürgermeister *Herlitzius* im schönsten Osnabrücker Platt. Der Pflege des Heimatgedankens diente auch — erstmalig wieder nach 1945 — die Wiedereinführung des *Steckenpferdreitens* Osnabrücker Kinder am 25.10.1954 zum Gedächtnis an den 25. Oktober 1648. An diesem Tage wurde auf der Freitreppe des Osnabrücker Rathauses der Westfälische Friede ausgerufen, und die Osnabrücker Jungen sollen der Sage nach damals durch einen Vorbeiritt auf Steckenpferden an dem kaiserlichen Feldmarschall Piccolomini auf dem Marktplatz atmosphärisch wesentlich zur Beschleunigung der Friedensverhandlungen im Osnabrücker Rathause beigetragen haben. Oberbürgermeister *Buddenberg* erinnerte in seiner Ansprache während der von Lampions erleuchteten Abendstunde auf dem historischen Marktplatz an den denkwürdigen Tag der Friedensverkündung 1648.

Für den *Turn- und Sportbetrieb* in Osnabrück standen bis dahin — nach Kriegsende — nur sieben Turnhallen zur Verfügung: die OTV-Halle, die den Krieg einigermaßen heil überstanden hatte, fünf wiederhergerichtete Schulturnhallen und die von der Stadt wiederaufgebaute Turnhalle an der Heinrichstraße, die an den OTB verpachtet wurde.

Auf die Benutzung dieser sieben Hallen waren jedoch 19 Turnvereine angewiesen — wahrlich ein ausgesprochener Notstand, der auch durch die im Aufbau befindlichen Hallen der Staatl. Oberschule an der Arndtstraße und der Stüveschule im Schinkel nicht behoben wurde. Durch den Wiederaufbau der Hauptturnanstalt am Schloßwall 1952/53 wurde die Lage der Turnvereine etwas erleichtert. Sie sollte auch für die sportliche Ausbildung im Rahmen der künftigen Pädagogischen Hochschule im Schloß zur Verfügung stehen. Um für Handballspiele und sonstige raumfordernde Sportarten Platz zu gewinnen, sollte alsbald eine zweite große Halle angegliedert werden. Als vorerst einziges Hallenbad war die Herrichtung der zerstörten Badeanstalt am Pottgraben seit 1949 wieder in Angriff genommen. Im Juni 1951 wurde die neue prächtige Schwimmhalle für die tägliche Benutzung zur Verfügung gestellt. Anschließend wurde der 2. Bauabschnitt (Wannenbäder und Massageräume) begonnen. — Im sportlichen Bereich erreichte der volkstümliche Osnabrücker Fußballverein *VfL von 1899* in diesen Jahren im Verbande der Oberliga Nord ein hervorragendes Leistungsniveau, das ihn zeitweilig an die Spitze der Tabelle brachte.

Erste Fortschritte im sehr daniederliegenden Schulwesen

Eine Verbesserung der katastrophalen *Unterrichtsverhältnisse* des Jahres 1948 — in diesem Jahr mußten z.B. 9310 Volksschüler (210 Klassen) in 7 Schulhäusern mit 130 Klassenräumen unterrichtet werden; demgegenüber die Situation von 1939: 8930 Volksschüler (218 Klassen) in 16 Schulhäusern mit 242 Klassenräumen — erfolgte, nachdem alle räumlichen Möglichkeiten in den größtenteils mehr oder weniger zerstörten bzw. beschädigten Schulen erfaßt worden waren, nunmehr zunächst durch Steigerung der Anzahl der Lehrkräfte. So erhöhte sich — nach der amtlichen Statistik der Schulverwaltung — von 1947 bis 1949 in den Volksschulen bei gleichzeitigem Anstieg der Schülerzahlen um etwa 20 Prozent die Zahl der sie betreuenden Lehrkräfte um etwa 40 Prozent. Bei den Mittel- und Höheren Schulen verlief diese Entwicklung bedeutend langsamer. Hier nahm die Anzahl der Fachlehrer, aber auch die der Schüler, nur um wenige Prozente zu. Das lag vor allem an dem beschränkten Aufnahmevermögen dieser Anstalten, die sämtlich ebenfalls stark unter den Einwirkungen des Krieges gelitten hatten. Um die allgemeine Schulraumnot weiter abzubauen, vor allem den unzuträglichen Schichtunterricht in allen Klassenstufen von morgens 8 bis spätnachmittags 18 Uhr allmählich aufzuheben, mußte dringend zusätzlicher neuer Schulraum gewonnen werden.

Als ersten Schritt dazu beschloß der Rat der Stadt im April 1949, der *Altstädter Schule*, deren früheres Gebäude am Rißmüllerplatz völlig zerstört und die daher im Hause der Möser-Mittelschule mit untergebracht war, wieder ein eigenes Schulhaus zu geben, nämlich durch Auf- und Umbau des ebenfalls zur Ruine gewordenen Hauptverwaltungsgebäudes der Städt. Krankenanstalten am Heger Tor. Es gelang, für diesen ersten städtischen Schulneubau in Osnabrück seit fast einem halben Jahrhundert die Finanzierung, an der sich auch die *Notgemeinschaft Osnabrücker Schulen* namhaft beteiligte, sicherzustellen und bis zum Herbst des Jahres den Auf- und Umbau für 17 Klassenräume sowie einer Reihe von Verwaltungs- und Nebenräumen durchzuführen. Im Rahmen dieses umfassenden Raumvolumens mußte jedoch die Altstädter Schule zunächst noch eine weitere Volksschule, die Gemeinschaftsschule I, mit in ihr Haus aufnehmen. Das bisherige Gebäude der Altstädter Schule am Rißmüllerplatz wurde für Krankenhauszwecke (Schwesternheim und Krankenhausverwaltung) zur Verfügung gestellt. Der Entlastung weiterer überbelegter Schulen, vor allem in der Innenstadt, dienten

1. Allseitige Belebung auf neuer wirtschaftlicher Grundlage (1949—1955)

Nach der Verwendung als Schulhaus für die Altstädter Schule und Gemeinschaftsschule I (1948—1964) wurde das innen umgebaute Gebäude am 1. Oktober 1964 als Stüvehaus der Städt. Volkshochschule und der „Brücke der Nationen" zur Verfügung gestellt.

alsbald die Errichtung je einer evangelischen und katholischen Volksschule in dem früheren Jugendheim an der Bramscher Straße und der Aufbau einer provisorischen Steinbaracke für zwei weitere Klassenräume bei der gleichfalls überfüllten Lieneschwegschule. Finanzierung und auch teilweise die Aufstellung erfolgten hier durch freiwillige Spenden und tätige Mitarbeit der Eltern. Mit all dieser Mithilfe hat die Osnabrücker Elternschaft angesichts der notvollen Schulverhältnisse der weiteren positiven Entwicklung ihres Schulwesens wertvolle Impulse gegeben.

Mit der Wiederberufung des Oberstudiendirektors a.D. Dr. *Oberbeckmann,* der bereits von 1935—1945 Leiter des städtischen Schulwesens gewesen war, im November 1949 zum neuen Senator im Schuldezernat — er hatte 1945 wenige Tage nach dem Einzug der britischen Truppen sein Amt aus politischen Gründen niederlegen müssen — trat ein erfahrener Schulmann an die Spitze der Schulverwaltung der Stadt Osnabrück. Seiner Initiative war es alsbald zu verdanken, daß es mit der unterrichtlichen Versorgung der Schüler(innen) im Bereiche des allgemeinbildenden Schulwesens allmählich weiter voranging.

Die mit den bisherigen Maßnahmen bereits spürbar verbesserten Schulverhältnisse im Stadtzentrum und im Raume Bramscher Straße — Sonnenhügel, wobei es dennoch durch Doppelbelegung der hinzugewonnenen Gebäude nicht ohne den leidigen Schichtunterricht abging, wurden nunmehr planmäßig auf weitere Stadtteile ausgedehnt.

Grundlegende Abhilfe schuf der erste umfassende Neubau eines großen Volksschulsystems für den Bereich der westlichen Neustadt an der verlängerten Katharinenstraße in Höhe der *Rückertstraße*. Der in mehreren Bauabschnitten geplante moderne Baukörper sollte im Endausbau so groß sein (16 Klassen), daß er neben der provisorischen Schule am Lieneschweg auch die katholische Elisabethschule, die ebenfalls in einem Notbau untergebracht war, aufnehmen konnte. Der Unterricht im erstellten 1. Bauabschnitt wurde am 4.12.1952 aufgenommen. Der letzte Bauabschnitt wurde 1955 in den Dienst gestellt, so daß nun der zweigeschossige Gesamtbau die vorgesehenen 16 Klassenräume mit allem Zubehör (Nebenräume, Gruppenräume, Verwaltungsräume usw.) umfaßte. Mit diesem ersten kompletten Schulneubau der Nachkriegszeit, der alsbald durch eine eigene Turnhalle ergänzt wurde, setzte die Stadt Osnabrück ihre schulfreundliche Tradition aus früheren Jahrzehnten — während der Hitlerzeit war auf diesem Gebiete kaum etwas geschehen — zielstrebig fort. Fast gleichzeitig zu dieser Entwicklung im Westen der Stadt wurde im Norden für die Kinder in der Siedlung *Widukindland* in Schinkel, die aus nahezu 400 Siedlungshäusern mit je zwei Familien besteht, ein schmucker Schulneubau erstellt und am 1.10.1952 feierlich seiner Bestimmung übergeben. Die bis dahin auf mehrere weiter entfernt gelegene Schulen angewiesenen Kinder erhielten so eine eigene Schulheimat. Das viertraktige, mit modernen Gruppenarbeitsräumen ausgestattete eingeschossige Gebäude umfaßte ebenfalls zwei Volksschulen — je eine evangelische und katholische Bekenntnisschule.

Neben der Errichtung völlig neuer Schulbauten ging in diesen Jahren in einer Reihe stark beschädigter bzw. teilzerstörter Schulen — u.a. Carolinum, Ursulinen-Oberschule, Johannis-, Dom- und Overbergschule — die *Wiederherstellung bzw. Neuerrichtung von Klassenräumen* weiter. Auf dieser Grundlage konnte im April 1951 die Ursulinenschule an der Kl. Domsfreiheit ihre Tätigkeit wieder aufnehmen. An der Riedenstraße gelang es bis zum 5.9.1951 durch die Bereitstellung von 18 Klassenräumen in stark zerstörten Schulhäusern, den insgesamt 950 Schulkindern der Domschule und einer evangelischen Bekenntnisschule geregelten Unterricht zu geben.

Trotz dieser erfreulichen Fortschritte grassierte die nackte Schulnot an vielen *Volksschulen* weiter. Noch in Baracken und Notbauten hausten 1952: die Elisabethschule, die Lieneschwegschule (bis zum vollen Ausbau der Rückertschule), drei Klassen der Burbrinkschule, die kath. Volksschule in Haste, die Liebfrauenschule in Eversburg. Unter schlechten baulichen Zuständen litt auch die Volksschule an der Bramscher Straße. Es handelte sich hier um ein ursprüngliches Fabrikgebäude, dessen Wände durch Feuchtigkeit vergilbt waren. Die ganze Schule roch stark nach Schimmelpilzen. Im Gebäude der Kreuzschule im Schinkel — dort waren die Marien- und die Stüveschule untergebracht — mußten 1700 Kinder in 20 Räumen unterrichtet werden. Der Schulhof glich bei Regenwetter einem Morast. Zur besseren schulischen Versorgung der von diesen Mißständen betroffenen Kinder wurde 1954 für die Schule an der Bramscher Straße ein moderner Neubau an der Lerchenstraße und für den Schinkel eine neue große Schule am Heiligenweg geplant. Ebenso sollte in diesem Jahr die Eversburger Liebfrauenschule wieder voll hergerichtet werden, doch erfuhren die prekären Schulverhältnisse im Vorort Eversburg im August 1954 — durch Ratsbeschluß — folgende Regelung: Die bisherige evangelische Volksschule sollte in Zukunft dem Unterricht der katholischen Kinder der Liebfrauenschule dienen. Hierzu sollte das bestehende Schulgebäude einen umfassenden Umbau erfahren. Für die evangelischen Kinder sollte daher an anderer Stelle ein großes neues Schulgebäude errichtet werden. Hierfür wurde sodann die Summe von 550000 DM bereitgestellt.

1. Allseitige Belebung auf neuer wirtschaftlicher Grundlage (1949—1955)

Als erste total zerstörte Volksschule wurde 1952/53 die *Rosenplatzschule* nach Entfernung der Trümmer völlig neu errichtet. Das nunmehr 18 Klassenräume umfassende Schulgebäude konnte nach den Sommerferien wieder in Benutzung genommen werden. Es diente zunächst auch als Unterkunft für zwei Volksschulsysteme. Die frühere Volksschule am Pottgraben, die noch als unbelebte Ruine dalag, wurde 1953/54 ebenfalls neu erbaut; doch wurde sie mit ihren 16 Klassenräumen weiterhin nicht als Volksschule, sondern als *Städt. Handelslehranstalt* verwendet. Diese berufsbildende Schule war bis dahin mit im Hause der Overbergschule untergebracht, die nach dem Umzug dieser Anstalt im Frühjahr 1954 wieder ganz dem Volksschuldienst zur Verfügung stand. Für die *Pestalozzischule,* die bis dahin einzige Sonderschule in Osnabrück, die bis 1954 vollkommen unzureichend in einer Baracke an der Heinrichstraße ihr Dasein fristen mußte, wurde nunmehr im Bereiche der Hakenstraße an der Rolandsmauer ein neues Schulgebäude errichtet, dessen erster Bauabschnitt im Herbst 1954 bezogen werden konnte. Dieses tatkräftige Vorgehen mit allen Mitteln und Möglichkeiten, die die ersten Jahre nach der Währungsreform 1948 im Hochbauwesen der Stadt Osnabrück zuließen, vor allem zugunsten der schwer daniederliegenden Volksschule, verdient volle Anerkennung. Aber auch im Bereiche des weiterführenden Schulwesens rührten sich die aufbauenden Kräfte.

Die bereits seit längerem laufenden Wiederaufbauarbeiten am Gymnasium *Carolinum* erreichten 1950 einen wesentlichen Fortschritt durch die Errichtung eines neuen stattlichen Schulgebäudes auf der Stätte des ehemaligen, 1680 erbauten Jesuitenkollegiums, des sog. *Paulinums*, neben der ebenfalls im Wiederaufbau befindlichen Gymnasialkirche gelegen. Hierdurch wurden der Schule ein wertvoller Fundus von mehreren neuen Klassenräumen und ein geräumiger Zeichensaal zugeführt. Durch einen weiteren Trakt wurde 1951 das *Paulinum* mit der gesamten bisherigen Bauanlage verbunden. Damit erfuhr der Wiederaufbau des Carolinums seinen vorläufigen Abschluß. Für die von rund 400 in der Vorkriegszeit auf nunmehr 700 angestiegene Schülerzahl hatte das Gesamtgebäude nunmehr Raum für neue Klassen und sonstige Arbeitsräume. In Anwesenheit von Erzbischof Dr. *Berning* wurde diese Erweiterung im Hochsommer 1951 durch Oberstudiendirektor Dr. *Schwetje* feierlich ihrer Bestimmung übergeben. Ein bis zum Haseufer reichender Anbau mit Aula und Turnhalle sollte noch folgen. Wenn heute der stattliche Neubau des Carolinums das Auge des Beschauers erfreut, die Inneneinrichtung Geschmack und schultechnische Erfahrung verrät, so ist das hauptsächlich der Initiative seines damaligen Direktors zu verdanken, der am 30.9.1953 in den Ruhestand trat. Unter seinem Nachfolger, Oberstudiendirektor *Heiny,* beging das altehrwürdige Gymnasium im August 1954 die Feier seines 1150jährigen Bestehens.

Bereits 4 Jahre vorher, Anfang September 1950, unterstrich das 350jährige Jubiläum des *Ratsgymnasiums* zu Osnabrück mit seinen verschiedenen eindrucksvollen Veranstaltungen die enge Verbundenheit dieser inzwischen baulich weithin wiederhergestellten Schule mit ihrer Heimatstadt. Eingeleitet wurde die Festfolge — nach einem Festgottesdienst in St. Marien — mit einem feierlichen Zuge der Lehrer und aller Ratsgymnasiasten vom Marktplatz zur Schule. Im Mittelpunkt der Feierlichkeiten stand der eigentliche Festakt in der nunmehr wiedererstandenen Aula.

In der Wüste wurde ein neues *Taubstummen-Kinderheim* errichtet, das 90 schulpflichtige Kinder aufnehmen kann, die die Landesgehörlosenschule an der Alten Münze besuchen. Das Heim erhielt den Namen *Johanneshof* — zur Erinnerung an den Begründer des ersten Heimes dieser Art im Jahre 1920, Dr. Johannes Köppchen. Etwa gleichzeitig erhielt das Taubstummenheim an der Knollstraße eine Erweiterung durch den modernen Neubau eines Heimes für sprachbehinderte und schwach befähigte Kinder.

Im Rahmen eines Festaktes in der Aula des neuerbauten Schlosses wurde diesem Erweiterungsbau der Name ,,Karl-Luhmann-Heim'' verliehen, und zwar zu Ehren des seit Jahrzehnten bewährten hochbetagten Betreuers der Gehörlosen im Heim an der Knollstraße Karl *Luhmann*.

Die noch vor der Währungsreform 1948 geplante und bald danach in moderner eingeschossiger Bauweise ausgeführte *Höhere Gartenbauschule Osnabrück* wurde 1949 in Osnabrück-Haste eröffnet. Als damals einzige höhere Lehranstalt des Gartenbaues im nordwestdeutschen Raum bildete sie in einem viersemestrigen Fachstudium Gärtner und Gärtnerinnen mit entsprechender Vorbildung in den Fachrichtungen Garten- und Landschaftsgestaltung, Zierpflanzenanbau, Obst- und Gemüsebau, Baumschule und Samenbau aus. Das Schulgelände am nordwestlichen Stadtrande Osnabrücks erstreckt sich über sehenswerte Parkanlagen mit Schaugärten und Pflanzensammlungen bis hin zu ausgedehnten Versuchsfeldern und -plantagen. In einer bei der Schule gelegenen Versuchs- und Lehrgärtnerei werden interessante Sorten- und Kulturversuche in allen Zweigen des Nutzgartenbaues vorgenommen. Der Schule angegliedert wurde das Gebäude des ehemaligen H.J.-Heimes auf dem Haster Berg. Nach gründlicher Renovierung und sauberer Ausgestaltung, insbesondere des Dachgeschosses, dient es seitdem als Wohnheim für rund vierzig Studierende. Nach erster staatl. Prüfung erhielten sie die Berufsbezeichnung *Staatl. geprüfter Gartenbautechniker*; nach Bestehen einer zweiten staatlichen Prüfung konnten sie den Beruf eines *Staatl. diplomierten Gartenbau-Inspektors* ergreifen.

In dem im Herbst 1953 im ganzen wiederhergestellten großen Gebäudekomplex des Osnabrücker *Schlosses* fand ab 1.11.1953 die nach hier übergesiedelte Pädagogische Hochschule Celle ihre neue Unterkunft. Im Schloß waren inzwischen, berechnet für etwa 360 Studenten mit einem Lehrkörper von 30 hauptamtlichen Kräften, alle baulichen und einrichtungsmäßigen Voraussetzungen für eine umfassende Bewältigung des Auftrages, der Forschung und Lehre in den Erziehungswissenschaften zu dienen, getroffen worden. Als ,,Adolf-Reichwein-Hochschule'' — diese offizielle Bezeichnung verblieb der von Celle hierher überführten Anstalt — trug nunmehr auch die *Pädagogische Hochschule Osnabrück* den Namen des Hallenser Professors der Pädagogik Adolf Reichwein, der am 20. Oktober 1944 als Mitglied der Widerstandsbewegung gegen Hitler — er gehörte zum Kreisauer Kreis — hingerichtet wurde. Leiter der neuen Pädagogischen Hochschule in Osnabrück wurde Professor Hans *Bohnenkamp,* dem diese Anstalt bereits an ihrem bisherigen Standort Celle unterstand. Der Lehrbetrieb begann am 12. November 1953 mit 17 hauptamtlichen Kräften und 186 Studenten. Als Bohnenkamp im Frühjahr 1954 von der Leitung der Hochschule zurücktrat, wurde Prof. Lic. *Kittel* sein Nachfolger.

Nunmehr konnten sich auch in Osnabrück Abiturienten — in Ausnahmefällen ebenfalls Nichtabiturienten mit abgeschlossener Berufsausbildung — in einem sechssemestrigen Studium auf die Laufbahn des Volksschullehrers vorbereiten. Auch an der Ausbildung von Mittelschullehrern war die Hochschule beteiligt. Ein Studentenheim, das einer größeren Anzahl von Studentinnen und Studenten der älteren Semester eine Wohn-, Arbeits- und Lebensgemeinschaft bot, wurde in unmittelbarer Nähe der Hochschule an der Ritterstraße 10 errichtet. Es wurde damals nach dem großen Osnabrücker Staatsmann und Publizisten *Justus-Möser-Haus* benannt. Als Körperschaft des öffentlichen Rechts unterstand die Hochschule unmittelbar dem niedersächsischen Kultusminister.

Das Studentenheim entstand weitgehend auf dem Gelände der früheren Schloßgärtnerei (bis 1918), deren Gebäude ein Rest des alten Adelshofes der Familie v. Glaen war, die hier lange Zeit bis in die zweite Hälfte des 17. Jahrhunderts gewohnt hatte. Bischof Ernst August I. hatte diesen Besitz 1670 angekauft und den Hof mit seinem weitläufigen Grundbesitz zum Bau des Schlosses und zur Anlage des Schloßgartens auserwählt. 1954 erfuhr der Schloßgarten eine großzügige Erweiterung durch Einbeziehung des Grundstückes des früheren Marstalls am Schloß sowie auch des ehemaligen v. Bar'schen Hofes, der in den letzten Jahrzehnten den Regierungspräsidenten in Osnabrück als Wohnsitz gedient hatte. Im Bereiche des letztgenannten Grundstückes errichtete 1978/79 die Stadt Osnabrück ihre neue Stadthalle.

Verkehr, Versorgung und Nachrichtenwesen

Mit der völligen Wiederherstellung der Linie 3 nach dem Schinkel Mitte Mai 1949 konnte die *Osnabrücker Straßenbahn* ihren früheren Gesamtbereich wieder planmäßig befahren. Ein weiterer Ausbau des Straßenbahnnetzes erfolgte durch die Verlängerung der Linie 1 bis zum Heger Friedhof 1951/52. Neben der Straßenbahn waren inzwischen erstmalig Omnibuslinien eingerichtet worden, so zum Vorort Eversburg sowie nach Voxtrup, im Schinkel bis zum Gasthaus Hehmann und nach Powe (Gastwirtschaft Lecon). Die Eröffnung einer Omnibus-Ringlinie am 15.9.1952 sollte verschiedene Stadtrandgebiete, insbesondere auch die *Wüste*, stärker an den innerstädtischen Verkehr anschließen. Die Benutzung blieb jedoch zunächst sehr mäßig, obwohl sich diese Linie, da die Omnibusse an keine Gleise gebunden sind, durch große Geschwindigkeit auszeichnete. Auch der östliche Schinkel wurde 1954 durch eine weitere Omnibuslinie mit dem Hauptbahnhof verbunden. Die bisher mit normalen Fahrzeugen betriebene Omnibuslinie nach Eversburg wurde sodann durch Elektrifizierung in eine Oberleitungs-Omnibus-Linie (Obus-Linie) umgewandelt. Es war dies der erste Schritt zur Einführung eines neuen Obus-Systems für den Linienverkehr im Stadtbereich. Neben diesen modernen innerstädtischen Verkehrsmitteln betrieb die *Botengemeinschaft Osnabrück* 1951 mit Kleinbussen und ähnlichen Fahrzeugen immerhin noch 25 Botenlinien aus den umliegenden Landkreisen nach Osnabrück. Auf dem Pottgrabenplatz erhielt diese Fahrgemeinschaft — die Nachfolgerin des altehrwürdigen, von Pferden gezogenen Botenwagen-Betriebes — einen neuen Botenbahnhof. Damit wurden die nach dem Kriege bisher sehr beengten Verhältnisse hinter dem Kaufhaus Lüer an der Johannisfreiheit für die Abwicklung des Verkehrs erheblich verbessert.

Die Zahl der in Osnabrück angemeldeten *Kraftfahrzeuge* betrug am 1. April 1949 insgesamt 4390. Darunter befanden sich: 1100 Krafträder, 1233 Personenautos, 1253 Lastautos, ferner 135 Zugmaschinen, 86 sonstige Kraftfahrzeuge und 583 Anhänger. Die Gesamtzahl der motorisierten Fahrzeuge war seitdem in einer unaufhaltsamen Zunahme begriffen. 1950 hatte sich die Zahl der Personenautos bereits fast verdoppelt. Bis Ende 1954 stieg die Anzahl aller Arten von Kraftfahrzeugen auf insgesamt 12203. Diese beachtlichen Zahlen lassen die außerordentlich wachsende Dichte des motorisierten Verkehrs in den Straßen Osnabrücks in jenen Jahren erkennen. Diese starke Verkehrszunahme im Stadtbereich bedingte auch die Einführung des Einbahnverkehrs auf der Großen Straße seit Sommer 1954.

Im *Stadthafen* ging der Waren- und Güterumschlag, der bis zur Währungsreform zunächst kräftig angestiegen war, seit Herbst 1948 bedenklich zurück. Im Laufe der Jahre 1949/50 machten jedoch neue Anlandungen schwedischer Roherze und auch von wachsenden Schrottladungen für die heimische Industrie das eingetretene Minus wieder wett. Der Güterumschlag auf dem Gelände des Güterbahnhofs im Fledder war durch die umfangreichen Kriegsschäden, die 1949 nur erst zum Teil beseitigt waren, noch sehr eingeschränkt. Als erster erlebte der lange Trakt des Verwaltungsgebäudes seine Wiederauferstehung. Doch arbeitete das ebenfalls hier gelegene Bahnbetriebswerk (500 Bedienstete) bereits wieder in voller Leistungsstärke. Im Dienste des *Personen- und Reiseverkehrs* trug es weitgehend dazu bei, daß Osnabrücks frühere Schlüsselstellung auf diesem Sektor 1950 wieder erreichbar erschien. Neben den zahlreichen Personen- und Eilzügen im Nah- und Fernverkehr — täglich etwa 300 Ankünfte bzw. Abfahrten (1950) — liefen nun auch schon wieder zwei Schnellzugpaare zwischen Hamburg und Köln, ganz abgesehen von den seit langem eingesetzten Militär-D-Zügen der Besatzungsmacht. Mit der Schaffung einer neuen durchgehenden Tagesverbindung nach München (über Altenbeken) wurde 1952, insgesamt gesehen, im Reiseverkehr der Vorkriegsstand nahezu schon erreicht. Passierten den Hauptbahnhof im Jahre 1938 180 Reisezüge, so waren es jetzt schon wieder 154. Auch beim *Bahnhofsgelände* zeichnete sich, nach Überdachung des Westflügels 1947 und entsprechender Ausgestaltung jetzt auch des Ostflügels, ein einheitliches Aussehen ab, das mit Fortschreiten der erforderlichen Baumaßnahmen bis etwa 1954 wieder den gewohnten Anblick in Friedenszeiten erbrachte. Auch die inneren Einrichtungen des Gebäudes wurden inzwischen in vieler Hinsicht modernisiert und verbessert.

Zur Förderung des Reiseverkehrs, insbesondere auch des Fremdenverkehrs aus dem In- und Ausland, wurde im August 1950 der *Verkehrsverein Osnabrück* gegründet. Seine Aufgabe sollte es vornehmlich sein, die Stadt Osnabrück verstärkt in den großen Reiseverkehr mit seinen Ferien- und Saisonschwerpunkten einzuschalten und diese Entwicklung durch attraktive Werbeprospekte und Broschüren zu unterstützen. Diese Impulse hatten insofern einen bedeutsamen Erfolg, als sich die Zahl der Fremdenbetten im Hotel- und Übernachtungsgewerbe von 1949 bis 1954 mehr als verdoppelte — von 308 auf 656 — und im gleichen Zeitraum die Zahl der Fremdenübernachtungen um das Dreifache — von 30351 auf 95652 — zunahm. Einen wesentlichen Beitrag zur Deckung dieser Zahl der Fremdenbetten leistete das *Hotel Hohenzollern*, das nach völliger Zerstörung 1951 einen fünfstöckigen Neubau an der Heinrich-Heine-Straße errichtete und ihn 1954 durch einen etwa gleichgroßen Flügel an der Goethestraße erweiterte.

Auch die Instandsetzung der *Stadtwerke* schritt weiter voran. In der Gaserzeugung wurde durch die Aufstellung weiterer Erzeugungsöfen der frühere Zustand der Gasversorgung fast wiederhergestellt. Einer weiteren Verbesserung diente vor allem ein neuer, 1954 an der Alten Poststraße aufgestellter Gasometer mit einer Gesamthöhe von über 70 Metern, der im Volksmund deshalb „rostiger Riese" genannt wurde. Bis zur Neubedachung des Katharinenturmes, dem alten Wahrzeichen Osnabrücks, übernahm er mit seiner beachtlichen Höhe zunächst diese Funktion. Bei dem starken Gasverbrauch in einigen größeren Metallwerken in der Stadt Osnabrück, der zusätzliche Gasgewinnung erforderlich machte, brachte in diesen Jahren die Anlegung einer Ferngasleitung vom Ruhrgebiet nach Osnabrück für die Stadtwerke bereits eine gewisse Entlastung. Träger dieser Entwicklung war die Ruhrgas-Aktiengesellschaft in Essen (Ruhr), die auf eigene Kosten die Erbauung einer Abzweigung bei Brackwede nach hier von dem nach Hannover führenden Rohrstrang übernahm. Die Arbeiten für den Anschluß der Osnabrücker Industrie an das Ruhrgasnetz — es handelte sich um den Bau einer 52 Kilometer langen Anschlußleitung (Rohre von 70 cm Durchmesser) von Steinhagen bei Bielefeld — wurden im Sommer 1953 abgeschlossen. Der Wiederaufbau der Anlagen des Elektrizitätswerkes ging ebenfalls der Vollendung entgegen. Durch Aufbau neuer Trafostationen — an Stelle der durch Kriegseinwirkung zerstörten — wurde das Verteilungsnetz der Stromversorgung auf die ständig zunehmenden Anforderungen besser eingestellt. Insgesamt wurde bis 1954 auf dieser Grundlage — von 1946 her gesehen — eine Zunahme der Gaserzeugung um 192% und der Stromgewinnung um 175% erzielt.

Da sich in den Jahren nach Kriegsende eine zunehmende Wasserverknappung in der Stadt bemerkbar machte, hatte die Abt. *Wasserwerk* der Stadtwerke nach 1950 damit begonnen, die Quellgründe im *Thiener Feld* — weit nördlich der Stadt im Kreis Bersenbrück — für die Wasserbeschaffung zu erschließen. Bis zur Heranführung dieses Wassers — die Arbeiten zogen sich über fast zehn Jahre hin — wurde die Einwohnerschaft gebeten, mit dem Verbrauch des Leitungswassers sparsam umzugehen. Der Betrieb in den öffentlichen Freibadeanstalten blieb von dieser Regelung unberührt. Sie hatten eigene Quellteiche und konnten bereits seit 1947 wieder ihren Dienst an der Öffentlichkeit erfüllen. Für die Stadt wurde diese Lösung des Wasserproblems umso notwendiger, als der Wasserverbrauch der Großindustrie in Osnabrück (z.B. der Papierfabriken, des OKD, bei F.H. Hammersen) inzwischen die Förderung des städt. Wasserwerkes um das 2—3fache überstieg. Die Firmen waren daher z.T. zu eigener Wasserversorgung übergegangen. Für den somit dringend erforderlichen Neubau eines weiteren Wasserwerkes auf dem Thiener Quellgrund bei Bersenbrück wurde für den 1. Bauabschnitt 1954 vom Rat die beträchtliche Summe von 2,3 Mill. DM bereitgestellt. Mit einer Druckrohrleitung zwischen dem *Thiener Feld* und dem Piesberg sollte das Wasser von Thiene, dort aus 16 erbohrten Brunnen abgeschöpft, in einem neuen Wasser-Hochbehälter in einer Höhe von 141 m am Piesberg gepumpt werden, um dort über ein Gefälle von 80 Metern in das Osnabrücker Leitungsnetz zu gelangen. Damit wurde ein ausreichender Wasserdruck gesichert. Für die Herstellung dieses Teiles der neuen Wasserversorgung wurden zwei Jahre angesetzt. Die weiteren Bauabschnitte — u.a. die *Unterdükerung* des Mittellandkanals als schwierigstes Problem — erforderten ebenfalls noch Millionenbeträge (Gesamtkosten etwa 10 Mill. DM). Der letzte Abschnitt dieses umfangreichen Unternehmens bestand 1956 in der Erbauung eines modernen Wasserwerk-Gebäudes in Thiene (Kosten etwa 4,5 Mill. DM), in dem das Wasser aus den bisher im Thiener Feld erschlossenen 16 Brunnen zusammenströmt und in die Druckrohrleitung gepumpt wird. Die Brunnen führen bis in eine Tiefe von 43 Metern, wo sich die besten wasserhaltigen Schichten befinden. Mit dieser gewaltigen technischen und finanziell kostspieligen Kraftanstrengung erschien zunächst die Wasserversorgung der Stadt Osnabrück als gesichert.

Im *Zeitungswesen* der Stadt traten in diesem Zeitabschnitt einige Veränderungen ein. Zu den drei bisher hier erscheinenden Tageszeitungen trat am 1.11.1949 als vierte das *Osnabrücker Tageblatt*. Dieses Blatt, das 1943 unter diesem Namen sein Erscheinen einstellen mußte, führte nunmehr wieder im Sinne der Verlagsfirma (Meinders & Elstermann) die gute Tradition dieses Nachrichtenorgans in bewährter Weise fort. Das seit dem 15.9.1946 erscheinende *Neue Tageblatt* erhielt seit dem 1.1.1951 die Bezeichnung *Neue Tagespost*. Nach sechsjährigem Bestehen ging die in Oldenburg gedruckte *Nordwestdeutsche Rundschau* am 30.9.1951 ein. Ihren Leserkreis versorgte ab 1.10.1951 die in Bielefeld gedruckte *Freie Presse*, die zuvor bis 1933 in Osnabrück ansässig gewesen war.

Eine *Wetterstation* des Meteorologischen Amtes Nordwestdeutschland wurde zum 1.2.1952 von Bramsche nach Osnabrück verlegt. Als neue Dienststelle des *Deutschen Wetterdienstes* richtete sie sich zunächst behelfsmäßig in einem früheren Wehrmachtsgebäude unweit des Sendemastes des Osnabrücker Senders auf dem Ziegenbrink ein. Hier ist sie bis heute noch untergebracht.

2. Abschluß der Wiederaufbauphase und vielseitiger Leistungszuwachs, vor allem im Bildungswesen (1955—1960)

Fortgang und vorläufiger Abschluß des Wiederaufbaues

Wer in der Mitte der fünfziger Jahre durch Osnabrück wandelte, dem wurde die *Wiedergeburt unserer Stadt* aus den Trümmern eindrucksvoll vor Augen geführt, vor allem durch die neuen Geschäftsbauten mit den modernen Läden des Einzelhandels. Darüber hinaus zeigte das Stadtbild im allgemeinen die Tendenz, soweit die Möglichkeit dazu bestand, mit großer Liebe und Achtung vor der Vergangenheit das gewohnte frühere Aussehen wiederzugewinnen. Wenngleich im Stadtkern auch viele kostbare Bauwerke für immer dahingeschwunden waren und auch noch eine Anzahl von unwirtlichen Trümmerlücken zur Kenntnis genommen werden mußte, so entdeckte man doch bei einem Rundgang durch die Altstadt manches Tröstliche an noch erhaltenen Zeugen einer bedeutenden Osnabrücker Vergangenheit, das von dem unbeirrbaren Willen der Bürger zur Wiederherstellung des alten Stadtbildes Zeugnis ablegte. Das wurde dadurch möglich, daß die schweren Luftangriffe des letzten Krieges, die Osnabrück zu 68 Prozent zerstört hatten, dennoch die Grundsubstanz im äußeren Stadtbild wie in der inneren Lebensstruktur im wesentlichen hatten bestehen lassen. In diesem Rahmen hatte ein geradezu stürmischer und oft einer organischen Gesamtplanung vorauseilender Wiederaufbauwille insbesondere die Entwicklung des kaufmännischen und gewerblichen Sektors vorangetrieben.

So kam es, daß gegenüber diesem Bereich mit seinen erstaunlichen Leistungen, dessen hervorragende bauliche Substanz im Stadtkern dominierte, es den Anschein hatte, als wenn die *Entwicklung im Wohnungswesen,* insbesondere im sozialen Wohnungsbau, aber auch bei den *öffentlichen Bauten,* insbesondere beim Schulsektor, im Hintertreffen geblieben wäre. Doch hatte gerade bis zu diesem Zeitabschnitt die Neubebauung der Außenviertel mit Wohnhäusern gute Fortschritte gemacht: Das galt zunächst sowohl vom Bereich am Schölerberg als auch für das Gebiet unterhalb der Illoshöhe sowie am Haster und am Schinkelberg, später auch für so umfangreiche Vorhaben wie auf dem Kalk- und dem Königshügel an der Knollstraße, in deren Rahmen Hunderte von neuen Wohnungen erstellt wurden.

Zu den öffentlichen Gebäuden, die nunmehr — zehn Jahre nach der Zerstörung durch Sprengbomben — neu errichtet wurden, gehörte auch das Niedersächsische *Staatsarchiv,* an dessen Wiederherstellung seit 1954 gearbeitet wurde. Das glücklicherweise erhalten gebliebene Magazingebäude wurde ergänzt durch einen mit modernen Räumen für Verwaltung, Bücherei und technische Werkstätten ausgestatteten Neubau. Dieser enthält auch den Benutzersaal mit einer Handbücherei. Das Staatsarchiv, das nunmehr allen Ansprüchen gerecht werden konnte, nahm im Juli 1955 wieder seinen vollen Dienst auf.

Auf einer der zerstörten Flächen in der Nähe des Neumarkts, jenseits der Hasebrücke, entstand das erste Kaufhaus Osnabrücks nach dem Kriege, das Unternehmen „Merkur", das heutige Kaufhaus Horten. Gegenüber wurde 1957 der Großneubau für das Zentralgebäude der Stadtsparkasse hochgezogen. Mit dem sechsgeschossigen Neubau des Fernmeldeamtes, auf der anderen Seite der Kreuzung Wittekindstraße — Möserstraße und dem benachbarten Großbau der Kreissparkasse an der Wittekindstraße wurde hier ein bedeutsamer Akzent *moderner Großstadtarchitektur* gesetzt. Er wurde

2. Abschluß der Wiederaufbauphase und vielseitiger Leistungszuwachs (1955—1960)

alsbald maßgebend für weitere Neubauten in diesem Bereich (Dresdner Bank, Meinders & Elstermann, Deutsche Bank usw.). Das neue Hauptpostgebäude am Bahnhofsvorplatz, 1956 in Betrieb genommen, gab Anlaß, den Bereich vor dem Hauptbahnhof gärtnerisch und verkehrsmäßig neuzugestalten, so daß sich jetzt hier den neu angekommenen Reisenden ein erster freundlicher Anblick des aus den Trümmern wiedererstandenen Osnabrück anbot.

Die hiermit deutlich werdende *Verfeinerung im architektonischen Stadtbild* bezog sich nicht nur allein auf Bauten des Geschäftslebens und der öffentlichen Dienstleistungen (Bundesbahn, Bundespost). So erhielt der mit dem *Dom* zusammenhängende Gebäudekomplex am Domhof 1959/60 eine bauästhetisch wesentlich ausgeprägte Abrundung durch die Umsetzung der erhaltenen Fassade eines im klassischen Stil erbauten Bürgerhauses aus dem 18. Jahrhundert — des Hauses Johannisstraße 19/20 (Haus Gösling-Hammersen), das stark bombenbeschädigt war — an die Ecke Domhof — Kl. Domsfreiheit. Die Errichtung des nach dem klassischen Vorbilde der Fassade gestalteten Eckgebäudes Kl. Domsfreiheit 24/25, das heute Teile der bischöflichen Diözesanverwaltung beherbergt, bedeutet für den Häuserkranz um den Domhof optisch eine begrüßenswerte Aufwertung. Auch die neue Ausgestaltung des historisch so wertvollen *Marktplatzes* mit seinen malerisch gediegenen Treppengiebelfassaden machte wesentli-

Blick auf die Treppengiebelfassaden vom Turm der Marienkirche aus

Der historische Marktplatz mit Rathaus, Stadtwaage und Marienkirche bei Nacht

che Fortschritte. Mit starker Aktivierung bürgerlichen Gemeinsinnes (Aufbaulotterie, Sammlungen usw.) gelang es an dieser Stelle der Altstadt, neben dem bereits 1948 erstellten Rathaus zunächst die altehrwürdige *Stadtwaage* mit ihrem anheimelnden schönen Treppengiebel und einem rückwärtigen Anbau sowie anschließend die lange Front der vertrauten Giebelhäuser liebevoll wiederherzustellen und sie einer würdigen Verwendung (städt. Dienststellen, Stadtbücherei, alteingesessene Firmen) zuzuführen. Im Rathaus selbst wurde, nach einem spektakulären Deckeneinsturz im Ratssitzungssaal 1957, bei dem glücklicherweise niemand verletzt wurde, dieser Saal durch Einbeziehung angrenzender Diensträume wesentlich erweitert. Das Dienstzimmer des Oberstadtdirektors wurde daraufhin in den Anbau verlegt. Die so geglückte stilgerechte Bewahrung des von altersher gewohnten Stadtbildes an dieser Stelle kann als eine hervorragende Leistung des Wiederaufbaues unserer leidgeprüften Stadt gewertet werden. Die letzte Vollendung erhielt dieses verdienstvolle Geschehen mit der Wiedererrichtung des 1944 von Brandbomben zerstörten Turmes der *Marienkirche*. Nach jahrelangen Bemühungen um die Finanzierung dieses Vorhabens, wobei Kirchengemeinde, Heger Laischaft, die Stadt Osnabrück und das Land Niedersachsen harmonisch zusammenwirkten, war es im Spätherbst 1958 so weit, der Marienkirche ihren Turm in seiner früheren hohen und schlanken Gestalt feierlich wiederzugeben. Das schon früher (1953) eingebaute neue Geläut wurde 1960 noch durch ein sinniges Glockenspiel ergänzt. Einen gegenwartsnahen Abschluß fand der gesamte Marktkomplex sodann im nächsten Jahrzehnt durch den modernen Zweckbau eines städtischen Verwaltungsgebäudes an der Ecke Marktplatz — Krahnstraße.

Schon zwei Jahre vorher war es gelungen, den *Katharinenkirchturm* mit seiner markanten Spitze — mit einer Höhe von 103 Metern das Wahrzeichen Osnabrücks — wiederaufzubauen. Auch diesem historischen Vorgang lag eine umfassende Gemeinschaftsaktion der interessierten Kreise (Gemeinde, Bürgerschaft, Stadt Osnabrück, Land Niedersachsen, Industrie und weitere Institutionen) zugrunde, die es schaffte, die beachtlichen Kosten von 210000 DM für dieses imposante Werk aufzubringen. Das nach der Brandkatastrophe stehengebliebene Eisengerippe des Turmes mußte zunächst entrostet und ausgebessert werden. Es erhielt sodann einen Holzmantel und darüber eine Bedeckung mit Kupferplatten. Die bisherigen kleinen Ecktürmchen wurden abgebrochen, wodurch das bisherige Bild eine merkliche Veränderung erfuhr. Im Juli 1956 war es so weit. Mit einem halbstündigen Festgeläut der Glocken von St. Katharinen, dem ein von Bläsern ausgeführter Dankchoral folgte, und einem frohgestimmten Dankgottesdienst wurde das gewaltige Werk, an dem seit Herbst 1951 — mit Unterbrechungen — gearbeitet wurde, seiner Bestimmung übergeben. Im Jahre 1957 wurde die Einheitlichkeit und Schmucklosigkeit des Innenraumes noch malerisch belebt durch die modernen farbkräftigen Glasfenster im Chorraum und in der Turmwestwand über der Orgel, gestaltet von Rosemarie *Schmelzkopf*. Auch die Wiederherstellungsarbeiten in der *Johanniskirche* konnten Ende Januar 1956 abgeschlossen werden. Neben diesen zur Geschichte Osnabrücks gehörigen ehrwürdigen Sakralbauten erforderte das stetige Anwachsen der Bevölkerung unserer Stadt, insbesondere durch die vielen Tausende von Heimatvertriebenen aus dem Osten — insgesamt wurden am Schluß der Berichtszeit (31.12.1960) 136075 Einwohner gezählt, darunter 1645 Ausländer —, alsbald die Errichtung neuer Gotteshäuser. So wurden zunächst in den älteren Vororten der Stadt, im Schinkel und an der oberen Natruper Straße, die ersten neuen Kirchen errichtet. Für die katholische Gemeinde in der Siedlung Widukindland war es die *St. Bonifatius-Kirche*, der bald darauf im gleichen Bereich die evangelische *Timotheus-Kirche* folgte. In Richtung Eversburg entstanden an der oberen Natruper Straße die katholische *St. Barbara-Kirche* und einige hundert Meter weit davon entfernt die *Markus-Kirche* für eine evangelische Gemeinde. Ein nicht ganz einfacher Gestaltungsauftrag war 1960 der Wiederaufbau der historischen *Vitischanze* mit ihrem wuchtigen Wehrturm und der im Kriege zerstörten Gaststätte. Mit viel architektonischem Geschick und feinem Einfühlungsvermögen gelang es, das traditionell Romantische mit dem Modernen zu verbinden und unter Einbeziehung des Barenturmes eine neuzeitliche Gaststätte zu schaffen, die etwa 150 bis 200 Personen einen gepflegten Aufenthalt bietet. Gleichzeitig mit dem Neubau wurden der Garten und die Hauptzugangstreppe vom Vitihof hergerichtet.

Ebenso vordringlich wie der Wiederaufbau der zerstörten Bausubstanz war die Durchführung eines den zukünftigen Anforderungen gewachsenen *Straßenbaues*. Die wichtigsten Aufgaben galten hier der flüssigeren Gestaltung des ständig zunehmenden Individual- und Massenverkehrs, insbesondere im Hinblick auf eine zügigere Bewältigung des

Durchgangsverkehrs in Osnabrück. Hierfür wurden die *Ost-West-Achse* (Neuer Graben — Wittekindstraße) erheblich verbreitert — dem diente auch bereits 1955 eine wesentliche Neugestaltung der Hasebrücke am Neumarkt — und für den Nord-Süd-Verkehr der *Innere Ring* durch den Ausbau des Goetheringes nahezu vollendet. Einige Straßenzüge der Innenstadt (Johannis-, Bier-, Krahn- und Große Straße und zwischen ihnen der Nikolaiort) wurden verbreitert und der endgültigen Planung entsprechend gestaltet. Eine gänzliche Veränderung gegenüber dem früheren Aussehen erfuhr bei den Arbeiten am Inneren Ring die Johannismauer. Von einer typischen Kleinbürgerstraße mit einstöckigen Häuschen entwickelte sie sich zu einer breiten, modernen Durchgangsstraße mit Neubauten von drei- bis vierstöckiger Höhe.

Im Zuge der Neuordnung des innerstädtischen Nahverkehrs wurde die Straßenbahn aus Rentabilitätsgründen im Frühjahr 1960 endgültig stillgelegt und der gesamte *Nahlinienverkehr* auf Obus- und Omnibusbetrieb umgestellt. Das erheblich erweiterte Liniennetz wies jetzt die Länge von 74 Kilometern auf. Nach Stillegung der Straßenbahn wurden die Gleisanlagen aus den betreffenden Straßenzügen bis zur Stadtgrenze herausgenommen. Daraus ergab sich auch für die obengenannten Straßen der Innenstadt die Möglichkeit zu einer modernen Ausgestaltung. Als eine der ersten Städte der Bundesrepublik stellte Osnabrück bereits 1956 einen *Generalverkehrsplan* auf, der später mehrfach fortgeschrieben wurde. Mit streng wissenschaftlicher Methodik durchleuchtete er — auf der Grundlage des Flächennutzungsplanes von 1954 — Erfordernisse und Entwicklungstendenzen des Verkehrs und zeigte das System der Weiterentwicklung des Verkehrsnetzes und seines weiteren Ausbaues auf. Dringend empfohlen wurde der Bau einer *Umgehungsstraße* um Osnabrück.

Stadtleben und wichtige Stadtereignisse

Nach einem Beschluß des Niedersächsischen Landtags trat am 1. April 1955 die neue *Niedersächsische Gemeindeordnung* (NGO) in Kraft, die unter Beibehaltung der Zweigleisigkeit eine leicht veränderte Ratsverfassung einführte, wonach der *Rat* grundsätzlich das Beschlußorgan für alle städtischen Angelegenheiten von größerer Bedeutung bleibt. Der bisherige Haupt- und Koordinierungsausschuß der Stadtvertretung wurde zu einem ,,Verwaltungsausschuß" des Rates erweitert, dem der Oberbürgermeister und der Hauptverwaltungsbeamte (Oberstadtdirektor), die Bürgermeister (Stellvertreter des OB) und neun Beigeordnete (ehrenamtliche Senatoren bzw. deren Stellvertreter), die vom Rat ernannt wurden, angehörten. Auf dieser Grundlage wurde im Juni d. Js. die Hauptsatzung der Stadt, die die Kompetenzen des Verwaltungsausschusses und des Rates umreißt, neu festgelegt. Die im Rahmen dieser kommunalen Neuregelung bereits am 26. April 1955 erfolgte Neuwahl des Oberbürgermeisters führte zur Wiederwahl des bisherigen Oberbürgermeisters *Buddenberg* (DP), dem als Stellvertreter zwei Bürgermeister beigegeben wurden, die Ratsherren *Drescher* (SPD) und Dr. *Franke* (Zentrum). Die fast gleichzeitig abgelaufenen Landtagswahlen (24.4.1955) erbrachten für Osnabrück-Stadt (Wahlkreis 83) ebenfalls eine CDU-Mehrheit. Direkt gewählt wurde Dr. *Otto,* Osnabrück.

Im Verlaufe der weiteren Wahlen innerhalb des hier angesprochenen Zeitabschnitts verschob sich auf der Gemeindeebene (Gemeindewahlen am 28.10.1956) die Mehrheitsbildung zugunsten der SPD, so daß auch der Kandidat der SPD für das Amt des Stadtoberhauptes, Bürgermeister *Drescher,* zum neuen Oberbürgermeister gewählt wurde. Die Wahl des ,,Ersten Beigeordneten" (Amtsbezeichnung ,,Bürgermeister") fiel auf den Ratsherrn *Erpenbeck* (CDU), der von diesem Jahre an bis 1970 in diesem Amt

2. Abschluß der Wiederaufbauphase und vielseitiger Leistungszuwachs (1955—1960)

blieb, bis er, inzwischen 1965 auch Bundestagsabgeordneter geworden, im Januar 1970 wegen Arbeitsüberlastung sein kommunales Amt niederlegte. In der nächsten Bundestagswahl (am 14.9.1957) zog für Osnabrück der SPD-Kandidat Hans *Lücke* (auf der Landesliste) in den Bundestag ein. Als Direktkandidat wurde wiederum Anton *Storch* (CDU) gewählt. Als wegen Ausscheidens von Oberbürgermeister Drescher (wegen beruflicher Verwendung in Köln) im März 1959 die Neuwahl des Oberbürgermeisters erfolgen mußte, wurde Senator Willy *Kelch* (SPD) sein Nachfolger. Die letzte Landtagswahl in diesem Zeitabschnitt (am 19.4.1959) brachte im Stadtgebiet wieder der CDU die Mehrheit. MdL wurde wiederum Dr. Otto, Osnabrück. Über die Landesliste zog Walter *Haas* (SPD) in den Landtag ein, wo er bis 1974 ununterbrochen, zuletzt als Vizepräsident, tätig war. Als Oberstadtdirektor Dr. Dr. *Wegner* im Juni 1959 nach sechsjähriger Tätigkeit in Osnabrück vom Niedersächsischen Kabinett zum Staatssekretär im Niedersächsischen Innenministerium ernannt wurde, fiel — nach einem längeren Auswahlverfahren — die Wahl des Nachfolgers am 19. Januar 1960 auf den bisherigen Beigeordneten der Stadt Bielefeld Joachim *Fischer,* der für 12 Jahre zum Oberstadtdirektor gewählt wurde. Am 5. April 1960 wurde der im 50. Lebensjahr stehende Jurist in sein Amt eingeführt.

Im kirchlichen Bereich verstarb am 23. November 1955 nach schwerer Erkrankung Erzbischof Dr. *Berning* im Alter von 78 Jahren — im 56. Jahre seines Priestertums und nach 42jähriger Waltung seines bischöflichen Amtes. Er war Ehrenbürger der Städte Osnabrück, seines dienstlichen Wohnsitzes, und Lingen (Ems), seines Geburtsortes. Seine feierliche Beisetzung erfolgte, unter großer Anteilnahme der Bevölkerung, nach

Bischof Dr. Wilhelm Berning mit Weihbischof Prof. Dr. Franziskus Demann und Dr. Helmut-Hermann Wittler

mehrtägiger Aufbahrung in der Gymnasialkirche am 29. November d. Js. in der gotischen Marienkapelle des Domes, in deren Gruft schon mehrere seiner Vorgänger auf dem Bischofsstuhl ihre letzte Ruhe gefunden haben. Ein halbes Jahr nach dem Tode Dr. Bernings wurde Dr. theol. et phil. Franz *Demann,* bisher Professor für Dogmatik am Osnabrücker Priesterseminar (im 56. Lebensjahr stehend), Domkapitular und Geistlicher Rat am Bischöflichen Generalvikariat, von Papst Johannes XXIII. zum Nachfolger bestimmt. Die Weihe des neuernannten Osnabrücker Bischofs konnte wegen ernstlicher Erkrankung Dr. Demanns erst im Frühjahr 1957 erfolgen. In der Zwischenzeit wurde Weihbischof *von Rudloff* vom Papst ermächtigt, die Aufgaben eines regierenden Bischofs auszuüben. Durch ihn wurde der bisherige Domvikar Dr. *Wittler* zum Generalvikar des Bistums ernannt. Im Rahmen der sodann für den 27. März 1957 anberaumten feierlichen Bischofsweihe im Dom wurde der neuernannte Bischof von Osnabrück, Dr. Franziskus Demann, durch einen plötzlichen tragischen Tod aus dem Leben abberufen. Der Tod erfolgte unmittelbar nach der Bischofsweihe durch Herzschlag und erregte naturgemäß weit über Osnabrück hinaus ein allgemeines Aufsehen. So erklärte z.B. der Vatikanische Rundfunk: ,,Der ganzen Kirche geht der Tod Msgr. Demanns sehr zu Herzen." Auch der Niedersächsische Landtag gedachte des Verstorbenen durch Erheben von den Sitzen. Am 1. April 1957 wurde der Heimgegangene nach den Bräuchen des katholischen Rituals in der Bischofsgruft des Domes feierlich beigesetzt, wo er neben seinem Amtsvorgänger Dr. Berning die letzte Ruhe fand. Mit etwa 20000 Zuschauern am Rande des langen Trauerzugs, der von der Gymnasialkirche aus die gesamte Große Domsfreiheit und den Domhof umschritt, nahm die Bevölkerung Osnabrücks Abschied von dem Verstorbenen. Zu seinem Vertreter während der Bischofs-Sedisvakanz ernannte das Domkapitel abermals den Weihbischof Johannes von Rudloff.

Auch im Amte des Landessuperintendenten für den Sprengel Osnabrück vollzog sich 1956 durch die Berufung des bisherigen Landessuperintendenten Adolf *Wischmann* zum Präsidenten des Außenamtes der EKD (Evangelischen Kirche Deutschlands) ein Wechsel. Auf Beschluß der Hannoverschen Landeskirche wurde der Hildesheimer Stadtsuperintendent Kurt *Degener* zum Nachfolger ernannt. Im Rahmen eines Festgottesdienstes in der Marienkirche wurde er am 2. November 1956 durch Landesbischof D. Dr. *Lilje* feierlich in sein Amt eingeführt. Ein Festakt im Friedenssaal des Rathauses und die formelle Amtsübergabe vor der Versammlung der gesamten Geistlichkeit des Osnabrücker Sprengels in der Aula der Pädagogischen Hochschule (des Schlosses) unter gleichzeitiger Verabschiedung des Amtsvorgängers beschlossen diesen denkwürdigen Tag im kirchlichen Leben Osnabrücks.

Als dem damaligen Bundespräsidenten Prof. Dr. Theodor *Heuss* der in seinem Werk ,,Deutsche Gestalten, Studien zum 19. Jahrhundert" dem öffentlichen Wirken Justus Mösers eine feinsinnige Betrachtung gewidmet hatte, aus diesem Anlaß im Dezember 1955 vom Rat der Stadt die Möser-Medaille zugesprochen wurde, wies dieser in seinem Dankschreiben an die Stadt darauf hin, daß er im Frühjahr 1956 Osnabrück, das er schon von einem früheren Besuch her kenne, einen erneuten Besuch abstatten würde. Dieses große Ereignis trat sodann am 26. Juni 1956 ein. Nach einem herzlichen Empfang der Wagenkolonne des Staatsoberhauptes auf dem Marktplatz erfolgte im Rahmen eines würdigen Festaktes im Friedenssaal in Anwesenheit der Spitzen der örtlichen Behörden die offizielle Verleihung der Möser-Medaille an Prof. Theodor Heuss. Anschließend sprach der Bundespräsident von der Freitreppe des Rathauses zu der nach Tausenden zählenden, dichtgedrängt wartenden Menge der Osnabrücker Bürger. Seine Ausführungen über die Bedeutung der letzten Jahrhunderte für die Osnabrücker Stadtgeschichte

2. Abschluß der Wiederaufbauphase und vielseitiger Leistungszuwachs (1955—1960)

Möserdenkmal
mit Bundespräsident
Theodor Heuss

wurden von den vielen Zuhörern mit reichem Beifall bedacht. Besuche des Bundespräsidenten an der Grabstätte Mösers in der Marienkirche, eine Kranzniederlegung an seinem Denkmal auf der Großen Domsfreiheit und ein offizieller Empfang durch die Stadt Osnabrück im Ratskeller füllten den Nachmittag aus. Höhepunkt des Abends war ein Fackelzug der akademischen Jugend Osnabrücks zum Marktplatz, wo der Bundespräsident nochmals von der Freitreppe aus — sein Silberhaar leuchtete im Fackelschein — mit weisen Worten die Jugend mahnte, die Heimat zu lieben und sich instand zu setzen, eines Tages selbst die Verantwortung für sie zu übernehmen: eine Verantwortung in Freiheit. Mit einer Rundfahrt am nächsten Morgen durch das wiederaufgebaute Osnabrück endete dieser denkwürdige Besuch des Staatsoberhauptes in unserer Stadt. Die Mösermedaille wurde in diesem Berichtsabschnitt 1955 noch an Oberstudienrat Dr. *Kennepohl* vom Carolinum verliehen in Anerkennung seiner wissenschaftlichen Forschungen auf dem Gebiete des Münzwesens, insbesondere des seiner Vaterstadt Osnabrück. Im Dezember 1957 verlieh der Rat die Möser-Medaille an den gebürtigen Osnabrücker Schauspieler Mathias *Wieman* für seine hervorragenden künstlerischen Leistungen im Bereiche von Bühne und Film. Die hohe Auszeichnung wurde ihm am 19. Februar 1958 nach einem Gastspiel im Stadttheater durch Oberbürgermeister Drescher überreicht.

Zum Nachfolger des durch plötzlichen tragischen Tod am 27. 3. 1957 verschiedenen Osnabrücker Bischof Dr. Demann wurde durch päpstliche Ernennung am 23. Juli 1957 Generalvikar Dr. Helmut-Hermann *Wittler* zum neuen Bischof für die Diözese Osnabrück berufen. Nach Eingang der päpstlichen Ernennungsbulle im September 1957 fand die feierliche Konsekration und Inthronisation des neuen Bischofs — unter dem Festgeläut sämtlicher katholischen Kirchen Osnabrücks — am 2. Oktober 1957 in der Domkirche statt. Zum neuen Weihbischof für die Diözese Osnabrück (mit dem Sitz in Schwerin/Mecklenburg) wurde im August 1959 der Generalvikar des Bischofs von Osnabrück, Prälat Dr. *Schräder,* vom Papst ernannt. Damit erhielt unsere Diözese — neben Weihbischof Johannes von Rudloff — einen zweiten Weihbischof.

Als am 5. Mai 1955 die Pariser Verträge, welche die völkerrechtliche Stellung der Bundesrepublik Deutschland und zugleich die Frage eines deutschen Verteidigungsbeitrages im Rahmen der 1949 gegründeten NATO regelten, in Kraft traten, wurde mit der Wiederherstellung der deutschen Souveränität auch das Besatzungsregime in Westdeutschland formaljuristisch beendet. Damit wurde auch die starke *britische Garnison* in Osnabrück formal aus einer Besatzungstruppe ein Bestandteil der alliierten Schutzmacht in der Bundesrepublik. Seitdem wurden die Offiziere und Soldaten der britischen Streitkräfte dieser Garnison in unserer Stadt durch vielfältige freundschaftliche Beziehungen zu den Bürgern Osnabrücks, durch ihre allgemeine Hilfsbereitschaft und ihr diszipliniertes Auftreten in der Öffentlichkeit mehr und mehr zu ,,Gästen'' unserer Bevölkerung. In der Bundesrepublik Deutschland begann jedoch im Spätjahr 1955 der Aufbau einer eigenen *Bundeswehr.* Daher beschäftigte seit den Sommermonaten 1956 die Wiederbelebung Osnabrücks mit einer deutschen Garnison — insbesondere nach Einführung der gesetzlichen allgemeinen Wehrpflicht in diesem Jahre — ausgiebig den Rat der Stadt. Da hierfür das frühere Kasernengelände am Hauswörmannsweg für eine weitere militärische Benutzung zur Verfügung gestellt werden mußte, ging es zunächst darum, die dort wohnenden 59 Familien anderweitig unterzubringen. Nach Lösung dieser Frage zogen am 22. Februar 1957 die ersten deutschen Soldaten wieder in Osnabrück ein — nämlich der Stab einer Luftnachrichtenabteilung und eine Kompanie der Luftwaffe. Für die Verlegung weiterer Einheiten in diesen Kasernenbereich, auf dem noch die Betonrippen unvollendet gebliebener Militärbauten sichtbar waren, mußten zunächst neue, moderne Unterkünfte errichtet werden. Als diese bezugsfertig zur Verfügung standen, zogen 1960 Stab und zugehörige Einheiten des Fernmelderegiments 71 der Bundesluftwaffe in diese Kaserne ein. Sie erhielt später den Namen ,,General-Martini-Kaserne.''

Im Juni 1959 weilte Bundespräsident Prof. Theodor *Heuss,* Inhaber der Osnabrücker Möser-Medaille, noch einmal in unserer Stadt, mehr im Rahmen eines privaten Besuches, nämlich um der Aufführung des Schauspiels ,,Die Lady mit der Lampe'' als Gastspiel im Stadttheater beizuwohnen. Maßgebend für diesen Besuch war wohl die persönliche Bekanntschaft des Präsidenten mit der Verfasserin des Stückes und zugleich Hauptdarstellerin Elsie Attenhofer. Auch bei dieser Gelegenheit bereitete die Stadt Osnabrück dem hohen Gast einen herzlichen Empfang, wobei neben vielen anderen Persönlichkeiten auch der niedersächsische Ministerpräsident Hinrich Wilhelm Kopf zur Begrüßung am Bahnsteig anwesend war. Bei der anschließenden Zusammenkunft im Rathaus überreichte dann Prof. Dr. *Schirmeyer,* als Bearbeiter und Mitherausgeber der Werke Justus Mösers — die Abteilung ,,Patriotische Phantasien und Zugehöriges'' wurde von ihm betreut —, den 8. Band dieser Reihe. Außerdem verehrte der Osnabrücker Domarchivar Dr. *Dolfen* dem Staatsoberhaupt seine bekannte Schrift über den Osnabrücker Kaiserpokal.

2. Abschluß der Wiederaufbauphase und vielseitiger Leistungszuwachs (1955—1960)

Im März 1960 gab Stadtkämmerer Dr. *Senff* in seiner damaligen Etatsrede einen Rückblick auf die kommunale Situation vor zehn Jahren. 1950 schloß der städtische Haushaltsplan mit der Summe von rund 25 Mill. DM ab, während er nunmehr — nach 10 Jahren — ein Volumen von 62. Mill. DM erreicht hatte. Seit der Währungsreform 1948 hatte die Stadt für ihren Wiederaufbau und ihre Weiterentwicklung in steigendem Maße aus eigenen Mitteln (ohne Stadtwerke und Hafen) 114 Mill. DM investiert; von dieser Summe waren nur 37 Mill. DM aus Anleihen bezogen. Wie der Stadtkämmerer weiterhin ausführte, würden jedoch noch weitere 100 Mill. DM für dringendste Investitionen benötigt, die jedoch nur aufzubringen wären, wenn Bund und Länder wirksam helfen würden. Diese Zahlen, die nach den heutigen Dimensionen im öffentlichen Finanzwesen als klein erscheinen mögen, verdeutlichen dennoch die beachtliche Wiederaufbauleistung der Stadt in den zwölf Jahren nach der Währungsreform.

Wachsende Leistungsfähigkeit im wirtschaftlichen Bereich

Die günstige Aufbauentwicklung in der Stadt Osnabrück war von vornherein eng verknüpft mit der Entfaltung seiner Wirtschaftskraft. Der anhaltende Aufschwung im Wirtschaftsleben der Bundesrepublik während der letzten Jahre hatte auch beim gesamten hiesigen Großhandel zu einer Ausweitung der Umsätze geführt. Begünstigt durch die geographische Situation Osnabrücks im Mittelpunkt eines Großraums im Nordwesten des Bundesgebietes — jede der benachbarten Großstädte ist mindestens 50 Kilometer entfernt — stand dem wiederaufstrebenden örtlichen Handel und Gewerbe somit ein weiträumiges ländliches Versorgungsgebiet zur Verfügung. Die Vorteile dieser Situation führten dazu, daß sich vor allem die sehr leistungsfähige Struktur des Osnabrücker *Großhandels* sowie eine vielseitige gewerbliche Produktion weiter gut entwickeln konnten. So waren im Mai 1958 rd. 430 Großhandlungen im Handelsregister eingetragen, mit

Großhandelszentrum und Industriegebiet Fledder

dem Einzelhandel insgesamt rd. 950 Firmen. Die statistisch erfaßten Umsätze der größeren Firmen erreichten 1955 bereits eine Höhe von über 500 Mill. DM. Damit entfiel auf den Kopf der Bevölkerung ein Großhandelsumsatz, aber auch ein entsprechender Gewerbesteuerertrag, den — abgesehen von der Landeshauptstadt Hannover — keine andere niedersächsische Stadt aufzuweisen hatte. Dieser Güterumschlag erstreckte sich nahezu auf alle Bereiche des Wirtschaftslebens; er erfaßte auch den Handel mit Saaten, Getreide, Futter- und Düngemittel, der insbesondere durch die enge Verbundenheit Osnabrücks mit seiner ländlichen Umgebung sich eines regen Umsatzes erfreute. Die bis dahin überwiegend in der Innenstadt, vor allem im Bahnhofsviertel, ansässigen Großhandlungen wurden im Kriege durchweg von schweren Bombenschäden heimgesucht. Durch den Wiederaufbau ihrer Geschäftshäuser an den alten Plätzen hatten sie zunächst einen wesentlichen Beitrag zur Neugestaltung der Hasestadt geleistet. Im weiteren Verlauf dieses Berichtsabschnittes begann bereits die Umsiedlung einer Reihe dieser Firmen, die an ihrem bisherigen Standort keinerlei Erweiterungsmöglichkeiten hatten, in den Stadtteil *Fledder,* der seitens der Stadtbauverwaltung — von der Hannoverschen Straße her — durch Kanalisations- und Straßenbauarbeiten sowie Verlegung neuer Gleisanlagen durch die Bundesbahn zu einem neuen Industrie- und Handelszentrum entwickelt wurde.

Ebenso differenziert und dynamisch war die Entwicklung im *industriellen Sektor* der Stadt. Hier waren 1955 261 handelsgerichtlich eingetragene Betriebe erfaßt. Etwa 50 kleinere Unternehmungen gehörten darüber hinaus noch in diesen Bereich. Das Schwergewicht stellten etwa 130 Betriebe dar, die zu diesem Zeitpunkt einen Umsatz von mehr als 600 Mill. DM mit annähernd 22000 Beschäftigten erzielten. Dieser Beschäftigungsstand erhöhte sich bis zum Jahre 1958 auf etwa 24000 und erreichte damit gegenüber der Zahl der Beschäftigten in der hiesigen Industrie am 1. April 1950 (14758 Personen) einen Zuwachs von 60 Prozent. 1955 betrug bereits der Anteil an der Gesamtproduktion von Lieferungen ans Ausland etwa 15 Prozent.

Die erste Stelle im Bereiche der *Großindustrie* nahm nach der Zahl der Beschäftigten und der Umsatzhöhe mit ihrer mannigfaltigen Produktion die Eisen- und Metallindustrie ein. Ihre Erzeugnisse dehnten sich — unter Einbeziehung auch von Eisen- und Stahlhalbzeug und deren Fertigfabrikate — nahezu auf alle Zweige dieses Produktbereiches aus. An der Spitze standen wiederum die bekannten Osnabrücker Großunternehmungen (Stahlwerk mit Georgsmarienhütte), in der Kupferverarbeitung (OKD), in der Gasuhrenherstellung (Kromschröder AG) und in der Automobilindustrie (Karosseriewerk Karmann). Im Werk Karmann konnte 1956 schon das 10000. ,,Karmann-Ghia-Coupé", eine Spezialkarosserie mit italienischem Styling, vom Band laufen. Die Erzeugnisse dieser Werke genossen bereits wieder Weltruf und dienten damit weitgehend dem Export. Mittlere und kleinere Betriebe der Weiterverarbeitung von Halbzeug brachten Spezialerzeugnisse auf den Markt und erfreuten sich wegen ihrer gediegenen Wertarbeit wieder im In- und Ausland eines guten Absatzes. Die wiederaufgebauten Werke der Baumwollspinnerei und -weberei (F.H. Hammersen AG), weitere Einrichtungen der Bekleidungsindustrie und der Wirkerei und Strickerei setzten die alte textile Tradition des Osnabrücker Landes fort. Andere neuere Produktionsbereiche wie die Papierindustrie (Schoeller — Gretesch, Kämmerer) sowie die Herstellung von Lackrohstoffen und Kunststoffhalbfabrikaten (Hagedorn & Co.) ergänzten die bunte Palette des wieder aufwärtsstrebenden Osnabrücker Wirtschaftslebens. Hinzu trat die wachsende Konsumkraft der Osnabrücker Bevölkerung durch Erhöhung der privaten Einkommen aus Löhnen und Gehältern, auch desjenigen aus Pensionen und Renten, die allesamt um einige Prozent gestiegen waren.

Diese insgesamt glückliche Strukturmischung wirkte ausgleichend gegen die Schwankungen einseitiger Konjunkturen und gab dem wirtschaftlichen Gefüge Osnabrücks eine bemerkenswerte Krisenfestigkeit. Dies führte auch zu einem laufenden Wachstum des kommunalen Steueraufkommens in der Stadt Osnabrück nach der Währungsreform. Dadurch erhielt die öffentliche Verwaltung die Möglichkeit, sich verstärkt den Aufgaben zuzuwenden, in denen noch weitgehend Schäden des Krieges zu heilen waren, so im Bereiche der Pflege von Kunst und Kultur, aber auch vor allem auf dem Gebiete des Schul- und Bildungswesens.

Kunst und Kultur

Als durch die volle Zerstörung des Osnabrücker Schlosses gegen Ende des letzten Krieges die wertvollen Bestände des in einem Teil dieses Gebäudes untergebrachten Museums weitgehend verlorengingen, bedeutete das einen erheblichen Rückschlag in der Museumsarbeit in unserer Stadt. Aber auch das ebenfalls schwer getroffene Städt. *Museum* am Heger-Tor-Wall, das auch jetzt immer noch Schäden des Krieges aufwies, wurde mit dem noch geretteten musealen Sammelgut, das durch rechtzeitige Auslagerung vor der Vernichtung bewahrt wurde, räumlich völlig überfordert. Die nunmehr dort gelagerten Sammelbestände aller Art, auch der Naturwissenschaftlichen Abteilung, konnten daher nicht sachgemäß ausgebreitet und zur Schau gestellt werden. Es mußte dringend nach weiteren Ausstellungsmöglichkeiten gesucht werden. Als sich 1959/60 die Räumung der unmittelbar benachbart liegenden Schlikkerschen Villa durch die britische Truppenverwaltung abzeichnete, bot sich die Gelegenheit, nach Renovierung dieses Hauses die Übersiedlung der Naturwissenschaftlichen Abteilung in die so gewonnenen neuen Räume ins Auge zu fassen. Eine weitere räumliche Ausdehnungsmöglichkeit wurde spruchreif, als das 1954 von der Stadt aus Privathand erworbene Steinwerk an der

Steinwerk an der Dielingerstraße 13

Dielingerstraße 13, ein Bauwerk aus dem frühen 13. Jahrhundert, das bisher dem Museum als Magazin gedient hatte, nunmehr restauriert und in seinen frühen mittelalterlichen Zustand zurückversetzt werden sollte. Es eignete sich vorzüglich für die Unterbringung der Vorgeschichtlichen Abteilung. Bevor es jedoch zu diesen Ausgliederungen kam, mußte das eigentliche Städt. Museum selbst soweit wieder instandgesetzt werden, daß es in seiner bisherigen beschränkten Situation kulturell wirksam werden konnte. Es wurde daher 1955/56 einer gründlichen Renovierung unterzogen und am 1. Juli 1956 wieder für den Publikumsbesuch geöffnet. Hiermit war gleichzeitig die Eröffnung einer neuen Kunstausstellung verbunden, der in den nächsten Jahren weitere öffentliche Einsichtnahmen dieser Art in das künstlerische und kunsthandwerkliche Schaffen im Osnabrücker Raum folgten.

Ebenfalls wiederhergerichtet wurde das Osnabrücker *Diözesan-Museum*, dessen bisheriges Gebäude im Kriege zerstört wurde. Dennoch konnte viel Wertvolles aus seinen kulturhistorischen Beständen gerettet werden. Im Jahre 1918 von dem damaligen Bischof Dr. Berning begründet, umfaßte es seit dieser Zeit eine große Zahl kirchlicher Kleinode, um sie für die fernere Zukunft pfleglich zu erhalten. Von besonderem Wert ist das kostbare „Kapitelkreuz" (aus dem 11. Jahrhundert), das heute nur bei feierlichen Anlässen dem Domkapitel vorangetragen wird. Im Dezember 1959 wurde das Diözesan-Museum, für das nun neue Räume im Domportikus geschaffen wurden, in feierlicher Form wiedereröffnet.

Das Kapitelkreuz des Domes

2. Abschluß der Wiederaufbauphase und vielseitiger Leistungszuwachs (1955—1960)

Nach der zweiten fruchtbaren und breite Anerkennung erzielenden Intendanzepoche Erich Papsts — er leitete die Osnabrücker Bühne bereits 1929 bis 1931 —, die sein plötzlicher Tod im Jahre 1955 beendete, trat das Osnabrücker *Theater am Domhof* Anfang 1956 mit dem neugewählten Intendanten Günter *Meincke,* bis dahin Leiter des Schloßtheaters in Celle, in eine neue Entwicklung ein. Traditionsverhaftet, aber auch Neuland beschreitend, pflegte es im Vorrange die Spielgattungen Schauspiel und Operette mit ergänzenden Opernvorstellungen. Aus Anlaß seines 50jährigen Bestehens, zu dem das Innere des Theaters geschmackvoll hergerichtet worden war, fand im Herbst 1959 eine Jubiläumswoche statt, in deren Mittelpunkt die Festaufführung von Verdis Oper ,,Aida'' und Shakespeares Drama ,,Macbeth'' sowie ein Gastspiel der Frankfurter Oper standen. In den *Kammerspielen* im Schloß (Aula der Pädagogischen Hochschule), die im Sinne von Studioaufführungen, aber mit sich wandelnder Tendenz zum Kammerspiel, literarische Besonderheiten pflegten, kam Paul Claudels ,,Verkündigung'' zur Aufführung. Diese Jubiläumswoche vom 3.—11. Oktober 1959 erntete bei den Zuhörern starken Beifall und gab der ganzen Spielzeit 1959/60 ein besonderes Gepräge. Der Erinnerung an den 20. September 1909, als dem Osnabrücker Theater mit diesem Hause ein eigener Neubau gegeben wurde, widmete die Stadt Osnabrück ein besonderes Gedenken durch die Herausgabe des Buches ,,Theater in Osnabrück im Wandel der Jahrhunderte'' von Karl *Kühling,* der Jahrzehnte in Osnabrück als Theaterkritiker tätig war. Mit dem Ende dieser Spielzeit schied Günter Meincke als Intendant aus. Die Nachfolge trat Peter *Maßmann* von den Städt. Bühnen Gelsenkirchen an. Er wurde am 2.8.1960 in sein Amt eingeführt.

Einer zielbewußten Kulturpflege widmete sich auch weiterhin das *Osnabrücker Symphonieorchester* unter der Stabführung von Bruno *Hegmann.* In den im Theater am Domhof stattfindenden Hauptkonzerten des Musikvereins Osnabrück, der mit rund 1500 ständigen Konzertabonnenten eine der stärksten Konzertgemeinden Westdeutschlands bildete, brachte es in klarer und inspirierter Wiedergabe viele Meisterwerke der Musik zu Gehör. Darüber hinaus wurde auch die Jugend in instruktiven Schulkonzerten sowie durch Teilnahme an den öffentlichen Generalproben zu den großen Symphoniekonzerten mit hervorragenden Solisten von internationalem Rang, auf der Grundlage von Einführungsvorträgen des Musikdirektors, zielstrebig an ein tieferes musikalisches Verständnis herangeführt. Neben der erfolgreichen, auf einem hohen Leistungsstand stehenden Wirksamkeit dieses städtischen Orchesters trat auch häufiger das Osnabrücker Kammerorchester unter der Leitung von Karl *Schäfer,* dem bekannten Komponisten und Direktor des Städt. Konservatoriums, mit guten Leistungen hervor. Der ,,Osnabrücker Kammerchor'', jetzt unter der Leitung von Franz *Clausing,* konzertierte — außer in den Nachbarländern — auch im Norddeutschen Rundfunk und UKW-Nord. Mit der Nennung dieser beiden künstlerischen Ensembles wird zugleich das vielseitige musikerzieherische Wirken des Städt. *Konservatoriums* angesprochen, das mit seiner Schülerzahl um 1955 von über 800 — die Jugendmusikschule eingeschlossen — dem Musikleben in der Stadt Osnabrück nachhaltige Impulse verlieh. Hierzu gehörte auch seit dem 25. Oktober 1956 zur Erinnerung an den Westfälischen Frieden 1648 in Osnabrück die Gestaltung einer musikalischen Feierstunde in der Rathaushalle und dem Friedenssaal unter der Devise ,,Das klingende Rathaus'' mit Darbietungen des Kammerchors und des Orchesters. Kirchenkonzerte, u.a. als Aufführung großer Oratorien, sowie das Auftreten hervorragender Solisten, u.a. des bekannten Osnabrücker Pianisten Graf *Wesdehlen,* des Kammersängers Rudolf *Schock* mit einem Liederabend sowie des berühmten Geigers Yehudi *Menuhin* ergänzten das breite Spektrum des Osnabrücker Musiklebens in diesem Berichtsabschnitt.

Behördlich betreut wurden fast alle diese kulturellen Veranstaltungen vom *Kulturamt* der Stadt Osnabrück, in dessen Hause am historischen Marktplatz Nr. 8 sich seit Juli 1960 auch das Redaktionsbüro des NDR Hamburg befand. Unmittelbar getragen von dieser Dienststelle wurden die obengenannten Solistenkonzerte, aber auch u.a. das Auftreten der Wiener Sängerknaben, so auch die nahezu jährlich veranstalteten Hochschulwochen ausgewählter Universitäten in Osnabrück, die sich stets einer großen Besucherzahl erfreuten. Die diesem Amte angegliederten weiteren kulturpflegerischen Institutionen — Stadtbücherei, die „Brücke der Nationen" und die Volkshochschule (noch im Gebäude des Ratsgymnasiums befindlich) — wurden hinsichtlich ihrer bildungsträchtigen Bemühungen intensiviert und gefördert. Auf entsprechende Initiative hin wurde 1958 das *Lyradenkmal* von seinem bisherigen Platz vor der Vitischanze zu seinem jetzigen Standort am unteren Herrenteichswall verlegt. Ein breiter Aufgang führt seitdem vom Monument aus in gerader Linie auf die Krone des Walles.

Schul- und Bildungswesen

Raumnot, Schichtunterricht und Lehrermangel waren die drei großen Wunden, die der letzte Krieg in den zerstörten deutschen Städten und damit auch in den Osnabrücker Schulen hinterlassen hatte. Bisher war es in unserer Stadt nur stellenweise gelungen, diese schweren Mängel im Unterrichtswesen der Nachkriegszeit abzubauen. Als in den Jahren 1955/56 im Bereiche des durch die Luftangriffe besonders schwer getroffenen Osnabrücker *Volksschulwesens* die Rückertschule — nach endgültiger Fertigstellung — sowie weitere drei neuerbaute Volksschulen mit ihrem ersten Bauabschnitt (die Volksschulen am Heiligenweg und an der Lerchenstraße und die Evangelische Volksschule in Eversburg — die beiden ersteren für je zwei getrennte Schulsysteme vorgesehen) ihrer Bestimmung übergeben werden konnten, trat damit bereits eine spürbare Auflockerung der bisherigen Enge in der räumlichen und fachlichen Versorgung des Unterrichts ein. Mußten doch bis 1955 289 Volksschulklassen mit 10513 Kindern in 194 Klassenräumen fast nur schichtweise unterrichtlich betreut werden. Bis 1959/60 trat zu diesen Neubauten, die bis dahin nahezu alle einen weiteren Schultrakt als 2. Bauabschnitt erhalten hatten, noch die kath. Elisabethschule an der Rückertstraße, so daß am Ende des Berichtsabschnittes der Schulbezirk Osnabrück-Stadt 8 evangelische, 10 katholische und 5 Gemeinschaftsschulen sowie eine Hilfsschule (die Pestalozzischule) umfaßte. In ihnen wurden 1960 11071 Schüler(-innen) von 285 Lehrkräften unterrichtet. Zur Vertiefung und Intensivierung des Unterrichts erhielten einige Schulen in dieser Zeit bereits bestimmte Fachräume — z.B. für den Werkunterricht —, aber auch die notwendigen neuen Turnhallen. Gegenüber 1950 hatte sich so die Zahl der Unterrichtsräume in Volksschulen von 142 (bei 268 Klassen) auf 247 (bei 329 Klassen) erhöht, immerhin bereits eine bedeutende Verbesserung der Gesamtsituation mit seinem organisatorisch so beschwerlichen Schichtunterricht, wenngleich bei einem noch bestehenden Fehl von 82 Klassenräumen im Jahre 1960 der Raumbedarf erst zu 75% gedeckt war.

Das Bemühen der Stadt, im Rahmen der finanziellen Möglichkeiten auch für die *weiterführenden Schulen* bessere Arbeitsbedingungen zu schaffen, wurde — neben der Wiederherstellung des kriegszerstörten Seitenflügels der Backhaus-Mittelschule (1956), die alsbald auch mit einer Turnhalle und einem Gymnastikraum versehen wurde — insbesondere in der Durchführung des Neubaues eines *zweiten Mädchengymnasiums* am Schölerberg deutlich. Das Gebäude wurde gegen Ende des Berichtsabschnitts schon soweit hergestellt, daß 1960 bereits 300 Schülerinnen des bisherigen Osnabrücker Gymnasiums für Mädchen, das mit insgesamt 1230 Schülerinnen in 44 Klassen das größte Gymnasium in Niedersachsen war, in 10 Klassen als Zweigstelle dieser Anstalt an der

Ameldungsstraße untergebracht werden konnten. Die Ausgestaltung dieser Zweigstelle zu einer selbständigen Schule war für 1961 vorgesehen. Diese Entwicklung im weiterführenden Schulwesen wurde zudem dadurch unterstützt, daß der Landkreis Osnabrück als Schulträger eine 5. Mittelschule in der Stadt Osnabrück errichtete, für die er 1959/60 an der Brinkstraße ein modern ausgestattetes Schulgebäude erbauen ließ. Damit zeichnete sich für die 4 städtischen Mittelschulen eine erhebliche Entlastung ab.

Als Mittelpunkt des gesamten Schulwesens des damaligen Regierungsbezirks Osnabrück waren in unserer Stadt neben den allgemeinbildenden Schulen von jeher auch Bildungsstätten für alle Fachrichtungen des *berufsbildenden Schulwesens* vorhanden. Dieses reich differenzierte Berufs-, Berufsfach- und Fachschulwesen der Stadt Osnabrück litt ebenfalls unter einer schweren Raumnot. Daher wurde der bereits laufende Umbau des früheren Stadthauses an der Natruper Straße für Zwecke der Gewerblichen Berufsschule — wofür bis 1956 zunächst neun Klassenräume neugestaltet bzw. für Unterrichtszwecke umgestaltet worden waren — zügig weitergeführt. Als Anfang 1960 dieser Umbau endgültig vollzogen war — erst 1959 wurde das „Stadthaus" von der letzten Behörde geräumt — standen nunmehr 35 Klassenräume und 17 Spezialräume für insgesamt 104 Klassen, von denen eine größere Anzahl nur einmal wöchentlich ihren Unterricht erhielt, zur Verfügung. Die *Höhere Gartenbauschule,* die 1959 auf ein 10jähriges Bestehen zurückblicken konnte, beging dieses Jubiläum mit der Gestaltung einer Ausstellung „Freude durch Blumen, Freude im Garten". Das Fachschulstudium an dieser Anstalt wurde ab 1960 von 4 auf 6 Semester verlängert. 1959 fiel auch die Entscheidung für die Errichtung einer *Staatlichen Ingenieurschule* in Osnabrück. Für diese Neugründung hatten sich die Industrie- und Handelskammer Osnabrück, die Stadt selbst sowie die gewerbliche Wirtschaft mit Nachdruck eingesetzt. Neben einer erheblichen finanziellen Beteiligung der Stadt Osnabrück wollten auch die genannten Institutionen den Bau und seine Einrichtung nachhaltig fördern.

Für alle allgemeinbildenden Schulen Osnabrücks war es von besonderer Bedeutung, daß im Herbst 1956 ein weiteres *städtisches Schullandheim* in entsprechender Landschaft und mit schöner, gediegener Ausstattung in Mentrup-Hagen am Teutoburger Wald fertiggestellt werden konnte. Mit seiner Aufnahmekapazität von 40 Schülern (innen) stellte es eine wertvolle Ergänzung der beiden bereits seit längerem bestehenden Schullandheime — in Jeggen und am Wellinger Berg (Ossenbrock) — dar. Diese naturnahen Bildungs- und Erziehungsstätten für die Osnabrücker Schuljugend lassen ebenso wie die unermüdlichen Bestrebungen des Rates, die Zahl der Kinderspiel- und Bolzplätze in den öffentlichen Anlagen möglichst weitgehend zu erhöhen — bis 1970 gab es 90 dieser vielfältig ausgestalteten Plätze in unserer Stadt — die schul- und kinderfreundliche Haltung der Stadt Osnabrück erkennen.

3. Osnabrück 1960/70: Wirtschaftlich und kulturell aufstrebende Stadt mit internationalen Kontakten

Weiter gefestigte Wirtschaftskraft

Osnabrück — mit seiner 1968 erreichten Einwohnerzahl von 141 498 (64 652 männlich, 76 846 weiblich) nach Hannover und Braunschweig die drittgrößte Stadt Niedersachsens — behauptete sich nicht nur als Stadt des Großhandels, sondern weiterhin auch als bedeutende Industriestadt. Seine bekannten Großunternehmen waren inzwischen wieder

Teile größerer Zusammenschlüsse geworden: so das Stahlwerk im Verbund der Klöckner-Werke AG und das Osnabrücker Kupfer- und Drahtwerk (OKD) Teilbetrieb der Kabel- und Metallwerke Gutehoffnungshütte AG. Das Karosseriewerk Karmann hatte als Hersteller des Karmann-Ghia-Coupés Weltruf erlangt; sein Preßwerk galt als das größte Europas. Aber auch die alte Textiltradition des Osnabrücker Landes fand in der Firma F.H. Hammersen AG als großem Unternehmen der Baumwollweberei sowie in mehreren weiteren Werken der Bekleidungs- und Strickwarenindustrie sowie der Wäsche- und Schirmherstellung ihre Fortsetzung. Ebenfalls trat die Papierindustrie durch Spezialprodukte wie hochwertige Fein- und Fotorohpapiere sowie technische Papiere immer stärker in den Vordergrund.

Über 28000 Menschen arbeiteten nun in den bedeutenden Industriebetrieben der Stadt. Das waren rd. 32 Prozent aller in der Stadt Beschäftigten. Wenn man von kleineren Betrieben unter zehn Beschäftigten und dem Baugewerbe und seiner Zulieferungsindustrie absieht, hatten sich bis dahin 123 Industriebetriebe in der Stadt niedergelassen. Sie produzierten 1965 Erzeugnisse im Werte von rd. 1108 Mill. DM. Davon entfielen 111 Mill. DM — etwa 10% — auf Exportlieferungen. Von 1000 Einwohnern waren 191 Erwerbstätige in der Industrie. In allen Osnabrücker Betrieben insgesamt arbeiteten 86000 Männer und Frauen, davon 26000 als ,,Einpendler". Von der Gesamtzahl dieser Betriebe entfielen 5 Prozent — meist Großbetriebe — auf das produzierende Gewerbe, darunter neue, moderne Industriebetriebe in reizvoller Landschaft am Stadtrande, 10 Prozent auf den Großhandel, 28 Prozent auf den Einzelhandel, gleichfalls 28 Prozent auf das Handwerk und 29 Prozent auf sonstige Dienstleistungen. Am gewerblichen Gesamtumsatz waren Industrie mit 42 Prozent, der Großhandel mit 37 Prozent, der Einzelhandel mit 13 Prozent und alle übrigen Berufe mit 8 Prozent beteiligt.

Infolge der engen Verbindung seiner urbanen Zukunft mit der Entwicklung seiner Wirtschaftskraft mußte die Stadt Osnabrück es sich zur Aufgabe machen, gezielte *Wirtschaftsförderungspolitik* zu treiben. Hierbei galt es, den starken Strukturwandel der Nachkriegsjahre in Betracht zu ziehen, der dazu führte, daß viele Betriebe mittelständiger Größenordnung durch das Anwachsen ihrer Produktions- und Umsatzleistung ihre betrieblichen Arbeitsstätten zunehmend in Randgebiete der Stadt verlagern mußten. Sie wurden dazu gezwungen, da Grundstücke, die den modernen Anforderungen und der zu erwartenden Ausdehnungsmöglichkeit gerecht wurden, im eigentlichen Stadtbereich nicht mehr zur Verfügung standen. Das führte im Industriegebiet *Fledder* — wie schon angesprochen — zur Erschließung eines zunächst 15 Hektar großen städtischen Geländes und hierauf zur Errichtung eines modernen Handelszentrums, für das weitere Ausdehnungsmöglichkeiten vorgesehen wurden. Im Stadtteil Eversburg wurde ebenfalls, insbesondere für Industrieansiedlung, eine 60 Hektar große Fläche erworben. Für Betriebe mit Massengüterumschlag hielten die Stadtwerke Osnabrück AG noch größere Flächen mit Kanal-, Bahn- und Straßenanschlüssen bereit, die u.a. auch die Planung einer Nordschiene in Richtung Wallenhorst ermöglichten. Auch am neuen *Ölhafen* wurde noch Raum für die Ansiedlung weiterer Mineralölfirmen bereitgestellt.

Osnabrück, inzwischen Sitz von 577 im Handelsregister geführten Firmen des Groß- und Außenhandels geworden (gegenüber 425 Großhandelsbetrieben im Jahre 1955), war somit infolge seiner günstigen Lage inmitten eines pulsierenden Wirtschaftsraumes zum größten Großhandelsplatz zwischen dem Ruhrgebiet und den Hafenstädten Bremen und Hamburg aufgestiegen. 1964 erreichte sein Großhandelsumschlag bereits eine Höhe von rd. 1250 Mill. DM. Für viele der rd. zwei Millionen Menschen im Großraum zwischen Oldenburg im Norden, Münster im Süden, Bielefeld im Osten und der deutsch-niederländischen Grenze im Westen war hier der Mittelpunkt für den Großeinkauf, aber auch für viele die attraktive Einkaufsstadt für den Privatverbraucher. Ein vielschichtiges Warenangebot mit einem breiten Sortiment für alle Ansprüche in 1542 Warenhäusern und Einzelhandelsgeschäften sorgte dafür, daß allen Konsumwünschen Rechnung getragen werden konnte.

Verbesserung der Verkehrsbedingungen

Diese Entwicklung zur modernen *Einkaufsmetropole* im Groß- und Einzelhandel wurde in diesen Jahren von der Stadt Osnabrück tatkräftig unterstützt durch die Schaffung umfangreicher Parkgelegenheiten, u.a. durch die Bereitstellung von 3000 öffentlichen Parkständen und die Errichtung mehrerer Parkhäuser, auch privater Art. Zwölf weitere Parkhäuser wurden in die Stadtplanung aufgenommen. Das Problem des *ruhenden Verkehrs* wurde dennoch immer akuter. Allein im Jahre 1968 waren von den zugelassenen Kraftfahrzeugen bereits 26361 Personenwagen und nur 650 Motorräder. Zu diesen vielen sich innerhalb der Stadt bewegenden PKWs traten täglich Tausende von Wagen der berufstätigen Einpendler und der Einkaufsfahrer, wobei sich letztere an besonderen Schwerpunktstagen, wie z.B. dem ,,Westfalentag'' (dem 1.11. Allerheiligen, der in Nordrhein-Westfalen staatl. Feiertag ist) noch vervielfachten.

Nachhaltig gefördert wurde die verkehrsfreundliche Aufnahmebereitschaft Osnabrücks — und damit sein Anschluß über den stadtnahen Raum hinaus an den überregionalen Großverkehr erheblich verbessert — durch den Bau der Bundesautobahn ,,Hansalinie'' als bisher schnellste Nord-Süd-Verbindung zwischen dem Ruhrgebiet

Das Autobahnkreuz Lotte—Osnabrück westlich des Stadtgebietes

und den Hansestädten. Am 14. November 1968 wurde diese Autobahn von Bundesverkehrsminister Georg *Leber* durch einen feierlichen Akt ihrer Bestimmung übergeben. Eine weitere Schnellverbindung von Amsterdam über Osnabrück nach Hannover durch die *Europastraße 8* war in diesen Jahren ebenfalls bereits im Bau. Als Verbindung zwischen den beiden Schnellstraßen wurde 1968/69 ein 20 Kilometer langer *Umgehungsring* am südlichen Stadtrande gebaut, durch den auch der innerstädtische Verkehr wesentlich entlastet wurde.

In knappen 20 Autominuten auf der „Hansalinie" erreichbar, wurde 1969 bei Greven — auf dem halben Wege nach Münster — der *Verkehrsflughafen Münster/Osnabrück* in der Trägerschaft einer Arbeitsgemeinschaft befreundeter Städte und Landkreise in Betrieb genommen. Damit erhielt Osnabrück Anschluß an das internationale Luftverkehrsnetz. Für Sportflieger und Lufttaxis bot seit Jahren der *Flugplatz Atterheide* vor den Toren Osnabrücks Start- und Landemöglichkeit.

Die Ausweitung der Osnabrücker Verkehrsverbindungen über Autobahnen und Luftlinien in den mitteleuropäischen Raum hinein fand im Bundesbahnbereich seine Parallele in den Nord-Süd und Ost-West-Fernverbindungen von Skandinavien nach Frankreich und Italien sowie von Warschau nach Amsterdam bzw. Paris, die über Osnabrück laufen und sich hier in einem Turmbahnhof auch kreuzen. Das an diesem Schwerpunkt 1967 in Betrieb genommene *Zentralstellwerk* der Bundesbahn, das damals modernste in der Bundesrepublik, diente ganz wesentlich dazu, diesen bedeutsamen Verkehrsknoten

Der Flughafen Münster—Osnabrück bei Greven als Zubringerbetrieb für den Linienverkehr

reibungslos funktionieren zu lassen. Nach Eröffnung der elektrifizierten Strecke Osnabrück — Münster am 12.9.1966 konnte seit dem 24.9.1968 auch auf der Strecke Osnabrück — Bremen — Hamburg der erste elektrisch betriebene Schnellzug seine Fahrt antreten. Die Elektrifizierung der unsere Stadt berührenden Fernverkehrsstrecken wurde seitdem zügig fortgesetzt. Im *Kanalverkehr,* durch den Osnabrück seit 1915 mit dem gesamten innerdeutschen und darüber hinaus mit dem europäischen Wasserstraßennetz verbunden ist, war die europäische Dominante noch nicht so in dem Maße aktuell wie in den anderen Verkehrsbereichen. Wohl konnten die neuen ,,Europaschiffe'' (Motorkähne von 1350 Tonnen Größe) den Osnabrücker Hafen erreichen, aber nur halb bis dreiviertel beladen, da die Wassertiefe, auch des Stichkanals, für die volle Last noch zu gering ist. Die notwendige Umstellung des Hafenbeckens auf diese großen Frachtkrähne war noch nicht erfolgt. Dafür konnte aber der neue 1967 nördlich der Haster Schleuse errichtete moderne Ölhafen (s.o.) täglich acht dieser Schiffe abfertigen, die jedoch — aus den obengenannten Gründen — ihn auch noch nicht mit voller Kapazität erreichen konnten. Als ausgesprochen ,,schneller Umschlagplatz'' wies der Ölhafen jedoch mit seinen modernen technischen Anlagen auf die Zukunft des eigentlichen Osnabrücker Hafens hin, in dem in verschiedener Hinsicht noch ein großer Nachholbedarf bestand.

Mit der *Stillegung der letzten Straßenbahnlinie* von Haste bis zum Schölerberg im innerstädtischen Verkehr am 29.5.1960 wurde die ab Herbst 1958 durchgeführte Neuordnung des städtischen Nahlinien-Verkehrs nunmehr abgeschlossen. Damit verschwand die über 54 Jahre bestehende Osnabrücker Straßenbahn endgültig aus dem Stadtbild. Durch die Entfernung der Straßenbahngleise aus der bisherigen Straßenpflasterung wurde die letzte Phase der *Neuordnung des städtischen Nahlinienverkehrs* eingeleitet. Damit brach alsbald 1960/61 der erste schienenlose Winter für Osnabrück an. Die neuausgepflasterten und auch insgesamt verkehrsgünstiger gestalteten Straßendecken wurden zu recht dienlichen Trägern eines flüssigen Kraftverkehrs, mit dessen bald darauf vollem Anlauf die Umstellung des Nahlinienverkehrs auf Busse und Obusse beendet war. Im Zuge dieser Umstellung wurden der Goethering und der anschließende Karlsring weiter ausgebaut. Damit wurde der ,,Innere Ring'' als Sammler eines entsprechenden Verkehrs endgültig geschlossen. Das ergab für den Nah- und Durchgangsverkehr im Bereiche des Stadtkerns wesentlich günstigere Bedingungen.

Der weitere *Ausbau der Straßen* der Stadt zu einem verkehrssicheren, modernen und leistungsfähigen Verkehrsnetz vollzog sich nach den Richtlinien des Generalverkehrsplans von 1956, der je nach den anstehenden Notwendigkeiten fortgeschrieben wurde. Dazu gehörte auch der großzügige Ausbau der Autobahn-Zubringer wie der Hansastraße, der Oberen Martinistraße, der Pagenstecherstraße, der Hannoverschen Straße und der Buerschen-/Mindener Straße zu den jeweiligen Auffahrten. Da auch die Verbindungen zwischen diesen Ausfallstraßen dieser Entwicklung angepaßt werden mußten, wurde schließlich eine umfassende Verbreiterung des Inneren Ringes zwischen Hasetor und Heger Tor erforderlich. Diese großen Straßenbauarbeiten erfolgten mit Förderungsmitteln des Bundes (Ölpfennig) und des Landes Niedersachsen, eine finanzielle Hilfestellung, die sich jedoch von Fall zu Fall in engen Grenzen hielt. Das größte innerstädtische Verkehrsbauprojekt war die *Neumarkt- und Fußgängerpassage.* Mit den Bauarbeiten wurde im April 1964 begonnen, und bereits am 15.12.1964 konnte der Neumarkttunnel mit seiner Ladenstraße dem öffentlichen Verkehr übergeben werden. Die unterirdische Anlage brachte erhebliche Verkehrsentlastungen für den Fahrzeug- und Fußgängerverkehr auf dem Neumarkt und wurde von der Bevölkerung lebhaft begrüßt. Der gesamte Verkehrsstraßenbau in Osnabrück einschließlich des erforderlichen Grunderwerbs überschritt in diesem Jahrzehnt weit die 100 Millionen Mark Grenze.

Die Tunnelpassage unter dem Neumarkt mit ihren zahlreichen Geschäftsauslagen

Stadtleben und wichtige Stadtereignisse

Mit der Einführung des Oberstadtdirektors Fischer in sein Amt am 5.4.1960 trat ein Kommunalfachmann mit vielschichtigen Erfahrungen und Erkenntnissen — insbesondere aus seiner bisherigen Bielefelder Tätigkeit — an die Spitze der Stadtverwaltung. Dieser Wechsel erfolgte gerade zu jenem Zeitpunkt, an dem nunmehr in Osnabrück der Schritt vom umfassenden Wiederaufbau (nach den schweren Zerstörungen des Zweiten Weltkrieges) zum modernen urbanen Ausbau getan werden mußte. Wenn auch der Abzug des *Landgestüts in Eversburg* nach Celle — die letzte Hengstparade fand am 25.9.1960 statt — eine starke Einbuße bedeutete, so kennzeichneten doch auch bereits erste Kontakte mit den Niederlanden, u.a. die Ernennung des Präsidenten der Industrie- und Handelskammer Osnabrück, Dr. Beckmann, Nordhorn, zum Konsul der Niederlande am 8.2.1961 und der Besuch des Bürgermeisters Cremers der niederländischen Stadt Haarlem (anläßlich einer Ausstellung ,,Moderne Textilien und Gläser aus den Niederlanden'' im Museum), den internationalen Ausgriff der Stadt in diesem Jahrzehnt. Oberbürgermeister Kelch konnte auf Grund seiner Wiederwahl nach den Kommunalwahlen am 19. März 1961 diese Entwicklung in behutsamer Zielstrebigkeit weiter verfolgen. Empfänge von französischen und englischen Jugendgruppen im Friedenssaal, ein internationales Freundschaftstreffen jugendlicher Fanfaren- und Spielmannszüge auf dem Marktplatz vertieften diese ersten Ansätze. Sie erreichten ihren ersten Höhepunkt mit dem Beschluß des Rates über die Begründung einer *Städtepartnerschaft* mit der niederländischen Stadt Haarlem am 5.9.1961 und der Unterzeichnung der Partnerschaftsurkunde am 24.10.1961. Sie erfolgte im Rahmen einer feierlichen Festveranstaltung im Rathaus. Am Abend des 25.10. sprach sodann Bürgermeister Cremers aus Haarlem anläßlich des traditionellen Steckenpferdreitens der Osnabrücker Grundschulkinder auf dem Marktplatz zu den kleinen Osnabrückern. Der Oberbürgermeister verteilte Brezeln und Süßigkeiten.

Parallel zu dieser ersten internationalen Kontaktaufnahme der Stadt liefen Bemühungen um die räumliche Klärung des zukünftigen Verhältnisses zwischen Osnabrück und seinen Umlandgemeinden. Es entstand ein regionaler *Raumordnungsplan Stadt Osnabrück und Umland,* der am 31.10.1961 unterzeichnet wurde. Es war der erste Stadtumland-Großraumplan Niedersachsens. Hiermit zeichnete sich ein urbaner Ausgriff ab, der in der Einbeziehung einer Reihe von Umlandgemeinden in den Stadtbereich im nächsten Jahrzehnt seine Auswirkung fand. Daß auch innerdeutsche Kontakte weiter gepflegt wurden, bewies die aufgeschlossene Aufnahme des Regierenden Bürgermeisters von Berlin, Willy *Brandt,* am 17.8.1961 in unserer Stadt, der anläßlich einer Wahlkundgebung zur bevorstehenden *Bundestagswahl* von der Rathaustreppe zur Osnabrücker Bevölkerung sprach. An dieser Wahl, die am 17.9.1961 stattfand, beteiligten sich die Osnabrücker zu 89,3 Prozent der Wahlberechtigten. Die CDU verlor die absolute Mehrheit der Stimmen, konnte aber weiterhin ihren Kandidaten Anton *Storch* direkt in den Bundestag entsenden. Für die SPD kandidierte erneut Hans *Lücke,* der wiederum über die Landesliste Mitglied des Bundestages wurde. Die internationalen Beziehungen Osnabrücks zu den Niederlanden wurden auch 1962 weiter vertieft durch einen Besuch des Rates der Stadt in der Partnerstadt Haarlem im Juni des Jahres sowie durch eine großangelegte *Niederländische Woche* in Osnabrück vom 5.—11. September 1962, in der die gutnachbarlichen und freundschaftlichen Beziehungen Osnabrücks zu den Niederlanden in vielfältigster Weise durch Ausstellungen, musische Veranstaltungen verschiedenster Art und den Sinn der Woche ansprechende Schaufensterdekorierung bei den Geschäften der Innenstadt zum Ausdruck gebracht wurden. Ein festlicher Ausklang der „Hollandwoche" mit dem Großen Zapfenstreich auf dem Marktplatz bildete den würdigen Abschluß dieser ersten großen internationalen Partnerschaftsveranstaltung in Osnabrück. Vor diesem Hintergrund verstärkte sich weiterhin der Kulturaustausch in Form von Besuchen von niederländischen Chören, Spiel- und Singgruppen in unserer Stadt und umgekehrt.

Daß Osnabrück daneben auch im nationalen Rahmen der Bundesrepublik eine herausragende Rolle übernehmen konnte, zeigte 1962 die Durchführung des *63. Deutschen Wandertages* in der Hasestadt. Auftakt hierzu war der Empfang des Wanderwimpels des Deutschen Wandertages, den die Wimpelgruppe der deutschen Wandervereine in mehrwöchiger Fußwanderung von Coburg, dem Ort des letzten Wandertages, nach Osnabrück getragen hatte, am 2.8.1962 auf der Freitreppe des Rathauses. Nach der Jahreshauptversammlung, in der sich die Spitzen der deutschen Wandervereine unter ihrem Präsidenten *Fahrbach* in der Halle Gartlage trafen und dem Empfang dieses Gremiums durch die niedersächsische Landesregierung im Rathaus war der Höhepunkt des Festes der naturbegeisterten Wanderer in Osnabrück am Sonntag, dem 5.8.1962, eine Großveranstaltung auf dem Sportplatz Illoshöhe, den die vielen Teilnehmer aus allen Ländern der Bundesrepublik in langer, buntfarbiger und wimpelgeschmückter, von Musikkorps unterbrochener Marschformation vom Marktplatz her erreicht hatten. Hier sprach zu ihnen der Schirmherr dieser bundesweiten Großveranstaltung, Bundespräsident Heinrich *Lübke.* Mit einem Sonderzug in Osnabrück eingetroffen, war er, begleitet von seiner Gattin, zunächst Gast der Stadt und trug sich im Rathaus in das „Goldene

Buch" der Stadt Osnabrück ein. Seine Anwesenheit gab sodann dem Deutschen Wandertag 1962 ein besonders würdiges Gepräge. Mit Volkstänzen der Jugendgruppen und einem frohen Singen großer Gemeinschaftschöre vor dem hohen Gast klang die imposante Veranstaltung aus.

Daß sich der Heimatgedanke, der in dieser Großveranstaltung immer wieder durchleuchtete, auch in Osnabrück einer besonderen Pflege erfreut, bewies die lebendige Anteilnahme der Bevölkerung an den *Schnatgangsfesten* 1962 und 1969, mit denen die alte „Heger Laischaft" in traditioneller Form mit ihren Mitgliedern, den „Interessenten", ihre aus dem Mittelalter stammenden Besitzansprüche bekundete. In ähnlicher Weise unterstrich die Durchführung des 43. Niedersachsentages in Osnabrück vom 29.9.—2.10.1962 die tiefe Einbettung Osnabrücks in die landschaftserhaltenden und die heimatliche Kultur fördernden Bestrebungen dieser bedeutsamen niedersächsischen Einrichtung.

Mit den Besuchen von Bundeswirtschaftsminister Prof. Ludwig *Erhard* am 8.5.1963 und kurz darauf, am 14.5. d. J., von Bundeskanzler Dr. Konrad *Adenauer* in Osnabrück standen zunächst die Beziehungen der Stadt nach Bonn im Vordergrunde des öffentlichen Interesses. Beide Politiker wurden im Friedenssaal des Rathauses empfangen und trugen sich in das „Goldene Buch" der Stadt ein. Die internationalen Verbindungen Osnabrücks wurden alsbald wieder lebendig durch die *Österreich-Woche,* die wenige Tage später vom 17.—25.5.1963 in Osnabrück veranstaltet wurde. Trachtenkapellen, Volkstanzgruppen und Singe-Kreise, u.a. auch die „Wiener Sängerknaben" wetteiferten miteinander in einem bunten Kranz von Darbietungen heimatlicher Prägung. Ihr volkstümlicher Charakter machte ihre Resonanz bei der Bevölkerung noch größer als bei der vorjährigen Woche „Holland in Osnabrück".

Während der Französischen Woche wird der europäische Partnerschaftsvertrag zwischen den Städten Angers (Bgm. Turc), Haarlem (Bgm. Cremers) und Osnabrück (Ostd. Fischer) feierlich im Friedenssaal zu Osnabrück unterzeichnet.

3. Osnabrück 1960/70: Wirtschaftlich und kulturell aufstrebende Stadt

Die lebendige Städte-Partnerschaft Haarlem — Osnabrück gab den Kontakten zu den Niederlanden immer wieder neuen Auftrieb. Im Winter 1964 war es die Durchführung einer gemeinsamen Foto-Ausstellung „Haarlem und Osnabrück im Bild" im Ausstellungsraum am Markt, die diesem Ziele besonders diente. Sie wurde von Oberbürgermeister Kelch in Anwesenheit von Bürgermeister Cremers aus Haarlem eröffnet. Diese von der Öffentlichkeit sehr beachtete Veranstaltung fand wenige Monate später eine echte Fortsetzung durch die Bilddokumentation „Holland-Foto 1961", die einen Querschnitt durch das Amateurfoto-Schaffen der Niederlande zeigte. Die so aktiv weitergeführte internationale Städtepartnerschaft begann sich sodann nach Frankreich auszuweiten, als im Juni 1964 Bürgermeister *Turc* und eine Delegation der französischen Stadt Angers — in der Grafschaft Anjou an der Loire gelegen — zu einem ersten Gespräch nach Osnabrück reisten, um mit Vertretern des Rates und der Verwaltung Osnabrücks über die Gründung einer weiteren Städtepartnerschaft zu verhandeln. Besiegelt wurde die hiermit angebahnte Partnerschaft durch die Woche der Freundschaft *„Frankreich in Osnabrück"* im September 1964, an der neben Bürgermeister Turc aus Angers auch Bürgermeister Cremers aus Haarlem mit Vertretern des jeweiligen Rates teilnahmen. Es waren festliche Tage, die mit einer Reihe sorgfältig ausgewählter und dennoch vielseitiger Veranstaltungen und Ausstellungen gefüllt wurden. Im Mittelpunkt stand die feierliche Unterzeichnung der Partnerschaftsurkunde zwischen den Städten Haarlem, Angers und Osnabrück. In das Bemühen der Bevölkerung Osnabrücks, das Wesen der Bewohner Frankreichs, ihre Kultur und die wirtschaftliche Bedeutung ihres Landes zu erfassen, hatte sich diesmal der Einzelhandel der Hasestadt stark eingeschaltet; französische Waren sowie Frankreichs Farben und Embleme waren in jedem Schaufenster in Fülle zu sehen.

Die Urkunden über die europäische Städtepartnerschaft zwischen Osnabrück und Haarlem (Niederlande) sowie Angers (Frankreich) mit den Unterschriften der jeweiligen Stadtoberhäupter.

Möser-Medaille-Inhaber Remarque inmitten der Osnabrücker Delegation, die ihm diese Auszeichnung nach Ronco, seinem ständigen Wohnsitz in der Schweiz, überbrachte.

Ein neuer Rat, der am 27.9.1964 gewählt wurde, erkor wiederum den SPD-Ratsherrn Willi Kelch zum Oberbürgermeister der Stadt Osnabrück. Bürgermeister wurde erneut Ferdinand Erpenbeck (CDU). Mit starker Initiative trat dieser Rat bei den zuständigen Stellen in Hannover und Bonn für eine Beschleunigung des Ausbaues der Europastraße 8 (Amsterdam — Osnabrück — Hannover) ein, die insbesondere die Verbindung zu den Niederlanden bedeutend verbessern würde. Einen kulturellen Kontakt zur Schweiz gab es — mittelbar —, als eine Delegation des Rates und der Bürger Osnabrücks Ende Oktober 1964 ins Tessin reiste, um dem Schriftsteller *Erich Maria Remarque* als berühmtem Sohn der Stadt Osnabrück in dessen Heim in Porto Ronco am Luganer See die Möser-Medaille zu überreichen. Beide Schritte kennzeichneten weiterhin die europäische Dimension des kulturellen Bemühens der Stadt nach vielen Seiten hin. Dies bestätigte auch der festliche Empfang der *Königinmutter Elisabeth von England* durch die Stadt am 15.7.1965. Sie wurde als prominentester Gast Osnabrücks im Jahre 1965 auf der Freitreppe des fahnengeschmückten Rathauses, umweht von den Flaggen Großbritanniens, der Bundesrepublik und der Stadt Osnabrück, feierlich begrüßt und trug sich sodann im historischen Friedenssaal in das Goldene Buch der Stadt ein. Wenige

Jahre später, am 25./28. Februar 1971, stattete auch ihr Enkelsohn, der britische Thronfolger *Prinz Charles,* anläßlich einer Truppenbesichtigung in der Bundesrepublik unserer Stadt einen offiziellen Besuch ab. Im Rahmen des Empfanges im Rathaus hinterließ auch er seinen Namenszug im Goldenen Buch der Stadt. Im Jahre 1965 fanden die Beziehungen zu Frankreich eine weitere Vertiefung durch den Besuch einer Delegation Osnabrücker Ratsherren und leitender Herren der Verwaltung vom 4.—8. Oktober 1965 in Angers. Gleichzeitig weilte eine Abordnung aus Haarlem mit Bürgermeister Cremers an der Spitze dort. So wurden die Bande der Freundschaft zwischen den drei Städten noch enger geknüpft.

Der Besuch der Königinmutter Elisabeth von England 1965 in Osnabrück war gleichsam die Einleitung zur Durchführung einer *,,Britischen Woche"* (20.—27. Mai 1966) in unserer Stadt, die in ihrer groß angelegten Organisation und Informationsbreite einen ähnlich glücklichen Verlauf nahm wie die vorhergegangenen Wochen der europäischen Völkergemeinschaft. Dieser Gedanke wurde im Mai 1967 weitergetragen in einem erneuten Partnerschaftstreffen mit den beiden Städten Angers und Haarlem, als Vertreter des Rates dieser Städte mit dem Osnabrücker Stadtrat eine gemeinsame Sitzung im hiesigen Ratssitzungssaal durchführten. Aus diesem Anlaß erhielten die beiden Hasebrücken beiderseits der Vitischanze, markiert durch entsprechende Wappensteine dieser Städte, die Namen *,,Angers-Brücke"* (am Hasetor) und *,,Haarlem-Brücke".* Wegen der — auch wiederum hiermit deutlich gewordenen — besonderen Verdienste um die internationale Verständigung erhielt die Stadt Osnabrück am 5. Mai 1968 vom Europarat in Straßburg die *Europafahne* verliehen. Das holländische Mitglied des Europarates, *Geelkerken,* überreichte Oberbürgermeister Kelch die Fahne, die in der Halle des Rathauses ihren endgültigen Platz erhielt. Vorher waren bereits 1964 und 1965 die Spitzen des Rates und der Verwaltung der Stadt Osnabrück sowie der Osnabrücker Verkehrsdirektor *Dr. Poppe-Marquard,* in dessen Händen die Vorbereitung und Durchführung dieser europäischen Gemeinschaftswochen lag, durch die Verleihung einer Auszeichnung der Republik Österreich und einer Medaille der französischen Außenhandelsstelle ,,Centre National du Commerce Extérieur" geehrt worden. Seit Februar 1968 grüßt Osnabrück zudem alle mit dem Kraftwagen anreisenden Besucher an den Stadteingängen als *,,Gemeinde Europas"* mit entsprechenden auf die Partnerschaft mit Haarlem und Angers hinweisenden Schildern. Mit der *,,Skandinavischen Woche"* (4.—11.5.1970), der fünften in Osnabrück durchgeführten internationalen Freundschaftswoche, klang dieser bedeutsame Akzent des Jahrzehnts 1960—70, der der Stadt ein eindeutiges europäisches Profil verlieh, aus.

Als am 14.1.1969 die Pläne zur Eingliederung der Umlandgemeinden bekanntgegeben wurden und der Rat in einer Sondersitzung am 4.3.1969 den Start freigab für die Innenstadtsanierung, indem er dem Vertrag mit der ,,Neuen Heimat Bremen" als Sanierungsträger zustimmte, wurden in der Öffentlichkeit bereits entscheidende Schwerpunkte deutlich, die in den nächsten Jahren dem Stadtleben das Gepräge geben sollten. Der diese behutsamen Schritte tragende Rat der Stadt war am 22. Oktober 1968 neu gewählt worden. Die Wahl des Oberbürgermeisters brachte wiederum den Ratsherrn Willi *Kelch* (SPD) an die Spitze der Stadtvertretung. Als sein Stellvertreter (Bürgermeister) wurde Ratsherr Ferdinand *Erpenbeck* (CDU) wiedergewählt. Als dieser wegen als MdB im Bundestag zusätzlich übernommener Aufgaben sein Amt zur Verfügung stellte, wurde Senator Dr. Georg-Bernhard *Scholz* (CDU) am 2.1.1971 zum neuen Bürgermeister der Stadt Osnabrück gewählt.

Stadtbild und weitere Bauentwicklung

Die Entwicklung des Stadtbildes in dem Jahrzehnt 1960/70 zeigte deutlich, daß sich das *Baugeschehen* nunmehr bereits der sinnvollen Ausfüllung noch bestehender Baulücken aus der Zeit des letzten Krieges zuwenden konnte. Darüber hinaus erfolgten nun aber auch schon großzügige Ausgriffe in den Stadtrandbereich zwecks Errichtung neuer Stadtteile (Dodeshaus) bzw. entsprechende Ausgestaltung von älteren Vororten (Schinkel, Haste). Die sprunghafte Zunahme der Einwohnerzahl nach dem Kriege — seit dem Tiefstand 1945 mit 72756 Einwohnern war diese Zahl bis 1968 auf 141498 gestiegen, d.h. sie hatte sich in einem Zeitraum von gut 20 Jahren fast verdoppelt — machte diese städtebaulichen Maßnahmen erforderlich.

Im *Stadtkern* ging es zunächst darum, an markanten Stellen noch bestehende Aufbaulücken mit Gebäuden zu besetzen, die sich in etwa annehmbar in den vorliegenden Rahmen einfügen ließen. So wurde im Mai 1961 mit der Fertigstellung des neuen Verwaltungsgebäudes der Stadt an der Ecke Marktplatz — Krahnstraße die Wiederherstellung des historischen Marktplatzes abgeschlossen. Dieser moderne Zweckbau gegenüber dem Rathaus, dienstlich bestimmt für die Aufnahme der Finanzverwaltung der Stadt, hat sich seitdem — ohne dauernden Widerwillen zu erwecken — geradezu als architektonischer Kontrapunkt sinnvoll in das Konzert der verschiedenen Fassaden in diesem Bereiche der Altstadt eingefügt. Die historische Fassadenfront des Marktplatzes hatte damit — im Sinne der angestrebten Zentralisation der Stadtverwaltung um das Rathaus — ihren pragmatischen Abschluß gefunden, ganz im Gegensatz zu den vielen Häuserfronten in anderen Geschäftsstraßen der Innenstadt, wo es noch z.T. reihenweise halbfertige Häuser gab, die nach dem Kriege vorerst nur für die geschäftliche Existenzmöglichkeit ihres Besitzers aufgebaut worden waren. Hier galt es noch manche häßliche Lücke zu schließen.

Darüber hinaus gab es im Stadtinneren durchaus noch weitere Trümmergrundstücke und bisher noch nicht bebaute geräumte Flächen, die — zunächst als Parkplätze genutzt — erst langsam einer neuen Gestaltung entgegensahen. Diese „Kahlschläge" aus der Zeit der umfassenden Enttrümmerung der Altstadt werden erst z.Zt. im Rahmen der Stadtsanierung einer angemessenen Gestaltung zugeführt. So lag verstärkt der Schwerpunkt der Bauentwicklung in diesem Jahrzehnt im großzügig geplanten *Ausgriff in die Stadtrandgebiete*. Hier waren schon seit einigen Jahren geschlossene Wohngebiete kleineren Umfangs entstanden, so auf dem Kalkhügel, vor dem Nordhange des Schölerbergs (Ameldungstraße), an der Brinkstraße und am Ziegenbrink, auf dem Königshügel an der Knollstraße und im Schinkel. Als erstes größeres Projekt war seit 1959 das *Demonstrativ-Programm Dodeshaus* im Bau, das mit etwa 1000 Wohnungen für rund 3000 Menschen auch ein Schulzentrum sowie Raum für die Errichtung von Kirchen beider Konfessionen enthalten sollte. Die Vollendung dieses riesigen städtebaulichen Unternehmens wurde absehbar, als das Richtfest des ersten Hochhauses für 48 Familien als markanter Mittelpunkt des Gesamtkomplexes im Herbst 1960 feierlich begangen werden konnte. Mit dem bald danach durchgeführten Richtfest des Bauprojektes Sonnenhügel wurde die Reihe dieser großen Wohnungsbauvorhaben fortgesetzt.

Ergänzt wurden diese Großprojekte durch Siedlungsvorhaben kirchlicher und gemeinnütziger Baugesellschaften, die neben größeren Wohnblöcken auch Einfamilienhäuser errichteten, ebenfalls vorwiegend im nördlichen und südlichen Stadtrandgebiet. Der große Nachholbedarf an Wohnungen — so lebten 1961 noch 447 kinderreiche Familien in kümmerlichen Baracken, z.T. mit mehreren Personen in einem Raum — bewog

3. Osnabrück 1960/70: Wirtschaftlich und kulturell aufstrebende Stadt

Der Erweiterungsbau für die
Justizbehörden in Osnabrück,
seiner Bestimmung übergeben
am 14.2.1969

schließlich die Stadt, alsbald noch einmal ein besonders repräsentatives *Demonstrativ-Programm* durchzuziehen, nämlich im Vorort *Haste*. In einem Baugebiet von 42 Hektar entstanden hier für 3200 Einwohner von 1966—1969 915 Wohnungen, und zwar ebenfalls in gemischter Bauweise: 165 in ein- und zweigeschossigen Einfamilienhäusern und 750 in drei- und mehrgeschossigen Bauten. Die Planung umschloß das evangelische Gemeindezentrum mit Altenheim (das katholische Gemeindezentrum war bereits vorhanden), ein Ladenzentrum sowie eine große Volksschule mit Sportplatz.

Ein Gegenstück zu diesen breit ausgreifenden städtebaulichen Entwicklungen in den Stadtrandgebieten war der Vorstoß in die Höhe mit den *Hochhäusern* am Neumarkt, an der Wittekindstraße und am Berliner Platz. Als erster dieser markanten Veränderer des Stadtbildes konnte im Herbst 1960 das Hochhaus der Landschaftlichen Brandkasse am Neumarkt eingeweiht werden. Mit seinen 11 Geschossen wurde sodann das Hochhaus am Berliner Platz die imposanteste Erscheinung unter diesen neuen Bautypen. Im mittleren Bereich zwischen diesen beiden genannten Beispielen gaben weitere Hochbauten u.a. der Justizbehörden am Kollegienwall 1967/68, von Warenhäusern, Banken und Sparkassen der City von Osnabrück das neuzeitliche Gepräge. Abgeschlossen wurde diese Reihe der Hochhausbauten 1972/73 mit der Errichtung des zwanziggeschossigen

Das Iduna-Hochhaus beherrscht die neue Stadtsilhouette Osnabrücks

Iduna-Hochhauses am Erich-Maria-Remarque-Ring. Es dient heute über 120 Bürgern der Stadt als moderne Wohnunterkunft. Der turmartige Charakter dieses 66 Meter hohen Gebäudes hat die Stadtsilhouette Osnabrücks um eine interessante Nuance bereichert.

Die Aufgabe der *kirchlichen Betreuung* der Menschen in den neuen Wohngebieten wurde von den Konfessionen weiterhin sehr ernst genommen. So entstanden alsbald in den neuen Stadtvierteln, und zwar an Stellen, die bereits in der Planung für diese seelsorgerischen Zwecke vorgesehen waren, neue Gotteshäuser: auf dem Kalkhügel die *St.-Pius-Kirche,* an der Illoshöhe die *Bonnuskirche,* am Ende der Brinkstraße vor dem Armenholz die *Melanchthonkirche,* in Schinkel die *Gnadenkirche* und die *Rosenkranzkirche,* an der Moorlandstraße die *Matthäuskirche,* in Haste die *Paul-Gerhardt-Kirche* und schließlich im Stadtteil Dodeshaus die *Franziskuskirche* und das Gemeindezentrum der *Thomaskirche u.a.m.* 1966/67 wurde hier auch der Waldfriedhof Dodesheide angelegt und mit einer würdigen Kapelle versehen. Mitte Oktober 1967 fanden auf dem Waldfriedhof die ersten Beerdigungen statt.

Durch die zunehmenden Zahlen der Benutzer erwies sich das bisher einzige Hallenbad der Stadt am Pottgraben alsbald nicht mehr in der Lage, dem stark angestiegenen Zuspruch nachzukommen. Der Rat entschloß sich daher, in den Jahren 1964/65 ein zweites Hallenbad auf dem Schwarzen Platz an der Natruper Straße zu errichten. Die Bauarbeiten wurden so zügig vorangetrieben, daß das hochmoderne *Niedersachsenbad* im Herbst 1965 seiner wertvollen Bestimmung übergeben werden konnte.

Kunst und Kultur

Im intensiven Kulturleben der Großstadt Osnabrück spielte das *„Theater am Domhof"*, seit dem 2.8.1960 unter der künstlerischen Leitung des Intendanten *Peter Maßmann* (von den Städtischen Bühnen Gelsenkirchen) weiterhin eine hervorragende Rolle. Als kulturpolitisch wichtigsten Auftrag in der heutigen Zeit ging es ihm vermehrt um die Vertiefung der zunehmenden individuellen Freizeit des Menschen und seine Bewahrung vor der geistigen Vermassung. So suchte der Besucher im Theater nicht nur Unterhaltung und Entspannung, sondern besonders auch nach der geistigen Auseinandersetzung mit den Problemen der gegenwärtigen Welt. Daher zeigte das Schauspiel mit Autoren wie Jean Anouilh, Bertolt Brecht, Friedrich Dürrenmatt, Max Frisch, Arthur Miller, Slawomir Mrozek, Thornton Wilder u.a.m. eine konsequente Ausrichtung zum modernen Drama. Daneben wartete der jeweilige Jahresspielplan mit einem ausgewogenen Programm klassischer und moderner Opern, Operetten und Ballettveranstaltungen auf, wobei durch Aufbau eines eigenen Opernensembles dieser anspruchsvolle Theaterbereich nunmehr weitgehend von eigenen Kräften bestritten werden konnte. Die Qualität des Osnabrücker Theaters wurde noch gesteigert durch Gastspiele namhafter Künstler und Bühnen des In- und Auslandes — darunter Namen wie Helene Thimig, Paula Wessely, Sonja Ziemann, Maria Becker sowie Attila Hörbiger, O.W. Fischer, Charles Regnier, H.-J. Kulenkampff u.a.m.. Trotz der ständigen Zunahme der Fernsehteilnehmer blieb das Theater so der kulturelle Mittelpunkt der Stadt.

Ein Gewinn waren auch die organisatorisch mit dem Theater verbundenen *„Kammerspiele"*, in denen ältere Dichter und ebenfalls moderne Autoren aufgeführt wurden, für die das allgemeine Interesse nicht unbedingt vorausgesetzt werden konnte. Die „Kammerspiele" wurden 1971 in das bewußt modern ausgerichtete „Studio 99" am Markt überführt, um mit äußerst publikumswirksamen Produktionen einem interessierten Kreis Gelegenheit zu geben, sich mit der Gegenwartsdramatik auseinanderzusetzen. Trotz des wachsenden Einflusses der Massenmedien — wie oben schon angeführt — wiesen die Osnabrücker Bühnen gerade in diesen Jahren noch steigende Besucherzahlen auf. Ein weit über den Stadtbereich hinausgehender Abonnentenkreis mit einer geschickt gelösten Organisation der Verteilung sowie der An- bzw. Abfahrt sah im „Theater am Domhof" das kulturelle Zentrum des großen Osnabrücker Raumes und sorgte für weitgehend ausverkaufte Vorstellungen. Einen weiteren Anziehungspunkt bildeten seit 1961 die Osnabrücker *Rathausspiele* auf dem historischen Marktplatz. Sie wurden am 21.6.1961 eröffnet mit dem „Salzburger großen Welttheater" von Hofmannsthal und Calderon. Auf Grund des großen Erfolges wurden sie nunmehr zu einer ständigen Einrichtung.

Ebenso lebhaft war auch in diesem Zeitabschnitt das Interesse an den großen Konzerten, die das *Osnabrücker Symphonieorchester* unter der Leitung von Generalmusikdirektor Heinz Finger (seit 1965) oder der Schloßverein mit Solisten von internationalem Rang weiterhin boten. Theater und Städtisches Orchester trugen den Ruf Osnabrücks als Musenstadt weit hinaus, unterstützt von das Kulturleben in starkem Maße befruchtenden Vereinen wie Theaterverein, Orchesterverein, Museumsverein, Historischer Verein, Naturwissenschaftlicher Verein usw., deren Impulse zu manch wertvollen künstlerischen und wissenschaftlichen Veranstaltungen geführt haben. Eine spürbare Bereicherung erfuhr das Musikleben der Stadt durch die *„Osnabrücker Musiktage"*, deren Durchführung insbesondere durch Professor Kurt *Sydow*, Musikwissenschaftler an der damaligen Pädagogischen Hochschule Osnabrück, angeregt wurde. Sie fanden erstmals im Sommer 1969 statt und wurden seither jährlich im Frühsommer fortgesetzt. Sinn und

Zweck dieser Festtage sind die intensive Zusammenarbeit aller musikalischen Institutionen und örtlichen Kräfte Osnabrücks, vor allem auch in den Schulen, zur Pflege der Musik und Förderung des musikalischen Impetus nicht nur aller Ausübenden, sondern auch in einer breiten Zuhörerschaft.

Eine Bereicherung des kulturellen Gesamtbildes Osnabrücks bewirkte auch der weitere Ausbau der an sich schon gut besuchten *Museen* und die Durchführung von vielbeachteten Ausstellungen, insbesondere auch Kunstausstellungen, in ihnen. Nach der Räumung der Schlikkerschen Villa am Heger-Tor-Wall durch die Engländer (September 1960) war es möglich geworden, dieses geräumige Haus nach innerem Umbau für die Aufnahme der Naturwissenschaftlichen Abteilung des Städtischen Museums zu gewinnen. Für die Abteilung Vorgeschichte mit ihrer reichen Sammlung an vorgeschichtlichen Gefäßen, Urnen und prähistorischen Funden aller Art konnte 1965 im Steinwerk Dielingerstraße 13 A eine würdige Ausstellungsstätte eröffnet werden. Mit dem Bucksturm mit seinem berühmten Johanniskasten und den mittelalterlichen Schaustücken an Waffen und Folterwerkzeugen bildete nun das Steinwerk an der Dielingerstraße mit seiner vorgeschichtlichen Sammlung eine wertvolle Abrundung des gesamten Denkmalbestandes aus Vorgeschichte und Mittelalter.

Für die breite Bildungsorganisation der *Volkshochschule* war das Jahr 1964 von besonderer Bedeutung. In diesem Jahre stieg die Hörerzahl auf 4550 an — 737 Anmeldungen mehr als im Jahre 1963. Diese sprunghafte Entwicklung war vorwiegend auf das eigene Haus, das die Volkshochschule im September 1964 erhielt, zurückzuführen. Es handelte sich zwar um kein neues Gebäude, wohl aber um einen wohlgelungenen Umbau der ehemaligen Heger-Tor-Schule, jetzt Stüvehaus-Volkshochschule genannt. Die nach Größe und Ausstattung verschiedenen Räume gaben die Möglichkeit, den unterschiedlich gearteten fachlichen Anforderungen des Unterrichts besser gerecht zu werden, als es die bisherige Unterbringung in den Klassenräumen des Ratsgymnasiums vermochte. Dieser bemerkenswerte Fortschritt in der Förderung der Erwachsenenbildung in Osnabrück wurde in gleicher Weise von Hörern und Dozenten als recht dankenswert begrüßt. Unter ihrem Leiter, Oberstudienrat Dr. Oskar *Nuglisch,* konnte die Volkshochschule auf dieser neuen Grundlage sodann ihr Kursangebot und damit auch ihren Arbeitsumfang wesentlich erweitern. Als gegen Ende des Jahrzehnts das niedersächsische Gesetz zur Förderung der Erwachsenenbildung diesem Bildungsbereich eine festere Form gab, erhielt die Volkshochschule im Januar 1969 in Dr. Otfried *Horn* erstmalig einen hauptberuflichen Direktor. Ihm wurde auch die ,,Brücke der Nationen", die 1964 ebenfalls in das Gebäude Stüvehaus-Volkshochschule übersiedelt war, in Personalunion übertragen. Diese mit einer reichhaltigen fremdsprachlichen Bibliothek und einem geräumigen Lesesaal ausgestattete Einrichtung war weiterhin bemüht, durch die Pflege fremder Sprachen und das Studium fremder Kulturen zum wechselseitigen Verständnis zwischen den Menschen verschiedener Nationen beizutragen.

Wie sehr auch die *Stadtbücherei* zu den vorrangigen kulturellen Einrichtungen Osnabrücks gehört, zeigte der beachtliche Anstieg der Jahresausleihe von rd. 100000 Bänden im Jahre 1965 auf über 150000 im Jahre 1968. Zu diesem Leserekord trug neben einer intensiven Werbung durch Ausstellungen, Gruppenführungen, Ausgaben verschiedener Bücherverzeichnisse usw. in der Hauptstelle am Marktplatz insbesondere die Eröffnung einer ersten Zweigstelle, der sog. Neustadtbücherei an der Iburger Straße, im Jahre 1967 bei. Bereits im ersten Jahre konnte hier eine Ausleihe von rd. 25000 Bänden erzielt werden. Mit der Einrichtung von zwei weiteren Zweigstellen im Jubiläumsjahr 1969, als das 100jährige Bestehen öffentlicher Bibliotheken in Osnabrück gefeiert wurde, im

Stadtteil Schinkel sowie in Eversburg und durch die Angliederung einer Kinder- und Jugendbibliothek im Haus der Jugend wuchs der aktive Gesamtbestand der nunmehr als Stadtbibliothek bezeichneten Einrichtung gegen Ende dieses Zeitabschnitts auf 99000 Bände an (zuzüglich 42000 Bände wissenschaftlichen Altbestandes).

Diese außergewöhnlich vielseitige und fruchtbare Entwicklung des Osnabrücker Kulturlebens im Jahrzehnt von 1960—1970 hat seine tieferen Wurzeln zweifellos im bewundernswerten Wiederaufstieg der Stadt im wirtschaftlichen Bereich. Dies spiegelt sich auch wider in der weitgespannten Ausgestaltung des Schul- und Bildungswesens der Stadt, von der im nächsten Abschnitt die Rede ist. Für ihre Verdienste um Osnabrück, insbesondere im geschichtlichen und pädagogischen Bereich, erhielten 1961 der Staatsarchivdirektor Dr. Günther *Wrede,* am 3.1.1966 Chefredakteur i.R. und Ratsherr Karl *Kühling* und am 2.1.1968 Professor Hans *Bohnenkamp* vom Rat der Stadt die Justus-Möser-Medaille. In Würdigung seiner schulischen, politischen und literarischen Verdienste wurde am 2.1.1969 Oberstudiendirektor a.D. Dr. Josef *Schwetje* die Justus-Möser-Medaille verliehen. Im Rahmen einer Feierstunde anläßlich der 250. Wiederkehr des Geburtstages von Justus Möser in der wiederaufgebauten Dominikanerkirche am 14.12.1970 wurde den noch lebenden Medaillenträgern die in ihrer Prägung neugestaltete Möser-Medaille überreicht.

Es verstarben aber auch in diesem Jahrzehnt mehrere würdige Inhaber dieser höchsten Ehrung durch die Stadt Osnabrück für kulturelle Verdienste. Am 10. Oktober 1960 wurde Professor Dr. *Ludwig Schirmeyer,* langjähriger 1. Vorsitzender des Historischen Vereins zu Osnabrück im Alter von 84 Jahren aus seinem reichen Wirken und Schaffen abberufen. In einer Gedenkstunde im Schloß nahm die Stadt Osnabrück, derem Rate er angehört hatte, gemeinsam mit den Mitgliedern des Historischen Vereins und dem Carolingerbund von ihm Abschied. Unermüdliche Arbeit im Dienste der Heimatforschung und Heimatbewegung, getragen von einer tiefen Verwurzelung im heimatlichen Boden und einer großen Liebe zur Osnabrücker Landschaft und ihren Bewohnern, kennzeichneten seinen Weg. Im Laufe der Jahre konzentrierte sich sein Schaffen auf die große Gestalt Justus Mösers, so daß mit ihm der treueste Sachwalter von Mösers Erbe, der Osnabrück zum Mittelpunkt der Möserforschung machte, dahingegangen ist. Am 17. Mai 1961 verschied Msgr. Dr. *Christian Dolfen,* der mehrfach durch wissenschaftliche Veröffentlichungen über kunstgeschichtlich bedeutsame Denkmäler des Osnabrücker Raumes (Kaiserpokal, Codex Gisle u.a.m.) hervorgetreten ist. Bei der Erforschung der Baugeschichte des Domes gelangen ihm wesentliche neue Entdeckungen. Bereits am 17. Mai 1958 starb Oberstudienrat Dr. *Karl Kennepohl,* der sich hohe Verdienste um die Erforschung der Münzgeschichte Osnabrücks erworben hat.

Schul- und Bildungswesen

Von der weiter erstarkten und vielgestaltigen Wirtschaft Osnabrücks strahlten weiterhin reiche Impulse auf das Schul- und Bildungswesen aus. So wurde es möglich, daß die Stadt Osnabrück seit 1948 bis 1964 bereits über 55 Millionen DM für den Schulbau aufbrachte. Da nach dem letzten Kriege fast alle Schulen zerstört bzw. schwer beschädigt waren, konnten sie in den Nachkriegsjahren nach modernsten Gesichtspunkten und Erfahrungen wieder aufgebaut werden. Mit der bis 1970 erreichten Zahl von 32 Volks- und Sonderschulen, 5 Realschulen, 10 Höheren Schulen bzw. Gymnasien, 4 Handelsfachschulen, einer kaufmännischen Berufsschule und 12 gewerblichen Berufs-, Berufsfach- und Fachschulen wurde die Stadt dem ihr bereits vor dem Kriege zuerkannten Beinamen ,,Stadt der Schulen'' nunmehr wiederum voll gerecht.

Bei den *Volksschulen* hatte sich alsbald im Bereiche der Neubaugebiete am Stadtrande
— z.B. im Schinkel, am Kalkhügel, in Dodeshaus, an der Lerchenstraße — als bautechnisch und organisatorisch sinnvoll herausgestellt, je zwei Schulen (eine ev. und eine
kath. bzw. Gemeinschaftsschule) zu einem Doppelsystem zusammenzufassen. So konnten Fach- und Werkräume sowie Turnhalle und Gymnastikraum jeweils von zwei Schulen benutzt werden. Die älteren Volksschulen im Stadtinnern behielten vorerst ihre
traditionelle Raumstruktur, wurden aber gegen Ende dieses Jahrzehnts, als ausgewählte
Volksschulen mit der Förderstufe (5./6. Schuljahr) versehen und die Oberstufen (7./9.
Schuljahr) in zweizügige Hauptschulen umgewandelt wurden, in größere Organisationseinheiten einbezogen. Diese umfassende Neuplanung im Bereiche der Volksschule, die
einer pädagogischen und fachlichen Anhebung dieses Zweiges der allgemeinbildenden
Schulen dienen sollte, wurde dadurch erleichtert, daß mit Zustimmung der ev.-luth.
Kirchenleitung Osnabrücks sich die ev. Bekenntnisschulen ebenfalls zu Gemeinschaftsschulen erklärten. Um die Entwicklung des gesamten Schulwesens in der Stadt von
dieser Basis her über einen größeren Zeitraum bestimmen und die an sich knappen Mittel
hierfür optimal einsetzen zu können, wurde im Jahre 1969 eine Studiengruppe an der
Technischen Universität Hannover mit der Ausarbeitung eines *Schulentwicklungsplanes*
für die Stadt Osnabrück beauftragt. Der Abschluß dieser Arbeiten wurde für den Sommer 1972 erwartet.

Das in Osnabrück traditionell heimische *Realschulwesen* — bisher als Mittelschulwesen bezeichnet — wurde vom Schulanfang des Schuljahres 1960/61 durch das Hinzutreten der Landkreis-Realschule (Agnes-Miegel-Realschule), errichtet in einem modernen Schulzentrum an der Brinkstraße gemeinsam mit der Metallberufsschule, und zwar
in der Trägerschaft des Landkreises Osnabrück, wesentlich bereichert. Im Juli 1964
wurden zudem die vom Landkreis Osnabrück in Osnabrück-Haste errichteten Neubauten der Landwirtschaftsschule und Wirtschaftsberatungsstelle sowie der landwirtschaftlichen Berufs- und Berufsfachschule ihrer Bestimmung übergeben. Diese genannten
Bauten erheben sich neben der im Mai 1964 eröffneten Ingenieurschule für Landbau,
der Höheren Landbauschule und der Höheren Gartenbauschule. So entstand in Osnabrück-Haste — in Zusammenarbeit von Osnabrück-Stadt und -Land — eine umfassende
Ausbildungsstätte für die Landjugend, die in ihrer Art einmalig in der Bundesrepublik
sein dürfte. Wegen der hohen Unterhaltungskosten hat die Stadt Osnabrück im August
1966 die Höhere Landbauschule und die Ingenieurschule für Landbau an die Landwirtschaftskammer Oldenburg abgetreten.

Im Bereiche der *Höheren Schulen* Osnabrücks erfolgte in diesem Jahrzehnt eine bedeutende Erweiterung des gymnasialen Angebots durch die Errichtung eines neuen Mädchengymnasiums an der Ameldungstraße 1962/63 und das Entstehen einer modernen
Schulanlage für ein 4. Jungengymnasium an der Gottlieb-Planck-Straße (auf dem Mäksbrink), das mit dem Schuljahr 1965 in der Unter- und Mittelstufe seinen Dienst aufnahm. Beide Anstalten wurden mit hervorragenden Unterrichts- und Fachräumen ausgestattet. In einem Akt feierlicher Namensgebung, der zunächst dem Mädchengymnasium die Bezeichnung ,,Käthe-Kollwitz-Gymnasium'' brachte, wurde später (22.3.1968)
— im Beisein des Bundestagspräsidenten Dr. Eugen *Gerstenmaier* — dem 4. Jungengymnasium nach seinem vollen Ausbau der Name ,,Graf-Stauffenberg-Gymnasium''
verliehen. Im Gebäude dieser Höheren Schule wurde zudem 1970 für Berufstätige, die
das Abitur neben ihrer Berufstätigkeit nachmachen wollen, ein Abendgymnasium eingerichtet. Mit dem Schuljahrsbeginn 1970 wurde schließlich in dem Stadtteil Wüste für
das Mädchengymnasium am Heger-Tor-Wall, das seit dem letzten Kriege unter besonderer Raumnot zu leiden hatte, ein neues modernes Schulgebäude unter der Bezeichnung

"Gymnasium in der Wüste" feierlich seiner Bestimmung übergeben. Von den übrigen Gymnasien erhielten das Carolinum und das Ratsgymnasium umfassende Erweiterungsbauten, insbesondere für die naturwissenschaftlichen Fachräume, die auch lehrmittelmäßig auf den neuesten Stand gebracht wurden. Mit diesen baulichen und inneren organisatorischen Fortschritten wurde das Höhere Schulwesen in der Stadt Osnabrück in seiner Leistungsfähigkeit in bedeutsamer Weise gesteigert.

Der allgemeine Anstieg der Schülerzahlen in diesem Jahrzehnt erstreckte sich auch auf die *berufsbildenden Schulen*. Durch ihr breites Spektrum an Ausbildungsmöglichkeiten wurde die Osnabrücker Berufsschule nicht nur für hiesige Schülerinnen und Schüler, sondern für den gesamten Regierungsbezirk und darüber hinaus für Nordwestdeutschland Aus- und Fortbildungsstätte aller gewerblichen Berufe. Das lag nicht zuletzt daran, daß die Ausbildungsmöglichkeiten in den letzten Jahren wesentlich erweitert wurden. Nunmehr umfaßte die Berufsschule neben der gewerblichen, hauswirtschaftlichen und gartenbaulichen Berufsschule — über letztere wurde bereits oben näher berichtet — auch die Haushaltungsschule, die Berufsfachschulen für Kinderpflegerinnen, die Berufsaufbauschule, die Technikerschule für Bauwesen und die Meisterschule für Maler. Da die Gewerbliche Berufsschule noch in drei getrennten Gebäuden (an der Natruper Straße, Martinistraße, Hakenstraße) unterrichten mußte, erörterte der Rat 1968 auf der Grundlage eines fachlichen Hochschulgutachtens, ob und wie an der Natruper Straße unter Verwendung des dort bereits vorhandenen Gebäudes ein umfassendes *Berufsschulzentrum* entstehen könnte.

Erwähnt werden sollte noch in diesem Zusammenhange die außerordentliche Bedeutung der *Technikerschule für Bauwesen* für die Erhaltung wertvoller Baudenkmäler der Osnabrücker Altstadt. So ist es u.a. den jungen angehenden Bautechnikern zu verdanken, daß die Alte Fuhrhalterei am Kamp, die im Zuge von Sanierungsarbeiten abgerissen werden sollte, in einem sorgfältigen Umsetzungsprozeß wieder an der Kl. Gildewart erstehen konnte und so der Nachwelt erhalten bleibt. Diese aus der Städtischen Baufachschule an der Natruper Straße, die 1947 von Gewerbelehrer *Uhlmann* gegründet wurde, hervorgegangene Anstalt wurde im April 1963 vom Niedersächsischen Kultusminister zu einer Technikerschule für Bauwesen erklärt. Die Ausbildung an dieser Schule ermöglichte jetzt den Schülern den Übergang zur Ingenieurschule. Nach damaligen Presseberichten war diese Technikerschule in Osnabrück zu dieser Zeit die einzige ihrer Art in der Bundesrepublik.

Die *Pädagogische Hochschule Osnabrück* (Adolf-Reichwein-Hochschule), die 1963 ihr 10jähriges Bestehen in Osnabrück begehen konnte, wurde bereits 1960 vom Niedersächsischen Kultusminister in den Rang einer wissenschaftlichen Hochschule erhoben. Während diese Hochschule 1953 mit etwa 160 Studenten (davon 65% Studentinnen) eröffnet wurde, stieg die Zahl der Studierenden nach nunmehr 10 Jahren auf rd. 650 an. Diese bis dahin einzige Hochschule in der Hasestadt wurde noch in diesem Jahrzehnt um zwei weitere vermehrt. Aus der Höheren Gartenbauschule in Osnabrück-Haste wurde über eine Zwischenstufe („Höhere Lehr- und Versuchsanstalt für Gartenbau" ab 1957) ab 1. Oktober 1960 die Ingenieurschule und Versuchsanstalt für Gartenbau. Diese Bildungsstätte wurde mit Beginn des Jahres 1968 in die Staatliche Ingenieurakademie für Gartenbau in Osnabrück umgewandelt und in die Trägerschaft des Landes Niedersachsen übernommen. Am 1. Dezember 1970 erfolgte die Vereinigung mit der Staatlichen Ingenieurakademie für Landbau, ebenfalls in Osnabrück-Haste, zur Staatlichen Ingenieurakademie für Gartengestaltung, Garten- und Landbau. Anfänglich aus der Ackerbauschule in Osnabrück (s.o.) hervorgegangen, entwickelte sich dieser landwirtschaft-

Die Fachhochschule Osnabrück auf dem Westerberg, im Vordergrund der Fußgängerüberweg über die Albrechtstraße

liche Ausbildungsbereich über die Form einer Höheren Landbauschule in Osnabrück-Haste zu einer Ingenieurschule für Landbau und wurde 1968 — gleichzeitig mit der Ingenieurschule und Versuchsanstalt für Gartenbau (s.o.) — in eine Staatliche Ingenieurakademie umgewandelt. Nach der Vereinigung der beiden Akademien am 1.12.1970 bildete dieser Ausbildungszweig nunmehr die Abteilung Landbau innerhalb dieser neuen akademischen Struktur. Außerhalb dieses Komplexes in Haste war bereits 1966 am Westerberg die Staatliche Ingenieurakademie für Maschinenbau, Elektrotechnik und Hüttentechnik — gebäudemäßig errichtet zwischen der Albrechtstraße und der Barbarastraße — entstanden. Osnabrück war somit 1970 Sitz zweier weiterer Hochschulen. Die 1964 begonnenen Bemühungen der Stadt, die Gründung einer Universität in Osnabrück herbeizuführen, haben 1970 einen wesentlichen Erfolg gebracht. Dank der intensiven Vorarbeiten der Stadt, in deren Rahmen vor allem die an der Universitätsgründung interessierten Institutionen in einer sehr aktiven Hochschulkommission vereinigt wurden, gelang es im Jahre 1970, bei der Niedersächsischen Landesregierung den Kabinettsbeschluß über die Gründung der Universität zu erreichen. Dieser erfolgte auf der Grundlage der Arbeit einer im Sommer 1969 von Kultusminister *Langeheine* berufenen Standortkommission, die als Ergebnis im Januar 1970 den Kabinettsbeschluß erbrachte, in Osnabrück und Oldenburg Universitäten zu errichten. Diese Entscheidung wurde durch den formellen Errichtungsbeschluß der Niedersächsischen Landesregierung vom 25.8.1970 bestätigt. Der Weg zur Berufung eines Gründungsausschusses für die *Universität Osnabrück* war damit frei.

So war der Zeitraum von 1960 bis 1970 gekennzeichnet durch eine Vielzahl wertvoller Impulse im Schul- und Bildungswesen der Stadt Osnabrück. Mit diesem breiten und im nordwestdeutschen Raum weithin anerkannten Ausbildungsangebot fand sich nunmehr im Schul- und Bildungswesen der Stadt — außer einer Universität — kaum ein Schulzweig, der hier nicht seine Heimstatt gefunden hätte. So gab es, gerade auch für Volksschüler, beste Ausbildungs- und Aufstiegsmöglichkeiten über die berufsbildenden Schulen bis zu den verschiedenen Ingenieurakademien und Hochschulen. Ergänzt wurde dieses breite berufspädagogische Spektrum im musikalischen Sektor durch die Studienzweige des *Städt. Konservatoriums,* das 1961 in der ,,Poggenburg", Ecke Katharinenstraße — Hakenstraße, sein neues, gut ausgestattetes Haus bezogen hatte, und das vielfältige Kursprogramm der *Volkshochschule,* die seit 1964 ihre Arbeit auch im eigenen Heim, dem ,,Stüve-Haus" am Heger Tor, durchführen konnte.

Eng mit dem Schulwesen verbunden war auch die *Förderung des Sports* durch die Stadt Osnabrück. Im Rahmen eines vom Stadtamt für Leibesübungen aufgestellten *Sportstättenplanes,* der bis dahin zunächst nur zum Teil verwirklicht werden konnte, verfügte Osnabrück nunmehr bereits über 55 Sport- und Schulsportplätze, 17 Kleinspielfelder, 24 Tennisplätze und fünf eindrucksvolle Großsportanlagen, wie z.B. das Sportstadion auf der Illoshöhe oder die Anlage am Schölerberg, wo alljährlich internationale und nationale Entscheidungen ausgetragen werden können. Über die Freianlagen hinaus standen nunmehr auch 33 Turn- und Sporthallen, 17 Gymnastikhallen, zwei Hallenschwimmbäder (neben dem Pottgrabenbad seit 1965 das moderne *Niedersachsenbad* an der Natruper Straße) und zwei Freibäder zur Verfügung. 65 Kinderspiel- und Bolzplätze erwiesen Osnabrück als besonders kinderfreudige Stadt. Für die erzieherische Betreuung von noch nicht schulpflichtigen Kindern waren bis dahin 26 Kindergärten in kirchlicher Trägerschaft errichtet worden. Darüber hinaus wurden in diesen Jahren an mehreren Grundschulen für zwar schulpflichtige, aber körperlich und geistig noch nicht schulreife Schulanfänger sog. *Schulkindergärten* eingerichtet, und zwar zunächst 1964 an der Rosenplatzschule und ein Jahr später an der Rückertschule. Da auch behinderte Kinder ein Recht auf Lebensfreude und weitgehende Förderung haben, hatte 1961 der aus der Initiative des Osnabrücker Sonderschulkonrektors Heinz *Gerdom* entstandene Verein für Heilpädagogische Hilfe in Osnabrück an der Ernst-Sievers-Straße ein Gebäude für ein *Heilpädagogisches Zentrum* erworben, in dem zunächst eine Tagesbildungsstätte für geistig behinderte Kinder eingerichtet wurde. Zudem wurde für entsprechend geförderte Jugendliche und Erwachsene unter den Behinderten im Vorort Sutthausen eine *Beschützende Werkstatt* erbaut, die sich alsbald als eine besonders segensreiche Einrichtung für diese hilfsbedürftigen Menschen erwies.

XVIII.
IN VERANTWORTUNG VOR DER ZUKUNFT OSNABRÜCK IN DEN SIEBZIGER JAHREN 1970 — 1978

1. Neue kommunalpolitische Grundlagen nach der Gebietsreform 1972

Die *Kommunalwahlen* am 21. November 1972 und am 2. November 1976 — erstmalig wurde an diesem Termin der Rat für fünf Jahre gewählt — ließen jeweils die SPD als stärkste Fraktion aus den beiden Wahlen hervorgehen, und zwar 1972 sogar mit 27 von nunmehr insgesamt 51 Sitzen (CDU 22 und FDP 2 Sitze). Durch die *Gebietsreform* vom 1. Juli 1972 war die Einwohnerzahl Osnabrücks um fast 22000 neue Bürger vermehrt worden und somit die Zahl der Ratssitze von 41 (seit 1966) auf 51 gestiegen. Mit 27 Ratsherren verfügte die SPD für die Legislaturperiode 1972—1976 über die absolute Mehrheit im Stadtrat. Das hatte zur Folge, daß der Rat der Stadt Osnabrück auf Grund dieser parlamentarischen Situation 1972 mit der Mehrheit der SPD, sodann 1976, unterstützt durch die FDP, die Ratsherren *Ernst Weber* und *Hartmut Lause* (beide SPD) zum Oberbürgermeister bzw. Bürgermeister der Stadt wählten. Der bisherige Oberbürgermeister *Willi Kelch* (SPD), der bereits 1969 auf eine 10jährige Amtszeit zurückblicken konnte, wurde am 29.11.1972 zum Ehrenbürger der Stadt Osnabrück ernannt und feierlich nach fast vierzehnjähriger verdienstvoller Wirksamkeit als Vorsitzender des Stadtrates im Friedenssaal verabschiedet. Für den am 31. März 1972 nach 12 Dienstjahren in den Ruhestand getretenen Oberstadtdirektor *Joachim Fischer* trat der bisherige Stadtkämmerer und Schuldezernent *Dr. Raimund Wimmer,* nach seiner Wahl am 28.1.1972 durch den Rat der Stadt, am 1. April 1972 den Dienst als neuer Oberstadtdirektor an. Am 14. Juni 1977 erhielt die Stadt Osnabrück einen weiteren Bürgermeister. In der Sitzung des Rates an diesem Tage wurde *Dr. Georg-Bernhard Scholz* (CDU) gewählt. Er wurde neben Bürgermeister Lause auch stellvertretender Vorsitzender des Verwaltungsausschusses. Im parlamentarischen Gremium des Bundestages vertraten in den Jahren seit 1972 die Osnabrücker Belange in Bonn die Bundestagsabgeordneten *Dr. Alfred Emmerlich* (SPD) und *Dr. Karl-Heinz Hornhues* (CDU). Vizepräsident des Niedersächsischen Landtages in Hannover war bis 1974 der langjährige Abgeordnete *Walter Haas* (SPD).

Die *neue Einwohnerzahl* Osnabrücks betrug im Juli 1972 rund 165000 Personen (1970: rund 143000). Dieser starke Anstieg in der Bevölkerungszahl ergab sich im Rahmen der niedersächsischen Gebietsreform des Jahres 1972, als am 1. Juli 1972 auf der Grundlage des Osnabrück-Gesetzes des Niedersächsischen Landtages die acht stadtnahen und z.T. relativ stark bevölkerten *Randgemeinden* Atter (2737 Einwohner), Darum (618 Einwohner), Gretesch (1826 Einwohner), Hellern (4436 Einwohner), Lüstringen (3095 Einwohner), Nahne (2675 Einwohner), Pye (1813 Einwohner) und Voxtrup (4794 Einwohner) in den Stadtkreis Osnabrück eingegliedert wurden. 1970 hatte bereits der Ortsteil Sutthausen (3828 Einwohner) — unter gleichzeitiger Herauslösung aus der Gemeinde Holzhausen — diesen Schritt vollzogen. Gleichsam als Äquivalent für die hiermit verlorengegangene kommunale Selbstverwaltung bildeten die neuen Stadtteile für die Dauer der ab 1. November 1972 begonnenen neuen Legislaturperiode *Ortsräte,* wobei Lüstringen und Darum sich auf einen gemeinsamen Ortsrat einigten. Für die gleiche Dauer erhielt auch der seit 1970 eingemeindete Stadtteil Sutthausen einen Ortsrat. Ebenfalls in der nachfolgenden Legislaturperiode seit 1976 wirkten diese Stadtteilvertretungen in Anerkennung ihrer erfolgreichen Arbeit, die sie dank ihrer Bürgernähe leisten konnten, weiter. Sie widmeten sich weiterhin der Aufgabe, mit dem Rat sowie dessen Fachausschüssen in einem nützlichen gegenseitigen Informationsfluß in Kontakt zu stehen, ihm dabei Anregungen zu geben, die in der Regel auch verständnisvolle Berücksichtigung fanden. Durch diese beratende Mitwirkung der Ortsräte im Rahmen der städtischen Selbstverwaltung Osnabrücks machte die innere und äußere Zusammenführung der neun neuen Stadtteile mit dem bisherigen Stadtbereich alsbald erhebliche Fortschritte, insbesondere wohl auch, weil sich die Fürsorge des Rates und der Verwaltung der Stadt in den nächsten Jahren ganz besonders auf diese neuen Stadtteile konzentrierte, so vor allem im Straßen- und Wegebau, in der Übernahme der Wasserversorgung, im Ausbau der Kanalisation sowie im Anschluß des örtlichen Schulwesens an die stark gegliederte Struktur der allgemeinbildenden Schulen in der Stadt Osnabrück.

Hierdurch gelang es, die neun neuen Stadtbezirke recht schnell in das Stadtganze zu integrieren, so daß bereits am 25.6.1974 im Osnabrücker Rate festgestellt werden konnte, daß der Eindruck bestehe, daß, aufs Ganze gesehen, die Bürger der neuen Stadtteile Osnabrücker geworden seien, ,,soweit sie es nicht schon vorher innerlich waren." Durch die Aufnahme dieser bisherigen Umlandgemeinden in die Stadt Osnabrück im Zuge der niedersächsischen Gebietsreform hat sich das *Stadtgebiet* mehr als *verdoppelt*. Vorher bedeckte es eine Fläche von etwa 5600 Hektar. Nunmehr umschlossen die rund 75 Kilometer langen Stadtgrenzen fast 12000 Hektar. Das heutige Stadtgebiet erstreckt sich in Richtung des Hasetales über 17 Kilometer von Osten nach Westen. Zwischen den begrenzenden Vorbergen des Wiehengebirges und des Teutoburger Waldes beträgt die Ausdehnung von Norden nach Süden jetzt mehr als 13 Kilometer. Damit reicht Osnabrück nunmehr weit in das frühere Gebiet des Landkreises Osnabrück hinein, der 1973 in einem ähnlichen Konzentrationsprozeß durch Zusammenfassung mit den bisherigen Landkreisen Bersenbrück, Melle und Wittlage zum Großkreis Osnabrück-Land ausgeweitet wurde. Der Sitz der Behörden des neuen Landkreises verblieb in Osnabrück.

Durch die mit den Eingemeindungen des Jahres 1972 vollzogene Verdoppelung des Gebietsstandes unserer Stadt erhöhte sich auch die Bevölkerungszahl — wie schon berichtet — um über 22000 neue Einwohner auf nahezu 165000. Hierdurch wurde der *Großstadtcharakter* Osnabrücks wesentlich *unterstrichen*. Er erhält noch dadurch einen besonderen Aspekt, daß diese Einwohnerzahl nicht die relativ hohe Personenziffer der Angehörigen der britischen Garnison in dieser Stadt, von denen auch ein großer Teil mit Ehefrauen und Kindern hier ansässig ist, umfaßt. Ihre Gesamtzahl belief sich schon 1972 auf über 11000 und hat sich seitdem kaum verändert. Osnabrück ist damit z.Zt. — außerhalb Großbritanniens — der größte Standort der britischen Streitkräfte in der Welt überhaupt. Das bedeutet nicht nur kommerziell einen beachtlichen Faktor für das Osnabrücker Geschäftsleben. Ein spürbarer Einfluß von englischer Seite auf die Osnabrücker Bevölkerung vollzieht sich auch gewissermaßen kulturell im häufigen Erleben des hohen Standards der Musikkapellen britischer Truppenteile in der Öffentlichkeit, ganz abgesehen von dem engen Kontakt britischer Kommandostellen mit dem Rat und der Verwaltung der Stadt. Die schulpflichtigen Kinder englischer Familien besuchen nach wie vor in Osnabrück ein größeres englisches Schulsystem, das auch mit hiesigen Grund- und Hauptschulen sowie mit Realschulen in freundschaftlicher Verbindung steht.

Mit den neuen Männern an der Spitze der Stadtvertretung und der Stadtverwaltung vollzog sich 1972 eine Art Generationswechsel in der Führung der Stadt Osnabrück, deren Weiterentwicklung im Rahmen der niedersächsischen Gebietsreform und Strukturplanung zu einem *regionalen Oberzentrum* im südwestlichen Niedersachsen bevorstand. Jüngere Führungspersönlichkeiten übernahmen die bereits vom vorigen Rat eingeleiteten und hiermit schon mehr oder weniger zusammenhängenden Aufgaben, die, denkt man an die anstehende Innenstadtsanierung, den Ausbau der jungen Universität, die Umgestaltung des Schulwesens, das Krankenhausproblem, die Stadthallenfrage, den Einsatz aller Kräfte erforderten.

Zunächst gelang es dem neuen Rat, die fast schon traditionelle *Partnerschaft* mit den westeuropäischen Städten *Haarlem* und *Angers* nach dem letzten Dreier-Partnerschaftstreffen Anfang März 1972 in Osnabrück weiter auszubauen. Hierzu besuchte im Januar 1973 eine Delegation von Rat und Verwaltung der mittelenglischen Stadt *Derby* die Stadt Osnabrück, um Gespräche über eine kulturelle Partnerschaft zwischen den beiden Städten zu führen. Ein Gegenbesuch des Osnabrücker Rates noch im gleichen Jahr (Juni 1973) klärte das Anliegen soweit ab, daß man von hier aus auch diese Städteverbindung als weiteren Beitrag zur friedlichen Entwicklung zwischen den benachbarten Völkern wertete und sich alsbald einstimmig für eine Partnerschaft entschied. Bis zum urkundlichen Abschluß der Partnerschaft hatte es noch eine gute Weile; doch schließlich war es am 17. Februar 1976 so weit, daß durch den feierlichen Austausch der Partnerschafts-

Eine Dudelsackkapelle der Gordon Highlanders marschiert durch die Krahnstraße

urkunden zwischen Oberbürgermeister *Weber* und Bürgermeister *Uffton* sowie Bürgermeisterin *Garner* aus Derby im Friedenssaal zu Osnabrück die Partnerschaft endgültig besiegelt wurde. Zwischendurch wurde durch einen Besuch des Osnabrücker Rates im holländischen Haarlem (7.5.1973) die Freundschaft mit dem niederländischen Partner weiter vertieft. Daneben erfolgte jährlich auf dieser Grundlage ein intensiver Austausch von Bevölkerungsgruppen, insbesondere auch innerhalb der Jugend, mit allen drei Partnerstädten; denn ,,eine Partnerschaft nur der Offiziellen", so erklärte Oberbürgermeister Weber am Handgifttag 1974, ,,darf es nicht geben." Er fuhr fort: ,,Erst wenn alle Bürger dieser Stadt, vor allem jedoch die Jugend, das Zusammengehörigkeitsgefühl eines neuen Europa haben und unsere Städtepartnerschaften zu einer *brüderlichen Selbstverständlichkeit* geworden sind, können wir das als erfüllt ansehen, was uns zum Abschluß dieser Partnerschaften bewogen hat." Wenn dazu dann bei ihrem Auftreten während der *Mai-Wochen* im Straßenbild von Osnabrücks City die anmutigen Blumenmädchen aus Haarlem, die verbindlichen Flics aus Angers und die kaltblütigen Bobbies aus Derby — so die internationale Bezeichnung der Polizisten dieser Städte — nicht zu übersehen waren, spürte jeder heimische Passant in anschaulicher Weise die enge Verbundenheit Osnabrücks zu diesen Metropolen in Westeuropa.

Im Jahre 1976 gab es über 2000 Begegnungen von Menschen dieser *vier europäischen Partnerstädte* in Osnabrück. 1977 waren es bereits 2936 Begegnungen, und bis 1978 stieg diese Zahl auf 3690 zwischen Osnabrück und diesen drei Städten. Freundschaftliche Kontakte entstanden in den letzten Jahren auch in Richtung Osteuropa, und zwar zwischen der Jugend der sowjetrussischen Stadt *Kalinin* an der oberen Wolga und Osnabrücker Jugendgruppen, vor allem durch Begegnung mit Altersgenossen in hiesigen Familien. In den mindestens alle zwei Jahre durchgeführten *Mai-Wochen* in unserer Stadt verstärkten sich die Kontakte, insbesondere wenn sich solch eine Woche nach Form und Inhalt in Verbindung mit einem befreundeten westlichen Nachbarland wie Holland oder Frankreich oder gar — wie 1978 — unter gleichzeitigem straßenweisem, in Dekoration und Ausgestaltung ausgeprägtem Engagement aller drei Partnerstädte — Angers in der Großen Straße, Haarlem in der Johannisstraße und Derby in der Krahnstraße — vollzog. Umgekehrt beteiligte sich auch Osnabrück z.B. an den Anjou-Messen in Angers. Man kann mithin wohl sagen daß inzwischen schon viele Menschen in den Partnerstädten Haarlem, Angers und Derby zu wahren Freunden Osnabrücks geworden sind. Es kommt wohl nicht von ungefähr, daß gerade unsere Stadt diese lebendigen Kontakte zum westlichen Bereiche Europas hat. War es doch schon Karl der Große, der als König der Franken und späterer Kaiser des Römischen Reiches diesen Ort an der Hasefurt, Kreuzungspunkt uralter Handelswege und Heerstraßen, als einen der ersten Bischofssitze im Sachsenlande deswegen auswählte, weil von hier aus verkehrspolitisch und strategisch die günstigsten Verbindungen zu seinem westeuropäischen Reiche zur Verfügung standen, schon von der Römerzeit her.

Ein ebenso lebendiger Kontakt ergab sich — besonders in diesem Jahrzehnt — zum deutschsprachigen Südosten Mitteleuropas, nämlich zum österreichischen Tauernstädtchen *Gmünd*, in dessen Bereich an den Ausläufern des Tauerngipfels Hochalmspitze (3306 m) in 2022 Meter Höhe die ,,Osnabrücker Hütte" liegt. Mit der Stadt Gmünd in Kärnten verbinden Osnabrück seit dem 26.8.1971 engste freundschaftliche Bande. An diesem Tage unterzeichneten Oberbürgermeister *Kelch* und Bürgermeister *Neuschitzer* aus Gmünd einen Freundschaftsvertrag zwischen den beiden Städten. Delegationen aus beiden Partnergemeinden besiegelten wechselseitig durch ausgiebige Besuche in Osnabrück und Gmünd sowie deren schöner Umgebung die neue Freundschaft. Überflüssig

Auf Grund seiner dreifachen internationalen Städtepartnerschaft erhielt Osnabrück im Juni 1974 die Bezeichnung „Gemeinde Europas"

zu sagen, daß gerade die rege Sektion Osnabrück im Deutschen Alpenverein, die auch die *Osnabrücker Hütte*, eine Berghütte des Deutschen Alpenvereins, betreut, diese Kontakte fördert und durch jährliches Wiedersehen mit frohen Bergfreunden aus dem Gmünder Tauerngebiet — insbesondere im Rahmen der Osnabrücker Mai-Wochen, zu denen die Stadt Gmünd in der letzten Zeit mehrfach den Maibaum lieferte — diese herzlichen Beziehungen weithin vertieft. Freundschaftliche Beziehungen bestanden auch weiterhin zur Weinstadt *Oppenheim* am Rhein.

Osnabrücks *überregionale Ausstrahlungskraft* ist — geschichtlich gesehen (s.o.) — keineswegs eine Erscheinungsform dieses Jahrhunderts. Sie wirkte sich auch, beruhend auf der hohen Gunst der Verkehrslage, im Mittelalter aus in der Mitgliedschaft unserer Stadt in mehreren Städtebünden, vor allem in der *Hanse,* wodurch sich u.a. der weit ausgreifende Leinenhandel Osnabrücks bis in die Neuzeit hinein voll entfalten konnte. In den letzten Jahrzehnten dürfte diese Ausstrahlung wohl kaum eindrucksvoller bestätigt worden sein als durch die lebendigen internationalen Beziehungen, wie sie in Gestalt der europäischen Städtepartnerschaften vom Rate der Stadt gepflegt werden. Äußerlich konkretisiert sich in der Gegenwart diese geschichtsträchtige Verkehrssituation in der zentralen Lage unserer Stadt im modernen Schnittpunkte der großen europäischen Verkehrsdiagonalen West-Ost und Südwest-Nordost in den zwei Etagen des Hauptbahnhofs (als sog. Turmbahnhof) für die entsprechenden Fern-D-Züge bzw. im Autobahnkreuz Lotte-Osnabrück der beiden Autobahnen E 8 und Hansalinie. Der geplante Anschluß Osnabrücks an die aus dem Raume Paderborn — Bielefeld kommende Bundesautobahn A 33 — also aus der Süd-Nord-Richtung der alten „Frankfurter Heerstraße" — dürfte die Gunst der Verkehrslage unserer Stadt nur noch verstärken.

2. Die Bedeutung der Verkehrslage für Handel und Industrie

Die Tatsache, daß Osnabrück am Schnittpunkt so bedeutsamer europäischer Verkehrslinien liegt, kam auch in diesem Jahrzehnt weiterhin seiner wirtschaftlichen Entwicklung zugute. So wurde in diesen Jahren die Hasestadt als Sitz weitverbreiteter Handelsketten und damit Umschlagplatz erster Ordnung für Waren aller Art immer mehr ein *Zentralort des Verkehrsgewerbes*. Das führte dazu, daß heute das Osnabrücker Speditionswesen mit seinen großen Firmen und deren weiten internationalen Verbindungen annähernd soviel Beschäftigte aufzuweisen hat wie der Großhandel, nämlich ungefähr 9000 Mitarbeiter.

Diese Entwicklung steht in einem engen Zusammenhang mit dem Umfang und der wirtschaftlichen Bedeutung des Osnabrücker *Großhandels* mit seinen weiten Verbindungen. Er ist ebenfalls ein markantes Merkmal der Osnabrücker Wirtschaftsstruktur. Im Berichtsabschnitt betrug die Anzahl der in dieser Sparte tätigen Betriebe etwa 720 Firmen mit über 9000 Beschäftigten. Sie versorgten nicht nur das Osnabrücker Umland und darüber hinaus weite Bereiche Niedersachsens, sondern standen auch mit Orten des übrigen Inlandes sowie auch des Auslandes in regem Geschäftsverkehr. Auch das breit gefächerte Angebot des Osnabrücker *Einzelhandels* mit ebenfalls etwa 9000 Arbeitsplätzen in rd. 1400 Geschäften mit vielfältigem Sortiment, besonders im Bedarfsgüterbereich, unterstrich weiterhin die Bedeutung Osnabrücks als *Einkaufszentrum*, das nicht nur den regionalen Einzugsbereich ausfüllte, sondern weit darüber hinaus ausstrahlte. Überzeugender Beweis hierfür ist wohl an den alljährlichen „Westfalentagen", d.h. den kirchlichen Feiertagen in Nordrhein-Westfalen, die dort, aber nicht in Niedersachsen, als staatliche Feiertage anerkannt sind, die Überfülle kauflustiger motorisierter Grenzgänger aus dem benachbarten Bundesland in unserer Stadt. Bei etwa insgesamt über 90000 Beschäftigten in Osnabrück war somit rund ein Fünftel aller Arbeitnehmer im Groß- und Einzelhandel tätig.

Die *Schwerindustrie*, mit führenden Großbetrieben, vor allem im Eisen- und Stahlsektor an der Spitze, war hier nunmehr schon seit mehr als 100 Jahren zu Hause, bildete aber nach wie vor einen markanten Schwerpunkt im Osnabrücker Wirtschaftsbereich.

Kabelmetal

Mit 9000 Tonnen Stauchdruck gehört die Schmiedepresse im Werk Osnabrück der Klöckner-Werke zu den größten Schmiedeaggregaten in Europa.

Zusammen mit der verarbeitenden Industrie verfügte sie jetzt über etwa 25000 Arbeitsplätze. Rund die Hälfte aller Betriebe entfiel auf die Grundstoff-, Produktions- und Investitionsgüterindustrie. Annähernd 40% der Betriebe waren der Verbrauchsgüterindustrie und 10% der Nahrungs- und Genußmittelindustrie zuzuordnen. Eine erstaunlich breite Palette von Produktionsgütern verschiedenster Art kennzeichnete die hohe Leistungsfähigkeit der Osnabrücker Industrie: Unter großen Pressen entstehen schwere Schmiedestücke für den Maschinen- und Anlagenbau, Karosserien, Kabel und Kupferbleche. Weiterhin kamen aus Osnabrücks verarbeitenden Betrieben Isolier-, Fein-, Foto- und Spezialpapiere, Kartonagen, Kunststoffe, Fleischwaren, Garne und Textilien, Strickmoden und Schirme, aber keine Gasuhren mehr. Die alteingesessene Gaszählerfabrik, mit ihren Erzeugnissen einst ein Markstein Osnabrücker Qualitätsarbeit, hatte in den letzten Jahren den Bereich des Stadtkreises verlassen und den gesamten Betrieb unweit von hier nach Nordrhein-Westfalen verlegt. Ihre bisherige Produktionsstätte, der um 1897 errichtete umfassende Backsteinkomplex am Jahnplatz, wurde später zu einem Studentenwohnheim umgebaut.

Der Umsatz der Osnabrücker *Industrie* erreichte in diesen Jahren eine Höhe von mehr als 2 Milliarden DM. Annähernd ein Fünftel hiervon wurde ins Ausland exportiert,

2. Die Bedeutung der Verkehrslage für Handel und Industrie

wodurch eine gewisse Abhängigkeit von der außenwirtschaftlichen Entwicklung gegeben ist. Im ebenfalls zum Bereiche des verarbeitenden Gewerbes gehörigen Osnabrücker *Handwerk* mit seinen etwa 1200 Betrieben und rund 14000 Beschäftigten ergab sich mit einem Jahresumsatz zu dieser Zeit von mehr als 1 Milliarde DM ein weiterer Schwerpunkt in der Wirtschaftsstruktur unserer Stadt. Insgesamt waren somit zuletzt im verarbeitenden Gewerbe (Industrie und Handwerk) etwa 34000 Mitarbeiter tätig.

Ein gutes Drittel der insgesamt knapp 100000 Beschäftigten in Osnabrück war in diesem Zeitabschnitt als Beamte, Angestellte sowie kommunale Arbeiter und Hilfskräfte im Bereiche der Dienstleistungen, dem *tertiären Sektor* der Volkswirtschaft, tätig. Damit erweist sich diese Sparte bemerkenswert hoch. Fast in gleicher Höhe lag die Zahl der täglich von auswärts nach Osnabrück anreisenden Beschäftigten, der sog. *Einpendler*. Sie waren jedoch überwiegend in der Industrie und in der gewerblichen Wirtschaft tätig. Nur etwa 25% hiervon arbeiteten im tertiären Sektor. Den über 30000 Einpendlern standen jedoch auch rund 4000 *Auspendler* gegenüber, eine Zahl, die wiederum auf die gute Verkehrslage Osnabrücks hinweist. Schließlich ist noch zu vermerken, daß innerhalb der Gesamtzahl der Beschäftigten rund 5000 Arbeitskräfte Ausländer waren.

Im Hinblick auf die in dieser Übersicht angeführten abgerundeten Zahlenwerte — hauptsächlich nach den Angaben des Städt. Presse- und Informationsamtes für 1978 ausgerichtet — erwies sich Osnabrück auch in diesen Jahren als ein bevorzugter *Arbeitsstandort*, jedoch mit erkennbarem Wohnwert. Bis 1978, dem Abschlußjahr dieser Berichterstattung, hatte sich die Stadt auf einem hohen Stande kontinuierlich fortentwickelt. Die *Wirtschaftsstruktur* mit ihren Schwerpunkten in Industrie und Handel, Handwerk und Dienstleistungen war weit gefächert und erschien daher relativ ausgewogen, weil keine Branche überwiegend vorherrschend war. So macht Osnabrück als Standort namhafter Industriewerke mit einer Industrie- und Gewerbefläche von rund 750 Hektar durchaus nicht den Eindruck einer einseitig strukturierten Industriestadt. Dies wird auch optisch deutlich, wenn man die Stadt aus der Vogelperspektive überblickt. Die wirtschaftliche Basis Osnabrücks, die Industriegebiete und breit gestreuten Gewerbeflächen, verteilt sich, eingebettet in ausgedehnte Grünflächen, fächerartig über das gesamte Stadtgebiet. Vorherrschend sind die ausgesprochenen Wohngebiete, die sich um den historischen Stadtkern gebildet haben. Die Gesamtstruktur, bezogen auf diese verschiedenen Funktionsbereiche unter besonderer Berücksichtigung der relativ zahlreichen Grünanlagen und Grünverbindungen im Stadtbild, erscheint vergleichsweise recht ausgewogen.

Um weiteren Abwanderungen von namhaften Betrieben — wie der obengenannten Art — entgegenzuhalten, setzte die Stadt Osnabrück erhebliche Mittel für eine aktive *Wirtschaftsförderung* ein. Zu diesem Zweck bemühte sie sich auch sehr darum, in den Rahmenplan der Gemeinschaftsaufgabe von Bund und Ländern ,,Verbesserung der regionalen Wirtschaftsstruktur'' als Schwerpunkt einbezogen zu werden. Die ab 1. Januar 1976 erfolgte Aufnahme Osnabrücks in diese Gemeinschaftsaufgabe gab der Stadt die Möglichkeit, der örtlichen Wirtschaft wesentliche Förderungshinweise zu geben. Die daraufhin alsbald eingereichten Investitionsanträge führten bis dahin zu einem Investitionsvolumen im Gesamtbetrag von rund 106 Millionen DM. Diese Förderung der Investitionsbereitschaft Osnabrücker Betriebe dürfte erheblich zur Stärkung der allgemeinen Wirtschaftskraft der Stadt beigetragen haben. Osnabrück hatte im ganzen das Konjunkturtief von 1974/75 relativ gut überstanden und konnte nunmehr — bei einer günstigen Lage am Arbeitsmarkt — mit Hilfe dieser Wirtschaftsförderung die ansässigen Betriebe zu weiteren Initiativen anreizen.

Für die *wirtschaftliche Zukunft* Osnabrücks ebenso bedeutsam wie die Investitionsförderung war die Bereitstellung von *erschlossenen Gewerbeflächen* für Industrie- und Gewerbebetriebe, die vom Zentrum der Stadt aus Erweiterungsgründen an den Stadtrand verlegen wollten oder gar von außerhalb an einer Ansiedlung interessiert waren. Die bereits schon in den 60er Jahren für diese Zwecke bereitgestellten und nunmehr nahezu voll besetzten Gewerbegebiete ,,Fledder'' und ,,Hafen-West'', beide mit Gleisanschluß, letzteres sogar mit Verbindung zum Binnenschiffahrtsweg, erfuhren zunächst eine vorteilhafte Ergänzung durch den Bereich ,,Pagenstecherstraße''. Nach vierspurigem Ausbau erwies sie sich als wichtiger Zubringer zur Autobahn ,,Hansalinie'', aber auch zum nahen Hafengebiet. Das veranlaßte zahlreiche Handelshäuser, darunter auch namhafte Großhandlungen, sich im Hinblick auf diese gute Verkehrssituation hier niederzulassen. Der Kundenverkehr dieser Firmen kann fast unter völliger Aussparung der Innenstadt abgewickelt werden. Doch wurde auch die Verbindung zur Innenstadt alsbald durch einen verkehrsgerechten Ausbau der Natruper Straße bedeutend verbessert.

Weitere *vorbereitete Gewerbeflächen* für die Aufnahme von Firmen, auch auswärtigen, die in Osnabrück einen neuen Standort suchten, der auch Möglichkeiten zur Erweiterung gibt, boten in den letzten Jahren die neuen Gewerbegebiete ,,Hinterer Fledder'' (mit Gleisanschluß) und ,,Atterfeld'', in unmittelbarer Nähe des Autobahnkreuzes Lotte/Osnabrück. Auch im Stadtteilbereich Atter selbst und in Hellern wurden zusätzlich erschlossene Flächen für die gewerbliche Ansiedlung ausgewiesen, die mittelständischen Betrieben Platz bieten. Auf diese Weise wurde es möglich, eine größere Anzahl von Betrieben mit insgesamt mehr als 5000 Arbeitsplätzen, vornehmlich aus dem inneren Stadtbereich, in die neuen Gewerbegebiete zu verlagern.

Im Rahmen dieser *Verbesserung der regionalen Wirtschaftsstruktur* konnten somit greifbare Erfolge verbucht werden. Mit seinen attraktiven Gewerbegebieten, die es in verkehrsgünstiger Lage in unmittelbarer Nähe der großen Verkehrsadern anzubieten hat, behauptet sich Osnabrück weiterhin als drittstärkster Wirtschaftsfaktor — nach Hannover und Braunschweig — des Landes Niedersachsen.

3. Das wachsende Verkehrsaufkommen und seine Bewältigung

Die Gunst der *Verkehrslage* unserer Stadt am Verkehrskreuz Osnabrück — oben bereits eingehend erläutert — gab auch der allgemeinen Verkehrsentwicklung weiterhin starke Impulse. So wurde der Osnabrücker Hauptbahnhof inzwischen Haltepunkt für den im Stundentakt verlaufenden *Intercity-Verkehr*. Das steigerte die Zahl der Osnabrück berührenden D- und Eilzüge nahezu um das Doppelte. Für eine schnellere Bewältigung des Güterfernverkehrs erhielt der Güterbahnhof einen modernen Umschlagplatz in Form eines *Container-Terminals*. Im *Flugverkehr* erwies sich der 1972 in Betrieb genommene Regionalflughafen Münster-Osnabrück in Greven, auf Landesebene mitfinanziert durch das Land Nordrhein-Westfalen, in steigendem Maße als Bindeglied und Anschlußfaktor für den europäischen Linienverkehr. Der 20 Autominuten von Osnabrück entfernte *Flughafen* verfügt über eine 2000 m lange und 45 m breite Start- und Landebahn, die auch Düsenmaschinen mittlerer Größe benutzen können. Er besitzt alle notwendigen Einrichtungen für Flugbetrieb und Flugsicherung. Träger ist die ,,Flughafen Münster-Osnabrück GmbH'', zu deren Gesellschaftern auch die Stadt Osnabrück gehört. In den letzten Jahren traten jährlich über 86000 Fluggäste ihre Reise von hier aus an. Vorwiegend für den Flugsportbetrieb verfügt Osnabrück weiterhin über den landschaftlich schön gelegenen *Sportflughafen Atterheide* am westlichen Rande der

3. Das wachsende Verkehrsaufkommen und seine Bewältigung

Stadt. Auch für Lufttaxis und kleinere Reisemaschinen bot er in diesen Jahren ausreichende Start- und Landemöglichkeiten.

Die noch im Ausbau befindliche Bundesautobahn A 30 Europastraße 8 (E 8 Hannover-Niederlande), die Osnabrück bereits seit 1970 mit dem Autobahnkreuz Lotte/Osnabrück verbindet und schon bis Ibbenbüren in Richtung Holland verläuft, lenkte — als westliche *Umgehungsstraße* — spürbar den *Fernverkehr* an der Stadt vorbei. Mit ihren mehrfachen Abzweigungen in das Stadtinnere entlastete sie mit diesem hervorragenden Verteilungsmechanismus die westlichen und südlichen Einfallstraßen hinsichtlich des auf die Stadt zukommenden Nah- und Fernverkehrs.

Die autobahnähnliche Weiterführung dieser Umgehungsstraße im Osten und Norden der Stadt steht noch aus. Eine schnellere Lösung ergab sich für die Entlastung der als Verbindungsglied zur Autobahn Hansalinie dienenden und damit sehr überforderten Bundesstraße 68 zwischen Osnabrück und Wallenhorst. Sie wurde in ca. 4 Kilometer Länge verlegt und als *Autobahnzubringer* nach Wallenhorst — Autobahnabfahrt Richtung Bremen bzw. Dortmund — mit einer vierspurigen Fahrbahn versehen. Das mit mehreren Brückenbauten im Bereich Haste verbundene Straßenbauvorhaben wurde im Herbst 1978 fertiggestellt und in Betrieb genommen. Dem hiermit gegebenen besseren Anschluß zur Innenstadt wurde auch durch die großräumige Erweiterung von zwei Eisenbahnüberführungen auf sechs Fahrspuren Rechnung getragen. Es handelte sich um die Eisenbahnbrücke am Berliner Platz, die 1974 fertiggestellt wurde, und um die entsprechende Brücke am Nonnenpfad, die 1977 dem Verkehr übergeben werden konnte. Beide Brückenbauten erforderten wegen ihrer stark exponierten Lage im Eisenbahn- und Straßenverkehr und den dazugehörigen Kanalbauarbeiten einen langen und kostspieligen Bauprozeß, der sich in beiden Fällen auf fast eineinhalb Jahre erstreckte.

Der *innerstädtische Verkehr,* dessen möglichst reibungslose Bewältigung allein schon wegen der hohen Zahl der in Osnabrück befindlichen Kraftfahrzeuge immer schwieriger wurde — in der Berichtszeit war ein Anstieg von rund 43000 (1971) auf über 56000 Kraftfahrzeuge (1978) zu verzeichnen —, stand weiterhin vor großen Problemen. Dennoch blieb die zunehmende Kraftfahrzeugdichte in Osnabrück nicht der entscheidende Maßstab für die städtische Verkehrsplanung, wie wir noch später sehen werden. Seit 1948 hatte die Stadt Osnabrück rund 400 Kilometer Straßen verbreitert oder neu gebaut und dabei speziell für Hauptverkehrsstraßen über 65 Millionen DM aufgewandt. Mit der verkehrsfördernden Grundrenovierung vieler Straßen gelang es zwar, die Flüssigkeit des Individualverkehrs zu erhöhen, jedoch bemühten sich demgegenüber Rat und Verwaltung unserer Stadt mehr und mehr, zur Entlastung der Straßen der City vom individuellen Autoverkehr den öffentlichen Nahverkehr (Buslinien) qualitativ und quantitativ zu verbessern.

Dennoch überrollte die *Motorisierungswelle* seit Anfang der 70er Jahre, insbesondere mit dem individuellen Kraftfahrzeugverkehr, die Innenstadt Osnabrücks mit einer ,,Blechlawine", die die Geschäftsstraßen der Alt- und Neustadt heillos verstopfte. Die bereits 1971 auf fast 43000 angewachsene Zahl der Kraftwagen erhöhte sich schon ein Jahr später — nach den Eingemeindungen des Jahres 1972 — schlagartig auf rund 47000, um wenige Jahre später die schon genannte Höchstzahl von 56000 zu erreichen. Durchschnittlich jeder vierte Einwohner der Stadt kam mit dem eigenen PKW in die City. Dazu traten Tausende von Kraftwagen der von auswärts in der Innenstadt und in den angrenzenden Bereichen Beschäftigten. Diese Situation, in der sich stellenweise die fahrenden Autos nur noch mühsam durch die Masse der parkenden hindurchquälten und die Luft in den engen Straßen mit den Kraftstoffabgasen durchsetzten, verlangte zwingend nach einer ausgewogenen Verkehrskonzeption, vor allem im Dienste der Gesundheit des Fußgängers. Das Bewußtsein der Öffentlichkeit für diesen umweltbezogenen Fragenkomplex wurde überraschend erhellt, als im Spätherbst 1973, ausgelöst durch die erste Ölkrise der 70er Jahre, an einem ,,autofreien" Sonntag dem Bürger die Vorteile einer ,,entblechten" Stadt- und Naturlandschaft vor Augen geführt wurden.

Erstmals realisierte Boykottdrohungen der 1960 entstandenen OPEC (Organisation of Petroleum Exporting Countries) hinsichtlich einer drastischen Verringerung der Erdölimporte in die westlichen Industrieländer um 10—15 Prozent, beschlossen auf einer Gipfelkonferenz dieser Staaten (mit einem hohen Anteil aus der arabischen Welt) in Algier im November 1973, führten fast unmittelbar darauf auch in der Bundesrepublik zu Überlegungen und Maßnahmen, wie diesem schwerwiegenden Eingriff in die *Energieversorgung* der Bevölkerung begegnet werden könnte. Die Bewohner der Bundesrepublik wurden ab sofort zum sparsamen Verbrauch von Benzin und Heizöl aufgefordert. Hierzu gehörte auch ein Sonntagsfahrverbot, das erstmalig — und hierbei verblieb es zunächst einmal — für den Sonntag am 25. November 1973 amtlich ausgesprochen wurde. Gelassen und diszipliniert hielten sich fast alle motorisierten Bundesbürger an das 24stündige Fahrverbot, das unter dem Druck der ersten Energiekrise der Nachkriegszeit verhängt worden war. Auch in Osnabrück waren an diesem Totensonntag alle Fahrbahnen in den Straßen leergefegt von fahrenden Kraftwagen. Viele Bürger meinten: ,,Seit Jahr und Tag war die Luft in Osnabrück nicht mehr so rein und der Lärm nicht so gering wie am heutigen Sonntag! Jetzt wissen wir erst wieder, wie schön es in Osnabrück sein kann, wenn die Straßen frei sind von Kraftfahrzeugen". Solch einen ,,Tag der sauberen Luft" hat die Stadt aber nicht mehr erlebt. Ein weiteres Sonntagsfahrverbot wurde bis dahin nicht ausgesprochen, wohl aber wurden dem Fußgänger durch die Erstellung autofreier Fußgängerbereiche in der Innenstadt — worüber im nächsten Abschnitt eingehender geschrieben ist — menschengerechte Freiräume geschaffen.

Die bis dahin sehr widrigen *Verkehrsverhältnisse* in der Innenstadt Osnabrücks führten zudem immer eindringlicher vor Augen, daß das Stadtzentrum ohne einen funktionsfähigen Nahverkehr in großer Gefahr stand, am Individualverkehr zu ersticken. Um dem entgegenzusteuern, wurde — zunächst 1973 mit dem ersten Teil beginnend und in den Jahren 1976/77 vollendet — zur reibungslosen Abwicklung des über den Neumarkt zentralisiert geführten öffentlichen Nahverkehrs in zwei Bauabschnitten ein *zentraler Busbahnhof* erstellt. Zum Jahresbeginn 1974 wurde der erste Teil des neuen Busbahnhofs am Neuen Graben mit drei geräumigen und teilweise überdachten Bus-Bahnsteigen in Betrieb genommen. 1976 ging es zunächst um die bauliche Erweiterung und Verbesserung des Fußgängerbereichs im *Neumarkttunnel*, wobei besonders die optimale Gestaltung der Ein- und Ausgänge für Behinderte und Frauen mit Kinderwagen im Vordergrunde stand. Mit der Fertigstellung dieser Tunnelerweiterung war eine wesentlich verbesserte Verknüpfung der Altstadt mit der Neustadt gegeben. Danach galt es, den zweiten Abschnitt des Busbahnhofs vor dem Gerichtsgebäude zu erstellen, im dem gleichzeitig neun Nahverkehrsbusse an drei Bahnsteigen halten konnten. Der ganze Neumarkt wurde hierdurch für eine Reihe von Monaten eine riesige Großbaustelle. Der gesamte Durchgangsverkehr mußte für längere Zeit unter schwierigen Umständen umgeleitet werden. Mit der Einweihung dieses größeren Abschnitts des gesamten Bauvorhabens Anfang Januar 1977 waren nunmehr auf dem Neumarkt die Voraussetzungen für eine ordnungsgemäße und pünktliche Abwicklung des öffentlichen Busverkehrs gegeben. Um auch auf den Hauptverkehrsstraßen einen möglichst ungehindert fließenden *Linienverkehr* der Stadtbusse zu gewährleisten, ging man nun dazu über, hierfür Bus-Sonderspuren anzulegen. Die erste Busspur erhielt nunmehr die Möserstraße, und auch

3. Das wachsende Verkehrsaufkommen und seine Bewältigung 747

die neuausgebaute Lortzingstraße, später ebenfalls die Dielingerstraße, wurden im Bereiche ihres Fahrdamms ebenso ausgestaltet.

Als *Umsteigeplatz* für täglich Tausende von Fahrgästen ermöglichte dieser moderne Busbahnhof — im Zusammenwirken mit dem erweiterten Neumarkttunnel — eine wesentlich flüssigere Verkehrsabwicklung unter besonderer Rücksichtnahme auf die Sicherheit und zugleich Bequemlichkeit der Fahrgäste. Im zügigen Fluß strömten nun die Fußgängerscharen durch die neugestaltete *Tunnelpassage*, angestrahlt vom Licht der vielfältigen Auslagen der unterirdischen Ladenzeile, ihren jeweiligen Umsteigezielen zu. Recht bald erwies sich diese moderne *Drehscheibe* des öffentlichen Nahverkehrs als ein attraktives Aushängeschild für unsere Stadt. Durch den Zusammenschluß der Stadtwerke AG mit nahezu sämtlichen Überlandverkehrsunternehmen des Osnabrücker Umlandes und des Kreises Tecklenburg zur *Verkehrsgemeinschaft Osnabrück* (VGO) bereits am 1. Juli 1972 konnte der öffentliche Busverkehr in und um Osnabrück schon früher weiter intensiviert und qualitativ verbessert werden. Nach der Einrichtung des zentralen Busbahnhofs am Neumarkt bestand nunmehr für alle Fahrgäste in diesem Bereich die Möglichkeit des reibungslosen Überganges auf andere Verkehrsträger. Der Prozeß der befreienden Entlastung der Innenstadt vom überquellenden Individualverkehr wurde dadurch wesentlich gefördert. Ein entscheidender Schritt zur gesunden städtebaulichen Neugestaltung des mittelalterlichen Stadtkerns der Hasestadt war damit bereits getan.

Für diejenigen Besucher der Osnabrücker City oder die in ihr Berufstätigen, die dennoch mit dem PKW angereist kamen, blieb als weitere brennende Frage für den Bereich der Innenstadt die nach dem Wohin mit den sich hieraus ergebenden Massen des „ruhenden Verkehrs", also das *Parkproblem*. Als Mittel zur Erleichterung dieses echten Notstandes bot sich — neben den sonstigen öffentlichen Parkmöglichkeiten, die aber keineswegs ausreichten — die Errichtung von Parkhäusern und Tiefgaragen im Raume des Stadtkerns an. Am 17.2.1971 wurde das erste *Parkhaus* der Osnabrücker Parkstättengesellschaft, das 650 Kraftfahrzeugen Platz bietet, am Kollegienwall eröffnet. Weitere Einrichtungen dieser Art, die auch eine gewisse Entlastung brachten, bestanden bereits im Komplex der Kaufhäuser Hertie und Horten. Im Zusammenhang mit der Stadthallenplanung am Schloßgarten gelang es 1976/77, unter dem Ledenhofplatz eine geräumige dreistöckige *Tiefgarage* zu erbauen, die mit etwa 640 Parkständen weiteren wertvollen Parkraum im Zentrum Osnabrücks zur Verfügung stellte. Die feierliche Inbetriebnahme dieses ersten Großprojektes dieser Art in Osnabrück erfolgte — nach neuartiger raum- und gartenarchitektonischer Umgestaltung der Oberfläche des Ledenhofplatzes über der Tiefgarage — am 26. Juli 1977 durch Oberbürgermeister Weber. Da zu diesem Zeitpunkt in der Innenstadt noch weitere rund 3500 öffentliche Parkstände und Stellplätze in Anspruch genommen werden konnten, wurde damit dem „ruhenden Verkehr" zunächst eine im ganzen auskömmliche Basis geboten. Diese wurde jedoch in der Folgezeit zunehmend kleiner und enger, je mehr die inzwischen angelaufene städtebauliche Umgestaltung im Zuge der Innenstadtsanierung voranschritt. Um hier Abhilfe zu schaffen, war in der Planungskonzeption der Bau einer zweiten Tiefgarage im Bereiche des Stadtzentrums vorgesehen, und zwar am Nikolaiort in der abgeräumten großen Trümmerfläche zwischen Kamp und Hakenstraße. Dieses Bauprojekt konnte aber erst in Angriff genommen werden, wenn der Ausbau der Dielingerstraße etwa 1980 die Möglichkeit der Ein- und Ausfahrt von hier aus gestattete.

Ein in diesen Jahren von Stadt und Landkreis Osnabrück aufgestellter *Generalverkehrsplan*, im Grunde eine weitere Fortschreibung des bereits 1956 geschaffenen Generalverkehrsplans der Stadt, die im wesentlichen die Grundzüge der Flächennutzung berücksichtigte, hatte zum Ziel, eine Verkehrskonzeption darzulegen, die im Interesse einer humanen Stadtgestaltung die großen Anliegen der Fußgänger und des Umweltschutzes stärker in den Vordergrund stellte. In diesem Sinne einer menschengerechteren Planung und Gestaltung des Stadtbildes entstanden seit 1972 die ersten *Fußgängerbereiche* in der Innenstadt Osnabrücks und erhielten nach ihrer weiteren Durchführung geradezu Modellcharakter. Hierüber wird im folgenden noch mehr zu sagen sein.

Auch die Verkehrsanbindung der Stadt auf dem *Wasserwege* durch den 1915 fertiggewordenen Stichkanal zum Mittellandkanal mit dem städtischen Binnenhafen erforderte Maßnahmen sowohl der Anpassung in verkehrstechnischer Hinsicht — Umstellung des gesamten Betriebes auf das 1350 t-*Europaschiff* mit entsprechendem Tiefgang — als auch hinsichtlich der Sanierung der Ausrüstung durch moderne Umschlageinrichtungen. Für diesen Ausbau des Hafens, betrieben von den Stadtwerken AG, ist bis Ende der 80er Jahre die Investition von rund 12 Millionen DM vorgesehen. Den Auftakt dazu bildete schon Anfang der 70er Jahre der Bau einer Shreder-Anlage, vor allem für die Auto-Zerkleinerung, die jährlich 60000 t Schrott verarbeiten kann. Geradezu zum Wahrzeichen der Neugestaltung des Hafens wurden moderne Verladebrücken, die neben anderem Schwergut vom Schiff vor allem die für die Georgsmarienhütte bestimmten Rohstoffe (Erze, Koks) auf die Schiene verladen. Im Zusammenhange damit mußte die vor 60 Jahren gebaute Schrägböschung des Hafenbeckens durch senkrechte Spundwände ersetzt werden, die einen Ausbau der Uferanlagen für eine Abladetiefe von 3,50 Meter ermöglichen. Diese Tiefe reichte bereits auch für das Europaschiff. Mit Hilfe eines Rammschiffes mußten hierzu die Pfähle, die die Spundwände sichern, bis zu 25

Der Osnabrücker Hafen am Zweigkanal

Meter tief in das Erdreich getrieben werden. Darüber hinaus wurde das Wendebecken des Hafens mit einem speziell in Osnabrück entwickelten Unterwasserbeton befestigt, so daß Ausspülungen in Zukunft vermieden werden. 250 Meter dieses so ausgebauten Ufers kosteten rund 1,2 Millionen DM.

So wurde der Osnabrücker *Stadthafen* mit seinen 800000 qm Flächenraum in den 70er Jahren ein Spiegelbild der wirtschaftlichen Entwicklung der Hasestadt. Die Bedeutung dieser Anbindung an eine bedeutende Wasserstraße wie den Mittellandkanal für das Wirtschaftsleben Osnabrücks untermauern folgende Zahlenwerte aus diesem Jahrzehnt: Im Durchschnitt bewältigte der Hafen einen jährlichen Schiffsgüterumschlag von etwa 750000 t; auf den Bahngüterumschlag entfielen entsprechend etwa 500000 t. Mit diesen Werten erwies sich der Osnabrücker Stadthafen als einer der größten Binnenhäfen Niedersachsens, der unsere Stadt auch auf dem Wasserwege mit den Welthäfen an der Nordsee verbindet. Die nach der Sanierung des Hafens und des Mittellandkanals nun alsbald auch den Stichkanal nach Osnabrück erfassenden Vertiefungs- und Verbreiterungsarbeiten werden diesen wichtigen Osnabrücker Verkehrsträger endgültig „europafähig", d.h. für das Europaschiff voll erreichbar machen. Hierzu wird das Kanalbecken in der Mitte durchweg auf 4 Meter vertieft und die seitliche Verbreiterung der einschiffigen Strecke insgesamt um 16 Meter vergrößert. Nach Durchführung dieser Ausbaumaßnahmen am Osnabrücker Zweigkanal, die zusammen mit der Weststrecke des Mittellandkanals bis 1985 abgeschlossen sein sollen, würden die Europaschiffe, die heute allein noch den anderen Verkehrsträgern gegenüber konkurrenzfähig sind, den bereits hierfür gerüsteten Stadthafen in voller Kapazität ansteuern können.

4. Stadtbild und Stadtgestaltung

Die im vorigen Abschnitt mit den stark anwachsenden Kraftfahrzeugzahlen belegte zunehmende *Mobilität* der Bevölkerung, das damit steigende individuelle Verkehrsbedürfnis und das enorme Transportaufkommen aus Handel und Industrie erforderten zwangsläufig — wie bereits schon angesprochen — eine verstärkte Anpassung des Straßennetzes der Stadt sowie der Ströme der übrigen Verkehrsteilnehmer und -mittel an diese Situation. Doch solange nicht geeignete Massenschnellverkehrsmittel (Stadtbusse) das erhöhte Verkehrsbedürfnis der Bevölkerung mit einem entsprechend eingerichteten Liniennetz zufriedenstellend erfüllen konnten, nahmen die Schwierigkeiten für den innerstädtischen Verkehr laufend zu. Das galt insbesondere für den auf die innerstädtischen Straßen angewiesenen Verkehrsanteil der Fußgänger — daneben auch des Wirtschaftsverkehrs —, wenn hierfür kein adäquat leistungsfähiges Straßennetz zur Verfügung stand. Zur soliden Lösung dieser Problematik bedurfte es einer grundlegenden *Sanierung der Innenstadt* Osnabrücks, wobei gleichzeitig neben den Interessen des öffentlichen Nahverkehrs auch den natürlichen Belangen der Fußgänger Rechnung getragen werden mußte.

Neben diesen verkehrspolitischen Gesichtspunkten muß bei der Erörterung der *Ausgangslage* für die Sanierung des historisch gewachsenen Stadtkerns unserer Stadt zwingend daran erinnert werden, daß die Bomben des Zweiten Weltkriegs Osnabrück zwar zu 68,5% zerstört hatten, daß aber dabei die *Innenstadt* mit einem Zerstörungsgrade von 85% besonders stark betroffen wurde. Der inzwischen größtenteils durchgeführte Wiederaufbau erfolgte auf dem alten Stadtgrundriß und bemühte sich dabei im wesentlichen um die Wiederherstellung der überkommenen Stadtstruktur. Hierbei gerieten die ursprünglich gleichwertigen Geschäftslagen der nördlichen Altstadt mit engen Straßen und kleinteiliger Parzellierung, verglichen mit der im Schwerpunkt der Innenstadt am Neumarkt, Große Straße und Möserstraße durch größere Neubauten konzentrierten Wirtschaftskraft, mehr und mehr ins wirtschaftliche Abseits. Die historischen Schwerpunkte im Bereiche des Domes und des Marktplatzes mit der Marienkirche, in ihrem wertvollen Baubestande wiederhergestellt, sowie das im ganzen weniger zerstörte Heger-Tor-Viertel, jedoch baulich-technisch in einem recht angeschlagenen Zustande, liefen Gefahr, zu musealen Inseln herabzusinken. Zudem beeinträchtigte der in dieses z.T. noch mittelalterliche Straßennetz der Altstadt, aber auch in die breiteren eigentlichen Geschäftsstraßen hineindrängende motorisierte Individualverkehr nicht nur das Einkaufen, sondern auch die Lebensqualität eines gesunden Verweilens und Wohnens. Daneben lagen immer noch große Teilflächen der Altstadt völlig abgeräumt, doch ohne jegliche konstruktive Funktion; sie dienten bis dahin lediglich als provisorische Parkmöglichkeit für die Innenstadt.

Bei dieser Ausgangslage galt es dringend, die Sanierung der Innenstadt im Hinblick auf ihre gegenwärtigen Hauptaufgaben so durchzuführen, daß sie mit ihrer historisch wertvollen Bausubstanz traditionsreiches und zugleich lebendiges *Zentrum des städtischen Lebens* bleiben konnte. Als wirtschaftlicher, kultureller und sozialer Mittelpunkt (Oberzentrum) einer bedeutsamen Region Niedersachsens, als Standort zentraler Einrichtungen sowie als Wohn- und Arbeitsgebiet für einen nicht geringen Teil der niedersächsischen Bevölkerung hatte Osnabrück ohnehin die Aufgabe, den hier befindlichen bzw. nach hier anreisenden Menschen eine humane Umwelt zu bieten. Hierzu war es dringend notwendig, in Anbetracht des im vorhergehenden ausführlich angesprochenen Verkehrsproblems in der Innenstadt Osnabrücks unter differenzierender Berücksichtigung des Verkehrsanteils des Fußgänger — von den Radfahrern wurde zunächst noch kaum gesprochen —, des Wirtschaftsverkehrs, des individuellen Kraftfahrzeugverkehrs und des öffentlichen Nahverkehrs die von der jeweiligen Sparte überwiegend zu benutzenden Straßenzonen entsprechend umzugestalten und zugleich baulich zu sanieren. Das bedeutete: Ausbau von *Fußgängerbereichen* im Geschäftszentrum der Innenstadt (bei zeitlich begrenzten Freiräumen für den Wirtschaftsverkehr), baulich-räumliche Gestaltung einer *Erschließungsstraße* mit Anschlüssen an das bestehende und das neukonzipierte Straßennetz für den motorisierten Individualverkehr unter Ersetzung abständiger Bausubstanz durch neue (s. Dielingerstraße und ihre Fortsetzung Richtung Kamp — Neuer Graben), dabei Vervollständigung des Straßennetzes für den öffentlichen Nahverkehr (Busspuren). Daneben galt es, den an diese *Sanierungszonen* anschließenden Altstadtbereich des weniger zerstörten Heger-Tor-Viertels zu erneuern und durch angemessene Gestaltung (u.a. als Fußgängerzone) und auch Nutzung wiederzubeleben.

In klarer Erfassung dieser Leitziele einer grundlegenden *Neuordnung der Innenstadt*, die in mehreren Abschnitten, in der nördlichen Innenstadt beginnend, auch alsbald die südliche Innenstadt einbeziehen sollte, hatte der Rat der Stadt Osnabrück bereits in einer Sondersitzung am 4. März 1969 (s.o.), in der er dem Vertrag mit der ,,Neuen Heimat Bremen" als *Sanierungsträger* zustimmte, den Beginn eines kontinuierlichen Sanierungsprozesses in Osnabrück eingeleitet. Ein sodann von der GEWOS (Gesellschaft für Wohnungs- und Siedlungswesen, Hamburg) ausgearbeitetes Erneuerungskonzept mit der vom bestellten Sanierungsträger aufgestellten städtebaulichen *Grundkonzeption* für die nördliche Innenstadt in Verbindung mit Kosten- und Finanzierungsübersichten wurde in der Ratssitzung am 12. Mai 1970 gebilligt.

Nach entsprechenden Anträgen der Stadt an das Bundesmininsterium für Wohnungswesen und Städtebau in Bonn und an das Niedersächsische Sozialministerium in Hannover erfolgte bereits im Dezember 1969 die Aufnahme Osnabrücks in das Programm der Studien- und Modellvorhaben des Bundes und der Länder mit der Bewilligung anteiliger *Förderungsmittel* nach diesem Programm. Nach Inkrafttreten des Städtebauförderungsgesetzes des Bundes im August 1971 wurde die Osnabrücker Planung in das Bundesprogramm übernommen. Auf dieser Grundlage beschloß der Rat am 25. April 1972 die förmliche Festlegung der Sanierungsgebiete in der nördlichen Innenstadt als vordringlich zu erneuernde Teilbereiche. Es handelte sich um die Erneuerung der Straßenführung Dielingerstraße — Lortzingstraße und um das *Sanierungsgebiet Altstadt*, innerhalb dessen insbesondere zunächst das *Heger-Tor-Viertel* in den Griff genommen werden sollte. Daneben wurden von den Hauptgeschäftsstraßen der Innenstadt vorrangig die Große Straße (damals bereits im Bau), z. T. die Krahnstraße und später auch die nördliche Johannisstraße als Fußgängerzonen ausgebaut. Die entscheidende Anregung hierzu hatte der Verkehrsausschuß des Rates bereits am 3. November 1970 gegeben. Mit einem gebündelten Einsatz von Bundes- und Landesmitteln, jedoch unter gleichzeitiger Aufbringung erheblicher eigener Mittel, trat die Stadt Osnabrück nunmehr in eine im großen ganzen 1978 abgeschlossene *erste Phase* einer zukunftsorientierten Erneuerung wesentlicher Teile der nördlichen Innenstadt ein. Doch ein derartig einschneidendes, differenziertes und großräumiges Unternehmen wie diese Innenstadtsanierung in Osnabrück konnte nur in engster Zusammenarbeit mit der Bevölkerung der Stadt durchgeführt werden.

Daß diese das bisherige Stadtbild teilweise stark verändernde Gestaltungskonzeption nicht nur allein eine Sache des Rates und der Fachleute blieb, dafür sorgte als wichtigstes in erster Linie das im Vertrag mit dem Sanierungsträger verankerte Institut des Sanierungsbeirates. Schon bald nach Beginn der Planungsarbeiten wurde mit der Berufung des *Sanierungsbeirates* ein Forum gebildet, zu dem Vertreter der verschiedensten Einrichtungen des öffentlichen Lebens herangezogen wurden, u.a. auch Betroffenengruppen ebenso wie Vertreter der Bürgervereine, von Verbänden, Behörden, Kirchen, Hochschulen, auch der großen politischen Parteien. Den Vorsitz übernahm der Vorsitzende des Planungsausschusses des Rates der Stadt oder dessen Stellvertreter. Auch die wichtigsten Fachausschüsse des Rates waren zu Gast in diesem Gremium, dessen kritische Stellungnahme und ortskundiger Rat zu den jeweiligen Sanierungsfragen erbeten wurde. Darüber hinaus wurden rechtzeitig alle Mieter, Haus- und Grundeigentümer sowie Gewerbetreibende in den anstehenden Sanierungsbereichen nach ihren Absichten, Wünschen und Vorstellungen befragt. Eine ständige öffentliche Ausstellung von Plänen und Modellen im Dominikanerkloster, als Behördenhaus in der Innenstadt, gab der Bevölkerung die Möglichkeit zu eingehender Information, wobei ein spezieller *Sanierungsberater* als Mittler zwischen Bürger und Stadt wirkte. Hierdurch kamen — nach vorherigen Beschlüssen des Rates — Abänderungen des ursprünglichen Planes zustande, die zwar das Konzept als Ganzes nicht in Frage stellten, wohl aber den Belangen der jeweils Betroffenen stärker Rechnung trugen, stellenweise auch Gesichtspunkte der Stadtgestaltung und der Denkmalspflege betonter in den Vordergrund rückten. Oft gelang es hierbei, in Form eines Kompromisses eine gemeinsam vertretbare Lösung zu finden.

Zu manchen Wünschen, die im Mittelpunkt zahlreicher Diskussionen und Erörterungen in und mit der Öffentlichkeit standen und um die herum sich engagierte Bürgerinitiativen bildeten, mußten Rat und Verwaltung mit entsprechender Begründung auch mal nein sagen. Doch selten gab es zu Fragen der baulichen Gestaltung und des Zusammenlebens in der Stadt eine so gesprächige und *kritische Bürgerschaft* wie in diesen

Wochen und Monaten. Das kommunale Miteinander und Füreinander zwischen Rathaus und Stadtbevölkerung hatte sehr an Stellenwert gewonnen und das — wie es sich später herausstellte — sehr zum Wohle aller, die sich mit ihrer Stadt identifizieren möchten. Galt es doch, die mit ihren historischen Straßenzügen und charakteristischen Gebäudekomplexen sowie baulichen Reizen — trotz insgesamt 85%iger Zerstörung durch den Zweiten Weltkrieg — noch immer relativ attraktive Innenstadt für die Bevölkerung der Stadt und des weiten Umlandes, und zwar für alle Bereiche des urbanen Lebens (Kultur, Bildung, Freizeit, Konsum und Verwaltung) anziehender und erreichbarer zu gestalten. Alles das insbesondere angesichts der vielfältigen Aufgaben, die der Stadt Osnabrück als Oberzentrum für das südwestliche Niedersachsen in Gegenwart und Zukunft gestellt sind. Ziel dieses Weges zu einer humanen Stadt, in deren Mittelpunkt der Mensch mit seinen geistigen Ansprüchen und körperlichem Wohle steht, mußte sein, die geschichtlich wertvolle Bausubstanz, die erhaltenswerten Straßen, Plätze und Viertel so wiederherzustellen, daß es in ihnen wieder ein lebendiges Wohnen und Arbeiten gibt. Amtlich formuliert, lautet das *Sanierungsziel*: ,,Stärkung der innerstädtischen und zentralörtlichen Funktionen der kulturellen und wirtschaftlichen Bedeutung der Stadt Osnabrück für das Umland und die Region''.

Dafür mußten möglichst große Bereiche der Innenstadt vom individuellen Autoverkehr freigehalten und zusammenhängende Kommunikationsbereiche für die Fußgänger geschaffen werden. Dazu galt es, diesen Stadtkern möglichst weitgehend für den öffentlichen Verkehr zu erschließen, also den Liniendienst der Stadtbusse soweit an den Zentralbereich heranzuziehen, daß für die Besucher auf Mittel des Individualverkehrs verzichtet werden konnte. Für dennoch eingesetzte PKWs mußten an den geeigneten Stellen ausreichende Flächen für den ruhenden Verkehr angeboten werden. Das diesen Überlegungen zugrundegelegte *Verkehrskonzept* sah zunächst Flächenabrisse für Verkehrsschneisen und Neubebauung vor, die jedoch später — auf Grund massiver Einsprüche von Bürgerinitiativen — auf stellenweise Hausabbrüche reduziert wurden. Auf einen ursprünglich vorgesehenen ,,Parkring'' um den Kern der Innenstadt wurde ebenfalls verzichtet. Wo dennoch für das verbleibende Konzept Gebäudeabbruch und teilweise Flächensanierung erforderlich wurden, sollten die davon Betroffenen sich nicht verdrängt fühlen, sondern durch entsprechende Entschädigung und gewerbliche Unterstützung angemessenen Ersatz erfahren.

Als der Rat am 25. April 1972 die förmliche *Festlegung der ersten Sanierungsgebiete* beschloß (s.o.), wandte er sich gezielt den Schwerpunkten des Osnabrücker Stadtbildes zu, die wohl als die am gefährdetsten anzusehen waren und vordringlichst einer angemessenen zukunftsorientierten Erschließung und Erneuerung bedurften. Von den beiden ausgewählten *Schwerpunkten* Heger-Tor-Viertel und Dielingerstraße/Lortzingstraße wurde der erstgenannte Bereich deswegen vorgezogen, weil seine unzerstörten, aber auch die wiederaufgebauten Teile sich in einem Zustand befanden, der ihre Erhaltung in Frage zu stellen schien. Wegen der unmittelbaren Nachbarschaft dieses Viertels zu den aus ihren zentralen weltlichen und kirchlichen Aufgaben heraus belebten Zonen des Marktplatzes mit Rathaus und Marienkirche und des Domes mit den bischöflichen Institutionen galt es, den Heger-Tor-Bereich städtebaulich aufzuwerten und mit urbanem Leben zu erfüllen. Bei dem Bereich Dielingerstraße/Lortzingstraße, der hinsichtlich seiner Verkehrsfunktion in der Straßenführung und im Ausbauzustand (Straßenbreite, Pflaster) den gegenwärtigen Anforderungen in keiner Weise mehr gerecht wurde, handelte es sich vorrangig um eine dringend notwendige Maßnahme im Hinblick auf die verkehrsmäßige Erschließung der Innenstadt und zur Erhöhung der Funktionsfähigkeit in Bezug auf den fließenden und ruhenden Verkehr. Aber auch in seiner Bausubstanz wies er starke Mißstände im Hinblick auf die Wohn- und Arbeitsverhältnisse auf. Durch die Enge der beiden Straßen — z.T. weniger als 8 Meter breit — ergab sich eine beträchtliche Störung des Fußgängerverkehrs, aber auch des Wohnens durch Lärm, Geruch und Abgase.

Der massive Widerstand von *Bürgerinitiativen*, so vor allem der ,,Aktionsgruppe Sozialplanung'', daneben aber auch von direkt Betroffenen, veranlaßte am 19. September 1972 den Rat, vorläufig einen Sanierungsstop zu beschließen. Erst nach intensiver öffentlicher Diskussion mit der Bürgerschaft sollte über die Weiterführung der Sanierung entschieden werden. Kurz nach der Kommunalwahl am 22. Oktober 1972, durch die die SPD die absolute Mehrheit gewann, beschloß der Rat am 12. Dezember 1972 im Anschluß an eine nichtöffentliche Sitzung mit einer Empfehlung zur Modifizierung des Sanierungskonzeptes die Aufhebung des Sanierungsstops. In einer späteren Sitzung, am 23. Oktober 1973, wurde das Stadterneuerungskonzept jedoch — als Ergebnis der bisherigen Diskussionen — in nicht unwesentlichen Bereichen geändert. Zugunsten weiterer *Objektsanierungen* wurde weitgehend von Flächensanierungen (Abriß von Gebäudereihen) Abstand genommen. In enger Zusammenarbeit mit dem Sanierungsbeirat, aber auch mit engagierten bzw. betroffenen Bürgergruppen gelang es so, in Form eines Kompromisses eine gemeinsam vertretbare Lösung zu finden. Doch nicht in jedem Fall. Als im Herbst und Winter 1974/75 nach massiven Abbrüchen im Sanierungsgebiet Dielingerstraße z.T. länger andauernde Hausbesetzungen im benachbarten Bereich der Krahn- und Lortzingstraße erfolgten, kam es am 9. April 1975 in Gegenwart einer großen Menge Schaulustiger zur polizeilichen Räumung des seit einigen Wochen von einer relativ militanten Aktionsgruppe besetzten Hauses Lortzingstraße 2, das anschließend unter dem Schutz von 200 Bereitschaftspolizisten abgerissen wurde. Die mit diesem Vorgang verbundenen heftigen Diskussionen und öffentlichen Auseinandersetzungen, vor allem getragen von einer neuen, überwiegend von Studenten gebildeten ,,Initiative Stadtsanierung'', wandten sich demonstrativ gegen die gesamte Innenstadtsanierung. Doch auch diese scheinbar zunächst kaum ausräumbare harte, von Vorbehalten und Mißverständnissen durchsetzte öffentliche Kritik wandelte sich unter der Macht des Faktischen alsbald in positive Toleranz, wenn das jeweils angesprochene Teilstück der Sanierung, konkret realisiert, in das Blickfeld der Öffentlichkeit trat.

Die *Fakten* der bis 1978 im Rahmen einer ersten Phase des Sanierungsprozesses durchgeführten Erneuerungsarbeiten sind bald aufgezählt. Zunächst gelang es bereits 1972, den ersten Teilabschnitt des geplanten Fußgängerbereichs Große Straße — zwischen Nikolaiort und Georgstraße — mit der notwendigen neuen Kanalisation (Entfernung des Mischkanals, Ersetzung durch ein neues Trennsystem für Regenwasser und Schmutzwasser) fertigzustellen (s.o.). Bis Herbst 1973 folgte das zweite Teilstück bis zum Neumarkt, auch Teile der Georgstraße, des Jürgensorts und der Gr. Hamkenstraße umfassend, ebenfalls mit den erforderlichen Kanalisationsarbeiten. Am 4. Oktober 1973 übergab Oberbürgermeister Weber den zweiten Abschnitt des Fußgängerbereiches Große Straße und damit das gesamte Objekt an die Bürgerschaft. Jetzt verfügte Osnabrück über die erste zusammenhängende *Fußgängerzone* von 710 Meter Länge im Stadtzentrum. Diese moderne bauliche Maßnahme schuf im Herzen der Innenstadt eine Zone der Ruhe und der zwischenmenschlichen Kommunikation, natürlich auch des besinnlichen Einkaufens, aber mit viel Licht, lebendigem Grün und Ruheplätzen, sogar vor einem plätschernden Brunnen. Der an den Nikolaiort angrenzende und bis zur Einmündung der Dielingerstraße reichende Abschnitt der Krahnstraße wurde vier Jahre später, auch Teile der Hakenstraße miterfassend, in ähnlicher Weise ausgestaltet. Damit wurde seitens Rat und Verwaltung aller Öffentlichkeit sichtbar vor Augen gestellt, daß es bei dem

Fußgängerbereich
Große Straße

Sanierungsprozeß in Osnabrück nicht im geringsten darum ging, für bessere Bewegungsmöglichkeiten des Individualverkehrs zu planen und damit die Innenstadt dem Autoverkehr zu überlassen. Im Gegenteil: Das voll gelungene Osnabrücker Modell für den Fußgängerverkehr in der Innenstadt wurde inzwischen von einer Reihe von Delegationen aus anderen großen Städten der Bundesrepublik besichtigt und nach dem Gesamteindruck als durchaus richtungweisend beurteilt.

Das Bemühen der Stadt, weitere Fußgängerbereiche in der Innenstadt zu schaffen, wurde 1974 mit dem entsprechenden Ausbau der Heger und der Marienstraße sowie von Teilen der Rolandsmauer und der Bocksmauer fortgesetzt. In diesem Bereich war es bereits gelungen, als besonderes *Sanierungsgebiet* die — im Vergleich zum übrigen Altstadtbereich — relativ weitgehend noch unzerstörten Teile des *Heger-Tor-Viertels* mit seiner Vielfalt baulicher Formen, z.B. Steinbauten, Fachwerkbauten, Häuser aus dem Klassizismus und der Gründerzeit in der Heger Straße in liebevoller Restaurierungsarbeit bei vollständiger Erneuerung der Versorgungsleitungen für die weitere Erhaltung und zusagende Wohnnutzung herzurichten, wobei ganze Fassaden ein gepflegtes, würdiges Aussehen erhielten (so u.a. das „Katzenhaus", Kl. Gildewart 11). Durch Umsetzung wertvoller alter Fachwerkhäuser, die an ihrem bisherigen Standort dem Abbruch und damit der Zerstörung zum Opfer gefallen wären, wurde die historische Atmosphäre des Viertels erfreulich angereichert. Es handelt sich einmal um die „Alte Fuhrhalterei", bisher am Kamp 25, die nunmehr einen glücklich ausgewählten Platz an der Kl. Gildewart einnimmt und seit 1977 als Wirkungs- und Begegnungsstätte für heimatgeschichtliche und volkskundliche sowie künstlerische Aktivitäten zur Verfügung steht. Das andere bewahrenswerte Fachwerkhaus stammt aus der Nachbarstadt Bramsche und steht

4. Stadtbild und Stadtgestaltung

Die (vom Kamp) umgesetzte Alte Fuhrhalterei in der Kleinen Gildewart — im Hintergrund das „Katzenhaus"

heute ebenfalls als denkmalgeschütztes *Haus Bramsche* anstelle einer störenden Maschinenfabrik an der Marienstraße; hinter ihm entstand ein reizvoll begrünter Innenhof, der auch als Fußgängerpassage zur Dielingerstraße benutzt werden kann. Bei beiden Umsetzungen hat sich die Technikerschule für Bauwesen im Städt. Berufsschulzentrum an der Natruper Straße durch umsichtige Mitwirkung große Verdienste erworben. Durch Ausbau zum Fußgängerbereich mit einheitlichem Ziegelpflaster und Kugelleuchten, in den 1976 auch die Große und die Kleine Gildewart einbezogen wurden, erfuhr die attraktive Eigenart des Heger-Tor-Viertels eine bedeutende Aufwertung sowie durch angemessene Nutzung (Stätten des Kunsthandwerks und Galerien des Antiquitätenhandels, Geselligkeit in zünftigen Gaststuben) eine rege Wiederbelebung. Gerade auch auf auswärtige Besucher Osnabrücks übt dieser als Anziehungspunkt von überörtlicher Bedeutung so anheimelnd gestaltete Altstadtbereich eine erkennbare Zugkraft aus.

Ein weiterer entscheidender Schritt zur Gestaltung Osnabrücks zu einer modernen, aber zugleich auch menschenfreundlichen Großstadt vollzog sich sodann im *Straßenbereich Dielingerstraße/Lortzingstraße*. Hier entstand bald nach den ersten Abbrucharbeiten in der Dielingerstraße im Winter 1972/73 eine wahre Großbaustelle, in deren Umfeld inmitten von abgerissenen Häusern und ausgeworfenen Kanalgruben der niedersächsische Sozialminister *Partzsch* am 9. März 1973 den Grundstein für die erste wesentliche Sanierungsmaßnahme in diesem Bereich legte. Nach Durchführung der Kanalisationsarbeiten ergab sich als erste Hochbaumaßnahme 1973/74 die Errichtung eines zusammenhängenden Neubaukomplexes mit 28 Wohnungen und 6 Läden an der Südseite der Dielingerstraße. Insbesondere bei der architektonischen Gestaltung des zweiten Vorhabens an der Nordseite der Dielingerstraße mit 37 Wohnungen und 4 Läden wurde mit Erfolg den charakteristischen Stilelementen der Osnabrücker Altstadt Rechnung getragen. Im Juni 1976 legte Bundeswohnungsbauminister *Ravens* den Grundstein für diesen Neubaublock. Damit wurde die eigentliche Wohnbebauung der Dielingerstraße eingeleitet. Die ursprünglich geplante Verschwenkung der Lotter Straße in Form einer neuen Führung, die zwischen dem Kulturgeschichtlichen und dem Naturwissenschaftlichen Museum hindurch — den Heger-Tor-Wall kreuzend — in die Dielingerstraße einmündet, wurde nach einer langandauernden Diskussion in der Öffentlichkeit zunächst zurückgestellt. Bei den Abbrucharbeiten in der Dielingerstraße freigelegte kulturgeschichtlich wertvolle Baustrukturen des alten Osnabrücker Bürgerhauses wurden bereits teils umgesetzt — so der wohlproportionierte Eichenholzfachwerkbau eines alten Speichergebäudes an die Rolandsmauer als Erweiterungsbau hinter der ,,Remise" —, teils für späteren Wiederaufbau im Heger-Tor-Viertel auf Gut Honeburg eingelagert.

Im Vergleich zu den umfassenden Erneuerungsarbeiten in der Dielingerstraße, die sich über mehrere Jahre erstreckten, gelang der Ausbau der *Lortzingstraße* 1975/76 in relativ kurzer Zeit. Auch hier waren umfangreiche tiefbautechnische Vorbereitungen (neues Kanalsystem, Absicherung gegen Grundwasserabsenkung) zu treffen. Beim Oberflächenausbau der Straße versuchte man bei diesem Vorhaben zum ersten Mal, durch Wahl und Anordnung des Materials einen optisch günstigen Eindruck, der für das Gesamtbild der neuen Verkehrsstraßen in der Innenstadt maßgebend sein sollte, zu schaffen. Die beiden Spuren für den Individualverkehr in der Straßenmitte wurden mit einer Asphalt-

Während der Abbrucharbeiten zur Verbreiterung der Lortzingstraße im Rahmen der Altstadtsanierung wird bereits die neue Kanalisation gelegt.

4. Stadtbild und Stadtgestaltung

decke überzogen, die beiden Busspuren und die Bürgersteige mit hellgrauen Sechskantsteinen gepflastert. Ausgiebige Grünanpflanzungen im Mittelstreifen und an den Rändern der Bürgersteige sowie Kugelleuchten auf niedrigeren Stahlrohrmasten neben den üblichen hohen Stahlrohrmastlampen vervollständigten den Eindruck einer dem modernen Cityverkehr angepaßten Großstadtstraße. Um einen attraktiven Blickpunkt an der Einmündung dieser neuen Straße auf den Domhof zu schaffen, wurde die Renovierung des neuromanischen Alfa-Hauses gegenüber dem Dom, zunächst mit der Eckfassade beginnend, mit Mitteln für Modernisierung nach dem Städtebauförderungsgesetz in Angriff genommen. („Alfa-Haus" ist eine nach dem Zweiten Weltkriege entstandene Abkürzung für ein dort befindliches Geschäft mit Haushaltswaren „Alles für das Haus".) Für die Fortführung der begonnenen Arbeiten an diesem großen Gebäude im Hinblick auf eine Neugestaltung des Gesamthauses (durchgreifende Modernisierung im Inneren, vollständige Überarbeitung der Fassade) hoffte man für die nächsten Jahre auf weitere Mittel von Bund und Land. Schon jetzt erwies sich die Freilegung des Blickes von der Ecke an der Krahnstraße auf die Domtürme oder vom Nikolaiort zum Alfa-Haus als eine vorteilhafte Veränderung der Szenerie am Rande des Dombereichs. Ähnliche optische Aufwertung erfuhren 1977 der Marktplatz und 1978 der neue Platz an der Einmündung des Durchbruches von der Dielingerstraße zur Hakenstraße. Neben der freundlichen farblichen Ausgestaltung der Fassaden der Treppengiebelhäuser war es beim Marktplatz insbesondere die Errichtung eines seinem Gesamtstil angepaßten neuen Gebäudes anstelle des bisherigen abständigen Hauses Nr. 25, an das die historische Fassade des Hauses Steinert (bisher Krahnstraße) aufgesetzt wurde. Im zweiten Falle handelte es sich um die gelungene Renovierung eines alten Adelshofes an der Hakenstraße, dem durch die Umgestaltung des Erdgeschosses zu einer traditionsbewußten Gaststätte, der „Alten Posthalterei", ein neues Gepräge gegeben wurde. Die beiden Obergeschosse des renovierten Hauses wurden zu modernen Wohnungen ausgebaut.

Mit dem sanierten Heger-Tor-Viertel als *Beispiel erhaltender Stadtsanierung* — ein Vorgang, der über die Anregungen des Europäischen Denkmalschutzjahr 1975 weit hinausging — beteiligte sich Osnabrück an dem *Landeswettbewerb* „Stadtgestalt und Denkmalpflege im Städtebau". 20 Städte in Niedersachsen nahmen hieran teil, davon 12 in der Gruppe über 50000 Einwohner. In dieser Gruppe wurde die Stadt Osnabrück wegen ihrer herausragenden Leistung bei der „Erhaltung der historischen Substanz mit ihren städtebaulichen — insbesondere sozialen und kulturellen — Bezügen" (Ziel des Wettbewerbs) *Landessieger*. Am 22. Mai 1978 nahm Oberbürgermeister Ernst Weber im Altstadtrathaus zu Braunschweig die Urkunde und eine Plakette als Auszeichnung für den 1. Preis aus den Händen des Ministerpräsidenten von Niedersachsen Dr. Albrecht entgegen. Im Zusammenhang mit diesem Landeswettbewerb, der in allen Ländern der Bundesrepublik stattfand, nahmen die jeweiligen Landessieger anschließend an einem *Bundeswettbewerb* zum selben Thema teil. In starker Konkurrenz mit 46 Städten und Gemeinden auf Bundesebene erhielt Osnabrücks Oberbürgermeister im Rahmen eines Festaktes im Berliner Schloß Charlottenburg am 24. Januar 1979 in Anwesenheit von Bundespräsident Walter Scheel und des Regierenden Bürgermeisters von Berlin Stobbe eine *Silberplakette* mit Urkunde als hohe Anerkennung für „die Aufwertung des Stadtviertels durch Wiedergewinnung historischer Gestaltwerte" (aus der Urkunde) vom Staatssekretär des Bundesbauministeriums Dr. Albert Schmid ausgehändigt. Eine Bundesprüfungskommission hatte bereits im Herbst 1978 das neugestaltete Heger-Tor-Viertel besichtigt und in der Beurteilung den Osnabrücker Beitrag zum Bundeswettbewerb als „beachtliches Beispiel von Planungskontinuität im Dialog mit den Bürgern" gewürdigt. Der zum Teil dornenvolle Weg von Rat, Verwaltung und Bürgerschaft bis zu diesem guten Abschluß, gekennzeichnet durch teilweise recht harte Auseinandersetzungen über das Konzept, das Verfahren und über einzelne Projekte, hat somit zu einem glänzenden Ergebnis geführt, so daß der Oberbürgermeister, wieder daheim, mit Fug und Recht sagen konnte: ,,Die Auszeichnungen habe ich voller Stolz in Braunschweig und Berlin für alle, die an der Sanierung von Osnabrück beteiligt waren, entgegengenommen."

Diese Bereichssanierungen in der nördlichen Innenstadt Osnabrücks wurden in den Jahren bis 1978 noch sinnvoll ergänzt durch die glückliche *Erneuerung einzelner historisch wertvoller Gebäude* in der Altstadt (Objektsanierung). Nach mehrjährigen Wiederherstellungsarbeiten in den Jahren 1964—1969 bot der seit Herbst 1970 der Öffentlichkeit übergebene historische Sakralbau der früheren *Dominikanerkirche* als zweischiffige Basilika mit klösterlich langem Chor in seiner geräumigen gotischen Halle wieder die Möglichkeit, größere Orchester- und Chorwerke, die aus Mangel an einer geeigneten Räumlichkeit seit Jahren in Osnabrück nicht mehr aufgeführt werden konnten, darzubieten. Fortgesetzt wurden diese Erneuerungsarbeiten und 1974 abgeschlossen mit der Fertigstellung des an die Kirche anschließenden Erdgeschosses des Dominikanerklosters, wodurch seitdem der Gesamtkomplex über die Räume verfügen kann, die ihm — z.B. für Großausstellungen — die größtmögliche Nutzungsbreite und Variabilität geben. Mit der angemessenen Neugestaltung des Platzes vor der Dominikanerkirche, in die auch die Neue Straße als Fußgängerzone einbezogen wurde, erhielt schließlich diese sakrale Baugruppe und damit auch das sich dort befindliche Mahnmal für die Opfer der nationalsozialistischen Gewaltherrschaft 1933—1945 den würdigen äußeren Rahmen.

Steinwerk und Pallas des alten Adelshofes derer von Leden (Ledenhof) — Südseite

Weiterhin konnte am 23. September 1976 der alte Adelshof der Osnabrücker Bürgermeisterfamilie von Leden mit seinem wuchtigen Steinwerk, kurz *Ledenhof* genannt, nach über neunjähriger gründlicher Restaurierungsarbeit in einer Feierstunde im Rittersaal des ehrwürdigen Bauwerkes seiner gegenwärtigen Bestimmung als musikalisches Kommunikationszentrum und Standort der Musikbibliothek der Stadtbücherei übergeben werden. Dabei klang aus den verschiedenen Ansprachen der an der Wiederherstellung beteiligten behördlichen Stellen die denkwürdige Vergangenheit dieses mit viel denkmalpflegerischer Sorgfalt und Liebe im Detail — fast ausschließlich aus den Mitteln der für diese Zwecke zur Verfügung stehenden Baurat-Lehmann-Stiftung — restaurierten markanten Renaissancebaues wieder auf, der nur wie ein Wunder die Flächenzerstörung des umliegenden Stadtviertels durch die Bomben des Zweiten Weltkrieges überstanden hat. Als fast ein Jahr später, am 26. Juli 1977, der nach diesem historischen Baudenkmal genannte Platz, der Ledenhof, der wegen der Anlegung einer dreistöckigen Tiefgarage unter seiner Oberfläche umgestaltet werden mußte, als vielfach variierbarer Ort der Kommunikation seiner Bestimmung übergeben wurde (s.o.), erfüllten seitdem Ledenhof-Baugruppe und *Ledenhofplatz* in ganz hervorragender Weise ihre Funktion als Bindeglied im weiträumigen Ensemble von St. Katharinenkirche und Welfenschloß, dem später noch die Stadthalle beitrat, wobei erstmals die Vorderfront des Osnabrücker Schlosses recht wirkungsvoll in den Blickpunkt gerückt wurde. Nicht unerwähnt bleiben sollte in diesem Zusammenhang das *Altenheim Haus Ledenhof*, das — mit seinem ersten Bauabschnitt bereits 1956 errichtet — nunmehr mit seiner breit ausladenden Front, die 1978/79 noch durch eine repräsentativ gestaltete Eingangshalle verschönert wurde, den Gesamtkomplex harmonisch abrundet.

Im ganzen gesehen, wurde so — wie es bereits das Jahr 1978 als zeitlicher Abschluß dieses chronologischen Abrisses erkennen läßt — bis dahin ein erfreulich guter Anfang der gestalterischen Bemühungen um die zukünftige attraktive *Präsentation der Osnabrücker Innenstadt* gemacht. Die Aufarbeitung des Heger-Tor-Viertels mit seiner ausgedehnten Fußgängerzone, die damit verbundene und darüber hinausgehende Objektsanierung von wertvollen Fassaden und ganzen Häusern, die noch im vollen Gange befindliche Modernisierung des Straßenzuges Dielingerstraße/Lortzingstraße mit der inzwischen abgeschlossenen Neugestaltung der Verkehrsfunktion der Lortzingstraße — die städtebauliche Konzeption der Nordseite dieser Straße steht noch aus —, der Ausbau der Großen Straße und eines Teiles der Krahnstraße zur Fußgängerzone mit Brunnen, Ruheplätzen, viel Licht und Grün schufen bereits mit diesen durchgreifenden baulichen Maßnahmen und Verschönerungen des Stadtbildes einen überzeugenden Eindruck von dem hohen Grad des Kommunikations-, Wohn- und Freizeitwertes, den unsere Stadt demnächst nach vollständiger Beendigung des städtebaulichen Gesundungsprozesses haben dürfte.

Am Rande dieses städtebaulichen Bemühens verdient ein bedeutsamer Vorgang noch eine kurze Erklärung: Nachdem im Bereiche des früheren Benediktinerinnenklosters auf dem Gertrudenberg die *Gertrudenkirche* seit Ende der 60er Jahre nach sorgfältiger Renovierung wieder für den Gottesdienst zur Verfügung steht, wurde am 1. Dezember 1978 auch das dieser Kirche vorgelagerte ehemalige *Äbtissinnenhaus* des Gertrudenklosters nach äußerer Restaurierung und innerem Umbau der Öffentlichkeit übergeben, um zusammen mit der Kirche im Komplex des *Landeskrankenhauses* als wertvoller Ort der Begegnung für Kranke und Gesunde (u.a. mit einem Café) zu dienen. Diese markante historische Baugruppe, deren barockes Gelb durch die Bäume des Gertrudenberges ins Hasetal leuchtet, wurde schließlich in diesen Tagen noch besonders aufgewertet durch

Barockaltar
aus dem Jahre 1729
in der Gertrudenkirche

die Rückkehr des gediegenen Barockaltars, der um 1730 in der Gertrudenkirche aufgestellt wurde, danach aber mehrfach seinen Standort wechselte, an seinen ursprünglichen Bestimmungsplatz. Damit ist wenigstens einer der barocken Großaltäre, von denen es in Osnabrück mehrere gegeben hat, als Künder des Geistes und der Pracht dieser Zeit wieder in unser Blickfeld gerückt.

5. Stadtleben und städtische Kulturarbeit

Beachtliche Schwerpunkte im lebendigen Rhythmus des Stadtlebens in diesem Jahrzehnt waren einmal die bereits näher erörterten *Mai-Wochen*, die weitgehend den Aufgabenbereich der früheren Kontaktwochen mit befreundeten westeuropäischen Ländern (England-Woche, Frankreich-Woche usw.) übernommen hatten. Sie pflegten innerhalb ihres Programms, das z.B., wie 1974, in neun Tagen 174 Veranstaltungen aufwies, ganz bewußt den Kontakt mit den drei Partnerstädten Haarlem, Angers und Derby. Aber auch die ständig wachsende, seit 1948 zumeist alle zwei Jahre wiederkehrende *Verbraucherausstellung* ,,Osna'', zuletzt, wie die ,,Osna 1976'' oder ,,Osna 1978'', auch einbezogen in die jeweilige Osnabrücker Mai-Woche, fand zunehmend Anklang und damit eine kontinuierlich wachsende Besucherschaft. Zu erwähnen wäre in diesem Zusammenhange auch der die genannten Höhepunkte zeitlich einrahmende Osnabrücker Frühjahrs- und Herbststadtmarkt, seit 1961 auf dem Gelände der ,,Halle Gartlage'', mit seinen zahlreichen Attraktionen und Verkaufsständen. In der ersten Septemberwoche 1976 wurde auch das *Schnatgangsfest*, die alle sieben Jahre wiederkehrende volkstümliche Veranstaltung der alten Heger Laischaft in der Altstadt, mit gewohnter Herzlichkeit und Gestaltungsfreude durchgeführt. Auch das alljährlich zur Mittsommerzeit stattfindende große *Osnabrücker Schützenfest* — 1978 war es das 537. in der Stadt — mit dem Ausmarsch der Schützenvereine vom Domhof zur Schützenburg auf dem Ziegenbrink verdient an dieser Stelle genannt zu werden. Schließlich hat sich in den letzten Jahren immer mehr eingebürgert, daß in der Fastnachtwoche der Osnabrücker Straßenkarneval auf den Fußgängerzonen der Innenstadt lautstark und mit buntem Treiben in Erscheinung tritt. Neben dieser *Brauchtumspflege* hatten die seit 1969 jährlich veranstalteten *„Osnabrücker Musiktage"* betont kulturellen Charakter. Ihr stets sorgfältig geplantes Programm erstreckte sich in den Monaten Juni — Juli jeden Jahres in reichhaltiger Folge über etwa vier Wochen. Das vom Inhaltlichen her sehr vielfältige Angebot, in vielen Veranstaltungen unterschiedlichster Art dargeboten, konnte jedem Freunde neuer und alter Musik ergötzliche Stunden bereiten. Der Sinn dieser *Musiktage* war von Anfang an nicht nur, die zahlreichen musikalischen Aktivitäten in der Stadt zu demonstrieren, sondern auch neue Impulse zu geben. Der gleichen Aufgabe stellten sich auch seit einigen Jahren die Mitglieder der *Literarischen Gruppe* Osnabrück, wenn sie in themenreichen Veranstaltungen „Literarische Wochen" in unserer Stadt durchführten.

Das Hauptereignis des Jahres 1973 war der *325. Jahrestag des Westfälischen Friedens* am 25. Oktober 1973, an dessen feierlichem Gedenken auch Bundespräsident Dr. *Gustav Heinemann* teilnahm. In der Feierstunde in der Dominikanerkirche hielt er eine denkwürdige Rede, in der er unter Hinweis auf Justus Möser, den großen Sohn unserer Stadt, ausführte: „Was hier (von Möser) als Ergebnis des Westfälischen Friedens gelobt wurde, waren das Gleichgewicht der Mächte als Unterpfand des Friedens und die Rechtssicherheit eines friedlichen Nebeneinanders der Konfessionen." Verbunden mit diesem Gedenktag war die Eröffnung einer Ausstellung „Friede?", veranstaltet vom Kulturamt der Stadt Osnabrück. In großangelegter Form spannte sich in ihr der Bogem vom Dreißigjährigen Krieg im 17. Jahrhundert über die blutigen gesamteuropäischen Auseinandersetzungen des 19. und 20. Jahrhunderts bis zu den Spannungsfeldern und Konfliktsituationen der Gegenwart. Die Ausstellung, in deren Rahmen noch eine Reihe von Sonderveranstaltungen stattfand, wurde in drei Wochen von über 7000 Bürgern Osnabrücks besucht. In seiner Ansprache an den Rat am Handgiftentag 1974 bemerkte Oberbürgermeister Weber zu diesem Punkte seines Jahresberichtes: „Hier zeigt sich, daß das Thema Friede stets aktuell ist und immer drängender wird. Ich frage, ob sich hier nicht die Möglichkeit bietet, Osnabrück das soviel erstrebte Image zu verschaffen, ein Image der Friedensstadt, denn der Friede ist ja nicht an das Datum und den Westfälischen Frieden von 1648 gebunden, sondern könnte, von dort als Grundgedanke ausgehend, den heutigen Friedensproblemen Rechnung tragen und so unsere Stadt in das Bewußtsein einer breiten Öffentlichkeit stellen." Ein Gedanke, der in den 80er Jahren von der aktuellen Gefährdung des Weltfriedens her besorgniserregende Realität annahm.

Ein bedeutsamer Schritt, Osnabrück in diesem Sinne stärker in den Blickpunkt der bundesdeutschen Öffentlichkeit zu rücken, war 1971 die Stiftung des *Deutschen Sachbuchpreises* durch die Stadt, der vom Deutschen Bibliotheksverband alle zwei Jahre vergeben wird. Im Jahre 1972 erhielt erstmalig Professor Dr. Karl Steinbuch, Technische Hochschule Stuttgart, diesen mit 10000 DM dotierten Preis für sein Buch „Mensch-Technik-Zukunft". Die Ehrung nahmen am 13. Mai 1972 Oberbürgermeister

Kelch und der Präsident des Deutschen Bibliotheksverbandes, Oberbürgermeister Bantzer, Kiel, gemeinsam vor. 1974 wurde Professor Dr. Ota Sik, Wirtschaftswissenschaftler aus Prag, jetzt im Exil in Basel lebend, für sein Buch ,,Argumente des dritten Weges" Sachbuchpreisträger. Am 28. Juni 1975 wurde ihm die Auszeichnung von Oberbürgermeister Weber und wiederum Oberbürgermeister Bantzer, Kiel, als Präsidenten des Deutschen Bibliotheksverbandes im Friedenssaal des Rathauses feierlich übergeben. Im Jahre 1976 wurde diese hohe Auszeichnung der Soziologin Professor Dr. Helge Pross, Kiel, für ihr Buch ,,Die Wirklichkeit der Hausfrau" zuerkannt. 1978 fiel der Deutsche Sachbuchpreis an den Sozialwissenschaftler Dr. Wolfgang Schievelbusch für sein Buch ,,Geschichte der Eisenbahnreise — Zur Industrialisierung von Raum und Zeit im 19. Jahrhundert". Er wurde ihm am 27. Oktober 1978 von den Spitzen der Stadt Osnabrück und des Deutschen Bibliotheksverbandes im Friedenssaal des Rathauses feierlich überreicht. Im Sinne dieses Preises war Schievelbuschs Arbeit nach den Worten Oberbürgermeister Webers ,,ein Beitrag zum besseren Verständnis unserer stark durch die Wissenschaft geprägten Wirtschaftsumwelt". Als Beispiel für die durch den Preisträger betriebene aufklärende Information über Wesen und Folgen der Industrialisierung erläuterte eine Sonderfahrt des Städtischen Kulturamtes und der Bundesbahn auf dem Gleisnetz rund um die Stadt sodann, wie die Eisenbahn Stadt- und Wirtschaftsentwicklung Osnabrücks beeinflußt hat. Zu kulturellen Stadtereignissen wurden in diesem Jahrzehnt auch die großen Initiativen der Stadt, durch Errichtung von attraktiven *Kommunikationszentren* jugendliche und erwachsene Osnabrücker zu sinnvollen Freizeit- und kreativen Beschäftigungsmöglichkeiten zu führen. Es sollten damit Wege aufgezeigt werden, wie Menschen aller Altersgruppen und Schichten einander auf unkomplizierte Weise kennen- und achten lernen können.

Als am Rande des Heger-Tor-Viertels 1974 durch Verlagerung der Firma Rudolph Richter, Eisen- und Eisenwarengroßhandlung, Osnabrück, in das Gewerbezentrum Fledder das große Lagerhaus dieses Unternehmens an der Rolandsmauer 26 geräumt wurde und damit für andere Zwecke zur Verfügung stand, entwickelte sich, getragen von einer spontanen Bürgerinitiative, eine öffentliche Planung über die sinnvolle weitere Verwendung dieses geräumigen Gebäudes. Im Zusammenwirken mit Rat und Verwaltung der Stadt wurde man sich einig, hier ein großes *Kommunikationszentrum* für alle Altersgruppen und Schichten der Bevölkerung zu errichten. Es sollte neben viel Freiraum zur eigenschöpferischen Ausgestaltung durch persönliche Initiative der Bürger auch, als Angebot der Städtischen Bühnen, über ein Werkstattheater verfügen. Am 4. März 1975 wurde das Grundstück an der Rolandsmauer von der Stadt erworben und in 18 Monaten zu dem geplanten Zentrum ausgebaut. Die Stadt stellte die Räumlichkeiten und deren Funktionen u.a. auch für ein Werkstattheater, zur Verfügung, übernahm die laufenden Kosten, überließ jedoch die Programmgestaltung und auch weitgehend die Einteilung des benötigten Personals dem aus der Bürgerinitiative hervorgegangenen Lagerhaus-Verein als Träger der Aktivitäten. Am 19. September 1976 wurde die *Lagerhalle*, im Beisein von zwanzig holländischen Kulturpolitikern, von Oberbürgermeister Weber ihrer Bestimmung übergeben. Sie hat sich bis jetzt in ihrer Zielsetzung, auf der Grundlage ihrer Raumstruktur und Gestaltungsweise alten und jungen Menschen bei etwa gleichartigen Interessen sinnvolle Möglichkeiten der Freizeitgestalung zu gewähren, als durchaus geeignet erwiesen. Von Anfang an wurde die ,,Lagerhalle" seitens der Bevölkerung, vor allem aber durch die hier gegebene Möglichkeit verstehender Begegnung der Jugend über alle Schranken der sozialen Gruppen hinweg stark angenommen und mit vielen, auch kreativen Aktivitäten gefüllt.

Als Modellversuch einer neuartigen Freizeit- und Begegnungsstätte für jung und alt in den Stadtteilen Haste/Sonnenhügel/Dodesheide wurde 1977 an der *Lerchenstraße* ein weiteres *Kommunikationszentrum* eingerichtet. Es liegt zentral zwischen den Wohngebieten dieser drei Stadtteile und wurde bald — auf Grund seines breit gefächerten Raumprogramms (Saal für Großveranstaltungen, kleinere Versammlungs- und Gruppenräume, Werkstätten für manuelle Freizeitarbeit, Café und Klubraum) — eine Stätte der unbeschwerten Begegnung für junge und ältere Mitbewohner dieser Stadtrandgebiete. Die verschiedenen Räumlichkeiten dieser großen Anlage lassen eine Fülle von gemeinschaftsfördernden Aktivitäten zu. Damit entspricht diese Begegnungsstätte insbesondere den Freizeitbedürfnissen der Jugend, kommt aber auch den Kommunikationserfordernissen der Erwachsenen weitgehend entgegen. So entwickelte sich dieses Zentrum alsbald zu einer weithin anerkannten Einrichtung stadtteilbezogener Gemeinschaftspflege, von der die Bevölkerung zunehmend regen Gebrauch macht.

Ebenfalls im Jahre 1977 wurde das Jugendzentrum *„Ostbunker"* im Stadtteil Schinkel eröffnet. Es handelt sich um einen ehemaligen Luftschutzbunker (Hochbunker) aus der Zeit des Zweiten Weltkrieges, der in seinen unteren Räumen — unter Mitwirkung der jugendlichen Benutzer — zu einem *Freizeitzentrum für offene Jugendarbeit* umgestaltet wurde. Eine Diskothek, eine Cafeteria, Räume für sportliche Spiele (u.a. Tischtennis, Billard) sorgen für ein reiches Angebot unbeschwerter Freizeitgestaltung. In geräumigen Kellerräumen kann auch gebastelt und gewerkt werden. Unter diesen Voraussetzungen entwickelte sich der „Ostbunker" zu einer echten Einrichtung der „offenen Tür", die von der Jugend dieses Stadtteils gern angenommen wurde. Aus der gleichen Motivation

Stadthalle am Schloßgarten

hatte bereits 1976 das „Haus der Jugend" an der Großen Gildewart eine anregende, für sinnvolle Freizeitgestaltung geeignete Ausstattung des Innenhofes erhalten.

Diese als Pflege des humanen Miteinanders und Füreinanders neuartige Kulturarbeit der Stadt Osnabrück mit ihrer sozialen Daseinsfürsorge für junge und ältere Bürger in verschiedenen Zentren im Stadtbereich — vor allem mit attraktiven Angeboten für die Jugend — ging in den Jahren 1976—1978 für die gesamte Stadtbevölkerung sowie auch für die Bewohner der Nachbargebiete mit dem größten sozialen Projekt der Stadt seit Kriegsende, dem Bau einer neuen *Stadthalle,* ihrem Höhepunkt entgegen. Am 10. Mai 1976 erfolgte — nach einem entsprechenden Beschluß des Rates — der *erste Spatenstich* zum Stadthallenbau durch Oberbürgermeister Weber im Schloßgarten. Bereits ein Jahr nach der Grundsteinlegung im August 1976, am 25. August 1977, wurde der Richtkranz über der Baustelle hochgezogen. Der nunmehr anstehende Innenausbau ging alsbald weiter planmäßig voran, so daß die feierliche Eröffnung der Osnabrücker Stadthalle für den Beginn des Jahres 1979 vorgesehen werden konnte. Es war der Wunsch des Rates, sodann dieses Haus mit einem auserlesenen Kulturprogramm zu einem großen kulturellen und sozialen Zentrum unserer Stadt und der umliegenden Region werden zu lassen, zum urbanen Treffpunkt der Osnabrücker mit den Bürgern der Nachbargebiete.

Neben dieser neuen Kulturarbeit mit den genannten sozialen Schwerpunkten ging es auch mit der traditionellen *Kulturpflege* in Osnabrück in diesen Jahren gut voran. Theater und Sinfonieorchester erreichten in dieser Zeit einen Ausbaustand, der den vergleichbarer Einrichtungen benachbarter Großstädte zum Teil noch übertraf, und zwar vor dem Hintergrunde einer wesentlichen Verbesserung der räumlichen und der ökonomischen Basis. Als ein bedeutender räumlicher Gewinn erwies sich der am 2. Oktober 1971 feierlich nach relativ kurzer Bauzeit eröffnete, aber dringend notwendige *Erweiterungsbau* für das Osnabrücker *Theater am Domhof.* Mit einem für 3,7 Millionen DM realisierten zweistöckigen Anbau, in dem sich über einer geräumigen Kassen- und Garderobenhalle ein anspruchsvoll ausgestattetes großes Foyer befindet, gewann das Theater wesentlich an Attraktivität. Sodann wurden die langjährigen Bemühungen der Stadt, das Land Niedersachsen an den ständig steigenden Kosten der Städtischen Bühnen stärker zu beteiligen, endlich von Erfolg gekrönt. Am 18. Dezember 1974 wurde im Rathaus der Vertrag mit dem Land Niedersachsen abgeschlossen, der sicherstellt, daß 35 Prozent des Betriebskostendefizits vom Lande übernommen werden. Auch der Landkreis Osnabrück erklärte sich bereit, sich ab 1975 in erheblicher Weise an den Unkosten zu beteiligen. Auf der Grundlage dieser breiten finanziellen Absicherung wurde es möglich, das Theater künstlerisch weiter anzuheben und vor allem die Aufrechterhaltung des Drei-Sparten-Theaters (mit Oper, Operette und Schauspiel) zu gewährleisten. Damit konnte auch das Städtische Sinfonieorchester — auf Grund seiner Mitwirkung bei Opern- und Operettenaufführungen — in seiner Leistung qualitativ gesteigert werden. Die schon seit längerem laufenden Bemühungen, mit den Bühnen der Nachbarstädte Bielefeld und Münster in eine engere Zusammenarbeit einzutreten, konnten 1977 mit einem Kooperationsvertrag abgeschlossen werden. Auf dieser Basis erfuhren das Osnabrücker Theaterleben und auch der Theaterbesuch in den 70er Jahren eine stetige Ausweitung, insbesondere auch durch Angliederung einer *Studio-Bühne* und durch Aufbau eines mobilen *Kinder- und Jugendtheaters* mit Stücken für entsprechende Altersgruppen neben Aktionen mit Kindern in Schulen und an anderen geeigneten Orten. Mit der Volkshochschule kam es zu einer sachlichen Verbindung in Form eines Theaterforums, in dem Problemstücke der jeweiligen Spielzeit als Vorbereitung zum besseren Verständnis der anstehenden Vorstellung auf der Bühne von Fachleuten besprochen wurden. Auch Führungen durch das Große Haus der Städtischen Bühnen

(Theater am Domhof) mit Besichtigung der Bühne, der Werkstätten, der Probenräume und anderer Abteilungen des Hauses wurden veranstaltet. Intendant in diesem Zeitabschnitt war Jürgen Brock.

Als bewährtes Institut für die Erwachsenenbildung in der Stadt trug die Städtische *Volkshochschule* im Stüvehaus am Heger Tor wesentlich dazu bei, der durch Arbeitslosigkeit und Anpassungszwang im Berufsleben in den letzten Jahren sprunghaft angestiegenen Nachfrage nach Weiter- und Fortbildung durch Ausweitung des Veranstaltungsangebots Rechnung zu tragen. Dazu gehörte auch das Angebot berufsbegleitender Kurse für Schulabschlüsse der Hauptschule und Realschule sowie von Kursen zur Vorbereitung auf die Zulassungsprüfung zum Hochschulstudium ohne Reifeprüfung, also für den Zweiten Bildungsweg. Durch Einstellung weiterer hauptamtlicher Mitarbeiter gelang es, die Volkshochschule auch zu einem Zentrum für ausgleichende Bildungsarbeit, Kommunikation und künstlerische Kreativität fortzuentwickeln. Durch diese Zielstellung nahmen die Aktivitäten dieses Volksbildungsinstituts einen weiteren Aufschwung.

Die *Stadtbibliothek* mit ihren acht Zweigstellen in den einzelnen Stadtteilen versorgte in den letzten Jahren bei einem Ausleihbestand von etwa 110000 Bänden, wie die Stadtverwaltung durch das Emnid-Institut, Bielefeld, ermitteln ließ, rund 25 Prozent der Stadtbevölkerung mit Literatur, d.h. jeder 4. Osnabrücker war „Kunde" der Stadtbibliothek. Weitergehender Ausbau des Bücherangebots, insbesondere bessere Ausstattung mit Sach- und Fachbüchern sowie weitere Qualifizierung des Beratungsdienstes erhöhten zunehmend den Leistungsstand dieses Kulturinstituts. Die Ausleihe von rund 600000 Bänden im Jahr durch die Hauptstelle am Markt und die acht Zweigstellen wurde ab 1975 noch erweitert durch die Ausleihung weiterer 80000 Bände mittels Einsatz einer *Autobibliothek*. In einem wöchentlichen Turnus fährt seitdem ein Bibliotheksbus nach einem ausgewählten Haltenetz entlegene Stadtrandgebiete, dünner besiedelte Wohngegenden, Altersheime, Betriebe und Schulen mit etwa 4000 Bänden aktueller Literatur an, die, wie die hohe Entleihungsziffer ausweist, von den Bürgern und der Jugend gern angenommen werden. Zum kulturellen Angebot der Stadtbibliothek gehört seit 1976 auch die *Musikbibliothek* im Ledenhof, die als Musiktreffpunkt für jung und alt, aber auch durch Bereitstellung praktischer und wissenschaftlicher Möglichkeiten in der Musikausübung wesentlich zur Förderung des Musiklebens in der Stadt beiträgt.

Die *Museen* der Stadt traten in den letzten Jahren — neben ihrer bewahrenden Aufgabe hinsichtlich der Betreuung der in ihnen ausgestellten Sammlungen — verstärkt durch die Veranstaltung von gut besuchten Sonderausstellungen hervor. Ausstellungsorte waren sowohl das Kulturgeschichtliche als auch das Naturwissenschaftliche Museum, daneben auch das *Akzisehaus* am Heger Tor, das 1973 als zusätzlicher Ausstellungsraum restauriert und entsprechend eingerichtet wurde, nachdem es zuvor mehrere Jahrzehnte als Nebenpostamt gedient hatte. Ebenfalls erwies sich die *Dominikanerkirche* mit ihren stilvoll gestalteten *Foyers* als ein sehr geeignetes Raumangebot für größere Ausstellungen, so u.a. für die Ausstellung in den Foyers „Stadtplanung in Osnabrück" vom Juni bis Oktober 1976, die im Zusammenhange mit der internationalen Städtetagung „DIE ALTE STADT MORGEN" der Arbeitsgemeinschaft für Stadtgeschichtsforschung, Stadtsoziologie und Städtische Denkmalspflege Esslingen/Wtbg. vom 17. bis 19. Juni 1976 in Osnabrück veranstaltet wurde. In den beiden Jahren 1975/76 fanden in den beiden Museen insgesamt 20 *Sonderausstellungen* statt, die rund 60000 Besucher aufzuweisen hatten und vielbeachtet wurden. Eine frühere Sonderausstellung des Jahres 1971 im *Kulturgeschichtlichen Museum* war dem Osnabrücker Maler *Felix Nußbaum*

Dominikanerkirche nach ihrer Renovierung

gewidmet und stellte der Öffentlichkeit eine gehaltvolle Auswahl aus seinen Kunstwerken vor. Dieser Sohn Osnabrücks hatte alle diese Werke während seiner Leidenszeit unter dem Nazi-Regime von 1933 bis 1943 geschaffen. Er wurde 1943 im Konzentrationslager Auschwitz ermordet. Das Kulturgeschichtliche Museum erwarb eine Reihe dieser Gemälde und ergänzte diese Sammlung im Laufe der letzten Jahre durch weitere Ankäufe, die weitgehend durch hochherzige Spenden von Bürgern der Stadt getätigt werden konnten. Eine andere Sonderausstellung, die am 11. November 1978 eröffnet wurde, versuchte unter dem Thema *Dokumente zur Judenverfolgung in Osnabrück* mit den bisher aufgefundenen Bild- und Textdokumenten die Enteignung, Verfolgung und Ermordung der Osnabrücker Juden zwischen 1933 und 1945 zu rekonstruieren. Sie fand ebenfalls große Beachtung. Das *Naturwissenschaftliche Museum* arbeitete mit dem Zoo, den Schulen und der Universität eng zusammen. Es konnte durch intensive Werbung an den Schulen die Zahl der besuchenden Schulklassen verdreifachen und so z.B. im Jahre 1975 auf rund 35000 Besucher kommen. Mit der Anmietung der Häuser der Firma Rudolph Richter in der Marienstraße 5/6 konnte 1978 das Kulturgeschichtliche Museum entscheidend erweitert werden. Hier im *Drei-Kronen-Haus* — so genannt nach dem Gasthof ,,Zu den drei Kronen", der sich früher in diesem Hause befand — wurde die Heinrich-Hake-Stiftung untergebracht und durch Verlagerung von weiteren kulturhistorisch bedeutsamen Zimmereinrichtungen in diese neue Abteilung Wohnkultur im Haupthaus am Heger-Tor-Wall Raum geschaffen für die seit langem geforderte pädagogische Erschließung der dortigen Sammlungen. Schließlich verdient auch die Veranstaltungsreihe „Konzerte im Oberlichtsaal" des Kulturgeschichtlichen Museums einen besonderen Hinweis. In ihr traten außer musizierenden Amateuren aus Osnabrück und Umgebung in unregelmäßiger Folge auch Künstler aus aller Welt auf.

Hier fand auch am 22. Juni 1978 anläßlich des 80. Geburtstages des Osnabrücker Weltbürgers und weltweit bekannten Schriftstellers *Erich Maria Remarque* die Gedenkstunde mit Eröffnung einer kleinen Ausstellung von Büchern, Dokumenten und Fotos des berühmten Zeitgenossen im Kulturgeschichtlichen Museum statt. Oberbürgermeister Weber leitete die Veranstaltung ein und Hanns-Gerd Rabe, Osnabrück, als intimer Remarque-Freund und Kenner seines Lebens und seiner Werke erläuterte die zahlreichen persönlichen und lokalen Verknüpfungen zwischen Osnabrück und den Romanen Remarques. Über das hohe literarische Ansehen des Schriftstellers in den USA sprach Ingrid Gross (Baton Rouge, Louisiana). Rabe schloß seine Ausführungen mit diesen Worten: „Es gab für Erich Maria Remarque keinen Weg zurück in seine Heimat, er hat (nach seiner Emigration 1933) seine Vaterstadt nicht wiedergesehen; denn er starb am 25. September 1970. Ein schlichtes Holzkreuz auf dem Bergfriedhof von Porto Ronco, hoch über seinem Hause Casa Monte Tabor, trägt seinen Namen."

Zu den traditionellen Kultureinrichtungen Osnabrücks zählt auch der *Zoo* auf dem Schölerberg mit seinen sorgsam gepflegten 1100 Exemplaren von 340 verschiedenen Tierarten. Er steht zwar nicht in der Trägerschaft der Stadt, doch fließen alljährlich erhebliche Haushaltssummen der Stadtverwaltung als Beiträge zu den laufenden Kosten und für notwendige Investitionen an den Zoo. Die jährliche Besucherzahl näherte sich in den 70er Jahren der 400000-Grenze, zumal starke Besucherströme aus dem Umland

Im Waldzoo wurden viele Neubauten für die verschiedenen Tierarten geschaffen

und den benachbarten Regionen Ostwestfalens und Südoldenburgs kommen. Alle Osnabrücker Schulklassen konnten, soweit eine Lehrkraft dabei war, den Zoo kostenlos besuchen. In der neuen Zoo-Schule kann das Gesehene in einem speziell für pädagogische Zwecke bereitgestellten Unterrichtsraum weiter ,,nachbereitet" und vertieft werden.

Der Stadt Osnabrück gelang es 1976 endlich, die Studienabteilung des *Städtischen Konservatoriums* in Verbindung mit der Hochschule für Musik und Theater in Hannover zu führen. Diese Lösung sichert den Absolventen der fachlichen Musikausbildung, u.a. auch zum Diplom-Musiklehrer, in Osnabrück eine überregional vergleichbare Abschlußqualifikation zu. In die so auch erwerbbare Befähigung für Aufgaben im Rahmen der musikalischen Früherziehung wurden alsbald ebenfalls die Erzieherinnen in der sozialpädagogischen Arbeit der Kindertagesstätten in der Stadt durch Kurse in der Volkshochschule — in Zusammenarbeit mit dem Konservatorium — einbezogen, um somit zu gewährleisten, daß jeder Stadtteil nunmehr ein bis zwei Angebote auf diesem Gebiet — meistens in den Kindergärten — machen kann. So gelang es hiermit, die langen Wartelisten für diese *musikpädagogische Arbeit* an Schulanfängern und noch nicht schulpflichtigen Kindern, die bis dahin durch Fachkräfte des Konservatoriums durchgeführt wurde, weitgehend abzubauen. Im Zusammenhange mit der hierauf aufbauenden musikalischen Grundbildung, die nachmittags von Lehrkräften des Konservatoriums in Schulen angeboten wird, sollte somit der Unterbau für eine Kreativitätsschulung geschaffen werden, die vom Kindergarten über die Schule zur Hochschule einen organischen musikpädagogischen Studiengang in Form einer musikschöpferischen Laienarbeit ermöglichen würde.

Im Jahre 1976 brachte auch die Stadt Osnabrück als erste deutsche Großstadt einen *Kulturentwicklungsplan* heraus. Über die in seinen Darlegungen aufgeführten kulturellen Einrichtungen der Stadt und anderer Träger hinaus umreißt er die Gesamtsituation der städtischen Kulturpolitik und versucht, auf der Grundlage von Ergebnissen der modernen Kulturentwicklungsforschung der Entfaltung der städtischen Kulturarbeit neue Impulse zu geben. Diese werden für den Zeitraum von 1977—1986 in die Form von jährlichen qualitativen und quantitativen Ausbaustufen der Kultursozialarbeit und kulturellen Bildungsarbeit überführt. Angestrebt werden hierdurch neue Formen der Kulturarbeit, insbesondere der sog. Kleinkultur, die mit professionellen Kulturleistungen verknüpft wird. Besonderer Wert wird hierbei auf eine dezentralisierte, in die einzelnen Stadtteile hineinreichende Kulturarbeit gelegt. ,,Mit dem Kulturentwicklungsplan verabschiedete der Rat 1979 eine wichtige Konzeption, die bundesweite Beachtung fand" (Oberbürgermeister Weber).

Von den profilierten Osnabrückern, die in den 70er Jahren den Ruf unserer Stadt als lebendiges kulturelles Oberzentrum mitbegründeten und weitertrugen, starben in dieser Zeit eine Reihe namhafter Einzelpersönlichkeiten. Im Bereiche des Städtischen Konservatoriums verließen uns die Direktoren dieses Kulturinstituts *Karl Schäfer* im Jahre 1970 und *Josef Trumm* 1977. Nach langen Jahren erfolgreicher Tätigkeit als Musikerzieher, Dirigent und Komponist leitete Karl Schäfer von 1954 bis 1965 das Städtische Konservatorium. Er führte das Institut mit ,,Einfallskraft und musikantischer Vitalität" (Heinrich Tiemann) zu einem neuen Aufbau. Mit Josef Trumm übernahm 1972, als Nachfolger *Bruno Hegmanns*, ein begnadeter Cellist und Kammermusiker die Leitung des Konservatoriums. Bereits 1962 hatte er maßgeblichen Anteil an der Gründung des Jugendkammerorchesters und wurde alsbald auch dessen Dirigent. Während seiner Amtszeit legte er den Grundstein zur Aufstockung der Studienabteilung des Musikinstituts durch

5. Stadtleben und städtische Kulturarbeit 769

Ludwig Bäte

Diplomstudiengänge im Zusammenwirken mit der Hochschule für Musik und Theater in Hannover.

Am 30. April 1977 starb kurz vor Vollendung seines 85. Lebensjahres der Osnabrücker Schriftsteller und Lyriker *Ludwig Bäte*. Er war Mösermedaillenträger der Stadt Osnabrück seit 1944 und nach dem Kriege zunächst Kulturdezernent, später Stadtarchivar seiner Vaterstadt. Er hinterließ ein umfangreiches schriftstellerisches Lebenswerk, von dem im Herbst 1978 in einer Ausstellung in der Alten Fuhrhalterei unter dem Thema ,,Ludwig Bäte — Dichter aus Landschaft und Geschichte'' reiche Belege aus seinem literarischen Schaffen — neben Bildern und Dokumenten — vorgelegt wurden. Im Frühjahr 1979 ehrte ihn die Stadt Osnabrück durch die Umbenennung einer Straße in der Nähe seines Wohnsitzes in ,,Ludwig-Bäte-Straße''.

Am 13. Oktober 1977 verstarb der Mösermedaillenträger Staatsarchivdirektor a.D. Dr. *Günther Wrede*. Er leitete das Staatsarchiv in Osnabrück von 1939 bis 1965, dessen schneller Wiederaufbau nach weitgehender Zerstörung durch Bomben des Zweiten Weltkrieges ihm sehr am Herzen lag. Sein Hauptarbeitsgebiet war hier die Erforschung der Siedlungsgeschichte des Osnabrücker Landes. Besonders verdient machte er sich um das Osnabrücker Kulturleben durch die Organisation der Hochschulwochen in unserer Stadt von 1950 bis 1967 im Rahmen des Kulturellen Arbeitskreises, der von ihm und Rechtsanwalt Calmeyer nach dem Kriege gebildet worden war, um auf das geistige Leben in der Stadt anregend und befruchtend zu wirken. 1961 wurde ihm die Mösermedaille der Stadt Osnabrück verliehen. Als weiterer Mösermedaillenträger wurde im Jahre 1977 Professor *Hans Bohnenkamp* zu Grabe getragen. In seine Amtszeit als Direktor der ,,Adolf-Reichwein-Hochschule'' in Celle fiel die Durchführung der Übersiedlung dieser Pädagogischen Hochschule in das Osnabrücker Schloß im Herbst 1953.

Obwohl er 1954 von der Leitung der Hochschule zurücktrat, hielt er weiterhin engen Kontakt mit Rat und Verwaltung der Stadt Osnabrück. 1968 verlieh ihm der Rat die Mösermedaille.

Gegen Ende des Jahres 1977, am 26. Dezember 1977, verstarb der Osnabrücker Journalist und Chefredakteur a.D. *Hans Wunderlich*, eines der letzten ehemaligen Mitglieder des Parlamentarischen Rates von 1948. Als Redakteur in Osnabrück, als Chefredakteur der ,,Westfälischen Rundschau'' in Dortmund, im Widerstand gegen das NS-Regime, als Ratsherr der Stadt Osnabrück 1948—1951, 1948/49 im Parlamentarischen Rat in Bonn, arbeitete er viele Jahre aktiv in der SPD. Für seine Verdienste um den Aufbau der Bundesrepublik wurde ihm 1964 das Große Verdienstkreuz des Verdienstordens der Bundesrepublik Deutschland verliehen.

Durch einen tragischen Verkehrsunfall aus dem Leben gerissen wurde zwei Tage nach seinem 76. Geburtstag am 30. Mai 1978 der frühere Osnabrücker Oberstadtdirektor, zuletzt Staatssekretär a.D. Dr. Dr. *Walter Wegner* in Osnabrück. Von 1953 bis 1959 Hauptverwaltungsbeamter dieser Stadt, gelang es ihm während seiner Amtszeit, den Wiederaufbau Osnabrücks mit starker Initiative beachtlich zu fördern. Wesentliche Schwerpunkte seines Wirkens waren u.a. die bauliche Wiederherstellung des Marktplatzes in seiner alten Struktur, die Verbesserung der Wasserversorgung der Stadt durch das Wasserwerk Thiene, der Ausbau einer biologischen Kläranlage in Eversburg, der Neubau der Stadtsparkasse an der Wittekindstraße. 1959 wurde er als Staatssekretär des Innenministeriums in die Niedersächsische Staatsregierung nach Hannover berufen. Nach seiner Pensionierung kehrte Dr. Dr. Wegner nach Osnabrück zurück.

Mit Landessuperintendent i.R. *Kurt Degener* verstarb am 27. Mai 1978 der frühere geistliche Oberhirte des evangelisch-lutherischen Sprengels Osnabrück der Hannoverschen Landeskirche, der auch als mitreißender Prediger und warmherziger Seelsorger von 1956 bis 1970 an St. Marien in Osnabrück gewirkt hat. In den 14 Jahren seiner hiesigen Amtszeit hat er am weiteren Ausbau des kirchlichen Lebens der evangelisch-lutherischen Gemeinden Osnabrücks entscheidenden Anteil gehabt. Seiner starken Persönlichkeit verdankt vor allem die kirchliche Diakonie im Sprengel Osnabrück fördernde Impulse und neue Entwicklungen.

Gleichsam als eine späte Frucht seines diakonischen Wirkens konnte am 22. Oktober 1977 in einem feierlichen Akt das *Bischof-Lilje-Heim* an der Rehmstraße im Stadtteil Wüste durch den Nachfolger Degeners, Landessuperintendent Dr. *Schmidt-Clausen*, Osnabrück, offiziell seiner Bestimmung übergeben werden. Hinsichtlich der Namensgebung ist zu bemerken, daß Bischof Lilje bei seinem letzten Besuch in Osnabrück am 25. Oktober 1974 der Altenpflege seine besondere Aufmerksamkeit geschenkt hatte. Bei diesem großen Heim handelt es sich um ein 15-Millionen-DM-Projekt des Diakonischen Werkes der evangelisch-lutherischen Landeskirche Hannover, bestehend aus einem Altenheim mit 78 Plätzen, einer Altenpflegestation mit 52 Betten, 32 Altenwohnungen, einem Therapiezentrum, einer Altenpflegeschule, einer Tagesstätte, einem Altentagespflegeheim, einer Kapelle und zwei Dienstwohnungen. Neben dem Land Niedersachsen hatte auch die Stadt Osnabrück, deren Oberbürgermeister Weber als Vorsitzender der Evangelischen Stiftung an der Einweihungsfeier teilnahm, mit erheblichen Mitteln zur Erstellung dieses großen Altenheim-Komplexes beigetragen.

Ein herber Verlust für die Kunstpflege in der Stadt Osnabrück, insbesondere im Bereiche der sakralen Kunst, war der unerwartete Tod des Direktors des Diözesanmuseums, Domvikar Dr. phil. *Josef Schewe*, am 26. August 1978. Seit 1974 betreute er das

Osnabrücker Diözesanmuseum am Kreuzgang des Domes mit seiner rund 500 kirchliche Kunstwerke und Geräte umfassenden Sammlung, der auch der Domschatz angegliedert ist. Auf Grund seines gediegenen kunstgeschichtlichen Fachwissens und seines unermüdlichen Einsatzes für die Belange der Kunst- und Kunstdenkmalspflege war es ihm gelungen, dieses Museum, das für längere Zeit ein Schattendasein geführt hatte, wieder in den Blickpunkt der Öffentlichkeit zu rücken und ihm über die Stadt und das Bistum hinaus Ansehen und Beachtung zu verschaffen.

6. Schule und Bildungswesen, Universität Osnabrück

Das allgemeinbildende Schulwesen in der Bundesrepublik war seit 1970 auf der Grundlage des *Strukturplanes der Bildungskommission des Deutschen Bildungsrates* in tiefgreifende Bewegung geraten. Der Strukturplan umfaßte die Stufen des schulischen Bildungswesens in den allgemeinbildenden Schulen vom Elementarbereich (Kindergarten, Schulkindergarten, Vorklassen) über den Primarbereich (Grundschule) und Sekundarbereich (Hauptschule, Realschule, Gymnasium) bis zur Weiterbildung auf Hochschulen, Berufsfachschulen und Berufsschulen. Er wollte darauf hinwirken, daß bestehende Ungleichheiten der Bildungschancen so weit wie möglich abgebaut wurden. Das Recht auf Bildung ist im Sinne dieses Planes erst dann verwirklicht, wenn für jedermann Gleichheit der Bildungschancen besteht und jeder Heranwachsende so weit gefördert werden kann, daß er die geistigen und charakterlichen Voraussetzungen besitzt, die ihm in einer leistungsfähigen Schule gebotenen angemessenen Chancen tatsächlich wahrzunehmen.

Die damit eingeleitete *Umstrukturierung* in der Schulorganisation und damit auch im Schulbau wurde von der Stadt Osnabrück in einen grundlegenden *Schulentwicklungsplan* für die Stadtregion umgesetzt, mit dessen Gestaltung bereits 1969 das Seminar für Bildungsforschung und Bildungsplanung an der Technischen Universität Hannover (Professor Dr. Aurin) beauftragt worden war (s.o.). Dieser Schulentwicklungsplan sollte für den mittelfristigen Zeitraum von 10 Jahren die Entwicklung des Schulwesens in Osnabrück bestimmen und erreichen, daß die knappen öffentlichen Mittel hierfür „an der richtigen Stelle in der richtigen Weise" eingesetzt werden. Er sollte ferner sichern, daß die auf dieser Grundlage geplanten Schulvorhaben für neue pädagogische Entwicklungen offen blieben. Die Arbeiten an diesem Schulentwicklungsplan wurden 1972 in den Grundzügen abgeschlossen. Vom Inhalt her wurde er — unter Berücksichtigung neu auftretender Gesichtspunkte — noch mehrfach fortgeschrieben und schließlich im Sommer 1979 vom Rat fast einstimmig verabschiedet. Er erschien geeignet, das Osnabrücker Schulwesen über die geplanten 10 Jahre hinaus nach erfolgter Umgestaltung für die kommenden 20 bis sogar 30 Jahre in den wesentlichen Grundzügen auf seine künftige Entwicklung einzustellen. Damit wurde die Basis für ein zukunftsträchtiges Schulwesen, das allen Osnabrücker Kindern und Jugendlichen möglichst gleiche Bildungschancen bietet, die Begabungen der einzelnen Schüler entwickeln hilft und auf ihre Interessen Rücksicht nimmt, geschaffen.

Parallel dazu untersuchte ein Gutachten, das von Professor Dr. Rosenthal (Seminar für Berufspädagogik der Technischen Universität Hannover) ausgearbeitet wurde, die Entwicklung des hauswirtschaftlichen und gewerblichen *Berufsschulwesens* in Osnabrück. Es sollte zur Grundlage für das Raumprogramm des für diese Bereiche zu errichtenden *Berufsschulzentrums* an der Natruper Straße dienen. Auf den Grundzügen dieser Planung begann hier im Herbst 1972 die Durchführung des bisher umfangreichsten

Hochbauprogramms der Stadt. Es gelang, die große Baumaßnahme im Jahre 1975 abzuschließen. Am 22. Mai 1976 wurde die Hauswirtschaftliche und Gewerbliche Berufsschule an der Natruper Straße feierlich eingeweiht.

Der Schulentwicklungsplanung für die Stadtregion Osnabrück war in den Jahren 1969—1971 das Erproben neuer pädagogischer Konzeptionen durch mehrere *Schulversuche* im Stadtbereich recht förderlich. Ein besonderer Schwerpunkt dieser Versuchsarbeit, die erweisen sollte, ob die der jeweiligen Versuchsplanung zugrunde liegende pädagogische Konzeption auch sinnvoll und praktikabel ist, war der Aufbau einer *kooperativen Gesamtschule* mit Orientierungsstufe im Stadtteil Schinkel, und zwar als Ganztagsschule (mit entsprechender mittäglicher Beköstigung der Lehrkräfte und Schüler). Nach einem hierauf abzielenden Ratsbeschluß vom 3. März 1970 und Genehmigung des entsprechenden Antrags der Stadt Osnabrück durch den Niedersächsischen Kultusminister am 23. Februar 1971 konstituierte sich unmittelbar darauf eine ,,Amtliche Planungsgruppe'' für dieses große Projekt unter Vorsitz von Studiendirektor K.-H. Brüggemann. Die organisatorischen und fachlichen Vorarbeiten hierfür liefen jedoch schon seit Januar 1969, getragen von einer Arbeitsgruppe des für Schulversuche zuständigen Regierungsdezernenten Dr. Koch. Auf dieser Grundlage gelang es, die Kooperative Gesamtschule Schinkel mit Beginn des Schuljahres 1971 ins Leben zu rufen, und zwar mit zehn Anfangsklassen des 5. Schuljahrgangs — insgesamt 301 Schüler(innen) — in der Orientierungsstufe. Seitdem hat sich die neue Schulform, die Hauptschule, Realschule und Gymnasium sowie die davor liegende Orientierungsstufe organisatorisch unter einem Dach vereinigt, im Rahmen eines umfassenden Neubaukomplexes mit den notwendigen räumlichen Voraussetzungen zu einer vollausgebauten Anstalt entwickelt. Innerhalb dieses äußeren Rahmens erfolgt die Zuordnung der Schüler zu den für sie geeigneten weiterführenden Schulzweigen nach zweijähriger intensiver Beobachtung in der Orientierungsstufe, und zwar mit der Möglichkeit späterer Umstufung, wenn ein Mitkommen in einer anspruchsvolleren Klassenstufe des Realschulzweiges bzw. des gymnasialen Zweiges in Frage gestellt ist. Ein ,,Sitzenbleiber-Problem'' gibt es daher in der Gesamtschule nicht. 1976 wurden die ersten Absolventen des Hauptschulzweiges nach Klasse 9 entlassen, 1977 die des Realschulzweiges mit dem Realschulabschluß, und im Frühjahr 1980 wird im Gymnasialzweig das erste Abitur abgenommen. Mit über 2000 Schülern(innen) ist die Kooperative Gesamtschule Schinkel einer der größten Schulver-

Der Eingangsbereich mit Halle der Gesamtschule Osnabrück-Schinkel

suche dieser Art in Niedersachsen. Sie ist mit ihrem Höchstmaß an innerschulischer Durchlässigkeit zwischen den genannten weiterführenden Schulzweigen bei entsprechender Schullaufbahnberatung gerade für den Stadtteil Schinkel von großer Bedeutung und hat bis dahin volle Anerkennung bei der Bevölkerung gewonnen.

Die durch den *Deutschen Ausschuß für das Erziehungs- und Bildungswesen* in Bonn etwa seit 1960 eingeleitete äußere Koordinierung des bundesdeutschen Schulwesens hatte zur Folge, daß zum Erproben hierbei angesprochener neuer Gestaltungsformen der Schulorganisation auch in Osnabrück neben dem großen Projekt der Kooperativen Gesamtschule Schinkel noch weitere *Schulversuche* durchgeführt wurden. Es handelte sich zunächst um die zu Beginn des Schuljahres 1970/71 vollzogene Umwandlung zweier Grund- und Hauptschulen im Schinkel in *Ganztagsschulen*. Dieser Ganztagsbetrieb bedeutete, daß die meisten Schulkinder gemeinschaftlich mit ihren Lehrkräften in der Schule zu Mittag aßen, danach in stillen Arbeitsstunden ihre Schulaufgaben erledigten und noch verbleibende Freizeit mit Spielen verbrachten. Schon das gemeinsame Mittagessen, aber auch die anderen Aktivitäten brachten eine wesentliche Veränderung der Gesamtatmosphäre des Schullebens und eine freiere Gestaltung des Lehrplans. Diese beiden Schulen, die Marienschule und die Diesterwegschule im Schinkel, wurden im Laufe der nächsten Jahre eigenständige Grundschulen, haben aber die erprobte Organisationsform als Ganztagsschulen weiterhin beibehalten. Um die sprachlichen Probleme der schulpflichtigen Kinder ausländischer Arbeitnehmer bemühte sich ein anderes Schulmodell. Hier wurde versucht, die ausländischen Kinder, gruppiert nach Altersstufen, vor ihrer Einschulung in die deutschen Schulen ein halbes Jahr lang an einem *Kompaktseminar* der deutschen Sprache, durchgeführt von eigens hierfür gewonnenen Sprachlehrern, teilnehmen zu lassen. Der Schulversuch lief im April 1971 an und brachte zunächst gute Fortschritte. Er mußte später aus Kostengründen eingestellt werden. Da der Schulentwicklungsplan der Stadt zunächst eine Eingangsstufe (mit Vorklassen von Fünfjährigen) an Grundschulen vorsah, wurde ab 1971 ein *Vorklassenversuch* mit fünfjährigen Kindern unter wissenschaftlicher Begleitung in der Grundschule Atter durchgeführt. Nach der Zurückstellung der Errichtung von Eingangsstufen im Elementarbereich durch das Land Niedersachsen wurde auch in Osnabrück von dieser Entwicklung Abstand genommen. Die Vorklassen in Atter blieben jedoch wegen ihrer Bewährung im Hinblick auf die allgemeine Vorbereitung der Kinder für den Schulanfang bestehen. Die für die noch nicht schulreifen Sechsjährigen in Verbindung mit mehreren Grundschulen in der Stadt eingerichteten *Schulkindergärten*, in denen diese vom Schulbesuch zunächst zurückgestellten Kinder ein Jahr lang behutsam in förderlichen Schritten der Schulreife entgegengeführt werden, dienen weiterhin dieser notwendigen Aufgabe.

Im Rahmen des vom Rat der Stadt als konstruktiv fortschrittlich anerkannten und daher positiv vertretenen — inzwischen weiter fortgeschriebenen — *Schulentwicklungsplanes* wurde in den nächsten Jahren das gesamte allgemeinbildende Schulwesen der Stadt auf eine neue Grundlage gestellt. Im *Primarbereich* brauchte — trotz der durch den starken Geburtenrückgang spürbar abnehmenden Kinderzahl in den schulpflichtig werdenden Jahrgängen — keine Grundschule aufgelöst zu werden. Sie konnten auch einzügig werden, wenn dadurch die Schulwege kurz blieben, damit alle Sechs- bis Zehnjährigen ihre Schule zu Fuß und sicher erreichen können.

Im Jahre 1975 waren die Veränderungen in diesem Bereich der allgemeinbildenden Schulen im wesentlichen geprägt durch die Einführung der *Orientierungsstufe* für den 5. und 6. Schuljahrgang im gesamten Stadtgebiet. Der Sinn dieser zweijährigen Zwischenstufe zum *Sekundarbereich* (Hauptschule, Realschule, Gymnasium) ist, den Übergang in eine weiterführende Schule nicht mehr allein von einer kurzen Eignungsprüfung abhängig zu machen, sondern durch differenzierende Maßnahmen bei Beobachtung der Kinder über einen längeren Zeitraum hin eine klare Orientierung für die geeignete Schullaufbahn zu finden. Die hierzu mit der Möglichkeit der organisatorischen Aufgliederung des Fachunterrichts in Englisch und Mathematik, gegebenenfalls auch in Deutsch, in unterschiedliche Kurse mit qualifizierten Angeboten aus dem Realschul- und Gymnasialbereich ausgestatteten Orientierungsstufen wurden in alle Stadtteile hineinverlegt. Die Zahl der Standorte verringerte sich auf sieben, da nach längeren Verhandlungen der Stadt mit dem Bistum und dem Ursulinenorden ein Vertrag über die Errichtung von zwei kirchlichen Orientierungsstufen am Dom und in Haste geschlossen wurde. Die Standorte der städtischen Orientierungsstufen blieben bis heute: Eversburg, Haste/Dodeshaus (Sebastopol), Innenstadt, Kalkhügel, Schinkel (Kooperative Gesamtschule), Schölerberg und Wüste.

Bereits ein Jahr später, 1976, begann die Stadt, um nun diese obengenannten Stadtteile sämtlich mit einem vollständigen Schulangebot, bestehend aus Hauptschule, Realschule und Gymnasium, zu versorgen, auf jede Orientierungsstufe die entsprechenden weiterführenden Schulen — u.a. auch als Gesamtschule — aufzubauen und sie räumlich zu je einem wohnnahen *Schulzentrum* zu verbinden. In gleicher Weise entstanden im Anschluß an die kirchlichen Orientierungsstufen auch kirchliche Schulzentren, und zwar am Dom in Verbindung mit dem Gymnasium Carolinum und der Ursulaschule, in Haste in Verbindung mit der Angelaschule. Nach Abschluß dieser Zentralisierungsvorgänge im Jahre 1979 gilt es lediglich, noch in die städtischen Schulzentren Schölerberg und Wüste je eine Realschule einzugliedern. Hinsichtlich der gymnasialen Versorgung beschränkte sich im Schulzentrum Eversburg diese Schulart auf die Sekundarstufe I, jedoch im engen Kontakt mit dem Ratsgymnasium, wo die Absolventen dieser Stufe die Sekundarstufe II besuchen, mit dem Abitur als Abschluß an dieser Anstalt.

Ein weiterer schulischer Schwerpunkt des Jahres 1976 war die *Einführung der reformierten Oberstufe* im Bereich der Sekundarstufe II der Gymnasien in Niedersachsen. Nach dem Beschluß der Ständigen Konferenz der Kultusminister der Länder sollte in diesen Jahren die Oberstufe der höheren Schulen gründlicher als bisher zu einer wissenschaftlichen Geisteshaltung geführt werden. Ab Klasse 11 wurde es — nach Auflösung der Klassenverbände — jedem Schüler der Sekundarstufe II freigestellt, im Rahmen eines Angebots von fachlichen Grund- und Leistungskursen — abgesehen von einem obligatorischen Bereich — in Fächern seiner Wahl zu arbeiten mit der Möglichkeit, in diesen persönlichen Schwerpunkten auch zu überdurchschnittlichen Leistungen zu kommen. Als Vorform der akademischen Lehrweise konzentrierte sich so die Oberstufenarbeit in einem freieren Stil auf die Entfaltung der geistigen Selbständigkeit. Auf die mit dieser reformierten Gestaltung der gymnasialen Oberstufenarbeit verbundenen räumlichen und ausstattungsmäßigen Voraussetzungen in den Schulen hatte sich die Stadt als Schulträger bei den letzten gymnasialen Schul- und Schulerweiterungsbauten bereits eingestellt. Soweit noch zusätzliche Anforderungen bestanden, wurden sie alsbald in Angriff genommen.

Auf dem Gebiet der *Sonderpädagogik* für behinderte Kinder hatte die Stadt Osnabrück von vornherein darauf Rücksicht genommen, daß der Standort dieser Sonderschulen räumlich entweder mit einer Grundschule oder einem Schulzentrum verbunden ist. Behinderte und von Behinderung bedrohte Kinder und Jugendliche sollten so möglichst weitgehend gemeinsam mit Nichtbehinderten schulisch betreut — z.B. durch gemeinsamen Schulhof und andere mögliche Veranstaltungen — und damit so früh wie möglich aus ihrem gesellschaftlichen Ghetto herausgeführt werden. Neben vier Sonderschulen für Lernbehinderte bzw. Verhaltensgestörte, die standortmäßig so gelagert wurden, galt es insbesondere auch die beiden Sonderschulen für geistig behinderte und für körperbehinderte Kinder ebenfalls lage- und einrichtungsmäßig so zu errichten, daß sie optimal auf das heutige Leben vorbereiten können. Sie wurden — nach den positiven Erfahrungen im Schinkel — als Ganztagsschulen eingerichtet sowie Teile eines Schulzentrums. Ihre damit gegebene anspruchsvollere Ausstattung in Bezug auf das Raumprogramm und die speziellen Lehr- und Lernmittel wurde dadurch auf eine breitere ökonomische Basis gestellt, daß für diese beiden Schulen die Stadt und der Landkreis Osnabrück gemeinsam die Schulträgerschaft übernahmen. Damit besuchen auch entsprechend behinderte Kinder und Jugendliche aus dem Bereiche des Landkreises diese Sonderschulen. Insoweit geht auf diesem Felde der Sonderpädagogik die Pflege der sozialen Kontakte über die Stadtgrenzen hinaus.

Als man in Osnabrück um 1970 glaubte, das „Schulbau-Soll" nach den großen Zerstörungen durch den Zweiten Weltkrieg im großen ganzen erfüllt zu haben, hatte die Stadt seit 1948, dem Zeitpunkt der Währungsreform, bereits über 100 Millionen DM für den Schulbau ausgegeben. Durch die vielfältigen bundesweiten Impulse der pädagogischen Instanzen in den 60er und 70er Jahren — sowohl hinsichtlich der Durchführung von Schulversuchen als auch auf Grund der allgemeinen schulreformerischen Entwicklung im öffentlichen Schulwesen — behielt der *Schulbau* auch weiterhin im Haushalt der Stadt die Priorität. Mit einer Gesamtsumme von rund 160 Millionen DM lag er in der Mitte der 70er Jahre noch an der Spitze der öffentlichen Ausgaben. Allein für die Kooperative Gesamtschule Schinkel, die mit Beginn des Schuljahres 1971/72 mit zehn Klassen 5 den Betrieb aufgenommen hatte und für die nächsten Jahre in dieser Stufenbreite die entsprechenden Klassen- und Nebenräume benötigte, mußten insgesamt mehr als 25 Millionen DM aufgewandt werden. Daneben erforderten die neuen Schulzentren Eversburg, Sebastopol und Wüste in zügiger Abwicklung ihren umfassenden Ausbau in mehreren Bauabschnitten. Nach einer Vergleichsrechnung des Statistischen Landesamtes Niedersachsen II/1980 lagen damit die Durchschnittswerte der Jahre 1977—1979 für Bauinvestitionen im Schulwesen der Stadt Osnabrück mit 101,87 DM je Einwohner weitaus an der Spitze der kreisfreien Städte Niedersachsens, deren Durchschnittswert insgesamt auf 82,30 DM je Einwohner festgestellt wurde. Diese großen finanziellen Anstrengungen der Stadt, den schulbaulichen und sonstigen sachlichen Erfordernissen eines modernen Schulwesens über Jahrzehnte hin gerecht zu werden, verdienen hohe Anerkennung.

Über dieses näher beleuchtete allgemeinbildende und das berufsbildende Schulwesen hinaus besitzt Osnabrück seit den 70er Jahren auch ein vielschichtiges *Hochschulwesen*. Als erste Hochschule ließ sich 1953, von Celle übersiedelnd, die Pädagogische Hochschule in unserer Stadt nieder und nahm ihren Sitz im Schloß. Im Jahre 1966 entstand an der Albrechtstraße in einem imposanten Baukomplex am Westerberg die *Staatliche Ingenieurakademie für Maschinenbau, Elektrotechnik und Hüttentechnik*. 1968 erfolgte — unter gleichzeitiger Übernahme in die Trägerschaft des Landes Niedersachsen — die Anhebung der Ingenieurschule und Versuchsanstalt für Gartenbau in Osnabrück-Haste zur Staatlichen Ingenieurakademie für Gartenbau in Osnabrück, die 1970 mit der Staatlichen Ingenieurakademie für Landbau, ebenfalls in Osnabrück-Haste, zur Staatlichen Ingenieurakademie für Gartengestaltung, Garten- und Landbau vereinigt wurde. Als nach dem Beschluß des Niedersächsischen Landesministeriums zur Errichtung von Fachhochschulen vom 29.6.1971 Osnabrück als Standort hierfür ausgewählt wurde, erfolgte hinsichtlich der beiden hier befindlichen Staatlichen Ingenieurakademien zum

1. August 1971 der Zusammenschluß zur *Fachhochschule Osnabrück*. Aus den bisherigen Abteilungen wurden *Fachbereiche,* und zwar verblieben am Westerberg die Fachbereiche Elektrotechnik, Maschinenbau und Werkstofftechnik, während in Haste weiterhin Gartenbau, Landespflege und Landbau nunmehr als Fachbereiche betrieben wurden. Seit dem Wintersemester 1971/72 wurde über die bisherigen Fachbereiche hinaus ein Studiengang für graduierte Betriebswirte eingerichtet, wozu ein Fachbereich *Wirtschaft* neu gegründet und der Fachhochschule Osnabrück angegliedert wurde. Seit Anfang der 70er Jahre hat auch die *Kath. Fachhochschule Norddeutschland* (für Sozialarbeit und -pädagogik) ihren Sitz in Osnabrück genommen. Über die inzwischen angelaufenen Bemühungen der Stadt Osnabrück, auch die Gründung einer *Universität* in dieser Stadt seitens des Landes Niedersachsen herbeizuführen, wurde eingangs bereits an anderer Stelle berichtet (s. vorhergehendes Kapitel). Durch den Anschluß dieser Initiative an *die universitäre Tradition Osnabrücks* aus den Jahren 1628—1633, als während des Dreißigjährigen Krieges Bischof Franz Wilhelm von Wartenberg die Karls-Akademie errichtete, die jedoch bereits 1633 durch die Schweden wieder aufgehoben wurde, erhielt der neue Gründungsvorgang geradezu ein historisches Fundament.

Hinzu kam, daß der Wunsch, der jungen Generation des Osnabrücker Raumes neben den bisher ziemlich begrenzten Möglichkeiten einer Berufsausbildung an den genannten Fachhochschulen ein umfassenderes Universitätsangebot zu schaffen, in der Öffentlichkeit immer deutlicher wurde. Diese Anstöße hatten auf der Landesebene den Erfolg, daß bereits im Januar 1970 ein entsprechender *Kabinettsbeschluß in Hannover* zustande kam (s.o.), der in Osnabrück sehr begrüßt wurde. Diese positive Entscheidung erhielt ihre formelle Bestätigung am 25. August 1970 durch die Niedersächsische Landesregierung. Daraufhin berief der Kultusminister den offiziellen *Gründungsausschuß*, der nach seiner konstituierenden Sitzung am 29. März 1971, an der auch der Niedersächsische Kultusminister Professor Dr. Peter von Oertzen teilnahm, seine Tätigkeit in Osnabrück aufnahm, um die erforderlichen Grundsatzbeschlüsse zu fassen und die Planung der Studiengänge vorzunehmen. In enger Zusammenarbeit mit diesem Ausschuß und weiteren zuständigen Gremien des Landes trug die Stadt wesentlich zur Lösung der notwendigen Standortfragen für die neue Hochschule bei. Durch das Aufgehen der Pädagogischen Hochschule Osnabrück in die Universität, in deren Rahmen somit die Lehrerausbildung ein wesentlicher Schwerpunkt blieb, bildete von vornherein das Schloß mit allen Nebengebäuden einen wichtigen *Standort* des Projektes. Hinzu trat das bereits im Bau befindliche große Erweiterungsgebäude an der Seminarstraße. Neu geplant wurde ein umfassendes Aufbau- und Verfügungszentrum (AVZ) an der Albrechtstraße, neben der Fachhochschule, als weiterer Teilstandort. Für diesen großen Baukörper leistete die Stadt die umfangreichen Erschließungsarbeiten. In ähnlicher Weise erfolgte die Zusammenarbeit bei der Errichtung des Studentenheims der Hermann-Ehlers-Stiftung am Blumenhaller Weg, und zwar unter erheblicher Mitbeteiligung der Stadt. Neben diesen baulichen Vorbereitungen zogen sich die vornehmlich personellen Angelegenheiten des Gründungsprozesses der Universität, getragen vom Gründungsausschuß, in schwierigen Verhandlungen über mehrere Jahre hin, so daß erst zum Sommersemester 1974 der eigentliche *Studienbetrieb* aufgenommen werden konnte. Rechtzeitig zum Studienbeginn wurden auch die genannten Neubauten für die Universität ihrer Bestimmung übergeben.

Nach Verabschiedung des „Organisationsgesetzes für die Universitäten Osnabrück und Oldenburg" durch den Niedersächsischen Landtag am 26. November 1973 lagen nun auch die rechtlichen Voraussetzungen hierfür vor, und Osnabrück konnte von nun an mit Recht den Titel *Universitätsstadt* führen. Um eine engere Verbindung zwischen

Das Hörsaalgebäude der Universität Osnabrück beim Schloß, Ansicht vom Schloßgarten

der neuen Hochschule mit ihren Angehörigen und den Bürgern der Stadt zu schaffen, wurde 1974 die *Universitätsgesellschaft* gegründet, in der auch Rat und Verwaltung der Stadt aktiv vertreten sind. Seitdem ist die Zahl der Lehrenden, Forschenden und Studierenden auf über 4000 angewachsen. Das *Studienangebot* erstreckt sich — unter Miteinbeziehung des zweiten Standortes Vechta — auf 12 Fachbereiche der Sozialwissenschaften, der Naturwissenschaften und der Kommunikation/Ästhetik. Neben Diplomstudiengängen in den Sozial- und den Naturwissenschaften sowie der Ausbildung zum Magister „Kommunikation/Ästhetik" besteht die Möglichkeit zur Promotion zum Dr. phil. oder Dr. rer. nat. an beiden Standorten. Ein weiterer Ausbau der Universität ist vorgesehen durch Einführung von Studiengängen in den Wirtschaftswissenschaften sowie später auch in den Rechts- und Staatswissenschaften. Von der Errichtung einer integrierten Gesamthochschule Osnabrück — durch Vereinigung von Fachhochschule und Universität — wurde, obwohl von Gründungsausschuß und Stadt anfänglich angestrebt, bis dahin abgesehen.

Der *Sitz der Universitätsverwaltung* ist im Osnabrücker Schloß. Es umfaßt mit der Aula für größere zentrale Veranstaltungen auch noch Hörsäle und Arbeitsräume für zwei Fachbereiche. Zusammen mit dem Erweiterungsgebäude in der Seminarstraße befindet sich hier der *Hauptstandort Innenstadt*. Ein weiterer *Hauptstandort* ist das *Aufbau- und Verfügungszentrum* (AVZ) am Westerberg, das hauptsächlich dem Studium der Naturwissenschaften dient, während alle anderen Fachbereiche in der Innenstadt angesiedelt sind, u.a. auch im Hörsaal- und Seminarzentrum am Heger-Tor-Wall (früheres Mädchengymnasium). Unweit hiervon befindet sich in der Heinrichstraße der zunächst vorläufige Komplex der Universitätsbibliothek. Außerdem verfügt die Universität im *Standort Vechta* über das frühere Hauptgebäude der dortigen Pädagogischen Hochschule sowie über einige andere Gebäude in der Stadt. Im Rahmen des fortschreitenden Sanierungsvorganges in der nördlichen Innenstadt Osnabrücks ist fernerhin geplant, im Gebiet zwischen der Alten Münze und der Großen Hamkenstraße, in dem eine Neuordnung aus städtebaulichen und gestalterischen Gründen vordringlich ist, ein Kultur- und Bildungszentrum mit Universitätsbibliothek, Stadtbibliothek und Volkshochschule zu errichten. Dieses *Kulturelle Zentrum* mitten in der Innenstadt würde somit Bildungseinrichtungen der Stadt und der Universität einander näherbringen, auch eine funktionale Verzahnung ermöglichen und dadurch ein breites, sich ergänzendes geistiges Angebot für große Benutzergruppen zugänglich machen.

7. Weitere Verbesserungen der Infrastruktur

Die besondere Sorge der Stadt um die älteren Mitbürger, vor allem um die Kranken und Notleidenden unter ihnen, erforderte weitere öffentliche Maßnahmen im Bereiche der *Altenfürsorge*. Ein wertvoller Schritt in diese Richtung war alsbald der Bau eines modernen städtischen Alten- und Pflegeheimes am Bürgerpark, des „Hauses am Bürgerpark", das im September 1970 seiner Bestimmung übergeben werden konnte. Mit einem Kostenaufwand von rund 7 Millionen DM wurden hier für 165 ältere Mitbürger(innen) Versorgungs- und Pflegeplätze geschaffen, die insbesondere durch die unmittelbare Lage des Heimes am Bürgerpark mit seinen gepflegten Anlagen, Ruhebänken

Städtisches Alten- und Pflegeheim am Bürgerpark

7. Weitere Verbesserungen der Infrastruktur

und schönen Aussichten auf die Stadt gern in Anspruch genommen werden. Dieser Entwicklung vorausgegangen waren schon wesentlich früher die Gründung des Heimes der Arbeiterwohlfahrt am Schölerberg (1956), im gleichen Jahr der Beginn der Errichtung des Hauses Ledenhof (s.o.) und die Erbauung des Altenheimes Küpper-Menke-Stift des Diakonischen Werkes der ev.-luth. Landeskirche 1964/65 an der Sedanstraße. Es folgte 1970/71 die Errichtung des Altenheimes Heywinkelhaus an der Bergstraße und des Bischof-Lilje-Heimes 1976/77 an der Rehmstraße (s.o.). Als caritative Einrichtungen der Kath. Kirche verdienen in diesem Zusammenhange auch das Caritas-Altenheim an der Bassumer Straße und das Paulusheim an der Magdalenenstraße genannt zu werden. Wahrlich ein großer Reigen segensreicher Stätten auf dem Gebiete der Altenfürsorge in unserer Stadt, zumal alle diese genannten Heime auch über eine beachtliche Größenordnung verfügen!

Während so die Stadt den Belangen des älteren Teiles der Bevölkerung in großzügiger Weise gerecht zu werden versuchte, stand auch im Bereiche der *Jugendhilfe* nach wie vor die Förderung von Bau und Unterhaltung von Kindertagesstätten (Kindergärten, Kinderhorte) im Vordergrund. Ihren eigenen Anteil an diesem Sektor erhöhte die Stadt 1972/73 durch die Errichtung neuer Kindertagesstätten bei der Martinsburg am Blumenhaller Weg und in Schinkel sowie durch die Übernahme eines gemeindlichen Kindergartens im neuen Stadtteil Pye, so daß nunmehr den 43 Kindertagesstätten in freier Trägerschaft in Osnabrück — mit städtischen Zuschüssen bis zu einem Drittel der Betriebskosten — vier städtische Einrichtungen dieser Art gegenüberstanden. Mit diesem so im ganzen bereitgestellten Platzvolumen im Bereiche der Kindertagesstätten standen 1973 für mehr als 50 Prozent der Kinder im Alter von 3—5 Jahren in Osnabrück Kindergartenplätze zur Verfügung, ein Prozentsatz, der zu dieser Zeit unsere Stadt noch in die Spitzengruppe aller bundesdeutschen Städte brachte. Die starke Abnahme der Kinderzahl in den letzten Jahren hat heute dazu geführt, daß es nunmehr in der Stadt Osnabrück tatsächlich schon eine Reihe offener Kindergartenplätze gibt und somit eine optimale Versorgung auf diesem Gebiete besteht. Eine glückliche Ergänzung zu diesen Kindertagesstätten sind die 135 öffentlichen Kinderspielplätze sowie 27 Bolzplätze für junge „Fußballspieler" in Osnabrück. Sie entziehen damit die Kinder weitgehend den Gefahren des Straßenverkehrs.

Im Interesse der sportlichen Betätigung aller Bürger steigerte die Stadt Osnabrück in diesen Jahren durch Errichtung des Hallenfreibades in Haste (Nettebad) im Mai 1973 und Fertigstellung des „Schinkelbades" als Gartenhallenbad im Juni 1976 die Anzahl der *Schwimmbäder* auf nunmehr 4 städtische Hallenbäder, 1 Hallenfreibad sowie 2 Freibäder. Einbegriffen in die Zahl der Hallenbäder ist das durch die Eingemeindung von Gretesch 1972 hinzugekommene dortige Hallenbad. Die jährliche Gesamtbesucherzahl belief sich auf etwa 1,5 Millionen Schwimmbegeisterte. Von den — nach dem Osnabrücker *Sportstättenplan* — vorgesehenen 10 zentralen Sportanlagen der Stadt standen bis Ende der Berichtszeit 7 zur Verfügung: Am Zuschlag, Illoshöhe, Klushügel, Schinkelberg, Schölerberg, Gretesch und Hellern. Hier und auf weiteren 4 städtischen Sportplätzen (Blumenhalle, Koksche Straße, Wüste und in Sutthausen), die in den letzten Jahren hinzukamen, tummelten sich jährlich etwa 200000 Sportbegeisterte. Die in den 64 Osnabrücker Turn- und Sportvereinen, die z.T. zudem noch über eigene Übungsstätten verfügen, organisierten über 36000 Mitglieder ließen erkennen, daß in dem hier umrissenen Rahmen ein gesunder Breitensport getrieben wurde, den die Stadt mit ihrem Sportamt gezielt förderte. Aber auch der Spitzensport fand seine gebührende Berücksichtigung durch die Errichtung einer *Überörtlichen Trainingsstätte* für den Leistungssport am Schölerberg am 29. September 1971 durch die Stadt. Zahlreiche Sportverbände machten sodann davon Gebrauch; der Deutsche Tischtennisverband nutzt sie als Bundesleistungszentrum. Mit dieser reichen Infrastruktur auf dem Gebiete der Leibesübungen für jedermann und für jede Sparte dürfte Osnabrück in diesen Jahren mit Sicherheit einen Spitzenplatz unter den Großstädten in etwa gleicher Größenordnung eingenommen haben.

Ein ausreichendes Wasserangebot ist bei einem so großen und differenzierten Gemeinwesen wie die Stadt Osnabrück, deren täglicher Verbrauch an außergewöhnlich warmen Sommertagen auf fast 48000 Kubikmeter ansteigt, lebensnotwendig. Durch den Neubau eines weiteren Wasserwerks, des Wasserwerks *Wittefeld* — neben den bisherigen Werken Düstrup und Thiene der dritte große Betrieb dieser Art für Osnabrück —, bemühte sich die Stadt in den 70er Jahren um eine hinreichende Sicherung der Wasserversorgung. Mit diesem Werk, das im quellwasserreichen Gelände zwischen Hunteburg und Vörden nördlich des Wiehengebirges von den Osnabrücker Stadtwerken AG errichtet wurde, konnte der Wasserbedarf in dem durch die Gebietsreform 1972 erheblich vergrößerten Stadtgebiet für die nächsten 15—20 Jahre sichergestellt werden. Am 15. Oktober 1975 wurde das neue Wasserwerk Wittefeld durch Rat und Verwaltung der Stadt feierlich in Betrieb genommen. Es verfügt z.Z. über eine Jahresförderkapazität von etwa 6 Millionen Kubikmetern und ist durch eine 20 Kilometer lange Fernleitung mit dem Versorgungsnetz der Stadt verbunden. Für die Erstellung dieser umfangreichen Anlage war ein Betrag von etwa 20 Millionen DM erforderlich.

Vom Übergang des bisher städtischen Schlachthofes an der Liebigstraße/Ecke Schlachthofstraße in private Hände am 1. Januar 1976 erhoffte man sich für den Stadthaushalt eine spürbare Kostensenkung. Das neue Unternehmen wird jedoch weiterhin als öffentlicher *Schlachthof* geführt, der allen Schlachtern der Stadt mit zur Verfügung steht. Wie sich diese Privatisierung letzlich auf den Verbraucher auswirkt, muß sich noch herausstellen.

Am 1. September 1976 erfolgte die Inbetriebnahme der *,,Zentraldeponie Piesberg''*, die von Stadt und Landkreis Osnabrück gemeinsam mit einem Aufwand von 4,6 Millionen DM geschaffen wurde und seitdem auch gemeinsam benutzt wird. Nach dem Abbau von etwa 5 Millionen Kubikmeter Gestein durch den Piesberger Steinbruchbetrieb der Klöckner Werke AG in den letzten Jahrzehnten hatte sich am Piesberg die Möglichkeit ergeben, das dort nunmehr entstandene gewaltige Vakuum eines riesigen Steinbruchs durch Auffüllung mit Müll im Laufe der Zeit wieder in die frühere Naturform zurückzuführen. Für die nächsten 13—15 Jahre wird nun hier der Schutt und Müll von etwa 280000 Einwohnern der Stadt und der umliegenden Bereiche des Landkreises sowie aus heimischen Industriebetrieben abgelagert. Einige Monate später wurde 1977 in der Stadt die Umstellung des Müllabfuhrsystems auf 120/240 Liter-Gefäße durchgeführt und dadurch die Möglichkeit gegeben, mehr sowie auch leicht sperrigen Abfall und Unrat dieser neuen Deponie zuzuführen. Mit dieser Lösung leistet Osnabrück von nun an einen nicht nur praktischen, sondern auch spürbar wohltuenden Beitrag zur Vermeidung von Umweltverschmutzung und — darüber hinaus — zur künftigen Umweltverschönerung.

Dem Umweltschutz und damit der Bevölkerung Osnabrücks gesundheitlich ebenso zuträglich war in diesen Jahren die gezielte *Grünpflege* des Städtischen Gartenamts, das innerhalb der Stadtgrenzen insgesamt etwa 404 Hektar Grünflächen zu betreuen hat. Dazu verbesserten mehr als 16000 Bäume, vor allem auch in dichtbesiedelten Bereichen, das biologische Kleinklima Osnabrücks. Über 600 Bäume, darunter bereits ziemlich entwickelte Exemplare, kamen jährlich hinzu. Wie geschickt die Gartenbauspezialisten der Stadt das Geschäft des Bäumepflanzens verstanden, bestätigen z.B. die glänzend geglückte Neuanlage einer Lindenallee auf dem Schloßwall oder das schnelle Heimischwerden von rund 60 größeren Bäumen auf dem Ledenhof, ganz abgesehen von dem frischen Grün aller Art auf Fußgängerzonen, wie z.B. in der Großen Straße und der Krahnstraße. ,,Gerade mit seinem Grün kann sich Osnabrück sehen lassen'' (Oberbürgermeister Weber, Handgiftentag 1980).

Wenn bis dahin von der Sorge um eine gesunde Umwelt unserer Mitbürger die Rede war, so sollte daneben auch über die helfende Fürsorge für kranke Menschen in Osnabrück gesprochen werden; denn zur gesunden Infrastruktur einer modernen Großstadt gehört auch ein intaktes *Krankenhauswesen*. Da die fast fünf Jahrzehnte alten Städtischen Kliniken den Anforderungen, die heute an ein großes Krankenhaus der Zentralversorgung gestellt werden, auf die Dauer nicht mehr gerecht werden können, planten Rat und Verwaltung der Stadt schon seit Jahren den Neubau der Städtischen Krankenanstalten, und zwar — räumlich gesehen — im Westen der Stadt auf dem Finkenhügel. Als sich die Verhandlungen hierüber wegen der erheblichen Kostenfrage mit dem Niedersächsischen Sozialministerium aus verschiedenen Gründen in die Länge zogen, mußten die jetzigen Kliniken, bewirkt durch die räumliche Enge und in ihrer Eigenschaft als Lehrkrankenhaus für Studenten der Medizinischen Fakultät der Universität Münster, nunmehr an ihrem bisherigen Standort in bestimmten Bereichen erweitert und verbessert werden. Diese notwendige Sanierung wurde 1978 im großen ganzen abgeschlossen. Damit stehen z.Zt. auch in den heutigen Bauten weiterhin voll funktionsfähige und patientengerechte Kliniken zur Verfügung. Dazu gehört auch die Einrichtung einer modernen *Urologischen Klinik* an der Caprivistraße, die nach zweijähriger Bauzeit 1975 ihren Betrieb aufnehmen konnte. Mit der Fertigstellung des geplanten zentralen Neubaus der Städtischen Kliniken auf dem Finkenhügel dürfte wohl kaum vor Mitte der 80er Jahre gerechnet werden können.

8. Abschied vom Regierungssitz

Nach Artikel II des Achten Gesetzes zur Verwaltungs- und Gebietsreform in Niedersachsen, der in seinen wesentlichen Teilen am 1. Februar 1978 in Kraft trat, wurden zu diesem Zeitpunkt der Verwaltungsbezirk Oldenburg und die Regierungsbezirke Aurich und Osnabrück zu einem neuen Regierungsbezirk, dem *Regierungsbezirk Weser-Ems* mit Behördensitz in Oldenburg, vereinigt. Die bisherigen Behörden der Mittelinstanz der Regierungspräsidenten in Aurich und Osnabrück sowie des Verwaltungspräsidenten in Oldenburg wurden somit aufgelöst; am gleichen Tage übernahm in Oldenburg die *Bezirksregierung Weser-Ems* deren Funktion. Sie wurde damit auch die Mittelinstanz für die Stadt Osnabrück und den Raum Osnabrück-Emsland.

Aus strukturpolitischen Gründen werden jedoch Teilaufgaben der Bezirksregierung Weser-Ems auf Dauer in Osnabrück — und auch in Aurich — weiterhin wahrgenommen, und zwar in Form von Dauer-Außenstellen als organisatorisch unselbständige Teile der Bezirksregierung Weser-Ems in Oldenburg. Die *Außenstelle in Osnabrück* übernahm die Aufgaben der Schulabteilung der neuen Bezirksregierung — mit Ausnahme von Kunst-, Kulturpflege und Jugendhilfe — sowie die Aufgaben des Wirtschaftsdezernats für den Raum des bisherigen Regierungsbezirks Osnabrück.

Für ein Jahr jedoch, d.h. für den Zeitraum des Jahres 1978, blieb noch der bisherige Aufgabenstand der Regierung Osnabrück, zwar bereits unter der einheitlichen Leitung des *Regierungspräsidenten in Oldenburg*, grundsätzlich unverändert. Danach begann im

Februar 1979 der große Umzug der einzelnen Behörden, der auch die bisherigen Schulabteilungen der Regierungen in Aurich und Oldenburg — bis auf die genannten Teilbereiche — mit der entsprechenden Abteilung in Osnabrück zusammenführte. Das frühere Dienstzimmer des Regierungspräsidenten in Osnabrück im Dienstgebäude am Heger-Tor-Wall blieb zunächst noch bestehen, jedoch nur für eine stundenweise Inanspruchnahme durch den neuen Regierungspräsidenten der Bezirksregierung in Oldenburg, Dr. *Josef Schweer,* wenn dieser zu Dienstgeschäften in Osnabrück weilte. Der letzte Regierungspräsident in Osnabrück, Dr. Josef Zürlik, war am 1. Dezember 1975 nach Erreichung der Altersgrenze in den Ruhestand getreten. Regierungspräsident Dr. Schweer hatte nunmehr auch die besonderen Interessen des Osnabrücker Raumes im äußersten Westen des Landes Niedersachsen zu vertreten, dem er als bisheriger Verwaltungspräsident in Oldenburg seit dem 1. Mai 1976, davor als Oberkreisdirektor des Landkreises Cloppenburg seit 1966, nicht fremd gegenüberstand. Die von der Bevölkerung der Region Osnabrück-Emsland von vornherein gewünschte ständige Etablierung eines Regierungsvizepräsidenten als Leiter der Außenstelle Osnabrück zur besseren Vertretung der Belange dieser Region im neuen Großbezirk kam erst später zustande. Zunächst wurde ab 1. Februar 1978 ein in Osnabrück tätiger höherer Beamter der Regierung zum Leiter der hiesigen Außenstelle bestellt. Zur endgültigen Lösung dieser Frage kam es, als diese Funktion durch den neuen Vizepräsidenten der Bezirksregierung Oldenburg, *Regierungsvizepräsident Josef Meyer,* der bereits seinen dienstlichen Wohnsitz in Osnabrück hatte, tageweise jedoch auch in Oldenburg tätig ist, im Frühjahr 1979 übernommen wurde.

Somit gehört der Regierungsbezirk Osnabrück mit einem selbständigen Regierungspräsidenten an der Spitze seit dem 1. Februar 1978 der Geschichte an. Für die Stadt Osnabrück und ihr weites Hinterland bedeutet dieser Abzug der staatlichen Mittelinstanz nach fast 160jähriger Tradition dieser letzten überörtlichen administrativen Einrichtung in unserer Stadt einen schweren Schlag. Auch in die in Jahrhunderten des Mittelalters und der Neuzeit gewachsene Kontinuität der herausragenden Rolle Osnabrücks als Vorort in territorialgeschichtlicher Hinsicht war damit beendet. Zwar bleibt unsere Stadt weiterhin Bischofssitz — wohl einer der ältesten in Niedersachsen —, Sitz eines evangelisch-lutherischen Landessuperintendenten und Standort einer Reihe regionaler Behörden, doch ihr besonderer Rang, Verwaltungshauptstadt eines Landesterritoriums mit geschichtlicher Tradition zu sein, war dahin. Es bleibt aber der Blick nach vorwärts, auf Osnabrücks bedeutsame Funktion als *Oberzentrum für das südwestliche Niedersachsen.* Doch auch hier erheben sich Stimmen öffentlicher Skepsis: ,,Für Osnabrück zumindest gibt es in dieser Hinsicht keinen Grund zum Optimismus" (NOZ vom 1.2.1978).

Doch schon einmal verlor unsere Stadt mit der Aufhebung des Fürstbistums Osnabrück im Jahre 1802 zugunsten des damaligen Kurfürstentums Hannover — auf Grund der Bestimmungen des Reichsdeputationshauptschlusses zu Regensburg 1802/3 — seine administrative Bedeutung als Sitz einer Landesregierung. Nach fast zehnjähriger Franzosenzeit von 1803 bis 1813 — rechnet man die vorübergehende Zugehörigkeit zum Königreich Westfalen 1807—1811 hinzu — , während der Osnabrück immerhin ständig Departmentshauptstadt war, schien sich nach 1813 weiterhin eine positive Wendung anzubahnen, als nach der Anhebung des Kurfürstentums Hannover zum Königreich (in Personalunion mit England) nach den Beschlüssen des Wiener Kongresses 1814/15 Osnabrück zunächst 1816 *Sitz einer hannoverschen Provinzialregierung* mit einem Regierungspräsidenten an der Spitze wurde. Hannover war einer der ,,großen Gewinner" des Wiener Kongresses, und das vor allem dank des diplomatischen Geschicks des Grafen

8. Abschied vom Regierungssitz

Münster-Ledenburg, der als Bevollmächtigter des Königs von England, in Personalunion auch Kurfürst von Hannover, das Kurfürstentum Hannover auf dem Wiener Kongreß vertrat und dort auch erreichte, daß sein Heimatland als Königreich anerkannt wurde. Ernst Graf zu Münster-Ledenburg war insofern auch Osnabrücker, als er 1766 im Ledenhof zu Osnabrück geboren wurde und seine Familie für die nächste Zeit dort ansässig blieb. Seinem großen Einflusse in London und Hannover war es wohl auch mit zu verdanken, daß Osnabrück nach den Napoleonischen Kriegen im Raume westlich der Weser wieder diese führende Rolle übernehmen konnte. Regierungspräsident wurde der bisherige Osnabrücker Kanzleirat und Konsistorialdirektor Herbord Sigmund Ludwig von Bar. Als Dienstsitz erhielt er das Osnabrücker Schloß. In unmittelbarer Nähe lag auch seine Wohnung, der Adelshof der Familie v. Bar in der Clubstraße, der seitdem bis Kriegsende 1945 der Wohnsitz der Osnabrücker Regierungspräsidenten blieb. Von Bar blieb Regierungspräsident bis 1823, als an die Stelle der bisherigen hannoverschen Provinzialregierungen als staatliche Mittelinstanz die *Landdrosteien* traten. Osnabrück wurde Sitz einer der sechs hannoverschen Landdrosteien. Zum ersten Landdrosten in Osnabrück wurde der bisherige Regierungspräsident v. Bar ernannt; er war Landdrost bis 1838. Nach der Einrichtung der Landdrostei wurden die behördlichen Geschäftsräume in den früheren Möserschen Hof in der Hakenstraße verlegt. Dort verblieben sie auch ab 1866 unter der Königlich Preußischen Regierung, bis 1895 das neue Regierungsgebäude am damaligen Kanzlerwall, heute Heger-Tor-Wall 16, bezogen werden konnte. Da die Landdrosteien in der preußischen Provinz Hannover seit 1885 in *Regierungsbezirke* umgewandelt worden waren, zog 1895 der Regierungspräsident für den Regierungsbezirk Osnabrück mit seiner Behörde in dieses Gebäude ein.

Regierungsgebäude am Heger-Tor-Wall

Der Wirkungsbereich der *Landdrostei Osnabrück* seit 1823 umfaßte das bisherige Fürstentum Osnabrück, die frühere Grafschaft Lingen, das Herzogtum Arenberg-Meppen und den Kreis Emsbüren — beide Gebiete 1803 aus dem Niederstift Münster hervorgegangen — sowie die Grafschaft Bentheim, die nach Lösung aus der Pfandschaft des Kurfürstentums Hannover, in der sie sich seit 1753 befand (vorher unter der Administration des Kurfürstentums Köln), nunmehr der Landdrostei Osnabrück angegliedert wurde. Dieser Landdrosteibezirk war somit eine *territoriale Neuschöpfung*, keineswegs eine aus gemeinsamer Geschichte gewachsene Einheit, sondern ein vom dynastischen Interesse des Hauses Hannover getragenes Zufallsprodukt. Die raumprägende Kraft der staatlichen Mittelinstanz in Osnabrück ließ jedoch im Verlaufe von mehr als eineinhalb Jahrhunderten die historisch z.T. weitgehend heterogenen Teile zu einer zunehmend homogenen Raumeinheit zusammenwachsen.

Dieser ursprünglich raumfremden Lösung gegenüber, die aus Anhängseln größerer Mächte (Hannover, Preußen, Kurköln) zusammengesetzt wurde, bildet heute Osnabrück als leistungsfähiges Oberzentrum einer ausgedehnten Region im südwestlichen Niedersachsen einen starken Entwicklungsfaktor im Spannungsfeld eines Großraumes von rund 800000 Einwohnern. Dieser organische *Raum Osnabrück* ist gekennzeichnet durch seine Brückenfunktion zum wirtschaftsstarken Nachbarlande Nordrhein-Westfalen und seine aktive Nachbarschaft zu den überwiegend landwirtschaftlich orientierten Bereichen des Emslandes und Oldenburgs, aber auch durch seine dynamischen Bindungen zum nächstgelegenen europäischen Partner, den Niederlanden. Als Arbeitsmarkt- und Versorgungsschwerpunkt dieses weiten Raumes dürfte Osnabrück mit seiner Wirtschaftskraft und hinsichtlich seines hohen Ausstattungsgrades in umfassenden Bereichen der Infrastruktur, im Hinblick auch auf seine wachsende Bedeutung als Universitätsstadt, wenn auch ohne behördliche Mittelinstanz (wenn man von der hier verbliebenen Schulabteilung des Regierungsbezirks Weser-Ems absieht), auf Grund seiner differenzierten Ausstrahlungskraft weiterhin eine prägende und regulierende Rolle spielen.

Mit diesem erwartungsvollen Ausblick auf eine dynamische Zukunft unserer Stadt, der auf Grund ihrer bedeutsamen und zeitlich weit zurückgreifenden Geschichte sowie ihres verkehrsgeographischen Lageschicksals stets eine gestaltende Aufgabe in diesem Raume zugefallen ist, möchte der Chronist an dieser zeitlichen Stelle seiner Berichterstattung, die einen tiefen historischen Einschnitt in die Geschichte Osnabrücks bedeutet, seine Ausführungen schließen.

Abriß der Geschichte Osnabrücks in Jahreszahlen
Gliederung der chronologischen Übersicht

I. **Vor- und Frühzeit**
Spuren der Besiedlung, Begegnung mit dem römischen Weltreich, Gaumittelpunkt im Sachsenlande, Auseinandersetzung zwischen Sachsen und Franken.

II. **Bistumsgründung und Stadtwerdung (ca. 780—1306)**
Vom Bischofssitz bis zur Vereinigung von Altstadt und Neustadt. Ansätze zur bürgerlichen Selbstverwaltung gegenüber bischöflicher Stadtherrschaft.

III. **Wirtschaftliche Entfaltung und weiteres Streben um Emanzipation (1306—1488)**
Der wirtschaftliche Aufschwung vollzieht sich vor dem Hintergrund sozialer Differenzierung und innerstädtischer Kämpfe der Bürgerschaft um mehr Beteiligung an der politischen Macht.

IV. **Vom Beginn der Reformation und der Glaubenskämpfe bis zum Ende des Dreißigjährigen Krieges (1500—1648)**
Vom Gilden-Aufstand 1525 bis zum Westfälischen Frieden 1648. Die Stadt in der Krise des Wechselspiels von Reformation und Gegenreformation.

V. **Osnabrück im Zeitalter des Absolutismus (1650—1802)**
Absolutistische Fürstbischöfe bestimmen die Entwicklung von Stadt und Hochstift. Die Stadt verliert nach und nach ihre Selbständigkeit.

VI. **Franzosenzeit und unter hannoverscher Verwaltung (1802—1848)**
Die während der Franzosenzeit erlangten bürgerlichen Freiheiten gehen zunächst wieder weitgehend verloren. Sie können nur mühsam und unter wachsendem Widerstand der Stadt und ihrer Bürger gegen die Adelsherrschaft zurückgewonnen werden. Bürgerliches Denken wird zum Gemeingut aller.

VII. **Die Industrialisierung mit Beginn in der hannoverschen Zeit und unter preußischer Regierung (1848—1914)**
Vom Hauptort einer hannoverschen Landdrostei zum Sitz einer preußischen Bezirksregierung. Durch emporblühende Industrie wird Osnabrück ein bedeutender Handelsplatz sowie wichtiger Kreuzungspunkt des Eisenbahn- und Straßenverkehrs. Wachsender Mittelpunkt des kulturellen Lebens.

VIII. **Osnabrück im 20. Jahrhundert (1914—1978)**
Die Stadt durchsteht zwei Weltkriege und den politischen Wandel von der Monarchie zur Weimarer Republik sowie über die Hitlerdiktatur zur Bundesrepublik Deutschland. Ihre wirtschaftliche und kulturelle Bedeutung — letztlich für eine nordwestdeutsche Region mit rund 800000 Bürgern — bleibt trotz ernster Krisen (u. a. 68prozentige Zerstörung durch den II. Weltkrieg) nach hervorragender Wiederaufbauleistung ungebrochen.

I. Vor- und Frühzeit

ca. 3000—2000 v. Chr.	Spuren der Besiedlung des Osnabrücker Raumes durch Bauern der Großsteingrabkultur der Jungsteinzeit (Megalithkultur).
ab 2000—800 v. Chr.	Verschmelzung zwischen den Bauern der Großsteingrabkultur und indogermanischen Einwanderern der Einzelgrabkultur; Körperbestattung in Hügelgräbern.
ab 1800—750 v. Chr.	Bronzezeit; es folgt die Technik der Eisenherstellung (Eisenzeit), die die nun Norddeutschland besiedelnden Germanen von den Kelten übernehmen.
ab 1400 v. Chr.	Totenverbrennung üblich; Sammlung der Asche und Knochenreste in Urnen, die unter nahezu flachen Erdhügeln beigesetzt werden. Entstehung ganzer Urnenfriedhöfe, auch im Bereiche des heutigen Stadtgebietes.
ab 600 v. Chr. — um Chr. Geb.	Weitere Verdichtung der germanischen Besiedlung des Osnabrücker Raumes. Überlieferung von germanischen Stammesbezeichnungen in Norddeutschland, u. a. der Chasuarier als Anwohner der Hase.
12 v. Chr. — 8 n. Chr.	Die im Osnabrücker Raum ansässigen Germanen stoßen bei dem Versuche Roms, eine Provinz „Germania Magna" zu errichten, mit den Römern zusammen; zahlreiche Funde von römischen Münzen.
9 n. Chr. — 16 n. Chr.	Nach der römischen Niederlage im Teutoburger Walde (9 n. Chr.) wird die Provinz „Germania Magna" aufgegeben; letzte Eroberungs- und Vergeltungszüge des Germanikus scheitern in den Moorgebieten nördlich des Wiehen- und Wesergebirges; danach wird nur noch von römischen Handelsleuten berichtet.
2. — 4. Jahrh. n. Chr.	Jegliche schriftliche Kunde von Beziehungen zwischen Germanen und Römern hört auf. Bewirkt durch die Unruhe der Völkerwanderungszeit in Mitteleuropa scheint eine Unterbrechung aller Nachrichten über den Osnabrücker Raum jahrhundertelang eingetreten zu sein.
ab 5. Jahrh.	In den Raum zwischen Weser und Ems stoßen von Norden her die Sachsen in ein weitgehend siedlungsarmes Gebiet vor, wie die wenigen Funde aus dem 4.—6. Jahrhundert belegen. Unter Einverleibung in den Herrschaftsbereich dieses Stammverbandes erfährt das Gebiet des Hasetales zwischen Wiehengebirge und Teutoburger Wald eine westfälisch-sächsische Besiedlung; unweit der Hasefurt zwischen Westerberg und Gertrudenberg liegt eine altsächsische Gehöftgruppe. Mittelpunkt ist ein Edelingshof nahe der Hasefurt, wo sich wohl auch das Gauheiligtum des altsächsischen Threcwitigaues nebst Thingplatz und Begräbnisstätte befanden.
6. — 7. Jahrh.	Die Ausdehnung des Stammesverbandes der Sachsen weiter nach Süden und Westen bis schließlich an den Rhein führt zu Zusammenstößen mit den dort benachbarten Franken, deren Vergeltungszüge die sächsischen Gaue der Grenzgebiete zu einer jährlichen Tributleistung zwingen.
772	Der Frankenkönig Karl nimmt die unterlassene Zahlung dieses Tributs und weitere Überfälle der Sachsen zum Anlaß, mit Heeresmacht in den südlichen Bereich des sächsischen Stammesgebietes einzudringen. Eroberung der Eresburg über der Diemel, wobei die Irminsul, ein altes sächsisches Heiligtum, zerstört wird.
772—804	Es entwickelt sich hieraus ein Krieg, der von beiden Seiten mit äußerster Hartnäckigkeit über dreißig Jahre hin geführt wird, in einem ständigen Wechsel von Aufständen und Unterwerfungen.
779	Der Osnabrücker Raum wird zum ersten Male von einem fränkischen Heere berührt, das bei Bocholt die Sachsen geschlagen hat und über Rheine und Osnabrück (Hasefurt) zur Weser zieht. Durch die Errichtung von befestigten christlichen Missionszellen an strategisch wichtigen Punkten im Sachsenland beginnt König Karl, ein dauerhaftes fränkisches Herrschaftssystem festzulegen. Es ist

anzunehmen, daß bereits in diesem Jahre der altsächsische Oberhof an der Hasefurt, Mittelpunkt des Threcwitigaues, in einen befestigten Königshof der Franken (curtis) als Basis einer christlichen Missionszelle umgewandelt wurde. Zur Durchführung einer planmäßigen Missionsarbeit im eroberten Osnabrücker Raum wird die Taufkirche an der Hasefurt dem Bistum Lüttich zur Betreuung und Besetzung mit Geistlichen (Mönchen) unterstellt.

II. Bistumsgründung und Stadtwerdung (ca. 780 — 1306)

ca. 780	Beginn der praktischen Missionsarbeit im Osnabrücker Raum, dem altsächsischen Threcwitigau.
783	Nach dem „Verdener Blutbad" (782) erleidet das bereits bei Detmold (Theotmalli) von Karl geschlagene sächsische Aufgebot unter der Führung des westfälischen Edelings Widukind, dem es in diesem Jahr gelungen war, erstmalig Krieger aus allen Sachsenstämmen zu einem großen Heer zu vereinigen, eine schwere Niederlage in einer dreitägigen offenen Feldschlacht an der Hase. Herzog Widukind, der sich durch Flucht in Sicherheit bringt, verzichtet hiernach auf weitere Auseinandersetzung mit den Franken und läßt sich 785 in Attigny a. d. Aisne taufen. Er zieht sich auf seine Besitzungen im Raume Enger-Herford zurück.
um 785	Die bei den Kämpfen des Jahres 783 wohl zerstörte Missionsstation an der Hasefurt wird wiederhergestellt und eine neue Kirche am Platze des heutigen Domes erbaut. Sie wird von Bischof Agilfred von Lüttich (gest. 787) feierlich geweiht. König Karl schenkt hierzu als Gründungsgabe Reliquien der Märtyrer Crispin und Crispinian, die aus der fränkischen Königsstadt Soissons überführt werden.
um 800	Der Missionsbezirk Osnabrück wird zum Bistum erhoben. Der friesische Missionar Wiho wird zum ersten Bischof von Osnabrück berufen. Nach Paderborn entstand so wohl hier das zweitälteste Bistum im Sachsenlande.
804	Tod Bischof Wihos. In diesem Jahre wird auch in Osnabrück eine Domschule eingerichtet worden sein, in der Griechisch und Latein gelehrt wurden. Sie wurde zum Vorläufer des heutigen Gymnasium Carolinum.
851	Erste urkundliche Bezeichnung des Osnabrücker Dombezirks, der späteren Domburg, als „Monasterium Osnabrugga", wozu Kirche, Bischofshof (Domstift) und Schule gehörten.
880—884	Durch Einfälle räuberischer Normannen wird in diesen Jahren auch die Osnabrücker Domburg völlig zerstört.
889	Nach Wiedererrichtung der befestigten Domsiedlung erhält Osnabrück das erste Markt-, Münz- und Zollprivileg. Urkunde angeblich von Kaiser Arnulf von Kärnten. Sie verleiht dem Orte den Charakter eines Marktfleckens.
um 900	Es erfolgt ein neuer Dombau, der jedoch kaum über die Wiederherstellung der ursprünglichen Anlage hinausgeht.
1011	Außerhalb der Domburg und ihrer inzwischen eingetretenen Erweiterung durch einen besonderen Marktbezirk gründet Bischof Detmar (1003—1023) am Rande der südlich angrenzenden Niederung der Wüste das Kollegiatstift St. Johann und legt den Grundstein zur ersten Johanniskirche.
um 1080	Bischof Benno II. (1068—1088), der große Baumeister des Mittelalters, errichtet als dritten Dombau die frühromanische Kathedrale mit Zweiturmfassade im Westen (Der NW-Turm und große Teile der Westfront mit den vorgewölbten Spindeltreppen sind u. a. heute noch erhalten).
1082	Unter Benno II. erstellte Befestigungsanlagen um den durch Angliederung der Marktlaischaft an die Domburg erweiterten Marktflecken Osnabrück erweisen

	sich als stark genug, um im Verlaufe der Sachsenkriege Heinrichs IV. einer Belagerung durch ein Heer seines Gegenkönigs zu widerstehen.
1100	Ein großer Brand in Osnabrück legt auch große Teile des Doms und das Münsterkloster, den gemeinsamen Wohnsitz für den Bischof und seine Stiftsherren (Domkapitel), in Schutt und Asche. Bischof Johannes I. (1101—1110) besorgt den Wiederaufbau. Ständige Residenz für den Bischof wird nunmehr das Kloster Iburg, erbaut von Benno II. Die Domherren errichten eigene Wohnhöfe im Bereiche der Domsfreiheit (Kurien).
1106	Einweihung der wiederhergestellten Bischofskirche durch Bischof Johannes I.
1137—1141	Bischof Udo von Steinfurt läßt sodann die Westtürme um zwei Fensterreihen aufstocken. Auch das Oktogon des Vierungsturmes und der Ostflügel des heutigen Kreuzgangs stammen aus dieser Zeit.
1147	In einer bischöflichen Urkunde, in der die Pfarrgrenzen zwischen Dom und St. Johann festgelegt werden, wird Osnabrück erstmals als „Stadt" (civitas) bezeichnet.
um 1150	Entstehung eines Benediktinerinnenklosters auf dem Gertrudenberg gegenüber der Hasefurt, in das die Nonnen des Klosters Herzebrock verlegt werden.
1157	Auf seiner Reise von Neuß nach Goslar weilt Kaiser Friedrich Barbarossa in Osnabrück (einziger Kaiserbesuch im Mittelalter).
1171	Osnabrück erhält durch Kaiser Friedrich Barbarossa urkundlich das Privileg, daß seine Bürger vor keinem anderen Gericht als ihrem eigenen und dem des Kaisers zu erscheinen haben (jus de non evocando). Mit dem hiermit zugebilligten eigenen Gerichtsbezirk, der schon vorhandenen Marktgerechtigkeit und der ebenfalls von diesem Kaiser gegebenen Erlaubnis zum Mauerbau gewinnt der Ort nunmehr voll den Charakter einer Stadt im Rechtssinne.
1177	Erstmalige Erwähnung der Marienkirche. Damit hat der Marktbereich — als Mittelpunkt der Bürgerstadt — außerhalb der eigentlichen Domburg als Bischofsstadt seine eigene Kirche, die an der Stelle einer ursprünglichen Marktkapelle errichtet ist. Im gleichen Jahre wird ein Hospital mit einer Kapelle des hl. Vitus am Vitihof unweit der Hasefurt gegründet.
1181	Sieg der Anhänger des seit 1180 geächteten Herzogs Heinrich des Löwen — seit 1170 Stiftsvogt von Osnabrück — in der Schlacht auf dem Haler Felde bei Osnabrück über die verbündeten Grafen Westfalens. Verwundet in die Hand des Löwen gefallen, erhält Graf Simon von Tecklenburg von diesem großmütig die Stifts- und Kirchenvogtei über das Bistum — und damit auch über die Stadt Osnabrück — übertragen.
1217	Die Stadt Osnabrück verwendet erstmalig ein eigenes Siegel mit dem heutigen Wappen (zunächst achtspeichiges Rad).
1225	Bischof Engelbert von Isenburg (1224—1226) erhält durch kaiserliche Urkunde das Verfügungsrecht über die sieben Gogerichte des Osnabrücker Landes (3.9.1225 — Stiftungsurkunde des Hochstiftes Osnabrück). Er verkauft jedoch im gleichen Jahr — aus Geldnot — die Hälfte des Osnabrücker Burgerichts für 150 Mark Silber an die Stadt Osnabrück (erster Schritt zur rechtlichen Selbständigkeit der Stadt).
1236	Nach zehnjähriger Fehde gelingt es dem Bischof Konrad von Velber von Osnabrück (1227—1239) — im Bündnis mit der Stadt —, dem Grafen von Tecklenburg die Stifts- und Kirchenvogtei über das Bistum abzuzwingen. Oberster und alleiniger Hoheitsträger in seiner Diözese ist von nun an der Bischof von Osnabrück, unter dem die Stadt — nunmehr Zentralort eines selbständigen Territoriums — bereits mit der Übernahme des halben Burgerichts einen nicht unbedeutenden Anteil an der Gerichtshoheit erworben hatte.

Abriß der Geschichte Osnabrücks in Jahreszahlen

1246	Bündnis der drei Bischofsstädte Münster, Osnabrück und Minden zum Schutze ihres Handels. Dieser in Ladbergen bei Lengerich geschlossene Vertrag wird eine der Grundlagen für den späteren Westfälischen Städtebund, der im 14. Jahrhundert in der Hanse aufging. Osnabrück wird hierdurch später ein führendes Mitglied der Hanse (Prinzipalstadt).
1248	Erstmalige Erwähnung der Katharinenkirche als kirchlicher Mittelpunkt der Johannislaischaft. Mit der Butenburg (Heger Laischaft) und der Haselaischaft haben sich hiermit außerhalb der bisherigen Ummauerung drei Vorstädte herausgebildet. Um sie herum wird alsbald ein neuer, stärkerer Befestigungsring gezogen (1251 vollendet).
1254	Ein großes Brandunglück in dieser so erweiterten Stadt zieht auch wiederum den Dom in Mitleidenschaft.
1275	(5.2.) An die Spitze des Schöffenkollegs und damit auch des Rates der Stadt, in der seit 1244 bereits ein Rathaus am Markt bezeugt wird, tritt ein jährlich neu gewählter Schöffenmeister (rector consulum). Mit diesem frei gewählten Oberhaupt der Stadt (später Bürgermeister) beginnt die städtische Selbstverwaltung.
1280	Bestätigung aller Stadtrechte, auch der neuen Ummauerung, durch König Rudolf von Habsburg. Er gestattet auch die Errichtung einer zweiten Befestigungslinie am Hang des Westerberges gegen Feuerpfeile (Hohe Mauer — Weibergraben).
1302	Bei einem gemeinsamen Feldzug nehmen Bischof Ludwig von Ravensberg (1297—1308) und die Bürger von Osnabrück den Grafen Simon v. d. Lippe, der die Stadt befehdete, gefangen und sperren ihn viele Jahre lang in den Bucksturm ein.

III. Wirtschaftliche Entfaltung und weiteres Ringen um politische Emanzipation (1306—1488)

1306	Die so entstandene Altstadt und die um das Stift St. Johann und die Neue Mühle (1253) sowie dem Martinshof sich bildende Neustadt, bereits von einem Richter und vier Schöffen verwaltet, vereinigen ihre Wehrkräfte und umgeben sich mit einem gemeinsamen Befestigungsgürtel. Weiterhin getrennte Verwaltung bis 1808.
1308	Bischof Ludwig von Ravensberg fällt in der (2.) Schlacht auf dem Haler Felde, die mit dem Siege der Osnabrücker endet, im Kampfe mit dem mächtigen Grafen Engelbert v. d. Mark.
1318	Erstmalige Bezeichnung des Stadtoberhauptes als magister civium (Bürgermeister).
1338	Erneuerung der alten Stadtprivilegien durch Kaiser Ludwig den Bayer. Die eigene Gerichtshoheit wird weiter gefestigt.
1348	Alt- und Neustadt geben sich eine gemeinsame Verfassung, die Sate (Satzung). Die Neustadt erbaut ihr eigenes Rathaus (das heutige Kaufhaus Lüer an der Johanniskirche).
1350	Osnabrück wird vom „Schwarzen Tod", der großen Pest, die damals ganz Deutschland verheerte, heimgesucht. In der Stadt sollen nur sieben Ehen nicht durch den Tod zerrissen sein. — Um diese Zeit ergeht auch wegen der großen Brandgefahr das Verbot, die Häuser in der Stadt weiter mit Stroh zu decken.
1363	Die Osnabrücker (Stiftsmannschaft und Bürger der Stadt) erleiden im Kampfe mit dem Bischof von Minden eine schwere Niederlage am Holzhäuser Bach unterm Limberge (bei Lübbecke). Diese Schlacht ist ein schwarzer Tag in der Geschichte der Stadt und des Hochstifts Osnabrück, der ihre politische Schlagkraft und finanzielle Leistungsfähigkeit auf Jahre hinaus lähmt.

1394	Nach der Zerstörung eines Teiles der Altstadt durch eine Feuersbrunst sollen in diesem Jahr 103 Hexen in Osnabrück verbrannt worden sein.
1409	Erwerbung der zweiten Hälfte des Burgerichts — die erste Hälfte bereits seit 1225 im Besitz der Stadt — durch Zahlung einer Pfandsumme an den Bischof. Da dieser von dem Recht auf Wiedereinlösung keinen Gebrauch macht, verwaltet sich Osnabrück seitdem ganz selbständig.
1415/1422	Kaiser Sigismund (1411—1437) erläßt Einladungen an Osnabrück, als selbständige freie Stadt auf den Reichstagen zu erscheinen.
1424	Die Stadt wird mit dem Interdikt belegt, weil der Rat nach der Wahl eines ihm unerwünschten Bischofs durch das Domkapitel dieses im Dom einschließen läßt, um seinen Forderungen Nachdruck zu verleihen.
1430	Ein großer Kreis von Unzufriedenen, vorwiegend aus Handwerkern bestehend, die sog. Rampendahlsgesellschaft, erreicht durch drohendes Verhalten beim Rat eine Reihe von Zugeständnissen. Doch nach Hinrichtung der Anführer kann der Rat seine bisherige Stellung behaupten.
1424—1455	Während der dreißigjährigen Fehdezeit zwischen der Stadt Osnabrück, zeitweilig verbündet mit dem Bischof Johannes III., Graf von Diepholz, und den Grafen von Hoya wird 1441 Graf Johann von Hoya von den Bürgern Osnabrücks in Fürstenau gefangen und für sechs Jahre in den großen eichenen Kasten im Bucksturm eingesperrt. Nach Verhängung der Reichsacht über Osnabrück 1447 wird Graf Johann sodann aus der strengen Haft entlassen. Der „Johanneskasten" wird heute noch als eine historische Sehenswürdigkeit in diesem Wehrturm gezeigt.
1450	Wegen dieser Fehdezeit und der damit gegebenen Unsicherheit auf den Straßen sowie Einschränkung des Fernhandels kann Osnabrück den Hansetag in Lübeck nicht beschicken und wird deshalb für 10 Jahre aus der Hanse ausgeschlossen.
1452	Dem Verhandlungsgeschick des jungen Ertwin Ertman — als Vertreter Osnabrücks beim Hansevorort Köln — gelingt es, nachträglich das Fernbleiben der Stadt zu entschuldigen und den Ausschlußspruch rückgängig zu machen. Die „Verhansung" war eine empfindlichere Strafe als die Reichsacht, die die Stadt noch immer gleichmütig ertrug.
1470	Wiederum gelingt es Ertwin Ertman, die Stadt Osnabrück in Verhandlungen mit einem kaiserlichen Abgesandten mit großem diplomatischen Geschick gegen eine mäßige Lösesumme aus der über sie verhängten Reichsacht zu befreien.
1477—1505	Ertwin Ertman, Verfasser einer Osnabrücker Bischofschronik, ist Bürgermeister und zugleich bischöflicher Rat in Osnabrück. In seiner Amtszeit wird 1487 mit dem Bau des jetzigen Rathauses begonnen. (Fertigstellung 1512).
1488	Bürgererhebung gegen Rat und Geistlichkeit, an deren Spitze der Schneidermeister Lenethun tritt. Aufgegriffen werden die alten Forderungen des Rampendahlschen Aufstandes von 1430, hinzu tritt das Verlangen nach Wegfall drückender Privilegien. Die Volkswut entlädt sich in Aufruhr und Plünderungen.
1490	Nach Ergreifung Johann Lenethuns als Haupt der Aufrührer durch die Stadtsoldaten am 25.5.1490 wird dieser noch am gleichen Tage auf dem Markt enthauptet.

IV. Vom Beginn der Reformation und der Glaubenskämpfe bis zum Ende des Dreißigjährigen Krieges (1500—1648)

1500—1600	Blütezeit des Osnabrücker Handels mit Leinen und Tuchen, den wichtigsten heimischen Erzeugnissen. Gekennzeichnet von der Legge mit dem Osnabrücker Stadtsiegel als Gütezeichen, wird die von hier aus in den Handel kommende

Leinwand überall bevorzugt gekauft. Ganze Wagenladungen gehen nach Holland und von dort nach Übersee.

1521   Der Augustinermönch Hecker (Lehrmeister Luthers in Erfurt) predigt in seinem Kloster am Neumarkt erstmals in Westfalen die evangelische Lehre, kann sich aber nicht in der Stadt und beim Rat durchsetzen.

1525   Aufstand der Gilden unter Führung von Johann von Oberg und Johann Ertman, dem Sohn des berühmten Bürgermeisters, gegen Rat und Geistlichkeit mit teilweise den gleichen Forderungen wie 1488 (Lenethunaufruhr). Er bricht zusammen, als wegen des hiergegen machtlosen Rates Bischof Erich II. (1508—1532) die Belagerung der Stadt vorbereitet. Die Aufrührer fliehen, und die Stadt zahlt eine hohe Geldbuße an den Bischof.

ab 1525   Um gegen künftige Belagerungen sicherer zu sein, baut die Stadt ihre Befestigungen weiter aus und verstärkt die Ummauerungen durch hohe und starke Erdwälle (Sicherung gegen Kanonenbeschuß).

1526   Domkapitel, Ritterschaft, Geistlichkeit und die Stadt Osnabrück erhalten ein Schreiben Kaiser Karls V. mit der Mahnung, der alten Glaubenslehre treu zu bleiben und seine Reformen abzuwarten. Dennoch gehen in der Stadt die Versuche zur Durchsetzung der Reformation im evangelischen Sinne weiter.

1530   Ein in der Hakenstraße entstandener Brand vernichtet viele Häuser der Johannislaischaft, auch die Georgskapelle an der Großen Straße 67. Nachfolgende Seuchen, eine Sturmkatastrophe mit daraus sich ergebender Mißernte und Hungersnot fordern zahlreiche Opfer unter der Bevölkerung.

1532   Vor diesem Hintergrunde erfolgt — nach den Unruhen von 1525 (s. o.) — die Aussöhnung zwischen Rat und Geistlichkeit, die insbesondere durch große Zugeständnisse des neuen Bischofs Franz von Waldeck (1532—1553) zustandekommt. Sie entzieht den Reformatoren vorerst ihre Anhängerschaft, die auch durch die Sorge ums bloße Überleben nach den Beschwernissen des Jahres 1530 mit sich selbst beschäftigt ist. Die Reformationsbewegung kommt somit zeitweilig zum Stillstand.

1534   Nach der Errichtung des Wiedertäuferreiches in Münster versuchen Sendboten dieser Bewegung auch in Osnabrück für ihre reformatorischen Gedanken zu werben. Der Rat läßt sie gefangennehmen und überantwortet sie der bischöflichen Gerichtsbarkeit. Sie werden daraufhin in Iburg hingerichtet. Anfänglich von ihnen entfachte wiedertäuferische Regungen in der Bevölkerung verlaufen im Sande. Die Wiedertäufer in Münster selbst werden nach langer Belagerung der Stadt durch ein Heer Bischof Franz von Waldecks 1535 überwältigt.

1542   Als sich Bischof Franz von Waldeck aus machtpolitischen Erwägungen einem Feldzuge des protestantischen Schmalkaldischen Bundes in Norddeutschland anschließt, kann er den Bürgern Osnabrücks nicht mehr verweigern, sich in ihrer Stadt der lutherischen Lehre zu öffnen.

1543   Der aus Lübeck herbeigerufene Superintendent Hermann Bonnus hält in der Marienkirche die erste evangelische Predigt und gibt der Stadt eine einheitliche lutherische Kirchenordnung (in niederdeutscher Sprache). Der Rat eröffnet im säkularisierten Barfüßerkloster eine eigene Lateinschule, das Ratsgymnasium.

1544   Die Stadt Osnabrück tritt dem Schmalkaldischen Bunde als ordentliches Mitglied bei.

1548   Nach seinen Erfolgen im Schmalkaldischen Krieg (1546—1547) dekretiert Kaiser Karl V. auf dem Reichstag zu Augsburg das kaiserliche Interim, das die Errungenschaften der Reformation — auch in Osnabrück — stark einschränkt. Das Ratsgymnasium wird wieder aufgehoben.

1552	Durch den aus politischem Zurückweichen Karls V. (Flucht vor Kurfürst Moritz von Sachsen) erwachsenen Passauer Vertrag wird das Interim wieder abgeschafft. In den beiden Stadtkirchen Osnabrücks — St. Marien und St. Katharinen — wird die Reformation wiederhergestellt. Der Prediger Pollius in St. Katharinen wird vom Rat zum ersten Stadtsuperintendenten berufen.
1553	Wegen der Gefahr einer Belagerung der Stadt durch Phillip Magnus von Braunschweig — beim Rachefeldzug nach Beteiligung des Osnabrücker Bischofs Franz von Waldeck an einem Angriff des Schmalkaldischen Bundes auf sein Land — läßt der Rat zur besseren Verteidigung Osnabrücks die Vorstädte vor den Mauern der Stadt niederbrennen. Es ergeht dazu das Verbot, sie weiterhin wieder aufzubauen (gültig bis 1843). Die Befestigungsanlagen werden ebenfalls und in der Folgezeit noch stärker gegen Feuerwaffen gesichert. Mittels der so verbesserten Verteidigungsanlagen gelingt den Bürgern — ohne Hilfe von Landesherr und Ritterschaft — die erfolgreiche Abwehr der Belagerung.
1557	Beginn der Grothausfehde, des langen Kampfes eines Osnabrücker Adligen gegen vermeintliches Unrecht, in den sich von Lingen aus die dort als Besatzung befindlichen Spanier (Freiheitskrieg der Niederlande gegen Spanien) einmischen. Sie endet 1591 mit dem Blutbad in der Gehn bei Bramsche, wo etwa 300 Bauern im Kampfe mit einer spanischen Reiterhorde aus Lingen ihr Leben lassen.
1568	Die Stadt erwirbt in einem Vertrage mit dem Domkapitel das Recht, daß sie allein auf dem Piesberg Steinkohlen brechen lassen darf.
1575	Die zweite Pestwelle — seit 1350 — sucht Osnabrück heim. Die Zahl ihrer Opfer beläuft sich auf mehr als 4000 Einwohner der Stadt. Es folgen eine Pockenepidemie und 1579 eine Mißernte mit Hungersnot. Weitere schwere Pestepidemien brechen noch 1597 und 1599—1605 aus.
1582	Wiederum wird — nach der schweren Notzeit der vorangegangenen Jahre — vielen „Hexen" der Prozeß gemacht. Innerhalb eines Jahrzehnts — insbesondere unter Bürgermeister Hammacher (1565—1588) — werden 163 Frauen Opfer eines makabren Hexenwahns.
1595	Erneute Eröffnung des Ratsgymnasiums durch die Stadt. Als Schulhaus wird zunächst das Gebäude der Kirchspielschule von St. Marien benutzt.
1613	Ein im Hofhaus zur Twente (Marienstraße 5) ausgebrochenes Feuer zerstört etwa 180 größtenteils gewerblich genutzte Häuser im Nordwesten der Stadt.
1618	Osnabrück läßt sich von Kaiser Ferdinand II. seine Privilegien und die „Augsburgische Konfession" (Religionsfreiheit) bestätigen. Der in der Stadt ansässige Adel dagegen ruft zur Unterstützung der böhmischen Stände gegen den Kaiser auf.
1618—1620	Die Wehrfähigen in der Stadt werden zu einer Bürgerwehr („Freifahne") zusammengefaßt und vereidigt. Außerdem werden Söldner angeworben. Die Stadt rüstet zur Verteidigung ihrer Freiheit und Selbständigkeit während des inzwischen ausgebrochenen Dreißigjährigen Krieges (1618—1648). Ihre Neutralität wird vom Kaiser anerkannt.
1623	Erste Belagerung Osnabrücks durch Truppen der katholischen Liga. Angesichts der großen die Stadt umfassenden Heeresmacht wählt das Domkapitel ohne die Beteiligung des Rates den katholischen Prinzen Eitel Friedrich Kardinal von Hohenzollern-Sigmaringen zum Osnabrücker Bischof (1623—1625).
1623/1624	Um Einquartierungen während des Winters zu vermeiden, die die Neutralität Osnabrücks verletzt hätten, zahlt die Stadt den Betrag von 39000 Talern an den Feldherrn der Liga Tilly. Das Umland wird jedoch ausgeplündert.

Abriß der Geschichte Osnabrücks in Jahreszahlen 793

1624	Kaiser Ferdinand II. lehnt die Erhebung Osnabrücks zur Freien Reichsstadt mit Rücksicht auf den katholischen Bischof und Landesherrn ab. Bischof Eitel Friedrich führt den Gregorianischen Kalender in der Stadt ein.
1625	Osnabrück wahrt auch einem dänischen Heer der protestantischen Union gegenüber — gegen Zahlung einer hohen Summe — seine Neutralität. Im gleichen Jahr ziehen die Jesuiten in die Stadt ein und stellen für die Domschule das Lehrpersonal. Nachfolger des im Herbst verstorbenen Bischofs Eitel Friedrich wird Bischof Franz Wilhelm von Wartenberg (1625—1661).
1626	Tilly schlägt die Dänen bei Lutter am Barenberge. Osnabrück wird wieder von Ligatruppen eingeschlossen; die Dänen halten jedoch Fürstenau. Im Schutze ligistischer Truppen entziehen sich der Bischof und das Domkapitel ihrer Pflichten gegenüber der Stadt (Mithilfe bei Aufbringung von Kontributionen). Mit der Gründung eines Jesuitenkollegs im Augustinerkloster (am Neumarkt) wird die Grundlage zum Aufbau einer katholischen Hochschule in Osnabrück durch Bischof Franz Wilhelm vom Wartenberg geschaffen.
1627	Wegen Verhandlungen der Stadt um Hilfeleistung mit den Dänen (in Fürstenau) und aus strategischen Gründen hebt Kaiser Ferdinand II. seinen Schutzbrief von 1618 und damit die Neutralität für Osnabrück auf. Das Domkapitel nimmt diese Wendung ohne Widerstand hin.
1628	Einzug der Tillyschen Truppen in Osnabrück (Einquartierung). Der von den Bürgern abgelehnte Bischof Franz Wilhelm beginnt eine energische Gegenreformation. Evangelische Prediger und Lehrer werden vertrieben. Das Ratsgymnasium wird abermals geschlossen. Ein katholischer Rat wird eingesetzt, ebenfalls katholische Bürgermeister. Das Jesuitenkolleg wird weiter ausgestaltet und im Südosten der Stadt die Petersburg erbaut. (Die nie ganz fertiggestellte Zwingfeste wird auf Betreiben des kaiserlichen Feldherrn Tilly errichtet; sie dient aber auch dem Bischof zur ständigen Bedrohung der Stadt.)
1629	Papst Urban VIII. bestätigt die von Bischof Franz Wilhelm 1626 beantragte Gründung einer Osnabrücker Karls-Universität; am 20.2.1630 folgt die Stiftungsurkunde Kaiser Ferdinands II.
1632	Die feierliche, prunkvolle Eröffnung der Universität erfolgt am 25. Oktober im Gebäude des ehemaligen Augustinerklosters am Neumarkt, das durch ein neuerrichtetes bischöfliches Gebäude erweitert wird. Den Lehrkörper der Academia Carolina bilden die bereits dort lebenden Jesuiten.
1633	Ein schwedisches Heer unter Herzog Georg von Braunschweig und Dodo von Knyphausen besetzt — nach kurzer Belagerung — kampflos die Stadt und hungert die katholische Besatzung der Petersburg aus. Die evangelischen Kirchen, der frühere Rat und das Ratsgymnasium werden wiederhergestellt. Die neugegründete Universität wird nach einjähriger Tätigkeit wieder aufgehoben. Die Stadt muß die schwedischen Truppen in ihren Mauern — alsbald unter dem Befehl des Grafen Gustav Gustavson — bis 1643 unterhalten (600 Mann). Bischof Franz Wilhelm hat die Stadt verlassen.
1636—1639	Der Hexenwahn flackert unter Bürgermeister Dr. Pelzer erneut auf und fordert noch einmal über 40 Opfer.
1641	Osnabrück wird neben Münster zum neutralen Ort für Verhandlungen zur Beendigung des Dreißigjährigen Krieges bestimmt.
1643	Die Stadt wird von den Schweden geräumt. Gesandte aus fast allen europäischen Ländern stellen sich alsbald ein und beginnen im Friedenssaal des Osnabrücker Rathauses mit den Verhandlungen.
1648	Am 6. August d. Js. wird der protestantische Teilfriede von Osnabrück (zwischen dem Reich und Schweden), am 5. und 6. September das katholische Vertrags-

werk von Münster (zwischen dem Reich und Frankreich) unterzeichnet. Am 24. Oktober wird der Gesamtfriede, der auch der Schweiz und den Niederlanden die Unabhängigkeit bringt, in Münster besiegelt. Am 25. Oktober wird der ,,Westfälische Friede'' und damit das Ende des Dreißigjährigen Krieges von der Treppe des Osnabrücker Rathauses verkündet.

1650   Auf dem Reichstage in Nürnberg werden die Verhältnisse des Bistums Osnabrück durch die ,,Immerwährende Kapitulation'' (Capitulatio perpetua) genauer geordnet. Der ,,Nürnberger Executionsausschuß'' bestimmt, daß das Bistum abwechselnd von einem gewählten katholischen und einem evangelischen Fürstbischof aus dem Hause Braunschweig-Lüneburg regiert wird. Die konfessionellen Verhältnisse im Bistum sollen auf den Zustand von 1624 (Normaljahr) zurückgeführt werden. Die Zusammensetzung des Domkapitels wird neu geregelt. Der neue (Gregorianische) Kalender wird endgültig eingeführt. Das Legge-Recht der Stadt wird bestätigt. Der Rat bleibt evangelisch und behält die niedere Gerichtsbarkeit sowie die Verwaltung des evangelischen Kirchen- und Schulwesens. Die Marien- und die Katharinenkirche bleiben evangelisch, das Augustiner- und das Barfüßerkloster werden nicht wiederhergestellt. Beiden Konfessionen wird freie Religionsausübung zugesichert. Bischof Franz Wilhelm gewährt für das Niederreißen der Petersburg durch die Bürger 1648 Vergebung. Seit 1648 fährt die Thurn- und Taxische Post zwischen Hamburg und Köln über Osnabrück.

Die Stadt seufzt unter einer unerträglichen Schuldenlast, so daß der Rat, um seinen Verpflichtungen nachzukommen, sogar Geld aus den Armenstiftungen in Anspruch nehmen muß.

V. Das Zeitalter des Absolutismus (1650—1802)

1650   Die schwedischen Truppen unter Gustav Gustavson verlassen nach Erhalt einer Abfindung das Bistum Osnabrück. Bischof Franz Wilhelm von Wartenberg kehrt zurück, residiert aber in späteren Jahren zumeist in seinem süddeutschen Bistum Regensburg.

1652   Die Jesuiten kehren nach Osnabrück zurück und führen das Gymnasium Carolinum weiter. Für den Unterricht steht wiederum der Domportikus zur Verfügung.

1661   Nach dem Tode Franz Wilhelms (1.12.1661) wird Ernst August I. von Braunschweig-Lüneburg der erste weltliche Bischof des Fürstbistums, das er bis 1698 regiert. Dieser evangelische Fürst wird nach den Bestimmungen des Westfälischen Friedens ohne Mitwirkung des Domkapitels eingesetzt. Er zwingt der Stadt eigene Truppen als Garnison auf, die als Einquartierung untergebracht werden und denen die Bürger die Bewachung der äußeren Stadttore überlassen müssen. Unter seiner Herrschaft werden von der Stadt weiter zahlreiche ,,freiwillige Geschenke'' — gleichsam als erste einem Landesherrn gezahlte Steuern — eingezogen. Osnabrück gerät dadurch in noch größere Verschuldung.

1667   Der Bischof veranlaßt, um seine Hofhaltung von Iburg nach Osnabrück zu verlegen, den Bau des Osnabrücker Schlosses, das er 1672 — noch während der Bauzeit — mit seiner Gemahlin Sophie (von der Pfalz) bezieht. 1675 ist das Hauptgebäude voll bewohnbar, 1680 folgen die beiden Seitenflügel. In seiner Gesamtausführung und dem Stile nach ist das Schloß ein verkleinertes Abbild des Palais de Luxembourg in Paris. Als Ernst August I. 1680 seine Residenz nach Hannover verlegt, wo er die Herzogs- und später die Kurfürstenwürde erlangt, steht das Schloß — Privateigentum des braunschweig-lüneburgischen Hauses, später des Hauses Hannover — in seiner weiteren Regierungszeit fast dauernd leer. Von Hannover aus wird über den Geheimen Rat in Osnabrück das Fürstbistum mitverwaltet.

1673	Nördlich des Domes entsteht ein von Ost nach West verlaufendes neues Schulgebäude für das Carolinum.
1681/82	Wiedererrichtung eines Jesuitenkollegiums in Osnabrück im Anschluß an das neue Schulgebäude an der Gr. Domsfreiheit, sehr zum Ärger der Stadt, die häufig in Auseinandersetzungen mit den Jesuiten verwickelt ist.
1682	Osnabrück wird an das hannoversche Postnetz angeschlossen.
1698	Nach dem Tode Ernst Augusts I. wird Karl Josef Herzog von Lothringen, 1711 auch Kurfürst von Trier, vom Domkapitel zum katholischen Bischof für das Bistum Osnabrück gewählt. Er regiert das Fürstbistum bis 1715.
1714	Bischof Karl läßt als erste Kunststraße des Bistums die Straße von Osnabrück über Oesede nach Iburg ausbauen.
1715	Nach dem Tode Bischofs Karl von Lothringen 1715 wählt das Domkapitel entsprechend den Bestimmungen der „Immerwährenden Kapitulation" den evangelischen Welfen Ernst August II. (Bruder König Georgs I. von England, Herzog von York und Albanien) zum Fürstbischof. Ernst August II. regiert bis 1728.
1715—1728	Während seiner Regierungszeit trägt Ernst August II., der in diesem Zeitraum dauernd im Osnabrücker Schloß wohnt, der wirtschaftspolitischen Zeitströmung des Merkantilismus Rechnung durch Förderung der Heimindustrie (Belebung der Leinen- und Tuchweberei) und Aufbau von Manufakturen: Anlegung einer Wachsbleiche, Errichtung einer Saline auf dem „Rothen Felde" bei Erpen, Erbauung einer Porzellanfabrik am Westerberg, die 1727 auf den Hof des Großen Klubs verlegt wird, sowie Gründung einer bischöflichen Münze am Ledenhof. Die von ihm begonnene, aber nicht vollendete Augustenburg vor dem Martinitore wird nach seinem Tode von den Bürgern aufgekauft und abgebrochen.
1720	Justus Möser wird in Osnabrück geboren (14.12.).
1727	König Georg I. von England stirbt auf der Reise nach Hannover im Osnabrücker Schloß.
1728	Das Domkapitel wählt den katholischen Fürsten Clemens August von Wittelsbach, Herzog von Bayern, Kurfürst von Köln, zum Bischof von Osnabrück. Er regiert bis 1761. Fast nur in seiner rheinischen Residenz Schloß Brühl bei Bonn weilend, ernennt er den Dompropst von Kerssenbrock zu seinem Statthalter im Bistum Osnabrück. Dieser baut den alten bischöflichen Hof Eversburg zu seiner Residenz aus und legt die Petrusallee mit der Petrussäule an.
1732	Bischof Clemens August läßt die Neue Mühle an der Hase (beim Pottgraben) erneuern und als Hochmeister des Deutschen Ordens auch die Kirche der Ordenskommende (an der Kommenderiestraße) wieder herrichten.
1756—1763	Im Siebenjährigen Kriege stellt sich Clemens August auf die österreichische Seite, während die Stadt mit der preußisch-hannoverschen Partei sympathisiert. Osnabrück hat bald unter braunschweigisch-preußischer, bald unter französischer Besatzung zu leiden. Infolge völliger Vernachlässigung der noch unter dem Hause Hannover vorbildlichen Verteidigungsanlagen ist die Stadt nicht in der Lage, sich auch nur gegen relativ schwache plündernde Streifkorps der Franzosen zur Wehr zu setzen. Zwangsrekrutierungen, Erpressung von Geldsummen und Sachwerten treiben die Stadt fast in den Ruin.
1761—1764	Infolge der Kriegswirren und Streitigkeiten des Domkapitels mit König Georg III. von England wegen der Nachfolge auf den verstorbenen Bischof Clemens August bleibt der Osnabrücker Bischofsstuhl zunächst unbesetzt. Die Regierungsgeschäfte des Fürstbistums werden von König Georg III. von England übernommen und von London aus wahrgenommen.

1764—1802	Prinz Friedrich von York, Sohn des Königs von England, wird Fürstbischof von Osnabrück. Während seiner Unmündigkeit — bei seiner Einsetzung ist er nur ein halbes Jahr alt — überträgt der König die Regierungsgeschäfte auf zwei Vertreter der Osnabrücker Ritterschaft (v. d. Bussche und v. Lenthe). Ihr juristischer Berater wird als Geheimer Justizrat Justus Möser. Bischof Friedrich, der bis 1802 regiert, ist der letzte Osnabrücker Fürstbischof.
1765	Möser beginnt seine ,,Osnabrückische Geschichte'', die ,,erste deutsche Sozial- und Verfassungsgeschichte'' (Hoffmeyer), zu schreiben. Sie wird 1823 noch durch einen 3. Band aus seinem Nachlaß erweitert.
1766	Möser veranlaßt das Erscheinen der ,,Osnabrückischen Intelligenzblätter'', der ersten Osnabrücker Zeitung als Wochenblatt; sie wird von Möser geleitet und durch volkstümliche Abhandlungen über Angelegenheiten des praktischen Lebens bereichert. Diese Aufsätze werden von Mösers Tochter Jenny v. Voigts gesammelt und ab 1774 (1. Band) unter der Bezeichnung ,,Patriotische Phantasien'' herausgebracht.
1771	Osnabrück erlebt — nach dem Siebenjährigen Krieg — mit nur 5923 Einwohnern einen Bevölkerungstiefstand.
1772	In der Stadt herrscht eine allgemeine Teuerung. Die Bevölkerung und vor allem die katholische Kirche feiern das tausendjährige Bestehen des Ortes, des Bistums und des Domes.
1773	Nach der Aufhebung des Jesuitenordens durch Papst Clemens XIV. wird auch in Osnabrück das Jesuitenkolleg aufgelöst und das Gymnasium Carolinum den Franziskanern übergeben.
ab 1780	Das sog. ,,Goldene Zeitalter'' Osnabrücks — bis etwa 1800 — beginnt. Ein erheblicher Aufschwung der Leinenindustrie, der Tabakfabrikation, des Handels, der Bautätigkeit (Bürgerhäuser im klassizistischen Stil) und auch des geistigen Lebens setzt ein.
1780	Das erste Osnabrücker Theater wird in einem dafür hergerichteten großen Stall des früheren Tecklenburger Hofes an der Gr. Gildewart (seit 1620 städtisches Waisenhaus) ins Leben gerufen.
1783	Bischof Friedrich von York wird volljährig und übernimmt selbst in Osnabrück die Regierung des Fürstbistums, kehrt aber bald nach England zurück.
1785	Bau der Landes- und Justizkanzlei, jetzt Bischöflichen Kanzlei, deren klassizistischer Baustil bei zahlreichen Bauten von Bürgerhäusern Nachahmung findet (z. B. bei der Hirschapotheke).
1789	Es erscheint die ,,Beschreibung und Geschichte des Hochstifts und Fürstentums Osnabrück'' von Johann Eberhard Stüve.
1793	Bischof Friedrich von York erhält den Oberbefehl über die englischen Streitkräfte, die gegen das revolutionäre Frankreich eingesetzt werden.
1794	Justus Möser stirbt in Osnabrück. Französische Emigranten bevölkern Osnabrück und bringen der Stadt viele Belastungen. Ein revolutionärer Bauernaufstand im Osnabrücker Land (in Bissendorf, Holte und Gesmold) wird niedergeschlagen.
1795	Durch den Baseler Frieden 1795 wird das Fürstbistum zum neutralen Gebiet erklärt. Preußische Truppen besetzen die Stadt zur Sicherung der Demarkationslinie. Die französischen Emigranten ziehen fort. Doch infolge der Revolutionskriege erlebt die Stadt weiterhin Einquartierungen von hannoverschen, englischen, preußischen und französischen Truppen, die auf Seiten der Emigranten kämpfen.— Die Stadt beginnt, die Gossen in der Mitte der Straßen zu beseitigen, Bürgersteige anzulegen, Misthaufen, Holzstapel und Fensterböcke vor den Häu-

	sern zu entfernen. Mit der nächtlichen Beleuchtung des Marktes erhält sie ihre erste Straßenbeleuchtung, die darüber hinaus für die Straßen der Stadt später von den Laischaften übernommen wird.
1801	Gesellenaufstand in der Gartlage. Eine zunächst harmlose Zusammenrottung von Osnabrücker Handwerksgesellen spitzt sich zu. Durch revolutionäre Parolen verleitet, leisten die Gesellen und einige Bürger dem Rat und den hannoverschen Truppen Widerstand, der blutig gebrochen wird (10 Tote bei den Aufständischen). In der Stadt planen empörte Bürger einen Aufstand gegen den Rat; die Angelegenheit verläuft aber im Sande. Die beteiligten Gesellen und Bürger werden mit harten Strafen belegt.

VI. Franzosenzeit und unter hannoverscher Verwaltung (1802—1848)

1802	Bischof Friedrich tritt das Fürstbistum Osnabrück an seinen Vater, König Georg III. von England, ab (29.10.). Die Verwaltung übernimmt die hannoversche Regierung. Damit hört das Fürstbistum auf zu bestehen. Auf Grund der Bestimmungen des Reichsdeputationshauptschlusses zu Regensburg 1802/03 zieht die hannoversche Regierung den geistlichen Besitz ein; Bistum und Domkapitel, das Stift zu St. Johann, das Dominikanerkloster, das Kloster Marienstätte, das Gertrudenberger Kloster sowie die übrigen im Bistum noch bestehenden Klöster werden aufgehoben (Säkularisation). Das Kurfürstentum Hannover, dem das Fürstbistum Osnabrück einverleibt wird, stellt allen geistlichen Besitz an Gebäuden und Liegenschaften unter die Verwaltung der Klosterkammer. Hannover behält sich auch die Bestätigung der Ratswahlen in der Stadt Osnabrück vor.
1803	Okkupation Hannovers durch Frankreich. Osnabrück wird von Truppen Napoleons besetzt. Die Häuser werden mit Nummern versehen.
1804	Heinrich David Stüve wird Erster Bürgermeister (ab 1807 offiziell als „Maire" bezeichnet); er bekleidet dieses Amt bis 1813.
1806	Nach der Kriegserklärung Preußens gegen Frankreich (1.3.): Das Kurfürstentum Hannover wird durch Preußen annektiert. Preußische Truppen besetzen Osnabrück. Die Stadt leistet dem preußischen König den Huldigungseid.
1806	Nach der Niederlage Preußens bei Jena und Auerstädt (26.10.): Französische Truppen ziehen wieder in Osnabrück ein. Osnabrück und das Osnabrücker Land werden mit den Bereichen um Münster, Tecklenburg, Lingen und der Grafschaft Mark zum Premier Gouvernement des Pays Conquis (Erstes Gouvernement der eroberten Lande) vereinigt. Die Stadt muß hohe Abgaben zahlen.
1807	Das Fürstentum Osnabrück wird mit dem von Napoleon errichteten Königreich Westfalen unter seinem Bruder Jerome vereinigt. Die Stadt Osnabrück wird Hauptstadt des Weserdepartements. Maire Stüve reist mit einer Osnabrücker Bürgerabordnung nach Paris, um von dem nunmehrigen Landesherrn die neue Verfassung für die Stadt entgegenzunehmen. Die Abordnung wird auch Napoleon vorgestellt. Verwaltung und Justiz werden reformiert und einheitliche Rechtsvorschriften (Code Napoléon) sowie Maße und Gewichte eingeführt. Standesvorrechte, Leibeigenschaft und Zunftzwang werden aufgehoben. Die Juden werden gleichberechtigte Bürger. Allerdings müssen Department und Stadt viele Rekruten für die Kriege Napoleons stellen. Auch wird der Stadt trotz des Verlustes vieler Einnahmequellen (Kontinentalsperre) eine hohe Steuerlast auferlegt.
1808	Die Leichenbestattung innerhalb der Stadt wird verboten; der Hase- und der Johannisfriedhof werden vor der Stadt angelegt. Die Stadt übernimmt von den Laischaften (s. o.) die Straßenbeleuchtung. Die Trennung von Altstadt und Neu-

stadt wird aufgehoben. Im September kommt König Jerome von Westfalen zum Besuch nach Osnabrück und wird von den Bürgern mit Begeisterung empfangen.

1810   In Osnabrück wird von der Westfälischen Regierung ein Evangelisches Lehrerseminar eingerichtet. Mit der Gründung einer städtischen Armenanstalt wird die Bettelei unterdrückt. Das evangelische Waisenhaus wird aufgehoben.

1811   Mit Beginn des Jahres wird Osnabrück unmittelbar dem französischen Kaiserreich einverleibt. Die Stadt wird Hauptstadt des Oberemsdepartements. Durch das französische Tabakmonopol wird die rege Osnabrücker Zigarrenindustrie vernichtet. Auf Befehl der Departementsregierung muß die Stadt bei der Katharinenkirche einen Wochenmarkt einrichten.

1813   Große Züge von Kranken und Verwundeten aus Rußland ziehen durch die Stadt. Osnabrück muß ein Lazarett einrichten. Maire Heinrich David Stüve stirbt an Typhus. Sein Nachfolger Fabrikant Thorbecke wird Maire, nach Abzug der Franzosen jedoch wieder Bürgermeister. Advokat Kamps aus Damme wird wegen Beleidigung der französischen Gendarmerie und Verwaltung noch zum Tode verurteilt und in der Wüste erschossen. Nach vergeblichen und blutig unterdrückten Aufständen gegen die Franzosen, u. a. auch in Oldenburg und an der Wesermündung, erlebt nach dem Siege der Verbündeten über Napoleon bei Leipzig am 16./19. Oktober 1813 mit Nordwestdeutschland auch Osnabrück seine Befreiung von der Fremdherrschaft. Am 3.11.1813 verlassen die letzten Franzosen unsere Stadt. Sie wird wieder hannoveranisch. Es wird ein Landwehrbataillon aufgestellt.

1814   Die Stadt erhält eine neue Stadtverfassung. Die Trennung von Altstadt und Neustadt bleibt aufgehoben. Viele Privilegien werden jedoch abgebaut. Der Magistrat wird in eine gerichtliche und eine Verwaltungskammer unterteilt. Durch diese von der hannoverschen Regierung aufgezwungene Verfassung verliert Osnabrück seine alte, fast reichsstädtische Selbständigkeit. Am 24.7.1814 findet auf Anordnung der hannoverschen Regierung in Osnabrück ein großes ,,Friedensfest'' gleichsam als Dankabstattung für die Wiederherstellung des Königreichs Hannover (seit dem Wiener Kongreß 1814/15) statt.

1815   Das Osnabrücker Landwehrbataillon zeichnet sich in der Schlacht bei Waterloo durch besondere Tapferkeit aus. Daran erinnert noch heute das 1817 von dem Advokaten Gerhard Friedrich von Gülich gestiftete Heger Tor.

1816   In Osnabrück wird eine Königlich Hannoversche Provinzialregierung eingesetzt; ihr erster Präsident ist Herbord Sigmund Ludwig von Bar. Ihr wird auch die Stadt Osnabrück unterstellt. Diese verliert ihre Militärhoheit und Steuerfreiheit, behält jedoch die niedere Gerichtsbarkeit sowie die Verwaltung ihrer evangelischen Kirchen und Schulen (Stadtkonsistorium).
Die Verwaltung der katholischen kirchlichen Einrichtungen erfolgt zunächst durch Apostolische Administratoren (Karl Klemens von Gruben †1827, Karl Anton Lüpke 1827—1855). 1830 wird Lüpke Weihbischof von Osnabrück.

1817   Der König von Hannover überläßt dem Ratsgymnasium die von Böselagersche Kurie am Domhof als neues Schulgebäude.
Mit der Wiedereinrichtung der Zünfte wird auch die Gewerbefreiheit aufgehoben.

1823   Die Regierung in Osnabrück erhält die Bezeichnung Landdrostei; ihr Präsident heißt seitdem Landdrost.

1824   Die Entfestigung der Stadt mit ihren längst veralteten Festungsanlagen beginnt mit der Schleifung der stark befestigten Stadttore.
Johann Carl Bertram Stüve (geb. 1798) wird Vertreter der Stadt in der 2. Kammer der hannoverschen Ständeversammlung. Er erwirbt sich große Verdienste

	um das Zustandekommen des Ablösungsgesetzes von 1831 (Aufhebung der Eigenbehörigkeit) und um den Entwurf des Staatsgrundgesetzes von 1833.
1825	Die Stadtsparkasse wird eröffnet.
1827—1833	Albert Lortzing wirkt als Schauspieler, Sänger, Dichter und Kapellmeister sowie Komponist in Osnabrück.
1831	Die Eigenbehörigkeit (aus der Leibeigenschaft herrührende willkürliche Rechte der Grundherren) der Bauern wird abgelöst.
1832	Nach langer Unterbrechung feiern die Bürger wieder Schützenfeste.
1833	Stüve wird zweiter oder Verwaltungsbürgermeister, erster oder Justizbürgermeister ist Kemper, seit 1841 Wilhelm Stüve. Stüve und die Stadt opponieren gegen das neue ,,Hannoversche Staatsgrundgesetz''.
1833	Nach dem Vorbilde in anderen annähernd gleichgroßen Städten im benachbarten Westfalen errichtet der evangelische Magistrat der Stadt eine evangelische Bürgerschule — als weiterführende Schule zwischen Volksschule und Gymnasium. Aus ihr entsteht 1872 die Mittelschule.
1836	Das Möserdenkmal auf der Großen Domsfreiheit wird enthüllt.
1838	Lehrer Noelle errichtet die erste (private) Handelsschule in Osnabrück. Im gleichen Jahr wird in Osnabrück ein katholisches Lehrerseminar eröffnet.
1843	Der Magistrat hebt das Verbot aus dem Jahre 1553, außerhalb der Festungsanlagen Häuser zu errichten, auf. Vor den Mauern der Stadt entstehen die ersten vorstädtischen Ansiedlungen. Der ,,Osnabrücker Handelsverein'' wird gegründet; aus ihm geht 1863 die Handelskammer (später: Industrie- und Handelskammer) hervor.
1848	Die revolutionären Bewegungen in Deutschland erschüttern auch das Königreich Hannover. Der König beruft Bürgermeister Stüve, seinen schärfsten Gegner, zum Minister des Innern, damit er das Land vor der Revolution bewahre. Auch in Osnabrück herrscht revolutionäre Stimmung. Das ,,Tageblatt'', eine demokratische Zeitung, wird gegründet. Es bilden sich spontane Komitees. Die Bürger fordern eine freie Volksvertretung (Bürgervorsteherversammlung) unter Zulassung der Öffentlichkeit, die ihnen auch in der neuen Stadtverfassung vom 1.3.1849 gewährt wird, und gründen eine Bürgerwehr. Darüber hinaus verlangen sie von der Stadt die Verwirklichung des Rechtes auf Arbeit und kostenlosen Unterricht sowie freie Unterrichtsmittel in den Schulen. Ein linksstehender ,,Märzverein'' wird eingerichtet. Regimetreue Kräfte gründen das ,,Volksblatt'' und organisieren sich im ,,Vaterländischen Verein''. Die Katholiken gründen den ,,Piusverein''.
1848	Weihbischof Lüpke kauft die Simultane Töchterschule des gestorbenen Frl. Vezin, die später den Ursulinen übergeben wird und an der Kl. Domsfreiheit ein eigenes Schulgebäude erhält. Der evangelische Magistrat errichtet in der aufgekauften v. Scheleschen Kurie neben der Katharinenkirche eine evangelische Höhere Töchterschule, die 1876 ein neues Schulgebäude am Kanzlerwall bezieht.

VII. Die Industrialisierung mit Beginn in der hannoverschen Zeit und unter preußischer Regierung (1848—1914)

1849	Der in diesem Jahre gestiftete Arbeiter-Bildungsverein Osnabrück vertritt neben Arbeiterinteressen eine zeitgemäße Bildung seiner Mitglieder.
1850	Die Stadt kauft vom Staat (früherer Besitz des Domkapitels) die Herrenteichsmühle, die 1867 abgebrochen wird, sowie die Neue Mühle und den alten Martinshof am Pottgraben.

	Nun beginnt die Stadt auch mit dem Bau unterirdischer Abwässerkanäle. Damit wird die allgemeine Kanalisation Osnabrücks eingeleitet.
1852	Die Stadt verliert durch die hannoversche Gerichtsreform vom 1. Oktober 1852 ihre niedere Gerichtsbarkeit. Damit fällt die Notwendigkeit eines Justizbürgermeisters fort.
1852—1864	Stüve wird nunmehr — nach seiner Rückkehr aus Hannover — alleiniger Bürgermeister von Osnabrück.
1854	Hannover tritt dem von Preußen 1834 gegründeten Zollverein bei. Der Handel des bis dahin zum großen Teil von Zollvereinsgebiet umschlossenen Osnabrück wird dadurch günstig beeinflußt.
1855	Die Eisenbahn Osnabrück — Löhne wird eröffnet und damit die Verbindung nach Hannover geschaffen; sie wird 1856 über Rheine nach Emden weitergeführt.
1856	Der Georgs-Marien-Bergwerks- und Hüttenverein wird gegründet.
1857	Das Bistum Osnabrück wird wiederhergestellt. Dr. Paulus Melchers wird Bischof von Osnabrück (1858—1866). Die Provinzial-Taubstummenanstalt in Osnabrück wird eingerichtet.
1858	Die Stadt Osnabrück erhält auf der Grundlage der noch von Stüve als Innenminister 1851 ausgearbeiteten Hannoverschen Städteordnung eine neue Verfassung. Sie erweitert die demokratische Mitwirkung der Bürgerschaft bei der Verwaltung der Stadt. Das Osnabrücker Gaswerk nimmt seinen Betrieb auf. In der Folgezeit erhalten Osnabrücks Straßen Gasbeleuchtung.
1859	Die Cholera wütet in Osnabrück. Der Bau der städtischen Kanalisation wird beschleunigt, die Wasserversorgung verbessert und der Bau eines Elektrizitätswerks betrieben. Zur Aufnahme von Kranken in der Neustadt wird auf der Johannisfreiheit die Errichtung eines neuen Hospitals, des Marienhospitals, in die Wege geleitet.
1861	In der Stadt gibt es bereits 139 größere und kleinere Fabrikbetriebe.
1864	Die Freiwillige Feuerwehr wird gegründet.
1869	Johannes von Miquel wird zum erstenmal Bürgermeister von Osnabrück. 1869 wird er vom preußischen König zum Oberbürgermeister ernannt.
1865	Das neue Stadtkrankenhaus vor dem Heger Tor — seit 1862 im Bau — wird in den Dienst gestellt.
1866	Nach der Annektion des Königreichs Hannover durch die preußische Monarchie fällt Osnabrück an Preußen.
ab 1867	Durch Initiative Miquels wird das evangelische Volksschulwesen umgestaltet. Ihm verdankt Osnabrück auch die Gründung einer zunächst städtischen Realschule, die seit 1882 mit einem Realgymnasium verbunden wird. Das Schulgebäude entsteht an der Lotter Straße. 1887 wird diese Anstalt vom Staat übernommen.
1868	Die Kirchenvorstands- und Synodalordnung der Hannoverschen Landeskirche von 1864 tritt in Kraft. Die lutherischen Gemeinden in der Stadt werden dem Konsistorium in Hannover unterstellt. Das Osnabrücker Stahlwerk wird gegründet. Die sodann errichteten Werksanlagen werden 1871 in Betrieb genommen. 1888 wird es mit dem Georgs-Marien-Bergwerks- und Hüttenverein verschmolzen. Auf dem Gertrudenberg wird eine Heil- und Pflegeanstalt als Landeseinrichtung geschaffen. Bis dahin oblag die Betreuung geisteskranker Mitbürger der Stadt.

	Ein Brandunglück zerstört die Spitze des Katharinenkirchturms. Die Erneuerung ist erst 1880 abgeschlossen.
1870—1876	Bürgermeister Detering steht als Nachfolger von Miquel an der Spitze der Stadtverwaltung.
1871	Die Eisenbahnlinie Osnabrück — Münster wird eröffnet. Bereits 1872 sind mit dieser Strecke die Verbindungen nach Hamburg und Köln hergestellt.
1872—1877	Mit der Abtragung der Wälle wird die Niederlegung der Festungsanlagen Osnabrücks gänzlich durchgeführt. Der Bereich der ehemaligen Wälle wird weitgehend in mit Grünanlagen versehene Promenaden umgewandelt.
1873	Die Stiftfabrik Witte und Kämper läßt sich in der Gartlage nieder. Seit 1890 führt sie die Bezeichnung „Osnabrücker Kupfer- und Drahtwerk", heute kabelmetal.
1876	Die Eisenbahnlinie Osnabrück — Oldenburg wird eröffnet.
1876—1880	Johannes von Miquel wird nach seinem Ausscheiden aus dem Reichstag wiederum Oberbürgermeister von Osnabrück. Er ruft die Handwerks-Innungen (früher Zünfte) wieder ins Leben.
1878	An der Klubstraße (am Schloßgarten) wird das Kinderhospital eröffnet. Das neue Gebäude des Amts- und Landgerichts am Neumarkt wird bezogen.
1880—1888	Oberbürgermeister Brüning wird Nachfolger von Miquel. Auf dem Neumarkt wird 1880 für die in den letzten Kriegen gefallenen Bürger Osnabrücks ein Kriegerdenkmal errichtet, das 1928 zum Straßburger Platz verlegt wird.
1881	Das Hauptpostgebäude an der Wittekindstraße wird erbaut.
1882	Das Stüve-Denkmal wird auf dem Marktplatz — vor dem Rathaus — enthüllt. Es steht heute in den Grünanlagen vor dem Heger Tor. Die Stadt erhält eine Pferdebahn.
1883	Am Pottgraben wird ein städtisches Badehaus erbaut.
1884	Die Stadt legt in der Gartlage einen Schlachthof an.
1885	An die Stelle der Landdrostei Osnabrück tritt die Königliche Regierung für den Regierungsbezirk Osnabrück, der auch die evangelischen und katholischen Volksschulen unterstellt werden; das Landkonsistorium als bisherige Aufsichtsbehörde für das evangelische Volksschulwesen wird aufgehoben.
1886	Die Eisenbahnlinie Osnabrück — Brackwede — Bielefeld wird eröffnet.
1886	In Osnabrück wird eine evangelisch-reformierte Gemeinde gegründet.
1887	In der Stadt wird der Fernsprechverkehr mit 32 Telefonverbindungen in Betrieb genommen.
1888—1897	Bürgermeister, später Oberbürgermeister Möllmann steht an der Spitze der Stadtverwaltung.
1889	Die Stadt Osnabrück verkauft den Piesberg mit dem Steinkohlenförderbetrieb an den Georgs-Marien-Bergwerks- und Hüttenverein.
1890	Das städtische Wasserwerk — mit Hochbehältern auf dem Wester- und dem Schölerberg — wird in Betrieb genommen. Die Versorgung der Stadt mit gesundem Trinkwasser wird damit endgültig sichergestellt. Am Kanzlerwall — gegenüber dem Heger Tor — wird ein neues Museum eingeweiht.
1891	Reichskanzler v. Caprivi besucht anläßlich der Feier der 25. Wiederkehr der Gründung des Infanterieregiments Nr. 78, dessen Chef er ist, die Garnisonstadt Osnabrück. Er wird im Rathaus empfangen und besichtigt auch das Stahlwerk. Die nach ihm benannten neuen Kasernenanlagen am Westerberg werden 1899 bezogen.

1893	Die evangelisch-reformierte Gemeinde weiht ihre neue Kirche, die Bergkirche, ein.
1895	Der Hauptbahnhof — als sog. Etagen- bzw. Turmbahnhof — wird in Betrieb genommen. Er ersetzt die beiden bisherigen Bahnhöfe, den Hannoverschen und den Bremer Bahnhof.
1896	Die Haltestelle Hasetor (Hasetorbahnhof) wird eingerichtet, vor allem um den Geschäftsverkehr in der Hasestraße neu zu beleben.
1898	22.6.: Der Schriftsteller Erich Maria Remarque wird in Osnabrück geboren. Der Georgs-Marien-Bergwerks- und Hüttenverein stellt den Kohlenbergbau am Piesberg ein, nachdem es dort wegen äußerst schwieriger Arbeitsbedingungen (Wassereinbrüche in die Stollen) zu Streiks in den Kohlengruben gekommen ist. Die städtische Straßenreinigung und Müllabfuhr werden eingerichtet.
1898—1901	Bürgermeister, seit 1899 Oberbürgermeister von Osnabrück ist der frühere Senator Westerkamp.
1899	Auf dem heutigen Stresemannplatz wird — in Anwesenheit des Prinzen Heinrich von Preußen — das Kaiser-Wilhelm-Denkmal (Reiterstandbild Wilhelms I.) eingeweiht. Nach dem Einschmelzen der Bronzefigur während des letzten Krieges wird bald danach auch der Sockel abgebrochen.
1900	Die Osnabrücker Handwerkskammer nimmt ihre Tätigkeit auf.
1901	Dr. Rißmüller wird Bürgermeister, ab 1910 Oberbürgermeister von Osnabrück. Das städtische Elektrizitätswerk wird in Dienst gestellt. Die Domgemeinde erbaut die Herz-Jesu-Kirche.
1902	1.4.: Die seit dem Mittelalter bestehende Osnabrücker Stadtlegge wird aufgehoben. Die städtische Bücher- und Lesehalle, Hakenstraße 1, wird eröffnet.
1903	Die Provinzial-Hebammen-Lehranstalt an der Knollstraße wird erbaut. Als Vorbereitungsstätte für den Besuch der Lehrerseminare werden eine evangelische und eine katholische Präparandenanstalt in Osnabrück eingerichtet.
1904	Das Gymnasium Carolinum feiert sein 1100jähriges Bestehen.
1905	1.12.: Nach einer allgemeinen Volkszählung hat Osnabrück zu diesem Zeitpunkt 59580 Einwohner. (1800 belief sich die Einwohnerzahl der Stadt noch auf 8564 Personen.) Das Lyradenkmal an der Vitischanze wird enthüllt.
1906	31.1.: Die städtische elektrische Straßenbahn wird in Betrieb genommen. Das Ratsgymnasium bezieht sein neues Schulgebäude am Schloßgarten. Die jüdische Gemeinde Osnabrücks weiht ihre neue große Synagoge an der Rolandstraße ein.
1906—1912	Die den Stadtverkehr behindernden beschrankten Eisenbahnübergänge werden durch erhöhte Eisenbahndämme mit entsprechenden Unterführungen der davon betroffenen Straßenzüge abgelöst. Die damit gegebene beträchtliche Einengung des Stadtbildes wird in Kauf genommen.
1907	Die letzten Postkutschen-Verbindungen werden aufgehoben.
1908	1.4.: Die evangelischen und katholischen Volksschulen in Osnabrück werden städtische Schulen.
1909	29.9.: Das neue Theater am Domhof wird feierlich eröffnet. Die St. Mariengemeinde erbaut eine evangelische Kirche in Eversburg, St. Katharinen die Lutherkirche im Süden der Stadt.
1912	Neben dem Schlachthof an der Gartlage wird ein städtischer Viehhof angelegt.

Abriß der Geschichte Osnabrücks in Jahreszahlen 803

ab 1912	Im Bereiche der Kanalisation beginnt Osnabrück damit, nach dem Trennsystem Doppelkanäle zu bauen, einen für das Regenwasser, den anderen für das Schmutzwasser.
1912/1913	Der Güterbahnhof wird aus dem Bahnhofsgelände heraus nach dem Fledder verlegt.

VIII. Osnabrück im 20. Jahrhundert (1914—1978)

1914	Der Erste Weltkrieg beginnt (1.8.) und bewirkt auch für Osnabrück eine straffere Lenkung des öffentlichen Lebens durch Staat und Militär. Durch die Eingemeindung des Vororts Schinkel, wodurch über 10000 Einwohner hinzugewonnen werden, steigt die Einwohnerzahl Osnabrücks auf 80693.
1915	Erstmals wird ein Sozialdemokrat, der Redakteur Otto Vesper, in das Osnabrücker Bürgervorsteherkollegium gewählt.
1916	3.4.: Das erste Schiff läuft — vom Mittellandkanal aus — durch den Stichkanal den 1915 fertiggestellten Osnabrücker Kanalhafen an. Der Anschluß an das deutsche Wasserstraßennetz ist damit vollzogen.
1916—1918	Wegen der kriegsbedingten Verschlechterung der allgemeinen Ernährungslage wird die Zuteilung von Lebensmitteln an die Bevölkerung rationiert und in die Hände der Stadtverwaltung gegeben. Diese gibt erstmalig Lebensmittelkarten aus.
1917	Die katholische Gemeinde in Eversburg erhält eine Pfarre und 1924 eine Kirche. Die Josefskirche in der Neustadt wird eingeweiht.
1918	8.11.: In Osnabrück wird ein Arbeiter- und Soldatenrat gebildet. Die Garnison schließt sich der revolutionären Bewegung an. Am Abend finden sich Soldaten und Bürger zu einer Massenversammlung vor dem Rathaus ein, wo der Bürgervorsteher Otto Vesper (SPD) sie zur Ruhe und Ordnung ermahnt. Arbeiter- und Soldatenrat, Garnisonkommando und städtische Behörden beschließen Zusammenarbeit.
1918	9.11.: Nach dem Thronverzicht Kaiser Wilhelms II. wird in Berlin die Republik ausgerufen. In Osnabrück wird das Ergebnis der Verhandlungen des Arbeiter- und Soldatenrates mit der Stadt in einem Aufruf an ,,Soldaten, Arbeiter und Bürger" als Flugblatt und in der Presse bekanntgegeben. In einer erneuten Massenversammlung auf dem Ledenhof werden die Ereignisse des 8.11. in Osnabrück in ihrer Bedeutung von Otto Vesper erläutert. Grundthema ist die endlich vollzogene Selbstbefreiung des Volkes.
1918	11.11.: Mit dem Abschluß des Waffenstillstandes zwischen den Alliierten und dem Deutschen Reich werden die Kampfhandlungen des Ersten Weltkrieges beendet.
1919	19.2.: Wegen der mangelhaften Lebensmittelzuteilung an die Bevölkerung Osnabrücks brechen in der Stadt Unruhen aus. Demonstrierende Massen ziehen vor das Rathaus und veranlassen den vorübergehenden Rücktritt des Oberbürgermeisters Dr. Rißmüller.
1919	2.3.: Die erste Nachkriegswahl zum Osnabrücker Bürgervorsteherkollegium bringt der SPD 17 Sitze. Zwei SPD-Senatoren — Otto Vesper und Johann Kaldenbach — treten in den Magistrat ein. Ihnen steht jedoch eine große bürgerliche Mehrheit gegenüber. Mit dem Eintritt führender Mitglieder des Arbeiterrates in die SPD-Fraktion beginnt die Auflösung des Arbeiter- und Soldatenrates.
1919	Die Stadt richtet eine Volkshochschule ein.

1920	9.2.: Aus Furcht vor kommunistischen Umtrieben in der Stadt wird für Osnabrück der Ausnahmezustand erklärt. 13.—17.3.: Durch einen Generalstreik der Gewerkschaften, an dem man sich auch in Osnabrück beteiligt, wird der Kapp-Putsch gegen die Reichsregierung niedergeschlagen. 19.3.: Als das Freikorps ,,Lichtschlag" (Btl.) von Osnabrück aus gegen eine ,,Rote Armee" im Ruhrgebiet eingesetzt werden soll, wird mit der Drohung eines erneuten Generalstreiks das Ausrücken des Bataillons verhindert. 22.6.: Der Einsatz einer inzwischen (im April) aufgestellten Bürgerwehr als Ortsschutz gegen wieder ausbrechende Hungerunruhen in der Stadt, die sogar zu vereinzelten Plünderungen führen, wird höheren Orts verboten. Der Magistrat widersetzt sich dem Verbot. Ruhe und Ordnung werden wiederhergestellt.
1923/1924	Durch den wirtschaftlichen Niedergang in der Inflationszeit gerät die Stadt in große finanzielle Bedrängnis. Die Zahl der Arbeitslosen steigt im Januar 1924 auf über 2500 Personen. Der Magistrat bemüht sich, möglichst viele Arbeitslose mit Notstandsarbeiten zu beschäftigen.
1924	Auf dem rechten Flügel der im Stadtparlament vertretenen Parteien erringt in der diesjährigen Kommunalwahl der Völkisch-Soziale Block erstmalig 1 Sitz. Das Mandat wird durch den Zahnarzt Dr. Marxer vertreten.
1925	Im Vollzuge der öffentlichen Notstandsarbeiten entsteht ein neuer Zentralfriedhof in Osnabrück, der Heger Friedhof. Er wird im November 1925 eingeweiht. 2.3.: Der erste deutsche Reichspräsident, Friedrich Ebert, stirbt. 1.6.: Die Sparkasse der Stadt Osnabrück feiert ihr 100jähriges Bestehen. Nach der Volkszählung in diesem Jahr zählt Osnabrück nunmehr 88334 Einwohner.
1926	Der Osnabrücker Flughafen Netterheide wird im Rahmen der ,,Lufthansa" an den deutschen Luftverkehr angeschlossen (1926—1934). Das städtische Freibad ,,Moskau" in der Neustadt wird in Betrieb genommen. Die reformierte Friedenskirche am Fledder wird eingeweiht. Die erste Ortsgruppe der NSDAP wird gegründet.
1927	In Osnabrück findet eine (erste) Verkehrszählung statt: 55,4% Kraftfahrzeuge, 44,6% pferdebespannte Fuhrwerke im Bereiche des Fahrzeugverkehrs.
1927—1945	Oberbürgermeister Dr. Gaertner leitet als Nachfolger des in den Ruhestand getretenen Dr. Rißmüller die Verwaltung der Stadt.
1928	29.7.: Das Ebert-Erzberger-Rathenau-Denkmal an der Karlstraße wird eingeweiht und in die Obhut des Reichsbanners Schwarz-Rot-Gold gegeben.
1928/1929	Die St.-Marien-Gemeinde erbaut in Schinkel die Pauluskirche.
1929	28.4.: Als zeitkritische Wochenzeitung erscheint erstmals ,,Der Stadtwächter". 17.11.: Bei den Wahlen zum Stadtparlament erringt die ,,Stadtwächterpartei" auf Anhieb die drittgrößte Zahl von Sitzen (7). Sie hat jedoch nicht so viele Kandidaten aufgestellt und kann daher nur 5 Bürgervorsteher in den Rat entsenden. Der querulative Charakter dieser Protestbewegung, die sich auch in chauvinistischen und antisemitischen Parolen ergeht, führt alsbald zum Zerfall als selbständige Partei mit teilweisem Übergang in die NSDAP. Im nächsten Rat ist sie nicht mehr vertreten.
1930	31.3.: Reichskanzler Brüning übernimmt die Bildung der Reichsregierung. Im Wahlkampf um die Reichstagsmandate kommt es in Osnabrück zu ersten Zusammenstößen zwischen Nationalsozialisten und anderen Gruppierungen.
1930	14.9.: Reichstagswahl: Die NSDAP erzielt nach dem Osnabrücker Ergebnis vor der SPD die höchste Stimmenzahl.

1929—1932	Die Zahl der Arbeitslosen in Osnabrück wächst von 3869 (1929) auf 14006 (1932) an.
1931	August: Dreiwöchiges Veranstaltungsverbot für die NSDAP in Osnabrück.
1932	Juni: In der Stadt kommen auf die damalige Einwohnerzahl von 95395 Personen fast 23900 öffentlich Unterstützte, d. h. fast jeder 4. Einwohner Osnabrücks muß staatliche oder städtische Unterstützungsmittel in Anspruch nehmen. Die Arbeitslosenzahl in Deutschland beläuft sich auf etwa 6 Millionen.
1932/1933	Die Nationalsozialisten, mit Massenkundgebungen und Aufmärschen ihrer Organisationen immer stärker in Erscheinung tretend, profitieren von der sich ständig verschärfenden Wirtschaftskrise und steigern die Zahl ihrer Wähler in Osnabrück von einigen hundert (1924) auf rund 25000 (1933) bei einer Einwohnerzahl von etwa 95000.
1932	24.7.: Massenversammlung der NSDAP auf dem Klushügel mit Hitler als Hauptredner. 31.7.: Reichstagswahl: Die NSDAP erreicht in Osnabrück 35,8% der Wählerstimmen, die SPD 27,5% und das Zentrum 21.4%. 6.11.: Reichstagswahl: Die NSDAP verzeichnet in Osnabrück einen ersten Rückgang auf 32,9%, ebenso die SPD (23,7%) und das Zentrum (20,5%). Dagegen erfährt die KPD eine Zunahme von 6% auf 9,9% der Wählerstimmen. Die Radikalisierung der Massen zu den rechts- und linksextremen Flügeln hin nimmt beachtlich zu.
1933	Die katholische Kreuzgemeinde im Schinkel erbaut eine neue Kirche. 29.1.: Der Abwehrkampf der SPD mit Unterstützung des Reichsbanners und der Gewerkschaften gegen die skrupellose Agitation und verführerische Propaganda der Nationalsozialisten führt noch einmal zu einem aufrüttelnden Demonstrationszug der „Eisernen Front" durch die Straßen der Stadt. Die abschließende Kundgebung auf dem Schloßhof gipfelt in der Forderung nach Wahrung der Volksrechte und der Warnung vor aufkommenden Gefahren. 30.1.: Hitler wird durch Reichspräsident von Hindenburg zum Reichskanzler ernannt. 23.2.: Die Osnabrücker SPD-Zeitung „Freie Presse" wird kurz vor der letzten freien Reichstagswahl verboten. 5.3.: Die NSDAP wird bei der Reichstagswahl deutlich stärkste Partei mit 41,7%, gefolgt von der SPD mit 21,5% und dem Zentrum mit 19,5% der Wählerstimmen. Erwähnenswert ist die starke Position des Zentrums als politischer Vertreter des Katholizismus im Regierungsbezirk Osnabrück, das mit 97176 Stimmen gegenüber 93201 Stimmen der NSDAP seine führende Position erhalten konnte. Im Landkreis Osnabrück kann sich das Zentrum mit 42,5% der Wählerstimmen gegen 29,7% der NSDAP eindeutig behaupten. 11.3.: Das Gewerkschaftshaus am Kollegienwall wird von der SS besetzt. 12.3.: Die letzte freie Wahl zum Bürgervorsteherkollegium ergibt für die Nationalsozialisten — von insgesamt 47 Sitzen — 19 Sitze. Die SPD wird mit 11 Sitzen zweitstärkste Fraktion. Es folgt das Zentrum mit 9 gewählten Bürgervorstehern. 23.3.: Der Reichstag nimmt das von Hitler eingebrachte Ermächtigungsgesetz an. Als einzige Partei — die Kommunisten sind bereits ausgeschlossen — stimmt die SPD dagegen. 30.3.: Das letzte noch verfassungsgemäß gewählte Bürgervorsteherkollegium Osnabrücks tritt zu seiner ersten Sitzung zusammen. In den folgenden Sitzungen wird die demokratisch-parlamentarische Zusammenarbeit immer weiter abgebaut. Mit dem Verbot der SPD am 22.6.1933 und alsbald auch aller übrigen Parteien wird sie völlig aufgehoben.

1.4.: Gegen jüdische Geschäfte in Osnabrück — wie im ganzen Reich — erfolgen erste Boykotthandlungen.
Dem NS-Regime mißliebige Persönlichkeiten werden aus dem öffentlichen Leben entfernt. Die ,,Gleichschaltung" der Medien und vieler öffentlich-rechtlicher Organisationen wird durchgeführt.
1.5.: Anläßlich des neugeschaffenen ,,Tages der Arbeit" findet — von den NS-Organisationen gesteuert — ein großer Demonstrationszug und Massenaufmarsch mit Kundgebungen statt.
10.5.: Im Nachvollzuge der in den deutschen Haupt- und Universitätsstädten an diesem Tage durchgeführten öffentlichen Verbrennung durch das NS-Regime verfemter deutscher Literatur müssen auch in Osnabrück öffentliche und Leihbibliotheken entsprechende ,,Säuberungen" über sich ergehen lassen.
22.6.: Mit dem Verbot der SPD läuft gleichzeitig eine große Verhaftungswelle an. Die Opposition innerhalb der Arbeiterschaft gegen die nationalsozialistische Diktatur führt zu weiteren Verhaftungen und Einlieferungen in KZ-Lager. Allein im Oktober 1934 werden von der Staatspolizeistelle Osnabrück 13 Personen in ,,Schutzhaft" genommen, davon 11 wegen ,,Verbreitung illegaler Schriften".

1935
10.10.: Als eines der größten Bau- und Arbeitsbeschaffungsvorhaben der NS-Zeit in Osnabrück wird — nach Einführung der allgemeinen Wehrpflicht am 24.3.1935 — die Errichtung der Kasernen auf der Netterheide abgeschlossen.
18.10.: Die nach der neuen Deutschen Gemeindeordnung vom 30.1.1935 ,,gewählten" Ratsherren werden nunmehr vereidigt.
26.11.: Der größte Teil der jüdischen Geschäfte in der Innenstadt geht in ,,arische Hände" über.

1936
23.3.: Reichsminister Dr. Frank spricht auf einer Massenkundgebung in der Stadthalle.
26.7.: Der Osnabrücker Heimattiergarten auf dem Schölerberg wird eröffnet.

1937
20.4.: Am Geburtstage Hitlers wird die Ehrenhalle des Hitler-Hauses am Braunauer Wall (Heger-Tor-Wall) eingeweiht.

1938
9./10.11.: In der sog. ,,Reichskristallnacht" wird die Synagoge in der Rolandstraße niedergebrannt. Jüdische Einwohner Osnabrücks werden von Nationalsozialisten in ihren Wohnungen überfallen und in KZ-Lager verschleppt. Noch bestehende jüdische Geschäfte werden ausgeplündert und verwüstet.

1939
2.3.: Der Grundbesitz der Synagogengemeinde in Osnabrück wird auf dem Wege der Zwangsvollstreckung enteignet.
Die letzte katholische Konfessionsschule in der Stadt wird in eine Gemeinschaftsschule umgewandelt.
1.9.: Der Zweite Weltkrieg beginnt.
31.12.: Die Einwohnerzahl Osnabrücks erreicht die 100000-Grenze. Die Stadt zählt damit nunmehr zu den Großstädten des Deutschen Reiches.

1940
1.4.: Die Gemeinde Haste und Teile von Hellern und Nahne werden in die Stadt eingemeindet. Die Einwohnerzahl Osnabrücks erhöht sich auf 105242, die räumliche Ausdehnung von 4396 auf 5634 ha.
23.6.: Der erste Bombenabwurf auf Osnabrück im Zweiten Weltkrieg erfolgt im Verlaufe des gezielten Angriffs eines britischen Flugzeugs auf das Stahlwerk.

1941
Bis Mitte Februar d. Js. ist die jüdische Gemeinde in Osnabrück, die vor der Hitlerzeit annähernd 440 Mitglieder zählte, nach Auswanderung von über 300 Angehörigen ins europäische Ausland oder nach Übersee durch Abtransporte hier verbliebener Glaubensgenossen in KZ-Lager bereits auf 69 jüdische Einwohner der Stadt zusammengeschrumpft.

1941	September: Auf Grund eines Reichsgesetzes müssen die an ihren Wohnsitzen verbliebenen jüdischen Einwohner in der Öffentlichkeit einen gelben Judenstern tragen. Das gilt auch für Osnabrück. Dezember: Diese diskriminierende Aktion erweist sich drei Monate später als Auftakt zum weiteren Abtransport von restlichen Juden aus Osnabrück in das KZ-Lager Riga. Nur diejenigen Angehörigen der Gemeinde, die älter als 60 Jahre oder mit einer arischen Person verheiratet sind, ebenso die Kranken, dürfen in der Stadt zurückbleiben.
1941/1942	Die Bevölkerung Osnabrücks wird mehrfach zur Abgabe von Textilien, Altmetall und Winterbekleidung (für die Soldaten in Rußland) aufgefordert.
1942	20.6.: Osnabrück erlebt den ersten Großangriff britischer Bomber. Im nächtlichen Bombardement gehen 2 Luftminen, 52 Sprengbomben und etwa 9000 Brandbomben auf die Stadt hernieder, verursachen schwerste Zerstörungen und Schäden im Wohnbereich und fordern hohe Opfer unter der Bevölkerung. Juli: Die in Osnabrück noch verbliebenen älteren Angehörigen der jüdischen Gemeinde müssen nunmehr unter dem Vorwand, daß ihre Wohnungen für die durch den letzten Bombenangriff (20.6.) obdachlos Gewordenen benötigt werden, unter völliger Zurücklassung ihres Hab und Guts den Abtransport antreten. Das Ziel ihrer Fahrt ist das KZ-Lager Theresienstadt. Mindstens 102 der so insgesamt aus Osnabrück abtransportierten Bürger jüdischen Glaubens werden ein Opfer der unter dem NS-Begriff ,,Endlösung der Judenfrage'' erfolgenden Massenvernichtung andersrassiger Mitmenschen. Sommer 1942: Die z. T. Jahrhunderte alten Glocken der Osnabrücker Kirchen werden beschlagnahmt und ausgebaut. Sie werden eingeschmolzen und als Rohmaterial für die Rüstungsindustrie zur Verfügung gestellt.
1943	22.12.: Mit dem ersten Tagesangriff von etwa 30 US-Bombern — nach vielen Nachtangriffen der britischen Luftwaffe — bricht eine neue Phase des Luftkrieges für Osnabrück an. Die Flugzeuge kreisen in einer Höhe von mehr als 7000 m, so daß die Flakabwehr ihnen nichts anhaben kann. Überschwere Luftminen, mittlere und schwere Sprengbomben sowie zahlreiche Phosphor-Kanister (Flüssigkeitsbrandbomben) bewirken rasende Flächenbrände. Mit diesem Angriff — es folgen noch 59 Angriffe ähnlicher Art — wird für die Stadt die Schlußphase des Krieges eingeleitet.
1944	8.1.: Anläßlich des 150. Todestages des großen Osnabrückers Justus Möser wird durch den Oberbürgermeister der Stadt Osnabrück Dr. Gaertner die Mösermedaille gestiftet. In einem Festakt am 9.1. wird diese hohe Auszeichnung an folgende verdiente Wissenschaftler und Künstler verliehen: Professor Dr. Brandi, Göttingen; Kunstmaler Franz Hecker, Osnabrück; Oberstudienrat Professor Dr. Schirmeyer, Osnabrück; Mittelschullehrer, Dichter und Schriftsteller Ludwig Bäte, Osnabrück. 20.7.: Mit dem gescheiterten Attentat auf Hitler setzt eine blutige Verfolgungswelle der Gestapo ein. Sie erfaßt als ,,politisch Verdächtige'' Tausende von potentiellen Regimegegnern, auch in Osnabrück etwa 70—80 Personen (früher führende Sozialdemokraten, Kommunisten, Intellektuelle), von denen eine Reihe in KZ-Lagern oder nach Verfahren vor dem Volksgerichtshof getötet wird.
1945	25.3.: Es erfolgt der letzte große Luftangriff, zugleich der folgenschwerste, von etwa 300 amerikanischen Liberator-Bombern auf Osnabrück. Er bringt die nahezu vollständige Vernichtung einiger Stadtteile, insbesondere der Neustadt und des Wüstenviertels. Der Angriff fordert die bisherige Höchstzahl an Menschenopfern: 175 Tote und 241 Verletzte bzw. Schwerverletzte. Schätzungsweise 15000 Menschen sind obdachlos und besitzlos geworden. 3.4.: Die von der Wehrmacht aufgegebenen Verpflegungsmagazine im Hafengebiet der Stadt werden von der hungernden Bevölkerung ausgeräumt.

4.4.: Die Besetzung Osnabrücks — nach geringfügigen Kampfhandlungen — durch britische und kanadische Truppen setzt den unmittelbaren kriegerischen Ereignissen ein definitives Ende. Gleichzeitig erlischt aber auch die Selbständigkeit der Stadtverwaltung sowie die Oberaufsicht und Befehlsgewalt der ihr vorgesetzten Provinzial-, Staats- und Reichsbehörden, aber auch die alle öffentlichen Angelegenheiten beherrschende Beeinflussung durch die Macht der NS-Partei ist beendet. Ihre maßgebenden Funktionäre entziehen sich durch rechtzeitige Flucht der Gefangennahme.

April 1945: Osnabrück ist durch Kriegseinwirkung zu 68,5% zerstört, die Innenstadt sogar zu 85%. Die Einwohnerzahl beträgt nur noch etwa 60000, davon rd. 10000 Ausländer (entlassene Kriegsgefangene und Zivilarbeiter). Die Verluste der Bevölkerung durch den Bombenkrieg belaufen sich auf 1314 Tote und 1691 Verletzte. Von den Toten sind etwa 300 Kriegsgefangene und ausländische Hilfsarbeiter.

8.5.: Nach Eintreten des Waffenstillstandes, der nach der bedingungslosen Kapitulation der gesamten deutschen Wehrmacht den Zweiten Weltkrieg beendet, wird Osnabrück — in der britischen Besatzungszone gelegen — Sitz einer britischen Militärregierung mit einem Militärgouverneur (Major Day) an der Spitze. Er residiert im früheren „Hitlerhaus" (Villa Schlikker) am Heger-Tor-Wall. Als amtierender Oberbürgermeister wird von der Militärregierung der vor wenigen Jahren ausgeschiedene bisherige (parteilose) Bürgermeister Dr. Petermann eingesetzt.

17.8.: Ein von der Militärregierung aus zehn politisch unbelasteten Persönlichkeiten gebildeter „Bürgerausschuß" tritt als Vertretung der Bürgerschaft zu seiner ersten Sitzung zusammen.

20.10.: Nach Berufung von Dr. Petermann zum Regierungspräsidenten der Bezirksregierung Osnabrück übernimmt sein Stellvertreter, Dezernent Dr. Rosebrock, die Dienstgeschäfte des Oberbürgermeisters.

30.11.: Nachfolger im Amt des Oberbürgermeisters wird — auf Geheiß der Militärregierung — Dr. Vollbrecht, bisher Landrat des Kreises Northeim.

13.12.: Nach englischem Verwaltungsmuster wird die Spitze der Stadt zweigleisig. Dr. Vollbrecht wird zum Oberstadtdirektor ernannt. Ihm zur Seite tritt — von der Militärregierung berufen — Rechtsanwalt und Notar Dr. Kreft als Oberbürgermeister.

1946   9.1.: Der erste Rat der Stadt nach dem Zweiten Weltkrieg nimmt (noch ernannt) seine Tätigkeit auf. Er tritt an die Stelle des bisherigen kleinen „Bürgerausschusses" und wird von 33 nach sorgfältiger Auswahl von der Militärregierung einberufenen öffentlich bekannten und angesehenen Bürgern der Stadt gebildet. Alle politischen Richtungen und Bevölkerungsschichten sind in ihm vertreten. Alle allgemeinbildenden Schulen in der Stadt haben wieder geregelten Unterricht aufgenommen. Er erfolgt unter schwierigsten Bedingungen, da wegen vieler zerstörter Schulgebäude und Klassenräume zu wenig Schulraum vorhanden ist und daher doppelt bzw. dreifacher Schichtunterricht in z. T. noch schwer beschädigten Klassenräumen gegeben werden muß.

7.5.: Der Rat der Stadt wählt den Ratsherrn Herlitzius (SPD) zum Stellvertretenden Oberbürgermeister der Stadt Osnabrück.

8.9.: Kurt Schumacher (SPD) spricht auf der ersten Großkundgebung der Nachkriegszeit auf dem Eintracht-Sportplatz vor mehr als 16000 Teilnehmern.

13.10.: Die erste freie Kommunalwahl seit dem Beginn der Hitlerdiktatur 1933 wird durchgeführt. Zum Oberbürgermeister des neuen Stadtrates wird der Ratsherr Herlitzius gewählt.

1947   1.1.: Das Land Niedersachsen wird gebildet. Die Bezirksregierung in Osnabrück bleibt davon unberührt.

Abriß der Geschichte Osnabrücks in Jahreszahlen 809

	20.4.: Die ersten Wahlen zum niedersächsischen Landtag finden statt. In Osnabrück werden die Kandidaten Dr. Rasch (CDU-NLP) direkt und Herlitzius (SPD) über Landesliste gewählt.
1948	20.6.: Die Währungsreform mit Einführung der ,,Deutschen Mark" (DM) wird durchgeführt. 24./25.8.: Nach vierzehnjähriger Pause — der letzte Schnatgang war 1934 — feiert die Heger Laischaft ihr erstes Schnatgangsfest nach dem Zweiten Weltkrieg. Dieses Fest wird nunmehr wiederum alle sieben Jahre begangen. 24.10.: Die Stadt begeht anläßlich der dreihundertjährigen Wiederkehr des Friedensschlusses des Dreißigjährigen Krieges in Osnabrück den ,,Osnabrücker Friedenstag". Das nach totaler Zerstörung wiederaufgebaute Rathaus wird mit einer Sitzung des Kabinetts der Niedersächsischen Landesregierung im Friedenssaal eingeweiht und seiner Bestimmung übergeben. 28.11.: Der Osnabrücker Stadtrat wird neugewählt. Die SPD bleibt stärkste Partei (37,1%), verliert aber die absolute Mehrheit (14 von 37 Ratssitzen, geändertes Wahlrecht), Oberbürgermeister wird Ratsherr Dr. Kreft (CDU). 23.5.: Das Grundgesetz der Bundesrepublik Deutschland tritt in Kraft. 14.8.: Die Wahlen zum ersten Bundestag der neugegründeten Bundesrepublik Deutschland finden statt. 20.12.: Bei den im Jahresturnus stattfindenden Oberbürgermeisterwahlen wird Ratsherr Herlitzius (SPD) erneut zum Oberbürgermeister gewählt. Er bleibt es auch in der Wahlperiode 1950/51.
1950	9.9.: Das wiederaufgebaute Stadttheater am Domhof wird eröffnet.
1951	Die Oberbürgermeisterwahl im Dezember d. Js. fällt auf den Ratsherrn Janßen (CDU).
1952	9.11.: Nach erneuten Kommunalwahlen in Osnabrück wird Ratsherr Buddenberg (Deutsche Partei) zum Oberbürgermeister gewählt. Seine Wiederwahl erfolgt auch für die Jahre 1953, 1954 und 1955/56.
1953	1.11.: In das wiederaufgebaute Osnabrücker Schloß zieht die aus Celle übergesiedelte Pädagogische Hochschule ,,Adolf-Reichwein-Hochschule" ein. 5.5.: Für den am 1.4.1952 in den Ruhestand getretenen Oberstadtdirektor Dr. Vollbrecht übernimmt der bisherige Oberstadtdirektor in Wolfsburg Dr. Dr. Wegner das Amt des Oberstadtdirektors in Osnabrück.
1956	26.6.: Der erste Bundespräsident, Prof. Theodor Heuss, besucht Osnabrück. Vom Rat der Stadt wird ihm die Justus-Möser-Medaille verliehen. 28.10.: Die turnusmäßige Kommunalwahl bringt im Rat veränderte Mehrheitsverhältnisse. Zum Oberbürgermeister von Osnabrück wird Ratsherr Drescher (SPD) gewählt. Diese Wahl gilt nunmehr nach dem Inkrafttreten der Niedersächsischen Gemeindeordnung (NGO v. 1.4.1955) für die Dauer der Wahlperiode des Rates.
1957	22.2.: Nach Einführung der allgemeinen Wehrpflicht in der Bundesrepublik am 7.7.1956 wird mit der Stationierung von Einheiten einer Luftnachrichtenabteilung Osnabrück Standort der neuen Bundeswehr.
1959	17.3.: Nach Rücktritt von Oberbürgermeister Drescher (wegen beruflicher Veränderung) wird Ratsherr Kelch (SPD) erstmals Oberbürgermeister von Osnabrück. Er verbleibt in diesem Amt über mehrere Wahlperioden bis zur Kommunalwahl 1972. 29.9.: Der als Staatssekretär in das Niedersächsische Innenministerium berufene Oberstadtdirektor Dr. Dr. Wegner wird vom Rat der Stadt verabschiedet.
1960	19.1.: Der Beigeordnete der Stadt Bielefeld Joachim Fischer wird vom Rat zum neuen Oberstadtdirektor der Stadt Osnabrück gewählt.

29.5.: Die Osnabrücker Straßenbahn stellt den Betrieb ein. An ihre Stelle tritt der Stadtbus-Verkehr mit einem großzügigen Liniennetz.
4.7.: Das Osnabrücker Büro des Norddeutschen Rundfunks (NDR) wird eröffnet.
5.12.: Nach heftigen Regenfällen kommt es zum Dammbruch des Osnabrücker Zweigkanals. Der Schiffsverkehr ruht längere Zeit.

1961 24.10.: Die Stadt Osnabrück schließt eine europäische Städtepartnerschaft mit der niederländischen Stadt Haarlem. Die partnerschaftliche Verbindung wird später erweitert auf die französische Stadt Angers (1964) und die englische Stadt Derby (1976).

1963 12.5.: Die neue städtische Sporthalle am Schloßwall wird — nach großzügigem Wiederaufbau der alten Turnanstalt — eingeweiht.

1964 14.12.: Der Fußgängertunnel am Neumarkt wird in Betrieb genommen.

1966 12.9.: Der erste elektrisch betriebene Eisenbahnzug verläßt den Osnabrücker Hauptbahnhof.

1968 5.5.: Wegen ihrer besonderen Verdienste um die internationale Verständigung zwischen europäischen Städten erhält die Stadt Osnabrück vom Europarat in Straßburg die Europafahne verliehen. Sie erhält ihren Platz in der Eingangshalle des Rathauses.
29.9.: Nach der Kommunalwahl stellt die SPD mit Willi Kelch wiederum den Oberbürgermeister der Stadt.
14.11.: Mit der Übergabe der fertiggestellten Autobahn „Hansalinie" an den Verkehr erhält Osnabrück Anschluß an das bundesdeutsche Autobahnnetz.

1969 4.3.: Der Rat der Stadt stimmt dem Sanierungsvertrag mit der Baugesellschaft „NEUE HEIMAT" zu. Die „NEUE HEIMAT" übernimmt als alleiniger Träger im Auftrage der Stadt die Sanierung der Altstadt.
1.6.: Die Jüdische Gemeinde in Osnabrück weiht ein neues Kulturzentrum mit Synagoge an der Straße In der Barlage ein.
29.11.: Die letzte Gaslaterne Osnabrücks wird am Liszthof gelöscht.

1970 24.8.: Die Niedersächsische Landesregierung beschließt, in Osnabrück und in Oldenburg Universitäten zu eröffnen.

1971 17.2.: Das dreistöckige Parkhaus am Neumarkt wird eröffnet.

1972 1.4.: Für den in den Ruhestand tretenden Oberstadtdirektor Fischer übernimmt — nach seiner Wahl am 28.1.1972 — der bisherige Stadtkämmerer und Schuldezernent Dr. Wimmer das Amt des Oberstadtdirektors der Stadt Osnabrück.
25.4.: Der Rat beschließt die förmliche Festlegung der ersten Sanierungsgebiete: Heger-Tor-Viertel, Bereich Dielingerstraße/Lortzingstraße. Sanierungsziel: Stärkung der innerstädtischen und zentralörtlichen Funktionen der Stadt und damit der kulturellen und wirtschaftlichen Bedeutung Osnabrücks für das Umland und die Region.
1.7.: Im Zuge der niedersächsischen Gebietsreform tritt für Osnabrück die Eingemeindung von acht Stadtrandgemeinden (Atter, Darum, Gretesch, Hellern, Lüstringen, Nahne, Pye und Voxtrup) in Kraft; in diesem Zusammenhange wurde die Gemeinde Sutthausen bereits 1970 in die Stadtgemarkung einbezogen. Die Gesamtbevölkerung der Stadt — einschließlich der etwa 11000 Angehörigen der hier stationierten britischen Garnison — beträgt nunmehr rd. 174000 Einwohner. Die räumliche Größe erhöht sich auf 11994 Hektar.
22.10.: In der ersten Kommunalwahl nach der Gebietsreform gewinnt die SPD die absolute Mehrheit im Rat; Ratsherr Ernst Weber wird Oberbürgermeister. Er wird nach der Kommunalwahl 1976 (3.10.) wiedergewählt. Der langjährige Oberbürgermeister Willi Kelch (SPD) wird Ehrenbürger der Stadt.

Abriß der Geschichte Osnabrücks in Jahreszahlen 811

1972/1973	Die Große Straße wird zu einem weiträumigen und zusammenhängenden Fußgängerbereich ausgebaut. In der nachfolgenden Zeit werden auch Teile der Krahnstraße und der Johannisstraße in diesen Bereich einbezogen.
1973	25.10.: Bundespräsident Dr. Gustav Heinemann spricht in einem Festakt anläßlich der 325jährigen Wiederkehr des Westfälischen Friedens in Osnabrück in der Dominikanerkirche. Eine Friedensausstellung wird eröffnet. 26.11.: Der Niedersächsische Landtag verabschiedet das Organisationsgesetz für die Universitäten Osnabrück und Oldenburg.
1974	1.4.: Die neue Universität Osnabrück nimmt ihren Lehrbetrieb auf. Die Pädagogische Hochschule wird mit der Universität vereinigt.
1975	Gegen die Sanierung der Altstadt aktiv werdende Bürgerinitiativen besetzen vorübergehend einige Häuser im Sanierungsbereich.
1976	23.9.: Der Ledenhof wird nach neunjähriger Restaurationszeit seiner neuen Bestimmung als musikalisches Kommunikationszentrum und Musikbibliothek übergeben.
1977	26.7.: Nach Anlegung einer dreistöckigen Tiefgarage unter dem Ledenhofplatz wird die mit Grünanlagen aufgegliederte weite Oberfläche des unterirdischen Bauwerks als variierbarer Ort der Kommunikation der Öffentlichkeit übergeben.
1978	1.2.: Der Regierungsbezirk Osnabrück wird im Zuge der niedersächsischen Gebiets- und Verwaltungsreform aufgelöst und in den neuen Verwaltungsbezirk Weser-Ems mit Oldenburg als Sitz der Bezirksregierung eingegliedert. Osnabrück verliert damit den Regierungssitz, behält jedoch eine Außenstelle der Bezirksregierung Weser-Ems.
1979	12.1.: Die seit dem 11.5.1976 (erster Spatenstich) im Bau befindliche neue Stadthalle Osnabrücks wird feierlich eröffnet.

ANHANG

1. Osnabrücker Bischöfe *)

1. Wiho .... † 804
2. Meingard .... † 833
3. Gefwin .... trat zurück 845
4. Gosbert .... bis 859?
5. Egbert .... bis 885
6. Egilmar .... bis 918
7. Dodo I. .... bis 949
8. Drogo .... bis 969
9. Ludolf .... bis 978
10. Dodo II. .... bis 996
11. Gunthard .... bis 998
12. Wothilolf .... bis 1003
13. Detmar .... bis 1023
14. Meyinher .... bis 1027
15. Gosmar .... bis 1037
16. Alfric .... bis 1052
17. Benno I. .... bis 1067
18. Benno II. .... 1068 bis 1088
19. Marckward .... bis 1093
20. Wido .... bis 1101
21. Johannes I. .... bis 1110
22. Gottschalk von Diepholz . bis 1118
23. Thiethard .... bis 1137
24. Udo von Steinfurt ...... bis 1141
25. Philipp I. von Katzenellenbogen bis 1173
26. Arnold von Altena ...... bis 1190
27. Gerhard von Oldenburg geht 1216
    als Erzbischof nach Bremen
28. Adolf von Tecklenburg .. bis 1224
29. Engelbert I. von Isenburg . bis 1226
30. Otto I. von Holte ...... bis 1227
31. Konrad I. von Velber ... bis 1239
32. Engelbert I. von Isenburg . bis 1250
33. Bruno von Isenburg ..... bis 1258
34. Balduin von Rüssel ..... bis 1264
35. Widekind v. Schwalenberg . bis 1269
36. Konrad II. von Rietberg .. bis 1297
37. Ludwig von Ravensberg ... bis 1308
38. Engelbert II. von Weihe . bis 1320
39. Gottfried von Arnsberg .. bis 1348
    Erzbischof von Bremen
40. Johannes II. Hoet ...... bis 1366
41. Melchior von Grubenhagen .. bis 1375
42. Dietrich von Horne .... bis 1402
43. Heinrich I. von Holstein .... bis 1410
44. Otto II. von Hoya .... bis 1424
45. Johann III. von Diepholz ... bis 1437
46. Erich I. von Hoya .... bis 1442
47. Heinrich II. von Moers .... bis 1450
48. Albert von Hoya .... bis 1454
49. Rudolf von Diepholz ...... bis 1455
50. Konrad III. von Diepholz .. bis 1482
51. Konrad IV. von Rietberg ... bis 1508
52. Erich II. von Grubenhagen .. bis 1532
53. Franz I. von Waldeck ...... bis 1553
54. Johannes IV. von Hoya ..... bis 1574
55. Heinrich III. von Sachsen .. bis 1585
56. Wilhelm von Schenking ...... 5 Tage
57. Bernhard von Waldeck ..... bis 1591
58. Philipp II. Sigismund
    von Wolfenbüttel ..... 1591 bis 1623
59. Eitel Friedrich
    von Hohenzollern ..... 1623 bis 1625
60. Franz Wilhelm
    von Wartenberg ..... 1625 bis 1661
61. Ernst August I.
    von Hannover .... 1661 bis 1698
62. Karl von Lothringen ... 1698 bis 1715
63. Ernst August II.
    von Hannover .... 1715 bis 1728
64. Clemens August ..... 1728 bis 1761
65. Friedrich von York .... 1764 bis 1802
66. Dr. Paulus Melchers ... 1858 bis 1866
67. Dr. Johann Heinrich Beckmann
                          1866 bis 1878
68. Dr. Bernhard Höting   1882 bis 1898
69. Dr. Hubertus Voss .... 1898 bis 1914
70. Dr. Wilhelm Berning   1914 bis 1955
71. Prof. Dr. Franziskus Demann
                          1956 bis 1957
72. Dr. Helmut Hermann Wittler
                          1957 bis

*) Nr. 31—65 waren auch Landesherren

2. Oberste Landesbehörden und Beamte

Die Provinzialregierung (Bezirksregierung) hieß anfänglich (1815) Regierung, seit 1823 Landdrostei, seit 1885 wieder Regierung. 1978 wurde die Bezirksregierung Osnabrück aufgelöst. Die Befugnisse dieser Landesbehörde gingen auf den Regierungspräsidenten des Regierungsbezirks Weser-Ems mit Sitz in Oldenburg über.

Erste Beamte waren:

Herbord Sigmund Ludwig von Bar	1816 bis 1837
Graf Wedel	1837 bis 1845
Von Lütcken	1846 bis 1853
Freiherr von Marschalck	1854 bis 1856
Von Lütcken	1856 bis 1865
Freiherr von Hammerstein	1865 bis 1867
Wunderlich, kommissarisch	1867 bis 1870
Freiherr von Quadt und Hüchtenbruch	1870 bis 1878
Von Gehrmann	1879 bis 1887
Dr. Gustav Stüve	1887 bis 1900
Von Heydebrand und der Lasa	1900 bis 1901
Von Barnekow	1902 bis 1908
Von Baumbach, 3 Monate	1908 bis 1909
Von Bötticher	1909 bis 1917
Tilmann	1917 bis 1922
Dr. Sonnenschein	1922 bis 1933
Eggers	1933 bis 1937
Rodenberg	1937 bis 1944
Dr. Fischer	1944 bis 1945
Dr. Petermann	1945 bis 1951
Dr. Friemann	1951 bis 1967
Dr. Suermann	1968 bis 1970
Dr. Zürlik	1970 bis 1975

3. Bürgermeister der Stadt Osnabrück seit 1600*)

*) Über Namen und Amtszeit der Bürgermeister vor 1600 hat Stüve im 6. Band der Historischen Mitteilungen berichtet.

A. Bürgermeister der Altstadt, ab 1814 der gesamten Stadt

Erste Bürgermeister

Hans Wildt	1588 bis 1607
Gerhard Slaph	1608 bis 1610
Hans Wildt	1611 bis 1612
Nitze	1613 bis 1617
Dr. Schrader	1618 bis 1627
Dr. Modemann	1628
Wolfgang von Böselager	1629 bis 1630
Lohausen	1631 bis 1632
Dr. Modemann	1633 bis 1635
Dr. Pelzer	1636 bis 1639
Johannes Meier	1640 bis 1643
Johann Schuckmann	1644 bis 1646
Dr. Gerhard Schepeler	1647 bis 1655
Joachim Wilhelm Hast	1656 bis 1657
Tuchmacher Schardemann	1658 bis 1662
Johannes Brüning	1663 bis 1669
Evert Vette	1670 bis 1679
Johannes Walfeld	1680
Kaspar Franz Münnich	1681 bis 1688
Christian Mühlenkamp	1688 bis 1690
Christian Meyer	1690 bis 1703
Anton von Blechen	1704 bis 1715
Dr. Wetter	1715 bis 1726
Dr. Itel Elverfeld	1726 bis 1736
Wilh. Friedr. von Blechen	1737 bis 1744
Johannes Ludolf Walfeld	1744 bis 1754
Dr. Eberhard Berghoff	1755 bis 1767
Dr. Wilhelm Gerding	1768 bis 1781
Dr. Just. Eberh. Berghoff	1782 bis 1793
Philipp Anton von Gülich	1794 bis 1803
Heinrich David Stüve	1804 bis 1807
Derselbe als Maire	1808 bis 1813
Maire Tabakfabrikant Thorbecke	1813 und 1814

Zweite (beisitzende) Bürgermeister

Gerhard Slaph	1588 bis 1596
Jobst Drop	1597 bis 1599
Gerhard Slaph	1600 bis 1606
Ringelmann	1607
Lodtmann	1608 bis 1610
Nitze	1611 bis 1612
Dr. Schrader	1613 bis 1617
Bernhard von Bippen	1618 bis 1625
Kaufmann Konrad Grave	1626 bis 1628
Weimar von Gülich	1629 bis 1632
Ludolf Grote	1633
Goldschmied Joh. Schluckmann	1639 bis 1643

Tuchmacher Schardemann . 1644 bis 1657
Johann Brüning .... 1658 bis 1662
Johann Walfeld .... 1662 bis 1679
Kaspar Franz Münnich 1680
Christian Mühlenkampf ... 1681 bis 1687
Christian Meyer .... 1688 bis 1689
Bäcker Pagenstecher ...... 1689 bis 1703
Dr. Wetter .... 1704 bis 1714
Dr. Itel Elverfeld .... 1715 bis 1726
Wilh. Friedr. von Blechen . 1727 bis 1736
Johannes Ludolf Walfeld .. 1737 bis 1743
Dr. Eberhard Berghoff .... 1744 bis 1754
Anton Wilh. Schledehaus .. 1755 bis 1756
Joh. Wilhelm Klusmann ... 1757 bis 1760
Joh. Gerhard von Blechen . 1761 bis 1772
Justus Eberhard Berghoff .. 1772 bis 1781
Philipp Anton von Gülich . 1782 bis 1793
Ernst Georg Wöbeking .... 1794 bis 1797
Heinrich David Stüve ..... 1797 bis 1803
Johannes Jakob Stork 1804

Justizbürgermeister

August Eberhard Stüve .... 1814 bis 1833
Kemper .... 1833 bis 1841
Wilhelm Stüve .... 1841 bis 1852

Verwaltungsbürgermeister

Tabakfabrikant Thorbecke . 1814 bis 1830
Kaufmann Wiethoff ...... 1830 bis 1832
Joh. Carl Bertram Stüve ... 1833 bis 1848

Bürgermeister
(seit Miquel z. T. Oberbürgermeister)

Joh. Carl Bertram Stüve ... 1852 bis 1864
Miquel .... 1865 bis 1869
Detering .... 1870 bis 1876
Miquel .... 1876 bis 1880
Brüning .... 1880 bis 1888
Möllmann .... 1888 bis 1897
Westerkamp .... 1898 bis 1901
Dr. Rißmüller .... 1901 bis 1927
Dr. Gaertner .... 1927 bis 1945
Dr. Petermann .... 1945*)
Dr. Kreft .... 1945 bis 1946*)
Herlitzius .... 1946 bis 1948
Dr. Kreft .... 1948 bis 1949
Herlitzius .... 1949 bis 1951
Janßen .... 1951 bis 1952
Buddenberg .... 1952 bis 1956
Drescher .... 1956 bis 1959
Kelch .... 1959 bis 1972
Weber .... 1972 bis

*) Ernennung durch die Militärregierung

B. Bürgermeister der Neustadt

Wandschneider Grave ..... 1600 bis 1622
Dr. Cothmann .... 1623 bis 1626
Johannes Meyer-Stork .... 1633 bis 1636
Heinrich Brüning .... 1637 bis 1638
Jodokus Voß 1639
Gerhard Schütze .... 1640 bis 1652
Johann Plümer .... 1653 bis 1670
Johann Vieregge .... 1670 bis 1694
Gerhard Brüning .... 1695 bis 1713

Johann Drop .... 1714 bis 1716
Johann Brüning .... 1717 bis 1719
Johann Drop .... 1720 bis 1736
Heinrich Gosling .... 1737 bis 1747
Joh. Heinrich Pagenstecher 1748 bis 1772
Franz Barth. Struckmann .. 1773 bis 1794
Bernt Heinr. Ringelmann .. 1795 bis 1799
Ganteforth 1800
Moll .... 1801 bis 1807

C. Oberstadtdirektoren

Dr. Willi Vollbrecht ...... 1945 bis 1952
Dr. Dr. Walter Wegner .... 1953 bis 1959

Joachim Fischer .... 1960 bis 1972
Dr. Dr. Raimund Wimmer . 1972 bis

4. Frühere Osnabrücker Münzen, Maße und Gewichte

A. Münzen

Die ältesten im hiesigen Bistum gebräulichen Münzen waren Mark, Schillinge (Schl., solidi) Pfennige (denare, daher das Pfennigzeichen ₰). Geprägt wurden nur Schillinge, Pfennige Halbe- und Viertelpfennige; die Mark war nur eine Zählmünze. Man rechnete sie zu 12 Schl., 1 Schl. zu 12 Pf. Den heutigen Wert einer früheren Mark zu bestimmen, ist kaum möglich. Die

Gesamteinnahme unserer Stadt im Jahre 1285 betrug 65 Mark. Magister Johannes in Westerkappeln, der damals dem hiesigen Rat nebenamtlich als geistlicher Berater in kirchlichen Angelegenheiten diente, erhielt dafür vierteljährlich 1 Mark; heute müßte er doch wenigstens 2000 Mark haben.

1252 wurden in Florenz die ersten Goldgulden (gulden = golden) geprägt, die anfänglich zu 7 bis 8 Schl. gerechnet wurden, aber bald im Werte stiegen. 1458 einigten sich der Bischof Konrad von Diepholz und der Rat der Stadt Osnabrück dahin, den Goldgulden zu 10 Schl. zu rechnen. Er stieg aber sofort wieder und erreichte 1532 die Höhe von 28 Schillingen. Die inzwischen aufgekommenen Taler, nach dem Städtchen Joachimstal im böhmischen Erzgebirge genannt, wo sie zuerst geprägt wurden, rechnete man zu 31 Schl., setzte aber in der Münzordnung von 1636 den Wert des Goldguldens auf 18 Schl. fest. Während die Silbermünzen im Werte mehr und mehr sanken, stieg der Goldgulden im Wert, so daß er bald höher stand als der Taler. Seit 1836 zahlte man hier als ein altes Armenvermächtnis statt 6 Goldgulden jährlich 13 Taler. 1 Orthtaler = $^1/_4$ Taler.

Seit dem Dreißigjährigen Kriege kamen in Niedersachsen, zunächst in den welfischen Ländern, Mariengroschen (Mgr.) auf, so genannt, weil ihnen ein Bild der Jungfrau Maria mit dem Jesukinde aufgeprägt war. Man rechnete 1 Taler zu 36 Mgr., 1 Mgr. zu 8 Pf. Seit etwa 1800 rechnete man 1 Taler zu 24 Gutegroschen, 1 Ggr. zu 12 Pf., in beiden Fällen der Taler also zu 288 Pf. Da man im Osnabrückschen den Taler nur zu 21x12 Pf. = 252 Pf. rechnete, so galt hier 1 Mgr. nur 7 Pf., 1 Ggr. $10^1/_2$ Pf (36x7 Pf. = 252 Pf., 24x$10^1/_2$ Pf. = 252 Pf.). Die Kämmerei- und die Lohnrechnungen der Stadt Osnabrück sind bis 1601 in Mark und Schillingen, 1602 bis 1826 in Talern und Schillingen, seit 1827 in Talern und Gutegroschen geführt worden. Die Rechnung von 1858 enthält Gutegroschen und Neugroschen (1 Taler = 30 Ngr. zu 10 Pf.). Die folgenden Rechnungen sind in Talern und Neugroschen, seit 1875 in Mark und Pfennig geführt.

B. Längen- und Flächenmaße

Man rechnete hier nach hannoverschen oder Kalenberger Fußen. 1 Fuß = $^1/_2$ Elle = 24 Zoll, 1 Zoll = 12 Linien, 16 Fuß = 1 Rute, 1 hannoverscher Fuß = 0,2920947 Meter, rund 24 Fuß = 7 Meter. 1 Rute = 4,673315 Meter.

16x16 Fuß = 256 Quadratfuß = 1 Quadratrute, 120 Quadratruten = 1 Morgen. 54, im Amt Grönenberg 60 Quadratruten = 1 Scheffelsaat (1 Scheffelsaat ist eine Fläche, die man mit 1 Scheffel Korn besäen kann), 12 Scheffelsaat = 1 Maltersaat.

1 Quadratrute = 21,841740232 Quadratmeter (rund 21,8 Quadratmeter).
1 Morgen = 26,21 Ar.
1 Scheffelsaat = 11,795 Ar.
1 Maltersaat = 1,4154 Hektar.

C. Getreidemaße

1 Malter = 12 Scheffel, 1 Scheffel = 4 Viertel, 1 Viertel = 4 Becher.
1 Scheffel Roggen wog 44 bis 45 Pfund.
1 Osnabrücker Malter = 3,47 Hektoliter.
Der hiesige Magistrat rechnete 20 Osnabrücker Malter = 37 hannoversche Malter. Die Klosterkammer rechnete 8 Osnabrücker Malter = 14 Malter 4 Himten $3^3/_{11}$ Metzen hannoverschen Maßes (1 Malter = 6 Himten, 1 Himten = 4 Metzen).

D. Flüssigkeitsmaße

1 Fuder = 6 Ohm, 1 Ohm = 4 Viertel oder Anker, 1 Anker = 28 Kannen, 1 Kanne = 4 Orth, 1 Last = 12 Tonnen, 1 Tonne Bier = 108 Kannen.

E. Gewichte

Es gab Waagegewicht und Krämergewicht. 1 Zentner Waagegewicht = 108 Pfund, 1 Pfund = 32 Lot, 1 Lot = 4 Quentchen. Das Krämergewicht war dem Kölnischen Gewicht gleich. 1 Pfund Waagegewicht = 1 Pfund 2 Lot Krämergewicht.

Verzeichnis der benutzten Quellen und Literatur

Quellen

Philippi, F. — Bär, M., Osnabrücker Urkundenbuch Bde. I-IV, 1892/1902
Osnabrücker Geschichtsquellen, Bde. I-X StA Osn.*) IX 1891 — 1927
Statististische Jahresberichte der Stadt Osnabrück 1932 u. 1933,
    bearbeitet vom Städtischen Verkehrs- und Presseamt
Verwaltungsberichte der Stadt Osnabrück über die Zeit vom 1. April 1933 — 31. März 1935,
    vom 1. April 1935 — 31. März 1937,
    vom 1. April 1937 — 31. März 1938,
zusammengestellt vom Städt. Verkehrsamt
Kriegschronik der Stadt Osnabrück 1939 — 1945,
    Text von Dr. Hans Glenewinkel — StA Osn. Dep. 3 b**) XV
    Bde. I — VII
    Bd. VIII Zusammenfassender Überblick über die Kriegsfolgen (mit Statistik)
    Bd. IX Register zu Bde. I — VIII
Stadtchronik Juni/Juli 1945 — Text von Ludwig Bäte (Übergangschronik)
Stadtchronik 1945/46/47 (jahrgangsweise Tagebuchform) — Text von Dr. Hans Glenewinkel
    StA Osn. Dep. 3 b XV Nr. 41, 42, 43
Stadtchronik 1948 — Text von Stadtarchivar Ludwig Bäte
    StA Osn. Dep. 3 b XV Nr. 44
Stadtchronik 1949 — Text von Stadtarchivar Ludwig Bäte (Übergangschronik)
    StA Osn. Dep. 3 b XV Nr. 45 a
Stadtchronik 1949 — Chronik der Stadtverwaltung sowie Statistische Angaben
    StA Osn. Dep 3 b XV Nr. 45 a
Stadtchronik 1949/50/51/52/53/54/55 (jahrgangsweise Tagebuchform) Text von Dr. Hans Glenewinkel
    StA Osn. Dep. 3 b XV Nr. 45 — 52
Stadtchronik 1956/57/58/59/60 (jahrgangsweise Tagebuchform) Text von Dr. Hans Glenewinkel
    StA Osn. Dep. 3 b XV Nr. 53 — 57
Stadtchronik 1960/61/62 (jahrgangsweise Tagebuchform) Text von Dr. Hans Glenewinkel
    StA Osn. Dep. 3 b XV Nr. 58 u. 59
Stadtchronik 1962 — Text von Rosel Glenewinkel
    StA Osn. Dep. 3 b XV Nr. 60
Stadtchronik Okt. 1962 — Okt. 1963 — Text von Rosel Glenewinkel
    Städt. Informationsamt Osnabrück, Rathaus
Verwaltungsberichte der Stadt Osnabrück 1960 — 1965 (jährlich)
    Städt. Informationsamt Osnabrück, Rathaus
Verwaltungsberichte der Stadt Osnabrück 1966 — 1968 u. 1969 — 1971
    Presseamt der Stadt Osnabrück
Verwaltungsbericht der Stadt Osnabrück 1972 — 1976
    Presse- und Informationsamt der Stadt Osnabrück
Unsere Stadt Osnabrück — Osnabrück Reports '68, '70, '72, '74, '77,
    herausgegeben vom Presse- und Informationsamt der Stadt Osnabrück
Osnabrück — Die Innenstadt und ihre Entwicklung
    Sanierungszeitung der Stadt Osnabrück Nr. 1—17 (März 1975—Dezember 1978)
Stadtentwicklung — Modellvorhaben Osnabrück
    Schriftenreihe des Bundesministers für Raumordnung, Bauwesen und Städtebau 02.013 — Bonn 1978
Aurin, Rütters u. a., Schulentwicklungsplanung für eine Stadtregion
    Modell Osnabrück — mit Faltplänen, Osnabrück 1973
Stadt Osnabrück: Generalverkehrsplan — mit Fortschreibungen,
    Osnabrück 1956/64
Stadt Osnabrück: Kulturentwicklungsplan 1976 — 1986,
    Osnabrück 1979

Verzeichnis der benutzten Quellen und Literatur   817

Zeitungen und Zeitschriften:
Osnabrücker Zeitung (Kisling), Jge bis 1936 (Erscheinen eingestellt)
Osnabrücker Tageblatt, Jge. bis 1943, ab 1943 mit der Zeitung Neue Volksblätter vereinigt
Osnabrücker Volkszeitung, Jge. 1933 — 1935 (Erscheinen eingestellt)
Freie Presse Osnabrück, Jg. 1933, Jge. 1951 — 1967
Neue Volksblätter — Osnabrücker Volkszeitung, Jge. 1935 — 1943
Neue Volksblätter (Verkündungsblatt der NSDAP), Jge. 1943 — 1945
Der Stadtwächter — Unabhängiges Organ für deutsche Ordnung Jge. 1929 — 1931
Neues Tageblatt, Jge. 1949 — 1967
Neue Tagespost, Jge. 1949 — 1967
Neue Osnabrücker Zeitung (Neue OZ), Jge, ab 1967
Zeitungsausschnitte in der Sammlung Freund — StA Osn. Dep. 3 b XVI
Der Friedenssaal, Monatsschrift, gel. v. Ludwig Bäte u. Heinrich Dröge,
    Jg. 1 (1926/27), Jg. 2 (1927/28) (mehr nicht erschienen)
Osnabrücker Jahrbuch, hsgg. v. Senator Dr. Preuß, 1. Jg. 1928,
    2. Jg. 1929 (mehr nicht erschienen)
Werkzeitung der F. H. Hammersen A. G. „Wir von Hammersen",
    Osnabrück 1950 — 1965 (80 Nummern)

*) StA Osn. = Staatsarchiv Osnabrück
**) StA Osn. Dep. = Staatsarchiv Osnabrück Depositum (Akten des Stadtarchivs Osnabrück)

Literatur

Aden, M.	Osnabrück-Emsland: Raum und Wirtschaft,	Essen 1963
Asaria, Z.	Zur Geschichte der Juden in Osnabrück und Umgebung Zur Einweihung der neuen Synagoge	Osnabrück 1969
Asaria, Z.	Die Juden in Niedersachsen Von den ältesten Zeiten bis zur Gegenwart,	Leer 1979
Baader, Th.	Alte Namen des Haseflusses,	Osnabrück 1958
Bach, A.	Die deutschen Ortsnamen,	Heidelberg 1954
Bär, M.	Abriß einer Verwaltungsgeschichte des Regierungsbezirks Osnabrück,	Hannover und Leipzig 1901
Bäte, L.	Osnabrück und der Westfälische Frieden,	Essen 1940
Bäte, L.	Justus Möser-Advocatus patriae,	Bonn 1961
Berlage, P.	Handbuch des Bistums Osnabrück, 1. Auflage,	Osnabrück 1968
Berning, W.	Das Bistum Osnabrück vor der Einführung der Reformation (1543),	Osnabrück 1940
Blömker, H.	Die Wehrverfassung der Stadt Osnabrück bis zum Westfälischen Frieden,	Osnabrück 1931
Bödige, N.	Natur- und Geschichtsdenkmäler des Osnabrücker Landes,	Osnabrück 1920
Brenner, K.	Dokumentation über die Juden in Osnabrück,	Osnabrück 1978
Brix, E.	Die Leischaften der Osnabrücker Altstadt,	Oldenburg 1935
Bruch, R. vom	Die Rittersitze des Fürstentums Osnabrück,	Osnabrück 1930
Böhmer, K. (Hrsgb.)	Führer zu vor- und frühgeschichtlichen Denkmälern: Das Osnabrücker Land I, Bd. 42, Einführende Aufsätze	Mainz 1979
	Das Osnabrücker Land II, Bd. 43, Beiträge zur Geschichte der Stadt Osnabrück und ihres Umlandes	Mainz 1979
	Das Osnabrücker Land III, Bd. 44, Exkursionen	Mainz 1979
Dolfen, Chr.	Der Kaiserpokal der Stadt Osnabrück,	Osnabrück 1927

Feldwisch-Drentrup, H. u. Jung, A.	Dom und Domschatz in Osnabrück,	Königstein i. T. 1980
Förstemann, E.	Altdeutsches Namensbuch,	Bonn 1913
Friderici, J.,— Stüve, E. W.	Geschichte der Stadt Osnabrück — Aus Urkunden I. — III. Teil,	Osnabrück 1816, 1817, 1826
Grosser, A.	Die Wirklichkeit des Nationalsozialismus,	München 1978
Hamm, F.	Naturkundliche Chronik Nordwestdeutschlands, 2. Aufl.,	Hannover 1951
Hammerschmidt, G. u. Unterr.	Das Privilegium Barbarossas für Osnabrück (1171) in Zeitschr. Gesch. i. Wissensch.	Jahrg. 5, 1954
Hartwig, H.	Widukind in Geschichte und Sage, Teil I: Widukind und Osnabrück,	Bielefeld 1951
Haxthausen, H.	Die Normanneneinfälle im Elb- und Wesermündungsgebiet, unter besonderer Berücksichtigung der Schlacht von 880,	Hildesheim 1966
Hehl, U., von	Bischof Berning und das Bistum Osnabrück im Dritten Reich	Osnabrück 1981
Hemminghaus, E.	Die Osnabrücker Straßennamen 1973,	Osnabrück 1974
Herzog, F.	Das Osnabrücker Land im 18. und 19. Jahrhundert,	Oldenburg 1938
Hinze, K	Aus der Geschichte der Gemeinde Gretesch,	Osnabrück 1972
Hoffmeyer, L.	Geschichte der Stadt und des Regierungsbezirks Osnabrück in Bildern,	Osnabrück 1904
Hoffmeyer, L.	Chronik der Stadt Osnabrück, Bde. 1—2,	Osnabrück 1918/25
Hoffmeyer, L.	Chronik der Stadt Osnabrück, 1. Bd. bis 1866, 2. Aufl.,	Osnabrück 1935
Hoffmeyer, L., Bäte, L.	Chronik der Stadt Osnabrück, 3. Aufl., bearb. und erweitert von Ludwig Bäte,	Osnabrück 1964
Hoffmeyer, L.	Geschichte der Kirchengemeinde St. Katharinen in Osnabrück,	Osnabrück 1928
Hoffmeyer, L.	Geschichte der evangelischen Volks- und Bürgerschulen der Stadt Osnabrück,	Osnabrück 1920
Hunsche, F.	Lienen am Teutoburger Wald in: 1000 Jahre Gemarkung Lienen,	Lengerich 1965
Ide, A.	Die Steinwerke der Stadt Osnabrück,	Osnabrück 1939
Imeyer, F., Wrede, G.	Die Bauerschaft Nahne, Heft 1: Heimatkunde des Osnabrücker Landes in Einzelbeispielen,	Osnabrück 1951
Jänicke, W.	Das klassische Osnabrück,	Dresden 1913
Kaiser, E.	Niedersächsisches Städtebuch,	Stuttgart 1952
Kampen, W., van Westphalen, T.	100 Jahre SPD in Osnabrück 1875 — 1975,	Osnabrück 1975
Kampschulte, H.	Die westfälischen Kirchen-Patrozinien,	Münster 1867
Kennepohl, K.	Die Münzen von Osnabrück,	München 1938
Klose, W.	Hitler und sein Staat,	Tübingen 1970
Koch, C.	Die Pflanzenvereine der Osnabrücker Landschaft,	Osnabrück 1925
Koch, H.	Die schulische Entwicklung in der Stadt Osnabrück zur Zeit des Osnabrücker Liberalismus, in: Jahrbuch der Gesellschaft für niedersächsische Kirchengeschichte, 72. Bd.,	Göttingen 1974
Koch, H.	Der Ledenhof, Heft 25 der Kl. Reihe, herausgegeben vom Verkehrsverein Stadt und Land Osnabrück,	Osnabrück 1975
Koch, H.	Osnabrück und das Osnabrücker Land — einst und jetzt, Umweltkundliches Sach- und Arbeitsbuch,	Osnabrück 1975
Kühling, K.	Theater in Osnabrück — im Wandel der Jahrhunderte,	Osnabrück 1959
Kühling, K.	Osnabrück 1925 — 1933, Von der Republik bis zum Dritten Reich	Osnabrück o.J. (1963)
Kühling, K.	Osnabrück 1933 — 1945, Stadt im Dritten Reich	Osnabrück o.J. (1964)
Kühling, K.	Die Juden in Osnabrück,	Osnabrück 1969
Kühling, K.	Osnabrück um 1900 — Stadtbild im Zeitwandel,	Osnabrück 1976
Lembcke, R.	Johannes Miquel und die Stadt Osnabrück,	Osnabrück 1962

Verzeichnis der benutzten Quellen und Literatur 819

Lindemann, I.	August von Kreling (1818—1876), ein Beitrag zu seinem Lebensbild, in: Osnabrücker Mitteilungen,* Bd 85	Osnabrück 1979
Manske, H.-J.	Der Meister von Osnabrück,	Osnabrück 1978
Meyer, H.	Die Geschichte dreier Osnabrücker Bürgermeister,	Osnabrück 1974
Möller, C.	Osnabrück — Friedens- und Kongreßstadt,	Osnabrück 1974
Möser, J.	Osnabrückische Geschichte, Teil I — III,	Berlin 1843 (1768—1819)
Müller, E.	Geschichte der Stadt Osnabrück,	Berlin 1864
Nowotnig, W.	Die Großsteingräber in der Umgebung Osnabrücks, Heft 7 der Kl. Reihe des Verkehrsverein Osnabrück	Osnabrück o.J.
Ordelheide, K.	Osnabrück in alten Ansichten,	Zaltbommel 1976
Penners, H.u.Th.	Ein Streifzug durch die Osnabrücker Stadtgeschichte,	Osnabrück 1974
Penners, Th.	Topographische Bemerkungen zur ,,Burg" Osnabrück in: Osnabrücker Mitteilungen, Bd. 70	Osnabrück 1961
Peters, H.-G. u. Schlüter W.	Archäologische Denkmäler und Funde im Landkreis Osnabrück,	Hildesheim 1976
Philippi, Fr.	Die älteste Entwicklung der Stadt Osnabrück bis zu ihrem Zusammenschluß mit der Neustadt,	Osnabrück 1892
Philippi, Fr.	Die Osnabrücker Laischaften. Eine wirtschaftsgeschichtliche Studie,	Osnabrück 1896
Philippi, Fr.	Zur Osnabrücker Verfassungsgeschichte,	Osnabrück 1897
Poppe-Marquard, H.	Osnabrück. Schöne alte Stadt zwischen Teutoburger Wald und Wiehengebirge,	Osnabrück 1964
Poppe-Marquard, H.	Lichtenberg und Osnabrück,	Osnabrück 1974
Poppe, R.	Das Osnabrücker Bürgerhaus,	Oldenburg 1944
Poppe, R.	Alt-Osnabrück, seine Bürgerbauten und Straßenzüge,	Osnabrück 1966
Poppe, R.	Osnabrück i.d. Reihe: Deutsche Lande Deutsche Kunst,	Osnabrück o.J. (1972)
Poppe, R.	Burg- und Schloßtypen des Osnabrücker Landes, Heft 2: Heimatkunde des Osnabrücker Landes in Einzelbeispielen,	Osnabrück 1953
Poppe, R.	Der Ledenhof in Osnabrück, Heft 3: Heimatkunde des Osnabrücker Landes in Einzelbeispielen,	Osnabrück 1978
Prinz, J.	Das Territorium des Bistums Osnabrück,	Göttingen 1934
Rabe, H.-G.	Remarque und Osnabrück, ein Beitrag zu seiner Biographie, in: Osnabrücker Mitteilungen, Bd. 77,	Osnabrück 1970
Rabe, H.-G.	Osnabrücker Kunst und Künstler 1900 — 1970, in: Osnabrücker Mitteilungen, Bd. 81,	Osnabrück 1974
Rickels, G.	Fünfundsechzig Jahre Touristenverein ,,Die Naturfreunde" — Ortsgruppe Osnabrück 1912 — 1977,	Osnabrück 1978
Riepe, Chr.	Geschichte der Universität Osnabrück,	Osnabrück o.J. (1968)
Riepe, Chr.	Westfälischer Meister des Passionsaltar aus Osnabrück,	Osnabrück 1975
Rosendahl, E.	Geschichte Niedersachsens im Spiegel der Reichsgeschichte,	Hannover 1927
Rhotert, J.	Die Entwicklung des katholischen Volksschulwesens im Bezirk Osnabrück,	Osnabrück 1921
Rothert, H.	Geschichte der Stadt Osnabrück im Mittelalter, 1. Teil: Osnabrücker Mitteilungen, Bd. 57, 2. Teil: Osnabrücker Mitteilungen, Bd. 58,	Osnabrück 1937 Osnabrück 1938
Rothert, H.	Westfälische Geschichte, Bd. 1—3,	Gütersloh 1949—1951
Schirmeyer, L.	Von Osnabrücks Handel und der Hanse, in: Osnabrücker Jahrbuch 1928,	Osnabrück 1928
Schirmeyer, L.	Osnabrück und das Osnabrücker Land Geschichtliche Durchblicke,	Osnabrück 1948
Schoenbaum, D.	Die braune Revolution Eine Sozialgeschichte des Dritten Reiches	Köln-Berlin 1968
Schröder, E.	Deutsche Namenskunde,	Göttingen 1934
Seegrün, W.	Zwölf Jahrhunderte Bistum Osnabrück,	Osnabrück 1978

Siebern, H. u. Fink, E.	Kunstdenkmäler der Provinz Hannover, IV. Regierungsbezirk Osnabrück, 1. und 2. Stadt Osnabrück,	Hannover 1907
Sperling, E.	Alles um Stahl — Wirtschaftsgeschichtliche Erzählung um die Klöckner-Georgsmarienwerke AG. Osnabrück,	Bremen-Horn 1956
Spörhase, R.	Osnabrück — Karten zur Entwicklung der Stadt	Stuttgart 1968
Spühr, A. u. Jeanmaire, Cl.	Die Osnabrücker Straßenbahn,	Villingen AG 1980
Stadt Osnabrück Verkehrsamt	Katalog der Ausstellung: 1200 Jahre Osnabrück	Nürnberg 1980
Stratenwerth, H.	Die Reformation in der Stadt Osnabrück,	Wiesbaden 1971
Stüve, J.E.	Beschreibung und Geschichte des Hochstifts und Fürstentums Osnabrück— mit einigen Urkunden,	Osnabrück 1789
Stüve, J.C.B.	Geschichte des Hochstifts Osnabrück I — III,	Osnabrück 1853—1906
Wagner, G.	Osnabrück als Stadt der Hanse. Heft 4: Heimatkunde des Osnabrücker Landes in Einzelbeispielen,	Osnabrück 1980
Wagner, G.F.	Osnabrück vor 100 Jahren,	Osnabrück 1891
Wagner, G.F.	Osnabrück in den Jahren 1800—1811,	Osnabrück 1893
Wegmann, G.	Die Garnisonstadt Osnabrück, in: Rundbrief Nr. 9, Trad. Verbd. Inf. Rgt. 37/184/474/,	Osnabrück 1974
Wegmann, G.	Das Kriegsende zwischen Niederrhein, Emsland und Teutoburger Wald im März/April 1945, 1.—3. Teil in: Osnabrücker Mitteilungen Bde. 83—85,	Osnabrück 1977—79
Wegner, Th.	Geologie Westfalens und der angrenzenden Gebiete,	Paderborn 1926
Wetterling, H.	Die Gründung der Universität Osnabrück 1960—1970, Osnabrücker Schriften zum Bildungswesen, Reihe A, Bd. Nr. 7	Osnabrück 1972
Wetterling, H.	Die Gründung der Universität Osnabrück 1970—1975, Osnabrücker Schriften zum Bildungswesen, Reihe A, Bd. Nr. 15	Osnabrück 1977
Wiemann, H.	Die Osnabrücker Stadtlegge, in: Osnabrücker Mitteilungen Bd. 35,	Osnabrück 1911
Wilbertz, G.	Scharfrichter und Abdecker im Hochstift Osnabrück. Osnabrücker Geschichtsquellen und Forschungen Bd. XXII	Osnabrück 1979
Willecke, H.	Osnabrücker Sport Turnen und Sport in zwei Jahrhunderten,	Osnabrück 1980
Wurm, A.	Osnabrück — Seine Geschichte. Seine Bau- und Kunstdenkmäler,	Osnabrück 1901

*) Osnabrücker Mitteilungen = Mitteilungen des Vereins für Geschichte und Landeskunde von Osnabrück — Historischer Verein.

Bildnachweis

Schutzumschlag: Tür zur Schatzkammer im Rathaus, G. Flottmann
Vorderes Vorsatz: Marktplatz Osnabrück, nach einem Guckkastenbild
Hinteres Vorsatz: Das Osnabrücker Schloß, nach einem Guckkastenbild

13	topographische Übersichtskarte
19	A. Bauer jun.
20, 21	Stadtbildstelle
22, 24	A. Lindhorst
33	G. Flottmann
36	Stadtbildstelle
37	G. Flottmann
39	Stadtbildstelle
41	H.-G. Peters
43	Städt. Verkehrsamt
44	W. Fricke
46	Städt. Presse- u. Informationsamt, H. Strenger
48	Grundlage nach R. Spörhase aus „Karten zur Entwicklung der Stadt Osnabrück", Verlag Kohlhammer, Stuttgart
49	Zeichnung von L. Rohbock
52	G. Horstmann
55	Städt. Verkehrsamt, P. Schreiber
57	G. Flottmann
60	Zeichnung Reinhold
61, 62	G. Horstmann
64	Zeichnung L. Rohbock
66	G. Horstmann
67	R. Lichtenberg
68	G. Flottmann
70	Grundlage nach R. Spörhase aus „Karten zur Entwicklung der Stadt Osnabrück", Verlag Kohlhammer, Stuttgart
71	H. Hasekamp
72	Staatsarchiv
83, 85	Stadtbildstelle
89, 91	G. Horstmann
102	Stadtbildstelle
106	G. Horstmann
108, 111	K. Ordelheide
123, 129	G. Horstmann
135	Kirchengemeinde St. Katharinen
141	Städt. Verkehrsamt, P. Schreiber
141	Stadtplanungsamt, v.d. Beld
145	Städt. Verkehrsamt
146	R. Lichtenberg
152—153	Staatsarchiv
155	Zeichnung L. Rohbock
158	Staatsarchiv
175	Städt. Museum
176, 177, 179	Stadtbildstelle
181	Zeichnung L. Rohbock
188	Stadtbildstelle
190	Staatsarchiv
191	Stadtbildstelle
204, 205, 206, 210	G. Horstmann
212	Staatsarchiv
214	Stadtbildstelle
215	H. Fender
217	G. Flottmann
222	Stadtbildstelle
227	G. Horstmann
228	Stadtbildstelle
233	Zeichnung L. Rohbock
235	Stadtplanungsamt, v.d. Beld
236	Staatshochbauamt
238, 239, 242	G. Flottmann
243	G. Horstmann
247	E. Harms
251	G. Flottmann
253	Städt. Museum
255	Stadtbildstelle
257	Städt. Verkehrsamt, R. Lichtenberg
259	Zeichnung L. Rohbock
264	Staatsarchiv
273	Stadtplanungsamt, E. Krahn
274	G. Horstmann
281	G. Flottmann
285	Staatsarchiv
299	Zeichnung L. Rohbock
307	Stadtbildstelle
322, 331	Zeichnung L. Rohbock
335	G. Horstmann
343	Zeichnung L. Rohbock
346	Staatsarchiv
353, 361	G. Flottmann
367	Staatsarchiv
374	G. Horstmann
382	K. Ordelheide
384	Staatsarchiv
392	Lithographie von Tepe
395	Brinkmann, aus „Osnabrück um 1900" von Karl Kühling, Verlag Wenner
396	G. Flottmann
398	R. Lichtenberg
416	Postkarte
417	R. Lichtenberg
418	Staatsarchiv
421	Fotograf unbekannt
425	Stadtbildstelle, Lithographie von Tempeltey
427	H. Fender
430	aus „Osnabrück um 1900" von Karl Kühling, Verlag Wenner
431	R. Lichtenberg
435	Fotograf unbekannt
436	G. Horstmann
439	G. Flottmann, nach einem Gemälde von Franz Hecker
441	G. Frühsorge
442	H.-G. Rabe
443	Historische Postkarte
444	Städt. Museum, R. Lichtenberg
447, 448, 449	Stadtplanungsamt, v.d. Beld
450, 451	Städt. Verkehrsamt
452, 458	Stadtbildstelle
463	Stadtbildstelle, K. Ordelheide
467, 468	Stadtbildstelle
469	Städt. Verkehrsamt, P. Schreiber
473	Stadtbildstelle
477	Fotograf unbekannt
478	E. Harms
480	Stadtplanungsamt
485	H. Fender
487	K. Löckmann
489	Städt. Verkehrsamt, K. Löckmann

491	Fotograf unbekannt
494	Staatsarchiv
512	G. Horstmann
516	G. Flottmann, nach einem Gemälde von Franz Hecker
517	G. Flottmann, nach einem Gemälde von Bernard Brickwedde
520	R. Lichtenberg
531	Staatsarchiv
537	Städt. Presse- u. Informationsamt
544	Städt. Presse- u. Informationsamt, E. Harms
556	R. Lichtenberg
559	K. Ordelheide
565	Fotograf unbekannt
568	K. Ordelheide
569	G. Flottmann
570	K. Ordelheide
573	Staatsarchiv
574	K. Ordelheide
578	Neue OZ-Archiv
583	Staatsarchiv
589	H. Fender
591	Städt. Presse- u. Informationsamt
593	Stadtbildstelle
594	Städt. Presse- u. Informationsamt, R. Lichtenberg
599, 603	Staatsarchiv
609, 611	Stadtbildstelle
613	Neue OZ-Archiv
616	J. Reiling
618—619	J. Wallmann
621	Neue OZ-Archiv
629	Stadtplanungsamt
633	Städt. Presse- u. Informationsamt, I. Lindemann
634	Stadtbildstelle
649	E. Harms
652, 657	Städt. Presse- u. Informationsamt
659	Stadtbildstelle
661, 662	J. Reiling
669	Stadtplanungsamt, v.d. Beld
671	E. Harms
672	Städt. Verkehrsamt
675, 684	Neue OZ-Archiv
687	Städt. Verkehrsamt
688	G. Horstmann
690	Städt. Verkehrsamt
693	Städt. Presse- u. Informationsamt, Twarz
701	Stadtplanungsamt, v.d. Beld
702	Stadtplanungsamt, H. Strenger
705	Stadtbildstelle
707	E. Harms
709	G. Horstmann
711	Stadtplanungsamt, v.d. Beld
712	Städt. Verkehrsamt
717	Städt. Presse- u. Informationsamt, Kardas Luftbild, freigegeben Reg.-Präs. Düsseldorf, Nr. 20/81/10060
718	Städt. Presse- u. Informationsamt, G. Bosselmann
720	Stadtplanungsamt, v.d. Beld
722	Städt. Presse- u. Informationsamt, H. Fender
723	Städt. Presse- u. Informationsamt, W. Erdtmann
724	Städt. Presse- u. Informationsamt, E. Harms
727	Staatshochbauamt, H. Strenger
728	Stadtplanungsamt, v.d. Beld
734	Städt. Presse- u. Informationsamt, Twarz
738	Städt. Presse- u. Informationsamt, W. Fricke
740	G. Horstmann
741	Werkfoto kabelmetal
742	Werkfoto Klöckner
748	Fotograf unbekannt
754	G. Horstmann
755	Stadtbildstelle
756	Städt. Presse- u. Informationsamt, W. Fricke
758	Stadtplanungsamt, v.d. Beld
760	Staatshochbauamt, H. Strenger
763	G. Horstmann
766	H. Fender
767	H. Pentermann
769	R. Lichtenberg
772	Gesamtschule Schinkel
777	Staatshochbauamt, H. Strenger
778	G. Horstmann
783	W. Nordmann

Sachregister

☐ vor der Seitenzahl = Bild auf der angegebenen Seite
☐ hinter der Seitenzahl = Text und Bild auf der angegebenen Seite

f. = und folgende Seite
ff. = und folgende Seiten

Ablösungsgesetz von 1831 — 349, 361, 363, 381
Äbtissinnenhaus des Gertrudenklosters — 759
Ackerbauschule — 733
Ackerbürger — 53f., ☐ 222
Adolfstraße — 345
Adreßbuch — 493
Advocatus patriae (s. Möser) — 249
Akzise, Akzisehäuser — ☐ 62, 119, 220, 260, 264, 424, 453
Akzisehaus am Heger Tor — 765
Alarm — 589f.
Alfa-Haus — 757
Allgemeiner Deutscher Gewerkschaftsbund (ADGB) — 546
Alliierte Streitkräfte — 603, 605f.
Alluvium (Zeit der Anschwemmungen) — 14
Alte Fuhrhalterei — 754, ☐ 755, 769
Alte Münze — 128
Altenfürsorge — 778f.
Altenheim ,,Haus Bürgerpark" — 778 ☐
Altenheim ,,Haus Ledenhof" — 759, 779
Alter Graben (im Unterschied zum Neuen Graben) — 46, 50, 107
Alterleute — 261, 263
Alte-Synagogen-Straße (früheres Teilstück der Rolandstraße) — 478
Altes Tor, Stadttor der Altstadt am Neumarkt — 108, 183, 205, 229
Altstadt — 53f., 67, 69, 105, 114, 117, 750f.
Altstädter Schule (Volksschule 1) — 664, 692
Altsteinzeit (Paläolithikum) — 15
Amt Osnabrück — 358
Amtsgerichte — 354, 629
Angelaschule-Ursulinen, staatl. anerk. priv. Neusprachl. Gymnasium — 552, 651
Angeln, den Sachsen benachbarter germ. Volksstamm — 31
Angers, französische Partnerstadt zu Osnabrück — 738
Angrivarier (germ. Volksstamm) — 29
Ankum — 58
Antifaschistischer Block Osnabrück — 653
Arbeiter-Bildungsverein — 368, 387
Arbeitersportorganisationen — 534
Arbeiter- und Soldatenräte — 504ff., 511
Arbeiterwohlfahrt — 779
Arbeitsamt — 514, 524, 680
Arbeitszuchtlager Ohrbeck — 586
Arierparagraph — 554
Arme und Kranke — 119
Armenanstalt, Armenversorgungsanstalt — 280, 317f., 373, 383
Armenkirche (Gr. Gildewart 10) — 283
Armenkommission, Armenvogt — 368, 380
Armenpflege, offene und geschlossene — 114, 279, 452
Armenstiftungen — 94, 317
Armenverwaltung — 373
Armenvögte — 159, 317
Armenwesen — 373
Artillerieregiment Nr. 6 — 575
Astrup, Gutshof nördl. von Osnabrück — 167, 179
Atter, neuer Stadtteil — 149, 736
Aufruhr, Rampendahlscher — 266
Aufstand, Lenethunscher — 266
Aufstellbahnhof — 474

Augsburger Religionsfriede 1555, Augsburgische Konfession — 146f., 160f., 173
Augusteische Zeit (Zeit des Kaisers Augustus) — 28
Augustenburg — 240, 419
Augustinerkloster, Augustinerkirche — 69, 128, 134, 136, 140, 156f., 176, 218, 232, 252, 298
Ausgehverbot, Ausgangssperre 1945 — 618, 627
Ausgrabungen 1975 — 42
Ausnahmezustand — 536
Auspendler — 743
Außenstelle Osnabrück des Regierungspräsidenten in Oldenburg — 781
Autobahnkreuz Lotte—Osnabrück — ☐ 717, 740, 745
Autobahnzubringer — 745

Backhaus-Mittelschule — 482, 664
Bad Laer — 29
Bahnpolizei — 617
Barbarossaurkunde — ☐ 52
Barenteich — 65, 113, 271
Barenturm (an der Vitischanze) — 109
Barfüßerkloster — 121, 124, 134, 136f., 140, 147, 173, 218
Bastion an der Vitischanze — 577
Baumhaus (auf der Dodesheide) — 111
Baumwoll- und Leinenwebereien — 390
Bekennende Kirche — 554f.
Belagerungszustand 1813 — 328f.
Belm — 163, 180
Benediktinerkloster Iburg — 50, 298
Bergarbeitersiedlung auf der Eversheide — 419
Bergkirche — 419, 467, 498, 623
Bergstraße — 406
Berufsbildendes Schulwesen — 733
Berufsfeuerwehr — 475
Berufsschule, gewerbliche — 652
Berufsschule, kaufmännische — 652
Berufsschulzentrum — 771
Beschützende Werkstatt — 735
Besetzung Osnabrücks durch alliierte Streitkräfte, 1945 — 615
Bezirksregierung Osnabrück — 545
Bierstraße — ☐ 468
Bildnerische Werkschule — 665
Binnenburg — 47, 105, 107
Bischöfl. höhere Mädchenschule — 481
Bischöfliche Kanzlei — 252, 273 ☐, 680
Bischof-Lilje-Heim, Altenheim — 770, 779
Bischofshaus — 466
Bischofsmühle (Alte Mühle) — 107, 157
Bischofswahl — 77, 157
Bissendorf — 143, 172
Bistum Osnabrück — 371, 373, 552
Bizone — 674
Blankendorfer Quelle — 389
Blattern — 152
,,Blaue Fahne" (span. Reitertruppe) — 156
Blumenhalle, Restaurant mit Saalbetrieb — 277, 623, 640
Blutgericht (höchste Gerichtsbarkeit) — 55
Bocholt — 34
Böselagersche Kurie am Domhof (1817—1906 Schulhaus des Ratsgymnasiums) — 479, 482
Bohmte — 228
Botenverkehr — 697

Boykott jüd. Geschäfte (in der NS-Zeit) — 542, 566f.
Bramsche — 58, 142, 144, 150, 156, 163f., 166f., 301
Brandbußtag (11. März) — 158
Branntwein — 391
Brauereien — 390
Brauwesen — 88
Britische Garnison Osnabrück — 708, 737
Britische Woche 1966 — 725
Bronzezeit — 15, 17, 24
Brotkarte 1915 — 496
Brücke der Nationen — 689
Brukterer (germ. Volksstamm) — 29, 31
Bucksturm — 73, 84, 85 □, 96, 106 □, 109, 124, 126, 133, □ 191, 195, 199, 222
Bürgerausschuß 1945 — 653
Bürgerbuch — 70
Bürgereid — 369
Bürgerfahnenwesen (Wehrordnung) — 114
Bürgergehorsam — 109f., 203, 223, 412, 423
Bürgergeld — 119
Bürgerinitiativen — 751, 753
Bürgermeister — 62, 69
Bürgerpark — 419
Bürgerrecht — 369
Bürgerschule — 381, 426
Bürgersteige — 286
Bürgervereine — 363, 452
Bürgervorsteher, Bürgervorsteherkollegium — 369f., 372f., 532, 535, 538ff., 543
Bürgervorsteherworthalter — 369
Bürgerwehr — 352, 365f., 370
Bundesautobahn „Hansalinie" — 717
Bundesrat — 355
Bundestag zu Frankfurt a.M. (oberste Behörde des Deutschen Bundes seit 1815) — 350f., 353, 355
Bundeswehr — 708
Bundeswettbewerb „Stadtgestalt und Denkmalspflege im Städtebau" 1978 — 757
Burgericht — 55, 58, 60, 65, 67
Burglocke — 117, 122
Burrichter — 77
Busbahnhof am Neumarkt — 746f.
Butenburg — 47, 51, 105

Capitulare Saxonicum 797 — 34
Capitulatio de partibus Saxoniae, etwa 782 — 34
Caprivikaserne — 429
Caritasverband — 476, 502, 779
Chasuarier (Haseanwohner) — 29, 31
Chauken (germ. Volksstamm) — 31
Cherusker (germ. Volksstamm) — 29
Choleraepidemien, Cholerazeit — 373, 375, 377, 380, 413, 444
Christlich Demokratische Union (CDU) — 653
Code Napoléon, Rechtsquelle während der Franzosenzeit — 309
Codex Gisle, liturgisches Schriftwerk — 458
Corty-Althoff, Zirkus — 507
Curtis (regia curtis), fränkischer Königshof — 34f.

Damme — 58
Dampfkesselfabrik Julius Meyer — 676
Danzig, Wiedervereinigung (1939) — 575
Darum, neuer Stadtteil — 736
Demonstrativ-Programm Dodeshaus — 726
Demonstrativ-Programm Haste — 727
Demontage — 676
Departement Oberems — 319ff., 324, 327
Departementshauptstadt — 309, 782
Derby, englische Partnerstadt zu Osnabrück — 738
Derneburg, Zisterzienserkloster — 346

Deutsch-Herrenhof auf der Neustadt — 218
Deutsche Arbeitsfront (DAF) — 547
Deutsche Christen — 553f.
Deutsche Legion (1803—1815) 335, 338, 341f.
Deutsche Volkspartei (DVP) — 540
Deutscher Bund, 1815 — 351, 365
Deutscher Sachbuchpreis — 761
Deutsches Nationaltheather Osnabrück — 578ff., □ 578
Deutsches Parlament zu Frankfurt a.M. 1848 — 352f., 363f.
Deutschnationale Volkspartei (DNVP) 532, 538, 544
Diluvium (Eiszeit) — 14
Diözesan-Museum — 486f., □ 487
Dissen — 58, 150
DP's (displaced persons) — 620
Dodeshaus-Siedlung (Demonstrativ-Programm Dodeshaus) — 474
Dodesheide — 266f.
Dörenberg — 438
Dörenburg bei Eversburg — 76
Dom, Domkirche — □ 33, 49ff., □ 49, 141, 147f., 156f., 280, 295, 466, □ 467, 495, 593 □, □ 652, 663, 681, □ 712, 750, 752
Domburg — 38f., 42f., 45, 47
Domherrenwall, Herrenteichswall — 109
Domhof — 105, 315, 438
Domimmunität — 50
Dominikaner — 174, 176, 276
Dominikanerkirche — 163, 758, 765, □ 766
Dominikanerkloster (Natruper Kloster) — 127, 134, 157, 165, 283, 298, 301, 679, 751
Domkapitel — 76, 84, 122, 124ff., 129, 138, 140, 148, 159ff., 164f., 171ff., 180, 182, 209, 211, 216f., 229, 231f., 237ff., 241, 246, 250ff., 296, 298, 357, 391
Domschule — 139, 146ff., 151, 664
Domschwesternkloster (Turmstraße 9) 157
Domsfreiheit, Kleine und Große — 159
Dreiklassenwahlrecht — 501
Dreikönigsbund (Preußen, Hannover und Sachsen) von 1849 — 352
Drei-Kronen-Haus — 766
Dreißigjähriger Krieg (1618—1648) — 149, 159f., 295
Dreißigjähriger Religionskrieg — 160
Dürerbund — 486f., 488f., 496

Ebert-Erzberger-Rathenau-Denkmal — 519, □ 520, 542
Edinghausen, Edinghäuser Straße — 406
Ehrenbürger — 682
Eigenbehörige, Eigenbehörigkeit, Hörigkeit — 321, 363
Eingemeindungen — 576, 737
Einnahme Osnabrücks 1945 — 595, 606
Einpendler — 716, 743
Einquartier(ungs)häuser — 429
Eintracht-Sportplatz — 653
Einwohnermeldeamt — 618
Einwohnerwehr — 513
Einwohnerzahlen — 360, 414, 440, 472, 632, 684, 736
Einzelgrabkultur — 22
Einzelhandel — 741
Eisenbahn (erste Strecken) — 371, 394, 417
Eisenzeit — 27
Eiserne Front — 534
Elbkonvention bei Artlenburg 1803 — 300
Elektrifizierung — 719
Elf Ämter (Handwerkerzünfte) — 90, 98, 103, 112, 278, 445
Elisabethkapelle — 524
Elisabethkirche — 691
Ellerbeck (bei Schledehausen) — 28
Emigranten — 282, 284, 286
Endlösung — 571, 587f.

Sachregister 825

Enger (bei Herford) — 31
Engerer Rat — 261
Engern (Volksstamm) — 31
„Englischer Schweiß", eine Art Pest — 128
Enzyklika „Mit brennender Sorge" — 552
Entnazifizierung — 628, 654, 682
Entscheidungsjahr bzw. Normaljahr 1624 — 165
Enttrümmerung — 633
Eresburg (an der Diemel) — 34
Ermächtigungsgesetz — 538f., 541, 543
Ernährungslage — 621
Ernst-Moritz-Arndt-Gymnasium (früher Staatl. Realgymnasium) — 480
Erster Weltkrieg (1914—1918) — 494ff.
Europafahne — 725
Europaschiff — 748f.
Europastraße — 718
Evangelische Frauenhilfe e.V. — 520
Evangelische Kirche — 357, 549, 553f., 556
Evangelische Mittelschule — 482
Evangelischer Bund — 476
Evangelisches Lehrerseminar (Seminarstraße) — 316, 378, 381, 426, 446, 481, 501
Evangelisches Männerheim (beim Lutherhaus) — 525
Evangelisches Volksschulwesen — 380
Eversburg — 156, 159, 180, 216, 243, 295, 396, 408, 426, 443
Eversburger Kanalbad — 680
Eversburgschule — 560
Eversheide, Eversfeld (Weidemark) — 154, 159, 266f., 419
Exemte, von allen Lasten Befreite — 301, 304

Fachhochschule Osnabrück — □ 734, 776
Februarrevolution 1848 in Paris — 351
Feldartillerieabteilung 290 — 496
Feldartillerieregiment Nr. 62 — 496
Feldschlacht an der Hase 783 — 35
Femgerichte (Freistühle) — 75
Festlandssperre — 311, 320
Festungsgebot von 1553 — 417
Feuerordnung — 412
Feuerwehr, Feuerlöschwesen — 426, 445f., 475, 610
Finkenstaedtsches Haus (Große Straße 43) — 273
Flak-Batterien — 590, 596, 605
Fledder — 155, 266, □ 709, 710, 716
Fliegersport GmbH — 519
Flüchtlinge, Vertriebene — 632
Flughafen Netterheide — 515
Flugplatz Achmer — 519
Flugplatz Atterheide — 718
Fluko-Bunker (an der Rudolfstraße) — 600
Forsthaus Freudenthal b. Iburg — 161
Fortbildungsschule — 437
Franken (germ. Volksstamm) — 31f.
Frankenhausen, Niederlage der aufständischen Bauern (1525) — 126, 131
Frankreich-Woche 1964 — 723
Franziskaner — 173, 176
Franziskanerkloster in Ohrbeck — 502
Franziskanerkloster (Barfüßerkloster) — 173
Französische Revolution 1789 — 286
Freibad „Moskau" — 515, 642
Freie Demokratische Partei (FDP) — 653
Freie Presse, Tageszeitung — 535, 541
Freikorps Lichtschlag — 513
Freifahne — 161
Freimaurerloge — 462, 562
Freizügigkeit — 388
Fremdarbeiter — 620
Friedensfest 1814 — 334

Friedenshöhe am Bürgerpark — 653, 663
Friedenskirche — 476, 515
Friedenssaal — □ 212, 431 □, 448, □ 450, 527, 529, 562, 624, 670, 672
Friedensverein — 386
Friede von Lunéville 1801 — 285, 402
Friede zu Basel 1795 — 284
Friedrich-Ebert-Allee — 521
Führerprinzip — 543, 548, 553, 561
Fürstbistum Osnabrück — □ 57, 585, 782
Fürstenau, Landesburg des Hochstifts — 83, 168, 170f., 175, 179, 211
Fuldaer Bischofskonferenz — 549
Fußgängerbereiche, Fußgängerzone — 746, 748, 750, 753ff.
Futtermauer — 110

Ganztagsschulen — 773
Garnison — 409
Garnison (britische) — 620
Garnisongemeinde — 250
Garnisonschule — 380, 426
Gartlage — 125f., 183, 288
Gasanstalt — 371
Gaswerk und Gasbeleuchtung — 372f., 423, 441
Gau Weser-Ems — 585
Gebiets- und Verwaltungsreform 1972 — 736f.
Gedenktafeln in der Alten-Synagogen-Straße — 478
Geheime Staatspolizei (Gestapo) — 547, 551, 555, 585, 607
Geheimer Rat — 234, 252, 281, 294, 296f.
Geheimes Ratskollegium — 241
Gehn — 156
Gemeinde Europas — 725
Gemeindeordnung — 561
Gemeindesteuer (seit 1868) — 417, 424, 453
Gemeindeverfassungsgesetz — 543, 561
Gemeinheit — 269
Gemeinheitsteilung — 351
Gemeinnütziger Bauverein — 514, 524
Generalsteuerkasse — 241
Generalverkehrsplan — 719
Georgsbrücke — 442
Georgskapelle (Große Straße 67/68) — 128
Georgsmarienhütte — 422, 424
Gerade (Teil des Nachlasses der Frau) — 78, 118, 237
Gerichtsgebäude — 680
Gerichtshoheit — 260
Gerichtsverfassung — 354, 368
Germania-Bunker — 600
Germanien — 29
Gertrudenberg — 14, 50, 109, 120, 143, 167f., 180ff., □ 181, 216, 231, 245, 247, 266, 288, 298, 311, 474
Gertrudenberger Höhlen — 391
Gertrudenberger Kloster — 95, 121, 126, 143f., 163, 187, 268
Gertrudenkirche — 759, □ 760
Gesellenaufstand auf der Gartlage — 286, 294f., 409
Gesellenverein — 385f.
Gesmold — 286
Gesmolder Turm — 287
Gewerbeflächen — 744
Gewerbefreiheit — 346, 359, 388
Gewerbepolizei — 383
Gewerbeschule — 263, 387
Gewerkschaften, Gewerkschaftsbund — 534, 546f., 586, 631
Gewerkschaftsfest — 440
Gewerkschaftshaus — 538, 546, 681
Gilden, Gildemeister — 89f., □ 89, □ 91, 92, 112, 287, 359, 373, 383, 386, 388, 393, 402ff., 407

Gildewart, Große und Kleine — 96
Glandorf — 58
Glane — 29
Gleichschaltung — 544f., 547f., 553
Gleiwitz, Radiosender — 572f.
Gmünd, österreichische Partnerstadt — 739
Göttinger Sieben — 350
Gogericht — 32, 357
Gogericht zum Löwen — 55f., 58f.
Goldene Tröge, Flurname nördl. d. Westerbergs — 181
Goldenes Buch der Stadt — 560
,,Goldenes Zeitalter'' Osnabrücks (1785—1800) — 265
Graingau (Grönegau) — 32
Gregorianischer Kalender — 164
Gresel-Stiftung — 149
Gretesch, neuer Stadtteil — 736
Grönenberg, Landesburg des Hochstifts — 84
Großangriffe alliierter Luftstreitkräfte — 594, 601
Große Straße — 42, □ 556, □ 754
Großer Brand von 1613 — 156f., 163
Großer Klub (gegr. 1793) — 276, 438, 459
Großes und Kleines Bruch — 108
Großgermanische Zeit — 26
Großhandel — 709
Großhandel (allgemein) — 741
Großindustrie (allgemein) — 710
Großkreis Osnabrück-Land — 737
Großsteingräber (Hünenbetten) — 18, 20
Grothausfehde — 149
Gründerjahre — 435
Gründungsausschuß für die Universität Osnabrück — 734
Grünpflege, städtische — 780
Grundrechte — 352
Gruthaus — 119
Güterbahnhof — 474, 697
Gustav-Adolf-Verein — 476, 502, 526
Gymnasium Carolinum — 38f., 137, 219, 278, 427, 479, 524, 651, 665, 695

Haarlem, holländische Partnerstadt zu Osnabrück — 738
Haarmannsbrunnen, Bergmannsbrunnen — 446, □ 447, 489, 683
Hafen — 475, 518, 560, 748 □
Hagedorn, Zelluloidfabrik — 677
Haler Feld, Schlachtort bei Osnabrück 1179 und 1308 — 56, 74, 118
Halle, frühere Ortschaft bei Osnabrück — 50
Halle Gartlage — 681
Hallstadt-Kultur — 25
Haltestelle Hasetor — 441
Hammersen, F.H., Weberei, Textilwerk — 388, 422, 424, 667, 676, 716
Handelsverein — 393
Handfertigkeitsunterricht — 446
Handgiftentag (2. Januar) — 117f.
Handwerk — 88, 548, 743
Handwerkerverein — 385f.
Handwerkskammer — 387, 548
Handwerksordnung — 436
Hannoversche Städteordnung — 369
Hannoversche Verfassung — 361
Hannoversche Westbahn — 392f., 394f.
Hannoversche Zeitung, seit 1832 erste politische Zeitung — 348
Hannoverscher Bahnhof — 394, 430 □, 442
Hanse, Hansetag — 73, 80, 118, 175, 740
Harmonieklub — 406, 438f., 484
Harzburger Front — 523
Hasebrücke (am Barenturm) — 441
Hasefriedhof — 316

Haselaischaft — 51, 105, 267ff.
Hasenpatt — 107
Hasestollen (am Piesberg) — 392, 395
Hasetor — 107, 109f., 120, 151, 157, 288, 290
Haste, Ortsteil — 619, 635
Haster Mühle, auch beliebtes Gasthaus — 245, 277
Haster Turm — 110
Haunhorster- oder Heger Turm — 111
Hauptbahnhof — 441f., □ 443, 559, 599, 680, 740
Hauptpostamt — 665, 680
Hauptsatzung der Stadt Osnabrück — 631
Hauptschule — 381
Hauptwache — 409, 412f.
Haus Bramsche (Heger-Tor-Viertel) — 755
Haus der Jugend (Gr. Gildewart) — 681, 764
Haus Wessell — 459
Haushaltsplan — 370
Hausmusik — 485
Hausnummern — 286, 298
Hebammenlehranstalt — 377, 475
Heeresverpflegungsamt — 606
Heergewedde (Teil des Nachlasses des Mannes) — 78, 118, 237
Hege, frühere Ortschaft bei Osnabrück — 50
Heger Friedhof — 515, 562, 577
Heger Laischaft — 51, 267, 269ff., 296, 445, 670, □ 671
Heger Tor — 107, 144, 162, 182, 343 □
Heger-Tor-Viertel — 750ff., 754ff.
Heilig-Geist-Kirche — 691
Heiliger Stuhl — 550
Heilpädagogisches Zentrum — 735
Heil- und Pflegeanstalt — 377
Heimatbund, Niedersächsischer — 691
Heimstättenverein — 547
Heinrich-Hake-Stiftung — 766
Hellern, neuer Stadtteil — 150, 736
Hellingsmauer, Hellingstürme — 46, 53, 112, 217
Herrenteichslaischaft — 267, 270
Herrenteichsmühle — 107, 125f., 182, 217, 378
Herrenteichstor — 50, 107, 109, 153, 155, 229, 260, 288, 379
Herrenteichswall — 109, 419
Herz-Jesu-Kirche — 476, 498, 691
Hettlager Mühle in Atter — 149
Hettlicher Turm — 111, 143, 311, 444
Hexen, Hexenverfolgung — 105, 153, 187, 192
Hexenstatut — 199
Hexenturm am Herrenteichstor — 109, 154
Heywinkelhaus — 779
Hilfspolizei — 536
Hilfsschule (später Sonderschule) — 481
Hilter, Vertragsort in der Reformationszeit — 139f., 144
Hirschapotheke (Große Straße) — 274 □, 459
Historischer Verein — 479, 488, 580, 642, 670
Hitler-Haus (Villa Schlikker) — 607
Hitler-Jugend — 548, 551, 577
Hochbunker — 600
Hochhäuser — 727, □ 728
Hochschulkommission — 734
Hochschulwesen — 775
Hochschulwochen — 688
Hochsperriger Turm — 109
Höhere Gartenbauschule — 665, 696, 715, 733
Höhere Landbauschule — 577, 734
Hörigkeit — 347f.
Hofhäuser — 119, 218, 220, 277, 373
Hofhaus zur Süntelbecke, später Gasthaus — 144
Hohe Linde beim Kloster Oesede, Versammlungsort des Osnabrücker Landtages — 140, 219
Hohe Mauer — 66, □ 67, 107, 182f.

Sachregister

Hollage — 150
Holstein — 31
Holtpforte — 69, 109f., 144
Holtstraße — 69
Holzhäuser Bach, Schlachtort 1363 — 75
Holzhausen, Ortsteil der Stadt Georgsmarienhütte — 736
Honpforte — 108
Hospital ,,Zum Heiligen Geist'' — 143f.
Hospital ,,Zur Twente'' — 143f., 150
Hüggel — 14, 120
Humanismus — 126
Hundesteuer — 424
Hunnen — 30
Hunteburg, Landesburg des Hochstifts — 84
Huxmühle — 444
Iburg, Landesburg des Hochstifts — 50, 58, 60, 84, 143, 159, 161, 163f., 166, 172f., 180, 220f., 228, 231, 298
Iburger Kloster — 298
Immerwährende Kapitulation 1650 — 217, 219, 250, 414
Industrie, Schwerindustrie — 741f.
Industrie- und Handelskammer (IHK) — 548
Industrieverein — 386f.
Infanterieregiment Nr. 37 — 575
Infanterieregiment Nr. 78 — 429, 494, 496
Inflationszeit — 514
Ingenieurschule und Versuchsanstalt für Gartenbau — 733, 775
Ingenieurschule für Landbau — 734
Innenstadtsanierung — 738, 749, 751, 753
Innungen — 548
Innungsnormalstatut (Handwerksordnung) — 437
Interim — 140
Internationaler Guttempler-Orden (IOGT) — 476
Internierungslager — 628

Jahrmärkte — 98, 272
Jesuiten — 148, 164f., 176f., 182, 220, 231f., 237, 239, 252
Jesuitenkollegium (Carolina) — 173, 176, 218f., 232, 237, 276
Johannisfreiheit — 67
Johanniskirche (St. Johann) — 67, □ 68, 109, 121, 129, 134, 136, 140f., 148, 160, 281, 298, 466f., □ 633, 703
Johanniskirchhof — 315
Johannislaischaft — 51, 105, 157
Johannissteine — 21
Johannistor — 68, 108 □, 110, 120, 144, 151, 159, 161, 229, 245, 412
Josephskirche — 476
Juden — 79, 105, 323, 551, 566
Judenprogrom — 570f.
Jüdische Gemeinde — 476, □ 478
Jugend, katholische — 551
Jugendheime — 577
Jugendherberge (DJH) — 665
Jugendverbände — 548
Julianischer Kalender — 164
Julirevolution 1830 in Paris — 348
Jungsteinzeit (Neolithikum) — 15f.
Justus-Möser-Haus (Studentenwohnheim) — 696

Kaak (Kauk), Säule auf dem Gehäuse des Marktbrunnens — 223
Kämmerer (Kemerer) — 117
Kaiserpokal — □ 145, 438, 515, 581, 641
Kaiserwall — 382
Kaiser-Wilhelm-Denkmal — □ 421
Kalinin, russischer Partner im Jugendgruppenaustausch — 739
Kammerspiele — 713, 729
Kamp — 128

Kanalbadeanstalt Eversburg — 548
Kanalisation — 371, 377, 419, 444f.
Kanalverkehr — 719
Kapelle ,,Zu den 11000 Jungfrauen'' auf dem Klushügel — 143
Kapitel — 183, 186, 229, 298
Karlsteine — 21 □
Karlstraße — 382
Karls-Universität Osnabrück (1625/26—1633) — 177, 776
Karmann, Karosseriewerk — 624, 666, 677, 716
Kasernen — 475
Kassengebäude am Markt — 447
Katalaunischen Feldern 451, Schlacht auf den — 31
Katechismusturm — 357
Katharinenkirche (St. Katharinen) — 63 □, 128f., 134f., 136, 141ff., 146ff., 152, 155, 173f., 184, 209, 269, 280, 389, 426, 460, 466, 485, 524, 555, 662 □, 690
Katharinenkirchhof — 315, 323
Katharinenkirchturm — 703
Katharinenpforte — 108, 177
Kath. Fachhochschule Norddeutschland (für Sozialarbeit und -pädagogik) — 776
Katholische Kirche, Katholizismus — 549f., 552f.
Katholisches Lehrerseminar — 481, 501
Kindergärten und Kindertagesstätten — 779
Kinderhospitalverein, Kinderhospital — 376
Kinderspielplätze — 779
Kirchenbauten (kirchliche Betreuung) — 728
Kirchenkampf (NS-Zeit) — 553f., 555f., 563
Kirchenordnung, evgl. (in plattdeutscher Sprache) — 136
Kirchhöfe — 315, 405
Kirchspielschulen — 148, 380f., 426
Kisling, Druckerei — 490
Klapperhagen (Kl. Domsfreiheit) — 34, 411
Kleinkinderbewahranstalt — 475
Klemenswerth, fürstbischöfl. Jagdschloß im Hümmling — 242
Klöckner-Betriebe in Osnabrück — 524, 666, □ 742
Klosterfonds — 299
Kloster Gertrudenberg — 90, 122, 126
Klosterkammer in Hannover — 299
Klosterkaserne — 429
Kloster Marienstätte (später Artilleriekaserne am Ledenhof) — 298, 323, 428
Kloster Oesede — 140
Kloster St. Angela in Haste — 635
Kloster zur ewigen Anbetung (am Hasetor) — 476
Klubhaus — 323
Klushügel — 110, 182, 474, 533
KLV-Lager — 593
Königreich Westfalen (1807—1813) — 307f., 312
Königshof (fränkische Curtis) — 34f., 37f.
Königshof Osnabrück — 35, 38
,,Kogge'' Vereinigung niederdeutscher Dichter — 525
Kohlenbergbau am Piesberg — 416, 424
Kollegiatstift St. Johann — 68
Kolpingsfamilie — 476
Kommenderiekirche (Deutschordenskapelle) — 283, 301
Kommissionen (Ausschüsse) — 540
Kommunalwahlen — 538, 654, 736
Kommunikationszentrum Lerchenstraße — 763
Kommunistische Partei Deutschlands (KPD) — 505, 532f., 538f., 631
Konkordat, Reichskonkordat — 550f.
Konservatorium — 562, 680
Konsistorium — 240, 364
Konzentrationslager (KZ) — 546, 552, 569, 571, 587f.
Kooperative Gesamtschule Schinkel — 772, 775
Kornbranntweinbrennereien — 391

Kraftverkehr (Zahlen) — 697, 719
Krankenhäuser — 269, 371, 373, 629
Kreishaus — 681
Kreuzgang am Dom — 436 □
Kreuzkirche (im Schinkel) — 476
Kreuzschule (Schinkel) — 560
Kriegsausbruch 1914 — 573
Krietenstein (bei Lintorf) — 29
Kromschröder AG, Gasuhrenfabrik — 625, 677
Kronkasse — 347
Krumpers- oder Hexenturm — 108
Küpper-Menke-Stift — 779
Kuhturm — 108
Kulturamt — 714
Kulturentwicklungsplan — 768
Kulturgeschichtliches Museum — □ 485, 766
Kulturkampf — 428, 436f.
Kultur- und Bildungszentrum (geplant) — 778
Kulturverband — 518
Kunststraße, erste, 1714 — 237
Kupfer- und Drahtwerk (OKD) — 666, 676

Ladbergen — 72, 99
Lagerhalle — 762
Laischaften (Stadtteile, aber auch Flurgenossenschaften) — 222, 266, 268ff., 360, 407, □ 671
Landdrostei Osnabrück — 345, 783f.
Landesernährungsamt Weser-Ems — 585, 643
Landes- und Justizkanzlei (Bischöfliche Kanzlei) — 248, 286, 294, 357
Landesgehörlosenschule — 696
Landeskrankenhaus, vormals Heil- und Pflegeanstalt — 759
Landeskreditkasse — 349
Landeswettbewerb „Stadtgestalt und Denkmalspflege im Städtebau" 1978 — 757
Landeswirtschaftsamt Weser-Ems — 585
Landfrieden — 74
Landgericht — 629
Landgerichtsgebäude — 441
Landgestüt in Eversburg — 720
Land Hannover — 655
Landkonsistorium — 317
Land Niedersachsen — 655
Landstände Osnabrücks — 118, 281, 357
Landstraßenbau — 321
Landtagswahlen in Niedersachsen — 655f.
Landtagswahlen in Preußen — 535f.
Landwehr — 66, 72, 76, 110, □ 111, 143, 164f., 173, 181f., 288
Landwirtschaftskammer — 548
Landwirtschaftsschule — 577
Lebensmittelkarten — 574, 621
Ledenburg — 345
Ledenhof — 63, 120, 345, □ 398, □ 758, 759, 765
Ledenhofschule — 664
Legge, Leinenschauanstalt, Leinenhandel — 97, □ 102, 103f., 119, 218, 262, 265, 320, 360
Lehrergesangverein, Osnabrücker — 484, 642
Leihhaus (seit 1805) — 303, 399
Leinenhandel, Leinenindustrie — 265, 740
Leinenweberei, Leinwand — 98, 105, 119
Lengerich (Westf.) — 144
Lesehalle und Bücherei — 512
Lichtburg, früheres Lichtspieltheater — 663
Lingen — 150, 156
Literarische Gruppe Osnabrück — 761
Löwenpudeldenkmal — □ 55, 683
Lohbunker — 600
Lombarden — 104
Lorscher Annalen — 35

Lückerstollen (am Piesberg) — 392
Lüstringen, neuer Stadtteil — 736
Lüttich — 35
Luftangriffe, alliierte Großangriffe — 609
Luftnotstandsgebiet — 592
Luftschutz — 596, 599ff., 610
Luftschutzräume — 582, 589f., □ 589, 596, 598f.
Luftschutzstollen — □ 589, 600ff., 610
Luftverkehrs AG — 519
Lutherhaus — 520, 522, 524, 663, 670
Lutherkirche — 467, 555, 622
Lyradenkmal (früher an der Vitischanze) — 489 □, 714

Mädchengymnasium am Wall (frühere Städtische Töchterschule) — 480, 650f., 664
Mädchenmittelschule am Herrenteichswall — 482
Männerturnverein (MTV) — 426
Märzministerium 1848 — 352, 354, 368
Märzverein 1848 — 366
Mäßigkeitsbewegung — 381, 387
Magistrat, Magistratskolleg — 149, 350, 358, 362, 364ff., 368ff., 370, 372f., 375f., 378ff., 384ff., 394, 397, 399f., 402ff., 407f., 413, 446, 513, 515, 540, 543
Maikundgebung (1. Mai) — 546
Mai-Wochen — 739, 760
Maire (nicht nur Bürgermeister, sondern auch Staatsbeamter) — 309, 312
Mairie-Verfassung (ab 1808, franz.) — 309, 358
Malgarten (bei Bramsche) — 298
Marienhospital — 374, 524, 635, 679
Marienkirche (St. Marien) — 44ff., 63, □ 64, 117, 128ff., 136, 141f., 147f., 151, 155, 157, 173f., 184f., 207, 209, 214, 229, 259, 269, 280, 389, 426, 430, 466, 469 □, 476, 479, 484, 494, 555, 580, 654, 663, 680, 690 □, 752
Marienkirchturm — 407, 412, 681, 703
Mark — 266f.
Markt, Markthandel, Marktvogt — 105, 113, 272
Marktflecken — 45, 47
Marktlaischaft — 45, 105
Marktplatz — 43, 45, □ 473, □ 609, 701 □, □ 702, 726, 750, 752
Marktzeichen — □ 44, 45, 119
Marsen (germ. Volksstamm) — 29
Marshallplan — 674
Martinianer Laischaft — 267ff., 296
Martinshof — 30, 67, 232, 378
Martinskapelle — 47, 177, 273
Martinspforte, später Martinitor — 108, 110, 127, 144
Martinsrondell — 231
Martinswall — 260
Mauerwall, Mauergürtel, Mauerkranz — 53
Maulbeerpflanzung am Armenholz — 240
Meierhof zu Heringen — 149
Meißner-Formel — 510
Meister von Osnabrück — □ 458, 486
Melle — 58, 143f., 357
Meppen — 35
Michaeliskirche — 691
Militärregierung, britische — 615, 654ff., 660
Missionszelle bzw. Missionsstation Osnabrück — 34ff.
Mittellandkanal — 443
Mittelschulen (Realschulen) — 381, 426
Mittelsteinzeit (Mesolithikum) — 15f.
Möserdenkmal — □ 259, 624, 684 □, □ 707
Möser-Gedächtniszimmer (im Schloß) — 525
Möser-Medaille — 580, 706
Mösermittelschule — 650, 664
Monasterium Osnabrugga — 38, 42
Moorbrücken (Holzdämme auf moorigem Untergrund) — 29
Moskau, Kaffeehaus — 390, 408

Sachregister

Motorisierungswelle — 745
Mühlberg — 139
Mühlenpforte, Mühlentor — 109, 144, 180, 217
Müllabfuhr — 445
Münchener Abkommen 1938 — 572
Mündrup, Osnabrücker Freistuhl — 75f.
Münze — 97, 240
Muesenburg — 182
Museum — 387, 419, 460, □ 485, 489, 512, 525, 581, 641, 689, 711, 730
Museumsverein — 438, 485, 489, 496, 642
Musikverein, Musikvereinskonzerte — 465, 519, 639

Nachtwächter — 413
Nahne (Dorf im Süden) — 67, 165, 283
Nahne, neuer Stadtteil — 26, 182, 736
Nahner Turm — 111, 173
Nationalkirche — 554
Nationalsozialisten, NS-Regime, NS-Diktatur — 492, 523ff., 549, 552, 587
Nationalsozialistische Deutsche Arbeiterpartei (NSDAP) — 530, 532ff., 540ff., 547f., 552, 556, 561, 563, 566f., 582ff., 588
Nationalsynode — 554
Nationalverein — 357, 472
Nationalversammlung — 511
Natrup, Dorf im Norden von Osnabrück — 26, 50
Natruper Laischaft — 267, 269f., 296
Natruper Tor — 107, 109f., 162, 182, 245
Naturfreunde — 541
Naturwissenschaftlicher Verein — 485, 488
Naturwissenschaftliches Museum — 766
Netter Heide — 155, 366, 430f., 519
Neue Mühle — 67, 109, 182, 232, 280, 378, 445, 680
Neuer Graben — 53, 107, 109, 177, 240, 376f., 379
Neues Jüdisches Kulturzentrum mit Synagoge, In der Barlage — 478
Neues Stadttheater (Blumenhalle) — 664, 670, 685
Neues Tageblatt — 632, 641, 655
Neumarkt — 177, 395, 397, 441, □ 491, □ 556, □ 621, □ 675, 750
Neumarkttunnel — 719, □ 720, 746f.
Neustadt — 67, 69, □ 70, 108, 114, 117, 177f., 183, 269
Neustädter Burgericht — 70
Neustädter Gemeinheit, später Neustädter Laischaft — 268, 270
Neustädter Volksschule — 441, 664
Nichtangriffspakt 1939 — 572
Niederländische Woche 1962 — 721
Niederländischer Krieg (Freiheitskrieg der Niederlande) 1568—1648 — 156, 163
Niedersachsen — 31
Niedersachsenbad — 728, 735
Niedersachsenschule (am Pottgraben) — 664
43. Niedersachsentag in Osnabrück — 722
Niedersächsischer Landtag — 666
Nikolaikapelle — 177
Nikolaiort — 47
Nordalbingier (sächsischer Volksstamm) — 31
Norddeutscher Bund — 388
Nordwestdeutscher Rundfunk — 664
Normaljahr 1624 — 212, 217, 220
Normannen — 40
Notgeld — 513
Notgemeinschaft Osnabrücker Schulen — 692
Notverordnungen — 526, 534ff.
NS-Sonderjustiz — 582
NSBO (Nationalsozialistische Betriebszellenorganisation) — 546f.
Nürenburg, alter Forstort in der Gartlage — 122
Nürnberger Exekutions-Kongreß 1650 — 216f.

Nürnberger Gesetze — 568
Obdachlosenbetreuung — 584
Oberpräsident der Provinz Hannover — 620, 641
Oberstadtdirektor — 630
Öffentlicher Kläger — 682
Öffentliches Untersuchungsamt — 475
Ölhafen — 716
Oesede — 165, 298
Österreich-Woche 1963 — 722
Offizierskasino — 429
Omnibusverkehr, privat (Pferdebahn) — 445
Orientierungsstufe — 773
Ortskrankenkasse — 525, 547
Ortsräte in der Stadt Osnabrück — 736
Osnabrücker Adreßbuch — 491, 493
,,Osnabrücker Badehaus", Aktiengesellschaft — 445
Osnabrücker Blätter gegen Branntwein und Berauschung — 381
Osnabrücker Gogericht — 357
Osnabrücker Hütte (in den Tauern) — 739f.
Osnabrücker Kammerspiele — 663
,,Osnabrücker Kreis" (Kirchenkampf) — 554
Osnabrücker Kupfer- und Drahtwerk (OKD) — 578, 716, □ 742
Osnabrücker Landwehrbataillon 1814/15 — 332, 338f., 341f.
Osnabrücker Musiktage — 729, 761
Osnabrücker Osterspiel — 483, 529
Osnabrücker Rathausspiele — 729
Osnabrücker Rundschau — 632, 655
Osnabrücker Schützenfest — 761
Osnabrücker Symphonieorchester — 713, 729
Osnabrücker Tageblatt — 365, 440, 491
Osnabrücker Turnverein (OTV), gegr. 1848 — 365, 426
,,Osnabrückische Geschichte", Geschichtswerk Mösers — 253
Osnabrückische Intelligenzblätter, erstes Osnabrücker Nachrichtenblatt 1766 — 254
Osning, alte Bezeichnung für den Teutoburger Wald — 14, 27
Ostbunker, Jugenzentrum — 763
Ostfalen, sächsischer Volksstamm — 31
Ostfriesisches Artillerieregiment Nr. 62 — 475
Ostpreußenviertel — 524
Overbergschule — 482

Pädagogische Hochschule Osnabrück — 235, 680, 696, 733, 775
Pagenstecherstraße — 382
Panzerangriff, alliierter, 1945 — 604
Panzersperren — 605
Papierfabrikation — 389
Pappelgraben — 270
Parkhäuser — 717, 747
Partnerstädte — □ 722, □ 723, 739, □ 740
Passauer Vertrag 1552 — 142
Passionsaltar aus Osnabrück — 458
Patent König Ernst Augusts vom 1. Nov. 1837 — 350
Patriotische Phantasien, Mösers gesammelte Abhandlungen über das Volksleben seiner Zeit — 254
Paulinum (Jesuitenkolleg) — 301
Paulskapelle, Paulskirche — 165, 219, 231
Pauluskirche (im Schinkel) — 476, 524
Personenverluste — 610
Pernickelmühle, Bischofsmühle — 144, 155, 445
Pernickelturm — 108
Pest, der ,,Schwarze Tod" — 74, 76, 105, 151ff., 156, 165
Pestalozzischule — 695

Petersburg, Zwingfeste — 110, 175 □, 178ff., 182f., 185, 189f., 209, 211, 213, 216, 237, 277, 281, 285, 406, 474
Pfarr- oder Kirchspielschulen — 137
Pfarrernotbund — 554
Philosophische Gesellschaft — 488
Piesberg — 14, 111, 120, 372, 379, 391, 394, 419, 438, 442, 453
Piesberger Bahn — 395
Piesberger Steinbrüche — 666
Piusverein — 366, 373
Plümersturm — 109, 223, 412
Poggenbach oder Wüstenbach — 107
Poggenburg — 63, 107, 121, 680, 688 □
Polizei — 359, 409ff., 606
Polizeigebäude (Bierstraße) — 447
Polizeigefängnis (Turnerstraße) — 447
Porsenword (früher Klubstraße) — 232
Porzellanmanufaktur — 240
Postamt am Jürgensort — 625
Posthof — 295
Postwagenverkehr — 360, 410
Postwesen — 393
Potsdamer Abkommen 1945 — 666
Pottschap (in der Kl. Domsfreiheit am Domkreuzgang), Gerichtsgefängnis — 412, 436
Präsidialkabinett — 534
Präsidialstaat — 533
Pressefreiheit — 356, 364, 386
Preußen — 544f.
Preußischer Staatsrat — 550
Priesterseminar — 466
Progrom 1938 („Reichskristallnacht") — 478, 555, 567, 571
Protestantenverein — 476
Provinzialregierung (Bezirksregierung) — 358
Pye, neuer Stadtteil — 736

Rampendahlsgesellschaft — 80
Rangierbahnhof — 474
Rathaus, altes — 62 □, 71 □, 93, 97, 213, 224, 276, 280, 483
Rathaus, neues — 119f., 208, □ 425, 438, □ 448, □ 449, □ 616, 654, □ 661, □ 672, 679, □ 702, 752
Rathaussaal — 277
Ratsbrunnen am Markt — 444
Ratsschule, Ratsgymnasium — 137, 139, 148ff., 157, 174, 208, 276, 319, 381, 427, 438, 479, □ 480, 650f., 664, 695
Ratsspielmann — 225
Ratswahlen (Handgiften) — 262
Ravenna, Reichstag 1232 — 58
Rawie, Eisenwerk — 666
Realschule, Realgymnasium — 384, 387, 426, □ 427, 437, 480
Realschulwesen — 732
Rechnungs- und Kassenführung — 370
Redlinger Bunker — 600, 607
Reformierte Gemeinde — 476
Reformierte Oberstufe der Gymnasien — 774
Regensburger Reichstagsabschied von 1541 — 134
Regierungsbezirk Weser-Ems — 781
Regierungsgebäude — 419, □ 783
Regierungspräsident — 551, 607, 630, 781, 783
Regionalflughafen Münster—Osnabrück — 744
Reichsacht (1445—1470) — 87, 120
Reichsbahndirektion Münster (in Osnabrück) — 617
Reichsbanner Schwarz-Rot-Gold — 519, 525, 534
Reichsbischof — 554
Reichsdeputation, Reichsdeputationshauptschluß — 296
Reichsfleischkarte 1916 — 497

Reichsgericht in Speyer — 119, 170
Reichshofrat — 148, 174, 240
Reichskammergericht — 149f., 155f., 221
Reichskanzler — 552
Reichskirche — 553
Reichskleiderkarte — 574
Reichskommissar — 544
Reichsluftschutzbehörde — 601
Reichspräsident — 552
Reichsrat — 544
Reichsstatthalter — 544f.
Reichstag — 532f., 535f., 539
Reichstagswahlen — 532, 534ff., 538, 551
Reichsverteidigungskommissar — 585, 592
Reliquien — □ 37
Republikanischer Lehrerbund — 525
Reserve-Infanterieregiment Nr. 92 — 496
Revidierte Städteordnung — 369
Richter, Rudolph, Eisen- und Eisenwarengroßhandlung — 762
Rietberg, Grafschaft bei Wiedenbrück — 138f.
Ritterschaft des Hochstifts Osnabrück — 78, 184, 209, 229, 249f., 252
Ritz-Filmtheater — 663
Röhmputsch 1934 — 552
Römerzeit — 28
Rosengarten (Rosenplatz) — 113, 124
Rosenplatzschule — 664, 695
Rotes Kreuz — 453, 496
Rothenfelder Saline — 240
Royal Air Force (RAF) — 592
Rubbenbruch, Rupenbrocke — 65, 154, 218, 266
Rückertschule — 694
Rulle — 143, 298
Rußlandfeldzug 1941 — 576

SA (Sturm-Abteilung der NSDAP) — 528, 536f., 539, 541f., 547, 549, 567, 571
Saarabstimmung 1935 — 552
Saarbrücken — 601
Sachsen (germanischer Stammesverband) — 31f.
Säkularisation — 297
Salzmarkt — 97
Sandfort, Gutshof östl. von Osnabrück — 163
Sandforter Quellbezirk — 445
Sanierungsberater — 751
Sanierungsbeirat — 751
Sanierungsbereich Dielingerstraße — Lortzingstraße — 752, 755f.
Sate (Satzung des Rates von 1348) — 69, 114, 117, 261
Scala-Lichtspiele im Tivoli — 663
Schäferbrunnen am Johannistor (Rosenplatz) — 489
Scharfrichter — 117
Scharren — 396f.
Schatzkollegium — 363
Schauprozesse — 552
Schauspielergesellschaft, englische — 207
Schauspielertruppen (18. Jahrh.) — 276
Schinkel, Ortsteil — 400, 422, 474, 600
Schlacht im Teutoburger Walde (9 n. Chr.) — 28
Schlachthof — 441, 475, 780
Schlagpforte — 108, 110, 144
Schlagvorder Berg (Klushügel) — 35
Schledehausen — 228
Schloß, Bischöfliches, später Königliches — 231, □ 233, 234f., □ 235, □ 236, 252, 430, 466, 524f., 527, 529, 581, 587, □ 594, 654, 680, 696
Schloßgärtnerei — 696
Schloßgarten — 234, 295
Schloßtheater — 408
Schloßverein — 235, 518

Schmalkaldischer Bund — 134, 138f.
Schmalkaldischer Krieg (1546—1547) — 110
Schnatgangfeste — 270f., 670, □ 671, 722, 761
Schneider- oder Landwehrturm (nördl. der Stadt) — 110, 243, 396
Schnurkeramik (Schnurkeramiker) — 22
Schöffen — 69
Schöffenkolleg — 62
Schoeller, Papierfabrik — 677
Scholarch — 263
Schornsteinfeger („Kaminputzer") — 445
Schreigöding — 60
Schützenfest, früher Vogelschießen — 112, 219, 407f.
Schützenhof im Schinkel — 182, 364, 407f., 430, 438, 445
Schulbau in Osnabrück — 775
Schule und Unterricht — 68
Schulentwicklungsplan — 732, 771, 773
Schulkindergärten — 735, 773
Schullandheime — 577, 715
Schulordnung — 137
Schulprozeß — 119, 148
Schulwesen — 622, 715, 731
Schulzentren — 774
Schumla, Kaffeehaus — 406, 493
Schutzhaft — 536, 542, 546, 571
Schwarzer Markt — 644, 667f.
Schwarzhandel — 683
Schweineturm — 109f.
Schwimmbäder — 779
Sedan-Fest — 408, 433f.
Selbstverwaltungssystem, englisches — 630
Senatoren, ehrenamtliche — 446
Shredder, Anlage im Hafen — 748
Sicherheits- und Hilfsdienst (SHD) — 575
Sicherheitspolizei (Sipo) — 506
Siebenjähriger Krieg (1756—1763) — 244, 248, 253, 264f., 273, 276
Siegel — 61 □
Sievershausen (zwischen Hannover und Braunschweig), Schlachtort 1553 — 144
Skandinavische Woche 1970 — 725
Sögeln bei Bramsche — 151
Sonderschulwesen (Sonderpädagogik) — 774
Sozialdemokratische Partei Deutschlands (SPD) — 532ff., 537f., 540f., 546, 586, 631, 653
Sparkasse — 399
Spartakisten — 504
Sperrstunden, nächtliche — 627
Spinnschulen — 387
Splitterschutzgräben — 600
Sportflughafen Atterheide — 744
Sportstättenplan — 735, 779
Spyk a. d. Ems (bei Lingen) — 150
SS (Schutz-Staffel der NSDAP) — 536ff., 567
Staatliche Ingenieurakademie für Gartengestaltung, Garten- und Landbau — 733, 775
Staatliche Ingenieurakademie für Maschinenbau, Elektrotechnik und Hüttentechnik — 715, 734, 775
Staatsarchiv — 466, 581, 700
Staatsgrundgesetz, Hannoversches, von 1833 — 349, 357, 363, 381
Staatspartei — 545
Stadion an der Bremer Brücke — 642
Stadtarzt — 118
Stadtausschuß 1945 — 627
Stadtbad am Pottgraben — 679
Stadtbauamt — 581, 615, 633
Stadtbuch — 62, 80, 117, 122, 262
Stadtbücherei, Stadtbibliothek — 641, 689, 730 765
Stadtteile — 97, 102

Stadtgebiet Osnabrück — 737
Stadthafen — 697, 749
Stadthalle, alt — 525
Stadthalle (Neubau am Schloßgarten) — 697, □ 763, 764
Stadthaushaltsplan — 453
Stadtkonsistorium — 360, 370, 469
Stadtkrankenhaus, Städtisches Krankenhaus — 382, 389, 525, 635, 665, 679, 781
Stadtkreis Osnabrück — 446
Stadtratswahl 1946 — 655
Stadtrechnungen — 65
Stadtschreiber — 117
Stadtschreiberei neben dem Rathause — 157, 170
Stadttheater (Theater am Domhof) — 503, 512, 686
Stadtverfassung — 416
Stadtwaage — 97, 119, 157, □ 444, 654, 702 □
Stadtwächter (Osnabrücker Wochenblatt) — 525, 530f., 566
Stadtwächter-Partei bzw. Fraktion — 522, 530, 532
Stadtwappen, Stadtsiegel — 53, 103
Stadtwerke — 698
Städteordnung von 1851 — 354
Städtepartnerschaften — 720, 738, 740
Städtische Frauenklinik — 377, 475
Städtische Handelslehranstalt — 695
Städtische Kollegien — 372, 382, 401, 425, 446
Städtische Musikschule — 680
Städtische Schule f. Werkschaffen u. bildnerisches Gestalten — 577
Städtische Turnanstalt — 446
Städtischer Fuhrpark — 475
Städtisches Elektrizitätswerk — 445, 475
Städtisches Konservatorium — 121, 713, 735, 768
Städtisches Orchester — 484, 512, 524f., 578, 580
Städtisches Verkehrsamt — 515
Stände der Stadt (Gilde und Wehr) — 261
Stände des Fürstbistums (Domkapitel, Ritterschaft und Stadt Osnabrück) — 283
Ständeversammlung — 345ff., 349ff., 362ff., 371, 386, 413
Ständische Kommission — 283, 296
Stahlhelm — Bund der Frontsoldaten — 536f., 547
Stahlhelm, NS-Frontkämpferbund — 547f.
Stahlwerk — 422, 445, 590, 666, 675f., 716
Stahlwerksplatz — 600
Standort Vechta der Universität Osnabrück — 778
Steinigerturm — 83
Steinkistengräber (Einzelgrabkultur) — 22 □
Steinwerke — 382, □ 711
Stichkanal — 443, 474, 620
Stift zu St. Johann — 217
Stiftsburgen — 73
Stiftsschule zu St. Johann — 137
Stiftsvogtei — 55, 59
Stiftungsurkunde des Hochstifts Osnabrück — 58
St. Johannis-Kirchhof — 123
St.-Jürgens-Haus (Rüstkammer) — 112
Stollen am Schölerberg — 602
Stollen an der Brinkstraße — 602
Strafen — 120
Straßenbahn — 398, 445, 475, 626, 697
Straßenbeleuchtung (Beginn) — 286, 296, 314, 360, 372
Straßennamen (Einführung) — 286, 296
Straßenpflasterung (Beginn) — 296, 314
Straßenreinigung — 445
Straßenreglement — 360
Struckmanns Hof — 446
Stüvedenkmal — □ 382, □ 559, 669f., □ 669
Stüvehaus — □ 693
Stüvenbrede — 382

Studentenheim — 776
Studio 99 (Kl. Haus des Stadttheaters) — 729
Sudbergagau — 32
Süntelbecke, zur, Osnabrücker Freistuhl — 75f.
Süntelhügel — 76
Sutthausen, neuer Stadtteil — 736
Synagoge (an der Rolandstraße) — 476, ☐ 477, 526, ☐ 570

Tabakgewerbe — 360
Tabakfabriken — 265, 389, 393
,,Tageblatt von und für jedermann'', demokratische Zeitung 1848 — 364, 371
Tapetenfabriken — 390
Taubstummenanstalt, Landesgehörlosenschule — 377, 426
Technische Nothilfe — 599
Technischer Verein — 385f.
Technikerschule für Bauwesen — 733, 755
Tecklenburg — 152
Tecklenburger Hof (Gr. Gildewart 7) — 50, 159, 373, ☐ 463
Tentenburg (,,Wagnersche Tente'') — 263
Tertiär — 13
Teufelsbleiche, Flurname bei der Bornaue — 182
Teufelssteine — ☐ 20
Teutoburger Volksschule — 482
Teutoburger Wald — 13, 15
Textilindustrie — 676
Thalia-Theater, Haste — 663
Theater am Domhof — 515, 518, 524f., 527, ☐ 578, 686, ☐ 687, 713, 729, 764
Theater an der Gr. Gildewart — 301, 409, 438, 463 ☐, 465
Theaterunion Osnabrück-Münster — 521, 528
Theaterverein (Verein der Freunde des Osnabrücker Stadttheaters) — 515, 528, 640
Theaterwesen — 639
Theologischer Verein — 488
Theotmalli (Detmold) — 35
Threcwithi-Gau — 32, 42
Thüringer — 31
Thurn- und Taxissche Post — 272, 277, 393
Tiefbunker — 600
Tiefgaragen — 747
Torhaus am Johannistor — 459
Trias — 14
Trichterbecherkultur — 20
Tridentiner Konzil 1545—1563 — 138
Trümmerschuttbeseitigung, Enttrümmerung — ☐ 633, ☐ 657, 677
Tuchfabriken — 390
Tuchmacherei, Tuchhandel, Tuchmacheramt — 98, 119, 265
Turmbeobachter — 596
Turmwächter — 413
Turn- und Sportbetrieb — 691, 779
Turnhalle am Schloßwall (Städt. Turnanstalt) — 441
Typhus — 326, 328, 378

Überörtliche Trainingsstätte — 779
Übungsschule des Lehrerseminars — 381
Umgehungsring — 718
Universität Osnabrück — 734, 738, 776f., ☐ 777
Universitätsbibliothek — 778
Universitätsgesellschaft — 777
Unterrichtsverhältnisse — 692
Urologische Klinik — 781
Ursulaschule, staatl. anerk. priv. Neusprachl. Gymnasium — 552, 651
US-Bomber — 592

Vaterländischer Frauenverein — 453, 496
Vaterländischer Verein — 365f.
Vatikan — 549f.
Verein für Geschichte und Landeskunde von Osnabrück (Historischer Verein) — 380
Verein für Jugend- und Körperpflege Eversburg — 548
Vereinshaus am Kollegienwall (später Stadthalle) — 479
Verfassungsgesetze (Stadtverfassungen) — 347, 351f., 354, 357f., 365, 368
Verkehrsflughafen Münster—Osnabrück in Greven — 718 ☐
Verkehrslage Osnabrücks — 740, 744
Verkehrsverein Osnabrück Stadt und Land — 698
Verladebrücken im Hafen — 748
Vertrag zu Sulingen 1803 — 300
Vertriebene — 632
Verwaltungssystem, englisch — 630
Villa Schlikker — 527, 615
Villa Schoeller — 615
Visbek — 35
Visitation des Luccenius 1624/25 — 164
Vitihof — 51
Vitischanze — 110, 182, ☐ 247, 703
Vlotho und Hausberge, zwischen (Schlachtort 1435) — 81
Völkerwanderungszeit — 30
Völkisch-Sozialer Block — 530, 532
Vörden, Landesburg des Hochstifts — 84, 168
Vogt, Stiftsvogt (advocatus) — 55
Vogteigericht (mit der Hohen Gerichtsbarkeit) — 32, 59
Vogteihoheit — 58
Volksabstimmung, Volksbefragung — 551f.
Volksbeauftragte 1918 — 504
,,Volksblatt'', liberaldemokratische Zeitung in Osnabrück 1848 — 365, 371, 375
Volkschor, Osnabrücker — 529
Volkshochschule — 482, 511, 641, 645, 730, 735, 765
Volksschulen — 694, 732
Volksschule am Rosenplatz — 482
Volksschulwesen (Gesetze, Verordnungen) — 351, 664, 714
Volkssturm — 588, 605f.
Vorklasse Atter — 773
Vorschußverein — 386
,,Vorwärts'', Tageszeitung — 535
Voß-Armenhäuser — 232, 252
Voxtrup, neuer Stadtteil — 736

Wachsbleiche — 240
Währungsreform 1948 — 665, 668
Waffenstillstand von Compiegne 1918/1940 — 579
Waffenstillstand am 8.5.1945 — 615
Waisenhaus an St. Johann — 438
Waisenhaus (Gr. Gildewart 7) — 159, 373
Waisenhof., ev. — 277, 283, 389
Waisenhofschule — 159, 380
Waldfriedhof Dodesheide — 728
Waldzoo — 767 ☐
Walkmühle an der Hase (unterhalb Osnabrücks) — 390
Walkmühle Gretesch — 144, 390
Wandertag, 63. Deutscher — 721
Wandervogel — 508
Wandhaus — 97, 119
Wappen — 61
Wasserversorgung: Wasserwerke, Wasserleitung — 444, 475, 699, 780
Waterloo, Schlachtort 1815 — 337, 407
Waterloo-Feier — 407
Waterlootor — 343 ☐, 407
Wehrverfassung, Wehrgeschworene — 261
Weibergraben — 107, 182
Weimarer Republik 1919—1933 — 534, 537, 539

Sachregister

Weimarer Verfassung 1919 — 523
Weinhaus — 119
Weiterführende Schulen — 714
Wendling-Quartett — 525
Werwölfe — 588
Weserdepartement, Hauptprt Osnabrück — 309
Weserfestung — 28
Westerberg — 14, 29, 109f., 120, 182
Westfälischer Friede 1648 — □ 214, □ 215, 218, 227, 260, 271, 393, 450, 527, 579, 671, 761
Westfälischer Städtebund 1268 — 73
Westfalen (sächsischer Volksstamm) — 31f.
Wetterwarte Osnabrück — 664, 699
Weymann, Carl, Eisengießerei und Maschinenfabrik — 422f.
Widukindland-Schule — 694
Wiedenbrück — 35, 41, 58, 73, 151, 168f., 211, 357
Wiehengebirge — 13
Wiener Kongreß 1814/15 — 345f., 407, 414
Wildeshausen — 42
Wildes Wasser — 108
Wilhelm- und Augusta-Freibettfonds — 376
Windmühlen — 231
Winkelhausen-Kaserne — 606, 620
Wirtschaftsamt, Städtisches — 620
Wirtschaftsförderung — 743
Wirtschaftsstruktur — 743f.
Wittekindmittelschule — 482, 664
Wittekindsburg im Nettetal — 40, □ 41

Wittlage, Landesburg des Hochstifts — 84, 168, 180
Wochenmarkt — 322, 396ff.
Wordgeld, Wordzinsen — 45, 65, 76, 118f.
Wüste — 108, 187, 266f., 423
Wüstenbach — 106, 377, 379
Wulfter Turm — 67, 111, 168
Zeche Ibbenbüren, u.a. auch Zeche ,,Anneliese'' — 498
Zeichenschule (auch Realschule genannt) — 384
Zeitungswesen, Zeitungen — 699
Zentraldeponie Piesberg — 780
Zentrumspartei — 532f., 536, 538ff., 545, 586f.
Ziegelei Hellern — 391
Zollholz — 267
Zollverein, Deutscher — 355, 393, 406
Zonenbeirat der britischen Zone — 653
Zoo, früher Heimattiergarten — □ 565, 767 □
Zuchthaus, an der Stelle des Augustinerklosters erbaut — 245, 252, 283
,,Zum krummen Ellenbogen'', Gasthof — 406
,,Zum Römischen Kaiser'', Gasthof (am Marktplatz) — 302
Zünfte, sh. auch Gilden — 379, 402
Zunftfaden — 385
Zunftsachen — 385
Zunftzwang — 388
Zwangsbewirtschaftung — 574
Zwangsleggen — 265
Zweiter Weltkrieg (1939—1945) — 552

Personenregister

Um die Vielzahl der bisher hierunter aufgeführten Personen nicht noch größer werden zu lassen, erwies es sich als notwendig, auf die Aufzeichnung von für die Chronik weniger bedeutsamen Namensträgern zu verzichten.

Abbt, Thomas, Konsistorialrat, Philosoph — 256, 490
Abeken, Bernhard Rudolf, Direktor des Ratsgymnasiums — 256, 275, 277f., 361, 433, 446, 456, 479, 490
— Frau — 433f.
— Heinrich, Ministerialrat — 419, 429, 433f., 454, 456, 479
— Kämmerer — 189
Abeking, Johann, Prediger — 136
Achenbach, Oswald von, Landschaftsmaler — 461
Adamczyk, Adolf, Direktor der Taubstummenanstalt — 525, 545
Adenauer, Konrad, Dr., Bundeskanzler — 653, 676
Adolf, Herzog von Holstein — 142
Adolf von Tecklenburg, Bischof von Osnabrück (1216—1224) — 56, 58
Agilfred, Bischof von Lüttich — 35, 37
Alba, Herzog von, span. Feldherr — 151
Albrecht, Ernst, Dr., nieders. Ministerpräsident — 757
— Göttinger Professor — 350
— Stephan, Oberstleutnant unter Tilly — 172
Alexander I., Papst und Märtyrer — 42
Alexander von Roes, Stiftsherr in Köln — 454
Altehage, Carl, Naturschutzbeauftragter — 488
Alten, von, Generalmajor, Oberbefehlshaber der hannov. Truppen in der Schlacht von Waterloo — 340, 397
Altenbernd, Bildhauer — 673
Ameldung, Anna, geb. von der Hude, — 193ff. 202
— Familie — 392, 393
— Heinrich, Ratsapotheker — 193ff., 220f., 393
— Johann Gabriel — 393
Anderson, schwed. Bevollmächtigter — 184f.
André, Senator — 380
— Tabakfabrikant — 404
Anholt, Graf von, Feldherr der Liga — 161ff., 165f., 169
— Gräfin — 163
Anna, Königin von England — 227
Anton, Max, Musikdirektor — 484
Armin, Cheruskerfürst — 28f.
Arndt, Ernst Moritz — 428
Arnold, Bischof von Osnabrück (1173—1190) — 51
Arnoldi, Stadtrat — 584
Arnswaldt, von, hannoverscher Minister — 296ff., 315
Arnulf von Kärnten, karol. Kaiser (887—899) — 41, 449
Artois, Graf von, der spätere König Karl X. (1824—1830) — 283f.
Asseburg, Freiherr von, Dompropst — 247
— von, kaiserlicher Oberst — 170
Assmann, Heinrich, Kunstmaler — 503
Attenhofer, Elsie, Schauspielerin — 708
Audorf, Jakob, Arbeiterdichter — 420
Auersberg, Graf, kaiserlicher Gesandter — 203
Augusta, Kaiserin — 376, 438
Aumann, Prediger an St. Marien — 157
— Schieferdecker — 162
Aurin, Prof. Dr., Techn. Universität Hannover — 771
Avaux, Graf d', franz. Gesandter — 208, 210, 218
Avenarius, Ferdinand, Kunstkritiker — 498

Baader, Th., Namensforscher — 27
Bach, A., Ortsnamenforscher — 27
— Friedrich, Kapellmeister — 462
— Johann Sebastian, Komponist — 462, 485
Backhaus, Johannes, Schulinspektor — 426

Bacmeister, hannov. Kultusminister — 354
Baden, Prinz Max von, Reichskanzler — 504
Bäte, Ludwig, Mittelschullehrer, Schriftsteller — 215, 446, 450, 461f., 481f., 483, 486, 515f., 519, 521, 523, 525, 527ff., 579ff., 619, 622, 662f., 670, 673, □ 769
Bäumer, Konrad, Domorganist und Chordirektor — 485
Bahlmann, Sparkassenrendant — 401
Bandel, Ernst von, Erbauer des Hermannsdenkmals — 435
Bantzer, Oberbürgermeister von Kiel — 762
Bar, von, Erblanddrosten — 170
— Familie — 109
— Frau geb. von Fürstenberg, 198
— Geheimrat, Kanzleirat — 260, 306ff., 314
— Georg Ludwig, Freiherr, Landdrost — 254
— Herbord — 84
— Herbord Sigmund Ludwig, Regierungspräsident, später Landdrost — 258, 358, 362, 403, 783
Bar, de, Christine, geb. Ertmann — 121
— Lüdeke, Landdrost — 121
Barbou, General, franz. Befehlshaber 1804/05 — 303, 322
Baring, Major in der Deutschen Legion — 338
Barlach, Ernst, Bildhauer und Dichter — 503, 505
Barmé, Jean, Antiquar — 488
Bartels, Pastor an St. Marien, später Superintendent — 376, 469
Barth, Prediger in Lübeck — 135
Bartscher, Senator — 540, 545
Basedow, Johann Bernhard, Pädagoge — 345
Batschinski, Dr., Rechtsanwalt — 542
Bauer, Alfred jun., Dr. med. — 18
Baumeister, Gerhard, Dr., Obergograf — 201
— Johann, Kaufmann — 200, 220
— Sara, seine Frau — 200f.
Bayern, Ludwig von (der Bayer), deutscher Kaiser (1314—1347) — 449
— Luitpold von, Prinzregent — 460
— Maximilian Emanuel, Kurfürst von, Haupt der Liga — 175, 179
Beckmann, Dr., Präsident der Industrie- und Handelskammer (IHK) — 720
— Johannes Heinrich, Bischof von Osnabrück (1866—1878) — 371, 428, 435
— Konrad, Gewerkschaftssekretär — 546, 631
Beer, Nathan — 403
Beethoven, Ludwig van, Komponist — 462
Bell, Pastor an St. Katharinen — 555
Bellinckhaus, Rudolf von, Heimatdichter — 455, 490
Bennigsen, Rudolf von — 356f., 415, 472, 492
Bennigsen-Bantelin, Graf von — 352, 356
Benno II., Bischof von Osnabrück (1068—1088) — □ 46, 47ff., 486
Bentheim-Steinfurt, Graf Ludwig von — 462
Berend, Fritz, Dr., Intendant — 462, 522, 525, 528, 541
Berckemeyer, Brauer — 391
Berghoff, Eberhard, Dr., Bürgermeister (1755—1767) — 247f.
— Justus Eberhard, Dr., Bürgermeister (1782—1793) — 248
Bergmann, Besitzer eines Fachwerkhauses mit großem Steinwerk — 466
Berlach, Familie, Leinenweberei — 390

Personenregister 835

Bernadotte, Marschall, franz. Oberbefehlshaber in Hannover 1804/05 — 303f., 322
Berning, Wilhelm, Dr., Erzbischof, Bischof von Osnabrück (1914—1955) — 371, 427, 476, 486, 495, 549f., 681f., 695, □ 705, 712
Berthold, Geheimer Lippischer Intendanzrat — 464f.
Bessemer, Sir Henry — 422
Bethke, Dr., Leiter der Stadtbücherei — 689
Bethmann-Hollweg, Theobald von, Reichskanzler — 496, 499
Bieler, Kammermusiker — 503
Bier, Polizeimajor — 545
Bierwirth, Posthalter — 332.
Billenkamp, A., Polizeischreiber — 410, 491, 493
Bischoff, Pastor an St. Marien — 365f.
Bismarck, Fürst Otto von, Reichskanzler — 235, 415, 419, 428, 429ff., 492
Bitter, Albert, Dr., Bischof und Erzbischof — 479, 481
Blechen, Wilhelm Friedrich, von, Bürgermeister (1737—1744) — 247
Blessing, Philipp, Bühnenbildner — 640
Blücher, Gebhard Leberecht von, Feldmarschall — 336, 341
Blumenfeld, Bernhard, Bankier — 372, 404f.
— Dr., — 405
— (Nathan Beer) — 403f.
— Theodor — 404
Bock, von, Generalmajor — 336
Bode, Wilhelm von, Generalmuseumsdirektor — 503
Bodelschwingh, Friedrich von, Theologe — 452, 457
Bodensiek, Hans, Pastor an St. Marien — 476, 478, 488, 502, 555
Bodenstedt, Regierungsdirektor — 581
Bödecker, Johann, Aufrührer — 162
Bödeker, Hermann Wilhelm, Pastor — 457
Bödiker, Frau — 192
— Tonio, Dr. — 454
Böger, Dr., Syndikus des Rates — 203, 207, 211, 213f., 220
Böhm, Dominikus, Professor, Kirchenarchitekt — 476
Böhmer, Gastwirt („Zum krummen Ellenbogen") — 277, 284
— Tuchfabrikant — 390
Böselager, Freiherren von — 282, 308, 314
Böselager zu Honeburg, Wolfgang von, Bürgermeister (1629—1633) — 178
Bohn, Heinrich, Kunstmaler — 641
Bohne, Louis — 483
Bohnenkamp, Hans, Professor — 696, 731, 769
Bolwin, Gewerkschaftssekretär — 546
Bonnus, Hermann, Reformator — 127, 134f., 138, 222, 479, 663
Borchers, Dr., Museumsdirektor — 673
Bormann, Reichsleiter — 553
Bornstein, Hans, Pastor an St. Marien — 524
Borowski, nieders. Innenminister — 683
Borries, von, hannov. Minister — 354, 356f., 379, 413
Bothmer, Freiherr von, hannov. Minister — 355
Bousset, Professor, Theologe — 470
Brachvogel, Albert Emil, Schriftsteller — 503
Brahms, Johannes, Komponist — 449, 461
Brandenburg-Kulmbach, Markgraf Albrecht Alcibiades von, Söldnerführer — 142ff.
Brandenburg, Frau — 655
Brandi, Karl, Dr., Professor, Historiker — 514, 580, 688
Brandis, General — 414
Brandis, von, hannov. Kriegsminister — 354
Brandt, Hausvater im Tecklenburger Hof — 373
— Willy, Regierender Bürgermeister von Berlin, danach Bundeskanzler — 721
Braun, hannov. Minister — 352

— Otto, Volksbeauftragter, später preuß. Ministerpräsident — 504, 526
Braunfels, Wolfgang, Dr., Prof., Kunsthistoriker — 49
Braunschweig, Herzöge von (allgemein) — 81, 87, 157, 216
— Christian — 161, 163
— Ferdinand, Feldherr Friedrichs des Großen — 244f.
— Friedrich — 83f.
— Friedrich Wilhelm, Freikorpsführer — 314, 336
— Heinrich der Jüngere — 134, 138f., 143
— Johann Friedrich — 232, 234
— Julius — 144, 455
— Karl — 348
— Philipp Magnus — 110, 143f.
— Wilhelm — 83, 122
Braunschweig-Lüneburg, Herzöge von
— Ernst August I., (evgl.) Bischof von Osnabrück (1661—1697) — 210, 220, □ 227, 227ff., 237, 239, 322, 393, 396f., 407, 409, 414, 697
— Ernst August II., (evgl.) Bischof von Osnabrück (1715—1728) — 233f., 238, □ 239, 241f., 249, 269, 322, 390, 397, 414, 419
— Georg Wilhelm, schwed. General — 179f., 183, 186, 393
— Ernst August, Erbprinz — 672
Braunschweig-Wolfenbüttel, Herzog Philipp Sigismund von, Bischof von Osnabrück (1591—1623) — 156f., 159, 161ff., 166, 183, 198, 389
— Herzog August von — 227
Brawe, Hermann, Domherr — 136
Brecht, Bertolt, Dramatiker — 542
Bredow, Bürgervorsteher — 540
Bremer, von, hannov. Geheimrat — 331
Breslau, Löb Michael, aus Warendorf — 402
Breuker, Ulrich — 586
Breusing, Vertreter Osnabrücks in der Ständeversammlung — 364ff.
Brinke, Johann von dem, Abgesandter der Stadt — 127
— von dem, Domherr — 90
Brinkmeyer, Gehöft am Sutthauser Wald (Brinkhof) — 268
Brix, Alfred, Taubstummenoberlehrer — 528
Brock, Jürgen, Generalintendant — 765
Brockmann, Gildemeister — 318
Bröger, Karl, Arbeiterdichter — 503
Brouning, Familie (Schwiegereltern Justus Mösers) — 249
Broxtermann, Theobald Wilhelm, Dichter — 259, 479, 483
Bruch, Senator — 474
Bruder Reiner — 486
Brück, Franz Joseph — 341
— Gebrüder, Fabrikanten — 390
Brüggemann, Karl-Heinz, Oberstudiendirektor — 772
Brüning, Dr., Bürgermeister (1640/41) — 172, 190, 217
— Dr., Oberbürgermeister (1880—1888) — 432, 439, 443, 448, 453
— Heinrich, Dr., Reichskanzler — 523, 526, 532
Brumberg, Wilhelm, Wandervogel — 511
Brunk, August, Dr., Professor — 479
Bubert, Walter, Oberkreisdirektor — 586, 653
Buch, Hofsekretär, Hofrat — 256, 282, 362
Buchmann, Schauspieler — 685
Buddenberg, Advokat — 365
— Heinrich, Oberbürgermeister (1952—1956) — 655, 683, 691, 704
Buddenböhmer, Angela — 558
Bückeburg, Graf Wilhelm von — 258, 462
— Gräfin — 462
Bülow, Fürst Bernhard von, Reichskanzler — 522
— von, General — 339

Bürger, Marianne, Musiklehrerin — 503
Bugenhagen, Johann, Reformator — 135
Buithmann, Dietrich, Prediger aus Geldern — 129f.
Buller, Frau, Wirtin des Ratskellers — 660
Bulthaupt, Heinrich, Dr., Professor, Theaterkritiker — 465
Bunnemann, Dr., Senator — 473
Burckhardt, Jakob, Kultur- und Kunsthistoriker — 461, 465
Buresch, Bauinspektor — 372
Burgdorf, Redakteur — 542, 628
Burinus (Büren), Lehrer an der Ratsschule — 136
Burlage, Theo, Architekt — 525
Busch, Dr. Advokat — 286
Buschbaum, Botaniker — 488
Bussche, von dem, Albrecht — 173
— Brüder — 170, 282
— Geheimer Rat — 251f., 281, 288
— Hünnefeld, Familie — 157f., 341, 375
— zu Ippenburg, Familie — 157
Busse, Dr. Arzt — 586f.

Cahen, Kaufmann — 405
Calmeyer, Rechtsanwalt — 688, 769
Cambefort, Führer einer franz. Streifschar im Siebenjährigen Krieg (1756—1763) — 247
Cambridge, Herzog Adolf Friedrich von — 336, 345, 348f.
— Herzogspaar von — 457
Cambronne, franz. General — 340, 342
Canisius, Jesuit — 148
Cappelen, Herren von — 75
Caprivi, Leo von, Reichskanzler — 429
Carl Alexander, Großherzog von Sachsen-Weimar — 460
Carra St. Cyr, Baron de, franz. Divisionsgeneral — 329, 331
Cassimir, Heinrich, Theaterkapellmeister — 483
Cervantes, Miguel de, span. Dichter — 205
Chamberlain, brit. Pemierminister — 573
Chanzy, franz. General — 434
Charles, Prinz of Wales, brit. Thronfolger — 725
Chigi, Fabio, Kardinal — 88
Chlodwig, König der Franken — 32
Christian IV., König von Dänemark — 165f., 170
— Sohn, Prinz Friedrich — 166, 168
Christine, Königin von Schweden, Tochter König Gustav Adolfs — 185, 190, 203
Cioja, Anton, erster ,,Kaminputzer'' — 445
— Andreas, Sohn — 445
— Johann Heinrich, Sohn — 445
Clarenbach, Adolf, Prediger — 127
Clausing, Franz, Musiklehrer — 688, 713
Cölne, Kurt von, Mitglied des Krameramtes — 94
Colonna, Jacob von, Kardinal — 454
Conflans, franz. Freikorpsführer — 246
Cornelius, Peter von, Historienmaler — 459
Corsica, Ludwig, Postmeister — 393
— Familie 333
Corty-Althoff, Zirkus — 507
Cothmann, Dr., Bürgermeister der Neustadt (1623—1626) — 169
Crane, Johannes von, Dr., kaiserlicher Gesandter — 192, 203, 206f., 218
Cremers, Bürgermeister von Haarlem — 720, 723
Crequi, franz. Marschall — 230
Crispin und Crispinian, hl. Märtyrer — 36
Croningen, General Kaiser Karls V. — 139
Cumberland, Herzog von — 244, 332
Cuvier, kaiserl.-franz. Rat — 323

Dahlmann, Göttinger Professor — 350
Dahm, Kapellmeister — 541
Dalhoff, Goldschmiedemeister — 458
Dallmeyer, Kantor — 322
Damitz, Rittmeister — 171
Dankberg, Bildhauer — 376
Daru, franz. Generalgouverneur — 307
Davoust, franz. Reichsmarschall — 319, 328, 333
Day, Major, brit. Militärgouverneur — 615, 627f., 656
Decken, von der, hannov. Geheimrat — 331, 335, 354
Defregger, Franz, Maler — 499
Degener, Kurt, Landessuperintendent — 706, 770
Dei, von, Weihbischof von Osnabrück (um 1545) — 139
Deichmann, Dr. — 185
Delbrügge, Silber- und Goldschmiedemeister — 165
Delius, Kriegsrat, Präfekt — 305, 313, 315, 319, 322
Demann, Franz, Dr. theol. et phil., Bischof von Osnabrück 1956/67 — 706, 708
Derenthal, von, Geheimrat, Kanzleidirektor Bischof Ernst Augusts I. — 230, 260
Dessolles, General, franz. Befehlshaber 1803 — 301
Detering, Advokat, Herausgeber des ersten ,,Osnabrücker Tageblatts'', Syndikus, seit 1870 Bürgermeister (1870—1876) — 364f., 372, 380, 432, 436, 439
— Kammacher — 291
Detmar, Bischof von Osnabrück (1003—1023) — 49, 59, 67f.
Droop, Dr., Sanitätsrat — 291, 373, 406
— Sohn, Dr. — 373, 376
Droste-Hülshoff, Annette von — 163
Drouet, General, franz. Befehlshaber 1803 — 301
Drusus, römischer Feldherr — 28
Dryander, Ernst (von), kaiserl. Oberhofprediger — 471
Dülfer, Martin, Professor, Theaterarchitekt — 482
Dürfeld, Dr., Advokat — 257
Düring, Otto von, hannov. Minister — 352
Dürre, Konrad, Dr. — 483
Duesterberg, Franz, Stahlhelmführer — 527
Dütting, Gastwirt (,,Berg Ätna'') — 406
— Leinenweberei — 390
Dumstorf, auch Dumstorp, Dethard, Bürgermeister um 1360 — 98
— Erdwin von, Bürgermeister im 15. Jahrh. — 84, 86, 112, 120
— Familie — 318
— Hermann von — 65
— Johann von, Stadthauptmann — 122, 161
Dunker, Arnd, Bürgermeister um 1360 — 98
Dykmann, Ertwin — 119
— Frau — 119

Dettmar, Papiermüller in Fürstenau — 390
Detten, von, Landrat — 545
Dieckmann, Friedrich, Dr., Oberstudienrat — 480
Diefenthal, Ernst, Lyriker — 508
Diepholz, Grafen von
— Johannes III., Bischof von Osnabrück (1424—1437) 77ff., 105, 401
— Konrad III., Bischof von Osnabrück (1455—1483) — 87, 121f.
— Konrad, Dompropst — 78, 84, 122
— Rudolf, Bischof von Utrecht — 87
Dierker, Kolon, Wirt auf der Gartlage — 295
Dietrich von der Mark, Dompropst von Köln — 75
Dinklage, Freiherren von — 282, 426
Dissen, Johann von, Gildemeister 1525 — 125
Dithmar, Pastor an St. Katharinen, später Superintendent — 120, 147, 155
— Frau — 120
Doeltz, Landesbauinspektor — 384, 388
Doepler, Professor, Maler — 447
Dörnberg, Major von, Freikorpsführer — 314

Personenregister

Dolfen, Christian, Dr., Domarchivar — 458, 476, 483, 486, 515, 523, 689, 708, 731
Domann, Johannes, Dr., letzter Syndikus der Hanse — 100
Donnerberg, Dietrich, Hausbesitzer — 207
Drake, Bildhauer — 260
Drees, Dr., Landwirtschaftsrat — 545
Dreinhöfer, G.L., Bäckermeister — 385, 387, 406
— Witwe — 390
Drescher, Helmut, Oberbürgermeister (1956—1959) — 704, 707
Dreves, hannov. General — 245f.
Drönewolf, Walter, Dr. Architekt — 495
Ebert, Friedrich, Volksbeauftragter, später Reichspräsident — 457, 504, 513, 526
Eckendorp, Konrad, Dompastor — 136
Eckmühl, Prinz von, franz. Generalgouverneur — 321, 330, 332
Edinghaus, Eigenbehöriger am Heger Holz — 266, 268
Eggemann, Hasepapiermühle — 390
Eggers, Regierungspräsident — 539, 545
Egilmar, Bischof von Osnabrück (885—918) — 40
Ehmbsen, Familie — 393
— Hofapotheker (Mohrenapotheke) — 282
— Stadtrichter — 362, 406
Eickel, Adam von, Ratsherr — 169, 172
— Dietrich von, Domherr — 136
Ekhof, Conrad, Schauspieler — 483
Elias von Metz, kurkölnischer Agent und Hofjuwelier — 401
Elisabeth von England, Königinmutter — 724f.
Ellerbrock, Organist — 301
Elstermann, Gustav, Verleger — 491
— Hermann — 493, 626
Elverfeld, Itel, Dr., Bürgermeister von Osnabrück (1726—1736) — 248
— Tochter — 248
Emmerlich, Alfred, Dr., M.d.B. — 736
Endris, Gastwirt („Zum römischen Kaiser") — 277
— Lorenz, Leihhausverwalter — 399
— Tanzmeister — 281
Engelbert I., Bischof von Osnabrück (1224—1226, 1239—1250) — 56, 58
— II., Bischof von Osnabrück (1309—1320) — 105
— Erzbischof von Köln — 58
— Graf von der Mark — 75
Engelen, Jagdberechtigter — 375
Engelke, Gerrit, Arbeiterdichter — 503
Engelmann, Richard, Professor, Bildhauer — 489
Engels, Friedrich — 415, 420, 501
Enners, Senator, Leinenweberei — 390, 474
Erhard, Ludwig, Professor, Bundeswirtschaftsminister, später Bundeskanzler — 667, 674, 722
Erich II. von Braunschweig-Grubenhagen, Bischof von Osnabrück (1508—1532) — 118, 124, 126, 129
Ernst der Bekenner, Herzog von Braunschweig-Lüneburg — 131
Ertman, Ertwin, Bürgermeister (1477—1505) — 88, 100, 120ff.
— Eltern — 120
— Sohn Ertwin d.J. — 132
— Sohn Johann — 125f.
Erzberger, Matthias, Staatssekretär, Reichsfinanzminister — 504
Erpenbeck, Ferdinand, M.d.B., Bürgermeister (1956—1970) — 704, 724f.
Esche, Senator — 385 ff.
Essen, Heinrich, von, Pastor — 207f.
Etschenreuther, Johann Friedrich, Apothekergehilfe in der Ratsapotheke — 206

Ewald, Göttinger Professor — 350
Fahrbach, Präsident der deutschen Wandervereine — 721
Falcke, von, hannov. Minister — 352
Faulhaber, Kardinal, Erzbischof — 551
Feder, Gottfried, NS-Programmatiker — 535
Feldhoff, Gymnasiallehrer — 385
Felgner, Kurt, Leiter des Städtischen Musikschulwerkes und des Osnabrücker Kammerchores — 641, 688
Ferdinand, I., Kaiser von Österreich (1835—1848) — 351
— II., deutscher Kaiser (1619—1637) — 161ff., 173, 177
— Sohn Erzherzog Leopold Wilhelm — 166
— III., deutscher Kaiser (1637—1657) — 213, 527
Ferdinand, Herzog von Bayern — 166
Fichte, Johann Gottlieb, Philosoph — 470
Finger, Heinz, Generalmusikdirektor — 729
Fink, Erich, Dr., Erster Staatsarchivrat — 487
Fischer, Dr. Regierungspräsident — 585
— Altermann — 190
— Joachim, Oberstadtdirektor — 705, 720, 736
— Uwe, Maler — 665
Fitzmaurice, Oberst, irischer Ozeanüberquerer — 520
Flaischlen, Cäsar, Schriftsteller — 507
Fliedner, Theodor, ev. Theologe — 373
Flohr, Arnold Wilhelm, Leihhausverwalter — 399
Förstemann, E., Namensforscher — 27
Fontane, Theodor — 432, 465
Fortlage, Heinrich, Bankier — 372, 446
— Magister, Direktor des Ratsgymnasiums — 331
Frank, Leonhard, Schriftsteller — 542
Franke, Bildschnitzer — 458
— Franz, Dr., Bürgermeister (1952/53) — 683, 704
Franz, Professor, Bildhauer — 448
Franz II., deutscher Kaiser (1792—1806) — 296, 305
Franz Joseph, Kaiser von Österreich (1848—1916) — 351
Franz Wilhelm von Wartenberg, Bischof von Osnabrück (1625—1661) — 110, 146, 166, 168ff., 173, 175ff., 185, 189, 194, 201, 209ff., 213, 216, □ 217, 218f., 220ff., 231f., 243, 343, 407, 470, 776
— Bruder Ferdinand, kaiserl. General — 186f.
Fredemann, Wilhelm, Mittelschulrektor, Heimatdichter — 689
Fredewest, L.F., Buchdruckerei — 364, 366, 491
Freiligrath, Ferdinand — 470
Freisler, Vorsitzender des Volksgerichtshofes — 587
Freitag, Dr. Arzt, Abgesandter des Rates — 172f.
Freytag, Gustav, Prosaiker — 471
— städt. Garteninspektor — 474
— von, Freiherr — 282
Frick, Reichsinnenminister — 582
Friderici, Regierungsrat, Neffe Mösers — 256, 344
Friederike, Königin von Hannover — 350
Friedjung, Historiker — 415
Friedrich I., Barbarossa, deutscher Kaiser (1152—1190) — 51, 55, 66, 75, 196, 430, 449
— II., deutscher König und Kaiser (1212—1250) — 56ff., 448
— III., deutscher Kaiser (1440—1493) — 86
— V., Kurfürst von der Pfalz — 160, 227
Friedrich II., der Große, König von Preußen (1740—1786) — 201, 244, 256
Friedrich von Baden, Großherzog — 434
Friedrich, Herzog von York, Bischof von Osnabrück (1764—1802) — 233, 248, 250ff., 260, 280, □ 281, □ 285, 296f., 299, 319, 414
Friedrich Wilhelm I., König von Preußen (1713—1740) — 201
— III., König von Preußen (1797—1840) — 304f., 350
— IV., König von Preußen (1840—1861) — 353
Friedrich Wilhelm I., der Große Kurfürst (1640—1688) — 209

— preußischer Kronprinz (Friedrich III.) — 434, 448
— letzter preußischer und deutscher Kronprinz — 526
Friedrichs, Rittmeister — 427
Friemann, Egon, Dr., Regierungspräsident — 683
Fririon, westfälischer Generalintendant — 316
Fromm, A., Verleger — 490, 492
Frommann, Friedrich Johannes, Verleger — 361, 420, 493
Fürbrock, Schumachermeister — 288, 293
Fürstenberg, von, Bankier — 432
Furtwängler, Wilhelm, Generalmusikdirektor — 484

Gäke, Gildemeister — 288
Gaertner, Erich, Dr., Oberbürgermeister (1927—1945) — 215, 235, ☐ 517f., 523, 523, 527f., 540, 559f., 564f., 576, 580, 600f. 607, 610, 617
— Familie — 517ff.
Galen, Graf von, Bischof von Münster — 551
Gallas, Graf, Feldherr der Liga — 166
Gambetta, Leon — 439
Garner, Bürgermeisterin von Derby — 739
Gay, Leonhard, Professor, Maler — 450
Geekerken, holländ.. Mitglied des Europarates — 725
Gehrmann, Landdrost — 376, 438
Gellert, Christian Fürchtegott — 278
Georg I., König von England (1714—1727) — 227, 230, 234, 238, 240, 242
— II., König von England (1727—1760) — 244
— III., König von England und Hannover (1760—1820) — 233, 250, 345
— IV., König von England und Hannover (1820—1830) — 332, 345, 349
— V., König von Hannover (1851—1866) — 234, 350, 354, 373f., 379, 407, 414, 456
Gerdes, Oberamtmann — 378
Gerding, Wilhelm, Dr., Bürgermeister (1768—1781) — 261
Gerdom, Heinz, Sonderschulkonrektor — 735
Germanicus, röm. Feldherr — 28
Gers, Landwirt aus Barlage — 329
Gerstenmaier, Eugen, Dr., Bundestagspräsident — 732
Gervinus, Georg Gottfried, Göttinger Professor — 350
Gildemeister, Dr., Syndikus der Ritterschaft — 171, 173
Gilhaus, Ratsmitglied (1946) — 655
Gläscher, Laischaftsbuchhalter — 670
Glenewinkel, Hans, Dr., Stadtchronist — 484, 529, 575, 586, 596ff., 601, 608ff., 627
Glogau, Journalist — 425
Goebbels, Joseph, Dr. — 529, 534, 542
Göring, Hermann — 535f., 545, 549, 586
Görres, Joseph, polit. Schriftsteller und Zeitungsherausgeber — 492
Goethe, Johann Wolfgang von — 247, 255f., 258, 275, 277, 297, 319, 417, 420, 456, 466, 483, 490
Gosbert, vierter Bischof von Osnabrück (845—859?) — 40
Gosling, Bernhard, Brennerei — 391
— Carl, Brennerei und Dampfmühlen — 378, 391, 404
— Senator — 375, 446
— Familie — 466, 489
Goßler, von, Kultusminister — 448
Goudefroy, Pastor an St. Marien — 471
Gräf, Dr., Bildhauer — 446
— Hans-Gerhard, Dr., Professor — 446
Graes, Wiedertäufer — 133
Graff, Dr., Advokat — 257, 370
Grandjean, franz. General — 306
Grave, Everd, Ratsherr — 172
— Gerhard, Magister, Prediger an St. Marien — 174, 184, 186, 188, 197, 199, 200f.

— Konrad, zweiter Bürgermeister der Altstadt (1626—1628) — 178
— Familie — 209
Gregor VII., Papst — 49
— XIII., Papst — 164
Greiner, Georg, Pianist — 523
Gresel, Jakobus (Gresel-Stiftung) — 149
Greve, Ratsherr 1585 — 155
Grewe, Regierungsrat — 536, 539, 547
Grimm, Jakob, Göttinger Professor — 27, 350
— Lic., Superintendent — 671
— Wilhelm, Professor — 350
Gronewald, Hans, Gauinspekteur — 530, 539f. 543, 548
Gronsfeld, kaiserl. General — 179f., 182
Groos, Heinrich, Leiter des Arbeitsamtes — 506, 586
Groot in Deventer, Gerhard, Humanist — 127
Gross, Ingrid — 767
Großmann, Schauspieler, Theaterdirektor — 276f., 283, 483
Grothaus, von, General — 247, 345
Grothaus zu Kronenburg, Johann — 149f.
— Sohn Kord — 156
— Sohn Otto — 149f., 156
Grothe, Ludolf, Bürgermeister (1633) — 197f., 200
— Frau — 197
Grube, Max — 463
Gruben, Karl Klemens, Reichsfreiherr von, Weihbischof — 323, 330, 371
Grubenhagen, Erich II. von, Bischof von Osnabrück (1508—1532) — 118, 124, 126, 129
Grundmann, Herbert, Dr., Professor — 454
Gruner, Dr., Kanzleidirektor — 257f., 311
— Friedrich Andreas, Pastor an St. Katharinen — 275, 292, 317
— Georg Christian, Superintendent — 138
— Familie — 390
— Karl — 364
Grupe, Hermann, Heimatdichter — 691
Grußendorf, Friedrich, Pastor in Eversburg — 476, 555
Gülich, von, Dr., Syndikus — 242
— Familie — 249
— Gerhard, Magister, Pastor an St. Katharinen — 172, 174, 184, 186, 198ff., 207, 343
— Gerhard Friedrich, Dr., Advokat, Stifter des Waterlootores — 333, 343f.
— Gutsbesitzer — 332
— Johann Kaspar Franz, Großkaufmann, Schwager Mösers — 256, 343
— Karl, Kaufmann — 177
— Kord, Kaufmann — 343
— Philipp Anton, Bürgermeister (1794—1803) — 288, 292, 297, 344
— Weimar, Gograf, zweiter Bürgermeister der Altstadt (1629—1632) — 170, 178, 344
— Wilhelm, Bankier — 364, 390
Guericke, Otto von, Physiker und Rechtsgelehrter — 206
Gummel, Hans, Dr., Museumsdirektor — 25, 522
Gundolf, Friedrich, Goetheforscher — 425
Gustav Adolf, König von Schweden (1611—1632) — 178f.
Gustav Gustavson, Graf von Wasaburg, Sohn Gustav Adolfs — 185, 189ff., 196ff., 201, 203, 205, 216, 218ff.

Haarmann, August, Dr. h.c., Senator — 422, 446, 474
— Justus, Architekt — 519
Haas, Gustav, Gewerkschaftssekretär — 536, 546
— Walter, M.d.L., ztw. Vizepräsident des Niedersächsischen Landtages — 705, 736
Habsburg, Rudolf von, deutscher König (1291—1293) — 66, 107, 448

Hackländer, Stadtbaumeister — 376f., 435
Hagemann, Arbeitssekretär — 511, 539
Hake, von, Domdechant — 252
— Oberst — 338, 342
Halkett, von, Oberst, Kommandeur einer hannov. Landwehrbrigade — 337, 339f., 342
Halle, von der, G.F., Brauerei — 390
— H.F., Brauer und Bäcker — 390
Hallerford, Dr., Abgesandter des Rates — 172f.
Hamelmann, Hermann, Kirchenhistoriker — 455
Hammacher, Rudolf, Bürgermeister (1565—1588) — 154f., 197, 200, 269
Hammersen, F.H., Textilfabrikant — 388, 422
— G.H., Textilfabrikant — 390
— Christoph, Textilfabrikant — 422, 466
Hammerstein, Equord, Oberst von — 312
— Familie — 282
— Georg Christoph von, Hofmarschall — 227, 231
— Gesmold, von — 286
— Hans, von, hannov. Minister — 354, 379
— Loxten, von, Familie — 230f.
Hanckel, Buchhändler — 627
Hannover, Ernst August I., König von, (1837—1851) — 349ff., 354ff., 368
— Marie, Königin von, (Gattin König Georgs V.) — 373f., 379, 407, 414, 459
Hardt, Hermann von der, Kirchenhistoriker — 455
Harnack, Adolf von, Theologe und Hochschullehrer — 457
Hartknoch, Verleger in Riga — 456
Hartmann, Dr. jur. — 406
— Prorektor — 264, 275, 295, 315, 383, 409
Hartmann von Iburg, Führer des ersten Kreuzzugs an die Düna 1199 — 100
Hasberg, Schmied — 291
Hasemann, Dr., Landgerichtsdirektor — 629
Haslage, Konrad, Prediger an St. Katharinen — 172, 174, 184, 201
Hasse, Karl, Dr., Komponist und Musikdirektor — 484
Hast, Dr., schwed. Rat — 189
Haugwitz, von, preuß. Minister — 304
Hauptwitz, Gerhart, Dichter — 513, 526
Haxthausen, Werner von, Freiherr — 458
Hebbel, Friedrich — 420
Hecker, D., Augustiner — 127f., 130
— Franz, Kunstmaler — 438, 461, 472, 479, 486, 489, 503, 521, 580, 602
Hedin, Sven, schwed. Reiseschriftsteller — 499
Heeren, Hanns, Flieger — 519, 521
— Professor — 372
Hegmann, Bruno, Musikdirektor — 639, 685f., 713, 768
Hegmeyer, Bürgervorsteher — 540
Hehl, von, Dr., Kirchenhistoriker — 550, 552
Heide, Papiermacher — 389
Heilbronn, Ludwig, Schriftleiter — 483, 506
Heilmann, Mühlenpächter — 275
— Johann Gerhard, Brauereibesitzer — 390f.
— Joseph Christian, Brauereibesitzer — 390f.
Heine, Heinrich — 420, 542
Heinemann, Gustav, Dr., Bundespräsident — 761
Heinrich der Löwe, Herzog von Sachsen und Bayern (1139—1180) — 55f., 87
Heinrich der Reiche, Bürgermeister von Münster — 74
Heinrich von Sachsen-Lauenburg, Bischof von Osnabrück (1574—1585) — 156
Heinrich II., deutscher König und Kaiser (1002—1024) — 44
— III., deutscher König und Kaiser (1039—1056) — 47
— IV., deutscher König und Kaiser (1056—1106) — 47
— VI., deutscher König und Kaiser (1190—1197) — 56

— (VII.), deutscher König (1220—1235) — 56
— IV., König von Frankreich (1589—1610) — 100
Heiny, Oberstudiendirektor — 695
Heisler, Dr., Rechtsanwalt — 540
Hellmichs, Anna — 192
Helmke, Gefion, Schauspielerin — 685
Helvich (Helvicus), Wolfgang, Superintendent — 164, 174, 184
Henrici, Kaufmann — 292
Henseler, Jesuit, bischöflicher Kanzler — 164, 169
Herder, Johann Gottfried — 456, 490
Herlitzius, Heinrich, M.d.L., Oberbürgermeister (1946—1948, 1949—1951) — 653, 656, 663, 670, 672f., 683, 691
Herold, Bergmeister — 392
Herrich, Pastor an der Lutherkirche — 555
Hermann, Erzbischof von Köln — 134
Hermann von Salm, Gegenkönig Heinrichs IV. — 47f.
Herrmann, Senator — 517, 538
Hertling, Graf von, Reichskanzler — 499
Herwegh, Georg, politischer Dichter — 420
Herzfeld, Hans, Dr., Professor — 415, 437
Heß, Rudolf, Stellvertreter Hitlers — 554
Hesse, Heiner, Wandervogel — 510
— Hermann, Dichter — 689
Hessen, Landgraf Philipp von — 131f., 138f., 142
— Landgrafen — 87, 175
— Wilhelm von, General im schwedischen Dienst — 179
Hetling, Friedel, M.d.L. (1947—1951) — 656
Hettlage, Jost, Bürgermeister (1550) — 149f., 156
Heuermann, Adolf, Dr., Gymnasialdirektor — 446, 480
Heuß, Theodor, Prof., Bundespräsident — 706, □ 707, 708
Heyden, August, Historienmaler — 459
Heyelmann, Brauer — 289
Heyl, Uhrmacher — 385
Hieke, Dr., Geheimrat — 562
Hildebrand, Joh. Heinr., Brauer — 390
Hilger, Tuchfabrikant — 390
Himmler, Heinrich — 588
Hindemith, Paul, Komponist — 503
Hindenburg, Paul von, Generalfeldmarschall, später Reichspräsident — 496, 504, 514, 523, 526f., 529, 533, 536, 538, 543
Hitler, Adolf — 215, 522ff., 526ff., 530, 533f., 538f., 541, 543ff., 549ff., 560, 572, 582, 586ff., 591
Hobein, Walter, Kunsterzieher — 578, 665, 670
Hönemann, Hans, zu Bonnus entsandter Bürger — 134
Hörde, Friedrich von, Rittmeister — 83f.
Höting, Bernard, Dr., Bischof von Osnabrück (1882—1898) — 371, 436
Hoffmann, Polizeikommissar — 328
Hoffmeyer, Ludwig, Dr. h.c., Stadtchronist — 428, 446, 481, 488, 500, 512, 558
Hofsleger, Engelbert, Goldschmiedemeister — 458
Hohenzollern, Kardinal Eitel Friedrich von, Bischof von Osnabrück (1623—1625) — 162, 164ff., 176, 209
— Prinz August Wilhelm von — 563
Hohmann, Gutsbesitzer — 365
— Willi, Kunstmaler — 689
Hoitfilter, Jost, Bischof von Lübeck — 139, 154
— Schwestern — 154
Hollenberg, Georg Heinrich, Architekt, Oberlandbaumeister — 274, 459
Hollich, dänischer Rittmeister — 167
Holstein, Herzog Adolf von — 142
— Kaufmann — 291
Holte, Edelherren zu — 69, 109
Holthaus, Friedrich, Hofschauspieler — 503
Hoover, Herbert, Präsident der USA — 523, 646

Horn, Josef, Opernsänger — 640
— Max, Dr., Oberstudiendirektor — 651
— Otfried, Dr., Direktor der Volkshochschule — 730
Horne, Dietrich von, Bischof von Osnabrück (1372—1402) — 79
Hornhues, Karl-Heinz, Dr., Professor, M.d.B. — 736
Horsten, Ludolf von, Bürgermeister (1563) — 147
— Lüdeke von, Patrizier — 122
— Lukas von, Prediger im Dominikanerkloster — 127
— Martin von, Patrizier — 130
Horstmar, Heinrich von, Prediger in St. Katharinen — 141
Hossenfelder, Pastor in Berlin — 553
Hottewitsch, Karl — 511
Hoya, Albert von, Bischof von Minden und (1450—1454) von Osnabrück — 80, 82, 84, 112
— Erich I. von, Bischof von Osnabrück (1437—1442) — 81, 84, 86
— Grafen von, 80, 280
— Johann, Graf von — 80, 82, □ 83, 85ff. 112, 120
— Johannes IV., Bischof von Osnabrück (1553—1574) — 144, 152
— Otto II., Bischof von Osnabrück (1410—1424) — 80
Huch, Ricarda — 156
Hucke, Thea, Malerin — 665
Hüdepohl, Kaplan an St. Katharinen — 128
Hünefeld, Freiherr E.G. von, Flugpionier — 520
Hugenberg, Alfred, Industrieller und Politiker — 523, 548
Hugle, Richard, Dr., Leiter des Verkehrs- und Presseamtes, Oberregierungsrat — 519, 545
Hugo, J.H., Gastwirt — 390
Hulle, van, Anselm, holl. Kupferstecher — 449
Hunsche, F.E., Heimatforscher — 25, 29
Huxoll, Schneidermeister — 403

Iburg, Schmiedeamtsbote — 292f.
Imeyer, Friedrich, Dr., Oberstudienrat, Geologe — 488
Immeyer, Johann Carl, Zimmermeister — 424
— Sohn — 424
Isaak — 105
Isenburg, Graf Friedrich von — 58
Isermeyer, Geheimrat, Dr. — 377
Issendorf, von, Generalleutnant — 288, 291, 294
Ites, Pastor an der Bergkirche — 502

Jaax, Philipp, Ratsherr, Vertreter des Oberbürgermeisters (1949—1952) — 655, 673
Jacobi, Brüder — 456
Jacobsen, Kammeragent — 310
Jäger, Christian, Weinstubenbesitzer — 276f.
Jaffé, Siegfried, Gut Sandfort — 486, 488
Jahrmann, Senator — 473
Jakob I., König von England (1603—1625) — 227, 234
Jansen, Dr. — 517
Janßen, Friedrich, Oberbürgermeister (1951—1952) — 683
Janssen, Peter, Professor und Maler — 461
Jatho, Carl, Pfarrer — 471
— Karl, Flieger — 521
Jerome, König von Westfalen (1807—1813) — 309, 311ff., 316, 318, 330
Jerusalem, Johann Friedrich Wilhelm, Abt — 427, 455f., 479
Joel, Ministerpräsident in Oldenburg — 545
Johann Ernst, Herzog von Weimar, dänischer Feldherr — 166ff.
Johann Friedrich, Herzog in Hannover — 232
Johann von Leyden, Wiedertäufer — 130, 132f.
Johann II., Hoet, Bischof von Osnabrück (1349—1366) — 75, 254

Johann von Österreich, Erzherzog, Reichsverweser 1848 — 352
Johannes XXIII., Papst — 706
Johannes von Letene, Magister — 65f.
Jonas, Friedrich Dr., Moorbiologe — 488
Jordanus von Osnabrück, Magister und Kanoniker (13. Jahrh.) — 51, 454
Joseph II., deutscher Kaiser (1765—1790) — 258
Johst, Hanns, Dramatiker — 546
Jülich und Berg, Herzog von — 150
Jütting, Hofarzt — 282
Jung, Bäckermeister — 292
— Oberstleutnant der Schutzpolizei — 600, 605ff.
Junge, Mühlenpächter aus Hamburg — 379

Kaldenbach, Johann, Senator — 506, 511, 540
Kamps, Advokat — 329
— Bruder, Kanonikus bei St. Johann — 329
Kant, Immanuel, Philosoph — 456, 511
Kapp, Wolfgang, Generallandschaftsdirektor — 513
Karl der Große, König der Franken, röm. Kaiser (768—814) — 24, 32, □ 33, 34f., □ 36, 37f., □ 39, 41, 47, 54, 148, 448
Karl V., deutscher Kaiser (1519—1556) — 128, 138f., 142, 173
— Bruder Ferdinand — 142
— VI., deutscher Kaiser (1711—1740) — 244
Karl Albert von Bayern, als Karl VII. deutscher Kaiser (1742—1745) — 244
Karl Theodor, Kurfürst von der Pfalz, Reichsvikar — 345
Karl Leopold von Lothringen, habsburgischer Feldherr — 237
Karl von Lothringen, Bischof von Osnabrück (1698—1715) — 233, 237, □ 238
Karmarsch, Direktor, Hannover — 372, 384
Karwehl, Pastor an der Pauluskirche im Schinkel — 554
Kaspar, Pater, Weihbischof — 193
Kaulbach, Wilhelm von, Kunstmaler — 459f.
— Familie — 460
Kelch, Willi, Oberbürgermeister (1959—1972) — 628, 705, 720, 723ff., 736, 739, 762
Kemper, Kaufmann, 292
Kennepohl, Karl, Dr., Oberstudienrat — 479, 707, 731
Kerksieg, Seminarinspektor — 378
Kerr, Alfred, Kulturkritiker — 431, 495, 501
Kerrl, Reichsminister für die kirchlichen Angelegenheiten — 535, 553
Kerssenbrock, von, Dompropst — 241, 243
— Gisela von, Zisterzienserin — 458
— Rembert von, Bischof von Paderborn — 142
Kerssenbroich, Hermann von, Rektor der Domschule — 148
Keverberg, von, Präfekt des Departement Oberems — 319f., 322, 324f., 327, 330, 397
Kiehn, Oberstudiendirektor — 651
Kielmannsegge, Graf von, hannov. Minister — 355
Kienitz, Oberstleutnant — 514
Kingsford-Lethbridge, brit. Oberst, Chef der Militärregierung Osnabrück — 615, 632
Kirchhof, Konrektor an der Domschule — 148
Kirchner, Timotheus, Professor — 455
Kirschner, Dr., Oberbürgermeister von Berlin — 471
Kisling, Drucker — 490f.
Kittel, Lic., Professor — 696
Klauer, Weimarer Hofbildhauer — 258
Klaus, Glasmaler — 376
Klein, C., Domorganist — 365, 438
Klemens August, Bischof von Osnabrück (1728—1761) — 241, □ 242, 246, 248, 250, 252, 408
Kleuker, Carl, Professor — 456

Personenregister

— Johann Friedrich, Religionswissenschaftler — 455f., 479, 493
Klinger, Dr., Regierungsrat — 531
Klodt, Ratsherr (Lohnherr) seit 1804 — 303
Klövekorn, Müller in der Pernickelmühle — 155
Klopstock, Friedrich Gottlieb — 484
Klußmann, Pastor — 275
Knehem, Rudolf von, Rittmeister — 151
Knille, Otto, Kunstmaler — 430, 459, 461
— Gastwirt — 276
Knipperdolling, Wiedertäufer in Münster, Bürgermeister — 131, 133
Knoke, Dr., Professor, Direktor des Ratsgymnasiums — 479, 488
Knolle, tom, Geldverleiher — 80
Knyphausen, Dodo von, dänischer Oberst — 166, 179ff., 185f.
Koch, Karl, Mittelschulkonrektor, Botaniker — 15, 488, 529
— Fritz, Wandervogel — 511
— Theodor Friedrich, Kunstmaler — 691
Kock, Heinrich, Wiedertäufer — 132
Köhl, Hermann, Flugpionier — 520
Kölling, Christoph, Turmbläser — 461
Königsmark, Graf, schwedischer Befehlshaber — 198, 211
Köppchen, Johannes, Dr. — 695
Kohlbrecher, Stadtschulrat — 641, 665
Kokolsky, Bildhauer — 448
Kolde, Dietrich, Prediger der Reformationszeit — 454
Kolkmeyer, Erwin, Uhrmachermeister — 527
— Kolon — 150
Kollwitz, Käthe, Graphikerin — 503
Kolping, Adolf, Begründer der Kolpingsfamilie — 476
Konrad von Velber, Bischof von Osnabrück (1227—1239) — 58
Kopf, Hinrich Wilhelm, nieders. Ministerpräsident — 655, 672, 708
Korf, Freiherr von — 282
Korff zu Sutthausen, Dietrich von, Bürgermeister der Neustadt (1629—1633) — 178
— Familie — 331
Krakauer, Dr., Rabbiner — 477
Kramer, Pastor in Bramsche — 164
Kraus, Julius, Wandervogel — 509
Krechting, Wiedertäufer — 132f.
Kreft, Dr., Oberbürgermeister (1945/46, 1948—1949) — 631, 653, 655f., 673
Kreling, August (von), Kunstmaler — 376, 459ff.
— Wilhelm, Architekturmaler — 460
Kreuzinger, Axel, Theaterleiter — 685f.
Krochmann, Pastor an St. Katharinen — 275, 302
Kromschröder, Gebrüder, Fabrikanten
— Ernst — 421
— Fritz — 421
— Georg — 421
— Otto — 421
Krone, Ch., Altermann — 404
Kronenberg, Andreas, Prediger an St. Katharinen — 146, 151
Krüger, Hermann Anders, Dichter — 514
— Messerschmied — 272
Krupp, Friedrich, Fabrikant — 422, 464
Kühling, Karl, Chefredakteur i.R. — 483, 538, 541, 543, 547ff. 554f., 561, 564f., 567f., 575f., 579, 583ff., 587f., 594, 607, 627, 655, 670, 713, 731
Künsemüller, Adolf, Fabrikant — 377
Küsthard, Professor, Bildhauer — 448
Kugler, Dr., Studienrat — 650
Kuhr, Monteur bei Tiling — 558

Kutscher, Dr., Professor — 502
Laag, Henrich, Organist und Komponist — 462
Lagarde, Paul de, Kulturkritiker — 468
Lambertus, hl., Kirchenpatron — 35
Lammers, Carl, Ratsbäckermeister — 415, 437, 439, 449, 470
Lampadius, Dr., braunschweig.-lüneburgischer Gesandter — 210, 218
Landmann, Theo Maria, Maler — 525
Landmeyer, Ratsdiener — 380
Landwehr, Ludwig, M.d.L. — 631
Langbehn, Julius, Schriftsteller („Der Rembrandtdeutsche") — 468
Lange, Gerhard — 341
— Weinhändler — 406
— Ratsmitglied (1946) — 655
Langeheine, Richard, nieders. Kultusminister — 734
Langen, Rudolf von, Domscholaster — 124, 127
— Familie von — 79f.
Langen zu Stockum, Familie — 234, 318
Langrehr, Hauptmann — 288ff., 294
Langsmed, Hermann, Schmiedemeister — 94
— Frau Lücke — 94
Lansberg, Lohnherr (Kämmerer) — 311
Lasius, Albrecht Friedrich, Konsistorialrat — 316, 333
Lassalle, Ferdinand — 420
Laun, Rudolf, Dr., Professor — 672
Lauristen, General, franz. Oberbefehlshaber — 326
Lause, Hartmut, Bürgermeister (1972—) — 736
Lavater, Johann Kaspar, schweiz. Pfarrer und Schriftsteller — 462
Leber, Georg, Bundesverkehrsminister — 718
Leden, Heinrich (I.) von, Bürgermeister um 1430 — 81, 87, 112
— Heinrich (III.) von, Bürgermeister um 1500, Erbauer des Ledenhofes — 121f.
Leffmann — 105
Lehmann, Stadtbaurat — 473, 482, 545
Lehzen, Schatzrat — 352, 378, 408
Lembcke, Rudolf, Dr., Historiker — 416
Lemke, Polizeiinspektor — 410
Lenbach (von), Franz — 438f.
Lenethun, Schneidermeister, Anführer des Aufstandes von 1488 — 122, □ 123, 125
Lengerken, Auguste von — 456
— Familie — 154, 249
Lenk, Torsten, Dr. — 672
Lenin, Wladimir Iljitsch — 499
Lenthe, von, Geheimer Regierungsrat — 251
Leo, Lic., Pastor an St. Marien, ev. Krankenhausseelsorger — 524, 555
— Vater — 524
Leopold I., deutscher Kaiser (1658—1705) — 237
Lersch, Heinrich, Arbeiterdichter — 503
Lessing, Gotthold Ephraim — 258, 483, 503
Levi, Baruch, aus Westerkappeln — 402
— Simon, aus Amsterdam — 402
Liaukema, Sixt von, Dompropst — 166f.
Lichtenberg, Georg Christoph, Physiker, Professor — 280, 455, 459
— Rudolf, Lichtbildner — 489
— dessen Vater — 489
Lichtwark, Alfred, Kunsterzieher — 431, 467, 485
Liebig, Justus von, Chemiker — 420
Liebscher, Dr., Intendant — 518, 521f.
Lienenklaus, Rektor — 488
Liesecke, Agnes — 490
— Albrecht, Dr., Zeitungsverleger — 490, 586f.
— Alexander, Zeitungsverleger — 490f., 492
— Justus, Zeitungsverleger — 464, 480, 490

Lilie, Theodor, Prediger in St. Marien — 141
Liliencron, Detlev von — 435
Lilje, Hanns, D. Dr., Landesbischof — 663, 673, 688, 690, 706
Ledebur, von, Dompropst — 95, 159
— Freiherr von, Königsbrück — 157
— Freiherr von, Arenshorst — 558
— Familie — 157, 430
Limbach, von, dänischer Oberst — 166f., 171
Lingg, Hermann, Textdichter — 484
Lintlage, Bernhard, Magister — 129
Lippe, Graf Simon von der — 73, 84
Lipper, Kanonikus zu St. Johann — 302
Lissauer, Ernst — 501, 507
Lochhausen, von, Präfektursekretär — 324
Lodtmann, Justus Friedrich August, Dr., Kanzleidirektor — 256f., 288, 316, 332
— Fr., Dr. — 57, 221
— J. — 438
— Lotteriedirektor — 366
— Müller (Pernickelmühle) — 275
Löb, Dr., Landrabbiner von Ostfriesland und Osnabrück — 477
Löns, Hermann — 440, 503
Lohmann, Lohnherr (Kämmerer) der Stadt 1647/48 — 211
Lohausen, Bürgermeister (1630—1633) — 184
Loison, franz. Generalgouverneur — 306
Lortzing, Albert, Komponist, Dirigent, Sänger und Schauspieler — 409, 462, 483, 523, 527
Louason, franz. Generalinspektor — 324, 326, 330
Louis Philipp, König von Frankreich (1830—1848) — 351
Loxen, Brauerei — 390, 406
Luccenius, Jesuit, Generalvikar — 164
Ludendorff, Erich, Generalquartiermeister — 499, 504, 526
Ludovici, Johann, Prediger an St. Katharinen — 184, 200, 229
Ludwig XIV., König von Frankreich (1643—1715) — 230f.
— XVIII., König von Frankreich (1814—1824) — 335, 341
Ludwig der Deutsche, karol. König (843—876) — 35
Ludwig, König von Holland, Bruder Napoleons — 318
Lübke, Heinrich, Bundespräsident — 721f.
Lücke, Hans, M.d.B. — 705
Lüdecke, J.F.L., Buchdruckerei — 364, 371
Lüdger von Schapen, Kaplan an St. Marien — 128
Lüer, Rudolf, Kaufmann — 59
Lüpke, Karl Anton, Weihbischof und Apostolischer Administrator des Bistums Osnabrück (1827—1855) — 365, 373
Lütcken, von, Landdrost — 351, 355, 364, 372, 375, 379, 394, 413, 428
Luhmann, Karl, Taubstummenoberlehrer — 557, 696
Luise Henriette von Oranien — 209
Lumsdain, schwed. Oberst — 190
Luther, Martin, Reformator — 127, 130, 134ff. 142, 147, 176, 469, 502ff.
Lutze, Viktor, Oberpräsident der Provinz Hannover — 566
Lyra, Friedrich Wilhelm, Fähnrich (Waterlookämpfer) — 337, 342, 462, 479
— Justus Wilhelm, Theologe und volkstümlicher Dichter — 462, 479
— Frau — 342

McDowle, brit. Schuloffizier — 649
McDunphy Forster, irischer Flieger — 520
Maès, Ida, Leiterin der Stadtbücherei — 487
Makart, Hans, Kunstmaler — 459
Manger, Bauinspektor in Potsdam, Planer der Bischöflichen Kanzlei — 273
Mann, Bernhard, kath. Prediger an St. Katharinen — 174
— Heinrich, Schriftsteller — 542
— Martin, erster Osnabrücker Drucker 1617 — 203
— Thomas, Prosadichter — 513, 523, 526, 542
Mansfeld, Graf von, Feldherr der Union — 161, 163, 166
Manto Dalde, Ratsherr — 172, 187f.
March, Architekt — 467
Marechal, franz. Stadtkommandant 1803 — 301f.
Maria Theresia, Kaisertochter, spätere Kaiserin (1740—1780) — 244
Marie Luise, Erzherzogin von Österreich, Gemahlin Napoleons I. — 321
Mark, Graf Dietrich von der, Dompropst von Köln — 75
— Graf Engelbert von der, Bruder Dietrichs — 75
Markowski, Achilles, Verleger — 632
Markus, Armenvogt — 199
Martin IV., Papst (1281—1285) — 454
— V., Papst (Kardinal Colonna) um 1415 — 79
Marx, Karl — 415, 420, 501
Marxer, Otto, Dr., Zahnarzt — 524, 530f., 546
Maßmann, Peter, Intendant — 713, 729
Mathias, deutscher Kaiser (1612—1619) — 161
Matthias, Meister, Scharfrichter — 202
Mathys, Jan, Wiedertäufer in Münster — 131
Matkowsky, Schauspieler — 464
Maubourg-Tentignae, franz. Emigrantenfamilie — 282f.
Maug, Maurermeister aus Münster, Bauausführung bei der Bischöflichen Kanzlei — 273
Maurenbrecher, Max, Dr. — 502
Maximilian I., deutscher Kaiser (1493—1519) — 449
Maximilian Emanuel, Kurfürst von Bayern — 241
Maxton, Dr., Kapellmeister — 557
Meese, Drechsler (Bierschenke) — 406
Mehl, Dr., Vertreter des Kurkanzlers in Mainz — 213
Mehrhoff, Gastwirt — 277
Meier, Johannes, Bürgermeister (1640—1643) — 190, 257
Meincke, Günter, Intendant — 687, 713
Meinders u. Elstermann, Großdruckerei und Verlag, Osnabrück — 440, 491f., 699
Meister von Osnabrück (um 1530) — 458, 486
Melanchthon, Philipp, Reformator — 135
Melchers, Paulus, Dr., Bischof von Osnabrück (1858—1866) — 371, 373, 435, 481
Melle, Hermann von, Bürgermeister (1424) — 77, 84, 112, 120
Menelik, Kaiser von Abessinien — 461
Mengershausen, Architekt — 232
Mentrup, Wilhelm, Verwaltungsinspektor — 586
Merode, Graf, kaiserl. General — 180
Merschius, Oliverius, Prediger an St. Katharinen — 142
Metternich, Fürst Klemens von — 345f., 351, 364
Meunier, Constantin, Bildhauer — 446
Meurer, Gesandter — 431
— Succentor — 366
Meuschen, Ratsherr (Lohnherr), Bürgermeister 1651/52 — 178, 221, 225
— Architekt — 232
Meyer, Apotheker — 274, 292
— Frau Klementine — 376f.
— Buchbindermeister — 385
— Conrad Ferdinand — 465
— Dr. jur. — 406
— G. Friedrich, Altermann — 404
— Gastwirt — 292
— Josef, Regierungsvizepräsident — 782
— ,,Zeus'', Wandervogel — 509
— Zimmermeister — 290
Meyer-Förster, Wilhelm, Lustspieldichter — 479

Meyer zum Gottesberge, Hans, Bürgermeister von Melle — 497, 521
Michaelis, August Henrich, Komponist — 462
— Georg, Reichskanzler — 499
Miquel, Johannes, Dr., Oberbürgermeister (1865—1869, 1876—1880) — 356, 407, 414ff., 419, 424ff., 429ff., 436ff., □ 439, 443f., 446, 453f., 472f., 492, 501, 518
— Eltern — 415, 427
— Frau — 415
— erste Söhne — 416
Missing, Dompastor — 127
Modemann, Dr., Bürgermeister (1628, 1633—1635) — 172f., 178, 185, 194ff., 220f.
— Mutter — 193
— Kirchrat — 200
Möllenbeck, Konrad von, Stadtoberst — 81
Möllendorf, von, Generalfeldmarschall — 284, 402
Möllmann, Advokat, Stadtsekretär — 380
— August, Rendant — 399
— Johann Friedrich, Tuchhändler — 399
— Syndikus, später Bürgermeister/Oberbürgermeister (1888—1897) — 437, 439f.
Mönnich, Familie — 390
Mönster, von, Droste — 247
Mörs (Moers), Heinrich von, Bischof von Münster und Osnabrück (1420/42—1450) — 84ff.
— Dietrich von, Erzbischof von Köln — 86f.
— Dietrich von, Prediger in Münster — 130f.
Möser, Justus, Osnabrücker Staatsmann und Historiker — 25, 57, 104, 121, 138, 241, 248ff. □ 251, 264f., 277, 279f., 297, 315, 317, 320, 362, 427, 432, 454f., 459, 462, 479, 483, 490, 492f., 522
— Frau (s. Brouning) — 249, 253, 256, 258, 706, 761
— Vater — 248
— Bruder Zacharias — 256
— Sohn — 256
— Tochter (s. von Voigts) — 255f., 462
— weitere Verwandte — 257
Moll, August, Altermann — 404
— Christian, letzter Bürgermeister der Neustadt (1808) — 309
Molo, Walter von, Schriftsteller — 481
Moltke, Oberst von — 238
Mommsen, Theodor, Dr., Prof., Geschichtsforscher — 28
Montgomery, Lord, brit. Feldmarschall — 627, 638
Montalbano, Graf, italienischer Architekt — 233
Moritz, Kurfürst von Sachsen — 144
Morrien, Domdechant — 166f., 170
Morsey, von, Freiherr — 282
— Familie — 406
Mortier, General, franz. Oberbefehlshaber in Hannover — 303, 306
Moses, Ruben, aus Ellrich — 402
Mozart, Wolfgang Amadeus — 464
Mueller, Dr., Senator — 473
Müller, E., Osnabrücker Geschichtsschreiber — 18, 30
Müller, Baumwoll- und Leinenweberei — 390
— Hermann, Reichskanzler — 523
— Julius, Oberwerklehrer — 577f., 665
— Ludwig, Reichsbischof — 554f.
Münchhausen, Alexander von, hannov. Minister — 354, 356
— Börries von, Balladendichter — 450
Münster, Kaspar, kath. Prediger an St. Marien — 174, 177
Münster-Langelage, Freiherr von, Hofmarschall — 282
— Ledenburg, Ernst, Graf von, hannov. Diplomat und Minister — 323, 334, □ 335, 345ff., 361, 363, 782f.

— Graf L. von, Kommandeur des Landwehrbataillons Osnabrück 1815 — 333, 337, 339f.
— Freiherren und Grafen von — 332, 375
Münzer, Thomas, Wiedertäufer — 126, 130
— Bürgervorsteher, später Kreisleiter — 543, 561, 576, 584, 607
Murmelius aus Geldern, Humanist — 127

Nadler, Josef, Dr., Professor — 454
Napoleon Bonaparte — 296, 300, 305, 310f., 314, 320f., 323, 326, 332, 335ff., 341, 414
Naumann, Friedrich, Pfarrer, liberalsozialer Politiker — 476, 508
Neelmeyer d.Ä., Bildhauer und Maler — 459
Nehem, von, Domherr — 171
Nethmann, Magister — 164
— Joachim, Prediger an St. Marien — 174, 184
Neumann, Otto, Wandervogel — 511
Neuschitzer, Bürgermeister von Gmünd — 739
Ney, franz. Marschall — 336f., 339
Nicolai, Friedrich, Buchhändler und Verleger in Berlin — 249, 253, 256, 258, 273, 490
Niedergesäß, Heinrich, Parteisekretär — 586
Niehus, L., Kirchenhistoriker — 41
Niemann, Eduard, Theologe — 457
Niemöller, Martin, Pfarrer, Gründer des Pfarrernotbundes — 554f.
Nitze, Bürgermeister von Osnabrück (1613—1617) — 528
Noel, kaiserl.-franz. Rat — 323
Noelle, Handelsschulleiter — 364, 386, 426
Norden, Simon — 403
Norpracht, dänischer General — 169
Nowothnig, Dr., Vorgeschichtsforscher — 18
Nuernberger, Intendant — 578
Nuglisch, Oskar, Dr., Oberstudienrat, Direktor der Volkshochschule — 730
Nußbaum, Felix, Kunstmaler — □ 569, 765f.
van Nuys, Syndikus des Domkapitels — 139

Oberbeckmann, Dr., Stadtschulrat — 563, 577, 693
Oberg, Johann von, Anführer des Aufstandes von 1525 — 125f., 129
Oberschützky, jüdischer Kultusbeamter — 477
Oeser, Hans, Pianist — 503
— Tochter — 516
— Paul, Organist in St. Marien — 465, 485, 503, 525
Oertzen, Peter von, Dr., Kultusminister — 776
Oeynhausen, dänischer Oberst — 166
Ohlms, Oberregierungs- und Gewerbeschulrat — 539
Oldenbarneveldt, niederl. Staatsmann — 100
Olthoff, Johannes, Prediger an St. Marien — 142, 151
Ortmann, Stadtsekretär — 189
Osenbrügge, Hermann, Bischof von Oesel (um 1340) — 100
Osterbrink, Polizeisoldat — 411
Ostmann von der Leye, Kammerherr, Regierungskommissar — 332
Otbert, Schildmacher — 87
Otto I., deutscher König und Kaiser (936—973) — 55
— IV. von Braunschweig, deutscher König und Kaiser (1198—1215) — 56
Otto, Dr., Syndikus, M.d.L. — 628, 653, 704f.
Oxenstierna, Axel, schwedischer Kanzler — 179, 190, 204
— Sohn Johann, schwed. Hauptgesandter — 204, 206f., 209ff., 213, 216, 218
— Frau geb. Gräfin Sture — 207

Pabst, Erich, Intendant — 522, 686f., 713
Pacelli, Eugenio, päpstl. Nuntius, (seit 1939 Papst Pius XII.) — 522, 550
Pagenstecher, Dr., Stadtsyndikus, 363, 368, 371ff., 375, 380f., 486

— Heinrich Rudolf, Postmeister — 377, 393
— Familie — 376f., 392f.
Papen, Franz, von, Vizekanzler — 523, 529, 534, 544, 549f.
Partio, Graf von, kaiserl. Feldherr — 165
Partzsch, nieders. Sozialminister — 755
Paul V., Papst — 162
Paul Alexander Leopold, Fürst von Lippe-Detmold — 409
Pechlin, Peter, Prediger an St. Marien — 184, 191, 199ff.
Pelz, Siegfried, Dr., Geheimrat, Chirurg — 477f.
Pelzer, Wilhelm, Dr., Bürgermeister (1632—1640) — 186, 188ff., 192, 194ff., 199, 201, 220f.
— Frau — 221
— Sohn Albrecht — 221
Pembaur, Professor, Pianist — 507
Penning, Bäcker und Gastwirt — 391
Pestel, von, Präfekt von Osnabrück (1808) — 311, 313, 316f.
Petermann, Dr., Bürgermeister, Oberbürgermeister (1945), danach Regierungspräsident — 517, 566, 607, 616, 619, 630, 683
Petronille, Eberhard, Bürgermeister der Altstadt (1275—1278) — 62
Petrus, Apostel, Patron des Domes — 35, 342
Pfannkuche, August, Dr., Pastor an St. Marien — 471, 476, 487, 494, 502, 521
Pfitzner, Arthur, Dirigent — 526
Pfleiderer, Dr., Professor — 470
Philipp II., König von Spanien (1556—1598) — 151
Philipp von Katzenellenbogen, Bischof von Osnabrück (1141—1173) — 50f., 68
Philipp von Schwaben, deutscher König (1198—1208) — 56
Philips, Theodor, Dr. theol., Pastor und Oberlehrer — 481
Pichler, August d.Ä., Theaterleiter — 409
Pillmeyer, Buchhändler — 493
Piloty, Karl (von), Historienmaler — 459
Pius XI., Papst — 552
Planck, Gottlieb, Jurist — 356f., 380, 415, 472, 492
Platen, Graf von, hannov. Minister — 355, 393
Pleister, Werner, Dr., Literarhistoriker — 235, 479, 483, 525
Plettenberg, Freiherr von — 241
Plieth, Robby, Wandervogel — 511
Plinius, röm. Geschichtsschreiber — 28
Pohlmann, Heinrich, Bildhauer — 381, 432
Pohlmanns, Anna — 140
Pollius, Johannes, erster evangelischer Stadtsuperintendent — 127f., 136, 141f., 146f.
Poppe, Rosa, Schauspielerin — 464
— Roswitha, Dr., Bezirks-Oberkonservatorin — 45, 64, 624
— Marquard, Hermann, Dr., Kunsthistoriker — 725
Prenzler, Klempnermeister — 385
— Rudolf, Kirchenmusikdirektor — 462, 477, 485, 622
Preuß, Hans, Dr., Senator, Stadtschulrat — 486, 488
Prevosti, Franceschina, Sängerin — 464
Preysing, Graf von, Bischof von Berlin — 551
Prinz Charles, engl. Thronfolger — 725
Propfe, Wilhelm, städtischer Bauführer — 419, 433
Pross, Helge, Dr., Professor — 762
Prott, Viktor von, hannov. Minister — 352
Pscherer, Kurt, Kapellmeister — 687

Quentin, Hauptmann, Waterlookämpfer — 337, 340
Quirll, Georg Wilhelm, Papiermühle — 389f., 411
— Hedwig, Siebenquellen bei Oesede — 481
Quitzow, Dietrich von, Landknechtsführer — 143

Raabe, Wilhelm, Prosaschriftsteller — 468
Rabe, Friedel, Senator — 627, 655, 670
— Hanns-Gerd, Realschullehrer, Schriftsteller und Flieger — 508, 511, 519, 521, 767
Rabsilber, Generalmajor — 575
Rackhorst, erster Buchhändler (1828) — 276, 427, 470, 493
Radke, Schauspieler und Regisseur — 687
Rahardt, Rechtsanwalt — 542
Rampendahl, Gastwirt in der Neustadt — 80
Ranisch, Dr., Professor — 479
Rasch, Schornsteinfegermeister — 385ff.
— Emil, Dr., M.d.L. — 655f.
Rathenau, Walther, Großindustrieller, Schriftsteller und Politiker, Reichsaußenminister — 514
Raumer, Kurt von, Dr., Professor — 670
Ravens, Bundeswohnungsbauminister — 756
Ravensberg, Ludwig, Graf von, Bischof von Osnabrück (1297—1308) — 73f.
— Grafen von — 75
Reck, Major, Kampfkommandant — 604
Recke, von der, Stadthauptmann — 75
Redeker, Heinrich, Kunstmaler — 503
Reger, Max, Komponist — 484
Regula, Dr., Pastor an St. Marien — 469
Rehberg, Geheimsekretär — 296, 347
Reichwein, Adolf, Dr., Professor der Pädagogik — 696
Reimerdes, Senator — 473, 495
Reinecke, Geheimer Regierungsrat — 376
— Frau, geb. Pagenstecher — 376f.
Reinhard, Familie, Leinenweberei — 390
Reinhold, Christian Ludolph, Magister — 270, 286, 410
Reinholt, Kaufmann — 406
Reitz, Benno, Wandervogel — 509f.
Remarque, Erich Maria, Schriftsteller — 481, 521, 542, 587, □ 724, 767
— (Remark) Vater — 481
Rembrandt van Rijn, ndl. Maler — 461
Remme, Turmwächter — 413
Renner, Richard, Sparkassendirektor — 401
Reuter, Adolf de — 391
— Fritz — 420
Rewwer, Gastwirt (später Bayrischer Hof) — 406, 439, 465
Rhode, Dr., Obervogt — 288, 294
Richard, Stadtbaumeister — 372, 375, 388, 426, 430
Richers, Leutnant, Berichter über die Schlacht bei Waterloo 1815 — 339f., 342
Richter, Brauer — 391
Riemenschneider — Tilman, Bildhauer und Bildschnitzer — 458
Riepe, Bernhard, Kirchenmaler — 476
— Christian, Heimatschriftsteller — 459
— Heinrich, plattdeutscher Heimatdichter — 476
Rieschel, Hanspeter, Dr., Intendant — 640, 685
Rietberg, Graf Johann von — 124, 138
— Konrad II. von, Bischof von Osnabrück (1270—1297) — 73, 104
— Konrad IV. von, Bischof von Osnabrück (1482—1508) — 121f., 124
Ringelmann, Magister, Ratsherr — 172, 275
Ritberg (Rietberg), Graf von, Dompropst — 118
Rißmüller, Julius, Dr., Oberbürgermeister (1901—1927) — 377, 443, 446, 472, 474, 482, 486, 489, 501f., 506, 511, 515, □ 516, 528, 446f.
— Frau — 516
Rodenberg, Regierungspräsident — 585
Röling, Theodor, Pastor an St. Katharinen — 142, 152, 160
Röper, Stahlhelmführer — 540

Röver, Kaufmann — 481
— Carl, Gauleiter und Reichsstatthalter — 528, 545
Roland, Jost, Dr., Bürgermeister (um 1550) — 144
Rolevinck, Karthäusermönch — 455
Rolffs, Ernst, Lic. D., Stadtsuperintendent — 471, 476, 478, 481, 488
Roosevelt, US-Präsident — 572
Rorté, Baron von, franz. Gesandter — 204
Rosebrock, Dr., Rechtsanwalt — 616, 628, 630, 632, 653f.
Rosenstein (Fräulein), aus Einbeck — 404
Rosenthal, Adolf, Bildhauer — 234, 459
— Dr. Professor, T.U. Hannover — 771
— Lehrer, Abgeordneter der Ständeversammlung 1849 — 365, 368, 385f., 406f., 462, 490
Roth, Fabrikant — 391 — 466
Rothert, Hermann, Dr. Dr. h.c., Landrat, Professor, Historiker — 17, 30, 40, 42, 62, 79, 103f., 453, 614, 642, 670
— Wilhelm — 453, 456
Rothmann, Wiedertäufer in Münster — 131, 133
Ruben, Moses — 402
Rubens, Peter Paul, Hauptmeister der fläm. Malerei — 461
Rudeloff, Kreissekretär, Polizeikontrolleur — 413
Rudloff, Johannes von, Dr., Weihbischof — 682, 706, 708
Rupstein, Abt — 456
Russel, Katharine — 200f.
— Verwandte — 220
Rust, Reichserziehungsminister — 549

Saalbach, Pastor an der Lutherkirche — 555
Saavedra y Fajardo, Don Diego de, span. Gesandter — 205
Sachsen-Lauenburg, Herzog Heinrich III. von, Bischof von Osnabrück (1574—1585) — 152, 156, 232
Sachsen, Herzöge von
— Kurfürst Johann Friedrich — 139
— Kurfürst Moritz — 142
— Wilhelm — 87
Sachsen-Weimar-Eisenach, Großherzog Carl Alexander — 460
Salbach, Baurat aus Dresden, Fachmann für Wasserversorgung — 444
Salvius, Adler, Dr., schwedischer Gesandter — 204, 207, 210, 213, 216, 218, 220
Sander, Johann, Rektor der Domschule — 128
Sandfurt, Wilhelm, Prediger — 129f., 134, 136, 140
Sandrart, Joachim von, Maler und Kunstschriftsteller — 460
Schade, Domkaplan — 366
Schäfer, Karl, Musikpädagoge, Komponist, Direktor des Konservatoriums — 688, 713, 768
Schagen, Hugo von, Domdechant — 81
Schapen, Lüdger von, Kaplan — 128
Schardemann, Bürgermeister (1647/48) — 213f.
Scharnhorst, Gerhard von, Oberst — 284
Scharrelmann, Wilhelm, niederdeutscher Dichter — 525
Schauenburg, Theo, Flieger — 519
Schaumburg, Gastwirt — 406
Scheel, Walter, Bundespräsident — 757
Scheidemann, Philipp, Volksbeauftragter — 504
Schele, Freiherren von
— Eduard, hannov. Minister — 354f.
— Familie — 282, 308, 337, 375
— Georg, westf. Staatsrat, hannov. Kabinettsmitglied — 314, 350
— hannoverscher Resident, — 250
— Kanzleidirektor und Kommissar König Georgs II. von England — 242

Schellbach, Albert, Musikdirektor — 525
Schellenberg, Ernst Ludwig, Lyriker — 450
Schelver, August Franz, Historienmaler — 459f.
Schenking, Wilhelm, Bischof von Osnabrück 1585 — 156
Schepeler, Gerhard, Dr., Bürgermeister (1647—1656) — 209, 211, 216, 220, 270, 415, 454
Scherl, August, Verleger — 481, 493
Schewe, Josef, Dr., Domvikar, Direktor des Diözesanmuseums — 770f.
Schierbaum, Dr., Herausgeber des „Stadtwächters" — 522, 530ff.
Schievelbusch, Wolfgang, Dr. — 762
Schiff, Hermann, Dr., Regisseur — 484
Schilgen, Philipp Anton, Kunstmaler — 459
Schill, Ferdinand von, Freikorpsführer — 314
— Professor, Maler — 448f.
Schiller, Friedrich von — 503
Schirach, Baldur von, Reichsjugendführer — 551
Schirmeyer, Ludwig, Professor, Dr., Oberstudienrat — 371, 479, 488, 580, 684, 708, 731
Schlaf, Johannes, Dichter — 484, 486
Schlaun, Konrad, Schloßbaumeister — 241f., 252
Schledehaus, Christian, Dr., Arzt — 486
— Johann Heinrich, Altermann (1784—1807) — 263, 269, 272, 275, 287ff., 293f., 303
— Tochter — 275
Schleicher, Kurt von, General und Politiker — 523
Schleiermacher, Friedrich, Philosoph — 361
Schlepedorp, von, Domherr — 77, 79
— Familie — 79
Schlieffen, hannov. Hauptmann — 245
Schlözer, August Ludwig von, Professor — 348
Schlüter, Wolfgang, Dr., Stadt- und Kreisarchäologe — 19
Schmeisser, Domprediger — 366
Schmelzkopf, Karl, Pastor an St. Katharinen — 520, 555
— Rosemarie, Glasmalerin — 703
Schmid, Albert, Dr., Staatssekretär im Bundesbauministerium — 757
Schmidt-Clausen, Dr., Landessuperintendent — 770
Schmidt, Hermann, Papiermacher — 389
Schmieder, Dr., Regierungsvizepräsident — 519
Schmiek, Baurat — 444
Schneider, Heinrich, Schulrat — 545
Schöck, Rudolf, Kammersänger — 713
Schoeller, Agnes, Dr. h.c. — 525, 624
— Gerhard, Fabrikant, Gründer des Schloßvereins — 235, 628
Schoenbaum, D., Sozialhistoriker — 543
Schönberg, SA-Oberführer, Volkssturmbefehlshaber — 605
Schöningh, Buchhändler — 493
— Kaufmann — 406
Scholz geb. Remark, Elfriede — 587
— Georg-Bernhard, Dr., Oberstudiendirektor, Bürgermeister (1970—1972, 1977—1981) — 725, 736
Scholtz-Klink, Reichsfrauenführerin — 567
Schomerus, Generalsuperintendent — 520
Schopenhauer, Arthur, Philosoph — 258
— Eltern — 258
Schrader, Dr., Bürgermeister (1618—1627) — 162, 165, 167, 170, 173, 178
Schrader, von, Polizeihauptmann — 545
Schräder, Dr., Prälat — 708
Schröder, E., Namensforscher — 27
— Kl. Ad., Brauerei — 390
— Lüdeke — 191, 199, 220
— Musikdirektor — 434
Schröder-Devrient, Wilhelmine, Opernsängerin — 409
Schuckmann, Bürgermeister (1646—1647) — 209

Schüren, Johann Heinrich, Schulinspektor — 380, 386, 426, 456
Schücking, Levin, Schriftsteller — 436, 473, 479
— Senator, Dr. — 473
Schütz, Werner, Lic. Dr. — 456
Schulte, Kardinal, Erzbischof — 551
— Senator — 545, 630
Schultz, Professor, Theologe — 470
Schultze, Architekt — 388
— Brauer — 391
Schumacher, Kurt, Dr., Politiker — 653
Schurig, Oberturnlehrer — 426
Schwanthaler, Ludwig von, Bildhauer — 459
Schwartze, Erich, Bankier — 282
— Familie — 292, 393
— Rudolf, Bankier — 282
— Senator — 380
Schweer, Josef, Dr., Regierungspräsident — 782
Schweers, Senator — 518
Schweigmann, Bürgervorsteherworthalter — 518
Schweitzer, Albert, Theologe und Arzt — 457
Schwenger, Kaufmann — 406
Schwetje, Dr., Oberstudiendirektor, Bürgervorsteherworthalter — 518, 651, 695, 731
Schwietering, Pastor an St. Marien — 380

Sebus, Johanna — 319
Seemann, Zoologe — 488
Seiß-Inquart, Dr. — 584
Seissing, Bernd, (Seissenbernd), Reiterführer — 156
Seldte, Franz, Stahlhelmführer — 547f.
Seling, Mathias, Kaplan an St. Johann — □ 374, 381, 387, 420, 476
— Vater — 374
Selneccer, Nikolaus, Kirchenlieddichter — 455
Semmelmann, Dr. — 375
Sempell, Dr., Senator — 473
Senff, Dr., Stadtkämmerer — 709
Sergel, Hofchirurg — 282
Severing, Carl, preuß. Innenminister — 526
Shakespeare, William — 483
Sibe, gen. Olphenius, Rektor der Ratsschule — 137
Sickmann, Geschwister, Mitbegründerinnen des Kinderhospitals — 376
Siebern, Professor, Provinzialkonservator — 562
Siegmeier, Polizeidirektor — 538
Sigismund, deutscher Kaiser (1410—1437) — 80, 448
Sik, Ota, Dr., Professor — 762
Simson, von, Martin Eduard — 433
Slaph, Christoph, Sekretär des Rates — 169, 172f., 203
Sleibing, Christian, Prediger an St. Katharinen und Superintendent — 136, 140, 146ff.
Smend, Dr. theol., Professor — 502
Söhnchen, Friedrich, stellvertr. Bürgervorsteherworthalter — 540
Sörensen, Mitglied des Arbeiterrates — 506
Solms, Graf Reinhard von — 140
Sonnefeld, Kolon, Westerkappeln — 322
Sonnenschein, Dr., Regierungspräsident — 235, 518, 539
Sophie Charlotte, Königin von Preußen — 234
— von der Pfalz, Gemahlin Ernst Augusts I., 227, 230, 234
— ihr Bruder, Kurfürst von der Pfalz — 230
Soubise, Prinz, franz. General — 246
Spahn, Bernhard, Maler — 450
Spee, Graf, Gegner der Hexenprozesse — 201
Sperling, Dr., Syndikus — 522, 540
Spiegel, D., Pastor an St. Marien — 138, 469
Spiegel, von, Domdechant — 306
Spies, von, Domdechant — 247
Spiker, Gograf — 126, 132

Spranke, neustädtischer Richter — 79f.
Springmann, Fräulein, Förderin des Kinderhospitals — 376
Stackelbeck, Rendant — 399, 401
Staffhorst, Advokat — 362
Stalmann, Grete — 198
Stammler, Wolfgang, Dr., Professor — 454, 462
Stausebach, Oberregierungs- und Baurat — 562
Steigleder, Leutnant — 289
Stein, Karl, Freiherr vom, Staatsmann — 296, 312
— von, Generalquartiermeister — 501
Steinbuch, Karl, Dr., Professor — 761
Steinfurt, von und zu, Freiherr — 282
Steinmetz, Theologe — 456
Steinvorth, Lehrer, Abgeordneter der Ständeversammlung 1849 — 368
Stephan V., Papst (885—891) — 40
Stobbe, Regierender Bürgermeister von Berlin — 757
Stoltzenberg, Irmgard von, Diakonisse — 376
Storch, Anton, M.d.B., Bundesarbeitsminister — 683, 705, 723
Stork, Heinrich, Bürgermeister (1553) — 143
— Gerichtsherr — 288f., 294
Storm, Theodor, Prosadichter — 465, 473
Storz, Dr., Intendant — 541, 558
Strahlenheim, von, Oberappellationsrat — 331f.
Stratemeyer, erster Lehrer am Evgl. Lehrerseminar (1810) — 317
Strauss, Richard, Opernkomponist — 483, 526
Stresemann, Gustav, Dr., Reichsaußenminister — 514, 522f., 525f.
Struckmann, Stadtsekretär u. Regierungskommissar — 292, 308, 314, 316, 332, 392
— Familie — 269, 445
Stuckart, Dr., Staatssekretär — 585
Stühle, Winold, Zeitgenosse Mösers — 251
Stüve — August, Direktor des Ratsgymnasiums — 362, 381
— August Eberhard, Dr., Justizbürgermeister — 364, 366, 368, 380
— Dietrich, Ratsherr der Neustadt — 177
— Ernst — 344, 362
— Gustav, Dr., Regierungspräsident — 380, 438
— Heinrich David, erster Bürgermeister (1804—1813) — 262, 283, 288, 292, 297, 303ff., 311ff., 314, 317, 319, 322, 324, 329, 361f., 391
— Johann Carl Bertram, Dr., Bürgermeister (1833—1848, 1852—1864) — 58, 111, 113, 254, 262, 286, 294, 298, 301, 305, 311, 314, 326, 328, 343f., 348ff., □ 361ff., 368, 371f., 374, 376, 378ff., 385, 387, 392, 394, 397, 408, 412f., 414f., 417, 420, 424ff., 430, 432f., 436, 439, 452f., 454, 460, 472, 476, 488, 490, 493, 502, 518
— Johann Eberhard, Dr., Stadtsyndikus und Geschichtsforscher — 282f.
— Rudolf — 479
— Familie — 479
Stumpf, Generalsekretär am Stahlwerk — 479
Sudermann, Hermann — 464
Suecamp, Heinrich, Prediger — 128, 130, 136
Sulze, Emil, D. Dr., Pastor an St. Marien — 469
Sydow, Kurt, Professor, Musikpädagoge — 729
Szalinski, Fritz, Gewerkschaftssekretär — 586

Tacitus, röm. Geschichtsschreiber — 28f., 31
Tambach, Drost von Fürstenau — 221
Tecklenburg, Grafen von
— Adolf, Bischof von Osnabrück (1216—1224) — 57f.
— Konrad — 128, 139
— Otto — 75
— Simon — 56

Personenregister 847

— Gräfin Anna — 152
— Grafen (allgemein) 56, 58f., 74, 96, 120, 124, 140, 161, 201, 229
Tenge, Ernst Friedrich, Tabakfabrikant — 265
— Familie — 389
Terborg, Lohgerber — 291
Thälmann, Ernst — 527
Thaer, Albrecht — 420
Thiesing, August, Drechslermeister — 433
Thomasius, Christian, Professor in Halle — 201
Thorbecke (Thor Becke), Kaufmann 265
— Christian Franz, Bürgermeister (1813—1830) — 265, 316f., 321f., 323, 328, 332ff., 363, 397, 399, 409ff.
— Christian, Lohnherr (Kämmerer) — 309
— Daniel Franz, Hofagent — 265, 282
— H., Komponist — 463
— Karl, Schriftsteller — 341
— Familie — 389
Thurn und Taxis, Post-Unternehmen — 272, 393
Tiberius, röm. Feldherr — 28
Tiemann, Gymnasiallehrer — 365, 371
— Heinrich, Musiklehrer — 768
— Rudel, Wandervogel — 510
Tiling, Reinhold, Flieger und Raketenbauer — 519, 521, 557f.
Tilly, Graf Johann Tserklaes, Oberfeldherr der Liga — 163, 165, 171f., 175, 191
— Werner, Neffe des Oberfeldherrn — 171f.
Tilmann, Heinrich, Prediger — 184
Timmermans, Felix, flämischer Dichter — 486
Timpe, Rektor an der Domschule — 148
Tizian, Vecellio, ital. Maler — 503
Törne, Hans von, Mitbegründer des Heimattiergartens — 564
Tole, Johann, Bürgermeister (1424) — 77
Tondeur, Bildhauer — 448
Trakl, Georg, Lyriker — 503
Traub, Gottfried, Dr., Pfarrer — 471
Trautmannsdorf, Graf, kaiserl. Gesandter — 205, 208f., 213, 218
Treitschke, Heinrich von, Professor, Historiker — 480
Trepp, jüdischer Kultusbeamter und Lehrer — 477
Tressin, Alfred, Schauspieler — 663
Trumm, Josef, Direktor des Konservatoriums — 768
Turc, Bürgermeister von Angers — 723
Tutingen, Hermann von, Bürgermeister (1388—1408) — 77
Tweer, Gustav, Flieger — 519, 521

Udo von Steinfurt, Bischof von Osnabrück (1137—1141) — 50
Uffton, Bürgermeister von Derby — 739
Uhlhorn, Gerhard, Abt zu Loccum — 456f., 470, 479
— Vater — 456
Uhlmann, Gewerbelehrer — 733
Ulrichs, Carl, Intendant — 483f., 503f., 558
— Hans Friedrich, Graphiker und Bühnenbildner — 484
Ungewitter, Hugo, Professor, Maler — 461
Urban VIII., Papst — 176
Urbanus Rhegius, Humanist — 131

Vandamme, franz. General — 328
Varendorp, Everd von — 149
— Johann von, Senior des Domkapitels — 81f., 84
Varus, röm. Feldherr — 28
Veltmann, Organist an St. Marien — 291
Verdugo, span. Statthalter in Lingen — 156
Vesper, Otto, Arbeitersekretär, Senator — 506, 511
Vette, Kord, Freigraf — 76, 134
— Syndikus, Bürgermeister (1650—1677) — 221
Vezin, Dr., Leiter des ersten Stadtkrankenhauses — 373ff.

Viktoria, Königin von England (1837—1901) — 349
Vincke, von, Freiherr, Oberstallmeister — 282
Virchow, Dr., Professor, preuß. Abgeordneter — 470
Vittinghof, von, Domkapitular — 298
Vlaminck, Dethard, Fernhandelskaufmann — 100
Vogel, Hans, Reichstagsabgeordneter — 519
— Dr., Staatsarchivrat — 670
Voigts, von, Jenny geb. Möser — 255f., 259, 456
— Justus Gerlach, Mösers Schwiegersohn — 256f.
Voigts, Theologe — 471
Volckmann, F., Dr., Redakteur — 438
Volkmann, Otto, Musikdirektor — 484, 522f., 557
Vollbrecht, Dr., Oberstadtdirektor — 630, 539, 656, 683
Volmar, Isaak, Dr., kaiserl. Gesandter — 210, 212, 216, 218
Vordemberge-Gildewart, Friedel — 463
— Friedrich, Professor, Maler — 463, 484, 689
Vorhauer, Amtmann, Leiter der Polizei — 413
Vorheiden, Bürgermeister (1633) — 180
Vortkamp, Rutger, Vetter des Ratsapothekers Heinrich Ameldung — 193
Voss, Bürgermeister (1638—1640) — 189f.
— Heinrich, Pastor — 154
— Hubertus, Bischof von Osnabrück (1899—1914) — 371
— Wilhelm, Prediger an St. Katharinen — 146f.

Waegner, Franz, Bildhauer — 448
Wäser, Theaterdirektor — 276
Wagner, Gerhard Friedrich, Senator — 263, 265, 271f., 273ff., 276f., 279f., 282ff., 295, 298, 305, 310f., 312, 314, 317, 341, 419, 474
— Ignaz, Maler, Gestalter des Friedenssaales — 448
— Kaufmann — 406
— Kreisleiter — 530
— Richard, Opernkomponist — 462, 464ff., 483
Waitz, Gustav, Dr., Professor, Historiker — 484
Waldeck, Bernhard von, Bischof von Osnabrück (1586—1591) — 156
— Franz II. von, Bischof von Osnabrück (1532—1553) — 130ff., 134, 136, 138ff., 143f.
— Grafen — 68
Waigand, Ernst, Kapellmeister — 622, 639f.
Walfeld, Dr., Bürgermeister (1628) — 166, 169, 172, 185
Wallmoden-Gimborn, Graf von, hannov. General — 283, 300
Waltbert, sächsischer Graf, Enkel Herzog Widukinds — 42
Warendorf, von, Witwe, Besitzerin des Rubbenbruches — 66
Warendorp, Witwe, Hauseigentümerin am Markt — 127
Weber, Ernst, Oberbürgermeister (1972—1981) — 736, 739, 747, 753, 757f., 761f., 764, 767f., 770, 781
— Wilhelm Eduard, Professor in Göttingen — 350
Wedell, Graf von, kgl. preuß. Rittmeister — 332
Wegener, Paul, Gauleiter und Reichsstatthalter von Oldenburg und Bremen — 585
Wegner, Walter, Dr. Dr., Oberstadtdirektor — 683, 705, 770
Wehmeier, Gauinspekteur — 584, 607
Weibezahn, Pastor an St. Katharinen — 380
Weichs, von, Dompropst — 252, 257, 298
Weidner, Balduin, Stadtsuperintendent — 476, 521
Weimar, Herzog Bernhard von, schwed. Feldherr — 186
— Johann Ernst von, dän. Feldherr — 166, 168
— Karl August von — 256
Weingart, Pastor an St. Marien — 470, 476, 488, 500, 502
Wellington, Herzog von, brit. Feldherr — 336ff., 341
Wellmann, Alwine, M.d.L. (1925—1933) — 546
Wendhut, Wilhelm, Dipl.-Ing., Leiter der Städtischen Betriebe — 518

Wendling, Gustav, Landschaftsmaler — 461
— Musiker — 525
Wendt, Sattler — 301
Wenner, H. Th., Buchhändler — 493, 628, 641
Werfel, Franz, Schriftsteller — 542
Werneking, Prediger — 137
Werner, Anton von, Historienmaler — 459
Werpup, schwed. Droste — 186, 196
Wesdehlen, Graf, Pianist — 713
Wessel, Schuhmacher aus Rulle — 94
Wessell, Georg Gerhart, Bildhauer — 324, 459
Westerfeld, Heinrich, Lehrer und Heimatforscher — 488
Westerhoff, Carl Wilhelm, Musiker und Komponist — 462
Westerkamp, Alfred d.Ä., Bankier — 500
— C., Senator, sodann Bürgermeister/Oberbürgermeister (1898—1901) — 376, 437, 472
— J. B., Brauer — 390f.
— Joh. G., Brauer und Bäcker — 390f.
— Johann Gerhard Heinrich, Bäckermeister — 378
— Landrat — 545
Westmeyer, Wilhelm, Opernkomponist — 462
Weyer, Wier, Joseph, Arzt in Tecklenburg (Wierturm) — 201
Weymann, Carl, Fabrikant — 422f.
Wibbelt, Augustin, Pfarrer und plattdeutscher Dichter — 479
Wichmann, Geheimschreiber aus Bramsche — 131
Widukind (Wittekind), Sachsenherzog — 40, 42
Wied, Hermann von, Erzbischof von Köln — 139
Wieman, Dr., Senator — 373, 412
— Bernard, Dr., Amtsgerichtsrat — 235, 488
— Matthias, Schauspieler — 685
Wiemann, Robert, Dirigent — 465, 484
Wiethoff, Verwaltungsbürgermeister (1830—1832) — 364, 412
Wiho, erster Bischof von Osnabrück (um 800) — 35, □ 36, 37
Wilhelm I., König von Preußen, deutscher Kaiser (1871—1888) — 235, 429f., 433, 448
— II., deutscher Kaiser (1888—1918) — 429, 443, 468, 472, 495f., 502f., 506
— IV., König von England und Hannover (1830—1837) — 349
Wilken, Dr., Gymnasialoberlehrer — 366
Wilkiens, M., Senator — 423
Wille, Franz, Arbeiter — 586
— Otto, Prediger an St. Marien — 142

Wimmer, Raimund, Dr. Dr., Professor, Oberstadtdirektor — 736
Windgassen, Dr., Bürgermeister (1937—1942) — 566
Windthorst, Ludwig, Staatsminister — □ 353, 354, 356, 373, 379, 435, 437, 454, 476, 479
Wischmann, Adolf, D., Präsident des kirchlichen Außenamtes — 479, 706
Witgenstein, Graf von, brandenburgischer Gesandter — 205, 207
Witte, Heinrich, Verkehrsdirektor — 458
— Kurt, Professor, Maler — 478, 486
Wittgenstein, Fürst von — 312
Witthaus, Frau, als Hexe verdächtigt — 200
Wittler, Helmut-Hermann, Dr., Bischof von Osnabrück (seit 1957) — 706, 708
Wolff, Senator — 474
Wolter, Kronanwalt — 432
Wöbeking, Dr., Leibarzt des Bischofs Enst August II. — 241
Wrede, Günter, Dr., Staatsarchivdirektor — 688, 731, 769
Wrisberg, Christoph, Söldnerführer — 143
Wünsch, Kammermusiker — 503
Wüstmann, Notar — 174
Wulf von Lüdinghausen, münsterscher Bannerträger — 74
Wulf, Horst Dieter, 100 000. Bürger Osnabrücks — 576
Wullbrand, Bischof von Minden — 80f.
Wullenwever, Jürgen, Bürgermeister von Lübeck — 135
Wunderlich, Hans, Journalist und Chefredakteur — 770
Wurmser, General im franz. Dienst — 246
Wyck, Johann von der, Prediger aus Münster — 131

Yehudi Menuhin, Geigenvirtuose — 713

Zapp, Musiklehrerin — 503
Zeppelin, Graf Ferdinand von, Luftschiff-Erbauer — 479, 522
Ziller, Fritz, Dr., Professor, Leiter des Dürerbundes sowie des Museumsvereins — 463, 479, 496, 529
Ziethen, preuß. General — 339
Zuckermann, Hugo, Lyriker — 501, 503
Zürlik, Josef, Dr., Regierungspräsident — 782
Zuhorn, Dr., Professor, Oberbürgermeister von Münster — 528
Zweig, Arnold, Schriftsteller — 542
— Stefan, Schriftsteller — 542
Zwingmann, Studienrat, Leiter der Volkshochschule — 641

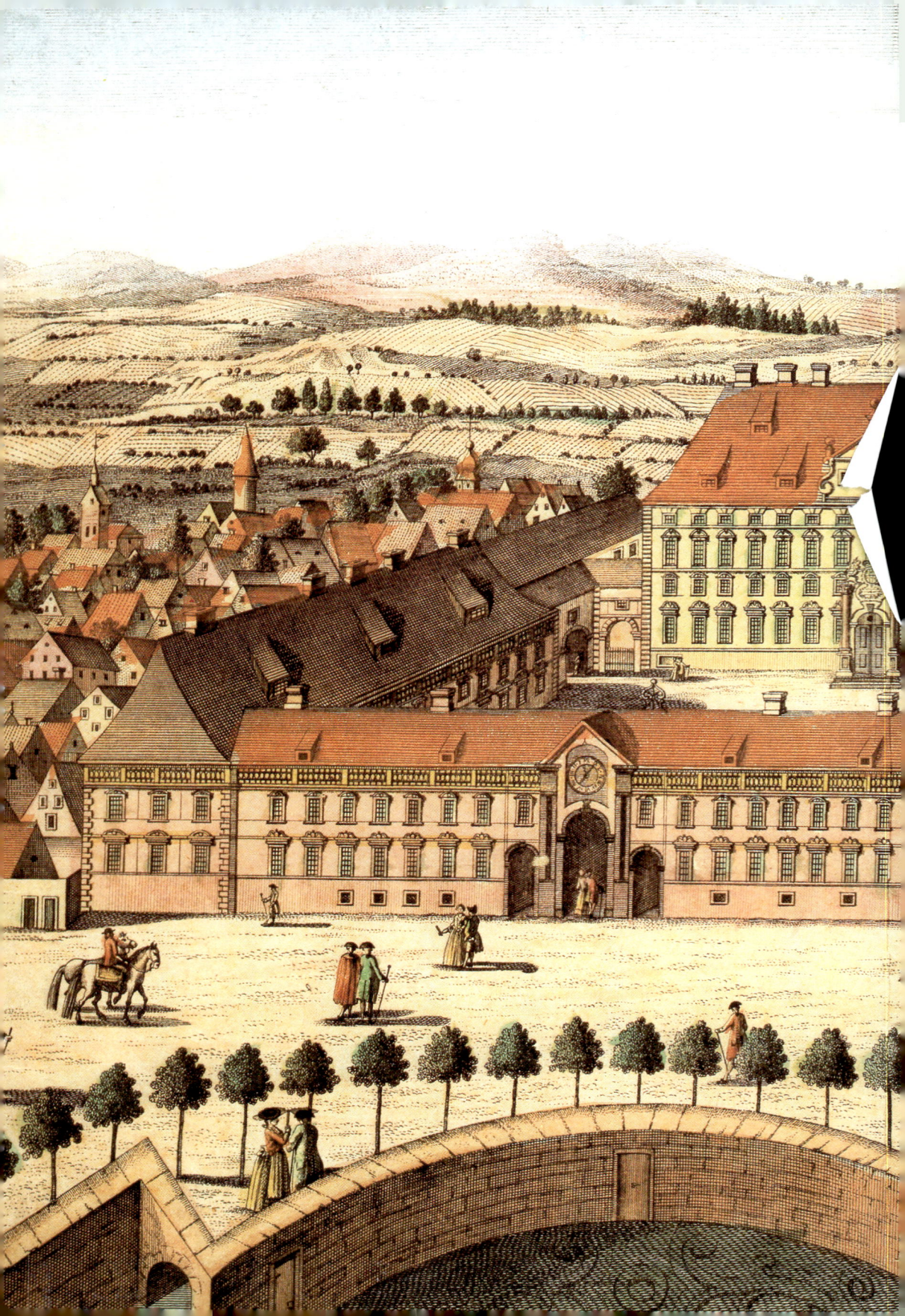